영어사전 BASIC

영어사전 BASIC 한글 발음 표기

지은이 넥서스사전편찬위원회
펴낸이 임상진
펴낸곳 (주)넥서스

초판 1쇄 발행 2010년 3월 20일
초판 14쇄 발행 2024년 2월 23일

출판신고 1992년 4월 3일 제311-2002-2호
주소 10880 경기도 파주시 지목로 5
전화 (02)330-5500 팩스 (02)330-5555

ISBN 978-89-6000-742-0   11740

저자와 출판사의 허락 없이 내용의 일부를
인용하거나 발췌하는 것을 금합니다.

가격은 뒤표지에 있습니다.
잘못 만들어진 책은 구입처에서 바꾸어 드립니다.

www.nexusbook.com

English
-Korean

한글 발음 표기

영어사전 BASIC

넥서스사전편찬위원회 편저

Korean
-English
Dictionary
BASIC

넥서스

머 리 말

  오늘날 세계는 교통수단, 정보 통신망 등의 눈부신 발전으로 나라와 나라 사이의 관계가 더욱 가까워지고 있습니다. 세계화·정보화 시대에 영어는 세계 공용어로서 세계인과 의사소통하는데 필요하며, 다양한 지식을 습득하는 필수 수단으로 사용되고 있습니다.

  이 사전은 영어를 처음 시작하는 학생들을 위한 기본 어휘부터, 수능과 TOEIC을 준비하는 학생들을 위한 고난도 어휘까지 실어, 고급 수준의 영어를 이해하고 사용할 수 있는 능력을 기를 수 있도록 다음과 같은 특색을 살렸습니다.

1. 사전 위의 사전 – 기존의 영어 사전과는 달리 영어의 기초를 튼튼히 할 수 있도록 영어권의 문화, 관습, 역사 등의 다양한 정보를 수록, 입체적으로 이해하고 통합적 영어 공부를 할 수 있도록 하였습니다.

2. 한글만 알면 영어 발음이 된다 – 단기간에 원어민 같은 발음으로 말하기는 힘들겠지만 일상생활에서 불편 없이 영어로 의사소통할 수 있도록 국제 음성 기호에 따라 원어민 발음에 최대한 가깝게 한글로 수록, 영어에 대한 막연한 두려움을 버리고 영어를 말할 수 있게 하였습니다.

3. 재미있는 사진과 삽화로 비주얼을 강조 – 현장감 있는 500장의 사진과 사실적인 800장의 삽화로 기존의 읽는 사전에서 보는 사전으로 차별화를 두었습니다.

4. 언어학적 지식보다는 의사소통 기능을 중시 – 현지에서 흔히 쓰이는 유용한 영어 표현을 box 처리하거나 애니메이션 구성으로 꾸며 부담 없이 의사소통 능력을 배양할 수 있도록 하였습니다.

5. 수준별 학습이 가능 – 교육과학기술부의 교육 과정에 따른 교과서를 기준으로 단어 중요도에 따라 4단계로 분류, 효율적으로 학습할 수 있도록 하였습니다.

6. 풍부한 예문 – 참신한 내용과 특수한 편집으로 각종 시험과 일상생활에서 쓰이는 문장을 중심으로 활용도가 높게 하였으며, 동의어와 반의어는 물론 단어간의 뉘앙스 차이까지 주제별로 정리하여 연상 학습 효과가 뛰어나게 하였습니다.

7. 단순한 기계적인 영어 단어 암기는 그만 – 반복은 기억이 오래갈 수 있도록 해주는 중요한 방법입니다. 그러나 무작정 반복하는 것은 순간 기억에는 효과가 있으나 금방 잊어버리고 뇌를 지치게 합니다. 의미 있는 학습이 되도록 기억할 대상을 상상력과 연상력을 발휘하도록 시각화하고 설명을 덧붙였습니다.

8. 영한사전과 한영사전을 이 한 권에 - 「영한 사전」 표제어 약 1만 2천 단어와 3천 숙어, 「한영 사전」 표제어 4천 개를 실어 쌍방향 학습이 가능하도록 하였습니다.

9. 특수 본문지와 표지 사용 - 가독성이 뛰어난 최고급 용지를 사용하였으며, 오랫동안 사용할 수 있도록 표지와 제본을 고급화하였습니다.

영어를 배우고 익히는 것은 다양한 지식의 습득뿐만 아니라, 세계를 이해하고 세계인으로서 교양을 갖추는 데 필요한 요소라 하겠습니다. 모쪼록 이 한 권의 사전이 여러분의 영어 학습에 친숙한 길잡이가 되어 국제무대에서 주인공으로 활약할 수 있도록 큰 도움이 될 수 있기를 바랍니다.

넥서스사전편찬위원회

일러두기

Cc

C, c [síː 씨ː] 명 (복수 **C's, c's** [-z]) **1** 시 《영어 알파벳의 셋째 글자》 **2** 로마 숫자의 100 (🔁 라틴어 centum (=100)에서) **3** [대문자 C로] (미) (학업 성적의) C

C, C. 《약어》 Celsius, Centigrade 섭씨

c. 《약어》 cent 센트 / center 센터 / century 세기

*__cab__ [kǽb 캡] 명 (복수 **cabs** [-z]) **1** (미) 택시 (🔁 taxicab의 단축형): I took a *cab* to the station. 나는 역까지 택시를 탔다
2 (기관차의) 기관수실; (트럭·버스 등의) 운전석

*__cab·bage__ [kǽbidʒ 캐비쥐] 명 (복수 **cabbages** [-iz]) [식물] 양배추

*__cab·in__ [kǽbin 캐빈] 명 (복수 **cabins** [-z]) **1** 오두막집 (hut): a log *cabin* 통나무집
2 (비행기의) 객실; (배의) 선실

*__cab·i·net__ [kǽbənit 캐비닛] 명 (복수 **cabinets** [-ts]) **1** (식기나 귀중품을 넣는) 장식장; (TV 등의) 캐비닛: a kitchen *cabinet* 찬장
2 [보통 Cabinet으로] (영) 내각

*__ca·ble__ [kéibl 케이블] 명 (복수 **cables** [-z]) **1** (철사 등을 꼬아서 만든) 굵은 밧줄; (전화·전력 등의) 케이블선

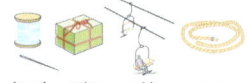
thread　string　cable　rope

2 해저 전선; (전선에 의한) 해외 전보(cablegram): send a *cable* 해외 전보를 치다
—— 동 (현재분사 **cabling**) 타 자 (통신을) 해저 전신으로 보내다; …에 해외 전보를 치다

cable car [kéibl kàːr] 명 케이블 카

cable car

ca·ble·gram [kéiblgræm 케이블그램] 명 해저 전신; 해외 전보

ca·ca·o [kəkáːou 커카-오우] 명 (복수 **cacaos** [-z]) [식물] 카카오 《열매는 코코아·초콜릿의 원료》

cac·tus [kǽktəs 캑터스] 명 (복수 **cactuses** [-iz], **cacti** [kǽktai]) [식물] 선인장

cad·die, cad·dy [kǽdi 캐디] → 캐리] 명 (복수 **caddies** [-z]) 캐디 《골프장에서 골퍼의 골프채 등을 날라다 주는 사람》

Cae·sar [síːzər 씨-z어r] 명 **1** 시저, 카이자르 **Julius ~** (100-44 B.C.) 《로마의 장군·정치가; 「왔노라, 보았노라, 이겼노라」의 명언구를 남겼다》 **2** (일반적으로) 황제; 전제 군주

친절한 한글 발음 표기는 한글만 알아도 영어로 말할 수 있다.

사실적인 500여 개의 사진과 유머가 살아 있는 800장의 삽화로 보는 사전으로 차별화한다.

현지에서 흔히 쓰는 유용한 영어표현을 소개하고 있어 의사소통 능력을 배양시킨다.

단어의 쓰임새나 참고 사항도 담고 있어서 문법 학습도 가능하다.

단어를 중요도에 따라 4단계로 분류하고 있어 효율적인 학습이 가능하다.

발음 기호표

모 음		자 음	
기 호	보 기	기 호	보 기
단 모 음		[p]	pencil [pénsl]
[i]	ship [ʃíp]	[b]	baby [béibi]
[iː]	bee [bíː]	[t]	tin [tín]
[e]	pen [pén]	[d]	desk [désk]
[æ]	man [mǽn]	[k]	key [kíː]
[ɑ]	hot [hát]	[g]	game [géim]
[ɑː]	father [fáːðər]	[tʃ]	chair [tʃɛ́ər]
[ɔ]	clock [klɔ́k]	[dʒ]	jeans [dʒíːnz]
[ɔː]	ball [bɔ́ːl]	[f]	fan [fǽn]
[u]	book [búk]	[v]	veil [véil]
[uː]	boot [búːt]	[s]	sun [sʌ́n]
[ʌ]	cup [kʌ́p]	[z]	zoo [zúː]
[ə]	ago [əgóu]	[ʃ]	shoe [ʃúː]
[əː]	first [fə́ːrst]	[ʒ]	television [téləviʒən]
		[θ]	think [θíŋk]
중 모 음		[ð]	they [ðéi]
[ei]	tail [téil]	[h]	hat [hǽt]
[ai]	fine [fáin]	[m]	man [mǽn]
[au]	house [háus]	[n]	nose [nóuz]
[ɔi]	boy [bɔ́i]	[ŋ]	ring [ríŋ]
[ou]	phone [fóun]	[l]	lamp [lǽmp]
[ɛər]	pair [pɛ́ər]	[r]	rain [réin]
[iər]	hear [híər]	[j]	yellow [jélou]
[uər]	poor [púər]	[w]	win [wín]
[ɔːr]	more [mɔ́ːr]	[ts]	hats [hǽts]
[ɑːr]	heart [hɑ́ːrt]	[dz]	hands [hǽndz]

이 사전의 사용 방법

1. 표제어

(1) **표제어의 배열** — 이 사전은 교육과학 기술부 선정 초/중등학교 기본어를 포함하여 1만 2천 표제어를 알파벳(ABC....) 순으로 정리하였습니다. 단 단어의 철자는 같으나 어원이 다른 경우 독립 표제어로 분리해서 어깨번호로 구분하였습니다.

보기 : **kind¹** [káind] 형 친절한

보기 : **kind²** [káind] 명 종류

(2) **단어의 철자** — 단어의 철자는 미국식으로 하되 미국식과 영국식이 다를 경우 미국식 철자를 먼저 쓰고 영국식 철자를 나중에 표기하였습니다.

보기 : **the·a·ter,** 《영》 **the·a·tre** [θíːətər] 명 극장

(3) **표제어 앞의 별표** — ☆는 교육과학 기술부 지정 초등학교 기본 단어를 크게 표시하였으며, ⁑는 중·고등학교에서 익혀야 할 중요 단어, ＊는 그 외 중요 단어에 붙였습니다.

보기 : ☆**spring** [spríŋ 스프링] 명 봄

보기 : ⁑**pace** [péis] 명 한 걸음

보기 : ＊**knot** [nát] 명 매듭

(4) **음절 끊는 법** — 표제어는 중점(·)을 삽입하여 음절을 구분했습니다. 음절은 소리 단위를 표기한 것으로, 행의 끝에서 단어가 끊길 때는 중점 대신 하이픈(-)을 붙였습니다.

보기 : **pic·nic** [píknik] 명 피크닉, 소풍

2. 발음

(1) **발음 기호** — 발음 기호는 표제어 다음의 [ ] 안에 국제 음성 기호를 사용하여 미국식을 우선적으로 달았습니다. 그리고 학생들이 발음 기호를 익히는데 도움이 되도록 우리말 발음도 표기하였습니다. 단 음성 기호라는 것은 소리를 문자로 나타내는데 어디까지나 한계가 있게 마련이므로 참고용으로 삼고 원어민의 정확한 발음이나 시청각 교재의 발음에 충실히 따라야 합니다.

(2) **발음 변화** — 같은 단어일지라도 품사가 다르게 쓰여 발음이 달라지는 경우에는 품사 표시 다음에 별도로 발음 기호를 표기하였습니다.

보기 : **per·fect** [pɔ́ːrfikt] 형 완전한

―― [pəːrfékt] 타 …을 마무리하다

(3) 발음과 악센트 주의 ― 낱말에 따라 특히 주의해야 할 발음은 발음 기호 다음에 발음 주의, 악센트 주의, 발음이 같을 경우에는 같다고 표기하였습니다.

보기 : **sword** [sɔ́ːrd] 〔 발음 주의〕 명 칼

보기 : **pain** [péin] 〔 pane(창유리)과 발음이 같음〕 명 고통

3. 품사

(1) 품사 기호 ― 단어의 품사는 다음 기호를 사용하여 표기하였습니다.

보기 : 명 ― 명사   부 ― 부사   형 ― 형용사
       동 ― 동사   대 ― 대명사   조 ― 조동사
       타 ― 타동사   감 ― 감탄사   접 ― 접속사
       자 ― 자동사   전 ― 전치사

(2) 품사 변화 ― 동일한 표제어에 둘 이상의 품사가 있는 경우에는 별행을 잡고 선(―)으로 구분하였습니다.

보기 : **act** [ǽkt] 명 행동

―― 동 자 타 행동하다

(3) 단어의 뜻 변화 ― 단어가 비슷한 뜻일 때는 콤마(,)를 찍고 그 뜻이 좀 바뀔 때는 세미콜론(;)을 찍었으며, 뜻이 크게 바뀔 때는 **1 2 3** …로 표시하고, 뜻에 동의어와 반의어 등을 나타냈습니다.

a·cute [əkjúːt] 형 **1** (아픔 등이) 심한(intense) **2** (병이) 급성의(반 chronic 만성의)

4. 어형 변화

(1) 명사의 복수형 ― 찾는 단어가 명사일 때는 아래 보기처럼 그 복수형이 표시되어 있습니다.

보기 : **owl** [ául] 명 (복수 **owls** [-z]) 올빼미

(2) 동사의 활용형 ― 동사는 아래 보기처럼 품사 표시 뒤에 3단현(3인칭 단수 현재), 과거·과거 분사, 현재 분사식으로 철자와 발음을 들었으며, 또한 이해하기 쉽게 자동사, 타동사를 분리하여 따로 예문을 들었습니다.

보기 : **meet** [míːt] 동 (3단현 **meets** [-ts]; 과거·과거분사 **met** [mét]; 현재분사 **meeting**) 타 …와 만나다

―― 자 (집회 등이) 열리다

(3) 형용사·부사의 비교 변화 ― 찾는 단어가 형용사나 부사일 때는 아래 보기처럼 품

사 표시 뒤에 비교급·최상급의 철자와 발음을 표기하였습니다.

[보기]: **mild** [máild] 〖형〗 (비교급 **milder**; 최상급 **mildest**) 상냥한

[보기]: **di·rect·ly** [dairéktli] 〖부〗 (비교급 **more directly**; 최상급 **most directly**) 곧장

5. 예문과 숙어

(1) 예문 — 단어는 예문을 통해서 같이 외는 것이 효과적입니다. 이 사전에서는 거의 모든 표제어에 뜻에 현지에서 쓰이는 예문 중심으로 실어서 그 뜻을 분명히 하였습니다.

(2) 숙어 — 숙어는 품사별로 단어의 뜻과 예문이 끝난 뒤에 이탤릭 고딕체로 알파벳순으로 예문과 함께 배열하였습니다.

[보기]: *talk back* 말대답을 하다: He often *talks back* to his teacher. 그는 가끔 선생님에게 말대답을 한다

6. 각종 기호

(1) 【 】 — 전문어 괄호로 분야명을 표기했습니다.

[보기]: **graph** [grǽip] 〖명〗 【식물】 포도

(2) 《 》 — 함께 올 수 있는 전치사의 보충에 사용하였습니다.

[보기]: **aim** [éim] 〖타〗 (총 등을) 겨누다 《at》

(3) 〔 〕 — 바로 앞의 말과 바꿔 쓸 수 있는 경우에 사용하였습니다.

[보기]: the direct〔indirect〕 object 직접〔간접〕 목적어

(4) ( ) — 뜻이나 발음의 생략이 생략할 수 있는 곳에 사용되고 있습니다.

[보기]: **la·bor·er** [léibərər] 〖명〗 (육체) 노동자

(5) 〔 〕 — 문법 및 의미를 보충하기 위한 보충 설명으로 쓰였습니다.

[보기]: **eu·re·ka** [juríːkə] 〖감〗 알았다!, 됐다! (아르키메데스가 왕관의 금(金) 순도를 재는 방법을 발견했을 때 지른 소리)

(6) () 예문에 대한 간단한 보충 설명이나 문법에 표기하였습니다.

[보기]: **nail** [néil] 〖명〗 손톱, 발톱 (고양이·매 등의 「발톱」은 claw)

목차

머리말
이 사전의 사용 방법
발음 기호표

▶ 본문

A · · · · · · · · · · · · · · · · · 1	K · · · · · · · · · · · · · · · · · 395	U · · · · · · · · · · · · · · · · · 775
B · · · · · · · · · · · · · · · · · 55	L · · · · · · · · · · · · · · · · · 403	V · · · · · · · · · · · · · · · · · 787
C · · · · · · · · · · · · · · · · · 106	M · · · · · · · · · · · · · · · · · 432	W · · · · · · · · · · · · · · · · · 797
D · · · · · · · · · · · · · · · · · 182	N · · · · · · · · · · · · · · · · · 472	X · · · · · · · · · · · · · · · · · 834
E · · · · · · · · · · · · · · · · · 226	O · · · · · · · · · · · · · · · · · 491	Y · · · · · · · · · · · · · · · · · 834
F · · · · · · · · · · · · · · · · · 259	P · · · · · · · · · · · · · · · · · 514	Z · · · · · · · · · · · · · · · · · 839
G · · · · · · · · · · · · · · · · · 300	Q · · · · · · · · · · · · · · · · · 569	한영 사전 · · · · · · · · · · · · 840
H · · · · · · · · · · · · · · · · · 327	R · · · · · · · · · · · · · · · · · 573	한글 영문 표기 대조표 · · · · · 979
I · · · · · · · · · · · · · · · · · 362	S · · · · · · · · · · · · · · · · · 616	불규칙 동사 변화표 · · · · · · · 981
J · · · · · · · · · · · · · · · · · 388	T · · · · · · · · · · · · · · · · · 725	

▶ 종합 삽화 및 알면 Plus

액세서리 · · · · · · · · · · · · · · · · · 6	foot · · · · · · · · · · · · · · · · · 285
aircraft · · · · · · · · · · · · · · · · · 19	과일의 종류 · · · · · · · · · · · · · 297
동물의 종류 · · · · · · · · · · · · · · · 31	guns · · · · · · · · · · · · · · · · · 325
bathroom · · · · · · · · · · · · · · · 64	house · · · · · · · · · · · · · · · · · 357
bicycle · · · · · · · · · · · · · · · · · 76	곤충의 종류 · · · · · · · · · · · · · 377
새의 종류 · · · · · · · · · · · · · · · · · 77	kitchen · · · · · · · · · · · · · · · 400
body · · · · · · · · · · · · · · · · · 84	leg · · · · · · · · · · · · · · · · · 412
곡류 · · · · · · · · · · · · · · · · · 121	lines · · · · · · · · · · · · · · · · · 420
chairs · · · · · · · · · · · · · · · · · 122	금속의 종류 · · · · · · · · · · · · · 449
classroom · · · · · · · · · · · · · 134	직업의 종류 · · · · · · · · · · · · · 493
clothes · · · · · · · · · · · · · · · · · 138	planets · · · · · · · · · · · · · · · 537
color · · · · · · · · · · · · · · · · · 142	sea · · · · · · · · · · · · · · · · · 629
세계의 대륙 · · · · · · · · · · · · · 160	shapes · · · · · · · · · · · · · · · 646
cook · · · · · · · · · · · · · · · · · 163	스포츠의 종류 · · · · · · · · · · · · 686
cut · · · · · · · · · · · · · · · · · 180	stationary · · · · · · · · · · · · · 695
eye · · · · · · · · · · · · · · · · · 258	학과, 과목 · · · · · · · · · · · · · 709
finger · · · · · · · · · · · · · · · · · 275	swimming · · · · · · · · · · · · · 722
first aid kit · · · · · · · · · · · · · 277	tools · · · · · · · · · · · · · · · · · 756
fish · · · · · · · · · · · · · · · · · 275	수송기관 · · · · · · · · · · · · · · · 763
flight · · · · · · · · · · · · · · · · · 281	tree · · · · · · · · · · · · · · · · · 764
꽃의 종류 · · · · · · · · · · · · · · · · · 282	채소의 종류 · · · · · · · · · · · · · 789

Aa

A, a[1] [éi 에이] 명 (복수 **A's, a's** [-z]) **1** 에이 《영어 알파벳의 첫째 글자》
2 (혈액형의) A형
3 【음악】 가 음(音), 가 조(調)
4 〔대문자 **A**로〕 《미》 (학업 성적의) A: straight〔all〕 A's 올 에이

a[2] [éi (강) 에이, ə (약) 어] 《부정관사》 **1** (막연히) **하나의**, 한 개의, 한 사람의 (보통 한국어로는 해석하지 않는다): This is *a* book. 이것은 책이다/ He is *a* doctor. 그는 의사다/ There is *a* book on the desk. 책상 위에 책이 (한 권) 있다
2 〔one의 뜻을 강조하여〕 **하나의**, 한 사람의: in *a* word 한마디로/ Rome was not built in *a* day. 《속담》 로마는 하루 아침에 이루어지지 않았다
3 〔어떤 종류의 전체를 나타내어〕 **…라는 것**, 모든 …: *A* dog is faithful. 개는 충직하다 (《구어》에서는 흔히 Dogs are faithful.이라고 한다)
4 〔단위를 나타내는 낱말에 붙여〕 **…당, …마다**, …에(per): We have three meals *a* day. 우리는 하루에 세 번 식사를 한다
5 〔고유명사에 붙여〕 …가문의 사람; …의 작품; …라는 사람: *a* Kennedy 케네디 가문의 사람/ It is *a* Picasso. 그것은 피카소의 작품이다/ *A* Mr. Smith came to see you. 스미스씨라는 분이 당신을 찾아왔습니다
6 〔보통 of a …의 형태로〕 **같은**, 동일한: We are *of an* age. 우리는 동갑이다/ Birds *of a* feather flock together. 《속담》 깃털이 같은 새들은 함께 모인다; 유유상종

문법 a와 an의 위치
(1) 명사 앞에 형용사나 부사 같은 수식어구가 올 때 a, an은 그 수식어 앞에 온다: She is *a kind* girl. 그녀는 친절한 소녀다.
(2) 명사 앞에 half, many, quite, rather, such, what 등이 올 때 a, an은 그 뒤에 온다: It lasted for *half an* hour. 그것은 30분 동안 계속되었다/ I never saw *such a* sight. 나는 그런 광경을 본 적이 없다.
(3) 명사를 수식하는 형용사에 as, how, so, too 등이 올 때 a, an은 그 형용사 뒤에 온다: I've never seen *so clever a* boy. 나는 그렇게 영리한 소년을 본 적이 없다.

a. 《약어》 adjective 형용사
ab·a·cus [ǽbəkəs 애버커쓰] 명 (복수 **abacuses** [-iz]) 주판
a·ban·don [əbǽndən 어밴던] 동 (3단현 **abandons** [-z]; 과거·과거분사 **abandoned** [-d]; 현재분사 **abandoning**) 타 (사람·지위 등을) **버리다**; (계획·습관 등을) **그만두다**, 단념하다(give up): He *abandoned* all his hope. 그는 모든 희망을 버렸다/ We *abandoned* the idea of a picnic. 우리는 소풍갈 생각을 그만두었다
a·bate [əbéit 어베잇] 동 (현재분사 **abating**) 타 자 …을 줄이다; 줄다
ab·bey [ǽbi 애비] 명 대성당, 대사원
ab·bre·vi·ate [əbríːvièit 어브뤼-V이에잇] 동 (3단현 **abbreviates** [-ts]; 과거·과거분사 **abbreviated** [-id]; 현재분사 **abbreviating**) 타 (낱말을) 줄여 쓰다,

생략하다, 단축하다: 'United Nations' is commonly *abbreviated* to 'UN'. United Nations는 보통 UN으로 줄여 쓴다

ab·bre·vi·a·tion [əbrìːviéiʃən 어브뤼-V이에이션] 명 약어, 생략

ABC [éibíːsíː 에이비-씨-] 명 (복수 **ABC's** [-z]) **1** 알파벳(alphabet) **2** [**the**를 붙여] 초보, 입문: *the ABC of economics* 경제학 입문

ab·hor [æbhɔ́ːr 앱호-r] 동 (3단현 **abhors** [-z]; 과거·과거분사 **abhorred** [-d]; 현재분사 **abhorring** [-hɔ́ːriŋ]) 타 …을 매우 싫어하다

a·bide [əbáid 어바이드] 동 (3단현 **abides** [-dz]; 과거·과거분사 **abode** [əbóud], **abided** [-id]; 현재분사 **abiding**) 타 [부정문·의문문에서] 참다, 견디다: I c*an't abide* his manner. 그의 태도는 참을 수가 없다
abide by (규칙·결정 등을) 지키다, 따르다(keep): The players must *abide by* the rules. 선수들은 규칙에 따라야 한다

☆**a·bil·i·ty** [əbíləti 어빌러티 → 어빌러리] 명 (복수 **abilities** [-z]) **1 할 수 있음, 능력**: a man of *ability* 능력 있는 사람/ He has the *ability* to do this job. 그는 이 일을 할 수 있는 능력이 있다
2 [종종 복수형으로] 수완, 재능: natural *abilities* 천부적인 재능/ musical *abilities* 음악적 재능

☆**a·ble** [éibl 에이브을] 형 (비교급 **abler**; 최상급 **ablest**) **1 …할 수 있는**(반 unable …할 수 없는); [**be able to** do의 형태로] **…할 수 있다** (can): The baby *is able to* walk. (= The baby *can* walk.) 그 아기는 걸을 수 있다/ I will *be able to* work out the problem. 나는 그 문제를 해결할 수 있을 것이다/ He *was able to* swim across the river. 그는 강을 헤엄쳐 건널 수 있었다

쓰임새 **be able to**와 **can**
(1) be able to와 can은 둘 다 「…할 수 있다」의 뜻을 나타내지만, can은 미래형이 없고, 다른 조동사와 함께 쓸 수 없으므로 미래를 나타낼 때는 will be able to를 쓴다.
(2) can의 과거형 could를 쓰면 가정법과 혼동할 수 있으므로 「…할 수 있었다」의 뜻을 분명히 나타낼 때에는 was [were] able to를 쓴다.

2 유능한, 솜씨가 있는: He is an *able* teacher. 그는 유능한 교사다

ab·nor·mal [æbnɔ́ːrməl 앱노-r머얼] 형 비정상의, 이상한(반 normal 정상의)

a·board [əbɔ́ːrd 어보-r드] 부 배로[에]; 승선하여; 《미》 기차[버스, 비행기]를 타고: All *aboard*! 《미》 여러분 타십시오, 발차합니다!
── 전 (배·열차·버스·비행기를) 타고: We climbed *aboard* the bus. 우리들은 그 버스에 탔다

a·bode¹ [əbóud 어보우드] 동 abide(참다)의 과거·과거분사형의 하나

a·bode² [əbóud 어보우드] 명 **1** 주소, 주거 **2** 거주, 체류

a·bol·ish [əbáliʃ 어발리쉬] 동 (3단현 **abolishes** [-iz]) 타 (제도·법률 등을) 폐지하다

a·bo·li·tion [æbəlíʃən 애벌리션] 명 철폐, 폐지

A-bomb [éi-bàm 에이밤] 명 원자 폭탄 (atomic bomb)

a·bom·i·na·ble [əbámənəbl 어바머너브을] 형 **1** 지긋지긋한, 참으로 싫은 **2** (날씨 등이) 지독한

a·bom·i·na·tion [əbàmənéiʃən 어바머네이션] 명 **1** 질색, 혐오 **2** 매우 혐오스러운 것

a·bound [əbáund 어바운드] 동 (3단현 **abounds** [-dz]; 과거·과거분사 **abounded** [-id]; 현재분사 **abounding**) 자 **1** (물건·동물이 …에) 많이 있다

(in): Fish *abound in* this river. 이 강에는 물고기가 많다
2 (장소 등에 …이) 많다 《in, with》: This meadow *abounds in*〔with〕 frogs. 이 풀밭에는 개구리가 많다

a·bout [əbáut 어바웃] 〖전〗 **1** …에 대하여〔대한〕, …에 관하여: a novel *about* the Civil War 남북 전쟁에 대한 소설/ I'll have to think *about* that. 그것에 대해서 생각해봐야만 한다/ I know all *about* it. 그것에 대하여는 다 알고 있다
2 …에는, …의 신변에: There is something strange *about* him. 그에게는 뭔가 이상한 점이 있다/ I have no money *about* me. 나는 가진 돈이 없다
3 《영》 …의 여기저기에〔로〕, …부근에〔으로〕 (🔖《미》 around): They walked *about* the town. 그들은 시내 여기저기를 걸어다녔다
4 …에 종사하여: What are you *about*? 당신은 무슨 일을 하고 있습니까?
── 〖부〗 **1** 약…, 대략; 거의: *about* a month 약 1개월 / It's *about* six (o'clock). 6시쯤 됐다/ I study *about* two hours every day. 나는 매일 약 2시간씩 공부한다/ Dinner is *about* ready. 저녁이 거의 준비되었다

〖쓰임새〗 almost나 nearly는 약간 밑도는, about는 그 전후를 가리킨다.

almost, nearly　　about

2《영》주위에, 근처에 (🔖《미》 around): There is nobody *about*. 주위에 아무도 없다
3 이리 저리로, …하고 돌아다니는: We walked *about* in the park. 우리는 공원을 이곳 저곳 걸어다녔다
be about to *do* 막 …하려고 하다: We *are about to* start. 우리는 막 출발하려는 참이다

a·bove [əbʌ́v 어바v°] 〖전〗 **1** …의 위에〔로〕 (반 below …의 아래에): 1,600m *above* sea level 해발 1,600미터/ The airplane is flying *above* the clouds. 비행기는 구름 위를 날고 있었다/ We saw the moon *above* the hill. 우리는 언덕 위의 달을 보았다

〖유의어〗 위에
　　above는 어떤 물건의 위쪽에 있는 것을, **on**은 표면에 접촉하고 있는 것을 나타낸다. **over**는 「떨어져서 위에」 또는 「(뒤덮듯이) 위에」를 나타낸다.

2 …의 상류에〔의〕 (반 below …의 하류에): The waterfall is two miles *above* the bridge. 폭포는 그 다리에서 2마일 상류에 있다
3 〔수량·정도를 나타내어〕 …이상의: *above* the average 평균 이상/ The weight is *above* a ton. 무게는 1톤이 넘는다
4 (지위·신분 등이) …보다 윗자리에〔의〕; …보다 뛰어나: A major is *above* a captain. 소령이 대위보다 지위가 더 높다/ Health is *above* wealth. 《속담》건강은 부(富)보다 낫다
5 (능력 등이) 미치지 못하는: The book is *above* me〔my understanding〕. 그 책은 어려워서 이해가 안 된다

above all (thing) 특히, 무엇보다도: *Above all*, take care of yourself. 무엇보다도 몸조심하십시오
──[부] **1** **위쪽에〔으로〕**(반) below 아래에); 위층에; 상류에: Look at the moon *above*. 달을 쳐다보세요/ My room is just *above*. 내 방은 바로 위다
2 (수량이) …보다 많이: persons of 18 and *above* 18세 이상의 사람들
3 …앞에서: as (is) mentioned *above* 앞서 말한 대로
──[형] 위에서 말한, 상기(上記)의: the *above* instance 위의 예

A·bra·ham [éibrəhæ̀m 에이브뤄햄] [명] 【성서】 아브라함 《이스라엘 민족의 시조》

a·bridge [əbrídʒ 어브뤼쥐] [동] (현재분사 **abridging**) [타] **1** (서적·이야기 등을) 요약하다 **2** (기간·범위 등을) 단축하다

*__a·broad__ [əbrɔ́ːd 어브라-드] [부] **1** **외국에서〔으로〕**, 해외에서〔로〕: live *abroad* 외국에 살다/ He came back from *abroad*. 그는 외국에서 돌아왔다/ She wants to go *abroad*. 그녀는 외국에 가고 싶어한다

> 〔쓰임새〕 go to school처럼 abroad를 명사로 생각해서 go to abroad라 생각하기 쉬운데 abroad는 부사로서 「외국에서〔으로〕」라는 뜻이기 때문에 전치사 to를 쓰면 안 된다.

2 널리, 사방에; (소문 등이) 퍼져: A rumor is *abroad* that she has gone bankrupt. 그녀가 파산했다는 소문이 퍼졌다
【broad(널리)라는 뜻에서】

ab·rupt [əbrʌ́pt 어브롭트] [형] **1** 갑작스러운, 돌연한, 뜻밖의(sudden): an *abrupt* death 급사
2 무뚝뚝한, 퉁명스런

ab·rupt·ly [əbrʌ́ptli 어브롭틀리] [부] **1** 갑자기(suddenly) **2** 무뚝뚝하게

*__ab·sence__ [ǽbsns 앱슨쓰] [명] (복수 **absences** [-iz]) **1** **결석**, 결근(반) presence 출석); 부재(不在): several *absences from* school 수 차례의 결석/ Lucy came in your *absence*. 네가 없는 동안에 루시가 왔었다
2 (…이) 없음, 결핍(lack): *absence* of order 무질서

ab·sent [ǽbsnt 앱슨트] [형] **1 **결석의**, 결근의, 부재의(반) present 출석한): I was *absent from* school today. 나는 오늘 결석했다
2 멍한, 방심한
──[타] [**absent** oneself **from**의 형태로] **결석하다**: He often *absent himself from* school. 그는 종종 결석한다

ab·sent-mind·ed [ǽbsnt-máindid 앱슨트마인디드] [형] 방심 상태의, 멍하니 있는

ab·so·lute [ǽbsəluːt 앱썰루-트] [형] **1** 완전한, 순전한: an *absolute* lie 새빨간 거짓말
2 절대의, 절대적인(반) relative 상대적인): *absolute* truth 절대적 진리
3 (왕권·정부 등이) 독재적인: *absolute* power 독재 권력

*__ab·so·lute·ly__ [ǽbsəlùːtli 앱썰루-웃'을리] [부] **1** **절대적으로**, 전적으로: He is *absolutely* right. 그는 절대적으로 옳다
2 《구어》 그렇고말고

〔회화〕
A: Will he come to the party?
그는 파티에 올까?
B: *Absolutely*.
그렇고말고

ab·sorb [əbzɔ́:rb 업ZO-r브] 동 (3단현 absorbs [-z]; 과거·과거분사 absorbed [-d]; 현재분사 absorbing) 타 **1** (물 등을) **흡수하다**, 빨아들이다: A sponge *absorbs* water. 스펀지는 물을 흡수한다
2 (시간·주의 등을) 빼앗다: The task *absorbed* all my time. 그 일 때문에 모든 시간을 빼앗겼다
be absorbed in …에 몰두하다: He *is absorbed in* his business. 그는 사업에 몰두하고 있다

ab·sorp·tion [əbzɔ́:rpʃən 업ZO-r션] 명 **1** 흡수(작용) **2** 열중, 몰두 (in)

ab·stain [əbstéin 업스테인] 자 (술 등을) 절제하다, 끊다

ab·stract [æbstrǽkt 앱스츄랙트] 형 추상적인(반 concrete 구체적인): an *abstract* noun 추상 명사 / an *abstract* idea 추상적인 생각

ab·surd [əbsə́:rd 업써-r드] 형 불합리한, 모순된; 어리석은(foolish): an *absurd* idea〔opinion〕터무니없는 생각〔의견〕

a·bun·dance [əbʌ́ndəns 어반던쓰] 명 다수, 다량; 풍부: an *abundance* of natural resources 풍부한 천연 자원

a·bun·dant [əbʌ́ndənt 어반던트] 형 많은, 풍부한: an *abundant* harvest 풍작 / This region is *abundant* in natural resources. 이 지역은 천연 자원이 풍부하다

a·bun·dant·ly [əbʌ́ndəntli 어반던틀리 → 어반던'을리] 부 많이, 풍부하게

a·buse [əbjúːs 어뷰-쓰] 명 (복수 abuses [-iz]) **1** 남용, 악용, 오용 **2** 학대, 혹사 **3** 욕설
—— [əbjúːz 어뷰-z으] 동 (현재분사 abusing) 타 **1** (권력·지위 등을) 남용〔악용, 오용〕하다 **2** (동물 등을) 학대하다 **3** 욕하다

a·ca·cia [əkéiʃə 어케이샤] 명 【식물】 아카시아 (나무)

ac·a·dem·ic [æ̀kədémik 애커데믹] 형 **1** 학원의, 대학의: an *academic* degree 학위
2 학문적인, 학구적인

a·cad·e·my [əkǽdəmi 어캐더미] 명 (복수 academies [-z]) **1** **학교, 학원**(學院) (각종 사립 학교): an *academy* of music 음악 학교
2 협회, 학회; 학술원
【철학자 플라톤(Plato)이 제자들을 가르친 정원 이름에서】

ac·cel·er·ate [æksélərèit 액쎌러뤠잇] 동 (현재분사 accelerating) 타 자 **1** …을 촉진하다 **2** (차 등의) 속력을 빠르게 하다; 속도가 빨라지다

ac·cel·er·a·tor [æksélərèitər 액쎌러뤠이러r] 명 (자동차의) 가속 페달, 엑셀러레이터: step on *accelerator* 가속 페달을 밟다

ac·cent [ǽksent 액쎈트] 명 (복수 accents [-ts]) **1** 【음성】 **악센트, 강세** (stress); 악센트 부호 (´이나 `): the primary〔secondary〕 *accent* 제1〔제2〕악센트

> 문법 > 악센트
> 영어에서 단어를 발음할 때 어떤 곳을 높이거나 힘주어 발음하는 것을 악센트라 한다. 악센트는 반드시 모음자 위에 악센트 부호를 붙여서 나타낸다.

2 억양, 어조(語調); (지방·외국) 사투리, 말투: He speaks English with a French *accent*. 그는 프랑스 억양으로 영어를 말한다
3 강조 (on)

ac·cept [æksépt 액쎕트] 동 (3단현 accepts [-ts]; 과거·과거분사 accepted [-id]; 현재분사 accepting) 타 **1** (선물 등을) **받다**; (초대·제안 등을) 수락하다 (반 refuse 거절하다): *accept* a gift 선물을 받다 / I didn't *accept* his invitation. 나는 그의 초대를 받아들이지 않았다

유의어 받다

receive는 받는 사람의 동의나 승낙의 유무와는 상관없이 주어진 것이나 배부된 것을 받다. **accept**는 선물이나 제안 등을 기꺼이 받아들이다.

receive　　accept

2 …을 인정하다(admit): She *accepted* her own mistake. 그녀는 자신의 실수를 인정했다

ac·cept·a·ble [əkséptəbl 액쎕터브ㄹ] 형 (제안 등이) 받아들일 수 있는; (선물 등이) 마음에 드는

ac·cept·ance [əkséptəns 액쎕턴쓰] 명 **1** 받아들임, 수락(반 refusal 거절) **2** 용인, 승인

ac·cess [ǽkses 액쎄쓰] 명 접근; 접근방법〔권리〕

ac·ces·si·ble [əksésəbl 액쎄써브ㄹ] 형 (장소·사람 등이) 접근하기 쉬운

*****ac·ces·so·ry** [əksésəri 액쎄써뤼] 명 (복수 **accessories** [-z]) [보통 복수형으로] **액세서리**, 장신구, 부속품

참고 액세서리

우리는 장신구만을 액세서리라 하지만, 영어에서는 모자, 장갑, 벨트, 핸드백 등도 액세서리라 한다.

accessory

*****ac·ci·dent** [ǽksədənt 액써던ㅌ] 명 (복수 **accidents** [-ts]) **1 사고**, 탈, 재난(incident): a railroad *accident* 철도 사고 **2** 우연(한 일), 뜻밖의 일

by accident 우연히(반 on purpose 고의로): I met her *by accident*. 나는 그녀를 우연히 만났다

ac·ci·den·tal [æ̀ksədéntl 액써덴틀] 형 우연한: an *accidental* death 사고사(死)

ac·ci·den·tal·ly [æ̀ksədéntəli 액써덴털리] 부 우연히

ac·com·mo·date [əkάmədèit 어카머데잇] 동 (3단현 **accommodates** [-ts]; 과거·과거분사 **accommodated** [-id]; 현재분사 **accommodating**) 타 **1** (돈 등을) 융통〔공급〕해 주다: He *accommodated* me *with* money. 그는 나에게 돈을 빌려 주었다

2 (손님을) 숙박시키다; (사람을) 수용하다: This room can *accommodate* twenty people. 이 방은 20명을 수용할 수 있다

ac·com·mo·da·tion [əkὰmədèiʃən 어카머데이션] 명 (복수 **accommodations** [-z]) **1** 숙박〔수용〕 설비: The hotel has good *accommodation*. 그 호텔은 설비가 좋다

2 편의, 보살핌

ac·com·pa·ni·ment [əkʌ́mpənimənt 어캄퍼니먼ㅌ] 명 **1** 부속물, 딸린 것 **2**【음악】반주

*****ac·com·pa·ny** [əkʌ́mpəni 어캄퍼니] 동 (3단현 **accompanies** [-z]; 과거·과거분사 **accompanied** [-d]; 현재분사 **accompanying**) 타 **1** (사람이) …와 **함께 가다**, 동반하다: We *accompanied* the guest *to* the door. 우리는 손님을 문까지 전송했다

2 …와 동시에 일어나다: Fever often *accompanies* a cold. 감기는 흔히 열을 동반한다

3【음악】반주를 하다

***ac·com·plish** [əkámpliʃ 어캄플리쉬] 동 (3단현 **accomplishes** [-iz]; 과거·과거분사 **accomplished** [-t]; 현재분사 **accomplishing**) 타 (일·목표 등을) **이루다**, 완성하다: He finally *accomplished* the work. 그는 마침내 그 일을 완성했다

ac·com·plish·ment [əkámpliʃmənt 어캄플리쉬먼트] 명 **1** 성취, 완성 **2** 성과, 업적

***ac·cord** [əkɔ́ːrd 어코-r드] 동 (3단현 **accords** [-dz]; 과거·과거분사 **accorded** [-id]; 현재분사 **according**) 자 **일치[조화]하다**: His deeds do not *accord with* his words. 그의 행동은 말과 일치하지 않는다
——명 (의견 등의) 일치
in accord with … …와 일치하여: My opinion is *in accord with* his. 나의 의견은 그의 의견과 일치하고 있다

***ac·cord·ing** [əkɔ́ːrdiŋ 어코-r딩] 부 (다음 숙어로)
according as … …에 따라서 (as 뒤에는 절이 온다): *According as* the demand increase, prices go up. 수요가 늘어남에 따라 물가는 오른다
according to … …에 따르면; …에 따라 (to 뒤에는 명사가 온다): *according to* his account 그의 이야기에 따르면/ He has done his work *according to* the plan. 그는 그의 계획대로 일을 처리했다

ac·cord·ing·ly [əkɔ́ːrdiŋli 어코-r딩리] 부 따라서, 그러므로(therefore)

ac·cor·di·on [əkɔ́ːrdiən 어코-r디언] 명 아코디언, 손풍금

accordion

***ac·count** [əkáunt 어카운트] 명 **1** (금전의) **계산, 셈**; 계산서, 청구서: pay an *account* 셈을 치르다/ Please send us an *account*. 청구서를 보내 주십시오
2 거래 (관계); (예금) 계좌: open an *account* with …와 거래를 트다
3 (사건·경험 등에 대한) 이야기, 말; 설명; 기사(記事): Give us a true *account* of the accident. 우리에게 그 사고의 진상을 이야기해 주시오
4 원인, 이유(reason): on that[this] *account* 그[이] 때문에
on account of … **…때문에**(owing to): The train was late *on account of* a heavy snowfall. 폭설 때문에 열차가 늦어졌다
take into account … …을 고려하다
——동 (3단현 **accounts** [-ts]; 과거·과거분사 **accounted** [-id]; 현재분사 **accounting**) 자 **…을 설명하다** (**for**): I will *account for* the incident. 내가 그 사건에 대해 설명하겠다

ac·count·ant [əkáuntənt 어카운턴트] 명 회계원, 회계사

ac·cu·mu·late [əkjúːmjulèit 어큐-뮬레잇] 동 (현재분사 **accumulating**) 타 (부·재산을) 모으다, 축적하다

ac·cu·mu·la·tion [əkjùːmjuléiʃən 어큐-뮬레이션] 명 축적, 누적

ac·cu·ra·cy [ǽkjərəsi 애큐어뤄씨] 명 정확함, 정밀함

***ac·cu·rate** [ǽkjurət 애큐륏] 형 (비교급 **more accurate**; 최상급 **most accurate**) **정확한**, 틀림없는: My watch is *accurate*. 내 시계는 정확하다

ac·cu·rate·ly [ǽkjurətli 애큐륏리 → 애큐륏'을리] 부 정확하게(exactly), 정밀하게: The child read the figures *accurately*. 그 아이는 숫자를 정확하게 읽었다

ac·cu·sa·tion [æ̀kjuzéiʃən 애큐Z에이션] 명 **1** 고발, 고소 **2** 비난

***ac·cuse** [əkjúːz 어큐-z으] 동 (3단현 **accuses** [-iz]; 과거·과거분사 **accused** [-id]; 현재분사 **accusing**) 타 **1 …을 고발하다**, 고소하다: He was *accused of* stealing. 그는 절도죄로 고발당했다

2 …을 비난하다(blame), 나무라다: They *accused* the man *of* taking bribes. 그들은 그가 뇌물을 받았다고 비난했다

*__ac·cus·tom__ [əkʌ́stəm 어카스텀] 통 (3단현 __accustoms__ [-z]; 과거·과거분사 __accustomed__ [-d]; 현재분사 __accustoming__) 타 …을 **익숙하게 하다**, 습관을 들이다: She did not *accustomed* herself to her surroundings. 그녀는 환경에 익숙해지지 않았다

be [become, get] accustomed to …에 익숙해지다: She is *accustomed to* getting up early. 그녀는 일찍 일어나는 것에 익숙해져 있다

__ace__ [éis 에이쓰] 명 **1** (카드의) 에이스 **2** 최우수 선수, 에이스

*__ache__ [éik 에익] 통 (3단현 __aches__ [-s]; 과거·과거분사 __ached__ [-t]; 현재분사 __aching__) 자 **아프다**, 쑤시다: My head *aches*. 머리가 아프다

—— 명 아픔(pain), 쑤심 (📝 합성어로 많이 쓰임): head*ache* 두통/ tooth*ache* 치통

*__a·chieve__ [ətʃíːv 어취-v으] 통 (3단현 __achieves__ [-z]; 과거·과거분사 __achieved__ [-d]; 현재분사 __achieving__) 타 **1** …을 **이루다**(accomplish), 성취하다: We *achieved* our goal. 우리는 우리의 목표를 달성했다

2 …을 얻다, 획득하다(gain, obtain): *achieve* victory 승리를 거두다

*__a·chieve·ment__ [ətʃíːvmənt 어취-V으먼트] 명 **1** **업적**, 공적, 위업; (학생의) 학력: an *achievement* test 학력 평가

2 성취, 달성: the *achievement* of peace 평화의 달성

__A·chil·les__ [əkíliːz 어킬리-z으] 명 〖그리스신화〗 아킬레스 《호머(Homer) 작 일리아드(Iliad) 중의 그리스 영웅》

__*Achilles' heel*__ 아킬레스의 발뒤꿈치; (사람의) 약점

[참고] 아킬레스의 발뒤꿈치

아킬레스의 어머니는 그녀의 아들을 불사신으로 만들기 위해 저승의 강에 그를 담갔지만 발목을 잡고 있어서 그 곳만이 물에 젖지 않아 유일한 약점이 되고 말았다. 훗날 트로이 전쟁에 참전한 아킬레스는 발뒤꿈치에 화살을 맞아 죽었다고 한다.

*__ac·id__ [ǽsid 애씨드] 형 **1** 〖화학〗 **산(성)의**: *acid* rain 산성비

2 신(sour), 신맛이 나는

—— 명 〖화학〗 **산(酸)** (반 alkali 알칼리)

__ac·knowl·edge__ [əknɑ́lidʒ 억날리쥐] 통 (3단현 __acknowledges__ [-iz]; 과거·과거분사 __acknowledged__ [-d]; 현재분사 __acknowledging__) 타 **1** …을 인정하다, 시인하다: He *acknowledged* his fault. 그는 자기의 잘못을 시인했다

2 (친절 등에) 감사하다

__ac·knowl·edg·ment__ [əknɑ́lidʒmənt 억날리쥐먼트] 명 **1** 인정, 승인 **2** 사례, 감사; 감사의 표시

__a·corn__ [éikɔːrn 에이코-r언] 명 도토리 (📝 오크나무(oak)의 열매)

__ac·quaint__ [əkwéint 어크웨인트] 통 (3단현 __acquaints__ [-ts]; 과거·과거분사 __acquainted__ [-id]; 현재분사 __acquainting__) 타 …을 알리다: She *acquainted* me *with* the news. 그녀는 그 소식을 내게 알려주었다

be acquainted with …와 아는 사이다: I *am* well *acquainted with* her. 나는 그녀를 잘 알고 있다

__ac·quaint·ance__ [əkwéintəns 어크웨인턴쓰] 명 **1** 아는 사람〔사이〕 (📝 친하지는 않고 그저 일 관계 등으로 아는): He is not a friend, only an *acquaintance*. 그

는 친구라고 할 정도는 아니어도 안면은 있다

2 알고 있음, 면식: I have no *acquaintance* with her. 나는 그녀를 모른다

3 지식: I have some *acquaintance* with modern music. 나는 현대 음악을 조금 알고 있다

***ac·quire** [əkwáiər 어크와이어r] 동 (3단현 **acquires** [-z]; 과거·과거분사 **acquired** [-d]; 현재분사 **acquiring** [-wáiəriŋ]) 타 **1** (재산·권리 등을) **취득하다**: He *acquired* a large fortune. 그는 많은 재산을 취득했다

2 (지식 등을) **얻다**, 습득하다; (습관 등을) 몸에 익히다: *acquire* a foreign language 외국어를 습득하다 / He has *acquired* a bad habit. 그는 나쁜 버릇이 들고 말았다

ac·quired [əkwáiərd 어크와이어rㄷ] 형 획득한, 습득한; 후천적인(반 innate 선천적인)

ac·qui·si·tion [ækwəzíʃən 애크워Z이션] 명 **1** 획득, 습득 **2** 취득물

a·cre [éikər 에이커r] 명 (복수 **acres** [-z]) 에이커 (면적의 단위; 약 4,047 평방 미터)

ac·ro·bat [ǽkrəbæt 애크뤄뱉] 명 곡예사

*****a·cross** [əkrɔ́ːs 어크롸-ㅆ] 전 **1** …을 **가로질러**, 건너서 (「…을 따라서」는 along): He walked *across* the road. 그는 길을 가로질러 걸어갔다

2 …**의 건너편에**: They live *across* the river. 그들은 강 건너편에 산다

── 부 **1** 가로질러, 맞은편에: Can you swim *across*? 당신은 헤엄쳐서 건널 수 있습니까?

2 교차하여: He stood with his arms *across*. 그는 팔짱을 끼고 서 있었다

3 지름[직경]으로; 폭이 …인: The lake is five miles *across*. 그 호수는 지름이 5마일이다 (약 8km)

across from …의 맞은편에: The post office is just *across from* the store. 우체국은 저 가게 바로 맞은편에 있다

come across …와 우연히 마주치다 ⇒ come 숙어

*****act** [ǽkt 액트] 명 (복수 **acts** [-ts]) **1** 행위, 짓: an *act* of kindness 친절한 행위 / a foolish *act* 어리석은 짓

2 법령, 조례(條例) (의안(bill)이 국회에서 가결된 것)

3 (연극의) 막: a one-*act* play 단막극 / *Act* I, Scene ii 1막 2장

in the (very) act of doing …하고 있는 현장에서: He was caught *in the (very) act of stealing*. 그는 도둑질하는 현장에서 체포되었다

── 동 (3단현 **acts** [-ts]; 과거·과거분사 **acted** [-id]; 현재분사 **acting**) 자 **1** 행동하다, 행하다: The police *acted* quickly. 경찰은 신속히 행동을 취했다

2 직무를 맡아 보다: *act* as chairman 의장의 일을 맡아 보다

3 (기계가) 작동하다; (약 등이) 듣다: This medicine *acts* well. 이 약은 잘 듣는다

── 타 **1** …을 하다, 행하다(do)

2 …을 연기하다, (역을) 맡아 하다; (극을) 상연하다: He *acted* (the part of) Hamlet. 그는 햄릿 역을 했다

act on [upon] (1) …에 작용하다(influence): Alcohol *acts on* the brain. 알코올은 뇌에 영향을 미친다

(2) (주의·충고 등에) 따라 행동하다: I will *act on* your advice. 나는 너의 충고

에 따라 행동하겠다

ac·tion [ǽkʃən 액션] 몡 (복수 **actions** [-z]) **1 행동**, 활동, 실행: a man of *action* 활동가/ Now is time for *action*. 지금이야말로 행동할 때다

2 (힘·약품 등의) 작용; 기능; (기계 등의) 작동: the *action* of heat 열의 작용/ chemical *action* 화학 작용

3 (배우의) 연기, 액션

4 【법】 소송(suit)

in action 활동하여; (기계 등이) 작동하여: The machine is *in* good *action*. 그 기계는 작동이 잘 되고 있다

take action 조치를 취하다

ac·tive [ǽktiv 액티V으] 혱 **1 활동적인**, 활발한; 적극적인(맨 passive 소극적인): an *active* life 활동적인 생활/ He is very *active*. 그는 매우 활동적이다

2 활동 중인: an *active* volcano 활화산

3 【문법】 능동태의(맨 passive 수동태의): the *active* voice 능동태

ac·tive·ly [ǽktivli 액티V으리] 부 활발히; 적극적으로

ac·tiv·i·ty [æktívəti 액티V어티 → 액티V어리] 명 (복수 **activities** [-z]) **1 활동**(action); 활발, 활기: mental *activity* 정신 활동/ with *activity* 활발히

2 〔종종 복수형으로〕 (여러 가지) 활동, 활약: social〔diplomatic〕 *activities* 사회〔외교〕활동

ac·tor [ǽktər 액터r] 명 (복수 **actors** [-z]) **배우**, 남자 배우(맨 actress 여배우): a film *actor* 영화 배우

ac·tress [ǽktris 액츄뤼ㅆ] 명 (복수 **actresses** [-iz]) **여배우**(맨 actor 남자 배우)

ac·tu·al [ǽktʃuəl 액츄어얼] 혱 〔명사 앞에만 쓰여〕 **1 현실의**, 실제의: an *actual* income 실수입

2 현재의: the *actual* state 현상(現狀)

ac·tu·al·ly [ǽktʃuəli 액츄얼리] 부 **1 실제로**, 정말로: Did you *actually* see the accident? 그 사건을 실제로 보았느냐?

2 사실은, 실은(in fact): He looks a bit weak, but *actually* he is very strong. 그는 좀 약해 보이지만 실은 매우 튼튼하다

a·cute [əkjúːt 어큐-ㅌ] 혱 (비교급 **acuter**; 최상급 **acutest**) **1** (아픔 등이) **심한**, 격렬한(intense): (an) *acute* pain 심한 고통

2 (병이) 급성의(맨 chronic 만성의)

3 (통찰력 등이) 예리한(keen), 민감한: Dogs have an *acute* sense of smell. 개는 예리한 후각을 가지고 있다

4 예리한, 날카로운(sharp); 【수학】 예각의(맨 obtuse 둔각의): an *acute* angle 예각

A.D., AD [éidíː 에이디-] 명 기원〔서기〕…년 (⚠️「기원전」은 B.C.): *A.D.* 92 (= 92 *A.D.*) 서기 92년

> 쓰임새 **A.D.** (기원〔서기〕…년)
> (1) A.D.는 숫자 앞에 쓰는 것이 원칙이지만 미국에서는 뒤에도 쓴다.
> (2) 보통 A.D.는 서력(西曆) 1000년 이전의 연대에만 사용하므로 2015년과 같은 경우에는 사용하지 않는다.

【라틴어 Anno Domini (= in the year of our Lord (주께서 태어나신 이후에))】

ad [ǽd 애드] 명 (복수 **ads** [-dz]) 《구어》 광고 (⚠️ advertisement의 단축형): a want *ad* 구인〔구직〕 광고

ad. 《약어》 *ad*verb 부사

Ad·am [ǽdəm 애덤 → 애럼] 명 【성서】 아담 《구약성서에서 하나님이 처음으로 창조한 남자; 처는 이브(Eve)》

Adam's apple (남성 목의) 결후(結喉)

> 참고 **Adam's apple** (결후)
> 남성의 목에 불거져 있는 것을 Adam's Apple이라고 하는데, 이는 최초의 인류인 Adam과 Eve가 뱀의 꾀임에 빠져 금지된 열매를 삼키다 Adam은 목에 걸려 남자의 목이 불거졌다는 기독교 설화에서 유래됐다.

a·dapt [ədǽpt 어댑트] 통 (3단현 adapts [-ts]; 과거·과거분사 adapted [-id]; 현재분사 adapting) 타 **1** …에 적응(조화, 순응)시키다: They *adapted* themselves *to* the new life. 그들은 새로운 생활에 적응했다

2 (소설·극을) 개작(각색)하다: This book is *adapted* for children. 이 책은 아동용으로 개작한 것이다

ad·ap·ta·tion [æ̀dəptéiʃən 애덥테이션] 명 **1** 적응 **2** 개작, 각색

*****add** [ǽd 애드] 통 (3단현 adds [-dz]; 과거·과거분사 added [-id]; 현재분사 adding) 타 **1** …을 **더하다**, 보태다(반) subtract 빼다): add sugar *to* tea 홍차에 설탕을 넣다/ Three added *to* four make seven. 4 더하기 3은 7

add 1

2 …을 덧붙여 말하다: 'Don't hurry.' he *added*. '서두르지 마라'고 그는 덧붙였다

add to …을 늘리다(increase): This *adds to* the expense. 이것 때문에 비용이 늘어난다

ad·dict [ǽdikt 애딕트] 명 (약물 등의) 중독자: a drug *addict* 마약 중독자

***ad·di·tion** [ədíʃən 어디션] 명 **1** 부가, 추가; 부가물, 증가물 **2** 【수학】 덧셈(반) subtraction 뺄셈)

in addition 게다가, 그 위에: I paid ten dollars *in addition*. 게다가 나는 10달러를 더 지불했다

in addition to …에 더하여, 그 위에 더: He receives 5,000 dollars *in addition to* his salary. 그는 급료 외에 5,000달러를 더 받는다

ad·di·tion·al [ədíʃənəl 어디셔너얼] 형 부가된, 추가의: an *additional* charge 추가 요금

******ad·dress** [ədrés 어쥬뤠쓰] 명 (복수 addresses [-iz]) **1** 연설, 인사말: an opening(closing) *address* 개회(폐회)사

2 주소: What's your e-mail *address*? 이메일 주소가 어떻게 되세요?

> 참고 상대방의 주소를 물을 때 What's your address? (주소가 어디죠?)라고 하는 것은 경찰관 등이 사무적으로 묻는 것처럼 딱딱한 어감을 주므로 일반적으로는 Where do you live?를 많이 쓴다.

—— 통 (3단현 addresses [-iz]; 과거·과거분사 addressed [-t]; 현재분사 addressing) 타 **1** 연설하다: He stood up to *address* the crowd. 그는 군중에게 연설하기 귀하여 일어섰다

2 (편지 등의 겉봉에) 주소(성명)을 쓰다, …앞으로 편지를 쓰다: He *addressed* letter to his uncle. 그는 삼촌께 편지를 썼다

ad·e·quate [ǽdikwit 애디크윗 → 애리큇] 형 적당한, 충분한(enough): a salary *adequate to* support a family 가족을 부양할 만한 급료/ He is *adequate for*(*to*) the job. 그는 그 일에 적합하다

ad·e·quate·ly [ǽdikwitli 애디크위틀리 → 애리큇'을리] 부 적당하게, 충분하게

ad·here [ædhíər 애드히어r] 통 (3단현 adheres [-z]; 과거·과거분사 adhered [-d]; 현재분사 adhering [-híəriŋ]) 자 **1** (물건에) 들러붙다 **(to)**: Wax *adhered to* the finger. 초가 손가락에 묻었다

2 …에 집착하다, 고집하다 **(to)**: *adhere to* neutrality 중립을 지키다

a·dieu [ədjú: 어듀-] 감 안녕!

adj. 《약어》 *adjective* 형용사

ad·ja·cent [ədʒéisnt 어줴이슨트] 형 이웃의, 인접한

ad·jec·tive [ǽdʒiktiv 애쥑티v으] 명 【문법】형용사 (🔲 약어는 a., adj.)

> 문법 형용사
> 명사나 대명사를 수식하여 사람이나 사물의 성질, 크기 등을 나타내는 형용사는, 명사 바로 앞에서 명사를 꾸며 주는 제한적 용법과 be 동사 뒤에서 주어를 설명하는 계속적 용법이 있다: He is a *tall* boy. 그는 키가 큰 소년이다/ They are *happy*. 그들은 행복하다.

ad·join [ədʒɔ́in 어죠인] 동 (3단현 adjoins [-z]; 과거·과거분사 adjoined [-d]; 현재분사 adjoining) 타 …에 인접하다: Canada *adjoins* the U.S. 캐나다는 미국과 접해 있다

ad·journ [ədʒə́ːrn 어줘-r언] 타 (회의 등을) 휴회〔폐회〕하다; 연기하다

*ad·just** [ədʒʌ́st 어좌스트] 동 (3단현 adjusts [-ts]; 과거·과거분사 adjusted [-id]; 현재분사 adjusting) 타 …을 조절〔조정〕하다, 맞추다: *adjust* a radio (dial) 라디오(의 다이얼)을 맞추다

*ad·just·ment** [ədʒʌ́stmənt 어좌스트먼트] 명 1 (기계 등의) 조절, 조정(調整) 2 (의견 등의) 조정(調停)

ad·min·is·ter [ædmínistər 앳미니스터r] 동 (3단현 administers [-z]; 과거·과거분사 administered [-d]; 현재분사 administering [-mínistəriŋ]) 타 1 …을 관리〔운영〕하다: He *administers* the sales department. 그는 판매 부문을 관리하고 있다
2 (법률 등을) 집행하다

*ad·min·is·tra·tion** [ædmìnəstréiʃən 앳미니스츄뤠이션] 명 (복수 administrations [-z]) 1 경영, 관리, 운영(management)
2 통치, 행정; 〔종종 the Administration으로〕 《미》 정부, 내각: the civil *administration* 민정/ the Kennedy *Administration* 케네디 정부

ad·min·is·tra·tive [ædmínəstrèitiv 앳미니스츄뤠이티v으] 형 관리의, 경영상의; 행정상의: an *administrative* district 행정 구역

ad·min·is·tra·tor [ædmínəstrèitər 앳미니스츄뤠이터r → 앳미니스츄뤠이러r] 명 행정관; 관리자

ad·mi·ra·ble [ǽdmərəbl 앳머뤄브을] 형 훌륭한, 칭찬할 만한

ad·mi·ral [ǽdmərəl 앳머뤄을] 명 해군 대장, 해군 장성, 제독 (🔲 「육군 대장」은 general)

ad·mi·ra·tion [ædməréiʃən 앳머뤠이션] 명 1 감탄, 칭찬: I looked on him with *admiration*. 나는 감탄하여 그를 바라보았다
2 〔the를 붙여〕 칭찬의 대상

*ad·mire** [ædmáiər 앳마이어r] 동 (3단현 admires [-z]; 과거·과거분사 admired [-d]; 현재분사 admiring [-máiəriŋ]) 타 …을 감탄〔칭찬〕하다: We *admired* him *for* his courage. 우리는 그의 용기를 칭찬했다

ad·mis·sion [ædmíʃən 앳미션] 명 (복수 admissions [-z]) 1 입장, 입회, 입학: an *admission* ticket 입장권/ *Admission* free. 《게시》 입장 무료
2 입장료

*ad·mit** [ædmít 앳밋] 동 (3단현 admits [-ts]; 과거·과거분사 admitted [-id]; 현재분사 admitting) 타 1 …에 들어오게 하다, 입장〔입학〕을 허락하다: This ticket *admits* two persons. 이 표로 두 사람이 입장할 수 있다/ He was *admitted* to the club. 그는 그 클럽의 입회가 허락되었다

2 …을 인정하다: He *admitted* his mistake. 그는 자기의 실수를 인정했다

ad·mit·tance [ædmítəns 앳미턴쓰] 명 입장 허가, 입장: No *admittance*. 《게시》 (관계자 외) 입장 금지

ad·mon·ish [ædmániʃ 앳마니쉬] 동 (3단현 admonishes [-iz]; 과거·과거분

사 **admonished** [-t]; 현재분사 **admonishing**) 탄《문어》주의를 주다; 훈계하다, 타이르다: I *admonished* him not *to* go there. 나는 그에게 거기에 가지 마라고 충고했다

*__a·dopt__ [ədɑ́pt 어답트] 동 (3단현 **adopts** [-ts]; 과거·과거분사 **adopted** [-id]; 현재분사 **adopting**) 탄 **1** (의견·방법 등을) **채용〔채택〕하다**, 받아들이다: He *adopted* the new method. 그는 새로운 방법을 채택했다

2 …을 양자〔양녀〕로 삼다: He *adopted* the orphan. 그는 그 고아를 양자로 삼았다

a·dore [ədɔ́ːr 어도-r] 동 (현재분사 **adoring** [ədɔ́ːriŋ]) 탄 **1** (신을) 숭배하다, 받들다 **2**《구어》…을 아주 좋아하다

a·dorn [ədɔ́ːrn 어도-r언] 동 (3단현 **adorns** [-z]; 과거·과거분사 **adorned** [-d]; 현재분사 **adorning**) 탄 …을 꾸미다, 장식하다(decorate): *adorn* a room *with* flowers 방을 꽃으로 꾸미다

*__ad·ult__ [ədʌ́lt 어더얼트] 형 **어른의**; 성인용의: *adult* movies 성인용 영화
——명 **어른**, 성인 (🔖 일반적으로 미국에서는 21세 이상, 영국에서는 18세 이상을 가리킨다): *Adults* Only. 《게시》성인 전용

a·dul·ter·y [ədʌ́ltəri 어덜터뤼] 명 (복수 **adulteries** [-z]) 간통, 부정(不貞)

adv.《약어》*adv*erb 부사

*__ad·vance__ [ədvǽns 엇V앤쓰] 동 (3단현 **advances** [-iz]; 과거·과거분사 **advanced** [-t]; 현재분사 **advancing**) 탄 **1** …**을 나아가게 하다**, 전진시키다: *advance* troop 군대를 전진시키다 / *advance* the hour hand 시침을 앞으로 돌리다

2 (의견·요구 등을) 제출하다, 내다: *advance* an opinion 의견을 말하다

3 (일을) 진척시키다

4 승진시키다(promote): He was *advanced* to manager. 그는 지배인으로 승진했다

5 (시간·기일을) 앞당기다; (돈을) 선불하다: *advance* money *to* a person …에게 돈을 선불하다

——자 **1** (앞으로) **나아가다**; (시간이) 경과하다: The soldiers *advanced on* an enemy. 병사들은 적을 향해 진격했다

2 (지식·연구 등이) **진보〔향상〕하다** (in): He *advanced in* skill. 그는 기술이 향상됐다

3 승진하다, 출세하다

4 (값이) 오르다: Prices *advanced* rapidly. 물가가 급속히 올랐다

——명 **1** 〔보통 단수형으로〕 **전진**, 진군: the *advance* of the troops 군대의 전진

2 **진보**, **향상**, 진척(progress): Space science has made great *advances*. 우주 과학은 크게 진보했다

3 승급, 승진

4 가격〔요금〕 인상, 상승: an *advance on* cottons 면제품의 가격 상승

5 선불, 선금

in advance (1) 앞서서, 미리(previously): I'll let you know *in advance*. 당신께 미리 알려 드리겠습니다

(2) 선금으로: Do I have to pay *in advance*? 선금을 내야 합니까?

ad·vanced [ədvǽnst 엇V앤스트] 형 **1** 진보한; 진보적인(progressive): *advanced* countries 선진국 / *advanced* ideas 진보적인 사상

2 고급의, 상급의: an *advanced* course 상급 코스

*__ad·van·tage__ [ədvǽntidʒ 엇V앤티쥐] 명 (복수 **advantages** [-iz]) **1 유리한 점** 〔입장·조건〕(반 disadvantage 불리한 점): gain〔get, win〕 an *advantage* over a person 남보다 유리한 입장이 되다

2 이익; 편의, 편리: There is no *advantage* in doing so. 그렇게 해도 아무 이익이 없다

3 【테니스】 듀스(deuce) 후의 처음 얻는 1점

have the advantage of ... …이라는 이점이 있다: He *has the advantage of* a good education. 그는 좋은 교육을 받았다는 이점이 있다

take advantage of ... …을 이용하다: He *took* full *advantage of* the opportunity. 그는 그 기회를 충분히 이용했다

ad·vent [ǽdvent 앳V엔트] 명 (중요한 인물·사건의) 출현, 도래

ad·ven·ture [ædvéntʃər 앳V엔춰r] 명 (복수 **adventures** [-z]) **1** 모험; 모험적인 행동: a spirit of *adventure* 모험심 **2** 희한한 사건, 진기한 경험

ad·ven·tur·er [ædvéntʃərər 앳V엔춰뤄r] 명 모험가

ad·ven·tur·ous [ædvéntʃərəs 앳V엔춰뤄쓰] 형 **1** 모험을 좋아하는 **2** 모험적인, 위험한

ad·verb [ǽdvə:rb 앳V어-r브] 명【문법】부사 (🔖 약어는 adv., ad.)

> 문법 부사
>
> 부사는 동사, 형용사, 또는 다른 부사를 수식하거나 문장 전체를 수식하는 말이다: He spoke *slowly*. 그는 천천히 말했다 (동사 spoke를 수식) / It's *very* hot. 매우 덥다 (형용사 hot를 수식) / He runs *very* fast. 그는 매우 빨리 달린다 (부사 fast를 수식).

*__ad·ver·tise__ [ǽdvərtàiz 앳V어r타이즈] 동 (3단현 **advertises** [-iz]; 과거·과거분사 **advertised** [-d]; 현재분사 **advertising**) 타 …을 **광고하다**, 선전하다: They *advertised* a new product *in* the paper. 그들은 신제품을 신문에 광고했다
 ── 자 광고하다, 광고하여 구하다: *advertise for* a servant [a job] 하인 [직업]을 구하는 광고를 내다

*__ad·ver·tise·ment__ [ædvərtáizmənt 앳V어r타이즈으먼트] 명 (복수 **advertisements** [-ts]) **광고**, 선전 (🔖 《구어》에서는 ad라 한다)

ad·ver·tis·ing [ǽdvərtàiziŋ 앳V어r타이즈잉] 명 광고 (업)

*__ad·vice__ [ædváis 앳V아이쓰] 명 **충고**, 조언(counsel), 도움말: ask *advice* 조언을 구하다 / Take [Follow] my *advice*! 내 충고대로 하세요! / He gave me a piece [bit] of *advice*. 그는 나에게 충고를 한마디했다

> 쓰임새 advice는 셀 수 없는 명사이므로 「한 마디의 충고」는 an advice 라 하지 않고 a piece [a bit, a word] of *advice*라고 한다.

*__ad·vise__ [ædváiz 앳V아이즈] 동 (3단현 **advises** [-iz]; 과거·과거분사 **advised** [-d]; 현재분사 **advising**) 타 …을 **충고하다**, 조언하다; …을 권하다(recommend): He *advised* me not to go there. 그는 나에게 거기에 가지 않는 것이 좋겠다고 말했다 / I will *advise* you *on* the matter. 그 일에 관해 너에게 충고를 하겠다
 ── 자 충고하다

ad·vi·ser, ad·vi·sor [ædváizər 앳V아이즈어r] 명 **1** 충고자, 조언자; 의논 상대자, 고문 **2** 《미》 지도 교사

ad·vo·cate [ǽdvəkit 앳V어켓] 동 (현재분사 **advocating**) 타 …을 주장 [변호, 지지] 하다

aer·i·al [ɛ́əriəl 에어뤼어얼] 형 **1** 공기의: *aerial* currents 기류(氣流) **2** 공중의, 항공(기)의: an *aerial* war 공중전 / an *aerial* attack 공습
 ── 명 《영》 안테나 (🔖 《미》 antenna)

aer·o·bics [ɛəróubiks 에어로우빅쓰] 명 〔단수 취급〕 에어로빅스 《산소의 소모량을 늘려 심장·폐 등의 기능을 활발하게 하는 운동》

aer·o·plane [ɛ́ərəplèin 에어뤄플레인] 명 《영》 비행기 (🔖 《미》 airplane)

Ae·sop [í:sɑp 이-쌉] 명 이솝 《기원전 6세기 무렵의 고대 그리스의 우화(寓話) 작가》

af·fair [əféər 어F에어r] 명 (복수 affairs [-z]) **1 일, 사건**(event): a terrible *affair* 끔찍한 사건
2 〔종종 복수형으로〕 **사무**, 업무, 용무: private 〔public〕 *affairs* 사무〔공무〕
3 개인적인 문제: That's my *affair*. 그것은 네가 알 바 아니다

af·fect [əfékt 어F엑트] 동 (3단현 affects [-ts]; 과거·과거분사 affected [-id]; 현재분사 affecting) 타 **1 …에 영향을 미치다**, 작용하다: be *affected* by environment 환경에 영향을 받다 / Care *affects* the health. 걱정은 건강을 해친다
2 (질병 등이) 침범하다(attack)
3 …을 감동시키다(move): The audience was deeply *affected* by his speech. 청중은 그의 연설에 깊이 감동했다

af·fec·tion [əfékʃən 어F엑션] 명 (어린이나 가족에 대한) 애정: He has a deep *affection* for his son. 그는 그의 아들을 깊이 사랑한다

af·fec·tion·ate [əfékʃənit 어F엑셔닛] 형 애정이 깊은

af·fec·tion·ate·ly [əfékʃənətli 어F엑셔너틀리 → 어F엑셔넛'을리] 부 애정이 깊게

af·fin·i·ty [əfínəti 어F이너티 → 어F이너리] 명 (복수 affinities [-z]) **1** (…에 대한) 애호, 좋아함 **2** (결혼에 의한) 인척 관계 **3** 밀접한 관계, 유사성〔점〕

af·firm [əfə́ːrm 어F어-r엄] 동 (3단현 affirms [-z]; 과거·과거분사 affirmed [-d]; 현재분사 affirming) 타 **1** …을 단언하다, 주장하다: He *affirmed* that the news was true. 그는 그 소식이 사실이라고 단언했다
2 긍정하다(반 deny 부정하다)

af·firm·a·tive [əfə́ːrmətiv 어F어-r머티v으 → 어F어-r머리v으] 형 긍정의(반 negative 부정의): an *affirmative* sentence 【문법】 긍정문

af·flict [əflíkt 어F일릭트] 동 (3단현 afflicts [-ts]; 과거·과거분사 afflicted [-id]; 현재분사 afflicting) 타 …을 (정신적·육체적으로) 괴롭히다: He was *afflicted* at your failure. 그는 네가 실패해서 마음 아파했다

af·ford [əfɔ́ːrd 어F오-r드] 동 (3단현 affords [-dz]; 과거·과거분사 afforded [-id]; 현재분사 affording) 타 **1** 〔보통 can과 함께 부정문·의문문에서〕 (경제적·시간적으로) **할 여유가 있다**: I *cannot afford to* buy a new car. 나는 새 차를 살 여유가 없다
2 《문어》 …을 주다, 제공하다(give): Reading *affords* me great pleasure. 독서는 나에게 큰 즐거움을 준다

a·fraid [əfréid 어F으뤠이드] 형 〔명사 앞에는 쓰이지 않음〕 **1 두려워하여**, 무서워하여: Don't be *afraid*! 두려워하지 마라!
2 〔be afraid of의 형태로〕 …을 무서워하다, 두려워하다 (of 뒤에는 명사 또는 *do*ing형이 온다): She *is afraid of* dogs. 그녀는 개를 무서워한다 / Don't *be afraid of* making mistakes. 실수하는 것을 두려워하지 마라
3 〔be afraid to do의 형태로〕 무서워서 …하지 못하다: He *was afraid to* go there. 그는 무서워서 그곳에 갈 수가 없었다

I am〔*I'm*〕 *afraid* … (유감스럽지만) …라고 생각하다: *I am afraid* I can't go with you. 유감스럽지만 너와 함께 갈 수 없다

Af·ri·ca [ǽfrikə 애F으뤼카] 명 아프리카(대륙)

Af·ri·can [ǽfrikən 애F으뤼컨] 형 아프리카(인)의
— 명 아프리카인, 흑인

Af·ri·can-A·mer·i·can [ǽfrikən-əmérikən 애F으뤼컨어메뤼컨] 형 아프리카계 미국 흑인의
— 명 아프리카계 미국 흑인

after

af·ter [ǽftər 애F으터r] 전 **1** 〔시간·순서가〕 **…의 뒤에**, 다음에(반 before 앞에): *after* dark 해가 진 뒤에/ *after* breakfast 아침식사 후에/ Let's play tennis *after* school. 방과 후에 테니스를 하자

2 〔시간을 나타내어〕《미》**…후**(반 before …전) (🖼《영》past): It is ten minutes *after* six. 6시 10분이다

3 〔모방을 나타내어〕 **…을 본따서**: a painting *after* Picasso 피카소 풍의 그림/ He was named John *after* his grandfather. 그는 할아버지의 이름을 따서 존으로 이름지었다

4 …의 뒤따라〔쫓아〕, …을 추구하여: The police are *after* the thief. 경찰은 도둑을 쫓고 있다

5 …에 관하여: She asked *after* you. 그녀는 당신의 안부를 물었다

after all **결국**, 마침내 (🖼 보통 문장 끝에 쓰여): He failed *after all*. 그는 결국 실패했다

After you. **먼저 하세요〔가세요〕** (🖼 순서·길을 비켜줄 때)

hour after hour 몇 시간씩이나

── 접 **…한 뒤에**, …하고 나서: He came *after* you left. 네가 떠난 뒤에 그가 왔다/ He watched television *after* he studied. 그는 공부한 후에 텔레비전을 봤다

── 부 〔시간·순서를 나타내어〕 **뒤에**, 나중에: the day〔week, year〕 *after* 그 다음 날〔주, 해〕/ He came back three days *after*. 그는 3일 후에 돌아왔다

ever after 그 후 내내: They lived happily *ever after*. 그들은 그 뒤 행복하게 살았습니다 (🖼 동화 등의 맨 마지막에 흔히 쓰임)

long after 오랜 뒤에

soon after 바로 뒤에: Mother went out *soon after*. 어머니는 곧바로 외출하셨다

af·ter·noon [æftərnúːn 애F터누-은] 명 (복수 **afternoons** [-z]) **오후** (🖼 정오에서 일몰까지): this〔tomorrow, yesterday〕 *afternoon* 오늘〔내일, 어제〕 오후/ He usually comes in the *afternoon*. 그는 대개 오후에 온다/ He died on the *afternoon* of March 15. 그는 3월 15일 오후에 사망했다

> 쓰임새 (1) 일반적으로 「오후에」라고 말할 때에는 전치사 in을, 요일이나 특정한 날의 경우에는 on을 사용한다.
> (2) afternoon 앞에 every, last, this, tomorrow, yesterday 등이 오면 전치사를 붙이지 않는다.

Good afternoon! **안녕하세요!** 《오후 인사》
【after(뒤)+noon(정오)】

af·ter·ward [ǽftərwərd 애F으터r워r드] 부 후에, 나중에(later): two months *afterward* 두 달 후에

af·ter·wards [ǽftərwərdz 애F으터r워rz으] 부 《영》= afterward

a·gain [əgén 어겐, əgéin 어게인] 부 **1 다시**, 또, 다시〔또〕 한 번: Do it *again*. 다시 한 번 하거라/ Please come *again*. 또 오세요/ Don't make the same mistake *again*. 같은 실수를 두 번 다시 하지 마라

2 **원위치로**, 원상태로: He came home *again*. 그는 귀가했다/ He got well *again*. 그는 건강을 회복했다

again and again 몇 번이고, 되풀이하여: We sang the song *again and again*. 우리는 그 노래를 몇 번이고 불렀다

now and again 때때로 ⇒ now 숙어
once again 다시 한번 ⇒ once 숙어
See you again. 또 뵙겠습니다

*a·gainst [əgénst 어겐스트, ǽgénst 어게인스트] 전 1 …에 반대하여, 거역하여 (반 for …에 찬성하여): sail *against* the wind 바람을 거슬러 항해하다/ act *against* reason[law] 이성에[법률에] 반하여 행동하다/ rise *against* the tyrant 폭군에 반대하여 봉기하다/ Are you for (it) or *against* it? 거기에 찬성이요, 반대요?

2 …에 불리하게[하여]: The evidence is *against* him. 증거는 그에게 불리하다

3 …에 기대어, 의지하여: Don't lean *against* the door. 문에 기대지 마라

4 …에 대비하여: save money *against* old age 노후에 대비해서 저축하다

5 …을 배경으로, …와 대조해서: The tower was seen clearly *against* the blue sky. 그 탑은 파란 하늘을 배경으로 하여 선명하게 보였다

6 …에 부딪쳐: I hit my elbow *against* the window. 창문에 팔꿈치를 부딪쳤다/ I threw the ball *against* the wall. 나는 담에 대고 공을 던졌다

****a·ge** [éidʒ 에이쥐] 명 (복수 **ages** [-iz]) 1 **나이**, 연령: I am ten years of *age*. 나는 열 살이다 (■《구어》로는 I am ten (years old).)/ He came up to Seoul at the *age* of fifteen. 그는 15살에 서울에 올라왔다/ What's your *age*? 몇 살이십니까? (■《구어》로는 How old are you?라 한다)

2 성년 《영국에서는 만 18세, 미국에서는 21세》; 노년 《보통 65세 이상》

3 (생애의) 한 시기: middle[old] *age* 중년[노년]

4 시대, 시기(period): the Ice[Stone, Bronze, Iron] *Age* 빙하[석기, 청동기, 철기] 시대/ We live in the atomic *age*. 우리는 원자력 시대에 살고 있다

5 《구어》 오랫동안: I haven't seen you for *age*s. 오랜만입니다

be[*come*] *of age* 성년이다[에 달하다]

for one's age 나이 치고는: You look young *for your age*. 나이에 비해서 젊어 보이네요

a·ged [éidʒd 에이쥐드] 형 1 늙은(old): an *aged* man 노인/ the *aged* 노인들

2 〔수사와 함께〕 …살의[에]: He is *aged* fourteen. 그는 14살이다

***a·gen·cy** [éidʒənsi 에이쥔씨] 명 (복수 **agencies** [-z]) 1 **대리점**: a general *agency* 총 대리점/ an advertising *agency* 광고 대리점

2 〔종종 **Agency**로〕 《미》 (정부 기관 등의) …국: the Central Intelligence *Agency* 《미》 중앙 정보국 **(CIA)**

3 힘(force), 작용: the *agency* of water 물의 작용

***a·gent** [éidʒənt 에이쥔트] 명 (복수 **agents** [-ts]) 1 **대리인**: a general *agent* 총 대리인

2 (어떤 변화를 생기게 하는) 힘, 자연력: natural *agents* 자연력

3 앞잡이, 스파이

ag·gra·vate [ǽgrəvèit 애그뤄V에잇] 동 (현재분사 **aggravating**) 타 …을 더욱 악화시키다

ag·gre·gate [ǽgrigèit 애그뤼게잇] 동 (현재분사 **aggregating**) 타 자 …을 모으다; 모이다

ag·gres·sive [əgrésiv 어그뤠씨V으] 형 1 침략적인, 공격적인(offensive) 2 《미》 적극적인, 의욕적인

ag·i·tate [ǽdʒətèit 애쥐테잇] 동 (3단현 **agitates** [-ts]; 과거·과거분사 **agitated** [-id]; 현재분사 **agitating**) 타 **1** (마음을) 동요시키다; 선동하다: The news *agitated* the people there. 그 소식은 그 곳의 사람들을 동요시켰다
2 (액체 등을) 휘젓다, 뒤흔들다

ag·i·ta·tion [ædʒətéiʃən 애쥐테이션] 명 (마음의) 동요; 선동

＊a·go [əgóu 어고우] 부 …전에: some time *ago* 조금 전에/ I met him an hour *ago*. 1시간 전에 그를 만났다

> 비교 ago와 before
> (1) **ago**는 단독으로 쓰이지 않고 기간을 나타내는 말과 함께 사용하나, **before**는 단지 「이전에」의 뜻으로 쓴다: I have read the book *before*. 나는 전에 그 책을 본 적이 있다.
> (2) **ago**는 현재를 기준으로 하여 「…전에」라는 뜻으로 과거형에 쓰이고, **before**는 과거의 어떤 시점을 기준으로 「그전에」라는 뜻으로 과거 완료형에 쓰인다: He left for London a week *ago*. I had seen him two days *before*. 그는 1주일 전에 런던에 갔다. 나는 그 이틀 전에 그를 만났다.

a long time ago 오래 전에
long ago 오래 전에, 옛날에: This bridge was built *long ago*. 이 다리는 오래 전에 세워졌다
long, long ago 옛날 옛적에: *Long, long ago* there lived a king. 옛날 옛적에 한 임금님이 살고 있었습니다

ag·o·ny [ǽgəni 애거니] 명 (복수 **agonies** [-z]) (심한) 고통, 고뇌

＊a·gree [əgríː 어그뤼-] 동 (3단현 **agrees** [-z]; 과거·과거분사 **agreed** [-d]; 현재분사 **agreeing**) 자 **1** 동의하다, 의견이 일치하다: He *agreed to* your plan. 그는 당신의 계획에 동의했다/ I *agree with* you. 나는 당신과 같은 생각이다/ They *agreed on* the terms. 그들은 그 조건들에 합의했다

> 쓰임새 보통 agree to+사물은 「…에 동의하다」, agree with+사람은 「…의 의견에 동의하다」, agree on+사물은 「…에 대해 합의하다」는 뜻으로 쓰인다.

2 〔보통 부정문에서〕 (음식·기후 등이) 맞다: Milk does *not agree with* me. 우유는 내게 맞지 않는다

a·gree·a·ble [əgríːəbl 어그뤼-어브얼] 형 **1** 기분이 좋은, 호감을 주는: *agreeable* remarks 기분 좋은 말/ an *agreeable* man 인상이 좋은 사람
2 기꺼이 동의하는, 찬동하는 (to)

＊a·gree·ment [əgríːmənt 어그뤼-먼트] 명 (복수 **agreements** [-ts]) **1** 동의, 합의; (의견의) 일치(반 disagreement 불일치)
2 협정: a labor *agreement* 노동 협약

ag·ri·cul·tur·al [ægrikʌ́ltʃərəl 애그리컬춰뤄얼] 형 농업의: *agricultural* implements 농기구

＊ag·ri·cul·ture [ǽgrikʌ̀ltʃər 애그리컬춰r] 명 농업

ah [áː 아-] 감 아! 《기쁨·슬픔·놀람·고통 등을 나타냄》

a·ha [ɑːháː 아-하-] 감 아하! 《놀람·기쁨 등을 나타냄》

ah·choo [ɑːtʃúː 아-츄-] 명 에취 《재채기 소리》

＊a·head [əhéd 어헤드] 부 앞쪽에〔으로〕, 앞에〔으로〕: Go straight *ahead*. 곧장 앞

으로 나가시오

ahead of (1) …의 전방에: We saw a station *ahead of* us. 우리 전방에 역이 보였다

(2) 〔시간적으로〕…보다 이전에: The bus arrived *ahead of* time. 버스는 제 시간보다 일찍 도착했다

(3) (능력 등이) …보다 나아〔앞서〕: She is *ahead of* us in English. 그녀는 우리 보다 영어를 잘한다

Go ahead! (이야기 등을) 계속하세요!; (음식물 등을) 어서 드세요!

aid [éid 에이드] 图 (3단현 **aids** [-dz]; 과 거·과거분사 **aided** [-id]; 현재분사 **aiding**) 団 …을 돕다, 거들다, 원조하다 (图 help보다 딱딱한 말): She *aided* me to cook〔*in* cooking〕. 그녀는 내가 요리 하는 것을 거들어 주었다

──图 (복수 **aids** [-dz]) **1** 도움, 원조: first *aid* 응급 치료

2 보조 장치

*__aim__ [éim 에임] 图 (3단현 **aims** [-z]; 과·과거분사 **aimed** [-d]; 현재분사 **aiming**) 団 (총 등을) **겨누다**: He *aimed* his gun *at* the lion. 그는 사자에게 총을 겨누었다

aim

──困 **1** 겨누다 (at): *aim at* a mark *with* a gun 총으로 표적을 겨누다

2 목표로 삼다; …하려고 노력하다: *aim at* success 성공을 목표로 삼다 / I *aim to* be a writer. 나는 작가가 되려고 노력 하고 있다

──图 (복수 **aims** [-z]) **1 표적**, 과녁: miss one's *aim* 과녁을 빗나가다

2 목적, 목표: He attained〔achieved〕 his *aim*. 그는 목적을 이루었다

ain't [éint 에인트] 《구어》 am not, are not, is not의 단축형

*__air__ [ɛ́ər 에어r] 〔图 heir(상속인)와 발 음이 같음〕 图 (복수 **airs** [-z]) **1 공 기**: fresh〔foul〕 *air* 신선한〔탁한〕 공기 / We can not live without *air*. 우리는 공 기 없이 살 수 없다

2 〔**the**를 붙여〕**하늘**, 공중: Birds are flying in *the air*. 새들이 하늘에서 날고 있다

3 외양, 외모, 태도: an *air* of dignity 근 엄한 태도

4 선율, 멜로디

5 〔**Air**로〕…항공 (图 주로 항공 회사명 으로): *Air* India 인도 항공 (회사)

by air 비행기로: Father often travels *by air*. 아버지는 종종 비행기로 여행을 하신다

in the open air 야외에서

on the air 방송되어: Her songs will be *on the air* tonight. 그녀의 노래는 오늘 밤 방송될 것이다

──图 **1** 공기의; 하늘의, 공중의

2 공군의: an *air* base 공군기지

air·bus [ɛ́ərbÀs 에어r바쓰] 图 에어 버스 (근·중거리용 대형 여객기)

air-con·di·tioned [ɛ́ər-kəndíʃənd 에 어r컨디션드] 图 공기 조절 장치가 달린; 냉방 장치가 붙은

air conditioner [ɛ́ər kəndíʃənər] 图 공기 조절 장치, 에어컨

*__air·craft__ [ɛ́ərkrǽft 에어r크레F으트] 图 (단수·복수 동형) **항공기** (비행기·비 행선·기구·헬리콥터 등의 총칭)

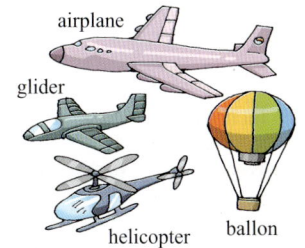

aircraft

air·field [ɛ́ərfìːld 에어r피-얼드] 명 (지방의) 소비행장 (🛬 공항(airport)보다 규모가 작음)

air force [ɛ́ər fɔ́ːrs] 명 공군

air gun [ɛ́ər gʌ̀n] 명 공기총

air·line [ɛ́ərlàin 에어r얼라인] 명 (복수 **airlines** [-z]) **1** 항공 노선
2 〔종종 복수형으로〕항공 회사: Which *airline* did you fly? 어느 항공사로 여행했니?

air·lin·er [ɛ́ərlàinər 에어r얼라이너r] 명 (대형) 정기 여객기

air·mail [ɛ́ərmèil 에어r메일] 명 항공 우편: I sent the card by *airmail*. 나는 카드를 항공 우편으로 보냈다

air·man [ɛ́ərmən 에어r먼] 명 (복수 **airmen** [-mən]) **1** 비행사 **2** 항공병

air map [ɛ́ər mǽp] 명 (항공 사진에 의한) 항공 지도

air·plane [ɛ́ərplèin 에어r플레인] 명 (복수 **airplanes** [-z]) 《미·캐나다》 비행기 (🛬 《구어》에서는 간단히 plane이라고도 한다; 《영》 aeroplane): He went to Japan by *airplane*. 그는 비행기로 일본에 갔다

airplane

air·port [ɛ́ərpɔ̀ːrt 에어r포-r트] 명 (복수 **airports** [-ts]) 공항: the Incheon International *Airport* 인천 국제 공항

air pressure [ɛ́ər prèʃər] 명 기압

air·ship [ɛ́ərʃìp 에어r쉽] 명 비행선

air terminal [ɛ́ər tɔ̀ːrmənl] 명 에어터미널 (항공 여객의 출입구가 되는 건물·사무실 등)

air·way [ɛ́ərwèi 에어r웨이] 명 (복수 **airways** [-z]) **1** (정기) 항공로; 〔복수형으로〕항공 회사: British *Airways* 영국 항공
2 【광산】 통풍구

aisle [áil 아일] 명 (🛬 s는 묵음) (극장·열차 등의) 통로, 복도: an *aisle* seat 통로 쪽의 좌석

-al (접미사) 명사에 붙여 형용사를 만듦: music*al* 음악의

Al·a·bam·a [æ̀ləbǽmə 앨러배머] 명 앨라배마 (미국 남동부의 주(州); 약어는 Ala.)

A·lad·din [əlǽdən 얼래던] 명 알라딘 (아라비안 나이트에 나오는 인물로 마법 램프의 주인)

a·larm [əláːrm 얼라-r엄] 명 (복수 **alarms** [-z]) **1** 경보(기); 자명종 시계: a fire *alarm* 화재 경보(기) / sound〔ring〕 the *alarm* 경보를 울리다
2 놀람, 공포: He cried out in *alarm*. 그는 놀라서 소리쳤다
—— 동 (3단현 **alarms** [-z]; 과거·과거분사 **alarmed** [-d]; 현재분사 **alarming**) 타 **1** …을 놀라게 하다: He was *alarmed* by the explosion. 그는 그 폭발에 깜짝 놀랐다
2 위급함을 알리다

alarm clock [əláːrm klɑ̀k] 명 자명종 시계

a·las [əlǽs 얼래쓰] 감 아아! (슬픔·염려 등을 나타내는 소리)

A·las·ka [əlǽskə 얼래스카] 명 알래스카 (캐나다 북서부에 위치한 미국에서 가장 넓은 주(州); 약어는 Alas.)

al·bum [ǽlbəm 앨범] 명 (복수 **albums** [-z]) **1** 앨범 (사진첩·우표첩 등): a photo *album* 사진 앨범
2 음반〔레코드〕첩

al·che·my [ǽlkəmi 앨커미] 명 연금술 (비금속을 금·은 등 귀금속으로 변화시키는 방법과 불로 장생의 영약을 만들려던 중세의 화학 기술)

*al·co·hol [ǽlkəhɔ̀ːl 애얼커호-얼] 명 1 알코올 2 알코올 음료, 술

참고▷ 미국의 주류 판매
  미국의 주류 판매는 상당히 엄격하다. 젊은 사람이 레스토랑에서 술을 주문하면 신분증명서를 요구할 때도 있으며, 슈퍼마켓의 주류 판매도 심야나 휴일은 금지된 곳이 많다.

al·co·hol·ic [æ̀lkəhɔ́ːlik 애얼커호-얼릭] 형 1 알코올성의 2 알코올 중독의
── 명 알코올 중독자

ale [éil 에열] 명 에일 《맥주의 일종》

a·lert [ələ́ːrt 얼러-r트] 형 1 방심하지 않는, 경계하는, 조심하는
2 기민한, 재빠른: He was very *alert* in answering. 그는 재빨리 대답했다
── 명 경보; 경계
on the alert 경계하여

Al·ex·an·der [æ̀ligzǽndər 앨리그Z엔더r] 명 알렉산더 《남자 이름》

Alexander the Great [æ̀ligzǽndər ðə gréit] 명 알렉산더 대왕 《기원전 356-323; 고대 마케도니아의 왕》

al·ge·bra [ǽldʒəbrə 애얼줘브러] 명 대수학 《 「기하학」은 geometry, 「수학」은 mathematics》

Ali Baba [áli báːbaː 알리 바-바] 명 알리바바 《 아라비안나이트에 나오는 나무꾼》

al·i·bi [ǽləbài 앨러바이] 명 1 《법》 알리바이, 현장 부재 증명 2 《구어》 변명, 구실(excuse)

al·ien [éiliən 에일리언] 명 1 외국인(foreigner) 2 우주인
── 형 1 외국의(foreign), 외국인의 2 (성격이) 전혀 다른

*a·like [əláik 얼라익] 형 《 명사 앞에는 쓰이지 않음》 같은, 비슷한: The two sisters are very much *alike*. 그 두 자매는 매우 닮았다
── 부 마찬가지로, 같게, 동등하게: treat all men *alike* 모든 사람을 차별 없이 대하다

*a·live [əláiv 얼라이v으] 형 1 살아 있는 (반 dead 죽은): catch a bird *alive* 새를 산채로 잡다/ The fish is still *alive*. 그 물고기는 아직 살아있다

alive   dead

쓰임새▷ alive는 명사 앞에는 쓰이지 않으므로 「살아 있는 물고기」처럼 명사 앞에 쓸 때에는 live [láiv]나 living을 써서 a *live* (*living*) fish라 한다.

2 활발한, 활기 넘치는

al·ka·li [ǽlkəlài 애얼컬라이] 명 《복수 alkalis, alkalies [-z]》 【화학】 알칼리 (반 acid 산성)

*all [ɔ́ːl 오-얼] 형 1 모든, 전부의: All men are equal. 모든 사람은 다 평등하다/ He spent *all* the money. 그는 가진 돈을 전부 썼다/ She remained single *all* her life. 그녀는 평생을 독신으로 살았다/ *All* these books are mine. 이 책들은 모두 내 것이다

비교▷ all과 every
  all은 전체를 통틀어 말할 때 쓰고, **every**는 전체를 개별적으로 나타낼 때 쓴다.

all   every

2 [not과 함께 부분 부정을 나타내어] 모두가 …(인 것은 아니다): *All* men are *not* happy. (= *Not all* men are happy.) 모든 사람이 행복한 것은 아니다

> 쓰임새 (1) all은 셀 수 있는 명사의 복수형이나 셀 수 없는 명사에 다 같이 쓰인다.
> (2) all이 the, 소유격(my, your, Mary's 등), 지시 대명사(this, those 등)와 함께 쓰일 경우에는 그 말들의 앞에 온다.

— 때 **모든 것(사람)**, 만사: *All* is lost. 만사가 글렀다《다 끝장이다》/ *All* we can do is to wait for him. 우리는 그를 기다리는 수밖에 없다/ *All* were happy. 다들 행복해 했다

> 쓰임새 all이 사물을 가리킬 때는 단수, 사람을 가리킬 때는 복수 취급한다.

at all (1) [부정문에서] **조금도** (…아니다): I don't know him *at all*. 그는 생판 모르는 사람이다
(2) [의문문에서] 조금이라도, 도대체: Do you believe it *at all*? 너는 도대체 그걸 믿니?
(3) [조건문에서] 이왕, 적어도: If you do it *at all*, do it well. 이왕 할 바에야 잘해라
in all 전부, 통틀어: We are eleven *in all*. 우리는 전부 11명이다
Not at all.《주로 영》천만에요 (Thank you.라는 인사를 받았을 때 하는 말로《미》에서는 보통 You are welcome.을 사용한다)
That's all. 그게 다야

— 튀 **완전히**, 온통: I am *all* alone. 나는 완전히 외톨이다/ She was dressed *all* in black. 그녀는 온통 검정 옷을 입고 있었다

all over (1) 다 끝나: It's *all over* with [《미》for] him. 그는 이젠 글렀어
(2) …의 여기저기: He traveled *all over* the world. 그는 온 세계를 두루 여행했다
all the better[*worse*] …때문에 오히려 더 낫게[나쁘게]

al·ler·gy [ǽlərdʒi 앨러r쥐] 명 1【병리】알레르기, 과민 반응 2《구어》질색, 혐오

al·ley [ǽli 앨리] 명 (복수 **alleys** [-z]) 1 오솔길, 좁은 길 2《미》뒷골목

All Fools' Day [ɔ́ːl fúːls dèi] 명 만우절(April Fool's Day)《4월 1일》

al·li·ance [əláiəns 얼라이언스] 명 동맹, 연합; 협력

al·lied [əláid 얼라이드] 형 동맹한, 연합한: *allied* nations 동맹국

al·li·ga·tor [ǽligèitər 앨리게이터r → 앨리게이러r] 명 악어 (미국산(産); 아프리카·아시아산은 crocodile)

alligator

all-night [ɔ́ːl-náit 오-ㄹ나잇] 형 철야의

al·lot [əlát 얼랏] 동 (3단현 **allots** [-ts]; 과거·과거분사 **allotted** [-id]; 현재분사 **allotting**) 타 …을 할당하다, 분배하다(assign): *allot* profits 이익을 분배하다

al·lot·ment [əlátmənt 얼랏먼트] 명 할당, 분배; 몫; 분담액

***al·low** [əláu 얼라우] 동 (3단현 **allows** [-z]; 과거·과거분사 **allowed** [-d]; 현재분사 **allowing**) 타 1 **…을 허락하다**, 허가하다: Smoking is not *allowed* here. 여기는 금연입니다/ I can't *allow* you to behave like that. 네가 그렇게 행동하는 것을 내버려둘 수 없다
2 …주다, 지급하다: My father *allows* me 70,000 won a month. 아버지는 나에게 월 7만원을 주신다

allow for …을 고려하다: We must *allow for* his youth. 우리는 그가 젊다는

al·low·ance [əláuəns 얼라우언쓰] 명 (복수 **allowances** [-iz]) **1** (정기적으로 지급하는) 수당, …비(費): family allowance 가족 수당
2 《미》 용돈 (《영》 pocket money)
3 고려, 참작
make allowance(s) for …을 고려하다

al·loy [ǽlɔi 앨로이] 명 합금(合金)

all-round [ɔ́:l-ráund 오-얼라운드] 형 **1** 만능의 **2** 모든 것을 포함하는

All Saint's Day [ɔ́:l séints dèi] 명 만성절, 모든 성인의 날 (11월 1일)

al·lude [əlú:d 얼루-드] 동 (현재분사 **alluding**) 자 암시하다, 넌지시 말하다 (to)

all-star [ɔ́:l-stɑ̀:r 오-얼스타-r] 형 스타 총출연의

al·lu·sion [əlú:ʒən 얼루-줜] 명 암시, 넌지시 하는 말

al·ly [əlái 얼라이] 동 (3단현 **allies** [-z]; 과거・과거분사 **allied** [-d]; 현재분사 **allying**) 타 …을 동맹〔연합, 제휴〕시키다 《with, to》: The United States allied itself with Japan. 미국은 일본과 동맹을 맺었다
── 명 (복수 **allies** [-z]) **1** 동맹국〔자〕 **2** 원조자

al·ma·nac [ɔ́:lmənæ̀k 오-얼머낵] 명 **1** (일출・날씨 등을 기록한) 책력 (「달력」은 calendar) **2** 연감(年鑑)

al·might·y [ɔ:lmáiti 오-얼마이티 → 오-얼마이리] 형 전능한, 만능의: the Almighty (God) 전능의 신

al·mond [ɑ́:mənd 아-먼드] [l은 묵음] 명 【식물】 편도(扁桃), 아몬드

٭**al·most** [ɔ́:lmoust 오-얼모우스트] 부 거의, 대부분, 거지반: Dinner is almost ready. 저녁 준비가 거의 다 되었다/ Almost all the people came out. 거의 대부분의 사람들이 밖으로 나왔다/ I'd almost forgotten that. 하마터면 그것을 잊을 뻔했다

참고 almost는 nearly보다도 더 근접함을 의미한다.

alms [ɑ́:mz 아-암zㅡ] [l은 묵음] 명 (단수・복수 동형) 구호금, 의연금

a·lo·ha [əlóuə 얼로우아] 감 안녕!, 어서 오십시오!; 안녕히 가세요!
【하와이어 love(사랑)에서】

٭**a·lone** [əlóun 얼로운] 형 [명사 앞에는 쓰이지 않음] **1** 혼자, 홀로: She was alone in the room. 그녀는 홀로 방에 있었다
2 〔명사・대명사의 뒤에 쓰여〕 …만, …뿐(only): Man shall not live by bread alone. 【성서】 사람은 빵만으로 사는 것이 아니다/ She alone came. 그녀만 왔다

all alone 혼자서; 혼자 힘으로: She is living here all alone. 그녀는 혼자 여기서 살고 있다

let alone …은 말할 것도 없이: It takes up too much time, let alone the expenses. 그것은 비용은 말할 것도 없거니와 시간이 너무 걸린다

let〔leave〕… alone …을 내버려두다: Please leave me alone. 제발 나를 내버려두시오

──**부** 혼자서, 홀로: She came *alone*. 그녀는 혼자 왔다/ She lives *alone* in the house. 그녀는 그 집에 혼자 살고 있다

a·long [əlɔ́ːŋ 얼로-엉] **전** …을 따라서 (「…을 가로질러」는 across): go *along* the shore 해안을 따라서 가다/ I walked *along* the street. 나는 거리를 따라 걸었다

──**부 1** 따라서: cottages *along* by the lake 호수를 따라 늘어선 별장들
2 [come, go, walk 등의 동사와 함께] 앞으로, 나아가: Come (*along*) here. 이리 오시오/ Let's walk[run] *along*. 계속 걷자[뛰자]
3 《미》 (사람과) 같이; (사물을) 가지고: Take your camera *along*. 카메라를 가지고 가세요

all along 처음부터, 내내: I've known that *all along*. 나는 처음부터 그것을 알고 있었다

along with …와 함께[같이]: I'll go *along with* you. 《구어》 당신과 함께 가겠습니다

get along 지내다, 해나가다: How are you *getting along*? 어떻게 지내십니까?
get along with …와 사이좋게 살다: Do you *get along with* your friends? 친구들과 사이좋게 지내니?

a·loud [əláud 얼라우드] **부** 소리내어, 큰 소리로(loudly): shout *aloud* 큰 소리로 외치다 / Please read the letter *aloud*. 그 편지를 소리내어 읽어 주세요

al·pha [ǽlfə 애얼F어] **명** 알파 《그리스 알파벳의 첫째 글자 *A, α*》

al·pha·bet [ǽlfəbèt 애얼F어벳] **명** (복수 **alphabets** [-ts]) **1** 알파벳 《A부터 Z까지 26자》 **2** [the를 붙여] 초보, 입문
【그리스어 처음 두 글자 알파(alpha)와 베타(beta)가 합쳐져서】

al·pha·bet·i·cal [ælfəbétikəl 애얼F어베티커얼 → 애얼F어베리커얼] **형** 알파벳(순)의: in *alphabetical* order 알파

벳 순서로

Al·pine [ǽlpain 애얼파인] **형 1** 알프스 산맥의
2 [스키] 알펜의, 활강의
3 [alpine으로] 높은 산의, 고산성(高山性)의: an *alpine* plant 고산식물

Alps [ǽlps 애얼쁘스] **명** [the를 붙여] 알프스 산맥 《이탈리아 북쪽에 뻗어 있는 유럽 중부의 대산맥》

al·read·y [ɔːlrédi 오-얼뤠디 → 오-얼뤠리] **부** 이미, 벌써: He has *already* left. 그는 벌써 떠났다/ They are *already* there. 그들은 이미 거기에 있다/ Has he left *already*? 아니, 벌써 그가 떠났니?

> [쓰임새] **already와 yet**
> (1) 「이미, 벌써」의 뜻으로 긍정문에는 보통 already, 의문문에는 yet을 쓴다: Has he gone *yet*? 그는 벌써 갔는냐?
> (2) 의문문에 already를 쓰면 말하는 사람의 「놀람·의외」를 나타내고, 부정문에서 yet은 「아직」의 뜻이 된다: The work is *not yet* finished. 그 일은 아직 끝나지 않았다.

【all(모든)+ready(준비)에서】

al·so [ɔ́ːlsou 오-얼쏘우] **부** …도 또한, 역시(too): Candy is *also* sold there. 캔디도 거기서 팔고 있다/ I know Bill. I *also* know his sister. 나는 빌을 알고 있다. 또한 그의 누이도 알고 있다

> [쓰임새] **also와 too, either**
> (1) also는 보통 일반 동사 앞, be 동사나 조동사 뒤에 오고, too은 문장 끝에 온다: I can play the piano, *too*. 나도 또한 피아노를 칠 줄 안다.
> (2) 부정문에서 「…도 또한 아니다」라고 할 때는 either를 쓴다: I *don't* like it, *either*. 나도 그것을 좋아하지 않는다.

al·tar [ɔ́ːltər 오-얼터r] 명 (그리스도 교회의) 제단

al·ter [ɔ́ːltər 오-얼터r] (❚ altar(제단)과 발음이 같음) 통 (3단현 **alters** [-z]; 과거·과거분사 **altered** [-d]; 현재분사 **altering** [-təriŋ]) 타 (…을 부분적으로) 변경하다, 바꾸다 (❚ 「(전면적으로) 바꾸다」는 change): alter a house into a store 주택을 점포로 개조하다
──자 변하다

al·ter·nate [ɔ́ːltərnèit 오-얼터r네잇] 통 (3단현 **alternates** [-ts]; 과거·과거분사 **alternated** [-id]; 현재분사 **alternating**) 자 번갈아 하다, 교대하다: Day alternates with night. 낮과 밤은 번갈아 온다
──타 …을 번갈아 하다
──형 1 번갈아 하는, 교대의
2 하나씩 거른: on alternate days(lines) 하루(한 줄)씩 걸러서

al·ter·nate·ly [ɔ́ːltərnətli 오-얼터r너틀리 → 오-얼터r넛'을리] 부 번갈아, 교대로: alternately push and pull 밀고 당기고를 번갈아 반복하다

al·ter·na·tive [ɔːltə́ːrnətiv 오-얼터-r너티v으] 형 1 양자 택일의: alternative courses of death or life 죽느냐 사느냐의 두 갈래 길
2 대신의: We have no alternative method. 우리는 다른 방법은 없다
──명 1 [보통 the를 붙여] 양자 택일 2 다른 방도, 대안

al·though [ɔːlðóu 오-얼ð오우] (❚ gh는 묵음) 접 …이지만, (비록) …일지라도: Although he is young, he is wise. 그는 나이는 어려도 현명하다

참고 although는 though와 뜻이 거의 같지만 문장의 첫머리에 오는 경우가 많다.

al·ti·tude [ǽltətjùːd 애얼터튜-드] 명 높이(height), 고도, 해발(海拔): The plane flew at an altitude of 30,000 feet. 그 비행기는 3만 피트 《약 9천 미터》 고도로 날았다

al·to [ǽltou 애얼토우] 명 (복수 **altos** [-z]) 【음악】 1 알토 《여성의 최저음》 2 알토 가수〔악기〕

*__al·to·geth·er__ [ɔ̀ːltəgéðər 오-얼터게ð어r] 부 1 **전적으로**, 완전히: The troop was altogether destroyed. 그 부대는 전멸했다/ That is not altogether false. 그것은 아주 거짓말은 아니다 (❚ not와 함께 쓰면 부분 부정)
2 모두, 전부해서: They were six altogether. 그들은 모두 6명이었다
【all(모두)+together(같이)에서】

a·lu·mi·num, 《영》 **al·u·min·i·um** [əlúːmənəm 얼루-머넘] 명 【화학】 알루미늄 《금속 원소; 기호 Al》

*__al·ways__ [ɔ́ːlweiz 오-얼웨이z으] 부 1 **늘**, **항상**, 언제나: He is always late. 그는 언제나 늦는다/ I always get up at six. 나는 언제나 6시에 일어난다

참고	빈도를 나타내는 부사
언제나	alway
대개	usually
흔히, 자주	often, frequently
때때로	sometimes
이따금	occasionally
좀처럼 …하지 않다	seldom, rarely
전혀 …하지 않다	never

2 언제까지나, 영원히: I'll always remember you. 언제까지나 너를 잊지 않겠다

쓰임새 always는 often, usually, sometimes 등과 같이 조동사 및 be동사의 다음에, 일반 동사의 앞에 놓인다.

not always 〔부분 부정〕 반드시〔언제나〕 …한 것은 아니다: The rich are not always happy. 부자가 반드시 행복하다고 할 수 없다

am [ǽm 앰] 동 (3단현 **was** [wáz]; 과거·과거분사 **been** [bín]; 현재분사 **being** [bíːiŋ]) 자 《be의 1인칭 단수 현재형》 **1** 〔성질·상태를 나타내어〕 …이다: I *am* Korean. 나는 한국인이다/ I *am* very tired. 나는 매우 피곤하다

쓰임새》《구어》에서는 보통 I'm처럼 am의 단축형을 쓴다. 다만 Are you American? — Yes, I am.처럼 am이 문장 끝에 올 때에는 단축형을 쓰지 않는다. 이 때 am은 강하게 발음한다.

2 〔존재를 나타내어〕 …에 있다: I'*m* in the kitchen. 나는 주방에 있다
── 조 **1** 〔I am+현재분사로 진행형을 만들어〕 …하고 있다: I *am* reading a book. 나는 책을 읽고 있다
2 〔I am+과거분사로 수동태를 만들어〕 …되다: I *am* loved by my mother. 나는 어머니께 사랑을 받고 있다

A.M., a.m. [éiém 에이엠]《약어》오전 (반 P.M., p.m.): The shop opens at ten *a.m.* 그 가게는 오전 10시에 문을 연다

문법》 A.M., a.m. (오전)
(1) 특별한 경우 이외에는 소문자를 쓰며, 시각을 나타내는 숫자 다음에 쓴다.
(2) 11 o'clock *a.m.*처럼 o'clock과는 같이 쓰지 않는다.

【라틴어 *ante meridiem* (= before noon 정오의 이전)】

am·a·teur [ǽmətʃùər 애머추어r] 명 (복수 **amateurs** [-z]) 아마추어, 비전문가, 애호가(반 professional 프로, 전문가)
── 형 아마추어의, 직업적이 아닌: an *amateur* golfer 아마추어 골퍼

a·maze [əméiz 어메이z] 동 (3단현 **amazes** [-iz]; 과거·과거분사 **amazed** [-d]; 현재분사 **amazing**) 타 몹시 놀라게 하다 (유 surprise보다 의미가 강함): He was *amazed* at the sight. 그는 그 광경을 보고 깜짝 놀랐다

a·maze·ment [əméizmənt 어메이z먼트] 명 놀람

a·maz·ing [əméiziŋ 어메이z잉] 형 놀라운, 놀랄 만한: an *amazing* story 놀라운 이야기

Am·a·zon [ǽməzən 애머z안] 명 〔the를 붙여〕 아마존 강

참고》 아마존 강
남아메리카에 있는 길이 7,062km의 강으로 페루 안데스 산맥에서 발원하여, 브라질 북부를 통해 대서양으로 흘러든다.

am·bas·sa·dor [æmbǽsədər 앰배써더r → 앰배써러r] 명 (복수 **ambassadors** [-z]) 대사 (참 「대사관」은 embassy, 「공사」는 minister)

am·ber [ǽmbər 앰버r] 명 【광물】 호박

am·bi·gu·i·ty [æ̀mbigjúːəti 앰비규-어티 → 앰비규-어리] 명 (복수 **ambiguities** [-z]) **1** 애매함 **2** 모호한 표현

am·big·u·ous [æmbígjuəs 앰비규-어ㅆ] 형 애매한: an *ambiguous* answer 애매한 대답

am·bi·tion [æmbíʃən 앰비션] 명 큰 뜻, 대망, 야심, 야망

am·bi·tious [æmbíʃəs 앰비셔ㅆ] 형 (비교급 **more ambitious**; 최상급 **most ambitious**) 야망을 품은, 야심에 찬: Boys, be *ambitious*! 소년들이여, 야망을 가져라!

am·bu·lance [ǽmbjuləns 앰뷸런ㅆ] 명 구급차

ambulance

am·bush [ǽmbuʃ 앰부쉬] 명 매복, 잠복

a·men [éimén 에이멘] 감 아멘! (기독교에서 기도 끝에 하는 말;「그리 되게 해주시옵소서」의 뜻)

a·mend [əménd 어멘드] 동 (3단현 **amends** [-dz]; 과거·과거분사 **amended** [-id]; 현재분사 **amending**) 타 **1** (행실 등을) 고치다: You have to *amend* your style of living. 당신은 생활 방식을 고치지 않으면 안 된다
2 (법안 등을) 수정하다: *amend* the traffic rules 교통 규칙을 개정하다
── 자 고쳐지다

a·mend·ment [améndmənt 어멘드먼트] 명 (법률·의안 등의) 개정, 수정

＊A·mer·i·ca [əmérikə 어메리카] 명 **1 미국**, 아메리카 (합중국): He lives in *America*. 그는 미국에 살고 있다

> 참고 미국인들은 보통 자기 나라를 America라 하지 않고, the United States나 the States라고 말한다. America라고 하면 남북아메리카가 모두 포함되어 막연한 표현이 되어 버리기 때문이다.

2 아메리카 대륙 (남·북아메리카) 【아메리카의 발견자로 알려진 이탈리아의 항해가·탐험가인 아메리고 베스푸치의 이름에서】

＊A·mer·i·can [əmérikən 어메뤼컨] 형 **1 미국의**, 아메리카의: an *American* citizen 미국 국민 / *American* English 미국 영어
2 미국인의: Amy is *American*. 에이미는 미국인이다
── 명 (복수 **Americans** [-z]) **미국인**: an *American* 미국인 (한 사람) / the *Americans* 미국인 (전체) / ten *Americans* 10명의 미국인

American football [əmérikən fútbɔːl] 명 미식 축구 (미에서는 간단히 football이라고 하며, 「축구」는 soccer라 한다)

American football

American Indian [əmérikən índiən] 명 아메리칸 인디언 (최근에는 native American이라고도 한다)

a·mia·ble [éimiəbl 에이미어브얼] 형 붙임성 있는, 마음씨 고운, 상냥한

a·mid [əmíd 어미드] 전 《문어》 …의 가운데에, …의 사이에: *amid* of the horrors of war 전쟁의 공포 속에

am·mo·ni·a [əmóuniə 어모우니아] 명 **1** 【화학】 암모니아 (기체) **2** 암모니아수

am·nes·ty [ǽmnəsti 앰너스티] 명 은사, 대사(大赦), 특사: general *amnesty* 일반 사면

a·moe·ba [əmíːbə 어미-바] 명 (복수 **amoebas** [-z], **amoebae** [-biː]) 【동물】 아메바

＊a·mong [əmʌ́ŋ 어망] 전 **1** …의 사이에, …끼리: Bill sat *among* the girls. 빌은 소녀들 사이에 앉았다 / Divide the cake *among* the five of you. 이 케이크를 너희들 다섯이서 나누어라

> 참고 **between**과 **among**
> **between**은 둘 사이인 경우에 쓰고, **among**은 셋 이상인 사이에 쓴다.

between   among

2 ···중의 하나인: Seoul is *among* the biggest cities in the world. 서울은 세계 최대 도시 중의 하나이다

among others 〔***other things***〕 그 중에서도 특히: He liked history *among others*. 그는 그 중에서도 역사를 좋아했다

※a·mount [əmáunt 어마운트] 명 **1** (···의) **양**(quantity), 액수: a large〔small〕 *amount* of sugar 다량〔소량〕의 설탕

> 참고 보통 amount는 양의 경우에 쓰고, 수의 경우에는 number를 쓴다: a large *number* of cars 많은 차.

2 〔the를 붙여〕 **총계**, 총액(sum): What is the *amount* of money you spent? 당신이 쓴 돈은 전부 얼마입니까?

───동 (3단현 **amounts** [-ts]; 과거·과거분사 **amounted** [-id]; 현재분사 **amounting**) 자 (총계가) **···에 이르다** 《to》: His debts *amounted to* a thousand dollars. 그는 빚이 1,000달러에 달했다

am·ple [ǽmpl 앰프ㄹ] 형 (비교급 **ampler**; 최상급 **amplest**) **1** 충분한, 풍부한: *ample* food 충분한 식량
2 (장소가) 넓은

amp [ǽmp 앰프] 명 《구어》 = amplifier

am·pli·fi·er [ǽmpləfàiər 앰플러F아이어r] 명 《스테레오 장치 등의) 증폭기, 앰프 (《구어》로는 amp라 한다)

am·pli·fy [ǽmpləfài 앰플러F아이] (3단현 **amplifies** [-z]; 과거·과거분사 **amplified** [-d]; 현재분사 **amplifying**) 타 **1** ···을 넓히다, 확대〔증대〕하다: *amplify* knowledge 지식을 넓히다
2 【전기】 (전류를) 증폭하다

am·ply [ǽmpli 앰플리] 부 **1** 충분히 **2** 넓게

Am·ster·dam [ǽmstərdæm 앰스터r댐] 명 암스테르담 (네덜란드의 헌법상의 수도; 헤이그(The Hague)는 행정상의 수도)

※a·muse [əmjúːz 어뮤-즈] 동 (3단현 **amuses** [-iz]; 과거·과거분사 **amused** [-d]; 현재분사 **amusing**) 타 **즐겁게 하다**, 웃기다: The joke *amused* all of us. 그 농담은 우리를 즐겁게 했다

a·muse·ment [əmjúːzmənt 어뮤-즈먼트] 명 즐거움, 오락

amusement park [əmjúːzmənt pàːrk] 명 유원지

※a·mus·ing [əmjúːziŋ 어뮤-즈잉] 형 **재미나는**, 웃기는: an *amusing* book 재미있는 책

※※an [ən 언] (부정관사) **하나의**: *an* apple 한 개의 사과 / *an* hour 한 시간

> 문법 **a**와 **an**의 쓰임새
> (1) 자음으로 시작하는 단어 앞에서는 **a**를 쓰고, 모음으로 시작하는 단어 앞에서는 **an**을 쓴다: *a* book 한 권의 책 / *an* egg 계란 한 개
> (2) 모음자(a, e, i, u, o)로 시작하더라도 발음이 자음으로 시작하면 **a**를 쓴다: *a* useful [júːfəl] book 유용한 책
> (3) 자음자로 시작하더라도 발음이 모음으로 시작하면 **an**를 쓴다: *an* hour [áuər] 한 시간

-an (접미사) 「···사람」의 뜻: Korea*n* 한국인 / historia*n* 역사가

an·a·log [ǽnəlɔ̀ːg 애널러-ㄱ] 명 **1** 유사물 **2** 【전자】 아날로그 《데이터나 물리량을 연속적으로 변화하는 양으로 나타내는 것》
───형 아날로그 타입의: an *analog* watch 아날로그 시계

analog watch   digital watch

a·nal·o·gous [ənǽləgəs 어낼러거ㅆ] 형 유사한, 닮은 《to, with》: The heart

is *analogous to* a pump. 심장은 펌프와 유사하다

an·a·logue [ǽnəlɔ̀ːg 애널라-그] 명 형
= analog

a·nal·o·gy [ənǽlədʒi 어낼러쥐] 명 (복수 **analogies** [-z]) 유사, 비슷함

a·nal·y·sis [ənǽləsis 어낼러씨쓰] 명 (복수 **analyses** [-siz]) 분석, 분해: chemical *analysis* 화학 분석

an·a·lyst [ǽnəlist 애널리스트] 명 분석가, 분해자

an·a·lyze, 《영》 **an·a·lyse** [ǽnəlàiz 애널라이즈] 동 (현재분사 **analyzing**) 타 …을 분석하다, 분해하다

an·ar·chy [ǽnərki 애너r키] 명 1 무정부 상태 2 혼란, 무질서

a·nat·o·my [ənǽtəmi 어내터미 → 어내러미] 명 (복수 **anatomies** [-z]) 1 해부 2 해부학

*__an·ces·tor__ [ǽnsestər 엔쎄스터r] 명 (복수 **ancestors** [-z]) 조상, 선조(반 descendant 자손)

an·chor [ǽŋkər 앵커r] 명 1 닻; 고정 장치〔기구〕 2 의지가 되는 것 3 = anchorman 4 (릴레이 팀의) 최종 주자
be at anchor 정박하고 있다: The ship *is at anchor* in the harbor. 그 배는 항구에 정박 중이다

anchor 1

──타 자 (배를) 정박시키다; 정박하다

An·chor·age [ǽŋkəridʒ 앵커뤼쥐] 명 앵커리지 《미국 알래스카주 남부의 항구 도시》

an·chor·age [ǽŋkəridʒ 앵커뤼쥐] 명 1 닻을 내림, 정박 2 정박지

an·chor·man [ǽŋkərmæ̀n 앵커r맨] 명 (복수 **anchormen** [-mèn]) 1 (뉴스 프로의) 종합 사회자 2 (릴레이 팀의) 최종 주자

*__an·cient__ [éinʃənt 에인션트] 형 1 옛날의, 고대의(반 modern 현대의): *ancient* history 고대사 / *ancient* civilization 고대 문명

2 예로부터의, 오래된: an *ancient* custom 예로부터의 관습

*****and** [ǽnd 앤드] 접 《등위 접속사》 1 〔같은 성질의 어·구·절을 대등하게 연결하여〕 …와 …, 그리고: You *and* I must go there. 당신과 나는 거기에 가야 한다 (참 2인칭, (3인칭 그리고) 1인칭의 순서) / There are gloves, hats(,) *and* shoes. 장갑, 모자 그리고 구두가 있다 (참 셋 이상의 어〔구·절〕를 연결할 때는 마지막 단어 앞에만 and를 놓고 다른 것은 콤마로 끊는 것이 원칙이다. and 앞의 콤마는 없는 경우도 있다) / This is a black *and* white dog. 이것은 흑백 얼룩개이다 / There are a black *and* a white dog in the garden. 정원에 검정개와 하얀 개가 있다 (참 a black *and* white dog은 1마리의 흑백 얼룩개로 단수, a black *and* a white dog은 검정개와 하얀 개 2마리로 복수 취급)

> 참고 and로 연결된 말을 읽을 때에는 and 앞의 말은 끝을 올려서 발음하고 and 뒤에 오는 말은 내려서 발음한다.
> A ↗ and B ↘
> A ↗, B ↗, and C ↘

2 〔**between** A **and** B의 형태로〕 A와 B(와의 사이에): We must decide *between* A *and* B. A와 B 중에서 어떤 것을 결정하지 않으면 안 된다

3 〔**both** A **and** B의 형태로〕 A도 B도: *Both* you *and* I are not wrong. 너도 나도 틀리지 않았다

4 〔덧셈에서〕 …더하기(plus): Four *and* two make(s) six. 4 더하기 2는 6

5 〔동시성을 나타내어〕 …하면서: They walked *and* talked. 그들은 걸으면서 얘기했다

6 〔전후 관계를 나타내어〕 …하고 (나서): He slept for an hour *and* went to work. 그는 한 시간 동안 잠을 잔 후 일하러 나갔다

7 〔come, go, try 등을 다른 동사와 연결, to 부정사의 구실을 하여〕 …하러: Come *(and)* see me tomorrow. (= Come to see me tomorrow.) 내일 찾아오게 (《미》에서는 come, go 뒤의 and를 흔히 생략한다)

8 〔명령문 뒤에 써서〕 그러면: Hurry up, *and* you will be in time. 서둘러라, 그러면 제 시간에 도착할 것이다

쓰임새 명령문+or는 「그렇지 않으면」의 뜻: Hurry up, *or* you will be late. 서둘러라, 그렇지 않으면 늦을 것이다.

9 〔같은 말을 반복하여 강조를 나타내어〕 …도 …도, 더욱 더…: He laughed *and* laughed. 그는 웃고 또 웃었다/ It is getting colder *and* colder. 날씨가 점점 더 추워지고 있다

10 〔밀접한 관계를 나타내어〕: bread *and* butter 버터 바른 빵/ a watch *and* chain 사슬 달린 시계

쓰임새 이 경우 and로 연결된 명사는 하나의 사물을 나타내어 단수 취급한다.

and Co. …회사, …상사 (보통 & Co. 로 함): Green & *Co.* 그린 상사

and so 그래서: He was sick, *and so* he could not come. 그는 아파서 올 수가 없었다

and so forth [on] …등, …따위 (약어는 etc.): I like baseball, basketball, tennis, *and so on*. 나는 야구, 농구, 테니스 등을 좋아한다

An·der·sen [ǽndərsən 앤더*r*쎈] 명 안데르센 **Hans Christian** ~ (1805-75) (덴마크의 동화 작가; 「미운 오리 새끼」 「인어 공주」 등의 작품이 있음)

an·ec·dote [ǽnikdòut 애닉도웃] 명 일화

a·nem·o·ne [ənéməni 어네머니] 명 【식물】 아네모네, 바람꽃

*****an·gel** [éindʒəl 에인줘얼] 명 (복수 **an·gels** [-z]) **1** 천사
2 천사 같은 사람: an *angel* of a child 천사 같은 귀여운 아이

an·gel·ic [ændʒélik 앤젤릭] 형 천사의; 천사 같은

*****an·ger** [ǽŋɡər 앵거*r*] 명 노여움, 성, 화, 부아: He shouted in *anger*. 그는 화가 나서 소리쳤다
── 타 …을 성[화]나게 하다

*****an·gle**¹ [ǽŋɡl 앵그얼] 명 (복수 **angles** [-z]) **1** 각도; 【수학】 각: at an *angle* of 30 degrees 30도 각도로

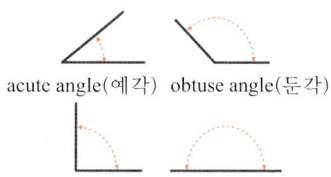

acute angle(예각) obtuse angle(둔각)

right angle(직각) straight angle(평각)

2 모서리, 구석, 모퉁이(corner)
3 (보는) 각도, 관점

an·gle² [ǽŋɡl 앵그얼] 동 (현재분사 **an·gling**) 자 낚시질을 하다, 낚다

an·gler [ǽŋɡlər 앵글러*r*] 명 낚시꾼

An·gles [ǽŋɡlz 앵그얼z] 명 〔the를 붙여〕 앵글족(族) 《5세기경 영국에 이주한 게르만족의 일파》

An·glo- 〔접두사〕 「영국의」의 뜻

An·glo-A·mer·i·can [ǽŋɡlou-əmérikən 앵글로우어메뤼컨] 형 **1** 영미(간)의 **2** 영국계 미국인의
── 명 영국계 미국인

An·glo-Sax·on [ǽŋɡlou-sǽksn 앵글로우쌕슨] 명 **1** 앵글로색슨인[어] **2** 영국인
── 형 앵글로색슨인[어]의

an·gri·ly [ǽŋgrəli 앵그릴리] 〔부〕 노하여, 성나서

*__an·gry__ [ǽŋgri 앵그뤼] 〔형〕 (비교급 **an·grier**; 최상급 **angriest**) **1 성난, 노한**: an *angry* face 화난 얼굴 / He is *angry* with me. 그는 나한테 화가 나 있다 / He is *angry* at〔about〕 her lies. 그는 그녀의 거짓말에 화가 나 있다

> 〔쓰임새〕 사람에 대해서 화를 내는 경우는 전치사 with를, 일이나 사람의 행동에 대하여는 at이나 about를 쓴다.

2 (파도·하늘 등이) 험악한: *angry* waves 노도

an·guish [ǽŋgwiʃ 앵그위쉬] 〔명〕 (심신의) 고통, 고뇌

***an·i·mal** [ǽnəməl 애너머얼] 〔명〕 (복수 **animals** [-z]) **동물** (〔식물〕은 vegetable, 〔광물〕은 mineral): a wild *animal* 야수 / a domestic *animal* 가축

> 〔알면 Plus〕 동물의 종류
>
> | | |
> |---|---|
> | bear 곰 | camel 낙타 |
> | cat 고양이 | cow 소 |
> | deer 사슴 | dog 개 |
> | dolphin 돌고래 | elephant 코끼리 |
> | fox 여우 | giraffe 기린 |
> | horse 말 | koala 코알라 |
> | lion 사자 | monkey 원숭이 |
> | panda 팬더 | pig 돼지 |
> | rabbit 토끼 | sheep 양 |
> | snake 뱀 | tiger 호랑이 |
> | whale 고래 | wolf 여우 |

——〔형〕 동물의, 동물성의: the *animal* kingdom 동물의 왕국

an·i·mate [ǽnəmèit 애너메잇] 〔동〕 (현재분사 **animating**) 〔타〕 …에 생기를 주다, 활기를 띠게 하다

an·i·ma·tion [ænəméiʃən 애너메이션] 〔명〕 **1** 생기, 활기 **2** 만화 영화, 애니메이션

*__an·kle__ [ǽŋkl 앵크얼] 〔명〕 (복수 **ankles** [-z]) **발목**: I twisted〔sprained〕 my *ankle* jogging. 나는 조깅하다가 발목을 삐었다

an·nex [ənéks 어넥쓰] 〔동〕 (3단현 **annexes** [-iz]) 〔타〕 **1** …을 부가하다, 첨부하다 **2** (영토·회사 등을) 합병하다

——〔명〕 **1** 부가물, 부속물 **2** 별관, 증축〔부속〕 건물

an·ni·ver·sa·ry [ænəvə́:rsəri 애너V어-r써뤼] 〔명〕 (복수 **anniversaries** [-z]) 기념일, 기념제: a wedding *anniversary* 결혼 기념일

*__an·nounce__ [ənáuns 어나운쓰] 〔동〕 (3단현 **announces** [-iz]; 과거·과거분사 **announced** [-t]; 현재분사 **announcing**) 〔타〕 (정식으로) **발표하다**, 알리다, 공고하다: She has *announced* her marriage *to* her friends. 그녀는 친구들에게 결혼한다고 발표했다

*__an·nounce·ment__ [ənáunsmənt 어나운쓰먼트] 〔명〕 **발표**, 공고, 공표

an·nounc·er [ənáunsər 어나운써r] 〔명〕 **1** 발표자, 알리는 사람 **2** (텔레비전 등의) 아나운서

*__an·noy__ [ənɔ́i 어노이] 〔동〕 (3단현 **annoys** [-z]; 과거·과거분사 **annoyed** [-d]; 현재분사 **annoying**) 〔타〕 (남을) **귀찮게 굴다**, 화나게 하다: I am much *annoyed* by his impudence. 그의 뻔뻔스러움에 몹시 화가 났다

an·noy·ing [ənɔ́iiŋ 어노이잉] 〔형〕 귀찮은, 성가신

*__an·nu·al__ [ǽnjuəl 애뉴어얼] 〔형〕 **1 해마다의**, 1년에 한 번의(yearly): an *annual* event 연중 행사

2 1년 간의: an *annual* income 연간 수입, 연봉

3 〔식물〕 1년생의

——〔명〕 **1** 연보, 연감(年鑑) **2** 1년생 식물

an·nu·al·ly [ǽnjuəli 애뉴얼리] 〔부〕 해마다, 매년

a·non·y·mous [ənánəməs 어나너머쓰] 〔형〕 이름 없는, 무명의: an *anonymous* writer 무명 작가

an·oth·er [ənʌ́ðər 어나더r] 형
1 또 하나의, 또 한 사람의: Won't you have *another* cup of tea? 차 한 잔 더 하시겠습니까?
2 다른, 딴: Show me *another* cap. 다른 모자를 보여 주세요
──대 1 또 하나, 또 한 사람: I ate a hamburger and ordered *another*. 나는 햄버거를 한 개 먹고 하나 더 주문했다
2 다른 것〔사람〕: I don't like this hat. Show me *another*. 이 모자는 마음에 들지 않습니다. 다른 것을 보여 주세요

an·swer [ǽnsər 앤써r] 〔 w는 묵음〕 동 (3단현 **answers** [-z]; 과거·과거분사 **answered** [-d]; 현재분사 **answering** [-səriŋ]) 타 1 (편지·질문 등에) 답하다(반 ask 묻다): *answer* a letter 편지에 답장하다/ He didn't *answer* me. 그는 나에게 대답하지 않았다
2 (노크 등에) 응하다; (전화를) 받다: She *answered* the bell. 그는 벨소리를 듣고 나갔다/ She *answered* the telephone. 그녀가 전화를 받았다
──자 대답하다(reply), 응답하다: Please *answer* loudly. 큰 소리로 대답해 주십시오
answer back 《구어》 말대꾸하다
answer for …을 책임지다, 보증하다: I will *answer for* his honesty. 그가 정직하다는 것을 내가 보증한다
──명 (복수 **answers** [-z]) 대답, 응답 (반 question 질문); 해답: give〔make〕 an *answer* 답하다/ He got no *answer* from her. 그는 그녀로부터 어떤 대답도 받지 못했다

ant [ǽnt 앤트] 〔 aunt(아주머니)와 발음이 같음〕 명 (복수 **ants** [-ts]) 【곤충】 개미

ant

-ant 《접미사》 1 「…성(性)의」의 뜻의 형용사를 만듦: pleas-*ant* 기분 좋은
2 「…하는 사람〔것〕」의 뜻의 명사를 만듦: serv*ant* 하인/ assist*ant* 조수

ant·arc·tic [æntɑ́ːrktik 앤타-r크틱] 형 남극(지방)의(반 arctic 북극의): the *Antarctic* Ocean 남극해
──명 〔**the Antarctic**으로〕 남극 지방

an·te- 《접두사》 앞의…(반 post- 뒤의): *ante*cedent 선행사

an·te·ced·ent [æntəsíːdənt 앤터씨-던트] 형 앞서는, 선행하는
──명 1 전례 2 【문법】 선행사

an·te·lope [ǽntəlòup 앤털로웁] 명 【동물】 영양

antelope

an·ten·na [ænténə 앤테나] 명 1 (복수 **antennas** [-z]) 《미》 (라디오·TV 등의) 안테나 (《영》 aerial) 2 (복수 **antennae** [-niː]) (곤충 등의) 촉각

antenna

an·te·ri·or [æntíəriər 앤티어뤼어r] 형 〔시간·장소·순서 등의〕 앞의, 먼저의 (반 posterior 뒤의)
【라틴어 「ante-(앞의)」의 비교급에서】

an·them [ǽnθəm 앤θ엄] 명 성가, 찬송가; 축가: a national *anthem* 국가

an·ti- (접두사)「반대, 적대」의 뜻: *anti*pollution 오염 방지/ *anti*social 반사회적인

an·tic·i·pate [æntísəpèit 앤티써페잇] 동 (3단현 **anticipates** [-ts]; 과거・과거분사 **anticipated** [-id]; 현재분사 **anticipating**) 타 **1** …을 예상[기대]하다: This event was not *anticipated*. 이 사건은 예상하지 못했다/ I did not *anticipate* that he would come. 나는 그가 오리라고 기대하지 않았다
2 (남을) 앞지르다, 선수를 쓰다

an·tic·i·pa·tion [æntisəpéiʃən 앤티써페이션] 명 **1** 예상, 예견, 기대 **2** 앞지르기, 선수

in anticipation of …을 예상하고

an·ti·pol·lu·tion [æntipəlúːʃən 앤티펄루-션] 명 형 오염(공해) 방지(의)

an·tique [æntíːk 앤티-ㅋ] 형 **1** 골동의 **2** 고대 (양식)의(반 modern 현대의)
—— 명 고물, 고미술품, 골동품

an·ti·so·cial [æntisóuʃəl 앤티쏘우셔얼] 형 **1** 반사회적인 **2** 비사교적인

ant·ler [ǽntlər 앤틀러*r*] 명 (사슴 등의) 가지진 뿔

an·to·nym [ǽntənìm 앤터님] 명 반의어(반 synonym 동의어): 'Hot' is the antonym of 'cold'. 「뜨거운」은 「차가운」의 반의어이다

an·vil [ǽnvəl 앤V어얼] 명 모루 (대장간에서 달군 쇠를 올려 놓고 두드릴 때 받침으로 쓰는 쇳덩이)

anx·i·e·ty [æŋzáiəti 앵Z아이어티 → 앵Z아이어리] 명 (복수 **anxieties** [-z]) **1** 걱정, 근심, 불안; 걱정[근심]거리: He is in great *anxiety*. 그는 몹시 근심하고 있다
2 염원, 갈망, 열망 (for): His *anxiety for* knowledge is to be praised. 그의 지식욕은 칭찬받을 만하다

anvil

anx·ious [ǽŋkʃəs 앵(크)셔쓰] 형 (비교급 **more anxious**; 최상급 **most anxious**) **1 걱정하는**, 근심하는 (about, for): an *anxious* look 걱정스러운 얼굴/ I'm *anxious* about his health. 그의 건강이 걱정스럽다
2 열망하여, 몹시 하고 싶어하는 (for, to do): He is *anxious for* wealth. 그는 부를 갈망하고 있다/ He is *anxious to* know the result. 그는 그 결과를 몹시 알고 싶어한다

anx·ious·ly [ǽŋkʃəsli 앵(크)셔쓸리] 부 걱정스럽게

an·y [éni 에니] 형 **1** 〔의문문・조건문에서〕 **얼마간의**…; 몇 사람의: Do you have *any* friends in Seoul? 서울에 친구가 (몇 사람) 있습니까?/ If you have *any* money, please lend me some. 돈이 있거든 좀 빌려 주십시오/ Is there *any* drugstore in this area? 이 근처에 약국이 있는가?

> 쓰임새 (1) 긍정문에서 이 뜻을 나타낼 때에는 some을 쓴다: I have *some* pencils. 나는 연필을 몇 자루 가지고 있다.
> (2) 의문문에서도 남에게 어떤 일을 권할 때나 Yes의 답이 기대될 때에는 any를 쓰지 않고 some을 쓴다: Would you like *some* tea? 차 좀 드시겠습니까?

2 〔긍정문에서〕 **어떤 …이라도**, 누구든…: *Any* pupil can answer it. 어떤 학생이라도 그것을 대답할 수 있다/ He is taller than *any* other boy in his class. (= He is the tallest boy in his class.) 그는 반에서 누구보다도 키가 크다 (참 같은 종류의 것을 비교할 때에 any other …를 비교급과 함께 쓰면 최상급의 뜻을 나타낸다)

3 〔부정문에서〕 **조금도**, 아무도 (…않다): I don't have *any* books(money). (= I have *no* books(money).) 나는 책(돈)

anybody 〔이라고는 조금도 없다 (🔖 not ... any는 no와 같은 뜻이다)

any one 어느 것이든 하나(의): Take *any one* book you like. 아무 책이든 네가 좋아하는 것을 하나 집어라

at any rate 하여튼, 하여간(anyhow): We'll have to go there *at any rate*. 아무튼 우리는 거기에 가야 한다

——대 **1** 〔긍정문에서〕 **무엇이든지**, 어느 것이든, 누구든지: You can use *any* of these pens. 이 펜 중에서 어느 것을 써도 괜찮다 / *Any* of my friends will help me. 내 친구들 중 누구든지 나를 도와줄 것이다

2 〔부정문에서〕 **조금도**, 아무것도, 아무도: I haven*'t* got *any*. 나는 조금도 갖고 있지 않다

3 〔의문문·조건문에서〕 **무엇이든**, 누구든; **얼마간**, 다소: Do you want *any* of these books? 이 책들 중에 어느 것이든 갖고 싶은 것이 있느냐?

——부 〔보통 부정문·의문문·조건문에서 비교급과 함께 써서〕 **조금도**, 조금이나마: It is *not any* cheaper. 그것은 조금도 싸지 않다 / Do you feel *any* better? 기분은 좀 나아졌니?

not ... any longer 이미 ⋯**아니다**(no longer): She doesn*'t* live here *any longer*. 그녀는 이미 이곳에 살고 있지 않다

not ... any more 더 이상 ⋯**않다**(no more): I will *not* speak to him *any more*. 나는 이제 더 이상 그와 말하지 않겠다

✽**an·y·bod·y** [énibὰdi 에니바디 → 에니바리] 대 (🔖 anyone보다 《구어》) **1** 〔긍정문에서〕 **누구든지**, 아무나: *Anybody* can do that. 아무나 그것은 할 수 있다

2 〔부정문에서〕 **아무도**: She didn*'t* visit *anybody* yesterday. (= She visited *nobody* yesterday.) 그녀는 어제 아무도 방문하지 않았다

3 〔의문문·조건문에서〕 **누군가**, 누가: Is *anybody* here? 여기 누구 없어요?

an·y·how [énihàu 에니하우] 부 《구어》 = anyway

an·y·more [ènimɔ́ːr 에니모-r] 부 〔부정문에서〕 더 이상 (⋯않다): I don*'t* smoke *anymore*. 나는 이제 담배를 피우지 않는다

✽**an·y·one** [éniwὰn 에니원] 대 (🔖 anybody가 《구어》) **1** 〔의문문·조건문에서〕 **누군가**, 누가: Can *anyone* answer my question? 누가 내 질문에 대답할 수 있느냐?

2 〔긍정문에서〕 **누구든지**, 아무라도: *Anyone* can enter this room. 누구나 이 방에 들어와도 된다

3 〔부정문에서〕 **아무도** (⋯않다): He didn*'t* know *anyone* in New York. (= He knew *no* one in New York.) 그는 뉴욕에 아는 사람이 아무도 없다

✽**an·y·thing** [éniθiŋ 에니씽] 대 **1** 〔긍정문에서〕 **무엇이든**: You may take *anything* you like. 무엇이든지 마음에 드는 것을 가져도 된다

2 〔의문문·조건문에서〕 **무언가**: Is there *anything* interesting in today's paper? 오늘 신문에 무언가 재미있는 기사가 있습니까?

〔쓰임새〕 (1) anything은 단수 취급한다.
(2) something, everything, nothing과 마찬가지로 anything을 수식하는 형용사는 뒤에 온다.

3 〔부정문에서〕 **아무것도**: I don*'t* know *anything* about it. 그것에 관해서는 아

anything but (1) …외에는 무엇이든: I will give you *anything but* this ring. 이 반지 외는 무엇이든 주겠오
(2) 결코 …아니다: He is *anything but* a hero. 그는 결코 영웅이 아니다

***an·y·way** [éniwèi 에니웨이] 부 **1 어쨌든**, 여하튼(anyhow): *Anyway*, let's begin. 어쨌든 시작하자 / Thank you *anyway*. 어쨌든 고마워요
2 〔부정문에서〕아무리 해도: I couldn't get up *anyway*. 나는 아무리 해도 일어날 수 없었다

***an·y·where** [énihwὲər 에니웨〔훼〕어r] 부 **1** 〔긍정문에서〕**어디든지**: You may go *anywhere*. 당신은 어디든지 가도 좋다
2 〔부정문에서〕**아무데도**: I did *not* go *anywhere* yesterday. 어제는 아무데도 가지 않았다
3 〔의문문·조건문에서〕어딘가에〔로〕: Did you go *anywhere* yesterday? 어제는 어딘가 갔었나?

*__a·part__ [əpá:rt 어파-r트] 부 **1 떨어져**, 헤어져, 따로: walk *apart* 떨어져 걷다 / live *apart* 별거하다
2 산산이, 뿔뿔이: tear a book *apart* 책을 잡아 찢다
3 (어떤 목적·용도를 위해) 따로 두고
apart from …은 별문제로 하고: *Apart from* the cost, it takes too much time. 경비 문제는 제쳐 두고라도 시간이 너무 걸린다

*__a·part·ment__ [əpá:rtmənt 어파-r엇먼트] 명 (복수 **apartments** [-ts]) 《미》(공동 주택내 한 가구 분의) **집, 아파트** (《영》 flat)

apartment house [əpá:rtmənt hàus] 명 아파트, 공동 주택

ape [éip 에입] 명 (꼬리 없는) 원숭이 (꼬리 있는 「원숭이」는 monkey): A gorilla is an *ape*. 고릴라는 꼬리없는 원숭이다

ap·er·ture [ǽpərtʃər 애퍼rㅊㅓr] 명 **1** 틈, 구멍(hole) **2** (카메라 등의) 조리개; (렌즈의) 구경

Aph·ro·di·te [æ̀frədáiti 애F으뤄다이티 → 애F으뤄다이리] 명 【그리스신화】 아프로디테 (사랑·미의 여신; 로마신화의 비너스(Venus)에 해당)

A·pol·lo [əpálou 어팔로우] 명 【그리스·로마신화】 아폴로 (태양신; 시·음악·예언 등을 주관함)

a·pol·o·gize [əpálədʒàiz 어팔러좌이ㅈ으] 동 (3단현 **apologizes** [-iz]; 과거·과거분사 **apologized** [-d]; 현재분사 **apologizing**) 자 사과하다, 사죄하다: He *apologized* to her *for* his rudeness. 그는 그녀에게 무례하게 행동한 것을 사과했다

*__a·pol·o·gy__ [əpálədʒi 어팔러쥐] 명 (복수 **apologies** [-z]) **1 사과**, 사죄: make 〔accept〕 an *apology* 사과하다〔사과를 받아들이다〕
2 변명(excuse), 핑계

a·pos·tle [əpásl 어파쓸] (t는 묵음) 명 사도; (the Apostles로) (그리스도의) 12사도

a·pos·tro·phe [əpástrəfi 어파스츄뤄F이] 명 【문법】 아포스트로피 (')

[문법] 아포스트로피 (')
(1) 문자·숫자의 생략을 나타낸다: can't = can not / '65 = 1965
(2) 명사의 소유격을 나타낸다: Mary's dress 메리의 옷
(3) 문자·숫자·약자·부호의 복수형을 나타낸다: two A's A가 두 개

ap·pall [əpɔ́:l 어포-얼] 타 …을 오싹하게 하다

ap·par·el [əpǽrəl 어패뤄얼] 명 의복; 의상

ap·pa·ra·tus [æ̀pərǽtəs 애퍼뤠터ㅅ → 애퍼뤠러ㅅ] 명 (복수 **apparatus, apparatuses** [-iz]) 기구, 장치: a heating *apparatus* 난방 장치

ap·par·ent [əpǽrənt 어패륀트] 혱 (비교급 **more apparent**; 최상급 **most apparent**) 1 **명백한**, 분명한: It is quite *apparent* to everybody. 그것은 누구에게나 아주 명백하다
2 외견상의, 표면상의: an *apparent* reason 표면상의 이유

ap·par·ent·ly [əpǽrəntli 어패륀틀리 → 어패륀'을리] 튀 1 분명히, 명백히 (clearly) 2 보기에, 외관상으로는

ap·pa·ri·tion [æpərí∫ən 애퍼뤼션] 몡 유령, 망령, 환영

ap·peal [əpíːl 어피-얼] 동 (3단현 **appeals** [-z]; 과거·과거분사 **appealed** [-d]; 현재분사 **appealing**) 재 1 **간청하다**, 빌다 ((to)): They *appealed* to him *for* help. 그들은 그에게 도움을 청했다
2 (무력·여론 등에) 호소하다 ((to)): *appeal to* reason[the public] 이성[여론]에 호소하다
3 항소하다, 상고[상소]하다: *appeal to* the Supreme Court 대법원에 상고하다
4 마음에 들다 ((to)): It *appeals to* me. 그것은 내 마음에 든다
── 몡 1 **간청**; 호소: We made an *appeal* for support. 우리는 (사람들에게) 지지를 호소했다
2 항소, 상고; (심판에의) 항의
3 매력: sex *appeal* 성적 매력

ap·pear [əpíər 어피어r] 동 (3단현 **appears** [-z]; 과거·과거분사 **appeared** [-d]; 현재분사 **appearing** [əpíəriŋ]) 재 1 **나타나다**, 출현[출연]하다(반 disappear 사라지다): *appear* before the audience 청중 앞에 나타나다 / The ship *appeared* on the horizon. 배가 수평선 위에 나타났다
2 **…로 보이다**, …인 듯하다(seem): He *appears* (to be) rich. 그는 부자인 듯하다

ap·pear·ance [əpíərəns 어피어륀스] 몡 (복수 **appearances** [-iz]) 1 출현, 출석, 출연
2 외관, 외양, 겉모습: Never judge by *appearances*. 겉모양만으로 판단하지 마라

ap·pen·dix [əpéndiks 어펜딕쓰] 몡 (복수 **appendixes** [-iz], **appendices** [-dəsiːz]) 1 부록, 부가물 2 【해부】 충수, 맹장

ap·pe·tite [ǽpitàit 애피타잇] 몡 1 식욕: I have a poor *appetite*. 나는 식욕이 없다
2 욕망, 욕구, 의욕: an *appetite* for learning 배움에 대한 욕구

ap·pe·tiz·er [ǽpitàizər 애피타이z어r] 몡 식욕을 돋우는 것, 전채(前菜)

ap·plaud [əplɔ́ːd 어플라-드] 재타 박수갈채하다, 칭찬하다

ap·plause [əplɔ́ːz 어플라-z으] 몡 박수갈채, 칭찬

ap·ple [ǽpl 애프을] 몡 (복수 **apples** [-z]) 【식물】 **사과**(나무): *apple* jam 사과 잼 / Would you like some *apples*? 사과 좀 먹겠느냐?

apples

apple pie [ǽpl pái] 몡 사과 파이, 애플 파이

ap·pli·ance [əpláiəns 어플라이언쓰] 몡 기구, 장치, 설비

ap·pli·ca·ble [ǽplikəbl 애플리커브을] 혱 적용[응용]할 수 있는

ap·pli·cant [ǽplikənt 애플리컨트] 몡 신청자, 지원자

ap·pli·ca·tion [æplikéi∫ən 애플리케이션] 몡 1 적용, 응용
2 신청, 지원; 원서, 신청서: He made an *application* for the post. 그는 그 직에 응모했다
3 (약 등을) (…에) 붙임, 바름

ap·ply [əplái 어플라이] 동 (3단현 **applies** [-z]; 과거·과거분사 **applied** [-d]; 현재분사 **applying**) 타 1 **…을 적용하다**, (원리를) 응용하다 ((to)): They

applied the new technology *to* their plan. 그들은 새로운 기술을 그들의 계획에 적용했다
2 …에 대다; (약 등을) …에 바르다 **(to)**: *apply* a plaster *to* a wound 상처에 고약을 바르다
3 전념하다, 열중하다: You must *apply* yourself *to* your studies. 너는 연구에 전념하여야 한다
── 자 **1** 적용되다 **(to)**: This regulation does not *apply to* children. 이 규정은 어린이에게는 적용되지 않는다
2 신청하다, 지원하다 **(for)**: He *applied* to the bank *for* a loan. 그는 은행에 융자를 신청했다

*ap·point** [əpɔ́int 어포인트] 동 (3단현 **appoints** [-ts]; 과거·과거분사 **appointed** [-id]; 현재분사 **appointing**) 타 **1** 지정[임명]하다: He was *appointed* headmaster. 그는 교장으로 임명되었다
2 《문어》(시일·장소를) 정하다: He *appointed* the place *for* the meeting. 그는 회합의 장소를 정했다

ap·point·ed [əpɔ́intid 어포인티드] 형 **1** 정해진, 지정된, 약속된: He appeared at the *appointed* time. 그는 약속된 시간에 나타났다
2 임명된: a newly *appointed* official 새로 임명된 관리

*ap·point·ment** [əpɔ́intmənt 어포인(트)먼트] 명 (복수 **appointments** [-ts]) **1** (만날) 약속(promise); (진료 등의) 예약: keep[break] an *appointment* 약속을 지키다[어기다] / I have an *appointment* with a client at five. 나는 다섯 시에 고객과 약속이 있다
2 임명, 지정; (임명된) 직, 지위

*ap·pre·ci·ate** [əpríːʃièit 어프뤼-쉬에잇] 동 (3단현 **appreciates** [-ts]; 과거·과거분사 **appreciated** [-id]; 현재분사 **appreciating**) 타 **1** 진가를 인정하다; (사물을) 올바르게 인식하다: We *appreciate* a rest after hard work. 우리는 힘든 노동을 한 뒤에 휴식의 고마움을 안다
2 (예술 등을) 감상하다: I *appreciate* poetry from time to time. 나는 가끔 시를 감상한다
3 (호의 등을) 고맙게 생각하다: I *appreciate* your help. 도와주셔서 감사합니다 (✍ 목적어 자리에 사람은 오지 않으므로 I *appreciate* you.라고는 하지 않는다)

ap·pre·ci·a·tion [əpriːʃiéiʃən 어프뤼-쉬에이션] 명 **1** (진가 등의) 인식, 이해 **2** 감상(력) **3** 감사

ap·pre·hend [æ̀prihénd 애프뤼헨드] 타 **1** (의미를) 파악하다, 깨닫다 **2** …을 우려하다, 염려하다(fear)

ap·pre·hen·sion [æ̀prihénʃən 애프뤼헨션] 명 **1** 이해(력) **2** 우려, 염려

ap·pren·tice [əpréntis 어프뤤티스] 명 **1** 도제, 수습 **2** 견습생, 초심자

*ap·proach** [əpróutʃ 어프로우취] 동 (3단현 **approaches** [-iz]; 과거·과거분사 **approached** [-t]; 현재분사 **approaching**) 타 …에 다가가다, 접근하다: Our train *approached* the town. 우리 열차는 그 도시에 접근했다
── 자 (사람·때 등이) 다가오다, 가까워지다: Spring is *approaching*. 봄이 오고 있다
── 명 (복수 **approaches** [-iz]) **1** 다가옴[감], 접근: the *approach* of winter 겨울이 다가옴
2 (학문의) 길잡이, 학습법: a new *approach* to the learning of English 새로운 영어 학습법
3 〖골프〗 어프로치 (홀 가까이 공을 침)

*ap·pro·pri·ate** [əpróuprièit 어프로우프뤼에잇] 형 적당한, 적절한, 어울리는: an *appropriate* expression 적절한 표현

*ap·prov·al** [əprúːvəl 어프루-V어얼] 명 찬성; (정식) 승인, 인가: The plan obtained public *approval*. 그 계획은 대중의 찬성을 얻었다

ap·prove [əprúːv 어프루-v으] 동 (3단현 approves [-z]; 과거·과거분사 approved [-d]; 현재분사 approving) 타
1 …을 찬성하다, 승인하다(반 disapprove 찬성하지 않다): I approve your plan. 당신의 계획에 찬성한다
2 …을 승인하다
— 자 …에 찬성하다 (of): Her parents did not approve of her marriage. 그녀의 부모는 그녀의 결혼을 찬성하지 않았다

ap·prox·i·mate [əpráksəmèit 어프락써메잇] 동 (3단현 approximates [-ts]; 과거·과거분사 approximated [-id]; 현재분사 approximating) 자 (성질·수량 등이) …에 가깝다 (to): His story approximated to the truth. 그의 이야기는 진실에 가까웠다
— 형 대략의, 비슷한

ap·prox·i·mate·ly [əpráksəmitli 어프락써미틀리→ 어프락써밋'으리] 부 대략, 대체로

Apr. 《약어》 April 4월

a·pri·cot [ǽprəkàt 애프뤄캇] 명 【식물】 살구(나무)

*A·pril [éiprəl 에이프뤌] 명 4월 (《 약어는 Ap., Apr.): I was born in April. 나는 4월생이다 / He was born on April 9, 1997. 그는 1997년 4월 9일에 태어났다

April Fool's Day [éiprəl fúːlz dèi] 명 만우절(All Fool's Day) (4월 1일)

a·pron [éiprən 에이프뤈] 명 (복수 aprons [-z]) 1 에이프런, 앞치마 2 【항공】 격납고 앞의 포장된 광장

aprons 1

apt [ǽpt 앱트] 형 1 적절한(suitable): She gave an apt answer. 그녀는 적절한 대답을 했다
2 〔be apt to do의 형태로〕 …하기 쉬운, 자칫하면 …하는: She is apt to catch cold. 그녀는 감기에 잘 걸린다
3 이해가 빠른, 머리가 좋은

ap·ti·tude [ǽptətjùːd 앱터튜-드] 명 1 소질, 재능: She has an aptitude for mathematics. 그녀는 수학에 재능이 있다
2 적성, 적합: aptitude test 적성 검사

apt·ly [ǽptli 앱틀리] 부 적절히

aq·ua [ǽkwə 애크와] 명 물
【라틴어 water(물)에서】

aq·ua·lung [ǽkwəlʌŋ 애크월렁] 명 아쿠아렁 (잠수용 수중 호흡기)

aq·uar·i·um [əkwɛ́əriəm 어크웨어뤼엄] 명 (복수 aquariums [-z], aquaria [-riə]) 1 수족관 2 (물고기·수초용의) 유리 수조

Ar·ab [ǽrəb 애뤱] 명 (복수 Arabs [-z]) 1 아랍인 2 아라비아종의 말
— 형 아랍〔아라비아〕(어)의

A·ra·bi·a [əréibiə 어뤠이비아] 명 아라비아 (홍해와 페르시아만(灣) 사이에 있는 반도)

A·ra·bi·an [əréibiən 어뤠이비언] 형 아라비아(인)의
— 명 아라비아인

Arabian Nights [əréibiən náits] 명 〔the를 붙여〕 아라비안 나이트, 천일 야화(The Thousand and one Nights)

Ar·a·bic [ǽrəbik 애뤄빅] 형 아라비아의; 아랍〔아라비아〕어의: Arabic numerals 아라비아 숫자 (1, 2, 3... 같은 숫자)(반 Roman numerals 로마 숫자)
— 명 아랍어, 아라비아어

ar·bi·tra·ry [ɑ́ːrbitrèri 아-r비츄뤠리] 형 1 임의의, 멋대로의 2 전제적인, 독단적인

ar·bor [ɑ́ːrbər 아-r버r] 명 (나뭇가지나 덩굴로 덮인) 정자

arbor day [áːrbər dèi] 명 《미》 식목일 (🌳 4월 말이나 5월 상순경으로 주(州)에 따라 다름)

arc [áːrk 아-ㄹ크] 명 **1** 호(弧), 원호(圓弧) **2** 궁형(弓形)

ar·cade [ɑːrkéid 아-ㄹ케이드] 명 아케이드 《지붕이 있는 상점가》

arcade

*__arch__ [áːrtʃ 아-ㄹ취] 명 (복수 **arches** [-iz]) **아치, 홍예**; 아치(홍예)문

arch- (접두사) 「지배자, 왕」의 뜻

-arch (접미사) 「지배자, 왕」의 뜻: mon*arch* 군주

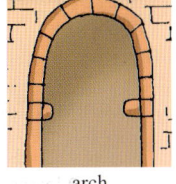

arch

ar·chae·ol·o·gy [àːrkiálədʒi 아-ㄹ키알러쥐] 명 고고학

arch·bish·op [àːrtʃbíʃəp 아-ㄹ취비셥] 명 【가톨릭】 대주교; 【영국국교】 대감독 【arch-(지배자)+bishop(주교)】

arch·er [áːrtʃər 아-ㄹ춰r] 명 활쏘는 사람

arch·er·y [áːrtʃəri 아-ㄹ춰리] 명 궁술

Ar·chi·me·des [àːrkəmíːdiːz 아-ㄹ커미-디-즈] 명 아르키메데스 《287-212 B.C.; 고대 그리스의 물리학자》

ar·chi·tect [áːrkətèkt 아-ㄹ커텍트] 명 (복수 **architects** [-ts]) 건축가, 건축 기사

ar·chi·tec·ture [áːrkətèktʃər 아-ㄹ커텍춰r] 명 (복수 **architectures** [-z]) **1** 건축, 건축학(술) **2** 건축 양식 **3** 건축물

arc·tic [áːrktik 아-ㄹ크틱] 형 북극(지방)의(반 antarctic 남극의): the *Arctic* Ocean 북극해

―― 명 〔the Arctic으로〕 북극 지방

ar·dent [áːrdənt 아-ㄹ던트] 형 **1** 열렬한: an *ardent* support 열렬한 지지자 **2** 불타는 듯한

ar·dent·ly [áːrdəntli 아-ㄹ던틀리] 형 열렬히

*__are__ [áːr 아-r] 동 (과거 **were** [wɔ́ːr]; 과거분사 **been** [bín]; 현재분사 **being**) 자 **1** 〔성질·상태를 나타내어〕 …이다: We〔They〕 *are* students. 우리는〔그들은〕 학생이다

> 쓰임새 are는 주어가 we, you, they 일 때 be 동사의 현재형으로 《구어》에서는 보통 we're, you're, they're 처럼 단축형을 쓴다. 다만 Are you American? ― Yes, we are. 처럼 are가 문장 끝에 올 때에는 단축형을 쓰지 않는다. 이 때 are는 강하게 발음한다.

2 〔존재를 나타내어〕 …에 있다: My parents *are* now in London. 나의 부모님은 지금 런던에 계신다

―― 조 **1** 〔are+현재분사로 진행형을 만들어〕 …하고 있다: They *are waiting* for you. 그들은 너를 기다리고 있다 **2** 〔are+과거분사로 수동태를 만들어〕 …되다, 당하다: We *are invited* to the party. 우리는 그 파티에 초대받았다

*__ar·e·a__ [ɛ́əriə 에어뤼아] 명 (복수 **areas** [-z]) **1 지역**, 지방: an agricultural *area* 농업 지역 / a mountainous *area* 산악 지방

> 유의어 지역
> **area**는 넓이와는 관계없이 하나의 지역을 나타내는 가장 일반적인 말이다. **region**은 꽤 넓은 지역에서 문화·사회·지리적인 면에서의 특징을 지닌 지방: a tropical *region* 열대 지방. **district**은 행정상의 구획 또는 타지역과 다른 특징을 지닌 지방: an election *district* 선거구.

2 구역; (어떤 목적을 위한) 장소: a parking *area* 주차장
3 면적: What is the *area* of this park? 이 공원의 면적은 얼마나 됩니까?
4 (활동 등의) 영역, (연구의) 분야: the whole *area* of science 과학의 전 영역

aren't [áːrnt 아-r언트] are not의 단축형

a·re·na [əríːnə 어뤼-나] 명 **1** (고대 로마의) 투기장(鬪技場) **2** (일반적으로) 경기장 **3** 활동 무대

Ar·es [ɛ́riːz 에뤼-z] 명 【그리스신화】 아레스 《군신(軍神); 로마신화의 마르스(Mars)에 해당》

Ar·gen·ti·na [àːrdʒəntíːnə 아-r쟌티-나] 명 아르헨티나 《남미의 공화국; 수도는 부에노스아이레스(Buenos Aires)》

Ar·gen·tine [áːrdʒəntìːn 아-r쟌티-인] 형 아르헨티나의
—— 명 **1** 〔the를 붙여〕 = Argentina **2** 아르헨티나 사람

*__ar·gue__ [áːrgjuː 아-r규-] 동 (3단현 argues [-z]; 과거・과거분사 argued [-d]; 현재분사 arguing) 타 **1** 논의하다, 논쟁하다: We *argued* politics for hours. 우리들은 몇 시간이나 정치를 논했다
2 …라고 주장하다: Columbus *argued* that the earth is round. 콜럼버스는 지구가 둥글다고 주장했다
3 설득하여 …시키다: I *argued* him *into* 〔*out of*〕 going. 나는 그를 설득해서 가게 했다〔못가게 했다〕
—— 자 논의하다: I *argued* with him *about* it. 나는 그것에 관해 그와 논의하였다

*__ar·gu·ment__ [áːrgjumənt 아-r규먼트] 명 **논의**, 논쟁

a·rise [əráiz 어롸이z] 동 (3단현 arises [-iz]; 과거 arose [əróuz]; 과거분사 arisen [ərízn]; 현재분사 arising) 자 …이 일어나다, 발생하다: A serious problem has *arisen*. 심각한 문제가 발생했다

a·ris·en [əˈrízn 어뤼z은] 동 arise(발생하다)의 과거분사형

ar·is·toc·ra·cy [æ̀rəstákrəsi 애뤼스타크뤄씨] 명 **1** 귀족 정치 **2** 〔the를 붙여〕 귀족 계급〔사회〕

ar·is·to·crat [ərístəkræt 어뤼스터crat] 명 귀족

ar·is·to·crat·ic [ərìstəkrǽtik 어뤼스터크뤠틱] 형 **1** 귀족의, 귀족적인 **2** 귀족 정치의

Ar·is·tot·le [ǽristàtl 애뤼스타트을 → 애뤼스타r을] 명 아리스토텔레스(384-322 B.C.) 《옛 그리스의 철학자》

a·rith·me·tic [əríθmətik 어뤼θ으머틱] 명 산수, 산술: He is good at *arithmetic*. 그는 산수를 잘한다

Ar·i·zo·na [æ̀rəzóunə 애뤼z오우나] 명 애리조나 《미국 남서부의 주(州); 약어는 Ariz.》

ark [áːrk 아-r크] 명 【성서】 (노아(Noah)가 대홍수를 피한) 방주(方舟)

Ar·kan·sas [áːrkənsɔ̀ː 아-r컨싸-] 명 아칸소 《미국 중부의 주(州); 약어는 Ark.》

*****arm**[1] [áːrm 아-r엄] 명 (복수 **arms** [-z]) **팔** 《특히 어깨에서 손목까지의 부분》: He took me by the *arm*. (= He took my *arm*.) 그는 내 팔을 잡았다

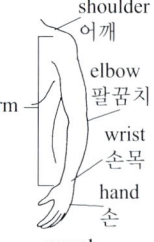
arm[1]
shoulder 어깨
elbow 팔꿈치
arm
wrist 손목
hand 손

arm in arm 서로 팔을 끼고: They walked *arm in arm*. 그들은 서로 팔을 끼고 걸었다
fold one's **arms** 팔짱을 끼다
with open arms 양팔을 벌리고, 진심으로

***arm**[2] [áːrm 아-r엄] 명 (복수 **arms** [-z]) 〔복수형으로〕 **무기**, 병기(weapon): They were in *arms*. 그들은 무장하고 있었다

armament 41 **arouse**

──통 (3단현 **arms** [-z]; 과거·과거분사 **armed** [-d]; 현재분사 **arming**) 타 **무장시키다**: They *armed* themselves *with* guns. 그들은 총으로 무장했다

ar·ma·ment [ɑ́ːrməmənt 아-r머먼트] 명 (복수 **armaments** [-ts]) 군사력, 군비; 병기

arm·chair [ɑ́ːrmtʃɛ̀ər 아-r엄췌어r] 명 (복수 **armchairs** [-z]) 안락 의자

armchairs

armed [ɑ́ːrmd 아-r엄드] 형 무장한
arm·ful [ɑ́ːrmfùl 아-r엄F우을] 명 한 아름: an *armful* of flowers 한 아름의 꽃
ar·mi·stice [ɑ́ːrməstis 아-r머스티쓰] 명 (일시적인) 휴전, 정전(truce)
ar·mor, 《영》 **ar·mour** [ɑ́ːrmər 아-r머r] 명 갑옷: a suit of *armor* 갑옷 한 벌

*★**ar·my** [ɑ́ːrmi 아-r미] 명 (복수 **armies** [-z])
1 〔보통 the를 붙여〕 **육군** (📖「해군」은 navy, 「공군」은 air force): He entered *the army*. 그는 육군에 입대했다

armor

army　　navy　　air force

2 군대, 군(軍)
3 다수, 대군: an *army* of ants 개미떼
a·rose [əróuz 어로우즈] 자 arise(일어나다)의 과거형

*★★★**a·round** [əráund 어라운드] 전 **1** …의 주위에〔를〕, …을 둘러싸고: look *around* the room 방안을 빙 둘러보다 / The earth moves *around* the sun. 지구는 태양의 주위를 돈다 / They sat *around* the fire. 그들은 불을 둘러싸고 앉았다

around 1　　　　　around 2

2 …을 돈 곳에 (📖《영》 round): You'll find the drugstore *around* the corner. 모퉁이를 돈 곳에 약국이 있다
3 …근처에, 부근에: Is there a library *around* here? 이 근처에 도서관이 있습니까?
4 …의 여기저기에: She has traveled *around* the country. 그녀는 국내를 여기저기 여행했다
5 《구어》 약…, …쯤: *around* five dollars 약 5달러
──부 **1 주위에, 주변에**, 둘레에〔를〕: look *around* 주변을 둘러보다 / I'll show you *around*. 내가 이곳 저곳을 보여 주겠다
2 둘레가…: The tree is four feet〔foot〕 *around*. 그 나무는 둘레가 4피트다
3 여기저기에〔를〕: walk *around* 여기저기 걷다
4 반대 방향으로(빙) 돌아: turn *around* 방향을 빙 돌다
all around 사방에, 도처에: There were tulips *all around*. 사방에 튤립이 피어 있었다

a·rouse [əráuz 어라우즈] 통 (3단현 **arouses** [-iz]; 과거·과거분사 **aroused** [-d]; 현재분사 **arousing**) 타 **1** (자는 사람을) 깨우다(awake): The noise *aroused* me *from* my sleep. 그 소리에 나는 잠을 깼다

2 (감정 등을) 자극하다: Her attitude *aroused* his anger. 그녀의 태도가 그를 화나게 했다

ar·range [əréindʒ 어뤠인쥐] 동 (3단현 **arranges** [-iz]; 과거 · 과거분사 **arranged** [-d]; 현재분사 **arranging**) 타 **1** …을 정리하다, 가지런히 하다, 배열하다: *arrange* books *on* a shelf 선반의 책들을 정리하다 / *arrange* words *in* alphabetical order 단어를 ABC 순으로 배열하다

2 …을 준비하다: Everything was *arranged for* our journey. 우리들의 여행 준비는 모두 준비되었다

3 (분쟁 등을) 조정하다: *arrange* the dispute 분쟁을 조정하다

4 …을 결정하다: We have *arranged* a meeting for Saturday afternoon. 우리는 토요일 오후에 모이기로 했다

5 【음악】 편곡하다

—— 자 **1** 준비하다(prepare): *arrange for* a hike 하이킹의 준비를 하다

2 정하다: They *arranged to* start early in the morning. 그들은 아침 일찍 출발하기로 정했다

ar·range·ment [əréindʒmənt 어뤠인쥐먼트] 명 (복수 **arrangements** [-ts]) **1** 정리, 배열, 배치: She made a flower *arrangement* for the party. 그녀는 파티를 위해 꽃꽂이를 했다

2 〔보통 복수형으로〕 준비, 계획: We made a *arrangements for* the meeting. 우리는 모임의 준비를 했다

3 협정, 합의: arrive at an *arrangement* 합의가 이루어지다

4 (작품의) 각색; 【음악】 편곡

ar·ray [əréi 어뤠이] 타 (군대를) 정렬시키다, 배치하다

ar·rest [ərést 어뤠스트] 동 (3단현 **arrests** [-ts]; 과거 · 과거분사 **arrested** [-id]; 현재분사 **arresting**) 타 …을 체포하다(apprehend), 붙잡다: *arrest* a thief 도둑을 잡다 / The police *arrested* him *for* murder. 경찰은 그를 살인죄로 체포했다

—— 명 체포, 검거

under arrest 구인〔수감〕되어: You're *under arrest*. 너를 체포한다

ar·riv·al [əráivəl 어롸이V어을] 명 도착 (반 departure 출발): Let me know the time of your *arrival*. 너의 도착 시각을 알려다오

ar·rive [əráiv 어롸이v으] 동 (3단현 **arrives** [-z]; 과거 · 과거분사 **arrived** [-d]; 현재분사 **arriving**) 자 **1** 도착하다, 닿다(반 depart 출발하다): I *arrived* here last night. 나는 어젯밤 여기에 도착했다 / The train *arrived at* Seoul Station at nine. 열차는 9시에 서울역에 도착했다 / They *arrived in* Korea yesterday. 그들은 어제 한국에 도착했다

〔쓰임새〕 도착하는 지점이 비교적 좁은 장소(마을, 역 등)라고 생각될 때에는 전치사 at을, 넓은 장소(나라, 지방, 도시 등)라고 생각될 때에는 in을 쓴다.

arrive at   arrive in

2 (어떤 결론 · 시기 · 연령 등에) 이르다, 도달하다 《at》: *arrive at* a conclusion 결론에 도달하다

ar·ro·gance [ǽrəgəns 애뤄건쓰] 명 거만

ar·ro·gant [ǽrəgənt 애뤄건트] 형 거만한, 건방진(반 humble 비굴한): *arrogant* behavior 건방진 행동

***ar·row** [ǽrou 애로우] 명 (복수 **arrows** [-z]) **1 화살** (「활」은 bow): shoot an *arrow* 화살을 쏘다
2 화살표 (→)

***art** [ά:rt 아-r트] 명 (복수 **arts** [-ts]) **1 예술, 미술**: the fine *arts* 미술 / a work of *art* 예(미)술품 / an *art* gallery〔museum〕미술관
2 (특수한) **기술**, 기교(skill); 요령: the *art* of building 건축술 / She knows the *art* of making money. 그녀는 돈버는 요령을 알고 있다
3 〔복수형으로〕(대학에서, 이공계 과학 (science)에 대하여) 인문 과학; 《미》 (대학의) 교양 과목
4 인공(반 nature 자연): the beauty of *art* 인공미

ar·ter·y [ά:rtəri 아-r터뤼 → 아-r러뤼] 명 (복수 **arteries** [-z]) 【해부】 동맥(반 vein 정맥): the main *artery* 대동맥

Ar·thur [ά:rθər 아-rθ어r] 명 아서 King ~ 아서왕 《6세기경의 전설적인 영국 왕; 그 부하인 원탁의 기사들과 함께 여러 가지 모험의 주인공》

***ar·ti·cle** [ά:rtikl 아-r티크ㄹ → 아-r리크ㄹ] 명 (복수 **articles** [-z]) **1** (신문·잡지의) **기사**, 논설: an *article* on China 중국에 관한 기사 / a leading *article* (신문의) 사설
2 물품, 물건: *articles* of food 식료품
3 (조약·계약 등의) **조항**, 조목(item): *Article* 3 제3조
4 【문법】 관사: the indefinite *article* 부정관사 《a, an》/ the definite *article* 정관사 《the》

〔문법〕 관사
　명사 앞에 놓여 그 뜻을 한정하는 말을 관사라 한다. 부정관사인 a, an 과 정관사인 the가 있다.

ar·tic·u·late [ɑ:rtíkjulət 아-rTI큐럿] 형 **1** (말·발음 등이) 똑똑한 **2** (생각 등을) 또렷하게 말할〔표현할〕 수 있는 **3** (설명·표현 등이) 명확한

*** ar·ti·fi·cial** [ὰ:rtəfíʃəl 아-r터피이셜 → 아-r러FI이셜] 형 **1 인공의**, 인조의(반 natural 자연의): *artificial* flowers 조화 / *artificial* rain 인공 강우
2 부자연스런, 꾸민, 가짜의: an *artificial* smile 억지 웃음

ar·ti·fi·cial·ly [ὰ:rtəfíʃəli 아-r터FI이셜리 → 아-r러FI이셜리] 부 인공적인

ar·til·ler·y [ɑ:rtíləri 아-r틸러리] 명 **1** 〔집합적으로〕 포, 대포 (개개의 「대포」는 gun) **2** 〔**the**를 붙여〕 포병대

*** art·ist** [ά:rtist 아-r티스트 → 아-r리스트] 명 (복수 **artists** [-ts]) **1 예술가 2** 화가 **3** (어느 방면의) 명수, 명인

ar·tis·tic [ɑ:rtístik 아-r티스틱] 형 **1** 예술의 **2** 예술적인, 멋있는

*** as** [ǽz 애z으] 부 〔보통 as ... as ...로 형용사·부사 앞에서〕 **…와 같을 정도로**, …처럼 (앞의 as가 부사, 뒤의 as는 접속사): He runs *as* fast *as* you (run). 그는 너만큼 빨리 뛴다 / This is twice *as* large *as* that. 이것은 저것의 2배의 크기다

as ... as any 누구〔어느 것〕 못지 않게: She calculates *as* quickly *as any*. 그녀는 누구 못지 않게 계산을 빨리 한다

as ... as ever 변함 없이…, 여전히…: He is *as* healthy *as ever*. 그는 변함없이 건강하다

as ... as one can = as ... as possible 할 수 있는 한 …: Stay here *as* long *as* you *can*. (= Stay here *as* long *as possible*.) 이곳에 될 수 있는 대로 오래 머물러라

──── 접 **1** 〔**as**〔**so**〕**... as** ...로 동등 비교를 나타내어〕 **…와 같이, …처럼**, …만큼 (as ... as ...에서 뒤의 as): He is *as* tall *as* I. 그는 나만큼 키가 크다 / Are you *as* good at English *as* him? 당신은 그 사

람만큼 영어를 잘 합니까?

2 [(**as**) ... **as ...**로 직유(直喻)의 관용구를 만들어] ···**처럼** (아주, 가장): (*as*) busy *as* a bee 무척 바쁜/ (*as*) black *as* coal 새까만

3 [so ... as to do의 형태로] ···**할 만치**, ···**하게도**: He was *so* kind *as to* help me. 그는 친절하게도 나를 도와 주었다

4 [상태를 나타내어] ···**와 같이**, ···대로: Do *as* you like. 좋도록 하시오/ Do in Rome *as* the Romans do. 《속담》 로마에서는 로마인이 하는 대로 해라

5 [as ... so ...의 형태로] ···**와 같이**, 마찬가지로: *As* rust eats (into) iron, *so* care eats (into) the heart. 녹이 쇠를 갉아먹듯이 근심은 마음을 갉아먹는다

6 [때를 나타내어] ···**할 때; ···하면서**: He came up (to me) *as* I was speaking. 내가 말을 하고 있을 때 그가 (내게로) 왔다/ She sang *as* she walked. 그녀는 걸으면서 노래불렀다

7 [보통 문장 첫머리에서, 원인·이유를 나타내어] ···**이므로**, ···때문에 (《미》에서는 because나 since를 주로 쓴다): *As* I was tired, I soon fell asleep. 나는 피곤해서 곧 잠들었다

8 [양보를 나타내어] ···**이지만**(though): Poor *as* he is, he is happy. 그는 가난하지만 행복하다

9 (아무리) ···해봤자: Try *as* she would, she could not remember his phone number. 아무리 애써봐도 그녀는 그의 전화번호가 기억나지 않았다

10 [비례를 나타내어] ···할수록: *As* we go up, the air grows colder. 높이 올라갈수록 공기는 차가워진다

as above 위[상기]와 같이
as below 아래[하기]와 같이
as for ... [보통 문장 첫머리에 써서] ···에 관한 한은: *As for* me, I'm not interested in such thing. 나는 그런 것에 흥미가 없다

as if[**though**] 마치 ···인 듯이 (《미》as if [though] 뒤에는 과거 또는 과거 완료형이 온다): He talks *as if* he knew everything. 그는 마치 다 알고 있는 것처럼 말한다

as it is (1) [문장 첫머리에 써서] (그러나) 실제로는: I thought he would get better. *As it is*, he is getting worse. 나는 그가 좋아질 거라고 생각했지만 실상은 나빠지고 있다
(2) [문장 끝에 써서] (있는) 그대로: Leave this box *as it is*. 이 상자는 그대로 두어라

as it were [삽입구적으로] 말하자면(so to speak): He is, *as it were*, a walking dictionary. 그는 말하자면 살아 있는 사전이다

as to ... ···에 관하여: He said nothing *as to* the money. 그는 돈에 관해서는 아무 말도 하지 않았다

as we[**you, they**] **call it** = **as it is called** 소위, 이른바

so as to[**so as not to**] **do ...** ···하도록 [하지 않도록]: We came early *so as to* have plenty of time. 우리는 시간에 여유가 많도록 일찍 왔다

━━ 때 《관계대명사》 **1** [such, the same 또는 as를 선행사로 하여] ···**와 같은**: Do not read *such* books *as* you do not understand. 이해하지 못할 것 같은 책은 읽지 말아라/ This is *the same* kind of watch *as* I have lost. 이것은 내가 잃어버린 것과 같은 종류의 시계이다/ He is *as* honest a man *as* I've ever met. 그는 내가 만난 사람 중에서 가장 정직한 사람이다

2 [문장 첫머리 또는 앞 문장 전체를 선행사로 하여] (그것은) ···이지만: *As* we had expected, he did not show up in time. 예상한 일이지만, 그는 제시간에 나타나지 않았다/ He was a foreigner, *as* I knew from his accent. 그는 외국인이었다. (그것은) 그의 말투로 안 일이지만

as regards …에 관하여 ⇒ regard 숙어

──[전] **1** …로서: He is famous *as* a statesman. 그는 정치가로서 유명하다/ This box can be used *as* a table. 이 상자는 탁자 대신으로 쓸 수 있다

2 …인 때에: *As* a child, she could not swim. 어렸을 때, 그녀는 수영을 하지 못했다

3 (가령) …와 같이 ([🖉] such as가 일반적임): Some animals, *as* foxes and squirrels, live in the woods. 어떤 동물, 예컨대 여우나 다람쥐 등은 숲에 산다

4 〔regard, take, treat, consider 등의 동사와 함께 써서〕 …**으로**, …이라고: I *regard* him *as* a fool. 그를 바보라고 생각한다/ He *took* my remark *as* an insult. 그는 내 말을 모욕으로 받아들였다/ They *treat* him *as* a child. 그들은 그를 어린애 취급한다

as·cend [əsénd 어쎈드] [동] (3단현 **as-cends** [-dz]; 과거 · 과거분사 **ascended** [-id]; 현재분사 **ascending**) [자] (위로) 오르다, 올라가다([반] descend 내려가다): The balloon *ascended to* the sky. 풍선이 하늘로 올라갔다

──[타] …을 오르다: *ascend* the stairs 계단을 올라가다

as·cent [əsént 어쎈트] [명] 오름, 올라감 ([반] descent 내려감); 오르막(길)

as·cer·tain [æ̀sərtéin 애써r테인] [타] …을 확인하다
〔「확실하게(certain) 하다」에서〕

as·cribe [əskráib 어스크라이브] [동] (3단현 **ascribes** [-z]; 과거 · 과거분사 **ascribed** [-d]; 현재분사 **ascribing**) [타] 〔ascribe A to B의 형태로〕 A를 B의 탓으로 돌리다: She *ascribed* her failure *to* bad luck. 그녀는 자기의 실패를 불운의 탓으로 돌렸다

ash [ǽʃ 애쉬] [명] (복수 **ashes** [-iz]) **1** 〔종종 복수형으로〕 재: a cigarette *ash* 담뱃재

2 〔복수형으로〕 유골

※**a·shamed** [əʃéimd 어쉐임드] [형] ([🖉] 명사 앞에는 쓰이지 않음) **1** 부끄러워, 수줍어; 〔be ashamed of의 형태로〕 …을 부끄러워하다: You should *be ashamed of* your conduct. 너는 너의 행동을 부끄러워하여야 한다

2 〔be ashamed to do의 형태로〕 …하기가 부끄럽다: He *was ashamed to* admit his mistake. 그는 자기 잘못을 시인하기가 부끄러웠다

a·shore [əʃɔ́ːr 어쇼-r] [부] 해변에, 기슭에: go *ashore* 상륙하다

ash·tray [ǽʃtrèi 애쉬츄뤠이] [명] 재떨이

※**A·sia** [éiʒə 에이좌, éiʃə 에이샤] [명] 아시아: Korea is in the east of *Asia*. 한국은 아시아의 동부에 있다

※**A·sian** [éiʒən 에이줜, éiʃən 에이션] [형] 아시아(인)의

──[명] (복수 **Asians** [-z]) 아시아인

a·side [əsáid 어싸이드] [부] 곁에〔으로〕, 옆에: Will you step *aside*? 옆으로 좀 비켜 주시겠습니까?/ He pushed the chair *aside*. 그는 의자를 옆으로 밀어 놓았다

aside from 《미》 …은 제쳐놓고; …을 제외하고: *Aside from* mathematics, I have finished my homework. 나는 수학 외에는 숙제를 끝냈다

put 〔*set*〕 *aside* …을 모아 두다

※**ask** [ǽsk 애스크] [동] (3단현 **asks** [-s]; 과거 · 과거분사 **asked** [-t]; 현재분사 **asking**) [타] **1** …을 묻다, 질문하다 ([반] answer 대답하다): I *asked* her the way to the station. 나는 역으로 가는 길을 그녀에게 물었다/ I *asked* him a question. 나는 그에게 질문을 하나 했다/ May I *ask* your name? 당신의 이름은 무엇입니까?/ I *asked* him how to open the box. 그 상자를 어떻게 여는지 그에게 물었다/ I *asked* him if he knew her name. 나는 그에게 그녀의 이름을 알고 있는지 물어 보았다

ask　　　answer

2 …을 **부탁하다**, 요구하다(request): He *asked* my help. 그는 나에게 도움을 청했다/ I *asked* her to wait. 나는 그녀에게 기다려 달라고 했다/ He *asked* me for some money. 그는 나에게 약간의 돈을 요구했다

|회화|

A: May I *ask* you a favor?
　부탁드릴 것이 하나 있는데요?
B: Sure. What it is?
　네, 무엇인데요?

3 …을 초대하다(invite), 부르다: I *asked* him to dinner. 나는 그를 만찬에 초대했다

—— 자 **묻다**, 질문하다: She *asked about* my school. 그녀는 우리 학교에 대해서 물었다

ask after (남의 건강·안부)에 대해서 묻다: I *asked after* him. 나는 그의 안부를 물었다

ask for …을 **요구하다**: Don't *ask for* money. 돈을 요구하지 마라

*****a·sleep** [əslíːp 어슬리-ㅍ] 형 **잠들어** (반 awake 깨어): fall *asleep* 잠들다/ The baby is fast[sound] *asleep*. 아이는 깊이 잠들어 있다

asleep　　awake

|쓰임새| *asleep*은 명사 앞에는 쓰지 않는다.「잠들어 있는 아기」라 할 때에는 a *sleeping* baby라 한다.

a·spar·a·gus [əspǽrəgs 어스패뤄거쓰] 명【식물】아스파라거스《백합과의 다년생 식물》

asparagus

*****as·pect** [ǽspekt 애스펙트] 명 (복수 **aspects** [-ts]) **1** (물건의) **모양**, 외관: change the *aspect* of a city 도시의 경관을 바꾸다

2 (문제를 보는) **관점**, 각도: He considered the problem in all its *aspects*. 그는 그 문제를 모든 각도에서 생각했다

3 (일·사태 등의) 양상, 국면: a serious *aspect* 중대한 양상

as·phalt [ǽsfɔːlt 애스Fㅗ-얼트] 명 아스팔트

as·pi·ra·tion [æ̀spəréiʃən 애스퍼뤠이션] 명 대망, 큰 뜻, 열망 《for, after》

as·pire [əspáiər 어스파이어r] 동 (3단현 **aspires** [-z]; 과거·과거분사 **aspired** [-d]; 현재분사 **aspiring** [əspáiəriŋ]) 자 바라다, 열망하다: *aspire after*[*to*] fame 명성을 열망하다/ He *aspired to* be a doctor. 그는 의사가 되기를 바랬다

as·pi·rin [ǽspərin 애스퍼륀] 명【약학】아스피린《진통 해열제》

ass¹ [ǽs 애쓰] 명 **1**【동물】나귀 (📖 donkey가 주로 쓰임) **2** 고집쟁이, 바보(fool) ***an ass in a lion's skin*** 사자의 탈을 쓴 나귀, 남의 권세로 뽐내는 교활한 사람 (📖 이솝우화에서)

ass² [ǽs 애쓰] 명 (복수 **asses** [-iz])《미속어》엉덩이

as·sail [əséil 어쎄열] 동 (3단현 **assails** [-z]; 과거·과거분사 **assailed** [-d]; 현재분사 **assailing**) 타《문어》…을 맹렬

히 공격하다(attack): *assail* a castle 성을 공격하다 / He *assailed* me *with* questions. 그는 질문을 퍼부어 나를 몰아 세웠다

as·sas·sin [əsǽsin 어쌔씬] 명 암살자

as·sas·si·na·tion [əsæ̀sənéiʃən 어쎄써네이션] 명 암살

as·sault [əsɔ́ːlt 어쏘-얼트] 명 1 습격, 공격 2【법】(특히 여성에 대한)(성)폭행
── 타 1 …을 습격하다 2【법】(여자를)(성)폭행 하다

as·sem·ble [əsémbl 어쎔브을] 동 (3단현 **assembles** [-z]; 과거 · 과거분사 **assembled** [-d]; 현재분사 **assembling**) 타 1 (사람을) 모으다, 소집하다
2 (기계 등을) 조립하다: *assemble* an airplane 비행기를 조립하다
── 자 (사람들이) 모이다: All the family *assembled* in the living room. 가족들이 모두 거실에 모였다

as·sem·bly [əsémbli 어쎔블리] 명 (복수 **assemblies** [-z]) 1 (종교 등의 특별한 목적의) 집회, 회합(meeting)
2 의회, 회의: the National *Assembly* (한국의) 국회
3 (기계의) 조립(품)

as·sent [əsént 어쎈트] 자 (의견 등에) 동의〔찬성〕하다(agree) (to)
── 명 동의, 찬성

as·sert [əsə́ːrt 어써-ㄹ트] 동 (3단현 **asserts** [-ts]; 과거 · 과거분사 **asserted** [-id]; 현재분사 **asserting**) 타 …을 단언하다; (권리 등을) 주장하다: He *asserted* his innocence. 그는 자기의 결백을 강력히 주장했다 / He *asserts* that his statement is true. 그는 자기 진술이 진실이라고 주장하고 있다

as·set [ǽset 애쎗] 명 (복수 **assets** [-ts]) 〔복수형으로〕 재산, 자산

*****as·sign** [əsáin 어싸인] 〔⧉ g는 묵음〕 동 (3단현 **assigns** [-z]; 과거 · 과거분사 **assigned** [-d]; 현재분사 **assigning**) 타 1 (일 등을) 할당하다(allot), 배당하다 (to): He *assigned* me a hard job. (= He *assigned* a hard job *to* me.) 그는 나에게 힘든 일을 할당했다
2 (시간 · 장소 등을) 정하다 (for): They *assigned* a day *for* the meeting. 그들은 모임의 날짜를 정했다
3 (임무 · 직책 등에) 임명하다

as·sign·ment [əsáinmənt 어싸인먼트] 〔⧉ g는 묵음〕 명 1 할당; 할당된 일, 임무 2 《미》 (학생의) 숙제(homework) 3 (시간 · 장소 등의) 지정

*****as·sist** [əsíst 어씨스트] 동 (3단현 **assists** [-ts]; 과거 · 과거분사 **assisted** [-id]; 현재분사 **assisting**) 타 …을 돕다, 거들다(help): She *assisted* her mother *in* cooking. 그녀는 어머니가 요리하는 것을 도와 드렸다
── 명 1 원조 2【농구 · 축구】 어시스트 《골이 되게 도와 주는 플레이》

as·sist·ance [əsístəns 어씨스턴쓰] 명 원조, 거듦(help)

as·sist·ant [əsístənt 어씨스턴트] 명 1 조수, 보조자 2 《영》 점원 (⧉ shop assistant라고도 한다)
── 형 조수의, 보조의: an *assistant* professor 조교수

*****as·so·ci·ate** [əsóuʃièit 어쏘우쉬에잇] 동 (3단현 **associates** [-ts]; 과거 · 과거분사 **associated** [-id]; 현재분사 **associating**) 타 1 …을 연상하다, 관련시키다 (with): We *associate* Egypt *with* the Nile. 우리는 이집트하면 나일강을 연상한다
2 참가〔가입〕시키다; (…와) 한패가 되다
── 자 1 사귀다, 교제하다 (with): I don't care to *associate with* them. 나는 그들과 교제하고 싶지 않다
2 제휴하다, 연합하다

*****as·so·ci·a·tion** [əsòusiéiʃən 어쏘우쉬에이션] 명 (복수 **associations** [-z]) 1 협회, 조합: National Basketball *Association* 《미》 전국 농구 협회 (NBA)
2 제휴, 연합

association football [əsousiéiʃən fútbɔːl] 명 《영》 축구(soccer)

***as·sume** [əsjúːm 어슈-음] 동 (3단현 assumes [-z]; 과거·과거분사 assumed [-d]; 현재분사 assuming) 타 **1** 가정하다, 추측하다: Let's *assume* that this is true. 이것이 사실이라고 가정하자
2 (임무 등을) 맡다, (책임 등을) 지다: *assume* the chair 의장이 되다
3 (어떤 태도를) 취하다: *assume* the offensive 공세를 취하다
4 …(인) 체하다, 꾸미다: He *assumed* ignorance. 그는 모르는 체했다

as·sump·tion [əsʌ́mpʃən 어쌈(프)션] 명 가정, 추정

as·sur·ance [əʃúərəns 어슈어뤈쓰] 명 **1** 보증, 확신 **2** 《영》 (생명) 보험

as·sure [əʃúər 어슈어r] 동 (3단현 assures [-z]; 과거·과거분사 assured [-d]; 현재분사 assuring [əʃúəriŋ]) 타 …을 보증[보장]하다, 확신시키다: I *assure of* his honesty. (= I *assure* you *that* he is honest.) 그가 정직하다는 것을 보증한다/ I am *assured of* his success. 나는 그의 성공을 확신한다

as·ton·ish [əstániʃ 어스타니쉬] 동 (3단현 astonishes [-iz]; 과거·과거분사 astonished [-t]; 현재분사 astonishing) 타 (깜짝) 놀라게 하다 (🖉 surprise 보다 의미가 강함): She was *astonished* at the news. 그 소식을 듣고 그녀는 깜짝 놀랐다

as·ton·ish·ing [əstániʃiŋ 어스타니슁] 형 놀라운

as·ton·ish·ment [əstániʃmənt 어스타니쉬먼트] 명 (매우) 놀람: He stared at me in *astonishment*. 그는 깜짝 놀라서 나를 쳐다보았다
to one's **astonishment** 놀랍게도: *To my astonishment* he failed (in) the examination. 놀랍게도 그는 시험에 떨어졌다

as·tro- 《접두사》 「별, 천체」의 뜻

as·trol·o·gy [əstrálədʒi 어스츄뢀러쥐] 명 점성학[술]

as·tro·naut [ǽstrənɔːt 애스츄뤄나-트] 명 우주 비행사

as·tron·o·mer [əstránəmər 어스츄러너머r] 명 천문학자

as·tro·nom·i·cal [æ̀strənámikəl 애스츄뤄나미커얼] 형 천문(학상)의

astronaut

as·tron·o·my [əstránəmi 어스츄러너미] 명 천문학

a·sy·lum [əsáiləm 어싸일럼] 명 **1** (주로 정신 박약자·노인 등의) 보호 시설 **2** 피난, 망명; 피난처

***at** [ǽt 앳] 전 **1** 〔장소·위치를 나타내어〕 …에, …에서: Turn left *at* the next corner. 다음 모퉁이에서 좌회전하시오/ He is staying *at* the hotel. 그는 호텔에 묵고 있다/ He arrived *at* the station. 그는 역에 도착했다

> 쓰임새 위치의 전치사 **at**과 **in**
> **at**은 비교적 좁은 장소나 지점을 나타낸다. **in**은 나라, 도시같은 비교적 넓은 장소나 지역을 나타낸다: We live *in* London. 우리는 런던에 살고 있다.

2 〔출발점·기점을 나타내어〕 …에서, …부터: Let's start *at* Lesson 5. 5과부터 시작합시다
3 〔시간·나이를 나타내어〕 …에, … 때에: *at* present 지금은, 현재/ We started *at* noon. 우리는 정오에 출발했다/ School begins *at* nine (o'clock). 학교는 9시에[부터] 시작한다/ He went to France *at* (the age of) ten. 그는 10살 때 프랑스로 갔다
4 〔빈도를 나타내어〕 …에: *at* times 때때로/ *at* a time 한 번에

5 〔가격·정도·속도를 나타내어〕 **…로**: buy〔sell〕 *at* 10 dollars 10달러에 사다〔팔다〕/ *at* fifty miles per hour 시속 50마일로

6 〔방향·목표를 나타내어〕 **…을 향하여**: Look *at* me. 나를 보세요/ The boy threw the bone *at* the dog. 그 소년은 개에게 뼈를 던졌다

7 〔상태·상황을 나타내어〕 **…중인, …의 상태에**: He is *at* school. 그는 수업 중이다

8 〔감정의 원인을 나타내어〕 **…하여**: I was surprised *at* the news. 그 소식을 듣고 나는 놀랐다

9 〔능력·성질의 대상을 나타내어〕 **…에는, …을**: He is good〔poor〕 *at* soccer. 그는 축구를 잘〔못〕한다

atch·oo [ətʃúː 애츄-] 감 에취 《재채기 소리》

ate [éit 에잇] 통 eat(먹다)의 과거형

A·the·na [əθíːnə 어티이-나] 명【그리스신화】아테네 《지혜·예술의 여신; 로마신화의 미네르바(Minerva)에 해당》

A·the·ni·an [əθíːniən 어티이-니언] 형 아테네(Athens)의
── 명 아테네 사람

Ath·ens [ǽθinz 애θ인z으] 명 아테네 《그리스의 수도; 고대 그리스 문명의 중심지》

ath·lete [ǽθliːt 애θ을리-트] 명 **1** 운동선수, 스포츠맨 **2** 〔영〕 육상 경기 선수

ath·let·ic [æθlétik 애θ을레틱 → 애θ을레릭] 형 경기의: an *athletic* meeting 운동회/ *athletic* sports 운동 경기

ath·let·ics [æθlétiks 애θ을레틱쓰 → 애θ을레릭쓰] 명 **1** 〔복수 취급〕 (각종의) 운동 경기 **2** 〔단수 취급〕 (과목으로서의) 체육

At·lan·tic [ætlǽntik 애틀랜틱] 형 대서양(연안)의
── 명 〔the를 붙여〕 대서양

Atlantic Ocean [ætlǽntik óuʃən] 명 〔the를 붙여〕 대서양

At·las [ǽtləs 애틀러쓰] 명【그리스신화】아틀라스

> 참고 아틀라스
> 그리스신화의 아틀라스는 세상을 지배하던 거인족 타이탄(Titan)의 일원이었다. 타이탄들은 나중에 제우스의 형제들과 전쟁을 벌여 패하였는데, 이 때 아틀라스는 지구를 떠받치는 벌을 받았다고 한다. 대서양(Atlantic)은 아틀라스의 어깨가 닿는 부분이란 뜻에서 유래하였다.

at·las [ǽtləs 애틀러쓰] 명 지도책 《옛 지도책 표지에 Atlas(아틀라스)의 그림이 실린 데서》

***at·mos·phere** [ǽtməsfìər 앳머스F이어r] 명 (복수 **atmospheres** [-z]) **1** 〔the를 붙여〕 (지구를 둘러싼) **대기 2** (일정한 장소의) 공기 **3** 분위기

at·om [ǽtəm 애텀 → 애럼] 명 (복수 **atoms** [-z]) 원자

a·tom·ic [ətámik 어타믹] 형 원자(력)의: an *atomic* bomb 원자 폭탄/ *atomic* energy〔power〕 원자력

***at·tach** [ətǽtʃ 어태취] 통 (3단현 **attaches** [-iz]; 과거·과거분사 **attached** [-t]; 현재분사 **attaching**) 타 **1 …을 붙이다**, 달다 (반 detach 떼다): *attach* a label *to* a parcel 소포에 꼬리표를 붙이다 **2** (…에) 소속시키다, 가입시키다
3 …에 애착을 가지다

at·tach·ment [ətǽtʃmənt 어태취먼트] 명 **1** 부착(물) **2** 애착, 애정

***at·tack** [ətǽk 어택] 통 (3단현 **attacks** [-s]; 과거·과거분사 **attacked** [-t]; 현재분사 **attacking**) 타 **1 …을 공격하다** (반 defend 막다): They *attacked* the enemy. 그들은 적을 공격했다

2 (병이 사람을) 침범하다: He was *attacked* by〔with〕 the flu. 그는 독감에 걸렸다
── 몡 (복수 **attacks** [-s]) **1 공격**(២ defense 방어) **2** 발병, (병의) 발작

at·tain [ətéin 어테인] 동 (3단현 **attains** [-z]; 과거·과거분사 **attained** [-d]; 현재분사 **attaining**) 탄 **1** (목적 등을) 달성하다, 이루다: He *attained* his goal. 그는 그의 목적을 달성했다
2 (연령 등에) 도달하다
── 자 …에 도달하다: *attain to* a high position 높은 지위에 이르다

at·tain·a·ble [ətéinəbl 어테이너블] 형 이룰 수 있는, 도달〔달성〕할 수 있는

at·tain·ment [ətéinmənt 어테인먼트] 명 달성, 도달

*at·tempt** [ətémpt 어템(프)트] 동 (3단현 **attempts** [-ts]; 과거·과거분사 **attempted** [-id]; 현재분사 **attempting**) 탄 …을 **시도하다**(try), 꾀하다 ((to *do*)): He *attempted to* solve a problem. 그는 그 문제를 풀어보려고 했다
── 명 (복수 **attempts** [-ts]) **시도**, 기도: He made an *attempt* to escape. 그는 도망치려고 했다

*at·tend** [əténd 어텐드] 동 (3단현 **attends** [-dz]; 과거·과거분사 **attended** [-id]; 현재분사 **attending**) 탄 **1** …**에 출석〔참석〕하다**: I *attended* the meeting. 나는 회의에 참석했다
2 …을 돌보다, 간호하다: Nurses *attend* sick people. 간호사는 아픈 사람을 돌본다
── 자 주의하여 듣다 ((to)): *Attend to* me. 내 말을 잘 들으시오

at·tend·ance [əténdəns 어텐던쓰] 명 **1** 출석; 출석자(수) **2** 간호, 시중

at·tend·ant [əténdənt 어텐던트] 명 **1** 출석자, 참석자 **2** 시중드는 사람, 수행원; 안내원
── 형 **1** 출석한, 참석한 **2** 시중드는; 따르는

*at·ten·tion** [ətén∫ən 어텐션] 명 **1 주의**, 주목: Pay *attention* to your teacher. 선생님 말씀을 주의해서 들어라
2 치료, 돌봄; 배려
3 차려 자세: *Attention*! 《구령》 차려! (🎵 「쉬어!」는 At ease!)
Attention, please! 여러분께 알려드립니다! (🎵 안내 방송의 말)

at·ten·tive [əténtiv 어텐티v으] 형 **1** 주의 깊은, 세심한 ((to)) **2** 친절한, 상냥한 (polite)

at·test [ətést 어테스트] 동 (3단현 **attests** [-ts]; 과거·과거분사 **attested** [-id]; 현재분사 **attesting**) 탄 《문어》 …을 증명하다; …의 증거가 되다: His works *attest* his talent. 그의 작품을 보면 그의 재능을 알 수 있다

at·tic [ǽtik 애틱 → 애릭] 명 다락(방)

*at·ti·tude** [ǽtitjùːd 애티튜ー드 → 애리튜ー드] 명 **1 태도**: I don't like your *attitude*. 나는 너의 태도가 마음에 들지 않는다
2 자세, 몸가짐

at·tor·ney [ətə́ːrni 어터ー*r*니] 명 **1** 법정 대리인 **2** 《미》 변호사(lawyer)

*at·tract** [ətrǽkt 어츄랙트] 동 (3단현 **attracts** [-ts]; 과거·과거분사 **attracted** [-id]; 현재분사 **attracting**) 탄 **1** …**을 끌다**, 끌어당기다: A magnet *attracts* iron. 자석은 철을 끌어당긴다
2 (주의·흥미 등을) **끌다**, 매혹하다: She was *attracted* by his smile. 그녀는 그의 미소에 매혹되었다

at·trac·tion [ətrǽk∫ən 어츄랙션] 명 (복수 **attractions** [-z]) **1** 끌어당김, 인력: magnetic *attraction* 자력
2 매력(charm), 사람의 마음을 끄는 것

*at·trac·tive** [ətrǽktiv 어츄랙티v으] 형 **매력적인**: She has an *attractive* smile. 그녀의 미소는 매력적이다

at·trib·ute [ətríbjuːt 어츄뤼뷰ー트] 동 (3단현 **attributes** [-ts]; 과거·과거분사 **attributed** [-id]; 현재분사 **attribut-**

auction

ing) 타 1 [attribute A to B의 형태로] A를 B의 탓(덕분)으로 하다(ascribe): He *attributed* his success *to* good luck. 그는 자기의 성공을 행운의 덕분이 라고 했다
2 (작품 등을) …의 것이라고 하다 (to)
── 명 속성, 특성, 특질

auc·tion [ɔ́ːkʃən 악-션] 명 경매, 공매 (公賣)

au·di·ble [ɔ́ːdəbl 어-더브ᄅ] 형 들리는, 들을 수 있는

au·di·ence [ɔ́ːdiəns 어-디언쓰] 명 (복 수 **audiences** [-iz]) [집합적으로] 청중, 관중; (라디오·텔레비전의) 청취자, 시 청자: There was a large (small) *audience* at the concert. 콘서트에는 청중이 많았다 (적었다) / The audience are (is) mostly young people. 청중은 대부분 젊은이들이다

> 쓰임새 청중 전체를 한 묶음으로 볼 때는 단수, 청중의 한 사람 한 사람을 가리킬 때에는 복수 취급이 원칙이다.

au·di·o [ɔ́ːdiou 어-디오우] 형 음성 (부 분)의
── 명 (복수 **audios** [-z]) 오디오

au·di·o- (접두사) 「소리, 음」의 뜻

au·di·o-vis·u·al [ɔ́ːdiou-víʒuəl 어-디 오우V이쥬얼] 형 시청각의: *audio-visual* education 시청각 교육

au·di·tion [ɔːdíʃən 어-디션] 명 1 청각, 청력 2 (배우·가수 등의 연기나 성량을 시험하는) 오디션

au·di·to·ri·um [ɔ̀ːdətɔ́ːriəm 어-더토- 뤼엄] 명 1 (극장 등의) 관객석 2 (학교 등 의) 강당, 큰 강의실 3 회관, 공회당(hall)

Aug. 《약어》 *August* 8월

Au·gust [ɔ́ːgəst 어-거스트] 명 8월 (약어는 Aug.): It is hot in *August*. 8월 에는 날씨가 무덥다 / He was born on *August* 15. 그는 8월 15일에 태어났다 【초대 로마 황제인 Augustus(아우구스 투스)가 태어난 달에서】

aunt [ǽnt 앤트] [ant(개미)와 발 음이 같음] 명 (복수 **aunts** [-ts]) 아주머니 (반 uncle 아저씨) (백모, 숙모, 이모, 고모)

au·ro·ra [ərɔ́ːrə 어로-롸] 명 1 오로라, 극광(極光) 2 [Aurora로] 【로마신화】 오로라 《새벽의 여신》

aus·tere [ɔːstíər 어-스티어r] 형 (사 람·성격 등이) 엄한(stern), 엄격한

Aus·tra·lia [ɔːstréiliə 어-스츄뤠일리 아] 명 오스트레일리아, 호주 《수도는 캔 버라(Canberra)》

Aus·tra·lian [ɔːstréiliən 어-스트뤠일 리언] 형 오스트레일리아(인)의
── 명 오스트레일리아인

Aus·tri·a [ɔ́ːstriə 어-스츄뤼아] 명 오스 트리아 《유럽 중부의 공화국; 수도는 비 엔나(Vienna)》

Aus·tri·an [ɔ́ːstriən 어-스츄뤼언] 형 오스트리아(인)의
── 명 오스트리아인

au·then·tic [əθéntik 어-θ엔틱] 형 1 진 정한, 진짜의(genuine): an *authentic* signature 본인의 서명
2 믿을 만한, 확실한

au·thor [ɔ́ːθər 어-θ어r] 명 (복수 **authors** [-z]) 저자, 작가, 지은이 (성별 에 관계없이 사용): Who is the *author* of this book? 이 책의 저자는 누구입니 까?

au·thor·i·ta·tive [əθɔ́ːrəteitiv 어θ오- 뤄테이티v으] → 어θ오-뤄테이리v으] 형 1 당국의 2 권위 있는, 믿을 만한

au·thor·i·ty [əθɔ́ːrəti 어θ오-뤄티] → 어 θ오-뤄리] 명 (복수 **authorities** [-z]) 1 권위, 권력; 권한: I have no *authority* to settle the problem. 그 문제를 해결할 권한이 내게는 없다
2 권위자, 대가: He is an *authority* on Korean history. 그는 한국 역사의 권위 자다
3 [보통 복수형으로] 당국: the school *authorities* 학교 당국

au·thor·ize [ɔ́ːθəràiz 어-θ어라이z으] 〔동〕 (3단현 **authorizes** [-iz]; 과거·과거분사 **authorized** [-d]; 현재분사 **authorizing**) 〔타〕 **1** …에게 권위〔권한〕를 부여하다: The Minister *authorized* him to do it. 장관은 그에게 그것을 행할 권한을 주었다
2 …을 정식으로 허가〔인정〕하다

au·to [ɔ́ːtou 오-토우 → 오-로우] 〔명〕 (복수 **autos** [-z]) 《미구어》 자동차, 차 (automobile의 단축형으로 일반적으로는 car를 쓴다)

au·to- 《접두사》 **1** 「자신의, 독자의」의 뜻: *auto*biography 자서전
2 「자동의」의 뜻: *auto*matic 자동의

au·to·bi·og·ra·phy [ɔ̀ːtəbaiágrəfi 오-터바이아그뤄F이 → 오-러바이아그뤄F이]] 〔명〕 (복수 **autobiographies** [-z]) 자서전 (「전기」는 biography)

au·toc·ra·cy [ɔːtákrəsi 오-타크뤄씨] 〔명〕 (복수 **autocracies** [-z]) **1** 독재 정치 **2** 독재주의 국가

au·to·crat [ɔ́ːtəkræt 오-터크뢧→ 오-러크뢧] 〔명〕 독재자

au·to·graph [ɔ́ːtəgræf 오-터그뢔f으 → 오-러그뢔f으] 〔명〕 자필의 서명, 사인: May I have your *autograph*? 사인 좀 해주시겠습니까?

〔유의어〕 서명, 사인
  autograph는 작가나 예능인이 자기 저서나 사진 등에 하는 사인을 말하며, 편지나 서류에 하는 서명은 **signature**라 한다. **sign**은 「서명하다」란 뜻으로 명사 「서명」의 뜻은 없다.

autograph   signature

au·to·mat·ic [ɔ̀ːtəmǽtik 오-터매틱 → 오-러매릭] 〔형〕 **자동의**; 기계적인: an *automatic* door 자동문

au·to·mat·i·cal·ly [ɔ̀ːtəmǽtikəli 오-터매티컬리 → 오-러매리컬리] 〔부〕 자동적으로; 기계적으로

au·to·ma·tion [ɔ̀ːtəméiʃən 오-터메이션 → 오-러메이션] 〔명〕 (공장 등의) 오토메이션, 자동 조작
〖*auto*matic(자동의)+oper*ation*(작동)〗

au·to·mo·bile [ɔ́ːtəməbìːl 오-터머비-얼 → 오-러머비-얼] 〔명〕 《미》 자동차 (《영》 motorcar; 《구어》로는 《미·영》 모두 car를 쓴다)

au·tumn [ɔ́ːtəm 오-텀 → 오-럼] 〔n은 묵음〕 〔명〕 가을 (《미》에서는 보통 fall을 쓴다): this *autumn* 금년 가을에

aux·il·ia·ry [ɔːgzíljəri 오-ㄱZ일러뤼] 〔형〕 보조의
——〔명〕 (복수 **auxiliaries** [-z]) **1** 보조자〔물〕 **2** 〔문법〕 = auxiliary verb

auxiliary verb [ɔːgzíljəri və́ːrb] 〔명〕 【문법】 조동사

〔문법〕 조동사의 종류와 특징
  can, may, must, will, shall, should 등과 같이 동사 앞에 위치하여 그 동사에 특별한 의미를 부여하는 것을 조동사라 한다.
(1) 조동사 다음에는 동사의 원형이 쓰인다: She *can play* the piano. 그녀는 피아노를 연주할 수 있다.
(2) 조동사는 주어의 인칭과 수에 관계없이 같은 형태이다: *She*〔*I, They*〕*can* play the piano. 그녀〔나, 그들〕는 피아노를 연주할 수 있다.
(3) 조동사의 부정은 「조동사+not」으로 나타낸다: She *cannot* play the piano. 그녀는 피아노를 연주할 줄 모른다.

a·vail [əvéil 어V에열] 〔동〕 (3단현 **avails** [-z]; 과거·과거분사 **availed** [-d]; 현재분사 **availing**) 〔타〕 《문어》〔부정문·의

문문에서) …에 도움이 되다: It will *avail* you *little*. 그것은 네게 거의 소용이 없을 것이다
avail oneself of …을 이용하다
—명 효용, 이익: His effort was of no *avail*. 그의 노력은 전혀 도움이 되지 않았다

***a·vail·a·ble** [əvéiləbl 어V에일러브을] 형 (비교급 **more available**; 최상급 **most available**) 1 **이용할 수 있는**; 손에 넣을 수 있는: This hall is *available* at any time. 이 홀은 언제든지 이용할 수 있다
2 유효한, 통용하는: The ticket is *available* for two days. 그 표는 2일간 유효하다
3 시간이 있는: Are you *available* now? 지금 시간 있니?

av·a·lanche [ǽvəlæntʃ 애V얼랜취] 명 1 눈사태 2 (우편물 등의) 쇄도

av·a·rice [ǽvəris 애V어뤼ㅆ] 명 탐욕

Ave. 《약어》 *Avenue* …가(街)

a·venge [əvéndʒ 애V엔쥐] 동 (현재분사 **avenging**) 타 (…의) 복수를 하다

av·e·nue [ǽvənjùː 애V어뉴-] 명 (복수 **avenues** [-z]) 《미》 큰 길(도로), …가: Fifth *Avenue* (미국 뉴욕시 맨해튼을 남북으로 달리는) 5번가(街)

> 비교 Street와 Avenue
> **Street**는 차도·인도 등의 포장된 도로를, **Avenue**는 가로수가 늘어서 있고 큰 건물이 늘어선 거리를 말한다. 뉴욕에서는 동서로 뻗은 길은 Street라 부르고, 남북으로 뻗은 길은 Avenue라 부르지만, 일반적으로는 구별없이 Avenue에 비해 작은 길을 Street라 한다.

***av·er·age** [ǽvəridʒ 애V어뤼쥐] 명 (복수 **averages** [-iz]) **평균**; 보통 수준: Her marks are above(below) the *average*. 그녀의 성적은 평균 이상(이하)이다
on an(the) average 평균하여, 대략: *On the average* I read six books a month. 나는 평균 1개월에 6권의 책을 읽는다
—형 1 평균의: the *average* life span 평균 수명
2 보통 수준의, 보통의: the *average* student 보통 수준의 학생

a·vi·a·tion [èiviéiʃən 에이V이에이션] 명 비행(술), 항공

a·vi·a·tor [éivièitər 에이V이에이터r → 에이V이에이러r] 명 비행사 (📝 보통 pilot을 쓴다)

***a·void** [əvɔ́id 어V오이드] 동 (3단현 **avoids** [-dz]; 과거·과거분사 **avoided** [-id]; 현재분사 **avoiding**) 타 …을 피하다, …하기를 꺼리다 (📝 avoid 뒤에는 명사 또는 *doing* 형이 온다): *avoid* bad company 나쁜 친구와의 교제를 피하다 / I could not *avoid* saying so. 그렇게 말하지 않을 수 없었다

a·void·a·ble [əvɔ́idəbl 어V오이더브을] 형 피할 수 있는

a·wait [əwéit 어웨잇] 동 (3단현 **awaits** [-ts]; 과거·과거분사 **awaited** [-id]; 현재분사 **awaiting**) 타 …을 기다리다 (wait for): *await* a reply 답장을 기다리다

***a·wake** [əwéik 어웨익] 동 (3단현 **awakes** [-s]; 과거 **awoke** [əwóuk], **awaked** [əwéikt]; 과거분사 **awaked**, **awoken** [əwóukən]; 현재분사 **awaking**) 타 1 (자는 사람을) **깨우다**: The siren *awoke* me. 나는 사이렌 소리에 잠이 깼다
2 (죄·책임 등을) 깨닫게 하다 《to》
—자 (잠에서) **깨다**, 눈뜨다: I *awake* at six every morning. 나는 매일 아침 6시에 잠에서 깬다
—형 (📝 명사 앞에는 쓰이지 않음) 1 자지 않고, 눈을 뜨고 (반 asleep 잠들어): I was *awake* all night. 나는 밤새도록 깨어 있었다
2 알고 있는, 깨닫고 있는 《to》

a·wak·en [əwéikən 어웨이컨] 타 1 …을 깨우다 2 …을 깨닫게 하다

***a·ward** [əwɔ́ːrd 어워-r드] 동 (3단현 **awards** [-dz]; 과거·과거분사 **awarded** [-id]; 현재분사 **awarding**) 타 (상·장학금 등을) **주다**(give), 수여하다: He was *awarded* the prize. 그는 그 상을 받았다

―― 명 (복수 **awards** [-dz]) 1 상, 상품 2 《영》 장학금

***a·ware** [əwέər 어웨어r] 형 〔명사 앞에는 쓰이지 않음〕 **아는**, 알아차리고 《of》: He is not *aware of* his error. 그는 자신의 잘못을 알지 못하고 있다

*__**a·way**__ [əwéi 어웨이] 부 1 〔동사와 함께 쓰여 이동·소멸을 나타내어〕 **저쪽으로**, 사라져: carry *away* 운반해 가다 / Go *away*! 저리 가! / Don't take it *away*. 그것을 가져가지 마라

2 (위치가) **떨어져**: How far *away* is your school? 너의 학교는 얼마나 멉니까? / The station is two miles *away* from here. 역은 여기서 2마일 떨어져 있다

3 집을 비워〔떠나〕: He is *away* from home. 그는 집에 없다

4 끊임없이, 쉬지 않고: work *away* 꾸준히 일하다〔공부하다〕

5 《구어》 훨씬(far): *away* below average 평균에 훨씬 못미처

away with ... …을 저쪽으로: *Away with* him! 그를 쫓아 버려라!

far and away 훨씬, 단연

―― 형 (스포츠 팀의) 방문 경기의(반 home 홈 그라운드의)

awe [ɔː 아-] 명 외경, 경외심

***aw·ful** [ɔ́ːfəl 아-F어얼] 형 **무서운**, 무시무시한: an *awful* storm 무서운 폭풍우 2 《구어》 심한: an *awful* cold 지독한 감기

aw·ful·ly [ɔ́ːfəli 아-F얼리] 부 《구어》 대단히, 몹시: It is *awfully* hot. 몹시 덥다

a·while [əhwáil 어와(화)일] 부 잠깐, 잠시(for a while): *awhile* ago 조금 전에

*__**awk·ward**__ [ɔ́ːkwərd 아-크워r드] 형 1 (…에) **서투른**, 어설픈 《at, with》: He is *awkward with* his chopsticks. 그는 젓가락질이 서투르다

2 어색한, 거북한: an *awkward* silence 어색한 침묵

3 (입장·문제 등이) 힘든, 곤란한: an *awkward* situation 곤란한 상황

awk·ward·ly [ɔ́ːkwərdli 아-크워r들리] 부 서투르게

awn·ing [ɔ́ːniŋ 오-닝] 명 차양, 차일

a·woke [əwóuk 어오욱] 동 awake(깨우다)의 과거형

*__**ax**__, 《영》 **axe** [ǽks 액쓰] 명 (복수 **axes** [-iz]) **도끼** (자루가 짧은 「손도끼」는 hatchet)

axes

ax·is [ǽksis 액씨쓰] 명 (복수 **axes** [-siːz]) 굴대, 축: the *axis* of the earth 지축(地軸)

ax·le [ǽksl 액쓸] 명 차축(車軸)

a·za·lea [əzéiljə 어Z에일랴] 명 【식물】 진달래

Bb

B, b [bíː 비-] 명 (복수 **B's, b's** [-z]) **1** 비 《영어 알파벳의 둘째 글자》 **2** 《혈액형의》 B형 **3** 【음악】 나 음(音), 나 조(調) **4** 〔대문자 **B**로〕《미》(학업 성적의) 우

baa [báː 바-] 명 매 《양의 울음소리》【의성어】

bab·ble [bǽbl 배브을] 동 (현재분사 **babbling**) 자 **1** (어린애 등이) 서툴게〔더듬거리며〕 말을 하다 **2** (시냇물이) 졸졸 소리내다

babe [béib 베이브] 명 아기(baby)

Ba·bel [béibl 베이브을] 명 【성서】 바벨탑 《 the Tower of Babel이라고도 함; 사람들은 이 탑을 하늘까지 닿도록 쌓으려다가 신의 노여움으로 사람들의 언어에 혼란이 생겨 탑을 완성하지 못했다고 함》

***ba·by** [béibi 베이비] 명 (복수 **babies** [-z]) **1** 갓난아이 **2** (가족·그룹 중에서) 최연소자 **3** 《속어》 젊은 여자

> 쓰임새 보통 갓난아이는 외관상 성의 구별을 할 수 없는 경우가 많으므로 대명사를 쓸 때는 it를 쓴다. 그러나 자신의 아기처럼 남녀의 구별이 확실할 때나 애정을 담아 말할 때는 he, she를 쓴다.

— 형 **1** 아기용의: *baby* food 유아식 **2** 작은, 소형의: a *baby* car 소형 자동차

baby carriage [béibi kǽridʒ] 명 《미》 유모차

ba·by-sit [béibi-sìt 베이비씻] 동 (3단현 **baby-sits** [-ts]; 과거·과거분사 **baby-sat** [-sæ̀t]; 현재분사 **baby-sitting**) 자 (부모가 외출한 동안) 아이를 봐주다 【「아기(baby) 옆에 앉다(sit)」에서】

ba·by-sit·ter [béibi-sítər 베이비씨터*r* → 베이비씨러*r*] 명 (부모가 외출한 동안) 아이를 봐주는 사람

Bac·chus [bǽkəs 배커쓰] 명 【로마신화】 바커스 《주신(酒神); 그리스신화에서는 디오니소스(Dionysus)》

Bach [báːk 바-크] 명 바흐 **Johann Sebastian** ~ (1685-1750) 《독일의 작곡가; 대표곡으로 「마태 수난곡」「브란덴부르크 협주곡」등이 있다》

bach·e·lor [bǽtʃələr 배춰얼러*r*] 명 **1** 독신 남자(반 spinster 독신 여자) **2** 〔**Bachelor**로〕 학사 《 「석사」는 Master, 「박사」는 Doctor》: *Bachelor* of Arts 문학사

***back** [bǽk 백] 명 (복수 **backs** [-s]) **1** (사람·동물의) 등: She turned her *back* to me. 그녀는 나에게 등을 돌렸다
2 뒤, 뒷면; 뒤편(반 front 앞): the *back* of the head 머리의 뒷부분
3 (경기의) 후위(後衛), 백(반 forward 포워드)

at the back of = ***in back of*** 《미구어》 …의 뒤에(반 in front of …의 앞에): There is a pond *at the back of* our school. 우리 학교 뒤에는 연못이 있다

back to front 앞뒤를 바꾸어, 거꾸로: He put his shirt on *back to front*. 그는 셔츠를 거꾸로 입었다

behind a person's ***back*** 본인이 없는 데서, 몰래: Don't speak ill of others *behind their backs*. 남의 뒤에서 욕하지 마라

on one's ***back*** 반듯이 누워: He lay *on his back*. 그는 반듯이 누웠다

──[형] 〔[명]명사 앞에만 쓰여〕 **뒤의**(예), 뒤쪽의(반 front 앞의): a *back* door 뒷문 / a *back* seat 뒷좌석

──[부] **1 뒤로**, 뒤쪽으로: move *back* 물러가다
2 본래 자리〔상태〕로; 되돌아가서〔와서〕: come *back* 돌아오다 / talk *back* 말대꾸하다 / Go *back* to your seat. 네 자리로 돌아가라

back and forth 앞뒤로, 이리저리: He was walking *back and forth* in front of the house. 그는 집 앞을 왔다갔다하고 있었다

──[동] (3단현 **backs** [-s]; 과거·과거분사 **backed** [-t]; 현재분사 **backing**)
[타] **1** …을 **후진시키다**, 뒤로 물리다: *back* a car 차를 후진시키다
2 …을 **후원하다**, 지지하다(support): We all *backed* the plan. 우리 모두는 그 계획을 지지했다

──[자] 후퇴하다, 뒤로 물러서다

back up (1) 지지하다, 후원하다(support): I'll *back* you *up* all the way. 내가 끝까지 도와 줄게
(2) (경기의) 후위를 맡다
(3) 【컴퓨터】 (파일·프로그램을) 복사하다

back·bone [bǽkbòun 백보운] [명] **1** 〔**the**를 붙여〕 등뼈, 척추 **2** 〔**the**를 붙여〕 중심적인 존재, 주력 **3** 근성
to the backbone 뼛속까지, 철저하게, 완전히

***back·ground** [bǽkgràund 백그롸운드] [명] (복수 **backgrounds** [-dz]) **1** (사진·그림 등의) **배경 2** (사건 발생의) 배경 **3** (사람의) 배경, 출신 성분

back number [bǽk nʌ́mbər] [명] **1** (신문·잡지의) 묵은 호(號) **2** 《구어》 시대에 뒤진 사람

〔참고〕 선수들의 「등번호」는 영어로는 백넘버라 하지 않고 a player's〔uniform〕 number라 한다.

back·pack [bǽkpæ̀k 백팩] [명] (등에 메는) 가방; (캠핑용) 배낭

backpacks

back·stop [bǽkstɑ̀p 백스탑] [명] (야구장·테니스 코트 등의) 백네트 (「backnet」는 틀린 영어)

back·stroke [bǽkstròuk 백스츄로욱] [명] 【수영】 배영

***back·ward** [bǽkwərd 백워r드] [형] **1 뒤쪽의**, 되돌아가는(반 forward 앞쪽의): The troop made a *backward* movement. 그 부대는 후퇴했다
2 발달이 늦은, 뒤떨어진: a *backward* child 지진아

──[부] **1 뒤쪽으로**, 뒤를 향하여: look *backward* 뒤돌아 보다
2 거꾸로: count *backward* 거꾸로 세다

back·wards [bǽkwərdz 백워r즈의] [부]
《영》 = backward

back·yard [bǽkjɑ́ːrd 백야-r드] [명] 뒤뜰: Mary is in the *backyard*. 메리는 뒤뜰에 있다

***ba·con** [béikən 베이컨] [명] **베이컨** 《돼지의 옆구리 등의 살을 소금에 절여 훈제한 것》

bac·te·ri·a [bæktíəriə 백티어뤼아] [명] (단수 **bacterium** [-riəm]) 박테리아, 세균

****bad** [bǽd 배드] [형] (비교급 **worse** [wə́ːrs]; 최상급 **worst** [wə́ːrst]) **1 나쁜**(반 good 좋은); 불량한, 부정한: It's *bad* to steal. 도둑질은 나쁘다 / He is a *bad* boy. 그는 불량 소년이다
2 해로운: Smoking is *bad* for the health. 흡연은 건강에 좋지 않다

3 (몸이) 아픈, 불편한: I'm *bad* today. 오늘은 몸이 불편하다
4 상한, 부패한; 불쾌한, 고약한: a *bad* tooth 충치 / a *bad* smell 고약한 냄새
5 (형편이) 나쁜; (날씨가) 궂은: This is a *bad* day *for* a picnic. 오늘은 소풍하기에 날씨가 나쁘다
6 심한: a *bad* cold 독감
7 서투른; [be bad at의 형태로] …이 서투르다(반 be good at …을 잘하다): I am a *bad* singer. (= I *am bad at* singing.) 나는 노래를 잘 못한다
not (so〔too〕) bad 《구어》 꽤 좋은: The party last night was *not bad*. 어젯밤 파티는 꽤 좋았다
That's too bad. 그거 안됐군요

회화

A: I have a toothache.
이가 아파요
B: *That's too bad.*
그거 안됐군요

bade [béd 배드] 통 bid(명령하다)의 과거형
badge [bædʒ 배쥐] 명 배지, 기장(記章): a school *badge* 학교 배지
badg·er [bǽdʒər 배줘*r*] 명【동물】오소리
***bad·ly** [bǽdli 배들리] 부 (비교급 **worse** [wə́ːrs]; 최상급 **worst** [wə́ːrst]) **1** 나쁘게; 서투르게(반

badger

well 훌륭하게): She writes *badly*. 그녀는 글씨가 서투르다
2 《구어》 대단히, 몹시: He was *badly* hurt. 그는 심하게 다쳤다 / He wants to go there *badly*. 그는 거기에 매우 가고 싶어한다
be badly off 생활이 쪼들리다, 가난하다(반 be well off 잘 산다)
***bad·min·ton** [bǽdmintn 배드민튼] 명【경기】배드민턴

badminton

****bag** [bǽg 배그] 명 (복수 **bags** [-z]) **1** 자루, 봉지; 가방: a paper *bag* 종이 봉지 / a shopping *bag* 쇼핑 백 / a traveling *bag* 여행 가방
2 한 자루: a *bag* of rice 쌀 한 자루
***bag·gage** [bǽgidʒ 배기쥐] 명 《미》 (여행용) 수화물 (주의 복수로는 하지 않음; 《영》 luggage): a piece of *baggage* 수화물 한 개
bag·pipe [bǽgpàip 배그파입] 명 (복수 **bagpipes** [-s]) [종종 복수형으로] 백파이프 (주로 스코틀랜드 고지 사람들이 가죽 주머니(bag) 속에 공기를 불어넣어서 연주하는 악기): play the *bagpipe* 백파이프를 연주하다

bagpipes

bait [béit 베잇] 명 (낚시의) 미끼

※**bake** [béik 베익] 동 (3단현 **bakes** [-s]; 과거·과거분사 **baked** [-t]; 현재분사 **baking**) 타 (빵·과자 등을) **굽다**: bake bread in an oven 오븐에 빵을 굽다

bak·er [béikər 베이커r] 명 빵 굽는 사람, 제빵업자

bak·er·y [béikəri 베이커리] 명 (복수 **bakeries** [-z]) 빵집, 제과점

bak·ing [béikiŋ 베이킹] 명 빵 굽기

baking powder [béikiŋ pàudər] 명 빵가루

※**bal·ance** [bǽləns 밸런쓰] 명 (복수 **balances** [-iz]) **1 천칭**, 저울: weigh things in a *balance* 저울에 물건을 달다

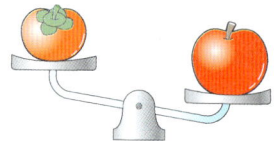

balance

2 균형, 밸런스, 평형, 조화(반 unbalance 불균형): keep[lose] one's *balance* 균형을 유지하다[잃다]
3 (대차 등의) 차액
4 [the를 붙여] 나머지, 거스름돈

——동 (3단현 **balances** [-iz]; 과거·과거분사 **balanced** [-t]; 현재분사 **balancing**) 타 **1 균형을 잡다**: He *balanced* himself on one leg. 그는 한쪽 다리로 몸의 균형을 잡고 섰다
2 …을 저울질하여 평가하다, 비교하다
——자 균형이 잡히다

bal·co·ny [bǽlkəni 배얼커니] 명 (복수 **balconies** [-z]) **1** (위층에서 밖으로 내민) 발코니 **2** (극장의) 2층 특별석

balcony 1   balcony 2

※**bald** [bɔ́ːld 보-얼드] 형 (머리 등이) **벗어진**; (산 등이) 나무가 없는: a *bald* head 대머리 / a *bald* mountain 민둥산

bald eagle [bɔ́ːld íːgl] 명 [동물] 흰머리독수리 《북아메리카산(産); 미국의 국장(國章)》

bald eagle

balk [bɔ́ːk 바-ㄱ] ([🅱] 1은 묵음) 명
1 장애, 방해물 **2** [야구] (투수의) 보크
——타 …을 방해하다, 좌절시키다

※※**ball**¹ [bɔ́ːl 보-얼] 명 (복수 **balls** [-z]) **1 공**, (구기용) 볼; 공 모양의 것: kick a *ball* 공을 차다 / the *ball* of the eye 눈알
2 공놀이, 구기(球技); 《미》 야구: a *ball* game 구기, (특히) 야구
3 (던지거나 친) 공, 투구(投球): a fast *ball* 속구 / a curve *ball* 커브 볼
4 [야구] 볼(반 strike 스트라이크): three *balls* and two strikes 투 스트라이크 쓰리 볼 (🅱 영어에서는 볼을 앞에 스트라이크를 뒤에 둔다)

play ball (1) 공놀이[야구]를 하다
(2) (야구 등의) 게임을 시작하다: *Play ball!* 플레이 볼!, 경기 시작!

ball² [bɔ́ːl 보-얼] 명 무도회

bal·lad [bǽləd 밸러드] 명 민요, 발라드 【ball²(무도회)와 관련】

※**bal·let** [bǽlei 밸레이] 명 **발레**; 발레단

ballet

【ball²(무도회)와 관련】

bal·loon [bəlúːn 벌루-은] 명 (복수 balloons [-z]) **1 기구**(氣球) **2** (고무) 풍선

balloons 1

【이탈리아어 「ball¹(큰 공)」에서】

bal·lot [bǽlət 밸럿] 명 (복수 ballots [-ts]) **1** (무기명) **투표 2** 투표 용지 **3** 〔the를 붙여〕 투표권
──자 투표를 하다
【옛날 투표에 ball¹(공)을 사용한데서】

ball·park [bɔ́ːlpàːk 보-얼파-크] 명《미》야구장

ball-point pen [bɔ́ːl-pɔ̀int pèn] 명 볼펜: Do you have a *ball-point pen*? 너는 볼펜이 있느냐?

> 참고 볼펜
> 우리는 ball-point pen을 볼펜이라고 하나 이는 틀린 영어다. 간단히 pen이라고도 한다.

ball·room [bɔ́ːlrùːm 보-얼루-음] 명 무도실〔장〕

balm [báːm 바-암] 〔◐1은 묶음〕명 **1** 향유(香油) **2** 진통제

Bal·tic [bɔ́ːltik 보-얼틱] 형 발트해(海)의

bam·boo [bæmbúː 뱀부-] 명【식물】대(나무)
──형 대(나무)의; 대로 만든: a *bamboo* basket 대바구니

ban [bǽn 밴] 명 (법령에 의한) 금지
──동 (3단현 **bans** [-z]; 과거·과거분사 **banned** [-d]; 현재분사 **banning**) 타 …을 금지하다: The treaty *bans* underground nuclear tests. 그 조약은 지하 핵실험을 금지하고 있다

ba·na·na [bənǽnə 버내너] 명 (복수 bananas [-z]) **바나나**(나무): a bunch of *bananas* 바나나 한 송이

bananas

band¹ [bǽnd 밴드] 명 (복수 bands [-dz]) **묶는 것**, 밴드, (띠 모양의) 끈: a rubber *band* 고무 밴드
【「bind(묶다)」에서】

band² [bǽnd 밴드] 명 (복수 bands [-dz]) **1** (사람·동물의) 무리, 일단(一團): a *band* of demonstrators 데모대 **2 악단**, 밴드, 악대: a brass *band* 취주악단

band·age [bǽndidʒ 밴디쥐] 명 (복수 bandages [-iz]) 붕대: wear a *bandage* 붕대로 감다
【프랑스어「band(띠)」에서】

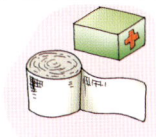

bandage

ban·dit [bǽndit 밴딧] 명 산적

bang [bǽŋ 뱅] 명 쾅(하는 소리): the *bang* of a gun 쾅하는 총소리
──동 (3단현 **bangs** [-z]; 과거·과거분사 **banged** [-d]; 현재분사 **banging**) 타 **쾅 치다**;

(문 등을) 쾅 하고 닫다: He *banged* the table *with* his fist. 그는 주먹으로 테이블을 꽝 쳤다

ban·ish [bǽniʃ 배니쉬] 동 (3단현 **banishes** [-iz]; 과거·과거분사 **banished** [-t]; 현재분사 **banishing**) 타 (벌로서 국외로) 추방하다: He was *banished* from the realm. 그는 왕국에서 추방당했다
【고대 영어 「ban(금지하다)」에서】

ban·jo [bǽndʒou 밴조우] 명 (복수 ban-jos, banjoes [-z]) 밴조 《보통 4 또는 5현으로 된 현악기》

bank¹ [bǽŋk 뱅ㅋ] 명 (복수 **banks** [-s]) **1** 둑, 제방; 강기슭: I walked along the *bank*. 나는 둑을 따라 걸었다
2 (흙 등을 길게) 쌓아 올린 더미

banjo

bank² [bǽŋk 뱅ㅋ] 명 (복수 **banks** [-s]) **1** 은행: I have [keep] some money in the *bank*. 나는 은행에 얼마간의 예금이 있다
2 저장소: a blood *bank* 혈액 은행
─── 타 …을 은행에 예금하다

bank·book [bǽŋkbùk 뱅ㅋ북] 명 은행 통장

bank clerk [bǽŋk klə̀ːrk] 명 은행원

bank·er [bǽŋkər 뱅커r] 명 은행가, 은행업자

bank holiday [bǽŋk hálədei] 명 《영》 법정 공휴일 (📖《미》 legal holiday)

bank note [bǽŋk nòut] 명 은행권, 지폐

bank·rupt [bǽŋkrʌpt 뱅크랍트] 명 파산자, 지불 불능자
─── 형 파산한

ban·ner [bǽnər 배너r] 명 **1** 《문어》 (국가·군대의) 기(旗) (📖 보통 flag를 사용): the Star-Spangled *Banner* 성조기
2 (주의·주장의) 기치
3 (광고용) 현수막

ban·quet [bǽŋkwit 뱅크윗] 명 (정식) 연회, 축연: They gave a *banquet* for him. 그들은 그를 위하여 연회를 베풀었다

bap·tism [bǽptizm 뱁티z음] 명 세례(식), 침례

bap·tize [bæptáiz 뱁타이z으] 동 (3단현 **baptizes** [-iz]; 과거·과거분사 **baptized** [-d]; 현재분사 **baptizing**) 타 **1** …에게 세례를 베풀다
2 …에게 세례명을 지어주다: He was *baptized* Thomas. 그는 토마스라는 세례명을 받았다

bar [báːr 바-r] 명 (복수 **bars** [-z]) **1** 막대기; 빗장, 가로장; 창살; 막대기 모양의 것: a gold *bar* 막대금, 금괴 / parallel *bars* (체조의) 평행봉
2 장애, 장벽; 장애물
3 술집, 바; 간이 식당
4 법정; [the를 붙여] 변호사(업)
─── 동 (3단현 **bars** [-z]; 과거·과거분사 **barred** [-d]; 현재분사 **barring** [báːriŋ]) 타 **1** 빗장을 지르다, 잠그다; 가두다: *bar* a gate 문을 폐쇄하다
2 …을 방해하다, (통로를) 막다(block): The police *barred* the way into the building. 경찰은 그 건물로 들어가는 통로를 막았다
3 …을 금하다: Smoking is *barred* here. 여기서는 흡연이 금지되어 있다

bar·bar·i·an [bɑːrbɛ́əriən 바-r베어리언] 명 **1** 야만인, 미개인 **2** 교양 없는 사람

bar·ba·rism [báːrbərìzm 바-r버뤼z음] 명 야만, 미개 (상태)

bar·ba·rous [báːrbərəs 바-r버뤄쓰] 형 **1** 야만스러운(savage), 미개한 **2** 교양 없는 **3** 잔인한

bar·be·cue [báːrbikjùː 바-r비큐-] 명 **1** (돼지·소 등의) 통구이, 바비큐 **2** 《미》 바비큐 파티

bar·bell [báːrbèl 바-r벨] 명 바벨, (역도용) 역기

barbell   dumbells

bar·ber [báːrbər 바-r버r] 명 이발사 (📖「여성 상대의 이발사」는 hairdresser)

barber's pole 이발소의 간판 기둥

참고 오늘날 이발소 앞에는 빨강, 파랑, 하양의 3색 나선상 간판이 있는데, 이는 중세 유럽에서 이발사가 외과의사를 겸하고 있어서 빨강이 동맥, 파랑이 정맥, 하양이 붕대을 의미하였기 때문이라고 한다.

bar·ber·shop [bá:rbərʃɑ̀p 바-r버r샵] 명《미》이발소 (《영》 barber's (shop))

bar code [bá:r kòud] 명 바코드《상품의 관리를 컴퓨터로 처리할 수 있도록 상품에 표시해 놓은 막대 기호》

*__bare__ [bέər 베어r] (bear¹(곰)와 발음이 같음) 형 (비교급 **barer** [bέərər]; 최상급 **barest** [bέərist]) **1** 벌거벗은; (산 등이) 헐벗은: with *bare* hands 맨손으로 / The top of the hill was *bare*. 그 언덕 꼭대기에는 나무가 없었다
2 가구나 장식이 없는

bare·foot [bέərfùt 베어r풋] 형 부 맨발의〔로〕

bare·head·ed [bέərhèdid 베어r헤디드] 형 부 모자를 쓰지 않은〔않고〕

bare·ly [bέərli 베어r얼리] 부 간신히, 겨우: I *barely* caught the train. 나는 간신히 열차를 잡았다

*__bar·gain__ [bá:rgin 바-r긴] 명 (복수 **bar-gains** [-z]) **1** 거래, 매매 계약: She made a good〔bad〕 *bargain*. 그녀는 물건을 싸게〔비싸게〕 샀다

2 싸게 산 물건: I got this pen at a *bargain*. 나는 이 펜을 싸게 샀다

barge [bá:rdʒ 바-r쥐] 명 (하천 등에 쓰는 바닥이 평평한) 짐배, 바지선(船)

barge

bar·i·tone [bǽrətòun 배뤄토운] 명 【음악】 **1** 바리톤 (테너(tenor)와 베이스(bass)의 중간 남성음) **2** 바리톤 가수

*__bark__¹ [bá:rk 바-r크] 동 (3단현 **barks** [-s]; 과거 · 과거분사 **barked** [-t]; 현재분사 **barking**) 자 **1** (개 · 여우 등이) 짖다: The dog *barked* at a stranger. 개가 낯선 사람에게 짖었다
2 외치다, 고함치다
── 명 (개 등의) 짖는 소리

bark² [bá:rk 바-r크] 명 나무껍질

bar·ley [bá:rli 바-r얼리] 명 보리 (「밀」은 wheat)

*__barn__ [bá:rn 바-r언] 명 (복수 **barns** [-z]) (농가의) 헛간, 창고; 《미》 (소 · 말 등의) 우리

barn

barn·yard [bá:rnjà:rd 바-r언야-r드] 명 헛간 마당

ba·rom·e·ter [bərámitər 버라미터r → 버라미러r] 명 **1** 기압계, 청우계 **2** (여론 등의) 지표

bar·on [bǽrən 배뤈] 명 남작

bar·on·ess [bǽrənis 배뤄니쓰] 명 남작부인; 여남작

bar·on·et [bǽrənit 배뤄닛] 명 준남작 (영국의 최하급 세습 위계; baron(남작)의 아래이고, knight(기사)의 위이나 귀족은 아님)

ba·roque [bəróuk 버로욱] 형 【건축 · 음악】 바로크 양식의
── 명 (**the**를 붙여) 바로크 양식

bar·racks [bǽrəks 배뤅쓰] 명 〔보통 단수 취급〕 막사, 병영

bar·rel [bǽrəl 배뤄얼] 명 (복수 **barrels** [-z]) **1** (중배가 불룩한) 통 **2** 한 통(의 양), 배럴 (용량의 단위; 석유는 약 159 리터) **3** 총신, 포신

barrels 1

bar·ren [bǽrən 배륀] 형 **1** (토지가) 메마른, 불모의; (동물이) 새끼를 못 낳는; (식물이) 열매를 맺지 않는 **2** 쓸모가 없는

bar·ri·cade [bǽrəkèid 배뤄케이드] 명 방책, 바리케이드, 장애물 【프랑스「barrel(큰 통)」에서; 흙을 채운 큰 통으로 장애물을 만든 데서】

bar·ri·er [bǽriər 배뤼어r] 명 **1** (진행·침입을 막는) 장애물, 울타리 **2** 장벽, 가로막는 것: tariff *barriers* 관세 장벽 【bar(장애물)에서】

bar·ter [báːrtər 바-r터r] 자 타 물물 교환을 하다; …을 교환하다 ── 명 (물물) 교환

base¹ [béis 베이쓰] (bass(저음의)와 발음이 같음) 명 (복수 **bases** [-iz]) **1 토대**, 바닥, 기슭(foot): the *base* of a column 기둥의 밑동
2 기초, 근거, 바탕: the *base* of the theory 그 이론의 기초
3 기지, 근거지: an air *base* 공군 기지
4 【야구】 베이스, 누(壘): third *base* 3루
── 형 기본의: a *base* camp (등산의) 베이스 캠프
── 동 (3단현 **bases** [-iz]; 과거·과거분사 **based** [-t]; 현재분사 **basing**) 타 …에 **기초를 두다**: The story is *based* on fact. 그 이야기는 사실에 바탕을 두고 있다

base² [béis 베이쓰] 형 《문어》 천한, 비열한(반 noble 고상한): a *base* action 비열한 행위
2 (금속이) 질이 안 좋은: *base* metals 비(卑)금속 《아연·납·주석 등》
【라틴어「낮은」의 뜻에서】

base·ball [béisbɔ̀ːl 베이쓰보-얼] 명 (복수 **baseballs** [-z]) **야구**; 야구공: a *baseball* player 야구 선수 / I like to play *baseball*. 나는 야구하기를 좋아한다

baseball

base·man [béismən 베이쓰먼] 명 (복수 **basemen** [-mən]) 【야구】 내야수, 누수

base·ment [béismənt 베이쓰먼트] 명 (복수 **basements** [-ts]) 지하층, 지하실 (식료품 등을 저장하는「지하실」은 cellar)

bash·ful [bǽʃfəl 배쉬F어얼] 형 수줍어하는(shy)

ba·sic [béisik 베이씩] 형 (비교급 **more basic**; 최상급 **most basic**) **기초의**, 기본〔근본〕적인: a *basic* vocabulary 기본 어휘

ba·si·cal·ly [béisikəli 베이씨컬리] 부 기본적으로

ba·sin [béisn 베이슨] 명 (복수 **basins** [-z]) **1** 대야, 세면기 **2** 분지; (하천의) 유역

ba·sis [béisis 베이씨쓰] 명 (복수 **bases** [béisiːz]) **기초**, 토대; 근거: There is no *basis* for the rumor. 그 소문은 근거가 없다

bas·ket [bǽskit 배스킷] 명 (복수 **baskets** [-ts]) **1 바구니**, 광주리: a shopping *basket* 시장 바구니
2 한 바구니(의 분량): pick a *basket* of apples 한 바구니의 사과를 따다

bas·ket·ball [bǽskitbɔ̀ːl 배스킷보-얼] 명 (복수 **basketballs** [-z]) **농구**; 농구공: We played *basketball* after school.

우리는 방과 후에 농구를 했다

basketball

bas·ket·ful [bǽskitful 배스킷F우울] 명 한 바구니 가득, 한 바구니 (분량)

bass [béis 베이쓰] [❋ base(토대)와 발음이 같음] 형 저음의, 베이스의: a *bass* drum 베이스 드럼 《오케스트라용 큰 북》
—— 명 (복수 **basses** [-iz]) 【음악】 **1** 베이스, 저음 《남성의 최저음》 **2** 저음 가수 〔악기〕

> 참고 성악의 목소리
> 남자 목소리는 bass (베이스), baritone (바리톤), tenor (테너)의 순으로, 여자 목소리는 alto (알토), mezzo-soprano (메조 소프라노), soprano (소프라노)의 순으로 고음이 된다.

【라틴어 「낮은」에서】

bat¹ [bǽt 뱃] 명 (복수 **bats** [-ts]) (야구·크리켓의) **배트**, 방망이: hit a ball with a *bat* 배트로 공을 치다
at bat 타석에 들어가: Bill is *at bat*. 빌의 타순이다

bat² [bǽt 뱃] 명 (복수 **bats** [-ts]) 【동물】 박쥐

bath [bǽθ 배으] 명 (복수 **baths** [bǽðz]) **1 목욕**: a sun *bath* 일광욕 / I have 〔take〕 a *bath* everyday. 나는 매일 목욕을 한다
2 욕조(bathtub); 목욕실(bathroom)

bat²

bathe [béið 베이드] 동 (3단현 **bathes** [-z]; 과거·과거분사 **bathed** [-d]; 현재분사 **bathing**) 타 …**을 목욕시키다**: *bathe* a baby 아기를 목욕시키다
—— 자 목욕하다; 수영하다: *bathe* everyday 매일 목욕하다

bath·house [bǽθhàus 배으하우쓰] 명 **1** 목욕탕 **2** 《미》 (해수욕장 등의) 탈의장

bath·ing [béiðiŋ 베이딩] 명 수영, 미역, 해수욕: a *bathing* cap 수영 모자/ a *bathing* suit 수영복

bath·robe [bǽθròub 배으로우브] 명 《미》 (목욕 후에 입는 낙낙한) 실내복

bath·room [bǽθrù:m 배으루-음] 명 (복수 **bathrooms** [-z]) **1 목욕실** **2** 화장실(toilet), 변소: Where is the *bathroom*? 화장실은 어디입니까?

bath·tub [bǽθtÀb 배으타브] 명 욕조, 목욕통

bat·on [bətán 버탄] 명 **1** (악단 지휘자의) 지휘봉 **2** (릴레이용의) 배턴 **3** 《영》 경찰봉

bat·ter¹ [bǽtər 배터r → 배러r] 명 【야구·크리켓】 타자:the *batter's* box 타자석 (❋ *batter* box는 틀린 영어)

batter's box

bat·ter² [bǽtər 배터r → 배러r] 타 …을 난타〔연타〕하다

bat·ter·y [bǽtəri 배터뤼 → 배러뤼] 명 (복수 **batteries** [-z]) **1** 【전기】 **배터리**, 전지 **2** 배터리 《야구에서 투수와 포수》 **3** 【군사】 포병 중대; 포열, 포대

bat·ting [bǽtiŋ 배팅 → 배링] 명 【야구·크리켓】 타격, 배팅: the *batting* order 타순(打順)

bat·tle [bǽtl 배트얼 → 배르얼] 명 (복수 **battles** [-z]) **1** (개개의) **전투**, 싸움; (일반적인) 전쟁: win〔lose〕 a *battle* 전투에서 이기다〔지다〕

2 투쟁: the *battle* of life 생존의 투쟁 【bat¹(배트로 치다)와 관련】

bat·tle·field [bǽtlfìːld 배트얼F이-얼드 → 배르얼F이-얼드] 명 싸움터, 전장

bat·tle·ship [bǽtlʃìp 배트얼쉽 → 배르얼쉽] 명 전함

battleship

***bay** [béi 베이] 명 (복수 **bays** [-z]) (작은) 만(灣) (🔍 gulf보다 비교적 작음): Hudson *Bay* 허드슨만

ba·zaar, ba·zar [bəzάːr 버Z아-r] 명 **1** (자선이나 사회 사업 등의 기금을 모으기 위해 여는) 바자 **2** 시장, 상점가

B.C. [bíːsíː 비-씨-]《약어》기원전 …년 (🔍 B.C.는 숫자 뒤에 붙인다;「기원후」는 A.D.): Rome was founded in 753 B.C. 로마는 기원전 753년에 건국되었다【*be*fore Christ (그리스도 탄생 이전에)에서】

***be** [bíː 비-] 동 (3단현 **am, are, is**; 과거 **were, was**; 과거분사 **been**; 현재분사 **being**) **1**〔성질·상태를 나타내어〕…이다 **2**〔존재를 나타내어〕(사람·물건이) …에 있다

쓰임새	be의 변화		
주어	현재형	과거형	과거분사
I	am	was	have been
You We They	are	were	have been
He She It	is	was	has been

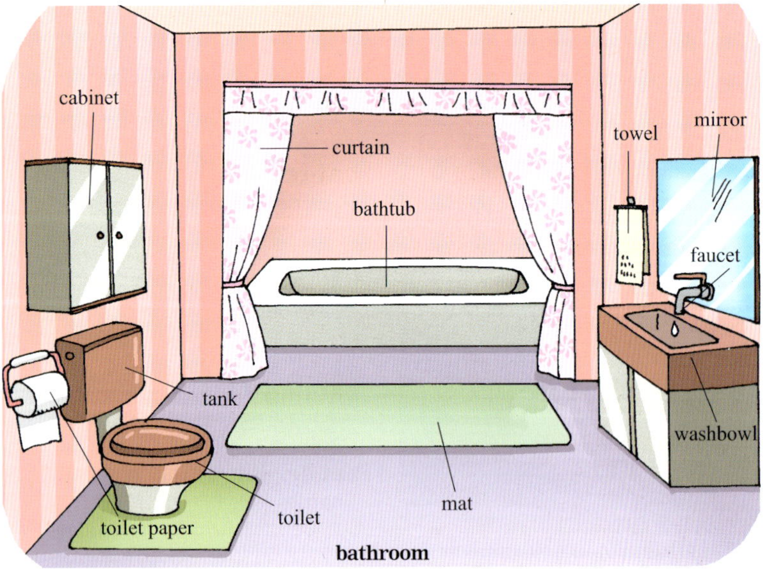

cabinet

curtain

bathtub

towel

mirror

faucet

tank

washbowl

toilet paper

toilet

mat

bathroom

beach　　　　　　　　　　　　　　　　　　　　　　　　　　　　bear²

쓰임새 be를 그대로 쓸 경우
1) 조동사 뒤에 올 때: That may *be* true. 그건 사실일지도 모르겠다
2) 부정사 to be로 쓸 때: I want *to be* a pilot. 나는 조종사가 되고 싶다
3) 명령문에서: *Be* quiet! 조용히 하시오!/ Don't *be* late. 늦지 마시오

──조 **1** [be+**타동사의 과거분사**의 형태로 수동태를 만들어] …**되다** 〔동작〕, …**되어 있다** 〔상태〕: This magazine *is published* twice a month. 이 잡지는 한 달에 두 번 발행된다/ He *is known* as a musician. 그는 음악가로 알려져 있다
2 [be+**현재분사**의 형태로 진행형을 만들어] …**하고 있다**, …하는 중이다: What *are* you *doing*? 너는 무엇을 하고 있니?
3 [be+**to 부정사**의 형태로 예정·운명·의무·가능 등을 나타내어] …**할 예정이다**; …할 운명이다; …해야 한다; …할 수 있다: We *are to* meet at eight. 우리는 8시에 만날 예정이다

***beach** [bíːtʃ 비-취] 명 (복수 **beaches** [-iz]) **해변**, 바닷가, 물가: a *beach* umbrella 《미》 해변 양산 (📖 *beach* parasol은 틀린 영어)

bea·con [bíːkən 비-컨] 명 **1** 봉화 **2** 등대(lighthouse) **3** 수로〔항공, 교통〕 표지

bead [bíːd 비-드] 명 (복수 **beads** [-dz]) **1** 구슬, 염주알 **2** 〔복수형으로〕 염주, 로사리오; 목걸이

beak [bíːk 비-ㄱ] 명 (복수 **beaks** [-s]) (독수리 등의 날카로운) 부리 (📖 「(오리 등의 가늘고 납작한) 부리」는 bill)

beak　　　　bill

beak·er [bíːkər 비-커*r*] 명 **1** (화학 실험용의) 비커 **2** 굽 달린 큰 컵

beam [bíːm 비-임] 명 (복수 **beams** [-z]) **1** 들보 〔건물을 받치기 위해 기둥과 기둥 사이에 가로로 얹는 나무〕
2 (한 줄기) 광선, 빛살 (📖 사방으로 퍼지는 「광선」은 ray): a *beam* of light 한줄기 광선

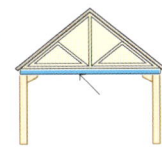
beam 1

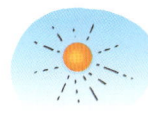　　
ray　　　　　　beam

──동 (3단현 **beams** [-z]; 과거·과거분사 **beamed** [-d]; 현재분사 **beaming**) 자 빛나다, 빛을 내다; (얼굴이) 빛나다: His face *beamed* with joy. 그의 얼굴은 기쁨으로 빛났다

***bean** [bíːn 비-인] 명 (복수 **beans** [-z])
1 콩 (📖 주로 잠두콩·강낭콩;「완두콩」은 pea)
2 (콩 같은) 열매: coffee *beans* 커피콩

***bear¹** [béər 베어*r*] 명 (복수 **bears** [-z]) **1** 【동물】 **곰**: a brown *bear* 불곰/ a polar *bear* 흰〔북극〕곰

bears

***bear²** [béər 베어*r*] 동 (3단현 **bears** [-z]; 과거 **bore** [bɔ́ːr]; 과거분사 **borne**, **born** [bɔ́ːrn]; 현재분사 **bearing** [béəriŋ]) 타 **1** (아이를) **낳다**; (열매를) 맺

다; [수동태 be born의 형태로] 태어나다: She bore three children. 그녀는 세 아이를 낳았다/ This tree bears no fruit. 이 나무는 과일이 열리지 않는다/ I was born in Seoul in 1997. 나는 1997년 서울에서 태어났다
2 (무게를) **지탱하다**: The board is too thin to bear the weight. 그 판자는 너무 얇아 무게를 지탱하지 못한다
3 (비용·책임 등을) 떠맡다, 부담하다
4 (고통 등을) **참다**, 견디다: I can't bear this heat. 이 더위는 참을 수가 없다
5 …을 운반하다, 가지고 가다(carry): bear a burden 짐을 나르다
6 (무기 등을) 몸에 지니다; (명성·칭호 등을) 가지다: bear a sword 칼을 차고 있다
— 자 아이를 낳다; 열매를 맺다

***beard** [bíərd 비어r드] 명 (복수 **beards** [-dz]) **턱수염**: My father wears (has) a beard. 나의 아버지는 턱수염을 기르고 있다

beard   mustache   whiskers

bear·er [bέərər 베어뤄r] 명 **1** 운반인, 짐꾼 **2** (수표·어음의) 지참인

bear·ing [bέəriŋ 베어링] 명 (복수 **bearings** [-z]) **1** 태도; 행동, 거동 **2** (아이를) 낳음, 출산 **3** (남에 대한) 관계 **4** [복수형으로] 【기계】 축받이, 베어링

***beast** [bíːst 비-스트] 명 (복수 **beasts** [-ts]) **1** (물고기·새에 대하여 특히 네발 달린) **동물** (animal이 일반적): a wild beast 야수
2 짐승 같은 사람, 잔인한 사람

***beat** [bíːt 비-트] 동 (3단현 **beats** [-ts]; 과거 **beat**; 과거분사 **beaten** [bíːtn], **beat**; 현재분사 **beating**) 타 **1** (…을 연거푸) **치다**, 두드리다: He beat a drum. 그는 북을 쳤다
2 …을 **이기다**, 무찌르다: I beat him at tennis. 나는 테니스에서 그에게 이겼다
— 자 **1** (계속해서) **치다**: beat at the door 문을 두드리다
2 (심장이) 뛰다, 고동치다: My heart beat fast. 나의 심장은 빠르게 뛰었다
— 명 (복수 **beats** [-ts]) **1** (연속하여) **때림 2** (심장의) 고동, 맥박 **3** 【음악】 박자

beat·en [bíːtn 비-튼] 형 **1** 진, 패배한 **2** (도로가) 밟아 다져진

beat·ing [bíːtiŋ 비-팅 → 비-링] 명 **1** 때림 **2** (심장의) 고동

*****beau·ti·ful** [bjúːtifəl 뷰-티F어열 → 뷰-리F어열] 형 (비교급 **more beautiful**; 최상급 **most beautiful**) **1 아름다운**, 예쁜, 고운(반 ugly 추한): a beautiful girl 아름다운 소녀/ She has a beautiful voice. 그녀는 목소리가 아름답다
2 훌륭한, 멋진: beautiful weather 화창한 날씨/ The dinner was beautiful. 저녁 식사는 훌륭했다

beau·ti·ful·ly [bjúːtifəli 뷰-티F얼리 → 뷰-리F얼리] 부 **1** 아름답게
2 훌륭하게, 멋지게: She played the violin beautifully. 그녀는 훌륭하게 바이올린을 연주했다

beau·ti·fy [bjúːtifài 뷰-티F아이 → 뷰-리F아이] 동 (3단현 **beautifies** [-z]; 과거·과거분사 **beautified** [-d]; 현재분사 **beautifying**) 타 자 …을 아름답게 하다; 아름다워지다

***beau·ty** [bjúːti 뷰-티 → 뷰-리] 명 (복수 **beauties** [-z]) **1 아름다움, 미**: the beautify of nature 자연의 아름다움
2 미인, 미녀: She was a beauty in her day. 그녀는 젊은 시절에 미인이었다
3 아름다운 것; 미점, 좋은 점

beauty parlor [bjúːti pàːrlər] 명 미장원 (beauty salon, beauty shop이라고도 한다)

bea·ver [bíːbər 비-버*r*] 명 【동물】 비버

beaver

be·came [bikéim 비케임] 동 become (…이 되다)의 과거형

be·cause [bikɔ́ːz 비카-z으] 접 **1** …때문에, 까닭에: He is popular *because* he is kind. 그는 친절하기 때문에 인기가 있다

> 회화
> A: Why were you absent yesterday?
> 어제 왜 결석했니?
> B: *Because* I was ill.
> 아팠기 때문입니다
> ※ Why ...? 로 시작하는 물음은 보통 Because ....로 대답한다.

2 〔부정문에서〕 …라고 해서 (…않다): Do*n't* despise a man *because* he is poor. 가난하다고 해서 사람을 멸시해서는 안 된다

because of ... …때문에(due to): I didn't go out *because of* the bad weather. 날씨가 나빠서 외출하지 않았다 (💡 I didn't go out *because* the weather was bad.라고도 쓸 수 있다)

> 쓰임새 because 뒤에는 절이, because of 뒤에는 명사나 대명사가 온다.

beck·on [békən 베컨] 타 손짓〔몸짓〕으로 부르다

be·come [bikám 비캄] 동 (3단현 **becomes** [-z]; 과거 **became** [bikéim]; 과거분사 **become**; 현재분사 **becoming**) 자 …이 되다: She be*came* a doctor. 그녀는 의사가 되었다/ The weather has *become* very warm. 날씨가 퍽 따뜻해졌다

── 타 …에 어울리다: Her white dress *becomes* her very well. 흰 드레스가 그녀에게 썩 잘 어울린다

be·coming [bikʌ́miŋ 비카밍] 형 (복장·행동이) 잘 어울리는: The necklace is very *becoming* to her. 그 목걸이는 그녀에게 썩 잘 어울린다

bed [béd 베드] 명 (복수 **beds** [-dz]) **1** 침대, 침상, 잠자리: a single〔double〕 *bed* **1**〔**2**〕인용 침대

single bed   double bed   twin beds

2 모판, 화단: a flower *bed* 화단
3 하천 바닥: the river *bed* 강바닥

be in bed 자고 있다: He *is* still *in bed*. 그는 아직도 자고 있다

be sick 〔《영》 **ill**〕 ***in bed*** 병으로 누워 있다: He *was sick in bed* all day yesterday. 그는 어제 하루종일 병으로 누워 있었다

get out of bed 잠자리에서 일어나다: He *got out of bed* at seven this morning. 그는 오늘 아침 7시에 일어났다

go to bed 잠자리에 들다, 자다: What time do you usually *go to bed*? 너는 대개 몇 시에 잠자리에 드니?

go to bed   go to sleep

make the 〔**a**〕 ***bed*** (자기 전에) 잠자리를 깔다; (자고 나서) 잠자리를 정돈하다

put ... to bed …을 재우다: She *put* her children *to bed*. 그녀는 아이들을 재웠다

bed·clothes [bédklòuz 베ᄃ클로우z어] 명 〔복수 취급〕 침구 《시트·담요·베개 등》

bed·ding [bédiŋ 베딩 → 베링] 명 침구류

*__bed·room__ [bédrùːm 베ᄃ루-음] 명 (복수 **bedrooms** [-z]) **침실**: There are two *bedrooms* upstairs. 2층에 침실이 둘 있다

bed·side [bédsàid 베ᄃ싸이ᄃ] 명 침대 곁; (병자의) 머리맡

bed·spread [bédsprèd 베ᄃ스프레ᄃ] 명 침대 덮개

bed·time [bédtàim 베ᄃ타임] 명 취침 시간

*__bee__ [bíː 비-] 명 (복수 **bees** [-z]) 1 【곤충】 **벌**: the queen〔working〕 *bee* 여왕〔일〕벌
2 《미》 (경기·오락·경쟁을 위한) 모임

(as) busy as a bee 몹시 바쁜

beech [bíːtʃ 비-취] 명 (복수 **beeches** [-iz]) 【식물】 너도밤나무 (목재)

*__beef__ [bíːf 비-f으] 명 **쇠고기**: roast *beef* 불고기 / I like *beef* better than pork. 나는 돼지고기보다 쇠고기가 좋다

beef·steak [bíːfstèik 비-f으스테익] 명 비프스테이크 《두껍게 썬 쇠고기를 구운 것; 간단히 steak라고도 한다》: He ordered *beefsteak*. 그는 비프스테이크를 주문했다

bee·hive [bíːhàiv 비-하이v으] 명 (꿀벌의) 벌집, 벌통

*__been__ [bín 빈] 동 《be의 과거분사》 1 〔**have**〔**has**〕 **been**의 형태로 현재 완료형을 만들어〕 a) 〔계속을 나타내어〕 **지금까지 줄곧 …이다**: How long *have* you *been* in Korea? 한국에 얼마나 오래 계셨습니까?/ It *has been* cold this week. 금주 내내 추웠다

b) 〔동작의 완료를 나타내어〕 **…갔다 온 참이다**: I *have been* to the bank. 나는 은행에 갔다 오는 길이다

c) 〔경험을 나타내어〕 **…에 가본 적이 있다**: *Have* you *been* to Paris? 파리에 가본 적이 있습니까? (🖉 《미》에서는 「…에 가본 적이 있다」란 뜻으로 have gone to 를 쓰기도 한다)

비교> **have been to**와 **have gone to**

　have been to …는 「갔다 왔다, 가본 적이 있다」의 뜻으로 동작의 완료·경험을 나타내고, **have gone to** …는 「…에 갔다 《여기에 없다》」의 뜻으로 완료를 나타낸다: He *has gone to* the bank. 그는 은행에 갔다 《그래서 지금 여기에 없다》.

have been to ...

have gone to ...

2 〔**had been**의 형태로 과거 완료형을 만들어〕 **그때까지 …이었다**: He *had been* in Korea until last year. 그는 작년까지 한국에 있었다

── 조 1 〔**have**〔**has**〕 **been**＋현재분사로 현재 완료 진행형을 만들어〕 〔지금까지〕 **…해 오고 있다**: I *have been living* in Seoul since 2007. 나는 2007년이래 서울에 살고 있다/ It *has been raining* for a week. 비가 1주일간 계속 내리고 있다

2 〔have〔has〕been+과거분사로 현재완료 수동태를 만들어〕**계속 …하고 있다**: The book *has been read* for two hundred years. 그 책은 200년 동안 읽혀지고 있다

*beer [bíər 비어r] 명 (복수 beers [-z]) **맥주**: draught *beer* 생맥주/ black *beer* 흑맥주/ Do you like *beer*? 맥주 좋아하세요?

beet [bíːt 비-트] 명 【식물】 사탕무

Bee·tho·ven [béitouvən 베이토우V언] 명 베토벤 Ludwig van ~ (1770-1827) (독일의 작곡가; 「영웅」 「운명」 「전원」 「합창」 등의 교향곡을 비롯한 수많은 명곡을 남겼다)

bee·tle [bíːtl 비-틀 → 비르을] 명 【곤충】 풍뎅이, 딱정벌레 (겉날개가 딱딱한 여러 종류의 곤충)

***be·fore** [bifɔ́ːr 비FO-r] 전 **1** 〔장소·위치를 나타내어〕…의 **앞에**(반 behind …의 뒤에): He sat *before* me. 그는 내 앞에 앉았다/ She spoke *before* a large audience. 그녀는 많은 청중 앞에서 이야기했다

before   behind

2 〔시간을 나타내어〕…**보다 전에**(반 after 뒤에); 《미》(…분) 전: *before* dark 어두워지기 전에/ All the games finish *before* evening. 모든 경기는 저녁 전에 끝난다/ It's ten minutes *before* six. 6시 10분 전이다

3 〔순서·계급 등을 나타내어〕…**보다 먼저**, …에 앞서: He arrived there *before* me. 그는 나보다 먼저 그곳에 도착했다/ Friday comes *before* Saturday. 금요일은 토요일 전이다

before long 곧, 머지 않아: They will be here *before long*. 그들은 곧 여기에 올 것이다

the day before yesterday 그저께 (「모레」는 the day after tomorrow)

── 부 **1** 〔시간을 나타내어〕…**의 전에**, 이전에: long *before* 훨씬 이전에/ the night *before* 그 전날 밤/ I've seen that film *before*. 나는 전에 그 영화를 본 적이 있다

2 〔장소·위치를 나타내어〕 **앞에**: Watch *before* and after. 앞뒤를 잘 보세요

── 접 …**하기 전에**(반 after …한 뒤에): He left *before* I arrived. 그는 내가 도착하기 전에 떠났다/ Look well *before* you cross the road. 길을 건너기 전에 잘 살펴보아라

be·fore·hand [bifɔ́ːrhænd 비FO-r핸드] 부 미리, 앞서서: let him know *beforehand* 그에게 미리 알리다

beg [bég 베그] 동 (3단현 **begs** [-z]; 과거·과거분사 **begged** [-d]; 현재분사 **begging**) 타 **1** (돈·밥 등을) **구걸하다**, 빌다: He *begged* me *for* food. 그는 나에게 음식을 달라고 애걸했다

2 부탁하다, 간청하다: She *begged* him to stay home. 그녀는 그에게 집에 있어 달라고 사정했다

── 자 구걸하다, 청하다: *beg for* food 음식을 구걸하다

I beg your pardon. 미안합니다; 죄송하지만 다시 한 번 말씀해 주십시오 ⇒ parden 숙어

be·gan [bigǽn 비갠] 동 begin(시작하다)의 과거형

beg·gar [bégər 베거r] 명 거지

***be·gin** [bigín 비긴] 동 (3단현 **begins** [-z]; 과거 **began** [-gǽn]; 과거분사 **begun** [-gʌ́n]; 현재분사 **beginning**) 타 …**을 시작하다**(반 finish 끝내다): It *began* to snow. 눈이 오기 시작했다/ He *began* reading the

book yesterday. 그는 어제 그 책을 읽기 시작했다

begin   finish

──㉂ **시작하다**: What time does the game *begin*? 그 시합은 몇 시에 시작합니까?/ School *begins at* nine〔*in* September〕. 학교는 9시〔9월〕부터 시작한다/ The concert *began with* a piano recital. 연주회는 피아노 독주로 시작되었다

┌─────────────────────────────┐
│ 쓰임새 begin의 전치사는 뒤에 오는 │
│ 말에 따라 달라지는데, 시각을 나타내 │
│ 는 경우는 at, 날짜에는 on, 월, 년(年) │
│ 에는 in을 쓰며, 뒤에 여러 가지가 계 │
│ 속해서 있다는 것을 의미할 때는   │
│ with를 쓴다.   │
└─────────────────────────────┘

***to begin with* 우선**, 첫째로: *To begin with*, he is too young. 우선, 그는 너무 어리다

be·gin·ner [bigínər 비기너r] 명 (복수 **beginners** [-z]) 초심자; 개시자: a book for *beginners* 입문서

***be·gin·ning** [bigíniŋ 비기닝] 명 (복수 **beginnings** [-z]) **처음**, **시작**(반 end 끝): begin from the *beginning* 처음부터 시작하다/ He left at the *beginning* of May. 그는 5월 초에 떠났다

***from beginning to end* 처음부터 끝까지**, 시종: I watched the play *from beginning to end*. 나는 그 극을 처음부터 끝까지 보았다

***in the beginning* 처음에는**: He worked hard *in the beginning*. 그는 처음에는 열심히 일했다

be·gun [bigʌ́n 비간] 동 begin(시작하다)의 과거분사형

be·half [biháːf 비해f] 명 이익, 이로움

***in one's behalf* = *in behalf of* 《미》…을 위하여**: I spoke *in behalf of* my friend. 나는 친구를 변호하여 이야기했다

***on one's behalf* = *on behalf of* …을 대신하여**, 대표하여: He wrote the letter *on behalf of* his mother. 그는 어머니를 대신하여 그 편지를 썼다

***be·have** [bihéiv 비헤이v] 동 (3단현 **behaves** [-z]; 과거 · 과거분사 **behaved** [-d]; 현재분사 **behaving**) ㉂ **행동하다**: *behave* well〔badly〕 예절 바르게〔바르지 않게〕 행동하다

***Behave yourself!* 얌전하게 굴어라!** 《아이에게 이르는 말》

***be·hav·ior**, 《영》 **be·hav·iour** [bihéiviər 비헤이v이어r] 명 **행동**, 처신, 태도

****be·hind** [biháind 비하인드] 전 **1**〔장소를 나타내어〕**…의 뒤에** (반 before …의 앞에): He stood *behind* me. 그는 내 뒤에 섰다/ Let's hide *behind* the wall. 담 뒤에 숨자

2〔시간을 나타내어〕**늦은**: The bus arrived ten minutes *behind* time. 버스는 예정보다 10분 늦게 도착했다

3 (일 · 발달 등) **뒤져서**: I am *behind* her in English. 나는 그녀보다 영어가 뒤진다

──부 **1**〔장소 · 위치를 나타내어〕**뒤에**, 후방에: Look *behind*. 뒤를 돌아보아라/ Will you stay *behind*? 너는 뒤에 남겠니?

2 늦어서: My watch is five minutes *behind*. 내 시계는 5분 늦다

***leave ... behind* …을 남겨 두고 오다**, (잊고) 놓고 가다: I *left* my hat *behind*. 나는 내 모자를 잊고 두고 왔다

Bei·jing [bèidʒíŋ 베이쥐잉] 명 북경 (Peking) 《중화 인민 공화국 수도》

***be·ing** [bíːiŋ 비-잉] 동 be(있다)의 현재분사형

belch　　　　　　　　　71　　　　　　　　　**belong**

──조 **1** [be being+과거분사로 수동의 진행형을 만듦] …**되고 있는 중이다**: The house *is being built*. 그 집은 건축 중이다

2 〔분사구문으로〕 …**이기 때문에**: *Being* tired, I stayed at home. 피곤했기 때문에 집에 있었다

──명 (복수 **beings** [-z]) **1** 있음; 존재: come into *being* 생기다, 발생하다

2 살아 있는 것: a human *being* 인간

belch [béltʃ 베엘취] 명 트림

bel·fry [bélfri 베엘F르뤼] 명 (복수 **belfries** [-z]) 종각, 종루

Bel·gium [béldʒəm 베엘줘엄] 명 벨기에 《유럽 북서부의 왕국; 수도는 브뤼셀 (Brussels)》

***be·lief** [bilí:f 빌리-f으] 명 (복수 **beliefs** [-s])
1 믿음, 신념: My *belief* is that he is right. 나는 그가 옳다고 믿는다

belfry

2 신뢰, 신용: He had a great *belief* in the doctor. 그는 그 의사를 매우 신뢰했다

3 신앙: What is your *belief*? 당신의 신앙은 무엇입니까?

be·liev·a·ble [bilí:vəbl 빌리-V어브을] 형 믿을 수 있는

***be·lieve** [bilí:v 빌리-v으] 동 (3단현 **believes** [-z]; 과거·과거분사 **believed** [-d]; 현재분사 **believing**) 타 **1** …**을 믿다**: I *believe* his story. 나는 그의 이야기를 믿는다 / I *believe* you. 너의 말을 믿는다 / I don't *believe* it. 난 믿을 수 없다

2 (…이라고) 생각하다: I *believed* (that) he was honest. 나는 그가 정직하다고 생각했다

──자 믿다

believe in (1) (사람·인격 등을) 믿다, 신용하다: I *believe in* you. 나는 너의 인격〔사람됨〕을 믿는다

(2) …의 존재를 믿다: Do you *believe in* UFOs? 너는 비행 접시의 존재를 믿느냐?

> 비교 **believe**와 **believe in**
> **believe**는 사람의 말이나 사물을 믿을 때, **believe in**은 사물의 가치나 존재를 믿을 때 쓴다.

be·liev·er [bilí:vər 빌리-V어r] 명 믿는 사람, 신자

*****bell** [bél 베엘] 명 (복수 **bells** [-z]) **종**, **벨**, 방울: Ring this *bell*. 이 종을 울려라

bell·boy [bélbɔ̀i 베엘보이] 명 《미구어》 (호텔·클럽의) 보이, 사환

bel·lig·er·ent [bəlídʒərənt 벌리줘뤈트] 형 **1** 전투적인, 호전적인; 툭하면 싸우는 **2** 전쟁 중의

bel·lows [bélouz 벨로우z으] 명 〔복수 취급〕 **1** 풀무 **2** (풍금·아코디언 등의) 송풍기

bellows 1

bel·ly [béli 벨리] 명 (복수 **bellies** [-z]) 배, 복부 (《 보통 stomach을 쓴다)

***be·long** [bilɔ́:ŋ 빌로-엉] 동 (3단현 **belongs** [-z]; 과거·과거분사 **belonged** [-d]; 현재분사 **belonging**) 자 **1** …**에 속하다**, …의 소유물이다 (to): This book *belongs to* me. 이 책은 내 것이다 (《 《구어》에서는 This book is mine.이라 한다)

2 (…에) 속하다: He *belongs to* the Boy Scouts. 그는 소년단원이다

be·long·ings [bilɔ́:ŋiŋs 빌로-엉잉쓰] 명
〔복수 취급〕소유물; 소지품

be·lov·ed [bilʌ́vid 빌러V이드] 형 〔🏷 명사 앞에만 쓰여〕 가장 사랑하는, 귀여운: He lost his *beloved* son. 그는 사랑하는 아들을 잃었다

──명 〔보통 one's를 붙여〕 가장 사랑하는 사람: my *beloved* 당신, 여보, 자기 《애인·부부간의 호칭》

※**be·low** [bilóu 빌로우] 전 **1** …의 아래에〔로〕(반 above …의 위에): The subway runs *below* the ground. 지하철은 땅 밑으로 달린다/ The sun set *below* the horizon. 해는 지평선 아래로 졌다
2 …의 하류에: There is a waterfall *below* this bridge. 이 다리의 아래쪽에 폭포가 있다
3 〔수량·정도를 나타내어〕 …이하의: The temperature is ten degrees *below* zero. 기온은 영하 10도이다/ It was sold *below* original cost. 그것은 원가 이하에 팔렸다

──부 아래에〔로〕(반 above 위에), 하류에: You can see the blue sea *below*. 파란 바다가 아래에 보인다/ See *below*. 아래 참조

※**belt** [bélt 베엘트] 명 (복수 **belts** [-ts]) **1** 허리띠, 벨트, 띠 (🏷 모자 등의 「띠」는 band): Fasten your seat *belt*. 좌석 벨트를 매 주십시오

belt
band

2 (기계의) 벨트
3 지대(地帶): a green *belt* (도시 주변의) 녹지대

※**bench** [béntʃ 벤취] 명 (복수 **benches** [-iz]) **1** 벤치, 긴 의자: They sat on the *bench* in the park. 그들은 공원의 벤치에 앉았다

bench

2 (야구의) 벤치, 선수석

※**bend** [bénd 벤드] 동 (3단현 **bends** [-dz]; 과거·과거분사 **bent** [bént]; 현재분사 **bending**) 타 …을 구부리다: *bend* a wire *up*〔*down*〕 철사를 구부려 올리다〔내리다〕

──자 휘다, 구부러지다: Lead *bends* easily. 납은 쉽게 구부러진다

──명 (복수 **bends** [-dz]) 굴곡

bene- 《접두사》 「선(善), 양(良)」의 뜻

※**be·neath** [biní:θ 비니-θ으] 전 …의 바로 밑에; …의 아래쪽에 (🏷 《구어》에서는 보통 under나 below를 쓴다): We sat *beneath* the tree. 우리는 나무 밑에 앉았다

──부 밑〔아래〕에

ben·e·fac·tor [bénəfæktər 베너F액터r] 명 은혜를 베푸는 사람; 후원자

be·nef·i·cent [bənéfəsənt 버네F어썬트] 형 은혜를 베푸는, 자비로운

ben·e·fi·cial [bènəfíʃəl 베너F이셔얼] 형 유익한, 이로운 (to)

※**ben·e·fit** [bénəfit 베너F잇] 명 이익, 이득; 은혜: We received great *benefit* from the book. 그 책은 매우 도움이 되었다

for the benefit of …을 위하여: The funds were used *for the benefit of* the poor. 그 기금은 가난한 사람들을 위해 쓰였다

──동 (3단현 **benefits** [-ts]; 과거·거분사 **benefited** [-id]; 현재분사 **benefiting**) 타 …의 이익이 되다, …에게 이

롭다: The fresh air will *benefit* you. 신선한 공기는 당신에게 이로울 것이다
──[자] 이롭게 되다

be·nev·o·lent [bənévələnt 버네V얼런트] [형] **1** 호의적인 **2** 인정 많은

bent [bént 벤트] [동] bend(구부리다)의 과거·과거분사형
──[형] **1** 구부러진, 굽은: a *bent* nail 구부러진 못

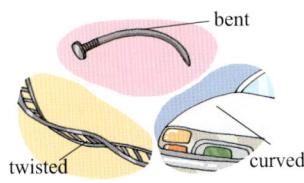

twisted curved

2 …하려고 결심한 (on): He is *bent on* becoming a painter. 그는 화가가 되려고 마음먹고 있다
──[명] 좋아함, 기호; 적성

ben·zene [bénziːn 벤Z이-인] [명] 【화학】 벤젠

ber·et [bəréi 버레이] [명] 베레모

Ber·lin [bəːrlín 버-r얼린] [명] 베를린 (독일의 수도)

ber·ry [béri 베리] 〔[📖] bury(묻다)와 발음이 같음〕 [명] (복수 **berries** [-z]) 베리, 장과(漿果) (딸기·포도 등 과육이 부드럽고 과즙이 풍부한 과일)

beret

berth [báːrθ 버-rθ으] [명] **1** (배·기차의) 층계식 침대 **2** (배의) 정박 위치

berth 1

***be·side** [bisáid 비싸이드] [전] …의 곁(옆)에(서): He sat *beside* me. 그는 내 곁에 앉았다

beside oneself (기쁨·노여움 등으로) 제정신이 아닌: He was *beside himself* with joy. 그는 기뻐서 어쩔 줄 몰랐다

***be·sides** [bisáidz 비싸이즈] [전] **1** …외에: I study French *besides* English. 나는 영어 외에 프랑스어도 공부한다 / Three people *besides* me attended the party. 나 외에 3명이 파티에 참석했다

besides me

2 〔부정문·의문문에서〕 …을 제외하고, …외에는: *Nobody* came *besides* the mailman. 우편 집배원 이외에는 아무도 오지 않았다
──[부] **그 위에**, 게다가 (또): I'm tired; *besides*, I'm hungry. 나는 피곤하기도 하고 게다가 배가 고프다

***best** [bést 베스트] [형] **1** (good의 최상급) **가장 좋은**([반] worst 가장 나쁜): It is the *best* way. 그것이 가장 좋은 방법이다 / He is one of my *best* friends. 그는 나의 가장 친한 친구 중의 한 사람이다
2 (well의 최상급) 가장 건강한〔기분이 좋은〕: She feels *best* in the morning. 그녀는 오전 중에 기분이 가장 좋다

> 쓰임새 보통 best 앞에는 the를 붙이나 my, your 등의 소유격이 올 때에는 the를 붙이지 않는다. 또 best 뒤에 명사가 오지 않을 경우에나 부사 용법에서도 the를 붙이지 않는다.

──[부] (well의 최상급) **가장**, 잘: He sings *best* of all my friends. 그는 내 친구들 중에서 노래를 가장 잘 부른다

best-known

> 회화
> A: Which subject do you like *best*?
> 너는 어느 과목을 제일 좋아하니?
> B: I like music *best*.
> 나는 음악을 가장 좋아해

had best do …하는 것이 가장 좋다: You *had best* start at once. 너는 지금 출발하는 것이 가장 좋다

──명 〔**the** 또는 **one's**를 붙여〕 제일 좋은 것〔점〕: This is *the best* of our town. 여기가 우리 도시의 제일 좋은 곳이다

at one's ***best*** 가장 좋은 상태에: The cherry blossoms are *at their best* now. 벚꽃은 지금이 한창이다

at (***the***) ***best*** 잘 해야, 기껏해야: He is a second-rate writer *at best*. 그는 기껏해야 이류 작가다

do one's ***best*** 전력을 다하다: We *did our best* to help them. 우리는 그들을 돕기 위해 최선을 다했다

make the best of …을 최대한 이용하다: He *made the best of* the chance. 그는 그 기회를 최대한 이용했다

best-known [bést-nóun 베스트노운] 형 《well-known의 최상급》 가장 잘 알려진: He is one of the *best-known* writers in this country. 그는 이 나라에서 가장 잘 알려진 작가 중의 한 사람이다

best seller [bést sélər] 명 베스트셀러 《어느 기간 가장 잘 팔린 책·레코드 등》

be·stow [bistóu 비스토우] 타 …을 주다, 수여하다

***bet** [bét 벳] 동 《3단현 **bets** [-ts]; 과거·과거분사 **bet, betted** [-id]; 현재분사 **betting**》 타 (돈 등을) 걸다: He *bet* ten dollars *on* that horse. 그는 그 말에 10달러를 걸었다

──자 내기를 하다

I bet ... 《구어》 틀림없이 …이다: *I bet* he'll be come. 그는 틀림없이 올 것이다

You bet! 《구어》 물론!, 그럼요!

> 회화
> A: Are you going to the seaside?
> 너는 해변에 가니?
> B: *You bet!*
> 물론 가고 말고

── 명 **1** 내기, 도박 **2** 건 돈

be·ta [béitə 베이타 → 베이러] 명 베타 《그리스 알파벳의 둘째 글자 *B*, *β*》

***be·tray** [bitréi 비츄뤠이] 동 《3단현 **betrays** [-z]; 과거·과거분사 **betrayed** [-d]; 현재분사 **betraying**》 타 **1** …을 배신하다, 배반하다: Don't *betray* your friends. 친구들을 배신하지 말아라
2 (비밀을) 누설하다

***bet·ter** [bétər 베터r → 베러r] 형 **1** 《good의 비교급》 …보다 좋은(반 worse 보다 나쁜): *Better* late than never. 《속담》 늦어도 안 하느니보다는 낫다 / The sooner, the *better*. 《속담》 빠르면 빠를수록 좋다

> 회화
> A: How's your new car?
> 새로 산 차 어때요?
> B: Great. It couldn't be *better*.
> 훌륭해요. 더없이 좋아요

2 《well의 비교급》 (건강이) 보다 나은: He is getting *better*. 그는 점점 좋아지고 있다 / She is much *better* today. 그녀는 오늘 병세가 훨씬 좋아졌다

no better than …나 매한가지: He is *no better than* a beggar. 그는 거지나 다름없다

──부 《well의 비교급》 **1** 보다 잘: You speak English *better* than I. 너는 나보다 영어를 잘한다

2 …보다 많이: I like apples *better* than pears. 나는 배보다 사과를 좋아한다

had better do …하는 편이 좋다: You *had better* go. 너는 가는 편이 좋겠다 / You *had better* not go. 너는 가지 않는

는 편이 좋겠다

> 쓰임새 (1) had better *do*는 단축형으로 'd better do의 형태로 잘 쓰인다.
> (2) had better *do*는 「가벼운 충고·명령」을 나타내기 때문에 상대방이 윗사람이거나 친하지 않은 사람일 때는 쓰지 않는 것이 좋다.

── 명 (복수 **betters** [-z]) **1** 더 좋은 것 **2** 〔보통 복수형으로〕 손윗사람, 선배들

****be·tween** [bitwíːn 비트위-인] 전 **1** 〔장소·위치·관계를 나타내어〕 **…의 사이에〔의〕**: The train runs *between* Seoul and Busan. 그 열차는 서울과 부산 사이를 운행한다/ I sat *between* Mary and Jane. 나는 메리와 제인 사이에 앉았다
2 〔시간·기간 등을 나타내어〕 **…사이에**: Come *between* twelve and one o'clock. 12시에서 1시 사이에 오너라
3 〔차이·선택을 나타내어〕 **…사이의〔에〕**: There is no difference *between* the two. 그 둘 사이에는 아무런 차이가 없되/ Choose *between* this and that. 이것이나 저것 중에서 고르세요
between you and me 《구어》 우리끼리 이야기인데: *Between you and me*, I really love Jane. 우리끼리 이야기인데 난 제인을 정말 사랑해

***bev·er·age** [bévəridʒ 베V어뤼쥐] 명 **음료**, 마실 것(drink) 《우유·커피·술 등 물 이외의 것》

be·ware [biwέər 비웨어r] 자 조심하다 《주로 경고문에》: *Beware* of the dog. 개 조심

be·wil·der [biwíldər 비위얼더r] 동 (3단현 **bewilders** [-z]); 과거·과거분사 **bewildered** [-d]; 현재분사 **bewildering** [-dəriŋ]) 타 …을 당황하게 하다, 어리둥절하게 하다(confuse): His questions *bewildered* us. 그의 질문은 우리를 당황하게 했다

be·witch [biwítʃ 비위취] 동 (3단현 **bewitches** [-iz]) 타 **1** 요술을 걸다 **2** 매혹시키다(charm)

***be·yond** [bijánd 비얀드] 전 **1** 〔장소를 나타내어〕 **…의 건너편에, …을 넘어서**: The church is *beyond* the bridge. 교회는 다리 건너편에 있다/ They live *beyond* the hill. 그들은 언덕 너머에 살고 있다

beyond the hill

2 〔시간을 나타내어〕 **…을 지나서** 《구어》에서는 after를 쓴다): He worked *beyond* office hours. 그는 업무 시간이 지나도 일했다
3 〔정도·한도를 나타내어〕 **…을 넘어서**: This question is *beyond* me. 그 문제는 모르겠다

── 부 **건너편에**, 저쪽에: There is a lake *beyond*. 건너편에 호수가 있다

bi- 〔접두사〕 「둘·쌍·복」의 뜻: *bi*cycle 자전거

bi·as [báiəs 바이어쓰] 명 (복수 **biases** [-iz]) **1** (옷감 재단의) 사선(斜線) **2** 경향; 선입견, 편견

***Bi·ble** [báibl 바이브얼] 명 **1** 〔**the**를 붙여〕 (기독교의) **성서, 성경 2** [**bible** 로] 권위 있는 책

bias 1

bi·cy·cle [báisikl 바이씨크얼] 명 (복수 **bicycles** [-z]) 자전거 (🖋 단축형으로 bike라고도 한다): I can ride a *bicycle*. 나는 자전거를 탈 줄 안다/ He goes to school by *bicycle*. 그는 자전거로 학교에 간다

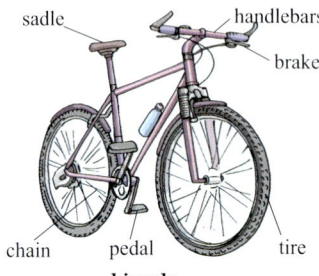

bicycle
【bi-(두 개의)+cycle(바퀴)에서】

bid [bíd 비드] 동 (3단현 **bids** [-dz]; 과거 **bade** [bǽd], **bid**; 과거분사 **bidden** [bídn], **bid**; 현재분사 **bidding**) 타 **1** (인사 등을) 말하다: My friends *bade* me good-bye. 내 친구들은 나에게 작별을 고했다
2 …을 명령하다: I *bade* him go. 그에게 가라고 명령했다
3 (값을) 매기다, (경매에서 값을) 부르다
── 명 값을 매기기, 입찰

bid·den [bídn 비든] 동 bid((인사 등을) 말하다)의 과거분사형의 하나

big [bíg 빅] 형 (비교급 **bigger**; 최상급 **biggest**) **1** 큰(반 little, small 작은): a *big* man (덩치가) 큰 남자/ a *big* city 대도시/ Your dog is *bigger* than mine. 당신 개가 내 개보다 크다

big   small

2 《구어》 중대한, 중요한: a *big* event 중대 사건

Big Ben [bíg bén] 명 빅 벤 《영국 국회 의사당의 큰 시계종, 또는 그 탑 전체》

Big Ben

【공사 책임자인 Sir Benjamin Hall이 체구가 커서 Big Ben이라고 불린 데서】

Big Dipper [bíg dípər] 명 〔the를 붙여〕 《천문》 북두칠성

bike [báik 바익] 명 (복수 **bikes** [-s]) 《구어》 자전거 (🖋 bicycle의 단축형)

bi·ki·ni [bikíːni 비키-니] 명 비키니 수영복

> 참고 비키니의 유래
> 북태평양 마셜 군도에 있는 비키니 (Bikini) 환초에서 생긴 말로, 여기에서 미국의 원폭 실험이 행해졌는데 그 충격과 비슷한 효과를 이 옷이 남성들에게 주었다는 데서.

bill¹ [bíl 비얼] 명 (복수 **bills** [-z]) **1** 계산서, 청구서 (🖋 《영》 check): Please bring the *bill*. 계산서를 주세요
2 《미》 지폐 (🖋 《영》 note): a ten-dollar *bill* 10달러 지폐
3 (의회의) 법안, 의안: adopt a *bill* 의안을 채택하다
4 전단, 벽보, 광고용 포스터: Post 〔Stick〕 no *bills*. 《게시》 이곳에 벽보를 붙이지 마시오
5 【상업】 증서, 증권; 어음: a *bill* of credit 신용장

bill² [bíl 비얼] 명 (오리 등의 가늘고 납작한) 부리

bil·liards [bíljərdz 빌려rz으] 명 〔보통 단수 취급〕당구

billiards

***bil·lion** [bíljən 빌려언] 명 《미》 **10억**; 《영》 1조(兆) (🖋 영국에서도 최근에는 10억으로도 쓴다)

***bind** [báind 바인드] 동 (3단현 **binds** [-dz], 과거·과거분사 **bound** [báund]; 현재분사 **binding**) 타 **1** …을 묶다, 매다; (붕대로) 감다: He *bound* the package *with* a string. 그는 끈으로 꾸러미를 묶었다

2 (원고·책을) 제본〔장정〕하다: This book is *bound* in leather. 이 책은 가죽으로 장정되어 있다

bind·er [báindər 바인더r] 명 **1** 묶는 사람, 제본업자 **2** 묶는 것; (종이 등을 철하는) 바인더

bind·ing [báindiŋ 바인딩] 명 **1** 묶기 **2** (책의) 제본, 장정 **3** 표지 **4** 묶는 것〔기구〕

bin·go [bíŋgou 빙고우] 명 빙고 《숫자를 적은 카드를 배열하는 복권식 놀이》
— 감 이겼다!, 맞혔다!

bi·noc·u·lar [binάkjulər 비나큘러r] 명 (복수 **binoculars** [-z]) 〔보통 복수형으로〕쌍안경: a pair of *binoculars* 쌍안경 1개

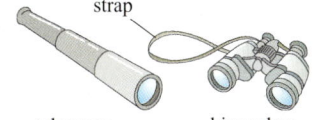

telescope   binoculars

bi·o- 《접두사》「생(生)…, 생물…」의 뜻 《모음 앞에서는 bi-》

bi·og·ra·pher [baiάgrəfər 바이아그뤄F어r] 명 전기 작가

bi·og·ra·phy [baiάgrəfi 바이아그뤄F이] 명 (복수 **biographies** [-z]) 전기 (🖋 「자서전」은 autobiography)

bi·o·log·i·cal [bàiəlάdʒikəl 바이얼라쥐커얼] 형 생물학(상)의

bi·ol·o·gist [baiάlədʒist 바이알러쥐스트] 명 생물학자

bi·ol·o·gy [baiάlədʒi 바이알러쥐] 명 생물학

birch [bəːrtʃ 버-rㅊ] 명 【식물】 자작나무

*__**bird**__ [bəːrd 버-r드] 명 (복수 **birds** [-dz]) 새: The early *bird* catches the worm. 《속담》 일찍 일어나는 새가 벌레를 잡는다

알면 Plus▶ 새의 종류	
canary 카나리아	crane 학
crow 까마귀	duck 오리
eagle 독수리	flamingo 플라밍고
hawk 매	jay 어치
lark 종달새	ostrich 타조
owl 올빼미	parrot 앵무새
peacock 공작	penguin 펭귄
pheasant 꿩	pigeon 비둘기
sea gull 갈매기	skylark 종달새
sparrow 참새	swallow 제비
swan 백조	turkey 칠면조

bird·cage [bə́ːrdkèidʒ 버-r드케이쥐] 명 (복수 **birdcages** [-iz]) 새장

bird·ie [bə́ːrdi 버-r디] 명 **1** 《유아어》 새 (bird), 작은 새 **2** 【골프】 버디 《🖋 파(par)보다 1타 적은 타수》

*__**birth**__ [bəːrθ 버-rθ으] 명 (복수 **births** [-s]) **1** 탄생, 출생 (반 death 죽음): the *birth* of a child 아기의 탄생 / the date of one's *birth* 생년월일

2 태생, 출신, 가문: He is of good *birth*. 그는 가문이 좋다

by birth (1) 타고난: an actor *by birth* 타고난 배우

(2) 태생은: He is German *by birth*. 그

는 독일 태생이다
give birth to …을 **낳다**, 산출하다: She *gave birth to* a baby boy. 그녀는 사내아이를 낳았다

***birth·day** [bə́ːrθdèi 버-rθㅇ데이] 명 (복수 **birthdays** [-z]) **생일**: a *birthday* party〔present〕생일 파티〔선물〕/ When is your *birthday*? 생일이 언제입니까?/ Happy *birthday* (to you)! 생일 축하합니다!

birth·place [bə́ːrθplèis 버-rθㅇ플레이ㅆ] 명 출생지, 고향

***bis·cuit** [bískit 비스킷] 명 **1** 《영》**비스킷** (《미》 cracker, cookie) **2** 《미》 과자 모양의 빵
【프랑스어「두 번 요리된」의 뜻에서】

bish·op [bíʃəp 비셥] 명 【그리스도교】 감독; 【가톨릭·영국국교】 주교

bi·son [báisn 바이슨] 명 (단수·복수 동형) 아메리카 들소 (《미》에서는 흔히 buffalo라 한다)

bison

***bit**[1] [bít 빗] 명 (복수 **bits** [-ts]) **작은 조각**; 조금, 소량: I found *bits* of broken glass on the floor. 마루에서 깨진 유리 조각을 발견했다
a bit 〔부사적으로〕(1) (정도 등이) **조금**, 약간: I am *a bit* tired. 조금 피곤하다
(2) (시간적으로) **잠시**: Wait *a bit*. 잠깐 기다려라
a bit of **조금**, 약간의: We need *a bit of* rest. 우리는 조금 휴식이 필요하다
bit by bit = ***by bits*** 《구어》 조금씩
not a bit 조금도 …않다: I'm *not a bit* tired. 나는 조금도 피곤하지 않다

bit[2] [bít 빗] 동 bite(물다)의 과거·과거분사형

bit[3] [bít 빗] 명 【컴퓨터】 비트 (정보 전달의 최소 단위)

bitch [bítʃ 비취] 명 (개·이리·여우 등의) 암컷: a son of a *bitch* 《속어》개자식 (심한 욕)

***bite** [báit 바잇] 동 (3단현 **bites** [-ts]; 과거 **bit** [bít]; 과거분사 **bitten** [bítn], **bit**; 현재분사 **biting**) 타 **1** …**을 물다**, 물어뜯다: *bite* an apple 사과를 베어먹다 / The dog *bit* me in the leg. (= The dog *bit* my leg.) 그 개가 내 다리를 물었다

2 (모기 등이) **물다**, 쏘다: I was *bitten* on the face by a mosquito. 나는 모기한테 얼굴을 물렸다
3 (추위가) 살을 에다; (서리가) …을 상하게 하다
── 자 **1 물다**: My dog never *bites*. 우리 개는 절대로 물지 않는다
2 (물고기가 미끼를) 물다: *bite at* a bait 미끼를 물다
── 명 (복수 **bites** [-ts]) **1 물기**: The dog gave him a *bite*. 개가 그를 물었다
2 (음식물의) 한 입: a *bite* of bread 한 입의 빵

bit·ing [báitiŋ 바이팅 → 바이링] 형 **1** 물어뜯는, 무는
2 (바람·추위 등이) 살을 에는 듯한: *biting* cold 살을 에는 듯한 추위
3 (말 등이) 신랄한

bit·ten [bítn 비튼 → 빗'은] 동 bite(물다)의 과거분사형의 하나

***bit·ter** [bítər 비터r → 비러r] 형 (비교급 **bitterer** [-tərer]; 최상급 **bitterest**

[-tərist]) **1** 쓴(반 sweet 단): a *bitter* medicine 쓴 약
2 쓰라린, 고통스러운: a *bitter* experience 쓰라린 경험
3 (추위 등이) 지독한, 모진: a *bitter* cold 혹독한 추위
4 (말 등이) 신랄한(severe): *bitter* words 신랄한 말, 독설
【고대 영어「bite(물다)」에서】

bit·ter·ly [bítərli 비터r을리 → 비러r을리] 뷔 **1** 쓰게 **2** 지독하게

black [blǽk 블랙] 형 (비교급 **blacker**; 최상급 **blackest**) **1** 검은(반 white 하얀): I don't like a *black* cat. 나는 검은 고양이를 싫어한다
2 아주 어두운, 암흑의 (📖 dark보다 더 어두움)
3 흑인의: the *black* races 흑인종
4 비관적인, 암담한(gloomy)
5 (커피가) 블랙인: I'd like my coffee *black*. 커피는 블랙으로 주세요
── 명 (복수 **blacks** [-s]) **1** 검정; 검은 옷, 상복: She was dressed in *black*. 그녀는 검은 옷〔상복〕을 입고 있었다
2 흑인: He is a *black*. 그는 흑인이다
3 〖회계〗 흑자(黑字)(반 red 적자)
── 타 **1** …을 검게 하다 **2** (구두 등을 검게) 닦다

black·ber·ry [blǽkbèri 블랙베뤼] 명 (복수 **blackberries** [-z]) 〖식물〗 검은 딸기 (열매)

black·board [blǽkbɔ̀ːrd 블랙보-r드] 명 (복수 **blackboards** [-dz]) 칠판, 흑판: erase〔clean〕 the *blackboard* 칠판을 닦다

black box [blǽk báks] 명 블랙박스 (비행 기록 장치)

black comedy [blǽk kámədi] 명 블랙 코미디 (빈정대는 유머가 담긴 희극)

black eye [blǽk ái] 명 (얻어맞아 생긴) 눈가의 검은 멍 (📖「검은 눈」은 dark eye라 한다)

black flag [blǽk flǽg] 명 〔the를 붙여〕 해적기 (검은 바탕에 흰 두 개골과 교차하는 두 개의 뼈가 그려진 기; Jolly Roger라고도 한다)

black flag

black hole [blǽk hòul] 명 〖천문〗 블랙홀 (📖 초중력에 의해 빛·전파도 빨려든다는 우주의 가상적 구멍)

black·list [blǽklist 블랙리스트] 명 블랙리스트, 요주의자 명단

black market [blǽk máːrkit] 명 암시장

black·smith [blǽksmiθ 블랙스미θ] 명 대장장이
【검은 쇠를 다루는데서】

black tea [blǽk tíː] 명 홍차 (📖 보통은 간단히 tea라 한다)

> 참고 녹차가 green tea이니 홍차는 red tea라고 생각하겠지만, 우리는 차의 빛깔이 붉어서「홍차(紅茶)」라고 하지만 영어로는 우려낸 찻잎이 검다고 해서 black tea라고 한다.

blade [bléid 블레이드] 명 (복수 **blades** [-dz]) **1** (칼·면도기·스케이트 등의) 날 **2** (보리 등의 가늘고 긴) 잎 (📖「나뭇잎」은 leaf)

blame [bléim 블레임] 통 (3단현 **blames** [-z]; 과거·과거분사 **blamed** [-d]; 현재분사 **blaming**) 타 **1** …을 비난하다, 나무라다: He *blamed* me *for* the accident. 그는 사고의 책임이 내게 있다고 비난했다
2 …의 탓으로 돌리다 (**for, on**): They *blamed* the fog *for* the accident. (= They *blamed* the accident *on* the fog.) 그들은 그 사고의 원인을 안개라고 했다

blackboard

blame·less

be to blame 책임이 있다, …이 나쁘다: Who *is to blame* for the accident? 그 사고의 책임은 누구인가?
── 명 (실패의) 책임

blame·less [bléimlis 블레임리쓰] 형 비난할 점이 없는, 죄가 없는, 결백한

bland [blǽnd 블랜드] 형 **1** (말이나 태도가) 부드러운(mild) **2** (기후 등이) 온화한

*__blank__ [blǽŋk 블랭크] 형 (비교급 **blanker**; 최상급 **blankest**) 공백의, 백지의; (공간 등) 빈(empty): a *blank* sheet of paper 백지 한 장/ a *blank* space 빈 곳, 공백
── 명 (복수 **blanks** [-s]) **1** 공백, 여백; 빈칸: Fill (in) the *blanks*. 빈칸을 채우시오
2 《미》 기입 용지 (《영》 form)

*__blanket__ [blǽŋkit 블랭킷] 명 (복수 **blankets** [-ts]) 담요

blare [blέər 블레어r] 동 (현재분사 **blaring** [blέəriŋ]) 자 **1** (나팔·경적 등이) 울려 퍼지다 **2** 큰소리로 외치다

blast [blǽst 블래스트] 명 **1** 돌풍, 한 줄기 강한 바람 **2** 피리 소리; (자동차 등의) 경적 소리 **3** 폭발

blaze [bléiz 블레이즈] 명 (확 타오르는) 불꽃; (타오르는 듯한) 광채
── 동 (현재분사 **blazing**) 자 타오르다; 빛나다

blaz·er [bléizər 블레이저r] 명 블레이저 《화려한 빛깔의 운동 선수용 상의》

bleach [blíːtʃ 블리-취] 동 (3단현 **bleaches** [-iz]) 타 …을 표백하다, 희게 하다
── 명 표백제

bleach·ers [blíːtʃərz 블리-처rz] 명 〔복수 취급〕 《미》 (야구장 등의) 지붕 없는 관람석, 외야석

bleak [blíːk 블리-크] 형 (비교급 **bleaker**; 최상급 **bleakest**) **1** 황폐한, 쓸쓸한 **2** (바람이) 살을 에는 듯한

bleat [blíːt 블리-트] 자 (염소 등이) 매애 하고 울다

── 명 (염소 등의) 우는 소리

bleed [blíːd 블리-드] 동 (3단현 **bleeds** [-dz]; 과거·과거분사 **bled** [bléd]; 현재분사 **bleeding**) 자 피가 나다, 출혈하다: He is *bleeding* at the nose. 그는 코피가 나고 있다

blem·ish [blémiʃ 블레미쉬] 명 흠, 결점, 결함

*__blend__ [blénd 블렌드] 동 (3단현 **blends** [-dz]; 과거·과거분사 **blended** [-id]; 현재분사 **blending**) 타 …을 섞다(mix), 혼합하다: *Blend* milk and cream together. 우유와 크림을 함께 섞어라
── 자 **1** 섞이다 **2** 조화되다
── 명 (복수 **blends** [-dz]) 혼합(물)

blend·er [bléndər 블렌더r] 명 **1** 혼합하는 것〔사람〕 **2** 《미》 (요리용) 믹서 (《영》 liquidizer)

*__bless__ [blés 블레쓰] 동 (3단현 **blesses** [-iz]; 과거·과거분사 **blessed** [-t], **blest** [blést]; 현재분사 **blessing**) 타 **1** 축복하다: He *blessed* the children. 그는 그 아이들에게 축복을 빌었다
2 …을 신성케 하다

be blessed with …로 축복받고 있다: I *am blessed with* good health. 나는 좋은 건강의 축복을 받고 있다

(God) bless you! 신의 가호가 있기를!

> 참고 재채기
> 서구인들은 다른 사람 앞에서 재채기하는 것을 실례라고 생각해 재채기를 하게 되면 Excuse me.라고 말하며, 주위 사람들은 재채기를 하면 혼이 빠져나간다고 믿어 God bless you.라고 위로의 말을 해 준다.

【옛날 제물의 피(blood)로 제단을 깨끗하게 한데서】

bless·ed [blésid 블레씨드] 〔발음 주의〕 형 **1** (신의) 축복 받은(반 cursed 천벌 받은) **2** 신성한 **3** 행복한

bless·ing [blésiŋ 블레씽] 명 **1** (신의) 은총, 은혜 **2** 축복(의 말)(반 curse 저주) **3** (식전〔식후〕의) 기도(grace)

blest [blést 블레스트] 타 bless(축복하다)의 과거·과거분사형의 하나

blew [blú: 블루-] 동 blow(불다)의 과거형

***blind** [bláind 블라인드] 형 **1** 눈 먼, 장님인 (「귀머거리의」는 deaf, 「벙어리의」는 dumb): a *blind* man 장님/ He is *blind* in one〔the right〕eye. 그는 한 쪽〔오른쪽〕 눈이 안 보인다
2 알지 못하는, 맹목적인: She is *blind* to her own faults. 그녀는 자기의 결점을 알지 못한다
── 명 (복수 **blinds** [-dz]) (창의) **블라인드**, 햇빛 가리개

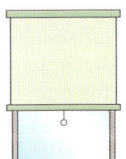 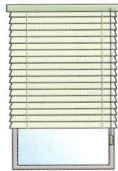

blind　　　venetian blind

blind date [bláind déit] 명 (제3자의 소개에 의한) 낯모르는 남녀의 데이트

blind·ness [bláindnis 블라인드니쓰] 명 **1** 눈이 보이지 않음 **2** 무분별

blink [blíŋk 블링크] 자 **1** (눈을) 깜작이다 (남에게 신호하기 위해「눈을 깜박이다」는 wink) **2** (등불·별 등이) 깜박거리다

bliss [blís 블리쓰] 명 더없는 기쁨〔행복〕

bliss·ful [blísfəl 블리쓰F어ㄹ] 형 더없이 기쁜〔행복한〕

blis·ter [blístər 블리스터r] 명 **1** (피부의) 물집, 수포 **2** 기포(氣泡)

bliz·zard [blízərd 블리Z어r드] 명 심한 눈보라

bloc [blák 블락] 명 블록, 권(圈) (정치·경제상의 공동 이익을 위하여 결합한 단체): the dollar *bloc* 달러 블록
【프랑스어 block(덩어리)에서】

***block** [blák 블락] 명 (복수 **blocks** [-s]) **1** (목재·돌 등의) **덩어리**, 토막; 건축용 석재, 블록재(材) **2** 《미》 (장난감 쌓기 놀이의) 나무토막 (《영》 brick) **3** 《미》 **블록**, 가구(街區) (사방이 도로로 둘러싸인 도시의 한 구획) **4** 장애(물)

block 1　　block 2　　block 3

── 동 (3단현 **blocks** [-s]; 과거·과거분사 **blocked** [-t]; 현재분사 **blocking**) 타 (길 등을) **막다**, 봉쇄하다; 방해하다: The street is *blocked* to traffic. 거리는 통행이 금지되었다

block·ade [blɑkéid 블라케이드] 명 (군사적·경제적인) 봉쇄; (교통 등의) 방해, 폐쇄
── 동 (현재분사 **blockading**) 타 …을 봉쇄하다; 방해하다
【*block*(블록)+barricade(장애물)】

block·bust·er [blákbʌ̀stər 블락바스터r] 명 (영화의) 초(超)대작, 대히트작
【「도시의 한 구획(block)을 파괴할 정도로 강력한 대형 폭탄(buster)」의 뜻에서】

blond(e) [blánd 블란드] 형 (머리털이) 금발인
── 명 피부가 희고 금발인 사람

> 참고 **blond**와 **blonde**
> **blond**는 남성에게, **blonde**는 여성에게 쓰였으나, 현재는 남녀 모두 blond를 쓰는 경우가 많다.

blood [blʌ́d 블러드] 명 **1 피, 혈액**: a *blood* bank 혈액 은행/ What's your *blood* type? 너의 혈액형은 무엇이니?

2 혈연; 가문, 태생: *Blood* is thicker than water. 《속담》피는 물보다 진하다

blood·y [blʌ́di 블러디] 형 (비교급 **bloodier**; 최상급 **bloodiest**) 피투성이의; 피비린내 나는; 잔혹한(cruel): *bloody* hands 피투성이 손/ a *bloody* battle 피비린내 나는 전투

bloom [blúːm 블루-움] 명 (복수 **blooms** [-z]) **1** (특히 관상용 식물의) 꽃: white *blooms* of lilies 백합의 흰꽃
2 개화(기): The roses are now in full *bloom*. 장미는 지금 활짝 피어 있다
3 전성기
——동 (3단현 **blooms** [-z]; 과거·과거분사 **bloomed** [-d]; 현재분사 **blooming**) 자 꽃이 피다, 개화하다: Many plants *bloom* in spring. 봄에 많은 식물이 꽃을 핀다

bloom·ing [blúːmiŋ 블루-밍] 형 **1** 꽃이 핀, 개화한 **2** 꽃다운, 한창인

blos·som [blɑ́səm 블라썸] 명 (복수 **blossoms** [-z]) **1** (특히 과수의) 꽃: apple *blossoms* 사과꽃
2 개화(기), 전성기
——자 (나무에) 꽃이 피다

> 비교 **blossom**과 **bloom**
> **blossom**은 보통 열매를 맺는 종자 식물·과수에, **bloom**은 열매를 맺지 않는 식물에 쓰인다. 그러나《미》에서는 이 두 낱말을 구별 없이 쓰는 경우가 많다.

blot [blɑ́t 블랏] 명 (복수 **blots** [-ts]) **1** (잉크 등의) 얼룩, 더러움, 때 **2** (인격·명성의) 흠, 오점
——타 **1** …을 더럽히다, 얼룩지게 하다 **2** (명예 등을) 더럽히다 **3** (압지로 잉크 등을) 빨아들이다

blotting paper [blɑ́tiŋ pèipər] 명 압지(壓紙)

blouse [bláus 블라우쓰] 명 (여성·아동용) 블라우스

blow¹ [blóu 블로우] 동 (3단현 **blows** [-z]; 과거 **blew** [blúː]; 과거분사 **blown** [blóun]; 현재분사 **blowing**) 자 **1** (바람이) **불다**: The wind〔It〕 is *blowing* hard. 바람이 세게 불고 있다

2 바람에 날리다: The flowers are *blowing* in the wind. 꽃이 바람에 흩날리고 있다
3 (사이렌·나팔 등이) 울리다
——타 **1 불다**, 불어 보내다: The wind *blew* dust in my eyes. 바람에 먼지가 날려 내 눈에 들어왔다
2 (사이렌·나팔 등을) 불다: *blow* a trumpet 트럼펫을 불다
blow off 불어 날리다: The wind *blew* my hat *off*. 바람에 내 모자가 날아갔다
blow one's nose 코를 풀다: He *blew* his nose with his handkerchief. 그는 손수건으로 코를 풀었다
blow out 불어서 끄다: He *blew out* the candles. 그는 촛불을 불어서 껐다

blow² [blóu 블로우] 명 (복수 **blows** [-z]) **1** (주먹 등에 의한) **강타**, 구타: He got a *blow* on the head. 그는 머리를 얻어맞았다

2 (정신적인) 타격: The loss of his fortune was a terrible *blow*. 그가 재산을 잃은 것은 큰 타격이었다

blow·hole [blóuhòul 블로우호울] 명 **1** (고래의) 물 뿜는 구멍 **2** (지하실의) 통풍구, 바람구멍

blown [blóun 블로운] 통 blow¹(바람이 불다)의 과거분사형

***blue [blú: 블루-] 형 (비교급 **bluer**; 최상급 **bluest**) **1 파란**, 청색의: The sky is *blue*. 하늘은 파랗다/ She has *blue* eyes. 그녀의 눈은 파랗다

2 (추위·공포 등으로) 창백한: His face was *blue* with〔from〕 cold. 그의 얼굴은 추워서 창백했다

3 우울한: She looks *blue*. 그녀는 우울해 보인다

——명 (복수 **blues** [-z]) **1 청색**, 하늘색; 파란 옷 **2** (the blues로) (재즈 음악의) 블루스

blue·bird [blú:bə̀:rd 블루-버-r드] 명 **1** 【조류】 푸른 울새 **2** (행복을 가져온다는) 파랑새

blue jeans [blú: dʒíːnz 블루- 진-즈] 명 〔복수 취급〕 청바지, 블루진

blue-col·lar [blú:-kálər 블루-칼러r] 형 육체 노동자의(반 white-collar 사무직 계급의)【작업복용 청색 셔츠에서】

blun·der [blʌ́ndər 블런더r] 명 (부주의에 의한) 큰 실수: make〔commit〕 a *blunder* 큰 실수를 하다

——자 타 큰 실수를 하다

blunt [blʌ́nt 블런트] 형 **1** (칼 등이) 무딘 (반 sharp 날카로운): The knife *blunt*. 그 칼은 무디다

2 (말·태도가) 무뚝뚝한; 어리석은

blush [blʌ́ʃ 블러쉬] 통 (3단현 **blushes** [-iz]; 과거·과거분사 **blushed** [-t]; 현재분사 **blushing**) 자 (얼굴이) 빨개지다; 부끄러워하다: She *blushed* for 〔with〕 shame. 그녀는 부끄러워 얼굴이 빨개졌다

bo·a [bóuə 보우아] 명 【동물】 보아 (남미 열대 지방 등에 사는 큰 뱀)

boar [bɔ́:r 보-r] 명 **1** (거세하지 않은) 수퇘지 (🖼「거세한 수퇘지」는 hog) **2** 멧돼지

*board [bɔ́:rd 보-r드] 명 (복수 **boards** [-dz]) **1** (얇고 판판한) **널빤지**, 판자: a bulletin *board* 게시판/ a spring *board* (다이빙용의) 도약대

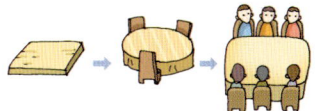

board 1   board 3   board 4

2 칠판, 흑판: Please clean the *board*. 칠판을 닦아주세요

3 식탁; 식사: *board* and lodging 식사를 제공하는 하숙

4 (회의용) 테이블; 위원회: a *board* of education 교육 위원회

5 (관청의) 부(部), 국(局)

on board 배 (비행기, 차 등에) 타고: go *on board* 승선〔승차〕하다/ The jet plane had 500 passengers *on board*. 그 제트기에는 500명의 승객이 타고 있었다

——통 (3단현 **boards** [-dz]; 과거·과거분사 **boarded** [-id]; 현재분사 **boarding**) 타 **1** 판자를 깔다 **2** …에게 식사를 제공하다; 하숙시키다 **3** (배·비행기 등에) 타다

——자 …에 하숙하다: He *boards at* my house. 그는 우리 집에 하숙하고 있다

board·er [bɔ́:rdər 보-r더r] 명 **1** (식사를 제공받는) 하숙인 **2** 기숙생

board·ing [bɔ́:rdiŋ 보-r딩] 명 **1** 널빤지, 판자 **2** 승선, 승차, 탑승 **3** (식사 딸린) 하숙

board·ing·house [bɔ́:rdiŋhàus 보-r딩하우쓰] 명 (복수 **boardinghouses**

[-hàuziz]) **1** (식사를 제공하는) 하숙집 **2** 기숙사

boarding school [bɔ́:rdiŋ skù:l] 명 기숙제의 학교

참고 영・미의 공립학교는 일반적으로 통학하는 학교지만, 영국의 사립학교인 public school은 기숙사제의 학교가 많다.

***boast** [bóust 보우스트] 동 (3단현 **boasts** [-ts]; 과거・과거분사 **boasted** [-id]; 현재분사 **boasting**) 자 자랑하다, 뽐내다: He always *boasts of*[*about*] *his wealth*. 그는 언제나 자기 재산을 자랑한다

—— 타 …을 자랑하다: He *boasts that he can swim well*. 그는 수영 잘 하는 것을 자랑하고 있다

—— 명 자랑(거리)

boast·ful [bóustfəl 보우스트F어얼] 형 자랑하는

*****boat** [bóut 보웃] 명 (복수 **boats** [-ts]) **1** 보트: *Can you row a boat*. 보트를 저을 줄 압니까? (「카누를 젓다」는 paddle a canoe)

boat

2 《구어》 기선, 배(ship): *They came by boat*. 그들은 배로 왔다 (by 뒤에는 관사를 붙이지 않는다)

참고 boat는 보통 노로 젓는 작은 배를 가리키나, 엄격히 말하면 《미》에서는 rowboat, 《영》에서는 rowing boat라고 한다. 《구어》에서는 ship과 거의 같은 뜻으로도 사용한다.

be in the same boat 같은 운명에 처해 있다: *We're in the same boat*. 우리는 같은 운명이야

boat·man [bóutmən 보웃먼] 명 (복수 **boatmen** [-mən]) **1** 배 젓는 사람, 뱃사공 **2** 전세 보트 업자

boat race [bóut rèis] 명 보트 레이스

bob·sled [bábslèd 밥슬레드] 명 봅슬레이 《2-4인승의 경기용 썰매》

bobsled

bob·sleigh [bábslèi 밥슬레이] 명 = bobsled

*****bod·y** [bádi 바디 → 바리] 명 (복수 **bodies** [-z]) **1** (사람・동물의) 몸, 신체(반 mind 정신): *the human body* 인체 / *Exercise your body and mind*. 너의 심신을 단련하라

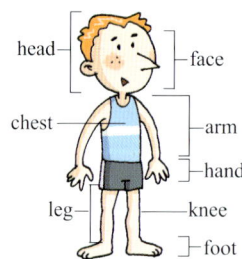
body

2 (머리와 팔다리를 제외한) 몸통: *He was wounded in the body*. 그는 몸통에 부상을 당했다

3 (사물의) 주요부; 본체: *the body of a car* 차체

4 물체, …체(體): *a heavenly body* 천체

5 떼, 무리, 단체: *a diplomatic body* 외

교단/ They marched in a *body*. 그들은 단체로 행진했다

body building [bádi bìldiŋ] 명 보디빌딩

bod·y·guard [bádigà:rd 바디가-ㄹ드 → 바리가-ㄹ드] 명 경호하는 사람, 보디가드

body language [bádi læŋgwidʒ] 명 신체 언어 《의사 전달의 한 형식으로서 무의식적인 몸짓·표정》

bog [bág 바-그] 명 소택지, 습지, 수렁

bo·gey [bóugi 보우기] 명 【골프】 보기 (파(par)보다 1타 많은 타수)

boil [bɔ́il 보일] 동 (3단현 **boils** [-z]; 과거·과거분사 **boiled** [-d]; 현재분사 **boiling**) 자 끓다: The water is *boiling*. 물이 끓고 있다

── 타 …을 끓이다, 삶다: *boil* egg 달걀을 삶다

boil·ed [bɔ́ild 보일드] 형 끓은, 삶은

boil·er [bɔ́ilər 보일러ㄹ] 명 1 보일러 2 끓이는 그릇

boil·ing [bɔ́iliŋ 보일링] 형 끓어오르는

boiling point [bɔ́iliŋ pɔ̀int] 명 비등점, 끓는점(반 freezing point 어는점) 《섭씨 100도》

bold [bóuld 보우울드] 형 (비교급 **bolder**; 최상급 **boldest**) 1 **대담한**, 용감한: a *bold* attack 대담한 공격
2 뻔뻔스러운, 염치없는
3 (윤곽 등이) 두드러진, 뚜렷한; (선·글자 등이) 굵은: *bold* lines 굵은 선

bold·ly [bóuldli 보울들리] 부 1 대담하게 2 뻔뻔스럽게

bolt [bóult 보우울트] 명 (복수 **bolts** [-ts]) 1 볼트 2 (문·창문 등을 잠그는) 빗장, 걸쇠 3 전광, 번개

── 타 1 …을 볼트로 죄다 2 (문 등을) 빗장 질러 잠그다

bomb [bám 밤] [m뒤의 b는 묵음] 명 (복수 **bombs** [-z]) **폭탄**: an atomic *bomb* 원자 폭탄

── 동 (3단현 **bombs** [-z]; 과거·과거분사 **bombed** [-d]; 현재분사 **bombing**) 타 …에 폭탄을 투하하다, …을 폭격하다: The plane *bombed* the factory. 그 비행기는 공장을 폭격했다
【의성어】

bom·bard [bambá:rd 밤바-ㄹ드] 타 …을 포격〔폭격〕하다

bomb·er [bámər 바머ㄹ] [m뒤의 b는 묵음] 명 폭격기

bond [bánd 반드] 명 (복수 **bonds** [-dz]) 1 **묶는〔매는〕 것**; (애정 등의) 결속 2 〔보통 복수형으로〕 속박, 구속 3 계약; 동맹, 연맹 4 (차용) 증서; 채권, 공채(公債), 사채 5 접착제, 본드
【band(띠)의 변형】

bond·age [bándidʒ 반디쥐] 명 1 농노〔노예〕의 신분 2 (행동 등의) 속박

bone [bóun 보운] 명 (복수 **bones** [-z]) **뼈**: Jack broke a *bone* in his left leg. 잭은 왼쪽 다리가 부러졌다
to the bone 뼛속까지, 철저히

bon·fire [bánfàiər 반F아이어ㄹ] 명 (축제·놀이에서 피우는) 큰 화톳불, 모닥불

bon·net [bánit 바닛] 명 1 보닛 《여자·아이들이 쓰는 모자》 2 《영》 (자동차의) 보닛 (《미》 hood)

bo·nus [bóunəs 보우너ㅅ] 명 특별 수당, 보너스, 상여금, 덤

bonnet 1

book [búk 북] 명 (복수 **books** [-s]) 1 **책**, 서적: a picture *book* 그림책/ a reference *book* 참고서/ read a *book* 책을 읽다/ Open your *books* to 〔at〕 page twenty. 책의 20쪽을 펴세요/

bolt 1   bolt 2   bolt 3

This *book* is very interesting. 이 책은 매우 재미있다
2 〔the Book으로〕 성경(the Bible)
3 (책의) 권(卷), 편(篇): *Book* I 제1권 〔편〕
4 …부, …록; 장부: a telephone *book* 전화 번호부/ an address *book* 주소록
── 동 (3단현 **books** [-s]; 과거 · 과거분사 **booked** [-t]; 현재분사 **booking**) 타 **1** 《영》 (좌석 · 방을) 예약하다 (《미》 reserve): Please *book* me a room at the hotel. (= Please *book* a room *for* me at the hotel.) 그 호텔에 방을 예약해 주세요
2 (장부에) …을 기입하다
── 자 예약하다; 표를 사다: *book* for the cinema 영화표를 사다
book·case [búkkèis 북케이쓰] 명 (복수 **bookcases** [-iz]) 책장, 책꽂이
book·end [búkènd 부켄드] 명 (복수 **bookends** [-dz]) 〔보통 복수형으로〕 북엔드 《책이 쓰러지지 않게 양끝에 세우는 것》
book·ing [búkiŋ 부킹] 명 **1** 장부 기입 〔등록〕 **2** 《영》 (좌석 · 방의) 예약 (《미》 reservation)
booking office [búkiŋ ɔ́:fis 부킹 오-피스] 명 《영》 매표소 (《미》 ticket office)
book·keep·ing [búkkì:piŋ 북키-핑] 명 부기
book·let [búklit 부클릿] 명 작은 책자 (pamphlet)
book·sell·er [búksèlər 북쎌러ㄹ] 명 서적상
book·shelf [búkʃèlf 북쉐얼프] 명 (복수 **bookshelves** [-ʃèlvz]) 서가, 책꽂이
book·shop [búkʃàp 북샵] 명 《영》 = bookstore
book·store [búkstɔ̀:r 북스토-ㄹ] 명 (복수 **bookstores** [-z]) 《미》 책방, 서점 (《영》 bookshop): I bought this book at the *bookstore*. 나는 이 책을 서점에서 샀다

boom [bú:m 부-움] 명 **1** (대포 · 천둥 등의) 쿵 하고 울리는 소리

2 벼락 경기(반 slump 불경기); 갑작스러운 인기, 붐: a building *boom* 건축붐
boom·er·ang [bú:məræŋ 부-머랭] 명 **1** 부메랑 《호주 원주민의 무기로 곡선을 그리며 던진 사람에게 되돌아옴》 **2** 〔비유적으로〕 자업자득이 되는 것

boomerang 1

***boot** [bú:t 부-트] 명 (복수 **boots** [-ts]) 〔보통 복수형으로〕 《미》 부츠; 《영》 부츠, 반장화: a pair of *boots* 부츠 한 켤레

shoe 　《미》 shoe 　boot
　　　《영》 boot

booth [bú:θ 부-쓰] 명 **1** 칸막이한 좌석 〔방〕; (공중) 전화 박스; (어학 실습실의) 부스: a voting *booth* (투표장의) 투표 용지 기입소
2 (칸막이를 한) 매점
***bor·der** [bɔ́:rdər 보-ㄹ더ㄹ] 명 (복수 **bor·ders** [-z]) **1** 경계, 국경: cross the *border* 국경을 넘다

2 가장자리, 변두리, 가: on the *border* of a river 강가에
3 (여성복 등의) 가장자리 장식

──통 (3단현 **borders** [-z]; 과거・과거분사 **bordered** [-d]; 현재분사 **bordering** [-dəriŋ]) 타 **1** …**의 경계를 이루다**, 접하다: A hedge *borders* the road. 생울타리가 도로와의 경계를 이루고 있다
2 가장자리 장식을 하다

──자 인접하다, 이웃하다 《on, upon》: My land *borders on* yours. 내 땅은 당신 땅과 인접해 있다

bor·der·line [bɔ́ːrdərlàin 보-r더r러인] 명 국경선, 경계선

bore¹ [bɔ́ːr 보-r] 통 bear²(낳다, 운반하다)의 과거형

*__**bore**__² [bɔ́ːr 보-r] 통 (3단현 **bores** [-z]; 과거・과거분사 **bored** [-d]; 현재분사 **boring** [bɔ́ːriŋ]) 타 **…을 지루하게 하다**, 싫증나게 하다: I'm *bored* to death. 나는 지루해 죽겠다

──명 지루한 것(사람)

bore³ [bɔ́ːr 보-r] 통 (3단현 **bores** [-z]; 과거・과거분사 **bored** [-d]; 현재분사 **boring** [bɔ́ːriŋ]) 타 자 (구멍・터널을) 뚫다; 구멍을 내다

bor·ing [bɔ́ːriŋ 보-링] 형 지루하게 하는, 따분한: That movie was really *boring*. 그 영화는 진짜 따분하다

born [bɔ́ːrn 보-r언] 통 bear²(낳다)의 과거분사형 (■ be born (태어나다)의 형태로만 쓰임): I *was born* in Seoul. 나는 서울에서 태어났다

──형 **타고난**: He is a *born* poet. 그는 타고난 시인이다

borne [bɔ́ːrn 보-r언] 통 bear²(낳다, 운반하다)의 과거분사형

*__***bor·row**__ [bɑ́ːrou 바-로우] 통 (3단현 **borrows** [-z]; 과거・과거분사 **borrowed** [-d]; 현재분사 **borrowing**) 타 **…을 빌리다**(반) lend 빌려 주다): May I *borrow* this book? 이

책을 빌려 주겠니?/ I *borrowed* two dollars *from* him. 그에게 2달러를 빌렸다

> 유의어 빌리다
> **borrow**는 무료로 단기간 빌리는 것, **rent**는 유료로 일정 기간 빌리는 것이다.

borrow   lend   rent

bor·row·er [bɑ́ːrouər 바-로우어r] 명 꾸는 사람, 차용자(반 lender 빌려 주는 사람)

bos·om [búzəm 부Z엄] 명 **1** 《문어》 (특히 여자의) 유방(breast) **2** (의복의) 흉부 **3** 가슴속 생각, 흉금

──형 친한: a *bosom* friend 친구

*__**boss**__ [bɔ́ːs 바-쓰] 명 (복수 **bosses** [-iz])
1 우두머리, 장, 보스: He(She) is my *boss*. 그(그녀)는 나의 상사입니다

> 참고 보스
> boss는 우리가 흔히 말하는 「보스」처럼 나쁜 의미를 포함하지 않으며, 사장 같은 고용주뿐만 아니라 소장, 부장 등 직속 상사도 성별에 관계없이 가리킨다.

2 《미》 (정계의) 영수, 거물

Bos·ton [bɔ́ːstən 바스-턴] 명 보스턴 《미국 매사추세츠(Massachusetts) 주의 주도》

bo·tan·i·cal [bətǽnikəl 버태니커ㄹ] 형 식물(학)의: a *botanical* garden 식물원

bot·a·nist [bɑ́tənist 바터니스트] 명 식물학자

bot·a·ny [bɑ́təni 바터니] 명 식물학

*__***both**__ [bóuθ 보우θ으] 형 **1 양자의**, 양쪽의(반) either 어느 한 쪽의): *Both* (the) brothers are living in

Seoul. 두 형제는 모두 서울에 살고 있다 (❚❚ both 뒤의 정관사 the는 보통 생략된다)/ There are shops on *both* sides of the street. 길 양쪽에는 상점이 있다
2 〔not과 함께 부분 부정을 나타내어〕 **양쪽 다 …(은 아니다)**: I do*n't* want *both* books. 그 책을 둘 다 원하는 것은 아니다《하나만 원한다》

——데 **1 양쪽**, 둘 다: *Both* of us knew it. 우리 둘 다 그것을 알고 있었다/ I love *both* of them. 나는 두 사람을 다 사랑한다/ The brothers are *both* well. 그 형제는 둘 다 건강하다
2 〔not과 함께 부분 부정을 나타내어〕 **양쪽 다 …(은 아니다)**: I don't know *both* of them. 나는 두 사람을 모두 아는 것은 아니다《한 사람만 안다》

——📖 〔**both** A **and** B의 형태로〕 **A도 B도**(양쪽 다)(❚❚ A와 B는 문법상 같은 기능의 어구): *Both* brother *and* sister are dead. 오누이가 다 죽었다 (❚❚ 주어로 쓰인 경우에는 복수 취급)/ She is *both* pretty *and* kind. 그녀는 예쁘기도 하고 친절하기도 하다/ He can*not* speak *both* English *and* French. 그는 영어와 프랑스어 둘 다 하지는 못한다《하나는 한다》

> 쓰임새 both A and B의 부정은 한쪽만을 부정한다. 양쪽을 다 부정한 때에는 not … either A or B 또는 neither A nor B를 쓴다: He can*not* speak *either* English *or* French. (= He can speak *neither* English *nor* French. 그는 영어와 프랑스어 그 어느 것도 하지 못한다.

***both·er** [báðər 바더r] 동 (3단현 **bothers** [-z]; 과거·과거분사 **bothered** [-d]; 현재분사 **bothering** [-ðəriŋ]) 타 **…을 괴롭히다**, 귀찮게 하다: He is always *bothering* me. 그는 항상 나를 괴롭히고 있다

——자 걱정하다, 근심하다: Don't *both-er about* such a thing. 그런 일로 걱정하지 마라

——명 **1** 귀찮음 **2** 성가신 일〔사람〕

*****bot·tle** [bátl 바트을 → 바르을] 명 (복수 **bottles** [-z]) **1 병**: a wine *bottle* 포도주 병
2 한 병의 분량: He drank a whole *bottle* of milk. 그는 우유 한 병을 전부 마셨다

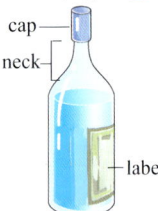
bottle

***bot·tom** [bátəm 바텀 → 바럼] 명 **1 밑바닥**; (바다 등의) 바닥; 산기슭; (페이지의) 아래쪽: the *bottom* of the sea 해저/ I arrived at the *bottom* of the mountain. 나는 그 산기슭에 도착했다
2 (순서의) **꼴찌**(반 top 수석): He is at the *bottom* of the class. 그는 반에서 꼴찌다
3 마음속: I thanked him from the *bottom* of my heart. 나는 진심으로 그에게 감사했다
4 【야구】 (한 회의) 말(末)(반 top¹ (한 회의) 초): the *bottom* of the second inning 2회 말

Bottoms up! 《구어》 건배!

> 참고 우리가 흔히 술을 한 번에 마시라 뜻으로 「원샷」이란 표현을 쓰는데 영어로는 Bottoms up!이다.

bough [báu 바우] 〔❚❚ gh는 묵음〕 명 큰 가지

bought [bɔ́ːt 바-트] 〔❚❚ gh는 묵음〕 동 buy(사다)의 과거·과거분사형

bounce [báuns 바운쓰] 동 (3단현 **bounces** [-iz]; 과거·과거분사 **bounced** [-t]; 현재분사 **bouncing**) 자 (공 등이) 튀다; (사람이) 뛰다: This ball *bounces* well. 이 공은 잘 튄다

***bound¹** [báund 바운드] 형 **1 묶인**; 속박된; (책이) 제본된: a *bound* prisoner 묶

인 죄수

2 (…할) 의무가 있는 《to *do*》: I am *bound to* keep the promise. 나는 그 약속을 지켜야 한다

3 꼭 …하게 되어 있는 《to *do*》: Our team is *bound to* win. 우리 팀은 꼭 이긴다

***bound**² [báund 바운드] 동 (3단현 **bounds** [-dz]; 과거·과거분사 **bounded** [-id]; 현재분사 **bounding**) 자 **1** (공 등이) 되튀다, 튀어 오르다(bounce): *bound from* the wall (공이) 벽에 부딪쳐 되튀다

2 뛰다, 뛰어가다: The rabbit *bounded* away. 토끼가 깡충깡충 뛰어갔다

——명 **1** (공 등의) 튐, 바운드 **2** 도약

bound³ [báund 바운드] 명 (복수 **bounds** [-dz]) 〔보통 복수형으로〕 한계(limit), 경계(선): the *bounds* of a ranch 목장의 경계

——동 (3단현 **bounds** [-dz]; 과거·과거분사 **bounded** [-id]; 현재분사 **bounding**) 타 …의 경계를 이루다: The estate is *bounded* on the south by a river. 그 토지는 남쪽으로는 강이 경계로 되어 있다

bound⁴ [báund 바운드] 형 (배·비행기 등이) …행(行)의: The train is *bound for* Paris. 그 기차는 파리행이다

bound·a·ry [báundəri 바운더뤼] 명 (복수 **boundaries** [-z]) 경계(선)

bound·less [báundlis 바운들리쓰] 형 끝없는

bou·quet [boukéi 보우케이] 명 부케, 꽃다발

【프랑스어에서】

bour·geois [buərʒwá: 부어r쥐와-] 명 유산자, 자본가, 부르주아(반 proletarian 무산자)

***bow**¹ [báu 바우] 동 (3단현 **bows** [-z]; 과거·과거분사 **bowed** [-d]; 현재분사 **bowing**) 자 인사하다: The boy *bowed to* me. 그 소년은 나에게 인사를 했다

——타 (머리·고개를) 숙이다, 굽히다
——명 절, 인사

bow² [bóu 바우] 명 (복수 **bows** [-z]) **1** 활 (「화살」은 arrow); (바이올린 등의) 활: draw a *bow* 활을 당기다

bow
arrow

2 (리본 등의) 나비매듭
3 나비 넥타이 (bow tie라고도 한다)

bow³ [báu 바우] 명 이물, 뱃머리(stem) (반 stern 고물)

bow·el [bául 바우얼] 명 창자, 내장

****bowl**¹ [bóul 보우얼] 명 (복수 **bowls** [-z]) **1** 사발, 공기, 주발 **2** 한 사발의 분량 **3** 《미》 (가운데가 사발처럼 우묵하게 들어간) 야외 원형 경기장

bowl² [bóul 보우얼] 명 (놀이에 쓰는) 나무공

——자 공굴리기를〔볼링을〕 하다

***bowl·ing** [bóuliŋ 보울링] 명 볼링: Let's go *bowling*. 볼링하러 가자

bow tie [bóu tái] 명 나비 넥타이

bow·wow [báuwáu 바우와우] 명 **1** 개 짖는 소리 **2** 《유아어》 멍멍이, 개(dog)

****box**¹ [báks 박쓰] 명 (복수 **boxes** [-iz]) **1** 상자; 한 상자 분량: a wooden *box* 나무 상자 / a *box* of apple 사과 한 상자

2 (극장 등의) 칸막이한 좌석; (법정의) 배심석, 증인석
3 경비 초소; 파출소
4 (야구의) 타자석, 포수석, 코치석

box² [báks 박쓰] 몡 (복수 **boxes** [-iz]) 손바닥(주먹)으로 침: He gave me a *box* on the ear. 그는 나의 귀싸대기를 때렸다
── 동 (3단현 **boxes** [-iz]) 타 자 **1** …을 손바닥(주먹)으로 때리다 **2** …와 권투하다

box·er [báksər 박써r] 몡 **1** 복서, 권투 선수 **2** 복서견(犬) (불독 비슷한 개)

*** box·ing** [báksiŋ 박씽] 몡 **권투**, 복싱

boxing

Boxing Day [báksiŋ dèi] 몡 《영》 복싱 데이

> 참고 복싱 데이
> 영국의 법정 휴일로 크리스마스 다음날(12월 26일). 이 날은 고용인이나 우편 집배원 등에게 Christmas box라고 불리는 상자에 선물을 넣어 준다.

box office [báks àfis] 몡 (극장의) 매표소

*** boy** [bɔ́i 보이] 몡 (복수 **boys** [-z]) **1** (17, 18세까지의) **소년**(반 girl 소녀): He is a bright *boy*. 그는 총명한 소년이다
2 아들(son): He has two *boys* and one girl. 그는 아들 둘에 딸 하나가 있다
3 사환
── 형 소년의: a *boy* student 남학생

boy·cott [bɔ́ikɑt 보이캇] 몡 보이콧, 불매 동맹 【사람들에게 배척을 당한 아일랜드의 한 토지 관리인의 이름에서】

***boy·friend** [bɔ́ifrènd 보이F으뤤드] 몡 **남자 친구**, 보이프렌드(반 girlfriend 여자 친구) (✐ boy friend처럼 떼어 쓰기도 한다)

boy·hood [bɔ́ihud 보이후드] 몡 소년기, 소년 시절: in my *boyhood* 나의 소년 시절에

boy·ish [bɔ́iiʃ 보이이쉬] 형 **1** 소년의; 소년다운 **2** (여자아이가) 사내아이 같은

Boy Scouts [bɔ́i skàuts] 몡 〔**the**를 붙여〕 보이스카우트(반 Girl Scouts 걸 스카우트) (✐ 각 단원은 a boy scout라 한다)

> 참고 보이스카우트
> 1908년에 영국에서 창설된 청소년을 위한 조직. 캠프 등의 실습을 통해 무슨 일에나 적응해 나갈 수 있도록 훈련하는 것을 목표로 삼고 있다.

brace [bréis 브뤠이쓰] 몡 (복수 **braces** [-iz]) **1** 버팀대, 지주(支柱) **2** 꺾쇠, 거멀못 **3** 〔보통 복수형으로〕 중괄호 ({ }) **4** 〔복수형으로〕 《영》 바지 멜빵 (《미》 suspenders)

brace·let [bréislit 브뤠이쓸릿] 몡 (복수 **bracelets** [-ts]) 팔찌

brack·et [brǽkit 브뢔킷] 몡 (복수 **brackets** [-ts]) **1** 【건축】 까치발; (벽 등에 내단 선반의) 받침대 **2** 〔보통 복수형으로〕 각괄호 (〔 〕)

brackets 1

brag [brǽg 브래그] 재 자랑하다
braid [bréid 브레이드] 명 (복수 **braids** [-dz]) **1** 노끈, 꼰 끈 **2** (여성의) 땋은 머리
—— 타 《미》(끈·머리 등을) 꼬다, 땋다

braid 2

*__brain__ [bréin 브레인] 명 (복수 **brains**) 뇌; 〔보통 복수형으로〕 두뇌: He has good *brains*. 그는 머리가 좋다

*__brake__ [bréik 브레이크] 〔break(깨다)와 발음이 같음〕 명 (복수 **brakes** [-s]) 브레이크, 제동기: put on the *brakes* 브레이크를 밟다

*__branch__ [brǽntʃ 브랜취] 명 (복수 **branches** [-iz]) **1** (나무의) 가지: She broke a *branch* from the tree. 그녀는 나뭇가지를 꺾었다

> 비교 **bough**와 **twig**
> **twig**는 「잔가지」, **bough**는 「큰 가지」를 뜻하며, **branch**는 굵기에 관계 없이 「(나무의) 가지」를 뜻한다.

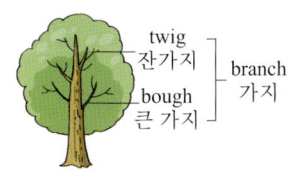

2 (강의) 지류; (철도·도로 등의) 지선: a *branch* of a river 강의 지류
3 지점, 지부: a *branch* office 지점, 지사
4 (학문 등의) 부문: various *branches* of learning 학문의 여러 부문
—— 동 (3단현 **branches** [-iz]) 재 **1** (나무가) 가지를 내다〔뻗다〕 《out》 **2** (강·도로가) 갈라지다

*__brand__ [brǽnd 브랜드] 명 (복수 **brands** [-dz]) **1** 상표, 브랜드; 품질 **2** (소유자를 나타내기 위해 상품·가축 등에 찍는) 소인, 낙인

brand-new [brǽnd-njúː 브랜(드)뉴-] 형 신제품의, 아주 새로운: a *brand-new* camera 신제품 카메라

bran·dy [brǽndi 브랜디] 명 브랜디 《포도주를 증류해서 만든 술》

*__brass__ [brǽs 브래쓰] 명 (복수 **brasses** [-iz]) **1** 놋쇠, 황동(黃銅) **2** 〔보통 복수형으로〕 놋그릇, 놋제품 **3** 〔the를 붙여〕 금관 악기

brass band [brǽs bǽnd] 명 (금관 악기 중심의) 취주 악단

*__brave__ [bréiv 브레이v으] 형 (비교급 **braver**; 최상급 **bravest**) 용감한(반 cowardly 겁많은): a *brave* man 용감한 사람

brave·ly [bréivli 브레이v을리] 부 용감하게

brav·er·y [bréivəri 브레이v어뤼] 명 용기

bra·vo [brάːvou 브라-V오우] 감 잘한다!, 좋아!

Bra·zil [brəzíl 브뤄Z이열] 명 브라질 《남미의 연방 공화국; 수도는 브라질리아 (Brasilia)》

breach [bríːtʃ 브뤼-취] 명 (법률·약속 등의) 위반, 불이행

__bread__ [bréd 브뤠드] 명 **1** 빵: a slice of *bread* 빵 한 조각 / a loaf of *bread* 빵 한 덩어리

2 (일상의) 양식; 생계: daily *bread* 일용할 양식 / earn〔gain〕 one's *bread* 생활비를 벌다

*__breadth__ [brédθ 브레드θ으] 명 폭 (width): This room is ten feet in *breadth*. 이 방은 폭이 10피트다

break

break [bréik 브뤠익] 〔🔊 brake(브레이크)와 발음이 같음〕 통 (3단현 **breaks** [-s]; 과거 **broke** [bróuk]; 과거분사 **broken** [bróukən]; 현재분사 **breaking**) 타 **1** …을 **깨다**, 부수다: *break* a window 유리창을 깨다 / The vase was *broken* to pieces. 꽃병은 산산조각으로 깨졌다

2 (가지 등을) **꺾다**; (뼈를) 부러뜨리다: *break* a twig 잔가지를 꺾다 / He has *broken* his leg. 그는 다리가 부러졌다

3 (기계 등을) **고장내다**: This watch is *broken*. 이 시계는 고장났다

4 (적을) 쳐부수다, 흐트러뜨리다: *break* a strike 파업 파괴 행위를 하다

5 (평화·침묵 등을) 깨뜨리다: *break* the silence 침묵을 깨다

6 (법률·약속 등을) **어기다**: *break* the law 법을 어기다 / He never *breaks* his promise[word]. 그는 약속을 어기지 않는다

7 (큰돈을) 잔돈으로 바꾸다, 헐다: *break* a ten-dollar bill 10달러 지폐를 헐다

8 (기록을) **깨다**, 갱신하다: She has *broken* the world record. 그녀는 세계 기록을 깼다

9 …을 그만두다, 중단하다: He *broke* his journey. 그는 여행을 중단했다

── 자 **1 부서지다**, 깨지다; (끈·밧줄 등이) 끊어지다: Glass *breaks* easily. 유리는 깨지기 쉽다 / The plate *broke* into pieces. 접시가 산산조각이 났다

2 (건강·기력이) 쇠약해지다: Her health was *breaking* fast. 그녀의 건강은 급격히 쇠약해졌다

3 (안개·어둠 등이) 걷히다; (날씨가) 변하다: The day *breaks*. 날이 샌다

break away (1) 이탈하다, 떨어져 나가다: The handle *broke away*. 손잡이가 떨어져 나갔다

(2) 도망하다: He *broke away* from a prison. 그는 탈옥했다

break down (기계 등이) 고장나다, 부서지다: My car *broke down* yesterday. 내 차가 어제 고장이 났다

break in (1) (도둑 등이) 침입하다: Someone *broke in* my house. 누가 우리 집에 침입했다

(2) 말참견하다

break into (1) (건물 등에) **침입하다**: Robbers *broke into* the shop. 강도가 그 가게에 침입했다

(2) 갑자기 …하기 시작하다: She *broke into* tears. 그녀는 와락 울기 시작하다

break off (1) …을 꺾다: He *broke off* a branch. 그는 나뭇가지를 꺾었다

(2) (이야기 등을) 중단하다: He *broke off* in the middle of his speech. 그는 연설을 도중에 그만두었다

break out (전쟁·화재가) **일어나다**, 발생하다: A fire *broke out* last night. 어젯밤 화재가 일어났다

break up (1) …을 으깨다, 부수다; …을 분해하다: *break up* a block of ice 얼음 덩어리를 잘게 부수다

(2) 해산하다, 헤어지다: Why did you *break up* with him? 왜 그와 헤어졌니?

(3) 《영》 (학교 등이) 방학하다

── 명 (복수 **breaks** [-s]) **1 갈라진 틈**; 깨짐, 파괴, 파손: a *break* in the wall 벽의 갈라진 틈

2 단절, 중단: without a *break* 끊임없이, 계속해서

3 (짧은) **휴식**: Let's take a *break*. 잠깐 쉬자

break·down [bréikdàun 브뤠익다운] 명 **1** (기계 등의) 고장 **2** (교섭 등의) 결렬 **3** (건강·신경 등의) 쇠약

break·fast [brékfəst 브랙F어스트] 명 **아침 식사**: I usually have *breakfast* at seven. 나는 보통 7시에 아침 식사를 한다 【「break(깨뜨리다)+fast²(단식)」에서】

breast [brést 브뤠스트] 명 (복수 **breasts** [-ts]) **1** (인체의) **가슴 2** 유방 **3** 마음

breast·stroke [bréststròuk 브뤠스트스츄로욱] 명【수영】평영

breath [bréθ 브뤠θ으] 명 **1 숨, 호흡**: He took a deep *breath*. 그는 심호흡을 했다

2 산들바람
hold[*catch*] *one's breath* (잠깐) 숨을 멈추다, 숨을 죽이다
in one[*a*] *breath* 단숨에, 한꺼번에: He explained the cause of the accident *in a breath*. 그는 그 사고의 원인을 단숨에 설명했다
out of breath 숨이 차서, 헐떡이며: She was *out of breath* after a mile race. 그녀는 1마일 뛰고 나서 숨을 헐떡거렸다

breathe [brí:ð 브뤼-ð으] 동 (3단현 **breathes** [-z]; 과거·과거분사 **breathed** [-d]; 현재분사 **breathing**) 자 **숨쉬다**, 호흡하다: *Breathe* in deeply and *breathe* out. 숨을 깊이 들이 마셨다가 내쉬어라
── 타 호흡시키다

breath·ing [brí:ðiŋ 브뤼-ð잉] 명 숨쉬기, 호흡: take a deep *breathing* 심호흡하다

breath·less [bréθlis 브뤠θ을리쓰] 형 **1** 숨찬, 숨이 가쁜 **2** (기대·흥분 등으로) 숨을 죽인, 숨도 못 쉴 정도의

breath·tak·ing [bréθtèikiŋ 브뤠θ으테이킹] 형 아슬아슬한, 숨막히는

bred [bréd 브뤠드] 동 breed(기르다)의 과거·과거분사형
── 형 〔보통 복합어를 이루어〕 …하게 자란: ill-〔well-〕 *bred* 본데없이〔범절 있게〕자란

breech·es [brítʃiz 브뤼취즈으] 명 〔복수 취급〕 승마용 바지; 《구어》 바지

breed [brí:d 브뤼-드] 동 (3단현 **breeds** [-dz]; 과거·과거분사 **bred** [bréd]; 현재분사 **breeding**) 타 **1** …을 기르다, 가르치다: He was born and *bred* in Seoul. 그는 서울에서 태어나 그곳에서 자랐다 **2** (소·말 등을) 키우다, 사육하다: They *breed* cattle and horses. 그들은 소와 말을 키우고 있다
3 (동물이 새끼를) 낳다
── 명 (복수 **breeds** [-dz]) (동식물의) 품종, 혈통

breeze [brí:z 브뤼-즈으] 명 산들바람, 미풍

brev·i·ty [brévəti 브뤠V어티 → 브뤠V어리] 명 짧음; 간결

brew [brú: 브루-] 타 자 (술 등을) 빚다, 양조하다 (📖「증류하다」는 distill)

bribe [bráib 브라이브] 명 뇌물: accept 〔offer〕 a *bribe* 뇌물을 받다〔주다〕
── 동 (현재분사 **bribing**) 타 …에게 뇌물을 주다, …을 매수하다

brib·er·y [bráibəri 브라이버리] 명 뇌물의 주고받기

brick [brík 브뤽] 명 (복수 **bricks** [-s]) **1** 벽돌: a *brick* house 벽돌집
2 《영》 (장난감 쌓기 놀이의) 나무토막 (📖《미》block)

brid·al [bráidl 브라이드을] 형 **1** 신부의 **2** 혼례의

bride [bráid 브라이드] 명 신부(반 bridegroom 신랑)

bride·groom [bráidgrù:m 브라이드그루-음] 명 신랑(반 bride 신부)

bridge [brídʒ 브리쥐] 명 (복수 **bridges** [-iz]) **1** 다리: They built a *bridge* over the river. 그들은 강에 다리를 놓았다

bridge

2 함교(艦橋), 선교
3 브리지 《카드놀이의 일종》
bri·dle [bráidl 브라이드얼] 명 굴레 《재갈·고삐의 총칭》
brief [bríːf 브뤼-ㅎ] 형 (비교급 **briefer**; 최상급 **briefest**) **1** 짧은, 단시간의: a *brief* life 짧은 생애

2 간결한, 간단한: a *brief* account 간결한 보고

―― 명 (복수 **briefs** [-s]) **1** 요약, 개요 **2** 〔복수형으로〕 브리프 《짧은 팬츠》
in brief 간단히 말해서(in short)
brief·case [bríːfkèis 브뤼-ㅎ케이쓰] 명 (서류 등을 넣고 다니는 휴대용 가방

briefcase

brief·ing [bríːfiŋ 브뤼-ㅎ잉] 명 간단한 보고
brief·ly [bríːfli 브뤼-ㅎ을리] 부 간단히 (말해서)
bri·gade [brigéid 브리게이드] 명 (육군의) 여단; (군대식으로 편성한) 단체, …대: a fire *brigade* 소방대
bright [bráit 브라잇] 형 《gh는 묵음》 (비교급 **brighter** 최상급 **brightest**) **1** 빛나는; 밝은;(날씨가) 화창한: a *bright* star 빛나는 별/ It is a *bright* day. 화창한 날이다

2 (색이) 선명한: a *bright* yellow raincoat 밝은 노란색 비옷

3 영리한, 똑똑한(반 dull 멍청한): a *bright* girl 영리한 소녀

4 (생각 등이) 좋은: I've got a *bright* idea. 나에게 좋은 생각이 떠올랐다

5 (표정 등이) 밝은, 환한: a *bright* face 환한 얼굴

6 (장래 등이) 유망한, 밝은: You have a *bright* future. 너에게는 밝은 미래가 있다

―― 부 밝게, 환하게: The moon shone *bright*. 달이 밝게 빛났다
bright·en [bráitn 브라이튼 → 브라잇'은] 《gh는 묵음》 타 자 …을 반짝이게 하다, 밝게 하다; 밝아지다
bright·ly [bráitli 브라이틀리 → 브라잇'을리] 부 (비교급 **more brightly**; 최상급 **most brightly**) 밝게, 빛나게, 환히: The sun was shining *brightly*. 태양이 밝게 빛나고 있었다
bright·ness [bráitnis 브라이트니쓰] 명 **1** 빛남, 밝음 **2** 선명함 **3** 총명
bril·liance [bríljəns 브릴리언쓰] 명 **1** 광휘, 광택, 밝음 **2** 뛰어난 재능
bril·liant [bríljənt 브릴리언트] 형 **1** 빛나는, 찬란한; (색·음 등이) 밝은, 선명한 《bright보다 뜻이 강함》: a *brilliant* diamond 반짝이는 다이아몬드

2 훌륭한, 멋진: a *brilliant* performance 멋진 공연
3 재능이 있는
bril·liant·ly [bríljəntli 브릴리언틀리 → 브릴리언'을리] 부 **1** 찬란히 **2** 뛰어나게, 훌륭히
brim [brím 브림] 명 **1** (잔·접시 등의) 가장자리 **2** (모자의) 챙
bring [bríŋ 브링] 동 (3단현 **brings** [-z]; 과거·과거분사 **brought** [brɔ́ːt]; 현재분사 **bringing**) 타 **1** (물건을) 가져오다; (사람을) 데려오다: Bring the papers here. 서류를 이리 가져오세요/ Have you *brought* your umbrella with you? 우산을 가지고 왔습니까?/ *Bring* me the book. (= *Bring* the book

to me.) 그 책을 가져다 주시오

비교 **bring, fetch, take**

bring (…을 가져오다)

fetch (…을 가서 가져오다)

take (…을 가져가다)

2 (어떤 상태 등에) 이르게 하다: Good health *brings* happiness. 건강은 행복을 초래한다

bring about …**을 야기하다**, 초래하다, 일으키다: The storm *brought about* a lot of damage. 폭풍우가 큰 피해를 가져왔다

bring back (1) 가져오다, 되돌리다: *Bring back* the book tomorrow. 내일 그 책을 가져와라

(2) 생각나게 하다: This picture *brings back* a lot of memories. 이 사진을 보니 많은 것이 생각난다

bring down (1) (짐 등을) 부리다 (2) (새 등을) 쏘아 떨어뜨리다 (3) (가격을) 내리다

bring forth 생기게 하다, 낳다; (싹을) 내다

bring forward (증거·의견을) 제시하다, 제출하다

bring in (1) …**을 가져오다**: Mother *brought in* a birthday cake. 어머니는 생일 케이크를 가지고 오셨다

(2) (이익을) 생기게 하다

bring on (1) 가져오다, (질병 등이) 나게 하다: His overwork *brought on* an illness. 그는 과로하여 병에 걸렸다

(2) (논쟁 등을) 일으키다

bring out (1) 가지고 나가다: *Bring out* the chairs in the garden. 정원으로 의자를 가지고 나가세요

(2) 상연〔발표〕하다; 출판하다

(3) (사실을) 분명히 하다

bring up (1) (아이를) **키우다**, 가르치다: He was *brought up* in France. 그는 프랑스에서 자랐다

(2) (문제·증거 등을) 내놓다, 제출하다

brink [bríŋk 브링크] 명 **1** (낭떠러지·벼랑의) 가장자리

2 〔**the**를 붙여〕 아슬아슬한 순간: The fish is on *the brink* of death. 그 물고기는 금방 죽을 것 같다

brisk [brísk 브리스크] 형 (비교급 **brisker**; 최상급 **briskest**) **1** (동작 등이) 활발한, 활기찬: walk at a *brisk* pace 활기차게 걷다

2 (공기 등이) 상쾌한: a *brisk* breeze 상쾌한 바람

brisk·ly [brískli 브리스클리] 부 활발하게, 힘차게

Brit·ain [brítn 브리튼 → 브릿'은] 명 영국, 브리튼 (섬) (잉글랜드, 스코틀랜드, 웨일스로 구성)

***Brit·ish** [brítiʃ 브리티쉬 → 브뤼리쉬] 형 **영국의**; 영국인의: *British* English 영국 영어 (「미국 영어」는 American English)

── 명 〔**the**를 붙여; 복수 취급〕 **영국인**, 영국 국민 (전체)

British Museum [brítiʃ mjuːzíːəm] 명 〔the를 붙여서〕 대영 박물관 《런던에 있는 국립 박물관》

British Museum

※**broad** [brɔ́ːd 브로-드] 형 (비교급 **broader**; 최상급 **broadest**) **1** (폭이) **넓은**, 널따란(반 narrow 좁은); 폭이 …인: a *broad* road 넓은 도로／This river is fifty meters *broad*. 이 강의 폭은 50미터다
2 (마음 등이) **넓은**, 관대한: He has a *broad* mind. 그는 마음이 너그럽다
3 대강의, 대체적인: a *broad* outline 대체적인 윤곽
4 명백한: *broad* facts 명백한 사실
in broad daylight 백주에, 대낮에; 공공연히

※**broad·cast** [brɔ́ːdkæ̀st 브라-드캐스트] 동 (3단현 **broadcasts** [-ts]; 과거 · 과거분사 **broadcast, broadcasted** [-id]; 현재분사 **broadcasting**) 타 (라디오 · 텔레비전에서) …을 **방송**〔**방영**〕**하다**: The news was *broadcasted* yesterday evening. 그 뉴스는 어제 저녁에 방송되었다
——명 (라디오 · 텔레비전의) **방송**; 방송 프로그램
【「broad(널리)＋cast(뿌리다)」에서】

broad·cast·ing [brɔ́ːdkæ̀stiŋ 브라-드캐스팅] 명 방송: a *broadcasting* station 방송국

broad·en [brɔ́ːdn 브라-든] 타 자 …을 넓게 하다; 넓어지다

broad·ly [brɔ́ːdli 브라-들리] 부 **1** 널리, 넓게 **2** 명백히 **3** 대체로

broad-mind·ed [brɔ́ːd-máindid 브라-드마인디드] 형 마음이 넓은

Broad·way [brɔ́ːdwèi 브로-드웨이] 명 브로드웨이 《뉴욕의 극장 · 오락가》

broil [brɔ́il 브로일] 타 자 **1** (고기를) 굽다; 구워지다 **2** (태양이) 쨍쨍 내리쬐다

broke [bróuk 브로욱] 동 break(부수다)의 과거형
——형 《구어》돈이 없는, 파산한: I'm *broke*. 나는 돈이 없다

※**brok·en** [bróukən 브로우컨] 동 break (부수다)의 과거분사형
——형 **1 부서진**; (기계 등이) 고장난: The dish was *broken* into pieces. 그 접시는 산산조각이 났다
2 (약속 · 맹세 등이) **깨진**: a *broken* promise 지켜지지 않은 약속
3 불완전한, 문법에 맞지 않는: *broken* English 엉터리 영어

bro·ker [bróukər 브로우커r] 명 거간꾼, 중개인

※**bronze** [brɑ́nz 브란z] 명 **청동**, 브론즈 《구리와 주석의 합금》
——형 청동제의: a *bronze* statue 동상 (銅像)

brooch [bróutʃ 브로우취] 명 (복수 **brooches** [-iz]) 장식 핀, 브로치

brood [brúːd 브루-드] 명 한 배 병아리; (동물의) 한 배 새끼《전체》
——자 **1** 알을 품다 **2** 골똘히 생각하다

brook [brúk 브룩] 명 시내, 개천 (▣ river 보다 작음)

broom [brúːm 브루-음] 명 (복수 **brooms** [-z]) (긴 자루의) 비

brooms

broth [brɔ́ːθ 브라-θ으] 명 묽은 수프, 국

***broth·er** [brʌ́ðər 브라ð어r] 명 (복수 brothers [-z]) (남자) 형제, 형, 동생: He is my *brother*. 그는 나의 형〔동생〕이다/ I have two *brothers*. 나에게는 두 형제가 있다

참고 형제
영·미에서는 우리와 달리 「형, 동생」처럼 나이의 위아래를 잘 구별하지 않는다. 특별히 구별하고자 할 때는 「형」은 an elder 〔《미》 an older〕 *brother*, 「동생」은 a younger〔《미》 a little〕 *brother*라 한다. sister도 마찬가지다.

broth·er·hood [brʌ́ðərhùd 브라ð어r후드] 명 1 형제간 2 형제의 우애〔사랑〕 3 동업자(의 조합)

broth·er-in-law [brʌ́ðər-in-lɔ́ː 브라ð어r인라-] 명 (복수 **brothers-in-law** [brʌ́ðərz-]) 자형, 매부, 처남(반) sister-in-law 형수, 제수)

broth·er·ly [brʌ́ðərli 브라ð어r얼리] 형 형제의, 형제다운

brought [brɔ́ːt 브라-트] 동 bring(가져오다)의 과거·과거분사형

brow [bráu 브라우] 명 (복수 **brows** [-z]) 1〔보통 복수형으로〕 눈썹 (흔히 eyebrows라 한다) 2 이마

***brown** [bráun 브라운] 형 (비교급 browner; 최상급 brownest) 1 갈색의, 밤색의: *brown* bread 흑빵/ She has *brown* eyes. 그녀의 눈은 갈색이다
2 (살갗이) 거무스름한, 볕에 탄
— 명 갈색: The color of my sweater is *brown*. 내 스웨터는 갈색이다

brown·ish [bráuniʃ 브라우니쉬] 형 갈색을 띤

browse [bráuz 브라우z으] 명 1 (소·염소 등의 먹이가 되는) 어린 잎, 새싹 2 (책 등을) 여기저기 읽음 3 (상품 등을) 이것저것 구경하고 다님
— 동 (현재분사 **browsing**) 타 1 (가축이) 어린 잎을 먹다 2 (책을) 여기저기 읽다 3 (상품을) 이것저것 구경하다

bruise [brúːz 브루-z으] 명 1 타박상, 멍 2 (과일 등의) 흠

brunch [brʌ́ntʃ 브뤈취] 명 《구어》 늦은 아침밥, 조반 겸 점심
【*br*eakfast(아침)+l*unch*(점심)】

bru·net(te) [bruːnét 브루-넷] 형 명 브루넷의 (사람) 《거무스름한 피부·머리칼·눈을 가진》
【프랑스어 「brown(갈색의)」에서】

***brush** [brʌ́ʃ 브라쉬] 명 (복수 **brushes** [-iz]) 솔, 붓, 브러시

toothbrush   hairbrush
brush

— 동 (3단현 **brushes** [-iz]; 과거·과거분사 **brushed** [-t]; 현재분사 **brushing**) 타 …을 솔질하다; (이 등을) 닦다: *Brush* your shoes. 네 구두를 솔질해라/ Did you *brush* your teeth? 이를 닦았니?

brush up (1) (솔 등으로) 깨끗이 닦다 (2) 〔비유적으로〕 복습하다, 공부를 다시 하다: I *brushed up* on my English. 나는 영어를 복습했다

Brus·sels [brʌ́səlz 브라써얼z으] 명 브뤼셀 《벨기에의 수도》

bru·tal [brúːtl 브루-트얼 → 브루-르얼] 형 냉혹한, 잔인한

brute [brúːt 브루-트] 명 1 짐승 2 짐승 같은 사람

***bub·ble** [bʌ́bl 바브을] 명 (복수 **bubbles** [-z]) 거품, 기포(氣泡) (📖 「액체 표면의 작은」 거품」은 foam): The children are blowing soap *bubbles*. 아이들은 비눗방울을 불고 있다

bubble   foam

buck [bʌ́k 박] 명 (복수 **bucks** [-s]) 【동물】 수사슴(stag)

***buck·et** [bʌ́kit 바킷] 명 (복수 **buckets** [-ts]) 양동이, 물통; 양동이 한 통(bucketful): We need five *buckets* of water. 우리는 물 다섯 통이 필요하다

buck·et·ful [bʌ́kitfùl 바킷F우을] 명 한 양동이(의 양)

Buck·ing·ham Palace [bʌ́kiŋəm pǽlis 바킹엄 팰리쓰] 명 버킹엄 궁전 《런던에 있는 영국의 왕실》

Buckingham Palace

buck·le [bʌ́kl 바크을] 명 (혁대 등의) 버클, 죔쇠

bud [bʌ́d 바드] 명 (복수 **buds** [-dz]) (식물의) 눈, 꽃봉오리, 싹

Bud·dha [búːdə 부-다 → 부-라] 명 석가모니, 부처

Bud·dhism [búːdizm 부-디Z음 → 부-리Z음] 명 불교

Bud·dhist [búːdist 부-디스트 → 부-리스트] 명 불교도

***budg·et** [bʌ́dʒit 바쥐잇] 명 (복수 **budgets** [-ts]) 예산: a government *budget* 정부 예산

buf·fa·lo [bʌ́fəlòu 바F얼로우] 명 (복수 **buffalo(e)s** [-z], 〔집합적으로〕 **buffalo**) 1 (인도산) 물소 2 (미국산) 들소 (📖 정확하게는 bison이라 한다)

buffalo 1

buf·fet [bəféi 버F에이] 명 1 뷔페 《셀프서비스 방식의 식사》: a party in *buffet* style 뷔페식 파티
2 (열차·역 등의) 간이 식당
【프랑스어에서】

***bug** [bʌ́g 바그] 명 (복수 **bugs** [-z]) 1 곤충(insect): There was a *bug* in his soup. 그의 스프에 벌레가 있었다
2 (전산 프로그래밍 등의) 버그, 결함

bu·gle [bjúːgl 뷰-그을] 명 (군대의) 나팔 (📖 trumpet보다 작음)

***build** [bíld 비을드] 동 (3단현 **builds** [-dz]; 과거·과거분사 **built** [bílt]; 현재분사 **building**) 타 1 (집 등을) 짓다, 세우다, 건설〔건조〕하다: *build* a ship 배를 건조하다/ *build* a dam 댐을 건설하다/ The house is *built* of wood. 그 집은 목조이다

2 (불을) 피우다: *build* a fire 불을 피우다

3 (부·명성 등을) 쌓아올리다
── 명 1 (선체 등의) 구조 2 체격(體格)

build·er [bíldər 비얼더r] 명 1 건축업자 2 건설자

build·ing [bíldiŋ 비얼딩] 명 (복수 **buildings** [-z]) 건물, 빌딩: There are a lot of tall *buildings* in Seoul. 서울에는 많은 고층 빌딩이 있다

built [bílt 비얼트] 동 build(짓다)의 과거·과거분사형

bulb [bÁlb 버얼브] 명 (복수 **bulbs** [-z]) 1 (양파 등의) 구근(球根), 알뿌리 2 공 모양의 물건; 전구; 진공관

bulk [bÁlk 버얼크] 명 1 크기, 부피: a ship of great *bulk* 매우 큰 배
2 〔the bulk of로〕 대부분: the bulk of goods 상품의 대부분

bulk·y [bÁlki 버얼키] 형 (비교급 **bulkier**; 최상급 **bulkiest**) 1 부피가 큰, 거대한 2 커서 다루기 힘든

***bull** [búl 부을] 명 (복수 **bulls** [-z]) 1 (거세하지 않은) 황소 (「거세된 수소」는 ox, 「암소」는 cow) 2 (코끼리 등의) 수컷

bull·dog [búldɔ̀:g 부을다-ㄱ] 명 (복수 **bulldogs** [-z]) 1 불독 2 (불독처럼) 완강한 사람 【옛날 영국에서 황소(bull)와 싸움 붙이기 위해서 길렀던 개(dog)에서】

bulldog 1

bull·doz·er [búldòuzər 부을도우Z어r] 명 불도저

bulldozer

【황소(bull)를 졸게(doze) 하는 것에서; 불도저가 황소를 대신해 일하므로】

***bul·let** [búlit 불릿] 명 (복수 **bullets** [-ts]) (소총·권총의) 총알, 총탄 (「포탄」은 shell)

bul·le·tin [búlətin 불러틴] 명 (복수 **bulletins** [-z]) 1 고시, 게시 2 (학회 등의) 회보, 공보

bulletin board [búlətin bɔ̀:rd] 명 《미》 게시판

bull·fight [búlfàit 부을F아잇] 명 투우

bullfight

bull·pen [búlpèn 부을펜] 명 【야구】 불펜 《구원 투수 연습장》

bull's-eye [búlz-ài 부을zㅇ아이] 명 (과녁의) 중심, 정곡 (소의 눈같이 생겨서)

bump [bÁmp 밤프] 동 (3단현 **bumps** [-s]; 과거·과거분사 **bumped** [-t]; 현재분사 **bumping**) 타 …을 쾅 부딪치다, 충돌하다: He *bumped* his head *against* a post. 그는 기둥에 머리를 쾅 부딪쳤다

— 명 1 충돌; 쿵, 쾅: fall with a *bump* 쿵 하고 떨어지다
2 (부딪쳐서 생긴) 혹
3 (도로 등의) 융기

bump·er [bÁmpər 밤퍼r] 명 (열차·자동차 앞뒤의) 완충기, 범퍼

bun [bÁn 반] 명 (건포도 등이 들어 있는) 둥근 빵

***bunch** [bÁntʃ 반취] 명 (복수 **bunches** [-iz]) 1 (포도 등의) 송이; (꽃·열쇠 등의) 다발, 묶음: a *bunch* of grapes 〔keys〕 포도 한 송이〔열쇠 한 다발〕
2 《구어》 (사람·동물의) 떼

──동 (3단현 bunches [-iz]) 타 …을 다발로 묶다, 모으다

bun·dle [bʌ́ndl 번드을] 명 (복수 **bundles** [-z]) 묶음, 다발, 꾸러미: a *bundle* of clothes 한 보따리의 옷

> 비교 **bunch**와 **bundle**
> **bunch**는 같은 종류의 것을 모아 놓은 묶음. **bundle**은 운반·저장에 편리하도록 한 묶음.

──동 (현재분사 **bundling**) 타 …을 다발(꾸러미)로 하다

bun·ga·low [bʌ́ŋgəlòu 방걸로우] 명 방 갈로 《베란다가 붙은 단층집》

bungalow

bunk·er [bʌ́ŋkər 방커r] 명 1 【군사】 진지, 엄폐호; 은신처 2 【골프】 벙커 《모래로 된 장애 구역》

bun·ny [bʌ́ni 바니] 명 (복수 **bunnies** [-z]) 《유아어》 토끼(rabbit)

bunt [bʌ́nt 번트] 타 자 1 (머리 또는 뿔로) 받다 2 【야구】 번트하다
──명 1 받기, 밀기 2 【야구】 번트

buoy [búːi 부-이] 명 1 【항해】 부이, 부표 (浮標) 2 구명대

*__bur·den__ [bə́ːrdn 버-r든] 명 (복수 **burdens** [-z]) 1 **짐**(load) 2 (의무·책임 등의 정신적인) 짐, 부담
──동 (3단현 **burdens** [-z]; 과거·과거분사 **burdened** [-d]; 현재분사 **burdening**) 타 1 **짐을 지우다**: *burden* an animal *with* a load 동물에게 짐을 지우다
2 …을 괴롭히다: He is *burdened with* debts. 그는 빚으로 괴로워하고 있다

bu·reau [bjúrou 뷰로우] 명 (복수 **bureaus, bureaux** [-z]) 1 《미》 (관청의) 국(局), 부
2 사무국[소]: a travel *bureau* 여행 안내소
3 《미》 (거울 달린) 침실용 장롱
4 《영》 (서랍이 달린) 사무용 책상

bur·glar [bə́ːrɡlər 버-r글러r] 명 (주거 침입) 강도, 밤도둑

bur·i·al [bériəl 베리어얼] 명 매장; 장례식: a *burial* ground 묘지

***burn** [bə́ːrn 버-r언] 동 (3단현 **burns** [-z]; 과거·과거분사 **burnt** [bə́ːrnt], **burned** [bə́ːrnd]; 현재분사 **burning**)
자 1 **타다**, 불타다: The log is *burning*. 통나무가 타고 있다 / Dry wood *burns* easily. 마른 나무는 잘 탄다
2 (등불이) **빛나다**: Lamps were *burning* in every room. 모든 방에 램프가 환하게 빛나고 있었다
3 햇볕에 타다: My skin *burns* easily in the sun. 내 피부는 햇볕에 쉽게 탄다
4 타는 듯이 느끼다; (혀·입이) 얼얼하다; (얼굴이) 화끈거리다: His face *burned with* fever. 그의 얼굴은 열이 올라 화끈거렸다
5 성나다, 흥분하다: He is *burning with* anger. 그는 불같이 화를 내고 있다
6 …하고 싶어하다, 열망하다 《to *do*》: He *burnt to* go abroad. 그는 해외에 가고 싶어했다
──타 1 **…을 태우다**, 불사르다: She *burned* the old papers. 그녀는 오래된 서류를 태웠다 / The house was *burnt* to ashes. 그 집은 타서 재가 되었다
2 불에 데게 하다: She *burned* her hand. 그녀는 손을 데었다

burn down 타 없어지다, 전소하다: That building *burned down*

burn 타 2

last night. 그 건물은 어젯밤에 전소되었다

burn out 다 타다, 타버리다: The candle *burned out*. 초는 다 타버렸다

burn up 확 타오르다: The fire *burned up* from the strong wind. 불은 강한 바람으로 확 타올랐다

──명 (복수 **burns** [-z]) **1** 태워 그슬림 **2** 화상

burn·er [báːrnər 버-*r*너*r*] 명 **1** 태우는 사람, 굽는 사람: a brick *burner* 벽돌 굽는 사람

2 연소기, 버너: a gas *burner* 가스 버너

burn·ing [báːrniŋ 버-*r*닝] 형 **1** 타는, 불타는 (듯한) **2** (감정이) 격심한 **3** 중대한, 긴급의

burnt [báːrnt 버-*r*언트] 동 burn(태우다)의 과거·과거분사형

──형 **1** 불에 덴: A *burnt* child dreads the fire. 《속담》 불에 덴 아이는 불을 무서워한다; 자라 보고 놀란 가슴 솥뚜껑 보고 놀란다

2 탄, 눌은: a *burnt* smell 탄 냄새

✲burst [báːrst 버-*r*스트] 동 (3단현 **bursts** [-ts]; 과거·과거분사 **burst**; 현재분사 **bursting**) 자 **1** (폭탄 등이) 터지다, 폭발하다: The bomb did not *burst*. 폭탄은 터지지 않았다

2 부풀어 터지다: The bag was *bursting* with apples. 그 자루는 사과가 가득 차서 터질 듯했다

3 (꽃봉오리가) 피어나다: The buds are *bursting*. 꽃봉오리가 피어나고 있다

──타 …을 터뜨리다, 파열[폭발]시키다: He *burst* the ballon with a pin. 그는 핀으로 풍선을 터트렸다

burst forth 갑자기 나타나다, 별안간 …하기 시작하다: A tempest *burst forth*. 갑자기 폭풍이 불기 시작했다

burst into (1) (방 등에) 갑자기 뛰어들다: He *burst into* the room and surprised me. 그가 갑자기 방에 뛰어 들어와 나를 놀라게 했다

(2) 갑자기 …하기 시작하다: She *burst into* tears. 그녀는 갑자기 울음을 터뜨렸다

burst open (문 등을) 왈칵 열다; (문이) 홱 열리다

burst out doing 갑자기 …하기 시작하다: The girl *burst out crying*. 그 소녀는 갑자기 울기 시작했다

──명 (복수 **bursts** [-ts]) 파열, 폭발: I heard a *burst* of something. 무언가 파열하는 소리를 들었다

2 갑자기 …하기: a *burst* of applause 별안간 터지는 박수 갈채

✲bur·y [béri 베뤼] 〖 berry(장과)와 발음이 같음〗 동 (3단현 **buries** [-z]; 과거·과거분사 **buried** [-d]; 현재분사 **burying**) 타 **1** …을 묻다, 매장하다: He was *buried* in his hometown. 그는 그의 고향에 묻혔다

2 (얼굴 등을) 가리다, 숨기다: She *buried* her face *in* her hands. 그녀는 두 손으로 얼굴을 가렸다

3 [**be buried in**의 형태로] …에 몰두하다: She *is buried in* reading. 그녀는 독서에 열중하고 있다

✲✲✲bus [bÁs 바쓰] 명 (복수 **buses**, **busses** [bÁsiz]) 버스: a school *bus* 스쿨〔통학〕버스/ get on a *bus* 버스에 타다/ get off a *bus* 버스에서 내리다/ miss the *bus* 버스를 놓치다/ We took a *bus* to the station. 우리는 역까지 버스를 탔다/ Do you go to school by *bus*? 너는 버스로 통학하니? (〖 by 뒤에 관사를 붙이지 않는다)

bus

참고> 영국에서는 근거리를 운행하는 것은 bus, 관광·장거리용은 coach 라 하는데, 미국에서는 이런 구별없이 그냥 bus라 한다.

【omni*bus*(승합 자동차)에서】

***bush** [búʃ 부쉬] 명 (복수 **bushes** [-iz]) **1** 관목(shrub) (키가 작고 밑동에서 가지를 많이 치는 나무) **2** 덤불, 수풀

bush·man [búʃmən 부쉬먼] 명 (복수 **bushmen** [-mən]) **1** 삼림 지대의 주민 **2** 〔Bushman으로〕 부시먼 (남아프리카 원주민)

bush·y [búʃi 부쉬] 형 (비교급 **bushier**; 최상급 **bushiest**) **1** 관목이 우거진 **2** 숱이 많은, 텁수룩한

bus·i·ly [bízəli 비Z얼리] 부 바쁘게, 부지런히

***busi·ness** [bíznis 비Z니쓰] 명 **1** 일, 직업: What is your *business*? (= What *business* are you in?) 당신의 직업은 무엇입니까?

2 장사, 거래, 사업, 상업: do *business* 장사를 하다/ Business is *business*. 《속담》 장사는 장사다 (따질 것은 따져야 한다)

3 볼일, 용무, 용건: What is your *business* here? 무슨 일로 오셨습니까?/ Mind your own *business*. (= It's none of your *business*.) 그것은 네가 상관할 일이 아니다, 남의 일에 상관 마라

***on business** 사업차, 볼일로: He went to New York *on business*. 그는 사업차 뉴욕에 갔다

【busy(바쁜)+-ness(상태)에서】

busi·ness card [bíznis kɑ̀ːrd] 명 업무용 명함

business class [bíznis klǽs] 명 (비행기의) 비즈니스 클래스 (first class보다 아래, economy class보다 위의 좌석)

business English [bíznis ìŋgliʃ] 명 상업 영어

busi·ness·like [bíznislàik 비Z으니쓰라잌] 형 사무적인; 능률적인

busi·ness·man [bíznismæ̀n 비Z으니쓰맨] 명 (복수 **businessmen** [-mèn]) 실업가, 사업가; 상인

참고> 비즈니스맨
businessman은 회사의 경영자·중역뿐만이 아니라 여러 가지 장사를 하는 사람에게도 쓰인다. 우리가 흔히 말하는 「비즈니스맨」은 사무원을 가리키나 영어에서 「사무원」은 office worker라 한다.

bus stop [bʌ́s stɑ̀p] 명 버스 정류장

bust¹ [bʌ́st 바스트] 명 **1** 흉상(胸像), 반신상 **2** 상반신, (특히 여성의) 흉부, 버스트 **3** 가슴둘레(의 치수)

bust² [bʌ́st 바스트] 자 타 《구어》 파열하다; 파열(폭발)시키다

【burst(폭발하다) 의 변형】

bust¹ 1

bus·ter [bʌ́stər 바스터r] 명 《미구어》 파괴하는 사람(물건)

bus·tle [bʌ́sl 바쓸] [t는 묵음] 동 (현재분사 **bustling**) 자 **1** 부산하게 움직이다 **2** 붐비다, 북적거리다 (with)
—— 명 야단법석, 소란

***bus·y** [bízi 비Z이] 형 (비교급 **busier**; 최상급 **busiest**) **1** (사람이) 바쁜(반 free 한가한): a *busy* man 바쁜 사람/ He is *busy at*〔*with*〕 work. 그는 일하느라 바쁘다/ He is *busy* preparing *for* the exam. 그는 수험 준비에 바쁘다

busy　　　　free

2 (장소가) 번화한: a *busy* street 번화가
3 《미》 (전화가) 통화 중인: Line's *busy*. 통화 중입니다 (🔊《영》 Number's engaged.)

*but [bʌ́t 밧] 접 **1 그러나**, 하지만: I was hungry, *but* I didn't eat. 나는 배가 고팠지만 먹지 않았다
2 〔부정문에 이어〕 …않고는 (안 하다), …하기만 하면 반드시 (하다): It *never* rains *but* it pours. 《속담》 비가 오기만 하면 반드시 억수로 퍼붓는다; 엎친 데 덮친다

not A but B A가 아니고 B: It is *not* red *but* black. 그것은 붉은색이 아니고 검은색이다

not only A but also B A뿐만 아니라 B도 (역시) ⇒ only 숙어

——부 **단지, 다만**, 그저 …뿐(only): He is *but* a child. 그는 그저 어린아이에 불과하다/ Life is *but* a dream. 인생은 꿈에 지나지 않는다

——전 …을 제외하고(except): He works every day *but* Sunday. 그는 일요일 이외에는 매일 일한다

all but ... (1) …이외는 모두: *All but* he were present. 그를 제외하고는 모두 참석하였다
(2) 거의(almost): He was *all but* run over by a car. 그는 하마터면 자동차에 치일 뻔했다

anything but ... …이외에는 무엇이든 ⇒ anything 숙어

but for ... …이 없(었)더라면: *But for* your help, I could not finish the work. 당신의 도움이 없다면, 나는 그 일을 마칠 수 없을 것이다

have no choice but to do ... …하지 않을 수 없다: I *had no choice but to* accept the offer. 나는 그 제의를 받아들일 수밖에 없었다

nothing but ... …에 지나지 않다: It is *nothing but* a joke. 그것은 농담에 불과하다

butch·er [bútʃər 부쳐r] 명 (복수 **butchers** [-z]) **1** 푸주한, 정육점 주인 **2** 백정, 도살자

but·ler [bʌ́tlər 밧'을러r] 명 집사

butt [bʌ́t 밧] 〔🔊 but(그러나)와 발음이 같음〕 타 …을 머리〔뿔〕로 받다〔밀다〕

*but·ter [bʌ́tər 바터r → 바러r] 명 **버터**: peanut *butter* 땅콩 버터/ He spread *butter* on his bread. 그는 그의 빵에 버터를 발랐다

*but·ter·fly [bʌ́tərflài 바터rF을라이 → 바러rF을라이] 명 (복수 **butterflies** [-z]) **1 나비 2** 【수영】 접영

butterfly 1

but·tock [bʌ́tək 바턱 → 바럭] 명 (복수 **buttocks** [-s]) 〔보통 복수형으로〕 엉덩이

*but·ton [bʌ́tn 밧'은] 명 (복수 **buttons** [-z]) **1** (옷의) **단추**: Fasten the *buttons*. 단추를 채우세요

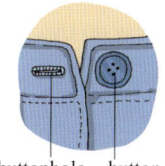 

buttonhole　button　　zipper

2 (초인종 등의) 누름 단추, 버튼: Push (Press) the *button*, please. 버튼을 누르십시오
—타 …의 단추를 채우다

but·ton·hole [bʌ́tnhòul 밧'은호우을] 명 단춧구멍

***buy** [bái 바이] 통 (3단현 buys [-z]; 과거·과거분사 **bought** [bɔ́ːt]; 현재분사 **buying**) 타 …을 사다(반 sell 팔다): I *bought* a CD yesterday. 나는 어제 CD를 샀다/ My father *bought* me a computer. (= My father *bought* a computer *for* me.) 아버지는 나에게 컴퓨터를 사주셨다

buy·er [báiər 바이어r] 명 사는 사람, 소비자(반 seller 파는 사람)

buy·ing [báiiŋ 바이잉] 명 사들임, 구입

buzz [bʌ́z 바즈] 명 **1** (벌·기계 등의) 윙윙거리는 소리: the *buzz* of a bee 벌의 윙윙거리는 소리

2 (사람의) 와글와글 (하는 소리)
—통 (3단현 **buzzes** [-iz]; 과거·과거분사 **buzzed** [-d]; 현재분사 **buzzing**) 자 **1** (벌·기계 등이) 윙윙거리다: A mosquito *buzzed* around my ear. 모기가 내 귓가에서 윙윙거렸다

2 (사람들이) 웅성대다
【의성어】

***by** [bái 바이] 전 **1** 〔장소·위치를 나타내어〕 …의 옆(곁)에, 가까이에: He is standing *by* the door. 그는 문 옆에 서 있다/ Come and sit *by* me. 이리 와서 내 옆에 앉아라

2 〔통과·경로를 나타내어〕 …을 지나서: He went *by* the church. 그는 교회를 지나쳐 갔다/ We walked *by* the river. 우리는 강을 끼고 걸었다/ He went to America *by* (way of) Hawaii. 그는 하와이를 경유하여 미국에 갔다

3 〔수단·방법을 나타내어〕 …에 의하여, …으로: *by* letter 편지로/ pay *by* cash 현금으로 지불하다/ travel *by* plane(train) 비행기(기차)로 여행하다/ We go to school *by* bus(bicycle). 우리는 버스(자전거)로 통학한다

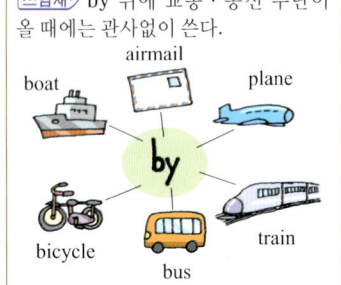

쓰임새 by 뒤에 교통·통신 수단이 올 때에는 관사없이 쓴다.

4 〔원인을 나타내어〕 …때문에, …으로: die *by* poison 독으로 죽다

5 〔정도·비율·차이를 나타내어〕 (얼마) 만큼; (얼마만큼) 씩: *by* degrees 조금씩, 점차/ little *by* little 조금씩/ step *by* step 한 걸음 한 걸음/ He is taller than she *by* five centimeters. 그는 그녀보다 키가 5센티 크다

6 〔기한을 나타내어〕 …까지는: *by* the end of this month 이 달 말까지는/ I'll be there *by* five o'clock. 5시까지는 그곳에 가겠다

비교 시간의 전치사 **by**와 **until**
  by와 until(till) 모두 「…까지」란 뜻이지만, **by**는 그때까지 동작·상태가 완료되는 것을 나타내며, **until**은 어느 때까지 동작·상태가 계속되는 것을 나타낸다: I will come home *by* seven. Will you stay *until*(till) then? 7시까지는 돌아오겠다. 그 때까지 있을 수 있겠니?

7 〔곱셈과 나눗셈을 나타내어〕 …으로: Two multiplied *by* three makes six. 2×3 = 6/ Nine divided *by* three is three. 9÷3 = 3

8 〔때의 경과를 나타내어〕 …동안에 (by 뒤의 명사는 무관사): I work *by* day and study *by* night. 나는 낮에는 일하

고 밤에는 공부한다

9 〔척도·표준을 나타내어〕 **…에 따라**: It's five o'clock *by* my watch. 내 시계로는 5시다 / Don't judge a person *by* his appearance. 사람을 외모로 판단하지 마라

10 〔측정의 단위를 나타내어〕 **…당 얼마로**, **…에 따라** (💡 by 뒤의 명사에는 the가 붙음): sell *by* the yard 1야드당 얼마로 팔다 / We are paid *by* the week. 우리는 주급제다

11 〔동작의 주체를 나타내어〕 **…에 의하여**: a novel (written) *by* Hemingway 헤밍웨이의〔가 쓴〕소설 / Those locomotives are driven *by* electricity. 그 기관차들은 전기로 움직인다

12 〔동작을 받는 신체·의복의 부분을 나타내어〕 **…을** (💡 by 뒤의 명사에는 the가 붙음): He held the boy *by* the collar. 그는 그 소년의 목덜미를〔멱살을〕잡았다 / He led the old man *by* the hand. 그는 그 노인의 손을 잡아 인도하였다

13 〔관계를 나타내어〕 **…은** (💡 by 뒤의 명사는 무관사): I know him *by* name〔sight〕. (교제는 없지만) 그의 이름〔얼굴〕은 알고 있다

──📘 **1** 옆에, 곁에: Nobody was *by* when the fire broke out. 불이 났을 때는 아무도 옆에 없었다

2 지나(서): Many cars passed *by*. 많은 차가 지나갔다

by and by 곧, 머지않아(before long): *By and by* you will understand. 머지않아 당신도 알게 될 것이다

***bye** [bái 바이] 캄《구어》**안녕!**, 잘 있어!

회화
A: See you later.
다음에 보자
B: *Bye*!
안녕!

bye-bye [bái-bái 바이바이] 캄《구어》안녕!(goodbye)
【bye(안녕)의 반복】

by·gone [báigɔ̀ːn 바이가-안] 형 과거의, 지난: *bygone* days 지난 날

by·pass [báipæ̀s 바이패쓰] 명 우회 도로 (혼잡한 도심지를 피해 약간 돌아가도록 만든 자동차 도로)

by-prod·uct [bái-prɑ̀dəkt 바이프롸덕트] 명 부산물

by·stand·er [báistæ̀ndər 바이스탠더r] 명 방관자, 구경꾼

Cc

C, c [síː 씨-] 명 (복수 **C's, c's** [-z]) **1** 시 《영어 알파벳의 셋째 글자》 **2** 로마 숫자의 100 (🔎 라틴어 centum (=100)에서) **3** 〔대문자 **C**로〕《미》(학업 성적의) C

C, C. 《약어》Celsius, Centigrade 섭씨

c. 《약어》cent 센트 / center 센터 / century 세기

*__cab__ [kǽb 캡] 명 (복수 **cabs** [-z]) **1** 《미》 **택시** (🔎 taxicab의 단축형): I took a *cab* to the station. 나는 역까지 택시를 탔다
2 (기관차의) 기관수실; (트럭·버스 등의) 운전석

*__cab·bage__ [kǽbidʒ 캐비쥐] 명 (복수 **cabbages** [-iz]) 【식물】**양배추**

*__cab·in__ [kǽbin 캐빈] 명 (복수 **cabins** [-z]) **1** 오두막집 (hut): a log *cabin* 통나무 집
2 (비행기의) 객실; (배의) 선실

*__cab·i·net__ [kǽbənit 캐버닛] 명 (복수 **cabinets** [-ts]) **1** (식기나 귀중품을 넣는) 장식장; (TV 등의) 캐비닛: a kitchen *cabinet* 찬장
2 〔보통 **Cabinet**으로〕《영》내각

cabin 1

*__ca·ble__ [kéibl 케이블] 명 (복수 **cables** [-z]) **1** (철사 등을 꼬아서 만든) 굵은 밧줄, (전화·전력 등의) 케이블 선

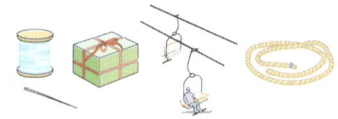

thread   string   cable   rope

2 해저 전선; (전선에 의한) 해외 전보(cablegram): send a *cable* 해외 전보를 치다

── 동 (현재분사 **cabling**) 타 자 (통신을) 해저 전신으로 보내다; …에 해외 전보를 치다

cable car [kéibl kɑ̀ːr] 명 케이블 카

cable car

ca·ble·gram [kéiblgræm 케이블그램] 명 해저 전신; 해외 전보

ca·ca·o [kəkάːou 커카-오우] 명 (복수 **cacaos** [-z]) 【식물】 카카오 《열매는 코코아·초콜릿의 원료》

cac·tus [kǽktəs 캑터쓰] 명 (복수 **cactuses** [-iz], **cacti** [kǽktai]) 【식물】 선인장

cad·die, cad·dy [kǽdi 캐디 → 캐리] 명 (복수 **caddies** [-z]) 캐디 《골프장에서 골퍼의 골프채 등을 날라다 주는 사람》

cactuses

Cae·sar [síːzər 씨-z어r] 명 **1** 시저, 카이자르 **Julius** ~ (100-44 B.C.) 《로마의 장군·정치가; 「왔노라, 보았노라, 이겼노라」의 명문구를 남겼다》 **2** (일반적으로) 황제; 전제 군주

Cae·sar·e·an [sizéəriən 씨Z에어뤼언]
형 1 시저의 2 황제의
Caesarean section [sizéəriən sékʃən] 명 제왕 절개 수술
【시저(Caesar)가 태어날 때 어머니의 배를 절개하였다는 전설에서】

*__ca·fe, ca·fé__ [kæféi 캐F에이] 명 커피점; 레스토랑, 간이 식당; 《미》 바, 카페
【프랑스어 「coffee(커피)」에서】

caf·e·te·ri·a [kæfətíəriə 캐F어티어뤼아] 명 《미》 카페테리아 《셀프 서비스하는 간이 식당》
【스페인어 「coffee shop(커피숍)」에서】

caf·feine [kæfíːn 캐F이-인] 명 카페인
【프랑스어 「coffee(커피)」에서】

*__cage__ [kéidʒ 케이쥐] 명 (복수 cages [-iz]) 새장; (동물 등의) 우리: There is a bird in the *cage*. 새장 안에 새가 한 마리 있다

Cai·ro [káiərou 카이어로우] 명 카이로 《이집트(Egypt)의 수도》

*__cake__ [kéik 케익] 명 (복수 cakes [-s])
1 케이크, 과자: a birthday *cake* 생일 케이크/ She gave me a piece of *cake*. 그녀는 내게 케이크 한 조각을 주었다

> 쓰임새 둥글넓적하고 큰 케이크를 셀 때에는 a cake, two cakes라고 하나, 나이프로 잘라 놓은 것은 a piece of cake, two pieces of cake라고 한다.

2 (비누 등의) 덩어리: a *cake* of soap 비누 한 개
It's a piece of cake. 《구어》 그것은 쉬운 일이다

ca·lam·i·ty [kəlǽməti 컬래머티 → 컬래머리] 명 (복수 **calamities** [-z]) 큰 재난, 재해, 큰 불행

cal·ci·um [kǽlsiəm 캘씨엄] 명 【화학】 칼슘 (기호 Ca)

*__cal·cu·late__ [kǽlkjulèit 캘큘레잇] 동 (3단현 **calculates** [-ts]; 과거·과거분사 **calculated** [-id]; 현재분사 **calculating**) 타 1 …을 계산하다, 추산하다: He *calculated* the cost of heating. 그는 난방비를 계산했다
2 《미》 …라고 생각하다(think)
── 자 기대하다 (on): He *calculates* on my help. 그는 나의 도움을 기대하고 있다

cal·cu·la·tion [kælkjuléiʃən 캘큐레이션] 명 계산

cal·cu·la·tor [kǽlkjulèitər 캘큐레이터r → 캘큐레이러r] 명 계산기

*__cal·en·dar__ [kǽlindər 캘린더r] 명 (복수 **calendars** [-z]) 1 달력, 캘린더 《「책력」은 almanac): the solar (lunar) *calendar* 양력 [음력]
2 행사 예정표, 일람표

calf[1] [kæt 캐f으] (🖌 1은 묶음) 명 (복수 **calves** [kævz]) 1 송아지 2 (하마·물소 등의) 새끼

calf[2] [kǽf 캐f으] (🖌 1은 묶음) 명 (복수 **calves** [kǽvz]) 종아리

cal·i·ber, 《영》 **cal·i·bre** [kǽləbər 캘러버r] 명 (총포의) 구경, (원통의) 직경

Cal·i·for·nia [kæ̀ləfɔ́ːrniə 캘리FO-r니아] 명 캘리포니아 《미국 태평양 연안에 있는 주(州); 약어는 CA, Cal., Calif.》

*__call__ [kɔ́ːl 코-얼] 동 (3단현 **calls** [-z]; 과거·과거분사 **called** [-d]; 현재분사 **calling**) 타 1 (큰 소리로) 부르다, (오라고) 외치다: *call* the servant 하인을 부르다/ *Call* a taxi *for* me. (= *Call* me a taxi.) 택시를 불러 주시오
2 …을 불러내다, 소환하다; (회의 등을) 소집하다: *call* a witness 증인을 불러내다/ *call* a meeting 회의를 소집하다

3 …라고 부르다: *Call* me Sam. 나를 샘이라 부르세요 (친한 사이에는 보통 이름을 부른다)
4 (불러서) …을 깨우다(awake): Please *call* me at 7. 7시에 깨워 주세요
5 …에게 전화하다: *Call* me as soon as arrive. 도착하는 즉시 전화해 주세요
6 (출석 등을) 부르다: *call* a roll 출석을 부르다, 점호하다
7 (시합을 비·일물 등으로) 중지시키다: *call* the game 경기를 중지시키다

── 자 **1 큰소리로 부르다**, 소리치다(shout): He *called* to me *for* help. 그는 도와 달라고 내게 소리쳤다 / I *called* to him *to* stop. 나는 그에게 멈추라고 소리쳤다
2 방문하다, 들르다: He was out when I *called*. 내가 방문했을 때 그는 없었다
3 전화하다

회화
A: Who's *calling* please?
누구십니까?
B: This is Mike.
마이크입니다

call at (집을) **방문하다**; (장소에) 들르다: I *called at* her house yesterday. 나는 어제 그녀의 집을 방문했다
call after …의 이름을 따서 이름짓다: He was *called* Billy *after* his uncle. 그는 아저씨 이름을 따서 빌리라고 이름지어졌다
call back (1) 나중에 다시 전화하다: I'll *call* you *back* later. 나중에 제가 전화를 걸겠습니다
(2) …을 불러들이다
call down 《미속어》 꾸짖다; 헐뜯다
call for (1) (남을) 데리러 [부르러] 가다: I'll *call for* you at eight. 8시에 모시러 가겠습니다
(2) …을 요구하다(demand): This job *call for* patience. 이 일은 인내를 필요로 한다
(3) (술 등을) 청하다; 큰소리로 부르다
call in (의사 등을) 부르다
call off (약속 등을) **취소하다**(cancel); (경기 등을) 중지하다: We have to *call off* the meeting. 우리는 회의를 취소해야 한다
call on (사람을) **방문하다**(visit): I *called on* her yesterday. 나는 어제 그녀를 방문했다

call at   call on

call out (1) 큰 소리로 외치다 (2) (군대 등을) 소집하다
call up (1) 《미》 **전화를 걸다**(phone): I'll *call* you *up* later. 나중에 제가 전화를 걸겠습니다
(2) 회상하다(remind)
what is called = *what we call* 소위 ⇒ what 숙어

── 명 (복수 **calls** [-z]) **1 부르는 소리**, 외침(cry, shout): I heard a *call* for help. 나는 도와달라는 외침 소리를 들었다
2 전화(를 걸기), 통화: a long-distance *call* 장거리 전화 / I'll give you a *call* later. 나중에 전화하겠습니다
3 소집, 소환; (종교상의) 사명, 천직
4 (짧은) 방문; (의사의) 왕진: Mary made a short *call* on us. 메리가 잠깐 들렀다

call·er [kɔ́:lər 코-얼러*r*] 명 방문객
call·ing [kɔ́:liŋ 코-얼링] 명 **1** 부름, 외침; 소집 **2** 하느님의 부르심 **3** 천직, 직업

***calm** [ká:m 카-암] 〔l은 묵음〕 형 (비교급 **calmer**; 최상급 **calmest**) **1** (바다·날씨 등이) **고요한**, 잔잔한: a *calm* sea 잔잔한 바다

calmly

2 침착한: a *calm* manner 침착한 태도
— 명 1 **고요함**: the *calm* before the storm 폭풍우 전의 고요
2 침착함
— 타 자 …을 가라앉히다
calm down 진정하다

calm·ly [kάːmli 카-암리] 부 1 고요히 2 침착하게

cal·o·rie, cal·o·ry [kǽləri 캘러뤼] 명 (복수 **calories** [-z]) 칼로리 (열량의 단위; 약어는 cal.): An apple has about 100 *calories*. 사과 1개는 약 100칼로리다

Cam·bo·di·a [kæmbóudiə 캠보우디아 → 캠보우리아] 명 캄보디아 《인도차이나 반도의 나라; 수도는 프놈펜(Phnom Penh)》

Cam·bridge [kéimbridʒ 케임브뤼쥐] 명 케임브리지 《잉글랜드 동남부의 도시로 케임브리지 대학의 소재지》

Cambridge University [kéimbridʒ juːnəvə́ːrsəti] 명 케임브리지 대학 《옥스퍼드 대학(Oxford University)과 함께 영국의 대표적인 대학》

***came** [kéim 케임] 동 come(오다)의 과거

cam·el [kǽməl 캐머얼] 명 (복수 **camels** [-z]) 【동물】낙타

camel

***cam·er·a** [kǽmərə 캐머롸] 명 (복수 **cameras** [-z]) **카메라**: I am looking for a digital *camera*. 나는 디지털 카메라를 찾고 있습니다

cam·er·a·man [kǽmərəmæ̀n 캐머뤄맨] 명 (복수 **cameramen** [-mæ̀n]) 카메라맨, 촬영 기사

cam·ou·flage [kǽməflɑ̀ːʒ 캐머F을라-쥐] 명 1 위장, 변장 2 속임

***camp** [kǽmp 캠프] 명 (복수 **camps** [-s]) 1 **캠프, 야영(지)**: base *camp* (등산 등의) 베이스 캠프
2 【정치】진영(陣營)
— 동 (3단현 **camps** [-s]; 과거·과거분사 **camped** [-t]; 현재분사 **camping**) 자 야영(캠프)하다: We *camped* out for three days. 우리는 3일 동안 야영했다

***cam·paign** [kæmpéin 캠페인] (g는 묵음) 명 (사회적·정치적) **운동**, 캠페인: an election *campaign* 선거 운동

camp·er [kǽmpər 캠퍼r] 명 1 캠핑하는 사람 2 (숙박 시설을 갖춘) 캠프용 자동차 (「캠프 카」는 틀린 영어)

camper 2

camp·fire [kǽmpfàiər 캠프F아이어r] 명 캠프파이어, 야영의 모닥불

camp·ing [kǽmpiŋ 캠핑] 명 캠프 생활, 야영

camp·site [kǽmpsàit 캠프싸잇] 명 캠프장

***cam·pus** [kǽmpəs 캠퍼쓰] 명 (복수 **campuses** [-iz]) 《미》 (대학 등의) **교정**, 캠퍼스

***can**[1] [kən 컨; kǽn 캔] 조 (과거 **could** [kúd]) 1 〔능력·가능성을 나타내어〕 …**할 수 있다**: I *can* drive a car. 나는 차를 운전할 수 있다 / How long *can* you stay here? 여기에 얼마나 머무를 수 있습니까? / She *can* speak French. 그녀는 프랑스어를 할 줄 안다
2 〔허가·가벼운 명령을 나타내어〕 …**해도 좋다**(may) : *Can* I have some more

milk? 우유를 좀 더 마셔도 됩니까?/ You *can* go home now. 이제 집에 가도 좋다
3 〔Can you ...?의 형태로〕 …해 주시겠습니까?: *Can you* tell me the way to the station? 정거장에 가는 길을 가리켜 주시겠습니까?
4 〔의문문에서〕 과연 …일까?: *Can* it be true? 그것은 사실일까?
5 〔부정문에서〕 …일 리가 없다: It *cannot* be true. 그것은 사실일 리가 없다
as … ***as one can*** 될 수 있는 대로 …, 가능한 한 …: Run *as* fast *as you can*. 될 수 있는 대로 빨리 달려라
can but ... 단지 …할 따름이다: We *can but* wait. 그저 기다릴 수밖에 없다

***can**² [kǽn 캔] 명 (복수 **cans** [-z]) **1** (금속제의) 깡통, 용기 **2** 통조림(통) (📖 《영》 tin)

***Can·a·da** [kǽnədə 캐너다] 명 **캐나다** 《북미 대륙 북부의 나라; 수도는 오타와 (Ottawa)》

Ca·na·di·an [kənéidiən 커네이디언 → 커네이리언] 형 캐나다(인)의
—— 명 캐나다인

ca·nal [kənǽl 커내얼] 명 (복수 **canals** [-z]) 운하, 수로: the Suez *Canal* 수에즈 운하

ca·nar·y [kənέəri 커네어뤼] 명 (복수 **canaries** [-z]) 【조류】 카나리아 【대서양에 위치한 카나리아 군도가 원산지인데서】

canaries

***can·cel** [kǽnsl 캔쓰얼] 동 (3단현 **cancels** [-z]; 과거·과거분사 **canceled**, 《영》 **cancelled** [-d]; 현재분사 **canceling**, 《영》 **cancelling**) 타 (계약·주문 등을) 취소하다, 무효로 하다: He *canceled* his order *for* the book. 그는 그 책의 주문을 취소했다

***can·cer** [kǽnsər 캔써*r*] 명 (복수 **cancers** [-z]) **1** 〔의학〕 암: lung *cancer* 폐암 / He died of *cancer* of the stomach. 그는 위암으로 죽었다
2 (사회의) 악, 해악

can·did [kǽndid 캔디드] 형 솔직한 (frank), 숨김없는: a *candid* answer 솔직한 대답

***can·di·date** [kǽndədèit 캔더데잇] 명 (복수 **candidates** [-ts]) (직위·지위 등의) **후보자**, 지원자: a *candidate for* president 대통령 후보자

***can·dle** [kǽndl 캔드얼] 명 (복수 **candles** [-z]) **양초**: light〔blow out〕 a *candle* 양초를 켜다〔끄다〕

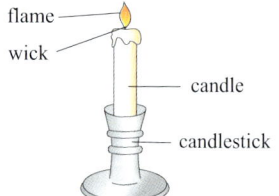

can·dle·light [kǽndllàit 캔드얼라잇] 명 촛불

can·dle·stick [kǽndlstik 캔드얼스틱] 명 촛대

***can·dy** [kǽndi 캔디] 명 (복수 **candies** [-z]) 《미》 **캔디**, 사탕과자 (📖 《영》 sweets): a piece of *candy* 캔디 1개

cane [kéin 케인] 명 (복수 **canes** [-z]) **1** 지팡이, 단장 **2** (체벌용의) 회초리, 매 **3** (대나무·사탕수수 등 속이 비고 마디 있는) 줄기

canned [kǽnd 캔드] 형 《미》 통조림의 (📖 《영》 tinned): *canned* food 통조림 식품

can·ni·bal [kǽnəbəl 캐너버얼] 명 형 식인종(의)

can·non [kǽnən 캐넌] 명 (복수 **cannons** [-z], 〔집합적으로〕 **cannon**) 대포 (📖 지금은 gun이 흔히 쓰임)

cannon

can·not [kǽnɑt 캐낫] can¹(…할 수 있다)의 부정형

쓰임새 《구어》에서는 보통 can't로 쓰는데 《미》에서는 강조하기 위해 can not의 두 단어로 쓰기도 한다.

ca·noe [kənúː 커누-] 〔⚠ 악센트 주의〕 명 (복수 **canoes** [-z]) 카누, 통나무배: paddle a *canoe* 카누를 젓다 (⚠ 「보트를 젓다」는 row a boat)

canoe

can't [kǽnt 캔트] cannot의 단축형

can·ter [kǽntər 캔터r] 명 (말의) 경쾌한 구보 (⚠ trot보다 빠르고 gallop보다 느림)
【중세의 순례자가 캔터베리로 가는 말 타고 갈 때의 걸음에서】

Can·ter·bu·ry [kǽntərbèri 캔터r베뤼] 명 캔터베리 (영국 남동부의 도시로 영국 국교회의 총본산으로 유명한 캔터베리 대성당이 있음)
【고대 영어 「켄트(Kent)의 도시」에서】

can·vas [kǽnvəs 캔V어스] 명 (복수 **canvases** [-iz]) 1 범포(帆布), 즈크 2 캔버스, 화포(畵布) 3 (권투·레슬링 등의) 링의 바닥

can·yon [kǽnjən 캐녀언] 명 《미》 깊은 〔큰〕 협곡 (⚠ 「작은 계곡」은 valley): the Grand *Canyon* 그랜드 캐년

cap [kǽp 캡] 명 (복수 **caps** [-s]) 1 (테 없는) 모자 (⚠ 테 있는 「모자」는 hat): a baseball *cap* 야구 모자/ a nurse *cap* 간호사 모자/ He put on 〔took off〕 his *cap*. 그는 모자를 썼다〔벗었다〕

cap   hat

2 (병·만년필 등의) 뚜껑

ca·pa·bil·i·ty [kèipəbíləti 케이퍼빌러티 → 케이퍼빌러리] 명 (복수 **capabilities** [-z]) 1 능력, 재능, 수완 2 〔복수형으로〕 소질; 장래성

ca·pa·ble [kéipəbl 케이퍼브얼] 형 (비교급 **more capable**; 최상급 **most capable**) 1 유능한(able), 능력 있는(반 incapable 무능한): She is a *capable* teacher. 그녀는 유능한 교사다

2 〔**be capable of**의 형태로〕 …할 수 있다(be able to): He *is capable of* driving. 그는 운전을 할 수 있다/ This room *is capable of* holding fifteen persons. 이 방은 15명을 수용할 수 있다

쓰임새 **be able to**는 일반적으로 사람만을 주어로 하나, **capable**은 물건을 주어로 할 수 있다.

ca·pa·cious [kəpéiʃəs 커페이셔쓰] 형 널찍한

ca·pac·i·ty [kəpǽsəti 커패써티 → 커패써리] 명 (복수 **capacities** [-z]) 1 수용 능력〔량〕; 용적, 용량: This room has a seating *capacity* of 20. 이 방은 20명을 수용할 수 있다

2 능력, 재능; 자격: He has a great *capacity* for learning. 그는 훌륭한 지적 능력을 갖고 있다

cape¹ [kéip 케입] 명 (복수 **capes** [-s]) 1 곶, 갑(岬) 2 [**the Cape**로] 희망봉(the Cape of Good Hope)

cape² [kéip 케입] 명 어깨 망토, 케이프

Cape Town [kéip táun] 명 케이프 타운 《남아프리카 공화국의 수도; 정부·공관 등은 프리토리아(Pretoria)에 있음》

cape²

***cap·i·tal** [kǽpətl 캐퍼트을 → 캐퍼럴] 〔💡 capitol(국회 의사당)과 발음이 같음〕 명 (복수 **capitals** [-z]) 1 수도: Seoul is the *capital* of Korea. 서울은 한국의 수도다

2 대문자: write in *capital* 대문자로 쓰다

3 자본; (이자에 대하여) 원금: *capital* and interest 원금과 이자

4 〔종종 **Capital**로; 집합적으로〕 자본가 (계급): *Capital* and Labor 노사(勞使)
—— 형 1 주요한, 으뜸가는(chief): a *capital* city 〔town〕 수도

2 (문자가) 대문자인

3 자본의: a *capital* fund 자본금

4 《구어》 훌륭한: That's a *capital* idea. 그것은 훌륭한 생각이다

cap·i·tal·ism [kǽpətəlìzm 캐퍼털리Z음 → 캐퍼럴리Z음] 명 자본주의

cap·i·tal·ist [kǽpətəlist 캐퍼털리스트 → 캐퍼럴리스트] 명 1 자본가 2 자본주의자

capital letter [kǽpətl létər] 명 대문자 (반 small letter 소문자)

Cap·i·tol [kǽpətl 캐퍼트을 → 캐퍼럴] 〔💡 capital(수도)과 발음이 같음〕 명 1 [**the**를 붙여] 《미》 국회 의사당 (💡 미국의 「국회」는 Congress) 2 〔보통 **capitol**로〕 주(州) 의회 의사당

the Capitol

cap·sule [kǽpsəl 캡써을] 명 (복수 **capsules** [-z]) 1 (약의) 캡슐 (1회분의 내복약을 담은 작은 용기) 2 (우주 로켓의) 캡슐

***cap·tain** [kǽptin 캡틴] 명 (복수 **captains** [-z]) 1 우두머리, 장(chief): He is the *captain* of our team. 그는 우리 팀의 주장이다

2 선장, 함장; (비행기의) 기장

3 육군〔공군〕 대위; 해군 대령

cap·tion [kǽpʃən 캡션] 명 1 (신문·페이지 등의) 표제, 제목 2 (삽화의) 설명문
3 【영화】 자막

cap·tive [kǽptiv 캡티v으] 형 사로잡힌
—— 명 (복수 **captives** [-z]) 포로

***cap·ture** [kǽptʃər 캡춰r] 동 (3단현 **captures** [-z]; 과거·과거분사 **captured** [-d]; 현재분사 **capturing** [-tʃəriŋ]) 타 1 …을 사로잡다: Have the police *captured* the thief? 경찰은 도둑을 잡았습니까?

2 (주의 등을) 끌다; (상 등을) 획득하다
—— 명 (복수 **captures** [-z]) 포획(물)

****car** [káːr 카-r] 명 (복수 **cars** [-z]) 1 차, 자동차: I will go there by *car*. 나는 차로 거기에 가겠다

car

참고〉 car는 승용차를 가리키는 일반적인 말로 버스·트럭·택시 등은 포함하지 않는다. 특별히 전차 등 다른 차량과 구별하여 분명히 밝혀 말할 때에는 《미》에서는 automobile, 《영》에서는 motorcar라 한다.

2 《미》 (철도의) 차량, 객차 (🖼 《영》 carriage; 2량 이상을 연결한 것은 train): a sleeping *car* 침대차/ a dining *car* 식당차

《미》 car, 《영》 carriage

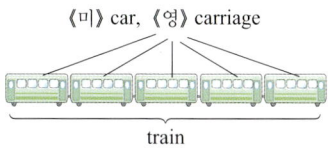

train

3 시내 전차 (🖼 《미》 streetcar, 《영》 tramcar)

car·a·mel [kǽrəməl 캐뤄머엘] 명 캐러멜

car·at [kǽrət 캐륏] 명 캐럿 (🖼 보석의 무게 단위; 200mg)

car·a·van [kǽrəvæ̀n 캐뤄V앤] 명 (복수 **caravans** [-z]) **1** (사막의) 대상(隊商) **2** 대형 포장 마차 **3** 《영》 (자동차로 끄는) 이동 주택 (🖼 《미》 trailer)

caravan 1

car·bon [kɑ́ːrbən 카-r번] 명 【화학】 탄소 (🖼 기호 C)

card [kɑ́ːrd 카-r드] 명 (복수 **cards** [-dz]) **1** 카드, 엽서, 안내장: a Christmas *card* 크리스마스 카드/ a post *card* 우편 엽서/ an invitation *card* 초대장

2 명함: a calling *card* 《미》 (방문용) 명함 (🖼 《영》 a visiting card)

3 (트럼프의) 카드; (복수형으로) 카드놀이

card·board [kɑ́ːrdbɔ̀ːrd 카-r드보-r드] 명 판지(板紙), 마분지

car·di·gan [kɑ́ːrdigən 카-r디건] 명 카디건 《앞을 단추로 채우는 스웨터》 【영국의 카디건 (Cardigan) 백작이 디자인하고 애용했던 데서】

cardigan

car·di·nal [kɑ́ːrdənl 카-r더느을] 형 **1** 기본적인, 주요한(main): *cardinal* numbers 기수(基數) 《one, two, three 등》

2 진홍색의, 새빨간

── 명 **1** 기수(반 ordinal 서수) **2** 진홍색 **3** 추기경 《로마 교황의 최고 고문; 진홍빛 의관(衣冠)을 착용한 데서》

*care [kɛ́ər 케어r] 명 (복수 **cares** [-z]) **1** 걱정, 근심: *Care* killed the cat. 《속담》 걱정은 몸에 해롭다

2 (종종 복수형으로) 걱정거리: She has a lot of *cares*. 그녀는 걱정거리가 많다

3 주의, 조심: Do it with great *care*. 아주 조심해서 해라

4 돌봄, 보살핌, 보호: The child is in my *care*. 그 아이는 내가 돌보고 있다

care of …방 (🖼 주로 편지의 겉봉에 씀; 약어는 c/o): Mr. Brown *c/o* Mr. John Smith 존 스미스 씨방, 브라운 씨

take care **조심하다**, 주의하다: *Take care* not to break vase. 꽃병을 깨뜨리지 않도록 조심해라/ *Take care*! 몸조심해

take care of (1) …을 돌보다(look after): She *took care of* the baby. 그녀가 그 아기를 돌보았다
(2) …에 조심하다: *Take care of* yourself. 몸조심하시오

── 동 (3단현 **cares** [-z]; 과거·과거분사 **cared** [-d]; 현재분사 **caring** [kɛ́əriŋ]) 자 **1** 〔보통 부정문·의문문에서〕 …을 걱정하다, …에 마음쓰다: He doesn't *care about* dress. 그는 옷차림에 신경을 쓰지 않는다/ I don't *care if* you go or not. 네가 가든 말든 상관않겠다/ Who *cares*? 알게 뭐야?
2 〔보통 부정문·의문문에서〕 …하고 싶어하다 《to *do*》: I don't *care to* play cards. 나는 카드놀이를 하고 싶지 않다/ Do you *care to* see him? 그를 만나고 싶은가?

care for (1) 〔부정문·의문문에서〕 …을 좋아하다(like), 바라다: I don't *care for* cheese. 나는 치즈를 좋아하지 않는다/ Would you *care for* some coffee? 커피 드시겠어요?
(2) …을 돌보다(take care of): I *care for* my little brother everyday. 나는 어린 동생을 매일 돌본다

***ca·reer** [kəríər 커뤼어r] 명 (복수 **careers** [-z]) **1** 〔전문적인〕 **직업**
2 **경력**, 생애: He has a brilliant *career* as a teacher. 그는 교사로서 훌륭한 경력을 가지고 있다

── 형 **직업적인**, 전문적인: a *career* woman 직업 여성

***care·ful** [kɛ́ərfəl 케어F어열] 형 (비교급 **more careful**; 최상급 **most careful**) **조심성 있는**, 주의 깊은(반 careless 부주의한): Be *careful* not to catch cold. 감기에 걸리지 않도록 조심해라

care·ful·ly [kɛ́ərfəli 케어F얼리] 부 주의하여, 꼼꼼히: Listen to me *carefully*. 내 말을 명심해서 들어라

***care·less** [kɛ́ərlis 케어r얼쓰] 형 **부주의한**, 경솔한: a *careless* mistake 경솔한 실수

care·less·ly [kɛ́ərlisli 케어r얼쓸리] 부 부주의하게, 경솔하게
care·less·ness [kɛ́ərlisnis 케어r얼쓰니쓰] 명 부주의, 경솔
care·tak·er [kɛ́ərtèikər 케어r테이커r] 명 (건물의) 관리인, 수위
car·go [káːrgou 카-r고우] 명 (복수 **cargos, cargoes** [-z]) (배·비행기의) 화물: a *cargo* boat 화물선
car·i·ca·ture [kǽrikətʃər 캐뤼커춰r] 명 풍자 만화, 풍자하는 글〔그림〕
car·nal [káːrnl 카-r느얼] 형 **1** 육체의 **2** 육욕의
car·na·tion [kɑːrnéiʃən 카-r네이션] 명 【식물】 카네이션
【꽃의 색깔이 cardinal(진홍색)이어서】
car·ni·val [káːrnəvəl 카-r너V어얼] 명 **1** 사육제(謝肉祭) **2** 흥청망청 놀기 **3** 축제, 제전(祭典)

> 〔참고〕 사육제(謝肉祭)
> 사육제는 2월 중하순경 유럽과 남미 등지에서 사순절(Lent) 직전에 열리는 축제로, 사순절 기간에는 황야에서 수행한 그리스도를 기려 금욕과 절제를 하므로 그 전에 고기를 많이 먹고 즐기자는 취지라고 한다.

【라틴어 「육식을 끊기」에서】
car·ol [kǽrəl 캐뤄얼] 명 (종교적) 축가, 송가, 캐럴: a Christmas *carol* 크리스마스 캐럴
carp [káːrp 카-r프] 명 (복수 **carps** [-s]) 【어류】 잉어

carp

***car·pen·ter** [káːrpəntər 카-r펀터r] 명 (복수 **carpenters** [-z]) **목수**

***car·pet** [káːrpit 카-r핏] 명 (복수 **carpets** [-ts]) (방 전체에 까는) **양탄자**, 카펫, 융단 (🖉 마룻바닥의 일부에 까는 것은 rug)

***car·riage** [kǽridʒ 캐뤼쥐] 명 (복수 **carriages** [-iz]) **1 탈것**, 차; 4륜 마차; 《미》 유모차 (🖉 baby carriage라고도 한다) **2** 《영》 (철도의) 객차 (🖉 《미》 car) **3** 운반, 수송; 운임

carriage 1

car·ri·er [kǽriər 캐뤼어r] 명 **1** 운반인; 운송업자 **2** (병균 등의) 매개자〔물〕 **3** 《구어》 항공 모함

***car·rot** [kǽrət 캐뤗] 명 (복수 **carrots** [-ts]) 【식물】 **당근**

carrot and stick 당근과 채찍, 회유와 협박 (🖉 말이 좋아하는 당근과 싫어하는 채찍을 사용하여 말을 빨리 달리게 하는 데서)

carrot and stick

****car·ry** [kǽri 캐뤼] 동 (3단현 **carries** [-z]; 과거·과거분사 **carried** [-d]; 현재분사 **carrying**) 타 **1 …을 나르다**, 운반〔운송〕하다: *carry* goods *to* a storehouse 화물을 창고로 나르다/ The bus *carried* us *to* the hotel. 버스가 우리를 호텔까지 실어다 주었다

2 휴대하다, 지니다: She always *carries* a camera. 그녀는 항상 카메라를 갖고 다닌다

3 (소식·소리 등을) 전하다; (병을) 옮기다: He *carried* the message *to* me. 그는 나에게 그 메시지를 전했다

4 (무게를) 지탱하다, 감당하다: Those columns *carry* the roof. 그 원주(圓柱)들이 지붕을 떠받치고 있다

5 (의안 등을) 통과시키다

6 《미》 (신문 등에) 싣다, 보도하다: Newspapers *carry* weather reports. 신문은 일기 예보를 싣고 있다

7 (물품을) 팔다, 가게에 놓다

—— 자 **1** (물건을) **나르다**, 운반하다

2 (소리·탄환 등이) **이르다**, 도달하다: His voice *carries* well. 그의 목소리는 잘 들린다/ This rifle *carries* nearly a mile. 이 총의 사정 거리는 약 1마일이다

carry away …을 가지고 가다: The bridge was *carried away* by the flood. 다리가 홍수에 떠내려갔다

carry* a person *back (…에게) 지난날의 일이 생각나게 하다

carry on (1) (일 등을) **계속하다**(continue): We *carried on* our discussion. 우리는 토론을 계속했다
(2) (사업 등을) 경영하다

carry out …을 **실행하다**, 수행하다: She *carried out* the plan. 그녀는 그 계획을 실행했다

carry through 끝까지 해내다, 수행하다

***cart** [káːrt 카-r트] 명 (복수 **carts** [-ts]) **짐수레**; (말 한 필이 끄는) 2륜 마차; 《미》

손수레: a shopping *cart* (슈퍼 등의) 쇼핑용 손수레

cart

car·ton [káːrtn 카-r튼] 몡 (두꺼운 종이의) 용기: a *carton* of milk 우유 한 곽

***car·toon** [kɑːrtúːn 카-r투-은] 몡 (정치 등의) **풍자 만화**, 연재 만화

car·toon·ist [kɑːrtúːnist 카-r투-니스트] 몡 (풍자) 만화가

car·tridge [káːrtridʒ 카-r츄뤼쥐] 몡 **1** (잉크 등의) 카트리지 **2** 탄약통

carve [káːrv 카-rv으] 동 (3단현 **carves** [-z]; 과거·과거분사 **carved** [-d]; 현재분사 **carving**) 타 **1** (나무·돌 등에) 새기다, 조각하다: The boy *carved* his name *on* the tree. 그 소년은 나무에 자기 이름을 새겼다

2 (식탁에서 고기를) 잘라서 나누다

carv·ing [káːrviŋ 카-rV잉] 몡 조각(술)

***case**¹ [kéis 케이쓰] 몡 (복수 **cases** [-iz])
1 **경우**, 문제, 사례: in such *cases* 그런 경우에/ in most *case* 대개의 경우에는/ a common *case* 흔히 있는 예/ It is a different *case*. 그것은 별개의 문제다

2 [**the**를 붙여] **사실**, 진상: That's not *the case*. 사실은 그렇지 않다

3 환자(patient), 증상: a *case* of cholera 콜레라 환자

4 (범죄 등의) **사건**: a murder *case* 살인 사건

5 【문법】 격: the object *case* 목적격

case by case 경우에 따라, 하나하나

in any case 하여튼, 어쨌든: *In any case* I must go there. 어쨌든 나는 거기에 가야만 한다

in case ... (1) **만약** …이면: *In case* it rains, the picnic will be put off. 비가 오면 피크닉은 연기될 것이다
(2) 만일에 대비하여: Take your umbrella *in case* it rains. 비가 올 경우에 대비하여 우산을 가져가거라

in case of …의 **경우에는**(in the event of): *In case of* rain, I won't go. 비가 올 경우에는 나는 가지 않겠다

in no case 결코 …아니다

in that [***this***] ***case*** 그런[이런] 경우에는: *In that case* your are right. 그런 경우에는 네가 옳다

in the case of …의 경우에

***case**² [kéis 케이쓰] 몡 (복수 **cases** [-iz]) **갑**, **상자**, 케이스: a pencil *case* 필통/ a jewel *case* 보석함

***cash** [kǽʃ 캐쉬] 몡 **1 현금**, 돈: I paid in *cash*. 나는 현금으로 지불했다
2 현찰, 맞돈
—— 동 (3단현 **cashes** [-iz]; 과거·과거분사 **cashed** [-t]; 현재분사 **cashing**) 타 …을 현금으로 바꾸다: I'd like to *cash* this check. 이 수표를 현금으로 바꾸고 싶어요

cash·ier [kæʃíər 캐쉬어r] 몡 출납원, 회계원

ca·si·no [kəsíːnou 커씨-노우] 몡 카지노 (쇼·댄스 등을 하는 일종의 도박장)

cask [kǽsk 캐스크] 몡 (포도주 등을 담는) 큰 통(barrel)

cas·ket [kǽskit 캐스킷] 몡 (보석 등을 넣는) 작은 상자

***cas·sette** [kəsét 커쎗] 몡 (복수 **cassettes** [-ts]) **1** (테이프 레코드용) **카세트**
2 필름통

***cast** [kǽst 캐스트] 동 (3단현 **casts** [-ts]; 과거·과거분사 **cast**; 현재분사 **casting**) 타 **1** …을 **던지다**(throw): *cast* an anchor 닻을 던지다/ *cast* a vote [ballot] 투표하다/ The die was *cast*. 주사위는 던져졌다 (일은 이미 결정되었다)

castanet 117 **catch**

2 (불필요한 것을) **내던지다**; (옷·허물을) 벗다; (잎·열매를) 떨어뜨리다: Snakes *cast* theirs skins. 뱀은 허물을 벗는다

3 (시선·빛·그림자·의혹 등을) 던지다: The lamp *cast* a dim light. 램프는 희미한 빛을 던지고 있었다

4 배역을 맡기다: He was *cast* as Hamlet. 그는 햄릿 역을 맡았다

5 (금속을) 주조하다

——명 (복수 **casts** [-ts]) 1 **던지기** 2 주형(鑄型), 거푸집 3 (연극·영화의) 배역, 캐스트

cas·ta·net [kæ̀stənét 캐스터넷] 명 (복수 **castanets** [-ts]) 〔보통 복수형으로〕 캐스터네트 《타악기》

cas·tle [kǽsl 캐쓸] 〔📢 t는 묵음〕 명 (복수 **castles** [-z]) 성(城)

castle

cas·u·al [kǽʒuəl 캐쥬어얼] 형 1 **우연의**, 뜻하지 않은: We had a *casual* meeting at the store. 우리는 가게에서 우연히 만났다

2 무심코 한, 문득 생각난: a *casual* remark 무심코 한 말

3 (의복 등이) **평상복의**, 캐주얼의: *casual* wear 평상복

4 임시의, 부정기의: a *casual* laborer (임시의) 자유 노동자

cas·u·al·ly [kǽʒuəli 캐쥬얼리] 부 1 우연히 2 무심코

cas·u·al·ty [kǽʒuəlti 캐쥬얼티] → 캐쥬얼리] 명 (복수 **casualties** [-z]) 1 〔복수형으로〕 (사고·전쟁의) 사상자, 희생자

2 (불의의) 사고, 재난

cat [kǽt 캣] 명 (복수 **cats** [-ts]) 〔동물〕 **고양이** (🐱 「새끼 고양이」는 kitten, 《유아어》는 kitty): He keeps a *cat*. 그는 고양이를 기르고 있다/ A *cat* has nine lives. 《속담》 고양이는 목숨이 아홉 개 있다 《쉽사리 죽지 않는다》

cats

cat·a·log, cat·a·logue [kǽtəlɔ̀ːg 캐털러-ㄱ → 캐럴러-ㄱ] 명 목록, 카탈로그

catch [kǽtʃ 캐취] 동 (3단현 **catches** [-iz]; 과거·과거분사 **caught** [kɔ́ːt]; 현재분사 **catching**) 타 1 …을 **붙잡다**, 붙들다: *catch* a criminal 범인을 잡다/ He *caught* me *by* the hand. (= He *caught* my hand.) 그는 내 손을 잡았다/ The fox was *caught* alive. 여우는 생포되었다

2 (기차 등의) **시간에 대다**(반 miss, lose 놓치다); 따라가 잡다: *catch* the train 기차 시간에 대다

miss   catch

3 (…하고 있는 것을) 목격하다: I *caught* him smoking. 나는 그가 담배 피우는 것을 목격했다

4 (병에) **걸리다**; (불이) 붙다: I *caught* a bad cold. 나는 심한 감기에 걸렸다/ Paper *catches* fire easily. 종이는 불이 잘 붙는다

5 (공 등을) 받다, 잡다(땐 throw 던지다): *catch* a ball 공을 받다

throw / catch

6 (못 등에) 걸다; (문 등에) 끼다: She *caught* her sweater *on* a nail. 그녀는 스웨터를 못에 걸었다/ He *caught* his finger *in* the door. 문짝 사이에 그의 손가락이 끼었다
7 (마음·눈길 등을) 끌다
8 이해하다(understand), 알아듣다: I could not *catch* what he said. 나는 그가 말한 것을 이해할 수 없었다
── 재 …에 걸리다: The kite *caught* in a tree. 연이 나무에 걸렸다

be caught in (폭풍우 등을) 만나다: We *were caught in* a shower. 우리는 소나기를 만났다
catch at (물건을) **붙잡으려고 하다**: A drowning man will *catch at* a straw. 《속담》 물에 빠진 사람은 지푸라기라도 붙잡는다
catch on (1) 이해하다, 알아차리다 (2) 인기를 얻다
catch out (잘못을) 발견하다, (거짓을) 간파하다
catch up with …을 **따라잡다**(keep up with): I'll *catch up with* you soon. 내가 곧 너를 따라잡을 거야

── 명 (복수 **catches** [-iz]) **1 잡기**; 포구(捕球), 캐치볼 (놀이): Let's play *catch*. 캐치볼을 하자
2 잡은 것, 포획물; (물고기) 어획량: We had a good *catch* of fish. 우리는 많은 고기를 잡았다

*__catch·er__ [kǽtʃər 캐처r] 명 【야구】 **포수**, 캐처

catch·phrase [kǽtʃfrèiz 캐취F으뤠이z] 명 캐치프레이즈, 표어
cat·e·go·ry [kǽtəgɔ̀:ri 캐터고-뤼 → 캐러고-뤼] 명 (복수 **categories** [-z]) 종류, 부류; 범주, 카테고리
cat·er·pil·lar [kǽtərpìlər 캐터r필러r → 캐러r필러r] 명 **1** 모충(毛蟲), 쐐기벌레 (나비·나방의 유충) **2** 무한 궤도
ca·thar·sis [kəθάːrsis 커θ아-r씨ㅆ] 명 **1** 정화(淨化), 카타르시스 《비극 등에 의한 정신의 정화》 **2** 【의학】 배변(排便)
ca·the·dral [kəθíːdrəl 커θ이-쥬뤄얼] 명 대성당, 대사원
Cath·o·lic [kǽθəlik 캐θ얼릭] 형 (특히 로마) 가톨릭의, 천주교의
── 명 (로마) 가톨릭교도, 천주교도

*__cat·tle__ [kǽtl 캐트얼 → 캐르얼] 명 〔집합적으로; 복수 취급〕 **소**, 가축: The *cattle* are grazing on the meadow. 소가 목초지에서 풀을 먹고 있다

> 쓰임새 소를 세는 법
> 보통 cattle은 소의 떼를 가리키므로 마릿수를 나타낼 때에는 a head of *cattle* (소 한 마리), two head of *cattle* (소 두 마리)과 같이 head를 써서 나타낸다. 이 경우 head는 단수·복수가 같은 형태이다.

caught [kɔ́ːt 카-트] 〖 gh는 묵음〗 동 catch(붙잡다)의 과거·과거분사형
cau·li·flow·er [kɔ́:liflàuər 코-얼리F라우어r] 명 【식물】 콜리플라워, 꽃양배추
*__cause__ [kɔ́ːz 카-z으] 명 (복수 **causes** [-iz]) **1 원인**(땐 effect 결과): What's the *cause* of the accident? 그 사고의 원인은 무엇입니까?
2 (정당한) 이유(reason), 근거: She has no *cause* for fear. 그녀는 두려워할 이유가 없다
3 주의, …운동, 대의: He gave his life to the *cause* of peace. 그는 일생을 평화 운동에 바쳤다

── 동 (3단현 **causes** [-iz]; 과거·과거분사 **caused** [-d]; 현재분사 **causing**) 타 **1** …**의 원인이 되다**, …을 일으키다: His careless driving *caused* that accident. 그의 부주의한 운전이 그 사고를 일으켰다/ The fire *caused* much damage. 화재로 많은 손해가 생겼다

2 [cause A to do의 형태로] A로 하여금 …하게 하다: The rain *caused* the river *to* overflow. 비 때문에 강이 범람했다

cau·tion [kɔ́:ʃən 카-션] 명 **1** 조심: Cross a railroad with *caution*. 건널목을 조심해서 건너라

2 주의, 경고(warning)

── 동 (3단현 **cautions** [-z]; 과거·과거분사 **cautioned** [-d]; 현재분사 **cautioning**) 타 …에게 경고하다(warn): The policeman *cautioned* us not to drive too fast. 경찰관은 우리에게 과속하지 말라고 경고했다

cau·tious [kɔ́:ʃəs 카-셔쓰] 형 조심성 있는(careful), 신중한

cau·tious·ly [kɔ́:ʃəsli 카-셔쓸리] 부 조심스럽게

*****cave** [kéiv 케이vᵉ] 명 (복수 **caves** [-z]) 굴, 동굴

cav·ern [kǽvərn 캐vᵉ어rᵉ언] 명 (큰) 동굴 【라틴어 cave(굴)에서】

cav·i·ar [kǽviàːr 캐vᵉ이아-rᵉ] 명 캐비아 《철갑상어의 알》

cav·i·ty [kǽvəti 캐vᵉ어티 → 캐vᵉ어리] 명 (복수 **cavities** [-z]) 움푹한 곳, 구멍; 【해부】 강(腔): the oral *cavity* 구강 【라틴어 cave(굴)에서】

caw [kɔ́: 카-] 명 까악까악 《까마귀의 울음소리》

── 자 (까마귀가) 까악까악 울다 【의성어】

CD [síːdíː 씨-디-] 《약어》 compact *d*isk 콤팩트디스크

*****cease** [síːs 씨-쓰] 동 (3단현 **ceases** [-iz]; 과거·과거분사 **ceased** [-t]; 현재분사 **ceasing**) 자 **그치다**(stop), 그만두다: The rain *ceased*. 비가 멎었다

── 타 …을 중지하다, 멈추다: The magazine *ceased* publication. 그 잡지는 폐간되었다

cease·less [síːslis 씨-쓸리쓰] 형 끊임없는

cease·less·ly [síːslisli 씨-쓸리쓸리] 부 끊임없이

ce·dar [síːdər 씨-더r → 씨-러r] 명 【식물】 백향목, 히말라야삼목

*****ceil·ing** [síːliŋ 씨-일링] 명 (복수 **ceilings** [-z]) **1** 천장 (반) floor 바닥): The room has a low *ceiling*. 그 방은 천장이 낮다

2 (가격·임금 등의) 최고 한도, 상한(上限)

cedar

*****cel·e·brate** [séləbrèit 쎌러브뤠잇] 동 (3단현 **celebrates** [-ts]; 과거·과거분사 **celebrated** [-id]; 현재분사 **celebrating**) 타 **1** …을 **축하하다**: We *celebrated* his birthday. 우리는 그의 생일을 축하했다

2 (의식·축전을) 거행하다

cel·e·brat·ed [séləbrèitid 쎌러브뤠이티드 → 쎌러브뤠이리드] 형 유명한, 저명한(famous)

cel·e·bra·tion [sèləbréiʃən 쎌러브뤠이션] 명 축하, 축전

ce·leb·ri·ty [səlébrəti 썰레브뤼티 → 썰레브뤼리] 명 (복수 **celebrities** [-z]) **1** 명성 **2** 명사, 유명인

cel·er·y [séləri 쎌러뤼] 명 【식물】 셀러리

cell [sél 쎄엘] 〖 sell(팔다)과 발음이 같음〗 명 (복수 **cells** [-z]) **1** 【생물】 세포: *cells* of the brain 뇌세포
2 (조직 중의) 세포, 기초 조직
3 【전기】 전지 (cell이 모인 것이 battery): a dry *cells* 건전지
4 (교도소의) 독방

cel·lar [sélər 쎌러r] 명 (복수 **cellars** [-z]) 지하실 (식료품 특히 포도주 저장소)

cel·lo [tʃélou 췔로우] 명 (복수 **cellos** [-z]) 첼로 《현악기》

cel·lo·phane [séləfèin 쎌러F에인] 명 셀로판

cel·lu·lar [séljulər 쎌률러r] 형 세포 (모양, 질)의

cellular phone [séljulər fóun] 명 《미》 휴대폰 (《구어》로는 cell phone 이라고도 한다; 《영》 mobile phone)

cello

cel·lu·loid [séljulɔ̀id 쎌률로이드] 명 셀룰로이드

Cel·si·us [sélsiəs 쎄엘씨어쓰] 형 (온도가) 섭씨의(centigrade) (기호 °C.; 「화씨의」는 fahrenheit): 20 °C. 섭씨 20도 (twenty degrees *Celsius*라 읽음)

> 참고 섭씨
> 섭씨는 스웨덴의 물리학자 셀시우스가 물의 어는점을 0도, 끓는점을 100도로 하여 그 사이를 100 등분한 온도 눈금으로, 섭씨(攝氏)라는 말은 Celsius의 중국식 이름에서 유래한 것이다.

Celt [sélt 쎄얼트], **Kelt** [kélt 케얼트] 명 켈트인(人); [the Celts로] 켈트족(族)

Celt·ic [séltik 쎄얼틱], **Kelt·ic** [kéltik 케얼틱] 형 켈트족의; 켈트어의

ce·ment [simént 씨멘트] 명 시멘트

cem·e·ter·y [sémətèri 쎄머테뤼] 명 (복수 **cemeteries** [-z]) 공동 묘지 (「교회 부속 묘지」는 churchyard)

cemetery

cen·sor [sénsər 쎈써r] 명 (출판물·서신 등의) 검열관
——타 …을 검열하다

cen·sus [sénsəs 쎈써쓰] 명 인구 조사, 국세(國勢) 조사

cent [sént 쎈트] 명 (복수 **cents** [-ts]) **1** 센트 (미국·캐나다의 화폐 단위; 1달러의 1/100; 기호 ¢) **2** 1센트 동화
【라틴어 「100」에서】

cent- 〈접두사〉 = centi-

cen·ter, 《영》 **cen·tre** [séntər 쎈터r]

명 **1** [보통 the를 붙여] 중심, 중앙; 중심부: *the center* of the circle 원의 중심 / Our school is in *the center* of the city. 우리 학교는 시의 중심부에 있다

> 비교 center와 middle
> **center**는 원이나 구의 정확한 중심(부). **middle**은 center와 달리 어떤 물건의 중심뿐만 아니라 그 주변부를 포함해서도 쓴다.

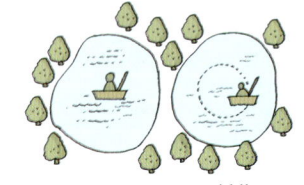
center   middle

cen·ti- 2 (활동 등의) **중심지**, 센터: *center* of commerce 상업의 중심지/ a shopping *center* 쇼핑 센터
3 (야구·축구 등의) 센터
── 동 (3단현 **centers** [-z]; 과거·과거분사 **centered** [-d]; 현재분사 **centering** [-təriŋ]) 타 **1** …을 중심[중앙]에 두다: She *centered* the vase *on* the table. 그녀는 꽃병을 테이블 중앙에 놓았다
2 …에 집중시키다: He *centered* his attention *on* the problem. 그는 그 문제에 주의를 집중시켰다

cen·ti- (접두사) 「100; 1/100」의 뜻 (모음 앞에서는 cent-)
【라틴어 「100」에서】

cen·ti·grade [séntəgrèid 쎈터그레이드] 형 (온도가) 섭씨의 (기호 °C): 30°C 섭씨 30도 (thirty degree *centigrade*라 읽음)

> 참고) 섭씨와 화씨
> 영·미에서는 일상 생활에 화씨를 쓰는 일이 많아서 특별히 °C라 밝히기 전에는 화씨 온도를 나타낸다.
> F = 1.8×C+32의 공식에 의해 섭씨 온도를 화씨로 표시한 예.
> 0 °C = 32 °F   10 °C = 50 °F
> 20 °C = 68 °F   30 °C = 86 °F
> 38 °C = 100 °F 40 °C = 104 °F
> 50 °C = 122 °F 100 °C = 212 °F

cen·ti·gram [séntəgræ̀m 쎈터그램] 명 센티그램 (1/100 gram; 약어는 cg)

cen·ti·me·ter, (영) **cen·ti·me·tre** [séntəmìːtər 쎈터미-터r] 명 센티미터 (1/100 meter; 약어는 cm)

cen·tral [séntrəl 쎈츄뤌] 형 (비교급 **more central**; 최상급 **most central**)
1 중심의, 중앙의: the *central* part of the city 시내 중심부
2 중심적인, 주요한: the *central* figure (극 등의) 중심[주요] 인물

Central America [séntrəl əmérikə] 명 중앙 아메리카

cen·tral·ize [séntrəlàiz 쎈츄뤌라이z] 동 (현재분사 **centralizing**) 타 자 …을 중심에 모으다; 집중하다

cen·tre [séntər 쎈터r] (영) = center

cen·tu·ry [séntʃuri 쎈츄뤼] 명 (복수 **centuries** [-z]) 1세기, 100년: the twenty-first *century* 21세기
【라틴어 「100」에서】

CEO [síːíːóu 씨-이-오우] 《약어》 chief executive officer 최고 경영자

ce·ram·ic [sərǽmik 써뢔믹] 형 도자기의, 요업(窯業)의
── 명 도자기, 요업 제품

ce·re·al [síəriəl 씨어뤼얼] 명 (복수 **cereals** [-z]) **1** (보통 복수형으로) **곡식, 곡류 2** 곡물 식품 (아침 식사용 오트밀, 콘플레이크 등)

> 알면 Plus) 곡류
> barley 보리   corn 옥수수
> rice 쌀   rye 호밀
> wheat 밀   oats 귀리

【로마 신화에서 농업의 여신인 케레스 (Ceres)에서】

cer·e·mo·ni·al [sèrəmóuniəl 쎄뤄모우니어얼] 형 의식(용)의

cer·e·mo·ny [sérəmòuni 쎄뤄모우니] 명 (복수 **ceremonies** [-z]) 의식, 식: an opening *ceremony* 개회식

Ce·res [síəriːz 씨어뤼-z] 【로마신화】 케레스 (농업의 여신)

cer·tain [sə́ːrtn 써-r튼] 형 (비교급 **more certain**; 최상급 **most certain**)
1 분명한(sure), 확실한: a *certain* fact 분명한 사실/ It is *certain* that the earth is round. 지구가 둥글다는 것은 분명한 사실이다

2 (be certain of[that] …의 형태로) (사람이) …을 확신하고 있다: I *am certain of* his success. (= I *am certain (that)* he will succeed.) 나는 그의 성공을 확신한다

3 (be certain to do의 형태로) 틀림없

이 〔반드시〕 …하다: He is *certain* to come. 그는 꼭 올 것이다

4 〔명사 앞에만 쓰여〕 어떤: I met a *certain* person yesterday. 어제 어떤 사람을 만났다

5 약간의, 어느 정도의: to a *certain* extent 어느 정도(까지)

for certain 확실히: I don't know *for certain*. 나는 확실히는 모른다

make certain of …을 확인하다: I *made certain of* her safe arrival. 나는 그녀가 무사히 도착한 것을 확인했다

cer·tain·ly [sə́ːrtnli 써-ㄹ튼리] 튀 **1** 확실히, 반드시(surely): I saw it *certainly*. 나는 틀림없이 그것을 보았다/ He will *certainly* come. 그는 반드시 올 것이다
2 〔대답으로〕 그럼요, 물론이죠

cer·tain·ty [sə́ːrtnti 써-ㄹ튼티] 명 (복수 **certainties** [-z]) **1** (객관적) 확실성, 확신 **2** 확실한 것〔일〕

cer·tif·i·cate [sərtífəkət 써ㄹ티F어킷] 명 (복수 **certificates** [-ts]) 증명서; 면허증: a *certificate* of birth〔death〕 출생 〔사망〕 증명서

cer·ti·fi·ca·tion [sə̀ːrtəfəkéiʃən 써-ㄹ터F어케이션 → 써-ㄹ러F어케이션] 명 증명, 인가

cer·ti·fy [sə́ːrtəfài 써-ㄹ터F아이 → 써-ㄹ러F아이] 동 (3단현 **certifies** [-z]; 과거·과거분사 **certified** [-d]; 현재분사 **certifying**) 타 …을 증명하다, 보증하다: I *certify* that he is a diligent student. 그가 근면한 학생임을 보증합니다

cf. [síːéf 씨-에f으, kəmpɛ́ər 컴페어ㄹ] 《약어》 참조하다
【라틴어 con*f*er (= compare)의 약어】

chain [tʃéin 췌인] 명 (복수 **chains** [-z])
1 사슬, 체인: Please keep the dog on a *chain*. 개를 사슬에 묶어 두시오
2 일련(一連), 연쇄: a *chain* of event 일련의 사건
── 동 (3단현 **chains** [-z]; 과거·과거분사 **chained** [-d]; 현재분사 **chaining**) 타 (동물 등을) 사슬로 매다: The dog was *chained* to the fence. 개는 사슬로 울에 매여 있었다

chain smoker [tʃéin smòukər] 명 줄담배를 피우는 사람, 용고뚜리

chain store [tʃéin stɔ̀ːr] 명 《미》 체인스토어, 연쇄점

chair [tʃɛ́ər 췌어ㄹ] 명 (복수 **chairs** [-z]) 의자: Take a *chair*,

chairs

chairman

please. 앉으십시오/ He is sitting in [on] a *chair*. 그는 의자에 앉아 있다 (📖 in은 팔걸이가 있는 의자에, on은 팔걸이가 없는 경우에 쓰인다)

***chair·man** [tʃέərmən 췌어r먼] 명 (복수 **chairmen** [-mən]) 의장, 사회자, 회장, 위원장 (📖 최근에는 남녀 성차별을 피하기 위해 chairperson을 쓰는 경향이 있다): He was elected *chairman*. 그는 의장으로 선출되었다

chair·per·son [tʃέərpə̀ːrsn 췌어r퍼-r슨] 명 의장, 사회자, 회장

chair·wom·an [tʃέərwùmən 췌어r우먼] 명 (복수 **chairwomen** [-wìmin]) 여자 의장[회장, 위원장, 사회자]

***chalk** [tʃɔ́ːk 차-ㅋ] 명 (복수 **chalks** [-s]) 분필, 초크: a piece of *chalk* 분필 한 자루/ write in *chalk* 분필로 쓰다

> 쓰임새 chalk는 셀 수 없는 명사이므로 한 자루, 두 자루라고 셀 때에는 a piece of chalk, two pieces of chalk 라고 한다. 다만 종류를 말 할 때에는 two colored chalks (색분필 두 자루)와 같이 말한다.

***chal·lenge** [tʃǽlindʒ 챌린쥐] 명 (복수 **challenges** [-iz]) 도전: accept a *challenge* 도전에 응하다

—— 동 (3단현 **challenges** [-iz]; 과거 · 과거분사 **challenged** [-d]; 현재분사 **challenging**) 타 도전하다, (시합 등을) 신청하다: I *challenged* him *to* a game of tennis. 나는 그에게 테니스 시합을 신청했다

chal·leng·er [tʃǽlindʒər 챌린쥐r] 명 도전자

cham·ber [tʃéimbər 췌임버r] 명 (복수 **chambers** [-z]) 1 《문어》 방(room), 침실 2 회의장, 회의소; 회관(hall)

—— 형 실내용으로 만들어진; 실내 음악의: *chamber* music 실내악/ *chamber* orchestra 실내악단

cha·me·le·on [kəmíːliən 커미-일리언] 명 【동물】 카멜레온

chameleon

champ [tʃǽmp 챔프] 명 《구어》 = champion

cham·pagne [ʃæmpéin 섐페인] 명 샴페인 (📖 프랑스의 원산지 이름에서)

***cham·pi·on** [tʃǽmpiən 챔피언] 명 (복수 **champions** [-z]) 1 (경기의) 우승자, 챔피언, 선수권 보유자 2 (주장 · 주의를 위해 싸우는) 투사

cham·pi·on·ship [tʃǽmpiənʃip 챔피언쉽] 명 선수권, 우승: the *championship* flag〔cup〕 우승기〔배〕

***chance** [tʃǽns 챈쓰] 명 (복수 **chances** [-iz]) 1 기회: Give me another *chance*. 다시 한번 기회를 주세요

2 가망: He has no *chance* of winning the game. 그는 그 시합에 이길 가망은 없다

3 운, 운수: It was a mere *chance* that I won. 내가 이긴 것은 단지 운이다

by chance 우연히: I met him *by chance* at the station. 나는 우연히 역에서 그를 만났다

—— 동 (3단현 **chances** [-iz]; 과거 · 과거분사 **chanced** [-t]; 현재분사 **chancing**) 자 우연히 …하다: I *chanced* to see her yesterday. 나는 어제 우연히 그녀를 만났다

chan·de·lier [ʃæ̀ndəlíər 섄덜리어r] 명 샹들리에 《천장에

chandelier

서 내리 드리운 호화로운 장식등》
【라틴어 candle(양초)에서】

change [tʃéindʒ 췌인쥐] 동 (3단현 **changes** [-iz]); 과거·과거분사 **changed** [-d]; 현재분사 **changing**) 타 **1** …을 **바꾸다**, 변화시키다: I *changed* my mind(plans). 나는 생각을(계획을) 바꾸었다
2 환전하다, 잔돈으로 바꾸다: Can you *change* a five dollar bill? 5달러 지폐를 잔돈으로 바꿔 주시겠습니까?

3 바꾸다, 교환하다; (탈것을) 갈아타다; (옷을) 갈아입다 (◪ 목적어는 복수형): He *changed* seats *with* her. 그는 그녀와 자리를 바꾸었다/ *Change* trains *at* Seoul Station. 서울역에서 열차를 갈아타십시오/ *Change* your clothes. 옷을 갈아입으시오
—자 **1 변하다**, 바뀌다, 변화하다: She hasn't *changed* at all. 그녀는 조금도 변하지 않았다
2 갈아타다: *Change* here for Suwon. 수원행은 여기서 갈아타십시오
—명 (복수 **changes** [-iz]) **1 변화**, 변경: a sudden *change* in weather 날씨의 급격한 변화
2 거스름돈, 잔돈: Keep the *change*. 거스름돈은 가지세요/ Do you have any *change*? 잔돈을 가지고 있습니까?

change·a·ble [tʃéindʒəbl 췌인줘블] 형 **1** (날씨 등이) 변하기 쉬운 **2** (성격 등이) 변덕스러운

chan·nel [tʃǽnl 채느을] 명 (복수 **channels** [-z]) **1 해협** (◪ strait보다 큼); 수로(水路), 운하: the (English) *Channel* 영국 해협
2 (텔레비전 등의) **채널**
3 (복수형으로) (정보 등을 전하는) 경로

chant [tʃǽnt 챈트] 명 **노래**(song); 성가
—타 (노래·성가를) 부르다

cha·os [kéiɑs 케이아쓰] 명 혼돈, 무질서, 대혼란 (상태)

chap [tʃǽp 챕] 명 《구어》 놈(fellow), 녀석

chap·el [tʃǽpəl 채퍼얼] 명 **1** (학교·교소 등의) 예배당, 채플 **2** 예배

chap·lain [tʃǽplin 채플린] 명 (학교·병원 등의) 예배당 목사

chap·ter [tʃǽptər 챕터r] 명 (복수 **chapters** [-z]) (책·논문의) 장(章): the second *chapter* 제2장

char·ac·ter [kǽriktər 캐릭터r] 명 (복수 **characters** [-z]) **1 특성, 특징**, 특색: a face without any *character* 아무 특징이 없는 얼굴
2 (개인·국민의) **성격**, 성질; 인격: a national *character* 국민성/ He is a man of *character*. 그는 인격자다
3 (극·소설에서) 등장 인물
4 (유명한) 사람, 인물
5 (주로 알파벳 이외의) 문자: a Chinese *character* 한자

char·ac·ter·is·tic [kæriktərístik 캐릭터뤼스틱] 형 특유의, 독특한: the *characteristic* taste of honey 벌꿀 특유의 맛
—명 특성, 특징

char·coal [tʃɑ́ːrkòul 촤-r코우얼] 명 숯, 목탄

charge [tʃɑ́ːrdʒ 촤-r쥐] 동 (3단현 **charges** [-iz]; 과거·과거분사 **charged** [-d]; 현재분사 **charging**) 타
1 (대금 등을) **청구하다**: He *charged* me ten dollars *for* parking. 그는 내게 주차 요금으로 10달러를 청구했다
2 (상품 등을) 외상으로 사다
3 (의무·책임 등을) 지우다, 과하다
4 …에게 명령하다: He *charged* us to be silent. 그는 우리에게 조용히 하라고 명했다
5 …을 비난(고발)하다: They *charged*

him *with* robbery. 그들은 그를 강도죄로 고발했다

6 …에 (물건을) 채우다; (총포에) 장전하다; (축전지에) 충전하다: I *charged* a gun *with* bullets. 나는 총에 탄환을 넣었다

7 (적을) 습격하다(attack)
──자 **1** 요금을 청구하다: He did not *charge for* the repair. 그는 수리 대금을 청구하지 않았다

2 …에 돌격하다: We *charged at* the enemy. 우리는 적에게 돌격했다
──명 (복수 **charges** [-iz]) **1** 요금, 대금, 비용; 외상: postal *charge* 우편 요금 / How much is the *charge* for parking? 주차료는 얼마입니까?

2 책임, 의무; 보호, 관리: He takes *charge* of the hall. 그는 그 홀을 관리하고 있다

3 비난, 고발, 고소; 죄: He was arrested on a *charge* of stealing. 그는 절도죄로 체포되었다

4 (화약의) 장전; (전지의) 충전
5 〖군대〗 돌격, 돌진
be in charge of …을 담당하다, 책임지다: I'*m in charge of* the sales department. 저는 영업부를 맡고 있습니다

char·i·ot [tʃǽriət 채리엇] 명 (고대 그리스·로마의 전투·경주용의) 2륜 전차

chariot

cha·ris·ma [kərízmə 커리Z으마] 명 카리스마 《사람을 끌어당기는 강렬한 개성〔지도력〕》

***char·i·ty** [tʃǽrəti 채러티 → 채러리] 명 (복수 **charities** [-z]) **1** 사랑, 자비, 박애

2 자선 행위〔단체〕 **3** 〔복수형으로〕 자선 사업

***charm** [tʃɑːrm 차-ㄹ엄] 명 (복수 **charms** [-z]) **1** 매력: She has a lot of *charm*. 그녀는 매우 매력적이다

2 마력(魔力), 마법; 부적
──동 (3단현 **charms** [-z]; 과거·과거분사 **charmed** [-d]; 현재분사 **charming**) 타 …을 매혹하다, 황홀하게 하다: She *was charmed with*〔*by*〕 the beautiful scene. 아름다운 광경에 그녀는 넋을 잃었다

charm·ing [tʃɑ́ːrmiŋ 차-ㄹ밍] 형 매력 있는, 매력적인

***chart** [tʃɑːrt 차-ㄹ트] 명 (복수 **charts** [-s]) 표, 도표: a weather *chart* 기상도

char·ter [tʃɑ́ːrtər 차-ㄹ터ㄹ → 차-ㄹ러ㄹ] 명 (복수 **charters** [-z]) **1** (배·버스 등의) 전세 (계약)

2 〔종종 **Charter**로〕 (목적·강령의) 헌장, 선언서: the Atlantic Charter 대서양 헌장

3 특허장, 면허장
──형 **1** (배·버스 등) 전세 낸 **2** 특허에 의한
──동 (현재분사 **chartering** [-təriŋ]) 타 **1** (배·버스 등을) 전세 내다 **2** 특허를 주다, 면허하다

***chase** [tʃeis 췌이ㅆ] 동 (3단현 **chases** [-iz]; 과거·과거분사 **chased** [-t]; 현재분사 **chasing**) 타 …을 쫓다, 추격하다; 쫓아내다: The dog chased the cat. 개는 고양이를 뒤쫓았다

──명 추적

***chat** [tʃæt 채트] 명 (복수 **chats** [-ts]) 잡담, 수다: I had a long *chat* with him. 나는 그와 오랫동안 잡담했다

chatter

──동 (3단현 chats [-ts]; 과거·과거분사 chatted [-id]; 현재분사 chatting) 자 잡담하다

chat·ter [tʃǽtər 채터r → 채러r] 자 재잘거리다

──명 재잘거림, 수다

cheap [tʃi:p 취-프] 형 (비교급 cheaper; 최상급 cheapest) **1 값이 싼**(반 dear, expensive 비싼): a *cheap* store 값이 싼 가게/ This book is very *cheap*. 이 책은 매우 싸다/ This dress is *cheaper* than that one. 이 드레스는 저것보다 싸다

2 싸구려의, 보잘것없는: a *cheap* novel 싸구려 소설

──부 싸게: I bought this book *cheap*. 나는 이 책을 싸게 샀다

cheap·ly [tʃí:pli 취-플리] 부 싸게

cheat [tʃi:t 취-트] 동 (3단현 cheats [-ts]; 과거·과거분사 cheated [-id]; 현재분사 cheating) 타 **…을 속이다**, 속여 빼앗다: He is going to *cheat* you. 그는 너를 속이려 하고 있다

──자 속임수를 쓰다, 부정 행위를 하다: She *cheated* in the examination. 그녀는 시험에서 부정 행위를 했다

──명 사기, 속임수; (시험의) 부정 행위

check, 《영》 **cheque** [tʃek 췌크] 명 (복수 checks [-s]) **1 점검**, 대조; 대조 표시 (✓), 꺾자

2 (수하물이나 맡긴 물건의) 물표, 보관표

3 《미》 **수표**; 영수증, 계산서(bill): a traveler's *check* 여행자 수표/ *Check*, please. 계산서를 부탁합니다

4 저지, 방해; 방해하는 것〔사람〕

5 바둑판 무늬〔모양〕

──동 (3단현 checks [-s]; 과거·과거분사 checked [-t]; 현재분사 checking) 타 **1 …을 조사〔점검〕하다**, 대조하다: Please *check* these figures. 이 숫자들을 점검해 보시오/ *Check* your answers *with* his. 너의 해답을 그의 것과 대조해 보아라

2 《미》 (물건을) 물표를 받고 맡기다: *Check* your coat *at* the cloakroom. 코트는 의류 보관소에 맡기시오

3 …을 막다, 방해하다; (감정·행위를) 억제하다: *check* the spread of cholera 콜레라의 전염을 막다

──자 **1** 조사하다, 점검하다 **2** …와 일치하다 《with》

check in (1) (호텔에 도착해서) **숙박부에 기입하다**, 체크인하다; 투숙하다: I *checked in* at the hotel near the station. 나는 역 부근의 호텔에 투숙했다

(2) (공항에서) 탑승 수속을 하다

check out (호텔 등에서) **셈을 치르고 나오다**, 체크 아웃하다: He *checked out* of the hotel. 그는 셈을 치르고 호텔을 나왔다

check·ers [tʃékərz 췌커rz으] 명 《미》 체커 《체스판에서 12개의 말로 하는 게임》

cheek [tʃi:k 취-크] 명 (복수 cheeks [-s]) 〔복수형으로〕 **뺨**, 볼

cheer [tʃiər 취어r] 명 (복수 cheers [-z]) **1 격려**, 환호, 갈채, 만세; 《미》 응원(의 구호): give three *cheers* 만세 삼창 하다/ *Cheers*! 《구어》 건배!; 만세!

2 기분, 마음

──동 (3단현 cheers [-z]; 과거·과거분사 cheered [-d]; 현재분사 cheering

[tʃíəriŋ] 타 기운을 북돋우다(encourage), 응원하다: The students *cheered* their baseball team. 학생들은 자기네 야구팀을 응원했다
—자 힘을 내다: *Cheer* up! 힘내라!

cheer·ful [tʃíərfəl 취어rF어얼] 형 쾌활한, 명랑한; 기분 좋은: She is a *cheerful* girl. 그녀는 명랑한 소녀다

cheer·ful·ly [tʃíərfəli 취어rF얼리] 부 쾌활하게

cheer·ful·ness [tʃíərfəlnis 취어rF얼니쓰] 명 쾌활함

cheer·lead·er [tʃíərli:dər 취어r리-더r → 취어r얼리-러r] 명《미》(보통 여성의) 치어리더

cheese [tʃí:z 취-zㅇ] 명 (복수 cheeses [-iz]) 치 즈: Please give me a piece of *cheese*. 치즈 한 조각을 주시오/ Say *cheese*! 자, 웃으세요!(📷 사진을 찍을 때 하는 말)

쓰임새 cheese는 셀 수 없는 명사이므로 셀 때에는 a piece of cheese (치즈 한 조각), two pieces of cheese (치즈 두 조각)이라고 한다.

chee·tah [tʃí:tə 취-타 → 취-라] 명【동물】치타

cheetah

chef [ʃéf 쉐fㅇ] 명 (식당 등의) 주방장【프랑스어 chief(우두머리)에서】

chem·i·cal [kémikəl 케미커얼] 형 화학의: a *chemical* reaction 화학 반응/ *chemical* weapons 화학 무기
—명 (복수 chemicals [-z])〔보통 복수형으로〕화학 물질〔약품〕

chem·ist [kémist 케미스트] 명 (복수 chemists [-ts]) 1 화학자 2《영》약사, 약제사; 약종상;《미》druggist【al*chemist*(연금술사)에서】

chem·is·try [kémistri 케미스츄뤼] 명 화학

cheque [tʃék 췌크] 명《영》= check

cher·ish [tʃériʃ 췌뤼쉬] 동 (3단현 cherishes [-iz]; 과거 · 과거분사 cherished [-t]; 현재분사 cherishing) 타 1 (아이 등을) 소중히 하다, 소중히 기르다 2 (소망 · 신앙 등을) 품다

cher·ry [tʃéri 췌뤼] 명 (복수 cherries [-z]) 1【식물】벚나무; 벚나무 재목 2 버찌 3 버찌색, 진분홍

cherry blossom [tʃéri blɑ́səm] 명【식물】벚꽃

cherries 2

chess [tʃés 췌쓰] 명 체스, 서양 장기: Let's play chess. 체스를 하자

chess

chess·board [tʃésbɔ̀:rd 췌쓰보-r드] 명 체스판

chest [tʃést 췌스트] 명 (복수 chests [-ts]) 1 가슴, 폐: *chest* trouble 폐병

> 유의어 가슴
>
> **chest**는 남녀 구별 없이 「가슴」을, 여성의 경우 **breast**라 하면 「유방」을 가리킨다. 또 **bust**는 가슴둘레(의 치수)를 가리킨다.

2 상자, 궤: a tool *chest* 도구 상자
3 (공공 단체의) 금고; 기금(fund)

chest·nut [tʃésnʌt 췌쓰낫] 〖 n 앞의 t 는 묵음〗 몡 1 【식물】 밤(나무) 2 밤색

*****chew** [tʃúː 츄-] 동 (3단현 **chews** [-z]; 과거·과거분사 **chewed** [-d]; 현재분사 **chewing**) 타 (음식물을) 씹다 (〖「물어 뜯다」는 bite): *Chew* your food well. 음식물을 잘 씹으세요

chew   bite

chewing gum [tʃúːiŋ gùm] 몡 (추잉)껌
Chi·ca·go [ʃikáːgou 쉬카-고우] 몡 시카고 《미국 중부 일리노이(Illinois)주의 대도시》
chick [tʃík 취크] 몡 병아리; 새 새끼 【*chick*en에서】

*****chick·en** [tʃíkin 취킨] 몡 (복수 **chickens** [-z]) 1 병아리 (〖「수탉」은 cock, 《미》 rooster, 「암탉」은 hen): Don't count your *chickens* before they are hatched. 《속담》 떡 줄 사람은 생각도 않는데 김칫국부터 마시지 마라
2 닭고기, 치킨; 닭: Do you like roast *chicken*? 너는 통닭구이를 좋아하니?
3 《구어》 겁쟁이

*****chief** [tʃíːf 취-f으] 몡 (복수 **chiefs** [-s]) (조직·집단의) 장, 우두머리: the *chief* of police 《미》 경찰서장
in chief [〖명사 뒤에 쓰여〗 최고의: an editor *in chief* 편집장
── 형 〖명사 앞에만 쓰여〗 1 최고의, 제1위의: the *chief* engineer〔nurse〕 기관장〔수간호사〕
2 주요한(main): the *chief* industry 주요 산업

chief·ly [tʃíːfli 취-F을리] 부 주로, 대개

*****child** [tʃáild 차열드] 몡 (복수 **children** [tʃíldrən]) 1 어린이, 아이 (반 adult 어른): from a *child* 어릴 때부터 / I was very weak as a *child*. 나는 어릴 때 매우 약했다

child   children

2 (부모에 대하여) 자식

*****child·hood** [tʃáildhùd 차열드후드] 몡 어린 시절, 유년 시대: He had a happy *childhood*. 그는 행복한 어린 시절을 보냈다

child·ish [tʃáildiʃ 차열디쉬] 형 1 어린아이의, 어린이다운 2 〔나쁜 뜻으로〕 (어른이) 어린애 같은, 유치한

child·like [tʃáildlàik 차열들라익] 형 1 어린이다운 2 〔좋은 뜻으로〕 어린애 같은, 순진한

*****chil·dren** [tʃíldrən 취얼드뤈] 몡 child (어린이)의 복수형

Chil·e [tʃíli 췰리] 〖 chilly(차가운)와 발음이 같음〗 몡 칠레 《남미 서남부의 공화국; 수도는 산티아고(Santiago)》

chill [tʃíl 취열] 몡 1 추위, 차가움: There was a *chill* in the mountain air. 산 공기는 차가웠다
2 냉기, 한기, 오한: I have a *chill*. 오한이 난다
── 동 (3단현 **chills** [-z]; 과거·과거분사 **chilled** [-d]; 현재분사 **chilling**) 타

chilly 춥게 하다: I was *chilled* to the bone. 한기가 뼛속까지 스며들었다

chill·y [tʃíli 칠리] 〖 Chile(칠레)와 발음이 같음〗 혱 (비교급 **chillier**; 최상급 **chilliest**) **1** 차가운, 쌀쌀한: *chilly* air 차가운 공기
2 (태도 등이) 냉담한

chime [tʃáim 차임] 몡 (복수 **chimes** [-z]) 〔보통 복수형으로〕 차임 《조율된 한 벌의 종》; 그 종소리

*** chim·ney** [tʃímni 침니] 몡 (복수 **chimneys** [-z]) 굴뚝

chimneys

chim·pan·zee [tʃìmpænzíː 침팬지이-] 몡 【동물】 침팬지

*** chin** [tʃín 친] 몡 (복수 **chins** [-z]) 아래턱

chin   jaw

*** Chi·na** [tʃáinə 차이너] 몡 중국 《정식명은 the People's Republic of China(중화인민 공화국); 수도는 베이징(Beijing)》
【중국 최초의 통일 왕조「진(Chin)」에서】

chi·na [tʃáinə 차이너] 몡 도자기: a piece of *china* 도자기 하나
【「중국(의 자기)」에서】

Chi·nese [tʃàiníːz 차이니-즈] 혱 중국의; 중국인〔어〕의: *Chinese* characters 한자
── 몡 (단수 · 복수 동형) **1** 중국인 **2** 〔무관사로〕 중국어

*** chip** [tʃíp 칩] 몡 (복수 **chips** [-s]) **1 조각**, (나무) 토막 **2** (식기 · 컵 등의) 이 빠진〔깨진〕 자국, 흠; 깨진 조각 **3** 〔보통 복수형으로〕《미》 포테이토 칩스 **4** (노름에서 쓰는 현금 대용의) 점수패, 칩

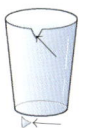  
chip 2   crack   broken

── (3단현 **chips** [-s]; 과거 · 과거분사 **chipped** [-t]; 현재분사 **chipping**) 탸 잘게 썰다, 깍다, 자르다
── 쟈 (도자기 등이) 깨지다

chirp [tʃə́ːrp 춰-ㄹ프] 몡 짹짹 《새 · 곤충 등의 울음소리》
── 쟈 짹짹 울다〔지저귀다〕
【의성어】

chis·el [tʃízl 취즈을] 몡 끌, 조각칼

chiv·al·ry [ʃívəlri 쉬V얼리] 몡 **1** 기사도 (정신) 《충의 · 용기 · 예의를 신조로 하고, 여성을 존중하며 약자를 도움》 **2** (중세의) 기사 제도

*** choc·o·late** [tʃɔ́ːkəlit 차컬릿] 몡 (복수 **chocolates** [-ts]) 초콜릿 《음료 · 색》: two bars of *chocolate* 초코바 두개

*** choice** [tʃɔ́is 쵸이쓰] 몡 (복수 **choices** [-iz]) **1** 선택, 고르기: Make your *choice* carefully. 신중히 선택하세요

〖유의어〗 선택
　choice는 넓은 범위에서 자유롭게 선택하는 일. **alternative**는 보통 둘 중에서 하나를 택하는 일. **option**은 주어진 선택권에 따라 임의로 선택하는 일.

2 선택한 것〔사람〕: Which is your *choice*? 어느 것으로 하겠습니까?
at (one's) choice 마음대로
have no choice but to *do* …하지 않을

수 없다: I *have no choice but to* obey him. 나는 그에게 복종하지 않을 수 없다
──형 (비교급 **choicer**; 최상급 **choicest**) 뛰어난, 훌륭한, 정선한: *choice* apples 최상품 사과

choir [kwáiər 크와이어r] 명 (교회의) 성가대, 합창단

choir

choke [tʃóuk 쵸욱] 동 (3단현 **chokes** [-s]; 과거·과거분사 **choked** [-t]; 현재분사 **choking**) 타 **1** …을 질식시키다, 숨막히게 하다: He was *choked* with smoke. 그는 연기로 숨이 막혔다
2 (파이프 등을) 막다: The chimney was *choked* with soot. 굴뚝이 그을음으로 막혀 있었다
3 (감정·눈물을) 억제하다
──자 **1** 질식하다 **2** (파이프 등이) 막히다

chol·er·a [kálərə 칼러뤄] 명 【의학】 콜레라

*****choose** [tʃúːz 츄-z으] 동 (3단현 **chooses** [-iz]; 과거 **chose** [tʃóuz]; 과거분사 **chosen** [tʃóuzn]; 현재분사 **choosing**) 타 **1** …을 **선택하다**, 고르다: I *chose* a present *for* him. 나는 그에게 선물을 골라 주었다
2 …을 **뽑다**, 선출하다: We *chose* him *as* chairman. 우리는 그를 의장으로 선출했다
3 (**choose to** do의 형태로) …하기로 결정하다: I *chose to* go alone. 나는 혼자 가기로 했다
4 《구어》 원하다, 바라다
──자 선택하다

cannot choose but (do) …하지 않을 수 없다

chop [tʃáp 챱] 동 (3단현 **chops** [-s]; 과거·과거분사 **chopped** [-t]; 현재분사 **chopping**) 타 (식칼·도끼 등으로) 자르다(cut), 패다; (고기·야채를) 잘게 썰다, 저미다

chop

*****chop·stick** [tʃápstìk 찹스틱] 명 (복수 **chopsticks** [-s]) 〔보통 복수형으로〕 **젓가락**: Can you use *chopsticks*? 너는 젓가락질을 할 줄 아니?

chord [kɔ́ːrd 코-r드] 명 **1** (악기의) 현 (string), 줄 **2** 【수학】 현(弦) **3** 화음 【cord(끈)의 변형】

cho·rus [kɔ́ːrəs 코-뤄쓰] 명 (복수 **choruses** [-iz]) 합창; 합창단, 코러스: sing in *chorus* 합창하다

chose [tʃóuz 쵸우z으] 동 choose(고르다)의 과거형

chos·en [tʃóuzn 쵸우z은] 동 choose(고르다)의 과거분사형
──형 뽑힌, 정선된: a *chosen* book 선정(選定) 도서

Christ [kráist 크라이스트] 명 (예수) 그리스도

chris·ten [krísn 크뤼슨] 〔🖉 t는 묵음〕 타 **1** 세례를 베풀다 **2** 세례명을 지어 주다

*****Chris·tian** [krístʃən 크뤼스쳔] 형 **기독교의**; 기독교도의
──명 (복수 **Christians** [-z]) 기독교도〔신자〕: I am a *Christian*. 나는 기독

교 신자다

Chris·ti·an·i·ty [krìstʃiǽnəti 크뤼스쥐애너티 → 크뤼스취애너리] 명 기독교(신앙)

Christian name [krístʃən néim] 명 세례명

※**Christ·mas** [krísməs 크리쓰머쓰] (🖼 t는 묶음) 명 **크리스마스**, 성탄절 **(**12월 25일; 약어는 Xmas**)**: a *Christmas* tree 크리스마스 트리/ a *Christmas* present 크리스마스 선물/ Merry *Christmas*! 크리스마스를 축하합니다!

【고대 영어 「Christ(그리스도) + mass (미사)」에서】

chron·ic [kránik 크라닉] 형 **1** 장기간에 걸친, 습관적인 **2** (병이) 만성의, 고질의 (**반** acute 급성의)

chron·i·cle [kránikl 크라니크을] 명 **1** 연대기(年代記) **2** 기록, 이야기

chuck·le [tʃʌkl 쳐크을] 명 킬킬 웃음
── 동 (현재분사 **chuckling**) 자 킬킬 웃다

※※**church** [tʃə́:rtʃ 춰-r취] 명 (복수 **churches** [-iz]) **1 교회**: The *church* stands on the hill. 그 교회는 언덕 위에 있다

church

2 〔무관사로〕 (교회의) 예배: She goes to *church* every Sunday. 그녀는 매주 일요일에 교회에 (예배보러) 간다

church·yard [tʃə́:rtʃjà:rd 춰-r취야-r드] 명 **1** (교회의) 뜰 **2** (교회 부속의) 묘지 (🖼 「공동 묘지」는 cemetery)

chute [ʃú:t 슈-트] 명 **1** 활강로 **2** 《구어》 낙하산 (🖼 parachute의 단축형)

CIA [síaiéi 씨아이에이] 《약어》 *Central Intelligence Agency* 《미》 중앙 정보국

ci·ca·da [sikéidə 씨케이다 → 씨케이러] 명 〔곤충〕 매미 (🖼 《미》 locust)

-cide 《접미사》 「죽임; 살해(자)」의 뜻: sui*cide* 자살

ci·der [sáidər 싸이더r] 명 《영》 사과술; 《미》 사과 주스 (🖼 우리가 흔히 말하는 「사이다」는 soda pop임)

cicada

ci·gar [sigá:r 씨가-r] 명 (복수 **cigars** [-z]) 여송연, 시가, 잎담배

cig·a·ret, 《영》 **cig·a·rette** [sìgərét 씨거렛] 명 궐련, (종이로 만) 담배 (🖼 「파이프로 피우는 담배」는 tobacco)
【cigar(잎담배)에서】

Cin·der·el·la [sìndərélə 씬더렐러] 명 신데렐라 《계모와 자매들에게 학대받다가 왕비가 되었다는 동화의 주인공》

※**cin·e·ma** [sínəmə 씨너마] 명 (복수 **cinemas** [-z]) **1** 《영》〔**the**를 붙여〕**영화** (🖼 《미》 the movies): Let's go to *the cinema* tonight. 오늘밤 영화 보러 가자 **2** 《영》 **영화관** (🖼 《미》 movie, movie theater, theater)

※**cir·cle** [sə́:rkl 써-r크을] 명 (복수 **circles** [-z]) **1 원**, 동그라미; 원형의 물건, 고리: The teacher drew a *circle* on the blackboard. 선생님은 칠판에 원을 그리셨다

2 〔종종 복수형으로〕**집단**, 사회, 서클, …계(界): the upper *circles* 상류 사회/

business *circles* 실업계

── 동 (3단현 **circles** [-z]; 과거 · 과거분사 **circled** [-d]; 현재분사 **circling**) 타 **1** 돌다, 회전하다: The earth *circles* the sun. 지구는 태양의 둘레를 돈다
2 동그라미를 치다: *Circle* the correct answer. 정답에 동그라미를 쳐라

── 자 (비행기 등이) 선회하다, 돌다

cir·cuit [sə́ːrkit 써-r킷] 명 (복수 **cir·cuits** [-ts]) **1** 일주, 순회 **2** 주위, 둘레, 주변 **3** [전기] 회로, 회선
【라틴어「circle(원)」에서】

cir·cu·lar [sə́ːrkjulər 써-r큐럴r] 형 **1** 둥근, 원형의
2 빙빙 도는, 순환하는: a *circular* stair 나선 계단
【라틴어「circle(원)」에서】

cir·cu·late [sə́ːrkjulèit 써-r큘레잇] 동 (3단현 **circulates** [-ts]; 과거 · 과거분사 **circulated** [-id]; 현재분사 **circulating**) 자 **1** (피 · 공기 등이) 돌다, 순환하다: Blood *circulates* round the body. 피는 몸속을 순환한다
2 (소문 등이) 퍼지다: The story *circulated* through the town. 그 이야기는 온 마을에 퍼졌다
3 (신문 · 책 등이) 유포되다; (통화 등이) 유통하다

── 타 **1** …을 돌리다, 순환시키다 **2** (소문 등을) 퍼뜨리다
【라틴어「circle(원)」에서】

cir·cu·la·tion [sə̀ːrkjuléiʃən 써-r큘레이션] 명 **1** (피 · 공기 등의) 순환 **2** (화폐 등의) 유통, 유포 **3** 발행 부수
【라틴어「circle(원)」에서】

cir·cum- 《접두사》「주변에, 둘레에」의 뜻

cir·cum·fer·ence [sərkʌ́mfərəns 써r캄F어뤈스] 명 원주(圓周); 둘레, 주위

*****cir·cum·stance** [sə́ːrkəmstæns 써-r컴스탠스] 명 (복수 **circumstances** [-iz]) **1** [복수형으로] (주위의) **사정**, 상황, 환경; (경제적인) 형편, 처지: It depends on the *circumstances*. 그것은 상황 여하에 달려 있다/ She lives in good *circumstances*. 그녀는 좋은 환경에서 살고 있다
2 사건, 사실(fact): a lucky *circumstance* 다행한 사실
【라틴어「circum-(주위에)+stand(서다)」에서】

*****cir·cus** [sə́ːrkəs 써-r커스] 명 (복수 **circuses** [-iz]) **1** 서커스, 곡예 **2** 《영》 원형 광장 (📖「네모난 광장」은 square)

circus

【라틴어「circle(원)」에서】

*****cit·i·zen** [sítizn 씨티즌 → 씨리즌] 명 (복수 **citizens** [-z]) **1** (도시의) **시민**, 주민: the *citizens* of Seoul 서울 시민
2 (한 나라의) **국민**, 공민: an American *citizen* 미국 시민
3 《미》 (군인 · 경찰 등에 대하여) 민간인
【「도시(city)에 사는 사람」에서】

cit·i·zen·ship [sítiznʃip 씨티즌쉽 → 씨리즌쉽] 명 시민권, 공민권

*****cit·y** [síti 씨티 → 씨리] 명 (복수 **cities** [-z]) **1** 시(市), 도시 (📖 town보다 큰): the *city* of Busan 부산시 / Seoul is the largest *city* in Korea. 서울은 한국에서 제일 큰 도시다
2 [the를 붙여; 집합적으로] 전시민

city hall [síti hɔ́ːl] 명 《미》 시청(사) (📖《영》 town hall)

*****civ·il** [sívəl 씨V어얼] 형 **1** 시민의, 공민의: *civil* rights 시민권
2 (군인 · 경찰관에 대하여) 일반 시민의, 민간의: a *civil* airplane 민간기(機)
3 예의 바른, 정중한(polite)
4 【법】 민사의 (반 criminal 형사의)

civilian [sivíliən 씨V일리언] 명 (군인·경찰관에 대하여) 일반인, 민간인
—형 일반인의, 민간의

*__civ·i·li·za·tion__ [sìvəlizéiʃən 씨V일리Z에이션] 명 문명, 개화: Western *civilization* 서양 문명

civ·i·lized [sívəlàizd 씨V얼라이Z으드] 형 **1** 개화된, 문명화한: a *civilized* nation 문명국
2 예의 바른, 품위 있는

civil servant [sívəl sə́ːrvənt] 명 공무원

civil war [sívəl wɔ́ːr] 명 **1** 내란, 내전 **2** [the Civil War로] (미국의) 남북 전쟁 (1861–1865)

> 참고 미국의 남북 전쟁
> 노예 제도의 존속을 주장하는 남부와, 그 폐지를 주장하는 북부와의 사이에 일어난 미국의 내전(內戰). 1860년 링컨이 대통령으로 당선되고 이듬해인 1861년부터 전쟁이 시작되어 5년 동안의 격전 끝에 1865년 남부의 항복으로 노예 해방도 이루어졌다.

clad [klǽd 클래드] 동 clothe(옷을 입다)의 과거·과거분사형

*__claim__ [kléim 클레임] 동 (3단현 **claims** [-z]; 과거·과거분사 **claimed** [-d]; 현재분사 **claiming**) 타 **1** …을 요구[청구]하다(demand): I *claimed* damages *against* him. 나는 그에게 손해 배상을 청구했다
2 …이라고 말하다, 주장하다
—명 (복수 **claims** [-z]) **1** (권리의) 요구, 청구(demand): a *claim* for damages 손해 배상의 요구
2 (요구할) 권리: He has no *claim* to the land. 그는 그 땅에 대한 권리가 없다
3 주장(主張)

clam [klǽm 클램] 명 【패류】 대합조개

clam·or, 〈영〉 **clam·our** [klǽmər 클래머r] 명 **1** 외치는 소리, 떠들썩함 **2** (시끄러운) 요구(의 소리), 항의
—자 **1** 외치다, 떠들어대다 **2** 강력히 요구[항의]하다

clamp [klǽmp 클램프] 명 죄는 기구, 죔쇠

clamp

clan [klǽn 클랜] 명
1 씨족(氏族), 일족
2 당파, 일당

clang [klǽŋ 클랭] 자 타 (무기·종 등이) 뗑[뗑그렁]하고 울리다[울리게 하다]
—명 뗑[뗑그렁]하는 소리【의성어】

clap [klǽp 클랩] 명 **1** (손바닥으로 등 등을) 찰싹[툭] 치기 **2** 박수
—동 (3단현 **claps** [-s]; 과거·과거분사 **clapped** [-t]; 현재분사 **clapping**) 타 **1** (칭찬의 표시로) …을 가볍게 치다[두드리다]: He *clapped* me *on* the back. 그는 내 등을 가볍게 두드렸다
2 (손뼉을) 치다, …에게 박수를 보내다【의성어】

clar·i·net [klærənét 클래뤄넷] 명 클라리넷 (목관 악기)

clar·i·ty [klǽrəti 클래뤄티 → 클래뤄리] 명 **1** (사상·문체 등의) 명쾌함 **2** (음색이) 깨끗하고 맑음

clash [klǽʃ 클래쉬] 명 **1** (종 등의) 땡땡 울리는 소리
2 (의견 등의) 충돌: the *clash* of opinions 의견의 대립
—동 (3단현 **clashes** [-iz]; 과거·과거분사 **clashed** [-t]; 현재분사 **clashing**) 자 **1** 땡땡[땡그랑] 소리나다 **2** (의견·이해 등이) 충돌하다, 부딪치다【의성어】

clarinet

clasp [klǽsp 클래스프] 명 **1** 걸쇠, 죔쇠 **2** 쥠, 움켜쥠(grasp); 포옹

——동 (3단현 **clasps** [-s]; 과거·과거분사 **clasped** [-t]; 현재분사 **clasping**) 타 **1** (걸쇠·죔쇠 등으로) …을 고정시키다, 죄다

2 (손 등을) 꼭 쥐다; 껴안다, 포옹하다: He *clasped* her in his arms. 그는 팔로 그녀를 꼭 껴안았다

class [klǽs 클래ㅆ] 명 (복수 **classes** [-iz]) **1** (학교의) **학급, 반**, 클래스; (집합적으로) 반 학생들: He is at the top of the *class*. 그는 반에서 수석이다 / Our school has thirty *classes*. 우리 학교에는 30 학급이 있다

2 수업, 학습 시간: English *class* 영어 수업 / We have no *class* today. 오늘은 수업이 없다 / They are in *class*. 그들은 수업 중이다

3 (사회의) **계급**: the upper [middle, lower] *class* 상류 [중류, 하층] 계급

4 (비행기 등의) 등급: a first *class* hotel 일류 호텔

clas·sic [klǽsik 클래씩] 명 (복수 **classics** [-s]) (그리스·라틴의) **고전**; 고전 작품

——형 **1 고전의**, 전통적인 **2** (예술품 등이) 일류의
【라틴어 「(최고) 등급(class)의」에서】

clas·si·cal [klǽsikəl 클래씨커ㄹ] 형 고전의, 고전적인, 전통적인: I like *classical* music. 나는 고전 음악을 좋아한다 (📝 classic music이라 하지 않음)

clas·si·fi·ca·tion [klæ̀səfikéiʃən 클래써F이케이션] 명 분류(법)

clas·si·fy [klǽsəfài 클래써F아이] 동 (3단현 **classifies** [-z]; 과거·과거분사 **classified** [-d]; 현재분사 **classifying**) 타 …을 **분류하다**, 등급별로 나누다: They are *classified* into three groups. 그들은 세 그룹으로 나누어져 있다

class·mate [klǽsmèit 클래ㅆ메잇] 명 (복수 **classmates** [-ts]) **동급생**, 급우: Lisa and I are *classmates*. 리사와 나는 동급생이다

class·room [klǽsrùːm 클래ㅆ루-음] 명 (복수 **classrooms** [-z]) **교실**

clat·ter [klǽtər 클래터r → 클래러r] 명 자 달가닥달가닥하는 소리(가 나다)
【의성어】

classroom

clause [klɔ́ːz 클라-z으] 명 1 【문법】 절(節) 2 (조약·법률의) 조항
【라틴어「close(닫다)」뜻에서】

claw [klɔ́ː 클라-] 명 1 (고양이·매 등의) 갈고리 발톱 (사람의 「발톱」은 nail) 2 (게·새우 등의) 집게발 3 (쇠망치 끝의) 못뽑이

claw 1   claw 2   claw 3

clay [kléi 클레이] 명 점토, 찰흙

*clean [klíːn 클리-인] 형 (비교급 **cleaner**; 최상급 **cleanest**) 1 **깨끗한**(반 dirty 더러운): a *clean* room 깨끗한 방

clean   dirty

2 (정신적·도덕적으로) 순수〔순결〕한
3 멋진, 능숙한(skillful): a *clean* hit 【야구】 클린 히트
── 부 1 **깨끗이**(cleanly): Wash your hands *clean*. 손을 깨끗이 씻어라
2 전혀, 아주, 완전히(entirely): I *clean* forgot about it. 나는 그것을 완전히 잊어버리고 있었다
── 동 (3단현 **cleans** [-z]; 과거·과거분사 **cleaned** [-d]; 현재분사 **cleaning**) 타 **…을 깨끗이 하다**, 청소하다: *clean* a window 유리창을 닦다/ Did you *clean* your room? 네 방을 청소했니?

clean up (1) 깨끗이 청소하다 (2) (일 등을) 해치우다, 완료하다

clean·er [klíːnər 클리-너r] 명 1 청소하는 사람 2 진공 청소기 3 세제(洗劑)

clean·ing [klíːniŋ 클리-닝] 명 1 청소 2 (의복 등의) 세탁

clean·ly¹ [klíːnli 클리-인리] 부 1 깨끗이, 청결하게 2 솜씨 있게, 멋지게

clean·ly² [klénli 클렌리] 〔cleanly¹와 발음 차이에 주의〕 형 (비교급 **cleanlier**; 최상급 **cleanliest**) 깔끔한; 깨끗한 것을 좋아하는

cleanse [klénz 클렌z으] 동 (현재분사 **cleansing**) 타 …을 깨끗이 하다, 청결하게 하다

*clear [klíər 클리어r] 형 (비교급 **clearer** [klíərər]; 최상급 **clearest** [klíərist]) 1 **맑은**, 맑게 갠: a *clear* sky 맑은 하늘/ The water in the lake is very *clear*. 그 호수의 물은 매우 맑다

2 (소리가) 맑은; (윤곽 등이) 뚜렷한: the *clear* note of a bell 맑은 종소리
3 (의미·진술 등이) **명백한**, 분명한(evident): His explanation is very *clear*. 그의 설명은 매우 분명하다
4 (방해·지장 등이) 전혀 없는: a *clear* view 탁 트인 조망
5 〔**be clear of**의 형태로〕 (빚·의무·죄 등이) 없다: He *is clear of* debt. 그는 빚이 없다

get clear of …을 멀리하다, 피하다
── 동 (3단현 **clears** [-z]; 과거·과거분사 **cleared** [-d]; 현재분사 **clearing** [klíəriŋ]) 타 1 (장소를) **깨끗하게 하다**, 치우다: *Clear* the table. 탁자 위의 물건을 치워라/ I *cleared* the road of snow. 나는 길의 눈을 치웠다

2 (액체 등을) 맑게〔깨끗하게〕 하다: *clear* the muddy water 흐린 물을 맑게 하다
3 (장애물을) 뛰어 넘다, 통과하다: *clear* a fence 울타리를 훌쩍 뛰어 넘다
4 (의심·혐의 등을) 풀다
── 자 (날씨가) 개다: The sky is *clearing* (up). 하늘이 개고 있다

clear away (물건을) 치우다; (일 등을) 정리하다: *Clear away* the magazine. 잡지를 치우세요
— 튀 **1** 분명히, 명백히(clearly): Speak loud and *clear*. 큰소리로 분명히 말해라
2 전적으로, 완전히

*****clear·ly** [klíərli 클리어ㄹ리] 튀 **1 똑똑히**, 뚜렷하게: Speak more *clearly*. 좀더 똑똑히 말하시오
2 분명하게: It is *clearly* a mistake. 그것은 분명하게 잘못이다

Cle·o·pat·ra [kliːəpǽtrə 클리-어패츄러] 명 클레오파트라(69-30 B.C.) 《고대 이집트의 마지막 여왕》

cler·gy [klə́ːrdʒi 클러-ㄹ쥐] 명 〔the를 붙여; 집합적으로; 복수 취급〕 성직자들 《신부·목사 등》

cler·gy·man [klə́ːrdʒimən 클러-ㄹ쥐먼] 명 (복수 **clergymen** [-mən]) 목사, 성직자

*****clerk** [kləːrk 클러-ㄹ크] 명 (복수 **clerks** [-s]) **1** (회사·은행의) **사무원**, 행원 **2** 《미》 (소매점의) **판매원**, 점원 (📖 《영》 shop assistant) **3** (관청의) 서기, 사무관

*****clev·er** [klévər 클레V어ㄹ] 형 (비교급 **cleverer** [-vərər]; 최상급 **cleverest** [-vərist]) **1 영리한**, 똑똑한, 현명한: a *clever* student 영리한 학생
2 재주 있는, 솜씨 좋은: She is *clever at* cooking. 그녀는 요리를 잘한다

clev·er·ly [klévərli 클레V어ㄹ리] 튀 **1** 영리하게 **2** 교묘하게, 솜씨 좋게

click [klík 클릭] 명 딸깍 하는 소리
— 자 **1** 딸깍 소리가 나다 **2** 【컴퓨터】 마우스의 버튼을 누르다
【의성어】

*****cli·ent** [kláiənt 클라이언트] 명 (복수 **clients** [-ts]) **1** (변호사 등의) **의뢰인 2** (상점의) 고객, 단골(customer)

cliff [klíf 클리f으] 명 (복수 **cliffs** [-s]) 벼랑, 절벽

cliff

cliff-hang·er [klíf-hæ̀ŋər 클리f으행어] 명 끝까지 가슴 졸이는 경기〔사건〕

*****cli·mate** [kláimit 클라이밋] 명 (어떤 지역의 평균적인) **기후**: a *climate* of Korea 한국의 기후

cli·max [kláimæks 클라이맥쓰] 명 (복수 **climaxes** [-iz]) 최고점, 클라이맥스

*****climb** [kláim 클라임] (📖 b는 묵음) 동 (3단현 **climbs** [-z]; 과거·과거분사 **climbed** [-d]; 현재분사 **climbing**) 자 **1 …에 오르다**, 기어오르다: He *climbed* up 〔*down*〕 the ladder. 그는 사다리를 올라갔다〔내려왔다〕

climb up
climb down

2 (태양·연기 등이) 떠〔솟아〕 오르다; (물가 등이) 오르다: Prices *climbed* sharply. 물가가 현저히 올랐다
3 (덩굴 식물이) 기어오르다
— 타 **…을 오르다**: *climb* a tree 나무에 오르다

climb·er [kláimər 클라이머ㄹ] (📖 b는 묵음) 명 **1** 기어오르는 사람 **2** 덩굴식물

climb·ing [kláimiŋ 클라이밍] (📖 b는 묵음) 형 기어올라가는, 오르는
— 명 기어오르기, 등산: mountain *climbing* 등산

clinch [klíntʃ 클린취] 동 (3단현 **clinch·es** [-iz]) 타 **1** (박은 못 등의 끝을) 구부

리다 2 (권투 등에서) 껴안다
cling [klíŋ 클링] 통 (3단현 **clings** [-z]; 과거·과거분사 **clung** [klʌ́ŋ]; 현재분사 **clinging**) 자 1 달라붙다, 매달리다 (to): The mud *clung to* her shoes. 진흙이 그녀의 구두에 달라붙었다

2 집착하다, 고수하다 (to): *cling to* an opinion 의견을 고집하다

***clin·ic** [klínik 클리닉] 명 (외래) **진료소**〔실〕, 클리닉; (개인의) 전문 병원: a dental *clinic* 치과 의원

clip[1] [klíp 클립] 통 (3단현 **clips** [-s]; 과거·과거분사 **clipped** [-t]; 현재분사 **clipping**) 타 1 (가위 등으로) (머리카락을) 자르다; (정원수 등을) 깎아 다듬다(trim) 2 (차표 등에) 구멍을 내다

clip[2] [klíp 클립] 명 (복수 **clips** [-s]) 클립

clip·per [klípər 클리퍼*r*] 명 (복수 **clippers** [-z]) 1 〔보통 복수형으로〕 가위, 깎는 기구 2 (19세기) 쾌속 범선

clips[2]

cloak [klóuk 클로욱] 명 소매 없는 외투, 망토
【clock(시계)와 모양이 비슷한 데서】

cloak·room [klóukrùːm 클로욱루-움] 명 (호텔 등의) 외투류〔휴대품〕 보관소

*****clock** [klák 클락] 명 (복수 **clocks** [-s]) (벽걸이 시계·탁상 시계 등 휴대용이 아닌) **시계**(휴대용 「손목 시계」는 watch): an alarm *clock* 자명종 시계/ set a *clock* 시계를 맞추다

clock watch

clone [klóun 클로운] 명 클론, 복제 생물 〔세포, 인간〕

*****close**[1] [klóuz 클로우z으] 통 (3단현 **closes** [-iz]; 과거·과거분사 **closed** [-d]; 현재분사 **closing**) 타 1 (문·창문 등을) **닫다**(반 open 열다); (눈을) 감다; (가게·학교 등을) 닫다, 폐쇄하다: *close* a door 문을 닫다/ *close* the eyes 눈을 감다/ *Close* your books. 책을 덮어라/ The airport is *closed* because of the typhoon. 태풍 때문에 공항이 폐쇄되었다

open close

2 (일·이야기 등을) **끝내다**: We *closed* our meeting at 6 p.m. 우리는 6시에 회의를 끝냈다

3 (계약 등을) 맺다, 체결하다: *close* a contract 계약을 체결하다

── 자 (문 등이) 닫히다: The door *close* well. 그 문은 잘 닫힌다

close in (1) (적·밤·어둠 등이) 다가오다: The night *closed in*. 어둠이 지기 시작했다

(2) 포위하다

── 명 1 **닫음**, 폐쇄 2 종결, 끝(end)

****close**[2] [klóus 클로우ㅆ] 형 (비교급 **closer**; 최상급 **closest**) 1 (시간·공간 등이) **가까운**(near): My house is *close to* the park. 우리 집은 공원과 가깝다

2 **친한**: We're very *close*. 우린 아주 친하다/ Jack is one of my *close* friends. 잭은 나의 친한 친구 중의 하나다

3 정밀한, 정확한, 철저한: a *close* investigation 정밀한 조사

4 (장소 등이) 좁은; 밀집한; (방 등) 바람이 잘 통하지 않는

5 (시합 등) 우열을 가릴 수 없는: a *close*

game 막상 막하의 경기

──[부] **1** (시간적·공간적으로) 바로 곁에: stand *close* to the fire 난로 바로 옆에 서다/ Come *closer*. 좀더 가까이 오너라

2 빈틈없이, 꽉 차서

close at hand 바로 가까이에: The final exam is *close at hand*. 학기말 시험이 임박하다

close by 바로 곁에: He lives *close by* my house. 그는 우리 집 바로 옆에 산다

close on [***upon***] 거의 …, 약 …: He is *close on* forty. 그는 약 40세다

closed [klóuzd 클로우Z으드] [동] close (닫다)의 과거·과거분사형

──[형] 닫힌, 폐쇄된(반 open 열린): *Closed* today. 《게시》 금일 휴업

close·ly [klóusli 클로우쓸리] [부] **1** 접근하여, 바싹: The dog followed *closely* behind. 개가 바싹 뒤따랐다

2 열심히, 주의하여: listen [watch] *closely* 주의해서 듣다 [보다]

3 꽉, 빈틈없이

clos·et [klázit 클라Z잇] [명] 《복수 clos·ets [-ts]》 **1** 《미》 벽장, 광; 찬장 (《영》 cupboard) **2** (공부·기도 때 쓰는) 사실 (私室), 작은 방

clos·ing [klóuziŋ 클로우Z잉] [명] **1** 닫음, 폐쇄 **2** 종료, 마감; 결산

──[형] 끝의, 마지막의, 폐회의: a *closing* address 폐회사

cloth [klɔ́:θ 클라-θ으] [명] 《복수 cloths [klɔ́:ðz]》 **1** 천, 옷감, 양복감: three meters of *cloth* 3미터의 천

2 (특정한 용도를 위한) 천 조각 《행주·걸레·식탁보》: Wipe it with a *cloth*. 걸레로 그것을 닦아라/ She bought some table *cloths*. 그녀는 식탁보를 몇 장 샀다

> [비교] **cloth, clothes, clothing**
> **cloth**는 옷을 만들기 전의 천이나 천 조각을 말하며, **clothes**는 우리가 입는 구체적인 옷을 말한다. **clothing**은 집합적 의미로 「의류, 의복」을 말하며 구두나 모자 등도 포함한다.

clothe [klóuð 클로우ð으] [동] 《3단현 clothes [-z]; 과거·과거분사 clothed [-d]; 현재분사 clothing》 [타] **1** (몸에) 의복을 걸치다, 입다 (dress): He was *clothed* in silk. 그는 실크 옷을 입고 있었다

2 …으로 덮다 (cover)

clothes [klóuz 클로우z으] [명] 《복수 취급》 옷, 의복: a suit of *clothes* 옷 한 벌/ She has many *clothes*. 그녀는 옷이 많다/ Fine *clothes* make the man. 《속담》 옷이 날개

cloth·ing [klóuðiŋ 클로우ð잉] [명] 《집합적으로》 의류, 의복: men's *clothing* 남성복/ food, *clothing*, and shelter 의식주

overcoat　raincoat　tuxedo　evening dress　dressing gown　overalls　trousers　skirt

clothes

cloud [kláud 클라우드] 명 1 (복수 **clouds** [-dz]) 구름: There are black *clouds* in the sky. 하늘에 먹구름이 끼어 있다
2 구름 모양의 것; (새·메뚜기 등의) 떼: a *cloud* of smoke 자욱한 연기
──동 (3단현 **clouds** [-dz]; 과거·과거분사 **clouded** [-id]; 현재분사 **clouding**) 자 (하늘·마음 등이) 흐려지다: The sky *clouded* over. 하늘이 온통 흐려졌다
──타 …을 흐리게 하다

cloud·y [kláudi 클라우디 → 클라우리] 형 (비교급 **cloudier**; 최상급 **cloudiest**) 흐린, 구름이 많은: a *cloudy* sky 흐린 하늘/ It is *cloudy* today. 오늘은 날씨가 흐리다

clo·ver [klóuvər 클로우V어r] 명 【식물】 클로버, 토끼풀: a four-leaf(ed) *clover* 네 잎 클로버 (🔲 발견한 사람에게 행운이 온다고 함)

clover

clown [kláun 클라운] 명 (서커스 등의) 어릿광대

club [kláb 클럽] 명 (복수 **clubs** [-z]) 1 짤막한 방망이, 경찰봉; (골프·하키 등의) 채: a golf *club* 골프채
2 (운동·사교 모임의) 동호회, 클럽, 부(部): a tennis *club* 테니스부(部)/ Which *club* do you belong to? 너는 어느 부에 속해 있니?
3 (카드놀이의) 클럽 (♣)

clue [klú: 클루-] 명 (복수 **clues** [-z]) (문제 해결의) 실마리, 단서: I got(found) a *clue* to the mystery. 나는 그 수수께끼를 풀 실마리를 찾았다

clum·sy [klámzi 클람Z이] 형 (비교급 **clumsier**; 최상급 **clumsiest**) 꼴사나운, 모양 없는; 서투른: a *clumsy* dancer 서투른 댄서

clung [kláŋ 클랑] 동 cling(붙다)의 과거·과거분사형

clus·ter [klástər 클라스터r] 명 (복수 **clusters** [-z]) 1 (꽃·포도 등의) 송이 (bunch): a *cluster* of grapes 포도 한 송이
2 (사람·동물의) 떼, 무리
──자 1 (과일이) 송이를 이루다 2 (사람이) 모이다, 떼짓다

clutch [klátʃ 클라취] 명 (복수 **clutches** [-iz]) 1 (꽉) 붙잡음, 움켜쥠 2 (자동차의) 클러치
──동 (3단현 **clutches** [-iz]; 과거·과거분사 **clutched** [-t]; 현재분사 **clutching**) 자 (꼭) 잡다, 붙들다: I *clutched* at the rope. 나는 로프를 꼭 잡았다
──타 …을 꼭 잡다

cm, cm. 《약어》 centimeter(s) 센티미터

Co. [kóu 코우, kámpəni 캄퍼니] 《약어》 *company* …회사: William & *Co.* 윌리엄 상회 (🔲 Co. 앞에 인명이 올 경우에는 &(=and)를 넣는다)

co- (접두사) 「공동·공통·상호」의 뜻을 나타냄: *co*education 남녀 공학

c/o [kɛ́ərəv 케뤄V으] 《약어》 *care of* …방 (🔲 편지 겉봉의 수신인 이름 앞에 붙임): Mr. J. Smith, *c/o* Mr. James 제임스씨 방, J. 스미스씨

coach [kóutʃ 코우취] 명 (복수 **coaches** [-iz]) 1 4륜 대형 마차, (철도 이전의) 역마차 2 《영》 (열차의) 객차 3 《영》 장거리 버스 4 (경기의) 코치, 지도자

coach 3

──동 (3단현 **coaches** [-iz]; 과거·과거분사 **coached** [-t]; 현재분사 **coaching**) 타 자 …을 지도하다, 코치하다

coach·man [kóutʃmən 코우취먼] 명 (복수 **coachmen** [-mən]) 마부, 마차꾼

coal [kóul 코우을] 명 석탄: a piece of *coal* 석탄 1개 / He worked in a *coal* mine. 그는 탄광에서 일했다

coal tar [kóul tàːr] 명 콜타르

coarse [kɔ́ːrs 코-r쓰] 형 (비교급 **coarser**; 최상급 **coarsest**) **1** 조잡한, 열등한: *coarse* food 조식(粗食)
2 (천 등) 결이 거친; (가루 등이) 굵은: *coarse* tea 질이 낮은 차
3 (말·태도 등이) 거친, 세련되지 않은: He is *coarse* in speech. 그는 말이 거칠다

coast [kóust 코우스트] (cost [kɔ́ːst] (값)와 발음이 다른 점에 주의) 명 (복수 **coasts** [-ts]) 해안, 연안: The hotel is on the *coast*. 그 호텔은 해안에 있다

coast guard [kóust gàːrd] 명 해안 경비대

coast·line [kóustlàin 코우스틀라인] 명 해안선

coat [kóut 코웃] 명 (복수 **coats** [-ts]) **1** (방한·외출용의) 코트, 외투; (양복의) 상의(上衣): Put your *coat* on. 코트를 입어라 / Take off your *coat* in the room. 방에서는 코트를 벗어라
2 (동물의) 모피, 털
3 (페인트 등의) 칠, 도장(塗裝)
—— 동 (3단현 **coats** [-ts]; 과거·과거분사 **coated** [-id]; 현재분사 **coating**) 타 **1** (페인트 등을) 칠하다: I *coated* the wall with paint. 나는 벽에 페인트를 칠했다
2 (먼지 등이) …을 뒤덮다: The desk was *coated* with dust. 그 책상은 먼지로 뒤덮여 있었다

coax [kóuks 코욱쓰] 동 (3단현 **coaxes** [-iz]; 과거·과거분사 **coaxed** [-t]; 현재분사 **coaxing**) 타 구슬러 …시키다: She *coaxed* the child *to* take his medicine. 그녀는 아이를 달래어 약을 먹였다

co·balt [kóubɔːlt 코우보-얼트] 명【화학】코발트 (금속 원소; 기호 Co)

cob·ble [kábl 카브얼] 명 조약돌, 자갈

co·bra [kóubrə 코우브러] 명 (복수 **cobras** [-z])【동물】코브라 (인도산 독사)

cobras

cob·web [kábwèb 카브웹] 명 거미집〔줄〕 (간단히 web이라고도 한다)

Coca-Cola [kóukə-kóulə 코우커코울러] 명《미》코카콜라 (청량 음료의 일종으로 흔히 Coke라고 한다; 상표명)

co·caine [koukéin 코우케인] 명【화학】코카인 (마약의 일종)

cock [kák 칵] 명 **1**《영》수탉 (《미》rooster); (새의) 수컷 **2** (가스·수도 등의) 꼭지 **3**《속어》음경
【수탉의 울음소리(cock-a-doodle-doo)에서】

cock-a-doo·dle-doo [kák-ə-dùːdl-dúː 카커두-들두-] 명 꼬끼오 (수탉의 울음소리)

cock·ney [kákni 칵니] 명 **1** 런던 토박이 **2** 런던 말씨〔사투리〕

cock·tail [káktèil 칵테열] 명 칵테일 (알콜 음료의 일종)

cocktail party [kákteil pàːrti] 명 칵테일 파티

co·coa [kóukou 코우코우] 명 **1** 코코아 (카카오(cacao) 열매의 가루) **2** 코코아 음료

co·co·nut [kóukənʌ̀t 코우커낫] 똉 (복수 **coconuts** [-ts]) 코코넛 《코코야자의 열매》

shell
coconut

cod [kάd 카드] 똉 (복수 **cods** [-z], 〔집합적으로〕 **cod**) 〔어류〕 대구

code [kóud 코우드] 똉 (복수 **codes** [-dz]) 1 법전(法典): the civil *code* 민법 2 관례, (사회의) 규범: the moral *code* 도덕률 3 기호, 코드, 부호; 신호, 암호

co·ed·u·ca·tion [kòuedʒukéiʃən 코우에쥬케이션] 똉 남녀 공학

co·erce [kouə́ːrs 코우어-쓰] 통 (현재분사 **coercing**) 타 …을 강요하다

cof·fee [kɔ́ːfi 카-F이] 똉 (복수 **coffees** [-z]) 커피: black *coffee* 블랙 커피/ I like tea better than *coffee*. 나는 커피보다 차를 더 좋아한다/ Would you like a cup of *coffee*? 커피 한 잔 어떻습니까?

> 쓰임새 coffee는 셀 수 없는 명사이므로 한 잔, 두 잔하고 셀 때에는 a cup of coffee, two cups of coffee라고 한다. 다만 커피숍 등에서 주문할 때에는 간단히 A coffee, please. 라든가 Two coffees, please.라고도 한다.

coffee break [kɔ́ːfi brèik] 똉 차 마시는 시간, 휴식 (시간)

coffee shop [kɔ́ːfi ʃὰp] 똉 1 《영》 다방, 커피숍 2 《미》 간이 식당

cof·fin [kɔ́ːfin 카-F인] 똉 관(棺), 널

coil [kɔ́il 코일] 똉 (복수 **coils** [-z]) 1 사리, 소용돌이 2 〔전기〕 코일
— 통 (3단현 **coils** [-z]; 과거·과거분사 **coiled** [-d]; 현재분사 **coiling**) 타 …을 똘똘 감다: *coil* a rope 밧줄을 똘똘 감다

coin [kɔ́in 코인] 똉 (복수 **coins** [-z]) 동전: a gold〔silver〕 *coin* 금〔은〕화

co·in·ci·dent [kouínsədənt 코우인써던트] 형 1 (…와) 일치〔부합〕하는 2 동시에 일어나는

Coke [kóuk 코욱] 똉 《미구어》 = Coca-Cola

col- (접두사) = com- (l의 앞)

cold [kóuld 코울드] 형 (비교급 **colder**; 최상급 **coldest**) 1 추운; 찬, 차가운 (반 hot 뜨거운): a *cold* day 추운 날 / It's *cold* this morning. 오늘 아침은 춥다/ Give me something *cold* to drink. 찬 음료수를 좀 주세요

cold   hot

2 냉담한, 쌀쌀한 (반 warm 따뜻한): She is *cold* to me. 그녀는 내게 냉담하다
— 똉 (복수 **colds** [-dz]) 1 〔the를 붙여〕 추위 (반 heat 더위): I don't like *the cold*. 나는 추위를 싫어한다
2 감기, 고뿔: I often catch a *cold*. 나는 감기에 잘 걸린다

cold-blood·ed [kóuld-blʌ́did 코울드블라디드] 형 1 (동물이) 냉혈의 2 냉혹한

cold·ly [kóuldli 코울들리] 부 1 춥게, 쌀쌀하게 2 냉정하게

cold·ness [kóuldnis 코울드니쓰] 똉 1 추위 2 냉정함

col·lab·o·rate [kəlǽbərèit 컬래버뤠잇] 통 (현재분사 **collaborating**) 자 공동으로 일하다〔연구하다〕 《with》
【라틴어 「함께(col-) 일하다(labor)」에서】

col·lapse [kəlǽps 컬랩쓰] 통 (현재분사 **collapsing**) 자 1 (건물 등이) 무너지다 2 (계획·희망 등이) 좌절되다
— 똉 1 무너짐, 붕괴 2 (계획·희망 등의) 좌절(failure)

col·lar [kálər 칼러*r*] 명 (복수 **collars** [-z]) **1** (의복의) **칼라, 깃 2** (개 등의) 목걸이

col·league [káli:g 칼리-ㄱ] 명 (주로 직업상의) 동료

col·lect [kəlékt 컬렉트] 동 (3단현 **collects** [-ts]; 과거 · 과거분사 **collected** [-id]; 현재분사 **collecting**) 타 …을 모으다, 걷다: My hobby is *collecting* old books. 내 취미는 고서를 모으는 것이다 / They are *collecting* money *for* poor people. 그들은 가난한 사람들을 위해 모금하고 있다

비교 collect와 save
　collect는 여러 군데 흩어져 있는 것을 한 군데에 모으다는 뜻이고, save는 돈, 시간 등을 쓰지 않고「절약하다」라는 뜻이다.

―― 자 (사람이) **모이다**: A lot of people *collected* in the park. 많은 사람들이 공원에 모였다

collect call [kəlékt kɔ̀ːl] 명 (전화의) 컬렉트콜 《수신자 요금 부담》

col·lec·tion [kəlékʃən 컬렉션] 명 (복수 **collections** [-z]) **1 수집**, 채집; 수집물: I have a large *collection* of stamps. 나는 우표를 많이 가지고 있다
2 기부금, 헌금

col·lec·tive [kəléktiv 컬렉티v으] 형 **1** 집합적인: a *collective* noun 【문법】 집합명사 《family(가족), class(학급) 등》
2 집단적인, 공동의(common): *collective* ownership 공동 소유권

col·lec·tor [kəléktər 컬렉터*r*] 명 수집가; 수금원

col·lege [kálidʒ 칼리쥐] 명 (복수 **colleges** [-iz]) **1** 《미》 (단과) **대학**, 칼리지 《「종합 대학」은 university이지만 흔히 구별 없이 쓴다》: I graduated from *college* last year. 나는 작년에 대학을 졸업했다
2 《미》 (종합 대학의) 학부

3 특수 전문 학교: a business *college* 실업 전문 학교
4 《영》 사립 중등 학교

col·lide [kəláid 컬라이드] 동 (3단현 **collides** [-dz]; 과거 · 과거분사 **collided** [-id]; 현재분사 **colliding**) 자 **1** 부딪치다, 충돌하다: The car *collided with* the truck. 승용차와 트럭이 충돌했다
2 (이해 · 목적 등이) 일치하지 않다

col·lie [káli 칼리] 명 콜리 《스코틀랜드 원산의 양을 지키는 개》

col·li·sion [kəlíʒən 컬리쥔] 명 충돌; (이해 · 의견 등의) 대립: a railway *collision* 열차의 충돌

col·lo·qui·al [kəlóukwiəl 컬로우크위어얼] 형 구어(口語)의, 회화체의 반 literary 문어의): *colloquial* English 구어 영어

co·lon [kóulən 코울런] 명 콜론 《:》

colo·nel [kə́ːrnl 코-*r*느얼] 《앞의 l은 묵음》명 《미》 (육군 · 공군의) 대령 【이탈리아어「column(대열)」에서】

col·o·nist [kálənist 칼러니스트] 명 식민지 개척자; 식민지 주민

col·o·ny [káləni 칼러니] 명 (복수 **colonies** [-z]) **1 식민지 2** (외국인 또는 특정의 직업인이 사는) 거주지 **3** (새 · 개미 · 꿀벌 등의) 집단; (식물의) 군생

col·or, 《영》 **col·our** [kʌ́lər 칼러*r*]
명 (복수 **colors** [-z]) **1 색**, 색채, 색상; 빛깔: The rainbow has seven *colors*. 무지개는 일곱 색이다

알면 Plus〉 색의 종류

black 검정	blue 파랑
brown 갈색	gold 금색
gray 회색	green 초록
indigo 남색, 쪽빛	orange 주황
pink 분홍색	purple 자줏빛
red 빨강	scarlet 주홍
silver 은색	violet 보라색
white 하양	yellow 노랑

2 〔복수형으로〕 그림 물감: a picture in oil〔water〕 *colors* 유화〔수채화〕
3 안색, 혈색; (유색 인종의) 색: a man of *color* 유색인, (특히) 흑인
4 개성, 특색, 특징: local *color* 지방색
5 외관, 겉치레
6 〔보통 복수형으로〕 기, 국기, 군기
── 통 (3단현 **colors** [-z]; 과거·과거분사 **colored** [-d]; 현재분사 **coloring** [-ləriŋ]) 타 …을 **색칠하다**(paint), 물들이다: *color* one's hair 머리를 염색하다
── 자 **1** (잎·과실이) 물들다 **2** (사람이) 얼굴을 붉히다

Col·o·rad·o [kàlərædou 칼러랫도우] 명 **1** 콜로라도 《미국 서부의 주(州); 약어는 Colo., Col.》 **2** 〔**the**를 붙여〕 콜로라도 강 (江) 《대협곡 그랜드 캐니언이 있음》

col·ored, 《영》 **col·oured** [kʌ́lərd 칼러r드] 형 **1** 채색되어 있는 **2** 유색 인종의; 《미》 흑인의 《 인종 차별적이라 하여 현재는 black을 흔히 씀》

col·or·ful, 《영》 **col·our·ful** [kʌ́lərfəl 칼러rF어얼] 형 **1** 다채로운, 화려한 **2** 생기 있는(vivid)

col·or·ing, 《영》 **col·our·ing** [kʌ́ləriŋ 칼러링] 명 **1** 착색(법), 채색 **2** 그림물감, 색소 **3** (얼굴의) 혈색

color television [kʌ́lər téləviʒən] 명 컬러 텔레비전

Col·os·se·um [kàləsíːəm 칼러씨-엄] 명 콜로세움 《고대 로마의 원형 경기장》

Colosseum

*__col·our__ [kʌ́lər 칼러r] 명 《영》 = color
colt [kóult 코울트] 명 망아지 《보통 4-5살까지》

Co·lum·bi·a [kəlʌ́mbiə 컬럼비아] 명 컬럼비아 《미국 사우스캐롤라이나(South Carolina) 주(州)의 주도》 【미 대륙을 발견한 Columbus(콜럼버스)의 이름에서】

Co·lum·bus [kəlʌ́mbəs 컬럼버쓰] 명 콜럼버스 **Christopher** ~ (1451?–1506) 《이탈리아의 항해가; 아메리카 대륙 발견 (1492)》

*__col·umn__ [kʌ́ləm 칼럼] 〔 n은 묵음〕 명 (복수 **columns** [-z]) **1 기둥**, 원주
2 원주(기둥) 모양의 물건; (연기 등의) 기둥: *column* of water 물기둥

columns 1

3 (신문 등의) 난 (欄), 기고란, 칼럼: advertisement *columns* 광고란
4 【군사】 종대

com- 〔접두사〕 「함께」의 뜻 《b, m, p의 앞》 《 l 앞에서는 col-, r 앞에서는 cor-, 모음 앞에서는 co-, 그 밖의 경우는 con-》: *com*bine 결합하다

*__comb__ [kóum 코움] 〔 b는 묵음〕 명 (복수 **combs** [-z]) **1 빗 2** (닭의) 볏

> 비교 **comb**과 **brush**
> 참빗처럼 빗살이 일렬로 배열되어 있는 빗은 **comb**이라 하고, 솔 형태로 생긴 빗은 **brush**라 한다.

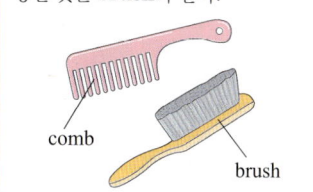

── 통 (3단현 **combs** [-z]; 과거·과거분사 **combed** [-d]; 현재분사 **combing**) 타 **1** …을 **빗질하다**: She is *combing* her hair. 그녀는 머리를 빗질

com·bat [kámbæt 캄뱃] 몡 **1** 전투 **2** 투쟁(struggle)
—— 동 (3단현 **combats** [-ts]; 과거·과거분사 **combatted** [-id]; 현재분사 **combatting**) 탄 …와 싸우다: *combat* the enemy 적과 싸우다
—— 자 싸우다, 투쟁하다: *combat for freedom of speech* 언론 자유를 위해 싸우다

com·ba·tive [kámbətiv 캄버티v으 → 캄버리v으] 형 호전적인

com·bi·na·tion [kàmbənéiʃən 캄버네이션] 몡 **1** 결합, 조합
2 단결, 연합, 동맹: *economic combination* 경제상의 연합〔동맹〕
3 【화학】 화합(물)

※com·bine [kəmbáin 컴바인] 동 (3단현 **combines** [-z]; 과거·과거분사 **combined** [-d]; 현재분사 **combining**) 탄 **1** …을 결합시키다, 연합시키다: They *combined* the two companies. 그들은 두 회사를 합병했다
2 【화학】 화합시키다
—— 자 결합하다, 연합하다
—— [kámbain 캄바인] 몡 콤바인 《수확·탈곡 기능을 겸비한 농기구》

combine

※come [kʌ́m 캄] 동 (3단현 **comes** [-z]; 과거 **came** [kéim]; 과거분사 **come**; 현재분사 **coming**) 자 **1** (말하는 사람 쪽으로) **오다**; (상대방이 있는 쪽으로) **가다**: *Come* here. 이리 오너라/ She *came* to see me. 그녀는 나를 만나러 왔다/ May I *come* to the party? 파티에 가도 괜찮습니까?

쓰임새 **come과 go**
　우리는 come을 「오다」, go는 「가다」로 알고 있지만, 영어에서는 말하는 사람의 위치가 중시되어 상대방이 있는 곳으로 갈 때는 come을, 상대방과 관계가 없는 곳으로 갈 때는 go를 쓴다. 따라서 Dinner is ready. (저녁 준비가 됐다)라고 하면 상대방 쪽으로 가겠다는 뜻으로 I'm coming.이라고 해야 한다.

2 (어떤 장소에) 도착하다: We *came* to the bridge. 우리는 다리에 도착했다
3 (일이) 일어나다; (생각이) 떠오르다: I am ready for whatever *comes*. 무슨 일이 일어나든 준비는 돼 있다
4 (때·계절이) **돌아오다**: Spring has *come*. 봄이 왔다
5 (결론 등에) **이르다**: The discussion *came* to a conclusion. 토론은 결론에 이르렀다
6 …하게 되다 《to *do*》: How did you *come* to know that? 어떻게 그것을 알게 되었느냐?
7 〔**come**＋형용사의 형태로〕 …**이 되다**:

Your dream will *come true*. 너의 꿈은 실현될 것이다

8 〔감탄사적으로〕 자, 글쎄, 이봐: *Come, come,* you should not speak like that! 아니, 이봐, 그렇게 말해선 안 돼!

come about 일어나다(happen): How did this *come about*? 어떻게 이런 일이 일어났을까?

come across (1) …을 우연히 만나다, 발견하다: I *came across* him. 나는 그를 우연히 만났다
(2) …을 가로지르다: They *came across* the street. 그들은 길을 건너 왔다
(3) (생각 등이) 머리에 떠오르다

come after …에 계속되다(follow); …의 뒤를 잇다(succeed)

come along (1) 함께 오다〔가다〕: *Come along* with me. 나와 함께 가자
(2) (일이) 진행되다, 잘 되어가다: How is your work *coming along*? 일은 잘 되어가니?

come around〔round〕 (1) (정기적으로) 돌아오다, 찾아오다: Please *come around* again. 다시 찾아와 주십시오
(2) 의식을〔원기를〕 회복하다

come back 돌아오다: When will you *come back* to Seoul? 언제 서울에 돌아올 거니?

come by (1) …을 손에 넣다(obtain): How did he ever *come by* so much money? 그 많은 돈을 그는 어떻게 손에 넣었을까?
(2) …의 옆을 지나가다
(3) 《미》 …에 들르다

come down (1) (계단 등을) 내려오다: He *came down* to breakfast. 그는 아침을 먹기 위해 내려왔다
(2) (옛날부터) 전해지다: This story has *came down* from the old days. 이 이야기는 예로부터 전해 내려왔다
(3) (비 등이) 내리다; (값 등이) 내리다

come down on〔upon〕 (1) 호통치다, 꾸짖다: He *came down on* me. 그는 나를 매우 꾸짖었다
(2) …에 갑자기 덤벼들다

come down with (병 등에) 걸리다: He *came down with* a cold. 그는 감기에 걸렸다

come forth 나오다, 나타나다

come from (1) …에서 오다: These words *come from* Latin. 이 말들은 라틴어에서 왔다
(2) …의 출신이다

〔회화〕
A: Where do you *come from*?
어디 출신이세요?
B: I *come from* Canada.
캐나다 출신입니다

come home 귀가하다, 귀국하다: He *came home* just now. 그는 지금 막 귀가했다/ She came *home from* England yesterday. 그녀는 어제 영국에서 귀국했다

come in (집〔방〕에) 들어오다: May I *come in*? 들어가도 될까요?

come into (1) (…에) 들어오다: He *came into* my room. 그가 내 방에 들어왔다
(2) 생각이 떠오르다: An idea *came into* my mind. 어떤 생각이 머리에 떠올랐다

come of (1) …출신이다: He *comes of* a noble family. 그는 명문가 출신이다
(2) …에 기인하다

come of age 성년이 되다

come off (머리카락·이 등이) 빠지다, (페인트 등이) 벗겨지다: A button has *come off* my coat. 코트 단추 하나가 떨어졌다

(2) 성공하다, 잘 되다
(3) (행사 등이) 행해지다
come on (1) (계절·밤 등이) **다가오다**: Winter is *coming on*. 겨울이 다가오고 있다
(2) 〔명령형으로〕 자 가자, 자 어서; 제발 (please); 덤벼라: *Come on*, give me a hint. 제발, 힌트를 주세요
come out (1) **나오다, 나타나다**: The sun *came out*. 해가 떠올랐다
(2) (본성·비밀 등이) 드러나다
(3) 결과가 …이 되다
come out of …에서 나오다: A frog *came out of* water. 개구리가 물 속에서 나왔다
come over (1) (이리로) **다가오다**; (…의 집에) 들르다: *Come over* here. 이리로 오세요
(2) 갑자기 …이 되다: A feeling of fear *came over* me. 나는 공포감에 사로잡혔다
come to (1) 합계 …이 되다: The sum *came to* ten dollars. 합계 10달러였다
(2) (생각 등이) 떠오르다
come to oneself 정신이 들다: He soon *came to himself*. 그는 곧 정신이 들었다
come together 모이다
come up (1) 오르다, 올라오다; 다가오다: A policeman *came up* to me. 경찰관 한 명이 나에게 다가왔다
(2) (일이) 생기다: A big problem *came up.* 큰 문제가 생겼다
come upon (1) …을 우연히 만나다: I *came upon* him in the shop. 나는 가게에서 그와 우연히 마주쳤다
(2) 다가오다
(3) …을 덮치다
come up with (1) **…에 따라잡다**(catch up with): He *came up with* me by bicycle. 그는 자전거로 나를 따라잡았다
(2) (생각이) 떠오르다: Have you *come up with* any good idea? 무슨 좋은 생각 떠올랐어요?

How come? 어째서요?
co·me·di·an [kəmíːdiən 커미-디언 → 커미-리언] 명 (복수 **comedians** [-z]) 희극 배우, 코미디언
***com·e·dy** [kάmədi 카머디 → 카머리] 명 (복수 **comedies** [-z]) **희극**, 코미디 (반 tragedy 비극)
come·ly [kΛ́mli 컴리] 형 (비교급 **comelier**; 최상급 **comeliest**) 얼굴이 잘 생긴
com·et [kάmit 카밋] 명【천문】혜성
***com·fort** [kΛ́mfərt 캄F어r트] 명 (복수 **comforts** [-ts]) **1 위로**, 위안; 편안함, 안락: She lives in *comfort*. 그녀는 안락하게 살고 있다
2 위로가 되는 것〔사람〕
── 동 (3단현 **comforts** [-ts]; 과거·과거분사 **comforted** [-id]; 현재분사 **comforting**) 타 **…을 위로하다**: Her kind words *comforted* me. 그녀의 친절한 말에 나는 위로를 받았다
***com·fort·a·ble** [kΛ́mfərtəbl 캄F어r터브얼 → 캄F어r러브얼] 형 (비교급 **more comfortable**; 최상급 **most comfortable**) **기분 좋은**, 편안한, 안락한: This chair is very *comfortable*. 이 의자는 매우 편안하다
com·fort·a·bly [kΛ́mfərtəbli 캄F어r터블리 → 캄F어r러블리] 부 기분 좋게, 편안하게
com·ic [kάmik 카믹] 형 희극의(반 tragic 비극의), 우스운: a *comic* actor 희극 배우
── 명 (복수 **comics** [-s]) **1** 희극 배우 (comedian) **2** 만화 잡지 **3** 〔the comics 로〕《미》= comic strip
com·i·cal [kάmikəl 카미커얼] 형 웃기는
comic strip [kάmik strìp] 명 (신문 등의) 연재 만화
***com·ing** [kΛ́miŋ 카밍] 형 **오는**, 다음의 (next): this *coming* Saturday 오는〔이번〕 토요일
── 명 도착(arrival)
com·ma [kάmə 카마] 명 콤마 (,)

com·mand [kəmǽnd 커맨드] 통 (3단현 **commands** [-dz]; 과거·과거분사 **commanded** [-id]; 현재분사 **com·manding**) 타 **1** …을 명령하다(order): He *commanded* silence. 그는 조용히 하라고 명령했다/ I *commanded* him to do it. 나는 그에게 그것을 하라고 명령했다

2 …을 지휘하다: The captain *commands* his ship. 선장은 배를 지휘한다
3 (감정 등을) 억제하다: She cannot *command* her feelings. 그녀는 자신의 감정을 억제하지 못한다
4 …을 마음대로 하다: I cannot *command* the sum. 그만한 돈은 내 마음대로 할 수 없다
5 (경치를) 내려다 보다(overlook): This tower *commands* a fine view. 이 탑의 전망이 좋다
—— 명 (복수 **commands** [-dz]) **1** 명령 (order): give a *command* 명령하다
2 지휘; 지휘권 We are under his *command*. 우리는 그의 지휘하에 있다
3 지배력; (언어의) 구사 능력: She has a good *command* of English. 그녀는 영어를 자유롭게 구사한다
4 (감정 등의) 억제력
5 전망, 조망

com·mand·er [kəmǽndər 커맨더r] 명 **1** (군대의) 사령관; 지휘관 **2** 《미》 해군 중령

com·mand·ment [kəmǽndmənt 커맨(드)먼트] 명 **1** 명령 **2** (신의) 계명, 계율

com·mence [kəméns 커맨쓰] 통 (3단현 **commences** [-iz]; 과거·과거분사 **commenced** [-t]; 현재분사 **com·mencing**) 타 …을 개시하다, 시작하다 (☞ begin의 격식 차린 말): They *commenced* the research. 그들은 조사를 시작했다

com·mence·ment [kəménsmənt 커맨쓰먼트] 명 **1** 개시(beginning), 시작 **2** 《미》 (대학의) 졸업식, 학위 수여식

com·ment [kάmənt 카먼트] 명 (복수 **comments** [-ts]) **1** (시사 문제 등의) 논평(remark), 비평, 비판(criticism): No *comment*. 할 말이 없다
2 해설, 주석(註釋)
—— 자 비평〔논평〕하다 (**on**)

com·men·ta·tor [kάməntèitər 카먼테이터r] 명 **1** 논평자 **2** (라디오·TV의) 시사 해설자

com·merce [kάmə:rs 카머-r쓰] 명 상업, 통상, 무역

com·mer·cial [kəmə́:rʃəl 커머-r셔얼] 형 **1** 상업상의, 통상〔무역〕의: a *commercial* law 상법
2 상업적인, 영리적인
3 상업 방송의: *commercial* programs 상업〔광고〕 방송
—— 명 광고〔상업〕 방송

com·mis·sion [kəmíʃən 커미션] 명 (복수 **commissions** [-z]) **1** 위임, 위탁; (위임받은) 임무: He was given the *commission* to negotiate. 그는 교섭을 위임받았다
2 위원회
3 (매매의) 수수료, 커미션

com·mis·sion·er [kəmíʃənər 커미셔너r] 명 **1** (정부 등에서 임명하는) 위원, 이사 **2** (프로 야구의) 코미셔너 《연맹의 모든 문제에 대한 최고 집행 기관》

com·mit [kəmít 커밋] 통 (3단현 **com·mits** [-ts]; 과거·과거분사 **committed** [-id]; 현재분사 **committing**) 타 **1** …을 위탁하다, 맡기다: The boy was *committed to* the care of his uncle. 그 소년은 아저씨의 보호를 받도록 맡겨졌다
2 (죄·과실 등을) 범하다, 저지르다: *commit* a crime 죄를 짓다

com·mit·tee [kəmíti 커미티 → 커미리] 명 위원회; 〔집합적으로〕 위원 《전원》: The *committee* is made up five. 위원회는 다섯 사람으로 구성되었다/ The *committee* are all present. 위원들은 모두 출석해 있다

쓰임새 위원 전체를 한 묶음으로 볼 때는 단수, 위원 한 사람 한 사람을 가리킬 때에는 복수 취급이 원칙이다.

com·mod·i·ty [kəmádəti 커마더티 → 커마러디] 명 (복수 **commodities** [-z]) 〔종종 복수형으로〕 상품, 일용품

com·mo·dore [kámədɔ̀ːr 카머도-r] 명 **1** 《해군》 준장 **2** 《경칭》 제독 《베테랑 선장·요트 클럽 회장》

＊com·mon [kámən 카먼] 형 (비교급 **commoner**; 최상급 **commonest**) **1** 공통의, 공유의: *common* interests 공통의 이익 / *common* property 공유 재산 **2** 공공의(public): He worked for the *common* good. 그는 공공의 이익을 위해 일했다

3 보통의, 흔히 볼 수 있는(반 rare 귀한); 평범한(ordinary): a *common* noun 《문법》 보통 명사 / a *common* mistake 흔한 실수

— 명 공통, 공유: I have nothing in *common* with him. 나는 그와 공통점이 하나도 없다

common knowledge [kámən nálidʒ] 명 상식: He has a great deal of *common knowledge*. 그는 상식이 풍부하다

com·mon·ly [kámənli 카먼리] 부 일반적으로, 보통으로

com·mon·place [kámənplèis 카먼플레이쓰] 형 명 평범한 (일·말)

common sense [kámən séns] 명 상식: He has no *common sense*. 그는 상식이 없는 사람이다

참고 상식
우리가 특별히 책에서 읽거나 공부하지 않고도 살아가면서 알게 되는 지극히 당연한 것은 **common sense**, 어느 정도의 지적 수준이면 누구나 알게 되는 지식은 **common knowledge**라 한다.

com·mon·wealth [kámənwèlθ 카먼웨얼θ으] 명 국가, 공화국(republic); 연방 【「common(공공의)+wealth(복지)」에서】

com·mo·tion [kəmóuʃən 커모우션] 명 동요, 소동

com·mune [kəmjúːn 커뮤-은] 명 **1** 코민 《중세 유럽 제국의 최소 행정구》 **2** (공산권의) 공동 생활체 【common(공유)과 관련】

＊com·mu·ni·cate [kəmjúːnəkèit 커뮤-너케잇] 동 (3단현 **communicates** [-ts]; 과거·과거분사 **communicated** [-id]; 현재분사 **communicating**) 타 (정보·뉴스 등을) 전하다, 전달하다: *communicate* opinions[ideas] *to* others 의견〔사상〕을 남에게 전하다

— 자 연락〔통신〕하다 (with): They *communicate with* each other by e-mail. 그들은 서로 이메일로 연락하고 있다

＊com·mu·ni·ca·tion [kəmjùːnəkéiʃən 커뮤-너케이션] 명 (복수 **communications** [-z]) **1** (정보·의견의) 전달, 커뮤니케이션: Language is a means of *communication*. 언어는 전달의 수단이다

2 통신, 보도, 편지: All *communication* was stopped. 모든 통신이 두절되었다

3 〔복수형으로〕 통신〔교통〕 기관

com·mu·nism [kámjunìzm 카뮤니z음] 명 공산주의

com·mu·nist [kámjunist 카뮤니스트] 명 공산주의자

＊com·mu·ni·ty [kəmjúːnəti 커뮤-너티 → 커뮤-너리] 명 (복수 **communities** [-z]) **1** 공동 사회, 공동체; 지역 사회 **2** 〔the를 붙여〕 일반 사회 **3** (재산 등의) 공유

community chest [kəmjúːnəti tʃèst] 명 공동 모금

com·mu·ta·tion [kàmjutéiʃən 카뮤테이션] 명 **1** 《미》 통근 **2** 교환

commutation ticket [kɑmjutéiʃən tìkit] 명 《미》 (철도 등의) 정기 승차권 (《영》 season ticket)

com·mu·tate [kámjutèit 카뮤테잇] 동 (현재분사 **commutating**) 자 통근하다

com·pact [kəmpǽkt 컴팩트] 형 **1** 조밀한(close), 촘촘한, 밀집한 **2** (자동차가) 작고 경제적인, 소형의 **3** (문체 등이) 간결한(concise)
—— [kámpækt 캄팩트] 명 **1** 콤팩트 《화장용》 **2** 소형 자동차

compact disk [kəmpǽkt dísk] 명 콤팩트 디스크 《레이저 광선으로 재생하는 소형 레코드; 약어는 CD》

com·pan·ion [kəmpǽniən 컴패니언] 명 동료, 친구, 벗

***com·pa·ny** [kʎmpəni 컴퍼니] 명 (복수 **companies** [-z]) **1** 〔집합적으로〕 동료, 친구; 교제, 사귐: A man is known by the *company* he keeps. 《속담》 사귀는 친구를 보면 그 사람의 됨됨이를 알 수 있다
2 일행, 일단: A *company* of travelers arrived at the hotel. 여행자의 일단이 호텔에 도착했다
3 회사, 상회 《약어는 Co.》: Smith & *company* (= Smith & Co.) 스미스 상회/ He works for a trading *company*. 그는 무역 회사에 근무한다
4 〔집합적으로〕 손님, 방문객: We're having *company*. 지금 손님이 와 계신다

com·pa·ra·ble [kámpərəbl 캄퍼뤄블] 형 …와 비교되는 《with》

com·par·a·tive [kəmpǽrətiv 컴패뤄티v으] 형 **1** 비교의(반 absolute 절대의): a *comparative* method 비교 연구법
2 비교적, 어느 정도: with *comparative* ease 비교적 쉽게
3 【문법】 비교급의: the *comparative* degree 비교급

com·par·a·tive·ly [kəmpǽrətivli 컴패뤄티v을리] 부 비교적, 어느 정도

***com·pare** [kəmpέər 컴페어r] 동 (3단현 **compares** [-z]; 과거·과거분사 **compared** [-d]; 현재분사 **comparing** [-pέəriŋ]) 타 **1** (둘을) 비교하다, 견주다 《with, to》: *Compare* this translation *with* the original. 이 번역을 원문과 비교하세요
2 비유하다 《to》: Life is often *compared to* a voyage. 인생은 흔히 항해에 비유된다
—— 자 〔보통 부정문·의문문에서〕 맞먹다, 필적하다 《with》: *No* book can *compare with* the Bible. 성서에 필적하는 책은 없다

***com·par·i·son** [kəmpǽrisn 컴패뤼슨] 명 **1** 비교, 대조: There is no *comparison* between the two. 그 둘은 (너무 차이가 나서) 비교가 안 된다
2 【문법】 비교 (변화)

> 문법 비교 (변화)
> 형용사나 부사는 그 나타내는 성질이나 상태 등의 비교상의 정도를 나타내기 위하여 어형 변화를 하는데 비교를 하지 않는 형을 원급, 다른 것과 비교하여 정도가 높은 것은 비교급, 셋 이상을 비교하여 정도가 가장 높은 것은 최상급이라고 한다.

com·part·ment [kəmpáːrtmənt 컴파-r트먼트] 명 (복수 **compartments** [-ts]) **1** (칸막이 된) 구획; 칸막이 방 **2** (열차의) 칸막이한 객실

***com·pass** [kʎmpəs 캄퍼ㅆ] 명 (복수 **compasses** [-iz]) **1** 나침반 **2** 〔보통 복수형으로〕 (제도용) **컴퍼스**

compass 1   compasses 2

com·pel [kəmpél 컴페얼] 동 (3단현 compels [-z]; 과거·과거분사 compelled [-d]; 현재분사 compelling) 타 [compel A to do의 형태로] **A에게 억지로 …시키다**, 강요하다: He *compelled* me *to* work. 그는 나에게 억지로 일을 시켰다

com·pen·sate [kámpənsèit 캄펀쎄잇] 동 (3단현 compensates [-ts]; 과거·과거분사 compensated [-id]; 현재분사 compensating) 타 **1** …을 보상하다, 배상하다 《for》: I will *compensate* you *for* your loss. 당신의 손해는 보상하겠습니다

2 《미》 보수[급료]를 치르다

com·pen·sa·to·ry [kəmpénsətɔ̀:ri 컴펜써토-뤼] 형 보상의

com·pen·sa·tion [kàmpənséiʃən 캄펀쎄이션] 명 **1** 보상, 배상 **2** 《미》 보수

com·pete [kəmpí:t 컴피-트] 동 (3단현 competes [-ts]; 과거·과거분사 competed [-id]; 현재분사 competing) 자 **1 경쟁하다**, 겨루다: Ten team *competed* for the cup. 10팀이 우승컵을 놓고 겨루었다

2 [보통 부정문에서] 필적하다 《with》

com·pe·tence [kámpətəns 캄퍼턴쓰] 명 능력, 적성

com·pe·tent [kámpətənt 캄퍼턴트] 형 (비교급 **more competent**; 최상급 **most competent**) **1 유능한**, 능력[자격]이 있는(capable): He is a *competent* manager. 그는 유능한 관리자다

2 적당한, 충분한: *competent* income 충분한 수입

com·pe·ti·tion [kàmpətíʃən 캄퍼티션] 명 (복수 competitions [-z]) **경쟁**; 경기, 시합: a swimming *competition* 수영 경기

com·pet·i·tive [kəmpétətiv 컴페터티v으 → 컴페러티v으] 형 경쟁의

com·pil·a·tion [kàmpəléiʃən 캄펄레이션] 명 (자료 등의) 편집; 편집물

com·pile [kəmpáil 컴파일] 동 (3단현 compiles [-z]; 과거·과거분사 compiled [-d]; 현재분사 compiling) 타 …을 편집하다: *compile* a dictionary 사전을 편집하다

com·plain [kəmpléin 컴플레인] 동 (3단현 complains [-z]; 과거·과거분사 complained [-d]; 현재분사 complaining) 자 **1 불평하다**, 투덜거리다: She is always *complaining*. 그녀는 항상 불평한다

2 (병·고통 등을) 호소하다: He often *complains of* headaches. 그는 두통을 종종 호소한다

com·plaint [kəmpléint 컴플레인트] 명 불평, 불만

com·ple·ment [kámpləmənt 캄플러먼트] 명 **1** 보충물 **2** 【문법】 보어

> 문법〉 보어
>
> 보어란 동사가 하나의 완전한 뜻을 나타낼 수 있도록 보충해 주는 말로 주로 명사나 형용사이다. I am *a boy*. (나는 소년이다)의 boy는 am을 보충해서 주어 I가 무엇인가를 설명하는 말이므로 주격 보어라 하고, They call him *Bill*. (그들은 그를 빌이라 부른다)의 Bill은 call을 보충해서 목적어 him을 무엇이라고 부르는가를 설명하는 말이므로 목적격 보어라고 한다.

com·ple·men·ta·ry [kàmpləméntəri 캄플러멘터리] 형 보충하는

com·plete [kəmplí:t 컴플리-트] 동 (3단현 completes [-ts]; 과거·과거분사 completed [-id]; 현재분사 completing) 타 **…을 완성하다**, 끝마치다(finish): *complete* the work 일을 마치다 / The building will be *completed* soon. 그 빌딩은 곧 완성될 것이다

── 형 **1 전부의**, 전부 갖추어진: the *complete* works of Shakespeare 셰익스피어 전집

2 완전한(perfect), 전적인: a *complete* failure〔victory〕완패〔완승〕/ She is a *complete* stranger *to* me. 나는 그녀를 전혀 모른다
3 〔🅜 명사 앞에는 쓰이지 않음〕완성된: My homework is now *complete*. 내 숙제는 이제 다 됐다

com·plete·ly [kəmplíːtli 컴플리-틀리 → 컴플리-잇'을리] 🅟 완전히: We failed *completely*. 우리는 완전히 실패했다

com·plex [kəmpléks 컴플렉ㅆ] 🅗 **1 복잡한**, 까다로운(🅟 simple 단순한): a *complex* problem 복잡한 문제
2 복합의: a *complex* sentence 【문법】복합문
── 🅜 (복수 **complexes** [-iz]) **1** 복합체; (건물 등의) 집합체, 종합 시설: a sports *complex* 스포츠 종합 시설
2 【정신분석】콤플렉스, 강박 관념: inferiority〔superiority〕 *complex* 열등〔우월〕감

com·plex·ion [kəmplékʃən 컴플렉션] 🅜 **1** 안색, 얼굴빛 **2** 형편, 양상

com·pli·cate [kámpləkèit 캄플러케잇] 🅱 (3단현 **complicates** [-ts]) 🅣 (일을) 복잡하게 하다

com·pli·cat·ed [kámpləkèitid 캄플러케이티드 → 캄플러케이리드] 🅗 복잡한, 어려운: a *complicated* problem 복잡한 문제

com·pli·ment [kámpləmənt 캄플러먼트] 🅜 (복수 **compliments** [-ts]) **1** 찬사, 칭찬의 말: He paid her many *compliments*. 그는 그녀를 여러 가지로 칭찬했다
2 〔복수형으로〕인사말: Please give my *compliments* to your mother. 어머니께 안부 말씀 전해 주십시오

com·pli·men·ta·ry [kàmpləméntəri 캄플러멘트리] 🅗 **1** 칭찬의 **2** 무료의, 초대의

com·ply [kəmplái 컴플라이] 🅱 (3단현 **complies** [-z]; 과거·과거분사 com-plied [-d]; 현재분사 **complying**) 🅩 (요구·규칙에) 응하다, 따르다: *comply with* the rules 규칙에 따르다

com·po·nent [kəmpóunənt 컴포우넌트] 🅗 구성하고 있는
── 🅜 구성 요소, 성분

*****com·pose** [kəmpóuz 컴포우z으] 🅱 (3단현 **composes** [-iz]; 과거·과거분사 **composed** [-d]; 현재분사 **composing**) 🅣 **1** 〔**be composed of**의 형태로〕…**으로 구성되다**: The team *is composed of* ten players. 그 팀은 10명으로 구성되어 있다
2 (시·글을) **짓다**; 작곡하다: *compose* a poem 시를 짓다
3 (마음을) 가라앉히다, 가다듬다: *compose* one's emotions 감정을 가라앉히다
── 🅩 시를 짓다; 작곡하다

com·pos·er [kəmpóuzər 컴포우z어r] 🅜 작곡가

com·pos·ite [kəmpázit 컴파z잇] 🅗 혼합의, 합성의
── 🅜 합성물, 복합물

com·po·si·tion [kàmpəzíʃən 캄퍼z이션] 🅜 (복수 **compositions** [-z]) **1** 작문; (음악·시 등의) 작품: an English *composition* 영작문
2 구성, 요소, 성분
3 혼합물, 합성물

com·pound [kámpaund 캄파운드] 🅗 혼합의, 합성의: a *compound* substance 혼합물
── 🅜 (복수 **compounds** [-dz]) 혼합물, 화합물

compound sentence [kámpaund séntəns] 🅜 【문법】복문 (🅟 두 개 이상의 절이 and, but, or 등으로 이루어진 문장)

compound word [kámpaund wə́ːrd] 🅜 【문법】합성어 (🅟 baseball (야구), school bus (스쿨 버스), brother-in-law (처남, 매부)처럼 둘 이상의 단어가 합성하여 하나의 단어가 된 것)

com·pre·hend [kàmprihénd 캄프뤼헨드] 타 **1** …을 이해하다(understand) **2** …을 포함하다(include)

com·pre·hen·si·ble [kàmprihénsəbl 캄프뤼헨써브을] 형 이해할 수 있는, 알기 쉬운

com·pre·hen·sion [kàmprihénʃən 캄프뤼헨션] 명 이해(력): listening *comprehension* 청취 이해력

com·pre·hen·sive [kàmprihénsiv 캄프뤼헨씨v으] 형 **1** 이해력이 있는 **2** 포괄적인, 범위가 넓은

com·press [kəmprés 컴프뤠ㅆ] 동 (3단현 **compresses** [-iz]) 타 **1** …을 압축[압착]하다 **2** (사상·언어 등을) 요약하다

com·pres·sion [kəmpréʃən 컴프뤠션] 명 **1** 압축, 압착 **2** (사상·언어 등의) 요약

com·pres·sor [kəmprésər 컴프뤠써r] 명 압축기, 압착기

com·prise [kəmpráiz 컴프롸이z으] 동 (현재분사 **comprising**) 타 …을 포함하다; …으로 이루어지다

com·pro·mise [kámprəmàiz 캄프러마이z으] 명 타협: We reached a *compromise*. 우리는 타협에 이르렀다

───동 (현재분사 **compromising**) 자 타협하다, 화해하다

【라틴어 「com-(함께)+promise(약속하다)」에서】

com·pul·sion [kəmpʌ́lʃən 컴펄션] 명 **1** 강제, 강요 **2** (…하고 싶은) 충동

com·pul·sive [kəmpʌ́lsiv 컴펄씨v으] 형 강제적인

com·pul·sive·ly [kəmpʌ́lsivli 컴펄씨v을리] 부 강제적으로

com·pul·so·ry [kəmpʌ́lsəri 컴펄써뤼] 형 **1** 의무적인, 강제적인(반 voluntary 자발적인): *compulsory* education 의무교육
2 《영》 (학과가) 필수의(반 optional 선택의): a *compulsory* subject 필수 과목 (📖 《미》 a required subject)

com·put·er [kəmpjúːtər 컴퓨-터r → 컴퓨-러r] 명 (복수 **computers** [-z]) **컴퓨터**, 전자 계산기

com·rade [kámræd 캄쾌드] 명 (복수 **comrades** [-dz]) 동료, 동지, 친구, 벗

con- (접두사) 「같이, 함께」의 뜻

con·cave [kankéiv 칸케이v으] 형 오목한(반 convex 볼록한): a *concave* lens 오목 렌즈

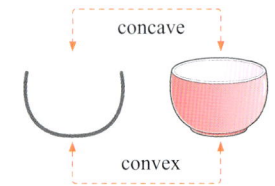
concave
convex

con·ceal [kənsíːl 컨씨-을] 동 (3단현 **conceals** [-z]; 과거·과거분사 **concealed** [-d]; 현재분사 **concealing**) 타 …을 숨기다, 감추다(hide): Do not *conceal* your intentions *from* me. 너의 의도를 내게 숨기지 마라

con·cede [kənsíːd 컨씨-드] 동 (3단현 **concedes** [-dz]; 과거·과거분사 **conceded** [-id]; 현재분사 **conceding**) 타 …을 인정하다, 시인하다: He *conceded* defeat. 그는 패배를 인정했다

con·ceit [kənsíːt 컨씨-트] 명 자만, 자부심

con·ceit·ed [kənsíːtid 컨씨-티드 → 컨씨-리드] 형 자부심이 강한

con·ceive [kənsíːv 컨씨-v으] 동 (3단현 **conceives** [-z]; 과거·과거분사 **conceived** [-d]; 현재분사 **conceiving**) 타 **1** (생각·감정 등을) 품다: Who *conceived* the idea of the atomic bomb? 원자 폭탄을 고안한 사람은 누구입니까?
2 …을 상상하다(imagine): I cannot *conceive* why you did that. 네가 어째서 그것을 했는지 상상할 수 없다
3 임신하다

con·cen·trate [kánsəntrèit 칸썬츄뤠잇] 동 (3단현 **concentrates** [-ts]; 과거·과거분사 **concentrated** [-id]; 현재분사 **concentrating**) 타 …을 집중하다(focus): *concentrate* one's energies *on* work 정력을 일에 집중하다

———자 …에 집중하다: Population *concentrates in* large cities. 인구는 대도시에 집중한다

【라틴어「con-(함께)+center(중심)에 모으다」에서】

con·cen·tra·tion [kɑ̀nsəntréiʃən 칸썬츄뤠이션] 명 집중; 전념

con·cept [kánsept 칸쎕트] 명 개념, 관념

con·cep·tion [kənsépʃən 컨쎕션] 명 1 개념, 생각 2 임신

con·cern [kənsə́:rn 컨써-r언] 동 (3단현 **concerns** [-z]; 과거·과거분사 **concerned** [-d]; 현재분사 **concerning**) 타 1 …에 관계가 있다, 관련되다: This *concerns* all of us. 이것은 우리 모두에게 관계가 있다

2 …에 관심을 가지다 (in, with): I don't *concern* myself *with* politics. 나는 정치에 관심이 없다

3 [be concerned about의 형태로] …을 걱정하다: I *am concerned about* his health. 그의 건강이 걱정이다

as[*so*] *far as* ... *is concerned* …에 관한 한, …의 생각[의견]으로는: *As far as* I *am concerned*, that dictionary is very good. 내 생각으로는 그 사전은 아주 좋다

———명 (복수 **concerns** [-z]) 1 **관계**, 이해 관계: I have no *concern* with the matter. 나는 그 일과 전혀 관계가 없다

2 걱정, 근심: with much *concern* 매우 걱정하여

3 관심사, 관여할 일: It is no *concern* of mine. 그건 내 알 바가 아니다

4 사업, 영업; 기업, 회사

con·cern·ing [kənsə́:rniŋ 컨써-r닝] 전 …에 관하여(about)

con·cert [kánsə:rt 칸써-r트] 명 (복수 **concerts** [-ts]) 음악회, 연주회, 콘서트 (「독주회」는 recital): a *concert* hall 콘서트 홀/ He gives a *concert* every year. 그는 매년 콘서트를 연다

concert

con·ces·sion [kənséʃən 컨쎄션] 명 1 양보 2 (정부에서 받는) 면허, 특허

con·cise [kənsáis 컨싸이스] 형 (비교급 **conciser**; 최상급 **concisest**) (말 등이) 간결한

con·clude [kənklú:d 컨클루-드] 동 (3단현 **concludes** [-dz]; 과거·과거분사 **concluded** [-id]; 현재분사 **concluding**) 타 1 …을 **마치다**, 끝내다(finish): *conclude* an argument 논쟁을 마치다

2 (…이라고) **결론을 내리다**: We *concluded* that we should continue the work. 우리는 그 일을 계속해야 한다는 결론에 도달했다

3 (조약 등을) 체결하다, 맺다

4 …하려고 마음먹다 (to do): He *concluded to* try again. 그는 다시 한번 해보려고 마음먹었다

———자 1 끝나다 2 결정하다

To be concluded. (잡지 등에서 연재물이) 다음 호에 완결 (「다음 호에 계속」은 To be continued.)

con·clu·sion [kənklú:ʒən 컨클루-줜] 명 1 **결론**, 결말: We came to the *conclusion* that he was innocent. 우리는 그가 결백하다는 결론에 달했다

2 (조약의) 체결

con·clu·sive [kənklú:siv 컨클루-씨v으] 형 결정적인; 최종적인

con·cord [kánkɔːrd 칸코-ㄹ드] 명 **1** (의견·이해 등의) 일치, 조화(반 discord 불일치) **2** (국제 간의) 협정, 협약 **3** 【문법】일치(一致)

> 문법) 일치(一致)
> 긴밀한 관계에 있는 말이 수·성·인칭 등에 있어서 서로 일치하는 형태를 취하는 것을 일치라 한다.

***con·crete** [kɑnkríːt 칸크리-트] 형 **1 구체적인**(반 abstract 추상적인): a *concrete* example 구체적인 예
2 콘크리트로 만든
──[kánkriːt 칸크리-트] 명 콘크리트

con·cur [kənkə́ːr 컨커-ㄹ] 동 (3단현 concurs [-z]; 과거·과거분사 concurred [-d]; 현재분사 concurring [-kə́ːriŋ]) 자 **1** (의견이) 일치하다(agree) **2** 동시에 일어나다

con·demn [kəndém 컨뎀] 〔끝의 n은 묵음〕 동 (3단현 **condemns** [-z]; 과거·과거분사 **condemned** [-d]; 현재분사 **condemning**) 타 **1** …을 비난하다: They *condemned* him *for* his conduct. 그들은 그의 행위를 비난했다
2 (…에게 유죄를) 선고하다(sentence): The judge *condemned* him *to* five years in prison. 재판관은 그에게 5년 금고형을 선고했다

con·dense [kəndéns 컨덴쓰] 동 (3단현 **condenses** [-iz]; 과거·과거분사 **condensed** [-t]; 현재분사 **condensing**) 타 **1** …을 농축하다, 응축〔압축〕하다: *condense* milk 우유를 농축하다
2 (사상·표현 등을) 요약하다
──자 응축하다, 압축되다
【라틴어「아주 짙게(dense) 하다」에서】

***con·di·tion** [kəndíʃən 컨디션] 명 (복수 conditions [-z]) **1 상태; 컨디션**, 건강 상태: My car is always in good *condition*. 내 차는 언제나 상태가 좋다
2 〔복수형으로〕 (주위의) **상황**, 사정, 형편(circumstances): We had to work under difficult *conditions*. 우리는 어려운 상황에서 일하지 않으면 안 되었다
3 (필요) 조건, 요인: Health is a *condition* of happiness. 건강은 행복의 필요 조건이다

on condition that …이라는 조건으로: I will come *on condition that* Mary is invited. 메리도 초청한다는 조건이라면 나는 가겠다
──타 (…에) 조건을 붙이다

con·di·tion·al [kəndíʃənl 컨디셔느얼] 형 조건부의

con·do [kándou 칸도우] 명 = condominium

con·do·min·i·um [kɑ̀ndəmíniəm 칸더미니엄] 명 《미》 분양 아파트 《건물 전체 또는 그 한 호(戶)》

> 참고) 우리나라에서는 경치 좋은 곳에 지어진 별장 같은 아파트를 콘도미니엄이라고 부르지만, 영어권에서는 분양되어 개인 소유로 된 공동 주택이란 뜻으로 우리나라에 있는 대부분의 아파트가 condominium에 해당된다. 줄여서 condo라고도 한다.

con·dor [kándər 칸더ㄹ] 명 【조류】 콘도르

condor

***con·duct** [kándʌkt 칸닥트] 동 (3단현 **conducts** [-ts]; 과거·과거분사 **conducted** [-id]; 현재분사 **conducting**) 타 **1** 〔conduct oneself의 형태로〕 **행동하다**: She *conducted herself* well. 그녀는 훌륭하게 행동했다
2 (악단 등을) **지휘하다**: *conduct* an or-

chestra 오케스트라를 지휘하다
3 …을 안내하다, 이끌다: I *conducted* my pupils *through* the museum. 나는 학생들에게 박물관을 두루 안내했다
4 (열 등을) 전하다: Copper *conducts* electricity. 동(銅)은 전기를 전한다
5 …을 운영〔관리〕하다
── 명 1 행동, 행위, 행실: good *conduct* 선행
2 지도, 지휘, 안내
3 운영, 관리, 처리: the *conduct* of a business 사업의 운영

con·duc·tor [kəndʌ́ktər 컨닥터*r*] 명 1 안내자(guide) 2 (버스·전차의) 차장; 《미》기차의 차장 (《영》 guard) 3 (악단의) 지휘자 4 【물리】 전도체

cone [kóun 코운] 명 (복수 **cones** [-z]) 1 원뿔, 원추형(의 것) 2 (아이스크림) 콘 (ice-cream cone이라고도 한다) 3 솔방울

cone 1　　cone 2　　cone 3

con·fed·er·ate [kənfédərit 컨F에더릿] 형 동맹한, 연합한(allied)
── 명 동맹국

con·fed·er·a·tion [kənfèdəréiʃən 컨F에더뤠이션] 명 1 연합, 동맹 2 연방, 연합국

con·fer [kənfə́ːr 컨F어-*r*] 동 (3단현 **confers** [-z]; 과거·과거분사 **conferred** [-d]; 현재분사 **conferring**) 타 …을 주다, 수여하다
── 자 협의〔의논〕하다

＊**con·fer·ence** [kánfərəns 칸F어뤈쓰] 명 (복수 **conferences** [-iz]) 상담, 협의; 회의(meeting): a summit *conference* 정상 회담

＊**con·fess** [kənfés 컨F에쓰] 동 (3단현 **confesses** [-iz]; 과거·과거분사 **confessed** [-t]; 현재분사 **confessing**) 타 …을 자백하다, 인정하다: He *confessed* his guilty. 그는 죄를 자백했다
── 자 자백하다

con·fes·sion [kənféʃən 컨F에션] 명 자백, 고백

con·fide [kənfáid 컨F아이드] 동 (현재분사 **confiding**) 자 1 신용하다, 신뢰하다 (in) 2 비밀을 털어놓다

＊**con·fi·dence** [kánfidəns 칸F이던쓰] 명 1 신용, 신뢰 (in): I have great *confidence in* her. 나는 그녀를 매우 신용하고 있다
2 자신, 확신: He is full of *confidence*. 그는 자신만만하다
3 비밀(secret)

＊**con·fi·dent** [kánfidənt 칸F이던트] 형 (비교급 **more confident**; 최상급 **most confident**) 확신하는, 굳게 믿는, 자신하는 (of, that): I am *confident of* his success. (= I am *confident that* he will succeed.) 나는 그의 성공을 확신하고 있다)

con·fi·den·tial [kànfidénʃəl 칸F이덴셔얼] 형 1 신뢰할 수 있는 2 기밀의(secret)

con·fine [kənfáin 컨F아인] 동 (3단현 **confines** [-z]; 과거·과거분사 **confined** [-d]; 현재분사 **confining**) 타 1 …을 제한하다
2 (어떤 장소에) 가두다, 틀어박히게 하다: A cold *confined* him *to* bed. 그는 감기로 앓아 누워 있다

＊**con·firm** [kənfə́ːrm 컨F어-*r*엄] 동 (3단현 **confirms** [-z]; 과거·과거분사 **confirmed** [-d]; 현재분사 **confirming**) 타 1 …을 확인하다: *confirm* a rumor 소문을 확인하다
2 (결심 등을) 굳히다, 강화하다
【라틴어 「확실하게(firm) 하다」에서】

con·fir·ma·tion [kànfərméiʃən 칸F어*r*메이션] 명 확인

con·flict [kánflikt 칸F을릭트] 명 (복수 **conflicts** [-ts]) **1** 싸움, 투쟁: a *conflict* of arms 무력 투쟁
2 (사상·의견 등의) 충돌, 대립: a *conflict* of opinions 의견의 대립

con·found [kənfáund 컨F아운드] 동 (3단현 **confounds** [-dz]; 과거·과거분사 **confounded** [-id]; 현재분사 **confounding**) 타 …을 혼동하다(confuse); (사람을) 당황케〔난처하게〕 하다: *confound* means *with* end 수단과 목적을 혼동하다

con·front [kənfrÁnt 컨F으뢴트] 동 (3단현 **confronts** [-ts]; 과거·과거분사 **confronted** [-id]; 현재분사 **confronting**) 타 …에 맞서다, 직면하다: I'm *confronted with* a new problem. 나는 새로운 문제에 직면해 있다

con·fuse [kənfjúːz 컨F유-Z으] 동 (3단현 **confuses** [-iz]; 과거·과거분사 **confused** [-d]; 현재분사 **confusing**) 타 **1** …을 혼동〔혼란〕시키다: I often *confuse* him *with* his brother. 나는 그를 그의 동생과 종종 혼동한다
2 어리둥절하게 하다(perplex), 당황하게 하다: I was *confused* by her sudden anger. 나는 그녀가 갑자기 화를 내는 바람에 당황했다

con·fus·ing [kənfjúːziŋ 컨F유-Z잉] 형 **1** 혼란시키는 **2** 당황케 하는

con·fu·sion [kənfjúːʒən 컨F유-줜] 명 **1** 혼동, 혼란 **2** 당황

con·grat·u·late [kəngrǽtʃuleit 컨그래츌레잇] 동 (3단현 **congratulates** [-ts]; 과거·과거분사 **congratulated** [-id]; 현재분사 **congratulating**) 타 …을 축하하다: I *congratulate* you *on* your success. 당신의 성공을 축하합니다

con·grat·u·la·tion [kəngrætʃuléiʃən 컨그래츌레이션] (복수 **congratulations** [-z]) 명 축하; 〔복수형으로〕 축하의 말: *Congratulations* on passing the examination! 시험 합격을 축하합니다

con·gre·gate [káŋgrigèit 캉그뤼게잇] 동 (현재분사 **congregating**) 자 타 모이다; …을 소집하다

con·gress [káŋgris 캉그뤼쓰] 명 **1** 〔Congress로〕 (미국의) 국회, 의회 (영국 「의회」는 Parliament, 대한민국 「국회」는 the National Assembly) **2** (대표자·위원 등의 정식) 회의, 대회

con·gress·man [káŋgrismən 캉그뤼쓰먼] 명 (복수 **congressmen** [-mən]) 〔Congressman으로〕 《미》 국회 의원, (특히) 하원 의원 (「상원 의원」은 Senator)

conj. 《약어》 *conj*unction 접속사

con·junc·tion [kəndʒÁŋkʃən 컨쥥(크)션] 【문법】 접속사

> 쓰임새 접속사
> 접속사는 단어와 단어, 구와 구, 절과 절을 연결하는 말로 and, but, or 등 대등한 관계에 있는 말을 연결하는 등위 접속사와 that, if, when, because 등 절을 문장의 한 부분으로 연결하는 종속 접속사가 있다.

con·nect [kənékt 커넥트] 동 (3단현 **connects** [-ts]; 과거·과거분사 **connected** [-id]; 현재분사 **connecting**) 타 **1** …을 연결하다, 잇다: *Connect* the two wires. 두 철사를 연결하다
2 전화로 연결하다: Please *connect* me *with* New York. 뉴욕을 연결해 주세요
3 〔connect A with B의 형태로〕 B로 A를 연상하다: Can you *connect* anything *with* this story? 이 이야기에서 무엇을 연상할 수 있느냐?

──자 …이 연결되다
be connected with …와 관계〔연고〕가 있다: I *am* distantly *connected with* the family. 그 가족과 나는 먼 친척이 된다

Con·nec·ti·cut [kənétikət 커네티컷 → 커네리컷] 명 코네티컷 《미국 북동부의 주(州); 약어는 Conn., CT》

*****con·nec·tion** [kənékʃən 커넥션] 명 (복수 **connections** [-z]) **1 관계**, 관련; (교통·통신 등의) **연결**, 접속: I have no *connection* with that. 나는 그것과 관계가 없다
2 친척, 연줄
in connection with …에 관련되어: He interviewed me *in connection with* the plan. 그는 그 계획에 관련하여 나와 회견했다

con·quer [káŋkər 캉커r] 동 (3단현 **conquers** [-z]; 과거·과거분사 **conquered** [-d]; 현재분사 **conquering** [-kəriŋ]) 타 **1** (적·국가 등을) 정복하다
2 (곤란·유혹 등을) 극복하다: *conquer* difficulties 곤란을 극복하다

con·quer·or [káŋkərər 캉커뤄r] 명 정복자, 승리자

con·quest [káŋkwest 캉크웨스트] 명 정복

con·science [kánʃəns 칸션쓰] 명 양심

*****con·scious** [kánʃəs 칸셔쓰] 형 **1** 〔**be conscious of**의 형태로〕 **…을 의식하다**, 눈치 채다: She *was* not *conscious of* our errors. 그녀는 우리의 잘못을 깨닫지 못하고 있었다
2 정신〔의식〕이 있는

con·scious·ly [kánʃəsli 칸셔쓸리] 부 의식하고, 의식적으로

con·scious·ness [kánʃəsnis 칸셔쓰니쓰] 명 의식

con·sen·sus [kənsénsəs 컨쎈써쓰] 명 (의견·증언 등의) 일치, 합의

*****con·sent** [kənsént 컨쎈트] 동 (3단현 **consents** [-ts]; 과거·과거분사 **con**-sented [-id]; 현재분사 **consenting**) 자 **동의하다**(agree), 승낙하다 〔**to**〕: *consent to* a suggestion 제안에 동의하다
──명 **동의**, 승낙: Silence gives *consent*. 《속담》 침묵은 승낙의 표시

con·se·quence [kánsikwèns 칸씨크웬쓰] 명 **1** 결과(result)
2 중요함(importance): He is a man of (great) *consequence*. 그는 (매우) 중요한 인물이다
in consequence 그 결과로서, 따라서
in consequence of …의 결과, …때문에: *In consequence of* a severe earth-quake the city was completely de-stroyed. 심한 지진으로 그 시는 완전히 파괴되었다

con·se·quent [kánsikwènt 칸씨크웬트] 형 (어떤) 결과로서 생기는

con·se·quent·ly [kánsikwèntli 칸씨크웬틀리 → 칸씨크웬'을리] 부 그 결과로서, 따라서

con·ser·va·tion [kànsəːrvéiʃən 칸써-r V에이션] 명 (자연·자원의) 보호, 관리, 보존: *conservation* of energy 에너지 보존

con·ser·va·tive [kənsə́ːrvətiv 컨써-r V어티v으 → 컨써-r V어리v으] 형 보수적인(반) progressive 진보적인): the *Conservative* party 《영》 보수당

con·serve [kənsə́ːrv 컨써-rv으] 동 (현재분사 **conserving**) 타 …을 보호하다, 보존하다

*****con·sid·er** [kənsídər 컨씨더r → 컨씨러r] 동 (3단현 **considers** [-z]; 과거·과거분사 **considered** [-d]; 현재분사 **considering** [-dəriŋ]) 타 **1 …을 숙고하다**, 잘 생각하다: I will *consider* the matter carefully. 그 문제는 제가 신중히 생각해 보겠습니다
2 …을 …이라고 생각하다(regard): I *consider* him (to be) a fool. (= I *consider that* he is a fool.) 나는 그를 바보라고 생각한다

con·sid·er·a·ble [kənsídərəbl 컨씨더러블→ 컨씨러뤄블] 형 **상당한**, 꽤 많은: a *considerable* sum of money 상당한 액수의 돈

con·sid·er·a·bly [kənsídərəbli 컨씨더러블리→ 컨씨러뤄블리] 부 상당히, 꽤: It's *considerably* cool tonight. 오늘밤은 상당히 시원하다

con·sid·er·ate [kənsídərət 컨씨더럿] 형 이해심〔동정심〕이 있는, 친절한

con·sid·er·a·tion [kənsìdəréiʃən 컨씨더뤠이션→ 컨씨러뤠이션] 명 1 고려, 숙고: The problem is under *consideration*. 그 문제는 고려 중이다
2 고려할 사항〔문제〕
3 (남에 대한) 이해, 배려: He has no *consideration* for other. 그는 남에 대한 배려가 없다

take ... into consideration …을 고려하다: We should *take* the weather *into consideration*. 우리는 날씨를 고려하여야 한다

con·sid·er·ing [kənsídəriŋ 컨씨더링 → 컨씨러륑] 전 …을 고려하면, …치고는: He looks old *considering* his age. 그는 나이에 비해 늙어 보인다

con·sist [kənsíst 컨씨스트] 동 (3단현 **consists** [-ts]; 과거 · 과거분사 **consisted** [-id]; 현재분사 **consisting**) 자
1 **…으로 이루어지다**, 구성되다 (of): Water *consists of* hydrogen and oxygen. 물은 수소와 산소로 되어 있다
2 …에 있다, 존재하다 (in): Happiness *consists in* contentment. 행복은 만족에 있다

con·sis·tent [kənsístənt 컨씨스턴트] 형 (언행 · 주의 등이) 시종 일관된, 모순되지 않는

con·sole [kənsóul 컨쏘우을] 동 (현재분사 **consoling**) 타 …을 위로하다, 위안하다

con·sol·i·date [kənsálədèit 컨쌀러데잇] 동 (현재분사 **consolidating**) 타 1 (토지 · 회사 등을) 통합하다 2 (권력 · 지위 등을) 강화하다
【라틴어「견고하게(solid)하다」에서】

con·so·nant [kánsənənt 칸써넌트] 명 1 【음성】 자음(반 vowel 모음) 2 자음자

con·spic·u·ous [kənspíkjuəs 컨스피큐어스] 형 뚜렷한, 두드러진, 눈에 잘 띄는; 저명한: a *conspicuous* example 두드러진 예

con·spir·a·cy [kənspírəsi 컨스피뤄씨] 명 (복수 **conspiracies** [-z]) 공모, 음모

con·spire [kənspáiər 컨스파이어r] 동 (현재분사 **conspiring** [-spáiəriŋ]) 자 공모하다, 음모를 꾸미다

con·stan·cy [kánstənsi 칸스턴씨] 명 불변(성)

con·stant [kánstənt 칸스턴트] 형 (비교급 **more constant**; 최상급 **most constant**) 1 **끊임없는**, 계속되는: I don't like these *constant* argument. 나는 이런 끊임없는 논쟁이 싫다
2 **일정한**, 불변의: He drove at a *constant* speed. 그는 일정한 속도로 운전했다

con·stant·ly [kánstəntli 칸스턴틀리→ 칸스턴을리] 부 끊임없이, 항상

con·stel·la·tion [kànstəléiʃən 칸스털레이션] 명 【천문】 별자리, 성좌

con·sti·tute [kánstətjù:t 칸스터튜-트] 동 (3단현 **constitutes** [-ts]; 과거 · 과거분사 **constituted** [-id]; 현재분사 **constituting**) 타 1 …을 구성하다: Twelve people *constitute* a jury. 12명으로 배심원은 구성된다
2 (법률 · 제도 등을) 제정하다

con·sti·tu·tion [kànstətjú:ʃən 칸스터튜-션] 명 (복수 **constitutions** [-z]) 1 구성, 구조, 조직: the *constitution* of society 사회의 구조
2 체질, 체격: He has a strong〔weak〕 *constitution*. 그는 체질이 튼튼〔허약〕하다

3 헌법 (🔖「법률」은 law): a written *constitution* 성문 헌법
4 제정, 설립

con·struct [kənstrʌ́kt 컨스트뤽트] 동 (3단현 **constructs** [-ts]; 과거·과거분사 **constructed** [-id]; 현재분사 **constructing**) 타 **1** (집·다리 등을) 세우다 (build), 건설[건조]하다(반 destroy 파괴하다): *construct* a building 빌딩을 세우다
2 (문장·이론 등을) 구성하다

*__con·struc·tion__ [kənstrʌ́kʃən 컨스트뤅션] 명 (복수 **constructions** [-z]) **1 건설**, 건축(반 destruction 파괴): The building is under *construction*. 그 건물은 건축 중이다
2 건물, 건축물
3 (글 등의) 구성, 구조, 구문

con·struc·tive [kənstrʌ́ktiv 컨스트뤅티v으] 형 **1** 건설적인(반 destructive 파괴적인): a *constructive* opinion 건설적인 의견
2 구조상의

con·sul [kánsl 칸쓸] 명 영사(領事)

*__con·sult__ [kənsʌ́lt 컨써얼트] 동 (3단현 **consults** [-ts]; 과거·과거분사 **consulted** [-id]; 현재분사 **consulting**) 타 **1** (전문가에게) **상담[상의]하다**, 의견을 묻다: You had better *consult* your doctor. 의사에게 진찰을 받아보시오
2 (참고서·사전 등을) 찾아보다: He *consulted* the dictionary *for* the meaning of the word. 그는 그 단어의 뜻을 사전에서 찾아보았다

—— 자 상의[의논]하다 ((with)): She *consulted with* a lawyer. 그녀는 변호사와 상의했다

con·sult·ant [kənsʌ́ltənt 컨썰턴트] 명 컨설턴트, 상담역, 고문

*__con·sume__ [kənsúːm 컨쑤-음] 동 (3단현 **consumes** [-z]; 과거·과거분사 **consumed** [-d]; 현재분사 **consuming**) 타 **1** …을 **소비하다**(waste): The car *consumes* a lot of gasoline. 그 차는 가솔린을 많이 소비한다
2 (사람이) 다 먹어[마셔] 버리다

con·sum·er [kənsúːmər 컨쑤-머r] 명 소비자(반 producer 생산자)

con·sump·tion [kənsʌ́mpʃən 컨쌈(프)션] 명 **1** 소비(반 production 생산) **2** 소비량[액]

*__con·tact__ [kántækt 칸택트] 명 (복수 **contacts** [-ts]) **1 접촉**, 맞닿음: We avoid physical *contact* with other people. 우리는 타인과 신체적 접촉을 피한다
2 〔종종 복수형으로〕 **관계, 교제**; 연고, 연줄(connection): I have no personal *contact* with her. 나는 그녀와 개인적인 교제는 없다

contact lens [kántækt lènz] 명 〔복수 취급〕콘택트 렌즈

con·ta·gion [kəntéidʒən 컨테이줜] 명 (접촉) 전염, 감염 (🔖 공기 등에 의한「전염」은 infection)

con·ta·gious [kəntéidʒəs 컨테이줘쓰] 형 (접촉) 전염성의

*__con·tain__ [kəntéin 컨테인] 동 (3단현 **contains** [-z]; 과거·과거분사 **contained** [-d]; 현재분사 **containing**) **1** …을 **담고 있다**, 함유하다: This box *contains* oranges. 이 상자에는 오렌지가 들어 있다/ Beer *contains* alcohol. 맥주에는 알코올이 함유되어 있다
2 …에 (얼마) 들어가다: This bottle will *contain* a litter. 이 병은 1리터 들어간다
3 (감정 등을) 억누르다, 참다

con·tain·er [kəntéinər 컨테이너r] 명 (복수 **containers** [-z]) **1** 그릇, 용기 **2** (화물 수송용) 컨테이너

containers 2

con·tem·plate [kɑ́ntəmplèit 칸텀플레잇] 동 (3단현 **contemplates** [-ts]; 과거·과거분사 **contemplated** [-id]; 현재분사 **contemplating**) 타 **1** …을 심사숙고하다, 잘 생각하다: She *contemplated* her future. 그녀는 자신의 장래를 곰곰이 생각했다
2 응시하다, 눈여겨 보다

con·tem·pla·tion [kɑ̀ntəmpléiʃən 칸템플레이션] 명 **1** 숙고 **2** 주시, 응시

con·tem·po·ra·ry [kəntémpərèri 컨템퍼뤠뤼] 형 **1** 같은 시대의 (with)
2 현대의: *contemporary* literature 현대 문학
――명 (복수 **contemporaries** [-z]) 같은 시대의 사람

con·tempt [kəntémpt 컨템(프)트] 명 경멸, 모욕 (반) respect 존경

con·tend [kənténd 컨텐드] 동 (3단현 **contends** [-dz]; 과거·과거분사 **contended** [-id]; 현재분사 **contending**) 자 다투다, 싸우다: *contend* for freedom 자유를 위해 싸우다

***con·tent**[1] [kəntént 컨텐트] 명 (복수 **contents** [-ts]) **1** 〔보통 복수형으로〕 (구체적인) 내용(물), 알맹이: the *contents* of a suitcase 여행 가방의 내용물
2 〔복수형으로〕 (서적 등의) 차례, 목차: the *contents* of a book 책의 목차
3 (형식에 대하여) 내용, 요지: the *content* of a speech 연설의 요지

***con·tent**[2] [kəntént 컨텐트] 형 (비교급 **more content**; 최상급 **most content**) 만족하고 있는: Are you *content* with your work? 당신의 일에 만족하고 계십니까?
――명 만족(감)
――타 …을 만족시키다(satisfy)

con·tent·ed [kənténtid 컨텐티드] 형 만족한, 만족하고 있는: a *contented* look 만족스러운 표정/ He is *contented* with his present life. 그는 현재 생활에 만족하고 있다

con·ten·tion [kənténʃən 컨텐션] 명 **1** 다툼, 경쟁 **2** 논의, 논쟁 **3** 말다툼

con·tent·ment [kənténtmənt 컨텐트먼트] 명 만족

***con·test** [kɑ́ntest 칸테스트] 명 (복수 **contests** [-ts]) 경쟁, 경연, 콘테스트: a beauty *contest* 미인 대회
【라틴어 「con-(함께)+test(시험하다)」에서】

con·text [kɑ́ntekst 칸텍스트] 명 (문장의) 전후 관계, 문맥

con·ti·nent [kɑ́ntənənt 칸터넌트] 명 (복수 **continents** [-ts]) **1** 대륙 **2** 〔the **Continent**로〕 유럽 대륙

알면 Plus〉 세계의 대륙	
Asia	아시아
Africa	아프리카
Antarctica	남극
Australia	오스트레일리아
Europe	유럽
North America	북아메리카
South America	남아메리카

【라틴어 「연속된(continuous) 땅」에서】
con·ti·nen·tal [kɑ̀ntənéntl 칸터넨털] 형 대륙의, 대륙성의: a *continental* climate 대륙성 기후

con·tin·u·al [kəntínjuəl 컨티뉴얼] 형 자주 일어나는, 빈번한

con·tin·u·al·ly [kəntínjuəli 컨티뉴얼리] 부 연달아, 끊임없이

con·tin·ue [kəntínju: 컨티뉴-] 图 (3단현 continues [-z]; 과거·과거분사 continued [-d]; 현재분사 continuing) 타 …을 계속하다(반 stop 멈추다): They *continued* their journey. 그들은 여행을 계속했다/ He *continued* working *for* a long time. 그는 오랫동안 일을 계속했다

——자 **계속되다**: The rain *continued* all day. 비는 하루종일 내렸다

To be continued. 이하 다음 호에 계속 (「다음 호에 완결」은 To be concluded.)

con·tin·u·ous [kəntínjuəs 컨티뉴어쓰] 형 끊임없는, 그칠 줄 모르는: *continuous* rain 끊임없이 내리는 비

con·tin·u·ous·ly [kəntínjuəsli 컨티뉴어쓸리] 부 계속해서, 끊임없이

con·tra- (접두사) 「역(逆), 반(反)」의 뜻

con·tract [kántrækt 칸츄랙트] 명 (복수 contracts [-ts]) **계약**: I made a *contract* with the company. 나는 그 회사와 계약을 맺었다

——[kəntrǽkt 컨츄랙트] 동 (3단현 contracts [-ts]; 과거·과거분사 contracted [-id]; 현재분사 contracting) 타 **1** …을 **계약하다**: We *contracted* to build a railway. 우리는 철도 부설의 계약을 맺었다
2 (문장 등을) 줄이다, 축소하다
3 (얼굴을) 찌푸리다

con·tra·dict [kàntrədíkt 칸츄러딕트] 타 **1** …을 부정〔부인〕하다 **2** (사실·말이) …와 모순되다

con·tra·dic·tion [kàntrədíkʃən 칸츄러딕션] 명 **1** 부정, 부인; 반대 **2** 모순 **3** 모순된 말〔행위〕

【라틴어 「contra-(반대의)+diction(말씨)」에서】

con·tra·ry [kántreri 칸츄뤠리] 형 **반대의**(opposite), 역의 **(to)**: My opinion is *contrary to* yours. 나의 의견은 너와 반대다

——명 (복수 contraries [-z]) 정반대

on the contrary 이에 반하여, 그렇기는 커녕

to the contrary 그와 반대로, 거꾸로

con·trast [kántræst 칸츄뢔스트] 명 (복수 contrasts [-ts]) **1 대조**, 대비: the *contrast between* black and white 흑과 백의 대조

2 현저한 차이; 대조가 되는 것: She is great *contrast to* her sister. 그녀는 동생과는 딴판이다

in contrast with 〔**to**〕 …와 대조적으로, …와는 반대로

——[kəntrǽst 컨츄뢔스트] 동 (3단현 contrasts [-ts]; 과거·과거분사 contrasted [-id]; 현재분사 contrasting) 자 …와 대조하다, 대조를 이루다: Red *contrasts with* green. 빨강과 초록색은 대조를 이룬다

con·trib·ute [kəntríbjut 컨트뤼뷰트] 동 (3단현 contributes [-ts]; 과거·과거분사 contributed [-id]; 현재분사 contributing) 타 **1** (돈·물건 등을) **기부〔기증〕하다 (to)**: She *contributes* some money *to* the Red Cross every year. 그녀는 매년 적십자사에 얼마간의 돈을 기부한다

2 (신문·잡지 등에) 기고하다 **(to)**: *contribute* articles *to* journals 잡지에 기고하다

3 기여〔공헌〕하다, 이바지하다 **(to)**

【라틴어 「con-(함께)+tribute(바치다)」에서】

con·tri·bu·tion [kàntrəbjúːʃən 칸츄러뷰-션] 명 **1** 기부(금) **2** (잡지·신문 등에 대한) 기고 **3** 기여, 공헌

con·trive [kəntráiv 컨츄롸이v으] 동 (3단현 contrives [-z]; 과거·과거분사 contrived [-d]; 현재분사 contriving) 타 **1** …을 고안하다, 발명하다: *contrive* a new kind of machine 새로운 종류의 기계를 고안하다

2 …을 꾀하다, 계획하다

con·trol [kəntróul 컨츄로우을] 명 (복수 **controls** [-z]) **1 지배, 관리**, 통제: traffic *control* 교통 정리/ She lost *control* of the children. 그녀는 아이들에 대한 통제력을 상실했다
2 억제, 제어: He has no *control* of his feelings. 그는 자신의 감정을 억제하지 못한다
3 【야구】 제구(력), 컨트롤
—— 동 (3단현 **controls** [-z]; 과거·과거분사 **controlled** [-d]; 현재분사 **controlling**) 타 **1** …을 지배하다, 관리하다
2 …을 억제〔제어〕하다: That dam *controls* the water of the river. 저 댐이 강의 물을 조절하고 있다

control tower [kəntróul tàuər] 명 (공항의) 관제탑

con·tro·ver·sy [kántrəvə̀ːrsi 칸츄뤄V어-r씨] 명 (복수 **controversies** [-z]) 논쟁, 논의

con·ve·nience [kənvíːnjəns 컨V이-년쓰] 명 (복수 **conveniences** [-iz]) **1 편의, 편리**: It is a great *convenience* to live near station. 역 가까이 사는 것은 매우 편리하다
2 편리한 것; 〔복수형으로〕 편리한 설비
at one's convenience 편리한 때에: Come and see me *at your convenience*. 편리한 때에 오세요

control tower

convenience store [kənvíːnjəns stɔ̀ːr] 명 편의점

****con·ve·nient** [kənvíːnjənt 컨V이-년트] 형 (비교급 **more convenient**; 최상급 **most convenient**) **1 편리한**, 사용하기 좋은: a *convenient* tool 편리한 연장
2 형편이 좋은: Come tomorrow, if it is *convenient* for you. 괜찮으시면 내일 오세요 (사람을 주어로 하여 if you are convenient라고는 하지 않는다)

3 (장소가) …에 가까운: My house is *convenient* to the station. 우리 집은 역 근처에 있다

con·ve·nient·ly [kənvíːnjəntli 컨V이-년틀리 → 컨V이-년'을리] 부 **1** 편리하게
2 형편이 좋게도

****con·ven·tion** [kənvénʃən 컨V엔션] 명
1 집회, 대회, 모임: an annual *convention* 연차 총회
2 협정, 협약
3 (사회의) 관습, 관례

con·ven·tion·al [kənvénʃənl 컨V엔셔느얼] 형 **1** 전통〔습관〕적인 **2** 틀에 박힌, 진부한

****con·ver·sa·tion** [kànvərséiʃən 칸V어r쎄이션] 명 (복수 **conversations** [-z]) **회화, 대화**: English *conversation* 영어 회화/ I had a long *conversation* with her. 나는 그녀와 오랫동안 이야기를 했다

con·vert [kənvə́ːrt 컨V어-r트] 동 (3단현 **converts** [-ts]; 과거·과거분사 **converted** [-id]; 현재분사 **converting**) 타 **1** …을 바꾸다, 전환하다: He *converted* the room *into* a studio. 그는 그 방을 스튜디오로 바꾸었다
2 개심〔전향〕시키다, 개종시키다
—— 명 [kánvəːrt 칸V어-r트] 명 개종자

con·vert·i·ble [kənvə́ːrtəbl 컨V어-r터브얼] 형 바꿀 수 있는, 개조할 수 있는
—— 명 지붕을 접을 수 있게 된 자동차

convertible

con·vex [kɑnvéks 칸V엑쓰] 형 볼록한 (반 concave 오목한): a *convex* lens 볼록 렌즈

con·vey [kənvéi 컨V에이] 동 (3단현 **conveys** [-z]; 과거·과거분사 **conveyed** [-d]; 현재분사 **conveying**) 타 **1** (물건·승객 등을) 나르다, 운반하다 (transport): A helicopter *conveyed* her *to* the hospital. 헬리콥터가 그녀를 병원으로 날랐다
2 (소식·용건을) 전달하다, 알리다
3 (소리·열 등을) 전하다(transmit)

con·vey·ance [kənvéiəns 컨V에이언쓰] 명 **1** 운반, 수송 **2** 수송 기관《열차·차·버스 등》 **3** 전달

con·vey·er, con·vey·or [kənvéiər 컨V에이어r] 명 운반하는 사람〔기계〕, 컨베이어

con·vict [kənvíkt 컨V익트] 동 (3단현 **convicts** [-ts]; 과거·과거분사 **convicted** [-id]; 현재분사 **convicting**) 타 유죄를 선고하다: The jury *convicted* him *of* murder. 배심원은 그에게 살인죄로 유죄를 선고했다
—— [kánvikt 칸V익트] 명 죄인, 죄수

con·vic·tion [kənvíkʃən 컨V익션] 명 **1** 확신: hold a strong *conviction* 강한 확신을 가지다
2〔법〕유죄의 판결

con·vince [kənvíns 컨V인쓰] 동 (3단현 **convinces** [-iz]; 과거·과거분사 **convinced** [-t]; 현재분사 **convincing**) 타 …을 확신시키다, 납득시키다 **(of)**: I *convinced* him *of* my innocence. (= I *convinced* him *that* I was innocent.) 그에게 내가 무죄라는 것을 납득시켰다
2〔**be convinced of** …의 형태로〕…을 확신하다: I *am convinced of* his innocence. 나는 그의 무죄를 확신한다

con·voy [kánvɔi 칸V오이] 타 (군함·군대 등이) 호위하다(escort)
—— 명 **1** 호송, 호위 **2** 호위대〔선〕

cook [kúk 쿡] 명 (복수 **cooks [-s]) 요리사: Mary is a good *cook*. 메리는 요리를 잘한다 / Too many *cooks* spoil the broth.《속담》사공이 많으면 배가 산으로 오른다
—— 동 (3단현 **cooks** [-s]; 과거·과거분사 **cooked** [-t]; 현재분사 **cooking**) 타 …을 **요리하다**, 조리하다: She *cooked* us a turkey. 그녀는 우리에게 칠면조 요리를 해 주었다
—— 자 요리하다: Mother is *cooking* in

bake (빵 등을) 굽다

boil 삶다

grill, broil (직화로) 굽다

toast 토스트하다

steam 찌다

roast (고기 등을) 굽다

fry 튀기다

stew 약한 불로 끓이다

cook

the kitchen. 어머니는 주방에서 요리를 하고 계신다
cook·book [kúkbùk 쿡북] 명 요리 책
cook·er [kúkər 쿠커r] 명 요리 도구 (가스 레인지, 오븐 등)

> 참고 reporter, singer, teacher처럼 동사에 -er을 붙이면 대개 그 동작을 행하는 「행위자」를 나타내나 cooker는 cook에 -er이 붙은 형태이지만 행위자, 즉 요리하는 사람이 아니라 「요리 도구」를 나타낸다. 「요리사」는 cook이다.

*__cook·ie, cook·y__ [kúki 쿠키] 명《미》쿠키 (《영》 biscuit)
【네덜란드어 「cake(과자)」에서】
cook·ing [kúkiŋ 쿠킹] 명 요리(법)
***cool** [kú:l 쿠-을] 형 (비교급 **cooler**; 최상급 **coolest**) 1 **시원한**, 서늘한(반 warm 따뜻한): It's *cool* today. 오늘은 서늘하다

cool　　warm

2 (사람·태도가) **침착한**(calm): He is always *cool*. 그는 언제나 침착하다
3 **차가운**, 냉담한, 매정한: a *cool* manner 차가운 태도
4 《구어》 멋진, 근사한
── 명 1 냉기 2 침착 3 냉담
── 동 (3단현 **cools** [-z]; 과거·과거분사 **cooled** [-d]; 현재분사 **cooling**) 타 **…을 차게 하다**: She *cooled* the tea *with* ice. 그녀는 얼음을 넣어 차를 식혔다
── 자 식다, 차가워지다
cool·er [kú:lər 쿠-얼러r] 명 냉각기, 냉각 장치

cool·ly [kú:li 쿠-얼리] 부 1 차게 2 침착하게 3 냉담하게
cool·ness [kú:lnis 쿠-얼니쓰] 명 1 시원함 2 냉담
co-op [kóu-áp 코우압] 명《구어》생활 협동 조합 (▩ *coop*erative society의 단축형)
*__co·op·er·ate__ [kouápərèit 코우아퍼뤠잇] 동 (3단현 **cooperates** [-ts]; 과거·과거분사 **cooperated** [-id]; 현재분사 **cooperating**) 자 **협력하다**, 협동하다: I will *cooperate with* her on that project. 나는 그 계획에 그녀와 협력하겠다
【라틴어 「co-(함께)+operate(일하다)」에서】
co·op·er·a·tion [kouápərèiʃən 코우아퍼뤠이션] 명 협력, 협동
co·op·er·a·tive [kouápərətiv 코우아퍼뤄티v → 코우아퍼뤄러v] 형 협력적인, 협동의
cooperative society [kouápərətiv səsáiəti] 명 생활 협동 조합
co·or·di·nate [kouɔ́:rdənət 코우오-r더닛] 형 1 동등한, 동격의 2 【문법】등위(等位)의
── 명 (복수 **coordinates** [-ts]) 1 동격자, 대등한 것 2 [복수형으로] 코디네이트 (색깔·소재·디자인의 조화 효과를 노린 의복·가구)
co·or·di·na·tor [kouɔ́:rdəneitər 코우오-r더네이터r → 코우오-r더네이러r] 명 조정자, 코디네이터
cop [káp 캅] 명《미구어》순경(police)
【19세기에 경찰 배지를 구리(copper)로 만든 데서】
cope [kóup 코웁] 동 (현재분사 **coping**) 자 1 …에 대항하다, 맞서다 《with》 2 잘 처리하다, 대처하다
Co·pen·ha·gen [kòupənhéigən 코우펀헤이건] 명 코펜하겐 (덴마크의 수도)
Co·per·ni·cus [koupá:rnikəs 코우퍼-r니커쓰] 명 코페르니쿠스 **Nicholas** ~ (1473-1543) (폴란드의 천문학자; 지동

설 제창자)

***cop·per** [kápər 카퍼r] 명 (복수 **coppers** [-z]) **1** 【화학】 **구리, 동** (🌀 금속 원소; 기호 Cu) **2** 동전, 동화

****cop·y** [kápi 카피] 명 (복수 **copies** [-z])
1 복사, 사본; 흉내, 모방: make(take) a *copy* 복사하다/ I need three *copies* of this letter. 이 편지의 사본이 세 통 필요하다

2 (같은 책·잡지의) **부, 권**: Please send me two *copies* of the magazine. 잡지를 2부 보내주세요 (🌀 two magazines라고는 하지 않는다)

3 (인쇄의) 원고(manuscript)
4 광고문(안), 카피
―― 동 (3단현 **copys** [-z]; 과거·과거분사 **copied** [-d]; 현재분사 **copying**)
타 **1** …을 **베끼다**, 복사하다: *Copy* this in your notebook. 이것을 노트에 베껴라

2 …을 흉내내다, 모방하다
―― 자 베끼다, 복사하다

cop·y·right [kápiràit 카피롸잇] 명 저작권, 판권

cop·y·writ·er [kápiràitər 카피롸이터r → 카피롸이러r] 명 카피라이터, 광고 문안가

cor- (접두사) = com- (r의 앞)

cor·al [kɔ́:rəl 코-뤌얼] 명 산호: a *coral* reef 산호초

***cord** [kɔ́:rd 코-r드] 명 (복수 **cords** [-dz]) **1 끈**, 새끼 (🌀 string(실)보다 굵고, rope(밧줄)보다 가는) **2** (전기의) **코드**

coral

cor·dial [kɔ́:rdʒəl 코-r줠얼] 형 (비교급 **more cordial**; 최상급 **most cordial**) 마음에서 우러난(hearty), 성심성의의 (sincere)

cor·dial·ly [kɔ́:rdʒəli 코-r줠얼리] 부 진심으로

core [kɔ́:r 코-r] 명 **1** (배·사과 등의) 속 **2** (사물의) 핵심

cork [kɔ́:rk 코-r크] 명 (복수 **corks** [-s]) 코르크 (마개)

cork·screw [kɔ́:rkskrù: 코-r크스크루-] 명 코르크 마개뽑이 (🌀 보통의 「병따개」는 bottle opener)

corkscrew   bottle opener

****corn** [kɔ́:rn 코-r언] 명 **1** 《미》 **옥수수** (🌀 《영》 maize) **2** 《영》 밀(wheat) **3** 〔집합적으로〕 곡류, 곡물 (밀·옥수수 등)

> 참고 곡류, 곡물
> corn은 미국·캐나다·호주에서는 옥수수를 가리키며, 밀은 wheat라 한다. 영국에서 corn은 밀을 나타내며, 옥수수는 maize 또는 Indian corn이라 한다.

-corn (접미사) 「뿔; 뿔이 있는」의: uni*corn* 일각수

****cor·ner** [kɔ́:rnər 코-r너r] 명 (복수 **corners** [-z]) **1 모퉁이**, 모서리; 길모퉁이: Turn to the left at the second *corner*. 두 번째 모퉁이에서 좌회전하세요/ The bank is on the *corner*. 은행은 길모퉁이에 있다

2 (방 등의) **구석**, 귀퉁이: There is a wastebasket in the *corner*. 방구석에 휴지통이 있다

corner 1   corner 2

3 궁지, 곤경

around 〔《영》 ***round***〕 ***the corner*** (1) 모퉁이를 돈 곳에: There is a restaurant *around the corner*. 길모퉁이를 돌아가면 레스토랑이 있다
(2) 가까이에: Spring is *around the corner*. 이제 곧 봄이다

cor·ner·stone [kɔ́ːrnərstòun 코-r너r스토운] 명 **1** 초석(礎石) **2** 기초, 토대

corn·field [kɔ́ːrnfìːld 코-r언F이-을드] 명 《미》 옥수수밭; 《영》 밀〔보리〕밭

corn·flakes [kɔ́ːrnflèiks 코-r언F을레익쓰] 명 〔복수 취급〕 콘플레이크 《아침식사・간식・유아식용》

co·ro·na [kəróunə 커로우나] 명 (복수 **coronas** [-s]) (해・달의) 무리

cor·o·na·tion [kɔ̀ːrənéiʃən 코-뤄네이션] 명 대관식

cor·po·ra·tion [kɔ̀ːrpəréiʃən 코-r퍼뤠이션] 명 **1** 법인, 사단 법인 **2** 《미》 유한〔주식〕회사 (🔍 약어는 Corp.)

corps [kɔ́ːr 코-r] 〔🔍 p와 s는 묶음〕 명 (복수 **corps** [kɔ́ːrz]) 《군사》 군단 《보통 2-3개 사단으로 편성》

참고 corps는 단수・복수 동형이지만 발음은 다르다.

corpse [kɔ́ːrps 코-r프쓰] 명 (특히 사람의) 시체

*****cor·rect** [kərékt 커뤡트] 형 **1 옳은, 정확한** (반 incorrect 부정확한): a *correct* answer 정답/ the *correct* time 정확한 시간
2 적절한, 예의 바른: *correct* behavior 예의바른 행동
──동 (3단현 **corrects** [-ts]; 과거・과거분사 **corrected** [-id]; 현재분사 **correcting**) 타 (잘못을) **고치다**, 바로잡다: *correct* mistake 잘못을 고치다

cor·rec·tion [kərékʃən 커뤡션] 명 정정, 수정

cor·rect·ly [kəréktli 커뤡틀리] 부 바르게, 정확하게

*****cor·re·spond** [kɔ̀ːrəspánd 코-뤄스판드] 동 (3단현 **corresponds** [-dz]; 과거・과거분사 **corresponded** [-id]; 현재분사 **corresponding**) 자 **1 일치하다**, 조화하다 《with, to》: His actions do not *correspond with* his words. 그의 말과 행동은 일치하지 않는다
2 …에 상당하다, 해당하다 《to》: The broad lines on the map *correspond to* roads. 지도상의 굵은 선은 도로에 해당한다
3 서신 왕래하다 《with》: He *corresponds with* an American girl. 그는 한 미국 소녀와 서신 왕래를 하고 있다
【라틴어 「com-(함께)+respond(응하다)」에서】

cor·re·spond·ence [kɔ̀ːrəspándəns 코-뤄스판던쓰] 명 **1** 일치, 부합, 조화 **2** 상응, 해당 **3** 편지; 서신 왕래

cor·re·spond·ent [kɔ̀ːrəspándənt 코-뤄스판던트] 명 **1** 편지 교환하는 사람
2 (신문・방송 등의) 특파원, 통신원: a foreign *correspondent* 해외 통신원

cor·ri·dor [kɔ́ːridər 코-리더r] 명 (복수 **corridors** [-z]) (건물의) 복도, (열차의) 통로

*****cor·rupt** [kərʌ́pt 커뤕트] 형 **타락한**, 부패한: the *corrupt* government 부패한 정부
──동 (3단현 **corrupts** [-ts]; 과거・과거분사 **corrupted** [-id]; 현재분사 **corrupting**) 타 …**을 타락시키다**, 부패시키다: He was *corrupted* by her bad influence. 그는 그녀의 나쁜 영향을 받아 타락했다

cor·rup·tion [kərʌ́pʃən 커뤕션] 명 타락, 부패

cor·set [kɔ́ːrsit 코-r씻] 명 (복수 **corsets** [-ts]) 〔종종 복수형으로〕 코르셋 《여자의 허리를 죄어 몸매를 아름답게 하는 속옷》

cos·met·ic [kazmétik 카Z으메틱 → 카Z으메릭] 형 화장용의
──명 (복수 **cosmetics** [-s]) 화장품

cos·mo·pol·i·tan [kàzməpálətn 카Z으머팔러튼] 형 **1** 국제적인 **2** 세계주의의, 국제적 사고의
── 명 국제인, 세계주의자

*__cos·mos__ [kázməs 카Z으머쓰] 명 **1 우주** (universe) **2** 질서, 조화(반 chaos 혼란) **3** 〖식물〗코스모스

cosmos 3

*__cost__ [kɔ́:st 코-스트] 명 (복수 **costs** [-ts]) **1 값**, 비용, 원가: What is the *cost* of this bag? 이 가방은 얼마입니까? **2** 희생, 손실

at all costs = *at any cost* 어떤 희생을 치르더라도, 반드시: We have to complete this *at any cost*. 어떤 희생을 치르더라도 우리는 이것을 꼭 완성해야한다

at the cost of …을 희생하여: He saved his son *at the cost of* his own life. 그는 자신의 생명을 희생하여 아들을 구했다

── 동 (3단현 **costs** [-ts]; 과거·과거분사 **cost**; 현재분사 **costing**) 타 **1** (비용이 얼마) **들다**: How much does it *cost*? 그것은 얼마입니까?/ This book *costs* me 7,000 won. 이 책은 7,000원이다
2 (시간·노력 등을) **요하다**, (귀중한 것을) 희생시키다: It *cost* me lots of labor. 그것 때문에 난 많은 힘이 들었다/ The work *cost* him his health. 그 일 때문에 그는 건강을 잃었다

cost·ly [kɔ́:stli 코-스틀리] 형 (비교급 **costlier**; 최상급 **costliest**) **1** 값비싼: *costly* jewels 값비싼 보석

> 비교 **costly**와 **expensive**
> **costly**는 물건이 좋고 귀하기 때문에 비싼, **expensive**는 물건의 품질에 비해, 또는 구매자의 재력에 비해 비싼.

2 희생[손실]이 큰

cos·tume [kástju:m 카스튜-음] 명 (복수 **costumes** [-z]) **1** (어떤 시대·지방에 특유한) 복장, 옷차림 **2** 무대 의상; (특수 목적의) 의상

co·sy [kóuzi 코우Z이] 형 = cozy

cot [kát 캇] 명 **1** 《미》(접는 식의) 간이침대 **2** 《영》소아용 침대 (= 《미》 crib)

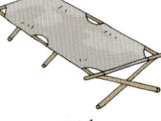
cot 1

*__cot·tage__ [kátidʒ 카티쥐 → 카리쥐] 명 (복수 **cottages** [-iz]) **1 시골집**, 오두막 **2** 《미》(피서지 등의) 별장

*__cot·ton__ [kátn 카튼 → 캇'은] 명 **1** 〖식물〗**목화 2** 솜, 면화 **3** 무명, 면직물

cotton candy [kátn kǽndi] 명 《미》솜사탕

couch [káutʃ 카우취] 명 (복수 **couches** [-iz]) (앉거나 눕는) 긴 의자, 소파

couch

*__cough__ [kɔ́:f 카-f으] 명 **기침**: He has a bad *cough*. 그는 심한 기침을 하고 있다
── 자 기침하다
【의성어】

*__could__ [kúd 쿠드] 조 《can의 과거형》**1** 〔과거의 사실을 말하여〕…**할 수가 있었다**(was able to): He ran as fast as he *could*. 그는 최대한으로 빨리 달렸다/ I tried many times, but I *couldn*'t do it. 나는 여러 번 시도해 보았지만 그것을 할 수 없었다
2 〔간접 화법에서 can의 과거형으로 쓰여〕…**할 수 있다**, …하여도 좋다: He said (that) he *could* swim. (= He said,

'I *can* swim.') 그는 수영할 수 있다고 말했다 / He asked me if he *could* go home. (= He said to me, '*Can* I go home?') 그는 집에 돌아가도 좋으냐고 내게 물었다

3 〔현재의 추측을 나타내어〕 …일지 모른다: That *could* be true. 그것은 어쩌면 진실일지도 모른다

4 〔**could have**+과거분사〕의 형태로 과거의 추측을 나타내어〕 …이었을지도 모른다: The car accident *could have been* prevent. 그 자동차 사고는 방지될 수 있었을지도 모른다

5 〔가정법 현재; **could**+동사 원형의 형태로〕 …할 수 있을 것이다〔텐데〕 (🔳 현재의 사실과 반대되는 가정을 나타내어): I *could* do it if I wanted〔would〕. 하려고 마음먹으면 할 수 있을 텐데 (실제는 하지 않는다)

6 〔가정법 과거; **could have**+과거분사의 형태로〕 …할 수 있었을 텐데 (🔳 과거의 사실과 반대되는 가정을 나타내어): I *could have done* it if I had wanted〔wished〕 to. 하려고 마음먹었으면 할 수 있었을 텐데 (실제는 안 했다)

7 〔**Could** …?로 정중한 부탁을 나타내어〕 **…하여 주시겠습니까?**, …하여도 괜찮겠습니까?: *Could* you come tomorrow? 내일 오실 수 있겠습니까?

> 회화
> A: *Could* I borrow your pen?
> 펜 좀 빌려도 되겠습니까?
> B: Certainly.
> 그럼요

***could·n't** [kúdnt 쿠든트] could not의 단축형

***coun·cil** [káunsl 카운쓰을] 〔🔳 counsel (상담)과 발음이 같음〕 명 (복수 **coun·cils** [-z]) **1** 회의, 협의: a family *council* 가족 회의

2 평의회, 협의회; (지방 자치체의) 의회: a city *council* 시의회

coun·ci·lor, 〈영〉 **coun·cil·lor** [káunsələr 카운썰러*r*] 명 **1** 평의원, 고문 **2** (시의회 등의) 의원

coun·sel [káunsl 카운쓰을] 〔🔳 council (회의)과 발음이 같음〕 명 **1** 상담, 의논: I took *counsel* with my father. 나는 아버지와 상의했다

2 조언, 충고(advice): He gave me good *counsel*. 그는 나에게 좋은 조언을 해주었다

coun·sel·or, 〈영〉 **coun·sel·lor** [káunsələr 카운썰러*r*] 명 **1** 조언자, 상담역, 카운슬러 **2** 〈미〉 변호사

****count**[1] [káunt 카운트] 동 (3단현 **counts** [-ts]; 과거·과거분사 **counted** [-id]; 현재분사 **count·ing**) 타 **1** …을 세다, 계산하다: *Count* the apples in the box. 상자 안의 사과를 세라 / Don't *count* your chickens before they are hatched. 《속담》 떡을 줄 사람은 생각지도 않는데 김칫국부터 마신다

2 …을 셈에 넣다, 포함시키다: There are ten people, *counting* three children. 거기에는 아이 셋을 포함해 열 사람이 있다

3 …라고 생각하다, 간주하다(regard): Everyone *counted* the boy as〔for〕 lost. 모두들 그 소년이 실종된 것으로 생각했다

── 자 (물건의 수를) **세다**, 계산하다: Can you *count* (*up*) to ten in English? 너는 영어로 10까지 셀 수 있느냐?

count down 카운트다운하다, 초읽기를 하다 (로켓 발사 등에서 5, 4, 3, 2, 1, 0와 같이)

count in …을 계산에 넣다; 《구어》 …을 한패에 넣어주다: *Count* me *in*. 나도 끼워 줘

count on 〔*upon*〕 **의지하다**, 기대하다 (depend on): I'm *counting on* you. 난 너를 믿고 있다 / Don't *count on* others for help. 남의 도움을 바라지 마라

count out (1) (물건을) 세어서 내놓다; 《구어》(세어서) 빼다 (2) 【권투】(…에게) 녹아웃을 선언하다
──명 (복수 **counts** [-ts]) **1 계산, 셈 2** 총수, 총계 **3** 【권투】카운트 《다운된 선수에게 일어설 여유를 주기 위해 10초를 헤아리기》 **4** 【야구】(타자의) 카운트

count² [káunt 카운트] 명 (영국 이외 나라의) 백작 (참 영국의 「백작」은 earl)

count·a·ble [káuntəbl 카운터브을] 형 셀 수 있는, 가산(加算)의: a *countable* noun 가산 명사
──명【문법】셀 수 있는 명사, 가산 명사 (참 boy나 desk처럼 한 사람〔개〕, 두 사람〔개〕처럼 셀 수 있는 명사)

coun·te·nance [káuntənəns 카운터넌쓰] 명 (얼굴의) 표정, 안색, 생김새

*****count·er**¹ [káuntər 카운터r] 명 (복수 **counters** [-z]) **1** (은행·상점 등의) **계산대**, 판매대, 카운터 **2** 계산하는 사람 **3** 계산기

coun·ter² [káuntər 카운터r] 형 반대의, 역의

coun·ter·feit [káuntərfit 카운터r휫] 형 위조의, 가짜의, 모조의
──명 위조품, 모조품
──타 (화폐·문서 등을) 위조하다

count·ess [káuntis 카운티쓰] 명 백작 부인; 여자 백작

count·less [káuntlis 카운틀리쓰] 형 셀 수 없는, 무수한

*****coun·try** [kʌ́ntri 칸츄뤼] 명 (복수 **countries** [-z]) **1 나라**, 국가: an industrial *country* 공업국 **2** 〔**the**를 붙여; 집합적으로〕국민: All *the country* is opposed to war. 온 국민은 전쟁을 반대하고 있다 **3** 〔보통 one's를 붙여〕조국; 고향: He returned to *his country*. 그는 그의 나라〔고향〕에 돌아왔다 **4** 〔**the**를 붙여〕**시골**, 전원 (반 town 도시): I live in *the country*. 나는 시골에 살고 있다 **5** 지역, 지방: mountainous *country* 산악 지방
──형 시골(풍)의: *country* life 전원 생활

country club [kʌ́ntri klʌ̀b] 명 컨트리 클럽 《테니스·골프 등의 설비가 있는 교외의 클럽》

coun·try·man [kʌ́ntrimən 칸츄뤼먼] 명 (복수 **countrymen** [-mən]) **1** 촌사람 **2** 같은 나라 사람, 동포; 동향인

coun·try·side [kʌ́ntrisàid 칸츄뤼싸이드] 명 (시골의) 한 지방, 시골

coun·ty [káunti 카운티] 명 (복수 **counties** [-z]) **1** 《미》군(郡) (참 주(state) 밑의 행정 구역) **2** 《영》주(州) 〔라틴어 「백작(count)의 관할 지역」에서〕

coup [kú: 쿠-] 명 = coup d'etat

coup d'etat [kù: deitá: 쿠-데이타-] 명 쿠데타, 무력 정변 〔프랑스어에서〕

*****cou·ple** [kʌ́pl 카프을] 명 (복수 **couples** [-z]) (밀접한 관계에 있는) **둘, 한 쌍**; 부부, 남녀 한 쌍: She bought a *couple* of dolls. 그녀는 한 쌍의 인형을 샀다

couple

a couple of (1) 두 개〔사람〕의(two): *a couple of* months ago 2개월 전 (2) 《구어》몇 개〔명〕의, 두서넛의: I asked him *a couple of* questions. 그에게 두세 가지 질문을 했다

> 쓰임새 a couple of 뒤의 명사는 복수형으로 쓰며, 두 개〔사람〕일 수도 있고 그 이상일 수도 있으므로 문맥에 따라 판단해야 한다.

cou·pon [kú:pɑn 쿠-판] 명 **1** 쿠폰, 할인권, 경품 교환권 **2** 물표, 배급표 **3** 떼어서 쓰는 표; (열차의) 쿠폰식 승차권

cour·age [kɔ́ːridʒ 커-뤼쥐] 명 **용기**: He didn't have the *courage* to refuse it. 그는 그것을 거부할 용기가 없었다

cou·ra·geous [kəréidʒəs 커뤠이줘쓰] 형 (비교급 **more courageous**; 최상급 **most courageous**) 용기 있는(brave), 용감한

cou·ra·geous·ly [kəréidʒəsli 커뤠이줘쓸리] 부 용감하게

course [kɔ́ːrs 코-rㅆ] 명 (복수 **courses** [-iz]) **1 진행**, 경과(progress), 추세: the *course* of events 사건의 추이 / the *course* of a disease 병의 경과

2 방향, 진로, 코스: The plane changed its *course* to the north. 비행기는 진로를 북으로 바꾸었다

3 (학습) **과정**, 코스; 강좌: How many *courses* are you taking this semester? 이번 학기에는 몇 강좌 들어?

4 (식사의) 코스, 일품(一品), (한) 접시: We had a dinner of five *courses*. 우리들은 5코스 요리의 만찬을 먹었다

5 (경주·경기의) **코스**, 주행로: a golf *course* 골프 코스

> 비교 **course와 lane**
> **course**는 골프나 마라톤처럼 개개인의 진로가 확실히 구별되어 있지 않는 경우이며, 경영(競泳)처럼 진로가 정해져 있는 것은 **lane**이라 한다.

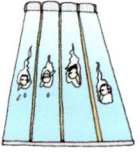

course   lane

as a matter of course 당연한 일로서
in the course of …동안에(during): I expect to see him *in the course of* this year. 금년 중에 그를 만날 거라고 생각한다

of course 물론, 당연히: *Of course* he succeeded in the examination. 물론 그는 시험에 합격했다

> 회화
> A: May I ask you a question? 질문을 해도 되겠습니까?
> B: *Of course.* 물론이죠

court [kɔ́ːrt 코-rㅌ] 명 (복수 **courts** [-ts]) **1** (건물에 둘러싸인) **안마당**, 안뜰
2 (테니스 등의) **코트**, 경기장: a tennis *court* 테니스 코트
3 〔종종 **Court**로〕 궁정, 궁중, 왕실
4 법정, 법원; 재판: the Supreme *Court* 최고 사법 재판소, 대법원 / a *court* of justice〔law〕 법정, 재판소
5 〔**the**를 붙여; 집합적으로〕 재판관

cour·te·ous [kɔ́ːrtiəs 커-r티어쓰 → 커-r리어쓰] 형 예의 바른, 정중한(polite)

cour·te·ous·ly [kɔ́ːrtiəsli 커-r티어쓸리 → 커-r리어쓸리] 부 예의 바르게, 정중하게

cour·te·sy [kɔ́ːrtəsi 커-r터씨 → 커-r러씨] 명 (복수 **courtesies** [-z]) 예의, 공손; 호의

by courtesy of …의 호의에 의하여

court·yard [kɔ́ːrtjὰːrd 코-rㅌ야-rㅌ] 명 (건물에 둘러싸인) 안마당, 안뜰

cous·in [kʌ́zn 카Z은] 명 (복수 **cousins** [-z]) **사촌** (남녀 구별없이 쓴다)

cov·er [kʌ́vər 카∨어r] 동 (3단현 **covers** [-z]; 과거·과거분사 **covered** [-d]; 현재분사 **covering** [-vəriŋ]) 타 **1** …을 **덮다**, 싸다: The ground is *covered* with snow. 지면은

눈으로 덮여 있다 / She *covered* her face with her hands. 그녀는 두 손으로 얼굴을 감쌌다

2 …을 감추다, 숨기다: She tried to *cover* her mistake with a lie. 그녀는 자신의 실수를 거짓말로 숨기려 하였다

3 (어떤 일정한 거리를) 가다: The car *covers* 200 miles a day. 그 차는 하루에 200마일을 주행한다

4 (어떤 범위에) 미치다; (분야·영역 등을) 포함하다(include); (사례 등에) 적용되다: The rule *covers* all cases. 그 법칙은 모든 경우에 적용된다

5 …을 취재하다, 보도하다: The reporter *covered* the accident. 기자는 그 사고를 취재했다

6 (손실을) 메우다, (경비를) 부담하다: *cover* the expenses 비용을 부담하다

7 【스포츠】 …을 지키다, 커버하다

―명 (복수 covers [-z]) **1** 뚜껑, 덮개, 커버 **2** (책의) 표지 (🔍 우리가 흔히 말하는 「커버」는 영어로 jacket이라 한다) **3** 포장지, 봉투 **4** 보호, 엄호

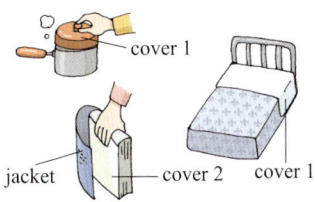
jacket — cover 2 — cover 1

from cover to cover 책의 처음부터 끝까지

under (the) cover of …을 틈타서, 이용하여: They ran away *under (the) cover of* darkness. 그들은 어둠을 틈타 도망쳤다

cov·er·ing [kʌ́vəriŋ 카V어링] 명 **1** 덮음; 덮개 **2** 엄호

***cow [káu 카우] 명 (복수 **cows** [-z]) 암소, 소 (🔍 「성장한 수소」는 ox, bull, 「송아지」는 calf): A *cow* is a useful animal. 소는 유용한 동물이다

cows

cow·ard [káuərd 카우어r드] 명 겁쟁이, 비겁한 사람

cow·ard·ly [káuərdli 카우어r들리] 형 겁이 많은, 비겁한 (반 brave 용감한)

cow·boy [káubɔ̀i 카우보이] 명 《미》목동, 카우보이

co·zy [kóuzi 코우Z이] 형 (비교급 **cozier**; 최상급 **coziest**) 포근〔아늑〕한

crab [kr ́æb 크랩] 명 【동물】게

*crack [kr ́æk 크랙]
명 (복수 **cracks** [-s]) **1** 갈라진 금, 틈: There is a *crack* in the cup. 찻잔에 금이 가 있다

crab
2 찰싹, 쩍, 쨍그랑(하는 소리)

―동 (3단현 **cracks** [-s]; 과거·과거분사 **cracked** [-t]; 현재분사 **cracking**) 자 타 금이 가다; 금가게 하다; 찰깍〔지끈〕하며 깨지다〔깨다〕 【의성어】

crack·er [kr ́ækər 크래커r] 명 (복수 **crackers** [-z]) **1** 크래커 (🔍 《영》 biscuit) **2** 딱총, 폭죽 **3** 쪼개는 기구; 〔복수형으로〕 호두 까는 기구

*cra·dle [kréidl 크뤠이드을] 명 (복수 **cradles** [-z]) **1** 요람 **2** 〔the를 붙여〕 유년기 **3** 〔the를 붙여〕 (문화 등의) 발상지

from the cradle to the grave 요람에서 무덤까지, 일생 동안

craft [kr ́æft 크래F으트] 명 (복수 **crafts** [-ts]) **1** (특수한) 기술, 기교(skill) **2** (특수한 기술을 요하는) 직업 **3** (소형의) 선박; 비행기

-craft (접미사) 「…의 기술(직업); …의 탈것」의 뜻

crafts·man [krǽftsmən 크래F으츠먼] 명 (복수 **craftsmen** [-mən]) 숙련공, 장인(匠人)

cram [krǽm 크램] 동 (3단현 **crams** [-z]; 과거·과거분사 **crammed** [-d]; 현재분사 **cramming**) 타 **1** …을 밀어 넣다, 채워 넣다: *cram* a hall *with* people 홀에 사람들을 가득 밀어 넣다
2 …을 주입식으로 가르치다
── 자 **1** 게걸스럽게 먹다 **2** 《구어》 주입식으로 벼락 공부를 하다

cramp [krǽmp 크램ㅍ] 명 **1** 꺾쇠 **2** 죔쇠

*__crane__ [kréin 크레인] 명 (복수 **cranes** [-z]) **1** 【조류】 두루미, 학(鶴) **2** 기중기, 크레인 (❋학의 긴 목과 닮아서)

crane 1   crane 2

crank [krǽŋk 크랭크] 명 크랭크 (대형의 L형 핸들)

*__crash__ [krǽʃ 크래쉬] 명 **1** 와르르, 쿵, 쾅: a *crash* of thunder 우르릉하는 천둥소리 / The window broke with a *crash*. 유리창이 쨍그랑하고 깨졌다

crank

2 (비행기의) 추락; (차의) 충돌
── 동 (3단현 **crashes** [-iz]; 과거·과거분사 **crashed** [-t]; 현재분사 **crashing**) 자 **1** (산산이) 부서지다: The dishes *crashed* to the floor. 접시가 쨍그랑하고 마룻바닥에 떨어져 산산조각이 났다

2 (비행기가) 추락하다; (자동차가) 충돌하다: His car *crashed into* the wall. 그의 차는 벽에 충돌했다
【의성어】

crate [kréit 크레잇] 명 (병·오지 그릇 등을 운반하는) 나무 상자

cra·ter [kréitər 크레이터r → 크레이러r] 명 (화산의) 분화구; (달 표면의) 크레이터

crawl [krɔ́:l 크루-얼] 동 (3단현 **crawls** [-z]; 과거·과거분사 **crawled** [-d]; 현재분사 **crawling**) 자 **1** (벌레·사람 등이) 기다, 기어가다: *crawl into* a hole 구멍으로 기어 들어가다
2 천천히 움직이다(걷다)
── 명 **1** 기어감 **2** 서행 **3** 【수영】 크롤 수영법

*__cray·on__ [kréiən 크뤠이언] (복수 **crayons** [-z]) 명 크레용; 크레용 그림

*__cra·zy__ [kréizi 크뤠이Z이] 형 (비교급 **crazier**; 최상급 **craziest**) **1** 미친(mad): Are you *crazy*? 너 미쳤니?

crayons

2 《구어》 …에 미쳐 있는, 열중한 (about, for): He's *crazy about* her. 그는 그녀에게 푹 빠져 있다

creak [krí:k 크리-크] 명 삐걱거리는 소리
── 자 타 삐걱거리다; 삐걱거리게 하다
【의성어】

*__cream__ [krí:m 크뤼-임] 명 **1** 크림, 유지(乳脂); 크림색: *Cream* is made from milk. 크림은 우유로 만든다 / Do you take *cream* in your coffee? 커피에 크림을 넣을까요?
2 크림이 든 과자(요리): an ice *cream* 아이스크림
3 (화장용) 크림

*__cre·ate__ [kriéit 크뤼에잇] 동 (3단현 **creates** [-ts]; 과거·과거분사 **created** [-id]; 현재분사 **creating**) 타 **1** (새로운

것을) 창조하다, 만들어 내다: God *created* all things. 신은 만물을 창조하였다/ He *created* many beautiful songs. 그는 아름다운 노래를 많이 만들었다
2 (소동 등을) 야기하다(cause): The news *created* a sensation. 그 뉴스는 센세이션을 불러일으켰다

cre·a·tion [kri:éiʃən 크뤼-에이션] 명 창조(물), 창작(품)

cre·a·tive [kri:éitiv 크뤼-에이티v○ → 크루-에이리v○] 형 창조적인, 독창적인

cre·a·tor [kriéitər 크뤼-에이터r → 크루-에이러r] 명 **1** 창조자, 창작자, 창설자 **2** [the Creator로] 조물주, (천지 창조의) 신

*****crea·ture** [krí:tʃər 크뤼-춰r] 명 (복수 creatures [-z]) **1** (신의) 창조물; 생물 《인간과 동물》: a human *creature* 인간 **2** 소산(所産), 산물: a *creature* of fancy 공상의 산물

cred·i·ble [krédəbl 크뤠더브○] 형 믿을 만한

*****cred·it** [krédit 크뤠딧 → 크뤠릿] 명 (복수 credits [-ts]) **1** 신용(trust): I can not give *credit* to such a rumor. 그런 소문은 믿을 수 없다
2 명성, 평판
3 [a를 붙여] 명예가 되는 것
4 신용 대부(거래), 외상(판매)
5 《미》 (과목의) 이수 단위, 학점
on credit 외상으로, 신용으로: Don't buy *on credit*. 외상으로 사지 마라
── 동 (3단현 credits [-ts]; 과거·과거분사 credited [-id]; 현재분사 crediting) 타 …을 믿다, 신용하다: *credit* a story 이야기를 믿다

credit card [krédit kà:rd] 명 신용 카드

cred·i·tor [kréditər 크뤠디터r → 크뤠리러r] 명 채권자(반 debtor 채무자)

creed [krí:d 크뤼-드] 명 **1** 신조, 신념 **2** (종교상의) 신경(信經)

creek [krí:k 크뤼-크] 명 **1** 《영》 (바다·강·호수의) 작은 만, 후미 **2** 《미·캐나다》 내, 지류 (brook(개천)보다 크고, river(강)보다 작음)

creep [krí:p 크뤼-프] 동 (3단현 creeps [-s]; 과거·과거분사 crept [krépt]; 현재분사 creeping) 자 **1** 기다, 포복하다: A lizard *crept into* the bush. 도마뱀이 수풀 속으로 기어 들어갔다
2 살금살금 걷다: The thief *crept into* the room. 도둑이 방으로 살그머니 들어왔다
3 (덩굴나무 등이) 뻗어 나가다
4 (시간 등이) 서서히 흐르다

crepe [kréip 크뤠입] 명 크레이프 《주름진 비단의 일종》

crept [krépt 크뤱트] 동 creep(기다)의 과거·과거분사형

cres·cent [krésnt 크뤠슨트] 명 초승달

crest [krést 크뤠스트] 명 **1** (새의) 볏(comb); 도가머리 **2** (투구의) 앞꽂이 장식; 투구 (꼭대기) **3** (물건의) 꼭대기; (파도의) 물마루

*****crew** [krú: 크루-] 명 (복수 crews [-z]) **1** (배·비행기의) (전)승무원: The *crew* was small. 승무원은 적었다/ All the *crew* were saved. 승무원 전원이 구조되었다

> 쓰임새 *crew*는 승무원 전체를 한 묶음으로 볼 때는 단수, 승무원 한 사람 한 사람을 가리킬 때에는 복수 취급이 원칙이다.

2 함께 일하는 작업단, 조; (보트 레이스의) 선수

crib [kríb 크뤼브] 명 (테두리 난간이 있는) 유아용 침대 (《영》 cot)

cradle   crib, 《영》 cot

crick·et¹ [kríkit 크리킷] 명 【곤충】 귀뚜라미

***crick·et**² [kríkit 크리킷] 명 **크리켓** (11명씩 두 패로 갈려서 하는 옥외 경기): play *cricket* 크리켓을 하다

cricket

cried [kráid 크라이드] 동 cry(울다)의 과거·과거분사형

cries [kráis 크라이스] 동 cry(울다)의 3인칭 단수 현재형
—— 명 cry(고함 소리)의 복수형

***crime** [kráim 크라임] 명 (법률상의) **죄**, **범죄** (◎ 「종교상·도덕상의」 죄」는 sin): commit a *crime* 죄를 범하다

***crim·i·nal** [krímənl 크리머너얼] 명 (복수 **criminals** [-z]) **범인**, 범죄자
—— 형 범죄의, 죄를 범한; 【법】 형사상의(반 civil 민사의): a *criminal* act 범죄 행위/ a *criminal* offense 형사 범죄

crim·son [krímzn 크림Z은] 명 형 진홍색(의)

crip·ple [krípl 크리프얼] 명 신체 장애자, 불구자
—— 동 (현재분사 **crippling**) 타 (사람을) 불구로 만들다

***cri·sis** [kráisis 크라이씨ㅆ] 명 (복수 **crises** [-si:z]) **위기**, 난국, 중대 국면; (병의) 고비: an energy *crisis* 에너지 위기

crisp [krísp 크리스프] 형 (비교급 **crisper**; 최상급 **crispest**) **1** (과자 등이) 파삭파삭한; (야채·과일 등이) 신선한 **2** (태도·말씨가) 분명한 **3** (공기 등이) 상쾌한

crit·ic [krítik 크리틱 → 크리릭] 명 (문예·미술 등의) 비평가, 평론가: a music *critic* 음악 평론가

crit·i·cal [krítikəl 크리티커얼 → 크리리커얼] 형 **1** 비판의, 비판적인: a *critical* opinion 비판적 의견
2 위기의; (병이) 고비에 있는: She is in a *critical* condition. 그녀는 위독하다

crit·i·cal·ly [krítikəli 크리티컬리 → 크리리컬리] 부 **1** 비평[비판]적으로 **2** 위험 상태에

crit·i·cism [krítisìzm 크리티씨Z음 → 크리리씨Z음] 명 **1** 비평, 평론: literary *criticism* 문학 비평
2 비판, 흠잡기

crit·i·cize [krítisàiz 크리티싸이z → 크리리싸이z] 동 (현재분사 **criticizing**) 타 **1** …을 비평하다 **2** …을 비난하다

croak [króuk 크로욱] 명 (까마귀·개구리 등의) 까악까악[개굴개굴] 우는 소리
—— 자 까악까악[개굴개굴] 울다 【의성어】

croc·o·dile [krákədàil 크라커다얼] 명 【동물】 (아프리카·아시아산(産)) 악어 (◎ 미국산 「악어」는 alligator)

crocodile

shed crocodile tears 거짓 눈물을 흘리다 (◎ 악어는 눈물을 흘리면서 먹이를 잡아먹는다는 전설에서)

crook [krúk 크룩] 명 굽은 것[물건]

crook·ed [krúkid 크루키드] 형 **1** 구부러진 **2** 부정한

***crop** [kráp 크랍] 명 (복수 **crops** [-s]) **농작물**, 수확물: We had a good[poor] *crop* of potatoes this year. 올해는 감자의 수확이 많았다[적었다]
—— 동 (3단현 **crops** [-s]; 과거·과거분

사 **cropped** [-t]; 현재분사 **cropping**) 타 (농작물을) 수확하다, 베어들이다

cross [krɔ́:s 크라-ㅆ] 명 (복수 **crosses** [-iz]) **십자형**, 십자 기호 (×표나 +); 십자가
── 동 (3단현 **crosses** [-iz]; 과거·과거분사 **crossed** [-t]; 현재분사 **crossing**) 타 **1** (서로) **교차하다**, …을 교차시키다: The two streets *cross* each other. 그 두 도로는 교차하고 있다/ She *crossed* her legs. 그녀는 다리를 꼬았다
2 십자(성호)를 긋다
3 (길·사막 등을) **가로지르다**, 건너다: He *crossed* the street. 그는 길을 건넜다
4 …와 엇갈려 지나다: I *crossed* him *on* the street. 나는 거리에서 그와 엇갈렸다
5 횡선을 긋다; (×표 등으로) 지우다
── 자 **1** 교차하다 **2** (길·강을) 건너다
cross one's fingers 집게손가락 위에 가운뎃손가락을 포개다 (성공(행운)을 비는 동작)
cross over 넘다, 건너가다: He *crossed over* the sea. 그는 바다를 건넜다

cross one's fingers

── 형 (비교급 **crosser**; 최상급 **crossest**) **1** **교차한**, +자형의: *cross* streets 교차 도로
2 (방향 등이) 반대의, 역의
3 (성미가) 까다로운, 심술궂은

cross·bow [krɔ́:sbòu 크라-ㅆ보우] 명 석궁 (중세의 무기)

cross-country [krɔ́:s-kʌ́ntri 크라-ㅆ칸츄뤼] 형 들판 횡단의
── 명 크로스컨트리 경주

cross·ing [krɔ́:siŋ 크라-ㅆ씽] 명 **1** 횡단 (하기): No *crossing*. 《게시》 횡단 금지
2 (도로의) 교차점, (철도의) 건널목; 횡단보도

cross·road [krɔ́:sròud 크라-ㅆ로우드] 명 (복수 **crossroads** [-dz]) 교차로; (종종 복수형으로) 사거리, 십자로: Turn left at the *crossroads*. 사거리에서 좌회전을 하시오

cross·word puzzle [krɔ́:swə̀:rd pʌ̀zl 크라-ㅆ워-r드 파Z으얼] 명 크로스워드 퍼즐 (글자 맞추기 놀이)

crouch [kráutʃ 크라우취] 동 (3단현 **crouches** [-iz]) 자 몸을 쭈그리다, 웅크리다

crow [króu 크로우] 명 【조류】 까마귀

crowd [kráud 크라우드] 명 (복수 **crowds** [-dz]) 군중, 인파: There was a large *crowd* there. 거기에는 많은 사람이 있었다/ All the *crowd* were waving their hands. 군중들이 모두 손을 흔들고 있었다

crow

쓰임새 군중 전체를 한 묶음으로 볼 때는 단수, 군중 한 사람 한 사람을 가리킬 때에는 복수 취급이 원칙이다.

crowd of = ***crowds of*** 많은: There were *crowds of* children there. 거기에는 많은 어린이가 있었다
in crowds = ***in a crowd*** 여럿이서
── 동 (3단현 **crowds** [-dz]; 과거·과거분사 **crowded** [-id]; 현재분사 **crowding**) 자 **모여들다**, 붐비다: They *crowded around* the singer. 그들은 그 가수 주위로 모여들었다
── 타 …에 밀어 넣다, 채우다: He *crowded* books *into* the box. 그는 책을

상자 속에 채워 넣었다/ The room was *crowded* with furniture. 방은 가구로 가득 차 있었다

crowd·ed [kráudid 크라우디드] 형 붐비는, 혼잡한: a *crowded* street 혼잡한 거리

crown [kráun 크라운] 명 (복수 **crowns** [-z]) **1** 왕관; [the를 붙여] **왕위**, 왕권: succeed to *the crown* 왕위를 잇다
2 (승리의) 화관, 영관(榮冠); 영광
3 정상, (물건의) 꼭대기(top)

cru·cial [krúːʃəl 크루-셔얼] 형 결정적인, 중대한

crude [krúːd 크루-드] 형 (비교급 **cruder**; 최상급 **crudest**) 천연의, 가공하지 않은: *crude* oil 원유

cru·el [krúːəl 크루-어얼] 형 (비교급 **crueler**; 최상급 **cruelest**) **1 잔인한**, 잔혹한: Don't be *cruel* to animals. 동물을 학대하지 마라
2 비참한, 끔찍한: a *cruel* sight 끔찍한 광경

cru·el·ly [krúːəli 크루-얼리] 부 잔인하게, 무자비하게

cru·el·ty [krúːəlti 크루-얼티] 명 (복수 **cruelties** [-z]) **1** 잔인, 잔혹 **2** [보통 복수형으로] 잔인한 행위

cruise [krúːz 크루-즈] 동 (현재분사 **cruising**) 자 **1** 순항(巡航)하다 **2** 《구어》 거리를 돌아다니다

cruis·er [krúːzər 크루-즈어r] 명 순양함

crumb [krʌ́m 크럼] [b는 묵음] 명 (복수 **crumbs** [-z]) **1** [보통 복수형으로] (빵 등의) 조각, 부스러기 **2** 빵의 속 (반) crust 빵 껍질

crum·ple [krʌ́mpl 크럼프얼] 동 (현재분사 **crumpling**) 타 자 (종이 등을) 구기다; 구겨지다

cru·sade [kruːséid 크루-쎄이드] 명 **1** [Crusade로] 십자군 《회교도에게 빼앗긴 성지 예루살렘을 탈환하기 위해 11-13세기에 걸쳐서 파견된 군대》 **2** (종교상의) 성전(聖戰)
【「십자가(cross)를 단 집단」에서】

crush [krʌ́ʃ 크라쉬] 동 (3단현 **crushes** [-iz]; 과거 · 과거분사 **crushed** [-t]; 현재분사 **crushing**) 타 **1 …을 구기다**; 눌러 부수다, 짜다: *crush* a can[box] 깡통을[상자를] 짜부라뜨리다
2 (적군 · 희망 등을) 꺾다: My hopes were *crushed*. 내 희망은 깨어졌다
── 자 구겨지다

crush 1

crust [krʌ́st 크라스트] 명 (복수 **crusts** [-ts]) **1** 빵 껍질 (반) crumb 빵의 속 **2** (물건의) 딱딱한 표면, 겉껍질 **3** 【지질】 지각 (地殼)

cry [krái 크라이] 동 (3단현 **cries** [-z]; 과거 · 과거분사 **cried** [-d]; 현재분사 **crying**) 자 **1 외치다**(shout): They *cried* to me to stop. 그들은 나에게 멈추라고 소리쳤다
2 (소리내어) **울다**, 울부짖다: He *cried* with pain. 그는 아파서 울었다

> 유의어 울다
> **cry**는 소리를 내어 울다. **weep**는 눈물을 흘리며 훌쩍훌쩍 울다. **sob**는 흐느껴 울다.

cry　weep　sob

── 타 외치다, 큰소리로 부르다

cry for …을 울며 요구하다: The baby is *crying for* milk. 아기는 젖을 달라고 울고 있다

cry out 고함지르다

cry over (불행 등을) 한탄하다: It is no use *crying over* spilt milk. 《속담》 엎지른 물은 도로 담을 수 없다

──명 (복수 cries [-z]) 고함 (소리), 외침; 울음소리: He gave a loud *cry*. 그는 큰 소리를 질렀다

*크**crys·tal** [krístl 크뤼스트얼] 명 (복수 crystals [-z]) **1 수정**(水晶) **2** 크리스털 유리 (제품) **3** 【광물】 결정(체)

cub [kʌ́b 카브] 명 (곰·사자·여우 등의) 새끼

Cu·ba [kjúːbə 큐-바] 명 쿠바 《서인도 제도의 공화국; 수도는 아바나(Havana)》

cube [kjúːb 큐-브] 명 **1** 입방체, 정육면체; 입방체의 물건

2 【수학】 입방, 세제곱: The *cube* of 3 is 27. 3의 세제곱은 27.

cu·bic [kjúːbik 큐-빅] 형 입방의, 3차의, 세제곱의

cuck·oo [kúːkuː 쿠-쿠-] 명 (복수 cuckoos [-z]) 【조류】 뻐꾸기(의 울음소리)

cuckoo

the cuckoo in the nest (가정의 평화를 교란하는) 방해자 (🖉 다른 새의 둥지에 산란되어 부화한 뻐꾸기 새끼가 둥지 안의 소동의 근원이 되는 데서)

cuckoo clock [kúːkuː klɑ̀k] 명 뻐꾸기 시계

*크**cu·cum·ber** [kjúːkʌmbər 큐-컴버r] 명 【식물】 오이

cue¹ [kjúː 큐-] 명 **1** 실마리, 단서(hint) **2** 【연극】 (다음 연기·대사 등의 신호가 되는) 개시 신호, 큐

cue² [kjúː 큐-] 명 **1** (당구의) 큐 **2** 땋은 머리, 변발
【queue(줄)의 철자 변형에서】

cuff [kʌ́f 카f으] 명 (복수 cuffs [-s]) **1** (옷·와이셔츠의) 커프스, 소맷부리 **2** 〔보통 복수형으로〕《구어》 수갑

cult [kʌ́lt 컬트] 명 **1** 제식(祭式), 의식 **2** (사람·사상에 대한) 숭배, 예찬; (일시적인) 열광, 유행 **(of)**

*크**cul·ti·vate** [kʌ́ltəvèit 컬터V에잇] 동 (3단현 cultivates [-ts]; 과거·과거분사 cultivated [-id]; 현재분사 cultivating) 타 **1 …을 경작하다**, 재배하다; (물고기 등을) 양식하다: He *cultivated* the land. 그는 땅을 경작했다

2 (재능 등을) 양성하다(develop); (기예를) 닦다

cul·ti·va·tion [kʌ̀ltəvéiʃən 컬터V에이션] 명 **1** 경작, 재배; 양식 **2** 양성

cul·ti·va·tor [kʌ́ltəvèitər 컬터V에이터r] → 컬터V에이러r] 명 **1** 경작자, 재배자 **2** 양성자

cul·tur·al [kʌ́ltʃərəl 컬춰뤄얼] 형 **1** 재배의, 배양의

2 문화의; 교양의: a *cultural* exchange 문화 교류

*크**cul·ture** [kʌ́ltʃər 컬춰r] 명 **1 문화**, 문명: Greek *culture* 그리스 문화

2 교양: He is a man of *culture*. 그는 교양 있는 사람이다

3 수양, 훈련

4 경작, 재배, 양식

cun·ning [kʌ́niŋ 카닝] 형 교활한, 간사한(sly)

──명 교활, 잔꾀, 간사함 (🖉 시험 중의 「부정 행위」는 cheating이라 한다)

*크**cup** [kʌ́p 컵] 명 (복수 cups [-s]) **1** (홍차·커피용) **찻잔**, **컵**: a coffee *cup* 커피 잔

비교▷ **glass, cup, mug**

glass는 손잡이가 없는 유리 제품으로 차가운 음료(물·우유·주스 등)를 마신다. **cup**은 작고 손잡이가 달린 도기 제품 또는 금속제의 용기로 뜨거운 음료(홍차·커피 등)를 마신다. **mug**는 보통 손잡이가 달린 큰 컵.

glass   cup   mug

2 〔a cup of의 형태로〕 찻잔 한 잔(의 양〕: *a cup of* coffee 커피 한 잔 / I had *two cups of* tea. 나는 홍차 두 잔을 마셨다

> 쓰임새 coffee나 tea는 셀 수 없는 명사이므로 한 잔, 두 잔하고 셀 때에는 a cup of ..., two cups of ...라고 한다.

3 〔the를 붙여〕 (경기 등의) 우승컵: win *the cup* 우승하다
4 【골프】 홀(hole)

***cup·board** [kʌ́bərd 카버*r*드] 〔🔊p는 묵음〕 명 (복수 **cupboards** [-dz]) **찬장**, 식기장

cup·ful [kʌ́pfùl 캅F우을] 명 한 잔(의 양)
Cu·pid [kjú:pid 큐-피드] 명 【로마신화】 큐피드 《비너스의 아들로 그의 화살에 맞은 사람은 사랑에 빠지게 하는 사랑의 신; 그리스 신화의 에로스 (Eros)에 해당》

Cupid

curb [kə́:rb 커-*r*브] 명 (복수 **curbs** [-z]) **1** 재갈, 고삐 **2** 구속, 억제(check) **3** 《미》 (인도와 차도 사이의) 연석(緣石)

curd [kə́:rd 커-*r*드] 명 (복수 **curds** [-dz]) **1** 〔종종 복수형으로〕 굳어진 우유, 응유 (凝乳) 《치즈의 원료》
2 굳어진 식품: bean *curd* 두부

***cure** [kjúər 큐어*r*] 동 (3단현 **cures** [-z]; 과거·과거분사 **cured** [-d]; 현재분사 **curing** [kjúəriŋ]) 타 (병 등을) **치료하다**; (나쁜 버릇 등을) 고치다: *cure* a patient 환자를 치료하다 / This medicine *cured* me *of* my cold. 이 약이 내 감기를 낫게 해주었다

> 유의어 고치다
> **cure**는 병·버릇 등을 고치다.
> **heal**은 상처나 화상 등 외상을 고치다. **remedy**는 특정의 방법을 써서 병·상해 등을 고치다.

──명 고침, 치료; 치료제: Is there a *cure* for cancer? 암의 치료제는 있습니까?

cure-all [kjúər-ɔ̀:l 큐어*r*오-을] 명 만병통치약

cur·few [kə́:rfju: 커-*r*F유-] 명 **1** 만종 (晩鐘), 저녁종 **2** 야간 외출〔통행〕금지; 소등 명령

Cu·rie [kjurí: 큐리-] 명 퀴리 Marie ~ (1867–1934) 《폴란드 태생의 프랑스 물리학자·화학자; 남편 피에르(Pierre)와 같이 라듐을 발견》

cu·ri·os·i·ty [kjùriásəti 큐리아써티 → 큐리아써리] 명 (복수 **curiosities** [-z])
1 호기심 **2** 진기한 것, 골동품
from〔*out of*〕*curiosity* 호기심에서

***cu·ri·ous** [kjúriəs 큐리어쓰] 형 **1 호기심이 강한**, 알고 싶어하는: Children are *curious about* everything. 어린이는 온갖 것에 호기심을 가진다 / I am *curious to* know who he is. 나는 그가 누구인지 알고 싶다
2 《구어》 이상한, 묘한(strange): a *curious* fellow 별난 사람, 괴짜

cu·ri·ous·ly [kjúriəsli 큐리어쓸리] 부 **1** 신기한 듯이, 호기심에서 **2** 기묘하게(도)

curl [kə́:rl 커-*r*을] 명 **1** (머리털의) 컬, 곱슬머리 **2** 소용돌이 모양
──동 (3단현 **curls** [-z]; 과거·과거분사 **curled** [-d]; 현재분사 **curling**) 자 (머리털이) 곱슬곱슬해지다
2 (연기가) 맴돌다: Smoke *curled* out of the chimney. 연기가 굴뚝에서 소용돌이치며 올라갔다
──타 **1** (머리털을) 곱슬곱슬하게 하다
2 …을 꼬다, 비틀다 (up)

curl·y [kə́:rli 커-*r*을리] 형 (비교급 **curlier**; 최상급 **curliest**) 곱슬곱슬한, 곱슬머리의

***cur·ren·cy** [kə́:rənsi 커-뤈씨] 명 (복수 **currencies** [-z]) **1 통화**, 화폐: foreign *currency* 외화
2 (화폐 등의) 유통, 통용; 유행

cur·rent [kə́:rənt 커-뤈트] 형 **1 현재의**, 현대의: *current* English 시사 영어 / *current* news 시사 뉴스
2 현재 유통되고 있는: *current* money 통화
── 명 (복수 **currents** [-ts]) **1** (액체·기체의) **흐름**; 【전기】 전류: a *current* of air 기류
2 경향, 추세(tendency): the *current* of public opinion 여론의 경향

cur·rent·ly [kə́:rəntli 커-뤈틀리 → 커-뤈'을리] 부 **1** 일반적으로, 널리(generally) **2** 지금, 현재는(now)

cur·ric·u·lum [kəríkjuləm 커리큘럼] 명 (복수 **curricula** [-lə], **curriculums** [-z]) 교과〔교육〕 과정

cur·ry [kə́:ri 커-뤼] 명 (복수 **curries** [-z]) 카레 (가루): *curry* and rice 카레라이스 (⦗단수 취급⦘)

curse [kə́:rs 커-r쓰] 동 (현재분사 **curs·ing**) 타 자 …을 저주하다, 욕지거리하다
── 명 저주(반 blessing 축복), 저주의 말

curs·ed [kə́:rsid 커-r씨드] 형 저주받은 (반 blessed 축복 받은)

cur·sor [kə́:rsər 커-r써r] 명 【컴퓨터】 커서 (화면에 기호나 문자가 입력되는 위치를 표시하는 이동 깜박이 점〔막대〕)

cur·tail [kərtéil 커-r테일] 타 **1** …을 짧게 줄이다 **2** (비용 등을) 삭감하다

cur·tain [kə́:rtn 커-r튼] 명 (복수 **curtains** [-z]) **1 커튼**, (문의) 휘장: Please draw〔open〕 the *curtain*. 커튼을 닫아〔열어〕 주십시오

curtains   blind

2 (극장의) **막**: The *curtain* rises at 7 p.m.. 막은 7시에 오른다

behind the curtain 막후에서, 비밀리에

curtain call [kə́:rtn kɔ́:l] 명 커튼콜 (공연이 끝난 후에 박수 갈채로 관중이 배우를 막 앞으로 불러내는 일)

curt·sy, curt·sey [kə́:rtsi 커-r트씨] 명 인사, 절

⦗참고⦘ curtsy는 왼발을 빼고 무릎을 굽혀 몸을 약간 숙이는 매우 정중한 인사로, 요즘은 신분이 극히 높은 사람에게나 여배우가 무대에서 관객을 향해서만 한다.

curve [kə́:rv 커-rv으] 명 **1 곡선**, 굴곡 **2** 【야구】 커브(공)
── 동 (3단현 **curves** [-z]; 과거·과거분사 **curved** [-d]; 현재분사 **curving**) 자 **구부러지다**: The road *curved* to the right. 그 길은 오른쪽으로 굽어 있었다
── 타 …을 굽히다

cush·ion [kúʃən 쿠션] 명 (복수 **cushions** [-z]) **1 쿠션**, 방석 **2** 완충물; (당구대의) 쿠션
── 타 **1** 쿠션을 달다〔받치다〕 **2** (충격을) 흡수하다

cus·tard [kʌ́stərd 카스터r드] 명 커스터드 (우유·계란에 설탕·향료를 넣어서 찐〔구운〕 과자)

cus·tom [kʌ́stəm 카스텀] 명 (복수 **customs** [-z]) **1** (사회의) **풍습**, **관습**, 관례; (개인의) 습관: follow a *custom* 관습에 따르다 / Social *customs* are different from country to country. 사회의 관습은 나라에 따라 다르다
2 (상점 등에 대한 고객의) 애호; 〔집합적으로〕 단골, 고객
3 〔복수형으로〕 관세; 〔the Customs로〕 세관
── 형 맞춤의, 주문한: a *custom* suit 맞춤복

cus·tom·a·ry [kʌ́stəmèri 카스터메뤼]
형 **1** 습관적인(habitual) **2** 관습상의

*****cus·tom·er** [kʌ́stəmər 카스터머r] 명
(가게의) **손님**, 고객

******cut** [kʌ́t 컷] 동 (3단현 **cuts** [-ts]; 과거·과거분사 **cut**; 현재분사 **cutting**) 타 **1** (칼 등으로) **…을 베다**, 자르다; (풀·머리를) 깎다: I *cut* my finger with a knife. 나는 칼로 손가락을 베었다/ Please *cut* me a slice of bread. 빵 한 조각을 잘라 주세요/ I had my hair *cut*. 나는 머리를 깎았다

유의어> 자르다

　cut은 「자르다」는 뜻을 나타내는 가장 일반적인 말. **slice**는 빵 등을 얇게 자르다. **chop**은 식칼이나 도끼로 쳐서 자르다.

cut
cut, clip
chop
slice

2 (비용을) **줄이다**(reduce): *Cut* your traveling expenses. 여행 경비를 줄이시오
3 (보석을) 깎아 다듬다; (상(像)·이름을) 조각하다, 새기다; (옷감을) 재단하다: *cut* a diamond 다이아몬드를 잘라서 갈다
4 (길 등을) 내다: A tunnel is *cut* through the hill. 산에 터널이 만들어졌다
5 (수업 등을) 빼먹다, 결석하다: *cut* a class 수업을 빼먹다
── 자 **1** (날이) **들다**, (물건이) 베어지다: This knife *cut* well. 이 칼은 잘 든다
2 (길 등을) 가로질러 가다: *cut across* a yard 뜰을 가로질러 가다
3 (찬바람이) …의 살을 에다: The wind *cut* bitterly. 바람이 몹시 차서 살을 에는 듯했다

cut down (1) …을 베어 넘어뜨리다: He *cut down* the cherry tree. 그는 벚나무를 베어 넘어뜨렸다
(2) (비용을) **삭감하다**; (값을) 깎다: We have to *cut down* the budget. 우리는 예산을 줄여야 한다
cut in 〔***into***〕 끼여들다, 말참견하다: Don't *cut in* while others are talking. 남이 말을 할 때 끼여들지 마라
cut off (1) …을 베어내다, 절단하다: He *cut off* a branch from the tree. 그는 나무에서 가지를 베어냈다
(2) (전기·수도 등을) 끊다: The water was *cut off* last week. 지난주에 단수되었다
(3) (이야기 등을) 중단시키다
cut out …을 잘라내다: He *cut out* the picture from a newspaper. 그는 신문에서 그 사진을 오려내었다
cut up …을 잘게 썰다; 분할하다: He *cut up* the fish into pieces. 그는 생선을 잘게 썰었다
── 명 (복수 **cuts** [-ts]) **1 베기**; 벤 상처〔자리〕: I got a deep *cut* in my leg. 나는 다리를 깊게 베었다
2 절단, 컷; (탁구 등에서 공을) 깎아치기
3 (경비 등의) 삭감, 인하
4 지름길(shortcut)
5 벤 조각, (특히) 고깃점
6 (옷의) 마름질; (머리의) 깎는 법
7 컷, 삽화

*****cute** [kjúːt 큐-트] 형 (비교급 **cuter**; 최상급 **cutest**) **1 귀여운**, 예쁜(pretty): What a *cute* little baby! 정말 예쁜 아기구나!

2 영리한(clever)

cut·let [kʌ́tlit 카틀릿] 명 1 (특히 소·양의) 얇게 저민 고기 2 커틀릿 《저민 고기나 생선살을 기름에 튀긴 것》

cut·ter [kʌ́tər 카터r → 카러r] 명 1 베는 사람, 재단사 2 베는 도구, 재단기

cut·ting [kʌ́tiŋ 카팅 → 카링] 명 1 절단, 재단, 베어내기; 오려낸 것 2 필름[녹음 테이프] 편집
── 형 1 예리한: a *cutting* blade 예리한 (칼)날
2 (바람 등이) 살을 에는 듯한: A *cutting* wind blew. 살을 에는 듯한 바람이 불었다

cy·ber- 《접두사》「컴퓨터; 컴퓨터 네트워크」의 뜻

cy·ber·space [sàibərspéis 싸이버r스페이ㅆ] 명 사이버스페이스 《컴퓨터와 정보 통신 시스템으로 실현하는 활동 공간》

cut·tle·fish [kʌ́tlfiʃ 카트ㄹF이쉬 → 카르ㄹF이쉬] 명 (복수 **cuttlefishes** [-iz], 〔집합적으로〕 **cuttlefish**) 《동물》 오징어, (특히) 뼈오징어

*****cy·cle** [sáikl 싸이크ㄹ] 명 (복수 **cycles** [-z]) 1 (계절 등의) <u>순환</u>, 주기: the *cycle* of the seasons 계절의 순환
2 자전거(bicycle), 오토바이(motorcycle)
3 (전파의) 사이클, 주파
── 동 (현재분사 **cycling**) 자 1 순환하다 2 자전거를 타다
【그리스어「circle(원)」에서】

cy·cling [sáikliŋ 싸이클링] 명 사이클링, 자전거 타기

cycling

cy·clist [sáiklist 싸이클리스트] 명 자전거 타는 사람

cy·clone [sáikloun 싸이클로운] 명 (인도양 방면의) 열대성 저기압, 사이클론 【그리스어「cycle(돌다)」에서】

cyl·in·der [sílindər 씰린더r] 명 (복수 **cylinders** [-z]) 1 원주(圓柱), 원기둥, 원통(圓筒) 2 《기계》 실린더, (펌프의) 통 3 (회전식 권총의) 탄창

cym·bal [símbəl 씸버얼] 명 (복수 **cymbals** [-z]) 〔보통 복수형으로〕 심벌즈 《타악기》

cymbals

cyn·i·cal [sínikəl 씨니커얼] 형 냉소적인

czar [záːr Z아-r] 명 1 황제, 군주; 전제 군주(autocrat) 2 〔**Czar**로〕 제정 러시아의 황제

Dd

D, d [díː 디-] 명 (복수 **D's, d's** [-z]) **1** 영어 알파벳의 넷째 글자 **2** 【음악】 라 음(音), 라 조(調) **3** 〔대문자 **D**로〕 《미》 (학업 성적의) D 《최저 합격 성적》

'd [d ㄷ] had, would, should의 단축형

> 쓰임새 I'd, he'd처럼 I, we, you, he, she, they 등의 대명사 뒤에 붙는다.

＊dad [dǽd 대드] 명 《구어》 **아빠**(반) mom 엄마)

＊dad·dy [dǽdi 대디] 명 (복수 **daddies** [-z]) 《구어》 **아빠**(반) mammy 엄마)

Daed·a·lus [dédələs 데덜러쓰] 명 【그리스신화】 다이달로스 《크레타(Crete)의 미로를 만든 아테네의 명장(名匠); 아들은 Icarus》

daf·fo·dil [dǽfədìl 대F어디얼] 명 【식물】 나팔수선화 (「수선화」는 narcissus)

dag·ger [dǽgər 대거r] 명 (복수 **daggers** [-z]) **1** 단도, 단검 **2** 【인쇄】 칼표(†)

daffodil

dahl·ia [dáljə 달랴] 명 【식물】 달리아 《스웨덴의 식물학자 달(Dahl)의 이름에서》

＊dai·ly [déili 데일리] 형 **매일의**, 일상의: *daily* life 일상 생활／ a *daily* newspaper 일간 신문
—— 부 매일, 날마다(every day)
—— 명 (복수 **dailies** [-z]) 일간 신문 (「주간지」는 weekly, 「월간지」는 monthly)

dain·ty [déinti 데인티] 형 (비교급 **daintier**; 최상급 **daintiest**) **1** 섬세한, 예쁘장한 **2** 맛좋은

dair·y [dɛ́əri 데어뤼] 〔 diary [dáiəri] (일기)와 발음 차이에 주의〕 명 (복수 **dairies** [-z]) **1** 낙농장 《우유·버터 등 유제품을 만드는 농장》 **2** 낙농업 **3** 우유〔버터〕 판매점

dai·sy [déizi 데이Z이] 명 (복수 **daisies** [-z]) 【식물】 데이지

＊dam [dǽm 댐] 〔 damn(저주)과 발음이 같음〕 명 (복수 **dams** [-z]) **댐**, 둑

dam

＊dam·age [dǽmidʒ 대미쥐] 명 **손해**, 피해, 손실: The heavy frost did much *damage* to the crops. 된서리는 작물에 큰 피해를 끼쳤다
—— 동 (3단현 **damages** [-iz]; 과거·과거분사 **damaged** [-d]; 현재분사 **damaging**) 타 손해〔피해〕를 주다: Many houses were *damaged* by the typhoon. 많은 집들이 태풍의 피해를 받았다

damn [dǽm 댐] 〔 n은 묵음〕 명 저주, 악담
—— 동 (3단현 **damns** [-z]; 과거·과거분사 **damned** [-d]; 현재분사 **damning**) 타 …을 저주하다: *Damn* 〔God *damn*〕 it! 젠장!, 제기랄!

damp [dǽmp 댐프] 형 (비교급 **damper**; 최상급 **dampest**) **축축한**, 습기찬(반 dry 마른): This room is *damp* in rainy weather. 이 방은 비 오는 날에는 습기가 찬다
── 명 습기(moisture)

dance [dǽns 댄쓰] 동 (3단현 **dances** [-iz]; 과거·과거분사 **danced** [-t]; 현재분사 **dancing**) 자
1 춤추다: *danced* to the music 음악에 맞추어 춤추다

회화
A: Will you *dance* with me?
저와 춤을 추시지 않겠습니까?
B: Sure.
좋습니다

2 (기뻐서) 뛰어 돌아다니다: He *danced* for〔with〕 joy. 그는 기뻐서 깡충깡충 뛰었다
── 타 (춤을) 추다
── 명 (복수 **dances** [-iz]) **1 댄스, 춤**: social *dance* 사교댄스
2 댄스 파티, 무도회: We went to a *dance* yesterday. 우리는 어제 댄스 파티에 갔다

쓰임새 dance에는 「댄스 파티」라는 뜻도 있으므로 뒤에 party를 붙이지 않아도 된다. 정식의 큰 무도회는 ball이라 한다.

danc·er [dǽnsər 댄써r] 명 (복수 **dancers** [-z]) 춤추는 사람, 댄서
danc·ing [dǽnsiŋ 댄싱] 명 댄스
dan·de·li·on [dǽndəlàiən 댄덜라이언] 명【식물】민들레 (📖 꽃잎이 사자 (lion)의 이빨처럼 생겨서)
dan·dy [dǽndi 댄디] 명 (복수 **dandies** [-z]) 멋쟁이 (남자), 맵시꾼

dandelion

dan·ger [déindʒər 데인줘r] 명 (복수 **dangers** [-z]) **1 위험**, 위기(반 safety 안전): His life is in *danger*. 그는 생명이 위험하다/ He is now out of *danger*. 그는 이제 위험에서 벗어났다
2 위험 요인, 위험한 것〔사람〕

dan·ger·ous [déindʒərəs 데인줘뤄쓰] 형 **위험한**: It is *dangerous* to swim in this river. 이 강에서 헤엄치는 것은 위험하다

dan·ger·ous·ly [déindʒərəsli 데인줘뤄쓸리] 부 위험하게
dan·gle [dǽŋgl 댕그얼] 동 (현재분사 **dangling**) 자 (달랑달랑) 매달리다

dare [dέər 데어r] 동 (3단현 **dares** [-z]; 과거·과거분사 **dared** [-d]; 현재분사 **daring** [dέəriŋ]) 타 **1** 〔dare to do의 형태로〕 **감히〔과감하게〕 …하다**: He did not *dare to* speak to her. 그는 그녀에게 말을 걸 용기가 없었다
2 〔dare ... to do의 형태로〕 …에게 할 수 있거든 해보라고 말하다: I *dared* you *to* jump. 뛸 수 있거든 뛰어봐
── 조 **감히 …하다**: *Dare* he fight me? 그는 나와 싸울 용기가 있을까?/ How *dare* you say that? 네가 어떻게 그렇게 말할 수 있어?/ He *dare* not do it. 그는 그럴 용기가 없다

쓰임새 조동사 dare는 보통 의문문·부정문에 쓰이며 3인칭 단수 현재형이라도 -s를 붙이지 않고, to 없는 부정사가 따른다.

I dare say ... 아마 …일 것이다: *I dare say* you are right. 아마 네가 옳을 것이다

dar·ing [dέəriŋ 데어링] 형 대담한, 용감한(bold)

dark [dάːrk 다-r크] 형 (비교급 **darker**; 최상급 **darkest**) **1 어두운**, 캄캄한(반 light 밝은): a *dark* room 어두운 방

dark　　　　light

2 (피부·눈·머리칼이) 검은; (색이) 진한(반 light 엷은): *dark* eyes 검은 눈/ *dark* hair 검은 머리
3 어두운, 음산한, 우울한
── 명 어둠; 저녁 때: He is afraid of the *dark*. 그는 어둠을 두려워한다
after dark 어두워진 뒤에: Don't go out *after dark*. 어두워진 후에는 외출하지 마라
before dark 어두워지기 전에: Let's go home *before dark*. 어두워지기 전에 집으로 돌아가자
in the dark 어두운 데서: Cats can see *in the dark*. 고양이는 어두운 데서도 잘 본다

Dark Ages [dá:rk éidʒ] 명 〔the를 붙여〕 (중세의) 암흑 시대

dark·en [dá:rkn 다-r큰] 타 자 어둡게 하다〔되다〕

dark horse [dá:rk hɔ́:rs] 명 다크호스, 복병 《경마·선거 등에서 뜻밖의 유력한 경쟁 상대; 전혀 예상하지 못했던 검정 경주마가 우승했다는 이야기에서》

dark·ness [dá:rknis 다-r크니쓰] 명 암흑, 어둠(반 light 밝음): The stars are shinning in the *darkness*. 별은 어둠 속에서 빛나고 있다

***dar·ling** [dá:rliŋ 다-r얼링] 명 사랑스런 〔귀여운〕 사람: (My) *darling*!《애칭》 얘야!; 여보!
── 형 귀여운, 마음에 드는

dart [dá:rt 다-r트] 명 (복수 **darts** [-ts]) **1** 던지는 (화)살, 다트 **2** 〔복수형으로; 단수 취급〕 화살던지기 《둥근 과녁에 화살을 던져 점수를 다투는 실내 게임 놀이》

dart 1　　　　darts 2

Dar·win [dá:rwin 다-r윈] 명 다윈 Charles Robert ~ (1809–1882) 《영국의 자연 과학자로서 진화론 제창자》

***dash** [dǽʃ 대쉬] 동 (3단현 **dashes** [-iz]; 과거·과거분사 **dashed** [-t]; 현재분사 **dashing**) 자 **1** 돌진하다: I *dashed* from 〔out of〕 the room. 나는 방에서 뛰어 나갔다
2 (세차게) 충돌하다 《against》
── 타 …을 내던지다; (때려) 부수다: *dash* a book *to*〔*on*〕 the floor 책을 마룻바닥에 내동댕이치다
── 명 **1** (복수 **dashes** [-iz]) 돌진, 충돌: They made a *dash* at the enemy. 그들은 적을 향하여 돌진했다
2 《미》 단거리 경주
3 대시 기호 (-); (모르스 신호의) 대시 (반 dot 도트)

***data** [déitə 데이타 → 데이러] 명 《datum의 복수형》 데이터, 자료: process *data* 데이터를 처리하다/ The *data* are 〔is〕 correct. 그 데이터는 정확하다

> 쓰임새 data는 원래 datum의 복수형이므로 복수로 취급하는 것이 원칙이지만 종종 단수로도 취급한다.

***date** [déit 데잇] 명 (복수 **dates** [-ts]) **1** 날짜, 연월일: the *date* of one's birth 생년월일

회화

A: What's the *date* today?
　오늘이 며칠입니까?
B: It's April 10.
　4월 10일입니다

[참고] 미국과 영국의 날짜 쓰기
(예: 1987년 12월 7일)
(1) **미국식**
〔쓰기〕《미》에서는 월-일-연도의 순으로 쓴다: December 7〔7th〕, 1987.
〔읽기〕 December (the) seventh, nineteen eighty-seven
(2) **영국식**
〔쓰기〕《영》에서는 일-월-연도의 순으로 쓴다: 7〔7th〕 December, 1987
〔읽기〕 the seventh of December, nineteen eighty-seven

2 (이성과의) **약속**, **데이트**; 데이트의 상대: I have a *date* tonight. 오늘 밤 데이트가 있다
out of date (1) **시대에 뒤떨어진**, 구식의(old-fashioned): This dress is *out of date*. 이 드레스는 구식이다
(2) 기한이 다 된: This ticket is *out of date*. 이 티켓은 날짜가 지났다
up to date **최신식의**(modern): This camera is *up to date*. 이 카메라는 최신식이다
── 图 (3단현 **dates** [-ts]; 과거 · 과거분사 **dated** [-id]; 현재분사 **dating**) 타 **1** (편지 · 문서에) 날짜를 기입하다: The letter is *dated* May 20. 그 편지는 5월 20일자로 되어 있다
2 《미구어》 (이성과) 만날 약속을 하다; …와 데이트하다
── 자 (…부터) 시작되다, …년대로 거슬러 올라가다: This castle *dates back to* the 14th century. 이 성은 14세기에 지어진 것이다

da·tum [déitəm 데이텀 → 데이럼] 图 (복수 **data** [déitə]) 자료 (🖉 보통 복수형인 data를 쓴다)

※※※ **daugh·ter** [dɔ́:tər 다-터*r* → 다-러*r*] 〔🖉 gh는 묵음〕
图 (복수 **daughters** [-z]) **딸** (반 son 아들): She has two *daughters* and a son. 그녀는 딸 둘과 아들 하나가 있다

daugh·ter-in-law [dɔ́:tər-in-lɔ́: 다-터*r*인라- → 다-러*r*인라-] 图 (복수 **daughters-in-law** [dɔ́:tərz-]) 며느리 (반 son-in-law 사위)

daunt [dɔ́:nt 다-안트] 타 겁나게 하다, 용기를 꺾다

Da·vid [déivid 데이V이드] 图 【성서】 다윗 《솔로몬의 아버지로 이스라엘 2대 왕; 양치기였던 소년 시절 거인 골리앗을 물리친 이야기로 유명》

※ **dawn** [dɔ́:n 다-안] 图 **1 새벽**, 동틀녘: at *dawn* 새벽녘에
2 (일의) 시초
── 图 (3단현 **dawns** [-z]; 과거 · 과거분사 **dawned** [-d]; 현재분사 **dawning**) 자 **1** 날이 새다: It〔Day, Morning〕 *dawns*. 날이 샌다
2 …하기 시작하다

※※※ **day** [déi 데이] 图 (복수 **days** [-z]) **1 하루**, **1일**: There are seven *days* in a week. 1주일은 7일이다 / Rome was not built in a *day*. 《속담》 로마는 하루에 이루어지지 않았다

[회화]
A: What *day* (of the week) is it today?
오늘은 무슨 요일입니까?
B: It's Monday.
월요일입니다
※ 날짜를 물을 때는 What's the date today?라 한다.

2 낮 (반 night 밤): *Days* are longer in summer than in winter. 여름은 겨울보다 낮이 더 길다

3 〔종종 **Day**로〕 **날, 기념일**, 축제일: Mother's *Day* 어머니날 《5월의 둘째 일요일》
4 〔종종 복수형으로〕 시대(period): in my school *days* 나의 학생 시절에
5 〔보통 one's를 붙여〕 전성기: Every dog has *his day*. 《속담》 쥐구멍에도 볕 들 날이 있다

all day (long) 하루 종일: I stayed (at) home *all day* yesterday. 나는 어제 하루 종일 집에 있었다

by day 낮에는: He worked *by day* and studied by night. 그는 낮에 일하고 밤에 공부했다

by the day 하루 단위로 (일하다 등)

call it a day 《구어》 (하루의 일 등을) 끝내다: Let's *call it a day*. 이제 끝내자

day after day 매일, 날마다: It snowed *day after day*. 날마다 눈이 내렸다

day by day = ***from day to day*** 매일, 나날이: It is getting warmer *day by day*. 나날이 더워지고 있다

every day 매일: He plays tennis *every day*. 그는 매일 테니스를 한다

every other day 하루 걸러서

Have a nice day! 좋은 하루를! 《헤어질 때의 인사》

in those days 그 당시에는: I was very poor *in those days*. 나는 그 당시 매우 가난했다

one day (과거의) 어느 날; (미래의) 언젠가: *One day* Alice went to see her grandmother. 어느 날 엘리스는 할머니에게 놀러 갔다

one of these days 근간에, 가까운 날에: Please come and see me *one of these days*. 근간에 놀러 오십시오

some day (미래의) 언젠가: *Some day* you'll be a good doctor. 언젠가 당신은 훌륭한 의사가 될 것이다

the day after tomorrow〔before yesterday〕 모레〔그저께〕

the other day 요전에: I saw your mother *the other day*. 나는 요전에 너의 어머니를 만났다

these days 요즘, 최근: I have been very busy *these days*. 나는 요즘 매우 바빴다

this day week〔month〕 《영》 내주〔달〕의 오늘; 지난 주〔달〕의 오늘: I will leave Seoul *this day week*. 나는 내주 오늘 서울을 떠난다/ He left Seoul *this day month*. 그는 지난달 오늘 서울을 떠났다

day·break [déibrèik 데이브뤠익] 명 새벽(dawn): at *daybreak* 새벽에

day·dream [déidrì:m 데이쥬리-임] 명 백일몽, 공상

day·light [déilàit 데일라잇] 명 **1** 일광, 빛 **2** 낮, 주간 **3** 새벽(dawn)

in broad daylight 대낮에; 공공연하게

daylight saving time [déilait séiviŋ tàim] 명 《미》 일광 절약 시간 (🖉 여름에 시계를 1시간 앞당겨 낮을 많이 이용하는 제도; 《영》 summer time)

day school [déi skù:l] 명 통학제의 학교 (🖉 「기숙제의 학교」는 boarding school)

day·time [déitàim 데이타임] 명 낮, 주간(반 nighttime 야간): in the *daytime* 주간에, 낮 동안에

daze [déiz 데이z으] 동 (현재분사 daz-ing) …을 눈부시게 하다; 현혹시키다

daz·zle [dǽzl 대z으을] 동 (3단현 **daz-zles** [-z]; 과거·과거분사 **dazzled** [-d]; 현재분사 **dazzling**) 타 **1** …을 눈부시게 하다: I am *dazzled* by the sun. 햇빛으로 눈이 부신다

dazzling

2 (화려함·아름다움 등이) 눈을 휘둥그러지게 하다
—자 눈부시게 빛나다

daz·zling [dǽzliŋ 대Z을링] 형 눈부신, 현란한

D.C. [díːsíː 디-씨-] 《약어》 District of Columbia 컬럼비아 특별구

dea·con [díːkən 디-컨] 명 【영국국교·가톨릭】 부제(副祭); (장로 교회 등의) 집사

***dead** [déd 데드] 형 1 **죽은**(반 alive, living 살아있는): a *dead* cat 죽은 고양이 / *dead* leaves 마른 잎 / He has been *dead* for two years. (= He died two years ago.) 그가 죽은 지 2년이 된다 / *Dead* men tell no tales. 《속담》 죽은 사람은 말이 없다 (비밀을 아는 자는 죽여라)

2 생명이 없는: *dead* matter 무생물

3 (죽은 듯이) 조용한: There was *dead* silence in the library. 도서관은 죽은 듯이 조용했다

4 생기가 없는; (지금은) 사용하지 않는, 폐기된: a *dead* market 활기가 없는 시장 / a *dead* language (그리스어·라틴어 등의) 사어(死語)

5 〔명사 앞에만 쓰여〕 완전한, 절대적인: The train came to a *dead* stop. 열차가 딱 멈췄다

6 (전지 등이) 다 된: The battery is *dead*. 배터리가 다 되었다

—부 《구어》 **완전히**, 아주, 매우: *dead* broke 빈털터리가 되어 / *dead* drunk 곤드레만드레 취한 / I am *dead* tired 나는 녹초가 되었다

—명 1 〔the를 붙여; 복수 취급〕 죽은 사람, 고인: *the dead* and the wound 사상자

2 가장 조용한 〔생기 없는〕 시간: in the *dead* of winter 한겨울에

dead·line [dédlàin 데드라인] 명 1 (신문·잡지의) 원고 마감 시간 2 (지불 등의) 최종 기한

dead·lock [dédlàk 데드락] 명 1 막다른 골목 2 (교섭 등의) 교착 상태

dead·ly [dédli 데들리] 형 (비교급 **deadlier**; 최상급 **deadliest**) 1 치명적인, 치사의: a *deadly* wound 치명상

2 《구어》 맹렬한, 심한

—부 1 죽은 듯이: He is *deadly* pale. 그는 죽은 사람같이 창백하다

2 《구어》 지독하게, 몹시

Dead Sea [déd síː] 명 〔**the**를 붙여〕 사해(死海) (이스라엘과 요르단 사이에 있는 염수호)

***deaf** [déf 데프] 형 1 **귀머거리의**, 귀가 먼 (「눈먼」은 blind, 「말 못하는」은 dumb)

2 (탄원·충고 등에) 귀를 기울이지 않는: He is *deaf* to my advice. 그는 나의 충고를 들으려 하지 않는다

deaf·en [défn 데F은] 타 …의 귀를 먹게 하다

***deal** [díːl 디-일] 동 (3단현 **deals** [-z]; 과거·과거분사 **dealt** [délt]; 현재분사 **dealing**) 자 1 **다루다**, 처리하다: *deal with* a problem 문제를 처리하다

2 (상품을) **취급하다** (in); (사람·회사 등과) 거래하다 (at, with): He *deals in* cotton. 그는 솜을 취급한다

3 (사람을) 대하다, 대우하다: She *deals* fairly. 그녀는 (누구에게나) 공정하게 대한다

—타 …을 **나누어주다**, 분배하다: *deal* the cards 카드를 도르다

—명 1 《구어》 취급, 처리, 대우 2 (상업상의) 거래(bargain), 계약 3 (경제적인) 계획, 정책 4 (카드의) 배분 5 〔a를 붙여〕 분량, 액(額)

a great 〔*good*〕 *deal* 다량; 많이: I have *a great* 〔*good*〕 *deal* to do today. 나는 오늘 할 일이 많다

a great 〔*good*〕 *deal of* 다량의 (뒤에 셀 수 없는 명사가 옴): I ate *a great deal of* cheese. 나는 많은 양의 치즈를 먹었다

That's a deal. 좋아 알았다; 그것으로 결정짓자[계약하자]

deal·er [díːlər 디-일러*r*] 명 **1** 상인, 판매업자, …상(商): a *dealer* in tea (= a tea *dealer*) 차(茶) 상인
2 카드 패를 도르는 사람

dealt [délt 델트] 동 deal(다루다)의 과거·과거분사형

dear [díər 디어*r*] 형 (비교급 **dearer** [díərər]; 최상급 **dearest** [díərist]) **1 친애하는**, 귀여운; 소중한: a *dear* friend 친구
2 값비싼, 고가의(반 cheap 싼): This book is *dear*. (= The price of this book is high.) 이 책은 값이 비싸다
3 [편지 첫머리에 쓰여] 근계, …님: *Dear* Sir[Madam] 근계(謹啓)/ *Dear* Mr. Smith (= My *dear* Mr. Smith) 스미스님

> 쓰임새 > 편지의 호칭 Dear ...
> (1) 업무 파트너에게 편지를 보낼 경우 상대방의 성과 이름을 안다면 Dear Mr. Someone 또는 Dear Ms. Someone이라 하면 되지만 상대방의 이름을 모를 때 상대에 대한 존칭은 남자의 경우엔 Dear Sir, 여자의 경우엔 Dear Madam이라 한다.
> (2) 《영》에서는 my를 붙이면 친근감이 더해지고, 붙이지 않으면 사무적인 표현이 되지만 《미》에서는 그 반대다.

── 명 사랑하는 사람; 여보, 당신
── 부 **1** 소중히 **2** 비싸게
── 감 아이구!, 어머나!, 저런! (놀람·연민 등을 나타냄): *Dear* me! (= Oh *dear!*) 원!, 저런!, 세상에!

dear·ly [díərli 디어*r*을리] 부 **1** 매우, 끔찍이: He loves his wife *dearly*. 그는 아내를 매우 사랑한다
2 비싸게, 큰 희생을 치르고: The victory was *dearly* won. 그 승리는 막대한 희생을 치르고 얻었다

death [déθ 데th으] 명 (복수 **deaths** [-s]) **죽음**, 사망(반 birth 탄생): a natural *death* 자연사/ The accident caused many *deaths*. 그 사고로 많은 사람이 죽었다

to death (1) (…한 결과) 죽다: The old man was burnt *to death*. 그 노인은 불에 타 죽었다
(2) 죽도록, 몹시: I was tired *to death*. 나는 몹시 피곤하였다

to the death 죽을 때까지, 최후까지

de·bate [dibéit 디베잇] 동 (3단현 **debates** [-ts]; 과거·과거분사 **debated** [-id]; 현재분사 **debating**) 자 **1 …을 토론하다** (on, about): We *debated about* political issues. 우리는 정치적 이슈에 관해 토론했다
2 숙고하다, 검토하다
── 타 …을 토론하다
── 명 토론, 토의(discussion)

debt [dét 뎃] (b는 묵음) 명 **빚**, 부채; 은혜: He paid his *debt*. 그는 빚을 갚았다/ I am in *debt* to her. 나는 그녀에게 빚이 있다

debt·or [détər 데타*r* → 데러*r*] (b는 묵음) 명 채무자(반 creditor 채권자)

de·but, de·but [deibjúː 데이뷰-] 명 처음으로 사교계[무대]에 나감, 데뷔
【프랑스어에서】

Dec. 《약어》 *December* 12월

dec-, deca- 《접두사》「10(배)」의 뜻 (모음 앞에서는 dec-)

dec·ade [dékeid 데케이드] 명 10년간: My family has lived here for a *decade*. 우리 가족은 이곳에서 10년간 살고 있다
【그리스어「10의 단위」에서】

de·cay [dikéi 디케이] 자 타 **1** 썩다, 부식하다, 부패시키다 **2** 쇠퇴하다
── 명 **1** 부패 **2** 쇠퇴

de·cayed [dikéid 디케이드] 형 **1** 썩은: a *decayed* tooth 충치
2 쇠퇴한

de·cease [disíːs 디씨-쓰] 명 사망
——동 (현재분사 **deceasing**) 자 사망하다(die)

de·ceased [disíːst 디씨-스트] 형 사망한(dead), 고(故)…
——명 〔**the**를 붙여〕 고인

de·ceit [disíːt 디씨-트] 명 사기, 기만; 허위

*__de·ceive__ [disíːv 디씨-v으] 동 (3단현 **deceives** [-z]; 과거·과거분사 **deceived** [-d]; 현재분사 **deceiving**) 타 …을 속이다, 기만하다: He *deceived* us with false promise. 그는 거짓 약속으로 우리를 속였다

*__De·cem·ber__ [disémbər 디쎔버r] 명 12월 (약어는 Dec.): Christmas comes in *December*. 크리스마스는 12월에 있다/ He was born on *December* 16. 그는 12월 16일에 태어났다

de·cent [díːsnt 디-슨트] 〔발음 주의〕 형 (비교급 **more decent**; 최상급 **most decent**) 1 예의 바른, 단정한 2 (때·경우에) 합당한 3 꽤 훌륭한, 상당한

de·cep·tion [disépʃən 디쎕션] 명 사기, 속임

*__de·cide__ [disáid 디싸이드] 동 (3단현 **decides** [-dz]; 과거·과거분사 **decided** [-id]; 현재분사 **deciding**) 타 1 …을 결정하다: He could not *decide* where to go. 그는 어디로 가야 할지 결정할 수 없었다
2 …을 결심하다, 마음먹다(resolve): He *decided to* be a doctor. 그는 의사가 되려고 결심했다
——자 결정〔결심〕하다

de·cid·ed [disáidid 디싸이디드 → 디싸이디드] 형 1 분명한, 명확한: a *decided* answer 분명한 대답
2 결연한, 단호한: a *decided* character 단호한 성격

dec·i·li·ter, 〈영〉 **dec·i·li·tre** [désəlìːtər 데썰리-터r → 데썰리-러r] 명 데시리터 (1/10 리터; 약어는 dl)

dec·i·mal [désəməl 데써머얼] 형 【수학】 십진법의
——명 【수학】 소수 (「분수」는 fraction)

*__de·ci·sion__ [disíʒən 디씨줜] 명 결정; 결심: *decision* by majority 다수결/ The *decision* lie with you. 결정은 네게 달렸다

de·ci·sive [disáisiv 디싸이씨v으] 형 1 결정적인: a *decisive* evidence 결정적 증거
2 단호한, 과단성 있는

deck [dék 덱] 명 1 【항해】 갑판 2 《미》 (카드 패의) 한 벌 (《영》 pack)

*__dec·la·ra·tion__ [dèklərèiʃən 데클러뤠이션] 명 1 선언, 발표, 포고(announcement): the *declaration* of war 선전 포고/ the *Declaration* of Independence (미국의) 독립 선언 (1776년 7월 4일)
2 (세관·세무서에의) 신고(서)

de·clar·a·tive [diklǽrətiv 디클래뤄티v으] 형 선언의; 진술의: a *declarative* sentence 【문법】 평서문

*__de·clare__ [diklέər 디클레어r] 동 (3단현 **declares** [-z]; 과거·과거분사 **declared** [-d]; 현재분사 **declaring** [-klέəriŋ]) 타 1 …을 선언하다, 발표하다: Germany *declared* war *against* 〔*on*〕 France. 독일은 프랑스에 선전포고를 했다
2 주장하다: She *declared* that she was not guilty. 그녀는 죄가 없다고 주장했다
3 (세관에서) 신고하다

〔회화〕
A: Do you have anything to *declare*?
신고하실 것이 있습니까?
B: No, nothing.
아니오, 없습니다

*__de·cline__ [dikláin 디클라인] 동 (3단현 **declines** [-z]; 과거·과거분사 **declined** [-d]; 현재분사 **declining**) 타 (정중하게) …을 거절하다, 사절하다(반

accept 받아들이다): She *declined* the invitation to the party. 그녀는 그 파티의 초대를 거절했다

참고 단호하게 거절할 경우에는 reject나 refuse를 쓴다.

─── 자 **1** 거절하다
2 《문어》 기울다; (힘이) 쇠하다: His health is *declining* day by day. 그의 건강은 나날이 쇠약해져 가고 있다
─── 명 **1** 쇠퇴 **2** (가격의) 하락

***dec·o·rate** [dékərèit 데커뤠잇] 통 (3단현 **decorates** [-ts]; 과거 · 과거분사 **decorated** [-id]; 현재분사 **decorating**) 타 **1** …을 장식하다, 꾸미다: *decorate* a wall *with* pictures 벽을 그림으로 장식하다
2 …에게 훈장을 주다

dec·o·ra·tion [dèkəréiʃən 데커뤠이션] 명 (복수 **decorations** [-z]) **1** 장식, 꾸밈; 〔복수형으로〕 장식물: Christmas *decorations* 크리스마스 장식
2 훈장

dec·o·ra·tive [dékərətiv 데커뤄티v으]
→ 데커뤄리v으] 형 장식의

dec·o·ra·tor [dékərèitər 데커뤠이터r]
→ 데커뤠이러r] 명 (실내) 장식가

***de·crease** [dikríːs 디크뤼-쓰] 통 (3단현 **decreases** [-iz]; 과거 · 과거분사 **decreased** [-t]; 현재분사 **decreasing**) 자 줄다, 감소하다(반 increase 늘다): The members has *decreased* to 100. 회원은 점점 줄어 100명이 되었다
─── 명 감소(반 increase 증가): The population is on the *decrease*. 인구는 점차 감소하고 있다

de·cree [dekríː 데크뤼-] 명 법령, 포고

ded·i·cate [dédikèit 데디케잇] → 데리케잇] 통 (3단현 **dedicates** [-ts]; 과거 · 과거분사 **dedicated** [-id]; 현재분사 **dedicating**) 타 …을 바치다, (저서 등을) 헌정하다: He has *dedicated* his life *to* business. 그는 사업에 생애를 바쳤다

ded·i·ca·tion [dèdikéiʃən 데디케이션] → 데리케이션] 명 바침, 헌정

de·duce [didjúːs 디듀-쓰] 통 (현재분사 **deducing**) 타 【논리】 …을 연역하다, 추론하다 (from)

de·duc·tion [didʌ́kʃən 디닥션] 명 【논리】 연역(법)(반 induction 귀납(법))

deed [díːd 디-드] 명 (복수 **deeds** [-dz])
1 행위(action), 실행: What we need is not words but *deeds*. 우리가 필요한 것은 말이 아니라 실행이다
2 공로, 위업

****deep** [díːp 디-프] 형 (비교급 **deeper**; 최상급 **deepest**) **1** 깊은 (반 shallow 얕은); 깊이가 …인: a *deep* river 깊은 강/ a pond 5 feet *deep* 깊이 5피트의 못

shallow   deep

2 (학문 · 지식 등이) 심오한, 어려운: a *deep* problem 까다로운 문제
3 몰두한, 열심인: He is *deep* in study. 그는 연구에 몰두하고 있다
4 (슬픔 · 고마움 등이) 깊은, 마음으로부터의: *deep* sorrow 깊은 슬픔
5 (목소리 등이) 굵고도 낮은; (색이) 짙은 (반 light 옅은)
─── 부 깊이, 깊게: dig *deep* 깊게 파다

deep·en [díːpn 디-픈] 타 자 깊게〔진하게〕 하다〔되다〕

deep·ly [díːpli 디-플리] 부 **1** 〔비유적으로〕 깊이, 매우: He was *deeply* moved. 그는 매우 감동했다
2 (색이) 짙게

***deer** [díər 디어r] 명 (단수 · 복수 동형) 【동물】 사슴 (참 「수컷」은 buck, 「암컷」은 doe, 「새끼 사슴」은 fawn)

deer

de·feat [difíːt 디F이-트] 통 (3단현 **defeats** [-ts]; 과거·과거분사 **defeated** [-id]; 현재분사 **defeating**) 타 1 …을 쳐부수다, 패배시키다: We *defeated* the enemy. 우리는 적을 무찔렀다
2 (계획·희망 등을) 좌절시키다
── 명 1 타파, 정복 2 좌절

de·fect [difékt 디F엑트] 명 결점, 결함; 단점, 약점

de·fec·tive [diféktiv 디F엑티v으] 형 결점이 있는, 불완전한

de·fence [diféns 디F엔쓰] 명《영》= defense

***de·fend** [difénd 디F엔드] 통 (3단현 **defends** [-dz]; 과거·과거분사 **defended** [-id]; 현재분사 **defending**) 타 1 …을 지키다, 방어하다(반 attack 공격하다): They *defended* the city *against* their enemy. 그들은 적으로부터 그 도시를 지켰다

유의어 지키다
defend는 위험이나 공격에 적극적으로 저항하여 지키다. **protect**는 위험이나 해로부터 방어에 도움이 되는 것을 사용하여 보호하다.

defend

protect

2 …을 변호[옹호]하다: She *defended* herself well. 그녀는 자기 입장을 잘 변호했다

de·fend·ant [diféndənt 디F엔던트] 명 피고인

de·fend·er [diféndər 디F엔더r] 명 (타이틀 등의) 방어자(반 challenger 도전자)

***de·fense**, 《영》 **de·fence** [diféns 디F엔쓰] 명 1 방어, 수비, 방위(반 offense, attack 공격): legal *defence* 정당방위/ Offense is the best *defence*. 공격은 최선의 방어다
2 변호

de·fen·sive [difénsiv 디F엔씨v으] 형 방어의, 수비의(반 offensive 공격의)

de·fer [difə́ːr 디F어-r] 통 (3단현 **defers** [-z]; 과거·과거분사 **deferred** [-d]; 현재분사 **deferring** [-fə́ːriŋ]) 타 …을 연기하다, (뒤로) 미루다(delay): *defer* payment 지불을 연기하다

de·fi·ance [difáiəns 디F아이언쓰] 명 1 도전(challenge), 반항적인 태도 2 (명령·관습 등의) 무시

de·fi·ant [difáiənt 디F아이언트] 형 도전적인, 반항적인

de·fi·cien·cy [difíʃənsi 디F이션씨] 명 결핍, 부족

de·fi·cient [difíʃənt 디F이션트] 형 부족한

def·i·cit [défəsit 데F어씻] 명 적자, 부족액(반 surplus 흑자)

***de·fine** [difáin 디F아인] 통 (3단현 **defines** [-z]; 과거·과거분사 **defined** [-d]; 현재분사 **defining**) 타 1 (말의) 정의를 내리다: *define* word (사전 등이) 낱말의 뜻을 설명하다
2 (경계·범위를) 뚜렷이 하다: *define* the boundary *between* the two countries 두 나라의 국경을 정하다

***def·i·nite** [défənit 데F어닛] 형 (비교급 **more definite**; 최상급 **most definite**) 1 명확한, 뚜렷한(반 indefinite 불

명확한): We need a *definite* answer. 우리는 명확한 대답이 필요하다

2 한정된, 일정한: a *definite* period 일정 기간

def·i·nite article [défənit ά:rtikl] 명 【문법】 정관사 (the)

def·i·nite·ly [défənitli 데F어니틀리 → 데F어닛'을리] 부 명확하게; [대답으로] 틀림없이(certainly)

def·i·ni·tion [dèfəníʃən 데F어니션] 명 **1** (사전의) 말뜻, 정의(定義) **2** (범위 등의) 한정 **3** (텔레비전 등의) 선명도

de·flate [difléit 디F을레잇] 동 (현재분사 **deflating**) 타 **1** …의 공기[가스]를 빼다 **2** 【경제】통화를 수축시키다(반 inflate 팽창시키다)

de·fla·tion [difléiʃən 디F을레이션] 명 **1** (기구(氣球) 등의) 공기[가스] 빼기 **2** 【경제】 통화 수축, 디플레이션(반 inflation 인플레이션)

de·fy [difái 디F아이] 동 (3단현 **defies** [-z]; 과거·과거분사 **defied** [-d]; 현재분사 **defying**) 타 **1** …을 무시하다; 반항하다: *defy* public opinion 여론을 무시하다

2 (남에게 해볼 테면 해보라고) 대들다: I *defy* you to do this. 이것을 네가 할 수 있으면 해봐라

※**de·gree** [digríː 디그뤼-] 명 (복수 **degrees** [-z]) **1** 정도, 등급(grade): to some *degree* 어느 정도 / a high *degree* of skill 고도의 기술

2 신분, 계급, 지위: a man of high [low] degree 신분이 높은[낮은] 사람

3 (대학의) 학위: take the doctor's *degree in* economics 경제학 박사 학위를 받다

4 (각도·경위도·온도계 등의) 도(度): 45 *degrees* 45도 / the *degrees* of latitude 위도

5 【문법】 급(級): the positive [comparative, superlative] *degree* 원[비교, 최상]급

by degrees 점차, 차차로(gradually): He is getting better *by degrees*. 그는 차츰 (형편이) 좋아지고 있다

Del·a·ware [déləwèər 델러웨어r] 명 델라웨어 (미국 동부에 있는 주(州); 약어는 Del.)

※**de·lay** [diléi 딜레이] 동 (3단현 **delays** [-z]; 과거·과거분사 **delayed** [-d]; 현재분사 **delaying**) 타 **1** …을 늦추다, 지체시키다: The train was *delayed* (for) two hours by the accident. 기차는 사고로 2시간 연착했다

2 …을 미루다, 연기하다(postpone): We must *delay* our trip until next month. 우리는 여행을 다음 달까지 미루어야 한다

—— 자 늦어지다, 꾸물거리다
—— 명 지연, 지체

without delay 지체 없이, 곧(at once): We must start *without delay*. 우리는 곧 출발하지 않으면 안 된다

del·e·gate [déligeit 델리게잇] 명 (회의 등에 파견하는) 대표, 사절

del·e·ga·tion [dèligéiʃən 델리게이션] 명 대표단, 사절단

de·lib·er·ate [dilíbərət 딜리버렛] 형 **1** 고의의, 계획적인 (나쁜 뜻으로 사용): a *deliberate* murder 계획적인 살인

2 신중한, 생각이 깊은

de·lib·er·ate·ly [dilíbərətli 딜리버뤠틀리 → 딜리버뤗'을리] 부 **1** 고의로 **2** 신중히

de·lib·er·a·tion [dilìbəréiʃən 딜리버뤠이션] 명 **1** 곰곰이 생각함 **2** 신중함

del·i·ca·cy [délikəsi 델리커씨] 명 (복수 **delicacies** [-z]) **1** 섬세함, 우아함 **2** (물건이) 깨지기 쉬움; (몸이) 약함 **3** (문제 등이) 미묘함, 다루기 힘듦 **4** 맛있는 것, 진미

※**del·i·cate** [délikət 델리컷] 형 (비교급 **more delicate**; 최상급 **most delicate**) **1** 섬세한, 우아한, 고운(fine): a *delicate* figure 우아한 모습

2 (물건이) 깨지기 쉬운; (몸이) 약한: a *delicate* china 깨지기 쉬운 자기 / a *delicate* child 허약한 아이
3 (기계·감각 등이) 정교한, 예민한: That instrument is so *delicate*. 그 기계는 아주 정교하다
4 미묘한, 주의를 요하는: We are in a *delicate* situation. 우리는 미묘한 상황에 처해 있다
5 다루기 어려운: That's a *delicate* problem. 그것은 어려운 문제다

del·i·cate·ly [délikətli 델리커틀리 → 델리컷'을리] 튀 정교하게

*__de·li·cious__ [dilíʃəs 딜리셔스] 혱 (매우) 맛있는: This cake is *delicious*. 이 케이크는 매우 맛있다

─회화─
A: How's your food?
음식 맛이 어때요?
B: It's *delicious*.
맛이 좋아요

*__de·light__ [diláit 딜라잇] [gh는 묵음]
명 기쁨, 즐거움(joy): He takes a great *delight* in teasing others. 그는 다른 사람들을 놀리는 것을 매우 좋아한다
── 동 (3단현 **delights** [-ts]; 과거·과거분사 **delighted** [-id]; 현재분사 **delighting**) 타 …을 매우 기쁘게 하다, 즐겁게 하다: I was *delighted* at[with] the news. 나는 그 소식을 듣고 매우 기뻤다
── 자 기뻐하다, 즐기다: *delight* in music 음악을 즐기다

de·light·ful [diláitfəl 딜라잇F어＊을] 혱 기쁜, 즐거운: a *delightful* trip 즐거운 여행

*__de·liv·er__ [dilívər 딜리V어r] 동 (3단현 **delivers** [-z]; 과거·과거분사 **delivered** [-d]; 현재분사 **delivering** [-vəriŋ]) 타 **1** …을 배달하다, 전하다: He *delivered* the package yesterday. 그는 어제 소포를 전해 주었다

send 보내다   deliver

2 …을 넘겨주다, 포기하다: *deliver* a castle *to* an enemy 적에게 성(城)을 내주다
3 (연설·설교를) 하다, 말하다: He *delivered* a speech *in* English. 그는 영어로 연설을 했다
4 …을 구해내다, 구원하다: *Deliver* us *from* evil. 우리를 악에서 구하옵소서《주기도문》
5 (타격·공격 등을) 가하다
── 자 분만[해산]하다

*__de·liv·er·y__ [dilívəri 딜리V어뤼] 명 (복수 **deliveries** [-z]) **1** (편지 등의) 배달, 인도, 교부: special [《영》express] *delivery* 속달
2 구조

del·ta [déltə 데얼타] 명 **1** 델타《그리스어 알파벳의 넷째 글자 Δ, δ》 **2** Δ자 꼴의 물건; (하구의) 삼각주

de·lude [dilú:d 딜루-드] 동 (현재분사 **deluding**) 타 …을 속이다

*__de·mand__ [dimænd 디맨드] 동 (3단현 **demands** [-dz]; 과거·과거분사 **demanded** [-id]; 현재분사 **demanding**) 타 **1** …을 요구하다: They *demanded* a lot of money of me. 그들은 내게 많은 돈을 요구했다 / He *demanded* that the house (should) be searched. 그는 가택수색을 요구했다
2 (사물이 …을) 필요로 하다: This work *demands* patience. 이 일은 인내를 요한다
── 명 (복수 **demands** [-dz]) **1** 요구: a *demand for* higher wages 임금 인상 요구

2 【경제】 수요(반 supply 공급): These goods are in great[small] demand. 이 물건들은 수요가 많다[적다]

de·mil·i·ta·rize [di:mílətəràiz 디-밀러터라이ㅈ] 톤 (현재분사 **demilitarizing**) 타 (어떤 지역을) 비무장화하다

demo [démo 데모] 명 《구어》 데모, 시위운동 (demonstration의 단축형)

*__de·moc·ra·cy__ [dimákrəsi 디마크뤄씨] 명 (복수 **democracies** [-z]) 1 민주주의; 민주 정치 2 민주주의 국가

dem·o·crat [déməkræt 데머크뢧] 명 1 민주주의자 2 [Democrat으로] 《미》 민주당원 (「공화당원」은 Republican)

*__dem·o·crat·ic__ [dèməkrǽtik 데머크뢔틱 → 데머크뢔릭] 형 민주주의의, 민주적인: the Democratic Party 《미》 민주당

de·mol·ish [dimáliʃ 디말리쉬] 톤 (3단현 **demolishes** [-iz]) 타 (건물 등을) 헐다, 파괴하다

de·mon [dí:mən 디-먼] 명 (복수 **demons** [-z]) 1 악마, 귀신(devil); 귀신 같은 사람
2 귀재, 명인, 비범한 사람: a demon for work[at golf] 일 귀신[골프의 명수]

*__dem·on·strate__ [démənstrèit 데먼스츄뤠잇] 톤 (3단현 **demonstrates** [-ts]; 과거·과거분사 **demonstrated** [-id]; 현재분사 **demonstrating**) 타 1 ···을 증명하다(prove): He demonstrated that the earth is round. 그는 지구가 둥글다는 것을 증명했다
2 (상품을) 실물로 선전하다: He demonstrated the new car. 그는 새 차를 실물로 선전했다
—— 자 시위하다, 데모하다: demonstrate against a racial prejudice 인종차별에 항의해서 데모하다

dem·on·stra·tion [dèmənstréiʃən 데먼스츄뤠이션] 명 (복수 **demonstrations** [-z]) 1 증명, 증거 2 (상품 등의) 실물 선전 3 시위운동, 데모

demonstration 3

den [dén 덴] 명 1 (들짐승이 사는) 굴; (동물원의) 우리 2 (도둑 등의) 소굴

de·ni·al [dináiəl 디나이어얼] 명 부정; 거부(refusal)

Den·mark [dénmɑːrk 덴마-ㄹ크] 명 덴마크 《유럽 북서부의 왕국; 수도는 코펜하겐(Copenhagen)》
【데인(Dane)족에서 유래】

de·nounce [dináuns 디나운쓰] 톤 (현재분사 **denouncing**) 타 ···을 비난하다, 고발하다

dense [déns 덴쓰] 형 (비교급 **denser**; 최상급 **densest**) (사람·물건이) 밀집한, 빽빽한(반 sparse 드문); (안개 등이) 자욱한, 짙은: a dense forest 밀림/ a dense population 조밀한 인구/ a dense fog 짙은 안개

dense·ly [dénsli 덴쓸리] 부 밀집하여, 빽빽이

dens·i·ty [dénsəti 덴써티 → 덴씨리] 명 밀도, 농도; 밀집 상태: the density of population 인구 밀도

den·tal [déntl 덴트얼] 형 이의; 치과(용)의

*__den·tist__ [déntist 덴티스트] 명 (복수 **dentists** [-ts]) 치과 의사

*__de·ny__ [dinái 디나이] 톤 (3단현 **denies** [-z]; 과거·과거분사 **denied** [-d]; 현재분사 **denying**) 타 1 ···을 부인[부정]하다: deny a rumor 소문을 부정하다/ He denied stealing the money. 그는 돈을 훔치지 않았다고 했다
2 (요구 등을) 거절하다, (···에게 줄 것을) 주지 않다

de·part [dipá:rt 디파-ァ트] 통 (3단현 **departs** [-ts]; 과거・과거분사 **departed** [-id]; 현재분사 **departing**) 자 **1** 《문어》 (열차・사람 등이) 출발하다(start, leave), 떠나다(반 arrive 도착하다): They *departed for* America〔*from* Seoul〕. 그들은 미국으로〔서울에서〕 떠났다

2 (습관 등에서) 벗어나다 《from》

****de·part·ment** [dipá:rtmənt 디파-ァ트먼트] 명 (복수 **departments** [-ts]) **1** (회사 등의) …부, 부서: the expert *department* 수출부 / What *department* are you working in? 어느 부서에서 일하고 계신가요?

2 《미》 (행정 조직의) 성(省), 부; 《영》 국(局), 과: the *Department* of State 《미》 국무부

3 (대학의) 학부, 과: the *department* of literature 문학부, 문과

department store [dipá:rtmənt stɔ̀:r] 명 《미》 백화점 (《영》 stores)

department store

****de·par·ture** [dipá:rtʃər 디파-ァ쳐ァ] 명 출발(반 arrival 도착): What is the *departure* time? 출발 시각은 언제입니까? (🔍 When is the departure time?이라고는 하지 않는다)

****de·pend** [dipénd 디펜드] 통 (3단현 **depends** [-dz]; 과거・과거분사 **depended** [-id]; 현재분사 **depending**) 자 **1 의지〔의존〕하다**; 신뢰하다 《on, upon》: The children *depend on* her. 아이들은 그녀를 의지하고 있다

2 …에 달려 있다 《on, upon》: That *depends on*〔*upon*〕 you. 그것은 네게 달려 있다

de·pend·ence [dipéndəns 디펜던쓰] 명 의존, 의지; 신뢰

***de·pend·ent** [dipéndənt 디펜던트] 형 **1** …에게 의지하는(반 independent 독립의) 《on, upon》: He is still *dependent on* his parents. 그는 아직 부모님께 의존하고 있다

2 …에 좌우되는 《on, upon》: The harvest is *dependent on* the weather. 수확은 날씨에 좌우된다

3 《문법》 종속의: a *dependent* clause 종속절

de·plore [diplɔ́:r 디플로-ァ] 통 (현재분사 **deploring** [-plɔ́:riŋ]) 타 **1** (죽음 등을) 가슴 아파하다 **2** 몹시 한탄〔후회〕하다

de·pos·it [dipázit 디파지ㅌ] 통 (3단현 **deposits** [-ts]; 과거・과거분사 **deposited** [-id]; 현재분사 **depositing**) 타 (돈을) 맡기다, 예금하다: *deposit* money *in*〔*with*〕 a bank 은행에 예금하다

── 명 (복수 **deposits** [-ts]) **1** 예금 **2** 계약금, 보증금

dep·ot [dí:pou 디-포우] 명 **1** 《영》 저장소, 창고 **2** 《미》 철도역; (버스의) 터미널 【프랑스어 deposit(맡기다)에서】

de·press [diprés 디프뤠쓰] 통 (3단현 **depresses** [-iz]; 과거・과거분사 **depressed** [-t]; 현재분사 **depressing**) 타 **1** …을 낙담시키다, 우울하게 하다: The bad news *depressed* us. 나쁜 소식을 듣고 우리는 우울해졌다

2 불경기로 만들다; (시세를) 하락시키다

3 내리 누르다, 낮추다

【아래로 누르다(press)에서】

de·pres·sion [dipréʃən 디프뤠션] 명 **1** 의기소침, 우울: He was in a state of deep *depression*. 그는 매우 우울한 상태였다

2 불경기, 불황

3 낮은 곳, 움푹 꺼진 땅

de·prive [dipráiv 디프라이v으] 동 (3단현 **deprives** [-z]; 과거·과거분사 **deprived** [-d]; 현재분사 **depriving**) 타 (…에게서) …을 빼앗다 **(of)**: He was *deprived of* his property. 그는 그의 재산을 빼앗겼다

dept. 《약어》 *department* 부문

***depth** [depθ 뎁θ으] 명 (복수 **depths** [-s])
1 깊이: What is the *depth* of the river? 그 강의 깊이는 얼마냐?
2 (학문 등의) 깊이, 심오함
3 (계절의) 한창 때, 한가운데: in the *depth* of winter 한겨울에

dep·u·ty [dépjuti 데퍼티 → 데퓨리] 명 (복수 **deputies** [-z]) 대리인, 부…

Der·by [dáːrbi 더-r비] 명 **1** 〔**the**를 붙여〕 더비 경마 《영국 런던 부근의 에프솜(Epsom)에서 매년 6월에 거행》 **2** (일반적으로) 대경마

de·ride [diráid 디라이드] 동 (현재분사 **deriding**) 타 …을 비웃다, 조롱하다

der·i·va·tion [dèrəvéiʃən 데뤄V에이션] 명 **1** (다른 것에서) 끌어냄, 유도 **2** 유래, 기원 **3** (말의) 파생, 어원

de·rive [diráiv 디라이v으] 동 (3단현 **derives** [-z]; 과거·과거분사 **derived** [-d]; 현재분사 **deriving**) 타 **1** …을 끌어내다, 얻다 **(from)**: He *derived* a lot of profit *from* the business. 그는 그 일에서 많은 이익을 얻었다
2 …에서 유래하다, 파생하다 **(from)**: This word is *derived from* Latin. 이 낱말은 라틴어에서 파생되었다
———자 유래[파생]하다 **(from)**
【라틴어「강(river)에서 물을 끌어내다」에서】

***de·scend** [disénd 디쎈드] 동 (3단현 **descends** [-dz]; 과거·과거분사 **descended** [-id]; 현재분사 **descending**)
자 **1** …을 내려가다, 내리다(반 ascend 오르다): *descend from* a tree 나무에서 내려오다/ The path *descends to* the river. 길은 강쪽으로 경사져 있다
2 (재산·성질·풍습이) 전해지다: The land *descended from* the father *to* his son. 그 토지는 아버지로부터 아들에게 전해졌다
———타 (비탈 등을) 내려가다

de·scend·ant [diséndənt 디쎈던트] 명 자손, 후예(반 ancestor 선조)

de·scent [disént 디쎈트] 명 **1** 강하(降下), 하강(반 ascent 상승); 내리받이(길)
2 가계, 혈통: of Irish *descent* 아일랜드계의

***de·scribe** [diskráib 디스크라이브] 동 (3단현 **describes** [-z]; 과거·과거분사 **described** [-d]; 현재분사 **describing**) 타 (글·그림으로) 묘사하다, 설명하다: Words cannot *describe* the scene. 말로는 그 광경을 설명할 수 없다

de·scrip·tion [diskrípʃən 디스크립션] 명 묘사, 기술(記述): The scenery was beautiful beyond *description*. 그 경치는 형언할 수 없이 아름다웠다

***des·ert**¹ [dézərt 데Z어-r트] 명 (복수 **deserts** [-ts]) 사막, 황무지: the Sahara *Desert* 사하라 사막
———형 사막과 같은, 불모의, 사람이 살지 않는: a *desert* island 무인도

> 참고 철자·발음의 차이에 주의
> **desert**¹ [dézərt] 명 사막
> **desert**² [dizə́ːrt] 동 버리다
> **dessert** [dizə́ːrt] 명 디저트

de·sert² [dizə́ːrt 디Z어-r트] 〔dessert(디저트)와 발음이 같음〕 동 (3단현 **deserts** [-ts]; 과거·과거분사 **deserted** [-id]; 현재분사 **deserting**) 타 **1** (가족·직무 등을) 버리다, 저버리다: He *deserted* his wife. 그는 아내를 버렸다
2 (선원·군인 등이 …에서) 탈주〔탈영〕하다
3 (용기·신념 등이) 없어지다
———자 탈주하다, 도망치다

de·sert·ed [dizə́ːrtid 디Z어-r티드] 형 **1** 사람이 살지 않는, 황폐한 **2** 버림받은

de·serve [dizə́ːrv 디Z어-rv으] 동 (3단현 **deserves** [-z]; 과거·과거분사 **deserved** [-d]; 현재분사 **deserving**) 타 …할 만하다, 가치가 있다: He *deserves* praise[*to* be praised]. 그는 칭찬 받을 만하다

de·sign [dizáin 디Z아인] (🖉 g는 묵음) 명 (복수 **designs** [-z]) **1** 디자인, 의장(意匠), 도안 **2** 설계(도); 계획, 의도 **3** (작품 등의) 구상

by design 고의로, 계획적으로(반 by accident 우연히)

── 동 (3단현 **designs** [-z]; 과거·과거분사 **designed** [-d]; 현재분사 **designing**) 타 **1** …을 설계하다, 디자인하다: He *designed* this building. 그가 이 건물을 설계했다

2 …을 계획하다

des·ig·nate [dézignèit 데Z이그네잇] 동 (현재분사 **designating**) 타 **1** …을 가리키다, 지적하다 **2** …을 지명하다, 임명하다(appoint)

des·ig·na·tion [dèzignéiʃən 데Z이그네이션] 명 **1** 지정, 지시 **2** 지명, 임명

de·sign·er [dizáinər 디Z아이너r] 명 디자이너, 설계자

> 참고 디자이너
> 우리는 「디자이너」라고 하면 주로 여성복 디자이너를 가리키지만, 영어에서는 건축 설계사, 자동차 설계자, 무대 장치 등 가리키는 범위가 넓다.

de·sir·a·ble [dizáiərəbl 디Z아이어뤄블] 형 바람직한, 호감이 가는: It is most *desirable* that he attend the meeting. 그가 모임에 참석하는 것이 무엇보다도 바람직하다

de·sire [dizáiər 디Z아이어r] 동 (3단현 **desires** [-z]; 과거·과거분사 **desired** [-d]; 현재분사 **desiring** [-záiəriŋ]) 타 …을 몹시 바라다, 원하다: Everybody *desires* to be happy. 누구나 행복해지길 바란다

── 명 욕구, 욕망: He has a strong *desire* for a bicycle. 그는 자전거를 몹시 갖고 싶어한다

desk [désk 데스크] 명 (복수 **desks** [-s]) **1** 책상: There is a book on the *desk*. 책상 위에 책이 한 권 있다/ She is at the *desk* now. 그녀는 책상 앞에 앉아 일을[공부를] 하고 있다

> 비교 desk와 table
> **desk**는 공부·사무용 책상을 가리키며 보통 서랍이 달려 있다. **table**은 식사·작업용 탁자를 가리킨다.

desk   table

2 (*the*를 붙여) 《미》 (신문사의) 편집부

des·o·late [désələt 데설럿] 형 **1** (토지·건물 등이) 황량한, 적막한 **2** (사람이) 쓸쓸한, 외로운

de·spair [dispέər 디스페어r] 명 절망 (반 hope 희망): He cried in d*espair*. 그는 절망하여 소리쳤다

── 동 (3단현 **despairs** [-z]; 과거·과거분사 **despaired** [-d]; 현재분사 **despairing** [-spέəriŋ]) 자 절망하다, 희망을 잃다: We *despaired* of his life. 그는 살아날 가망이 없다

des·per·ate [déspərət 데스퍼럿] 형 (비교급 **more desperate**; 최상급 **most desperate**) **1** (병·사태 등이) 절망적인, (좋아질) 가망이 없는: *desperate* illness 가망 없는 병

2 필사적인, 목숨을 건: She made *desperate* efforts. 그녀는 필사의 노력을 했다

des·per·ate·ly [déspərətli 데스퍼뤗틀리 → 데스퍼뤗'을리] 부 **1** 절망적으로 **2** 필사적으로

des·per·a·tion [dèspəréiʃən 데스퍼뤠이션] 명 절망, 자포자기

de·spise [dispáiz 디스파이z으] 동 (현재분사 **despising**) 타 …을 경멸하다(반 respect 존경하다)

*__de·spite__ [dispáit 디스파잇] 전 …에도 불구하고(in spite of): They went for a walk *despite* the rain. 그들은 비가 오는 데도 불구하고 산책을 나갔다

des·pot [déspət 데스펏] 명 독재자; 폭군(tyrant)

*__des·sert__ [dizə́ːrt 디Z어-r트] [🔁 desert(버리다)와 발음이 같음] 명 후식, 디저트 《식사 마지막에 나오는 과자·아이스크림 등》: What would you like for *dessert*? 디저트는 무엇을 좋아하세요?

des·ti·na·tion [dèstənéiʃən 데스터네이션] 명 목적지, 도착지〔항〕

des·tine [déstin 데스틴] 동 (3단현 **destines** [-z]; 과거·과거분사 **destined** [-d]; 현재분사 **destining**) 타 〔be destined to do의 형태로〕 (…으로) 정해지다, …할 운명에 있다: He *was destined to* be a king. 그는 왕이 될 운명이었다

de·sti·ny [déstəni 데스터니] 명 (복수 **destinies** [-z]) 운명, 숙명: He accepted his *destiny*. 그는 자신의 운명을 받아들였다

*__de·stroy__ [distrɔ́i 디스츄뤄이] 동 (3단현 **destroys** [-z]; 과거·과거분사 **destroyed** [-d]; 현재분사 **destroying**) 타 **1** …을 **파괴하다**, 부수다(반 construct 건설하다): The big earthquake *destroyed* many buildings. 대지진으로 많은 건물들이 파괴되었다

비교 break와 destroy
break는 보통 물건을 수리 가능할 정도로「부수다」, **destroy**는 수리 불가능할 정도로「파괴하다」.

break   destroy

2 (희망 등을) 없애다: The accident *destroyed* all his hopes. 그 사고로 그의 모든 희망은 사라졌다
3 (사람·동물을) 죽이다

de·stroy·er [distrɔ́iər 디스츄뤄이어r] 명 **1** 파괴자 **2** 〖군사〗구축함

*__de·struc·tion__ [distrʌ́kʃən 디스츄뤅션] 명 **파괴**(반 construction 건설)

de·struc·tive [distrʌ́ktiv 디스츄뤅티v으] 형 파괴적인(반 constructive 건설적인); 유해한

de·tach [ditǽtʃ 디태취] 동 (3단현 **detaches** [-iz]; 과거·과거분사 **detached** [-t]; 현재분사 **detaching**) 타 …을 떼다: *detach* a stamp *from* a sheet 종이에서 우표를 떼다

*__de·tail__ [díːteil 디-테일] 명 (복수 **details** [-z]) **세부**, 세부 항목; 상세: He explained the rules in *detail*. 그는 그 규칙을 상세히 설명했다

de·tain [ditéin 디테인] 동 (3단현 **detains** [-z]; 과거·과거분사 **detained** [-d]; 현재분사 **detaining**) 타 **1** (사람을) 못 가게 붙들다: We were *detained* by an accident. 우리는 사고 때문에 늦어졌다
2 〖법〗유치〔감금〕하다

de·tect [ditékt 디텍트] 타 (나쁜 짓 등을) 발견하다; (남의 정체를) 간파하다; (사물의 본질을) 파악하다

de·tec·tive [ditéktiv 디텍티v으] 명 탐정, 형사: a private *detective* 사립 탐정

de·tec·tor [ditéktər 디텍터r] 명 탐지기; 발견자: a lie *detector* 거짓말 탐지기

de·te·ri·o·rate [ditíəriərèit 디티어뤼어뤠잇] 동 (현재분사 **deteriorating**) 타 (질·가치를) 저하시키다

de·ter·mi·na·tion [ditə̀:rminéiʃən 디터r미네이션] 명 1 결심, 결단 2 결정

de·ter·mine [ditə́:rmin 디터r민] 동 (3단현 **determines** [-z]; 과거·과거분사 **determined** [-d]; 현재분사 **determining**) 타 1 …을 결심하다, 마음먹다: They *determined* to leave their town. 그들은 고향을 떠나기로 결심했다/ She is *determined* to become a painter. 그녀는 화가가 되기로 마음먹었다
2 …을 결정하다: Demand *determines* prices. 수요가 가격을 결정한다
— 자 1 결심하다 2 결정하다

de·test [ditést 디테스트] 타 …을 몹시 싫어하다

de·tour [dí:tuər 디-투어r] 명 우회로

detour
【프랑스어에서】

deuce [djú:s 듀-쓰] 명 1 (카드놀이·주사위의) 2점 (패) 2 【테니스】듀스 《1게임에서 40대 40인 경우로 연속적으로 2점을 얻어야 이기는 상태》

de·vel·op [divéləp 디V엘럽] 동 (3단현 **develops** [-s]; 과거·과거분사 **developed** [-t]; 현재분사 **developing**) 타 1 …을 발달(발전)시키다; (자원·토지를) 개발하다; 계발하다: *develop* muscles 근육을 발달시키다/ *develop* natural resources 천연 자원을 개발하다
2 【사진】현상하다
— 자 발달(발전)하다

de·vel·op·ing [divéləpiŋ 디V엘러핑] 형 발달(발전) 중의: *developing* country 개발 도상국

de·vel·op·ment [divéləpmənt 디V엘럽먼트] 명 1 발달, 발전; (자원 등의) 개발; (재능 등의) 계발 2 【사진】현상

de·vice [diváis 디V아이쓰] 명 (복수 **devices** [-iz]) 1 장치, 설비; 고안품: a safety *device* 안전 장치
2 궁리, 고안; 계략

dev·il [dévl 데V으을] 명 (복수 **devils** [-z]) 1 악마, 마귀: Speak [Talk] of the *devil*, and he will appear. 《속담》호랑이도 제 말하면 온다
2 〔the Devil로〕마왕, 사탄(Satan)

dev·il·ish [dévliʃ 데V을리쉬] 형 1 악마 같은, 흉악한 2 《구어》지독한

de·vise [diváiz 디V아이Z으] 동 (3단현 **devises** [-iz]; 과거·과거분사 **devised** [-d]; 현재분사 **devising**) 타 …을 고안하다, 발명하다: *devise* a new plan 새로운 계획을 생각해 내다

de·vote [divóut 디V오웃] 동 (3단현 **devotes** [-ts]; 과거·과거분사 **devoted** [-id]; 현재분사 **devoting**) 타 (노력·돈을) 바치다, 쏟다, 기울이다: He *devoted* his life *to* education. 그는 교육에 일생을 바쳤다

de·vo·tion [divóuʃən 디V오우션] 명 1 헌신, 전념 2 강한 애착

de·vour [diváuər 디V아우어r] 타 1 …을 게걸스레 먹다 2 (화재·파도 등이) …을 삼켜버리다 3 (책 등을) 탐독하다

dew [djú: 듀-] 명 (due(지불 기일이 된)와 발음이 같음) 명 이슬

dew·y [djú:i 듀-이] 형 이슬에 젖은

dex·ter·ous [dékstərəs 덱스터뤄쓰] 형 1 솜씨 좋은 2 영리한, 재치 있는

di·a·gram [dáiəgræm 다이어그뢤] 명 도형, 도표: a wiring *diagram* 배선표

di·al [dáiəl 다이어얼] 명 (복수 **dials** [-z]) **1** (전화기의) 다이얼 **2** (시계·나침반 등의) 문자반
── 동 (3단현 **dials** [-z]; 과거·과거분사 **dialed**, 《영》 **dialled** [-d]; 현재분사 **dialing**, 《영》 **dialling**) 타 다이얼을 돌리다, 전화를 걸다: Please *dial* me *at* home. 우리 집으로 전화하세요

di·a·lect [dáiəlèkt 다이얼렉트] 명 방언, 사투리

di·a·logue, di·a·log [dáiəlɔ̀:g 다이얼로-그] 명 대화, 회화

di·am·e·ter [daiǽmitər 다이애미터*r* → 다이애미러*r*] 명 (원 등의) 지름, 직경

di·a·mond [dáiəmənd 다이어먼드] 명 (복수 **diamonds** [-dz]) **1** 다이아몬드, 금강석 **2** 【카드】 다이아몬드 패 **3** 다이아몬드 모양, 마름모꼴 **4** 【야구】 내야

diamond 1 2 3 4

Di·an·a [daiǽnə 다이애나] 명 【로마신화】 다이아나 《달·수렵의 여신》

di·a·per [dáiəpər 다이어퍼*r*] 명 《미》 기저귀 (《영》 napkin)

di·a·ry [dáiəri 다이어뤼] 〖 dairy [dέəri](낙농자)와 발음 차이에 주의〗 명 (복수 **diaries** [-z]) 일기(장), 일지: He keeps a *diary* in English. 그는 영어로 일기를 쓴다

dice [dáis 다이쓰] 명 (die²의 복수형) 주사위

dict- 《접두사》 「말」의 뜻: *dict*ion 말씨

dic·tate [díkteit 딕테잇] 동 (3단현 **dictates** [-ts]; 과거·과거분사 **dictated** [-id]; 현재분사 **dictating**) 타 **1** …을 구술하다, (글을) 받아쓰게 하다: *dictate* a letter *to* a secretary 비서에게 편지를 받아쓰게 하다
2 …을 지령〔명령〕하다 (**to**)

dic·ta·tion [diktéiʃən 딕테이션] 명 **1** 구술, 받아쓰기 **2** 명령, 지시

dic·ta·tor [díkteitər 딕테이터*r* → 딕테이러*r*] 명 독재자

dic·tion [díkʃən 딕션] 명 말씨

dic·tion·ar·y [díkʃənèri 딕셔너뤼] 명 (복수 **dictionaries** [-z]) 사전, 사서: a Korean-English *dictionary* 한영 사전

did [díd 디드] 동 do(하다)의 과거형

did·n't [dídnt 디든트] did not의 단축형

die¹ [dái 다이] 동 (3단현 **dies** [-z]; 과거·과거분사 **died** [-d]; 현재분사 **dying** [dáiiŋ]) 자 **1** 죽다 (반 live 살다): He *died* young. 그는 젊어서 죽었다/ Two people *died* in the fire. 두 사람이 화재로 죽었다/ My mother *died of* cancer. 나의 어머니는 암으로 돌아가셨다/ He *died from* wound. 그는 다쳐서 죽었다

> 쓰임새 질병이나 나이가 많아서「죽다」일 때는 전치사 of를, 상처나 부상 같은 직접적인 원인으로「죽다」일 때는 from을 쓴다.

2 《구어》 몹시 갖고 싶어〔하고 싶어〕하다: I'm *dying for* that camera. 나는 저 사진기가 너무 갖고 싶다/ I'm *dying to* see her. 그녀가 보고 싶어 죽겠어요
3 (불·명성 등이) 꺼지다, 없어지다
── 타 〔동족 목적어 death를 취하여〕…한 죽음을 하다: He *died* a miserable *death*. 그는 비참하게 죽었다

die away〔down〕 (바람·소리 등이) 점점 약해지다: The wind slowly *died down*. 바람이 서서히 갔다

die hard 완강하게 저항하다

die² [dái 다이] 명 (복수 **dice** [dáis]) 주사위: The *die* is cast〔thrown〕. 주사위는 던져졌다; 사태는 이미 결정되었다 《시저(Caesar)가 루비콘 강을 건넜을 때 한 말》

Die·sel [díːzl 디-Z으을] 명 1 디젤 Rudolf ~ (1858–1913) (디젤 기관을 발명한 독일인 기사) 2 [**diesel**로] 디젤 엔진; 디젤 기관차(트럭, 선박 (등))

diesel engine [díːzl éndʒin] 명 디젤엔진

*__di·et__[1] [dáiət 다이엇] 명 1 (일상의) 음식물: a vegetable *diet* 채식
2 (치료·체중 조절을 위한) 다이어트, 식이 요법: Oh, dear! I have to go on a *diet*. 이런! 다이어트를 해야겠다

di·et[2] [dáiət 다이엇] 명 [종종 Diet로] (덴마크·스웨덴·헝가리 등의) 국회, 의회 (참 미국의「의회」는 Congress, 영국의「의회」는 Parliament)

dif·fer [dífər 디어r] 동 (3단현 **differs** [-z]; 과거·과거분사 **differed** [-d]; 현재분사 **differing** [-fəriŋ]) 자 1 다르다, 틀리다 (in, from): People *differ in* their habits. 사람은 모두 습관이 다르다
2 의견을 달리하다 (with, from): He *differs with* me entirely. 그는 나와 의견이 전혀 다르다

*__dif·fer·ence__ [dífərəns 디어런쓰] 명 (복수 **differences** [-iz]) 1 다름, 차이: What is the *difference* between a cap and a hat? cap과 hat의 차이는 무엇입니까?
2 의견 차이, 불화, 다툼

make a (no) difference 차이가 생기다(생기지 않다); 중요하다(중요하지 않다): It *makes no difference* to me what you think. 네가 어떻게 생각하든 나에겐 중요하지 않다

*__dif·fer·ent__ [dífərənt 디어런트] 형 (비교급 **more different**; 최상급 **most different**) 1 다른(반 same 같은), 상이한 (from): She wears a *different* dress every day. 그녀는 매일 다른 옷을 입는다 / My opinion is *different from* yours. 내 의견은 당신과 다르다

different   same

2 다양한, 여러가지의: *different* kinds of trees 다양한 종류의 나무

dif·fer·ent·ly [dífərəntli 디어런틀리 → 디F어륀'을리] 부 다르게

*__dif·fi·cult__ [dífikəlt 디이커얼트] 형 (비교급 **more difficult**; 최상급 **most difficult**) 어려운, 곤란한(반 easy 쉬운): This is a *difficult* problem. 이것은 어려운 문제다 / The book is *difficult* for me *to* read. (= It is *difficult* for me *to* read the book.) 그 책은 내가 읽기에 어렵다

*__dif·fi·cul·ty__ [dífikəlti 디이컬티] 명 (복수 **difficulties** [-z]) 1 어려움, 곤란; 어려운 일: I had great *difficulty* in learning English. 나는 영어를 공부하는데 매우 어려움을 겪었다 / There are many *difficulties*. 어려운 일이 많이 있다
2 [보통 복수형으로] (재정상의) 곤란, 곤경,

with difficulty 어렵게, 힘들게(반 easily 쉽게): He finished the work *with difficulty*. 그는 그 일을 힘들게 끝냈다

without difficulty 어려움 없이, 쉽게: I found his house *without difficulty*. 나는 그의 집을 쉽게 찾았다

dif·fuse [difjúːz 디F유-z으] 동 (현재분사 **diffusing**) 타 1 …을 흐트러뜨리다 2 (빛·열·냄새 등을) 발산하다

dif·fu·sion [difjúːʒən 디F유-줜] 명 **1** 발산 **2** 보급

*****dig** [díg 디그] 동 (3단현 **digs** [-z]; 과거·과거분사 **dug** [dʌg]; 현재분사 **digging**) 타 (땅·굴을) **파다**: *dig* the ground 땅을 파다/ He *dug* a hole in the garden. 그는 정원에 구멍을 팠다
——자 땅을 파다

dig out 파내다: They *dug out* the treasure. 그들은 보물을 파냈다

dig up …을 파내다; 조사하다, 알아내다: *dig up* a clams 조개를 파내다

di·gest [daidʒést 다이쮀스트] 동 (3단현 **digests** [-ts]; 과거·과거분사 **digested** [-id]; 현재분사 **digesting**) 타 **1** (음식물을) 소화하다: Food is *digested* in the stomach. 음식은 위에서 소화된다
2 …을 이해하다
3 …을 간추리다, 요약하다
——자 (음식물이) 소화되다
——[dáidʒest 다이쮀스트] 명 요약, 다이제스트

di·ges·tion [daidʒéstʃən 다이쮀스쳔] 명 소화 (작용), 소화력

dig·it [dídʒit 디쥣] 명 **1** 손가락, 발가락 **2** 아라비아 숫자 (0-9 중 하나; 본래 손가락으로 세어서)

dig·i·tal [dídʒitl 디쥐트을 → 디쥐르을] 형 **1** 손가락 (모양)의
2 숫자를 사용하는, 디지털 방식의: a *digital* watch 디지털 시계

dig·ni·fy [dígnəfài 디그너F아이] 동 (3단현 **dignifies** [-z]; 과거·과거분사 **dignified** [-d]; 현재분사 **dignifying**) 타 위엄을 갖추다, 고귀하게 하다

dig·ni·ty [dígnəti 디그너티 → 디그너리] 명 (복수 **dignities** [-z]) 위엄, 품위: He behaved with *dignity*. 그는 위엄 있게 행동했다

***di·lem·ma** [dilémə 딜레마] 명 **진퇴양난**, 딜레마, 궁지

dil·i·gence [dílidʒəns 딜리줜쓰] 명 근면 (industry), 부지런함

***dil·i·gent** [dílidʒənt 딜리줜트] 형 **근면한**, 부지런한(반 lazy 게으른): a *diligent* student 부지런한 학생

dil·i·gent·ly [dílidʒəntli 딜리줜틀리 → 딜리줜'ㄹ리] 부 부지런히

dim [dím 딤] 형 (비교급 **dimmer**; 최상급 **dimmest**) **1** 어둑한, 어스레한, 희미한: a *dim* light 희미한 빛
2 (기억 등이) 어렴풋한

dime [dáim 다임] 명 다임 《미국·캐나다의 10센트 은화》

di·men·sion [diménʃən 디멘션] 명 (복수 **dimensions** [-z]) **1** (길이·넓이·두께의) 치수: take the *dimensions* of a room 방의 치수를 재다
2 〔복수형으로〕 크기, 규모, 범위; 중요성: a building of great *dimensions* 매우 큰 건물/ a problem of great *dimensions* 매우 중대한 문제
3 【물리·수학】 차원: the fourth *dimension* 4차원

di·min·ish [dimíniʃ 디미니쉬] 동 (3단현 **diminishes** [-iz]; 과거·과거분사 **diminished** [-t]; 현재분사 **diminishing**) 자 줄다, 감소되다(반 increase 늘다): *diminish in* speed 속도가 떨어지다
——타 …을 줄이다, 감소하다

dim·ly [dímli 딤리] 부 희미하게, 어렴풋이

dim·ple [dímpl 딤프을] 명 **1** 보조개 **2** 옴폭 들어간 곳; 잔물결

din [dín 딘] 명 소음, 시끄러운 소리

dine [dáin 다인] 동 (3단현 **dines** [-z]; 과거·과거분사 **dined** [-d]; 현재분사 **dining**) 자 식사를 하다: I *dined out*

[in] yesterday. 나는 어제 밖에서[집에서] 식사를 했다

din·er [dáinər 다이너r] 명 1 식사하는 사람 2 《미》 식당차(dining car) 3 《미》 (도로변의) 식당차식의 간이식당

ding [díŋ 딩] 자 (종 등이) 땡땡 울리다 【의성어】

ding-dong [díŋ-dɔ̀ːŋ 딩도-엉] 명 땡땡 《종소리》

din·ing [dáiniŋ 다이닝] 명 식사

dining car [dáiniŋ kɑ̀ːr] 명 식당차

ding dong

dining room [dáiniŋ rùːm] 명 (가정·호텔의) 식당

***din·ner** [dínər 디너r] 명 (복수 **din·ners** [-z]) 정찬, (보통) 저녁 식사: *Dinner* is ready. 저녁 식사가 준비되었다/ We eat[have] *dinner* at seven. 우리는 7시에 저녁 식사를 한다/ They are at[before] *dinner*. 그들은 식사 중[전]이다

> 참고 dinner 정찬
> dinner는 하루 중에서 가장 잘 차린 식사를 가리킨다. 영어권에서는 보통 저녁을 주요 식사로 하기 때문에 dinner = 저녁 식사라는 이미지가 강하나, 휴일 등에는 점심(lunch)이 dinner가 되기도 한다. 이 경우 저녁 식사는 super라 한다. 레스토랑에서 dinner는 코스 요리를 가리킨다.

dinner party [dínər pɑ̀ːrti] 명 만찬회, 오찬회

di·no·saur [dáinəsɔ̀ːr 다이너쏘-r] 명 공룡

Di·o·ny·sus [dàiənáisəs 다이어나이써쓰] 명 【그리스신화】 디오니소스 《주신(酒神); 로마신화의 바커스(Bacchus)에 해당》

di·ox·ide [daiáksaid 다이악싸이드] 명 【화학】 제이산화물

dip [díp 딥] 동 (3단현 **dips** [-s]; 과거·과거분사 **dipped** [-t]; 현재분사 **dipping**) 타 (…을 살짝) 담그다: *dip* the bread *in* [*into*] the milk 빵을 우유에 적시다

dip

── 자 1 (액체에) 살짝 잠기다 2 (태양이) 가라앉다 3 (길 등이 아래로) 기울다
── 명 살짝 담금, 한 번 미역 감기: have [take] a *dip* in the sea 바닷물에 한 번 들어가다
【「deep(깊은)」과 관련】

di·plo·ma [diplóumə 디플로우마] 명 1 졸업 증서 2 (학위·자격) 증서

di·plo·ma·cy [diplóuməsi 디플로우머씨] 명 1 외교 2 외교적 수완

di·plo·mat [dípləmæ̀t 디플러맷] 명 외교관

di·plo·mat·ic [dìpləmǽtik 디플러매틱 → 디플러매틱] 형 1 외교(상)의 2 외교 수완이 있는, 요령이 좋은

dip·per [dípər 디퍼r] 명 국자
the Big Dipper 【천문】 북두칠성

***di·rect** [dirékt 디렉트, dairékt 다이렉트] 동 (3단현 **directs** [-ts]; 과거·과거분사 **directed** [-id]; 현재분사 **directing**) 타 1 …을 **지도하다**, 감독하다: He *directed* the building of the bridge. 그는 그 다리의 건축을 감독했다

2 명령하다(order): He *directed* her *to* return. 그는 그녀에게 돌아오라고 명령했다

3 …에게 길을 가리키다: Could you *direct* me *to* the library? 도서관으로 가는 길을 가리켜 주시겠습니까?

4 (영화·연극 등을) 연출[감독]하다: Who *directed* the film? 누가 그 영화를 감독했습니까?

5 (주의·노력 등을) 돌리다: He *directed* his attention *to* me. 그는 내게 주의를 돌렸다

──[형] (비교급 **more direct**; 최상급 **most direct**) **1** 똑바른, 직진의, 직행의: a *direct* road 똑바른 길/ a *direct* line 직선/ Which is the most *direct* way to the station? 역으로 가는 제일 빠른 길은 어디입니까?

2 직접의(반 indirect 간접의): *direct* contact 직접적인 접촉/ a *direct* object 【문법】 직접 목적어

3 솔직한: a *direct* answer 솔직한 답변
──[부] 똑바로, 직접으로: He went *direct* to New York. 그는 뉴욕으로 직행했다

***di·rec·tion** [dirékʃən 디뤡션, dairékʃən 다이뤡션] [명] (복수 **directions** [-z]) **1** 방향: in all *directions* 사방팔방으로/ He has a good〔poor〕 sense of *direction*. 그는 방향 감각이 좋다〔나쁘다〕

참고▷ 방향
영어에서는 「동서남북」을 north, south, east and west라고 한다.

northwest 북서
north 북
northeast 북동
west 서
east 동
southwest 남서
south 남
southeast 남동
directions

2 지도, 지휘; (연극·영화의) 감독, 연출: under the *direction* of …의 지도〔지휘〕 아래

3 [복수형으로] 설명서, 지시서

***di·rect·ly** [diréktli 디뤸클리, dairéktli 다이뤸클리] [부] (비교급 **more directly**; 최상급 **most directly**) **1** 직접으로(반 indirectly 간접으로); 곧장, 똑바로 (*미*《미》에서는 이 뜻으로 direct도 쓴다): She went *directly* to the station. 그는 역으로 곧장 갔다

2 곧, 즉시로: Come home *directly*. 즉시 집에 오너라

***di·rec·tor** [diréktər 디뤡터r, dairéktər 다이뤡터r] [명] (복수 **directors** [-z]) **1** 지도자, 지휘자; 관리자 **2** (연극·영화의) 감독, 연출가

di·rec·to·ry [diréktəri 디뤡터뤼, dairéktəri 다이뤡터뤼] [명] (복수 **directories** [-z]) 주소 성명록: a telephone *directory* 전화 번호부

dirt [də́:rt 더-r트] [명] **1** 쓰레기, 먼지 **2** 진흙(mud)

****dirt·y** [də́:rti 더-r티 → 더-r리] [형] (비교급 **dirtier**; 최상급 **dirtiest**) **1** 더러운, 불결한(반 clean 깨끗한): a *dirty* room 더러운 방

2 비열한: a *dirty* trick 비열한 계략

dis- (접두사) 「비(非)…, 무…, 반대, 분리, 제거」 등의 뜻: *dis*credit 불신

dis·a·bil·i·ty [dìsəbíləti 디써빌러티 → 디써빌러리] [명] (복수 **disabilities** [-z]) **1** 무능, 무력 **2** (신체 등의) 불리한 조건, 장애

dis·a·ble [diséibl 디쎄이브을] [동] (현재분사 **disabling**) [타] **1** …을 무능〔무력〕하게 하다 **2** 불구로 만들다

dis·a·bled [diséibld 디쎄이브을드] [형] **1** 무능력하게〔불구가〕 된 **2** 〔**the**를 붙여〕 신체 장애인

dis·ad·van·tage [dìsədvǽntidʒ 디써드V앤티쥐] [명] (복수 **disadvantages** [-iz]) 불리(한 조건); 불편

***dis·a·gree** [dìsəgríː 디써그리-] [동] (3단현 **disagrees** [-z]; 과거·과거분사 **disagreed** [-d]; 현재분사 **disagreeing**) [자] **1** 일치하지 않다, 의견이 다르다 (**with**): I *disagree with* you. 나는 당신과 의견이 맞지 않다

2 (기후·음식이) 체질에 맞지 않다

dis·a·gree·a·ble [dìsəgríːəbl 디써그리-어블] [형] 싫은, 불쾌한

dis·a·gree·ment [dìsəgríːmənt 디써그리-먼트] [명] 불일치, 의견 차이

dis·ap·pear [dìsəpíər 디써피어*r*] 통 (3단현 **disappears** [-z]; 과거 · 과거분사 **disappeared** [-d]; 현재분사 **disappearing** [-əpíəriŋ]) 자 사라지다, 안 보이게 되다(반 appear 나타나다): He *disappeared* in the crowd. 그는 군중 속으로 사라졌다

dis·ap·point [dìsəpɔ́int 디써포인트] 통 (3단현 **disappoints** [-ts]; 과거 · 과거분사 **disappointed** [-id]; 현재분사 **disappointing**) 타 …을 실망시키다: I was *disappointed at*(*to* hear) the news. 나는 그 소식을 듣고 실망했다

dis·ap·point·ment [dìsəpɔ́intmənt 디써포인먼트] 명 실망, 낙심: To my *disappointment*, he did not come. 실망스럽게도 그는 오지 않았다

dis·ap·prov·al [dìsəprúːvəl 디써프루-v버얼] 명 불찬성

dis·ap·prove [dìsəprúːv 디써프루-v으] 통 (3단현 **disapproves** [-z]; 과거 · 과거분사 **disapproved** [-d]; 현재분사 **disapproving**) 자 찬성하지 않다: I *disapprove of* your action. 나는 당신의 행동에 찬성하지 않는다
── 타 …을 찬성하지 않다

dis·arm [disáːrm 디싸-r엄] 타 …의 무기를 빼앗다, 무장을 해제하다

dis·ar·ma·ment [disáːrməmənt 디싸-r머먼트] 명 군비 축소, 무장 해제(반 armament 무장)

dis·as·ter [dizǽstər 디Z애스터*r*] 명 재난, 재해, 참사: a railway *disaster* 철도 대사고
【dis-(나쁜)+star(별); 옛날에는 별이 인간의 운명에 영향을 끼친다고 생각해서 「나쁜 운」이 되었다】

dis·be·lief [dìsbilíːf 디쓰빌리-f으] 명 불신, 의혹

disc [dísk 디스크] 명 = disk

dis·card [diskáːrd 디쓰카-r드] 타 **1** (카드놀이에서 소용없는 패를) 버리다 **2** (필요 없는 것을) 버리다

dis·cern [disə́ːrn 디써-r언] 통 (3단현 **discerns** [-z]; 과거 · 과거분사 **discerned** [-d]; 현재분사 **discerning**) 타 …을 식별〔분별〕하다: *discern* good *from* bad 선악을 분별하다

dis·charge [distʃáːrdʒ 디쓰촤-r쥐] 통 (3단현 **discharges** [-iz]; 과거 · 과거분사 **discharged** [-d]; 현재분사 **discharging**) 타 **1** (배에서) 짐을 부리다, (승객을) 내리다: *discharge* a cargo *from* a ship 배에서 짐을 내리다
2 (총포를) 발사하다; (물 등을) 방출〔배출〕하다
3 (의무 등에서) 해방하다; 해고하다(반 employ 고용하다): *discharge* a prisoner *from* a jail 죄수를 출옥시키다/ He was *discharged from* his post. 그는 해임되었다
── 자 **1** 짐을 부리다, 내리다
2 (강이) 흘러들다: The river *discharges into* the lake. 그 강은 호수로 흘러든다
── 명 (복수 **discharges** [-iz]) **1** 짐부리기 **2** 발사, 발포 **3** 방출, 유출; 【전기】 방전 **4** 해직, 해고

dis·ci·ple [disáipl 디싸이프얼] 명 문하생, 제자

dis·ci·pline [dísəplin 디써플린] 명 **1** 훈련(training), 단련: They are in need of *discipline*. 그들은 훈련이 필요하다
2 규율, 기강; 징계, 징벌: military *discipline* 군기, 군율

disc jockey [dísk dʒɑ̀ki] 명 = disk jockey

dis·close [disklóuz 디쓰클로우z으] 통 (3단현 **discloses** [-iz]; 과거 · 과거분사 **disclosed** [-d]; 현재분사 **disclosing**) 타 (숨은 것을) 나타내다; (비밀 등을) 털어놓다: He *disclosed* the secret *to* his friend. 그는 친구에게 비밀을 털어놓았다

dis·co [dískou 디스코우] 명 《구어》 디스코 (discotheque의 단축형)

dis·com·fort [diskʌ́mfərt 디쓰캄F어r트] 명 불쾌, 불안

dis·con·tent [dìskəntént 디쓰컨텐트] 명 불만, 불평

dis·con·tent·ed [dìskənténtid 디쓰컨텐티드] 형 불만스러운

dis·cord [dískɔ:rd 디쓰코-r드] 명 불일치, 불화, 의견 충돌

dis·co·theque [dískətèk 디스커텍] 명 디스코텍, 디스코홀

***dis·count** [dískaunt 디쓰카운트] 명 할인, 에누리: Can you give me a *discount* on this? 이것 좀 깍아 주시겠어요?
── 동 (3단현 discounts [-ts]; 과거·과거분사 discounted [-id]; 현재분사 discounting) 타 …을 할인하다: They *discounted* men's wear at twenty percent. 그들은 신사복을 20% 할인해서 팔았다

dis·cour·age [diskə́:ridʒ 디스커-뤼쥐] 동 (3단현 discourages [-iz]; 과거·과거분사 discouraged [-d]; 현재분사 discouraging) 타 1 …의 용기를 잃게 하다(반 encourage 용기를 돋우다): He was *discouraged* to hear the news. 그는 그 소식을 듣고 실망했다
2 (계획·사업 등을) 말리다: My mother *discouraged* me *from* traveling alone. 어머니는 내가 혼자 여행하는 것을 말리셨다

***dis·cov·er** [diskʌ́vər 디쓰카V어r] 동 (3단현 discovers [-z]; 과거·과거분사 discovered [-d]; 현재분사 discovering [-vəriŋ]) 타 1 …을 발견하다: Who *discovered* America? 누가 미국을 발견했습니까?
2 …을 알다, 알아채다(find out): I *discovered* that her story was not true. 나는 그녀의 이야기가 사실이 아니라는 것을 알았다

dis·cov·er·er [diskʌ́vərər 디쓰카V어뤄r] 명 발견자

***dis·cov·er·y** [diskʌ́vəri 디쓰카V어뤄리] 명 (복수 discoveries [-z]) 발견 (「발명」은 invention); 발견물: She made a surprising *discovery*. 그녀는 놀라운 발견을 했다

dis·cred·it [diskrédit 디쓰크뤠딧] 명 불신, 불신임

dis·crim·i·nate [diskrímənèit 디쓰크뤼머네잇] 동 (3단현 discriminates [-ts]; 과거·과거분사 discriminated [-id]; 현재분사 discriminating) 자 구별하다, 식별〔분간〕하다: *discriminate between* right and wrong 옳고 그른 것을 분간하다

dis·crim·i·na·tion [diskrìmənéiʃən 디쓰크뤼머네이션] 명 1 구별, 식별
2 차별 (대우): racial *discrimination* 인종 차별

dis·cus [dískəs 디스커쓰] 명 (복수 discuses [-iz]) (경기용의) 원반: the *discus* throw 원반던지기 《경기》

***dis·cuss** [diskʌ́s 디스카쓰] 동 (3단현 discusses [-iz]; 과거·과거분사 discussed [-t]; 현재분사 discussing) 타 …을 논의하다, 상의하다: I *discussed* the problem *with* him. 나는 그와 그 문제를 논의했다 / We *discussed* how to solve the problem. 우리는 그 문제를 어떻게 풀지 상의했다

***dis·cus·sion** [diskʌ́ʃən 디스카션] 명 (복수 discussions [-z]) 논의, 토론, 심의: They had a long *discussion on* 〔*about*〕 the subject. 그들은 그 의제에 대하여 장시간 토론했다

under discussion 토론 중인: The question is still *under discussion*. 그 문제는 아직 토론 중이다

dis·dain [disdéin 디쓰데인] 타 …을 경멸하다

***dis·ease** [dizí:z 디Z이-z] 명 병, 질병: die of (a) *disease* 병으로 죽다 / He is suffering from a serious *disease*. 그는 중병에 걸려 있다

dis·grace [disgréis 디쓰그뤠이ㅆ] 명 (복수 **disgraces** [-iz]) **1** 불명예(dishonor), 망신, 수치: Poverty is no *disgrace*. 가난은 수치가 아니다
2 [a를 붙여] 망신거리
── 동 (3단현 **disgraces** [-iz]; 과거·과거분사 **disgraced** [-t]; 현재분사 **disgracing**) 타 …을 망신시키다: I *disgraced* myself by my ignorance. 나는 나의 무지로 창피를 당했다
【「우아하지(grace) 않다(dis-)」에서】

dis·grace·ful [disgréisfəl 디쓰그뤠이쓰F어을] 형 수치스러운(shameful), 불명예스러운

dis·guise [disgáiz 디쓰가이z으] 동 (3단현 **disguises** [-iz]; 과거·과거분사 **disguised** [-d]; 현재분사 **disguising**) 타 **1** …을 변장〔위장〕시키다: The wolf *disguised* himself *as* an old woman. 늑대는 할머니로 변장했다

2 (사실·감정 등을) 숨기다, 감추다: She *disguised* her sorrow. 그녀는 슬픔을 감추었다
── 명 **1** 변장, 가장 **2** 거짓, 속이기
in disguise 변장한〔하여〕: a king *in disguise* 변장한 왕

dis·gust [disgΛst 디쓰가스트] 명 (매우) 싫음, 질색
── 동 (3단현 **disgusts** [-ts]; 과거·과거분사 **disgusted** [-id]; 현재분사 **disgusting**) 타 …을 정떨어지게 하다: I was *disgusted* at〔with〕 him. 나는 그에게 넌더리가 났다

dis·gust·ing [disgΛstiŋ 디쓰가스팅] 형 아주 싫은, 넌더리나는

dish [díʃ 디쉬] 명 (복수 **dishes** [-iz]) **1** 접시, 그릇; [*the dishes*로] 식기류: wash〔do〕 *the dishes* 설거지하다

유의어〉 접시, 그릇

dish는 여럿이 나눠 먹도록 음식을 많이 담아 식탁에 놓는 우묵한 접시. **plate**는 한 사람 분의 식사를 dish에서 덜어 먹기 위한 밑이 얕은 접시. **saucer**는 커피 잔 등의 받침 접시. **bowl**은 밥 등을 담는 사발.

dishes

2 (접시에 담은) 음식물, 요리: What is your favorite *dish*? 당신이 좋아하는 요리는 무엇입니까?

dis·hon·est [disάnist 디싸니스트] (h는 묵음) 형 부정직한(반 honest 정직한)

dis·hon·es·ty [disάnisti 디싸니스티] 명 (복수 **dishonesties** [-z]) 부정직; 부정 행위

dis·hon·or, 《영》 **dis·hon·our** [disάnər 디싸너r] 명 **1** 불명예, 망신
2 망신거리: He is a *dishonor* to his family. 그는 가족의 수치다

disk, disc [dísk 디스크] 명 **1** 편편한 원반 (모양의 물건) **2** 레코드, 디스크, 음반

disk jockey [dísk dʒάki] 명 디스크자키 약어는 DJ

dis·like [disláik 디쓸라익] 동 (3단현 **dislikes** [-s]; 과거·과거분사 **disliked** [-t]; 현재분사 **disliking**) 타 …을 싫어하다, 미워하다(반 like 좋아하다): I *dislike* this kind of food. 나는 이런 음식은 싫다
── 명 싫어함

dis·mal [dízməl 디Z으머얼] 형 음산한, 음침한, 우울한

dis·may [disméi 디쓰메이] 명 당황, 놀람
—— 동 (3단현 **dismays** [-z]; 과거·과거분사 **dismayed** [-d]; 현재분사 **dismaying**) 타 …을 당황케 하다, 놀라게 하다: We were *dismayed* at the news. 우리는 그 소식을 듣고 당황했다

＊dis·miss [dismís 디쓰미쓰] 동 (3단현 **dismisses** [-iz]; 과거·과거분사 **dismissed** [-t]; 현재분사 **dismissing**) 타
1 …을 해고하다, 내쫓다 (반 employ 고용하다): He was *dismissed from* the job. 그는 직장에서 해고되었다
2 (집단 등을) 해산시키다: *dismiss* the meeting 모임을 해산하다
3 (생각 등을) 버리다

dis·mount [dismáunt 디쓰마운트] 자 (말·자전거 등에서) 내리다

Dis·ney·land [dízniländ 디Z으닐랜드] 명 디즈니랜드 《로스앤젤레스에 월트 디즈니(Walt Disney)가 만든 유원지》

Disneyland

dis·o·be·di·ence [dìsəbí:diəns 디쓰비-디언쓰 → 디쓰비-리언쓰] 명 불복종, 불순종 (반 obedience 복종)

dis·o·be·di·ent [dìsəbí:diənt 디쓰비-디언트 → 디쓰비-리언트] 형 복종하지 않는

dis·o·bey [dìsəbéi 디쓰베이] 타 자 (분부·명령 등을) 따르지 않다

dis·or·der [disɔ́:rdər 디쏘-r더r → 디쏘-r러r] 명 **1** 무질서, 혼란 (반 order 질서): The room was in *disorder*. 그 방은 난장판이었다
2 (사회적·정치적) 소동, 소란

dis·patch [dispǽtʃ 디쓰패취] 동 (3단현 **dispatches** [-iz]; 과거·과거분사 **dispatched** [-t]; 현재분사 **dispatching**) 타 **1** (군대·특사 등을) 급파〔특파〕하다
2 (일 등을) 신속히 처리하다

dis·pel [dispél 디쓰펠] 동 (3단현 **dispels** [-z]; 과거·과거분사 **dispelled** [-d]; 현재분사 **dispelling**) 타 …을 쫓아버리다, (근심·의심 등을) 없애다

dis·pense [dispéns 디쓰펜쓰] 동 (현재분사 **dispensing**) 타 …을 분배하다

dis·perse [dispə́:rs 디쓰퍼-r쓰] 동 (현재분사 **dispersing**) 타 …을 흩뜨리다, (군중을) 해산시키다

dis·place [displéis 디쓰플레이쓰] 동 (현재분사 **displacing**) 타 **1** …을 딴 곳으로 옮기다, 이동시키다 **2** …에 대신 들어서다

＊dis·play [displéi 디쓰플레이] 동 (3단현 **displays** [-z]; 과거·과거분사 **displayed** [-d]; 현재분사 **displaying**) 타
1 …을 **전시하다**, 진열하다: *display* goods 상품을 전시하다
2 (감정 등을) 나타내다, 보이다
—— 명 전시, 진열

dis·please [displí:z 디쓰플리-z으] 동 (현재분사 **displeasing**) 타 …을 불쾌하게 하다

dis·pos·al [dispóuzl 디쓰포우z으을] 명 **1** (물건 등의) 처분, 처리 **2** 배치, 배열

dis·pose [dispóuz 디쓰포우z으] 동 (3단현 **disposes** [-iz]; 과거·과거분사 **disposed** [-d]; 현재분사 **disposing**) 타 **1** (군대·함대를) 배치하다, 배열하다
2 〔be disposed to do의 형태로〕 …할 마음이 내키게 하다: I *am* not *disposed to* meet her. 나는 그녀를 만나고 싶지 않다
—— 자 처리〔처분〕하다, 없애다 《of》: I *disposed of* old books. 나는 오래된 책을 처분했다

dis·po·si·tion [dìspəzíʃən 디쓰퍼ZOI션] 명 1 〔보통 a를 붙여〕 성질, 기질: He had *a disposition* to do gambling. 그는 노름하는 버릇이 있었다
2 배열, 배치
3 처분, 매각

*__dis·pute__ [dispjúːt 디스퓨-트] 동 (3단현 **disputes** [-ts]; 과거·과거분사 **disputed** [-id]; 현재분사 **disputing**) 자 **논쟁하다**, 논의하다; 이의를 제기하다: I *disputed with* him *about* the matter. 나는 그 문제에 대해 그와 토의했다
—— 타 …을 논하다
—— 명 논쟁; 분쟁

dis·re·gard [disrigáːrd 디쓰뤼가-r드] 타 …을 무시〔경시〕하다(ignore)

dis·sent [disént 디쎈트] 자 의견을 달리하다(반 consent 동의하다)

dis·solve [dizɔ́lv 디Z오을v으] 동 (3단현 **dissolves** [-z]; 과거·과거분사 **dissolved** [-d]; 현재분사 **dissolving**) 타 **1** …을 녹이다, 용해하다: *dissolve* salt *in* water 소금을 물에 녹이다
2 (의회·단체 등을) 해산하다
—— 자 녹다, 용해하다: Sugar *dissolves in* water. 설탕은 물에 녹는다

*__dis·tance__ [dístəns 디스턴쓰] 명 (복수 **distances** [-iz]) **1 거리**, 간격, 차이: What is the *distance* from here to the station? 여기서 역까지는 어느 정도 거리입니까?
2 먼 거리: It is quite a *distance* from here. 거기는 여기서 상당히 멀다
at a distance 좀 떨어져
from a distance 먼 곳에서: He is a guest *from a distance*. 그는 멀리서 온 손님이다
in the distance 멀리, 멀리서(far away): I saw a little light *in the distance*. 멀리서 작은 불빛이 보였다

*__dis·tant__ [dístənt 디스턴트] 형 (비교급 **more distant**; 최상급 **most distant**) **1 먼**(반 near 가까운); 거리가 …인: a *distant* view 원경(遠景)/ The lake is six miles *distant from* here. 그 호수는 여기에서 6마일 떨어져 있다

2 (친척 등이) 혈연이 먼: We are *distant* relations. 우리는 먼 친척이다

dis·till, 《영》 **dis·til** [distíl 디스티을] 동 (3단현 **distills** [-z]; 과거·과거분사 **distilled** [-d]; 현재분사 **distilling**) 타 …을 증류하다

dis·tinct [distíŋkt 디스팅(크)트] 형 **1** 뚜렷한, 명료한; 명확한(반 vague 흐릿한): a *distinct* outline 명확한 윤곽
2 별개의, 다른 《from》: Hares are *distinct from* rabbits. 산토끼와 집토끼는 다르다

dis·tinc·tion [distíŋkʃən 디스팅(크)션] 명 **1** 구별, 차별; (구별되는) 특질: without *distinction* of rank〔sex〕 계급〔남녀〕 차별 없이
2 명성, 영예; 우수성: gain〔win〕 *distinction* as a writer 작가로서 명성을 얻다

dis·tinc·tive [distíŋktiv 디스팅(크)티v으] 형 구별이 되는, 독특한

dis·tinct·ly [distíŋktli 디스팅(크)틀리] 부 뚜렷하게, 명백하게

*__dis·tin·guish__ [distíŋgwiʃ 디스팅그위쉬] 동 (3단현 **distinguishes** [-iz]; 과거·과거분사 **distinguished** [-t]; 현재분사 **distinguishing**) 타 **1** …을 **구별하다**, 분간하다: *distinguish* good *from* evil 선악을 분간하다
2 …으로 유명해지다: He *distinguished* himself *in* literature. 그는 문학으로 유명해졌다

dis·tin·guished [distíŋgwiʃt 디스팅그위쉬트] 형 뛰어난, 유명한(famous): a *distinguished* musician 유명한 음악가

dis·tract [distrǽkt 디쓰츄뢕트] 타 (마음·주의를) 딴 데로 돌리다

dis·tress [distrés 디쓰츄뤠쓰] 명 1 고뇌, 고민; 고민거리 2 (경제적인) 곤란 3 (배의) 조난 4 (육체적인) 고통(pain)

*__dis·trib·ute__ [distríbju:t 디쓰츄뤼뷰ㅡ트] 동 (3단현 **distributes** [-ts]; 과거·과거분사 **distributed** [-id]; 현재분사 **distributing**) 타 …을 분배하다, 배포하다: *distribute* pamphlets *to* the audience 청중에게 팜플렛을 배포하다

dis·tri·bu·tion [dìstribjú:ʃən 디쓰츄뤼뷰-션] 명 1 분배, 배포 (of): the *distribution of* wealth 부의 분배
2 (생물·언어 등의) 분포

dis·trib·u·tor [distríbjutər 디쓰츄뤼뷰터r→디쓰츄뤼뷰러r] 명 분배[배포]자

*__dis·trict__ [dístrikt 디스츄뤽트] 명 (복수 **districts** [-ts]) 지역, 지구, 지방: the business *district* 상업 지구

District of Columbia [dístrikt ɔv kəlʌ́mbiə] 명 〔the를 붙여〕 (미국의) 컬럼비아 특별구

> 참고: 컬럼비아 특별구
> 미국의 수도 워싱턴(Washington)이 있는 지역으로 연방 정부가 직접 행정을 담당한다. 약어는 D.C. 또는 DC; 워싱턴시(市)를 Washington D.C.라 부르는 것은 태평양 연안의 워싱턴주(州)와 구별하기 위해서이다.

dis·trust [distrʌ́st 디쓰츄롸스트] 타 …을 신용하지 않다(반 trust 신용하다)

*__dis·turb__ [distə́:rb 디스터-r브] 동 (3단현 **disturbs** [-z]; 과거·과거분사 **disturbed** [-d]; 현재분사 **disturbing**) 타 1 (일 등을) 방해하다; …에게 폐를 끼치다: Don't *disturb* me while I'm studying. 공부하는데 방해하지 마세요/ I'm sorry to *disturb* you, but …. 방해해서 죄송합니다만….
2 …을 어지럽히다: *disturb* the papers on the desk 책상 위의 서류를 흩뜨려 놓다

ditch [dítʃ 디취] 명 (복수 **ditches** [-iz]) 도랑, 배수구

*__dive__ [dáiv 다이v으] 동 (3단현 **dives** [-z]; 과거·과거분사 **dived** [-d]; 현재분사 **diving**) 자 1 (물속으로) 뛰어들다, 물속에 잠기다: She *dived into* the swimming pool. 그녀는 풀장에 뛰어들었다

dive

2 (비행기·새가) 급강하하다
── 명 (복수 **dives** [-z]) 1 잠수, 다이빙 2 (비행기 등의) 급강하

div·er [dáivər 다이v어r] 명 물에 뛰어드는[잠수하는] 사람, 다이빙 선수

di·verse [divə́:rs 디v어-r쓰] 형 다른, 다른 종류의, 다양한

di·ver·si·ty [divə́:rsəti 디v어-r써티→디v어-r써리] 명 다양성, 변화

di·vert [divə́:rt 디v어-r트] 동 (3단현 **diverts** [-ts]; 과거·과거분사 **diverted** [-id]; 현재분사 **diverting**) 타 1 방향을 바꾸다, 돌리다: *divert* the course of a river 강의 흐름을 바꾸다
2 (사람을) 즐겁게 해주다(amuse)

*__di·vide__ [diváid 디v아이드] 동 (3단현 **divides** [-dz]; 과거·과거분사 **divided** [-id]; 현재분사 **dividing**) 타 1 …을 나누다, 분할하다: I *divided*

divide 1

a cake *into* two. 나는 케이크를 두 조각으로 나눴다
2 …을 분배하다: He *divided* his property *among* his four sons. 그는 재산을 네 아들에게 나누어주었다
3 …을 분리하다, 가르다: The river *divides* my land *from* his. 강이 내 땅과 그의 땅을 갈라놓고 있다
4 【수학】…을 나누다(반) multiply 곱하다): Six *divided by* two is〔equals〕 three. 6 나누기 2는 3이다
——자 갈라지다

di·vine [diváin 디V아인] 형 신의; 신성한(holy); 하늘이 내린

div·ing [dáiviŋ 다이V잉] 명 잠수, 다이빙

*__di·vi·sion__ [divíʒən 디V이줜] 명 (복수 divisions [-z]) **1** 분할; 분배 **2** (분할된) 구분, 부분; 《미》 (관청·회사 등의) 부, 국, 과 **3** 【수학】 나눗셈(반 multiplication 곱셈) **4** 【육군】 사단

*__di·vorce__ [divɔ́ːrs 디V오-r쓰] 명 (복수 divorces [-iz]) 이혼
——동 (3단현 **divorces** [-iz]; 과거·과거분사 **divorced** [-t]; 현재분사 **divorcing**) 타 …와 이혼하다: He *divorced* his wife. 그는 아내와 이혼했다

DIY [díːaiwái 디-아이와이] 《약어》 *do-it-yourself* (수리 등을) 손수 하기

diz·zy [dízi 디Z이] 형 (비교급 **dizzier**; 최상급 **dizziest**) 현기증 나는, 어지러운

DMZ 《약어》 *demilitarized zone* 비무장지대

do [dúː 두-] 동 (3단현 **does [dʌ́z]; 과거 **did** [díd]; 과거분사 **done** [dʌ́n]; 현재분사 **doing**) 타 **1** …을 하다, 행하다: What are you *doing* now? 지금 무엇을 하고 있니?/ I have nothing to *do*. 나는 아무것도 할 일이 없다/ What can I *do* for you? 〔점원이 손님에게〕 어서 오십시오, 무엇을 도와 드릴까요?
2 (직업으로서) 종사하다: What does he *do* for a living? 그의 직업은 무엇입니까?
3 (이익·손해 등을) 주다, 입히다: The medicine will *do* you good. 그 약을 먹으면 나을 겁니다
4 (부탁 등을) 들어주다: Will you *do* me a favor? 부탁 하나 들어주시겠습니까?
5 (극을) 상연하다; (배우가) …의 역을 하다
6 (접시 등을) 닦다; (머리를) 손질하다: *do* the dishes 접시를 닦다
7 (문제·계산을) 풀다(solve); (학과를) 공부〔전공〕하다: *do* a puzzle 퍼즐을 풀다
8 (고기 등을) 요리하다: *do* a salad 샐러드를 만들다
9 …에 충분하다: That will *do* me well. 그만하면 되겠습니다
10 《구어》…을 구경〔참관〕하다: Have you *done* the Tower of London yet? 런던 탑 구경을 벌써 하셨습니까?
11 〔**have done, be done**의 형태로〕 해버리다: The work *is done*. 그 일은 끝났다
——자 **1** 행동하다: *Do* as I tell you. 내가 말하는 대로 해라/ *Do* in Rome as the Romans *do*. 《속담》 로마에서는 로마인처럼 행동하라
2 〔**well, badly** 등과 함께〕 (일이) 되어가다: His business is *doing* well. 그의 사업은 잘 되어 간다
3 〔보통 **will, won't**와 함께〕 족하다, 충분하다: That *will do*. 그것이면 돼
4 〔대동사로서; 동일한 동사(구)의 반복을 피하여〕: I speak French as well as he *does* (= speaks French). 그만큼 나도 프랑스어를 할 수 있다

do away with ... (1) …을 없애다(remove): We should *do away with* a bad custom. 우리는 나쁜 관습을 없애야 한다
(2) (사람 등을) 죽이다

do with ... 〔의문문에서 what를 목적어

로 하여) (어떻게) …을 처리하다: *What did you do with my book?* 내 책을 어떻게 했니?

do without ... **…없이 지내다**: I cannot *do without* an overcoat. 나는 외투없이는 지낼 수 없다

have A to do with B B와 A의 관계가 있다 (A에는 something, anything, nothing, little, much 등이 온다): *This has nothing to do with you.* 이것은 너와 상관없는 일이다

How are you doing? 잘 지내니? (친한 사이의 인사)

How do you do? **안녕하십니까?**, 처음 뵙겠습니다

──조 **1** [의문문에서] …하는가?: *Do you hear me?* 내 말이 들립니까?/ *When does he leave?* 그는 언제 떠나지?

2 [부정문에서] …하지 않다: *He doesn't eat meat.* 그는 고기를 먹지 않는다/ *Don't be afraid.* 겁내지 마라

3 [뒤에 오는 동사의 의미를 강조하여] 정말로 (…하다), 꼭 (do를 강하게 발음함): *I do want to go, but I'm too busy.* 정말 가고 싶지만 너무 바쁘다/ *Do come again.* 부디 또 오십시오

dock [dák 닥] 명 (복수 **docks** [-s]) **1** 《미》 부두, 선창 **2** 독, 선거(船渠); [보통 복수형으로] 조선소

dock·ing [dákiŋ 다킹] 명 (우주선의 대기권 밖에서의) 결합, 도킹

dock·yard [dákjɑ̀ːrd 닥야-r드] 명 조선소

doc·tor [dáktər 닥터r] 명 (복수 **doctors** [-z]) **1** 의사: call *a doctor* 의사를 부르다/ You should see *a doctor*. 의사의 진찰을 받도록 해라 **2** 박사 (경칭으로 인명 앞에 Dr.로 씀): *Dr*. Johnson 존슨 박사

doc·trine [dáktrin 닥츄륀] 명 (복수 **doctrines** [-z]) **1** (종교의) 교리 **2** (정책상의) 주의

doc·u·ment [dákjumənt 다큐먼트] 명 (복수 **documents** [-ts]) (증거·기록이 되는) 문서, 서류, 기록: an official *document* 공문서

doc·u·men·ta·ry [dàkjuméntəri 다큐멘터리] 형 **1** 문서의, 서류의 **2** 【영화】사실을 기록한
──명 (복수 **documentaries** [-z]) 기록 영화, (영화·텔레비전 등의) 기록물, 다큐멘터리

doe [dóu 도우] 명 [동물] 암사슴

does [dÁz 다즈] 동 do(하다)의 3인칭 단수 현재형

does·n't [dÁznt 다Z은트] does not의 단축형

dog [dɔ́ːg 다-그] 명 (복수 **dogs** [-z]) 개; 수캐 (「암캐」는 bitch, 「강아지」는 puppy): *A dog is a faithful animal.* 개는 충직한 동물이다/ *Every dog has his day.* 《속담》 쥐구멍에도 볕 들 날이 있다

dog

dog·gy [dɔ́ːgi 다-기] 명 《유아어》 강아지 (doggie로도 쓴다)

doggy bag [dɔ́ːgi bæ̀g 다-기 배그] 명 먹다 남은 음식을 넣어 가지고 가는 봉지: *Can I have a doggy bag*, please? 남은 음식을 싸 주시겠습니까?

dog·house [dɔ́ːghàus 다-그하우쓰] 명 《미》 개집

do·ing [dúːiŋ 두-잉] 명 (복수 **doings** [-z]) **1** 하기 **2** [복수형으로] 행동, 행위

do-it-your·self [dúː-it-juərsélf 두-잇유어r쎌f으] 형 (수리·조립 등을) 스스로[손수] 하는

──명 (수리 등을) 손수 하기 (📖 약어는 D.I.Y.)

doll [dάl 다얼] 명 (복수 **dolls** [-z]) 인형

dol·lar [dάlər 달러r] 명 (복수 **dollars** [-z]) 달러 《미국·캐나다·호주 등의 화폐 단위; 기호 $, $; = 100 cents》

dol·phin [dάlfin 다일F인] 명 (복수 **dolphins** [-z]) 【동물】 돌고래

dolphins

-dom 《접미사》 **1** 〔…으로서의 지위; …권; …계〕의 뜻: king*dom* 왕국
2 〔추상적 관념〕: free*dom* 자유

do·main [douméin 도우메인] 명 **1** 영토, 영지 **2** (학문·활동 등의) 범위

dome [dóum 도움] 명 【건축】 둥근 천장 〔지붕〕, 돔

do·mes·tic [douméstik 도우메스틱] 형 **1** 가정의, 가사의; 가정적인: *domestic* affairs 가사 / *domestic* industry 가내 공업

dome

2 국내의(반 foreign 외국의); 국산의: *domestic* news 국내 뉴스 / *domestic* production 국산품
3 (동물이) 길든, 집에서 기르는(반 wild 야생의): There are lots of *domestic* animals on the farm. 그 농장에는 가축이 많다

dom·i·nant [dάmənənt 다머넌트] 형 지배적인, 권력을 장악한

dom·i·nate [dάmənèit 다머네잇] 동 (현재분사 **dominating**) 타 …을 지배하다

dom·i·no [dάmənòu 다머노우] 명 (복수 **dominoes** [-z]) **1** 〔복수형으로; 단수 취급〕 도미노 놀이 **2** 하나가 쓰러지면 연달아 쓰러지는 것

Don [dάn 단] 명 …님, 씨 《스페인 경칭》: *Don* Quixote 돈키호테

do·nate [dóuneit 도우네잇] 동 (현재분사 **donating**) 타 …을 기부하다

do·na·tion [dounéiʃən 도우네이션] 명 기부

done [dʌ́n 단] 동 do(하다)의 과거분사형
──형 〔보통 복합어를 이루어〕 (음식이) 익은, 구워진: This meat is well-*done*. 이 고기는 잘 구워졌다

don·key [dάŋki 당키] 명 (복수 **donkeys** [-z]) **1** 【동물】 당나귀 **2** 《구어》 바보, 얼간이 **3** 미국 민주당의 상징 (📖 공화당의 상징은 elephant)

donkey

don't [dóunt 도운트] do not의 단축형

doom [dú:m 두ː음] 명 **1** (보통 나쁜) 운명, 파멸(ruin) **2** (신이 내리는) 최후의 심판
──동 (3단현 **dooms** [-z]; 과거·과거분사 **doomed** [-d]; 현재분사 **dooming**) 타 (보통 나쁘게) 운명짓다 《to》: The plan was *doomed to* fail. 그 계획은 실패하게 돼 있었다

door [dɔ́:r 도ː-r] 명 (복수 **doors** [-z]) **1** 문, 문짝; 현관, 출입구: the front *door* 현관문 / Open〔Shut〕 the *door*. 문 열어라〔닫아라〕 / There is someone at the *door*. 현관에 누가 (와) 있다

비교 **door**와 **gate**
　door는 건물에 난 문으로 건물 내부와 외부를 연결하거나 방과 그 외부를 연결한다. **gate**는 공항의 출입구나 울타리나 담에 붙어 있는 문을 가리킨다.

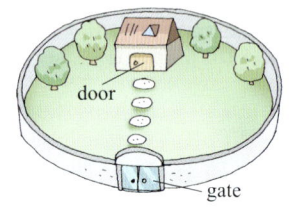

2 (한 채의) 집: Her house is a few *doors* away. 그녀의 집은 몇 집 건너서 있다
from door to door 집집마다
in doors 옥내에서, 집 안에서
next door to …의 옆집에: They live *next door to* us. 그들은 우리 옆집에 살고 있다
out of doors 옥외에서, 집 밖에서: You should play *out of doors*. 밖에 나가 놀아라

door·bell [dɔ́ːrbèl 도-r베엘] 명 대문의 벨[초인종]

door·keep·er [dɔ́ːrkìːpər 도-r키-퍼r] 명 문지기, 수위

door·knob [dɔ́ːrnɑ̀b 도-r나ㅂ] 명 (문의) 손잡이

door·man [dɔ́ːrmæ̀n 도-r맨] 명 (호텔 등의) 문 열어 주는 사람

door·mat [dɔ́ːrmæ̀t 도-r맷] 명 (현관의) 매트

door·way [dɔ́ːrwèi 도-r웨이] 명 현관, 출입구

dor·mant [dɔ́ːrmənt 도-r먼ㅌ] 형 잠자는; 활동을 멈추고 있는: a *dormant* volcano 휴화산

dor·mi·to·ry [dɔ́ːrmətɔ̀ːri 도-r머토-뤼] 명 (복수 **dormitories** [-z]) (대학 등의) 기숙사

dormitory

dose [dóus 도우ㅆ] 명 (약의) 1회분, 1회 복용량

dot [dát 닷] 명 (복수 **dots** [-ts]) **1** (i나 j 같은 작고 둥근) 점 **2** 점같이 작은 것 **3** 꼬마 **4** (모르스 신호의) 도트 ((·))(반 dash 대시)
　——동 (3단현 **dots** [-ts]; 과거·과거분사 **dotted** [-id]; 현재분사 **dotting**) 타 **1** …에 점을 찍다
2 점점이 산재시키다: The field was *dotted* with sheep. 들판에 양이 여기저기 흩어져 있었다

＊**dou·ble** [dʌ́bl 다브얼] 형 **1** (수량이) **두 배의**, 갑절의: do *double* work 갑절의 일을 하다/ at *double* the speed 2배의 속도로／ His age is *double* her age. 그의 나이는 그녀의 2배다
2 이중의: a *double* window 이중 창
3 (방·침대 등) **2인용의**(반 single 1인용의): a *double* bed 2인용 침대
　——부 두 배로: He paid *double*. 그는 2배의 금액을 냈다
　——명 (복수 **doubles** [-z]) **1 두 배**(의 수·양), 갑절 **2** [복수형으로] (테니스 등의) 복식 경기(반 single 단식) **3** 【야구】 2루타
　——동 (3단현 **doubles** [-z]; 과거·과거분사 **doubled** [-d]; 현재분사 **doubling**) 타 **1** …**을 두 배로 하다**: I will *double* your salary. 너의 봉급을 두 배로 올려주겠다
2 …을 겹치다, (둘로) 접다
3 1인 2역을 하다

―자 두 배가 되다

dou·ble-deck·er [dʌ́bl-dékər 다브을데커r] 명 2층 버스(전차)

doubledecker

dou·ble·head·er [dʌ́blhédər 다브을헤더r] 명 《미》 【야구】 더블헤더 (두 팀이 하루 두 번 하는 시합)

double play [dʌ́bl pléi] 명 【야구】 병살, 더블 플레이

*__doubt__ [dáut 다웃] 〔🅱 b는 묵음〕 통 (3단현 doubts [-ts]; 과거·과거분사 doubted [-id]; 현재분사 doubting) 타 …을 의심하다: I *doubt* his word. 나는 그의 말을 의심한다/ I *doubt whether* [*if*] he was there. 그가 그곳에 있었는지 어떤지 의심스럽다/ I don't *doubt that* you are innocent. 당신이 무죄라는 것을 의심치 않는다

―명 (복수 **doubts** [-ts]) 의심, 불신 (반 belief 믿음): I have no *doubt* about your promise. 나는 너의 약속을 믿어 의심치 않는다

in doubt 의심하여, 불확실하여: The result is *in doubt*. 결과는 불확실하다

no [*without*] *doubt* 틀림없이(certainly), 확실히: *No doubt* he will come. (= He will come *without doubt*.) 그는 틀림없이 온다

doubt·ful [dáutfəl 다웃F어을] 형 (비교급 **more doubtful**; 최상급 **most doubtful**) 의심스러운, 불확실한: It is *doubtful whether* she will come or not. 그녀가 올지 어쩔지는 모른다/ I am *doubtful of* his success. 나는 그가 (꼭) 성공한다고는 확신할 수 없다

doubt·less [dáutlis 다웃리쓰] 부 의심할 여지없이, 확실히, 꼭: I shall *doubtless* see you tomorrow. 내일 꼭 만나뵐 수 있겠지요

dough [dóu 도우] 〔🅱 gh는 묵음〕 명 밀가루 반죽

dough·nut [dóunət 도우넛] 〔🅱 gh는 묵음〕 명 (복수 **doughnuts** [-ts]) 도넛

doughnuts

【밀가루 반죽(dough)을 너트(nut) 모양으로 만들어서】

dove [dʌ́v 다v으] 명 **1** 【동물】 비둘기 (🅱 평화·순결의 상징인 흰색 비둘기) **2** 비둘기파(의 사람), 온건 평화주의자(반 hawk 매파, 강경론자)

Do·ver [dóuvər 도우V어r] 명 도버 (영국 동남부의 항구 도시): the Strait(s) of *Dover* 도버 해협

dove 1

***__down__**¹ [dáun 다운] 부 **1** 〔동작의 방향을 나타내어〕 아래로, 낮은 쪽으로(반 up 위로): jump *down* 뛰어 내리다/ sink *down* 가라앉다/ Put your pen *down*. 펜을 놓으세요

2 〔위치·상태를 나타내어〕 **내려져**: The picture is *down* on the left side. 그림이 좌측으로 쳐져 있다/ All the blinds were *down*. 블라인드는 전부 내려져 있었다

3 (중심점·화자(話者)가 있는 데서) 떨어져; (도시에서) 시골로; (북쪽에서) 남쪽으로〔에〕: They went *down* to the country. 그들은 시골로 갔다/ We drove *down* from New York to Florida. 우리는 뉴욕에서 플로리다까지 남하했다

4 (값·기온·지위 등이) **내려가**: The price of vegetables has come *down*. 채소 가격이 내렸다

5 (음량·정도가) **작아져**; (기세·건강 등이) 약해져; (속도가) 떨어져: Turn *down* the radio. 라디오 소리를 줄여라/ The waves calmed *down*. 파도가 잔잔해졌다/ Slow *down* the car. 차의 속도를 줄여라

6 (후대로) 내려가, (초기부터) 줄곧: from Middle Ages *down* to the present 중세 시대부터 현재까지

──[전] **1** 〔동작의 방향을 나타내어〕 **내려가**, …의 아래로(반 up …의 위로): come *down* a hill 언덕을 내려오다/ He fell *down* the stairs. 그는 계단에서 굴러 떨어졌다

2 〔위치를 나타내어〕 …의 아래에, 하류에: He lives *down* the river. 그는 강 하류에 살고 있다

──[형] **1 아래로의**(반 up 위로의): a *down* slope 내리받이 비탈

2 (열차 등이) 하행의: a *down* train 하행 열차

down[^2] [dáun 다운] [명] (새의) 솜털, 솜털깃

down·load [dáunlòud 다운로우드] [명] 다운로드 (주 컴퓨터에서 데이터나 소프트웨어를 복사하기)

──[타] (데이터를) 다운로드하다, (자료를) 내려받다

[참고] 흔히 인터넷에서 데이터를 내려 받을 때 down 받았다고 하는데 이것은 틀린 영어 표현으로 download 라고 해야 한다.

*****down·stairs** [dáunstéərz 다운스테어rz으] [부] **아래층으로〔에〕**(반 upstairs 위층으로): go *downstairs* 아래층으로 내려가다

downstairs　　upstairs

──[형] 아래층의: a *downstairs* room 아래층 방

down·town [dáuntáun 다운타운] [명] 도심지, 상업 지구(반 uptown 주택 지구)

──[형] 도심지〔상업 지구〕의

──[부] 도심지〔상업 지구〕에서〔로〕: go *downtown* 시내로 가다

down·ward [dáunwərd 다운워r드] [형] 아래쪽으로의, 아래를 향한: a *downward* slope 내리막 언덕

──[부] **1** 아래쪽으로(반 upward 위쪽으로): She looked *downward* towards the valley. 그녀는 계곡을 내려다 보았다

2 …이후, …이래: from the 12th century *downward* 12세기 이래

down·wards [dáunwərdz 다운워rz으] [부] = downward

doze [dóuz 도우z으] (현재분사 **dozing**) [자] 선잠을 자다, 꾸벅꾸벅 졸다

──[명] 선잠, 깜박 졸기: fall into a *doze* 깜박 졸다

*****doz·en** [dʌ́zn 다z은] [명] (복수 **dozens** [-z]) (종류가 같은 물건의) **12개, 다스** (✎ 약어는 doz., dz.): a *dozen* (of) eggs 1 다스의 계란/ two〔several〕 *dozen* pencils 2〔몇〕 다스의 연필 (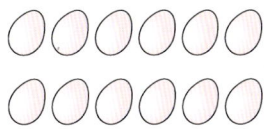 앞에 복수를 나타내는 수사가 와도 dozen에는 -s를 붙이지 않음)

a dozen eggs

by the dozen 다스 단위로: Pencils are sold *by the dozen*. 연필은 다스 단위로 판다

dozens of 다수의, 수십의: *dozens of* people〔times〕 수십 명〔번〕

dr. [dɑ́ktər 닥터*r*]《약어》Doctor 박사: *Dr.* Johnson 존슨 박사

draft,《영》**draught** [drǽft 쥬뢔F으트] 명 (복수 **drafts** [-ts]) **1 도안**, 설계도: a *draft* of a machine 기계의 설계도
2 초안, 초고, 밑그림: He made a *draft* of his speech. 그는 연설의 초안을 잡았다
3 틈새기 바람, 외풍; 통풍 장치
4《미》징집, 징병; (프로 스포츠의) 신인 선수 선택 제도
5 한 모금(의 양)
6 어음 발행, 환어음, 수표
—— 타 **1** 초안을 작성하다 **2** …을 징집하다

drag [drǽg 쥬뢔그] 동 (3단현 **drags** [-z]; 과거·과거분사 **dragged** [-d]; 현재분사 **dragging**) 타 (무거운 것을) **끌다**, 질질 끌고 가다: *drag* a big log out of a forest 큰 통나무를 숲에서 끌어내다

drag·on [drǽgən 쥬뢔건] 명 (복수 **dragons** [-z]) 용(龍)

참고> 용(dragon)
　동양의 용은 뱀과 비슷한 모양으로 신성한 동물로 여기나, 서양의 용은 거대한 날개가 있는 도마뱀이나 익룡과 비슷하며 퇴치해야 할 괴물로 인식한다.

drag·on·fly [drǽgənflài 쥬뢔건F을라이] 명 (복수 **dragonflies** [-z])【곤충】잠자리

dragonfly

drain [dréin 쥬뤠인] 동 (3단현 **drains** [-z]; 과거·과거분사 **drained** [-d]; 현재분사 **draining**) 타 **배수하다**, 물을 빼다; (잔을) 비우다: We *drained* the pool. 우리는 수영장의 물을 뺐다
—— 자 (물이) 빠지다
—— 명 배수로, 배수관

drake [dréik 쥬뤠익] 명 수오리(반 duck 암오리)

dra·ma [drɑ́ːmə 쥬롸-마] 명 (복수 **dramas** [-z]) **1 희곡**, 각본: He wrote a very good *drama*. 그는 매우 좋은 희곡을 썼다
2 극, 연극(play)
3 극적인 사건

참고> 영어에서 drama는 텔레비전 연속극이라기보다 연극의 「희곡」을 나타내는 말이다. 연속극은 soap opera라고 한다.

dra·mat·ic [drəmǽtik 쥬류-매틱 → 쥬류-매릭] 형 **1** 연극의 **2** 극적인

dram·a·tist [drǽmətist 쥬뢔머티스트] 명 극작가

drank [drǽŋk 쥬뢩크] 동 drink(마시다)의 과거형

dras·tic [drǽstik 쥬래스틱] 형 격렬한, 철저한, 과감한: take *drastic* measures 과감한 수단을 쓰다

draught [drǽft 쥬래ᶠ으트] 명 《영》= draft

draw [drɔ́ː 쥬롸-] 동 (3단현 **draws** [-z]; 과거 **drew** [drúː]; 과거분사 **drawn** [drɔ́ːn]; 현재분사 **draw-ing**) 타 1 …을 끌다, 당기다: *draw* a cart 짐마차를 끌다 / She *drew* the curtain. 그녀는 커튼을 쳤다[젖혔다]

draw 1

2 (물건을) **뽑다**, 잡아 빼다: *draw* a nail 못을 빼다/ *draw* a sword 칼을 뽑다

3 (물 등을) 길어 올리다: *draw* water *from* a well 우물에서 물을 긷다

4 (결론 등을) 내다; (돈을) 찾다: *draw* a conclusion 결론을 내다/ *draw* money *from* a bank 은행에서 돈을 찾다

5 (선을) **긋다**, (연필·펜·크레용 등으로 그림을) 그리다: *draw* a line 선을 긋다/ He is *drawing* a picture. 그는 그림을 (펜 등으로) 그리고 있다

비교 draw, paint, write

draw는 연필이나 펜을 이용하여 그림이나 지도 등을 그리다. **paint**는 물감이나 페인트를 이용하여 그림을 그리다. **write**는 글씨나 글을 쓰다.

draw   paint   write

---

6 (흥미·주의 등을) 끌다: That picture *drew* my attention. 그 그림이 나의 시선을 끌었다

7 (문서를) 작성하다; (어음 등을) 발행하다: *draw* a bill of exchange 환어음을 발행하다

8 (숨을) 들이쉬다: *draw* a deep breath 깊이 숨을 들이마시다

—자 1 **끌다**, 끌어당기다(pull)

2 **다가오다**; (때가) 가까워지다: The summer vacation is *drawing* near. 여름 방학이 다가오고 있다

3 (물이) 빠지다; (파이프 등이) 바람이 통하다: The chimney *draws* well. 그 굴뚝은 연기가 잘 빠진다

4 선을 긋다, 제도하다; (선으로) 그림을 그리다, 스케치하다

5 (승부·시합이) 비기다

draw back (1) …에서 물러서다; (사업 등에서) 손을 떼다: He *drew back* in terror. 그는 무서워서 뒤로 물러났다

(2) (커튼 등을) 열어제치다

(3) …을 되찾다[되돌려 받다]

—명 (복수 **draws** [-z]) 1 끌기

2 (승부 등의) 비김, 무승부: The game ended in a *draw*. 그 경기는 동점으로 끝났다

draw·back [drɔ́ːbæ̀k 쥬롸-백] 명 1 결점, 약점 2 장애, 고장 3 철수, 철회

draw·bridge [drɔ́ːbrìdʒ 쥬롸-브뤼쥐] 명 가동교(可動橋)

draw·er [drɔ́ːr 쥬롸-r] 명 (복수 **drawers** [-z]) 1 **서랍**; [복수형으로] 장롱 2 [drɔ́ːər 쥬롸-어r] 제도사

drawer 1

draw·ing [drɔ́:iŋ 쥬롸-잉] 명 (복수 **drawings** [-z]) **1** (연필・펜 등으로 그린) 그림, 스케치 (🖌 그림물감으로 그린「그림」은 painting) **2** 제도 **3** 빼기, 뽑기

drawing room [drɔ́:iŋ rùːm] 명 **1** 응접실, 객실 (🖌 현재는 living room이 일반적)
【식사 후 손님들이 식당에서 나와(withdraw) 휴식하는 방에서】

drawn [drɔ́:n 쥬롸-안] 동 draw(끌다)의 과거분사형
——형 비긴, 무승부의: a *drawn* game 비긴 경기

dread [dréd 쥬뤠드] 타 자 무서워하다, 두려워하다
——명 불안, 걱정

dread·ful [drédfəl 쥬뤠드F퍼얼] 형 **1** 무서운, 두려운: a *dreadful* storm 무서운 폭풍우
2 《구어》 몹시 불쾌한, 지독한

＊**dream** [dríːm 쥬뤼-임] 명 (복수 **dreams** [-z]) **1** 꿈: I had a strange *dream* last night. 나는 어젯밤 이상한 꿈을 꾸었다 / Sweet *dream*! 잘 자거라 (🖌 주로 부모가 자녀에게)
2 (마음에 그리는) 꿈, 희망: His *dream* came true. 그의 꿈이 실현되었다
——동 (3단현 **dreams** [-z]; 과거・과거분사 **dreamed** [-d], **dreamt** [drémt]; 현재분사 **dreaming**) 타 **1** …을 꿈꾸다: He always *dreams* that he will be a statesman. 그는 언제나 정치가가 되겠다고 꿈꾸고 있다
2 〔동족 목적어와 함께〕…한 꿈을 꾸다: *dream* a dreadful dream 무서운 꿈을 꾸다
——자 **1** 꿈을 꾸다, 꿈에 보다 《of》: *dream of* home 고향 꿈을 꾸다
2 〔부정문에서〕…을 상상하다 《of》: I never *dreamed of* it. 그것은 꿈에도 생각지 못했다

dream·er [dríːmər 쥬뤼-머r] 명 꿈꾸는 사람, 공상가

dream·land [dríːmlænd 쥬뤼-임랜드] 명 꿈나라, 이상향

dreamt [dríːmt 쥬뤼-임트] 동 dream (꿈꾸다)의 과거・과거분사형의 하나

dream·y [dríːmi 쥬뤼-미] 형 (비교급 **dreamier**; 최상급 **dreamiest**) 꿈같은; 비현실적인

drear·y [dríəri 쥬뤼어뤼] 형 (비교급 **drearier**; 최상급 **dreariest**) **1** (풍경 등이) 황량한; 쓸쓸한, 우울한: a *dreary* day 우울한 날
2 (이야기 등이) 지루한

drench [drént∫ 쥬뤤취] 동 (3단현 **drenches** [-iz]; 과거・과거분사 **drenched** [-t]; 현재분사 **drenching**) 타 …을 흠뻑 물에 적시다: I was *drenched* (to the skin) *with* the rain. 나는 비에 흠뻑 젖었다
【고대 영어 drink(마시다)에서】

＊**dress** [drés 쥬뤠쓰] 명 (복수 **dresses** [-iz]) **1** 옷, 의복, 복장(clothing): She is careless about her *dress*. 그녀는 복장에 무관심하다
2 (여성용) 드레스, 아동복 (🖌「신사복」은 보통 suit): She has a lot of *dresses*. 그녀는 드레스가 많다
3 정장: No *dress*. 정장이 아니라도 무방합니다 《초대장에 쓰는 글귀》
——동 (3단현 **dresses** [-iz]; 과거・과거분사 **dressed** [-t]; 현재분사 **dressing**) 타 **1** 옷을 입히다: *dress* a baby 아기에게 옷을 입히다 / She is often *dressed* in red. 그녀는 가끔 빨간 옷을 입는다
2 (머리를) 손질하다: She *dresses* her hair in the morning. 그녀는 아침에 머리를 손질한다
3 꾸미다, 장식하다: We *dressed* the Christmas tree. 우리는 크리스마스트리에 장식을 했다
4 (상처를) 치료하다, (붕대 등으로) 감다
5 (음식을) 요리하다: *dress* a salad 샐러드에 양념하다

—자 옷을 입다: She always *dresses* in white. 그녀는 언제나 흰옷을 입고 있다

dress up 정장하다, 잘 차려 입다: Why are you all *dressed up*? 너는 왜 그렇게 차려 입었어?

dress·er [drésər 쥬뤠써r] 명 **1** (극장의) 의상 담당자; (쇼윈도) 장식가
2 복장이 …한 사람: a smart *dresser* 멋있는 옷을 입은 사람
3 식기(食器) 찬장
4 《미》 거울 달린 옷장, 화장대

dress·ing [drésiŋ 쥬뤠씽] 명 **1** 몸단장; 의복, 의상 **2** 【요리】 드레싱, 소스 **3** (상처의) 치료; 붕대 **4** 마무리, 끝손질

dress·mak·er [drésmèikər 쥬뤠쓰메이커r] 명 (여성복의) 양재사 (반) tailor (남성복의) 재단사)

drew [drú: 쥬루-] 동 draw(끌다)의 과거형

drib·ble [dríbl 쥬뤼브얼] 동 (현재분사 **dribbling**) 자 **1** (액체가) 똑똑 떨어지다 **2** (공을) 드리블하다
—명 **1** 물방울 **2** 【구기】 드리블

dried [dráid 쥬롸이드] 동 dry(마르다)의 과거·과거분사형
—형 건조한, 분말로 만든: *dried* milk 분유

dri·er [dráiər 쥬롸이어r] 형 dry(마른)의 비교급
—명 건조기, 드라이어

drift [dríft 쥬뤼F으트] 동 (3단현 **drifts** [-ts]; 과거·과거분사 **drifted** [-id]; 현재분사 **drifting**) 자 표류하다, 떠돌다: The boat *drifted* in the sea *for* three days. 보트는 바다를 3일간 표류했다
—명 (복수 **drifts** [-ts]) **1** 표류 **2** 경향, 동향, 흐름

drill [dríl 쥬뤼얼] 명 (복수 **drills** [-z]) **1** 송곳, 드릴
2 훈련, 연습: a *drill* in English 영어 연습
—자 타 **1** (드릴로) 구멍을 뚫다 **2** 연습을 하다(시키다)

***drink [dríŋk 쥬륑ㅋ] 동 (3단현 **drinks** [-s]; 과거 **drank** [drǽŋk]; 과거분사 **drunk** [dráŋk]; 현재분사 **drinking**) 타 (물·술 등을) 마시다: *drink* a glass of milk 우유 한 잔을 마시다/ Give me something to *drink*. 뭔가 마실 것 좀 주세요

sip 조금씩 마시다   suck 빨아먹다

gulp 꿀꺽 마시다   swallow 삼키다

—자 **1** 음료를[술을] 마시다: eat and *drink* 먹고 마시다
2 건배하다, 축배를 들다 **(to)**: Let's *drink to* his success[health]. 그의 성공[건강]을 위해 건배합시다
—명 (복수 **drinks** [-s]) **1** 마실 것, 음료; 술, 주류: food and *drink* 음식물
2 (마실 것의) 한 모금[잔]

회화
A: May I have a *drink* of water?
물 한 잔 좀 주시겠습니까?
B: Sure.
그러세요

drink·er [dríŋkər 쥬륑커r] 명 마시는 사람; 술꾼: a hard[heavy] *drinker* 술고래

drink·ing [dríŋkiŋ 쥬륑킹] 명 마심; 음주

drip [dríp 쥬륍] 동 (3단현 **drips** [-s]; 과거·과거분사 **dripped** [-t]; 현재분사 **dripping**) 자 (액체가) 똑똑 떨어지다: The rain was *dripping* from the eaves. 빗방울이 처마에서 똑똑 떨어지고 있었다
—명 똑똑 떨어지기
【drop(떨어지다)과 관련】

drive [dráiv 쥬롸이vㅇ] 통 (3단현 **drives** [-z]; 과거 **drove** [dróuv]; 과거분사 **driven** [drívən]; 현재분사 **driving**) 타 **1** (차 등을) **몰다, 운전하다**; (사람을 차로) 태워 가다: Can you *drive* a car? 자동차를 운전할 수 있습니까?/ I'll *drive* you to the station. 역까지 차로 태워 줄게

> 비교 **drive**와 **ride**
> **drive**는 탈것에 타고 운전하다.
> **ride**는 자전거·말 등을 타다.

drive   ride

2 쫓다, 몰다: *drive* a dog away 개를 쫓아버리다/ The cowboys *drove* the cattle *to* the pasture. 카우보이들은 소를 목장으로 몰아갔다

3 …하게 내몰다 《to》: Hunger *drove* him *to* steal. 그는 배가 고파서 도둑질을 했다

4 (못·말뚝 등을) 박다; (지식 등을) 주입하다: *drive* a nail *into* a board 판자에 못을 박다

5 (증기·전기 등이 기계를) 작동시키다: The machine is *driven* by electricity. 그 기계는 전기로 움직인다

——자 차를 몰다, 운전하다; 차를 타고 가다: She *drives* well. 그녀는 운전을 잘한다

——명 (복수 **drives** [-z]) **드라이브**, 차를 몰기, 운전하기: How about a *drive* to the lake? 호수까지 드라이브하는 게 어때?

2 드라이브 길; 《영》 (공원 안·도로와 현관 사이의) 차도 (《미》 driveway)

3 박력, 추진력, 정력(energy); 충동, 본능적 욕구

4 (공의) 강타, 장타, 드라이브

drive-in [dráiv-ìn 쥬롸이V인] 명 《미》 드라이브인 (차에 탄 채 이용할 수 있는 영화관·은행·간이 식당 등)
——형 드라이브인 식의: a *drive-in* theater 드라이브인 극장

driv·en [drívən 쥬뤼V언] 통 drive(운전하다)의 과거분사형

driv·er [dráivər 쥬롸이V어r] 명 (복수 **drivers** [-z]) **기사**, 운전사

driver's license [dráivərs làisəns] 명 《미》 운전면허증 (《영》 driving licence)

drive·way [dráivwèi 쥬롸이vㅇ웨이] 명 **1** 《미》 (집 차고에서 집 앞 도로까지의) 차도 (《영》 drive) **2** 자동차 길

driv·ing [dráiviŋ 쥬롸이V잉] 명 운전
——형 추진하는, 움직이게 하는: *driving* force 추진력

driving licence [dráiviŋ làisəns] 명 《영》 = driver's license

driz·zle [drízl 쥬뤼Zㅇ을] 명 이슬비, 가랑비

drop [dráp 쥬롭] 통 (3단현 **drops** [-s]; 과거·과거분사 **dropped** [-t]; 현재분사 **dropping**) 타 **1** …을 **떨어뜨리다**; (액체를) 흘리다: She *dropped* her book. 그녀는 책을 떨어뜨렸다/

drop 1

She dropped tears. 그녀는 눈물을 흘렸다

2 (짧은 편지를) 써보내다 (《우체통에 떨어뜨린다는 뜻에서》): *Drop* me a line. 몇 자 적어 보내주시오

3 《구어》 (차 등에서 승객·짐을) 내려놓다: *Drop* me *at* the next corner. 다음 모퉁이에서 내려 주세요

4 (기세·가격 등을) 떨어뜨리다; (목소리를) 낮추다: He *dropped* his speed. 그는 속도를 떨어뜨렸다/ *Drop* your voice. 목소리를 낮추어라

5 (글자·음 등을) 빼다
6 (습관 등을) 버리다, 그만두다: *drop a bad habit* 나쁜 습관을 버리다
7 《미》(사람을) 제명〔해고〕하다
── 자 **1** 떨어지다; (액체가) 내리다: A vase *dropped* off the table. 테이블에서 꽃병이 떨어졌다
2 (사람이 갑자기) 쓰러지다: He *dropped* to the floor. 그는 마루에 푹 쓰러졌다
3 (바람이) 자다; (가격 등이) 내리다; (소리가) 약해지다: The price of meat will *drop*. 고기 값은 내릴 것이다
── 명 (복수 **drops** [-s]) **1** (액체의) 방울: a *drop* of rain 한 방울의 비
2 낙하; (가격·주식 등의) 하락: a *drop* in price 가격의 하락
3 눈깔사탕, 드롭스

drop behind 뒤떨어지다: He *dropped behind* them. 그는 그들로부터 뒤떨어졌다

drop in 《구어》잠깐 들르다: He often *drops in* on me〔at my house〕. 그는 자주 내게〔우리 집에〕 들른다 (참「사람」에는 on, 「장소」에는 at를 씀)

drop out of (학교 등을) 그만두다: He *dropped out of* school. 그는 학교를 중퇴했다

drought [dráut 쥬라웃] 〔참 gh는 묵음〕 명 가뭄, 한발

drove [dróuv 쥬로우v으] 동 drive(운전하다)의 과거형

***drown** [dráun 쥬라운] 동 (3단현 **drowns** [-z]; 과거·과거분사 **drowned** [-d]; 현재분사 **drowning**) 타 …을 물에 빠뜨리다; 〔수동태 **be drowned**의 형태로〕 물에 빠져 죽다: Two boys *were drowned* in the river. 소년 두 명이 물에 빠져 죽었다
── 자 물에 빠지다, 익사하다: A *drowning* man will catch *at* a straw. 《속담》물에 빠진 사람은 지푸라기라도 붙잡는다

drow·sy [dráuzi 쥬라우Z이] 형 (비교급 **drowsier**; 최상급 **drowsiest**) 졸리는, 꾸벅꾸벅 조는

***drug** [drʌ́g 쥬라그] 명 (복수 **drugs** [-z])
1 약, 약제: a sleeping *drug* 수면제
2 마약, 마취제

> 비교 medicine과 drug
> **medicine**은 병의 치료·예방을 위한 약. **drug**는 건강에 도움이 되는 약뿐 아니라 독극물도 포함한다.

drug·gist [drʌ́gist 쥬라기스트] 명 《미》 약제사 (참《영》chemist)

drug·store [drʌ́gstɔ̀ːr 쥬라그스토-r] 명 《미》약국 《미국의 약국에서는 약 이외에 담배나 잡지 등도 팔며, 차를 마시거나 간단한 식사도 할 수 있다》

***drum** [drʌ́m 쥬럼] 명 (복수 **drums** [-z]) 북, 드럼: beat a *drum* 북을 치다

drum

── 동 (3단현 **drums** [-z]; 과거·과거분사 **drummed** [-d]; 현재분사 **drumming**) 자 북을 치다, 둥둥 두드리다: *drum at* the door 문을 탕탕 치다

drum·mer [drʌ́mər 쥬라머r] 명 고수 (鼓手)

drunk [drʌ́ŋk 쥬렁크] 동 drink(마시다)의 과거분사형
── 형 〔참 명사 앞에는 쓰지 않음〕 (술에) 취한: He was *drunk*. 그는 취했다

drunk·ard [drʌ́ŋkərd 쥬렁커r드] 명 술주정뱅이

drunk·en [drʌ́ŋkən 쥬렁컨] 형 〔참 명사 앞에만 쓰여〕 (술에) 취한; 술김의, 취중의: a *drunken* driving 음주 운전

dry [drái 쥬라이] 형 (비교급 **drier**; 최상급 **driest**) **1 마른**, 건조한(반 wet 젖은): a *dry* towel 마른 타월/ The paint is not *dry* yet. 페인트가 아직 마르지 않았다

dry   wet

2 가문, 비가 안 오는(반 rainy 비가 오는): a *dry* season 건조한 계절
3 지루한, 재미없는; 냉담한: a *dry* book〔lecture〕지루한 책〔강의〕/ a *dry* manner 냉담한 태도
4 (술 등이) 닷맛이 없는, 쌉쌀한
—— 동 (3단현 **dries** [-z]; 과거·과거분사 **dried** [-d]; 현재분사 **drying**) 타 **1 …을 말리다**, 건조시키다: *dry* grass 목초를 말리다
2 닦다, 훔치다: *dry* one's hands *on* a towel 타월로 손을 닦다
—— 자 마르다: The pond has *dried up*. 연못은 바짝 말랐다

dry cleaning [drái klí:niŋ] 명 드라이 클리닝(한 세탁물)
dry·er [dráiər 쥬라이어r] 명 = drier
dry goods [drái gùdz] 명 **1** 《미》 직물류 **2** 《영》 곡류
du·al [djú:əl 듀-얼] 〔◎ duel(결투)와 발음이 같음〕 형 **1** 둘의 **2** 두 부분으로 이루어진, 이중의
【라틴어 「2의」 뜻에서】
dub [dʌ́b 더브] 동 (3단현 **dubs** [-z]; 과거·과거분사 **dubbed** [-d]; 현재분사 **dubbing**) 타 **1** (필름에) 새로 녹음하다〔음향 효과를 넣다〕 **2** 다른 나라 말로 재녹음하다
du·bi·ous [djú:biəs 듀-비어쓰] 형 수상 쩍은
Dub·lin [dʌ́blin 다블린] 명 더블린 《아일랜드 공화국의 수도》

duch·ess [dʌ́tʃis 다취이쓰] 명 **1** 공작(duke) 부인 **2** 여공작(女公爵)
duck [dʌ́k 닥] 명 (복수 **ducks** [-s]) 오리, 집오리; 암오리 《◎ 「수오리」는 drake, 「새끼 오리」는 duckling》

duck

duck·ling [dʌ́kliŋ 다클링] 명 (복수 **ducklings** [-z]) 오리 새끼: The Ugly *Duckling* 미운 오리 새끼 《안데르센의 동화》
due [djú: 듀-] 〔◎ dew(이슬)와 발음이 같음〕 형 **1 만기가 된**, 지급 기일이 된: This bill is *due*. 이 어음은 만기가 되었다
2 도착 예정인: The train is *due* at five. 열차는 5시 도착 예정이다
3 〔**be due to** do의 형태로〕 …하기로 되어 있다: He *is due to* come at noon. 그는 정오에 오기로 되어 있다
4 정당한(proper), 당연한: You will receive a *due* reward. 너는 정당한 보수를 받을 것이다
be due to …탓이다: The accident *was due to* your careless driving. 그 사고는 너의 부주의한 운전 탓이었다
due to …때문에(because of): We arrived late *due to* the snow. 우리는 눈 때문에 늦었다
du·el [djú:əl 듀-얼] 〔◎ dual(둘의)와 발음이 같음〕 명 결투; (양자간의) 싸움
—— 자 결투하다
du·et [djuét 듀엣] 명 【음악】 이중창, 이중주, 듀엣 《◎ 「독창, 솔로」는 solo, 「3중창, 트리오」는 trio》
dug [dʌ́g 다그] 동 dig(파다)의 과거·과

거분사형

dug·out [dʌ́gàut 다그아웃] 명 **1** 참호, 방공(대피)호 **2** 【야구】 더그아웃 《야구장의 선수 대기소》

duke [djuːk 듀-크] 명 **1** 《영》 공작 **2** (유럽의) 공국(公國)의 군주, 공(公)

***dull** [dʌ́l 더얼] 형 (비교급 **duller**; 최상급 **dullest**) **1** (칼 등이) **무딘**, 들지 않는(반 sharp, keen 예리한): a *dull* knife 무딘 칼

dull   sharp, keen

2 둔한, 멍청한(stupid): a *dull* boy 머리가 둔한 아이
3 지루한, 재미없는: a *dull* party 지루한 파티/ The movie was *dull*. 그 영화는 재미없었다
4 (날씨가) 흐린; (색·빛·음색 등이) 분명치 않은(반 vivid 선명한): *dull* weather 흐린 날씨

du·ly [djúːli 듀-을리] 부 **1** 바르게, 정식으로 **2** 충분히 **3** 제시간에

***dumb** [dʌ́m 담] [🔊 b는 묵음] 형 **1** 말 못하는, 벙어리의 (🔊 「귀먹은」은 deaf, 「눈먼」은 blind) **2** 말을 하지 않는 **3** 《구어》 멍청한

dumb·bell [dʌ́mbèl 담베얼] 명 아령

dum·my [dʌ́mi 다미] 명 (복수 **dummies** [-z]) (양복점의) 인체 모형, 마네킹

dump [dʌ́mp 담프] 동 (3단현 **dumps** [-s]; 과거·과거분사 **dumped** [-t]; 현재분사 **dumping**) 타 (차 등에서) …을 부리다, 털썩 떨어뜨리다: The truck *dumped* the coal *on* the sidewalk. 트럭이 석탄을 보도에 쏟아 놓았다

——자 **1** 털썩 떨어지다 **2** 헐값으로 팔다, 투매(덤핑)하다

——명 쓰레기장, 쓰레기 더미

dump truck [dʌ́mp trʌ̀k] 명 《미》 덤프 트럭

dump truck

du·pli·cate [djúːplikət 듀-플리킷] 형 **1** 이중의, 두 배의
2 사본〔복사〕의, 복제의: a *duplicate* key 여벌 열쇠
——명 사본, 복사, 복제

du·ra·ble [djúərəbl 듀어러브을] 형 오래 견디는

du·ra·tion [djuəréi∫ən 듀뤠이션] 명 계속, 지속 (기간)

***dur·ing** [djúəriŋ 듀륑] 전 …동안에, …사이에: I stayed in Paris *during* last summer. 나는 지난 여름 동안 파리에 있었다/ He came *during* my absence. 그는 내가 없을 때에 왔다

dusk [dʌ́sk 다스크] 명 어스름, 땅거미(반 dawn 새벽): at *dusk* 해질 무렵에

***dust** [dʌ́st 다스트] 명 **1 먼지**, 티끌: The table was covered with *dust*. 테이블은 먼지로 덮여 있었다
2 가루, 분말: gold *dust* 사금(砂金)
3 《영》 쓰레기 (🔊 《미》 garbage)
——동 (3단현 **dusts** [-ts]; 과거·과거분사 **dusted** [-id]; 현재분사 **dusting**) 타 …의 먼지를 털다: She *dusts* the furniture every day. 그녀는 매일 가구의 먼지를 턴다

dust·er [dʌ́stər 다스터r] 명 **1** 먼지 터는 사람 **2** 먼지떨이, 총채

dust·pan [dʌ́stpæ̀n 다스트팬] 명 쓰레받기

dust·y [dʌ́sti 다스티] 형 (비교급 **dustier**; 최상급 **dustiest**) 먼지투성이의

Dutch [dʌtʃ 다취] 형 네덜란드의; 네덜란드인(어)의 (⚑ 네덜란드는 Holland, 정식으로는 the Netherlands라 한다)
Dutch courage 《구어》 술김에 부리는 용기
Dutch treat 《구어》 각자 비용 부담의 회식
go Dutch 《구어》 비용을 각자 부담하다: Let's *go Dutch*. 돈은 각자 냅시다 (⚑ Dutch pay라고는 하지 않는다)

> 참고 17-18세기 경 영국과 네덜란드가 해외 식민지를 개척하는 과정에서 서로 라이벌이 되면서 영어에 네덜란드를 깎아 내리는 표현이 많이 등장하였다.

──명 1 [the를 붙여] 네덜란드인《전체》(⚑ 한 사람은 Dutchman) 2 네덜란드어

Dutch·man [dʌ́tʃmən 다취먼] 명 (복수 **Dutchmen** [-mən]) 네덜란드인

***du·ty** [djúːti 듀-티 → 듀-리] 명 (복수 **duties** [-z]) **1** 의무(반 right 권리): We must do our *duty*. 우리는 의무를 다해야 한다

2 [종종 복수형으로] 임무, 직무

3 [복수형으로] 관세: export(import) *duties* 수출(수입)세

off(on) duty 비번(당번)으로, 근무 시간 외(중)에: He is *on duty* now. 그는 지금 근무 중이다

duty-free [djúːti-fríː 듀-티F으뤼- → 듀-리F으뤼-] 형 세금 없는, 면세의: a *duty-free* shop 면세점

DVD [díːvìːdíː 디-V이-디] 《약어》 *d*igital *v*ideo *d*isk 디비디 《동영상·음성을 고품질로 기록·재생하는 디스크》

dwarf [dwɔːrf 드워-rf으] 명 (복수 **dwarfs** [-s]) **1** 난쟁이(반 giant 거인) **2** 보통보다 작은 동물(식물)

dwell [dwél 드웨을] 동 (3단현 **dwells** [-z]; 과거·과거분사 **dwelt** [dwélt], **dwelled** [-d]; 현재분사 **dwelling**) 자 《문어》 살다, 거주하다 (at, in) (⚑ live가 일반적): *dwell at* home 국내에 거주하다

dwell·er [dwélər 드웰러r] 명 거주자, 주민

dwell·ing [dwéliŋ 드웰링] 명 《문어》 거주; 주소

dwelt [dwélt 드웨을트] 동 dwell(살다)의 과거·과거분사형의 하나

dwin·dle [dwíndl 드윈드을] 동 (현재분사 **dwindling**) 자 점점 작아(적어)지다

dye [dái 다이] 명 염료, 물감
──동 (3단현 **dyes** [-z]; 과거·과거분사 **dyed** [-d]; 현재분사 **dyeing**) 타 …을 물들이다, 염색하다: She *dyed* her hair yellow. 그녀는 머리를 노랗게 물들였다

dy·ing [dáiiŋ 다이잉] die¹(죽다)의 현재분사형
──형 죽어 가는, 임종의: a *dying* man 죽어 가는 사람

dy·nam·ic [dainǽmik 다이내믹] 형 **1** 동력의, 동적인(반 static 정적인) **2** 활동적인

dy·na·mite [dáinəmàit 다이너마잇] 명 다이너마이트

dyn·as·ty [dáinəsti 다이너스티] 명 (복수 **dynasties** [-z]) 왕조(王朝)

dz. 《약어》 *d*ozen(s) 다스

Ee

E, e [íː 이-] 명 (복수 **E's, e's** [-z]) **1** 이 《영어 알파벳의 다섯째 글자》 **2** 【음악】 마 음(音); 마 조(調) **3** 〔대문자 **E**로〕 《미》 (학업 성적의) E, 조건부 합격점

E, E. 《약어》 east 동

*each [íːtʃ 이-취] 형 〔단수 명사를 수식하여〕 **각자의**, 각…: at〔on〕 *each* side of the road 길 양쪽에/ *Each* man has his own name. 사람은 각자 이름이 있다

each time (1) 매번, 그때마다: He tried many times and *each time* he failed. 그는 여러 차례 시도하였으나 그때마다 실패하였다

(2) 〔접속사적으로〕 …할 때마다: His heart beats fast *each time* he meets her. 그의 가슴은 그녀를 만날 때마다 두근거린다

—— 대 〔보통 단수 취급〕 **각자**, 각기: *Each* of us has his〔her〕 opinion. 우리들은 각기 자기 의견을 가지고 있다

each other 서로, 상호간에: They love *each other*. 그들은 서로 사랑한다

> 쓰임새 두 사람의 경우에는 each other를, 세 사람 이상일 때는 one other를 쓰는 것이 원칙이나 엄밀하지는 않다.

—— 부 한 사람〔개〕마다, 각자에게: I gave them two dollars *each*. 그들에게 각각 2달러씩 주었다

*ea·ger [íːgər 이-거r] 형 **1 …을 열망하는**: We are *eager* for peace. 우리는 평화를 간절히 원하고 있다

2 〔be eager to do의 형태로〕 몹시 …하고 싶어하는: She *is eager to* be alone. 그녀는 혼자 있고 싶어한다

3 …에 열심인: He is very *eager in* his studies. 그는 공부에 매우 열심이다

ea·ger·ly [íːgərli 이-거r을리] 부 열심히, 몹시

ea·ger·ness [íːgərnis 이-거r니쓰] 명 열심, 열망

*ea·gle [íːgl 이-그얼] 명 (복수 **eagles** [-z]) **1** 【조류】 **독수리 2** 독수리표 《미국의 국장(國章)》 **3** 【골프】 이글 《표준보다 두 타수 적은 타수》

eagle 1

*ear¹ [íər 이어r] 명 (복수 **ears** [-z]) **1 귀**: A donkey has long *ears*. 당나귀는 귀가 길다

2 청각, 청력; 음의 식별력: He is keen 〔sharp〕 *ears*. 그의 청각은 예민하다/ She has an *ear* for music. 그녀는 음악을 이해한다

3 경청, 주의: She did not give *ear* to my advice. 그녀는 나의 충고에 귀를 기울이지 않았다

be all ears 귀 기울이다, 경청하다

ear² [íər 이어r] 명 (보리 등의) 이삭; 《미》 (옥수수의) 알

earl [ə́ːrl 어-r을] 명 《영》 백작 (《 영국 이외에서는 count)

ear·ly [ə́:rli 어-r얼리] 튀 (비교급 earlier; 최상급 earliest) (시간·시기적으로) **빨리**, 일찍이, 초기에 (반 late 늦게): *early* in the day(morning) 아침 일찍이/ *early* in life 젊을 때에/ She got up very *early* this morning. 그녀는 오늘 아침 매우 일찍 일어났다

> 비교 **early와 fast**
> **early**는 「(시간·시기적으로 보통 때보다) 빨리」의 뜻. **fast**는 「(속도가) 빨리」의 뜻: run *fast* 빨리 달리다.

early   fast

early or late 조만간
── 형 **빠른**, 이른(반 late 늦은): an *early* riser 일찍 일어나는 사람/ an *early* spring 이른 봄
keep early hours 일찍 자고 일찍 일어나다: My grandfather *keeps early hours*. 나의 할아버지는 일찍 주무시고 일찍 일어나신다

earn [ə́:rn 어-r언] 동 (3단현 **earns** [-z]; 과거·과거분사 **earned** [-d]; 현재분사 **earning**) 타 **1** …을 벌다: He *earns* 300 dollars a week. 그는 일주일에 300달러를 번다
2 (명성·지위 등을) 얻다, 획득하다

ear·nest [ə́:rnist 어-r니스트] 형 (비교급 **more earnest**; 최상급 **most earnest**) **성실한**, 진지한(serious); 열심인: an *earnest* student 성실한 학생
── 명 진지함, 진심
in earnest (1) 진지하게, 진심으로: Are you *in earnest*? 진심으로 그러는 거냐?
(2) 본격적으로: It began raining *in earnest*. 비가 본격적으로 내리기 시작했다

ear·nest·ly [ə́:rnistli 어-r니스틀리] 튀 진지하게

earn·ings [ə́:rniŋz 어-r닝z으] 명 [복수 취급] 소득, 수입

ear·phone [íərfòun 이어rF오운] 명 이어폰, 수신기

ear·ring [íəriŋ 이어링] 명 (복수 **earrings** [-z]) [종종 복수형으로] 귀고리

earth [ə́:rθ 어-r쓰] 명 (복수 **earths** [-s]) **1** [the를 붙여] **지구**: The *earth* goes around the sun. 지구는 태양의 주위를 돈다

earth

2 땅, 지면(ground) ; 육지(land); (천국에 대하여) 이 세상(반 heaven 천국): An apple fell to the *earth*. 사과가 땅에 떨어졌다
3 토양, 흙(soil): rich *earth* 비옥한 토양
4 《영》【전기】어스, 접지(接地) (《미》ground)
on earth (1) [최상급을 강조하여] 이 세상에서: He is the *greatest* man *on earth*. 그는 이 세상에서 가장 위대한 사람이다
(2) [의문사를 강조하여] 도대체: Why *on earth* are you sitting there? 너는 도대체 왜 거기에 앉아 있는 거냐?

earth·en [ə́:rθən 어-r쓰언] 형 흙으로 만든

earth·ly [ə́:rθli 어-r쓸리] 형 (비교급 **earthlier**; 최상급 **earthliest**) **1** 지구〔지상〕의 **2** 이 세상의, 세속적인(반 heavenly 천국의)

***earth·quake** [ə́:rθkwèik 어-rθ으크웨익] 명 **지진**

회화

A: We had a strong *earthquake* last night.
어젯밤에 심한 지진이 있었어요
B: Oh! I didn't feel it at all.
그래요? 나는 전혀 못 느꼈는데요

【「땅(earth)이 흔들린(quake)」에서】

earth·worm [ə́:rθwə̀:rm 어-rθ으워-r엄] 명 〖동물〗 지렁이

***ease** [í:z 이-즈] 명 1 (몸·마음의) **편함**, 안정, 여유: They live in *ease*. 그들은 편안히 살고 있다

2 **쉬움**, 용이함(반 difficulty 어려움): He solved the problem with *ease*. 그는 그 문제를 쉽게 풀었다

at (one's) ease **마음 편하게**, 여유 있게: He sat *at ease* on the sofa. 그는 소파에 느긋하게 앉아 있었다/ *At ease!* 《구령》 쉬어! (🔲「차려!」는 Attention!)

—— 타 (3단현 **eases** [-iz]; 과거·과거분사 **eased** [-d]; 현재분사 **easing**) 타 **…을 편하게 하다**, 안심시키다; (고통 등을) 덜다: Music *eased* my mind. 음악이 나의 마음을 달래주었다

ea·sel [í:zl 이z으얼] 명 화가(畫架), 이젤

***eas·i·ly** [í:zəli 이-z얼리] 부 (비교급 **more easily**; 최상급 **most easily**) **쉽게**, 용이하게, 수월하게: He passed the exam

easel

easily. 그는 그 시험에 쉽게 합격했다

***east** [í:st 이-스트] 명 1 〔보통 the를 붙여〕 **동, 동쪽**(반 west 서), 동부 (🔲 약어는 E.): The sun rises in *the east*. 태양은 동쪽에서 뜬다 (🔲 from the east라고는 하지 않는다)

2 〔the East로〕 동양(반 the West 서양); (미국의) 동부 지방: *the* Middle 〔Far〕 *East* 중〔극〕동

참고 영국에서 the East는 동양을 가리키는 것이 일반적이나, 미국에서는 대서양안(岸)의 동부 여러 주를 나타내는 이미지가 강하므로 미국에서는 「동양」의 뜻으로 the Orient를 사용하는 경향이 있다.

—— 형 **동(쪽)의**, 동부의; (바람이) 동쪽에서 부는: an *east* window 동창/ an *east* wind 동풍

—— 부 **동쪽에〔으로〕**: The room faces *east*. 그 방은 동향이다/ The ship is sailing *east*. 그 배는 동쪽으로 항해 중이다

East·er [í:stər 이-스터r] 명 부활절 (그리스도의 부활을 기념하는 축제; 춘분(3월 21일) 이후의 보름달 다음에 오는 첫째 일요일)

Easter egg [í:stər èg] 명 (부활절용의) 색칠한 달걀

***east·ern** [í:stərn 이-스터r언] 형 1 **동의, 동쪽의**, 동부의(반 western 서의): on the *eastern* side 동쪽에

Easter eggs

2 〔Eastern으로〕 동양의(Oriental); (미국의) 동부 지방의: *Eastern* culture 동양 문화

east·ward [í:stwərd 이-스트워r드] 부 형 동쪽으로(의)

east·wards [í:stwərdz 이-스트워r즈] 부 = eastward

eas·y [íːzi 이-Z이] 형 (비교급 **easier**; 최상급 **easiest**) 1 (일·문제가) **쉬운**, 수월한(반 difficult, hard 어려운): an *easy* job 쉬운 일/ It is *easy to* answer the question. 그 질문은 쉽게 답할 수 있다/ This book is *easy* for me to read. (= It is *easy* for me to read this book.) 이 책은 내가 읽기에 쉽다

2 **안락한**, (마음이) 편한: an *easy* life 편안한 생활
── 부 1 **쉽게**: *Easy* come, *easy* go. 《속담》 쉽게 얻은 것은 쉽게 잃는다
2 (마음) 편하게, 여유 있게
Take it easy. 침착해라, 염려 마

easy chair [íːzi tʃɛər] 명 안락 의자
eas·y·go·ing [íːzigóuiŋ 이-Z이고우잉] 형 태평스러운

eat [íːt 이-트] 동 (3단현 **eats** [-ts]; 과거 **ate** [éit]; 과거 분사 **eaten** [íːtn]; 현재 분사 **eating**) 타 1 **…을 먹다**: Do you have anything to *eat*? 뭔가 먹을 게 있습니까?/ What time do you *eat* breakfast? 몇 시에 아침 식사를 하니?
2 …을 침식[부식]하다; (벌레 등이) …을 먹다: Acids *eats* metals. 산성 물질은 금속을 부식한다
── 자 **먹다**, 식사를 하다: We *eat* to live. 우리는 살기 위해서 먹는다
eat out 외식하다
eat up 다 먹어버리다: He *ate up* the crackers. 그가 크래커를 다 먹었다

eat·a·ble [íːtəbl 이-터브을 → 이-러브을] 형 먹을 수 있는
eat·er [íːtər 이-터r → 이-러r] 명 먹는 사람: He is a big *eater*. 그는 대식가다
eat·ing [íːtiŋ 이-팅 → 이-링] 명 먹기, 식사
eaves [íːvz 이-V으즈] 명 〔복수 취급〕 처마, 차양
ebb [éb 에브] 명 〔the를 붙여〕 썰물, 간조 (干潮)(반 flow 밀물): The tide is on *the ebb*. 조수가 빠지고 있다

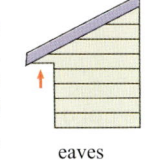

eaves

── 자 (조수가) 빠지다, 써다
eb·on·y [ébəni 에버니] 명 (복수 **ebonies** [-z]) 【식물】 흑단 《가구·피아노 건반 등에 사용》
── 형 1 흑단으로 만든 2 (흑단처럼) 새까만
ec·cen·tric [ikséntrik 익쎈츄뤽] 형 (사람·행동 등이) 별난, 괴상한
── 명 괴짜, 기인
【그리스어 「중심(center)에서 떨어진」에서】
Ech·o [ékou 에코우] 명 【그리스신화】 숲의 요정, 에코

> 참고 에코
> 에코는 원래 헤라 여신의 시중을 드는 님프로, 헤라 여신이 바람을 피우려던 제우스의 뒤를 밟는 데 헤라에게 말을 걸어 제우스에게 발각되자 화가 난 헤라는 그녀에게 남의 말의 끝부분만을 되풀이하는 벌을 내렸다. 나중에 아름다운 청년 나르시소스를 사랑하게 되나 그의 사랑을 얻는데 실패하자 점점 야위어 결국 목소리만 남게 되었다고 한다.

***ech·o** [ékou 에코우] 명 (복수 **echoes** [-z]) **1 메아리**, 반향음, 산울림 **2** 모방, 흉내
——통 (3단현 **echoes** [-z]; 과거·과거분사 **echoed** [-d]; 현재분사 **echoing**) 자 **울리다**, 울려 퍼지다: His voice *echoed through* the hall. 그의 목소리가 온 홀에 울렸다
——타 **1** (소리를) 반향시키다 **2** (남의 말·의견을) 그대로 되풀이하다
【Echo(에코)에서】

e·clipse [iklíps 이클립쓰] 명【천문】(해·달의) 식(蝕): a solar〔lunar〕 *eclipse* 일〔월〕식 / a total〔partial〕 *eclipse* 개기〔부분〕월식

e·col·o·gy [i:kálədʒi 이-칼러쥐] 명 생태학《생물과 환경의 관계를 연구하는 학문》

***e·co·nom·ic** [èkənámik 에커나믹] 형 **1 경제학의**: an *economic* policy 경제 정책
2 경제상의: He left school for *economic* reasons. 그는 경제상의 이유로 학교를 그만두었다

e·co·nom·i·cal [èkənámikəl 에커나미커얼] 형 경제적인, 절약이 되는: an *economical* speed 경제 속도

***e·co·nom·ics** [èkənámiks 에커나믹쓰] 명 〔단수 취급〕 **경제학**

***e·con·o·mist** [ikánəmist 이카너미스트] 명 **경제학자** (✎「실업가」는 businessman)

e·con·o·mize [ikánəmàiz 이카너마이z으] 통 (현재분사 **economizing**) 타 자 …을 절약하다

***e·con·o·my** [ikánəmi 이카너미] 명 (복수 **economies** [-z]) **1 절약**, 검소
2 (국가·가정 등의) **경제**: domestic *economy* 가정 경제

economy class [ikánəmi klǽs] 명 (비행기 등의) 일반석, 보통석

ec·sta·sy [ékstəsi 엑스터씨] 명 (복수 **ecstasies** [-z]) 무아경, 황홀감, 환희

-ed (접미사) 〔규칙 동사의 과거·과거분사를 만듦〕: call > call*ed*, call*ed*

> 문법〉과거·과거분사형 만드는 법
> (1) 대부분의 동사: -ed를 붙임 (finish → finish*ed*)
> (2) -e로 끝나는 동사: -d를 붙임 (operate → operat*ed*)
> (3) 단모음+단자음으로 끝나는 동사: 자음을 중복하고 -ed를 붙임 (beg → beg*ged*)
> (4) 자음+y로 끝나는 동사: y를 i로 바꾸고 -ed를 붙임 (fry → fr*ied*)

E·den [í:dn 이-든] 명 **1**【성서】에덴 동산《인류의 시조 아담(Adam)과 이브(Eve)가 살았다는 낙원》 **2** 낙원(paradise)

***edge** [édʒ 에쥐] 명 (복수 **edges** [-iz]) **1 가장자리**, 언저리, 끝, 가: He stood on the *edge* of a cliff. 그는 벼랑 끝에 서 있었다
2 (날붙이의) **날**: the *edge* of a sword 칼의 날 / This knife has a sharp *edge*. 이 나이프의 날은 예리하다

edge 1   edge 2

Ed·in·burgh [édnbə:rə 에든버-러] 명 에든버러《스코틀랜드의 수도》

Ed·i·son [édsn 에더슨] 명 에디슨 Thomas A. ~ (1847-1931) 《미국의 발명가; 백열 전등·축음기·영화 촬영기 등을 발명》

ed·it [édit 에딧 → 에릿] 타 (신문·잡지 등을) 편집하다, 엮다

***e·di·tion** [edíʃən 에디션] 명 (복수 **editions** [-z]) (책 등의) **판**(版), 형(型): the first *edition* 초판 / a pocket *edition* 포켓판

*__ed·i·tor__ [éditər 에디터r → 에리러r] 명 (복수 **editors** [-z]) **편집자**, 엮은이: the chief *editor* 편집장

ed·i·to·ri·al [èditɔ́:riəl 에디토-뤼어얼 → 에리토-뤼어얼] 명 (신문의) 사설, 논설

—— 형 **1** 편집의 **2** 사설〔논설〕의

⁑**ed·u·cate** [édʒukèit 에쥬케잇] 동 (3단현 **educates** [-ts]; 과거 · 과거분사 **educated** [-id]; 현재분사 **educating**) 타 **…을 교육하다**; 훈련하다: *educate* a child 어린이를 교육하다/ He was *educated* in England. 그는 영국에서 교육을 받았다

ed·u·cat·ed [édʒukèitid 에쥬케이티드 → 에쥬케이리드] 형 교육받은, 교양 있는

⁑**ed·u·ca·tion** [edʒukéiʃən 에쥬케이션] 명 **교육**: school *education* 학교 교육 / receive a good *education* 훌륭한 교육을 받다

ed·u·ca·tion·al [édʒukèiʃənl 에쥬케이셔느얼] 형 교육(상)의, 교육적인: an *educational* program 교육 프로그램

ed·u·ca·tor [édʒdukèitər 에쥬케이터r → 에쥬케이러r] 명 교육자, 교사

eel [i:l 이-얼] 명 【어류】 뱀장어

ef·face [iféis 이F에이스] 동 (현재분사 **effacing**) 타 …을 지우다, 삭제하다

⁑**ef·fect** [ifékt 이F엑트] 명 (복수 **effects** [-ts]) **1 결과**(반 cause 원인): cause and *effect* 원인과 결과, 인과

2 효과, 효능; **영향**; (법률 등의) 효력: stage *effect* 무대 효과/ The heavy rain had a bad *effect* on the crops. 호우는 작물에 나쁜 영향을 미쳤다

3 〔복수형으로〕 재산, 동산

come into effect 효력을 나타내다, 실시되다: The law will *come into effect* soon. 그 법률은 곧 실시된다

in effect (1) 사실상, 실제는

(2) (법률 등이) 유효한: The law is still *in effect*. 그 법률은 아직 유효하다

take effect 효과를 나타내다: The medicine *took effect* quickly. 그 약은 금방 효과를 나타냈다

*__ef·fec·tive__ [iféktiv 이F엑티V으] 형 (비교급 **more effective**; 최상급 **most effective**) **유효한**, 효과적인: *effective* demand 유효 수효/ This medicine is *effective* for a toothache. 이 약은 치통에 잘 듣는다

ef·fec·tive·ly [iféktivli 이F엑티V을리] 부 유효하게, 효과적으로: work together *effectively* 효과적으로 함께 일하다

ef·fi·cien·cy [ifíʃənsi 이F이션씨] 명 능률, 효율: *efficiency* wages 능률급(給)

ef·fici·ent [ifíʃənt 이F이션트] 형 (비교급 **more efficient**; 최상급 **most efficient**) **1** 능률적인, 효과적인: an *efficient* heating system 능률적인 난방 시스템

2 (사람이) 유능한, 실력 있는

ef·fici·ent·ly [ifíʃəntli 이F이션틀리 → 이F이션'을리] 부 **1** 능률적으로 **2** 유효하게

⁑**ef·fort** [éfɔrt 에F어r트] 명 (복수 **efforts** [-ts]) **노력**: She made an *effort* to learn English. 그녀는 영어를 배우기 위해 노력했다

e.g. [í:dʒi: 이-쥐-] 《약어》 예를 들면 【라틴어 exempli gratia (= for example)의 약어】

⁂**egg** [ég 에그] 명 (복수 **eggs** [-z]) **알**; (특히) **달걀**, **계란**: a raw *egg* 날계란/ a boiled *egg* 삶은 계란/ fried *eggs* 프라이한 계란/ lay an *egg* 알을 낳다

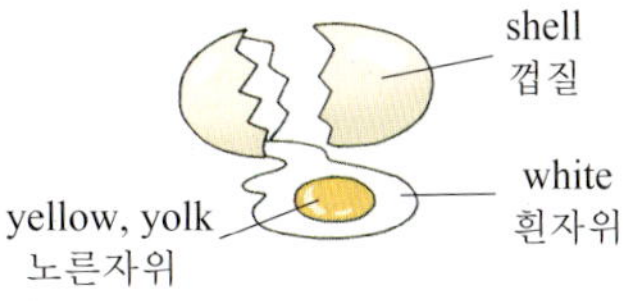

egg

E

egg·plant [égplænt 에그플랜트] 명 【식물】 가지 《모양이 계란(egg)같이 생겨서》

egg·shell [éɡʃèl 에그쉘] 명 달걀 껍질

eg·o [íːgou 이-고우] 명 (복수 **egos** [-z]) 자아(自我)

eggplants

eg·o·ism [íːgouìzm 이-고우이Z음] 명 이기주의, 자기 중심주의

eg·o·ist [íːgouist 이-고우이스트] 명 이기주의자

E·gypt [íːdʒipt 이-쥡트] 명 이집트 《아프리카 북부의 공화국; 수도는 카이로(Cairo)》

E·gyp·tian [iːdʒípʃən 이-쥡션] 형 이집트(인·어)의
——명 1 이집트인 2 [무관사로] 이집트어

Eif·fel Tower [áifəl táuər 아이F얼 타우어r] 명 [the를 붙여] 에펠탑 《프랑스의 건축기사 에펠(Eiffel)의 설계로 1889년 파리 만국 박람회를 위하여 파리 센 강변에 세운 높이 312미터의 철탑》

the Eiffel Tower

*****eight** [éit 에잇] [gh는 묵음] 명 8, 여덟; 8시; 8개[명]; 여덟 살
——형 8의; 8개[명]의; 여덟 살의

*****eight·een** [eitíːn 에이티-인] 명 18; 18개[명]; 열여덟 살
——형 18의; 18개[명]의; 열여덟 살의

*****eight·eenth** [eitíːnθ 에이티-인θ○] (약어는 18th) 명 1 [보통 the를 붙여] 제18, 18번째; (달의) 18일 2 [a 또는 one을 붙여] 18분의 1
——형 1 [보통 the를 붙여] 제18의, 18번째의 2 18분의 1의

*****eighth** [éitθ 에잇θ○] (약어는 8th) 명 (복수 **eighths** [-s]) 1 [보통 the를 붙여] 제8, 8번째; (달의) 제8일 2 [a 또는 one을 붙여] 8분의 1
——형 1 [보통 the를 붙여] 제8의, 8번째의 2 8분의 1의

*****eight·i·eth** [éitiiθ 에이티이θ○] → 에이리이θ○] (약어는 80th) 명 1 [보통 the를 붙여] 제80, 80번째 2 [a 또는 one을 붙여] 80분의 1
——형 1 [보통 the를 붙여] 제80의, 80번째의 2 80분의 1의

*****eight·y** [éiti 에이티 → 에이리] [gh는 묵음] 명 (복수 **eighties** [-z]) 1 80, 여든; 80개; 80명; 80세
2 [one's **eighties**로] (나이의) 80대; [the **eighties**로] (세기의) 80년대: He is in *his eighties*. 그는 80대다
——형 80의, 80개의, 80명의; 80세의: He is *eighty* (years old). 그는 80세다

Ein·stein [áinstain 아인스타인] 명 아인슈타인 Albert ~ (1879–1955) 《유태인계 독일 태생의 미국 물리학자; 상대성 원리의 창설자》

*****ei·ther** [íːðər 이-ð어r] 형 [단수 명사를 수식하여] 1 [긍정문에서] [둘 중] 어느 한쪽의: Take *either* book. [둘 중] 어느 책이든 가지시오
2 [부정문에서] [둘 중] 어느 쪽의 …도 (…않다): I d*on't* know *either* boy. (= I know *neither* boy.) 어느 쪽의 소년도 모른다
——대 1 [긍정문에서] [둘 중] 어느 한쪽 (both는 양쪽): *Either* will do. 어느 쪽이든 좋다

either

both

2 〔부정문에서〕 (둘 중) 어느 쪽도: I don't like *either* of them. 나는 그것들의 어느 쪽도 좋아하지 않는다

〖쓰임새〗 I don't like *both* of them.은 「양쪽이 모두 좋은 것은 아니다(한쪽은 싫다)」라는 뜻으로 부분 부정이 된다.

── 접 〔*either* A *or* B의 형태로〕 **1** 〔긍정문에서〕 **A거나 B거나** (어느 한쪽): *Either* you *or* I am wrong. 너나 나 둘 중 하나가 틀린 것이다/ He is now *either* in London *or* in Paris. 그는 현재 런던이나 파리 중 어느 한 곳에 있다 **2** 〔부정문에서〕 A도 B도 (아니다): I can*not* speak *either* French *or* German. (= I can speak *neither* French *nor* German.) 나는 프랑스어도 독일어도 하지 못한다

〖쓰임새〗 **either A or B**
(1) 등위 접속사로 A, B에는 같은 역할을 하는 어구가 온다.
(2) either A or B가 주어로 쓰일 때의 동사는 일반적으로 B에 일치한다.

── 부 〔부정문에서〕 …도 또한 (…않다): If you do not go, I'll not go, *either*. 네가 가지 않으면 나도 가지 않겠다

〖회화〗

A: I can't swim.
나는 수영을 할 줄 모른다
B: I can't, *either*.
나도 수영을 할 줄 모른다

e·lab·o·rate [ilǽbərèit 일래버뤠잇] 형 공들인, 정교한

e·las·tic [ilǽstik 일래스틱] 형 (비교급 **more elastic**; 최상급 **most elastic**) **1** 탄력 있는, 신축성이 있는 **2** (생각 등이) 융통성이 있는
── 명 고무줄

*****el·bow** [élbou 에얼보우] 명 (복수 **elbows** [-z]) **1 팔꿈치 2** (관 등의) 팔꿈치(L자) 모양의 것

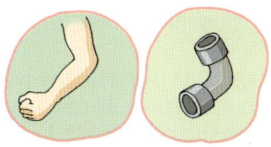

elbow 1   elbow 2

*****eld·er** [éldər 에얼더r] 형 《old(나이 든)의 비교급》 《영》 (형제 자매 사이에서) **손위의**, 연상의(반 younger 연하의) (🖉 《미》에서는 보통 older를 쓴다): Fred is my *elder* brother. 프레드는 나의 형[오빠]이다

〖참고〗 우리나라와 달리 영어권에서는 형제들을 나이에 따라 구분하지 않고, 성별만 따져 my brother[sister]라고 하는 경우가 많다.

── 명 연장자, 손윗사람

eld·er·ly [éldərli 에얼더r얼리] 형 나이가 지긋한, 중년이 지난

*****eld·est** [éldist 엘디스트] 형 《old(나이 든)의 최상급》 《영》 (형제 자매 사이에서) **가장 손위의**, 맏이의(반 youngest 가장 어린) (🖉 《미》에서는 보통 oldest를 쓴다): one's *eldest* son[daughter] 장남[장녀]

*****e·lect** [ilékt 일렉트] 동 (3단현 **elects** [-ts]; 과거·과거분사 **elected** [-id]; 현재분사 **electing**) 타 …을 **선거[선출]하다**: *elect* the chairman 의장을 뽑다/ They *elected* him (as) mayor. 그들은 그를 시장으로 선출했다/ He was *elected* (as) chairman. 그는 의장으로 선출되었다

──형 〔보통 복합어를 이루어〕 뽑힌, 당선된: the President-*elect* 대통령 당선자
【elite(선택된 사람들)와 관련】

e·lec·tion [ilékʃən 일렉션] 명 (복수 **elections** [-z]) 선거: general *election* 총선거/ win〔lose〕 an election 선거에 이기다〔지다〕/ He ran for *election*. 그는 선거에 입후보했다

e·lec·tive [iléktiv 일렉티v○] 형 1 선거에 의한
2 《미》 (과목이) 선택의(반 required 필수의): an *elective* subject 선택 과목 (■ 《영》 an optional subject)

e·lec·tor [iléktər 일렉터r] 명 선거인, 유권자

e·lec·tric [iléktrik 일렉츄릭] 형 〔■ 명사 앞에만 쓰여〕 1 전기의: *electric* power 전력
2 전기로 움직이는: an *electric* guitar 전기 기타

e·lec·tri·cal [iléktrikəl 일렉츄뤼커엘] 형 〔■ 명사 앞에만 쓰여〕 전기의; 전기에 관한: an *electrical* engineer 전기 기사

e·lec·tric·i·ty [ilèktrísəti 일렉트리써티 → 일렉츄뤼써리] 명 전기

e·lec·tron [iléktrɑn 일렉트롼] 명 【물리】 전자

e·lec·tron·ic [ilèktránik 일렉트롸닉] 형 전자의; 전자 공학의: an *electronic* calculator〔computer〕 전자 계산기

e·lec·tron·ics [ilèktrániks 일렉트롸닉쓰] 명 〔단수 취급〕 전자 공학

el·e·gance [éligəns 엘리건쓰] 명 우아, 고상함(grace)

el·e·gant [éligənt 엘리건트] 형 우아한, 고상한, 품위 있는

el·e·gy [élədʒi 엘러쥐] 명 (복수 **elegies** [-z]) 애가(哀歌), 만가, 엘레지

el·e·ment [éləmənt 엘러먼트] 명 (복수 **elements** [-ts]) 1 (구성) 요소, 성분 2 【화학】 원소 3 〔복수형으로〕 (학문의) 원리, 초보, 입문

el·e·men·ta·ry [èləméntəri 엘러멘터뤼] 형 (비교급 **more elementary**; 최상급 **most elementary**) 초보의, 초등의, 기본이 되는: an *elementary* education 《미》 초등 교육

elementary school [èləméntəri skùːl] 명 《미》 초등학교 (■ 《영》 primary school)

el·e·phant [éləfənt 엘러F언트] 명 (복수 **elephants** [-ts]) 1 【동물】 코끼리 2 미국 공화당의 상징 (■ 민주당의 상징은 donkey)

elephants 1

el·e·vate [éləvèit 엘러V에잇] 동 (현재분사 **elevating**) 타 1 (사물을) 들어올리다; (소리를) 높이다 2 (사람을) 승진시키다 3 고상하게 하다

el·e·vat·ed [éləvèitid 엘러V에이티드 → 엘러V에이리드] 형 1 높은 2 고상한, 고결한(noble)

el·e·va·tor [éləvèitər 엘러V에이터r → 엘러V에이러r] 명 (복수 **elevators** [-z]) 《미》 엘리베이터, 승강기 (■ 《영》 lift): Let's go up〔down〕 by *elevator*. 엘리베이터로 올라가자〔내려가자〕

e·lev·en [ilévn 일레V은] 명 1 11; 11개〔명〕; 11시; 11세 2 (11명으로 구성되는 축구 등의) 1조(組), 팀
──형 11의; 11개〔명〕의; 11세의

e·lev·enth [ilévnθ 일레V은쓰] (■ 약어는 11th) 명 (복수 **elevenths** [-s]) 1 〔보통 **the**를 붙여〕 제11; 11번째; (달의) 제11일 2 〔**a** 또는 **one**을 붙여〕 11분의 1
──형 1 〔보통 **the**를 붙여〕 제11의; 11번째의 2 11분의 1의

elf [élf 에엘f으] 명 (복수 **elves** [élvz]) **1** (숲·굴 등에 산다고 상상했던) 꼬마 요정 **2** 난쟁이 **3** 장난꾸러기

e·lim·i·nate [ilímənèit 일리머네잇] 동 (현재분사 **eliminating**) 타 …을 제거하다, 없애다(get rid of)

e·lite [ilí:t 일리-트] 명 〔보통 the를 붙여; 집합적으로〕 선택된 사람들, 정예, 엘리트(층)

> 참고 우리가 흔히 말하는「엘리트」는 개인을 주로 가리키지만, 영어에서는 집단을 나타낸다.

E·liz·a·beth [ilízəbəθ 일리Z어버θ으] 명 **1** 여자 이름〈애칭은 Bess, Bessie, Beth, Betty, Lisa, Liz〉 **2** 〔**Elizabeth I**로〕 엘리자베스 1세(1533–1603) 《영국 여왕(1558–1603)》 **3** 〔**Elizabeth II**로〕 엘리자베스 2세(1926–) 《현재 영국 여왕 (1952년 즉위)》

el·lip·sis [ilípsis 일립씨쓰] 명 (복수 **ellipses** [-si:z]) **1** 〔문법〕 생략 **2** 생략 부호 (—, …, *** 등)

el·o·cu·tion [èləkjú:ʃən 엘러큐-션] 명 웅변술

el·o·quence [éləkwəns 엘러크원쓰] 명 웅변

el·o·quent [éləkwənt 엘러크원트] 형 웅변의, 말 잘하는: an *eloquent* speech 유창한 연설

*****else** [éls 에엘쓰] 부 **1 그밖에**, 달리: I want something *else*. 나는 뭔가 다른 것을 원한다/ Do you want anything *else*? 그밖에 다른 것이 필요합니까?/ I have nothing *else*? 그밖에는 아무것도 가지고 있지 않다/ What *else* do you want? 그밖에 무엇을 원합니까?/ Who *else* is coming? 그밖에 또 누가 옵니까?

> 쓰임새 else는 something, anything, nothing, anyone, nobody 등 some-, any-, no-가 붙는 말이나 what, who 등 의문사 뒤에 쓰인다.

2 〔보통 명령문 뒤에 **or else**로〕 그렇지 않으면: Work hard, *or else* you will fail. 열심히 공부해라, 그렇지 않으면 낙제한다

else·where [élshwɛ̀ər 에엘쓰웨〔훼〕어r] 부 다른 장소에〔로〕: Her mind was *elsewhere*. 그녀의 마음은 딴 곳에 있었다

*****e-mail** [í:-mèil 이-메엘] 명 **전자 우편**, 이메일 (📖 electronic mail의 단축형): What is your *e-mail* address? 당신의 이메일 주소는 무엇입니까?

em·bar·go [embá:rgou 엠바-r고우] 명 (복수 **embargoes** [-z]) **1** (선박의) 출항〔입항〕 금지 **2** 통상 정지 **3** 보도(報道) 자제

*****em·bar·rass** [imbǽrəs 임배뤄쓰] 동 (3단현 **embarrasses** [-iz]; 과거·과거분사 **embarrassed** [-t]; 현재분사 **embarrassing**) 타 **…을 당황하게 하다**, 난처하게 하다: She was *embarrassed* by his praise. 그녀는 그의 칭찬에 당황했다

em·bas·sy [émbəsi 엠버씨] 명 (복수 **embassies** [-z]) 대사관 (📖「대사」는 ambassador): the British *Embassy* in Seoul 서울의 영국 대사관

em·blem [émbləm 엠블럼] 명 **1** 상징 (symbol): The dove is *emblem* of peace. 비둘기는 평화의 상징이다 **2** 기장(記章), 배지

em·brace [imbréis 임브뤠이쓰] 동 (3단현 **embraces** [-iz]; 과거·과거분사 **embraced** [-t]; 현재분사 **embracing**) 타 …을 포옹하다, 껴안다(hug): She *embraced* her baby. 그녀는 아기를 껴안았다

embrace

── 명 (복수 **embraces** [-iz]) 포옹

em·broi·der [imbrɔ́idər 임브로이더

r] 타 …을 수놓다

em·broi·der·y [imbrɔ́idəri 임브로이더뤼] 명 (복수 **embroideries** [-z]) 수놓기, 자수(품)

em·er·ald [émərəld 에머뤌드] 명 에메랄드

***e·merge** [imə́:rdʒ 이머-r쥐] 동 (3단현 **emerges** [-iz]; 과거·과거분사 **emerged** [-d]; 현재분사 **emerging**) 자
1 …이 나타나다, 나오다 (from): The sun *emerged from* behind the clouds. 태양이 구름 뒤에서 나타났다
2 (문제 등이) 생기다

***e·mer·gen·cy** [imə́:rdʒənsi 이머-r줜씨] 명 (복수 **emergencies** [-z]) 비상 사태: in case of *emergency* 비상〔위급〕시에는
── 형 비상용의, 긴급한: an *emergency* door〔exit〕비상구/ *emergency* measures 응급 조치

em·i·grant [émə grənt 에머그륀트] 명 (다른 나라로 가는) 이민(移民), 이주자 (반 immigrant (다른 나라로부터의) 이민)
── 형 이주하는; 이민의

em·i·grate [émə grèit 에머그뤠잇] 동 (현재분사 **emigrating**) 자 (타국으로) 이주하다, 이민하다(반 immigrate (타국에서) 이주하다)

em·i·gra·tion [èmə gréi ʃən 에머그뤠이션] 명 (다른 나라로의) 이주(移住)(반 immigration (다른 나라로부터) 이주)

em·i·nent [émənənt 에머넌트] 형 (지위·신분이) 높은, 저명한(famous); (재능 등이) 뛰어난: an *eminent* writer 저명 작가

e·mis·sion [imíʃən 이미션] 명 (빛·열 등의) 방출

e·mit [imít 이밋] 동 (3단현 **emits** [-ts]; 과거·과거분사 **emitted** [-id]; 현재분사 **emitting**) 타 (빛·열·향기 등을) 내다, 내뿜다: The sun *emits* light and heat. 태양은 빛과 열을 발산한다

***e·mo·tion** [imóuʃən 이모우션] 명 (희로애락 등의) 감정: Love and hate are opposite *emotion*. 사랑과 증오는 반대의 감정이다

e·mo·tion·al [imóuʃənəl 이모우셔녈] 형 감정적인: an *emotional* person 감정적인 사람

em·per·or [émpərər 엠퍼뤄r] 명 황제, 제왕(반 empress 황후) (참 형용사는 imperial 황제의)

***em·pha·sis** [émfəsis 엠F어씨쓰] 명 (복수 **emphases** [-sì:z]) 1 강조: speak with *emphasis* 힘을 주어 말하다/ He laid *emphasis* on this point. 그는 이 점을 강조했다
2 강세(强勢), 강조(accent)

***em·pha·size** [émfəsàiz 엠F어싸이즈] 동 (3단현 **emphasizes** [-iz]; 과거·과거분사 **emphasized** [-d]; 현재분사 **emphasizing**) 타 1 (사실 등을) 강조하다(stress): He *emphasized* the importance of education. 그는 교육의 중요성을 강조했다
2 (어구를) 강조해서 말하다

***em·pire** [émpaiər 엠파이어r] 명 제국: the Roman *Empire* 로마 제국/ the British *Empire* 대영 제국

Empire State Building [émpaiər stéit bíldiŋ] 명 〔the를 붙여〕 엠파이어 스테이트 빌딩 (뉴욕시 소재의 지상 102층의 고층 건물)

em·pir·i·cal [impírikəl 임피뤼커열] 형 경험의, 경험적인

***em·ploy** [implɔ́i 임플로이] 동 (3단현 **employs** [-z]; 과거·과거분사 **employed** [-d]; 현재분사 **employing**) 타 1 (사람을) 고용하다: He is *employed* as a clerk. 그는 사무원으로 근무하고 있다
2 (물건 등을) 사용하다, 쓰다(use)

***em·ploy·ee** [implɔíí: 임플로이이-] 명 (복수 **employees** [-z]) 피고용인, 종업원(반 employer 고용주)

***em·ploy·er** [implɔ́iər 임플로이어r] 명 **고용주**, 사용자(반 employee 피고용인)

***em·ploy·ment** [implɔ́imənt 임플로이먼트] 명 **1** (사람의) **고용**: full *employment* 완전 고용
2 일자리, 직업(occupation): He is out of *employment*. 그는 실직 상태다

em·press [émpris 엠프뤼쓰] 명 황후 (반 emperor 황제)

***emp·ty** [émpti 엠(프)티] 형 (비교급 **emptier**; 최상급 **emptiest**) **1** (속이) **빈**, 사람이 없는(반 full 가득 찬): an *empty* box 빈 상자/ The room was *empty*. 그 방에는 아무도 없었다

full　　　empty

2 공허한, 무의미한: *empty* words 실없는 말

—— 동 (3단현 **empties** [-z]; 과거·과거분사 **emptied** [-d]; 현재분사 **emptying**) 타 (그릇 등을) **비우다**(반 fill 채우다): *empty* a bucket 양동이를 비우다

—— 자 **1** 비다, 비워지다

2 (강 등이) 흘러들다: The river *empties* into the Pacific Ocean. 그 강은 태평양으로 흘러든다

en- (접두사) (🖉 m, p, b 앞에서는 em-이 됨) **1** [명사·동사 앞에 붙여서]「…의 안에 넣다」의 뜻의 동사를 만듦: *en*close 동봉하다
2 [명사·형용사 앞에 붙여서]「…이 되게 하다」의 뜻의 동사를 만듦: *en*large 크게 하다

-en (접미사) **1** [불규칙 동사의 과거분사를 만듦]: speak (말하다) → spok*en*
2 [형용사·명사에 붙여]「…으로 하다〔되다〕」의 뜻의 동사를 만듦: dark*en* 어두워지다/ length*en* 길어지다
3 [물질 명사에 붙여]「…으로 된, …제(製)의」의 뜻의 형용사를 만듦: gold*en* 금의

*** en·a·ble** [inéibl 이네이브를] 동 (3단현 **enables** [-z]; 과거·과거분사 **enabled** [-d]; 현재분사 **enabling**) 타 **…할 수 있게 하다** (🖉 주로 사물이 사람에게): Airplanes *enable* us to travel far. 비행기는 우리가 멀리 여행할 수 있도록 해 준다

e·nam·el [inǽməl 이내머럴] 명 **1** 에나멜 (도료) **2** (도자기 등의 표면에 쓰는) 법랑 유약 **3** (치아의) 법랑질

en·chant [intʃǽnt 인챈트] 동 (3단현 **enchants** [-ts]; 과거·과거분사 **enchanted** [-id]; 현재분사 **enchanting**) 타 **1** 마법을 걸다: The witch *enchanted* the princess. 마법사는 공주에게 마법을 걸었다
2 매혹하다(charm), 황홀하게 하다: I was *enchanted* with the music〔by the garden〕. 나는 그 음악〔정원〕에 매혹되었다
【라틴어「(노래(chant)를 불러서) 마법을 걸다」에서】

en·cir·cle [insə́ːrkl 인써-r클] 동 (현재분사 **encircling**) 타 …을 에워〔둘러〕싸다(surround)

en·close [inklóuz 인클로우즈] 동 (3단현 **encloes** [-iz]; 과거·과거분사 **enclosed** [-d]; 현재분사 **enclosing**) 타
1 …을 에워싸다, 둘러싸다(surround): The castle was *enclosed* by mountains. 그 성은 산들로 둘러싸여 있었다
2 (편지 등에) 동봉하다: *enclose* a check *with* a letter 편지에 수표를 동봉하다

en·clo·sure [inklóuʒər 인클로우줘r] 명 **1** (담·울타리로) 둘러쌈 **2** 울로 둘러싼 땅, 구내(構內) **3** 동봉(한 것)

en·core [ɑ́ŋkɔːr 앙코-r] 명 앙코르, 재청(再請), 재연주
【프랑스어에서】

en·coun·ter [inkáuntər 인카운터*r*] 동 (3단현 **encounters** [-z]; 과거·과거분사 **encountered** [-d]; 현재분사 **encountering** [-təriŋ]) 타 **1** (우연히) **만나다**, 마주치다: I *encountered* a friend *on* the street. 나는 길에서 우연히 친구를 만났다
2 (위험·곤란 등에) 부닥치다
── 명 (우연히) 만남

en·cour·age [inkə́ːridʒ 인커-뤼쥐] 동 (3단현 **encourages** [-iz]; 과거·과거분사 **encouraged** [-d]; 현재분사 **encouraging**) 타 (남에게) **용기(기운)를 북돋우다**, 격려하다(반 discourage 낙담시키다): I was *encouraged* by〔at〕 his success. 나는 그의 성공으로 용기를 얻었다 / I *encouraged* him to study harder. 나는 그에게 더 열심히 공부하라고 격려했다

en·cour·age·ment [inkə́ːridʒmənt 인커-뤼쥐먼트] 명 격려, 장려

en·cy·clo·pe·di·a, 〈영〉 **en·cy·clo·pae·di·a** [insàikləpíːdiə 인싸이클러피-디아] 명 백과 사전

end [énd 엔드] 명 (복수 **ends** [-dz]) **1 끝**, 마지막(반 beginning 시작): This is the *end* of the story. 이것으로 이야기는 끝이다
2 (사물의) 끝, 끄트머리, 변두리: the *end* of line 선의 끝 / His house is at the *end* of this street. 그의 집은 이 거리 끝에 있다
3 목적(aim): The *end* justifies the means. 《속담》 목적은 수단을 정당화한다
4 최후, 죽음(death); 멸망
bring ... to an end …을 끝내다, 마치다: He *brought* his lecture *to an end* around three o'clock. 그는 강의를 3시경에 끝냈다
come to an end 끝나다: His speech was *coming to an end*. 그의 연설은 끝나가고 있었다
from end to end 끝에서 끝까지
in the end 마침내, 결국: He was saved *in the end*. 그는 마침내 구조되었다
make an end of …을 끝내다, 그만두다: Let's *make an end of* this quarrel. 이 싸움을 끝내자
make (both) ends meet 수지를 맞추다, 수입에 알맞은 생활을 하다: It's hard to *make both ends meet*. 수입과 지출의 균형을 맞추는 것은 어렵다
on end (1) 곤두서서(upright): stand a box *on end* 상자를 세우다
(2) 계속하여: It rained for three days *on end*. 3일 계속하여 비가 왔다
put an end to …을 끝내다, 멈추다(stop): Let's *put an end to* our discussion. 이제 토론을 끝냅시다
to no end 헛되이: I labored *to no end*. 나는 헛수고를 했다
to the end 끝까지, 최후까지: The soldiers fought *to the end*. 병사들은 끝까지 싸웠다
without end 끝없는(endless), 끝없이
── 동 (3단현 **ends** [-dz]; 과거·과거분사 **ended** [-id]; 현재분사 **ending**) 타 **…을 끝내다**, 마치다(반 begin 시작하다): *end* a fight 싸움을 그만두다 / He *ended* his speech *with* a smile. 그는 미소를 지으며 이야기를 끝냈다
── 자 끝나다: What time does your school *end*? 학교는 몇 시에 끝나니?
end in …으로 끝나다, 결국 …이 되다: His plan *ended in* failure. 그의 계획은 실패로 끝났다

en·dan·ger [indéindʒər 인데인줘*r*] 타 …을 위험에 빠뜨리다,

en·deav·or, 〈영〉 **en·deav·our** [indévər 인데V어*r*] 명 《문어》 노력
── 자 타 노력하다(effort)

en·dem·ic [endémik 엔데믹] 형 풍토병의, (병이) 한 지방 특유의: an *endemic* disease 지방〔풍토〕병
── 명 풍토병(✍「전염병」은 epidemic)

end·ing [éndiŋ 엔딩] 명 **끝, 종료**, 결말: a happy *ending* 행복하게〔좋게〕 끝나는 결말

end·less [éndlis 엔들리쓰] 형 무한한, 끝없는: *endless* argument 끝없는 논쟁

en·dow [indáu 인다우] 동 (3단현 **endows** [-z]; 과거 · 과거분사 **endowed** [-d]; 현재분사 **endowing**) 타 **1** 기금〔재산〕을 (학교 등에) 기부하다
2 〔be endowed with의 형태로〕 (…의 재능 등을) 타고나다: He *was endowed with* musical talent. 그는 음악적 재능을 타고났다

en·dur·ance [indjúərəns 인듀런쓰] 명 **1** 인내(력), 참을성 **2** 내구성

en·dure [endjúər 엔듀어r] 동 (3단현 **endures** [-z]; 과거 · 과거분사 **endured** [-d]; 현재분사 **enduring** [-djúəriŋ]) 타 **1** 〔종종 부정문에서〕 (사람이 …을) **참다**, 견디다(bear): I can*not endure* this heat. 이 더위는 못 견디겠다
2 (물건이) 견디다, 지탱하다

en·e·my [énəmi 에너미] 명 (복수 **enemies** [-z]) **1 적**(반 friend 친구): He has many *enemies*. 그는 적이 많다
2 〔the를 붙여; 집합적으로〕 적군: *The enemy* was〔were〕 driven back. 적군은 격퇴되었다

쓰임새 적군 전체를 한 묶음으로 볼 때는 단수, 적군의 한 사람 한 사람을 가리킬 때에는 복수 취급이 원칙이다.

── 형 적의: an *enemy* plane 적기

en·er·get·ic [ènərdʒétik 에너r줴틱 → 에너r줴릭] 형 정력적인, 활기에 찬

en·er·gy [énərdʒi 에너r쥐] 명 (복수 **energies** [-z]) **1 활력, 정력**, 기력, 원기: be full of *energy* 정력이 넘치다
2 〔종종 복수형으로〕 **힘**, 활동력: He devoted all his *energies* to the work. 그는 그 일에 전력을 기울였다
3 【물리】 **에너지**: solar *energy* 태양 에너지

en·force [infɔ́:rs 인F오-r쓰] 동 (3단현 **enforces** [-iz]; 과거 · 과거분사 **enforced** [-t]; 현재분사 **enforcing**) 타
1 (법률 등을) 실시〔시행〕하다: *enforce* a law 법률을 시행하다
2 …을 강요하다

en·gage [ingéidʒ 인게이쥐] 동 (3단현 **engages** [-iz]; 과거 · 과거분사 **engaged** [-d]; 현재분사 **engaging**) 타
1 …**을 약속하다**(promise): He *engaged* himself to do the job. 그는 그 일을 하겠다고 약속했다
2 (방 · 좌석 등을) 예약하다(reserve)
3 〔be engaged to의 형태로〕 …와 약혼 중이다: I *am engage to* her. 나는 그녀와 약혼 중이다
4 〔be engaged in의 형태로〕 …에 종사하고 있다, 바쁘다: He *is engaged in* foreign trade. 그는 해외 무역에 종사하고 있다
5 (사람을) 고용하다 (《미》에서는 보통 hire, employ를 쓴다): *engage* a servant 하인을 고용하다
── 자 …에 종사하다 《in》

en·gaged [ingéidʒd 인게이쥐드] 형 **1** 약혼한: an *engaged* couple 약혼한 남녀
2 바쁜; 《영》 (전화 등이) 사용 중인: The number is *engaged*. 통화 중입니다 (《미》 The line's busy.)

en·gage·ment [ingéidʒmənt 인게이쥐먼트] 명 **1** (모임 등의) **약속**; 계약: I have an *engagement with* Mike. 나는 마이크와 만날 약속이 있다

유의어 약속

보통 「(모임 등의) 약속」에는 **engagement**를, 어떤 일을 한다든가 또는 하지 않는다든가 등의 「(추상적인) 약속」에는 **promise**를 쓴다: He kept his *promise* to be back early. 그는 일찍 돌아오겠다는 약속을 지켰다.

2 약혼: an *engagement* ring 약혼 반지

en·gine [éndʒin 엔 쥔] 명 (복수 **engines** [-z]) **1 기관, 엔진**: a steam *engine* 증기 기관/ a jet *engine* 제트 엔진 **2** 기관차(locomotive)

en·gi·neer [èndʒiníər 엔쥐니어*r*] 명 (복수 **engineers** [-z]) **1 기사, 기술자, 엔지니어**: an electrical *engineer* 전기 기사
2 《미》 (기차의) 기관사

en·gi·neer·ing [èndʒiníəriŋ 엔쥐니어륑] 명 공학

Eng·land [íŋglənd 잉글런드] 명 **1** 〔좁은 뜻으로〕 **잉글랜드** 《브리튼 섬에서 스코틀랜드와 웨일스를 제외한 부분; 수도는 런던(London)》 **2** 〔넓은 뜻으로〕 **영국** (🔍 이 뜻으로는 흔히 (Great) Britain 또는 the United Kingdom을 사용한다)
【고대 영어「(영국인의 조상인) 앵글족(Angles)의 땅」에서】

Eng·lish [íŋgliʃ 잉글리쉬] 형 **1 영어의**: an *English* dictionary 영어 사전
2 잉글랜드(인)의; 영국(인)의
— 명 **1** 〔무관사로〕 **영어**: Do you speak *English*? 영어를 할 줄 아니?
2 〔the를 붙여; 복수 취급〕 잉글랜드인; 영국인 《전체》 (🔍 개개인을 가리킬 경우에는 an Englishman): *The English* are a hardworking people. 영국인은 근면한 국민이다

English Channel [íŋgliʃ tʃǽnl] 명 〔the를 붙여〕 영국 해협

Eng·lish·man [íŋgliʃmən 잉글리쉬먼] 명 (복수 **Englishmen** [-mən]) 영국인

Eng·lish-speak·ing [íŋgliʃ-spíːkiŋ 잉글리쉬스피-킹] 형 영어를 쓰는〔하는〕

Eng·lish·wom·an [íŋgliʃwùmən 잉글리쉬우먼] 명 영국 여자

en·grave [ingréiv 인그레이v으] 동 (현재분사 **engraving**) 타 (금속 · 돌 등에) (문자 · 도안 등을) 새기다

en·grav·ing [ingréiviŋ 인그레이V잉] 명 조각, 조판; 판화

en·hance [inhǽns 인핸쓰] 동 (현재분사 **enhancing**) 타 (질 · 능력 등을) 높이다, 강화하다

en·joy [indʒɔ́i 인죠이] 동 (3단현 **enjoys** [-z]; 과거 · 과거분사 **enjoyed** [-d]; 현재분사 **enjoying**) 타 **1 …을 즐기다**: I *enjoyed* the dinner very much. 식사 정말 즐거웠습니다/ She *enjoys* meeting people. 그녀는 사람들 만나는 것을 즐긴다

쓰임새 > enjoy의 목적어는 명사 · 대명사 · 동명사가 오며 「to+동사 원형」은 쓰지 않는다.

2 (좋은 것을) 누리다: He *enjoys* good health. 그는 건강하다
enjoy oneself 즐기다, 유쾌하게 지내다: I *enjoyed myself* yesterday. 어제는 재미있었다

en·joy·a·ble [indʒɔ́iəbl 인죠이어브 을] 형 재미있는, 즐거운

en·joy·ment [indʒɔ́imənt 인죠이먼트] 명 기쁨, 즐거움

en·large [inláːrdʒ 인라-*r*쥐] 동 (3단현 **enlarges** [-iz]; 과거 · 과거분사 **enlarged** [-d]; 현재분사 **enlarging**) 타 **1** …을 크게 하다, 넓히다, 확장하다: He *enlarged* his business. 그는 사업을 확장했다
2 (사진을) 확대하다
— 자 커지다, 넓어지다(expand)

en·large·ment [inláːrdʒmənt 인라-*r*쥐먼트] 명 확장, 확대

en·light·en [inláitn 인라이튼→인라 잇'은] 탄 **1** 계몽하다, 교화하다 **2** (뜻 등을) 밝히다; 가르치다

en·light·en·ing [inláitniŋ 인라이트닝→인라잇'닝] 형 계몽적인, 깨우치는

en·list [inlíst 인리스트] 탄 자 징집하다, 입대시키다; 입대하다

e·nor·mous [inɔ́ːrməs 이노-r머쓰] 형 거대한(huge), 엄청난: an *enormous* rock 거대한 바위

e·nor·mous·ly [inɔ́ːrməsli 이노-r머쓸리] 부 대단히, 매우

☆**e·nough** [ináf 이나f으] 형 **충분한**, 넉넉한: I have *enough* time. 나는 시간이 충분히 있다/ She has *enough* money (money *enough*) to buy the camera. 그녀는 카메라를 사기에 충분한 돈을 가지고 있다

> 쓰임새 **enough**의 위치
> (1) 형용사로 쓰여 명사를 수식할 때는 그 명사 앞뒤 어디에도 올 수 있지만, 앞에 올 때가 뜻이 더 강하며 격식을 차리는 용법이다.
> (2) 부사로 쓰여 동사·형용사·부사를 수식할 때는 수식하는 단어 뒤에 놓는다.

── 부 **충분히**, (…하기에) 충분할 만큼: I have slept *enough*. 나는 충분히 잤다/ It is good *enough* for me. 그만하면 됐습니다

be kind enough to do 친절하게도 …하다: He *was kind enough to* help me. 그는 친절하게도 나를 도와주었다

cannot ... enough 아무리 …해도 부족하다: I *cannot* thank you *enough*. 감사한 마음 다할 길 없습니다

── 명 충분한 양(수), 많음: I've had *enough*. Thank you. 많이 먹었습니다, 고맙습니다 (🚫 상대방이 음식을 더 권할 때 사양하는 표현)/ He had *enough* to eat. 그는 먹을 것이 충분히 있었다

en·rich [inrítʃ 인뤼취] 동 (3단현 **enriches** [-iz]) 탄 **1** (사람을) 부유하게 하다; (마음·생활을) 풍요롭게 하다 **2** (맛·빛깔 등을) 진하게 하다; (식품의) 영양가를 높이다

en·sem·ble [ɑːnsɑ́ːmbl 아-안싸-암브을] 명 **1** 전체적 효과(조화) **2** 【음악】 앙상블 (중창과 합창을 섞은 대합창)

en·sure [inʃúər 인슈어r] 동 (현재분사 **ensuring** [-ʃúəriŋ]) 탄 …을 확실하게 하다, 보증하다

-ent (접미사) 행위자를 나타내는 명사 어미: presid*ent* 대통령, 회장

☆**en·ter** [éntər 엔터r] 동 (3단현 **enters** [-z]; 과거·과거분사 **entered** [-d]; 현재분사 **entering** [-təriŋ]) 탄 **1** …에 들어가다: She *entered* the room. 그녀는 방에 들어갔다 (🚫 *enter into* the room이라 하지 않는다)

2 …에 입학(입회)하다, 참가하다(join): I studied hard to *enter* this school. 나는 이 학교에 들어가기 위해 열심히 공부했다/ She *entered* the speech contest. 그녀는 웅변 대회에 참가했다

3 …을 기입하다, 등록하다: *enter* a name 이름을 기입하다

── 자 **1** 들어가다: He *entered at* the back door. 그는 뒷문으로 들어갔다

2 【연극】 (이름 앞에 쓰여) 등장하라 (반 **exit** 퇴장하라): *Enter* Hamlet. 햄릿 등장

enter into (일·교섭 등을) 시작하다: They *entered into* a discussion. 그들은 토론을 시작했다

en·ter·prise [éntərpràiz 엔터r프롸이z으] 명 (복수 **enterprises** [-iz]) **1** (모험적인) 계획, 사업: start a new *enterprise* 새로운 사업을 시작하다

2 모험심, 진취적인 기상

3 기업체, 회사: a large *enterprise* 대기업

en·ter·pris·ing [éntərpràiziŋ 엔터r프롸이Z잉] 형 진취적인, 모험적인

***en·ter·tain** [èntərtéin 엔터*r*테인] 동 (3단현 **entertains** [-z]; 과거·과거분사 **entertained** [-d]; 현재분사 **entertaining**) 타 **1** …을 즐겁게 해주다 (amuse): The magician *entertained* the children. 마술사는 아이들을 즐겁게 해주었다
2 (손님을) 대접하다, 환대하다: *entertain* guests *at* dinner 손님들을 만찬에 초대하여 대접하다

en·ter·tain·er [èntərtéinər 엔터*r*테이너*r*] 명 환대하는 사람; 연예인

***en·ter·tain·ment** [èntərtéinmənt 엔터*r*테인먼트] 명 **1 여흥, 연예**, 연회, 오락 **2** 대접, 환대

en·thu·si·asm [inθú:ziæzm 인θ우-Z이애Z음] 명 열광, 열중

en·thu·si·as·tic [inθù:ziǽstik 인θ우-Z이애스틱] 형 열중한, 열광적인: She is *enthusiastic about*〔*over*〕ballet. 그녀는 발레에 열중하고 있다

***en·tire** [intáiər 인타이어*r*] 형 **1 전체의** (whole): the *entire* staff 전체 직원
2 완전한: It was an *entire* failure. 그것은 완전한 실패였다

en·tire·ly [intáiərli 인타이어*r*을리] 부 아주, 완전히(completely), 전적으로: It is *entirely* his fault. 그것은 전적으로 그의 잘못이다

en·ti·tle [intáitl 인타이트을 → 인타이르을] 동 (3단현 **entitles** [-z]; 과거·과거분사 **entitled** [-d]; 현재분사 **entitling**) 타 **1** …라고 표제를〔명칭을〕붙이다: The book was *entitled* 'The Wealth of Nations'. 그 책은「국부론」이란 표제가 붙여졌다
2 …에게 권리〔자격〕를 주다: He is *entitled* to a pension. 그는 연금을 받을 자격이 있다

***en·trance** [éntrəns 엔츄뤈쓰] 명 (복수 **entrances** [-iz]) **1 들어가기, 입학**, 입장: an *entrance* examination 입학 시험 / *Entrance* free《게시》입장 무료
2 입구(반 exit 출구); 문간, 현관

entrance　　　exit

en·treat [intrí:t 인츄뤼-트] 타《문어》…을 간청〔탄원〕하다(beg)

en·treat·y [intrí:ti 인츄뤼-티 → 인츄뤼-리] 명 (복수 **entreaties** [-z]) 간청, 탄원, 애원

en·trust [intrʌ́st 인츄롸스트] 타 …을 맡기다, 위탁하다《to, with》

***en·try** [éntri 엔츄뤼] 명 (복수 **entries** [-z]) **1** 들어감, **입장**(entrance) **2**《미》입구(entrance) **3** (사전 등의) 표제어 **4** 기입, 기재 **5** (경기 등의) 참가자

en·ve·lop [invéləp 인V엘럽] 동 (3단현 **envelops** [-s]; 과거·과거분사 **enveloped** [-t]; 현재분사 **enveloping**) 타《문어》…을 싸다, 덮다: Darkness *enveloped* the hut. 어둠이 오두막을 감쌌다

***en·ve·lope** [énvəlòup 엔V얼로웁] 명 (복수 **envelopes** [-s]) **봉투**

en·vi·ous [énviəs 엔V이어쓰] 형 …을 부러워하는, 질투하는

***en·vi·ron·ment** [inváirənmənt 인V아이뤈먼트] **1 환경**, 주위(의 상황): social *environment* 사회적 환경 / We are affected by our *environment*. 우리는 환경에 영향을 받는다
2〔the를 붙여〕자연 환경

en·vi·ron·men·tal [invàirənméntl 인V아이뤈멘트을] 형 환경의

en·voy [énvɔi 엔V오이] 명 사절(使節)

***en·vy** [énvi 엔V이] 명 (복수 **envies** [-z]) **1 질투, 샘**, 시기: She said so out of *envy*. 그녀는 질투한 나머지 그렇게 말했다

2 선망의 대상
──통 (3단현 **envies** [-z]; 과거·과거분사 **envied** [-d]; 현재분사 **envying**)
타 **…을 부러워하다**: I *envy* you. 나는 네가 부럽다

ep·ic [épik 에픽] 명 서사시 《영웅의 모험·업적 또는 민족의 역사 등을 노래한 시; 「서정시」는 lyric》

ep·i·dem·ic [èpədémik 에퍼데믹] 형 유행[전염]성의
──명 유행[전염]병 (🖉 「풍토병」은 endemic)

ep·i·gram [épigræm 에피그램] 명 경구(警句)

ep·i·logue, ep·i·log [épəlɔ̀:g 에필라-그] 명 (시·극 등의) 끝맺는 말[부분], 에필로그 (반 prologue 머리말)

ep·i·sode [épəsòud 에피쏘우드] 명 (소설·극 등의 중간의) 에피소드, 삽화(揷話),

ep·i·taph [épətæf 에퍼태f으] 명 묘비명(銘), 비문(碑文)

ep·och [épək 에퍽] 명 **1** (중요한 사건이 일어났던) 시대(period), 시기 **2** (역사상의) 신기원

ep·och-mak·ing [épək-méikiŋ 에퍽메이킹] 형 획기적인, 신기원을 이루는

*__**e·qual**__ [íːkwəl 이-크워얼] 형 **1 같은, 동등한**: Twice three is *equal to* six. 3 곱하기 2는 6

2 …할 자격[역량]이 있는 **(to)**: He is *equal to* the task. 그는 그 일을 충분히 할 수 있다

3 평등한: All men are *equal*. 모든 사람은 평등하다
──명 동등[대등]한 사람[것]: She has no *equal* in cooking. 요리에 있어서는 그녀를 당할 사람이 없다
──통 (3단현 **equals** [-z]; 과거·과거분사 **equaled**, 〈영〉 **equalled** [-d]; 현재분사 **equaling**, 〈영〉 **equalling**) 타 **1 …와 같다**: Two and two *equals* four. 2 더하기 2는 4다

2 …와 맞먹다, 필적하다: Your ability *equals* his. 너의 능력은 그와 맞먹는다

e·qual·i·ty [iːkwɑ́ləti 이-크왈러티 → 이-크왈러리] 명 동등; 평등

*__**e·qual·ly**__ [íːkwəli 이-크월리] 부 **같게**; 평등하게

e·qua·tion [iːkwéiʒən 이크웨이쥔] 명 **1** 균형 **2** [수학] 방정식

e·qua·tor [ikwéitər 이크웨이터r → 이크웨이러r] 명 [the를 붙여] (지구의) 적도

e·qui·nox [íːkwənɑ̀ks 이크워낙쓰] 명 [천문] 춘(추)분

*__**e·quip**__ [ikwíp 이크윕] 통 (3단현 **equips** [-s]; 과거·과거분사 **equipped** [-t]; 현재분사 **equipping**) 타 (필요한 것을) **갖추게 하다**; (군대를) 장비하다; 채비를 하다: *equip* a ship *for* a voyage 배의 항해 준비를 하다 / The soldiers were *equipped with* the latest weapons. 병사들은 최신 무기를 갖추고 있었다

e·quip·ment [ikwípmənt 이크윕먼트] 명 **1** 장비, 설비, 비품: a factory with modern *equipment* 현대식 설비를 갖춘 공장

2 준비, 채비

e·quiv·a·lent [ikwívələnt 이크위V얼런트] 형 같은, 동등한(equal) **(to)**

-er 《접미사》 **1** 「…하는 사람[것]」: farm*er* 농부 / burn*er* 버너

2 「(어느 고장)의 사람, …거주자」: London*er* 런던 사람

3 [형용사·부사의 비교급을 만듦]: narrow*er* (더 좁은)

e·ra [írə 이라] 명 **1** 시대, 시기: the atomic *era* 원자력 시대

2 기원(紀元): the Christian *era* 서력 기원, 서기

*__**e·rase**__ [iréis 이뤠이쓰] 통 (3단현 **erases** [-iz]; 과거·과거분사 **erased** [-t, -d]; 현재분사 **erasing**) 타 (글자 등을) **지우다**, 삭제하다: *erase* a line 선을 지

우다/ Please *erase* the blackboard. 칠판을 지워 주세요

e·ras·er [iréisər 이뤠이써*r*] 명 1 칠판 지우개 2 《미》 고무 지우개 (《영》 rubber)

e·rect [irékt 이랙트] 형 똑바로 선, 직립한: stand *erect* 똑바로 서다
──타 1 …을 똑바로 세우다 2 건설하다(build)

e·rec·tion [irékʃən 이랙션] 명 1 직립 2 건설; 건조물

E·ros [érɑs 에라쓰] 명 1 【그리스신화】 에로스 《아프로디테(Aphrodite)의 아들로 연애의 신; 로마신화의 큐피드(Cupid)에 해당》 2 [eros로] 성애(性愛)

e·ro·sion [iróuʒən 이로우전] 명 1 부식 2 침식

e·rot·ic [irátik 이라틱 → 이라릭] 형 성애의; 선정적인

err [ə́:r 어-*r*] 자 잘못하다, 실수하다

er·rand [érənd 에뤈드] 명 (복수 errands [-dz]) 심부름: He went on an *errand*. 그는 심부름을 갔다

⁎**er·ror** [érər 에뤄*r*] 명 (복수 errors [-z]) 1 잘못, 틀림(mistake): Correct *errors*, if any. 틀린 데가 있으면 고치시오/ He committed〔made〕 a serious *error*. 그는 큰 실수를 했다
2 【야구】 에러, 실책

e·rupt [irʌ́pt 이럽트] 자 (화산 등이) 폭발하다, 분화하다

e·rup·tion [irʌ́pʃən 이럽션] 명 (화산의) 폭발, 분화

-es (접미사) 1 일부 명사의 복수형을 만듦: box*es* 상자들
2 일부 동사의 3인칭 단수 현재형을 만듦: teach*es* 가르치다

es·ca·late [éskəlèit 에스컬레잇] 동 (현재분사 escalating) 자 1 …이 단계적으로 확대되다 2 (임금·물가가) 차츰 오르다

⁎**es·ca·la·tor** [éskəlèitər 에스컬레이터*r* → 에스컬레이러*r*] 명 (복수 escalators [-z]) 에스컬레이터: take an *escalator* 에스컬레이터에 타다

escalator

⁎**es·cape** [iskéip 이스케입] 동 (3단현 escapes [-s]; 과거·과거분사 escaped [-t]; 현재분사 escaping) 자 1 (속박 등에서) 달아나다, 도망치다; (위험·병 등에서) 벗어나다: The bird *escaped from* the cage. 그 새는 새장에서 달아났다
2 (액체 등이) 새다(leak): The gas is *escaping*. 가스가 새고 있다
──타 (위험·재난 등을) 피하다, 면하다
──명 (복수 escapes [-s]) 1 **탈출, 도망**; (재난 등의) 모면: She had a narrow *escape* from death. 그녀는 구사 일생으로 살아났다
2 (가스 등의) 샘, 누출
【라틴어로「망토(cape)를 놔두고 도망치다」에서】

es·cort [éskɔːrt 에스코-*r*트] 명 1 호위, 호송 2 호위자〔대〕; 호송선
──[iskɔ́:rt 이스코-*r*트] 타 호위하다, 호송하다

Es·ki·mo [éskəmòu 에스커모우] 명 (복수 Eskimo, Eskimos [-z]) 에스키모인

es·pe·cial [ispéʃəl 이스페셔얼] 형 《문어》 특별한(special), 각별한(반 ordinary 보통의)

es·pe·cial·ly [ispéʃəli 이스페셜리] 부 **특히**, 유달리: He is good at all subjects, *especially* at English. 그는 전 과목을 잘 하지만 특히 영어를 잘한다

Es·pe·ran·to [èspərǽntou 에스퍼랜토우] 명 에스페란토어 《폴란드 안과 의사가 창안한 국제어》

es·quire [éskwaiər 에스크와이어r] 명 [**Esquire**로] 《영》 씨, 님 (🖉 약어는 Esq., Esqr.): Thomas Jones, *Esq*. 토마스 존스씨

참고 esquire는 성명의 뒤에 붙이는 경칭으로 Mr.보다 격식을 차린 에스러운 말. 영국에서도 친한 사이에는 Mr.를 쓴다.

-ess 《접미사》 여성 명사를 만듦: actress 여배우/ lioness 암사자

es·say [ései 에쎄이] 명 (복수 essays [-z]) **수필**, 에세이

es·say·ist [éseiist 에쎄이이스트] 명 수필가

es·sence [ésəns 에쎈쓰] 명 1 (사물의) **본질**, **정수**, 진수: They are different in *essence*. 그들은 본질적으로 다르다
2 (증류 등으로 추출한) 정(精), 엑스 (extract)

es·sen·tial [isénʃəl 이쎈셔얼] 형 (비교급 **more essential**; 최상급 **most essential**) 1 **본질의**, 본질적인(intrinsic): There is no *essential* difference between the two. 그 두 개는 본질적으로 차이가 없다
2 **필수적인**, 없어서는 안 될: Water is *essential for*〔*to*〕 life. 물은 생명에 있어서 없어서는 안 된다
—— 명 (복수 **essentials** [-z]) [보통 복수형으로] 본질적 요소; 요점: the *essentials* of economics 경제학의 요점

es·sen·tial·ly [isénʃəli 이쎈셔리] 부 본질적으로

-est 《접미사》 [형용사 · 부사의 최상급을 만듦]

문법 비교급 · 최상급 만드는 법

대개의 낱말: -er,-est를 붙임 (old*er*, old*est*)

e로 끝나는 낱말: -r, -st를 붙임 (larg*er*, larg*est*)

「단모음+자음자」로 끝나는 낱말: 자음자를 겹치고 -er, -est를 붙임 (big*ger*, big*gest*)

「자음자+y」로 끝나는 낱말: y를 i로 바꾸고 -er, -est를 붙임 (bus*ier*, bus*iest*)

단, 이것은 1음절어와 일부의 2음절어에만 해당되며 그밖에는 형용사 · 부사 앞에 more, most를 붙인다.

es·tab·lish [istǽbliʃ 이스태블리쉬] 동 (3단현 **establishes** [-iz]; 과거 · 과거분사 **established** [-t]; 현재분사 **establishing**) 타 1 (회사 · 학교 등을) **설립하다**, 창립하다: *establish* a company 회사를 설립하다/ This college was *established* in 1897. 이 대학은 1897년에 설립되었다
2 (사람을 어떤 직위 · 직업에) 앉히다, 자리잡게 하다
3 (선례 · 학설 등을) 수립〔확립〕하다; (법률 등을) 제정하다: *establish* a law 법률을 제정하다

es·tab·lish·ment [istǽbliʃmənt 이스태블리쉬먼트] 명 1 (학교 등의) **설립**, 창설; 제정 2 (회사 · 학교 등의) 시설

es·tate [istéit 이스테잇] 명 (복수 **estates** [-ts]) 1 **땅**, **토지**; 소유지: buy an *estate* 땅을 사다
2 재산: real *estate* 부동산/ personal *estate* 동산

es·teem [istíːm 이스티-임] 동 (3단현 **esteems** [-z]; 과거 · 과거분사 **esteemed** [-d]; 현재분사 **esteeming**) 타 《문어》 1 …을 존경〔존중〕하다: I *esteem* your advice highly. 당신의 충

고를 높이 존중합니다
2 (…라고) 생각하다, 여기다(consider)
── 몡 존경(respect), 존중

***es·ti·mate** [éstəmit 에스터밋] 몡 (복수 **estimates** [-ts]) **1 견적**, 어림; 견적서 **2** (인물 등의) 평가
── [éstəmèit 에스터메잇] 동 (3단현 **estimates** [-ts]; 과거·과거분사 **estimated** [-id]; 현재분사 **estimating**) 타
1 …을 **추정하다**, 어림하다: I *estimate* her age at forty. 나는 그녀의 나이는 40세 정도라고 생각한다
2 (인물·능력 등을) 평가하다

es·ti·ma·tion [èstəméiʃən 에스터메이션] 몡 **1** 견적 **2** (가치의) 평가, 판단

etc. [itsétərə 잇쎄터러] 《약어》 …따위, …등등 (📖 라틴어 et cetera (= and the rest)의 약어로 보통 and so forth〔on〕로 읽는다): sugar, tea, coffee, *etc.* 설탕, 차, 커피 따위

***e·ter·nal** [itə́ːrnl 이터-r느을] 형 **영원한**, 영구한(반 temporal 일시적인): *eternal* truth 영원한 진리

e·ter·nal·ly [itə́ːrnəli 이터-r널리] 부 영원〔영구〕히(forever)

e·ter·ni·ty [itə́ːrnəti 이터-r너티 → 이터-r너리] 몡 (복수 **eternities** [-z]) **1** 영원, 영구 **2** 영원의 세계, 내세

eth·ics [éθiks 에θ익쓰] 몡 〔단수 취급〕 윤리학

eth·nic [éθnik 에θ으닉] 형 인종의, 민족의

et·i·quette [étikèt 에티켓 → 에리켓] 몡 예의 (범절), 에티켓
【프랑스어에서; 복잡한 궁정의 예식 절차를 적은 표(ticket)를 손님에게 나누어 준 데서】

E·ton [íːtn 이-튼] 몡 **1** 이튼 《런던 서남방의 도시; 이튼교의 소재지》 **2** 이튼교 (Eton College)

eu·re·ka [juríːkə 유뤼-카] 감 알았다! 《아르키메데스가 왕관의 금(金) 순도를 재는 방법을 발견했을 때 지른 소리》

【그리스어「발견했다」에서】

eu·ro [júrou 유로우] 몡 유로 《유럽연합의 통합 화폐 단위》

***Eu·rope** [júrəp 유뢉] 몡 **유럽**

***Eu·ro·pe·an** [jùrəpíːən 유뤄피-언] 형 **유럽(인)의**
── 몡 유럽인

쓰임새▷ European의 철자는 모음인 e로 시작하나 발음은 자음이므로 「한 사람의 유럽인」은 an European이 아니라 a European이라 한다.

e·vade [ivéid 이V에이드] 동 (현재분사 **evading**) 타 (공격·질문·책임 등을) (교묘하게) 피하다

e·val·u·ate [ivǽljuèit 이V앨류에잇] 동 (현재분사 **evaluating**) 타 (가치 등을) 평가하다

e·vap·o·rate [ivǽpərèit 이V애퍼뤠잇] 동 (현재분사 **evaporating**) 자 타 증발하다; …을 증발시키다
【라틴어「증기(vapor)를 내다」에서】

Eve [íːv 이-v으] 몡【성서】이브, 하와 《아담(Adam)의 아내; 하나님이 창조한 최초의 여자》

eve [íːv 이-v으] 몡 **1** 〔보통 **Eve**로〕 (축제 일의) 전날 밤, 전날: Christmas *Eve* 크리스마스 전야 《12월 24일》
2 (중요 사건·행사 등의) 직전
【*evening*(저녁)에서】

***e·ven** [íːvn 이-V은] 부 **1** 〔보통 수식하는 어구 앞에서 사실 등을 강조하여〕 …**조차(도)**, …까지도, …마저: *Even* a child can answer it. 그것은 어린애라도 대답할 수 있다／ It is cold here *even*

evening

in May. 이곳은 5월인데도 춥다/ He didn't *even* talk to her. 그는 그녀에게 말조차 걸지 않았다

2 〔비교급을 강조하여〕 **한층 (더)**, 더욱: This book is *even better* than that. 이 책은 저 책보다 훨씬 좋다

***even if*〔*though*〕** ... 비록 …할지라도: I'll go *even if* it rains. 비록 비가 올지라도 나는 가겠다

even so 비록 그렇다 하더라도: He has some faults; *even so*, he is still a good friend. 그는 결점이 좀 있지만, 그래도 그는 여전히 좋은 친구다

── 형 (비교급 **evener**; 최상급 **evenest**) **1** (면이) **평평한**, 평탄한: *even* ground 평지/ The table has an *even* surface. 테이블은 표면이 평평하다

2 짝수의(반 odd 홀수의): an *even* number 짝수

3 (수량·득점 등이) **같은**, 대등한: an *even* score 동점/ The game was *even*. 그 경기는 막상막하였다

4 한결같은, 규칙적인: walk at an *even* speed 일정한 속도로 걷다

eve·ning [í:vniŋ 이-V으닝] 명 (복수 **evenings** [-z]) **저녁, 밤** 《일몰부터 잘 때까지》: this *evening* 오늘 저녁/ early in the *evening* 저녁 일찍/ on the *evening* of the 3rd of April 4월 3일 저녁에/ Come and see me on Sunday *evening*. 일요일 저녁에 놀러 오너라

〔쓰임새〕 (1) 일반적으로 「저녁에」라고 말할 때에는 전치사는 in을, 요일이나 특정한 날의 경우 전치사는 on을 사용한다.
(2) evening 앞에 every, this, tomorrow, yesterday 등이 오면 전치사를 붙이지 않는다.

Good evening! 안녕하세요! 《저녁 인사》

── 형 **저녁의**: an *evening* paper 석간

evening dress [í:vniŋ drès] 명 야회복

e·ven·ly [í:vnli 이-V은리] 부 **1** 고르게, 평탄하게 **2** 평등하게; 공평하게

e·vent [ivént 이V엔트] 명 (복수 **events** [-ts]) **1** (중요한) **사건**, 행사: school *events* 학교 행사/ It was quite an *event*. 정말 큰 사건이었다

2 (경기의) **종목**, (경기 순서 중의) 한 게임, 한 판: the main *event* 주요한 시합 〔경기〕

at all events = ***in any event*** 좌우간, 여하튼 간에: *At all events*, you should meet him. 여하튼 간에 너는 그를 만나야 한다

in the event of ... 《문어》 만일 …할 경우에는(in case of): *In the event of* rain, the game will be postponed. 비가 올 경우에는 시합은 연기될 것이다

e·ven·tu·al·ly [ivéntʃuəli 이V엔츄얼리] 부 결국, 마침내(finally, at last)

ev·er [évər 에V어r] 부 **1** 〔의문문에서〕 **언젠가**, 이제〔지금〕까지: Have you *ever* been to New York? 뉴욕에 가 본 적이 있습니까?

〔회화〕
A: Have you *ever* seen a lion? 사자를 본 적이 있습니까?
B: Yes, I have (once)./ No, I haven't. 네, (한 번) 보았습니다/ 아니오, 본 적이 없습니다

2 〔조건문에서〕 **언젠가**, 앞으로: If you *ever* visit Seoul, please call at my office. 언젠가 서울에 오시게 되면 내 사무실을 찾아주십시오

3 〔비교급·최상급 뒤에서 그 말을 강조하여〕 이제까지, 지금까지: He is the *best* student I've *ever* taught. 그는 내가 지금까지 가르친 학생 중에서 가장 우수한 학생이다

4 언제나, 늘, 항상; 계속해서: He is *ever* the same. 그는 변함이 없다

5 〔의문사를 강조하여〕 도대체(on earth): Who *ever* broke this glass? 도대체 누가 이 유리잔을 깼니?/ Why *ever* didn't you come? 너는 도대체 왜 오지 않았느냐?

as ... as ever 여전히…: Grandfather is *as* well *as ever*. 할아버지께서는 여전히 건강하시다

as ... as ever ... can 될 수 있는 대로: Be *as* quick *as ever* you *can*. 될 수 있는 대로 서둘러라

***ever after*〔*since*〕** 그 후로 줄곧: They lived happily *ever after*. 그들은 그 후 행복하게 살았다고 합니다 (동화의 끝맺는 말; 시작은 Once upon a time)

ever so 《구어》 매우(very): Thank you *ever so* much. 대단히 고맙습니다

for ever 《영》 영원히 (《미》에서는 보통 forever와 같이 한 단어로 쓴다): I will remember you *for ever*. 나는 너를 영원히 기억할 것이다

Yours ever 변함 없는 그대의 벗 《친한 사람에게 보내는 편지의 맺음말》

Ev·er·est [évərist 에V어뤼스트] 명 **Mount**〔**Mt.**〕 ~ 에베레스트 산 《히말라야 산맥의 세계 최고봉; 높이 8,850》

Mount Everest

《인도의 측량 국장 Sir George Everest에서》

ev·er·green [évərgrìːn 에V어r그뤼-인] 형 상록의
── 명 상록수

ev·er·last·ing [èvərlǽstiŋ 에V어r 래스팅] 형 영원한, 영원히 계속되는

ev·e·ry [évri: 에V으뤼-] 형 **1** 모든, 전부: *Every* boy was present. 모든 소년이 출석했다/ *Every* man and woman likes it. 남자 여자 할 것 없이 모두 그것을 좋아한다

> 쓰임새 every는 형용사로만 사용하며 「every + 단수 명사」는 단수 취급한다. (every 뒤에 2개의 명사가 and로 이어져 있어도 단수 취급함)

2 〔not와 함께 부분 부정을 나타내어〕 모두가 다(…인 것은 아니다): *Every* man can*not* be an actor. 누구나 다 배우가 될 수는 없다

3 가능한 한의, 모든: They showed me *every* kindness. 그들은 나에게 온갖 친절을 다 베풀어 주었다

4 〔단수 명사와 함께〕 매…, …마다: *every* morning 매일 아침/ He goes there *every* day〔week〕. 그는 매일〔매주〕 거기에 간다

5 〔뒤에 「서수 + 단수 명사」 또는 「기수 + 복수 명사」와 함께〕 …마다, … 간격으로: *Every* third family has a car. 세 집 중에 한 집은 차를 가지고 있다/ The Olympic Games take place *every* four years. 올림픽 대회는 4년마다 개최된다

***every moment*〔*minute*〕** 시시각각으로, 순간마다: I am waiting for him *every minute*. 이제나저제나 하고 그를 기다리고 있다

***every now and then*〔*again*〕** 때때로, 이따금

every other 하나 걸러: *every other* day 격일로, 하루 걸러/ Write on *every other* line. 한 줄 걸러 쓰세요

every time [접속사적으로] …할 때마다: *Every time* I looked at him, he was yawning. 그를 볼 때마다 그는 하품을 하고 있었다
in every way 모든 점[면]에서

eve·ry·bod·y [évribɑ̀di 에V으뤼-바디 → 에V으뤼-바리] 대 [단수 취급] **1 누구나**, 모두, 모든 사람 (*everyone*보다 《구어》): *Everybody* must do his best. 누구나 최선을 다하지 않으면 안 된다 / Good morning, *everybody*. 여러분, 안녕하세요
2 [not와 함께 부분 부정을 나타내어] 누구나 다 (…한 것은 아니다): *Not everybody* can be a singer. 누구나 다 가수가 될 수 있는 것은 아니다

every·day [évridèi 에V으뤼-데이] 형 **매일의**, 일상의, 평상시의(usual): *everyday* affairs 일상적인 일 / *everyday* clothes 평상복

> 쓰임새 every day와 같이 두 단어로 쓰면 「매일」이라는 뜻의 부사구가 된다: I play tennis *every day*. 나는 매일 테니스를 한다.

eve·ry·one [évriwʌ̀n 에V으뤼-원] 대 [단수 취급] **1 누구나**, 모든 사람: *Everyone* wants peace. 누구나 다 평화를 원한다 / She is loved *everyone*. 그녀는 모든 사람에게서 사랑을 받고 있다
2 [not와 함께 부분 부정을 나타내어] 누구나 다 (…한 것은 아니다): I don't know *everyone* in his class. 나는 그의 반의 전원을 알고 있지 않다

> 쓰임새 everyone은 everybody와 같은 뜻인데 everybody가 더 《구어》. 각자에 중점을 둘 때에는 every one과 같이 떼어 쓴다.

eve·ry·thing [évriθìŋ 에V으뤼-θ잉] 대 [단수 취급] **1 무엇이든지**, 모두: He knows *everything* about the camera. 그는 카메라에 관한 것은 다 알고 있다 / We saw *everything* famous in London. 우리는 런던의 유명한 것을 모두 구경했다

> 쓰임새 something, nothing, anything과 마찬가지로 everything을 수식하는 형용사는 뒤에 온다.

2 [not와 함께 부분 부정을 나타내어] 무엇이든지 (…한 것은 아니다): You cannot take *everything*. 무엇이든지 다 가질 수는 없다
3 가장 중요[소중]한 것[일]: You mean [are] *everything* to me. 당신은 나의 전부다 / Money is not *everything*. 돈이 전부는 아니다

eve·ry·where [évrihwɛ̀ər 에V으뤼-웨[훼]어r] 부 **1 어디에서나**: This book is read *everywhere* in the world. 이 책은 세계 어느 곳에서나 읽히고 있다
2 [not와 함께 부분 부정을 나타내어] 어디에서나 (…한 것은 아니다): You cannot buy it *everywhere*. 그것은 어디서나 살 수 있는 것은 아니다

ev·i·dence [évidəns 에V이던쓰] 명 (복수 **evidences** [-iz]) **1 증거**(proof): There is no *evidence* that he is guilty. 그가 죄가 있다는 증거가 없다
2 흔적, 징후

ev·i·dent [évidənt 에V이던트] 형 (비교급 **more evident**; 최상급 **most evident**) 분명한, 명백한(plain): It is *evident* that he will win. 그가 이길 것은 분명하다

ev·i·dent·ly [évidəntli 에V이던틀리 → 에V이던'을리] 부 분명히, 명백히

e·vil [í:vəl 이-V어쓸] 형 **1 나쁜**(bad), 사악한: an *evil* life 부도덕한 생활 / He is an *evil* man. 그는 사악한 사람이다
2 불길한(unlucky), 운이 나쁜: *evil* news 불길한 소식
── 명 (복수 **evils** [-z]) **1 악**(반 good 선): do *evil* 악한 일을 하다
2 해악, 폐해: the social *evil* 사회악

e·voke [ivóuk 이V오욱] 타 (현재분사 **evoking**) (감정·기억 등을) 일깨우다

e·vo·lu·tion [èvəlúːʃən 에V얼루-션] 명 **1** (생물의) 진화: the theory of *evolution* 진화론
2 (단계적인) 발달, 발전

ewe [júː 유-] 명 (성장한) 암양

ex- 《접두사》 **1** 「…에서 밖으로」의 뜻: *ex*press 표현하다 / *ex*port 수출
2 〔보통 하이픈을 붙여서〕 「전…」의 뜻: *ex*-president 전 대통령

*__ex·act__ [igzǽkt 이그Z액트] 형 (비교급 **more exact**; 최상급 **most exact**) 정확한, 틀림없는: What is the *exact* time? 정확히 몇 시니? / Her memory is *exact*. 그녀의 기억력은 정확하다

*__ex·act·ly__ [igzǽktli 이그Z액틀리 → 이그Z애클리] 부 (비교급 **more exactly**; 최상급 **most exactly**) **1** 정확히, 꼭, 바로: We left home at *exactly* six (o'clock). 우리는 정각 6시에 집을 나섰다
2 《구어》 틀림없이, 바로 그렇다

┌회화┐
A: Is this what you want?
이것이 당신이 원하는 것입니까?
B: *Exactly*.
그렇습니다

ex·ag·ger·ate [igzǽdʒərèit 이그Z애 쥐뤠잇] 동 (3단현 **exaggerates** [-ts]; 과거·과거분사 **exaggerated** [-id]; 현재분사 **exaggerating**) 타 …을 과장하다, 과장해서 말하다: He *exaggerated* the number of the books he had. 그는 그가 가지고 있는 책의 수를 과장해서 말했다

*__ex·am__ [igzǽm 이그Z앰] 명 《구어》 시험 (✎ examination의 단축형)

*__ex·am·i·na·tion__ [igzæ̀mənéiʃən 이그 Z애머네이션] 명 (복수 **examinations** [-z]) **1** 시험: take an *examination* 시험을 치르다 / pass〔fail (in)〕 an entrance *examination* 입학 시험에 합격하다〔떨어지다〕/ We had an *examination* in English yesterday. 어제 영어 시험이 있었다

┌참고┐ 시험
중간 시험은 midterm examination 또는 midterms, 기말 시험은 final examination 또는 finals, 주 1회 정도의 간단한 시험은 quiz라고 한다.

2 조사, 검사; 진찰: a physical *examination* 신체 검사

*__ex·am·ine__ [igzǽmin 이그Z애민] 동 (3단현 **examines** [-z]; 과거·과거분사 **examined** [-d]; 현재분사 **examining**) 타 **1** …을 시험하다: *examine* pupils in English 학생들에게 영어 시험을 치게 하다
2 …을 검사〔조사〕하다, 검토하다

*__ex·am·ple__ [igzǽmpl 이그Z앰프얼] 명 (복수 **examples** [-z]) **1** 보기, 예, 실례: Can you give me an *example*? 예를 하나 들 수 있습니까?
2 모범(model), 본보기: She is a good *example* for all of us. 그녀는 우리들 모두에게 좋은 본보기다

for example 예를 들면(for instance): Some mammals live in the water; whales, *for example*. 물에 사는 포유동물도 있다. 예를 들면 고래다

ex·ceed [iksíːd 익씨-드] 동 (3단현 **exceeds** [-dz]; 과거·과거분사 **exceeded** [-id]; 현재분사 **exceeding**) 타 (수·양·정도를) 넘다, 초과하다: Do not *exceed* the speed limit. 제한 속도를 넘지 마시오

ex·ceed·ing [iksíːdiŋ 익씨-딩] 형 대단한, 엄청난

ex·ceed·ing·ly [iksíːdiŋli 익씨-딩리] 부 대단히, 엄청나게(extremely)

*__ex·cel__ [iksél 익쎄엘] 동 (3단현 **excels** [-z]; 과거·과거분사 **excelled** [-d]; 현재분사 **excelling**) 타 …보다 낫다, 능가하다: He *excels* me *at* tennis. 그는 나보

다 테니스를 잘한다
——짜 잘하다, 뛰어나다 (in, at): He excels in music[at chess]. 그는 음악 [체스]에 뛰어나다

ex·cel·lence [éksələns 엑썰런쓰] 명 우수, 탁월(성)

ex·cel·lent [éksələnt 엑썰런트] 형 **우수한**, 뛰어난: She is excellent in[at] English. 그녀는 영어를 썩 잘한다

> 쓰임새 excellent는 칭찬·찬동을 나타내는 말이므로 This book is excellent. (이 책은 훌륭하다)라고는 할 수 있어도 부정으로 This book is not excellent.라고는 할 수 없다.

ex·cept [iksépt 익쎕트] 전 **…을 제외하고는**, …외에는: Everyone is ready except you. 너말고는 다 준비되어 있다／He works every day, except Sunday. 그는 일요일을 제외하고는 매일 일한다
except for …을 제외하면 (⚠ except for 뒤에는 명사 또는 doing이 온다): Your composition is very good except for a few mistake. 서너 가지 틀린 점이 있지만 너의 작문은 매우 훌륭하다
except that …을 제외하고 (⚠ except that 뒤에는 절이 온다): That will do except that it is too long. 너무 긴 것이 흠이지만 그냥 쓸만하다

ex·cep·tion [iksépʃən 익쎕션] 명 (복수 exceptions [-z]) 예외: There is no rule without exceptions. 《속담》예외 없는 규칙은 없다

ex·cess [iksés 익쎄쓰] 명 (복수 excesses [-iz]) **1** 과다, 과잉; 초과(량·액): an excess of imports over exports 수입 초과
2 과도, 지나침: Don't drink to excess. 지나치게 마시지 마라

ex·ces·sive [iksésiv 익쎄씨v으] 형 과도한, 지나친

ex·change [ikstʃéindʒ 익스췌인쥐] 동 (3단현 exchanges [-iz]; 과거·과거분사 exchanged [-d]; 현재분사 exchanging) 타 **…을 바꾸다**, 교환하다; 환전하다: I exchanged a camera for a guitar. 나는 카메라를 기타와 교환했다／Will you exchange seats with me? 저와 자리를 바꿔 주시겠습니까? (⚠ seat처럼 같은 물건을 교환하는 경우에는 복수형을 사용한다)

exchange

——명 (복수 exchanges [-iz]) **1** 교환, 주고받음: exchange of gold for silver 금과 은의 교환
2 환(換), 어음; 환 시세: a bill of exchange 환어음／domestic[foreign] exchange 내[외]국환
3 거래소;《영》(전화의) 교환국: the stock exchange 증권 거래소
in exchange for …와 교환으로, …대신에

ex·cite [iksáit 익싸잇] 동 (3단현 excites [-ts]; 과거·과거분사 excited [-id]; 현재분사 exciting) 타 **1** **…을 흥분시키다**, 자극하다(stimulate): The game excited us. 그 경기는 우리를 흥분시켰다
2 (감정·흥미 등을) 일으키다: excite curiosity 호기심을 일으키다

ex·cit·ed [iksáitid 익싸이티드 → 익싸이리드] 형 (사람이) **흥분한**: an excited mob 흥분한 군중／He was excited to hear the news. 그는 그 소식을 듣고 흥분했다

ex·cite·ment [iksáitmənt 익싸잇먼트] 명 **1** 흥분; (마음의) 동요 **2** 자극
in excitement 흥분하여: She jumped up in excitement. 그녀는 흥분하여 뛰어올랐다

ex·cit·ing [iksáitiŋ 익싸이팅 → 익싸이링] 형 (사물이) **흥분시키는**, 손에 땀을 쥐게 하는: an *exciting* game 손에 땀을 쥐게 하는 경기

ex·claim [ikskléim 익쓰클레임] 동 (3단현 **exclaims** [-z]; 과거·과거분사 **exclaimed** [-d]; 현재분사 **exclaiming**) 자 외치다, 소리지르다: She *exclaimed* with astonishment. 그녀는 놀라서 소리질렀다

ex·cla·ma·tion [èkskləméiʃən 엑쓰클러메이션] 명 1 외침 2 감탄문, 감탄사

exclamation mark [èkskləméiʃən mὰːrk] 명 느낌표, 감탄 부호 (!)

ex·clude [iksklúːd 익쓰클루-드] 동 (3단현 **excludes** [-dz]; 과거·과거분사 **excluded** [-id]; 현재분사 **excluding**) 타 …을 제외하다, 몰아내다(반 include 포함하다): *exclude* the light 빛을 차단하다

ex·clu·sion [iksklúːʒən 익쓰클루-전] 명 제외(반 inclusion 포함)

ex·clu·sive [iksklúːsiv 익쓰클루-씨v으] 형 1 배타적인, 폐쇄적인: an *exclusive* club 입회하기 까다로운 클럽
2 독점적인, 유일한: an *exclusive* contract 독점 계약

ex·cur·sion [ikskə́ːrʒən 익쓰커-r전] 명 소풍, 짧은 여행: We went on an *excursion* to the park. 우리는 공원으로 소풍을 갔다

ex·cuse [ikskjúːz 익쓰큐-z으] 동 (3단현 **excuses** [-iz]; 과거·과거분사 **excused** [-d]; 현재분사 **excusing**) 타 1 **…을 용서하다**(forgive): I cannot *excuse* his rudeness. 나는 그의 무례함을 용서할 수 없다
2 **…을 변명하다**, 핑계를 대다: He is always *excusing* what he has done. 그는 언제나 자기가 한 일에 대해서 변명을 한다
3 …을 면제하다: We will *excuse* you from the test. 네 시험을 면제해 주겠다

Excuse me? 다시 한 번 말씀해 주시겠어요? (끝을 올려 말하여)
Excuse me. 실례합니다; 미안합니다: *Excuse me,* but will you tell me the way to the station? 죄송하지만, 역으로 가는 길을 가르쳐 주시겠습니까?/ *Excuse* me *for* being late. 늦어서 죄송합니다

참고 **Excuse me.**의 쓰임새
Excuse me.는 두 가지 경우에 쓴다.
(1) 낯선 사람에게 말을 걸 때나, 남의 이야기를 중단시키는 등 상대에게 실례가 될 수 있는 행동을 할 때 쓴다. 이에 대한 대답은 보통 Sure. 또는 Certainly.라 한다.

(2) 상대방의 발을 밟았다거나, 이야기 도중에 기침이 나왔다거나 하여 상대에게 작은 실례가 되는 행동을 했을 때 사과하는 인사로 쓴다. 이 때는 I'm sorry.와 바꾸어 쓸 수 있는데 이에 대한 대답은 보통 That's all right.이나 Never mind.라 한다.

── [ikskjúːs 익쓰큐-쓰] 명 (복수 **excuses** [-iz]) 변명, 이유: That's no *excuse for* your conduct. 그것은 너의 행동에 대한 변명이 될 수 없다

ex·e·cute [éksikjù:t 엑씨큐-트] 동 (3단현 **executes** [-ts]; 과거 · 과거분사 **executed** [-id]; 현재분사 **executing**) 타 **1** (계획 · 직무 등을) 실행(수행)하다 (carry out): *execute* a plan 계획을 실행하다
2 (법률 등을) 실시(시행)하다
3 사형을 집행하다

ex·e·cu·tion [èksikjú:ʃən 엑씨큐-션] 명 **1** 실행, 집행 **2** 사형 집행

ex·ec·u·tive [igzékjutiv 이그Z에큐티v。→ 이그Z에큐리v。] 형 **1** 실행(집행)의 **2** 행정상의
── 명 (복수 **executives** [-z]) **1** 관리직, (경영) 간부: chief *executive* 사장
2 행정관; 행정부

ex·empt [igzémpt 이그Z엠(프)트] 타 (의무 등을) 면제하다 《from》

*****ex·er·cise** [éksərsàiz 엑써r싸이z。] 명 (복수 **exercises** [-iz]) **1** (몸의) 운동, 체조: lack of *exercise* 운동 부족/ He takes(gets) *exercise* every day. 그는 매일 운동한다

> 비교 **exercise**와 **sport**
> **exercise**는 건강을 유지 또는 증진하기 위해 신체를 움직이는 것. **sport**는 주로 즐기기 위해 야외에서 행하는 운동을 가리킨다. 그 중에는 낚시나 수렵, 승마 등도 포함한다.

exercise   sport

2 훈련, 연습; 연습 문제: military *exercises* 군사 훈련/ I did *exercises* in English grammar. 나는 영문법 연습 문제를 풀었다
3 (힘 · 권력 등의) 행사: the *exercise* of authority 권력의 행사
4 《미》 〔복수형으로〕 의식: graduation *exercises* 졸업식
── 동 (3단현 **exercies** [-iz]; 과거 · 과거분사 **exercised** [-d]; 현재분사 **exercising**) 타 **1** (사람 등을) 운동시키다, 훈련시키다(drill): He *exercised* the boys *in* swimming. 그는 소년들에게 수영 훈련을 시켰다
2 (힘 · 권력 등을) 행사하다: *Exercise* your imagination. 상상력을 발휘하도록 해라
── 자 **1** 운동하다 **2** 연습하다

ex·ert [igzə́:rt 이그Z어-r트] 동 (3단현 **exerts** [-ts]; 과거 · 과거분사 **exerted** [-id]; 현재분사 **exerting**) 타 **1** (힘 · 능력 등을) 쓰다, 발휘하다: *exert* intelligence 지력을 쓰다
2 〔*exert* oneself의 형태로〕 노력하다: He *exerted himself* to win the race. 그는 경주에 이기기 위해 노력했다

ex·er·tion [igzə́:rʃən 이그Z어-r션] 명 **1** 노력, 분발 **2** (권력의) 행사

ex·hale [ekshéil 엑쓰에(헤)열] 동 (현재분사 **exhaling**) 타 자 **1** (숨을) 내쉬다 (반 inhale 들이쉬다) **2** (향기 등을) 발산하다

*****ex·haust** [igzɔ́:st 이그Z아-스트] 〔ℎ는 묵음〕 동 (3단현 **exhausts** [-ts]; 과거 · 과거분사 **exhausted** [-id]; 현재분사 **exhausting**) 타 **1** (자원 · 체력 등을) 다 쓰다: I have *exhausted* my saving. 나는 저금을 다 써 버렸다
2 …을 지치게 하다: I'm completely *exhausted*. 나는 완전히 지쳤다

ex·hib·it [igzíbit 이그Z이빗] 〔ℎ 발음 주의〕 동 (3단현 **exhibits** [-ts]; 과거 · 과거분사 **exhibited** [-id]; 현재분사 **exhibiting**) 타 **1** …을 전시하다, 진열하다(display): *exhibit* paintings(the new products) 그림(신제품)을 전시하다
2 (감정 등을) 나타내다
── 명 (복수 **exhibits** [-ts]) 전시(품)

ex·hi·bi·tion [èksəbíʃən 엑써비션] 〖발음 주의〗 명 (복수 **exhibitions** [-z]) **1 전시**, 진열 **2 전람회**, 전시회; 《영》박람회 (〖 대규모의 「박람회」는 exposition)

ex·ile [égzail 에그Z아일] 명 (복수 **exiles** [-z]) **1** 추방, 망명 **2** 추방된 사람, 망명객
—— 동 (3단현 **exiles** [-z]; 과거·과거분사 **exiled** [-d]; 현재분사 **exiling**) 타 …을 추방하다: He was *exiled* from his country. 그는 그의 나라에서 추방되었다

ex·ist [igzíst 이그Z이스트] 동 (3단현 **exists** [-ts]; 과거·과거분사 **existed** [-id]; 현재분사 **existing**) 자 **1 존재하다**: God *exists*. 신은 존재한다
2 생존하다, 살아가다: Man cannot *exist* without air. 인간은 공기 없이는 살아갈 수 없다

ex·ist·ence [igzístəns 이그Z이스턴쓰] 명 (복수 **existences** [-iz]) **1 존재**, 실재: I do not believe in the *existence* of ghosts. 나는 유령의 존재를 믿지 않는다
2 생존, 생활: the struggle for *existence* 생존 경쟁

ex·it [éksit 엑씻] 명 **1 출구**(반 entrance 입구): an emergency *exit* 비상구
2 (배우의) 퇴장
—— 자 퇴장하다(반 enter 등장하다)

ex·o·dus [éksədəs 엑써더쓰] 명 **1** 집단적 (대)이동 **2** 〔**Exodus**로〕 【성서】 출애굽기 (구약성서 중의 한 편)

ex·ot·ic [igzátik 이그Z아틱 → 이그Z아릭] 형 **1** 외국산의 **2** 이국적인, 색다른

ex·pand [ikspǽnd 익쓰팬드] 동 (3단현 **expands** [-dz]; 과거·과거분사 **expanded** [-id]; 현재분사 **expanding**) 타 …을 **넓히다**, 확장〔확대〕하다; (부피 등을) 팽창시키다: He was trying to *expand* his business. 그는 사업을 확장하려고 있었다

—— 자 넓어지다; 팽창하다: Metal *expands with* heat. 금속은 가열하면 팽창한다

ex·pan·sion [ikspǽnʃən 익쓰팬션] 명 **확장**, 확대; 팽창: the *expansion* of armaments 군비 확장

ex·pect [ikspékt 익쓰펙트] 동 (3단현 **expects** [-ts]; 과거·과거분사 **expected** [-id]; 현재분사 **expecting**) 타 **1** …**을 기대〔예상〕하다**: I *expected* him *to* come. 나는 그가 와 주리라고 기대하고 있었다/ We *expect* a very cold winter this year. 이번 겨울은 매우 추울 것 같다
2 《구어》…라고 생각하다(think)

〔회화〕

A: Will he come today?
그가 오늘 올까요?
B: I *expect*〔don't *expect*〕 so.
올〔안 올〕 것입니다

ex·pec·ta·tion [èkspektéiʃən 엑쓰펙테이션] 명 기대, 예상; 가능성: beyond *expectation* 예상외로 / Against〔Contrary to〕 my *expectation*, they lost the game. 나의 예상과는 달리 그들은 게임에 졌다

ex·pe·di·tion [èkspədíʃən 엑쓰퍼디션] 명 (복수 **expeditions** [-z]) 원정, 탐사; 탐사대: The *expedition* set off at dawn. 탐사대는 새벽에 떠났다

ex·pel [ikspél 익쓰페을] 동 (3단현 **expels** [-z]; 과거·과거분사 **expelled** [-d]; 현재분사 **expelling**) 타 …을 내쫓다, 추방하다: He was *expelled* from the school. 그는 퇴학 처분을 받았다

ex·pend·i·ture [ikspénditʃər 익쓰펜디춰r] 명 **1** (시간·돈 등의) 소비, 지출
2 비용, 경비

ex·pense [ikspéns 익쓰펜쓰] 명 (복수 **expenses** [-iz]) **1** (돈·시간 등의) **비용**, 지출: She went to America at her own *expense*. 그녀는 자비로 미국에 갔다

2 〔보통 복수형으로〕 경비, …비: school *expenses* 학비

at any expense 아무리 비용이 들더라도, 어떤 희생을 치르더라도

at the expense of …의 비용으로; …을 희생시켜: He did it *at the expense of* his health. 그는 건강을 희생시켜가며 그것을 했다

*****ex·pen·sive** [ikspénsiv 익쓰펜씨v으] 형 (비교급 **more expensive**; 최상급 **most expensive**) **값비싼**(반 cheap 값싼): *expensive* clothes 비싼 옷/ This camera is too *expensive* for me. 이 카메라는 너무 비싸다

expensive   cheap

*****ex·pe·ri·ence** [ikspíriəns 익쓰피뤼언쓰] 명 (복수 **experiences** [-iz]) **경험**, 체험; 경험한 것: learn by〔from〕 *experience* 경험으로 배우다/ She has no *experience* in teaching children. 그녀는 아이들을 가르친 경험이 없다

—— 동 (3단현 **experiences** [-iz]; 과거·과거분사 **experienced** [-t]; 현재분사 **experiencing**) 타 **…을 경험하다**, 체험하다: He *experienced* great pain. 그는 큰 고통을 경험했다

*****ex·pe·ri·enced** [ikspíriənst 익쓰피뤼언스트] 형 **경험이 있는**, 노련한(skillful): an *experienced* doctor 경험이 풍부한 의사/ He is *experienced* in teaching. 그는 교사 경험이 있다

*****ex·per·i·ment** [ikspérəmənt 익쓰페뤄먼트] 명 (복수 **experiments** [-ts]) **실험**: a chemical *experiment* 화학 실험/ He made *experiments* on animal. 그는 동물 실험을 했다

—— [ikspérəmènt 익쓰페뤄멘트] 동 (3단현 **experiments** [-ts]; 과거·과거분사 **experimented** [-id]; 현재분사 **experimenting**) 자 **실험하다**: He *experimented on* animals. 그는 동물 실험을 했다/ We are *experimenting with* new medicines. 우리들은 신약의 실험을 하고 있다

> 쓰임새 *experiment*에 이어지는 전치사가 on의 경우에는 「실험의 대상이 되는 것」, with의 경우에는 「실험에 사용하는 재료나 방법」을 나타내는 명사가 온다.

ex·per·i·men·tal [ikspèrəméntl 익쓰페뤄멘트얼] 형 **1** 실험(용)의: an *experimental* room 실험실

2 실험적인, 시험적인: *experimental* flights 시험 비행

*****ex·pert** [ékspəːrt 엑쓰퍼-r트] 명 (복수 **experts** [-ts]) **전문가**, 숙련가 (in, at): She is an *expert in* economics. 그녀는 경제학의 전문가다

—— 형 숙련된, 노련한, 전문적인

ex·pire [ikspáiər 익쓰파이어r] 동 (현재분사 **expiring** [-páiəriŋ]) 자 **1** 만기가 되다, (기간이) 끝나다 **2** 숨을 내쉬다 (반 inspire 들이쉬다)

*****ex·plain** [ikspléin 익쓰플레인] 동 (3단현 **explains** [-z]; 과거·과거분사 **explained** [-d]; 현재분사 **explaining**) 타 **1 …을 설명하다**: Will you *explain to* me how to do it? 그것을 어떻게 하는지 내게 설명해 주겠소?

2 변명하다, 이유를 말하다: *Explain* why you were late *for* school. 학교에 지각한 이유를 말해 보아라

【라틴어 「명백하게(plain) 하다」에서】

ex·pla·na·tion [èksplənéiʃən 엑쓰플러네이션] 명 **1** 설명, 해설 **2** 변명

*****ex·plode** [iksplóud 익쓰플로우드] 동 (3단현 **explodes** [-dz]; 과거·과거분사 **exploded** [-id]; 현재분사 **exploding**)

자 **1** (화약 등이) 폭발하다: The dynamite *exploded*. 다이너마이트가 폭발했다

2 (감정이) 폭발하다: His anger *exploded*. 그의 분노가 폭발했다

──타 …을 폭발〔파열〕시키다

***ex·ploit** [iksplɔ́it 익쓰플로잇] 통 (3단현 **exploits** [-ts]; 과거·과거분사 **exploited** [-id]; 현재분사 **exploiting**) 타 **1** (자원 등을) **개발하다**: We need to *exploit* solar energy. 우리는 태양 에너지를 개발할 필요가 있다

2 (남을) 착취하다

ex·plo·ra·tion [èkspləréiʃən 엑쓰플러레이션] 명 **1** 탐험 **2** 탐구(inquiry), 조사

***ex·plore** [iksplɔ́ːr 익쓰플로-r] 통 (3단현 **explores** [-z]; 과거·과거분사 **explored** [-d]; 현재분사 **exploring** [-plɔ́ːriŋ]) 타 **1** …을 **탐험하다**: *explore* an island 섬을 탐험하다

2 (문제 등을) 탐구하다, 조사하다

ex·plor·er [iksplɔ́ːrər 익쓰플로-뤄r] 명 탐험가

***ex·plo·sion** [iksplóuʒən 익쓰플로우줜] 명 (복수 **explosions** [-z]) **1 폭발**, 파열 **2** (감정의) 폭발

ex·plo·sive [iksplóusiv 익쓰플로우씨v으] 형 (비교급 **more explosive**; 최상급 **most explosive**) **1** 폭발(성)의; 폭발적인: *explosive* materials 폭발물

2 (감정이) 격하기 쉬운

──명 폭발물, 폭약: a high *explosive* 고성능 폭약

ex·po [ékspou 엑쓰포우] 명 《구어》 박람회 (⇨ exposition의 단축형); [Expo로] 만국 박람회

***ex·port** [ikspɔ́ːrt 익쓰포-r트] 통 (3단현 **exports** [-ts]; 과거·과거분사 **exported** [-id]; 현재분사 **exporting**) 타 …을 **수출하다**(반 import 수입하다): Korea *exports* cars *to* the Japan. 한국은 일본에 자동차를 수출한다

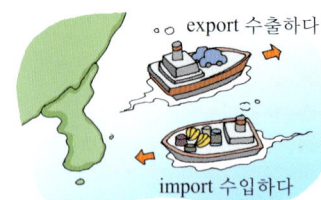

──[ékspɔːrt 엑쓰포-r트] 명 (복수 **exports** [-ts]) **1 수출**(반 import 수입) **2** 〔보통 복수형으로〕 수출품

ex·por·ta·tion [èkspɔːrtéiʃən 엑쓰포-r테이션] 명 **1** 수출(반 importation 수입) **2** 수출품

ex·pose [ikspóuz 익쓰포우z으] 통 (3단현 **exposes** [-iz]; 과거·과거분사 **exposed** [-d]; 현재분사 **exposing**) 타 **1** (햇볕 등에) 드러내다, 노출하다: She *exposed* her back *to* the sun. 그녀는 등에 햇볕을 쬐었다

2 (공격·비난 등에 몸을) 드러내다: You must not *expose* yourself *to* ridicule. 남의 비웃음을 받을 짓을 해서는 안 된다 **3** (비밀 등을) 폭로하다

【라틴어「ex-(바깥에)+pose(놓다)」에서】

ex·po·si·tion [èkspəzíʃən 엑쓰퍼Z이션] 명 (대규모의) 박람회 (❷《구어》로는 expo라 한다): a world *exposition* 만국박람회

ex·po·sure [ikspóuʒər 익쓰포우줘r] 명 **1** (햇볕·위험 등에) 몸을 드러냄, 노출 **2** (비밀 등의) 탄로

ex·pres·i·dent [èks-prézidənt 엑쓰프뤠Z이던트] 명 전(前) 대통령

***ex·press** [iksprés 익쓰프뤠ㅆ] 통 (3단현 **expresses** [-iz]; 과거·과거분사 **expressed** [-t]; 현재분사 **expressing**) 타 **1** …을 **표현하다**, 말로 나타내다: He never *expresses* his feelings. 그는 결코 그의 감정을 드러내지 않는다 / He *expressed* himself *in* English. 그는 영어로 자기 생각을 나타냈다

2 (편지·우편물을) 속달편으로 보내다
——형 1 명확한, 명백한(clear)
2 급행의: an *express* train 급행 열차/ an *express* highway 고속 도로
3 특별한
——명 (복수 **expresses** [-iz]) 1 급행, 급행 열차〔버스〕 2 《미》 운송 회사, 택배 회사 3 《영》 속달편
by express (1) 급행으로: travel *by express* 급행으로 여행하다
(2) 속달로: Please send this *by express*. 이것을 속달로 보내주십시오

*ex·pres·sion [ikspréʃən 익쓰프뤠션]
명 (복수 **expressions** [-z]) 1 (사상·감정의) **표현**; 말, 말주변: The terrible scene is beyond *expression*. 그 끔찍한 광경은 말로 표현할 수 없다
2 표정: He looked at me with a strange *expression*. 그는 이상한 표정으로 나를 바라보았다

ex·press·way [ikspréswèi 익쓰프뤠쓰웨이] 명 《미》 고속 도로 (🔁 《영》 motorway)

expressway

*ex·tend [iksténd 익쓰텐드] 동 (3단현 **extends** [-dz]; 과거·과거분사 **extended** [-id]; 현재분사 **extending**)
타 1 (손·발 등을) 뻗다, 내밀다: *Extend* your arms. 팔을 뻗으세요
2 …을 연장하다, 늘이다: *extend* a road *to* the next city 다음 도시까지 도로를 연장하다/ You can *extend* your holiday. 너는 휴가를 연장해도 된다
3 (원조·친절 등을) 베풀다: *extend* a helping hand 구원의 손길을 뻗치다
4 (범위·세력 등을) 넓히다, 확장하다
——자 뻗다, 이르다, 미치다(reach): The road *extends* for miles. 도로는 수 마일이나 뻗어 있다

ex·ten·sion [iksténʃən 익쓰텐션] 명 (복수 **extensions** [-z]) 1 연장, 확장; 연장 부분, 증축: the *extension* of the railroad 철도의 연장
2 (시간·기간의) 연장, 연기: an *extension* of stay 체재 기간의 연장
3 (전화의) 내선: Give me *extension* 53, please. 내선 53번을 부탁합니다

ex·ten·sive [iksténsiv 익쓰텐씨v으]
형 1 광대한, 넓은: an *extensive* area 넓은 지역
2 광범위하게 미치는(반 intensive 집중적인): an *extensive* reading 다독

ex·ten·sive·ly [iksténsivli 익쓰텐씨V을리] 부 널리, 광범위하게

*ex·tent [ikstént 익쓰텐트] 명 1 범위, 정도(degree): I will work to the full *extent* of my power. 나의 힘이 닿는 데까지 일하겠습니다
2 넓이, 크기(size), 길이
to some〔a certain〕 extent 어느 정도까지는, 다소: I agree with you *to some extent*. 어느 정도까지는 너의 의견에 찬성한다

ex·te·ri·or [ikstíəriər 익쓰티어뤼어r] 형 외부의, 바깥쪽의: an *exterior* side 바깥쪽
——명 (복수 **exteriors** [-z]) 1 외부, 외면(반 interior 내부) 2 〔복수형으로〕 외모, 외관

ex·ter·nal [ikstə́ːrnl 익쓰터-r느을] 형 밖의, 외부의(반 internal 내부의)

ex·tinct [ikstíŋkt 익쓰팅(크)트] 형 1 (불이) 꺼진; (화산이) 활동을 그친 2 멸종된

ex·tinc·tion [ikstíŋkʃən 익쓰팅(크)션] 명 1 소화(消火), 진화 2 멸종, 절멸

ex·tin·guish [ikstíŋgwiʃ 익쓰팅그위쉬] 동 (3단현 **extinguishes** [-iz]; 과

거·과거분사 **extinguished** [-t]; 현재분사 **extinguishing**) 탸 **1** (불 등을) 끄다(put out): *extinguish* a candle 촛불을 끄다
2 (희망·열정 등을) 잃게 하다

ex·tin·guish·er [ikstíŋgwiʃər 익스팅그위셔*r*] 몡 소화기

*__ex·tra__ [ékstrə 엑스츄뤄] 혱 **여분의** (additional), 임시의; 특별한: an *extra* train 임시 열차 / I paid the *extra* charge. 나는 추가〔할증〕 요금을 냈다
── 몡 **1 여분의 것, 덤**; 추가〔할증〕 요금 **2** (신문의) 호외; (잡지의) 증간호 **3** (영화의) 보조 출연자, 엑스트라

ex·tract [ikstrǽkt 익쓰츄뤡트] 동 (3단현 **extracts** [-ts]; 과거·과거분사 **extracted** [-id]; 현재분사 **extracting**) 탸 **1** (이 등을) 뽑다, 뽑아내다: I had a tooth *extracted*. 나는 이를 뽑았다
2 …을 추출하다, 짜내다: *extract* the juice *from* a fruit 과일에서 즙을 짜내다
3 (글을) 발췌하다, 인용하다
── [ékstrækt 엑쓰츄뤡트] 몡 추출물, 진, 원액

ex·traor·di·nar·y [ikstrɔ́ːrdəneri 익쓰츄뤄-*r*더네뤼] 혱 **1** 이상한, 보통이 아닌(맨 ordinary 보통의) **2** 색다른, 놀랄만한

ex·trav·a·gant [ikstrǽvəgənt 익쓰츄뤠V어건트] 혱 **1** 낭비하는 **2** 도가 지나친

*__ex·treme__ [ikstríːm 익쓰츄뤼-임] 혱 **1 극도의**, 극심한: *extreme* poverty 극빈
2 과격한, 극단적인(맨 moderate 온건한): take *extreme* measures 과격한 수단을 취하다
3 맨 끝의, 맨 가장자리의: the *extreme* ends of a stick 막대의 양끝
── 몡 (복수 **extremes** [-z]) **1** 극단, 극도; 극단적인 수단〔행위〕 **2** 〔종종 복수형으로〕 양극단

*__ex·treme·ly__ [ikstríːmli 익쓰츄뤼-임리] 부 **극도로**, 매우, 몹시(very): It is *extremely* warm today. 오늘은 몹시 덥다

ex·ult [igzʌ́lt 이그Z얼트] 쟈 무척 기뻐하다 (at, in)

***__eye__ [ái 아이] 몡 (복수 **eyes** [-z]) **1 눈**: Open〔Shut〕 your *eyes*. 눈을 뜨세요〔감으세요〕 / She has blue 〔dark, brown〕 *eyes*. 그녀는 파란〔검은, 갈색〕 눈이다

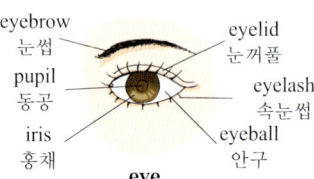
eyebrow 눈썹
pupil 동공
iris 홍채
eyelid 눈꺼풀
eyelash 속눈썹
eyeball 안구
eye

2 〔종종 복수형으로〕 **시력**: I have weak *eyes*. 나는 시력이 나쁘다
3 눈의 표정, 눈빛, 눈길: with a jealous *eye* 질투의 눈빛으로
4 안목, 관찰력: He has an *eye* for pictures. 그는 그림을 보는 눈이 있다
5 〔종종 복수형으로〕 주목, 주시, 주의
6 눈 모양의 것; (감자 등의) 싹, 눈; 바늘귀; (훅 단추를 끼우는) 구멍; (태풍의) 눈 (중심부)
keep an eye on ... …을 주의해 보다: *Keep an eye on* that man. 저 남자를 감시하시오

eye·ball [áibɔ̀ːl 아이보-얼] 몡 안구(眼球)

*__eye·brow__ [áibràu 아이브라우] 몡 (복수 **eyebrows** [-z]) **눈썹**

eye·glass [áiglæ̀s 아이글래쓰] 몡 (복수 **eyeglasses** [-iz]) **1** 안경 렌즈 **2** 〔복수형으로〕 안경 (참 간단히 glasses라고도 한다)

eye·lash [áilæ̀ʃ 아이래쉬] 몡 (복수 **eyelashes** [-iz]) 속눈썹

eye·lid [áilìd 아이리드] 몡 눈꺼풀

eye·sight [áisàit 아이싸잇] 몡 시력, 시각: She has good 〔poor〕 *eyesight*. 그녀는 시력이 좋다〔나쁘다〕

Ff

F, f [éf 에프] 명 (복수 **F's, f's** [-s]) **1** 에프 《영어 알파벳의 여섯째 글자》 **2** 【음악】 F 〔바〕 음(音), F〔바〕조(調) **3** 〔대문자 **F**로〕 《미》(학업 성적의) F《낙제 점수; failure (실패)에서》

F. 《약어》 Fahrenheit 화씨의

***fa‧ble** [féibl F에이브을] 명 (복수 **fables** [-z]) **우화**(寓話) 《주로 동물을 주인공으로 한 교훈적인 이야기》: Aesop's *Fables* 이솝 우화

***fab‧ric** [fǽbrik F애브릭] 명 (복수 **fabrics** [-s]) **1 직물, 천**: silk 〔cotton〕 *fabrics* 견〔면〕직물/ weave a *fabric* 직물을 짜다

2 구조, 조직

fab‧u‧lous [fǽbjuləs F에불러스] 형 **1** 믿어지지 않는 **2** 전설상의 **3** 《구어》 굉장한, 멋진

***face** [féis F에이쓰] 명 (복수 **faces** [-iz]) **1 낯, 얼굴**; 표정: a sad *face* 슬픈 듯한 얼굴/ Wash your *face*. 얼굴을 씻어라

2 겉, 표면(surface); (건물 등의) 정면 (front); 외관, 겉보기: the *face* of the earth 지표(地表)/ A cube has six *faces*. 정육면체는 6면이다

3 면목, 체면

face to face …와 마주 보고: I sat *face to face* with her. 나는 그녀와 마주 보고 앉았다

in one's face (1) 정면으로, 똑바로 (2) 공공연하게

lose 〔save〕 (one's) face 체면을 잃다〔지키다〕

make faces 〔a face〕 얼굴을 찌푸리다

—— 동 (3단현 **faces** [-iz]; 과거·과거분사 **faced** [-t]; 현재분사 **facing**) 타 **1** …을 향하다, …에 면하다: Please *face* the camera. 카메라를 향해 주세요/ The building *faces* the square. 그 건물은 광장에 면하고 있다

2 (곤란 등에) 맞서다, 직면하다: He *faced* the difficulty bravely. 그는 어려움에 용감히 맞섰다

—— 자 (…에) 향하다: Our house *faces* south. 우리 집은 남향이다

fa‧cial [féiʃəl F에이셔을] 형 얼굴의

***fa‧cil‧i‧ty** [fəsíləti F어씰러티 → F어씰러리] 명 (복수 **facilities** [-z]) **1** 〔보통 복수형으로〕 **설비**, 시설: research *facilities* 연구 설비

2 재주, 솜씨(skill), 적성

3 쉬움(ease), 편리함

fac‧sim‧i‧le [fæksíməli F액씨멀리] 명 **1** (서류·그림 등의) 복사, 복제 **2** 팩시밀리, 모사 전송 (《구어》에서는 fax라고도 한다)

***fact** [fǽkt F액트] 명 (복수 **facts** [-ts]) **사실, 진상**: a story founded on *fact* 사실에 근거를 둔 이야기/ *Fact* is stranger than fiction. 《속담》 사실은 소설보다도 진기하다

as a matter of fact 사실은: *As a matter of fact*, I didn't see the movie. 사실 나는 그 영화를 보지 않았다

in fact 사실, 사실은: *In fact*, I can't drive. 사실 난 운전을 못해

fac‧tion [fǽkʃən F액션] 명 도당, 당파

***fac‧tor** [fǽktər F액터r] 명 (복수 **factors** [-z]) **요소, 요인**: Health is a *factor* of happiness. 건강은 행복의 한 요소이다

fac·to·ry [fǽktəri 프액터뤼] 명 (복수 **factories** [-z]) 공장, 제조소: He works in a *factory*. 그는 공장에서 일한다

factory

fac·ul·ty [fǽkəlti 프애컬티] 명 (복수 **faculties** [-z]) **1** 능력, 재능; (신체의) 기능: the *faculty* of hearing〔speech〕 청각〔언어〕 능력

2 (대학의) 학부: the *faculty* of law 법학부

3 〔집합적으로〕《미》 교직원

fade [féid 프에이드] 동 (3단현 **fades** [-dz]; 과거·과거분사 **faded** [-id]; 현재분사 **fading**) 자 (꽃·초목이) 시들다; (색 등이) 바래다; (소리 등이) 희미해지다: The tulips have *faded*. 튤립이 시들었다

Fahr·en·heit [fǽrənhàit 프애뤈하잇] 형 화씨의(반 centigrade 섭씨의) (약어는 °F): 90 °F. 화씨 90도 (읽을 때는 ninety degrees Fahrenheit; 화씨 90도는 C＝5/9(F−32)의 공식에 의해 섭씨 32.2가 됨)

> 〔참고〕 화씨 온도
>
> 우리나라를 비롯하여 대부분의 나라에서는 섭씨 온도를 쓰지만 영국이나 미국에서는 특별한 표시가 없을 때는 화씨를 쓴다. 화씨 온도는 1기압 대기에서 물의 어는 온도를 32°F로, 물의 끓는 온도를 212°F로 정하고 이를 180 등분한 눈금이다. 화씨(華氏)라는 말은 화씨 온도계의 발명자인 독일의 물리학자 Fahrenheit의 중국식 이름에서 유래한 것이다.

fail [féil 프에일] 동 (3단현 **fails** [-z]; 과거·과거분사 **failed** [-d]; 현재분사 **failing**) 자 **1** 실패하다(반 succeed 성공하다): The plan *failed*. 그 계획은 실패했다

2 (…이) 부족하다, 모자라다: The water supply has *failed*. 수돗물이 끊겼다

3 (건강·시력 등이) 약해지다: His health *failed*. 그의 건강이 약해졌다

4 〔fail to do의 형태로〕 …하지 않다: He *failed to* return. 그는 결국 돌아오지 않았다

5 (기계 등이) 작동하지 않다, 고장나다: The engine *failed* suddenly. 갑자기 엔진이 꺼졌다

──타 **1** (시험 등에) 떨어지다, 낙제하다(반 pass 합격하다): He *failed* the entrance examination. 그는 입학 시험에 떨어졌다

2 …을 실망시키다, 저버리다: My heart *failed* me. 나는 겁이 났다

***never*〔*not*〕 *fail to* do** 반드시 …하다: He *never fails to* keep his words. 그는 약속을 꼭 지킨다

──명 실패

without fail 틀림없이, 꼭: I will visit you tomorrow *without fail*. 내일 꼭 찾아뵙겠습니다

fail·ure [féiljər 프에열러r] 명 (복수 **failures** [-z]) **1** 실패(반 success 성공); 실패자: His plan ended in *failure*. 그의 계획은 실패로 끝났다

2 태만, 불이행: a *failure* in duty 직무 태만

3 부족, 결핍: a *failure* of crops 흉작

faint [féint 프에인트] 〔feint(가장)와 발음이 같음〕 형 (비교급 **fainter**; 최상급 **faintest**) **1** 희미한, 어렴풋한; 약한, 가냘픈: a *faint* light 희미한 빛 / I haven't the *faintest* idea. 나는 전혀 짐작이 가지 않는다

2 열의〔성의〕가 없는, 내키지 않는

3 어질어질한: feel *faint* 현기증이 나다

──자 기절하다
faint·ly [féintli F에인틀리 → F에인'을리] 튀 1 희미하게 2 힘없이

＊fair¹ [fɛər F에어r] (fare(요금)와 발음이 같음) 형 (비교급 **fairer** [fɛ́ərər]; 최상급 **fairest** [fɛ́ərist]) 1 **공평한**, 공정한(반) unfair 불공평한): a *fair* decision 공정한 결정

2 (경기에서) 규칙에 따른: *fair* play 정정당당한 경기, 페어 플레이
3 **꽤 많은**, 상당한: a *fair* income 상당한 수입
4 (살결이) 흰; (머리칼이) 금발의: *fair* skin 흰 피부 / The girl has *fair* hair. 그 소녀는 금발이다
5 (날씨가) 맑은: *fair* weather 맑은 날씨
6 (주로 여자가) 아름다운(beautiful)
7 【야구】 (타구가) 페어의(반 foul 파울의)
──튀 정정당당하게: They played *fair*. 그들은 정정당당하게 겨루었다

fair² [fɛər F에어r] 명 (복수 **fairs** [-z]) 1 《영》 정기시; 《미》 (농축산물 등의) 품평회
2 자선시, 바자(bazaar)
3 박람회, 전시회: an industrial *fair* 산업 박람회

＊fair·ly [fɛ́ərli F에어r리] 튀 1 **공평하게**, 공정하게: fight *fairly* 공명 정대하게 싸우다
2 꽤, 상당히: This is a *fairly* easy book. 이 책은 꽤 쉽다

fair·y [fɛ́əri F에어뤼] 명 (복수 **fairies** [-z]) 요정
──형 요정의; 요정 같은

fair·y·land [fɛ́ərilæ̀nd F에어륄랜드] 명 요정[동화]의 나라

fairy tale [fɛ́əri tèil] 명 옛날 이야기, 동화

＊faith [féiθ F에이ㅆ] 명 1 **신뢰**(trust), 신용 (in): I have complete *faith in* my doctor. 나는 주치의를 전적으로 신뢰하고 있다
2 신앙(belief), 신념 (in)

＊faith·ful [féiθfəl F에이ㅆF얼] 형 (비교급 **more faithful**; 최상급 **most faithful**) 1 **성실한**, 충실한: Dogs are *faithful* animals. 개는 충실한 동물이다
2 신뢰할 수 있는, 정확한

faith·ful·ly [féiθfəli F에이ㅆF얼리] 튀 성실하게, 충실히: He worked *faithfully* for many years. 그는 여러 해 동안 성실하게 일했다

Yours faithfully = Faithfully yours
《주로 영》 재배(再拜) (비교적 딱딱한 편지의 맺음말; 《미》에서는 흔히 Yours truly[sincerely]가 쓰임)

faith·less [féiθlis F에이ㅆ리ㅆ] 형 1 불성실한 2 믿지 못할

fake [féik F에익] 동 (현재분사 **faking**) 타 1 …을 위조하다, 날조하다 2 …인 체하다

＊fall [fɔ́:l F오-을] 동 (3단현 **falls** [-z]; 과거 **fell** [fél]; 과거분사 **fallen** [fɔ́:lən]; 현재분사 **falling**) 자 1 **떨어지다**; (눈·비가) 내리다: Apples *fell* off the tree. 사과가 나무에서 떨어졌다 / The snow *falls* fast. 눈이 펑펑 쏟아진다
2 **넘어지다**, 쓰러지다: The child stumbled and *fell*. 아이는 걸려 넘어졌다
3 (값·온도 등이) **내려가다**; (세력이) 약해지다: Prices have *fallen*. 물가가 떨어졌다
4 (어둠 등이) 내려 깔리다: Darkness *fell* upon the village. 어둠이 마을을 덮었다
5 (전장 등에서) 전사하다, 죽다: *fall in* battle 전사하다

6 (눈·시선이) 향하다: His eyes *fell on* me. 그의 시선이 나를 향했다
7 (어떤 상태로) **되다**: *fall* ill 병이 나다/ The baby soon *fell* asleep. 그 아이는 곧 잠들었다

fall behind (지급·일 등이) 늦어지다

fall down (1) **넘어지다**; 떨어지다: She *fell down* the stairs. 그녀는 계단에서 넘어졌다
(2) …에 실패하다

fall into (1) …**에 빠지다**, …의 상태로 되다: *fall into* a bad habit 나쁜 버릇이 들다
(2) …하기 시작하다: He *fell into* conversation with Lucy. 그는 루시와 이야기를 시작했다

fall in with (1) …와 우연히 마주치다
(2) …에 동의하다: He *fell in with* my opinion. 그는 내 의견에 동의했다

fall on (1) …을 습격하다(attack): The enemy *fell on* them from the rear. 적이 배후에서 그들을 습격했다
(2) (축제일·휴일 등이) …에 해당하다: Christmas *falls on* Tuesday this year. 올해 크리스마스는 화요일이다

fall over 넘어지다, 쓰러지다

──명 (복수 **falls** [-z]) **1 낙하**, 추락: a *fall* from a horse 낙마
2 (값·온도 등의) **하락**: a *fall* in〔of〕 prices 가격의 하락
3 《주로 미》 **가을**(autumn) (🍁 나뭇잎이 떨어지므로)

> 참고 **fall과 autumn**
> 모두 가을을 뜻하는 말이지만 《미》에서는 일상어로 **fall**을 주로 쓰고, 《영》에서는 **autumn**을 쓴다.

4 강우〔강설〕(량): We had a heavy *fall* of snow last winter. 작년 겨울에 눈이 많이 왔다
5 〔복수형으로〕 **폭포**: Niagara *Falls* 나이아가라 폭포
6 붕괴, 몰락; 타락

fall·en [fɔ́ːln 포-얼른] 동 fall(떨어지다)의 과거분사형
──형 떨어진; 쓰러진: *fallen* leaves 낙엽

***false** [fɔ́ːls 포-얼쓰] 형 **1 잘못된**(wrong), 틀린: a *false* idea 잘못된 생각
2 거짓의, 허위의(반 true 진실의): a *false* statement 허위 진술
3 가짜의, 모조의: a *false* teeth 의치
4 불성실한, 부정(不貞)한: a *false* friend 믿지 못할 친구

false·hood [fɔ́ːlshùd 포-얼쓰후드] 명 **1** 허위(반 truth 진실) **2** 거짓말

fame [féim 페임] 명 명성, 인기, 평판

***fa·mil·iar** [fəmíliər 퍼밀리어r] 형 (비교급 **more familiar**; 최상급 **most familiar**) **친한**, 허물없는: a *familiar* friend 친한 친구

be familiar to … (사물이) …**에게 잘 알려져 있다**: Your name *is familiar to* me. 당신 이름은 잘 알고 있습니다

be familiar with … (1) …**와 친하다**: I am *familiar with* him. 나는 그와 친하다
(2) (사람이) …**을 잘 알고 있다**, 정통하다: He *is familiar with* Spanish. 그는 스페인어를 잘 알고 있다

【라틴어 family(가족의)에서】

***fam·i·ly** [fǽməli 패멀리] 명 (복수 **families** [-z]) **1 가족**, 식구: How large is your *family*? 가족은 몇 분이십니까?/ I have a *family* of five. 우리는 다섯 식구다/ My *family* are all very well. 우리 가족은 모두 건강합니다

grandfather 할아버지 / father 아버지 / mother 어머니 / grandmother 할머니 / son 아들 / daughter 딸

쓰임새 가족 전체를 한 묶음으로 볼 때는 단수, 가족의 한 사람 한 사람을 가리킬 때에는 복수 취급이 원칙이다.

2 [집합적으로] (한 가정의) 아이들, 자녀: Does he have any *family*? 그는 자녀가 있습니까?

3 일가, 집안: a man of good *family* 명문 출신

4 (생물의) 과(科); (언어 분류학상의) 어족(語族): the cat *family* 고양이과

── 형 **가족의**, 가정의: a *family* tree 가계도/ *family* life 가정 생활

family name [fǽməli néim] 명 성(姓)(surname)

fam·ine [fǽmin F애민] 명 **1** 기근, 식량 부족; 기아, 굶주림: die of *famine* 굶어 죽다

2 (물자의) 고갈, 결핍

*****fa·mous** [féiməs F에이머쓰] 형 (비교급 **more famous**; 최상급 **most famous**) (좋은 뜻으로) **유명한**, 이름난(well-known) (나쁜 뜻으로「유명한, 악명 높은」은 notorious): a *famous* scientist 유명한 과학자/ This is a *famous* painting. 이것은 유명한 그림이다

be famous as ... ···로서 유명하다: He is *famous as* a doctor. 그는 의사로서 유명하다

be famous for ... ···로 유명하다: The town *is famous for* its hot spring. 그 도시는 온천으로 유명하다

【fame(명성)과 관련】

*****fan**[1] [fǽn F앤] 명 (복수 **fans** [-z]) **1 선풍기**; 환풍기 **2 부채**

fan[1] 1   fan[1] 2

── 동 (3단현 **fans** [-z]; 과거·과거분사 **fanned** [-d]; 현재분사 **fanning**) 타 **1** ···을 부채로 부치다 **2** ···을 선동하다, 부채질하다

*****fan**[2] [fǽn F앤] 명 (복수 **fans** [-z]) 《구어》 (영화·스포츠 등의) **팬** (fanatic의 단축형): The stadium was filled with baseball *fans*. 야구장은 야구팬들로 가득 찼다

fa·nat·ic [fənǽtik F어내틱 → F어내릭] 형 열광(광신)적인

── 명 열광자, 광신자

*****fan·cy** [fǽnsi F앤씨] 명 (복수 **fancies** [-z]) **1 공상**, 상상: A dragon is a creature of *fancy*. 용은 공상의 동물이다

2 변덕, 일시적 기분

3 기호, 좋아함, 애호

take a fancy to (for) ... ···이 좋아지다: I have *taken a fancy to* the poet. 나는 그 시가 좋아졌다

── 형 (비교급 **fancier**; 최상급 **fanciest**) **1** 잘 꾸민, 장식적인: a *fancy* button 장식 단추/ *fancy* goods 장신구

2 공상적인, 터무니없는

── 동 (3단현 **fancies** [-z]; 과거·과거분사 **fancied** [-d]; 현재분사 **fancying**) 타 **1** [종종 부정문·의문문에서] ···을 **공상하다**, 상상하다: I can't *fancy* him *as* a priest. 나는 그가 성직자라고는 생각되지 않는다

2 (···라고) 생각하다: I *fancy* she is about forty. 나는 그녀가 40세 정도라고 생각한다

3 ···을 좋아하다(like): She *fancies* this red blouse. 그녀는 이 빨간 블라우스를 좋아한다

fang [fǽŋ F앵] 명 (뱀의) 독아(毒牙); (늑대·개 등의) 송곳니, 엄니

fangs

fan·tas·tic [fæntǽstik F앤태스틱] 형 (비교급 **more fantastic**; 최상급 **most fantastic**) **1** 공상적인, 현실과 동떨어진 **2** 《구어》 아주 멋진, 환상적인

fan·ta·sy [fǽntəsi F앤터씨] 명 (복수 **fantasies** [-z]) **1** 공상, 환상, 변덕 **2** 【음악】 환상곡

***far** [fáːr F아-r] 부 (비교급 **farther, further**; 최상급 **farthest, furthest**) **1** 〔거리·공간을 나타내어〕 멀리(에), 먼 곳으로((반) near 가까이에): The office is not *far* from here. 사무실은 이곳에서 멀지 않다 / How *far* is it from here? 여기서 얼마나 멉니까? / He doesn't go so *far*. 그는 그다지 멀리 가 있지 않다

> 쓰임새 (1) 거리·공간을 나타내는 far는 《구어》에서는 의문문·부정문에 쓰이며, 긍정문에서는 a long way를 쓴다: He went *a long way*. 그는 멀리 갔다.
> (2) 떨어져 있는 거리를 숫자로 나타낼 때는 far 대신 away를 쓴다: The nearest town is four miles *away*. 가장 가까운 도시도 4마일 떨어져 있다.

2 〔시간을 나타내어〕 늦게, 이슥토록: He worked *far* into the night. 그는 밤 늦도록 일했다

3 〔비교급·최상급을 강조하여〕 훨씬, 매우: This camera is *far* better. 이 카메라가 훨씬 좋다

as*〔*so*〕*far as ... (1) 〔범위를 나타내어〕 …하는 한: I will help you *as far as* I can. 내가 할 수 있는 한 너를 돕겠다

(2) 〔거리를 나타내어〕 …까지: He went by taxi *as far as* Suwon. 그는 수원까지 택시로 갔다

by far 훨씬, 단연: This is *by far* the best of all. 이것이 모든 것 중에 가장 좋다

far and wide 멀리까지, 널리, 두루: travel *far and wide* 두루 여행하다

far away 멀리 떨어진〔저〕: My uncle went *far away* to Brazil. 숙부는 멀리 브라질로 가셨다

far from ... 조금도 …않다: The story was *far from* interesting. 그 이야기는 조금도 재미가 없었다

so far 지금까지는

> 회화
> A: How are you doing?
> 어떻게 지내세요?
> B: Well, *so far* so good.
> 그냥, 그럭저럭 잘 지냅니다

—— 형 **1** 먼(distant), 멀리 떨어진((반) near 가까운): a *far* country 먼 나라 / the *far* future 먼 장래

2 〔보통 the를 붙여〕 저쪽의: the *far* side of the hill 언덕 저쪽 편

far·a·way [fáːrəwèi 파-러웨이] 형 (장소·시간·관계 등이) 먼, 멀리의: the *faraway* future 먼 장래

***fare** [fɛ́ər F에어r] [🔊 fair(공정한)와 발음이 같음] 명 (기차·버스·배 등의) 운임, 요금: a single〔double〕 *fare* 편도〔왕복〕 요금 / What's the bus *fare*? 버스 요금은 얼마입니까?

Far East [fáːr íːst] 명 〔the를 붙여〕 극동 (원래 영국에서 보아 한국·중국·일본 등 아시아 동부의 여러 나라)

fare·well [fɛ̀ərwél F에어r웨일] 형 작별의, 송별의: a *farewell* party 송별회

—— 명 헤어짐, 작별(의 인사)

—— 감 안녕!, 잘 가거라! (오랫동안 헤어질 때 씀): *Farewell* to arms! 무기여 잘 있거라! (🔊 헤밍웨이의 소설 제목)

farm [fáːrm 파-ㄹ엄] 명 (복수 **farms** [-z]) **1 농장**, 농원(「목장」은 ranch): They work on the *farm*. 그들은 농장에서 일하고 있다
2 사육장, 양식장: a chicken *farm* 양계장
──타|자 (토지를) 경작하다

farm·er [fáːrmər 파-ㄹ머r] 명 **농부**

> 참고> farmer 농부
> farmer는 자기의 농장(farm)을 가지고 이를 경영하는 사람으로, 미국에서는 기계화한 장비로 대규모의 농장을 경영하는 사람이 많아 부자라는 이미지가 강하다.

farm·house [fáːrmhàus 파-ㄹ엄하우쓰] 명 (복수 **farmhouses** [-hàuziz]) 농가

farm·ing [fáːrmiŋ 파-ㄹ밍] 형 농업의; 농장의
──명 농업; 농장 경영

farm·land [fáːrmlænd 파-ㄹ엄랜드] 명 농지, 농토

farm·yard [fáːrmjàːrd 파-ㄹ엄야-ㄹ드] 명 농가의 마당

far-off [fáːr-ɔ́ːf 파-ㄹ오fㅇ] 형 먼

far·sight·ed [fáːrsáitid 파-ㄹ싸이티드] 형 **1** 먼 데를 잘 보는, 원시안의(반 nearsighted 근시안의) **2** 선견지명이 있는

far·ther [fáːrðər 파-ㄹ더어r] 부 (far의 비교급의 하나) (거리상으로) **더 멀리**, 더 앞으로, 그 이상: I can walk no *farther*. (= I can't walk any *farther*.) 더 이상 걸을 수 없다
──형 (거리상으로) 먼〔앞의〕, 저쪽의: the *farther* shore 건너편 기슭

> 비교> farther와 further
> farther는 물리적인 거리에 대해 쓰고, further는 비유적으로 정도나 양에 관해 쓰게 되어 있으나 《구어》에서는 어느 경우에나 further를 쓰는 경향이 있다.

far·thest [fáːrðist 파-ㄹ더이스트] (far의 최상급의 하나) 부 **가장 멀리**: Who can throw a stone *farthest*? 누가 가장 멀리 돌을 던질 수 있습니까?
──형 가장 먼

fas·ci·nate [fǽsənèit f애써네잇] 동 (3단현 **fascinates** [-ts]; 과거·과거분사 **fascinated** [-id]; 현재분사 **fascinating**) 타 매혹하다, 반하게 하다: I was *fascinated* with〔by〕 her beauty. 나는 그녀의 미모에 매혹되었다

fash·ion [fǽʃən f애션] 명 (복수 **fashions** [-z]) **1 유행**, 패션: follow the *fashion* 유행을 좇다/ Miniskirts are in *fashion*. 미니스커트가 지금 유행하고 있다
2 …하는 식, 방법, 방식: He paints in 〔after〕 his own *fashion*. 그는 자기 식으로 그림을 그린다
come into fashion 유행하기 시작하다
go out of fashion 유행하지 않게 되다, 한물 가다

fash·ion·a·ble [fǽʃənəbl f애셔너브을] 형 최신 유행의

fast¹ [fǽst f애스트] 형 **1 빠른**(반 slow 느린): a *fast* train 급행 열차/ a *fast* runner 빨리 뛰는 사람

fast   slow

> 비교> fast와 quick
> fast는 사람이나 물체의 운동 속도가 빠르다는 뜻이며, quick은 동작이 꾸물거리지 않고 민첩하다는 뜻: a *quick* answer 신속한 대답.

2 (시계가) **빠른**: My watch is five min-

fast² utes *fast*. 나의 시계는 5분 빠르다
3 고정된, 움직이지 않는(반 loose 느슨한): The door is *fast*. 문이 굳게 닫혀 있다
━ 부 **1** 빨리(rapidly): He runs *fast*. 그는 빨리 달린다/ Ill news run *fast*. 《속담》 나쁜 소식은 빨리 퍼진다
2 자꾸, 연달아: It is raining *fast*. 비가 줄기차게 내리고 있다
3 단단히, 꽉: Hold *fast* to this tree. 이 나무를 단단히 붙잡아라
4 (잠이) 깊게, 푹: He is *fast* asleep. 그는 깊이 잠들었다

fast² [fǽst F애스트] 자 단식〔절식〕하다
━ 명 단식

***fas·ten** [fǽsn F애슨] (🎧 t는 묵음) 동 (3단현 **fastens** [-z]; 과거·과거분사 **fastened** [-d]; 현재분사 **fastening**) 타 **1** …을 묶다, 동여매다: *fasten* a horse *to* a post 말을 기둥에 매다
2 (지퍼·단추 등을) 잠그다, 채우다: Please *fasten* your seat belt. 좌석〔안전〕벨트를 매 주세요
━ 자 (문 등이) 닫히다

fast food [fǽst fù:d] 명 《미》 패스트푸드

> 참고 패스트푸드는 「빨리 나오는 음식」이란 뜻으로 햄버거, 프라이드 치킨, 피자 등이 그 대표적인 것이다

***fat** [fǽt F앳] 명 지방, 비계(반 lean 살코기); (요리용) 기름
━ 형 (비교급 **fatter**; 최상급 **fattest**)
1 살찐, 뚱뚱한(반 lean 마른, thin 야윈): *fat* man 뚱뚱한 남자/ If you eat too much, you'll get *fat*. 너무 많이 먹으면 너는 뚱뚱해질 것이다

fat   lean

2 (고기가) 지방이 많은; (요리 등이) 기름기 많은: *fat* meat 지방이 많은 고기/ a *fat* diet 기름진 식사
3 (땅이) 기름진, 비옥한(fertile)

fa·tal [féitl F에이트얼 → F에이르얼] 형 **1** 치명적인, 생사에 관계되는: a *fatal* wound 치명상
2 운명을 좌우할, 중대한

***fate** [féit F에잇] 명 운명, 숙명: It was his *fate* to die young. 그는 젊어서 죽을 운명이었다

***fa·ther** [fá:ðər F아-더어r] 명 (복수 **fathers** [-z]) **1** 아버지(반 mother 어머니): He is Mike's *father*. 그 분은 마이크의 아버지이시다/ Where is *Father*? 아버지는 어디 계시니?

> 쓰임새 (1) 가정에서는 흔히 고유 명사처럼 대문자로 시작하여 쓰고 a, the, my, our를 붙이지 않는다.
> (2) 어린 아이들은 흔히 Dad, Daddy라 부른다.

2 〔**Father**로〕 신(God), 창조주; (특히 가톨릭 교회의) 신부(神父): Our *Father* in heaven. 하늘에 계신 우리 아버지시여
3 〔보통 복수형으로〕 조상, 선조
4 시조, 창시자

fa·ther-in-law [fá:ðər-in-lɔ̀: F아-더어r 인 러-] 명 복수 **fathers-in-law** [fá:ðərz-] 시아버지, 장인

fa·tigue [fətí:g F어티-그] 명 피로, 피곤: physical *fatigue* 육체의 피로

fau·cet [fɔ́:sit F오-씻] 명 《미》(수도) 꼭지 (🎧 《영》 tap)

***fault** [fɔ́:lt F오-얼트] 명 **1** 결점, 허물, 단점(반 merit 장점): There is no one without *fault*. 결점 없는 사람은 없다

faucet

2 잘못, 실수: He acknowledged his *fault*. 그는 자기 잘못을 시인했다
3 (과실의) 책임, 탓: The *fault* is mine.

faultless 267 **fear**

책임은 내게 있다
4 〖테니스〗 폴트 《서브의 실패》
find fault with ... …을 비난하다, …의 흠을 찾다: He is always *finding fault with* others. 그는 언제나 남의 흠을 찾는다
fault·less [fɔ́ːltlis 포-얼틀리ㅆ] [형] 결점〔단점〕이 없는
*****fa·vor**, 〈영〉 **fa·vour** [féivər 페이V어r] [명] **1 부탁**, 친절한 행위

[회화]
A: Will you do me a *favor*?
부탁이 하나 있는데요?
B: Sure. What is it?
네, 무엇입니까?

2 찬성, 지지; 호의, 친절
in favor of …에 찬성하여: I am *in favor of* your opinion. 당신의 의견에 찬성합니다
—— [동] (3단현 **favors** [-z]; 과거・과거분사 **favored** [-d]; 현재분사 **favoring** [-vəriŋ]) [타] **1** …에 호의를 보이다; …을 지지하다, 찬성하다: Which color do you *favor*? 어떤 색깔을 좋아하십니까?/ We *favor* her plan. 우리는 그녀의 의견에 찬성한다
2 …에게 호의를 베풀다: Will you *favor* us *with* a song? 노래 한 곡 들려주시겠어요?
fa·vor·a·ble, 〈영〉 **fa·vour·a·ble** [féivərəbl 페이V어러브을] [형] **1** 호의적인: He gave a *favorable* answer. 그는 호의적인 대답을 했다
2 유리한: *favorable* wind 순풍

fa·vor·a·bly, 〈영〉 **fa·vour·a·bly** [féivərəbli 페이V어뤄블리] [부] 호의적으로
*****fa·vor·ite**, 〈영〉 **fa·vour·ite** [féivərit 페이V어륏] [형] **가장 좋아하는**: Soccer is my *favorite* sport. 축구는 내가 가장 좋아하는 스포츠다
—— [명] (복수 **favorites** [-ts]) 좋아하는 사람〔물건〕, 인기 있는 사람〔것〕
fawn [fɔ́ːn 포-안] [명] 아기 사슴

fawn

*****fax** [fǽks 팩ㅆ] [명] 팩스, 팩시밀리 (facsimile의 단축형)
FBI [éfbìːái 에f으비-아이] 《약어》 the *F*ederal *B*ureau of *I*nvestigation 미국 연방수사국

[비교] **FBI**와 **CIA**
FBI는 미국 연방 정부의 가장 큰 수사기관으로, 국내에서 지방 경찰에게 맡길 수 없는 중대한 범죄의 수사나 공안정보의 수집을 담당한다. 한편 **CIA**의 활동 장소는 해외로, 외국의 정치, 군사 정보의 수집이나 정치 공작, 스파이 활동 등을 한다.

FC [éfsíː 에f으씨-] 《약어》 *F*ootball *C*lub 축구 클럽
*****fear** [fíər 피어r] [명] (복수 **fears** [-z]) **1 두려움**, 공포: She has a *fear* of water. 그녀는 물을 무서워한다
2 걱정, 염려: There is no *fear* of rain today. 오늘은 비가 올 염려는 없다
for fear of ... (1) …을 두려워하여: dare not enter *for fear of* a dog 개가 무서워서 들어가지 못하다

fearful 268 **feed**

(2) …을 하지 않도록: I didn't call on you *for fear of* disturbing you. 방해될까 하여 방문하지 않았습니다

for fear that ... 〔접속사적으로〕 …을 하지 않도록: He is working *for fear (that)* he should fail. 그는 낙제하지 않으려고 공부하고 있다

──[동] (3단현 **fears** [-z]; 과거·과거분사 **feared** [-d]; 현재분사 **fearing** [fíəriŋ]) [타] **1** …**을 무서워하다**, 두려워하다: He didn't *fear* to die. 그는 죽는 것을 두려워하지 않았다

2 …을 걱정하다, 염려하다: I *fear* (that) we are late. 아무래도 우리가 늦을 것 같다

──[자] 걱정하다

fear·ful [fíərfəl 피어rF어rF어얼] [형] (비교급 **more fearful**; 최상급 **most fearful**) **1** 무서운, 두려운: a *fearful* storm 무서운 폭풍우

2 두려워, 걱정하는 《of, to *do*》: I am *fearful of* failure. 나는 실패할까봐 두렵다 / She was *fearful to* go. 그녀는 가기를 두려워했다

fear·ful·ly [fíərfəli 피어rF얼리] [부] 무서워하여

fear·less [fíərlis 피어r얼리쓰] [형] 무서워하지 않는, 용감한

feast [fí:st 피-스트] [명] (복수 **feasts** [-ts]) **1** 잔치, 축연, 연회(banquet): a wedding *feast* 결혼 피로연

2 (종교상의) 축제(일) (🖉 종교 이외에는 festival를 사용하다)

──[타] 잔치를 베풀다

feat [fí:t 피-트] [명] **1** 위업, 공적 **2** 묘기, 기술(奇術)

*__**feath·er**__ [féðər F에더어r] [명] (복수 **feathers** [-z]) (새의 하나 하나의) **깃**, 깃털 (🖉 「날개」는 wing): Birds of a *feather* flock together. 《속담》 깃이 같은 새는 함께 모인다; 유유상종 / Fine *feathers* make fine birds. 《속담》 멋진 깃이 멋진 새를 만든다; 옷이 날개

feather   wing

*__**fea·ture**__ [fí:tʃər F이-춰r] [명] (복수 **features** [-z]) **1 특징**, 특색: a notable *feature* 현저한 특징

2 〔복수형으로〕 얼굴의 생김새, 외모, 용모: Her mouth is her best *feature*. 그녀는 입이 잘 생겼다

3 (신문·잡지 등의) 특집 기사

Feb. 《약어》 *February* 2월

*__**Feb·ru·a·ry**__ [fébruèri F에브루에뤼, fébjuèri F에뷰에뤼] [명] **2월** (🖉 약어는 Feb.): We have a lot of snow in *February*. 2월에는 눈이 많이 내린다 / He was born on *February* 14. 그는 2월 14일에 태어났다

fed [féd F에드] [동] feed(먹이를 주다)의 과거·과거분사형

*__**fed·er·al**__ [fédərəl F에더뤄얼] [형] **1 연방의**, 연합의: a *federal* republic 연방 공화국

2 〔**Federal**로〕《미》연방(정부)의, 합중국의: the *Federal* Government (미국의) 연방 정부 (🖉 「주 정부」는 State Government)

fed·er·a·tion [fèdəréiʃən F에더뤠이션] [명] **1** 연합, 연맹 **2** 연방 정부

*__**fee**__ [fí: F이-] [명] (복수 **fees** [-z]) **1** (의사·변호사 등에 대한) **보수**, 사례금

2 (각종의) **요금**, 수수료: a tuition *fee* 수업료 / an admission *fee* 입장료

fee·ble [fí:bl F이-브얼] [형] (비교급 **feebler**; 최상급 **feeblest**) **1** (몸이) 연약한, 허약한(weak) **2** (빛·소리 등이) 희미한

*__**feed**__ [fí:d F이-드] [동] (3단현 **feeds** [-dz]; 과거·과거분사 **fed** [féd]; 현재분사 **feeding**) [타] **1** (…에게) **먹이를 주다**; 기르다: He *fed* the birds. 그는 새에게 모이를 주었다 / She *fed* milk *to* the cat. 그녀는 고양이에게 우유를 주었다

2 (연료를) 공급하다
— 자 (동물이) 먹이를 먹다: Cows *feed on* grass. 소는 풀을 먹는다
be fed up with 《구어》…에 물리다: I *am fed up with* that. 그것엔 신물이 난다
— 명 (가축의) 여물, 먹이, 사료

feed·back [fí:dbæk 피-드백] 명 피드백, (소비자의) 반응, 의견

feed·er [fí:dər 피-더r] 명 **1** 먹는 사람 〔짐승〕 **2** 사육자 **3** 여물통, 모이통

*feel [fi:l 피-일] 동 (3단현 **feels** [-z]; 과거·과거분사 **felt** [félt]; 현재분사 **feeling**) 타 **1** …을 만지다, 만져보다: The doctor *felt* my pulse. 의사는 나의 맥을 짚어 보았다/ *Feel* whether it is hot. 그것이 뜨거운지 만져 보아라

2 (몸으로) …을 느끼다: *feel* pain 고통을 느끼다/ I *felt* the house shake. 나는 집이 흔들리는 것을 느꼈다

3 (…라고) 생각하다: I *felt* that he is right. 나는 그가 옳다고 생각한다

— 자 …한 느낌이 들다: Don't you *feel* cold? 춥지 않니?/ This cloth *feels* smooth. 이 천은 촉감이 보드랍다

〔회화〕
A: How do you *feel* today?
오늘은 몸이 좀 어떠니?
B: I *feel* better today.
오늘은 좀 나아진 것 같아요

feel for (1) …을 더듬어 찾다: I *felt for* the candle in the dark room. 나는 캄캄한 방에서 초를 더듬어 찾았다
(2) …에게 동정하다: He *feels for* the homeless. 그는 노숙자들을 불쌍히 여긴다

feel like (1) 어쩐지 …할 것 같다: It *feels like* rain. 어쩐지 비가 올 것 같다
(2) …을 하고 싶다: I *feel like* a cup of water. 물을 한 잔 마시고 싶다/ I don't *feel like* going out tonight. 오늘밤에는 별로 나가고 싶지 않다
(3) …처럼 느껴지다: It *feels like* silk. 그것은 실크처럼 느껴진다

feel one's way 더듬어 나아가다: I *felt my way* to the door. 나는 문까지 더듬어 갔다
— 명 감촉, 촉감

*feel·ing [fí:liŋ 피-일링] 명 (복수 **feelings** [-z]) **1** 촉감, 감각: I had no *feeling* in my fingers. 나는 손가락에 감각이 없었다

2 느낌, 기분: I have a *feeling* that he is innocent. 나는 그가 무죄라는 느낌이 든다

3 의견, 인상: What is your *feeling* about his proposal? 그의 제안에 대한 당신의 의견은 어떻습니까?

4 〔복수형으로〕 감정: He hurt her *feelings*. 그는 그녀의 감정을 상하게 했다

feet [fi:t 피-트] 명 **1** 피트 (길이의 단위; 30.48cm; 약어는 ft.): He is five *feet* tall. 그의 키는 5 피트다

〔참고〕 피트
옛날 서양에서 단위의 기준이 서로 달라 생활에 혼란이 생기자 헨리 1세의 발 길이를 기준으로 삼았다. 1피트 (30.48cm)가 보통의 서구인들의 발 길이보다 긴 이유는 헨리 1세가 신발을 신은 채 발 길이를 쟀기 때문이다. 1피트의 3배는 1야드(91.4cm)이다.

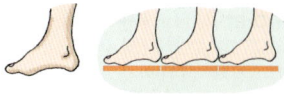

1 feet   3 feet = 1 yard

2 foot(발)의 복수형

feint [féint F에인트] 〔faint(희미한)와 발음이 같음〕 명 **1** …하는 체함, 가장 **2** 《권투·배구》 페인트 《상대를 속이기 위해 공격하는 체하는 것》

fell [fél F에엘] 통 fall(떨어지다)의 과거형

*__fel·low__ [félou F엘로우] 명 (복수 **fellows** [-z]) **1 친구**, 동료: They are my school *fellows*. 그들은 나의 학교 친구이다
2 《구어》…한 사람, 놈, 녀석: Poor *fellow*! 불쌍한 녀석

felt[1] [félt F에엘트] 통 feel(느끼다)의 과거·과거분사형

felt[2] [félt F에엘트] 명 펠트: a *felt* hat 펠트 모자, 중절모

*__fe·male__ [fí:meil F이-메일] 명 (복수 **females** [-z]) **1 여성**(반 male 남성) **2** (동·식물의) 암컷
—— 형 **1** 여성의 **2** 암컷의

fem·i·nine [fémənin F에머닌] 형 **1** 여자의, 여성의(반 masculine 남성의) **2** 여성다운

*__fence__ [féns F엔쓰] 명 (복수 **fences** [-iz]) **울타리**, 펜스

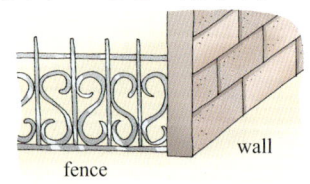

비교 fence와 wall
fence는 목재·철망 등으로 만든 울타리. wall은 돌·벽돌 등의 담.

fence / wall

[de*fense*(방어)에서]

fenc·ing [fénsiŋ F엔씽] 명 펜싱, 검술

fend·er [féndər F엔더*r*] 명 **1** 《미》(자동차 등의) 흙받이 (《영》 wing) **2** (기관차·전차 등의) 완충기 **3** (벽난로 앞쪽에 에워싸는) 난로망

fer·ment [fɔ́:rment F어-*r*멘트] 명 **1** 효소 **2** 발효

fern [fɔ́:rn F어-*r*언] 명 【식물】 양치류

fe·ro·cious [fəróuʃəs F어-로우셔쓰] 형 사나운, 잔인한: a *ferocious* animal 맹수

fe·roc·i·ty [fərásəti F어롸써티 → F어라써리] 명 사나움

*__fer·ry__ [féri F에뤼] 명 (복수 **ferries** [-z]) **1 나룻배** (ferryboat라고도 한다) **2** 나루터

fer·ry·boat [féribòut F에뤼보웃] 명 나룻배, 연락선

*__fer·tile__ [fɔ́:rtl F어-*r*트을 → F어-*r*르을] 형 **1** (토지가) **기름진**, 비옥한(반 sterile 불모의): *fertile* soil 비옥한 토양
2 (동·식물이) 번식력이 있는, 다산의

fer·ti·lize [fɔ́:rtlàiz F어-*r*틀라이Z으 → F어-*r*를라이Z으] 통 (현재분사 **fertilizing**) 타 (땅을) 기름지게 하다

fer·ti·liz·er [fɔ́:rtlàizər F어-*r*틀라이Z어*r* → F어-*r*를라이Z어*r*] 명 비료, (특히) 화학 비료 (동물의 배설물에서 얻은 「비료」는 manure)

*__fes·ti·val__ [féstivəl F에스티V어얼] 명 (복수 **festivals** [-z]) **축제**, 축제일, …제: the *festival* of Christmas 크리스마스 축제 / a music *festival* 음악제

*__fetch__ [fétʃ F에취] 통 (3단현 **fetches** [-iz]; 과거·과거분사 **fetched** [-t]; 현재분사 **fetching**) 타 …을 (가서) **가져〔데려〕오다**: Please *fetch* me my gloves. (= Please *fetch* my gloves *for* me.) 내 장갑을 가지고 오세요 / *Fetch* a doctor at once. 당장 의사를 불러오게

feu·dal [fjú:dl F유-드을 → F유-르을] 형 봉건제의: the *feudal* age 봉건 시대

*__fe·ver__ [fí:vər F이-V어*r*] 명 **1 열**, 열병: He has a high *fever*. 그는 열이 높다

참고 「열을 재다」에는 fever를 쓰지 않고 take〔see, check〕 one's temperature라 한다.

2 열중, 열광; 흥분 (상태): a racing *fever* 경마열

*few [fjúː 퓨-] 형 (비교급 **fewer**; 최상급 **fewest**) **1** [a를 붙이지 않고] **거의 없는**, 조금밖에 없는(반 many 많은): He has *few* friends. 그는 친구가 거의 없다/ He is a man of *few* words. 그는 말이 거의 없는 사람이다

2 [a를 붙여] **조금은 있는**, 약간의: He has *a few* friends. 그는 친구가 몇 있다

> 쓰임새 few, a few는 셀 수 있는 명사의 복수형에 붙어 「수」를 나타낸다. few는 「거의 없는」의 「없음」에 중점이 있고, a few는 「조금 있는」의 「있음」에 중점이 있다. 「양」에 관해서는 little을 쓴다.

no fewer than …(만큼)이나 (수가 의외로 많은 것을 강조): There were *no fewer than* fifty persons present. 거기에 50명이나 참석하였다

not a few 꽤 많은 수의, 상당수의: *Not a few* people know it. 꽤 많은 사람이 그것을 알고 있다

only a few 극히(불과) 소수의, 근소의: *Only a few* people came here. 불과 소수의 사람만이 여기 왔다

quite a few 꽤 많은(many), 상당한 수의: He had *quite a few* girlfriends. 그는 여자 친구가 꽤 많았다

── 대 [복수 취급] **소수**, 소수의 사람 [것] (few, a few의 어법상 차이는 형용사의 경우와 같다): Very *few* have seen it. 그것을 본 사람은 거의 없다/ *A few* of them know it. 그들 중의 몇몇은 그것을 알고 있다

fi·an·cé [fìːɑːnséi 피-아-안쎄이] 명 약혼자

fi·an·cée [fìːɑːnséi 피-아-안쎄이] 명 약혼녀

fi·ber, 《영》 **fi·bre** [fáibər 파이버r] 명 (복수 **fibers** [-z]) 섬유

*fic·tion [fíkʃən 픽션] 명 (복수 **fictions** [-z]) **1 소설**: science *fiction* 공상 과학 소설 (SF는 약어)

2 꾸며낸 이야기, 허구(반 fact 사실)

fid·dle [fídl 피드을 → 피이르을] 명 《구》 바이올린(violin)

fi·del·i·ty [fidéləti 피델러티 → 피이델러리] 명 (복수 **fidelities** [-z]) **1** 충실, 성실 **2** (재생음의) 충실도

field [fíːld 피-열드] 명 (복수 **fields [-dz]) **1 들판**, 벌판: a snow *field* 설원(雪原)

2 논, **밭**: a wheat *field* 밀밭

3 (활동·연구 등의) **분야**, 범위: in the *field* of science 과학 분야에서

4 (트랙 안쪽의) **경기장**, 필드

5 싸움터, 전장(battlefield)

field·er [fíːldər 피-얼더r] 명 【야구】 외야수

field hockey [fíːld hɑ́ki] 명 《미》 필드하키

field trip [fíːld trip] 명 (학생들의) 견학 여행, 야외 연구[조사] 여행

*fierce [fíərs 피어r쓰] 형 (비교급 **fiercer**; 최상급 **fiercest**) **1** (성미 등이) **사나운**, 거친: a *fierce* tiger 맹호

2 (비·바람 등이) 거센: a *fierce* storm 거센 폭풍우

fierce·ly [fíərsli 피어r쓸리] 부 사납게, 거세게

fi·er·y [fáiəri 파이어뤼] 형 (비교급 **fierier**; 최상급 **fieriest**) **1** 불의: a *fiery* pillar 불기둥

2 불같은, 타는 듯한: a *fiery* heat 타는 듯한 더위

3 열렬한: a *fiery* speech 열변

*fif·teen [fiftíːn 피f트-인] 명 **1 15**, 열다섯; 15개[명]; 15세 **2** 15명 1조의 럭비팀 **3** 【테니스】 15점

fifteenth

——형 15의, 열다섯의, 15개〔명〕의

***fif·teenth** [fiftí:nθ 피프티-인θ°] ( 약어는 15th) 명 **1** 〔보통 **the**를 붙여〕 (서수의) **제15**; (달의) 15일 **2** 〔**a** 또는 **one**을 붙여〕 15분의 1

——형 **1** 〔보통 **the**를 붙여〕 **제15번째의 2** 15분의 1의

***fifth** [fifθ 피프쓰°] ( 약어는 5th) 명 (복수 **fifths** [-s]) **1** 〔보통 **the**를 붙여〕 (서수의) **제5**; (달의) 5일 **2** 〔**a** 또는 **one**을 붙여〕 5분의 1

——형 **1** 〔보통 **the**를 붙여〕 **제5번째의 2** 5분의 1의

***fif·ti·eth** [fíftiiθ 피프트이이θ°] ( 약어는 50th) 명 **1** 〔보통 **the**를 붙여〕 (서수의) **제50 2** 〔**a** 또는 **one**을 붙여〕 50분의 1

——형 **1** 〔보통 **the**를 붙여〕 **제50의**, 50번째의 **2** 50분의 1의

***fif·ty** [fífti 피프티] 명 (복수 **fifties** [-z]) **1** 50; 50개〔명〕; 50세 **2** 〔**the fifties**로〕 (세기의) 50년대; 〔**one's fifties**로〕 (나이의) 50대: in *the* nineteen *fifties* 1950년대에/ He is in *his fifties*. 그는 50대다

——형 **50의**, 50개〔명〕의; 50세의: He is *fifty*. 그는 50세다

fig [fig 피그] 명 【식물】 무화과 (나무 · 열매)

***fight** [fáit 파잇] 명 (복수 **fights** [-ts]) **1** **싸움**, **전투**; 투쟁: win〔lost〕 a *fight* 싸움에 이기다〔지다〕

〔유의어〕 싸움, 전투
　　battle은 특정 지역에서 군대끼리 행하는「전투」를 말하며, **war**는 World War Ⅱ (제2차 세계 대전)처럼 「국가 간의 대규모적이며 장기간에 걸친 전쟁」을, **fight**는 소규모이거나 개인적인「싸움」에 쓰인다.

2 격투, (치고 받는) 싸움, 드잡이: The two gangs had a *fight*. 두 폭력단 사이에 싸움이 있었다

3 전의, 투지: He has a lot of *fight* in him. 그는 투지만만하다

——동 (3단현 **fights** [-ts]; 과거 · 과거분사 **fought** [fɔ́:t]; 현재분사 **fighting**) 자 **싸우다**, 다투다: We *fought with* 〔*against*〕 the enemy. 우리는 적과 싸웠다/ People *fought for* freedom. 사람들은 자유를 위해 싸웠다

——타 …와 싸우다: *fight* an enemy 적과 싸우다

fight·er [fáitər 파이터r → 파이러r] 명 **1** 전사, 투사 **2** (프로) 권투 선수 **3** 【군사】 전투기

fight·ing [fáitiŋ 파이팅 → 파이링] 형 싸우는; 호전적인: a *fighting* spirit 투지

——명 전투, 투쟁, 싸움

〔참고〕 사람을 격려할 때 우리는「파이팅!」이라고 말하지만 영어의 fighting은「전투, 투쟁」의 뜻이다. 침울해 있는 사람에게「힘내라!」라고 말하고 싶다면 'Cheer up!', 무언가 하려고 하는 사람을 격려하려면 'Good luck!'을 쓰는 것이 적당한 표현이다.

***fig·ure** [fígjər 피겨r] 명 (복수 **figures** [-z]) **1 숫자**; 〔복수형으로〕 **계산**: the *figure* 8 숫자 8/ He is good〔poor〕 at *figures*. 그는 계산을 잘 한다〔이 서투르다〕

2 (사람의) **모습**, 모양: She has a good *figure*. 그녀는 몸매가 좋다

3 〔보통 수식어와 함께〕 …한 인물: He is one of the great *figures* in history. 그는 역사상 위대한 인물들 중의 한 사람이다

4 **도형**, 그림, 삽화: See *figure* 2. 제2 그림을 보세요

——동 (3단현 **figures** [-z]; 과거 · 과거분사 **figured** [-d]; 현재분사 **figuring** [-gjəriŋ]) 타 **1** …**을 계산하다**: They *figured* the cost of their lunch. 그들은 점심값을 계산했다

2 (그림 등으로) 나타내다, 묘사하다

figure skating

3 …라고 생각하다, 상상하다: I *figured* him to be about fifty. 나는 그를 대략 50세쯤으로 보았다
figure out (1) …을 풀다; 이해하다 (understand): I don't know how to *figure out* the problem. 그 문제를 풀 방법을 모르겠다
(2) …을 계산하다: *figure out* the cost 비용을 계산하다

figure skating [fígjər skèitiŋ] 명 피겨 스케이팅

fil·a·ment [filəmənt 필러먼트] 명 (전구·진공관의) 필라멘트

*****file**¹ [fáil 파열] 명 (복수 **files** [-z]) 1 **파일**, 서류철 2 【컴퓨터】파일 《한 단위로 다루어지는 관련 기록》

files¹ 1

—— 동 (3단현 **files** [-z]; 과거·과거분사 **filed** [-d]; 현재분사 **filing**) 타 (항목별로) 철하다

file² [fáil 파열] 명 종렬(反 rank 횡렬): march in single *file* 일렬 종대로 행진하다

file²　　　　rank

file³ [fáil 파열] 명 (쇠붙이 등을 가는) 줄

*****fill** [fil 필] 동 (3단현 **fills** [-z]; 과거·과거분사 **filled** [-d]; 현재분사 **filling**) 타 …을 **채우다**, 가득 차게 하다: *fill* a glass *with* water 잔에 물을 가득 따르다 / The theater was *filled with* people. 그 극장은 만원이었다 / He was *filled with* joy. 그는 기쁨으로 가슴이 뿌듯했다

—— 자 차다, 충만하다: Her eyes *filled with* tears. 그녀는 눈물이 글썽했다
fill in (1) (서류·빈곳에) **써넣다**: *Fill in* the blanks. 빈칸을 채우시오
(2) (구멍·빈곳을) 메우다
fill out …을 써넣다, 작성하다: *Fill out* the form, please. 그 양식을 작성해 주세요
fill up …을 가득 채우다: *Fill it*〔*her*〕 *up.*《구어》(자동차에) 기름을〔가스를〕 가득 채워 주세요 (🔍 it〔her〕는 자동차를 나타냄)

—— 명 마음껏, 실컷: drink〔eat〕 one's *fill* 실컷 마시다〔먹다〕

fil·let [filit 필릿] 명 1 (머리를 매는) 리본, 머리띠 2 【요리】 필레 《소·돼지의 연한 허리 고기》

fill·ing [filiŋ 필링] 명 1 (음식물의) 소, 속 2 속에 넣는 것

filling station [filiŋ stèiʃən] 명 주유소 (🔍《미》gas station,《영》petrol station)

*****film** [film 필름 → 필음] 명 (복수 **films** [-z]) 1 **필름**: a roll of *film* 필름 1통/ develop a *film* 필름을 현상하다
2《영》**영화** (🔍《미》movie): a *film* actor 영화 배우
3 얇은 막〔껍질〕: a *film* of oil 기름의 얇은 막

*****fil·ter** [filtər 필터r] 명 1 **여과기**, 여과 장치 2 【사진】 필터

—— 타 자 1 여과하다, 거르다 2 새어나오다, 스며들다
【라틴어「펠트(felt)」에서; 펠트가 여과하는 데 쓰인 데서】

filth [filθ 필스] 명 오물, 때

filth·y [fílθi 필티이] 형 (비교급 **filthier**; 최상급 **filthiest**) 불결한, 더러운

fin [fín 핀] 명 (물고기의) 지느러미

*****fi·nal** [fáinl 파이느얼] 형 1 **최후의**, 마지막의(反 first 최초의): the *final* round (권투 등의) 최종회
2 최종적인: a *final* judgment 최종 판결

fi·na·le [fináli 피날리] 명 **1** 마지막 곡, 피날레 **2** 종국, 대단원
【이탈리아어 final(마지막)에서】

fi·nal·ly [fáinəli 파이널리] 부 **1** 마침내, 드디어(at last): We *finally* reached the top of the mountain. 우리는 마침내 산꼭대기에 도착했다
2 마지막으로, 최후로

fi·nance [fináens 피낸스, fáinæns 파이낸스] 명 (복수 **finances** [-iz]) **1** 재정(財政), 재무: the Minister of *Finance* 재무부 장관
2 [복수형으로] 재정 상태; 재원(財源), 수입

fi·nan·cial [fináenʃəl 피낸셔얼, fainǽnʃəl 파이낸셔얼] 형 **재정상의**, 재무의, 금융상의: *financial* difficulties 재정난

fi·nan·cial·ly [fináenʃəli 피낸셜리, fainǽnʃəli 파이낸셜리] 부 재정상

find [fáind 파인드] 동 (3단현 **finds** [-dz]; 과거·과거분사 **found** [fáund]; 현재분사 **finding**) 타 **1** (물건·사람을) **발견하다**, 찾아내다: *find* gold 금을 발견하다/ Turn to the left, and you will *find* the house. 왼쪽으로 돌면 그 집을 발견할 것이다
2 (경험하여) 알다, 깨닫다: I *found* that he was honest. 나는 그가 정직하다는 것을 알았다

find out (조사·연구하여) …을 알아내다, 찾아내다: He *found out* a new method. 그는 새로운 방법을 찾아냈다

> 비교 **find**와 **find out**
> **find**는 눈에 보이는 것을 발견하는 것을 뜻하며, **find out**은 보다 추상적인 사실을 알아내는 것을 뜻한다.

find·er [fáindər 파인더r] 명 **1** 발견자 **2** (카메라 등의) 파인더

find·ing [fáindiŋ 파인딩] 명 발견(물), 습득물

fine¹ [fáin 파인] 형 (비교급 **finer**; 최상급 **finest**) **1** **멋진**, 훌륭한: a *fine* play 멋진 플레이/ She is a *fine* scholar. 그녀는 훌륭한 학자다
2 《구어》 **건강한**, 원기 왕성한

> 회화
> A: How are you?
> 어떻게 지내니?
> B: *Fine,* thank you.
> 좋아, 고마워

3 (날씨가) **맑은**, 화창한: The weather was *fine* yesterday. 어제는 날씨가 좋았다
4 (더없이) 좋은: We had a *fine* time. 우리는 즐거운 시간을 보냈다

> 회화
> A: How about going for a walk?
> 산책가지 않겠니?
> B: That's *fine.*
> 좋아

5 가는, 미세한: *fine* sand(powder) 고운 모래(가루)
6 (끝이) 날카로운(sharp): a *fine* edge 날카로운 날
7 세련된, 고상한: *fine* manners 세련된 태도/ He has *fine* tastes. 그는 고상한 취미를 갖고 있다

fine² [fáin 파인] 명 (복수 **fines** [-z]) 벌금
──동 (3단현 **fines** [-z]; 과거·과거분사 **fined** [-d]; 현재분사 **fining**) 타 벌금

fine arts [fáin άːrts] 명 〔복수 취급〕 미술 《회화·조각·공예·건축 등》

fine·ly [fáinli 파인리] 부 **1** 훌륭하게, 멋지게 **2** 미세하게

fin·ger [fíŋgər 핑거r] 명 (복수 **fingers** [-z]) 손가락 (《 엄지손가락은 thumb이라 한다)

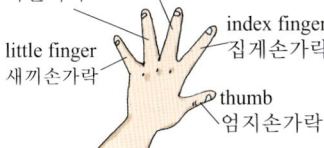
ring finger 약손가락
middle finger 가운뎃손가락
index finger 집게손가락
little finger 새끼손가락
thumb 엄지손가락
fingers

fin·ger·print [fíŋgərprint 핑거r프린트] 명 지문(指紋)

fingerprint   footprints

fin·ish [fíniʃ 피니쉬] 동 (3단현 **finishes** [-iz]; 과거·과거분사 **finished** [-t]; 현재분사 **finishing**) 타 …을 끝내다, 마치다: *finish* one's school 학업을 마치다/ I *finished* writing a letter. 나는 편지를 다 썼다

> 쓰임새 finish의 목적어로는 to 부정사가 오지 않고 명사나 동명사가 온다.

―자 끝나다: The meeting *finished* at ten. 모임은 10시에 끝났다

―명 (복수 **finishes** [-iz]) 끝, 마지막, 최후: fight to a *finish* 최후까지 싸우다

을 과하다: He was *fined* 5 dollars *for* illegal parking. 그는 주차 위반으로 5달러의 벌금에 처해졌다

fi·nite [fáinait 파이나잇] 형 한정된, 유한의(반 infinite 무한의)

Fin·land [fínlənd 핀런드] 명 핀란드 《북유럽의 공화국; 수도는 헬싱키 (Helsinki)》

Finn [fin 핀] 명 핀란드인

Finn·ish [fíniʃ 피니쉬] 형 핀란드(인·어)의
―명 핀란드어

fiord [fjɔ́ːrd 피요르드] 명 피오르드 《높은 절벽 사이에 깊숙이 들어간 협만(峽灣)》

fir [fəːr 퍼r] 명 【식물】 전나무

fire [fáiər 파이어r] 명 (복수 **fires** [-z]) **1** 불: Paper catches〔takes〕 *fire* easily. 종이는 쉽게 불이 붙는다/ There is no smoke without *fire*. 《속담》 아니 땐 굴뚝에 연기 날까

2 모닥불; (난로·요리용의) 불 (《「담뱃불」은 light): sit by the *fire* 모닥불가에 앉다

3 화재, 불: a forest *fire* 산불/ *Fire*! 불이야! (《 외칠 때는 무관사)/ A big *fire* broke out last night. (= There was a big *fire* last night.) 어젯밤에 큰불이 났다

4 (총포의) 발사; 포화: open〔cease〕 *fire* 사격을 개시하다〔멈추다〕

5 (불같은) 정열, 열정

on fire 불타는: The house is *on fire*. 집이 불타고 있다

under fire (1) 포화를 받고 (2) 비난〔공격〕을 받고

―동 (3단현 **fires** [-z]; 과거·과거분사 **fired** [-d]; 현재분사 **firing** [fáiəriŋ]) 타 **1** 불을 붙이다: *fire* a house 집에 불을 지르다

2 (총 등을) 발사하다, 발포하다

3 《구어》 …을 해고하다: He was *fired* from his job. 그는 직장에서 해고당했다

4 (감정을) 불타게 하다, 흥분시키다

―자 **1** 불타다, 불이 붙다 **2** 발포〔사격〕하다 《at, on》

fire alarm [fáiər əlàːrm] 명 화재 경보(기)

fire·boat [fáiərbòut F아이어r보웃] 명 《미》소방선(船)

fire·crack·er [fáiərkræ̀kər F아이어r크 쾌커r] 명 《미》폭죽, 딱총 (✏ 간단히 cracker라고도 한다)

fire engine [fáiər èndʒin] 명 소방차

fire engine

fire escape [fáiər iskèip] 명 화재 피난 장치(사다리·비상 계단 등)

fire extinguisher [fáiər ikstìŋgwiʃər] 명 소화기(消火器)

fire fighter [fáiər fàitər] 명 《미》소방관(fireman)

fire·fly [fáiərflài F아이어rF을라이] 명 (복수 **fireflies** [-z]) 〔곤충〕반딧불이, 개 똥벌레

fire·house [fáiərhàus F아이어r하우ㅆ] 명 (복수 **firehouses** [-hàuziz]) 소방서 (fire station)

fire·man [fáiərmən F아이어r먼] 명 (복수 **firemen** [-mən]) 소방관, 소방대원 (✏ 요즘은 성차별을 피하기 위해 흔히 fire fighter를 사용한다)

fire·place [fáiərplèis F아이어r플레이ㅆ] 명 (복수 **fireplaces** [-iz]) 난로, 벽난로

fire·proof [fáiərprùːf F아이어r프루-f○] 형 방화의, 내화성의

fire·side [fáiərsàid F아이어r싸이드] 명 1 난롯가 2 가정(home); 가정생활

fire station [fáiər stèiʃən] 명 소방서

fire·wood [fáiərwùd F아이어r우ㄷ] 명 장작, 땔나무

fire·work [fáiərwə̀ːrk F아이어r워-rㅋ] 명 (복수 **fireworks** [-s]) 1 불꽃 2 〔복수형으로〕 불꽃놀이

firework 2

*****firm**[1] [fəːrm F어-r엄] 형 (비교급 **firmer**; 최상급 **firmest**) 1 (물건·지면 등이) 굳은, 단단한(solid): *firm* wood 단단한 재목

2 (신념·주의 등이) 굳은, 확고한: *firm* friendship 변치 않는 우정

3 (증거 등이) 확실한: *firm* evidence 확실한 증거

firm[2] [fəːrm F어-r엄] 명 (2인 이상이 합자한) 상회, 상사, 회사

firm·ly [fə́ːrmli F어-r엄리] 부 굳게, 단단하게

*****first** [fəːrst F어-r스트] (✏ 약어는 1st) 형 〔보통 the를 붙여〕 **첫째의**, 제1의, 처음의, 최초의(반 last, final 최후의): the *first* snow of the season 첫눈 / the *first* chapter 제1장(章) / the *first* train 첫 기차 / Is this *your first* visit to Korea? 한국 방문은 이번이 처음입니까?

at first hand 직접, 바로

at first sight 첫 눈에: He fell in love with her *at first sight*. 그는 첫 눈에 그녀를 사랑하게 되었다

for the first time 처음으로: We saw a tiger *for the first time*. 우리는 처음으로 호랑이를 보았다

in the first place 우선, 먼저: *In the first place*, let's meet him. 우선 그를 만나 보자

──부 **1 첫째로**, 우선, 먼저: I must finish my homework *first*. 우선 숙제를

first aid | 277 | **fish**

끝내야 한다/ *First* come, first served. 《속담》 선착자 우선

2 처음으로: When did you *first* see him? 처음으로 그를 만난 것은 언제입니까?

first of all 우선, 첫째로; 무엇보다도: Wash your hand *first of all*. 먼저 손을 씻어라

──명 (복수 **firsts** [-ts]) **1** 〔보통 **the**를 붙여〕 (서수의) **제1**; 첫째, 1등; (달의) 1일, 초하루: Today is *the first*〔*1st*〕 of July. (= Today is July 1.) 오늘은 7월 1일이다 (🔖 July 1은 July (the) first라 읽는다)

2 〔보통 **the**를 붙여〕 최초의 사람(것)(반 last 최후의 사람): He was *the first* to come. 그가 최초로 왔다

first

last

3 〔**the First**로〕 제1세: Napoleon *the First* 나폴레옹 1세 (🔖 보통 Napoleon I 라 쓴다)

4 〔무관사로〕 【야구】 1루(first base)

at first 처음에는: He was shy *at first*. 그는 처음에는 수줍어했다

from first to last 처음부터 끝까지

from the first 처음부터: The game was exciting *from the first*. 그 시합은 처음부터 흥미진진했다

first aid [fə́:rst éid] 명 응급 치료: a *first aid* kit 구급 상자

first-class [fə́:rst-klǽs 퍼어-r스트클래쓰] 형 **1** 최고급의, 일류의: a *first-class* hotel 일류 호텔

2 (탈것의) 1등의: a *first-class* ticket 일등 차표

──부 (탈것의) 1등으로: Mr. Brown always travels *first-class*. 브라운씨는 언제나 1등 칸으로 여행한다

first class [fə́:rst klǽs] 명 **1** 일류, 제1급

2 (탈것의) 1등

first finger [fə́:rst fíŋɡər] 명 집게손가락 (forefinger)

first floor [fə́:rst flɔ́:r] 명 〔**the**를 붙여〕 《미》 1층; 《영》 2층

first name [fə́:rst néim] 명 (성에 대하여) 이름

first-rate [fə́:rst-réit 퍼어-r스트뤠잇] 형 일류의, 최상의

fis·cal [fískəl 피스커얼] 형 **1** 국고의 **2** 재정상의

***fish** [fiʃ 피쉬] 명 (복수 **fishes** [-iz], 〔집합적으로〕 **fish**) **1** 물고기, 어류: I caught ten *fish* in the stream. 나는 개울에서 물고기 10마리를 잡았다/ There were lot of *fish* in the river. 그 강에는 물고기가 많이 있었다/ You can see a lot of *fishes* in the river. 그 강에

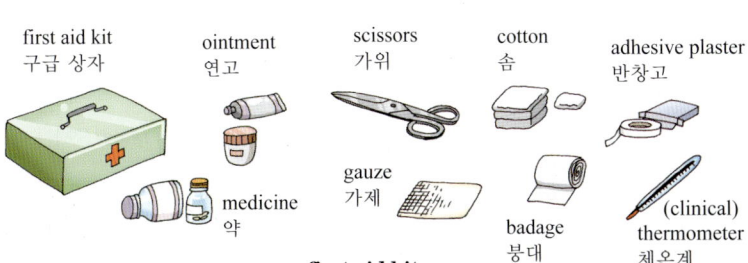

first aid kit 구급 상자 | ointment 연고 | scissors 가위 | cotton 솜 | adhesive plaster 반창고 | medicine 약 | gauze 가제 | badage 붕대 | (clinical) thermometer 체온계

first aid kit

서는 여러 종류의 물고기를 볼 수 있다

쓰임새> 복수형으로는 보통 fish를 쓰나 특별히 종류를 강조할 경우에는 fishes를 쓴다.

fish　　　fishes

알면 Plus> 물고기의 종류
carp 잉어　　　cod 대구
ell 뱀장어　　　herring 청어
salmon 연어　　sardine 정어리
trout 송어　　　tuna 참치

2 생선: I like *fish* better than meat. 나는 고기보다 생선을 좋아한다
a fish out of water 물을 떠난 물고기 (⇒ 자기 분야가 아니어서 실력을 발휘 못하는 사람)
——동 (3단현 **fishes** [-iz]; 과거·과거분사 **fished** [-t]; 현재분사 **fishing**) 자 낚시질하다, 물고기를 잡다: *fish* for tuna 참치를 잡다 / I went *fishing* in the river. 나는 강으로 낚시질하러 갔다 (⇒ 이 경우 to the river라고는 하지 않는다)
——타 (물고기를) 낚다, 잡다: *fish* trout 송어를 낚다

fish·er·man [fíʃərmən 피이셔r먼] 명 (복수 **fishermen** [-mən]) 어부, 낚시꾼

fish·er·y [fíʃəri 피이셔리] 명 (복수 **fisheries** [-z]) 1 어업, 수산업 2 어장, 양어장

*****fish·ing** [fíʃiŋ 피이슁] 명 낚시질; 어업
——형 낚시질의; 어업의: a *fishing* boat[net] 어선[어망]

fish·y [fíʃi 피이쉬] 형 (비교급 **fishier**; 최상급 **fishiest**) 1 물고기의[같은] 2 비린내가 나는 3 《구어》 수상한

fist [fist 피이스트] 명 (복수 **fists** [-ts]) 주먹

*****fit**¹ [fit 피잇] 동 (3단현 **fits** [-ts]; 과거·과거분사 **fitted** [-id]; 현재분사 **fitting**) 타 **1** (의복 등이) 맞다: These shoes *fit* me very well. 이 구두는 내게 꼭 맞는다
2 어울리다, 적합하다: He will just *fit* the post. 그는 그 지위에 적임일 것이다
3 …에 (부품 등을) 달다, 설비하다: *fit* a door *with* a new handle 문에 새 손잡이를 달다
——자 맞다, 어울리다: Your new dress *fits* well. 당신의 새 드레스는 아주 잘 맞습니다

유의어> 맞다, 어울리다
　fit는 크기나 형태가 「맞다」는 경우에 쓰이고, 스타일이나 색 등이 「어울리다」는 **match**나 **suit**을 쓴다: Your necktie *matches* well with your coat. 당신 넥타이는 코트와 잘 어울립니다.

——형 (비교급 **fitter**; 최상급 **fittest**) **1** 적당한, 알맞은 (**for, to** *do*): He is *fit for* the job. 그는 그 일에 적임자다 / This water is not *fit to* drink. 이 물은 마시기에 적당하지 않다
2 《구어》 건강한: I feel very *fit* today. 나는 오늘 컨디션이 좋다
the survival of the fittest 【생물】 적자생존

fit² [fit 피잇] 명 **1** (병의) 발작 **2** (감정의) 폭발 **3** 일시적 기분

fit·ness [fitnis 피잇니쓰] 명 **1** 적당함, 적절함 **2** 건강, 체력

five [fáiv 파이v으] 명 **5**, 다섯; 5시; 5개
―형 **5의**, 5개의; 5살의

fix [fíks 퓍쓰] 동 (3단현 **fixes** [-iz]; 과거·과거분사 **fixed** [-t]; 현재분사 **fixing**) 타 **1** …을 달다, 설치하다, 고정시키다 《to, on》: I *fixed* a mirror *to* the wall. 나는 벽에 거울을 달았다

2 (가격·일시·장소 등을) **정하다**: We *fixed* the date *for* the meeting. 우리는 모임의 날짜를 정했다

3 《미구어》 …을 **고치다**(repair), 수리하다: I had my car *fixed* yesterday. 어제 내 차를 수리했다

4 응시하다, (시선·주의 등을) 끌다: He *fixed* his eyes *on* me. 그는 나를 찬찬히 쳐다보았다

5 《미》 (식사 등을) 준비하다: *fix* a meal 식사 준비를 하다

―자 **1** (사람·물건이) 고정되다 **2** (시선이 …에) 집중되다 《on, to》

fixed [fíkst 퓍스트] 형 **1 정해진**, 일정한: a *fixed* price 정가

2 (물건 등이) 고정된, 움직이지 않는: a *fixed* seat (극장 등의) 고정석 / a *fixed* star 항성(恒星)

flag [flǽg 플래그] 명 (복수 **flags** [-z]) **기**(旗): the national *flag* 국기 / raise [hoist] a flag 기를 올리다

flag·pole [flǽgpòul 플래그포우을] 명 깃대

flagpole

flake [fléik 플레익] 명 (복수 **flakes** [-s]) 얇은 조각, 파편, (눈·깃털 등의) 한 조각: corn *flake* 콘 플레이크 / *flakes* of snow 눈송이

flame [fléim 플레임] 명 (복수 **flames** [-z]) **1 불꽃**, 화염: The house was in *flame*. 그 집은 불타고 있었다

2 정열, 격정

―동 (현재분사 **flaming**) 자 **1** 타다, 타오르다 **2** 정열을 불태우다

fla·min·go [fləmíŋgou 플러밍고우] 명 플라밍고, 홍학(紅鶴)

flamingo

【스페인어 flame(불꽃)에서; 새가 불꽃처럼 보여서】

flank [flǽŋk 플랭크] 명 **1** 옆구리 **2** (쇠고기 등의) 옆구리 살 **3** (건물·산 등의) 측면

flan·nel [flǽnl 플래느을] 명 (복수 **flannels** [-z]) **1** 플란넬 **2** [복수형으로] 플란넬 제품

flap [flǽp 플랩] 동 (3단현 **flaps** [-s]; 과거·과거분사 **flapped** [-t]; 현재분사 **flapping**) 타 **1** …을 펄럭이게 하다; (날개 등을) 퍼덕거리다: The bird was *flapping* its wing. 새가 날개를 퍼덕거리고 있었다

2 찰싹 때리다: She *flapped* him *on* the face. 그녀는 그의 얼굴을 찰싹 때렸다

―자 펄럭이다; 퍼덕거리다

―명 (복수 **flaps** [-s]) **1** 펄럭〔퍼덕〕거림 **2** 찰싹 때리기 **3** (호주머니·봉투의) 뚜껑

flash [flǽʃ 플래쉬] 명 (복수 **flashes** [-iz]) **1 번쩍임, 섬광**; 【사진】 플래시: a *flash* of lightning 번갯불의 번쩍임

2 (감흥·기지 등의) 번득임: a *flash* of wit 기지의 번득임

3 《미》 짧은 뉴스 속보

in a flash 순식간에: I'll be back *in a flash*. 금방 돌아오겠습니다

―동 (3단현 **flashes** [-iz]; 과거·과거분사 **flashed** [-t]; 현재분사 **flashing**) 자 **1 번쩍이다**: Lighting *flashed* in the sky. 번갯불이 하늘에서 번쩍였다

2 (생각 등이) 번뜩 떠오르다: An idea *flashed* into my mind. 어떤 생각이 번뜩 떠올랐다
3 (탈것 등이) 휙 지나가다
──타 …을 번쩍이게 하다

flash card [flǽʃ kɑ̀ːrd] 명 플래시 카드 《수업 중 교사가 단어·숫자·그림 등을 순간적으로 보여주는 순간 파악 연습용 카드》

flash·light [flǽʃlàit] 명 **1** 《미》 손전등, 회중 전등 (《영》 torch) **2** 【사진】 플래시, 섬광

*****flat**¹ [flǽt] 형 (비교급 **flatter**; 최상급 **flattest**) **1** 평평한, 평탄한: a *flat* land 평지 / This floor is *flat*. 이 마루는 평평하다
2 〔명사 앞에는 쓰이지 않음〕 쓰러진, 무너진: The storm left the wheat *flat*. 폭풍이 밀을 쓰러뜨렸다
3 (거절 등이) 단호한: He gave a *flat* refusal. 그는 단호히 거절했다
4 단조로운, 따분한: a *flat* lecture 재미없는 강의
5 (맥주 등이) 김빠진; (음식이) 싱거운: *flat* beer 김빠진 맥주
6 (타이어 등이) 공기가 빠진: We have a *flat* tire. 타이어의 바람이 빠졌다
7 【음악】 플랫의, 반음 낮은(반 sharp 반음 높은)
──명 (복수 **flats** [-ts]) **1** 평면, 평지 **2** 【음악】 내림표 (♭); 플랫(반 sharp 샤프)
──부 **1** 평평하게, 납작하게
2 단호하게, 딱 잘라: I told him *flat*. 나는 그에게 딱 잘라 말했다
3 꼭(exactly), 정확히: He ran 100 meters in thirteen seconds *flat*. 그는 100m를 정확히 13초에 달렸다

flat² [flǽt] 명 (복수 **flats** [-ts]) **1** 《영》 아파트 (《미》 apartment) **2** 〔복수형으로〕 아파트식 공동 주택 (《미》 apartment (house))

flat·ly [flǽtli] 부 **1** 평평하게 **2** 단호하게, 딱 잘라

flat·ter [flǽtər F을래터r → F을래러r] 동 (3단현 **flatters** [-z]; 과거·과거분사 **flattered** [-d]; 현재분사 **flattering** [-təriŋ]) 타 아첨하다, 알랑거리다: He is always *flattering* her. 그는 언제나 그녀에게 알랑거린다

flat·ter·y [flǽtəri F을래터뤼 → F을래러뤼] 명 (복수 **flatteries** [-z]) 아첨

*****fla·vor**, 《영》 **fla·vour** [fléivər F을레이V어r] 명 (복수 **flavors** [-z]) **1** (독특한) 맛, 풍미: a sweet *flavor* 단맛 / a *flavor* of garlic 마늘 맛 / What *flavor(s)* of ice cream do you like? 어떤 맛의 아이스크림을 좋아합니까?
2 조미료, 양념
──동 (3단현 **flavors** [-z]; 과거·과거분사 **flavored** [-d]; 현재분사 **flavoring** [-vəriŋ]) 타 …에 맛을 내다: *flavor* food *with* spices 양념으로 음식의 맛을 내다

flaw [flɔ́ː F을라-] 명 **1** (보석·도자기 등의) 흠, 금 **2** (성격의) 흠, 약점

flax [flǽks F을랙쓰] 명 【식물】 아마(亞麻)

flea [flíː F을리-] 〔flee(도망치다)와 발음이 같음〕 명 【곤충】 벼룩

flea market [flíː mɑ́ːrkit] 명 벼룩 시장

flea·market

fled [fléd F을레드] 동 flee(도망가다)의 과거·과거분사형

flee [flíː F을리-] 〔flea(벼룩)와 발음이 같음〕 동 (3단현 **flees** [-z]; 과거·과거분사 **fled** [fléd]; 현재분사 **fleeing**) 자 …에서 도망치다, 달아나다: *flee from* the enemy 적에게서 도망치다
【고대 영어 「fly(날다)」에서】

fleece [flíːs F을리-ㅆ] 명 (복수 **fleeces** [-iz]) **1** 양모(羊毛) **2** (한 번에 깎은) 양 한 마리분의 양털

fleet [flíːt F을리-ㅌ] 명 **1** 함대 **2** (상선 등의) 선단 **3** (비행기·차 등의) 대(隊)

*__flesh__ [flé$\int$ F을레쉬] 명 **1** (인간·동물의) 살 (⚡ 식용의「고기」는 meat): gain [lose] *flesh* 살이 찌다[빠지다]
2 (과일의) 과육: the *flesh* of a melon 멜론의 과육
3 [the를 붙여] 육체(반 spirit 정신)

flew [flúː F을루-] 동 fly² (날다)의 과거형

*__flex·i·ble__ [fléksəbl F을렉써브얼] 형 **1** 휘기 쉬운, 구부릴 수 있는: a *flexible* wire 잘 휘어지는 전선
2 유연한, 융통성 있는: Our plans are *flexible*. 우리의 계획은 융통성이 있다

flick·er [flíkər F을리커r] 자 **1** (등불·희망·빛 등이) 깜박이다, 희미해지다 **2** (나뭇잎 등이) 나풀나풀 흔들리다; (기 등이) 나부끼다

fli·er, fly·er [fláiər F을라이어r] 명 비행사(aviator)

*__flight__¹ [fláit F을라잇] 명 (복수 **flights** [-ts]) **1** 날기, 비행; (항공 회사의) 항공편: make a *flight* 비행하다/ a long-distance[nonstop] *flight* 장거리[무착륙] 비행
2 (한 층계참까지 연속된) 계단

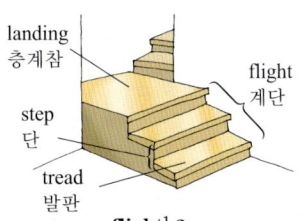

flight¹ 2

flight² [fláit F을라잇] 명 도주, 탈주

fling [flíŋ F을링] 동 (3단현 **flings** [-z]; 과거·과거분사 **flung** [flʌ́ŋ]; 현재분사 **flinging**) 타 …을 (세차게) 내던지다 (⚡ throw보다 세게 던지는 것): He flung his books *on* the desk. 그는 책상에 책을 내던졌다
2 휙(확) …을 하다: *fling* a door open 문을 확 열다

flint [flínt F을린트] 명 부싯돌, 라이터 돌

flip·per [flípər F을리퍼r] 명 **1** 지느러미 모양의 발 (바다거북의 발, 고래의 앞지느러미, 펭귄의 날개 등) **2** (스킨 다이버용) 물갈퀴, 오리발

*__float__ [flóut F을로웃] 동 (3단현 **floats** [-ts]; 과거·과거분사 **floated** [-id]; 현재분사 **floating**) 자 (물 위·공중에) 뜨다(반 sink 가라앉다); 떠돌다(drift): Ice *floats* on water. 얼음은 물 위에 뜬다

float   sink

──타 띄우다; 떠내려가게 하다
──명 (복수 **floats** [-ts]) **1** 뜨는 것 **2** (낚시의) 찌

float·ing [flóutiŋ F을로우팅 → F을로우링] 형 **1** 떠있는, 떠다니는: a *floating* pier 떠있는 선창
2 유동의(반 fixed 고정의): a *floating* population 유동 인구

flock [flák F을락] 명 (복수 **flocks** [-s]) (염소·새·사람 등의) 떼, 무리: a *flock* of sheep 양떼/ They came in *flocks*. 그들은 떼 지어 왔다
──동 (3단현 **flocks** [-s]; 과거·과거분사 **flocked** [-t]; 현재분사 **flocking**) 자 떼를 짓다, 모이다: People *flocked to* the seaside. 사람들이 해안에 몰려들었다

*__flood__ [flʌ́d F을라드] 명 (복수 **floods** [-dz]) **1** 홍수, 큰물, 범람: the *flood* of the Nile 나일 강의 범람

2 〔비유적으로〕 다량: a *flood* of tears 마구 쏟아지는 눈물
── 동 (3단현 **floods** [-dz]; 과거·과거분사 **flooded** [-id]; 현재분사 **flooding**)
타 **1** (강 등을) **넘치게 하다**: The rivers were *flooded* by the rain. 강이 비로 범람했다
2 …에 몰려들다, 쇄도하다: The station was *flooded* with refugees. 역에 피난민들이 몰려들었다
── 자 (강이) 넘치다
【「flow(흐름)」에서】

***floor** [flɔːr F을로-r] 명 (복수 **floors** [-z]) **1 마루**, (방)바닥(반 ceiling 천장): sit on the *floor* 마루에 앉다
2 (건물의) **층**: They live on the second *floor*. 그들은 2층(《영》 3층)에 산다

참고〉 건물의 층
건물의 층을 말할 때는 서수를 써서, 미국에서는 1층을 first floor, 2층을 second floor, 3층을 third floor라 하고, 영국에서는 1층을 ground floor, 2층을 first floor, 3층을 second floor라 한다.

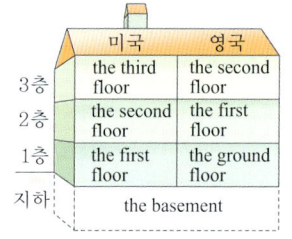

3 (가격·임금 등의) 최저 한도(반 ceiling 최고 한도)

Flo·ra [flɔ́ːrə F을로-롸] 명 【로마신화】 플로라 《꽃의 여신》

flo·ral [flɔ́ːrəl F을로-뤄얼] 형 꽃의

Flor·i·da [flɔ́ːridə F을로-뤼다] 명 플로리다 《미국 남동부 끝에 있는 주(州); 약어는 FL, Fla.》
【스페인어 「꽃의(flower) (축제)」에서】

***flour** [fláuər F을라우어r] 〔 flower(꽃)와 발음이 같음〕 명 **밀가루**: a *flour* mill 제분소/ Bread is made from *flour*. 빵은 밀가루로 만든다

flour·ish [flɔ́ːriʃ F을러-쉬] 동 (3단현 **flourishes** [-iz]; 과거·과거분사 **flourished** [-t]; 현재분사 **flourishing**) 자 **1** (동식물이) 잘 자라다: Most plants *flourish* in rich soil. 대부분의 식물은 비옥한 토양에서 잘 자란다
2 (사업 등이) 번창하다: My business *flourishing*. 내 사업은 번창하고 있다
【고대 프랑스어 「꽃이 피다(flower)」에서】

***flow** [flóu F을로우] 동 (3단현 **flows** [-z]; 과거·과거분사 **flowed** [-id]; 현재분사 **flowing**) 자 **1 흐르다**: The river *flows into* the sea. 그 강은 바다로 흐른다
2 (사람·차 등이) 물 흐르듯이 지나가다
3 (조수가) 밀려오다
── 명 (복수 **flows** [-z]) **1** 흐름: the *flow* of water 물의 흐름
2 〔the를 붙여〕 밀물, 만조(반 ebb 썰물): The tide is on *the flow*. 조수가 밀려들고 있다

***flow·er** [fláuər F을라우어r] 〔 flour(밀가루)와 발음이 같음〕 명 (복수 **flowers** [-z]) (주로 화초의) **꽃**: artificial *flowers* 조화/ I like wild *flowers*. 나는 야생화를 좋아한다/ Say it with *flowers*. 꽃으로 마음을 전하세요 《꽃가게의 선전 문구》

알면 Plus〉 꽃의 종류	
carnation 카네이션	lily 백합
cosmos 코스모스	pansy 팬지
morning glory 나팔꽃	rose 장미
narcissus 수선화	tulip 튤립
sunflower 해바라기	violet 제비꽃

── 자 꽃이 피다
flower bed [fláuər bèd] 명 화단
flower garden [fláuər gàːrdn] 명 화원, 꽃밭

flow·er·pot [fláuərpɑ̀t F을라우어r팥] 명 화분

flower shop [fláuər ʃɑ̀p] 명 꽃가게

flower show [fláuər ʃòu] 명 화초 전시회〔품평회〕

flown [flóun F을로운] 동 fly²(날다)의 과거분사형

flu [flú: F을루-] 명 《구어》 유행성 감기 (🖼 influenza의 단축형)

*__flu·ent__ [flú:ənt F을루-언트] 형 (말 등이) 유창한: He speaks *fluent* English. 그는 유창한 영어를 말한다
【라틴어 「flow(흐르다)」에서】

*__flu·ent·ly__ [flú:ntli F을루-언틀리 → F을루-언'올리] 부 유창하게: He can speak English very *fluently*. 그는 영어를 아주 유창하게 할 수 있다

flu·id [flú:id F을루-이드] 명 유체, 유동체 (🖼 액체(liquid), 기체(gas)의 총칭)
── 형 유동성의
【라틴어 「flow(흐르다)」에서】

flung [flʌ́ŋ F을렁] 동 fling(내던지다)의 과거 · 과거분사형

flush [flʌ́ʃ F을러쉬] 동 (3단현 **flushes** [-iz]; 과거 · 과거분사 **flushed** [-t]; 현재분사 **flushing**) 타 1 (얼굴 등을) 붉히다: Her face was *flushed with* anger. 그녀는 화가 나서 얼굴이 빨개졌다
2 (물 · 액체를) 왈칵 흘리다: *flush* the toilet 화장실 물을 내리다
── 자 **1** (얼굴 등이) 확 붉어지다 **2** (물이) 왈칵〔쏴〕 흘러나오다
── 명 **1** (얼굴 등의) 홍조, 붉힘 **2** 물을 왈칵 쏟음

flute [flú:t F을루-트] 명 플루트: play the flute 플루트를 불다

flut·ter [flʌ́tər F을라터r → F을라러r] 동 (3단현 **flutters** [-z]; 과거 · 과거분사 **fluttered** [-d]; 현재분사 **fluttering** [-təriŋ]) 자 (깃발 등이) 펄럭이

flute

다; (새 등이) 날개 치다: The flag *fluttered* in the wind. 기가 바람에 펄럭이고 있었다

*__***fly__¹ [flái F을라이] 동 (3단현 **flies** [-z]; 과거 **flew** [flú:]; 과거분사 **flown** [flóun]; 현재분사 **flying**) 자 **1** (새 · 비행기 등이) **날다**; (비행기로) 가다: *fly* high 높이 날다／The ball *flew* over the fence. 공은 담 너머로 날아갔다／I *flew* over Hong Kong. 나는 비행기로 홍콩에 갔다
2 급히 가다, 쏜살같이 지나가다: *fly for* a doctor 급히 의사를 부르러 가다／Time *flies*. 《속담》 세월은 쏜살같이 지나간다
3 갑자기 …하다: The door *flew* open. 갑자기 문이 확 열렸다
4 (깃발 등이) 펄럭이다, 나부끼다
── 타 **1** …을 **날리다**, 띄우다: He is *flying* a kite. 그는 연을 날리고 있다

2 (기 등을) 게양하다: *fly* a flag 기를 게양하다
── 명 (복수 **flies** [-z]) **1** 날기, 비행 (flight) **2** 【야구】 비구(飛球), 플라이 **3** (바지의) 단추 가리개

*__fly__² [flái F을라이] 명 (복수 **flies** [-z]) **1** 【곤충】 파리 **2** 제물낚시 (🖼 파리 모양의 인공 미끼를 써서)

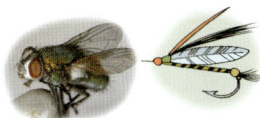
fly² 1   fly² 2

fly·ing [fláiiŋ F을라이잉] 명 날기, 비행
── 형 **1** 나는, 비행하는: a *flying* bird 나는 새

2 나는 듯이 빠른, 황급한

flying saucer [fláiiŋ sɔ́ːsər] 명 비행 접시

foam [fóum 포움] 명 **1** (액체 표면의 작은) 거품 **2** (말 등의) 비지땀
—— 자 **1** 거품이 나다 **2** 비지땀을 흘리다

fo·cal [fóukəl 포우커얼] 형 초점의

*fo·cus [fóukəs 포우커쓰] 명 (복수 **focuses** [-iz], **foci** [fóusai]) **1** (렌즈의) 초점: This camera is out of *focus*. 이 카메라는 초점이 맞지 않았다
2 (흥미·주의의) 중심, 집중
—— 타 **1** 초점을 맞추다 **2** 집중시키다

foe [fóu 포우] 명 《문어》 적, 원수

*fog [fɔ́ːɡ 포-ㄱ] 명 (짙은) 안개 (💡 mist 보다 짙음): The city was covered with *fog*. 그 도시는 안개로 덮였다

fog·gy [fɔ́ːɡi 포-기] 형 (비교급 **foggier**; 최상급 **foggiest**) 안개가 자욱한

foil [fɔ́il 포일] 명 박(箔), 금속 박편; (식품 등을 싸는) 호일: aluminum *foil* 알루미늄 호일
【라틴어「foliage(잎)」에서】

*fold [fóuld 포울드] 동 (3단현 **folds** [-dz]; 과거·과거분사 **folded** [-id]; 현재분사 **folding**) 타 **1** …을 접다, 접어 포개다: She *folded* the paper in half. 그녀는 종이를 반으로 접었다

fold 1

2 (손·팔 등을) 끼다: He *folded* his arms. 그는 팔짱을 끼었다

fold one's arms   cross one's legs

3 (양팔로) 안다, 껴안다: She *folded* the child in her arms. 그녀는 그 아이를 껴안았다
4 …을 싸다: *fold* a thing in paper 물건을 종이에 싸다
—— 자 접히다, 포개지다
—— 명 주름, 층

-fold (접미사)「…곱[겹]의」의 뜻

fold·er [fóuldər 포울더r] 명 **1** 접는 소책자, 팸플릿 **2** 종이[서류] 집게 **3** 【컴퓨터】 폴더

fold·ing [fóuldiŋ 포울딩] 형 접는 식의: a *folding* chair 접는 의자

fo·li·age [fóulidʒ 포울리쥐] 명 (집합적으로) (나무 한 그루의) 잎 (전부) (💡「1장의 잎」은 a leaf)

*folk [fóuk 포욱] (💡 1은 묶음) 명 (복수 **folk**, 《미》 **folks** [-s]) **1** (집합적으로; 복수 취급) 사람들 (💡 지금은 보통 people을 쓴다): old *folks* 노인네들
2 (복수형으로) 《구어》 가족, 친척: How are your young *folks*? 댁의 자녀들은 건강합니까?
—— 형 민속의, 민간의: *folk* music 민속 음악/ *folk* dance 민속 무용/ *folk* song 민요, 포크송

*fol·low [fálou 팔로우] 동 (3단현 **follows** [-z]; 과거·과거분사 **followed** [-d]; 현재분사 **following**)
타 **1** …을 따라가다(오다): The boy *followed* his mother. 그 소년은 어머니의 뒤를 따라갔다

2 (순서가) …의 다음에 오다: The speech *follows* the dinner. 만찬 뒤에 연설이 있다

3 (충고·풍습 등에) **따르다**: I will *follow* your advice. 당신의 충고에 따르겠습니다

4 (길 등을) **따라가다**: *Follow* this road till you come to the post office. 우체국에 이를 때까지 이 길을 따라 가세요

5 (말·의미를) 알다, 이해하다: I can't *follow* you. 너의 말을 이해할 수 없다

6 (직업에) 종사하다

── 자 **1 따르다**, 좇다: *Follow after* me. 뒤따라오시오

2 [it follows that ...의 형태로] (당연한 결과로) ···이 되다: If you don't take his advice, *it follows that* you will fail. 그의 충고를 받아들이지 않으면 너는 실패할 것이다

as follows 다음과 같이: His words are *as follows*. 그의 말은 다음과 같다

fol·low·er [fálouər F알로우어r] 명 **1** (주의·학설 등의) 신봉자 **2** 수행원, 부하

*__**fol·low·ing**__ [fálouiŋ F알로우잉] 형 **다음의**(next): the *following* question 다음 질문/ the *following* day 다음 날

── 명 [집합적으로] 수행원, 부하; 신봉자

fol·ly [fáli F알리] 명 (복수 **follies** [-z]) **1** 어리석음 **2** 어리석은 행동〔생각〕

*__**fond**__ [fánd F안드] 형 **1** [보통 be fond of 의 형태로] **···을 좋아하다**(like): She *is fond of* dogs. 그녀는 개를 좋아한다/ I *am fond of* playing tennis. 나는 테니스를 좋아한다

2 정다운, 다정한(tender)

fond·ly [fándli F안들리] 부 다정하게

fond·ness [fándnis F안드니쓰] 명 **1** 좋아하는 것, 기호 **2** 다정함, 애정

*__**food**__ [fú:d F우-드] 명 (복수 **foods** [-dz]) **음식**, 식품 (🔖 보통은 물질 명사로서 단수 취급): *food* and drink 음식물/ Hamburger is one of my favorite *foods*. 햄버거는 내가 좋아하는 음식 중 하나이다 (🔖 음식의 종류를 말할 때는 복수형)

*__**fool**__ [fú:l F우-을] 명 (복수 **fools** [-z]) **1 바보**, 멍청이: What a *fool* you are to do such a thing! 그런 일을 하다니 너도 바보다

2 어릿광대

make a fool of ···을 놀리다: He *made a fool of* me. 그는 나를 놀렸다

── 자타 **1** 바보짓을 하다; ···을 놀리다 **2** 속이다

*__**fool·ish**__ [fú:liʃ F우-얼리쉬] 형 (비교급 **more foolish**; 최상급 **most foolish**) 어리석은(silly), 바보 같은(반 wise 현명한): a *foolish* idea 바보 같은 생각/ It was *foolish* of her to trust him. 그를 믿다니 그녀가 어리석었다

fool·ish·ly [fú:liʃli F우-얼리쉴리] 부 어리석게도

fool·ish·ness [fú:liʃnis F우-얼리쉬니쓰] 명 어리석음, 무지

*__**foot**__ [fút F웃] 명 (복수 **feet** [fí:t]) **1 발** (🔖 복사뼈 아랫부분): He tried to stand on one *foot*. 그는 한 발로 서려고 애썼다

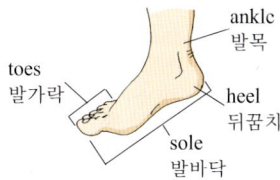

foot

2 피트 (🔖 길이의 단위; 12 inches, 30.48cm; 약어는 ft.): a five-*foot* tree (높이가) 5피트인 나무/ He is six *feet*〔*foot*〕tall. 그의 키는 6피트다

> 쓰임새 foot의 복수형은 feet이지만 수사와 연결하여 형용사로 쓰일 때에는 보통 foot를 쓴다. 또 치수나 키를 나타낼 때는 feet를 쓰기도 한다.

3 걸음, 걸음걸이(step): with heavy *foot* 무거운 걸음걸이로

4 최하부; (의자·테이블 등의) 다리 끝 부분; (물건의) 받침 부분; (산의) 기슭: at the *foot* of a page 페이지의 하단부에/ They live at the *foot* of a mountain. 그들은 산기슭에 산다

on foot 걸어서, 도보로: Do you go to school by bus or *on foot*? 너는 버스로 통학하니, 걸어서 다니니?

> 쓰임새 on foot은 보통 다른 교통 수단과 대조할 때 쓰고, 「나는 걸어서 학교에 간다」라고 말할 때에는 I walk to school.이라 한다.

foot·ball [fútbɔ̀ːl 풋보-을] 명 (복수 **footballs** [-z]) (미식) **축구**: They play *football* at school. 그들은 학교에서 축구를 한다 (경기 종목에는 관사를 붙이지 않으므로 play a (the) football이라 하지 않는다)

> 참고 football이라 하면 미국에서는 미식축구(American football)를 가리키고, 영국에서는 축구(association football; soccer) 또는 럭비(rugby)를 가리킨다.

foot·lights [fútlàits 풋라이츠] 명 (복수 취급) (무대의) 각광(脚光)

foot·note [fútnòut 풋노웃] 명 각주(脚註) (본문 아래쪽에 따로 단 풀이)

foot·path [fútpæ̀θ 풋패으] 명 (복수 **footpaths** [-pæ̀ðz]) **1** 《영》 보도 (《미》 sidewalk) **2** (사람만 다닐 수 있는) 좁은 길

foot·print [fútprìnt 풋프륀트] 명 발자국

foot·step [fútstèp 풋스텝] 명 (복수 **footsteps** [-s]) **1** 걸음걸이, 걸음 **2** 발소리 **3** 발자국

for [fɔːr 포-r] 전 **1** (목적·의도·이익을 나타내어) **···을 위해, 목적으로**: prepare *for* the examination 시험 준비를 한다/ He went *for* a walk. 그는 산책하러 갔다/ Early rising is good *for* your health. 일찍 일어나는 것은 건강에 좋다

2 ···에게 주려는: This is a present *for* you. 이것은 당신에게 주는 선물입니다

3 ···에 대해서: I am sorry *for* his death. 그의 죽음은 유감입니다/ Thank you *for* your letter. 편지 주셔서 감사합니다

4 (용도·적부(適否)를 나타내어) **···용의**: books *for* children 아동용 도서/ This fish is not fit *for* eating. 이 생선은 식용으로 적당하지 않다

5 (대용·대리·대표를 나타내어) **···대신에**, 대표하여: use a box *for* a chair 의자 대신에 상자를 쓰다/ I'll go *for* you. 당신 대신에 제가 가지요/ Who will speak *for* our class? 누가 우리 반을 대표하여 말합니까?

6 ···에 대하여; ···의 금액으로: How much did you pay *for* your shoes? 신발은 얼마 주고 샀니?

7 (목적지를 나타내어) **···을 향하여**: start (leave) *for* New York 뉴욕을 향하여 출발하다/ Is this plane *for* Boston? 이 비행기는 보스턴행(行)입니까?

8 ···하기에는: The scenery is too beautiful *for* words. 경치가 말로 다할 수 없을 만큼 아름답다

9 (기준을 나타내어) **···로서는**: He is young *for* his age. 그는 나이치고는 젊다/ It is hot *for* September. 9월치고는 덥다

10 (자격·인식을 나타내어) ···으로, ···이라고: He was chosen *for* our leader. 그는 우리의 리더로 뽑혔다/ I took you

forbade

for your brother. 나는 너를 너의 형[동생]으로 착각했다

11 [이유·원인을 나타내어] …때문에: cry *for* joy 기뻐서 울다/ The town is famous *for* wine. 그 도시는 와인으로 유명하다/ I'm sorry *for* being late. 늦어서 죄송합니다

12 …을 지지하여, 찬성하여(반 against …을 반대하여): fight *for* democracy 민주주의를 위하여 투쟁하다/ Are you *for* or against the plan? 자네는 그 계획에 찬성인가 반대인가?

13 [시간·거리를 나타내어] …동안: I haven't seen him *for* three years. 그를 3년 동안 보지 못했다/ We walked *for* a mile. 우리는 1마일을 걸었다

> [쓰임새] 시간의 전치사 **for, during**
> **for**는 흔히 숫자가 포함된 기간에 사용되고, **during**은 「…동안에, …사이에」라는 의미로 특정한 기간을 나타낸다: I stayed there *during* the vacation. 나는 방학 동안 거기에 있었다.

14 [for A to do의 형태로] A가 …하는 것은: This is not a good film *for* teenagers *to* see. 이것은 십대들이 보기에 좋은 영화가 아니다

for all …에도 불구하고: *For all* his efforts, he didn't succeed. 그는 노력했음에도 불구하고 실패했다

for all I know 아마 (…일 것이다): *For all I know,* she may be dead. 아마 그녀는 죽었을 것이다

── 접 《문어》 [콤마를 앞에 찍고] …이므로(because): We cannot go, *for* it is raining. 비가 내리고 있기 때문에 우리는 갈 수 없습니다

for·bade, for·bad [fərbéid F어-ㄹ베이드] 동 forbid(금하다)의 과거형

for·bear [fɔ:rbέər F오-ㄹ베어r] 동 (3단현 **forbears** [-z]; 과거 **forbore** [-bɔ́:r]; 과거분사 **forborne** [-bɔ́:rn]; 현재분사 **forbearing** [-bέəriŋ]) 타 …을 참다, 억누르다: I could not *forbear* laughing. 나는 웃지 않을 수 없었다

***for·bid** [fərbíd F어r비드] 동 (3단현 **forbids** [-dz]; 과거 **forbade** [-béid], **forbad** [-bǽd]; 과거분사 **forbidden** [-bídn]; 현재분사 **forbidding**) 타 …을 금하다: The doctor *forbade* him coffee. 의사는 그에게 커피를 금했다

for·bid·den [fərbídn F어r비든] 동 forbid(금하다)의 과거분사형

***force** [fɔ́:rs F오-ㄹ쓰] 명 (복수 **forces** [-iz]) **1** (물리적·정신적인) 힘: use all one's *force* 온 힘을 다하다/ the *forces* of mind 정신력/ the *forces* of nature 자연의 힘 (폭풍·지진 등)

2 영향력, 설득력: the *force* of public opinion 여론의 힘/ Your argument has great *force*. 당신의 발언은 절대적인 영향력이 있습니다

3 폭력, 완력: resort to *force* 폭력에 호소하다

4 [종종 복수형으로] 군대: the air *force* 공군

by force of …의 힘으로, …에 의하여

── 동 (3단현 **forces** [-iz]; 과거·과거분사 **forced** [-t]; 현재분사 **forcing**) 타 강요하다, 억지로 시키다: I was *forced* to yield. 나는 강제로 굴복을 당했다

Ford [fɔ́:rd F오-ㄹ드] 명 **1** 포드 Henry ~ (1863-1947)《미국의 자동차왕》 **2** 포드형 자동차

fore [fɔ́:r F오-ㄹ] 형 앞부분[전방]의(반 back 뒷부분의): the *fore* part of a train 열차의 앞 부분

fore- [접두사]「미리…, 선(先)…, 앞부분」의 뜻: *fore*cast 예보

***fore·cast** [fɔ́:rkæ̀st F오-ㄹ캐스트] 동 (3단현 **forecasts** [-ts]; 과거·과거분사 **forecast, forecasted** [-id]; 현재분사 **forecasting**) 타 (날씨를) 예보하다, 예상하다: *forecast* a heavy snowfall 대설을 예보하다

──명 예보, 예상: a weather *forecast* 일기 예보

fore·fa·ther [fɔ́ːrfɑ̀ːðər 포-r파-ðㅓr] 명 (복수 **forefathers** [-z]) (보통 복수형으로) 조상, 선조(반 ancestor 자손)

fore·fin·ger [fɔ́ːrfìŋɡər 포-r핑거r] 명 집게손가락(index finger)

fore·head [fɔ́ːrhèd 포-r헤드, fɔ́ːrid 포-뤼드] 명 이마

***for·eign** [fɔ́ːrin 포-륀] 형 **1** 외국의(반 home, domestic 국내의): *foreign* goods 외래품
2 외국 상대의, 대외적인: *foreign* policy 대외 정책

***for·eign·er** [fɔ́ːrinər 포-뤼너r] 명 (복수 **foreigners** [-z]) 외국인

fore·most [fɔ́ːrmòust 포-r모우스트] 형 (the를 붙여) **1** 맨 앞의, 선두의
2 일류의, 주요한: the *foremost* surgeons 일류 외과 의사들
──부 맨 먼저, 첫째로

fore·name [fɔ́ːrnèim 포-r네임] 명 (성에 대하여) 이름(first name)

fore·run·ner [fɔ́ːrrÀnər 포-r러너r] 명 **1** 선구자 **2** 전조, 예보

fore·see [fɔːrsíː 포-r씨-] 동 (3단현 **foresees** [-z]; 과거 **foresaw** [-sɔ́ː]; 과거분사 **foreseen** [-síːn]; 현재분사 **foreseeing**) 타 …을 내다보다, 예견하다: *foresee* a recession 경기 후퇴를 내다보다

fore·sight [fɔ́ːrsàit 포-r싸잇] 명 선견지명, 통찰(력)

***for·est** [fɔ́ːrist 포-뤼스트] 명 (복수 **forests** [-ts]) (광대한) 숲, 삼림: a natural *forest* 자연림

> 비교 **forest**와 **woods**
> **forest**는 마을에서 멀리 떨어진 넓은 지역에 걸친 「삼림」을 말하고, **woods**는 forest보다 작고 마을 가까이에 있어 사람들의 왕래가 잦은 「숲」이나 「임야」를 말한다.

──형 삼림의: a *forest* fire 산불

fore·tell [fɔːrtél 포-r테흘] 동 (3단현 **foretells** [-z]; 과거·과거분사 **foretold** [-tóuld]; 현재분사 **foretelling**) 타 …을 예언(예고)하다: Who can *foretell* what will happen tomorrow? 내일 무슨 일이 일어날지 누가 예언할 수 있겠는가?

***for·ev·er** [fərévər 포어뤠v어r] 부 **1** 영원히: I'll love you *forever*. 난 너를 영원히 사랑할 거야
2 끊임없이, 항상(always)

> 쓰임새 《영》에서는 for ever처럼 두 단어로도 쓴다.

for·gave [fərɡéiv 포어r게이v으] 동 forgive(용서하다)의 과거형

forge [fɔːrdʒ 포-r쥐] 명 **1** 대장간 **2** (대장간의) 노(爐), 풀무
──동 (현재분사 **forging**) 타 **1** (쇠를) 벼리다; 벼려서 만들다 **2** …을 위조(모조)하다 **3** (거짓말 등을) 꾸며내다

***for·get** [fərɡét 포어r겟] 동 (3단현 **forgets** [-ts]; 과거 **forgot** [-ɡát]; 과거분사 **forgotten** [-ɡátn], **forgot**; 현재분사 **forgetting**) 타 **1** …을 잊다(반 remember 기억하다): I *forget* your telephone number. 당신의 전화번호를 잊었습니다 / I'll never *forget* your kindness. 당신의 친절은 결코 잊지 않겠습니다

forget remember

2 (**forget to do**의 형태로) (미래에) …할 것을 잊다: Don't *forget to* attend the meeting. 모임에 참석하는 걸 잊지 마세요
3 (**forget doing**의 형태로) (과거에) …

forgetful

한 것을 잊어버리다: I'll never *forget seeing* her at the party. 파티에서 그녀를 만난 것을 잊지 못할 것이다

4 …을 놓아 두고 잊다: I have *forgotten* my umbrella. 우산을 놓아두고 왔다

> 쓰임새〉 장소를 나타내는 말과 함께 쓸 때에는 leave를 쓴다: I *left* my umbrella in the bus. 버스에 우산을 놓고 왔다.

for·get·ful [fərɡétfəl 퍼r겟F어블] 형
잘 잊는

for·get-me-not [fərɡét-mi-nɑ̀t 퍼r 겟미낫] 명【식물】물망초(勿忘草)

> 참고〉 물망초의 유래
> 독일의 전설에 따르면, 한 청년이 도나우 강가에 있는 꽃을 애인에게 꺾어주기 위해 갔다가 발이 미끄러져 급류에 휘말리자 가지고 있던 꽃을 애인에게 던져주고는 「나를 잊지 마세요」라는 말을 남기고 사라졌다. 그 후 사람들은 이 꽃을 forget-me-not (물망초)라고 불렀다고 한다.

for·give [fərɡív 퍼r기V으] 동 (3단현 **forgives** [-z]; 과거 **forgave** [-ɡéiv]; 과거분사 **forgiven** [-ɡívən]; 현재분사 **forgiving**) 타 …을 용서하다: Please *forgive* me. 저를 용서해 주십시오

for·giv·en [fərɡívən 퍼r기V언] 동 forgive(용서하다)의 과거분사형

for·got [fərɡát 퍼r갓] 동 forget(잊다)의 과거·과거분사형

for·got·ten [fərɡátn 퍼r가튼 → 퍼r갓은] 동 forget(잊다)의 과거분사형

fork [fɔ́ːrk 포오r크] 명 (복수 **forks** [-s]) **1** (식탁용) 포크: eat with a knife and *fork* 나이프와 포크로 먹다 (한 벌이므로 fork 앞에는 관사를 붙이지 않는다)

2 (농업용) 포크, 갈퀴

form [fɔ́ːrm 포오r엄] 명 (복수 **forms** [-z]) **1** 모양, 형태(shape): Butterflies change their *forms*. 나비는 탈바꿈을 한다

2 (사람의) 모습, 자세: I saw a *form* in the dark. 나는 어둠 속에서 사람의 모습을 보았다

3 형(型), 방식, 형식: in the *form* of a drama 드라마 형식으로

4 양식, 서식: Fill in the application *form* at once. 지금 신청서에 기입하세요

5 종류: Jogging is a *form* of exercise. 조깅은 운동의 일종이다

6 《영》학년 (《미》grade): He is in the fifth *form*. 그는 5학년이다

—— 동 (3단현 **forms** [-z]; 과거·과거분사 **formed** [-d]; 현재분사 **forming**) 타 **1** …을 만들다: The boy *formed* a square *with* the matches. 그 소년은 성냥개비로 정사각형을 만들었다

2 (성격·품성을) 형성하다: You must *form* good habits. 너는 좋은 습관을 길러야 한다

3 …을 조직하다, 구성하다(organize): *form* a cabinet 내각을 구성하다

—— 자 (어떤) 형태를 이루다

-form 《접미사》「…형〔꼴, 모양〕, …양식」의 뜻: uni*form* 유니폼

for·mal [fɔ́ːrməl 포오r머얼] 형 (비교급 **more formal**; 최상급 **most formal**) **1** 정식의(반 informal 비공식의): a *formal* dress 정장

2 형식적인, 의례적인: a *formal* visit 의례적인 방문

for·mal·ly [fɔ́ːrməli 포오r멀리] 부 **1** 정식으로 **2** 형식적으로

for·mat [fɔ́ːrmæt 포-*r*맷] 명 **1** (서적의) 판형 **2** 【컴퓨터】 포맷, 형식

for·ma·tion [fɔːrméiʃən 포-*r*메이션] 명 **1** 형성, 구성, 구조; 구성물: the *formation* of a character 인격 형성
2 【군사】 대형(隊形), 편대

*__for·mer__ [fɔ́ːrmər 포-*r*머*r*] 형 **1** 전의, 이전의: his *former* wife 그의 전처
2 〔the를 붙여〕 전자(前者)의(반 latter 후자의)
3 〔the를 붙여; 대명사적으로〕 전자: *The former* is better than the latter. 전자는 후자보다 낫다

for·mer·ly [fɔ́ːrmərli 포-*r*머*r*을리] 부 이전에는, 옛날에는

for·mi·da·ble [fɔ́ːrmidəbl 포-*r*미더브 을 → 포-*r*미러브을] 형 무서운

for·mu·la [fɔ́ːrmjulə 포-*r*뮬라] 명 (복수 **formulas** [-z], **formulae** [-liː]) **1** (일정한) 방식, 법칙 **2** 판에 박은 말〔문구〕 **3** 【수학·화학】 공식, 식(式)
【라틴어 「작은 형식(form)」에서】

for·sake [fərséik 포*r*쎄익] 동 (3단현 **forsakes** [-s]; 과거 **forsook** [-súk]; 과거분사 **forsaken** [-séikən]; 현재분사 **forsaking**) 타 (친구 등을) 버리다; (습관 등을) 버리다(abandon): *forsake* bad habits 나쁜 습관을 버리다

fort [fɔːrt 포-*r*트] 명 (복수 **forts** [-ts]) 요새(要塞)

*__forth__ [fɔːrθ 포-*r*θ으] 부 **1** 앞으로(forward): The lamp moved back and *forth*. 램프가 앞뒤로 움직였다
2 〔때를 나타내는 명사 뒤에서〕 (…) 이후: from this day *forth* 오늘 이후에는, 앞으로는
3 〔보통 동사 뒤에 쓰여〕 밖으로, 바깥으로: come *forth* 나오다, 나타나다
and so forth …등(and so on) ⇒ and 숙어

*__for·ti·eth__ [fɔ́ːrtiθ 포-*r*티θ으] (📝 약어는 40th) 형 **1** 〔보통 **the**를 붙여〕 제40, 40번째 **2** 〔**a** 또는 **one**을 붙여〕 40분의 1

── 명 **1** 〔보통 **the**를 붙여〕 제40의, 40번째의 **2** 40분의 1의

for·tress [fɔ́ːrtris 포-*r*츄뤼ㅆ] 명 (복수 **fortresses** [-iz]) (대규모의) 요새

fortress

*__for·tu·nate__ [fɔ́ːrtʃənit 포-*r*쳐닛] 형 (비교급 **more fortunate**; 최상급 **most fortunate**) 운이 좋은, 행운의(반 unfortunate 불운한): I am *fortunate* to have such good friends. 나는 그런 좋은 친구들을 가졌으니 운이 좋다

*__for·tu·nate·ly__ [fɔ́ːrtʃənətli 포-*r*쳐너틀리 → 포-*r*쳐닛을리] 부 다행히도, 운 좋게(반 unfortunately 불행하게도): *Fortunately* it stopped raining. 다행히도 비가 멈추었다

*__for·tune__ [fɔ́ːrtʃən 포-*r*쳔] 명 (복수 **fortunes** [-z]) **1** 재산, 부(wealth): a man of *fortune* 재산가/ make a *fortune* 한 재산 벌다
2 운(chance), 행운(반 misfortune 불운); 운명: I had the *fortune* to pass the examination. 나는 다행히 시험에 합격했다

*__for·ty__ [fɔ́ːrti 포-*r*티 → 포-*r*리] 명 (복수 **forties** [-z]) **1** 40; 40세; 40명〔개〕
2 〔**the forties**로〕 (세기의) 40년대; 〔**one's forties**로〕 (나이의) 40대: a man in *his forties* 40대 남자
── 형 40의, 40개〔명〕의; 40세의: He is *forty* (years old). 그는 40세다

fo·rum [fɔ́ːrəm 포-*r*뤔] 명 **1** (고대 로마의) 포럼, 공공 광장 《상품의 매매나 재판, 정치 등의 집회 장소로 이용됨》 **2** 재판소, 법정 **3** 공개 토론회

for·ward [fɔ́:rwərd 포-r워어드] 튀 **1 앞으로**, 전방으로(반 backward 뒤로): step *forward* two paces 두 발 앞으로 나가다

2 금후, 앞으로: from this time *forward* 앞으로는

put forward 제출하다; 신청하다

── 형 **1 앞쪽의**, 전방의(반 backward 뒤쪽의): a *forward* motion 전진 운동

2 철 이른; 조숙한; 진보적인: The boy is *forward* for his age. 그 소년은 나이에 비해 조숙하다

3 자진해서 …하는: She was *forward* to help others. 그녀는 자진해서 남을 도와 주었다

── 타 (편지 등을) 전송하다; (화물을) 발송하다

── 명 (경기의) 전위, 포워드(반 back 백)

for·wards [fɔ́:rwərdz 포-r워rz으] 튀 = forward

fos·sil [fásl 파쓰일] 명 화석(化石)

fossil fuel [fásl fjùəl] 명 화석 연료 《석유·석탄 등》

fos·ter [fá:stər 파-스터r] 동 (3단현 **fosters** [-z]; 과거·과거분사 **fostered** [-d]; 현재분사 **fostering** [-təriŋ]) 타 **1** …을 육성하다, 촉진하다 (promote): *foster* exports 수출을 촉진하다

fossil

2 (양자 등을) 기르다, 돌보다: Mr. and Mrs. Smith *fostered* the orphan. 스미스 부부는 그 고아를 양육했다

fought [fɔ́:t 포-트] 동 fight(싸우다)의 과거·과거분사형

foul [fául 파우울] 형 (비교급 **fouler**; 최상급 **foulest**) **1** 더러운(dirty), 불결한 (반 clean 깨끗한): a *foul* smell 악취

2 (날씨가) 나쁜: *foul* weather 악천후

3 (경기에서) 반칙의(반 fair 공정한)

4 지저분한, 음란한

── 명 **1** (경기의) 반칙, 파울 **2** 【야구】 파울(반 fair 페어)

found¹ [fáund 파운드] 동 (3단현 **founds** [-dz]; 과거·과거분사 **founded** [-id]; 현재분사 **founding**) 타 **1** …을 **설립하다**, 창립하다(establish): *found* a hospital 병원을 설립하다

2 …의 근거로 하다 (on, upon): The story is *founded on* facts. 그 이야기는 사실에 근거하고 있다

found² [fáund 파운드] 동 find(발견하다)의 과거·과거분사형

foun·da·tion [faundéiʃən 파운데이션] 명 (복수 **foundations** [-z]) **1** 〔종종 복수형으로〕 **기초**, 토대: the *foundation* of democracy 민주주의 기초

2 (사상·보도 등의) 근거: This report has no *foundation*. 이 보도는 근거가 없다

3 창립, 설립: the *foundation* of a university 대학의 창립

4 (기부에 의해 유지되는) 시설, 재단: the Carnegie *Foundation* 카네기 재단

found·er [fáundər 파운더r] 명 창립 〔설립〕자

foun·tain [fáuntn 파운튼] 명 (복수 **fountains** [-z]) **1 분수**; 샘(spring); 수원

2 원천, 근원: a *fountain* of information 지식의 원천

fountain pen [fáuntn pèn] 명 만년필 《간단히 pen이라고도 한다》

fountain pens

four [fɔːr 포-r] 명 4, 넷, 4개〔명〕
— 형 **4의**, 넷의, 4개〔명〕의

four-leaf clover [fɔːr-liːf klóuvər] 명 네잎 클로버 《행운의 표시》

four·teen [fɔ̀ːrtíːn 포-r티-인] 명 **14**, 열넷, 14개〔명〕
— 형 **14의**, 열넷의, 14개〔명〕의

four·teenth [fɔ̀ːrtíːnθ 포-r티-인θ。] (약어는 14th) 명 **1** 〔the를 붙여〕 제 **14**; (달의) 14일 **2** 〔a 또는 **one**을 붙여〕 14분의 1
— 형 **1** 〔보통 the를 붙여〕 제14의, 14번째의 **2** 14분의 1의

fourth [fɔːrθ 포-rθ。] (약어는 4th) 명 **1** 〔the를 붙여〕 **제4**; (달의) 4일 **2** 〔a 또는 **one**을 붙여〕 4분의 1
the Fourth of July 《미》(7월 4일) 독립기념일(Independence Day)
— 형 **1** 〔보통 the를 붙여〕 **제4의**, 4번째의 **2** 4분의 1의

fowl [fául 파우을] 명 (복수 **fowls** [-z], 〔집합적으로〕 **fowl**) **1** 가금(家禽) 《거위, 칠면조 등》, (특히) 닭
2 〔집합적으로〕 …새, …조(鳥): water *fowl* 물새 / wild *fowl* 들새, 야조

fox [fáks 팍쓰] 명 (복수 **foxes** [-iz], 〔집합적으로〕 **fox**) **1** 【동물】 **여우**
2 교활한 사람

fox 1

fox·hound [fákshàund 팍쓰하운드] 명 【동물】 폭스하운드 《여우 사냥개》

fox hunting [fáks hʌ̀ntiŋ] 명 여우 사냥 《말을 타고 사냥개와 함께 여우를 쫓는 영국 상류 계급의 스포츠》

Fr. 《약어》 *Friday* 금요일

frac·tion [frǽkʃən 프으랙션] 명 (복수 **fractions** [-z]) **1** 파편, 단편; 조각 **2** 【수학】 분수 (「소수」는 decimal)

> 참고 분수 읽기
> 분수를 읽을 때는 분자를 기수 (one, two, three....)로, 분모는 서수 (first, second, third....)로 하며, 분자가 2 이상의 수일 때는 분모를 복수형으로 한다.
> 1/2 = a〔one〕 half
> 1/3 = one third
> 2/3 = two thirds
> 1/4 = a〔one〕 quater

frac·ture [frǽktʃər 프으랙춰r] 명 **1** 부서짐, 깨짐 **2** 골절(骨折)

frag·ile [frǽdʒəl 프으랮을] 형 **1** 부서지기〔깨지기〕 쉬운 **2** (체질이) 약한

frag·ment [frǽgmənt 프으래그먼트] 명 파편, 단편

fra·grance [fréigrəns 프으뤠이그륀] 명 향기, 방향

fra·grant [fréigrənt 프으뤠이그륀트] 형 향기로운: a *fragrant* rose 향기로운 장미

frail [fréil 프으뤠일] 형 **1** (사람·몸이) 허약한 **2** 깨지기 쉬운

frame [fréim 프으뤠임] 명 (복수 **frames** [-z]) **1** (창문·사진 등의) **틀**; 안경테: a window *frame* 창틀
2 (건조물의) **뼈대**, 구조: the *frame* of a building 건물의 뼈대
3 (사람·동물의) 체격: He has a strong *frame*. 그는 다부진 체격이다
— 동 (3단현 **frames** [-z]; 과거·과거분사 **framed** [-d]; 현재분사 **framing**)
타 **1** (그림 등을) 틀에 끼우다: *frame* a picture 그림을 액자에 끼우다
2 …의 뼈대를 만들다, 짜 맞추다: *frame* a house 집의 뼈대를 짜다
3 (계획·이론 등을) 세우다, 짜다: He *framed* a new theory. 그는 새로운 이론을 세웠다

frame·work [fréimwə̀ːrk F으뤠임워-r크] 명 (복수 **frameworks** [-s]) **1** 뼈대, 골격

2 구조, 조직: the *framework* of society 사회 구조

France [fræns F으랜쓰] 명 **프랑스** (유럽 서부의 공화국; 수도는 파리(Paris))
【라틴어「Franks(프랑크족)」에서】

fran·chise [fræntʃaiz F으랜차이z] 명 **1** (정부가 개인 또는 단체에 주는) 특권, 특허 **2** 〔보통 **the**를 붙여〕 시민권; 선거권 **3** 《미》 독점 판매권, 영업권

Frank [fræŋk F으랭크] 명 프랑크족 (라인 강 유역에 살았던 게르만 민족의 한 종족으로 지금의 프랑스·독일·이탈리아에 광대한 영토를 건설함)

frank [fræŋk F으랭크] 형 (비교급 **franker**; 최상급 **frankest**) **솔직한**, 숨김없는: Tell me your *frank* opinion. 당신의 솔직한 의견을 말해주세요

to be frank with you 솔직히 말하면: *To be frank with you*, I don't like this novel. 솔직히 말하면 나는 이 소설을 좋아하지 않는다
【프랑크족(Frank)이 자유민이어서】

frank·ly [fræŋkli F으랭클리] 부 솔직히, 숨김없이: You should answer *frankly*. 너는 솔직하게 대답해야 한다

frankly speaking 솔직히 말하면: *Frankly speaking*, I don't like him. 솔직히 말하면 나는 그가 싫다

fran·tic [fræntik F으랜틱] 형 (흥분·고통 등으로) 이성을 잃은, 광란한

fraud [frɔːd F으라-드] 명 사기 (행위)

freak [friːk F으리-크] 명 **1** 기형, 변종 **2** 변덕, 일시적인 기분〔마음〕 **3** 《구어》 열광자, …광(狂)

free [friː F으리-] 형 (비교급 **freer**; 최상급 **freest**) **1 자유로운**, 속박이 없는, 독립한: a *free* country 자유국 / a *free* economy 자유 경제

2 한가한(반 busy 바쁜): Are you *free* today? 오늘 한가하십니까?

3 무료의, 공짜의: a *free* ticket 무료 입장권

4 〔보통 복합어를 이루어〕 …을 포함하지 않은: a duty-*free* shop 면세점 / a sugar-*free* drink 무설탕 음료수

be free from …이 없다: I *am free from* care. 나는 걱정이 없다

be free of …을 면하다: This camera *is free of* duty. 이 카메라는 면세품이다

be free to ... 자유로이 …할 수 있다: You *are free to* use this room. 마음대로 이 방을 써도 된다

for free **무료로**, 공짜로: You can have this *for free*. 이것은 공짜로 드립니다 (상점 등에서)

set ... free (사람 등을) 석방〔해방〕하다: Lincoln *set* the slave *free*. 링컨은 노예를 해방시켰다

── 동 (3단현 **frees** [-z]; 과거·과거분사 **freed** [-d]; 현재분사 **freeing**) 타 …을 석방〔해방〕하다: We *freed* the bird *out of* the cage. 우리는 새장에서 새를 놓아주었다

free·dom [fríːdəm F으리-덤] 명 **1 자유** (liberty): *freedom* of speech〔thought〕 언론〔사상〕의 자유

2 (…이) 없음, 면제: *freedom from* care 걱정이 없음

free·lanc·er [fríːlænsər F으리-랜써r] 명 프리랜서, 자유 계약자 (돈을 받고 어디든지 가서 싸워 주는 용병에서)

free·ly [fríːli F으리-일리] 부 **1** 자유롭게, 거리낌없이 **2** 아낌없이

free port [fríː pɔ́ːrt] 명 자유항 (외국의 화물이나 선박에 대하여 관세 없이 자유

free·style [fríːstàil 프리-스타일] 명 【수영】 자유형

freeze [fríːz 프리-즈] 동 (3단현 freezes [-iz]; 과거 froze [fróuz]; 과거분사 frozen [fróuzən]; 현재분사 freezing) 자 **1 얼다**: Water *freezes* at 0°C. 물은 섭씨 0도에서 언다 / The pond *froze* over last night. 어젯밤에 연못이 온통 얼었다
2 〔보통 it를 주어로〕 얼음이 얼다, 얼 정도로 춥다: It's *freezing* tonight. 오늘 저녁은 매우 춥다
3 (몸이) 얼다: I am *freezing* to death. 추워서 얼어죽을 것 같다
4 (공포 등으로) 오싹하다
──타 **1** …을 얼리다: The lake was *frozen* over. 호수는 온통 얼어붙었다
2 (식품 등을) 냉동시키다
Freeze! 꼼짝 마라!, 움직이면 쏜다!

freez·er [fríːzər 프리-Z어r] 명 냉장고 (refrigerator), 냉동 장치

freez·ing point [fríːziŋ pɔ̀int 프리-Z잉포인트] 명 빙점, 어는점 (반) boiling point 끓는점) 〈섭씨 0도, 화씨 32도〉

freight [fréit 프레잇] 〔🖉 gh는 묵음〕 명 **1** 《미》 화물 《영》 goods) **2** 화물 운송 **3** 운송료, 운임

French [fréntʃ 프렌취] 형 프랑스(인·어)의: The *French* Revolution took place in 1789. 프랑스 혁명은 1789년에 일어났다
──명 **1** 〔the를 붙여〕 프랑스인 《전체》 (🖉 한 사람은 a Frenchman) **2** 〔무관사로〕 프랑스어

French fries [fréntʃ fráiz] 명 프렌치 프라이, 감자 튀김

French horn [fréntʃ hɔ́ːrn] 명 프렌치 혼

French·man [fréntʃmən 프렌취 먼] 명 (복수 **Frenchmen** [-mən]) 프랑스인

fre·quen·cy [fríːkwənsi 프리-크원씨] 명 (복수 **frequencies** [-z]) **1** 자주 일어남, 빈발: the *frequency* of crimes 범죄의 빈발
2 〔물리〕 진동수; (전파의) 주파수: high〔low〕 *frequency* 고〔저〕주파

French horn

fre·quent [fríːkwənt 프리-크원트] 형 (비교급 **more frequent**; 최상급 **most frequent**) **자주 일어나는**, 빈번한, 잦은: Fires are *frequent* in winter. 겨울에는 화재가 자주 일어난다

fre·quent·ly [fríːkwəntli 프리-크원틀리 → 프리-크원'을리] 부 **자주**(often), 종종: He *frequently* visits London. 그는 런던을 자주 방문한다

fresh [fréʃ 프으뤠쉬] 형 (비교급 **fresher**; 최상급 **freshest**) **1 신선한**, 갓 나온: *fresh* vegetable 신선한 야채 / Our teacher is *fresh from* college. 우리 선생님은 대학을 갓 나오셨다
2 새로운(new): Do you have any *fresh* news? 뭔가 새로운 소식 있는가?
3 소금기 없는: *fresh* water 민물, 담수
4 (공기·기후 등이) 맑은, 쾌한: *fresh* air 신선한 공기
5 건강한, 기운찬
Fresh Paint. 《영》 칠 주의 (🖉《미》 Wet Paint)

fresh·ly [fréʃli 프으뤠쉴리] 부 신선하게, 싱싱하게

fresh·man [fréʃmən 프으뤠쉬먼] 명 (복수 **freshmen** [-mən]) **1** (대학이나 고교의) **1학년생**, 신입생 **2** 《미》 신입 사원

참고	미국의 고교생·대학생		
	2년제	3년제	4년제
1년생	junior	freshman	freshman
2년생	senior	junior	sophomore
3년생		senior	junior
4년생			senior

fret [frét 프으렛] 동 (3단현 **frets** [-ts]; 과거·과거분사 **fretted** [-id]; 현재분사 **fretting**) 자 애타다, 안달이 나다: *fret over* the high cost of living 생활비가 올라서 애타다

Fri. 《약어》 *Friday* 금요일

fric·tion [fríkʃən 프으릭션] 명 1 마찰 2 불화, (의견) 충돌

***Fri·day** [fráidei 프으라이데이] 명 금요일 (《약어는 Fri.》): Please come on Friday. 금요일에 오세요

fridge [fríd3 프으리쥐] 명 《구어》 냉장고 (refrigerator의 단축형)

fried [fráid 프으라이드] 동 fry(튀기다)의 과거·과거분사형
—— 형 기름에 튀긴: She likes *fried* potatoes. 그녀는 튀긴 감자를 좋아한다

*****friend** [frénd 프으렌드] 명 (복수 **friends** [-dz]) 1 벗, 동무, 친구: He has lot of *friends*. 그는 친구가 많다/ He is a *friend* of mine. 그는 내 친구다/ This is my *friend* Bill. 이쪽은 내 친구 빌입니다/ A *friend* in need is a *friend* indeed. 《속담》 어려울 때의 친구가 진정한 친구다

| 쓰임새 | a friend of mine은 막연히 「나의 친구」라는 뜻이며, my friend …는 이름을 밝혀 특정한 친구를 가리킬 경우에 쓴다

2 자기편(반 enemy 적); 후원자: He is a *friend* of poor people. 그는 가난한 사람들의 편이다

become*(*make*) *friends with …와 친해지다 (friends처럼 복수형을 쓰는 점에 주의): I *became friends with* Bill. 나는 빌과 친해졌다

be friends with …와 친하다: I *am friends with* Jane. 나는 제인과 사이가 좋다

***friend·ly** [fréndli 프으렌들리] 형 (비교급 **friendlier**; 최상급 **friendliest**) 1 친한; 친절한, 호의적인: a *friendly* nation 우방/ She is *friendly* to me. 그녀는 내게 친절하다

2 친선의: a *friendly* match(game) 친선 경기

***friend·ship** [fréndʃip 프으렌(드)쉽] 명 (복수 **friendships** [-s]) 우정, 우호 관계

fright [fráit 프으롸잇] (gh는 묵음) 명 공포, 경악

***fright·en** [fráitn 프으라이튼] (gh는 묵음) 동 (3단현 **frightens** [-z]; 과거·과거분사 **frightened** [-d]; 현재분사 **frightening**) 타 …을 놀라게 하다: I *frightened* her in the dark. 나는 어둠 속에서 그녀를 놀라게 했다

fright·ened [fráitnd 프으롸이튼드] 형 겁에 질린, 무서워하는: a *frightened* child 겁을 먹은 아이/ I'm *frightened* at the sight. 나는 그 광경을 보고 무서웠다

fright·en·ing [fráitniŋ 프으롸잇닝] 형 무서운, 소름끼치는: a *frightening* sight 무서운 광경

fright·ful [fráitfəl 프으롸잇f으얼] 형 1 무서운, 놀라운: a *frightful* sight 무서운 광경

2 《구어》 대단한

frig·id [frídʒid 프으뤼쥐드] 형 1 몹시 추운: a *frigid* climate 매우 추운 기후

2 쌀쌀한, 무뚝뚝한

frill [fríl 프으릴] 명 프릴 《옷깃이나 소매 부리에 다는 주름 장식》

fringe [fríndʒ 프으륀쥐] 명 (복수 **fringes** [-iz]) 1 술, 술 장식 《스카프·숄 등의》 2 가장자리, 언저리

fro [fróu 프로우] 부 저쪽으로
to and fro 왔다갔다 ⇒ to 숙어

***frog** [frɔ́:g 프로-그] 명 〖동물〗 개구리

**from [frʌ́m 프럼] 전 1 〔시간·장소 등의 기점을 나타내어〕 …부터; …에서(반 to 까지): We work *from* nine *to* six. 우리는 9시부터 6시까지 일한다/ Apples fell *from* the tree. 사과가 나무에서 떨어졌다/ How far is it *from* here *to* the station? 여기서 역까지 얼마나 됩니까?

2 〔기원·유래를 나타내어〕 …산의, …출신의: These oranges come *from* America. 이 오렌지는 미국산이다

〔회화〕
A: Where are you *from*?
어디 출신입니까?
B: I'm *from* Busan.
부산 출신입니다

3 〔원인·이유를 나타내어〕 …때문에, …으로: die *from* hunger 굶주려 죽다/ She is suffering *from* a headache. 그녀는 두통을 앓고 있다

4 〔분리·제거 등을 나타내어〕 …에서: Six *from* eight is〔leaves〕 two. 8에서 6을 빼면 2가 남는다

5 〔구별·차이를 나타내어〕 …와: know〔tell〕 right *from* wrong 선과 악을 분간하다

6 〔원료·재료를 나타내어〕 …으로: Wine is made *from* grapes. 와인은 포도로 만든다

7 〔변화·추이의 기점을 나타내어〕 …에서 (…으로): Things are going *from* bad *to* worse. 사태는 점점 나빠지고 있다/ He has recovered *from* his illness. 그는 병에서 회복되었다

from day to day 날마다

front [frʌ́nt 프론트] 명 (복수 **fronts [-ts]) **1** 앞, 정면(반 back, rear 뒷부분): the *front* of a building 건물의 정면/ He sat in the *front* of the bus. 그는 버스 앞쪽에 앉았다

2 전선(戰線), 싸움터: go to the *front* 싸움터로 나가다, 출정하다

3 〖기상〗 전선(前線): a cold〔warm〕 *front* 한랭〔온난〕 전선

in front of …의 앞에(반 at the back of …의 뒤에): I'll wait for you *in front of* the bank. 은행 앞에서 기다리겠습니다

〔쓰임새〕 장소를 나타내어 「…의 앞에」라고 할 때는 in front of를, 사람을 나타내어 「…의 앞에」라고 할 때는 before를 쓴다: He sat *before* me. 그는 내 앞에 앉았다.

in front of   before

── 형 〔명사 앞에만 쓰여〕 앞의, 정면의(반 back 뒤의): a *front* desk (호텔의) 프론트, 입구의 접수계/ We sat in the *front* raw. 우리는 앞줄에 앉았다/ He closed the *front* door. 그는 현관문을 닫았다

*****fron·tier** [frʌntíər 프론티어r] 명 (복수 **frontiers** [-z]) **1 국경 지방 2** 변경; 〔the를 붙여〕 《미》 (개척 시대의 개척지와 미개척지의) 경계 지방 **3** (지식·학문 등의) 최첨단

── 형 **1** 국경〔변경〕의: *frontier* dispute 국경 분쟁

2 《미》 서부 변경의: *frontier* spirit (서부 개척자가 품고 있었던 불굴의) 개척자 정신

*****frost** [frɔ́:st 프로-스트] 명 **서리**: We had a severe *frost* this morning. 오늘 아침에는 된서리가 내렸다

frost·y [frɔ́:sti 프로-스티] 형 (비교급 **frostier**; 최상급 **frostiest**) **1** 서리가 내린 **2** 차가운

frown [fráun F으라운] 자 눈살을 찌푸리다, 얼굴을 찡그리다
── 명 찡그린 얼굴

froze [fróuz F으로우z으] 동 freeze(얼다)의 과거형

fro·zen [fróuzn F으로우Z은] 동 freeze(얼다)의 과거분사형
── 형 1 추위로 언: a *frozen* pond 얼어붙은 연못
2 냉동된: *frozen* foods 냉동식품

fru·gal [frúːɡəl F으루-거얼] 형 검소한

fruit [frúːt F으루-트] 명 (복수 **fruits** [-ts]) 1 과일: Do you like *fruit*? 너는 과일을 좋아하니?/ They sell various *fruits* at the store. 저 가게는 여러 가지 과일을 팔고 있다

> 알면 Plus▸ 과일의 종류
> apple 사과　　apricot 살구
> banana 바나나　cherry 체리
> grape 포도　　grapefruit 자몽
> kiwi 키위　　lemon 레몬
> mango 망고　　melon 멜론
> orange 오렌지　peach 복숭아
> pear 배　　　pineapple 파인애플
> strawberry 딸기　watermelon 수박

2 (식물의) 열매: bear *fruit* 열매를 맺다
3 〔종종 복수형으로〕 결과, 성과: the *fruits* of industry 근면의 성과

fruit·ful [frúːtfəl F으루-웃F어얼] 형 1 열매를 많이 맺는, 수확이 많은 2 효과적인, 유익한

fruit·less [frúːtlis F으루-웃'을리쓰] 형 1 열매를 맺지 않는 2 효과 없는, 헛된

frus·trate [frʌ́streit F으러스츄뤠잇] 동 (현재분사 **frustrating**) 타 …을 좌절시키다, 실망시키다

fry [frái F으롸이] 동 (3단현 **fries** [-z]; 과거·과거분사 **fried** [-d]; 현재분사 **frying**) 타 (생선 등을) **기름으로 튀기다**, 프라이로 하다: *fry* potatoes 감자를 기름에 튀기다
── 명 (복수 **fries** [-z]) **튀김**, 프라이

frying pan [fráiŋ pæn] 명 프라이팬 (《미》에서는 frypan이라고도 한다)

ft. 《약어》 *foot, feet* 피트

*__fuel__ [fjúːəl F유-어얼] 명 연료

-ful (접미사) 1 명사에 붙어서 「…의 성질을 가진, …이 많은」의 뜻의 형용사를 만듦: beauti*ful* 아름다운/ care*ful* 조심성 있는
2 동사·형용사에 붙어서 「…하기 쉬운」의 뜻의 형용사를 만듦: forget*ful* 잘 잊는
3 명사에 붙어서 「…에 가득(찬 양)」의 뜻의 명사를 만듦: mouth*ful* 입안 가득

*__ful·fill__, 《영》 **ful·fil** [fulfíl F울F이얼] 동 (3단현 **fulfills** [-z]; 과거·과거분사 **fulfilled** [-d]; 현재분사 **fulfilling**) 타
1 (의무·약속 등을) **다하다**, 지키다: He always *fulfills* his promises. 그는 언제나 약속을 지킨다
2 (요구·조건 등을) 채우다, 충족시키다
3 (희망 등을) 실현하다
【**full**(가득)+**fill**(채우다)에서】

*__full__ [fúl F우을] 형 (비교급 **fuller**; 최상급 **fullest**) 1 **가득한**, 가득 찬 (반 empty 빈): a *full* base 만루/ The bus is *full*. 버스는 만원이다/ Don't speak with your mouth *full*. 입에 음식이 가득 든 채로 말하지 마라
2 배부른 (반 hungry 배고픈)

> 회화▸
> A: Would you like some more?
> 더 드실래요?
> B: No, thanks. I'm *full*.
> 아니요, 감사하지만 배불러요

3 **최대한의**; 완전한(perfect): We ran at

fullback   **funny**

full speed. 우리는 전속력으로 달렸다/ He got *full* marks in English. 그는 영어에서 만점을 받았다
4 충분한, 풍부한
──명 전부, 충분, 완전
in full 전부, 줄이지 않고, 완전히: Write your name *in full*. 이름을 생략하지 말고 쓰시오
to the full 충분히, 마음껏: We enjoyed our holiday *to the full*. 우리는 마음껏 휴가를 즐겼다

full·back [fúlbæ̀k F우ㄹ백] 명【럭비·축구·하키】풀백, 후위

full moon [fúl mú:n] 명 만월

full name [fúl néim] 명 (생략하지 않은) 성명

full stop [fúl stáp] 명《영》마침표, 종지부(☞《미》period)

full-time [fúl-táim F우ㄹ타임] 형 종일의, 전임의(반) part-time 시간제의): She has a *full-time* job. 그녀는 정규직 일자리를 얻었다

*__**ful·ly**__ [fúli F울리] 부 (비교급 **more fully**; 최상급 **most fully**) 충분히, 완전히: eat *fully* 충분히 먹다/ I was *fully* aware of the fact. 나는 그 일을 충분히 알고 있었다

fum·ble [fʌ́mbl F엄브ㄹ] 동 (3단현 **fumbles** [-z]; 과거·과거분사 **fumbled** [-d]; 현재분사 **fumbling**) 자 **1** 손으로 더듬다, 더듬어 찾다: *fumble for*〔*after*〕a key 손으로 더듬어 열쇠를 찾다
2【야구】공을 헛잡다

fume [fjú:m F유-음] 명 (복수 **fumes** [-z])〔보통 복수형으로〕(냄새가 독한) 가스, 연기

*__**fun**__ [fʌ́n F언] 명 재미, 즐거움; 장난: We had a lot of *fun* at the games. 게임은 매우 재미있었다/ Have *fun*! 재미있게 놀아라!
for〔*in*〕*fun* 장난으로: I did it just *for fun*. 나는 그저 장난으로 그렇게 했다

make fun of … …을 놀리다(ridicule): Don't *make fun of* me. 나를 놀리지 마라

*__**func·tion**__ [fʌ́ŋkʃən F앙(크)션] 명 (복수 **functions** [-z]) **1** 기능, 작용: the *function* of the heart 심장의 기능
2 〔보통 복수형으로〕직무, 역할: the *functions* of a policeman 경찰의 직무
3 의식, 행사
4【수학】함수
──동 (3단현 **functions** [-z]; 과거·과거분사 **functioned** [-d]; 현재분사 **functioning**) 자 **1** 작용하다(operate), 움직이다: How does the new system *function*? 새로운 시스템은 어떻게 작용을 하죠?
2 역할〔구실〕을 다하다

*__**fund**__ [fʌ́nd F안드] 명 (복수 **funds** [-dz])
1 자금, 기금: a relief *fund* 구호 자금
2 〔복수형으로〕돈, 소유 자금

*__**fun·da·men·tal**__ [fʌ̀ndəméntl F안더멘트ㄹ] 형 **1** 기본적인, 기초적인: a *fundamental* principle 기본 원리
2 중요한, 주요한

fun·da·men·tal·ly [fʌ̀ndaméntəli F안더멘털리] 부 기본적으로

*__**fu·ner·al**__ [fjú:nərəl F유-너뤄ㄹ] 형 장례의: a *funeral* ceremony 장례식
──명 장례, 장례식: a state *funeral* 국장(國葬)

fun·gi·cide [fʌ́ndʒisàid F안쥐싸이드] 명 살균제

fun·gus [fʌ́ŋgəs F앙거스] 명 (복수 **funguses** [-iz], **fungi** [fʌ́ndʒai]) 균류《곰팡이·버섯·효모 등》

fun·nel [fʌ́nl F아느ㄹ] 명 **1** 깔때기 **2** (기관차·기선 등의) 굴뚝

*__**fun·ny**__ [fʌ́ni F아니] 형 (비교급 **funnier**; 최상급 **funniest**) **1** 재미있는, 우스운: a *funny* story 우스운 이야기
2《구어》묘한, 이상한(strange): I heard a *funny* noise. 나는 이상한 소리를 들었다

***fur** [fə́ːr 포-r] 몡 (복수 **furs** [-z]) **1 모피**
2 〔보통 복수형으로〕 모피 제품

fu·ri·ous [fjúəriəs 퓨어리어쓰] 혱 **1** 성난, 격노한 **2** (속도·활동 등이) 격렬한

fur·nace [fə́ːrnis 포-r니쓰] 몡 **1** 노(爐), 아궁이 **2** 용광로

***fur·nish** [fə́ːrniʃ 포-r니쉬] 동 (3단현 **furnishes** [-iz]; 과거·과거분사 **furnished** [-t]; 현재분사 **furnishing**) 타
1 …을 공급하다(supply), 주다: He *furnished* the children *with* food. (= He *furnished* food *to* the children.) 그는 아이들에게 먹을 것을 주었다
2 (가구 등을) 비치하다, 들여놓다: *furnish* a room 방에 가구를 들여놓다

fur·nish·ings [fə́ːrniʃiŋz 포-r니슁z] 몡 〔복수 취급〕 가구, 비품, 세간

***fur·ni·ture** [fə́ːrnitʃər 포-r니춰r] 몡 〔집합적으로; 단수 취급〕 **가구**: We have much 〔a lot of〕 *furniture*. 우리 집은 가구가 많다

> 쓰임새> furniture는 물질 명사로 복수형으로 하지 않으므로, 셀 때에는 three pieces 〔articles〕 of *furniture* (가구 세 점)처럼 한다.

fur·row [fə́ːrou 포-로우] 몡 **1** 밭고랑, 도랑 **2** (얼굴의) 깊은 주름살(wrinkle)

***fur·ther** [fə́ːrðər 포-r더r] 혱 (far의 비교급의 하나) **1 더 먼**, 저편의(farther): on the *further* side 저편에
2 그 이상의(additional), 그 위의: Do you have anything *further* to say? 더 이상 할 말이 있습니까?
── 부 (far의 비교급의 하나) **1** (거리·공간·시간이) **더 멀리**, 더 앞에: I can't walk any *further*. 나는 더 이상 걸을 수 없다
2 (정도가) 그 이상으로, 한층 더: Let's not discuss it *further*. 더 이상 논의하지 말자
3 게다가, 또(besides)

***fur·thest** [fə́ːrðist 포-r디스트] 혱 부 (far의 최상급의 하나) **가장 먼**〔멀리 떨어진〕 (@ 최상급으로는 farthest를 쓰는 것이 보통)

fu·ry [fjúri 퓨리] 몡 (복수 **furies** [-z]) **1** 격노, 분노: He was beside himself with *fury*. 그는 격노하여 제정신이 아니었다
2 (폭풍우 등의) 격렬, 격심함: the *fury* of a hurricane 허리케인의 맹위

fuse¹ [fjúːz 퓨-z] 몡 (복수 **fuses** [-iz]) **1** (화약의) 도화선 **2** 〔전기〕 퓨즈

fuse² [fjúːz 퓨-z] 타 자 **1** 녹이다, 녹다
2 융합시키다〔하다〕

fu·sion [fjúːʒən 퓨-줜] 몡 **1** 용해, 융합: nuclear *fusion* 핵융합
2 (정당 등의) 연합, 결합

fuss [fʌ́s 포쓰] 몡 (쓸데없는) 소란, 야단법석

fu·tile [fjúːtl 퓨-트을 → F퓨-르을] 혱 헛된, 쓸데없는: a *futile* attempt 헛된 시도

***fu·ture** [fjúːtʃər 퓨-춰r] 몡 **1 미래**, 장래 (@ 「현재」는 present, 「과거」는 past): We must prepare for the *future*. 우리는 장래를 대비하여야 한다
2 (사람의) 장래성: She has a bright *future*. 그녀는 전도 유망하다
3 〔문법〕 미래 (시제)

in future 앞으로는: I'll study harder *in future*. 앞으로는 더욱 열심히 공부하겠습니다

in the future 앞으로, 장차: What do you do *in the future*? 당신은 장래 무엇을 하고 싶습니까?
── 혱 **1 미래의**, 장래의: This is my *future* wife. 이쪽은 제 아내 될 사람입니다
2 〔문법〕 미래 시제의: the *future* tense 미래 시제

-fy (접미사) 「…로 하다; …화하다」의 뜻: satis*fy* 만족시키다

Gg

G, g [dʒíː 쥐-] 명 (복수 **G's, g's** [-z]) 지 《영어 알파벳의 일곱째 글자》

gadg·et [gǽdʒit 개쥣] 명 간단한 (기계) 장치

gag¹ [gǽg 개그] 명 재갈 【질식 소리를 흉내낸 의성어】

gag² [gǽg 개그] 명 익살, 개그

gai·e·ty [géiti 개이티 → 개이리] 명 (복수 **gaieties** [-z]) **1** 명랑, 유쾌함 **2** (복장의) 화려함

gai·ly, gay·ly [géili 게일리] 부 **1** 흥겹게, 유쾌하게 **2** 화려하게

*****gain** [géin 게인] 동 (3단현 **gains** [-z]; 과거·과거분사 **gained** [-d]; 현재분사 **gaining**) 타 **1** …을 얻다 (반 lose 잃다), 벌다(earn), 획득하다: *gain* popularity 인기를 얻다/ They *gained* a victory. 그들은 승리를 거두었다

2 (무게·속도 등을) 늘리다: The car *gained* speed. 그 차는 속도를 냈다

3 (시계가) 빨리 가다(반 lose 늦게 가다): My watch *gains* three minutes a day. 내 시계는 하루에 3분 빠르다

4 (노력하여 …에) 도달하다(reach): *gain* the summit 정상에 오르다

── 자 **1** (체중이) 늘다; (가치·인기 등이) 오르다: She has *gained* in weight. 그녀는 체중이 늘었다

2 이득을 얻다, 득을 보다(profit)

3 진보하다, 좋아지다

gain on …에 접근하다, 따라붙다: *gain on* a ship 배에 다가가다

── 명 (복수 **gains** [-z]) **1** 〔종종 복수형으로〕 이익, 이득(반 lose 손실): No *gains* without pains. 《속담》 수고가 없으면 이득도 없다

2 (가치·힘 등의) 증가(increase)

gait [géit 게잇] 명 걸음걸이

Gal·ax·y [gǽləksi 갤럭씨] 명 〔the를 붙여〕【천문】은하, 은하수(the Milky Way)

gale [géil 게일] 명 질풍, 큰바람, 강풍

Gal·i·le·o [gæ̀ləléiou 갤럴레이오우] 명 갈릴레오 ~ **Galilei** (1564-1642) 《이탈리아의 천문학자·물리학자; 「지동설」을 지지하다 종교 재판을 받았고, 「그래도 지구는 돈다」라는 유명한 말을 남겼다》

gal·lant [gǽlənt 갤런트] 형 **1** 용감한(brave) **2** (옷차림이) 화려한

gal·ler·y [gǽləri 갤러리] 명 (복수 **galleries** [-z]) **1** 미술관, 화랑(畫廊) **2** (골프 등의) 관객, 구경꾼 **3** 회랑(回廊), 복도 **4** (극장의) 맨 위층 관람석

gallery 1

gal·lon [gǽlən 갤런] 명 갤런 《용량의 단위; 《미》 3.785 리터, 《영》 4.546 리터》

gal·lop [gǽləp 갤럽] 명 갤럽 《말의 가장 빠른 발놀림》

at full gallop 전속력으로

── 자 (말이) 전속력으로 달리다

gam·ble [gǽmbl 갬블] 동 (현재분사 **gambling**) 자 노름〔도박〕을 하다, 내기

를 하다
— 명 노름, 도박

gam·bler [gǽmblər 갬블러*r*] 명 노름〔도박〕꾼

gam·bling [gǽmbliŋ 갬블링] 명 노름, 도박

game [géim 게임] 명 (복수 **games** [-z]) **1** 놀이, 게임: Let's play a *game* of cards. 카드놀이를 하자
2 경기, 시합: We won〔lost〕 the *game*. 우리는 시합에 이겼다〔졌다〕 / They watched a football *game* on TV. 그들은 TV로 축구 경기를 보았다

비교 **game**과 **match**
game — baseball (야구), basketball (농구), football (축구)처럼 -ball 이 붙는 단체 종목.
match — boxing (권투), wrestling (레슬링), tennis (테니스)처럼 두 사람 사이에서 이루어지는 경기.

3 (테니스처럼 한 시합의 일부인) 한 게임, 한 판
4 사냥감, 불치 《사냥한 새·짐승 등》

game bird [géim bə̀:*r*d] 엽조(獵鳥), 사냥새

Gan·dhi [gá:ndi 가-안디] 명 간디 Mohandas K. ~ (1869-1948) 《인도 해방 운동의 지도자》

gang [gǽŋ 갱] 명 (복수 **gangs** [-z]) **1** (노동자·죄수 등의) 한 떼, 한 무리 **2** (범죄자 등의) 일당, 폭력단, 갱단 (☞「폭력단의 한 사람」은 gangster)

gang

gang·ster [gǽŋstə*r* 갱스터*r*] 명 폭력단원 《한 사람》

gaol [dʒéil 줴엘] 명 《영》교도소 (☞《미》 jail)

*__**gap**__ [gǽp 갭] 명 (복수 **gaps** [-s]) **1** (벽·담 등의) 틈, 구멍 **2** (의견 등의) 차이 **3** 중단, 단절; 공백

*__**gar·age**__ [gərá:dʒ 거라-쥐] 명 (복수 **garages** [-iz]) 차고; 자동차 수리소

garage sale [gərá:dʒ sèil] 명 《미》 중고 가정용품 염가 판매

참고 **garage sale**
의류나 가구 등 쓰지 않는 물건을 버리지 않고 자기 집 차고나 마당에 늘어놓고 이웃에게 싼값에 팔거나 교환하는 것을 garage sale이라 한다.

gar·bage [gá:*r*bidʒ 가-*r*비쥐] 명 **1** 《미》 (부엌에서 나오는) 음식 찌꺼기, 쓰레기 (☞《영》 dust) **2** 《구어》 하찮은 것

gar·den [gá:*r*dn 가-*r*든] 명 (복수 **gardens** [-z]) **1** 뜰, 정원; 채소밭: a flower *garden* 화원 / We have a small *garden*. 우리 집에는 작은 정원이 있다
2 〔종종 복수형으로〕 공원(park), 유원지: botanical *gardens* 식물원

gar·den·er [gá:*r*dnə*r* 가-*r*드너*r*] 명 (복수 **gardeners** [-z]) 원예사, 정원사

gar·den·ing [gá:*r*dniŋ 가-*r*드닝] 명 원예, 정원 꾸미기

garden party [gá:*r*dn pà:*r*ti] 명 가든 파티

gar·land [gá:*r*lænd 가-*r*을랜드] 명 화환; (승리의) 영관(榮冠)

*__**gar·lic**__ [gá:*r*lik 가-*r*을릭] 명 【식물】 마늘

gar·ment [gá:rmənt 가-r먼트] 명 (복수 **garments** [-ts]) 의복, 옷 (한 벌)

gar·nish [gá:rniʃ 가-r니쉬] 명 **1** 장식(품) **2** (요리의) 고명, 곁들인 요리

gar·ter [gá:rtər 가-r터r → 가-r러r] 명 (복수 **garters** [-z]) [보통 복수형으로] 《미》양말 대님, 가터 (🔖 《영》 suspenders)

gas [gǽs 개쓰] 명 (복수 **gases** [-iz]) **1** 기체 (🔖 「액체」는 liquid, 「고체」는 solid): Oxygen is a *gas*. 산소는 기체이다
2 (연료 · 난방용) 가스: turn on [off] the *gas* (마개를 틀어서) 가스를 내다 [막다]
3 《미구어》 휘발유, 가솔린 (🔖 gasoline의 단축형)

gas·o·line, gas·o·lene [gæ̀səli:n 개썰리-인] 명 《미》 휘발유, 가솔린 (🔖 《미구어》 gas, 《영》 petrol)

gasp [gǽsp 개스프] 명 (공포 · 놀람 등으로) 숨막힘, 헐떡거림

gas station [gǽs stèiʃən] 명 《미》 주유소(filling station, 《영》 petrol station)

gas stove [gǽs stòuv] 명 (요리용) 가스레인지

gate [géit 게잇] 명 (복수 **gates** [-ts]) **1** 대문, 출입문: a school *gate* 교문 / I met him at the *gate*. 나는 그를 문간에서 만났다
2 (공항의) 탑승구, 게이트

gate·keep·er [géitki:pər 게잇키-퍼r] 명 문지기, 수위

gate·way [géitwèi 게잇웨이] 명 **1** (벽 · 울타리 등에 있는) 출입구, 통로 **2** (…에) 이르는 길 (to)

gath·er [gǽðər 개어r] 동 (3단현 **gathers** [-z]; 과거 · 과거분사 **gathered** [-d]; 현재분사 **gathering** [-ðəriŋ]) 타 **1** …을 모으다; (꽃 · 과실 등을) 따다, 수확하다: *gather* data 자료를 수집하다 / *gather* flowers 꽃을 따다 / *gather* the crops 작물을 수확하다
2 (힘 · 속력 등을) 더하다, 증가시키다: *gather* weight 체중을 늘리다 / The train *gathered* speed. 그 열차는 속력을 더했다
3 (지식 · 소식을) 얻다: *gather* information 정보를 얻다
── 자 모이다(반 scatter 흩어지다): A crowd *gathered* to watch the fight. 군중이 싸움을 보려고 모여들었다

gather　　　scatter

gath·er·ing [gǽðəriŋ 개어링] 명 **1** 모임, 집회(meeting) **2** 채집, 수확(harvest)

gauge [géidʒ 게이쥐] 명 **1** 표준 치수, 규격 **2** (측정용) 계기(計器), 계량기

gauze [gɔ́:z 가-z으] 명 (얇은) 천, (무명 등으로 내 비치게 짠) 가제

gave [géiv 게이v으] 동 give(주다)의 과거형

gay [géi 게이] 형 (비교급 **gayer**; 최상급 **gayest**) **1** 명랑한(merry), 쾌활한 **2** 화려한 **3** 《미속어》 (남성) 동성애의

gay·ly [géili 게일리] 부 = gaily

gaze [géiz 게이z으] 동 (3단현 **gazes** [-iz]; 과거 · 과거분사 **gazed** [-d]; 현재분사 **gazing**) 자 뚫어지게 보다, 응시하다 (at, on, into): He *gazed at* my face. 그는 내 얼굴을 뚫어지게 보았다
── 명 뚫어지게 봄, 응시

gear [gíər 기어r] 명 (복수 **gears** [-z]) **1** 톱니바퀴; (자동차의) 변속 기어: in high [low] *gear* 고속 [저속] 기어로
2 장치, 도구, 장비: climbing *gear* 등산 장비

geese [gí:s 기-쓰] 명 goose(거위)의 복수형

gem [dʒém 젬] 명 **1** 보석 **2** (보석처럼) 귀

중한 사람〔것〕

gen·der [dʒéndər 젠더r] 명【문법】성(性)

*__gen·er·al__ [dʒénərəl 줴너뤌] 형 (비교급 **more general**; 최상급 **most general**) **1** 일반의, 전반의(반 special 특수한): a *general* reader 일반 독자 / What is the *general* opinion on this problem? 이 문제에 대한 여론은 어떻습니까?

2 대강의, 대체적인: a *general* outline 대체적인 윤곽

3 전체에 걸친, 종합의: a *general* election 총선거 / a *general* hospital 종합병원

as a general rule 일반적으로, 보통은
── 명 (복수 **generals** [-z]) 육군의 대장 (🖋「해군 대장」은 admiral); (육군의) 장군(將軍)

in general 일반적으로(generally): *In general*, men are taller than women. 일반적으로 남자들이 여자들보다 키가 크다

*__gen·er·al·ly__ [dʒénərəli 줴너뤌리] 부 일반적으로, 대체로, 보통(usually): I *generally* get up *at* six. 나는 보통 6시에 일어난다

generally speaking 대체로 말해서: *Generally speaking*, the climate of Korea is mild. 일반적으로 한국의 기후는 온화하다

gen·er·ate [dʒénərèit 줴너뤠잇] 동 (현재분사 **generating**) 타 **1** …을 낳다 **2** (열·전기 등을) 발생시키다(produce)

generating station [dʒénərèitiŋ stèiʃən] 명 발전소

*__gen·er·a·tion__ [dʒènəréiʃən 줴너뤠이션] 명 (복수 **generations** [-z]) **1** 세대 (자식이 부모와 교체되는 평균 기간으로 약 30년); (가족의) 한 세대: the *generation* gap 세대의 단절 / Three *generations* live in this house. 3세대가 이 집에 살고 있다

2 같은 시대〔세대〕의 사람들

3 (열·전기 등의) 발생

gen·er·a·tor [dʒénərèitər 줴너뤠이터r → 줴너뤠이러r] 명 발전기

gen·er·os·i·ty [dʒènərásəti 줴너롸써티 → 줴너롸써리] 명 (복수 **generosities** [-z]) **1** 관대, 관용 **2** 〔보통 복수형으로〕관대한 행위

*__gen·er·ous__ [dʒénərəs 줴너뤄쓰] 형 **1** 관대한, 아량 있는: She is *generous* to her friends. 그녀는 친구들에게 관대하다

2 아끼지 않는: He is *generous with* his money. 그는 아낌없이 돈을 잘 쓴다

3 많은, 풍부한(plentiful)

gen·er·ous·ly [dʒénərəsli 줴너뤄쓸리] 부 **1** 관대하게 **2** 후하게

Ge·ne·va [dʒəní:və 쥐니-V아] 명 제네바 (스위스의 도시; 국제 적십자사 본부가 있음)

ge·nial [dʒí:niəl 쥐-니어엘] 형 **1** (성질·태도 등이) 정다운, 친절한, 상냥한 **2** (기후·풍토 등이) 온화한

ge·ni·us [dʒí:niəs 쥐-니어쓰] 명 (복수 **geniuses** [-iz]) **1** 천재: a mathematical *genius* 수학의 천재

2 타고난 재능: He has a *genius* for music. 그는 음악에 타고난 재주가 있다

*__gen·tle__ [dʒéntl 젠틀] 형 (비교급 **gentler**; 최상급 **gentlest**) **1** 온화한, 부드러운(mild): a *gentle* voice 부드러운 목소리 / a *gentle* wind 미풍

2 (경사 등이) 완만한(반 steep 가파른)

gentle   steep

*__gen·tle·man__ [dʒéntlmən 젠틀어먼] 명 (복수 **gentlemen** [-mən]) **1** 신사, 남자분(반 lady 숙녀) (🖋 man보다 정중한

말): Who is that *gentleman*? 저 신사는 누구니?/ Ladies and *Gentlemen*! 신사 숙녀 여러분!
2 근계(謹啓) 《회사 같은 곳에 보내는 편지의 서두》
3 [복수형으로] 《영》 남자용 화장실 (《미》 Men; 「여자용 화장실」은 Ladies)
[「gentle(온화한)＋man(사람)」에서]

gen·tly [dʒéntli 젠틀리] 틘 (비교급 **more gently**; 최상급 **most gently**) 점잖게, 부드럽게, 친절하게: She spoke *gently* to me. 그녀는 나에게 부드럽게 이야기했다

gen·u·ine [dʒénjuin 줴뉴인] 혱 **1** 진짜의, 진품의: a *genuine* writing 진필(眞筆)
2 성실한, 참된

ge·o- 《접두사》「지구; 토지」의 뜻

ge·og·ra·pher [dʒi:ágrəfər 쥐-아그뢔F어r] 몡 지리학자

ge·o·graph·i·cal [dʒì:əgrǽfikəl 쥐-어그뢔F이커얼] 혱 지리학의, 지리(학)적인

ge·og·ra·phy [dʒi:ágrəfi 쥐-아그뢔F이] 몡 (복수 **geographies** [-z]) **1** 지리학 **2** (어떤 지역의) 지리, 지형

ge·o·met·ri·cal [dʒì:əmétrikəl 쥐아머츄뤼커얼] 혱 기하학상의, 기하학적인

ge·om·e·try [dʒiámətri 쥐아머츄뤼] 몡 기하학

Geor·gia [dʒɔ́:rdʒə 죠-r좌] 몡 조지아 《미국 남동부의 주(州); 주도는 애틀랜타 (Atlanta); 약어는 Ga.)》
[영국왕 조지(George) 2세에서]

germ [dʒə́:rm 줘-r엄] 몡 세균, 병원균

Ger·man [dʒə́:rmən 줘-r먼] 혱 독일(인·어)의
━몡 (복수 **Germans** [-z]) **1** 독일인: the *Germans* 독일 국민 《전체》
2 [무관사로] 독일어: I want to learn *German*. 나는 독일어를 배우고 싶다

※**Ger·ma·ny** [dʒə́:rməni 줘-r머니] 몡 **독일** 《유럽에 있는 공화국; 수도는 베를린 (Berlin)》

ger·und [dʒérənd 줴뤈드] 몡 【문법】 동명사

> 문법〉 동명사
> 동명사는 동사 원형＋-ing형으로 동사와 명사의 역할을 겸한다: *Writing* a English is difficult. (영어를 쓰는 것은 어렵다)에서 writing.
> 또 동명사는 명사 앞에서 형용사적으로 쓰이는데 이때 현재 분사와 구별할 필요가 있다. 예를 들면 a *sleeping* car (침대차)는 a car for sleeping이므로 동명사이나 a *sleeping* child (잠자는 아이)는 현재 분사이다.

※**ges·ture** [dʒéstʃər 줴스춰r] 몡 (복수 **gestures** [-z]) **1 몸짓, 손짓**, 제스처: speak by *gesture* 몸짓[손짓]으로 말하다
2 형식적인 말, 제스처: It's only a *gesture*. 그것은 단지 제스처에 불과하다 《진심이 아니다》
━통 (현재분사 **gesturing** [-tʃəriŋ]) 탄 …을 몸짓[손짓]으로 나타내다

※**get** [gét 겟] 통 (3단현 **gets** [-ts]; 과거 **got** [gát]; 과거분사 **got**, 《미》 **gotten** [gátn]; 현재분사 **getting**) 탄 **1 …을 얻다**; (일하여) 벌다(earn): *get* a job 일자리를 얻다/ I *got* nothing by it. 나는 그것으로 얻은 게 없었다/ How much does he *get* a week? 그는 일주일에 얼마 버느냐?
2 (편지 등을) **받다**: I *got* a letter from him yesterday. 나는 어제 그로부터 편지를 받았다
3 …을 사다(buy): I *got* the camera yesterday. 나는 그 카메라를 어제 샀다
4 …을 가져오다, 가져다 주다: I will *get* my umbrella. 우산을 가져오겠다/ Can I *get* you some snacks? 간식 좀 갖다드릴까요?
5 (기차·버스 등에) 타다: Where do I *get* the train for Suwon? 수원행 기차는 어디에서 탑니까?

6 …을 잡다: I *got* a big carp in this pond. 이 연못에서 커다란 잉어를 잡았다

7 (병에) **걸리다**; (타격·손해 등을) 받다, 입다: I have *got* a cold. 나는 감기에 걸렸다

8 《구어》 …을 **이해하다**(understand), 알아듣다: He didn't *get* the joke. 그는 농담을 이해하지 못했다/ Do you *get* me? 내 말 알아듣겠니?

9 [get+목적어+형용사[현재분사·부사(구)]의 형태로] (…상태로) **되게 하다**: I *got* my feet *wet*. 내 발이 젖었다/ They *got* the machine *going*. 그들은 그 기계를 움직이게 했다

10 [get+목적어+과거분사의 형태로] …**시키다**, …당하다: When did you *get* your hair *cut*? 언제 이발했니?/ I *got* my camera *stolen*. 나는 카메라를 도둑 맞았다

11 [get+사람+to do의 형태로] (설득 또는 명령으로) …에게 …하게 하다: *Get* your friend *to* help you. 친구에게 도와 달라고 하시오

── 재 **1** …**에 도착하다**: What time did you *get* home? 몇 시에 집에 도착했습니까?

2 [get+to do의 형태로] (…하게) **되다**: I *got to* like her. 나는 그녀가 좋아졌다

3 [형용사·부사 등을 보어로 하여] (…로) **되다**: *get better*[*colder*] 나아[추워]지다/ She will soon *get well*. 그녀는 곧 병이 나을 것이다

4 [get+과거분사의 형태로] (어떤 상태가) 되다, …당하다: I *got tired*. 나는 피곤해졌다/ I *got caught* in the rain. 나는 비를 만났다

get at (1) …에 닿다, 도달하다: Can you *get at* the flower there? 저기 있는 꽃에 손이 닿습니까?

(2) …을 이해하다

get away …에서 도망치다, 벗어나다: Do you want to *get away* from this work? 너는 이 일에서 벗어나고 싶니?

get back (1) 돌아오다(return): When did you *get back* from England? 영국에서 언제 돌아왔니?

(2) …을 돌려 받다: I *got back* the money from him. 나는 그에게서 돈을 돌려 받았다

get back to …에게 회답을 하다: I'll *get back to* you later. 나중에 다시 연락 드리겠습니다

get down …에서 내리다: The child climbed the tree, but could not *get down*. 그 아이는 나무에 올라갔지만 내려올 수 없었다

get in (소형차)**에 타다**(반 get out of …에서 내리다); 도착하다: I *got in* a taxi at the hotel. 나는 호텔에서 택시를 탔다

> 쓰임새 타다, 내리다
> 승용차·택시 등 소형의 탈것을 타고 내리는 경우에는 get in[out of]를 쓰며, 버스나 열차 등을 타고 내릴 때는 get on[off]를 쓴다.

get in/get out off   get off/get on

get into (1) …에 들어가다; (승용차 등에) 타다 (특히 올라타는 동작을 강조할 때): He *got into* the room. 그는 방으로 들어갔다/ They *get into* a car. 그들은 차에 탔다

(2) (…옷 등을) 입다: He *got into* his overcoat. 그는 외투를 입었다

get off (1) (버스·열차·말 등)**에서 내리다**(반 get on …에 타다): Let's *get off* at the next station. 다음 역에서 내리자/ He *got off* his horse. 그는 말에서 내렸다

(2) (옷을) 벗다

get on (1) (버스·열차 등)에 **타다**(반 get off …에서 내리다): We *got on* the train at Seoul Station. 우리는 서울역에서 기차를 탔다
(2) (그럭저럭) 지내다, 살아가다: How are you *getting on*? 어떻게 지내고 있니?
(3) (옷을) 입다

get out (1) (밖으로) 나가다: *Get out*! 밖으로 나가!
(2) …을 꺼내다: He *got out* a pen. 그는 펜을 꺼냈다

get out of (1) (소형차 등)**에서 내리다** (반 get in …에 타다): I saw her *get out of* the taxi. 나는 그녀가 택시에서 내리는 것을 보았다
(2) (장소)에서 나오다: How will I *get out of* here? 여기서 어떻게 나가지?

get over (1) (담 등을) 넘다: The boy *got over* the fence. 그 소년은 울타리를 넘었다
(2) (장애 등을) 극복하다, 이겨내다: He *got over* his difficulties. 그는 어려움을 극복했다
(3) (병 등)에서 회복하다: I've *got over* my cold. 나는 감기가 다 나았다

get through (1) …을 **통과하다**: Our train *got through* the tunnel. 우리가 탄 기차는 터널을 통과했다
(2) (시험에) 합격하다: I barely *got through* the test. 나는 간신히 시험에 합격했다
(3) (일을) 끝마치다: I'll *get through* this work by Friday. 금요일까지 이 일을 마치겠다

get to (1) …에 **도착하다**: We *got to* London yesterday. 우리는 어제 런던에 도착했다
(2) …을 시작하다: *get to* work 일을 시작하다

get together 모이다; 모으다: Let's *get together* on Monday. 월요일에 모입시다

get up (잠자리에서) **일어나다**, 일어서다 (「잠에서 깨어 눈을 뜨다」는 wake (up)): I *get up* at six every morning. 나는 매일 아침 6시에 일어난다

***ghost** [góust 고우스트] 명 (복수 **ghosts** [-ts]) **유령**, 망령: Have you ever seen a *ghost*? 너는 유령을 본 적이 있니?

***gi·ant** [dʒáiənt 좌이언트] 명 (복수 **giants** [-ts]) **1 거인**(반 dwarf 난쟁이) **2** 거장, 위인
── 형 거대한: a *giant* building 거대한 건물

***gift** [gíft 기F으트] 명 (복수 **gifts** [-ts]) **1 선물** (present보다 격식을 갖춘 말): birthday *gifts* 생일 선물
2 타고난 재능: He has a *gift* for painting. 그는 그림에 재주가 있다
【고대 영어 give(주다)에서】

gift·ed [giftid 기F으티드] 형 타고난 재능이 있는: He is *gifted* in music. 그는 음악에 타고난 재능이 있다

gi·gan·tic [dʒaigǽntik 좌이갠틱] 형 (비교급 **more gigantic**; 최상급 **most gigantic**) 거인 같은; 거대한

gig·gle [gígl 기그을] 동 (현재분사 **gig-gling**) 자 낄낄 웃다
── 명 낄낄 웃음

gild [gíld 기을드] 동 (3단현 **gilds** [-dz]; 과거·과거분사 **gilded** [-id], **gilt** [gílt]; 현재분사 **gilding**) 타 …에 금[금박]을 입히다, 도금하다

gill [gíl 기을] 명 (복수 **gills** [-z]) [보통 복수형으로] (물고기의) 아가미

gin [dʒín 쥔] 명 진 《노간주나무 열매를 향료로 넣은 증류주(酒)》

gin·ger [dʒíndʒər 쥔줘r] 명 【식물】 생강
gink·go, ging·ko [gíŋkou 깅코우] 명 【식물】 은행나무
【일본어 은행(ginkyo)에서】
gin·seng [dʒínseŋ 쥔셍] 명 【식물】 인삼
Gip·sy [dʒípsi 쥡씨] 명 (복수 **Gipsies** [-z]) = Gypsy
gi·raffe [dʒəræf 쥐뢔f으] 명 【동물】 기린

giraffe

gir·dle [gə́ːrdl 거-r드얼] 명 거들 (코르셋의 일종)

girl [gə́ːrl 거-r얼] 명 (복수 **girls** [-z]) **1** 여자 아이, 소녀 (반 boy 소년): This is a *girls'* school. 이 학교는 여학교이다
2 여사무원, 여자 종업원; 하녀: an office *girl* 여사무원
3 딸 (daughter)
—— 형 여자의: a *girl* student 여학생

girl·friend [gə́ːrlfrènd 거-r얼F으뤤드] 명 **여자 친구**, 걸프렌드 (반 boyfriend 남자 친구) (✍ girl friend처럼 떼어서 쓰기도 한다)

girl·hood [gə́ːrlhùd 거-r얼후드] 명 소녀 [처녀] 시대

Girl Scouts [gə́ːrl skàuts] 명 〔the를 붙여〕 《미》 걸 스카우트 (반 the Boy Scouts 보이 스카우트) (✍ 각 단원은 a girl scout; 영국에서는 Girl Guides라 한다)

give [gív 기v으] 동 (3단현 **gives** [-z]; 과거 **gave** [géiv]; 과거분사 **given** [gívən]; 현재분사 **giving**) 타 **1** (…을 거저) **주다**, 드리다: He *gave* me a book. (= He *gave* a book *to* me.) 그는 나에게 책을 주었다

give   take

> 쓰임새> (1) give는 목적어가 둘인 경우, 각각의 목적어를 주어로 하여 수동태로 만들 수 있다: A book *was given* (*to*) me *by* him. (= I *was given* a book *by* him.)
> (2) give 뒤에 a book과 같은 보통 명사가 아니라 it과 같은 대명사를 쓸 경우에는 바로 뒤에 놓는다: I *gave it* to him. 나는 그것을 그에게 주었다.

2 (물건 등을) **건네다**: Please *give* me the salt, please. 소금 좀 건네주세요
3 (지위·허가 등을) **주다**: *give* a title 직함을 주다
4 (안부를) **전하다**: *Give* my regards *to* your family. 가족들에게 안부 전해 주십시오
5 〔동작을 나타내는 명사를 목적어로 하여〕 …을 하다: *give* a sigh 한숨을 쉬다/ She *gave* a loud cry. 그녀는 소리를 크게 질렀다/ I *gave* a blow *to* him. 나는 그를 한 대 쳤다
6 (결과로서) **생기다**, 일어나다: *give* good results 좋은 결과를 가져오다
7 (금액·값을) 치르다, 지불하다: I *gave* 5 dollars *for* this hat. 이 모자를 5달러에 샀다
8 (연극 등을) 상연하다; (모임을) 개최하다, 열다: *give* a concert 콘서트를 열다/ We are going to *give* a party tomorrow. 우리는 내일 파티를 열 예정이다
9 (시간·기회 등을) 주다: *Give* me a chance. 내게 기회를 주시오

10 말하다, 발표하다: *give* advice 충고를 하다/ He *gave* a speech *at* the meeting. 그는 그 모임에서 연설을 했다
11 (병을) 옮기다: *give* him a cold 그에게 감기를 옮기다
12 …을 공급하다, 생산하다: That tree *gives* us good fruit. 저 나무에는 좋은 열매가 열린다
13 (전화를) 연결하다: *Give* me the police, please. 경찰을 연결해 주세요
14 (주의 · 고려 등을) 하다; (시간 · 노력 등을) 쏟다, 기울이다: He *gave* his life *to* the cause of peace. 그는 일생을 평화 운동에 바쳤다
15 (빛 · 소리 등을) 발하다, 내다: The sun *gives* light and heat. 태양은 빛과 열을 발한다

give and take 주고받다, 공평한 거래를 하다

give away (…을 거저) 주다: He *gave away* his pen to his friend. 그는 그의 펜을 친구에게 주었다

give back 반환하다, 되돌려주다: *Give* me *back* my book. (= *Give* my book *back* to me.) 내 책을 돌려주게

give in (1) (서류 등을) **제출하다**, 건네주다: *Give in* your answer sheet. 답안지를 내세요
(2) 굴복하다, 항복하다: The enemy *gave in* at last. 적은 마침내 항복했다

give off (소리 · 냄새 등을) 내다, 발산하다: The chimneys are *giving off* a lot of smoke. 굴뚝에서 많은 연기를 내뿜고 있다

give out (1) (물건을) **나누어 주다**, 배포하다: The teacher *gave out* the exam papers. 선생님은 시험지를 나누어 주셨다
(2) …을 발표하다, 공표하다
(3) (소리 · 냄새 등을) 내다
(4) (힘 · 자원 · 식량 등이) 다 되다: His strength *gave out*. 그는 힘이 다 떨어졌다

give over (1) …을 넘겨주다, 양도하다
(2) 《영구어》 버리다, 그만두다

give up (1) **단념하다**, 포기하다: Don't *give up*. 포기하지 마라
(2) (습관 등을) **끊다**, 그만두다: I *gave up* smoking for health. 나는 건강을 위해 담배를 끊었다

*__**giv·en**__ [gívən 기V인] 图 give(주다)의 과거분사형
—— 형 **주어진**, 정해진: within a *given* period 일정 기간 내에

given name [gívən néim] 명 (성에 대하여) 이름(first name)

giv·er [gívər 기V어r] 명 주는 사람, 기증자

glac·ier [gléiʃər 글레이셔r] 명 빙하

***__**glad**__ [glǽd 글래드] 형 (비교급 **gladder**; 최상급 **gladdest**) **1 기쁜**, 즐거운(반 sad 슬픈): *glad* news 기쁜 소식/ I am *glad* of your success. (= I am *glad* that you have succeeded.) 당신이 성공해서 기쁩니다/ She was *glad at* [*about*] the news. 그녀는 그 소식을 듣고 기뻐했다/ I'm very *glad* to see you. 만나서 반갑습니다
2 기꺼이 …하는

> 회화
>
> A: Will you help me with this work?
> 이 일 좀 도와주시겠습니까?
> B: I'll be *glad* to.
> 기꺼이 돕겠습니다

glad·i·o·lus [glædióuləs 글래디오울러쓰] 명 【식물】 글라디올러스

glad·ly [glǽdli 글래들리] 부 기꺼이, 즐거이(willingly)

glad·ness [glǽdnis 글래드니쓰] 명 기쁨, 즐거움

glam·or·ous [glǽmərəs 글래머뤄쓰] 형 매력적인

glam·our, glam·or [glǽmər 글래머ㄹ] 몡 매력, 매혹; (특히 여성의) 성적 매력

*****glance** [gléns 글랜쓰] 몡 (복수 **glances** [-iz]) 흘긋〔언뜻〕봄: He gave me a suspicious *glance*. 그는 의심스러워하는 눈으로 흘긋 나를 보았다

──동 (3단현 **glances** [-iz]; 과거·과거분사 **glanced** [-t]; 현재분사 **glancing**) 자 **흘긋 보다**, 잠깐 보다 (at): He *glanced at* the picture. 그는 그 그림을 잠깐 보았다

gland [glénd 글랜드] 몡【생리】선(腺), 분비 기관

glare [gléər 글레어ㄹ] 몡 1 섬광, 번쩍이는 빛 2 노려봄

──동 (현재분사 **glaring** [gléəriŋ]) 자 1 번쩍이다, 눈부시게 빛나다 2 노려보다 (at)

*****glass** [glǽs 글래쓰] 몡 (복수 **glasses** [-iz]) 1 **유리**: A mirror is made of *glass*. 거울은 유리로 만든다
2 **글라스, 잔**; 〔**a glass of**의 형태로〕한 잔(의 양): Give me *a glass of* water. 물 한 잔 주세요 (☞「물 두 잔」은 two *glasses of* water라 한다)
3 망원경; 〔복수형으로〕**안경**: He wears *glasses*. 그는 안경을 쓰고 있다

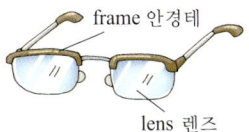

frame 안경테
lens 렌즈

glasses

──형 유리의, 유리로 만든: a *glass* bottle 유리병

glass·ware [glǽswèəɾ 글래쓰웨어ㄹ] 몡 〔집합적으로〕 유리 제품

glass·y [glǽsi 글래씨] 형 (비교급 **glassier**; 최상급 **glassiest**) 1 유리 모양의 2 (수면이) 거울같이 투명한 3 (눈이) 흐리멍덩한

gleam [glíːm 글리-임] 몡 1 희미한 빛; 반짝임 2 (재치·희망 등의) 번득임

──자 1 희미하게 빛나다 2 (희망 등이) 번득이다

glee [glíː 글리-] 몡 큰 기쁨, 환희

glen [glén 글렌] 몡 산골짜기, 계곡

glide [gláid 글라이드] 동 (현재분사 **gliding**) 자 1 미끄러지다, 미끄러지듯이 움직이다〔나아가다〕 2 (비행기가) 활주하다

──몡 1 미끄러지듯이 움직임 2 활주

glid·er [gláidər 글라이더ㄹ] 몡 글라이더

glider

glim·mer [glímər 글리머ㄹ] 자 희미하게 빛나다, 깜박이다

──몡 희미한 빛, 깜박이는 빛

glimpse [glímps 글림프쓰] 몡 (복수 **glimpses** [-iz]) 흘긋 봄

catch a glimpse of …을 흘긋 보다: I only *caught a glimpse of* him. 나는 단지 그를 흘긋 보았을 뿐이다

──동 (현재분사 **glimpsing**) 타 자 흘긋 보다

glis·ten [glísn 글리슨] 〔☞ t는 묵음〕 자 반짝이다, 반짝반짝 빛나다

glit·ter [glítər 글리터ㄹ → 글리러ㄹ] 동 (3단현 **glitters** [-z]; 과거·과거분사 **glittered** [-d]; 현재분사 **glittering** [-təriŋ]) 자 반짝반짝 빛나다: All is not gold that *glitters*. 《속담》 반짝이는 것이 모두 금은 아니다

──몡 반짝임, 휘황찬란함

*****glob·al** [glóubəl 글로우버벌] 형 **지구상의**, 세계적인, 전 세계의: *global* problems 세계적인 문제

globe [glóub 글로우ㅂ] 명 (복수 **globes** [-z]) **1** [**the**를 붙여] 지구 **2** 공, 구체 **3** 지구본

gloom [glúːm 글루-음] 명 **1** 어둠, 어둑어둑함 **2** 우울함

gloom·y [glúːmi 글루-미] 형 (비교급 **gloomier**; 최상급 **gloomiest**) **1** (방·날씨 등이) 어두운, 어둑어둑한 **2** (기분 등이) 우울한(melancholy); 비관적인: She is in a *gloomy* mood. 그녀는 아주 우울하다

globe 3

glo·ri·fy [glɔ́ːrəfài 글로-뤼F아이] 동 (3단현 **glorifies** [-z]; 과거·과거분사 **glorified** [-d]; 현재분사 **glorifying**) 타 (신을) 찬미하다; (사람을) 칭찬하다

glo·ri·ous [glɔ́ːriəs 글로-뤼어쓰] 형 (비교급 **more glorious**; 최상급 **most glorious**) **1** 영광스러운, 찬란한: a *glorious* victory 영광스러운 승리
2 《구어》 유쾌한, 멋진

***glo·ry** [glɔ́ːri 글로-뤼] 명 **1** 영광, 명예: gain *glory* 명예를 얻다
2 (신에 대한) 찬미, 감사; (신의) 영광: the *glory* of God 신의 영광
3 장관, 화려함

gloss [glás 글라ㅆ] 명 광택, 윤

***glove** [glʌ́v 글라v으] 명 (복수 **gloves** [-z]) **1** 장갑 (다섯 손가락으로 갈라져 있는 것을 말함;「벙어리 장갑」은 mitten): She put on [take off] her *gloves*. 그녀는 장갑을 끼었다[벗었다]

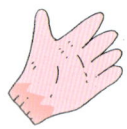
glove

mitten

쓰임새 장갑은 보통 복수형으로 써서「한 켤레의 장갑」은 a pair of gloves,「두 켤레의 장갑」은 two pairs of gloves라 한다. 그러나「장갑 한 짝」을 나타낼 때에는 단수형을 써서 I lost my left *glove*. (나는 왼쪽 장갑을 잃었다)라고 한다.

2 (야구·권투용) 글러브 (「포수·1루수용」은 mitt)

glow [glóu 글로우] 명 **1** 백열, (타는 듯한) 빛깔: the *glow* of sunset 저녁놀
2 (몸·얼굴의) 달아오름
── 동 (3단현 **glows** [-z]; 과거·과거분사 **glowed** [-d]; 현재분사 **glowing**) 자 **1** (불꽃을 내지 않고) 빨갛게 타다: The coals were *glowing* in the stove. 스토브에서 석탄이 타고 있었다
2 (얼굴이) 붉어지다: Her face *glowed* with joy. 그녀의 얼굴은 기뻐서 빨갛게 되었다

glue [glúː 글루-] 명 접착제, 풀

gnaw [nɔ́ː 나-] (g는 묵음) 동 (3단현 **gnaws** [-z]; 과거·과거분사 **gnawed** [-d]; 현재분사 **gnawing**) 타 (앞니로) 갉다, 쏘다: Rats *gnawed* a hole *through* a board. 쥐가 판자를 갉아 구멍을 냈다

GNP, G.N.P. [dʒíːènpíː 쥐-엔피-] 《약어》 **g**ross **n**ational **p**roduct 국민 총생산

gnu [núː 누-] (g는 묵음) 명 【동물】 누 《남아프리카산(産)의 소 비슷한 영양》

***go** [góu 고우] 동 (3단현 **goes** [-z]; 과거 **went** [wént]; 과거분사 **gone** [gɔ́ːn]; 현재분사 **going**) 자 **1** 가다(반 come 오다); 떠나다, 출발하다(leave): *go* by rail [ship] 기차[배]로 가다/ Where are you *going*? 어디 가니?/ Do you *go* to church on Sunday. 일요일에 교회에 (예배 보러) 갑니까?/ I have to *go* now. 나는 이제 가 봐야겠다/ The train has just *gone*. 열차는 방금 출발했다

I have to go now.

2 [go doing의 형태로] …하러 가다: *go swimming* 수영하러 가다／I *went fishing* on(in) the sea. 나는 바다로 낚시하러 갔다

3 (물건이) 없어지다, 사라지다; (사람이) 죽다: The pain has *gone* now. 고통은 이제 사라졌다

4 (기계 등이) 움직이다, 작동하다: The engine is *going* now. 엔진은 지금 작동 중이다

5 (도로 등이) 통하다, 이르다: This road *goes* to Seoul. 이 길은 서울로 통한다

6 (일이) 되어가다, 진행되다: How's your work *going*? 너의 일은 어떻게 되어 가니?／Everything *went* well. 만사가 잘 되었다

7 (어떤 상태로) 되다; (어떤 상태에) 있다: *go* mad 미치다／The milk has *gone* bad. 그 우유는 상했다

be going to *do* (1) 막 …하려고 하다: I *am* (just) *going to* write a letter. 나는 지금 편지를 쓰려 하고 있다／It *is going to* rain. 당장 비가 올 것 같다

(2) …할 작정(예정)이다: I *am going to* see him tomorrow. 나는 내일 그와 만날 예정이다

go about 돌아다니다: I *went about* with my dog. 나는 개를 데리고 여기저기 돌아다녔다

go across …을 건너다

go after (1) …을 쫓다: A cat is *going after* a mouse. 고양이가 쥐를 뒤쫓고 있다

(2) (일·명성 등을) 구하다: *go after* a job 직업을 구하다

go against …에 반대하다, 거스르다: He *went against* his parent's wishes. 그는 부모님이 바라는 바와 반대로 했다

go along 《미》(1) …을 따라가다: *Go along* this street. 이 길을 따라서 가거라

(2) 나아가다; (일 등이) 진척되다

go and *do* …하러 가다: *Go and* see what he's doing. 그가 무엇을 하고 있는지 가보고 오너라

쓰임새 《미구어》에서는 and를 생략하고 Go see …로 말할 때가 많다.

go around (1) …의 주위를 돌다: The earth *goes around* the sun. 지구는 태양의 주위를 돈다

(2) (음식물 등이 모두에게) 돌아가다

(3) 구경하다, 일주하다

go away 가다, 떠나다: She *went away* without saying good-bye. 그녀는 작별 인사도 없이 가버렸다

go back 되돌아가다: *Go back* to your seat. 네 자리로 돌아가라

go by (1) (사람·차 등이) 지나가다: A car *went by*. 차 한 대가 지나갔다

(2) (시간이) 지나가다: Two years *went by*. 2년의 세월이 흘렀다

go down (1) 내려가다: She *went down* by escalator. 그녀는 에스컬레이터로 내려갔다

(2) (물가 등이) 내리다: Food prices *went down*. 식료품 가격이 내렸다

(3) (배가) 가라앉다; (해·달이) 지다: The ship *went down* slowly. 배가 서서히 가라앉았다

(4) (물결·바람이) 잔잔해지다: The storm has *gone down*. 폭풍우가 잔잔해졌다

go for (1) …을 가지러(부르러) 가다: *Go for* a doctor at once. 당장 의사를 불러오너라

(2) …하러 가다: *go for* a drive(walk) 드라이브(산보)하러 가다

go in (1) 안으로 들어가다: I *went in* at the front door. 나는 정면 현관으로 들어갔다
(2) (경기 등에) 참가하다

go into (1) …에 들어가다: She *went into* the room. 그녀는 방으로 들어갔다
(2) (직업으로서) 종사하다; 참가하다: *go into* politics 정계에 들어가다
(3) …을 (자세히) 조사하다

go off (1) 떠나다, 도망가다: He *went off* without saying anything. 그는 아무 말도 없이 가버렸다
(2) (총 등이) 발사되다, 폭발하다: The bomb *went off* in a crowded street. 혼잡한 거리에서 폭탄이 터졌다
(3) (수도 · 전기 등이) 끊기다

go on (1) (앞으로) **나아가다**
(2) (일 등을) **계속하다**: He *went on* working. 그는 일을 계속했다
(3) (일이) 일어나다: What's *going on* here? 무슨 일이 일어나고 있는가

go out (1) 나가다, 외출하다: Mother *went out*. 어머니는 외출하셨다
(2) (불 등이) 꺼지다: Suddenly the lights *went out*. 갑자기 불이 꺼졌다
(3) (사물이) 유행하지 않게 되다

go out of …에서 밖으로 나가다(반 go into 들어가다): He *went out of* the room. 그는 방에서 나갔다

go over (1) …을 건너다, 넘다, (저편으로) 가다: *go over* a river 강을 건너다 / He *went over* to America. 그는 미국으로 건너갔다
(2) 복습하다, 반복하다: Let's *go over* this lesson. 이 과를 복습하자
(3) 자세히 살피다

go round = go around

go through (1) …을 **통과하다**; 관통하다: *go through* Parliament 의회를 통과하다
(2) …을 **겪다**, 경험하다: We *went through* many hardships. 우리는 많은 어려움을 겪었다

go through with …을 끝까지 해내다, 완수하다

go up (1) 오르다, 올라가다: She *went up* by elevator. 그녀는 엘리베이터로 올라갔다
(2) (가격 · 온도 등이) 상승하다: Prices *went up* by 10%. 물가가 10% 올랐다

go up to …까지 가다, …에 다가서다

go with …와 조화하다, 어울리다: The hat *goes with* this dress. 그 모자는 이 옷과 어울린다

go without …없이 지내다: He cannot *go without* coffee. 그는 커피 없이 지낼 수 없다

It goes without saying that ... …은 말할 나위도 없다: *It goes without saying that* he is a genius. 그가 천재라는 것은 말할 나위도 없다

to go 《미》 (음식을) 가지고 가는

> 회화
>
> A: For here or *to go*?
> 여기서 드실 건가요, 가져가실 건가요?
> B: *To go*, please.
> 가지고 갈 겁니다

★**goal** [góul 고우ㄹ] 명 (복수 **goals** [-z]) **1 목표**; 목적지: What's your *goal* in life? 당신의 인생의 목표는 무엇입니까? **2** (구기의) **골**, **득점**

> 참고 goal in은 축구 경기에서 우리가 자주 쓰는 표현이지만 goal이라는 단어 자체가 「득점」이라는 뜻이기 때문에 in을 붙일 필요가 없다.

goal·ie [góuli 고울리] 명 《구어》 골키퍼 (goalkeeper)

goal·keep·er [góulkì:pər 고우ㄹ키-퍼r] 명 (축구·하키 등의) 골키퍼

goal line [góul làin 고우ㄹ 라인] 명 (축구 등의) 골라인

goat [góut 고웃] 명 (복수 **goats** [-ts]) 【동물】 염소 (《「새끼 염소」는 kid)

goat

gob·lin [gáblin 가블린] 명 (동화 등에 나오는) 도깨비

god [gád 가드] 명 (복수 **gods** [-dz]) 1 〔**God**로〕 (특히 기독교의) 하나님, 신: I believe in *God*. 나는 하나님을 믿는다
2 (다신교의) 신, 남신

알면 Plus➤ 그리스·로마신화의 신		
	그리스신화	로마신화
하늘의 신	Zeus	Jupiter
태양신	Apollo	Apollo
저승의 신	Hades	Pluto
연애의 신	Eros	Cupid
바다의 신	Poseidon	Neptune
전쟁의 신	Ares	Mars
사랑의 여신	Aphrodite	Venus
지혜의 여신	Athena	Minerva

by God 하느님께 맹세코, 반드시, 꼭
for God's sake 제발
God bless you! 신의 가호가 있기를! (상대가 재채기했을 때)
God bless me! 어머나!, 저런!
God knows what*(*who, where*) 신만이 안다, 아무도 모른다: *God knows where* she lives. 그녀가 어디 사는지 아무도 모른다
Oh my God! (강한 감정 또는 놀람을 나타내어) 아, 신이시여!, 아 (놀랐다)!
Thank God! 아, 고마워라!, 살았다!

god·dess [gádis 가디ㅆ→가리ㅆ] 명 (신화 등의) 여신

god·fa·ther [gádfà:ðər 가드F아-ð어r] 명 대부(代父)

god·moth·er [gádmʌ̀ðər 가드마ð어r] 명 대모(代母)

goes [góuz 고우z으] 동 go(가다)의 3인칭 단수 현재형

gog·gles [gáglz 가그을z으] 명 고글 (먼지나 강한 빛 등으로부터 눈을 보호하는 안경)

goggles

go·ing [góuiŋ 고우잉] 명 1 가기, 떠나기, 출발 2 도로〔경주로〕의 상태 3 《구어》 (일의) 진행 상황
── 형 1 활동 중인; 영업 중인: a *going* company 영업 중인 회사
2 현재의: the *going* price 시가(時價)

gold [góuld 고우ㄹ드] 명 1 【화학】 금 (금속 원소; 기호 Au); 황금 2 〔집합적으로〕 금화; 금전, 부(富) 3 금빛, 황금색 4 【궁술】 과녁의 정곡(bull's-eye)
── 형 금의, 금으로 만든: a *gold* coin 금화/ a *gold* ring 금반지

gold·en [góuldn 고울든] 형 1 금빛의: She has *golden* hair. 그녀의 머리는 금발이다
2 절호의, 귀중한: a *golden* opportunity 절호의 기회
3 전성기의: one's *golden* days 전성기

Golden Gate [góuldn géit 고울든 게잇] 명 〔**the**를 붙여〕 금문 해협 (샌프란시스코 만과 태평양을 잇는 해협으로, 19세기 중엽 골드러시(새 금광지로의 사람들의 쇄도)와 관

련된 이름; 여기에 the Golden Gate Bridge(금문교)가 있음)

the Golden Gate Bridge

golden wedding [góuldn wédiŋ] 명 금혼식(결혼 50주년 기념)

gold·fish [góuldfiʃ 고우울드F이쉬] 명 (복수 **goldfishes** [-iz], [집합적으로] **goldfish**) 금붕어

gold mine [góuld màin] 명 금광

gold·smith [góuldsmìθ 고우울드스미θ으] 명 금세공인

☆**golf** [gɑ́lf 가얼f으] 명 골프: Does your father play *golf*? 너의 아버지께서는 골프를 하시니?

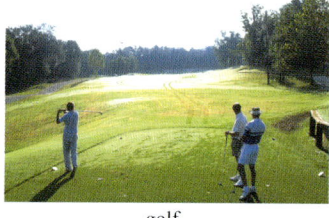

golf

[참고] 골프에서 파트너에게 「나이스 샷!」이라고 성원을 보내지만 이는 우리의 독특한 표현. 'Fine shot!' 또는 'Good shot!'이 올바른 표현이다.

golf club [gɑ́lf klʌ̀b] 명 골프채; 골프 클럽

golf course [gɑ́lf kɔ̀ːrs] 명 골프장[코스]

golf·er [gɑ́lfər 가얼F어r] 명 골프를 하는 사람, 골퍼

golf links [gɑ́lf lìŋks] 명 = golf course

gon·do·la [gɑ́ndələ 간덜러] 명 1 곤돌라(폭이 좁고 바닥이 평평한 이탈리아 특유의 배) 2 (기구의) 조롱(弔籠)

gondola 1

☆**gone** [gɔ́ːn 가안] 동 go(가다)의 과거분사형

── 형 지나간, 과거의(past); 죽은: Winter is *gone*. 겨울은 지나갔다

gong [gɑ́ŋ 가앙] 명 (신호용의) 징

☆**good** [gúd 굳] 형 (비교급 **better** [bétər]; 최상급 **best** [bést]) 1 좋은, 훌륭한(반 bad 나쁜): a *good* book 좋은 책 / That's a *good* idea. 그것은 좋은 생각이다

2 (음식이) 맛있는(delicious): This cake is very *good*. 이 케이크는 아주 맛있다

3 즐거운, 기쁜: Have a *good* time! 즐겁게 보내라!

4 친절한(kind): Bill is very *good* to me. 빌은 내게 매우 친절하다 / He was *good* enough *to* lend me the book. 그는 친절하게도 책을 빌려 주었다

5 충분한, 만족스러운; 《구어》꽤, 상당한: I had a *good* sleep last night. 나는 어젯밤에 충분히 잤다 / He sold pearls for a *good* price. 그는 진주를 상당한 값에 팔았다

6 적합한, 적당한 (**to** *do*); …에 좋은 (**for**): This water is *good to* drink. 이 물은 마실 수 있다 / Exercise is *good for* the health. 운동은 건강에 좋다

7 잘하는, 유능한; (**be good at**의 형태로) …을 잘하다(반 be poor at 서투르

다): He is a *good* swimmer. (= He *is good at* swimming. = He swims well.) 그는 수영을 잘한다
8 유효한: This ticket is no longer *good*. 이 표는 더 이상 쓸 수 없다
a good deal of (양이) 많은 ⇒ deal 숙어
a good many 상당히 많은 ⇒ many 숙어
as good as …이나 다름없는: He is *as good as* dead. 그는 죽은 거나 다름이 없다
Good for you! 잘했다!

Good luck! 행운을 빈다!
hold good 효력이 있다: This contract *holds good* until next year. 이 계약은 내년까지 유효하다
——명 1 이익, 도움: I'm telling this for your *good*. 나는 당신의 이익을 생각하여 이 말을 하고 있다 / This medicine will do you *good*. 이 약은 당신에게 잘 들을 것이다
2 선(善), 미덕(반 evil 악): She knows *good* from evil. 그녀는 선악의 구별을 안다
come to good 좋은 결과를 맺다: Her effort has *come to good*. 그녀의 노력은 좋은 결과를 낳았다
for good 영원히(forever): Are you going back to Spain *for good*? 너는 스페인으로 영영 돌아가는 거니?
It is no good doing …해도 소용없다: *It is no good talking* to him. 그에게 아무리 말해도 소용없다
good-by(e) [gùdbái 굿바이] 갑 **안녕!**, 안녕히 가〔계〕십시오!《작별 인사》: *Good-by*, Cathy! 케시, 안녕!(보통 끝을 올려서 발음하며, 뒤에 상대방 이름을 말하는 것이 친숙한 느낌을 준다)

——명 작별 (인사): say *good-by* 작별 인사를 하다
【God be with you.(신이 당신과 함께 하기를)의 단축형】
good-hu·mored [gúd-hjú:mərd 굿휴-머르드] 형 기분이 좋은
good-look·ing [gúd-lúkiŋ 굿루킹] 형 잘 생긴
good-na·tured [gúd-néitʃərd 굿네이춰르드] 형 친절한, 마음씨 고운
good·ness [gúdnis 굿니쓰] 명 1 착함, 친절(kindness) 2 우량, 우수
for goodness' sake 제발, 부디
Goodness! = My goodness! 저런!, 어머나!
*goods [gúdz 구ز으] 명〔복수 취급〕1 재산, 동산, 세간 2 상품, 물품 3《영》화물(《미》freight)
good·will [gúdwíl 굿위ㄹ] 명 호의, 친절; (외교적) 친선
goose [gú:s 구-쓰] 명 (복수 geese [gí:s])【조류】거위

geese

goose·ber·ry [gú:sbèri 구-쓰베뤼] 명【식물】구즈베리(의 열매)
gor·geous [gɔ́:rdʒəs 고-r줘쓰] 형 1 호화스러운, 화려한 2《구어》멋진, 훌륭한

go·ril·la [gərílə 거릴러] 명【동물】고릴라

gos·pel [gáspl 가스플] 명 1 〔the를 붙여〕복음(福音) 2 〔Gospel로〕복음서

*****gos·sip** [gásəp 가 썹] 명 (복수 gossips [-s]) 1 잡담, 한담; 남의 뒷말, 험담 2 (신문·잡지 등의) 가십, 만필 3 수다쟁이
—자 잡담하다

gorilla

got [gát 갓] 동 get(가지다)의 과거·과거분사형

Goth·ic [gáθik 가θ익] 형 1【건축】고딕 양식의 2【인쇄】고딕체의

Gothic architecture [gáθik á:rkətektʃər] 명 고딕 건축 《12세기 중엽에 생긴 서양 건축 양식의 한 가지로 높은 첨탑으로 된 직선적 구성과, 창과 출입구의 위가 뾰족한 아치형으로 된 것이 특색임》

Gothic architecture

got·ten [gátn 가튼 → 갓'은] 동 get(가지다)의 과거분사형

*****gov·ern** [gʌ́vərn 가V어r언] 동 (3단현 governs [-z]; 과거·과거분사 governed [-d]; 현재분사 governing) 타 1 …을 다스리다, 통치하다, 지배하다: The president *governs* the country. 대통령은 나라를 다스린다
2 (감정 등을) 억제하다

*****gov·ern·ment** [gʌ́vərnmənt 가V어r(언)먼트] 명 (복수 governments [-ts]) 1 정치, 통치; 정체(政體): democratic *government* 민주 정치
2 〔Government로〕정부, 내각
3 (공공 기관의) 관리, 운영

*****gov·er·nor** [gʌ́vərnər 가V어r너r] 명 (복수 governors [-z]) 1 《미》주지사 2 《영》(식민지의) 총독 3 (학교·병원 등의) 이사, 관리자

gown [gáun 가운] 명 (복수 gowns [-z]) 1 (특히 여성용) 드레스 (파티의 정장) 2 (법관·대학 졸업생 등이 입는) 가운; (의사의) 수술복 3 (여성의) 잠옷, 실내복

gown 2

*****grab** [grǽb 그래브] 동 (3단현 grabs [-z]; 과거·과거분사 grabbed [-d]; 현재분사 grabbing) 타 …을 붙잡다, 움켜잡다: He *grabbed* me by the arm. 그는 내 팔을 잡았다
—자 잡다

*****grace** [gréis 그뤠이쓰] 명 1 우아, 품위: She danced with *grace*. 그녀는 우아하게 춤을 추었다
2 (신의) 은혜, 은총
3 식전〔식후〕의 감사 기도

grace·ful [gréisfəl 그뤠이쓰F어ㄹ] 형 (동작·태도 등이) 우아한, 품위 있는

gra·cious [gréiʃəs 그뤠이셔쓰] 형 친절한, 우아한; 자비로운

gra·cious·ly [gréiʃəsli 그뤠이셔쓸리] 부 우아하게

*****grade** [gréid 그뤠이드] 명 (복수 grades [-dz]) 1 등급, 단계(degree): This is the best *grade* of wine. 이것은 최고급 와인이다
2 《미》(학생의) 성적 (《영》mark): He got a good *grade* in math. 그는 수학 점수가 좋았다

grader 317 **Grand Canyon**

3 《미》 (초·중·고교의) …**학년** (《영》 form): the first *grade* 초등학교 1학년/ I am in the ninth *grade*. 나는 9학년(중학교 3학년)이다/ What *grade* are you in? 너는 몇 학년이니?

참고 미국의 학교 제도
　미국 초중고교의 교육기간은 12년으로 대부분 6-3-3제와 8-4제이다. 6-3-3제는 elementary school(초등학교), junior high school(중학교), senior high school(고등학교)이고, 8-4제는 elementary school 8년에 high school 4년이다. 이렇듯 주마다 교육 과정이 다르므로 학년(grade)을 기준으로 상대방에게 말해야 쉽게 이해한다.

―― 동 (3단현 **grades** [-dz]; 과거·과거분사 **graded** [-id]; 현재분사 **grading**) 타 1 등급을 매기다 2 《미》 성적을 매기다

grad·er [gréidər 그뤠이더r] 명 《미》 …학년생: a fourth *grader* 4학년생

*****grad·u·al** [grǽdʒuəl 그뢔쥬어얼] 형 1 점차적인, 단계적인: a *gradual* change 단계적인 변화
2 (경사가) 완만한

*****grad·u·al·ly** [grǽdʒuəli 그뢔쥬얼리] 부 차차, 점차로(by degrees): His health is improving *gradually*. 그의 건강은 차츰 좋아지고 있다

*****grad·u·ate** [grǽdʒuèit 그뢔쥬에잇] 동 (3단현 **graduates** [-ts]; 과거·과거분사 **graduated** [-id]; 현재분사 **graduating**) 자 **졸업하다**: He graduated *from* Harvard University. 그는 하버드 대학을 졸업했다
―― [grǽdʒuət 그뢔쥬엇] 명 1 **졸업생** 2 《미》 대학원 학생
―― [grǽdʒuət 그뢔쥬엇] 형 1 (대학의) 졸업생의
2 《미》 대학원의: a *graduate* student 대학원 학생

grad·u·a·tion [grædʒuéiʃən 그뢔쥬에이션] 명 졸업(식)

*****grain** [gréin 그뤠인] 명 (복수 **grains** [-z]) 1 〔집합적으로〕 **곡물**, 곡류 (《영》 corn): Korea buys a lot of *grains*. 한국은 대량의 곡물을 사들인다
2 (쌀·보리 등의) 낟알; (커피 등의) 알갱이: a *grain* of rice 쌀 한 알
3 〔부정문에 써서〕 극히 조금: He hasn't a *grain* of sense. 그는 통 분별이 없다

*****gram,** 《영》 **gramme** [grǽm 그뢤] 명 **그램** (중량의 단위; 약어는 g., gr.)

-gram (접미사) 1「기록; 그림; 문서」의 뜻: tele*gram* 전보
2 …그램: kilo*gram* 킬로그램

*****gram·mar** [grǽmər 그뢔머r] 명 **문법**: English *grammar* 영문법

gram·mat·i·cal [grəmǽtikəl 그뤄매티커얼 → 그뤔매리커얼] 형 문법(상)의

gram·o·phone [grǽməfòun 그뢔머F오운] 명 《영》 축음기 (《미》에서는 보통 record player라 한다)

*****grand** [grǽnd 그뢘드] 형 (비교급 **grander**; 최상급 **grandest**) 1 **웅장한**, 장대한, 화려한: a *grand* mountain 웅장한 산
2 중요한, 주요한; (계획 등이) 원대한: *grand* plans 대계획
3 전부의: a *grand* total 총계
4 《구어》 근사한, 멋진: We had a *grand* time. 우리는 재미있는 시간을 보냈다

grand- (접두사)「혈연 관계의」1세대 후의」의 뜻: *grand*father 할아버지

Grand Canyon [grǽnd kǽnjən] 명 〔**the**를 붙여〕 그랜드캐니언

참고 그랜드캐니언
미국 애리조나주 북서부의 콜로라도 강을 따라 형성되어 있는 전체 길이 450km의 대협곡으로 20억년 전 지층부터 최근의 지층까지 지구가 쌓아올린 시간대를 한눈에 볼 수 있다.

grand·child [grǽndtʃàild 그랜(드)차열드] 명 (복수 **grandchildren** [-tʃìldrən]) 손자, 손녀

grand·dad [grǽnddæ̀d 그랜(드)대드] 명 《구어》 할아버지(granddad)

grand·daugh·ter [grǽnddɔ́:tər 그랜(드)다-터r → 그랜(드)다-러r] 명 (복수 **granddaughters** [-z]) 손녀

gran·deur [grǽndʒər 그랜줘r] 명 장대, 웅장; 화려

※**grand·fa·ther** [grǽndfà:ðər 그랜(드) F아-더아r] 명 (복수 **grandfathers** [-z]) 할아버지, 조부 (🅶《구어》로는 grandpa 라고도 한다)

grandfather clock [grǽndfa:ðər klɑ̀k] 명 대형 괘종시계

※**grand·ma** [grǽndmà: 그랜(드)마-] 명 《구어》 할머니 (grandmother)

※**grand·moth·er** [grǽndmʌ̀ðər 그랜(드)마머r] 명 (복수 **grandmothers** [-z]) 할머니, 조모 (🅶《구어》로는 grandma라고도 한다)

grandfather clock

※**grand·pa** [grǽndpa: 그랜(드)파-] 명 《구어》 할아버지(grandfather)

grand·par·ent [grǽndpɛ̀ərənt 그랜(드)페어뤈트] 명 (복수 **grandparents** [-ts]) 조부모

grand slam [grǽnd slǽm] 명 **1** 【야구】 만루 홈런 **2** 【골프·테니스 등】 그랜드 슬램 《한 해에 세계 4대 토너먼트 개인전에서 모두 우승하는 것》

grand·son [grǽndsʌ̀n 그랜(드)썬] 명 (복수 **grandsons** [-z]) 손자

gran·ite [grǽnit 그래닛] 명 화강암

※**grant** [grǽnt 그랜트] 동 (3단현 **grants** [-ts]; 과거·과거분사 **granted** [-id]; 현재분사 **granting**) 타 **1** …을 주다, 수여하다: *grant* permission 허가하다 / *grant* a degree 학위를 수여하다

2 …을 인정하다: I *grant* you are right. 자네가 옳다고 인정하네

3 (부탁 등을) 들어주다: He *granted* their request. 그는 그들의 부탁을 들어주었다

granting〔granted〕 that ... 가령 …이라 하더라도: *Granted that* it is true, I like him. 그것이 사실이라 하더라도 나는 그가 좋다

take ... for granted …을 당연하게 여기다: I *took* it *for granted* that he would come. 나는 그가 오는 것을 당연하게 생각했다

── 명 (복수 **grants** [-ts]) **1** 허가, 인가 **2** (국가) 보조금, 장려금

※**grape** [grǽip 그뤠입] 명 (복수 **grapes** [-s]) 【식물】 포도: a bunch of *grapes* 한 송이의 포도 / Wine is made from *grapes*. 포도주는 포도로 만든다

쓰임새 포도는 송이로 되어 있으므로 복수형 grapes를 주로 쓴다

sour grapes 지기 싫어하기, 오기, 허세 부리기 (🅶 포도를 따먹으려던 여우가 손이 닿지 않자 이 포도는 시다고 억지를 부리고 갔다는 이솝우화에서)

grape·fruit [gréipfrùːt 그뤠입F으루-트] 명 【식물】 그레이프프루트, 자몽

grape·vine [gréipvàin 그뤠입V아인] 명 포도 덩굴〔나무〕

*****graph** [gráef 그뢔f으] 명 (복수 **graphs** [-s]) 도표, 그래프: draw a *graph* 도표를 그리다/ a line〔bar, circle〕 *graph* 선〔막대, 원〕 그래프

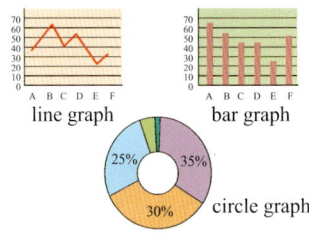

graphs

-graph (접미사) 「…을 쓴 것」「그림」의 뜻: auto*graph* 자필의 서명/ photo*graph* 사진

graph·ic [gráefik 그뢔F익] 형 1 그림의, 도표의 2 사실적인

graph·ics [gráefiks 그뢔F익쓰] 명 그래픽 아트, 시각 예술 (회화, 판화, 사진 등의 평면적인 공예 예술)

grasp [grǽsp 그뢔스프] 동 (3단현 **grasps** [-s]; 과거·과거분사 **grasped** [-t]; 현재분사 **grasping**) 타

grasp 1

1 …을 잡다, 쥐다: He *grasped* me by the arm. 그는 내 팔을 잡았다
2 (요점·의미를) 파악하다, 이해하다: I can't *grasp* the meaning of the poem. 나는 그 시의 의미를 모르겠다
—— 자 잡다 (at)
—— 명 1 잡기 2 이해(력)

*****grass** [grǽs 그뢔쓰] 명 (복수 **grasses** [-iz]) 1 **풀, 잔디**, 목초: Cows eat *grass*. 소는 풀을 먹는다
2 **잔디밭**, 풀밭: Keep off the *grass*. 《게시》 잔디밭에 들어가지 마시오

grass·hop·per [gráeshɑ̀pər 그뢔쓰하퍼r] 명 【곤충】 베짱이, 메뚜기, 여치

grass·y [grǽsi 그뢔씨] 형 (비교급 **grassier**; 최상급 **grassiest**) 풀의, 풀이 많은

grate [gréit 그뤠잇] 명 1 (벽난로의 연료받이) 쇠살대 2 (창문 등의) 쇠격자

*****grate·ful** [gréitfəl 그뤠잇F어을] 형 **감사하는**, 고맙게 여기는(thankful): I am *grateful* to you for your help. 당신의 도움에 감사 드립니다

grate·ful·ly [gréitfəli 그뤠잇F얼리] 부 감사하여

grat·i·fy [grǽtəfài 그뢔터F아이 → 그뢔러F아이] 동 (3단현 **gratifies** [-z]; 과거·과거분사 **gratified** [-d]; 현재분사 **gratifying**) 타 (사람을) 만족시키다, 기쁘게 하다(please)

grat·i·tude [grǽtitjùːd 그뢔티튜-드 → 그뢔러튜-드] 명 감사(하는 마음)

*****grave**¹ [gréiv 그레이v으] 명 (복수 **graves** [-z]) 무덤, 묘: dig a *grave* 묘를 파다

*****grave**² [gréiv 그레이v으] 형 (비교급 **graver**; 최상급 **gravest**) 1 **중대한**, 중요한: a *grave* problem〔situation〕 중대한 문제〔사태〕
2 엄숙한, 진지한(serious)

grav·el [grǽvəl 그뢔V어을] 명 자갈

grave·ly [gréivli 그뤠V얼리] 부 1 중대하게 2 진지하게

grave·stone [gréivstòun 그뤠이v으스토운] 명 묘석, 묘비

grave·yard [gréivjà:rd 그레이v∘야-r드] 명 묘소, 묘지

grav·i·ta·tion [grævətéiʃən 그래v어테이션] 명 중력, 인력: universal *gravitation* 만유 인력

grav·i·ty [grǽvəti 그래v어티 → 그래v어리] 명 (복수 **gravities** [-z]) **1** 중력, 인력: the law of *gravity* 중력의 법칙
2 중대함; 진지함: a question of *gravity* 중대 문제

gra·vy [gréivi 그레이v이] 명 (복수 **gravies** [-z]) 육즙, 고깃국물

˚gray, ⟨영⟩ **grey** [gréi 그레이] 형 (비교급 **grayer**, ⟨영⟩ **greyer**; 최상급 **grayest**, ⟨영⟩ **greyest**) **1** 회색의: *gray* clothes 회색 옷
2 (날씨가) 흐린, 우중충한; (사람·얼굴이) 어두운: a *gray* sky 우중충한 하늘
3 머리가 희끗희끗한, 반백의: His hair has turned *gray*. 그의 머리는 반백이 되었다
——명 회색; 회색의 옷: He is always dressed in *gray*. 그는 언제나 회색 옷을 입고 있다

graze [gréiz 그레이z∘] 동 (현재분사 **grazing**) 자 (가축이) 풀을 뜯어먹다

grease [grí:s 그리-쓰] 명 **1** 지방, 유지 (油脂) **2** 그리스 ⟪기계의 윤활유⟫

˚great [gréit 그레잇] 형 (비교급 **greater**; 최상급 **greatest**) **1** 큰(big), 거대한(반 little 작은): a *great* city 대도시 / They live in a *great* house. 그들은 큰집에서 산다
2 ⟪구어⟫ 굉장한, 멋진: That's *great*. 그것 참 근사하다

⟦회화⟧
A: How about going for a drive?
드라이브 가는 것 어때?
B: Sounds *great*!
좋아요!

3 중대한, 심한: It was a *great* mistake. 그것은 큰 실수였다
4 위대한, 훌륭한: a *great* actor 명배우 / He became a *great* writer. 그는 훌륭한 작가가 되었다
5 (수·양 등이) (매우) 많은: a *great* number of books 매우 많은 책
6 〔…the Great로〕 …대왕: Alexander *the Great* 알렉산더 대왕

great- ⟪접두사⟫ 「(혈연 관계가) 1대를 사이에 둔, 증(曾)…」의 뜻: *great*-grandfather 증조부

Great Bear [gréit bέər] 명 〔**the**를 붙여〕 【천문】 큰곰자리

Great Britain [gréit brítn] 명 그레이트브리튼 섬

⟦참고⟧ Great Britain은 잉글랜드(England), 웨일스(Wales), 스코틀랜드(Scotland)를 포함한 영국 본토의 섬으로, 북아일랜드를 합쳐서 영국(the United Kingdom)을 이룬다.

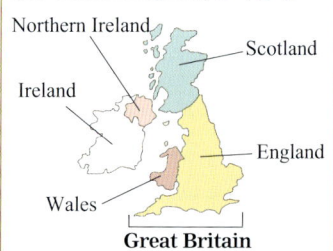
Great Britain

great-grand·fa·ther [grèit-grǽndfà:ðər 그레잇그랜(ㄷ)F아-ð어r] 명 증조부

great-grand·moth·er [grèit-grǽndmʌ̀ðər 그레잇그랜(ㄷ)머어r] 명 증조모

Great Lakes [gréit léik] 명 〔**the**를 붙여〕 5대호 (⟪ ⟫ 미국과 캐나다 국경에 있는 다섯 개의 거대한 호수로 Superior, Michigan, Huron, Erie, Ontario)

great·ly [gréitli 그레이틀리 → 그레잇'리] 부 몹시, 대단히: She was *greatly* surprised at the news. 그녀는 그 소식을 듣고 대단히 놀랐다

great·ness [gréitnis 그뤠잇니쓰] 명 1 거대함 2 중대함 3 위대함

*__Greece__ [gríːs 그뤼-쓰] 그리스 《발칸 반도 남부의 공화국; 수도는 아테네(Athens)》

greed [gríːd 그뤼-ㄷ] 명 탐욕

greed·i·ly [gríːdili 그뤼-딜리] 부 욕심내어

greed·y [gríːdi 그뤼-디] 형 (비교급 **greedier**; 최상급 **greediest**) 1 욕심 많은, 탐욕스러운: He is *greedy for* money. 그는 돈에 탐욕을 부린다
2 게걸스러운, 많이 먹는

Greek [gríːk 그뤼-ㅋ] 형 그리스(인·어)의
—— 명 1 그리스인 2 [무관사로] 그리스어

green [gríːn 그뤼-인] 형 (비교급 **greener**; 최상급 **greenest**)
1 __녹색의__, 초록의, 푸른: *green* grass 초록빛 풀/ a *green* field 푸른 들
2 채소[야채, 푸성귀]의: *green* salad 야채 샐러드
3 (과일 등이) 익지 않은; (사람이) 미숙한, 풋내기의: *green* fruit 풋과일/ He is still *green* at the job. 그는 아직 그 일에 서툴다
4 (공포·병 등으로 얼굴빛이) 창백한: He is *green with* horror. 그는 공포로 얼굴이 창백해졌다
5 활기 있는, 싱싱한; 신선한
6 질투심 많은
—— 명 (복수 **greens** [-z]) 1 __녹색__, 초록; 녹색 옷 2 [복수형으로] 식물, 초목; 푸성귀, 야채, 청과물 3 녹지, 잔디밭 4 【골프】 그린

green·belt [gríːnbèlt 그뤼-인베얼트] 명 (도시 주변의) 녹지대, 그린벨트

green·gro·cer [gríːngròusər 그뤼-인그로우써r] 명 《영》 청과물 상인, 채소 장수

green·house [gríːnhàus 그뤼-인하우쓰] 명 (복수 **greenhouses** [-hàuziz]) 온실: *greenhouse* plants 온실 식물

Green·land [gríːnlænd 그뤼-인랜드] 명 그린란드 《북미 북동부의 섬; 덴마크령》 【이민을 유치하기 위한 미칭(美稱)】

green tea [gríːn tíː] 명 녹차

Green·wich [gríːnidʒ 그뤼니쥐] 명 그리니치 《런던 교외 템스 강가의 자치구; 본초 자오선의 기점인 그리니치 천문대의 소재지》

*__greet__ [gríːt 그뤼-트] 동 (3단현 **greets** [-ts]; 과거·과거분사 **greeted** [-id]; 현재분사 **greeting**) 타 …에게 인사하다; …을 맞이하다, 환영하다: He *greeted* me *with* a smile. 그는 웃으며 인사했다

greet·ing [gríːtiŋ 그뤼-팅 → 그뤼-링] 명 (복수 **greetings** [-z]) 인사; [복수형으로] 인사말: He gave me a friendly *greeting*. 그는 나에게 다정한 인사를 하였다

greeting card [gríːtiŋ kàːrd] 명 인사장, 연하장

grew [grúː 그루-] 동 grow(자라다)의 과거형

grey [gréi 그뤠이] 형 명 《영》 = gray

grey·hound [gréihàund 그뤠이하운드] 명 그레이하운드 《발이 빠른 사냥개》

greyhound

*__grief__ [gríːf 그뤼-f으] 명 (깊은) __슬픔__, 비탄: He is in deep *grief*. 그는 깊은 슬픔에 빠져 있다

grieve [gríːv 그뤼-v으] 동 (3단현 **grieves** [-z]; 과거·과거분사 **grieved** [-d]; 현재분사 **grieving**) 자 (몹시) 슬퍼지다 (at, for): I *grieved at* (*to* hear) the news. 나는 그 소식을 듣고 슬퍼졌다

──타 (몹시) 슬프게 하다

griev·ous [grí:vəs 그리-V어쓰] 혱 슬픈

grill [gríl 그릴] 몡 **1** (고기·생선 등을 굽는) 석쇠 **2** 구운 고기〔생선〕 **3** 식당
──타 《영》…을 석쇠로 굽다 (《미》 broil)

grim [grím 그림] 혱 (비교급 **grimmer**; 최상급 **grimmest**) **1** 엄한, 냉혹한: a *grim* reality 냉혹한 현실
2 완강한, 불굴의

grim·ly [grímli 그림리] 부 **1** 엄하게 **2** 완강하게

grin [grín 그린] 동 (3단현 **grins** [-z]; 과거·과거분사 **grinned** [-d]; 현재분사 **grinning**) 자 이를 드러내고 싱긋 웃다
──명 싱긋 웃음

***grind** [gráind 그라인드] 동 (3단현 **grinds** [-dz]; 과거·과거분사 **ground** [gráund]; 현재분사 **grinding**) 타 **1** …을 빻다, 갈아 가루로 만들다: *grind* wheat *into* flour 밀을 빻아 밀가루로 만들다
2 (렌즈 등을) 갈다, 연마하다
──자 빻아지다, 가루가 되다

grind·er [gráindər 그라인더r] 몡 **1** 빻는 사람 **2** 그라인더, 분쇄기, 숫돌

grind·stone [gráindstòun 그라인(드)스토운] 몡 회전 숫돌

grinder 2

***grip** [gríp 그립] 몡 (복수 **grips** [-s]) **1** 잡음, 움켜쥠; 쥐는 힘 **2** 손잡이 **3** (문제·일 등의) 파악, 이해력 **4** 통제력, 지배력
──동 (3단현 **grips** [-s]; 과거·과거분사 **gripped** [-t]; 현재분사 **gripping**) 타 **1** …을 꽉 잡다, 움켜잡다 (ੴ grasp보다 의미가 강하다): She *gripped* my arm. 그녀는 내 팔을 꽉 잡았다
2 (흥미·주의를) 끌다

groan [gróun 그로운] 몡 (복수 **groans** [-z]) 신음〔끙끙거리는〕 소리
──동 (3단현 **groans** [-z]; 과거·과거분사 **groaned** [-d]; 현재분사 **groaning**) 자 신음하다, 끙끙거리다: She *groaned with* pain. 그녀는 아파서 끙끙거렸다

gro·cer [gróusər 그로우써r] 몡 식료품 장수

***gro·cer·y** [gróusəri 그로우써뤼] 몡 (복수 **groceries** [-z]) **1** 식료품점 (ੴ grocery store라고도 한다) **2** 〔보통 복수형으로〕 식료품류, 잡화류

grope [gróup 그로웁] 동 (3단현 **gropes** [-s]; 과거·과거분사 **groped** [-t]; 현재분사 **groping**) 자 손으로 더듬다, 손으로 더듬어 찾다 (about, for)
──타 더듬어 나아가다: I *groped* my way *in* the dark. 나는 어둠 속에서 더듬으며 앞으로 나아갔다

gross [gróus 그로우쓰] 혱 (비교급 **grosser**; 최상급 **grossest**) **1** 총계의, 전체의: *gross* income 총수입
2 심한, 엄청난: She made a *gross* mistake. 그녀는 큰 실수를 했다
3 천한; 거친, (품질이) 조잡한: *gross* language 천한 말
──명 총계

gro·tesque [groutésk 그로우테스크] 혱 괴상한, 괴기한

***ground**¹ [gráund 그라운드] 몡 (복수 **grounds** [-dz]) **1** 〔the를 붙여〕 **땅, 지면**; 토지: fall to *the ground* 땅에 떨어지다 / *The ground* is covered with snow. 땅이 눈으로 뒤덮여 있다
2 〔종종 복수형으로〕 **운동장**, …장; (건물 주위의) 뜰, 정원: We played baseball on the school *ground*. 우리는 학교 운동장에서 야구를 했다
3 〔종종 복수형으로〕 근거, 이유: on economic *grounds* 경제적 이유로
4 《미》【전기】 접지 (ੴ 《영》 earth)
on (the) grounds of = ***on the ground of*** …라는 이유로: He resigned

on the ground of illness. 그는 건강상의 이유로 사직했다
— 타 …에 근거를 두다 (on)
— 자 1 땅에 닿다; 좌초하다 2 【야구】 땅볼을 치다

ground² [gráund 그라운드] 동 grind (빻다)의 과거·과거분사형

ground·er [gráundər 그라운더r] 명 【야구】 땅볼

ground floor [gráund flɔ́ːr] 명 《영》 1층 (≒ 《미》 first floor)

ground·less [gráundlis 그라운들리쓰] 형 이유〔근거〕가 없는

***group** [grúːp 그루-프] 명 (복수 groups [-s]) 1 떼, 그룹, 집단, 무리: a group of girls 한 떼의 소녀들 / We studied in groups. 우리는 그룹을 지어 공부했다
2 (분류상의) 군(群), 류(類): the grain group 곡류
— 동 (3단현 groups [-s]; 과거·과거분사 grouped [-t]; 현재분사 grouping) 타 1 모으다: The teacher grouped the students for a picture. 선생님은 사진을 찍으려고 학생들을 모았다
2 …을 분류하다

grove [gróuv 그로우v으] 명 숲 (≒ woods보다 작음)

grow [gróu 그로우] 동 (3단현 grows [-z]; 과거 grew [grúː]; 과거분사 grown [gróun]; 현재분사 growing) 자 1 크다, 자라다, 성장하다: Children grow rapidly. 아이들은 빨리 자란다 / Potatoes grow well here. 이곳에서는 감자가 잘 자란다 / The city is growing rapidly. 그 도시는 빠르게 성장하고 있다
2 (차차) …하게 되다: It began to grow dark. 날이 어두워지기 시작했다 / The wind grew stronger. 바람이 점점 거세어졌다
— 타 1 (동식물을) 기르다, 재배하다 (cultivate) (≒ 「아이를 기르다」는 bring up): My father grows roses. 나의 아버지는 장미를 재배한다
2 (수염·손톱 등을) 기르다: grow a beard 수염을 기르다

grow out of (1) …에서 생기다: Most prejudices grows out of ignorance. 대부분의 편견은 무지에서 생긴다
(2) (성장하여) …에서 벗어나다

grow up 자라다, 어른이 되다: He grew up in Seoul. 그는 서울에서 자랐다 / He grew up to be an engineer. 그는 커서 기술자가 되었다

grow·ing [gróuiŋ 그로우잉] 형 성장하는

growl [grául 그라우을] 자 1 (개 등이) 으르렁거리다 (at) (≒ 「짖다」는 bark): The dog growled at him. 개가 그를 향해 으르렁거렸다
2 (사람이) 투덜거리다
3 (천둥·대포 등이) 울리다
— 명 으르렁거리는 소리 【의성어】

grown [gróun 그로운] 동 grow(성장하다)의 과거분사형
— 형 성장〔성숙〕한: a grown man 성인, 어른

grown-up [gróun-ʌ̀p 그로운압] 명 《구어》 어른(adult), 성인
— 형 1 성숙한, 어른이 된 2 성인용의

***growth** [gróuθ 그로우θ으] 명 1 성장, 발육; 발달: the growth of a plant 식물의 성장
2 증가, 증대: the rapid growth of the population 급속한 인구 증가
3 재배, 배양(cultivation)

grudge [grʌ́dʒ 그라쥐] 동 (현재분사 grudging) 타 1 …을 주기 싫어하다, 인색하게 굴다 2 …을 샘내다
— 명 원한, 악의, 유감

grum·ble [grʌ́mbl 그럼브을] 동 (현재분사 grumbling) 자 1 투덜거리다, 불평하다 2 (천둥 등이) 울리다
— 명 1 투덜댐, 불평 2 (천둥의) 우르르하는 소리

guar·an·tee [gæ̀rəntíː 개뤈티－] 명 (복수 **guarantees** [-z]) **1** 보증(서); 담보: receive a year's *guarantee* 1년 간 보증을 받다
2 개런티 (최저 보증 출연료)
── 동 (3단현 **guarantees** [-z]; 과거·과거분사 **guaranteed** [-d]; 현재분사 **guaranteeing**) 타 …을 보증하다, 보장하다: This camera is *guaranteed* for two years. 이 사진기는 2년간 보증합니다

guard [gáːrd 가-ㄹ드] 동 (3단현 **guards** [-dz]; 과거·과거분사 **guarded** [-id]; 현재분사 **guarding**) 타 …을 지키다 (defend), 감시〔경계〕하다: The dog *guards* the house *at* night. 개는 밤에 집을 지킨다
── 자 조심하다, 경계하다: *Guard against* accidents. 사고가 나지 않도록 조심하세요
── 명 **1** 감시, 경계: He was kept under close *guard*. 그는 엄중한 감시를 받았다
2 수위, 경비원; (군대의) 보초
3 방어 (자세); (농구 등의) 가드
4 《영》 (열차·버스의) 차장 (《미》 conductor)
keep guard 지키다, 경계를 하다
off〔*on*〕 *guard* 비번〔당번〕으로: Are you *off*〔*on*〕 *guard*? 당신은 비번〔당번〕이십니까?
off〔*on*〕 *one's guard* 방심하여〔경계하여〕

guard·i·an [gáːrdiən 가-ㄹ디언] 명 보호자, 수호자; 감시인

guard·rail [gáːrdrèil 가-ㄹ드뤠일] 명 **1** 난간 **2** (커브 길에서 탈선을 막기 위한) 보조 레일

guer·ril·la [gərílə 거릴러] 명 게릴라병, 비정규병

guess [gés 게쓰] 동 (3단현 **gueses** [-iz]; 과거·과거분사 **guessed** [-t]; 현재분사 **guessing**) 타 **1** …을 추측하다, 짐작하다(suppose): I cannot *guess* his age. 나는 그의 나이를 짐작할 수 없다 / Can you *guess* who that man is? 저 사람이 누군지 알겠느냐?
2 《미구어》 …라고 생각하다: I *guess* he will miss the train. 나는 그가 기차를 놓칠 거라고 생각한다
── 자 추측하다
── 명 (복수 **guesses** [-iz]) 추측, 짐작: make a *guess* 추측하다
by〔*at a*〕 *guess* 추측으로, 짐작으로: I said so *by guess*. 나는 짐작으로 그렇게 말했다

guest [gést 게스트] 명 (복수 **guests** [-ts]) **1** (초대받은) 손님 (반 host 주인): Mike invited many *guests* to his party. 마이크는 그의 파티에 많은 손님을 초대했다
2 (라디오·텔레비전의) 특별 출연자
3 (호텔·여관 등의) 손님

> 유의어 〉 손님
> **guest**는 「초대받은 손님이나 호텔 등의 손님」, **visitor**는 「여러 가지 목적의 방문객」 또는 「관광객」, **customer**는 「상점의 손님」, **passenger**는 「버스 등의 승객」을 말한다.

guest   visitor
customer   passenger

Be my guest. 《구어》 (상대의 간단한 부탁에) 예, 그러세요

guid·ance [gáidns 가이든쓰] 명 안내, 지도, 길잡이

guide [gáid 가이드] 통 (3단현 guides [-dz]; 과거·과거분사 guided [-id]; 현재분사 guiding) 타 **1** …을 안내하다: *guide* sightseers 관광객을 안내하다/ He *guided* us around the city. 그는 우리에게 시내를 안내해 주었다
2 …을 지도하다
── 명 (복수 guides [-dz]) **1** (여행 등의) 안내자, 길잡이, 가이드
2 입문서, 안내서: This is a good *guide* to golf. 이것은 훌륭한 골프 입문서다

guide·book [gáidbùk 가이드북] 명 (여행) 안내서

guide·line [gáidlàin 가이들라인] 명 (정책·결정 등의) 지침, 지표

guide·post [gáidpòust 가이드포우스트] 명 도표(道標), 길표지

guild [gild 기일드] 명 **1** (중세의) 상인 단체, 길드 **2** 동업자 조합, (이익을 공통으로 하는) 단체

guilt [gilt 기일트] 명 (특히 도덕·형법상의) 죄(sin), 범죄: He confessed his *guilt*. 그는 그의 죄를 고백했다

guilt·less [gíltlis 기일틀리쓰] 형 죄가 없는, 결백한

guilt·y [gílti 기일티] 형 (비교급 guiltier; 최상급 guiltiest) **1** 죄를 범한, 유죄의(반 innocent 무죄의): He was *guilty* of murder. 그는 살인죄를 저질렀다
2 죄를 자각하는, 가책을 느끼는: He felt *guilty* about it. 그는 그 일로 자책감을 느꼈다

gui·tar [gitá:r 기타-r] 명 (복수 guitars [-z]) 기타: play the *guitar* 기타를 치다

guitar

gui·tar·ist [gitá:rist 기타-뤼스트] 명 기타 치는 사람, 기타 연주가: He is a good *guitarist*. 그는 기타를 잘 친다

gulf [gʌlf 거얼f으] 명 만(灣) (☞ bay보다 큼): the *Gulf* of Mexico 멕시코만

gull [gʌl 거얼] 명【조류】 갈매기 (☞ sea gull이라고도 한다)

gulp [gʌlp 거얼프] 타 …을 꿀꺽꿀꺽(쭉) 마시다
── 명 꿀꺽꿀꺽(쭉) 마심【의성어】

gum [gʌm 검] 명 (복수 gums [-z])
1【식물】고무나무 **2** 고무 수액 **3** 껌, 추잉검(chewing gum)

gun [gʌn 간] 명 (복수 guns [-z]) **1** 포, 대포 **2** 《미구어》권총 **3** 총, 소총

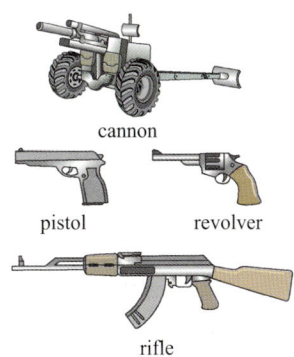
cannon
pistol   revolver
rifle
guns

gun·man [gʌ́nmən 간먼] 명 (복수 gunmen [-mən]) 총기 휴대자; 《미구어》총잡이

gun·ner [gʌ́nər 가너r] 명 포 쏘는 사람

gun·pow·der [gʌ́npàudər 간파우더r] 명 화약

gush [gʌʃ 가쉬] 통 (3단현 gushes [-iz]) 자 (액체 등이) 분출하다, 내뿜다

gust [gʌst 가스트] 명 **1** 질풍, 돌풍 **2** (감

정 등의) 격발
gut [gʌ́t 것] 몡 (복수 **guts** [-ts]) **1** 장, 창자; 〔복수형으로〕 내장 **2** 〔복수형으로〕 《구어》 담력, 용기

gut·ter [gʌ́tər 가터r → 가라r] 몡 **1** (지붕의) 홈통 **2** (차도와 인도 사이의) 도랑 **3** 【볼링】 거터 《레인 양쪽의 홈》

gutter 1   gutter 2   gutter 3

guy [gái 가이] 몡 《구어》 놈, 녀석: He is a nice *guy*. 그는 좋은 녀석이다

*****gym** [dʒím 짐] 몡 《구어》 **1** 체육관 (*gymnasium*의 단축형): Let's play basketball in the *gym*. 체육관에서 농구를 하자
2 체육 (*gymnastics*의 단축형)

gym·na·si·um [dʒimnéiziəm 쥠네이 Z이엄] 몡 체육관 (간단히 gym이라고도 한다)

gymnasium

gym·nas·tic [dʒimnǽstik 쥠내스틱] 형 체조의, 체육의

gym·nas·tics [dʒimnǽstiks 쥠내스틱쓰] 몡 **1** 〔단수·복수 취급〕 체조 (경기) **2** 〔단수 취급〕 (학과의) 체육 (간단히 gym이라고도 한다)

Gyp·sy [dʒípsi 쥡씨] 몡 (복수 **Gypsies** [-z]) 집시

참고 집시

유럽을 중심으로 전 세계에 흩어져 떠돌아다니는 민족으로 처음에 이집트인(Egyptian)으로 잘못 알아 그 말이 변형된 것이다.

Hh

H, h [éitʃ 에이취] 명 (복수 **H's, h's** [-iz]) 에이치 《영어 알파벳의 여덟째 글자》

H, h 《약어》 *hour(s)* 시간

ha [há: 하-] 감 하하!, 어마!, 어머! 《놀람·슬픔·기쁨 등의 소리》

***hab·it** [hǽbit 해빗] 명 **1** (개인의) **버릇, 습관**: He has a *habit* of biting his nails. 그는 손가락을 깨무는 버릇이 있다 / *Habit* is (a) second nature. 《속담》 습관은 제2의 천성이다

> 비교 **habit**과 **custom**
> **habit**은 개인의 무의식적인 버릇이나 습관을 나타내며, **custom**은 크리스마스에 선물을 주는 것처럼 사회적인 관습이나 관례를 나타낸다.

2 (동식물의) 습성

hab·i·tat [hǽbətæt 해버탯] 명 (동식물의) 서식지

ha·bit·u·al [həbítʃuəl 허비츄어얼] 형 습관적인, 상습적인: a *habitual* criminal 상습범

hack [hǽk 핵] 타 **1** (도끼·칼 등으로) 마구 자르다 **2** 【컴퓨터】 (컴퓨터 시스템에) 불법 침입하다

hack·er [hǽkər 해커r] 명 【컴퓨터】 해커 《컴퓨터 시스템에 불법으로 침입하는 사람》

***had** [hǽd 해드] 동 have(가지다)의 과거·과거분사형

—조 **1** 〖**had + 과거분사**로 과거완료를 만듦〗 a) 〔과거 어떤 때에 일어난 동작의 완료·결과를 나타내어〕 **…했었다**: I *had finished* my homework when he called on me. 그가 나를 방문했을 때에는 숙제를 끝낸 후였다
b) 〔과거의 어떤 때까지의 동작·상태의 계속을 나타내어〕 (줄곧) **…하고 있었다**: I *had lived* in Seoul since then. 그때 이후로 나는 서울에 살고 있었다
c) 〔과거의 어떤 때까지의 경험을 나타내어〕 **…한 적이 있었다**: She *had* never *seen* it before. 그녀는 그때까지 그것을 본 적이 없었다

2 〔과거의 사실과 반대의 것을 가정하여〕 **만약 …했더라면**: If I *had*〔*Had* I〕 known your phone number, I would *have* called you. 만약 네 전화번호를 알았더라면 전화했을 텐데

3 〖**had been + 현재분사**로 과거완료 진행형을 만들어〗 **계속 …해 왔었다**: He *had been watching* television till then. 그때까지 그는 줄곧 텔레비전을 보고 있었다

Ha·des [héidi:z 헤이디-z] 명 【그리스 신화】 하데스(Pluto) 《저승의 신》

had·n't [hǽdnt 해든트] had not의 단축형

Hague [héig 헤이그] 명 〔**the**를 붙여〕 헤이그 《네덜란드 서부의 행정상의 수도; 공식 수도는 암스테르담(Amsterdam)》

ha-ha [há:há: 하-하-] 감 하하! 《우습거나 비웃을 때 내는 소리》

hail¹ [héil 헤일] 명 싸락눈, 우박
—동 (3단현 **hails** [-z]; 과거·과거분사 **hailed** [-d]; 현재분사 **hailing**) 자 〔it를 주어로 하여〕 싸락눈〔우박〕이 내리다: It

hailed all night. 밤새도록 싸락눈〔우박〕이 쏟아졌다

hail² [héil 헤일] 동 (3단현 **hails** [-z]; 과거·과거분사 **hailed** [-d]; 현재분사 **hailing**) 타 **1** …을 환호하며 맞이하다, 환영하다: *hail* an old friend 옛친구를 반갑게 맞이하다

2 (배·차·사람을) 큰소리로 부르다: Let's *hail* a taxi. 택시를 부르자

hail·stone [héilstòun 헤일스토운] 명 우박, 싸락눈

★hair [héər 헤어ʳ] 〔hare(산토끼)와 발음이 같음〕 명 (복수 **hairs** [-z]) **1** 〔집합적으로〕 털, 머리카락 (a를 붙이지 않고 복수 없음): She has golden *hair*. 그녀는 금발이다 / He had his *hair* cut. 그는 이발을 했다 / Alice is combing her *hair*. 엘리스는 머리를 빗고 있다

2 (1개의) 머리카락: I found two *hairs* in my soup. 수프 속에 머리카락이 두 개 있었다

hair·brush [héərbrʌ̀ʃ 헤어ʳ브뢔쉬] 명 (복수 **hairbrushes** [-iz]) 머리 빗는 솔

hair·cut [héərkʌ̀t 헤어ʳ컷] 명 이발: What kind of *haircut* would you like? 어떻게 이발을 해드릴까요?

hair·dress·er [héərdrèsər 헤어ʳ쥬뤠써ʳ] 명 《미》 (특히 여성 상대의) 미용사; 《영》 이발사(barber)

hair dryer [héər dráiər] 명 헤어드라이어

hair·pin [héərpìn 헤어ʳ핀] 명 (U자 모양의) 헤어핀

hair·style [héərstàil 헤어ʳ스타일] 명 머리 모양, 헤어스타일

braid

braids

ponytail

hair·y [héəri 헤어뤼] 형 (비교급 **hairier**; 최상급 **hairiest**) 털이 많은

★half [hǽf 해프] 명 (복수 **halves** [hǽvz]) **1** 반, 절반, 2분의 1: two miles and a *half* (= two and a *half* miles) 2마일 반 / The *half* of six is three. 6의 반은 3이다 / *Half* of the apple is rotten. 그 사과의 반은 썩었다 / *Half* of the apples are rotten. 그 사과 중 절반은 썩었다

half of the apple

half of the apples

쓰임새 (1) half (of) the students와 같이 뒤에 명사가 따를 때는 of를 생략할 수 있으나, 대명사가 올 때는 반드시 of를 써야 한다: *half* of them 그들의 반.
(2) 「half(+of)+명사」가 주어일 때 동사는 그 명사의 수에 따른다.

2 반시간, 30분: It is *half* past four. 4시 반이다

3 (경기의) 전〔후〕반

by halves 어중간하게: Don't do this work *by halves*. 이 일을 어중간하게 하지 마라

in half = ***into halves*** 반으로, 2등분으로: Cut the apple *in half*〔*into halves*〕. 사과를 반으로 자르시오

—— 형 반의, 절반의: *half* a mile (= a *half* mile) 반 마일 / It takes *half* an hour〔a *half* hour〕 to walk there. 그곳까지는 걸어서 30분 걸린다 / *Half* a loaf is better than no bread. 《속담》 반이라도 없는 것보다는 낫다

half brother

쓰임새 《영》에서는 half a(an)+명사의 어순이 보통이지만, 《미》에서는 a half+명사로 보통 쓰인다.

─━ 부 **1** 반쯤, 반만큼: My work is *half* done. 내 작업은 반쯤 이루어졌다 **2** 어중간하게, 어설프게: be *half* asleep 어설프게 잠들다/ The potatoes were *half* cooked. 감자는 설익었다 **3** 《구어》 거의, 대체로: He was *half* dead from hunger. 그는 굶주림으로 거의 죽어 있었다

half as much(*many*) (...) *as* ... …의 반의 양〔수〕: He has *half as much* money〔*many* books〕 *as* I (have). 그는 내 절반의 돈을〔책을〕 가지고 있다

half brother [hǽf brʌ̀ðər] 명 배다른〔의붓〕형제

half-moon [hǽf-mù:n 해f무-은] 명 반달

half·penny [hǽfpéni 해f페니] 명 **1** (복수 halfpennies [-z]) 반 페니 동전 **2** (복수 halfpence [-s]) 반 페니 (금액)

half time [hǽf tàim] 명 (축구·농구 등의) 하프타임, 중간 휴식

half·way [hǽfwéi 해f웨이] 부 중간에, 중도에: He never gives up his plans *halfway*. 그는 결코 계획을 중도에 포기하지 않는다

─━ 형 **1** 중간의, 중도의: the *halfway* point 중간 지점

2 어중간한: a *halfway* position 어중간한 위치

***hall** [hɔ́:l 호-얼] 명 (복수 halls [-z]) **1** (집의) 현관: Leave your luggage in the *hall*. 짐은 현관에 놓으세요 **2** 공공 건물; (음악회·강연회용의) 홀, 회관: a city〔town〕 *hall* 시청/ a concert *hall* 연주회장 **3** 《미》(대학의) 부속 건물, 강당; 《영》 (대학의) 큰 식당: the Student's *Hall* 학생 회관

hal·lo [həlóu 헐로우] 감 《영》= hello

Hal·low·een, Hal·low·e'en [hæ̀ləwí:n 핼러위-인] 명 핼러윈

참고 핼러윈

핼러윈은 11월 1일의 「모든 성인의 날 (All Saint's Day)」 전야, 즉 10월 31일 밤에 열리는 행사로, 옛날 유럽인들은 10월 31일이 되면 죽은 자들의 망령이 되돌아온다고 믿고 그 망령들을 쫓아내기 위해 귀신처럼 보이도록 옷을 입고 소리를 질렀다. 이 풍습이 남아 이날 아이들은 해적·마녀 등 특이한 복장을 하고 호박등(jack-o'-lantern)을 들고 이웃집을 돌아다니며 한턱내지(treat) 않으면 장난(trick)을 치겠다는 말인 Trick or treat.이라 말하며 과자나 초콜릿을 얻어먹는다.

ha·lo [héilou 헤일로우] 명 **1** (해·달의) 무리 **2** (성상(聖像) 등의) 후광, 원광; 영광

halt [hɔ́:lt 호-얼트] 자 타 멈추다, 서다, 정지하다〔시키다〕 (👉 stop보다 딱딱한 말)
─━ 명 **1** 정지, 멈춤 **2** 《영》 (전차·버스의) 정류장

halves [hǽvz 해v으z으] 명 half(반)의 복수형

ham [hǽm 햄] 명 (복수 hams [-z]) **1** 햄 《돼지 허벅다리 고기를 소금에 절여 훈제한 것》: *ham* and eggs 햄과 계란 **2** 《구어》 아마추어 무선사

Ham·burg [hǽmbə:rg 햄버-r그] 명 함부르크 《독일의 도시·항구》

****ham·burg·er** [hǽmbə̀:rgər 햄버-r거r] 명 햄버거 《잘게 다진 고기를 프라이팬 등으로 익힌 고기》

【「함부르크(Hamburg) 식의 (스테이크)」란 뜻에서】

Ham·let [hǽmlit 햄릿] 명 햄릿 (셰익스피어(Shakespeare)작의 4대 비극의 하나); 그 주인공

***ham·mer** [hǽmər 해머r] 명 (복수 **hammers** [-z]) **1 해머, 망치**, 쇠망치 **2** (육상 경기용의) 해머

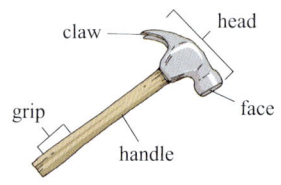

hammer 1

──동 (3단현 **hammers** [-z]; 과거·과거분사 **hammered** [-d]; 현재분사 **hammering** [-məriŋ]) 타 …을 망치로 두드리다: He *hammered* the nails *into* the wall. 그는 벽에 못을 두들겨 박았다

ham·mock [hǽmək 해먹] 명 해먹 (달아매는 그물 침대)

hammock

ham·ster [hǽmstər 햄스터r] 명 햄스터

*****hand** [hǽnd 핸드] 명 (복수 **hands** [-dz]) **1** (사람의) **손** (손목에서 손끝까지의 부분): the right [left] *hand* 오른[왼손]손/ I took her by the *hand*. (= I took her *hand*.) 나는 그녀의 손을 잡았다/ Where can I wash my hands? 화장실은 어디입니까?

2 (시계 등의) **바늘**: the hour [minute, second] *hand* 시 [분, 초]침

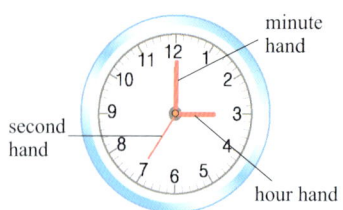

3 일손, 일꾼, 노동자; 선원: a ranch *hand* 목장 노동자/ The ship was lost with all *hands*. 배는 모든 선원과 함께 침몰했다

4 수완, 솜씨(skill): He is a good *hand* at baseball. 그는 야구를 잘한다

5 [보통 복수형으로] 소유; 관리, 지배: He fell into the enemy's *hands*. 그는 적의 손에 잡혔다

6 [**a**를 붙여] (원조의) 손길, 거들기: Please give me *a hand* with this box. 이 상자 옮기는 것 좀 도와 주세요

7 …쪽, 방향(side): I sat at her left *hand*. 나는 그녀의 왼쪽에 앉았다

8 필치, 서체: He writes a good *hand*. 그는 글씨를 잘 쓴다

9 《구어》 박수, 갈채: They gave the singer a big *hand*. 그들은 그 가수에게 큰 박수를 보냈다

at first [*second*] *hand* 직접 [간접]으로: I got the news *at first hand* . 나는 그 뉴스를 직접 들었다

at hand (공간적·시간적으로) **가까이에**: live *at hand* 가까이에 살다/ Dawn is *at hand*. 이제 곧 새벽이다

by hand (기계가 아닌) **손으로**: This pot was made *by hand*. 이 그릇은 손으로 만든 것이다

come to hand 손에 들어오다

from hand to mouth 하루살이 살림으로: live *from hand to mouth* 하루살이 생활을 하다

hand in hand 손에 손을 잡고; 협력하여: We walked *hand in hand*. 우리는 손에 손을 잡고 걸었다

Hands off. 《게시》 손대지 마시오
Hands up! 손들어!
on hand 손에 가지고 있는: We have the latest document *on hand*. 우리는 최근 자료를 가지고 있다
on the one hand ..., on the other (hand) ... 한편으로는 … 다른 한편으로는 …: *On the one hand* she taught English, *on the other hand* she learned Korean. 그녀는 한편으로는 영어를 가르치고 다른 한편으로는 한국어를 배웠다
shake hands with ... …와 악수하다: She *shook hands with* him. 그녀는 그와 악수했다
── 동 (3단현 **hands** [-dz]; 과거·과거분사 **handed** [-id]; 현재분사 **handing**) 타 **1** …을 건네주다: Please *hand* the book *to* me. (= Please *hand* me the book.) 그 책을 좀 건네 주십시오
2 손을 잡고 돕다: He *handed* the lady *into*〔*out of*〕 the car. 그는 부인의 손을 잡고 차에 태워〔차에서 내려〕 주었다
hand down (재산을) 남기다, 후세에 전하다 **(to)**
hand in (서류 등을) 제출하다: He *handed in* his paper. 그는 답안지를 제출했다
hand out (무료로) 나누어주다
hand over 넘겨주다, 양도하다
hand·bag [hǽndbæ̀g 핸(드)백] 명 (여성용) 핸드백, 손가방

hand·ball [hǽndbɔ̀:l 핸(드)보-얼] 명 【경기】 핸드볼

handball

hand·book [hǽndbùk 핸(드)북] 명 편람, 안내; 여행 안내서
hand·cuff [hǽndkʌ̀f 핸(드)카f으] 명 (복수 **handcuffs** [-s]) 〔보통 복수형으로〕 수갑

handcuffs

hand·ful [hǽndfùl 핸(드)F우을] 명 〔**a handful of**의 형태로〕 한 움큼의; 소수의: a *handful of* sand 모래 한 줌/ a *handful of* men 소수의 인원
hand·i·cap [hǽndikæ̀p 핸디캡] 명 (복수 **handicaps** [-s]) **1** 【경기】 핸디캡 《각종 경기에서 고루 우승의 기회를 주기 위하여 잘하는 사람에게 불리한〔못하는 사람에게 유리한〕 조건을 지우기》 **2** 불리한 조건, 불이익
── 동 (3단현 **handicaps** [-s]; 과거·과거분사 **handicapped** [-t]; 현재분사 **handicapping**) 타 …을 불리한 위치〔입장〕에 세우다: the *handicapped* 신체 장애자/ He is *handicapped* by poor health. 그는 병약하다는 불리한 조건을 가지고 있다
hand·i·craft [hǽndikræ̀ft 핸디크쾌f으트] 명 **1** 수공예 **2** 손재주
***hand·ker·chief** [hǽŋkərtʃif 행커r취f으] 〔d는 묵음〕 명 (복수 **handkerchiefs** [-s]) 손수건: He blew his nose with his *handkerchief*. 그는 손수건으로 코를 풀었다

han·dle [hǽndl 핸드을] 명 (복수 **han-dles** [-z]) 손잡이, **핸들**, 자루

handles

참고 핸들
우리는 자동차 운전자가 운전할 때 돌리는 것을 「핸들」이라고 하지만 handle은 손잡이라는 뜻이므로 영어로는 steering wheel이나 the wheel로 해야 옳다. 자전거의 「핸들」도 handlebars가 정확한 표현이다.

— 동 (3단현 **handles** [-z]; 과거·과거분사 **handled** [-d]; 현재분사 **han-dling**) 타 **1** …에 손을 대다, 만지다: Don't *handle* the exhibits. 전시품에 손대지 마라
2 (사람·사물 등을) **다루다**, 취급하다: *handle* a child roughly 어린애를 거칠게 다루다
3 (상품 등을) 취급하다(deal in), 팔다: That store *handles* fruits. 저 가게에서는 과일을 판다
【고대 영어 「손(hand)으로 만지다」에서】

han·dle·bar [hǽndlbɑ̀ːr 핸드을바-r] 명 (복수 **handlebars** [-z]) 〔보통 복수형으로〕 (자전거의) 핸들

hand·made [hǽndméid 핸(드)메이드] 형 손으로 만든, 수제의

hand·shake [hǽndʃèik 핸드쉐익] 명 악수

hand·some [hǽnsəm 핸썸] 〔d는 묵음〕 형 (비교급 **handsomer**; 최상급 **handsomest**) **1** (남자가) **잘 생긴**, 멋진: That man is *handsome*. 저 남자는 잘 생겼다

쓰임새 handsome은 보통 남성의 얼굴과 모습이 아름답다는 데 쓰며, 여성에게는 보통 pretty, beautiful, lovely 등을 쓴다.

2 (사물이) 훌륭한, 멋진: a *handsome* building 멋진 건물
3 (금액 등이) 꽤 큰, 상당한

hand·writ·ing [hǽndràitiŋ 핸드롸이팅 → 핸드롸이링] 명 손으로 쓰기; 필적, 서체: I can recognize his *handwriting*. 나는 그의 필적을 알 수 있다

hand·y [hǽndi 핸디] 형 (비교급 **handier**; 최상급 **handiest**) **1** (물건이) 다루기 쉬운, 편리한 **2** 《구어》 (물건이) 곁에 있는, 바로 쓸 수 있는 **3** (사람이) 손재주 있는, 솜씨 좋은

hang [hǽŋ 행] 동 (3단현 **hangs** [-z]; 과거·과거분사 **hung** [hʌ́ŋ], 타 2의 뜻에는 **hanged** [-d]; 현재분사 **hanging**) 타 **1** …을 걸다: *Hang* your coat here. 코트를 여기에 걸어라 / I *hung* the picture on the wall. 나는 그림을 벽에 걸었다
2 (사람을) 교수형에 처하다: He was *hanged* for murder. 그는 살인죄로 교수형에 처해졌다

— 자 걸리다: There were curtains *hanging over* the window. 창문에 커튼이 걸려 있었다

hang about〔*around*〕(1) 어슬렁거리다, 배회하다 (2) 꾸물거리다
hang out (1) (간판·기 등을) 내걸다: *hang out* a flag 기를 내걸다
(2) 몸을 내밀다
(3) 《구어》 서성거리다, …에 출입하다
hang up (1) …을 걸다: *hang up* the coat 코트를 걸다
(2) **전화를 끊다**: Please don't *hang up*. 전화 끊지 마세요

hang·er [hǽŋər 행어r] 명 (옷)걸이

hang glider [hǽŋ gláidər] 명 행글라이더

hang glider

hang·ing [hǽŋiŋ 행잉] 명 **1** 걸기, 매달기 **2** 교수형

***hap·pen** [hǽpən 해편] 동 (3단현 **happens** [-z]; 과거·과거분사 **happened** [-d]; 현재분사 **happening**) 자 **1** (일·사건 등이) **일어나다**, 생기다(take place): What *happened* to your arm? 네 팔은 어찌 된 거니?/ Accidents will *happen*. 《속담》 사고는 일어나게 마련이다

2 〔**happen to** do의 형태로〕 우연히 …하다(chance): I *happened to* see him on the street. 길에서 우연히 그를 만났다 / Do you *happen to* know his name? 혹시 그의 이름을 압니까?

***happen on**〔**upon**〕 우연히 …을 만나다〔발견하다〕*

hap·pen·ing [hǽpəniŋ 해퍼닝] 명 (복수 **happenings** [-z]) (우연히 일어난) 일, 사건(event)

***hap·pi·ly** [hǽpili 해필리] 부 **1** 행복하게, 즐겁게: And they lived *happily* ever after. 그리고 그들은 오래 오래 행복하게 살았습니다 (❶ 동화의 끝맺는 말에 사용)

2 〔문장 전체를 수식하여〕 **운 좋게**, 다행히도 (❶ *happily* 위치에 따라 뜻이 달라짐): *Happily*, she did not die. 다행히 그는 죽지 않았다/ She did not die *happily*. 그는 행복하게 죽지는 못했다

hap·pi·ness [hǽpinis 해피니쓰] 명 **1** 행복 **2** 행운

***hap·py** [hǽpi 해피] 형 (비교급 **happier**; 최상급 **happiest**) **1 행복한, 기쁜**, 즐거운: He looks *happy*. 그는 행복해 보인다/ *Happy* birthday (to you)! 생일 축하합니다!

2 〔**be happy to** do의 형태로〕 …해서 기쁘다: I *am happy to* see you. 당신을 뵙게 되어 반갑습니다

3 〔**will**〔**shall**〕 **be happy to** do의 형태로〕 기쁘게 …하다: I *shall be happy to* accept your invitation. 기꺼이 당신의 초대에 응하겠습니다

har·ass [hǽrəs 해뤄쓰] 타 …을 괴롭히다, 귀찮게 굴다

***har·bor**, 《영》 **har·bour** [háːrbər 하-r버r] 명 **1** 항구 **2** 피난처

> 비교 **harbor**와 **port**
> **harbor**는 인공·자연의 지형에 의해 파도·바람을 피하는 데에 적합한 항구라는 뜻이고, **port**는 시가지를 포함한 항구 도시라는 뜻으로 쓰인다. 예컨대 부산은 port city로서 거기에 harbor가 있다.

***hard** [háːrd 하-r드] 형 (비교급 **harder**; 최상급 **hardest**) **1 단단한**, 딱딱한(반 soft 부드러운): a *hard* bed 딱딱한 침대

hard   soft

2 어려운(difficult), 곤란한(반 easy 쉬운): a *hard* problem 어려운 문제/ This novel is too *hard* for me to read. 이 소설은 내가 읽기에 너무 어렵다/ The hill is *hard* to climb. 그 언덕은 오르기 힘들다

3 거친; 엄격한(severe), 가혹한: I think the punishment is too *hard*. 나는 그 벌이 가혹하다고 생각한다
4 (날씨 등이) 모진, 혹독한: Last year we had a *hard* winter. 작년 겨울은 매우 추웠다
5 열심인, 부지런한: He is a *hard* worker. 그는 부지런한 일꾼이다
── 튀 (비교급 **harder**; 최상급 **hardest**) **1** 굳게, 단단히: The pond is frozen *hard*. 연못이 단단히 얼어있다/ Hold the handle *hard*. 손잡이를 단단히 잡아라
2 몹시, 심하게: It is blowing *hard*. 바람이 심하게 불고 있다
3 열심히, 힘껏: He tried *hard* to win the race. 그는 경주에서 이기기 위해 열심히 노력했다

> 비교 **hard**와 **hardly**
> **hard**는 형용사뿐만 아니라 부사로도 쓰이는데, 형용사로서는 「어려운, 하기 힘든」이라는 뜻이고, 부사로서는 「심하게; 열심히」라는 뜻이다. **hardly** 역시 부사이지만 hard와는 달리 「거의 …않다」는 부정의 의미이다.

hard·en [háːrdn 하-ㄹ든] 타 자 …을 단단하게 하다; 단단해지다

***hard·ly** [háːrdli 하-ㄹ들리] 튀 거의 …않다(scarcely): He *hardly* works. 그는 거의 일하지 않는다/ It is *hardly* possible. 그것은 거의 불가능하다/ I can *hardly* believe it. 나는 그것이 거의 믿어지지 않는다

> 쓰임새 (1) hardly는 보통 동사 앞에 놓이나 be 동사나 조동사가 있을 때에는 그 뒤에 놓인다.
> (2) hardly는 그 자체가 부정을 나타내는 말이므로 not이나 no와 함께 쓰지 않는다.

hardly any 거의 …않다: There are *hardly any* cookies left. 과자 남은 게 얼마 없다
hardly ever 좀처럼 …하지 않다: He *hardly ever* smiles. 그는 좀처럼 웃지 않는다
hardly ... when〔**before**〕…하자마자: I had *hardly* reached the station *when*〔*before*〕the train started. 내가 역에 도착하자마자 열차가 출발했다 (《구어》로는 As soon as I reached the station the train started.라 한다)

hard·ship [háːrdʃip 하-ㄹ드쉽] 명 (복수 **hardships** [-s]) 고생, 고난, 곤란

hard·ware [háːrdwɛər 하-ㄹ드웨어r] 명 **1** 철물 **2** 【컴퓨터】하드웨어 《정보처리용 전자기기의 총칭》

hard·work·ing [háːrdwə́ːrkiŋ 하-ㄹ드워-r킹] 형 근면한, 열심히 일〔공부〕하는

har·dy [háːrdi 하-ㄹ디] 형 (비교급 **hardier**; 최상급 **hardiest**) **1** 튼튼한 **2** 【원예】내한성(耐寒性)의

hare [hɛər 헤어r] (《 hair(털)과 발음이 같음》 명 【동물】산토끼 (《「집토끼」는 rabbit》

hare

***harm** [háːrm 하-ㄹ엄] 명 해, 손해, 상해: It will do more good than *harm*. 그것은 해가 되기보다 이익이 될 것이다/ The storm did great *harm to* the crops. 폭풍우는 농작물에 크게 해를 주었다

> 쓰임새 harm은 셀 수 없는 명사이므로 much, great, little 등으로 수식한다.

──동 (3단현 **harms** [-z]; 과거·과거분사 **harmed** [-d]; 현재분사 **harming**) 타 (사람·사물 등을) 해치다: That scandal *harmed* his fame. 그 추문은 그의 명성에 해가 되었다

***harm·ful** [háːrmfəl 하-r엄F얼] 형 **유해한**, 해로운(반 harmless 무해한): *harmful* insect 해충 / Smoking is *harmful* to the health. 흡연은 건강에 해롭다

harm·less [háːrmlis 하-r엄리쓰] 형 무해한, 해가 없는

har·mon·i·ca [haːrmánikə 하-r마니카] 명 하모니카

harmonica

har·mo·ni·ous [haːrmóuniəs 하-r모우니어쓰] 형 1 조화된 2 사이가 좋은

***har·mo·ny** [háːrməni 하-r머니] 명 (복수 **harmonies** [-z]) 1 **조화**, 일치, 화합 2 【음악】 화성(和聲), 화음

in harmony with …와 조화되어, 사이좋게: She lives *in harmony with* her neighbors. 그녀는 이웃과 사이좋게 살고 있다

har·ness [háːrnis 하-r니쓰] 명 〔집합적으로〕 (마차 끄는 말의) 마구(馬具)

harp [háːrp 하-rㅍ] 명 하프

harp

har·poon [haːrpúːn 하-r푼] 명 (고래 잡이용) 작살

har·row [hǽrou 해로우] 명 써레

harpoon

***harsh** [háːrʃ 하-r쉬] 형 (비교급 **harsher**; 최상급 **harshest**) 1 **엄한**, 가혹한, 무자비한: He was *harsh* with his children. 그는 아이들에게 엄했다

2 **거친**, 까칠까칠한: a *harsh* surface 거친 표면

3 (소리 등이) 귀에 거슬리는: a *harsh* voice 귀에 거슬리는 (목)소리

harsh·ly [háːrʃli 하-r쉴리] 부 엄하게

Har·vard [háːrvərd 하-rV어rㄷ] 명 하버드 대학 (미국 매사추세츠주 케임브리지에 있는 미국 최고(最古)의 대학; 1636년 창립)

***har·vest** [háːrvist 하-rV이스트] 명 (복수 **harests** [-ts]) **수확**(crop), 추수; 수확물(량): a good (bad) *harvest* 풍작〔흉작〕
──타자 …을 거두어들이다

*** has** [hǽz 해z으] 동 조 have의 제3인칭 단수 현재형

has·n't [hǽznt 해z은ㅌ] has not의 단축형

*** haste** [héist 헤이스트] 명 **급함**, 서두름: *Haste* makes waste. 《속담》 서두르면 일을 그르친다

in haste 서둘러서(in a hurry): He left the house *in haste*. 그는 서둘러 집을 나섰다

make haste 서두르다

has·ten [héisn 헤이슨] 〔t는 묵음〕 동 (3단현 **hastens** [-z]; 과거·과거분사 **hastened** [-d]; 현재분사 **hastening**) 자 서두르다, 서둘러 …하다 (hurry보다 형식적인 말): He *hastened* back home. 그는 서둘러 귀가했다
──타 (사람·일을) 재촉하다

hast·i·ly [héistili 헤이스틸리] 부 1 급히, 서둘러서(in a hurry) 2 성급하게, 경솔하게

hast·y [héisti 헤이스티] 형 (비교급 **hastier**; 최상급 **hastiest**) **1** 급한, 바삐 서두는: He ate a *hasty* breakfast. 그는 서둘러서 아침을 먹었다

2 성급한, 경솔한: He made a *hasty* decision. 그는 성급한 결정을 내렸다

hat [hǽt 햇] 명 (테가 있는) **모자** (🖋 테가 없는「모자」는 cap): put on [take off] a *hat* 모자를 쓰다[벗다] / Do you wear a *hat* every day? 당신은 매일 모자를 씁니까?

> 참고 남자는 실내에서나 정식으로 인사할 때는 모자를 벗는 것이 에티켓이라고 하나, 여자의 경우에는 모자를 의복의 일부로 간주하므로 벗을 필요가 없다.

hatch[1] [hǽtʃ 해취] 동 (3단현 **hatches** [-iz]; 과거·과거분사 **hatched** [-t]; 현재분사 **hatching**) 타 (알을) 까다, 부화하다: Don't count your chickens before they are *hatched*. 《속담》 까기도 전에 병아리를 세지 마라

── 자 (알·병아리가) 깨다

hatch[2] [hǽtʃ 해취] 명 (복수 **hatches** [-iz]) **1** (갑판의) 해치, 승강구 **2** (마루·천장 등의) 위로 젖히는 출입문

hatch·et [hǽtʃit 해취잇] 명 손도끼 (🖋「큰 도끼」는 ax)

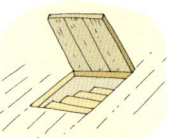
hatch[2]1

hate [héit 헤잇] 동 (3단현 **hates** [-ts]; 과거·과거분사 **hated** [-id]; 현재분사 **hating**) 타 **1** …을 **미워하다**, 혐오하다 (🖋 dislike보다 감정적으로 강한 의미): She *hates* cats. 그녀는 고양이를 몹시 싫어한다

2 …을 유감으로 여기다: I *hate* troubling[to trouble] you. 폐를 끼쳐서 죄송합니다

── 명 **미움**, 증오: love and *hate* 사랑과 증오, 애증(愛憎)

hate·ful [héitfəl 헤잇F어얼] 형 미운, 싫은

ha·tred [héitrid 헤이츄뤼드] 명 미움, 증오, 혐오: I have a *hatred* for dishonest people. 나는 정직하지 않는 사람은 싫다

hat trick [hǽt trìk] 명 해트트릭 (축구에서 한 선수가 한 시합에서 3점을 넣는 것) 【옛날 크리켓에서 투수가 타자를 3명 계속해서 아웃시키면 모자를 준 데서】

haugh·ty [hɔ́ːti 호-티 → 하-리] 형 (비교급 **haughtier**; 최상급 **haughtiest**) 오만한, 거만한: have a *haughty* air 거만한 태도를 취하다

haul [hɔ́ːl 호-얼] 동 (3단현 **hauls** [-z]; 과거·과거분사 **hauled** [-d]; 현재분사 **hauling**) 자 …을 세게 잡아당기다 (pull), 끌어당기다: *haul in* a rope 밧줄을 잡아당기다

haunt [hɔ́ːnt 하-안트] 동 (3단현 **haunts** [-ts]; 과거·과거분사 **haunted** [-id]; 현재분사 **haunting**) 타 **1** (어떤 장소에) 자주 가다: He *haunts* bars. 그는 주점에 자주 간다

2 〔수동태 **be haunted**의 형태로〕 (도깨비 등이) 자주 나타나다: Is this castle *haunted*? 이 성에 유령이 나옵니까?

3 (생각 등이) 늘 따라 다니다

── 명 (복수 **haunts** [-ts]) (사람이) 자주 가는 곳; (짐승·범인 등이) 잘 나타나는 곳

have [hǽv 해v으] 동 (3단현 **has** [hǽz]; 과거·과거분사 **had** [hǽd]; 현재분사 **having**) 타 **1 …을 가지고 있다**, 소유하다: He *has* a pen (*in* his hand). 그는 (손에) 펜을 갖고 있다/ Do you *have* any money *with* you? 돈을 좀 가지고 있습니까?

2 (친척·친구 등이) **있다**; (애완 동물을) 기르다: She *has* a lot of friends. 그녀는 친구가 많이 있다/ He *has* a pet dog. 그는 애완견을 기르고 있다

3 (사람이 신체 특징·능력 등을) **가지고 있다**: She *has* a sweet voice. 그녀는 목

소리가 아름답다 / She *has* a good memory. 그녀는 기억력이 좋다

4 (물건이 부분·특징 등을) **가지고 있다**: My house *has* four rooms. 우리 집은 방이 4개 있다 / The book *has* an index. 그 책에는 색인이 있다

5 (의견·견해 등을) **가지고 있다**: I *have* a good idea. 나에게 좋은 생각이 있다

6 (병 등에) 걸리다: I *have* a slight (bad) cold. 나는 가벼운(지독한) 감기에 걸렸다

7 …**을 얻다,** 손에 넣다; (수업 등을) 받다: He *had* a letter *from* his father. 그는 아버지로부터 편지를 받았다

8 (식사 등을) **하다,** 먹다, 마시다: *have* breakfast 아침 식사를 하다 / Will you *have* another cup of tea? 차를 한 잔 더 드시겠습니까?

9 〔**have**＋**a**(**an**)＋**명사**의 형태로〕…**을 하다**: *have a* walk 산책하다 / Let's *have a* drink. 한잔하자 / Do you *have a* bath every day? 너는 날마다 목욕을 하니?

10 …**을 경험하다,** (사고 등을) 당하다; (시간 등을) 보내다: *have* an accident 사고를 당하다 / We *had* a lot of rain yesterday. 어제 비가 많이 왔다 / Did you *have* a good time? 즐거운 시간을 보냈니?

11 (모임·시합 등을) **하다,** 가지다: We *had* a class meeting today. 오늘 학급 회의를 했다

12 〔**have**＋**목적어**＋**형용사**〔**현재분사**〕의 형태로〕 …을 하게 하다: I *have* everything *ready*. 모든게 준비되었다 / He *had* us all *laughing*. 그는 우리 모두를 웃겼다

13 〔**have**＋**목적어**＋**과거분사**의 형태로〕 …을 당하다: I *had* my car *washed*. 나는 세차했다 / He *had* his watch *stolen*. 그는 시계를 도둑 맞았다

14 〔**have**＋**목적어**＋**동사원형**의 형태로〕 …에게 …을 시키다: I *had* him *paint* the house. 그에게 집의 페인트를 칠하게 했다

── **조 1** 〔**have**＋**과거분사**로 현재완료를 만듦〕 a) 〔동작의 완료를 나타내어〕 …**하였다,** 해버렸다 (📝 종종 already, just, yet 등의 부사와 함께): I *have* just *written* it. 방금 그것을 썼다

> 〔회화〕
> A: *Have* you *finished* yet?
> 이제 끝냈느냐?
> B: Yes, I *have*. / No, I *haven't*.
> 네, 끝냈습니다 / 아니요, 끝내지 못했습니다

b) 〔결과를 나타내어〕 …**해버렸다**: He *has gone* to London. 그는 런던으로 갔다 《지금 여기에 없다》 / I *have lost* my watch. 시계를 잃어버렸다

c) 〔경험을 나타내어〕 …**한 적이 있다** (📝 종종 ever, never, once 등의 부사와 함께): *Have* you ever *been* to Paris? 너는 파리에 가본 적이 있느냐? / I *have* never *seen* a monkey. 나는 원숭이를 본 적이 없다

d) 〔계속을 나타내어〕 (죽) …**해오고 있다** (📝 보통 기간을 나타내는 부사구와 함께): I *have known* him since childhood. 그와 어린 시절부터 알고 지낸다 / We *have walked* for two hours. 우리는 2시간째 걷고 있다

2 〔**have**＋**been**＋**현재분사**로 현재완료진행형을 만듦〕 **지금까지** …**하고 있다**: I *have been learning* French for ten years. 나는 프랑스어를 10년째 배우고 있다

3 〔**will**〔**shall**〕 **have**＋**과거분사**로 미래완료를 만듦〕 a) 〔미래의 어떤 때까지의 동작의 완료를 나타내어〕: I *will have returned* by October. 나는 10월까지는 돌아올 것이다

b) 〔미래의 어떤 때까지의 동작·상태의 계속을 나타내어〕: I*'ll have been* here for three years next month. 나는 다음

달이면 여기에 있은 지 3년이 된다

have got 《구어》 …을 가지고 있다: *Have* you *got* a pencil? 연필을 가지고 있니?

have got to *do* 《구어》 (1) …해야 한다 (have to do): You've *got to* go now. 너는 지금 가야 한다
(2) 〔부정문에서〕 …할 필요가 없다(need not): We *haven't got to* work today. 오늘은 일을 하지 않아도 된다

have ... on (옷·모자·구두 등을) 입고 〔쓰고, 신고〕 있다: She *has* gloves *on*. 그녀는 장갑을 끼고 있다

have to *do* (1) **…하여야 한다**: She *has to* wash the dishes. 그녀는 설거지를 해야 한다
(2) 〔부정문에서〕 …할 필요가 없다: We don't *have to* bring our lunch tomorrow. 우리는 내일 도시락을 싸 올 필요가 없다
(3) 《구어》 …임에 틀림없다: You *have to* be joking. 농담이겠지요

> 쓰임새 **have to**와 **must**
> (1) 둘 다 「…하지 않으면 안 된다」는 뜻이지만 have to는 must보다 말의 느낌이 부드러우므로 《구어》에서는 have to를 많이 사용한다.
> (2) have to의 부정 don't have to는 「…할 필요가 없다(need not)」는 말로 「하든 말든 당신 마음」이라는 뜻이나, must의 부정 must not은 「…해서는 안 된다」로 「금지」를 나타낸다: You *must not* go there. 너는 거기에 가서는 안 된다.
> (3) must는 다른 조동사와 같이 사용하지 않는다. 따라서 will, shall, may 등의 뒤에는 have to가 사용된다: I will *have to* go there. 나는 거기에 가야 할 것이다 (× I *will must* go there.)

have·n't [hǽvnt 해V은트] have not의 단축형

*__**hav·ing**__ [hǽviŋ 해V잉] 동 (have의 현재분사형) **1** …**하고 있다**: He is *having* a bath. 그는 목욕 중이다
2 〔분사 구문으로〕 …을 갖고 있으므로: *Having* a lot of money, she spends freely. 그녀는 돈을 많이 가지고 있어 마음대로 쓴다

—— 조 〔분사 구문으로〕 …**을 마치고**: *Having* done my homework, I went out. 나는 숙제를 끝내고 외출했다

Ha·wai·i [həwáːi 허와-이-] 명 **1** 하와이 《미국의 50번째 주로 태평양 상의 여러 섬으로 이루어짐; 주도(州都)는 호놀룰루(Honolulu)》 **2** 하와이 섬 《하와이 제도 중 제일 큰 섬》

Ha·wai·i·an [həwáiən 허와이언] 형 하와이(인·어)의
—— 명 **1** 하와이인: He is a *Hawaiian*. 그는 하와이 사람이다
2 〔무관사로〕 하와이어

hawk [hɔ́ːk 하-ㅋ] 명 (복수 **hawks** [-s]) **1** 【조류】 매 **2** 《미》 강경론자, 주전론자, 매파 (반 dove 온건론자)

hawk 1

*__**hay**__ [héi 헤이] 〔hey(어이!)와 발음이 같음〕 명 **건초, 꼴**, 말린 풀: Make *hay* while the sun shines. 《속담》 볕 났을 때 건초를 만들어라; 좋은 기회를 놓치지 마라

haz·ard [hǽzərd 해Z어r드] 명 위험; 위험 요소

haze [héiz 헤이Z으] 명 아지랑이, 안개 (fog, mist보다 엷은 상태)

ha·zel [héizəl 헤이Z어얼] 명 【식물】 개암나무 (열매)

ha·zy [héizi 헤이Z이] 형 (비교급 **hazier**, 최상급 **haziest**) **1** 아지랑이가 낀 **2** (기억 등이) 몽롱한

H-bomb [éitʃ-bɑ̀m 에이취바암] 명 수소폭탄 (hydrogen bomb의 단축형)

he [híː 히-] 대 (3인칭 단수 남성형 주격 대명사) **그는〔가〕**: He is a policeman. 그는 경찰관이다

쓰임새 **he**의 변화형

	단수	복수
주격	he 그는〔가〕	they 그들은〔이〕
소유격	his 그의	their 그들의
목적격	him 그를〔에게〕	them 그들을〔에게〕

head [héd 헤드] 명 (복수 **heads** [-dz]) **1 머리**: I hit him on the *head*. 나는 그의 머리를 쳤다

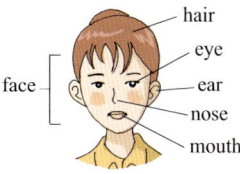

head

2 두뇌, 지력, 이성: He has a good *head*. 그는 머리가 좋다

3 우두머리, 장; 수위, 수석: the *head* of a school 교장/ She is at the *head* of her class. 그녀는 반에서 수석이다

4 (산의) 꼭대기, 정상(top); (페이지 등의) 위쪽: *head* of a page 페이지의 위쪽

5 제목, (신문의) 표제

6 〔보통 복수형으로〕 동전의 앞면(반 tails 동전의 뒷면): *Heads* or tails? (내기 등에서 동전을 던져서) 앞이냐 뒤냐?

참고 동전의 앞면과 뒷면
옛날 농경 사회에서는 가축이 큰 재산이었으므로 동전의 앞면과 뒷면을 가축의 머리, 꼬리처럼 heads와 tails로 나타냈다.

from head to foot 머리끝에서 발끝까지, 온통

—형 **제일의**, 선두의; 주요한: the *head* cook 요리장/ the *head* office 본사, 본점

—통 (3단현 **heads** [-dz]; 과거·과거분사 **headed** [-id]; 현재분사 **heading**)
타 **···의 선두에 서다**, ···의 맨 위〔앞〕에 있다: His name *headed* the list. 그의 이름이 명단 맨 앞에 있었다

—자 (어떤 지점으로) 향하다: They were *heading* north. 그들은 북진하고 있었다

head·ache [hédèik 헤데익] 명 **두통**: I have a (bad) *headache*. 머리가 (지독히) 아프다

head·ing [hédiŋ 헤딩] 명 (신문 등의) 표제, 제목

head·light [hédlàit 헤들라잇]

headache

명 (복수 **headlights** [-ts]) 〔종종 복수형으로〕 헤드라이트, 전조등

head·line [hédlàin 헤들라인] 명 (복수 **headlines** [-z]) (신문 기사 등의) 머리기사, (뉴스의) 주요 제목

head·long [hédlɔ̀ːŋ 헤들로-엉] 부 **1** 거꾸로, 곤두박이로 **2** 무모하게, 앞뒤를 가리지 않고

—형 **1** 곤두박이의 **2** 앞뒤를 가리지 않는

head·mas·ter [hédmǽstər 헤드매스터r] 명 교장

head·phone [hédfòun 헤드F오운] 명 (복수 **headphones** [-z]) 〔보통 복수형으로〕 헤드폰

head·quar·ters [hédkwɔ̀ːrtərz 헤드쿼-r터rz。→ 헤드쿼-r러rz。] 명 (종종 단수 취급) 본부, 사령부

*****heal** [híːl 히-일] (📓 heel(발뒤꿈치)과 발음이 같음) 동 (3단현 **heals** [-z]; 과거·과거분사 **healed** [-d]; 현재분사 **healing**) 타 (상처·아픔 등을) **고치다**, 낫게 하다: *heal* a wound 상처를 낫게 하다/ Time *heals* all sorrows. 《속담》 시간은 모든 슬픔을 치료한다
── 자 (상처 등이) 낫다

*****health** [hélθ 헤얼θ으] 명 **건강**, 건강 상태 (반 illness 병): He is in good(poor) *health*. 그는 건강하다(건강이 좋지 않다)

health·ful [hélθfəl 헤얼θ으F어열] 형 **1** 건강에 좋은: a *healthful* exercise 건강에 좋은 운동
2 (정신적으로) 건전한

*****health·y** [hélθi 헤얼θ이] 형 (비교급 **healthier**; 최상급 **healthiest**) **1 건강한** (반 sick, ill 병든): *healthy* children 건강한 아이들
2 건강에 좋은: a *healthy* climate 건강에 좋은 기후

> 비교 **healthful**과 **healthy**
> **healthful**은 주로 「건강에 좋은」의 뜻으로 쓰이나, **healthy**는 「건강한」, 「건강에 좋은」 두 가지 뜻으로 쓰인다.

*****heap** [híːp 히-프] 명 (복수 **heaps** [-s]) **1** (쌓아 올린) **더미**: a *heap* of sand 모래 더미
2 《구어》 많음, 다량: I have a *heap* of work to do. 할 일이 산더미같이 있다
── 동 (3단현 **heaps** [-s]; 과거·과거분사 **heaped** [-t]; 현재분사 **heaping**) 타 …을 쌓다, 쌓아올리다: *heap* up stones 돌을 쌓아 올리다

*****hear** [híər 히어r] (📓 here(여기)와 발음이 같음) 동 (3단현 **hears** [-z]; 과거·과거분사 **heard** [hə́ːrd]; 현재분사 **hearing** [híəriŋ]) 타 **1** …을 **듣다**, …이 들리다: I *heard* a strange sound. 나는 이상한 소리를 들었다/ I can't *hear* you very well. 잘 들리지 않습니다

2 (**hear** + 목적어 + 과거분사의 형태로) …이 …하는 것이 들리다: I *heard* my name *called*. 나는 내 이름을 부르는 소리를 들었다
3 (**hear** + 목적어 + 동사원형의 형태로) …이 …하는 것을 듣다: We *heard* dog *bark*. 우리는 개가 짖는 소리를 들었다

> 쓰임새 hear는 see, feel과 같이 지각동사이므로 목적어 다음에 오는 부정사에 to를 붙이지 않으나 수동태에서는 to를 붙인다: A dog *was heard to* bark.

4 (**hear** + 목적어 + 현재분사의 형태로) …이 …하고 있는 것을 듣다: I *heard* her *singing* a song. 나는 그녀가 노래하는 소리를 들었다
5 (강연·연주 등을) **듣다**, 청취하다: I like to *hear* Beethoven. 나는 베토벤 음악을 듣는 것을 좋아한다
6 …을 전해 듣다; 들어서 알다: *hear* a rumor 소문을 듣다/ I have *heard* the story. 나는 그 이야기를 들어서 알고 있다
── 자 듣다, (귀가) 들리다: He can not *hear* well. 그는 잘 듣지 못한다

hear about …에 관해 듣다: Did you *hear about* the robbery? 너는 그 강도 사건에 대해 들었니?

hear from … …로부터 소식을 듣다: Have you *heard from* him recently?

최근 그에게서 소식을 들은 적이 있느냐?
hear of ... ...의 소식을 듣다 : I've never *heard of* that. 그런 것을 들어 본 적이 없다

heard [hə́ːrd 허-ㄹ드] 통 hear(듣다)의 과거・과거분사형

hear·ing [híəriŋ 히어링] 명 (복수 **hearings** [-z]) **1** 듣기, 청취; 청력, 청각: a *hearing* test 듣기 테스트/ His *hearing* is poor. 그는 귀가 어둡다

2 들리는 거리: within (out of) *hearing* 들리는 (들리지 않는) 곳에서

heart [háːrt 하-ㄹ트] 명 (복수 **hearts** [-ts]) **1** 심장; 가슴, 흉부: *heart* attack 심장 마비/ She has a weak *heart*. 그녀는 심장이 약하다

2 마음, 감정; 애정: She has a warm *heart*. 그녀는 마음씨가 따뜻하다

3 용기; 열의, 흥미: I don't have the *heart* to do it. 나는 감히 그것을 할 용기가 없다

4 (사랑하는) 사람: a sweet *heart* 애인, 연인

5 [**the**를 붙여] 중심부; (일의) 핵심: The building is in *the heart* of the city. 그 건물은 도시의 중심부에 있다 / We come to *the heart* of the problem. 우리는 문제의 핵심에 이르렀다

6 하트 모양(의 것); 【카드】 하트

at heart 마음 속은, 사실은: He is a good man *at heart*. 그는 마음이 좋은 사람이다

break a person's heart (남을) 비탄에 잠기게 하다

from one's heart 마음으로부터, 충심으로: I thank you *from my heart*. 나는 충심으로 너에게 감사한다

with all one's heart = *with one's whole heart* 진심으로: I love you *with all my heart*. 진심으로 당신을 사랑합니다

heart·beat [háːrtbìːt 하-ㄹ트비-트] 명 심장 박동

heart·break [háːrtbrèik 하-ㄹ트브레익] 명 비탄, 애끓는 마음

hearth [háːrθ 하-ㄹθ으] 명 (복수 **hearths** [-s]) **1** 벽난로 앞바닥 **2** 가정

heart·i·ly [háːrtili 하-ㄹ틸리 → 하-ㄹ릴리] 부 **1** 마음으로부터: I thank you *heartily* for your kindness. 당신의 친절에 진심으로 감사드립니다

2 충분히, 실컷: eat *heartily* 마음껏 먹다

heart·y [háːrti 하-ㄹ티 → 하-ㄹ릴] 형 (비교급 **heartier**; 최상급 **heartiest**) **1** 마음에서 우러난, 따뜻한: I received a *hearty* welcome. 나는 따뜻한 환대를 받았다

2 마음껏, 충분히: He ate *hearty*. 그는 배불리 먹었다

heat [híːt 히-트] 명 **1** 열: The sun gives us *heat* and light. 태양은 우리에게 열과 빛을 준다

2 더위, 더움(반 cold 추위)

3 (감정의) 격함; 열정, 열의

── 동 (3단현 **heats** [-ts]; 과거・과거분사 **heated** [-id]; 현재분사 **heating**)
타 ...을 데우다: *heat* a room 방을 데우다/ I *heated* the water to 90 degrees. 물을 90도까지 데웠다

── 자 뜨거워 (더워) 지다

heat·er [híːtər 히-터r → 히-러r] 명 히터, 난방 장치

heath [híːθ 히-θ으] 명 **1** 【식물】 히스 (황야에 자생하는 관목) **2** 〈영〉 (특히 히스가 무성한) 황야

heat·ing [híːtiŋ 히-팅 → 히-링] 명 난방 장치

heave [híːv 히-v으] 동 (3단현 **heaves** [-z]; 과거・과거분사 **heaved** [-d], **hove** [hóuv]; 현재분사 **heaving**) 타 **1** (무거운 것을) 들어 올리다(lift): *heave* a box 상자를 들어올리다

2 (가슴을) 울렁이게 하다

3 (한숨을) 쉬다: *heave* a deep sigh 깊은 한숨을 쉬다

── 자 **1** 높아지다 **2** (가슴이) 울렁거리다

heav·en [hévən 헤V언] 몡 (복수 **heavens** [-z]) **1** 〔종종 복수형으로〕《문어》 하늘(sky), 창공(반 earth 땅): the starry *heavens* 별이 빛나는 하늘
2 천국(반 hell 지옥): He is in *heaven*. 그는 천국에 있다《죽었다》
3 〔보통 **Heaven**으로〕 신(神), 하느님: *Heaven* helps those who help themselves. 《속담》 하늘은 스스로 돕는 자를 돕는다
By Heaven(s)! 맹세코!, 꼭!
Good〔*Great, Gracious*〕 *Heavens!* 어머나!, 저런!〔놀람·연민의 소리〕
heav·en·ly [hévənli 헤V언리] 휑 **1** 하늘의(반 earthly 땅의) **2** 천국의〔같은〕
heav·i·ly [hévili 헤V일리] 부 **1** 무겁게: a *heavily* loaded truck 무거운 짐을 적재한 트럭
2 몹시, 심하게: It is raining *heavily*. 비가 억수같이 내리고 있다

heav·y [hévi 헤V이] 휑 (비교급 **heavier**; 최상급 **heaviest**)
1 무거운(반 light 가벼운): a *heavy* load 무거운 짐/ This box is too *heavy* for me to lift. 이 상자는 너무 무거워서 들어올릴 수가 없다

light   heavy

〔참고〕「당신은 체중이 얼마나 됩니까?」를 영어로 How heavy are you? 라고는 하지 않으며 How much do you weigh? 또는 What is your weight?라고 한다. 단 신장의 경우에는 How tall are you?라고 한다.

2 대량의, 다량의: a *heavy* crop 풍작/ a *heavy* smoker〔drinker〕 골초〔술고래〕

3 가혹한; (일·업무가) 힘이 드는: *heavy* taxes 중세(重稅)/ a *heavy* task〔work〕 힘든 일
4 격렬한; (비·바람 등이) 심한, 맹렬한: a *heavy* blow 심한 타격/ There was a *heavy* rain last night. 어젯밤에 호우가 내렸다
5 (동작이) 느린; 재미없는, 따분한
6 우울한, 슬픔에 잠긴
He·brew [híːbruː 히-브루-] 몡 **1** 헤브라이〔히브리〕인, 유대인(Jew), 이스라엘인 **2** (고대의) 헤브라이어; (현대의) 이스라엘어
── 휑 헤브라이인〔어〕의; 유대인의
hec·tare [héktɛər 헥테어r] 몡 헥타르(《면적 단위: 1만 평방미터》)
he'd [híd 히드] he had〔would〕의 단축형
hedge [hédʒ 헤쥐] 몡 산울타리《집 주위나 길가 등에 관목을 심어 만든 것》

hedge

hedge·hog [hédʒhɔːɡ 헤쥐하-ㄱ] 몡 【동물】 고슴도치

heed [híːd 히-드] 《문어》 타 자 (…에) 주의〔조심〕하다

hedgehog

── 몡 주의, 조심: Take *heed* of my advice. 내 충고에 주의하세요
heed·less [híːdlis 히-들리쓰] 휑 부주의한, 무관심한
***heel** [híːl 히-엘] 〔heal(치료하다)과 발음이 같음〕 몡 (복수 **heels** [-z]) **1** 뒤꿈치
2 (양말·신발의) 뒤축

at person's heels …의 바로 뒤에서

height [háit 하잇] 〔gh는 묵음〕 명 (복수 **heights** [-ts]) **1** 높이 (「넓이」는 width); 키, 신장: the *height* of a mountain 산의 높이 What is your *height*? 키가 얼마입니까?
2 〔주로 복수형으로〕 높은 곳〔지대〕
3 절정, 극치, 한창: in the *height* of summer 한여름에/ The storm is at its *height* now. 폭풍우는 지금이 가장 심하다

heir [ɛ́ər 에어*r*] 〔h는 묵음〕 명 (복수 **heirs** [-z]) 【법】 (남자) 상속인〔후계자〕

heir·ess [ɛ́ris 에어뤼쓰] 〔h는 묵음〕 명 여자 상속인

held [héld 헤얼드] 동 hold(손에 들다)의 과거 · 과거분사형

hel·i·cop·ter [hélikàptər 헬리캅터*r*] 명 헬리콥터

helicopter

hell [hél 헤열] 명 **1** 지옥(반 heaven 천국)
2 지옥과 같은 장소〔상황〕, 생지옥
3 〔뜻을 강조하여〕 도대체: What the *hell* are you doing? 도대체 무엇을 하고 있는 거야?

he'll [híl 히열] he will〔shall〕의 단축형

hel·lo [hélou 헬로우, həlóu 헬로우] 감 **1** 안녕! (시간에 관계없이 쓰는 가벼운 인사말): *Hello*, Mary! 안녕, 메리!
2 (전화에서) 여보세요!: *Hello*, is John there? 여보세요, 존 있어요?
── 명 《구어》 hello라는 말〔인사〕: Say *hello* to your mother. 어머니에게 안부 전해 주시오

helm [hélm 헤얼름] 명 (배의) 키

hel·met [hélmit 헤얼밋] 명 (복수 **helmets** [-ts]) 헬멧 (안전모 · 투구 등)

helmets

help [hélp 헤얼프] 동 (3단현 **helps** [-s]; 과거 · 과거분사 **helped** [-t]; 현재분사 **helping**) 타 **1** …을 돕다, 거들다: Help (me)! 도와 주세요! (위급한 경우에는 Help!라고만 함)/ I *helped* him (to) find his things. 그를 도와 물건을 찾아 주었다/ I *helped* my brother *with* his homework. 나는 동생의 숙제를 도와 주었다 (I *helped* my brother's homework.라고는 하지 않음)

2 (병 · 고통 등을) 덜다, 고치다: This medicine *helps* a headache. 이 약은 두통에 잘 듣는다
3 …에 도움되다: That won't *help* (to) solve the question. 그것은 문제 해결에 도움이 안 된다
4 〔can과 함께 쓰여〕 …을 피하다, 삼가다, 그만두다: I can't *help* it. 어쩔 수 없다
5 (음식을) 집어 주다, 권하다: May I *help* you to some more vegetables? 야채를 좀 더 드릴까요?
── 자 돕다, 거들다: That doesn't *help* much. 그것은 그다지 도움이 되지 않는다

***help** oneself* 자기 스스로 노력하다: Heaven helps those who *help themselves.* 《속담》 하늘은 스스로 돕는 자를 돕는다

***help** oneself to* …을 마음대로 먹다: Please *help yourself to* the cookies. 쿠키를 마음껏 먹어라

── 명 (복수 **helps** [-s]) **1** 도움, 원조: Thank you for your *help.* 도와 주셔서 감사합니다/ I need your *help.* 나는 너의 도움이 필요하다

2 도움이 되는 것(사람): Your advice was a great *help.* 당신의 충고는 큰 도움이 되었습니다

3 〔부정문에서〕 구제책, 피할 길: There is *no help* for it. 그것은 어쩔 수 없다

4 《미》 고용인, 종업원

help·er [hélpər 헤엘퍼*r*] 명 돕는 사람, 조수(assistant), 후원자

help·ful [hélpfəl 헤엘(프)F어엘] 형 도움이 되는, 유용한(useful): You've been very *helpful.* 당신이 큰 도움이 되었습니다

help·ing [hélpiŋ 헤얼핑] 형 돕는, 도움이 되는

── 명 **1** 거들어 줌, 원조 **2** (음식의) 한 번 담은 분량, 한 그릇

help·less [hélplis 헤얼플리ㅆ] 형 **1** 도움 없는 **2** 어찌할 수 없는, 무력한

hem [hém 헴] 명 (모자·옷의) 가, 가장자리

hem·i·sphere [héməsfiər 헤머스F이어*r*] 명 (지구·천체의) 반구

*****hen** [hén 헨] 명 (복수 **hens** [-z]) **1** 암탉(반) 《미》 rooster; 《영》 cock 수탉) **2** (새의) 암컷

hence [héns 헨ㅆ] 부 《문어》 **1** 그러므로, 따라서 **2** 지금으로부터, 앞으로

*****her** [hə́*r* 허-*r*] 대 **1** (she의 목적격) 그녀를〔에게〕: They love *her.* 그들은 그녀를 좋아한다/ I gave *her* a pen. 나는 그녀에게 펜을 주었다/ I want to play tennis with *her.* 나는 그녀와 테니스를 하고 싶다

2 (she의 소유격) 그녀의: This is *her* pen. 이것은 그녀의 펜이다

He·ra [hírə 히␣라] 명 【그리스신화】 헤라 《제우스의 아내》

Her·a·cles [hérəkli:z 헤뤄클리-ㅈ] 명 = Hercules

her·ald [hérəld 헤뤄얼드] 명 **1** 사자, 전령 **2** 보도자, 전달자 《 종종 신문 이름으로 쓰인다》 **3** 선구자

herb [hə́:rb 어〔허〕-*r*브] 명 **1** 풀 **2** 식물〔약용, 향료〕 식물

Her·cu·les [hə́:rkjuli:z 허-*r*큘리-ㅈ] 명 【그리스신화】 헤라클레스 《제우스 (Zeus) 신의 아들로 초인적인 힘을 가진 영웅》

herd [hə́:rd 허-*r*ㄷ] 명 (가축의) 떼, 무리: a *herd* of cattle 소의 떼

*****here** [híər 히어*r*] 〔 hear(듣다)와 발음이 같음〕 부 **1** 여기에, 여기로(반 there 저기에): I live *here.* 나는 여기에 살고 있다/ Come *here!* 이리 와!

here

2 〔주의를 환기하기 위해 글 첫머리에서〕 자, 여기: *Here* comes the bus! 야, 버스가 온다!/ *Here* she comes! 야, 그녀가 온다!

3 〔출석을 부를 때의 대답으로〕 예!

〔회화〕
A: I'll call the roll. John Smith?
출석을 부르겠습니다. 존 스미스?
B: *Here!*
예!

here and now 당장에: I'll promise you *here and now*. 당장 너에게 약속하겠다
here and there 여기저기에, 이곳저곳에: There were boats *here and there* on the lake. 호수 여기저기에 보트가 떠 있었다
Here I am. (1) 다녀왔습니다 (2) 자 왔다
Here goes! 《구어》 자 시작이다!, 자 간다!
Here it is. (물건을 내주면서) **자 여기 있다** (🅜 물건에 중점을 두어)

〔회화〕
A: Where is my book?
내 책이 어디 있습니까?
B: *Here it is.*
여기 있다

Here we are. 자 (목적지에) 다 왔습니다: *Here we are* at the station. 자 역에 다 왔습니다

Here you are. (물건을 내주면서) **자 여기 있다** (🅜 상대방에게 중점을 두어)

〔회화〕
A: Will you pass me the salt?
소금 좀 건네 주시겠습니까?
B: *Here you are.*
자 여기 있습니다

── 명 〔전치사 뒤에 써서〕 **여기**, 이곳: Do you live near *here*? 당신은 이 근처에 삽니까?/ How far is it from *here* to the station? 여기에서 역까지는 얼마나 멉니까?

here·af·ter [hìəræftər 히어뢔F으터r] 🄫 이제부터, 앞으로

here's [híərz 히어rz으] here is의 단축형

her·i·tage [héritidʒ 헤뤼티쥐] 몡 유산, 전통
【라틴어「inherit(상속하다)」에서】

her·mit [hə́ːrmit 허-r밋] 몡 은둔자, 세상을 등진 사람

*****he·ro** [híːrou 히-로우] 몡 (복수 **heroes** [-z]) **1** 영웅 **2** (시·소설 등의) 남자 주인공(뱐 **heroine** 여주인공)

he·ro·ic [hiróuik 히로우익] 혱 **1** 영웅적인 **2** 용맹스러운

he·ro·in [hérouin 헤로우인] 몡 헤로인 (모르핀으로 만든 진정제·마약)

her·o·ine [hérouin 헤로우인] 몡 **1** 여걸, 여장부 **2** (시·소설 등의) 여주인공(뱐 **hero** 남자 주인공)

her·o·ism [hérouìzm 헤로우이Z음] 몡 영웅적 자질〔행위, 성격〕

her·on [hérən 헤뤈] 몡 【조류】 왜가리

heron

her·ring [hériŋ 헤륑] 몡 (복수 **herrings** [-z], 〔집합적으로〕 **herring**) 【어류】청어

hers [həːrz 허-rz으] 떼 그녀의 것: The red umbrella is *hers*. 그 빨간 우산은 그녀의 것이다/ Are you a friend of *hers*? 당신은 그녀의 친구입니까?

her·self [həːrsélf 허-r쎌f으] 떼 **1** 〔강조 용법으로〕 그녀 자신 (◎ herself를 강하게 발음): She told me the news *herself*. 그녀 자신이 그 소식을 내게 전했다

2 〔재귀 용법으로〕 그녀 자신을〔에게〕: She introduced *herself*. 그녀는 자기 소개를 했다

by herself 그녀 혼자서: She had dinner *by herself*. 그녀는 혼자서 저녁 식사를 했다

for herself 그녀 혼자 힘으로; 그녀 자신을 위해서: Did she make this blouse *for herself*? 그녀가 혼자 이 블라우스를 만들었니?

he's [híz 히-z으] he is 〔has〕의 단축형

hes·i·tate [hézətèit 헤Z어테잍] 图 (3단현 **hesitates** [-ts]; 과거 · 과거분사 **hesitated** [-id]; 현재분사 **hesitating**) 쟈 **1** 주저하다, 머뭇거리다: He *hesitated* to make a decision. 그는 결단을 내리기를 주저했다

2 말을 더듬다

hes·i·ta·tion [hèzətéiʃən 헤Z어테이션] 몡 주저, 망설임: without *hesitation* 망설이지 않고

hey [héi 헤이] 〔◎ hay(건초)와 발음이 같음〕 캄 어이!, 이런! (기쁨·놀람 등의 소리): *Hey*, you! 어이, 자네!

hi [hái 하이] 〔◎ high(높은)와 발음이 같음〕 캄 《미구어》 안녕! (◎ hello보다 친숙한 인사): *Hi*, Mike. Where are you going? 안녕, 마이크. 어디 가니?

hic·cup [híkʌp 히캅] 몡 딸꾹질
—— 쟈 딸꾹질하다

hid [híd 히드] 图 hide(숨기다)의 과거 · 과거분사형

hid·den [hídn 히든] 图 hide(숨기다)의 과거분사형의 하나
—— 휑 숨겨진, 비밀의

hide [háid 하이드] 图 (3단현 **hides** [-dz]; 과거 **hid** [híd]; 과거분사 **hidden** [hídn], **hid**; 현재분사 **hiding**) 탸 …을 감추다, 숨기다: He *hid* the money under the bed. 그는 침대 밑에 돈을 감췄다/ The cloud *hid* the sun. 구름이 태양을 가렸다
—— 쟈 숨다, 잠복하다: I *hid* in the closet. 나는 벽장에 숨었다

hide-and-seek [háidnsíːk 하이든씨-크] 몡 숨바꼭질: Let's play *hide-and-seek*. 숨바꼭질 놀이 하자

hid·e·ous [hídiəs 히디어쓰] 휑 소름끼치는, 무시무시한

high [hái 하이] 〔◎ gh는 묵음〕 휑 (비교급 **higher**; 최상급 **highest**) **1** 높은(凡 low 낮은); 높이가 …인: a *high* tower 높은 탑/ How *high* is this mountain? 이 산의 높이는 얼마입니까?

> 비교 **high**와 **tall**
> **high**는 산·건물처럼 폭이 넓고 높은 것에 쓰고, **tall**은 사람이나 수목처럼 가늘고 긴 것을 나타낼 때 쓴다. high의 반대말은 low (낮은), tall의 반대말은 short (작은).

2 (신분·지위 등이) 높은, 상류의, 고위의: a *high* official 고관/ *high* society 상류 사회

3 고결한, 숭고한(noble): a man of *high* character 고매한 인격자

4 (가격·요금 등) 비싼, 고가의: It is sold at a *high* price. 그것은 고가로 팔린다

5 (정도가) 높은, 심한: shout in a *high* voice 높은 소리로 외치다/ He was driving at a *high* speed. 그는 고속으로 차를 몰고 있었다/ There was a *high* wind yesterday. 어제는 바람이 몹시 불었다

6 (시절·때가) 무르익은, 한창의: *high summer* 한여름／ It's *high* time to go. 이제 갈 시간이다
── 부 (비교급 **higher**; 최상급 **highest**) (높이가) **높게**, 높이(반 low 낮게): fly *high* 높게 날다／ I can jump *higher* than you. 나는 너보다 더 높이 뛸 수 있다

high jump [hái dʒʌmp] 명 〔**the**를 붙여〕 높이뛰기

the high jump

high·land [háilənd 하일런드] 명 (복수 **highlands** [-dz]) **1** 〔종종 복수형으로〕 고지, 산악지(반 lowland 저지) **2** 〔**the Highlands**로; 단수 취급〕 스코틀랜드 북부의 고지 지방

high·light [háilàit 하일라잇] 명 **1** 가장 밝은 부분 **2** 가장 중요한 점〔장면〕

*__high·ly__ [háili 하일리] 부 (비교급 **more highly**; 최상급 **most highly**) (정도가) **높게**, 대단히: I think *highly* of his success. 나는 그의 성공을 높이 평가한다

> 비교 highly와 high
> highly는 「(정도가) 높게」, high는 「(높이가) 높게」의 뜻이다.

high·ness [háinis 하이니쓰] 명 **1** 높음, 높이 **2** 〔**Highness**로〕 전하, 폐하

high school [hái skù:l] 명 《미》 하이스쿨: a junior〔senior〕 *high school* 중〔고등〕 학교

high tech [hái ték] 명 = high technology

high technology [hái teknálədʒi] 명 첨단 기술

high·way [háiwèi 하이웨이] 명 《미》 (도시와 도시를 잇는) 간선 도로

> 참고 우리가 말하는 「고속 도로」는 미국에서는 expressway, 영국에서는 motorway라 한다.

hi·jack, high·jack [háidʒèk 하이잭] 타 (비행기 등을) 공중 납치하다; (수송 중의 화물을) 강탈하다
── 명 (비행기 등의) 공중 납치

hike [háik 하익] 동 (현재분사 **hiking**) 자 도보 여행하다, 하이킹하다
── 명 (복수 **hikes** [-s]) 도보 여행, 하이킹: Let's go on a *hike* in the woods. 숲으로 하이킹 가자

hik·er [háikər 하이커r] 명 도보 여행자

*__hik·ing__ [háikiŋ 하이킹] 명 **도보 여행**, 하이킹

*__hill__ [híl 히일] 명 (복수 **hills** [-z]) **언덕**, 낮은〔작은〕 산: We climbed a *hill*. 우리는 언덕을 올라갔다

hill·side [hílsàid 히얼싸이드] 명 언덕의 중턱〔사면〕

hill·top [híltàp 히얼탑] 명 언덕의 꼭대기

hilt [hílt 히얼트] 명 (칼·도구 등의) 자루, 손잡이

*__him__ [hím 힘] 대 (he의 목적격) **그를〔에게〕**: I know *him* very well. 나는 그를 잘 안다／ I gave *him* a book. 그에게 책 한 권을 주었다／ I often play tennis with *him*. 나는 그와 자주 테니스를 같이 한다

Him·a·lay·as [hìməléiəz 히멀레이어ز의] 명 〔**the**를 붙여〕 히말라야 산맥

the Himalayas

him·self [himsélf 힘쎄엘f으] 때 **1** 〔강조 용법으로〕 **그 자신** (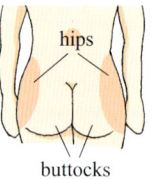 himself를 강하게 발음): He went there *himself*. 그는 직접 그곳에 갔다
2 〔재귀 용법으로〕 **그 자신을〔에게〕**: He introduced *himself* to her. 그는 그녀에게 자기 자신을 소개했다 / He often talks to *himself*. 그는 종종 혼자말을 했다

by himself 혼자서: Did he go *by himself*? 그는 혼자 갔니?
for himself 혼자 힘으로; 그 자신을 위해서: Did he make this *for himself*? 그가 혼자 힘으로 이것을 만들었니?

hind [háind 하인드] 형 뒤쪽의, 후방의(반 fore 앞쪽의): the *hind* legs (짐승의) 뒷다리

hin·der¹ [háindər 하인더r] 형 후방의, 뒤의

hin·der² [híndər 힌더r] 타 …을 막다, 방해하다

hin·drance [híndrəns 힌쥬런쓰] 명 방해, 장애(물)

Hin·du [híndu: 힌두-] 명 **1** 힌두인; 힌두교 신자 **2** 인도인
—— 형 **1** 힌두교 신자의 **2** 인도인의

Hin·du·ism [híndu:ìzm 힌두-이즈음] 명 힌두교

hinge [híndʒ 힌쥐] 명 경첩, 돌쩌귀

hint [hínt 힌트] 명 (복수 **hints** [-ts]) **힌트, 암시**, 귀띔: I'll give you a *hint*. 힌트를 주겠습니다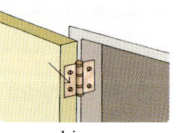
hinge
—— 동 (3단현 **hints** [-ts]; 과거 · 과거분사 **hinted** [-id]; 현재분사 **hinting**) 타 넌지시 말하다, 암시하다: He *hinted* that he knew the truth. 그는 진실을 알고 있다고 넌지시 말했다

hip [híp 힙] 명 (복수 **hips** [-s]) **1** 〔보통 복수형으로〕 **히프, 엉덩이 2** 히프 둘레 (의 치수)

참고 영어의 **hips**가 가리키는 신체 부위는 옆구리 아랫부분이다. 앉았을 때 바닥에 닿는 부분은 **buttocks**라 한다.

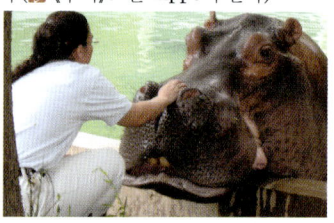

hip·po [hípou 히포우] 명 《구어》 하마 (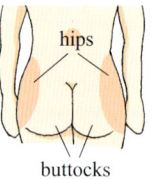 hippopotamus의 단축형)

hip·po·pot·a·mus [hìpəpátəməs 히퍼파터머쓰 → 히퍼파러머쓰] 명 【동물】 하마 (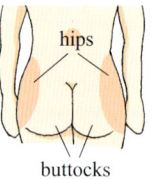 《구어》로는 hippo라 한다)

hippopotamus

hire [háiər 하이어r] 동 (3단현 **hires** [-z]; 과거 · 과거분사 **hired** [-d]; 현재분사 **hiring** [háiəriŋ]) 타 **1** …을 **고용하다**: We *hired* a gardener. 우리는 정원사를 고용했다

비교 hire와 employ
hire는 개인적, 일시적으로 사람을 고용하다. **employ**는 (회사 등에서) 사람을 직원으로 채용하다.

2 (사용료를 내고 단기간) …을 **빌리다**, 세내다: They *hired* a bus *for* the picnic. 그들은 소풍을 가기 위하여 버스를 한 대 빌렸다
—— 명 **1** (사람의) 고용 **2** (물건의) 임대

his [híz 히z으] 때 **1** (**he**의 소유격) **그의**: That is *his* book. 그것은 그의 책이다

2 《he의 소유 대명사》 그의 것: a friend of *his* 그의 친구/ This coat is *his*. 이 코트는 그의 것이다

His·pan·ic [hispǽnik 히스패닉] 형 라틴 아메리카계의
— 명 (미국에 사는) 라틴 아메리카계 사람

hiss [hís 히쓰] 자타 **1** (증기·뱀 등이) 쉿하는 소리를 내다 **2** 쉿 하고 꾸짖다
— 명 쉿 《제지·비난의 소리》 【의성어】

his·to·ri·an [histɔ́:riən 히스토-뤼언] 명 역사가, 사학자

***his·tor·ic** [histɔ́:rik 히스토-뤽] 형 역사적인, 역사적으로 유명한: a *historic* event 역사적(으로 유명한) 사건

***his·tor·i·cal** [histɔ́:rikəl 히스토-뤼커클] 형 역사상의, 사실에 의한: a *historical* event 역사상의 사건/ a *historical* novel 역사 소설

***his·to·ry** [hístəri 히스터뤼] 명 (복수 **histories** [-z]) **1** 역사, 역사학: study the *history* of Korea 한국사를 공부하다/ *History* repeats itself. 《속담》 역사는 되풀이한다
2 (사람의) 경력; (사물의) 유래

***hit** [hít 힛] 동 (3단현 **hits** [-ts]; 과거·과거분사 **hit**; 현재분사 **hitting**) 타 **1** (…을 겨누어) 치다, 때리다: *hit* a ball 공을 치다/ *Hit* the nail *with* the hammer. 망치로 못을 쳐라/ He *hit* me *on* the head. (= He *hit* my head.) 그가 나의 머리를 때렸다

2 …을 맞히다, …에 명중시키다: *hit* the target 과녁을 맞히다

3 …에 부딪치다, 충돌하다: He *hit* his head *against* the shelf. 그는 선반에 머리를 부딪쳤다

4 (생각 등이) 떠오르다: An idea *hit* me. 한 가지 생각이 내게 떠올랐다

5 (재해 등이) 덮치다, …에 타격을 주다: A heavy earthquake *hit* the city. 대지진이 그 도시를 덮쳤다

6 【야구】 (안타 등을) 치다
— 자 치다, 때리다, 맞히다: *hit at* the mark 과녁을 쏘아 맞히다

hit on …을 생각해 내다: He *hit on* a good idea. 그는 좋은 생각이 떠올랐다
— 명 (복수 **hits** [-ts]) **1** 타격, 때리기
2 명중, 적중; 대성공: The drama made a big *hit*. 그 드라마는 대성공이었다
3 【야구】 히트, 안타: a *timely* hit 적시타

hit-and-run [hítnrʌ́n 힛튼롼] 형 **1** (차로) 사람을 치고 달아나는: a *hit-and-run* accident (사람을 친) 뺑소니차 사고
2 【야구】 히트앤드런의

hitch·hike [hítʃhàik 히취하익] 동 (현재분사 **hitchhiking**) 자 지나가는 차를 얻어 타고 여행하다, 히치하이크하다

┌─참고─┐ 히치하이크

히치하이크는 한 손을 내밀고 엄지손가락을 세워 지나가는 자동차를 세워서 무료로 편승하여 여행하는 것으로, 한때  미국에서 유행하였으나 현재는 이를 이용한 범죄가 자주 발생하므로 금지하는 주가 많다.

hive [háiv 하이v으] 명 꿀벌통(beehive)

ho, hoa [hóu 호우] 감 야!, 저런! 《주의를 끌거나 놀람·만족을 나타내는 소리》

hoarse [hɔ́:rs 호-r쓰] 형 쉰 목소리의(husky) 《horse(말)와 발음이 같음》

***hob·by** [hábi 하비] 명 (복수 **hobbies** [-z]) 취미

┌─회화─┐
A: What's your *hobby*?
취미는 무엇입니까?
B: My *hobby* is painting.
내 취미는 그림 그리기입니다

hock·ey [háki 하키] 명 《미》 = ice hockey; 《영》 = field hockey

hoe [hóu 호우] 명 (자루가 긴) 괭이

hog [hɑːg 하-ㄱ] 명 (복수 **hogs** [-z])《미》(살찐 식용) 돼지, (특히) 거세된 수돼지

hoist [hɔ́ist 호이스트] 동 (3단현 **hoists** [-ts]; 과거·과거분사 **hoisted** [-id]; 현재분사 **hoisting**) 타 (돛·기 등을) 올리다; (무거운 물건을) 들어올리다

hold [hóuld 호우울드] 동 (3단현 **holds** [-dz]; 과거·과거분사 **held** [héld]; 현재분사 **holding**) 타
1 (손에) 들다, 붙잡다: She is *holding* a book *in* her arms. 그녀는 팔에 책을 들고 있다/ She *held* him *by* the arm. 그녀는 그의 팔을 잡았다

hold 1

2 (어떤 상태·위치를) 유지하다: *hold* the head straight 머리를 똑바로 하다
3 (액체 등을) 담다; (사람을) 수용하다: This room can *hold* fifty people. 이 방에는 50명 들어갈 수 있다
4 …을 소유하다(own); (지위 등을) 차지하다(occupy): He *holds* a lot of land. 그는 많은 토지를 소유하고 있다
5 (주의·관심 등을) 끌다; (자격·신념 등을) 가지고 있다: His speech *held* the boy's attention. 그의 이야기는 소년들의 주의를 끌었다
6 …을 억누르다, 삼가다: *Hold* your tongue. 떠들지 마라
7 (회의·식 등을) 열다, 개최하다: The Olympic Games are *held* every four years. 올림픽 게임은 4년마다 열린다
8 …라고 생각하다: I *hold* that he is kind. 나는 그가 친절하다고 생각한다
── 자 **1** 붙들고〔취고〕있다: *Hold* tight, please. 단단히 붙잡아 주십시오
2 (어떤 상태를) 유지하다: This fine weather won't *hold* long 이런 좋은 날씨는 오래 계속되지 않을 것이다
3 (계속하여) 효력이 있다: The promise still *holds*. 그 약속은 아직도 효력이 있다

hold back 제지하다; 자제하다, 망설이다: *hold back* tears 눈물을 참다

hold down …을 억제하다: *Hold down* that noise. 그 소리를 줄여 주세요

hold on (1) 계속하다: She *hold on* in her job. 그녀는 일을 계속했다
(2) (전화 등을) 끊지 않고 기다리다: *Hold on*, please. (전화) 끊지 마세요
(3)《구어》〔명령형으로〕기다려!

hold onto …을 꼭 잡고 있다: *Hold onto* me. 나를 꼭 잡으세요

hold out (1) (손 등을) 내밀다: She *held out* her hands to me. 그녀는 나에게 손을 내밀었다
(2) (최후까지) 버티다

hold up (1) 늦추다, 지연시키다
(2) (손 등을) 올리다: *Hold up* your hands! 손들어!

── 명 (복수 **holds** [-dz]) **1** 붙잡음 **2** 장악, 지배 **3** 잡는 곳, 손잡이

catch〔take〕hold of (1) …을 붙잡다 (seize): *Catch hold of* this rope. 이 로프를 붙잡아라
(2) 손에 넣다, 획득하다

hold·er [hóuldər 호울더r] 명 **1** (기록 등의) 보유자; (토지·권리 등의) 소유자: a record *holder* 기록 보유자/ a share *holder* 주주(株主)
2 떠받치는〔담는〕것: a pen *holder* 펜대

hold·ing [hóuldiŋ 호울딩] 명 (복수 **holdings** [-z]) 보유, 쥠, 붙들기

hole [hóul 호웋] 〔📙 whole(전체의)과 발음이 같음〕 명 (복수 **holes** [-z]) **1 구멍, 틈**; 구덩이: dig a *hole* 구멍을 파다
2 【골프】 (공을 쳐 넣는) 홀
【고대 영어 「움푹한 곳(hollow)」에서】

*__**hol·i·day**__ [háladèi 할러데이] 명 (복수 **holidays** [-z]) **1 휴일**, 경축일, 축제일 (📙 일요일은 포함하지 않음): a national *holiday* 국경일/ Next Friday is a *holiday*. 다음 금요일은 휴일이다
2 《영》**휴가** (📙 《미》 vacation): take a *holiday* 휴가를 얻다/ Have a good *holiday*. 휴가 잘 보내세요

【중세 영어 「holy(성스러운)+day(날)」에서】

Hol·land [háland 할런드] 명 네덜란드, 화란 (📙 공식 명칭은 the Netherlands; 수도는 암스테르담(Amsterdam); 형용사는 Dutch)

*__**hol·low**__ [hálou 할로우] 형 **1 속이 빈**: a *hollow* tree 속이 빈 나무
2 우묵한, 움푹 패인: a *hollow* surface 움푹 패인 표면
3 (목소리가) 힘없는, 분명치 않은: a *hollow* voice 힘없는 목소리
── 명 (복수 **hollows** [-z]) **1** 움푹한 곳 **2** 계곡, 우묵한 땅, 분지 **3** 구멍(hole); (나무 등의) 빈속
── 타 **1** …을 움푹 들어가게 하다 **2** 파내다

hol·ly [háli 할리] 명 (복수 **hollies** [-z]) 【식물】 서양호랑가시나무 (그 가지와 잎은 크리스마스 장식용으로 쓰임)

Hol·ly·wood [háliwùd 할리우드] 명 할리우드 (로스앤젤레스(Los Angeles)시 교외에 있는 영화 제작의 중심지)
【「서양호랑가시나무(holly)의 숲(wood)」의 뜻에서】

*__**ho·ly**__ [hóuli 호울리] 형 (비교급 **holier**; 최상급 **holiest**) **1 신성한**, 성스러운: *holy* ground 성지(聖地)
2 경건한, 독실한: live a *holy* life 경건한 생활을 하다

Holy Bible [hóuli báibl] 명 〔the를 붙여〕 성서, 성경 (📙 간단히 Bible이라고도 한다)

*__**home**__ [hóum 호움] 명 (복수 **homes** [-z]) **1 가정**; 집, 주택: a sweet *home* 단란한 가정/ His *home* is near the park. 그의 집은 공원 근처에 있다/ There is no place like *home*. 《속담》 내 집처럼 좋은 곳은 없다

비교 **home**과 **house**
　home은 가족이 사는 장소로서 「가정」의 뜻이, **house**는 건물로서 「집」의 뜻이 강하나 《미》에서는 home을 house의 뜻으로도 쓴다.

home　　　　house

2 고향; 본국, 고국: I left *home* when I was young. 나는 어려서 고향을 떠났다
3 양육원; 수용소, 요양소
4 【야구】 본루, 홈베이스(home plate)
5 (동식물의) 원산지, 서식처; 발상지
at home (1) 집에 있어: Is he *at home*? 그는 집에 있습니까?
(2) 정통하여: He is *at home* in English. 그는 영어에 능통하다
(3) (마음) **편히**: Please make yourself *at home*. 자 편히 하십시오

Please make yourself at home.

── 형 **1 가정의**, 자택의: *home* life 가정생활

2 본국의(domestic), 국내의(반 foreign 국외의); 고향의: the *home* market 국내시장

3 (스포츠 팀의) 홈 그라운드의(반 away 방문 경기의)

── 부 **자기 집에**〔으로〕; 고향에〔으로〕, 고국에〔으로〕: Let's go *home*. 집에 돌아가자/ She got *home* at four. 그녀는 4시에 집에 돌아왔다

on one's〔***the***〕***way home*** 집으로 돌아가는 길에: I met him *on my way home* from school. 나는 학교에서 집으로 돌아가는 길에 그를 만났다

see a person home …의 집까지 바래다주다: You must *see her home*. 너는 그녀를 집까지 바래다주어야 한다

home·com·ing [hóumkÀmiŋ 호움카밍] 명 **1** 귀가, 귀국 **2** (대학 등의 연 1회의) 동창회

home·land [hóumlænd 호움랜드] 명 본국, 조국, 고향

home·less [hóumlis 호움리쓰] 형 집 없는; 〔the를 붙여〕 집 없는 사람들, 노숙자들

home·ly [hóumli 호움리] 형 (비교급 **homelier**; 최상급 **homeliest**) **1** 《영》 가정적인, 편안한: a *homely* atmosphere 가정적인 분위기

2 검소한, 소박한: *homely* food 검소한 음식

3 《미》 (얼굴이) 못생긴

home·made [hóumméid 호움메이드] 형 집에서 만든; 국산의

home·mak·ing [hóumm èikiŋ 호움메이킹] 명 **1** 가사, 가정 **2** 가정과(科)

Ho·mer [hóumər 호우머r] 명 호메로스, 호머 《고대 그리스의 시인; 일리아드(Iliad)와 오디세이아(Odyssey)의 작자》: Even *Homer* sometimes nods. 《속담》 원숭이도 나무에서 떨어진다

hom·er [hóumər 호우머r] 명 **1** 【야구】 홈런(home run) **2** 전서(傳書) 비둘기

home·room [hóumrù:m 호움루-음] 명 【교육】 홈룸 《학급 전원이 모이는 생활 지도 교실》; 홈룸 시간

home run [hóum rÁn] 명 【야구】 홈런 (homer)

home·sick [hóumsik 호움씩] 형 향수병의, 고향〔집〕을 그리워하는: feel〔get〕 *homesick* 향수병에 걸리다

home·stay [hóumstèi 호움스테이] 명 《미》 홈스테이 《외국 유학생이 일반 가정에서 지내기》

home·town [hóumtàun 호움타운] 명 고향

home·ward [hóumwə:rd 호움워-r드] 형 집으로 향하는

── 부 집을 향하여

home·wards [hóumwə:rdz 호움워-rz으] 부 = homeward

＊**home·work** [hóumwə:rk 호움워-r크] 명 숙제 (《미》에서는 assignment가 흔히 쓰인다): I have a lot of *homework* today. 나는 오늘 숙제가 많다/ Have you finished your *homework*? 숙제는 다 끝냈니?

＊**hon·est** [ánist 아니스트] 〔h는 묵음〕 형 (비교급 **more honest**; 최상급 **most honest**) **정직한**, 성실한(반 dishonest 부정직한): He is an *honest* man. 그는 정직한 사람이다 (h는 발음하지 않으므로 관사는 an이 된다)

【라틴어 「명예(honor)」에서】

hon·est·ly [ánistli 아니스틀리 → 아니슷'을리] 〔h는 묵음〕 부 정직하게, 성실하게

hon·es·ty [ánisti 아니스티] 〔h는 묵음〕 몡 (복수 **honesties** [-z]) **정직**, 성실: *Honesty is the best policy.* 《격언》 정직은 최선의 방책

hon·ey [háni 하니] 몡 (복수 **honeys** [-z]) **1** (벌) 꿀 **2** 《구어》 여보(darling)

hon·ey·bee [hánibì: 하니비-] 몡 꿀벌 (간단히 bee라고도 한다)

honeybee

hon·ey·comb [hánikòum 하니코움] 몡 벌집

hon·ey·moon [hánimù:n 하니무-운] 몡 **신혼 여행**, 허니문: Where are you going away for your *honeymoon*? 신혼 여행은 어디로 갑니까?
【감미롭고 행복한 신혼기를 달에 비유하여 곧 이지러져 감을 암시한 익살스러운 조어(造語)】

Hong Kong [hɔ́:ŋ kɔ́:ŋ 호-엉코-엉] 몡 홍콩 《중국 남부에 위치; 영국 식민지를 거쳐 1997년 중국에 반환됨》

Hon·o·lu·lu [hànəlú:lu: 하널루-루-] 몡 호놀룰루 《미국 하와이(Hawaii)주의 주도(州都)》

hon·or, 《영》 **hon·our** [ánər 아너r] 〔h는 묵음〕 몡 (복수 **honors** [-z]) **1 명예**, 영예(반 dishonor 불명예); 면목, 체면: He won *honor* as a physicist. 그는 물리학자로서 명예를 얻었다
2 명예가 되는 것〔사람〕: He is an *honor* to the school. 그는 학교의 명예이다
3 경의, 존경(respect): People paid *honor* to the hero. 사람들은 그 영웅에게 경의를 표했다
4 〔복수형으로〕 (대학의) 우등: She finished college with *honors*. 그녀는 대학을 우등으로 마쳤다
have the honor of doing〔to do〕 …하는 영광을 가지다
in honor of …의 기념으로, …에 대한 존경의 뜻으로: A farewell party was held *in honor of* Mr. Smith. 스미스씨를 위해 송별연이 열렸다
── 동 (현재분사 **honoring** [-əriŋ]) 타 **1** …을 존경하다 **2** …에게 명예〔영광〕를 주다

hon·or·a·ble, 《영》 **hon·our·a·ble** [ánərəbl 아너뤄브얼] 〔h는 묵음〕 혱 명예로운; 훌륭한: an *honorable* withdrawal 명예로운 퇴진

hood [húd 후드] 몡 **1** 두건 **2** 《미》 자동차의 보닛 (《영》 bonnet) **3** 《영》 (마차 등의) 포장

-hood (접미사) 〔성질·상태·계급·신분 등을 나타내는 명사 어미〕: child*hood* 어린 시절/ man*hood* 사내다움

hoof [húf 후흐] 몡 (복수 **hoofs** [-s], **hooves** [húvz]) (동물의) 발굽

hook [húk 훅] 몡 (복수 **hooks** [-s] **1** (걸거나 잡아당기는) **갈고리**; 갈고리쇠, 혹 **2** 《권투》 혹 《팔꿈치를 구부리고 치기》
── 타 **1** …을 갈고리로〔에〕 걸다 **2** 혹으로 잠그다

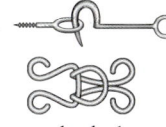

hooks 1

hooked [hukt 훅트] 혱 **1** 갈고리 모양의 〔으로 굽은〕: a *hooked* nose 매부리코 **2** 갈고리가 달린

hoop [hú:p 후-프] 몡 (복수 **hoops** [-s] **1** (통 등의) 테 **2** (장난감의) 굴렁쇠

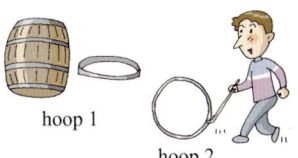

hoop 1 hoop 2

hoo·ray [huréi 후레이] 감 = hurrah

hop[1] [háp 합] 통 (3단현 **hops** [-s]; 과거·과거분사 **hopped** [-t]; 현재분사 **hopping**) 자 **1** (한 발로) **깡충 뛰다** **2** (개구리·새 등이) 발을 모아 깡충 뛰다
— 명 한 발로 뛰기: *hop*, step, and jump 【경기】 삼단뛰기

hop[2] [háp 합] 명 (복수 **hops** [-s]) **1** 【식물】 홉 **2** [복수형으로] 홉 열매 《맥주에 쓴맛을 내는 것》

hope [hóup 호웁] 명 (복수 **hopes** [-s]) **1** **희망**, 기대, 가망(반 despair 절망): All *hope* is gone. 모든 희망이 사라졌다/ While there is life, there is *hope*. 《속담》 살아 있는 한 희망이 있다

2 희망을 거는 것〔사람〕: The medicine is her last *hope*. 그 약은 그녀의 마지막 희망이다
— 통 (3단현 **hopes** [-s]; 과거·과거분사 **hoped** [-t]; 현재분사 **hoping**) 타 …을 **바라다**, 기대하다: I *hope* to see him. 나는 그를 만나고 싶다/ I *hope* you will be happy. 네가 행복하기를 바란다

회화

A: Will she get well?
그녀는 괜찮을까요?
B: I *hope* so. (= I *hope* she will get well.)
그렇게 되면 좋으련만

A: Will he die?
그는 죽을까요?
B: I *hope* not. (= I *hope* he will not die.)
그렇지 않으면 좋으련만

— 자 바라다, 기대하다: We *hope for* your help. 우리는 네가 도와주기를 바란다

hope·ful [hóupfəl 호웁F어을] 형 (비교급 **more hopeful**; 최상급 **most hopeful**) **1** 희망〔가망〕이 있는(반 hopeless 희망을 잃은): *hopeful* words 희망찬 말/ I am *hopeful of* success in my new job. 나는 새 일에서 성공하리라 생각한다
2 유망한, 장래가 촉망되는(promising): a *hopeful* student 장래가 촉망되는 학생

hope·less [hóuplis 호우플리ㅆ] 형 희망을 잃은, 절망적인

ho·ri·zon [həráizn 허라이Z은] 명 **지평선**, **수평선**: above〔below〕 the *horizon* 지평선 위〔아래〕에

hor·i·zon·tal [hɔ̀:rəzántl 호-뤄Z안트을] 형 수평의, 가로의(반 vertical 수직의): a *horizontal* line 수평선

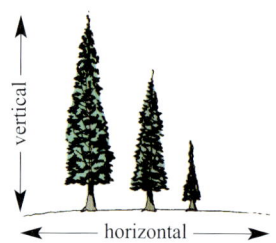

hoo·ray [huréi 후레이] 감 = hurrah
hor·mone [hɔ́:rmoun 호-r모운] 명 【생리】 호르몬

horn [hɔ́:rn 호-r언] 명 (복수 **horns** [-z]) **1** (소·양 등의) **뿔** (※「(사슴 등의) 가지진 뿔」은 antler)

horn   antler

2 (자동차 등의) **경적**: sound〔blow〕 a *horn* 경적을 울리다
3 【음악】 호른

hor·ri·ble [hɔ́:rəbl 호-뤄브을] 형 (비교급 **more horrible**; 최상급 **most horrible**) **1** **무서운**, 끔찍한, 소름끼치는: a

horrible sight 끔찍한 광경
2 《구어》 지긋지긋한: a *horrible* weather 지겨운 날씨

hor·ri·fy [hɔ́:rəfài 호-뤄F아이] 동 (3단현 **horrifies** [-z]; 과거・과거분사 **horrified** [-d]; 현재분사 **horrifying**) 타 …을 소름끼치게 하다: The sound *horrified* us all. 그 소리가 우리를 소름끼치게 했다

***hor·ror** [hɔ́:rər 호-뤄r] 명 1 **공포**: a *horror* movie〔film〕공포 영화
2 소름끼칠 듯이 싫은 것〔사람〕: She has a *horror* of spiders. 그녀는 거미가 질색이다

*****horse** [hɔ́:rs 호-r쓰] [🗣 hoarse(쉰 목소리의)와 발음이 같음] 명 (복수 **horses** [-iz]) 【동물】 **말**, (특히) 수말 (🗣「암말」은 mare): ride a *horse* 말을 타다 / He got off the *horse*. 그는 말에서 내렸다

horses

horse·back [hɔ́:rsbæk 호-r쓰백] 명 말 등: go on *horseback* 말을 타고 가다
──부 말을 타고

horse·man [hɔ́:rsmən 호-r쓰먼] 명 (복수 **horsemen** [-mən]) 승마자, 기수

horse·pow·er [hɔ́:rspàuər 호-r쓰파우어r] 명 【기계】 마력 (🗣 1초에 75kg을 1m 높이에 올리는 힘의 단위; 약어는 hp., HP.)

horse race [hɔ́:rs rèis] 명 경마

horse·shoe [hɔ́:rs∫ù: 호-r쓰슈-] 명 (말)편자

***hose** [hóuz 호우z] 명 1 (복수 **hoses** [-iz]) (물을 끄는) **호스**, 수도용 관 2 (단수・복수 동형) 긴 양말, (여자용) 스타킹 (stockings)

hos·pice [háspis 하스피쓰] 명 1 (순례자나 참배자를 위한) 숙박소 2 호스피스 《말기 환자를 위한 병원》

hos·pi·ta·ble [háspitəbl 하스피터브을 → 하스피러브을] 형 (손님을) 환대하는, 대접이 좋은

****hos·pi·tal** [háspitl 하스피트을 → 하스피르을] 명 (복수 **hospitals** [-z]) **병원**: I'm going to the *hospital* to see my sister. 나는 누이를 문병하러 병원에 갈 것이다 / He is now in (the) *hospital*. 그는 지금 입원 중이다

> 쓰임새 school(학교), bed(침대), church(교회), prison(교도소), market(시장) 등이 본래의 기능으로 쓰일 때는 무관사이다. 다만 hospital은 「입원・퇴원」의 뜻으로 《영》에서는 관사가 없으나 《미》에서는 the를 붙이는 경우가 많다.

enter〔*go into*〕**(the) hospital** 입원하다

in〔*out of*〕**(the) hospital** 입원〔퇴원〕하여: He is still *in (the) hospital*. 그는 아직도 입원 중이다

leave (the) hospital 퇴원하다

hos·pi·tal·i·ty [hàspətæləti 하스퍼탤러티 → 하스퍼러러티] 명 (복수 **hospitalities** [-z]) 환대, 친절히 접대함

***host**¹ [hóust 호우스트] 명 (복수 **hosts** [-ts]) 1 (손님을 접대하는) **주인** (반 guest 손님) 2 (대회 등의) 주최자〔국〕 3 (여관 등의) 주인

host² [hóust 호우스트] 명 무리, 떼, 다수: a *host* of friends 많은 친구들

hos·tage [hástidʒ 하스티쥐] 명 1 인질 2 저당, 담보(물)

hos·tel [hástl 하스트을] 명 호스텔 (youth hostel) 《청소년을 위한 숙박 시설》
【고대 프랑스어「호텔(hotel)」에서】

*host·ess [hóutis 호우티쓰] 명 (복수 hostesses [-iz]) 1 여주인 2 (여관·요리점 등의) 여자 주인, 호스티스 3 (비행기·열차 등의) 스튜어디스

hos·tile [hástail 하스타일] 형 적대적인, 적의 있는: *hostile* criticism 적의 있는 비판

hos·til·i·ty [hɑstíləti 하스틸러티 → 하스틸러리] 명 적의; 적대 행위

**hot [hát 핫] 형 (비교급 hotter; 최상급 hottest) 1 뜨거운, 더운(반 cold 추운): *hot* water 뜨거운 물 / I like tea *hot*. 나는 뜨거운 차가 좋다 / It's *hot* today, isn't it? 오늘은 날씨가 덥군요? 2 (맛이) 매운, 톡 쏘는: This curry is too *hot*. 이 카레는 매우 맵다

hot 1   hot 2

3 《구어》 열렬한; 성난(angry): a *hot* patriot 열렬한 애국자
4 (뉴스 등이) 방금 들어온; (요리가) 갓 만든: *hot* news 최신 뉴스

hot dog [hát dɔ̀ːg 핫 도그] 명 핫도그 《기다란 식빵에 소시지를 끼운 것》

참고 핫도그
핫도그는 독일의 프랑크푸르트에서 처음 만들었는데, 모양이 몸집은 길고 다리는 짧은 독일의 사냥개 닥스훈트와 비슷하다고 해서 'dog'이 붙었다고 한다. 우리가 먹는 소시지에 옥수수 가루를 묻혀 튀긴 핫도그는 corn dog 이라 한다.

**ho·tel [houtél 호우테엘] 명 (복수 hotels [-z]) 호텔, 여관: We stayed at a *hotel* in Seoul. 우리는 서울의 호텔에 묵었다

hot line [hát làin 핫 라인] 명 핫라인 《2개국 정부 수뇌간의 긴급 직통 전화》

hot·ly [hátli 하틀리 → 핫'을리] 부 1 뜨겁게 2 맹렬히, 열렬히

hot potato [hát pətéitou] 명 《미구어》 곤란한 문제

hot spring [hát spríŋ] 명 온천

hound [háund 하운드] 명 (복수 hounds [-dz]) 사냥개

***hour [áuər 아우어r] 〔🖋 h는 묵음〕 명 1 1시간, 60분: I'll be back in an *hour*. 1시간 내에 돌아오겠습니다 / I waited for him for two *hours*. 나는 그를 2시간 동안 기다렸다 / It takes half an *hour*〔a half *hour*〕 to go there. 거기에 가는데 30분 걸린다
2 시각; 〔**the**를 붙여〕 정시, 정각: at an early〔a late〕 *hour* 이른〔늦은〕 시각에 / The clock was striking *the hour*. 시계가 정시를 알리고 있었다
3 (몇) 시간의 거리: The town is three *hours* distant from Seoul. 그 도시는 서울에서 3시간 거리이다
4 〔복수형으로〕 (근무 등의) 시간: business *hours* 영업 시간

by the hour 시간제로, 1시간에 얼마로: We rented the car *by the hour*. 우리는 시간제로 차를 빌렸다

keep bad〔*late*〕 *hours* 늦게 자고 늦게 일어나다

keep good〔*early*〕 *hours* 일찍 자고 일찍 일어나다

hour·glass [áuərglæ̀s 아우어r글래쓰] 명 (복수 hourglasses [-iz]) (1시간용) 모래 시계

hour hand [áuər hænd] 명 (시계의) 시침 (時針) (🖋 「분침」은 minute *hand*, 「초침」은 second *hand*)

hourglass

hour·ly [áuərli 아우어r을리] 형 1시간마다의
── 부 1시간마다

house [háus 하우쓰] 명 (복수 **houses** [háuziz]) **1** 집, 주택: a wooden *house* 목조 가옥 / The hall is near my *house*. 그 회관은 우리 집 근처에 있다
2 (특정의 목적을 위한) 건물: a custom *house* 세관 / an opera *house* 오페라 극장
3 〔the House로〕 의회, 의사당: the Upper〔Lower〕 *House* 상원〔하원〕 / the *House* of Representatives (미국의) 하원 / the *Houses* of Parliament (영국의) 국회 의사당

from house to house 집집이, 가가호호

keep house 살림을 꾸려나가다

house·hold [háushòuld 하우쓰호우을드] 명 〔집합적으로〕 가족(family)
── 형 가족의, 가정(용)의: *household* goods 가정용품

house·keep·er [háuskì:pər 하우쓰키-퍼r] 명 가정부

house·keep·ing [háuskì:piŋ 하우쓰키-핑] 명 형 가정(의), 가사(의)

house·maid [háusmèid 하우쓰메이드] 명 하녀

house·wife [háuswàif 하우쓰와이f으] 명 (복수 **housewives** [-wàivz]) (가정) 주부

house·work [háuswə̀:rk 하우쓰워-rㅋ] 명 가사, 집안일: do the *housework* 집안일을 하다

hous·ing [háuziŋ 하우Z잉] 명 〔집합적으로〕 집, 주택: the *housing* problem 주택 문제

hov·er [hávər 하V어r] 자 **1** (새·헬리콥터가) 공중을 맴돌다 **2** 배회하다

how [háu 하우] 부 **1** 〔방법·수단을 물어〕 **어떻게**: *How* did you know that? 어떻게 그것을 알았습니까?

〔회화〕
A: *How* can I get there?
거기에는 어떻게 가면 됩니까?
B: (You can go there) by bus.
버스로 갈 수 있습니다

2 〔정도를 물어〕 **어느 정도**, 얼마나 (보통 형용사나 부사 앞에 쓰인다): *How* deep is the lake? 그 호수는 얼마나 깊나요? / *How* long is it? 그것의 길이는 얼마인가? / *How* often did you go there? 당신은 얼마나 자주 그곳에 갔습니까? / *How* far is it from here to your house? 여기서 당신 집까지 거리가 얼마나 됩니까?

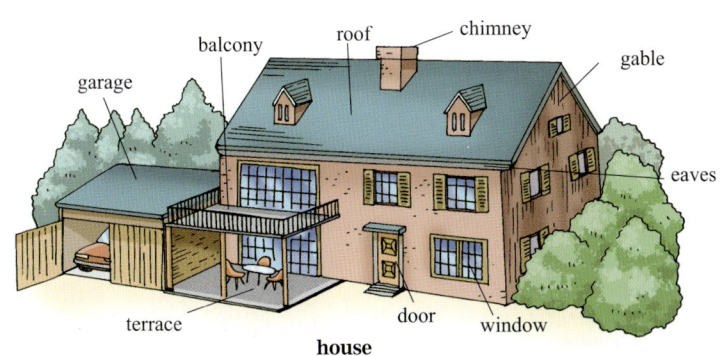

house

3 〔상태를 물어〕 **어떤 상태로**: *How* was the concert last night? 어젯밤 음악회 어땠니?/ *How* do I look in this dress? 이 옷 입으니까 어때요?
4 〔상대방의 의견·설명 등을 물어〕 **어떻게**: *How* do you feel about it? 그것에 대해 어떻게 생각하나요?
5 〔How + 형용사〔부사〕로 감탄문에서〕 **얼마나**, 참으로: *How pretty* she is! 그녀는 예쁘기도 해라!/ *How happy* he looks! 그는 무척 행복해 보이는군!
6 〔how to + 동사 원형의 형태로〕 …하는 방법: Do you know *how to* use this computer? 이 컴퓨터를 어떻게 사용하는지 아십니까?

How about ...? …은 어떻습니까?; …하지 않겠습니까?: *How about* the results? 결과는 어떻습니까?/ *How about* going for a walk? 산보하러 가지 않겠습니까?

How are you? 안녕하십니까? (🖼 아는 사람을 만났을 때 하는 인사)

〔회화〕
A: *How are you*?
  안녕하십니까?
B: Fine(, thanks). And you?
  잘 있습니다. 당신은 (어떻습니까)?

How come ...? 《구어》 …은 어찌된 일인가?, 어째서?: *How come* they didn't show up? 그들이 나타나지 않은 것은 어찌된 일이죠?

How do you do? 안녕하십니까?, 처음 뵙겠습니다 (🖼 처음 만났을 때의 인사. 응답도 보통 *How do you do?*라 한다)

***how·ev·er** [hauévər 하우에V어] 부 **아무리** …일지라도: *However* hard you try, you will not succeed. 너는 아무리 열심히 해도 성공하지 못할 것이다/ Call me *however* busy you are. 아무리 바빠도 나에게 전화를 해 다오

── 접 **그렇지만**, 그러나: You are wrong, *however*. 그렇지만 당신이 틀렸다/ Later, *however*, he changed his mind. 그러나 나중에 그는 마음을 고쳐먹었다

〔쓰임새〕 however는 but보다는 《문어》적인 표현으로, 글 첫머리나 끝에도 쓰이나, 보통 문장 중간에 앞뒤에 콤마와 함께 쓰는 일이 많다.

howl [hául 하우을] 동 (3단현 **howls** [-z]; 과거·과거분사 **howled** [-d]; 현재분사 **howling**) 자 **1** (개·이리 등이) 긴 소리로 짖다; (사람이) 울부짖다: The dog *howling at* the moon. 개가 달을 보고 짖고 있었다
2 (바람 등이) 윙윙거리다
── 명 (개·이리 등의) 짖는 소리

Hud·son [hʌ́dsn 하드슨] 명 〔the를 붙여〕 허드슨 강 (뉴욕주 동부에 있는 강)

hue [hjúː 휴-] 명 색, 빛깔; 색조

hug [hʌ́g 허그] 동 (3단현 **hugs** [-z]; 과거·과거분사 **hugged** [-d]; 현재분사 **hugging**) 타 (애정을 가지고) …을 꼭 껴안다: He *hugged* his wife. 그는 그의 부인을 꼭 껴안았다

hug

── 명 꼭 껴안기, 포옹

***huge** [hjúːdʒ 휴-쥐] 형 (비교급 **huger**; 최상급 **hugest**) **거대한**, 막대한 (반 tiny 작은): a *huge* building 거대한 건물/ He spent a *huge* sum of money. 그는 막대한 돈을 썼다

hul·lo [həlóu 헐로우] 감 《영》 = hello

hum [hʌ́m 험] 동 (3단현 **hums** [-z]; 과거·과거분사 **hummed** [-d]; 현재분사 **humming**) 자 타 **1** (벌 등이) 윙윙거리다 **2** 콧노래를 부르다
── 명 윙윙(소리)

***hu·man** [hjúːmən 휴-먼] 형 **1** (신·동물과 구별하여) **인간의**: a *human* being 인

간/ the *human* race 인류
2 인간다운

hu·mane [hju:méin 휴-메인] 형 자비로운, 인정 있는

hu·man·ism [hjú:mənizm 휴-머니Z음] 명 인문주의, 인간(지상)주의

hu·man·ist [hjú:mənist 휴-머니스트] 명 인문주의자, 인간(지상)주의자

hu·man·i·ty [hju:mǽnəti 휴-매너티 → 휴-매너리] 명 (복수 **humanities** [-z]) **1** 인류, 인간(mankind) **2** 인간성 **3** 자비, 인정

***hum·ble** [hʌ́mbl 함브을] 형 (비교급 **humbler**; 최상급 **humblest**) **1 겸손한**, 겸허한(반 proud 거만한): a *humble* attitude 겸손한 태도
2 (지위·신분 등이) 비천한, 낮은: a *humble* position 낮은 지위
3 보잘것없는: a *humble* cottage 초라한 시골집

hum·bly [hʌ́mbli 함블리] 부 겸손히

hu·mid [hjú:mid 휴-미드] 형 습기 있는: *humid* air 눅눅한 공기

hu·mid·i·ty [hju:mídəti 휴-미더티 → 휴-미더리] 명 습기

hu·mil·i·ate [hju:mílièit 휴-밀리에잇] 동 (현재분사 **humiliating**) 타 굴욕감을 느끼게 하다, 창피를 주다

hu·mil·i·a·tion [hju:mìliéiʃən 휴-밀리에이션] 명 굴욕, 창피

hu·mil·i·ty [hju:míləti 휴-밀러티 → 휴-밀러리] 명 겸손

hum·ming [hʌ́miŋ 하밍] 형 **1** (사람이) 콧노래 부르는 **2** (벌이) 윙윙거리는
——명 콧노래

hum·ming·bird [hʌ́miŋbə̀:rd 하밍버-r드] 명 【조류】 벌새

***hu·mor,** 《영》 **hu·mour** [*h*jú:mər 유〔휴〕-머*r*] 명 **1 유머**, 우스개: He has a sense of *humor*. 그는 유머 감각이 있다
2 (일시적) 기분, 마음: He is not in the *humor* for working. 그는 일하고 싶은 마음이 없다

3 《문어》 기질, 성미

hu·mor·ous [*h*jú:mərəs 유〔휴〕-머어뤄쓰] 형 (비교급 **more humorous**; 최상급 **most humorous**) 익살스러운, 유머러스한, 유머가 풍부한: His jokes are always *humorous*. 그의 농담은 언제나 익살스럽다

hump [hʌmp 함프] 명 (낙타 등의) 혹

***hun·dred** [hʌ́ndrəd 한쥬뤄드] 명 **1 100, 100개** [명]: two *hundred* 200/ three *hundred* (and) ten 310

> 쓰임새 (1) hundred는 수사나 수를 나타내는 형용사를 동반할 때 복수형 -s를 붙이지 않는다.
> (2) 100자리와 10〔1〕 자리 사이에 《영》에서는 and를 넣어서 읽으나 《미》에서는 보통 생략한다.

hundreds of 수백의 …, 수많은 …: *hundreds of* soldiers 수백 명의 병사 (of 뒤에는 명사의 복수형이 온다)
——형 **100의**, 100개〔명〕의; 100번째의: three *hundred* people 300명의 사람들/ She paid two *hundred* dollars for the handbag. 그녀는 핸드백을 2백 달러 주고 샀다

***hun·dredth** [hʌ́ndrədθ 한쥬뤄드θ으] (약어는 100th) 명 **1** 〔보통 the를 붙여〕 **100번째 2** 〔a 또는 one을 붙여〕 100분의 1
——형 **1** 〔보통 the를 붙여〕 **100번째의**
2 100분의 1의

hung [hʌŋ 항] 동 hang(걸다)의 과거·과거분사형의 하나

Hun·ga·ry [hʌ́ŋgəri 항거뤼] 명 헝가리 《유럽 중부의 공화국; 수도는 부다페스트 (Budapest)》

***hun·ger** [hʌ́ŋgər 항거r] 명 **1 굶주림**, 배고픔, 기아: die of *hunger* 굶어 죽다/ feel *hunger* 시장기를 느끼다/ *Hunger* is the best sauce. 《속담》 시장이 반찬이다
2 〔a를 붙여〕 갈망, 열망: a *hunger* for fame〔power〕 명예〔권력〕욕

hun·gry [hʌ́ŋgri 항그뤼] 형 (비교급 **hungrier**; 최상급 **hungriest**) **1** 배고픈, 출출한: a *hungry* child 굶주린 아이 / I'm *hungry*. 나는 배가 고프다

2 …을 갈망하여, 동경하여: *hungry for* success 성공하려는 욕망

hunt [hʌ́nt 헌트] 동 (3단현 **hunts** [-ts]; 과거·과거분사 **hunted** [-id]; 현재분사 **hunting**) 타 **1** …을 사냥하다: *hunt* deer 사슴을 사냥하다
2 (범인 등을) 추적하다, 수색하다
── 자 사냥하다: go *hunting* 사냥하러 가다
── 명 사냥(hunting)

hunt·er [hʌ́ntər 헌터r] 명 (복수 **hunters** [-z]) **1** 사냥꾼 **2** 사냥개

hunt·ing [hʌ́ntiŋ 헌팅] 명 **1** 수렵, 사냥; 《영》여우 사냥: a *hunting* dog 사냥개
2 탐구, 추구

hur·dle [həː́rdl 허-r드을] 명 (복수 **hurdles** [-z]) **1** (경기용의) 장애물, 허들 **2** 〔복수형으로〕장애물 경주

hurl [həː́rl 허-r을] 동 (3단현 **hurls** [-z]; 과거·과거분사 **hurled** [-d]; 현재분사 **hurling**) 타 …을 세게 내던지다: *hurl* a rock 바위를 내던지다

hur·rah [hərɑ́ː 허롸-] 감 만세!: *Hurrah for* the King! 국왕 만세!

hur·ray [huréi 후뤠이] 감 = hurrah

hur·ri·cane [həː́rəkèin 허-뤼케인] 명 허리케인《여름부터 가을에 걸쳐 북대서양 서부에서 자주 발생하여 미국을 엄습함》

hur·ried [həː́rid 허-뤼드] 형 황급한, 서둘러 한: a *hurried* lunch 허둥지둥 먹는 점심

hur·ried·ly [həː́ridli 허-뤼들리] 부 급히, 허둥지둥: He left home *hurriedly*. 그는 집을 허둥지둥 나섰다

hur·ry [həː́ri 허-뤼] 동 (3단현 **hurries** [-z]; 과거·과거분사 **hurried** [-d]; 현재분사 **hurrying**) 타 **1** (사람을) 재촉하다, 서두르게 하다: Don't *hurry* him. 그를 재촉하지 마라
2 …을 급히 보내다: She *hurried* her sick child *to* the hospital. 그녀는 아픈 아이를 병원으로 급히 보냈다
── 자 서두르다, 서둘러 …하다: Don't *hurry*. 서둘지 마라

hurry up 〔주로 명령문에서〕서두르다: *Hurry up*, or you'll be late. 서둘러라, 그렇지 않으면 늦겠다

── 명 서두름; 서두를 필요: Is there any *hurry*? 서두를 필요가 있는가?
in a hurry 서둘러서, 급히(hastily): He left *in a hurry*. 그는 서둘러 떠났다

hurt [həː́rt 허-r트] 동 (3단현 **hurts** [-ts]; 과거·과거분사 **hurt**; 현재분사 **hurting**) 타 **1** …을 다치게 하다 (▨ injure 보다 상처가 가벼움): He fell over and *hurt* his knee. 그는 넘어져서 무릎을 다쳤다
2 (감정을) 해치다: I was *hurt* by what he had said. 나는 그가 한 말에 기분이 상했다
── 자 아프다: My back still *hurts*. 나는 등이 아직도 아프다
── 명 (복수 **hurts** [-ts]) 상처; (정신적인) 아픔, 고통: a slight〔serious〕*hurt* 경〔중〕상

hus·band [hʌ́zbənd 하Z으번드] 명 (복수 husbands [-dz]) 남편(반 wife 아내): They are *husband* and wife. 그들은 부부다 (📖 이 경우 관사는 붙이지 않음)

hush [hʌʃ 하쉬] 명 침묵, 고요함
—— 감 쉿!, 조용히!: *Hush!* Someone is coming. 쉿! 누가 오고 있어
【의성어】

husk [hʌ́sk 하스크] 명 (곡물의) 껍질

husk·y [hʌ́ski 하스키] 형 (비교급 **huskier**; 최상급 **huskiest**) 쉰 목소리의, 허스키한

hus·tle [hʌ́sl 하쓸] 동 (현재분사 **hustling**) 자 1 (일 등을) 힘내서 하다 2 서두르다 3 난폭하게 밀다
—— 명 1 《구어》 정력적 활동, 원기 2 허슬 《디스코 음악에 맞추어 추는 격렬한 춤》

hut [hʌ́t 핫] 명 (복수 **huts** [-ts]) (통나무) 오두막집 《📖 cabin보다 초라한 것》

hy·a·cinth [háiəsinθ 하이어씬θ으] 명 【식물】 히아신스

hy·brid [háibrid 하이브리드] 명 (동식물의) 잡종

Hyde Park [háid pá:rk 하이드 파-rㅋ] 명 하이드 파크 《런던의 유명한 공원》

Hy·dra [háidrə 하이쥬러] 명 【그리스신화】 히드라 《헤라클레스(Hercules)가 퇴치한 머리가 아홉인 뱀》

hy·drant [háidrənt 하이쥬뤈트] 명 소화전(栓), 급수전

hy·dro- 《접두사》 「물, 수소의」의 뜻

hy·dro·gen [háidrədʒən 하이쥬뤄줜] 명 【화학】 수소 《📖 기호 H》: a *hydrogen* bomb 수소 폭탄 《📖 H-bomb이라고도 한다》

hydrant

hy·e·na [haií:nə 하이이-나] 명 1 【동물】 하이에나 2 잔인한 사람

hyena 1

hy·giene [háidʒi:n 하이쥐-인] 명 위생(학): public *hygiene* 공중 위생

hymn [hím 힘] 〔📖 n은 묵음〕 명 (복수 **hymns** [-z]) 찬송가, 찬미가

hy·phen [háifən 하이F언] 명 하이픈 《단어와 단어를 잇는 기호 (-)》

hy·poc·ri·sy [hipákrəsi 히파크뤄씨] 명 (복수 **hypocrisies** [-z]) 위선

hyp·o·crite [hípəkrit 히퍼크륏] 명 위선자

hys·te·ri·a [histíəriə 히스티어뤼아] 명 히스테리, 병적 발작

hys·ter·ic [histérik 히스테륔] 형 = hysterical

hys·ter·i·cal [histérikəl 히스테뤼커얼] 형 히스테리(성)의, 병적으로 흥분한

I¹, i [ái 아이] 명 (복수 **I's, i's** [-z]) 아이 《영어 알파벳의 아홉째 글자》

I² [ái 아이] 대 **나는, 내가**: I am〔I'm〕 a student. 나는 학생이다 / *I* am very happy. 나는 매우 행복하다 / Where am *I*? 여기 어디입니까? / John and *I* are classmates. 존과 나는 동급생이다

> 쓰임새 (1) I는 글의 중간이라도 항상 대문자로 쓴다. 자신을 중하게 여기기 때문이라는 설(說)은 옳지 않고, i를 썼을 때 앞뒤 낱말의 일부로 오인될 염려가 있기 때문에 I로 쓰게 되었다.
> (2) 다른 인칭 대명사나 명사와 함께 쓰일 때에는 2인칭(you), 3인칭(he, she, Tom …), 1인칭(I)의 순서로 쓴다: You, she and *I* must go. 너, 그녀 그리고 내가 가야 한다.

참고 I의 변화형		
	단수	복수
주격	I 나는, 내가	we 우리는〔가〕
소유격	my 나의	our 우리의
목적격	me 나를〔에게〕	us 우리들〔에게〕

IC 《약어》 integrated circuit 집적 회로

-ic (접미사) **1** 「…의, …한 성질의」의 뜻: hero*ic* 영웅의 / rust*ic* 시골의
2 명사를 만듦: crit*ic* 비평가 / mus*ic* 음악

-i·cal (접미사) 「…에 관한, …의, …와 같은」의 뜻: mus*ical* 음악의

I·ca·rus [íkərəs 이커뤄쓰] 명 【그리스신화】 이카로스

> 참고 이카로스
> 이카로스는 미궁을 만든 다이달로스(Daedalus)의 아들로, 크레타 섬을 탈출할 때 아버지가 만들어 준 밀랍으로 붙인 날개를 달고 하늘을 날았는데, 아버지의 말을 듣지 않고 너무 높이 하늘로 날아 올라 날개를 붙인 밀랍이 태양열에 녹아 바다에 떨어져 죽었다고 한다.

*ice [áis 아이쓰] 명 (복수 **ices** [-iz]) **1 얼음**: The river is covered with *ice*. 그 강은 얼음으로 덮여 있다
2 《미》 과즙을 섞은 빙과; 《영》 아이스크림(ice cream): Give me two *ices*, please. 아이스크림 두 개 주세요
── 동 (3단현 **ices** [-iz]; 과거·과거분사 **iced** [-t]; 현재분사 **icing**) 타 **1** …을 얼리다(freeze): The pond was *iced* over. 연못이 꽁꽁 얼었다
2 (과자 등에) 당의(糖衣)를 입히다
── 자 얼다

ice·berg [áisbə̀ːrg 아이쓰버-ㄱ] 명 (복수 **icebergs** [-z]) 빙산: the tip of an *iceberg* 빙산의 일각

iceberg

ice·box [áisbɑ̀ks 아이스박쓰] 몡 (복수 **iceboxes** [-iz]) 《영》 (얼음을 사용하는) 아이스박스; 《미》 (전기) 냉장고(refrigerator)

☆ice cream [áis krì:m] 몡 **아이스크림** (《영》에서는 간단히 ice라고도 한다)

iced [áist 아이스트] 혱 **1** 얼음으로 뒤덮인; 얼음으로 차게 한: *iced* tea 아이스 티 **2** 당의를(설탕을) 입힌: an *iced* cake 당의를 입힌 케이크

ice hockey [áis hɑ̀ki] 몡 【경기】 아이스 하키 (《미》에서는 간단히 hockey라고도 한다)

ice hockey

Ice·land [áislənd 아이슬런드] 몡 아이슬란드 (북대서양에 있는 공화국) 【ice(얼음)+land(땅)】

ice-skate [áis-skèit 아이스케잇] 동 (현재분사 ice-skating) 자 스케이트를 타다

ice skate [áis skèit] 몡 (복수 **ice skates** [-ts]) (보통 복수형으로) 스케이트화 (《미》 간단히 skates라고도 한다)

ice skating [áis skèitiŋ] 몡 아이스 스케이트

ice skating

i·ci·cle [áisikl 아이씨크얼] 몡 고드름

i·con [áikɑn 아이칸] 몡 **1** (회화·조각의) 상 **2** (예수·성인 등의) 성상(聖像) **3** 【컴퓨터】 아이콘 (컴퓨터의 각종 기능·메시지를 나타낸 그림 문자)

i·cy [áisi 아이씨] 혱 (비교급 **icier**; 최상급 **iciest**) **1** 얼음의, 얼음으로 덮인: *icy* roads 빙판길
2 얼음 같은, 얼음같이 차가운: She had *icy* hands. 그녀의 손은 얼음같이 차가웠다
3 쌀쌀한, 냉담한

I'd [áid 아이드] 《구어》 I had (would, should)의 단축형

I·da·ho [áidəhòu 아이더호우] 몡 아이다호 (미국 북부부의 주(州); 약어는 Id., Ida., ID)

ID card [áidi kɑ̀:rd 아이디카-ㄹ드] 몡 신분증(명서) (《미》 identity card의 단축형)

☆i·de·a [aidí:ə 아이디-아] 몡 (복수 **ideas** [-z]) **1 생각**, 아이디어: That's a good *idea*. 그것 좋은 생각이다

That's a good idea.

2 의견, 견해: What is your *idea* on this problem? 이 문제에 대해 당신의 의견은 어떻습니까?
3 의도, 계획(plan): He had the *idea* of becoming an engineer. 그는 기술자가 되고자 하는 생각을 가지고 있다
4 사상, 관념: Eastern *ideas* 동양 사상

☆i·de·al [aidí:əl 아이디-얼] 몡 **1 이상**: the *ideal* and the real 이상과 현실
2 이상적인 것(사람)
— 혱 **이상적인**, 더할 나위 없는: It's an *ideal* weather *for* a picnic. 소풍가기에 이상적인 날씨다

i·de·al·ism [aidí:əlìzm 아이디-얼리즘] 몡 이상주의

i·de·al·ist [aidí:əlist 아이디-얼리스트] 명 이상주의자, 공상가

i·den·ti·cal [aidéntikəl 아이덴티커얼] 형 동일한, 일치하는

i·den·ti·fi·ca·tion [aidèntəfikéiʃən 아이덴터F이케이션] 명 1 신원 확인, 신분 증명 2 신분증

***i·den·ti·fy** [aidéntəfài 아이덴터F아이] 통 (3단현 **identifies** [-z]; 과거·과거분사 **identified** [-d]; 현재분사 **identifying**) 타 1 …을 확인하다, 증명하다: The child was *identified* by its clothes. 그 아이가 누구인가는 옷으로 확인되었다
2 〔identify A with B의 형태로〕 A를 B와 동일시하다: He *identifies* wealth *with* happiness. 그는 부와 행복을 동일한 것이라고 본다

***i·den·ti·ty** [aidéntəti 아이덴터티] 명 (복수 **identities** [-z]) 1 동일함, 일치 2 정체, 신원 3 독자성, 주체성

identity card [aidéntəti kɑ́:rd] 명 = ID card

i·de·ol·o·gy [àidiáləʤi 아이디알러쥐] 명 (복수 **ideologies** [-z]) 1 〔철학〕 관념학〔론〕 2 (사회·정치상의) 이데올로기

id·i·om [ídiəm 이디엄 → 이리엄] 명 관용구, 숙어

id·i·ot [ídiət 이디엇 → 이리엇] 명 천치; 《구어》 바보

***i·dle** [áidl 아이드얼] 형 (비교급 **idler**; 최상급 **idlest**) 1 한가한, 놀고 있는; (기계 등이) 쉬고 있는: the *idle* hours 한가한 시간 / *idle* workers 일없는 노동자들
2 (사람이) 나태한, 빈둥거리는(lazy): He is very *idle*. 그는 매우 게으르다
3 쓸데없는; 근거 없는: an *idle* talk 쓸데없는 이야기
── 통 (3단현 **idles** [-z]; 과거·과거분사 **idled** [-d]; 현재분사 **idling**) 타 (시간을) 빈둥거리며 보내다: He *idled away* his time while young. 그는 젊었을 때 시간을 헛되이 보냈다

i·dle·ness [áidlnis 아이들니쓰] 명 게으름, 나태

i·dly [áidli 아이들리] 부 1 하는 일 없이, 빈둥빈둥 2 멍하니

i·dol [áidl 아이드얼] 명 (복수 **idols** [-z])
1 우상: *idol* worship 우상 숭배
2 숭배 받는 사람〔물건〕: a teenage *idol* 10대들의 우상

i.e. [áií: 아이이] 《약어》 즉, 다시 말하면 【라틴어 *id est* (= that is)】

***if** [if 이f으] 접 1 〔가정이나 조건을 나타내어〕 만약 …이면 a) 〔현재 또는 미래에 관해 단순한 가정을 나타내어〕 (✍ if 다음의 동사는 현재형으로 미래를 나타낸다): *If* it rains tomorrow, we will stay home. 만일 내일 비가 온다면 우리는 집에 있겠다
b) 〔가정법 과거; 현재의 사실과 반대는 가정을 나타내는 경우〕 (✍ if절에는 과거형이 사용되고 (be 동사는 were), 주절에는 보통 would, should, could 등과 같은 조동사의 과거형이 사용된다): *If* I were you, I wouldn't do such a thing. 내가 너라면 그런 것은 하지 않을 것이다
c) 〔가정법 과거 완료; 과거의 사실과 반대되는 가정을 나타내는 경우〕 (✍ if절에는 과거 완료가 사용되고, 주절에는 보통 조동사의 과거형 + have + 과거분사의 형태가 사용된다): *If* I had known, I wouldn't have gone. 내가 알고 있었다면 가지 않았을 텐데
d) 〔가정법 미래; 가능성이 적은 미래의 가정을 나타내는 경우〕 (✍ if 뒤에는 should를 사용한다): *If* I should fail, I would try again. 만일 내가 실패하더라도 다시 하겠다
2 〔양보를 나타내어〕 비록 …이라도 (even though, even if): I will do it *if* it is difficult. 설사 어렵더라도 나는 그 일을 하겠다
3 …인지 어쩐지(whether): I don't know *if* he will come here. 그가 여기에 올지 어떨지 나는 모르겠다

as if ... 마치 …인 것처럼 ⇒ as 숙어
even if 비록 …하더라도〔일지라도〕: *Even if* you do not like it, you must do it. 비록 네가 그것이 싫더라도 해야 한다
if any 만약 있다면: Correct errors, *if any*. 틀린 데가 있으면 고쳐라
if anything 어느 편인가 하면, (그렇기는커녕) 오히려: Things are, *if anything*, improving. 사태는 오히려 호전되고 있다
If it had not been for ... 〔과거의 사실과 반대되는 가정을 나타내어〕 만약 …이 없었다면: *If it had not been for* your help, I couldn't have passed the exam. 만약 당신의 도움이 아니었다면 나는 그 시험에 합격할 수 없었을 것이다
If it were not for ... 〔현재의 사실과 반대되는 가정을 나타내어〕 만약 …이 없다면: *If it were not for* air and water, we could not live. 공기와 물이 없다면 우리는 살 수 없을 것이다
if necessary 〔***possible***〕 필요〔가능〕하다면: I will do so, *if necessary*. 필요하다면 그렇게 하겠습니다
if not 비록 …은 아닐지라도
if only 단지 …만 하면 (좋겠는데): *If only* he arrives in time! 그가 제 시간에 도착하기만 한다면 좋겠는데

ig·loo [íglu: 이글루-] 몡 (복수 **igloos** [-z]) 이글루 《주로 눈덩이로 만드는 에스키모인의 집》

igloo

ig·no·rance [ígnərəns 이그너뢴쓰] 몡 무지, 무식: *Ignorance* is bliss. 《속담》 모르는 게 약

ig·no·rant [ígnərənt 이그너뢴트] 혱 무지한, 무식한; (어떤 일을) 모르는 (**of**): He was *ignorant of* the fact. 그는 그 사실을 모르고 있었다

***ig·nore** [ignɔ́:r 이그노-r] 동 (3단현 **ignores** [-z]; 과거·과거분사 **ignored** [-d]; 현재분사 **ignoring** [-nɔ́:riŋ]) 타 …을 무시하다: We *ignored* his advice. 우리는 그의 충고를 무시했다

i·gua·na [igwáːnə 이그와-나] 몡【동물】이구아나《열대 아메리카 산의 큰 도마뱀》

iguana

il- 《접두사》「무(無)…, 불(不)…」의 뜻: *il*legal 불법의

*****ill** [il 이얼] 혱 (비교급 **worse** [wə́ːrs]; 최상급 **worst** [wə́ːrst]) **1** 〔 명사 앞에는 쓰이지 않음〕《영》 병든, 건강이 나쁜 (반 well 건강한): Mother is *ill* in bed. 어머니는 병으로 누워 있다/ She fell 〔got, became〕 *ill* last month. 그녀는 지난달 병에 걸렸다

> 비교 **ill과 sick**
> (1) 《미》에서는 ill보다는 sick을 흔히 쓴다.
> (2) 「병든」의 뜻으로 명사 앞에서는 《영·미》 모두 sick을 쓴다: a *sick* man 병자.
> (3) 《미》에서 sick을 서술적으로 쓸 경우에는 보통 「메스꺼운」의 뜻이 된다: I feel *sick*. 나는 메스껍다.

2 〔 명사 앞에만 쓰여〕 **나쁜**, 해로운; 잘못된: *ill* news 나쁜 소식/ *ill* deeds 나

쁜 짓, 악행/ *ill* fortune(luck) 불행, 불운

──**부** (비교급 **worse** [wə́ːrs]; 최상급 **worst** [wə́ːrst]) 나쁘게: *Ill* got, *ill* spent. 《속담》 부정한 재물은 오래가지 못한다

be ill off 살림 형편이 좋지 않다(반 be well off 살림 형편이 좋다)

I'll [áil 아일] 《구어》 I will(shall)의 단축형

*****il·le·gal** [ilíːɡəl 일리-거얼] **형 불법의**, 위법의(반 legal 합법의): *illegal* entry into a country 불법 입국

Il·li·nois [ìlənɔ́i 일러노이] **명** 일리노이 《미국 중부의 주(州); 약어는 IL, Ill.》

il·lit·er·ate [ilítərit 일리터릿 → 일리러릿] **형** 글자를 모르는; 무식한

*****ill·ness** [ílnis 이어ㄹ니쓰] **명** (복수 **ill-nesses** [-iz]) **질병**(반 health 건강) (《미》에서는 sickness가 흔히 쓰임): suffer from a serious *illness* 중병에 걸리다/ He was absent because of *illness*. 그는 병으로 결석했다

ill-tem·pered [íl-témpərd 이얼템퍼ㄹ드] **형** 화를 잘 내는, 성미가 까다로운

il·lu·mi·nate [ilúːmənèit 일루-머네잇] **동** (현재분사 **illuminating**) **타 1** …을 비추다, 조명하다 **2** …을 명백히 하다

il·lu·mi·na·tion [ilùːmənéiʃən 일루-머네이션] **명** (복수 **illuminations** [-z]) 조명; [복수형으로] 전기 장식

il·lu·sion [ilúːʒən 일루-줜] **명** 환상, 환영

il·lus·trate [íləstrèit 일러스츄레잇] **동** (3단현 **illustrates** [-ts]; 과거・과거분사 **illustrated** [-id]; 현재분사 **illustrating**) **타 1** (예를 들어) 설명하다

2 (책 등에) 삽화를 넣다: an *illustrated* book 삽화가 있는 책

il·lus·tra·tion [ìləstréiʃən 일러스츄레이션] **명** 삽화, 도해

il·lus·tra·tor [íləstrèitər 일러스츄레이터r → 일러스츄레이러r] **명** 삽화가

im- [접두사] **1** 「무(無)…, 불(不)…」의 뜻: *im*moral 부도덕한/ *im*possible 불가능한

2 …의 안에(으로): *im*port 수입

I'm [áim 아임] I am의 단축형

*****im·age** [ímidʒ 이미쥐] **명** (복수 **images** [-iz]) **1** (그림・조각 등의) **상**(像): an *image* of Buddha 불상

2 (마음에 떠오르는) **인상**, 이미지: His *image* is still fresh in my mind. 그의 모습은 내 마음에 아직도 생생하다

3 (거울 등에 비친) 상, 영상

4 아주 닮은 사람(것): He is the *image* of his father. 그는 제 아버지를 빼박았다

i·mag·i·na·ble [imǽdʒənəbl 이매쥐너브얼] **형** 상상할 수 있는

i·mag·i·na·ry [imǽdʒənèri 이매쥐너뤼] **형** 상상의, 가공의: an *imaginary* enemy 가상의 적

i·mag·i·na·tion [imæ̀dʒənéiʃən 이매쥐네이션] **명** 상상(력)

*****i·mag·ine** [imǽdʒin 이매쥔] **동** (3단현 **imagines** [-z]; 과거・과거분사 **imagined** [-d]; 현재분사 **imagining**) **타 1** …을 **상상하다**, 마음에 그리다: *Imagine* you're at the beach. 당신이 해안에 있다고 상상하시오/ I couldn't *imagine* meeting you here. 여기서 당신을 만나리라고는 상상하지 못했다

2 …을 추측하다(guess): I can't *imagine* what he is doing. 그가 무엇을 하고 있는지 나는 짐작이 안 간다

──**자** 상상하다

IMF, I.M.F. [áièméf 아이엠에fㅡ] 《약어》 *I*nternational *M*onetary *F*und 국제 통화 기금

im·i·tate [ímətèit 이머테잇] 타 (3단현 **imitates** [-ts]; 과거·과거분사 **imitated** [-id]; 현재분사 **imitating**) 타 …을 모방(모조)하다, 흉내내다: Parrots *imitate* human speech. 앵무새는 인간의 말을 흉내낸다

im·i·ta·tion [ìmətéiʃən 이머테이션] 명 **1** 모방, 흉내 **2** 모조품
—— 형 모조의, 인조의: *imitation* pearls 인조 진주

im·ma·ture [ìmətjúər 이머츄어r] 형 미숙한, 설익은(반 mature 익은)

***im·me·di·ate** [imíːdiət 이미-디엇 → 이미-리엇] 형 **1 즉석의**, 즉시의: an *immediate* answer 즉답
2 직접의(direct): the *immediate* cause of the accident 사고의 직접 원인

***im·me·di·ate·ly** [imíːdiətli 이미-디엇'을리 → 이미-리엇'을리] 부 **곧, 즉각**(at once): He fell asleep *immediately*. 그는 곧바로 잠이 들었다
—— 접 …하자마자(as soon as)

im·mense [iméns 이멘쓰] 형 거대한, 막대한(huge): an *immense* sum of money 막대한 돈

im·mi·grant [ímigrənt 이미그뤈트] 명 (다른 나라로부터의) 이민, 이주자(반 emigrant 다른 나라로 가는 이민)

im·mi·grate [íməgrèit 이머그뤠잇] 자 (현재분사 **immigrating**) 자 (다른 나라에서) 이주하다 《to, into》(반 emigrate 다른 나라로 이주하다)

im·mi·gra·tion [ìməgréiʃən 이머그뤠이션] 명 (다른 나라에서) 이주(移住)(반 emigration 다른 나라로) 이주)

immigration   emigration

im·mi·nent [ímənənt 이머넌트] 형 (위험·재난 등이) 곧 닥쳐올 것 같은: A storm is *imminent*. 이제라도 폭풍우가 닥쳐올 듯하다

im·mor·al [imɔ́ːrəl 이모-뤄얼] 형 부도덕한, 품행이 나쁜(반 moral 도덕적인): an *immoral* deed 부도덕한 행위

im·mor·tal [imɔ́ːrtl 이모-r트얼 → 이모-r르얼] 형 **1** 죽지 않는, 불사의(반 mortal 죽을 운명의)
2 불멸의, 불후의, 영원한: *immortal* fame 불후의 명성

im·mor·tal·i·ty [ìmɔːrtǽləti 이모-r탤러티 → 이모-r탤러리] 명 **1** 불사, 불멸 **2** 불후의 명성

im·mune [imjúːn 이뮨-은] 형 **1** 면제된 **2** 면역의

im·mu·ni·ty [imjúːnəti 이뮤-너티 → 이뮤-너리] 명 (복수 **immunities** [-z]) **1** (책임·의무 등의) 면제 **2** (전염병 등에 대한) 면역(성)

***im·pact** [ímpækt 임팩트] 명 **1 충돌 2** (정신적·사회적) 충격, 영향

im·part [impɑ́ːrt 임파-r트] 타 **1** 《문어》…을 나누어주다 **2** (뉴스 등을) 전하다, 알리다

im·par·tial [impɑ́ːrʃəl 임파-r셔얼] 형 치우치지 않은; 공평한(반 partial 불공평한)

im·pa·tience [impéiʃəns 임페이션쓰] 명 **1** 성급함, 참을 수 없음 **2** (…하고 싶어) 못 견딤

***im·pa·tient** [impéiʃənt 임페이션트] 형 **1 성급한**, 참을성 없는: He grew more and more *impatient*. 그는 점점 더 참을성이 없어졌다
2 몹시 …하고 싶어하는 《to *do*》: She was *impatient to* go abroad. 그녀는 외국에 가고 싶어서 안달했다

im·pa·tient·ly [impéiʃəntli 임페이션틀리 → 임페이션'을리] 부 성급하게

im·pend·ing [impéndiŋ 임펜딩] 형 (불길한 일이) 금세 일어날 것 같은

im·per·a·tive [impérətiv 임페뤄티v으] 형 1 피할 수 없는, 필수의, 의무적인: It is *imperative* that I should come back. 나는 다시 돌아가지 않으면 안 된다
2 명령적인: the *imperative* mood 【문법】 명령법

im·per·fect [impə́ːrfikt 임퍼-rF익트] 형 1 불완전한(반 perfect 완전한) 2 (도덕적·인격적으로) 결점〔결함〕이 있는

im·pe·ri·al [impíəriəl 임피어뤼어얼] 형 1 제국의, 황제의: the *Imperial* Palace 황궁
2 (상품 등) 품질이 매우 좋은

im·pe·tus [ímpətəs 임퍼터쓰 → 임퍼뤄쓰] 명 1 (물체가 움직일 때의) 기세, 여세
2 (정신적) 자극; 추진력

im·ple·ment [ímpləmənt 임플러먼트] 명 도구, 기구: agricultural *implement* 농기구

im·plore [implɔ́ːr 임플로-r] 동 (현재분사 **imploring**) 타 …을 애원하다, 간청하다

im·ply [implái 임플라이] 동 (3단현 **implies** [-z]; 과거·과거분사 **implied** [-d]; 현재분사 **implying**) 타 의미를 내포하다; 암시하다(suggest): Silence often *implies* consent. 침묵은 종종 동의를 의미한다

im·po·lite [ìmpəláit 임펄라잇] 형 버릇없는, 무례한(반 polite 예의바른)

im·port [impɔ́ːrt 임포-r트] 동 (3단현 **imports** [-ts]; 과거·과거분사 **imported** [-id]; 현재분사 **importing**) 타 …을 **수입하다**(반 export 수출하다): *import* cotton from India 인도에서 면화를 수입하다
── [ímpɔːrt 임 포-r트] 명 (복수 **imports** [-ts]) 1 **수입**(반 export 수출) 2 〔보통 복수형으로〕 수입품

im·por·tance [impɔ́ːrtəns 임포-r턴쓰] 명 중요(성): This is a matter of great *importance*. 이것은 매우 중요한 일이다

im·por·tant [impɔ́ːrtənt 임포-r턴트] 형 (비교급 **more important**; 최상급 **most important**) **중요한**, 중대한: *important* events 중요한 일/ The matter is *important* to us. 그 문제는 우리에게 중요하다
2 (사람·지위 등이) 중요한, 높은: a very *important* person 매우 중요한 인물 (약어는 VIP 또는 V.I.P.)

im·por·ta·tion [ìmpɔːrtéiʃən 임포-r테이션] 명 1 수입(반 exportation 수출) 2 수입품

im·pose [impóuz 임포우z으] 동 (3단현 **imposes** [-iz]; 과거·과거분사 **imposed** [-d]; 현재분사 **imposing**) 타 1 (의무·세금 등을) **부과하다**: A heavy tax is *imposed on* tobacco. 담배에 무거운 세금이 과해졌다
2 (의견 등을) 강요하다 (on, upon)

im·pos·si·bil·i·ty [impàsəbíləti 임파써빌러티 → 임파써빌러리] 명 불가능(일)

im·pos·si·ble [impásəbl 임파써브얼] 형 1 **불가능한**: an *impossible* task 불가능한 일/ It is *impossible* for him to do that. 그가 그것을 하기는 불가능하다

쓰임새 impossible은 사람을 주어로 하여 He is *impossible* to do that.이라고는 하지 않는다.

2 있을 수 없는: That's an *impossible* story. 그것은 있을 수 없는 이야기다

im·press [imprés 임프뤠쓰] 동 (3단현 **impresses** [-iz]; 과거·과거분사 **impressed** [-t]; 현재분사 **impressing**) 타 1 …에게 **인상을 주다**, 감명을 주다: I was deeply *impressed by*〔*with*〕 his speech. 나는 그의 연설에 깊은 감명을 받았다
2 (도장 등을) 찍다

im·pres·sion [impréʃən 임프뤠션] 명 (복수 **impressions** [-z]) 1 **인상**, **감명**: What's your first *impression* of

Korea? 한국의 첫인상은 어떠세요?/ His speech made a deep *impression* on me. 그의 연설은 나에게 깊은 감명을 주었다
2 날인; (눌러서 생긴) 자국, 흔적

im·pres·sive [imprésiv 임프뤠씨v으] 형 인상적인, 감명을 주는

im·pris·on [imprízn 임프뤼Z은] 타 …을 교도소(감옥)에 넣다, 가두다

im·prop·er [imprápər 임프롸퍼r] 형 부적당한, 어울리지 않는(반 proper 어울리는)

im·prove [imprúːv 임프루-v으] 동 (3단현 **improves** [-z]; 과거·과거분사 **improved** [-d]; 현재분사 **improving**) 타 …을 증진하다, 개선하다: They tried to *improve* their lives. 그들은 생활을 개선할려고 노력했다
— 자 **나아지다**, 개선 되다: He is *improving* in health. 그의 건강이 회복되고 있다

im·prove·ment [imprúːvmənt 임프루-V으먼트] 명 개선, 개량

im·pu·dent [ímpjudənt 임퓨던트] 형 뻔뻔스러운, 건방진

im·pulse [ímpʌls 임퍼얼쓰] 명 **1** 추진(력) **2** (물리적인) 충격, 자극 **3** (마음의) 충동

in [ín 인] 전 **1** [장소·위치를 나타내어] **…안에(에서, 의)**: *in* the house 집안에(에서)/ There are two birds *in* the cage. 새장 안에 새 두 마리가 있다/ My father is *in* New York now. 나의 아버지는 지금 뉴욕에 계신다

> 쓰임새 장소의 전치사 in은 in the house, in the cage처럼 독립된 공간을 나타내거나, town급 이상의 넓은 장소에 사용한다.

2 [방향 등을 나타내어] **…에서, …으로**: The sun rises *in* the east and sets *in* the west. 해는 동쪽에서 떠서 서쪽으로 진다

3 [시간을 나타내어] **…에, …동안**: *in* July 7월에/ He was born *in* 1997. 그는 1997년에 태어났다/ We have a lot of snow *in* winter. 겨울에는 눈이 많이 온다/ I get up at six *in* the morning. 나는 아침 6시에 일어난다

> 쓰임새 시간의 전치사 at, on, in
> at은 때의 한 순간이나 시각을 나타낸다: Schoo begins *at* nine. 학교는 9시에 시작한다. on은 날짜, 요일, 특정한 날을 나타낸다: I was born *on* November 28. 나는 11월 28일에 태어났다. in은 년, 월, 계절 등 비교적 긴 시간을 나타낸다.

4 [장소의 기능을 생각하여 무관사로] **…중(에)**: *in* class 수업 중/ *in* office 재직 중에/ She is still *in* 〔《영》 at〕 school. 그녀는 지금도 재학 중이다

5 [상태를 나타내어] **…의 상태에(로)**: *in* order 정돈되어

6 [공간을 나타내어] **…속에서(을)**: We walked *in* the rain. 우리는 빗속을 걸었다

7 [행위·활동을 나타내어] **…하여, …에 종사하여**: spend much time *in* reading 독서에 많은 시간을 할애하다/ They are busy (*in*) preparing for the examination. 그들은 시험 준비로 바쁘다

8 [소속·직업을 나타내어] **…하여, …에**: *in* the army 입대하여/ He is *in* computers. 그는 컴퓨터 관계의 일을 하고 있다

9 [복장을 나타내어] **…을 입고(신고)**: *in* uniform 제복을 입고/ a woman *in* black 검은 옷을 입은 여인

10 [범위·능력을 나타내어] **…에 있어서**: He is weak〔strong〕 *in* science. 그는 과학에 약하다〔강하다〕

11 [시간의 경과를 나타내어] **…후에, …지나서**: He will be back *in* a few days. 그는 2, 3일 후에 돌아올 겁니다

12 〔척도・단위 등을 나타내어〕 …에 있어서, …이: six feet *in* height 높이 6피트

13 〔비율・정도를 나타내어〕 …마다, …당: sell *in* dozens 다스로 팔다/ nine *in* ten 십중팔구

14 〔도구・재료・방법 등을 나타내어〕 …으로, …을 사용하여: Don't write it *in* pencil. 그것을 연필로 써서는 안 된다 / They speak *in* English. 그들은 영어로 말한다

15 〔이유를 나타내어〕 …때문에: cry out *in* alarm 놀라서 소리지르다

***in* itself** 그 자체로서(는); 본래
***in* that ...** …이라는 점에서

── 〖부〗 **1** 〔운동・방향을 나타내어〕 안으로(〖반〗 out 밖으로): Come *in*. 들어오너라 / We ran to the pond and jumped *in*. 우리는 연못으로 달려가서 그 속으로 뛰어들었다

2 집〔사무실〕에 있어: Is your mother *in*? 너의 어머니는 집에 계시니?

3 (탈것이) 도착하여; (계절 등이) 접어들어: Is the train *in*? 열차가 도착했습니까?/ The winter is *in*. 겨울이 왔다

4 (과일 등이) 한창인; (복장 등이) 유행하고: Strawberries are now *in*. 지금은 딸기가 한창이다/ Miniskirts are *in* again. 미니스커트가 다시 유행하고 있다

in- (접두사) **1** 무(無)…, 불(不)…: *in*active 활동하지 않는

> 쓰임새 접두사 in-은 l 앞에서는 il-, b, m, p 앞에서는 im-, r 앞에서는 ir-로 변한다.

2 …의 안에〔으로〕: *in*side 안쪽 / *in*clude 포함하다

in·ac·tive [inǽktiv 인액티v으] 〖형〗 활동하지 않는, 활발하지 않은(〖반〗 active 활발한)

in·ad·e·quate [inǽdikwit 인애디크윗 → 인애리크윗] 〖형〗 부적당한, 불충분한

In·ca [íŋkə 잉카] 〖명〗 잉카인 (남아메리카의 페루에 살았던 원주민의 한 종족)

마추픽추 (잉카 제국의 도시)

in·ca·pa·ble [inkéipəbl 인케이퍼브을] 〖형〗 …할 수 없는, 무능한 (**of**): He is *incapable of* telling a lie. 그는 거짓말을 못한다

in·cen·tive [inséntiv 인쎈티v으] 〖명〗 격려, 자극, 동기

in·ces·sant [insésnt 인쎄슨트] 〖형〗 끊임없는

*****inch** [intʃ 인취] 〖명〗 (복수 **inches** [-iz]) 인치 (〖〗 길이의 단위; 1인치는 12분의 1피트로 2.54cm; 약어는 in.): He is five feet nine *inches* tall. 그는 키가 5피트 9인치다

every inch 철두철미, 전혀 빈틈없는: know *every inch* of Seoul 서울을 구석구석 알다

inch by inch = ***by inches*** 조금씩, 서서히

*****in·ci·dent** [ínsədənt 인써던트] 〖명〗 (복수 **incidents** [-ts]) 사건(event), 일어난 일

in·ci·den·tal [insədéntl 인써덴트을] 〖형〗 우연한, 부수적인

in·ci·den·tal·ly [insədéntəli 인써덴털리] 〖부〗 **1** 우연히, 부수적으로 **2** 그런데(by the way)

in·cli·na·tion [inklənéiʃən 인클러네이션] 〖명〗 **1** 경향, 성향; 기호, 좋아하는 것 **2** 기울기, 경사(slope)

in·cline [inkláin 인클라인] 〖동〗 (3단현 **inclines** [-z]; 과거・과거분사 **inclined** [-d]; 현재분사 **inclining**) 〖타〗 **1** …을 숙이다, 기울이다: *incline* one's

head 머리를 숙이다
2 〔be inclined to ...로〕 …하고 싶다: I'm *inclined to* watch TV. 나는 텔레비전을 보고 싶다
3 〔be inclined to ...로〕 …의 경향이 있다: I'm *inclined to* gain weight easily. 나는 쉽게 살이 찌는 체질이다
——[자] 기울다

in·clude [inklú:d 인클루-드] [동] (3단현 **includes** [-dz]; 과거·과거분사 **included** [-id]; 현재분사 **including**) [타] …을 포함하다([반] exclude 배제하다): This price *includes* the tax. 이 가격은 세금이 포함되어 있다

in·clu·sion [inklú:ʒən 인클루-줜] [명] 포함([반] exclusion 제외)

in·clu·sive [inklú:siv 인클루-씨v으] [형] …을 포함한 (of): a party of ten, *inclusive of* a guide 가이드를 포함한 10명의 일행

in·come [ínkʌm 인컴] [명] 수입, 소득: a fixed *income* 고정 수입/ He has a good *income*. 그는 수입이 많다

in·com·plete [inkəmplí:t 인컴플리-트] [형] 불완전한, 불충분한([반] complete 완전한)

in·con·ven·ience [inkənví:njəns 인컨V이-년쓰] [명] 불편

in·con·ven·ient [inkənví:njənt 인컨V이-년트] [형] 불편한

in·cor·rect [inkərékt 인커렉트] [형] 부정확한, 틀린([반] correct 정확한)

in·crease [inkrí:s 인크리-쓰] [동] (3단현 **increases** [-iz]; 과거·과거분사 **increased** [-t]; 현재분사 **increasing**) [타] …을 늘리다, 증가시키다([반] decrease 줄이다): The train *increased* its speed. 열차는 속도를 높였다
——[자] …이 늘다: *increase in* number 수가 늘다
——[ínkri:s 인크리-쓰] [명] (복수 **increases** [-iz]) 증가, 증대: the *increase of* crime 범죄의 증가

in·creas·ing·ly [inkrí:siŋli 인크리-씽리] [부] 점점, 더욱 더

in·cred·i·ble [inkrédəbl 인크뤠더브을] [형] 믿어지지 않는, 놀라운: an *incredible* story 믿어지지 않는 이야기

in·cu·ba·tor [ínkjubèitər 인큐베이터r → 인큐베이러r] [명] **1** 부화기(器) **2** (조산아의) 보육기

in·cur [inkə́:r 인커-r] [동] (3단현 **incurs** [-z]; 과거·과거분사 **incurred** [-d]; 현재분사 **incurring** [inkə́:riŋ]) [타] (비난·위험을) 초래하다

in·debt·ed [indétid 인데티드 → 인데리드] [📖 b는 묵음] [형] **1** 부채가 있는, 빚이 있는 **2** 은혜를 입고 있는

in·deed [indí:d 인디-드] [부] **1** 정말로, 참으로: Did you *indeed* finish the job? 정말 그 일을 마쳤니?/ Thank you very much *indeed*. 정말 감사합니다
2 〔indeed ~ but ...의 형태로〕 과연 …이지만 …: *Indeed* this is fine, *but* it is expensive. 이것은 과연 좋기는 하지만 값이 비싸다
——[감] 〔감탄·놀람·경멸을 나타내어〕 설마!, 정말!

> 회화
> A: Amy got straight A's.
> 에이미는 모두 A래
> B: *Indeed!*
> 정말!

in·def·i·nite [indéfənit 인데F어닛] [형] **1** 명확하지 않은, 애매한([반] definite 명확한): an *indefinite* answer 애매한 대답 **2** (시간·기한이) 정해져 있지 않은

indefinite article [indéfənit á:rtikl] [명] 【문법】 부정 관사 (a, an)

in·def·i·nite·ly [indéfənitli 인데F어니틀리 → 인데F어닛을리] [부] **1** 불명확하게, 막연히 **2** 무기한으로

in·de·pend·ence [indipéndəns 인디펜던쓰] [명] 독립, 자립([반] dependence 의존)

Independence Day [ìndipéndəns dèi] 몡 (미국의) 독립 기념일 (🔖 the Fourth of July라고도 한다)

> 참고 미국의 독립 기념일
> 미국에서는 1776년 7월 4일 미국이 영국에 대하여 독립 선언서를 발표한 날을 기념하여 매년 7월 4일을 법정 휴일로 정해 여러 가지 경축 행사를 벌인다.

*__in·de·pend·ent__ [ìndipéndənt 인디펜던트] 혱 (비교급 **more independent**; 최상급 **most independent**) **독립한**, 남에게 의존하지 않는: an *independent* country 독립국 / She is *independent* of her parents. 그녀는 부모에게서 독립해서 살고 있다

in·de·pend·ent·ly [ìndipéndəntli 인디펜던틀리 → 인디펜던'틀리] 뷔 독립하여; 독자적으로

*__in·dex__ [índeks 인덱쓰] 몡 (복수 **indexes** [-iz], **indices** [índəsìːz]) **1** (책 등의) **색인**, 찾아보기 **2** (계기 등의) 눈금, 바늘 **3** 〖통계〗 지수

index finger [índeks fíŋɡər] 몡 집게손가락(forefinger)

In·dia [índiə 인디아] 몡 인도 《수도는 뉴델리(New Delhi)》
〖그리스어 「인더스 강(Indus)」에서〗

In·di·an [índiən 인디언] 혱 **1** 인도(인)의 **2** 아메리칸 인디언의
── 몡 (복수 **Indians** [-z]) **1** 인도인: the *Indians* 인도인 《전체》
2 《미》 아메리칸 인디언 《🔖 콜럼버스가 1492년 아메리카 대륙을 발견했을 때 그곳을 인도(India)인줄 알고 그곳 주민을 인디언(Indian)이라고 부른데서》

Indian 2

In·di·an·a [ìndiǽnə 인디애나] 몡 인디애나 《미국 중부의 주(州); 약어는 IN, Ind.》
〖「인디언(Indian)의 땅」의 뜻에서〗

Indian corn [índiən kɔ́ːrn] 몡 《영》 옥수수 (🔖 《미》에서는 간단히 corn이라고 한다)

Indian Ocean [índiən óuʃən] 몡 〖the 를 붙여〗 인도양

Indian summer [índiən sʌ́mər] 몡 (늦가을의) 봄날 같은 화창한 날씨

India rubber [índiə rʌ́bər] 몡 **1** 탄성고무 **2** 《영》 지우개 (🔖 간단히 rubber라고도 한다)

*__in·di·cate__ [índikèit 인디케잇] 동 (3단현 **indicates** [-ts]; 과거 · 과거분사 **indicated** [-id]; 현재분사 **indicating**) 타 **1** …을 **가리키다**, 표시하다: He *indicated* the city *on* the map. 그는 지도상에서 그 도시를 가리켰다
2 지적하다(point out): *indicate* an error 잘못을 지적하다
3 …의 조짐이다

in·di·ca·tion [ìndikéiʃən 인디케이션] 몡 **1** 지시, 표시 **2** 징조, 징후

in·dic·a·tive [indíkətiv 인디커티v으] 혱 **1** 지시하는, 표시하는 (of)
2 〖문법〗 직설법의: the *indicative* mood 직설법

in·di·ca·tor [índikèitər 인디케이터r → 인디케이러r] 몡 **1** 지시하는 사람〔사물〕 **2** (속도계 등의) 표시기; 표지

in·dif·fer·ence [indífərəns 인디F어뤈쓰] 명 무관심, 냉담

in·dif·fer·ent [indífərənt 인디F어뤈트] 형 무관심한, 냉담한: She is *indifferent to*(*toward*) her dress. 그녀는 옷에 무관심하다

in·dig·nant [indígnənt 인디그넌트] 형 성난, 분개한

in·dig·na·tion [ìndignéiʃən 인디그네이션] 명 화, 분개

in·di·go [índigòu 인디고우] 명 남색, 쪽빛

in·di·rect [ìndirékt 인디뤡트, ìndairékt 인다이뤡트] 형 (비교급 **more indirect**; 최상급 **most indirect**) 1 간접적인(반 direct 직접적인): an *indirect* effect 간접 효과
2 (길 등이) 똑바르지 않은, 우회하는: an *indirect* route 우회로

in·di·rect·ly [ìndiréktli 인디뤡클리, ìndairéktli 인다이뤡클리] 부 간접으로 (반 directly 직접으로)

in·dis·pen·sa·ble [ìndispénsəbl 인디스펜써브을] 형 없어서는 안 되는, 필수적인 ((to, for)): Water is *indispensable to* life. 물은 생명에 없어서는 안 된다

*****in·di·vid·u·al** [ìndəvídʒuəl 인더V이쥬어얼] 형 (비교급 **more individual**; 최상급 **most individual**) 1 개개의, 개별적인: *individual* countries 개개의 국가
2 개인의, 개인용의: an *individual* locker 개인용 사물함
3 독특한: an *individual* style 독특한 문체
── 명 (복수 **individuals** [-z]) 1 (전체에 대하여) 개인: the rights of the *individual* 개인의 권리
2 사람: a strange *individual* 이상한 사람

in·di·vid·u·al·i·ty [ìndəvìdʒuǽləti 인더V이쥬앨러티 → 인더V이쥬앨러리] 명 개성

in·di·vid·u·al·ly [ìndəvídʒuəli 인더V이쥬얼리] 부 개인으로, 개인적으로

In·do·ne·sia [ìndəníːʃə 인도니-샤] 명 인도네시아 ((수도는 자카르타(Jakarta)))

*****in·door** [índɔːr 인도-r] 형 실내의(반 outdoor 실외의): *indoor* games 실내 게임

in·doors [índɔːrz 인도-rz] 부 실내에서 (반 outdoors 실외에서): stay(keep) *indoors* 외출하지 않다

in·duce [indjúːs 인듀-쓰] 동 (3단현 **induces** [-iz]; 과거 · 과거분사 **induced** [-t]; 현재분사 **inducing**) 타 1 …을 설득(권유)하다: I have *induced* him to do this task. 나는 그를 설득하여 이 일을 시켰다
2 …을 유발하다: This medicine *induces* sleep. 이 약은 졸리게 한다
3 [논리] …을 귀납하다(반 deduce 연역하다)

in·duc·tion [indʌ́kʃən 인닥션] 명 [논리] 귀납(법)(반 deduction 연역(법))

in·dulge [indʌ́ldʒ 인덜쥐] 동 (3단현 **indulges** [-iz]; 과거 · 과거분사 **indulged** [-d]; 현재분사 **indulging**) 타 (나쁜 습관 등에) 빠지다: He was *indulged in* gambling. 그는 노름에 빠졌다
2 …을 마음대로 하게 하다, (아이를) 버릇없이 기르다
3 (욕망 등을) 만족시키다; 기쁘게(즐겁게) 하다
── 자 (나쁜 습관 등에) 빠지다

in·dul·gence [indʌ́ldʒəns 인덜쥔쓰] 명 1 (나쁜 습관 등에) 빠짐 2 마음대로 하게 함, 너그럽게 봐줌

in·dul·gent [indʌ́ldʒənt 인덜쥔트] 형 멋대로 하게 하는, 관대한

In·dus [índəs 인더쓰] 명 [the를 붙여] 인더스 강 ((인도 북서부의 강))

*****in·dus·tri·al** [indʌ́striəl 인다스츄뤼어얼] 형 (비교급 **more industrial**; 최상급 **most industrial**) 산업의, 공업의: *industrial* workers 산업 근로자 / the *Industrial* Revolution 산업 혁명

in·dus·tri·ous [indʌ́striəs 인다스츄뤼어쓰] 형 근면한, 부지런한

＊in·dus·try [índəstri 인더스츄리] 명 (복수 **industries** [-z]) **1** 산업, 공업: the chemical *industry* 화학 공업
2 근면, 부지런함

in·e·qual·i·ty [ìnikwɑ́ləti 이니크월러티 → 인이크월러리] 명 (복수 **inequalities** [-z]) **1** 같지 않음, 사회적〔경제적〕불평등 **2** 〖수학〗 부등식

in·ev·i·ta·ble [inévətəbl 인에V어터브얼 → 인에V어러브얼] 형 **1** 피할 수 없는 **2** 당연한, 필연적인

in·ex·pen·sive [ìnikspénsiv 인익스펜씨v으] 형 (별로) 비싸지 않은

in·ex·pe·ri·ence [ìnikspíəriəns 인익스피어뤼언쓰] 명 무경험

in·fa·mous [ínfəməs 인F어머쓰] 형 악명 높은, 평판이 나쁜

in·fan·cy [ínfənsi 인F언씨] 명 **1** 유년; 유아기 **2** (발달 과정의) 초기

in·fant [ínfənt 인F언트] 명 (복수 **infants** [-ts]) (보통 7세 미만의) 유아(幼兒), 소아
—— 형 **1** 유아의 **2** 초기 단계에 있는

in·fan·try [ínfəntri 인F언츄리] 명 〔집합적으로〕 보병(대)

in·fect [infékt 인F엑트] 동 (3단현 **infects** [-ts]; 과거 · 과거분사 **infected** [-id]; 현재분사 **infecting**) 타 (병을) 전염〔감염〕시키다: She is *infected with* malaria. 그녀는 말라리아에 걸려 있다

in·fec·tion [infékʃən 인F엑션] 명 (공기 · 물 등에 의한) 전염, 감염 (🔍 접촉에 의한 「전염」은 contagion)

in·fec·tious [infékʃəs 인F엑셔쓰] 형 전염성의: an *infectious* disease 전염병

in·fer [infə́ːr 인F어-r] 동 (3단현 **infers** [-z]; 과거 · 과거분사 **inferred** [-d]; 현재분사 **inferring** [infə́ːriŋ]) 타 …을 추론하다, 추리하다: We *inferred* the results *from* his manner. 우리는 그의 태도에서 결과를 추론했다

＊in·fe·ri·or [infíriər 인F이뤼어r] 형 **1** (계급 · 신분 등이) 낮은, 하위의, 하급의(반 superior 상위의): an *inferior* officer 하급 공무원
2 (질 · 정도 등이) 열등한, 하급의 (to): an *inferior* grade of tea 질이 나쁜 차/ This is *inferior to* that. 이것은 저것보다 못하다 (🔍 *inferior than*이라고는 하지 않는다)
—— 명 (복수 **inferiors** [-z]) **1** 손아랫사람, 후배, 부하 **2** 열등한 사람

in·fe·ri·or·i·ty [infiriɔ́ːrəti 인F이뤼오-뤄티 → 인F이뤼오-뤄리] 명 열세, 하위, 열등, 하급(반 superiority 우세)

in·field [ínfiːld 인F이-얼드] 명 〖야구〗 내야(반 outfield 외야)

in·field·er [ínfiːldər 인F이-얼더r] 명 내야수(반 outfielder 외야수)

in·fi·nite [ínfənit 인F어닛] 형 무한의, 헤아릴 수 없는

in·fin·i·tive [infínətiv 인F이너티v으 → 인F이너리v으] 명 〖문법〗 부정사

in·flame [infléim 인F을레임] 동 (현재분사 **inflaming**) 타 자 **1** …을 불태우다; 불붙다 **2** (사람을) 노하게 하다, 흥분시키다
【라틴어 「불(flame)을 붙이다」에서】

in·flate [infléit 인F을레잇] 동 (현재분사 **inflating**) 타 **1** (공기 등으로) 부풀리다 **2** 〖경제〗 (통화를) 팽창시키다(반 deflate 수축시키다)

in·fla·tion [infléiʃən 인F을레이션] 명 **1** 부풀리기, 팽창 **2** 〖경제〗 인플레이션, 통화 팽창(반 deflation 디플레이션)

in·flict [inflíkt 인F을릭트] 타 (벌 · 고통 등을) 주다, 가하다 (on)

＊in·flu·ence [ínfluəns 인F루언쓰] 명 (복수 **influences** [-iz]) **1** 영향: TV has a strong *influence on* children. TV는 아이들에게 큰 영향을 준다
2 (사람의) 세력, 위세, 위신: the sphere of *influence* 세력 범위
3 영향력 있는 사람〔것〕

—— 동 (3단현 **influences** [-iz]; 과거·과거분사 **influenced** [-t]; 현재분사 **influencing**) 타 …에 영향을 주다: He *influenced* me very much. 그는 나에게 큰 영향을 주었다

in·flu·en·za [influénzə 인F루엔Z아] 명 【의학】 독감, 유행성 감기, 인플루엔자 (《구어》로는 flu라고 한다)

*****in·form** [infɔ́ːrm 인F오-r엄] 동 (3단현 **informs** [-z]; 과거·과거분사 **informed** [-d]; 현재분사 **informing**) 타 …을 알리다, 알려 주다: Please *inform* me what to do next. 다음에는 무엇을 해야 할지를 알려 주세요/ He *informed* me *of* his arrival. 그는 나에게 그의 도착을 알렸다

*****in·for·mal** [infɔ́ːrməl 인F오-r머얼] 형 (비교급 **more informal**; 최상급 **most informal**) 1 **형식을 따지지 않는**: *informal* clothes 평상복
2 비공식의, 약식의(반 formal 정식의): an *informal* visit 비공식 방문

*****in·for·ma·tion** [ìnfərméiʃən 인F어r메이션] 명 1 **정보**, 지식; 통지: This is a valuable piece of *information*. 이것은 귀중한 정보다/ He got much *information*. 그는 많은 정보를 수집했다 (many information이라 하지 않는다)

〔쓰임새〕 information은 셀 수 없는 명사이므로 셀 때에는 a piece of information, two pieces of information처럼 한다.

2 안내(소), 접수처: an *information* desk 안내소

in·fringe [infríndʒ 인F으륀쥐] 동 (현재분사 **infringing**) 타 (법 등을) 어기다, 위반하다

in·fuse [infjúːz 인F유-Zㅇ] 동 (현재분사 **infusing**) 타 1 (액체 등을) 붓다 2 (사상 등을) 주입(注入)하다 《into》

-ing (접미사) 〔현재분사·동명사를 만듦〕: swimm*ing* 수영

in·ge·nious [indʒíːnjəs 인쥐-녀쓰] 형 1 재치 있는, 영리한 2 (발명품 등이) 독창적인; 교묘한

in·gen·u·ous [indʒénjuəs 인줴뉴어쓰] 형 1 솔직한 2 순진한

in·gre·di·ent [ingríːdiənt 인그리-디언트] 명 (혼합물의) 성분, 원료, 재료

in·hab·it [inhǽbit 인해빗] 동 (3단현 **inhabits** [-ts]; 과거·과거분사 **inhabited** [-id]; 현재분사 **inhabiting**) 타 …에 살다, 거주하다: Many animals *inhabit* the forest. 그 숲에는 많은 동물이 살고 있다

in·hab·it·ant [inhǽbətənt 인해버턴트] 명 1 주민, 거주자 2 서식 동물

in·hale [inhéil 인헤일] 동 (현재분사 **inhaling**) 타 자 (숨을) 들이쉬다 (반 exhale 내쉬다)

in·her·ent [inhíərənt 이히어뤈트] 형 고유의, 타고난

in·her·it [inhérit 인헤륏] 동 (3단현 **inherits** [-ts]; 과거·과거분사 **inherited** [-id]; 현재분사 **inheriting**) 타 1 (재산 등을) 상속하다: He *inherited* a fortune *from* his father. 그는 아버지로부터 재산을 상속받았다
2 (성질·성격 등을) 이어받다

in·her·it·ance [inhéritəns 인헤뤼턴쓰] 명 (복수 **inheritances** [-iz]) 1 상속 2 상속 재산, 유산 3 유전

in·hib·it [inhíbit 인히빗] 타 (충동 등을) 억제하다

*****in·i·tial** [iníʃəl 이니셔얼] 형 1 **최초의**, 초기의: the *initial* stage 초창기
2 낱말 첫머리에 있는: an *initial* letter 첫글자, 머리글자
—— 명 (복수 **initials** [-z]) 머리글자; 〔주로 복수형으로〕 (성명의) 첫글자 (예를 들어 John Smith의 J.S. 등)

in·i·tia·tive [iníʃiətiv 이니쉬어티Vㅇ] 명 1 솔선, 선두 2 독창력, 창조력
take the initiative 솔선해서 하다, 선수를 치다

in·ject [indʒékt 인젝트] 동 (3단현 **injects** [-ts]; 과거·과거분사 **injected** [-id]; 현재분사 **injecting**) 타 **1** …을 주사하다: *inject* medicine *into* a vein 정맥에 약을 주사하다
2 (의견 등을) 끼워 넣다

_{*}**in·jec·tion** [indʒékʃən 인젝션] 명 주사: I had an *injection* in the right arm. 나는 오른팔에 주사를 맞았다

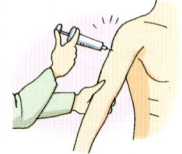
have an injection

_{*}**in·jure** [índʒər 인줘r] 동 (3단현 **injures** [-z]; 과거·과거분사 **injured** [-d]; 현재분사 **injuring** [-dʒəriŋ]) 타 **1** 상처를 입히다, 다치게 하다: He was *injured* in the traffic accident. 그는 교통 사고로 다쳤다
2 (감정 등을) 상하게 하다: He *injured* her feelings. 그는 그녀의 감정을 상하게 했다

> 유의어 상처를 입히다
> **injure**는 「(사람이나 사물의 어느 부분에) 상처를 입히다」. **wound**는 특히 「(총 같은 무기로) 상처를 입히다」: He was *wounded* in the battle. 그는 전투에서 부상을 입었다. **hurt**는 「(육체적으로) 상처를 입히다」일 때는 아주 작은 상처를 가리킨다.

injure   wound   hurt

in·jured [índʒərd 인줘r드] 형 상처 입은, 부상한, 다친: an *injured* man 부상당한 남자

in·ju·ri·ous [indʒúəriəs 인주어뤼어쓰] 형 해로운 (**to**): Smoking is *injurious to* the health. 흡연은 건강에 해롭다

_{*}**in·ju·ry** [índʒəri 인줘뤼] 명 (복수 **injuries** [-z]) **1** 부상, 상처: The driver received〔suffered〕a serious *injury* to his head. 그 운전자는 머리에 심한 부상을 입었다
2 손상, 손해

in·jus·tice [indʒʌ́stis 인좌스티쓰] 명 **1** 불법, 부정; 불공평 **2** 부정 행위

_{*}**ink** [íŋk 잉크] 명 잉크: Write it in *ink*. 잉크로 쓰세요

in·land [ínlænd 인랜드] 형 내륙의, 오지의: an *inland* sea 내해(內海)
── 부 내륙으로〔에〕
── 명 오지, 내륙

in·let [ínlet 인렛] 명 **1** 후미 (바다·강·호수에서 육지로 좁다랗게 파고든) **2** 입구, 들이는 곳(반 outlet 출구)

_{*}**inn** [in 인] 명 (복수 **inns** [-z]) 여인숙, 여관; (작은) 호텔

in·nate [inéit 이네잇] 형 타고난, 선천적인(반 acquired 후천적인)

_{*}**in·ner** [ínər 이너r] 형 〔명사 앞에만 쓰여〕 **1** 안의, 안쪽의(반 outer 밖의): an *inner* court 안뜰
2 내면의, 정신적인(spiritual)

_{*}**in·ning** [íniŋ 이닝] 명 (복수 **innings** [-z]) (야구 등의) 이닝, 회(回): the first〔second〕half of the seventh *inning* 7회 초〔말〕

_{*}**in·no·cence** [ínəsəns 이너쎈쓰] 명 **1** 순진, 순결 **2** 무죄, 결백

_{*}**in·no·cent** [ínəsənt 이너쎈트] 형 **1** 순진한, 순결한: an *innocent* smile 순진한 미소
2 죄 없는, 결백한(반 guilty 죄를 범한): He is *innocent of* the crime. 그는 그 범죄에 결백하다

in·no·va·tion [ìnəvéiʃən 이너V에이션] 명 개혁, 혁신, 쇄신; 새로운 생각〔방법〕

in·nu·mer·a·ble [injúːmərəbl 이뉴머뤄블] 형 셀 수 없이 많은, 무수한

in·put [ínpùt 인풋] 명 **1** (자본 등의) 투입
2 【기계·컴퓨터】 입력(반 output 출력)

in·quire [inkwáiər 인크와이어r] 동 (3단현 **inquires** [-z]; 과거·과거분사 **inquired** [-d]; 현재분사 **inquiring** [-kwáiəriŋ]) 타 《문어》 …을 묻다, 질문하다 (보통 ask를 쓴다): I *inquired* his name. 나는 그의 이름을 물었다
—자 묻다, 질문하다
inquire after 안부를 묻다, 병문안을 하다: I *inquired after* him. 나는 그의 안부를 물었다
inquire for (1) …을 방문하다 (2) (물건이 있는가를) 묻다
inquire into 조사하다: The police are *inquiring into* the traffic accident. 경찰은 교통 사고를 조사하고 있다

in·quir·y [inkwáiəri 인크와이어리] 명 (복수 **inquiries** [-z]) **1** 질문, 문의 **2** 조사: The police made *inquiries* into the cause of the fire. 경찰은 그 화재의 원인을 조사했다

in·sane [inséin 인쎄인] 형 미친(mad), 제정신이 아닌(반 sane 제정신인)

in·scribe [inskráib 인스크라이브] 동 (현재분사 **inscribing**) 타 **1** (비석 등에) …을 새기다, 파다 **2** …을 마음에 새기다

in·scrip·tion [inskríp∫ən 인스크립션] 명 (돌·금속 등에 새긴) 명(銘), 비문

in·sect [ínsekt 인쎅트] 명 (복수 **insects** [-ts]) 곤충 (「벌레」는 worm): collect *insects* 곤충을 채집하다

> **알면 Plus** 곤충의 종류
> ant 개미   bee 벌
> beetle 딱정벌레   butterfly 나비
> cicada 매미   dragonfly 잠자리
> flea 벼룩   fly 파리
> ladybug 무당벌레   locust 메뚜기
> mosquito 모기   moth 나방

【라틴어 「안(in)을 자르다(sect)」에서; 몸에 마디가 있어서】

in·sec·ti·cide [inséktəsàid 인쎅터싸이드] 명 살충(제)
【「insect(곤충)을 -cide(죽임)」의 뜻에서】

in·sen·si·ble [insénsəbl 인쎈써브얼] 형 **1** 무감각한, 의식이 없는 **2** 무신경인, 무관심한 (of)

in·sert [insə́:rt 인써-r트] 동 (3단현 **inserts** [-ts]; 과거·과거분사 **inserted** [-id]; 현재분사 **inserting**) 타 **1** …을 끼워 넣다, 삽입하다: He *inserted* a coin *into* the slot. 그는 동전 투입구에 동전을 넣었다
2 …을 써넣다

in·side [insáid 인싸이드] 명 (복수 **insides** [-dz]) 〔보통 the를 붙여〕 안쪽, 내부(반 outside 바깥쪽): *the inside* of the house 집안
inside out 뒤집어서: He was wearing his sweater *inside out*. 그는 스웨터를 뒤집어 입고 있었다
—부 안쪽에, 내부에: look *inside* 안쪽을 들여다 보다/ There is somebody *inside*. 안에 누군가 있다
inside of 《구어》 …이내에(within): He will be back *inside of* a week. 그는 1주일 이내에 돌아올 것이다
—형 **1** 안쪽의, 내부의: an *inside* pocket 안주머니
2 비밀의: *inside* information 비밀 정보
—전 …의 안쪽에, 내부에(반 outside 바깥쪽에): There is one marble *inside* the box. 상자 안에 구슬이 한 개 있다/ Go *inside* the building. 건물 안으로 들어가시오

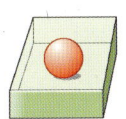
outside
inside

in·sight [ínsait 인싸잇] 명 통찰력

in·sig·nif·i·cant [insignífikənt 인씨그니F이컨트] 형 대수롭지 않은, 하찮은(반 significant 중요한)

in·sist [insíst 인씨스트] 동 (3단현 **insists** [-ts]; 과거·과거분사 **insisted**

[-id]; 현재분사 **insisting**) 자 **1 주장하다(on)**: I *insisted on* his innocence. 나는 그의 무죄를 주장했다
2 강요하다, 요구하다
── 타 …라고 주장하다: He *insisted that* I should go. 그는 내가 가야 한다고 주장했다

***in·spect** [inspékt 인스펙트] 통 (3단현 **inspects** [-ts]; 과거·과거분사 **inspected** [-id]; 현재분사 **inspecting**) 타 **…을 조사〔검사〕하다**; 시찰하다: He *inspected* every part of the car. 그는 자동차의 모든 부품을 조사했다

in·spec·tion [inspékʃən 인스펙션] 명 조사, 검사; 시찰

in·spec·tor [inspéktər 인스펙터r] 명 **1** 검사관, 검열관 **2** (경찰의) 경위

in·spi·ra·tion [insəréiʃən 인스퍼레이션] 명 **1** 고취, 고무하는 사람〔것〕 **2** 영감

in·spire [inspáiər 인스파이어r] 통 (3단현 **inspires** [-z]; 과거·과거분사 **inspired** [-d]; 현재분사 **inspiring** [-spáiəriŋ]) 타 **1** …을 고무〔격려〕하다: The news *inspired* him *with* courage. 그 소식을 듣고 그는 용기가 났다
2 …에게 영감을 주다
3 (숨을) 들이쉬다(반 expire 내쉬다)

***in·stall** [instɔ́:l 인스토-ㄹ] 통 (3단현 **installs** [-z]; 과거·과거분사 **installed** [-d]; 현재분사 **installing**) 타 **1 …을 장치〔설치〕하다**: We *installed* a new air conditioner today. 우리는 오늘 에어컨을 설치했다
2 (정식으로) 취임시키다, 임명하다

in·stall·ment, 《영》 **in·stal·ment** [instɔ́:lmənt 인스토-얼먼트] 명 (복수 **installments** [-ts]) 할부(금), (1회) 납입금

***in·stance** [ínstəns 인스턴쓰] 명 (복수 **instances** [-iz]) **1 보기**(example), 실례: a rare *instance* 드문 예
2 경우(case): in this *instance* 이 경우
for instance 예를 들면(for example): I like winter sports, *for instance*, skating and skiing. 나는 겨울 스포츠, 예를 들어 스케이트와 스키를 좋아한다

***in·stant** [ínstənt 인스턴트] 명 **즉시**; 순간(moment)
for an instant 잠시 동안: He stopped *for an instant*. 그는 잠깐 멈추었다
in an instant 눈 깜짝할 사이에(in a minute): It all happened *in an instant*. 그 일은 모두 순식간에 일어났다
the instant (that) 하자마자: The *instant* he came in, he fell down. 그는 들어오자마자 쓰러졌다
this instant 지금 당장에: Stop talking *this instant*. 당장 말을 멈추시오
── 형 **1 즉각〔즉시〕의**: I need an *instant* response. 나는 즉각적인 대답을 원한다
2 인스턴트의, 즉석의: *instant* coffee 인스턴트 커피

in·stant·ly [ínstəntli 인스턴틀리] 부 즉시로, 즉석에서
── 접 …하자마자(as soon as)

***in·stead** [instéd 인스테드] 부 **그 대신에**: Give me this *instead*. 대신 이것을 주시오
instead of …대신에: I used a pencil *instead of* a pen. 나는 펜 대신에 연필을 사용했다

in·stinct [ínstiŋkt 인스팅(크)트] 명 본능: the *instinct* of animals 동물의 본능/ act on *instinct* 본능대로 행동하다

in·stinc·tive [instíŋktiv 인스팅(크)티v] 형 본능적인

in·stinc·tive·ly [instíŋktivli 인스팅(크)티v을리] 형 본능적으로

***in·sti·tute** [ínstətjù:t 인스터튜-트] 명 (복수 **institutes** [-ts]) **1 학회**, 협회; (학회 등의) 회관 **2 연구소**; (이공계 계통의) 전문학교, 대학
── 통 (현재분사 **instituting**) 타 (회·조직 등을) 설립하다

in·sti·tu·tion [ìnstətjúːʃən 인스터튜션] 명 (복수 **institutions** [-z]) 1 **학회**, **협회**, 단체 2 (학교·병원 등의) 공공 시설 3 제도, 관습, 관례 4 설립, 창립; (법률 등의) 제정

*__in·struct__ [instrʌ́kt 인스츄뤅트] 동 (3단현 **instructs** [-ts]; 과거·과거분사 **instructed** [-id]; 현재분사 **instructing**) 타 1 **…을 가르치다**, 교육하다 (teach): He *instructs* the students *in* history. 그는 학생들에게 역사를 가르친다

2 …을 지시〔명령〕하다: He *instructed* me *to* wait here. 그는 여기서 기다리라고 나에게 지시했다

*__in·struc·tion__ [instrʌ́kʃən 인스츄뤅션] 명 (복수 **instructions** [-z]) 1 **교수**, **교육**, 가르침: He gave us *instruction* in French. 그는 우리에게 프랑스어를 가르쳤다

2 〔복수형으로〕명령, 지시; 사용 설명서

in·struc·tive [instrʌ́ktiv 인스츄뤅티v으] 형 교육적인, (교육상) 유익한

in·struc·tor [instrʌ́ktər 인스츄뤅터r] 명 1 교사, 지도자 (teacher보다 뜻이 넓어 학교 교사 이외에도 사용한다): a sports *instructor* 스포츠 지도자

2 《미》(대학의) 전임 강사

*__in·stru·ment__ [ínstrəmənt 인스츄뤄먼트] 명 (복수 **instruments** [-ts]) 1 (정밀한) **기계**, **기구** (직공 등이 사용하는 비교적 단순한 「도구」는 tool): medical *instruments* 의료용 기구

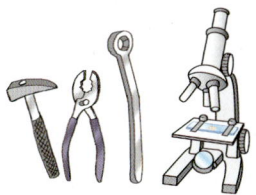

tools   instrument

2 악기: percussion *instruments* 타악기

in·stru·men·tal [ìnstrəméntl 인스츄뤄멘틀] 형 1 악기의, 기악의 (「성악의」는 vocal): *instrumental* music 기악

2 기계의, 기계를 사용하는

in·suf·fi·cient [ìnsəfíʃənt 인써F이션트] 형 불충분한 (반 sufficient 충분한): *insufficient* daylight 일광 부족

in·su·lar [ínsələr 인썰러r] 형 1 섬의 2 섬나라 근성의, 편협한

*__in·sult__ [insʌ́lt 인썰트] 동 (3단현 **insults** [-ts]; 과거·과거분사 **insulted** [-id]; 현재분사 **insulting**) 타 **…을 모욕하다**, 창피주다: He *insulted* me by saying that I had lied. 그는 내가 거짓말을 했다며 나를 모욕했다

—— [ínsʌlt 인썰트] 명 모욕, 무례

*__in·sur·ance__ [inʃúərəns 인슈어뤈스] 명 **보험**; 보험금: life *insurance* 생명 보험

in·sure [inʃúər 인슈어r] 동 (3단현 **insures** [-z]; 과거·과거분사 **insured** [-d]; 현재분사 **insuring** [inʃúəriŋ]) 타 1 …을 보험에 들다: He *insured* his house *against* fire. 그는 그의 집을 화재 보험에 들었다

2 …을 보증하다(guarantee)

in·te·grate [íntəgrèit 인터그뤠잇] 동 (현재분사 **integrating**) 타 1 …을 통합시키다 2 (교육 기관 등에서) 인종 차별을 없애다

in·tel·lect [íntəlèkt 인털렉트] 명 (복수 **intellects** [-ts]) 1 지력, 지성 2 지식인, 식자

*__in·tel·lec·tu·al__ [ìntəléktʃuəl 인털렉츄어얼] 형 (비교급 **more intellectual**; 최상급 **most intellectual**) 1 **지적인**, 지성의: *intellectual* interests 지적 흥미

2 머리를 사용하는, 지능적인: an *intellectual* crime 지능 범죄

—— 명 지식인, 식자

*__in·tel·li·gence__ [intélədʒəns 인텔러줜쓰] 명 1 **지능**, 지성, 이해력: We took an *intelligence* test. 우리는 지능 테스트를 받았다

2 (비밀) 정보: the *intelligence* department (정부 등의) 정보부

in·tel·li·gent [intéləd3ənt 인텔러줜트] 휑 (비교급 **more intelligent**; 최상급 **most intelligent**) 영리한, 이해력이 빠른: He is an *intelligent* man. 그는 매우 영리한 사람이다

in·tend [inténd 인텐드] 통 (3단현 **intends** [-dz]; 과거·과거분사 **intended** [-id]; 현재분사 **intending**)
타 **1** …하려고 생각하다 ((to *do*, do*ing*)): I *intend to* major (*majoring*) in economics in college. 나는 대학에서 경제학을 전공할 생각이다
2 (사람·물건을) …에 쓰고자 하다 ((for)): This present *intended for* you. 이것은 너에게 줄 선물이다

in·tense [inténs 인텐쓰] 휑 (비교급 **intenser**; 최상급 **intensest**) 강한, 격렬한: an *intense* light 강렬한 빛/ *intense* cold 혹한

in·ten·si·ty [inténsəti 인텐써티 → 인텐써리] 명 강렬함, 격렬함

in·ten·sive [inténsiv 인텐씨v으] 휑 집중적인(반 extensive 광범위한): *intensive* reading 정독

in·tent [intént 인텐트] 휑 열심인, …에 열중하고 있는 ((on)): He is *intent on* his task. 그는 일에 열중하고 있다

in·ten·tion [inténʃən 인텐션] 명 의도, 의향: I have no *intention* of doing it. 나는 그것을 할 생각은 없다

in·ten·tion·al [inténʃənl 인텐셔느을] 휑 계획된, 고의의(반 accidental 우연한): an *intentional* insult 고의적인 모욕

in·ten·tion·al·ly [inténʃənəli 인텐셔널리] 부 일부러, 고의로

in·ter- (접두사) 「속; 사이, 상호」의 뜻: *inter*national 국제간의/ *inter*course 교제

in·ter·cept [intərsépt 인터r쎕트] 타 (사람·물건을) 도중에서 잡다 [빼앗다], 가로채다

in·ter·change [intərtʃèindʒ 인터r췌인쥐] 명 (복수 **interchanges** [-iz]) **1** 교환 **2** (고속 도로의) 나들목, 인터체인지

interchange 2

── 통 (현재분사 **interchanging**) 타 …을 교환하다, 주고받다

in·ter·course [íntərkɔ̀:rs 인터r코-r쓰]
명 **1** 교제, 교류: social *intercourse* 사교
2 성교, 육체 관계

in·ter·est [íntərèst 인터레스트] 명 (복수 **interests** [-ts]) **1** 관심, 흥미 ((in)): I have no *interest in* sports. 나는 스포츠에는 관심이 없다/ He takes a great *interest in* music. 그는 음악에 큰 관심을 가지고 있다
2 [종종 복수형으로] 이익: for the public *interests* 공공의 이익을 위하여
3 [단수형으로] 이자: annual *interest* 연리(年利)

with interest (1) 흥미를 가지고: He looked at the picture *with* much *interest*. 그는 그 그림을 매우 흥미롭게 가지고 보았다
(2) 이자를 붙여서

── 통 (3단현 **interests** [-ts]; 과거·과거분사 **interested** [-id]; 현재분사 **interesting**) 타 …에 흥미를 갖게 하다: The story *interested* me very much. 그 이야기는 내게 무척 흥미 있었다

in·ter·est·ed [íntərèstid 인터레스티드]
휑 **1** 흥미를 가진, 관심 있는: I'm *interested* to know why she dislike him. 그녀가 그를 왜 싫어하는지 알고 싶다
2 이해 관계가 있는

be interested in (1) …에 흥미가 있다: I *am interested in* music. 나는 음악에 흥미가 있다
(2) …에 관계하고 있다: He *is interested in* the enterprise. 그는 그 사업에 관계하고 있다

***in·ter·est·ing** [íntərestiŋ 인터뤠스팅] 형 재미있는, 흥미 있는: an *interesting* story 재미있는 이야기 / This book is very *interesting* to me. 이 책은 매우 재미있다

***in·ter·fere** [ìntərfíər 인터rF이어r] 동 (3단현 **interferes** [-z]; 과거·과거분사 **interfered** [-d]; 현재분사 **interfering** [-fíəriŋ]) 자 **1** 방해하다, 훼방하다 (**with**): Don't *interfere with* my study. 공부를 방해하지 마라
2 간섭하다 (**in**): She *interfered in* my plan. 그녀는 내 계획을 간섭했다

in·ter·fer·ence [ìntərfíərəns 인터rF이어뤈쓰] 명 **1** 방해 **2** 간섭

***in·te·ri·or** [intíəriər 인티어뤼어r] 형 내부의, 안쪽의: *interior* decoration [design] 실내 장식[디자인]
── 명 (복수 **interiors** [-z]) 내부, 안쪽 (반 exterior 외부)

in·ter·jec·tion [ìntərdʒékʃən 인터r젝션] 명 [문법] 감탄사

> [문법] 감탄사
> 감탄사는 Oh!, Ah!, Hurrah!처럼 문장 속의 다른 말과 문법적인 관계없이 독립적으로 기쁨·놀람·슬픔·괴로움 등의 감정을 나타낸다.

in·ter·me·di·ate [ìntərmíːdiət 인터r미-디엇] 형 중간의

in·ter·mis·sion [ìntərmíʃən 인터r미션] 명 **1** 중단, 중지 (기간): without *intermission* 끊임없이
2 《미》 (연극 등의) 막간, 휴식 시간 (《영》 interval)

in·tern [íntəːrn 인터-r언] 명 **1** 《미》 인턴, 수련의(醫) **2** 교육 실습생, 교생

in·ter·nal [intəːrnl 인터-r느얼] 형 **1** 안의, 내부의(반 external 외부의): *internal* organs 내장
2 국내의(반 foreign 국외의): *internal* affairs 국내 문제

***in·ter·na·tion·al** [ìntərnǽʃənl 인터r내셔느얼] 형 (비교급 **more international**; 최상급 **most international**) 국제의, 국제적인, 국제간의: *international* trade 국제 무역 / an *international* airport 국제 공항

***In·ter·net** [íntərnèt 인터r넷] 명 인터넷 (전자 정보망을 중심으로 한 국제 컴퓨터 통신망)

in·ter·pret [intə́ːrprit 인터-r프륏] 동 (3단현 **interprets** [-ts]; 과거·과거분사 **interpreted** [-id]; 현재분사 **interpreting**) 타 **1** …을 해석하다, 설명하다: He *interpreted* the difficult poem for me. 그는 그 어려운 시를 나에게 해석해 주었다
2 [interpret A as B의 형태로] A를 B로 이해하다, 판단하다: I *interpreted* her silence *as* a refusal. 나는 그녀의 침묵을 거절의 뜻으로 이해했다
3 …을 통역하다
── 자 통역하다

in·ter·pre·ta·tion [intə̀ːrprətéiʃən 인터-r프뤄테이션] 명 **1** 해석, 설명 **2** 통역

in·ter·pret·er [intə́ːrprətər 인터-r프뤼터r → 인터-r프뤼러r] 명 **1** 해석자 **2** 통역하는 사람

in·ter·ro·gate [intérəgèit 인테뤄게잇] 동 (현재분사 **interrogating**) 타 질문하다, 심문하다

in·ter·ro·ga·tion [intèrəgéiʃən 인테뤄게이션] 명 질문, 심문

in·ter·rog·a·tive [ìntərɑ́gətiv 인터롸거티v → 인터롸거리v] 형 의문의, 질문의: an *interrogative* sentence [문법] 의문문
── 명 [문법] 의문사 (what, why, where, which 등)

in·ter·rupt [ìntərʌ́pt 인터롭트] 통 (3단현 **interrupts** [-ts]; 과거·과거분사 **interrupted** [-id]; 현재분사 **interrupting**) 타 …을 중단시키다; 방해하다, 저지하다: He *interrupted* her lecture *with* a question. 그는 질문으로 그녀의 강의를 중단시켰다

> 회화
> A: Am I *interrupting* you?
> 혹 방해된 것 아닙니까?
> B: No, not at all.
> 아니요, 그렇지 않아요

in·ter·rup·tion [ìntərʌ́pʃən 인터롭션] 명 방해; 중단

in·ter·sect [ìntərsékt 인터r쎅트] 타 …을 가로지르다

in·ter·sec·tion [ìntərsékʃən 인터r쎅션] 명 1 교차, 횡단 2 (도로의) 교차점

in·ter·val [íntərvəl 인터r V어얼] 명 (복수 **intervals** [-z]) 1 (장소·시간의) **간격**, 틈: at an *interval* of five years 5년의 간격을 두고
2 《영》 (연극 등의) 막간, 휴식 시간 (《미》 intermission)
at intervals 때때로, 이따금

in·ter·view [íntərvjùː 인터r V유-] 명 (복수 **interviews** [-z]) 1 **회견**, 인터뷰 2 면접
── 통 (3단현 **interviews** [-z]; 과거·과거분사 **interviewed** [-d]; 현재분사 **interviewing**) 타 …와 회견〔인터뷰〕하다: They *interviewed* the film star. 그들은 영화 스타와 인터뷰했다
【「서로(inter) 보다(view)」에서】

in·ti·mate [íntəmit 인터밑] 형 (비교급 **more intimate**; 최상급 **most intimate**) 친한, 친밀한: *intimate* relations 친밀한 관계

in·to [íntu 인투] 전 1 〔내부로의 운동·방향을 나타내어〕 …**안에**〔**으로**〕 (《반》 out of 밖에〔으로〕): He throw the letter *into* the fire. 그는 편지를 불 속에 던졌다/ He jumped *into* the swimming pool. 그는 수영장 물 속으로 뛰어들었다

> 유의어 방향의 전치사 in, into, out, out of
> **in**은 보통 어떤 장소 안에 있는 것을 나타내고, **into**는 어떤 장소 안으로 들어가는 동작을 나타낸다. **out**은 보통 어떤 장소 밖에 있는 것을 나타내고, **out of**는 어떤 장소 밖으로 나가는 동작을 나타낸다.

2 〔변화 나타내어〕 …**으로** (하다): The rain changed *into* snow. 비가 눈으로 바뀌었다/ Translate this *into* English. 이것을 영어로 번역하시오
3 〔충돌·접촉을 나타내어〕 …**에 부딪쳐**, 마주쳐: His car ran *into* a wall. 그의 차가 담에 부딪쳤다

in·to·na·tion [ìntənéiʃən 인터네이션] 명 (소리의) 억양, 인토네이션

> 문법 인토네이션
> 영어에서 문장에 따라 올리기도 하고 내리기도 하는데 이것을 인토네이션이라 한다. 이 인토네이션에 의해 찬성·반대·의문·놀람 등의 말하는 사람의 기분을 나타낸다.

in·tran·si·tive [intrǽnsətiv 인츄랜써티v으] 형 【문법】 자동사의: an *intransitive* verb 자동사(반 transitive verb 타동사)

in·tri·cate [íntrəkit 인트뤄킷] 형 얽힌, 복잡한

in·trigue [intríːg 인트뤼-그] 명 음모

in·tro·duce [ìntrədjúːs 인츄뤄듀-쓰] 동 (3단현 **introduces** [-iz]; 과거·과거분사 **introduced** [-t]; 현재분사 **introducing**) 타 **1** (사람을) **소개하다**: Let me *introduce* myself. 제 소개를 하겠습니다/ She *introduced* me *to* her parents. 그녀는 나를 그의 부모님께 소개했다

> 참고 소개
> 사람을 소개하는 순서는 남자를 여자에게, 연하의 사람을 연상의 사람에게 먼저 소개하며, 사람을 가리킬 때는 he 또는 she라 하지 않고 This is ....(이 사람은 …입니다)라 한다.

2 (처음) 들여오다, 도입하다: Tobacco was *introduced into* Europe *from* America. 담배는 아메리카에서 유럽에 전해졌다

in·tro·duc·tion [ìntrədʌ́kʃən 인츄뤄닥션] 명 **1** 소개 **2** 도입, 받아들임, 수입 **3** (책 등의) 서문, 서론; 입문(서)

in·trude [intrúːd 인츄루-드] 동 (현재분사 **intruding**) 타 **1** …을 방해하다, 훼방놓다 **2** 침입하다

in·tu·i·tion [ìntjuíʃən 인튜이션] 명 직관(直觀), 직감

in·vade [invéid 인V에이드] 동 (3단현 **invades** [-dz]; 과거·과거분사 **invaded** [-id]; 현재분사 **invading**) 타 **1** …에 **침략하다**, 침입하다: Germany *invaded* France. 독일은 프랑스를 침략했다
2 (권리 등을) 침해하다

in·vad·er [invéidər 인V에이더r] 명 침략자, 침입자

in·va·lid¹ [ínvəlid 인V얼리드] 형 병약한, 허약한
── 명 병자, 병약자

in·va·lid² [invǽlid 인V앨리드] 형 **1** 근거가 없는 **2** 효력 없는, 무효인

in·val·u·a·ble [invǽljuəbl 인V앨류어블] 형 대단히 값진, 매우 귀중한 (참고 valueless는 「가치 없는」)

in·var·i·a·ble [invɛ́əriəbl 인V에어뤼어블] 형 불변의, 일정한

in·var·i·a·bly [invɛ́əriəbli 인V에어뤼어블리] 부 변함 없이, 늘

in·va·sion [invéiʒən 인V에이줜] 명 **1** 침입, 침략 **2** (권리 등의) 침해

in·vent [invént 인V엔트] 동 (3단현 **invents** [-ts]; 과거·과거분사 **invented** [-id]; 현재분사 **inventing**) 타 **1** …**을 발명하다** (참고「발견하다」는 discover): J. Watt *invented* the steam engine. 와트는 증기 기관을 발명했다
2 …을 꾸며내다, 조작하다: He *invented* an excuse again. 그는 다시 변명을 지어냈다

in·ven·tion [invénʃən 인V엔션] 명 (복수 **inventions** [-z]) **1** 발명; 발명품 (참고「발견」은 discovery): Necessity is the mother of *invention*. 《속담》 필요는 발명의 어머니
2 꾸며 낸 일[이야기]

in·ven·tor [invéntər 인V엔터r] 명 발명자

in·ven·to·ry [ínvəntɔ̀ːri 인V언토-뤼] 명 (복수 **inventories** [-z]) (상품·재산 등의) 목록

in·vert [invə́ːrt 인V어-r트] 타 …을 거꾸로[반대로] 하다

in·vest [invést 인V에스트] 동 (3단현 **invests** [-ts]; 과거·과거분사 **invested** [-id]; 현재분사 **investing**) 타 …**을 투자하다**, (시간·정력 등을) 들이다: He *invested* his money *in* stocks. 그는 주식에 돈을 투자했다
── 자 투자하다 (in)

in·ves·ti·gate [invéstəgèit 인V에스터게잇] 동 (3단현 **investigates** [-ts]; 과거·과거분사 **investigated** [-id]; 현재분사 **investigating**) 타 …을 조사하다, 연구하다: They are *investigating* the cause of the accident. 그들은 그 사고의 원인을 조사하고 있다

in·ves·ti·ga·tion [invèstəgéiʃən 인V에스터게이션] 명 (정밀한) 조사, 연구

in·vest·ment [invéstmənt 인V에스트먼트] 명 (복수 **investments** [-ts]) 투자; 투자액: I made an *investment* in stocks. 나는 주식에 투자했다

in·ves·tor [invéstər 인V에스터r] 명 투자자

in·vis·i·ble [invízəbl 인V이Z어브을] 형 눈에 안 보이는(반 visible 보이는): The airplane soon became *invisible*. 비행기는 이내 보이지 않게 되었다

in·vi·ta·tion [ìnvətéiʃən 인V어테이션] 명 (복수 **invitations** [-z]) 1 초대: We accepted〔refused〕 the *invitation*. 우리는 그 초대를 받아들였다〔사절했다〕

〔회화〕
A: Thank you for your *invitation*. 초대해 주셔서 감사합니다
B: You're welcome. 천만에요

2 초대장, 안내장

in·vite [inváit 인V아잇] 동 (3단현 **invites** [-ts]; 과거·과거분사 **invited** [-id]; 현재분사 **inviting**) 타 1 …을 초청〔초대〕하다: How many people did you *invite*? 몇 명이나 초대하셨습니까? 2 …을 부탁하다, 요청하다: We *invited* her *to* lecture. 우리는 그녀에게 강의해 줄 것을 청했다

in·voice [ínvɔis 인V오이쓰] 명 〔상업〕 송장(送狀)

in·volve [inválv 인V아을V으] 동 (3단현 **involves** [-z]; 과거·과거분사 **involved** [-d]; 현재분사 **involving**) 타 1 (사건·논쟁 등에) 말려들게 하다: She was *involved* in the crime. 그녀는 그 범죄에 연루되었다
2 포함하다, 수반하다: The task *involves* much danger. 그 일은 많은 위험을 수반한다

in·ward [ínwərd 인워r드] 형 1 안의, 내부의(반 outward 외부의) 2 내적인, 마음의

—— 부 1 안으로, 내부로 2 마음 속에서

IOC 《약어》 International *O*lympic *C*ommittee 국제 올림픽 위원회

i·o·dine [áiədàin 아이어다인] 명 〔화학〕 요오드, 옥소 (기호 I)

i·on [áiən 아이언] 명 〔화학〕 이온

-ion 《접미사》 형용사·동사에 붙어서 「상태·동작」을 나타내는 명사를 만듦: relig*ion* 종교/ quest*ion* 질문

I·o·wa [áiəwə 아이어와] 명 아이오와 《미국 중부의 주(州); 약어는 Ia., IA》

IQ [áikjú: 아이큐-] 명 지능 지수 (*i*ntelligence *q*uotient의 약어)

ir- 《접두사》 「무(無)…, 불(不)…」의 뜻: *ir*regular 불규칙한

I·ran [irǽn 이랜] 명 이란 《아시아 남서부의 공화국; 수도는 테헤란(Teheran); 옛 이름 페르시아(Persia)》

I·raq [irá:k 이라-크] 명 이라크 《아시아 남서부의 공화국; 수도는 바그다드(Baghdad)》

Ire·land [áiərlənd 아이어r을런드] 명 1 아일랜드 섬 《대 브리튼 섬의 서쪽에 있는 섬; 북부는 영국에 속하는 북아일랜드이고, 남부는 아일랜드 공화국》 2 아일랜드 공화국 《수도는 더블린(Dublin)》 〖고대 영어 「아일랜드 사람(Irish)의 땅(land)」에서〗

i·ris [áiris 아이뤼쓰] 명 1 〔식물〕 아이리스, 붓꽃 2 (눈의) 홍채

iris 1

I·rish [áiriʃ 아이뤼쉬] 형 아일랜드(인·어)의
── 명 1 〔the를 붙여〕 아일랜드인 《전체》 2 〔무관사로〕 아일랜드어

I·rish·man [áiriʃmən 아이뤼쉬먼] 명 (복수 **Irishmen** [-mən]) 아일랜드인

i·ron [áiərn 아이어r언] 〖 발음 주의〗
명 (복수 **irons** [-z]) 1 철, 쇠: This is made of *iron*. 이것은 쇠로 만들어졌다/ Strike while the *iron* is hot. 《속담》쇠는 뜨거울 때 쳐라; 좋은 기회를 놓치지 마라
2 다리미: an electric *iron* 전기 다리미
── 형 1 철의, 철제의: an *iron* bridge 철교/ the *Iron* Age 철기 시대
2 (쇠같이) 단단한〔강한〕: He has an *iron* will. 그는 (쇠처럼) 굳은 의지를 가지고 있다
── 동 (3단현 **irons** [-z]; 과거·과거분사 **ironed** [-d]; 현재분사 **ironing**) 타 (의복 등에) 다리미질을 하다: She was *ironing* her blouse. 그녀는 블라우스를 다리미질하고 있었다

i·ron·ic [airánik 아이롸닉] 형 빈정대는

i·ron·i·cal [airánikəl 아이롸니커얼] 형 = ironic

i·ron·work [áiərnwə̀:rk 아이어r언워-rㅋ] 명 (복수 **ironworks** [-s]) 1 (구조물의) 철로 된 부분; 철제품 2 〔복수형으로; 종종 단수 취급〕 제철소, 철공소

i·ro·ny [áirəni 아이러니] 명 1 풍자, 비꼬는 말 2 반어법 《사실과 반대되는 표현으로 사실을 더욱 강조하는 수사법》

ir·ra·tion·al [iráeʃənl 이래셔느을] 형 1 이성이 없는 2 불합리한(반 rational 합리적인)

ir·reg·u·lar [irégjulər 이뤠귤러r] 형 불규칙한, 고르지 못한(반 regular 규칙적인): an *irregular* verbs 【문법】불규칙 동사《go, give, run 등》

ir·ri·gate [írəgèit 이뤄게잇] 동 (현재분사 **irrigating**) 타 1 (토지에) 물을 대다
2 (상처 등을) 세척하다

*ir·ri·tate** [írətèit 이뤄테잇] 동 (3단현 **irritates** [-ts]; 과거·과거분사 **irritated** [-id]; 현재분사 **irritating**) 타 1 화나게 하다, 짜증나게 하다: She was *irritated* by his manner. 그녀는 그의 태도에 화가 났다
2 …에 염증을 일으키다

is [iz 이즈] 동 (과거 **was** [wɔz]; 과거분사 **been** [bín]; 현재분사 **being**) 자 1 〔주어의 성질·상태를 나타내어〕 …이다: He *is* a good doctor. 그는 훌륭한 의사이다/ This *is* a pen. 이것은 펜이다/ It's me. 나요
2 〔주어의 존재를 나타내어〕 …에 있다: There *is* a book *on* the desk. 책상 위에 책이 한 권 있다/ She *is* in New York now. 그녀는 지금 뉴욕에 있다

〖쓰임새〗 is는 주어가 he, she, it, this, that 및 명사의 단수형일 때 쓰이는 be 동사의 현재형으로 《구어》에서는 he's, she's, it's, that's, there's 등의 단축형으로 주로 쓰인다.

── 조 1 〔**is** + 현재분사로 진행형을 만들어〕 …하고 있다: She *is singing* now. 그녀는 지금 노래를 부르고 있다
2 〔**is** + 타동사의 과거분사로 수동태를 만들어〕 …되다, …되어 있다: This magazine *is published* twice a month. 이 잡지는 한 달에 두 번 발행된다/ The letter *is written* in English. 그 편지는 영어로 쓰여 있다
3 〔**is** + 자동사의 과거분사의 형태로 완료된 상태를 나타내어〕 《문어》 …하여 버렸다: Winter *is* gone. 겨울이 지나갔다
4 〔**is** + **to** + 동사의 원형의 형태로 예정·가능·의무·당연·운명을 나타내어〕 …할 예정이다; …해야 한다; …할 운명이다: He *is to* visit London tomorrow. 그는 내일 런던을 방문할 예정이다 / It *is* not *to* be denied. 그것은 부정할 수 없다

-ish (접미사)「…에 속하는」「…와 같은」의 뜻의 형용사를 만듦: child*ish* 어린아이 같은

Is·lam [islάːm 이슬라-암] 명 이슬람교, 마호메트교, 회교

is·land [áilənd 아일런드] 〔🅢 s는 묵음〕 명 (복수 **islands** [-dz]) 섬

isle [áil 아일] 명 〔🅢 s는 묵음〕《시어》섬, 작은 섬

isn't [íznt 이Z은트] is not의 단축형

i·so·late [áisəlèit 아이썰레잇] 동 (3단현 **isolates** [-ts]; 과거·과거분사 **isolated** [-id]; 현재분사 **isolating**) 타 …을 고립시키다, 격리[분리]시키다: She *isolated* herself *from* all society. 그녀는 모든 교제를 끊었다

i·so·la·tion [àisəléiʃən 아이썰레이션] 명 고립, 격리, 분리

Is·ra·el [ízriəl 이Z으뤼어얼] 명 이스라엘 《아시아 남서부의 지중해에 면한 공화국; 수도는 예루살렘(Jerusalem)》

is·sue [íʃjuː 이슈-] 명 (복수 **issues** [-z])
1 (신문·잡지·어음 등의) **발행**; 발행물; (출판물의) …호, …판: the *issue* of stamps 우표의 발행/ the March *issue* of a magazine 그 잡지의 3월호
2 문제, 쟁점, 이슈, 논점: political *issue* 정치 문제
3 유출, 배출, 나옴
── 동 (3단현 **issues** [-z]; 과거·과거분사 **issued** [-d]; 현재분사 **issuing**) 타
1 **…을 발행하다**: *issue* a stamps 우표를 발행하다
2 (명령 등을) 내리다: *issue* an order 명령을 내리다
3 (연기·피 등을) 내다

-ist (접미사)「…하는 사람, …가; …주의자」의 뜻의 명사를 만듦: novel*ist* 소설가 / social*ist* 사회주의자

isth·mus [ísməs 이스머쓰] 〔🅢 th는 묵음〕 명 (복수 **isthmuses** [-iz]) 지협(地峽) 《2개의 큰 대륙을 연결하는 좁은 육지》

it [it 잇] 대 《인칭 대명사·3인칭 단수의 주격·목적격》

참고 **it**의 변화형

	단수	복수
주격	it 그것은[이]	they 그것들은[이]
소유격	its 그것의	their 그것들의
목적격	it 그것을	them 그것들을[에]

1 a) 〔주격으로〕 **그것은[이]**: I have a dog. *It*'s white. 나는 개를 기르고 있다. 그것은 흰 개다
b) 〔목적격으로〕 **그것을[에]**: If you have a pen, please lend *it* to me. 펜이 있으면 좀 빌려주십시오

쓰임새 **it**과 **one**
　it은 앞에 말한 명사 그 자체를, **one**은 앞에 말한 명사와 같은 종류의 것을 가리킨다: I've lost my watch. I must look for *it*. 나는 시계를 잃어버렸다. 나는 그것을 찾아야 한다/ I've lost my watch. I must buy a new *one*. 나는 시계를 잃어버렸다. 나는 새 것을 사야 한다.

2 〔형식 주어나 목적어로〕 (🅢 보통 한국어로는 해석하지 않는다): *It* is fun *to* swim in the sea. 바다에서 수영하는 것은 재미있다 (🅢 it은 형식 주어로 to 이하를 가리킨다)/ I found *it* very hard understand him. 그를 이해하기란 아주 어려웠다 (🅢 it은 형식 목적어로 to 이하를 가리킨다)

3 〔날씨·기온·시간·거리 등을 나타내는 글의 주어로〕 (🅢 보통 한국어로는 해석하지 않는다): *It* is raining. 비가 오고 있다/ *It* is five o'clock. 5시다/ How far is *it* from here to the station? 여기서 역까지 얼마나 됩니까?

4 〔It is A that〔who, which〕…의 형태로 A 부분을 강조하여〕 …하는 것은 A이다: *It was* yesterday *that* I saw him. 내가 그를 본 것은 바로 어제였다

쓰임새> I saw him yesterday.에서 yesterday를 강조한 문장. 강조되는 말이 사람일 때는 that 대신 who를 사용하기도 한다: *It* was Lucy *who* came here first. 맨 먼저 여기 온 사람은 바로 루시다.

I·tal·ian [itǽljən 이탤려언] 형 이탈리아(인·어)의
— 명 (복수 **Italians** [-z]) **1** 이탈리아인 **2** 〔무관사로〕 이탈리아어(語)

i·tal·ic [itǽlik 이탤릭] 형 이탤릭체의
— 명 (복수 **italics** [-z]) 〔주로 복수형으로〕 이탤릭체

*__**It·a·ly**__ [ítəli 이틸리 → 이릴리] 명 **이탈리아** 《유럽 남부의 공화국; 수도는 로마 (Rome)》

itch [itʃ 이취] 명 **1** 가려움 **2** 참을 수 없는 욕망, 갈망
— 동 (3단현 **itches** [-iz]) 자 가렵다: My back *itches*. 등이 가렵다

it'd [ítəd 이터드 → 이러드] 《구어》 it had〔would〕의 단축형

*__**i·tem**__ [áitəm 아이텀 → 아이럼] 명 (복수 **items** [-z]) **1 항목**, 종목, 품목 **2** (신문 등의) 기사

i·tin·er·ant [aitínərənt 아이티너뤈트] 형 순방〔순회〕하는

it'll [ítl 이트을 → 이르을] 《구어》 it will〔shall〕의 단축형

*__**its**__ [íts 이츠] 대 (it의 소유격) **그것의**: I have a dog. *Its* name is White. 나는 개를 한 마리 기르고 있다. 그 개의 이름은 화이트다

참고> my, his, her가 하나의 소유격 형태인 것처럼 its는 it의 소유격이므로 it is 또는 it has의 단축형 it's와 혼동하지 말 것.

*__**it's**__ [íts 이츠] 《구어》 it is, it has의 단축형

*__**it·self**__ [itsélf 잇쎌f으] 대 **1** 〔it의 강조형으로〕 **그것 자체**, 바로 그것 (*it* itself를 강하게 발음): Even the well *itself* was empty. 우물조차도 말라 있었다

2 〔it의 재귀형으로〕 그 자체를〔에〕: History repeats *itself*. 《속담》 역사는 되풀이된다

by itself (1) 단독으로, 홀로: The building stands near the river *by itself*. 그 건물은 강변에 외따로 서 있다

(2) 혼자서, 저절로: The machine works *by itself*. 그 기계는 자동으로 움직인다

in itself 그 자체로서; 원래, 본질적으로: Money is not bad *in itself*. 돈은 그것 자체가 나쁜 것은 아니다

of itself 저절로, 스스로: The fire went out *of itself*. 그 불은 저절로 꺼졌다

-ive 《접미사》「…한 경향·성질을 가진」의 뜻: act*ive* 활발한

I've [áiv 아이v으] I have의 단축형

i·vo·ry [áivəri 아이V어뤼] 명 (복수 **ivories** [-z]) **1** 상아 **2** 상아색
— 형 상아의; 상아로 만든: an *ivory* tower 상아탑

i·vy [áivi 아이V이] 명 (복수 **ivies** [-z]) 【식물】담쟁이덩굴

Ivy League [áivi líːg] 명 〔the를 붙여〕 아이비 리그 《미국 북동부의 명문 8개 대학 《하버드, 예일, 콜롬비아, 프린스턴, 브라운, 펜실베이니아, 코넬, 다트머스》; 이 8개 대학으로 이루어진 운동 경기 연맹》 【유서 깊은 명문 대학들의 건물 벽이 담쟁이덩굴(ivy)로 뒤덮여 있기 때문】

-ize 《접미사》「…으로 만들다, …화하다」의 뜻: critic*ize* 비평하다 / organ*ize* 조직하다

Jj

J, j [dʒéi 줴이] 몡 (복수 J's, j's [-z]) **1** 제이 (영어 알파벳의 열째 글자)

jab [dʒǽb 잽] 탄 **1** (뽀족한 것으로) 쿡 찌르다 **2** (주먹 등으로) 재빠르게 쥐어박다 — 몡 (쿡) 찌르기

Jack [dʒǽk 잭] 몡 잭 (남자 이름)

jack [dʒǽk 잭] 몡 **1** 【기계】 잭 (자동차 등 무거운 물건을 들어올려 받치는 장치) **2** 【카드】 잭 (카드패의 일종)

jack 1

jack·al [dʒǽkəl 좨커얼] 몡 【동물】 자칼 (늑대 비슷한 육식의 들짐승)

✱jack·et [dʒǽkit 좨킷] 몡 (복수 jackets [-ts]) **1** 재킷, 웃옷 **2** (책의) 겉장, 덮개, 커버 (✍ 우리가 흔히 말하는 책의 「커버」는 영어 jacket에 해당하고, 영어의 cover는 「표지」를 뜻한다) **3** (레코드의) 재킷

jacket 1   jacket 2   jacket 3

jack-in-the-box [dʒǽk-in-ðə-bɑ̀ks 잭인어박쓰] 몡 도깨비 상자 (뚜껑을 열면 인형 등이 튀어나오는 장난감)

jack·knife [dʒǽknàif 잭나이f으] 몡 (복수 jackknives [-z]) 잭나이프 (휴대용 접칼)

jack-o'-lan·tern [dʒǽkəlæ̀ntərn 좨컬랜터r언] 몡 호박 초롱 (o'는 of의 단축형으로 잭의 랜턴이라는 뜻; 호박에 눈·코·입을 뚫어 만든 호박등으로 핼러윈(Halloween)에 아이들이 가지고 논다)

jack-o'-lantern

jade [dʒéid 줴이드] 몡 비취, 옥(玉)

jag·uar [dʒǽgwɑːr 좨그와ːr] 몡 【동물】 재규어 (아메리카산(産)의 표범)

jaguar

✱jail [dʒéil 줴일] 몡 《미》 (규모가 작은) 교도소; 구치소 (✍ 《영》 gaol)

jail·er, jail·or [dʒéilər 줴일러r] 몡 《미》 (교도소의) 교도관

✱jam¹ [dʒǽm 잼] 몡 잼: apple *jam* 사과 잼

jam² [dʒǽm 잼] 동 (3단현 jams [-z]; 과거·과거분사 jammed [-d]; 현재분사 jamming) 탄 **1** …을 쑤셔 넣다, 채워 넣다: He *jammed* all his clothes *into* a suitcase. 그는 옷을 모조리 가방에 쑤셔 넣었다

2 (장소를) 막다, 메우다: The crowds

jammed the streets. 군중들이 거리를 메웠다
— 명 꽉 들어참, (차량 등의) 혼잡: a traffic *jam* 교통 정체

jam·bo·ree [dʒæmbərí: 잼버뤼-] 명 **1** 《구어》흥겹고 즐거운 모임 **2** (전국적·국제적) 보이스카우트 대회

Jan. 《약어》 *January* 1월

jan·i·tor [dʒǽnətər 좨너터*r* → 좨너러*r*] 명 문지기, 수위; 《미》 (빌딩 등의) 관리인 【로마 신화의 「Janus(야누스)」에서】

*Jan·u·a·ry** [dʒǽnjuèri 좨뉴에뤼] 명 **1월** (🖉 약어는 Jan.): *January* is the first month of the year. 1월은 한 해의 첫 달이다/ We have much snow in *January*. 1월에는 눈이 많이 온다/ He was born on *January* 1. 그는 1월 1일 생이다 【로마 신화의 「Janus(야누스)」에서】

Ja·nus [dʒéinəs 좨이너쓰] 명 【로마신화】 야누스 《천국의 문을 지키며, 일의 처음과 끝을 관장하는 신》

*Ja·pan** [dʒəpǽn 줘팬] 명 **일본** 《수도는 도쿄(Tokyo)》

Janus

Jap·a·nese [dʒæpəníːz 좨퍼니-z으] 형 일본(인·어)의
— 명 (단수·복수 동형) **1** 일본인: a *Japanese* (한 사람의) 일본인/ the *Japanese* 일본 국민 《전체》
2 [무관사로] 일본어: Do you speak *Japanese*? 일본어를 할 줄 압니까?

*jar** [dʒɑːr 좌-*r*] 명 (복수 jars [-z]) (아가리 넓은) **병, 단지**, 항아리

jaw [dʒɔː 좌-] 명 (복수 jaws [-z]) 턱: the lower (upper) *jaw* 아래 [위] 턱

jars

jay [dʒéi 줴이] 명 【조류】 어치

*jazz** [dʒǽz 좨z으] 명 【음악】 **재즈**: He plays *jazz* as a hobby. 그는 취미로 재즈를 연주한다

*jeal·ous** [dʒéləs 젤러쓰] 형 **질투가 많은**, 시샘하는: a *jealous* wife 질투심 많은 아내/ He is *jealous of* my marks. 그는 나의 성적을 샘내고 있다

jeal·ous·y [dʒéləsi 젤러씨] 명 (복수 jealousies [-z]) 질투, 시샘: She is burning with *jealousy*. 그녀는 질투심에 불타고 있다

*jean** [dʒíːn 쥐-인] 명 (복수 jeans [-z]) **1 진** (올이 가는 능직 면포) **2** [복수형으로] 진으로 만든 의복류 《바지·작업복 등》

jeep [dʒíːp 쥐-프] 명 지프차

jeep

jeer [dʒíər 쥐어*r*] 자 비웃다, 조롱하다

Jef·fer·son [dʒéfərsn 줴F어*r*슨] 명 제퍼슨 **Thomas ~** (1743-1826) 《미국 3대 대통령(1801-09)으로 독립 선언서의 기초자》

Je·ho·vah [dʒihóuvə 쥐호우V아] 명 【성서】 여호와, 야훼 《구약성서의 신》

*jel·ly** [dʒéli 젤리] 명 (복수 jellies [-z]) **젤리**; 젤리 모양의 것

jel·ly·fish [dʒélifiʃ 젤리F이쉬] 명 【동물】 해파리 《🖉 젤리처럼 생겨서》

jerk [dʒə́ːrk 줘-*r*크] 명 (복수 jerks [-s]) 갑자기 당기기 [밀기, 비틀기, 찌르기]
— 동 (3단 현

jellyfish

jerks [-s]; 과거·과거분사 **jerked** [-t]; 현재분사 **jerking**) 타 …을 갑자기 당기다〔움직이다, 밀치다, 찌르다〕: He *jerked* the carpet. 그는 카펫을 홱 잡아당겼다

── 자 홱 움직이다: The door *jerked* open. 문이 덜컥 열렸다

Je·ru·sa·lem [dʒərúːsələm 쥐루-썰렘] 명 예루살렘 (이스라엘의 수도)

jest [dʒést 줴스트] 명 농담(joke)

☆**Je·sus Christ** [dʒíːzəs kráist 쥐-ㅈ어ㅆ 크라이스트] 명 **예수 그리스도**

☆**jet** [dʒét 쳇] 명 (복수 **jets** [-ts]) **1** (가스·액체 등의) **분사**, 분출(구) **2** 제트기 (jet plane이라고도 한다)

── 동 (3단현 **jets** [-ts]; 과거·과거분사 **jetted** [-id]; 현재분사 **jetting**) 자 타 **1** 분출하다, 뿜어 나오다 **2** 제트기로 여행하다〔나르다〕

jet engine [dʒét éndʒin] 명 제트 엔진, 분사 추진 기관

jet plane [dʒét pléin] 명 제트기 (간단히 jet라고도 한다)

Jew [dʒúː 쥬-] 명 **1** 유대인 **2** 유대교 신자

☆**jew·el** [dʒúːəl 쥬-어얼] 명 (복수 **jewels** [-z]) **보석**

> 알면 Plus〉 보석의 종류
> amber 호박 diamond 다이아몬드
> emerald 에메랄드 gold 금
> jade 비취 pearl 진주
> ruby 루비 sapphire 사파이어

Jew·el·er, 〈영〉 **Jew·el·ler** [dʒúːələr 쥬-얼러r] 명 보석상인

☆**jew·el·ry,** 〈영〉 **jew·el·lery** [dʒúːəlri 쥬-얼뤼] 명 〔집합적으로〕 **보석류**

> 비교〉 jewel과 jewelry
> **jewel**은 개개의 보석을 가리키지만, **jewelry**는 보석류 전체를 가리킨다.

Jew·ish [dʒúːiʃ 쥬-이쉬] 형 유대인의

jig·saw [dʒíɡsɔː 쥑싸-] 명 **1** 실톱 **2** = jigsaw puzzle

jigsaw puzzle [dʒíɡsɔː pʌ́zl] 명 조각 그림 맞추기 (간단히 jigsaw라고도 한다)
【그림이 실톱으로 자른 것처럼 생겨서】

jin·gle [dʒíŋɡl 쥥그얼] 명 딸랑딸랑〔짤랑짤랑〕 울리는 소리

── 동 (현재분사 **jingling**) 자 타 짤랑짤랑 소리나다〔내다〕
【의성어】

jinx [dʒíŋks 쥥크ㅆ] 명 《미국어》 불운을 가져오는 것, 징크스

☆**job** [dʒáb 좝] 명 (복수 **jobs** [-z]) **1 일**: a part-time *job* 파트타임의 일
2 직업, 직장, 일자리: He is looking for a *job*. 그는 일자리를 찾고 있다

> 참고〉 상대의 직업을 물을 때는 What's your job?이라 하지 않고 What do you do (for a living)?이라 한다. 대답은 I am a doctor. (의사입니다)나 I work for a bank. (은행에서 일하고 있습니다)처럼 job을 쓰지 않고 대답하는 것이 보통이다.

Good job! 잘했어!

jock·ey [dʒáki 좌키] 명 (경마의) 기수

jockey

jog [dʒáɡ 좌ㄱ] 동 (3단현 **jogs** [-z]; 과거·과거분사 **jogged** [-d]; 현재분사 **jogging**) 타 자 천천히 달리다, 조깅하다

jog·ging [dʒáɡiŋ 좌깅] 명 천천히 달리기, 조깅

John [dʒán 좐] 명 **1** 존 (남자 이름) **2** 세례 요한 (그리스도의 탄생을 예언하고 요단 강에서 그리스도에게 세례를 베풀

John Bull 391 **joy**

었다) **3** [**St. John**으로] 사도 요한 《그리스도의 12사도의 한 사람; 요한 복음의 저자》 **4** 요한 복음

John Bull [dʒʌ́n búl] 명 전형적인 영국 사람 (🖊「전형적인 미국 사람」은 Uncle Sam)

John Bull

***join** [dʒɔ́in 조인] 동 (3단현 **joins** [-z]; 과거·과거분사 **joined** [-d]; 현재분사 **joining**) 타 **1** …을 잇다, 연결하다: He *joined* the two pipes together. 그는 두 개의 파이프를 연결했다

2 (강·도로 등이) 합치다, 합류하다: The two roads *join* here. 두 도로가 여기서 합쳐진다

3 …에 참가하다, 가입하다: *join* a club 클럽에 입회하다／Won't you *join* us in the game? 함께 게임하지 않겠니?

—자 참가하다, 한패가 되다: May I *join* in the game? 시합에 낄 수 있을까요?

***joint** [dʒɔ́int 조인트] 명 (복수 **joints** [-ts]) **1** 이음매 **2** 관절 **3** (가지의) 마디
—형 공동의, 합동의: a *joint* concert 합동 연주회

***joke** [dʒóuk 조우크] 명 (복수 **jokes** [-s]) 농담, 우스개: He makes [tells] a good *joke*. 그는 농담을 잘 한다／It is no *joke*. 그것은 농담이 아니다

play a joke on …을 놀리다: He *played a joke on* her. 그는 그녀를 놀렸다

—동 (3단현 **jokes** [-s]; 과거·과거분사 **joked** [-t]; 현재분사 **joking**) 자 농담하다: You must be *joking*. 농담이겠지

jok·er [dʒóukər 조우커r] 명 【카드】 조커 《종종 으뜸패의 구실을 함》

jol·ly [dʒáli 잴리] 형 (비교급 **jollier**; 최상급 **jolliest**) 명랑한; 《구어》 기분 좋은, 즐거운(pleasant): a *jolly* weather 기분 좋은 날씨

Jol·ly Rog·er [dʒáli rádʒər 잴리 롸줘r] 명 [the를 붙여] 해적기 《검은 바탕에 흰색으로 해골과 두 개의 뼈를 엇걸어 그린 기》

***jour·nal** [dʒə́:rnl 줘-r느얼] 명 (복수 **journals** [-z]) **1** (일간) 신문; 잡지, 정기 간행물: a monthly *journal* 월간 잡지
2 일기(diary), 일지: a ship's *journal* 항해 일지

jour·nal·ism [dʒə́:rnəlìzm 줘-r널리Z음] 명 저널리즘, 언론계

jour·nal·ist [dʒə́:rnəlist 줘-r널리스트] 명 (복수 **journalists** [-ts]) 저널리스트, 언론인, 신문[잡지] 기자

***jour·ney** [dʒə́:rni 줘-r니] 명 (복수 **journeys** [-z]) (보통 육로의 비교적 긴) 여행: a week's *journey* 일주일간의 여행／He made a *journey* around world. 그는 세계 일주 여행을 했다

***joy** [dʒɔ́i 조이] 명 (복수 **joys** [-z]) 기쁨 (pleasure), 즐거움(반 sorrow 슬픔): He jumped for [with] *joy*. 그는 기뻐서 펄쩍 뛰었다

to one's joy 기쁘게도: *To my joy*, she has got well. 기쁘게도 그녀는 건강해졌다

joy·ful [dʒɔ́ifəl 죠이F어ㄹ] 형 즐거운, 기쁜: He heard the *joyful* news. 그는 기쁜 소식을 들었다

joy·ous [dʒɔ́iəs 죠이어ㅆ] 형 《문어》 = joyful

Jr., jr. 《약어》 *Junior* 연하의

Ju·da·ism [dʒúːdiːizm 쥬-디이Z음] 명 유대교

judge [dʒʌdʒ 좌쥐] 명 (복수 **judges** [-iz]) 1 재판관, 판사 2 (경기 등의) 심판관, 심사원 3 감정가
—— 동 (3단현 **judges** [-iz]; 과거 · 과거분사 **judged** [-d]; 현재분사 **judging**) 타 1 …을 재판하다, 심판(판정)하다: The court *judged* him guilty. 법정은 그에게 유죄 판결을 내렸다

2 판단하다: You must not *judge* a man by his income. 사람을 그의 수입으로 평가해선 안 된다

3 …이라고 생각하다(think): I *judge* him (to be) honest. 나는 그가 정직하다고 생각한다
—— 자 재판하다; 판정하다

judging from〔by〕… …로 미루어 보면: *Judging from* what you say, she must be happy. 당신의 말로 미루어 보면 그녀는 분명히 행복하다

judg·ment, 《영》 **judge·ment** [dʒʌ́dʒmənt 좌쥐먼트] 명 1 재판, 판결 2 판단, 분별력 3 의견(opinion)

jug [dʒʌg 좌그] 명 1 《영》 (주둥이가 넓고 손잡이가 달린) 물주전자, 물병 (《미》 **pitcher**) 2 《미》 (주둥이가 좁고 몸통이 크며 손잡이가 달린) 액체용기

jug 2

jug·gle [dʒʌ́gl 좌그을] 타 자 1 요술을 부리다, 곡예를 하다 2 【야구】 (공을) 떨어뜨릴 뻔하다 다시 잡다

jug·gler [dʒʌ́glər 좌글러r] 명 요술쟁이, 곡예사

juice [dʒúːs 쥬-ㅆ] 〔 iːㄴ 묶음〕 명 (과일 · 야채 등의) 즙, 주스: fruit *juice* 과즙

juic·y [dʒúːsi 쥬-씨] 형 (비교급 **juicier**; 최상급 **juiciest**) 즙〔수분〕이 많은

juke·box [dʒúːkbɑks 쥬-윽바ㅆ] 명 주크박스 (동전을 넣어 음악을 듣는 장치)

Jul. 《약어》 *July* 7월

Ju·ly [dʒuláí 쥴라이] 명 **7월** (약어는 Jul.): Our summer vacation begins in *July*. 여름 방학은 7월에 시작된다 / He was born on *July* 18. 그는 7월 18일에 태어났다
【줄리어스 시저(Julius Caesar)의 생일이 7월이어서】

jum·bo [dʒʌ́mbou 좀보우] 명 (복수 **jumbos** [-z]) 굉장히 큰 사람〔동물〕
—— 형 굉장히 큰, 초대형의: a *jumbo* jet 점보 제트기

jump [dʒʌmp 좀ㅍ] 동 (3단현 **jumps** [-s]; 과거 · 과거분사 **jumped** [-t]; 현재분사 **jumping**) 자 1 뛰다, 뛰어오르다: *jump over* a fence 울타리를 뛰어넘다 / He *jumped into* the water. 그는 물 속으로 뛰어들었다 / I *jumped out of* bed. 나는 침대에서 벌떡 일어났다

2 (마음이) 덜컥하다, 깜짝 놀라다: My heart *jumped at* the news. 그 소식을 듣고 가슴이 덜컥했다
—— 타 1 …을 뛰어넘다; 뛰어 넘게하다: I *jumped* the stream. 나는 그 내를 뛰어넘었다 / He *jumped* his horse over the fence. 그는 말에게 울타리를 뛰어넘게 하였다

2 (책의 중간을) 건너뛰며 읽다

jump at (1) …에게 달려들다: The dog *jumped at* me. 그 개는 나에게 달려들었다
(2) (제안 등에) 기꺼이 응하다: He *jumped at* our offer. 그는 우리의 제안에 쾌히 응했다

jump on …에게 덤벼들다

──명 (복수 **jumps** [-s]) **뜀**, **도약**, 점프: the high *jump* 높이뛰기/ the pole *jump* 장대높이뛰기

jump·er [dʒʌ́mpər 쟘퍼r] 명 **1** 멀리〔높이〕뛰기 선수 **2** 작업용 상의 (@ 우리가 흔히 말하는 「잠바」는 jacket) **3** 점퍼 드레스〔스커트〕 (여성·어린이용 소매 없는 원피스)

jun. 〔약어〕 *June* 6월

***June** [dʒúːn 쥬-은] 명 **6월**, 유월 (@ 약어는 Jun.): Roses are pretty in *June*. 6월에는 장미가 아름답다/ He was born on *June* 4. 그는 6월 4일에 태어났다 【로마신화에 나오는 Juno(그리스신화의 Hera에 해당)의 이름에서】

***jun·gle** [dʒʌ́ŋgl 졍그얼] 명 〔보통 the를 붙여〕 (열대 지방의) **밀림**, 정글

jungle gym [dʒʌ́ŋgl dʒím] 명 정글짐 《철봉을 가로 세로로 열기설기 짜맞춘 어린이용 운동 시설》

jungle gym

***jun·ior** [dʒúːnjər 쥬-너어r] 형 **1** 손아래의, (…보다) 연하의(반 senior 손위의) (@ 약어는 Jr., jr.): John Smith *Jr*. 아들 쪽의 존 스미스/ She is three years *junior to* me. (= She is *junior to* me by three years.) 그녀는 나보다 세 살 아래다 (@ 「…보다」처럼 비교를 나타낼 때는 than을 쓰지 않고 to를 쓴다)

쓰임새 (1) junior는 특히 《미》에서 같은 이름의 두 형제 중 동생을, 부자(父子) 중 아들을 가리킨다.
(2) 여성의 경우는 쓰지 않는다.

2 (지위 등이) 아래의, 하위의, 후배의

──명 (복수 **juniors** [-z]) **1** 〔one's를 붙여〕 **손아랫사람**: He is my *junior* by three years. 그는 나보다 세살 아래다
2 〔one's를 붙여〕 후배, 하급자
3 《미》 (대학이나 고교에서) 최상급생 (senior)의 바로 아래 학년의 학생

junior college [dʒúːnjər kɑ́lidʒ] 명 《미》 (보통 2년제의) 단기 대학

junior high school [dʒúːnjər hái skúːl] 명 《미》 중학교

junk [dʒʌ́ŋk 쟝크] 명 쓰레기, 고물

Ju·pi·ter [dʒúːpətər 쥬-퍼터r → 쥬-퍼러r] 명 **1** 〔로마신화〕 주피터 《모든 신의 우두머리. 그리스 신화의 제우스(Zeus)에 해당》 **2** 〔천문〕 목성 (@ 태양계의 행성 중에서 가장 커서)

ju·ror [dʒúərər 쥬러r] 명 배심원 (@ 배심(jury)의 한 사람)

***ju·ry** [dʒúəri 쥬뤼] 명 (복수 **juries** [-z]) 〔집합적으로〕 **1 배심(원단) 2** 심사원단

참고 배심원 제도
배심원은 법률 전문가가 아닌 일반 국민 가운데 선출되어 심리(審理)나 재판에 참여하고 사실 인정에 대하여 유무죄의 판단을 하게 된다. 배심원단이 무죄로 평결할 경우에는 법률을 적용할 여지가 없지만, 유죄로 평결할 경우에는 판사가 법률을 적용하여 판결을 선고한다.

ju·ry·man [dʒúərimən 쥬뤼먼] 명 (복수 **jurymen** [-mən]) = juror

***just** [dʒʌ́st 좌스트] 부 **1 꼭**, **정확히** (exactly): *just* then 바로 그때/ It is *just* one o'clock. 정각 1시다/ It is *just* as you say. 네가 말한 바로 그대로다

2 단지, 다만(only): He is *just* a boy. 그는 아직 어린이다

3 겨우, 간신히, 가까스로(barely): I *just* caught the train. 나는 겨우 기차를 잡아탔다/ He only *just* passed the exam. 그는 간신히 시험에 합격했다

4 〔완료형・과거형과 함께〕 **이제 방금**, 막 …을 마친: I have *just* finished lunch. 나는 지금 막 점심 식사를 마쳤다 / He (has) *just* arrived here. 그는 여기에 막 도착했다 (《미》에서는 보통 과거형과 같이 쓴다)

5 《구어》 아주, 정말(really): I am *just* starving. 정말 배가 고프다

6 〔명령・부탁에 써서〕 잠깐만, 좀: *Just* look at this picture. 이 그림을 한번 보십시오 / *Just* a moment, please. 잠깐만 기다리세요

just as (1) …와 꼭 마찬가지로: Do *just as* I do. 꼭 내가 하는 것처럼 해라
(2) 막 …할 때

just now (1) 〔상태를 나타내는 현재형 동사와 함께〕 **바로 지금**, 방금: I am busy *just now*. 나는 지금 바쁩니다
(2) 〔주로 동작을 나타내는 과거형과 함께〕 바로 전에, 직전에: He arrived *just now*. 그는 방금 전에 도착했다
(3) 〔미래형과 함께〕 바로: I'll do it *just now*. 바로 하겠습니다

> 쓰임새 just는 현재 완료형(have〔has〕+과거분사)과 함께 사용하지만, just now는 현재 완료형과 같이 쓰지 않는다: She has finished it *just now*. (×) / She (has) *just* finished it. 또는 She finished it *just now*. 그녀는 방금 전에 그것을 끝냈다.

── 형 **1** (사람・행위 등이) **올바른**, 공정한: a *just* opinion 올바른 의견 / a *just* judge 공정한 재판관

2 **정당한**, 당연한: a *just* reward 정당한 보수 / You have received a *just* punishment. 너는 당연한 벌을 받았다

***jus·tice** [dʒʌ́stis 좌스티쓰] 명 (복수 justices [-iz]) **1 정의**; 공평, 공정: a sense of *justice* 정의감 / You should treat all men with *justice*. 모든 사람은 공평하게 대하여야 한다

2 재판, 사법: a court of *justice* 법원, 법정

3 법관, 재판관

***do justice to* ...** …을 정당하게 다루다, 바로 평가하다: *Do justice to* his ability. 그의 재능을 정당하게 평가하세요

***jus·ti·fy** [dʒʌ́stəfài 좌스터F아이] 동 (3단현 **justifies** [-z]; 과거・과거분사 **justified** [-d]; 현재분사 **justifying**) 타 (행위・주장 등을) **정당화하다**, 옳다고 하다: The end *justifies* the means. 《속담》 목적은 수단을 정당화한다

just·ly [dʒʌ́stli 좌스틀리] 부 **1** 바르게, 정당하게 **2** 당연히

ju·ve·nile [dʒúːvənl 쥬-V어느을] 형 소년〔소녀〕의: *juvenile* offenders 청소년 범죄자

Kk

K, k [kéi 케이] 명 (복수 **K's, k's** [-z]) 케이 《영어 알파벳의 열한째 글자》

kai·ser [káizər 카이저r] 명 〔종종 **Kaiser**로〕 황제, 카이저 《특히 신성 로마 제국·독일 제국·오스트리아 제국의 황제 칭호》 【라틴어 Caesar(황제)에서】

***kan·ga·roo** [kæ̀ŋgərú: 캥거루-] 명 (복수 **kangaroos** [-z]) 【동물】 캥거루

kangaroos

Kan·sas [kǽnzəs 캔자스] 명 캔자스 《미국 중부의 주(州); 약어는 KS, Kans.》

kay·ak [káiæk 카이액] 명 **1** 카약 《에스키모인이 사용하는 가죽 배》 **2** (경기용의 1인승) 카약

kayak 2

keel [kí:l 키-일] 명 (배나 비행기의) 용골(龍骨)

***keen** [kí:n 키-인] 형 (비교급 **keener**; 최상급 **keenest**) **1** (칼 등이) **잘 드는**(sharp), 예리한(반 dull 무딘): a *keen* knife 잘 드는 나이프
2 (바람·추위·고통 등이) 심한: a *keen* wind 살을 에는 듯한 바람
3 (경쟁 등이) 격렬한: a *keen* competition 격렬한 경쟁
4 (두뇌·감각 등이) **예민한**, 민감한(sensitive): She has a *keen* sense of smell. 그녀는 후각이 예민하다
5 〔be keen on〔about〕…의 형태로〕 …에 열심이다: He *is keen on* collecting stamps. 그는 우표 수집에 열중이다
6 〔be keen to *do*의 형태로〕 몹시 …하고 싶어하다: She *is keen to* go abroad. 그녀는 외국에 가고 싶어한다

keen·ly [kí:nli 키-인리] 부 날카롭게

***keep** [kí:p 키-ㅍ] 동 (3단현 **keeps** [-s]; 과거·과거분사 **kept** [képt]; 현재분사 **keeping**) 타 **1** …을 **간직하다**, 보관하다: *keep* meat fresh 고기를 신선하게 보존하다/ Will you *keep* this seat *for* me? 이 자리를 좀 봐주시겠습니까?/ *Keep* the change. 잔돈은 가지십시오
2 (약속·시간 등을) **지키다**; (규칙 등을) 따르다(obey): You have to *keep* your promise. 너는 약속을 지켜야 한다
3 부양하다(support); (가축을) 기르다: He has to *keep* a large family. 그는 많은 식구를 부양해야 한다
4 (상점 등을) 관리〔경영〕하다(manage): *keep* a store〔hotel〕 가게〔호텔〕를 경영하다
5 〔keep + 목적어 + 형용사〔현재〔과거〕분사〕 등의 형태로〕 (…을 어떤 상태에) **두다**: *Keep* the door *open*. 문을 열어놓

아라/ I'm sorry to have *kept* you *waiting*. 기다리게 해서 미안합니다

6 붙들어 두다, 구류〔감금〕하다: The snow *kept* them indoors. 그들은 눈 때문에 집안에 있었다

7 (상품을) 갖추어 놓다, 팔다: Do you *keep* postcards? 엽서 있습니까?

8 (일기 등을) 쓰다: Do you *keep* a diary every day? 너는 매일 일기를 쓰고 있니?

9 (어떤 동작·상태를) 계속하다: This watch *keeps* good time. 이 시계는 시간이 정확하다

──자 **1** (어떤 장소·상태에) 계속 있다: *keep* at home 집에 줄곧 있다/ It *kept* raining all day. 비가 하루 종일 오고 있었다

2 (음식 등이) 오래가다(last): This milk won't *keep* till tomorrow. 이 우유는 내일까지 가지 못할 것이다

keep away (from ...) …에 가까이 하지 않다, 떼어놓다: We'd better *keep away from* that dog. 저 개에 가까이 가지 않는 것이 좋다

keep back (1) 억제하다, 누르다: He tried to *keep back* his tears. 그는 눈물을 참으려고 했다
(2) 막다, 차단하다
(3) …을 감추다

keep down (1) (반란 등을) 진압하다
(2) (감정 등을) 억누르다

keep from doing …을 삼가다: I couldn't *keep from laughing*. 나는 웃지 않을 수 없었다

keep A from doing ... A가 …하지 못하게 하다: The rain *kept* me *from going* out. 비 때문에 나는 외출할 수가 없었다

keep in (1) …에 틀어박히다: He was *kept in* by the rain. 그는 비 때문에 꼼짝 못했다
(2) (감정 등을) 억누르다

keep off …에 접근하지 않다: *Keep off* the grass. 《게시》 잔디밭에 들어가지 마시오

keep on doing 계속 …하다(continue): She *kept on crying*. 그녀는 계속해서 울었다

keep out 막다, 못 들어오게 하다: *keep out* the cold 추위를 막다/ *Keep out.* 《게시》 출입 금지

keep to (1) …에서 벗어나지 않다: *Keep to* the left. 《게시》 좌측 통행
(2) (약속·규칙 등을) 지키다: *keep to* the rule 규칙을 지키다

keep up (1) (가격·수준을) 유지하다
(2) (활동 등을) 계속하다

keep up with (사람·시류 등)에 뒤떨어지지 않다: You walk so fast that I can't *keep up with* you. 네가 너무 빨리 걸어서 나는 따라가지 못하겠다

keep·er [kíːpər 키-퍼r] 명 (복수 **keepers** [-z]) **1** 지키는 사람, …지기 **2** 관리인, 경영자 **3** 사육자

keep·ing [kíːpiŋ 키-핑] 명 **1** 보유, 보존 **2** 부양, 사육

keg [kég 케그] 명 (작은) 통

Kel·ler [kélər 켈러r] 명 켈러 Helen ~ (1880–1968) 《미국의 여류 저술가·사회 운동가; 눈·귀·입이 듣지 않는 3중의 어려움을 극복하고 교육·사회 복지 사업에 헌신했다》

ken·nel [kénl 케느얼] 명 개집 (《미》에서는 보통 doghouse)

Kent [két 켄트] 명 켄트 《잉글랜드 남동부의 주(州)》

Ken·tuck·y [kəntʌ́ki 컨터키] 명 켄터키 《미국 남부의 주(州); 약어는 Ky., Ken.》

Ke·nya [kénjə 케냐] 명 케냐 《동(東)아프리카의 영연방 공화국; 수도는 나이로비(Nairobi)》

kept [képt 켑트] 동 keep(간직하다)의 과거·과거분사형

ketch·up [kétʃəp 케첩] 명 (토마토 등의) 케첩 (《미》에서는 catsup이라고도 쓴다)

*__**ket·tle**__ [kétl 케틀 → 케를] 명 (복수 **kettles** [-z]) **1 솥**, 탕관 **2 주전자**

*__**key**__ [kíː 키-] 명 (복수 **keys** [-z]) **1 열쇠** (「자물쇠」는 lock): This is the *key* of that box. 이것이 저 상자의 열쇠다

2 (문제 해결의) **열쇠**, 실마리; (성공 등의) 비결: the *key* to the puzzle 수수께끼를 푸는 열쇠/ Diligence is the *key* to success. 근면은 성공의 비결이다
3 (타자기 등의) 키; (피아노의) 건반
4 【음악】 조(調): the *key* of C major (minor) 다장(단)조(調)

—— 형 **중요한**, 주요한: a *key* word 중요 단어/ a *key* point 중요한 점

key·board [kíːbɔːrd 키-보-ㄹ드] 명 **1** 건반 악기, 키보드 **2** (피아노·컴퓨터 등의) 건반

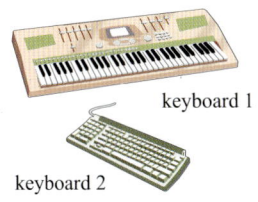

keyboard 1

keyboard 2

key·hole [kíːhòul 키-호울] 명 열쇠 구멍

kg., kg 《약어》 *k*ilogram(s) 킬로그램

*__**kick**__ [kík 킥] 동 (3단현 **kicks** [-s]; 과거·과거분사 **kicked** [-t]; 현재분사 **kicking**) 타 **…을 차다**, 걷어차다: He *kicked* the ball. 그는 공을 찼다/ I was *kicked* by a horse yesterday. 나는 어제 말에게 채였다

—— 자 차다 (at, in)
kick off (1) 걷어차다 (2) 【축구】 킥오프 하다

—— 명 (복수 **kicks** [-s]) 차기

kick·er [kíkər 키커ㄹ] 명 차는 사람

kick·off [kikɔ̀ːf 킥아-ㅍ] 명 **1** 【축구】 킥오프 **2** 《구어》 시작, 개시(start)

*__**kid**__¹ [kíd 키드] 명 (복수 **kids** [-dz]) **1 새끼 염소 2** 《구어》 아이(child)

kid² [kíd 키드] 동 (3단현 **kids** [-dz]; 과거·과거분사 **kidded** [-id]; 현재분사 **kidding**) 자 《구어》 …을 속이다; 농담하다; 놀리다: I'm just *kidding*. 그냥 농담이야

You're kidding! = *__No kidding!__* 너 농담하니!, 설마!

kid·nap [kídnæp 키드냅] 동 (3단현 **kidnaps** [-s]; 과거·과거분사 **kidnapped** [-t]; 현재분사 **kidnapping**) 타 (아이를) 유괴하다

kid·ney [kídni 키드니] 명 【해부】 신장, 콩팥

kill [kíl 키엘] 동 (3단현 **kills** [-z]; 과거·과거분사 **killed** [-d]; 현재분사 **killing**) 타 **1** 죽이다: He was *killed* in the accident. 그는 사고로 죽었다/ The frost *killed* all the crops. 서리로 농작물이 다 죽었다

2 (시간 등을 헛되이) 보내다: He *killed* time *by* reading a comic book. 그는 만화책을 보며 시간을 보냈다

3 《구어》 …을 몹시 괴롭히다: My feet are *killing* me. 발이 아파 죽겠다

***kill one*self** 자살하다: He *killed* himself in despair. 그는 절망하여 자살했다

kill two birds with one stone 일석이조의 효과를 올리다, 일거양득하다

kill·er [kílər 킬러*r*] 명 살인자

ki·lo- 〔접두사〕「천(千)」의 뜻: *kilo*meter 킬로미터

ki·lo·gram, 《영》 **ki·lo·gramme** [kíləgræm 킬러그램] 명 킬로그램 (🔎 1,000그램; 약어는 kg)

ki·lo·li·ter, 《영》 **ki·lo·li·tre** [kíləlì:tər 킬러리터*r* → 킬러리러*r*] 명 킬로리터 (🔎 1,000리터; 약어는 kl)

ki·lo·me·ter, 《영》 **ki·lo·me·tre** [kíləmì:tər 킬러미터*r* → 킬러미러*r*] 명 킬로미터 (🔎 1,000미터; 약어는 km)

ki·lo·watt [kíləwàt 킬러왓] 명 【전기】 킬로와트 (🔎 1,000와트; 약어는 kw)

kin [kín 킨] 명 〔집합적으로〕 친척, 일가

kind[1] [káind 카인드] 형 (비교급 **kinder**; 최상급 **kindest**) 친절한, 상냥한(반 unkind 불친절한): She is a very *kind* girl. 그녀는 매우 친절하다/ It is very *kind* of you to help me. 도와 주셔서 대단히 고맙습니다

be kind enough to ... = ***be so kind as to ...*** 친절하게도 …하다: She *was kind enough to* show me the way. 그녀는 친절하게도 나에게 길을 알려 주었다

kind[2] [káind 카인드] 명 (복수 **kinds** [-dz]) **1** 종류(sort): all *kinds* of books 온갖 종류의 책/ What *kind* of music do you like best? 어떤 종류의 음악을 가장 좋아합니까?/ I don't like this *kind* of hat. 나는 이런 종류의 모자를 좋아하지 않는다

2 (동식물의) 종족: the human *kind* 인류

a kind of 일종의… : A whale is *a kind of* mammal. 고래는 포유동물의 일종이다

kind of 《구어》 약간, 조금: It's *kind of* hot today. 오늘은 조금 덥다

... of a kind (1) 같은 종류의: They are all *of a kind*. 그들은 모두 똑같은 무리다

(2) 이름뿐인, …라고는 말할 수 없는: He is a gentleman *of a kind*. 그는 신사라고는 말할 수 없는 사람이다

kin·der·gar·ten [kíndərgà:rtn 킨더가−*r*튼] 명 유치원

kindergarten

kind·heart·ed [káindhá:rtid 카인드하−*r*티드 → 카인드하−*r*리드] 형 다정한, 자상한

kin·dle [kíndl 킨드을] 동 (3단현 **kindles** [-z]; 과거·과거분사 **kindled** [-d]; 현재분사 **kindling**) 타 **1** …에 불을 붙이다, 태우다: We tried to *kindle* dry wood. 우리는 마른 나무에 불을 붙이려 하였다

2 …을 밝게 하다, 비추다

3 …을 자극하다, 흥분시키다(excite)
── 자 **1** …에 불붙다 **2** (얼굴 등이) 빛나다

kind·ly [káindli 카인들리] 형 (비교급 **kindlier**; 최상급 **kindliest**) 부드러운,

상냥한, 다정한: a *kindly* voice 부드러운 목소리
── 甼 1 〔동사 뒤에 놓여〕 친절하게, 다정하게; 〔동사 앞에 놓여〕 친절하게도: She spoke to him *kindly*. 그녀는 그에게 다정하게 말을 걸었다 / He *kindly* helped me. 그는 친절하게도 나를 도와주었다
2 부디, 제발 (📖 보통 please를 쓴다): Will you *kindly* shut the door? 문 좀 닫아주시겠습니까?

kind·ness [káindnis 카인(드)니쓰] 명 (복수 **kindnesses** [-iz]) 친절; 친절한 행위: Thank you for your *kindness*. 당신의 친절에 감사 드립니다

kin·dred [kíndrid 킨쥬뤄드] 명 〔집합적으로〕 일가, 친척(relatives)
【고대 영어 「친족(kin) 상태」에서】

*****king** [kíŋ 킹] 명 (복수 **kings** [-z]) 1 **왕, 임금** (반 queen 여왕): the *King* of England 영국왕
2 거물(巨物), 1인자, …왕: an oil *king* 석유왕 / the *king* of beasts 백수(百獸)의 왕 《사자》
3 〔카드·체스의〕 킹

***king·dom** [kíŋdəm 킹덤] 명 1 **왕국** (📖 왕(king) 또는 여왕(queen)이 다스리는 국가): the United *Kingdom* 연합 왕국, 영국
2 【생물】 (동식물 분류상의) 계(界): the animal〔plant, mineral〕 *kingdom* 동물〔식물, 광물〕계

ki·osk [kíːɑsk 키-아스크] 명 키오스크 《역·광장 등에 있는 신문 매점·공중 전화실 등의 간이 건축물》

*****kiss** [kís 키쓰] 명 (복수 **kisses** [-iz]) 1 **키스, 입맞춤**: She gave her baby a *kiss*. 그녀는 아기에게 키스를 했다
── 동 (3단현 **kises** [-iz]: 과거·과거분사 **kissed** [-t]; 현재분사 **kissing**) 타 키스하다, 입맞추다: I *kissed* her cheek. 나는 그녀의 뺨에 키스했다
kiss a person ***good-bye*** 이별의 키스를 하다: I *kissed* her *good-bye*. 나는 그녀에게 이별의 키스를 했다

kit [kít 킷] 명 1 (스포츠·여행 등의) 용구〔도구〕 한 벌 2 《영》 (군인이 휴대하는 무기 이외의) 장비 3 용구 상자

*****kitch·en** [kítʃin 키치인] 명 (복수 **kitchens** [-z]) **부엌**, 주방: Mother is making a cake in the *kitchen*. 어머니는 부엌에서 케이크를 만들고 계신다

***kite** [káit 카잇] 명 (복수 **kites** [-ts]) 1 **연**: The boy was flying a *kite*. 그 소년은 연을 날리고 있었다
2 【조류】 솔개

kite 1

kit·ten [kítn 키튼] 명 새끼 고양이

kit·ty [kíti 키티 → 키리] 명 (복수 **kitties** [-z]) 《유아어》 새끼 고양이

ki·wi [kíːwiː 키-위-] 명 1 【조류】 키위 《뉴질랜드 삼림 지대에 서식하는 새》 2 【과일】 키위

kiwi 1

kiwi 2

km., km 《약어》 *kilometer* 킬로미터
knack [nǽk 낵] 〔📖 k는 묵음〕 명 솜씨,

기교; 요령

knap·sack [nǽpsæ̀k 냅쌕] 〔k는 묵음〕 몡 배낭, 바랑

*__knee__ [níː 니-] 〔k는 묵음〕 몡 (복수 **knees** [-z]) 무릎: He prayed on his *knees*. 그는 무릎을 꿇고 기도했다

*__kneel__ [níːl 니-일] 〔k는 묵음〕 동 (3단현 **kneels** [-z]; 과거·과거분사 **knelt** [nélt], **kneeled** [-d]; 현재분사 **kneeling**) 자 무릎 꿇다: He *knelt* in prayer. 그는 무릎꿇고 기도했다

knew [njúː 뉴-] 〔k는 묵음〕 동 know (알다)의 과거형

*__knife__ [náif 나이f으] 〔k는 묵음〕 몡 (복수 **knives** [náivz]) 나이프, 칼: cut with a *knife* 나이프로 베다

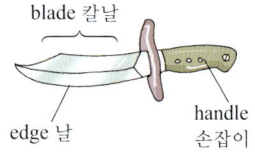

knife

*__knight__ [náit 나잇] 〔k와 gh는 묵음〕 몡 **1** 기사(騎士), 무사

참고> 기사(騎士)

중세의 기사는 왕 또는 영주에 종속하여 봉토를 받은 무사로, 군주에 대한 충성과 약한 사람 특히 여성에 대한 의협심을 그 진면목으로 삼았다.

2 《영》 나이트작(爵)

참고> 나이트작(爵)

영국에서는 근세에 이르러 세습과 봉토의 특권이 차차 사라지고 무공뿐만 아니라 다른 분야의 공훈에 대해서도 주어지는 영예가 되었다. 준남작(baronet) 밑의 작위로 성명에 Sir 칭호를 붙인다: *Sir* Isaac (Newton) 아이작 뉴턴 경

*__knit__ [nít 닛] 〔k는 묵음〕 동 (3단현 **knits** [-ts]; 과거·과거분사 **knitted** [-id], **knit**; 현재분사 **knitting**) 타 **1** …을 뜨다, 짜다: She *knitted* wool *into* a sweater. (= She *knitted* a sweater *out of* wool.) 그녀는 털실로 스웨터를 짰다

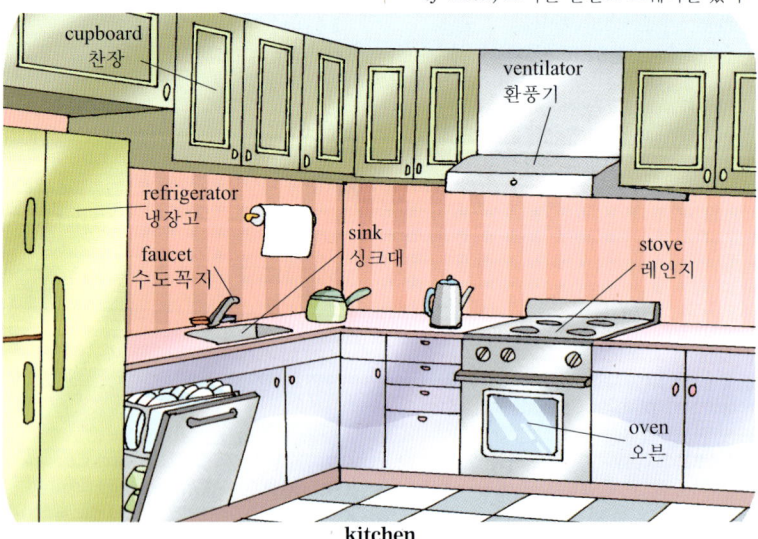

kitchen

——자 뜨개질을 하다

knives [náivz 나이v으z으] [k는 묵음] 명 knife(나이프)의 복수형

knob [náb 납] [k는 묵음] 명 (복수 **knobs** [-z]) **1** (문·서랍 등의) 둥근 손잡이 **2** (나무 줄기 등의) 혹, 마디

knob 1
knob 1
knob 2

*knock [nák 낙] [n 앞의 k는 묵음] 동 (3단현 **knocks** [-s]; 과거·과거분사 **knocked** [-t]; 현재분사 **knocking**) 타 **1** …을 두드리다, 치다(strike): *knock* the door 문을 두드리다/ He *knocked* me *on* the head. (= He *knocked* my head.) 그는 내 머리를 쳤다

2 …에 부딪치다: He *knocked* his head *against* the door. 그는 머리를 문에 부딪쳤다

——자 두드리다, 치다: He *knocked* at (on) the door. 그는 문을 두드렸다

knock down (1) …을 때려눕히다; (차가 사람을) 치다: I *knocked* him *down*. 나는 그를 때려눕혔다
(2) (건물 등을) 부수다

knock off (1) 두드려 떨어버리다 (2) 일을 그만두다(쉬다)

knock out (1) 두들겨 내쫓다 (2) (상대를) 녹아웃시키다

——명 (복수 **knocks** [-s]) 노크 (소리), 두드리기: There is a *knock* on (at) the door. 누가 문을 두드리고 있다

knock·er [nákər 나커r] [n 앞의 k는 묵음] 명 **1** 문을 노크하는 사람, 방문자 **2** (현관의)

knocker 2

문 두드리는 고리쇠

knock·out [nákàut 낙아웃] [n 앞의 k는 묵음] 명 [권투] 녹아웃 (약어는 K.O., KO): a technical *knockout* 테크니컬 녹아웃 (약어는 TKO)

*knot [nát 낫] [k는 묵음] 명 (복수 **knots** [-ts]) **1** 매듭: make (untie) a *knot* 매듭을 짓다(풀다)

2 (나무 등의) 혹, 마디

knots 1

3 [항해] 노트 (배가 1시간에 1해리(약 1,853미터)를 달리는 속도. 옛날 뱃사람들이 항속 거리를 재기 위해 줄에 일정 간격으로 매듭을 지어 바다에 흘린 데서)

——동 (3단현 **knots** [-ts]; 과거·과거분사 **knotted** [-id]; 현재분사 **knotting**) 타 (끈 등을) 매다, 매듭을 짓다

***know [nóu 노우] [k는 묵음] 동 (3단현 **knows** [-z]; 과거 **knew** [njú:]; 과거 분사 **known** [nóun]; 현재분사 **knowing**) 타 **1** …을 알고 있다, 알다: I *know* the answer. 나는 답을 알고 있다/ I don't *know* anything. 나는 아무것도 모른다/ Do you *know* how to drive a car. 차를 운전할 줄 아십니까?

쓰임새 know는 「…을 알고 있다」라는 상태를 나타내는 동사이므로 진행형으로는 하지 않는다.

2 …을 구별할 수 있다; (**know A from B**의 형태로) A와 B를 구별할 수 있다: A tree is *known* by its fruit. 《속담》 나무는 그 열매에 의해서 안다 / Do you *know* him *from* his brother? 당신은 그와 그의 형을 구별할 수 있습니까?

3 …와 아는 사이다: I *know* him very well. 나는 그를 잘 안다《알고 지내는 사이다》/ I've *known* him *since* childhood. 나는 그와 어린 시절부터 알고 지낸다

──[자] **알다**, 알고 있다(about, of): I don't *know about* that. 나는 그것에 관해서는 모른다 / I *know of* him. 나는 그가 누구인지 안다

as far as I know 내가 아는 한
as you know 아시다시피
know better than to *do* …할 정도로 어리석지는 않다: I *know better than to* quarrel with him. 나는 그와 싸울 정도로 어리석지는 않다
not that I know of 《구어》 내가 아는 한 그렇지 않다

> 회화
> A: Is he ill?
>   그는 아프니?
> B: *Not that I know of*.
>   내가 아는 한 그렇지 않다

you know 《구어》 〔말의 간격을 두기 위해〕 저, 에…: He is a bit, *you know*, crazy. 그는 좀 정신이 이상하다

know-how [nóuhàu 노우하우] 〔[k는 묶음] [명] 노하우, (일을 하는) 실제적 방법, 비결

knowl·edge [nάlidʒ 날리쥐] 〔[k는 묶음] [명] 지식, 학식: scientific *knowledge* 과학 지식 / *Knowledge* is power. 《속담》 아는 게 힘

known [nóun 노운] 〔[k는 묶음] [동] know(알다)의 과거분사형
──[형] (널리) 알려진: a *known* fact 주지의 사실

knuck·le [nʌ́kl 너크을] 〔[n 앞의 k는 묶음] [명] (복수 **knuckles** [-z]) **1** 손가락 관절 (마디) **2** 〔**the knuckles**로〕 주먹

KO, K.O. [kéióu 케이오우] 〔약어〕【권투】녹아웃(knockout)

ko·a·la [kouάːlə 코우아-알라] [명] (복수 **koalas** [-z]) 【동물】코알라 《오스트레일리아산(産)의 포유 동물》

koala

Ko·ran [kərάːn 커라-안] [명] 〔**the**를 붙여〕코란 《이슬람교의 경전》

Ko·re·a [kəríːə 커뤼-아] [명] 대한민국, 한국 《공식 명칭은 the Republic of *Korea*; 수도는 서울 (Seoul)》
【「고려(高麗)」에서】

Ko·re·an [kəríːən 커뤼-언] [형] **1** 한국의, 한국인의: *Korean* food 한국 음식 / I am *Korean*. 나는 한국인입니다
2 한국어의, 한국어로 된: She is reading a *Korean* book. 그녀는 한국어로 된 책을 읽고 있다
──[명] (복수 **Koreans** [-z]) **1** 한국인: A lot of *Koreans* visit Japan. 많은 한국인이 일본을 방문한다
2 〔무관사로〕한국어: speak in *Korean* 한국어로 말하다

Korean War [kəríːən wɔ́ːr] [명] 〔**the**를 붙여〕한국 전쟁 (1950-53)

Ku·wait [kuwéit 쿠웨잇] [명] 쿠웨이트 《아라비아 반도 동북부의 왕국; 수도는 쿠웨이트(Kuwait)》

L l

L, l [엘 에열] 명 (복수 **L's, l's** [-z]) 엘 《영어 알파벳의 열두째 글자》
L.A. 《약어》 Los Angeles 로스앤젤레스
lab [lǽb 랩] 명 실험실, 연구실 《🔍 laboratory의 단축형》

***la·bel** [léibəl 레이버얼] 명 (복수 **labels** [-z]) 라벨, 꼬리표, 딱지

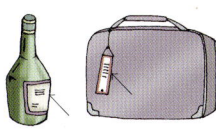
labels

***la·bor**, 《영》 **la·bour** [léibər 레이버r] 명 **1** 노동, 근로; 수고: physical *labor* 육체 노동 / This machine will save a lot of *labor*. 이 기계는 일을 많이 덜어줄 것이다

2 〔종종 Labor로; 집합적으로〕 노동자 《반 Capital 자본가》

── 동 (3단현 **labors** [-z]; 과거·과거분사 **labored** [-d]; 현재분사 **laboring** [-bəriŋ]) 자 **1** 노동하다, 일하다: *labor* in the fields 밭에서 일하다

2 애쓰다, 노력하다: He *labored* to complete the task. 그는 그 일을 완성하려고 노력하였다

la·bor·a·to·ry [lǽbərətɔ̀:ri 래버뤄토-뤼] 명 (복수 **laboratories** [-z]) 실험실, 실습실, 연구실 《🔍 《구어》에서는 lab이라 함》: a language *laboratory* 어학 실습실

Labor Day [léibər dèi] 명 《미국·캐나다의》 노동절 《9월의 첫 월요일; 유럽의 May Day에 해당》

la·bor·er, 《영》 **la·bour·er** [léibərər 레이버뤄r] 명 《육체》 노동자

la·bo·ri·ous [ləbɔ́:riəs 러보-뤼어쓰] 형 **1** (일이) 힘드는, 어려운 **2** 부지런한

labor union [léibər jù:njən] 명 《미》 노동 조합

la·bour [léibər 레이버r] 명 자 《영》 = labor

lab·y·rinth [lǽbərìnθ 래버륀θ으] 명 **1** 〔the Labyrinth 로〕【그리스신화】 래버린스 《다이달로스 (Daedalus)가 미노스(Minos) 왕의 명령에 따라 크레타 섬에 만들었다는 미궁》 **2** 미로(maze)

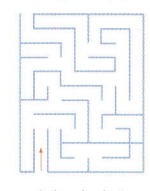
labyrinth 2

lace [léis 레이쓰] 명 (복수 **laces** [-iz]) **1** 레이스 **2** (구두 등의) 끈

***lack** [lǽk 랙] 명 **부족**, 결핍: *lack* of skill 기술 부족

── 동 (3단현 **lacks** [-s]; 과거·과거분사 **lacked** [-t]; 현재분사 **lacking**) 타 ···이 없다, 모자라다: She *lacks* common sense. 그녀는 상식이 없다

── 자 부족하다 (in, for)

lack·ing [lǽkiŋ 래킹] 형 〔🔍 명사 앞에는 쓰이지 않음〕 부족한, 모자라는: Money is *lacking* for the trip. 여행하기에는 돈이 모자란다

lac·quer [lǽkər 래커r] 명 **1** 래커 《도료》 **2** 옻, 칠기

lad [lǽd 래드] 명 (복수 **lads** [-dz]) **1** 젊은이, 소년《반 lass 소녀》 **2** 《구어》 남자, 녀석

lad·der [lǽdər 래더r → 래러r] 명 (복수 **ladders** [-z]) 사닥다리: climb up (down) a *ladder* 사닥다리를 오르다(내리다)

la·dy [léidi 레이디 → 레이리] 명 (복수 **ladies** [-z]) **1** 부인, 숙녀(반 gentleman 신사) (✎ woman보다 정중한 말): *Ladies* and gentlemen! 신사 숙녀 여러분!/ Do you know that *lady*? 저 부인을 아십니까?

2 [**Lady** ...로] 《영》 (귀족의) ···부인: *Lady* Smith 스미스 부인

3 [복수형으로] 여성 화장실 (✎ 남성용은 Gentlemen 또는 Men)

——형 여자의, 여성의: a *lady* doctor 여의사

la·dy·bug [léidibÀg 레이디버그 → 레이리버그] 명 【곤충】 무당벌레

lag [lǽg 래그] 명 지연, 지체: jet *lag* 제트기 피로 《비행기 여행 시 시차로 인한》

ladybug

laid [léid 레이드] 통 lay¹(놓다)의 과거·과거분사형

lain [léin 레인] 자 lie¹(눕다)의 과거분사형

lake [léik 레이크] 명 (복수 **lakes** [-s]) 호수: They skated on the *lake*. 그들은 호수에서 스케이트를 탔다

lamb [lǽm 램] 〔✎ b는 묵음〕 명 **1** 새끼양 **2** 새끼양의 고기 (✎ 「양고기」는 mutton)

lamb 1

lame [léim 레임] 형 절름발이의, 절뚝거리는: He is *lame* in the right leg. 그는 오른쪽 다리를 전다

la·ment [ləmént 러멘트] 통 (3단현 **laments** [-ts]; 과거·과거분사 **lamented** [-id]; 현재분사 **lamenting**) 타 ···을 슬퍼하다: We *lamented* his death. 우리는 그의 죽음을 슬퍼했다

——자 슬퍼하다 (for, over)

——명 **1** 슬픔 **2** 애가(哀歌)

lamp [lǽmp 램프] 명 (복수 **lamps** [-s]) 램프, 등불: an electric *lamp* 전등

lamp·post [lǽmppòust 램(프)포우스트] 명 가로등의 기둥

lance [lǽns 랜스] 명 **1** 창 **2** 작살

lanc·er [lǽnsər 랜써r] 명 창기병

land [lǽnd 랜드] 명 (복수 **lands** [-dz]) **1** 뭍, 육지(반 sea 바다): They traveled by *land*. 그들은 육로로 여행했다

2 토지, 땅; 지면: rich (poor) *land* 비옥한(메마른) 땅

3 나라, 국토, 국가 (✎ 《구어》에서는 보통 country를 쓴다): Korea is my native *land*. 한국은 나의 고국이다

——통 (3단현 **lands** [-dz]; 과거·과거분사 **landed** [-id]; 현재분사 **landing**) 자 **1** 상륙하다; (비행기 등이) 착륙하다 (✎ 「이륙하다」는 take off): An airplane *landed* at the airport. 비행기가 공항에 착륙했다

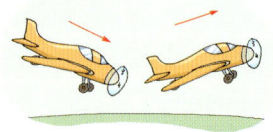
land   take off

2 (탈것에서) 내리다: *land from* a train 열차에서 내리다

——타 **1** ···을 상륙시키다; 착륙시키다
2 (사람·물건을) 내리다

land·ing [lǽndiŋ 랜딩] 명 (복수 **landings** [-z]) **1** 상륙; (비행기의) 착륙 (「이륙」은 takeoff): emergency *landing* (항공기의) 비상 착륙
2 (계단의) 층계참(站)

land·la·dy [lǽndlèidi 랜들레이디 → 랜들레이디] 명 (복수 **landladies** [-z]) 여자 집주인; 여자 지주; (여관·하숙 등의) 여주인

land·lord [lǽndlɔːrd 랜들로-r드] 명 집주인; 지주(landowner); (하숙집·여관의) 주인

land·mark [lǽndmɑ̀ːrk 랜(드)마-r크] 명 **1** (토지의) 이정표 **2** 획기적인 사건

land·own·er [lǽndòunər 랜드오우너r] 명 지주(地主)

land·scape [lǽndskèip 랜(드)스케입] 명 **1** 경치, 풍경 **2** 풍경화

land·slide [lǽndslàid 랜(드)슬라이드] 명 산사태

*****lane** [léin 레인] 명 (복수 **lanes** [-z]) **1** 골목, 좁은 길: blind *lane* 막다른 골목/ It is a long *lane* that has no turning. 《속담》 구부러지지 않는 길은 없다; 쥐구멍에도 볕들 날이 있다
2 (도로의) 차선; (단거리 경주·경영의) 레인; 【볼링】 레인

*****lan·guage** [lǽŋgwidʒ 랭그위쥐] 명 (복수 **languages** [-iz]) **1** 언어, 말: the spoken *language* 구어
2 (한 나라의) 말, 국어: a foreign *language* 외국어

lan·tern [lǽntərn 랜터r언] 명 (복수 **lanterns** [-z]) 랜턴, 등, 초롱

lap¹ [lǽp 랩] 명 (복수 **laps** [-s]) **1** 무릎 (앉았을 때 허리에서 무릎까지의 부분으로 넓적다리 윗부분; 뼈가 있는 「무릎」은 knee)
2 【경기】 (경주로의) 한 바퀴

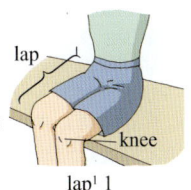

lap¹ 1

lap² [lǽp 랩] 동 (3단현 **laps** [-s]; 과거·과거분사 **lapped** [-t]; 현재분사 **lapping**) 타 싸다, 휘감다: She *lapped* the baby *in* a blanket. 그녀는 아기를 담요에 쌌다

lap³ [lǽp 랩] 동 (3단현 **laps** [-s]; 과거·과거분사 **lapped** [-t]; 현재분사 **lapping**) 타 (개·고양이 등이) 핥다, 핥아 먹다: The cat *lapped* the milk. 고양이가 우유를 핥아먹었다

lapse [lǽps 랩쓰] 명 **1** (시간의) 경과, 추이 **2** (사소한) 실수, 잘못

lap·top [lǽptɑ̀p 랩탑] 형 (컴퓨터가) 휴대형의

lard [lɑ́ːrd 라-r드] 명 라드 《요리용 돼지기름》

*****large** [lɑ́ːrdʒ 라-r쥐] 형 (비교급 **larger**; 최상급 **largest**) **1** (크기·면적·규모 등이) 큰, 넓은(반 small, little 작은): He lives in a *large* house. 그는 큰집에서 산다/ Seoul is the *largest* city in Korea. 서울은 한국 최대 도시다

large　　small

2 (수량 등이) 많은, 다량의: *large* profits 많은 이익/ China has a *large* population. 중국은 인구가 많다

at large (1) (범인 등이) 잡히지 않고: The murderer is still *at large*. 살인범은 아직도 체포되지 않았다
(2) 〔명사 뒤에 써서〕 일반적인: The people *at large* is against the war. 일반 사람들은 전쟁에 반대한다

large·ly [lɑ́ːrdʒli 라-r쥘리] 부 **1** 주로, 대개, 대부분: The group consisted *largely* of girls. 그 그룹은 대부분 여자로 구성되어 있었다
2 크게, 넓게, 대규모로

lark [lá:rk 라-r크] 명 【조류】종다리

lar·va [láːrvə 라-rV아] 명 (복수 **larvae** [láːrviː], **larvas** [-z]) (곤충의) 애벌레, 유충

la·ser [léizər 레이z어r] 명 레이저 (빛의 증폭 장치로 통신·의료 등에 이용)

lark

lash [lǽʃ 래쉬] 명 1 채찍 2 채찍질

lass [lǽs 래쓰] 명 (복수 **lasses** [-iz]) 아가씨, 소녀 (반 lad 소년)

*__last__[1] [lǽst 래스트] 형 (late의 최상급) 1 〔the 또는 one's를 붙여〕 (순서·시간이) **마지막의**, 최후의 (반 first 최초의): for *the last* time 마지막으로 / They fought to *the last* man. 그들은 마지막 한 사람까지 싸웠다

2 **지난…**, 바로 요전의 (반 next 다음의): *last* week 지난주 / *last* month (year) 지난달 (해) / *last* evening (night) 엊저녁 (지난밤) / I called on him *last* Sunday. 나는 지난 일요일에 그를 방문했다

3 최근의: I haven't seen him for the *last* three years. 나는 최근 3년 동안 그를 만나지 못했다

4 〔the를 붙여〕 결코 …할 것 같지 않은, 절대로 …하지 않는: He is *the last* man to do such a thing. 그는 결코 그런 짓을 할 사람이 아니다

── 부 1 **최후로**, 맨 나중에 (반 first 최초로): He came *last* to the party. 그는 파티에 맨 나중에 왔다

2 **최근에**, 전번에: When did you see her *last*? 최근에 그녀를 본 것은 언제입니까?

── 명 **최후**, 마지막; 최후의 것〔사람〕: the *last* in the line 줄에서 맨 마지막 / He was the *last* to arrive. 그가 마지막으로 도착했다

at last 마침내, 드디어: We reached the town *at last*. 우리는 마침내 그 마을에 도착했다

to the last 최후까지: resist *to the last* 최후까지 저항하다

*__last__[2] [lǽst 래스트] 동 (3단현 **lasts** [-ts]; 과거·과거분사 **lasted** [-id]; 현재분사 **lasting**) 자 1 (시간적으로) **계속되다**: The lecture *lasted (for)* two hours. 강연은 두 시간 계속되었다

2 오래 가다, 견디다: How long will this battery *last*? 이 건전지는 어느 정도 씁니까?

last·ing [lǽstiŋ 래스팅] 형 오래가는, 영구적인

last·ly [lǽstli 래스틀리] 부 최후로

last name [lǽst nèim] 명 성 (surname)

Las Ve·gas [lɑs véigəs 라쓰 V에이거쓰] 명 라스베이거스 (미국 네바다 (Nevada) 주의 도시; 도박으로 유명)

latch [lǽtʃ 래취] 명 (복수 **latches** [-iz]) (문이나 대문을 잠그는) 걸쇠, 빗장

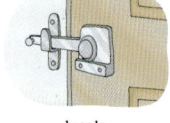
latch

*__late__ [léit 레잇] 형 (비교급 **later**, **latter** [léitər]; 최상급 **latest**, **last** [lǽst]) (참고 later, latest는 「시간」관계에, latter, last는 「순서」관계에 쓴다) 1 (시간·시기가) **늦은**, 더딘 (반 early 빠른): *late* spring 늦봄 / The train was ten minutes *late*. 열차는 10분 늦었다 / He is often *late* for school. 그는 학교에 종종 지각한다

2 〔참고 명사 앞에만 쓰여〕 최근의: the *late* storms 최근의 폭풍

3 〔the 또는 one's를 붙여〕 전임의, 전… (former): *the late* prime minister 전(前)총리

4 〔the 또는 one's를 붙여〕 최근에 죽은, 고(故)…: *the late* Mr. Brown 고(故) 브라운 씨 / my *late* father 선친

keep late hours 늦게 자고 늦게 일어나다

of late 최근, 요즈음(lately): I have not seen him *of late*. 나는 요즈음 그를 만나지 못했다

──부 (비교급 **later**; 최상급 **latest**) 늦게, 늦도록(반 early 빨리): We arrived an hour *late*. 우리는 한 시간 늦게 도착했다/ I sat up *late* last night. 나는 어젯밤 늦도록 자지 않고 있었다

late　　　　　early

*late·ly [léitli 레이틀리 → 레잇'을리] 부 **최근에**, 요즘에: I haven't seen him *lately*. 최근에 그를 만나지 못했다

쓰임새 《영》에서는 보통 부정문·의문문에 lately를 쓰고, 긍정문에는 recently를 쓰는 경우가 많다.

*lat·er [léitər 레이터r → 레이러r] 형 (late의 비교급) (시간·시기가) **더 늦은**, 더 뒤의: Let's take a *later* bus. 다음 버스를 타자

──부 뒤에, 후에, 나중에: three hours *later* 3시간 후에/ See you *later*. 또 만나요《헤어질 때의 인사》

later on 나중에: I'll tell it to you *later on*. 나중에 얘기하지요

sooner or later 조만간: He will be here *sooner or later*. 그는 조만간 이리 올 것이다

*lat·est [léitist 레이티스트 → 레이리스트] 형 (late의 최상급) 1 **최신의**, 최근의: the *latest* fashion[news] 최신 유행[뉴스]

2 (시간·시기가) 가장 늦은, 최후의

at the latest 늦어도: Come back by six *at the latest*. 늦어도 6시까지는 돌아오너라

──부 가장 늦게: He arrived *latest*. 그는 가장 늦게 도착했다

Lat·in [lǽtn 래튼 → 랫'은] 형 라틴어의; 라틴계의

──명 1 라틴계 사람 2 〔무관사로〕 라틴어

참고 라틴 민족

이탈리아, 프랑스, 스페인, 포르투갈 등 유럽 남부에 분포하는 민족으로 라틴어에서 분화된 언어를 사용하며 대부분 가톨릭교를 믿는다.

Latin America [lǽtn əmérikə] 명 라틴 아메리카《라틴계의 스페인어·포르투갈어를 쓰는 중남미 여러 나라》

lat·i·tude [lǽtətjùːd 래터튜-드 → 래러튜-드] 명 위도(반 longitude 경도)

*lat·ter [lǽtər 래터r → 래러r] 형 (late의 비교급) 〔the를 붙여〕 1 (순서가) **뒤의**, 후반의: the *latter* half of the 20th century 20세기 후반 (「전반」은 the first half)

2 (둘 중) **후자의**(반 former 전자의): Of baseball and basketball, I like *the latter* sport better. 야구와 농구 중 나는 후자의 스포츠《농구》가 더 좋다

3 〔대명사적으로〕 후자: We have a cat and a dog; I prefer *the latter*. 우리는 고양이와 개를 기르고 있다. 나는 후자《개》가 좋다

*****laugh** [lǽf 래f으] 동 (3단현 **laughs** [-s]; 과거·과거분사 **laughed** [-t]; 현재분사 **laughing**) 자 (소리내어) **웃다**: He *laughs* loudly. 그는 큰소리로 웃었다

laugh at (1) …을 보고〔듣고〕 웃다: They *laughed at* the joke. 그들은 그 농담을 듣고 웃었다
(2) …을 비웃다, 냉소하다: He *laughed at* me. 그는 나를 비웃었다
── 명 (복수 **laughs** [-s]) 웃음: She answered with a *laugh*. 그녀는 웃으며 대답했다

laugh·ter [lǽftər 래F으터r] 명 웃음 (소리): They burst into *laughter*. 그들은 웃음을 터뜨렸다

*****launch** [lɔ́:ntʃ 러-안취] 동 (3단현 **launches** [-iz]; 과거·과거분사 **launched** [-t]; 현재분사 **launching**) 타 1 (배를) 물에 띄우다: *launch* a boat 보트를 물에 띄우다
2 (로켓 등을) **발사하다**: They will *launch* a rocket to the moon. 그들은 달에 로켓을 발사할 것이다
3 (사업 등을) 시작하다

launching pad [lɔ́:ntʃiŋ pæ̀d] 명 (미사일·로켓 등의) 발사대 (간단히 launch pad 라고도 한다)

laun·dry [lɔ́:ndri 러-안쥬뤼] 명 (복수 **laundries** [-z]) **1** 세탁소 **2** 세탁물

lau·rel [lɔ́:rəl 러-뤄얼] 명 (복수 **laurels** [-z]) **1** 【식물】 월계수 **2** (승리의 표시로서의) 월계관 **3** 명예, 영예

la·va [lɑ́və 라-V아] 명 용암

laurel 2

lav·a·to·ry [lǽvətɔ̀:ri 래V어토-뤼] 명 (복수 **lavatories** [-z]) 세면장, 화장실

lav·ish [lǽviʃ 래V이쉬] 형 **1** 아낌없는: He is *lavish* in (giving) presents. 그는 아낌없이 선물을 한다
2 충분한, 넉넉한

*****law** [lɔ́: 러-] 명 (복수 **laws** [-z]) **1** 〔the 를 붙여〕 **법, 법률**: obey *the law* 법을 지키다 / Everybody is equal before *the law*. 법 앞에서는 만인이 평등하다
2 (학문·예술상의) 법칙, 규칙: the *law* of gravity 중력의 법칙
3 법률학, 법학

law court [lɔ́: kɔ̀:rt] 명 법정

law·ful [lɔ́:fəl 러-F어얼] 형 합법적인 (legal)

lawn [lɔ́:n 러-안] 명 (복수 **lawns** [-z]) 잔디(밭): Keep off the *lawn*. 《게시》 잔디에 들어가지 말 것

lawn mower [lɔ́:n móuər] 명 잔디 깎는 기계 (간단히 mower라고도 한다)

lawn mower

*****law·yer** [lɔ́:jər 로이어r] 명 **변호사**, 법률가: consult a *lawyer* 변호사에게 상담하다

*****lay**¹ [léi 레이] 동 (3단현 **lays** [-z]; 과거·과거분사 **laid** [léid]; 현재분사 **laying**) 타 **1** …을 **놓다**; 눕히다: *Lay* your book *on* the desk. 책을 책상 위에 놓으세요 / She *laid* the baby *on* the bed. 그녀는 아기를 침대에 눕혔다
2 …을 **깔다**, 설치하다, 부설하다: *lay* a floor 마루를 깔다 / *lay* a railway 철도를 부설하다
3 식사 준비를 하다: She *laid* the table *for* breakfast. 그녀는 아침식사 준비를 했다
4 (새 등이 알을) **낳다**: This hen *lays* an egg everyday. 이 닭은 매일 알을 낳는다
5 (세금을) 과하다: *lay* a heavy tax 무거운 세금을 과하다
6 (죄·과실을 …에게) 돌리다: He *laid* the blame *on* me. 그는 나에게 죄를 뒤집어 씌었다

lay aside (1) 간직해〔떼어〕 두다, 저축하다(save): He *lays aside* a dollar a day. 그는 하루에 1달러씩 저축하고 있다 (2) …을 옆으로 치우다 (3) …을 그만두다

lay down (1) 아래에 놓다: *Lay down* the gun. 총을 내려놓아라 (2) …을 버리다 (3) (규칙 등을) 정하다

lay off (1) (노동자를 일시적으로) 해고하다 (2) 그만두다, 일을 쉬다

lay out (1) (물건 등을) **펼치다**, 진열하다 (2) (정원·도시 등을) **설계하다**: Who *laid out* this garden? 누가 이 정원을 설계했습니까? (3) (책 등의) 페이지 배정을 하다

lay up (1) …을 모으다: *lay up* a fortune 재산을 모으다 (2) 〔보통 *be laid up*의 형태로〕 (병 등으로) 눕다: She *is laid up* with a cold. 그녀는 감기로 누워있다

lay² [léi 레이] 재 lie¹(눕다)의 과거형

lay·er [léiər 레이어r] 명 (복수 **layers** [-z]) **1** (쌓인 것 등의) 층(層) **2** 쌓는 사람 **3** 알 낳는 닭

lay·out [léiàut 레이아웃] 명 **1** (방·공장 등의) 배치, 설계 **2** (책·신문 등의) 지면 배정, 레이아웃

la·zi·ly [léizili 레이Z일리] 부 게으르게

la·zi·ness [léizinis 레이Z이니쓰] 명 게으름, 나태

*★**la·zy** [léizi 레이Z이] 형 (비교급 **lazier**; 최상급 **laziest**) 게으른, 나태한 (반 diligent 근면한); 굼뜬, 느린: I don't like *lazy* students. 나는 게으른 학생은 좋아하지 않는다

*★**lead**¹ [líːd 리-드] 통 (3단현 **leads** [-dz]; 과거·과거분사 **led** [léd]; 현재분사 **leading**) 타 **1** …을 인도하다, 안내하다: He kindly *led* me *in*. 그는 친절하게 나를 안으로 안내해 주었다/ He *led* us *to* the hotel. 그는 우리를 호텔로 안내했다

유의어 안내하다
　lead는 손을 잡거나 앞장서서 어느 장소까지 데리고 가다. **guide**는 실제의 지식이나 경험을 가진 사람이 옆에 붙어서 안내하다. **direct**는 방향이나 노선을 가리키는 것으로 그 사람은 같이 가지 않는 경우가 많다.

lead　　　guide

2 …을 지휘하다; …의 선두에 서다; (경기에서) 리드하다: *lead* an orchestra 관현악단을 지휘하다/ Our team *leads* (by) 5 to 3. 우리 팀이 5대 3으로 리드하고 있다

3 (길 등이 …에) 이르게 하다: This road will *lead* you *to* the station. 이 길을 따라 가면 정거장에 이릅니다

4 …할 마음이 내키게 하다: Fear *led* him *to* tell the lies. 그는 무서워서 거짓말을 했다

5 …하게 지내다: He *led* a happy life for many years. 그는 여러 해 동안 행복한 생활을 했다

━ 재 **1** (도로 등이 …에) **이르다**, 통하다 (*to*): All roads *lead to* Rome. 《속담》 모든 길은 로마로 통한다

2 (어느 결과에) 이르다 (*to*): Idleness *leads to* ruin. 나태는 결국 신세를 망친다

━ 명 (복수 **leads** [-dz]) **1** 선도, 솔선; 선두: He took the *lead* in the race. 그는 레이스의 선두에 섰다

2 〖야구〗 (주자의) 리드

lead² [léd 레드] 〔🔍 lead¹ [líːd] (인도하다)와 발음 차이에 주의〕 명 **1** 〖화학〗 납 (🔍 금속 원소; 기호 Pb) **2** 연필의 심

***lead·er** [líːdər 리-더r → 리-러r] 명 (복수 **leaders** [-z]) **1** 지도자, 리더 **2** 《영》 (신문의) 사설

***lead·er·ship** [líːdərʃip 리-더r쉽 → 리-러r쉽] 명 **1** 지도, 지휘; 지도력, 리더십 **2** 지도자의 지위〔임무〕

lead·ing [líːdiŋ 리-딩] 형 이끄는, 지도적인; 주요한: a *leading* hitter 【야구】 수위 타자

***leaf** [líːf 리-f。] 명 (복수 **leaves** [líːvz]) **1** (나무의) 잎 (「보리처럼 가늘고 긴」 잎」은 blade): a fallen *leaf* 낙엽

leaf　　　blade

2 (책의) 한 장 《두 쪽》
turn over a new leaf (1) 새로운 페이지를 넘기다 (2) 마음을 고쳐먹다

leaf·let [líːflit 리-f을릿] 명 **1** 작은〔어린〕 잎 **2** 광고 전단, 낱장으로 된 인쇄물

leaf·y [líːfi 리-F이] 형 잎이 많은, 잎이 무성한

***league** [líːɡ 리-그] 〔ue는 묶음〕 명 (복수 **leagues** [-z]) **1** 연맹, 동맹: form a defence *league* 방위 동맹을 맺다
2 (야구 등의) 연맹, 리그: a baseball *league* 야구 연맹

league match [líːɡ mætʃ] 명 리그전

> 비교> tournament와 league match
> **tournament**는 참가한 팀〔사람〕이 둘씩 경기를 하여 이긴 팀〔사람〕끼리 계속 승부를 겨루어 승자를 가리는 경기 방식이고, **league match**는 참가한 팀〔사람〕이 번갈아 경기를 하여 승률로 승자를 가리는 경기 방식이다.

***leak** [líːk 리-크] 명 (복수 **leaks** [-s]) **1** (물·가스 등의) 누출 **2** 새는 구멍〔곳〕 **3** (비밀 등의) 누설

── 동 (3단현 **leaks** [-s]; 과거·과거분사 **leaked** [-t]; 현재분사 **leaking**) 자 **1** …이 새다: Water is *leaking from* the pipe. 물이 파이프에서 새고 있다
2 (비밀 등이) 누설되다 《out》

***lean**¹ [líːn 리-인] 동 (3단현 **leans** [-z]; 과거·과거분사 **leaned** [-d], 《영》 **leant** [lént]; 현재분사 **leaning**) 자 **1** …에 기대다 《against, on》: He *leaned against* the wall. 그는 벽에 기댔다
2 의지하다: *lean on* others 남에게 의지하다
3 (건물 등이) 기울다: The tower *leans to* the south. 탑이 남쪽으로 기울어져 있다
── 타 …을 기대어 세우다: *Lean* the ladder *against* the wall. 사다리를 벽에 기대어 세워 놓아라

lean² [líːn 리-인] 형 (비교급 **leaner**; 최상급 **leanest**) **1** (사람·동물이) 야윈 (thin), 마른(반) fat 살찐) **2** (고기가) 기름기 없는 **3** 수확이 적은, 흉작인

leant [lént 렌트] 동 lean²(기울다)의 과거·과거분사형

***leap** [líːp 리-ㅍ] 동 (3단현 **leaps** [-s]; 과거·과거분사 **leaped** [líːpt], **leapt** [líːpt, lépt]; 현재분사 **leaping**) 자 뛰다, 뛰어오르다, 도약하다 (《구어》에서는 jump가 보통): *leap over* a fence. 울타리를 뛰어넘다/ She *leaped for* joy. 그녀는 기뻐 날뛰었다
── 타 (장애물 등을) 뛰어넘다: The boy *leaped* a fence. 그 소년은 울타리를 뛰어넘었다
── 명 (복수 **leaps** [-s]) 뜀, 도약

leap·frog [líːpfrɔ̀ːɡ 리-F으라그] 명 등짚고 넘기

leapt [lépt 레프트] 동 leap(뛰다)의 과거·과거분사형의 하나

leap year [líːp jiər] 명 윤년(閏年)

leapfrog

learn [lə́ːrn 러-r언] 통 (3단현 **learns** [-z]; 과거·과거분사 **learned** [-d], **learnt** [lə́ːrnt]; 현재분사 **learning**) 타 **1** …을 **배우다**, 익히다: *learn* to swim 수영을 배우다／ I am *learning* English. 나는 영어를 배우고 있다／ I *learned* how to paint. 나는 그림 그리는 법을 배웠다

> 비교 **learn**과 **study**
> **learn**은 연습·경험 등으로 「몸에 익히다」에 중점을 두는 반면, **study**는 「학습하여 배우다」는 데 중점이 있다.

learn   study

2 (보거나 들어서) 알다: *learn* the truth 진실을 알다

── 자 **배우다**: He *learns* rapidly〔slowly〕. 그는 배우는 것이 빠르다〔더디다〕

learn ... by heart …을 암기하다: She *learned* the poem *by heart*. 그녀는 시를 외웠다

learn·ed [lə́ːrnid 러-r니드] 형 학문〔학식〕이 있는: She is *learned* in the law. 그녀는 법률에 조예가 깊다

learn·er [lə́ːrnər 러-r너r] 명 배우는 사람; 초학자

learn·ing [lə́ːrniŋ 러-r닝] 명 **1** 학문, 학식 **2** 학습

learnt [lə́ːrnt 러-r언트] 통 learn(배우다)의 과거·과거분사형의 하나

lease [líːs 리-쓰] 명 임대차 (계약), 리스

least [líːst 리-스트] (little의 최상급) 형 **가장 작은**, 가장 적은(반 most 가장 많은): the *least* sum 최소액

not the least (1) 〔least에 강세를 두어〕 조금도 …않다(not ... at all): There is *not the least* wind today. 오늘은 바람 한 점 없다

(2) 〔not에 강세를 두어〕 적지 않은: There is *not the least* danger. 적지 않은 위험이 있다

── 명 최소; 최소량〔액, 정도〕

at least 적어도(반 at most 많아야): It will cost 20 dollars, *at least*. 적어도 20달러는 들거다

not in the least 조금도 …않다, 전혀 …아니다(not at all): It doesn't matter *not in the least*. 그것은 조금도 문제가 되지 않는다

── 부 가장 적게: I like it *least* of all. 나는 그것이 제일 싫다

leath·er [léðər 레어r] 명 (복수 **leathers** [-z]) **1** (무두질한) **가죽** **2** 가죽 제품

leave¹ [líːv 리-v으] 통 (3단현 **leaves** [-z]; 과거·과거분사 **left** [léft]; 현재분사 **leaving**) 타 **1** (장소를) **떠나다**, 출발하다: I *leave* home for school at eight. 나는 8시에 집을 나와 학교에 간다／ We *leave* here tomorrow. 우리는 내일 이곳을 떠납니다

2 (단체 등에서) **탈퇴하다**; (일·학교 등을) 그만두다: Why did you *leave* the soccer club? 왜 축구부를 그만두었니?

3 …을 두고 가다〔오다〕: He *left* his umbrella *in* the train. 그는 기차에 우산을 두고 왔다

4 〔leave+목적어+형용사〔현재분사·과거분사〕의 형태로〕 …**한 상태로 놓아두다**: He *left* the door *open*. 그는 문을

열어 두었다/ Don't *leave* the baby *crying*. 아기를 우는 채로 놔두지 마라
5 (사물·판단 등을) **맡기다** (to): *Leave* it *to* me. 그것은 내게 맡겨 주시오
6 (재산 등을) 남기고 죽다: He *left* a large fortune *to* his wife. 그는 아내에게 큰 재산을 남기고 죽었다
7 …을 남기다: Two from four *leaves* two. 4에서 2를 빼면 2가 남는다
──자 **가다**, 출발하다: It's time to *leave* now. 이젠 갈 시간이다
leave behind (1) 두고 가다: Somebody *left* an umbrella *behind*. 누군가 우산을 놓고 갔다
(2) (재산·피해 등을) 남기다
leave off 그만두다, 마치다: It's time to *leave off* the work. 일을 마칠 시간이다
leave out …을 생략하다, 빠뜨리다 (omit): *leave out* two lines 2행을 빠뜨리다
leave over (1) (음식 등을) 남기다 (2) (일 등을) 연기하다
leave² [líːv 리-v으] 명 **1** 허가: He is absent from the office without *leave*. 그는 무단 결근하고 있다
2 휴가: ask for *leave* 휴가를 신청하다
leaves [líːvz 리-v으즈] 명 leaf(잎)의 복수형
***lec·ture** [léktʃər 렉춰r] 명 (복수 **lectures** [-z]) **강의**, **강연**: He gave a *lecture* on biology. 그는 생물학 강의를 했다
lec·tur·er [léktʃərər 렉춰뤄r] 명 **1** 강연자 **2** (대학 등의) 강사
led [léd 레드] 동 lead¹(이끌다)의 과거·과거분사형
leech [líːtʃ 리-취] 명【동물】거머리
***left**¹ [léft 레F으트] 형 **왼쪽의**(반 right 오른쪽의): He writes with his *left* hand. 그는 왼손으로 글씨를 쓴다
──부 **왼쪽에**[으로]: Turn *left* at the next corner. 다음 모퉁이에서 왼쪽으로 도세요

──명 **1 왼쪽**, **좌**(左)(반 right 오른쪽): Turn to the *left* at the second corner. 두 번째 골목에서 왼쪽으로 도세요/ Keep to the *left*. 《게시》좌측 통행

2 【야구】좌익(수);【권투】레프트, 왼손(의 타격)
3 〔보통 the Left로〕좌파 (세력)
left² [léft 레F으트] 동 leave¹(떠나다)의 과거·과거분사형
left-hand [léft-hǽnd 레F으트핸드] 형 왼쪽의; 왼손의
left-hand·ed [léft-hǽndid 레F으트핸디드] 형 왼손잡이의
***leg** [lég 레그] 명 (복수 **legs** [-z]) **1 다리** 《발목에서 넓적다리까지》

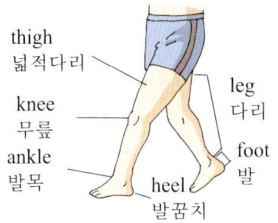

leg

2 (가구 등의) 다리: The *leg* of the chair is broken. 의자의 다리가 부러졌다
pull 〔***draw***〕 ***a person's leg*** 《구어》…을 놀리다: Are you *pulling* my *leg*? 나를 놀리니?
le·gal [líːɡəl 리-거얼] 형 **1** 법률(상)의 **2** 합법의(반 illegal 불법의)
leg·end [lédʒənd 레줜드] 명 전설
leg·is·la·tion [lèdʒisléiʃən 레쥐슬레이션] 명 입법, 법률 (제정)

leg·is·la·tor [lédʒisleitər 레쥐슬레이터*r* → 레쥐슬레이러*r*] 명 입법자, 국회의원

lei [léi 레이] 명 (하와이에서 꽃이나 잎으로 엮어 만든) 레이

leis

***lei·sure** [líːʒər 리-쥐*r*] [🔊 발음 주의] 명 **틈, 여가**, 짬, 레저, 한가한 시간: I have no *leisure* to read (*for* reading). 나는 책을 읽을 틈이 없다／ Read this book at your *leisure*. 한가할 때 이 책을 읽어라
—— 형 한가한(free)

***lem·on** [lémən 레먼] 명 **1**【식물】**레몬** (나무) **2** 레몬색

lem·on·ade [lèmənéid 레머네이드] 명 레모네이드 (레몬즙에 설탕과 물을 탄 청량 음료)

***lend** [lénd 렌드] 동 (3단현 **lends** [-dz]; 과거·과거분사 **lent** [lént]; 현재분사 **lending**) 타 **1** …을 **빌려 주다**, 빌리다 (반 borrow 빌다): Will you *lend* me your bicycle? (= Will you *lend* your bicycle to me?) 자전거를 빌려주시지 않겠습니까?
2 (원조 등을) 제공하다, 주다

lend·er [léndər 렌더*r*] 명 빌려 주는 사람 (반 borrower 꾸는 사람)

***length** [léŋkθ 렝(크)θㅇ] 명 **1 길이** (반 breath, width 폭): The bridge is 100 meters in *length*. 그 다리의 길이는 100 미터다 (🔊 보통은 100 meters long이라고 한다)
2 (시간적인) 길이, 기간: What is the *length* of the journey? 여행기간은 어느 정도입니까?

at length 드디어, 마침내: *At length* I found out his house. 마침내 그의 집을 찾았다

length·en [léŋkθən 렝(크)θ언] 타 자 …을 길게 하다; 길어지다

***lens** [lénz 렌즈ㅇ] 명 (복수 **lenses** [-iz]) **1 렌즈 2** (눈알의) 수정체

Lent [lént 렌트] 명 사순절(四旬節)

> 참고 사순절
> 예수님께서 40일 동안 광야에서 금식하고 시험받은 수난을 기억하여 경건하게 생활하는 부활 주일 전 40일 동안의 기간.

lent [lént 렌트] 동 lend(빌려 주다)의 과거·과거분사형

leop·ard [lépərd 레퍼*r*드] 명 【동물】표범(panther)

***less** [lés 레쓰] 형 (little의 비교급) (양·정도가) **보다 적은** (반 more 보다 많은): Eat *less* meat and more vegetables. 고기를 덜 먹고 야채를 더 먹어라／ I have *less* money than you. 나는 당신보다 돈을 조금 가지고 있다

> 쓰임새 「양·정도」의 경우에는 less를, 「수」의 경우에는 fewer를 사용한다.

—— 부 **보다 적게** (반 more 보다 많게): Eat *less* and sleep mor*e*. 적게 먹고 잠을 많이 자세요／ My watch is *less* expensive *than* yours. 내 시계는 네 것보다 덜 비싸다 (🔊 형용사 앞에 less가 올 때에는 「…보다 ～않다」라고 해석하는 것이 좋다)

no less than 〔수사와 함께〕…이나 (🔊 수량이 많은 것을 나타냄): He gave me *no less than* $500. 그는 나에게 500달러나 주었다 (🔊 no more than (= only) $10은 겨우 10달러)

no less A than B B못지 않게 A한, B와 마찬가지로 A한 (🔊 양쪽 다 정도가 높다는 것을 강조): She is *no less* beautiful *than* her sister. 그녀는 언니 못지 않게 아름답다

none the less 그럼에도 불구하고: He has faults, but I love him *none the less*. 그는 결점이 있지만 그래도 나는 그가 좋다

nothing less than …이나 다름없는: It is *nothing less than* fraud. 그것은 사기나 마찬가지다

not less than 적어도: He paid *not less than* ten dollars. 그는 적어도 10달러는 지불했다

not less A than B B에 (나으면 나았지) 못하지 않은 정도 A한: She is *not less* beautiful *than* her sister. 그녀는 언니 못지 않게 아름답다 (오히려 그녀가 아름다울지도 모른다)

still(much) less 〔부정문에서〕 하물며 (…은 아니다): I do*n't* know French, *still less* Greek. 나는 프랑스어를 모르는데 하물며 그리스어를 알 턱이 없다

── 몡 보다〔더〕 적은 수〔양, 액〕

-less (접미사) …이 없는: end*less* 끝없는

less·en [lésn 레슨] 〖 lesson(학과)와 발음이 같음〗 타 자 적게〔작게〕 하다; 적어〔작아〕지다

less·er [lésər 레써*r*] 혱 《little의 비교급 하나》 더욱 작은〔적은〕, 작은〔적은〕 편의

***les·son** [lésn 레슨] 〖 lessen (적게 하다)와 발음이 같음〗

명 (복수 lessons [-z]) **1** 학과; 수업, 레슨: We have a history *lesson* today. 오늘 역사 수업이 있다/ She is taking piano *lessons* once a week. 그녀는 일주일에 한 번 피아노 레슨을 받는다

2 (교과서의) …과: *Lesson* Two 제2과

3 교훈: I learned a good *lesson* from his failure. 나는 그의 실패에서 좋은 교훈을 얻었다

lest [lést 레스트] 접 《문어》 …하지 않도록: Be careful *lest* you (should) fall from the tree. 나무에서 떨어지지 않도록 조심해라

***let** [lét 렛] 동 (3단현 lets [-ts]; 과거·과거분사 let; 현재분사 letting) 타

1 〔let+사람+동사 원형의 형태로〕 (사람)에게 …하게 하다, …할 것을 허락하다: My mother *let* me go out. 어머니는 내가 외출하는 것을 허락하셨다

2 〔let us 또는 let's의 형태로〕 …하자, …합시다: *Let* us(*Let's*) hurry up. 서두르자/ *Let's* not play here. 여기서 놀지 말자

회화

A: *Let's* go to the park, shall we?
공원에 가자, 어때?
B: Yes, *let's*.
그러자

쓰임새 (1) 권유의 뜻일 때 Let's, Let us의 발음은 다같이 [léts]로 발음하나, 「우리에게 …하게 해 주세요」라고 허락을 구하는 경우에는 Let us [létəs]로 발음한다: Let us [létəs] go home. 우리를 집에 가게 해주세요.
(2) Let's …에 대하여 긍정의 대답은 Yes, let's. 또는 All right., OK.라 하고, 부정의 대답은 No, let's not.이라고 한다.
(3) Let's …에 대한 부가 의문문은 shall we가 흔히 쓰인다.

3 《영》 (토지·건물 등을) 세놓다, 임대하다(rent): This house is to *let*. 이 집은 세놓을 집이다

let ... be …을 그냥 내버려두다

let ... by …을 지나가게 하다: Please *let* me *by*. 미안합니다만 지나가게 해주십시오

let down (1) …을 떨어뜨리다, 내리다: He *let down* the rope. 그는 로프를 아래로 내렸다 (📝 여기서 let은 과거형)
(2) (사람을) 실망시키다: Don't *let* me *down*. 나를 실망시키지 마세요

let go (1) 해방하다, 놓아주다: *Let* me *go*. 나를 놓아주세요
(2) (쥐었던 것을) 놓다

let ... in (사람을) 들여보내다; (물·광선이) 들어오다: Please *let* me *in*. 안으로 들어가게 해주십시오

let ... into …을 ~에 넣다, 안내하다: He *let* me *into* his study. 그는 나를 그의 서재로 안내하였다

let loose 놓아주다, 풀어 주다

let ... out …을 밖으로 내보내다: I *let* the cat *out*. 나는 고양이를 밖으로 내보냈다

let's [léts 레츠] let us의 단축형

****let·ter** [létər 레터r → 레러r] 명 (복수 **letters** [-z]) **1** 편지: I got a *letter* from her. 나는 그녀에게서 편지 한 통을 받았다
2 문자, 글자: a capital (small) *letter* 대(소)문자

> 비교> **alphabet, letter, word**
> 영어의 **alphabet**은 A부터 Z까지 26개의 문자 전부를 가리키고, **letter**는 그 하나 하나의「문자」를 가리킨다. **word**는 몇 개의 letter가 모여 어떤 의미를 갖는 것으로「단어」라 한다.

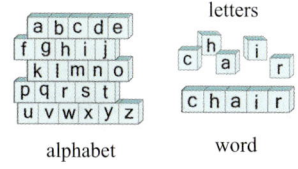

alphabet / letters / word

3 〔복수형으로〕문학, 학문: I like *letters*. 나는 문학을 좋아한다

letter box [létər bὰks] 명 **1** 《영》우체통 (📝《미》mailbox) **2** 《영》(개인용의) 우편함 (📝《미》mailbox)

letter carrier [létər kæ̀riər] 명 우편 집배원(mailman)

let·tuce [létis 레티쓰 → 레러쓰] 명【식물】상추

****lev·el** [lévəl 레V어엘] 명 (복수 **levels** [-z]) **1** 수평, 평면; (수평면의) 높이, 고도: above sea *level* 해발
2 수준, 정도: the *level* of living 생활 수준
—— 형 **1** 수평의, 평탄한: a *level* flight 수평 비행/ a *level* road 평탄한 도로
2 같은 수준〔높이〕의
—— 동 (3단현 **levels** [-z]; 과거·과거분사 **leveled**, 《영》 **levelled** [-d]; 현재분사 **leveling**, 《영》 **levelling**) 타 **1** (표면 등을) 평평하게 하다, 고르다: *level* the ground 땅을 고르다
2 (지위·상태 등을) 평등하게 하다

le·ver [lévər 레V어r] 명 (복수 **levers** [-z]) 지레

lever

lev·y [lévi 레V이] 동 (3단현 **levies** [-z]; 과거·과거분사 **levied** [-d]; 현재분사 **levying**) 타 **1** (세금 등을) 거두다 **2** (군인을) 징집하다

li·a·ble [láiəbl 라이어브을] 형 **1** …에 책임이 있는 (**for**): He is *liable for* damages. 그는 손해 배상의 책임이 있다
2 …하기 쉬운 (**to** *do*): He is *liable to* get angry. 그는 걸핏하면 화를 낸다

li·ar [láiər 라이어r] 명 거짓말쟁이 〔lie²(거짓말)에서〕

***lib·er·al** [líbərəl 리버뤄을] 형 **1** 자유로운, 자유주의의: the *Liberal* Party (영국의) 자유당
2 후한, 관대한, 인색하지 않은

lib·er·ty [líbərti 리버r티 → 리버r리] 명 (복수 **liberties** [-z]) 자유(freedom), 해방; 권리: religious *liberty* 신앙의 자유/ *liberty* of speech 언론의 자유/ You have the *liberty* to do so. 너는 그렇게 할 자유를 가지고 있다

at liberty 마음대로 …해도 좋은: You are *at liberty* to use it. 너는 마음대로 그것을 써도 좋다

Liberty Bell [líbərti bèl] 명 〔**the**를 붙여〕 《미》 자유의 종 (1776년 7월 4일 미국 독립 선언 때 울린 종)

li·brar·i·an [laibrɛ́əriən 라이브뤠뤼언] 명 사서(司書), 도서관원

the Liberty Bell

li·brar·y [láibrèri 라이브뤠리] 명 (복수 **libraries** [-z]) 1 **도서관**, 도서실: a school *library* 학교 도서관

2 (개인의) 문고, 장서; 서재: He has a large *library* of English books. 그는 영어책을 많이 가지고 있다

li·cense, 《영》 **li·cence** [láisəns 라이쓴쓰] 명 (복수 **licenses**, 《영》 **licences** [-iz]) 허가, 허락; **면허증**: a driver's *license* 운전 면허증

——타 (3단현 **licenes** [-iz]; 과거 · 과거분사 **licensed** [-t]; 현재분사 **licens·ing**) 타 …을 허가〔면허〕를 내주다: The shop is *licensed* to sell tobacco. 그 가게는 담배 판매를 허가받았다

license plate [láisəns plèit] 명 《미》 (자동차의) 번호판 (@ 《영》 number plate)

lick [lík 릭] 동 (3단현 **licks** [-s]; 과거 · 과거분사 **licked** [-t]; 현재분사 **licking**) 타 …을 핥다: *lick* an ice cream 아이스크림을 핥아 먹다

lick

——명 핥기, 한번 핥음

lid [líd 리드] 명 (복수 **lids** [-dz]) 1 **뚜껑**: a kettle *lid* 주전자 뚜껑

2 눈꺼풀 (@ 보통 eyelid라 한다)

lie[1] [lái 라이] 동 (3단현 **lies** [-z]; 과거 **lay** [léi]; 과거분사 **lain** [léin]; 현재분사 **lying**) 자 1 **눕다**, 드러눕다 (@ 「눕히다」는 lay): He *lay* down *on* the grass. 그는 풀밭에 드러누웠다/ He is *lying on* his back〔face, side〕. 그는 반듯이〔엎드려, 모로〕누워 있다

lie   lay

2 (…의 상태에) 있다, 놓여 있다: She *lay* asleep on the sofa. 그녀는 소파에 누워서 자고 있었다/ The book *lay* open on the desk. 그 책은 책상 위에 펼쳐져 있었다

3 (장소 · 물건이) …에 있다, 위치하다: Ireland *lies to* the west of England. 아일랜드는 영국의 서쪽에 있다

lie in (이유 · 원인 등이) …에 있다: The trouble *lies in* the engine. 고장은 엔진에 있다

lie[2] [lái 라이] 명 **거짓말**(@ truth 진실) (@ 「거짓말쟁이」는 liar): Don't tell a *lie*. 거짓말하지 마라

——동 (3단현 **lies** [-z]; 과거 · 과거분사 **lied** [-d]; 현재분사 **lying**) 자 거짓말하다: You're *lying to* me. 너는 나에게 거짓말을 하고 있어

life [láif 라이f] 명 (복수 **lives** [láivz])

1 **생명, 생존**, 목숨(@ death 죽음): the origin of *life* 생명의 기원/ It is a matter of *life* and death. 그것은 생사에 관한 문제다/ Many *lives* were lost. 많

life belt [láif bèlt] 명 안전 벨트

은 사람이 죽었다
2 〔집합적으로〕 **생물**, 생명체: There is no *life on* the moon. 달에는 생물이 없다
3 인생, 세상살이: What is your object in *life*? 당신의 인생 목적은 무엇입니까?
4 (사람의) 일생: He was single all his *life*. 그는 평생을 독신으로 지냈다
5 생활 (상태): married〔single〕 *life* 결혼〔독신〕 생활
6 전기(傳記): I am reading a *life* of Edison. 나는 에디슨 전기를 읽고 있다
7 원기, 활기, 생기: He is always full of *life*. 그는 언제나 활기에 차 있다
come to life (1) 소생하다 (2) 활기를 띠다
for one's life 목숨을 걸고: I ran *for my life*. 나는 필사적으로 도망쳤다
in one's life 일생 동안, 태어나서 지금까지: I've never seen such a big tower *in my life*. 나는 지금까지 그렇게 큰 탑은 본 적이 없다

life belt [láif bèlt] 명 안전 벨트
life·boat [láifbòut 라이f보웃] 명 구명정, 구조선

lifeboat

life jacket [láif dʒǽkit] 명 구명 재킷
life·less [láiflis 라이F을리ㅆ] 형 **1** 생명이 없는 **2** 활기 없는
life·long [láiflɔ̀ːŋ 라이f로-엉] 형 일생의, 평생의
life-size [láif-sáiz 라이f-싸이즈] 형 실물 크기의 (📖 *life-sized*라고도 함)
life·time [láiftàim 라이f타임] 명 일생, 생애

life·work [láifwə̀ːrk 라이f워-rㅋ] 명 필생의 사업〔일〕
⁑lift [lift 리f으트] 동 (3단현 **lifts** [-ts]; 과거·과거분사 **lifted** [-id]; 현재분사 **lifting**) 타 **1** …을 (들어)올리다: The box was too heavy to *lift*. 그 상자는 들어 올리기에 너무 무거웠다
2 (봉쇄·제한 등을) 풀다
— 자 **1** 들어 올리다
2 (구름·비 등이) 개다, 걷히다: The fog soon *lifted*. 안개는 곧 걷혔다
— 명 (복수 **lifts** [-ts]) **1** 들어올림
2 《영》 엘리베이터, 승강기 (📖 《미》 elevator); (스키장의) 리프트
3 차에 태워줌: Will you give me a *lift* to the station? 나를 역까지 태워주시겠습니까?

⁂light¹ [láit 라잇] (📖 gh는 묵음) 명 (복수 **lights** [-ts]) **1 빛**, 광선; 밝음: *light* and shade 명암/ The sun gives us *light* and heat. 태양은 우리에게 빛과 열을 준다
2 불빛, 등불, 전등; 신호등: turn on〔off〕the *light* 전등을 켜다〔끄다〕
3 (점화하기 위한) 불: Will you give me a *light*. 불 좀 빌려 주시겠습니까?
come to light 《구어》 나타나다, 드러나다: New facts *come to light*. 새로운 사실이 드러났다
— 형 (비교급 **lighter**; 최상급 **lightest**) **1 밝은**(반 dark 어두운): a *light* room 밝은 방
2 (색이) **연한**, 엷은(반 dark 진한): *light* brown 연한 갈색, 담갈색
— 동 (3단현 **lights** [-ts]; 과거·과거분사 **lighted** [-id], **lit** [lít]; 현재분사 **lighting**) 타 **1** …에 불을 붙이다: *light* a candles 양초에 불을 붙이다
2 비추다, 밝게 하다
— 자 **1** (등)불이 붙다, 켜지다
2 밝아지다, 빛나다: Her face *lit up with* joy. 그녀의 얼굴은 기쁨으로 빛났다

light² [láit 라잇] 〖gh는 묵음〗 휑 (비교급 **lighter**; 최상급 **lightest**) **1** (무게가) **가벼운**(빤 heavy 무거운): This desk is *light* to carry. 이 책상은 운반하기 가볍다

2 (양이) 적은; (강도가) 약한; (작업 등) 쉬운, 수월한: a *light* rain 보슬비/ We had a *light* meal. 우리는 가벼운 식사를 했다/ This is a *light* task. 이것은 쉬운 일이다

3 (동작이) 기민한, 경쾌한; 명랑한: They were walking with *light* steps. 그들은 가벼운 걸음으로 걷고 있었다

make light of …을 얕보다, 경시하다: Don't *make light of* life. 생명을 경시해서는 안 된다

light·en¹ [láitn 라이튼 → 라잇'은] 태 …을 밝게 하다, 비추다
── 자 밝아지다, 빛나다 **2** 〔it를 주어로〕 번갯불이 번쩍이다

light·en² [láitn 라이튼 → 라잇'은] 태 **1** …을 가볍게 하다; (세금 등을) 완화〔경감〕하다: *lighten* a load 짐을 가볍게 하다

2 …을 기쁘게〔즐겁게〕 하다
── 자 (마음 등이) 가벼워지다

light·er [láitər 라이터 → 라이러r] 명 라이터: He lit a cigarette with his *lighter*. 그는 라이터로 담배에 불을 붙였다

light·house [láithàus 라잇하우쓰] 명 (복수 **lighthouses** [-hàuziz]) 등대

light industry [láit índəstri] 명 경공업

light·ing [láitiŋ 라이팅 → 라이링] 명 조명

light·ly [láitli 라이틀리 → 라잇'을리] 부 **1** 가볍게, 살짝: Bill touched my shoulder *lightly*. 빌이 내 어깨를 가볍게 건드렸다

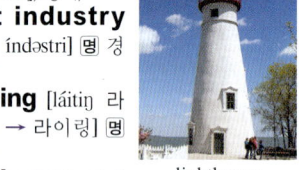
lighthouse

2 경쾌하게, 쾌활하게

light·ning [láitniŋ 라잇닝] 명 번개, 번갯불 (〖「천둥」은 thunder): The tower was struck by *lightning*. 그 탑에 번개가 떨어졌다

lightning rod [láitniŋ ràd] 명 피뢰침

like¹ [láik 라익] 휑 (비교급 **more like**; 최상급 **most like**) **1** …와 같은: It looks *like* rain. 비가 올 것 같다/ We are *like* to meet no more. 우리는 더 이상 못 만날 것 같다

2 …을 닮은: She is very *like* her mother. 그녀는 어머니를 매우 닮았다/ *Like* father, *like* son. 《속담》 부전자전

── 전 **1** …와 같이, …처럼: I cannot do it *like* you. 나는 너처럼 할 수 없다/ Don't speak to me *like* that. 나에게 그런 식으로 말하지 마세요

2 …다운: Such behavior is *like* him. 그런 행동은 (과연) 그 사람답다

── 명 (복수 **likes** [-s]) 비슷한 사람〔것〕

like² [láik 라익] 동 (3단현 **likes** [-s]; 과거 · 과거분사 **liked** [-t]; 현재분사 **liking**) 태 **1** …을 **좋아하다**(빤 dislike 싫어하다): I *like* English very much. 나는 영어를 매우 좋아한다/ I *like* swimming〔to swim〕. 나는 수영을 좋아한다

─회화─
A: What season do you *like* best?
어느 계절을 가장 좋아합니까?
B: I *like* summer best.
나는 여름을 가장 좋아합니다

2 …을 바라다: I *like* you to go there. 나는 네가 거기에 가기를 바란다
── 자 마음에 들다: You may do as you *like*. 당신 좋을 대로 하십시오

How do you like …? (1) …은 어떻습니까?: *How do you like* your new house? 새 집은 마음에 드십니까?
(2) …은 어떻게 할까요?

likelihood | 419 | **limp**

회화

A: *How do you like* your coffee?
커피는 어떻게 해드릴까요?
B: I like it strong.
진한 것이 좋습니다

if you like 좋으시면: You will come, *if you like*. 괜찮으시면 오십시오
would [*should*] *like* (*to do*) …하고 싶다: I *would* [*I'd*] *like* a cup of coffee. 커피 한 잔 마시고 싶다/ I *would like to go*. 나는 가고 싶다
—명 (복수 **likes** [-s]) 〔보통 복수형으로〕 좋아하는 것

like·li·hood [láiklihùd 라이클리후드] 명 있음직한 일, 가능성: There is *likelihood* of rain. 비가 올지도 모른다

***like·ly** [láikli 라이클리] 형 (비교급 **likelier**; 최상급 **likeliest**) **1** …할 것 같은 ((to do)): It is *likely* to rain. 비가 올 것 같다/ He is *likely* to lose the game. 그는 경기에 질 것 같다

2 그럴듯한, 있음직한: That's a *likely* story. 그럴듯한 이야기다

3 적당한, 알맞은: He is a *likely* man *for* the job. 그는 그 일에 알맞은 사람이다
—부 〔종종 very, most와 함께〕 아마 (probably): We will *very likely* stay home this evening. 우리는 오늘밤엔 아마 집에 있을 것 같다

like·ness [láiknis 라익니쓰] 명 **1** 비슷함, 닮음 **2** 초상화

like·wise [láikwàiz 라익와이z으] 부 **1** 똑같이, 마찬가지로 **2** 또, 역시(also), 게다가

lik·ing [láikiŋ 라이킹] 명 좋아함; 취미: I have a *liking* for fruit. 나는 과일을 좋아한다

li·lac [láilək 라일럭] 명 【식물】 라일락

lil·y [líli 릴리] 명 (복수 **lilies** [-z]) 【식물】 백합, 흰 나리

limb [lím 림] 〔 b는 묵음〕 명 **1** (인간·동물의) 팔다리; (새의) 날개(wing) **2** 큰 가지(bough)

lime [láim 라임] 명 석회(石灰)

lime·stone [láimstòun 라임스토운] 명 석회암

***lim·it** [límit 리밋] 명 (복수 **limits** [-ts]) **1** 한계, 한도, 제한: the age *limit* 연령 제한/ What is the speed *limit*? 제한 속도는 얼마입니까?

2 〔복수형으로〕 경계, 범위: inside the city *limits* 시내에서

Off limits. 《게시》 출입 금지 (구역)
—동 (3단현 **limits** [-ts]; 과거·과거분사 **limited** [-id]; 현재분사 **limiting**) 타 …을 제한하다: The speed is *limited* to 60 miles an hour. 속도는 60마일로 제한되어 있다

lim·i·ta·tion [lìmətéiʃən 리머테이션] 명 한정, 제한

lim·it·ed [límitid 리미티드] 형 한정된: *limited* resources 한정된 자원

lim·it·less [límitlis 리밋'을리쓰] 명 무한한

lim·ou·sine [líməzìːn 리머z이-인] 명 **1** 리무진, 대형 고급 승용차 **2** (공항 등의) 여객용 버스

limousine 1

limp [límp 림프] 자 절뚝거리다

Lin·coln [líŋkən 링컨] 명 링컨 **Abraham** ~ (1809-65) 《미국의 제16대 대통령(1861-65); 노예 해방을 함》

***line**¹ [láin 라인] 명 (복수 **lines** [-z]) **1 선, 줄**: a straight *line* 직선/ Please draw a *line* here. 여기에 선을 그어 주세요

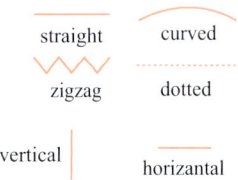

lines

2 끈, 밧줄: a fishing *line* 낚싯줄
3 전화선, 전선: The *line* is busy. 통화 중입니다 《교환원이 하는 말》
4 (글의) **행**: See page 5, *line* 12. 5쪽 12행을 보세요
5 짧은 편지: Drop me a *line*, please. 몇 자 적어 보내 주세요
6 〔복수형으로〕 (극의) 대사
7 (교통 기관의) **노선**: a bus *line* 버스 노선
8 직업, 장사; 전문 (분야): What's your *line*? 직업은 무엇입니까?
9 (종의) **열** (「(횡의) 열」은 row);《미》 차례를 기다리는 열 (《영》 queue)

10 (손바닥의) 선, 손금; (얼굴의) 주름
11 (경기장의) **라인**: a foul *line* (야구의) 파울라인
12 진로, 방향; (생각·행동의) 방향
13 전선(戰線), 전열(戰列)
read between the lines 글(말) 속의 숨은 뜻을 알아내다

—— 동 (3단현 **lines** [-z]; 과거·과거분사 **lined** [-d]; 현재분사 **lining**) 타 **1** 선 〔줄〕을 긋다: He *lined* the paper. 그는 종이에 선을 그었다
2 일렬로 세우다, 정렬시키다 《up》: The general *lined up* his troops. 장군은 그의 부대를 정렬시켰다
—— 자 줄서다, 정렬하다

line² [láin 라인] 동 (현재분사 **lining**) 타 …에 안감을 대다 《with》

lin·e·ar [líniə*r* 리니어*r*] 형 **1** 선의, 직선의 **2** 선 모양의

lin·en [línin 리닌] 명 리넨 (제품)

lin·er [láinə*r* 라이너*r*] 명 **1** 정기선(船); 정기 항공기 **2** 【야구】 직선 타구 〔*line*¹(노선)에서〕

lin·ger [líŋɡə*r* 링거*r*] 자 꾸물거리다; 질질 끌다 (delay)

lin·guist [líŋɡwist 링그위스트] 명 언어학자

lin·guis·tics [liŋɡwístiks 링그위스틱쓰] 명 〔단수 취급〕 언어학

lin·ing [láiniŋ 라이닝] 명 안감 (대기) 〔*line*²(안감을 대다)에서〕

***link** [líŋk 링크] 명 (복수 **links** [-s]) **1** (사슬의) **고리 2** 결합시키는 사람〔것〕 **3** 연결, 유대
—— 타 자 …을 잇다, 연결하다; 연결되다

links 1

****li·on** [láiən 라이언] 명 (복수 **lions** [-z]) **사자**, 수사자

li·on·ess [láiənis 라이어니쓰] 명 (복수 **lionesses** [-iz]) 암사자

***lip** [líp 립] 명 (복수 **lips** [-s]) **입술**: the upper 〔lower〕 *lip* 윗〔아랫〕 입술

lion

lip·stick [lípstik 립스틱] 명 입술 연지, 립스틱

***liq·uid** [líkwid 리크위드] 명 액체 (「기체」는 gas, 「고체」는 solid)
—— 형 **액체의**, 유동체의: *liquid* fuel 액체 연료

liq·uid·iz·er [líkwidàizər 리크위다이줘r] 명 《영》 (요리용) 믹서 (《미》 blender)

liq·uor [líkər 리커r] 명 알코올 음료, 술

***list** [líst 리스트] 명 (복수 **lists** [-ts]) **표, 목록**, 명단: Please show me the price *list*. 가격표를 보여 주세요
—— 동 (3단현 **lists** [-ts]; 과거·과거분사 **listed** [-id]; 현재분사 **listing**) 타 …**을 표에 싣다**, 목록〔명단〕에 올리다: The new models are all *listed* in the catalog. 새로운 모델은 전부 카탈로그에 실려 있다

****lis·ten** [lísn 리슨] 〔t는 묵음〕 동 (3단현 **listens** [-z]; 과거·과거분사 **listened** [-d]; 현재분사 **listening**) 자 **1 듣다**, 귀를 기울이다 (to): *Listen* carefully, please. 주의해서 들어 보세요/ *Listen to* me. 내 말을 들어보세요/ I was *listening to* the radio. 나는 라디오를 듣고 있었다

> 비교 **listen**과 **hear**
> **listen**은 의식적으로 귀를 기울여 듣다. **hear**는 들으려는 의사와는 상관없이 들리다.

listen　　　hear

2 (충고·요구 등을) 듣다, 따르다 (to): He didn't *listen to* my advice. 그는 나의 충고에 귀를 기울이지 않았다

lis·ten·er [lísnər 리스너r] 명 **1** (귀를 기울여) 듣는 사람, 경청자 **2** (라디오의) 청취자

lit [lit 릿] 동 light¹(불을 붙이다)의 과거·과거분사형

***li·ter,** 《영》 **li·tre** [líːtər 리-터r → 리-러r] 명 리터 (『💡 용량의 단위; 1리터는 1,000cc; 약어는 l., lit.)

lit·er·al [lítərəl 리터뤌 → 리러뤌] 형 **1** 글자 그대로의, 직역의: a *literal* translation 직역
2 (설명 등이) 정확한

lit·er·al·ly [lítərəli 리터뤌리 → 리러뤌리] 부 글자 그대로, 정말로: He did *literally* nothing at all. 그는 글자 그대로 아무 것도 안 했다

***lit·er·a·ry** [lítərèri 리터뤠리 → 리러뤠리] 형 **1 문학의**, 문예의: *literary* works 문학 작품
2 문어의(반 colloquial 구어의): a *literary* style 문어체

***lit·er·a·ture** [lítərətʃər 리터뤄춰r → 리러뤄춰r] 명 **문학**; 문학 작품: English *literature* 영문학

lit·ter [lítər 리터r → 리러r] 명 잡동사니, 쓰레기

****lit·tle** [lítl 리트ㄹ → 리르ㄹ] 형 (비교급 **less** [lés]; 최상급 **least** [líːst]) **1 작은**, (작아서) 귀여운(반 big 큰); 어린, 나이가 적은(young): a *little* bird 작은 새/ a *little* village 작은 마을/ a *little* brother (= a younger brother) 남동생

> 비교 **little**과 **small**
> **little**에는 「작아서」 귀엽다」라는 애정을 나타내기 위한 뜻으로 쓰이나, **small**은 단순히 「모양이 작은 것」만을 나타낸다: a *little* girl (귀여운) 소녀/ a *small* girl (작은) 소녀.

2 (시간·거리 등이) 짧은, 잠시의(반 long 긴): He will be back in a *little* while. 그는 잠시 후면 돌아올 것이다

3 [a를 붙여 긍정적 용법으로] (양·정도가) **조금은 있는**, 약간의: I know *a little* English. 나는 영어를 조금 안다/ There is *a little* milk in the bottle. 병에 약간의 우유가 있다

4 [a를 붙이지 않은 부정적 용법으로] **조금 밖에 없는**, 거의 없는: We had *little* snow last year. 작년에는 눈이 거의 내리지 않았다/ There is *little* milk in the bottle. 병에 우유가 조금밖에 없다

쓰임새▷ **(a) little과 (a) few**
(1) little은 셀 수 없는 명사와 더불어 「양이 적은」 것을 나타내고, 셀 수 있는 명사와 더불어 「수가 적은」 것을 나타낼 때는 few를 쓴다.
(2) a little과 a few는 「조금은 있다」로 「있음」을 강조하고, little과 few는 「거의 없다」로 「없음」을 강조한다.

little

few

	양	수
거의 없는	little	few
조금은 있는	a little	a few
많이 있는	much	many

5 사소한, 시시한: Don't worry about such a *little* problem. 그런 하찮은 일에 걱정하지 마라

no little = ***not a little*** 적지 않은, 많은: He took *no little* pains. 그는 많은 수고를 했다

only a little 극히 적은, 조금 뿐인: There is *only a little* wine. 포도주가 조금 밖에 없다

quite a little 《미구어》 많은, 상당한: *quite a little* money 많은 돈

━━**부** (비교급 **less**; 최상급 **least**) **1** [a를 붙여 긍정적 용법으로] **조금**, **약간**: I can play the piano *a little*. 나는 피아노를 조금은 칠 줄 안다

2 [a를 붙이지 않은 부정적 용법으로] a) [know, think, dream 등의 동사 앞에서] **전혀** …**않다**(not at all): I *little* dreamed of it. (= *Little* did I dream of it.) 나는 그것을 꿈에도 생각하지 못했다 (📖 글 첫머리에 오면 도치)
b) [동사 뒤에 쓰여] **거의** …**않다**: I slept very *little* last night. 나는 어젯밤에는 거의 잠을 자지 못했다

not a little 적잖이, 상당히: I was *not a little* surprised. 나는 꽤 놀랐다

━━**대 1** [a를 붙여 긍정적 용법으로] (정도·양이) **조금은 있는 것**: He drank *a little* of the water. 그는 물을 조금 마셨다

2 [a를 붙이지 않은 부정적 용법으로] (정도·양이) **거의 없는 것**: She has *little* to do all day. 그녀는 하루종일 거의 할 일이 없다

little by little 조금씩, 점점(step by step): The water level rose *little by little*. 수위는 점점 높아졌다

✱✱✱live¹ [lív 리v으] **동** (3단현 **lives** [-z]; 과거·과거분사 **lived** [-d]; 현재분사 **living**) **자 1 살다**, 거주하다 《in, at》: Where do you *live*? 어디 사십니까?/ He *lives in* London. 그는 런던에 살고 있다

2 살다, 생존하다(**반** die 죽다): We can not *live* without water. 우리들은 물 없이는 살 수 없다/ My grandfather *lived to* be ninety. 할아버지는 90세까지 사셨다

3 생활하다, 지내다: They *lived* happily ever after. 그들은 그 후 행복하게 살았다

━━**타** [동족 목적어와 함께] …한 생활을 하다: He *lived a* happy *life*. (= He *lived* happily.) 그는 행복하게 살았다

live on (1) …을 먹고 살다: We *live on* rice. 우리는 쌀을 주식으로 한다
(2) (수입 등으로) 살다: She *lives on* a small income. 그녀는 적은 수입으로 살고 있다

***live**² [láiv 라이v으] 〖🔊 live¹과 발음 차이에 주의〗 형 **1 살아 있는**: a *live* fish 살아 있는 물고기

> 쓰임새 **live와 alive**
> 형용사 live는 명사 앞에만 사용하고, be 동사 뒤에서는 alive를 사용한다: The snake is still *alive*. 그 뱀은 아직 살아 있다.

2 생생한, 활기 있는
3 (방송·연주 등이) 생방송의: a *live* program 생방송

live·li·hood [láivlihùd 라이V을리후드] 명 살림, 생계 (수단)

live·ly [láivli 라이V을리] 형 (비교급 **livelier**; 최상급 **liveliest**) 활기찬, 활발한; 경쾌한: a *lively* discussion 활발한 토론

liv·er [lívər 리V어r] 명 **1** 간장(肝臟) **2** (식용의) 간

lives [láivz 라이V으z으] 명 life(생명)의 복수형

live·stock [láivstàk 라이v으스탁] 명 〔집합적으로〕 가축

***liv·ing** [lívin 리V잉] 형 **1 살아 있는**(반 dead 죽은): He is still *living*. 그는 아직 살아 있다
2 현대의, 현재 쓰이고 있는: a *living* language 현재 사용하고 있는 언어
3 생활의: *living* costs 생활비
——명 **1 생활**; 생존: the standard of *living* 생활 수준
2 생계: What does he do for a *living*? 그는 어떻게 생계를 꾸려나가고 있습니까?

living room [lívin rù:m] 명 거실

liz·ard [lízərd 리Z어r드] 명 【동물】 도마뱀

lla·ma [láːmə 라-마] 【동물】 라마 (남미산(産) 낙타의 일종)

llama

***load** [lóud 로우드] 명 (복수 **loads** [-dz]) 짐; (마음의) 부담: carry a heavy *load* 무거운 짐을 나르다
——동 (3단현 **loads** [-dz]; 과거·과거분사 **loaded** [-id]; 현재분사 **loading**) 타 …에 짐을 싣다: They *loaded* the ship *with* the coal. 그들은 배에 석탄을 실었다

loaf [lóuf 로우f으] 명 (복수 **loaves** [lóuvz]) (빵의) 한 덩어리

***loan** [lóun 로운] 명 **1 대부(금)**: He got a *loan* from the bank. 그는 은행으로부터 대부를 받았다
2 공채, 차관: a public〔government〕 *loan* 공〔국〕채
——타 자 《미》 빌려 주다(lend) (to)

loan·word [lóunwə̀:rd 로운워-r드] 명 외래어

loaves [lóuvz 로우V으z으] 명 loaf(한 덩어리)의 복수형

***lob·by** [lábi 라비] 명 (복수 **lobbies** [-z]) **1** (호텔 등의) 홀, 로비 **2** (의회에 출입하여 의원에게 진정·탄원 등을 하는) 압력단체, 로비

lob·by·ist [lábiist 라비이스트] 명 《미》 로비스트, 의안 통과〔부결〕 운동자

lob·ster [lábstər 랍스터r] 명 【동물】 바닷가재; 대하, 왕새우

***lo·cal** [lóukəl 로우커얼] 형 **1** (특정한) **지방의**, 한 지방 특유의 (🔊 「시골」이라는 뜻은 없음): *local* color 지방색/ a *local* newspaper 지방 신문

2 〖철도〗 완행의: a *local* train (역마다 정차하는) 완행 열차 (✎ 「급행 열차」는 an express train)

3 (몸의) 어떤 부분만의, 국부(局部)의

lo·cate [loukéit 로우케잇] 동 (3단현 **locates** [-ts]; 과거·과거분사 **located** [-id]; 현재분사 **locating**) 타 (가게·사무소 등이) …에 있다, 위치하다: His office is *located* in Mapo. 그의 사무실은 마포에 있다

lo·ca·tion [loukéiʃən 로우케이션] 명 **1** 위치; (특정의) 장소 **2** (영화의) 야외 촬영지

※lock [lák 락] 명 (복수 **locks** [-s]) **1 자물쇠** (✎ 「열쇠」는 key): You need a key to open a *lock*. 자물쇠를 여는 데는 열쇠가 필요하다

2 (운하·댐의) 수문, 갑문

── 동 (3단현 **locks** [-s]; 과거·과거분사 **locked** [-t]; 현재분사 **locking**) 타 **1** …을 잠그다, 자물쇠로 채우다: The door was *locked*. 문에 자물쇠가 채워져 있었다

2 (무엇을) 챙겨 넣다, 가두다: The prisoner was *locked* in the cell. 그 죄수는 독방에 감금되었다

3 …을 고정시키다: The ship was *locked* in ice. 배는 얼음에 갇히었다

── 자 자물쇠가 잠기다: The door *locks* automatically. 그 문은 자동으로 잠긴다

lock·er [lákər 라커r] 명 (복수 **lockers** [-z]) (자물쇠가 달린 개인용) 사물함, 로커

lock·et [lákit 라킷] 명 로켓 (조그마한 사진·기념물 등을 넣어 목걸이 등에 다는 금속제 곽)

lo·co·mo·tive [lòukəmóutiv 로우커모우티v ─→ 로우커모우리v] 명 기관차

locket

lo·cust [lóukəst 로우커스트] 명 〖곤충〗 **1** 메뚜기 **2** 《미》 매미 (✎ cicada라고도 한다)

locust 1

※lodge [ládʒ 라쥐] 명 (복수 **lodges** [-iz]) (휴가 등에 잠시 사용하는) 오두막, 《미》 소규모 별장: a hunting *lodge* 사냥꾼 오두막

── 동 (3단현 **lodges** [-iz]; 과거·과거분사 **lodged** [-d]; 현재분사 **lodging**) 자 (일시적으로) 묵다; 하숙하다: Where are you *lodging*? 너는 어디에 묵고 있느냐?

lodg·ing [ládʒiŋ 라쥐잉] 명 (복수 **lodgings** [-z]) **1** (일시적인) 숙박; 하숙: board and *lodging* 식사를 제공하는 하숙

2 [복수형으로] 하숙집; 셋방

loft [lá:ft 라-F으트] 명 다락방

loft·y [lá:fti 라-F으티] 형 (비교급 **loftier**; 최상급 **loftiest**) **1** 매우 높은, 우뚝 솟은: a *lofty* tower 높이 솟은 탑

2 고상한: He has *lofty* aims. 그는 고상한 목적을 가지고 있다

log [lá:g 라-ㄱ] 명 (복수 **logs** [-z]) **1** 통나무: a *log* cabin 통나무 집

log 통나무
board 판자
lumber 재목

2 항해〔항공〕 일지

log·ger [lá:gər 라-거r] 명 《미》 벌목꾼

log·ic [ládʒik 라쥐익] 명 **1** 논리, 논법 **2** 논리학

log·i·cal [ládʒikəl 라쥐커ㄹ] 형 논리학(상)의; 논리적인: *logical* thinking 논리적 사고

log·i·cal·ly [ládʒikəli 라쥐컬리] 부 논리적으로

loi·ter [lɔ́itər 로이터r → 로이러r] 자 빈둥거리다, 게으름 피우다

lol·li·pop [lálipàp 랄리팝] 명 막대 사탕

Lon·don [lʌ́ndən 란던] 명 런던 《영국의 수도》

Lon·don·er [lʌ́ndənər 란더너r] 명 런던 사람

lone·li·ness [lóunlinis 로운리니쓰] 명 외로움, 고독

lone·ly [lóunli 로운리] 형 (비교급 **lonelier**; 최상급 **loneliest**) **1** 고독한, 쓸쓸한: She lived a *lonely* life. 그녀는 고독하게 살았다

2 인가에서 떨어진, 외진

lone·some [lóunsəm 로운썸] 형 **1** 고독한, 쓸쓸한, 외로운 《lonely보다도 의미가 강하다》 **2** 인적이 드문

long¹ [lɔ́ːŋ 로-엉] 형 (비교급 **longer** [lɔ́ːŋɡər]; 최상급 **longest** [lɔ́ːŋɡist]) (거리·시간이) 긴(반 short 짧은); 길이가 …인: a *long* distance 먼 거리 / Her hair is *long*. 그녀는 머리가 길다 / How *long* is this bridge? 이 다리는 길이가 얼마나 됩니까? / I have not seen him for a *long* time. 나는 오랫동안 그를 만나지 못했다

long   short

Long time no see. 《구어》 오랜만입니다

──명 오랫동안: It will not take *long*. 오래 걸리지는 않을 것이다

before long 머지 않아, 곧(soon): He will come back *before long*. 그는 곧 돌아올 거다

for long 〖주로 부정문·의문문에서〗 오랫동안: I haven't seen him *for long*. 나는 오랫동안 그를 보지 못했다

──부 (비교급 **longer**; 최상급 **longest**) **1** 길게, 오랫동안: I can't stay here *long*. 나는 이 곳에 오래 머물러 있을 수가 없다 / How *long* have you lived in Seoul? 서울에 사신지 얼마나 됩니까?

2 …동안 줄곧: He was busy all day *long*. 그는 온종일 바빴다

as*〔*so*〕long as* … …**하는 동안; …하는 한: I will never forget it *as long as* I live. 내가 살아 있는 한 그 일을 결코 잊지 않을 것이다 / Stay here *as long as* you like. 좋다면 얼마든지 이곳에 머물러 있어라

at (***the***) ***longest*** 길어도, 기껏(해서)

long ago 오래 전에 ⇒ ago 숙어

no longer = 《구어》 ***not ... any longer*** 더 이상 …않다〔아니다〕: I could wait for him *no longer*. (= I could *not* wait for him *any longer*.) 더 이상 그를 기다릴 수 없었다

So long! 《구어》 안녕!

long² [lɔ́ːŋ 로-엉] 동 (3단현 **longs** [-z]; 과거·과거분사 **longed** [-d]; 현재분사 **longing**) 자 간절히 바라다, 열망〔갈망〕하다 (for, to do): We *long* for peace. 우리는 평화를 갈망하고 있다 / I *long* to go home. 집에 돌아가고 싶은 생각이 간절하다

long-dis·tance [lɔ́ːŋ-dístəns 로-엉디스턴쓰] 형 《미》 장거리의: a *long-distance* call 장거리 전화 통화

long·ing [lɔ́ːŋiŋ 로-엉잉] 명 갈망, 열망, 동경 (for)

──형 갈망하는, 동경하는

lon·gi·tude [lάndʒətjùːd 란줘튜-드] 명 경도(반 latitude 위도)

long run [lɔ́ːŋ rʌ̀n] 명 **1** 장기간 **2** (연극·영화) 장기 공연

look [lúk 룩] 통 (3단현 **looks** [-s]; 과거·과거분사 **looked** [-t]; 현재분사 **looking**) 자 **1** (주의해서) 보다, 바라보다: *Look* at the blackboard. 칠판을 보아라 / I *looked*, but saw nothing. 나는 눈여겨보았으나 아무것도 보이지 않았다

> 유의어 보다
> **look**은 집중을 하여 무엇을 살펴보는 것을, **see**는 자연적으로 눈에 보이는 것을 말하며, **watch**는 움직이고 있는 것을 볼 때 쓴다.

look   see   watch

2 …처럼 보이다: You *look* pale. 너는 안색이 창백해 보인다 / The cake *looks* delicious. 그 케이크는 맛있어 보인다
3 (집 등이) …향(向)이다: The room *looks to* the south. 그 방은 남향이다
4 [감탄사로] 봐라: *Look*, he is coming. 보아라, 그가 오고 있다
── 타 **1** …을 자세히 보다, 주시하다: He *looked* me in the face. 그는 내 얼굴을 응시했다
2 …한 눈치를[표정을] 보이다: She *looked* her consent. 그녀는 승낙의 뜻을 표정으로 나타냈다

look about 이리저리 둘러보다[찾다] (**for**): He is *looking about for* a job. 그는 일자리를 찾고 있다

look after …을 돌보다, 보살피다: I *looked after* her baby. 나는 그녀의 아기를 돌봐주었다

look around (주위를) 둘러보다

> 회화
> A: Can I *help* you?
> 도와드릴까요?
> B: I'm just *looking around*.
> 그냥 구경하고 있어요

look back 뒤돌아보다, 회고하다
look down 내려다보다
look down on[**upon**] …을 깔보다, 경멸하다(despise): Don't *look down on* her. 그녀를 깔보지 마라
look for …을 찾다: What are you *looking for*? 무엇을 찾고 있습니까?
look forward to …을 기대하다(주의 to 다음에는 명사 또는 동명사가 온다): I'm *looking forward to* seeing you again. 당신을 다시 만나길 기대합니다
look in (1) …의 안을 잠깐 들여다보다: She *looked in* a show window. 그녀는 쇼윈도 안을 들여다보았다
(2) …을 방문하다 (**on**)
look into (1) …을 들여다보다
(2) …을 조사하다(investigate): The police are *looking into* the matter. 경찰은 그 사건을 조사하고 있다
look like (1) …와 닮다(resemble); …처럼 보이다: She *looks like* her mother. 그녀는 어머니와 닮았다 / It *looks like* gold. 그것은 금처럼 보인다
(2) …할 것 같다: It *looks like* rain. 비가 올 것 같다
look on 관찰[방관]하다, 지켜보다: He was just *looking on*. 그는 그저 구경만 하고 있었다
look on *A* **as** *B* A를 B로 간주하다[생

각하다): Many people *look on* him *as a writer*. 그를 작가로 생각하는 사람이 많다

look out (1) 바깥을 내다보다: I was *looking out* (of) the window. 나는 창 밖을 내다보고 있었다
(2) 주의하다 《for》: *Look out for* pickpockets. 소매치기를 조심해라

look over (1) …을 대충 훑어보다: Will you *look over* this papers? 이 서류를 좀 검토해 주시겠습니까?
(2) …을 조사하다

look round 《영》 = look around

look through (1) …을 통하여 보다
(2) 살펴 보다, 훑어보다: *look through* a book. 책을 죽 훑어보다
(3) …을 충분히 조사하다(examine)

look to (1) …의 쪽을 보다
(2) …에 주의하다, …을 돌보다
(3) …을 기대하다, 의존하다: I *look to* you for help. 나는 당신의 도움을 기대하고 있다

look up (1) **쳐다보다**: They were *looking up* at the sky. 그들은 하늘을 쳐다 보고 있었다
(2) (사전 등에서) **찾아보다**: *Look up* this word in the dictionary. 이 단어를 사전에서 찾아보아라

look up to 존경하다(respect): He *looks up to* his father. 그는 그의 아버지를 존경한다

── 〔명〕 (복수 **looks** [-s]) **1** 봄, 바라봄
2 얼굴 (표정); 눈빛: He gave me a scornful *look*. 그는 나를 경멸적인 눈빛으로 쳐다보았다
3 모양, 외관, 외모

have*〔*take*〕*a look at …을 훑어보다: I *had*〔*took*〕*a look at* it. 나는 그것을 잠깐 보았다

look·ing-glass [lúkiŋ-glæs 루킹글래쓰] 〔명〕 거울(mirror)

look·out [lúkàut 룩아웃] 〔명〕 **1** 망보기, 경계 **2** 《영》 가망, 전도(前途)

loom [lú:m 루-음] 〔명〕 베틀

loop [lú:p 루-프] 〔명〕 **1** 고리, 올가미 **2** (도로의) 환상선(環狀線) **3** (비행기의) 공중제비 (비행)

＊**loose** [lú:s 루-쓰] 〔형〕 (비교급 **looser**; 최상급 **loosest**) **1 풀린**(반 fast 묶인): The dog was *loose* in the yard. 그 개는 마당에 풀려 있었다

2 (옷이) **헐거운**, 느슨한(반 tight 꽉 조이는): a *loose* sweater 헐렁한 스웨터

loose   tight

3 방탕한: Don't lead a *loose* life. 방탕한 생활을 하지 마라
4 (말·생각 등이) 산만한, 부정확한

── 〔동〕 (3단현 **looes** [-iz]; 과거·과거분사 **loosed** [-d]; 현재분사 **loosing**) 〔타〕 **1** (매듭 등을) 풀다, 끄르다: *loose* a knot 매듭을 풀다

2 …을 놓아주다, 풀어놓다

loose·ly [lú:sli 루-쓸리] 〔부〕 헐겁게

loos·en [lú:sn 루-슨] 〔동〕 (3단 현 **loosens** [-z]; 과거·과거분사 **loosened** [-t]; 현재분사 **loosening**) 〔타〕 …을 풀다, 느슨하게 하다: *loosen* a belt 벨트를 풀다

── 〔자〕 느슨해지다

lord [lɔ́:rd 로-r드] 〔명〕 (복수 **lords** [-dz]) **1** (봉건 시대의) 군주, 영주; 지배자 **2** 《영》 귀족; (영국의) 상원 의원; (**Lord** ...로) …경(卿) **3** 〔the **Lord** 또는 our **Lord** 로〕 주(主), 신, 그리스도

Good Lord! 아아!, 오오! 《놀람의 소리》

lor·ry [lɔ́:ri 로-뤼] 〔명〕 (복수 **lorries** [-z]) 《영》 화물 자동차 (《미》 truck)

Los An·ge·les [lɔ́:s ǽndʒəls 라-쓰 앤쥘러쓰] 〔명〕 로스앤젤레스 《미국 캘리포니아주의 공업 도시; 약어는 L.A.》

lose [lúːz 루-ㅈ] 동 (3단현 **loses** [-iz]; 과거·과거분사 **lost** [lɔ́ːst]; 현재분사 **losing**) 타 **1** …을 잃다(반 gain 얻다): He *lost* his new pen. 그는 새 펜을 잃어버렸다/ I *lost* my way in the mountain. 나는 산 속에서 길을 잃었다

2 …에 지다(반 win 이기다): Our team *lost* the game. 우리 팀은 경기에서 졌다

3 …을 낭비하다(waste): There is no time to *lose*. 한시도 지체할 수 없다

4 (차·기회 등을) 놓치다(miss)

5 (시계가) 늦게 가다(반 gain 빨리 가다): My watch *loses* ten minutes a day. 내 시계는 하루 10분 늦다

── 자 **1** 지다: I *lost* (to him). 나는 (그에게) 졌다

2 손해를 보다(반 gain 이득을 보다): The company *lost* heavily. 그 회사는 크게 손해를 보았다

lose *oneself* (1) (사람이) 길을 잃다
(2) …에 열중〔몰두〕하다 (in): He *lost* himself in thinking. 그는 생각에 잠겼다

los·er [lúːzər 루-ㅈ어r] 명 **1** 손실자 **2** 실패자; 패자

loss [lɔ́ːs 라-쓰] 명 (복수 **losses** [-iz]) **1** 잃기, 분실, 상실: suffer a *loss* of sight 시력을 잃다

2 손실, 손해(반 profit 이익): a partial *loss* 부분적 손해

3 패배, 실패: the *loss* of a battle 전투에서의 패배

4 (시간·노력 등의) 낭비

at a loss 당황하여, 어찌할 바를 몰라: She is *at a loss* what to do. 그녀는 어찌할 바를 몰라 쩔쩔매고 있다

lost [lɔ́ːst 라-스트] 동 lose(잃다)의 과거·과거분사형

── 형 **1** 잃은, 분실한: the *lost* and found 유실물 센터/ a *lost* child 미아(迷兒)/ He got *lost* in the jungle. 그는 밀림에서 길을 잃었다

2 (경기 등에서) 진: a *lost* game 진 시합

lot¹ [lɑ́t 랏] 명 (복수 **lots** [-ts]) **1** 제비, 제비뽑기: draw *lots* 제비를 뽑다

2 운명, 숙명

3 《미》 토지의 한 구획, 부지: a parking *lot* 《미》 주차장

【고대 영어 「할당(allot)」에서】

lot² [lɑ́t 랏] 명 (복수 **lots** [-ts]) **1** (**a lot of** 또는 **lots of**의 형태로) 많은: There are *a lot of* tigers in India. 인도에는 호랑이가 많다/ We have *lots of* rain in July. 7월에는 비가 많이 내린다

쓰임새 「많은」이라는 뜻의 many와 much는 각각 수와 양을 나타내나, a lot of나 lots of는 수와 양 모두에 쓸 수 있다.

2 (**a lot** 또는 **lots**의 형태로) 많이; 〔부사적으로〕 매우: He knows *a lot* about cameras. 그는 카메라에 대해 많이 알고 있다/ Thanks *a lot*. 대단히 감사합니다

lo·tion [lóuʃən 로우션] 명 **1** 세척제 **2** 화장수, 로션

lot·ter·y [lɑ́təri 라터뤼 → 라러뤼] 명 (복수 **lotteries** [-z]) 복권, 제비뽑기: She won the *lottery*. 그녀는 복권에 당첨되었다

lot·to [lɑ́tou 라토우 → 라로우] 명 **1** 숫자 카드 맞추기 놀이 **2** 복권, 제비

lo·tus [lóutəs 로우터쓰 → 로우러쓰] 명 【식물】 연꽃

loud [láud 라우ㄷ] 형 (비교급 **louder**; 최상급 **loudest**) **1** 큰소리의, 시끄러운: He spoke with a *loud* voice. 그는 큰소리로 말했다

lotus

2 《구어》 (색·의복이) 화려한, 야한
── 부 큰소리로(반 low 작은 소리로): Don't speak so *loud*. 그렇게 큰소리로 말하지 마시오

loud·ly [láudli 라우들리] 부 **1** 큰소리로 **2** 요란하게

loud·speak·er [láudspíːkər 라우드스피-커r] 명 확성기 (🖉 간단히 speaker라고도 한다)

Lou·i·si·an·a [luːìːziǽnə 루-이지애너] 명 루이지애나 《미국 남부의 주(州); 약어는 La》
【프랑스인들이 처음 이곳에 정착하면서 프랑스 왕 루이 14세의 이름을 따서】

lounge [láundʒ 라운쥐] 명 (복수 **lounges** [-iz]) **1** 라운지 《호텔·배 등의 휴게실·오락실》 **2** 긴 의자, 안락 의자
── 동 (현재분사 **lounging**) 자 **1** (안락 의자 등에) 느긋이 기대다 **2** (시간을) 하는 일 없이 보내다

lov·a·ble [lʌ́vəbl 러V어브를] 형 사랑스러운, 귀여운

love [lʌ́v 러V어] 명 **1 사랑**, 애정; 연애: the first *love* 첫사랑/ She fell in *love* with him. 그녀는 그와 사랑에 빠졌다

2 좋아함, 애호: He has great *love* of music. 그는 음악을 대단히 좋아한다

3 (남자 쪽에서 본 여자) 애인 (🖉「(여자 쪽에서 본 남자) 애인」은 lover)

4 〔보통 one's를 붙여〕 (안부를 전하는) 인사말: Give my *love* to your parents. 부모님께 안부 인사 전해 주세요

5 【테니스】 영점, 무득점

── 동 (3단현 **loves** [-z]; 과거·과거분사 **loved** [-d]; 현재분사 **loving**) 타 **1** …을 사랑하다: I *love* you. 당신을 사랑합니다/ They *love* each other. 그들은 서로 사랑한다

2 …을 매우 좋아하다(반 hate 싫어하다): She *loves* playing〔to play〕 the piano. 그녀는 피아노 치기를 좋아한다

I would〔**should**〕 **love**〔《구어》 **I'd love**〕 **to do ...** …하고 싶다 (🖉 여성이 주로 쓰는 표현)

> 회화
> A: Won't you play tennis?
> 테니스 할까?
> B: *I'd love to* (play tennis).
> 기꺼이

love·ly [lʌ́vli 러V을리] 형 (비교급 **lovelier**; 최상급 **loveliest**) **1** 귀여운, 사랑스런: Nancy is a *lovely* girl. 낸시는 귀여운 소녀다

2 《구어》 즐거운, 멋진: We had a *lovely* time. 우리는 즐거운 시간을 보냈다/ What a *lovely* day! 정말 좋은 날씨군!

lov·er [lʌ́vər 러V어r] 명 **1** (여자 쪽에서 본 남자) 애인 (🖉「(남자 쪽에서 본 여자) 애인」은 love)

2 애호가: a *lover* of music 음악 애호가

lov·ing [lʌ́viŋ 러V잉] 형 사랑하는, 애정 있는

low [lóu 로우] 형 (비교급 **lower**; 최상급 **lowest**) **1** (높이·위치 등이) 낮은(반 high 높은): a *low* hill 낮은 산

low   high

2 (수량·가치·소리 등이) 낮은: a *low*

wages 낮은 급료/ She spoke in a *low* voice. 그녀는 낮은 목소리로 이야기했다

3 (값이) 싼: I bought this coat at a *low* price. 나는 이 코트를 싼값에 샀다

4 기운 없는, 침울한: He was in *low* spirits. 그는 기운이 없었다

at (the) lowest 적어도

——튄 **1** 낮게(반 high 높게): The plane is flying *low*. 비행기가 낮게 날아가고 있다

2 작은 소리로(반 loud 큰소리로): She always speaks *low*. 그녀는 언제나 작은 소리로 말한다

3 싸게: He buys *low* and sells high. 그는 싸게 사서 비싸게 판다

***low·er** [lóuər 로우어r] 형 (low의 비교급) **1** 보다 낮은(반 higher 보다 높은): This building *lower* than that one. 이 건물은 저 건물보다 낮다

2 〔 명사 앞에만 쓰여〕 아래쪽의; 하급의(반 upper 위쪽의): the *lower* lip 아랫입술/ *lower* animal 하등 동물

——타 (3단현 **lowers** [-z]; 과거·과거분사 **lowered** [-d]; 현재분사 **lowering** [lóuəriŋ]) 타 **1** 낮추다, 내리다: *lower* the flag 기를 내리다

2 (가치 등을) 떨어뜨리다

——자 내려지다; (값 등이) 떨어지다

low·land [lóulænd 로울랜드] 명 (복수 **lowlands** [-dz]) **1** 〔주로 복수형으로〕 저지(低地)(반 highland 고지) **2** 〔the Lowlands로〕 스코틀랜드 남동부의 저지 지방

——형 저지의

loy·al [lɔ́iəl 로이어얼] 형 (비교급 **more loyal**; 최상급 **most loyal**) **1** (국가·국왕 등에) 충성스러운: a *loyal* subject 충성스러운 신하

2 (의무·약속 등에) 성실한, 충실한

loy·al·ty [lɔ́iəlti 로이얼티] 명 (복수 **loyalties** [-z]) **1** 충성, 성실, 충실 **2** 성실〔충실〕한 행위

***luck** [lʌk 럭] 명 운, 행운: He had good (bad) *luck*. 그는 운이 좋았다〔불운이다〕/ I had the *luck* to see her there. 나는 운 좋게 그곳에서 그녀를 만났다

Good luck (to you)! 행운을 빕니다!

luck·i·ly [lʌ́kili 라킬리] 튄 운 좋게, 다행히도

***luck·y** [lʌ́ki 라키] 형 (비교급 **luckier**; 최상급 **luckiest**) 행운의(반 unlucky 불운의): by a *lucky* chance 운 좋게/ He was *lucky* to meet her. 그는 운 좋게 그녀를 만났다

***lug·gage** [lʌ́gidʒ 라기쥐] 명 《영》〔집합적으로〕 (여행자의 트렁크·여행용 가방 등의) 수화물 (복수형으로는 하지 않음; 《미》 baggage): five pieces of *luggage* 수화물 5개/ Where is the *luggage* office? 수화물 취급소는 어디 있습니까?

Luke [luːk 루-크] 명 **1** 루크 (남자 이름) **2** 【성서】 St. ~ 성(聖) 누가 **3** 누가 복음 《신약성서 중의 한 편》

lull [lʌl 럴] 동 (3단현 **lulls** [-z]; 과거·과거분사 **lulled** [-d]; 현재분사 **lulling**) 타 **1** (아이를) 달래다, 달래어 …하게 하다: She *lulled* her baby *to* sleep. 그녀는 아이를 달래어 재웠다

2 (사람·마음을) 진정시키다

——자 (물결이) 자다, 멎다

——명 **1** (물결·바람의) 잠시 잠잠함 **2** (병 등의) 소강(小康)

lull·a·by [lʌ́ləbài 럴러바이] 명 (복수 **lullabies** [-z]) 자장가

lum·ber [lʌ́mbər 람버r] 명 《미》 재목 (《영》 timber)

lu·mi·na·ry [lúːmənèri 루-머네뤼] 명 (복수 **luminaries** [-z]) **1** 발광체 《특히 태양·달》 **2** 등불, 인공 조명

lu·mi·nous [lúːmənəs 루-머너쓰] 형 빛을 내는: *luminous* paint 야광 페인트

***lump** [lʌ́mp 람프] 명 (복수 **lumps** [-s])
1 덩어리, 덩이: a *lump* of coal 석탄 한 덩이
2 혹, 종기

lu·nar [lúːnər 루-너r] 형 달의 《「태양의」는 solar》: a *lunar* eclipse 월식

lu·na·tic [lúːnətik 루-너틱] 명 미치광이, 정신 이상자 《달빛의 푸른 느낌 때문에 얼굴이 창백해지고 정신이 이상해진다고 생각해서》

***lunch** [lʌ́ntʃ 란취] 명 (복수 **lunch·es** [-iz]) 점심: I have (eat) *lunch* at one. 나는 1시에 점심을 먹는다 / He is at *lunch*. 그는 점심을 먹고 있다 〔luncheon(점심)에서〕

lunch·eon [lʌ́ntʃən 란쳔] 명 점심 《lunch보다 격식을 차린 말》; 오찬 모임

lunch·time [lʌ́ntʃtàim 란취타임] 명 점심 시간

***lung** [lʌ́ŋ 랑] 명 (복수 **lungs** [-z]) 폐: *lung* cancer 폐암 / Smoking is bad for your *lungs*. 흡연은 폐에 해롭다

> 쓰임새 폐는 양쪽 2개이므로 보통 복수형으로 쓰인다.

lure [lúər 루어r] 명 **1** 매혹, 매력 **2** (낚시의) 가짜 미끼

lurk [lə́ːrk 러-r크] 자 매복하다, 잠복하다

lust [lʌ́st 라스트] 명 **1** 정욕, 색욕
2 강한 욕망, 갈망(for, of): a *lust* for power 권력욕

lus·ter, 《영》 **lus·tre** [lʌ́stər 라스터r] 명 **1** 광택, 윤 **2** 영광

lux·u·ri·ous [lʌgʒúəriəs 럭쥬어뤼어쓰] 형 사치스러운, 호화로운

***lux·u·ry** [lʌ́kʃəri 락셔뤼] 명 (복수 **luxuries** [-z]) **1** 사치; 사치품, 고급품: He lives in *luxury*. 그는 사치스럽게 산다
2 유쾌, 만족
── 형 사치스러운, 호화로운: a *luxury* car 고급차 / a *luxury* hotel 호화 호텔

-ly 《접미사》 **1** 〔형용사에 붙여 부사를 만듦〕: kind*ly* 친절하게
2 〔명사에 붙여 형용사를 만듦〕 …다운: man*ly* 남자다운
3 되풀이해서 일어나는: hour*ly* 1시간마다의

ly·ing¹ [láiiŋ 라이잉] 동 lie¹(눕다)의 현재분사형
── 명 드러누움
── 형 누워있는

ly·ing² [láiiŋ 라이잉] 동 lie²(거짓말하다)의 현재분사형
── 형 거짓의, 거짓말하는
── 명 거짓말

lynch [líntʃ 린취] 타 …에게 린치를 〔사형(私刑)을〕 가하다
〔미국 버지니아 주의 치안 판사 이름에서; 그가 처형하는데 이 방법을 쓴 데서〕

lyre [láiər 라이어r] 명 (고대 그리스의) 수금(竪琴), 리라

lyr·ic [lírik 리뤽] 형 서정(시)의, 서정적인: a *lyric* poet 서정 시인
── 명 서정시(반 epic 서사시)
〔그리스어「수금(lyre)에 맞추어 노래 부르는」에서〕

Mm

M, m [ém 엠] 명 (복수 M's, m's [-z]) 엠 《영어 알파벳의 열셋째 글자》

***ma'am** [mǽm 맴] 명 《구어》 마님, 선생님 《하녀가 안주인에게, 점원이 여자 손님에게, 학생이 여교사에 대한 호칭》 〔madam에서 d가 생략된 것〕

mac·a·ro·ni [mæ̀kəróuni 매커로우니] 명 마카로니

***ma·chine** [məʃíːn 머쉬-인] 명 (복수 machines [-z]) 기 계 : a sewing *machine* 재봉틀/ a *machine* gun 기관총

ma·chin·er·y [məʃíːnəri 머쉬-너뤼] 명 1 〔집합적으로〕 기계류 (🖉 기계 하나 하나는 machine) 2 기계 장치

***mad** [mǽd 매드] 형 (비교급 **madder**; 최상급 **maddest**) 1 미친 (crazy): a *mad* dog 미친 개/ The poet went *mad*. 그 시인은 미쳐버렸다
2 〔🖉 명사 앞에는 쓰이지 않음〕 성난, 화가 난(angry): Are you *mad* at me? 너는 내게 화났느냐?
3 열광한, 열중한: He is *mad about* golf. 그는 골프에 열광적이다
4 무모한, 무분별한

***mad·am** [mǽdəm 매덤] 명 마님, 부인, 아가씨: May I help you, *madam*? 〔여자 손님에게〕 무엇을 도와 드릴까요?

> 참고 madam은 여성을 높여 부르는 말로 미혼·기혼을 구별하지 않고 사용한다. 남성에게는 sir를 쓴다.

made [méid 메이드] 동 make(만들다)의 과거·과거분사형
—— 형 1 인공의, 인조의: *made* fur 인조 모피
2 꾸며낸: a *made* story 꾸며낸 이야기
3 〔보통 복합어를 이루어〕 …제의: a Swiss-*made* watch 스위스제 시계

mad·ly [mǽdli 매들리] 부 1 미친 듯이 2 《구어》 열광적으로

mad·man [mǽdmæn 매드맨] 명 (복수 **madmen** [-mèn]) 미친 사람

mad·ness [mǽdnis 매드니쓰] 명 1 광기, 정신 착란 2 격노 3 열광, 열중

Ma·don·na [mədánə 머다나] 명 〔the를 붙여〕 성모 마리아(Mary)

Ma·drid [mədríd 머쥬뤼드] 명 마드리드 《스페인의 수도》

***mag·a·zine** [mǽgəzìːn 매거지-인] 명 (복수 **magazines** [-z]) 1 잡지: a weekly〔monthly〕 *magazine* 주간〔월간〕 잡지
2 탄약고, 병기고
3 (총의) 탄창; 【사진】 필름통

***mag·ic** [mǽdʒik 매쥑] 명 1 마법 2 마력, 불가사의한 힘 3 요술, 마술
—— 형 마술의, 신기한

mag·i·cal [mǽdʒikəl 매쥐커얼] 형 1 마술의 2 불가사의한

ma·gi·cian [mədʒíʃən 머쥐션] 명 마법사, 마술사

mag·ma [mǽgmə 매그마] 명 【지질】 마그마, 암장(岩漿) 《지하 깊은 곳에 각종 광물이 고온으로 녹아 있는 물질》

magician

***mag·net** [mǽgnit 매그닛] 명 (복수 **magnets** [-ts]) 자 석 : A *magnet*

attracts iron. 자석은 쇠를 끌어당긴다

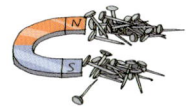

magnet

mag·net·ic [mægnétik 매그네틱] 형 1 자석의, 자기(磁氣)의: a *magnetic* tape 자기 테이프
2 매력 있는

mag·nif·i·cent [mægnífəsnt 매그니F어슨트] 형 1 장엄한, 장려한 2 《구어》 훌륭한, 멋진

mag·ni·fy [mǽgnəfài 매그너F아이] 동 (3단현 **magnifies** [-z]; 과거·과거분사 **magnified** [-d]; 현재분사 **magnifying**) 타 1 …을 확대하다, 크게 보이게 하다: This microscope *magnifies* an object 500 times. 이 현미경은 물체를 500배 확대한다
2 …을 과장하다: He *magnified* the danger. 그는 위험을 과장해서 말했다

magnifying glass [mǽgnəfaiŋ glæs] 명 확대경, 돋보기

mag·ni·tude [mǽgnətjùːd 매그너튜―드] 명 1 크기(size); 큼 2 중요함 3 매그니튜드 《지진의 규모를 나타내는 단위》 4 【천문】 (별의) 등급, 광도(光度)

mag·pie [mǽgpài 맥파이] 명 【조류】 까치

Ma·hom·et [məhámət 머하멋] 명 = Mohammed

*__maid__ [méid 메이드] 명 하녀, 가정부; 《문어》 소녀, 아가씨, 미혼 여성: an old *maid* 노처녀 【maiden에서】

magpie

maid·en [méidn 메이든] 명 《문어》 소녀, 아가씨, 처녀
―― 형 1 처녀의, 미혼의
2 처음의: a *maiden* flight 처녀 비행

maid·ser·vant [méidsə̀ːrvənt 메이드써-r V언트] 명 하녀(반 manservant 하인)

*__mail__ [méil 메일] 《male(남성)과 발음이 같음》 명 1 《주로 미》 우편 (《영》 post); 전자 우편(e-mail): I sent the letter by air *mail*. 나는 그 편지를 항공편으로 보냈다
2 〔집합적으로〕 우편물: Is there any *mail* for me? 내게 우편물 온 것이 있느냐?
―― 동 (3단현 **mails** [-z]; 과거·과거분사 **mailed** [-d]; 현재분사 **mailing**) 타 《미》 …을 부치다, 우송하다 (《영》 post): Please *mail* this letter. 이 편지를 부쳐 주세요

mail·box [méilbɑ̀ks 메일박쓰] 명 (복수 **mailboxes** [-iz]) 1 《미》 우체통 (《영》 postbox) 2 (개인용의) 우편함 (《영》 letter box)

mail carrier [méil kǽriər] 명 = mailman

mail·man [méilmæ̀n 메일맨] 명 (복수 **mailmen** [-mèn]) 《미》 우편 집배원 (《영》 postman)

*__main__ [méin 메인] 《mane(갈기)와 발음이 같음》 형 중요한, 주요한(chief): a *main* event 본 시합/ the *main* office 본점
―― 명 (복수 **mains** [-z]) 1 (가스·수도 등의) 본관(本管), 간선 2 주요 부분, 요점
in the main 대체로, 대부분은

Maine [méin 메인] 명 메인 《미국 동북부의 주(州); 약어는 Me.》

main·land [méinlæ̀nd 메인랜드] 명 〔the를 붙여〕 (섬·반도와 구별하여) 본토, 대륙

*__main·ly__ [méinli 메인리] 부 주로, 대개: His failure is *mainly* due to his carelessness. 그의 실패는 주로 그의 부주의 때문이다

***main·tain** [meintéin 메인테인] 동 (3단현 **maintains** [-z]; 과거·과거분사 **maintained** [-d]; 현재분사 **maintaining**) 타 **1** …을 계속(지속)하다(keep), 유지하다: *maintain* peace 평화를 유지하다/ The driver *maintained* a high speed. 그 운전자는 고속을 계속 유지했다

2 …을 주장하다: He *maintained* his innocence. 그는 자신의 결백을 주장하다

3 …을 부양하다: *maintain* a large family 대가족을 부양하다

main·te·nance [méintənəns 메인터넌쓰] 명 **1** 지속, 유지, 보존, 관리 **2** 주장 **3** 부양; 생활비

maize [méiz 메이즈] 명 《영》 옥수수 (《미》 corn)

ma·jes·tic [mədʒéstik 머줴스틱] 형 위엄 있는, 장엄한

maj·es·ty [mǽdʒisti 매줘스티] 명 (복수 **majesties** [-z]) **1** 위엄
2 〔Majesty로〕 폐하: His *Majesty* the Emperor 황제 폐하

***ma·jor** [méidʒər 메이줘r] 형 **1 큰 쪽의**, 보다 많은, 대다수의(반 minor 작은 쪽의): the *major* part of a city 시의 대부분

2 주요한, 일류의: the *major* league 《미》 (야구의) 메이저리그/ a *major* poet 일류 시인

3 《미》 (대학에서) 전공의

4 【음악】 장조(長調)의

── 명 (복수 **majors** [-z]) **1** 《미》 전공 과목: What is your *major*? 당신의 전공은 무엇입니까?

2 【음악】 장조(반 minor 단조)

3 육군〔공군〕 소령

4 【법】 성인

── 동 (3단현 **majors** [-z]; 과거·과거분사 **majored** [-d]; 현재분사 **majoring** [-dʒəriŋ]) 자 《미》 전공하다 《in》: She *majored in* economics. 그녀는 경제학을 전공했다

***ma·jor·i·ty** [mədʒɔ́ːrəti 머줘-뤄티 → 줘-뤄리] 명 (복수 **majorities** [-z]) **1 대다수**, 과반수(반 minority 소수): The *majority* of people love peace. 대다수 사람들은 평화를 사랑한다

2 (선거 당락의) 득표차: He won by a *majority* of 10. 그는 10표 차이로 이겼다

3 다수당(파)

4 【법】 성년

****make** [méik 메익] 동 (3단현 **makes** [-s]; 과거·과거분사 **made** [méid]; 현재분사 **making**) 타 **1** …을 만들다, 제작하다: She is *making* a chocolate cake. 그녀는 초콜릿 케이크를 만들고 있다/ I *made* him a new suit. (= I *made* a new suit *for* him.) 나는 그에게 새 양복을 지어 주었다

유의어 만들다

make는 손으로 직접 만들다. **build**는 재료나 부품을 조립하여 만들다. **create**는 지금까지 없었던 것을 창작하다.

make   build   create

2 …을 준비하다, 마련하다: *make* dinner 저녁 식사를 준비하다/ *make* tea 차를 마련하다

3 (돈 등을) 벌다; (명성 등을) 얻다: *make* money 돈을 벌다/ He *makes* good marks *at* school. 그는 학교에서 좋은 성적을 얻었다

4 …이 되다: Two and two *makes* four. 2 더하기 2는 4/ She will *make* a good wife. 그녀는 좋은 아내가 될 것이다

5 …을 일으키다, 생기게 하다: *make*

trouble 문제를 일으키다/ Don't *make* a noise. 시끄럽게 하지 마라

6 [make+특정 명사의 형태로] …**하다**: *make* a promise 약속하다/ *make* a speech 연설하다/ *make* a mistake 실수하다/ I'm going to *make* a trip this summer. 나는 금년 여름에 여행을 할 작정이다

7 [make+목적어+명사[형용사]의 형태로] …을 …으로 만들다[이 되게 하다]: We *made* him *captain.* 우리는 그를 주장으로 삼았다/ The news *made* her *happy.* 그 소식은 그녀를 행복하게 했다

8 [make+사람+동사원형의 형태로] (강제적으로 사람을) …하게 하다: He *made* me *cry.* 그는 나를 울렸다/ They *made* me *work* for an hour. 그들은 나에게 1시간 동안 일을 시켰다

[쓰임새] **make**가 강제적으로 「…하게 하다」는 것과는 달리 **let**은 「…을 허용하다」는 것을 나타낸다: *Let* him go. 그가 가고 싶다면 가게 하세요.

9 [make+목적어+과거분사의 형태로] …을 시키다[하게 하다]: Too much wine *makes* men *drunk.* 과음은 사람을 취하게 한다/ I *made* myself *understood* in English. 나는 영어로 의사 소통을 했다

── 재 (…의 방향으로) 향하다, 나아가다: They *made* for the land. 그들은 육지로 향했다

be made up of …으로 이루어지다: The drink *is made up of* wine and fruit juice. 그 음료는 포도주와 과즙으로 만들어졌다

make do with (대용품 등으로) 때우다
make A from[of] B B로 A를 만들다: We *make* wine *from* grapes. (= Wine is *made from* grapes.) 포도주는 포도로 만든다/ This box is *made of* wood. 이 상자는 나무로 되어 있다

[쓰임새] 재료의 질이나 원료의 성분이 변할 때에는 from을 쓰고, 재료의 질이 본질적으로 변하지 않을 경우에는 of를 쓴다.

made from   made of

make A into B A로 B를 만들다: We *make* milk *into* butter. (= Milk is *made into* butter.) 밀크로 버터를 만든다

make it 《구어》 (1) 잘 해내다, 성공하다 (succeed): I *made it.* 내가 해냈어
(2) 제시간에 도착하다: We've just *made it.* 우리는 그럭저럭 시간에 댔다

make out (1) (서류 등을) **작성하다**: *make out* a list of names 명부를 작성하다
(2) **알다**, 이해하다(understand): I can't *make out* what he says. 나는 그가 말하는 것을 모르겠다

make up (1) **이루다**, 구성하다: We need one more person to *make up* a team. 팀을 구성하려면 한 명이 더 필요하다
(2) (표 등을) **작성하다**: He *made up* the list. 그는 목록을 작성했다
(3) (이야기 등을) 날조하다
(4) 화장하다, 메이크업하다

make up for …을 보충하다, 메우다: I had to work hard to *make up for* the lost time. 나는 잃어버린 시간을 보충하기 위해 열심히 일해야 했다

make up with …와 화해하다
── 명 (복수 **makes** [-s]) 만듦새, …제; 제작법; 모양, 형(型); 양식: He bought a new *make* of car. 그는 신형차를 샀다

mak·er [méikər 메이커*r*] 명 (복수 **makers** [-z]) 제작〔제조〕자

make-up [méikʌ̀p 메이캅] 명 (복수 **make-ups** [-s]) **1** 화장, (배우 등의) 분장, 메이크업 **2** 구성, 조립, 구조 **3** (사람의) 성격

ma·lar·i·a [məlέəriə 멀래뤼아] 명 【의학】 학질, 말라리아

Ma·lay [məléi 멀레이] 형 말레이(인·어)의
── 명 **1** 말레이인 **2** 〔무관사로〕 말레이어

Ma·lay·sia [məléiʒə 멀레이샤] 명 **1** 말레이시아 (연방) 《아시아 동남부의 공화국 ; 수도는 쿨라룸푸르(Kuala Lumpur)》 **2** 말레이 군도(群島)

*__male__ [méil 메일] 〔🖼 mail(우편물)과 발음이 같음〕 명 (복수 **males** [-z]) **1** 남자, 남성(반 female 여자) **2** (동·식물의) 수컷
── 형 **1** 남자의 **2** 수컷의

mal·ice [mǽlis 매얼리쓰] 명 악의, 적의

*__ma·ma, mam·ma__ [má:mə 마-마] 명 (복수 **mamas** [-z]) 《유아어》 엄마(반 papa 아빠)

mam·mal [mǽməl 매머얼] 명 포유동물

mam·moth [mǽməθ 매머ㅇ] 명 【동물】 매머드 《신생대의 큰 코끼리》
── 형 거대한(huge)

*__mam·my__ [mǽmi 매미] 명 (복수 **mammies** [-z]) 《구어》 엄마(반 daddy 아빠)

⁂man [mǽn 맨] 명 (복수 **men** [mén])
1 (성인) 남자, 남성(반 woman 여자): Who is that *man*? 저 남자는 누구입니까?
2 (일반적으로) 사람: A *man* cannot live without water. 사람은 물 없이는 살 수 없다
3 〔무관사로; 단수형으로〕 인간, 인류: Only *man* can speak by using words. 인간만이 말을 사용하여 이야기할 수 있다
4 (어떤) 사람, …가(家): a *man* of ability 능력이 있는 사람/ a *man* of action 활동가
5 남편(husband): They are *man* and wife. 그들은 부부다
6 〔보통 복수형으로〕 고용인, 종업원; 부하, 병사: The *men* are on a strike. 노동자들은 파업 중이다

*__man·age__ [mǽnidʒ 매니쥐] 동 (3단현 **manages** [-iz]; 과거·과거분사 **managed** [-d]; 현재분사 **managing**) 타 **1** (사업 등을) 경영〔관리〕하다: *manage* a hotel 호텔을 경영하다
2 이럭저럭 …하다 (to *do*): He *managed to* solve the problem. 그는 용케 그 문제를 풀었다
3 …을 다루다, 취급하다; 조종하다: He *managed* the boat efficiently. 그는 보트를 매우 잘 저었다

*__man·age·ment__ [mǽnidʒmənt 매니쥐먼트] 명 **1** 경영, 관리 **2** 취급, 처리; 조종 **3** 〔the를 붙여; 집합적으로〕 경영진

*__man·ag·er__ [mǽnidʒər 매니쥐*r*] 명 지배인, 경영자; 감독, 매니저: a general *manager* 총지배인

man·do·lin [mǽndəlin 맨덜린] 명 만돌린 《현악기》

mane [méin 메인] 〔🖼 main(중요한)과 발음이 같음〕 명 (말·사자의) 갈기

mandolin

man·ger [méindʒər 메인쥐*r*] 명 여물통, 구유

Man·hat·tan [mænhǽtən 맨해튼] 명 맨해튼 《뉴욕시의 5개 자치구의 하나; 허드슨 강과 이스트 강을 끼고 있는 섬으로 세계의 상업·금융의 중심지》

man·hole [mǽnhòul 맨호우을] 명 맨홀 《상·하수도관 등에 사람이 들어갈 수 있도록 쇠뚜껑으로 덮인 구멍》

man·hood [mǽnhùd 맨후드] 명 **1** 성년, 성인 **2** 사나이다움 (🖼 「여자다움」은 womanhood)

ma·ni·a [méiniə 메이니아] 명 열광, 열중: He has a *mania* for soccer. 그는 축구에 열광적이다

ma·ni·ac [méiniæk 매이니액] 명 **1** 미치광이
2 …광, …매니아: a fishing *maniac* 낚시광(狂)

man·i·cure [mǽnəkjùər 매너큐어r] 명 손톱 손질, 매니큐어

man·i·fest [mǽnəfèst 매너F에스트] 형 명백한(clear): a *manifest* error 뚜렷한 잘못
── 타 **1** …을 명백하게 하다 **2** (감정 등을) 나타내다

man·i·fold [mǽnəfòuld 매너F오울드] 형 여러 가지의, 가지각색의

ma·nip·u·late [mənípjulèit 머니퓰레잇] 동 (현재분사 **manipulating**) 타 …을 교묘하게 다루다, 조종하다

*__**man·kind**__ [mǽnkáind 맨카인드] 명 [보통 단수 취급] 인류, 인간

man·ly [mǽnli 맨리] 형 (비교급 **manlier**; 최상급 **manliest**) 남자다운, 씩씩한

man·ne·quin [mǽnikin 매니킨] 명 (양장점 등의) 마네킹, 매무새 인형

man·ner [mǽnər 매너r] 명 (복수 **manners** [-z]) **1** 방법, 방식: Her *manner* of speaking is charming. 그녀의 말투는 매력적이다
2 [복수형으로] 예법, 예의 범절: table *manners* 식사 예법 / Where are your *manners*? 왜 이렇게 버릇이 없지? (어린이를 꾸짖을 때)

3 [복수형으로] (사회의) 풍습, 습관: *manners* and customs 풍속과 관습

4 (남에 대한) 태도, 몸가짐: I don't like his *manner*. 나는 그의 태도가 마음에 안 든다

man·serv·ant [mǽnsə̀:rvənt 맨써-r V언트] 명 (복수 **menservants** [ménsə̀:rvənts]) 하인 (반 **maidservant** 하녀)

man·sion [mǽnʃən 맨션] 명 (복수 **mansions** [-z]) **1** 대저택 **2** [복수형으로] 《영》 아파트 (≒ 《미》 apartment house)

man·tel·piece [mǽntlpì:s 맨틀피-쓰] 명 (벽난로의) 둘레 장식

man·tle [mǽntl 맨트을] 명 망토, (소매 없는) 외투

man·u·al [mǽnjuəl 매뉴얼] 형 손의; 손으로 하는, 수동식의: a *manual* worker 육체 노동자
── 명 소책자; 해설서; 입문서

*__**man·u·fac·ture**__ [mæ̀njufǽktʃər 매뉴F액춰r] 명 (복수 **manufactures** [-z]) **1** (대규모의) 제조, 제작: steel *manufacture* 강철 제조
2 [종종 복수형으로] 제품: cotton *manufactures* 면제품
── 동 (3단현 **manufactures** [-z]; 과거・과거분사 **manufactured** [-d]; 현재분사 **manufacturing** [-tʃəriŋ]) 타 (대규모로) …을 제조하다: The factory *manufactures* cars. 그 공장은 차를 만든다

man·u·fac·tur·er [mæ̀njufǽktʃərər 매뉴F액춰뤄r] 명 제조업자, 제작자

ma·nure [mənjúər 머뉴어r] 명 (유기질) 비료, 거름

man·u·script [mǽnjuskrìpt 매뉴스크립트] 명 원고

__man·y__ [méni 메니] 형 (비교급 **more** [mɔ́:r]; 최상급 **most** [móust]) (수가) 많은, 다수의 (반 **few** 적은): He wrote a great *many* novels. 그는 많은 소설을 썼다 / He doesn't have *many* books. 그는 책을 많이 가지고 있지 않다

map [mǽp 맵] 명 (복수 **maps** [-s]) (한 장의) **지도**: There is a *map* on the wall. 벽에 지도가 걸려있다

> 비교 **map**과 **atlas**
> **map**은 한 장의 지도. maps를 책으로 만든 것이 **atlas**.

ma·ple [méipl 메이플] 명【식물】단풍나무

maple sugar [méipl ʃúgər] 명 단풍당(糖)

Mar. 《약어》 *March* 3월

mar·a·thon [mǽrəθàn 매뤄θ안] 명 마라톤 경주(marathon race)

> 참고 마라톤의 유래
> 기원전 490년, 마라톤(Marathon) 전투에서 아테네가 페르시아를 대파한 것을 알리기 위해 한 병사가 약 40 km의 거리를 달려가 승리의 소식을 전하고는 그 자리에서 죽었다는 고사에서 비롯된 경기. 올림픽 경기에서의 거리는 42.195 km이다.

mar·ble [má:rbl 마-r브을] 명 (복수 **marbles** [-z]) **1** 대리석 **2** 구슬; (복수형으로; 단수 취급) 구슬치기

marbles 2

> 쓰임새 **many**는 셀 수 있는 명사의 복수형과 함께 써서 사람이나 사물의 수가 많음을 나타내며 복수 취급하고, **much**는 셀 수 없는 명사와 함께 써서 양의 많음을 나타내며 단수 취급한다. 《구어》에서는 부정문·의문문에는 주로 many, much가 쓰이고, 긍정문에는 수·양에 다 같이 a lot of, plenty of를 쓰는 경향이 있다.

	수	양
많음	many 다수의	much 다량의
	a lot of, plenty of 많은	
적음	(a) few 소수의	(a) little 소량의

── 대 (복수 취급) 다수(의 사람〔것〕) (반 few 소수): *Many* of us were tired. 우리는 대다수가 지쳐 있었다

a good many ... 꽤 많은, 상당한 수의: We visited *a good many* places in London. 우리는 런던의 여러 곳을 가 보았다

a great many ... 아주 많은, 수많은: There are *a great many* tall buildings in New York. 뉴욕에는 고층 건물이 아주 많이 있다

as many as ... …만큼: Take *as many as* you want. 원하는 만큼 가져가거라

as many A ***as*** B B만큼의 A: I have *as many* stamps *as* he has. 나는 그가 가지고 있는 만큼 우표를 갖고 있다

How many ...? 몇의, 몇 명〔개〕의 (「얼마나, 어느 정도」는 how much를 쓴다): *How many* brothers do you have? 형제가 몇 명이나 됩니까?/ *How many* apples did you buy? 사과를 몇 개 샀습니까?

so many ... 같은 수의, 그만큼의 (수의): *So many* men, *so many* minds. 《속담》 십인십색(十人十色)

March [mάːrtʃ 마-r취] 명 **3월** (약어는 Mar.): Spring comes in *March*. 봄은 3월에 온다/ It happened on *March* 5, 2008. 그것은 2008년 3월 5일에 일어났다

【로마신화에 나오는 「전쟁의 신 마르스(Mars)에게 바쳐진 달」이라는 뜻에서】

march [mάːrtʃ 마-r취] 명 **1** (군대 등의) **행진**: They are on the *march*. 그들은 행진하고 있다

2 행진곡: a wedding *march* 결혼 행진곡

—동 (3단현 **marches** [-iz]; 과거·과거분사 **marched** [-t]; 현재분사 **marching**) 자 **행진하다**: They *marched into* the town. 그들은 마을로 행진하여 들어왔다

mare [méər 메어r] 명 암말; (당나귀·노새 등의) 암컷

mar·ga·rine [mάːrdʒərin 마-r쥐륀] 명 마가린

mar·gin [mάːrdʒin 마-r쥔] 명 (복수 **margins** [-z]) **1** 가장자리, 변두리, 가: the *margin* of a pond 연못가

2 (시간·경비 등의) 여유; (페이지의) 여백: leave a *margin* of ten minutes 10분의 여유를 두다

3 판매 수익, 중간 이윤, 마진

ma·rine [mərín 머륀-인] 형 **1 바다[해양]의**: *marine* life 해양 생물/ *marine* products 해(수)산물

2 선박의: *marine* transport 해운

—명 (복수 **marines** [-z]) **1** 〔집합적으로〕(한 나라의) 선박 **2** 《미》 해병대원

mar·i·o·nette [mæriənét 매뤼어넷] 명 꼭두각시 (puppet)

Mark [mάːrk 마-rㅋ] 명 **1** 마크 (남자 이름) **2** 〔St. Mark로〕성(聖) 마가 (마가복음의 저자) **3** 〔성서〕마가복음

mark [mάːrk 마-rㅋ] 명 (복수 **marks** [-s]) **1 기호**, 부호, 표, 마크: a question *mark* 의문 부호 (?)/ a trade *mark* 상표

2 흔적, 얼룩: a *mark* on the coat 코트의 얼룩

3 표적, 과녁(target): The arrow hit the *mark*. 화살이 과녁에 명중했다

4 (시험의) **점수**, 성적: He got full *marks* in English. 그는 영어에서 만점을 받았다

5 〔경기〕출발선: On your *marks*! Get set! Go! 제자리에! 준비! 땅!

On your marks!   Get set!   Go!

—동 (3단현 **marks** [-s]; 과거·과거분사 **marked** [-t]; 현재분사 **marking**) 타 **1** (답안을) **채점하다**, (득점을) 기록하다: *mark* exams 시험을 채점하다

2 …에 표〔기호〕를 하다: *Mark* the word *in* red. 그 단어에 빨간색으로 표를 해라

3 …을 나타내다: *mark* approval *with* a nod 고개를 끄덕여 찬성의 뜻을 나타내다

4 …에 주의하다: *Mark* my words. 내 말을 잘 들어라

5 (축구 등에서) (상대를) 마크〔방해〕하다

marked [mάːrkt 마-r크트] 형 현저한: a *marked* difference 현저한 차이

mar·ket [mάːrkit 마-r킷] 명 (복수 **markets** [-ts]) **1 장, 시장**: a fish *market* 생선 시장/ Mother goes to *market* every day. 어머니는 매일 시장에 가신다 (「장보러 가다」의 뜻일 때에는 market에 a나 the를 붙이지 않는다)

marionette

mar·ket·ing [máːrkitiŋ 마-ㄹ키팅 → 마-ㄹ키링] 몡 마케팅 《제품 계획에서부터 제조·광고·판매까지의 전 과정》

mar·ket·place [máːrkitplèis 마-ㄹ킷플레이스] 몡 시장, 장터

mar·ma·lade [máːrməlèid 마-ㄹ멀레이드] 몡 마멀레이드 《오렌지나 레몬 등의 잼》

mar·quess [máːrkwis 마-ㄹ크위쓰] 몡 (영국의) 후작(侯爵)

***mar·riage** [mǽridʒ 매뤼쥐] 몡 (복수 marriages [-iz]) **1 결혼**; 결혼 생활 **2** 결혼식(wedding)

***mar·ried** [mǽrid 매뤼드] 휑 **결혼한**, 기혼의(地 single 미혼의): a *married* life 결혼 생활 / They have newly (just) *married*. 그들은 신혼 부부다

***mar·ry** [mǽri 매뤼] 동 (3단현 marries [-z]; 과거·과거분사 married [-d]; 현재분사 marrying) 타 **1 …와 결혼하다**: He *married* my sister. 그는 나의 누이와 결혼했다 《⚠ 「…와 결혼하다」에 with를 쓰지 않는 점에 주의》 / When was she *married*? 그녀는 언제 결혼했습니까?
2 결혼시키다: He *married* his daughter *to* a lawyer. 그는 딸을 변호사에게 시집보냈다
—— 자 결혼하다: She *married* young. 그녀는 젊어서 결혼했다

be married 결혼하다: They will *be married* soon. 그들은 곧 결혼한다

Mars [máːr 마-ㄹ즈으] 몡 **1** 【로마신화】 마르스 《전쟁의 신; 그리스신화의 아레스(Ares)에 해당》 **2** 【천문】 화성 《⚠ 화성이 붉게 보여 피를 연상시켜》

marsh [máːrʃ 마-ㄹ쉬] 몡 늪, 습지(대)

mar·shal [máːrʃəl 마-ㄹ셔얼] 몡 **1** 《미》 연방 보안관; (어떤 도시의) 경찰(소방) 서장 **2** (육군·공군의) 원수(元帥)

marsh·mal·low [máːrʃmæ̀lou 마-ㄹ쉬맬로우] 몡 마시멜로 《녹말·시럽·설탕·젤라틴 등으로 만드는 과자》

mart [máːrt 마-ㄹ트] 몡 **1** 시장 **2** 상업 중심지

mar·tial [máːrʃəl 마-ㄹ셔얼] 휑 **1** 전쟁의; 군사의 **2** 호전적인
【로마신화 「Mars(전쟁의 신)」에서】

mar·tyr [máːrtər 마-ㄹ터ㄹ → 마-ㄹ러ㄹ] 몡 순교자

mar·vel [máːrvəl 마-ㄹV어얼] 몡 (복수 marvels [-z]) 경이, 놀라운 일(사람): the *marvels* of science 과학의 경이
—— 동 (3단현 marvels [-z]; 과거·과거분사 marveled, 《영》 marvelled [-d]; 현재분사 marveling, 《영》 marvelling) 자 타 《문어》 …에 놀라다, 경탄하다

mar·vel·ous, 《영》 **mar·vel·lous** [máːrvələs 마-ㄹV얼러쓰] 휑 **1** 놀라운, 신기한 **2** 《구어》 훌륭한, 우수한

Mary [mɛ́əri 메어뤼] 몡 **1** 메리 《여자 이름》 **2** 성모 마리아

Mar·y·land [mérələ̀nd 메륄랜드] 몡 메릴랜드 《미국 동부의 주(州); 약어는 Md.》

mas·cot [mǽskɑt 매스캇] 몡 마스코트, 행운을 가져다 주는 사람(물건)

mas·cu·line [mǽskjulin 매스큘린] 휑 **1** 남자의, 남성의(地 feminine 여성의) **2** 남자다운(manly)

mash [mǽʃ 매쉬] 타 (감자 등을) 짓이기다

mask [mǽsk 매스크] 명 (복수 **masks** [-s]) 가면, 탈; (보호용) 마스크: wear a *mask* 가면을 쓰다

masks

── 타 1 가면을 씌우다 2 (감정 등을) 감추다

ma·son [méisn 메이슨] 명 석공(石工)

Mass [mǽs 매쓰] 명 (가톨릭의) 미사, 미사 의식

mass [mǽs 매쓰] 명 (복수 **masses** [-iz]) 1 덩어리: a *mass* of clay 진흙 덩어리

2 [a mass of ...의 형태로] 다량의, 다수의: *a mass of* errors 많은 실수

3 [the mass of ...의 형태로] …의 대부분: *the great mass of* American films 미국 영화의 대부분

4 [the masses로] 대중

── 형 1 대중의: *mass* communications 대중 매체

2 대량의, 대규모의: *mass* production 대량 생산 / *mass* game 매스 게임

Mas·sa·chu·setts [mæ̀sətʃúsits 매써츄-씨츠] 명 매사추세츠 (미국 북동부의 주(州); 약어는 Mass.)

mas·sa·cre [mǽsəkər 매써커r] 명 대량 학살

── 타 …을 대량 학살하다

mas·sage [məsάːʒ 머싸-쥐] 명 마사지, 안마

mas·sive [mǽsiv 매씨v으] 형 1 대규모의, 대량의 2 크고 무거운, 육중한

mass media [mǽs míːdiə] 명 [복수 취급] 매스 미디어, 대중 전달 매체 (신문 · 라디오 · 텔레비전 등)

mast [mǽst 매스트] 명 돛대, 마스트

mas·ter [mǽstər 매스터r] 명 (복수 **masters** [-z]) 1 (남자) 주인(반 mistress 여자 주인); 고용주(employer); (가축 등의) 소유자, 임자(owner): the *master* of a house 집주인

2 《영》 (특수 기능의 남자) 선생: a drawing *master* 그림 선생

3 대가, 명인, 마스터: He is a *master* of English literature. 그는 영문학의 대가다

4 [Master로] 석사 (학위) (🔲 doctor (박사)와 bachelor(학사)의 중간 학위): *Master* of Arts 문학 석사 / *Master* of Science 이학 석사

master of ceremonies (집회 등의) 사회자 (🔲 약어는 M.C.)

── 동 (3단현 **masters** [-z]; 과거 · 과거분사 **mastered** [-d]; 현재분사 **mastering** [-təriŋ]) 타 1 (…에) 숙달하다, 정통하다: It is not easy to *master* a foreign language. 외국어에 정통하는 것은 쉽지 않다

2 …을 정복하다; (감정 등을) 억제하다: He *mastered* his anger. 그는 화를 억눌렀다

mas·ter·piece [mǽstərpìːs 매스터r피-쓰] 명 (복수 **masterpieces** [-iz]) 걸작, 명작

mat [mǽt 맷] 명 (복수 **mats** [-ts]) 1 매트, 돗자리, 멍석 2 (현관에 까는) 신발 문지르개; 욕실용 매트(bath mat) 3 (꽃병 · 접시 등의) 받침 4 (레슬링 · 체조용) 매트

match¹ [mǽtʃ 매취] 명 (복수 **matches** [-iz]) 성냥: a box of *matches* 성냥 한 갑 / The girl struck the *match*. 그 소녀는 성냥을 켰다

match² [mǽtʃ 매취] 명 (복수 **matches** [-iz]) 1 시합, 경기: a tennis *match* 테니스 경기

2 경쟁 상대: He is more than a *match* for me. 그는 내게 힘겨운 상대다

match·box 442 **matter**

3 어울리는 사람〔것〕: Your suit and tie are a good *match*. 네 양복과 넥타이는 잘 어울린다
── 동 (3단현 **matches** [-iz]; 과거・과거분사 **matched** [-t]; 현재분사 **matching**) 타 **1** …과 대등하다, …에 필적하다: No one *matches* him *in* English. 영어에 있어서는 그에 필적할 자가 없다
2 …와 조화하다, 어울리다: His necktie does not *match* his coat. 그의 넥타이는 코트와 어울리지 않는다
3 경쟁시키다 《with, against》
── 자 조화하다, 어울리다

match·box [mǽtʃbɑ̀ks 매취박쓰] 명 (복수 **matchboxes** [-iz]) 성냥갑

match point [mǽtʃ pɔ̀int] 명 매치 포인트 《테니스・배구 등에서 승패를 결정하는 마지막 1점》

mate [méit 메잇] 명 (복수 **mates** [-ts]) **1** 배우자의 한 쪽; 짝〔한 쌍〕의 한 쪽: a *mate* of a glove 장갑의 한 쪽
2 〔흔히 복합어를 만들어〕 동료, 친구: a class*mate* 동급생／a room*mate* 합숙자

*‡***ma·te·ri·al** [mətíəriəl 머티어뤼어얼] 명 (복수 **materials** [-z]) **1** 물질, 재료; (양복 등의) 옷감: building *material* 건축자재／raw *material* 원료
2 〔복수형으로〕 용구(用具), 도구: writing *materials* 필기 도구 《붓・종이 등》
3 소재, 자료: the *material* for a novel 소설의 소재
── 형 물질의, 물질적인 《반 spiritual 정신적인》: *material* civilization 물질문명／a *material* noun 【문법】 물질 명사

ma·ter·nal [mətə́ːrnl 머터-ㄹ느얼] 형 어머니의, 어머니다운 《반 paternal 아버지의》

*‡***math** [mǽθ 매쓰] 명 《미구어》 **수학** (《 mathematics의 단축형): He is good at *math*. 그는 수학을 잘한다

math·e·mat·i·cal [mæ̀θəmǽtikəl 매쓰어매티커얼 → 매쓰어 매리커얼] 형 수학의, 수리적인

*‡***math·e·mat·ics** [mæ̀θəmǽtiks 매쓰어매틱쓰 → 매쓰어매릭쓰] 명 〔단수 취급〕 **수학** (《 《미구어》에서는 math라 한다): *Mathematics* is very interesting. 수학은 아주 재미있다

*‡***mat·ter** [mǽtər 매터r → 매러r] 명 (복수 **matters** [-z]) **1** 물질, 물체; 재료: solid *matter* 고체／reading *matter* 읽을거리
2 (논문・책 등의) 내용; 주제
3 일, 문제, 사건: a trivial *matter* 사소한 일／It is a *matter* of life and death. 그것은 생사의 문제다
4 〔복수형으로〕 사태, 사정: *Matters* are different in Korea. 한국에서는 사정이 다르다
5 중요성: It is〔makes〕 *no matter*. 아무 일도 아니다
6 〔the를 붙여〕 낭패, 곤란(trouble)

회화

A: What's *the matter*?
어찌 된 일이에요?
B: I feel sick.
속이 메스꺼워요

no matter what〔*which, who, where, when, how*〕 무엇이〔어느 것이, 누가, 어디에, 언제, 어떻게〕 …할지라도 (《 whatever, whichever, whoever… 등과 같은 뜻의 《구어》적인 표현): *No matter what* (= Whatever) he says, don't go. 그 사람이 뭐라 해도 가지 마라／*No matter where* you go, you cannot find the book. 어디를 가도 너는 그 책을 찾아내지 못한다

mat·tress [mǽtris 매츄뤼쓰] 명 (복수 **mattresses** [-iz]) 침대요, 매트리스

ma·ture [mətjúər 머튜어r] 형 (비교급 **maturer** [-tjúərər] 최상급 **maturest** [-tjúərist]) (과일 등이) 익은; (포도주 등이) 숙성한; (사람이) 성숙한: *mature wine* 숙성된 포도주
―― 동 (현재분사 **maturing** [-tjúəriŋ]) 자 타 익다; 성숙하다[시키다]

max·im [mǽksim 맥씸] 명 격언, 금언

***max·i·mum** [mǽksəməm 맥써멈] 명 (복수 **maximums** [-z], **maxima** [mǽksəmə]) 최대, 최대한(도)(반 minimum 최소)
―― 형 최대의, 최고의

***May** [méi 메이] 명 5월: I was born in *May*. 나는 5월생이다/ We are leaving Seoul on *May* 10. 우리는 5월 10일에 서울을 떠난다

***may** [méi 메이] 조 (과거 **might** [máit])
1 〔추측을 나타내어〕 …일지도 모른다: It *may* be true. 그것은 사실일지도 모른다/ He *may* not come. 그는 안 올지도 모른다
2 〔허가를 나타내어〕 …해도 좋다: You *may* go now. 너는 이제 가도 된다/ *May* I open the window? 창문을 열어도 될까요?

3 〔양보를 나타내어〕 (설사) …일지라도: Try as he *may*, he will not succeed. 그가 아무리 노력해 보았자 성공하지 못할 것이다/ Whoever *may* say so, you need not believe it. 누가 그렇게 말하더라도 그것을 믿을 필요는 없다
4 〔기원을 나타내어〕 **부디** …하기를: *May* you be happy! 부디 행복하길!
5 〔가능을 나타내어〕 …할 수 있다: Gather roses while you *may*. 가능할 때 장미꽃을 모아라 (젊음은 다시 오지 않는다)

Ma·ya [máːjə 마-야] 명 마야족(族) (중앙 아메리카의 원주민)

***may·be** [méibi: 메이비-] 부 **어쩌면**, 아마(perhaps): *Maybe* he will come late. 어쩌면 그는 늦을지도 모른다

〔회화〕
A: Will she come?
그녀가 올까?
B: *Maybe*./ *Maybe* not.
아마 올 것이다/ 아마 안 올 것이다

May Day [méi dèi] 명 **1** 5월제 (5월 1일) **2** 메이데이, 노동절

May·flow·er [méiflàuər 메이F을라우어r] 명 〔the를 붙여〕 메이플라워호 (1620년 영국의 청교도들이 신앙의 자유를 찾아 아메리카 대륙으로 건너갈 때 탔던 배)

may·on·naise [mèiənéiz 메이어네이z으] 명 마요네즈

may·or [méiər 메이어r] 명 시장(市長)

May·pole [méipòul 메이포우을] 명 5월제의 기둥 (꽃·리본 등으로 장식하여 5월제에 그 주위를 돌며 춤을 춤)

Maypole

maze [méiz 메이Zㅇ] 명 미로, 미궁

***me** [mí: 미-] 대 **1** (I의 목적격) **나에게, 나를**: Give *me* a glass of water. 나에게 물 한 잔 주세요./ Please help *me*. 나를 도와 주세요
2 《구어》 〔I 대신 쓰여〕 나: Ben is older than *me*. 벤은 나보다 연상이다

maze

―회화―
A: I like swimming.
　나는 수영을 좋아한다
B: *Me*, too.
　나도 그래

mead·ow [médou 메도우] 명 (건초를 만드는) 목초지, 풀밭 (가축 등을 방목하는 「목장」은 pasture)

***meal** [mí:l 미-얼] 명 (복수 **meals** [-z]) **식사**: at *meal* 식사 때에/ We have〔take〕three *meals* a day. 우리는 하루에 세 끼를 먹는다

meal		
brakfast 아침	lunch 점심	supper 저녁
	brunch 아침 겸 점심	dinner 정찬

meal·time [mí:ltàim 미-얼타임] 명 식사 시간

***mean**¹ [mí:n 미-인] 동 (3단현 **means** [-z]; 과거·과거분사 **meant** [mént]; 현재분사 **meaning**) 타 **1** …을 **의미하다**; …의 뜻으로 말하다: What does this word *mean*? 이 단어는 무슨 뜻인가?/ I *meant* it *for*〔*as*〕a joke. 농담으로 한 말이다

2 …**하려고 생각하다**, …할 작정이다 (**to** *do*): I didn't *mean to* hurt you. 너의 기분을 상하게 할 생각은 없었다

3 …라는 뜻을 가지다, 중요하다: Health *means* everything. 건강이 무엇보다 중요하다

***mean**² [mí:n 미-인] 형 (비교급 **mean·er**; 최상급 **meanest**) **1** (사람·행위 등이) **비열한**, 더러운, 천한: a *mean* trick 비열한 술책
2 치사한, 인색한

mean³ [mí:n 미-인] 형 중간의; 평균의
―명 중간; 평균

***mean·ing** [mí:niŋ 미-닝] 명 (복수 **meanings** [-z]) **1** **의미**(sense), 뜻: Do you know the *meaning* of this word? 이 단어의 뜻을 아십니까?
2 중요성, 의의

mean·ing·ful [mí:niŋfəl 미-닝F어얼] 형 뜻있는, 의미심장한

mean·ing·less [mí:niŋlis 미-닝리쓰] 형 뜻이 없는

***means** [mí:nz 미-인Zㅇ] 명 **1** 〔단수·복수 취급〕**수단**, 방법: The end justifies the *means*. 《속담》 목적은 수단을 정당화한다
2 〔복수 취급〕부, 재산: a man of *means* 재산가

by all means (1) **반드시**, 꼭: Do it *by all means*. 반드시 그것을 하시오
(2) 〔대답으로〕**좋고 말고**(certainly)

―회화―
A: Can I use a credit card to pay for those?
　신용카드로 지불해야 되나요?
B: Yes, *by all means*.
　그럼요, 좋고 말고요

by means of …**에 의하여**, …을 이용하여: We communicate *by means of* words. 우리는 말로 의사를 전달한다
by no means 결코 …아니다: He is *by no means* lazy. 그는 결코 게으른 사람이 아니다

meant [mént 멘트] 동 mean¹(의미하다)의 과거·과거분사형

mean·time [míːntàim 미-인타임] 명
그 동안: He will be back in the *meantime*. 그는 그 동안에 돌아올 것이다
── 부 = meanwhile

mean·while [míːnhwàil 미-인와(화)일] 부 그 동안에

mea·sles [míːzlz 미-Z으을z으] 명 〔단수 취급〕【의학】홍역

*****meas·ure** [méʒər 메줘r] 명 (복수 measures [-z]) **1 측정**, 측량, 계량: a *measure* of the distance 거리의 측정
2 치수, 크기, 넓이, 길이; 계량 기구 《되, 자 등》: a tape *measure* 줄자
3 (평가·판단의) **기준**, 척도
4 〔보통 복수형으로〕 수단, 조치: take strong *measures* 강경 수단을 취하다
── 동 (3단현 measures [-z]; 과거·과거분사 measured [-d]; 현재분사 measuring [-ʒəriŋ]) 타 (길이 등을) **재다**: The tailor *measured* me for new clothes. 재단사는 새 옷을 지으려고 내 치수를 쟀다

유의어 > 재다

길이·높이·크기·양을 잴 때는 **measure,** 무게를 잴 때는 **weigh**를, 체온 등을 잴 때는 **take**를 쓴다.

measure　　weigh　　take

── 자 …의 길이〔폭, 높이〕이다: The room *measures* 20 feet wide. 그 방은 폭이 20피트다

*****meat** [míːt 미-트] 〔meet(만나다)와 발음이 같음〕 명 (복수 meats [-ts]) (식용) **고기**: He likes *meat* more than vegetables. 그는 야채보다 고기를 더 좋아한다

참고 > 동물과 그 고기

calf 송아지	─	veal 송아지 고기
chicken 닭	─	chicken 닭고기
cow 소	─	beef 쇠고기
lamb 새끼 양	─	lamb 새끼 양고기
pig 돼지	─	pork 돼지고기
sheep 양	─	mutton 양고기

Mec·ca [mékə 메카] 명 **1 메카** (사우디아라비아 서부의 도시; 마호메트의 탄생지) **2** 〔종종 **mecca**로〕 발상지

me·chan·ic [məkǽnik 머캐닉] 명 기계공, 정비사

me·chan·i·cal [məkǽnikəl 머캐니커얼] 형 **1** 기계의, 기계에 의한 **2** 기계적인, 무의식의

mechanical pencil [məkǽnikəl pénsl] 《미》샤프 펜 (sharp pen은 틀린 영어)

me·chan·i·cal·ly [məkǽnikəli 머캐니컬리] 부 **1** 기계로 **2** 기계적으로

me·chan·ics [məkǽniks 머캐닉쓰] 명 〔단수 취급〕역학

mech·a·nism [mékənìzm 메커니Z음] 명 **1** 기계 장치: the *mechanism* of a watch 시계의 기계 장치
2 기구(機構), 구조: the *mechanism* of government 정치 기구

***med·al** [médl 메드얼 → 메르얼] 〔meddle(간섭하다)과 발음이 같음〕 명 (복수 medals [-z]) **메달**, 훈장

med·al·ist [médlist 메들리스트 → 메를리스트] 명 메달 수령자: a gold *medalist* 금메달리스트

med·dle [médl 메드얼 → 메르얼] 〔medal(메달)과 발음이 같음〕 동 (현재분사 **meddling**) 자 간섭〔참견〕하다 (in, with)

me·di-, me·di·o- 〈접두사〉「중간」의 뜻

***me·di·a** [míːdiə 미-디아 → 미-리아] 명 **1** medium(매체)의 복수형 (단수 취급도 한다) **2** 〔**the**를 붙여〕 **매스 미디어** (mass media)

med·i·cal [médikəl 메디커얼 → 메리커얼] 형 **1 의학의**, 의료의: a *medical* college 의과 대학
2 내과의(반 surgical 외과의): a *medical* ward 내과 병동

med·i·cine [médəsin 메더씬 → 메러씬] 명 (복수 **medicines** [-z]) **1 약**, (특히) 내복약: Take this *medicine* after meals. 식후에 이 약을 복용하세요

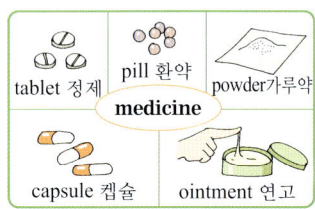

2 의학, 의술; (특히) 내과 (참고 「외과」는 surgery)

me·di·e·val [mì:dií:vəl 미-디이-V어얼 → 미-리이-V어얼] 형 중세의; 중세풍의

med·i·tate [médətèit 메더테잇 → 메러테잇] 동 (3단현 **meditates** [-ts]; 과거·과거분사 **meditated** [-id]; 현재분사 **meditating**) 자 곰곰이 생각하다, 명상하다 《on, upon》: She *meditated* on her past life. 그녀는 자신의 과거를 곰곰이 생각했다
── 타 …을 꾀하다, 계획하다

med·i·ta·tion [mèdətéiʃən 메더테이션 → 메러테이션] 명 심사 숙고, 명상

Med·i·ter·ra·ne·an [mèdətəréiniən 메더터뤠이니언] 형 지중해의: the *Mediterranean* Sea 지중해
── 명 〔the를 붙여〕 지중해

me·di·um [mí:diəm 미-디엄 → 미-리엄] 명 (복수 **mediums** [-z], **media** [mí:diə]) **1** (전달·표현 등의) **수단**, 방법: a *medium* of communication 통신 수단
2 (열·소리 등을 전하는) **매체**, 매개(물)
── 형 **1 중간의**, 보통의: a shirt of *medium* size 중형 셔츠
2 (스테이크가) 중간 정도로 구워진

med·ley [médli 메들리] 명 **1** 잡동사니
2 【음악】 접속곡, 메들리

meek [mí:k 미-크] 형 (온)순한

meet [mí:t 미-트] (참고 meat(고기)와 발음이 같음] 동 (3단현 **meets** [-ts]; 과거·과거분사 **met** [mét]; 현재분사 **meeting**) 타 **1 …와 만나다**, (우연히) 마주치다: I *met* a friend on the street. 길에서 (우연히) 친구를 만났다/ I'm glad to *meet* you. 당신을 만나서 반갑습니다 (참고 처음 만났을 때 인사)

2 (길·강 등이) 만나다, 합치다
3 …을 마중 나가다: I will *meet* you at the airport. 공항으로 마중 나가겠습니다
4 …을 충족시키다: *meet* the demands 요구를 충족시키다
── 자 **1** (우연히 또는 약속을 하여) **만나다**: We *met* in the bus today. 우리는 버스에서 오늘 만났다/ Where shall we *meet*? 어디서 만날까?
2 (집회 등이) 열리다: Congress will *meet* next month. 국회는 다음 달에 개회된다
3 (길·강 등이) 만나다: The two streets *meet* here. 두 길이 여기서 만난다

meet with (1) (사고·불행 등을) **겪다, 당하다**: He *met with* a traffic accident yesterday. 그는 어제 교통 사고를 당했다

(2) …와 (우연히) 만나다: I *met with* my teacher in the theater. 나는 극장에서 선생님과 (우연히) 만났다

—명 (복수 **meets** [-ts]) 회의, 모임; 《미》 경기 대회 (《영》 meeting): an athletic *meet* 운동회/ a swimming *meet* 수영 경기 대회

*meet·ing [míːtiŋ 미-팅 → 미-링] 명 (복수 **meetings** [-z]) **1** 회의, 모임, 집회: a general *meeting* 총회/ hold a *meeting* 회의를 개최하다/ attend a *meeting* 회의에 참석하다

> 참고 미팅
>
> 흔히 모르는 남녀가 주선자의 소개로 만나는 것을 우리는 미팅이라하는데 이는 잘못된 영어 표현으로, meeting이란 사업이나 학술 대회 등의 「회의, 모임」를 뜻한다. 영어권에서는 다소 생소한 문화이지만 낯모르는 남녀 간의 만남은 blind date라 한다.

2 《영》 경기 대회 (《미》 meet)

meg·a- (접두사) 「큰, 커다란; 100만(배)의」의 뜻

meg·a·phone [mégəfòun 메거F오운] 명 메가폰, 확성기

mel·an·chol·y [mélənkὰli 멜런칼리] 형 우울한, 침울한

—명 우울, 침울

megaphones

mel·low [mélou 멜로우] 형 (비교급 **mellower**; 최상급 **mellowest**) **1** (과일이) 익은; (술이) 잘 빚어진: a *mellow* peach 잘 익은 복숭아 **2** (소리·색 등이) 부드러운: a *mellow* tone 부드러운 음조 **3** (사람이) 원숙한

mel·o·dra·ma [mélədrὰːmə 멜러쥬라-마] 명 멜로드라마 《감상적인 통속극》

mel·o·dy [mélədi 멜러디 → 멜러디] 명 (복수 **melodies** [-z]) **1** 멜로디, 선율 **2** 아름다운 곡조, 가락

*mel·on [mélən 멜런] 명 (복수 **melons** [-z]) 【식물】 멜론

*melt [mélt 메얼트] 동 (3단현 **melts** [-ts]; 과거·과거분사 **melted** [-id]; 현재분사 **melting**) 자 **1** 녹다, 용해하다: The ice *melted*. 얼음이 녹았다

melons

2 (감정 등이) 누그러지다: Her heart *melted with* pity. 그녀의 마음은 동정심으로 누그러졌다

—타 …을 녹이다, 용해하다

melt·ing [méltiŋ 메얼팅] 형 녹는

*mem·ber [mémbər 멤버r] 명 (복수 **members** [-z]) **1** (집단의) 회원, 멤버: a regular *member* 정회원/ He became a *member* of the golf club. 그는 골프 클럽의 회원이 되었다

2 [**Member**로] 의원: a *Member* of Parliament 영국 하원 의원/ a *Member* of Congress 미국 하원 의원

mem·ber·ship [mémbərʃìp 멤버r쉽] 명 회원, 구성원: a *membership* card 회원증

me·mo [mémou 메모우] 명 (복수 **memos** [-z]) 《구어》 메모, 비망록 (memorandum의 단축형)

mem·o·ran·dum [mèmərǽndəm 메머랜덤] 명 (복수 **memorandums** [-z], **memoranda** [-də]) **1** 비망록, 메모 **2** (외교상의) 각서

me·mo·ri·al [məmɔ́ːriəl 머모-뤼어얼] 명 기념물, 기념관, 기념비

—형 기념의: a *memorial* hall 기념관

mem·o·rize [méməràiz 메머롸이z으] 동 (현재분사 **memorizing**) 타 …을 기억하다, 암기하다

*mem·o·ry [méməri 메머뤼] 명 (복수 **memories** [-z]) **1** 기억력: He has a good(bad) *memory*. 그는 기억력이 좋다(나쁘다)

2 회상, 추억: happy *memories* 즐거운 추억
3 【컴퓨터】 기억 장치
in memory of …을 기념하여

men [mén 멘] 명 man(남자)의 복수형

men·ace [ménəs 메너쓰] 동 (현재분사 **menacing**) 타 …을 으르다, 협박하다
—— 명 (복수 **menaces** [-iz]) 협박

*__mend__ [ménd 멘드] 동 (3단현 **mends** [-dz]; 과거 · 과거분사 **mended** [-id]; 현재분사 **mending**) 타 **1** …을 고치다, 수리하다: He *mended* a broken door. 그는 부서진 문을 고쳤다
2 (행실 등을) 고치다: He *mended* his manner. 그는 그의 태도를 고쳤다
—— 자 (결함 등이) 고쳐지다: It is never too late to *mend*. 《속담》 허물을 고치는 데 너무 늦다는 법은 없다
【a*mend*(고치다)에서】

men·stru·a·tion [mènstruéiʃən 멘스츄루에이션] 명 **1** (여성의) 생리 **2** 생리 기간

-ment 《접미사》〔동사에 붙여 결과 · 상태 · 동작 · 수단 등을 나타내는 명사를 만듦〕: move*ment* 동작/ pay*ment* 지급

*__men·tal__ [méntl 멘트얼] 형 **1** 정신의, 마음의(반 physical 육체의): *mental* powers 정신력
2 지능의, 지력의

men·tal·ly [méntəli 멘털리] 부 정신적으로(반 physically 물질적으로)

*__men·tion__ [ménʃən 멘션] 동 (3단현 **mentions** [-z]; 과거 · 과거분사 **mentioned** [-d]; 현재분사 **mentioning**) 타 …에 관하여 말하다, 언급하다: I only just *mentioned* it *to* him. 나는 그 일을 그에게 간단히 언급했을 뿐이다
Don`t mention it. 천만에요 《감사의 말 등에 대한 답. 《미》에서는 보통 You are welcome.이라 한다》
not to mention ... …은 말할 것도 없고: He knows French, *not to mention* English. 그는 영어는 말할 것도 없고 프랑스어도 알고 있다
—— 명 언급, 진술

men·tor [méntər 멘터r] 명 좋은 지도자, 스승

*__men·u__ [ménju: 메뉴-] 명 (복수 **menus** [-z]) 식단표, 차림표, 메뉴

>회화<

A: May I see the *menu*?
메뉴를 좀 볼까요?
B: Certainly, sir.
네, 그러시죠

me·ow [miáu 미아우] 명 자 = mew

mer·chan·dise [má:rtʃəndàiz 머-r천다이z으] 명 〔집합적으로〕 상품(goods): general *merchandise* 잡화

*__mer·chant__ [má:rtʃənt 머-r천트] 명 (복수 **merchants** [-ts]) 상인, (특히) 무역 상인: a diamond *merchant* 다이아몬드 상인/ The *Merchant* of Venice 베니스의 상인 《셰익스피어의 희극》
—— 형 무역의, 상업의: a *merchant* ship 상선

mer·ci·ful [má:rsifəl 머-r씨F어얼] 형 자비로운, 인정 많은

mer·ci·less [má:rsilis 머-r씰리쓰] 형 무자비한, 무정한

Mer·cu·ry [má:rkjuri 머-r큐뤼] 명 **1** 【로마신화】 머큐리 《신들의 전령으로서, 웅변 · 상업 · 도둑의 수호신; 그리스신화의 헤르메스(Hermes)에 해당》 **2** 【천문】 수성(水星) 《다른 행성에 비해 빨리 공전하므로 신들의 전령에 비유》 **3** 〔**mercury**로〕 【화학】 수은 《금속 원소; 기호 Ni》; (온도계 등의) 수은주

mer·cy [má:rsi 머-r씨] 명 (복수 **mercies** [-z]) 자비, 인정; 은혜, 은총
at the mercy of …의 처분〔마음〕대로: The ship was *at the mercy of* the waves. 그 배는 물결치는 대로 흔들리고 있었다

mercy killing [má:rsi kìliŋ] 명 《구어》 안락사

mere [mìər 미어*r*] 형 〔명사 앞에만 쓰여〕 **단순한**, 단지 …에 불과한: She is a *mere* child. 그녀는 아직 어린 아이에 불과하다

mere·ly [mìərli 미어*r*을리] 부 그저, 단지: I said so *merely* as a joking. 나는 그저 농담으로 그렇게 말했을 뿐이다

merge [mə́:rdʒ 머-*r*쥐] 동 (현재분사 **merging**) 타 …을 합병하다

me·rid·i·an [mərídiən 머리디언 → 머리디언] 명 자오선

mer·it [mérit 메릿] 명 (복수 **merits** [-ts]) **1 장점**, 우수함(반 fault 단점); 가치: What are the *merits* of the plan? 그 계획의 장점은 무엇입니까?
2 공적, 공로

mer·maid [mə́:rmèid 머-*r*메이드] 명 (여자) 인어

mer·ri·ly [mérəli 메릴리] 부 즐겁게, 유쾌하게

mer·ry [méri 메리] 형 (비교급 **merrier**; 최상급 **merriest**) **명랑한**, 즐거운, 유쾌한: a *merry* voice 명랑한 목소리/ I wish you a *Merry* Christmas! (= (A) *Merry* Christmas (to you)!) 크리스마스를 축하합니다!

mermaid

mer·ry-go-round [méri-gou-ràund 메뤼고우롸운드] 명 회전목마

merry-go-round

mess [més 메쓰] 명 **1** 혼란, 엉망진창: This room is in a *mess*. 이 방은 엉망으로 어질러져 있다
2 《구어》 곤경, 궁지

mes·sage [mésidʒ 메씨쥐] 명 (복수 **messages** [-iz]) **1 메시지**, 전갈: Will you leave a *message*? (= May I take a *message*?) 메시지 남기시겠어요?
2 《미》 (대통령의) 교서

mes·sen·ger [mésəndʒər 메썬줘*r*] 명 (복수 **messengers** [-z]) 심부름꾼

met [mét 멧] 동 meet(만나다)의 과거·과거분사형

met·al [métl 메트을 → 메르을] 명 (복수 **metals** [-z]) **금속**: a precious *metal* 귀금속

알면 Plus 금속의 종류
aluminium 알루미늄　brass 놋쇠
bronze 청동　　　　copper 동
gold 금　　　　　　iron 철
lead 납　　　　　　mercury 수은
platinum 백금　　　silver 은
tin 주석　　　　　　zinc 아연

met·a·phor [métəfɔ̀:r 메터F오-*r* → 메러F오-*r*] 명 은유(隱喩)

me·te·or [mí:tiər 미-티어*r* → 미-리어*r*] 명 **1** 유성, 별똥별 **2** 운석

me·ter, 《영》 **me·tre** [mí:tər 미-터*r* → 미-러*r*] (복수 **meters** [-z]) 명 **미터** (길이의 단위; 약어는 m)

참고 측정 단위		
	대한민국	영·미
무게	g, kg	pound(28.35g) ounce(435.59g)
온도	섭씨(C)	화씨(F)
거리, 길이	cm, m, km	inch(2.54cm) foot(30.48cm) yard(91.44cm) mile(1.6km)

meth·od [méθəd 메어드] 명 (복수 **methods** [-dz]) **방법**, 방식: a new *method* of teaching 새로운 교수법

me·tre [míːtər 미-터r → 미-러r] 명 《영》= meter

met·ro [métrou 메츄로우] 명 (복수 **metros** [-z]) (파리 등의) 지하철

me·trop·o·lis [mitrápəlis 미트롸펄리쓰] 명 (복수 **metropolises** [-iz]) (한 나라의) 수도(capital), 대도시, 주요 도시

met·ro·pol·i·tan [mètrəpálitn 메츄뤄팔리튼] 형 수도의, 대도시의
—— 명 수도[대도시]의 시민

mew [mjúː 뮤-] 명 자 (고양이가) 야옹(울다)

Mex·i·can [méksikən 멕씨컨] 형 멕시코(인)의
—— 명 멕시코인

Mex·i·co [méksikòu 멕씨코우] 명 멕시코 《북미 남부의 공화국; 수도는 멕시코 시티(Mexico City)》

mice [máis 마이쓰] 명 mouse(생쥐)의 복수형

Mi·chel·an·ge·lo [màikəlǽndʒəlòu 마이컬랜줼로우] 명 미켈란젤로 (1475-1564) 《이탈리아의 조각가·화가·건축가》

Mich·i·gan [míʃigən 미쉬건] 명 **1** 미시간 《미국 중북부의 주(州); 약어는 Mich., MI》 **2** 〔**Lake Michigan**으로〕 미시간 호 《북미 5대호의 하나》

mi·cro- (접두사) 「소(小)…, 미(微)…」의 뜻

mi·cro·phone [máikrəfòun 마이크뤄F오운] 명 마이크, 확성기 (《구어》로는 mike라 한다)

mi·cro·scope [máikrəskòup 마이크뤄스코웁] 명 현미경

mi·cro·wave [máikrəwèiv 마이크뤄웨이v] 명 극초단파

mid [míd 미드] 형 중앙의, 중간의 (《현재는 주로 복합어에 쓰며, 그 이외는 middle 을 쓴다》)

microscope

Mi·das [máidəs 마이더쓰] 명 【그리스신화】 미다스

참고 미다스의 손
그리스의 도시 국가 왕인 미다스는 디오니소스로부터 한 가지 소원을 들어준다는 약속을 받았는데, 욕심이 많았던 그는 손대는 것은 뭐든지 금으로 변하게 해 달라고 부탁했다. 그러나 기쁨도 잠시 음식이 그의 귀여운 딸까지 금으로 변해버리자 그는 크게 뉘우치고 다시 원래대로 해달라고 애원했다고 한다.

mid·day [míddèi 밋데이] 명 정오, 한낮 (noon)

***mid·dle** [mídl 미드을 → 미르을] 형 〔명사 앞에만 쓰여〕 **중앙의**, 중간의: the *middle* finger 가운뎃손가락 / a man of *middle* size 중간 키의 사람
—— 명 〔the를 붙여〕 **중앙**, 한가운데: *the middle* of the road 도로의 한가운데 / There is a round table in *the middle*. 중앙에 둥근 테이블이 하나 있다

in the middle of ... (1) …의 중앙에: The station is *in the middle of* the city. 역은 시의 중앙에 있다/ There is a snow on top of the Alps even *in the middle of* July. 7월 중순에도 알프스 정상에는 눈이 있다

(2) 한창 …하는 중에: Don't interrupt me *in the middle of* my speech. 내 이야기의 허리를 끊지 마라

middle age [mídl éidʒ] 명 중년 (《대개 45세에서 65세까지를 가리킨다》)

Middle Ages [mídl éidʒiz] 명 〔the를 붙여〕 (서양사의) 중세 《약 5세기부터 15세기까지》

middle class [mídl klǽs] 명 〔the를 붙여〕 중류[중산] 계급

Middle East [mídl íːst] 명 〔the를 붙여〕 중동(中東) 《지중해 동해안 지방에서 이란에 이르는 지역》

***mid·night** [mídnàit 밋나잇] 명 **자정**, 한밤중: She had to go home before *midnight*. 그녀는 자정이 되기 전에 집으로 돌아가야 했다

midst [mídst 밋스트] 명 《문어》 한가운데
in the midst of (1) …의 가운데에 (2) …의 도중에

mid·sum·mer [mídsÁmər 밋써머r] 명 한여름

mid·term [mídtə̀ːrm 밋터-r엄] 형 (학기·임기 등의) 중간의: a *midterm* examination 중간 시험
── 명 (복수 **midterms** [-z]) 《미구어》 (대학 등의) 중간 시험

mid·way [mídwèi 미드웨이] 형 부 중도의(에), 중간쯤의(에)

mid·win·ter [mídwìntər 미드윈터r] 명 한겨울

***might**¹ [máit 마잇] 〖 gh는 묵음〗 조 《may의 과거형》 **1** 〔시제의 일치를 위한 may의 과거형으로〕 a) 〔추측·가능성을 나타내어〕 **…할지〔일지〕도 모른다**: I said that it *might* rain. (= I said, 'It may rain.') 나는 비가 올지도 모른다고 말했다
b) 〔허가를 나타내어〕 **…해도 좋다**: I told him that he *might* go. (= I said to him, 'You may go.') 나는 그에게 가도 좋다고 말했다
c) 〔목적을 나타내어〕 …하기 위해서: He did his best so that he *might* succeed. 그는 성공하기 위해서 전력을 다했다
d) 〔양보를 나타내어〕 비록 …할지라도: He decided to do it whatever *might* happen. 그는 무슨 일이 일어나도 그것을 하기로 결심했다 (〖 「나는 무슨 일이 일어나도 그것을 하겠다」는 I will do it whatever *may* happen.)

2 〔가정법에서; 현재의 사실과 반대되는 가정에서〕 a) 〔허가를 나타내어〕 …해도 좋다(면): I would go if I *might*. 가도 좋다면 가겠는데
b) 〔현재의 추측을 나타내어〕 …할지도 모른다: You *might* fail if you were lazy. 너는 게으르면 실패할지도 모른다
c) 〔**might have**+과거분사로 과거 사실에 반대되는 추측의 가정의 귀결절에서〕 …하였을지도 모른다: I *might have done* it if I had wanted to. 하고 싶었더라면 할 수 있었겠지만 《사실은 하지 않았다》

3 〔비난·유감의 뜻을 나타내어〕 …하여도 좋을 텐데: You *might* at least apologize. 적어도 사과쯤은 해도 좋을 텐데

4 (어쩌면) …인지도 모른다: It *might* be true. 어쩌면 사실인지도 모른다

5 〔may보다 정중한 말투로〕 …해도 좋다: *Might* I ask your name? 성함이 어떻게 되시는지요?

might² [máit 마잇] 〖 gh는 묵음〗 명 힘, 세력
with all one's might 힘껏, 전력을 다하여: He struggled *with all his might*. 그는 전력을 다하여 싸웠다

might·y [máiti 마이티 → 마이리] 형 (비교급 **mightier**; 최상급 **mightiest**) 힘센, 강력한: a *mighty* wind 강풍
── 명 《구어》 대단히, 몹시(very)

mi·grate [máigreit 마이그뤠잇] 동 (3단현 **migrates** [-ts]; 과거·과거분사 **migrated** [-id]; 현재분사 **migrating**) 자 **1** 이주하다: *migrate to* the United States 미국으로 이주하다
2 (새 등이) 철따라 이주하다

mi·gra·tion [maigréiʃən 마이그뤠이션] 명 이주, 이동

mike [máik 마이크] 명 《구어》 마이크 (microphone의 변형)

mild [máild 마일드] 형 (비교급 **milder**; 최상급 **mildest**) 1 (사람·태도 등이) 상냥한, 부드러운: a *mild* voice 부드러운 목소리
2 (음식·담배 등이) 순한, 부드러운
3 (규칙 등이) 관대한, 너그러운
4 (기후 등이) 온화한, 포근한: a *mild* winter 따뜻한 겨울

mild·ly [máildli 마일들리] 부 온화하게, 부드럽게

mile [máil 마일] 명 (복수 **miles** [-z]) 마일 (길이의 단위; 약 1,6km): 60 *miles* per hour 시속 60 마일/ The river is ten *miles* long. 그 강은 길이가 10마일이다

mile·age [máilidʒ 마일리쥐] 명 (여행 등의) 총 마일 수(數); (일정 시간내의 주행) 마일 수

mile·stone [máilstòun 마일스토운] 명 1 (돌로 된) 마일 표석, 이정표 2 (역사·인생 등의) 획기적인 사건

mil·i·ta·rism [mílətərìzm 밀러터리Z음] 명 군국주의

milestone 1

mil·i·ta·rize [mílətəràiz 밀러터롸이Z으] 타 군국화하다, 군비를 갖추다

mil·i·ta·ry [mílətèri 밀러테뤼] 형 1 군(대)의, 군인의(반 civil 시민의) 2 육군의

milk [mílk 미얼크] 명 젖, 우유: He drinks *milk* at breakfast. 그는 아침 식사 때 우유를 마신다/ Give me a glass of *milk*. 우유 한 잔 주십시오

쓰임새 우유는 셀 수 없는 명사이므로 「우유 1잔, 2잔」과 같이 말할 때는 a glass of milk, two glasses of milk 라 한다.

a land of milk and honey 【성서】 젖과 꿀이 흐르는 땅, 기름진 땅

—— 동 (3단현 **milks** [-s]; 과거·과거분사 **milked** [-t]; 현재분사 **milking**) 타 …에서 젖을 짜다: Do you know how to *milk* a cow? 우유 짜는 법을 아니?

milk·er [mílkər 미얼커r] 명 1 젖 짜는 사람 2 착유기(搾乳器) 3 젖소

milk·maid [mílkmèid 미얼크메이드] 명 《문어》 젖 짜는 여자

milk·man [mílkmæ̀n 미얼크맨] 명 (복수 **milkmen** [-mèn]) 우유 장수, 우유 배달인

milk-white [mílk-hwáit 미얼크와〔화〕잇] 형 젖 빛깔의

milk·y [mílki 미얼키] 형 (비교급 **milkier**; 최상급 **milkiest**) 젖 같은; 젖 빛깔의

Milky Way [mílki wéi] 명 〔the를 붙여〕【천문】 은하수(the Galaxy)

참고 은하수의 유래
그리스신화에서 제우스는 외도를 해서 낳은 아기 헤라클레스에게 불사의 몸을 주고자 잠자는 헤라의 젖을 먹이려고 데리고 갔는데, 배가 고팠던 헤라클레스가 젖을 세게 빨아 헤라가 깨어나자 제우스가 얼른 아기를 떼어내었다. 이 때 헤라의 젖이 하늘로 뿜어져 나와 은하수가 되었다고 한다.

mill [míl 미얼] 명 (복수 **mills** [-z]) 1 제분소, 방앗간
2 맷돌, 분쇄기: a coffee *mill* 커피 분쇄기
3 제조 공장: a cotton *mill* 방적 공장

mill·er [mílər 미얼러r] 명 제분업자, 물방앗간 주인

coffee mill

mil·li·me·ter, 《영》 **mil·li·me·tre** [míləmìːtər 밀러미-터r → 밀러미-러r] 명 밀리미터 (1미터의 1/1000; 약어는 mm)

mil·lion [míljən 밀려언] 명 (복수 **millions** [-z]) 백만: a(one) *million*(s) 1백만 / ten *million*(s) 1천 만 / six *million*(s) of people 6백만 명의 사람/ six *million* five hundred thousand 650만

> 쓰임새 (1) million 앞에 2보다 큰 수가 오면 종종 복수형이 된다. 이것이 hundred, thousand의 쓰임새와 다른 점인데, 최근에는 복수형을 쓰지 않는 경향도 있다.
> (2) million 뒤에 다시 수가 이어질 때에는 복수형으로 쓰지 않는다.

millions of 수많은, 무수한: *Millions of* people are starving in Africa now. 지금 아프리카에서는 수많은 사람들이 굶주리고 있다

── 형 **1** **백만의**: six *million* people 6백만 명의 사람들/ He has lost five million *dollars* in the business. 그는 그 사업에서 5백만 달러를 손해보았다
2 무수한, 다수의

mil·lion·aire [mìljənέər 미얼려네어r] 명 백만 장자, 대부호

mill·stone [mílstòun 미얼스토운] 명 맷돌

mim·ic [mímik 미믹] 형 **1** 흉내를 잘 내는 **2** 모조의

mind [máind 마인드] 명 **1** **마음**, 정신: *mind* and body 심신(心身)/ He has a broad(narrow) *mind*. 그는 마음이 넓다(좁다)

2 **기억**(memory): Out of sight, out of *mind*. 《속담》 눈에서 멀어지면 마음도 멀어진다

3 제정신, 이성: He must have lost his *mind*. 그는 머리가 이상하게 된 게 틀림없다

4 **생각**, 의견: She has changed her *mind*. 그녀는 생각을 바꾸었다

5 (…하고픈) 마음, 의지: He has no *mind* to join our club. 그는 우리 클럽에 들어올 마음이 전혀 없다

6 지성, 지력(知力): will, emotion and *mind* 의지, 감정 및 지성

bear*[*have, keep*]** ... ***in mind …을 기억하고 있다(remember): You must *keep* my words *in mind*. 너는 나의 말을 기억해야 한다

bring*[*call*]** ... ***to mind …을 생각해 내다

come to mind **생각이 떠오르다**: My father's words *came to mind*. 아버지의 말씀이 머리에 떠올랐다

***have a*[*no*] *mind to* do** …하고 싶다(싶지 않다): I *have a mind to* buy a new car. 나는 새 차를 사고 싶다/ I *have no mind to* meet him. 나는 그를 만나고 싶지 않다

make up one's mind (…하려고) 결심하다 《*to do*》: I *made up my mind* to join a tennis club. 나는 테니스부에 들어가려고 마음먹었다

set*[*give*] *one's **mind** to …에 전념하다: That scholar *gave his mind to* the study of history. 그 학자는 역사 연구에 전념했다

── 동 (3단현 **minds** [-dz]; 과거 · 과거분사 **minded** [-id]; 현재분사 **minding**) 타 **1** [주로 명령문에서] **주의하다**, 조심하다: *Mind* your step(head). 발(머리)을 조심하시오

2 [부정문 · 의문문 · 조건문에서] **…을 신경 쓰다**, 싫어하다: Never *mind* the expense. 비용은 신경 쓰지 마라

> 회화
> A: Do you *mind* if I smoke?
> 담배를 피워도 괜찮습니까?
> B: No, I don't (*mind*).
> 괜찮습니다, 피우세요

3 **…을 돌보다**, 지키다: Would you *mind* my bags for a few minutes? 잠깐만 내 가방들을 지켜주시겠습니까?

── 자 **1** 주의하다, 조심하다
2 싫어하다: I will do it if you don't

mind. 괜찮으시다면 제가 그것을 하겠습니다

Mind your own business. 참견하지 마라, 네 일이나 잘 해라

Never mind! 걱정하지 마라!, 괜찮다!

Would you mind *doing*? …해 주시겠습니까?

> 회화
>
> A: *Would you mind opening* the window?
> 창문 좀 열어 주시겠습니까?
> B: No, not at all.
> 네, 그러지요
> ※ mind는 「신경 쓰다, 싫어하다」란 뜻으로 Would you mind *doing*?은 「…하는 것이 싫으십니까?」란 뜻이 되므로 승낙할 때는 No, not at all./ Of course not./ Certainly not. 등으로 대답하며, 부정하거나 거절할 때는 I'm sorry, but I have a cold.처럼 이유를 말하는 것이 좋다.

***mine**¹ [máin 마인] 때 (I의 소유 대명사) 나의 것: That is my brother's picture; let me show you *mine*. 그것은 나의 형의 그림이다, 내 것을 보여줄게 (📖 소유격 my는 명사 앞에 쓰며, mine 뒤에는 명사를 쓰지 않음)/ He is a friend of *mine*. 그는 나의 친구다

소유격	소유대명사
my 나의	mine 나의 것
our 우리의	ours 우리의 것
your 너의	yours 너의 것
his 그의	his 그의 것
her 그녀의	hers 그녀의 것
their 그들의	theirs 그들의 것

***mine**² [máin 마인] 명 (복수 **mines** [-z]) **1** 광산: a coal〔gold〕 *mine* 탄〔금〕광 **2** 지뢰(地雷)

min·er [máinər 마이너r] 명 (복수 **miners** [-z]) 광부

***min·er·al** [mínərəl 미너뤄얼] 명 (복수 **minerals** [-z]) **1** 광물 (📖 「동물」은 animal, 「식물」은 plant) **2** (영양소로서의) 광물질, 미네랄

—— 형 광물성의, 광물을 함유한: *mineral* water 광천수

【라틴어 「mine²(광산)」에서】

Mi·ner·va [minə́ːrvə 미너-r바] 【로마신화】 미네르바 (지혜·예술·공예의 여신; 그리스신화의 Athena에 해당)

min·gle [míŋgl 밍그을] 통 (현재분사 **mingling**) 타 …을 섞다(mix), 혼합하다

—— 자 섞이다 (with)

min·i [míni 미니] 명 **1** = miniskirt **2** (각종) 소형의 것

min·i·a·ture [míniət∫ər 미니어춰r] 명 **1** 모형, 축소형 **2** 세밀화

—— 형 소형의, 소규모의: a *miniature* camera 소형 카메라

***min·i·mum** [mínəməm 미너멈] 명 (복수 **minima** [-mə], **minimums** [-z]) 최소, 최저한도 (반) maximum 최대)

—— 형 최소의, 최소한의: at *minimum* cost 최소한의 경비로

min·ing [máiniŋ 마이닝] 명 채광(採鑛), 광업

min·i·skirt [mínəskəːrt 미니스커-r트] 명 미니스커트, 짧은 치마

***min·is·ter** [mínistər 미니스터r] 명 (복수 **ministers** [-z]) **1** (기독교의) 성직자, 목사 **2** (영국 등의) 장관, 대신 (📖 미국의 「장관」은 secretary): the Prime *Minister* 국무총리, 수상(premier)/ the *Minister* for Defense 국방 장관 **3** 공사(公使)

min·is·try [mínistri 미니스츄뤼] 명 (복수 **ministries** [-z]) **1** 목사의 직〔임기〕; 〔집합적으로〕 성직자

2 장관의 직〔임기〕
3 〔종종 **the Ministry**로〕 내각: The *Ministry* has resigned. 내각은 사직했다
4 〔**Ministry**로〕 (영국·일본 등의) 성(省) (《미》 Department): the *Ministry* of Education 문부성

mink [mínk 밍크] 명 【동물】 밍크 (모피)

mink

Min·ne·so·ta [mìnəsóutə 미너쏘우타 → 미너쏘우러] 명 미네소타 (미국 북부의 주(州); 약어는 Minn.)

*****mi·nor** [máinər 마이너r] 형 **1** 작은 쪽의 (반 major 큰 쪽의) **2** (비교적) 중요하지 않은 **3** 【음악】 단조(短調)의
── 명 **1** 【법】 미성년자 **2** 단조 (반 major 장조)

***mi·nor·i·ty** [minɔ́:rəti 미노-뤄티 → 미노-뤄리] 명 (복수 **minorities** [-z]) **1** (과반수에 대하여) 소수 (반 majority 다수) **2** 소수당(파); 소수 민족〔집단〕 **3** 【법】 미성년

mint[1] [mínt 민트] 명 【식물】 박하
mint[2] [mínt 민트] 명 조폐국(造幣局)

*****mi·nus** [máinəs 마이너쓰] 전 **1** …을 뺀 (반 plus …을 더한): 3 *minus* 1 is 2. 3 빼기 1은 2다

Three minus one is two.
3 − 1 = 2

2 영하 …로: The temperature will fall to *minus* 5. 기온이 영하 5도 이하로 내려갈 것이다
── 형 **1** 마이너스의
2 …보다 낮은: I got an A *minus* on the test. 시험에서 A 마이너스를 받았다
── 명 (복수 **minuses** [-iz]) 마이너스 기호 (−), 음의 수

*****min·ute**[1] [mínit 미닛] 명 (복수 **minutes** [-ts]) **1** (시간의) 분(分) (《 「시간」은 hour, 「초」는 second): We are five *minutes* late now. 우리는 지금 5분 늦었다 / It is five (*minutes*) to〔《미》 *before, of*〕 six. 6시 5분 전이다 / It is ten (*minutes*) past〔《미》 *after*〕 five. 5시 10분이다

> 참고 시간은 hour, 그 보다 작은 시간은 minute hour, 그 보다 더 작은 시간은 second minute hour라고 생각한 데서 minute(분)와 second(초)란 말이 생겼다.

2 순간, 잠깐: Wait a *minute*. 잠깐만 기다리세요
3 (각도의) 분 (1도의 60분의 1)

in a minute 곧, 즉시: I'll come *in a minute*. 곧 가겠습니다

the minute (that) …하자마자: I knew him *the minute (that)* I saw him. 나는 그를 보자마자 그인 줄 알았다

to the minute 정각에: The train arrived at seven p.m. *to the minute*. 열차는 오후 7시 정각에 도착했다

min·ute[2] [mainjú:t 마이뉴-트] 형 (비교급 **minuter**; 최상급 **minutest**) **1** 매우 작은, 미세한: a *minute* particle 미립자 (微粒子)
2 상세한, 자세한

minute hand [mínit hǽnd] 명 (시계의) 분침, 긴바늘 (《「시침」은 hour hand, 「초침」은 second hand)

mi·nute·ly [mainjú:tli 마이뉴-웃'을리] 부 **1** 미세하게 **2** 상세하게

mir·a·cle [mírəkl 미뤄크을] 명 (복수 **miracles** [-z]) **기적**, 놀라운 일: His success is a *miracle*. 그의 성공은 기적이다

mi·rac·u·lous [mirǽkjuləs 미뢔큘러쓰] 형 기적적인, 놀랄 만한

mir·ror [mírər 미뤄r] 명 (복수 **mirrors** [-z]) **거울**: *Mirror, mirror,* who is the fairest of us all? 거울아, 거울아, 이 세상에서 누가 제일 예쁘냐?

mis- 《접두사》 1「그릇된…, 나쁜…」의 뜻: *mis*lead 잘못 인도하다
2「불(不)…」의 뜻: *mis*trust 불신

mis·chief [místʃif 미쓰취으] 명 (복수 **mischiefs** [-s]) 1 (악의 없는) 장난; 장난꾸러기: eyes full of *mischief* 장난기가 잔뜩 어린 눈
2 손해, 피해(harm)

mis·chie·vous [místʃivəs 미쓰취V어쓰] 형 1 장난을 좋아하는, 장난기가 있는
2 해로운

mi·ser [máizər 마이Z어r] 명 구두쇠, 수전노, 욕심꾸러기

mis·er·a·ble [mízərəbl 미Z어뤄브을] 형 (비교급 **more miserable**; 최상급 **most miserable**) 1 불쌍한, 불행한, 비참한: a *miserable* life 비참한 생활
2 고약한, 형편없는; 구질구질한: *miserable* weather 구질구질한 날씨

mis·er·a·bly [mízərəbli 미Z어뤄브을리] 부 불쌍하게, 비참하게

mis·er·y [mízəri 미Z어뤼] 명 (복수 **miseries** [-z]) 1 괴로움, 고통 2 비참(함), 곤궁

mis·for·tune [misfɔ́ːrtʃən 미쓰FOー r천] 명 1 불운, 불행(반 fortune 행운) 2 불행한 일, 재난

mis·lead [mislíːd 미쓸리ーㄷ] 동 (3단현 **misleads** [-dz]; 과거·과거분사 **misled** [-léd]; 현재분사 **misleading**) 타 1 (사람을) 잘못 인도하다 2 오해하게 하다

mis·print [mísprint 미쓰프륀트] 명 미스프린트, 오식(誤植)

Miss [mís 미쓰] 명 (복수 **Misses** [-iz]) **…양**, 선생 (✏ mistress의 단축형): *Miss* Brown 브라운 양〔선생님〕

> 쓰임새 (1) 미혼 여성의 성 앞에 붙이는 경칭으로 연령에 관계없이 쓴다.
> (2) 요즈음에는 미혼·기혼을 구별하는 것을 피해 Ms.를 쓰는 경향이 있다.

miss [mís 미쓰] 동 (3단현 **misses** [-iz]; 과거·과거분사 **missed** [-t]; 현재분사 **missing**) 타 1 **…을 놓치다**; (목표를) 벗어나다: *miss* an opportunity〔a chance〕 기회를 놓치다 / *miss* the target 표적을 못 맞히다

2 (탈것을) **타지 못하다**(반 catch 잡아타다): I *missed* the train. 기차를 놓쳤다

3 …을 이해하지 못하다: I *missed* the point of his speech. 그의 연설의 요점을 이해할 수 없었다

4 (남을) 그리워하다: I'll *miss* you. 네가 보고 싶을 거야

5 …이 없음을 알다: When did you *miss* your bag? 가방이 없어진 것을 언제 알았습니까?

—— 명 (복수 **misses** [-iz]) 1 **실수**, 실패
2 빗나감

mis·sile [mísəl 미써얼] 명 (복수 **missiles** [-z]) 미사일: launch a *missile* 미사일을 발사하다

missile

miss·ing [mísiŋ 미씽] 형 없어진, 행방불명인: a *missing* umbrella 없어진 우산/ She is *missing*. 그녀는 행방불명이다

mis·sion [míʃən 미션] 명 (복수 **missions** [-z]) 1 (사절·군대의) 임무: He has fulfilled〔carried out〕his *mission*. 그는 임무를 완수했다
2 사절단: a cultural *mission* 문화 사절단
3 (인간으로서의) 사명, 천직
4 전도, 포교; 선교사단

mis·sion·a·ry [míʃənèri 미셔네뤼] 명 (복수 **missionaries** [-z]) 선교사, 전도사
―― 형 전도의

Mis·sis·sip·pi [mìsəsípi 미써씨피] 명 1 미시시피 《미국 중남부의 주(州); 약어는 Miss.》 2 〔the를 붙여〕미시시피 강

참고 미시시피 강
미시시피라는 이름은 아메리카인디언의 「위대한 강」이라는 말로, 미국 중부에서 멕시코 만(灣)으로 흐른다. 지류인 미주리 강까지 합치면 전체 길이 6,210km의 긴 강.

Mis·sou·ri [mizúri 미Z우뤼] 명 1 미주리 《미국 중부의 주(州); 약어는 Mo.》 2 〔the를 붙여〕미주리 강 《미시시피 강의 지류》

mis·spell [misspél 미쓰스페얼] 동 (3단현 **misspells** [-z]; 과거·과거분사 **misspelled** [-d], **misspelt** [-t]; 현재분사 **misspelling**) 타 …의 철자를 잘못 쓰다

mist [míst 미스트] 명 안개 《fog보다 엷고, haze보다 짙음》: The *mist* has cleared. 안개가 걷혔다

mis·take [mistéik 미쓰테익] 명 (복수 **mistakes** [-s]) 잘못, 틀림, 실수: make a *mistake* 실수하다
by mistake 잘못하여, 실수로: He took my pen *by mistake*. 그는 실수로 내 펜을 가지고 갔다
―― 동 (3단현 **mistakes** [-s]; 과거 **mistook** [-túk]; 과거분사 **mistaken** [-téikən]; 현재분사 **mistaking**) 타 1 …을 잘못 생각하다, 오해하다: I *mistook* his meaning. 나는 그의 의도를 오해했다
2 〔*mistook* A *for* B의 형태로〕A를 B로 착각하다: I *mistook* him *for* his brother. 나는 그를 그의 형〔동생〕으로 착각했다

mis·tak·en [mistéikən 미쓰테이컨] 동 mistake(오해하다)의 과거분사형
―― 형 1 잘못된, 틀린: a *mistaken* opinion 잘못된 의견
2 오해하고 있는: You are *mistaken* about it. 너는 그것에 대해 오해하고 있다

mis·ter [místər 미스터r] 명 1 …씨 《보통 Mr.로 줄여 쓴다》 2 《구어》〔모르는 남성을 부르는 말로〕여보세요, 이봐

mis·tle·toe [mísltòu 미쓰얼토우] 명 【식물】겨우살이 《가지는 크리스마스 장식으로 사용》

mis·took [mistúk 미쓰툭] 동 mistake (오해하다)의 과거형

mis·tress [místris 미쓰트뤼쓰] 명 1 여주인(반) master 남자 주인》 2 《영》여교사 《master(주인)의 여성형》

mis·trust [mìstrʌ́st 미쓰츄라스트] 타 …을 신용하지 않다, 의심하다
―― 명 불신, 의혹

mist·y [místi 미스티] 형 (비교급 **mistier**; 최상급 **mistiest**) **1** 안개가 자욱한 **2** 어렴풋한

※**mis·un·der·stand** [mìsʌndərstǽnd 미쓰언더r스땐드] 동 (3단현 **misunderstands** [-dz]; 과거·과거분사 **misunderstood** [-stúd]; 현재분사 **misunderstanding**) 타 …을 오해하다, 잘못 생각하다: She *misunderstood* my meaning. 그녀는 나의 뜻을 오해했다

mis·un·der·stand·ing [mìsʌndərstǽndiŋ 미쓰언더r스땐딩] 명 오해; 의견의 차이

mis·un·der·stood [mìsʌndərstúd 미쓰언더r스투드] 동 misunderstand(오해하다)의 과거·과거분사형

mis·use [mìsjúːz 미쓰유-ز] 동 (현재분사 **misusing**) 타 …을 오용하다
——[mìsjúːs 미쓰유-쓰] 명 오용(誤用)

mit·i·gate [mítəgèit 미터게잇 → 미러게잇] 동 (3단현 **mitigates** [-ts]) 타 (고통 등을) 완화하다, 누그러뜨리다

mitt [mít 밋] 명 (복수 **mitts** [-ts]) **1** (야구의) 미트 《포수·1루수용》 **2** [보통 복수형으로] (여성용의) 손가락 부분이 없는 긴 장갑

mitt 1   mitt 2

mit·ten [mítn 미튼 → 밋'은] 명 (복수 **mittens** [-z]) [보통 복수형으로] 벙어리장갑

※**mix** [míks 믹쓰] 동 (3단현 **mixes** [-iz]; 과거·과거분사 **mixed** [-t]; 현재분사 **mixing**) 타 …을 섞다, 혼합하다: Mother *mixed* flour and water. 어머니는 밀가루와 물을 섞으셨다
——자 **1** 섞이다 **2** 사귀다, 교제하다

mixed [míkst 믹스트] 형 혼합한: a *mixed* chorus 혼성(混聲) 합창

mix·er [míksər 믹써r] 명 **1** 혼합하는 사람 **2** 혼합기(機), (콘크리트 등의) 믹서

참고 영어에서 mixer는 혼합기를 말하며, 주스 등을 만드는「믹서」는 《미》에서는 blender, 《영》에서는 liquidizer라 한다.

mixer   blender

mix·ture [míkstʃər 믹스춰r] 명 혼합(물)

moan [móun 모운] 자 **1** 신음하다, 끙끙대다 **2** 불평을 하다
——명 **1** (고통·슬픔의) 신음 (소리); (바람·파도 등의) 울부짖는 소리 **2** 불평, 불만

moat [móut 모웃] 명 (성의) 해자(垓字)

mob [máb 마브] 명 **1** [집합적으로] 폭도; (무질서한) 군중 **2** [**the**를 붙여] 민중, 대중

mo·bile [móubəl 모우버얼] 명 **1** [미술] 움직이는 조각, 모빌 **2** 이동 전화
——형 (물건이) 이동할 수 있는; (사람이) 움직여 다닐 수 있는

mobile 1

mobile phone [móubəl fóun] 명 《영》 휴대 전화, 핸드폰 (≒ 《미》 cellular phone)

mock [mák 막] 타 자 **1** …을 조롱하다, 비웃다 **2** …을 흉내내다
——형 가짜의, 거짓의: a *mock* trial 모의 재판

mode [móud 모우드] 명 (복수 **modes** [-dz]) **1** 방법, 양식(manner): a *mode* of

living 생활 양식

2 〔**the**를 붙여〕유행: She follows *the* latest *mode*. 그녀는 최신 유행을 좇는다
in mode 한창 유행 중인
out of mode 유행이 지난

※mod·el [mádl 마드얼 → 마르얼] 명 (복수 **models** [-z]) **1** 모형, 모델: a *model* of a spaceship 우주선의 모형

2 (자동차 등의) 형(型): This car is the latest *model*. 이 차는 최신형이다

3 모범, 귀감: a *model* of written style 문체의 모범

4 (화가·사진 등의) 모델

── 형 **1** 모형의: a *model* plane 모형 비행기 / a *model* house 모델 하우스, 견본 주택

2 모범의, 전형적인: a *model* wife 이상적인 아내

※mod·er·ate [mádərət 마더럿 → 마러 럿] 형 (비교급 **more moderate**; 최상급 **most moderate**) **1** 적당한, 알맞은: *moderate* exercise 적당한 운동 / The prices were *moderate*. 값은 적당했다

2 보통의, 중간 정도의: a *moderate* income 보통의 수입

3 (사람·행동이) 온건한(반 extreme 극단의)

【라틴어 「양식(mode)에 맞추다」에서】

mod·er·ate·ly [mádərətli 마더럿틀리 → 마러럿'올리] 부 적당히, 알맞게

※mod·ern [mádərn 마더r언 → 마러r언] 형 **1** 현대의, 근대의(반 ancient 고대의): *modern* poetry 현대시

2 현대적인, 최신식의: *modern* buildings 현대적인 건물

modern   ancient

※mod·est [mádist 마디스트 → 마리스트] 형 **1** 겸손한, 겸허한: He was *modest* about his success. 그는 자기의 성공에 대하여 겸손하였다

2 (주로 여성이) 정숙한, 얌전한

3 적당한, 온건한: *modest* weather 온화한 날씨

mod·est·ly [mádistli 마디스틀리 → 마리스틀리] 부 겸손하게; 얌전하게

mod·est·y [mádisti 마디스티 → 마리스티] 명 **1** 겸손; 정숙함 **2** 적당함

mod·i·fi·ca·tion [màdəfikéiʃən 마더 F이케이션 → 마러F이케이션] 명 **1** (부분적) 변경, 수정 **2** 【문법】 수식, 한정

mod·i·fi·er [mádəfàiər 마더F아이어r → 마러F아이어r] 명 【문법】 수식어구 (형용사·부사 등)

mod·i·fy [mádəfài 마더F아이 → 마러F아이] 동 (3단현 **modifies** [-z]; 과거·과거분사 **modified** [-d]; 현재분사 **modifying**) 타 **1** (…을 일부) 변경하다, 수정하다: *modify* a contract 계약을 일부 변경하다

2 (단어·구를) 수식하다: Adjectives *modify* nouns. 형용사는 명사를 수식한다

Mo·ham·med [məhǽmid 머해미드] 명 모하메드 (570?-632; 이슬람교의 시조; Muhammad, Mahomet라고도 함)

※moist [mɔ́ist 모이스트] 형 축축한, 습기 있는(wet): The grass was *moist* in the morning. 아침에 풀은 젖어 있었다

moist·en [mɔ́isn 모이슨] 〔**t**는 묵음〕 타 자 적시다; 젖다

mois·ture [mɔ́istʃər 모이스쳐r] 명 습기, 수분

mold, 《영》 **mould** [móuld 모울드] 명 (복수 **molds** [-dz]) 틀, 주형(鑄型), 거푸집

── 동 (3단현 **molds** [-dz]; 과거·과거분사 **molded** [-id]; 현재분사 **molding**) 타 거푸집(틀)에 넣어 만들다, 본뜨다

mole [móul 모우을] 명 【동물】 두더지

mol·e·cule [máləkjùːl 말러큐-을] 명 【화학】분자

*__mom__ [mám 맘] 명 《미구어》 **엄마**(반 dad 아빠) (📖 《영》 mum): I'm hungry, *Mom*. 엄마, 배고파요

*__mo·ment__ [móumənt 모우먼트] 명 (복수 **moments** [-ts]) **1** 순간, **잠깐**: Wait a *moment*, please. 잠깐만 기다려 주십시 오/ He looked at me for a *moment*. 그는 잠시 나를 바라보았다
2 (어느) **때**, 시기, 경우: in the *moment* of crisis 위기의 순간에
3 중요성(importance): That is a matter of great *moment*. 그것은 매우 중요한 문제다

at any moment 언제라도, 당장에라도: Accidents may occur *at any moment*. 사고는 어느 때라도 일어날 수 있다

at the moment **현재**, 지금 당장: I am busy *at the moment*. 지금 바쁘다

for the moment **당분간**: I have nothing to do *for the moment*. 나는 당분간은 할 일이 없다

in a moment 곧, 즉시(soon): He will come *in a moment*. 그는 곧 올 것이다

the moment (that) …**하자마자**(as soon as): *The moment* she saw me, she ran away. 그녀는 나를 보자마자 도망쳤다

this moment 지금 곧: Start *this moment*. 지금 출발하시오

mo·men·ta·ry [móumənteri 모우멘테뤼] 형 순간의, 순간적인: a *momentary* impulse 순간적인 충동

*__mom·my__ [mámi 마미] 명 《미 어린이 말》 **엄마**(반 daddy 아빠) (📖 《영》 mummy)

Mon. 《약어》 *Mon*day 월요일

mon·arch [mánərk 마너r크] 명 군주: an absolute *monarch* 전제 군주

mon·arch·y [mánərki 마너r키] 명 (복수 **monarchies** [-z]) **1** 군주 정치 **2** 군주국

*__Mon·day__ [mándei 먼데이] 명 (복수 **Mondays** [-z]) 월요일 (📖 약어는 Mon.): next (last) *Monday* 다음 (지난) 월요일에/ See you *on Monday*. 월요일에 보자
【「달(moon)에게 바치는 날(day)」에서】

mon·e·ta·ry [mánətèri 마너테리] 형 **1** 화폐의, 통화의: *monetary* reform 화폐 개혁
2 금융의, 재정(상)의

*__mon·ey__ [máni 머니] 명 **돈**, **화폐**, 통화: hard *money* 경화(硬貨)/ paper *money* 지폐/ small *money* 잔돈/ I have lots of *money*. 나는 많은 돈을 가지고 있다/ Will you lend me some *money*? 돈 좀 빌려주시겠습니까?/ Time is *money*. 《속담》 시간은 돈이다

> 쓰임새 (1) money는 셀 수 없는 명사이므로 수식할 때에는 many를 쓰지 않고 much나 a lot of를 쓴다. 그러나 화폐의 종류를 나타내는 coin, bill은 many coins처럼 쓸 수가 있다.
> (2) 화폐의 단위인 dollar, cent, pound 등이 복수가 되면 -s가 붙지만, 우리나라의 won은 단수·복수 동형이어서 복수라도 -s가 붙지 않는다.

make money 돈을 벌다: He *made* a lot of *money* out of foreign trade. 그는 해외 무역으로 돈을 많이 벌었다

mon·ey·lend·er [mánilèndər 머닐렌더r] 명 대금업자

Mon·go·li·a [maŋgóuliə 멍고울리아] 명 몽골 (수도는 울란바토르(Ulan Bator))

Mon·go·li·an [maŋgóuliən 멍고울리언] 명 **1** 몽골인 **2** 〔무관사로〕몽골어
——형 몽골(인·어)의

mon·i·tor [mánətər 마너터r → 마너터r] 명 (복수 **monitors** [-z]) **1** (학급의) 반장, 학급 위원 **2** 〔TV〕 모니터 (방송 내용 등을 감시, 보고하는 사람 또는 텔레비전 등의 송신 상태 감시용 화면)

monk [mʌ́ŋk 멍크] 몝 수도사(반 nun 수녀)

*mon·key [mʌ́ŋki 멍키] 몝 (복수 **mon-keys** [-z]) 【동물】 (꼬리 있는) **원숭이** (고릴라, 침팬지처럼 꼬리 없는 원숭이는 ape라 한다)

monkeys

mon·o- 《접두사》「단일의」의 뜻

mon·o·log, 《영》 **mon·o·logue** [mɑ́nəlɔ̀ɡ 마너러-그] 몝 **1** 1인극 **2** (극의) 독백(혼자서 하는 대사)

mo·nop·o·ly [mənɑ́pəli 머나펄리] 몝 (복수 **monopolies** [-z]) **1** (상품·사업 등의) 전매, 독점 **2** 전매권, 독점권 **3** 독점 기업, 전매 회사

mon·o·rail [mɑ́nərèil 마너뤠일] 몝 모노레일, 단궤(單軌) 철도

monorail

mon·o·tone [mɑ́nətòun 마너토운] 몝 (색조·문체의) 단조로움

mo·not·o·nous [mənɑ́tənəs 머나터너쓰] 몝 단조로운; 지루한: a *monotonous* voice 단조로운 목소리

mo·not·o·ny [mənɑ́təni 머나터니] 몝 단조로움; 지루함

mon·ster [mɑ́nstər 만스터r] 몝 (복수 **monsters** [-z]) 괴물, 도깨비; (괴물같이) 거대한 것

mon·tage [mɑntɑ́ːʒ 만타-쥐] 몝 몽타주, 합성 사진

Mon·tan·a [mɑntǽnə 만태나] 몝 몬태나 《미국 북서부의 주(州); 약어는 Mont.》

***month [mʌ́nθ 먼θ으] 몝 (복수 **months** [-s]) (달력상의) **달, 월** (「날」은 day, 「년」은 year): this(last, next) *month* 이(전, 내)달/ the *month* after next 내훗달/ the *month* before last 전전달/ What day of the *month* is it today? 오늘은 몇 월 며칠입니까?

참고	달의 명칭	
	달(month)	약어
1월	January	Jan.
2월	February	Feb.
3월	March	Mar.
4월	April	Apr.
5월	May	약어 없음
6월	June	Jun.
7월	July	Jul.
8월	August	Aug.
9월	September	Sep., Sept.
10월	October	Oct.
11월	November	Nov.
12월	December	Dec.

【고대 영어 「달(moon)」에서】

month·ly [mʌ́nθli 먼θ을리] 몝 매달의, 한 달에 한 번의: a *monthly* magazine 월간 잡지

── 몝 한 달에 한 번, 매달

── 몝 (복수 **monthlies** [-z]) 월간지 (「주간지」는 weekly)

mon·u·ment [mάnjumənt 마뉴먼트] 몡 (복수 **monuments** [-ts]) **1** 기념비 **2** (역사적) 기념물, 유적

mon·u·men·tal [mὰnjuméntl 마뉴멘트얼] 톙 **1** 기념비의; 기념이 되는 **2** 불후[불멸]의 **3** 대단히 큰

monument 1

mood[1] [múːd 무-드] 몡 (복수 **moods** [-dz]) (일시적인) **기분**, 심정: I'm not in the *mood* for joking. 나는 농담할 기분이 아니야

mood[2] [múːd 무-드] 몡【문법】(동사의) 법(法): the imperative *mood* 명령법

moon [múːn 무-은] 몡 (복수 **moons** [-z]) **1** 〔보통 the를 붙여〕 (천체의) **달**: a new *moon* 초승달 / a half *moon* 반달 / a full *moon* 보름달 / They landed on *the moon*. 그들은 달에 착륙했다

crescent   half moon   full moon

쓰임새 moon은 하나밖에 없는 천체이므로 the sun처럼 the를 붙이지만, new, half, full처럼 형용사가 붙어 달의 모양을 나타내면 a를 붙인다.

2 (행성의) 위성(satellite)

once in a blue moon 《구어》 아주 드물게, 가끔

moon·light [múːnlàit 무-은라잇] 몡 달빛
──톙 달빛의, 달밤의

moon·lit [múːnlìt 무-은릿] 톙 달빛에 비친, 달빛을 받은

moor [múər 무어r] 몡 (복수 **moors** [-z])《영》 황무지, 황야

mop [máp 맙] 몡 (복수 **mops** [-s]) (자루가 긴) 걸레

mop

mor·al [mɔ́ːrəl 모-뤄얼] 톙 **1** 도덕(상)의, 윤리적인: *moral* character 품성
2 도덕적인, 교훈적인: a *moral* lesson 교훈
3 품행이 단정한, 정숙한: lead a *moral* life 정숙한 생활을 하다
──몡 (복수 **morals** [-z]) **1** 교훈, 격언 **2** (복수형으로) 품행; 도덕

mo·ral·i·ty [mɔːrǽləti 모뢜러티 → 모뢜러리] 몡 (복수 **moralities** [-z]) **1** 도덕, 도의 **2** (개인의) 덕행, 품행

mor·al·ly [mɔ́ːrəli 모-뤌리] 뷔 도덕상, 도덕적으로

mo·ra·to·ri·um [mɔ̀ːrətɔ́ːriəm 모-뤄토-뤼엄] 몡 지불 정지[유예]

more [mɔ́ːr 모-r] 톙 (many, much의 비교급; 최상급은 **most**) **1** 〔many의 비교급으로〕 (수가) **더 많은**(땐 fewer 더 적은): She has *more* books *than* I (have). 그녀는 나보다 책을 많이 가지고 있다
2 〔much의 비교급으로〕 (양이) **더 많은** (땐 less 더 적은): She has *more* money *than* I (have). 그녀는 나보다 돈을 더 많이 가지고 있다
3 〔more 앞에 수사나 정도를 나타내는 말이 와서〕: two *more* days 이틀 더 / Will you have some *more* tea? 차를 좀 더 드시겠습니까?
──떼 **더 많은 수〔양〕**: I want *more* of the steak. 나는 스테이크를 더 원한다 / I want to know *more* about France. 나는 프랑스에 대해 좀더 알고 싶다
──뷔 《much의 비교급; 최상급은 **most**》 **1 더 많이**: You must study *more*. 너는 더 공부해야 한다
2 〔주로 2음절 이상의 형용사·부사 앞에 놓여서 비교급을 만들어〕 더욱: This

book is *more* interesting than that one. 이 책은 저 책보다 더 재미있다/ Read *more* slowly. 좀더 천천히 읽으세요

3 〔**more** A **than** B의 형태로〕 B보다는 오히려 A: It is *more* flattery *than* praise. 그것은 칭찬이라기보다는 아부다

all the more 더욱, 더한층: I like her *all the more* because she is childish. 그녀는 어린애 같은 데가 있어서 나는 그녀가 더욱 좋다

more and more 점점 더, 더욱더: The story became *more and more* interesting. 그 이야기는 점점 재미를 더해갔다

more or less (1) 다소, 얼마간: He is *more or less* lazy. 그는 좀 게으르다

(2) 대체로, 대략: *more or less* the same opinion 대체로 같은 의견

more than ... …이상의: I waited for him *more than* two hours. 나는 그를 2시간 이상 기다렸다

no more = *not ... any more* 이제는 〔더 이상〕 …않다: He will come *no more*. (= He will *not* come *any more*.) 그는 두 번 다시 오지 않을 것이다/ I can't eat *any more*. 나는 이제 더 이상은 못 먹겠다

no more A *than* B = *not* A *any more than* B A아닌 것은 B아닌 것과 같다: A whale is *no more* a fish *than* a horse is. 고래가 물고기가 아닌 것은 말이 물고기가 아닌 것과 같다

no more than 다만, 겨우(only): She is *no more than* fifteen. 그녀는 겨우 15세에 지나지 않는다

not more A *than* B B만큼 A하지 않다: She is *not more* cheerful *than* her sister. 그녀는 언니〔동생〕만큼 쾌활하지 못하다

not more than …보다 많지 않다, 많아야 …(at most): There are *not more than* five boys in the room. 그 방에 있는 소년들은 많아야 5명이다

once more 한번 더 ⇒ once 숙어

the more A *the more* B A하면 할수록 더욱 더 B하다: *The more* I know her, *the more* I like her. 그녀를 알면 알수록 나는 더욱 더 그녀가 좋아진다

more·o·ver [mɔːróuvər 모-로우V어r] 튄 게다가, 더욱이

***morn·ing** [mɔ́ːrniŋ 모-r닝] 명 (복수 **mornings** [-z]) 아침, 오전 (보통 동틀 무렵부터 정오까지): from *morning* till〔to〕 evening 〔night〕 아침부터 밤까지/ this 〔yesterday〕 *morning* 오늘〔어제〕 아침/ I get up early in the *morning*. 나는 아침에 일찍 일어난다/ They go to church on Sunday *mornings*. 그들은 일요일 아침에 교회에 간다

쓰임새 (1) 일반적으로 「아침에」라고 말할 때에는 전치사는 in을, 요일이나 특정한 날의 경우 전치사는 on을 사용한다.
(2) morning 앞에 every, this, tomorrow, yesterday 등이 오면 전치사를 붙이지 않는다.

Good morning! 안녕하세요! (아침 인사)

morning glory [mɔ́ːrniŋ glɔ́ːri] 명 【식물】 나팔꽃

morning star [mɔ́ːrniŋ stáːr] 명 〔the를 붙여〕 샛별 (금성)

morning glory

mor·tal [mɔ́ːrtl 모-r트을 → 모-r를을] 형 1 죽을 운명의(반 immortal 불멸의): Man is *mortal*. 사람은 죽게 마련이다

2 치명적인(fatal): a *mortal* wound 치명상

mort·gage [mɔ́ːrɡidʒ 모-r기쥐] 〖 t는 묵음〗 명 저당, 담보

mo·sa·ic [mouzéiik 모우Z에이익] 명 모자이크 그림 (세공)

Mos·cow [máskou 마스코우] 몡 모스크바 **(**러시아의 수도**)**

Mo·ses [móuzis 모우Z이ㅆ] 몡 모세 **(**고대 이스라엘 민족의 지도자·입법자**)**

Mos·lem [mázləm 마Z을럼] 몡 이슬람교도, 회교도

***mos·qui·to** [məskí:tou 머스키-토우 → 머스키-로우] 몡 (복수 **mosquitoes, mosquitos** [-z]) 【곤충】 모기

moss [mɔ́:s 마-ㅆ] 몡 【식물】 이끼: A *rolling* stone gathers no moss. 《속담》 구르는 돌에는 이끼가 끼지 않는다

****most** [móust 모우스트] 혱 **(**many, much의 최상급; 비교급은 **more) 1** 〔many의 최상급으로〕(수가) **가장 많은** (몓 fewest 가장 적은): He has (the) *most* books in our class. 그는 우리 반에서 가장 많은 책을 가지고 있다

2 〔much의 최상급으로〕(양이) **가장 많은**(몓 least 가장 적은): Who spent (the) *most* money? 누가 가장 많은 돈을 썼습니까?

3 〔보통 무관사로〕 **대개의**, 대부분의: *Most* people like apples. 대부분의 사람들은 사과를 좋아한다

── 때 **1** 〔보통 **the**를 붙여〕 최대량 〔수〕; 최대 한도: This is *the most* (that) I can do. 이것이 내가 할 수 있는 최대 한도이다

2 〔보통 무관사로〕 **대부분**, 대다수: *Most* of the people know it. 그 사람들 대부분은 그것을 알고 있다/ *Most* of his writing is rubbish. 그의 작품 대부분은 쓰레기다

> 쓰임새 (1) most of ...가 주어인 경우 동사의 수는 most of ...뒤의 명사의 수에 일치한다.
> (2) most of ... 다음에는 the나 (대)명사의 소유격이 와서 특정한 사물이나 사람을 나타낸다.

at (the) most 기껏해야, 많아야: He is twenty *at most*. 그는 많아야 20살이다

make the most of ...을 최대한 이용하다: *Make the most of* your time. 시간을 최대한 이용해라

── 뷔 **(**much의 최상급**) 1 가장, 제일**: He worked (the) *most*. 그는 제일 많이 일했다/ I like him *most*. 나는 그가 제일 좋다

2 〔주로 2음절 이상의 형용사·부사 앞에 놓여 최상급을 만들어〕 **가장…** (부사 앞에 놓인 경우에는 the를 붙이지 않는다): This is the *most* interesting book that I have read. 이 책은 내가 읽은 책 중에서 가장 재미있다/ She sang *most* beautifully. 그녀가 가장 노래를 잘한다

3 매우, 대단히(very): He is a *most* wise man. 그는 매우 현명한 사람이다

most of all 무엇보다도: I want time *most of all*. 나는 무엇보다도 시간이 필요하다

most·ly [móustli 모우스틀리] 뷔 대개, 주로: We are *mostly* out on Sunday. 우리는 일요일에는 대개 외출한다

mo·tel [moutél 모우테ㄹ] 몡 《미》 모텔 **(**자동차 여행자의 숙박소**)**

motel

【*motor*(자동차)+ho*tel*(호텔)에서】

moth [mɔ́:θ 마-ㅇ] 몡 (복수 **moths** [mɔ́:ðz]) 【곤충】 나방

****moth·er** [mʌ́ðər 마더r] 몡 (복수 **mothers** [-z]) **1 어머니**, 모친(몓 father 아버지): That woman is Mary's *mother*. 저 부인은 메리의 어머니다/ *Mother* is out now. 어머니는 외출 중이시다

쓰임새 (1) 가족간에는 고유 명사처럼 대문자로 시작하여 쓰고 a, the, my, our를 붙이지 않는다.
(2) 어린아이는 흔히 Mom, Mommy 라 한다.

2 〔비유적으로〕 본원, 근원: Necessity is the *mother* of invention. 《속담》 필요는 발명의 어머니
3 〔종종 **Mother**로〕 수녀원장
── 형 **1** 어머니의: *mother* love 모성애
2 모국의, 타고난: the *mother* tongue 모국어 / the *mother* country 모국

moth·er-in-law [mʌ́ðər-in-lɔ̀ː 마더r인라-] 명 (복수 **mothers-in-law** [-z-]) 장모, 시어머니

moth·er·ly [mʌ́ðərli 마더r얼리] 형 **1** 어머니의 **2** 어머니다운

Mother's Day [mʌ́ðərz dèi 마더r즈 데이] 명 《미·캐나다》 어머니날 (5월의 둘째 일요일)

*****mo·tion** [móuʃən 모우션] 명 (복수 **motions** [-z]) **1** 운동, 움직임: the laws of *motion* 운동의 법칙
2 동작, 몸짓, 손짓: in slow *motion* 느린 동작으로 / She made a *motion* to me to approach her. 그녀는 나더러 가까이 오라고 손짓했다
3 (의회 등의) 동의(動議)
── 타 자 몸짓으로 지시〔신호〕하다

mo·tion·less [móuʃənlis 모우션리쓰] 형 움직이지 않는, 부동의

motion picture [móuʃən píktʃər] 명 《미》 영화 (movie)

mo·tive [móutiv 모우티v ㄱ → 모우리v ㄱ] 명 **1** 동기: a *motive* of the crime 범죄의 동기
2 (예술 작품의) 주제, 모티브

*****mo·tor** [móutər 모우터r → 모우러r] 명 (복수 **motors** [-z]) **1** 모터, 원동기 **2** 《영》 자동차 (지금은 보통 car를 쓴다)
── 형 **1** 모터의〔로 움직이는〕: *motor* oil 모터 오일
2 자동차의: a *motor* race 자동차 레이스

mo·tor·boat [móutərbòut 모우터r보웃 → 모우러r보웃] 명 모터보트

motorboat

mo·tor·car [móutərkɑ̀ːr 모우터r카-r → 모우러r카-r] 명 《주로 영》 자동차 (《미》 automobile)

mo·tor·cy·cle [móutərsàikl 모우터r싸이크얼 → 모우러r싸이크얼] 명 오토바이 (간단히 cycle이라고도 하지만, 「오토바이」라고는 하지 않는다)

motorcycle

mo·tor·ist [móutərist 모우터뤼스트 → 모우러뤼스트] 명 자동차 운전〔여행〕자

mo·tor·man [móutərmən 모우터r먼 → 모우러r먼] 명 (복수 **motormen** [-mən]) 전차〔전기 기관차〕 운전사

mo·tor·way [móutərwèi 모우터r웨이 → 모우러r웨이] 명 《영》 고속 도로 (《미》 expressway)

mot·to [mátou 마토우 → 마로우] 명 (복수 **mottoes, mottos** [-z]) **1** 모토, 표어, 좌우명 **2** 금언, 격언

mould [móuld 모울드] 동 《영》 = mold

mound [máund 마운드] 명 **1** 흙무더기; 제방, 방죽 **2** 작은 언덕 **3** 【야구】 (투수의) 마운드

***mount** [máunt 마운트] 동 (3단현 **mounts** [-ts]; 과거·과거분사 **mounted** [-id]; 현재분사 **mounting**) 타 **1** …에 오르다(climb): We *mounted* the hill. 우리는 언덕에 올랐다
2 (말·자전거 등에) 타다
── 명 (**Mount** …로) …산 (보통 Mt.로 약하여 산 이름 앞에 붙인다): *Mount* Everest (= *Mt.* Everest) 에베레스트 산

*****moun·tain** [máuntn 마운튼] 명 (복수 **mountains** [-z]) **1** 산 (보통 Mt.로 약하여 산 이름 앞에 붙인다): We climbed the *mountain* last summer. 우리는 작년 여름에 그 산에 올랐다

mountain　　hill　　mound

2 〔the … Mountains로〕 …산맥: the Rocky *Mountains* 로키 산맥

mountain climbing [máuntn kláimiŋ] 명 등산

> 참고 등산
>
> **mountain climbing**은 로프와 헬멧 등 암벽 장비를 갖추고 오르는 등산을 말하고, 특별한 장비를 갖추지 않고 도보로 가볍게 산에 오르는 것은 **hiking**이라고 한다.

moun·tain·eer [màuntníər 마운트니어r] 명 등산가
moun·tain·eer·ing [màuntníəriŋ 마운트니어링] 명 등산
moun·tain·ous [máuntənəs 마운터너쓰] 형 **1** 산이 많은, 산지의: *mountainous* districts 산악 지대
2 산더미 같은, 거대한: *mountainous* waves 거대한 파도

moun·tain·side [máuntnsàid 마운튼싸이드] 명 산허리, 산중턱
mourn [mɔ́ːrn 모-r언] 타 자 슬퍼하다, 한탄하다; 애도하다
mourn·ful [mɔ́ːrnfəl 모-r언F어얼] 형 슬픔에 잠긴; 애도하는
***mouse** [máus 마우쓰] 명 (복수 **mice** [máis]) **1** 생쥐 **2** 【컴퓨터】 마우스 (화면상에서 커서(cursor)를 이동시킬 때 사용하는 장치)
mous·tache [mʌ́stætʃ 머스태쉬] 명 《영》= mustache
***mouth** [máuθ 마우θ으] 명 (복수 **mouths** [máuðz]) **1** 입: Open your *mouth*. 입을 벌리세요 / Shut your *mouth*. 입 다물어라, 말하지 마라

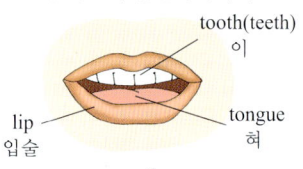

mouth

2 (강 등의) 어귀; (병·구멍 등의) 입구: the *mouth* of a cave 동굴의 입구
from mouth to mouth (소문 등이) 입에서 입으로
mouth·ful [máuθfùl 마우θ으F우을] 명 한 입 가득, 한 입(의 양)
mouth organ [máuθ ɔ̀ːrgən] 명 하모니카(harmonica)
mouth·piece [máuθpìːs 마우θ으피-쓰] 명 **1** (악기의) 입에 대는 부분 **2** (수도의) 꼭지 **3** (전화기의) 송화구 **4** (권투 선수의) 마우스피스
mov·a·ble [múːvəbl 무-V어브얼] 형 움직일 수 있는: *movable* desks 움직일 수 있는 의자들
*****move** [múːv 무-v으] 동 (3단현 **moves** [-z]; 과거·과거분사 **moved** [-d]; 현재분사 **moving**) 타 …을 움직이다, 이동시키다: She *moved* her chair nearer *to* the fire. 그녀는 의

자를 불 가까이 당겼다/ Don't *move* your hand. 손을 움직이지 마라
2 …을 감동시키다: She was *moved to* tears. 그녀는 감동해서 눈물을 흘렸다
3 (동의(動議)를) 제출하다
── 자 **1** 움직이다, 이동하다: The train was *moving* slowly. 기차가 서서히 움직이고 있었다
2 이사하다: We *moved* to(*into*) a new house. 우리는 새 집으로 이사했다
***move about*(*around*)** 돌아다니다; …의 주위를 돌다: The earth *moves around* the sun. 지구는 태양의 주위를 돈다
move away 물러가다, 떠나다
move on 계속 나아가다
move over 자리를 좁히다; 옆으로 비키다: Would you *move over* a little, please? 자리 좀 좁혀 주겠습니까?

── 명 (복수 **moves** [-z]) **1** 움직임, 행동, 동작 **2** 이동, 이사

move·ment [mú:vmənt 무-V으먼트] 명 (복수 **movements** [-ts]) **1** 움직임, 동작; 이동 **2** 몸짓, 모습; 행동 **3** (정치·사회적) 운동 **4** (시계 등의) 기계 장치

mov·ie [mú:vi 무-V이] 명 (복수 **movies** [-z]) **1** 《미구어》 영화: a *movie* theater 영화관/ Let's go to the *movies*. 영화 보러 가자/ I saw that *movie*. 나는 그 영화를 보았다
2 《미구어》 영화관 (《영》 cinema)

mov·ing [mú:viŋ 무-V잉] 형 **1** 움직이는: a *moving* object 움직이는 것
2 감동적인: a *moving* story 감동적인 이야기

moving picture [mú:viŋ píktʃər] 명 《영》 영화(movie)

mow [móu 모우] 동 (3단현 **mows** [-z]; 과거 **mowed** [-d]; 과거분사 **mowed, mown** [móun]; 현재분사 **mowing**) 타 (풀·잔디 등을) 깎다, 베다: *mow* the grass 풀을 베다

mow·er [móuər 모우어r] 명 **1** 풀(잔디) 베는 사람 **2** 잔디 깎는 기계

mown [móun 모운] 동 mow(깎다)의 과거분사형의 하나

Mo·zart [móutsɑ:rt 모우차-r트] 명 모차르트 Wolfgang Amadeus ~ (1756-91) (오스트리아의 작곡가)

M.P. [émpí: 엠피-] 명 (복수 **M.P.s** [-z])
1 = *Member of Parliament* 《영》 하원의원 **2** = *Military Police* 헌병

mph, m.p.h. 《약어》 *miles per hour* 시속 …마일

Mr., 《영》 **Mr** [místər 미스터r] 명
1 …씨, …님, …선생 (Mister의 약어): *Mr.* Smith 스미스 씨(선생님)
2 [관직명 앞에 붙여 호칭으로 사용]: *Mr.* Chairman 의장님/ *Mr.* President 대통령 각하; 사장(총장)님

> 쓰임새 (1) Mr.는 남자의 성 또는 성명 앞에 붙인다.
> (2) 《미》에서는 Mr.로 피리어드를 찍지만, 《영》에서는 피리어드를 찍지 않는다.
> (3) 부부일 경우에는 Mr. and Mrs. Johns(존스 부부)라고 한다.
> (4) 《미》에서 Mr.는 대단히 격식을 갖춘 표현이므로 학교에서 남자 선생님을 부를 때도 Mr.를 사용한다.
> (5) 일반적으로 Mr.는 딱딱한 느낌을 주기 때문에 이름을 부른다.

Mrs., 《영》 **Mrs** [mísiz 미씨z으] 명
1 …부인, …여사, …씨 부인 (Mistress의 약어): *Mrs.*

White 화이트 부인〔선생님〕

〖쓰임새〗 Mrs.는 기혼 여성의 성 또는 성명 앞에 붙이며, 《영》에서는 보통 피리어드를 찍지 않는다.

Ms., 《영》 **Ms** [míz 미즈] 명 《씨, …님: *Ms.* William 윌리엄 여사〔선생님〕

〖쓰임새〗 Ms.는 여성의 성 또는 성명 앞에 붙이며, 여성이 미혼(Miss)인지 기혼(Mrs.)인지 모를 때나 구별하고 싶지 않을 때에 흔히 쓴다.

【Miss와 Mrs.의 혼성】

Mt. [máunt 마운트] 명 …산 (*Mount*의 약어로 산 이름 앞에 붙인다): *Mt.* Everest 에베레스트 산

much [mʌ́tʃ 마 취] 형 (비교급 **more** [mɔ́ːr]; 최상급 **most** [móust]) (양이) **많은**, 다량의(반 little 소량의): *much* water 많은 물/ I don't drink *much* wine. 나는 포도주를 많이 마시지 않는다/ Do you take *much* sugar in your coffee? 커피에 설탕을 많이 넣으십니까?/ You spend too *much* money. 너는 돈을 너무 많이 쓴다

〖쓰임새〗 much는 「양의 많음」을 나타내는 말로서 「수의 많음」을 나타낼 때는 **many**를 쓴다.

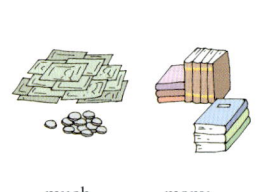

much   many

── 대 〔단수 취급〕 **많음**, 다량(반 little 소량): I have *much* to say about it. 그것에 관해서는 할 말이 많다/ I don't see *much* of him. 나는 그를 별로 만나지 않는다

── 부 (비교급 **more**; 최상급 **most**) 1 **매우**, 대단히, 크게: Thank you very *much*. 매우 감사합니다/ She talks too *much*. 그녀는 너무 말이 많다/ I don't like jazz *much*. 나는 재즈를 별로 좋아하지 않는다

2 〔비교급·최상급을 수식하여〕 **훨씬**, 단연코: I feel *much* better today. 오늘은 기분이 훨씬 좋다/ This is *much* the best. 이것이 단연코 좋다

3 거의, 대체로(almost): They are *much* the same. 그것들은 거의 같다

as much as ... (1) …과 같은 양(의), …만큼(의): Take *as much as* you need. 필요한 만큼 가지시오

(2) 〔강조적으로〕 …만큼이나: He spent *as much as* 100 dollars. 그는 100달러나 썼다

How much ...? 얼마; 어느 정도: *How much* is the watch? 그 시계는 얼마입니까?/ *How much* butter do you need? 버터는 얼마나 필요합니까?

〖쓰임새〗 How much ...?는 「얼마」라고 금액을 물을 경우나 「어느 정도」라고 양이나 정도를 물을 경우에 쓴다. 「몇 개의」라고 수를 물을 경우에는 How many ...?를 쓴다.

make much of ... …을 중히 여기다, 중히 하다: You should *make much of* his advice. 너는 그의 충고를 소중히 여겨야 한다

much less 더군다나 …아니다 ⇒ less 숙어

much more (1) 훨씬 더 많이: He drinks *much more* beer than I do. 그는 맥주를 나보다 훨씬 많이 마신다

(2) 하물며: She knows French, *much more* English. 그녀는 불어를 아는데 하물며 영어는 말할 것도 없다

not so much as do …조차 않다: He did *not so much as* greet us. 그는 우리에게 인사조차 하지 않았다

so much for ... …은 이만, 이쯤으로: *So much for* today. 오늘은 이것으로 마치겠습니다

mud* [mΛd 마드] 명 **진흙**, 진창

muf·fler [mΛflər 마F을러r] 명 1 머플러, 목도리 2 (내연 기관의) 소음기(消音器)

muffler 1

mug [mΛg 머그] 명 (복수 **mugs** [-z]) 머그 《손잡이가 달린 큰 컵》

Mu·ham·mad [muhǽməd 무해머드] 명 = Mohammed

mul·ber·ry [mΛlbèri 멀베뤼] 명 【식물】 뽕나무; 오디

mule [mjú:l 뮤-얼] 명 【동물】 노새 《암말과 수나귀와의 잡종》

mule

mul·ti·ple [mΛltəpl 멀터프얼] 형 많은 부분〔요소〕으로 된, 다양한
——명 【수학】 배수(倍數)

mul·ti·pli·ca·tion [mΛltəplikéiʃən 멀터플리케이션] 명 1 증가, 증식, 번식 2 곱셈(반 division 나눗셈)

multiplication table [mΛltəplikéiʃən tèibl] 명 구구단, 곱셈표

*****mul·ti·ply** [mΛltəplài 멀터플라이] 동 (3단현 **multiplies** [-z]; 과거·과거분사 **multiplied** [-d]; 현재분사 **multiplying**) 타 1 **…을 늘리다**, 증가시키다
2 …을 곱하다: *multiply* 2 by 3 2에 3을 곱하다
——자 늘다, 증가하다: Rabbits *multiply* fast. 토끼는 번식이 빠르다

mul·ti·tude [mΛltətjù:d 멀터튜-드] 명 1 다수, 수많음: a *multitude* of stars 무수한 별들
2 〔the를 붙여〕 군중; 대중, 서민

mum [mΛm 맘] 명 《영구어》 엄마 (《미》 mom)

mum·my¹ [mΛmi 마미] 명 (복수 **mummies** [-z]) 《영 어린이 말》 엄마 (《미》 mommy)

mum·my² [mΛmi 마미] 명 (복수 **mummies** [-z]) 미라

mu·nic·i·pal [mju:nísəpəl 뮤-니써퍼얼] 형 1 시(市)의: a *municipal* office 시청
2 시영(市營)의

*****mur·der** [mə́:rdər 머-r더r] 명 (복수 **murders** [-z]) 1 (계획적인) **살인**: commit a *murder* 살인을 저지르다
2 살인 사건: There were six *murders* in one week. 한 주일 동안에 6건의 살인 사건이 있었다
——동 (3단현 **murders** [-z]; 과거·과거분사 **murdered** [-d]; 현재분사 **murdering** [-dəriŋ]) 타 (사람을) 죽이다, 살해하다: He was *murdered* at night. 그는 한밤 중에 살해당했다

mur·der·er [mə́:rdərər 머-r더뤄r] 명 (복수 **murderers** [-z]) 살인자

mur·mur [mə́:rmər 머-r머r] 명 1 (나뭇잎 등의) 살랑거리는 소리, (시냇물의) 졸졸 소리 2 낮은 목소리, 속삭임 3 불평하는 소리
——자 타 1 졸졸 소리내다〔소리나다〕 2 낮은 목소리로 말하다 3 투덜거리다

*****mus·cle** [mΛsl 마쓰얼] 〖❶c는 묵음〗 명 (복수 **muscles** [-z]) 1 **근육** 2 완력

Muse [mjú:z 뮤-z으] 명 【그리스신화】 뮤즈 《학예·시가·음악·무용을 관장하는 아홉 여신의 하나》

muse [mjú:z 뮤-z으] 자 명상〔숙고〕하다

*****mu·se·um** [mju:zí:əm 뮤-Z이-엄] 명 (복수 **museums** [-z]) **박물관**, **미술관**: a history *museum* 역사 박물관 【그리스어 「뮤즈(Muse)의 신전」에서】

mush·room [mʌ́ʃruːm 마쉬루-음] 명 (복수 **mushrooms** [-z]) 버섯

mushrooms

mu·sic [mjúːzik 뮤-Z익] 명 **1** 음악: classical *music* 고전 음악 (🍎 classic music이라 하지 않는다)/ She danced to the *music*. 그녀는 음악에 맞추어 춤을 추었다
2 악보: I can't read *music*. 나는 악보를 못 읽는다 【그리스어 「뮤즈(muse)의 기술」에서】

mu·si·cal [mjúːzikəl 뮤-Z이커얼] 형 음악의, 음악적인: a *musical* instrument 악기
—— 명 희가극, 뮤지컬

musical box [mjúːzikəl bàks] 명 《영》 = music box

music box [mjúːzik bàks] 명 《미》 오르골, 자명악 《태엽을 이용하여 저절로 소리가 나게 만든 악기》

mu·si·cian [mjuːzíʃən 뮤-Z이션] 명 (복수 **musicians** [-z]) 음악가 《작곡가·연주가·가수 등》: She wants to be a *musician*. 그녀는 음악가가 되고 싶어한다

Mus·lim [mʌ́zləm 마Z을럼] 명 (복수 **Muslims** [-z]) 이슬람교도

must [mʌ́st 마스트] 조 (🍎 과거형은 없다) **1** 〔긍정문·의문문에서 필요·의무·명령·충고를 나타내어〕 …해야 한다, …하지 않으면 안 된다 (🍎 《구어》에서는 보통 have to를 쓴다): We *must* eat to live. 사람은 살기 위해 먹어야 한다/ You *must* study harder. 너는 더 열심히 공부하지 않으면 안 된다

〔회화〕
A: *Must* I finish this by tomorrow? 이것을 내일까지 끝내야 합니까?
B: Yes, you *must*./ No, you *don't have to* 〔*need not*〕.
예, 그래야 합니다/ 아니오, 그럴 필요는 없습니다

2 〔부정문에서 금지를 나타내어〕 …해서는 안 된다: You *must not* smoke here. 여기서 담배를 피워서는 안 된다

〔쓰임새〕(1) must는 과거·미래형이 없으므로 과거는 had to, 미래는 will have to로 나타낸다: I *had to* go there. 나는 거기에 가지 않으면 안 되었다/ He *will have to* go there. 그는 거기에 가야 한다.
(2) 「…하지 않으면 안 된다」는 must로 나타내나, 그 반대의 「…할 필요는 없다」는 do not have to 또는 need not으로 나타낸다. must not은 「…해서는 안 된다」로 금지의 뜻을 나타낸다.

3 〔추측을 나타내어〕 …임에 틀림없다: It *must* be true. 그것은 사실임에 틀림없다 (🍎 부정형은 It *cannot* be true. 그것은 사실일 리가 없다)
4 〔must have+과거분사의 형태로 과거에 대한 추측을 나타내어〕 …이었음에 틀림없다: That man *must have stolen* it! 그 사람이 그것을 훔쳤음에 틀림없다
5 〔필연을 나타내어〕 반드시 …하다: All men *must* die. 모든 인간은 반드시 죽는다

mus·tache, 《영》 **mous·tache** [mʌ́stæʃ 마스태쉬] 명 (복수 **mustaches** [-iz]) 〔종종 복수형으로〕 《미》 코밑수염

mus·tard [mʌ́stərd 마스터r드] 명 **1** 【식물】 겨자 **2** 겨자 가루 《양념》

must·n't [mʌ́snt 마슨트] 〔🍎 앞의 t는 묵음〕 must not의 단축형

mute [mjúːt 뮤-트] 형 **1** 무언(無言)의: a *mute* protest 무언의 항의

2 벙어리의
3 (글자가) 발음되지 않는, 묵자(默字)의: a *mute* letter 묵자 (*k*nife의 k 등) ──명 **1** 벙어리 **2** 【음성】 묵자, 묵음

> 문법> 묵음
> 문자상으로는 나타나지만 실제로는 발음되지 않는 소리를 말한다.
> **k 묵음** ── 주로 단어 앞에서 k 다음에 n이 오는 경우: *k*nife [náif] 칼/ *k*night [náit] 기사
> **w 묵음** ── 주로 단어 앞에서 w 다음에 r이 오는 경우: *w*rist [ríst] 손목/ *w*rite [ráit] 쓰다
> **b 묵음** ── 주로 단어 끝에서 b 앞에 m이 오는 경우: bom*b* [bám] 폭탄/ clim*b* [kláim] 오르다
> **n 묵음** ── 주로 단어 끝에서 n 앞에 m이 오는 경우: autum*n* [ɔ́:təm] 가을/ hym*n* [hím] 찬송가

mut·ter [mʌ́tər 마터r → 마러r] 자 중얼거리다; 불평을 말하다

mut·ton [mʌ́tn 마튼] 명 (식용의) 양고기

mu·tu·al [mjúːtʃuəl 뮤-츄어얼] 형 **1** 서로의, 상호의: *mutual* aid 상호 원조 **2** 공동의, 공통의(common)

mu·tu·al·ly [mjúːtʃuəli 뮤-츄얼리] 부 서로, 상호간에

muz·zle [mʌ́zl 마z으얼] 명 **1** (개나 말의) 입·코 부분, 주둥이 **2** 총구, 포구

MVP [émvìːpíː 엠V이-피-] 《약어》 *m*ost *v*aluable *p*layer 최우수 선수

⁂**my** [mái 마이] 대 (I의 소유격) **1** 나의: This is *my* book. 이것은 내 책이다/ They are *my* friends. 그들은 나의 친구이다

2 〔애정을 나타내어 부르는 말로〕 *My* boy! 얘야!, 아가!
──감 《구어》 저런!, 어머나!: Oh *my*! (= *My* goodness!) 이런!

⁂**my·self** [maisélf 마이쎄얼f으] 대 《재귀대명사》 (복수 ourselves [àuərsélvz]) **1** 〔강조 용법으로〕 나 자신, 나 스스로: I *myself* saw it. (= I saw it *myself*.) 그것을 내 눈으로 보았다 (💡 이 용법에서는 myself를 강하게 발음)
2 〔재귀적 용법으로〕 나 자신을〔에게〕: I looked at *myself* in the mirror. 나는 거울에 내 모습을 비춰 보았다

by myself 혼자서: I went there *by myself*. 나는 혼자서 그곳에 갔다

for myself (1) 혼자 힘으로: I made the chair *for myself*. 나는 혼자서 그 의자를 만들었다
(2) 나 자신을 위하여: I bought this house *for myself*. 나는 나 자신을 위해 이 집을 샀다

mys·te·ri·ous [mistíəriəs 미스티어뤼어쓰] 형 신비한, 불가사의한

⁂**mys·ter·y** [místəri 미스터뤼] 명 (복수 mysteries [-z]) **1** 신비; 수수께끼: Nature is full of *mysteries*. 자연은 신비에 가득 차 있다/ His death is *mystery*. 그의 죽음은 수수께끼다
2 추리 소설〔영화〕

myth [míθ 미θ으] 명 (복수 myths [-s]) **1** 신화 **2** 꾸민 이야기

my·thol·o·gy [miθálədʒi 미θ알러쥐] 명 (복수 mythologies [-z]) **1** 〔집합적으로〕 신화: Greek *mythology* 그리스 신화
2 신화학(學)

Nn

N, n [én 엔] 몡 (복수 N's, n's [-z]) 엔 《영어 알파벳의 열넷째 글자》

N, N. 《약어》 north 북

n. 《약어》 noun 명사

nail [néil 네일] 몡 (복수 **nails** [-z]) **1** 손톱, 발톱 (ℓ 고양이·매 등의 「발톱」은 claw): Cut your *nails*. 손톱(발톱)을 깎아라
2 못: drive(pull out) a *nail* 못을 박다(뽑다)
──통 (3단현 **nails** [-z]; 과거·과거분사 **nailed** [-d]; 현재분사 **nailing**) 타 …에 못을 박다, 못을 쳐서 고정하다: *nail* a lid *on* the box 상자 뚜껑을 못질하여 고정시키다

na·ive [nɑːíːv 나-이-v으] 톙 소박한

na·ked [néikid 네이키드] 톙 **1** 벌거숭이의, 나체의: a *naked* body 나체/ *naked* feet 맨발
2 잎(초목, 장식 등)이 없는: a *naked* hill 초목이 없는 언덕
3 (사실 등) 있는 그대로의

name [néim 네임] 몡 (복수 **names** [-z]) **1** 이름: Do you know the *name* of that flower? 저 꽃의 이름을 아십니까?/ May I have(ask) your *name*, please? 성함이 어떻게 되십니까?

참고 영어의 성과 이름
　영어의 이름은 우리와는 반대로 이름이 앞에 오고 성이 뒤에 온다. John F(itzgerald) Kennedy에서 John은 이름으로 first name(또는 given name)이라 하고, Fitzgerald는 middle name이며, Kennedy는 성으로 last name(또는 family name)이라 한다. middle name은 있는 사람도 있고 없는 사람도 있는데 보통 머릿글자만 쓰며, 공식적인 자리 이외에는 잘 쓰지 않는다.

2 평판, 명성: He made a good *name* as a pianist. 그는 피아니스트로서 이름을 높였다

by name 이름은; (만난 적은 없어도) 이름만은: I know him only *by name*. 그의 이름만은 알고 있다

──통 (3단현 **names** [-z]; 과거·과거분사 **named** [-d]; 현재분사 **naming**) 타 **1** 이름을 짓다: They *named* their baby James. 그들은 아기의 이름을 제임스라고 지었다
2 지명하다: He was *named* as chairman. 그는 의장으로 지명되었다
3 …의 이름을 대다

***name* A *after* 《미》 *for* B** A에게 B의 이름을 따서 이름짓다: He was *named* Henry *after* his grandfather. 그는 할아버지의 이름을 따서 헨리라고 이름지어졌다

name·less [néimlis 네임리쓰] 톙 이름 없는, 무명의

name·ly [néimli 네임리] 부 즉, 다시 말해서(that is to say)

nap [nǽp 냅] 몡 선잠, 낮잠: have(take) a *nap* 선잠(낮잠)을 자다
──동 (3단현 **naps** [-s]; 과거·과거분사 **napped** [-t]; 현재분사 **napping**) 자 잠깐 졸다

*****nap·kin** [nǽpkin 냅킨] 몡 **1** (식탁용) 냅킨 **2** 《영》 기저귀 (《미》 diaper)

Na·ples [néiplz 네이플즈] 몡 나폴리 《이탈리아 남부의 항구 도시》

Na·po·le·on [nəpóuliən 너포울리언] 몡 나폴레옹 1세 ~ **Bonaparte** (1769-1821) 《프랑스 황제(1804-15); 한때 유럽 제국을 정복했으나 끝내는 워털루 전투에서 패하여 세인트헬레나 섬에 유배되어 거기서 죽었다》

nar·cis·sism [ná:rsəsìzm 나-r씨씨즘] 몡 나르시시즘, 자기 도취

Nar·cis·sus [na:rsísəs 나-r씨써쓰] 몡 **1** 【그리스신화】 나르시소스 **2** [narcissus로] 수선화 (「나팔 수선화」는 daffodil)

> 참고 나르시소스와 수선화
>
> 나르시소스는 용모가 뛰어난 목동으로 수많은 님프들의 사랑을 받았으나 본 척도 하지 않자 한 님프가 「저 사람도 나처럼 짝사랑으로 애타게 해달라」고 빌었다. 신들은 이 님프의 기도를 들어 주어 나르시소스는 물에 비친 자신의 모습을 보고 거기에 반해 밤낮 그 앞에 앉아 애태우다가 죽고 말았다고 한다. 그 자리에서 수선화가 피어났고 수선화가 고개를 숙이고 있는 것은 물 속에 비친 자신의 모습을 들여다 보는 것이라고 한다.

nar·rate [nǽreit 내뤠잇] 동 (현재분사 **narrating**) 타 《문어》 (사건 등을) 이야기하다, 말하다

nar·ra·tion [næréiʃən 내뤠이션] 몡 **1** 서술, 기술; 이야기(하기) **2** 【문법】 화법: direct(indirect) *narration* 직접(간접) 화법

nar·ra·tive [nǽrətiv 내뤄티v으] 몡 이야기
──형 이야기(체)의

nar·ra·tor [nǽreitər 내뤠이터r → 내뤠이러r] 몡 **1** 이야기하는 사람 **2** (TV 등의) 해설자, 내레이터

*****nar·row** [nǽrou 내로우] 형 (비교급 **narrower**; 최상급 **narrowest**) **1** 폭이 좁은 (반 broad, wide 넓은): a *narrow* street 좁은 거리

narrow　　　broad, wide

2 (크기·범위 등이) 한정된, 제한된: He has a *narrow* circle of friends. 그는 교제 범위가 좁다

3 (마음·생각 등이) 좁은: He has a *narrow* mind. 그는 마음이 좁다

4 가까스로: I had a *narrow* escape. 나는 가까스로 도망쳤다

nar·row·ly [nǽrouli 내로울리] 부 간신히, 겨우

nar·row-mind·ed [nǽroumáindid 내로우마인디드] 형 마음이 좁은

nas·ty [nǽsti 내스티] 형 (비교급 **nastier**; 최상급 **nastiest**) 싫은, 불쾌한; 더러운: a *nasty* smell 고약한 냄새 / a *nasty* room 더러운 방

*****na·tion** [néiʃən 네이션] 몡 (복수 **nations** [-z]) **1** 나라, 국가: the United Nations 국제 연합 / Korea is a democratic *nation*. 한국은 민주 국가다

2 〔종종 **the**를 붙여〕 국민 《전체》: *the Korean nation* 한국 국민

na·tion·al [nǽʃənl 내셔느얼] 형 **1 국가의**, 나라의; 국가를 상징하는: *national finance* 국가 재정 / *the national flower* 국화(國花)
2 국립의, 국유의: *a national park* 국립 공원
3 국민의, 국가 특유의: *a national costume* 민족 의상
4 전국적인: *a national paper* (신문의) 전국지(紙)

na·tion·al·ism [nǽʃənəlìzm 내셔널리즘] 명 국가주의, 애국심

na·tion·al·ist [nǽʃənəlist 내셔널리스트] 명 국가주의자

na·tion·al·i·ty [næ̀ʃənǽləti 내셔낼러티 → 내셔낼러리] 명 (복수 **nationalities** [-z]) 국적: *What's your nationality?* 당신의 국적은 어디입니까?

na·tive [néitiv 네이티v으 → 네이리v으] 형 **1** (사람이) **태어난**, 출생지의: *one's native country* 본국 / *a native speaker of English* 영어가 모국어인 사람 / *Her native language is French.* 그녀의 모국어는 프랑스어다
2 (성격·능력 등이) 타고난: *She has a native ability for music.* 그녀는 음악에 천부적인 재능이 있다
3 토착의, …원산의: *Potato is native to South America.* 감자는 남미 원산이다
── 명 (복수 **natives** [-z]) **1** (이주민과 구별해서) 원주민; …출신자: *a native of Ohio* 오하이오주(州) 출신자
2 토착의 동식물

Native American [néitiv əmérikən] 명 아메리카 인디언

nat·u·ral [nǽtʃərəl 내춰뤄얼] 형 **1 자연의**, 자연에 관한: *the natural world* 자연계
2 천연의(반 artificial 인공의): *natural rubber* 천연 고무
3 타고난, 선천적인(native): *natural abilities* 천부의 재질
4 당연한, 마땅한: *It is natural for him to say so.* 그가 그렇게 말하는 것은 당연하다

nat·u·ral·ly [nǽtʃərəli 내춰륄리] 부 **1 선천적으로**, 타고나면서부터: *Her hair was naturally curly.* 그녀의 머리는 선천적으로 곱슬머리였다
2 자연스럽게: *Speak more naturally.* 좀 더 자연스럽게 말해라
3 당연히, 물론: *Naturally, she accepted the invitation.* 그녀는 그 초대에 당연히 응했다

na·ture [néitʃər 네이춰r] 명 (복수 **natures** [-z]) **1 자연**(계): *the laws of nature* 자연의 법칙
2 본성, 천성, 성질: *human nature* 인간성 / *Habit is a second nature.*《속담》 습관은 제2의 천성
by nature 날 때부터, 본래: *She is shy by nature.* 그녀는 천성적으로 수줍음을 잘 탄다

naught [nɔ́ːt 나-트] 명 **1** 제로, 영 (《영》 nought) **2** 무(無), 무가치

naugh·ty [nɔ́ːti 나-티 → 나-리] 형 (비교급 **naughtier**; 최상급 **naughtiest**) (어린애가) 장난꾸러기의, 버릇없는

na·val [néivəl 네이v어얼] 형 해군의: *a naval base* 해군 기지

nav·i·gate [nǽvəgèit 내v어게잇] 동 (현재분사 **navigating**) 타 (바다·하늘을) 항행〔항해〕하다; (배·비행기를) 조종〔운전〕하다

nav·i·ga·tion [næ̀vəgéiʃən 내v어게이션] 명 항해(술), 항공(술)

nav·i·ga·tor [nǽvəgèitər 내V어게이터*r* → 내V어게이러*r*] 명 항해자; 항공사(士)

na·vy [néivi 네이V이] 명 (복수 **navies** [-z]) 해군 (🌀 「육군」은 army, 「공군」은 air force)

near [níər 니어*r*] 형 (비교급 **near·er** [níərə:*r*]; 최상급 **nearest** [níərist]) **1** (공간·시간적으로) **가까운** (반 far, distant 먼): Where is the *nearest* store? 제일 가까운 가게는 어디 있습니까?/ I will go to England in the *near* future. 나는 가까운 장래에 영국에 갑니다

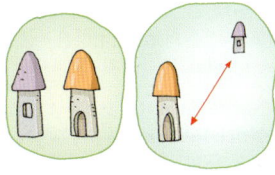

near   far

2 (관계가) 가까운, 친한: a *near* relative 가까운 친척

── 전 …의 근처에: There is a school *near* my house. 우리 집 근처에 학교가 있다/ She lives *near* here. 그녀는 이 근처에 산다

── 부 (비교급 **nearer** [níərə*r*]; 최상급 **nearest** [níərist]) **가까이**: We lived quite *near* each other. 우리는 아주 가까이에 살았다/ Christmas is drawing [getting] *near*. 크리스마스가 다가오고 있다

near at hand 바로 가까이에; 가까운 장래에: Spring is *near at hand*. 봄이 바싹 다가왔다

near by 가까이에: There is a hospital *near by*. 바로 근처에 병원이 있다

near·by [níərbài 니어*r*바이] 형 가까운: a *nearby* village 바로 이웃 마을
── 부 가까이에(near by)

Near East [níər íːst] 명 〔**the**를 붙여〕 근동 (터키·레바논 등의 지역)

near·ly [níərli 니어*r*을리] 부 **1 거의**, 대략: He came to see me *nearly* every day. 그는 거의 매일 나를 보러 왔다/ It is *nearly* twelve o'clock'. 12시가 다 되어 간다

2 하마터면 …할 뻔하여: I was *nearly* run over by a car. 나는 하마터면 차에 치일 뻔했다

near·sight·ed [níərsáitid 니어*r*싸이티드] 형 **1** 근시(안)의(반 farsighted 원시의) **2** 근시안적인

neat [níːt 니-트] 형 (비교급 **neater**; 최상급 **neatest**) **1 단정한**, 말쑥한; (방 등이) 정돈된: a *neat* room 잘 정돈된 방 **2** (문체 등이) 간결한

neat·ly [níːtli 니-틀리 → 니-잇'을리] 부 단정하게, 말쑥하게

Ne·bras·ka [nəbrǽskə 너브뢔스카] 명 네브래스카 (미국 중서부의 주(州); 약어는 Neb., NE)

nec·es·sar·i·ly [nèsəsérəli 네써쎄럴리] 부 반드시, 꼭

not necessarily 반드시 …은 아니다 (🌀 부분 부정을 나타냄): Learned men are *not necessarily* wise. 학자가 반드시 현명한 것은 아니다

nec·es·sar·y [nésəsèri 네써쎄뤼] 형 **1** …**에 필요한**, 없어서는 안 될: Sleep is *necessary for* health. 수면은 건강을 위해 필요하다/ It is *necessary for* you to take a rest. (= It is *necessary that* you (should) to take a rest.) 당신은 휴식을 취할 필요가 있다 (🌀 necessary는 사람을 주어로 하여 You are *necessary* to take a rest.라고는 하지 않는다)

2 부득이한, 피할 수 없는: a *necessary* evil 필요악

if necessary 필요하다면: I'll go with you, *if necessary*. 필요하다면 너와 같이 가겠다

── 명 (복수 **necessaries** [-z]) 〔복수형으로〕 필요한 물건, 필수품: daily *necessaries* 일용품

ne·ces·si·ty [nisésəti 니쎄써티 → 니쎄써리] 명 (복수 **necessities** [-z]) **1** 필요: *Necessity is the mother of invention.* 《속담》 필요는 발명의 어머니
2 필수품, 필요한 것: *the necessities of life* 생활 필수품
3 (경제적인) 궁핍: *He is in great necessity.* 그는 가난에 허덕이고 있다
4 필연, 필연적 결과

neck [nék 넥] 명 (복수 **necks** [-s]) **1** 목
2 (의복의) 옷깃, 목 부분 **3** (병·악기 등의) 잘록한 부분
neck and neck (경주 등에서) 나란히, 비슷비슷하게

neck·er·chief [nékərtʃif 네커r취f으] 명 (복수 **neckerchiefs** [-s]) 목도리

neck·lace [néklis 네클리쓰] 명 (복수 **necklaces** [-iz]) 목걸이: *She is wearing a pearl necklace.* 그녀는 진주 목걸이를 하고 있다

neck·tie [néktài 넥타이] 명 (복수 **neckties** [-z]) 넥타이 (간단히 tie라고도 한다)

necklace

nec·tar [néktər 넥터r] 명 **1** 【그리스신화】 신주(神酒) **2** 감미로운 음료

need [níːd 니-드] (복수 **needs** [-dz]) 명 **1** 필요, 소용: *There is no need to hurry.* 서두를 필요는 없다 / *I am in need of your help.* 나는 너의 도움이 필요하다
2 〔보통 복수형으로〕 필요한 것: *our daily needs* 일용품
3 어려운 경우, 난국: *A friend in need is a friend indeed.* 《속담》 어려울 때 친구가 참다운 친구다
4 궁핍, 빈곤: *He is in great need.* 그는 몹시 궁핍하다
── 통 (3단현 **needs** [-dz]; 과거·과거분사 **needed** [-id]; 현재분사 **needing**) 타 **1** …을 필요로 하다: *need money* (time) 돈(시간)을 필요로 하다 / *I need your help.* 당신의 도움이 필요해요
2 …을 해야 한다, …할 필요가 있다 (*to do*): *I need to mow the lawn.* 나는 잔디를 깎아야 한다 / *You don't need to go at once.* 지금 당장 갈 필요는 없다
── 조 〔보통 부정문·의문문에서〕 …할 필요가 있다: *He need not come.* 그는 오지 않아도 된다

> 회화
> A: *Need I go soon?*
> 내가 곧 갈 필요가 있는가?
> B: *No, you need not.* / *Yes, you must.*
> 아니, 갈 필요 없다 / 그래, 가야 해
> ※ 부정문의 need not은 「불필요」를, must not은 「금지」를 나타낸다.

nee·dle [níːdl 니-드을 → 니-르을] 명 (복수 **needles** [-z]) **1** (주사기·바느질·뜨개질 등의) 바늘 (시계의 「바늘」은 hand) **2** (소나무 같은 침엽수의) 잎

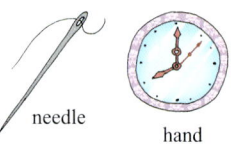

needle   hand

need·less [níːdlis 니-들리쓰] 형 불필요한, 쓸데없는
needless to say 말할 필요도 없이

nee·dle·work [níːdlwə̀ːrk 니-드을워-r크] 명 바느질; 자수

need·n't [níːdnt 니-든트] 《구어》 need not의 단축형

need·y [níːdi 니-디 → 니-리] 형 (비교급 **needier**; 최상급 **neediest**) 매우 가난한

neg·a·tive [négətiv 네거티v으 → 네거리v으] 형 **1** 부정의, 부정적인 (반 positive 긍정의): *a negative sentence* 【문법】 부정문 / *He gave me a negative answer.* 그는 나에게 부정적인 대답을 했다

2 소극적인(반 positive 적극적인)
3 【수학】 마이너스의, 음의
── 명 **1** 부정(의 대답), 반대 의견: He answered in the *negative*. 그는 부정적으로 대답했다
2 【사진】 원판, 음화

***ne·glect** [niglékt 니글렉트] 통 (3단현 **neglects** [-ts]; 과거·과거분사 **neglected** [-id]; 현재분사 **neglecting**) 타 **1** (의무·일 등을) 게을리하다, 소홀히 하다: Don't *neglect* your studies. 공부를 게을리해서는 안 된다
2 …을 무시하다: He *neglected* my warning. 그는 나의 경고를 무시했다
── 명 **1** 태만, 부주의: *neglect* of duty 직무 태만
2 무시, 경시

ne·go·ti·ate [nigóuʃièit 니고우쉬에잇] 통 (현재분사 **negotiating**) 타 자 협상〔협의〕하다, (의논하여) 결정하다

ne·go·ti·a·tion [nigòuʃiéiʃən 니고우쉬에이션] 명 (복수 **negotiations** [-z]) 〔종종 복수형으로〕 교섭, 협상

Ne·gro [ní:grou 니-그로우] 명 (복수 **Negroes** [-z]) 흑인, 니그로 (✋ 경멸적인 느낌이 있으므로 지금은 black을 많이 쓴다)

neigh [néi 네이] 〔✋ gh는 묵음〕 명 말의 울음 (소리)

***neigh·bor**, 《영》 **neigh·bour** [néibər 네이버*r*] 〔✋ gh는 묵음〕 명 **이웃 사람**: a next-door *neighbor* 이웃집 사람

neigh·bor·hood, 《영》 **neigh·bour·hood** [néibərhùd 네이버*r*후드] 명 **1** 근처, 부근, 이웃: There are many stores in my *neighborhood*. 우리 집 근처에 상점이 많이 있다
2 〔집합적으로〕 이웃 사람들

neigh·bor·ing [néibəriŋ 네이버링] 형 이웃의, 근처의: a *neighboring* village 이웃 마을

***nei·ther** [ní:ðər 니-더*r*] 형 〔단수 명사를 수식하여〕 (둘 중의) **어느 쪽도 …아닙니다**: *Neither* story is true. 어느 쪽 이야기도 사실이 아니다
── 대 (둘 중의) **어느 쪽도 …아닙니다**: *Neither* of the stories was〔were〕 true. 어느 쪽 이야기도 사실이 아니었다

> 쓰임새 (1) neither는 단수 취급이 원칙이지만 《구어》에서는 of 뒤에 복수 (대)명사가 올 경우 복수 취급하기도 한다.
> (2) neither는 둘을 말할 때 사용하며 셋 이상의 부정에는 none을 쓴다: *None* of us knows. 우리들 중 아무도 모른다.

── 접 **1** 〔**neither** A **nor** B의 형태로〕 **A도 B도 …아닙니다**: *Neither* he *nor* I am responsible for the accident. 그도 나도 그 사고에 책임이 없다 / He *neither* drinks *nor* smokes. 그는 술을 마시지도 담배를 피우지도 않는다

> 쓰임새 (1) neither A nor B가 주어로 쓰일 경우, 동사는 B에 일치한다.
> (2) neither A nor B 뒤에는 문법적으로 같은 품사 또는 같은 구조의 단어·어구가 온다.

2 〔부정문이나 절의 뒤에서〕 …도 또한 …아니다(not either): If you do *not* go, *neither* will I. 네가 가지 않는다면, 나도 안 간다 (✋ neither의 뒤는 「(조)동사 + 주어」의 어순)

> 회화
> A: I don't want to go.
> 나는 가고 싶지 않다
> B: *Neither* do I.
> 나도 가고 싶지 않다

neo- (접두사) 「신(新)…」의 뜻
neo·clas·sic [nì:ouklǽsik 니-오우클래씩] 형 신(新)고전주의의
ne·on [ní:ɑn 니-안] 명 【화학】 네온 (기체 원소; 기호 Ne): a *neon* sign 네온사인

Ne·pal [nəpɔ́:l 너포-얼] 명 네팔 《인도와 티베트 사이의 왕국; 수도는 카트만두 (Katmandu)》

***neph·ew** [néfju: 네F유-] 명 (복수 nephews [-z]) 조카, 생질(반 niece 조카딸)

Nep·tune [néptju:n 넵튜-은] 명 1 【로마신화】 넵튠 《바다의 신; 그리스신화의 포세이돈(Poseidon)에 해당함》 2 【천문】 해왕성 (🖉 해왕성에서 청록색 빛이 나서)

***nerve** [nə́:rv 너-rV으] 명 (복수 nerves [-z]) 1 신경: the optic *nerve* 시(視)신경
2 [복수형으로] 신경 과민: He is all *nerves*. 그는 몹시 신경 과민이다
3 용기, 담력: a man of *nerve* 배짱 있는 사람

***nerv·ous** [nə́:rvəs 너-rV어쓰] 형 (비교급 more nervous; 최상급 most nervous) 1 신경(성)의: the *nervous* system 신경 계통
2 신경질적인, 흥분하기 쉬운: *nervous* children 신경질적인 아이
3 긴장하고 있는, 초조해하는: He is *nervous about* the results of the exam. 그는 시험의 결과를 걱정하고 있다

-ness (접미사) 형용사 등에 붙여서 「성질·상태」 등을 나타내는 추상 명사를 만듦: kind*ness* 친절

***nest** [nést 네스트] 명 (복수 nests [-ts]) (새·곤충 등의) 집, 둥지: build a *nest* 둥지를 만들다

***net**¹ [nét 넷] 명 (복수 nets [-tz]) 그물, 네트: a fishing *net* 어망/ a tennis *net* 테니스 네트

net² [nét 넷] 형 에누리 없는, 순(純)…(반 gross 총…): a *net* price 정가(正價)/ a *net* profit 순이익

Neth·er·lands [néðərləndz 네어r런z으] 명 [the를 붙여서] 네덜란드 《Holland의 공식 명칭; 수도는 암스테르담(Amsterdam)》

***net·work** [nétwə̀:rk 넷워-rㅋ] 명 (복수 networks [-s]) 1 (운하·철도 등의) 그물 같은 조직: a railroad *network* 철도망
2 방송망, 네트워크: TV *networks* 텔레비전 방송망

neu·tral [njú:trəl 뉴-츄뤌] 형 1 중립의; 공평한: a *neutral* nation 중립국/ a *neutral* attitude 중립적 태도
2 (성격·특성이) 애매한, 분명치 않은
3 (자동차의 기어가) 중립의

Ne·va·da [nəvǽdə 너V애다 → 너V애라] 명 네바다 《미국 서부의 주(州); 약어는 Nev.》

****nev·er** [névər 네V어r] 부 1 [not보다 강한 부정을 나타내어] 결코 …않다: He *never* breaks his promise. 그는 결코 약속을 어기지 않는다/ I will *never* forget you. 나는 너를 결코 잊지 않을 것이다
2 지금까지 …한 적이 없다: I have *never* seen a whale before. 나는 지금까지 고래를 본 적이 없다

쓰임새 never는 보통 be 동사·조동사 뒤나 일반 동사의 앞에 놓인다.

never ... but ... …하면 반드시 …한다: It *never* rains *but* it pours. 《속담》 비가 오기만 하면 꼭 억수같이 퍼붓는다; 엎친 데 덮친다

***nev·er·the·less** [nèvərðəlés 네V어r ð얼레쓰] 부 그럼에도 불구하고, 그렇지마는(however): She was very tired; *nevertheless*, she went to work as usual. 그녀는 매우 피곤했지만, 그럼에도 불구하고 평소처럼 일하러 갔다

new [nju: 뉴-] 형 (비교급 **newer**; 최상급 **newest**) 1 **새로운**, 새 … (반 **old** 낡은): a *new* fashion 새로운 유행/ a *new* car〔bicycle〕 새 차〔자전거〕

new　　　old

2 **신입의**, 새로 온: *new* members 신입 회원/ a *new* teacher 새로 오신 선생님
3 생소한, 익숙하지 않은: I am *new* to this town. 나는 이 도시는 낯설다
What's new? 별일 없니? (친한 사이의 인사)

new·born [njú:bɔ̀:rn 뉴-보-r언] 형 갓 태어난, 갓난

new·com·er [njú:kʌ̀mər 뉴-카머r] 명 새로 온 사람, 신출내기

New Del·hi [njù: déli 뉴- 델리] 명 뉴델리 (인도 공화국의 수도)

New England [njù: íŋɡlənd 뉴잉글랜드] 명 뉴잉글랜드 (미국 동북부의 여섯 주의 총칭; 코네티컷(Connecticut), 매사추세츠(Massachusetts), 로드아일랜드(Rhode Island), 버몬트(Vermont), 뉴햄프셔(New Hampshire), 메인(Maine))
【이 지방이 영국 해안과 비슷하다 해서】

New Hamp·shire [njù: hǽmpʃər 뉴-햄(프)셔r] 명 뉴햄프셔 (미국 북동부의 주(州); 약어는 N.H., NH)
【영국 남부의 주 이름 Hampshire에서】

New Jer·sey [njù: dʒə́:rzi 뉴- 줘-rZ이] 명 뉴저지 (미국 동부의 주(州); 약어는 N.J.)
【영국의 Jersey 섬 이름에서】

new·ly [njú:li 뉴-을리] 부 최근에; 새로이: a *newly* married couple 신혼 부부

New Mexico [njù: méksikòu 뉴멕시코 (미국 남서부의 주(州); 본래는 멕시코 영토였는데 1850년에 미국령이 되었다; 약어는 N.Mex., N.M., NM)

New Or·le·ans [njù: ɔ́:rlinz 뉴- 오-r얼린Z이] 명 뉴올리언스 (미국의 루이지애나주의 항구 도시로 재즈의 발상지)

news [nju:s 뉴-쓰] 명 1 (TV · 라디오 등의) **뉴스**, **기사**: foreign 〔home〕 *news* 해외〔국내〕 뉴스
2 **소식**, 기별, 새로운 사실: Is there any *news*? 무슨 별다른 일이라도 있는가?/ No news is good *news*. 《속담》 무소식이 희소식이다/ I have good *news* for you. 너희들에게 좋은 소식이 있다

쓰임새 *news*는 항상 단수 취급하며, 셀 때에는 a piece of news 또는 two piece of news라 한다.

news·boy [njú:sbɔ̀i 뉴-쓰보이] 명 신문 파는 아이, 신문 배달원

news·pa·per [njú:spèipər 뉴-쓰페이퍼r] 명 (복수 **newspapers** [-z]) 1 **신문** (간단히 paper라고도 한다): a morning *newspaper* 조간 신문/ an evening *news*paper 석간 신문 / a daily 〔weekly〕 *newspaper* 일간〔주간〕 신문/ I read it in the *newspaper*. 나는 그것을 신문에서 읽었다
2 신문지

news·stand [njú:sstænd 뉴-쓰스탠드] 명 (거리 · 역 등의) 신문 판매점

New·ton [njú:tn 뉴-튼 → 뉴-웃'은] 명 뉴턴 Sir Isaac ~ (1642-1727) (영국의 물리학자 · 수학자; 만유 인력의 법칙 및 미분 · 적분의 원리를 발견함)

New World [njù: wə́:rld] 명 〔the를 붙여〕 신세계 (남북 아메리카 대륙을 가리킴; 「구세계」는 Old World)

New Year [njú: jìə*r*] 명 새해: a *New Year*'s gift 새해 선물/ (A) Happy *New Year*! 새해 복 많이 받으십시오! (대답은 The same to you. (당신도)라고 한다)

New York [njù: jɔ́:*r*k 뉴- 요-*r*크] 명 **1** 뉴욕주 (미국 북동부의 주(州); 약어는 NY, N.Y.) **2** 뉴욕시 (New York City 라고도 한다)

New Zea·land [njù: zí:lənd 뉴- Z이일런드] 명 뉴질랜드 (남태평양의 영연방 내의 독립국; 수도는 웰링턴(Wellington))

next [nékst 넥스트] 형 **1** (시간상으로) 다음의, 오는: *next* time 다음 번/ Come and see me *next* Sunday. 이번 일요일에 놀러 오세요/ I'll see you *next* week. 다음 주에 뵙겠습니다/ He will go to America *next* year. 그는 내년에 미국에 간다

> 쓰임새 현재를 기준으로 하여 「다음의…」라고 할 때는 the를 붙이지 않으나, 과거·미래의 어떤 때를 기준으로 「그 다음…」이라고 할 때는 the를 붙인다: I saw him *the next* week. 나는 그 다음 주에 그를 만났다

2 [보통 the를 붙여] (순서상으로) 다음의: *the next* train 다음 열차/ *the next* chapter 다음 장/ *The next* stop is Yongsan. 다음 역은 용산이다
3 [보통 the를 붙여] (장소상으로) 바로 옆의: He lives in *the next* house. 그는 옆집에 산다
in the next place 다음으로, 둘째로
next but one 하나 건너 다음의: The house *next but one* is hers. 하나 건너 다음 집이 그녀의 집이다
── 부 **1** 다음에: What shall I do *next*? 다음에는 무엇을 할까?
2 [최상급 앞에 쓰여] 두 번째로: the *next* best way 차선책/ After Ken, John is the *next* tallest boy. 켄 다음으로 존이 두 번째로 키가 큰 소년이다

next to ... (1) …의 옆에: May I sit *next to* you? 당신 옆에 앉아도 됩니까?

(2) [부정어 앞에 써서] 거의 …: It is *next to* impossible. 그것은 거의 불가능하다/ He eats *next to* nothing. 그는 거의 굶다시피 하고 있다
(3) …의 다음에: *Next to* me, he is the tallest boy in our class. 그는 우리 반에서 나 다음으로 키가 크다
── 전 …의 다음(옆)에: He sat *next* me. 그는 내 옆에 앉았다
── 명 다음 사람(것): *Next*, please! 다음 분!

next-door [nékst-dɔ́:*r* 넥스트도-*r*] 형 옆집의: He is my *next-door* neighbor. 그는 나의 이웃집 사람이다

Ni·ag·a·ra [naiǽgərə 나이애거러] 명 **1** [the를 붙여] 나이아가라 강 (미국과 캐나다 국경에 있는 강) **2** [the를 붙이지 않고] = Niagara Falls

Niagara Falls [naiǽgərə fɔ́:l] 명 나이아가라 폭포 (미국과 캐나다 국경 사이에 있는 큰 폭포)

Niagara Falls

nib·ble [níbl 니브을] 동 (현재분사 **nib-bling**) 타 자 (음식물 등을) 입으로 조금씩 뜯어먹다, 갉아먹다

nice [náis 나이쓰] 형 **1 멋진, 좋은,** 유쾌한: Our school has a *nice* pool. 우리 학교에는 멋진 수영장이 있다 / It's *nice* to meet you. 만나서 반갑습니다 / We had a *nice* time. 우리는 즐거운 시간을 보냈다

회화
A: *Nice* day, isn't it?
날씨가 좋군?
B: It sure is.
네

2 (음식이) 맛있는: This cake looks *nice*. 이 케이크는 맛있어 보인다
3 친절한(kind): He was *nice* to us. 그는 우리들에게 친절했다 / It is *nice* of you to come. 와 주셔서 감사합니다
4 민감한, 정밀한: She has a *nice* ear for music. 그녀는 음악에 대하여 귀가 예민하다

nice and [náisn] 《구어》 충분히, 매우: It is *nice and* warm today. 오늘은 참 따뜻하군

nice·ly [náisli 나이쓸리] 부 **1** 잘, 제대로: This necktie suits you *nicely*. 이 넥타이는 너에게 잘 어울린다
2 꼭 맞게, 정밀하게

nick·el [níkəl 니켈] 명 **1** 【화학】 니켈 (🧪 금속 원소; 기호 Ni) **2** 《미》 5센트짜리 백동화

nick·name [níknèim 닉네임] 명 별명, 애칭

nic·o·tine [níkəti:n 니커티-인] 명 【화학】 니코틴

***niece** [ni:s 니-쓰] 명 (복수 **nieces** [-iz]) 조카딸, 질녀(반 nephew 조카)

night [náit 나잇] 〔🔊 gh는 묵음〕 명 (복수 **nights** [-ts]) **밤**, 저녁 (반 day 낮): every *night* 매일 밤 / There was a fire last *night*. 어젯밤에 화재가 있었다

　　night　　　　　　　day

비교 **evening**과 **night**
　evening은 해질녘부터 잘 때까지를, **night**은 보통 해질녘부터 그 다음날 해가 뜰 때까지를 가리킨다.

all night (long) 밤새도록: He worked hard *all night*. 그는 밤새도록 열심히 일했다
at night 밤에: He came to see me late *at night*. 그는 밤늦게 나를 찾아왔다
by night 밤에는(반 by day 낮에는)
Good night! 안녕!; 편히 주무십시오!
have a good (bad) night 잘 자다(못 자다)
night after (by) night 매일 밤, 밤마다: I couldn't sleep *night after night*. 나는 매일 밤 잠을 자지 못했다
night and day = ***day and night*** 밤낮으로: They worked *night and day*. 그들은 밤낮으로 일했다
—— 형 밤의, 야간의: a *night* game 야간 경기

night·fall [náitfɔ:l 나잇F오-얼] 명 저녁 때, 해질녘

night·gown [náitgàun 나잇가운] 명 (길고 헐렁한) 잠옷

Night·in·gale [náitngèil 나이튼게일 → 나잇'은게일] 명 나이팅게일 Florence ~ (1820-1910) (크림 전쟁 때 적군·아군을 가리지 않고 간호한 영국의 간호사

night·in·gale [náitngèil 나이튼게열 → 나잇'은게열] 명 【조류】 나이팅게일 《유럽산 지빠귀과(科)의 새로 주로 밤에 아름답게 운다》

night·ly [náitli 나이틀리 → 나잇'을리] 형 매일 밤의
── 부 매일 밤, 밤마다

night·mare [náitmɛ̀ər 나잇메어r] 명 1 악몽 2 (악몽처럼) 무서운 일

night·shirt [náitʃə̀ːrt 나잇셔-r트] 명 (긴 셔츠 모양의 남자용) 잠옷

night·time [náittàim 나잇타임] 명 (일몰에서 일출까지의) 야간, 밤(반 daytime 낮)

Ni·ke [náiki: 나이키-] 명 【그리스신화】 니케 《승리의 여신》

Nile [náil 나열] 명 [the를 붙여] 나일 강

> 참고 나일 강
> 아프리카 동부에서 발원, 지중해로 흘러드는 강으로 길이는 6,671km. 유역은 비옥한 농업 지대로서, 고대 이집트 문명의 발상지이다.

nim·ble [nímbl 님브열] 형 (비교급 nimbler; 최상급 nimblest) 1 민첩한, 재빠른 2 재치 있는, 영리한

*__nine__ [náin 나인] 명 (복수 nines [-z]) 9, 9개〔명〕, 아홉 살
── 형 9의, 아홉의
nine times 〔*cases*〕 *out of ten* 십중팔구는: He will come *nine cases out of ten*. 그는 십중팔구 올 것이다

*__nine·teen__ [nàintíːn 나인티-인] 명 (복수 nineteens [-z]) 19, 19개〔명〕, 열아홉 살
── 형 19의, 열아홉의

*__nine·teenth__ [nàintíːnθ 나인티-인θ] (⌨ 약어는 19th) 명 (복수 nineteenths [-s]) 1 [보통 the를 붙여] 열아홉째 2 [a 또는 one을 붙여] 19분의 1
── 형 1 [보통 the를 붙여] 열아홉째의 2 19분의 1의

*__nine·ti·eth__ [náintiθ 나인티이θ] (⌨ 약어는 90th) 명 1 [보통 the를 붙여] 아흔째 2 [a 또는 one을 붙여] 90분의 1
── 형 1 [보통 the를 붙여] 아흔째의 2 90분의 1의

*__nine·ty__ [náinti 나인티] 명 (복수 nineties [-z]) 1 90, 90개〔명〕, 아흔 살 2 [the nineties로] (세기의) 90년대; [one's nineties로] (연령 등의) 90대
── 형 90의, 아흔의

*__ninth__ [náinθ 나인θ] (⌨ 약어는 9th) 명 (복수 ninths [-s]) 1 [보통 the를 붙여] 아홉째 2 [a 또는 one을 붙여] 9분의 1
── 형 1 [보통 the를 붙여] 아홉째의 2 9분의 1의

nip [níp 닙] 동 (3단현 nips [-s]; 과거·과거분사 nipped [-t]; 현재분사 nipping) 타 1 꼬집다, 집다; (개 등이) 물다: Her dog *nipped* her finger. 그녀의 개가 그녀의 손가락을 물었다
2 (서리 등이) …을 시들게 하다

nip·per [nípər 니퍼r] 명 (복수 nippers [-z]) 1 꼬집는 사람; 집는 물건 2 [복수형으로] 집게, 니퍼

ni·tro·gen [náitrədʒin 나이츄뤄쥔] 명 【화학】 질소 (⌨ 기체 원소; 기호 N)

*__no__ [nóu 노우] 부 1 [물음에 답하여] 아니오(반 yes 예)

> 회화
> A: Can't you play tennis?
> 테니스는 못하십니까?
> B: *No*, I can't.
> 네, 못합니다
>
> A: Do you like onion?
> 양파를 좋아하니?
> B: *No*, I don't.
> 아니오, 안 좋아합니다
> ※ 영어에서는 우리말과 달리 물음이 어떤 형태이더라도 대답의 내용이 긍정이면 Yes, 부정이면 No라고 한다.

2 [비교급 앞에 써서] 조금도 …않다: The patient is *no better* today. 환자는

오늘 차도가 조금도 없다/ I can walk *no farther*. 나는 더 이상 걷지 못하겠다
no more than 단지, 겨우(only): I had *no more than* five dollars. 나는 고작 5달러 밖에 없었다

━ 형 **1** 하나[한 사람]의 …도 없는: He has *no* brothers. 그는 형제가 없다/ There are *no* clouds in the sky. 하늘에는 구름 한 점 없다/ I have *no* money with me. 나에게는 돈이 한푼도 없다
2 결코 …아닌: He is *no* fool. 그는 결코 바보가 아니다
3 〔게시 등에서〕…을 금하는, …해서는 안 되는: *No* Parking.《게시》주차 금지/ *No* Smoking.《게시》금연
There is no doing …할 수 없다: *There is no denying* the fact. 그 사실을 부정할 수가 없다

━ 명 (복수 **noes** [-z]) 아니오(no)라는 말〔대답〕, 부정

No., no. [nʌ́mbər 남버r] 명 (복수 **Nos., nos.** [-z]) 제…번〔호〕: *No.* 1 제1번〔호〕(📖 number one이라 읽는다)
【라틴어 *numero* (= by number)에서】

No·ah [nóuə 노우아] 명 【성서】 노아 (구약성서에 나오는 인물): *Noah's* Ark 노아의 방주

No·bel [noubél 노우베엘] 명 노벨 Alfred B. ~ (1833-96)《다이너마이트를 발명한 스웨덴의 화학자로 노벨상 창시자》

Nobel prize [nóubel práiz] 명 노벨상: a *Nobel prize* for peace 노벨 평화상

> 참고 노벨상
> 스웨덴의 화학자 노벨의 유언에 따라 1901년에 제정된 상으로 물리학, 화학, 의학 및 생리학, 문학, 평화, 경제학 등 6개 부문에서 인류 복지에 가장 공헌한 사람에게 매년 수여한다.

no·bil·i·ty [noubíləti 노우빌러티 → 노우빌러리] 명 **1** (the를 붙여; 집합적으로)《영》귀족 (사회) **2** 고귀함

> 참고 영국의 귀족 (상위순)
>
> | | 남성 | 여성, 부인 |
> |---|---|---|
> | 공작 | duke | duchess |
> | 후작 | marquis | marchioness |
> | 백작 | earl | countess |
> | 자작 | viscount | viscountess |
> | 남작 | baron | baroness |

*no·ble** [nóubl 노우브얼] 형 (비교급 **nobler**; 최상급 **noblest**) **1** 귀족의, 신분이 높은: a *noble* family 귀족 (집안)
2 (사상·성격 등이) 숭고한, 고결한: a *noble* deed 숭고한 행위
3 당당한, 웅대한: Niagara Falls is a *noble* sight. 나이아가라 폭포는 장관이다

━ 명 (복수 **nobles** [-z]) 귀족

no·ble·man [nóublmən 노우블먼] 명 (복수 **noblemen** [-mən]) 귀족

no·bly [nóubli 노우블리] 부 **1** 고결하게 **2** 훌륭하게

*no·bod·y** [nóubàdi 노우바디 → 노우바리] 대 〔단수 취급〕 아무도 …않다: *Nobody* knows our secret. 아무도 우리의 비밀을 모른다/ There was *nobody* there. 거기에는 아무도 없었다

━ 명 (복수 **nobodies** [-z]) 보잘것없는 사람

*nod** [nád 나드] 동 (3단현 **nods** [-dz]; 과거·과거분사 **nodded** [-id]; 현재분사 **nodding**) 자 **1** (인사·동의 등으로 머리

를 끄덕이다, 끄덕여 인사하다: He *nodded* with a smile on his face. 그는 웃으면서 고개를 끄덕였다
2 (꾸벅꾸벅) 졸다, 깜빡하다: (Even) Homer sometimes *nods*. 《속담》 원숭이도 나무에서 떨어질 때가 있다

──타 (머리를) **끄덕이다** (🖉「고개를 젓다」는 shake one's head): He *nodded* his head in agreement. 그는 머리를 끄덕여 찬성을 나타냈다

nod one's head   shake one's head

──명 (복수 **nods** [-dz]) **1** 끄덕임: Her *nod* showed consent. 그녀의 끄덕임은 승낙의 표시였다
2 선잠, 졸기

***noise** [nɔ́iz 노이ᴢ] 명 (복수 **noises** [-iz]) (시끄럽거나 불쾌한) **소리, 소음**, 잡음: a *noise* pollution 소음 공해／ I heard a strange *noise* outside. 나는 밖에서 이상한 소리를 들었다／ Don't make a *noise*! 떠들지 마라!

noise·less [nɔ́izlis 노이ᴢ을리ㅆ] 형 소음이 없는, 조용한

nois·i·ly [nɔ́izili 노이ᴢ일리] 부 시끄럽게

***nois·y** [nɔ́izi 노이ᴢ이] 형 (비교급 **noisier**; 최상급 **noisiest**) **떠들썩한**, 시끄러운(반 quiet 조용한): Don't be *noisy*! 조용히 해!

nom·i·nal [nάmənl 나머느을] 형 **1** 이름의: a *nominal* index 인명 색인
2 이름뿐인, 명목상의: a *nominal* ruler 명목상의 통치자

nom·i·nate [nάmənèit 나머네잇] 동 (3단현 **nominates** [-ts]; 과거·과거분사 **nominated** [-id]; 현재분사 **nominating**) 타 …을 (후보자로) 지명하다, 추천하다; …에 임명하다: He was *nominated for* President. 그는 대통령 후보자로 지명되었다

nom·i·na·tion [nὰmənéiʃən 나머네이션] 명 지명, 추천; 임명

nom·i·na·tive [nάmənətiv 나머너티v→ 나머너리v으] 형 【문법】 주격의: the *nominative* case 주격
──명 【문법】 주격

non- 《접두사》「무(無)…, 비(非)…」의 뜻: *nonstop* 무정차의

***none** [nʌ́n 난] 대 **아무도〔하나도〕…않다**: *None* have arrived yet. 아무도 도착하지 않았다／ *None* of the students were present. 학생들은 아무도 출석하지 않았다／ *None* of the information is useful to me. 그 정보는 내게 하나도 쓸모가 없다

> 쓰임새 none은 보통 복수로 취급하는데, 셀 수 없는 명사를 받을 때에는 단수 취급한다.

──부 〔**none the**＋비교급 또는 **none too** …의 형태로〕 조금도 …않다: He is *none the better* today. 그는 오늘 조금도 좋아지지 않는다／ The place was *none too* clean. 그곳은 조금도 청결하지 않았다

non·fic·tion [nɑnfíkʃən 난F익션] 명 논픽션 《전기·역사 등 사실에 기초한 문학》

non·sense [nɑ́nsens 난쎈ㅆ] 명 쓸데없는 소리〔행동〕, 난센스: None of your *nonsense*! 바보짓 작작 해라!

***non·stop** [nɑ̀nstɑ́p 논스탑] 형 **직행의**, 무정차의, 무착륙의: a *nonstop* flight 무착륙 비행
──부 직행으로

non·vi·o·lence [nɑnváiələns 난V아이얼런ㅆ] 명 비폭력(주의)

***noo·dle** [núːdl 누-드을→ 누-르을] 명 (복수 **noodles** [-z]) 〔복수형으로〕 면, 국수

noon [núːn 누-은] 명 **정오**, 한낮: at noon 정오에/ They arrived a little before[after] noon. 그들은 정오 조금 전[후]에 도착했다

no one, no-one [nóu-wÀn 노우원] 대 〔단수 취급〕 아무도 …않다 (nobody가 〈구어〉적인 표현): No one likes him. 아무도 그를 좋아하지 않는다

nor [nɔ́ːr 노-r] 접 **1** 〔neither A nor B의 형태로〕 **A도 B도 …않다**: He can neither read nor write. 그는 읽지도 쓰지도 못한다/ Neither he nor I was present. 그도 나도 출석하지 않았다 (동사는 뒤의 주어(I)에 일치)
2 〔부정문 뒤에서〕 ~도 …하지 않다: I won't go, nor will Lisa. 나는 가지 않을 것인데 리사도 마찬가지다

nor·mal [nɔ́ːrməl 노-r머얼] 형 **표준의, 정상의**(반 abnormal 비정상의): The baby's weight is normal. 그 아기의 체중은 표준이다

nor·mal·ly [nɔ́ːrməli 노-r멀리] 부 정상적으로

Nor·man [nɔ́ːrmən 노-r먼] 명 노르만인[어]
— 형 노르만(인·어)의
【「북쪽(north)에 사는 사람(man)」에서】

Norman Conquest [nɔ́ːrmən káŋkwest] 명 〔the를 붙여〕 노르만 정복 (1066년 정복자 윌리엄이 이끈 노르만족의 영국 정복)

Nor·man·dy [nɔ́ːrməndi 노-r먼디] 명 노르망디 (영국 해협에 면한 프랑스 서북부 지방)

north [nɔ́ːrθ 노-r으] 명 **1** 〔보통 the를 붙여〕 **북, 북쪽**(반 south 남), 북부 (약어는 N.): The church is in the north of Seoul. 그 교회는 서울의 북쪽에 있다/ The town lies to the north of Seoul. 그 도시는 서울 북쪽에 있다/ The lake is on the north of the town. 그 호수는 그 도시의 북쪽에 (접해) 있다

쓰임새 어느 구역 내의 북쪽에 있으면 in, 북쪽 방향으로 떨어져 있으면 to, 붙어 있으면 on을 쓴다. east(동), west(서), south(남)도 마찬가지다.

in the north of   to the north of

— 형 북(부)의, 북에서의: the North Sea 북해/ a north wind 북풍
— 부 북으로[에]: go north 북으로 가다

North America [nɔ́ːrθ əmérikə] 명 북미, 북아메리카 (대륙)

North Car·o·li·na [nɔ́ːrθ kærəláinə 노-r으 캐럴라이나] 명 노스캐롤라이나 (미국 남부의 주(州); 약어는 N.C.)
【영국 국왕 Charles 1세의 라틴어 이름 Carolus에서】

North Da·ko·ta [nɔ́ːrθ dəkóutə 노-r으 더코우타 → 노-r으 더코우라] 명 노스다코타 (미국 중북부의 주(州); 약어는 N. Dak., N.D.)

north·east [nɔ́ːrθíːst 노-r으이-스트] 명 북동, 북동 지방, 북동부
— 형 북동(부)의; 북동에서: a northeast wind 북동풍
— 부 북동에〔으로〕

north·east·ern [nɔ̀ːrθíːstərn 노-r으이-스터r언] 형 북동의, 북동에서

north·ern [nɔ́ːrðərn 노-r더어r언] 형 북의, 북쪽의, 북부의(반 southern 남의)

North Pole [nɔ́ːrθ póul] 명 〔the를 붙여〕 북극(반 the South Pole 남극)

north·ward [nɔ́ːrθwərd 노-r으워r드] 부 형 북쪽으로(의)

north·wards [nɔ́ːrθwərdz 노-r으워r즈] 부 = northward

north·west [nɔ̀ːrθwést 노-r θ으웨스트]
형 북서, 북서 지방, 북서부
—— 형 북서(부)의, 북서에서: a *northwest* wind 북서풍
—— 부 북서로[에]

north·west·ern [nɔ̀ːrθwéstərn 노-r θ으웨스터r언] 형 북서의, 북서에서

Nor·way [nɔ́ːrwei 노-r웨이] 명 노르웨이 《스칸디나비아 반도 서부의 왕국; 수도는 오슬로(Oslo)》
【「북으로(north) 가는 길(way)」에서】

Nor·we·gian [nɔːrwíːdʒin 노-r위-쥔]
형 노르웨이(인·어)의
—— 명 노르웨이인[어]

nose [nóuz 노우z으] 명 (복수 **noses** [-iz]) **1** 코 (개나 말의 코는 muzzle, 코끼리의 코는 trunk): He blew his *nose*. 그는 코를 풀었다 / His *nose* is bleeding. 그는 코피가 난다

nose / trunk / muzzle

2 후각: A dog has a good *nose*. 개는 후각이 좋다

3 돌출부; (비행기의) 기수, (배의) 선수

nos·tril [nástrəl 나스츄뤄얼] 명 콧구멍

not [nát 낫] 부 **1** 〔be 동사·조동사의 뒤에 놓여〕 …아니다, …않다: This is *not*(isn't) a dictionary. 이것은 사전이 아니다 / I am *not* an American. 나는 미국인이 아닙니다 / He can*not* (can't) ride a bicycle. 그는 자전거를 탈 줄 모른다 / I do *not*(don't) like coffee. 나는 커피를 좋아하지 않는다 / Do*n't* be noisy. 떠들지 마라 / Did*n't* Mary go to the concert? 메리는 연주회에 가지 않았니? / He will *not*(won't) come. 그는 안 올 거다

참고 **not**과 결합된 단축형 (am not은 단축형이 없다)

be	is not → isn't are not → aren't was not → wasn't were not → weren't
can	cannot, can not → can't could not → couldn't
do	do not → don't does not → doesn't did not → didn't
have	have not → haven't has not → hasn't had not → hadn't
must	must not → mustn't
shall	shall not → shan't should not → shouldn't
will	will not → won't would not → wouldn't

2 〔부정사·분사·동명사 앞에 놓아 이를 부정함〕 (…하지) 않다: She decided *not* to see him any more. 그녀는 그를 더 이상 만나지 않기로 마음먹었다 / *Not* knowing, I cannot say. 모르니까 말할 수가 없소

3 〔all, both, every, always 등과 함께 써서 부분 부정을 나타냄〕 반드시 (모두) …은 아니다: *Not all* men are wise. 모두가 현명한 것은 아니다 / I do*n't* know *both*. 양쪽 다는 모른다 (한쪽만 안다)

4 〔절 등의 생략 대용어로서〕

회화
A: Is he coming?
그는 옵니까?
B: Perhaps *not*.
아마 안 올 걸

not a ... 단 한 사람[하나]도 …않다:

Not a man answered. 누구 한 사람도 대답하지 않았다 / He spoke *not a* word. 그는 한마디도 하지 않았다

not only A but (also) B A뿐만 아니라 B도 (🔲 동사는 B에 일치): It is *not only* economical *but (also)* good for the health. 그것은 경제적일 뿐 아니라 건강에도 좋다 / *Not only* you *but (also)* I am very busy. 너뿐만 아니라 나도 몹시 바쁘다

no·ta·ble [nóutəbl 노우터브ㄹ → 노우러브ㄹ] 형 **1** 주목할 만한: a *notable* event 주목할 만한 사건

2 유명한(famous): a *notable* painter 유명한 화가

── 명 (복수 **notables** [-z]) 명사(名士), 유명한 사람

no·ta·bly [nóutəbli 노우터블리 → 노우러블리] 부 **1** 두드러지게 **2** 특히

*★**note** [nóut 노웃] 명 (복수 **notes** [-ts]) **1** (간단한) **기록, 메모**: We made *notes* of his talk. 우리는 그의 이야기를 적어 놓았다 / He made a speech without *notes*. 그는 메모를 보지 않고 연설했다

> 비교 **note**와 **notebook**
> 우리는 공책을 노트라고 하지만 **note**는 간단한 「기록」이다. 「공책」은 **notebook**이라 한다.

note　　　notebook

2 짧은 편지; 외교상의 문서: a *note* of thanks 감사장
3 주(註), 주석
4 **주의**, 주목(notice): I took *note* of what he was saying. 나는 그가 말하는 것에 주목했다

5 음성, 어조, 가락; 【음악】 악보, 음표: He suddenly changed his *note*. 그는 갑자기 말씨를 바꾸었다
6 유명함, 명성: a man of *note* 명사
7 《영》 지폐 (🔲 《미》 bill); 어음

── 동 (3단현 **notes** [-ts]; 과거·과거분사 **noted** [-id]; 현재분사 **noting**) 타
1 …을 적어 두다: He *noted* down the main points of the lecture. 그는 강연의 요점을 적어 두었다

2 …에 주의하다: *Note* my words. 내 말에 주의하시오

*★**note·book** [nóutbùk 노웃북] 명 (복수 **notebooks** [-s]) **1** **노트**, **공책**; 수첩 **2** 노트북 컴퓨터

not·ed [nóutid 노우티드 → 노우리드] 형 유명한, 저명한(famous): She is a *noted* singer. 그녀는 유명한 가수다

note·wor·thy [nóutwə̀ːrði 노웃워-r디] 형 주목할 만한

*★**noth·ing** [nʌ́θiŋ 나씽] 대 **아무것도 … 없다〔않다〕**: I have *nothing* to say. 나는 할 말이 없다 / There is *nothing* new in his report. 그의 보고서에는 새로운 것이라고는 아무것도 없다

> 쓰임새 something, everything, anything과 마찬가지로 nothing을 수식하는 형용사는 뒤에 온다.

── 명 (복수 **nothings** [-z]) **1** 무, 영, 제로: The score was five to *nothing*. 스코어는 5대 0이었다
2 하찮은 사람〔물건〕

come to nothing 헛수고가 되다: His plan has *come to nothing*. 그의 계획은 수포로 돌아갔다

for nothing 거저, 무료로: I got these *for nothing*. 나는 이것들을 거저 얻었다
good for nothing 아무 쓸모없는

have nothing to do with …와는 아무런 관계가 없다: The case *has nothing to do with* him. 그 사건은 그와 아무 관계도 없다

—부 조금도 …않다: It helps nothing. 그것은 아무 도움도 안 된다

*no‧tice [nóutis 노우티스 → 노우리스] 명 (복수 notices [-iz]) 1 통지, 통보; 예고, 경고(warning): a death notice 사망 통지/ He was fired without notice. 그는 예고도 없이 해고됐다

2 주의, 주목(attention): That news attracted our notice. 그 뉴스는 우리의 주의를 끌었다

3 고시(告示), 게시, 벽보: He put up a notice on the door. 그는 문에 게시문을 붙였다

take notice of …에 주의하다: Don't take any notice of his advice. 그의 충고에 신경 쓰지 마라

—동 (3단현 notices [-iz]; 과거・과거분사 noticed [-t]; 현재분사 noticing) 타 …을 알아채다: notice a difference 차이를 알아차리다/ I noticed her enter the room. 그녀가 방에 들어오는 것을 알아챘다

no‧tice‧a‧ble [nóutisəbl 노우티써브을 → 노우리써브을] 형 1 눈에 띄는, 두드러진 2 중요한

notice board [nóutis bɔ̀:rd] 명 《영》 게시판 (《미》 bulletin board)

no‧ti‧fy [nóutəfài 노우터F아이 → 노우러F아이] 동 (3단현 notifies [-z]; 과거・과거분사 notified [-d]; 현재분사 notifying) 타 …을 통지(통보)하다, 신고하다: I notified the police of the loss of my purse. 나는 지갑을 분실했다고 경찰에 신고했다

*no‧tion [nóuʃən 노우션] 명 1 관념, 개념; 생각(idea), 의견: I have no notion of what she means. 그녀가 무엇을 말하려는지 통 모르겠다

2 의향, 의도: I have no notion of living in a large city. 나는 대도시에 살고 싶은 생각은 없다

no‧tion‧al [nóuʃənl 노우셔느을] 형 관념적인, 개념상의

no‧to‧ri‧ous [noutɔ́:riəs 노우토-뤼어ㅆ] 형 (보통 나쁜 의미로) 유명한 (좋은 의미로 「유명한」은 famous): The city is notorious for its polluted air. 그 도시는 대기 오염으로 유명하다

No‧tre Dame [nòutrə-déim 노우츄뤄데임] 명 노틀담 성당 (파리에 있는 대성당)

Notre Dame

not‧with‧stand‧ing [nàtwiðstǽndiŋ 낫위ð스탠딩] 전 …에도 불구하고 (in spite of)

nought [nɔ́:t 나-트] 명 《영》 영, 제로 (《미》 naught)

*noun [náun 나운] 명 【문법】 명사 (약어는 n.)

문법〉 명사
Brown, dog, apple, America, sea 등 사람이나 사물, 장소 등의 이름을 나타내는 말을 명사라 하며, 대개는 보통, 고유, 물질, 집합, 추상의 다섯 종류의 명사로 분류된다.
또한 셀 수 있는 명사와 셀 수 없는 명사로 나누는데, 셀 수 있는 명사가 단수일 때는 a[an]을 앞에 붙이고, 복수일 때는 복수형으로 쓴다. 그러나 셀 수 없는 명사는 앞에 a[an]을 붙일 수 없고 복수형으로도 쓰지 않는다.

nour‧ish [nə́:riʃ 너-뤼쉬] 동 (3단현 nourishes [-iz]; 과거・과거분사 nourished [-t]; 현재분사 nourishing) 타 1 …을 기르다, …에게 영양분을 주다: nourish a baby with milk 우유로 아기를 기르다

2 (희망・원한 등을) 품다

nour·ish·ing [nə́:riʃiŋ 너-뤼싱] 형 영양분이 많은

nour·ish·ment [nə́:riʃmənt 너-뤼쉬먼트] 명 영양; 음식물

Nov. 《약어》 *November* 11월

*nov·el [nάvəl 나V어얼] 명 (복수 **novels** [-z]) (장편) 소설: a historical *novel* 역사 소설

nov·el·ist [nάvəlist 나V얼리스트] 명 소설가

*No·vem·ber [nouvémbər 노우V엠버r] 명 11월 (약어는 Nov.): Snow begins to fall here in *November*. 이곳에서는 11월에 눈이 내리기 시작한다/ She was born on *November* 28. 그녀는 11월 28일에 태어났다

*now [náu 나우] 부 **1** 지금, 당장: What time is it *now*? 지금 몇 시입니까?/ We must go *now*. 우리는 지금 가야 한다
2 [화제를 바꾸거나 명령·주의 등의 뜻을 나타낼 때] 한데, 그런데, 자: *Now*, listen to me! 자, 내 말 좀 들어보게!/ *Now*, let's begin! 그럼, 시작하자!

(every) now and then = now and again 때때로, 종종(sometimes): She goes to the park *now and then*. 그녀는 종종 그 공원에 간다

now and forever 언제까지라도

right now 지금 당장, 즉시: Do it *right now*. 지금 당장 하세요

── 명 [전치사 뒤에서] 지금, 현재

by now 지금쯤: He will be home *by now*. 그는 지금쯤 집에 도착했을 것이다

for now 지금으로서는

from now on 앞으로는: I'll never be late *from now on*. 앞으로는 결코 늦지 않겠습니다

till [*up to*] *now* 지금까지: I have heard nothing from him *till now*. 지금까지 그에게서 아무런 소식을 듣지 못했다

── 접 [보통 *now that ...*로] (이제) …이니까: *Now (that)* you mention it, I do remember. 자네가 그렇게 말하니까 생각이 난다

now·a·days [náuədèiz 나우어데이즈] 부 요즈음은: *Nowadays* many people travel by airplane. 요즈음은 비행기로 여행하는 사람이 많다

no·where [nóuhwɛ̀ər 노우웨(훼)어r] 부 아무데도 …않다: I went *nowhere* yesterday. 나는 어제 아무데도 가지 않았다 (《구어》로는 I didn't go anywhere yesterday.)

*nu·cle·ar [njú:kliər 뉴-클리어r] 형 핵의, 원자력의: a *nuclear* test 핵실험/ a *nuclear* weapon 핵무기

nude [njú:d 뉴-드] 형 **1** 벌거벗은, 나체의 **2** 장식이 없는 **3** 있는 그대로의
── 명 나체화〔상〕

nui·sance [njú:sns 뉴-쓴쓰] 명 폐, 성가심; 성가신〔귀찮은〕 사람〔물건〕: What a *nuisance*! 아이 성가셔라!

nuke [njú:k 뉴-크] 명 《미속어》 핵무기, 핵폭탄

numb [nΛm 넘] [b는 묵음] 형 마비된, (…으로) 감각을 잃은

*num·ber [nΛmbər 남버r] 명 (복수 **numbers** [-z]) **1** 수, 숫자: an even *number* 짝수/ an odd *number* 홀수/ the cardinal *number* 기수 《one, two, three 등》/ the ordinal *number* 서수 《first, second, third 등》/ The *number* of cars has greatly increased. 자동차 수는 급격히 증가하다 (the number of ...는 단수 취급하는 것에 주의)

참고 숫자 읽기
영어는 우리 숫자 체계와 다르게 세 자리마다 콤마를 찍어서 첫 번째 콤마 자리에 thousand, 두 번째 자리에 million, 세 번째 자리에 billion을 넣어서 읽는다.

천=a thousand/만=ten thousand/ 십만=a hundred thousand
백만 = a million/ 천만 = ten million/ 억 = a hundred million
십억 = a billion

1,000,000,000

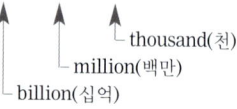
— thousand(천)
— million(백만)
— billion(십억)

2 (방·전화 등의) **번호**: a room *number* (호텔 등의) 방 번호/ What is your telephone *number*? 전화 번호는 몇 번입니까?

3 (잡지 등의) …호: a special *number* 특별호

a great〔*large*〕*number of* 많은, 다수의: *A large number of* people came to the concert. 많은 사람이 콘서트에 왔다

a number of 많은; 얼마간의: *A number of* books are missing. 많은〔몇 권의〕책이 없어졌다

> 쓰임새 a number of가 「많은」인지 「얼마간의」인지는 문장의 전후 관계에 따라 결정된다. 동사는 복수 취급하는 것에 주의.

numbers of 많은(many)
a small number of 소수의

── 통 (3단현 **numbers** [-z]; 과거·과거분사 **numbered** [-d]; 현재분사 **numbering** [-bəriŋ]) 타 **1** 번호를 매기다: *Number* the cards from 1 to 10. 카드에 1에서 10까지 번호를 매겨라

2 (합계) …이 되다: Visitors *numbered* 50 in all. 방문객은 전부 50명에 달했다

num·ber·less [nʌ́mbərlis 넘버r얼리쓰] 형 **1** 셀 수 없이 많은, 무수한 **2** 번호 없는

number plate [nʌ́mbər plèit] 명 《영》 = license plate

nu·mer·al [njúːmərəl 뉴-머뤄얼] 명 (복수 **numerals** [-z]) **1** 숫자: the Arabic *numerals* 아라비아 숫자

2 【문법】 수사(數詞)

nu·mer·ous [njúːmərəs 뉴-머뤄쓰] 형 다수의, 수많은

nun [nʌn 넌] 명 (복수 **nuns** [-z]) 수녀 (반) monk 수도승

nurse [nəːrs 너-r쓰] 명 (복수 **nurses [-iz]) **1 간호사 2** 유모

── 통 (3단현 **nurses** [-iz]; 과거·과거분사 **nursed** [-t]; 현재분사 **nursing**) 타 **1** …을 **간호하다**, 돌보다: She *nursed* her sick son all night. 그녀는 아픈 아들을 밤새도록 간호했다

2 …에게 젖을 먹이다

3 …을 기르다, 키우다

nurs·er·y [nə́ːrsəri 너-r써뤼] 명 (복수 **nurseries** [-z]) **1** 육아소, 아이방, 보육원 **2** 종묘〔양어, 양식〕장 **3** (재능 등의) 양성소; (범죄 등의) 온상

nursery rhyme [nə́ːrsəri ràim] 명 동요, 자장가

nursery school [nə́ːrsəri skùːl] 명 보육원

*****nut** [nʌt 넛] 명 (복수 **nuts** [-ts]) **1 견과** (堅果) 《껍질이 단단한 호두·개암·밤 등》 **2** 【기계】 너트, 암나사

nut·crack·er [nʌ́tkrækər 낫크뢔커r] 명 (복수 **nutcrackers** [-z]) 〔보통 복수형으로〕호두 까는 기구

nu·tri·ent [njúːtriənt 뉴-츄리언트] 형 영양이 되는

── 명 영양제〔물〕

nu·tri·tion [njuːtríʃən 뉴-츄뤼션] 명 영양; 영양 섭취

nu·tri·tious [njuːtríʃəs 뉴-츄뤼셔쓰] 형 영양의, 영양분이 있는

N.Y., NY 《약어》 *New York* 뉴욕주
N.Y.C. 《약어》 *New York City* 뉴욕시

ny·lon [náilɑn 나일란] 명 나일론 (제품)

nymph [nimf 님f으] 명 【그리스·로마신화】 님프 《산·강·연못·숲 등에 사는 예쁜 소녀 모습의 정령》

Oo

O, o [óu 오우] 명 (복수 O's, o's [-z]) **1** 오 《영어 알파벳의 열다섯째 글자》 **2** O자형(의 것); 원형 **3** (전화 번호·번지수 등의) 영(zero) **4** (혈액형의) O형

O [óu 오우] 감 오!, 어머나! 《놀람·감탄 등을 나타냄》: *O* dear me! 오, 이런!

> 쓰임새 O는 언제나 대문자로 쓰며, 바로 뒤에 콤마는 찍지 않는다. 일반적으로는 oh를 쓴다.

oak [óuk 오우크] 명 **1** 【식물】 오크 《떡갈나무·참나무 등의 낙엽수; 열매는 acorn》 **2** 오크재 《재질이 단단해서 선박·가구용 재료로 사용》

oar [ɔ́ːr 오-r] 《or(…또는)와 발음이 같음》 명 (복수 oars [-z]) 노, 상앗대

> 비교 oar와 paddle
> **oar**는 보트의 측면에 고정되어 있는 것. **paddle**은 고정되어 있지 않고 손에 들고 젓는 것.

oar   paddle

o·a·sis [ouéisis 오우에이씨쓰] 명 (복수 oases [-siːz]) **1** 오아시스 《사막 속의 초원지》 **2** 휴식처

oath [óuθ 오우θ] 명 (복수 oaths [óuðz, óuθs]) 맹세, 서약, 선서: He made an *oath* to give up smoking. 그는 담배를 끊겠다고 맹세했다

oat [óut 오웃] 명 (복수 oats [-ts]) 【식물】 귀리

oat·meal [óutmìːl 오웃미-엘] 명 오트밀 《귀리 가루에 우유와 설탕을 섞어 아침 식사로 먹는 음식》

o·be·di·ence [oubíːdiəns 오우비-디언쓰 → 오우비-리언쓰] 명 복종, 순종 (반 disobedience 불복종)

o·be·di·ent [oubíːdiənt 오우비-디언트 → 오우비-리언트] 형 순종하는, 고분고분한 (반 disobedient 순종하지 않는): an *obedient* boy 유순한 소년

*****o·bey** [oubéi 오우베이] 동 (3단현 obeys [-z]; 과거·과거분사 obeyed [-d]; 현재분사 obeying) 타 (명령 등에) **따르다**, 복종하다 (반 disobey 따르지 않다): We must *obey* the trafic rules. 우리는 교통 규칙을 지켜야 한다
자 복종하다

*****ob·ject**¹ [ábdʒikt 아브쥑트] 명 (복수 objects [-ts]) **1 물건**, 물체: a strange *object* 이상한 물체
2 목적, 목표: What is the *object* of your staying here? 당신이 이곳에 머물러 있는 목적은 무엇입니까?
3 (감정·행위 등의) 대상: an *object* of study 연구 대상
4 【문법】 목적어: the direct [indirect] *object* 직접 [간접] 목적어

*****ob·ject**² [əbdʒékt 어브젝트] 동 (3단현 objects [-ts]; 과거·과거분사 objected [-id]; 현재분사 objecting) 자 **…에 반대하다**, 이의가 있다 (to): I *object* to your opinion. 나는 당신의 의견에 반대합니다

ob·jec·tion [əbdʒékʃən 어브젝션] 명 반대, 이의: I have no *objection to* the plan. 나는 그 계획에 이의가 없다

ob·jec·tive [əbdʒéktiv 어브젝티v으] 형
1 객관적인(반 subjective 주관적인): an *objective* test 객관적인 테스트
2 〖문법〗 목적격의: the *objective* case 목적격

ob·li·ga·tion [àbləɡéiʃən 아블러게이션] 명 1 (법률·도덕상의) 의무, 책임 2 은혜, 혜택

o·blige [əbláidʒ 어블라이쥐] 동 (3단현 **obliges** [-iz]; 과거·과거분사 **obliged** [-d]; 현재분사 **obliging**) 타 1 …을 강요하다, 억지로 시키다: The law *obliges* us to pay taxes. 법에 따라 우리는 납세의 의무가 있다/ I was *obliged* to go. 나는 어쩔 수 없이 가야 했다
2 〔be obliged to의 형태로〕 …에 감사하다: I *am* much *obliged to* you. 당신에게 깊이 감사 드립니다

ob·long [áblɔːŋ 아블로-엉] 명 직사각형
── 형 직사각형의

o·boe [óubou 오우보우] 명 (복수 **oboes** [-z])〖음악〗오보에 (목관 악기)

ob·scure [əbskjúər 어브스큐어r] 형 (비교급 **obscurer** [-skjúərər] ; 최상급 **obscurest** [-skjúərist]) 1 분명치 않은, 애매한: an *obscure* meaning 애매한 뜻

oboe

2 잘 알려지지 않은, 무명의: an *obscure* poet 무명의 시인

ob·serv·ance [əbzə́ːrvəns 어브Z어-rV언쓰] 명 (복수 **observances** [-iz]) 1 (법률 등의) 준수, 지킴: the *observance* of the traffic rules 교통 법규의 준수
2 관습, 관례

ob·serv·ant [əbzə́ːrvənt 어브Z어-rV언트] 형 1 주의 깊은, 관찰력이 예민한
2 (규칙 등을) 잘 지키는

*****ob·ser·va·tion** [àbzərvéiʃən 아브Z어rV에이션] 명 1 관찰, 관측; 관찰력 2 주의, 주목 3 의견

ob·serv·a·to·ry [əbzə́ːrvətɔ̀ːri 어브Z어-rV어토-뤼] 명 (복수 **observatories** [-z]) 1 관측소, 기상대 2 전망대 【라틴어「관측하는(observe) 곳」에서】

*****ob·serve** [əbzə́ːrv 어브Z어-rV으] 동 (3단현 **observes** [-z]; 과거·과거분사 **observed** [-d]; 현재분사 **observing**) 타 1 …을 관찰하다, 관측하다: He *observes* the stars every night. 그는 매일 밤 별을 관측한다

2 …을 알아차리다: I *observed* nothing queer *in* her behavior. 그녀의 행동에서 별난 점을 찾아내지 못했다
3 (법률 등을) 지키다: *observe* the laws 법률을 지키다
4 …을 말하다: He *observed* nothing *on* the subject. 그는 그 문제에 관하여 아무런 말도 하지 않았다
5 (기념일·생일 등을) 축하하다

ob·serv·er [əbzə́ːrvər 어브Z어-rV어r] 명 1 관찰자, 관측자 2 옵서버 (정식 대표의 자격이 없어 회의에는 참석할 수 있지만 투표권은 없는 사람)

ob·sta·cle [ábstəkl 아브스터크을] 명 (복수 **obstacles** [-z]) 장애, 방해; 장애물: an *obstacle* race 장애물 경주

ob·sti·nate [ábstənət 아브스터닛] 형 완고한, 고집센

ob·struct [əbstrʌ́kt 어브스츄뤽트] 동 (3단현 **obstructs** [-ts]; 과거·과거분사 **obstructed** [-id]; 현재분사 **obstructing**) 타 …을 막다, 방해하다: The road was *obstructed* by a fallen tree. 쓰러진 나무가 길을 막았다

ob·struc·tion [əbstrʌ́kʃən 어브스츄룍션] 명 방해, 장애; 장애물

*__ob·tain__ [əbtéin 어브테인] 동 (3단현 **obtains** [-z]; 과거·과거분사 **obtained** [-d]; 현재분사 **obtaining**) 타 …을 얻다(get), 획득하다: *obtain* wealth 부를 얻다/ We *obtain* knowledge *through* books. 우리는 책에서 지식을 얻는다

ob·tuse [əbtjúːs 어브튜-쓰] 형 **1** 둔한, 무딘 **2** [수학] 둔각의 (반 acute 예각의)

*__ob·vi·ous__ [ábviəs 아브V이어쓰] 형 (비교급 **more obvious**; 최상급 **most obvious**) **1** 명백한, 분명한(plain): an *obvious* mistake 명백한 실수

2 뻔한, 다 알만한: It is *obvious* that he is lying. 그가 거짓말을 하고 있음은 뻔하다

ob·vi·ous·ly [ábviəsli 아브V이어쓸리] 부 분명히, 명백하게

oc·a·ri·na [àkəríːnə 아카뤼-나] 명 오카리나 (찰흙이나 사기 등으로 만든 피리의 일종)

*__oc·ca·sion__ [əkéiʒən 어케이줜] 명 (복수 **occasions** [-z]) **1 때, 경우**: on that *occasion* 그 때〔경우〕에

2 기회, 호기: I have had several *occasions* to see her. 그녀를 만나 볼 기회가 여러 번 있었다

3 (특별한) 행사, 의식

on occasion 때때로: I see her *on occasion*. 나는 그녀를 종종 만난다

*__oc·ca·sion·al__ [əkéiʒənl 어케이줘느을] 형 **가끔 있는**: an *occasional* visitor 가끔 오는 손님

oc·ca·sion·al·ly [əkéiʒənəli 어케이줘널리] 부 때때로, 가끔(sometimes)

Oc·ci·dent [áksədənt 악써던트] 명 〔the를 붙여〕 서양, 서구(반 the Orient 동양)

Oc·ci·den·tal [àksədéntl 악써덴트을] 형 서양의(Western)(반 Oriental 동양의)

*__oc·cu·pa·tion__ [àkjupéiʃən 아큐페이션] 명 (복수 **occupations** [-z]) **1 일, 직업**: What's his *occupation*? 그 사람 직업이 뭐야?

알면 Plus 직업의 종류	
captain 선장	carpenter 목수
cook 요리사	dentist 치과의사
doctor 의사	farmer 농부
lawyer 변호사	nurse 간호사
painter 화가	pilot 조종사
priest 목사	scientist 과학자
singer 가수	teacher 교사

2 점유, 점령, 점거

*__oc·cu·py__ [ákjupài 아큐파이] 동 (3단현 **occupies** [-z]; 과거·과거분사 **occupied** [-d]; 현재분사 **occupying**) 타 **1** (장소·지위를) **차지하다**: This desk *occupies* too much room. 이 책상은 공간을 너무 많이 차지한다/ He *occupies* an important post in the company. 그는 회사의 요직에 있다

2 (일 등이 시간을) 소비하다: The lecture *occupied* the whole afternoon. 강의는 오후 내내 이어졌다

3 …을 점유〔점령〕하다: The soldiers *occupied* the town. 군인들이 그 도시를 점령했다

4 〔**be occupied** 또는 **occupy** oneself 의 형태로〕 …에 종사하고 있다, 전념하고 있다 (with): I *am occupied with* my homework right now. 나는 지금 숙제하느라 바쁘다

*__oc·cur__ [əkə́ːr 어커-r] 동 (3단현 **occurs** [-z]; 과거·과거분사 **occurred** [-d]; 현재분사 **occurring** [əkə́ːriŋ]) 자 **1 …이 일어나다**, 생기다 (happen보다 딱딱한 말): The accident *occurred* at midnight. 그 사고는 한밤중에 일어났다

2 …이 생각나다: A good idea *occurred to* me. 내게 좋은 생각이 떠올랐다

oc·cur·rence [əkə́ːrəns 어커-뤈쓰] 명 **1** 사건 **2** (사건 등의) 발생

o·cean [óuʃən 오우션] 명 〔the를 붙여〕 대양, 해양 (🔍 보통 sea보다 큼): an *ocean* liner 원양 항로 정기선

> 참고 세계의 대양
> 태평양 the Pacific Ocean
> 대서양 the Atlantic Ocean
> 인도양 the Indian Ocean
> 북극해 the Arctic Ocean
> 남극해 the Antarctic Ocean

o'clock [əklάk 어클락] 부 …시 (🔍 of the clock의 단축형으로 숫자 다음에 오나 종종 생략된다): I get up at seven *o'clock*. 나는 7시에 일어난다

> 회화
> A: What time is it now?
> 지금 몇 시입니까?
> B: It is nine *o'clock*.
> 9시입니다

Oct. 《약어》 *Oct*ober 10월
oct(a)- 《접두사》 「8…」의 뜻
oc·tave [άktiv 악티ᵥ] 명 【음악】 옥타브, 8도 음정
Oc·to- 《접두사》 = oct(a)-
Oc·to·ber [aktóubər 악토우버r] 명 10월 (🔍 약어는 Oct.): We often go on a picnic in *October*. 우리는 흔히 10월에 소풍을 간다 / He arrived here on *October* 15. 그는 10월 15일에 이곳에 도착했다
【라틴어 「8월」에서; 줄리어스 시저가 달력을 바꾸면서 1월과 2월을 추가하였는데 이 때 8월인 October가 두 달 밀려 10월이 되었다】

oc·to·pus [άktəpəs 악터퍼ㅆ] 명 (복수 **octopuses** [-iz]) 문어, 낙지: An *octopus* has eight legs. 문어는 발이 8개다

octopus

【octo-(8)+-pus(발)에서】

odd [άd 아드] 형 (비교급 **odder**; 최상급 **oddest**) 1 이상한, 기묘한: *odd* customs 이상한 풍습 / There is something *odd* about him. 그에게는 어딘지 이상한 데가 있다

2 홀수의(반 even 짝수의): an *odd* number 홀수

3 (장갑·구두 등의) 한 짝의: an *odd* shoe 신발 한 짝 / He found an *odd* sock in his drawer. 그는 서랍에서 양말 한 짝을 찾았다

4 (돈 등이) 남은, 우수리의

o·dor, 《영》 **o·dour** [óudər 오우더r → 오우러r] 명 냄새, 향기

of [(약) əv 어ᵥ; (강) άv 아ᵥ] 전 1 〔거리·위치를 나타내어〕 …에서, …부터: The lake is ten miles south *of* town. 그 호수는 도시에서 10마일 남쪽에 있다 / Ireland lies west *of* England. 아일랜드는 영국 서쪽에 있다

2 〔분리·박탈을 나타내어〕 …에서: He robbed me *of* my watch. 그는 내 시계를 빼앗아 갔다

3 〔기원·출신을 나타내어〕 …출신〔태생〕의: a man *of* Texas 텍사스 출신의 사람 / She comes *of* a good family. 그녀는 좋은 가문의 출신이다

4 〔원인·이유를 나타내어〕 …때문에: The man died *of* cancer. 그 사람은 암으로 죽었다

5 〔재료를 나타내어〕 …**으로 만든**: They live in a house *of* brick. 그들은 벽돌(로 지은) 집에서 살고 있다/ This box is made *of* wood. 이 상자는 나무로 되어 있다

6 〔주격 관계를 나타내어〕 …**에 의한**, …에게: the works *of* Milton (= Milton's work) 밀턴의 작품/ It is kind *of* you to say so. 그렇게 말씀해 주셔서 감사합니다

7 〔목적격 관계를 나타내어〕 …**의**, …**을**: the discovery *of* America 미국의 발견/ the eating *of* fruit 과일을 먹기

8 〔동격 관계를 나타내어〕 …**의**, …이라는: the city *of* Seoul (= Seoul City) 서울시/ The four *of* us are high school student. 우리들 4명은 고등학생이다 (🖉 the를 붙이지 않고 four *of* us라고 하면 「우리들 중의 4명」이라는 뜻이 된다)

the four of us   four of us

9 〔소유·소속을 나타내어〕 …**의**: the legs *of* table 테이블 다리/ I am a student *of* this school. 나는 이 학교의 학생이다

> 쓰임새 소유·소속의 전치사 of
> (1) 소유·소속을 나타낼 때 생물에는 …'s의 형태를 쓰고 무생물에는 of를 쓴다. 그러나 무생물일지라도 …'s를 종종 쓰는 수가 있다: science*'s* influence 과학의 영향/ the train*'s* window 열차의 창.
> (2) a, an, this, any, some 등은 소유격과 같이 쓰지 않으므로「of+소유대명사」를 사용한다: a friend *of* mine 나의 친구들 중의 한 명.

10 〔부분을 나타내어〕 …중에서: some *of* my money 내 돈의 일부/ Who is the youngest *of* the three brothers? 그들 3형제 중에서 누가 가장 어립니까?

11 〔분량을 나타내어〕 …**의**: He ordered two cups *of* milk. 그는 우유 두 잔을 주문했다

12 〔관계·관련을 나타내어〕 …**에 대하여**: a story *of* his travels 그의 여행 이야기/ I have never heard *of* it. 나는 그것에 대해 들어 본 적이 없다

13 〔of+추상명사의 형태로〕 …의 성질을 가진: a man *of ability* (= an able man) 유능한 사람

14 〔명사+of+a …의 형태로〕 …같은: an *angel of a* girl 천사와 같은 소녀

15 〔시간을 나타내어〕《미》 … 전(반 after …후)(《영》 to): It is five minutes *of* ten. 10시 5분전이다

***off** [ɔːf 아-f으] 전 **1** …**에서 떨어져**, 벗어나서: A button is *off* your coat. 네 코트 단추 하나가 떨어져 있다/ He fell *off* his bicycle. 그는 자전거에서 떨어졌다/ Keep *off* the grass. 《게시》 잔디밭에 들어가지 마시오

2 (일 등)**에서 벗어나**: He is *off* duty. 그는 비번이다

── 부 **1** 〔이동·방향을 나타내어〕 **떠나, 출발하여**: go *off* on a journey 여행을 떠나다/ I must be *off* now. 이제 가야겠다

2 벗고, 벗어져(반 on 입고): Take *off* your hat. (= Take your hat *off*.) 모자를 벗어라

> 쓰임새 목적어가 명사일 때의 off의 위치는 목적어의 앞뒤 어디든지 올 수 있으나 목적어가 대명사일 때의 off는 목적어 뒤에 와야만 한다: He took *off* it. (×) → He took it *off*. (○) 그는 그것을 벗었다.

3 〔시간·공간적인 분리를 나타내어〕 **떨어져**, 멀리: My birthday is only a

offence

week *off*. 앞으로 1주일만 있으면 내 생일이다/ My house is two miles *off*. 우리 집은 2마일 떨어져 있다/ Hands *off*! 손대지 마시오!

4 (가스·수도·전기 등이) **끊겨**: Turn *off* the water. 수도를 잠가라

5 완전히, 끝까지: drink *off* 모두 마셔 버리다/ She cleared *off* the table. 그녀는 식탁을 깨끗이 치웠다

6 (활동 등을) 중지하고; (일·근무 등을) 쉬고: call〔put〕 *off* the game 경기를 중지〔연기〕하다/ I took a day *off*. 나는 하루 휴가를 얻었다

7 할인하여: buy a sweater 20% *off* 20% 할인해서 스웨터를 사다

on and off = ***off and on*** 때때로; 불규칙하게

——형 **1** **…에서 떨어진**, 벗어난: an *off* street 옆길/ an *off* issue 지엽적인 문제

2 한산한, 쉬는: an *off* season 제철이 지난 시기/ I'm *off* today. 오늘은 비번이다〔쉰다〕

of·fence [əféns 어F엔ㅆ] 명 《영》 = offense

*__of·fend__ [əfénd 어F엔드] 동 (3단현 **offends** [-dz]; 과거·과거분사 **offended** [-id]; 현재분사 **offending**) 타 **성나게 하다**, 감정을 상하게 하다: She was *offended* by〔at〕 my words. 그녀는 내 말을 듣고 화를 냈다

——자 죄〔과오〕를 범하다

of·fend·er [əféndər 어F엔더r] 명 범죄자, 위반자

*__of·fense__, 《영》 **of·fence** [əféns 어F엔ㅆ] 명 (복수 **offenses** [-iz]) **1** **범죄**, 위반: Stealing is an *offense*. 물건을 훔치는 것은 범죄다

2 무례, 모욕, 감정을 상하게 하는 것

3 공격(반 defense 수비): *Offense* is the best defence. 공격은 최선의 방어다

of·fen·sive [əfénsiv 어F엔씨v으] 형 **1** 무례한, 거슬리는 **2** 공격의(반 defensive 수비의)

*__of·fer__ [ɔ́:fər 아-F어r] 동 (3단현 **offers** [-z]; 과거·과거분사 **offered** [-d]; 현재분사 **offering** [-fəriŋ]) 타 **1** (물건 등을) **제공하다**, 권하다: *offer* money 금전을 제공하다/ He *offered* me a cigarette. 그는 나에게 담배를 권했다

2 (의견 등을) **제안하다**, 제의하다: He *offered* to help me. 그는 도와주겠다고 나섰다

——명 (복수 **offers** [-z]) 제공, 제안, 제의: accept〔decline〕 an *offer* 제안을 수락〔거절〕하다

*__of·fice__ [ɔ́:fis 아-F이ㅆ] 명 (복수 **offices** [-iz]) **1** **사무소**〔실〕, 영업소; 《미》 진료실: a lawyer's *office* 법률 사무소/ a branch *office* 지점/ the head office 본점/ My father's *office* is in Samil building. 아버지 회사는 삼일 빌딩에 있다

2 관공서; 《영》 부, 성(省); 《미》 국, 부(部): a post *office* 우체국/ the Foreign *Office* 《영》 외무성

3 관직, 지위; 직무, 임무

*__of·fi·cer__ [ɔ́:fisər 아-F이써r] 명 (복수 **officers** [-z]) **1** (군대의) **장교**(반 soldier 병사); (상선의) 고급 선원: military〔naval〕 *officer* 육군〔해군〕 장교

2 공무원, 관리(official)

3 〔호칭으로〕 경찰관: Excuse me, officer. 실례합니다, 경관님

*__of·fi·cial__ [əfíʃəl 어F이셔ㄹ] 명 (복수 **officials** [-z]) **공무원**, 관리

——형 **1** **공적인**, 공무상의(반 private 사적인): *official* business 공무/ *official* funds 공금

2 공인된, 공식의: an *official* record 공인 기록/ an *official* statement 공식 성명

of·fi·cial·ly [əfíʃəli 어F이셜리] 부 **1** 공무상 **2** 공식으로

off-line [ɔ́:f-làin 아-f올라인] 형 부 【컴퓨터】 오프라인의〔으로〕 《데이터 처리에서 단말기가 주 컴퓨터에 연결되지 않은》

off·sea·son [ɔ́:f-sì:zn 아-프씨-Z은] 명 철이 지난, 오프 시즌 《스포츠·음악회 등의 행사가 없는 시기》

off·set [ɔ́:fsèt 아-프셋] 명 **1** 상쇄하는 것, 벌충하기 **2** 【인쇄】 오프셋 인쇄

off·spring [ɔ́:fspriŋ 아-프스프링] 명 자식, 자손

of·ten [ɔ́:fən 아-프언] 부 흔히, 종종: He is *often* late for school. 그는 학교에 종종 늦는다/ I *often* visit him. 나는 그를 자주 방문한다/ How *often* do you go to the movies? 얼마나 자주 영화를 보러 갑니까?

> 쓰임새 often은 always, sometimes, usually 등과 같이 조동사 및 be 동사 다음에, 일반 동사의 앞에 놓인다.

oh [óu 오우] 감 오!, 아!: *Oh*, no! 안돼!/ *Oh*, yes! 그렇고 말고!/ *Oh*, dear (me)! 아이고, 이런!

> 쓰임새 감탄사 oh는 놀람·기쁨·슬픔·고통 등을 나타낼 때 쓰며, O와는 달리 뒤에 콤마(,)가 온다.

O·hi·o [ouháiou 오우하이오우] 명 오하이오 《미국 북동부의 주(州); 약어는 OH, O》

oil [ɔ́il 오일] 명 (복수 **oils** [-z]) **1 기름, 석유**: machine *oil* 기계유
2 〔보통 복수형으로〕 유화 물감: He painted a picture in *oils*. 그는 유화를 그렸다

oil field [ɔ́il fìːld] 명 유전(油田)

oil painting [ɔ́il pèintiŋ] 명 유화(油畵)

oil·y [ɔ́ili 오일리] 형 (비교급 **oilier**; 최상급 **oiliest**) 기름의; 기름투성이의

oint·ment [ɔ́intmənt 오인트먼트] 명 연고

OK, O.K. [óukei 오우케이] 형 좋은, 괜찮은: That's *OK*. 됐어/ Everything is *OK*. 만사 오케이다

— 부 《구어》 〔승낙·승인의 뜻을 나타내어〕 좋아, 됐어, 오케이(all right)

> 회화
> A: Won't you help me?
> 도와 주시겠습니까?
> B: *OK*.
> 네, 좋습니다

o·kay [óukei 오우케이] 형 부 = OK

O·kla·ho·ma [òukləhóumə 오우클러호우머] 명 오클라호마 《미국 남부의 주(州); 약어는 OK., Okla.》

old [óuld 오울드] 형 (비교급 **older**; 최상급 **oldest**) **1 늙은, 나이 든**(반 young 젊은); 〔**the**를 붙여〕 노인들: He is an *old* man. 그는 노인이다/ She looks *old* for her age. 그는 나이에 비해 늙어 보인다/ Be kind to *the old*. 노인들에게 친절히 대해라

old young

old new

2 …지난, …살의: The library is ten years *old*. 그 도서관은 지은 지 10년이 되었다

> 회화
> A: How *old* are you?
> 몇 살입니까?
> B: I'm twenty years *old*.
> 스무 살입니다

3 낡은, 오래된(반 new 새로운): I have an *old* bicycle. 나는 낡은 자전거를 한 대 가지고 있다/ He is an *old* friend of mine. 그는 나의 오랜 친구이다

4 연상의: He is three years *older* than I. 그는 나보다 3년 연상이다/ He is the *oldest* of the three. 그는 셋 중에서 나이가 가장 많다

old-fash·ioned [óuld-fǽʃənd 오울드F애션드] 형 구식의, 유행에 뒤진

Old World [óuld wə́ːrld] 명 〔the를 붙여〕 구세계 《아메리카 대륙 발견 이전의 세계 즉 유럽·아시아·아프리카를 가리키나 보통 유럽을 나타낸다》

ol·ive [áliv 알리v으] 명 【식물】 올리브 (나무〔열매〕)

> 참고 ▶ 올리브 가지
> 올리브 가지는 평화와 화해를 상징하여 UN기에도 그려져 있다. 고대 그리스에서는 경기의 우승자에게 올리브 가지와 잎으로 만든 올리브 관이나 월계관을 씌워 주었다고 한다.

olive oil [áliv ɔ̀il] 명 올리브유(油)

O·lym·pi·a [əlímpiə 얼림피아] 명 올림피아 《고대 그리스의 평야 지대로 고대 그리스인들의 경기가 4년에 한 번씩 이곳에서 열렸다고 함》

O·lym·pi·ad [əlímpiæd 얼림피애드] 명 1 국제 올림픽 대회 (✎ 보통 the Olympic Games이라 한다) 2 (정기적으로 개최되는) 국제 경기 대회

***O·lym·pic** [əlímpik 얼림픽] 형 **올림픽의**: *Olympic* rings 오륜 《오대륙을 나타내는 올림픽 마크》

Olympic rings

── 명 〔the **Olympics**로〕 **국제 올림픽 대회**: *The* Seoul *Olympics* were held in 1988. 서울 올림픽은 1988년에 열렸다

Olympic Games [əlímpik géim] 명 〔**the**를 붙여〕 **1** (근대의) 국제 올림픽 대회 **2** (고대 그리스의) 올림피아 경기

O·lym·pus [əlímpəs 얼림퍼쓰] 명 올림포스 산 《그리스 북부의 산; 그리스신화의 여러 신들이 그 산꼭대기에서 살았다고 함》

o·me·ga [ouméigə 오우메이가] 명 오메가 《그리스 알파벳의 마지막 글자 Ω, ω》

om·e·let, 《영》 **om·e·lette** [ámlit 아멀릿] 명 오믈렛

o·men [óumən 오우먼] 명 전조, 조짐, 징조: an evil〔ill〕 *omen* 흉조

om·i·nous [ámənəs 아머너쓰] 형 불길한, 나쁜 징조의

o·mis·sion [oumíʃən 오우미션] 명 **1** 생략, 누락 **2** 태만

o·mit [oumít 오우밋] 동 (3단현 **omits** [-ts]; 과거·과거분사 **omitted** [-id]; 현재분사 **omitting**) 타 **1** …을 생략하다, 빠뜨리다: His name was *omitted* from the list. 그의 이름이 명단에서 빠져 있었다

2 …을 잊다 (to *do*): He *omitted to* lock the door. 그는 문 잠그는 것을 잊었다

om·ni·bus [ámnibʌ̀s 암니바쓰] 명 승합자동차, 버스 (✎ 현재는 생략형 bus를 쓴다)

── 형 잡다한 것을 포함하는

*****on** [ɔ́ːn 오-언] 전 **1** 〔장소·위치를 나타내어〕 **…(위)에**: a picture *on* the wall 벽에 걸린 그림 / a fly *on* the ceiling 천장에 앉은 파리 / There is a book *on* the desk. 책상 위에 책이 있다 / There are boats *on* the lake. 호수 위에 보트가 떠 있다 / I met her *on* the street. 나는 길에서 그녀를 만났다

> 쓰임새 ▶ **on**은 「…(위)에」라는 뜻으로 물건의 표면에 접촉된 상태에서의 위뿐만 아니라 벽이나 천장 등에 붙어 있는 상태도 on을 쓴다. above는 떨어져 위에 있는 경우에 쓴다.

2 …을 몸에 지니고〔입고, 신고, 쓰고〕: Have you got any money *on* you? 돈 좀 가진 것 있습니까?/ She has a hat *on* her head. 그녀는 머리에 모자를 쓰고 있다
3 〔근접을 나타내어〕 …에 접하여: a house *on* the road 도로 가의 집/ She sat *on* my left. 그녀는 나의 왼쪽에 앉았다
4 〔동작의 방향을 나타내어〕 …을 향하여: march *on* the front line 최전방을 향하여 행군하다
5 …의 도중에: I met her *on* my way home. 나는 집으로 가는 도중에 그녀를 만났다
6 〔목적을 나타내어〕 …을 위하여: go *on* an errand 심부름 가다/ He went to Seoul *on* business. 그는 일 때문에 서울에 갔다
7 〔수단·도구를 나타내어〕 …으로: I go to school *on* foot. 나는 걸어서 학교에 간다/ She played several songs *on* the piano. 그녀는 피아노로 여러 곡을 연주했다/ I heard it *on* the radio. 나는 라디오에서 그것을 들었다
8 〔동작의 대상을 나타내어〕 …에 대하여, …을 겨냥하여: I called *on* him. 나는 그를 방문했다/ He struck me *on* the head. 그는 나의 머리를 쳤다
9 〔상태를 나타내어〕 …하는 중: The building is *on* fire. 그 건물은 불타고 있다/ The car is now *on* sale. 그 차는 지금 판매 중이다
10 〔요일·특정한 날을 나타내어〕 …에: *on* Monday 월요일에/ *on* July 10 (= *on* the 10th of July) 7월 10일에/ I usually play tennis *on* Sunday afternoon. 나는 대개 일요일 오후에는 테니스를 한다

〖쓰임새〗 일반적으로「오전에」,「오후에」라고 할 때는 전치사 in을 써서 in the morning, in the afternoon이라고 하지만, 특정한 날의「오전에」,「오후에」라고 할 때는 on을 쓴다.

11 〔근거·기준·의존을 나타내어〕 …에 따라, 의해서: This novel is based *on* facts. 이 소설은 사실에 근거하고 있다/ We live *on* rice. 우리는 쌀을 먹고 산다
12 …하자마자(as soon as), …와 동시에: *on* demand 청구하는 대로/ *On* arriving in Seoul, Nick came to see me. 서울에 도착하자마자 닉은 나를 만나러 왔다
13 …에 관한: a book *on* birds 새에 관한 책/ He lectured *on* modern art. 그는 현대 미술에 대하여 강연했다
14 《구어》 …이 지불하는: The drinks are *on* me. 술값은 내가 치른다

── 〖부〗 **1** …위에: I jumped *on* to the jeep. 나는 지프 위에 올라탔다
2 몸에 입고, 쓰고(반 on 벗고): Put your coat *on*. 코트를 입어라
3 〔동작을 나타내어〕 계속해서: sleep *on* 계속 자다/ Go straight *on*. 계속해서 똑바로 가세요
4 상영〔상연〕하여: Is that film still *on*? 그 영화는 지금도 상영 중입니까?
5 (라디오 등이) 켜져(반 off 꺼져); (수도·가스 등이) 통하여, 나와: The radio

[light] is *on*. 라디오가〔전등이〕 켜져 있다/ Who turn *on* the gas? 누가 가스를 켰니?

on   off

on and off = ***off and on*** 때때로: It rained *on and off* all day. 하루 종일 비가 오락가락 했다

on and on 계속해서, 쉬지 않고: The teacher talked *on and on*. 선생님은 계속해서 말씀하셨다

once [wʌ́ns 원쓰] 〖부〗 **1 한 번**, 1회: *once* a day〔month〕 하루〔한 달〕에 한 번/ We eat out *once* a week. 우리는 일주일에 한 번 외식한다/ I have been to America *once*. 나는 미국에 한 번 다녀왔다

2 전에, 옛날에: He was *once* a baseball player. 그는 한 때 야구 선수였다/ I *once* lived in Canada. 나는 전에 캐나다에서 살았었다

more than once 몇 번이고: I read the book *more than once*. 나는 그 책을 몇 번이고 읽었다

once and again 몇 번이고

once (and) for all 딱 잘라서, 단호히: He gave up his business *once and for all*. 그는 그 사업을 단호하게 단념했다

once in a while 가끔, 때때로(sometimes): He writes to me *once in a while*. 그는 가끔 나에게 편지를 쓴다

once more = ***once again*** 다시 한 번: Let's sing the song *once more*. 다시 한 번 그 노래를 부르자

once upon a time 옛날 옛날에 (〖참〗 옛날 이야기의 첫머리에 흔히 쓰여): *Once upon a time*, there lived a prince. 옛날

옛날에 왕자님이 살고 있었습니다

── 〖접〗 일단 …하면: *Once* you have made a promise, you must keep it. 일단 약속을 하면 그것을 지켜야 한다

── 〖명〗 한 번, 1회: *Once* is enough. 한 번이면 충분하다

all at once (1) 갑자기(suddenly): *All at once* the light went out. 갑자기 불이 꺼졌다

(2) 다 한꺼번에

at once (1) 동시에(at the same time): Don't do two things *at once*. 두 가지 일을 동시에 하려고 하지 마라

(2) 당장, 즉시(immediately): You had better go *at once*. 지금 당장 가는 것이 좋다

one [wʌ́n 원] 〖형〗 **1 하나의**, 1개의, 한 사람의; 한 살의: *one* dollar 1달러/ There is *one* apple on the table. 테이블 위에는 사과가 1개 있다/ My son is *one* year old. 나의 아들은 한 살이다

〖쓰임새〗 「하나」의 뜻을 강조할 때 이 외에는 일반적으로 a, an을 쓴다.

2 〔때를 나타내는 명사와 함께〕 **어떤**, 어느: *one* summer night 어느 여름날 밤에

3 〔another와 대조적으로〕 한쪽의, 한편의: *One* man's meat is *another* man's poison. 《속담》 갑의 약은 을의 독

4 같은, 동일한: in *one* direction 같은 방향으로/ They cried with *one* voice. 그들은 다같이 외쳤다

── 〖명〗 (복수 **ones** [-z]) (수의) **1, 하나**, 한 사람, 한 개, 1시: Chapter *One* 제1권〔장〕/ *One* and two is〔are〕 three. 1 더하기 2는 3이다/ I had lunch at *one*. 나는 1시에 점심을 먹었다

── 〖대〗 **1** 일반적인 사람: *One* should do *one*'s duty. 사람은 자신의 의무를 다하여야 한다

2 〔앞에 나온 명사의 반복을 피하여〕 그것: I don't have a pen. Can you lend me *one*? 나는 펜이 없습니다. 빌려주시겠습니까?/ My family is a large *one*. 우리 집은 대가족이다

> 쓰임새 one은 앞에 나온 명사와 「같은 종류」의 것을 나타내며, 「동일한 것」을 나타낼 때에는 it를 쓴다: He had a pen and gave *it* to me. 그는 펜을 한 자루 가지고 있었는데 그것을 나에게 주었다.

one after another 잇따라서, 차례로: They came in *one after another*. 그들은 차례로 들어왔다

one after the other 교대로, 번갈아: The two boys rowed the boat *one after the other*. 두 소년은 교대로 보트의 노를 저었다

one another (세 사람 이상) 서로: The girls are talking seriously to *one another*. 소녀들은 진지하게 서로 이야기를 나누고 있다

> 쓰임새 두 사람의 경우에는 each other를, 세 사람 이상의 경우에는 one another를 주로 쓴다.

one by one 하나씩, 한 사람씩: Please come into the room *one by one*. 방으로 한 사람씩 들어오세요

one A the other B (둘 중) 한쪽은 A 다른 한쪽은 B: She has two cats. *One* is black, and *the other* is white. 그녀는 고양이가 두 마리 있다. 한쪽은 검고 다른 한쪽은 희다

one-piece [wʌ́n-pìːs 원피-쓰] 형 원피스의, 위아래가 붙은

one's [wʌnz 원즈] 대 《one(사람)의 소유격》 사람의, 그 사람의

*****one·self** [wʌnsélf 원쎄엘f으] 대 **1** [강조 용법으로] 몸소, 스스로 (oneself의 부분을 강하게 발음): One must do such things *oneself*. 그런 것은 자기가 해야 한다/ I did it *myself*. (= I *myself* did it.) 나는 그 일을 직접 했다

2 [재귀 용법으로] 자기 자신을[에게]: kill *oneself* 자살하다/ She looked at *herself* in the mirror. 그녀는 거울에 자신의 모습을 비춰 보았다

> 쓰임새 oneself는 주어가 one일 때만 쓰이고, 보통은 주어의 인칭·수에 따라서 형태가 바뀐다.

	단수	복수
1인칭	myself	ourselves
2인칭	yourself	yourselves
3인칭	himself herself itself	themselves

by oneself 혼자서, 혼자 힘으로: He lives *by himself*. 그는 혼자 살고 있다/ She did the work *by herself*. 그녀는 혼자 그 일을 했다

for oneself (1) 혼자 힘으로, 스스로, 자신이: Go and see *for yourself*. 직접 가서 보세요

(2) 자기를 위한: He built a house *for himself*. 그는 자기가 살 집을 지었다

in oneself 원래, 그 자체는

of oneself 저절로, 자기 스스로: The flowers fell *of themselves*. 꽃이 저절로 떨어졌다

one-way [wʌ́n-wéi 원웨이] 형 **1** 일방통행의: a *one-way* street 일방 통행로

2 《미》 편도의: a *one-way* ticket 《미》 편도 승차권 (《영》 a single ticket)

*****on·ion** [ʌ́njən 어니언] 명 《복수 **onions** [-z]》 【식물】 **양파**
【라틴어 「결합(union)」에서】

on-line [ɔ́ːn-làin 오-언라인] 형 부 【컴퓨터】 온라인의[으로] 《단말기가 주(主)컴퓨터 [중앙 처리 장치] 에 연결된》

*****on·ly** [óunli 오운리] 형 **유일한**, 단 하나 [한 사람] 뿐인: an *only* son 외아들/ It is my *only* hope. 그것이 나의 유일한 희망이다

─ 부 **1** **단지**, **다만**, 오직: *Only* you 〔You *only*〕 can do it. 당신만이 그것을 할 수 있다/ I play football *only* on Saturday. 나는 토요일에만 축구를 한다

쓰임새 **only**의 위치

only는 수식하는 어구의 바로 앞이나 뒤에 놓을 수 있으나 일반적으로 앞에 두는 경향이 높다. 그러나 only의 위치에 따라 뜻이 달라지는 수도 있으므로 주의해야 한다: *Only* I saw the photo. 오직 나만이 그 사진을 보았다/ I *only* saw the photo. 나는 단지 그 사진을 보기만 했을 뿐이다《찢거나 한 일은 없다》/ I saw *only* the photo. (= I saw the photo *only*.) 나는 단지 사진만 보았다《다른 것은 보지 않았다》.

2 〔수량을 수식하여〕 **겨우**, 고작: *only* a little 아주 적은/ He had *only* one dollar. 그는 1달러 밖에 없었다

3 〔때를 나타내는 부사(구)를 수식하여〕 막, 바로: He came *only* yesterday. 그는 어제 왔을 뿐이다

4 〔부정사를 수식하여〕 결국 (…할) 뿐이: He studied hard for the exam *only to* fail. 그는 시험을 위하여 열심히 공부하였으나 결국 실패하였다

have only to *do* …하기만 하면 된다: You *have only to* tell the truth. 당신은 진실만 말하면 된다

not only *A* ***but (also)*** *B* A뿐만 아니라 B도 (또한) ⇒ not 숙어

only too (1) 몹시, 너무: I'm *only too* glad to see you. 당신을 만나서 정말 기뻐요

(2) 유감이지만…: It is *only too* true. 그것은 유감이지만 사실이다

on·to,《영》**on to** [ɔ́ːntu 오-언투] **전** …의 위에: He jumped *onto* the horse. 그는 말에 올라탔다

on·ward [ɔ́ːnwərd 오-언워r드] **부** 앞으로, 전방으로: move *onward* 전진하다
─ **형** 앞으로의

on·wards [ɔ́ːnwərdz 오-언워rz으] **부** **형** = onward

oops [úːps 우-읍쓰] **감** 저런!, 아이쿠!《놀람·당황의 뜻을 나타내는 소리》

o·pen [óupn 오우픈] **형** (비교급 **opener**; 최상급 **openest**) **1** (문·창 등이) **열린**(반 closed 닫힌): The door is always *open*. 그 문은 언제나 열려 있다

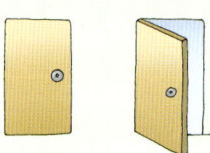

closed   open

2 널따란; 덮개〔지붕〕가 없는: *open* country 널따란 땅/ an *open* mind 넓은 마음/ an *open* car 오픈 카

3 (학교 등이) **공개된**, 출입〔통행, 사용〕 자유의: an *open* class 공개 강좌/ The park is *open* to everybody. 그 공원은 모든 사람에게 개방되어 있다

4 (상점이) **열려 있는**; (극·의회 등이) 공연〔개회〕중인: The shop is *open* from ten to six. 그 상점은 10시에서 6시까지 문을 연다

─ **동** (3단현 **opens** [-z]; 과거·과거분사 **opened** [-d]; 현재분사 **opening**) **타 1** …을 **열다**(반 close, shut 닫다): *Open* the door. 문 열어라/ *Open* your textbooks *to*〔*at*〕 page 50. 교과서 50쪽을 펴라

2 (가게·모임 등을) **열다**; (활동을) 개시하다: We *opened* the meeting at three. 우리는 모임을 3시에 시작했다 / They *opened* fire on the enemy. 그들은 적을 향해 사격을 개시했다

3 개방하다, 공개하다: *open* one's garden to the public 정원을 일반에게 공개하다

—[자] **1** (문 등이) **열리다**; (꽃이) 피다: The door will not *open*. 문이 열리지 않는다 / The flowers are *opening*. 꽃이 피고 있다

2 (방·문 등이) …으로 통하다, 향하다 (into, to): The window *opens to* the south. 그 창문은 남향이다

3 (가게 등이) 열리다; 시작되다: This store *opens* at 10. 이 가게는 10시에 문을 연다 / School *opens* in March. 학교는 3월에 시작된다

—[명] **1 옥외**, 야외; 공터: play in the *open* 야외에서 놀다

2 공개 경기; (골프 등의) 오픈 선수권 시합 ((프로와 아마추어가 모두 참가하는 경기))

o·pen-air [óupn-ɛ́ər 오우픈에어r] [형] 옥외의, 야외의: an *open-air* concert 야외 콘서트

o·pen·er [óupnər 오우프너r] [명] 여는 도구, 따개

*__**o·pen·ing**__ [óupniŋ 오우프닝] [명] (복수 **openings** [-z]) **1 개장**, 개시: the *opening* of a new shop 새 가게의 개점

2 취직 자리, 결원, 공석: Do you have any job *openings*? 직원 채용 계획 있으십니까?

3 구멍, 틈: an *opening* in the wall 벽의 틈

—[형] **시작의**, 개시의: an *opening* address[speech] 개회사

o·pen·ly [óupnli 오우픈리] [부] **1** 공공연히(in public) **2** 솔직히(frankly)

*__**op·er·a**__ [ápərə 아퍼러] [명] (복수 **operas** [-z]) **오페라**, 가극

opera house [ápərə hàus] [명] 오페라 하우스

*__**op·er·ate**__ [ápərèit 아퍼레잇] [동] (3단현 **operates** [-ts]; 과거·과거분사 **operated** [-id]; 현재분사 **operating**) [자] **1** (기계·기관 등이) **움직이다**, 작동하다: The machine does not *operate* well. 그 기계는 잘 움직이지 않는다

2 작용하다, (약이) 효과를 나타내다: This medicine *operate* quickly. 이 약은 금방 듣는다

3 수술을 하다 (on): He was *operated* on yesterday. 그는 어제 수술을 받았다

—[타] **1** (기계를) **운전하다**, 조종하다: Can you *operate* a sewing machine? 재봉틀을 다룰 줄 압니까?

2 (회사 등을) 경영하다(run): *operate* hotel 호텔을 경영하다

*__**op·er·a·tion**__ [àpəréiʃən 아퍼뤠이션] [명] (복수 **operations** [-z]) **1** (기계 등의) **운전**, 조작: a machine in *operation* 운전 중인 기계

2 (기관 등의) **작용**; (약 등의) 효과: the *operation* of breathing 호흡 작용

3 수술: He had an *operation* on his leg. 그는 다리 수술을 받았다

4 운영, 경영: the *operation* of railroad 철도 경영

5 [보통 복수형으로] 군사 행동, 작전

op·er·a·tor [ápərèitər 아퍼뤠이터r → 아퍼뤠이러r] [명] (복수 **operators** [-z]) **1** (기계 등의) 조작자: a computer *operator* 컴퓨터 조작자

2 (전화) 교환수 ((telephone *operator* 라고도 한다))

o·pin·ion [əpínjən 어피니언] 명 **1 의견**, 견해, 생각: public *opinion* 여론／In my *opinion*, he is wrong. 내 생각으로는 그가 잘못이다
2 평가, 판단: I have a high *opinion* of him. 나는 그를 높이 평가하고 있다

o·pi·um [óupiəm 오우피엄] 명 아편

op·po·nent [əpóunənt 어포우넌트] 명 (복수 **opponents** [-ts]) (시합 등의) **상대**, 적, 맞수

op·por·tu·ni·ty [ɑ̀pərtjúːnəti 아퍼r튜-너티 → 아퍼r튜-너리] 명 (복수 **opportunities** [-z]) **기회**: take〔miss〕 an *opportunity* 기회를 잡다〔놓치다〕／I had an *opportunity* to go abroad. 나는 외국에 갈 기회가 있었다

op·pose [əpóuz 어포우즈] 동 (3단현 **opposes** [-iz]; 과거·과거분사 **opposed** [-d]; 현재분사 **opposing**) 타 **1 …에 반대하다**: They all *opposed* my plan. 그들 모두가 나의 계획에 반대했다
2 …에 저항하다, 대항하다
be opposed to …에 반대하다: They were *opposed to* the plan. 그들은 그 안에 반대했다

op·po·site [ɑ́pəzit 아퍼zit] 형 **1 마주 보는**, 맞은 편의: The store is on the *opposite* side of the street. 그 가게는 길 맞은 편에 있다
2 정반대의, 반대편의: the *opposite* sex 이성／Your opnion is *opposite* to mine. 네 의견은 나와 정반대다
—— 명 (복수 **opposites** [-ts]) 정반대의 일〔사람, 말〕
—— 전 …의 맞은 편에: She sat *opposite* me. 그녀는 나의 맞은 편에 앉았다

op·po·si·tion [ɑ̀pəzíʃən 아퍼Z이션] 명
1 반대, 저항: There was no *opposition* to the motion. 그 동의(動議)에는 반대가 없었다
2 〔종종 **the Opposition**으로〕 야당, 대당

op·press [əprés 어프뤠ㅆ] 동 (3단현 **oppresses** [-iz]; 과거·과거분사 **oppressed** [-t]; 현재분사 **oppressing**) 타 …을 억압하다, 압박하다: *oppress* the poor 가난한 자를 억압하다

op·pres·sion [əpréʃən 어프레션] 명 억압, 압박

op·tic [ɑ́ptik 압틱] 형 눈의, 시각의

op·ti·cal [ɑ́ptikəl 압티커əl] 형 **1** 눈의, 시각의
2 광학(상)의: an *optical* instrument 광학 기계

op·ti·mism [ɑ́ptəmìzm 압트미Z음] 명 낙천주의(반 **pessimism** 비관주의)

op·tion [ɑ́pʃən 압션] 명 **선택**, 선택권, 선택 사항

op·tion·al [ɑ́pʃənl 압셔너əl] 형 선택할 수 있는; 《영》 (학과목이) 선택의 (⟦미⟧ **elective**): an *optional* subject 선택 과목 (⟦영⟧ 「필수 과목」은 a **compulsory** 〔《미》 **required**〕 subject)

or [ɔ́ːr 오-r] ⟦ **oar**(노)와 발음이 같음⟧ 접 **1 …또는**, 혹은: He cannot read *or* write. 그는 읽지도 쓰지도 못한다／John *or* I am to go. 존이나 내가 가게 되어 있다／Which do you like better, apples *or* pears? 사과와 배 중 어느 것을 좋아합니까?／I lived in Australia for six *or* seven years. 나는 호주에서 6,7년 살았다

┌─────────────────────────────┐
│ 쓰임새 (1) or 앞뒤에는 같은 성질의
│ 단어나 구가 온다.
│ (2) or로 결합된 주어가 모두 단수일
│ 때에는 단수, 복수일 때에는 복수 취
│ 급하고, 인칭·수가 일치하지 않는 경
│ 우에는 가까운 쪽 주어에 일치시킨다.
└─────────────────────────────┘

2 〔명령문 뒤에서〕 **그렇지 않으면**: Hurry up, *or* you will miss the train. 서둘러라, 그렇지 않으면 기차를 놓칠 거다

> 쓰임새 명령문 뒤의 and는 「그러면」의 뜻: Go at once, *and* you will be in time. 즉시 가거라. 그러면 제 시간에 도착할 것이다.

3 〔보통 콤마 뒤에서〕 즉, 다시 말하면: I ran 10 miles, *or* about 16 kilometers. 나는 10마일, 즉 16km 정도 달렸다

... or so …쯤, …정도: a mile *or so* 1마일 정도

-or (접미사) 동사의 뒤에 붙여 「…하는 사람〔것〕」의 뜻을 만듦: sail*or* 뱃사람 / elevat*or* 승강기

or·a·cle [ɔ́ːrəkl 오-뤄크얼] 명 신탁(神託)

o·ral [ɔ́ːrəl 오-뤄얼] 형 **구두의**, 구술의(반 written 필기의); 입의: an *oral* promise 구두 약속 / an *oral* test 구술 시험

or·ange [ɔ́ːrindʒ 오-륀쥐] 명 (복수 **oranges** [-iz]) 1 【식물】**오렌지** 2 오렌지색, 주황색
—— 형 1 오렌지의 2 오렌지색의

or·a·tor [ɔ́ːrətər 오-뤄터r → 오-뤄러r] 명 연설자; 웅변가

or·bit [ɔ́ːrbit 오-r빗] 명 (복수 **orbits** [-ts]) (천체·인공 위성 등의) 궤도: the earth's *orbit* 지구의 궤도

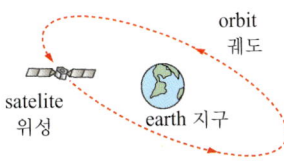
orbit 궤도
satelite 위성
earth 지구

or·bit·al [ɔ́ːrbitl 오-r비트얼 → 오-r비를] 형 궤도의

or·chard [ɔ́ːrtʃərd 오-r춰r드] 명 (복수 **orchards** [-dz]) 과수원 (📙「포도원」은 vineyard라 한다): The farmer has an apple *orchard*. 그 농부는 사과 과수원이 있다

or·ches·tra [ɔ́ːrkəstrə 오-r커스츄롸] 명 **오케스트라**, 관현악단: a symphony *orchestra* 교향악단

or·chid [ɔ́ːrkid 오-r키드] 명 【식물】 난초

or·der [ɔ́ːrdər 오-r더r → 오-r러r] 명 (복수 **orders** [-z]) 1 **순서**, 차례: in alphabetical *order* ABC 순으로

2 **정리**, 정돈(된 상태): Her room is in good *order*. 그녀의 방은 잘 정돈되어 있다

3 〔종종 복수형으로〕 **명령**, 지시: obey *orders* 명령에 따르다

4 **주문**, 주문서〔품〕: May I take your *order*? 주문하시겠습니까?

May I take your order?

5 질서, 치안; 규칙: keep *order* 질서를 유지하다

in order that ... may do …하기 위하여: He ran *in order that* he *might* arrive in time. 그는 시간에 맞추어 도착하기 위하여 달렸다

in order to do …하기 위하여: He studied hard *in order to* pass the examination. 그는 시험에 합격하기 위하여 열심히 공부했다

out of order 고장난: This phone is *out of order*. 이 전화기는 고장이다

—— 동 (3단현 **orders** [-z]; 과거·과거분사 **ordered** [-d]; 현재분사 **ordering** [-dəriŋ]) 타 1 **…을 명령하다**: I *ordered* him to leave the room. 그에게 방에서 나가라고 명령했다

2 …을 **주문하다**: He *ordered* two cups of coffee. 그는 커피 2잔을 주문했다

or·der·ly [ɔ́ːrdərli 오-r더r을리 → 오-r러r을리] 형 1 정돈된 2 규칙적인

or·di·nal [ɔ́ːrdənl 오-r더느을 → 오-r러느을] 형 차례를 나타내는, 서수의: *ordinal* numbers 서수 (first, second, third ...등)
—— 명 서수 (반 cardinal 기수)

*__or·di·na·ry__ [ɔ́ːrdənèri 오-r더네뤼 → 오-r러네뤼] 형 (비교급 **more ordinary**; 최상급 **most ordinary**) 1 보통의 (반 special 특별한): My *ordinary* bed time is ten o'clock. 내가 자는 시간은 보통 10시다
2 평범한, 흔히 있는: an *ordinary* man 보통 사람

ore [ɔːr 오-r] 명 (복수 **ores** [-z]) 광석: iron *ore* 철광석

Or·e·gon [ɔ́ːrigən 오-뤼건] 명 오리건 《미국 서부의 주(州); 약어는 OR, Oreg.》

*__or·gan__ [ɔ́ːrgən 오-r건] 명 (복수 **organs** [-z]) 1 오르간: play on the *organ* 오르간을 연주하다
2 (신체의) 기관: vocal *organs* 발성 기관
3 (정부 등의) 기관, 기관지(紙)

or·gan·ist [ɔ́ːrgənist 오-r거니스트] 명 오르간 연주자

*__or·gan·i·za·tion__ [ɔ̀ːrgənizéiʃən 오-r거니Z에이션] 명 (복수 **organizations** [-z]) 1 조직(체); 구조, 기구 2 단체, 조합, 협회

*__or·gan·ize__ [ɔ́ːrgənàiz 오-r거나이Z으] 동 (3단현 **organizes** [-iz]; 과거·과거분사 **organized** [-d]; 현재분사 **organizing**) 타 1 …을 조직하다, 구성하다: He *organized* a new group. 그는 새로운 그룹을 조직했다
2 (회사 등을) 창립[설립]하다

O·ri·ent [ɔ́ːriènt 오-뤼엔트] 명 《**the**를 붙여》 동양 (반 the Occident 서양)

O·ri·en·tal [ɔ̀ːriéntl 오-뤼엔틀] 형 동양의 (반 Occidental 서양)

o·ri·en·ta·tion [ɔ̀ːrientéiʃən 오-뤼엔테이션] 명 오리엔테이션 《새로운 환경 등에 적응하도록 지도하는 것》

*__or·i·gin__ [ɔ́ːrədʒin 오-뤼쥔] 명 (복수 **origins** [-z]) 1 기원, 근원, 출처: the *origin* of civilization 문명의 기원
2 (사람의) 태생

*__o·rig·i·nal__ [ərídʒinl 어뤼쥐느을] 형 (비교급 **more original**; 최상급 **most original**) 1 최초의, 원래의: an *original* plan 원안(原案)
2 독창적인, 참신한, 기발한: an *original* idea 기발한 생각
—— 명 (복수 **originals** [-z]) 원형, 원문, 원작

o·rig·i·nal·i·ty [ərìdʒinǽləti 어뤼쥐낼러티 → 어뤼쥐낼러리] 명 독창력[성], 참신함

o·rig·i·nal·ly [ərídʒinəli 어뤼쥐널리] 부
1 원래, 처음에는 2 독창적으로

O·ri·on [əráiən 어라이언] 명 1 《그리스 신화》 오리온 《몸집이 크고 힘센 미남 사냥꾼; 달의 여신 아르테미스(Artemis)의 화살에 맞아 별자리가 되었다고 한다》 2 《천문》 오리온자리

*__or·na·ment__ [ɔ́ːrnəmənt 오-r너먼트] 명 (복수 **ornaments** [-ts]) 장식; 장식품, 장신구

or·na·men·tal [ɔ̀ːrnəméntl 오-r너멘틀] 형 장식(용)의

or·phan [ɔ́ːrfən 오-rF언] 명 (복수 **orphans** [-z]) 고아

or·tho·dox [ɔ́ːrθədàks 오-rθ어닥쓰] 형 1 (특히 종교상의) 정설의, 정통파의 2 전통적인 3 승인[공인]된

os·trich [ɑ́ːstritʃ 아-스츄뤼취] 명 (복수 **ostriches** [-iz]) 《조류》 타조

ostrich

oth·er

[ʌ́ðər 아이어r] 형 **1 다른**, 그 밖의: I have *other* things to do. 나는 다른 할 일이 있다/ Is there any *other* size? 다른 치수도 있습니까?/ I have no *other* place to go. 나는 달리 갈 곳이 없다/ I'll called on you some *other* day. 언젠가 다른 날에 방문하겠습니다

> **쓰임새** other는 단수 명사 앞에도 복수 명사 앞에도 쓰인다. 그러나 단수 명사 앞에 쓰일 경우에는 반드시 그 앞에 any, no, some 등을 수반한다. 이런 단어가 없을 때는 another를 쓴다.

2 a) [the를 붙여; 단수 명사 앞에 놓여] (둘 중에서) 다른 하나의; 저쪽의; 반대의: Show me *the other* hand. 다른 쪽 손을 보여 주세요/ The post office is on *the other* side of the street. 우체국은 길 건너편에 있다
b) [the를 붙여; 복수 명사 앞에 놓여] (셋 이상 중에서) 나머지의: Ken is here, but *the other* boys are out. 켄은 여기에 있고, 나머지 소년들은 밖에 있다

every other ... 하나 걸러서: I take a bath *every other* day. 나는 하루 걸러서 목욕을 한다

on the other hand 한편으로는, 이에 반해서

the other day 요전에 ⇒ day 숙어

—— 대 (복수 others [-z]) **1** [보통 복수형으로] **다른 사람[것]**: Be kind to *others*. 남에게 친절해라/ I don't like this. Show me some *others*. 이것은 마음에 들지 않습니다. 다른 것들을 보여 주세요
2 [**the other**로] (둘 중의) 다른 것[사람]; [**the others**로] (셋 이상 중에서) 나머지 (모두): One is brown, *the other* is gray. 하나는 갈색이고 다른 하나는 회색이다/ When he left, *the others* did too. 그가 떠나자 나머지 사람들도 모두 떠났다

> **쓰임새** 나머지
> (1) 둘 중에서 「하나」는 one, 「나머지 하나」는 the other.
> (2) 여럿 중에서 「하나」는 one, 「다른 하나」는 another.
> (3) 여럿 중에서 「하나」는 one, 「나머지 전부」는 the others.
> (4) 여럿 중에서 「몇 개」는 some, 「나머지 몇 개」는 others.

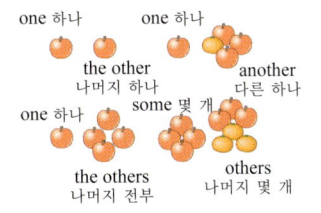

each other 서로 ⇒ each 숙어
some day or other 언젠가
some ... or other 어떤 … : *Some* man *or other* spoke to me on the street. 어떤 사람이 거리에서 나에게 말을 걸어왔다

the one ..., the other ~ (둘 중) 전지는 …, 후자는 ~: Jane and Alice are my best friends. *The one* likes jazz and *the other* likes classical music. 제인과 엘리스는 나의 절친한 친구들이다. 전자(제인)는 재즈를 좋아하고, 후자(엘리스)는 클래식을 좋아한다

oth·er·wise

[ʌ́ðərwàiz 아이어r와이즈] 부 **1 다르게**, 다른 방법으로: I think *otherwise*. 나는 다르게 생각한다
2 다른 점에서는: The movie was a little long, but *otherwise* it was excellent. 그 영화는 조금 긴 편이었지만 다른 점에서는 훌륭했다
3 [접속사적으로] **그렇지 않으면**(or): Start at once, *otherwise* you will be late. 곧 떠나지 않으면 늦는다

Ot·ta·wa

[átəwə 아터와 → 아러와] 명 오타와 《캐나다의 수도》

ouch [áutʃ 아우취] 감 아야!, 아이쿠! 【의성어】

ought [ɔ́:t 아-트] 〔gh는 묵음〕 조 **1** 〔ought to do의 형태로〕 **…해야 한다**, …하는 것이 당연하다: You *ought to* do it at once. 그것은 당장 해야 한다/ He *ought to* be punished. 그는 벌을 받아 마땅하다/ You *ought* not *to* say such things. 그런 말을 해서는 안 된다
2 〔ought to do의 형태로〕 …임에 틀림없다, 틀림없이 …일 것이다: It *ought to* be fine tomorrow. 내일은 틀림없이 좋은 날씨가 될 것이다
3 〔ought to have+과거분사의 형태로〕 …했어야 했다: You *ought to have* consulted with me. 너는 내게 상의했어야 했다

ought·n't [ɔ́:tnt 아-튼트 → 아-앗'은트] 《구어》 ought not의 단축형

ounce [áuns 아운쓰] 명 온스 (중량의 단위; 1온스는 1/16파운드로 약 28.35그램; 약어는 oz)

our [áuər 아우어r] 〔hour(시간)와 발음이 같음〕 대 《we의 소유격》 **우리의**, 우리들의: *our* school〔country〕 우리 학교〔나라〕

ours [áuərz 아우어rz으] 대 《we의 소유대명사》 **우리의 것**: This car is *ours*. 이 차는 우리 것이다/ Your school is larger than *ours*. 너희 학교는 우리 학교보다 크다

our·selves [àuərsélvz 아우어r쎄엘V으z으] 대 《재귀 대명사 myself의 복수형》 **1** 〔재귀 용법으로〕 **우리들 자신에게〔을〕**: We hurt *ourselves*. 우리들은 부상을 당했다
2 〔강조 용법으로〕 **우리가** (*ourselves*를 강하게 발음): We *ourselves* went there. (다른 사람이 아닌) 우리가 직접 그곳에 갔다

-ous 〔접미사〕 「…성질의, …같은」의 뜻: danger*ous* 위험한/ fam*ous* 유명한

out [áut 아웃] 부 **1 밖에, 밖으로**(반 in 안으로): He took *out* a pen from his pocket. 그는 호주머니에서 펜을 꺼냈다/ We went *out* for a walk. 우리는 산책하러 나갔다/ Father is *out* in the garden. 아버지는 지금 정원에 나가 계십니다
2 (물체가) **나타나**; (꽃 등이) 피어; (소문 등이) 퍼져; 발표되어: The stars came *out* one by one. 별들이 하나씩 나타났다/ The roses are *out*. 장미가 피었다/ His new book came *out* last week. 그의 새 책이 지난 주에 나왔다
3 큰 소리로: Someone cried *out*, 'Fire!' 누군가가 「불이야!」하고 외쳤다
4 끝까지; 완전히, 충분히: fight it *out* 끝까지 싸우다/ You look tired *out*. 너는 아주 지친 것 같다
5 (불·전등 등이) **꺼져**; 없어져, 바닥이 나: The light went *out*. 등불이 꺼졌다/ His strength was *out*. 그의 힘은 다 없어졌다
6 【야구】 **아웃인**(반 safe 세이프인): The batter is *out*. 그 타자는 아웃이다

out of ... (1) …**에서 밖으로**(반 into …의 안으로); 밖에(는): She went *out of* the room. 그녀는 방에서 나왔다/ I looked *out of* the window. 나는 창 밖을 내다보았다/ It must be hot *out of* doors. 밖에는 더울 것이다
(2) (어떤 수) 중에서: I choose one *out of* five books. 나는 5권의 책 중에서 1권을 골랐다
(3) …의 범위 밖에, …을 벗어나: a fish *out of* water 물을 떠난 고기/ *Out of* sight, *out of* mind. 《속담》 안 보면 정도 멀어진다
(4) (물건이) **바닥나**; …을 잃고: We are *out of* coffee. 커피가 떨어졌다/ Many people are *out of* work. 많은 사람이 실직하여 있다

(5) 〔재료·원료를 나타내어〕 …으로: She made a kite *out of* paper. 그녀는 종이로 연을 만들었다
(6) 〔원인·동기를 나타내어〕 …에서, …때문에: I did it *out of* curiosity. 나는 호기심에서 그것을 했다
── 명 【야구】 아웃

out- (접두사)「바깥쪽의〔에〕; …을 초과하여; …보다 나아」의 뜻

out·break [áutbrèik 아웃브뤠익] 명 (전쟁·사건 등의) 발발, 발생: the *outbreak* of war 전쟁의 발발

out·burst [áutbə̀ːrst 아웃버-r스트] 명 (화산·감정 등의) 폭발

out·come [áutkλm 아웃컴] 명 결과

out·cry [áutkrài 아웃크라이] 명 비명, 부르짖음

***out·door** [áutdɔ̀ːr 아웃도-r] 형 집 밖의, 야외의(반 indoor 실내의): *outdoor* sport 야외 스포츠

***out·doors** [àutdɔ́ːrz 아웃도-rz으] 부 야외에서, 옥외에서(반 indoors 실내에서): stay *outdoors* 옥외에 머무르다

out·er [áutər 아우터r → 아우러r] 형 밖의, 외부의(반 inner 안의)

out·field [áutfìːld 아웃F이-얼드] 명 【야구】 외야(반 infield 내야)

out·field·er [áutfìːldər 아웃F이-얼더r] 명 외야수(반 infielder 내야수)

out·fit [áutfìt 아웃F잇] 명 (복수 outfits [-ts]) 1 (여행 등의) 채비, 준비 2 도구〔장비〕한 벌: a camping *outfit* 캠프 용구 한 벌

out·ing [áutiŋ 아우팅 → 아우링] 명 《구어》 소풍, 피크닉: go for〔on〕 an *outing* 소풍 가다

out·law [áutlɔ̀ː 아웃러-] 명 무법자, 불량배

out·let [áutlèt 아웃렛] 명 (복수 outlets [-ts]) 1 출구(반 inlet 입구) 2 (감정 등의) 배출구 3 (상품의) 판로, 소매점; (제조업자의) 직판점 4 《미》 (전기의) 콘센트 (📖 콘센트는 잘못 쓰인 영어)

***out·line** [áutlàin 아웃라인] 명 (복수 outlines [-z]) 1 윤곽; 약도: the *outline* of building 건물의 윤곽
2 개요, 요점: Please give us the *outline* of his lecture. 그의 강의의 요점을 말해 주세요
── 동 (3단현 outlines [-z]; 과거·과거 분사 outlined [-d]; 현재 분사 outlining) 타 1 …의 윤곽을 그리다; …의 약도를 그리다: *Outline* the map of Korea. 대한민국 지도의 윤곽을 그리세요
2 …의 개요를〔요점을〕말하다

out·look [áutlùk 아웃룩] 명 1 조망, 경치 2 전도, 전망 3 견해, 견지

out-of-date [áut-əv-déit 아웃어V으데잇 → 아우어V으데잇] 형 낡은, 시대에 뒤떨어진(반 up-to-date 최신의)

out·put [áutpùt 아웃풋] 명 1 생산(고) 2 【기계·컴퓨터】 출력(반 input 입력)

out·rage [áutrèidʒ 아웃뤠이쥐] 명 (복수 outrages [-iz]) 1 난폭, 폭력 (행위) 2 (모욕 등에 대한) 분개
── 동 (현재분사 outraging) 타 1 폭행하다 2 분개하게 하다

out·ra·geous [autréidʒəs 아웃뤠이줘쓰] 형 1 난폭한 2 무례한

out·right [àutráit 아웃라잇] 부 1 철저하게, 완전히 2 공공연히

***out·side** [àutsáid 아웃싸이드] 명 바깥쪽, 외부(반 inside 안쪽): The *outside* of the building was dirty. 건물의 외부는 더러웠다
── 부 밖에〔으로〕: It is cold *outside*, but warm inside. 밖은 춥지만 안은 따뜻하다

outside   inside

─ 형 [명사 앞에만 쓰여] 밖의, 외부의: *outside* work 옥외 작업/ *outside* noises 외부의 소음

─ 전 …의 밖에[으로](반 within …의 안에): He was standing *outside* the door. 그는 문 밖에 서 있었다

out·sid·er [àutsáidər 아웃싸이더*r*] 명 외부인, 제3자

out·skirts [áutskə̀:rts 아웃스커-ㄹ츠] 명 [복수 취급] 변두리, 교외: He lives on the *outskirts* of Seoul. 그는 서울 변두리에 산다

out·stand·ing [àutstǽndiŋ 아웃스탠딩] 형 1 눈에 띄는, 현저한: an *outstanding* figure 두드러진 인물
2 미결의, 미불의

out·ward [áutwərd 아웃워*r*드] 형 1 밖으로 향하는[가는] 2 외면의, 외부의(반 inward 내부의)

─ 부 바깥쪽으로[에]

out·wards [áutwərdz 아웃워*r*즈] 부 = outward

o·val [óuvəl 오우V어열] 형 달걀 모양의, 타원형의

─ 명 타원형

*__ov·en__ [ʌ́vən 어V언] 명 (복수 **ovens** [-z]) (요리용의) **오븐**, 화덕

⁂**o·ver** [óuvər 오우V어*r*] 전 1 …의 위쪽에(반 under 아래에): There is a bridge *over* the river. 강에 다리가 걸려 있다/ The clouds were *over* our heads. 구름이 우리 머리 위에 떠 있었다

2 …을 넘어서, 건너서: fly *over* a lake 호수의 상공을 날다/ He jumped *over* the fence. 그는 울타리를 뛰어넘었다

3 …위를 덮어: She put her hands *over* her face. 그녀는 두 손으로 얼굴을 가렸다/ She threw a sheet *over* the bed. 그녀는 침대에 시트를 깔았다

4 여기저기에: We traveled *over* Europe. 우리는 유럽 여기저기를 여행했다

5 (바다·거리 등)의 저쪽[편]의[으로]: Who lives in that house *over* the street. 길 저편의 집에는 누가 살고 있습니까?

6 [범위 등이] …이상(more than): She was *over* sixty. 그녀는 예순이 넘었다/ This game is for children *over* ten. 이 게임은 10세 이상의 어린이용이다

7 …을 지배하여: rule *over* a country 나라를 지배하다

8 …하는 동안 (쭉): *over* the past ten years 지난 10년 동안

9 …에 관해서: Let's talk *over* the matter. 그 일에 관해서 이야기해 보자

10 …하면서: We talked *over* a cup of coffee. 우리는 커피를 마시면서 이야기했다

11 (전화·라디오 등을) 통하여, …로 (현재는 on이 일반적): We heard the news *over* the radio. 우리는 라디오에서 그 뉴스를 들었다

─ 부 1 위쪽으로[을]: A helicopter flew *over*. 헬리콥터가 머리 위를 날아갔다

2 전면에, 온통: We painted the door *over* in green. 우리는 문에다 온통 녹색 페인트칠을 했다/ The lake is frozen *over*. 호수가 전부 얼었다

3 넘어서, 저쪽으로: He went *over* to America. 그는 미국으로 건너갔다/ I'll be right *over*. 곧 그리 가겠습니다

4 이쪽으로: Come *over* here. 이리 오세요

5 거꾸로, 넘어져; 젖혀져서: turn a glass *over* 컵을 엎어놓다/ Turn *over* the page. 책장을 넘기세요

6 끝나서, 지나서: School is *over* at three. 학교는 3시에 끝난다

7 처음부터 끝까지, 완전히: I read the newspaper *over*. 나는 그 신문을 전부 읽었다

8 되풀이해서: I read her letter many times *over*. 나는 그녀의 편지를 몇 번이나 되풀이해서 읽었다

9 넘쳐서: The soup boiled *over*. 수프가 끓어 넘쳤다

all over …의 도처에 ⇒ all 숙어

over again 다시 한번: Read it *over again*. 다시 한 번 읽어 주세요

over and over (again) 계속해서, 되풀이하여(repeatedly): I read his letter *over and over again*. 나는 그의 편지를 몇 번이고 되풀이하여 읽었다

over there 저기에, 저쪽에: Who is the boy standing *over there*? 저기에 서 있는 소년은 누구니?

o·ver- 《접두사》 **1**「위, 바깥, 여분」의 뜻: *over*head 머리 위의
2「과도」의 뜻: *over*work 과로

o·ver·alls [óuvərɔ̀:lz 오우V어로-얼z으] 명 〔복수 취급〕 멜빵과 가슴받이가 달린 바지

o·ver·coat [òuvərkòut 오우V어r코웃] 명 오버 코트, 외투

overalls

*****o·ver·come** [òuvərkʌ́m 오우V어r캄] 통 (3단현 **overcomes** [-z]; 과거 **overcame** [-kéim]; 과거분사 **overcome**; 현재분사 **overcoming**) 타
1 …을 이겨내다, 극복하다, 정복하다: We *overcame* many difficulties. 우리는 많은 어려움을 이겨냈다

2 〔보통 be overcome with[by]의 형태로〕 맥을 못 추다: He *was overcome with* grief. 그는 슬픔을 가누지 못했다

o·ver·eat [òuvəríːt 오우V어r이-트] 통 (3단현 **overeats** [-ts]; 과거 **overate** [-éit]; 과거분사 **overeaten** [-íːtn]; 현재분사 **overeating**) 자 과식하다

참고 토하다
우리는 「토하다」란 뜻으로 오버이트란 표현을 흔히 쓰는데 overeat란 영어로 「과식하다」란 뜻이다. 일상적으로 「토하다」라는 뜻의 영어는 throw up이며 좀더 격식을 갖춘 말로는 vomit이라 한다.

o·ver·flow [òuvərflóu 오우V어rF으로우] 통 (3단현 **overflows** [-z]; 과거·과거분사 **overflowed** [-d]; 현재분사 **overflowing**) 자 넘치다, 범람하다: The river *overflows* every spring. 그 강은 매년 봄이 되면 범람한다
── 타 (물 등을) 넘쳐흐르게 하다
── 명 (하천의) 범람, 홍수

o·ver·hang [òuvərhǽŋ 오우V어r행] 통 (3단현 **overhangs** [-z]; 과거·과거분사 **overhung** [-hʌ́ŋ]; 현재분사 **overhanging**) 타 자 **1** …위에 걸리다, 걸치다 **2** 돌출하다

o·ver·head [óuvərhéd 오우V어r헤드] 형 머리 위의, 고가의: an *overhead* railway 《영》 고가 철도
── 부 머리 위에, 높이

o·ver·hear [òuvərhíər 오우V어r히어r] 통 (3단현 **overhears** [-z]; 과거·과거분사 **overheard** [-hə́ːrd]; 현재분사 **overhearing** [-híəriŋ]) 타 자 …을 우연히 듣다; 엿듣다

o·ver·lap [òuvərlǽp 오우V어r랩] 통 (3단현 **overlaps** [-s]; 과거·과거분사 **overlapped** [-t]; 현재분사 **overlapping**) 타 …을 겹치다, 포개다
── 자 겹쳐지다, 중복되다
── [óuvərlæ̀p 오우V어r랩] 명 **1** 중복
2 【영화】 오버랩(한 화면에 다음 화면이 겹침)

o·ver·load [òuvərlóud 오우V어r을로우드] 타 짐을 너무 많이 싣다

*****o·ver·look** [òuvərlúk 오우V어r룩] 통 (3단현 **overlooks** [-s]; 과거·과거분사 **overlooked** [-t]; 현재분사 **overlook-**

ing) 타 **1** …을 못 보다, 못 보고 지나치다: You have *overlooked* an important point. 너는 중요한 점을 못 보았다
2 …을 너그럽게 봐주다: *overlook* a fault 잘못을 너그럽게 봐주다
3 …을 내려다 보다: The tower *overlooks* the whole town. 그 탑에서는 온 시내가 내려다보인다

o·ver·night [òuvərnàit 오우V어r나잇] 부 **1** 밤새, 하룻밤 동안: stay *overnight* at a friend's house 친구 집에서 하룻밤 묵다
2 하룻밤 사이에, 갑자기: He became a hero *overnight*. 그는 하룻밤 사이에 영웅이 되었다
── 형 〔⦗명사 앞에만 쓰여〕 **1** 밤을 새는: an *overnight* drive 밤샘 운전
2 (손님 등이) 1박의: an *overnight* trip 1박 여행

o·ver·pro·duc·tion [òuvərprədʌ́kʃən 오우V어r프뤄닥션] 명 과잉 생산

o·ver·sea [òuvərsí: 오우V어r씨-] 형 부 《영》 = overseas

o·ver·seas [òuvərsí:z 오우V어r씨-z으] 형 해외의, 외국의: an *overseas* base 해외 기지 / *overseas* trade 해외 무역
── 부 해외로〔에서〕, 외국으로: go *overseas* 외국에 가다

o·ver·shoe [óuvərʃù: 오우V어r슈-] 명 (복수 **overshoes** [-z]) 〔보통 복수형으로〕 덧신 《방한·방수용》

o·ver·sleep [òuvərslí:p 오우V어r슬리-ㅍ] 동 (3단현 **oversleeps** [-s]; 과거·과거분사 **overslept** [-slépt]; 현재분사 **oversleeping**) 자 늦잠 자다: Don't *oversleep* again. 또 늦잠 자지 마

***o·ver·take** [òuvərtéik 오우V어r테익] 동 (3단현 **overtakes** [-s]; 과거 **overtook** [-túk]; 과거분사 **overtaken** [-téikən]; 현재분사 **overtaking**) 타 **1** …을 따라잡다: I ran and *overtook* my friends. 나는 달려가서 친구들을 따라잡았다

2 (폭풍우·불행 등이) 갑자기 닥쳐오다: We were *overtaken* by a storm. 우리는 폭풍우를 만났다

o·ver·throw [òuvərθróu 오우V어rθ로우] 동 (3단현 **overthrows** [-z]; 과거 **overthrew** [-θrú:]; 과거분사 **overthrown** [-θróun]; 현재분사 **overthrowing**) 타 **1** (정권 등을) 전복하다, 타도하다: *overthrow* a government 정부를 전복하다
2 (물건을) 뒤엎다
── [óuvərθròu 오우V어rθ으로우] 명 (정권 등의) 전복, 타도

o·ver·time [óuvərtàim 오우V어r타임] 명 시간외 노동, 초과 근무, 잔업
── 부 규정 시간 외에: work *overtime* 시간 외로 일하다
── 형 시간 외의, 초과 근무의: *overtime* pay 초과 근무 수당

o·ver·top [òuvərtáp 오우V어r탑] 동 (3단현 **overtops** [-s]; 과거·과거분사 **overtopped** [-t]; 현재분사 **overtopping**) 타 **1** …의 위에 높이 솟다, …보다 높다 **2** …을 능가하다

o·ver·turn [òuvərtə́:rn 오우V어r터-r언] 동 (3단현 **overturns** [-z]; 과거·과거분사 **overturned** [-d]; 현재분사 **overturning**) 타 **1** …을 뒤집다, 전복시키다: The waves *overturned* the boat. 파도가 그 보트를 뒤집었다
2 …을 타도하다
── 자 (배 등이) 뒤집히다

o·ver·weight [óuvərwèit 오우V어r웨잇] 명 초과 중량

o·ver·whelm [òuvərhwélm 오우V어r웰〔휄〕름] 동 (3단현 **overwhelms** [-z]; 과거·과거분사 **overwhelmed** [-d]; 현재분사 **overwhelming**) 타 (수량·힘 등으로) …을 압도하다: The enemy soldiers *overwhelmed* us. 적군은 우리를 압도했다

o·ver·work [òuvərwə́:rk 오우V어r워-r크] 동 (3단현 **overworks** [-s]; 과거·과

거분사 **overworked** [-t]; 현재분사 **overworking**) 타 …을 지나치게 사용하다: Don't *overwork* your eyes. 눈을 혹사시키지 마라
── 자 과로하다
──[óuvərwə̀ːrk 오우V어워-ㄹ크] 명 **1** 과로, 과도한 노동 **2** 초과 근무

owe [óu 오우] 〖 O(오)와 발음이 같음〗 동 (3단현 **owes** [-z]; 과거 · 과거분사 **owed** [-d]; 현재분사 **owing**) 타 **1** …에게 빚지고 있다: I *owe* you five dollars. (= I *owe* five dollars *to* you.) 나는 너에게 빚이 5달러 있다
2 (명예 · 성공 등을) …에 돌리다, 덕택이다: I *owe* my success *to* you. 나의 성공은 당신 덕택입니다

ow·ing [óuiŋ 오우잉] 형 빚지고 있는
owing to … …때문에(because of): *Owing to* the rain, the game was put off. 비 때문에 그 시합은 연기되었다

owl [ául 아우ㄹ] 명 (복수 **owls** [-z]) 【조류】 올빼미
as wise as an owl 박학다식한

own [óun 오운] 형 **1** 〔소유격 뒤에 써서 뜻을 강조하여〕 자기 자신의: This is my *own* house. 이것은 내 소유의 집입니다
2 고유한, 독특한: He did it in his *own* way. 그는 그것을 독특한 방법으로 했다
3 〔명사적으로 쓰여〕 자신의 것: This bicycle is my *own*. 이 자전거는 내 것이다/ I want a room of my *own*. 나는 내 방을 갖고 싶다

── 동 (3단현 **owns** [-z]; 과거 · 과거분사 **owned** [-d]; 현재분사 **owning**) 타 …을 소유하다, 가지고 있다: He *owns* a large farm. 그는 큰 농장을 소유하고 있다

own·er [óunər 오우너ㄹ] 명 (복수 **owners** [-z]) 임자, 소유자: Who is the *owner* of this car? 이 차의 임자는 누구입니까?

ox [áks 악쓰] 명 (복수 **oxen** [áksn]) 황소, (특히) 거세한 수소 (〖 「암소」는 cow; 「거세하지 않은 수소」는 bull)

oxen

ox·en [áksn 악슨] 명 ox(황소)의 복수형
Ox·ford [áksfərd 악쓰F어ㄹ드] 명 **1** 옥스퍼드 《영국 남부 템스 강 상류의 도시》 **2** = Oxford University

Oxford University [áksfərd juːnəvə́ːrsəti] 명 옥스퍼드 대학 《케임브리지 대학(Cambridge University)과 함께 영국의 대표적인 대학》

ox·y·gen [áksidʒin 악씨쥔] 명 【화학】 산소 (〖 기호 O)

oys·ter [ɔ́istər 오이스터ㄹ] 명 【패류】 굴: an *oyster* farm 굴 양식장

oz. 《약어》 ounce(s) 온스

o·zone [óuzoun 오우Z오운] 명 【화학】 오존: an *ozone* layer 오존층

Pp

P, p [píː 피-] 명 (복수 P's, p's [-z]) 피 《영어 알파벳의 열여섯째 글자》

p [píː 피-] 《약어》 *pence* 펜스/ *penny* 페니

p. [péidʒ 페이쥐] (복수 **pp.** [péidʒiz]) 《약어》 *page* 쪽: *p.* 10 10쪽 (🔊 page ten이라 읽음)

☆**pace** [péis 페이쓰] 명 (복수 **paces** [-iz]) **1 한 걸음**, 보폭, 걸음길이: He took two *paces* forward. 그는 두 걸음 앞으로 갔다

2 걷는 속도, 페이스; (일 등의) **속도**: He walked at a fast[slow] *pace*. 그는 빨리[천천히] 걸었다

keep pace with …와 보조를 맞추다: I can't *keep pace with* you. (경주·공부 등에서) 너를 따라갈 수 없다

Pa·cif·ic [pəsífik 퍼씨F익] 형 태평양의
── 명 〔the를 붙여〕 태평양
【포르투갈의 항해가 마젤란이 이 바다가 조용하다고 말한 데서】

pa·cif·ic [pəsífik 퍼씨F익] 형 평화로운, 조용한

Pacific Ocean [pəsífik óuʃən] 명 〔the를 붙여〕 태평양

☆**pack** [pǽk 팩] 명 (복수 **packs** [-s]) **1 꾸러미**, 보따리

2 일당, 한패; (사냥개 등의) 떼, 무리: a *pack* of thieves 도둑의 일당

3 한 상자, 한 벌: a *pack* of cigarettes 담배 한 갑

4 (찜질의) 습포; (얼굴에 바르는) 팩: a mud *pack* 진흙 팩

── 동 (3단현 **packs** [-s]) 과거·과거분사 **packed** [-t] 현재분사 **packing**) 타
1 (짐을) **꾸리다**, 싸다: I will *pack* my clothes in this suitcase. 나는 이 여행가방에 내 옷을 꾸릴 것이다

2 (사람이나 물건을) …에 가득 채우다: The train was *packed* with passengers. 그 기차는 승객으로 꽉 찼다

☆**pack·age** [pǽkidʒ 패키쥐] 명 (복수 **packages** [-iz]) **1 짐**, **꾸러미**, 소포 **2** 포장, 짐꾸리기 **3** 일괄한 것

package tour [pǽkidʒ tùər] 명 패키지 투어 《여행사에서 일괄적으로 알선해 주는 여행》

pack·et [pǽkit 패킷] 명 (복수 **packets** [-ts]) (작은) 꾸러미, 묶음: a *packet* of letters 편지 한 묶음

pack·ing [pǽkiŋ 패킹] 명 **1** 포장, 짐꾸리기 **2** 포장용품, 포장용 충전물

pad [pǽd 패드] 명 (복수 **pads** [-dz]) **1** (마찰·충격을 막는) 덧대는 것; (옷웃의) 어깨심; (생리대 등의 흡수성) 패드; (상처에 대는) 탈지면 **2** (한 장씩 떼어 쓰게 된) 종이 철(綴)

pad·dle [pǽdl 패드을 → 패르을] 명 (oar와는 달리 노받이에 걸지 않고 젓는 카누용의) 노, 패들

☆☆☆**page**¹ [péidʒ 페이쥐] 명 (복수 **pages** [-iz]) (책의) **쪽**, **페이지**, 면(약어는 단수는 p., 복수는 pp.): turn the *page* 페이지를 넘기다/ Open your books to 〔《영》 at〕 *page* 5. 책의 5쪽을 펴라

> 〔쓰임새〕 한국어와는 반대로 영어에서는 숫자를 주로 명사 다음에 쓰므로 「5쪽」은 page five라 한다. 만약 숫자를 앞에 쓰려면 서수를 써서 the *fifth* page라 해야 한다.

page² [péidʒ 페이쥐] 명 (복수 **pages** [-iz]) (호텔 등의) 사환, 보이
── 통 (현재분사 **paging**) 타 (호텔·클럽 등에서) 이름을 불러 사람을 찾다

pag·eant [pǽdʒənt 패컨트] 명 **1** 야외극 **2** (축제 등의) 화려한 행렬

pa·go·da [pəgóudə 퍼고우더 → 퍼고우라] 명 (동양식의 여러 층으로 된) 탑, 파고다

pagoda

paid [péid 페이드] 통 pay(지급하다)의 과거·과거분사형

pail [péil 페일] 〖 pale(창백한)과 발음이 같음〗 명 들통, 버킷(bucket)

*__**pain**__ [péin 페인] 〖 pane(창유리)과 발음이 같음〗 명 (복수 **pains** [-z]) **1** (육체적·정신적) **고통**, 아픔: a *pain* in the head 두통/ I felt a sudden *pain* in my knee. 나는 갑자기 무릎에 통증을 느꼈다
2 〔복수형으로〕 **노력**, 수고: No *pains*, no gains. 《속담》수고가 없으면 이득도 없다

pain·ful [péinfəl 페인F어얼] 형 **1** 아픈, 괴로운 **2** (일 등이) 고된

*__**paint**__ [péint 페인트] 명 (복수 **paints** [-ts]) **1** **페인트**, 도료: I need some red *paint*. 나는 빨간 페인트가 좀 필요하다/ Wet 〖《영》Fresh〗 *paint*! 《게시》칠 주의!

2 〔복수형으로〕 그림 물감: oil *paints* 유화 물감

── 통 (3단현 **paints** [-ts]; 과거·과거분사 **painted** [-id]; 현재분사 **painting**) 타 **1** …에 페인트칠하다: *paint* the walls white 벽을 하얗게 칠하다
2 (그림 물감으로) 그리다: Who *painted* this picture? 누가 이 그림을 그렸습니까?
── 자 **1** 페인트를 칠하다 **2** 그림을 그리다

*__**paint·er**__ [péintər 페인터r] 명 (복수 **painters** [-z]) **1** 화가 **2** 칠장이

*__**paint·ing**__ [péintiŋ 페인팅] 명 (복수 **paintings** [-z]) **1** 그림: *paintings* by Picasso 피카소가 그린 그림
2 그림 그리기; 화법: My hobby is *painting*. 나의 취미는 그림 그리기다
3 페인트칠

*__**pair**__ [pɛ́ər 페어r] 〖 pear(배)와 발음이 같음〗 명 (복수 **pairs** [-z]) **1** 한 쌍, 한 벌: I bought a *pair* of shoes. 나는 신발 한 켤레를 샀다

> 쓰임새 **a pair of...**
>
> (1) a pair of...는 구두나 장갑처럼 두 개가 한 쌍이 된 것이나, 안경이나 가위처럼 두 부분으로 된 것에 쓰인다: a *pair* of gloves 장갑 한 켤레/ a *pair* of glasses 안경 한 개.
>
>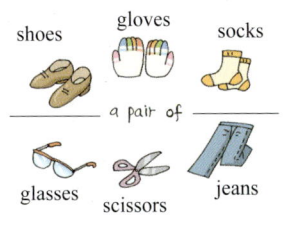
>
> (2) of 다음에는 명사의 복수형이 오며, 두 쌍 이상인 경우는 *pairs* of라고 한다: four *pairs* of socks 양말 네 켤레.

2 한 쌍의 남녀, (특히) 부부; (동물의) 한 쌍

in pairs 2개〔인〕 한 쌍이〔조가〕 되어: They danced *in pairs*. 그들은 둘씩 짝지어 춤을 추었다

pa·ja·mas, 《영》 **py·ja·mas** [pədʒáːməz 퍼좌-머z으] 명 〔복수 취급〕 파자마, 잠옷

Pa·ki·stan [pǽkistæn 패키스탠] 명 파키스탄 《인도 북서쪽에 있는 공화국; 수도는 이슬라마바드(Islamabad)》

pal [pǽl 팰] 명 《구어》 친구(friend): a pen *pal* 편지 친구, 펜팔

※**pal·ace** [pǽlis 팰리쓰] 명 (복수 **palaces** [-iz]) **1** 궁전 **2** 대저택

※**pale** [péil 페일] (❷ pail(들통)과 발음이 같음) 형 (비교급 **paler**; 최상급 **palest**) **1** (얼굴이) 창백한: You look *pale*. 너는 안색이 창백해 보인다 / He turned *pale* at the news. 그 소식을 듣고 그는 얼굴이 창백해졌다

2 (빛깔 등이) 엷은, 희미한(반 dark 진한): She wears a *pale* green dress. 그녀는 연두색 옷을 입고 있다

pal·ette [pǽlit 팰릿] 명 팔레트 《그림물감을 섞는 도구》

palm¹ [páːm 파-암] 〔❷ l은 묵음〕 (복수 **palms** [-z]) 명 손바닥

palm² [páːm 파-암] 〔❷ l은 묵음〕 (복수 **palms** [-z]) 명 【식물】 야자, 종려: *palm* oil 야자유

palms

pam·phlet [pǽmflət 팸F을렛] 명 팜플렛, 소책자

Pan [pǽn 팬] 명 【그리스신화】 판, 목신(牧神) 《염소의 뿔과 다리를 가진 음악을 좋아하는 숲·목양(牧羊)의 신》

※**pan** [pǽn 팬] (복수 **pans** [-z]) 명 (납작하고 손잡이가 달린) 냄비: a frying *pan* 프라이 팬

Pan·a·ma [pǽnəmàː 패너마-] 명 파나마 《중앙 아메리카의 공화국; 그 수도》

Panama Canal [pǽnəmə kənǽl] 명 〔**the**를 붙여〕 파나마 운하

pan·cake [pǽnkèik 팬케익] 명 팬케이크 《핫케이크의 일종》

pan·da [pǽndə 팬다] 명 (복수 **pandas** [-z]) 【동물】 팬더 《티베트·중국 남부 등지에 서식하는 자이언트 팬더(giant panda)와 히말라야 산맥에 서식하는 레서 팬더(lesser panda)가 있다》

giant panda   lesser panda

Pan·do·ra [pændɔ́ːrə 팬도-라] 명 【그리스신화】 판도라

Pandora's box 판도라의 상자

> 참고〉 판도라의 상자
>
> 그리스신화에서 인간을 만든 프로메테우스가 인간에게 불을 선물로 주자, 화가 난 제우스가 인간들을 괴롭힐 생각으로 최초의 여자 인간인 판도라를 만들어 상자 하나를 주어 세상에 내려보내면서 절대로 열어서는 안된다고 명했다. 그러나 호기심 많은 판도라가 그 상자를 열자, 그 안에 있던 모든 재앙과 불행이 쏟아져 나와 땅위에 퍼졌다. 판도라가 당황하여 뚜껑을 닫자 희망만이 그 안에 남았다고 한다.

pane [péin 페인] 〔 pain(고통)과 발음이 같음〕 명 (한 장의) 창유리

pan·el [pǽnl 패느을] 명 (복수 **panels** [-z]) **1** 판벽널, 장식 판자 **2** 패널 《공개 토론회 출석자·퀴즈 프로의 해답자 등의 일단》

pan·ic [pǽnik 패닉] 명 **1** (갑작스러운) 공포 **2** 【경제】 공황, 패닉

> 참고 목신(牧神)인 판(Pan)은 적이 나타나면 엄청나게 큰 소리를 질렀는데 그 소리가 너무 커서 상대방은 공포에 질렸다고 한다.

pan·o·ra·ma [pæ̀nərǽmə 패너뢔머] 명 전경(全景), 파노라마

pan·pipe [pǽnpáip 팬파입] 명 팬파이프 《길고 짧은 파이프를 길이순으로 늘어놓은 악기》 【Pan(목신)이 만들어 불었다는 데서】

panpipe

pan·sy [pǽnzi 팬z이] 명 (복수 **pansies** [-z]) 【식물】 팬지, 삼색제비꽃 (보통 「제비꽃」은 violet)

pant [pǽnt 팬트] 자 헐떡거리다, 숨차다

pan·ther [pǽnθər 팬어r] 명 【동물】 표범(leopard)

pan·to·mime [pǽntəmàim 팬터마임] 명 무언극, 팬터마임

pants [pǽnts 팬츠] 명 〔복수 취급〕 **1** 《미》 바지(trousers) **2** 《영》 (남자용) 팬츠 《내복》

pa·pa [pɑ́ːpə 파-파] 명 《유아어》 아빠(mama 엄마) (보통 dad, daddy라 한다)

pa·per [péipər 페이퍼r] 명 (복수 **papers** [-z]) **1** 종이: Books are made of *paper*. 책은 종이로 만든다 / Please give me a piece〔sheet〕 of *paper*. 종이 한 장 주세요

> 쓰임새 종이의 매수를 말할 때에는 a piece〔sheet〕 of ...와 같이 말하는데, 모양과 크기가 일정하지 않은 것은 a piece of ...를, 일정한 것은 a sheet of ...를 쓴다.

a piece of paper   a sheet of paper

2 《구어》 신문(newspaper): a daily *paper* 일간지 / What *paper* do you take in? 어떤 신문을 보고 계십니까?
3 답안(지); 시험 문제: Hand in your *papers* now. 자, 답안지를 내시오
4 논문, 리포트
5 〔복수형으로〕 서류, 문서
【그리스어 papyrus(파피루스)에서; 이 식물로 고대 이집트에서 종이를 만들었던 데서】

paper money [péipər mʌ́ni] 명 지폐

pa·py·rus [pəpáirəs 퍼파이뤄쓰] 명 파피루스 《이집트 등에 자라는 식물로 옛날 종이의 원료》

par [pɑ́ːr 파-r] 명 **1** 동등, 동가(同價) **2** 【골프】 파, 기준 타수

> 참고 골프의 타수
> 파(par)는 코스를 출발하여 마치기까지의 정해진 기준 타수로, 파 3홀은 3번, 파 4홀은 4번 쳐서 넣으면 만점이라는 뜻이다. 흔히 골프 경기는 파 3홀 4개, 파 4홀 10개, 파 5홀 4개의 18홀 72타수로 구성되며, 각 홀의 기준 타수보다 1타 적게 끝내는 것은 birdie, 2타 적은 것은 eagle이라 하고, 1타 많은 것은 bogey, 2타 많은 것은 double bogey라 한다.

para- 《접미사》 「방호(防護); 피난」의 뜻: *para*sol 양산

pa·rab·o·la [pərǽbələ 퍼롐벌라] 명 1 【수학】 포물선 2 포물선 모양의 것 (파라볼라 안테나 등)

par·a·chute [pǽrəʃùːt 패뤄슈-트] 명 낙하산 (□〈구어〉에서는 chute라고도 한다)

parachute

*__pa·rade__ [pəréid 퍼뤠이드] 명 (복수 parades [-dz]) 행렬, 행진, 퍼레이드; 열병: walk in a *parade* 행렬을 지어 걷다
―― 동 (3단현 parades [-dz]; 과거·과거분사 paraded [-id]; 현재분사 parading) 자 행진하다: Soldiers *paraded* through the city. 군인들은 시가를 행진했다

*__par·a·dise__ [pǽrədàis 패뤄다이쓰] 명 (복수 paradises [-iz]) 1 천국, 낙원 2 〔the Paradise로〕 에덴 동산

par·a·dox [pǽrədɑ̀ks 패뤄닥쓰] 명 (복수 paradoxes [-iz]) 역설(逆說), 패러독스 《모순되어 보이나 실제로는 옳은 설》

par·af·fin [pǽrəfin 패뤄F인] 명 파라핀, 석랍(石蠟)

*__par·a·graph__ [pǽrəgrǽf 패뤄그뢔f으] 명 (복수 paragraphs [-s]) 1 (문장의) 단락, 절(節), 항(項) 2 (신문의) 작은 기사

par·a·keet [pǽrəkìːt 패뤄키-트] 명 〔조류〕 잉꼬

*__par·al·lel__ [pǽrəlèl 패륄레엘] 형 1 평행의: *parallel* lines 평행선
2 (목적·경향 등이) 비슷한, 유사한

parakeet

―― 명 (복수 parallels [-z]) 1 평행선: Railway lines are *parallel*. 철길은 평행선이다
2 필적하는 것: There is no *parallel* to it. 그것과 필적하는 것은 없다

parallel bars [pǽrəlel báːrz] 명 (체조의) 평행봉

parallel bars

pa·ral·y·sis [pərǽləsis 퍼뢀러씨쓰] 명 1 【의학】 마비 2 무기력

par·a·lyze [pǽrəlàiz 패뤌라이Z으] 동 (3단현 paralyzes [-iz]; 과거·과거분사 paralyzed [-d]; 현재분사 paralyzing) 타 1 …을 마비시키다: His left arm was *paralyzed*. 그의 왼팔은 마비되었다
2 무기력하게 만들다

par·a·mount [pǽrəmàunt 패뤄마운트] 형 최고의, 주요한

par·a·sol [pǽrəsɔ̀l 패뤄싸얼] 명 (여성용) 양산, 파라솔 【이탈리아어 「para-(방지)+sol(태양)」에서】

*__par·cel__ [páːrsl 파-r쓰얼] 명 (복수 parcels [-z]) 소포, 꾸러미

*__par·don__ [páːrdn 파-r든] 명 용서, 허용: He asked for my *pardon*. 그는 나에게 용서를 구했다

I beg your pardon. (1) 〔말끝을 내려서〕 **죄송합니다** (□ I'm sorry.라고도 한다)

(2) 〔말끝을 올려서〕 (죄송합니다만) 무엇이라고 말씀하셨지요?

──동 (3단현 **pardons** [-z]; 과거·과거분사 **pardoned** [-d]; 현재분사 **pardoning**) 타 **…을 용서하다**(forgive): *Pardon* me for being late. (= *Pardon* my being late.) 늦어서 죄송합니다

par·ent [pɛ́ərənt 패어뤈트] 명 (복수 **parents** [-ts]) **어버이** 《아버지 또는 어머니》; [복수형으로] **부모**: Do you live with your *parents*? 당신은 부모님과 같이 살고 있습니까?

parent   parent   parents

pa·ren·the·sis [pərénθəsis 퍼뤤떠어씨쓰] 명 (복수 **parentheses** [-sìːz]) [보통 복수형으로] 괄호 《( )》

Par·is¹ [pǽris 패뤼쓰] 명 파리 《프랑스(France)의 수도》

Par·is² [pǽris 패뤼쓰] 【그리스신화】 파리스 《트로이 왕자; 스파르타(Sparta)의 왕비 헬렌을 빼앗음으로써 트로이 전쟁이 일어났음》

par·ish [pǽriʃ 패뤼쉬] 명 교구(敎區)

park [páːrk 파-r크] 명 (복수 **parks** [-s]) **1 공원**: a national *park* 국립 공원 / Hyde *Park* (영국의) 하이드 파크 《고유 명사의 일부로 쓸 때는 보통 무관사》
2 《미》 운동장, 경기장: a baseball *park* 야구장
3 주차장: a car *park* 《영》 주차장 《《미》 a parking lot》
──동 (3단현 **parks** [-s]; 과거·과거분사 **parked** [-t]; 현재분사 **parking**) 타 **…을 주차하다**, 잠시 세워두다: Where can I *park* the car? 어디에다 주차하면 될까요?

park·ing [páːrkiŋ 파-r킹] 명 주차: a *parking* lot 《미》 주차장 / No *parking*. 《게시》 주차 금지

par·lia·ment [páːrləmənt 파-r얼러먼트] 명 (복수 **parliaments** [-ts]) **1 의회**, 국회: summon [dissolve] a *parliament* 국회를 소집하다 [해산하다]
2 [**Parliament**로] 영국 의회 《미국 「국회」는 Congress, 대한민국 「국회」는 the National Assembly》: the Houses of *Parliament* (영국의) 국회 의사당

the Houses of Parliament

par·lor, 《영》 **par·lour** [páːrlər 파-r얼러r] 명 **1** (개인 주택의) 응접실, 거실 《보통 living room이라 함》
2 《미》 가게(shop), …점(店): a beauty *parlor* 미장원

par·o·dy [pǽrədi 패뤄디 → 패뤄리] 명 (복수 **parodies** [-z]) (풍자적·해학적인) 개작, 모방

par·rot [pǽrət 패륏] 명 【조류】 앵무새

pars·ley [páːrsli 파-r슬리] 명 【식물】 파슬리

part [páːrt 파-r트] 명 (복수 **parts** [-ts]) **1 부분**, 일부 《반 whole 전체》: Mother cut the cake into two *parts*. 어머니는 케이크를 두 조각으로 자르셨다 / He lost *part* of his fortune. 그는 재산의 일부를 잃었다
2 [종종 복수형으로] (기계 등의) **부품**: spare *parts* of a car 차의 예비 부품
3 (일의) **역할**(role); (배우의) 역: She played an important *part* in the meeting. 그녀는 그 모임에서 중요한 역할을 했다 / He will play the *part* of Hamlet. 그는 햄릿 역을 한다

parrot

4 〔복수형으로〕 지방, 지역: foreign *parts* 국외
5 (책 등의) 부(部), 편, 권; 【음악】 성부(聲部); 악곡의 일부: a novel in three *parts* 3부작 소설
(a) part of …의 일부분: *Part of* his story is true. 그의 이야기의 일부분은 사실이다 / Only *(a) part of* the students are present. 일부 학생들만이 출석했다

쓰임새▷ part of 뒤의 명사가 단수이면 단수 취급, 복수이면 복수 취급한다.

for my part 나로서는: *For my part*, I have nothing more to tell you. 나로서는 더 이상 할 이야기가 없다
for the most part 대부분은: The story is true *for the most part*. 그 이야기의 대부분은 사실이다
in part 일부분, 얼마간: Her story is *in part* true. 그녀의 이야기는 부분적으로 사실이다
take part in …에 참가하다(participate in): They *took part in* the contest. 그들은 콘테스트에 참가했다
──동 (3단현 **parts** [-ts]; 과거·과거분사 **parted** [-id]; 현재분사 **parting**) 타 …을 나누다, 가르다: He *parted* his hair in the middle. 그는 머리를 한가운데로 갈랐다
──자 …이 나뉘다, 갈라지다: The river *parts* here. 강은 여기서 갈라진다
part from ... …와 헤어지다: I can't stand *parting from* him. 그와 헤어지는 건 견딜 수 없다
part with ... …에서 손을 떼다: I *parted with* my car. 나는 내 차를 버렸다
par·tial [páːrʃəl 파-*r*셜얼] 형 **1** 일부의, 부분적인(반 total 전체적인): *partial* correction 부분적인 수정
2 불공평한, 편파적인(반 impartial 공평한): a *partial* judge 불공평한 재판관
3 유달리 좋아하는 **(to)**: He is *partial* to sports. 그는 스포츠를 유달리 좋아한다 【라틴어 「부분(part)」에서】
par·tial·ly [páːrʃəli 파-*r*셜리] 부 **1** 부분적으로 **2** 불공평하게
par·tic·i·pate [paːrtísəpèit 파-*r*티써페잇] 동 (3단현 **participates** [-ts]; 과거·과거분사 **participated** [-id]; 현재분사 **participating**) 자 참가하다, 참여하다 **(in)**: I *participated in* the discussion. 나는 그 토론에 참가했다
par·tic·i·pa·tion [paːrtìsəpéiʃən 파-*r*티써페이션] 명 참가, 참여
par·ti·ci·ple [páːrtisipl 파-*r*티씨프얼 → 파-*r*리씨프얼] 명 (복수 **participles** [-z]) 【문법】 분사: a present 〔past〕 *participle* 현재〔과거〕 분사
par·ti·cle [páːrtikl 파-*r*티크얼 → 파-*r*리크얼] 명 **1** 아주 작은 조각, 티끌 **2** 【물리】 미립자, 분자 【라틴어 「부분(part)에서」】
*__par·tic·u·lar__ [pərtíkjulər 퍼-*r*티큘러*r*] 형 (비교급 **more particular**; 최상급 **most particular**) **1** 특별한(반 general 일반적인): He has no *particular* reason to do it. 그가 그것을 할 특별한 이유는 없다
2 특유의, 독특한: He did it in his *particular* way. 그는 그것을 그의 독특한 방법으로 했다
3 특히 이〔그〕: Why did you choose this *particular* book? 왜 하필이면 이 책을 골랐습니까?
4 상세한: a *particular* report 상세한 보고서
5 (사람이) 까다로운, 꼼꼼한: He is *particular about* his food. 그는 음식에 까다롭다
──명 (복수 **particulars** [-z]) **1** 사항, 조목 **2** 〔복수형으로〕 상세, 세부
in particular 특히: She loves Italian food *in particular*. 그녀는 특히 이탈리아 음식을 좋아한다

par·tic·u·lar·ly [pərtíkjulərli 퍼-*r*티큘러*r*일리] 🄫 (비교급 **more particularly**; 최상급 **most particularly**) **특히**: The teacher praised Jack *particularly*. 선생님은 특히 잭을 칭찬했다

part·ing [pá:rtiŋ 파-*r*팅 → 파-*r*링] 🄝 **1** 작별, 이별 **2** 분할; 분기점
── 🄞 이별의: a *parting* present 이별의 선물

par·ti·tion [pa:rtíʃən 파-*r*티션] 🄝 **1** 분할, 분배, 구분 **2** 칸막이, 경계벽

part·ly [pá:rtli 파-*r*틀리 → 파-*r*엇'을리] 🄫 **부분적으로**, 일부는: His statement is *partly* true. 그의 말은 부분적으로 사실이다

part·ner [pá:rtnər 파-*r*트너*r*] 🄝 (복수 **partners** [-z]) **1** **동료** **2** (댄스·테니스 등의) 파트너, 짝 **3** 배우자 《남편 또는 아내》
【「일을 나누어(part) 하는 사람」에서】

part-time [pá:rt-táim 파-*r*트타임] 🄞 파트타임의, 임시의, 시간제의: I got a *part-time* job. 나는 시간제 일자리를 얻었다

par·ty [pá:rti 파-*r*티 → 파-*r*리] 🄝 (복수 **parties** [-z]) **1** (사교상의) **파티**, 잔치, 연회: a Christmas *party* 크리스마스 파티 / have[hold] a *party* 파티를 열다 / We were invited to his birthday *party*. 우리는 그의 생일 파티에 초대받았다
2 (여행 등의) 일행, 무리: a sightseeing *party* 관광단
3 **정당**, 당파: the Republican[Democratic] *Party* 《미》 공화[민주]당

pass [pǽs 패쓰] 🄟 (3단현 **passes** [-iz]; 과거·과거분사 **passed** [-t]; 현재분사 **passing**) 🄟 **1 통과하다**, 지나가다; (차가) 추월하다: The train *passed* through the station without stopping. 열차는 역에 정차하지 않고 통과했다 / No *passing*. 《게시》 추월 금지
2 (시간이) **지나다**, 흐르다: Five years have *passed* since then. 그로부터 5년이 지났다
3 사라지다, 없어지다; 죽다: The storm *passed*. 폭풍이 그쳤다
4 (재산 등이 남의 손에) 넘어가다
── 🄟 **1** …**을 통과하다**, 지나가다: The express trains *pass* this station. 급행열차는 이 역을 통과한다
2 (시간을) **보내다**: *pass* a day pleasantly 하루를 즐겁게 보내다
3 (시험에) **합격하다** (🄫 fail 실패하다): Has he *passed* his examination? 그는 시험에 합격했습니까?
4 …**을 전해 주다**: Will you pass me the salt? 소금 좀 전해 주시겠습니까?

5 (법안을) 가결하다; (법안이 의회를) 통과하다: The bill *passed* the City Council. 그 법안은 시 의회를 통과했다

pass away (1) 가버리다, 떠나다; (때가) 지나다
(2) 죽다 (🄶 die의 정중한 표현): He *passed away* peacefully. 그는 평온하게 숨을 거두었다

pass by (1) **옆을 지나가다**: I *passed by* her. 나는 그녀의 옆을 지나갔다
(2) (시간이) 지나가다

pass down …을 전하다, 물려주다

pass for …으로 통하다: He *passes for* a great scholar. 그는 대학자로 통하고 있다

pass out (1) 분배하다 (2) 기절하다

── 🄝 (복수 **passes** [-iz]) **1 통행**, 통과 **2** 산길, 오솔길; 고개 **3** 패스, 무료 입장[승차]권; 정기권 **4** (시험의) **합격** **5** 【스포츠】 패스

pas·sage [pǽsidʒ 패씨쥐] 명 (복수 **passages** [-iz]) **1** (문장의) 한 단락 **2** 통행, 통과; (철새 등의) 이주 **3** 통로, 복도 **4** 여행, 항해 **5** (때의) 경과, 변천 **6** 《미》 (의안의) 통과, 가결
【pass(통과하다)에 대한 명사】

pas·sen·ger [pǽsəndʒər 패썬줘r] 명 (복수 **passengers** [-z]) 승객, 여객: a *passenger* plane〔boat〕 여객기〔선〕

pass·er-by [pǽsər-bái 패써r바이] 명 (복수 **passers-by** [pǽsərz-]) 통행인

pass·ing [pǽsiŋ 패씽] 명 **1** 통행, 통과 **2** (때의) 경과 **3** (의안의) 통과, 가결 **4** (시험의) 합격
── 형 **1** 통행〔통과〕하는 **2** 일시적인 **3** 합격의

pas·sion [pǽʃən 패션] 명 **1** 열정, 정열; 열중, 열광 《for》: She has a *passion for* music. 그녀는 음악을 매우 좋아한다
2 격노, 흥분: He got into a *passion* at me. 그는 나에게 무척 화를 냈다

pas·sion·ate [pǽʃənət 패션닛] 형 **1** 열렬한, 정열적인 **2** 성을 잘 내는

pas·sive [pǽsiv 패씨v으] 형 **1** 수동적인, 소극적인(반 active 적극적인)
2 【문법】 수동태의(반 active 능동태의): the *passive* voice 수동태

pass·port [pǽspɔ̀ːrt 패쓰포-r트] 명 (복수 **passports** [-ts]) 여권, 패스포트: May I have your *passport*? 여권을 보여주시겠습니까?
【「항구(port)를 통과(pass)하다」에서】

pass·word [pǽswə̀ːrd 패쓰워-r드] 명 암호

past [pǽst 패스트] 형 **1** 과거의, 지나간: *past* glories 과거의 영광 / Danger is *past*. 위험은 지나갔다
2 (방금) 지난, 최근의: the *past* week〔month〕 지난 주〔달〕 / I haven't met him for the *past* two months. 요 두 달 동안 그를 만나지 않았다
3 【문법】 과거의: the *past* tense 과거 시제
── 명 **1** 〔보통 **the**를 붙여〕 과거(반 present 현재, future 미래): He did many things in *the past*. 그는 과거에 많은 일을 했다
2 (과거의) 경력, 이력: I know nothing of his *past*. 나는 그의 과거에 대해 아는 바 없다
3 〔보통 **the**를 붙여〕【문법】 과거 (시제)
── 전 **1** 《영》 (시간의) 지나서(반 to …전) (동 《미》 after): He came home at half *past* eight. 그는 8시 반에 귀가했다 / It is ten minutes *past* three. 3시 10분이다

쓰임새 「…분 지나서」라고 말할 때 《미》에서는 It is ten minutes *after* two. (2시 10분이다)라 하고, 「…분 전」에는 of를 써서 It is ten minutes *of* two. (2시 10분 전이다)라고 한다.

2 (나이를) 넘어서: He is *past* forty. 그는 40세가 넘었다
3 (장소 등을) …을 지나서: My house is just *past* the church. 우리 집은 교회를 조금 지난 곳에 있다
4 …의 범위를 넘어: The story is *past* belief. 그 이야기는 믿을 수 없다
── 부 지나가서: We walked *past*. 우리는 걸어서 지나갔다

paste [péist 페이스트] 명 **1** (붙이는) 풀 **2** (밀가루) 반죽

pas·tel [pæstél 패스테을] 명 **1** 파스텔 《크레용의 일종》 **2** 파스텔화(畵)

pas·time [pǽstàim 패쓰타임] 명 오락, 놀이, 소일거리

pas·try [péistri 페이스츄뤼] 명 (복수 **pastries** [-z]) 가루 반죽

pas·ture [pǽstʃər 패스춰r] 명 (가축 등을 방목하는) 목초지, 목장 (《미》 건초를 만들기 위한 「목초지」는 meadow)

pat [pǽt 팻] 동 (3단현 **pats** [-ts]; 과거·과거분사 **patted** [-id]; 현재분사 **patting**) 타 …을 톡톡 가볍게 치다: I *patted* him *on* the back. 나는 그의 등을 가볍게 쳤다
── 명 톡톡〔가볍게〕 침〔두드림〕

patch [pǽtʃ 패취] 명 (복수 **patches** [-iz]) 1 (해진 곳 등에 대는) 헝겊 조각 2 얼룩, 반점 3 (경작된) 땅 한 떼기

── 동 (3단현 **patches** [-iz]) 타 …에 헝겊 조각을 대다, 깁다

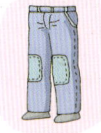
patch 1

pa·tent [pǽtnt 패트튼트 → 팻'은트] 명 (복수 **patents** [-ts]) 특허, 특허권; 특허품: He got a *patent* for [on] his invention. 그는 그의 발명으로 특허를 받았다

── 형 1 특허의 2 명백한

pa·ter·nal [pətə́ːrnl 퍼터-r느얼] 형 아버지의, 아버지다운(반 maternal 어머니의)

*__**path**__ [pǽθ 패θ으] 명 (복수 **paths** [pǽðz]) 1 오솔길; (공원·정원 등의) 보도 2 통로, 경로 3 (인생의) 행로

pa·thet·ic [pəθétik 퍼θ에틱 → 퍼θ에릭] 형 불쌍한, 가련한, 감상적인

pa·thos [péiθɑs 페이θ아쓰] 명 (예술 작품 등의) 애절감, 애수(의 정)

*__**pa·tience**__ [péiʃəns 페이셔쓰] 명 **인내심**, 참을성, 끈기: I worked hard with *patience*. 나는 끈기를 가지고 열심히 일했다

*__**pa·tient**__ [péiʃənt 페이션트] 형 (비교급 **more patient**; 최상급 **most patient**) **인내심이 강한**, 참을성 있는(반 impatient 참을성 없는): She is *patient* with her children. 그녀는 아이들에게 관대하다

── 명 (복수 **patients** [-ts]) **환자**, 병자

pa·tient·ly [péiʃəntli 페이션틀리 → 페이션'을리] 부 참을성 있게, 끈기 있게

pa·tri·ot [péitriət 페이츄리엇] 명 애국자

pa·tri·ot·ic [pèitriɑ́tik 페이츄뢰아틱 → 페이츄뢰아릭] 형 애국의, 애국심이 강한

pa·tri·ot·ism [péitriətìzm 페이츄뢰어티Z음] 명 애국심

pa·trol [pətróul 퍼츄로우을] 명 1 순찰, 정찰 2 순시자; 순찰대

── 동 (3단현 **patrols** [-z]; 과거·과거분사 **patrolled** [-d]; 현재분사 **patrolling**) 타 자 (…을) 순찰[순회]하다

pa·tron [péitrən 페이츄뤈] 명 1 (상점 등의) 단골 손님, 고객 2 (예술가·자선 사업 등의) 후원자, 지지자

pat·ter [pǽtər 패터r → 패러r] 자 (빗소리·발소리 등이) 후두둑[또닥또닥] 소리를 내다

【pat(가볍게 치다)의 반복형】

*__**pat·tern**__ [pǽtərn 패터r언 → 패러r언] 명 (복수 **patterns** [-z]) 1 (도자기·천 등의) **도안, 무늬**: wallpaper *pattern* 벽지 무늬

2 (행동·사고 등의) **형, 방식**, 패턴, 틀: behavior *patterns* 행동 방식

3 모범, 본보기, 귀감

4 (양복·주물 등의) 본, 모형(model)

Paul [pɔ́ːl 포-얼] 명 1 폴 《남자 이름》 2 【성서】 Saint ~ (사도) 바울 《그리스도의 제자; 신약성서 저자 중의 한 사람》

*__**pause**__ [pɔ́ːz 포-즈으] 동 (3단현 **pauses** [-iz]; 과거·과거분사 **paused** [-d]; 현재분사 **pausing**) 자 **중단하다**, 잠시 멈추다: *pause* (for) a moment *at* the gate 대문간에서 잠시 멈추다

── 명 **중지**, 중단, 잠깐 멈춤

pave [péiv 페이v으] 동 (현재분사 **paving**) 타 (길을) 포장하다

pave·ment [péivmənt 페이V으먼트] 명 (복수 **pavements** [-ts]) 1 《미》 포장 도로, 포장 2 《영》 (포장한) 보도 (《미》 sidewalk)

paw [pɔ́ː 포-] 명 (개·고양이 등의 발톱이 있는) 발 (말처럼 굽이 있는 동물의 「발」은 hoof)

pawn¹ [pɔ́ːn 포-언] 명 저당[전당](물)

pawn² [pɔ́ːn 포-언] 명 1 【체스】 졸(卒) 2 앞잡이, 끄나풀

paw

hoof

pay [péi 페이] 통 (3단현 **pays** [-z]; 과거·과거분사 **paid** [-d]; 현재분사 **paying**) 타 **1** (임금·대금 등을) **치르다**, 지불하다: *pay* the school expenses 학비를 내다/ They are *paid* by the week. 그들은 주급이다/ He *paid* six dollars *for* the shirt. 그는 셔츠 대금으로 6달러를 치렀다

2 (방문 등을) 하다: He *paid* a visit *to* his friend. 그는 그의 친구를 방문했다
3 (주의·경의를) **표하다**, 기울이다: People *paid* attention *to* his words. 사람들은 그의 말에 주의를 기울였다
—— 자 **1 지불하다**, 대금을 치르다: I *paid* in cash. 나는 현찰로 지불했다
2 돈벌이가 되다: This job doesn't *pay*. 이 일은 돈벌이가 되지 않는다

pay back (빚·은혜 등을) **갚다**, 보답하다: Please *pay back* the money soon. 그 돈을 빨리 갚아 주세요

pay off (1) (빚 등을) 전부 갚다: I'll *pay off* the debt soon. 난 그 빚을 곧 갚을 것이다
(2) (계획 등이) 잘 되다, 성과를 올리다
—— 명 **급료**, 임금

> 유의어 **급료, 임금**
> **pay**는 급료를 뜻하는 가장 일반적인 말. **wages**는 보통 육체 노동자의 일급·시간급: weekly *wages* 주급. **salary**는 지적·전문적인 일을 하는 사람에게 고정적으로 지불하는 임금: an annual *salary* 연봉.

pay·ment [péimənt 페이먼트] 명 **1** 지불 (금액) **2** 보수

pea [píː 피-] 명 (복수 **peas** [-z]) 【식물】 **완두콩**

peace [píːs 피-쓰] 〖 piece(조각)와 발음이 같음〗 명 **1 평화** (반 war 전쟁): world *peace* 세계 평화

pea

2 안심, 평안: *peace* of mind 평안한 마음
at peace 평화롭게, 사이 좋게: He lived *at peace* with his neighbors. 그는 이웃 사람들과 사이좋게 살았다

in peace 편안히, 조용히: Rest *in peace*. 편히 잠드소서 《묘비명에》

make peace with …와 화해하다: The two boys *made peace with* each other. 두 소년은 화해했다

peace·ful [píːsfəl 피-쓰F어얼] 형 **평화로운**, 평온한

peace·ful·ly [píːsfəli 피-쓰F얼리] 부 평화롭게, 평온하게

peach [píːtʃ 피-취] 명 【식물】 **복숭아** (나무)

pea·cock [píːkàk 피-각] 명 【조류】 (수컷) 공작

peacock

pea·hen [píːhèn 피-헨] 명 【조류】 암컷 공작

peak [píːk 피-ㅋ] 명 (복수 **peaks** [-s]) **절정**, 최고점, 피크: the *peak* of traffic 최대 교통량
2 산꼭대기(summit); (뾰족한) 끝

pea·nut [píːnʌ̀t 피-낫] 명 【식물】 땅콩

pear [pɛ́ər 페어r] 〖 pair(한 쌍)와 발음이 같음〗 명 (복수 **pears** [-z]) 【식물】 (서양) **배**(나무)

pearl [pə́ːrl 퍼-r얼] 명 (복수 **pearls** [-z]) **진주**: an artificial (imitation) *pearl* 모조 진주

pears

peas·ant [péznt 페ز은트] 명 (소규모 농사를 짓는) 농부, 소작농

> 참고> 미국에서는 일반적으로 대규모로 농사를 짓기 때문에 농부를 peasant라 하지 않고 「농장 소유자」를 뜻하는 farmer라 한다.

peb·ble [pébl 페브을] 명 조약돌, 자갈

peck [pék 펙] 타 자 (부리로) 쪼다, 쪼아 먹다

pe·cu·liar [pikjú:liər 피큐-을리어r] 형 (비교급 **more peculiar**; 최상급 **most peculiar**) **1** 특유의, 독특한: This is a custom *peculiar to* Korea. 이것은 한국 특유의 관습이다
2 묘한, 이상한 (strange): a *peculiar* smell 묘한 냄새/ There is something *peculiar* about him. 그에게는 어딘가 색다른 점이 있다

pe·cu·li·ar·i·ty [pikjù:liǽrəti 피큐-을리애뤄티 → 피큐-을리애뤄리] 명 (복수 **peculiarities** [-z]) **1** 특색, 특성 **2** 이상한[색다른] 점, (묘한) 버릇

pe·cu·liar·ly [pikjú:liərli 피큐-을리어r을리] 부 **1** 특히, 각별히 **2** 묘하게

ped·al [pédl 페드을 → 페르을] 명 (자전거·피아노 등의) 페달, 발판

pe·des·tri·an [pədéstriən 퍼데스츄뤼언] 명 보행자, 통행인

peel [pí:l 피-을] 동 (3단현 **peels** [-z]; 과거·과거분사 **peeled** [-d]; 현재분사 **peeling**) 타 (과일 등의) 껍질을 벗기다: *peel* a banana 바나나 껍질을 벗기다

peel
— 명 (과일 등의) 껍질

peep¹ [pí:p 피-프] 동 (3단현 **peeps** [-s]; 과거·과거분사 **peeped** [-t]; 현재분사 **peeping**) 자 **1** (구멍·틈 등을 통해) 엿보다, 들여다보다: He *peeped into* the room. 그는 방안을 들여다보았다
2 나타나다: The moon *peeped out* through the clouds. 달이 구름 사이로 나타났다
— 명 엿봄, 슬쩍 봄

peep² [pí:p 피-프] 명 삐악삐악 [짹짹] 《쥐·병아리 등의 울음소리》
— 자 삐악삐악 [짹짹] 울다
【의성어】

*__peer__ [píər 피어r] 〖💡 pier(부두)와 발음이 같음〗 명 **1** (나이·지위 등이) 동등한 사람 **2** 《영》 귀족

peg [pég 페그] 명 **1** 나무(대)못, 쐐기; 걸이못 (💡 보통의 「못」은 nail): a hat *peg* 모자걸이
2 (천막용) 말뚝

Pek·ing [pì:kíŋ 피-킹] 명 북경 《중국의 수도; Beijing이라고도 한다》

pel·i·can [pélikən 펠리컨] 명 【조류】 펠리컨

pelican

__pen__¹ [pén 펜] 명 (복수 **pens** [-z]) **1** 펜; 펜촉: Do you have a *pen*? 펜을 가지고 있습니까?

> 참고> 볼펜이나 사인펜 등 잉크를 사용하는 필기 도구는 모두 pen이라 하며, 「볼펜」이라고 구체적으로 말할 때는 ball-point pen, 「만년필」은 fountain pen이라 한다.

2 [the를 붙여] 문필: The *pen* is mightier than the sword. 《속담》 문(文)은 무(武)보다 강하다

pen² [pén 펜] 명 (복수 **pens** [-z]) (가축의) 우리, 축사

pen·al·ty [pénəlti 페널티] 명 (복수 **penalties** [-z]) **1** 형벌; 벌금 **2** 【경기】 (반칙에 대한) 벌, 페널티

pence [péns 펜쓰] 명 penny(페니)의 복수형의 하나

pen·cil [pénsl 펜쓰을] 명 (복수 **pencils** [-z]) 연필: Write with a *pencil*. 연필로 쓰세요

pencil

mechanical pencil

pencil case [pénsl kèis] 명 필통

pend·ant [péndənt 펜던트] 명 **1** 매달려 있는 것 **2** 펜던트 (목걸이 · 귀고리 등)

pend·ing [péndiŋ 펜딩] 형 (문제 등이) 미결정의

pen·du·lum [péndʒuləm 펜줄럼] 명 (시계 등의) 진자(振子)

pen·e·trate [pénətrèit 페너츄뤠잇] 동 (3단현 **penetrates** [-ts]; 과거 · 과거분사 **penetrated** [-id]; 현재분사 **penetrating**) 타 **1** (총알 등이) 꿰뚫다, 관통하다; (빛 · 목소리 등이) 통과하다: The bullet *penetrated* the wall. 총알이 벽을 관통했다

2 (물 · 사상 등이) 스며들다, 침투하다

3 (사람의 마음 · 계획 등을) 파악하다

── 자 (냄새 등이) 스며들다: Smoke *penetrated through* the house. 연기가 온 집안에 스며들었다

pen friend [pén frènd] 명 《영》 편지 친구, 펜팔 (《미》 pen pal)

pen·guin [péŋgwin 펭그윈] 명 (복수 **penguins** [-z]) 【조류】 펭귄: I have seen *penguins* at a zoo in New York. 나는 뉴욕에 있는 동물원에서 펭귄을 본 적이 있다

penguins

pen·i·cil·lin [pènəsílin 페너씰린] 명 페니실린 (푸른곰팡이에서 얻어지는 항생 물질; 1929년 영국의 세균학자 플레밍이 발견)

pe·nin·su·la [pənínsjulə 퍼닌슐러] 명 반도: the Korean *Peninsula* 한반도

pen·man·ship [pénmənʃip 펜먼쉽] 명 습자(習字); 서체, 필적

pen name [pén nèim] 명 펜네임, 필명

pen·nant [pénənt 페넌트] 명 **1** 기다란 삼각기(旗) **2** 《미》 (야구 등의) 페넌트, 우승기

[pendant(매달려 있는 것)의 변형]

pen·ni·less [pénilis 페닐리쓰] 형 빈털터리의

Penn·syl·va·nia [pènsəlvéiniə 펜썰V에이니아] 명 펜실베이니아 (미국 동부의 주(州); 약어는 PA, Pa., Penn.)

pen·ny [péni 페니] 명 (복수는 가격 **pence** [péns], 개수 **pennies** [-z]) **1** 《영》 페니, 센트 (영국의 화폐 단위; 100분의 1파운드; 약어는 p)

pence   pennies

2 《영》 1페니 동화(銅貨); 《미 · 캐나다》 1센트 동화

3 〔부정문에서〕 한푼, 푼돈: I have *not* a *penny*. 나는 한푼도 없다

pen pal [pén pæ̀l] 명 《미》 펜팔, 편지 친구 (《영》 pen friend)

pen·sion¹ [pénʃən 펜션] 명 연금: live on a *pension* 연금으로 생활하다

pen·sion² [pénʃən 펜션] 명 유럽풍의 고급 민박

pen·t(a)- (접두사) 「다섯」의 뜻

pen·ta·gon [péntəgən 펜터간] 명 **1** 5각형 **2** [the Pentagon으로] 펜타곤 (5각형의 미국 국방성 건물)

the Pentagon

peo·ple [píːpl 피-프얼] 명 (복수 peoples [-z]) **1** [복수 취급] 사람들: There were a lot of *people* in the park. 공원에는 많은 사람들이 있었다/ *People* say that he is very honest. 그는 매우 정직하다고 한다

2 민족, 국민: the *peoples* of Asia 아시아의 여러 민족들/ The Koreans are a diligent *people*. 한국인은 근면한 국민이다

3 [the를 붙여; 복수 취급] (한 나라의) 국민; 민중, 인민: government of the *people*, by the *people*, for the *people* 국민의, 국민에 의한, 국민을 위한 정치 (링컨이 게티즈버그에서 행한 유명한 연설의 한 대목)

4 [the를 붙여; 복수 취급] (한 지방·단체의) 사람들: the village *people* 마을 사람들

pep·per [pépər 페퍼r] 명 【식물】 후추

pep·per·mint [pépərmìnt 페퍼r민트] 명 박하 (사탕)

per [pə́ːr 퍼-r] 전 …마다, …당: 60 miles *per* hour 시속 60마일

per·ceive [pərsíːv 퍼r씨-v으] 동 (3단현 **perceives** [-z]; 과거·과거분사 **perceived** [-d]; 현재분사 **perceiving**) 타 **1** …을 눈치채다, 알아차리다: I *perceived* him entering the room. 나는 그가 방에 들어가는 것을 알아차렸다

2 …을 알다, 이해하다

per·cent, 《영》 **per cent** [pərsént 퍼r쎈트] 명 (단수·복수 동형) 퍼센트 (기호 %): five *percent* 5퍼센트 (보통 5%라고 쓴다)

per·cent·age [pərséntidʒ 퍼r쎈티쥐] 명 백분율, 백분비, 비율: a small *percentage* of oxygen 적은 비율의 산소

per·cep·ti·ble [pərséptəbl 퍼r쎕터블] 형 지각[인지]할 수 있는

per·cep·tion [pərsépʃən 퍼r쎕션] 명 지각, 인식, 이해

perch [pə́ːrtʃ 퍼-r취] 명 (복수 **perches** [-iz]) (새의) 횃대
── 동 (3단현 **perches** [-iz]) 자 **1** (새가) …에 앉다 (on) **2** (사람이 높은 자리에) 앉다

per·cus·sion [pərkʌ́ʃən 퍼r카션] 명 **1** 충격, 충돌 **2** [the를 붙여; 집합적으로] 타악기

per·fect [pə́ːrfikt 퍼-r휙트] 형 **1** 완전한, 결점이 없는 (반) **imperfect** 불완전한); 정확한: a *perfect* game (야구의) 퍼펙트 게임/ The weather was *perfect*. 날씨는 더할 나위 없이 좋았다

2 《구어》 철저한, 전적인: She is a *perfect* stranger to me. 그녀는 전혀 모르는 사람이다

3 【문법】 완료의: the present [past, future] *perfect* tense 현재[과거, 미래] 완료 시제

──[pərfékt 퍼r F엑트] 타 …을 마무리하다, 완성하다

per·fec·tion [pərfékʃən 퍼r F엑션] 명 완전, 완성

per·fect·ly [pə́ːrfiktli 퍼-r F익틀리 → 퍼-r F이클리] 부 완전히, 완벽하게: You are *perfectly* right. 너의 말이 완전히 맞았다

per·form [pərfɔ́ːrm 퍼r F오-r엄] 동 (3단현 **performs** [-z]; 과거·과거분사 **performed** [-d]; 현재분사 **performing**) 타 **1** (약속 등을) 이행하다, 다하다: *perform* a contract 계약을 이행하다

2 (극을) 상연하다, (역을) 맡아하다, (음악을) 연주하다: *perform* a comedy 희극을 상연하다 / She *performed* the heroine in the play. 그녀는 그 극에서 여주인공 역을 맡았다

──자 상연하다, 연주하다

***per·form·ance** [pərfɔ́ːrməns 퍼*r*포-*r*먼쓰] 몡 (복수 **performances** [-iz]) 1 (의무 등의) 수행 2 성과 3 행동 4 상연, 연기, 연주 5 (의식 등의) 거행

per·form·er [pərfɔ́ːrmər 퍼*r*포-*r*머*r*] 몡 1 실행[이행]자 2 연기자, 연주자

per·fume [pə́ːrfjuːm 퍼-*r*퓨-음] 몡 1 향기 2 향수, 향료

per·go·la [pə́ːrɡələ 퍼-*r*걸라] 몡 (담쟁이 등으로 덮인) 정자

pergola

***per·haps** [pərhǽps 퍼*r*햅쓰] 〖악센트 주의〗 뷔 아마(maybe), 어쩌면 …일지도: *Perhaps* that's true. 어쩌면 그것은 사실일지도 모른다

〖회화〗
A: Will he come to the party?
그는 파티에 올까
B: *Perhaps* not.
아마 오지 않을 것이다

per·il [pérəl 페뤌얼] 몡 (중대한) 위험: He was in *peril* of his life. 그는 목숨이 위험했다

per·il·ous [pérələs 페뤌러쓰] 혱 위험한

***pe·ri·od** [píriəd 피-뤼어드] 몡 (복수 **periods** [-dz]) 1 (일정한) 기간, 시기: He stayed here for a short *period*. 그는 잠시 여기에 머물렀다

2 (역사상의) 시대: the postwar *period* 전후 시대

3 《미》 마침표 (.), 종지부 (《영》 full stop)

4 수업시간, 교시

pe·ri·od·i·cal [pìriádikəl 피-뤼아디커얼 → 피-뤼아리커얼] 혱 정기적인

──몡 (일간 신문을 제외한) 정기 간행물, 잡지

per·ish [périʃ 페뤼쉬] 동 (3단현 **perishes** [-iz]) 자 죽다(die), 멸망하다

perm [pə́ːrm 퍼-*r*엄] 몡 《구어》 파마 (**permanent wave**의 단축형)

***per·ma·nent** [pə́ːrmənənt 퍼-*r*머넌트] 혱 영원한, 불변의(반 temporary 임시적인): We all long for *permanent* peace. 우리는 모두 영원한 평화를 원한다

──몡 = permanent wave

per·ma·nent·ly [pə́ːrmənəntli 퍼-*r*머넌틀리 → 퍼-*r*머넌'을리] 뷔 영원히, 영구적으로

permanent wave [pə́ːrmənənt wéiv] 몡 파마 (간단히 permanent, 《구어》에서는 perm이라고도 한다)

per·mis·sion [pəːrmíʃən 퍼-*r*미션] 몡 허가, 허락, 인가, 면허: without *permission* 허가 없이

***per·mit** [pərmít 퍼*r*밋] 동 (3단현 **permits** [-ts]; 과거·과거분사 **permitted** [-id]; 현재분사 **permitting**) 타 …을 허가하다, 허락하다: Smoking is not *permitted* here. 이곳에서는 금연이다

──자 (사물이) 허락하다: I'll leave tomorrow, weather *permitting*〔if the weather *permits*〕. 날씨가 좋으면 내일 떠날 것이다

──[pə́ːrmit 퍼-*r*밋] 몡 허가증, 면허증, 증명서

per·pet·u·al [pərpétʃuəl 퍼*r*페츄어얼] 혱 1 끊임없는: I am tired of her *perpetual* complains. 나는 그녀의 끊임없는 불평에 물렸다

2 영구의, 영속적인: *perpetual* snow 만년설

per·plex [pərpléks 퍼r플렉쓰] 동 (3단현 **perplexes** [-iz]; 과거분사 **perplexed** [-t]; 현재분사 **perplexing**) 타 …을 난처하게 하다, 당황케 하다: I am *perplexed* at his behavior. 나는 그의 행동에 당황하고 있다

per·se·cute [pə́:rsikjù:t 퍼r씨큐-트] 동 (3단현 **persecutes** [-ts]; 과거·과거분사 **persecuted** [-id]; 현재분사 **persecuting**) 타 (다른 민족·이교도 등을) 박해하다, 괴롭히다: They were *persecuted* for their religion. 그들은 종교로 인하여 박해받았다

per·se·ver·ance [pə̀:rsəvírəns 퍼r써V이뤈쓰] 명 인내

Per·sia [pə́:rʃə 퍼r샤] 명 페르시아 《이란(Iran)의 옛 이름》

Per·sian [pə́:rʒən 퍼r줜] 형 페르시아(인·어)의
—— 명 **1** 페르시아인 **2** 〔무관사로〕 페르시아어

per·sim·mon [pə:rsímən 퍼r씨먼] 명 【식물】 감(나무)

*__**per·sist**__ [pərsíst 퍼r씨스트] 동 (3단현 **persists** [-ts]; 과거·과거분사 **persisted** [-id]; 현재분사 **persisting**) 자 **1** 고집하다, 우기다 (in): She *persisted* in going home. 그녀는 집에 가겠다고 고집했다
2 지속하다: The bad weather *persisted* all week. 악천후가 1주일간 계속됐다

per·sis·tence [pərsístəns 퍼r씨스턴쓰] 명 **1** 끈기, 끈덕짐, 고집 **2** 영속, 지속성

per·sis·tent [pərsístənt 퍼r씨스턴트] 형 **1** 끈덕진, 고집 센 **2** 지속성의

*__**per·son**__ [pə́:rsn 퍼r슨] 명 (복수 **persons** [-z]) **1** 사람: He is an important *person*. 그는 중요한 사람이다 / Five *persons* were present. 다섯 사람이 참석했다

2 신체, 몸(body); 풍채; 인격
3 【문법】 인칭: the first〔second, third〕 *person* 1〔2, 3〕인칭
in person 몸소, 본인 자신이(personally)

*__**per·son·al**__ [pə́:rsnl 퍼r스느얼] 형 (비교급 **more personal**; 최상급 **most personal**) **1** 개인의, 개인적인(individual), 사적인: This is my *personal* opinion. 이것은 나의 개인적인 의견이다 / Don't ask *personal* questions. 사적인 질문은 하지 마세요
2 몸소 하는: I made a *personal* call on her. 내가 직접 그녀를 방문했다
3 【문법】 인칭의: a *personal* pronoun 인칭 대명사

personal computer [pə́:rsnl kəmpjú:tər] 명 퍼스널 컴퓨터

*__**per·son·al·i·ty**__ [pə̀:rsənǽləti 퍼r써낼러티 → 퍼r써낼러리] 명 (복수 **personalities** [-z]) **1** 개성, 성격, 인격 **2** 유명인사

per·son·al·ly [pə́:rsnəli 퍼r스널리] 부 **1** 몸소, 스스로, 친히: I would like to talk to her *personally*. 나는 직접 그녀와 이야기하고 싶습니다
2 자신으로서는, 자기 생각으로는: *Personally*, I don't agree. 나로서는 반대다
3 인간적으로: I don't hate him *personally*. 나는 인간적으로 그를 싫어하지 않는다

per·son·nel [pə̀:rsənél 퍼r써네엘] 명 〔집합적으로〕 (관청·회사 등의) 전(全) 직원 **2** 인사과(課)

per·spec·tive [pərspéktiv 퍼r스펙티V으] 명 **1** 원근법, 투시도법 **2** 원경(遠景), 조망 **3** 전망, 가능성

per·spi·ra·tion [pə̀:rspəréiʃən 퍼r스퍼레이션] 명 **1** 땀 (📖 sweat보다 고상한 말) **2** 발한(發汗)

*__**per·suade**__ [pərswéid 퍼r스웨이드] 동 (3단현 **persuades** [-dz]; 과거·과거분

per·sua·sion [pərswéiʒən 퍼r스웨이줜] 명 1 설득 2 납득

per·sua·sive [pərswéisiv 퍼r스웨이씨v으] 형 설득력 있는

per·tain [pərtéin 퍼r테인] 자 …에 속하다 (to)

per·ti·nent [pá:rtənənt 퍼-r터넌트] 형 적절한, 타당한: a *pertinent* remark 적절한 말

Peru [pərú: 퍼루-] 명 페루 《남미 서북부 태평양 연안의 공화국; 수도는 리마 (Lima)》

per·vade [pərvéid 퍼r V에이드] 동 (현재분사 **pervading**) 타 (사상·영향·냄새 등이) 널리 퍼지다, 스며들다

pes·si·mism [pésəmìzm 페써미z음] 명 비관주의, 염세주의 (반 optimism 낙천주의)

pest [pést 페스트] 명 1 해충 2 페스트, 흑사병

***pet** [pét 펫] 명 (복수 **pets** [-ts]) 1 애완동물, 페트 2 마음에 드는 사람
—— 형 애완의, 귀여워하는: a *pet* dog 애견 / a *pet* name 애칭

pet·al [pétl 페트을 → 페르을] 명 꽃잎

Pe·ter [pí:tər 피-터r → 피-러r] 명 1 피터 《남자 이름》 2 《성서》 **Saint** ~ 성(聖)베드로 《예수의 12제자 중의 한 사람》 3 베드로(전·후)서

pe·ti·tion [pətíʃən 퍼티션] 명 청원(서), 탄원(서)

***pet·rol** [pétrəl 페츄뤄을] 명 《영》 휘발유, 가솔린 (💡 petroleum의 단축형; 《미》 gasoline, 《미구어》에서는 gas)

pe·tro·le·um [pətróuliəm 퍼츄로울리엄] 명 석유: crude [raw] *petroleum* 원유(原油)

petrol station [pétrəl stèiʃən] 명 《영》 주유소 (《미》 gas station)

pet·ti·coat [pétikòut 페티코웃 → 페리코웃] 명 페티코트 《여성용 속치마》

pet·ty [péti 페티 → 페리] 형 (비교급 **pettier**; 최상급 **pettiest**) 1 작은, 사소한, 보잘것없는 2 속이 좁은

petticoat

Phar·aoh [féərou F에어로우] 명 파라오 《고대 이집트 왕의 칭호》

phar·ma·cy [fá:rməsi F아-r머씨] 명 (복수 **pharmacies** [-z]) 약국 (💡 《미》 drugstore)

***phase** [féiz F에이z으] 명 (복수 **phases** [-iz]) (변화·발달의) 단계, 국면: enter on a new *phase* 신국면으로 들어가다

pheas·ant [féznt F에z은트] 명 【조류】 꿩

phe·nom·e·non [finámənàn F이나머난] 명 (복수 **phenomena** [-mənə]) 현상: a natural [social] *phenomenon* 자연[사회] 현상

pheasant

phil-, philo- 《접두사》 「…사랑하는, …좋아하는」의 뜻

Phil·a·del·phi·a [filədélfiə F일러델F이아] 명 필라델피아 《미국 펜실베이니아(Pennsylvania)주의 도시》

phil·har·mon·ic [filha:rmánik F일하-r마닉] 형 음악 애호의: a *philharmonic* orchestra 교향악단

Phil·ip·pine [fíləpì:n F일러피-인] 형 필리핀(제도·인)의

Phil·ip·pines [fíləpì:nz F일러피-인z으] 명 (**the**를 붙여) 1 필리핀 제도 2 필리핀 (공화국) 《수도는 마닐라(Manila)》

phi·los·o·pher [filásəfər F일라써F어r] 명 철학자
philosophers' 〔*philosopher's*〕 *stone* 현자(賢者)의 돌 《비금속을 황금으로 변화시키는 힘이 있다고 믿고 중세의 연금술사가 찾아 다니던 돌》

phi·los·o·phy [filásəfi F일라써F이] 명 철학

pho·bi·a [fóubiə F오우비아] 명 병적인 공포감

Phoe·nix [fí:niks F이-닉쓰] 명 【이집트 신화】 불사조 《아라비아 사막에서 500년 또는 600년마다 스스로 향나무를 쌓아 올려 타죽고, 그 재 속에서 다시 살아난다고 하는 영조(靈鳥); 불사의 상징》

phone [fóun F오운] 명 (복수 **phones** [-z]) 《구어》 전화; 전화기 (telephone의 단축형): Who's on the *phone*? 누구한테서 온 전화냐?/ Mr. White, you are wanted on the *phone*. 화이트씨, 전화입니다

회화
A: May I use this *phone*?
전화 좀 쓸 수 있을까요?
B: Certainly.
네, 그러세요

──동 (3단현 **phones** [-z]; 과거·과거분사 **phoned** [-d]; 현재분사 **phoning**) 타 《구어》 …에게 전화를 걸다(call): I'll *phone* you again. 다시 전화할게

-phone 《접미사》「음(sound), 음성」의 뜻: micro*phone* 마이크로폰

pho·net·ic [fənétik F어네틱 → F어네릭] 형 발음의, 음성의

pho·nics [fániks F아닉쓰] 명 파닉스 《철자와 발음 관계를 가르치는 교수법》

pho·no·graph [fóunəgræf F오우너그래f°] 명 《미》 축음기, 레코드 플레이어 (《영》 gramophone)

pho·to [fóutou F오우토우 → F오우로우] 명 (복수 **photos** [-z]) 《구어》 사진 (photograph의 단축형): I took a *photo* of my sister. 나는 나의 누이 사진을 찍었다

pho·to- 《접두사》「빛; 사진」의 뜻

pho·to·graph [fóutəgræf F오우터그래f° → F오우러그래f°] 명 사진 (picture): a family *photograph* 가족 사진

pho·tog·ra·pher [fətágrəfər F어타그뤄F어r] 명 사진사, 사진 작가

pho·to·graph·ic [fòutəgræfik F오우터그래F익 → F오우러그래F익] 형 사진의

pho·tog·ra·phy [fətágrəfi F어타그뤄F이] 명 사진술

phrase [fréiz F으뤠이즈°] 명 (복수 **phrases** [-iz]) 【문법】 구(句); 어구, 관용구: a noun *phrase* 명사구

phys·i·cal [fízikəl F이지커럴] 형 1 신체의, 육체의 (반 mental 정신의): *physical* strength 체력
2 물질의, 물질적인 (반 spiritual 정신의): the *physical* world 물리계
3 물리적인: a *physical* change 물리적 변화

phys·i·cal·ly [fízikəli F이지컬리] 부 1 육체적으로 2 물질적으로 3 물리적으로

phy·si·cian [fizíʃən F이지션] 명 1 의사 (doctor) 2 내과 의사 (「외과 의사」는 surgeon)

phys·i·cist [fízisist F이지씨스트] 명 물리학자

phys·ics [fíziks F이직쓰] 명 〔단수 취급〕 물리학

pi·an·ist [piǽnist 피애니스트] 명 피아니스트, 피아노 연주가

pi·an·o [piǽnou 피애노우] 명 (복수 **pianos** [-z]) 피아노: practice on the *piano* 피아노 연습을 하다/ He plays the *piano* well. 그는 피아노를 잘 친다

piano

Pi·cas·so [piká:sou 피카-쏘우] 명 피카소 **Pablo** ~ (1881-1973) (《스페인 태생의 프랑스 화가·조각가》)

pick [pík 픽] 동 (3단현 **picks** [-s]; 과거·과거분사 **picked** [-t]; 현재분사 **picking**) 타 **1** (뾰족한 것으로) **찍다, 쪼다**; (구멍을) 파다; (이·귀 등을) 쑤시다: *pick* a hole in the wall 벽에 구멍을 뚫다/ Don't *pick* your nose. 코를 파지 마라

2 (과일·꽃 등을) **따다**, 꺾다; (가시 등을) 빼내다: We *picked* wild flowers. 우리는 야생화를 땄다

3 …을 **고르다**: You can *pick* any book you like. 마음에 드는 책이 있으면 아무거나 골라라

4 (물건을) 소매치기하다: I had my pocket *picked*. 나는 소매치기를 당했다

── 자 쪼다 (**at**): The birds are busily *picking at* the bread. 새들이 부지런히 빵을 쪼고 있다

pick out (1) …을 **고르다**(choose): Did you *pick out* a dress to wear? 입을 옷은 골랐니?
(2) …을 식별하다, 분간하다

pick up (1) …을 **줍다**, 들어 올리다: He *picked up* a stone. 그는 돌을 들어 올렸다
(2) (차 등에) …을 **태우다**, 마중 나가다: I'll *pick* you *up* at the station. 역으로 마중 나갈게

pick up (1)　　pick up (2)

(3) (우연히) 손에 넣다: *pick up* a good used car 좋은 중고차를 손에 넣다
(4) (지식 등을) 알다, 들어 익히다

pick·et [píkit 피킷] 명 말뚝
pick·le [píkl 피크ᄅ] 명 (복수 **pickles** [-z]) (소금·식초에) 절인 것, (특히) 오이 절임

pick·pock·et [píkpɑ̀kit 피크파킷] 명 소매치기 (《사람》)

***pic·nic** [píknik 피크닉] 명 (복수 **picnics** [-s]) 소풍, **피크닉**: go on a *picnic* 피크닉 가다

── 동 (3단현 **picnics** [-s]; 과거·과거분사 **picnicked** [-t]; 현재분사 **picnicking**) 자 소풍 가다

***pic·ture** [píktʃər 픽춰r] 명 (복수 **pictures** [-z]) **1** 그림: a *picture* card 그림엽서/ paint〔draw〕 a *picture* 그림을 그리다/ There is a *picture* on the wall. 벽에 1장의 그림이 걸려있다

2 사진(photo, photograph): Will you take a *picture* of us? 우리 사진 좀 찍어 주시겠어요?

picture(그림)

drawing　painting　picture(사진)

3 영화(movie): go to the *pictures* 영화를 보러 가다

picture book

4 《구어》 그림같이 아름다운 것
5 [the를 붙여] 실물을 꼭 닮은 것
━ 동 (현재분사 **picturing** [-tʃəriŋ])
타 1 …을 그리다 2 상상하다

picture book [píktʃər bùk] 명 (어린이의) 그림책

＊**pie** [pái 파이] 명 (복수 **pies** [-z]) **파이** 《고기나 과일을 밀가루 반죽에 넣고 구운 과자》

＊**piece** [píːs 피-쓰] [◐ peace(평화)와 발음이 같음] 명 (복수 **pieces** [-iz]) **1 조각, 단편, 파편**: The cup broke into *pieces*. 컵이 산산조각이 났다

2 한 개, 한 조각: a *piece* of paper 종이 한 장/ a *piece* of cake 케이크 한 조각/ a *piece* of advice 하나의 충고/ Bring me two *pieces* of chalk. 분필 두 자루를 갖다 다오

a piece of paper ・ a piece of cake ・ two pieces of chalk

쓰임새 (1) piece는 그 자체로는 하나, 둘 하고 셀 수 없는 물질 명사, 추상 명사를 셀 경우에 쓰인다.
(2) 단수에는 a piece of ...를, 복수에는 pieces of ...의 형태로 쓰인다.

3 한 편의 시[곡·그림]: set a *piece* to music 가사에 곡을 붙이다
4 화폐: a five-cent *piece* 5센트화(貨)

pier [píər 피어r] [◐ peer(귀족)과 발음이 같음] 명 부두, 선창

pier

pierce [píərs 피어r쓰] 동 (3단현 **pierces** [-iz]; 과거·과거분사 **pierced** [-t]; 현재분사 **piercing**) 타 1 …을 꿰뚫다, 관통하다: *pierce* the wall 벽을 꿰뚫다/ The highway *pierces* the forest. 그 간선도로는 숲을 관통하고 있다
2 …을 간파하다

pierc·ing [píərsiŋ 피어r씽] 형 꿰뚫는

pi·e·ty [páiəti 파이어티 → 파이어리] 명 (복수 **pieties** [-z]) 경건, 신앙심

＊**pig** [píg 피그] 명 (복수 **pigs** [-z]) **돼지**; 《미》 새끼 돼지

참고 pig는 「돼지」를 뜻하는 가장 일반적인 말이나, 《미》에서는 보통 「새끼 돼지」에 한해서 쓰고 「성장한 돼지」는 hog라 한다.

＊**pi·geon** [pídʒən 피줜] 명 【조류】 **비둘기** (◐ 주로 도심 주변에 살며 귀소 본능이 뛰어남)

pigeon

pig·gy [pígi 피기] 명 《유아어》 (새끼) 돼지

piggy bank [pígi bæŋk] 명 돼지 저금통

＊**pile** [páil 파일] 명 (복수 **piles** [-z]) **…의 더미, 쌓아 올린 것; 다수, 대량**: a *pile* of hay 건초 더미/ *piles*(a *pile*) of work 많은 일

piggy bank

━ 동 (3단현 **piles** [-z]; 과거·과거분사 **piled** [-d]; 현재분사 **piling**) 타 **…을 쌓다**: She *piled* plates *on* the table. 그녀는 접시를 테이블 위에 쌓았다

pil·grim [pílgrim 피얼그림] 명 (성지) 순례자

Pilgrim Fathers [pílgrim fá:ðərz] 명 〔**the**를 붙여〕 필그림 파더즈 《1620년 메이플라워(Mayflower)호를 타고 미국으로 건너온 영국 청교도단》

*****pill** [píl 피얼] 명 (복수 **pills** [-z]) 알약

pil·lar [pílər 필러r] 명 (복수 **pillars** [-z]) 기둥

pil·lar-box [pílər-bὰks 필러r박쓰] 명 《영》 (빨간) 원통형 우체통

*****pil·low** [pílou 필로우] 명 (복수 **pillows** [-z]) 베개

pillars

*****pi·lot** [páilət 파일럿] 명 (복수 **pilots** [-ts]) 1 (비행기・우주선 등의) 조종사, 파일럿 2 수로 안내인

*****pin** [pín 핀] 명 (복수 **pins** [-z]) 1 핀: a safety〔tie〕 *pin* 안전〔넥타이〕핀/ a drawing *pin* 압정

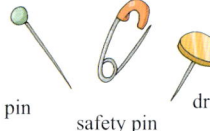
pin safety pin drawing pin

2 【골프・볼링】 핀
── 동 (3단현 **pins** [-z]; 과거・과거분사 **pinned** [-d]; 현재분사 **pinning**) 타 …을 핀으로 고정하다: *pin* papers together 서류를 핀으로 꽂아 두다

pinch [píntʃ 핀취] 동 (3단현 **pinches** [-iz]; 과거・과거분사 **pinched** [-t]; 현재분사 **pinching**) 타 1 …을 꼬집다, 집다: She *pinched* my arm. 그녀는 내 팔을 꼬집었다

2 (문 등에) 끼다; (구두 등이) 꼭 끼다: He *pinched* his finger in the door. 그는 문에 손가락이 끼었다

3 〔보통 수동태 **be pinched**의 형태로〕 괴롭히다, 쪼들리다: He *is pinched* for money. 그는 돈에 쪼들린다
── 명 (복수 **pinches** [-iz]) 1 꼬집기, 집기

2 한번 집기〔쥐기〕; 소량: a *pinch* of salt 한 줌의 소금

3 곤란, 고통; 위기: a *pinch* hitter 【야구】 핀치 히터

*****pine** [páin 파인] 명 【식물】 솔, 소나무

pine·ap·ple [páinæpl 파인애푸얼] 명 【식물】 파인애플 ( 열매가 솔방울과 비슷한 데서)

ping-pong [píŋ-pὰŋ 핑팡] 명 탁구(table tennis) 【의성어】

pineapple

*****pink** [píŋk 핑크] 명 1 분홍색, 핑크색 2 【식물】 패랭이꽃
── 형 분홍색의, 핑크색의

pint [páint 파인트] 명 (복수 **pints** [-ts]) 파인트 ( 액량(液量)의 단위; 《영》 약 0.57리터; 《미》 약 0.47리터)

pi·o·neer [pàiəníər 파이어니어r] 명 (복수 **pioneers** [-z]) 개척자, 선구자: He is one of the *pioneers* in Korean education. 그는 한국 교육의 선구자의 한 사람이다

pi·ous [páiəs 파이어쓰] 형 경건한, 신앙심이 깊은

pip [píp 핍] 명 (사과・오렌지 등의 작은) 씨 ( 복숭아 등의 단단한) 「씨」는 stone)

*****pipe** [páip 파입] 명 (복수 **pipes** [-s]) 1 (가스・수도 등의) 관, 파이프 2 (담배) 파이프, 담뱃대 3 피리; (파이프 오르간의) 관
── 동 (3단현 **pipes** [-s]; 과거・과거분사 **piped** [-t]; 현재분사 **piping**) 타 자 1 (곡을) 피리로 불다 2 (물・가스 등을) 관을 통해 보내다

pipe·line [páiplàin 파이프라인] 명 (석유·가스 등의) 수송관(管)

pip·er [páipər 파이퍼r] 명 피리 부는 사람

pi·ra·cy [páirəsi 파이뤄씨] 명 **1** 해적 행위 **2** 저작권 침해

pi·rate [páirət 파이뤗] 명 해적, 해적선

Pi·sa [pí:zə 피-z아] 명 피사 《이탈리아 중부의 도시; 사탑(斜塔)으로 유명》

the Leaning Tower of Pisa

pis·tol [pístl 피스틀] 명 권총, 피스톨 《회전 탄창이 없는 소형의 총》

pis·ton [pístən 피스턴] 명 【기계】 피스톤

pit [pít 핏] 명 **1** 구멍, 구덩이; 함정 **2** 갱(坑), 광산, 탄갱 **3** 《영》【극장】 일층의 뒤쪽 좌석 **4** 오케스트라석 **5** (동물원의 맹수) 우리; 투견[투계]장

pitch [pítʃ 피취] 동 (3단현 **pitches** [-iz]; 과거·과거분사 **pitched** [-t]; 현재분사 **pitching**) 타 **1** …을 던지다: *pitch* a ball 투구하다
2 (천막을) 치다: *pitch* a tent 텐트를 치다
— 자 **1** 던지다 **2** (배·비행기 등이) 앞뒤로 흔들리다
— 명 (복수 **pitches** [-iz]) **1** 던지기, 투구 **2** 정도(degree), 도(度) **3** 【음악】 음도, 음의 고저 **4** (배·비행기의) 앞뒤로 흔들리기(반 roll 좌우로 흔들리기)

pitch·er[1] [pítʃər 피춰r] 명 (복수 **pitchers** [-z]) 【야구】 피처, 투수

pitch·er[2] [pítʃər 피춰r] 명 (복수 **pitchers** [-z]) 《미》(귀 모양의 손잡이와 주둥이가 있는) 물주전자 (= 《영》jug)

pitcher[2]

pitch·ing [pítʃiŋ 피칭] 명 **1** 【야구】 투구(법), 피칭 **2** (배·비행기의) 앞뒤로 흔들림(반 rolling 좌우로 흔들림)

pit·i·ful [pítifəl 피티F어ᄅ → 피리F어ᄅ] 형 가엾은, 딱한

pit·y [píti 피티 → 피리] 명 (복수 **pities** [-z]) **1** 불쌍히 여김, 동정: I feel *pity* for her. 나는 그녀를 불쌍히 여긴다
2 유감스러운 일: It is a *pity* that you can't come to our party. 우리 파티에 올 수 없다니 유감이다/ What a *pity*! 참 유감이구나!
— 동 (3단현 **pities** [-z]; 과거·과거분사 **pitied** [-d]; 현재분사 **pitying**) 타 …을 불쌍히 여기다: I *pity* that begger. 나는 저 거지를 불쌍히 여긴다

piv·ot [pívət 피V엇] 명 **1** 【기계】 추축(樞軸), 선회축(旋回軸) **2** 중심(점·인물), 요점

piz·za [pí:tsə 피-잇싸] 명 피자 《이탈리아식 파이의 일종》

pl. 《약어》 *plural* 복수

plac·ard [plǽkɑ:rd 플래카-r드] 명 플래카드, 벽보

picket

placard

place [pléis 플레이쓰] 명 (복수 **places** [-iz]) **1** 장소, 곳: There are a lot of *place* to see in London. 런던에는 구경할 만한 곳이 많다/ This is not a *place* for children. 이곳은 아이들이 올 데가 아니다
2 (정해진) 자리, 좌석: Go back to your *place*. 제자리로 돌아가시오
3 (사회적) 지위, 신분; 직장, 근무처: He got [lost] his *place*. 그는 일자리를 얻었다[잃었다]

4 입장, 처지: If you were in my *place*, what would do? 네가 나의 처지라면 어떻게 하겠니?
5 《구어》 집, 사는 곳; 주소
6 【경기】 선착 순위: get the first *place* 일등을 하다

from place to place 여기저기: He traveled *from place to place*. 그는 여기저기로 여행을 다녔다

give place to …에게 자리[지위]를 양보하다: It is time you *gave place to* your son. 이제 아드님께 지위를 양보할 시기입니다

in a person's place …대신에: I want you to go there *in my place*. 나 대신에 당신이 거기에 갔으면 한다

in place 적소에, 제자리에: Everything here is *in place*. 여기는 모든 것이 정돈되어 있다

in place of …의 대신에(instead of): He went *in place of* you. 그는 너 대신에 갔다

in the first place 첫째로, 우선
out of place 제자리에 놓이지 않은, 적당한 자리가 아닌

take place (1) (행사 등이) **개최되다**: When will the concert *take place*? 콘서트는 언제입니까?
(2) (사건 등이) **일어나다**(happen)

take a person's place = take the place of …을 대신[대리]하다: Just *take my place*. 잠깐 저를 대신해 주세요.
── 동 (3단현 **places** [-iz]; 과거 · 과거분사 **placed** [-t]; 현재분사 **placing**) 타 …을 놓다, 두다: *Place* the books *on* the desk. 책을 책상 위에 놓아라

plague [pléig 플레이그] 명 **1** 전염병, 역병 **2** [**the**를 붙여] 페스트, 흑사병

***plain** [pléin 플레인] [plane¹²(비행기; 대패)과 발음이 같음] 형 (비교급 **plainer**; 최상급 **plainest**) **1 명백한**, 분명한(clear): It is *plain* that you are wrong. 네가 잘못된 것이 분명하다

2 쉬운(easy): This book is written in *plain* English. 이 책은 쉬운 영어로 씌어 있다
3 솔직한, 숨김없는(frank): I spoke to him in *plain* words. 나는 그에게 솔직하게 말했다
4 (생활 등이) **검소한**, 간소한(simple): live a *plain* life 검소한 생활을 하다/ a *plain* dress 수수한 옷
5 (음식물 등이) 담백한
── 부 **1** 분명하게 **2** 알기 쉽게
── 명 (복수 **plains** [-z]) 평원, 평야

plain·ly [pléinli 플레인리] 부 **1** 명백히, 확실히; 솔직히, 꾸밈없이: speak *plainly* 솔직히 이야기하다
2 검소하게: live *plainly* 검소하게 살다

plait [pléit 플레잇] 명 **1** (길게) 땋아 늘인 머리 **2** (천의) 주름

***plan** [plǽn 플랜] 명 (복수 **plans** [-z]) **1 계획**: I have a *plan to* go abroad. 나는 외국에 갈 계획이 있다 / Have you made *plans for* the vacation? 휴가 계획은 세웠습니까?
2 도면, 설계도; (시가지의) 지도
── 동 (3단현 **plans** [-z]; 과거 · 과거분사 **planned** [-d]; 현재분사 **planning**) 타 **1** …을 **계획하다**; …할 작정이다: *plan* a holiday 휴가 계획을 세우다 / I'm *planning* to go to Europe this summer. 나는 이번 여름에 유럽에 갈 작정이다
2 …을 설계하다: *plan* a house 집을 설계하다

***plane**¹ [pléin 플레인] [plain(명백한)과 발음이 같음] 명 (복수 **planes** [-z]) **1 비행기** (airplane의 단축형): He went to Paris by *plane*. 그는 비행기로 파리에 갔다
2 면, 평면

plane² [pléin 플레인] [plain (명백한)과 발음이 같음] 명 대패

plane²

plan·et [plǽnit 플래닛] 명 (복수 **planets** [-ts]) 행성(行星)(반 fixed star 항성)
plank [plǽŋk 플랭크] 명 (두께 2-6인치 이상의 두꺼운) 판자
plan·ner [plǽnər 플래너r] 명 계획자
*__plant__ [plǽnt 플랜트] 명 (복수 **plants** [-ts]) **1** 식물, 초목 (🐾「동물」은 animal)

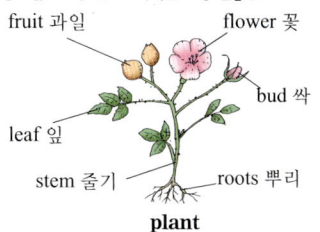

plant

2 공장(factory); 공장 설비: a manufacturing *plant* 제조 공장/ a power *plant* 발전소

―― 동 (3단현 **plants** [-ts]; 과거·과거분사 **planted** [-id]; 현재분사 **planting**) 타 **1** (식물을) 심다, (씨를) 뿌리다: He *planted* his garden *with* roses. (= He *planted* roses *in* his garden.) 그는 정원에 장미를 심었다
2 (사람·물건을) 놓다, 앉히다

plan·ta·tion [plæntéiʃən 플랜테이션] 명 (특히 열대 지방의 대규모) 농원, 농장: a coffee *plantation* 커피 농장
【라틴어「심다(plant)」에서】
plas·ter [plǽstər 플래스터r] 명 **1** 회반죽; 석고, 깁스 **2** 고약; 《영》 반창고
*__plas·tic__ [plǽstik 플래스틱] 형 **1** 플라스틱의: a *plastic* toy 플라스틱 장난감
2 모양이 마음대로 되는, 조형의: *plastic art* 조형 미술
3〔의학〕성형의
―― 명 (복수 **plastics** [-s])〔종종 복수형으로〕플라스틱, 합성 수지

> 참고 우리는 플라스틱이라 하면 딱딱한 것만을 가리키지만, 영어의 플라스틱은 부드러운 것도 나타낸다. 비닐백도 plastic bag이라 한다.

*__plate__ [pléit 플레잇] 명 (복수 **plates** [-ts]) **1** (납작하고 둥근) 접시; 요리 1접시: a soup *plate* 수프 접시
2〔집합적으로〕(금·은으로 만든) 식기류
3 (금속·유리의) 판, 판금, 판유리: a steel *plate* 강판(鋼板)/ a licence *plate* (차의) 번호판

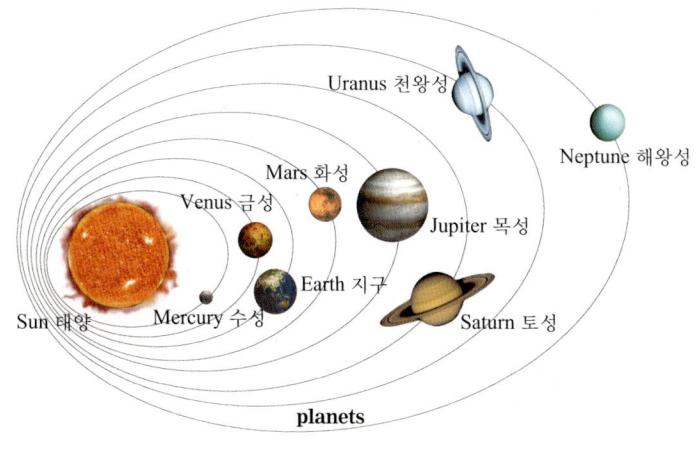

planets

4 【야구】 플레이트: the pitcher's [home] plate 본루[투수판]

plat·form [plǽtfɔːrm 플랫포-r엄] 명 (복수 **platforms** [-z]) **1** (역의) **플랫폼**, 승강장: a departure[an arrival] platform 발차[도착] 플랫폼
2 대(臺); 연단, 교단, 강단
3 (정당의) 강령, 주의

plat·i·num [plǽtnəm 플래트넘 → 플랫'넘] 명 【화학】 백금 (금속 원소; 기호 Pt)

Pla·to [pléitou 플레이토우 → 플레이로우] 명 플라톤 (427? – 347? B.C.) 《그리스의 철학자》

play [pléi 플레이] 동 (3단현 **plays** [-z]; 과거·과거분사 **played** [-d]; 현재분사 **playing**) 타 **1** (놀이·경기 등을) **하다**: Let's play tennis. 테니스를 하자 / We played chess. 우리는 체스를 했다
2 (악기·곡을) **연주하다**; (레코드·라디오 등을) 틀다: He can play the piano and the guitar. 그는 피아노와 기타를 칠 줄 안다

> 쓰임새 (1)「경기를 하다」라고 할 때 테니스, 야구, 축구처럼 규칙이 있고 상대가 있으며 공을 사용하는 경기일 때에는 **play**를 쓰고, 유도, 레슬링, 복싱 등의 격투기는 **practice**를 쓴다.
> (2) 경기 종목이나 게임에는 a나 the를 붙이지 않지만, 악기에는 보통 the를 붙인다.

play soccer　　play the piano

3 (연극을) **상연하다**, 역을 맡아 하다: He played Hamlet. 그는 햄릿 역을 했다

──자 **1 놀다**; 경기를 하다: play with a dog 개와 놀다 / play at basketball 농구를 하다
2 (악기를) **연주하다**; (악기가) 연주되다: play on the piano 피아노를 치다 / Music began to play. 음악이 연주되기 시작했다

──명 (복수 **plays** [-z]) **1 놀기, 놀이**: All work and no play makes Jack a dull boy. 《속담》놀지 않고 공부만 하는 아이는 바보가 된다; 공부할 땐 공부하고 놀 땐 놀아라
2 경기, (경기하는) 태도: fair play 공명정대한 경기
3 극, 연극: go to the play 연극을 구경가다

play·er [pléiər 플레이어r] 명 (복수 **players** [-z]) **1 운동 선수**, 경기자: a tennis player 테니스를 하는 사람[선수]
2 (연극) 배우(actor); 연주자
3 녹음[녹화] 재생기

play·ful [pléifəl 플레이F어을] 형 놀기 좋아하는, 쾌활한

play·ground [pléigràund 플레이그롸운드] 명 (복수 **playgrounds** [-dz]) 운동장, 놀이터

playing card [pléiŋ kàːrd] 명 (트럼프의) 카드 (간단히 card라고도 한다)

play·mate [pléimèit 플레이메잇] 명 놀이 친구

play-off [pléiɔ̀ːf 플레이아-f으] 명 **1** (무승부·동점일 때의) 결승전 **2** (시즌 종료 후의) 우승 결정전 시리즈

play·thing [pléiθìŋ 플레이θ이잉] 명 장난감

pla·za [pláːzə 플라-Z아] 명 (도시의) 광장

plea [plíː 플리-] 명 탄원, 청원

plead [plíːd 플리-드] 동 (3단현 **pleads** [-dz]; 과거·과거분사 **pleaded** [-id], 《미》 **pled** [pléd]; 현재분사 **pleading**) 자 **1** 변호하다: plead for the accused 피고의 변호를 하다

2 탄원하다, 간청하다: *plead for* mercy 자비를 청하다

pleas·ant [pléznt 플레Z은트] 형 **1** 즐거운, 기분 좋은: We had a *pleasant* time. 우리들은 즐거운 시간을 보냈다

2 (사람이) 상냥한, 붙임성 있는: She is a *pleasant* girl. 그녀는 상냥한 소녀이다

3 (날씨가) 좋은: It is *pleasant* today. 오늘은 좋은 날씨다

pleas·ant·ly [plézntli 플레Z은틀리] 부 즐겁게, 유쾌하게; 상냥하게

please [plíːz 플리-Z으] 동 (3단현 **pleases** [-iz]; 과거·과거분사 **pleased** [-d]; 현재분사 **pleasing**) 타 …을 기쁘게 하다, 만족시키다: I'm *pleased* to see you. 당신을 만나서 기쁩니다

── 자 …하고 싶어하다, 좋아하다: I will do as I *please*. 나는 내가 좋을 대로 하겠다

***be pleased at*[*with*]** …에 만족해하다, …을 기뻐하다: He *was pleased with* the present. 그는 그 선물이 마음에 들었다

── 부 **부디, 제발** (please가 문장 끝에 오면 그 앞에 콤마를 찍는다): *Please* come in. (= Come in, *please*.) 어서 들어오십시오/ Will you *please* open the door? 창문 좀 열어 주시겠습니까?

회화
A: Would you like some coffee?
커피 드릴까요?
B: Yes, *please*.
네, 주십시오

pleas·ure [pléʒər 플레줘r] 명 **기쁨, 즐거움**(반 pain 고통); 오락: It gave me great *pleasure* to meet you. 당신을 만나서 무척 기뻤습니다/ He takes *pleasure* in painting. 그는 그림 그리기를 좋아한다

회화
A: Thank you for your help.
도와주셔서 감사합니다
B: It's my *pleasure*.
천만의 말씀입니다

at **(one's)** ***pleasure*** …뜻대로
for pleasure 재미로, 심심풀이로: She draws pictures *for pleasure*. 그녀는 재미로 그림을 그린다
with pleasure 기꺼이

회화
A: Can you help me?
도와주실 수 있겠습니까?
B: Yes, *with pleasure*.
예, 기꺼이 돕겠습니다

pleasure boat [pléʒər bòut] 명 유람선
pled [pléd 플레드] 동 《미》 plead(변호하다)의 과거·과거분사형의 하나
pledge [pléʤ 플레쥐] 명 (복수 **pledges** [-iz]) **1** 맹세, 약속 **2** 담보, 저당 **3** (약속 동의의) 증거, (사랑의) 증표

── 동 (3단현 **pledges** [-iz]; 과거·과거분사 [-d]; 현재분사 **pledging**) 타 **1** …을 맹세[약속]하다: He *pledged* to do his best. 그는 최선을 다하겠다고 맹세했다
2 …을 저당잡히다

plen·ti·ful [pléntifəl 플렌티F을] 형 많은, 풍부한(반 scarce 부족한)

plen·ty [plénti 플렌티] 명 많음, 다량, 풍부: He has money in *plenty*. 그는 돈을 많이 가지고 있다/ There is *plenty* of time. 시간은 충분하다

> 쓰임새 *plenty*는 긍정문에 쓰이며, 부정문에서는 many나 much를, 의문문에서는 enough를 쓴다: I don't drink *much* wine. 나는 포도주를 많이 마시지 않는다/ Is there *enough* food? 음식은 많이 있습니까?

pli·ers [pláiərz 플라이어rz。] 명 〔복수취급〕 집게, 펜치

plod [plάd 플라드] 동 (3단현 **plods** [-dz]; 과거·과거분사 **plodded** [-id]; 현재분사 **plodding**) 타 자 **1** 터벅터벅 걷다 **2** 꾸준히 일하다〔공부하다〕

plop [plάp 플랍] 명 풍덩《물에 떨어지는 소리》

plot¹ [plάt 플랏] 명 (복수 **plots** [-ts]) **1** 음모, 계략 **2** (소설 등의) 줄거리
——동 (3단현 **plots** [-ts]; 과거·과거분사 **plotted** [-id]; 현재분사 **plotting**) 타 **1** (나쁜 일을) 몰래 꾸미다, 계획하다: She *plotted* the murder of her husband. 그녀는 남편의 살해를 꾸몄다
2 (이야기 등의) 줄거리를 짜다

plot² [plάt 플랏] 명 작은 땅, 소구획

plow, 《영》 **plough** [pláu 플라우] 명 쟁기

plow

pluck [plʌ́k 플럭] 동 (3단현 **plucks** [-s]; 과거·과거분사 **plucked** [-t]; 현재분사 **plucking**) 타 …을 잡아뜯다(pick), 뽑다; (꽃·과일을) 따다: *pluck* weeds in the garden 정원에서 잡초를 뽑다

pluck up (*one's*) ***courage*** 용기를 내다

plug [plʌ́g 플라그] 명 (복수 **plugs** [-z]) **1** 마개 **2** 〔전기〕 플러그

plug 1

plug 2

——동 (3단현 **plugs** [-z]; 과거·과거분사 **plugged** [-d]; 현재분사 **plugging**) 타 …을 막다, 메우다: He *plugged* a leak. 그는 새는 곳을 막았다

plug in (전기 기구의) 플러그를 콘센트에 꽂다: *plug in* the TV set 텔레비전의 플러그를 꽂다

plum [plʌ́m 플럼] 명 **1** 【식물】 서양자두 (나무) **2** 건포도

plume [plúːm 플루-음] 명 (장식용의) 깃털; (투구·모자 앞에 꽂는) 깃털 장식

plump [plʌ́mp 플럼프] 형 포동포동한, 토실토실한: a *plump* baby 포동포동한 아기

plum 1

plun·der [plʌ́ndər 플란더r] 타 자 약탈하다, 빼앗다
——명 약탈(품)

plunge [plʌ́ndʒ 플란쥐] 동 (3단현 **plunges** [-iz]; 과거·과거분사 **plunged** [-d]; 현재분사 **plunging**) 타 **1** …에 던져 넣다: *plunge* the hot iron *into* cold water 달군 쇠를 찬물에 처넣다
2 …을 찌르다
——자 돌진하다, 뛰어들다: The car *plunged into* the river. 그 자동차는 강으로 돌진했다
——명 돌진, 뛰어듦

plu·ral [plúərəl 플루어렬] 형 【문법】 복수의(반 singular 단수의): the *plural* number 복수
——명 【문법】 복수(형) 《참 약어는 pl.》

plus [plʌ́s 플라쓰] 전 ···을 더한(반 minus ···을 뺀); ···에 덧붙여: Two *plus* one is three. 2 더하기 1은 3이다/ She has wealth *plus* beauty. 그녀는 돈도 있고 아름답기도 하다

── 형 더하기의, 플러스의, 양수의
── 명 (복수 **pluses** [-iz]) 플러스 기호 (+)

Plu·to [plú:tou 플루-토우 → 플루-로우] 명 1 【로마신화】 플루토 《하계(下界)의 왕》 2 【천문】 명왕성(冥王星)

Plym·outh [plíməθ 플리머θ으] 명 1 영국 남서부의 항구 도시 2 미국 매사추세츠 주의 항구 도시 《메이플라워호를 탄 청교도들이 영국 플리머스를 출발하여 1620년 이곳에 도착함》

P.M., p.m. [pí:ém 피-엠] 《약어》 오후(반 A.M., a.m.): the 8 *p.m.* train 오후 8시 열차

┌─ 쓰임새 ─ **P.M., p.m.** (오후)
│ (1) 특별한 경우 이외에는 소문자를
│ 쓰며, 시각을 나타내는 숫자 다음에
│ 쓴다.
│ (2) 11 o'clock *p.m.*처럼 o'clock과는
│ 같이 쓰지 않는다.
└─

【라틴어 *post* meridiem (= after midday 정오의 뒤)》

pneu·mo·nia [nju:móuniə 뉴-모우니아] 〔p는 묵음〕 명【의학】 폐렴

pock·et [pákit 파킷] 명 (복수 **pockets** [-ts]) 주머니, 포켓: What do you have in your *pocket*? 주머니에 무엇을 가지고 있느냐?
── 형 소형의, 휴대용의: a *pocket* camera 소형 카메라

pock·et·book [pákitbùk 파킷북] 명 1 《미》 지갑(wallet); (어깨 끈이 없는 여성용) 핸드백 2 《영》 수첩 3 《미》 문고본, 포켓북

pocket money [pákit mʌ̀ni] 명 용돈
pod [pád 파드] 명 콩깍지
-pod (접미사) 「발」의 뜻

po·em [póuəm 포우엄] 명 (복수 **poems** [-z]) (한 편의) 시: I really like this *poem*. 나는 이 시가 정말 마음에 든다

┌─ 비교 ─ **poem**과 **poetry**
│ **poem**은 한 편의 시를 말하고,
│ **poetry**는 문학 형식으로서의 시 전
│ 체를 가리킨다.
└─

po·et [póuit 포우잇] 명 (복수 **poets** [-ts]) 시인

po·et·ic [pouétik 포우에틱 → 포우에릭] 형 시의, 시적인

po·et·ry [póuitri 포우이츄리] 명 〔집합적으로〕 (장르로서의) 시, 운문(반 prose 산문): I like *poetry* more than novels. 나는 소설보다 시가 좋다

point [pɔ́int 포인트] 명 (복수 **points** [-ts]) 1 (시간 · 공간의) 점; 장소, 지점: At that *point* he decided to leave. 그 시점에서 그는 떠날 것을 결심했다/ Stop at this *point*. 여기서 멈추시오

2 (경기 등의) 득점, 점수: win five *points* 5점차로 이기다

3 (기호로 쓰이는) 점, 구두점: the freezing *point* 어는점

4 (뾰족한) 끝, 첨단; 갑(岬), 곶: the *point* of a needle [dagger] 바늘[단검] 끝

5 (사물 · 문제의) 요점, 핵심: I can't get your *point*. 나는 네 말의 요점을 모르겠다

6 〔복수형으로〕 《영》 【철도】 포인트, 전철기 (《미》 switches)

be on the point of doing 막 ···하려고 하다: He *was on the point of leaving*. 그는 막 떠나려던 참이었다

beside the point 요점을 벗어나: Her comments are *beside the point*. 그녀의 설명은 요점을 벗어나 있다

make a point of doing 반드시 …하다: He made *a point of reading* the Bible every morning. 그는 매일 아침 반드시 성경을 읽는다

point of view 견해, 관점(viewpoint)

to the point 적절한, 요령 있는

──타 (3단현 **points** [-ts]; 과거·과거분사 **pointed** [-id]; 현재분사 **pointing**) 타 **1** …을 가리키다; 지적하다: *point* a finger *at* the building 손가락으로 그 건물을 가리키다

2 (총 등을) 겨누다: He *pointed* a gun *at* me. 그는 내게 총을 겨누었다

point 1　　　point 2

3 …을 뾰족하게 하다: *point* a pencil 연필을 뾰족하게 하다

──자 가리키다 (at, to): She *pointed at* me. 그녀는 나를 가리켰다

point out …을 **지적하다**(indicate): She *pointed out* my mistakes. 그녀는 나의 잘못을 지적했다

point-blank [pɔ́int-blǽŋk 포인트블랭크] 형 솔직한: a *point-blank* answer 솔직한 대답

point·ed [pɔ́intid 포인티드] 형 뾰족한, 날카로운

point·er [pɔ́intər 포인터r] 명 **1** 가리키는 사람[물건] **2** (시계·저울 등의) 바늘; (칠판 등을 가리키는) 지시봉 **3** 【동물】 포인터 (사냥개)

poi·son [pɔ́izn 포이Z은] 명 (복수 **poisons** [-z]) **약**, **독약**, 독극물: *poison* gas 독가스

poi·son·ing [pɔ́izniŋ 포이Z으닝] 명 중독: food *poisoning* 식중독

poi·son·ous [pɔ́izənəs 포이Z어너쓰] 형 유독〔유해〕한: *poisonous* air 유독 가스

poke [póuk 포우크] 동 (3단현 **pokes** [-s]; 과거·과거분사 **poked** [-t]; 현재분사 **poking**) 타 **1** (손가락·막대기 등으로) 쿡 찌르다: I *poked* him *in* the ribs. 나는 그의 옆구리를 찔렀다

2 (묻힌 불 등을) 쑤셔 돋우다

──자 찌르다, 쑤시다 (at)

pok·er [póukər 포우커r] 명 **1** 찌르는 사람〔물건〕; 부지깽이 **2** 《미》 포커 (카드놀이의 한 가지)

poker face [póukər fèis 포우커r 페이쓰] 명 《구어》 무표정한 얼굴 (ぴ 포커를 하는 사람이 자신의 속셈이 드러나지 않게 하는 표정에서)

Po·land [póulənd 포울런드] 명 폴란드 《유럽 중동부의 공화국; 수도는 바르샤바 (Warsaw)》

po·lar [póulər 포울러r] 형 남극〔북극〕의, 극지의: a *polar* bear 흰곰, 북극곰

Pole [póul 포우을] 명 폴란드인

✽**pole**¹ [póul 포우을] 명 (복수 **poles** [-z]) **막대기**, 장대: a fishing *pole* 낚싯대/ a flag *pole* 깃대

pole² [póul 포우을] 명 (복수 **poles** [-z]) **1** 극(極), 극지: the North〔South〕 Pole 북극〔남극〕

2 (전지 등의) 극

pole·star [póulstɑ̀ːr 포우을스타-r] 명 〔the를 붙여〕 북극성

✽**po·lice** [pəlíːs 펄리-쓰] 명 〔보통 **the**를 붙여; 복수 취급〕 **경찰**, 경찰들 (ぴ 한 사람의 경찰관은 a policeman): a *police* box 파출소/ a *police* station 경찰서/ a *police* officer 경찰관(policeman)/ He is wanted by *the police*. 그는 경찰의 수배를 받고 있다

✽**po·lice·man** [pəlíːsmən 펄리-쓰먼] 명 (복수 **policemen** [-mən]) (한 사람의) **경찰관**, 순경: a traffic *policeman* 교통경찰

po·lice·wom·an [pəlíːswùmən 펄리-쓰우먼] 명 (복수 **policewomen** [-wimin]) 여순경

*__pol·i·cy__ [páləsi 팔러씨] 명 (복수 **policies** [-z]) **정책, 방침**, 방책: a foreign *policy* 외교 정책/ Honesty is the best *policy*. 《속담》 정직은 최선의 방책이다

po·li·o [póuliòu 포울리오우] 명 《구어》 소아마비

Pol·ish [póuliʃ 포울리쉬] 형 폴란드(인·어)의
—— 명 〔무관사로〕 폴란드어

*__pol·ish__ [páliʃ 팔리쉬] 동 (3단현 **polishes** [-iz]; 과거·과거분사 **polished** [-t]; 현재분사 **polishing**) 타 **1** …을 **문질러 닦다**, 윤 내다 (「(이를) 닦다」는 brush): *polish* shoes 구두를 닦다

polish   brush

2 (태도·표현 등을) 세련되게 하다
—— 명 **1** 광택, 윤 **2** 윤내는 약

pol·ished [páliʃt 팔리쉿] 형 **1** 닦은 **2** 세련된

*__po·lite__ [pəláit 펄라잇] 형 (비교급 **politer**; 최상급 **politest**) **공손한**, 예의 바른 (반 impolite, rude 버릇없는): a *polite* remark 공손한 말
【라틴어「polish(닦다)」에서】

po·lite·ly [pəláitli 펄라이틀리 → 펄라잇'을리] 부 공손히, 예의 바르게

po·lite·ness [pəláitnis 펄라이닛쓰] 명 공손함

*__po·lit·i·cal__ [pəlítikəl 펄리티커ᄅ → 펄리리커ᄅ] 형 **정치의**, 정치적인: a *political* view 정견

po·lit·i·cal·ly [pəlítikəli 펄리티컬리 → 펄리리컬리] 부 정치적으로

*__pol·i·ti·cian__ [pàlətíʃən 팔러티션] 명 **정치가**

[비교] statesman과 politician
statesman은 훌륭한 정치가의 뜻으로 쓰이나, politician은 정치꾼, 당리 당략을 목적으로 직업 정치가 등 나쁜 의미로도 쓰인다.

*__pol·i·tics__ [pálətiks 팔러틱쓰] 명 **1** 〔단수 취급〕 **정치**; 정치학 **2** 〔복수 취급〕 정견, 정책

poll [póul 포우ᄅ] 명 (복수 **polls** [-z]) **1** 투표, 여론 조사 **2** 〔복수형으로〕 투표소

pol·len [pálən 팔런] 명 《식물》 꽃가루

*__pol·lute__ [pəlúːt 펄루-트] 동 (3단현 **pollutes** [-ts]; 과거·과거분사 **polluted** [-id]; 현재분사 **polluting**) 타 …을 **더럽히다**, 오염시키다: The river is *polluted* with oil. 그 강은 기름으로 오염되어 있다

*__pol·lu·tion__ [pəlúːʃən 펄루-션] 명 **오염**, 공해: air *pollution* 대기 오염/ noise *pollution* 소음 공해

po·lo [póulou 포울로우] 명 폴로 (4명이 1조가 되어 말을 타고 하는 경기)

polo

*__pond__ [pánd 판드] 명 (복수 **ponds** [-dz]) (인공) **못, 연못** (pool보다 크고 lake보다 작다): There were some ducks in the *pond*. 연못에 오리가 몇 마리 있었다

po·ny [póuni 포우니] 명 (복수 **ponies** [-z]) **1** 《동물》 조랑말 **2** (일반적인) 작은 말

pony 1

po·ny·tail [póunitèil 포우니테일] 명 포니테일 《뒤로 묶어 드리우는 머리》

poo·dle [pú:dl 푸-들] 명【동물】푸들 《개의 한 품종》

pooh [pú: 푸-] 감 흥!, 체! 《조롱·경멸을 나타내는 소리》

ponytail

⁑pool [pú:l 푸-울] 명 (복수 **pools** [-z]) **1** 웅덩이, 연못

2 수영장 (🖉 swimming pool이라고도 한다): What's the depth of the *pool*? (= How deep is the *pool*?) 수영장의 깊이는 얼마냐?

⁑poor [púər 푸어*r*] 형 (비교급 **poorer**; 최상급 **poorest**) **1** 가난한(반 rich 부유한); (the를 붙여) 가난한 사람들: They were *poor*. 그들은 가난했다/ He worked for *the poor*. 그는 가난한 사람들을 위해 일했다

2 보잘것없는, 초라한: *poor* meal 보잘것없는 식사

3 부족한, 빈약한: a *poor* crop 흉작/ Our country is *poor in* natural resources. 우리나라는 천연 자원이 부족하다

4 서투른; (be poor at의 형태로) …을 못하다(반 be good at …을 잘하다): He is a *poor* swimmer (= He *is poor at* swimming.= He swims poorly.) 그는 수영이 서투르다

5 (건강 등이) 나쁜: He is in *poor* health. 그는 건강이 좋지 않다

6 불쌍한, 가엾은: My *poor* son died in war. 내 아들은 불행히도 전사했다 (🖉 이 예문은 부사처럼 해석함)

poor·ly [púərli 푸어*r*을리] 부 **1** 가난하게; 초라하게: They live *poorly*. 그들은 가난하게 산다

2 서툴게: He skates *poorly*. 그는 스케이트를 서툴게 탄다

——형 (🖉 명사 앞에는 쓰이지 않음) 《구어》 건강이 나쁜: She is very *poorly*. 그녀는 건강이 매우 나쁘다

pop¹ [páp 팝] 동 (3단현 **pops** [-s]; 과거·과거분사 **popped** [-t]; 현재분사 **popping**) 자 **1** 뻥하고 소리나다(터지다) **2** 휙 들어오다(나가다) 《in, out》

——타 뻥하고 소리내다(폭발시키다); (마개를) 펑하고 뽑다

——명 **1** 뻥하는 소리 **2** (뚜껑을 말면 소리가 나는) 탄산 음료

【의성어】

⁎pop² [páp 팝] 형 《구어》 대중적인, 대중 음악의 (🖉 popular의 단축형): *pop* music 대중 음악/ a *pop* singer 대중 음악 가수

——명 《구어》 대중 음악

pop·corn [pápkɔ̀:rn 팝코-*r*언] 명 《미》 팝콘, 튀긴 옥수수

【pop(뻥 터지다)+corn(옥수수)】

Pope [póup 포웊] 명 교황, 로마 교황

> 참고 로마 가톨릭교의 직위
> **Pope** (교황) — 최고위 성직자
> **cardinal** (추기경) — 로마 교황의 최고 고문
> **archbishop** (대주교) — 한 개 또는 그 이상의 관구를 관장함
> **bishop** (주교) — 교구를 관할하는 성직자
> **priest** (사제) — 성사(聖事)와 미사를 집행하는 성직자
> **deacon** (부제) — 사제 바로 아래에 있는 성직자

【그리스어 「papa(아버지)」에서】

pop·lar [páplər 파플러] 명 【식물】 포플러 나무

pop·py [pápi 파피] 명 (복수 **poppies** [-z]) 【식물】 양귀비

***pop·u·lar** [pápjulər 파퓰러] 형 (비교급 **more popular**; 최상급 **most popular**) **1** 인기 있는, 유행하는: a *popular* sport 인기 있는 스포츠/ He is *popular* with[among] the students. 그는 학생들 사이에 인기가 있다

2 대중적인, 통속적인 (《구어》에서는 pop이라고 한다): a *popular* song 유행가/ a *popular* novel 대중 소설

3 민중의, 일반 대중의: the *popular* support 대중의 지지

4 값싼: at *popular* prices 싼값으로

pop·u·lar·i·ty [pɑ̀pjulǽrəti 파퓰래러티 → 파퓰래뤄리] 명 인기, 호평; 유행

pop·u·lar·ly [pápjulərli 파퓰러r일리] 부 일반적으로

***pop·u·la·tion** [pɑ̀pjuléiʃən 파퓰레이션] 명 (복수 **populations** [-z]) **1** 인구: What is the *population* of Korea? 한국의 인구는 얼마나 됩니까?/ The city has a large[small] *population*. 그 도시는 인구가 많다[적다]

2 〔**the**를 붙여; 집합적으로〕 (어떤 지역의) 모든 주민, 시민

porce·lain [pɔ́ːrsəlin 포-r썰린] 명 자기 (제품)

porch [pɔ́ːrtʃ 포-r취] 명 (복수 **porches** [-iz]) **1** 현관, 포치 (보통 건물의 입구에 본건물에서 튀어나온 부분으로 지붕이 있는) **2** 《미》 베란다(veranda)

porch 1

por·cu·pine [pɔ́ːrkjupàin 포-r큐파인] 명 【동물】 고슴도치

***pork** [pɔ́ːrk 포-r크] 명 돼지고기

por·no [pɔ́ːrnou 포-r노우] 명 《구어》 포르노 (pornography의 단축형)

por·nog·ra·phy [pɔːrnɑ́grəfi 포-r나그뤄F이] 명 포르노, 포르노 영화[사진]

por·ridge [pɔ́ːridʒ 포-뤼쥐] 명 포리지 (오트밀에 우유 또는 물을 넣어 만든 죽)

***port** [pɔ́ːrt 포-r트] 명 (복수 **ports** [-ts]) **1** 항구, 무역항: enter[leave] (a) *port* 입항[출항]하다

2 (세관이 있는) 항구 도시

port·a·ble [pɔ́ːrtəbl 포-r터브를 → 포-r러블] 형 들고 다닐 수 있는, 휴대용의: a *portable* radio 휴대용 라디오

por·ter¹ [pɔ́ːrtər 포-r터r → 포-r러r] 명 (역·공항 등의) 짐꾼, 포터

por·ter² [pɔ́ːrtər 포-r터r → 포-r러r] 명 《영》 문지기(doorkeeper)

port·fo·li·o [pɔːrtfóuliòu 포-r트F오울리오우] 명 (복수 **portfolios** [-z]) **1** (서류 등을 넣는) 손가방 **2** 유가 증권(목록)

por·tion [pɔ́ːrʃən 포-r션] 명 (복수 **portions** [-z]) **1** 일부, 부분(part): a *portion* of land 약간의 토지

2 (나눈) 몫; (음식의) 1인분

por·trait [pɔ́ːrtrit 포-r추륏] 명 초상(화), 인물 사진

Por·tu·gal [pɔ́ːrtʃugəl 포-r츄거얼] 명 포르투갈 (유럽 남서부의 공화국; 수도는 리스본(Lisbon))

Por·tu·guese [pɔ̀ːrtʃugíːz 포-r츄기-z] 형 포르투갈(인·어)의

—명 (단수·복수 동형) **1** 포르투갈인 **2** 〔무관사로〕 포르투갈어

pose [póuz 포우z] 명 **1** (사진·그림을 위한) 자세, 포즈 **2** 꾸민 태도, 겉치레

—동 (3단현 **poses** [-iz]; 과거·과거분사 **posed** [-d]; 현재분사 **posing**) 자 **1** 자세[포즈]를 취하다 (**for**)

2 …인 체하다: He often *poses* as a scholar. 그는 종종 학자인 체한다

―[타] 자세를 취하게 하다: *pose* a model *for* a picture 그림을 그리기 위해 모델에게 포즈를 취하게 하다

Po·sei·don [pousáidn 포우싸이든] 명 【그리스신화】 포세이돈 (바다의 신; 로마 신화의 넵튠(Neptune)에 해당)

***po·si·tion** [pəzíʃən 퍼Z이션] 명 (복수 **positions** [-z]) **1 위치**, 장소: the *position* of a house 집의 위치
2 자세, 태도; **입장**, 처지: I took an easy *position*. 나는 편안한 자세를 취했다 / He explained his difficult *position*. 그는 자신의 곤란한 처지를 설명했다
3 지위, 신분: a social *position* 사회적 지위
4 근무처, 직장: He has a *position* in a bank. 그는 은행에 근무하고 있다
5 (야구 등의) 수비 위치, 포지션

***pos·i·tive** [pázətiv 파z어티v으] 형 **1 명백한**, 확실한: a *positive* fact 명백한 사실
2 확신하는, 자신 있는: Are you *positive* about (of) it? 그것은 틀림없습니까?
3 적극적인, 건설적인; 긍정적인(반 negative 소극적인; 부정적인): *positive* living 적극적인 삶
4 【의학】 (반응의 결과가) 양성의
5 【사진】 양화(陽畵)의

pos·i·tive·ly [pázətivli 파z어티V을리] 부 **1** 명백하게 **2** 긍정적으로

***pos·sess** [pəzés 퍼z에쓰] 동 (3단현 **possesses** [-iz]; 과거·과거분사 **possessed** [-t]; 현재분사 **possessing**) 타 **1 …을 소유하다**, 가지다 (have보다 딱딱한 말): He *possesses* a large house. 그는 큰집을 소유하고 있다 / She *possesses* a talent *for* music. 그녀는 음악적 재능이 있다
2 (귀신 등이) 붙다; (관념 등에) 사로잡히다

***pos·ses·sion** [pəzéʃən 퍼z에션] 명 (복수 **possessions** [-z]) **1 소유**, 점유: the *possession* of property 재산의 소유
2 〔종종 복수형으로〕 소유물, 재산: We lost all our *possessions* in the fire. 우리는 화재로 우리의 모든 재산을 잃었다

pos·ses·sive [pəzésiv 퍼z에씨v으] 형 **1** 소유의, 소유욕이 강한
2 【문법】 소유를 나타내는: the *possessive* case 소유격 (my, John's 등) / the *possessive* pronouns 소유대명사 (mine, yours, hers 등)
―명 【문법】 소유격

> 문법 소유격
> 소유격이란 우리말 「나의」, 「너의」처럼 특정 사물이 누구의 소유인지를 나타낼 때 쓰는 말이다.
> (1) 대명사의 소유격에는 my, your, his, her, our, their가 있다.
> (2) 사람이나 동물의 소유 관계를 나타내고 싶을 때는 단어 뒤에 's를 붙인다.
> (3) 무생물의 소유격은 of를 쓴다.

pos·ses·sor [pəzésər 퍼z에써r] 명 소유자(owner)

***pos·si·bil·i·ty** [pàsəbíləti 파써빌러티 → 파써빌러리] 명 (복수 **possibilities** [-z]) **1 가능성**: Is there any *possibility* of her coming? 그녀가 올 가능성은 있습니까?
2 〔보통 복수형으로〕 가망, 장래성

***pos·si·ble** [pásəbl 파써브을] 형 **1 가능한**, 할 수 있는 (반 impossible 불가능한): It's a *possible* task. 그것은 가능한 일이다 / It is *possible* for him *to* swim across the river. 그는 그 강을 헤엄쳐서 건널 수 있다

> 쓰임새 possible은 사람을 주어로 하지 않는다. 사람을 주어로 할 때에는 be able to를 써서 He *is able to* swim across the river.라고 한다.

2 있을 수 있는, 있음직한(probable): It

is *possible* that he knows. 어쩌면 그가 알고 있을지도 모른다

as ... as possible 될 수 있는 한… (as ... as one can): Stay here *as* long *as possible*. (= Stay here *as* long *as you can*.) 될 수 있는 한 오래 이곳에 머물러라

if possible 가능하다면: Call me up, *if possible*. 가능하면 나에게 전화를 걸어라

*pos·si·bly [pásəbli 파써블리] 부 **1 아마**, 어쩌면: It may *possibly* snow tonight. 오늘밤 어쩌면 눈이 올지도 모른다
2 [can과 함께] [긍정문에서] 될 수 있는 대로; [의문문에서] 어떻게든지; [부정문에서] 아무리 해도: I will come as quickly as I *possibly can*. 될 수 있는 대로 빨리 오겠습니다/ Can you *possibly* help me? 어떻게 좀 도와 주시지 않겠습니까?/ I can't *possibly* leave here. 나는 도저히 이 곳을 떠날 수 없다

*post¹ [póust 포우스트] 명 (복수 **posts** [-ts]) **기둥**, 말뚝: a telegraph [telephone] post 전신주
—— 통 (3단현 **posts** [-ts]; 과거·과거분사 **posted** [-id]; 현재분사 **posting**) 타 (전단 등을) 기둥[벽]에 붙이다, 게시하다: *Post* no bills! [게시] 벽보 금지!

*post² [póust 포우스트] 명 **지위, 직**; 부서: She got a *post as* a secretary. 그녀는 비서로 취직했다

post³ [póust 포우스트] 명 (복수 **posts [-ts]) **1** 《영》 **우편** (《미》 mail); [**the**를 붙여; 집합적으로] 우편물: Has *the post* arrived yet? 우편물이 벌써 도착했습니까?
2 [**the**를 붙여] 《영》 우체통 (《미》 mailbox); 우체국(post office): Put your letter in *the post*. 편지를 우체통에 넣으세요

by post 《영》 우편으로 (《미》 by mail): It came *by post*. 그것은 우편으로 왔다
—— 통 (3단현 **posts** [-ts]; 과거·과거분사 **posted** [-id]; 현재분사 **posting**) 타 《영》 (편지를) **우송하다** (《미》 mail): *post* a letter 편지를 부치다

post- 〔접두사〕「뒤의, 다음의」의 뜻: *post*war 전후의

post·age [póustidʒ 포우스티쥐] 명 우편 요금

postage stamp [póustidʒ stæmp] 명 우표 (간단히 stamp라고도 한다)

post·al [póustl 포우스트얼] 형 우편의: a *postal* card 《미》 (관제) 우편 엽서

post·box [póustbàks 포우스(트)박쓰] 명 《영》 우체통 (《미》 mailbox)

post·card [póustkà:rd 포우스(트)카-r드] 명 (복수 **postcards** [-dz]) **1** 《영》 우편 엽서 (post card라고도 쓴다; 《미》 postal card) **2** 그림 엽서

postbox

*post·er [póustər 포우스터r] 명 **포스터**, 벽보

pos·te·ri·or [poustíəriər 포우스티어뤼어r] 형 〔시간·장소·순서 등의〕 뒤의, 후방의(반 anterior 앞의)
【라틴어 「post-(뒤의)」의 뜻의 비교급에서】

pos·ter·i·ty [pɑstérəti 파스테뤄티 → 파스테뤄티] 명 **1** [집합적으로] 자손(반 ancestry 선조) **2** 후세, 후대

post·man [póustmən 포우스(트)먼] 명 (복수 **postmen** [-mən]) 《영》 우편 집배원 (《미》 mailman)

post·mark [póustmà:rk 포우스(트)마-r크] 명 (우편의) 소인

post office [póust á:fis] 명 우체국

post·pone [poustpóun 포우스(트)포운] 통 (3단현 **postpones** [-z]; 과거·과거분사 **postponed** [-d]; 현재분사 **postponing**) 타 …을 연기하다(put off), 미

루다: The game was *postponed* until next Sunday. 경기는 다음 일요일까지 연기되었다

post·script [póustskript 포우스(트)스크 륖트] 영(편지의) 추신 (약어는 P.S.) 【라틴어 「후에(post-) 쓰여진(script)」에서】

pos·ture [pástʃər 파스춰r] 영 **1** 자세 **2** 태도

post·war [póustswɔ́:r 포우스트워-r] 형 전후(戰後)의(반 prewar 전전의)

*__pot__ [pát 팟] 영 (복수 pots [-ts]) **1 항아리, 단지**(jar), (깊은) 냄비: a coffee *pot* 커피 포트

2 (단지 등의) 하나 가득한 분량 (of)

*__po·ta·to__ [pətéitou 퍼테이토우 → 퍼테이로우] 영 (복수 **potatoes** [-z]) **감자** (「고구마」는 sweet potato): *potato* chips 《미》 포테이토 칩 《얇게 썬 감자 튀김》

potatoes

po·tent [póutnt 포우튼트 → 포웃'은트] 형 유력한, 힘센

*__po·ten·tial__ [pəténʃəl 퍼텐셔얼] 형 **가능성이 있는**, 잠재적인: *potential* power 잠재력

pot·ter·y [pátəri 파터리 → 파러리] 영 (복수 **potteries** [-z]) **1** 〔집합적으로〕 도기류(陶器類) **2** 도기 제조(소)

poul·try [póultri 포울츄뤼] 영 〔집합적으로; 복수 취급〕 가금류

> 비교 poultry와 game (bird)
> **poultry**는 닭·칠면조·집오리·거위 등 식용이나 애완용으로 가정에서 기르는 조류를 말하며, 사냥에서 잡는 조류는 **game (bird)**라 한다.

*__pound__[1] [páund 파운드] 영 (복수 **pounds** [-dz]) **1 파운드** (중량의 단위; 기호 lb.; 1파운드는 16온스로 약 453그램): a *pound* of sugar 설탕 1파운드

2 파운드 (영국의 화폐 단위; 기호 £)

pound[2] [páund 파운드] 타 자 **1** 세게 치다, 연타〔난타〕하다 **2** (심장이) 두근거리다

*__pour__ [pɔ́:r 포-r] 통 (3단현 **pours** [-z]; 과거·과거분사 **poured** [-d]; 현재분사 **pouring** [pɔ́:riŋ]) 타 …을 **따르다**, 붓다: She *poured* the milk into the glass. 그녀는 글라스에 우유를 따랐다

pour

── 자 **1** 흘러나오다: Tears *poured* down her face. 눈물이 그녀의 얼굴에 하염없이 흘러내렸다

2 (비가) 억수같이 퍼붓다: It never rains but it *pours*. 《속담》 비가 오면 억수로 퍼붓는다; 불행은 겹치는 법

3 (사람이) 쏟아져 나오다: The crowd *poured* out of the hall. 군중들이 홀에서 쏟아져 나왔다

*__pov·er·ty__ [pávərti 파v어r티 → 파v어r리] 영 **빈곤**, 가난: He lived in *poverty*. 그는 가난하게 살았다

*__pow·der__ [páudər 파우더r] 영 **1 가루**, 분말; (화장)분, 파우더 **2** 가루약 **3** 화약

*__pow·er__ [páuər 파우어r] 영 (복수 **powers** [-z]) **1 힘, 능력**: the *power* of nature 자연의 힘／ He has the *power* of holding his audience. 그에게는 청중을 매료시키는 힘이 있다

2 권력, 세력, 지배력: He has *power* over the committee. 그는 위원회를 지배하고 있다

3 (물리적) 힘, 동력: water *power* 수력

4 강대국

*__pow·er·ful__ [páuərfəl 파우어rF어얼] 형 (비교급 **more powerful**; 최상급 **most powerful**) **1 강한**, 강력한: a *powerful* engine 강력한 엔진

2 세력 있는, 유력한: a *powerful* country 강대국

pow·er·ful·ly [páuərfəli 파우어rF얼리] 뷔 강력하게

pow·er·house [páuərhàus 파우어r하우쓰] 몡 (복수 **powerhouses** [-hàuziz]) 발전소

pow·er·less [páuərlis 파우어r얼리쓰] 혱 무력한, 무능한

pp. [péidʒ 페이쥐즈] 《약어》= pages (page의 복수형)

PR [píːáːr 피-아-r] 《약어》 *public relations* 홍보[섭외] 활동

prac·ti·ca·ble [præktikəbl 프랙티커브얼] 혱 (계획 등이) 실행할 수 있는

※**prac·ti·cal** [præktikəl 프랙티커얼] 혱 1 실제의, 현실적인: the *practical* difficulties of the plan 그 계획의 실제적인 곤란
2 실용적인: *practical* English 실용 영어

prac·ti·cal·ly [præktikəli 프랙티컬리] 뷔 1 실제적으로, 실지로 2 거의, 사실상

※**prac·tice** [præktis 프랙티쓰] 몡 (복수 **practices** [-iz]) 1 연습: She is doing her *practice* at the piano. 그녀는 피아노 연습을 하고 있다 / *Practice* makes perfect. 《속담》 연습을 쌓으면 완전하게 된다
2 실행, 실천: He put his plan into *practice*. 그는 그의 계획을 실행했다
3 습관, 관습, 관례: the *practice* of rising early 일찍 일어나는 습관
4 (의사·변호사 등의) 업무, 영업, 개업; 〔집합적으로〕 환자; (변호사의) 사건 의뢰인

in practice 실제는: That's not easy *in practice*. 그것은 실제로 쉽지 않다

── 동 (3단현 **practices** [-iz]; 과거·과거분사 **practiced** [-t]; 현재분사 **practicing**) 타 1 …을 연습하다: She *practices* the piano every night. 그녀는 매일 저녁 피아노 연습을 한다
2 실행하다, 실천하다
3 (의술·법률 등을) 업으로 하다

── 자 연습하다: *practice at*〔*on*〕 the violin 바이올린을 연습하다

prac·ticed [præktist 프랙티스트] 혱 연습을 쌓은, 숙련된(skilled)

prac·tise [præktis 프랙티쓰] 동《영》= practice

prai·rie [préəri 프레어뤼] 몡 (특히 미국 서부 지방이나 미시시피 강 유역의) 대초원

※**praise** [préiz 프레이Z으] 몡 1 칭찬: His efforts are worthy of *praise*. 그의 노력은 칭찬 받을 만하다
2 (신에 대한) 찬양, 숭배

in praise of …을 칭찬하여

── 동 (3단현 **praises** [-iz]; 과거·과거분사 **praised** [-d]; 현재분사 **praising**) 타 1 …을 칭찬하다: We *praised* him *for* his work. 우리는 그의 작품을 칭찬했다
2 (신을) 찬양하다

prank [præŋk 프랭크] 몡 (짓궂은) 장난

※**pray** [préi 프레이] 동 (3단현 **prays** [-z]; 과거·과거분사 **prayed** [-d]; 현재분사 **praying**) 타 …을 빌다, 기원하다: She *prayed* her son's safety. 그녀는 아들이 무사하기를 빌었다

── 자 빌다: I *pray for* your good health. 너의 건강을 빈다

prayer¹ [préər 프레어r] 몡 1 빌기, 기도
2 기도문

pray·er² [préiər 프레이어r] 몡 기도하는 사람

pre- [접두사] 「미리, 전의」의 뜻(반 post- 뒤의): *pre*caution 조심

preach [príːtʃ 프뤼-취] 동 (3단현 **preaches** [-iz]) 자타 설교하다, 전도하다

preach·er [príːtʃər 프뤼-춰r] 몡 설교자, 전도자

pre·cau·tion [prikɔ́ːʃən 프뤼카-션] 몡 (복수 **precautions** [-z]) 조심, 경계; 예방 조치: Take *precautions* against fire. 불조심하세요

【「미리(pre-) 조심(caution)하다」에서】

pre·cede [prisíːd 프뤼씨-드] 동 (3단현 precedes [-dz]; 과거·과거분사 preceded [-id]; 현재분사 preceding) 타 1 …에 앞서다, 먼저 일어나다: Lightning *precedes* thunder. 천둥이 치기 전에 번개가 번쩍인다

2 …보다 중요하다, 우선하다

pre·ced·ent [présədənt 프뤠써던트] 명 선례(先例), 전례

pre·ced·ing [priːsíːdiŋ 프뤼씨-딩 → 프뤼씨-링] 형 앞선, 선행하는: the *preceding* year 전년(前年)

pre·cious [préʃəs 프뤠셔쓰] 형 (비교급 more precious; 최상급 most precious) 1 귀중한, 값비싼(valuable): *precious* metals (금·은 등의) 귀금속

2 귀여운, 사랑하는: a *precious* child 사랑하는 아이

prec·i·pice [présəpis 프뤠써피쓰] 명 (복수 precipices [-iz]) 절벽, 벼랑

pre·cise [prisáis 프뤼싸이쓰] 형 (비교급 more precise; 최상급 most precise) 1 정확한(exact), 정밀한: the *precious* meaning 정확한 의미

2 (사람·태도가) 꼼꼼한

pre·cise·ly [prisáisli 프뤼싸이쓸리] 부 정확히, 정밀하게

pre·ci·sion [prisíʒən 프뤼씨줜] 명 정확, 정밀

pre·de·ces·sor [prédisèsər 프뤠디쎄써r] 명 1 전임자, 선배(반 successor 후배) 2 조상

pred·i·cate [prédikət 프뤠디컷] 명 【문법】 술부, 술어(반 subject 주어): a *predicate* verb 술어 동사

pre·dict [pridíkt 프뤼딕트] 동 (3단현 predicts [-ts]; 과거·과거분사 predicted [-id]; 현재분사 predicting) 타 …을 예언하다, 예보하다: *predict* the future 미래를 예언하다

── 자 예언[예보]하다

【라틴어「미리(pre-) 말하다(-dict)」에서】

pre·dic·tion [pridíkʃən 프뤼딕션] 명 예언, 예보

pref·ace [préfis 프뤠F이쓰] 명 (복수 prefaces [-iz]) (책의) 서문, 머리말

pre·fer [prifəːr 프뤼F어-r] 동 (3단현 prefers [-z]; 과거·과거분사 preferred [-d]; 현재분사 preferring [-fəːriŋ]) 타 …을 더 좋아하다: I *prefer* dogs *to* cats. (= I like dogs than cats.) 나는 고양이보다 개를 더 좋아한다/ I *prefer* to read *rather than* (to) watch television. 나는 텔레비전을 보는 것보다 책 읽기를 더 좋아한다

회화

A: Which would you like, tea or coffee?
차와 커피 중에 어느 것이 좋아요?
B: I'd *prefer* tea.
차가 더 좋습니다

pref·er·ence [préfərəns 프뤠F어륀스] 명 선호, 좋아하는 물건: I have a *preference* for comedy. 나는 희극 쪽을 좋아한다

pre·fix [príːfiks 프뤼-F익쓰] 명 (복수 prefixes [-iz]) 【문법】 접두사 (dislike 의 dis- 등)(반 suffix 접미사)

【라틴어「앞에(pre-) 붙이다(fix)」에서】

preg·nant [prégnənt 프뤠그넌트] 형 임신한

pre·his·tor·ic [priːhistɔ́ːrik 프뤼-히스토-뤽] 형 유사 이전의, 선사(先史)의

prej·u·dice [prédʒudis 프뤠쥬디쓰] 명 편견, (나쁜) 선입관: racial *prejudice* 인종적 편견

pre·lim·i·na·ry [prilímənèri 프륄리머네뤼] 혱 예비의, 준비의: a *preliminary* negotiations 예비 교섭

prel·ude [prélju:d 프뤨류-드] 명 **1** 서문, 머리말; 서막 **2** [음악] 전주곡, 서곡

pre·ma·ture [prì:mətjúər 프뤼-머츄어r] 혱 너무 이른: a *premature* baby 조산아

pre·mier [primíər 프뤼미어r] 명 (영국·프랑스 등의) 국무 총리, 수상 (prime minister)

pre·mi·um [prí:miəm 프뤼-미엄] 명 **1** 상금, 상 **2** 할증금; 액면 초과액, 프리미엄, 웃돈

prep. 《약어》 *prep*osition 전치사

***prep·a·ra·tion** [prèpəréiʃən 프뤠퍼뤠이션] 명 **1** 준비: She is making *preparations* for the party. 그녀는 파티 준비를 하고 있다
2 《영》(수업 등의) 예습 (시간)

pre·par·a·to·ry [pripǽrətɔ̀:ri 프뤼패뤄토-뤼] 혱 예비의, 준비의: *preparatory* training 준비 훈련

preparatory school [pripǽrətɔ̀:ri skù:l] 명 《미》(대학 진학을 위한) 사립 고등학교; 《영》(퍼블릭 스쿨에 신학하기 위한) 사립 초등학교

***pre·pare** [pripέər 프뤼페어r] 동 (3단현 **prepares** [-z]; 과거·과거분사 **prepared** [-d]; 현재분사 **preparing** [-pέəriŋ]) 타 **1** …을 준비하다, 마련하다: *prepare* a lecture 강의 준비를 하다 / Let's *prepare* the table. 식사 준비를 하자

2 [be prepared for [to do]의 형태로] …을 할 준비[각오]가 되어 있다: You should *be prepared for* the worst. 너는 최악의 사태에 대비해야 한다 / I am *prepared to* go out. 나는 외출할 준비가 되어 있다

── 자 준비하다, 채비하다: We *prepared for* examinations. 우리는 시험 준비를 했다

prep·o·si·tion [prèpəzíʃən 프뤠퍼Z이션] 명 【문법】 전치사

〖문법〗 전치사
　명사, 대명사 등의 앞에 위치하여 장소나 위치, 방향 등을 나타내는 말을 전치사라고 한다. 영어에서는 of, in, for, to, with, on, at, by, from 등의 전치사들이 자주 쓰인다.

【라틴어 「앞에(pre-) 두다(position)」에서】

pre·scribe [priskráib 프뤼스크롸이브] 동 (3단현 **prescribes** [-z]; 과거·과거분사 **prescribed** [-d]; 현재분사 **prescribing**) 타 **1** …을 명령하다; (법률·관례 등이) …을 규정하다: Do what the law *prescribes*. 법이 정하는 바를 하여라

2 (약·치료법 등을) 처방하다

pre·scrip·tion [priskrípʃən 프뤼스크륍션] 명 **1** (의사의) 처방, 처방전 **2** 지시, 규정, 명령

***pres·ence** [prézns 프뤠Z은쓰] 명 **1** 존재; 출석, 참석(반 absence 결석): We request the honor of your *presence* at the meeting. 모임에 참석해 주시기 바랍니다

2 면전, 남이 있는 자리: Don't scold in the *presence* of others. 다른 사람들 앞에서 꾸짖지 마라

***pres·ent**[1] [préznt 프뤠Z은트] 혱 **1** [명사 앞에는 쓰이지 않음] 출석한, 참석한(반 absent 결석한): I was *present* at the meeting. 나는 그 집회에 참석했다 / There were twenty persons *present*. 20명이 출석했다

2 [명사 앞에만 쓰임] 현재의: *present* members 현회원 / What is his *present* address? 그의 현주소는 어디입니까?

3 【문법】 현재 (시제)의: the *present* tense 현재 시제

── 명 **1** [the를 붙여] 현재(반 past 과거, future 미래) **2** 【문법】 현재 (시제)

at present 요즈음, 현재: He is *at present* in London. 그는 지금 런던에 있다
for the present 당분간: I am busy *for the present*. 나는 당분간 바쁘다

pres·ent² [préznt 프레즌트] 명 (복수 **presents** [-ts]) 선물: a birthday (Christmas) *present* 생일 (크리스마스) 선물 / This is my *present* for you. 이것은 너에게 주는 선물이다

> 비교 **present**와 **gift**
> **present**는 친한 사이에 주고받는 선물로 자기가 손수 만든 것이 많으며, 산 것이라도 그리 비싸지 않은 물건인 경우가 많다. **gift**는 다소 격식을 갖춘 말로 대개 비싼 물건이다.

── [prizént 프리젠트] 동 (3단현 **presents** [-ts], 과거·과거분사 **presented** [-id], 현재분사 **presenting**) 타 **1** 선물하다: I *presented* a book *to* him. (= I *presented* him *with* a book.) 나는 그에게 책을 선물했다

2 …을 제출하다, 보이다: He *presented* the documents. 그는 서류를 제출했다 / I *presented* my ticket at the door. 나는 문에서 표를 보였다

3 (사람을 정식으로) 소개하다 (📖 introduce보다 격식을 차린 말): He *presented* me *to* his wife. 그는 나를 그의 아내에게 소개했다

4 (극 등을) 상연하다

5 (사람이) 나타나다, 출두하다: He *presented* himself at the police. 그는 경찰에 출두했다

pres·en·ta·tion [prìzəntéiʃən 프뤼즌테이션] 명 **1** 증정, 바침 **2** 표현, 발표 **3** 상연, 공개 **4** 제출, 제시

pres·ent-day [préznt-déi 프레즌트데이] 형 (📖 명사 앞에만 쓰여) 현대의, 오늘날의: *present-day* English 현대 영어

pres·ent·ly [prézntli 프레즌틀리 → 프레즌'을리] 부 **1** 이내, 곧(soon) **2** 《미》 지금, 현재(now)

pres·er·va·tion [prèzərvéiʃən 프뤠Z어rV에이션] 명 **1** 보호 **2** 보존

pre·serve [prizə́:rv 프뤼Z어-rV으] 동 (3단현 **preserves** [-z], 과거·과거분사 **preserved** [-d], 현재분사 **preserving**) 타 **1** (위험 등에서) 보호하다, 지키다(protect): The dog *preserved* him *from* danger. 개가 그를 위험에서 구했다

2 …을 보존하다, 유지하다: *preserve* order 질서를 유지하다

3 …을 소금(설탕)에 절이다; (썩지 않게) 저장하다: *preserve* fruit *in* (*with*) sugar 과일을 설탕 절임하다

── 명 (복수 **preserves** [-z]) [보통 복수형으로] 설탕 조림, 잼(jam)

pre·side [prizáid 프뤼Z아이드] 동 (3단현 **presides** [-dz], 과거·과거분사 **presided** [-id], 현재분사 **presiding**) 자 (집회·회의 등에서) 사회를 보다, 의장이 되다 (at, over): He *presided over* the ceremony. 그는 식의 사회를 보았다

pres·i·dent [prézidənt 프레Z이던트] 명 (복수 **presidents** [-ts]) **1** [종종 **President**로] 대통령: the *President* of Korea 대한민국의 대통령

2 회장, 사장; 교장, (대학의) 학장, 총장; 총재

pres·i·den·tial [prèzidénʃəl 프뤠Z이덴셜] 형 대통령의

press [prés 프뤠쓰] 동 (3단현 **presses** [-iz], 과거·과거분사 **pressed** [-t], 현재분사 **pressing**) 타 **1** …을 누르다: *press* the button 버튼을 누르다

press 1   press 4

2 꼭 껴안다: Mother *pressed* her baby

to her breast. 어머니는 아기를 가슴에 꼭 껴안았다

3 (물건·의견 등을) **강요하다**: He always *presses* his opinion *on* others. 그는 언제나 자기 의견을 남에게 강요한다

4 (옷 등을) 다리다: *press* clothes 옷을 다리미질하다

5 …을 압박하다, 괴롭히다; (**be pressed for**의 형태로) (돈·시간에) 쪼들리다: He *is* badly *pressed for* money. 그는 돈에 무척 쪼들리고 있다

6 눌러 으깨다(squeeze), 눌러 짜내다: *press* grapes 포도를 짜(내)다

── 자 **1** 누르다: *press* lightly *on* a sore spot 아픈 곳을 살짝 누르다

2 몰려들다, 밀어닥치다: Many people *pressed into* the theater. 많은 사람이 극장에 밀려들었다

3 밀고 나아가다: He *pressed through* the crowd. 그는 군중을 헤치고 나아갔다

── 명 (복수 **presses** [-iz]) **1 누르기**

2 인쇄기; 인쇄소; 압축기, 프레스

3 [보통 **the**를 붙여] **출판물**, 신문, 잡지; 신문 기자단, 보도진: the freedom of the *press* 출판의 자유/ the daily *press* 일간신문

press conference [prés kὰnfərəns] 명 기자 회견

press·ing [présiŋ 프뤠씽] 형 **1** 긴급한 (urgent), 절박한: a *pressing* problem 절박한 문제

2 조르는, 집요한

*****pres·sure** [préʃər 프뤠서r] 명 **1 누르기**, 압축, 압력: blood *pressure* 혈압

2 강요, 강제: They put *pressure* on him to agree. 그들은 그에게 동의할 것을 강요했다

3 고통, 괴로움, 중압: financial *pressure* 재정난

pres·tige [prestí:dʒ 프뤠스티-쥐] 명 위신, 명성

pres·to [préstou 프뤠스토우] 형 부 【음악】 빠른; 빨리

pre·sume [prizú:m 프뤼Z우-음] 동 (3단현 **presumes** [-z]; 과거·과거분사 **presumed** [-d]; 현재분사 **presuming**) 타 …이라고 가정하다, 추정하다: They *presumed* her (to be) dead. 그들은 그녀가 죽었다고 추정했다

pre·sump·tion [prizʌ́mpʃən 프뤼Z엄(프)션] 명 가정, 추정

*****pre·tend** [priténd 프뤼텐드] 동 (3단현 **pretends** [-dz]; 과거·과거분사 **pretended** [-id]; 현재분사 **pretending**) 타 …인 체하다, 가장하다: *pretend* ignorance 모른 체하다/ He *pretended* to be indifferent. 그는 무관심한 체했다

pre·tense, 《영》 **pre·tence** [priténs 프뤼텐쓰] 명 **1** 겉치레 **2** 구실, 핑계

******pret·ty** [príti 프뤼티 → 프뤼리] 형 (비교급 **prettier**; 최상급 **prettiest**) 예쁜, 귀여운: a *pretty* flower 예쁜 꽃/ a *pretty* child 귀여운 아이

── 부 **꽤, 상당히**: It's *pretty* warm today. 오늘은 꽤 따뜻하다/ He can speak English *pretty* well. 그는 영어를 상당히 잘한다

pre·vail [privéil 프뤼V에일] 동 (3단현 **prevails** [-z]; 과거·과거분사 **prevailed** [-d]; 현재분사 **prevailing**) 자 **1** 유행하다: Bad cold *prevails throughout* the country. 독감이 전국적으로 유행하고 있다

2 …에 이기다, 우세하다

*****pre·vent** [privént 프뤼V엔트] 동 (3단현 **prevents** [-ts]; 과거·과거분사 **prevented** [-id]; 현재분사 **preventing**) 타 **1** …을 **방해하다**, 하지 못하게 하다 (**from** *do*ing): The rain *prevented* him *from going* out. 비 때문에 그는 외출할 수 없었다

2 (사고·병 등을) **예방하다**, 방지하다: *prevent* an accident 사고를 방지하다

pre·ven·tion [privénʃən 프리V엔션] 명 예방, 방지: *Prevention* is better than cure. 《속담》 예방은 치료보다 낫다

pre·ven·tive [privéntiv 프리V엔티v으] 형 예방의, 예방하는

pre·view [príːvjùː 프리-V유-] 명 1 (극·영화의) 시사회 2 (영화·텔레비전의) 예고편

***pre·vi·ous** [príːviəs 프리-V이어ㅆ] 형 (시간·순서적으로) **앞의**, 이전의(반 following 다음의): a *previous* notice 사전 통고/ I'm sorry, but I have a *previous* engagement. 미안합니다만, 선약이 있어서요 (초대 등을 거절할 때)

previous to …이전에, …에 앞서: *previous to* the conference 회의에 앞서

pre·vi·ous·ly [príːviəsli 프리-V이어ㅆ리] 부 이전에, 미리

pre·war [príːwɔ́ːr 프리-워-r] 형 전전(戰前)의(반 postwar 전후의)

prey [préi 프뤠이] 명 1 먹이: Mice are the *prey* of cats. 쥐는 고양이의 먹이다
2 희생자, 피해자
―자 잡아먹다 《on, upon》

***price** [práis 프라이ㅆ] 명 (복수 **prices** [-iz]) 1 **값, 가격**; 〔복수형으로〕 물가: a *price* tag 가격표/ a set〔fixed〕 *price* 정가(定價)/ What is the *price* of this watch? 이 시계는 얼마입니까?/ *Prices* are going up. 물가가 오르고 있다

price tag

유의어 가격, 요금
 price는 판매자가 물품에 붙인 가격. **fare**는 주로 교통 수단을 이용하는 요금: a taxi *fare* 택시 요금. **fee**는 주로 등록금 등 서비스를 이용하고 지급하는 요금: a tuition *fee* 수업료. **charge**는 비용, 요금: hotel *charges* 호텔 요금.

2 대가, 희생

at any price (1) 어떤 대가〔희생〕를 치르더라도: I will do it *at any price*. 어떤 희생을 치르더라도 나는 그 일을 하겠다 (2) 값이 얼마든: I will buy the book *at any price*. 값이 얼마든 나는 그 책을 사겠다

at the price of …을 희생하여

price·less [práislis 프라이쓸리ㅆ] 형 값을 매길 수 없는, 아주 귀중한

prick [prík 프릭] 타 1 (바늘 등으로) …을 따끔하게 찌르다 2 (양심 등이) 찌르다
―명 1 (바늘 등으로) 찌름 2 (양심의) 가책 3 바늘, 가시

***pride** [práid 프라이드] 명 1 **자존심**, 긍지: He takes *pride* in his work. 그는 자기 일에 긍지를 가지고 있다
2 **오만**, 자만, 교만
3 자랑거리: He is the *pride* of his parents. 그는 양친의 자랑거리다
―타 〔**pride** oneself **on**의 형태로〕 …을 자랑하다: He *prides* himself on his success. 그는 자신의 성공을 자랑하고 있다

***priest** [príːst 프리-스트] 명 **성직자**, (기독교의) 목사, (가톨릭의) 사제

***pri·ma·ry** [práiməèri 프라이메뤼] 형 (비교급 **more primary**; 최상급 **most primary**) 1 **주요한, 주된**: The *primary* cause of his failure is laziness. 그가 실패한 주된 이유는 게으름이다
2 **첫째의**, 제1의: a *primary* accent 제1악센트
3 초등의, 초보의: *primary* education 초등 교육
4 초기의, 원시적인

primary school [práiməri skùːl] 명 《영》 초등학교 (《미》 elementary school)

***prime** [práim 프라임] 형 1 **첫째의**, 중요한: a matter of *prime* importance 가장 중요한 일
2 가장 좋은: *prime* wine 최고급 와인

—명 1 전성기, 한창 때: The actor is in his *prime*. 그 배우는 지금이 전성기다 2 초기, 처음

prime minister [práim mínistər] 명 국무 총리, 수상(premier)

prim·er [prímər 프리머r] 명 입문서(入門書)

prime time [práim táim] 명 프라임 타임 《대개 오후 7시부터 10시까지로 TV 시청률이 가장 높은 시간대》

prim·i·tive [prímətiv 프리머티v → 프리머리v으] 형 1 원시의(ancient): a *primitive* society 원시 사회 2 원시적인, 소박한, 유치한: *primitive* tools 원시적인 도구

*prince [príns 프린쓰] 명 (복수 **princes** [-iz]) 1 왕자, 황태자 (<참고>「공주」는 princess): the Crown *Prince* 황태자 (<참고>《영》에서는 the *Prince* of Wales라고 함) 2 (영국 이외 나라의) 공작(公爵) (<참고> 영국의 「공작」은 duke)

*prin·cess [prínsis 프린씨쓰] 명 (복수 **princesses** [-iz]) 1 공주, 왕녀, 황녀 2 왕비, 왕자비 3 (영국 이외 나라의) 공작 부인 (<참고> 영국의 「공작 부인」, duchess)

*prin·ci·pal [prínsəpəl 프린써퍼얼] 형 주요한, 중요한, 제1의: a *principal* reason 주요 원인

—명 (복수 **principals** [-z]) 교장, 학장: He is the *principal* of our school. 그는 우리 학교의 교장 선생님이시다

prin·ci·pal·ly [prínsəpəli 프린써펄리] 부 주로(mainly), 대체로

*prin·ci·ple [prínsəpl 프린써프얼] 명 (복수 **principles** [-z]) 1 원리, 원칙, 법칙: the *principles* of economics 경제학의 원리 2 주의(主義), 신조: Stick to your *principles*. 너의 신조를 지켜라

in principle 원칙적으로, 대체로: I agree with you *in principle*. 나는 원칙적으로 너와 같은 의견이다

*print [prínt 프륀트] 명 (복수 **prints** [-ts]) 1 인쇄; 인쇄된 문자, 활자: The *print* in this book is not clear. 이 책의 인쇄는 선명하지 않다 2 인쇄물, 신문, 잡지: weekly *prints* 주간 신문[잡지] 3 (찍은) 자국, 흔적: the *print* of foot 발자국(footprint) 4 (사진의) 인화; 판화(版畵)

in print 인쇄되어; 출판되어
out of print (책 등이) 절판되어

—동 (3단현 **prints** [-ts]; 과거·과거분사 **printed** [-id]; 현재분사 **printing**) 타 1 …을 인쇄〔출판〕하다, 프린트하다: This book is well *printed*. 이 책은 인쇄가 잘 되어 있다 2 (도장 등을) 찍다, 자국을 내다 3 (이름 등을) 활자체로 쓰다

print·er [príntər 프륀터r] 명 (복수 **printers** [-z]) 1 인쇄업자 2 인쇄기

print·ing [príntiŋ 프륀팅] 명 인쇄, 인쇄술; 판: a *printing* office 인쇄소

pri·or [práiər 프라이어r] 형 (시간·순서가) 이전의, 앞의

pri·or·i·ty [praiɔ́:rəti 프라이오-뤄티 → 프라이오-뤄리] 명 (복수 **priorities** [-z]) 1 (시간·순서가) 앞〔먼저〕임; (중요도에서의) 상위 2 우선(권)

prism [prízm 프리z음] 명 1【광학】프리즘 2【수학】각주(角柱), 각기둥

*pris·on [prízn 프리z은] 명 (복수 **prisons** [-z]) 교도소, 감옥: The *prison* had iron bars on the window. 그 교도소는 창에 쇠창살이 있다 / He is in *prison*. 그는 복역 중이다 (<참고> 기능을 나타낼 때는 무관사)

*pris·on·er [príznər 프리z으너r] 명 (복수 **prisoners** [-z]) 1 죄수; 형사 피고인 2 포로

pri·va·cy [práivəsi 프라이V어씨] 명 1 사생활, 프라이버시: (an) invasion of *privacy* 사생활의 침해 2 비밀: in *privacy* 비밀리에

pri·vate [práivit 프라이V잇] 형 (비교급 **more private**; 최상급 **most private**)
1 **사적인**, 개인적인(반 public 공적인): private life 사생활／ This is my private opinion. 이것은 내 개인적인 의견이다
2 사립의, 사설의(반 public 공립의): a private school 사립 학교
3 비밀의, 비공개의: This is very private. 이것은 비밀이다

in private 남몰래, 은밀히(반 in public 공공연히): I met her in private. 나는 그녀와 남몰래 만났다

pri·vate·ly [práivitli 프라이V이틀리 → 프라이V잇's울리] 부 1 개인으로서 2 남몰래(in private)

priv·i·lege [prívəlidʒ 프뤼V얼리쥐] 명 특권, 특전

prize [práiz 프라이z으] 명 (복수 **prizes** [-iz]) **상**, 상품, 상금: the Nobel prize 노벨상／ He won the first prize. 그는 1등 상을 탔다
—— 동 (3단현 **prizes** [-iz]; 과거·과거분사 **prized** [-d]; 현재분사 **prizing**) 타 높이 평가하다, 소중히 하다(value): She prizes honesty. 그녀는 정직한 것을 높이 평가한다

pro [próu 프로우] 명 (복수 **pros** [-z]) 《구어》 **프로**, 직업 선수 (✎ *pro*fessional의 단축형)

pro- 《접두사》 1 앞으로: *pro*gress 진보 2 …대신: *pro*noun 대명사

prob·a·bil·i·ty [pràbəbíləti 프뤄버빌러티 → 프라버빌러리] 명 (복수 **probabilities** [-z]) 1 있음직한 일; 가능성, 가망성: There is a probability of success. 성공 가능성은 있다
2 【수학】 확률

prob·a·ble [prábəbl 프라버브을] 형 **있음직한**, …할 듯한: It is probable that he will succeed. 그는 성공할 것 같다

prob·a·bly [prábəbli 프라버블리] 부 **아마**, 십중팔구: It will probably rain. 아마 비가 올 것이다

prob·lem [prábləm 프라블럼] 명 (복수 **problems** [-z])
문제: a social problem 사회 문제／ Can you solve this problem? 이 문제를 풀 수 있겠니?
No problem. 문제없어, 괜찮다

┌─회화─┐
A: Will you give me a ride into town?
시내까지 태워주시겠습니까?
B: *No problem*.
좋아요

pro·ce·dure [prəsíːdʒər 프뤄씨-줘r] 명 1 (행동·상태 등의) 진행, 경과 2 (법률상 등의) 소송 절차

pro·ceed [prəsíːd 프뤄씨-드] 동 (3단현 **proceeds** [-dz]; 과거·과거분사 **proceeded** [-id]; 현재분사 **proceeding**) 자
1 가다, 나아가다: proceed to London 런던으로 가다
2 …을 계속하다: Please proceed with your story. 어서 이야기를 계속하세요

proc·ess [práses 프라쎄ㅆ] 명 (복수 **processes** [-iz]) 1 (만드는) **방법**, 공정: The process of making steel is complex. 강철을 만드는 공정은 복잡하다
2 (일의) **과정**, 경과: The bridge is in process of construction. 그 다리는 지금 건설 중이다
3 (일련의) 작용: the process of digestion 소화 작용

pro·ces·sion [prəséʃən 프뤄쎄션] 명 행렬(parade), 행진, 진행: a funeral procession 장례 행렬

pro·claim [proukléim 프로우클레임] 타 …을 선언하다, 선포하다

proc·la·ma·tion [pràkləméiʃən 프롸클러메이션] 명 선언, 포고; 성명(선언)서: the *proclamation* of war 선전 포고

*__pro·duce__ [prədjúːs 프러듀-쓰] 동 (3단현 **produces** [-iz]; 과거·과거분사 **produced** [-t]; 현재분사 **producing**) 타 1 …을 만들다, 생산하다, (열매를) 맺다: This factory *produces* camera. 이 공장에서는 카메라를 만든다 / The tree *produces* big fruit. 그 나무에는 큰 열매가 열린다

2 …을 제시하다, 내보이다(show): *produce* a ticket 표를 보이다

3 (연극 등을) 상연하다, 연출하다; (영화 등을) 제작하다: *produce* a play 극을 상연하다

4 …을 일으키다, 초래하다: His efforts *produced* no results. 그의 노력은 아무런 성과도 얻지 못했다

—— [prádjuːs 프라듀-쓰] 명 〔집합적으로〕 생산물, (특히) 농산물

참고 강세의 변화
　같은 단어인데도 품사에 따라 발음이 달라지거나, 강세 위치가 변하는 경우가 있다. 강세는 보통 명사는 앞에, 동사는 뒤에 온다.
produce [prádjuːs] 명 생산물 / [prədjúːs] 동 생산하다
project [prádʒekt] 명 계획 / [prədʒékt] 동 계획하다

pro·duc·er [prədjúːsər 프러듀-써r] 명 1 생산자(반 consumer 소비자) 2 (영화 등의) 제작자, 프로듀서, 연출가

*__prod·uct__ [prádʌkt 프라덕트] 명 (복수 **products** [-ts]) 1 생산물; 제품, 작품: farm *products* 농산물 / factory *products* 공장 제품
2 결과, 성과

*__pro·duc·tion__ [prədʌkʃən 프러덕션] 명 (복수 **productions** [-z]) 1 생산, 제조, 제작(반 consumption 소비): mass *production* 대량 생산 / the cost of *production* 생산비
2 (예술 등의) 작품, 제작물

pro·duc·tive [prədʌktiv 프러닥티v으] 형 1 생산적인, 생산력을 가진: a *productive* society 생산 조합
2 …을 생산하는 (of): Poverty is *productive* of crimes. 빈곤은 범죄를 낳는다

Prof. [práf 프롸f으] 〔성명 앞에 쓰여〕 …교수 (🔖 Professor의 약어): *Prof.* James Brown 제임스 브라운 교수

쓰임새 성에만 쓰는 경우에는 Prof.를 쓰지 않고 Professor Brown처럼 한다.

pro·fess [prəfés 프러F에쓰] 동 (3단현 **professes** [-iz]; 과거·과거분사 **professed** [-t]; 현재분사 **professing**) 타 …을 공언하다, 단언하다: He *professed* that he had no connection with that affair. 그는 그 사건과 관계가 없다고 공언했다

*__pro·fes·sion__ [prəféʃən 프러F에션] 명 (복수 **professions** [-z]) (지적인) 직업: He is a doctor by *profession*. 그의 직업은 의사다

*__pro·fes·sion·al__ [prəféʃənl 프러F에셔느일] 형 1 직업의, 직업상의; 지적 직업에 종사하는, 전문직의: *professional* education 직업 교육
2 직업적인, 프로의: a *professional* golfer 프로 골프 선수

—— 명 (복수 **professionals** [-z]) 1 지적(知的) 직업인 2 전문가, 직업 선수, 프로(반 amateur 아마추어) (🔖 《구어》는 pro)

*__pro·fes·sor__ [prəfésər 프러F에써r] 명 〔성 앞에 쓰여〕 **교수**: *Professor* Smith 스미스 교수

pro·fi·cient [prəfíʃənt 프러F이션트] 형 익숙한, 능숙한 (in, at)

pro·file [próufail 프로우F아열] 명 1 옆얼굴 2 윤곽 3 (간단한) 인물 소개, 프로필

profile 1

***prof·it** [práfit 프라F잇] 명 (복수 **prof·its** [-ts]) 1 (금전적인) **이익**, 이윤(반 loss 손실): He made a *profit* of 1,000 dollars on the sale. 그는 판매에서 1,000달러의 이익을 남겼다
2 득, 유익: There is no *profit* in complaining. 불평한들 아무 득도 없다
── 동 (3단현 **profits** [-ts]; 과거·과거분사 **profited** [-id]; 현재분사 **profiting**) 타 **…의 이익〔도움〕이 되다**: It will *profit* me nothing. 그것은 나에게 아무런 도움이 되지 않을 것이다

prof·it·a·ble [práfitəbl 프라F이터브얼 → 프라F이러브얼] 형 1 돈벌이가 되는 2 유익한

pro·found [prəfáund 프뤄F아운드] 형 (비교급 **profounder**; 최상급 **profoundest**) 1 (학문 등이) 심오한, 깊이가 있는: *profound* knowledge 깊은 지식
2 마음에서 우러나는

***pro·gram**, 《영》 **pro·gramme** [próugræm 프로우그램] 명 (복수 **programs** [-z]) 1 (TV·라디오 등의) **프로그램**: What is your favorite TV *program*? 당신이 제일 좋아하는 텔레비전 프로그램은 무엇입니까?
2 (음악회 등의) 진행표
3 계획, 예정(schedule): make a *program* 계획을 세우다
4 【컴퓨터】 프로그램

***prog·ress** [prágres 프라그뤠ㅆ] 명 1 **전진**, 진행: We made slow *progress*. 우리는 서서히 앞으로 나아갔다
2 **진보**, 발달, 향상: the *progress* of science 과학의 진보
in progress 진행 중인: The survey is now *in progress*. 조사는 현재 진행 중이다

── [prəgrés 프러그뤠ㅆ] 동 (3단현 **progresses** [-iz]; 과거·과거분사 **progressed** [-t]; 현재분사 **progressing**) 자 1 **전진하다**, 진행되다: We *progressed* a few miles. 우리는 2,3마일 나아갔다
2 진보하다, 발달하다: *progress* in knowledge 지식이 늘다

pro·gres·sive [prəgrésiv 프러그뤠씨v으] 형 1 진보적인(반 conservative 보수적인): *progressive* ideas 진보적인 사상
2 전진하는, 진행하고 있는
3 【문법】 진행형의: the *progressive* form 진행형

pro·hib·it [prouhíbit 프로우히빗] 동 (3단현 **prohibits** [-ts]; 과거·과거분사 **prohibited** [-id]; 현재분사 **prohibiting**) 타 1 **…을 금지하다**(forbid): *prohibit* the sale of alcoholic liquors 주류 판매를 금지하다
2 〔**prohibit A from doing**의 형태로〕 A가 …하는 것을 방해하다: Heavy rain *prohibited* him *from going* out. 폭우로 그는 외출하지 못했다

pro·hi·bi·tion [prouhəbíʃən 프로우허비션] 명 금지: the *prohibition* of hunting 수렵 금지

***proj·ect** [prádʒekt 프라젝트] 명 (복수 **projects** [-ts]) (장기적인) **계획**, 기획, 사업, 프로젝트
── [prədʒékt 프뤄젝트] 동 (3단현 **projects** [-ts]; 과거·과거분사 **projected** [-id]; 현재분사 **projecting**) 타 1 **…을 비추다**, 투영〔투사〕하다: He *projected* his slides *on* the screen. 그는 스크린에 슬라이드를 비추었다
2 **…을 계획하다**: *project* a new dam 새로운 댐을 계획하다
3 발사하다, 내던지다: *project* a missile 미사일을 발사하다
【라틴어 「앞에(pro-) 던지다(-ject)」에서】

pro·jec·tor [prədʒéktər 프뤄젝터r] 몡 영사기

pro·le·tar·i·an [pròulətέəriən 프로울러테어뤼언] 몡 프롤레타리아의, 무산 계급의: *proletarian* classes 무산 계급
── 몡 무산자(맨 bourgeois 유산자)

pro·le·tar·i·at [pròulətέəriət 프로울러테어뤼엇] 몡 《the를 붙여; 집합적으로》 무산 계급

pro·log, 《영》 **pro·logue** [próulɔ:ɡ 프로울라-ㄱ] 몡 (시 등의) 머리말, 프롤로그 (맨 epilogue 끝맺는 말); (극 등의) 서막(序幕); 【음악】 전주곡

pro·long [prəlɔ́:ŋ 프륄로-엉] 동 (3단현 **prolongs** [-z]; 과거·과거분사 **prolonged** [-d]; 현재분사 **prolonging**) 타 …을 늘이다, 연장하다: *prolong* a road 도로를 연장하다

prom·e·nade [pràmənéid 프롸머네이드] 몡 1 산책, 산보 2 산책길

Pro·me·theus [prəmí:θiəs 프뤼미-이어쓰] 몡 【그리스신화】 프로메테우스 《하늘의 불을 훔쳐 인간에게 준 벌로 바위에 묶여 독수리한테 간을 먹혔다고 하는 거인》

prom·i·nent [prámənənt 프롸머넌트] 형 (비교급 **more prominent**; 최상급 **most prominent**) 1 두드러진, 탁월한: a *prominent* writer 저명한 작가
2 돌출한, 튀어나온

prom·ise [prámis 프롸미쓰] 몡 (복수 **promises** [-iz]) 1 **약속**: make(give) a *promise* 약속을 하다 / He broke a *promise*. 그는 약속을 어겼다 / She will keep her *promise*. 그녀는 약속을 지킬 것이다
2 **가망**, 장래성; 징후, 징조: a writer of great *promise* 전도 유망한 작가
── 동 (3단현 **promises** [-iz]; 과거·과거분사 **promised** [-t]; 현재분사 **promising**) 타 1 …을 약속하다: He *promised* (me) to be present. 그는 (나에게) 참석하겠다고 약속했다
2 …할 듯하다: The sky *promised* rain. 하늘을 보니 비가 올 것 같았다
── 자 1 약속하다: I'll go, I *promise*. 꼭 가겠습니다
2 가망(희망)이 있다: The crops *promise* well. 풍작이 될 것 같다

prom·is·ing [prámisiŋ 프롸미씽] 형 1 전도 유망한: He is a *promising* young man. 그는 전도 유망한 청년이다
2 (날씨가) 좋아질 것 같은: The weather is *promising*. 날씨가 갤 듯하다

pro·mote [prəmóut 프뤄모웃] 동 (3단현 **promotes** [-ts]; 과거·과거분사 **promoted** [-id]; 현재분사 **promoting**) 타 1 …을 증진하다, 장려(촉진)하다: *promote* digestion 소화를 촉진하다
2 승진(진급)시키다: He was *promoted* (to be) manager. 그는 지배인으로 승진했다
3 (회사 등을) 설립하다; (프로 권투 등의) 흥행을 주최하다
4 (선전으로 상품의) 판매를 촉진하다

pro·mot·er [prəmóutər 프뤄모우터r → 프뤄모우러r] 몡 1 장려자, 후원자; 흥행주 2 (회사의) 발기인, 창립자

pro·mo·tion [prəmóuʃən 프뤄모우션] 몡 1 승진, 진급 2 장려, 조장 3 판매 촉진

prompt [prámpt 프롬(프)트] 형 (비교급 **prompter**; 최상급 **promptest**) 재빠른, 신속한; 즉석의: a *prompt* reply 즉답 / You must be *prompt* to act. 당장 행동하여야 한다

prompt·ly [prámptli 프롬(프)틀리] 부 재빠르게, 신속하게: He answered *promptly*. 그는 재빨리 대답했다

pron. 《약어》 *pron*oun 대명사

pro·noun [próunàun 프로우나운] 명 【문법】대명사 (❗ 약어는 pron.)

> 문법 대명사
> 명사 대신에 쓰는 말을 대명사라고 한다. 대명사에는 인칭대명사, 지시대명사, 의문대명사 등이 있는데, 인칭대명사는 사람을 대신해서 쓰는 말(I, you, he, she, it, we, they)이고, 지시대명사는 사람이나 사물을 대신해서 가리키는 말(this, that)이며, 의문 대명사는 사람이나 사물을 대신해서 묻는 말(who, what, which)이다.

***pro·nounce** [prənáuns 프러나운ㅅ] 동 (3단현 **pronounces** [-iz]; 과거·과거분사 **pronounced** [-t]; 현재분사 **pronouncing**) 타 **1 발음하다**: How do you *pronounce* this word? 이 단어는 어떻게 발음합니까?
2 …을 선언하다, 단언하다
——자 발음하다

pro·noun·ci·a·tion [prənÀnsiéiʃən 프뤄난씨에이션] 명 발음

***proof** [prú:f 프루-f으] 명 (복수 **proofs** [-s]) **증거**, 증명; 증거물: There is no *proof* that he is guilty. 그가 유죄라는 증거는 없다
——형 …에 견디는: My watch is *proof* against water. 내 시계는 방수가 되어 있다

prop [práp 프랍] 명 지주, 버팀목
——동 (3단현 **props** [-s]; 과거·과거분사 **propped** [-t]; 현재분사 **propping**) 타 …을 받치다: *prop* an old fence 낡은 울타리를 받치다

prop·a·gan·da [pràpəgǽndə 프라퍼갠다] 명 선전 (활동)

pro·pel [prəpél 프뤄펠] 동 (3단현 **propels** [-z]; 과거·과거분사 **propelled** [-d]; 현재분사 **propelling**) 타 …을 추진하다, 나아가게 하다: The plane is *propelled* by jet engines. 그 비행기는 제트 엔진으로 움직인다

pro·pel·ler [prəpélər 프뤄펠러r] 명 (비행기의) 프로펠러; (배의) 추진기

***prop·er** [prápər 프라퍼r] 형 (비교급 **more proper**; 최상급 **most proper**)
1 적당한, 알맞은: at *proper* time 적당한 때에/ He is the *proper* person *for* the work. 그는 그 일에 적임자다
2 고유의, 특유한: a *proper* noun 【문법】고유 명사/ This custom is *proper to* Korea. 이 풍습은 한국 특유의 것이다
3 예의 바른, 단정한: a *proper* young man 예의 바른 청년
4 [❗ 명사 뒤에 쓰여] 엄격한 의미의, 본래의: China *proper* 중국 본토
5 (시계 등이) 정확한

prop·er·ly [prápərli 프라퍼r을리] 부 1 적당히, 알맞게; 예의 바르게: behave *properly* 예의 바르게 행동하다
2 정확히, 올바르게: speak English *properly* 영어를 정확히 말하다

***prop·er·ty** [prápərti 프라퍼r티 → 프라퍼r를리] 명 (복수 **properties** [-z]) **1 재산**, 자산, 소유물: private *property* 사유 재산
2 특성, 특질: the *properties* of iron 철의 특성

proph·e·cy [práfəsi 프라F어씨] 명 (복수 **prophecies** [-z]) 예언: The *prophecy* came true. 예언은 적중되었다

proph·e·sy [práfəsài 프라F어싸이] 동 (3단현 **prophesies** [-z]; 과거·과거분사 **prophesied** [-d]; 현재분사 **prophesying**) 타 …을 예언하다: *prophesy* disaster 재앙을 예언하다

proph·et [práfit 프라F잇] 명 예언자

***pro·por·tion** [prəpɔ́:rʃən 프러포-r션] 명 (복수 **proportions** [-z]) **1 비, 비율**: *proportion* of three to one 3대 1의 비율
2 균형, 조화: a sense of *proportion* 균형 감각
3 몫, 할당액 [량]: obtain a *proportion* of the profit 이익의 한몫을 얻다
4 [복수형으로] 크기, 넓이

in proportion to [as] ... …에 비례하여 (📖 to 뒤에는 명사, as 뒤에는 절이 온다): We are paid *in proportion to* our work. 우리는 일의 양에 따라 급료를 받고 있다/ Prifits increase *in proportion as* sales pick up. 매출이 올라가는 것에 비례하여 이익은 증가한다

***pro·pos·al** [prəpóuzəl 프뤄포우Z어얼] 몡 (복수 **proposals** [-z]) **1** 신청, 제안: accept[refuse] a *proposal* 신청을 받아들이다[거절하다]
2 청혼, 결혼 신청: He made his *proposal* to her yesterday. 그는 어제 그녀에게 청혼했다

***pro·pose** [prəpóuz 프뤄포우z으] 동 (3단현 **proposes** [-iz]; 과거·과거분사 **proposed** [-d]; 현재분사 **proposing**) 타 **1** …을 제안하다: *propose* a new method 새로운 방법을 제안하다
2 (남자가 결혼을) 신청하다: He *proposed* marriage *to* Mary. 그는 메리에게 결혼을 신청했다
3 …할 셈[생각]이다: We *propose* to dine out tonight. 오늘 저녁은 외식할 생각이다
── 자 청혼하다: He *proposed* to Jane. 그는 제인에게 청혼했다

prop·o·si·tion [prὰpəzíʃən 프롸퍼Z이션] 몡 제안, 건의

pro·pri·e·tor [prəpráiətər 프뤼프롸이어터r→ 프뤼프롸이어러r] 몡 (상점·토지 등의) 소유주(owner), 경영자

***prose** [próuz 프로우z으] 몡 산문(凡 verse 운문)

pros·e·cute [prάsikjùːt 프롸씨큐-트] 동 (현재분사 **prosecuting**) 타 …을 기소하다, 공소(公訴)하다

***pros·pect** [prάspekt 프롸스펙트] 몡 (복수 **prospects** [-ts]) **1** 예상, 기대, 전망: a *prospect* of recovery 회복할 가망
2 [복수형으로] 장래성, 성공할 가망: a business with good *prospects* 유망한 사업
3 전망, 경치

pros·per [prάspər 프롸스퍼r] 동 (3단현 **prospers** [-z]; 과거·과거분사 **prospered** [-d]; 현재분사 **prospering** [-pəriŋ]) 자 (사업 등이) 번영하다, 성공하다: His business will *prosper*. 그의 사업은 성공할 것이다

pros·per·i·ty [prɑspérəti 프라스페뤄티 → 프라스페뤄리] 몡 번영, 성공

pros·per·ous [prάspərəs 프라스퍼뤄쓰] 형 번영하는, 성공한: a *prosperous* business 번성하고 있는 장사

***pro·tect** [prətékt 프뤄텍트] 동 (3단현 **protects** [-ts]; 과거·과거분사 **protected** [-id]; 현재분사 **protecting**) 타 …을 보호하다, 막다, 지키다: We must *protect* wild animals. 우리는 야생 동물을 보호해야 한다

***pro·tec·tion** [prətékʃən 프뤄텍션] 몡 (복수 **protections** [-z]) **1** 보호 **2** 보호하는 사람[것]

pro·tec·tive [prətéktiv 프뤄텍티v으] 형 지키는, 보호하는: *protective* coloring (동물의) 보호색

pro·tec·tor [prətéktər 프뤼텍터r] 몡 **1** 보호자 **2** 보호[안전] 장치

pro·tein [próutiːn 프로우티-인] 몡 【화학】 단백질

***pro·test** [prətést 프뤄테스트] 동 (3단현 **protests** [-ts]; 과거·과거분사 **protested** [-id]; 현재분사 **protesting**) 타 **1** …에 항의하다, 이의를 제기하다: *protest* low wages 저임금에 항의하다
2 …을 주장하다, 단언하다: He *protested* his innocence. 그는 자기의 결백을 주장했다
── 자 항의하다, 반대하다: They *protested against* the new bill. 그들은 새로운 법안에 반대했다
── [próutest 프로우테스트] 몡 (복수 **protests** [-ts]) 항의, 반대: He made a *protest against* the decision. 그는 그 결정에 항의했다

Prot·es·tant [prátəstənt 프러터스튼트] 명 신교도 《가톨릭교(Catholic)에 반대하여 일어난 기독교의 여러 파》
── 형 신교(도)의

proud [práud 프라우드] 형 (비교급 **prouder**; 최상급 **proudest**) **1** 자랑으로 여기는 《of, that》: I am *proud of* my brother. 나는 형을 자랑스럽게 여긴다 / We are *proud that* he is a scientist. 우리는 그가 과학자라는 것을 자랑으로 여긴다
2 거만한, 뽐내는(반 humble 겸손한): He is too *proud* to greet us. 그는 거만해서 우리에게 인사도 하지 않는다

proud·ly [práudli 프라우들리] 부 **1** 자랑스럽게 **2** 거만하게

prove [prúːv 프루-v으] 동 (3단현 **proves** [-z]; 과거 **proved** [-d]; 과거분사 **proved**, **proven** [prúːvən]; 현재분사 **proving**)
타 **1** …을 입증(증명)하다: I *proved* his guilty. (= I *proved* that he was guilty.) 나는 그가 유죄라는 것을 증명했다
2 …을 시험하다, 실험하다
── 자 …으로 판명되다(turn out): The report *proved* false. 그 보도는 거짓이라는 것이 드러났다

prov·erb [práveːrb 프라v어-r브] 명 속담, 격언

pro·vide [prəváid 프러V아이드] 동 (3단현 **provides** [-dz]; 과거 · 과거분사 **provided** [-id]; 현재분사 **providing**)
타 **1** …을 준비하다, 마련하다: I *provided* a meal. 나는 식사를 준비했다
2 〔**provide** A **with** B 또는 **provide** B **for** A의 형태로〕 A에게 B를 공급하다 (supply): Cows *provide* us *with* milk. 소는 우리에게 우유를 공급해 준다 / She *provided* food and clothes *for* children. 그녀는 아이들에게 음식과 옷을 주었다
3 (법률 등이) …을 규정하다: The rules are *provided* in the law. 규칙은 법률로 규정되어 있다
── 자 **1** …에 대비하다, 준비하다 《against, for》: *provide for* old age 노후에 대비하다
2 …을 부양하다 《for》: He had to *provide for* his large family. 그는 대가족을 부양해야 한다

pro·vid·ed [prəváidid 프러V아이디드 → 프러V아이리드] 접 《문어》 만일 …이라면(if): I'll go fishing *provided (that)* it is fine tomorrow. 나는 내일 날씨가 좋으면 낚시를 갑니다

prov·ince [právins 프라V인쓰] 명 (복수 **provinces** [-iz]) **1** (캐나다 등의) 주(州) (미국의 「주」는 state); (한국의) 도(道): the *Province* of Quebec (캐나다의) 퀘백주
2 〔**the provinces**로〕 지방, 시골

pro·vin·cial [prəvínʃəl 프러V인셔얼] 형 **1** 지방의, 시골의; 촌스러운 **2** 주(州)의, 도(道)의

pro·vi·sion [prəvíʒən 프러V이줜] 명 (복수 **provisions** [-z]) **1** (장래에 대한) 준비 《for, against》: We made *provision* for the future. 우리는 장래를 대비해 준비했다
2 공급, 제공: the *provision* of food for refugees 난민들에 대한 음식의 공급
3 (법률 · 조약 등의) 조항, 규정
4 〔복수형으로〕 식량

pro·voke [prəvóuk 프러V오욱] 동 (3단현 **provokes** [-s]; 과거 · 과거분사 **provoked** [-t]; 현재분사 **provoking**) 타 **1** …을 화나게 하다: Don't *provoke* the dog. 그 개를 약올리지 마라
2 (감정 등을) 자극하다, 자극하여 …시키다: *provoke* a laugh 웃음을 자아내다

pru·dence [prúːdns 프루-든쓰] 명 사려분별, 신중, 조심

pru·dent [prúːdnt 프루-든트] 형 분별 있는, 신중한, 조심성 있는: a *prudent* man 신중한 남자

P.S. [píːés 피-에쓰] 《약어》 *postscript* 추신

psalm [sɑ́:m 사-암] 〔📘 p와 l은 묵음〕 명 찬송가, 성가(hymn)

psy·ch(o)- (접두사) 「정신, 영혼 심리학」의 뜻

psy·cho [sáikou 싸이코우] 〔📘 p는 묵음〕 명 《속어》 정신병(환)자

psy·chol·o·gy [saikálədʒi 싸이칼러쥐] 〔📘 p는 묵음〕 명 **1** 심리학 **2** 《구어》 (개인·집단 등의) 심리 (상태)

***pub** [pʌ́b 파브] 명 (복수 **pubs** [-z]) 《영구어》 술집 (📘 public house의 단축형)

***pub·lic** [pʌ́blik 파블릭] 형 (비교급 **more public**; 최상급 **most public**) **1** 공공의, 공중의 (반 private 개인의); 공개의: a *public* library 공공 도서관／a *public* telephone 공중 전화／a *public* debate 공개 토론회

2 공무의, 공사의: a *public* official (officer) 공무원, 관리／*public* document 공문서

make public 공표 (발표)하다: The fact was *made public*. 그 사실은 공표되었다

── 명 〔the를 붙여〕 대중, 일반 사람들: This swimming pool is open to *the public*. 이 수영장은 일반에게 공개되어 있다

in public 공개적으로(openly), 공공연히(반 in private 남몰래): He spoke the secret *in public*. 그는 비밀을 공공연히 떠들고 다녔다

pub·li·ca·tion [pʌ̀bləkéiʃən 파블러케이션] 명 (복수 **publications** [-z]) **1** 발표, 공표 **2** 출판, 발행, 간행

public house [pʌ́blik háus] 명 《영》 술집 (📘 《구어》로는 pub라 한다)

pub·lic·i·ty [pʌblísiti 퍼블리씨티 → 퍼블리씨리] 명 **1** 널리 알려짐; 명성, 평판 **2** 선전, 광고, 홍보

pub·lic·ly [pʌ́blikli 파블리클리] 부 공공연하게, 공개적으로

public relations [pʌ́blik riléiʃənz] 명 선전(공보) (활동) (📘 약어는 P.R.)

public school [pʌ́blik skù:l] 명 **1** 《미》 (초·중·고등) 공립 학교 **2** 《영》 퍼블릭 스쿨

> 참고 퍼블릭 스쿨
> 영국의 퍼블릭 스쿨은 전통 있는 사립 중·고등학교로 주로 상류 계급의 자제들을 교육하며 전원 기숙사 생활을 원칙으로 한다. 이튼(Eton), 해로(Harrow), 럭비(Rugby) 등이 유명하다.

***pub·lish** [pʌ́bliʃ 파블리쉬] 동 (3단현 **publishes** [-iz]; 과거·과거분사 **published** [-t]; 현재분사 **publishing**) 타 **1** (책 등을) 출판하다, 발행하다: This book was first *published* in 2007. 이 책은 2007년에 처음 출판되었다

2 …을 발표하다: They *published* their engagement. 그들은 약혼 발표를 했다

pub·lish·er [pʌ́bliʃər 파블리셔r] 명 출판사, 출판업자, 발행자

pud·ding [púdiŋ 푸딩 → 푸링] 명 푸딩 (밀가루에 과일·우유·달걀 등을 넣고 구운 과자)

pud·dle [pʌ́dl 파드얼 → 파르얼] 명 **1** 웅덩이 **2** 이긴 흙

puff [pʌ́f 파f으] 명 (복수 **puffs** [-s]) **1** 훅 불기 (소리): a *puff* of the wind 한 번 휙 부는 바람

2 (화장용의) 분첩

*****pull** [púl 푸을] 동 (3단현 **pulls** [-z]; 과거·과거분사 **pulled** [-d]; 현재분사 **pulling**) 타 **1** …을 끌다, 끌어당기다 (반 push 밀다): He *pulled* the cart and I pushed it. 그는 수레를 끌고 나는 밀었다

2 (열매 등을) 따다; (이·마개 등을) 뽑다: *pull* flowers 꽃을 따다/ I had the bad tooth *pulled* (out). 나는 충치를 뽑았다

──자 **1** **끌다**, 잡아당기다: *pull at* a rope 로프를 잡아당기다
2 (보트를) 젓다; (열차 등이) 나아가다: The train *pulled into* the station. 기차는 역으로 들어왔다

pull down (1) …을 끌어내리다: He *pulled down* the curtain. 그는 커튼을 내렸다

(2) (집 등을) 헐다: The building was *pulled down* last year. 그 건물은 작년에 헐렸다

pull in (1) (열차 등이) 도착하다, 들어오다: The train *pulled in* on time. 열차는 정각에 도착했다
(2) (지지·인기를) 얻다
pull off …을 (당겨서) 벗다
pull on …을 (당겨서) 입다, (장갑을) 끼다: *pull on* a sweater 스웨터를 입다
pull out (1) (이·마개 등을) 빼다, 뽑다: He *pulled out* the bottle cork. 그는 병마개를 뽑았다
(2) (배·열차가) 나가다, 떠나다
pull over (차를) 길 한쪽에 대다
pull up (1) (차 등을) 세우다 (말의 고삐를 당겨 마차를 세웠던 데서): He *pulled up* the car. 그는 차를 세웠다
(2) …을 빼다, 뽑다

──명 (복수 **pulls** [-z]) **1** **끌기**(반 push 밀기): give a *pull* at a rope 로프를 잡아당기기
2 (노를) 젓기

pul·ley [púli 푸울리] 명 도르래
pull·o·ver [púlòuvər 푸을오우V어r] 명 풀오버 《머리부터 입는 스웨터》

pulley

pulp [pʌlp 퍼얼프] 명
1 (포도·복숭아 등의 연한) 과육(果肉)
2 펄프 《종이의 원료》 **3** 부드럽고 걸쭉한 것
pul·pit [púlpit 푸을핏] 명 설교단(說敎壇), 연단
pulse [pʌls 퍼얼스] 명 맥박, 고동: His *pulse* is still beating. 그의 맥은 아직 뛰고 있다
pu·ma [pjúːmə 퓨-마] 【동물】 퓨마

puma

*****pump** [pʌmp 팜프] 명 (복수 **pumps** [-s]) **펌프**

──동 (3단현 **pumps** [-s]; 과거·과거분사 **pumped** [-t]; 현재분사 **pumping**) 타 자 **1** 펌프로 (물을) 퍼 올리다 〔퍼내다〕 **2** (타이어에) 펌프로 공기를 넣다
*****pump·kin** [pʌ́mpkin 팜(프)킨] 명 【식물】 **호박**: The fairy changed the *pumpkin* into a carriage. 요정은 호박을 마차로 바꿨다

punch¹ [pʌntʃ 판취] 명 (복수 **punches** [-iz]) 1 펀치, 구멍 뚫는 도구 2 힘, 박력 3 주먹질, 펀치
── 동 (3단현 **punches** [-iz]; 과거·과거분사 **punched** [-t]; 현재분사 **punching**) 타 1 (펀치로) …에 구멍을 뚫다

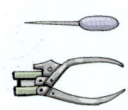
punches¹ 1

2 주먹으로 치다: He *punched* me in the stomach. 그는 나의 배를 쳤다

punch² [pʌntʃ 판취] 명 펀치 (과즙에 소다수를 탄 청량 음료)

punc·tu·al [pʌ́ŋktʃuəl 팡츄얼] 형 (비교급 **more punctual**; 최상급 **most punctual**) …에 늦지 않는, 시간〔기한〕을 잘 지키는: She is *punctual* to the minute. 그녀는 1분도 시간을 어기지 않는다

punc·tu·al·i·ty [pʌ̀ŋktʃuǽləti 팡츄앨러티 → 팡츄앨러리] 명 시간 엄수

punc·tu·al·ly [pʌ́ŋktʃuəli 팡츄얼리] 부 시간〔기한〕을 지켜: keep the date *punctually* 날짜를 정확히 지키다

punc·tu·a·tion [pʌ̀ŋktʃuéiʃən 팡츄에이션] 명 구두법

punctuation mark [pʌ̀ŋktʃuéiʃən mɑ́ːrk] 명 구두점

punc·ture [pʌ́ŋktʃər 팡춰r] 동 (현재분사 **puncturing** [-tʃəriŋ]) 타 (타이어 등을) 펑크내다, 찔러 구멍을 내다
── 자 (타이어 등이) 펑크나다
── 명 1 (바늘 등으로) 찌름, 구멍 뚫기 2 (타이어 등의) 펑크

pun·ish [pʌ́niʃ 파니쉬] 동 (3단현 **punishes** [-iz]; 과거·과거분사 **punished** [-t]; 현재분사 **punishing**) 타 …을 **벌주다**, 처벌하다: She *punished* her son *for* telling a lie. 그녀는 아들이 거짓말을 했다고 벌을 주었다

pun·ish·ment [pʌ́niʃmənt 파니쉬먼트] 명 벌, 처벌, 형벌

pu·pil¹ [pjúːpl 퓨-프얼] 명 (복수 **pupils** [-z]) 학생: How many *pupils* are there in your class? 너의 반의 학생은 몇 명이니?

pu·pil² [pjúːpl 퓨-프얼] 명 눈동자, 동공

pup·pet [pʌ́pit 파핏] 명 1 꼭두각시 2 괴뢰, 앞잡이

pup·py [pʌ́pi 파피] 명 (복수 **puppies** [-z]) 강아지

pur·chase [pə́ːrtʃəs 퍼-r춰쓰] [발음 주의] 동 (3단현 **purchases** [-iz]; 과거·과거분사 **purchased** [-t]; 현재분사 **purchasing**) 타 …을 사다, **구입하다** (buy보다 딱딱한 말): He *purchased* a new car. 그는 새 차를 구입했다

puppet 1

── 명 (복수 **purchases** [-z]) 1 구매, 구입 2 구입품, 산 물건

pure [pjúər 퓨어r] 형 (비교급 **purer** [pjúərər]; 최상급 **purest** [pjúərist]) 1 **순수한**, 다른 것이 섞이지 않은 (반 mixed 혼합한): *pure* gold 순금
2 맑은, 깨끗한; 순결한; (품종 등이) 순종의: *pure* water〔air〕맑은 물〔공기〕/ *pure* skin 깨끗한 피부
3 《구어》 전적인; 단순한: It was *pure* luck that I won the game. 내가 시합에 이긴 것은 순전히 운이다

pure·ly [pjúərli 퓨어r얼리] 부 1 순수하게, 깨끗하게 2 완전히, 순전히

purge [pə́ːrdʒ 퍼-r쥐] 동 (현재분사 **purging**) 타 (마음·몸을) 깨끗이 하다 (of, from)

pu·ri·fy [pjúrəfài 퓨뤄F아이] 동 (3단현 **purifies** [-z]; 과거·과거분사 **purified** [-d]; 현재분사 **purifying**) 타 **1** (마음을) 깨끗이 하다 **2** 불순물을 없애다, 정제하다

Pu·ri·tan [pjúrətn 퓨뤼튼] 명 청교도

pu·ri·ty [pjúrəti 퓨뤼티 → 퓨뤄리] 명 **1** 순수, 순결 **2** 청결; 결백

*__**pur·ple**__ [pə́:rpl 퍼-r프얼] 명 **자줏빛**, 보라색(violet)
── 형 자줏빛의, 보라색의

*__**pur·pose**__ [pə́:rpəs 퍼-r퍼쓰] 명 (복수 **purposes** [-iz]) **목적**(aim): He realized his *purpose*. 그는 목적을 실현했다

for the purpose of *doing* …할 목적으로(in order to): She went to America *for the purpose of studying* English. 그녀는 영어를 배울 목적으로 미국에 갔다

on purpose 고의로, 일부러(반 by accident 우연히): He broke it *on purpose*. 그는 일부러 그것을 깨뜨렸다

to the purpose 적절히, 요령 있게: His speech was *to the purpose*. 그의 연설은 요령이 있었다

pur·pose·ly [pə́:rpəsli 퍼-r퍼쓸리] 부 고의로, 일부러

*__**purse**__ [pə́:rs 퍼-r쓰] 명 (복수 **purses** [-iz]) **1 돈주머니**, 지갑 (지폐를 넣는 「지갑」은 wallet) **2** 《미》 (어깨 끈이 없는 여성의) 핸드백

　　purse 1　　　wallet

*__**pur·sue**__ [pərsú: 퍼r쑤-] 동 (3단현 **pursues** [-z]; 과거·과거분사 **pursued** [-d]; 현재분사 **pursuing**) 타 **1** …을 쫓다, 추격〔추적〕하다: *pursue* a prey 사냥감을 쫓다/ The policeman *pursued* the thief. 경찰관은 도둑을 뒤쫓았다

2 (지식·쾌락 등을) 추구하다: *pursue* pleasure 쾌락을 추구하다

3 (일·연구 등에) 종사하다

pur·suit [pərsú:t 퍼r쑤-트] 명 **1** 추격, 추적; 추구 (*of*): the *pursuit* of happiness 행복의 추구

2 직업, 일; 연구

in pursuit of …을 찾아서: She traveled the world *in pursuit of* her dreams. 그녀는 꿈을 찾아서 세계를 여행했다

*__**push**__ [púʃ 푸쉬] 동 (3단현 **pushes** [-iz]; 과거·과거분사 **pushed** [-t]; 현재분사 **pushing**) 타 **1** …을 밀다 (반 pull 끌다): *Push* the button. 버튼을 눌러라/ I *pushed* the door open. 나는 문을 밀어서 열었다

2 …을 밀치고 나아가다: He *pushed* his way *through* the crowd. 그는 군중을 헤치고 나아갔다

3 (계획 등을) 밀고 나가다: He *pushed* his plan secretly. 그는 그 계획을 비밀리에 추진해 갔다

4 …을 강요하다
── 자 **밀다**: Don't *push* at the back. 뒤에서 밀지 마라

push around 거칠하게 다루다

push away 밀어 제치다

push in (사람이) 억지로 밀고 들어오다

push off (1) 배를 (기슭에서) 밀어내다 《for》 (2) 《구어》 떠나다

push on 마구〔밀어 제치고〕 나아가다; (계획을) 밀고 나가다: We *pushed on* to the forest. 우리는 숲을 향하여 척척 나아갔다

push out (1) 밀어내다: We *pushed*

him *out* of the room. 우리는 그를 방에서 밀어냈다
(2) (싹 등을) 내다
push up 밀어 올리다
── 명 (복수 **pushes** [-iz]) **1** 밀기(반 pull 끌기): I gave the door a *push*. 나는 문을 한 번 밀어 보았다
2 《구어》 분발, 끈기

push-up [púʃ-ʌ̀p 푸샾] 명 《미》 팔굽혀펴기

push-up

puss [pús 푸쓰] 명 (복수 **pusses** [-iz]) 《유아어》 고양이 《애칭》

puss·y [púsi 푸씨] 명 (복수 **pussies** [-z]) = puss

***put** [pút 풋] 동 (3단현 **puts** [-ts]; 과거·과거분사 **put**; 현재분사 **putting**) 타 **1** (어떤 장소에) **놓다, 두다**, 넣다: *Put* the dishes *on* the table. 식탁에 접시를 놓아라 / The man *put* his hand *into* his pocket. 그 남자는 손을 호주머니에 넣었다

2 …을 (어떤 상태로) 하다: He *put* his books in order. 그는 책을 정리했다 / She *put* her baby to sleep. 그녀는 아이를 재웠다

3 …을 붙이다, 대다: He *put* the glass *to* his lips. 그는 유리잔을 입술에 댔다

4 (세금 등을) 부과하다; (값을) 매기다: *put* a tax *on* an article 물품에 과세하다

5 (문제·의견 등을) 꺼내다: He *put* a hard question *to* me. 그는 나에게 어려운 질문을 했다

6 …을 표현하다: Can you *put* that in simple words? 그것을 간결하게 표현할 수 있습니까?

7 …을 쓰다, 기입하다: *Put* your name here, please. 여기에 이름을 쓰십시오

8 …을 평가하다, 어림잡다: I *put* the distance *at* six miles. 나는 그 거리를 6마일로 어림잡는다

9 (책임 등을) …에게 돌리다 (to, on): He *put* his failure *to* my carelessness. 그는 자기의 실패를 내 부주의 탓으로 돌렸다

── 자 (배 등이) …으로 떠나다

put aside [***away***] (1) **치우다**, 제거하다: *Put away* your toys. 장난감을 치워라

(2) **저축하다**(save): We must *put aside* money for the future. 우리는 장래를 위해 돈을 저축하여야 한다

put back 제자리에 갖다 놓다: *Put* the book *back* on the desk. 그 책을 책상 위에 갖다 놓아라

put by 간수하다, 저축하다(put aside)

put down (1) 내려놓다: *Put* your pencils *down*. 연필을 내려놓아라

(2) …을 기입하다, 써넣다: Please *put down* your name and address. 당신의 이름과 주소를 기입해 주세요

put forth (싹·잎이) 나오다: Trees *put forth* buds in spring. 나무는 봄에 싹트기 시작한다

put forward (1) (의견·계획 등을) 내다: He *put forward* a new sales plan. 그는 새로운 판매 계획을 제출했다

(2) (시계 바늘을) 빨리 가게 하다

put in (1) …을 **끼워 넣다**: You must *put in* this word here. 너는 여기에 이 말을 넣어야 한다

(2) (서류 등을) 제출하다

(3) (시간을) 보내다, (일을) 하다

put A into B (1) A를 B에 넣다: Don't *put* your hands *into* your pockets. 손을 호주머니에 넣지 마라

(2) A를 B로 번역하다: *Put* the following sentence *into* English. 다음 문장을 영어로 번역하시오

put off …을 연기하다, 미루다(postpone): We *put off* the meeting until next month. 우리는 모임을 다음 달로 연기했다

put on (1) (옷을) 입다, (신발을) 신다, (모자·안경을) 쓰다(반 take off 벗다): *Put* your hat *on*. 모자를 써라

(2) (체중을) 늘리다; (속력을) 내다: *put on* weight 체중을 늘리다
(3) (전등·라디오 등을) 켜다

put out (1) (전등 등을) 끄다: He *put out* the light. 그는 전등을 껐다
(2) 내밀다; (새싹이) 트다: *Put out* your hand. 손을 내밀어라
(3) 내쫓다, 해고하다

put together (1) 조립하다: He *put* the machine *together*. 그는 그 기계를 조립했다
(2) 구성하다, 만들다: He *put* a team *together*. 그는 팀을 만들었다

put up (1) (기·돛 등을) 올리다, 내걸다: They *put up* a flag on the hill. 그들은 언덕 위에 기를 게양했다
(2) (건축물을) 짓다, 세우다: They *put up* the tent near the river. 그들은 강가에 텐트를 쳤다
(3) 숙박하다 (at): We *put up* at an inn for the night. 우리는 그 날 밤 한 여인숙에 투숙했다

put up with …을 참다(bear, endure) (보통 부정문에): I can*not put up with* all this noise. 이 소음은 정말 못 참겠다

puz·zle [pʌ́zl 퍼즐얼] 명 (복수 **puzzles** [-z]) 1 **수수께끼, 퍼즐**; 어려운 문제: do [solve] a *puzzle* 퍼즐을 풀다
2 곤혹, 당황: He is in a *puzzle*. 그는 당황하고 있다

── 동 (3단현 **puzzles** [-z]; 과거·과거분사 **puzzled** [-d]; 현재분사 **puzzling**) 타 당황하게 하다, 난처하게 하다: The question *puzzled* me. 나는 그 문제로 당황했다

── 자 머리를 짜내다, 이리저리 생각하다 (over): *puzzle over* a problem 문제를 해결하려고 머리를 짜내다

py·ja·mas [pədʒáːməz 퍼좌-머z으] 명 《영》= pajamas

pyr·a·mid [pírəmìd 피뤄미드] 명 (복수 **pyramids** [-dz]) 1 피라미드 (고대 이집트의 왕릉) 2 【수학】 각추(角錐)

pyramids 1

Qq

Q, q [kjúː 큐-] 명 (복수 **Q's, q's** [-z]) 큐 《영어 알파벳의 열일곱째 글자》

quack [kwǽk 크왝] 자 (집오리 등이) 꽥꽥 울다
── 명 (집오리 등의) 꽥꽥 우는 소리 【의성어】

quail [kwéil 크웨일] 명 (복수 **quails** [-z], 〔집합적으로〕 **quail**) 【조류】 메추라기

quaint [kwéint 크웨인트] 형 (비교급 **quainter**; 최상급 **quaintest**) 기묘한, 별스러워 재미있는: She is *quaint* in her speech. 그녀의 말투는 별스러워 재미있다

quake [kwéik 크웨익] 동 (3단현 **quakes** [-s]; 과거·과거분사 **quaked** [-t]; 현재분사 **quaking**) 자 (사람이 추위 등으로) 떨다; (물건이) 흔들리다: He was *quaking* with fear〔cold〕. 그는 공포〔추위〕 때문에 떨고 있었다

Quak·er [kwéikər 크웨이커r] 명 퀘이커 교도 《개신교의 일파로 절대 평화주의를 주장; 「주님의 말씀에 몸을 떨다 (quake)」는 말에서 나왔다고 하는데 자신들은 이 말을 쓰지 않고 Friend라 한다》

qual·i·fi·ca·tion [kwɑ̀ləfikéiʃən 크왈러F이케이션] 명 1 자격, 능력; 면허장: a medical *qualification* 의사 면허증
2 제한, 한정

*****qual·i·fy** [kwɑ́ləfài 크왈러F아이] 동 (3단현 **qualifies** [-z]; 과거·과거분사 **qualified** [-d]; 현재분사 **qualifying**) 타 1 …에게 자격을 주다: He is *quali-fied* to teach〔for teaching〕 English. 그는 영어를 가르칠 자격이 있다/ She is *qualified* as a nurse. 그녀는 간호사 자격이 있다
2 …을 제한하다(limit)
3 【문법】…을 수식하다
── 자 자격을 얻다 (as)

*****qual·i·ty** [kwɑ́ləti 크왈러티 → 크왈러리] 명 (복수 **qualities** [-z]) 1 질(質), 품질(반 quantity 양): wine of good〔poor〕 *quality* 질이 좋은〔나쁜〕 술
2 특성, 특질: the *qualities* of gold 금의 특성
3 우수성: He has many good *qualities*. 그는 많은 장점을 가지고 있다

*****quan·ti·ty** [kwɑ́ntəti 크완터티] 명 (복수 **quantities** [-z]) 1 양(量), 분량(반 quality 질): There is a large〔small〕 *quantity* of water left. 물이 많이〔적게〕 남아 있다
2 〔종종 복수형으로〕 다량, 다수: He owns *quantities* of books. 그는 많은 책을 가지고 있다

*****quar·rel** [kwɔ́ːrəl 크워-뤄일] 명 (복수 **quarrels** [-z]) 싸움, 말다툼 《완력으로 하는 「싸움」은 fight》: Mike had a *quarrel with* his wife *about* money. 마이크는 돈 문제로 아내와 다투었다

quarrel   fight

quar·rel·some — 동 (3단현 quarrels [-z]; 과거·과거분사 quarreled, 《영》 quarrelled [-d]; 현재분사 quarreling, 《영》 quarrelling) 자 **1 싸우다**, 말다툼하다: I *quarreled with* Jane *about* the plan for the trip. 나는 여행 계획으로 제인과 다투었다
2 불평하다, 나무라다 《with》: A bad workman *quarrels with* his tools. 《속담》 서투른 무당이 장고만 나무란다

quar·rel·some [kwɔ́ːrəlsəm 쿠워-럴썸] 형 싸우기 좋아하는

quar·ry [kwɔ́ːri 쿠워-뤼] 명 (복수 quarries [-z]) 채석장, 돌산

quart [kwɔ́ːrt 쿠워-rㅌ] 명 쿼트 (액량의 단위; = 1/4 gallon; 《영》약 1.14리터, 《미》약 0.95리터)
【라틴어「1/4」에서】

quar·ter [kwɔ́ːrtər 쿠워-r터 → 쿠워-r러r] 명 (복수 quarters [-z]) **1 4분의 1** (「2분의 1」은 half): a *quarter* of a mile 4분의 1마일 / He did three *quarters* of the work. 그는 일의 4분의 3을 했다 (분자가 2 이상이면 복수가 된다) / Cut the apple into *quarters*. 사과를 4조각으로 잘라라

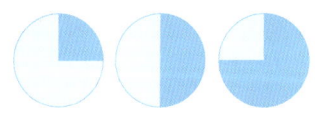
a quarter   a half   three quarters

2 (미국·캐나다의) 25센트 경화 (1달러의 4분의 1)
3 15분 (1시간의 4분의 1): It's a *quarter* past〔to〕 six. 6시 15분〔15분전〕이다
4 (도시의) **지역**, 지구, … 가(街): the residential *quarter* 주택 지구
a quarter past six
5 〔복수형으로〕 숙소; 병사(兵舍)
—— 타 **1** 4등분하다 **2** (군대를) 숙영시키다

quar·ter·ly [kwɔ́ːrtərli 쿠워-r터r을리 → 쿠워-r러r을리] 명 (복수 quarterlies [-z]) 연 4회 발행물, 계간지(誌)
—— 부 연 4회에
—— 형 (잡지 등) 연 4회 발행의

quar·tet [kwɔːrtét 쿠워-r텟] 명 【음악】 4중주〔중창〕

quartz [kwɔ́ːrts 쿠워-r츠] 명 【광물】 석영(石英)

quay [kíː 키-] ([key(열쇠)와 발음 같음) 명 방파제, 선창, 부두

Que·bec [kwibék 쿠위벡] 명 퀘벡 (캐나다 동부의 주(州); 그 주도; 약어는 Que.)

queen [kwíːn 쿠위-인] 명 (복수 queens [-z]) **1 여왕**, 왕비 (반 king 왕): Queen Elizabeth Ⅱ 엘리자베스 2세 (Ⅱ는 the second라 읽는다)
2 (미인 콘테스트·사교계 등의) 여왕: the *queen* of the beauty 미의 여왕
3 【카드】 퀸

queen bee [kwíːn bíː] 명 여왕벌

queer [kwíər 쿠위어r] 형 (비교급 queerer [kwíərər]; 최상급 queerest [kwíərist]) **1** 기묘한, 이상한(strange): There is something *queer* about him. 그에게는 뭔가 이상한 점이 있다
2 (기분이) 언짢은

quench [kwéntʃ 쿠웬취] 동 (3단현 quenches [-iz]) 타 **1** (갈증 등을) 가시게 하다 **2** (감정 등을) 누그러뜨리다

quest [kwést 쿠웨스트] 명 《문어》 탐구, 추구(pursuit): the *quest for* truth 진리의 추구

ques·tion [kwéstʃən 쿠웨스천] 명 (복수 questions [-z])
1 질문, 물음 (반 answer 대답): *questions* and answers 질의 응답 / May I ask you a *question*? 질문을 해도 되겠습니까? / Do you have any *question*? 질문이 있습니까?

2 의문, 의심(doubt): There is no *question* about her sincerity. 그녀의 성실함에는 의심의 여지가 없다

3 (고려·해결해야 할) 문제: To be, or not to be; That is the *question*. 사느냐, 죽느냐, 그것이 문제로다

beyond〔without〕question 틀림없이(sure)

in question 문제의: This is the document *in question*. 이것이 그 서류다

out of the question 불가능한(impossible), 생각할 수도 없는: Your request is *out of the question*. 너의 요구는 말도 안 된다

──동 (3단현 **questions** [-z]; 과거·과거분사 **questioned** [-d]; 현재분사 **questioning**) 타 **1 …을 묻다**(ask), 질문하다: I *questioned* him *on* his opinion. 나는 그에게 의견을 물었다

2 …을 의심하다: Do you *question* his honesty? 너는 그의 정직성을 의심하는 거니?

ques·tion mark [kwéstʃən mɑ̀ːrk] 명 물음표 (?)

queue [kjúː 큐-] 명 **1** 《영》 (차례를 기다리는) 줄, 열 (《미》 line): We waited in a long *queue to* get tickets. 우리는 표를 사기 위해 긴 줄을 지어 기다렸다
2 땋은 머리

quick [kwík 크윅] 형 (비교급 **quicker**; 최상급 **quickest**)

1 (동작이) **빠른**, 신속한, 민첩한(반 slow 느린): walk at a *quick* pace 빠른 걸음으로 걷다/ He is *quick* in action. 그는 행동이 빠르다

2 이해가 빠른, 영리한: He is *quick* at figures. 그는 셈이 빠르다

3 조급한, 성급한: She has a *quick* temper. 그녀는 성미가 급하다

──부 《구어》 **빨리**(quickly): Come *quick*! 빨리 와!

quick·en [kwíkən 크위컨] 타 자 빠르게 하다; 빨라지다

quick·ly [kwíkli 크위클리] 부 (비교급 **more quickly**; 최상급 **most quickly**) **빨리**, 잽싸게, 신속히(반 slowly 천천히): Walk more *quickly*. 좀더 빨리 걸어라

quick·ness [kwíknis 크위크니쓰] 명 **1** 신속, 민첩 **2** 성급함

quick·sil·ver [kwíksìlvər 크윅씰V어r] 명 수은(mercury)

quick-tem·pered [kwíktémpərd 크윅템퍼r드] 형 성급한

qui·et [kwáiət 크와이엇] 형 (비교급 **quieter**; 최상급 **quietest**) **1 조용한**, 고요한(반 noisy 시끄러운): *quiet* suburbs 조용한 교외/ Be *quiet*! 조용히 해라!

2 (마음이) **평온한**, 차분한, 침착한: lead a *quiet* life 평온한 생활을 하다/ a *quiet* manner 침착한 태도

3 (복장·색채 등이) 수수한(반 loud 화려한): He wears a *quiet* tie. 그는 수수한 넥타이를 매고 있다

──명 고요; 평온: live in *quiet* 평온하게 살다

──타 자 조용하게 하다; 조용해지다

qui·et·ly [kwáiətli 크와이어틀리 → 크와이엇'을리] 부 조용(고요)히, 살짝: He closed the door *quietly*. 그는 문을 조용히 닫았다

qui·et·ness [kwáiətnis 크와이엇니쓰] 명 조용함, 평온

quilt [kwílt 크위얼트] 명 **1** (솜·깃털 등을 넣어 만든) 누비이불 **2** 퀼트 제품

quilt 2

quit [kwít 크윗] 동 (3단현 **quits** [-ts]; 과거·과거분사 **quit, quitted** [-id]; 현재분사 **quitting**) 타 《미》 (일 등을) **중지하다** (stop); … 하는 것을 그만두다 (*do*ing): *quit* an office 사직하다/ I *quit* smoking last year. 나는 작년에 담배를 끊었다
—— 자 (일을) 중지하다

quite [kwáit 크와잇] 부 **1 아주, 완전히**, 전적으로: I feel *quite* well. 나는 기분이 아주 좋다/ We *quite* agree with you. 우리는 너와 전적으로 같은 의견이다
2 《구어》 **꽤, 제법**, 상당히: It's *quite* cold today. 오늘은 굉장히 춥다/ She is *quite* a pretty girl. 그녀는 상당히 예쁜 소녀다

쓰임새 quite가 a, an을 동반할 경우에는 「quite a[an] + 명사」의 어순이 되나, 형용사가 사이에 들어갈 경우에는 「quite a[an] + 형용사 + 명사」 또는 She is *a quite pretty girl*.처럼 「a quite + 형용사 + 명사」의 어순이 된다.

not quite 완전히 …은 아니다 (부분부정): Your answer is *not quite* wrong. 당신의 대답이 아주 틀린 것은 아니다

회화
A: Are you ready?
준비됐어?
B: No, *not quite*.
아직, 잠깐만

Quite so. 《영구어》 〔동의를 나타내어〕 그렇고 말고

quiv·er [kwívər 크위V어r] 자 흔들리다, 떨리다(tremble)

quiz [kwíz 크위z으] 명 (복수 **quizzes** [-iz]) (간단한) **시험**, 퀴즈: We had a math *quiz* yesterday. 우리는 어제 수학 시험이 있었다

quo·ta·tion [kwoutéiʃən 크오우테이션] 명 인용; 인용문 〔구〕

quotation marks [kwoutéiʃən mà:rk] 명 인용 부호 (" " 또는 ' ')

quote [kwóut 크오웃] 동 (3단현 **quotes** [-ts]; 과거·과거분사 **quoted** [-id]; 현재분사 **quoting**) 타 (남의 말·글 등을) 인용하다: *quote* the words of Shakespeare 셰익스피어의 말을 인용하다

quo·tient [kwóuʃənt 크오우션트] 명 지수, 비율: intelligence *quotient* 지능지수 (약어는 IQ)

Rr

R, r [ɑ́ːr 아-r] 몡 (복수 R's, r's [-z]) 아르 (영어 알파벳의 열여덟째 글자)

*__rab·bit__ [rǽbit 뢔빗] 몡 (복수 **rabbits** [-ts]) **토끼**, 집토끼 (🖼 산토끼(hare)보다 작으나, 《미》에서는 산토끼든 집토끼든 rabbit 이라고 하는 경우가 많다)

rabbit

rac·coon [rækúːn 뢔쿠-은] 몡 【동물】 미국 너구리

*__race__¹ [réis 뢔이쓰] 몡 (복수 **races** [-iz])
1 경주, 레이스: a horse *race* 경마 / a marathon *race* 마라톤 경주 / win (lose) a *race* 경주에 이기다(지다) / Let's run a *race*! 경주하자!
2 경쟁: an arms *race* (국가간의) 군비 확장 경쟁
——동 (3단현 **races** [-iz]; 과거·과거분사 **raced** [-t]; 현재분사 **racing**) 자 **1 경주하다**, 경쟁하다: I *raced* with my friend. 나는 친구와 경주했다
2 달리다, 질주하다: We *raced* to the gate. 우리는 정문까지 달려갔다
——타 …와 경주하다

race² [réis 뢔이쓰] 몡 (복수 **races** [-iz])
1 인종; 민족: the white (yellow) *race* 백(황) 인종 / a *race* problem (issue) 인종 문제
2 (생물의) 종류: the human *race* 인류

rac·er [réisər 뢔이써r] 몡 경주자; 경주마; 경주용 요트(자동차 등)

ra·cial [réiʃəl 뢔이셔얼] 혱 인종의; 민족의: *racial* prejudice 인종적 편견

rac·ing [réisiŋ 뢔이씽] 몡 경주; 경마

rack [rǽk 뢕] 몡 (복수 **racks** [-s]) **1** (모자 등의) …걸이, …대(臺): a towel *rack* 수건걸이
2 (열차 등의) 선반, 시렁

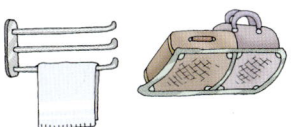
rack 1   rack 2

*__rack·et__ [rǽkit 뢔킷] 몡 (복수 **rackets** [-ts]) (테니스 등의) **라켓**

ball 공
racket 라켓

ra·dar [réidɑːr 뢰이다-r] 몡 레이더, 전파 탐지기 (🖼 **ra**dio **d**etecting **a**nd **r**anging의 약어)

ra·di·al [réidiəl 뢰이디어얼] → 뢔이리어얼] 혱 **1** 방사상의 **2** 반지름의

ra·di·ant [réidiənt 뢰이디언트] → 뢔이리언트] 혱 **1** 빛나는, 밝은(bright) **2** (기쁨·희망 등으로) 빛나는 **3** 복사의, 방사되는

ra·di·ate [réidièit 뢰이디에잇] → 뢔이리에잇] 통 (3단현 **radiates** [-ts]; 과거·과거분사 **radiated** [-id]; 현재분사 **radiating**) 타 (빛·열 등을) 방출(발산, 방사)하다: The sun *radiates* light and heat. 태양은 빛과 열을 방사한다

──자 1 (빛·열 등이) 방사하다 2 (도로 등이) 사방으로 뻗다

ra·di·a·tion [rèidiéiʃən 뤠이디에이션 → 뤠이리에이션] 명 1 발광, 발열 2 방사선, 방사능

ra·di·a·tor [réidièitər 뤠이디에이터r → 뤠이리에이러r] 명 1 (증기에 의한) 난방 장치, 라디에이터 2 (자동차의) 엔진 냉각 장치

*__rad·i·cal__ [rǽdikəl 래디커얼 → 뢔리커얼] 형 (비교급 **more radical**; 최상급 **most radical**) 1 **근본적인**: make a *radical* change 근본적으로 바꾸다
2 (사상 등이) 과격한, 급진적인

*__ra·di·o__ [réidiòu 뤠이디오우 → 뤠이리오우] 명 (복수 **radios** [-z]) 1 〔보통 **the**를 붙여〕 **라디오** (방송): I heard the news on *the radio*. 나는 라디오에서 그 소식을 들었다/ He is listening to *the radio*. 그는 라디오를 듣고 있다/ Please turn on〔off〕 *the radio*. 라디오를 켜〔꺼〕 주십시오

> [쓰임새] 라디오에는 the를 붙이나 텔레비전에는 a나 the를 붙이지 않는다: He was watching television. 그는 텔레비전을 보고 있었다.

2 **라디오** (수신기): I bought a new *radio*. 나는 새 라디오를 샀다
3 무선 통신
──형 라디오의: a *radio* station 라디오 방송국

ra·di·o- 《접두사》「방사, 복사; 전파」의 뜻

ra·di·o·ac·tive [rèidiouǽktiv 뤠이디오우액티v으→ 뤠이리오우액티v으] 형 방사성의, 방사능이 있는: *radioactive* contamination 방사능 오염

rad·ish [rǽdiʃ 뢔디쉬 → 뢔리쉬] 명 (복수 **radishes** [-iz]) 【식물】 무

ra·di·um [réidiəm 뤠이디엄 → 뤠이리엄] 명 【화학】 라듐 《방사성 금속 원소; 1898년 퀴리 부부가 발견》

ra·di·us [réidiəs 뤠이디어ㅆ → 뤠이리어ㅆ] 명 (복수 **radii** [réidiài], **radiuses** [-iz]) 반경, 반지름

raft [rǽft 뢔F으트] 명 뗏목; 고무 보트

raft·ing [rǽftiŋ 뢔F으팅] 명 뗏목〔고무 보트〕 타기

rafting

rag [rǽg 뢔그] 명 (복수 **rags** [-z]) 넝마; 〔복수형으로〕 누더기 옷: The child was dressed in *rags*. 그 아이는 누더기를 입고 있었다

rage [réidʒ 뢔이쥐] 명 1 격노, 분노 (fury): He left the room in a *rage*. 그는 화를 벌컥 내며 방을 나갔다
2 (바람·파도 등의) 사나움
──동 (현재분사 **raging**) 자 1 몹시 화를 내다, 호되게 꾸짖다 2 (폭풍이) 사납게 휘몰아치다

rag·ged [rǽgid 뢔기드] 형 1 (옷 등이) 찢어진; 넝마를 입은: a *ragged* shirt 너덜너덜한 셔츠
2 (바위 등이) 울퉁불퉁한, 깔쭉깔쭉한

raid [réid 뢔이드] 명 (복수 **raids** [-dz]) 습격, 기습: an air *raid* 공습

*__rail__ [réil 뢔열] 명 (복수 **rails** [-z]) 1 〔보통 복수형으로〕 **레일**, 철로

rails 1

2 철도(railroad): travel by *rail* 철도로 여행하다

3 (울타리 등의) 가로대, 난간

*__rail·road__ [réilròud 뤠열로우ㄷ] 명 (복수 __railroads__ [-dz]) 《미》 __철도__ (《영》 railway): a *railroad* accident 철도 사고/ a *railroad* station 철도역/ a *railroad* company 철도 회사

*__rail·way__ [réilwèi 뤠열웨이] 명《영》__철도__ (《미》 railway)

**__rain__ [réin 뤠인] [reign(통치), rein(고삐)와 발음이 같음] 명 1 __비__, 강우: It looks like *rain*. 비가 올 것 같다/ There was a heavy *rain* yesterday. 어제는 큰비가 내렸다/ The *rain* has stopped. 비가 그쳤다/ He went out in the *rain*. 그는 우중(雨中)에 외출했다

쓰임새 보통 rain은 무관사이지만 형용사가 오면 a를 붙이고, 현재 내리고 있는 비를 나타낼 때는 the를 붙인다.

2 [a rain of의 형태로] 빗발치는 것: a *rain of* bullets 빗발치는 총탄

rain or shine 날씨에 관계없이; 어떠한 일이 있어도: I'll go there *rain or shine*. 나는 날씨에 관계없이 그곳에 가겠다

── 동 (3단현 __rains__ [-z]; 과거·과거분사 __rained__ [-d]; 현재분사 __raining__) 자 [보통 it를 주어로 하여] __비가 오다__: *It* is *raining*. 비가 내리고 있다/ *It* has stopped *raining*. 비가 그쳤다/ *It* rains cats and dogs. 비가 억수같이 쏟아진다 (고양이와 개가 싸우는 소리가 천둥치는 소리같이 시끄러워서)

*__rain·bow__ [réinbòu 뤠인보우] 명 (복수 __rainbows__ [-z]) __무지개__
[rain(비)+bow(활)에서]

__rain·coat__ [réinkòut 뤠인코웃] 명 비옷, 레인코트

__rain·drop__ [réindràp 뤠인쥬랍] 명 빗방울, 낙숫물

__rain·fall__ [réinfɔ̀:l 뤠인F오-얼] 명 강우(량)

__rain·y__ [réini 뤠이니] 형(비교급 __rainier__; 최상급 __rainiest__) 비가 오는(반 dry 건조한): It is *rainy* today. 오늘은 비가 온다 / The *rainy* season has set in. 장마철이 시작되었다

참고 날씨를 나타내는 「명사+y」
cloud(구름)+y ⇒ cloudy 흐린
rain(비)+y ⇒ rainy 비가 오는
snow(눈)+y ⇒ snowy 눈이 내리는
storm(폭풍우)+y ⇒ stormy 폭풍우의
sun(태양)+y ⇒ sunny 햇빛 밝은
wind(바람)+y ⇒ windy 바람 부는

**__raise__ [réiz 뤠이즈] 동 (3단현 __raises__ [-iz]; 과거·과거분사 __raised__ [-d]; 현재분사 __raising__) 타 1 __…을 올리다__: He *raised* his right hand. 그는 오른손을 들었다

2 (집 등을) 세우다, 건축하다(build): *raise* a house 집을 짓다

3 (가격·급료 등을) __올리다__; 승진[향상]시키다: *raise* rents 집세를 올리다/ I'll *raise* you to manager. 자네를 지배인으로 승진시켜 주겠다

4 (목소리 등을) 높이다: She suddenly *raised* her voice. 그녀는 갑자기 소리를 질렀다

5 (문제·이의 등을) 일으키다, 제기하다: I *raised* a question at the meeting. 나는 회의에서 문제를 제기했다

6 __…을 기르다__, 키우다: *raise* corn 옥수수를 기르다/ She *raised* three children. 그녀는 아이들 셋을 키웠다

raisin

7 (돈을) 모으다; (군사)를 모집하다

──명 (복수 **raises** [-iz]) **1** 올림 **2** 《미》 임금 인상 (❷《영》 rise)

rai·sin [réizn 뤠이Z은] 명 건포도

rake [réik 뤠익] 명 (복수 **rakes** [-s]) 갈퀴

──동 (현재분사 **raking**) 타 자 갈퀴질하다; (갈퀴 등으로) 긁어모으다

ral·ly [ræli 뢔얼리]   rake
동 (3단현 **rallies** [-z]; 과거·과거분사 **rallied** [-d]; 현재분사 **rallying**) 타 **1** …을 다시 불러모으다 **2** (체력·기력 등을) 회복하다

──명 (복수 **rallies** [-z]) **1** 다시 모임, 재결집 **2** (기력 등의) 회복 **3** (정치·종교적) 집회 **4** 【테니스】 랠리, 계속하여 서로 쳐 넘기기 **5** 장거리 자동차 경주

ram [rǽm 뢤] 명 (거세하지 않은) 숫양

ram·ble [rǽmbl 뢤브얼] 동 (현재분사 **rambling**) 자 **1** (어슬렁어슬렁) 거닐다, 산보하다 **2** 두서 없이 말하다[쓰다]

──명 한가롭게 걷기, 산책

ran [rǽn 뢘] 동 run(달리다)의 과거형

ranch [rǽntʃ 뢘취] 명 (복수 **ranches** [-iz]) 《미》 대목장, 농장

*__**ran·dom**__ [rǽndəm 뢘덤] 형 **닥치는 대로의**, 되는 대로의: a *random* guess 어림짐작 / a *random* remark 두서없는 말

──명 〔❷ 다음 숙어로〕

at random **되는 대로**, 닥치는 대로: He read many books *at random*. 그는 닥치는 대로 많은 책을 읽었다

rang [rǽŋ 뢩] 동 ring(울리다)의 과거형

*__**range**__ [réindʒ 뤠인쥐] 명 (복수 **ranges** [-iz]) **1 열**(row), 줄; 연속: a *range* of houses 일렬로 늘어선 집들

2 산맥: a *range* of mountains 산맥

3 범위, 구역: His reading is of wide *range*. 그의 독서 범위는 매우 넓다

4 (가축의) 방목장

5 《미》 (요리용) 레인지

──동 (3단현 **ranges** [-iz]; 과거·과거분사 **ranged** [-d]; 현재분사 **ranging**) 타 …을 가지런히 하다, 정렬시키다: Please *range* these books *on* the shelf. 이 책들을 선반에 가지런히 놓으세요

──자 **1** 한 줄로 이어지다, 뻗다

2 (연구 등의 범위가 …에) 이르다: His studies *range over* many subjects. 그의 연구는 여러 주제에 미치고 있다

rang·er [réindʒər 뤠인줘r] 명 **1** 〔**Ranger**로〕 (제2차 대전 중의) 특별 유격대원 **2** 《미》 산림 경비대(감시)원; 무장 순찰 대원

*__**rank**__ [rǽŋk 뢩크] 명 (복수 **ranks** [-s]) **1 지위, 계급**, 등급: the *rank* of major 소령의 계급 / He is a writer of the first *rank*. 그는 일류 작가다

2 (사람·물건의) **열, 줄**(row); 【군사】 횡렬(반 file 종렬): the front〔rear〕 *rank* 전〔후〕 열

──동 (3단현 **ranks** [-s]; 과거·과거분사 **ranked** [-t]; 현재분사 **ranking**) 타 **1** …을 나란히 세우다, 정렬시키다: *rank* soldiers 병사들을 정렬시키다

2 분류하다, 등급을 매기다: We *rank* his abilities very high. 우리는 그의 재능을 높이 평가한다

──자 자리하다: He *ranks* high *as* a critic. 그는 평론가로서 높은 지위를 차지하고 있다

ran·som [rǽnsəm 뢘썸] 명 (포로의) 몸값, 배상금

rap [rǽp 뢥] 명 톡톡 두드림〔침〕

──동 (3단현 **raps** [-s]; 과거·과거분사 **rapped** [-t]; 현재분사 **rapping**) 타 자 톡톡 두드리다: *rap at*〔*on*〕 a door 문을 노크하다

rape [réip 뤠입] 명 **1** 강탈, 약탈 **2** 성폭행

*__**rap·id**__ [rǽpid 뢔피드] 형 (속도가) **빠른**, 민첩한, 신속한(반 slow 느린): a *rapid* river 물살이 빠른 강 / a *rapid* worker 일 처리가 빠른 사람

rap·id·ly [rǽpidli 래피들리] 튀 빨리, 신속히(quickly)

rap·ture [rǽptʃər 랩춰r] 명 큰 기쁨, 기뻐 날뜀

*****rare**[1] [rέər 뤠어r] 형 (비교급 **rarer** [rέərər]; 최상급 **rarest** [rέərist]) 드문, 진귀한(반 common 흔한): a *rare* event 좀처럼 드문 일

rare[2] [rέər 뤠어r] 형 《미》 (고기가) 설익은, 덜 구워진

*****rare·ly** [rέərli 뤠어r을리] 튀 드물게, 좀처럼 …하지 않는(seldom): We *rarely* see him nowadays. 요즈음은 그를 좀처럼 볼 수가 없다

ras·cal [rǽskəl 뢔스커얼] 명 1 악한, 불량배 2 장난꾸러기

rash [rǽʃ 뢔쉬] 형 무분별한, 경솔한, 성급한: *rash* promises 경솔한 약속

rasp·ber·ry [rǽzbèri 뢔z으베뤼] 〔발음 주의〕 명 (복수 **raspberries** [-z]) 【식물】 나무딸기

*****rat** [rǽt 뢧] 명 (복수 **rats** [-ts]) 1 쥐 (mouse(생쥐)보다 큰 종류로 시궁쥐, 집쥐 따위) 2 《속어》 변절자, 배신자 (쥐는 무너져 가는 집이나 난파할 것 같은 배에서 달아난다는 전설에서)

*****rate**[1] [rέit 뤠잇] 명 (복수 **rates** [-ts]) 1 비율, 율(率): the birth〔death〕 *rate* 출산〔사망〕률

2 요금, 가격(cost): postal〔railroad〕 *rates* 우편〔철도〕 요금/ Do you have student〔group〕 *rates*? 학생〔단체〕 할인되나요?

3 속도(speed): This train travels at the *rate* of 200 kilometers an hour. 이 열차는 시속 200km로 달린다

4 등급(class): the first *rate* 제1급

at any rate 하여튼 ⇒ any 숙어

── 동 (3단현 **rates** [-ts]; 과거·과거분사 **rated** [-id]; 현재분사 **rating**) 타 …을 평가하다; …으로 간주하다: I *rate* her highly *as* a poet. 나는 그녀를 시인으로서 높게 평가한다

*****rath·er** [rǽðər 뢔아r] 튀 1 꽤, 다소, 어느 정도: He was *rather* dull. 그는 좀 얼뜬 데가 있다/ It is *rather* cold today. 오늘은 꽤 춥다

〔쓰임새〕 rather는 보통 바람직하지 않은 뜻으로 쓰이고, 바람직할 때에는 fairly를 쓴다: She can swim *fairly* well. 그녀는 수영을 꽤 잘한다

2 〔A **rather than** B의 형태로〕 B하기보다 오히려 A: He was surprise *rather than* angry. 그는 화가 났다기보다는 놀랐다

3 《영구어》 그렇고 말고

〔회화〕
A: Do you like this?
이것을 좋아하는가?
B: *Rather!*
좋아하지!

would 〔***had***〕 ***rather do*** 오히려 …하고 싶다: I *would rather* stay here. 나는 차라리 여기 있고 싶다/ I *would rather* die than steal. 나는 도둑질을 하느니 차라리 죽겠다

ra·ti·o [réiʃou 뤠이쇼우] 명 (복수 **ratios** [-z]) 비(比), 비율: the *ratio* of 3 to 2 3대 2의 비율

ra·tion [rǽʃən 뢔션] 명 배급량, 할당량

ra·tion·al [rǽʃənl 뢔셔너얼] 형 1 이성의, 이성적인 2 합리적인

rat·tle [rǽtl 뢔트얼 → 뢔르얼] 동 (3단현 **rattles** [-z]; 과거·과거분사 **rattled** [-d]; 현재분사 **rattling**) 자 1 덜컥덜컥 소리나다; (차가) 덜컥거리며 달리다: The doors *rattled* in the storm. 문이 폭풍에 덜컥덜컥 움직였다

2 빠른 말로 지껄이다

── 타 …을 덜컥덜컥 소리나게 하다

── 명 1 덜거덕거리는 소리 2 딸랑이 (장난감)

rat·tle·snake [rǽtlsnèik 뢔틀스네익 → 뢔르을스네익] 명 【동물】 방울뱀

ra·ven [réivən 레이V언] 명 【조류】 갈가마귀 (📖 보통 crow 보다 크며, 불길한 징조로 여김)

raven

***raw** [rɔ́ː 라-] 형 (비교급 **rawer**, 최상급 **rawest**) **1** 날〔생〕**것의**(반 cooked 익은): a *raw* fruit 생과일/ *raw* meat 날고기
2 가공하지 않은, 원료 그대로의: *raw* cotton 원면
3 경험이 없는, 미숙한

***ray**¹ [réi 레이] 명 (복수 **rays** [-z]) **1 광선**; 방사선: the *rays* of the sun 태양 광선/ X-rays X선, 뢴트겐 선

[비교] **ray**와 **beam**
　ray는 방사상의「광선」, **beam**은 한 방향으로 비추는「광선」

ray¹ 1　　beam

2 〔*a ray of*의 형태로〕약간, 소량: There is not *a ray of* hope. 한 가닥의 희망도 없다

ray² [réi 레이] 명 【어류】 가오리
ray·on [réiɑn 레이안] 명 인조 견사
***ra·zor** [réizər 레이Z어r] 명 (복수 **razors** [-z]) **면도칼**, (전기) 면도기: a safety *razor* 안전 면도칼
re- (접두사) **1**「다시, 새로」의 뜻: *re*make 개조하다
2「반대로」의 뜻: *re*act 반작용하다
***reach** [ríːtʃ 뤼-취] 동 (3단현 **reaches** [-iz]; 과거·과거분사 **reached** [-t]; 현재분사 **reaching**) 타 **1 …에 닿다, 도착하다**: *reach* London 런던에 도착하다/ The boat *reached* the shore. 배가 해안에 닿았다/ Your letter *reached* me yesterday. 편지는 어제 도착했다

쓰임새 「…에 도착하다」는 뜻으로 arrive와 get은 자동사이므로 전치사가 필요하나, reach는 타동사이므로 전치사가 필요 없다: He *arrived in* Seoul. = He *got to* Seoul. = He *reached* Seoul. 그는 서울에 도착했다.

2 (어떤 결과·액수에) **달하다**: *reach* a conclusion 결론에 도달하다/ His loss *reached* 100 dollars. 그의 손해는 100달러에 달했다
3 (손 등을) **뻗다**; 손으로 건네주다: I *reach* (out) my hand *for* the ball. 나는 그 공을 잡으려고 손을 뻗었다/ Please *reach* me that book. 그 책 좀 집어 주시시오
4 (전화 등으로) …와 연락하다
—— 자 **1** (…을 잡으려고) **손을 뻗다**: He *reached for* the telephone. 그는 전화기를 잡으려고 손을 뻗었다
2 …에 닿다, 미치다: Mary's hair *reaches* to her waist. 메리의 머리는 허리까지 닿는다
—— 명 (복수 **reaches** [-iz]) **1** (손 등을) **내뻗기**; 팔의 길이, 리치: He has a long *reach*. 그는 리치가 길다
2 (미치는) 범위: The fruit is out of my *reach*. 그 과일은 내 손이 닿지 않는 곳에 있다
re·act [ri:ǽkt 뤼-액트] 자 **1** (어떤 힘에 대하여) 반작용하다 **2** 반대하다, 반항하다 **3** (자극 등에) 반응하다
re·ac·tion [ri:ǽkʃən 뤼-액션] 명 **1** 반작용 **2** (정치상의) 반동 **3** 반응
*** **read**¹ [ríːd 뤼-드] 동 (3단현 **reads** [-dz]; 과거·과거분사 **read** [réd]; 현재분사 **reading**) 타 **1 …을 읽다**, 읽어 주다; …을 읽어서 알다: He is *reading* a book. 그는 책을 읽고 있다/

Read me the letter. (= *Read* the letter *to* me.) 그 편지를 읽어 주시오/ He can *read* French. 그는 프랑스어를 읽을 줄 안다

2 (문자 이외의 것을) **이해하다**, 해석하다: I can't *read* music. 나는 악보를 볼 줄 모른다/ I *read* his silence as consent. 나는 그의 침묵을 승낙으로 해석했다

3 (사람의 마음·생각 등을) **읽다**, 알아차리다: She *read* my thoughts〔mind〕. 그녀는 나의 생각을 알아차렸다

4 (계기 등이) …을 나타내다: The thermometer *reads* 30 degrees. 온도계는 30도를 나타내고 있다

── 자 **1 읽다**, 독서하다: I cannot *read* without glasses. 나는 안경 없이는 읽을 수가 없다/ I have no time to *read*. 나는 독서할 시간이 없다

2 읽어서 알다: I *read about* the accident *in* the paper. 나는 신문을 보고 그 사고에 대해 알았다

3 …라고 씌어 있다: It *reads as* follows. 그 문구는 다음과 같다

read between the lines 행간을 읽다, 말속의 숨은 뜻을 읽다

read through …을 끝까지 읽다: Have you *read through* the novel? 그 소설을 다 읽었습니까?

read² [réd 뤠드] 동 read(읽다)의 과거·과거분사형

read·er [ríːdər 뤼-더*r* → 뤼-러*r*] 명 (복수 readers [-z]) 독자, 독서가

read·i·ly [rédəli 뤠덜리 → 뤠럴리] 부 **1** 곧, 바로, 손쉽게(easily): He *readily* understood my intention. 그는 나의 의도를 곧 이해했다

2 쾌히, 기꺼이: She *readily* accepted my advice. 그녀는 나의 충고를 기꺼이 받아들였다

read·i·ness [rédinis 뤠디니쓰 → 뤠리니쓰] 명 **1** 준비가 되어 있음 **2** 자진해서〔기꺼이〕함 **3** 신속, 재빠름; 용이함

in readiness for …의 준비를 갖추고

*****read·ing** [ríːdiŋ 뤼-딩 → 뤼-링] 명 (복수 readings [-z]) **1 독서**, 읽기; 낭독 **2** 읽을거리

── 형 **1** 독서용의: a *reading* lamp 독서용 램프

2 독서하는, 책을 좋아하는

******read·y** [rédi 뤠디 → 뤠리] 형 (비교급 readier; 최상급 readiest) **1 준비가 된**: Breakfast is *ready*. 아침 준비가 되었습니다

2 재빠른, 즉석의(quick): a *ready* answer 즉답

3 당장에 쓸 수 있는, 편리한: *ready* money 현금

be ready for …의 준비〔각오〕가 되어 있다: I am ready *for* the trip. 나는 여행할 준비가 되어 있다

be ready to do (1) …할 준비가 되어 있다: Are you *ready to* go out? 외출할 준비가 다 됐습니까?

(2) **자진해서〔기꺼이〕 …하다**: I *am ready to* help. 기꺼이 도와 드리겠습니다

(3) 금방이라도 …할 것 같다: She *was ready to* cry. 그녀는 금방이라도 울 것 같았다

get〔*make*〕 *ready* 준비하다: I am busy *getting ready* for the party. 나는 파티 준비로 바쁘다

Ready! Go! 【경기】 준비! 땅!

read·y-made [rédi-méid 뤠디메이드 → 뤠리메이드] 형 (옷 등이) 만들어져 있는, 기성품의: a *ready-made* clothes 기성복

re·al [ríːəl 뤼-어얼] 형 **1 진짜의**, 가짜가 아닌, 진정한: real gold 순금 / a real name 본명
2 현실의, 실제의: It is a real story. 그것은 실제로 있었던 이야기다

re·al·ism [ríːəlizm 뤼-얼리Z음] 명 1 현실주의 2 (문학·예술 등의) 사실주의

re·al·ist [ríːəlist 뤼-얼리스트] 명 1 현실주의자 2 (문학·예술 등의) 사실주의자

re·al·is·tic [riːəlístik 뤼-얼리스틱] 형 1 현실주의의, 현실적인 2 사실주의의, 사실적인

re·al·i·ty [riǽləti 뤼-앨러티 → 뤼-앨러리] 명 (복수 **realities** [-z]) **1 실재성**, 진실성: I don't doubt the reality of God. 나는 신의 실재(實在)를 의심하지 않는다
2 현실, 사실: Her dream became a reality. 그녀의 꿈은 실현되었다
in reality 실은, 실제로는(in fact)

re·al·i·za·tion [riːəlizéiʃən 뤼-얼리Z에이션] 명 1 깨달음, 인식 2 (희망 등의) 실현, 현실화

re·al·ize [ríːəlàiz 뤼-얼라이즈] 동 (3단현 **realizes** [-iz]; 과거·과거분사 **realized** [-d]; 현재분사 **realizing**) 타 **1 …을 깨닫다**, (충분히) 이해하다: She realized that she had made a mistake. 그녀는 자신이 실수했다는 것을 깨달았다 / He realized how difficult it was. 그는 그것이 얼마나 어려운가를 알았다
2 (희망 등을) 실현하다: He realized his dream. 그는 그의 꿈을 이루었다

re·al·ly [ríːəli 뤼-얼리] 부 **1 정말로**, 참으로: a really cold day 정말로 추운 날 / He runs really fast. 그는 매우 빨리 달린다 / Do you really think so? 정말로 그렇게 생각합니까?
2 실제로는, 사실은: I don't really want to see him. 나는 사실 그를 만나고 싶지 않다
3 정말로?, 그래? (놀람·가벼운 의심·관심 등을 나타낼 때)

회화
A: I'm going to London next week.
나는 다음 주에 런던에 가
B: *Really?*
정말로?

realm [rélm 뤠얼음 → 뤠음] 명 **1** 《문어》 왕국(kingdom), 국토 **2** (활동·학문 등의) 분야, 영역

reap [ríːp 뤼-ㅍ] 타 자 …을 베어 들이다, 수확하다 (「씨를 뿌리다」는 sow)

reap·er [ríːpər 뤼-퍼r] 명 **1** 베어 들이는 사람 **2** 수확기(機)

re·ap·pear [riːəpíər 뤼-어피어r] 자 다시 나타나다

rear[1] [ríər 뤼어r] 명 **뒤**, 배후(반 front 앞): I moved to the rear of the bus. 나는 버스 뒷자리로 옮겼다
── 형 (명사 앞에만 쓰여) 뒤의, 후방의: the rear gate 뒷문

rear[2] [ríər 뤼어r] 동 (3단현 **rears** [-z]; 과거·과거분사 **reared** [-d]; 현재분사 **rearing** [ríəriŋ]) 타 **1** (아이를) 기르다, 교육하다; (동물을) 사육하다; (식물을) 재배하다: She reared three daughters. 그녀는 세 자매를 길렀다
2 (물건·건물을) 세우다: rear a ladder 사다리를 세우다

rear·view mirror [ríərvjuː mírər 뤼어r뷰- 미뤄r] 명 (자동차의) 백미러 (「백미러」는 잘못된 영어 표현)

rea·son [ríːzn 뤼-Z은] 명 (복수 **reasons** [-z]) **1 이유**, **까닭**, 곡절: for this (that) reason 이러한(저러한) 이유로 / Do you want to know the reason? 그 이유를 알고 싶니? / She had a reason

for getting angry. 그녀는 화낼 만한 이유가 있었다
2 이성, 판단력, 제정신: He lost his *reason*. 그는 이성을 잃었다
3 도리, 이치, 조리: There is *reason* in what you say. 당신이 하는 말에는 일리가 있다

*rea·son·a·ble [ríːzənəbl 뤼-Z어너블얼] 형 **1** 이치〔도리〕에 맞는, 합리적인, 분별이 있는: a *reasonable* excuse 이치에 닿는 변명
2 적당한, 합당한: at a *reasonable* price 적당한 값으로

rea·son·a·bly [ríːzənəbli 뤼-Z어너블리] 부 **1** 도리에 맞게, 합리적으로 **2** 상당히, 꽤

re·bate [ríːbeit 뤼-베잇] 명 (운임·대금 등의 일부) 환불, 리베이트

reb·el [rébəl 뤠버얼] 명 반역자; 반항자
── [ribél 뤼베엘] 동 (3단현 **rebels** [-z]; 과거·과거분사 **rebelled** [-d]; 현재분사 **rebelling**) 자 반란을 일으키다; …에 반항하다: They *rebelled against* the government. 그들은 정부에 반란을 일으켰다

re·bel·lion [ribéljən 뤼벨리언] 명 (정부나 권력에 대한) 반란, 폭동; 반항: rise in *rebellion* 반란을 일으키다

re·bel·lious [ribéljəs 뤼벨리어쓰] 형 반란하는; 반항하는

re·bound [ribáund 뤼바운드] 자 (공 등이) 되튀다
── [ríːbaund 뤼-바운드] 명 **1** 되튐 **2** 【농구】 리바운드 볼

re·build [riːbíld 뤼-비얼드] 동 (3단현 **rebuilds** [-dz]; 과거·과거분사 **rebuilt** [-bílt]; 현재분사 **rebuilding**) 타 …을 재건하다, 다시 세우다

re·buke [ribjúːk 뤼뷰-크] 동 (현재분사 **rebuking**) 타 …을 비난하다, 꾸짖다

*re·call [rikɔ́ːl 뤼코-얼] 동 (3단현 **recalls** [-z]; 과거·과거분사 **recalled** [-d]; 현재분사 **recalling**) 타 **1** …을 생각해내다 (remember): I can't *recall* his name. 그의 이름이 생각나지 않는다
2 …을 소환하다, 다시 부르다: The ambassador was *recalled*. 대사는 소환되었다
3 …을 취소하다, 철회하다: *recall* a promise 약속을 취소하다
4 (결함 제품을) 회수하다
── 명 **1** 회상, 상기 **2** 다시 부름, 소환 **3** 《미》 리콜 〔일반 투표에 의한 공무원의 해임〕 **4** 취소, 철회 **5** (결함 제품의) 회수

re·cede [risíːd 뤼씨-드] 동 (현재분사 **receding**) 자 뒤로 물러가다

*re·ceipt [risíːt 뤼씨-트] 〔🕮 p는 묵음〕 명 (복수 **receipts** [-ts]) **1** 영수증: Please give me a *receipt*. 영수증을 주세요
2 받음, 수령

*re·ceive [risíːv 뤼씨-V으] 동 (3단현 **receives** [-z]; 과거·과거분사 **received** [-d]; 현재분사 **receiving**) 타 **1** …을 받다, 수취하다 (반 send 보내다): *receive* many gifts 많은 선물을 받다 / I *received* your letter yesterday. 나는 어제 너의 편지를 받았다
2 (교육·훈련을) 받다; (사상·충고 등을) 받아들이다: He *received* a good education. 그는 좋은 교육을 받았다
3 (손님 등을) 맞이하다: He *received* his guests at the door. 그는 문에서 손님을 맞이했다
4 (전파를) 수신하다
5 (패스 등을) 받다; 【테니스】 (서브를) 받아치다

re·ceiv·er [risíːvər 뤼씨-V어r] 명 **1** 받는 사람 **2** (전화의) 수화기; 수신기; (텔레비전의) 수상기 **3** 【테니스】 서브를 받는 사람

*re·cent [ríːsnt 뤼-슨트] 형 최근의, 근래의: a *recent* event 최근의 사건〔일〕

*re·cent·ly [ríːsntli 뤼-슨틀리 → 뤼-슨'을리] 부 최근에, 근래에: I did not know it until *recently*. 나는 그것을 최근까지 몰

랐었다 / He has *recently* returned from America. 그는 최근 미국에서 돌아왔다

쓰임새> recently는 주로 과거형·현재 완료형과 함께 쓰인다.

re·cep·ta·cle [riséptəkl 뤼쎕터크얼] 명
1 그릇, 용기 2 저장소 3 콘센트

***re·cep·tion** [risépʃən 뤼쎕션] 명 (복수 receptions [-z]) 1 받음, 수령
2 환영, 접대, 응대: He gave a warm *reception* to us. 그는 우리들을 따뜻하게 환영해 주었다
3 환영회, 리셉션: She went to the wedding *reception*. 그녀는 결혼 피로연에 갔다

re·cess [risés 뤼-쎄쓰] 명 (복수 recesses [-iz]) 1 휴식, 쉬는 시간; (의회의) 휴정 2 (벽 등의) 깊숙한 곳[부분], 움푹한 곳; (마음 등의) 깊은 속

re·ces·sion [riséʃən 뤼쎄션] 명 1 후퇴
2 (일시적) 불경기

rec·i·pe [résəpi: 뤠써피-] 명 1 (음식의) 조리법 2 방법, 비결

re·cip·ro·cal [risíprəkəl 뤼씨프뤄커얼] 형 상호간의

re·cit·al [risáitl 뤼싸이트얼 → 뤼싸이르얼] 명 1 리사이틀, 독주[독창]회 (「합주회」는 concert): He gave a flute *recital* last night. 그는 어젯밤 플루트 독주회를 열었다
2 (시 등의) 낭송, 낭독(회)
3 (자세한) 이야기

rec·i·ta·tion [rèsətéiʃən 뤠써테이션] 명 암송, 낭송, 낭독

re·cite [risáit 뤼싸잇] 동 (현재분사 reciting) 타 자 1 (시 등을) (청중 앞에서) 암송[낭독]하다 2 《미》 (학생이) 과제를 암송하다

reck·less [réklis 뤠클리쓰] 형 1 분별 없는, 무모한: *reckless* driving 무모한 운전
2 (위험 등을) 마음 쓰지 않는: He is *reckless* of danger. 그는 위험을 예사롭게 여긴다

reck·on [rékən 뤠컨] 동 (3단현 reckons [-z]; 과거·과거분사 reckoned [-d]; 현재분사 reckoning) 타 1 (수를) 세다, 계산하다(count); …을 총계하다 《up》: *Reckon* the cost of the trip before you go. 떠나기 전에 여비를 계산해 보시오
2 《구어》 …으로 여기다: I *reckon* him *as* a wise man. 그를 현명한 남자라고 생각한다

re·cline [rikláin 뤼클라인] 동 (현재분사 reclining) 자 기대다, 눕다 《on》

rec·og·ni·tion [rèkəgníʃən 뤠커그니션] 명 1 알아봄; 인식, 인정: His works received no *recognition* while he was alive. 그의 작품은 그가 살아있는 동안에는 인정받지 못했다
2 승인, 허가: the *recognition* of a new government 새 정부의 승인

*****rec·og·nize** [rékəgnàiz 뤠커그나이z으] 동 (3단현 recognizes [-iz]; 과거·과거분사 recognized [-d]; 현재분사 recognizing) 타 1 …을 알아보다: I *recognized* his voice. 나는 그의 목소리를 알아차렸다
2 (사실을) 인정하다, 승인하다: He *recognized* his failure. 그는 자신의 실패를 인정했다

rec·ol·lect [rèkəlékt 뤠컬렉트] 동 (3단현 recollects [-ts]; 과거·과거분사 recollected [-id]; 현재분사 recollecting) 타 …을 생각해내다: I cannot *recollect* his name. 그의 이름이 생각나지 않는다
─ 자 생각나다

rec·ol·lec·tion [rèkəlékʃən 뤠컬렉션] 명 (복수 recollections [-z]) 1 회상, 회고 2 추억

*****rec·om·mend** [rèkəménd 뤠커멘드] 동 (3단현 recommends [-dz]; 과거·과거분사 recommended [-id]; 현재분사 recommending) 타 1 …을 추천하

다: I *recommend* you this dictionary. 이 사전을 너에게 추천한다
2 …을 **권하다**, 충고하다(advise): The doctor *recommended* regular exercise. 의사는 규칙적으로 운동할 것을 권했다

rec·om·men·da·tion [rèkəmendéiʃən 뤠커멘데이션] 명 **1** 추천(장) **2** 권고

rec·om·pense [rékəmpèns 뤠컴펜스] 동 (현재분사 **recompensing**) 타 …을 보답하다, 갚다 《for》

rec·on·cile [rékənsàil 뤠컨싸열] 동 (3단현 **reconciles** [-z]; 과거·과거분사 **reconciled** [-d]; 현재분사 **reconciling**) 타 …을 화해시키다, 조정하다: The boys were soon *reconciled*. 그 소년들은 곧 화해했다

re·con·struct [rì:kənstrʌ́kt 뤼-컨스츄뢕트] 타 …을 재건하다

re·con·struc·tion [rì:kənstrʌ́kʃən 뤼-컨스츄뢕션] 명 재건, 복구

*****re·cord** [rékərd 뤠커드] 명 (복수 **records** [-dz]) **1 기록**: He kept a *record* of his journey. 그는 자신의 여행을 기록했다
2 (학교의) **성적**; 경력, 이력: She has a good school *record*. 그녀는 학교 성적이 좋다/ He has a criminal *record*. 그는 전과가 있다
3 음반, 레코드: play(turn on) a *record* 레코드를 틀다
4 (경기 등의) 기록: He broke(set) the world *record*. 그는 세계 기록을 깼다(세웠다)

off the record (신문 등에) 발표해서는 안 되는, 비공식적인
on record (1) 기록적인, 기록되어: the heaviest snow *on record* 기록적인 폭설
(2) 공표되어
── [rikɔ́:rd 뤼코-ㄹ드] 동 (3단현 **records** [-dz]; 과거·과거분사 **recorded** [-id]; 현재분사 **recording**) 타 **1** …을 **기록하다**, 적어놓다: *Record* what he says. 그가 하는 말을 적어 두시오
2 …을 **녹음(녹화)하다**: His speech was *recorded on* tape. 그의 연설은 테이프에 녹음되었다

re·cord·er [rikɔ́:rdər 뤼코-ㄹ더 → 뤼코-ㄹ러r] 명 **1** 기록 담당자; 녹음기: a tape *recorder* 테이프 레코드
2 리코더 《피리의 일종》

re·cord·ing [rikɔ́:rdiŋ 뤼코-ㄹ딩 → 뤼코-ㄹ링] 명 **1** 녹음, 녹화 **2** (레코드·테이프 등) 녹음된 것

record player [rékərd plèiər] 명 레코드 플레이어

*****re·cov·er** [rikʌ́vər 뤼카V어r] 동 (3단현 **recovers** [-z]; 과거·과거분사 **recovered** [-d]; 현재분사 **recovering** [-vəriŋ]) 타 **1** (잃어버린 것을) **되찾다**: He *recovered* his stolen watch. 그는 잃어버린 시계를 되찾았다
2 (건강 등을) **회복하다**: Father *recovered* his health. 아버지는 건강을 회복하셨다
── 자 회복하다

re·cov·er·y [rikʌ́vəri 뤼카V어뤼] 명 **1** 도로 찾음 **2** (건강·경기의) 회복

rec·re·ate [rékrièit 뤠크뤼에잇] 동 (현재분사 **recreating**) 타 자 **1** 기운을 회복시키다(하다) **2** 기분 전환을 하다

rec·re·a·tion [rèkriéiʃən 뤠크뤼에이션] 명 레크리에이션, 기분 전환, 오락

re·cruit [rikrú:t 뤼크루-트] 명 **1** 신병 **2** 신입 사원
── 타 …을 신규 모집(채용)하다

rec·tan·gle [réktæŋgl 뤡탱그을] 명 직사각형

re·cy·cle [riːsáikl 류-싸이크을] 동 (현재분사 **recycling**) 타 (폐품을) 재활용하다

re·cy·cling [riːsáikliŋ 류-싸이클링] 명 재활용, 재순환: We gathered pieces of paper for *recycling*. 우리는 재활용하기 위해 종이를 모았다

***red** [réd 뤤드] 형 (비교급 **redder**; 최상급 **reddest**) **1** 붉은, **빨간**: a *red* rose 붉은 장미/ She wore a *red* dress. 그녀는 빨간 드레스를 입고 있었다/ His face become *red* with anger. 그의 얼굴은 화가 나서 빨개졌다
2 〔종종 **Red**로〕 공산주의의
— 명 **1** 빨강; 빨간 옷: a girl in *red* 빨간 옷을 입은 소녀
2 〔종종 **Red**로〕 공산주의자
3 【회계】 적자(赤字)(반 black 흑자)

Red Cross [réd krɔ́ːs] 명 〔**the**를 붙여〕 적십자사

red·den [rédn 뤧든] 타 자 붉게 하다〔되다〕; 얼굴을 붉히게 하다〔붉히다〕

red·dish [rédiʃ 뤧디쉬 → 뤧리쉬] 형 불그스름한, 불그레한

Red Indian [réd índiən] 명 아메리카 인디언 (💡 American Indian 또는 간단히 Indian이라고도 한다)

red light [réd láit] 명 (철도 등의) 적신호, 위험 신호

Red Sea [réd síː] 명 〔**the**를 붙여〕 홍해 (紅海)

***re·duce** [ridjúːs 뤼듀-쓰] 동 (3단현 **reduces** [-iz]; 과거·과거분사 **reduced** [-t]; 현재분사 **reducing**) 타 **1** (속도·중량 등을) 줄이다, 감소시키다: *reduce* the speed 속도를 줄이다/ She is trying to *reduce* her weight. 그녀는 체중을 줄이려고 노력하고 있다
2 …을 (어떤 상태로) 하다 (to): His illness *reduced* him *to* a skeleton. 그는 병으로 피골이 상접했다
— 자 줄다, 축소되다

re·duc·tion [ridʌ́kʃən 뤼닥션] 명 **1** 감소 **2** (가격의) 할인

red·wood [rédwùd 뤧우드] 명 【식물】 미국 삼나무 (미국 캘리포니아에 자생하는 세쿼이어(sequoia)의 일종으로 50m 이상 크게 자란다)

redwood

reed [ríːd 뤼-드] 명 【식물】 갈대: a thinking *reed* 생각하는 갈대; 인간

reef [ríːf 뤼-f으] 명 (복수 **reefs** [-s]) 암초

reel [ríːl 뤼-을] 명 **1** (전선·로프·호스 등을 감는) 릴, 얼레 **2** (낚싯대의) 릴 **3** (필름을 감는) 릴 **4** 《영》 실패 (💡 《미》 spool)

reel 1   reel 2   reel 4

— 타 (호스 등을) 릴에 감다

re·e·lect [rìːilékt 뤼-일렉트] 타 …을 재선하다

***re·fer** [rifə́ːr 뤼f어-r] 동 (3단현 **refers** [-z]; 과거·과거분사 **referred** [-d]; 현재분사 **referring** [-fə́ːriŋ]) 자 **1** 참고〔참조〕하다 (to): *refer* to a dictionary 사전을 참조하다
2 …을 언급하다, 인용하다 (to): Don't *refer to* the matter again. 그 일을 다시는 입 밖에 내지 마라
— 타 **1** (서적 등을) 참조하게 하다 (to): Father *referred* me *to* that book. 아버지는 그 책을 참고하라고 하셨다
2 (이유·원인 등을) …에 돌리다 (to): She *referred* her failure *to* bad luck. 그녀는 자신의 실패를 불운 탓으로 돌렸다

ref·er·ee [rèfərí: 뤠F어뤼-] 명 (권투 등의) 심판

유의어 심판
referee는 농구, 축구, 권투, 하키, 레슬링 등의 심판. umpire는 야구, 테니스, 배구, 배드민턴, 탁구 등의 심판

referee　　umpire

*__ref·er·ence__ [réfərəns 뤠F어뤈쓰] 명 (복수 references [-iz]) 1 (서적 등의) 참조, 참고 (자료): a reference book 참고서/ Make reference to the dictionary at once. 지금 사전을 참조하세요
2 언급: There is no reference to the matter in the newspaper. 신문에는 그 문제에 대해서 아무 언급이 없다
3 신용[신원] 증명서
4 관련, 관계
__in [with] reference to__ …에 관하여: He said nothing in [with] reference to his sickness. 그는 자기 병에 대하여 아무 말도 하지 않았다

reference mark [réfərəns mà:rk] 명 참조 부호 (*, † 등)

re·fill [ri:fil 뤼-F이일] 타 …을 다시 채우다, 보충하다
── 명 다시 채운 것

re·fine [rifáin 뤼F아인] 동 (현재분사 refining) 타 **1** …을 정제하다, 깨끗하게 하다 **2** (말·태도 등을) 세련되게 하다, 품위 있게 하다

re·fined [rifáind 뤼F아인드] 형 **1** 정제된: refined oil 정유(精油)
2 세련된, 품위 있는

*__re·flect__ [riflékt 뤼F을렉트] 동 (3단현 reflects [-ts]; 과거·과거분사 reflected [-id]; 현재분사 reflecting) 타 **1** (빛·소리 등을) 반사하다; (거울 등이 상을) 비치다: reflect light 빛을 반사하다/ The hills were reflected in the lakes. 산이 호수에 비치고 있었다
2 …을 반영하다, 나타내다: His deeds reflect his thoughts. 그의 행위는 그의 생각을 나타내고 있다
3 …을 곰곰이 생각하다
── 자 …에 반사하다

re·flec·tion [riflékʃən 뤼F을렉션] 명 **1** 반사: reflection of light 빛의 반사
2 반영, 영상, (비친) 그림자
3 곰곰이 생각하기

*__re·form__ [ri:fɔ́:rm 뤼F오-r엄] 동 (3단현 reforms [-z]; 과거·과거분사 reformed [-d]; 현재분사 reforming) 타 **1** (제도 등을) 개혁하다, 개선하다: The goverment is attempting to reform the tax system. 정부는 세제를 개선하려 하고 있다
2 (사람을) 바로잡다
── 명 (정치·사회 등의) 개혁, 개선: social reform 사회 개혁

ref·or·ma·tion [rèfərméiʃən 뤠F어r메이션] 명 개혁, 개선

re·form·er [rifɔ́:rmər 뤼F오-r머r] 명 개혁[개량]가

re·frain[1] [rifréin 뤼F으뤠인] 동 (3단현 refrains [-z]; 과거·과거분사 refrained [-d]; 현재분사 refraining) 자 삼가다, 그만두다 (from): refrain from drinking 음주를 삼가다

re·frain[2] [rifréin 뤼F으뤠인] 명 (시나 노래의) 후렴

re·fresh [rifréʃ 뤼F으뤠쉬] 동 (3단현 refreshes [-iz]; 과거·과거분사 refreshed [-t]; 현재분사 refreshing) 타 **1** (음식물·휴식 등이) 원기를 회복시키다; (기분을) 상쾌하게 하다: The cold air refreshed him. 차가운 공기가 그의 기분을 상쾌하게 했다
2 (기억 등을) 새롭게 하다

re·fresh·ing [rifréʃiŋ 뤼F으뤠싱] 혱 기운을 돋우는; 상쾌한: a refreshing drink 청량 음료

re·fresh·ment [rifréʃmənt 뤼F으뤠쉬먼트] 명 (복수 refreshments [-ts]) **1** 원기 회복; 원기를 회복시키는 것 (수면·음식 등) **2** [복수형으로] 가벼운 음식물, 다과

☆**re·frig·er·a·tor** [rifrídʒərèitər 뤼F으뤼쥐뤠이터r → 뤼F으뤼쥐뤠이러r] 명 냉장고

ref·uge [réfjudʒ 뤠F유-쥐] 명 피난; 보호소, 피난처: We took refuge in a cave. 우리는 동굴로 피했다

ref·u·gee [rèfjudʒíː 뤠F유-쥐-] 명 피난민, 망명자

re·fund [ríːfʌnd 뤼F안드] 명 환불(금)

re·fus·al [rifjúːzl 뤼F유-Z으얼] 명 거절, 거부

☆**re·fuse** [rifjúːz 뤼F유-z으] 동 (3단현 refuses [-iz]; 과거·과거분사 refused [-d]; 현재분사 refusing) 타 …을 거절하다, 거부하다(반 accept 받아들이다): She refused our invitation. 그녀는 우리의 초대를 거절했다/ I refused to go with him. 나는 그와 같이 가는 것을 거부했다

re·gain [rigéin 뤼게인] 동 (3단현 regains [-z]; 과거·과거분사 regained [-d]; 현재분사 regaining) 타 **1** …을 되찾다, 회복하다(recover): He regained his health. 그는 건강을 회복했다

2 (원래 장소에) 되돌아오다

re·gal [ríːgəl 뤼-거얼] 혱 **1** 왕의(royal) **2** 왕 같은

☆**re·gard** [rigáːrd 뤼가-r드] 명 (복수 regards [-dz]) **1** 주의, 관심: He pays no regard to sports. 그는 스포츠에 관심이 없다

2 존경(respect), 존중: He has high regard for his teacher. 그는 선생님을 매우 존경한다

3 [복수형으로] 안부, 문안 인사: Give him my best regards. 그분께 안부 전해 주십시오

in [with] regard to …에 관해서는: I have something to say with regard to the plan. 그 계획에 관해서는 할 말이 있다

without regard to …에 상관없이

─ 동 (3단현 regards [-dz]; 과거·과거분사 regarded [-id]; 현재분사 regarding) 타 **1** [regard A as B의 형태로] **A를 B라고 생각(간주)하다**: He regarded the offer as absurd. 그는 그 제의가 불합리하다고 생각했다

2 (…의 감정으로) 보다, 대하다: He regarded me with suspicion. 그는 나를 의심하고 있다

3 …에 주의하다(반 disregard 무시하다): He didn't regard my advice. 그는 나의 충고를 무시했다

4 존경하다, 존중하다

as regards …에 관해서: As regards money, I have enough. 돈이라면 충분히 가지고 있다

re·gard·ing [rigáːrdiŋ 뤼가-r딩 → 뤼가-r링] 전 …에 관해서

re·gard·less [rigáːrdlis 뤼가-r들리쓰] 혱 주의하지 않는, 관심 없는

regardless of …을 개의치 않고: We'll start regardless of the weather. 우리는 날씨에 관계없이 출발할 것이다

re·gime [reiʒíːm 뤠이쥐-임] 명 정치 제도, 체제; 정권

reg·i·ment [rédʒəmənt 뤠쥐먼트] 명 (복수 regiments [-ts]) **1** (육군의) 연대 **2** [종종 복수형으로] 다수 (of)

☆**re·gion** [ríːdʒən 뤼-쥔] 명 (복수 regions [-z]) **1** (확실한 경계가 없는 넓은) **지방**, 지역: a tropical region 열대 지방

2 (활동·연구 등의) 분야, 영역

re·gion·al [ríːdʒənl 뤼쥐느얼] 혱 **1** (어떤 특정) 지방의, 지역의 **2** 지역적인

reg·is·ter [rédʒistər 뤠쥐스터r] 명 (복수 **registers** [-z]) 1 (공적인) 기록, 등기, 등록: keep a *register* 기록하다
2 등록[등기]부, 명부: a hotel *register* 호텔 숙박자 명부
3 금전 등록기(@ cash register라고도 한다)
── 동 (3단현 **registers** [-z]; 과거·과거분사 **registered** [-d]; 현재분사 **registering** [-təriŋ]) 타 1 등록하다, 등기하다, 기록하다: He *registered* his car. 그는 차를 등록했다
2 (우편물을) 등기로 부치다: I would like to have this letter *registered*. 이 편지를 등기로 부치고 싶습니다
3 (계기 등이) …을 가리키다
── 자 1 (숙박부 등에) 이름을 기입하다: *register at* a hotel 호텔에 숙박하다
2 등록하다: He *registered for* the class. 그는 그 수업에 등록했다

reg·is·tra·tion [rèdʒistréiʃən 뤠쥐스츄뤠이션] 명 등록, 등기

***re·gret** [rigrét 뤼그뤳] 명 (복수 **regrets** [-ts]) 1 후회, 유감: I feel *regret* for my behavior. 나는 나의 행동을 후회하고 있다/ She felt *regret* at his absence. 그녀는 그가 없는 것을 유감으로 생각했다
2 애도, 애석
3 [복수형으로] (초대에 대한) 사절(장)
to one's regret 유감스럽지만: *To my great regret*, I cannot accept your offer. 대단히 미안하지만 당신의 제안을 받아들일 수 없습니다
── 동 (3단현 **regrets** [-ts]; 과거·과거분사 **regretted** [-id]; 현재분사 **regretting**) 타 …을 후회하다, 뉘우치다: He *regrets* his rash act. 그는 경솔한 행동을 후회하고 있다

re·gret·ta·ble [rigrétəbl 뤼그뤠터브을] 형 (행위·사건 등이) 유감스러운

***reg·u·lar** [régjulər 뤠귤러r] 형 (비교급 **more regular**; 최상급 **most regular**)
1 정기의, 정기적인: a *regular* meeting 정기적인 모임
2 규칙적인(반 irregular 불규칙적인): She leads a *regular* life. 그녀는 규칙적인 생활을 한다/ He has *regular* teeth. 그는 치아가 고르다
3 [@ 명사 앞에만 쓰여] 정규의, 정식의: the *regular* soldiers 정규병/ He is a *regular* member of the club. 그는 클럽의 정회원이다
4【문법】규칙 변화를 하는: *regular* verbs 규칙 동사

reg·u·lar·ly [régjulərli 뤠귤러r일리] 부 1 정기적으로 2 규칙적으로

***reg·u·late** [régjulèit 뤠귤레잇] 동 (3단현 **regulates** [-ts]; 과거·과거분사 **regulated** [-id]; 현재분사 **regulating**) 타 1 …을 규제하다: The police *regulate* the traffic. 경찰은 교통을 규제한다
2 …을 조절[조정]하다: *regulate* the temperature 온도를 조절하다

***reg·u·la·tion** [règjuléiʃən 뤠귤레이션] 명 (복수 **regulations** [-z]) 1 규칙, 규정, 법규: traffic *regulations* 교통 법규
2 단속, 규제
3 조절, 조정

re·ha·bil·i·ta·tion [rì:həbìlətéiʃən 뤼허빌러테이션] 명 1 복직, 복위; 명예 회복 2 부흥, 재건 3 (장애자 등의) 사회 복귀, 갱생

re·hears·al [rihə́:rsəl 뤼허-r써얼] 명 (공연·의식 등의) 리허설, 예행 연습, 총연습

reign [réin 뤠인] [@ rain(비), rein(고삐)와 발음이 같음] 명 통치, 지배; 통치 기간: the *reign* of law 법의 지배/ in the *reign* of Queen Victoria 빅토리아 여왕 시대에
── 동 (3단현 **reigns** [-z]; 과거·과거분사 **reigned** [-d]; 현재분사 **reigning**) 자 통치하다, 지배하다 《**over**》: The king *reigned over* the country for over 30 years. 그 왕은 30년 이상이나 나라를 통치하였다

rein [réin 뤠인] [🔊 rain(비), reign(통치)와 발음이 같음] 명 (복수 **reins** [-z])
1 고삐 2 억제, 제어; 통제 수단

rein·deer [réindiər 뤠인디어r] 명 (단수·복수 동형)
【동물】 순록(馴鹿) (🔊 산타클로스 썰매를 끈다고 함)

reindeer

re·in·force [ri:infɔ́:rs 뤼-인Fㅗ-r쓰] 동 (현재분사 **reinforcing**) 타
1 …을 보강〔강화〕하다 2 (군대 등을) 증강하다

re·it·er·ate [ri:ítərèit 뤼-이터뤠잇 → 뤼-이러뤠잇] 동 (현재분사 **reiterating**) 타 1 …을 반복하다 2 반복하여 말하다

*****re·ject** [ridʒékt 뤼젝트] 동 (3단현 **rejects** [-ts]; 과거·과거분사 **rejected** [-id]; 현재분사 **rejecting**) 타 …을 거절하다, 거부하다(반 accept 받아들이다): He *rejected* my offer. 그는 나의 제안을 거절했다

re·jec·tion [ridʒékʃən 뤼젝션] 명 거절

re·joice [ridʒɔ́is 뤼죠이쓰] 동 (3단현 **rejoices** [-iz]; 과거·과거분사 **rejoiced** [-t]; 현재분사 **rejoicing**) 자 기뻐하다, 좋아하다: He *rejoiced at* our success. 그는 우리의 성공을 기뻐했다

*****re·late** [riléit 륄레잇] 동 (3단현 **relates** [-ts]; 과거·과거분사 **related** [-id]; 현재분사 **relating**) 타 1 …을 말하다, 이야기하다: He *related* his adventures. 그는 그의 모험담을 말해 주었다
2 …을 관계〔관련〕시키다(connect): She *related* the accident *to* her mistake. 그녀는 그 사고를 자신의 실수와 결부시켰다
3 〔**be related to**의 형태로〕 …와 친척이다: She *is* closely 〔distantly〕 *related to* me. 그녀는 나와 가까운〔먼〕 친척 관계이다

*****re·la·tion** [riléiʃən 륄레이션] 명 (복수 **relations** [-z]) 1 관계, 관련: the *relation* between cause and effect 인과 관계/ Your answer has no *relation* to the question. 당신의 대답은 질문과는 아무런 관련이 없다
2 〔보통 복수형으로〕 (구체적인) 이해 관계: human *relations* 인간 관계
3 친척(relative): She is a near *relation* of mine. 그녀는 나와 가까운 친척이다
4 이야기
in 〔with〕 relation to …에 관하여: He said noting *in 〔with〕 relation to* that. 그것에 관해 그는 아무 말도 하지 않았다

*****re·la·tion·ship** [riléiʃənʃip 륄레이션쉽] 명 1 관계, 관련: the *relationship* between theory and practice 이론과 실천과의 관계
2 친척 관계

*****rel·a·tive** [rélətiv 뤨러티v으] 명 (복수 **relatives** [-z]) 1 친척(relation), 집안: Is he a 〔any〕 *relative* of yours? 그는 너의 친척이니?
2 【문법】 관계사
—— 형 1 관계있는: These facts are *relative to* the case. 이 사실들은 그 사건과 관계가 있다
2 상대적인(반 absolute 절대적인)
3 【문법】 관계를 나타내는: *relative* pronoun 관계 대명사

rel·a·tive·ly [rélətivli 뤨러티v을리] 부 상대적으로, 비교적: a *relatively* small difference 비교적 작은 차이

*****re·lax** [riléks 륄렉쓰] 동 (3단현 **relaxes** [-iz]; 과거·과거분사 **relaxed** [-t]; 현재분사 **relaxing**) 타 1 (긴장 등을) 늦추다, (사람을) 편하게 하다: *relax* the muscles 근육의 긴장을 풀다
2 (법·규율 등을) 완화하다
—— 자 (긴장·힘 등이) 풀리다

*****re·lay** [rí:lei 뤼-일레이] 명 (복수 **relays** [-z]) 1 교체, 교대자: work in 〔by〕 *relays* 교대제로 일하다

relay race

2 《구어》 **계주**, 릴레이 경주 (🔳 relay race라고도 한다)
3 【방송】 중계: a *relay* station 중계국/ a *relay* broadcast 중계 방송
── 타 1 …을 교체〔교대〕하다 2 …을 중계하다

relay race [ríːlei rèis] 명 릴레이 경주

*****re·lease** [rilíːs 릴리-ㅆ] 동 (3단현 **releases** [-iz]; 과거·과거분사 **released** [-t]; 현재분사 **releasing**) 타 1 (사람·동물을) **놓아주다**, 석방하다: He was *released* from prison yesterday. 그는 어제 교도소에서 석방되었다
2 …을 놓다: He *released* the boy's hand. 그는 그 소년의 손을 놓았다
3 (영화 등을) 개봉하다; (레코드 등을) 발매하다; (뉴스 등을) 발표하다
── 명 (복수 **releases** [-iz]) 1 **석방**, 해방 2 (영화의) 개봉; (레코드 등의) 발매

rel·e·vant [réləvənt 뤨뤄V언트] 형 (당면한 문제와) 관련된, 적절한

*****re·li·a·ble** [riláiəbl 륄라이어브을] 형 (비교급 **more reliable**; 최상급 **most reliable**) 1 **믿음직한**, 신뢰할 수 있는: a *reliable* person 믿음직한 사람
2 (정보 등이) 확실한: *reliable* information 확실한 정보

re·li·ance [riláiəns 륄라이언ㅆ] 명 (복수 **reliances** [-iz]) 1 신뢰, 신용 2 의지가 되는 사람〔것〕

rel·ic [rélik 뤨릭] 명 (복수 **relics** [-s]) 1 (역사적) 유물, 유적: the Roman *relics* 로마 유적
2 (성인·순교자의) 유골

*****re·lief**¹ [rilíːf 릴리-f으] 명 (복수 **reliefs** [-s]) 1 (고통·걱정 등의) **제거**, 경감; 안심: This medicine will give you *relief* from the pain. 이 약을 먹으면 아픔이 없어질 것이다
2 (난민 등의) **구조**, 구원; 구호 물자
3 (임무의) 교대, 교체

to one's **relief** 한시름 놓게: *To* our great *relief*, the miners were all saved. 광부들이 모두 구출되어 크게 안심했다
── 형 구원의, 구제의: a *relief* fund 구제 기금

re·lief² [rilíːf 릴리-f으] 명 【조각·건축】 부조(浮彫), 돌을새김, 양각

re·lieve [rilíːv 륄리-v으] 동 (3단현 **relieves** [-z]; 과거·과거분사 **relieved** [-d]; 현재분사 **relieving**) 타 1 (고통·부담 등을) 덜다, 경감하다: This medicine will *relieve* your headache. 이 약을 먹으면 두통이 가라앉을 것이다
2 …을 안심시키다; (긴장 등을) 풀게 하다: I was *relieved* at the news. 나는 그 소식을 듣고 안심했다
3 (사람을) 구조〔구원〕하다
4 …을 교대하다

*****re·li·gion** [rilídʒən 륄리줜] 명 (복수 **religions** [-z]) 1 **종교**: What is your *religion*? 종교가 무엇입니까?
2 종파, …파: the Christian *religion* 그리스도교

*****re·li·gious** [rilídʒəs 륄리줘ㅆ] 형 (비교급 **more religious**; 최상급 **most religious**) 1 **종교의**: a *religious* music 종교 음악
2 신앙심이 깊은

re·lin·quish [rilíŋkwiʃ 륄링크위쉬] 동 (3단현 **relinquishes** [-iz]) 타 (재산·권리·습관 등을) 버리다, 포기〔양도〕하다

rel·ish [réliʃ 뤨리쉬] 명 1 맛(taste): a *relish* of garlic 마늘의 맛
2 양념, 조미료
3 〔보통 부정문에서〕 흥미, 취미
── 동 (3단현 **relishes** [-iz]) 타 1 (음식을) 맛보다, 맛있게 먹다 2 …을 즐기다, 좋아하다

re·luc·tant [rilʌ́ktənt 륄락턴트] 형 마음 내키지 않는, 마지못해 하는: I gave a *reluctant* consent. 나는 마지못해 승낙했다

***re·ly** [rilái 륄라이] 동 (3단현 **relies** [-z]; 과거·과거분사 **relied** [-d]; 현재분사 **relying**) 자 …을 믿다, 의지하다 ((on, upon)): You *rely* on me. 나에게 의지해도 된다

***re·main** [riméin 뤼메인] 동 (3단현 **remains** [-z]; 과거·과거분사 **remained** [-d]; 현재분사 **remaining**) 자 **1** …인 채로 있다, 변함 없이 …이다: He *remained* silent. 그는 침묵을 지키고 있었다 / The windows *remained* shut. 창문은 닫힌 채 있었다

2 (사람·물건이) 남다: I'll *remain* here. 나는 여기 남겠다 / Many old temples *remain* in Seoul. 서울에는 오래된 절이 많이 남아있다

re·main·der [riméindər 뤼메인더r] 명 **1** 나머지, 잔여; 나머지 사람들[것] **2** 【수학】 (뺄셈·나눗셈의) 나머지

re·make [ri:méik 뤼-메익] 동 (과거·과거분사 **remade** [-méid]) 타 …을 고쳐 만들다, 개조하다

***re·mark** [rimá:rk 뤼마-r크] 동 (3단현 **remarks** [-s]; 과거·과거분사 **remarked** [-t]; 현재분사 **remarking**) 타 **1** (의견 등을) 말하다: He *remarked* that it was a masterpiece. 그는 그것이 걸작이라고 말했다

2 주의[주목]하다(notice); 알아채다
── 명 (복수 **remarks** [-s]) **1** (간단한) 말, 의견, 비평: make a *remark* 한마디 하다 / Her *remarks* hurt his feelings. 그녀의 말은 그의 기분을 상하게 했다

2 주의, 주목: The book is worthy of *remark*. 그 책은 주목할 만하다

re·mark·a·ble [rimá:rkəbl 뤼마-r커블] 형 주목할 만한, 뛰어난: a *remarkable* event 주목할 만한 사건

re·mark·a·bly [rimá:rkəbli 뤼마-r커블리] 부 두드러지게, 현저하게, 몹시

***rem·e·dy** [rémədi 뤠머디 → 뤠머리] 명 (복수 **remedies** [-z]) **1** 치료, 요법; 치료약 **2** 구제책, 개선책

***re·mem·ber** [rimémbər 뤼멤버r] 동 (3단현 **remembers** [-z]; 과거·과거분사 **remembered** [-d]; 현재분사 **remembering** [-bəriŋ]) 타 **1** …을 생각해 내다: I couldn't *remember* his name. 나는 그의 이름을 생각해 낼 수가 없었다

2 …을 기억하고 있다(반 forget 잊다), [remember+doing의 형태로] …한 것을 기억하고 있다: I can't *remember* who mentioned it. 누가 그렇게 말했는지 기억이 나지 않는다 / I *remember seeing* you before. 나는 전에 당신을 만난 것을 기억하고 있다

3 [remember+to do의 형태로] 잊지 않고 …하다: *Remember* to lock the door. 잊지 말고 문에 자물쇠를 채워라

쓰임새▷ **remember doing**은 과거의 일을 「기억하고 있다」의 뜻이고, **remember to** do는 미래의 일을 「기억해 두다」의 뜻.

4 …에게 안부를 전하다: *Remember* me to your parents. 당신 부모님께 안부 전해 주게
── 자 기억하고 있다, 생각나다: as far as I *remember* 내 기억으로는 / Now I *remember*! 아, 생각났다!

re·mem·brance [rimémbrəns 뤼멤브런쓰] 명 **1** 기억; 추억, 회상: I have no *remembrance* of it. 나는 그것을 전혀 기억하고 있지 않다

2 생각나게 하는 것, 기념품

***re·mind** [rimáind 뤼마인드] 동 (3단현 **reminds** [-dz]; 과거·과거분사 **reminded** [-id]; 현재분사 **reminding**) 타 **1** …을 생각나게 하다 ((of)): This picture *reminds* me *of* my childhood. 이 사진은 나의 어린 시절을 생각나게 한다

2 (남에게) …을 일깨우다 ((to do, that)) Please *remind* her *to* call me. 그녀에게 잊지 말고 나에게 전화해 달라고 일러 주시오

re·morse [rimɔ́ːrs 뤼모-r쓰] 몡 후회, 양심의 가책

re·mote [rimóut 뤼모웃] 혱 (비교급 **remoter**; 최상급 **remotest**) 1 (거리가) 먼, 멀리 떨어진; 외딴: I was born in a *remote* village. 나는 벽촌에서 태어났다 2 (시간적으로) 먼: in the *remote* past (future) 먼 과거[미래]에 3 (관계가) 희박한, 희미한: a question *remote from* the subject 주제와 동떨어진 질문 / He is a *remote* relative. 그는 나와 먼 친척이다

remote control [rimóut kəntróul] 몡 원격 조작, 리모트 컨트롤

re·mov·al [rimúːvəl 뤼무-V어얼] 몡 1 이동, 이사 2 제거, 철거 3 해임, 면직

re·move [rimúːv 뤼무-v으] 동 (3단현 **removes** [-z]; 과거·과거분사 **removed** [-d]; 현재분사 **removing**) 타 1 **옮기다**, 이동하다: He *removed* his desk *to* the next room. 그는 책상을 옆 방으로 옮겼다
2 …을 제거하다, 치우다; (모자 등을) 벗다(take off): *remove* all doubts 모든 의혹을 제거하다 / *Remove* your hat. 모자를 벗어라
3 …을 해고하다
── 자 이동하다, 이사하다

Re·nais·sance [rènəsɑ́ːns 뤼너싸-안쓰] 몡 [the를 붙여] 르네상스 (14-17세기 유럽에서 일어난 문예 부흥)

ren·der [réndər 뤤더r] 동 (3단현 **renders** [-z]; 과거·과거분사 **rendered** [-d]; 현재분사 **rendering** [-dəriŋ]) 타 1 (사람을) …하게 하다(make): Idleness *rendered* him poor. 그는 게을러서 가난해졌다
2 (원조 등을) 하다, 제공하다: She *rendered* me a great help. 그녀는 나를 많이 도와 주었다
3 …을 제출하다, 주다: *render* a report 보고서를 제출하다
4 (글을) 번역하다(translate)

ren·dez·vous [rɑ́ːndivùː 롸-안디V우-] 몡 1 (시간과 장소를 정한) 만날 약속, 랑데부 2 회합 장소 3 (우주선의) 랑데부 【프랑스어에서】

re·new [rinjúː 뤼뉴-] 동 (3단현 **renews** [-z]; 과거·과거분사 **renewed** [-d]; 현재분사 **renewing**) 타 1 …을 다시 시작하다: The enemy *renewed* the attack. 적은 다시 공격을 시작했다
2 (계약 등을) 갱신하다: *renew* a license 면허를 갱신하다
3 …을 새것과 바꾸다, 새롭게 하다: *renew* a tire 타이어를 바꾸다
4 (힘·젊음 등을) 되찾다, 회복하다: My father *renewed* his health. 아버지는 건강을 되찾았다

re·new·al [rinjúːəl 뤼뉴-어얼] 몡 1 재개, 다시 하기 2 (계약 등의) 갱신 3 회복

re·nounce [rináuns 뤼나운쓰] 동 (현재분사 **renouncing**) 타 (권리 등을) 공식으로 포기하다

re·nown [rináun 뤼나운] 몡 유명, 명성 (fame)

re·nowned [rináund 뤼나운드] 혱 유명한

rent [rént 뤤트] 몡 (복수 **rents** [-ts]) **임대료**, 사용료, 집세: How much is the *rent* on this car? 이 자동차의 사용료는 얼마입니까?/ For *rent*. 《미》 셋집[셋방] 있음 (《영》 To let.)
── 동 (3단현 **rents** [-ts]; 과거·과거분사 **rented** [-id]; 현재분사 **renting**) 타 1 …을 **임대하다**, 빌려주다: He *rents* room *to* students. 그는 학생들에게 방을 세 놓고 있다
2 …을 임차하다, 빌리다: He *rents* a house *from* Mr. Smith. 그는 스미스씨에게서 집을 임차하고 있다

rent-a-car [réntəkɑ̀ːr 뤤터카-r] 몡 렌트카, 임대 자동차

rent·al [réntl 뤤트을] 몡 1 임대료 2 《미》 임대물 《아파트·자동차 등》
── 혱 임대의: *rental* car 렌터카

re·pair [ripέər 뤼페어r] 동 (3단현 **repairs** [-z]; 과거·과거분사 **repair-ed** [-d]; 현재분사 **repairing** [-pέəriŋ]) 타 …을 **고치다**, 수리하다: *repair* a car (house) 차를(집을) 수리하다

> [비교] **repair**와 **mend**
> **repair**는 집 등의 큰 것이나 자동차·시계 등 복잡한 것을 수리할 때 쓰고, **mend**는 의자 등의 간단한 것을 수리할 때 쓴다. 《미구어》에서는 어느 것이나 **fix**를 쓴다.

repair   mend

── 명 (복수 **repairs** [-z]) 수선, 수리, 수리 작업: My watch needs *repair*. 내 시계는 수리가 필요하다

re·pay [ripéi 뤼페이] 동 (3단현 **repays** [-z]; 과거·과거분사 **repaid** [-péid]; 현재분사 **repaying**) 타 **1** (돈을) 갚다: *Repay* me the money. (= *Repay* the money *to* me.) 돈을 갚아 주게
2 …을 보답하다, 은혜를 갚다

re·peat [ripí:t 뤼피-트] 동 (3단현 **repeats** [-ts]; 과거·과거분사 **repeat-ed** [-id]; 현재분사 **repeating**) 타 **1** …을 **되풀이하다**, 되풀이하여 말하다: Don't *repeat* the same mistake. 같은 실수를 되풀이하지 마라 / Please *repeat* the question. 그 질문을 다시 한 번 말씀해 주십시오
2 …을 복창하다: *Repeat* the sentence after me. 다음 문장을 따라 하시오
── 자 되풀이하다

repeat oneself (일이) 되풀이하여 일어나다: History *repeats itself*. 《속담》역사는 되풀이한다

re·peat·ed·ly [ripí:tidli 뤼피-티들리] 부 되풀이하여

re·pel [ripél 뤼펠] 동 (3단현 **repels** [-z]; 과거·과거분사 **repelled** [-d]; 현재분사 **repelling**) 타 **1** …을 물리치다: *repel* the enemy 적을 물리치다
2 (제안 등을) 거절(거부)하다: *repel* a request 요구를 거절하다

re·pent [ripént 뤼펜트] 동 (3단현 **repents** [-ts]; 과거·과거분사 **repent-ed** [-id]; 현재분사 **repenting**) 타 …을 후회하다, 뉘우치다: He *repented* his sin. 그는 그의 죄를 뉘우쳤다

re·pent·ance [ripéntəns 뤼펜턴쓰] 명 후회, 회한

rep·er·to·ry [répərtɔ̀:ri 뤠퍼r토-뤼] 명 레퍼토리, 상연 목록, 연주 곡목

rep·e·ti·tion [rèpətíʃən 뤠퍼티션] 명 되풀이, 반복: the *repetition* of a mistake 실수의 반복

re·place [ripléis 뤼플레이쓰] 동 (3단현 **replaces** [-iz]; 과거·과거분사 **replaced** [-t]; 현재분사 **replacing**) 타 **1** …을 **제자리에 놓다**, 되돌리다: *Replace* this book *on* the shelf. 이 책을 책장에 도로 꽂아라
2 …을 대신하다: Electric lights have *replaced* candles. 전등이 초를 대체하였다
3 …을 바꾸다, 갈다: We have to *replace* the worn tire *by* (*with*) a new one. 헌 타이어를 새것으로 바꾸지 않으면 안 된다

re·ply [riplái 뤼플라이] 동 (3단현 **replies** [-z]; 과거·과거분사 **replied** [-d]; 현재분사 **replying**) 자 **대답하다**, 응답하다 (answer보다 격식을 차린 말): He did not *reply to* my question. 그는 내 질문에 대답하지 않았다 / I *replied to* his letter. 나는 그의 편지에 답장을 썼다
── 타 …라고 대답하다: He *replied* nothing. 그는 아무 대답도 하지 않았다

—명 (복수 **replies** [-z]) **대답**, 답장 (answer): make a *reply* 대답하다 / Have you received a *reply* from him? 그에게서 답장을 받았습니까?

in reply to …에 답하여: She said nothing *in reply to* my questions. 그녀는 나의 질문에 아무 말이 없었다

re·port [ripɔ́:rt 뤼포-r트] 명 (복수 **reports** [-ts]) **1** (조사·연구의) **보고(서)**; (신문 등의) 보도, 기사: an oral[a written] *report* 구두[문서] 보고 / Did you read the *report* of the accident? 그 사고 기사 읽었어?

참고▶ 우리나라 대학생들이 제출하는 「리포트」라고 하는 것은 영어로는 paper라 한다.

2 《영》(학교의) 성적표 (《미》 report card)

—동 (3단현 **reports** [-ts]; 과거·과거분사 **reported** [-id]; 현재분사 **reporting**) 타 …**을 알리다**, 보고하다; …라고 전하다: They *reported* the accident *to* the police. 그들은 그 사고를 경찰에 알렸다

—자 **1** 보고하다; 보도하다 **2** …에 출두하다 (**to**)

report card [ripɔ́:rt kɑ̀:rd] 명 《미》 성적표, 통지표 (《영》 report)

re·port·er [ripɔ́:rtər 뤼포-r터r → 뤼포-r러r] 명 **1 보고자 2** 리포터, 신문기자, 통신원

re·pose [ripóuz 뤼포우z으] 명 휴식

—동 (현재분사 **reposing**) 자 쉬다, 휴식하다

rep·re·sent [rèprizént 뤠프뤼z엔트] 동 (3단현 **represents** [-ts]; 과거·과거분사 **represented** [-id]; 현재분사 **representing**) 타 **1** …**을 나타내다**, 상징하다: What does this sign *represent*? 이 기호는 무엇을 뜻합니까? / The dove *represents* peace. 비둘기는 평화를 상징한다

2 …을 대표[대리]하다: He *represented* Korea *at* the conference. 그는 한국을 대표해서 회의에 참석했다

3 (…이라고) 말하다, 설명하다: He *represented* himself *as* a student. 그는 자기가 학생이라고 말했다

4 (그림·조각 등으로) 나타내다

rep·re·sen·ta·tion [rèprizentéiʃən 뤠프뤼Z엔테이션] 명 **1** 표현, 묘사 **2** 대표, 대리 **3** 설명, 주장

rep·re·sen·ta·tive [rèprizéntətiv 뤠프뤼Z엔터티v으] 명 (복수 **representatives** [-z]) **1 대표자**, 대리인: send a *representative* to the meeting 회의에 대표를 보내다

2 《미》 하원 의원: the House of *Representatives* 《미》 하원

—형 **1 대표하는**, 대의제의; 대리의: *representative* government 대의 정치 / Congress is *representative* of the people. 의회는 국민을 대표한다

2 묘사하는, 상징하는 (**of**): This picture is *representative of* a farm scene. 이 그림은 농장의 정경을 그리고 있다

3 대표적인, 전형적인

re·proach [ripróutʃ 뤼프로우취] 동 (3단현 **reproaches** [-iz]) 타 …을 꾸짖다, 비난하다

—명 질책, 비난

re·pro·duce [rì:prədjú:s 뤼프뤼듀-쓰] 동 (현재분사 **reproducing**) 타 **1** …을 재생하다, 재현하다 **2** 복사하다, 복제하다 **3** (동식물을) 번식시키다

re·pro·duc·tion [rì:prədʌ́kʃən 뤼-프뤼닥션] 명 **1** 재생, 재현; 재생산 **2** 복제(품) **3** 번식

re·prove [riprúːv 뤼프루-v으] 동 (현재분사 **reproving**) 타 …을 꾸짖다, 비난하다

rep·tile [réptl 뤱트을] 명 파충류 동물 (뱀·악어 등)

re·pub·lic [ripʌ́blik 뤼파블릭] 명 **공화국**: the *Republic* of Korea 대한민국

re·pub·li·can [ripʌ́blikən 뤼파블리컨] 형 공화국의, 공화제의: the *Republican* Party 《미》 공화당
— 명 1 공화주의자 2 (**Republican**으로) 《미》 공화당원 (🔍「민주당원」은 Democrat)

re·pulse [ripʌ́ls 뤼퍼얼쓰] 동 (현재분사 **repulsing**) 타 1 …을 격퇴하다(repel) 2 …을 거절하다

*****rep·u·ta·tion** [rèpjutéiʃən 뤠퓨테이션] 명 **평판**, 명성(fame): He has a good (bad) *reputation*. 그는 평판이 좋다〔나쁘다〕

re·pute [ripjúːt 뤼퓨-트] 명 평판, 명성

*****re·quest** [rikwést 뤼크웨스트] 동 (3단현 **requests** [-ts]; 과거·과거분사 **requested** [-id]; 현재분사 **requesting**) 타 …을 **요청하다**, 바라다, 부탁하다 (🔍 ask보다 딱딱한 말): He *requested* us to keep silent. 그는 우리에게 조용히 해달라고 말했다
— 명 1 **요청**, 요구, 부탁: refuse a *request* 요청을 거절하다 / She made a *request* for more time. 그녀는 시간을 더 달라고 요청했다
2 수요(demand): These goods are in great *request*. 이 물품들은 수요가 매우 많다
at** a person's ***request …의 요청〔부탁〕에 의해: I came here *at your request*. 나는 당신의 요청으로 여기에 왔습니다
by request 요청에 의해
on request 신청에 의하여; 청구하는 대로: It will be sent *on request*. 청구하면 보내드립니다

*****re·quire** [rikwáiər 뤼크와이어r] 동 (3단현 **requires** [-z]; 과거·과거분사 **required** [-d]; 현재분사 **requiring** [-kwáiəriŋ]) 타 1 …을 **필요로 하다** (need): We *require* your help. 당신의 도움이 필요합니다 / The work *requirs* infinite patience. 그 일은 무한한 인내가 필요하다
2 …을 요구하다, 명하다: He *required* them *to* be present. 그는 그들에게 출석을 요구했다

re·quired [rikwáiərd 뤼크와이어r드] 《미》 (학과가) 필수의: a *required* subject 필수 과목 (🔍 《영》 a compulsory subject)

re·quire·ment [rikwáiərmənt 뤼크와이어r먼트] 명 요구; 요구 사항〔조건〕

*****res·cue** [réskjuː 뤠스큐-] 동 (3단현 **rescues** [-z]; 과거·과거분사 **rescued** [-d]; 현재분사 **rescuing**) 타 …**을 구하다**, 구출하다: He *rescued* the child from the burning house. 그는 불타고 있는 집에서 그 아이를 구출했다
— 명 구조, 구출

*****re·search** [risə́ːrtʃ 뤼써-r취] 명 (복수 **researches** [-iz]) **연구, 조사**, 리서치: market *research* 시장 조사

re·sem·blance [rizémbləns 뤼z엠블런쓰] 명 유사(점), 닮음

re·sem·ble [rizémbl 뤼z엠브을] 동 (3단현 **resembles** [-z]; 과거·과거분사 **resembled** [-d]; 현재분사 **resembling**) 타 …을 닮다(look like): Cats *resemble* tigers. 고양이는 호랑이를 닮았다

> 쓰임새▶ resemble은 전치사없이 바로 목적어가 오며, 타동사이지만 수동태 또는 진행형으로는 쓰지 않는다.

res·er·va·tion [rèzərvéiʃən 뤠z어rV에이션] 명 (복수 **reservations** [-z]) 1 《미》 (방·좌석 등의) 예약 (🔍 《영》 booking): Do you have a *reservation*, sir? 예약하셨습니까?

2 조건, 제한; (권리 등의) 보류: accept a proposal without *reservation* 조건 없이 제안을 받아들이다
3 《미》 정부 지정 보류지: an Indian *reservation* 인디언 보호 거주지

re·serve [rizə́ːrv 뤼ZO어-rV으] 동 (3단현 **reserves** [-z]; 과거·과거분사 **reserved** [-d]; 현재분사 **reserving**) 타
1 (물건 등을) **남겨두다**, 보존하다: We should *reserve* money *for* the future. 장래를 대비하여 돈을 저축해 두어야 한다
2 《미》 (좌석·방 등을) **예약하다** (《영》 book): He *reserved* a room *at* the hotel. 그는 그 호텔에 방을 예약했다
3 (권리 등을) 보유하다
4 …을 연기하다(postpone)
── 명 (복수 **reserves** [-z]) **1 저장**, 보존; (은행 등의) 준비〔예비〕금: have a little money in *reserve* 돈을 조금 준비해 두다
2 제한, 조건
3 《문어》 자제, 신중: speak without *reserve* 거리낌없이 이야기하다

re·served [rizə́ːrvd 뤼ZO어-rV으드] 형 **1** 예비의: *reserved* army 예비군
2 예약한: a *reserved* seat 예약석
3 삼가는, 서먹서먹한

res·er·voir [rézərvwàːr 뤠Z어rV으와-r] 명 **1** 저수지 **2** 저장(소)

re·side [rizáid 뤼ZO아이드] 동 (3단현 **resides** [-dz]; 과거·과거분사 **resided** [-id]; 현재분사 **residing**) 자 《문어》 살다(live), 거주하다 (at, in): He *resides in* Seoul. 그는 서울에 살고 있다

res·i·dence [rézidəns 뤠Z이던쓰] 명 (복수 **residences** [-iz]) **1** 거주지, 주택, 관저(官邸) **2** 거주; 거주 기간

res·i·dent [rézidənt 뤠Z이던트] 명 **1 거주자 2** 《미》 레지던트 《전문의(醫) 실습생》

res·i·den·tial [rèzədénʃəl 뤠Z어덴셔얼] 형 **1** 주거의 **2** (지역이) 주택용의

re·sign [rizáin 뤼ZO아인] 〔 g는 묵음〕 동 (3단현 **resigns** [-z]; 과거·과거분사 **resigned** [-d]; 현재분사 **resigning**) 타
1 (지위 등을) **사직하다**, 사임하다: He *resigned* his post of chairman. 그는 의장직을 사임했다
2 (소유·권리 등을) **포기하다**, 버리다: *resign* all hope 모든 희망을 버리다
3 〔**resign** oneself **to**의 형태로〕 …에 (몸을) 맡기다, 따르다: He *resigned himself to* his fate. 그는 운명에 따르기로 했다
── 자 사직하다, 사임하다

res·ig·na·tion [rèzignéiʃən 뤠Z이그네이션] 명 **1** 사직, 사표 **2** 포기, 단념

res·in [rézn 뤠Z은] 명 수지(樹脂); 송진

re·sist [rizíst 뤼ZO이스트] 동 (3단현 **resists** [-ts]; 과거·과거분사 **resisted** [-id]; 현재분사 **resisting**) 타 **1** …**에 저항하다**: They *resisted* the attack. 그들은 그 공격에 저항했다
2 〔보통 부정문에서〕 …을 참다, 견디다: I couldn't *resist* laughing. 나는 웃음을 참을 수 없었다
── 자 저항하다

re·sist·ance [rizístəns 뤼ZO이스턴쓰] 명 **1** 저항(력): the *resistance* of the air 공기의 저항 / They made no *resistance* to the enemy attack. 그들은 적의 공격에 저항하지 않았다
2 〔종종 **the Resistance**로〕 레지스탕스 《특히 제2차 세계 대전 중 프랑스에서 있었던 지하 저항 운동》

res·o·lute [rézəlùːt 뤠Z얼루-트] 형 굳게 결심한, 단호한

res·o·lu·tion [rèzəlúːʃən 뤠Z얼루-션] 명 **1 결심**, 결의, 결단(력): New Year's *resolution* 새해 결심 / He made a *resolution* to get up early. 그는 일찍 일어나겠다고 결심했다
2 결의(決議); 결의문〔안〕
3 (문제 등의) 해결, 해답
4 분해, 분석

***re·solve** [rizálv 뤼Z아을ㅇ] 동 (3단현 **resolves** [-z]; 과거·과거분사 **resolved** [-d]; 현재분사 **resolving**) 타
1 …을 **결심하다**, 마음먹다 《to do》: He *resolved* to study law. 그는 법률을 공부하기로 결심했다
2 (문제 등을) 풀다, 해결하다(solve): *resolve* a problem〔conflict〕 문제를〔분쟁을〕 해결하다
3 …을 분해〔분석〕하다
── 자 결심〔결의〕하다: He *resolved on* making an early start. 그는 일찍 떠나기로 마음먹었다
── 명 결심, 결의

***re·sort** [rizɔ́ːrt 뤼ZO-r트] 동 (3단현 **resorts** [-ts]; 과거·과거분사 **resorted** [-id]; 현재분사 **resorting**) 자 **1** (어떤 장소에) **자주 가다**, 다니다: They *resort to* the lake *in* summer. 그들은 여름에 호수에 자주 간다
2 …에 의지하다, 호소하다: *resort to* violence 폭력에 호소하다
── 명 (복수 **resorts** [-ts]) **1 휴양지**, 행락지: a summer *resort* 피서지
2 의지가 되는 사람〔것〕; 수단

re·sound [rizáund 뤼Z아운드] 자 (소리 등이) 울리다(echo), 울려 퍼지다

re·source [ríːsɔːrs 뤼-쏘-r쓰] 명 (복수 **resources** [-iz])〔보통 복수형으로〕 자원; 재원(財源): natural *resources* 천연자원

*** re·spect** [rispékt 뤼스펙트] 명 (복수 **respects** [-ts]) **1 존경**, 존중(반 contempt 경멸): We have *respect* for our teacher. 우리는 선생님을 존경하고 있다
2 주의, 관심: He pays no *respect* to other's feelings. 그는 남의 감정을 생각하지 않는다
3 (특정의) 점: in all〔many, some〕 *respects* 모든〔많은, 어느〕 점에서
4〔복수형으로〕 안부, 전하는 말: Give my *respects to* your mother. 어머님께 안부 전해주게

in respect of〔*to*〕 = *with respect to*
with respect to …에 관하여는: *with respect to* your problem 당신의 문제에 관하여
── 동 (3단현 **respects** [-ts]; 과거·과거분사 **respected** [-id]; 현재분사 **respecting**) 타 …을 **존경하다**, 존중하다(반 despise 경멸하다): He is *respected* by everyone. 그는 모든 사람으로부터 존경받고 있다

re·spect·a·ble [rispéktəbl 뤼스펙터블] 형 (비교급 **more respectable**; 최상급 **most respectable**) **1** 존경할 만한, 훌륭한: He is *respectable*. 그는 존경할 만한 사람이다
2《구어》상당한: a *respectable* income 상당한 수입

re·spect·ful [rispéktfəl 뤼스펙F얼] 형 공손한, 예의 바른, 정중한

re·spect·ful·ly [rispéktfəli 뤼스펙F얼리] 부 공손하게, 정중하게

Yours respectfully = *Respectfully yours* 경구 《윗사람에게 보내는 편지의 정중한 맺음말》

re·spec·tive [rispéktiv 뤼스펙티ㅇ] 형 각각의, 각자의 (보통 뒤에는 복수명사가 온다): the *respective* countries 각 나라들

re·spec·tive·ly [rispéktivli 뤼스펙티V을리] 부〔보통 문장 끝에 놓여〕 저마다, 각자: Mark, Jim, and Jack are five, seven, and nine years old, *respectively*. 마크, 짐, 잭은 각자 5세, 7세, 9세다

res·pi·ra·tion [rèspəréiʃən 레스퍼뤠이션] 명 호흡(작용)

*** re·spond** [rispánd 뤼스판드] 동 (3단현 **responds** [-dz]; 과거·과거분사 **responded** [-id]; 현재분사 **responding**) 자 **1** …에 **대답하다**, 응답하다 (answer, reply): He *responded to* the question quickly. 그는 그 질문에 재빨리 대답했다
2 …에 반응하다《to》

re·sponse [rispáns 뤼스판쓰] 명 (복수 **responses** [-iz]) **1** 대답, 응답(answer, reply): He has made no *response* to my letter. 그는 나의 편지에 답장을 주지 않았다
2 반응, 반향
in response to …에 응하여, 답하여

re·spon·si·bil·i·ty [rispànsəbíləti 뤼스판써빌러티 → 뤼스판써빌러리] 명 (복수 **responsibilities** [-z]) **1** 책임, 의무: avoid *responsibility* 책임을 회피하다/ He took the *responsibility* upon himself. 그가 책임을 떠맡았다
2 책임이 되는 것, 부담

re·spon·si·ble [rispánsəbl 뤼스판써브얼] 형 **1** 책임이 있는, 책임을 져야 할 (**for**): A man is *responsible for* his acts. 사람은 자기 행동에 대하여 책임을 져야 한다
2 신뢰할 수 있는: He is a *responsible* man. 그는 신뢰할 수 있는 사람이다

rest¹ [rést 뤠스트] 명 (복수 **rests** [-ts]) **1** 휴식, 휴양; 수면: Let's take [have] a *rest*. 잠시 쉬자

2 [음악] 휴지(休止), 쉼표
3 (물건을 올려놓는) 받침
──동 (3단현 **rests** [-ts]; 과거·과거분사 **rested** [-id]; 현재분사 **resting**) 자 **1** 쉬다, 휴식하다; 자다: We *rested* for an hour. 우리는 1시간 동안 쉬었다
2 멈추다, 정지하다: The ball *rested on* the lawn. 공은 잔디 위에 멈췄다
3 [부정문에서] 마음놓고 있다: I can*not rest* under these circumstances. 이런 상황에서는 안심할 수 없다
4 얹혀 있다, 기대다 (**on, against**): His hands *rested on* the table. 그의 두 손은 탁자 위에 얹혀 있었다
5 믿다, 의지하다 (**on**): I *rested on* his promise. 나는 그의 약속을 믿었다
6 (결정 등이) …에게 달려 있다
──타 **1** …을 쉬게 하다: He stopped reading and *rested* his eyes. 그는 독서를 중단하고 눈을 쉬게 했다
2 …을 놓다, 기대게 하다

rest² [rést 뤠스트] 명 [**the**를 붙여] 나머지; 나머지 사람들: *The rest* of the money is in the bank. 나머지 돈은 은행에 맡겼다/ *The rest* of the students were absent. 나머지 학생들은 결석했다

> 쓰임새 the rest는 셀 수 없는 것을 가리킬 때에는 단수 취급, 셀 수 있는 것을 가리킬 때에는 복수 취급한다.

res·tau·rant [réstərɑ̀ːnt 뤠스터롸-안트] 명 (복수 **restaurants** [-ts]) 레스토랑, 음식점: a chinese *restaurant* 중화요리점
【프랑스어에서】

rest·ful [réstfəl 뤠스트F얼] 형 조용한, 편안한

rest·less [réstlis 뤠스틀리쓰] 형 **1** 침착하지 못한, 불안한, 불안정한: a *restless* life 불안정한 생활
2 부단히 활동하는

re·store [ristɔ́ːr 뤼스토-r] 동 (3단현 **restores** [-z]; 과거·과거분사 **restored** [-d]; 현재분사 **restoring** [-stɔ́ːriŋ]) 타 **1** …을 복구[복원] 하다: The old castle was *restored*. 옛 성이 복구되었다
2 …을 원상태로 되돌리다; (건강·의식 등을) 회복시키다: *restore* order 질서를 되찾다/ He was *restored* to health. 그는 건강을 회복했다
3 …을 (원래 장소에) 되돌리다: Please *restore* the book *to* the shelf. 그 책을 책장에 도로 갖다 놓으세요

re·strain [ristréin 뤼스츄뤠인] 동 (3단현 **restrains** [-z]; 과거·과거분사

re·strained [-d]; 현재분사 **restraining**) 타 **1** (감정 등을) 억누르다, 억제하다: She could not *restrain* her anger. 그녀는 화를 억누를 수가 없었다
2 …에게 (…을) 못하게 하다, 금하다 《from》: I *restrained* him *from* going there alone. 나는 그가 혼자 거기에 가지 못하게 했다

re·straint [ristréint 뤼스츄레인트] 명 **1** 제지, 금지, 억제(력) **2** 속박, 구속 **3** 자제, 근신

*__re·strict__ [ristríkt 뤼스츄릭트] 동 (3단현 **restricts** [-ts]; 과거·과거분사 **restricted** [-id]; 현재분사 **restricting**) 타 **…을 제한하다**, 한정하다: The police *restricted* traffic there. 경찰은 그곳의 교통을 제한했다

re·stric·tion [ristríkʃən 뤼스츄릭션] 명 제한, 한정

rest room [rést rùːm] 명 《미》 (호텔·극장 등의) 화장실 (▶ 가정에서는 보통 bathroom이라 한다)

rest room

*__re·sult__ [rizʌ́lt 뤼Z어얼트] 명 (복수 **results** [-ts]) **1 결과**: What was the *result* of the election? 선거 결과는 어떻습니까?
2 〔복수형으로〕 (시험·경기의) 성적: school *results* 학교 성적
── 동 (3단현 **results** [-ts]; 과거·과거분사 **resulted** [-id]; 현재분사 **resulting**) 자 **1** …의 결과로서 생기다 《from》: His illness *resulted from* drinking too much. 그의 병은 과음으로 인해서 생겼다
2 …로 끝나다 《in》: The experiment *resulted in* failure. 그 실험은 실패로 끝났다

re·sume [rizúːm 뤼Z우-음] 동 (3단현 **resumes** [-z]; 과거·과거분사 **resumed** [-d]; 현재분사 **resuming**) 타 **1** …을 되찾다: Please *resume* your seat. 자리에 돌아가십시오
2 (일 등을) 다시 시작하다

ré·su·mé, re·su·me [rézumèi 뤠Z우메이] 명 《미》 이력서 【프랑스어에서】

re·tail [ríːteil 뤼-테일] 명 소매(반 wholesale 도매)
── 형 소매의: a *retail* price 소매 가격
── 타 …을 소매하다

re·tail·er [ríːteilər 뤼-테일러r] 명 소매 상인

re·tain [ritéin 뤼테인] 동 (3단현 **retains** [-z]; 과거·과거분사 **retained** [-d]; 현재분사 **retaining**) 타 **1** …을 간직하다, 유지하다(keep): She *retains* her youth. 그녀는 젊음을 유지하고 있다
2 …을 기억하고 있다(remember)

*__re·tire__ [ritáiər 뤼타이어r] 동 (3단현 **retires** [-z]; 과거·과거분사 **retired** [-d]; 현재분사 **retiring** [-táiəriŋ]) 자 **1** (정년 등으로) **은퇴하다**, 퇴직하다: He *retired* from public life. 그는 공직에서 은퇴했다
2 물러가다: I *retired* to my room. 나는 내 방으로 물러갔다

re·tired [ritáiərd 뤼타이어r드] 형 **1** 은퇴한, 퇴직한: a *retired* life 은퇴 생활
2 외딴, 구석진: a *retired* village 외딴 마을

re·tire·ment [ritáiərmənt 뤼타이어r먼트] 명 은퇴, 퇴직

*__re·treat__ [ritríːt 뤼츄리-트] 명 **1 후퇴**, 퇴각 **2** 피난처, 휴양지
── 동 (3단현 **retreats** [-ts]; 과거·과거분사 **retreated** [-id]; 현재분사 **retreating**) 자 **1 후퇴하다**, 물러가다: The army *retreated* from the front. 군대는 전선에서 후퇴했다
2 은퇴하다

re·trieve [ritríːv 뤼츄리-v으] 동 (현재분사 **retrieving**) 타 **1** …을 되찾다, 회복

re·turn [ritə́ːrn 뤼터-r언] 图 (3단현 **returns** [-z]; 과거·과거분사 **returned** [-d]; 현재분사 **returning**) 자 (본래의 장소·상태 등으로) 되돌아오다[가다] (《구어》에서는 come back이나 go back을 흔히 쓴다): *return* home 집으로 돌아가다/ He *returned* from Seoul yesterday. 그는 어제 서울에서 돌아왔다/ Let's *return* to the subject. 주제로 돌아갑시다

── 타 **1** …을 돌려주다, 반환하다: *Return* that book *to* the library. 그 책을 도서관에 반납해라

2 …을 갚다, 보답하다: *return* evil *for* good 은혜를 원수로 갚다

3 답변하다

── 명 (복수 **returns** [-z]) **1** 돌아옴[감], 귀가: We are waiting for your *return*. 우리는 네가 돌아오기를 기다리고 있다

2 회복, 복귀; 반복, 순환: the *return* of health 건강의 회복

3 회답, 답례; 반환, 반납: He asked for the *return* of the money. 그는 돈을 돌려줄 것을 요구했다

4 (공식) 보고서

5 [복수형으로] 이윤(yield)

by return 받는 즉시로: Answer me *by return*. 받는 즉시 답장 주세요

in return …의 답례로 《for》: I gave him a doll *in return for* his present. 나는 그의 선물에 대한 보답으로 인형을 주었다

── 형 돌아오는[가는]; 회답[답례]의: a *return* match 리턴 매치, 복수전/ a *return* visit 답례 방문

return ticket [ritə́ːrn tíkit] 명 《영》 왕복 차표 (《미》 a round-trip ticket)

re·veal [riví:l 뤼뷔-을] 图 (3단현 **reveals** [-z]; 과거·과거분사 **revealed** [-d]; 현재분사 **revealing**) 타 **1** …을 나타내다, 보이다: The fog lifted and *revealed* a full moon. 안개가 걷히자 보름달이 나타났다

2 (비밀 등을) 폭로하다, 밝히다: *reveal* a secret 비밀을 누설하다

re·venge [rivéndʒ 뤼V엔쥐] 명 보복, 복수: He took his *revenge* on them. 그는 그들에게 복수했다

── 图 (3단현 **revenges** [-iz]; 과거·과거분사 **revenged** [-d]; 현재분사 **revenging**) 타 복수하다, 원수를 갚다: He *revenged* his dead father. 그는 죽은 아버지의 원수를 갚았다

rev·e·nue [révənjù: 뤠V어뉴-] 명 **1** (국가의) 세입 **2** (개인의) 수입, 소득

rev·er·ence [révərəns 뤠V어뤈쓰] 명 존경, 경의(respect)

rev·er·ent [révərənt 뤠V어뤈트] 형 공손한, 공경하는

re·verse [rivə́ːrs 뤼V어-r쓰] 명 (복수 **reverses** [-iz]) **1** [보통 the를 붙여] 반대, 역(逆); 뒤: My opinion is *the reverse* of yours. 내 의견은 당신과 반대다

2 (기계 등의) 역전(逆轉)(장치)

3 (운명의) 역경, 불운

── 형 반대의, 거꾸로의: in *reverse* order 역순으로

── 图 (3단현 **reverses** [-iz]; 과거·과거분사 **reversed** [-t]; 현재분사 **reversing**) 타 **1** …을 거꾸로 하다, 반대로 하다: *reverse* a coin[coat] 동전을[코트를] 뒤집다/ The order is *reversed*. 순서가 거꾸로 되었다

2 …을 후진시키다: He *reversed* his car. 그는 차를 후진시켰다

3 (결정 등을) 번복하다, 취소하다

re·view [rivjú: 뤼V유-] 명 (복수 **reviews** [-z]) **1** 비평, 논평: a book *review* 서평/ I read a *review* of the movie in the newspaper. 나는 신문에서 그 영화의 비평을 읽었다

2 재조사, 재검토: a *review* of the facts 사실의 재검토

3 《미》 복습 (《영》 revision)
4 회고, 회상
── 동 (3단현 reviews [-z]; 과거·과거분사 reviewed [-d]; 현재분사 reviewing) 타 1 …을 비평하다: He *reviews* books for the newspaper. 그는 그 신문에 서평을 쓰고 있다
2 …을 다시 조사하다; 세밀히 살피다: We have to *review* the data. 자료를 다시 조사할 필요가 있다
3 《미》 …을 복습하다 (《영》 revise): I have to *review* today's lesson. 나는 오늘 배운 공부를 복습해야 한다
4 …을 회고하다, 회상하다
【「다시(re-) 보다(view)」에서】

re·vise [riváiz 뤼V아이z으] 동 (3단현 revises [-iz]; 과거·과거분사 revised [-d]; 현재분사 revising) 타 1 (의견 등을) 바꾸다, 변경하다: They *revised* their plan. 그들은 계획을 변경했다
2 …을 교정 [수정, 개정]하다: a *revised* edition 개정판
3 《영》 복습하다 (《미》 review)

re·vi·sion [rivíʒən 뤼V이줜] 명 1 교정, 개정 2 개정판 3 《영》 복습 (《미》 review)

re·viv·al [riváivəl 뤼V아이V어을] 명 1 부활, 부흥 2 (의식·체력 등의) 회복 3 재상영, 재연주

***re·vive** [riváiv 뤼V아이V으] 동 (3단현 revives [-z]; 과거·과거분사 revived [-d]; 현재분사 reviving) 타 1 …을 부활시키다: *revive* an old fashion 예전의 유행을 부활시키다
2 …을 되살리다, 회복시키다: *revive* a memory 기억을 되살리다/ Hot coffee will *revive* her. 뜨거운 커피를 마시면 그녀는 원기를 회복할 것이다
3 …을 재상영하다

re·volt [rivóult 뤼V오울트] 명 1 반란, 폭동: rise in *revolt* 반란을 일으키다
2 반감, 혐오
── 동 (3단현 revolts [-ts]; 과거·과거분사 revolted [-id]; 현재분사 revolting) 자 1 …에 반란을 일으키다: People *revolted against* their rulers. 민중은 지배자들에 대하여 반란을 일으켰다
2 매우 싫어하다 《at, from》

***rev·o·lu·tion** [rèvəlúːʃən 뤠V얼루-션] 명 (복수 revolutions [-z]) 1 (정치상의) 혁명; 대변혁: the French *Revolution* 프랑스 혁명/ the Industrial *Revolution* 산업 혁명
2 회전: 45 *revolutions* per minute 매분 45회전
3 (천체의) 공전 (반 rotation 자전)

rev·o·lu·tion·a·ry [rèvəlúːʃənèri 뤠V얼루-셔네뤼] 형 혁명의; 혁명적인

re·volve [riválv 뤼V알v으] 동 (3단현 revolves [-z]; 과거·과거분사 revolved [-d]; 현재분사 revolving) 자 회전하다; (천체가) 공전하다: The moon *revolves around* the earth. 달은 지구의 주위를 돈다

re·volv·er [riválvər 뤼V알V어r] 명 (탄창 회전식) 연발 권총

pistol   revolver

re·volv·ing [riválviŋ 뤼V알V잉] 형 회전하는: a *revolving* chair 회전 의자

***re·ward** [riwɔ́ːrd 뤼워-r드] 명 (복수 rewards [-dz]) 1 보상, 보답 2 사례금, 현상금
── 동 (3단현 rewards [-dz]; 과거·과거분사 rewarded [-id]; 현재분사 rewarding) 타 보상 [보답]하다: She *rewarded* me *for* my efforts. 그녀는 나의 노력에 보상해 주었다

re·write [riːráit 뤼-롸잇] 동 (3단현 rewrites [-ts]; 과거 rewrote [-róut]; 과거분사 rewritten [-rítn]; 현재분사 rewriting) 타 …을 다시 쓰다, 고쳐 쓰다

rhap·so·dy [rǽpsədi 랩써디 → 랲써리] 명 (복수 **rhapsodies** [-z]) 〖음악〗 광시곡

rhet·o·ric [rétərik 뤠터뤽 → 뤠러뤽] 명 1 수사학(修辭學) 2 화려한 문체

rheu·ma·tism [rúːmətizm 루-머티즘] 명 【의학】 루머티즘

Rhine [ráin 롸인] 명 〔the를 붙여〕 라인 강 《스위스의 알프스 산에서 발원하여 독일을 거쳐 북해로 흘러간다》

rhi·no [ráinou 롸이노우] 〔h는 묵음〕 명 (복수 **rhinos** [-z]) 《구어》 = rhinoceros

rhi·noc·er·os [rainásərəs 롸이나쎠러쓰] 〔h는 묵음〕 명 〖동물〗 무소, 코뿔소 (간단히 rhino라고도 한다)

rhinoceros

Rhode Island [ròud áilænd 로우드 아일랜드] 명 로드아일랜드 《미국 동북부에 있는 미국에서 가장 작은 주(州); 약어는 R.I.》

rhyme [ráim 롸임] 〔h는 묵음〕 명 (복수 **rhymes** [-z]) 1 (시의) 운, 각운(脚韻) 2 〔보통 복수형으로〕 운문, 시(詩)

rhythm [ríðm 뤼ð음] 〔h는 묵음〕 명 (복수 **rhythms** [-z]) 1 율동, 리듬: She danced in a slow *rhythm*. 그녀는 느린 율동으로 춤을 추었다
2 (규칙적인) 반복, 순환

rhyth·mic [ríðmik 뤼ð으믹] 형 = rhythmical

rhyth·mi·cal [ríðmikəl 뤼ð으미커얼] 형 율동적인, 리드미컬한

rib [ríb 뤼브] 명 (복수 **ribs** [-z]) 1 늑골, 갈빗대 2 (선박의) 늑재(肋材); (양산의) 살

rib·bon [ríbən 뤼번] 명 (복수 **ribbons** [-z]) 리본, 장식띠

rice [ráis 롸이쓰] 명 1 쌀; 밥: live on *rice* 쌀을 주식으로 하다/ boil [cook] *rice* 밥을 짓다
2 【식물】 벼: a *rice* crop 벼농사

rich [rítʃ 뤼치] 형 (비교급 **richer**; 최상급 **richest**) 1 돈 많은, 부유한(반 poor 가난한); 〔the를 붙여〕 부자들: He is a *rich* man. 그는 돈 많은 사람이다/ The *rich* are not always happy. 부자가 반드시 행복한 것은 아니다

poor　　　rich

2 풍부한; 〔be rich in의 형태로〕 …이 풍부하다: a *rich* harvest 풍작/ Butter is *rich* in vitamin A. 버터는 비타민 A가 풍부하다
3 (토지가) 기름진(fertile): *rich* soil 기름진 땅
4 (보석·의복 등이) 값비싼, 고가의: *rich* jewels 고가의 보석들
5 (음식이) 영양분 있는, 진한: *rich* milk 진한 우유
6 (빛깔이) 진한; (소리가) 낭랑한: a *rich* voice 성량이 풍부한 음성

rich and poor (복수 취급) 부자나 가난뱅이나

rich·es [rítʃiz 뤼취z으] 명 〔복수 취급〕 부 (wealth), 재산

rich·ly [rítʃli 뤼칠리] 부 1 풍부하게 2 충분히 3 호화롭게

rid [ríd 뤼드] 동 (3단현 **rids** [-dz]; 과거·과거분사 **rid, ridded** [-id]; 현재분사 **ridding**) 타 1 (…에서) …을 없애다, 제거하다 (of): He *rid* the house *of* rats. 그는 집에서 쥐를 몰아냈다

2 …을 벗어나다 《of》: He is *rid of* fever. 그는 열이 내렸다
get rid of …을 제거하다: How can we *get rid of* these mosquitoes? 이 모기들을 어떻게 없애지?

rid·den [rídn 리든] 통 ride(타다)의 과거분사형

rid·dle [rídl 리들얼→ 리루얼] 명 **1** 수수께끼: ask a *riddle* 수수께끼를 내다/ She solved a *riddle*. 그녀는 수수께끼를 풀었다
2 수수께끼 같은 것〔사람〕

ride [ráid 롸이드] 통 (3단현 **rides** [-dz]; 과거 **rode** [róud]; 과거분사 **ridden** [rídn]; 현재분사 **riding**) 타 **1** (말·탈것 등을) **타다**: *ride* a bus 버스를 타다/ I want to *ride* a horse. 나는 말을 타고 싶다/ Can you *ride* a bicycle. 너는 자전거를 탈줄 아니?

2 (사람을) 태우다: I *rode* him *on* my back〔shoulders〕. 나는 그를 등〔어깨〕에 태웠다
── 자 (탈것을) **타다,** 타고 가다: *ride in* a bus〔car〕 버스〔차〕를 타다/ I *ride* to school *on* a bicycle. 나는 자전거를 타고 학교에 간다/ Are you going to walk or *ride*? 걸어갈 거야, (차를) 타고 갈 거야?
── 명 (복수 **rides** [-dz]) **1** (말·차·사람의 등에) **탐,** 태움, 타고〔태우고〕 감: Please give me a *ride*. 나 좀 태워 주세요/ We went for a *ride* in the car. 우리들은 드라이브하러 나갔다
2 (유원지 등의) 탈것

rid·er [ráidər 롸이더r→ 롸이러r] 명 타는 사람, 기수

ridge [ridʒ 뤼쥐] 명 **1** 산등성이, 산마루
2 (밭의) 이랑 **3** (지붕의) 용마루

rid·i·cule [rídikjùːl 뤼디큐─얼→ 뤼리큐─얼] 통 (현재분사 **ridiculing**) 타 …을 비웃다, 조롱하다(make fun of)
── 명 비웃음, 조롱, 놀림

ri·dic·u·lous [ridíkjuləs 뤼디큘러스] **우스운,** 엉뚱한, 바보 같은: a *ridiculous* dress 우스운 복장

rid·ing [ráidiŋ 롸이딩→ 롸이링] 명 승마, 승차

ri·fle [ráifl 롸이Fㅇ을] 명 (복수 **rifles** [-z]) 라이플총, 선조총

right [ráit 롸잇] 〔✎ write(쓰다)와 발음이 같음〕 형 **1** (도덕상) **옳은,** 정당한(반 wrong 틀린): *right* conduct 올바른 행위/ It is not *right* to steal. 도둑질은 옳지 못하다
2 정확한, 틀림없는: the *right* answer 정확한 대답/ You are *right*. 네 말이 맞다
3 알맞은, 적당한: He is the *right* man for the job. 그는 그 일의 적임자다
4 (몸이) 건강한(healthy): I feel quite *right*. 나는 매우 건강하다
5 오른쪽의, 오른편의(반 left 왼쪽의): Raise your *right* hand. 오른손을 들어라
6 똑바른(straight); 직각의: a *right* line 직선/ a *right* angle 직각

all right (1) 아주 좋은: Everything is *all right*. 모든 일이 순조롭다
(2) 건강한, 무사한: He is *all right* today. 그는 오늘 건강이 아주 좋다
(3) 〔대답으로〕 **좋아,** 알았어

〔회화〕
A: Would you open the window?
창문 좀 열어주시겠습니까?
B: *All right.*
그래요

That's right. 《구어》 그래 맞았어, 그렇소(yes)

──부 **1 바로, 꼭**(just); 정확히(exactly): He stood *right* behind me. 그는 바로 내 뒤에 서 있었다/ The plane left *right* at three. 비행기는 정확히 3시에 떠났다

2 곧장, 똑바로: I went *right* at him. 나는 그를 향하여 곧장 갔다/ Go *right* ahead. 곧장 앞으로 가시오

3《구어》**곧, 당장**: I'll be *right* back. 곧 돌아오겠소

4 옳게, 바르게: answer *right* 옳게 대답하다/ He acted *right*. 그는 바르게 행동했다

5 잘, 순조롭게: Things went *right*. 만사가 잘 되어 갔다

6 오른쪽으로: Turn *right* at the next corner. 다음 골목에서 오른쪽으로 돌아라

***right away* 곧, 당장**(at once): I'll be there *right away*. 곧 가겠습니다

***right now* 지금 당장** ⇒ now 숙어

──명 (복수 **rights** [-ts]) **1 권리**(반 duty 의무): human *rights* 인권/ civil *rights* 시민권

2 올바름, 정당, 정의: We should do *right*. 우리는 옳은 일을 해야 한다

3 오른쪽(반 left 왼쪽): Turn to the *right* at the second corner. 두 번째 골목에서 오른쪽으로 도세요/ Keep to the *right*.《게시》우측 통행

right   left

4【야구】**우익(수)**;【권투】**오른손 펀치**

5〔보통 the Right로〕**우파 (세력)**

right·eous [ráitʃəs 라이쳐스] 형 **1** (도덕적으로) 바른 **2** 정당한, 당연한

right-hand [ráit-hǽnd 라잇핸드] 형 **1** 오른손의 **2** 심복의, 믿을 만한

right-hand·ed [ráit-hǽndid 라잇핸디드] 형 오른손잡이의

right·ly [ráitli 라이틀리 → 라잇'ㄹ리] 부 **1** 정확히, 틀림없이: He answer the question *rightly*. 그는 그 질문에 바르게 대답했다

2 (도덕적으로) 바르게, 적절히: She behaved *rightly*. 그녀는 올바르게 행동했다

3 〔문장 전체를 수식하여〕**당연히**: He was *rightly* punished. 그는 당연한 벌을 받았다

rig·id [rídʒid 뤼쥐드] 형 (비교급 **more rigid**; 최상급 **most rigid**) **1** 엄격한; (생각 등이) 완고한: *rigid* rules 엄격한 규칙

2 단단한, 딱딱한(stiff): a *rigid* metal rod 단단한 금속 막대

rig·or, 《영》**rig·our** [rígər 뤼거] 명 **1** 엄함, 엄격함 **2** 엄밀함, 정확함 **3** (추위 등이) 혹독함

rig·or·ous [rígərəs 뤼거뤄쓰] 형 **1** 엄한, 엄격한(strict) **2** 엄밀한, 정확한 **3** (추위 등이) 혹독한

rim [rím 륌] 명 (복수 **rims** [-z])(둥근 것의) 테, 가장자리

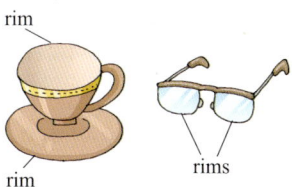

***ring**¹ [ríŋ 륑] 명 (복수 **rings** [-z]) **1 원, 원형**: They danced in a *ring*. 그들은 원을 이루어 춤을 추었다

2 고리; 반지, 가락지: a key *ring* 열쇠고리/ a diamond *ring* 다이아몬드 반지/ She wears a wedding *ring*. 그녀는 결혼 반지를 끼고 있다

3 원형 경기장; (권투의) 링

> [참고] 권투 링의 유래
> 초기 격투기장에서는 사람들이 빙 둘러서 구경하였는데, 경기가 격렬해지면 구경꾼들이 선수들에게 뛰쳐나오므로 그들을 통제하기 위해 말뚝을 박고 줄을 치기 시작한 것이 지금의 사각의 링이 되었다고 한다.

4 [복수형으로] (체조의) 링

*ring² [ríŋ 링] 동 (3단현 rings [-z]; 과거 rang [ræŋ]; 과거분사 rung [rʌŋ]; 현재분사 ringing) 자 **1** (종·전화 등이) 울리다: The bell is ringing. 벨이 울리고 있다

rings¹ 4

2 (귀·마음속에) 울리다; (장소에 소리가) 울려 퍼지다: His voice still *rings* in my ears. 그의 목소리는 아직도 내 귀에 쟁쟁하다

── 타 **1** (종·방울 등을) 울리다: *ring* a bell 종을 울리다

2 《영》…에 전화를 걸다 (《미》 call): *Ring* me *(up)* any time. 언제라도 전화를 주시오

ring off 《영》 전화를 끊다

── 명 (복수 **rings** [-z]) **1** (종·벨 등의) 울림, 울리는 소리: There is a *ring* at the door. 현관의 벨이 울리고 있다

2 《영》 전화 걸기: I'll give you a *ring* tonight. 오늘 밤 전화할게

ring finger [ríŋ fíŋɡər] 명 (결혼 반지를 끼는 왼손의) 무명지

rink [ríŋk 링크] 명 (복수 **rinks** [-s]) (실내의) 롤러[아이스] 스케이트장

rinse [ríns 륀쓰] 동 (현재분사 **rinsing**) 타 …을 헹구다, 가시다

── 명 **1** 헹굼 **2** (헹구는) 린스제(劑)

riot [ráiət 롸이엇] 명 폭동, 소동

rip [ríp 륍] 동 (3단현 **rips** [-s]; 과거·과거분사 **ripped** [-t]; 현재분사 **ripping**) 타 …을 째다, 찢다: She *ripped* the cloth *with* her hands. 그녀는 그 천을 손으로 찢었다

*ripe [ráip 롸입] 형 (비교급 **riper**; 최상급 **ripest**) **1** (과일·곡식 등이) 익은, 문: *ripe* fruit 익은 과일 / The pears are *ripe*. 배는 익었다

2 원숙[숙달]한, 노련한

3 기회가 무르익은, 준비가 된 **(for)**: The time is *ripe for* our action. 우리들이 행동할 때가 됐다

rip·en [ráipən 롸이펀] 자 **1** (과일 등이) 익다 **2** 원숙해지다

── 타 …을 익히다

rip·ple [rípl 뤼프을] 명 잔물결, 파문

ripple   splash

── 동 (현재분사 **rippling**) 타 자 잔물결을 일으키다; 잔물결이 일다

*rise [ráiz 롸이즈] 동 (3단현 **rises** [-iz]; 과거 **rose** [róuz]; 과거분사 **risen** [rízn]; 현재분사 **rising**) 자 **1** 일어서다; (잠자리에서) 일어나다(get up): He *rose* to greet his guests. 그는 일어나서 손님들에게 인사했다 / My father *rises* early. 아버지는 일찍 일어나신다

2 (생각 등이) 떠오르다: An idea *rose* in my mind. 어떤 생각이 떠올랐다

3 (강 등이) …에서 발원하다: Where does the Mississippi *rise*? 미시시피 강은 어디에서 발원하는가?

4 (불화·오해 등이) 생기다, 발생하다: Trouble *rose between* them. 그들 사이에 분쟁이 일어났다

5 (길이) 오르막이 되다; 솟아오르다: The road *rises* sharply here. 길은 여기에서 가파른 오르막이 된다

6 (해·달 등이) 뜨다(반 set 지다); (막이) 오르다: The sun *rises* in the east sets in the west. 해는 동쪽에서 떠서 서쪽으로 진다 (전치사 in을 쓰는 것에 주의)

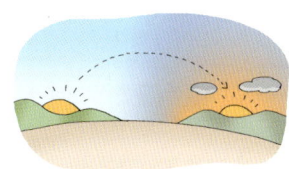

rise set

7 출세하다, 승진하다: *rise* the world 출세하다
8 (바람이) 일다; (바다가) 사나워지다; (소리가) 높아지다: The wind *rose* rapidly. 바람이 갑자기 세어졌다
9 (가격·온도 등이) 오르다; (양이) 늘다: Prices are *rising*. 물가가 오르고 있다/ The river is *rising* fast. 강물이 급속히 불어나고 있다
── 명 (복수 **rises** [-iz]) **1** (기온·물가 등의) 상승, 증가, 오름: a *rise* in temperature 기온의 상승
2 《영》 임금 인상 (《미》 raise)
3 입신, 출세; 번영: the *rise* and fall of the empire 제국의 흥망
4 오르막 (길)
5 기원, 근원(origin): the *rise* of the river 강의 기원
give rise to …을 발생시키다: *give rise to* doubts 의심을 불러일으키다

ris·en [rízn 뤼Z은] 동 rise(오르다)의 과거분사형

ris·er [ráizər 라이Z어r] 명 일어나는 사람: an early〔a late〕 *riser* 일찍〔늦게〕 일어나는 사람

ris·ing [ráiziŋ 라이Z잉] 형 **1** (해·달이) 떠오르는; 올라가는: the *rising* sun 아침 해
2 증대〔증가〕하는
── 명 **1** (해·달이) 떠오름(반 setting 짐) **2** 상승

risk [rísk 뤼스크] 명 위험; 모험
at all risks = ***at any risk*** 어떤 위험을 무릅쓰고서라도, 기어이
at the risk of …을 무릅쓰고: He did it *at the risk of* his life. 그는 생명의 위험을 무릅쓰고 그것을 했다
run*〔*take*〕 *the risk of doing …할 위험을 무릅쓰다: I don't want to *run the risk of losing* my job. 나는 내 직업을 잃어버릴 위험을 무릅쓰고 싶지 않다
── 동 (3단현 **risks** [-s]; 과거·과거분사 **risked** [-t]; 현재분사 **risking**) 타 …을 각오하고 하다, (목숨을) 걸다: He *risked* his life *to* save the child. 그는 목숨을 걸고 그 아기를 구했다

rite [ráit 롸잇] 명 (복수 **rites** [-ts]) 의식
rit·u·al [rítʃuəl 뤼츄어얼] 형 의식의

ri·val [ráivəl 롸이V어얼] 명 (복수 **rivals** [-z]) 경쟁자, 적수, 라이벌: He is my *rival* in tennis. 테니스에서 그는 나의 경쟁 상대다

riv·er [rívər 뤼V어r] 명 (복수 **rivers** [-z]) 강: I fished in the *river* yesterday. 나는 어제 강에서 낚시질을 했다

> 참고 강 이름 쓰기
> 《미》에서는 the Mississippi *River*(미시시피 강)처럼 강 이름이 앞에 오고, 《영》에서는 the *River* Thames(템스 강)처럼 강 이름이 뒤에 오는데, 흔히 the Mississippi, the Thames처럼 River는 생략한다. 우리나라는 미국의 영향을 받아 the Han *River*(한강)라고 한다.

riv·er·side [rívərsàid 뤼V어r싸이드] 명 강변, 강기슭

road [róud 로우드] rode(탔다)와 발음이 같음] 명 (복수 **roads** [-dz]) **1** 길, 도로: Don't play in the *road*. 길에서 놀지 마라/ This *road* leads to the station. 이 도로는 역으로 통하고 있다

유의어: 길, 도로

road는 차가 다니는 도로로 보통 도시와 도시, 마을과 마을을 연결한다. **street**는 양쪽에 건물이나 상점 등이 늘어선 시내의 도로. **path**는 들이나 공원 등의 차가 다니지 않는 작은 길. **way**는 추상적인 뜻의 길이나, 어떤 장소에서 다른 장소로 가는 도로.

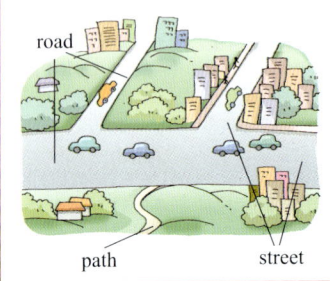

2 (도시의) 거리, …로(路) (🔖 약어는 Rd.): He lives at 15 Manchester Road. 그는 맨체스터로(路) 15번지에 살고 있다

3 (…에 이르는) 길, 방법, 수단: There is no royal *road* to learning. 《속담》 학문에는 왕도가 없다

road·side [róudsàid 로우드싸이드] 명 길가, 대로변
—— 형 길가의, 대로변의: a *roadside* inn 길가의 여인숙

road·way [róudwèi 로우드웨이] 명 도로; (the를 붙여) 차도: Don't walk in the *roadway*. 차도를 걸어서는 안 된다

roam [róum 로움] 자타 (정처 없이) 걸어다니다, 배회하다(wander)

roar [rɔ́ːr 로-r] 동 (3단현 **roars** [-z]; 과거·과거분사 **roared** [-d]; 현재분사 **roaring** [rɔ́ːriŋ]) 자 (사자 등이) 으르렁거리다; (대포 등이) 울리다: The tiger *roared*. 호랑이가 으르렁거렸다
—— 명 으르렁거리는 소리; (대포 등이) 울리는 소리

roast [róust 로우스트] 동 (3단현 **roasts** [-ts]; 과거·과거분사 **roasted** [-id]; 현재분사 **roasting**) 타 (특히 고기를 오븐에) 굽다; (콩·커피 등을) 볶다: She *roasted* the beef *in* the oven. 그녀는 쇠고기를 오븐에 구웠다
—— 자 구워지다; 볶아지다
—— 명 (오븐에) 구운 고기, 로스트
—— 형 구운: *roast* beef 로스트 비프, 쇠고기 구이

*****rob** [ráb 롸ㅂ] 동 (3단현 **robs** [-z]; 과거·과거분사 **robbed** [-d]; 현재분사 **robbing**) 타 **1** 〔**rob** A **of** B의 형태로〕 (위협하거나 폭력을 써서) **A에게서 B를 빼앗다**: They *robbed* him *of* his money. 그들은 그에게서 돈을 빼앗았다 (🔖 수동태는 He *was robbed* of his money *by* them.)

2 (집·가게 등을) 털다: Two men *robbed* a bank last night. 두 사람이 어젯밤 은행을 털었다

rob·ber [rábər 롸버r] 명 강도 (🔖 「도둑」은 thief)

rob·ber·y [rábəri 롸버리] 명 (복수 **robberies** [-z]) 강도질

robe [róub 로우ㅂ] 명 (복수 **robes** [-z]) **1** 길고 헐거운 겉옷, 화장 가운 **2** 〔종종 복수형으로〕 예복, 관복

rob·in [rábin 롸빈] 명 【조류】 울새

Robin Hood [rábin hùd 롸빈 후드] 명 로빈후드 《12세기 경의 영국의 전설적인 의적(義賊)》

robin

*****ro·bot** [róubɑt 로우뱃] 명 (복수 **robots** [-ts]) **1 로봇 2** 기계적으로 일하는 사람

ro·bust [roubʌ́st 로우바스트] 형 강건한, 건장한

*****rock**¹ [rák 롹] 명 (복수 **rocks** [-s]) **1 바위**, 암벽: They climbed the steep *rock*. 그들은 험한 바위를 올랐다

rock² 2 《미구어》 돌(stone)
3 〔종종 복수형으로〕 암초; 위험물

rock² [rák 롹] 동 (3단현 **rocks** [-s]; 과거·과거분사 **rocked** [-t]; 현재분사 **rocking**) 타 (앞뒤 또는 좌우로 살살) 흔들다: She *rocked* her baby asleep. 그녀는 아기를 살살 흔들어 재웠다
── 자 흔들리다, 진동하다
── 명 1 진동, 동요 2 록 음악(rock music), 로큰롤(rock'n'roll)

rock-climb·ing [rák-klàimiŋ 롹클라이밍] 명 암벽 등반

rock-climbing

※rock·et [rákit 롸킷] 명 (복수 **rockets** [-ts]) 1 로켓: a moon *rocket* 달 로켓 / launch a *rocket* 로켓을 발사하다
2 쏘아 올리는 불꽃; 신호탄

Rock·ies [ráki 롸키z으] 명 〔the를 붙여〕 = Rocky Mountains

rocket 1

rocking chair [rákiŋ tʃɛər] 명 흔들의자

rocking horse [rákiŋ hɔːrs] 명 흔들목마

rock'n'roll [rákənróul 롸컨로우을] 명 로큰롤

rock·y [ráki 롸키] 형 (비교급 **rockier**; 최상급 **rockiest**) 1 바위가 많은, 바위투성이의 2 바위 같은, 튼튼한

Rocky Mountains [ráki máuntnz] 명 〔the를 붙여〕 로키 산맥 《북미 서부의 산맥》

※rod [rád 롸드] 명 (복수 **rods** [-dz]) 1 막대, 장대 2 낚싯대 《 fishing rod라고도 한다》 3 매, 회초리

rode [róud 로우드] 《 road(길)와 발음이 같음》 동 ride(타다)의 과거형

ro·dent [róudnt 로우든트] 명 설치 동물 《쥐·다람쥐 등》

ro·de·o [róudiòu 로우디오우 → 로우리오우] 명 (복수 **rodeos** [-z]) 《미》 로데오 《길들이지 않은 말이나 소를 타는 경기》

rodeo

rogue [róug 로우그] 명 1 악한, 악당 (rascal) 2 〔귀여운 뜻으로〕 장난꾸러기

※role [róul 로우을] 《 roll(구르다)과 발음이 같음》 명 (복수 **roles** [-z]) 1 (배우의) 배역: He played the *role* of Hamlet. 그는 햄릿 역을 했다
2 역할, 임무

※roll [róul 로우을] 《 role(배역)과 발음이 같음》 동 (3단현 **rolls** [-z]; 과거·과거분사 **rolled** [-d]; 현재분사 **rolling**) 자 1 구르다, 굴러가다: The ball *rolled down*. 공은 아래로 굴러갔다
2 (차가) 천천히 나아가다[달리다]: The cab *rolled along* the road. 택시가 길을 따라 갔다
3 (파도 등이) 넘실거리다; (땅이) 기복(起伏)하다
4 (배·비행기가) 좌우로 흔들리다(반 pitch 앞뒤로 흔들리다): The ship *rolled* heavily in the waves. 배가 파도에 심하게 흔들렸다
5 말다, 감다: He *rolled up* his sleeves. 그는 소매를 말아 올렸다

6 (천둥·북 등이) 울리다: The thunder *rolled* in the evening. 저녁에 천둥이 우르르 울렸다

── 타 **1** …을 **굴리다**: He *rolled* a ball. 그는 공을 굴렸다

2 …을 말다, 감다: *roll* a cigarettes 궐련을 말다/ Please *roll* the paper. 종이를 마세요

roll 1   roll 2

3 …을 롤러를 굴려 판판하게 하다

── 명 (복수 **rolls** [-z]) **1 구르기, 회전 2 명단**, 출석부: call the *roll* 출석을 부르다

3 한 통, 롤: a *roll* of film 필름 1통

4 말아 만든 물건; (특히) 롤빵

5 롤러(roller), 땅 고르는 기계

6 (배·비행기 등의) 옆질, 좌우 요동(반 pitch 앞뒤 요동)

7 (파도의) 넘실거림; (땅의) 기복

roll call [róul kɔ̀:l] 명 점호, 출석 조사

roll·er [róulər 로울러r] 명 롤러, 땅 고르는 기계

roller coaster [róulər kòustər] 명 (유원지 등의) 롤러 코스터

roll·er-skate [róulər-skèit 로울러r스케잇] 자 롤러 스케이트를 타다

roller skate [róulər skèit] 명 (복수 **roller skates** [-ts]) 〔보통 복수형으로〕 롤러 스케이트화 (📖 간단히 skates라고도 한다)

roller coaster

roll·er-skat·ing [róulər-skèitiŋ 로울러r스케이팅 → 로울러r스케이링] 명 롤러 스케이트 타기

roll·ing [róuliŋ 로울링] 명 **1** 굴림, 구르기, 회전 **2** 땅 고르기 **3** (배·비행기의) 좌우 흔들림, 롤링(반 pitching 앞뒤 요동) **4** (파도의) 넘실거림; (땅의) 완만한 기복

pitching   rolling 3

── 형 **1** 구르는, 회전하는: A *rolling* stone gathers no moss. 《속담》 구르는 돌에는 이끼가 끼지 않는다; 직업을 자주 옮기면 돈이 모이지 않는다 (📖 《미》에서는 「활동가는 녹슬지 않는다」는 뜻으로도 쓴다)

2 (땅이) 기복하는

Ro·man [róumən 로우먼] 형 로마(인)의: the *Roman* Empire 로마 제국

── 명 로마인

ro·mance [rouméns 로우맨쓰] 명 (복수 **romances** [-iz]) **1** 로맨스, 연애 **2** 연애 소설 **3** 중세의 기사 이야기

Roman numerals [róumən njú:mərəl] 명 〔복수 취급〕 로마 숫자 (Ⅰ, Ⅱ, Ⅲ 같은 숫자)(반 Arabic numerals 아라비아 숫자)

*****ro·man·tic** [rouméntik 로우맨틱] 형 **1 낭만적인**, 로맨틱한; 공상적인: a *romantic* love 낭만적인 사랑

2 낭만주의(파)의

Rome [róum 로움] 명 로마 《이탈리아의 수도; 고대 로마 제국의 수도》: All roads lead to *Rome*. 《속담》 모든 길은 로마로 통한다 《같은 목적에 도달하는 데에도 여러 가지 방법이 있다》/ *Rome* was not built in a day. 《속담》 로마는 하루에 이루어지지 않았다

roof [rú:f 루-f으] 명 (복수 **roofs** [-s]) 지붕; (빌딩의) 옥상

roof

쓰임새 -f로 끝나는 명사의 복수형은 주로 -ves로 변화하지만 roof는 예외적으로 -s만 붙인다.

rook·ie [rúki 루키] 《구어》 신병; 풋내기; 신인 선수

room [rú:m 루-음] 명 (복수 **rooms** [-z]) **1 방**, 실(室): a dining *room* 식당/ This house has six *rooms*. 이 집에는 방이 6개 있다
2 〔무관사로〕 **장소**; 여지, 공간: This bed takes up too much *room*. 이 침대는 장소를 너무 많이 차지한다/ There is no *room* for doubt. 의심의 여지가 없다

make room for …에게 자리를 양보하다: I *made room for* her on the seat. 나는 그녀에게 자리를 양보해 주었다

room·mate [rú:mmèit 루-음메잇] 명 (기숙사 등의) 방친구

roost [rú:st 루-스트] 명 (닭의) 홰; (새들의) 보금자리

roost·er [rú:stər 루-스터r] 명 《미》 수탉 (✎「암탉」은 hen)

rooster

hen

root [rú:t 루-트] 명 (복수 **roots** [-ts]) **1** 〔종종 복수형으로〕 (식물의) **뿌리**: the *roots* of the tree 나무의 뿌리
2 (이·손톱 등의) 뿌리 (부분); (산의) 기슭
3 〔보통 the를 붙여〕 근원, 원인: the *root* of the trouble 문제의 원인
4 【언어】 어근; 【수학】 근(根), 루트: a square *root* 제곱근

by the root(s) 뿌리째; 근본적으로: pull up *by the roots* 뿌리째 뽑다

take root (1) 뿌리를 박다 (2) (습관·사상 등이) 정착하다

to the root(s) 철저히

── 동 (3단현 **roots** [-ts]; 과거·과거분사 **rooted** [-id]; 현재분사 **rooting**) 타 **1** 뿌리 깊게 심다: *root* a plant firmly 묘목을 단단히 심다
2 (식물·사상 등을) 뿌리뽑다 《out, up》

rope [róup 로웁] 명 (복수 **ropes** [-s]) 새끼, 밧줄, 로프: Tie his arms with a *rope*. 그의 팔을 로프로 묶어라

ro·sa·ry [róuzəri 로우z어뤼] 명 (복수 **rosaries** [-z]) 묵주, 염주

rosary

rose¹ [róuz 로우z으] 명 (복수 **roses** [-iz]) 【식물】 **장미**; 장밋빛: There's no *rose* without a thorn. 《속담》 가시 없는 장미는 없다 《세상에 완전한 행복은 없다》

roses

rose² [róuz 로우z으] 동 rise(오르다)의 과거형

rosy [róuzi 로우Z이] 형 (비교급 **rosier**; 최상급 **rosiest**) **1** 장밋빛의; (사람이) 혈색이 좋은
2 (장래가) 유망한, 낙관적인: *rosy* views 낙관론

rot [rát 롯] 통 (3단현 **rots** [-ts]; 과거·과거분사 **rotted** [-id]; 현재분사 **rotting**) 자 타 썩다, 부패하다; …을 썩이다
—— 명 썩음, 부패

ro·ta·ry [róutəri 로우터리 → 로우러뤼] 명 (복수 **rotaries** [-z]) **1** 회전 기계 《윤전기 등》 **2** 《미》환상 교차로, 로터리 (《영》 roundabout)
—— 형 도는, 회전하는

Rotary club [róutəri klʌ́b] 명 〔the를 붙여〕 로터리클럽 《국제 친선과 사회 봉사를 목적으로 하는 클럽; 회원의 집을 돌아가면서 모임을 열었던 데서》

ro·tate [róuteit 로우테잇] 통 (현재분사 **rotating**) 자 **1** 회전〔순환〕하다 **2** 교대하다

ro·ta·tion [routéiʃən 로우테이션] 명 **1** 회전, 순환 **2** (천체의) 자전(반 revolution 공전) **3** 교대

rot·ten [rátn 랕튼 → 롯'은] 형 **1** 썩은, 부패한: a *rotten* egg 썩은 달걀
2 (도덕적으로) 타락한

rouge [rúːʒ 루-쥐] 명 (화장용) 루주 【프랑스어에서】

‡**rough** [rʌ́f 롸f으] 형 (비교급 **rougher**; 최상급 **roughest**) **1** (표면이) **거칠거칠한**, 껄껄한(반 smooth 부드러운); (길 등이) 울퉁불퉁한: *rough* hands 거친 손/ We drove along a *rough* road. 우리는 울퉁불퉁한 길을 차로 달렸다
2 거친, 버릇없는(rude), 난폭한: He has a *rough* manner. 그는 버릇없다
3 (날씨 등이) 거친, 사나운: a *rough* sea 거친 바다
4 대강의, 대략적인: a *rough* plan 대강의 계획

rough·ly [rʌ́fli 롸F을리] 부 **1** 거칠게, 버릇없이 **2** 대충, 대략

roughly speaking 대충 말하면

‡**round** [ráund 롸운드] 형 (비교급 **rounder**; 최상급 **roundest**) **1 둥근**, 원형의: a *round* table 둥근 테이블/ The earth is *round*. 지구는 둥글다
2 (여행 등이) 한 바퀴 도는: a *round* trip 《미》왕복 여행; 《영》일주여행/ a *round*-trip ticket 《미》왕복 차표 (《영》 a return ticket)
3 (수·양이) 꼭 맞는: a *round* dozen 꼭 한 다스
—— 명 (복수 **rounds** [-dz]) **1 원, 고리**; 둥근 것〔모양〕: draw a *round* 원을 그리다/ They danced in a *round*. 그들은 원을 그리며 춤을 추었다
2 회전, 순환; (산보 등의) 한 바퀴; 순회, 순찰: the *round* of the seasons 계절의 순환
3 (골프·권투의) 한 판, 1라운드: fight ten *rounds* (권투에서) 10라운드 싸우다
4 【음악】 윤창(輪唱); 원무(곡)
5 다각적 무역 협상, 라운드
—— 부 (《미》에서는 흔히 around를 쓴다) **1 빙 돌아서**, 순환하여: look *round* 둘러보다/ Spring comes *round* soon. 봄이 곧 돌아온다
2 주위에, 둘레에; 둘레가 …: They gathered *round* to listened to my story. 그들은 내 이야기를 듣기 위해 주위에 모였다/ The pond is 200 meters *round*. 그 연못은 둘레가 200미터다
3 여기저기에〔를〕: Will you show us *round*? 우리를 안내해 주시겠습니까?
all round 온 둘레에, 어디에나
—— 전 (《미》에서는 흔히 around를 쓴다) **1** …을 돌아: a tour *round* the world 세계 일주 여행/ The earth goes *round* the sun. 지구는 태양의 주위를 돈다
2 …의 둘레에〔를〕: She looked *round* the room. 그녀는 방을 둘러보았다

3 …을 돌아간 곳에: There is a church *round* the corner. 모퉁이를 돌면 교회가 있다

4 …의 근처에: Is there a post office *round* here? 이 근처에 우체국이 있습니까?

5 …쯤에: We arrived there *round* noon. 우리는 정오쯤에 그곳에 도착했다

── 동 (3단현 **rounds** [-dz]; 과거·과거분사 **rounded** [-id]; 현재분사 **rounding**) 타 …을 돌다; 둥글게 하다: The car *rounded* the corner. 차는 모퉁이를 돌았다

round·a·bout [ráundəbàut 라운더바웃] 형 **1** 에움길의 **2** (표현 등이) 우회적인, 에두르는

── 명 **1** 에움길 **2** 완곡한[간접적인] 말씨 **3** 《영》 원형[환상] 교차로, 로터리 (《미》 rotary) **4** 《영》 회전 목마(merry-go-round)

round trip [ráund tríp] 명 《미》 왕복 여행 (《영》 return trip)

rouse [ráuz 라우즈] 동 (현재분사 **rousing**) 타 **1** …을 깨우다(wake up) **2** (감정을) 돋우다; 성나게 하다

***route** [rúːt 루-트] 명 (복수 **routes** [-ts]) 길, 도로(road); 노선, 루트; 항로(航路): an air *route* 항공로/ They found a new *route* to the top of the mountain. 그들은 산 정상으로 오르는 새로운 루트를 발견했다

rou·tine [ruːtíːn 루-티-인] 명 **1** 일상, 판에 박힌 일: daily *routine* 일상적인 일 **2** 관례, 습관

【프랑스어 route(길)에서】

***row**¹ [róu 로우] 명 (복수 **rows** [-z]) **1** (횡의) **열**, 줄 (《「종의」 열」은 line): They were standing in a *row*. 그들은 한 줄로 서 있었다

2 (극장·교실 등의) 좌석 줄: He is in the front[fourth] *row*. 그는 앞줄에[넷째 줄에] 있다

row² [róu 로우] 동 (3단현 **rows** [-z]; 과거·과거분사 **rowed** [-d]; 현재분사 **rowing**) 타 (배를) 젓다: *row* a boat 보트를 젓다

── 명 노젓기; 뱃놀이: Let's go for a *row*. 보트 타러 가자

row·boat [róubòut 로우보웃] 명 《미》 (노로 젓는) 보트 (《영》 rowing boat)

rowboat

rowing boat [róuiŋ bòut] 명 《영》 = rowboat

***roy·al** [rɔ́iəl 로이어얼] 형 **1** 왕[여왕]의: a *royal* family 왕실/ a *royal* palace 왕궁/ There is no *royal* road to learning. 《속담》 학문에는 왕도가 없다

2 [보통 **Royal**로] (영국의) 왕립의 (반드시 「국립」은 아님): the *Royal* Opera House (런던의) 국립 오페라 극장

roy·al·ty [rɔ́iəlti 로이얼티] 명 (복수 **royalties** [-z]) **1** 왕위, 왕권; [집합적으로] 왕족 **2** 특허권 사용료;(저서 등의) 인세(印稅)

***rub** [rʌ́b 러브] 동 (3단현 **rubs** [-z]; 과거·과거분사 **rubbed** [-d]; 현재분사 **rubbing**) 타 …을 **비비다**, 문지르다 (「북북 문지르다」는 scrub): He *rubbed* his eyes with his hands. 그는 손으로 눈을 비볐다

rub　　　scrub

rub·ber [rΛbər 러버r] 명 (복수 **rubbers** [-z]) **1 고무** (제품): The gloves are made of *rubber*. 그 장갑은 고무로 만들어졌다
2 《영》고무 지우개 (《미》 eraser)
── 형 고무의[로 만든]: a *rubber* band 고무 밴드

rub·bish [rΛbiʃ 러비쉬] 명 **1** 쓰레기, 찌꺼기, 폐물 **2** 하찮은 생각[물건]

Ru·bi·con [rúːbikàn 루비칸] 명 〔the 를 붙여〕루비콘 강 《이탈리아 중부의 강; 시저(Caesar)가 「주사위는 던져졌다(The die is cast.)」라고 말하며 이 강을 건넜음》

ru·by [rúːbi 루비] 명 (복수 **rubies** [-z]) **1** 루비, 홍옥(紅玉) **2** 루비색

ruck·sack [rΛksæk 락쌕] 명 (등산용) 배낭, 륙색

rud·der [rΛdər 러더r → 러러r] 명 (배의) 키; (비행기의) 방향타

rud·dy [rΛdi 러디 → 러리] 형 (비교급 **ruddier**; 최상급 **ruddiest**) **1** (안색 등이) 불그스레한, 혈색이 좋은 **2** (하늘 등이) 붉은

rude [rúːd 루드] 형 (비교급 **ruder**; 최상급 **rudest**) **1 버릇없는**, 무례한, 실례되는(반 polite 정중한): a *rude* reply[man] 무례한 대답[사람] / It is *rude* of you *to* say so. 그렇게 말하는 것은 실례다
2 가공하지 않은; 조잡한, 거친: *rude* ore 원광석 / a *rude* sketch 조잡한 묘사
3 미개의, 야만의

rude·ly [rúːdli 루들리] 부 **1** 버릇없이, 무례하게 **2** 조잡하게, 거칠게

ruf·fle [rΛfl 러F으얼] 동 (현재분사 **ruffling**) 타 **1** (머리털 등을) 헝클어뜨리다; (종이 등을) 구기다 **2** 물결이 일게 하다 **3** 주름을 잡다 **4** (마음을) 어지럽히다
── 명 (손목·옷깃 등의) 주름 장식

rug [rΛg 러그] 명 (복수 **rugs** [-z]) **1** (마룻바닥의 일부에 까는) 깔개 (《 마루 전체에 까는 것은 carpet) **2** 《영》무릎 덮개

rug·by [rΛgbi 러그비] 명 럭비 (《 정식으로는 rugby football)

rugby

【영국 중부의 퍼블릭 스쿨인 럭비 학교(Rugby school)에서 한 소년이 축구 시합 때 규칙을 무시하고 볼을 들고 달렸던 데서】

rug·ged [rΛgid 러기드] 형 **1** 울퉁불퉁한: a *rugged* path 울퉁불퉁한 길
2 (얼굴이) 주름진, 찌푸린, 험상궂은
3 (사람이) 엄한; (생활·훈련 등이) 고된, 어려운: live a *rugged* life 어려운 생활을 하다

ru·in [rúːin 루인] 명 (복수 **ruins** [-z]) **1 파멸**, 멸망; 파산, 몰락: the *ruin* of the country 국가의 멸망
2 〔종종 복수형으로〕 폐허, 유적: the *ruins* of Rome 로마 유적
── 동 (3단현 **ruins** [-z]; 과거·과거분사 **ruined** [-d]; 현재분사 **ruining**) 타 …을 **파멸시키다**, 못쓰게 만들다: The crops have been *ruined* by the storm. 폭풍우 때문에 농작물을 망쳤다

rule [rúːl 루울] 명 (복수 **rules** [-z]) **1 규칙**, 규정, 룰: the *rules* of baseball 야구의 경기 규정 / There is no *rule* without exceptions. 《속담》예외 없는 규칙은 없다
2 (개인의) 습관; 관례, 관습: It is my *rule* to brush my teeth before going to bed. 자기 전에 이를 닦는 것이 나의 습관이다
3 지배, 통치(control): under the *rule* of a dictator 독재자의 지배 하에
4 자(ruller)

***as a rule* 대개**, 일반적으로: *As a rule, children like candy.* 아이들은 대개 사탕을 좋아한다
by rule 규정대로
make it a rule to *do* 늘 …하기로 하고 있다: *I make it a rule to get up early.* 나는 일찍 일어나려고 하고 있다
—— 동 (3단현 **rules** [-z]; 과거·과거분사 **ruled** [-d]; 현재분사 **ruling**) 타 **…을 지배하다**, 통치하다: *The king ruled the country for thirty years.* 그 왕은 나라를 30년 동안 통치했다

rul·er [rúːlər 루-을러*r*] 명 (복수 **rulers** [-z]) **1 통치자**, 지배자 **2** 자

rul·ing [rúːliŋ 루-을링] 형 **1** 지배(통치)하는: a *ruling* party 여당
2 지배적인, 우세한

rum [rʌ́m 럼] 명 럼주 《당밀이나 사탕수수로 만든 독한 술》

Ru·ma·ni·a [ruːméiniə 루-메이니아] 명 루마니아 《유럽 남동부의 공화국》

rum·ble [rʌ́mbl 럼브을] 동 (3단현 **rumbles** [-z]; 과거·과거분사 **rumbled** [-d]; 현재분사 **rumbling**) 자 (천둥 등이) 우르르 울리다: *The thunder is rumbling.* 뇌성이 우르르 울리고 있다

ru·mor, 《영》 **ru·mour** [rúːmər 루-머*r*] 명 **소문**: *I don't believe the rumor about him.* 나는 그에 관한 소문을 믿지 않는다
—— 동 (3단현 **rumors** [-z]; 과거·과거분사 **rumored** [-d]; 현재분사 **rumoring** [-məriŋ]) 타 〔보통 수동태 **be rumored**의 형태로〕 …라는 소문이다: *It is rumored that he is ill.* (= *He is rumored to be ill.*) 그가 병을 앓고 있다는 소문이다

****run** [rʌ́n 런] 동 (3단현 **runs** [-z]; 과거 **ran** [rǽn]; 과거분사 **run**; 현재분사 **running**) 자 **1 뛰다**, 달리다: *He run very fast.* 그는 매우 빨리 달린다
2 도망치다, 달아나다: *He dropped his gun and ran.* 그는 총을 버리고 달아났다
3 경주에 참가하다: *Seven horses ran in the race.* 그 경주에는 7마리의 말이 출장했다
4 (차량 등이) **운행하다**: *The bus runs every ten minutes.* 버스는 10분 간격으로 운행한다
5 (강·액체가) **흐르다**: *This river runs to the ocean.* 이 강은 바다로 흐른다
6 (도로 등이) 뻗다, 통하다: *The road runs through the woods.* 도로는 숲을 통과한다
7 (기계 등이) **움직이다**, 가동하다: *This machine runs on gasoline.* 이 기계는 휘발유로 움직이다
8 〔형용사와 함께〕 (어떤 상태로) 되다, 변하다: *The pond ran dry.* 연못이 말랐다
9 …라고 씌어 있다: *The will runs as follows.* 유언은 다음과 같다
10 (연극·영화가) 계속 공연되다: *How long will this play run?* 이 연극은 언제까지 상연됩니까?
11 (신문·잡지 등에) 게재되다, 실리다
12 (소문 등이) 퍼지다: *The rumor runs that he went abroad.* 그가 외국으로 갔다는 소문이다
—— 타 **1** (사람·말 등을) **달리게 하다**; (기계 등을) 운전하다: *run* a car 차를 운전하다 / *Can you run this machine?* 이 기계를 돌릴 수 있겠습니까?
2 경주하다; (길 등을) 달려가다: *run* a race 경주를 하다
3 (사냥감을) 쫓다: *run* a fox 여우를 쫓다
4 (회사 등을) **경영하다**, 관리하다: *He runs a restaurant.* 그는 레스토랑을 경영하고 있다

run across (1) …을 우연히 만나다: *I ran across him at the station yesterday.* 나는 어제 역에서 우연히 그를 만났다
(2) (도로 등을) 뛰어 건너다: *Don't run across the road.* 길을 뛰어서 건너지 마라

run after …을 뒤쫓다, 쫓아다니다: The dog is *running after* a cat. 개가 고양이를 뒤쫓고 있다

run against …에 충돌하다: The motorcar *ran against* a telegraph pole. 그 자동차는 전봇대에 충돌했다
run around 뛰어 돌아다니다: The children are *running around* on the playground. 아이들이 운동장을 뛰어 돌아다니고 있다
run away (**off**) 달아나다, 도망치다: He cried out and *ran away*. 그는 비명을 지르며 달아났다
run down (1) 뛰어 내려가다; 흘러 떨어지다: We *ran down* the slope. 우리는 비탈을 뛰어 내려갔다
(2) (기계 등이) 멈추다
(3) (사람·사냥감을) 몰다
run for (1) …을 부르러 가다: *run for* the doctor 의사를 부르러 가다
(2) …에 입후보하다: He will *run for* President. 그는 대통령에 입후보할 것이다
run into (1) …에 뛰어들다: He *ran into* my room. 그가 내 방으로 뛰어 들어왔다
(2) …한 상태에 빠지다: Our town *ran into* danger. 우리 마을은 위험에 빠졌다
(3)《구어》…와 우연히 만나다
(4) (차가) …와 충돌하다: A truck *ran into* the store. 트럭이 상점을 들이받았다
run out (of) (1) (…에서) 뛰어 나가다: We *ran out* to see what had happened. 우리는 무슨 일이 일어났는지 보려고 뛰어 나갔다
(2) (…이) 바닥나다; (…을) 다 써 버리다: The food has *run out*. 음식물이 바닥났다 / I *ran out of* money. 나는 돈을 다 써 버렸다
run over (1) (차가 …을) 치다: He was *run over* by a car. 그는 차에 치였다

(2) …을 대충 훑어보다: She *ran* her eyes *over* the page. 그녀는 그 페이지를 대충 훑어보았다
(3) (물·그릇 등이) 넘치다: The water *ran over* the bank. 물이 제방을 흘러 넘쳤다
run through …을 대충 훑어보다: He *ran through* the letter. 그는 편지를 대충 훑어보았다
run up to …으로 달려가다: He *ran up to* his parents. 그는 부모님께 달려갔다
── 몡 (복수 **runs** [-z]) **1** 달리기, 경주: We had〔took〕 a short *run*. 우리는 잠시 달렸다
2 연속; (연극 등의) 연속 공연: a *run* of wet weather 장마 / The play had a long *run*. 그 극은 장기간 상연했다
3 【야구】 득점: a three-*run* homer 3점 홈런
in the long run 결국은, 긴 안목으로 보면: We will succeed *in the long run*. 우리는 결국 성공할 것이다
run·a·way [rΛ́nəwèi 러너웨이] 몡 도망(자)
rung [rΛ́ŋ 륭] 통 ring²(울리다)의 과거분사형
run·ner [rΛ́nər 러너*r*] 몡 **1** 달리는 사람〔동물〕, 경주자 **2** 【야구】 주자 **3** (썰매·스케이트 등의) 활주부

run·ning [rʌ́niŋ 러닝] 형 1 달리는; 달리면서 하는: a *running* train 달리는 열차 / a *running* shot 주행 중인 차량에서의 촬영
2 (물·강 등이) 흐르는
── 부 [복수 명사 뒤에서] 잇따라, 연속해서: It rained for five days *running*. 5일간 계속해서 비가 왔다
── 명 달리기, 경주

running mate [rʌ́niŋ mèit] 명 《미》 (선거에서) 하위 입후보자, (특히) 부통령 후보자

run·way [rʌ́nwèi 런웨이] 명 (비행기의) 활주로

*****rur·al** [rúərəl 루뤄얼] 형 **시골의**, 전원의, 농촌의(반 urban 도시의): *rural* life 전원 생활

*****rush** [rʌ́ʃ 러쉬] 동 (3단현 **rushes** [-iz]; 과거·과거분사 **rushed** [-t]; 현재분사 **rushing**) 자 1 **돌진하다**: They *rushed into* the room. 그들은 방으로 뛰어 들어왔다
2 서두르다, 급히 하다: *rush to* a conclusion 성급히 결론짓다
── 타 …을 재촉하다: He *rushed* us out of the room. 그는 우리를 급히 방에서 나가게 했다
── 명 (복수 **rushes** [-iz]) 1 **돌진**, 돌격: a *rush* of soldiers 병사들의 돌격
2 매우 바쁨, 분주함: the *rush* of modern life 현대 생활의 분주함
3 (사람의) 쇄도: the gold *rush* 황금 산지로의 쇄도

rush hour [rʌ́ʃ àuər] 명 러시아워 《출퇴근시의 혼잡한 시간》

Rus·sia [rʌ́ʃə 롸샤] 명 러시아 (연방) 《1991년 소련의 붕괴로 생긴 나라; 수도는 모스크바 (Moscow)》

Rus·sian [rʌ́ʃən 롸션] 형 러시아(인·어)의
── 명 러시아인; 러시아어

rust [rʌ́st 롸스트] 명 (금속의) 녹: the *rust* on a nail 못의 녹
── 자 (금속 등이) 녹슬다

rus·tic [rʌ́stik 롸스틱] 형 1 《문어》 시골(풍)의, 전원 생활의(반 urban 도시의) 2 소박한, 꾸밈없는 3 무례한, 버릇없는

rus·tle [rʌ́sl 롸쓸] [t는 묵음] 동 (현재분사 **rustling**) 자 (종이·나뭇잎 등이) 바스락거리다
── 명 바스락거리는 소리

rust·y [rʌ́sti 롸스티] 형 (비교급 **rustier**, 최상급 **rustiest**) 녹슨: a *rusty* sword 녹슨 칼

ruth·less [rúːθlis 루-θ을리쓰] 형 무자비한, 무정한

rye [rái 롸이] 명 호밀 《가축의 사료나 흑빵 또는 위스키 등의 원료로 쓰임》

Ss

S [és 에쓰] 명 (복수 S's, s's [-iz]) **1** 에스 《영어 알파벳의 열아홉째 글자》 **2** S자형 (으로 된 것)

S, S. 《약어》 south 남

$, $ [dálər 달러r] 《약어》 dollar(s) 달러: $ 10. 50 10달러 50센트 (💡 $는 금액을 나타내는 숫자 앞에 쓰며 ten dollars fifty cents라고 읽는다)

Sab·bath [sǽbəθ 쌔버θ으] 명 〔the를 붙여〕 안식일

sa·ber, 《영》 **sa·bre** [séibər 쎄이버r] 명 사브르, 기병도(騎兵刀)

sab·o·tage [sǽbətὰːʒ 쌔버타-쥐] 명 (쟁의 중의 노동자에 의한) 공장 설비·기계 등의 파괴, 생산 방해 【프랑스어에서】

*__sack__ [sǽk 쌕] 명 (복수 sacks [-s]) **부대,** 자루; 한 부대의 양: a *sack* of potatoes 감자 한 부대

sa·cred [séikrid 쎄이크리드] 형 신성한 (holy), 종교적인: *sacred* song 성가(聖歌)

sac·ri·fice [sǽkrəfàis 쌔크뤄F아이쓰] 명 (복수 sacrifices [-iz]) **1** (신에게 바치는) 제물: offer a *sacrifice* 제물을 바치다

2 희생, 희생적 행위: I will make any *sacrifice* to save her. 그녀를 구하기 위해 어떤 희생이라도 하겠다

***sad** [sǽd 쌔드] 형 (비교급 **sadder**; 최상급 **saddest**) **슬픈** (반 glad 기쁜): *sad* news 슬픈 소식 / She was *sad* because her son was ill. 그녀는 아들이 아파서 슬펐다

sad·den [sǽdn 쌔든] 타 자 …을 슬프게 하다; 슬퍼지다

sad·dle [sǽdl 쌔드을] 명 (복수 saddles [-z]) (말·자전거 등의) 안장

sad·ly [sǽdli 쌔들리] 부 슬프게, 슬픈 듯이: He looked at me *sadly*. 그는 슬픈 듯이 나를 보았다

sad·ness [sǽdnis 쌔드니쓰] 명 슬픔

sa·fa·ri [səfάːri 써F아-뤼] 명 (아프리카에서의) 사냥 여행, 사파리

***safe** [séif 쎄이f으] 형 (비교급 safer; 최상급 safest) **1 안전한** (반 dangerous 위험한): Keep the money in a *safe* place. 돈을 안전한 곳에 두어라 / They were *safe* from their enemy. 그들은 적으로부터 안전했다

safe   dangerous

2 〔arrive, come 등의 보어로서〕 안전히, 무사히: He arrived *safe*. 그는 무사히 도착했다

3 확실한, 신뢰할 만한: He is a *safe* driver. 그는 신뢰할 수 있는 운전사다

4 【야구】 세이프의(반 out 아웃의): a *safe* hit 안타

safe and sound 무사히: He came back *safe and sound*. 그는 무사히 돌아왔다

── 명 (복수 safes [-s]) 금고: She put her ring in the *safe*. 그녀는 반지를 금고에 넣었다

safe·guard [séifgɑ̀ːrd 쎄이f ᇰ가-r드] 명 보호(물); 안전 장치

safe·ly [séifli 쎄이F을리] 부 안전하게, 무사히

＊safe·ty [séifti 쎄이F으티] 명 (복수 **safeties** [-z]) 안전, 무사(반 danger 위험): traffic *safety* 교통 안전/ *Safety* first. 《표어》 안전 제일
in safety 안전하게(safely): They arrived there *in safety*. 그들은 안전하게 거기에 도착했다

safety belt [séifti bèlt] 명 (비행기·버스 등의) 안전 벨트 (🔍 지금은 seat belt 를 흔히 쓴다)

safety fin [séifti fìn] 명 안전핀

safety razor [séifti rèizər] 명 안전 면도기

sa·ga·cious [səgéiʃəs 써게이셔쓰] 형 현명한

sage [séidʒ 쎄이쥐] 명 (복수 **sages** [-iz]) 현자, 철인

Sa·ha·ra [səhǽrə 써헤러] 명 〔the를 붙여〕 (아프리카 북부의) 사하라 사막

said [séd 쎄드] 동 say(말하다)의 과거·과거분사형

＊sail [séil 쎄일] 〔🔍 sale(판매)과 발음이 같음〕 명 (복수 **sails** [-z]) **1** (배의) 돛: hoist *sail* 돛을 올리다
2 돛단배, 범선; 〔집합적으로〕 배(ship): There was not a *sail* in sight. 한 척의 배도 보이지 않았다
3 항해: go for a *sail* 항해에 나서다
in full sail 돛을 모두 올리고; 전속력으로
set sail (for) (…을 향하여) 출범하다: They *set sail for* Hong Kong. 그들은 홍콩을 향해 출범했다
under sail 돛을 올리고; 항해 중: The ship is *under sail*. 그 배는 항해 중이다
── 동 (3단현 **sails** [-z]; 과거·과거분사 **sailed** [-d]; 현재분사 **sailing**) 자 항해하다; 출항하다: The ship will *sail* for New York tomorrow. 그 배는 내일 뉴욕을 향해 출항한다
── 타 (배·사람이 바다를) 항해하다: *sail* the Pacific 태평양을 항해하다

sail·boat [séilbòut 쎄일보웃] 명 《미》 (소형의) 범선, 요트 (🔍 《영》 sailing boat)

sailboat

sail·ing [séiliŋ 쎄일링] 명 **1** 범주(帆走), 항해(술) **2** 출범, 출항

sailing boat [séiliŋ bòut] 명 《영》 = sailboat

sailing ship [séiliŋ ʃìp] 명 (대형의) 범선

＊sail·or [séilər 쎄일러r] 명 (복수 **sailors** [-z]) **1** 선원, 뱃사람 **2** (장교에 대하여) 수병

＊saint [séint 쎄인트] 명 (복수 **saints** [-ts]) **1** 성인, 성자
2 〔Saint…로〕성(聖) … (🔍 St.로 줄여서 이름 앞에 붙인다): *St*. Luke 성(聖) 누가

sake [séik 쎄익] 명 이익, 목적, 이유
for heaven's〔*goodness', God's, mercy's*〕*sake* 제발, 부디
for …'s sake = *for the sake of …* …을 위하여: art *for art's sake* 예술을 위한 예술 《예술 지상주의》/ He saved money *for the sake of* his family. 그는 그의 가족을 위해서 돈을 모았다

＊sal·ad [sǽləd 쌜러드] 명 샐러드; 샐러드용 야채: vegetable *salad* 야채 샐러드 【라틴어 「소금(salt)에 절인」에서】

sal·a·ried [sǽlərid 쌜러뤼드] 형 봉급을 받는: a *salaried* worker 봉급 생활자 (🔍 a salary man은 틀린 영어)

sal·a·ry [sǽləri 쌜러뤼] 명 (복수 **salaries** [-z]) 봉급, 급료: a monthly (an annual) *salary* 월급(연봉)
【고대 로마 병사들에게 급료로 지급된 「소금(salt)을 사기 위한 돈」에서】

sale [séil 쎄일] (동 sail(항해하다)과 발음이 같음) 명 (복수 **sales** [-z]) 1 **판매**, 팔기: a cash *sale* 현금 판매
2 **특매**, 할인 판매: a bargain *sale* 바겐 세일/ a summer *sale* 여름철 할인 판매
for sale 팔려고 내놓은: This house is *for sale*. 이 집은 팔려고 내놓았다
Not for sale 《게시》 비매품
on sale (상품이) 판매 중인; 《미》 할인 판매 중인: I bought this sweater *on sale*. 나는 이 스웨터를 싸게 샀다

참고 **for sale**과 **on sale**
　for sale은 개인이 물건을 「팔려고 내놓은」이란 뜻이고, **on sale**은 상품이 「판매 중」이라는 뜻과 「할인 판매 중」이라는 두 가지 뜻으로 쓰인다.

for sale　　　on sale

sales·clerk [séilzklə̀ːrk 쎄일즈클러-r크] 명 《미》 점원, 판매원 (동 단지 clerk이라고도 한다; 《영》 shop assistant)
sales·girl [séilzgə̀ːrl 쎄일즈거-r열] 명 《미》 여점원 (동 《영》 shopgirl)
sales·man [séilzmən 쎄일즈먼] 명 (복수 **salesmen** [-mən]) 1 (남자) 판매원, 점원 2 《미》 외판원, 세일즈맨
sales·per·son [séilzpə̀ːrsn 쎄일즈퍼-r슨] 명 《미》 점원, 판매원; 외판원 (동 남녀 차별을 없애기 위해 salesman, saleswoman 대신으로 쓰임)

sales·wom·an [séilzwùmən 쎄일즈우먼] 명 (복수 **saleswomen** [-wìmin]) 여자 판매원, 여점원
salm·on [sǽmən 쌔먼] (동 l은 묵음) 명 (단수·복수 동형) 【어류】 연어
sal·on [səlán 썰란] 명 1 객실, 응접실
2 미술 전람회장
3 (의상·미용 등의) 가게, …실, …점: a beauty *salon* 미용실
【프랑스어에서】
sa·loon [səlúːn 썰루-은] 명 1 (호텔 등의) 큰 홀 2 《미》 술집, 바 3 가게, …실(室) 4 《영》 세단형 자동차 (동 《미》 sedan)

salt [sɔːlt 쏘-얼트] 명 **소금**: Please pass me the *salt*. 소금 좀 건네 주세요
the salt of the earth 【성서】 세상의 소금; 착하고 고결한 사람들
salt·y [sɔ́ːlti 쏘-얼티] 형 (비교급 **saltier**; 최상급 **saltiest**) 소금기 있는, 짠
sal·u·ta·tion [sæ̀ljutéiʃən 쌜류테이션] 명 1 인사(greeting) 2 (편지 서두의) 인사말 (Dear Mr. 등)
sa·lute [səlúːt 썰루-트] 동 (현재분사 **saluting**) 타 인사하다(greet), 경례하다
── 명 인사, 경례
sal·vage [sǽlvidʒ 쌜v이쥐] 명 1 해난 구조 2 구조 선박(화물)
sal·va·tion [sælvéiʃən 쌔앨v에이션] 명 1 구제, 구조 2 구제물(자)
Salvation Army [sælvéiʃən áːrmi] 명 [**the**를 붙여] 구세군

same [séim 쎄임] 형 [**the**를 붙여] **같은**, 동일한: We eat *the same* food every day. 우리는 매일 같은 음식을 먹는다/ He has made *the same* mistake again. 그는 또다시 같은 잘못을 저질렀다
at the same time (1) 동시에: Two accidents happened *at the same time*. 두 사건은 동시에 일어났다
(2) 그렇기는 하지만

the same A *as*〔*that*〕B B와 같은 A: This is *the same* watch *as* mine. 이것은 내 것과 같은 (종류의) 시계다/ This is *the same* watch *that* I lost. 이것은 내가 잃어버린 (바로 그) 시계다

쓰임새 the same A as B는 같은 종류의 것을, the same A that B는 동일한 것을 가리키는 것으로 되어 있으나, 현재는 엄밀한 구별을 하지 않는다.

——대〔*the*를 붙여〕같은 것〔사람〕: I'll have *the same*. 같은 것으로 할게요
(The) same to you! 당신도 그러시길!

회화
A: Have a nice day.
즐거운 하루 되세요
B: *Same to you!*
당신도 그러시길!

——부〔*the*를 붙여〕마찬가지로, 똑같이: I still feel *the same* about you. 당신에 대한 감정에는 변함이 없소
all the same (1) 어느 쪽이든 상관없는: You can pay now or later; it is *all the same* to me. 지금 지불하건 나중에 하건 내게는 어느 쪽이든 상관없습니다
(2) 그래도: He has defects, but I like him *all the same*. 그에게 결점이 있지만 그래도 나는 그가 좋다
much the same 거의〔대체로〕같은
Same here. 《구어》나도 마찬가지다

***sam·ple** [sǽmpl 쌤플] 명 (복수 **samples** [-z]) **1 견본**, **샘플**, 표본: Send me a *sample*, please. 견본을 보내 주십시오 **2** 실례(實例)
——형 견본〔표본〕의: a *sample* copy 견본 책, 신간 견본
【example(견본)에서】

sam·pling [sǽmpliŋ 쌤플링] 명 **1** 견본〔표본〕추출(법) **2** 추출 견본품

san·a·to·ri·um [sæ̀nətɔ́ːriəm 쌔너토-뤼엄] 명 (복수 **sanatoriums** [-z]) (장기 치료 목적의) 요양소

sanc·tion [sǽŋkʃən 쌩(크)션] 명 **1** (법률 등의) 허가, 승인, 시인 **2** (국제법 위반국에 대한) 제재 (조치)

sanc·tu·a·ry [sǽŋktʃuèri 쌩(크)츄에뤼] 명 (복수 **sanctuaries** [-z]) **1** 신성한 장소 (신전, 사원, 성당, 교회 등) **2** 성역(聖域) (중세 교회법에 의해 범죄인 등이 그곳으로 도망가면 체포할 수 없었던 교회 등)

***sand** [sǽnd 쌘드] 명 (복수 **sands** [-dz]) **1 모래**: a *sand* hill 모래 언덕
2 〔복수형으로〕모래밭, 모래톱; 사막: The children played on the *sands*. 아이들이 모래밭에서 놀고 있었다

san·dal [sǽndl 쌘드을] 명 (복수 **sandals** [-z]) 〔보통 복수형으로〕샌들: put on〔take off〕*sandals* 샌들을 신다〔벗다〕

sand·bag [sǽndbæg 쌘(드)배그] 명 모래 부대

sand·man [sǽndmæn 쌘(드)맨] 명 잠귀신 (🖉 졸리면 모래가 눈에 든 것처럼 눈을 비비는 데서): The *sandman* is coming. 졸음이 온다

sandman

sand·pa·per [sǽndpèipər 쌘(드)페이퍼r] 명 사포(砂布)

sand·wich [sǽndwitʃ 쌘(드)위취] 명 (복수 sandwiches [-iz] 쌘드위치지): She made me a cheese *sandwich*. 그녀는 내게 치즈 샌드위치를 만들어 주었다

참고 샌드위치의 유래
카드놀이를 좋아한 18세기 영국의 백작 이름에서 온 말로 그는 카드놀이를 계속하면서 손쉽게 먹을 수 있도록 빵 사이에 고기 조각을 넣은 음식을 고안했다고 한다.

— 동 (3단현 sandwiches [-iz]) 타 …을 사이에 끼우다

sand·y [sǽndi 쌘디] 형 (비교급 sandier; 최상급 sandiest) 모래의, 모래투성이의

sane [séin 쎄인] 형 (비교급 saner; 최상급 sanest) **1** 제정신의(반 insane 미친) **2** (사상·행동이) 건전한

San Fran·cis·co [sæ̀n frənsískou 쌘 F으뤈씨스코우] 명 샌프란시스코 《미국 캘리포니아(California) 주의 항구 도시》

sang [sǽŋ 쌩] 동 sing(노래하다)의 과거형

san·i·ta·ry [sǽnətèri 쌔너테뤼] 형 **1** 위생의: *sanitary* science 공중 위생학 **2** 위생적인, 청결한

san·i·ta·tion [sæ̀nətéiʃən 쌔너테이션] 명 **1** 공중 위생 **2** 위생 설비[시설]

sank [sǽŋk 쌩크] 동 sink(가라앉다)의 과거형

San·ta Claus [sǽntə-klɔ̀z 쌘터클라-Z으] 명 산타클로스 【어린이의 수호 성인 성 니콜라스 (St. Nicholas)의 이름에서】

sap [sǽp 쌥] 명 **1** 수액(樹液) **2** 활기, 원기

Santa Claus

sap·ling [sǽpliŋ 쌔플링] 명 묘목, 어린 나무

sap·phire [sǽfaiər 쌔F아이어r] 명 사파이어, 청옥(青玉)

sar·dine [sɑːrdíːn 싸-r디-인] 명 (복수 sardines [-z], [집합적으로] sardine) 〖어류〗 정어리

sash¹ [sǽʃ 쌔쉬] 명 (장교 등이 어깨에 두르는) 장식띠; (여성·어린이용) 허리띠

sash² [sǽʃ 쌔쉬] 명 (내리닫이 창의) 창틀, 새시

sat [sǽt 쌨] 동 sit(앉다)의 과거·과거분사형

Sat. 〈약어〉 *Saturday* 토요일

Sa·tan [séitn 쎄이튼 → 쎄이'은] 명 사탄, 악마

satch·el [sǽtʃəl 쌔취얼] 명 (어깨에 메는) 학생 가방

sat·el·lite [sǽtəlàit 쌔털라잇 → 쌔럴라잇] 명 **1** 〖천문〗 위성: The moon is a *satellite* of the earth. 달은 지구의 위성이다
2 인공 위성 (artificial satellite이라고도 한다): a weather *satellite* 기상 위성
3 위성국, 위성 도시

satchel

sat·in [sǽtn 쌔튼 → 쌧'은] 명 새틴 《광택이 있는 천의 일종》

sat·ire [sǽtaiər 쌔타이어r] 명 풍자, 비꼼; 풍자 문학: a *satire* on politics 정치에 대한 풍자

sat·is·fac·tion [sæ̀tisfǽkʃən 쌔티스F액션 → 쌔리스F액션] 명 만족; 만족을 주는 것: He had much *satisfaction* in his work. 그는 자기 일에 매우 만족하고 있다

sat·is·fac·to·ry [sæ̀tisfǽktəri 쌔티스F액터뤼 → 쌔리스F액터뤼] 형 만족스러운, 충분한: *satisfactory* results 만족스런 결과

sat·is·fy [sǽtisfài 쌔티스F아이 → 쌔리스F아이] 동 (3단현 **satisfies** [-z]; 과거·과거분사 **satisfied** [-d]; 현재분사 **satisfying**) 타 **1** (사람·욕망을) 만족시키다: His answer *satisfied* his teacher. 그의 대답은 선생님을 만족시켰다/ He *satisfied* his hunger *with* an apple. 그는 사과 한 개로 시장기를 채웠다

2 〔be satisfied with의 형태로〕 …에 만족하고 있다: I'm *satisfied with* the result. 나는 그 결과에 만족하고 있다

sat·is·fy·ing [sǽtisfàiŋ 쌔티스F아잉 → 쌔리스F아잉] 형 만족을 주는

sat·u·rate [sǽtʃərèit 쌔춰뤠잇] 동 (현재분사 **saturating**) 타 …을 담그다, 적시다

Sat·ur·day [sǽtərdèi 쌔터r데이 → 쌔러r데이] 명 (복수 **Saturdays** [-z]) 토요일 (약어는 Sat.): We have no school on *Saturday(s)*. 우리는 토요일에 수업이 없다
【고대 영어 「Saturn(토성)의 날」에서】

Sat·urn [sǽtərn 쌔터r언] 명 **1** 【천문】 토성 **2** 【로마신화】 농업의 신

sauce [sɔ́ːs 싸-쓰] 명 (복수 **sauces** [-iz]) 소스; 《비유》 양념, 자극: tomato *sauce* 토마토 소스/ Hunger is the best *sauce*. 《속담》 시장이 반찬이다

sauce·pan [sɔ́ːspæ̀n 싸-쓰팬] 명 소스 냄비, 스튜 냄비 《긴 손잡이가 달리고 뚜껑 있는 깊은 냄비》

sau·cer [sɔ́ːsər 싸-써r] 명 (복수 **saucers** [-z]) **1** 받침 접시: a cup and *saucer* 받침 접시 딸린 찻 잔

cup
saucer

2 받침 접시 모양의 것: a flying *saucer* 비행 접시

sau·sage [sɔ́ːsidʒ 싸-씨쥐] 명 (복수 **sausages** [-iz]) 소시지

sausages

sav·age [sǽvidʒ 쌔V이쥐] 형 **1** 야만적인, 미개한: *savage* tribes 미개 민족

2 잔인한(brutal), 사나운
── 명 (복수 **savages** [-iz]) 야만인, 미개인

save [séiv 쎄이v으] 동 (3단현 **saves** [-z]; 과거·과거분사 **saved** [-d]; 현재분사 **saving**) 타 **1** (사람·재산 등을) 구하다 (rescue), 구조하다: He *saved* the drowning child. 그는 물에 빠진 아이를 구했다

2 (명예·권리 등을) 지키다: *save* one's honor 명예를 지키다

3 (돈을) 모으다, 저축하다; (물건을) 남겨두다: He is *saving* money *for* the trip. 그는 여행을 가기 위해 돈을 모으고 있다 / *Save* some candy *for* me. 나에게 과자 좀 남겨둬

4 (노력·경비·시간 등을) 덜어주다: This will *save* you much time. 이것으로 시간이 꽤 절약될 것이다

5 【컴퓨터】 (파일·데이터를) 보관하다
── 자 돈을 모으다, 저축하다
【라틴어 「안전한(safe)」에서】

sav·ing [séiviŋ 쎄이V이응] 명 (복수 **savings** [-z]) **1** (시간·노동력·비용 등의) 절약, 검약(economy): a *saving* of 10% 1할의 절약

2 〔복수형으로〕 저축, 저금: *savings* account 저축 계좌

sav·ior, 《영》 **sav·iour** [séivjər 쎄이V이어r] 명 **1** 구조자, 구제자 **2** 〔the Savior로〕 구세주, 그리스도

sa·vor, 《영》 **sa·vour** [séivər 쎄이V이어r] 명 **1** (특유한) 맛, 풍미 **2** 기미

saw[1] [sɔ́ː 싸-] 동 see[1](보다)의 과거형

saw² [sɔ́ː 싸-] 명 (복수 **saws** [-z]) 톱

saw²

── 동 (3단현 **saws** [-z]; 과거 **sawed** [-d]; 과거분사 《미》 **sawed**, 《영》 **sawn** [-n]; 현재분사 **sawing**) 타 **톱질하다**, 톱으로 켜다: *saw* a branch off 가지를 톱으로 잘라내다

saw·dust [sɔ́ːdʌ̀st 싸-더스트] 명 톱밥
saw·mill [sɔ́ːmìl 싸-미얼] 명 제재소
sawn [sɔ́ːn 싸-안] 동 saw²(톱질하다)의 과거분사형
Sax·on [sǽksn 쌕슨] 명 1 〔the Saxons로〕 색슨족(독일 북부의 고대 민족) 2 색슨어
sax·o·phone [sǽksəfòun 쌕써F오운] 명 【음악】 색소폰 《대형 목관 악기》

saxophone

say [séi 쎄이] 동 (3단현 **says** [séz]; 과거·과거분사 **said** [-d]; 현재분사 **saying**) 타 1 …을 **말하다**: *Say* it again, please. 다시 한 번 말씀해 주십시오/ He *said* nothing *to* me. 그는 나에게 아무 말도 하지 않았다/ *Say* what you mean simply. 무슨 말인지 좀더 간단하게 말해 주게/ He *said*, 'I'm hungry.' (= He *said* (that) he was hungry.) 그는 배가 고프다고 말했다
2 (신문·책 등에) **…라고 쓰여 있다**: Today's paper *says* that we'll have rain tonight. 오늘 신문에 밤에 비가 온다고 한다
3 (세상 사람들이) …라고 말하다: They *say* he will run for President. 그가 대통령에 출마한다는 소문이 있다/ It is *said* that he is a liar. 그는 거짓말쟁이라고들 한다
4 〔삽입적으로〕 아마, 대략 (let us say라고도 한다): That woman is, *say*, over forty. 그녀는 아마 40세는 넘었을 것이다

── 자 말하다: It is just as you *say*. 정말 네가 말하는 그대로다

I should say (that ...) 아마 …이겠지요: I *should say that* he is over thirty. 그는 아마 30살은 넘었겠지요
It goes without saying that ... …은 말할 나위도 없다 ⇒ go 숙어
not to say …이라고는 말할 수 없지만: It is warm, *not to say* hot. 덥다고는 못하겠지만 따뜻하다
Say. 《미구어》 = ***I say.*** 《영구어》 여보세요, 이봐: *Say*, there! 여보세요!
say hello to …에게 안부를 전하다 hello ⇒ 숙어
say to oneself 마음속으로 생각하다; 혼잣말을 하다: 'What a nice day!' she *said to herself*. 「참 좋은 날씨다!」라고 그녀는 중얼거렸다
so to say 말하자면(so to speak)
strange to say 이상한 이야기지만
that is (to say) 즉, 다시 말해서: He came to Korea three days ago, *that is to say*, on April 21. 그는 3일 전, 즉 4월 21일에 한국에 왔다
to say nothing of …은 말할 것도 없이, …은 물론이고: He can speak Spanish, *to say nothing of* English. 그는 영어는 말할 것도 없고 스페인어도 할 줄 안다
What do you say to ...? …은 어떻습니까?: *What do you say to* a walk? 산책하시지 않겠습니까?
You can say that again! 《구어》 자네 말대로야!

회화
A: The traffic condition in this city is simply awful.
이 도시의 교통 사정은 정말 심하다
B: *You can say that again!*
자네 말대로야!

You don't say (so)! 설마!

says [séz 쎄z으] 〔발음 주의〕 통 say(말하다)의 3인칭 단수 현재형

say·ing [séiŋ 쎄잉] 명 (복수 **sayings** [-z]) **1** 말하기, 발언 **2** 속담, 격언

*__scale__[1] [skéil 스케일] 명 (복수 **scales** [-z]) **1** 눈금, 저울눈; 척도: the *scale* of a thermometer 온도계의 눈금

2 규모: on a large[small] *scale* 대[소]규모로[의]

3 등급, 단계; 계급(rank): rise[sink] in the social *scale* 사회적 지위가 올라가다[내려가다]

4 (지도 등의) 축척

scale[2] [skéil 스케일] 명 (복수 **scales** [-z]) (흔히 복수형으로) 천칭, 저울

scale[3] [skéil 스케일] 명 **1** (물고기·뱀 등의) 비늘: the *scale* of a snake 뱀의 비늘

2 비늘 모양의 것

scan [skǽn 스캔] 통 (3단현 **scans** [-z]; 과거·과거분사 **scanned** [-d]; 현재분사 **scanning**) 타 **1** …을 물끄러미 바라보다: She *scanned* his face. 그녀는 그의 얼굴을 물끄러미 바라보았다

2 (책 등을) 대충 훑어 보다

3 (시의) 운율을 고르다

4 【TV·컴퓨터】 (영상·데이터를) 주사(走査)하다

*__scan·dal__ [skǽndl 스캔드얼] 명 **1** 추문, 스캔들, 부정[횡령] 사건: a political *scandal* 정치 스캔들

2 불명예, 치욕, 수치: The slums are a *scandal* to the city. 그 빈민가는 시의 망신거리다

3 중상, 험담, 비방

Scan·di·na·vi·a [skændənéiviə 스캔더네이V이아] 명 스칸디나비아 (반도) (노르웨이와 스웨덴으로 된 반도)

scan·ner [skǽnər 스캐너r] 명 【컴퓨터】 스캐너, 영상 주사기

scan·ty [skǽnti 스캔티] 형 (비교급 **scantier**; 최상급 **scantiest**) 부족한, 불충분한(반 ample 충분한): a *scanty* income 적은 수입

scar [skáːr 스카-r] 명 (상처 등의) 흉터; (가구 등의) 자국

scarce [skéərs 스케어r쓰] 형 (비교급 **scarcer**; 최상급 **scarcest**) **1** 부족한, 모자라는: Money is *scarce*. 돈이 부족하다

2 드문, 진귀한

scarce·ly [skéərsli 스케어r쓸리] 부 **1** 간신히, 가까스로, 겨우(barely): There were *scarcely* twenty people present. 겨우 20명이 될까 말까하는 사람이 출석했다

2 거의 …않다(hardly): He could *scarcely* sleep a wink. 그는 거의 한숨도 잘 수가 없었다

scarcely ... when[before] …하자마자: He had *scarcely* left home *when* it began to rain. (= *Scarcely* had he left home *when* it began to rain.) 그가 집을 나서자마자 비가 내렸다

scar·ci·ty [skéərsəti 스케어r써티 → 스케어r써리] 명 부족(lack), 결핍: a *scarcity* of food 식량 부족

scare [skéər 스케어r] 통 (3단현 **scares** [-z]; 과거·과거분사 **scared** [-d]; 현재분사 **scaring** [skéəriŋ]) 타 …을 놀라게 하다, 겁주다: The noise *scared* the baby. 그 소리는 아기를 놀라게 했다

—명 놀람, 겁냄

scare·crow [skέərkròu 스케어r크로우] 명 허수아비

참고> 허수아비

우리나라의 허수아비는 주로 참새로부터 벼를 지키지만, 영·미에서는 까마귀(crow)를 겁주다(scare)의 뜻처럼 주로 까마귀와 같은 새로부터 밀을 지킨다.

scarf [skɑ́ːrf 스카-rf으] 명 (복수 **scarfs** [-s], **scarves** [-vz]) 스카프, 목도리

scar·let [skɑ́ːrlit 스카-r을릿] 명 주홍, 진홍색

—형 주홍의, 진홍색의

*****scat·ter** [skǽtər 스캐터r → 스캐러r] 동 (3단현 **scatters** [-z]; 과거·과거분사 **scattered** [-d]; 현재분사 **scattering** [-təriŋ]) 타 **1** …을 뿌리다 (반) gather 모으다): He *scattered* seeds *over* the fields. 그는 밭에 씨를 뿌렸다
2 (군중 등을) 쫓아버리다(dispel)
—자 흩어지다: The crowd *scattered* when it began to rain. 비가 내리기 시작하자 군중은 흩어졌다

*****scene** [síːn 씨-인] 명 (복수 **scenes** [-z]) **1** (연극·영화의) 장면, 신, 장(場): a love *scene* 러브 신/ Act I, *Scene* II 제1막 제2장 (🔊 Act one Scene two라 읽는다)
2 경치, 광경: The sunrise was a beautiful *scene*. 일출 광경은 아름다웠다

유의어> 경치

scene은 개개의 경치를 가리키고, **scenery**는 경치 전체를 나타내며 보통 단수 취급한다.

3 (사건 등의) 현장, 장소: The police inspected the *scene*. 경찰은 현장을 검증했다

scen·er·y [síːnəri 씨-이너뤼] 명 **1** 〔집합적으로〕 (어떤 지방 전체의) 경치, 풍경: the *scenery* in Scotland 스코틀랜드의 풍경
2 무대 장치, 배경

scent [sént 센트] (🔊 cent(센트)와 발음이 같음) 명 **1** 냄새(smell), 향기: the *scent* of flower 꽃향기
2 (짐승의) 냄새 자취
3 (사냥개의) 후각: Dogs have a keen *scent*. 개는 후각이 예민하다

*****sched·ule** [skédʒuːl 스케쥬-을] 명 (복수 **schedules** [-z]) **1** 예정, 계획, 스케줄, 일정: according to *schedule* 예정대로/ I have a full *schedule* this week. 이번 주는 스케줄이 꽉 차 있다
2 《미》 **시간표**, 일정표 (🔊 《영》 timetable): a class *schedule* 수업 시간표/ a train *schedule* 열차 시각표

behind schedule 예정보다 늦어진: We're *behind schedule*. 우리는 예정보다 늦다

on schedule 예정대로: The train arrived *on schedule*. 열차는 제시간에 도착했다

—동 (3단현 **schedules** [-z]; 과거·과거분사 **scheduled** [-d]; 현재분사 **scheduling**) 타 …할 예정이다 ((for, to do)): He is *scheduled to* arrive here tomorrow. 그는 내일 여기에 도착할 예정이다

scheme [skíːm 스키-임] 명 (복수 **schemes** [-z]) **1** 계획(plan), 안(案): a three-year *scheme* 3개년 계획
2 음모, 계략
—동 (현재분사 **scheming**) 타 자 계획하다; 음모를 꾸미다

*****schol·ar** [skɑ́lər 스칼라r] 명 (복수 **scholars** [-z]) **1** 학자: a *scholar* in history 역사학자
2 장학생

schol·ar·ship [skάlərʃìp 스칼라r쉽] 명
1 장학금: receive a *scholarship* 장학금을 받다
2 학문, 학식

school¹ [skúːl 스쿠-얼] 명 (복수 **schools** [-z]) 1 (건물로서의) 학교: There is a post office near the *school*. 학교 근처에 우체국이 있다
2 〔무관사로〕 수업, (수업의 뜻으로) 학교: We have no *school* today. 우리는 오늘 수업이 없다 / I go to *school* every day. 나는 매일 (수업을 받으러) 학교에 간다

쓰임새▷ school은 학교 본래의 목적인 「수업」을 나타낼 때는 관사를 붙이지 않으나, 건물로서 「학교」를 나타낼 때는 관사를 붙인다. church(교회), market(시장)도 마찬가지다.

go to school   go to the school

3 (대학의) 학부: a medical *school* 의학부
4 〔**the**를 붙여; 집합적으로〕 전교 학생: *The* whole *school* knows it. 전교생이 그것을 알고 있다
5 (학문·예술 등의) 학파, …파(派): the classical *school* 고전파

after school 방과 후: We play tennis *after school*. 우리는 방과 후에 테니스를 한다

at school (1) 학교에서: We study English *at school*. 우리는 학교에서 영어를 배운다
(2) 수업 중에: He is now *at school*. 그는 지금 수업 중이다

in school 재학 중: My sister is still *in school*. 내 여동생은 아직 재학 중이다
── 형 학교의: *school* life 학교 생활 / a *school* library 학교 도서관

school² [skúːl 스쿠-얼] 명 (물고기·고래 등의) 떼: a *school* of whales 고래 떼

school·book [skúːlbùk 스쿠-얼북] 명 교과서

school·boy [skúːlbɔ̀i 스쿠-얼보이] 명 (초·중학교의) 남학생

school bus [skúːl bʌ̀s] 명 통학 버스, 스쿨버스

school bus

school·fel·low [skúːlfèlow 스쿠-얼F엘로우] 명 학우, 학교 친구

school·girl [skúːlgə̀ːrl 스쿠-얼거-r얼] 명 (초·중학교의) 여학생

school·house [skúːlhàus 스쿠-얼하우쓰] 명 (복수 **schoolhouses** [-hàuziz]) 교사(校舍) (📖 간단히 school이라고도 한다)

school·ing [skúːliŋ 스쿠-을링] 명 1 학교 교육 2 (통신 교육의) 교실 수업

school·mas·ter [skúːlmæ̀stər 스쿠-얼매스터r] 명 1 (초·중·고교의) 남자 교사〔선생〕(schoolteacher) 2 (남자) 교장 (📖 headmaster라고도 한다)

school·mate [skúːlmèit 스쿠-얼메잇] 명 학우, 학교 친구(schoolfellow)

school·mis·tress [skúːlmìstris 스쿠-얼미쓰츄뤼쓰] 명 1 (초·중·고교의) 여교사 2 여자 교장

school·room [skúːlrùːm 스쿠-얼루-음] 명 교실

school·teach·er [skúːltìːtʃər 스쿠-얼티-춰r] 명 (초·중·고교의) 교사, 선생

school·yard [skúːljɑ̀ːrd 스쿠-얼야-르드]
명 교정, 학교 운동장

***sci·ence** [sáiəns 싸이언쓰] 명 (복수 sciences [-iz]) **1 과학**: His favorite subject is *science*. 그가 좋아하는 과목은 과학이다
2 학문, …학: social *science* 사회학

science fiction [sáiəns fíkʃən] 명 (공상적인) 과학 소설 (SF, sf로 줄인다)

sci·en·tif·ic [sàiəntífik 싸이언티F익]
형 과학의, 과학적인: *scientific* management 과학적 경영

***sci·en·tist** [sáiəntist 싸이언티스트] 명 (복수 **scientists** [-ts]) **과학자**: I want to be a great *scientist*. 나는 훌륭한 과학자가 되고 싶다

***scis·sors** [sízərz 씨Z어rz으] 〔복수 취급〕 **가위** (셀 때는 a pair〔two pairs〕 of *scissors*(가위 한〔두〕 자루)라고 한다): Where are my *scissors*? 내 가위가 어디 있지?

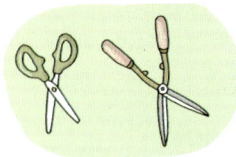
scissors   shears

scoff [skɔ́f 스카f으] 자 비웃다, 조롱하다

***scold** [skóuld 스코울드] 동 (3단현 **scolds** [-dz]; 과거·과거분사 **scolded** [-id]; 현재분사 **scolding**) 타 …을 꾸짖다, 야단치다: The teacher *scolded* Bill *for* being late. 선생님은 빌이 지각했다고 꾸짖으셨다

scoop [skúːp 스쿠-ㅍ] 명 **1** 국자; 큰 숟가락 **2** 떠냄, 한 번 품 **3** (신문의) 특종 기사

—— 동 (3단현 **scoops** [-s]; 과거·과거분사 **scooped** [-t]; 현재분사 **scooping**) 타 …을 푸다, 퍼올리다: *scoop* water out of a barrel 통에서 물을 퍼내다

school
- main gate 정문
- parking lot 주차장
- libray 도서관
- school building 교사
- schoolyard 교정
- swimming pool 수영장
- gymnasium 체육관

scoot·er [skúːtər 스쿠-터*r* → 스쿠-러*r*] 명 **1** 스쿠터 《어린이가 한쪽 발은 올라서고 다른 한쪽 발로 땅을 차면서 달리는 놀이차》 **2** 스쿠터 (🔎 motor scooter라고도 한다)

scooter 1   scooter 2

scope [skóup 스코웁] 명 **1** (연구·활동 등의) 범위, 영역; 시야, 식견: the *scope* of science 과학이 미치는 범위 **2** (능력 등을 발휘할) 기회, 여지

-scope 《접미사》 「…보는 기계; …경(鏡)」의 뜻: tele*scope* 망원경

scorch [skɔ́ːrtʃ 스코-*r*취] 동 (3단현 **scorches** [-iz]) 타 자 …을 태우다; 그을다

＊score [skɔ́ːr 스코-*r*] 명 (복수 **scores** [-z]) **1** 〔보통 단수형으로〕 (경기·시합의) **득점**, 스코어; (시험의) **점수**, 성적: win by a *score* of 3 to 1 3대 1로 이기다 / His *score* on the English test was very good. 그의 영어 시험 점수는 매우 좋았다
2 〔단수·복수 동형으로〕 20: four *score* and ten 90
3 〔복수형으로〕 다수, 많음: *scores* of years ago 수십 년 전에

—— 동 (3단현 **scores** [-z]; 과거·과거분사 **scored** [-d]; 현재분사 **scoring** [skɔ́ːriŋ]) 타 **득점하다**, 점수를 따다: They *scored* first goal. 그들은 첫 득점을 했다 / He *scored* 90 on the exam. 그는 시험에서 90점을 받았다

score·board [skɔ́ːrbɔ̀ːrd 스코-*r*보-*r*드] 명 (경기 등의) 득점 게시판, 스코어보드

score·book [skɔ́ːrbùk 스코-*r*북] 명 득점 기입장

scorn [skɔ́ːrn 스코-*r*언] 동 (3단현 **scorns** [-z]; 과거·과거분사 **scorned** [-d]; 현재분사 **scorning**) 타 …을 깔보다, 경멸하다: *scorn* a coward 겁쟁이를 경멸하다
—— 명 (복수 **scorns** [-z]) **1** 경멸, 멸시 **2** 경멸의 대상, 웃음거리

scorn·ful [skɔ́ːrnfəl 스코-*r*언F어얼] 형 경멸하는, 업신여기는

scor·pi·on [skɔ́ːrpiən 스코-*r*피언] 명 【동물】 전갈

Scot [skát 스캇] 명 (한 사람의) 스코틀랜드인

Scotch [skátʃ 스카취] 형 **1** 스코틀랜드(산)의 **2** 스코틀랜드인〔어〕의

scorpion

참고 스코틀랜드인들은 Scotch보다 Scots 또는 Scottish를 즐겨 쓴다.

—— 명 **1** 〔the를 붙여〕 스코틀랜드인 (전체) **2** 〔무관사로〕 스코틀랜드어 **3** 《구어》 스카치 위스키

Scotch·man [skátʃmən 스카취먼] 명 (복수 **Scotchmen** [-mən]) = Scotsman

Scot·land [skátlənd 스카틀런드] 명 스코틀랜드 《그레이트브리튼 섬의 북반부; 수도는 에든버러(Edinburgh)》

Scots [skáts 스카츠] 형 = Scotish
—— 명 **1** 〔the를 붙여〕 스코틀랜드인 (전체) **2** 〔무관사로〕 스코틀랜드어

Scots·man [skátsmən 스카츠먼] 명 (한 사람의) 스코틀랜드인

Scot·tish [skátiʃ 스카티쉬] 형 스코틀랜드(인·어)의
—— 명 **1** 〔the를 붙여〕 스코틀랜드인 (전체) **2** 〔무관사로〕 스코틀랜드어

scout [skáut 스카웃-] 명 (복수 **scouts** [-ts]) **1** 정찰병, 수색병; 정찰함〔기〕 **2** (스포츠·연예계 등의) 스카우트 **3** 보이〔걸〕스카우트 단원

scram·ble [skrǽmbl 스크램브을] 동 (3단현 **scrambles** [-z]; 과거·과거분사 **scrambled** [-d]; 현재분사 **scrambling**) 자 **1** 기어오르다: *scramble up* a cliff 벼랑을 기어오르다
2 다투다, 서로 빼앗다: *scramble* for a ball 공을 서로 빼앗으려 하다
3 (전투기가) 긴급 출격하다
── 타 (달걀을) 휘저으며 익히다: *scrambled* egg 스크램블 에그

scrap [skrǽp 스크랩] 명 (복수 **scraps** [-s]) **1** 조각, 파편, 토막 **2** (신문 등의) 오려낸 것, 스크랩 **3** 〔집합적으로〕 폐품 **4** 〔복수형으로〕 음식 찌꺼기

scrap·book [skrǽpbùk 스크랩북] 명 (신문·잡지 등을)오려 붙인 책, 스크랩북

scrape [skréip 스크뤠입] 동 (3단현 **scrapes** [-s]; 과거·과거분사 **scraped** [-t]; 현재분사 **scraping**) 타 **1** …을 문지르다, 문질러 떼다: *scrape* off the paint 페인트를 긁어〔벗겨〕 내다/ I *scraped* the mud *from*〔*of*〕 my shoes. 나는 신발의 진흙을 문질러 뗐다
2 스쳐 상처를 내다, 까지다: She fell and *scraped* her knees. 그녀는 넘어져서 무릎이 까졌다
3 삐걱거리게 하다: My chalk *scraped* blackboard. 백묵이 흑판에 삐걱거리는 소리를 냈다
4 (돈 등을) 긁어모으다, 어렵게 모으다
── 자 문지르다, 긁다
── 명 **1** 문지름, 비빔 **2** 까진 상처 **3** 삐걱거리는 소리

scratch [skrǽtʃ 스크뤠취] 동 (3단현 **scratches** [-iz]; 과거·과거분사 **scratched** [-t]; 현재분사 **scratching**) 타 **1** …을 할퀴다, 할퀴어 상처를 내다: The cat *scratched* me. 고양이가 나를 할퀴었다
2 문지르다; 문질러 떼다, 벗기다: *scratch* a match 성냥을 긋다
3 (가려운 데를) 긁다: *scratch* one's head (난처해서) 머리를 긁다
4 (편지 등을) 휘갈겨 쓰다: *scratch* a few lines 2, 3행 휘갈겨 쓰다
── 자 **1** 할퀴다 **2** (펜이 종이에) 가치작거리다, 긁히다
── 명 **1** 할큄, 긁음 **2** 할퀸〔긁힌〕 상처〔자국〕 **3** 휘갈겨 씀 **4** (펜·레코드 등의) 긁히는 소리

*****scream** [skríːm 스크뤼-임] 동 (3단현 **screams** [-z] ; 과거·과거분사 **screamed** [-d]; 현재분사 **screaming**) 자 (공포·고통 등으로) **비명을 지르다**: She *screamed* with〔in〕 pain. 그녀는 아파서 비명을 질렀다
── 명 (복수 **screams** [-z]) 비명, 날카로운 소리

*****screen** [skríːn 스크뤼-인] 명 (복수 **screens** [-z]) **1 칸막이**: a folding *screen* 병풍/ a sliding *screen* 미닫이, 장지
2 (창문 등의) 방충망: a window *screen* 방충망을 친 창문
3 (영화의) **스크린**, (텔레비전의) 화면; 〔**the**를 붙여; 집합적으로〕 영화(계): *screen* actor 영화 배우
4 차폐물, 보호물

*****screw** [skrúː 스크루-] 명 (복수 **screws** [-z]) **1 나사**; 나사 모양의 물건: a male 〔female〕 *screw* 수〔암〕나사
2 (배의) **스크루**; (비행기의) 프로펠러

screws 2

screw·driv·er [skrúːdràivər 스크루-쥬라이V어r] 명 나사돌리개, 드라이버

script [skrípt 스크립트] 명 **1** 손으로 쓰기 **2** (연극·영화 등의) 대본, 각본 **3** 〔인쇄〕 필기체(활자)

scrip·ture [skríptʃər 스크립춰r] 명 **1** 〔**the Scripture**로〕 성서(the Bible) **2** (기독교 이외의) 경전

scrub [skrʌ́b 스크롸ㅂ] 동 (3단현 **scrubs** [-z]; 과거·과거분사 **scrubbed** [-d]; 현재분사 **scrubbing**) 타 …을 (솔 등으로) 북북 문지르다; (때 등을) 북북 문질러 없애다: *scrub* a floor 마루를 북북 닦다

scuba [skjúːbə 스큐-바] 명 스쿠버 《잠수용 수중 호흡 장치》
〖**s**elf-**c**ontained **u**nderwater **b**reathing **a**pparatus〗

scuba diving [skjúːbə dáiviŋ] 명 스쿠버 다이빙 《스쿠버를 달고 하는 스포츠》

scuba diving

sculp·tor [skʌ́lptər 스컬프터*r*] 명 조각가

*sculp·ture [skʌ́lptʃər 스컬프춰*r*] 명 조각; 조각 작품: ancient *sculpture* 고대 조각
— 동 (3단현 **sculptures** [-z]; 과거·과거분사 **sculptured** [-d]; 현재분사 **sculpturing** [-tʃəriŋ]) 타 …을 조각하다: *sculpture* a statue *in*〔*out of*〕 stone 돌에〔로〕 상(像)을 조각하다

scythe [sáið 싸이ð으] 명 (복수 **scythes** [-iz]) (자루가 긴) 큰 낫

sea [síː 씨-] 〖 🔊 see (보다)와 발음이 같음〗 명 (복수 **seas [-z]) **1** 〔보통 **the**를 붙여〕 **바다** (반 land 육지): go to *the sea* 바다에 가다 / We swam in *the sea* yesterday. 우리는 어제 바다에서 수영을 했다 · **2** 〔고유명사에 쓰여〕 …해: the Red *Sea* 홍해

scythe

sea

3 바다(의 상태); 파도: *a rough*〔*calm*〕*sea* 험한〔잔잔한〕 바다/ *high seas* 높은 파도

4 〔**a sea of** …의 형태로〕많은, 다양의: *a sea of* flame 불바다

at sea 해상에서; 항해 중인: The ship is *at sea*. 그 배는 항해 중이다

by sea 해로(海路)로, 배로(by ship): She traveled *by sea*. 그녀는 배로 여행했다

go to sea (1) 선원이 되다 (📖 *go to the sea*는 「바다에 가다」): He *went to sea* at eighteen. 그는 18세에 선원이 되었다

(2) (배가) 출항하다

sea bathing [síː bèiðiŋ 씨-베이딩] 몡 해수욕

sea·bird [síːbə̀ːrd 씨-버-r드] 몡 바다새 (갈매기 · 바다쇠오리 등)

sea·coast [síːkòust 씨-코우스트] 몡 해안, 연안

sea·food [síːfùːd 씨-F우-드] 몡 해산물: a *seafood* restaurant 해산물 음식점

sea gull [síː gʌ́l] 몡 【조류】 갈매기 (📖 간단히 gull이라고도 한다)

sea horse [síː hɔ̀ːrs] 몡 【어류】 해마 (海馬)

seal¹ [síːl 씨-을] 몡 (복수 **seals** [-z]) **1** 도장, 인장(印章): He put his *seal* on the document. 그는 서류에 도장을 찍었다
2 봉인(封印), 봉함
3 (자선 사업단 등이 발행하는) 실, 기념 우표

sea gull

── 동 (3단현 **seals** [-z]; 과거 · 과거분사 **sealed** [-d]; 현재분사 **sealing**) 타 **1** …에 도장을 찍다: He *sealed* the documents. 그는 서류에 도장을 찍었다

2 …을 봉하다, 봉인하다: She *sealed* the letter. 그녀는 편지를 봉했다

3 (눈 · 입술을) 닫다

seal² [síːl 씨-을] 몡 (복수 **seals** [-z], 〔집합적으로〕 seal) **1** 【동물】 바다표범, 물개 **2** 바다표범〔물개〕의 가죽

seal² 1

sea level [síː lèvəl] 몡 (평균) 해면: The mountain is 2,500 meters above *sea level*. 이 산은 해발 2,500미터이다

seam [síːm 씨-임] 몡 솔기, 꿰맨 자리

sea·man [síːmən 씨-먼] 몡 (복수 **seamen** [-mən]) **1** 뱃사람, 선원 **2** 수병(水兵)

seam·less [síːmlis 씨-임리쓰] 형 솔기가 없는, 이음매가 없는

sea·port [síːpɔ̀ːrt 씨-포-r트] 몡 항구(도시)

＊**search** [sə́ːrtʃ 써-r취] 동 (3단현 **searches** [-iz]; 과거 · 과거분사 **searched** [-t]; 현재분사 **searching**) 타 …을 뒤지다, 수색하다: *search* the bag 가방 안을 뒤지다/ He *searched* his pockets *for* the ticket. 그는 표를 찾으려고 호주머니를 뒤졌다

search the bag   search for the bag

── 자 **찾다** (**for**): *search for* the bag 가방을 찾다

search out 찾아내다: *search out* a new fact 새로운 사실을 찾아내다

── 몡 **수색**, 추구; 조사

in search of …을 찾아: We went *in search of* an apartment. 우리는 아파트를 구하러 다녔다

make a search for …을 찾다: The boys *made a search for* the lost ball. 소년들은 잃어버린 공을 찾았다

search·light [sə́ːrtʃlàit 써-r칠라잇] 명 탐조등, 서치라이트

sea·shell [síːʃèl 씨-쉐얼] 명 바다 조개 〔조가비〕

sea·shore [síːʃɔ́ːr 씨-쇼-r] 명 해변, 해안: Lots of children are playing on the *seashore*. 많은 아이들이 해변에서 놀고 있다

sea·sick [síːsik 씨-씩] 형 뱃멀미가 난: get *seasick* 뱃멀미하다

sea·side [síːsàid 씨-사이드] 명 〔보통 the를 붙여〕 해안, 해변, 바닷가
── 형 해안의, 해변의: a *seaside* hotel 해변의 호텔

sea·son [síːzn 씨-Z은] 명 〔복수 **seasons** [-z]〕 **1 계절**: There are four *seasons* in Korea. 한국에는 4계절이 있다/ Which *season* do you like best? 어느 계절을 가장 좋아합니까?

spring summer

autumn, fall winter

2 (어느 특정한) **시기**, 때, 시즌: the Christmas *season* 크리스마스 시기/ the *season* of harvest 수확기/ The rainy *season* has set in. 장마철이 시작되었다

in season (과실·어류 등이) 제철인: Strawberries are *in season* now. 딸기가 지금 한창이다

out of season (과실·어류 등이) 제철이 아닌: Oysters are *out of season* now. 굴은 지금 제철이 아니다

── 동 (3단현 **seasons** [-z]; 과거·과거분사 **seasoned** [-d]; 현재분사 **seasoning**) 타 (음식을) **1 양념을 하다**, 맛을 내다: *season* food *with* salt 소금으로 음식의 간을 맞추다

2 (이야기 등에) 흥미를 돋우다

sea·son·al [síːznl 씨-Z으느얼] 형 계절의, 계절적인: a *seasonal* laborer 계절 노동자

season ticket [síːzn tìkit] 명 《영》 정기(승차)권 (《미》 commutation ticket); (연극·경기 등의) 정기 입장권

seat [síːt 씨-트] 명 〔복수 **seats** [-ts]〕 **1 좌석, 자리**: the front〔back〕 *seat* of a car 차의 앞〔뒷〕좌석/ reserve a *seat* 좌석을 예약하다/ May I take this *seat*? 이 자리에 앉아도 됩니까?

2 의석, 의원〔위원 (등)〕의 지위: He lost 〔won〕his *seat* in this election. 그는 이번 선거에서 의석을 잃었다〔얻었다〕

3 위치, 소재지: the *seat* of government 정부 소재지

── 동 (3단현 **seats** [-ts]; 과거·과거분사 **seated** [-id]; 현재분사 **seating**) 타
1 …을 앉히다: Please be *seated*. 앉으십시오 (Please sit down.보다 형식을 차린 말)

2 …의 좌석을 가지다, 수용하다: This hall *seats* 500. 이 강당은 500명을 수용할 수 있다

seat belt [síːt bèlt] 명 (자동차·비행기 등의) 좌석 벨트, 안전 벨트 (🔖 safety belt라고도 한다): Please fasten your *seat belt*. 안전 벨트를 매 주십시오

Seat·tle [siǽtl 씨-애틀 → 씨-애크엘] 명 시애틀 《미국 워싱턴주 서부의 항구 도시》

sea·ward [síːwərd 씨-워r드] 형 바다를 향한, 바다 쪽의
── 부 바다 쪽으로

sea·weed [síːwiːd 씨-위-드] 명 해초(海草)

se·clude [siklúːd 씨클루-드] 동 (현재분사 **secluding**) 타 1 (사람을) …에서 격리하다 2 은퇴하다

*__sec·ond__¹ [sékənd 쎄컨드] (🔖 약어는 2nd) 형 1 두 번째의, 제2의: the *second* chapter 제2장/ Monday is the *second* day of the week. 월요일은 주의 두 번째 날이다

2 [a를 붙여] 또 하나의(another), 다른: We have a *second* home in Seoul. 우리는 서울에 집을 하나 더 가지고 있다

3 부(副)의, 보조의: the *second* violin 제2바이올린

at second hand 간접적으로
every second day 이틀마다, 하루걸러
second to none 어느 것〔누구〕에도 뒤지지 않는: She is *second to none* in English. 그녀는 영어에서는 최고다

── 부 둘째로, 두 번째로: come *second* 둘째로 오다/ Chicago is the *second* largest city in the United States. 시카고는 미국에서 두 번째로 큰 도시이다

── 명 (복수 **seconds** [-dz]) 1 [보통 **the**를 붙여] 제2; 둘째, 2등; (달의) 2일: Today is *the second* of July. 오늘은 7월 2일이다

2 [보통 **the**를 붙여] 두 번째의 것〔사람〕: He was *the second* to come. 그가 두 번째로 왔다

3 [**the Second**로] 제2세: Elizabeth *the Second* 엘리자베스 2세 (🔖 보통 Elizabeth Ⅱ라 쓴다)

4 [무관사로] 【야구】 2루(second base)

5 [권투] 세컨드, 보조자
── 타 …을 후원하다(support), 지지하다

*__sec·ond__² [sékənd 쎄컨드] 명 (복수 **seconds** [-dz]) 1 초: There are sixty *seconds* in a minute. 1분은 60초다

2 순간, 잠깐(moment): I'll be back in a *second*. 곧 돌아오겠습니다/ Wait a *second*. 잠깐 기다려 주시오

sec·ond·a·ry [sékəndèri 쎄컨데리] 형 1 2위의, 2류의: a *secondary* post 2류의 지위

2 부차적인, 파생적인: a *secondary* product 부산물

3 중등 교육〔학교〕의: *secondary* education 중등 교육

sec·ond-class [sékəndklǽs 쎄컨드클래스] 형 (탈것의) 2등의; 2류의: a *second-class* carriage 2등차

sec·ond·hand [sékəndhǽnd 쎄컨드핸드] 형 1 중고의, 고물의: a *secondhand* book 헌책/ She bought a *secondhand* car. 그녀는 중고차를 샀다

2 간접의, 전해들은: *secondhand* information 전해들은 정보

── 부 1 중고로: She bought the piano *secondhand*. 그녀는 피아노를 중고로 샀다

2 전해 들어, 간접으로: I learned the news *secondhand*. 나는 그 소식을 전해 들어 알았다

second hand [sékənd hǽnd] 명 (시계의) 초침 (🔖 「분침」은 minute hand, 「시침」은 hour hand)

sec·ond·ly [sékəndli 쎄컨들리] 부 둘째로, 다음으로

*__se·cret__ [síːkrit 씨-크릿] 형 (비교급 **more secret**; 최상급 **most secret**) 1 비밀의: a *secret* weapon 비밀 무기/ Please keep the matter *secret*. 그 일은 비밀로 해주시기 바랍니다

2 (장소가) 눈에 띄지 않는: a *secret* place 으슥한 곳
— 명 (복수 **secrets** [-ts]) **1** 비밀, 기밀: This is a *secret* between us two. 이것은 우리 둘만의 비밀이다

2 〔흔히 복수형으로〕 신비, 수수께끼: the *secrets* of nature 자연의 신비
3 〔**the**를 붙여〕 비결: the *secret* of his health 그의 건강 비결
in secret 비밀히, 몰래: He left for London *in secret*. 그는 몰래 런던으로 떠났다

***sec·re·tar·y** [sékrətèri 쎄크뤼테뤼] 명 (복수 **secretaries** [-z]) **1** (개인·회사 등의) 비서, (협회 등의) 간사, 서기: She is *secretary* to the president. 그녀는 사장 비서다
2 〔**Secretary**로〕 《미》 (각 성의) 장관: the *Secretary* of Defense 국방 장관/the *Secretary* of State 국무 장관
【라틴어 「비밀(secret)이 맡겨진 사람」에서】

se·cret·ly [síkritli 씨-크뤼틀리 → 씨-크륏'을리] 부 몰래, 숨어서

sect [sékt 쎅트] 명 분파, 종파, 학파

***sec·tion** [sékʃən 쎅션] 명 (복수 **sections** [-z]) **1** (잘라낸) 부분, 구획, 마디: a *section* of pie 파이 한 조각
2 《미》 (도시 등의) 구역, 지구: a business *section* 상업 지구
3 (회사·관청의) 부문, 과
4 (문장의) 절, 항(項) (장(chapter)보다 작은 구분으로 보통 §로 나타냄)

sec·tor [séktər 쎅터r] 명 **1** 부문, 분야 **2** 지구, 구역

sec·u·lar [sékjulər 쎄큘러r] 형 세속적인(반 religious 종교적인)

***se·cure** [sikjúər 씨큐어r] 형 (비교급 **securer** [-kjúərər]; 최상급 **securest** [-kjúərist]) **1** 안전한: This is a *secure* place. 이곳은 안전한 장소다
2 (승리·성공 등이) 확실한, 약속된: Our success is *secure*. 우리의 성공은 확실하다
— 동 (3단현 **secures** [-z]; 과거·과거분사 **secured** [-d]; 현재분사 **securing** [-júəriŋ]) 타 **1** …을 손에 넣다, 확보하다: He has *secured* a good seat. 그는 좋은 자리를 잡았다
2 …을 안전하게 하다, 지키다: *Secure* yourself *from* the cold. 추위로부터 몸을 보호해라
3 …을 보증하다; 보험에 넣다
4 (창 등을) 꼭 닫다〔잠그다〕: He *secured* the door. 그는 문을 꼭 닫았다

***se·cu·ri·ty** [sikjúərəti 씨큐뤄티 → 씨큐뤄리] 명 (복수 **securities** [-z]) **1** 안전, 무사; 안심: national *security* 국가 안보
2 안전 대책, 방위〔보호〕 수단
3 보증, 저당, 담보
4 〔복수형으로〕 유가 증권

se·dan [sidǽn 씨댄] 명 《미》 세단형 자동차 (운전석을 칸막이하지 않은 보통의 상자형 승용차》 (《영》 saloon)

****see** [síː 씨-] 〔sea(바다)와 발음이 같음〕 동 (3단현 **sees** [-z]; 과거 **saw** [sɔː]; 과거분사 **seen** [síːn]; 현재분사 **seeing**) 타 **1** …을 보다, …이 보이다: I can't *see* anything. 아무것도 보이지 않는다

2 [see+목적어+동사의 원형의 형태로] …가 ~하는 것을 보다: I *saw* her *go* out. 나는 그녀가 외출하는 것을 보았다

쓰임새▷ 위 문장이 수동태가 되면 She *was seen* to go out. (그녀가 외출하는 것이 보였다)처럼 동사 앞에 to가 들어간다.

3 [see+목적어+현재분사의 형태로] …가 ~하고 있는 것을 보다: I *saw* her *knitting* wool stockings. 나는 그녀가 털실로 스타킹을 짜고 있는 것을 보았다

4 [see+목적어+과거분사의 형태로] …가 ~하는 것이 보이다: I *saw* him *scolded* by his teacher. 나는 그가 선생님에게 야단맞는 것을 보았다

5 …을 참조하다: *See* p. 20. 20쪽 참조

6 …을 구경하다: *see* the sights of a city 도시의 명소를 구경하다

7 …을 보다, 살피다, 확인하다: Have you *seen* today's paper? 오늘 신문 보셨습니까?/ Go and *see* if the door is locked. 문이 잠겨 있는지 가서 확인해 보아라

8 …을 만나다; 방문하다: I haven't *seen* her *for* a long time. 나는 오랫동안 그녀를 만나지 못했다/ He'll come and *see* me this afternoon. 그는 오늘 오후에 나를 만나러 온다

참고▷ **meet**와 **see**
사람을 처음 만났을 때는 **meet**를 써서 I'm glad to *meet* you.라 인사하고, 전에 만난 적이 있는 사이에는 **see**를 써서 I'm glad to *see* you.라 한다.

meet　　　see

9 …을 알다, 이해하다, 깨닫다: I *see* what you mean. 네가 말하는 뜻을 알겠다/ I *saw* that it was true. 나는 그것이 사실이라는 것을 알았다

10 배웅하다, 바래다주다: I *saw* my friend *to* the station. 친구를 정거장까지 배웅했다

11 진찰을 받다: You should *see* a doctor. 너는 의사에게 진찰을 받아 보는 것이 좋겠다

12 …을 경험하다: She has *seen* a lot in her life. 그녀는 지금까지 여러 가지 경험을 했다

──자 **1 보다**, 보이다: A cat can *see* in the dark. 고양이는 어둠 속에서 눈이 잘 보인다

2 알다, 이해하다(understand): Do you *see*? 알겠나?

I see. 《구어》 알겠소, 그렇군

Let me see. 그런데, 글쎄요 (📖 잠시 생각할 때의 표현): *Let me see,* where did I leave my book? 그런데 내 책은 어디 두었지?

see after …을 돌보다 (📖 look after를 쓰는 것이 보통)

see … off …을 배웅하다: I *saw* my friend *off* at the station. 나는 역에서 친구를 배웅했다

see to (1) …에 주의하다, 조심하다
(2) (사람·일 등을) 맡다, 보살피다: I'll *see to* the matter. 그 일은 제가 맡겠습니다

see (to it) that … …하도록 하다: *See (to it) that* you're not late for school again. 다시 학교에 늦지 마라

See you later [*again*]. 안녕, 또 만나

***you see** 어째, 아시겠죠: *You see,* he's a good friend of ours. 알았지, 그는 우리의 좋은 친구야

seed [síːd 씨-드] 명 (복수 **seeds** [-dz], [집합적으로] **seed**) **1** 씨, 종자: sow [plant] *seeds* 씨를 뿌리다
2 [보통 복수형으로] (싸움 등의) 씨, 원인, 근원 **(of)**
3 【경기】 시드 (강한 선수나 팀이 처음부터 맞서지 않게 대진표를 짬)
—— 동 (3단현 **seeds** [-dz]; 과거·과거분사 **seeded** [-id]; 현재분사 **seeding**) 타 **1** …에 **씨를 뿌리다**: *seed* the field *with* corn 밭에 옥수수 씨를 뿌리다
2 (과일에서) 씨를 빼다

seed money [síːd mÃni] 명 (새 사업의) 밑천, 종자돈

see·ing [síːiŋ 씨-잉] 명 보기: *Seeing* is believing. 《속담》 백문이 불여 일견

seek [síːk 씨-ㅋ] 동 (3단현 **seeks** [-s]; 과거·과거분사 **sought** [sɔ́ːt]; 현재분사 **seeking**) 타 **1** …을 **찾다**: The police are *seeking* the stolen car. 경찰은 도난당한 차를 찾고 있다
2 …하려고 **노력하다**, 시도하다 **(to *do*)**: They *sought* to console her. 그들은 그녀를 위로하려고 했다
—— 자 찾다: He is *seeking for* employment. 그는 일자리를 찾고 있다

seem [síːm 씨-임] 동 (3단현 **seems** [-z]; 과거·과거분사 **seemed** [-d]; 현재분사 **seeming**) 자 …**처럼 보이다**, 생각되다; …인 듯 하다 (진행형으로는 쓰이지 않음): He *seems* young. 그는 젊어 보인다 / It *seems* likely to rain. 비가 올 듯하다 / It *seems* (that) he was not there. 그는 거기에 없었던 것 같다

seem·ing [síːmiŋ 씨-밍] 형 겉으로의, 허울만의: *seeming* friendship 허울만의 우정
—— 명 겉보기, 외관

seen [síːn 씨-인] [scene(장면)과 발음이 같음] 동 see(보다)의 과거분사형

***see·saw** [síːsɔ̀ː 씨-싸-] 명 **1 시소**: play at *seesaw* 시소 놀이하다

seesaw

2 아래위 움직임, 동요; 일진일퇴, 접전: a *seesaw* game [match] 쫓고 쫓기는 접전, 시소 게임

seg·ment [ségmənt 쎄그먼트] 명 구획, 조각, 부분

seg·re·gate [ségrigèit 쎄그뤼게잇] 동 (현재분사 **segregating**) 타 **1** (사람·단체를) 분리하다(separate), 격리하다 **2** (어떤 인종·사회층)에 대하여 차별 대우를 하다

seg·re·ga·tion [sègrigéiʃən 쎄그뤼게이션] 명 **1** 분리, 격리 **2** 인종 차별

Seine [séin 쎄인] 명 [the를 붙여] 센 강 (프랑스 북부를 흘러 파리 시내를 지나서 영국 해협에 이름)

***seize** [síːz 씨-ㅈ] 동 (3단현 **seizes** [-iz]; 과거·과거분사 **seized** [-d]; 현재분사 **seizing**) 타 **1** …을 **붙잡다**; (범인 등을) 체포하다: I *seized* his arm. 나는 그의 팔을 꽉 붙잡았다
2 (의미·요점 등을) 이해하다; (기회 등을) 붙잡다: *seize* an opportunity 기회를 붙잡다
3 빼앗다, 몰수[압수] 하다: *seize* the

throne 왕위를 탈취하다
4 (공포·병 등이) 덮치다, 엄습하다: He was *seized* with fear. 그는 갑자기 공포에 사로잡혔다

sei·zure [síːʒər 씨-줘r] 명 **1** 붙잡음; 체포 **2** 몰수, 압수 **3** (병 등의) 발작, 발병

***sel·dom** [séldəm 쎄얼덤] 부 **좀처럼 … 않다**: He is *seldom* sick. 그는 좀처럼 병에 걸리지 않는다 / She *seldom* eats breakfast. 그녀는 좀처럼 아침을 먹지 않는다

> 쓰임새 seldom은 보통 be 동사의 뒤, 일반 동사의 앞에 놓인다.

not seldom 종종, 이따금

***se·lect** [səlékt 썰렉트] 동 (3단현 **selects** [-ts]; 과거·과거분사 **selected** [-id]; 현재분사 **selecting**) 타 **…을 고르다**, 선택하다: I *selected* a birthday present *for* her. 나는 그녀에게 줄 생일 선물을 골랐다

—— 형 **고른**, 정선한: *select* books 정선 도서

***se·lec·tion** [səlékʃən 썰렉션] 명 (복수 **selections** [-z]) **1 선택**, 정선(choice): a careful *selection* 신중한 선택

2 선발된 것[사람]; 발췌; 선집(選集): *selections* from modern French poets 현대 프랑스 시인 선집

3 (선택·구매를 위한) 전시품: The store has a large *selection* of hats. 그 상점에는 많은 모자가 있다

4 【생물】 도태(淘汰): natural *selection* 자연 도태

***self** [sélf 쎄얼f] 명 (복수 **selves** [sélvz]) **1 자기, 자신**: He put his whole *self* into the experiment. 그는 자신의 모든 것을 실험에 쏟았다

2 사리, 사욕, 이기심: He cares for nothing but *self*. 그는 자기의 이익 밖에 생각하지 않는다

self-con·fi·dent [sélf-kánfidənt 쎄얼f∘칸F이던트] 형 자신 있는

self-con·scious [sélf-kánʃəs 쎄얼f∘칸셔쓰] 형 자의식이 강한

self-con·trol [sélf-kəntróul 쎄얼f∘컨츄로우을] 명 자제(심): He lost his *self-control*. 그는 자제심을 잃었다

self-de·fense, 〈영〉 **self-de·fence** [sélf-diféns 쎄얼f∘디F엔쓰] 명 자위, 자기 방어

self-ed·u·cat·ed [sélf-édʒukèitid 쎄얼f∘에쥬케이티드 → 쎄얼f∘에쥬케이리드] 형 독학의

self-ev·i·dent [sélf-évədənt 쎄얼f∘에V어던트] 형 자명(自明)한

***self·ish** [sélfiʃ 쎄얼F이쉬] 형 **이기적인**, 자기 본위의, 제멋대로 하는

self·ish·ness [sélfiʃnis 쎄얼F이쉬니쓰] 명 이기, 자기 본위

self-re·spect [sélf-rispékt 쎄얼f∘뤼스펙트] 명 자존(심)

self-sac·ri·fice [sélf-sǽkrəfàis 쎄얼f∘쌔크뤄F아이쓰] 명 자기 희생, 헌신

self-sat·is·fac·tion [sélf-sæ̀tisfǽkʃən 쎄얼f∘쌔티스F액션 → 쎄얼f∘쌔리스F액션] 명 자기 만족

self-serv·ice [sélf-sə́ːrvis 쎄얼f∘써-rV이쓰] 명 (식당 등에서의) 셀프서비스

****sell** [sél 쎄얼] 〔cell(세포)과 발음이 같음〕 동 (3단현 **sells** [-z]; 과거·과거분사 **sold** [sóuld]; 현재분사 **selling**) 타 **1 …을 팔다, 판매하다**(반 buy 사다): *sell* goods cheap[dear] 물품을 싸게[비싸게] 팔다 / That store *sell* fruits. (= They *sell* fruits at that store.) 저 가게는 과일을 판다

buy   sell

2 (나라·친구 등을) 팔다, 배반하다: *sell* one's country 조국을 팔다
——자 (물건이) 팔리다: This book *sells* well. 이 책은 잘 팔린다
sell out 다 팔리다, 매진되다: Tickets are *sold out*. 표가 다 매진되었다
sell·er [sélər 쎌러r] 명 1 파는 사람(반 buyer 사는 사람)
2 팔리는 물건: a best *seller* 베스트 셀러
sell·ing [séliŋ 쎌링] 형 판매의, 판매하는
sem·blance [sémbləns 쎔블런쓰] 명 1 외형, 외관 2 유사, 닮음
se·mes·ter [siméstər 씨메스터r] 명 (2학기 제도 대학의) 1학기
sem·i- (접두사) 「반(半)…, …에 두 번」의 뜻: *semi*circle 반원
sem·i·cir·cle [sémisə̀:rkl 쎄미써-r크을] 명 반원(형의 것)
sem·i·co·lon [sémikòulən 쎄미코울런] 명 세미콜론 (;)
sem·i·con·duc·tor [sèmikəndʌ́ktər 쎄미컨닥터r] 명 【물리】 반도체(半導體)

semicircle

sem·i·nar [sémənà:r 쎄머나-r] 명 세미나 (지도 교수 아래서 특수 주제를 연구 토의하는 학습법); 연구 집회

*****sen·ate** [sénət 쎄넛] 명 1 〔the Senate 로〕 (미국의) 상원 (☞ 「하원」은 the House of Representatives) 2 (고대 로마의) 원로원

sen·a·tor [sénətər 쎄너터r → 쎄너러r] 명 1 〔Senator 로〕 (미국의) 상원 의원 (☞ 「하원 의원」은 Congressman) 2 (고대 로마의) 원로원 의원

*****send** [sénd 쎈드] 동 (3단현 **sends** [-dz]; 과거·과거분사 **sent** [sént]; 현재분사 **sending**) 타 1 (물건 등을) 보내다, 부치다(반 receive 받다): I *sent* the letter *by* airmail. 나는 그 편지를 항공 우편으로 보냈다 / I *sent* a birthday present *to* Hellen. (= I *sent* Hellen a birthday present.) 나는 헬렌에게 생일 선물을 보냈다

send   receive

2 (사람을) 가게 하다, 보내다: *send* a boy *for* a doctor 의사를 부르러 소년을 보내다 / They *sent* their son *to* college. 그들은 아들을 대학에 보냈다

send away (1) …을 내쫓다; 해고시키다: She *sent* the salesman *away*. 그녀는 세일즈맨을 내쫓았다
(2) …을 (멀리) 파견하다

send back 돌려주다, 반환하다

send for …을 부르다: Please *send for* the doctor. 의사를 불러주세요

send forth (잎이) 나다; (증기·냄새를) 방출하다

send off (1) …을 발송하다: *Send off* this article today. 오늘 이 물건을 발송하세요
(2) …을 배웅하다(see ... off)

send out (1) 파견하다: He was *sent out* to Rome. 그는 로마에 파견되었다
(2) (우편으로) 발송하다
(3) (싹 등을) 내다; (빛·향기 등을) 방출하다

send up 올리다, 상승시키다; (로켓을) 쏴 올리다

send·er [séndər 쎈더r] 명 1 보내는 사람, 발송인 2 송신[발신]기

*****sen·ior** [sí:njər 씨-녀어r] 형 1 손위의, (…보다) 연상의(반 junior 손아래의) (☞ 약어는 Sr., sr.): Thomas Jones(,) *Sr.* 아버지 토마스 존스 / She is three years *senior to* me. (= She is *senior to* me by three years.) 그녀는 나보다 세 살 위다 (☞ 「…보다」처럼 비교를 나타낼 때는

than을 쓰지 않고 to를 쓴다)

쓰임새 특히 《미》에서는 같은 이름의 부자(父子) 중 아버지를, 두 형제 중 형을 가리킨다.

2 (지위 등이) **위의, 상위의**, 상급의, 선배의: a *senior* man 고참자, 상급생
3 (대학이나 고교의) 최상급생의: *senior* students 최상급생
──명 (복수 seniors [-z]) **1** [one's를 붙여] **연장자**, 손윗사람: He is *my senior* by three years. 그는 나보다 세 살 위다
2 [one's를 붙여] 선배, 상급자, 선임자: He was *my senior* at college by two years. 그는 대학에서 나의 2년 선배였다
3 《미》 (대학이나 고교의) 최상급생 (☞ freshman 참고)

senior high school [síːnjər háiskùːl] 《미》 고등학교

참고 senior high라고도 하며, 특히 중학교와 구별할 필요가 없을 때에는 간단히 high school이라고도 한다.

sen·sa·tion [senséiʃən 쎈쎄이션] 명 **1** 감각, 지각: He had no *sensation* in his feet. 그의 다리는 감각이 없었다
2 (막연한) 느낌, …감: a *sensation* of fear 공포감
3 대단한 평판, 센세이션; 세상을 떠들썩하게 하는 사건[인물]

sen·sa·tion·al [senséiʃənl 쎈쎄이셔늘] 형 **1** 세상을 깜짝 놀라게 하는 **2** (소설 등이) 선정적인, 인기 끌기 위주의 **3** 《구어》굉장한

※sense [séns 쎈쓰] 명 (복수 senses [-iz])
1 (육체적인) **감각**: She has a keen [dull] *sense* of smell. 그녀는 예민한[둔한] 후각을 가지고 있다
2 (…을 이해하는) **감각, 센스**; 관념, 인식: a *sense* of humor 유머 감각/ She has no *sense* of time. 그녀는 시간 관념이 없다

3 느낌, 감(感): I had a *sense* of hunger. 나는 배고픔을 느꼈다
4 [one's **senses**로] 의식, 제정신: lose one's *senses* 기절하다/ He soon came to *his senses*. 그는 곧 의식을 되찾았다
5 분별, 사려: He is a man of *sense*. 그는 분별 있는 사람이다
6 의미, 뜻(meaning): The word has several *senses*. 그 낱말에는 몇 가지 뜻이 있다

in a sense 어떤 의미로는: It is true *in a sense*. 그것은 어떤 의미로는 사실이다
make sense **이치에 닿다,** 말이 되다, 뜻이 통하다: It doesn't *make sense*. 그건 말이 안 된다

sense·less [sénslis 쎈쓰리쓰] 형 **1** 무감각의; 정신을 잃은 **2** 어리석은(foolish), 무분별한 **3** 무의미한

sen·si·bil·i·ty [sènsəbíləti 쎈써빌러티 → 쎈써빌러리] 명 (복수 sensibilities [-z]) **1** (신경 등의) 감각 **2** 민감, 신경 과민 **3** 감수성

※sen·si·ble [sénsəbl 쎈써브얼] (비교급 **more sensible**; 최상급 **most sensible**) 형 **1** **분별[지각] 있는**, 판단력이 있는: a *sensible* man 지각 있는 사람
2 알아챈, 잘 알고 있는 (of): He is *sensible of* his defects. 그는 자기의 결점을 잘 알고 있다
3 느낄 수 있는, 지각할 수 있는
4 (변화 등이) 눈에 띌 정도의, 현저한

※sen·si·tive [sénsətiv 쎈써티v → 쎈써리v] 형 (비교급 **more sensitive**; 최상급 **most sensitive**) **1** **민감한**, 예민한: a *sensitive* skin 민감한 피부/ I'm *sensitive* to heat[cold]. 나는 더위[추위]를 잘 탄다
2 신경이 과민한, 신경질적인: a *sensitive* child 신경질적인 아이

sen·sor [sénsər 쎈써r] 명 【전자】 센서, 감지 장치

sen·su·al [sénʃuəl 쎈슈어얼] 형 관능적인, 육감적인

sent [sént 쎈트] 동 send(보내다)의 과거·과거분사형

☆**sen·tence** [séntəns 쎈텐쓰] 명 (복수 **sentences** [-iz]) **1** 【문법】 문, 문장: an imperative *sentence* 명령문
2 【법】 (형의) 선고, 판결: a life *sentence* 종신형
──동 (3단현 **sentences** [-iz]; 과거·과거분사 **sentenced** [-t]; 현재분사 **sentencing**) 타 …에게 선고를 내리다: He was *sentenced* to death. 그는 사형을 선고받았다

sen·ti·ment [séntəmənt 쎈터먼트] 명 (복수 **sentiments** [-ts]) **1** 감정, 정서, 정(情): a *sentiment* of pity 동정심
2 (감정이 섞인) 의견, 생각

sen·ti·men·tal [sèntəméntl 쎈터멘트얼] 형 감정적인; 감상적인, 정에 호소하는

sen·try [séntri 쎈츄뤼] 명 (복수 **sentries** [-z]) 【군사】 보초, 초병

☆**Seoul** [sóul 쏘우을] 명 서울 《대한민국의 수도》

☆**sep·a·rate** [sépərèit 쎄퍼뤠잇] 동 (3단현 **separates** [-ts]; 과거·과거분사 **separated** [-id]; 현재분사 **separating**) 타 …을 가르다, 분리하다: *Separate* the yolk *from* the white. 흰자와 노른자를 분리하세요
──자 (사람들이) 헤어지다: After dinner, we *separated*. 저녁 식사 후 우리는 헤어졌다
──[sépərət 쎄퍼륏] 형 **1** 갈라진, 분리된: *separate* volumes 별책
2 각각의, 독립된: They live in *separate* rooms. 그들은 각자의 방에서 따로 생활한다

sep·a·rate·ly [sépərətli 쎄퍼뤄틀리 → 쎄퍼뤳'을리] 부 갈라져, 따로따로

sep·a·ra·tion [sèpəréiʃən 쎄퍼뤠이션] 명 분리; 별거: We met after a long *separation*. 우리들은 오랜만에 만났다

Sept., Sep. (약어) *Septe*mber 9월

☆**Sep·tem·ber** [septémbər 쎕템버r] 명 9월 (✎ 약어는 Sept., Sep.): School begins in *September* in the United States. 미국에서는 9월에 학교가 시작된다/ She went to Paris on *September* 10. 그녀는 9월 10일에 파리로 갔다 (✎ *September* (the) tenth라 읽는다)

se·quence [síːkwəns 씨-크원쓰] 명 **1** 연속, 일련의 …: the *sequence* of events 일련의 사건
2 차례, 순서: in alphabetical *sequence* 알파벳순으로

se·quoi·a [sikwɔ́iə 씨크와이아] 명 【식물】 세퀘이어 《미국 서부산 삼나무과(科)의 거목》

ser·e·nade [sèrənéid 쎄뤄네이드] 명 【음악】 소야곡, 세레나데 《저녁에 애인의 집 창 밑에서 남자가 부르거나 연주하는 노래》

sequoia

se·rene [sərí:n 써뤼-인] 형 **1** 맑게 갠, 화창한; (바다 등이) 잔잔한 **2** (사람이) 온화한; (생활이) 편안한

serge [sə́ːrdʒ 써-r쥐] 명 서지 《옷감의 일종》

ser·geant [sáːrdʒənt 싸-r전트] 명 (복수 **sergeants** [-ts]) **1** 하사관; 병장 **2** (경찰의) 경사

se·ri·al [síəriəl 씨어뤼어을] 형 연속적인, 일련의

☆**se·ries** [síəriz 씨어뤼-ز] 명 (단수·복수 동형) **1** 연속, 일련: They won a *series* of victories. 그들은 연승했다
2 시리즈, 연속물; (야구 등의) 연속 시합: the World *Series* (미국 프로 야구의) 월드 시리즈

in series 연속하여: The books were published *in series*. 그 책은 시리즈 물로 출판되었다

se·ri·ous [síəriəs 씨어뤼어쓰] 형 (비교급 **more serious**; 최상급 **most serious**) **1** 진지한, 진담의, 농담 아닌: a *serious* talk 진지한 이야기/ Are you *serious*? 정말입니까?
2 중대한, 심각한: He made a *serious* mistake. 그는 중대한 잘못을 저질렀다
3 (병 등이) 심한, 위독한

se·ri·ous·ly [síəriəsli 씨어뤼어쓸리] 부
1 진지하게: Take it more *seriously*. 좀 더 진지하게 받아들여라
2 중대하게, 심하게: He was *seriously* wounded. 그는 중상을 입었다

se·ri·ous·ness [síəriəsnis 씨어뤼어쓰니쓰] 명 **1** 진지함 **2** 중대〔심각〕함

ser·mon [sə́ːrmən 써-r먼] 명 **1** (교회의) 설교: deliver〔give, preach〕 a *sermon* 설교를 하다
2 《구어》 잔소리

ser·pent [sə́ːrpənt 써-r펀트] 명 **1** 【동물】 뱀 **2** 음흉한 사람, 유혹자

> 참고 serpent는 snake보다 크고 독이 있는 종류로, 구약성서 창세기에서는 이브(Eve)가 뱀(serpent)의 유혹에 넘어가 금단의 열매를 먹었다.

ser·vant [sə́ːrvənt 써-r V언트] 명 (복수 **servants** [-ts]) **1** 하인, 종, 고용인, 종업원(반 master 고용주) **2** 공무원

serve [sə́ːrv 써-r V으] 동 (3단현 **serves** [-z]; 과거 · 과거분사 **served** [-d]; 현재분사 **serving**) 타 **1** (사람 · 신 등을) 섬기다, 모시다; …을 위해 봉사하다: *serve* one's master 주인을 섬기다 / He *served* his country. 그는 나라를 위해 봉사했다
2 …에 도움이 되다, 역할을 하다: This box *serves* us as a table. 이 상자는 식탁 구실을 한다
3 근무〔복무〕하다; (임기 · 형기 등을) 채우다: He *served* the company *for* twenty years. 그는 20년 간 그 회사에 근무했다
4 (손님의) 시중을 들다

▷회화◁
A: Are you being *served*, sir?
도와 드릴까요?
B: No, thank you. I'm just looking.
아니, 괜찮습니다. 구경 좀 하고 있을 뿐이에요

5 (음식을) 내다, 상을 차리다: Orange juice was *served* later. 오렌지 주스는 나중에 나왔다
6 (필요 물자를) …에게 공급하다: The river *serves* the city *with* water. (= The river *serves* water *to* the city.) 그 강은 시에 물을 공급하고 있다
7 …에게 보답하다: It *serves* you right! 꼴 좋다!
8 (테니스 등에서) (공을) 서브하다
── 자 **1** 일하다, 근무하다: He *served as* a cook. 그는 요리사로 일했다
2 시중들다: *serve at* table 식사 시중을 들다
3 …으로 쓸 만하다: This sofa can *serve as* a bed. 이 소파는 침대로 사용할 수 있다
── 명 (테니스 등의) 서브 (차례)

serv·er [sə́ːrvər 써-r V어r] 명 **1** 봉사자 **2** 【테니스】 서브하는 사람

ser·vice [sə́ːrvis 써-r V이쓰] 명 (복수 **services** [-iz]) **1** (종종 복수형으로) 봉사, 수고, 애씀; 도움, 이바지: social *services* 사회 봉사/ This map gave me great *service*. 이 지도는 나에게 큰 도움이 되었다

2 (공공의) 업무, 사업 《가스·전기·수도 등》; (기차 등의) 편(便), 운행: public *services* 공공 사업/ The bus *service* to the airport is good. 공항으로 가는 버스 편은 좋다

3 (관청 등의) 부문, 부(部): a secret *service* 비밀 정보부

4 (가스·수도의) 공급: water *service* (수도에 의한) 급수

5 근무, 복무: the military *service* 병역

6 (수리 등의) 서비스; 정기 점검〔수리〕

> 참고 우리가 흔히 말하는 「애프터 서비스」에 해당하는 영어는 service 또는 repair service라 한다.

7 예배, 의식: a church *service* 교회의 예배/ a burial *service* 장례식

8 (호텔 등의) 봉사, 서비스: *Service* is good at that hotel. 저 호텔은 서비스가 좋다

9 【테니스】 서브 (차례)

at* a person's *service …의 마음대로: I am *at your service*. 무엇이든지 분부만 하십시오

be of (great) service to …에 (매우) 도움이 되다: This book *is of great service to* me. 이 책은 나에게 큰 도움이 된다

*__**ses·a·me**__ [sésəmi 쎄써미] 명 【식물】 참깨

Open Sesame! 열려라 참깨! (참고 아라비안 나이트 중의 「알리바바와 40명의 도둑」의 이야기에서)

*__**ses·sion**__ [séʃən 쎄션] 명 (복수 **sessions** [-z]) **1** (의회·법정 등의) 개회, 개정; 개회〔개정〕 기간, 회기: in *session* 개회〔회기〕 중

2 《미》 **학기**; 수업 시간: the summer *session* 여름 학기

***__**set**__ [sét 쎗] 동 (3단현 **sets** [-ts]; 과거·과거분사 **set**; 현재분사 **setting**) 타 **1** (물건을) **놓다**, 두다: I *set* the glass *on* the table. 나는 유리잔을 테이블 위에 놓았다

2 (장소·시간 등을) **정하다**: Let's *set* the date *for* the next meeting. 다음 모임의 날짜를 정하자

3 (사람을) 배치하다: He *set* a guard *at* the gate. 그는 정문에 경비원을 배치했다

4 〔set + 목적어 + 형용사(구) 등으로〕 …을 어떤 상태로 하다: *set* a prisoner free 죄수를 석방하다/ She *set* the room in order. 그녀는 방을 정돈했다/ His jokes *set* us all laughing. 그의 농담은 우리 모두를 웃겼다

5 (일·문제 등을) 내다: He *set* me a difficult question. 그는 내게 어려운 문제를 냈다

6 (…에게) …시키다 (to do): He *set* his men *to* follow the woman. 그는 부하들에게 그녀를 뒤쫓게 했다

7 (가까이) 대다, 접근시키다: He *set* the glass *to* his lips. 그는 잔을 입에 댔다

8 **맞추다**, 조절〔조정〕하다: He *set* the alarm clock *for* 5 o'clock. 그는 자명종을 5시에 맞춰 놓았다

9 …을 준비〔정돈〕하다: She *set* the table for breakfast. 그녀는 아침을 위해 식탁을 정돈했다

10 (보석 등을) 박아 넣다

11 (여자의 머리를) 세트하다

―― 자 **1** (해·달이) **지다**(반 rise 뜨다): The sun *sets* in the west. 해는 서쪽으로 진다 (참고 to the west라고 하지 않는다)

2 (시멘트 등이) 굳어지다

set about (일 등을) **시작하다**(begin, start): He *set about* writing a novel. 그는 소설을 쓰기 시작했다

set aside (어떤 목적을 위해) …을 챙겨 놓다, 저축하다(lay aside): He *set aside* part of his income as saving. 그는 수입의 일부를 저축했다

set back (1) (물건을) 뒤로 옮기다; (시계 바늘을) 뒤로 돌리다: *Set back* your clocks one hour. 네 시계를 한 시간 뒤로 돌려라

(2) …을 방해하다, 지체하게 하다

set forth (1) 설명하다, 진술하다: He *set forth* his opinion on it. 그는 그것에 대해 그의 의견을 말했다

(2) 출발하다

set in (…하기) **시작하다**(begin): The rainy season has *set in*. 장마철이 시작되었다

set off (1) **출발하다**: *set off* on a journey 여행을 떠나다

(2) (로켓 등을) 발사하다

(3) 돋보이게 하다, 두드러지게 하다

set out 출발하다, 떠나다: We must *set out* before dark. 우리는 어두워지기 전에 출발하여야 한다

set to (일 등을) 시작하다: She *set to* work at once. 그녀는 곧 일을 시작했다

set up (1) …을 세우다, 설치하다: Let's *set up* a tent here. 여기에 텐트를 치자

(2) (학교 등을) 창립[설립]하다(establish); (사업 등을) 시작하다

── 형 **1 고정된**, 움직이지 않는: a *set* wage 고정 급료

2 판에 박힌, 정해진: a *set* phrase 상투적인 문구 / at a *set* time 예정된 시간에

3 고집 센, 완고한

4 준비가 된(ready): Get *set*! 준비!

── 명 (복수 **sets** [-ts]) **1** (해·달이) **짐**, **일몰**

2 (종류가 같은 것의) **한 벌**, 세트: a coffee *set* 커피 세트

3 (라디오 등의) **수신기**, 세트: a television *set* 텔레비전 수상기

4 (테니스 등의) 세트: win the first *set* 첫 세트를 이기다

5 일당, 한패, 패거리

6 【연극·영화】무대 장치, 세트

set·ting [sétiŋ 쎄팅 → 쎄링] 명 **1** 놓음, 둠 **2** (해·달이) 짐(반 rising 떠오름) **3** (머리의) 세트 **4** (보석 등을) 박음, 상감(象嵌) **5** 【연극】무대 장치; (소설·연극의) 배경

*****set·tle** [sétl 쎄틀 → 쎄를] 동 (3단현 **settles** [-z]; 과거·과거분사 **settled** [-d]; 현재분사 **settling**) 타 **1** (문제 등을) **해결하다**: The question was *settled*. 그 문제는 해결되었다

2 (움직이지 않도록) …을 **놓다**, 두다: He *settled* his hat *on* his head. 그는 모자를 꾹 눌러 썼다

3 (사람을) **자리잡게 하다**, 정주시키다: They *settled* themselves *in* their new home. 그들은 새 집에 자리잡았다

4 (마음 등을) 가라앉히다

5 (빚·셈을) 치르다, 청산하다: *settle* a bill 셈을 치르다

── 자 **1 자리잡다**, 정착하다: They *settled* in Seattle. 그들은 시애틀에 정주했다

2 (감정 등이) **가라앉다**, 진정되다: The excitement has *settled* (down). 흥분이 가라앉았다

3 정하다, 결정하다(decide): *settle on* a plan 계획을 정하다

4 (새 등이) 앉다

settle down (1) 자리를 잡다 (2) 진정하다[시키다] (3) 차분히 착수하다 (**to**)

*****set·tle·ment** [sétlmənt 쎄틀얼먼트 → 쎄르얼먼트] 명 (복수 **settlements** [-ts])

1 정착; 식민, 이민, 이주; 식민지, 거류지

2 (사건의) **해결**; 청산, 결제: come to a *settlement* 해결이 나다

3 사회 복지 시설

set·tler [sétlər 쎄틀얼러*r* → 쎄르얼러*r*] 명 (복수 **settlers** [-z]) **1** 이주자, 개척자

2 (문제의) 해결자

*****sev·en** [sévn 쎄V은] 명 **7**, 일곱

── 형 **7의**, 일곱의

sev·en·teen [sèvntíːn 쎄V은티-인] 몡 17, 열일곱
── 혱 17의, 열일곱의

sev·en·teenth [sèvntíːnθ 쎄V은티-인θ으] (약어는 17th) 몡 1 [보통 the를 붙여] 17번째 2 [a 또는 one을 붙여] 17분의 1
── 혱 1 [보통 the를 붙여] 17번째의 2 17분의 1의

sev·enth [sévnθ 쎄V은th으] (약어는 7th) 몡 (복수 **sevenths** [-s]) 1 [보통 the를 붙여] 7번째 2 [a 또는 one을 붙여] 7분의 1
── 혱 1 [보통 the를 붙여] 7번째의 2 7분의 1의

sev·en·ti·eth [sévntiiθ 쎄V은티이θ으] (약어는 70th) 몡 1 [보통 the를 붙여] 70번째 2 [a 또는 one을 붙여] 70분의 1
── 혱 1 [보통 the를 붙여] 70번째의 2 70분의 1의

sev·en·ty [sévnti 쎄V은티] 몡 (복수 **seventies** [-z]) 1 70, 일흔
2 [the **seventies**로] (세기의) 70년대; [one's **seventies**로] (연령의) 70대: in the (nineteen) seventies 1970년대에
── 혱 70의, 일흔의

sev·er [sévər 쎄V어r] 타 …을 자르다, 절단하다

sev·er·al [sévərəl 쎄V어뤄얼] 혱 몇몇의, 몇 개[번]의: I have been there several times. 나는 몇 번인가 거기에 가 본 적이 있다/ We stayed in Seoul for several days. 우리는 며칠 동안 서울에 묵었다

쓰임새 several은 셋 이상으로, a few보다는 많지만 many보다는 적을 경우에 쓴다.

── 대 [복수 취급] 몇몇, 몇 개[사람]: Several of the windows were open. 창문 몇 개가 열려 있었다

se·vere [səvíər 써V이어r] 혱 (비교급 **severer** [-víərər]; 최상급 **severest** [-víərist]) 1 (규칙·사람이) 엄한, 엄격한: a severe punishment 엄벌/ She is severe with her children. 그녀는 아이들에게 매우 엄격하다
2 (기후·병 등이) 심한: a severe storm 심한 폭풍우/ a severe illness 중병

se·vere·ly [səvíərli 써V이어r을리] 부 1 엄하게 2 심하게

sew [sóu 쏘우] (sow(씨를 뿌리다)와 발음이 같음) 동 (3단 현 **sews** [-z]; 과거 **sewed** [-d]; 과거분사 **sewn** [sóun], **sewed**; 현재분사 **sewing**) 타 꿰매다, 깁다: sew a dress 옷을 꿰매다/ He sewed a button on his coat. 그는 윗옷에 단추를 꿰매 달았다

sew·er [sóuər 쏘우어r] 몡 꿰매는 사람

sew·ing [sóuiŋ 쏘우잉] 몡 재봉, 바느질: a sewing machine 재봉틀

sewn [sóun 쏘운] 동 sew(꿰매다)의 과거분사형의 하나

sex [séks 쎅ㅅ] 몡 (복수 **sexes** [-iz]) 1 성(性), 성별: the male[female] sex 남성[여성]
2 성교, 섹스

sex·u·al [sékʃuəl 쎅슈어얼] 혱 성의, 성적인: sexual desire 성욕/ sexual assault 성폭행

sex·y [séksi 쎅씨] 혱 성적 매력이 있는, 섹시한

shab·by [ʃǽbi 섀비] 혱 (비교급 **shabbier**; 최상급 **shabbiest**) 1 초라한; 낡아 빠진, 해진: shabby clothes 누더기
2 (행위 등이) 비열한

shack·le [ʃǽkl 섀크얼] 몡 (복수 **shackles** [-z]) 1 [보통 복수형으로] 족쇄, 수갑
2 속박

shade [ʃéid 쉐이드] 몡 (복수 **shades** [-dz]) 1 [보통 the를 붙여] 그늘, 응달, 음지: We rested under the shade of a tree. 우리는 나무 그늘 아래서 쉬었다

2 (그림·사진 등의) 그늘 (부분); (명암의) 정도, 색조
3 차양(blind), 빛을 가리는 것: a window *shade* 창 가리개/ a lamp *shade* 전등갓

──동 (3단현 **shades** [-dz]; 과거·과거분사 **shaded** [-id]; 현재분사 **shading**) 타 **1 그늘지게 하다**, 그늘을 만들다: The trees *shaded* the house nicely. 나무들이 그 집에 서늘한 그늘을 드리우고 있었다
2 (빛·열을) 가리다: She *shaded* her face *with* her hand. 그녀는 한 손으로 얼굴에 비치는 빛을 막았다

*shad·ow [ʃǽdou 섀도우 → 섀로우] 명 (복수 **shadows** [-z]) **1** (형태가 뚜렷한) 그림자: The tree is throwing a *shadow* across the road. 그 나무는 길을 가로질러 그림자를 드리우고 있다

> 비교 **shade와 shadow**
> **shadow**는 윤곽이 뚜렷한 그림자.
> **shade**는 빛·햇빛이 물체에 가려서 생기는 그늘.

2 (물이나 거울 등에 비치는) 영상(映像): She looked at her *shadow* in the mirror. 그녀는 거울에 비친 자신의 모습을 바라보았다
3 그늘, 그늘진 곳; 어둠
4 전조, 조짐: the *shadow* of war 전쟁의 전조

──동 (3단현 **shadows** [-z]; 과거·과거분사 **shadowed** [-d]; 현재분사 **shadowing**) 타 …을 그늘지게 하다: The building *shadows* my garden. 그 건물이 우리 정원을 그늘지게 한다

shad·ow·y [ʃǽdoui 섀도우이 → 섀러우이] 형 **1** 그림자가 많은, 그늘진 **2** (그림자처럼) 희미한

shad·y [ʃéidi 셰이디 → 섀이리] 형 (비교급 **shadier**; 최상급 **shadiest**) **1** 그늘진 (반 sunny 양지바른) **2** 수상한

shaft [ʃæft 섀ᄑ으트] 명 **1** 화살대 **2** (창·망치 등의) 자루, 손잡이 **3** (수레의) 채; 〖기계〗 축, 굴대; 기둥

shag·gy [ʃǽgi 섀기] 형 (비교급 **shaggier**; 최상급 **shaggiest**) 털이 많은, 텁수룩한

*shake [ʃeik 쉐익] 동 (3단현 **shakes** [-s]; 과거 **shook** [ʃuk]; 과거분사 **shaken** [ʃéikən]; 현재분사 **shaking**) 타 **1** …을 흔들다: *shake* a bottle of juice 주스병을 흔들다/ The earthquake *shook* the tall building. 지진으로 고층 빌딩이 흔들렸다

shake

2 (마음 등을) **동요시키다**, 혼란시키다: He was *shaken* by the news. 그는 그 소식을 듣고 동요하였다

──자 **1** 흔들리다: The trees are *shaking* in the wind. 나무들이 바람에 흔들리고 있다
2 (추위·공포 등으로) 떨다, 떨리다: *shake with* cold〔fear〕 추위〔공포〕로 떨다

shake* one's *head 고개를 젓다 《실망·불찬성·의심 등의 몸짓》: He *shook his head.* 그는 고개를 가로 저었다

shak·en [ʃéikən 쉐이컨] 동 shake(흔들다)의 과거분사형

Shake·speare [ʃéikspiər 쉐익스피어r] 명 셰익스피어 **William ~** (1564-1616) 《영국의 극작가·시인; 4대 비극 햄릿, 오셀로, 리어왕, 맥베스는 특히 유명함》

shak·y [ʃéiki 쉐이키] 형 (비교급 **shakier**; 최상급 **shakiest**) 흔들리는, 떨리는: a *shaky* wall 흔들리는 벽

shall [ʃǽl 섈] 조 (과거형 **should** [ʃúd]) **1** 〔I〔We〕 shall ...의 형태로 단순 미래를 나타내어〕 …일〔할〕 것이다: *I shall* be twenty years old in May. 나는 5월에는 스무살이 된다

쓰임새 단순 미래의 경우 《미》에서는 흔히 will을 쓴다.

2 〔I〔We〕 shall ... 로 말하는 이의 강한 의지를 나타내어〕 (반드시) …하겠다, …할 작정이다: *I shall* never forget your kindness. 당신의 친절은 결코 잊지 않겠습니다

3 〔Shall I〔we〕 ...? 로 상대방의 의향·결단을 물어〕 …할까요?: *Shall we* have lunch? 점심 먹을까요?

4 〔Shall he〔she, they〕 ...? 로 상대방의 의지를 물어〕 (남에게) …을 하게 할까요?: *Shall he* know the news? 그에게 소식을 알릴까요?

5 〔Shall you...? 의 형태로 상대방의 예정을 물어〕…할 작정입니까?: *Shall you* be at home tomorrow? 내일은 댁에 계십니까?

6 〔You〔He, She, They〕 shall ...의 형태로 말하는 이의 의지를 나타내어〕 (남에게) …하여 주겠다, …하게〔하도록〕 하겠다: *You shall* have an album. (= I will give you an album.) 너에게 앨범을 주겠다

7 〔Let's ..., shall we? 의 형태로〕 …하지 않겠니?

회화
A: *Let's* play tennis, *shall we*?
테니스 치지 않겠니?
B: Yes, let's. / No, let's not.
그래, 그러자 / 아니요, 하지 말자

shal·low [ʃǽlou 섈로우] 형 (비교급 **shallower**; 최상급 **shallowest**) **1** 얕은(반 deep 깊은): *shallow* stream 얕은 개울
2 천박한, 피상적인

shame [ʃéim 쉐임] 명 **1** 부끄러움, 창피: She blushed with *shame*. 그녀는 부끄러워서 얼굴이 빨개졌다
2 〔a를 붙여〕 수치스러운 일〔사람〕: He is *a shame* to his family. 그는 집안의 수치다
3 〔a를 붙여〕 유감스러운 일: It's *a shame* that you can't come to the party. 당신이 파티에 못 오신다니 유감입니다

For shame! = ***Shame on you!*** 무슨 꼴이야!, 부끄럽지 않느냐!
What a shame! 너무하다!

shame·ful [ʃéimfəl 쉐임F어얼] 형 부끄러운, 창피스러운

shame·less [ʃéimlis 쉐임리쓰] 형 수치를 모르는, 뻔뻔스러운

sham·poo [ʃæmpúː 샘푸-] 명 (복수 **shampoos** [-z]) 샴푸; 머리 감기
— 타 (머리를) 샴푸로 감다

shan't [ʃǽnt 섄트] 동 shall not의 단축형

shape [ʃéip 쉐입] 명 (복수 **shapes** [-s]) **1** 모양, 생김새, 형태: The *shape* of Italy is like boot. 이탈리아는 장화 모양

이다/ What *shape* is it? 그것은 어떻게 생겼니?

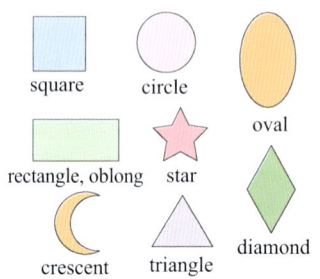

shapes

2 (건강 등의) 상태, 컨디션: He is in good *shape*. 그는 몸 상태가 좋다

shape·less [ʃéiplis 쉐이플리쓰] 형 **1** 일정한 형태가 없는 **2** 못생긴, 보기 흉한

*__share__ [ʃɛər 쉐어r] 명 (복수 **shares** [-z])
1 몫; 할당, 분담량: Your *share* of the expense is thirty dollars. 지출에 대한 너의 분담액은 30달러다
2 《영》 주(株), 주식 (💾 《미》 stock)
take the lion's share 제일 큰 몫을 차지하다 《이솝우화에서》
——동 (3단현 **shares** [-z]; 과거 · 과거분사 **shared** [-d]; 현재분사 **sharing** [ʃɛəriŋ]) 타 **1** …을 나누다, 분배하다; …을 분담하다: She *shared* the candy *among* the children. 그녀는 아이들에게 사탕을 나누어주었다

share 1

2 …을 같이 쓰다, 공유하다: I *shared* a room *with* my brother. 나는 동생과 방을 함께 썼다

*__shark__ [ʃɑːrk 샤-rㅋ] 명 (복수 **sharks** [-s]) 【어류】 상어

shark

*__sharp__ [ʃɑːrp 샤-rㅍ] 형 (비교급 **sharper**; 최상급 **sharpest**) **1** (날이) 잘 드는, 날카로운; (끝이) 뾰족한(📛 dull 무딘): a *sharp* knife 잘 드는 칼/ a *sharp* pencil 끝이 뾰족한 연필

sharp   dull

2 (길 등이) 가파른, 급한: There is a *sharp* curve fifty meters ahead. 50미터 앞에 급커브가 있다/ The car made a *sharp* turn to the left. 차는 급히 왼쪽으로 돌았다
3 (윤곽 등이) 뚜렷한, 선명한: a *sharp* outline 뚜렷한 윤곽/ a *sharp* impression 선명한 인상
4 (추위 등이) 살을 에는 듯한; (고통 등이) 심한: I felt a *sharp* pain in my head. 나는 머리에 심한 통증을 느꼈다
5 (머리 · 감각이) 예민한: *sharp* eyes 예리한 눈
6 (행동이) 신속한, 활발한; (비평 등이) 날카로운; (맛 · 냄새가) 자극적인
7 【음악】 샤프의, 반음 높은(📛 flat 반음 낮은)
——명 【음악】 올림표 (#), 샤프(📛 flat 플랫)

—🟦 정각에: He started at 6 o'clock *sharp*. 그는 6시 정각에 출발했다

sharp·en [ʃáːrpən 샤-r펀] 🟥 (날 등을) 날카롭게 하다, 갈다

sharp·en·er [ʃáːrpənər 샤-r퍼너r] 🟩 가는〔깎는〕사람〔것〕: a pencil *sharpener* 연필깎이

sharp·ly [ʃáːrpli 샤-r플리] 🟦 **1** 날카롭게, 심하게: He *sharply* criticized her. 그는 그녀를 심하게 비평했다

2 갑자기, 급하게: The roads turns *sharply* here. 길은 여기에서 급하게 구부러진다

3 뚜렷이, 선명하게

shat·ter [ʃǽtər 섀터r → 섀러r] 🟥 **1** …을 산산이 부수다 **2** (희망 등을) 좌절시키다

***shave** [ʃéiv 쉐이v🅞] 🟨 (3단현 **shaves** [-z]; 과거 **shaved** [-d]; 과거분사 **shaved, shaven** [ʃéivən]; 현재분사 **shaving**) 🟥 (수염 등을) 깎다, 면도하다: I *shave* my face every morning. 나는 매일 아침 면도한다

—🟪 면도를 하다

shav·er [ʃéivər 쉐이V어r] 🟩 **1** 면도하는 사람 **2** 전기 면도기

shav·ing [ʃéiviŋ 쉐이V잉] 🟩 수염을 깎기, 면도

shawl [ʃɔːl 샤-을] 🟩 (복수 **shawls** [-z]) 숄, 어깨걸이

shawl

****she** [ʃíː 쉬-] 🅲 (제3인칭 단수 여성형 주격 대명사) **그녀는〔가〕**: *She* is my sister. 그녀는 나의 누이동생이다

참고 **she**의 변화형

	단수	복수
주격	she 그녀는〔가〕	they 그녀들은〔이〕
소유격	her 그녀의	their 그녀들의
목적격	her 그녀를〔에게〕	them 그녀들을〔에게〕

문법 여성으로 받는 명사
(1) 배나 비행기, 나라 이름 등은 보통 여성으로 취급한다: *She* was a fine ship. 그것은 훌륭한 배였다.
(2) spring(봄), moon(달), peace(평화), liberty(자유) 등 아름다운 것은 여성으로 취급한다: The moon shed *her* mild light upon the river. 달은 강물 위에 은은한 빛을 비췄다.

sheaf [ʃíːf 쉬-f을] 🟩 (복수 **sheaves** [-vz]) (곡물·화살·서류 등의) 다발

shear [ʃíər 쉬어r] 🟩 (복수 **shears** [-z])
1 〔복수형으로〕 큰 가위, 원예용 가위: a pair of *shears* 큰 가위 한 자루
2 (양의) 털깎기; 한 번 깎아낸 양모
—🟨 (3단현 **shears** [-z]; 과거 **sheared** [-d]; 과거분사 **shorn** [ʃɔːrn], **sheared** [-d]; 현재분사 **shearing** [ʃíəriŋ]) 🟥 **1** (양 등의 털을) 깎다, 자르다: *shear* sheep 양의 털을 깎다
2 (큰 가위로) 베다, 자르다

sheath [ʃíːθ 쉬-θ을] 🟩 (복수 **sheaths** [ʃíːðz, ʃíːθs]) 칼집

shed[1] [ʃéd 쉐드] 🟩 **1** 오두막(hut) **2** 광, 헛간, (간이) 창고

***shed**[2] [ʃéd 쉐드] 🟨 (3단현 **sheds** [-dz]; 과거·과거분사 **shed**; 현재분사 **shedding**) 🟥 **1** (물·액체 등을) **흘리다**: She *shed* tears. 그녀는 눈물을 흘렸다
2 (빛·소리·냄새 등을) 발산하다
3 (잎·털 등을) 떨어뜨리다; (옷을) 벗다

she'd [ʃiːd 쉬-ㄷ] she had(would)의 단축형

*****sheep** [ʃiːp 쉬-ㅍ] 명 (단수·복수 동형) 양 (📷「새끼 양」은 lamb): a flock of *sheep* 양떼/ a lost(stray) *sheep* 【성서】길 잃은 양/ a wolf in *sheep*'s clothing 양가죽을 쓴 이리《이솝우화에서》

sheep

sheer [ʃiər 쉬어r] 형 완전한, 순전한: talk *sheer* nonsense 어처구니없는 말을 하다

*****sheet** [ʃiːt 쉬-ㅌ] 명 (복수 **sheets** [-ts]) **1** 시트, 홑이불: She put clean *sheets* on the bed. 그녀는 침대에 깨끗한 시트를 깔았다
2 (종이·얇은 판 등의) 한 장: a *sheet* of paper 종이 한 장
3 넓게 퍼진 것: *sheets* of mist 주변 일대에 자욱한 안개

*****shelf** [ʃelf 쉘f으] 명 (복수 **shelves** [-vz]) **1** 선반, 시렁: a book *shelf* 책꽂이
2 사주(砂洲), 암초, 물이 얕은 곳: a continental *shelf* 대륙붕(棚)

*****shell** [ʃel 쉘] 명 (복수 **shells** [-z]) **1** 조가비
2 (계란·굴의) 껍질; (거북·새우·게 등의) 등딱지; (콩의) 깍지: I took the *shell* of a boiled egg. 나는 삶은 계란 껍질을 벗겼다
3 포탄: a tear *shell* 최루탄

she'll [ʃiːl 쉬-ㄹ] she will(shall)의 단축형

shell·fish [ʃelfiʃ 쉘f이쉬] 명 **1** 조개 **2** 갑각류《게·새우 등》

*****shel·ter** [ʃeltər 쉘터r] 명 (복수 **shelters** [-z]) **1** 피난, 보호; 피난처: We took *shelter* in a nearby cabin. 우리는 근처 오두막으로 피난했다
2 주거, 집: food, clothing and *shelter* 의식주 (📷 어순에 주의)

── 동 (3단현 **shelters** [-z]; 과거·과거분사 **sheltered** [-d]; 현재분사 **sheltering** [-təriŋ]) 타 …을 보호하다: This wall *shelters* us *from* the wind. 이 벽은 바람을 막아준다

shelves [ʃelvz 쉘V으z으] 명 shelf(선반)의 복수형

shep·herd [ʃépərd 쉐퍼r드] 〔📷 h는 묵음〕명 (복수 **shepherds** [-dz]) 양치기【「양(sheep)을 지키는 사람」에서】

sher·iff [ʃérif 쉐리f으] 명 **1** 《미》 군(郡) 보안관 **2** 《영》 주(州) 장관(지사)

she's [ʃiːz 쉬-z으] she is(has)의 단축형

shield [ʃiːld 쉬-얼ㄷ] 명 (복수 **shields** [-dz]) **1** 방패 **2** 방어물; 보호자

── 동 (3단현 **shields** [-dz]; 과거·과거분사 **shielded** [-id]; 현재분사 **shield·ing**) 타

shield 1

…을 지키다, 보호하다 《from》: His mother *shielded* him *from* harm. 그의 어머니는 그를 해로부터 지켰다

*****shift** [ʃift 쉬F으ㅌ] 동 (3단현 **shifts** [-ts]; 과거·과거분사 **shifted** [-id]; 현재분사 **shifting**) 타 **1** …을 옮기다, 위치를 바꾸다: He *shifted* the bag from hand to the other. 그는 가방을 다른 손으로 옮겼다
2 《미》(기어를) 바꾸다
── 자 **1** (방향·위치가) 바뀌다, 변경되다: The wind *shifted* from west to the south. 바람이 서풍에서 남풍으로 바뀌었다
2 이리저리 변통하다, 꾸려나가다
── 명 (복수 **shifts** [-ts]) **1** (위치·방향 등의) 변화: a *shift* in the policy 정책의 전환
2 (근무의) 교대(조): They work in three *shifts*. 그들은 3교대로 일한다
3 《미》(자동차 등의) 변속 장치

shil·ling [ʃíliŋ 쉴링] 명 실링 (1971년까지 사용한 영국의 화폐 단위; 1파운드의 1/20)

shin [ʃín 쉰] 명 정강이

shine [ʃáin 샤인] 동 (3단현 **shines** [-z]; 과거·과거분사 **shone** [ʃóun], 타에서는 **shined** [-d]; 현재분사 **shining**) 자 **1 빛나다**, 반짝이다: The sun *shines* bright(ly). 태양이 밝게 빛난다
2 뛰어나다: He *shines* as a scholar. 그는 학자로서 뛰어나다
── 타 (구두 등을) 닦다(polish): I *shined* my shoes. 나는 구두를 닦았다
── 명 **1 빛**, 광채 **2** (구두의) 닦기, 광택, 윤 **3** (날씨가) 갬

shin·ing [ʃáiniŋ 샤이닝] 형 **1** 빛나는, 반짝이는 **2** 두드러진, 탁월한

shin·y [ʃáini 샤이니] 형 (비교급 **shinier**; 최상급 **shiniest**) **1** 빛나는 **2** 광택이 있는

ship [ʃíp 쉽] 명 (복수 **ships** [-s]) **1 배**: The *ship* was on the way to New York. 그 배는 뉴욕으로 가는 중이다

> 비교 **ship**과 **boat**
> 보통 **ship**은 대형의 배를, **boat**는 보통 손으로 젓는 배·모터보트·범선 등의 소형의 배를 가리키나 넓은 의미로는 ship도 포함한다.

2 《미》 비행기; 우주선(spaceship)
by ship 배로, 배편으로: I went to Ireland *by ship*. 나는 배로 아일랜드에 갔다
── 동 (3단현 **ships** [-s]; 과거·과거분사 **shipped** [-t]; 현재분사 **shipping**) 타 (배·철도·트럭 등으로) **보내다**, 수송하다: Rice was *shipped to* North Korea. 쌀이 북한으로 수송되었다

-ship (접미사) **1** 〔형용사에 붙여 추상 명사를 만듦〕: hard*ship* 곤란
2 〔명사에 붙여 상태·신분 등을 나타내는 명사를 만듦〕: friend*ship* 우정

ship·build·ing [ʃípbìldiŋ 쉽비얼딩] 명 조선(술)

ship·ment [ʃípmənt 쉽먼트] **1** 선적(船積); 수송 **2** 뱃짐, 선하(船荷)

ship·ping [ʃípiŋ 쉬핑] 명 **1** 선적(船積), 수송; 해운(업) **2** 〔집합적으로〕 선박

ship·wreck [ʃíprèk 쉽렉] 명 난파; 난파선
── 동 (3단현 **shipwrecks** [-s]; 과거·과거분사 **shipwrecked** [-t]; 현재분사 **shipwrecking**) 타 …을 난파시키다: The yacht was *shipwrecked*. 요트는 난파되었다

ship·yard [ʃípjɑ̀ːrd 쉽야-r드] 명 조선소

shirt [ʃə́ːrt 셔-r트] 명 (복수 **shirts** [-ts]) **셔츠, 와이셔츠**: put on a *shirt* 셔츠를 입다

shiv·er [ʃívər 쉬V어r] 동 (3단현 **shivers** [-z]; 과거·과거분사 **shivered** [-d]; 현재분사 **shivering** [-vəriŋ]) 자 (추위·공포로) 떨다: He was *shivering* with cold. 그는 추위로 떨고 있었다
── 명 떨림, 전율

shoal [ʃóul 쇼우을] 명 (물고기의) 떼: a *shoal* of herring 청어 떼

shock [ʃák 샥] 명 (복수 **shocks** [-s]) **1** (정신적·물리적) **충격**, 쇼크; (지진 등의) 진동: The news was a great *shock* to me. 그 소식은 나에게 큰 충격을 주었다
2 전기 쇼크, 감전
── 동 (3단현 **shocks** [-s]; 과거·과거분사 **shocked** [-t]; 현재분사 **shocking**) 타 **충격을 주다**, 깜짝 놀라게 하다: He was *shocked* to hear the news. 그는 그 소식을 듣고 깜짝 놀랐다

shock·ing [ʃákiŋ 샤킹] 형 **1** 소름끼치는, 충격적인 **2** 《구어》 지독한, 심한

shoe [ʃú 슈-] 명 (복수 **shoes** [-z]) **1** 〔보통 복수형으로〕 **신발, 구두**; 《영》 단화: Put on〔Take off〕 your *shoes* here. 여기서 신을 신으세요〔벗으세요〕 / I have bought a pair of *shoes*.

나는 구두 한 켤레를 샀다

shoes

shoe·lace [ʃúːlèis 슈-ㄹ레이쓰] 명 (복수 **shoelaces** [-iz]) 《영》 구두끈 (《미》 shoestring)

shoe·mak·er [ʃúːmèikər 슈-메이커r] 명 구두 고치는 사람; 제화업자

shoe·string [ʃúːstriŋ 슈-스츄링] 명 《미》 = shoelace

shone [ʃoun 쇼운] 동 shine(빛나다)의 과거·과거분사형의 하나

shook [ʃuk 슉] 동 shake(흔들다)의 과거형

※**shoot** [ʃuːt 슈-트] 동 (3단현 **shoots** [-ts]; 과거·과거분사 **shot** [ʃát]; 현재분사 **shooting**) 타 1 (총·화살을) 쏘다, 발사하다: shoot a gun 총을 쏘다/ He shot an arrow at the target. 그는 목표물을 향하여 화살을 쏘았다

2 (사람·동물을) 쏘다: shoot a bird 새를 쏘다/ He was shot in the left arm. 그는 왼팔에 총알을 맞았다

3 (시선을) **던지다**; (질문 등을) 퍼붓다: She shot me a cold glance. (= She shot a cold glance at me.) 그녀는 나에게 차가운 시선을 던졌다

4 …을 던지다;(손·혀 등을) 내밀다; (초목이 싹을) 내다: shoot a net in a pond 연못에 그물을 던지다

5 【경기】 (골을 향해 공을) 차다, 던지다

6 (사진·영화 등을) **찍다**, 촬영하다: The film was shot in Hong Kong. 그 영화는 홍콩에서 촬영되었다

── 자 1 **쏘다**, 사격하다: shoot at a target〔bird〕 표적〔새〕을 쏘다/ Don't move, or I'll shoot. 움직이지마, 움직이면 쏜다

2 재빠르게 움직이다〔지나가다〕: A motorboat shot past. 모터보트가 휙 지나갔다

── 명 (복수 **shoots** [-ts]) 1 사격, 발포 2 (식물의) 발아; 새로 나온 가지 3 【경기】 슛

shoot·ing [ʃúːtiŋ 슈-팅 → 슈-링] 명 사격

shooting star [ʃúːtiŋ stáːr] 명 유성(流星), 별똥별 (💡 별똥별을 보고 소원을 빌면 이루어진다고 함)

※**shop** [ʃáp 샵] 명 (복수 **shops** [-s]) 1 《영》 **가게, 상점**, 소매점 (《미》 store): a gift〔hat〕 shop 선물〔모자〕 가게

참고 「물건을 파는 가게」를 《영》에서는 shop이라 하고, 《미》에서는 보통 store라 한다. 그러나 《미》에서도 특정의 물건을 파는 소규모의 전문점은 shop이라 한다.

2 작업장, 일터, 공장: a beauty shop 미용원/ an auto repair shop 자동차 수리 공장

── 동 (3단현 **shops** [-s]; 과거·과거분사 **shopped** [-t]; 현재분사 **shopping**) 자 물건을 사다, 쇼핑하다: She usually shops at supermarket. 그녀는 대개 슈퍼마켓에서 물건을 산다

shop·girl [ʃápgəːrl 샵거-r을] 명 《영》 여점원 (💡 《미》 salesgirl)

shop·keep·er [ʃápkiːpər 샵키-퍼r] 명 《영》 소매상인 (💡 《미》 storekeeper)

shop·ping [ʃápiŋ 샤핑] 명 **쇼핑, 물건 사기**, 장보기: a *shopping* center 쇼핑센터/ a *shopping* cart 쇼핑 수레/ Do you have a lot of *shopping* to do? 살 물건이 많습니까?

shore [ʃɔːr 쇼-r] 명 **1** (바다·강·호수의) **기슭**, 해안: The ship reached *shore*. 배는 기슭에 도착했다

유의어 해변, 해안
  beach는 모래나 자갈이 있는 행락지로서의 해변. **shore**는 바닷가·강가·호숫가 등 물과 접한 곳. **coast**는 shore를 포함하는 넓은 지역을 가리키는 해안.

2 (바다에 대하여) 육지(land)
on shore 육지에: The sailors went *on shore*. 선원들은 상륙했다

shorn [ʃɔːrn 쇼-r언] 동 shear(베다)의 과거분사형의 하나

short [ʃɔːrt 쇼-r트] 형 (비교급 **shorter**; 최상급 **shortest**) **1** (길이·거리·시간이) **짧은**(반 long 긴): *short* hair 짧은 머리/ He went on a *short* trip. 그는 짧은 여행을 떠났다/ She will be back in a *short* time. 그녀는 곧 돌아올 것이다

2 키가 작은(반 tall 키가 큰): Bill is *shorter* than Alex. 빌은 알렉스보다 키가 작다

3 간결한, 간단한: a *short* speech 간결한 연설

4 부족한, 모자란: *short* weight 중량 부족/ I am two dollars *short*. 나는 2달러가 모자란다

5 쌀쌀맞은, 무뚝뚝한: She was *short* with me. 그녀는 나에게 쌀쌀맞게 대했다

be short for …의 약자이다: TV *is short for* television. TV는 television의 약자다

be short of …이 부족하다: I *am short of* money. 나는 돈이 부족하다

—— 부 **1** 급히, 갑자기(suddenly): The car stopped *short*. 차가 갑자기 멈추었다
2 짧게, 간단히: speak *short* 간략히 말하다
3 불충분하게, 부족하여

come (fall) short of …에 미치지 않다: His school record *came short of* my expectations. 그의 학교 성적은 내가 기대한 것에 미치지 못했다

cut short (1) (일 등을) 갑자기 끝내다 (2) 남의 말을 방해하다

run short (물건이) 떨어지다, 바닥나다: The oil is *running short*. 기름이 떨어져 가고 있다

run short of … …가 떨어지다 (사람이 주어): We're *running short of* food. 우리는 식량이 떨어져 가고 있다

—— 명 (복수 **shorts** [-ts]) **1** 부족 **2** 간단, 간결; 요점 **3** [복수형으로] (운동용) 팬츠 **4** [야구] 유격수(shortstop)

for short 생략하여: We called him Jim *for short*. 우리는 그를 짐이라 줄여서 불렀다

in short 간단하게 말하면, 요컨대(in brief): *In short*, I love her. 간단하게 말하면, 나는 그녀를 사랑한다

short·age [ʃɔ́ːrtidʒ 쇼-r티쥐 → 쇼-r리쥐] 명 부족, 결핍

short·com·ing [ʃɔ́ːrtkʌ̀miŋ 쇼-r트카밍] 명 결점, 단점(fault)

short·cut [ʃɔ́ːrtkʌ̀t 쇼-r트캇] 명 지름길

short·en [ʃɔ́ːrtn 쇼-어튼 → 쇼-엇'은] 타자 짧게 하다, 줄이다; 짧아지다

short·hand [ʃɔ́ːrthæ̀nd 쇼-r트핸드] 명 속기(술)

*__short·ly__ [ʃɔ́ːrtli 쇼-r틀리 → 쇼-r엇'을리] 부 **1 곧**, 얼마 안 있어(soon): I'll be back *shortly*. 곧 돌아오겠습니다
2 간단히, 짧게(briefly)

short·sight·ed [ʃɔ́ːrtsàitid 쇼-r트싸이티드 → 쇼-r트싸이리드] 형 **1** 근시의, 근시안의(반 farsighted 원시의) **2** 근시안적인, 선견지명이 없는

short·stop [ʃɔ́ːrtstɑ̀p 쇼-r트스탑] 명 【야구】 유격수 (간단히 short이라고도 한다)

short story [ʃɔ́ːrt stɔ́ːri] 명 단편 소설

short·wave [ʃɔ́ːrtwéiv 쇼-r트웨이v-] 명【통신】단파(短波)

*__shot__ [ʃɑ́t 샷] 동 shoot(쏘다)의 과거 · 과거분사형
── 명 (복수 **shots** [-ts]) **1 발사**, 발포; 탄환: He took〔had〕a *shot* at a bird. 그는 새를 겨냥하여 발사했다
2 (축구 등의) 한 번 차기, 슛
3 《구어》 (약의) 주사; (위스키의) 한 잔
4 (사진의) 촬영; (영화 등의) 한 화면

*__should__ [ʃúd 슈드] 조 (**shall**의 과거형) **1** [시제의 일치로 간접화법에서 shall의 과거형으로] 《영》 …**일 것이다** (《미》 would): The doctor said that I *should* get well soon. (= The doctor said to me, 'You shall get well soon.') 나는 곧 완쾌될 것이라고 의사는 말했다
2 [주어의 의무 · 당연함을 나타내어] …**해야 한다**, …하는 것이 좋다: You *should* study harder. 너는 공부를 더 열심히 해야겠다/ You *should* be more careful. 너는 좀 더 주의해야겠다

[비교] **have to**와 **should**
have to와 should는 둘 다 「…해야 한다」는 뜻의 조동사로, **have to**는 그것이 중요하거나 꼭 필요하기 때문에 「반드시 해야 하는」 의무를 나타낸다. 법을 지켜야 한다거나 숙제를 해가야 하는 것이 여기에 속하며, 이런 의무를 이행하지 않는다면 어떤 형태의 처벌이나 불이익을 받을 수도 있다. 하지만 **should**는 의무보다는 「도리」를 나타낸다. 어떤 일이 옳거나 합리적이기 때문에 해야 한다는 말이다.

3 [should have + 과거분사의 형태로] …**하여야 했다** (그런데 하지 않았다): You *should have seen* the game. 자네는 그 경기를 보았어야 했다

4 [It is + 형용사 + that A should …의 형태로] A가 …하는 것은 …하다: It is natural *that* you *should* get angry. 네가 화를 내는 것은 당연하다

5 [that A (should) …의 형태로; 명령 · 요구 · 제안 등을 나타내는 동사 · 형용사 뒤에서] A가 …할 것을: He ordered *that* we (*should*) start at once. 그는 우리에게 즉시 출발하라고 명령했다

6 [why, how 등의 의문사와 함께 쓰여 놀람 · 의외 · 강한 의문을 나타내어] 도대체…: Why *should* he say so? 도대체 어째서 그가 그런 말을 했나?/ How *should* I know his plan? 어떻게 내가 그의 계획을 알겠는가?

7 [가능성 · 기대를 나타내어] …**일 것이다**: If you leave now, you *should* get there by five o'clock. 지금 출발하면 5시에는 거기에 도착할 것이다

8 [If A should …] 만일 A가 …하면: *If* I *should* fail, I would try again. 만약 내가 실패하더라도 다시 하겠다/ *If it should* rain, we will〔would〕stay home. 만약 비가 온다면 우리는 집에 있을 것이다

9 〔가정·조건문의 귀결절에서〕 …일 것이다; 〔should have+과거분사의 형태로〕 …이었을 텐데: *If she were here, I should be very happy*. 그녀가 이곳에 있다면 나는 매우 행복할 텐데/ *If you had not helped me, I should have failed*. 네가 나를 도와주지 않았더라면 나는 실패했을 텐데

10 〔lest A should …의 형태로〕 A가 …하지 않도록: *We made haste lest we should be late*. 우리는 시간에 늦지 않도록 서둘렀다

shoul·der [ʃóuldə*r* 쇼울더*r*] 똉 (복수 **shoulders** [-z]) 어깨: *He put his hand on her shoulder*. 그는 한 손을 그녀의 어깨 위에 얹었다

should·n't [ʃúdnt 슈든트] 똥 should not 의 단축형

shout [ʃáut 샤우트] 똥 (3단현 **shouts** [-ts]; 과거·과거분사 **shouted** [-id]; 현재분사 **shouting**) 짜 외치다, 고함치다: *shout with*(*for*) *joy* 좋아서 소리치다/ *He shouted for help*. 그는 도와 달라고 외쳤다

── 타 …을 소리치다
── 똉 (복수 **shouts** [-ts]) 외침(cry)

shov·el [ʃʌvəl 샤V어얼] 똉 (복수 **shovels** [-z]) (흙을 파거나 석탄이나 눈을 뜨는) 삽

shovel

show [ʃóu 쇼우] 똥 (3단현 **shows** [-z]; 과거 **showed** [-d]; 과거분사 **shown** [ʃóun], **showed**; 현재분사 **showing**) 타 **1** (물건·모습 등을) 보이다, 나타내다: *Show your ticket, please*. 표를 보여주세요/ *He showed me a book*. (= *He showed a book to me*.) 그는 나에게 책 한 권을 보여주었다/ *He showed himself at the meeting*. 그는 모임에 모습을 나타냈다

2 (그림을) 전시하다, 진열하다(display); 상연(상영)하다: *show a movie* 영화를 상영하다

3 …을 가르치다, 설명하다: *Will you show me the way to the station?* 정거장으로 가는 길을 가르쳐 주시겠습니까?

4 …을 안내하다: *He showed me around Seoul*. 그는 서울을 두루 안내해 주었다

5 (시계·온도계 등이) …을 가리키다: *My watch shows ten*. 내 시계는 10시를 가리키고 있다

6 …을 증명하다(prove): *The fact shows that he is honest*. 그 사실은 그가 정직하다는 것을 말해 준다

7 (호의 등을) 베풀다, 나타내다

── 짜 보이다, 나타나다(appear)

show off …을 자랑하다(boast): *He showed off his new watch*. 그는 새 시계를 자랑했다

show up (1) 잘 보이다: *Her wrinkles showed up in the light*. 밝은 곳에서는 그녀의 주름살이 잘 보였다
(2) …을 폭로하다
(3) (모임 등에) 나타나다(appear): *He didn't show up at the party*. 그는 파티에 나타나지 않았다

── 똉 (복수 **shows** [-z]) **1** (극장 등의) 흥행, 쇼, 구경거리: *a TV quiz show* 텔레비전의 퀴즈 프로

2 전시, 진열; 전시회: *a motor show* 자동차 전시회

on show 진열(전시)되어: *Many roses are on show*. 많은 장미가 전시되어 있다

show·case [ʃóukèis 쇼우케이쓰] 똉 (상점 등의) 진열장

show·er [ʃáuər 샤우어*r*] 명 (복수 showers [-z])
1 소나기: We had a *shower* this morning. 오늘 아침에 소나기가 내렸다
2 샤워: I have [take] a *shower* every morning. 나는 매일 아침 샤워를 한다
3 [a shower of의 형태로] 많은: She got *a shower of* presents on her birthday. 그녀는 생일에 많은 선물을 받았다

shower 2

show·ing [ʃóuiŋ 쇼우잉] 명 전시(회), 전람(회)

shown [ʃóun 쇼운] 동 show(보이다)의 과거분사형의 하나

show·room [ʃóurùːm 쇼우루-음] 명 (상품의) 진열실

show window [ʃóu wìndou] (상품의) 진열창(窓), 쇼윈도

shrank [ʃrǽŋk 쉬랭크] 동 shrink(움츠러들다)의 과거형

shred [ʃréd 쉬뤠드] 명 (복수 shreds [-dz]) 조각, 파편

shrewd [ʃrúːd 쉬루-드] 형 약삭빠른, 영리한, 빈틈없는: a *shrewd* reply 재치있는 대답

shriek [ʃríːk 쉬뤼-크] 자 타 날카로운 소리로 울다, 비명을 지르다
—— 명 (날카로운) 비명

shrill [ʃríl 쉬뤼을] 형 (목소리 등이) 날카로운, 새된, 높은
—— 타 새된 목소리로 노래하다[말하다]

shrimp [ʃrímp 쉬림ㅍ] 명 (복수 shrimps [-s], [집합적으로] shrimp) 작은 새우 (📖 「왕새우」는 lobster)

shrine [ʃráin 쉬롸인] 명 1 (성인의 유골·유물을 모신) 성당(聖堂), 사당, 묘(廟), 신전
2 전당(殿堂); 성지: a *shrine* of art 예술의 전당

shrink [ʃríŋk 쉬륑크] 동 (3단현 shrinks [-s]; 과거 shrank [ʃrǽŋk], shrunk [ʃrʌ́ŋk]; 과거분사 shrunk, shrunken [ʃrʌ́ŋkən]; 현재분사 shrinking) 자 (천 등이) 오그라들다, 수축하다: This shirt does not *shrink* in the wash. 이 셔츠는 빨아도 수축하지 않는다
2 (고통·추위·공포 등으로) 움츠러들다, 겁내다: He *shrank* from speaking in public. 그는 여러 사람 앞에서 말하는 것을 겁냈다

shrub [ʃrʌ́b 쉬러브] 명 관목(灌木), 키 작은 나무

shrug [ʃrʌ́g 쉬러그] 동 (3단현 shrugs [-z]; 과거·과거분사 shrugged [-d]; 현재분사 shrugging) 타 (어깨를) 으쓱하다
shrug one's shoulders 어깨를 으쓱하다 (불쾌·놀라움·의혹·냉소 등의 몸짓): He *shrugged his shoulders*. 그는 어깨를 으쓱했다

shrug

shud·der [ʃʌ́dər 샤더*r* → 샤러*r*] 동 (3단현 shudders [-z]; 과거·과거분사 shuddered [-d]; 현재분사 shuddering [-dəriŋ]) 자 (공포·추위로) 떨다, 서리치다: *shudder with* cold [fear] 추위서[공포로] 떨다/ He *shuddered at* the thought of it. 그는 그것을 생각하고 몸서리쳤다
—— 명 (몸이) 떨림, 전율

shuf·fle [ʃʌ́fl 샤F으을] 동 (현재분사 shuffling) 타 자 1 (발을) 질질 끌다, 발을 끌며 걷다 2 (카드를) 뒤섞다

shun [ʃʌ́n 션] 타 …을 피하다, 멀리하다

shut [ʃʌ́t 셧] 동 (3단현 shuts [-ts]; 과거·과거분사 shut; 현재분사 shutting) 타 1 …을 닫다 (반 open 열다); (눈·입 등을) 감다: Please *shut* the window. 창문을 닫아주세요 / *Shut* your eyes. 눈을 감아라

2 (책·우산 등을) 덮다, 접다: *Shut* your books, please. 책을 덮으세요

shut 1

shut 2

──자 (창문 등이) **닫히다**: The door won't *shut*. 문이 닫히지 않는다
shut in (1) …을 가두다: The heavy rain *shut* me *in* all day. 큰비로 나는 하루종일 집에서 나가지 못했다
(2) …을 둘러싸다
shut off (가스·수도 등을) 끄다, 잠그다: *Shut off* the gas and electricity. 가스와 전기를 꺼라
shut out (1) …을 막다: *Shut out* the sunshine. 햇빛이 들지 않도록 해라
(2) (야구 등에서 상대팀을) 완패시키다
shut up (1) …을 가두다 (2) (가게 등을) 닫다, 폐쇄하다 (3) 입을 다물다
shut·ter [ʃʌ́tər 샤터r → 샤러r] 명 **1** 셔터, 덧문 **2** (사진기의) 셔터
shut·tle [ʃʌ́tl 샤틀 → 샤르을] 명 **1** (베틀의) 북
2 정기 왕복 버스〔열차, 비행기〕: a space *shuttle* 우주 왕복선
shut·tle·cock [ʃʌ́tlkɑ̀k 샤틀칵 → 샤르을칵] 명 (복수 **shuttlecocks** [-s]) (배드민턴의) 깃털공, 셔틀콕

*shy [ʃái 샤이] 형
(비교급 **shyer,
shier**; 최상급 **shyest, shiest**) **수줍은**, 부끄럼을 잘 타는: a *shy* girl 부끄럼을 잘 타는 소녀
Si·be·ri·a [saibíəriə 싸이비어뤼아] 명 시베리아 (러시아 동북부의 광대한 지역)

shuttlecock

*sick [sík 씩] 형 (비교급 **sicker**; 최상급 **sickest**) **1 병의, 병든**: a *sick* man 환자 / Alice is *sick* in bed. 엘리스는 병으로 누워 있다 / Bill has been *sick* for a week. 빌은 1주일 동안 병을 앓고 있다
2 메스꺼운, 느글거리는: I feel *sick*. 속이 메스껍다 / The smell made me *sick*. 그 냄새를 맡고 나는 속이 메스꺼워졌다
3 싫증이 난, 신물이 난 (of): I'm *sick of* her complaints. 그녀의 불평에는 신물이 난다
sick·en [síkən 씨컨] 자 **1** 병나다 **2** 물리다 (of)
sick·le [síkl 씨크을] 명 (작은) 낫 (「큰 낫」은 scythe)
sick·ly [síkli 씨클리] 형 (비교급 **sicklier**; 최상급 **sickliest**) **1** 병약한, 자주 앓는 **2** 병자 같은, 창백한 **3** 구역질나게 하는

sickles

sick·ness [síknis 씨크니쓰] 명 **1** 병, 질병(illness) **2** 메스꺼움, 욕지기

*side [sáid 싸이드] 명 **1** (상하·좌우·앞뒤 등의) **쪽, 면**; 측면: on the left〔right〕 *side* of the street 길의 좌〔우〕측에 / The windows are on the south *side*. 창은 남쪽에 있다
2 (문제의) 양상, 면: We should see all *sides* of this problem. 우리는 이 문제의 모든 양상을 보아야 한다
3 산허리, 사면: on the *side* of a mountain 산허리에
4 (사람·동물의) **옆구리**: I have a pain in the left *side*. 내 왼쪽 옆구리가 아프다
5 (사람의) 곁, 옆: I sat by her *side*. 나는 그녀 곁에 앉았다
6 (경기·경쟁 등의) 편, 팀, 쪽: He is on our *side*. 그는 우리편이다
7 가장자리, 테두리, 가: We walked by

the river *side*. 우리는 강가를 걸었다
by the side of (1) …의 곁에
(2) …에 비하여: She looked small *by the side of* her daughter. 그녀는 딸에 비하여 작게 보였다
from all sides 모든 방면에서: He studied it *from all sides*. 그는 모든 방면에서 그것을 연구했다
from side to side 좌우로, 옆으로
side by side 나란히: They walked *side by side*. 그들은 나란히 걸었다

──형 **1 옆의**, 곁의; 측면의: a *side* door 옆문
2 부(副)의, 부가적인: I have a *side* job. 나는 부업을 가지고 있다
side·board [sáidbɔ̀ːrd 싸이드보-r드] 명 (식당의) 찬장, 식기대
side effect [sáid ifèkt] 명 (약 등의) 부작용
side·walk [sáidwɔ̀ːk 싸이드워-크] 명 《미》 (포장한) 인도, 보도 (《영》 pavement)
side·ways [sáidwèiz 싸이드웨이z으] 형 옆의, 옆을 향한, 비스듬한: a *sideways* glance 곁눈질
──부 옆으로, 비스듬히
siege [síːdʒ 씨-쥐] 명 (복수 **sieges** [-iz]) (도시·요새 등의) 포위 공격
si·es·ta [siéstə 씨에스타] 명 (스페인·중남미 등지의) 낮잠
sift [síft 씨f으트] 타 **1** …을 체로 치다; 가려내다 **2** …을 엄밀히 조사하다
*****sigh** [sái 싸이] 〖 gh는 묵음〗 동 (3단현 **sighs** [-z]; 과거·과거분사 **sighed** [-d]; 현재분사 **sighing**) 자 **한숨쉬다**: He *sighed with* relief. 그는 안도의 한숨을 쉬었다
──명 (복수 **sighs** [-z]) 한숨
*****sight** [sáit 싸잇] 〖 site(대지)와 발음이 같음〗 명 (복수 **sights** [-ts]) **1 시각, 시력**: long〔near〕 *sight* 원시〔근시〕/ He lost his *sight* in accident. 그는 사고로 시력을 잃었다/ I have good 〔bad〕 *sight*. 나는 눈이 좋다〔나쁘다〕
2 시야, 시계(視界)
3 봄, 보임: I hate the *sight* of him. 나는 그를 보기도 싫다
4 광경, 경치; 〔**the sights**로〕 명소, 관광지: The sunset was a beautiful *sight*. 일몰은 아름다운 광경이었다/ I saw 〔did〕 *the sights* of Seoul. 나는 서울의 명소를 구경했다
at first sight 첫눈에: He fell in love with her *at first sight*. 그는 첫눈에 그녀를 사랑하게 되었다
at*〔*on*〕 *sight 보자마자: play music *at sight* 악보를 보고 즉각 연주하다
at the sight of …을 보고〔보자〕: She smiled *at the sight of* her mother. 그녀는 어머니를 보고 웃었다
catch sight of …을 보다, 눈에 띄다: I *caught sight of* his car near the park. 나는 공원 근처에서 그의 차를 발견했다
in sight 보이는: There was not a house *in sight*. 집은 한 채도 보이지 않았다
know ... by sight …의 얼굴은 알고 있다: I *know* Mr. Smith *by sight*. 나는 스미스씨의 얼굴은 알고 있다
lose sight of …을 시야에서 놓치다: Soon we *lost sight of* the bird. 그 새는 곧 우리들 시야에서 사라졌다
out of sight 안 보이는 곳에(서): The car went *out of sight*. 차는 보이지 않게 되었다/ *Out of sight*, out of mind. 《속담》 눈에서 멀어지면 마음도 멀어진다
sight·see·ing [sáitsìːiŋ 싸잇씨-잉] 명 관광 (여행), 유람

sight·seer [sáitsìːər 싸잇씨-어r] 명 관광객

＊sign [sáin 싸인] 〖g는 묵음〗 명 (복수 **signs** [-z]) **1** (수학 등의) 기호, 부호: the phonetic *sign* 발음 기호

2 신호, 손짓, 몸짓(gesture): He made a *sign* with his hand. 그는 손으로 신호했다

3 표지판, 간판(signboard): a traffic *sign* 교통 표지판

4 기미, 조짐, 징조: There is no *sign* of rain. 비가 올 것 같지는 않다
── 동 (3단현 **signs** [-z]; 과거 · 과거분사 **signed** [-d]; 현재분사 **signing**) 타 **1** (편지 · 서류 등에) 서명하다: He *signed* the letter. 그는 편지에 서명하였다/ He *signed* his name on the check. 그는 수표에 서명하였다

2 …에 신호하다: He *signed* me to stop. 그는 나에게 멈추라고 신호했다
── 자 서명하다

sign up for …을 신청하다: Did you *sign up for* a computer class? 컴퓨터 강좌 신청하셨어요?

＊sig·nal [sígnl 씨그느얼] 명 (복수 **signals** [-z]) 신호, 암호, 경보: a traffic *signal* 교통 신호/ a *signal* of danger 위험 신호
── 동 (3단현 **signals** [-z]; 과거 · 과거분사 **signaled**, 《영》 **signalled** [-d]; 현재분사 **signaling**, 《영》 **signalling**) 타 …에게 신호하다: He *signaled* her *to* stand up. 그는 그녀에게 일어서라고 신호했다

＊sig·na·ture [sígnətʃər 씨그너춰r] 명 (편지나 서류에 하는) 서명, 사인

sign·board [sáinbɔ̀ːrd 싸인보-r드] 명 간판

sig·nif·i·cance [signífikəns 씨그니F이컨쓰] 명 **1** 중요성(importance): a matter of little *significance* 별로 중요하지 않는 일

2 의미, 의의

＊sig·nif·i·cant [signífikənt 씨그니F이컨트] 형 **1** 중요한(important), 중대한: a *significant* discovery 중요한 발견

2 의미 있는, 뜻깊은: *significant* words 의미심장한 말

3 …을 의미하는, 나타내는 《of》: Smiles are *significant* of pleasure. 미소는 즐거움의 표출이다

sig·ni·fy [sígnəfài 씨그너F아이] 동 (3단현 **signifies** [-z]; 과거 · 과거분사 **signified** [-d]; 현재분사 **signifying**) 타 **1** (몸짓 · 언어 등으로) 나타내다, 알리다: He *signified* his approval *with* a nod. 그는 고개를 끄덕여 찬성의 뜻을 표했다

2 …을 의미하다(mean)

＊si·lence [sáiləns 싸일런쓰] 명 **1** 침묵: break〔keep〕 *silence* 침묵을 깨뜨리다〔지키다〕/ There was a long *silence* in the classroom. 교실 안은 오랜 침묵이 흘렀다

2 고요함, 정적: the *silence* of the night 밤의 정적
── 동 (현재분사 **silencing**) 타 …을 침묵시키다, 조용하게 만들다

＊si·lent [sáilənt 싸일런트] 형 (비교급 **more silent**; 최상급 **most silent**) **1** 조용한, 소리 없는, 고요한(반 noisy 시끄러운): a *silent* night 고요한 밤/ The motor is *silent*. 그 모터는 조용하다

2 침묵하는, 말 없는: Keep *silent* about the matter. 그 일에 관해서는 침묵을 지켜라

3 【음성】 발음되지 않는, 묵음(默音)의 《bom*b*, *k*night의 b, k 등》

si·lent·ly [sáiləntli 싸일런틀리 → 싸일런'을리] 부 잠자코, 조용히, 묵묵히

sil·hou·ette [sìluːét 씰루-엣] 명 실루엣 《보통 흑색으로 사람의 옆얼굴을 나타내는》 【18세기 프랑스의

silhouette

재무장관 이름에서; 절약가인 그가 이러한 초상화를 좋아했다고 해서】

*silk [sílk 씨얼크] 명 (복수 silks [-s]) **1** 비단, 명주(실): artificial *silk* 인조견/ raw *silk* 생사
2 〔복수형으로〕 비단옷: She is dressed in *silks*. 그녀는 비단옷을 입고 있다
—— 형 비단의, 비단으로 만든

silk·worm [sílkwə̀ːrm 씨얼크워-r엄] 명 【곤충】 누에

silk·y [sílki 씨얼키] 형 (비교급 **silkier**; 최상급 **silkiest**) **1** 비단의, 비단 같은 **2** (비단처럼) 부드러운

*sil·ly [síli 씰리] 형 (비교급 **sillier**; 최상급 **silliest**) 어리석은, 바보 같은: Don't be *silly*. 바보 같은 소리〔짓〕마라/ It's *silly* of you to trust him. 그를 믿다니 너도 바보로구나

si·lo [sáilou 싸일로우] 명 (복수 **silos** [-z]) 사일로《곡식·목초 등을 저장하는 탑 모양의 건축물》

*sil·ver [sílvər 씨얼V어r] 명 **1** 【화학】 은 (🔲 금속 원소; 기호 Ag) **2** 은화 **3** 〔집합적으로〕 은식기; 은제품

silos

—— 형 은의, 은으로 만든: a *silver* coin 은화

sil·ver·ware [sílvərwɛ̀ər 씨얼V어r웨어r] 명 〔집합적으로〕 은그릇

*sim·i·lar [símələr 씨멀러r] 형 (비교급 **more similar**; 최상급 **most similar**) 비슷한, 유사한, 닮은: *similar* tastes 비슷한 취미/ Your opinion is *similar* to mine. 네 의견은 나와 비슷하다

sim·i·lar·i·ty [sìməlǽrəti 씨멀래뤄티 → 씨멀리쎄리] 명 (복수 **similarities** [-z]) 비슷함, 유사점

sim·i·lar·ly [símələrli 씨멀러r리] 부 비슷〔유사〕하게

*sim·ple [símpl 씸프얼] 형 (비교급 **simpler**; 최상급 **simplest**) **1** 쉬운, 간단한, 단순한(반 compound 복잡한): a *simple* problem 간단한 문제/ The job is *simple*. 그 일은 간단하다/ This book is written in *simple* English. 이 책은 쉬운 영어로 씌어있다
2 소박한, 검소한: a *simple* meal 간소한 식사
3 순진한, 전적인: a *simple* lie 새빨간 거짓말/ This is the *simple* truth. 이것은 전적으로 사실이다
4 순진한, 천진난만한: He is as *simple* as child. 그는 어린애처럼 순진하다

sim·plic·i·ty [simplísəti 씸플리써티 → 씸플리쎄리] 명 **1** 간단, 평이, 단순 **2** 소박, 검소 **3** 순진, 천진난만

*sim·ply [símpli 씸플리] 부 (비교급 **more simply**; 최상급 **most simply**) **1** 간단히, 평이하게: He answered the question *simply*. 그는 그 질문에 간단하게 대답했다
2 간소하게, 검소하게: live *simply* 검소한 생활을 하다
3 단지, 오직(only): It is *simply* a private problem. 그것은 단지 개인적인 문제다
4 《구어》아주, 정말: The play was *simply* terrible. 그 연극은 아주 형편없었다

sim·u·late [símjulèit 씨뮬레잇] 동 (현재분사 **simulating**) 타 **1** 흉내내다 **2** 모의 실험〔훈련〕을 하다

sim·u·la·tion [sìmjuléiʃən 씨뮬레이션] 명 시뮬레이션, 모의 실험〔훈련〕

sim·ul·ta·ne·ous [sàiməltéiniəs 싸이멀테이니어쓰] 형 동시에 일어나는

sim·ul·ta·ne·ous·ly [sàiməltéiniəsli 싸이멀테이니어쓸리] 부 동시에

sin [sín 씬] 명 (복수 **sins** [-z]) (종교상·도덕상의) 죄, 죄악 (🔲 법률상의「죄」는 crime): commit a *sin* 죄를 범하다/ It is a *sin* to tell a lie. 거짓말을 하는 것은 죄악이다

since [síns 씬쓰] 접 **1 …한 이래,** …한 이후부터 (지금까지) (참 since 절 안의 동사는 보통 과거형): I have known her *since* she was a child. 나는 그녀가 어린이였을 때부터 죽 알고 있다/ It is [It has been] ten years *since* he died. (= Ten years have passed *since* he died.) 그가 죽은 지 10년이 된다

2 [이유를 나타내어] **…이므로,** …이니까: *Since* I feel sick, I can't go with you. 건강이 좋지 않아서 당신과 함께 갈 수 없군요

── 전 **…이래, …부터** (내내): It has been raining *since* last Sunday. 지난 일요일부터 비가 오고 있다/ He has lived here *since* 2007. 그는 2007년부터 여기에 살고 있다

> 쓰임새 시간의 전치사 since와 from
> since는 과거의 어느 때에 시작된 일이 지금까지 계속되고 있음을 나타내므로 보통 현재 완료형과 함께 쓰나, from은 「…부터」라는 단순히 출발점만을 나타낸다: *from* now on 지금부터는/ He works *from* nine *to* six o'clock. 그는 9시부터 6시까지 일한다.

── 부 **1** [대개 완료형의 동사와 함께] **그 후**: I have not seen him *since*. 그 후로 그를 만나지 못했다

2 [대개 과거형의 동사와 함께] (지금부터) **전에**(ago): My grandpa died many years *since*. 할아버지는 오래 전에 돌아가셨다

ever since 그 이후 줄곧: He went to Italy five years ago and has lives there *ever since*. 그는 5년 전에 이탈리아로 가서 그 이후 죽 거기서 살고 있다

sin·cere [sinsíər 씬씨어r] 형 (비교급 **sincerer** [-síərər]; 최상급 **sincerest** [-síərist]) **성실한,** 진실의: He is a *sincere* friend of mine. 그는 나의 진실한 친구다

sin·cere·ly [sinsíərli 씬씨어r을리] 부 마음으로부터, 진실로
Yours sincerely = ***Sincerely yours*** 경구(敬具) (편지 끝에 쓰는 말)

sin·cer·i·ty [sinséərəti 씬쎄뤄티 → 씬쎄뤄리] 명 성실, 정직

sing [síŋ 씽] 동 (3단현 **sings** [-z]; 과거 **sang** [sǽŋ]; 과거분사 **sung** [sʌ́ŋ]; 현재분사 **singing**) 자 **1 노래하다**: We *sang* to the piano. 우리는 피아노에 맞추어 노래를 불렀다

2 (새·벌레가) 울다, 지저귀다; (주전자가) 끓는 소리를 내다: Birds are *singing* in the tree. 새들이 나무에서 지저귀고 있다

── 타 (노래를) 부르다: She is *singing* a folk song. 그녀는 포크송을 부르고 있다

sing. (약어) *sing*ular 단수의

Sin·ga·pore [síŋgəpɔ̀ːr 씽거포-r] 명 싱가포르 (동남 아시아의 말레이 반도 남단의 섬; 그 수도)

sing·er [síŋər 씽어r] 명 (복수 **singers** [-z]) **가수,** 노래하는 사람: She is my favorite *singer*. 그녀는 내가 가장 좋아하는 가수다

sing·ing [síŋiŋ 씽잉] 명 **1** 노래부름 **2** (새·벌레 등의) 울음소리

sin·gle [síŋgl 씽그을] 형 **1 단 하나의,** 유일한 (참 a, one 등을 강조한다): She didn't say a *single* word. 그녀는 한마디 말도 하지 않았다

2 1인용의: a *single* bed [room] 1인용 침대[방]

3 혼자의, 독신의(반 **married** 결혼한): He is still *single*. 그는 아직 독신이다

4 《영》 (차표 등) 편도(片道)의(반 **return** 왕복의): a *single* ticket 편도 차표 (참 《미》 one-way ticket)

── 명 (복수 **singles** [-z]) **1** [복수형으로] (테니스 등의) 단식 경기(반 **doubles** 복식 경기) **2** 【야구】 1루타(one-base hit)

sin·gu·lar [síŋgjulə*r* 씽귤러*r*] 형 **1** 단일의, 유일한: a *singular* item 한 가지 항목
2 보기 드문, 기이한(strange): a *singular* event 기괴한 사건
3 【문법】 단수의(반 plural 복수의): the *singular* number 단수
― 명 【문법】 단수(형)(반 plural 복수)

sink [síŋk 씽크] 동 (3단현 **sinks** [-s]; 과거 **sank** [sǽŋk]; 과거분사 **sunk** [sʌ́ŋk]; 현재분사 **sinking**) 자 **1** (물 속에) 가라앉다(반 float 뜨다); (해·달 등이) 지다: The boat *sank* to the depths of the sea. 그 보트는 깊은 해저로 가라앉았다 / The sun was *sinking* in the west. 해가 서쪽으로 지고 있었다
2 (건물·지반 등이) 내려앉다: The road has *sunk* seven centimeters. 그 도로는 7센티미터 내려앉았다
3 쇠약해지다; 풀이 죽다; (바람·불길 등이) 약해지다; (소리 등이) 낮아지다: The flames have *sunk* down. 불길이 약해졌다
― 타 **1** …을 가라앉히다, 침몰시키다: The storm *sank* the ship. 폭풍우는 그 배를 침몰시켰다
2 (소리 등을) 낮추다: He *sank* his voice. 그는 목소리를 낮추었다
3 (땅을) 파다; (말뚝 등을) 박다: *sink* a well 우물을 파다
― 명 (복수 **sinks** [-s]) (부엌의) 개수통, 싱크대;《미》세면대

sink·er [síŋkə*r* 씽커*r*] 명 **1** (낚싯줄 등의) 봉돌 **2** 〖야구〗 싱커 《변화구의 일종》

sin·ner [sínə*r* 씨너*r*] 명 (종교·도덕상의) 죄인 (법률상의 「죄인」은 criminal)

sip [síp 씹] 동 (3단현 **sips** [-s]; 과거·과거분사 **sipped** [-t]; 현재분사 **sipping**) 타 자 (액체를) 조금씩 마시다
― 명 (음료의) 한 모금, (한번) 마심

si·phon [sáifən 싸이F언] 명 사이펀, 빨대

sir [sə́ː*r* 써-*r*] 명 (복수 **sirs** [-z]) **1** 선생님, 님, 씨: Good morning, *sir*. 선생님! 안녕하십니까 / May I help you, *sir*? 도와 드릴까요?

> 비교 **teacher**와 **sir**
> **teacher**는 남녀에 다 같이 쓰는 직함으로서의 「선생님」, **sir**는 남성에게만 쓰는 호칭으로서의 「선생님」을 말한다: Mr. Brown is our science *teacher*. 브라운씨는 우리 과학 선생님이시다 (이 경우 sir를 쓸 수 없다) / Yes, *sir*. 네, 선생님 (이 경우 teacher를 쓸 수 없다)

2 〔Sir로 편지의 머리말 또는 맺음말의 인사〕: Dear *Sir* 근계
3 〔Sir로〕 …경(卿): *Sir* Isaac Newton 아이삭 뉴튼경

si·ren [sáirən 싸이뤈] 명 **1** 〔Siren으로〕 【그리스신화】 사이렌 **2** 사이렌, 경보기

> 참고 사이렌
> 사이렌은 반은 여자이고 반은 새인 요정으로 아름다운 노래로 선원들을 유인, 타고 있는 배를 절벽에 난파시켰다고 한다. 트로이 전쟁 후 고향으로 돌아가던 오디세이아는 부하들의 귀에 솜을 틀어막고 자신의 몸은 기둥에 묶음으로써 그들의 유혹을 이겨냈다고 한다.

sir·up [sírəp 씨뤕] 명 = syrup

sis·ter [sístə*r* 씨스터*r*] 명 (복수 **sisters** [-z]) **1** 여자 형제, 자매: Do you have any *sisters*? 당신은 자매 〔누이〕가 있습니까?
2 【가톨릭】 수녀
3 《영》 간호사, (특히) 수간호사
― 형 자매(관계)의: *sister* schools 자매교(校)

sis·ter-in-law [sístə*r*-in-lɔ́ː 씨스터*r*인러-] 명 (복수 **sisters-in-law** [sístə*r*z-]) 형〔제〕수, 시누이, 올케(반 brother-in-law 자형, 처남)

sit [sít 씻] 동 (3단현 **sits** [-ts]; 과거 · 과거분사 **sat** [sǽt]; 현재분사 **sitting**) 자 **1 앉다**(반 stand 서다): *Sit down*, please. 앉으십시오/ *Sit on*(*in*) this chair. 이 의자에 앉아라

쓰임새 **sit on**과 **sit in**
팔걸이가 없는 의자에 앉을 때는 **sit on**을, 팔걸이가 있는 의자에 앉을 경우에는 **sit in**을 쓴다.

sit on   sit in

2 (개 · 새 등이) 앉다; (새가) 알을 품다
─ 타 **1** …을 앉히다: I *sat* him down in a chair. 나는 그를 의자에 앉혔다
2 (말 등에) 타다

sit down 앉다, 착석하다: Please *sit down*. 좀 앉으세요/ Let's *sit down* on the bench. 우리 벤치에 앉자

sit up (1) (누워 있다가) 일어나 앉다: She *sat up* in bed. 그녀는 침대에서 몸을 일으켰다
(2) 똑바로 앉다: *Sit up*, Bill. 빌, 똑바로 앉아라
(3) 자지 않고 있다: *sit up* late 늦게까지 자지 않고 있다

***site** [sáit 싸잇] 〔⚠ sight(시각)와 발음이 같음〕 명 (복수 **sites** [-ts]) **1** (건축용) **대지**, 용지, 부지: the *site* for a new school 신설 학교의 대지

2 유적; (사건 등의) 현장: historic *sites* 사적(史蹟)

sit·ting [sítiŋ 씨팅 → 씨링] 동 sit(앉다)의 현재분사
─ 명 착석, 앉기

sitting room [sítiŋ rùːm] 명 《영》 거실 (⚠ 《미》 living room)

sit·u·at·ed [sítʃuèitid 씨츄에이티드 → 씨츄에이리드] 형 **1** 위치해 있는: The hotel is *situated* on the hill. 그 호텔은 언덕 위에 있다

2 …한 처지〔상태〕에 있는: I am badly *situated* now. 나는 지금 곤경에 처해 있다

***sit·u·a·tion** [sìtʃuéiʃən 씨츄에이션] 명 (복수 **situations** [-z]) **1** (건물 등의) **위치**, 장소(place): This is a good *situation* for a camp. 이곳은 야영하기에 좋은 곳이다

2 처지, 경우, 입장: She is in a difficult *situation*. 그녀는 지금 어려운 입장에 처해 있다

3 (사물의) **상태**, 정황, 사태: the world *situation* 세계 정세

***six** [síks 씩쓰] 명 (복수 **sixes** [-iz]) **6**, 6시, 여섯: I get up at *six*. 나는 여섯 시에 일어난다
─ 형 **6의**, 여섯의

***six·teen** [sìkstíːn 씩쓰티-인] 명 (복수 **sixteens** [-z]) **16**, 열여섯
─ 형 **16의**, 열여섯의

*****six·teenth** [sìkstíːnθ 씩쓰티-인θ으] (⚠ 약어는 16th) 명 (복수 **sixteenths** [-s]) **1** 〔보통 **the**를 붙여〕**16번째 2** 〔**a** 또는 **one**을 붙여〕 16분의 1
─ 형 **1** 〔보통 **the**를 붙여〕 **16번째의 2** 16분의 1의

*****sixth** [síksθ 씩쓰θ으] (⚠ 약어는 6th) 명 (복수 **sixths** [-s]) **1** 〔보통 **the**를 붙여〕 **6번째 2** 〔**a** 또는 **one**을 붙여〕 6분의 1
─ 형 **1** 〔보통 **the**를 붙여〕 **6번째의 2** 6분의 1의

*****six·ti·eth** [síkstiθ 씩쓰티θ으] (⚠ 약어는 6th) 명 (복수 **sixtieths** [-s]) **1** 〔보통 **the**를 붙여〕 **60번째 2** 〔**a** 또는 **one**을 붙여〕 60분의 1
─ 형 **1** 〔보통 **the**를 붙여〕 **60번째의 2** 60분의 1의

*****six·ty** [síksti 씩쓰티] 명 (복수 **sixties** [-z]) **1 60**, 예순

2 〔the sixties로〕 (세기의) 60년대; 〔one's sixties로〕 (나이의) 60대: in the (nineteen) *sixties* 1960년대에
── 형 **60의**, 예순의

size [sáiz 싸이즈] 명 (복수 **sizes** [-iz]) (물건의) **크기**, 사이즈, 치수: What *size* do you want? 어떤 사이즈를 원하십니까?/ She took the *size* of my dress. 그녀는 내 옷의 치수를 쟀다

skate [skéit 스케잇] 명 (복수 **skates** [-ts]) **1** 〔보통 복수형으로〕 **롤러 스케이트화** ( roller skates라고도 한다)

2 〔보통 복수형으로〕 **아이스 스케이트화** ( ice skates라고도 한다; 운동을 말하는 「스케이트」는 skating)

skate 1   skate 2

── 동 (3단현 **skates** [-ts]; 과거·과거분사 **skated** [-id]; 현재분사 **skating**) 자 스케이트를 타다, 얼음지치다: He can *skate* very well. 그는 스케이트를 매우 잘 탄다/ We went to the lake to *skate*. 우리는 호수로 스케이트 타러 갔다

skate·board [skéitbɔ̀ːrd 스케잇보-ㄷ] 명 (복수 **skateboards** [-dz]) 스케이트보드

skat·er [skéitər 스케이터ㄹ → 스케이러ㄹ] 명 스케이트를 타는 사람

skat·ing [skéitiŋ 스케이팅 → 스케이링] 명 (운동으로서의) 스케이팅: I like *skating* very much. 나는 스케이팅을 무척 좋아한다

skateboards

skel·e·ton [skélətn 스켈러튼 → 스켈럿'은] 명 (복수 **skeletons** [-z]) **1** (사람·동물의) 골격; 해골: He looks like a *skelton*. 그는 몹시 말랐다

2 (건물 등의) 뼈대: the steel *skeleton* of a building 건물의 철골

sketch [skétʃ 스케취] 명 (복수 **sketches** [-iz]) **1** **스케치**, 사생화; 약도: make a *sketch* 스케치하다

2 (소설 등의) 줄거리, 개요(概要)

3 단편; 소품

── 동 (3단현 **sketches** [-iz]; 과거·과거분사 **sketched** [-t]; 현재분사 **sketching**) 타 스케치하다: The children are *sketching* the animal in the zoo. 아이들은 동물원에서 동물을 스케치하고 있다

sketch·book [skétʃbùk 스케취북] 명 스케치북

ski [skíː 스키-] 명 (복수 **skis** [-z]) 〔보통 복수형으로〕 **스키(판)** ( 운동을 말하는 「스키」는 skiing): a pair of *skis* 한 벌의 스키

── 동 (3단현 **skis** [-z]; 과거·과거분사 **skied** [-d]; 현재분사 **skiing**) 자 스키를 타다: I went *skiing* with my brother. 나는 형과 스키 타러 갔다

ski·er [skíːər 스키-어ㄹ] 명 스키 타는 사람

ski·ing [skíːiŋ 스키-잉] 명 (운동으로서의) 스키

skiing

skill [skíl 스키ㄹ] 명 **숙련**, 숙달, 솜씨, 기량: She drives a car with *skill*. 그녀는 능숙하게 자동차를 운전했다

skilled [skíld 스키ㄹㄷ] 형 숙련된, 기술이 좋은: a *skilled* workers 숙련 노동자

skill·ful, 《영》 **skil·ful** [skílfəl 스키얼F어얼] 형 숙련된, 솜씨 좋은

skill·ful·ly [skílfuli 스키얼F울리] 부 솜씨 있게

skim [skím 스킴] 동 (3단현 **skims** [-z]; 과거·과거분사 **skimmed** [-d]; 현재분사 **skimming**) 타 **1** (액체의) 웃더껑이〔뜬 찌끼〕를 걷어내다: She *skimmed* cream with a spoon. 그는 스푼으로 크림을 떠냈다

2 (수면 등을) 스치듯 날아가다: A gull *skimmed* the water. 갈매기가 수면을 스치듯이 날아갔다

3 (납작한 돌로) 물수제비를 뜨다

4 (책 등을) 대충 읽다: *skim* a magazine 잡지를 대충 훑어보다

***skin** [skín 스킨] 명 (복수 **skins** [-z]) **1** (사람의) 피부: She has a fair *skin*. 그녀의 피부는 하얗다 / I was wet to the *skin*. 나는 흠뻑 젖었다

2 (과일의) 껍질; (동물의) 가죽: a banana *skin* 바나나 껍질

skin diver [skín dàivər] 명 스킨다이버

skin diving [skín dàiviŋ] 명 스킨다이빙 《물안경·물갈퀴·수중 호흡기 등의 장비를 갖추고 하는 잠수》

skin diving

skip [skíp 스킵] 동 (3단현 **skips** [-s]; 과거·과거분사 **skipped** [-t]; 현재분사 **skipping**) 자 **1** 가볍게 뛰다, 깡충깡충 뛰다: He *skipped along* the street. 그는 길을 깡충깡충 뛰어갔다

2 《영》 줄넘기하다

3 (책 등을) 띄엄띄엄 읽다: *skip over* the preface 서문을 건너뛰고 읽다

── 타 **1** …을 뛰다, 뛰어넘다: *skip* a puddle 웅덩이를 뛰어넘다

2 …을 빠뜨리다: I *skipped* lunch today. 나는 오늘 점심을 걸렀다

── 명 가볍게 뜀, 도약

***skirt** [skə́ːrt 스커-r트] 명 (복수 **skirts** [-ts]) **1** 스커트, 치마: She wore a red *skirt*. 그녀는 빨간 치마를 입고 있었다

2 〔복수형으로〕 교외, 변두리: They live on the *skirts* of London. 그들은 런던 교외에 산다

skit [skít 스킷] 명 촌극, 풍자문

skull [skʌ́l 스카얼] 명 두개골

skunk [skʌ́ŋk 스캉크] 명 【동물】 스컹크 《족제빗과의 야행성 동물로 위험에 처하면 항문으로 악취를 분비함》

skunk

***sky** [skái 스카이] 명 (복수 **skies** [-z]) **1** 〔the를 붙여〕 하늘, 창공: The *sky* is blue. 하늘은 푸르다 / There was no clouds in *the sky*. 하늘에는 구름 한 점 없었다

2 〔보통 복수형으로〕 천국(heaven)

3 〔보통 복수형으로〕 날씨, 기후

sky·div·ing [skáidàiviŋ 스카이다이V잉] 명 스카이다이빙 《항공기에서 뛰어내려 낙하산을 타고 착륙하는 스포츠》

skydiving

sky·lark [skáilà:rk 스카일라-r크] 명 【조류】 종달새

sky·line [skáilàin 스카일라인] 명 1 지평선(horizon) 2 (산·고층 건물 등의) 하늘을 배경으로 한 윤곽

skylark

sky·scrap·er [skáiskrèipər 스카이스크레이퍼r] 명 (복수 **skyscrapers** [-z]) 마천루, 초고층 빌딩 【「하늘(sky)을 긁는 것(scraper)」에서】

slab [slǽb 슬래브] 명 1 (돌·금속·목재 등의) 폭이 넓고 두꺼운 판, 평판(平板) 2 (고기·빵 등의) 넓고 두툼한 조각

slack [slǽk 슬랙] 형 1 느슨한, 늘어진 (반 tight 꼭 끼는) 2 부주의한, 태만한 3 한산한, 불경기의

slack·en [slǽkən 슬래컨] 타 1 …을 늦추다, 늘어지다 2 (일 등을) 게을리 하다

slacks [slǽks 슬랙쓰] 명 느슨한 바지 《평상복·운동복》

slam [slǽm 슬램] 동 (3단현 **slams** [-z]; 과거·과거분사 **slammed** [-d]; 현재분사 **slamming**) 타 1 (문 등을) 탕〔탁〕 닫다: Don't *slam* the door. 문을 탕 닫지 마라
2 (물건을) 털썩〔탁〕 놓다〔던지다〕: He *slammed* his bag down in the desk. 그는 가방을 책상 위에 탁 내려놓았다
—— 자 (문 등이) 쾅〔탕〕 닫히다

slan·der [slǽndər 슬랜더r] 명 중상, 비방

***slang** [slǽŋ 슬랭] 명 속어, 슬랭

slant [slǽnt 슬랜트] 명 경사(slope), 비탈
—— 동 (3단현 **slants** [-ts]; 과거·과거분사 **slanted** [-id]; 현재분사 **slanting**) 자 기울다, 경사지다: The pole *slants* to the right. 기둥은 오른쪽으로 기울었다
—— 타 …을 기울게 하다

slap [slǽp 슬랩] 동 (3단현 **slaps** [-s]; 과거·과거분사 **slapped** [-t]; 현재분사 **slapping**) 타 …을 (손바닥 등으로) 찰싹 때리다: She *slapped* me *on* the face. 그녀는 내 얼굴을 찰싹 때렸다

—— 명 손바닥으로 찰싹 때림

slash [slǽʃ 슬래쉬] 동 (3단현 **slashes** [-iz]) 타 (칼 등으로) 썩 베다
—— 명 (복수 **slashes** [-iz]) 사선 (/)

slate [sléit 슬레잇] 명 (지붕용) 슬레이트; 석판

slaugh·ter [slɔ́:tər 슬라-터r → 슬라-러r] 명 1 (가축 등의) 도살 2 (대)학살

Slav [slá:v 슬라-v으] 명 슬라브인 《러시아·폴란드·체코 등의 인종》
—— 형 슬라브 민족의

***slave** [sléiv 슬레이v으] 명 노예
【중세에 많은 슬라브인(Slav)들이 포로로 잡혀 노예가 되었던 데서】

slav·er·y [sléivəri 슬레이v어뤼] 명 노예의 신분〔상태〕; 노예 제도

slay [sléi 슬레이] 동 (3단현 **slays** [-z]; 과거 **slew** [slú:]; 과거분사 **slain** [sléin]; 현재분사 **slaying**) 타 …을 죽이다, 살해하다(kill)

sled [sléd 슬레드] 명 《미》 (어린이용) 작은 썰매 (《영》 sledge)

sledge [sléd3 슬레쥐] 명 1 《미》 (화물 운반용) 썰매 2 《영》 = sled

sleep [slí:p 슬리-ㅍ] 동 (3단현 **sleeps** [-s]; 과거 · 과거분사 **slept** [slépt]; 현재분사 **sleeping**) 자 잠자다: I couldn't *sleep* well last night. 나는 어젯밤 잘 자지 못했다/ He *slept* ten hours. 그는 10시간을 잤다
── 명 1 잠, 수면: I had only three hours' *sleep* last night. 나는 어젯밤 3시간 밖에 자지 못했다/ She fell into a sound *sleep*. 그녀는 깊은 잠에 빠졌다

> 쓰임새 sleep은 보통 관사를 붙이지 않으나, sound나 deep 등의 형용사가 올 때에는 a를 붙인다.

2 (활동의) 중지, 휴식: winter *sleep* 동면
go to sleep 잠들다: Soon he *went to sleep*. 그는 곧 잠들었다
put ... to sleep …을 재우다: My mother has *put* my sister *to sleep*. 어머니는 내 누이동생을 잠재웠다

sleep·er [slí:pər 슬리-퍼r] 명 1 자는 사람 2 《미》 침대차(sleeping car) 3 《영》 (철도의) 침목(枕木) (《미》 tie)

sleep·ing [slí:piŋ 슬리-핑] 형 자는, 자고 있는: Let *sleeping* dogs lie. 《속담》 자는 개를 건드리지 마라; 긁어 부스럼 만들지 말라
── 명 수면

sleeping bag [slí:piŋ bǽg] 명 슬리핑 백, 침낭

sleeping car [slí:piŋ kɑ̀:r] 명 침대차(sleeper)

sleep·less [slí:plis 슬리-플리쓰] 형 잠 못 이루는: a *sleepless* night 잠못 이루는 밤

sleeping bag

sleep·y [slí:pi 슬리-피] 형 (비교급 **sleepier**; 최상급 **sleepiest**) 1 졸리는, 졸리는 듯한; 졸리게 하는: I'm *sleepy*. 나는 졸리다
2 활기 없는, 조용한

sleet [slí:t 슬리-트] 명 진눈깨비
── 자 〔it를 주어로 하여〕 진눈깨비 오다: It is *sleeting*. 진눈깨비가 온다

sleeve [slí:v 슬리-v으] 명 (옷의) 소매

sleigh [sléi 슬레이] 〔◎ gh는 묵음〕 명 (대개 말이 끄는) 썰매

sleigh

slen·der [sléndər 슬렌더r] 형 (비교급 **slenderer** [-dərər]; 최상급 **slenderest** [-dərist]) 1 호리호리한, 날씬한(반 stout 살찐): a *slender* girl 날씬한 소녀
2 (수 · 양 등이) 얼마 안 되는

slept [slépt 슬렙트] 동 sleep(잠들다)의 과거 · 과거분사형

slice [sláis 슬라이쓰] 명 (복수 **slices** [-iz]) 1 얇게 썬 조각: a *slice* of ham (얇게 자른) 햄 한 조각
2 【골프】 슬라이스, 깍아치기
── 동 (3단현 **slices** [-iz]; 과거 · 과거분사 **sliced** [-t]; 현재분사 **slicing**) 타 …을 얇게 베다〔썰다〕: She *sliced* the bread. 그녀는 빵을 얇게 썰었다

slid [slíd 슬리드] 동 slide(미끄러지다)의 과거 · 과거분사형

slide [sláid 슬라이드] 동 (3단현 **slides** [-dz]; 과거 · 과거분사 **slid** [slíd]; 현재분사 **sliding**) 자 1 미끄러지다; 【야구】 슬라이딩하다: *slide down* a hill 언덕을 미끄러져 내려가다/ They *slid on* the ice. 그들은 얼음 위에서 미끄럼을 탔다/ The runner *slid into* second base. 주자는 2루에 슬라이딩해 들어갔다

[비교] **slide**와 **slip**
  slide는 매끄러운 표면을 가볍게 죽 미끄러지다. **slip**은 저절로〔실수로〕 미끄러져 넘어지다.

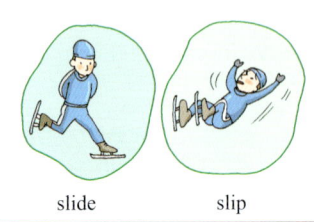

slide   slip

2 몰래〔살그머니〕 움직이다: The cat *slid into*〔*out of*〕 the room. 고양이는 살며시 방으로 들어왔다〔방에서 나갔다〕
3 (시간 등이) 모르는 사이에 지나가다: Hours *slid* by. 어느새 몇 시간이나 지났다
4 (모르는 사이에 죄・나쁜 버릇 등에) 빠지다: He has *slid into* a bad habit. 그는 모르는 사이에 나쁜 습관에 빠졌다
──타 …을 미끄러지게 하다
──명 (복수 **slides** [-dz]) **1** 미끄러짐 **2** 활주로 **3** (어린이용의) 미끄럼틀 **4** (현미경의) 슬라이드 **5** 【야구】 슬라이딩

slide 명 3

*__**slight**__ [sláit 슬라잇] 형 (비교급 **slighter**; 최상급 **slightest**) **1** 약간의, 가벼운: a *slight* increase 약간의 증가 / a *slight* wound 가벼운 상처 / There is not the *slightest* doubt about it. 거기에는 조금도 의심스러운 점이 없다
2 호리호리한, 가냘픈

slight·ly [sláitli 슬라이틀리] → 슬라잇'을 리] 부 **1** 약간, 조금 **2** 가늘게, 호리호리하게

*__**slim**__ [slím 슬림] 형 (비교급 **slimmer**; 최상급 **slimmest**) **1** (사람・체격 등이) 호리호리한, 가냘픈: a *slim* waist 가냘픈 허리
2 얼마 안 되는; (가능성 등이) 적은: a *slim* income 얼마 안 되는 수입

sling [slíŋ 슬링] 명 **1** 무릿매 **2** (물건을) 매다는 밧줄〔사슬〕 **3** 팔걸이 붕대 **4** = slingshot

sling 1   sling 2   sling 3

sling·shot [slíŋʃàt 슬링샷] 명 《미》 (고무줄) 새총

*__**slip**__ [slíp 슬립] 동 (3단현 **slips** [-s]; 과거・과거분사 **slipped** [-t]; 현재분사 **slipping**) 자

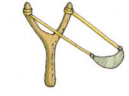

slingshot

1 미끄러지다, 미끄러져 넘어지다: He *slipped on* a banana peel. 그는 바나나 껍질에 미끄러졌다
2 살짝〔몰래〕 가다〔오다〕: He *slipped into* the room. 그는 살짝 방으로 들어갔다
3 (시간이) 어느덧 지나다; (기회 등이) 없어지다: Time *slipped* by. 어느덧 시간이 흘렀다
4 실수하다, 잘못을 저지르다
──타 **1** …을 미끄러지게 하다
2 (옷 등을) 후딱 입다〔벗다〕: She *slipped* her skirt *on*〔*off*〕. 그녀는 스커트를 후딱 입었다〔벗었다〕
3 살짝 넣다〔꺼내다〕: He *slipped* the bolt *through* the hole. 그는 그 구멍에 볼트를 끼웠다
──명 (복수 **slips** [-s]) **1** 미끄러짐, 미끄러져 넘어짐
2 (가벼운) 실수(mistake): a *slip* of the tongue 잘못 말함

3 (여자의) 속옷, 슬립

slip·per [slípər 슬리퍼r] 명 (복수 **slippers** [-z]) 〔보통 복수형으로〕 슬리퍼, 실내화: a pair of *slippers* 한 켤레의 슬리퍼

참고 슬리퍼
영어의 slippers는 우리가 흔히 신는 「슬리퍼」와는 달리 보통 뒤축이 있는 실내용 덧신을 가리킨다. 서구인들은 우리처럼 뒤축 없이 걸쳐 신는 신발은 별로 신지 않는다.

slip·per·y [slípəri 슬리퍼뤼] 형 (비교급 **slipperier**; 최상급 **slipperiest**) 1 미끄러운 2 (물건이) 미끄러워 잡기 어려운

slit [slít 슬릿] 명 1 길다랗게 베인 상처 〔자국〕 2 갈라진 틈

slo·gan [slóugən 슬로우건] 명 1 슬로건, 모토(motto), 표어 2 (광고의) 선전 문구

*__slope__ [slóup 슬로웁] 동 (3단현 **slopes** [-s]; 과거·과거분사 **sloped** [-t]; 현재분사 **sloping**) 자 경사지다, 비탈지다: The land *slopes to*〔*toward*〕 *the sea.* 그 땅은 바다 쪽으로 경사져 있다
── 타 …을 경사지게 하다
── 명 경사, 기울기; 비탈, 경사면, 슬로프: a gentle *slope* 완만한 경사/ His house is built on a *slope.* 그의 집은 비탈에 세워져 있다

slot [slát 슬랏] 명 1 가늘고 긴 구멍 2 (자동 판매기·공중 전화기 등의) 동전 넣는 구멍

slot machine [slát məʃíːn 슬랏 머쉰] 명 1 《미》 자동 도박기, 슬롯 머신 2 《영》 자동 판매기 (🔁 《미》 vending machine)

***slow** [slóu 슬로우] 형 (비교급 **slower**; 최상급 **slowest**) 1 (시간·속도가) 느린, 굼뜬 (반 fast, quick 빠른): a *slow* train 완행 열차 / *Slow* and〔*but*〕 *steady wins the race.* 《속담》 더디더라도 착실히 하는 편이 결국 이긴다

비교 late와 slow
late는 어떤 행동이 정해진 시간보다 나중에, 즉 「더 늦은」 시간에 일어나는 것을 의미한다. 예를 들어 약속 시간이나 수업 시간에 늦게 오는 행동에는 late를 쓴다. 한편, slow는 움직임이 빠르지 않고 「느린」 것을 나타낸다. late의 반대말은 early이며, slow의 반대말은 fast이다.

2 (시계 등이) 늦게 가는(반 fast 빠르게 가는): My watch is five minutes *slow.* 내 시계는 5분 늦다
3 (사람이) 둔한, 우둔한
── 부 느리게, 천천히: go *slow* 천천히 가다
── 동 (3단현 **slows** [-z]; 과거·과거분사 **slowed** [-d]; 현재분사 **slowing**) 자 속도가 떨어지다, 늦어지다: The train *slowed down* near the station. 열차는 역 근처에서 속도를 늦추었다
── 타 …을 늦게 하다, 늦추다

*__slow·ly__ [slóuli 슬로울리] 부 (비교급 **more slowly**; 최상급 **most slowly**) 천천히, 느리게(반 fast, quick 빨리): He walked *slowly.* 그는 천천히 걸었다

회화
A: Will you speak more *slowly*?
좀더 천천히 말씀해 주시겠습니까?
B: Sure.
그러죠

slum [slʌ́m 슬람] 명 (복수 **slums** [-z]) 〔종종 복수형으로〕 빈민가, 슬럼가

slump [slʌ́mp 슬람ㅍ] 명 1《미》(운동 선수의) 슬럼프, 부진 2 (주가·물가 등의) 폭락; 불황, 불경기(반 boom 벼락 경기)

sly [slái 슬라이] 형 (비교급 slier, slyer; 최상급 sliest, slyest) 교활한, 음흉한 (cunning): a *sly* fox〔person〕교활한 여우〔사람〕

small [smɔ́ːl 스모-얼] 형 (비교급 smaller; 최상급 smallest)
1 작은, 소형의(반 large 큰); (면적이) 좁은 (참「폭이 좁은」은 narrow): a *small* house〔room〕작은 집〔방〕/ What is the *smallest* country in the world? 세계에서 가장 작은 나라는 어디입니까?
2 (수량·정도가) 적은, 얼마 되지 않는: a *small* income 적은 수입 / *small* change 잔돈 / We had *small* hope of success. 우리는 성공의 가능성이 거의 없다
3 소규모의: *small* business 소규모의 사업
4 하찮은, 사소한: *small* errors 사소한 잘못

small letter [smɔ́ːl létər] 명 소문자(반 capital letter 대문자)

small·pox [smɔ́ːlpàks 스모-얼팍쓰] 명【의학】천연두, 마마, 손님

smart [smáːrt 스마-ㄹ트] 형 (비교급 smarter; 최상급 smartest) 1 재치 있는, 영리한; 빈틈없는: a *smart* reply 재치 있는 대답 / She is a *smart* student. 그녀는 영리한 학생이다
2 (옷차림·사람 등이) 단정한, 맵시 있는: a *smart* car 맵시 좋은 차
3 (동작 등이) 활발한, 기민한

smash [smǽʃ 스매쉬] 동 (3단현 smashes [-iz]; 과거·과거분사 smashed [-t]; 현재분사 smashing) 타
1 …을 산산이 부수다, 깨뜨리다: *smash* a window 창을 부수다
2 …을 세게 때리다: He *smashed* the man *on* the head. 그는 그 사람의 머리를 세게 때렸다
3 …을 격파하다, 대패시키다: *smash* an enemy 적을 격파하다
── 자 1 부서지다 2 세게 부딪히다
── 명 (복수 smashes [-iz]) 1 부서지는 소리 2 강타 3 (테니스 등의) 스매시

smear [smíər 스미어ㄹ] 타 1 (기름 등을) 바르다, 칠하다 2 (명예 등을) 더럽히다
── 명 오점, 얼룩

smell [smél 스메얼] 동 (3단현 smells [-z]; 과거·과거분사 smelled [-d], smelt [-t]; 현재분사 smelling) 자 1 냄새를 맡다: I can't *smell*. 나는 냄새를 맡을 수 없다
2 냄새〔향기〕가 나다: This room *smells of* paint. 이 방은 페인트 냄새가 난다 / It *smells* good. 냄새가 좋은데
3 악취가 나다: This meat *smells* (bad). 이 고기는 (고약한) 냄새가 난다
── 타 냄새를 맡다
── 명 (복수 smells [-z]) 1 냄새: a bad *smell* 악취
2 후각: He has a keen sense of *smell*. 그는 후각이 예민하다

smile [smáil 스마얼] 동 (3단현 smiles [-z]; 과거·과거분사 smiled [-d]; 현재분사 smiling) 자 1 웃다, 미소짓다 (참「소리내어 웃다」는 laugh): She *smiles* at me. 그녀는 나를 보고 웃었다 / He *smiled* happily. 그는 밝게 미소지었다

smile   laugh

── 타 1 〔동족 목적어와 함께〕(…한) 웃음을 짓다: He *smiled* a happy smile. 그는 행복한 웃음을 지었다
2 미소로 나타내다: She *smiled* her consent. 그녀는 미소로 승낙의 뜻을 나타냈다

―명 미소, 웃는 얼굴: He looked at me with a *smile*. 그는 웃는 얼굴로 나를 쳐다보았다

smil·ing [smáiliŋ 스마일링] 형 미소짓는, 방긋 웃는

smite [smáit 스마잇] 동 (3단현 **smites** [-ts]; 과거 **smote** [smóut]; 과거분사 **smitten** [smítn]; 현재분사 **smiting**) 타 1 …을 치다, 때리다 2 (병·재난 등이) 엄습하다

smith [smíθ 스미θ으] 명 대장장이(blacksmith); 금속 세공인

smog [smág 스마그] 명 스모그, 연무(煙霧) (도시에서 연기(smoke)와 섞인 짙은 안개(fog)의 혼합)

***smoke** [smóuk 스모욱] 명 (복수 **smokes** [-s]) 1 연기: The room is full of *smoke*. 그 방은 연기로 가득 찼다/ There is no *smoke* without fire. 《속담》아니 땐 굴뚝에 연기 날까
2 [a를 붙여] 흡연: Let's have *a smoke*. 한 대 피우자
―동 (3단현 **smokes** [-s]; 과거·과거분사 **smoked** [-t]; 현재분사 **smoking**) 자 1 연기를 내다: The stove *smokes* badly. 그 난로는 연기가 몹시 난다
2 담배를 피우다: He doesn't *smoke*. 그는 담배를 피우지 않는다
―타 (담배 등을) 피우다: *smoke* a pipe 파이프를 피우다
2 훈제하다

smoked [smóukt 스모우크트] 형 훈제한: *smoked* ham 훈제 햄

smok·er [smóukər 스모우커r] 명 1 흡연자 2 흡연실(차)

***smok·ing** [smóukiŋ 스모우킹] 명 흡연, 끽연: No *smoking*. 《게시》 금연/ He gave up *smoking*. 그는 담배를 끊었다

***smooth** [smú:ð 스무-ð으] 형 (비교급 **smoother**; 최상급 **smoothest**) 1 매끄러운(반 rough 거친): a *smooth* skin 매끄러운 피부
2 (도로 등이) 평탄한, 울퉁불퉁하지 않은: a *smooth* road 평탄한 도로

smooth   rough

3 (수면이) 잔잔한, 고요한: a *smooth* lake 잔잔한 호수
4 (움직임이) 순조로운, 원활한: The airplane made a *smooth* land. 비행기는 무사히 착륙했다
5 (말·문체 등이) 유창한: a *smooth* style 유려한 문체
―동 (3단현 **smooths** [-z]; 과거·과거분사 **smoothed** [-d]; 현재분사 **smoothing**) 타 1 …을 평탄하게 하다: *smooth* a tennis court with a roller 롤러로 테니스 코트를 평탄하게 하다
2 (감정 등을) 가라앉히다
―자 1 매끄럽게 되다 2 원만하게 되어 가다

smooth·ly [smú:ðli 스무-ð으을리] 부 1 매끄럽게 2 유창하게

smug·gle [smágl 스마그을] 동 (현재분사 **smuggling**) 타 …을 밀수하다

***snack** [snǽk 스낵] 명 가벼운 식사, 간식, 스낵: eat(have) a *snack* 가벼운 식사를 하다

snack bar [snǽk bà:r] 명 《미》 간이 식당

snail [snéil 스네일] 명 (복수 **snails** [-z]) 【동물】 달팽이

***snake** [snéik 스네익] 명 (복수 **snakes** [-s]) 뱀 (「뱀」을 뜻하는 가장 일반적인 말; snake보다 크고 독성이 있는 뱀은 serpent)

snail

snap [snǽp 스냅] 동 (3단현 **snaps** [-s]; 과거·과거분사 **snapped** [-t]; 현재분사 **snapping**) 타 **1 짤깍〔툭〕소리내다**; 쾅 닫다〔열다〕: *snap* one's fingers 손가락을 툭 소리내다/ *snap* a lid open〔shut〕 뚜껑을 탁 열다〔닫다〕

2 …을 딱하고 꺾다: *snap* a stick in two 막대기를 딱 하고 두 동강내다

3 …을 덥석 물다: The dog *snapped* her right leg. 그 개가 그녀의 오른쪽 다리를 덥석 물었다

4 스냅 사진을 찍다

—— 자 찰칵 소리가 나다: The wood *snapped as* it burned. 나무가 타면서 탁탁 소리가 났다

—— 명 (복수 **snaps** [-s]) **1** 툭〔지끈〕하는 소리; 똑 부러짐 **2** 죔쇠 **3** (개 등이) 덥석 물기 **4** = snapshot

snap·shot [snǽpʃɑ̀t 스냅샷] 명 스냅 사진

snare [snɛ́ər 스네어*r*] 명 **1** (새·동물을 잡기 위한) 덫, 올가미 **2** 함정, 속임수

snarl [snɑ́ːrl 스나-*r*얼] 자 (개 등이 이빨을 드러내고) 으르렁거리다

snare 1

snatch [snǽtʃ 스내취] 동 (3단현 **snatches** [-iz]; 과거·과거분사 **snatched** [-t]; 현재분사 **snatching**) 타 …을 와락 붙잡다, 잡아채다, 강탈하다: The man *snatched* the paper bag *from*〔*out of*〕 my hand. 그 남자가 내 손에서 봉지를 채 갔다

sneak [sníːk 스니-크] 자 살금살금 움직이다

sneak·er [sníːkər 스니-커*r*] 명 (복수 **sneakers** [-z]) 〔주로 복수형으로〕《미》 고무창 운동화

sneer [sníər 스니어*r*] 자 비웃다, 냉소하다 (**at**)

—— 명 비웃음, 냉소

sneeze [sníːz 스니-z으] 명 재채기

—— 동 (현재분사 **sneezing**) 자 재채기하다

sniff [sníf 스니f으] 동 (3단현 **sniffs** [-s]; 과거·과거분사 **sniffed** [-t]; 현재분사 **sniffing**) 자 킁킁거리며 냄새를 맡다: The dog *sniffed at* the stranger. 개는 낯선 사람을 킁킁 냄새 맡았다

—— 타 **1** …의 냄새를 맡다 **2** (위험 등을) 알아〔눈치〕채다

—— 명 킁킁거리며 냄새 맡음

snore [snɔ́ːr 스노-*r*] 명 코골기

—— 동 (현재분사 **snoring** [snɔ́ːriŋ]) 자 타 코를 골다

snor·kel [snɔ́ːrkl 스노-*r*크얼] 명 스노클 (잠수용 호흡 기구)

snow [snóu 스노우] 명 (복수 **snows** [-z]) 눈, 강설(snowfall): We had little〔a lot of〕 *snow* last winter. 지난 겨울에는 눈이 조금밖에 내리지 않았다〔많이 내렸다〕/ The mountain is covered with *snow*. 산이 눈으로 덮여 있다

snorkel

—— 동 (3단현 **snows** [-z]; 과거·과거분사 **snowed** [-d]; 현재분사 **snowing**) 자 〔it를 주어로 하여〕 눈이 오다〔내리다〕: It began to *snow*. 눈이 오기 시작했다/ It has stopped *snowing*. 눈이 멈추었다

snow·ball [snóubɔ̀ːl 스노우보-얼] 명 (복수 **snowballs** [-z]) 눈뭉치, 눈덩이

snow·board [snóubɔ̀ːrd 스노우보-r트]
명 스노보드

snow-capped [snóu-kæ̀pt 스노우캡트] 형 (산꼭대기가) 눈으로 덮인

snow·drift [snóudrift 스노우쥬뤼F으트] 명 바람에 날려 쌓인 눈더미

snowboard

snow·fall [snóufɔ̀ːl 스노우F오-을] 명 강설(량)

snow·flake [snóuflèik 스노우F을레익] 명 눈송이

snow·man [snóumæ̀n 스노우맨] 명 (복수 **snowmen** [-mèn]) 눈사람

snow·mo·bile [snóumoubìːl 스노우모우비-을] 명 설상차(車)

snow·shoe [snóuʃùː 스노우슈-] 명 (복수 **snowshoes** [-z]) 〔보통 복수형으로〕 눈신, 설상화(靴)

snow·storm [snóustɔ̀ːrm 스노우스토-r엄] 명 눈보라

snow-white [snóuhwáit 스노우와〔화〕이트] 형 눈같이 흰, 순백의

Snow White [snóu hwáit] 명 백설 공주 (동화의 주인공)

Are you Snow White?

snow·y [snóui 스노우이] 형 (비교급 **snowier**; 최상급 **snowiest**) **1** 눈이 내리는; 눈에 덮인: a *snowy* day 눈 오는 날
2 눈처럼 하얀, 순백의

snug [snʌ́g 스나그] 형 (비교급 **snugger**; 최상급 **snuggest**) (장소 등이) 아늑한, 편안한: a *snug* chair 안락한 의자

so [sóu 쏘우] 〔발음이 sew(꿰매다)와 발음이 같음〕 부 **1** 〔정도를 나타내어〕 그렇게, 그토록: Don't walk *so* fast. 그렇게 빨리 걷지 마라/ Why are you *so* late? 왜 그렇게 늦었니?/ I've never seen *so* big a fish. 그렇게 큰 물고기를 본 적이 없다 (「so+형용사+a+명사」의 어순에 주의)

2 매우(very), 대단히 (이 뜻의 so는 강하게 발음한다): I am *so* tired. 나는 매우 피곤하다/ Thank you *so* much. 대단히 고맙습니다

3 그렇게, 그런 식으로: I don't think *so*. 나는 그렇게 생각하지 않는다/ You must not behave *so*. 너는 그런 식으로 행동해서는 안 된다

4 〔so+주어+(조)동사의 형태로〕 정말로, 참으로 (주어 뒤의 (조)동사를 강하게 발음한다): You said it was good, and *so* it is. 자네 말로 좋다고 하더니 참으로 좋군 그래

〈회화〉
A: You look very tired.
매우 피곤해 보인다
B: *So* I *am*.
정말로 피곤해요

5 〔so+(조)동사+주어의 형태로〕 …도 역시〔또한〕 ((조)동사 뒤의 주어를 강하게 발음한다): My father was a soldier, and *so* am I. 아버지는 군인이셨는데 나 역시 그렇다

〈회화〉
A: I was in Paris last summer.
지난 여름에 나는 파리에 있었다
B: *So* was I.
나도 그랬어

not so 〔*as*〕 *A as B* B만큼 A하지 않다: It's *not so* cold *as* yesterday. 날씨가 어제만큼 춥지는 않다

not so much *A as B* A라기보다는 오히려 B: He is *not so much* a scholar *as*

a writer. 그는 학자라기보다는 오히려 문인이다
So long! 《구어》 안녕!, 잘 있어!
so much for ... …은 이만: *So much for* today. 오늘은 이것으로 끝
so so 《구어》 그저 그렇다

> 회화
> A: How's your business?
> 경기는 어떻습니까?
> B: Oh, only *so so*.
> 그저 그렇습니다

so A that B (1) 매우 A해서 B: He was *so* exhausted *(that)* he could not speak. 그는 몹시 지쳐 있어서 말을 할 수 없었다
(2) B할 만큼 A: This book is *so* written *that* a foreigner can read it. 이 책은 외국인이라도 읽을 수 있도록 쓰여졌다
so (that) ... will[can, may] *do* …할 수 있도록 (◎ so (that) 이하부터 번역함): They ran *so (that)* they *wouldn't* miss the first train. 그들은 첫 기차를 놓치지 않으려고 달렸다
so to say[speak] 말하자면, 요컨대: The dog is, *so to speak*, a member of the family. 개는 말하자면 가족의 일원이다
—— 접 **그래서**, 그러므로로: It grew darker, *so* I went home. 날이 더욱 어두워졌으므로 집으로 돌아갔다

soak [sóuk 쏘욱] 통 (3단현 **soaks** [-s]; 과거·과거분사 **soaked** [-t]; 현재분사 **soaking**) 타 **1** …을 적시다, 담그다: *soak* bread *in* milk 빵을 우유에 적시다
2 (물 등이) …에 스며들다
3 (액체를) 빨아들이다; (지식 등을) 흡수하다: The sponge *soaked up* the water. 스펀지가 물을 빨아들였다
—— 자 젖다, 잠기다

so-and-so [sóu-ən-sòu 쏘우언쏘우] 명 (복수 **so-and-sos** [-z]) **1** 아무개: Mr. *So-and-so* 모씨(某氏)

2 무엇무엇: He said *so-and-so*. 그는 무엇무엇이라 했다

soap [sóup 쏘웁] 명 **비누**: a cake of *soap* 비누 1개 / wash with *soap* 비누로 씻다

soap opera [sóup ɑ̀pərə] 명 《미》 텔레비전 연속극 (◎ 상업 방송 초기에 주부 취향의 라디오·텔레비전 연속극의 스폰서가 주로 비누 회사였다는 데서)

soar [sɔ́ːr 쏘-ㄹ] 통 (3단현 **soars** [-z]; 과거·과거분사 **soared** [-d]; 현재분사 **soaring** [sɔ́ːriŋ]) 자 **1** (새·항공기 등이) 날아오르다: An eagle *soared into* the sky. 독수리가 하늘로 날아올랐다
2 오르다, 급상승하다

sob [sáb 싸ㅂ] 통 (3단현 **sobs** [-z]; 과거·과거분사 **sobbed** [-d]; 현재분사 **sobbing**) 자 흐느껴 울다, 흐느끼다
—— 명 흐느낌

so·ber [sóubər 쏘우버ㄹ] 형 (비교급 **soberer** [-bərər]; 최상급 **soberest** [-bərist]) **1** 술 취하지 않은(반 drunken 술취한) **2** (판단이) 냉정한 **3** (사실 등이) 과장이 없는 **4** (색이) 수수한

so-called [sóu-kɔ́ːld 쏘우코-올드] 형 이른바, 소위: His *so-called* truth is lie. 그의 이른바 진실이란 것은 거짓이다

soc·cer [sákər 싸커ㄹ] 명 **축구** (association football)

> 참고 축구
> 축구를 영국에서는 football, 미국에서는 soccer라 한다. 미국에서 football이라 하면 보통 아메리칸 풋볼 (American football)을 가리킨다.

so·cia·ble [sóuʃəbl 쏘우셔브을] 형 사교적인, 붙임성 있는

so·cial [sóuʃəl 쏘우셜] 형 **1 사회의**, 사회적인; 사회 생활을 하는: *social problems* 사회 문제
2 사교적인, 친목의: a *social* club 사교 클럽

so·cial·ism [sóuʃəlìzm 쏘우셜리즘] 명 사회주의

so·cial·ist [sóuʃəlist 쏘우셜리스트] 명 사회주의자

social studies [sóuʃəl stʌ́diz] 명 〔단수 취급〕(학과의) 사회 과목

social worker [sóuʃəl wə́ːrkər] 명 사회 복지사

so·ci·e·ty [səsáiəti 써싸이어티 → 써싸이어리] 명 (복수 **societies** [-z]) **1 회, 협회**, 학회, 단체: a literary *society* 문학회
2 사회: human *society* 인간 사회 / a primitive *society* 원시 사회
3 사교, 교제; 사교계 (사람들)

so·ci·ol·o·gy [sòusiálədʒi 쏘우씨알러쥐] 명 사회학

sock [sák 싹] 명 (복수 **socks** [-s]) 〔보통 복수형으로〕**양말** (「긴 양말」은 stocking): a pair of *socks* 양말 한 켤레

sock   stocking

sock·et [sákit 싸킷] 명 (물건을 끼우는) 구멍; (전구의) 소켓

Soc·ra·tes [sákrətìːz 싸크뤄티-즈] 명 소크라테스(470-399 B.C.) (고대 그리스의 철학자)

so·da [sóudə 쏘우다] 명 **1** 소다 (각종 나트륨 화합물) **2** = soda pop **3** = soda water

soda pop [sóudə pàp] 명 《미구어》 소다 팝 (소다수에 과일·시럽 등을 넣어서 만든 청량 음료; 간단히 pop 또는 soda라고도 한다)

soda water [sóudə wɔ̀ːtər] 명 탄산수

so·fa [sóufə 쏘우F아] 명 **소파** (거실 등에 놓는 등과 팔을 기댈 수 있는 긴 의자)

soft [sɔ́ːft 싸-F으트] 형 (비교급 **softer**; 최상급 **softest**) **1 부드러운**(반 hard 단단한): a *soft* bed 폭신한 침대

soft   hard

2 매끄러운, 보들보들한: *soft* skin 보들보들한 살결
3 (태도·마음 등이) 온화한, 상냥한: He spoke in a *soft* voice. 그는 조용한 목소리로 이야기했다
4 (기후·바람이) 온화한: a *soft* climate 온화한 기후

soft·ball [sɔ́ːftbɔ̀ːl 싸-F으트보-올] 명 〔스포츠〕 소프트볼; 그 공

sof·ten [sɔ́ːfn 싸-F은] (t는 묵음) 자 타 **1** 부드러워지다; 부드럽게 하다 **2** (마음이) 누그러지다

soft·ly [sɔ́ːftli 싸-F으틀리] 부 부드럽게, 살며시

soft·ware [sɔ́ːftwɛ̀ər 싸-F으트웨어r] 명 **소프트웨어** (컴퓨터의 프로그램이나 시스템)

soil¹ [sɔ́il 쏘일] 명 **1 흙, 땅**, 토양; 토지: rich (poor) *soil* 기름진 (메마른) 땅
2 나라, 국토: my native *soil* 나의 조국

soil² [sɔ́il 쏘일] 명 더러움, 얼룩, 때
── 타 자 …을 더럽히다; 더러워지다

so·journ [sóudʒəːrn 쏘우쥐-r언] 자 (단기간) 묵다, 체류하다 (in, at)
── 명 (단기간의) 체류

so·lar [sóulər 쏘울러r] 형 태양의 (「달의」는 lunar): *solar* energy 태양 에너지

sold [sóuld 쏘울ㄷ] 동 sell(팔다)의 과거·과거분사형

sol·dier [sóuldʒər 쏘울줘r] 명 (복수 **soldiers** [-z]) 1 (육군) 군인, 병사 2 사병

sole¹ [sóul 쏘우을] 형 (명사 앞에만 쓰여) 1 단 하나의, 한 사람의: the *sole* survivor 유일한 생존자
2 단독의, 독점적인: the *sole* right to the estate 토지의 독점권

sole² [sóul 쏘우을] 명 1 발바닥 2 (구두 등의) 바닥, 밑창

sole·ly [sóuli 쏘울리] 부 1 혼자서, 단독으로
2 다만, 단지, 오로지: He works *solely* for money. 그는 단지 돈을 벌기 위해서 일한다

sole² 2

sol·emn [sáləm 쌀럼] 형
1 엄숙한, 진지한; 장엄한: a *solemn* sight 장엄한 광경
2 심각한 표정의, 점잔빼는

so·lic·it [səlísit 썰리씻] 동 (3단현 **solicits** [-ts]; 과거·과거분사 **solicited** [-id]; 현재분사 **soliciting**) 타 …을 간청하다, 간절히 원하다: He *solicited* my help. 그는 나의 도움을 간청했다

***sol·id** [sálid 쌀리ㄷ] 형 (비교급 **solider**; 최상급 **solidest**) 1 고체의, 고형의: *solid* fuel 고체 연료
2 견고한(firm), 튼튼한: a *solid* building 견고한 건물
3 완전한, 불순물이 없는, 도금이 아닌: *solid* gold 순금
4 견실한, 확실한(sound), 믿을 수 있는: a *solid* business 견실한 사업/ a *solid* friend 믿을 수 있는 친구
── 명 (복수 **solids** [-dz]) 1 고체 (「액체」는 liquid, 「기체」는 gas) 2【수학】입(방)체

sol·i·tar·y [sálitèri 쌀리테뤼] 형 (비교급 **more solitary**; 최상급 **most solitary**)
1 혼자의, 외로운(lonely), 고독한: a *solitary* traveler 혼자하는 여행자/ He led a *solitary* life. 그는 고독한 생활을 보냈다
2 (장소 등이) 인적이 드문, 외딴: a *solitary* house 외딴 집

sol·i·tude [sálitjù:d 쌀리튜―ㄷ] 명 1 고독, 외로움 2 (장소 등) 외따로 떨어져 있는 곳

solo [sóulou 쏘울로우] 명 (복수 **solos** [-z]) 【음악】독창, 독주, 솔로 (「2중창, 듀엣」은 duet, 「3중창, 트리오」는 trio)
── 형 1【음악】솔로의, 독창[독주]의
2 단독의: a *solo* flight 단독 비행

Sol·o·mon [sáləmən 쌀러먼] 명 솔로몬 (기원전 10세기의 이스라엘 왕으로 지혜가 뛰어남)

***so·lu·tion** [səlú:ʃən 썰루―션] 명 (복수 **solutions** [-z]) 1 (문제 등의) 해결; 해답: The *solution* of the problem took two years. 그 문제를 해결하는데 2년 걸렸다
2 용해; 용액

***solve** [sálv 싸얼v] 동 (3단현 **solves** [-z]; 과거·과거분사 **solved** [-d]; 현재분사 **solving**) 타 (문제 등을) 풀다, 해결하다: He *solved* the problem. 그는 그 문제를 풀었다

sol·vent [sálvənt 싸얼v언ㅌ] 형 1 지불 능력이 있는 2 용해력이 있는, 녹이는

som·bre·ro [sɑmbrέrou 쌈브뤠로우] 명 솜브레로 (스페인·멕시코 등지에서 쓰는 챙이 넓은 모자)

***some** [sʌm 썸] (sum(합계)과 발음이 같음) 형 1 [셀 수 있는 명사의 복수형 또는 셀 수 없는 명사와 함께] 얼마간의, 조금의: I

sombrero

have *some* English books. 나는 몇 권의 영어 책을 갖고 있다/ There are *some* pictures on the desk. 책상 위에 사진이 몇 장 있다/ I had *some* trouble in doing it. 그것을 하는 데는 약간의 어려움이 있었다

> 쓰임새 **some과 any**
> (1) 보통 some은 긍정문에, any는 부정문·의문문·조건문 등에 쓰인다: Is there *any* sugar in the pot? 단지에는 설탕이 있습니까?
> (2) 의문문이라도 남에게 무엇을 권하거나 긍정의 답이 기대될 경우에는 some을 쓴다: Won't you have *some* more tea? 차를 좀 더 드시겠습니까?

2 (전부가 아닌) **일부의**, 그 중에는 …도 있는 (종종 some ... others ~, some ... some ~처럼 대조적으로 쓴다): *Some* birds cannot fly. 새 중에는 날지 못하는 것도 있다/ *Some* books are interesting; *others* are boring. 재미있는 책도 있고 지루한 책도 있다

3 〔단수 명사와 함께〕 **무슨, 어떤**, 어딘가의: for *some* reason 무슨 까닭으로/ *Some* boy broke the window. 어떤 소년이 유리창을 깼다/ He went to *some* place in America. 그는 미국 어딘가로 갔다

4 《구어》 **상당한, 대단한**: The mountain is *some* distance away. 그 산은 상당히 먼 거리에 있다/ He is *some* musician. 그는 대단한 음악가이다

5 〔수사 앞에서〕 **약, 대략**(about): He stayed there *some* ten days. 그는 그 곳에서 약 10일간 체재했다

some day (미래의) 언젠가 ⇒ day 숙어

some more 조금 더: Give me *some more* cake. 케이크를 조금 더 주세요

some day or other 언젠가는: *Some day or other* you will repent it. 너는 언젠가는 그것을 후회할 것이다

some other time〔**day**〕 언젠가 다시: Let's do that *some other time*. 언젠가 다시 그것을 합시다

some time (1) (미래의) 언젠가, 머지않아: I'll call on you *some time* next week. 다음 주 언젠가 당신을 방문하겠습니다

(2) 얼마 동안, 잠시: I waited *some time*. 나는 잠시 기다렸다

── 대 **1 다소**, 얼마간: *Some* of the milk was spilled. 우유가 조금 엎질러졌다/ May I give you *some*? 조금 드릴까요?

> 회화
> A: Are there any eggs?
> 아직 달걀이 남아 있습니까?
> B: Yes, there are *some*.
> 예, 조금 남아 있습니다

2 〔복수 취급〕 **어떤 사람들**, 어떤 것: *Some* think he is dead. 어떤 사람들은 그가 죽었다고 생각했다/ *Some* are red and others are blue. 빨간 것도 있고 파란 것도 있다

***some·bod·y** [sʌ́mbʌdi 썸바디 → 썸바리] 대 **누군가**, 어떤 사람: There's *somebody* at the door. 문간에 누군가가 있다/ *Somebody* will find it. 누군가가 그것을 발견할 것이다

> 쓰임새 somebody는 someone보다 구어적인 표현으로, 보통 긍정문에 쓰이며 단수 취급한다. 부정문·의문문·조건문에는 anybody를 쓴다.

somebody else 누군가 다른 사람: *Somebody else* ought to go there. 누군가 다른 사람이 거기에 가야 한다

some·day [sʌ́mdèi 썸데이] 분 (미래의) 언젠가, 훗날에: *Someday* you'll understand. 너는 언젠가는 이해할 게다

***some·how** [sʌ́mhàu 썸하우] 분 **1 어떻게 해서든지 해서**, 아무튼: I must finish this work *somehow*. 나는 어떻게 해서든지 이 일을 끝내야 한다

2 어쩐지, 웬일인지: *Somehow* I don't trust him. 어쩐지 그를 믿을 수 없다

*__some·one__ [sʌ́mwʌ̀n 썸원] 때 **누군가, 어떤 사람** (❚ somebody보다 약간 딱딱한 표현): *Someone* must help him. 누군가 그를 도와주어야 한다

*__some·thing__ [sʌ́mθiŋ 썸θ잉] 때 〔단수 취급〕**무엇인가, 어떤 것〔일〕**: There is *something* on the desk. 책상 위에 무엇인가 있다 / Here is *something* for you. 이것을 당신에게 드리겠습니다 / Today I saw *something* interesting in the zoo. 오늘 나는 동물원에서 재미있는 것을 보았다 / Give me *something* to eat. 뭔가 먹을 것 좀 주세요

> 쓰임새 (1) something은 보통 긍정문에 쓰이며, 의문문·부정문·조건문에서는 anything을 쓴다: Did you see *anything*? 뭔가를 보셨습니까?
> (2) something을 수식하는 형용사는 anything, nothing, everything의 경우와 마찬가지로 뒤에 온다.

something of ... 얼마간 …: He is *something of* a musician. 그는 조금은 알려진 음악가다

── 뷔 얼마간, 다소: I am *something* better. (몸 상태가) 나는 다소 좋아졌다
something like 어느 정도 …같은: He is *something like* his father. 그는 아버지를 약간 닮았다

── 명 《구어》 중요한 것〔사람〕: He thinks he is *something*. 그는 자기를 대단한 사람이라고 생각한다

__some·time__ [sʌ́mtàim 썸타임] 뷔 (미래·과거의) **언젠가** (❚ sometimes(때때로)와 혼동하지 말 것): I'll call on you *sometime*. 언젠가 방문하겠습니다 / I saw him *sometime* last year. 나는 작년 언젠가 그를 봤다

*__some·times__ [sʌ́mtàimz 썸타임z으] 뷔 **때때로**, 가끔(at times): He is *sometimes* absent from school. 그는 가끔 학교에 결석한다 / I have *sometimes* seen the dog. 나는 때때로 그 개를 보았다 / He comes here *sometimes*. 그는 때때로 여기에 온다

> 쓰임새 always, often, usually 등과 같이 sometimes는 조동사 및 be 동사의 다음에, 일반 동사의 앞에 놓인다. 다만 문장 안에서의 위치는 비교적 자유로워 맨 앞 또는 끝에 오는 수도 있다.

*__some·what__ [sʌ́mʰwàt 썸왓〔핫〕] 뷔 **약간**, 다소: He was *somewhat* surprised. 그는 다소 놀랐다

*__some·where__ [sʌ́mʰwɛ̀ər 썸웨〔훼〕어r] 뷔 **어딘가에**: He lives *somewhere* near the city hall. 그는 시청 부근의 어딘가에 살고 있다

*__son__ [sʌ́n 썬] 〔❚ sun(태양)과 발음이 같음〕 명 (복수 **sons** [-z]) **아들** (반 daughter 딸): the eldest *son* 장남 / I have two *sons* and a daughter. 나는 아들 둘과 딸 하나가 있다

__so·na·ta__ [sənɑ́:tə 써나-터 → 써나-러] 명 【음악】 소나타

*__song__ [sɔ́:ŋ 쏘-옹] 명 (복수 **songs** [-z]) **1 노래**: popular *songs* 유행가 / sing a *song* 노래를 부르다
2 (곤충·새 등의) 우는 소리

__son-in-law__ [sʌ́n-in-lɔ̀: 써너린러-] 명 (복수 **sons-in-law** [sʌ́nz-]) 사위; 양자(養子)

__son·net__ [sɑ́nit 싸닛] 명 소네트, 14행시

*__soon__ [sú:n 쑤-은] 뷔 (비교급 **sooner**; 최상급 **soonest**) **1 곧**, 금방, 머지 않아: I'll be back *soon*. 곧 돌아올게요

2 일찍, 이르게: He arrived *sooner* than I expected. 그는 생각보다 일찍 도착했다/ The *sooner*, the better. 빠르면 빠를수록 좋다

as soon as …하자마자: Let me know *as soon as* he arrives. 그가 도착하거든 곧 알려 주세요/ *As soon as* he saw her, he fell in love. 그녀를 보자마자 그는 사랑에 빠졌다

as soon as possible = ***as soon as one can*** 가능한 빨리: I'll be there *as soon as I can*. 가능한 빨리 갈게

had[would] sooner A than B B하느니 보다는 차라리 A하고 싶다: I *had sooner* sleep *than* eat. 식사하느니 차라리 자고 싶다

no sooner ... than …하자마자 (📝 no sooner가 글머리에 올 경우 주어와 동사의 어순이 바뀌는 것에 주의): He had *no sooner*[*No sooner* had he] arrived *than* he fell ill. 그는 도착하자마자 병이 났다

sooner or later 조만간 ⇒ later 숙어

soot [sút 쑷] 몡 그을음

soothe [súːð 쑤-ð으] 동 (현재분사 **soothing**) 탄 **1** (사람·감정을) 달래다, 진정시키다 **2** (고통 등을) 덜어주다

soph·o·more [sáfəmɔ̀ːr 싸-F어모-*r*] 몡 《미》(4년제 대학이나 고교의) 2학년생

so·pra·no [səprǽnou 써프래노우] 몡 (복수 **sopranos** [-z]) **1** 【음악】 소프라노 (여성·어린아이의 최고음) **2** 소프라노 가수

***sore** [sɔ́ːr 쏘-*r*] 톙 (비교급 **sorer** [sɔ́ːrər]; 최상급 **sorest** [sɔ́ːrist]) **1** (상처 등이) 아픈, 쑤시는: I have a *sore* throat. 목이 아프다

2 마음이 아픈, 슬픈(sad)

****sor·row** [sárou 싸로우] 몡 (복수 **sorrows** [-z]) **1** 슬픔, 비애(반 joy 기쁨): He felt great *sorrow* at her death. 그는 그녀의 죽음을 몹시 슬퍼했다

2 슬픈 일, 불행

sor·row·ful [sároufəl 싸로우F어얼] 톙 슬픈(sad)

*****sor·ry** [sári 싸뤼] 톙 (비교급 **sorrier**; 최상급 **sorriest**) **1** 미안한, 미안하게 생각하는: I am *sorry to* trouble you. 폐를 끼쳐서 미안합니다

회화
A: I'm *sorry*.
미안합니다
B: That's all right.
괜찮습니다

2 유감인, 유감스럽게도 (📝 정중하게 거절할 때나 변명할 때 하는 말)

회화
A: Let's go and see a movie.
영화 보러 갑시다
B: *Sorry*, but I can't go.
유감스럽지만 못 가요

3 가엾어, 불쌍하여: I am *sorry* to hear

that. 그 말을 들으니 안됐군요/ We felt *sorry* for the old woman. 우리는 그 할머니를 불쌍히 여겼다
4 뭐라고요? **(**누군가 말한 것을 못 알아들어서 다시 말할 것을 청할 때**)**

☆**sort** [sɔ́ːrt 쏘-rㅌ] 명 (복수 **sorts** [-ts]) 종류(kind), 부류: this *sort* of books 이런 종류의 책/ He is good at all *sorts* of sports. 그는 온갖 종류의 스포츠에 능하다

a sort of 일종의, …같은 것: Apple is *a sort of* fruit. 사과는 과일의 일종이다

of a sort = ***of sorts*** 신통치 않은, 엉터리의: He is a scholar *of a sort*. 그는 사이비 학자다

──동 (3단현 **sorts** [-ts]; 과거·과거분사 **sorted** [-id]; 현재분사 **sorting**) 타 …을 분류하다 **(**out**)**: *sort* mail 우편물을 분류하다/ *sort out* the best apples 제일 좋은 사과를 골라내다

SOS [ésòués 에쓰오우에쓰] 명 조난 신호; 긴급 구조 요청

> 참고> SOS
>
> SOS는 Save Our Souls〔Ship〕의 약어가 아니라 문자로는 뜻이 없는 위급할 때에 가장 타전하기 쉬운 모스 부호의 순서(··· ─── ···)다.

sought [sɔ́ːt 쏘-ㅌ] 〔 gh는 묵음〕 동 seek(찾다)의 과거·과거분사형

☆**soul** [sóul 쏘우을] 명 (복수 **souls** [-z]) **1** (육체에 대하여) 넋, 영혼: *soul* and body 영혼와 육체

2 정신, 마음, 기백: He put his whole *soul* into his work. 그는 일에 온 정신을 쏟았다

3 인간, 사람: Not a *soul* was to be seen. 사람이라곤 그림자도 보이지 않았다

4 (사물의) 핵심, 정수; 중심 인물

☆**sound**¹ [sáund 싸운드] 명 (복수 **sounds** [-dz]) 소리, 음, 음향: the *sound* of laughter 웃는 소리/ I heard a strange *sound* in the next room. 옆방에서 이상한 소리가 들렸다

──동 (3단현 **sounds** [-dz]; 과거·과거분사 **sounded** [-id]; 현재분사 **sounding**) 자 **1** 소리가 나다, 울리다: The music *sounds* too loud. 음악 소리가 너무 크다/ The bell *sounds*. 종이 울린다

2 …하게 들리다, 생각되다: His story *sounds* strange. 그의 이야기는 이상하게 들린다

──타 (나팔 등을) 불다, 소리내다: *Sound* the fire alarm! 화재 경보를 울려라!

☆**sound**² [sáund 싸운드] 형 (비교급 **sounder**; 최상급 **soundest**) **1** (신체·정신이) 건강한, 건전한: A *sound* mind in a *sound* body. 《격언》 건강한 신체에 건전한 정신

2 (건물 등이) 견고한, 안전한; (재정 상태 등이) 견실한

3 (행위·판단 등이) 올바른: a *sound* judgement 올바른 판단

4 (수면이) 충분한: He slept a *sound* sleep. 그는 숙면했다

──부 깊이, 푹: The baby is *sound* asleep. 아기는 깊이 잠들어 있다

sound·ly [sáundli 싸운들리] 부 **1** 건강하게 **2** 충분히

sound·proof [sáundprúːf 싸운드프루-fㅇ] 형 방음의

sound track [sáund trǽk] 명 **1** (영화·필름 가장자리의) 녹음대(帶) **2** 영화 음악

sound wave [sáund wèiv] 명 음파(音波)

*soup [súːp 쑤-프] 명 **수프**: tomato *soup* 토마토 수프/ eat *soup with* a spoon 스푼으로 수프를 먹다/ drink *soup* (컵으로) 수프를 마시다

eat soup   drink soup

*sour [sáuər 싸우어r] 형 (비교급 **sourer** [sáuərər]; 최상급 **sourest** [sáuərist]) **신**, 신맛이 나는: a *sour* apple 신 사과

*source [sɔ́ːrs 쏘-r쓰] 명 (복수 **sources** [-iz]) **1 원천**, 수원지: the *source* of a river 강의 수원지
2 근원, 근본; (정보 등의) 출처: a news *source* 뉴스의 출처

*south [sáuθ 싸우쓰] 명 **1** [보통 **the**를 붙여] **남**, **남쪽**(반 north 북), 남부 (📖 약어는 S.): The church is in *the south* of Seoul. 그 교회는 서울의 남쪽에 있다

> 쓰임새 어느 구역 내의 남쪽에 있으면 in, 남쪽 방향으로 떨어져 있으면 to, 붙어 있으면 on을 쓴다. east(동), west(서), north(북)도 마찬가지이다.

2 [the South로] (미국의) 남부 지방: She comes from *the South*. 그녀는 남부 출신이다

—형 **남쪽의**, 남향의; (바람이) 남쪽에서 부는: a *south* gate 남문/ a *south* wind 남풍

—부 남쪽에〔으로〕: In winter birds go *south*. 겨울이 되면 새는 남쪽으로 날아간다

South Africa [sáuθ ǽfrikə] 명 남아프리카 《아프리카 대륙 남단의 공화국; 수도는 프레토리아(Pretoria 입법), 케이프타운(Cape Town 행정)》

South America [sáuθ əmérikə] 명 남아메리카, 남미 《대륙》

South Car·o·li·na [sáuθ kærəláinə 싸우θ 캐럴라이나] 명 사우스캐롤라이나 《미국 남동부의 주(州); 약어는 S.C., SC》 【영국 국왕 찰스(Charles) 1세의 라틴어 이름 Carolus에서】

South Da·ko·ta [sáuθ dəkóutə 싸우θ 더코우타 → 싸우θ 더코우라] 명 사우스다코타 《미국 중북부의 주(州); 약어는 S. Dak., S.D.》

south·east [sàuθíːst 싸우θ이-스트] 명 [the를 붙여] 남동, 남동부 (📖 약어는 SE, S.E.)

—형 남동(부)의; 남동에서: a *southeast* wind 남동풍

—부 남동부에〔로〕

south·east·ern [sàuθíːstərn 싸우θ이-스터r언] 형 남동의, 남동에서

south·ern [sʌ́ðərn 써더어r언] 형 남의, 남쪽의, 남부의(반 northern 북의)

South Pole [sáuθ póul] 명 [the를 붙여] (지구의) 남극(반 the North Pole 북극)

south·ward [sáuθwərd 싸우θ으워r드] 부 형 남쪽으로(의)

south·wards [sáuθwərdz 싸우θ으워r즈] 부 = southward

south·west [sàuθwést 싸우θ웨스트] 명 [the를 붙여] 남서, 남서 지방, 남서부 (📖 약어는 SW, S.W.)

—형 남서(부)의, 남서에서: a *southwest* wind 남서풍

—부 남서부로〔에〕

south·west·ern [sàuθwéstərn 싸우θ웨스터r언] 형 남서의, 남서에서

*sou·ve·nir [sùːvəníər 쑤-V어니어r] 명 **기념품**, 선물: a *souvenir* store 기념품〔선물〕가게

sov·er·eign [sávərin 싸V어륀] 《📖 g는 묵음》 명 주권자, 통치자; 군주

—형 **1** 주권〔통치권〕을 가진; 군주의
2 자주적인, 독립의

sow [sóu 쏘우] (🖉 sew(바느질하다)와 발음이 같음) 통 (3단현 **sows** [-z]; 과거 **sowed** [-d]; 과거분사 **sowed, sown** [sóun]; 현재분사 **sowing**) 타 (씨를) 뿌리다: We *sowed* the field *with* barley. 우리는 밭에 보리씨를 뿌렸다

sown [sóun 쏘운] 통 sow(씨를 뿌리다)의 과거분사형의 하나

soy [sɔ́i 쏘이] 명 간장

soy·bean [sɔ́ibìːn 쏘이비-인] 명【식물】콩, 대두

spa [spáː 스파-] 명 광천, 온천(장)

※space [spéis 스페이쓰] 명 (복수 **spaces** [-iz]) **1** 공간: time and s*pace* 시간과 공간

2 우주: a *space* travel 우주 여행 / a *space* suit 우주복

3 (어떤 목적을 위한) 장소, 공간, 자리; 여지: look for a parking *space* 주차할 장소를 찾다 / The table takes up too much *space*. 그 테이블은 공간을 너무 많이 차지한다

4 간격, 거리: a *space* between houses 집과 집의 간격

space·man [spéismæ̀n 스페이쓰맨] 명 (복수 **spacemen** [-mèn]) 우주 비행사 (astronaut)

space·ship [spéisʃìp 스페이쓰쉽] 명 우주선

space shuttle [spéis ʃʌ̀tl] 명 우주 왕복선

space shuttle

space station [spéis stèiʃən] 명 우주 정거장

spa·cious [spéiʃəs 스페이셔쓰] 형 (방 등이) 넓은

spade [spéid 스페이드] 명 (복수 **spades** [-dz]) **1** (흙을 파는 데 쓰는) 가래, 삽 **2** (트럼프의) 스페이드 (♠)

spade 1

spa·ghet·ti [spəgéti 스퍼게티 → 스퍼게리] 명 스파게티 《국수 모양의 음식으로 이탈리아인의 주식의 하나》

Spain [spéin 스페인] 명 스페인 《유럽 남서부의 왕국; 수도는 마드리드(Madrid)》

span [spǽn 스팬] 명 **1** 한 뼘 《엄지손가락과 새끼손가락을 벌린 거리; 보통 23cm》 **2** (비행기의) 양 날개끝 사이의 길이; (지주물 사이의) 전장(全長)

3 (짧은) 시간, 기간: Life is but a *span*. 사람의 일생은 잠깐 동안이다

—— 통 (3단현 **spans** [-z]; 과거 · 과거분사 **spanned** [-d]; 현재분사 **spanning**) 타 **1** …을 (뼘으로) 치수를 재다: *span* a distance 거리를 재다

2 (다리 등이) …위에 놓이다: A beautiful bridge *spans* the river. 아름다운 다리가 강에 놓여 있다

3 (시간 · 공간 · 범위가) …에 이르다, 미치다

Span·iard [spǽnjərd 스패녀r드] 명 스페인 사람

span·iel [spǽnjəl 스패니얼] 몡 스패니얼 《귀가 처지고 털이 긴 애완용 개》

Span·ish [spǽniʃ 스패니쉬] 혱 스페인(사람·어)의
— 몡 **1** (the를 붙여) 스페인 사람《전체》 **2** (무관사로) 스페인어

spank [spǽŋk 스팽크] 타 (손바닥 등으로 엉덩이 등을) 찰싹 때리다

span·ner [spǽnər 스패너r] 몡 《영》 스패너 (@《미》 wrench)

spank

***spare** [spέər 스페어r] 동 (3단현 **spares** [-z]; 과거·과거분사 **spared** [-d]; 현재분사 **sparing** [spέəriŋ]) 타 **1** (돈·노력 등을) 아끼다, 절약하다: He *spared* no effort. 그는 노력을 아끼지 않았다/ *Spare* the rod and spoil the child. 《속담》 매를 아끼면 자식을 망친다

2 (시간·돈 등을) 내주다, 할애하다: Can you *spare* me a few minutes? 잠시 시간 좀 내주시겠습니까?

3 …없이 지내다: I can't *spare* him[the car] today. 오늘은 그[차]가 꼭 필요하다

4 …을 용서하다, 목숨을 살려주다: He *spared* her life. 그는 그녀의 목숨을 살려 주었다

— 혱 예비의, 여분의: a *spare* tire 예비 타이어/ We have no *spare* time. 우리는 여가가 없다

spark [spáːrk 스파-r크] 몡 (복수 **sparks** [-s]) **1** 불꽃, 불티 **2**【전기】전기 불꽃, 스파크 **3** (재능 등의) 번득임
— 자 **1** 불꽃[불똥]이 튀다 **2**【전기】스파크하다

spar·kle [spáːrkl 스파-r크얼] 몡 **1** 불꽃 **2** (보석 등의) 광채, 광택
— 동 (현재분사 **sparkling**) 자 **1** 불꽃을 튀기다 **2** (보석·재주 등이) 번쩍이다

spar·row [spǽrou 스파로우] 몡【조류】참새

sparse [spáːrs 스파-r쓰] 혱 (인구 등이) 희박한, 드문드문한 (반) dense 밀집한): a *sparse* population 희박한 인구

sparrow

Spar·ta [spáːrtə 스파-r타] 몡 스파르타 《옛 그리스의 도시 국가; 엄격한 교육·군사 훈련으로 유명》

spat [spǽt 스팻] 동 spit(침을 뱉다)의 과거·과거 분사형

spawn [spɔ́ːn 스파-안] 몡 (물고기·개구리·조개 등의) 알

***speak** [spíːk 스피-크] 동 (3단현 **speaks** [-s]; 과거 **spoke** [spóuk]; 과거분사 **spoken** [spóukən]; 현재분사 **speaking**) 자 **1** 말하다, 이야기하다: *Speak* in English. 영어로 말하시오/ Will you *speak* more slowly? 좀 더 천천히 말씀해 주시겠습니까?

2 연설하다, 강연하다: I have to *speak* at the meeting. 나는 회의에서 연설을 해야 한다

— 타 …을 말하다, 이야기하다: *Speak* the truth. 사실대로 말해라/ Do you *speak* English? 영어를 하십니까? (@ Can you …? 는 실례가 될 수 있으므로 주의)

***generally**[**strictly**] **speaking** [보통 글머리에서] 일반적으로[엄밀히] 말하면: *Strictly speaking*, he is not a poet. 엄밀히 말해서 그는 시인은 아니다

***not to speak of** …은 말할 것도 없이: He knows Spanish, *not to speak of* English. 그는 영어는 말할 것도 없고, 스페인어도 알고 있다

***speak about** …에 관해서 말하다: What were you *speaking about*? 무엇에 관해서 이야기를 하고 있습니까?

***speak of** …에 관하여 말하다: This is

the boy we *spoke of* yesterday. 이 아이가 어제 우리가 이야기했던 그 소년이다
speak out〔up〕 (1) 큰소리로 말하다: *Speak out*! I can't hear you. 큰소리로 말해 주세요. 들리지 않아요
(2) 거리낌없이 말하다
speak to …에게 말을 걸다: A stranger *spoke to* me on the street. 거리에서 낯선 사람이 내게 말을 걸었다

〔회화〕
A: Hello, may I *speak to* Fred?
여보세요. 프래드씨 좀 바꿔주세요?
B: Who's calling, please?
누구신가요?

speak well〔ill〕 of …을 좋게〔나쁘게〕 말하다: They *speak well of* him. 그들은 그를 좋게 말한다
speak with …와 이야기하다
speak·er [spíːkər 스피-커r] 몡 (복수 **speakers** [-z]) **1** 이야기하는 사람; 연설자: She is a good *speaker*. 그녀는 말솜씨가 좋다
2 〔보통 **the Speaker**로〕 (의회의) 의장
3 스피커, 확성기 (🔎 loudspeaker라고도 한다)
speak·ing [spíːkiŋ 스피-킹] 혱 **1** 말하는, 이야기하는 **2** 생기 있는
──몡 말하기; 담화, 연설
spear [spíər 스피어r] 몡 **1** 창, 투창 **2** (물고기를 찌르는) 작살
spear·mint [spíərmìnt 스피어r민트] 몡 【식물】 양박하
‡**spe·cial** [spéʃəl 스페셔얼] 혱 (비교급 **more special**; 최상급 **most special**)
1 **특별한**, 특수한(반 general 일반적인):

a *special* case 특별한 경우/ Is there anything *special* in the papers? 신문에 뭔가 특별한 기사가 있습니까?
2 전문의, 전공의: What is your *special* field of study? 당신의 전공은 무엇입니까?
3 특별용의, 임시의: a *special* train 특별〔임시〕 열차
spe·cial·ist [spéʃəlist 스페셜리스트] 몡 전문가; 전문의(醫)
spe·cial·ize [spéʃəlàiz 스페셜라이즈] 동 (3단현 **specializes** [-iz]; 과거 · 과거분사 **specialized** [-d]; 현재분사 **specializing**) 재 전공하다: He *specialized in* physics *at* college. 그는 대학에서 물리학을 전공했다
spe·cial·ly [spéʃəli 스페셜리] 부 특별히, 일부러
spe·cial·ty [spéʃəlti 스페셜티] 몡 (복수 **specialties** [-z]) **1** 전공, 전문: His *specialty* is history. 그의 전공은 역사다
2 특징, 특색
3 특산품, 특제품
spe·cies [spíːʃiːz 스피-쉬-즈] 몡 (단수 · 복수 동형) (생물학상의) 종(種), 종류: the human *species* 인류/ birds of many *species* 많은 종류의 새
***spe·cif·ic** [spisífik 스피씨F익] 혱 (비교급 **more specific**; 최상급 **most specific**) **1** 분명한, 명확한: a *specific* purpose 분명한 목적
2 특정의, 특별한(반 general 일반적인): He didn't recommend any *specific* dictionary. 그는 특정의 사전을 추천하지 않았다
spec·i·men [spésəmən 스페써먼] 몡 **1** 견본(sample), 예, 실례 **2** (동식물의) 표본
speck [spék 스펙] 몡 (복수 **specks** [-s]) 작은 반점, 얼룩
spec·ta·cle [spéktəkl 스펙터크얼] 몡 (복수 **spectacles** [-z]) **1** (놀랄만한) 광경, 장관, 구경거리 **2** 〔복수형으로〕 안경 (🔎 보통 glasses라 한다)

spec·tac·u·lar [spektǽkjulər 스펙태큘러r] 형 장관인, 볼만한

spec·ta·tor [spékteitər 스펙테이터r → 스펙테이러r] 명 (복수 **spectators** [-z]) 관객, 관중, 구경꾼: The gymnasium was full of *spectators*. 체육관은 관중들로 만원이었다

> 비교 **spectator**와 **audience**
> **spectator**는 주로 스포츠 경기 등의 「관중」을 나타내며, **audience**는 연극·영화·콘서트 등의 「관객, 청중」을 나타낸다.

spec·ter, 《영》 **spec·tre** [spéktər 스펙터r] 명 유령, 망령(ghost), 귀신

spec·trum [spéktrəm 스펙트럼] 명 (복수 **spectra** [spéktrə], **spectrums** [-z]) 스펙트럼, 분광 《광선이 프리즘에 의하여 분산되었을 때 나타남》

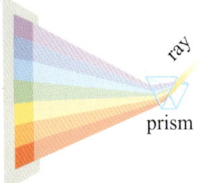

spectrum

spec·u·late [spékjuléit 스페큘레잇] 동 (현재분사 **speculating**) 자 1 사색하다, 깊이 생각하다(meditate) 2 투기하다

spec·u·la·tion [spèkjuléiʃən 스페큘레이션] 명 1 사색, 심사숙고 2 투기

sped [spéd 스페드] 동 speed(급히 가다)의 과거·과거분사형의 하나

*__speech__ [spíːtʃ 스피-취] 명 (복수 **speeches** [-iz]) 1 연설, 스피치: a farewell *speech* 고별사/ He made[gave] a long *speech*. 그는 긴 연설을 했다

2 **말하기**, 발언; 말투, 말씨: freedom of *speech* 언론의 자유/ *Speech* is silver, silence is golden[gold]. 《속담》 웅변은 은이요, 침묵은 금이다

3 말하는 능력, 언어 능력

4 【문법】 화법(narration): direct[indirect] *speech* 직접[간접] 화법

speech·less [spíːtʃlis 스피-취리쓰] 형 1 말 못하는 2 (충격 등으로) 말문이 막힌

*__speed__ [spíːd 스피-드] 명 (복수 **speeds** [-dz]) 속력, 속도: I drove at a *speed* of 80 kilometers an hours. 나는 시속 80km로 차를 몰았다/ He was driving at full *speed*. 그는 전속력으로 운전하고 있었다

— 동 (3단현 **speeds** [-dz]; 과거·과거분사 **sped** [spéd], **speeded** [-id]; 현재분사 **speeding**) 자 1 **급히 가다**, 질주하다: The car *sped* along the street. 그 차는 거리를 질주했다

2 (자동차가) 속도를 위반하다

— 타 1 (일 등을) 서두르게 하다 2 (기계 등의) 속력을 높이다

speed up …의 속력을 더하다: He *speeded up* the engine. 그는 엔진의 회전을 빠르게 했다

speed·i·ly [spíːdəli 스피-덜리] 부 빨리, 신속히

speed limit [spíːd lìmit] 명 (자동차의) 제한 속도

speed·y [spíːdi 스피-디 → 스피-리] 형 (비교급 **speedier**; 최상급 **speediest**) 빠른, 신속한: a *speedy* answer 즉답

*__spell__[1] [spél 스페일] 동 (3단현 **spells** [-z]; 과거·과거분사 **spelled** [-d], **spelt** [spélt]; 현재분사 **spelling**) 타 (단어를) **철자하다**: How do you *spell* your name? 네 이름은 어떻게 쓰니?

spell[2] [spél 스페일] 명 1 주문(呪文), 마법: The *spell* was broken. 마법이 풀렸다

2 매력

spell[3] [spél 스페일] 명 1 (일 등의) 차례, 교대; 한 바탕의 일

2 한 동안의 계속(되는 기간);《구어》 잠깐, 잠시: a *spell* of fine weather 한동안의 좋은 날씨

3 《미》 (병의) 발작

spell·ing [spéliŋ 스펠링] 명 (단어의) 철자(법), 스펠링

spelling bee [spéliŋ bìː] 명 《미》 철자 맞히기 시합

*__spend__ [spénd 스펜드] 동 (3단현 **spends** [-dz]; 과거·과거분사 **spent** [spént]; 현재분사 **spending**) 타 **1** (돈·노력 등을) **쓰다**: *spend* a lot of money *on* books 책을 사는 데 많은 돈을 쓰다/ I *spent* ten dollars *at* the store. 그 가게에서 10달러를 썼다

2 (시간을) **보내다**, 소비하다: How did you *spend* your vacation? 휴가는 어떻게 지냈습니까?

spent [spént 스펜트] 동 spend(쓰다)의 과거·과거분사형

sphere [sfíər 스F이어r] 명 (복수 **spheres** [-z]) **1** 구(球); 구형 **2** 【천문】 천체 **3** (활동의) 범위, 분야

spher·i·cal [sférikəl 스F에뤼커얼] 형 **1** 둥근, 구형의 **2** 천체의

Sphinx [sfíŋks 스F잉크쓰] 명 〔**the**를 붙여〕 **1** 【그리스신화】 스핑크스

> 참고 스핑크스의 수수께끼
> 스핑크스는 머리는 여자, 몸통은 사자, 독수리 날개가 달린 괴물로 지나가는 사람에게 「아침에는 네 다리로, 낮에는 두 다리로, 밤에는 세 다리로 걷는 짐승이 무엇이냐?」라는 수수께끼를 내어 맞히지 못하면 죽였다고 한다. 그러나 오이디푸스가 「그것은 인간이다. 인간은 어릴 때에는 기어다니고, 커서는 두 발로 서고, 늙으면 지팡이를 짚고 다니기 때문이다.」라고 대답하자, 스핑크스는 바위 밑으로 몸을 던져 죽었다고 한다.

2 (이집트의) 스핑크스상(像)

the Sphinx 2

spice [spáis 스파이쓰] 명 (복수 **spices** [-iz]) 양념; 향신료, 양념류(類)

spi·cy [spáisi 스파이씨] 형 (비교급 **spicier**; 최상급 **spiciest**) **1** 양념을 넣은 **2** 향긋한

*__spi·der__ [spáidər 스파이더r → 스파이러r] 명 【곤충】 거미

spike [spáik 스파익] 명 **1** 대못 **2** (운동화 밑바닥의) 스파이크; 스파이크신

spider

*__spill__ [spíl 스피얼] 동 (3단현 **spills** [-z]; 과거·과거분사 **spilled** [-d], **spilt** [spílt]; 현재분사 **spilling**) 타 (액체·가루 등을) **엎지르다**: She *spilled* coffee *on* her dress. 그녀는 옷에 커피를 엎질렀다/ It's no use crying over *spilled* milk. 《속담》 엎지른 물은 다시 주워 담지 못한다

spilt [spílt 스피얼트] 동 spill(엎지르다)의 과거·과거분사형의 하나

*__spin__ [spín 스핀] 동 (3단현 **spins** [-z]; 과거·과거분사 **spun** [spʌ́n]; 현재분사

spinning) 타 1 (실을) **잣다**: *spin* cotton *into* thread 솜을 자아 실을 만들다
2 (거미·누에 등이 실을) 내다, 자아내다: A spider *spins* a web. 거미가 거미줄을 친다
3 (팽이 등을) 돌리다: *spin* a top 팽이를 돌리다
── 자 **1** (실을) 잣다 **2** (팽이 등이) 빙빙 돌다 **3** (머리가) 핑 돌다, 현기증이 나다
4 질주하다, 내달리다
── 명 **1 회전**: the *spin* of the earth 지구의 자전
2 (차 등의) 질주
3 (비행기의) 나선 강하

spin·ach [spínitʃ 스피니취] 명 【식물】 시금치

spine [spáin 스파인] 명 등뼈, 척추

spin·ning [spíniŋ 스피닝] 명 방적(업)
── 형 방적의: a *spinning* mill 방적기

spin·ster [spínstər 스핀스터r] 명 (나이든) 미혼 여자(반 bachelor 미혼 남자)

spi·ral [spáirəl 스파이뤄얼] 명 나선
── 형 나선형의, 소용돌이 꼴의

spire [spáiər 스파이어r] 명 (뽀족탑 (steeple) 상부의) 뽀족한 꼭대기; 〔넓은 뜻으로〕첨탑

spirals

spir·it [spírit 스피릿] 명 (복수 **spirits [-ts]) **1 정신**, 마음: body and *spirit* 육체와 정신 / frontier *spirit* 개척자 정신
2 영혼, 정령, 혼령: evil *spirits* 악령
3 원기, 용기; 〔복수형으로〕기분, 마음; 기질: Keep up your *spirit*. 용기를 내라
4 (법 등의) 정신: the *spirit* of the law 법의 정신
5 〔복수형으로〕독한 술

spir·i·tu·al [spíritʃuəl 스피뤼츄어얼] 형 **1** 정신적인, 영적인(반 physical 육체적인) **2** 종교적인, 신성한
── 명 (흑인) 영가(靈歌)

spit [spít 스핏] 동 (3단현 **spits** [-ts]; 과거·과거분사 **spat** [spǽt]; 현재분사 **spitting**) 타 **1** (침을) 뱉다 **2** (욕설 등을) 내뱉다
── 명 침(뱉기)

spit 1

*spite [spáit 스파잇] 명 **악의**, 원한, 심술: from〔out of〕*spite* 악의에서

in spite of …**에도 불구하고**(regardless of): *In spite of* the rain, he went out. 비가 오는데도 불구하고 그는 외출했다

spite·ful [spáitfəl 스파잇F어얼] 형 악의에 찬

*splash [splǽʃ 스플래쉬] 동 (3단현 **splashes** [-iz]; 과거·과거분사 **splashed** [-t]; 현재분사 **splashing**) 타 (물·흙탕물 등을) **튀기다**: The car *splashed* me *with* mud. 자동차가 나에게 흙탕물을 튀겼다

── 자 **1** (물 등이) 튀다: The rain *splashed* on the window. 비가 창에 튀었다

── 명 (물 등을) **튀기기**, 튀김: He jumped into the water with a *splash*. 그는 풍덩하고 물속으로 뛰어들었다

splen·did [spléndid 스플렌디드] 형 (비교급 **more splendid**; 최상급 **most splendid**) 멋진, 훌륭한, 근사한: We had a *splendid* time. 우리는 멋진 시간을 보냈다

splen·did·ly [spléndidli 스플렌디들리] 부 멋지게, 훌륭하게

splen·dor, 《영》 **splen·dour** [spléndər 스플렌더r] 명 1 빛남, 광채 2 화려함, 훌륭함

***split** [splít 스플릿] 동 (3단현 **splits** [-ts]; 과거·과거분사 **split**; 현재분사 **splitting**) 타 1 …을 찢다, 쪼개다: She *split* the cloth *into* two pieces. 그녀는 천을 두 조각으로 찢었다

2 나누다, 분배하다(divide): I *split* the profits *with* him. 나는 그와 이익을 나누었다

3 (정당 등을) 분열[분리]시키다
— 자 찢어지다, 쪼개지다
— 명 (복수 **splits** [-ts]) 1 찢어짐, 쪼개짐; 분열 2 쪼개진 파편, 조각

***spoil** [spɔ́il 스포일] 동 (3단현 **spoils** [-z]; 과거·과거분사 **spoiled** [spɔ́ild], **spoilt** [spɔ́ilt]; 현재분사 **spoiling**) 타 1 …을 망치다, 못쓰게 만들다: The heavy rain *spoiled* the crops. 큰비가 농작물을 망쳐 버렸다

2 (아이들을) 버릇없이 만들다: Spare the rod and *spoil* the child. 《속담》 매를 아끼면 자식을 망친다
— 자 상하다: Milk *spoils* quickly in summer. 여름에는 우유가 금방 상한다

spoilt [spɔ́ilt 스포일트] 동 spoil(망치다)의 과거·과거분사형의 하나

spoke[1] [spóuk 스포욱] 명 (차바퀴의) 살
spoke[2] [spóuk 스포욱] 동 speak(말하다)의 과거형

spo·ken [spóukən 스포우컨] 동 speak (말하다)의 과거분사형
— 형 구두의(oral), 입으로 말하는(반 written 쓰는): *spoken* English 구어 영어

spokes·man [spóuksmən 스포욱쓰먼] 명 (복수 **spokesmen** [-mən]) 대변인, 대표자

***sponge** [spʌ́ndʒ 스펀쥐] 명 (복수 **sponges** [-iz]) 스펀지, 해면

***spon·sor** [spánsər 스판써r] 명 (복수 **sponsors** [-z]) 1 보증인 2 후원자(supporter); 주창자(promotor) 3 (상업 방송의) 광고주, 스폰서
— 타 1 (남의) 보증인이 되다 2 후원하다, 지지하다 3 (상업 방송의) 광고주가 되다

spon·ta·ne·ous [spɔntéiniəs 스폰테이니어쓰] 형 1 (현상 등이) 자연 발생적인 2 자발적인, 임의의

spool [spúːl 스푸–을] 명 1 《미》 실패 (《영》 reel) 2 (낚싯대의) 릴 3 (필름을 감는) 릴, 스풀

***spoon** [spúːn 스푸–은] 명 (복수 **spoons** [-z]) 숟가락, 스푼

spoon·ful [spúːnfùl 스푸–은F우을] 명 숟가락 하나 가득, 한 숟가락 : a *spoonful* of sugar 설탕 한 숟가락

spoons

***sport** [spɔ́ːrt 스포–r트] 명 (복수 **sports** [-ts]) 1 스포츠, 운동, 경기: winter *sports* 겨울 스포츠 / What *sport* do you like best? 당신은 어떤 스포츠를 가장 좋아하십니까?

> 알면 Plus 스포츠의 종류
> badminton 배드민턴 baseball 야구
> basketball 농구   bowling 볼링
> boxing 복싱   golf 골프
> handball 핸드볼   hockey 하키
> marathon 마라톤   rugby 럭비
> skating 스케이팅   soccer 축구
> swimming 수영   tennis 테니스
> volleyball 배구   wrestling 레슬링

2 [복수형으로] 《영》 운동회

3 오락, 재미(fun), 취미
make sport of …을 놀리다
sport·ing [spɔ́ːrtiŋ 스포-*r*팅 → 스포-*r*링] 형 **1** 운동[스포츠](용)의; 스포츠를 좋아하는: *sporting* goods 운동 기구
2 스포츠맨다운, 정정당당한
sports car [spɔ́ːrts kɑ̀ːr] 명 스포츠 카
sports·man [spɔ́ːrtsmən 스포-*r*츠먼] 명 (복수 **sportsmen** [-mən]) **1** 스포츠맨 (특히 수렵·낚시·승마 등의 야외 운동을 좋아하는 사람) **2** 정정당당하게 행동하는 사람
sports·man·ship [spɔ́ːrtsmənʃip 스포-*r*츠먼쉽] 명 스포츠맨십, 정정당당한 태도
˚spot [spát 스팟] 명 (복수 **spots** [-ts]) **1 얼룩**, 점, 반점(斑點): a *spot* of ink 잉크의 얼룩/ the *spots* of a leopard 표범의 반점
2 (도덕적인) 흠, 오점
3 장소, 지점: This is a good fishing *spot*. 이곳은 좋은 낚시터다
on the spot (1) **즉석에서**, 그 자리에서: He paid it *on the spot*. 그는 그 자리에서 그것을 지불했다
(2) **현장에서**: The man was caught *on the spot*. 그 사람은 현장에서 잡혔다
―― 형 **1** 즉석의, 당장의: a *spot* answer 즉답
2 현금 지불의, 현물의: a *spot* sale 현금 판매/ the *spot* market 현물 시장
3 【라디오·TV】 (광고·뉴스 등) 정규 프로그램 사이에 삽입되는
―― 동 (3단현 **spots** [-ts]; 과거·과거분사 **spotted** [-id]; 현재분사 **spotting**) 타 **1** …을 더럽히다: *spot* the wall *with* ink 벽을 잉크로 더럽히다
2 《구어》 …을 발견하다: I *spotted* him in the crowd. 군중 속에서 그를 발견했다
spot·light [spátlàit 스팟라이트] 명 **1** 각광, 스포트라이트 《무대에서 한 지점이나 인물만을 집중적으로 비추는 조명》 **2** (세상의) 주목

spout [spáut 스파웃] 타 자 (물·증기 등을) 내뿜다, 분출하다
―― 명 **1** (주전자 등의) 주둥이 **2** 홈통, 배수구, 관(管) **3** 분출, 분수; 물기둥
sprain [spréin 스프레인] 타 (발목·손목 등을) 삐다
―― 명 삠, 접질림
sprang [spræŋ 스프랭] 동 spring(뛰다)의 과거형의 하나
sprawl [sprɔ́ːl 스프뤄-얼] 자 **1** 팔다리를 펴다[뻗다], (큰 대자로 몸을) 쭉 펴고 눕다 **2** (도시 등이) 불규칙하게 뻗어나다 (out)
˚spray [spréi 스프레이] 명 (복수 **sprays** [-z]) **1 물보라**, 물안개 **2** (향수·소독약의) 분무(噴霧) **3** 분무기, 스프레이

spray 3

―― 동 (3단현 **sprays** [-z]; 과거·과거분사 **sprayed** [-d]; 현재분사 **spraying**) 타 **1** 물보라를 일으키다
2 (향수·소독약 등을) 뿌리다: *spray* paint *on* the wall 벽에 페인트를 뿜어서 칠하다
˚spread [spréd 스프뤠드] 동 (3단현 **spreads** [-dz]; 과거·과거분사 **spread**; 현재분사 **spreading**) 타 **1** …**을 펴다**, 펼치다: *spread* a carpet *on* the floor 마루에 양탄자를 깔다/ The eagle *spread* its wings. 독수리가 날개를 폈다
2 …**을 뿌리다**, 살포하다: *spread* manure *over* the field 밭에 비료를 뿌리다
3 …을 퍼뜨리다; (지식 등을) 보급시키다: Flies *spread* disease. 파리는 병을 전염시킨다
4 (페인트·버터 등을) (얇게) 바르다, 칠하다: She *spread* jam *on* the bread (= She *spread* the bread *with* jam.) 그녀는 빵에 잼을 발랐다
5 (식탁에) 음식을 늘어놓다

──자 **1 펼쳐지다**, 전개되다: The desert *spreads (out)* for miles and miles. 사막은 몇 마일이고 뻗어 있다 **2** (소문·병 등이) 퍼지다: The news *spread* fast. 그 소식은 급속히 퍼졌다

──명 (복수 **spreads** [-dz]) **1 퍼짐**, 보급 **2** (잼·버터 등) 빵에 바르는 것 **3** 식탁[책상]보, 침대 시트

＊spring [spríŋ 스프링] 동 (3단현 **springs** [-z]; 과거 **sprang** [spræŋ], **sprung** [sprʌ́ŋ]; 과거분사 **sprung**; 현재분사 **springing**) 자 **1 뛰다**, 뛰어오르다: The rabbit *sprang* out of the grass. 토끼가 풀에서 뛰어나왔다 **2 되튀다**: The branch *sprang* back. 가지가 되튕겼다 **3** (물 등이) 솟아 나오다: Water suddenly *sprang* up. 물이 갑자기 솟아 나왔다 **4** (갑자기) 발생하다: A wind suddenly *sprang* up. 바람이 갑자기 일었다 **5** (식물이) 나다, 싹이 트다

──타 …을 뛰어오르게 하다

──명 (복수 **springs** [-z]) **1 봄** (🌼 꽃망울 등이 튀어나온 데서): early [late] in *spring* 이른[늦은] 봄에/ in the *spring* of 2008 2008년 봄에 **2 샘**(fountain), 수원지; 원천, 발생: This town is famous for its hot *spring*. 이 도시는 온천으로 유명하다 **3 용수철**, 스프링: the *springs* of a bed 침대 스프링 **4** 뜀, 뛰어오름, 도약(jump)

spring·board [spríŋbɔ̀:rd 스프링보-드] 명 (수영·체조의) 도약판

springboard

spring·time [spríŋtàim 스프링타임] 명 봄(철)

sprin·kle [spríŋkl 스프링클] 동 (3단현 **sprinkles** [-z]; 과거·과거분사 **sprinkled** [-d]; 현재분사 **sprinkling**) 타 …을 뿌리다, 끼얹다: She *sprinkled* water *on* the flowers. (= She *sprinkled* the flowers *with* water.) 그녀는 꽃에 물을 뿌렸다

──자 [it를 주어로 하여] 비가 후두두 오다: It began to *sprinkle*. 비가 후두두 오기 시작했다

sprin·kler [spríŋklər 스프링클러] 명 (복수 **sprinklers** [-z]) **1** 살수차 **2** 살수 장치, 스프링클러

sprinkler 2

sprout [spráut 스프라웃] 명 (식물의) 눈, 싹, 움

──자타 싹트다; …을 싹트게 하다

sprung [sprʌ́ŋ 스프렁] 동 spring(뛰다)의 과거·과거분사형의 하나

spun [spʌ́n 스판] 동 spin(잣다)의 과거·과거분사형

spur [spə́:r 스퍼-r] 명 (복수 **spurs** [-z]) **1** (승마 구두에 대는) 박차 **2** 자극, 격려

put*[*set*] *spurs to (1) …에 박차를 가하다 (2) 격려하다

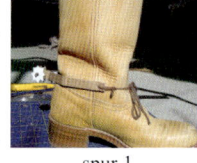

spur 1

──동 (3단현 **spurs** [-z]; 과거·과거분사 **spurred** [-d]; 현재분사 **spurring** [spə́:riŋ]) 타 **1** (말에) 박차를 가하다 **2** …을 격려하다, 자극하다

spurt [spə́:rt 스퍼-트] 자 **1** (물 등이) 분출하다 (out, from) **2** (경주 등에서) 전력을 다하다

──명 **1** (액체의) 분출 **2** (육상 경기에서의) 역주(力走), 스퍼트

spy [spái 스파이] 명 (복수 **spies** [-z]) 스파이, 간첩; 스파이 행위: an industrial *spy* 산업 스파이
── 동 (3단현 **spys** [-z]; 과거·과거분사 **spied** [-d]; 현재분사 **spying**) 타 염탐하다, 몰래 감시[조사]하다: *spy* out a secret 비밀을 염탐하여 캐내다

squad [skwád 스크와드] 명 (군대·경찰 등의) 분대, 반, …대(隊): a relief *squad* 구조대

squall [skwɔ́:l 스크와-ᄋᆯ] 명 돌풍, 스콜 (종종 비·눈 등을 동반하는 단시간의 국부적인 돌풍)

***square** [skwéər 스크웨어r] 명 (복수 **squares** [-z]) 1 정사각형, 네모난 것 (「삼각형」은 triangle, 「원」은 circle): draw a *square* 정사각형을 그리다
2 (도시의 네모난) 광장: Washington *Square* 워싱턴 광장
3 【수학】 제곱, 평방 (약어는 sq.): The *square* of four is 16. 4의 2제곱은 16이다
4 (T, L자 모양의) 자, 직각자
── 형 (비교급 **squarer** [skwéərər]; 최상급 **squarest** [skwéərist]) 1 정사각형의, 네모난: a *square* box 정사각형의 상자
2 직각의: a *square* corner 직각의 모퉁이
3 【수학】 평방의, 제곱의: six *square* miles 6평방 마일
4 《구어》 공정한, 공평한: a *square* deal 공평한 거래
5 분명한, 단호한: She gave me a *square* refusal. 그녀는 나에게 단호하게 거절했다
── 동 (현재분사 **squaring** [skwéəriŋ]) 타 1 …을 네모[직각으로]로 하다 2 …을 똑바로 하다; 평평하게 하다 3 【수학】 (어떤 수를) 2제곱하다

squash [skwáʃ 스크와쉬] 동 (3단현 **squashes** [-iz]) 타 자 …을 눌러 찌그러뜨리다; 찌부러지다
── 명 1 《영》 스쿼시, 과즙 음료 2 【경기】 스쿼시 (실내의 3면 벽에 공을 쳐 보내는 스포츠)

squash 2

squat [skwát 스크왓] 동 (3단현 **squats** [-ts]; 과거·과거분사 **squatted** [-id]; 현재분사 **squatting**) 자 웅크리다, 쪼그리고 앉다

squeak [skwí:k 스크위-ᄏ] 자 1 (쥐 등이) 찍찍 울다 2 (문 등이) 삐꺽 소리 내다
── 명 1 쥐 우는 소리, 찍찍 2 삐걱거리는 소리, 끽끽

***squeeze** [skwí:z 스크위-ᄌ] 동 (3단현 **squeezes** [-iz]; 과거·과거분사 **squeezed** [-d]; 현재분사 **squeezing**) 타 1 …을 짜내다: She *squeezed* juice *from* [*out of*] an orange. 그녀는 오렌지에서 과즙을 짜냈다
2 …을 꽉 쥐다, 꼭 껴안다: He *squeezed* my hand. 그는 내 손을 꽉 잡았다
3 …을 밀어[쑤셔] 넣다
── 명 짜냄

squeeze play [skwí:z plèi] 명 【야구】 스퀴즈 플레이

squir·rel [skwə́:rəl 스크워-뤄얼] 명 (복수 **squirrels** [-z]) 【동물】 다람쥐

squirrels

Sr. 《약어》 senior 손위의

Sri Lan·ka [srìː láːŋkə 스뤼- 라-앙카] 명 스리랑카 《인도의 남쪽에 있는 공화국; 수도는 콜롬보(Colombo); 옛 이름은 실론(Ceylon)》

St. 《약어》 Saint 성: St. Luke 성(聖) 누가

St. 《약어》 Street …가(街)

-st 《접미사》 숫자 1에 붙여 서수를 나타냄: 1st 첫째 / 51st 51번째

stab [stǽb 스태브] 동 (3단현 **stabs** [-z]; 과거·과거분사 **stabbed** [-d]; 현재분사 **stabbing**) 타 (…을 단도 등으로) 찌르다: The robber *stabbed* him in the arm. 강도가 그의 팔을 찔렀다
—— 명 찌름; 찔린 상처

sta·bil·i·ty [stəbíləti 스터빌러티 → 스터빌리티] 명 (복수 **stabilities** [-z]) **1** 안정(성): political *stability* 정치적인 안정 **2** (의지·결심 등의) 견고

***sta·ble**¹ [stéibl 스테이블] 형 **1 안정된**, 튼튼한: The world needs a *stable* peace. 세계는 안정된 평화가 필요하다 **2** (의지·결심이) 굳은

sta·ble² [stéibl 스테이블] 명 마구간, 외양간

stack [stǽk 스택] 명 (복수 **stacks** [-s]) 낟가리; (물건을 쌓아 올린) 더미, 산: a *stack* of books 책 더미
—— 타 …을 쌓아 올리다

***sta·di·um** [stéidiəm 스테이디엄 → 스테이리엄] 명 (복수 **stadiums** [-z]) (야외) **경기장**, 스타디움

stadium

***staff** [stǽf 스태f으] 명 (복수 **staffs** [-s]) **1 직원**, 부원, 스태프; 【군사】 참모: the *staff* of a hospital 병원의 직원/ a *staff* officer 참모 장교
2 (복수 **staves** [stéivz]) **지팡이**, 막대기: He walked with a *staff*. 그는 지팡이를 짚고 걸었다

***stage** [stéidʒ 스테이쥐] 명 (복수 **stages** [-iz]) **1 무대**: She appeared on the *stage*. 그녀가 무대에 나타났다
2 〔the를 붙여〕 **연극**; 배우업(業): He devoted his whole life to *the stage*. 그는 전 생애를 연극에 바쳤다
3 (활동·사건의) 무대: the *stage* of a battle 전장(戰場)
4 (발달 등의) **단계**, 시기(period): the early *stages* of development 발달의 초기 단계

stage·coach [stéidʒkòutʃ 스테이쥐코우취] 명 역마차

stagecoach

stag·ger [stǽɡər 스태거r] 동 (현재분사 **staggering** [stǽɡəriŋ]) 자 타 비틀거리다; …을 비틀거리게 하다

stag·nant [stǽɡnənt 스태그넌트] 형 **1** (물 등이) 흐르지 않는 **2** 활기 없는, 불경기의

stain [stéin 스테인] 명 (복수 **stains** [-z]) **1** 얼룩, 때 **2** (도덕상의) 오점, 흠 **3** 착색제, 염료
—— 동 (3단현 **stains** [-z]; 과거·과거분사 **stained** [-d]; 현재분사 **staining**) 타 **1** …을 더럽히다, 얼룩지게 하다: He *stained* his tie *with* ink. 그의 넥타이는 잉크로 얼룩졌다
2 (옷·벽지 등에) 착색하다

stained glass [stéind glǽs] 명 스테인드 글래스, 착색 유리

stain·less [stéinlis 스테인리쓰] 형 1 때 끼지 않은 2 (금속이) 녹슬지 않는

stainless steel [stéinlis stíːl] 명 스테인리스강(鋼)

stained glass

*__stair__ [stɛ́ər 스테어r] [동음어 stare(빤히 보다)와 발음이 같음] 명 (복수 **stairs** [-z]) 1 [보통 복수형으로] (보통 실내의) 계단 (집 밖의 계단은 steps): run up(down) *stairs* 계단을 뛰어 올라〔내려〕가다

2 (계단의) 한 단(step)

stairs 1

stair·case [stɛ́ərkèis 스테어r케이쓰] 명 (복수 **staircases** [-iz]) (난간 등을 포함한) 계단

stair·way [stɛ́ərwèi 스테어r웨이] 명 = staircase

*__stake__ [steik 스테익] 명 (복수 **stakes** [-s]) 1 **말뚝**, 막대기 2 [종종 복수형으로] (경마 등의) 건 돈

—— 동 (3단현 **stakes** [-s]; 과거·과거분사 **staked** [-t]; 현재분사 **staking**) 타 1 (가축 등을) 말뚝에 매다; (식물 등을) 말뚝으로 지지하다: *stake* a horse 말을 말뚝에 매다

2 말뚝으로 위치〔경계〕를 표시하다

3 (돈·생명 등을) 걸다: He *staked* ten dollars on the horse race. 그는 경마에 10달러를 걸었다

stale [steil 스테일] 형 (비교급 **staler**; 최상급 **stalest**) 1 (음식 등이) 상한, 신선하지 않은(반 fresh 신선한) 2 (생각 등이) 케케묵은 3 생기가 없는

stalk [stɔːk 스타-크] 명 1 (식물의) 줄기, 대 2 잎자루, 꽃자루

stall [stɔːl 스타-ㄹ] 명 1 (역·시장 등의) 매점(stand); 상품 진열대 2 마구간〔외양간〕의 한 칸

stal·lion [stǽliən 스탤리언] 명 종마(種馬), 씨말

stam·i·na [stǽmənə 스태머나] 명 끈기, 지구력

> 참고 우리는 흔히 스태미나가 「정력, 체력」의 뜻으로 쓰이나, 영어로는 고생이나 어려움을 참아내는 「끈기, 지구력」을 말한다.

stam·mer [stǽmər 스태머r] 자 타 말을 더듬다, 더듬으며 말하다

*__stamp__ [stæmp 스탬프] 동 (3단현 **stamps** [-s]; 과거·과거분사 **stamped** [-t]; 현재분사 **stamping**) 타 1 …에 우표를 붙이다: Please *stamp* the letter before mailing it. 편지를 붙이기 전에 우표를 붙이세요

2 …에 도장〔스탬프〕을 찍다: She *stamped* the date *on* the papers. 그녀는 서류에 스탬프로 날짜를 찍었다

3 …을 짓밟다; (발을) 구르다: *stamp* the floor 마루를 쾅쾅 밟다

—— 명 (복수 **stamps** [-s]) 1 **우표**; 인지: My hobby is collecting *stamp*. 내 취미는 우표 수집이다

2 **도장**, 스탬프: a rubber *stamp* 고무 도장

stam·pede [stæmpíːd 스탬피-드] 동 (현재분사 **stampeding**) 자 (가축 등이) 놀라서 우루루 달아나다

stance [stæns 스탠쓰] 명 【야구·골프】 (공을 칠 때의) 발의 자세, 스탠스

***__stand__ [stænd 스탠드] 동 (3단현 **stands** [-dz]; 과거·과거분사 **stood** [stud]; 현재분사 **standing**) 자 1 **서다**, 일어서다, 서 있다(반 sit 앉다): *stand* straight 똑바로 서다/ We kept *standing* for two hours. 우리는 2시간 내내 서 있었다

stand　　　　sit

2 (어떤 상태·입장에) **있다**(remain): The door *stood* open. 문이 열려 있었다
3 (높이·값·온도·순위가) **…이다**: The thermometer *stands at* 25℃. 온도계는 섭씨 25도를 가리키고 있다／ He *stands* first in the class. 그는 반에서 일등이다
4 (건물 등이) **…에 있다**, 위치하다: Our school *stands* on the hill. 우리 학교는 언덕 위에 있다

──타 **1 …을 세우다**: He *stood* the ladder *against* the fence. 그는 사다리를 담에 기대어 세웠다
2 〔보통 부정문·의문문에서〕 **…을 참다**, 견디다(bear): I can*not stand* this hot weather. 나는 이 무더위는 배겨낼 수가 없다
3 (공격 등에) 대항〔저항〕하다

stand away 떨어져 있다: *Stand away* from the dog. 개에서 떨어져 있어라
stand by (1) 대기〔준비〕하다: The policemen *stood by* for orders. 경찰들은 명령이 내리길 기다리고 있었다
(2) 돕다, 지지하다: They *stood by* him to the last. 그들은 끝까지 그를 지지했다
(3) (약속 등을) 지키다: I'll *stand by* my promise. 나는 약속을 지키겠다
stand for (1) **…을 나타내다**, 의미하다: What does UK *stand for*? UK는 무엇을 의미합니까?
(2) (주의·사람 등을) **지지하다**, …을 위해 싸우다: They *stood for* peace. 그들은 평화를 위해 싸웠다
(3) 〔부정문에서〕《구어》…을 참다 (endure): I won't *stand for* such treatment. 나는 그런 대우는 참을 수 없다
stand in (1) (…에) 가담하다 (2) 대역〔대리〕을 맡아보다 《for》
stand out **눈에 띄다**, 두드러지다: Mike is very tall and *stands out* in a crowd. 마이크는 키가 매우 커서 군중 속에서 눈에 잘 띈다
stand up (1) **일어서다**(반 sit down 앉다): *Stand up*, Bill. 빌, 일어서! (🔊 up을 강하게 발음)

stand up　　　sit down

(2) (물건이) 오래가다, 지속하다
stand up for 편들다, 변호하다

──명 (복수 **stands** [-dz]) **1 서 있음**, 기립
2 (문제 등에 대한) **입장**, 생각, 견해: What is his *stand* on this? 이에 대한 그의 견해는 어떻습니까?
3 〔보통 복수형으로〕 **관람석**, 스탠드 (🔊 사람들이 서서 경기를 봤던 데서)
4 (물건을 놓는) **…걸이**, **…대**: a book *stand* 책꽂이／ an umbrella *stand* 우산걸이
5 (역·길거리 등의) 매점: a newspaper *stand* 신문 판매점
6 저항, 반항
7 (택시·버스 등의) 정류장

⁂stand·ard [stǽndərd 스탠더*r*드] 명 (복수 **standards** [-dz]) **1 표준**, 규격; 수준: They have a high *standard* of living. 그들은 생활 수준이 높다
2 기(flag)

standardize

―[형] **표준의**, 기준의: the *standard* size 표준 사이즈

stand·ard·ize [sténdərdàiz 스탠더*r*다이z의] [동] (현재분사 **standardizing**) [타] …을 표준〔규격〕화하다

stand·ing [sténdiŋ 스탠딩] [형] [[[명사 앞에만 쓰여] **1** 서 있는: *standing* audience 서 있는 관객

2 지속적인, 상설의: a *standing* army 상비군

―[명] 신분, 지위; 명성: a man of high *standing* 신분이 높은 사람

stand·point [sténdpɔ̀int 스탠(드)포인트] [명] 입장, 관점, 견해

stand·still [sténdstìl 스탠(드)스티얼] [명] 정지, 멈춤

sta·ple[1] [stéipl 스테이프얼] [명] (복수 **staples** [-z]) **1** 〔보통 복수형으로〕 주요 산물 **2** 주요소, 주성분 **3** (양털·목화 등의) 섬유

―[형] 주요한, 중요한: *staple* industries 주요 산업

sta·ple[2] [stéipl 스테이프얼] [명] U자못, 꺾쇠; (스테이플러) 알

sta·pler [stéiplər 스테이플러*r*] [명] 스테이플러 ([[[「호치키스」는 stapler를 발명한 사람의 이름)

staplers

★★★star [stá:r 스타-*r*] [명]

(복수 **stars** [-z]) **1** **별**; 항성(恒星) ([[[「행성」은 planet): the North *Star* 북극성 / We can't see *stars* in the daytime. 낮에는 별을 볼 수 없다

star 1

star 2

2 (영화·스포츠 등의) **스타**, 인기인: a movie〔film〕 *star* 영화 스타

3 별 모양의 것, 별표 (*)

starch [stá:rtʃ 스타-*r*취] [명] **1** 녹말, 전분 **2** (의류용) 풀

―[타] …에 풀을 먹이다

star·dom [stá:rdəm 스타-*r*덤] [명] **1** 스타의 지위〔신분〕: achieve *stardom* 스타의 위치에 오르다

2 〔집합적으로〕 (영화 등의) 스타들

★stare [stɛ́ər 스테어*r*] 〔[[[stair(계단)와 발음이 같음〕 [동] (3단현 **stares** [-z]; 과거·과거분사 **stared** [-d]; 현재분사 **staring** [stɛ́əriŋ]) [자] **빤히 보다**, 뚫어지게 보다: He *stared* at her. 그는 그녀를 뚫어지게 보았다

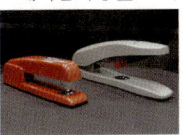

―[타] …을 뚫어지게 보다
―[명] 빤히 봄

star·fish [stá:rfiʃ 스타-*r*F이쉬] [명] (복수 **starfishes** [-iz], 〔집합적으로〕 **starfish**) 【동물】 불가사리 ([[[별처럼 생겨서)

starfish

star·light [stá:rlàit 스타-*r*얼라잇] [명] 별빛

star·ling [stá:rliŋ 스타-*r*링] [명] 【조류】 찌르레기

star·ry [stá:ri 스타-뤼] [형] (비교급 **starrier**; 최상급 **starriest**) **1** 별이 많은, 별이 총총한, 별이 반짝이는: a *starry* night 별이 빛나는 밤

2 별 모양의

Stars and Stripes [stá:r ænd stráips] [명] 〔**the**를 붙여〕 성조기(星條旗), 미국 국기

참고 성조기(星條旗)
흰줄과 빨간 줄은 모두 13개로서 1776년 영국에서 독립할 당시의 13개 주를 상징하며, 파란 바탕의 흰 별은 50개로서 현재 미합중국을 구성하는 50개 주(州)를 나타낸다.

star·span·gled [stáːr-spæ̀ŋgld 스타-r스팽그을드] 형 별로 새긴: the *Star-Spangled* Banner 성조기(星條旗)

start [stáːrt 스타-r트] 동 (3단현 **starts** [-ts]; 과거·과거분사 **started** [-id]; 현재분사 **starting**) 자 **1** 출발하다(leave), 떠나다(반 arrive 도착하다): *start* for home 집으로 향하다/ He *started* on a journey. 그는 여행을 떠났다/ The train has just *started*. 열차는 방금 출발했다

2 시작하다(begin), 개시하다: School *starts at* eight thirty. 수업은 8시 반에 시작한다

3 생기다, 일어나다: How did the war *start*? 전쟁은 왜 일어났는가?

4 (놀람·공포 등으로) 움찔하다, 깜짝 놀라다: She *started* at the noise. 그녀는 그 소리에 깜짝 놀랐다

── 타 **1** …을 시작하다(반 stop 멈추다): *start* a game 게임을 시작하다/ It *started* raining. 비가 내리기 시작했다

2 (기계·엔진·차를) 움직이다: *start* a car 차를 출발시키다

3 (화재 등을) 일으키다: *start* a fire 화재를 일으키다

to start with 우선 첫째로(to begin with): *To start with*, you have to get up early. 우선 첫째로 너는 일찍 일어나야 한다

── (복수 **starts** [-ts]) 명 **1** 출발, 스타트; (사업 등의) 개시: a *start* in life 인생의 첫 출발/ You had better make a new *start*. 당신은 새로 시작하는 것이 좋다

2 깜짝 놀람, 펄쩍 뜀: I woke up with a *start*. 나는 깜짝 놀라 잠이 깼다

at the start 처음에는: This novel was exciting *at the start*. 이 소설은 처음에는 재미있었다

start·er [stáːrtər 스타-r터r → 스타-r러r] 명 **1** 시작(출발)하는 사람 **2** (경주·경마 등의) 출발 신호원 **3** 경주에 나가는 사람(말) **4** (기계의) 시동 장치

star·tle [stáːrtl 스타-r트을 → 스타-r르을] 동 (3단현 **startles** [-z]; 과거·과거분사 **startled** [-d]; 현재분사 **startling**) 타 깜짝 놀라게 하다: I was *startled* at the sight. 나는 그 광경을 보고 깜짝 놀랐다

star·tling [stáːrtliŋ 스타-r틀링 → 스타-r를링] 형 깜짝 놀라게 하는, 놀라운

star·va·tion [staːrvéiʃən 스타-rV에이션] 명 굶어 죽음, 기아

starve [stáːrv 스타-rv으] 동 (3단현 **starves** [-z]; 과거·과거분사 **starved** [-d]; 현재분사 **starving**) 자 굶다, 굶어 죽다: I'm very *starving*. 배가 몹시 고프다/ Many people *starved* to death. 많은 사람이 굶어 죽었다

── 타 …을 굶기다

state [stéit 스테잇] 명 (복수 **states** [-ts]) **1** 상태, 형편, 사정: the *state* of the world 세계 정세

2 〔종종 State로〕 국가, 나라

3 〔State로〕 (미국의) 주(州): the *State* of Ohio (= Ohio *State*) 오하이오주

4 〔the States로〕 《구어》 미국 (보통 미국인이 국외에서 자기 나라를 가리킬 때 쓴다): I am going back to *the States* next month. 나는 다음달 미국으로 돌아갈 예정이다

── 동 (3단현 **states** [-ts]; 과거·과거분사 **stated** [-id]; 현재분사 **stating**) 타 (공식으로) …을 발표하다, 말하다: He *stated* his own opinion. 그는 그의 의견을 말하였다

──── 형 1 국가의: *state* policy 국책(國策)
2 〔종종 **State**로〕《미》주(州)의: a *State* highway 주도(州道)
3 정식의, 공식의: a *state* visit 공식 방문

state·ly [stéitli 스테이틀리 → 스테잇'을리] 형 위엄 있는, 위풍 당당한

***state·ment** [stéitmənt 스테잇먼트] 명 말함, 진술, 성명(서): issue an official *statement* 공식 성명을 발표하다

states·man [stéitsmən 스테이츠먼] 명 (복수 **statesmen** [-mən]) (훌륭한) 정치가

stat·ic [stætik 스테틱 → 스테릭] 형 정지한, 움직임이 없는, 정적인(반 dynamic 동적인)

sta·tion [stéiʃən 스테이션] 명 (복수 **stations** [-z]) 1 (철도의) 역; (버스의) 정류장: a railroad *station* 철도역/ Seoul *Station* 서울역 (🖉 역 이름에는 the를 붙이지 않는다)/ Change trains at the next *station*. 다음 역에서 열차를 바꿔 타십시오
2 (관청·시설 등의) 서, 국, 소(所): a police *station* 경찰서/ a broadcasting *station* 방송국/ a gas *station* 《미》주유소
3 (지정된 또는 임무상의 특정한) 위치, 소재; 부서
4 지위, 신분

sta·tion·er [stéiʃənər 스테이셔너*r*] 명 문방구상 (사람)

sta·tion·er·y [stéiʃənèri 스테이셔네리] 명 〔집합적으로〕 문방구

sta·tion·mas·ter [stéiʃənmæstər 스테이션매스터*r*] 명 (철도의) 역장

sta·tis·ti·cal [stətístikəl 스터티스티커얼] 형 통계학상의

sta·tis·tics [stətístiks 스터티스틱쓰] 명
1 〔복수 취급〕 통계, 통계표: *statistics* of birth 출산 통계
2 〔단수 취급〕 통계학

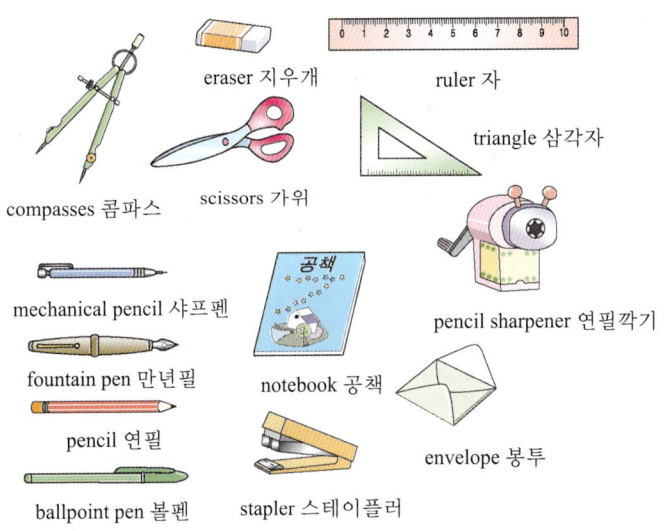

eraser 지우개
ruler 자
triangle 삼각자
compasses 콤파스
scissors 가위
mechanical pencil 샤프펜
pencil sharpener 연필깎기
fountain pen 만년필
notebook 공책
pencil 연필
envelope 봉투
ballpoint pen 볼펜
stapler 스테이플러

stationery

***stat·ue** [stǽtʃuː 스태츄-] 명 (복수 statues [-z]) 상(像): a bronze *statue* 동상

Statue of Liberty [stǽtʃuː əv líbərti] 명 [the를 붙여] 자유의 여신상

> 참고 › 자유의 여신상
>
> 1886년 미국 건국 100주년을 기념하여 프랑스가 미국에 기증한 동상으로, 뉴욕만 연안의 리버티 섬(Liberty Island)에 있다. 높이는 약 91미터로 오른손에는 햇불을 왼손에는 미국 독립선언서를 들고 있으며, 머리 부분에는 전망대가 있어 뉴욕 항을 내려다 볼 수 있다.

stat·ure [stǽtʃər 스태춰r] 명 키, 신장(height): He is small in *stature*. 그는 키가 작다

sta·tus [stéitəs 스테이터ㅆ → 스테이러ㅆ] 명 1 (법적·사회적) 지위, 신분: raise the social *status* of women 여성의 사회적 지위를 높이다

2 상태, 사정

****stay** [stéi 스테이] 동 (3단현 **stays** [-z]; 과거·과거분사 **stayed** [-d]; 현재분사 **staying**) 자 1 머무르다, 있다: I'll *stay at* home today. 나는 오늘 집에 있을 것이다

2 …에 묵다, 체류하다: *stay at* a hotel 호텔에 묵다 / I am *staying with* my uncle. 나는 삼촌댁에 묵고 있다 / How long are you going to *stay in* New York? 뉴욕에 얼마 정도 체류할 예정입니까?

> 쓰임새 › stay at의 뒤에는 「건물」이, stay with의 뒤에는 「사람」이 온다.

3 …인 상태로 있다: I'm going to *stay* neutral. 나는 중립을 유지할 것이다

stay away (from) (1) …에서 떨어져 있다: *Stay away from* them. 그들에게 접근하지 마시오

(2) (학교·수업 등을) 쉬다: He *stayed away from* school today. 그는 오늘 결석했다

stay up 자지 않고 있다: She *stayed up* late last night. 그녀는 간밤에 늦게까지 자지 않고 있었다

── 명 (복수 **stays** [-z]) 체류 (기간): I made a long *stay* in Paris. 나는 파리에 오래 체류했다

stead·fast [stédfæst 스테드F애스트] 형 흔들리지 않는, 부동의

stead·i·ly [stédili 스테딜리 → 스테릴리] 부 착실하게, 꾸준히

***stead·y** [stédi 스테디 → 스테리] 형 (비교급 **steadier**; 최상급 **steadiest**) 1 확고한, 안정된, 흔들리지 않는: a *steady* faith 확고한 신념

2 한결같은, 일정한: He drives the car at a *steady* speed. 그는 일정한 속도로 차를 운전한다

steak [stéik 스테익] 명 두껍게 썬 고기, (특히) 비프스테이크(beefsteak)

> 회화 ›
>
> A: How would you like your *steak*?
> 스테이크를 어떻게 구워 드릴까요?
> B: Medium, please.
> 보통으로 해주십시오
> ※ 고기를 구운 정도는 3종류가 있다.
> **rare**는 겉만 살짝 구운 것, **medium**은 중간 정도로 구운 것, **well-done**은 바싹 잘 구운 것.

***steal** [stíːl 스티-열] 〔steel(강철)과 발음이 같음〕 동 (3단현 **steals** [-z]; 과거 **stole** [stóul]; 과거분사 **stolen** [stóulən]; 현재분사 **stealing**) 타 1 …을 훔치다, 도둑질하다: Someone *stole* my money. 누군가 내 돈을 훔쳤다 / I had my watch *stolen*. (= My watch was *stolen*.) 나는 시계를 도둑맞았다

[비교] **steal**과 **rob**
　steal은 폭력을 쓰지 않고 남의 물건을 몰래 훔치다. **rob**는 보통 위협하거나 폭력을 써서 빼앗다.

steal　　　rob

2 【야구】 도루하다: *steal* second base 2루로 도루하다

━━ 자 몰래 움직이다: She *stole* out of the room. 그녀는 방에서 몰래 나왔다

***steam** [stí:m 스티-임] 명 **증기, 김**, 스팀: The building is heated by *steam*. 그 건물은 증기로 난방이 된다

━━ 동 (3단현 **steams** [-z]; 과거·과거분사 **steamed** [-d]; 현재분사 **steaming**) 자 **1 김을 내다**, 증기가 발생하다: This boiler *steams* well. 이 보일러는 증기가 잘 나온다

2 증기로 나아가다〔움직이다〕

━━ 타 …에 김을 쐬다; (식품 등을) 찌다: *steam* potatoes 감자를 찌다

steam·boat [stí:mbòut 스티-임보웃] 명 (주로 하천·연안용 등의) 기선

steam engine [stí:m èndʒin] 명 증기기관(차)

steam·er [stí:mər 스티-머*r*] 명 **1** 기선 **2** (요리용) 찜통

steam·ship [stí:mʃìp 스티-임쉽] 명 (대형) 기선, 상선

***steel** [stí:l 스티-얼] [🔍 steal(훔치다)과 발음이 같음] 명 **강철**

━━ 형 강철로 된

***steep** [stí:p 스티-프] 형 (비교급 **steeper**; 최상급 **steepest**) **가파른**, 경사가 급한 (반 gentle 완만한): a *steep* slope 가파른 언덕

stee·ple [stí:pl 스티-프얼] 명 (교회 등의) 뾰족탑, 첨탑

steer [stíər 스티어*r*] 동 (3단현 **steers** [-z]; 과거·과거분사 **steered** [-d]; 현재분사 **steering** [stíəriŋ]) 타 …의 키를 잡다, 조종하다: *steer* a ship 배의 키를 잡다

spire　steeple

steering wheel [stíəriŋ hwì:l] 명 (자동차의) 핸들, (배의) 조타륜 (🔍 the wheel이라고도 한다)

stel·lar [stélər 스텔러*r*] 형 별의, 별 모양의

***stem** [stém 스템] 명 (복수 **stems** [-z]) **1** (초목의) **줄기, 대 2** (도구의) 자루 **3** 【항해】 이물(bow)(반 stern 고물)

petal 꽃잎　　leaf 잎
stem 줄기

***step** [stép 스텝] 명 (복수 **steps** [-s]) **1 걸음**, 걸음걸이; 한 걸음; (댄스의) 스텝: a light〔heavy〕 *step* 가벼운〔무거운〕 걸음걸이/ Take two *steps* forward. 2보 앞으로 나오세요

2 발소리: I heard his *steps* outside. 밖에서 그의 발소리가 들렸다

3 발자국: We found her *steps* in the snow. 우리는 눈에서 그녀의 발자국을 발견했다

4 (계단·사다리 등의) 단(段); (기차 등의) 발판; 〔복수형으로〕 (집 밖의) 계단 (🔍 실내의 「계단」은 stairs): the top〔bottom〕 *step* of a ladder 사다리의 맨 위〔아래〕 발판/ He went up the *steps*. 그는 계단을 올라갔다

5 (어떤 과정의) 단계, 진보

6 수단, 조치, 방법: take a extreme *step* 극단적인 조치를 취하다

keep (in) step with …와 보조를 맞추다

step by step 한 걸음 한 걸음, 착실히: He is learning *step by step*. 그는 착실히 배우고 있다

── 동 (3단현 **steps** [-s]; 과거·과거분사 **stepped** [-t]; 현재분사 **stepping**) 자
1 걷다, 걸음을 옮기다: Please *step* this way. 이쪽으로 오시오/ He *stepped* forward[back]. 그는 앞으로 나아갔다[뒤로 물러났다]

2 밟다: *step* on a snake 뱀을 짓밟다

step aside 옆으로 비키다, 양보하다: He *stepped aside* for an old man. 그는 노인에게 길을 양보했다

step down 사임하다, 은퇴하다

step in (1) 잠깐 들르다: Just *step in* and have tea. 잠깐 들러 차 한잔하세요 (2) 끼여들다, 간섭하다

step- 《접두사》「의붓…, 계(繼)…」의 뜻: *step*mother 계모

step·broth·er [stépbrʌ̀ðər 스텝브롸더*r*] 명 의붓형제 《혈연 관계는 없음》

step·child [stéptʃàild 스텝촤일드] 명 (복수 **stepchildren** [-tʃìldrən]) 의붓자식

step·daugh·ter [stépdɔ̀ːtər 스텝다-터*r* 스텝다-러*r*] 명 의붓딸

step·fa·ther [stépfɑ̀ːðər 스텝F아-더어*r*] 명 의붓아버지, 계부

step·lad·der [stéplædər 스텝래더*r*] 명 발판 사다리

step·moth·er [stépmʌ̀ðər 스텝마더*r*] 명 의붓어머니, 계모

step·son [stépsʌ̀n 스텝썬] 명 의붓아들

ster·e·o [stériòu 스테뤼오우] 명 (복수 **stereos** [-z]) 스테레오 《입체 음향 재생 장치》

stepladder

ster·ile [stérəl 스테뤄얼] 형 **1** (땅이) 불모의, 메마른(반 fertile 기름진): *sterile* soil 메마른 토양

2 (동·식물이) 번식력이 없는

stern¹ [stə́ːrn 스터-*r*언] 형 (비교급 **sterner**; 최상급 **sternest**) 엄격한, 단호한(severe): He has a *stern* father. 그의 아버지는 엄격하다

stern² [stə́ːrn 스터-*r*언] 명 【항해】 선미 《船尾》, 고물(반 stem, bow 이물)

stew [stjúː 스튜-] 명 스튜 《고기·야채 등을 뭉근한 불로 끓인 요리》

stew·ard [stjúːərd 스튜-어*r*드] 명 (여객기·선박 등의) 스튜어드, 남자 객실 승무원

stew·ard·ess [stjúːərdis 스튜-어*r*디쓰] 명 (여객기·선박 등의) 스튜어디스, 여자 객실 승무원

> 참고 여자 승무원을 부를 때는 「스튜어디스!」라 부르지 않고 Excuse me! 혹은 Miss! 등으로 부른다.

***stick** [stík 스틱] 명 (복수 **sticks** [-s]) **1** 막대기, 나뭇가지: We gathered *sticks* to make a fire. 우리는 불을 피우기 위해 나뭇가지를 모았다

2 지팡이, 단장(cane): He is walking with a *stick*. 그는 지팡이를 짚으며 걷고 있다

3 (하키의) 스틱; 【항공】 조종간; (자동차의) 변속 레버

── 동 (3단현 **sticks** [-s]; 과거·과거분사 **stuck** [stʌ́k]; 현재분사 **sticking**) 타 **1** …을 찌르다: *stick* a fork *into* a potato 포크로 감자를 찌르다/ I *stuck* my finger *with* a pin. 나는 핀에 손가락을 찔렀다

2 …을 찔러 넣다, 꽂다(insert): *stick* a flower *in* a buttonhole 단춧구멍에 꽃을 꽂다

3 (풀 등으로) 붙이다, 고정시키다: *Stick* the stamp *on* the envelope. 봉투에 우표를 붙이세요

4 〔보통 수동태 be stuck의 형태로〕 꼼짝 못하게 하다: His car *was stuck* in the mud. 그의 차가 진창 속에 빠져 꼼짝 못하게 되었다

── 자 **1 꽂히다**: A needle *sticks* in my shirt. 바늘이 내 셔츠에 꽂혀 있다

2 달라붙다: This stamp won't *stick*. 이 우표는 잘 붙지 않는다

stick out …을 내밀다: She *stuck out* her tongue at me. 그녀는 나에게 혀를 쑥 내밀었다

stick to (1) …에 달라붙다: The mud has *stuck to* my shoes. 진흙이 구두에 들러붙었다

(2) 충실하다: *Stick to* your promise. 약속을 꼭 지켜라

(3) (사람이) 고집하다, 끝까지 버티다

stick·er [stikər 스티커r] 명 **1** 찌르는 사람〔연장〕 **2** (뒷면에 풀이 묻혀져 있는) 스티커

〔참고〕 교통 법규 위반으로 경찰관에게 적발되었을 때 받게 되는 「딱지」는 영어로 스티커(sticker)가 아니라 ticket이다.

stick·y [stíki 스티키] 형 (비교급 **stickier**; 최상급 **stickiest**) 끈적거리는, 들러붙는: The paint is still *sticky*. 페인트는 아직 끈적거린다

***stiff** [stíf 스티f] 형 (비교급 **stiffer**; 최상급 **stiffest**) **1 딱딱한**, 굳은: a *stiff* collar 딱딱한 칼라 / I have a *stiff* shoulders. 나는 어깨가 뻣뻣하다

2 (동작·태도 등이) 어색한, 딱딱한: a *stiff* smile 어색한 웃음

3 (일 등이) 어려운, 힘든

sti·fle [stáifl 스타이f으을] 동 (3단현 **stifles** [-z]; 과거·과거분사 **stifled** [-d]; 현재분사 **stifling**) 타 **1** …을 질식(사)시키다, 숨막히게 하다: The smoke *stifled* them. 그들은 연기로 질식했다

2 (감정·하품 등을) 참다, 억누르다: *stifle* a yawn 하품을 참다

stig·ma [stígmə 스티그마] 명 오명, 오점

stile [stáil 스타일] 명 밟고 넘는 계단 (울타리·담을 사람만 넘고 가축은 다니지 못하게 하는)

stile

***still**[1] [stíl 스틸] 부 **1 아직(도)**, 여전히: He is *still* angry. 그는 아직도 화가 나 있다 / He *still* lives in Japan. 그는 아직도 일본에 살고 있다 / Is he *still* at home? 그는 아직 집에 있니?

〔쓰임새〕 **still과 yet**

still은 과거의 행동이나 상태가 현재까지 지속되고 있음을 나타내며, **yet**는 의문문이나 부정문에 주로 쓰여 어떤 행동이 이미 끝났는지를 묻거나, 어떤 행동이 아직 끝나지 않았음을 나타낼 때 쓴다: The work is *not yet* finished. 그 일은 아직 끝나지 않았다.

2 〔비교급을 강조하여〕 **더욱**, 한층 더: Alex runs fast, but Fred runs *still* faster. 알렉스도 빨리 달리지만, 프레드는 더 빨리 달린다

3 그런데도 불구하고, 그래도: It rained a lot, but *still* we had the game. 비가 많이 내렸으나 그럼에도 우리는 경기를 했다

still less 하물며 (…은 아니다) ⇒ less 숙어

still more 〔긍정문에 쓰여〕 더욱 더 (…하다): He likes beer, *still more* whisky. 그는 맥주를 좋아하지만 위스키는 더욱 더 좋아한다

*__still__[^2] [stíl 스티엘] 형 (비교급 **stiller**; 최상급 **stillest**) **1** 조용한, 고요한(quiet); 잔잔한: a *still* night 고요한 밤/ The sea is *still* today. 오늘은 바다가 잔잔하다/ *Still* waters run deep. 《속담》 잔잔하게 흐르는 물이 깊다; 말 없는 사람일수록 생각이 깊다

2 정지한, 움직이지 않는: Hold *still*, everybody! 여러분! 움직이지 마세요

── 명 **1** 고요, 정적 **2** (영화의) 스틸 사진 《광고에 쓰이는 한 장면》

still·ness [stílnis 스틸니쓰] 명 고요, 정적; 침묵

***stim·u·late** [stímjulèit 스티뮬레잇] 동 (3단현 **stimulates** [-ts]; 과거·과거분사 **stimulated** [-id]; 현재분사 **stimulating**) 타 **1** …을 자극하다, 격려[고무]하다: Praise *stimulates* students to work hard. 칭찬은 학생들을 자극하여 열심히 공부하게 한다

2 (기관 등을) 자극하다(excite), 흥분시키다: Coffee *stimulates* the heart. 커피는 심장에 자극을 준다

stim·u·la·tion [stìmjuléiʃən 스티뮬레이션] 명 자극, 격려; 흥분

stim·u·lus [stímjuləs 스티뮬러쓰] 명 (복수 **stimuli** [-lai]) 자극; 흥분제

***sting** [stíŋ 스팅] 동 (3단현 **stings** [-z]; 과거·과거분사 **stung** [stʌ́ŋ]; 현재분사 **stinging**) 타 **1** (바늘·침 등으로) …을 찌르다, 쏘다: A bee *stung* my arm. 벌이 내 팔을 쏘았다

2 얼얼[따끔따끔]하게 하다; (혀 등을) 자극하다: Pepper *stings* the tongue. 후추는 혀를 톡 쏜다

3 (양심 등이) 괴롭히다: He was *stung* by remorse. 그는 양심의 가책으로 고통을 받았다

── 자 찌르다, 쏘다; 찌르는 듯이 아프다: My eyes *sting*. 눈이 찌르는 듯이 아프다

── 명 **1** 찌름, 쏨; 찔린 상처 **2** (정신적·육체적인) 고통 **3** (식물의) 가시; (벌 등의) 침

stin·gy [stíndʒi 스틴쥐] 형 (비교급 **stingier**; 최상급 **stingiest**) 인색한, 구두쇠의

stink [stíŋk 스팅크] 명 악취, 고약한 냄새

***stir** [stə́ːr 스터-r] 동 (3단현 **stirs** [-z]; 과거·과거분사 **stirred** [-d]; 현재분사 **stirring** [stə́ːriŋ]) 타 **1** 휘젓다, 뒤섞다: *stir* coffee with a spoon 스푼으로 커피를 휘젓다

2 …을 (살짝) 움직이다, 흔들다: The wind *stirred* the leaves. 바람이 나뭇잎을 흔들었다

3 (감정을) 일으키다: His poor appearance *stirs* pity. 그의 초라한 모습은 동정심을 불러일으킨다

── 자 (살짝) 움직이다

stir up (1) 골고루 뒤섞다, 휘젓다 (2) …을 감동시키다; 자극[선동]하다

── 명 **1** 휘젓기 **2** 조금 움직임 **3** 야단법석

***stitch** [stítʃ 스티취] 명 (복수 **stitches** [-iz]) 한 바늘, 한 땀: A *stitch* in time saves nine. 《속담》 제때의 한 바늘은 후에 아홉 바늘을 덕본다

── 동 (3단현 **stitches** [-iz]) 타 자 꿰매다, 감치다

***stock** [stάk 스탁] 명 (복수 **stocks** [-s]) **1** 저장, 비축; 재고품: The book is out of *stock* at present. 그 책은 지금 품절입니다

2 〔집합적으로〕 가축류

3 《미》 주식, 주 (《영》 share): railway *stock* 철도주(株)

4 (나무) 줄기, 그루터기

5 혈통, 가계, 문벌
── 동 (3단현 **stocks** [-s]; 과거·과거분사 **stocked** [-t]; 현재분사 **stocking**) 타 (상품을) 들여놓다; 저장하다, 비축하다: The store *stocks* various kinds of hats. 저 상점에는 여러 가지 모자를 갖추고 있다

stock exchange [sták ikstʃèindʒ] 명
1 증권 거래소 2 주식 거래

*__stock·ing__ [stákiŋ 스타킹] 명 (복수 **stockings** [-z]) 〔보통 복수형으로〕 스타킹, 긴 양말 (참고「짧은 양말」은 socks): a pair of *stockings* 스타킹 한 켤레/ She bought three pairs of *stockings*. 그녀는 스타킹 세 켤레를 샀다

stock market [sták mà:rkit] 명 = stock exchange

stole [stóul 스토우을] 동 steal(훔치다)의 과거형

sto·len [stóulən 스토울런] 동 steal(훔치다)의 과거분사형

*__stom·ach__ [stámək 스타먹] 명 (복수 **stomachs** [-s]) 위(胃), 배, 복부: Don't swim on a full *stomach*. 배가 부를 때에 수영하지 마라/ I have a pain in my *stomach*. 배가 아프다

stom·ach·ache [stáməkèik 스타먹에익] 명 위통, 복통: I had a *stomachache* after lunch. 나는 점심 식사 후에 배가 아팠다

*__stone__ [stóun 스토운] 명 (복수 **stones** [-z]) 1 돌, 돌멩이; 석재(石材): a stone wall 돌담/ The boy threw a *stone* into the pond. 그 소년은 돌을 연못에 던졌다

stone 돌

pebble 자갈   rock 바위

2 보석, 구슬
3 (복숭아 등의 단단한) 씨
a stone's throw 돌을 던지면 닿을만한 거리, 매우 가까운 거리: The school is within *a stone's throw* of my house. 학교는 우리 집에서 매우 가까이에 있다
the Stone Age 석기 시대

ston·y [stóuni 스토우니] 형 (비교급 **stonier**; 최상급 **stoniest**) 1 돌의, 돌이 많은: a *stony* road 돌이 많은 길
2 (돌처럼) 단단한: *stony* seeds 단단한 씨앗
3 (돌처럼) 차가운, 무정한

stood [stúd 스투드] 동 stand(서다)의 과거·과거분사형

stool [stú:l 스투-을] 명 (복수 **stools** [-z]) (팔걸이·등받이가 없는) 걸상: She sat on a *stool* in the bar. 그녀는 바의 걸상에 앉았다

stools

stoop [stú:p 스투-프] 자 상체를 숙이다〔구부리다〕

*__stop__ [stáp 스탑] 동 (3단현 **stops** [-s]; 과거·과거분사 **stopped** [-t]; 현재분사 **stopping**) 타 1 (움직이고 있는 것을) 멈추다, 세우다: He *stopped* the bus. 그는 버스를 세웠다

2 (행동 등을) 그만두다, 중지시키다; 〔**stop**+**doing**의 형태로〕 …하는 것을 멈추다: He decided to *stop* the work. 그는 그 일을 그만두기로 마음먹었다/ He stopped *smoking*. 그는 담배를 끊었다

쓰임새▷ **stop**+**doing**는 「…하는 것을 멈추다 《stop은 타동사》」이며, **stop**+**to do**는 「…하기 위해 멈추다 《stop은 자동사》」이다: He *stopped to* smoke. 그는 담배를 피우기 위해 멈춰 섰다.

stopper 702 **storm**

3 …을 막다, 방해하다(prevent), 훼방하다: You must *stop* him *from* coming here. 너는 그가 이곳에 오는 것을 막아야 한다

4 (구멍 등을) 막다, 메우다: *stop* a hole 구멍을 메우다

—자 1 (움직이는 것이) **멈추다**, 서다, 정지하다; [stop+to do의 형태로] …하기 위해 멈추다: The clock has *stopped*. 시계가 멈추었다/ We *stopped to* talk. 우리는 이야기하기 위해 멈춰 섰다 (⚠ We *stopp-ed* talking. 우리는 이야기를 그쳤다)

2 (호텔 등에) **묵다**, 머무르다(stay): I *stopped at* a hotel *for* a few weeks. 나는 호텔에 2,3주간 묵었다

stop by = ***stop in*** …에 잠시 들르다: Won't you *stop by* for a cup of tea? 잠깐 들러 차라도 한 잔 하시겠습니까?

Stop it! (시시한 짓) 그만뒤!

stop over [***off***] (여행 중에) 잠시 머무르다; 도중 하차하다: *stop over* for a few days in London 도중에 런던에서 며칠 묵다

—명 (복수 **stops** [-s]) 1 멈춤, 중지, 정지; 정차, 착륙: without *stop* 멈추지 않고/ The car came to a sudden *stop*. 그 차는 급정거했다 2 (버스 등의) 정류장: Where is the nearest bus *stop*? 가장 가까운 버스 정류장은 어디입니까?

stop

3 《영》 구두점, 종지부(period): a full *stop* 종지부

stop·per [stápər 스타퍼r] 명 1 멈추는 사람(물건) 2 (병·통 등의) 마개

stop·watch [stápwɑtʃ 스탑와취] 명 스톱워치

stor·age [stɔ́ridʒ 스토-뤼쥐] 명 1 저장, 보관 2 창고, 보관소

store [stɔ́ːr 스토-r] 명 (복수 **stores** [-z]) 1 《미》 **가게, 상점** (⚠ 《영》 shop): a candy *store* 과자점/ I bought this camera at that *store*. 나는 이 카메라를 저 가게에서 샀다

2 [**the stores**로] 《영》 백화점 (⚠《미》 department store)

3 저장, 저축, 비축

in store (1) 저장〔비축〕하여: She keeps plenty of food *in store*. 그녀는 많은 식량을 비축해 두고 있다

(2) …을 위해 준비되어 있는 《for》: There is a surprise *in store for* you. 자네를 놀라게 할 일이 있다

—동 (3단현 **stores** [-z]; 과거·과거분사 **stored** [-d]; 현재분사 **storing** [stɔ́ːriŋ]) 타 …을 **저장하다**, 쌓아 두다: *store up* fuel for the winter 월동 준비로 연료를 저장하다

store·house [stɔ́ːrhaus 스토-r하우쓰] 명 1 창고, 저장소 2 (지식 등의) 보고

store·keep·er [stɔ́ːrkìːpər 스토-r키-퍼r] 명 《미》 가게 주인 (⚠《영》 shopkeeper)

store·room [stɔ́ːrrùːm 스토-r루-음] 명 저장실, 광

sto·rey [stɔ́ːri 스토-뤼] 명 《영》 = story

sto·ried [stɔ́ːrid 스토-뤼드] 형 [종종 복합어를 이루어] …층의: a two-*storied* house 2층 집

stork [stɔ́ːrk 스토-rㅋ] 명 (복수 **storks** [-s]) 【조류】 황새

a visit from the stork 아기의 출생 《황새가 갓난 아기를 날라 온다는 이야기에서》

stork

storm [stɔ́ːrm 스토-r엄] 명 (복수 **storms** [-z]) 폭풍(우): a heavy *storm* 대폭풍우/ After a *storm* comes a calm. 《속담》 폭풍이 지나가면 고요가 온다

stormy

참고: 열대성 저기압의 종류
북태평양 남서부에서 발생하면 태풍(typhoon), 대서양에서 발생하면 허리케인(hurricane), 인도양에서 발생하면 사이클론(cyclone)이다.

태풍 / 허리케인 / 사이클론

—동 (3단현 **storms** [-z]; 과거 · 과거분사 **stormed** [-d]; 현재분사 **storming**) 자 [It를 주어로 하여] 폭풍이 불다, 날씨가 사나워지다: It was *storming* on the sea. 해상엔 폭풍우가 일고 있었다

storm·y [stɔ́ːrmi 스토-r미] 형 (비교급 **stormier**; 최상급 **stormiest**) 폭풍(우)의, 날씨가 험악한: a *stormy* night 폭풍우가 몰아치는 밤

sto·ry¹ [stɔ́ːri 스토-뤼] 명 (복수 **stories** [-z]) **1** 이야기: tell a *story* 이야기를 하다/ I can't believe his *story*. 나는 그의 이야기를 믿을 수 없다
2 (단편) 소설; (소설 등의) 줄거리: a detective *story* 탐정 소설
to make a long story short 요약하여 말하자면(in short)
[h**i**story(역사, 옛이야기)에서]

sto·ry², 《영》 **sto·rey** [stɔ́ːri 스토-뤼] 명 (복수 **stories**, 《영》 **storeys** [-z]) (건물의) 층: My house has four *stories*. 우리 집은 4층 건물이다

비교: floor와 story
floor는 특정의 층을 나타내고, **story**는 「…층 건물」을 나타낸다: the first *floor* 《미》 1층 (《영》 2층)

story·book [stɔ́ːribùk 스토-뤼북] 명 동화책

stout [stáut 스타웃] 형 (비교급 **stouter**; 최상급 **stoutest**) **1** 뚱뚱한, 살찐(반 slender 호리호리한): a *stout* woman 뚱뚱한 부인
2 강인한, 완강한; 용감한: They made *stout* resistance. 그들은 완강하게 저항했다
3 견고한, 튼튼한: a *stout* wall 견고한 벽

stove [stóuv 스토우v으] 명 (복수 **stoves** [-z]) **1** (난방용) 스토브, 난로 **2** (요리용) 레인지

straight [stréit 스츄뤠잇] 형 (비교급 **straighter**; 최상급 **straightest**) **1** 곧은, 똑바른(반 curved 구부러진): a *straight* line 직선/ She has a *straight* hair. 그녀는 곧은 머리를 가졌다

a straight road   a curved road

2 솔직한, 정직한(honest): He made a *straight* answer. 그는 솔직하게 대답했다
3 정돈된, 정리된: Put(Set) the room *straight*. 방을 정리하거라
4 《미》 (위스키 등이) 물 등을 타지 않은
5 연속된: earn(get) *straight* A's 《미》 (학과 성적에서) 모두 A를 받다
—부 **1** 똑바로, 곧게: Go *straight* along this street. 이 길을 똑바로 가시오
2 곧바로, 직접적으로: Come *straight* home after school. 학교가 끝나면 곧장 돌아와라
3 솔직하게, 정직하게

straight·en [stréitn 스츄뤠이튼] 타 자 곧게 하다(되다)

strain [stréin 스츄뤠인] 통 (3단현 **strains** [-z]; 과거 · 과거분사 **strained** [-d]; 현재분사 **straining**) 타 **1** …을 잡아당기다, 팽팽하게 하다: *strain* a rope 로프를 팽팽히 당기다

2 (신체의 일부를) 최대한으로 쓰다: She *strained* her ears to listen to his story. 그녀는 그의 이야기를 들으려고 귀를 기울였다

3 (근육 등을) 결리게 하다, 삐다

—— 명 **1** 팽팽함 **2** (심신의) 긴장, 과로

strait [stréit 스츄뤠잇] 명 (복수 **straits** [-ts]) 해협 (channel보다 작음): the *Straits* of Dover 도버해협

strange [stréindʒ 스츄뤠인쥐] 형 (비교급 **stranger**; 최상급 **strangest**) **1** 이상한, 묘한: a *strange* accident〔experience〕이상한 사건〔경험〕

2 낯선, 생소한, 미지의: a *strange* face 낯선 얼굴/ I am quite *strange* here. 여기는 처음 와 보는 곳이다

strange to say 이상한 이야기지만: *Strange to say*, he has not heard it. 이상하게도 그는 그것을 듣지 못하였다

strange·ly [stréindʒli 스츄뤠인쥴리] 부 이상하게도, 기묘하게

stran·ger [stréindʒər 스츄뤠인줘r] 명 (복수 **strangers** [-z]) **1** 낯선 사람, 모르는 사람: He is a *stranger* to me. 나는 그를 모른다

2 (장소 등에) 생소한 사람

〔회화〕
A: Will you tell me the way to the zoo?
동물원 가는 길을 가르쳐 주겠어요?
B: I'm sorry. I'm a *stranger* here, too. Let me ask someone else.
미안합니다. 저도 여기는 처음입니다. 다른 사람에게 알아봐 드리지요

strap [stráp 스츄뢥] 명 (복수 **straps** [-s]) **1** 띠, 가죽끈, 혁대 **2** (전차 등의) 손잡이 가죽

stra·te·gic [strətí:dʒik 스츄뤼티-쥑] 형 전략의, 전략적인: a *strategic* retreat 전략적 후퇴

strat·e·gy [strǽtədʒi 스츄뢔터쥐 → 스츄뢔러쥐] 명 (복수 **strategies** [-z]) (대규모의) 전략, 작전

straw [strɔ́: 스츄롸-] 명 **1** 짚, 밀짚, 지푸라기: a *straw* hat 밀짚모자/ A drowning man will catch at a *straw*. 《속담》 물에 빠진 사람은 지푸라기라도 잡는다

2 (음료를 마시는) 스트로, 빨대

straw·ber·ry [strɔ́:bèri 스츄롸-베뤼] 명 (복수 **strawberries** [-z]) 【식물】 딸기

strawberries

stray [stréi 스츄뤠이] 통 (3단현 **strays** [-z]; 과거 · 과거분사 **strayed** [-d]; 현재분사 **straying**) 자 **1** 길을 잃다, (길에서) 벗어나다: We *strayed* from the path in the woods. 우리는 숲에서 길을 잃었다

2 (이야기 등이) 옆길로 빗나가다

—— 형 길 잃은, 방황하는: a *stray* sheep 길 잃은 양

streak [strí:k 스츄뤼-ㅋ] 명 **1** 줄, 선; 줄무늬(stripe) **2** 기질, 경향

stream [strí:m 스츄뤼-임] 명 (복수 **streams** [-z]) **1** 시내, 개울: The boat went down the *stream*. 보트는 개울을 따라 내려갔다

〔비교〕 **river, stream, brook**
river는 비교적 큰 강을, **stream**은 river보다 작은 강, **brook**은 stream보다 작은 개울을 가리킨다.

2 (물 · 사람 · 차 등의) 흐름: a *stream* of cars 자동차의 흐름

3 (시대 · 여론 등의) 흐름, 경향

—— 통 (3단현 **streams** [-z]; 과거 · 과거분사 **streamed** [-d]; 현재분사 **streaming**) 자 흐르다, 흘러내리다:

Tears *streamed down* her cheeks. 눈물이 그녀의 뺨에 흘러내렸다

stream·line [strí:mlàin 스츄뤼-임라인] 명 유선(형)
── 형 유선형의: a *streamline* boat(car) 유선형 보트(자동차)

street [strí:t 스츄뤼-트] 명 (복수 **streets** [-ts]) **1** 거리, 가로: main *street* 큰 거리, 번화가 / We walked along the *street*. 우리는 거리를 따라 걸었다 / I met him on (영) in) the *street*. 나는 거리에서 그를 만났다

쓰임새 「거리에서」라고 할 때 미국에서는 on the street라 하고, 영국에서는 in the street라 한다. 마찬가지로 미국에서는 거리 이름 앞에 on을 쓰고, 영국에서는 in을 사용한다: He lives *on* Fifth Avenue. 그는 (뉴욕의) 5번가에 산다

2 …가(街), …로(路) (참 보통 St.라 씀): Wall *Street* 월 가

3 (보도와 구별한) 차도: Don't play in the *street*. 차도에서 놀지 마라

street·car [strí:tkɑ̀:r 스츄뤼-잇카-r] 명 《미》 시내 전차 (참 《영》 tram, tramcar)

streetcar

strength [stréŋkθ 스츄뤵(크)θ으] 명 힘, 체력; 세기, 강도(强度): I don't have the *strength* to lift this box. 나는 이 상자를 들어 올릴 힘이 없다

strength·en [stréŋkθən 스츄뤵(크)θ언] 타 …을 강하게 하다 (반 weaken 약하게 하다)

stren·u·ous [strénjuəs 스츄뤠뉴어ㅆ] 형 힘껏 노력하는

stress [strés 스츄뤠ㅆ] 명 (복수 **stress·es** [-iz]) **1** 강조, 중점: He laid *stress* on the education. 그는 교육의 중요성을 강조했다

2 (단어 등의) 강세, 악센트(accent)

3 (정신적) 압박감, 스트레스: I've been under a lot of *stress* lately. 나는 요즘 스트레스를 많이 받아 왔다
── 동 (3단현 **stresses** [-iz]; 과거·과거분사 **stressed** [-t]; 현재분사 **stressing**) 타 **1** …을 강조하다: Everybody *stresses* the importance of health. 누구나 건강의 중요성을 강조한다

2 (음절·낱말에) 강세(악센트)를 두다: *stresses* the first syllable 제1음절에 강세를 두다

stretch [strétʃ 스츄뤠취] 동 (3단현 **stretches** [-iz]; 과거·과거분사 **stretched** [-t]; 현재분사 **stretching**) 타 …을 펴다, 늘이다, 잡아당기다: *stretch* the wings 날개를 펴다 / He *stretched* the rope tight. 그는 밧줄을 팽팽히 잡아당겼다
── 자 퍼지다(spread); 뻗다
── 명 (복수 **stretches** [-iz]) **1** 뻗기, 스트레치; 펼쳐짐: a wide *stretch* of grass 넓게 펼쳐진 초원

2 연속되는 일(시간): I worked for three hours at a *stretch*. 나는 쉬지 않고 3시간 동안 일했다

stretch·er [strétʃər 스츄뤠춰r] 명 들것

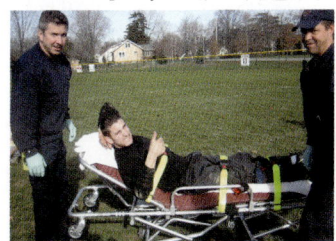
stretcher

strict [stríkt 스트릭트] 형 (비교급 **stricter**; 최상급 **strictest**) **1 엄한**, 엄격한: *strict* rules 엄한 규칙
2 엄밀한, 정확한

strict·ly [stríktli 스트릭틀리 → 스트릭'을리] 부 **1** 엄하게 **2** 엄밀히, 정확히
strictly speaking 엄밀히 말하자면

stride [stráid 스트라이드] 동 (3단현 **strides** [-dz]; 과거 **strode** [stróud]; 과거분사 **stridden** [strídn]; 현재분사 **striding**) 자 **1** 성큼성큼(큰 걸음으로) 걷다, 활보하다: He *strode* along the street. 그는 성큼성큼 거리를 걸었다
2 (도랑 등을) 성큼 넘다〔건너다〕
── 명 (복수 **strides** [-dz]) **1** 큰 걸음, 활보
2 〔복수형으로〕진보, 발전: make great *strides* 장족의 발전을 하다
at a stride 한 걸음에 (넘다 등)

strife [stráif 스트라이f으] 명 (복수 **strifes** [-s]) 투쟁, 다툼, 싸움: a labor *strife* 노동 쟁의

strike [stráik 스트라이크] 동 (3단현 **strikes** [-s]; 과거·과거분사 **struck** [strʌk]; 현재분사 **striking**) 타 **1** …을 치다, 때리다(hit): *strike* a ball 공을 치다/ He *struck* me *on* the head. 그는 내 머리를 때렸다

> 유의어 치다
> **strike**는 「치다」를 뜻하는 가장 일반적인 말이다. **hit**는 목표를 겨누어 한 번 치다: He *hit* a ball with a bat. 그는 배트로 공을 쳤다. **beat**는 손·막대 등으로 계속해서 치다: He *beat* a drum. 그는 북을 쳤다. **punch**는 주먹으로 치다.

strike, hit   beat   punch

2 …에 **부딪치다**, 충돌하다: I *struck* my head *against* the door. 나는 문에 머리를 부딪쳤다
3 (부싯돌을) 치다, (성냥을) 긋다: *strike* a match 성냥을 긋다
4 (생각 등이) 머리에 떠오르다: A good idea *struck* me. 좋은 생각이 떠올랐다
5 …에게 강한 인상을 주다: I was *struck* by his honesty. 나는 그의 정직함에 감동 받았다
6 (시계가) (시각을) 치다, 울리다: The clock〔It〕 has *struck* three. 시계가 3시를 쳤다
7 (적·공포·병 등이) 갑자기 닥치다: The enemy *struck* the camp at night. 적이 그 야영지를 야습했다
── 자 **1 치다**, 때리다: He *struck* at me. 그는 나를 쳤다 / *Strike* while the iron is hot. 《속담》 쇠는 뜨거울 때 쳐라; 좋은 기회를 놓치지 마라
2 부딪치다, 충돌하다: The ship *struck* on a rock. 그 배는 좌초했다
3 불이 붙다〔켜지다〕
4 파업을 하다: They *struck* for higher pay. 그들은 임금 인상을 요구하며 파업을 했다

strike out (1) (힘차게) 나아가다 (2) 생각해 내다 (3) 【야구】 삼진당하다〔시키다〕

── 명 (복수 **strikes** [-s]) **1 타격**
2 파업, 스트라이크: a general *strike* 총파업
3 【야구】 스트라이크(반 ball 볼): The count is one ball and two *strikes*. 카운트는 투 스트라이크 원 볼이다 (우리와 세는 순서가 반대)

strik·ing [stráikiŋ 스트라이킹] 형 멋진, 두드러진, 눈에 띄는

string [stríŋ 스트링] 명 (복수 **strings** [-z]) **1 끈**, **실** (thread보다 두껍고 rope보다 가늘다): shoe *strings* 구두끈
2 (활의) 시위; (악기의) 현, 줄
3 〔the strings로〕 현악기 (연주자)

strip[1] [stríp 스츄립] 통 (3단현 **strips** [-s]; 과거·과거분사 **stripped** [-t]; 현재분사 **stripping**) 타 1 (껍질·옷 등을) **벗기다**: strip the bark *from* a tree 나무의 껍질을 벗기다

2 …에게서 (…을) 빼앗다 《*of*》: He was *stripped of* his money. 그는 돈을 뺏겼다

strip[2] [stríp 스츄립] 명 (복수 **strips** [-s]) 1 (천·널빤지 등의) 가늘고 긴 조각; 좁고 긴 땅 2 (신문 등의) 연재 만화

*****stripe** [stráip 스츄라입] 명 (복수 **stripes** [-s]) **줄무늬**, 줄(streak): A tiger has *stripes*. 호랑이는 줄무늬가 있다

strive [stráiv 스츄라이v으] 통 (3단현 **strives** [-z]; 과거 **strove** [stróuv]; 과거분사 **striven** [strívən]; 현재분사 **striving**) 1 애쓰다, 노력하다: strive for success 성공하기 위해 노력하다

2 싸우다, 저항하다

strode [stróud 스츄로우드] 통 stride(큰 걸음으로 걷다)의 과거형

*****stroke**[1] [stróuk 스츄로욱] 명 (복수 **strokes** [-s]) 1 **타격**(blow), 치기: at a *stroke* 일격에; 단숨에/ Little *strokes* fell great oaks. 《속담》 열 번 찍어 안 넘어가는 나무 없다

2 (시계·종 등의) 치는 소리: the *stroke* of twelve 12시를 치는 소리

3 (병 등의) 발작, 뇌졸중

4 (골프·테니스 등의) 타구, 스트로크

5 (피스톤의) 행정(行程)

6 (반복되는 동작의) 한 번, (수영·노젓기 등의) 한 회: swim with a slow *stroke* 느린 스트로크로 헤엄치다

7 필치, 필법

stroke[2] [stróuk 스츄로욱] 통 (현재분사 **stroking**) 타 …을 쓰다듬다, 어루만지다

stroll [stróul 스츄로울] 명 이리저리 거닐기, 산책: Let's go for a *stroll*. 산책하러 가자

—— 자 한가로이 거닐다, 산책하다

******strong** [strɔ́:ŋ 스츄롱-엉] 형 (비교급 **stronger**; 최상급 **strongest**) 1 (힘·몸이) **강한**, 튼튼한 (반 weak 약한); (물건이) 튼튼한; (의지가) 강한, 굳은: a *strong* nation〔wind〕 강국〔강풍〕/ She has a *strong* will. 그녀는 의지가 강하다

strong   weak

2 **잘하는**, 뛰어난: He is *strong* in mathematics. 그는 수학을 잘한다

3 (차 등이) **진한**; (맛·냄새 등이) 강한: *strong* coffee 진한 커피

strong·ly [strɔ́:ŋli 스츄롱-엉리] 부 강하게, 튼튼하게

strove [stróuv 스츄로우v으] 통 strive (애쓰다)의 과거형

struck [strʌ́k 스츄럭] 통 strike(치다)의 과거·과거분사형

*****struc·ture** [strʌ́ktʃər 스츄럭춰r] 명 (복수 **structures** [-z]) 1 **구조**, 구성, 조직: the *structure* of a bridge 다리의 구조

2 구조물, 건축물

*****strug·gle** [strʌ́gl 스츄라그을] 통 (3단현 **struggles** [-z]; 과거·과거분사 **struggled** [-d]; 현재분사 **struggling**) 자 **애쓰다**, 노력하다: He *struggled* to succeed. 그는 성공하기 위해 노력했다

—— 명 **노력**, 투쟁, 싸움: the *struggle* for existence 생존 경쟁

stub·born [stʌ́bərn 스타버r언] 형 (비교급 **stubborner**; 최상급 **stubbornest**)

1 완고한, 고집 센: He is very *stubborn*. 그는 매우 완고하다

2 (태도 등이) 완강한, 굽히지 않는: a *stubborn* resistance 완강한 저항

3 (문제 등이) 다루기 힘드는

stuck [sták 스탁] 동 stick(찌르다)의 과거 · 과거분사형

stu·dent [stjú:dnt 스튜-든트] 명 (복수 **students** [-ts]) **1** 학생: a college *student* 대학생

참고	pupil과 student	
	미국	영국
pupil	초등 학생	초 · 중 · 고생
student	중학생 이상	대학생

※ 최근에는 영국에서도 student를 중 · 고생에게 쓰는 경향이 있다.

2 연구가, 학자

stu·di·o [stjú:diòu 스튜-디오우 → 스튜-리오우] 명 (복수 **studios** [-z]) **1** (화가 · 사진가 등의) 작업실 **2** 방송실, 스튜디오

stud·y [stádi 스타디 → 스타디] 명 (복수 **studies** [-z]) **1** 공부: I like sports better than *study*. 나는 공부보다 스포츠를 좋아한다

2 연구: He devoted all his time to the *study* of cancer. 그는 자기의 시간을 전부 암 연구에 바쳤다

3 서재, 연구실, 공부방

——동 (3단현 **studies** [-z]; 과거 · 과거분사 **studied** [-d]; 현재분사 **studying**) 타 **1** …을 공부하다, 배우다; 연구하다: I *study* French every day. 나는 매일 프랑스어를 공부한다

2 …을 살피다, 조사하다: He is *studying* the road map. 그는 도로 지도를 자세히 살펴보고 있다

——자 공부하다: He *studied* hard to be a doctor. 그는 의사가 되기 위해 열심히 공부했다

stuff [stáf 스타흐] 명 (복수 **stuffs** [-s]) **1** 재료(material), 원료

2 (막연한) 것, 물건: What is that *stuff* on the desk? 책상 위의 것은 뭐냐?

3 《구어》 음식물, 음료; 술; 약

4 《구어》 소지품, 가진 것

——동 (3단현 **stuffs** [-s]; 과거 · 과거분사 **stuffed** [-t]; 현재분사 **stuffing**) 타 …에 채우다, 채워 넣다: The doll is *stuffed* with cotton. 그 인형에는 솜이 채워져 있다

stuff·y [stáfi 스타F이] 형 (비교급 **stuffier**; 최상급 **stuffiest**) 통풍이 나쁜, 숨막히는

stum·ble [stámbl 스텀블] 동 (3단현 **stumbles** [-z]; 과거 · 과거분사 **stumbled** [-d]; 현재분사 **stumbling**) 자 **1** …에 채어 비틀거리다, 발이 걸려 넘어지다: He *stumbled over* a stone. 그는 돌에 채어 넘어졌다

2 (말을) 더듬거리다

stump [stámp 스탐프] 명 **1** (나무의) 그루터기 **2** (물건의 쓰다 남은) 부분; (연필의) 동강

stung [stáŋ 스탕] 동 sting(찌르다)의 과거 · 과거분사형

stunt [stánt 스탄트] 명 묘기, 곡예

stu·pid [stjú:pid 스튜-피드] 형 (비교급 **stupider**; 최상급 **stupidest**) **1** 어리석은, 우둔한: a *stupid* idea 어리석은 생각 / It is *stupid* of you to believe him. 그를 믿다니 너도 어리석다

2 시시한, 재미없는, 지루한

stur·dy [stá:rdi 스터-r디 → 스터-r디] 형 (비교급 **sturdier**; 최상급 **sturdiest**) **1** (몸이) 튼튼한 **2** (저항 등이) 완강한

style [stáil 스타일] 명 (복수 **styles** [-z]) **1** (생활 · 행동 · 예술 등의) 양식, …풍: The house is built in European *style*. 그 집은 유럽풍으로 지어졌다

2 (복장 등의) 유행, 스타일: This dress is in the newest *style*. 이 옷은 최신 유행이다

3 문체, 말씨

sub- [접두사]「아래, 하위, 부(副)」의 뜻: *sub*way 지하철

sub·con·scious [sàbkánʃəs 써브칸셔쓰] 형 잠재 의식의

——명 [the를 붙여] 잠재 의식

sub·due [səbdjúː 써브듀-] 동 (현재분사 **subduing**) 타 **1** (적 등을) 정복하다, 진압하다 **2** (감정 등을) 억누르다

sub·ject [sʌ́bdʒikt 써브젝트] 명 (복수 **subjects** [-ts]) **1** (연구 등의) **제목**, 주제; 화제: the *subject* of a novel 소설의 주제 / Let's change the *subject*. 화제를 바꾸자

2 학과, 과목: What *subject* do you like best? 어떤 과목을 가장 좋아하니?

참고 학과, 과목

art	미술
English	영어
geography	지리
history	역사
Korean	한국어
mathematics	수학
music	음악
science	과학

3 【문법】 주어, 주부(반 object 목적어)
4 (군주 국가의) 백성, 국민; 신하

—— 형 **1** (영향을) **받기 쉬운**, …경향이 있는 《to》: He is *subject* to colds. 그는 감기에 잘 걸린다

2 지배를 받는 《to》: All citizens are *subject* to the law. 모든 국민은 법의 지배를 받는다

—— [səbdʒékt 써브젝트] 동 (3단현 **subjects** [-ts]; 과거 · 과거분사 **subjected** [-id]; 현재분사 **subjecting**) 타 **1** …을 **지배하다**, 복종〔종속〕시키다 《to》: They were *subjected to* Roman rule. 그들은 로마의 지배를 받았다

2 …에게 (싫은 일을) 겪게 하다 《to》: He was *subjected to* insult. 그는 모욕을 받았다

sub·jec·tive [səbdʒéktiv 써브젝티v으] 형 주관의, 주관적인(반 objective 객관적인): Don't make a *subjective* judgement. 주관적인 판단을 하지 마라
2 【문법】 주격의: the *subjective* case 주격

sub·junc·tive [səbdʒʌ́ŋktiv 써브졍(크)티v으] 형 【문법】 가정법의: the *subjunctive* mood 가정법

—— 명 【문법】 가정법

문법 가정법
　가정법은 과거 · 현재 · 미래에 대한 불확실한 상황을 가정한 것을 말한다: I wish he would come again. 그가 다시 오면 좋을 텐데.

sub·lime [səbláim 써블라임] 형 (비교급 **sublimer**; 최상급 **sublimest**) **1** 장엄〔웅대〕한 **2** 고상한, 고귀한

sub·ma·rine [sʌ́bmərìːn 써브머뤼-인] 명 (복수 **submarines** [-z]) 잠수함

submarine

—— 형 바다 속의, 해저의: a *submarine* cable 해저 전선

sub·mis·sion [səbmíʃən 써브미션] 명 복종, 항복

sub·mit [səbmít 써브밋] 동 (3단현 **submits** [-ts]; 과거 · 과거분사 **submitted** [-id]; 현재분사 **submitting**) 자 **1** …에 복종〔항복〕하다 《to》: *submit to* authority 권위에 복종하다

2 (의견 등에) 따르다 《to》: He *submitted to* the majority decision. 그는 다수결에 따랐다

—— 타 …을 제출하다: *submit* a report 보고서를 제출하다

sub·or·di·nate [səbɔ́ːrdinət 써보-r디넛 → 써보-r리넛] 형 **1** 하위의; 부차〔보조〕적인: a *subordinate* rank 하위 계급
2 【문법】 종속의: a *subordinate* clause 종속절

sub·scribe [səbskráib 써브스크라이브] 동 (3단현 **subscribes** [-z]; 과거·과거분사 **subscribed** [-d]; 현재분사 **subscribing**) 타 **1** (문서 등에) 서명하다 (**to**): President *subscribed* his name *to* the document. 대통령은 그 문서에 서명했다

2 …을 기부하다 (**to**): He *subscribed* fifty dollars *to* the school fund. 그는 학교 기금에 50달러를 기부했다

──자 **1** (서명하여) 동의〔찬성〕하다

2 (신문·잡지 등을) 예약 구독하다: *subscribe to* a magazine 잡지를 예약 구독하다

***sub·stance** [sʌ́bstəns 써브스턴쓰] 명 (복수 **substances** [-iz]) **1** 물질, 물체 (**material**): a sticky *substance* 끈끈한 물질

2 내용, 알맹이; 실질, 본질: There was no *substance* in his speech. 그의 연설에는 알맹이가 없다

3 〔**the**를 붙여〕 (이야기 등의) 요지: the *substance* of his lecture 그의 강연의 요지

sub·stan·tial [səbstǽnʃəl 써브스탠셔얼] 형 (비교급 **more substantial**; 최상급 **most substantial**) **1** (양·정도가) 많은, 상당한: He gets *substantial* pay. 그는 상당한 급료를 받고 있다

2 실질적인, 사실상의: a *substantial* victory 사실상의 승리

3 단단한, 튼튼한, 견고한

***sub·sti·tute** [sʌ́bstətjùːt 써브스터튜-트] 동 (3단현 **substitutes** [-ts]; 과거·과거분사 **substituted** [-id]; 현재분사 **substituting**) 타 …을 대신하다 (**for**): She *substituted* margarine *for* butter. 그녀는 마가린을 버터 대신에 썼다

──자 대신하다, 대리하다

──명 (복수 **substitutes** [-ts]) 대리인; 대용품

sub·sti·tu·tion [sʌ̀bstətjúːʃən 써브스터튜-션] 명 대리, 대용, 대체

sub·ti·tle [sʌ́btàitl 써브타이트얼 → 써브타이르얼] 명 (복수 **subtitles** [-z]) **1** (책 등의) 부제 **2** (영화의) 자막

sub·tle [sʌ́tl 써트얼 → 써르얼] 〔🔊 b 묵음〕 형 (비교급 **subtler**; 최상급 **subtlest**) **1** 미묘한, 희미한: There is a *subtle* distinction between the two. 그 둘 사이에는 미묘한 차이가 있다

2 (감각 등이) 예민한: *subtle* insight 예리한 통찰력

3 정교한, 교묘한

sub·tract [səbtrǽkt 써브츄랙트] 동 (3단현 **subtracts** [-ts]; 과거·과거분사 **subtracted** [-id]; 현재분사 **subtracting**) 타 …을 빼다, 덜다 (반 **add** 더하다): *subtract* 1 from 4 4에서 1을 빼다

subtract

sub·trac·tion [səbtrǽkʃən 써브츄랙션] 명 빼기, 뺄셈 (반 **addition** 덧셈)

***sub·urb** [sʌ́bəːrb 써버-ㄹ브] 명 (복수 **suburbs** [-z]) 〔보통 복수형으로〕 교외, 시외: He lives in the *suburbs* of Seoul. 그는 서울 교외에 산다

sub·ur·ban [səbə́ːrbən 써버-ㄹ번] 형 교외의〔에 사는〕

***sub·way** [sʌ́bwèi 써브웨이] 명 (복수 **subways** [-z]) **1** 《미》 지하철 (🔊 《영》 **underground**, **tube**): take the *subway* 지하철을 타다

subway

2 《영》 지하도 (🔊 《미》 **underpass**)

suc·ceed [səksíːd 썩씨-드] 동 (3단현 **succeeds** [-dz]; 과거·과거분사 **succeeded** [-id]; 현재분사 **succeeding**) 자 **1** …에 성공하다 (in)(반 fail 실패하다): He *succeeded* as a musician. 그는 음악가로서 성공했다 / He *succeeded* in persuading his parents. 그는 부모님을 설득하는데 성공했다
2 (지위·재산 등을) 이어받다, 상속하다 《to》: He *succeeded* to his father's estate. 그는 아버지의 재산을 상속했다
── 타 **1** …의 뒤를 잇다, 계승하다: Elizabeth *succeeded* Mary *as* Queen. 엘리자베스가 메리의 뒤를 이어 여왕이 되었다
2 …의 뒤에 계속되다: Autumn *succeeds* summer. 가을은 여름 다음에 온다

suc·cess [səksés 썩쎄쓰] 명 (복수 **successes** [-iz]) 성공, 출세(반 failure 실패): The plan was a great *success*. 그 계획은 대성공이었다

suc·cess·ful [səksésfəl 썩쎄쓰F어=] 형 (비교급 **more successful**; 최상급 **most successful**) 성공한, 출세한: He was *successful* in life. 그는 성공적인 인생을 살았다

suc·cess·ful·ly [səksésfəli 썩쎄쓰F얼리] 부 성공적으로, 잘

suc·ces·sion [səkséʃən 썩쎄션] 명 **1** 연속, 계속 **2** (지위·재산 등의) 계승, 상속
in succession 연속하여, 잇달아서: Strange accidents happened *in succession*. 이상한 사고가 계속해서 일어났다

suc·ces·sive [səksésiv 썩쎄씨v으] 형 연속하는, 계속적인: It rained three *successive* days. 3일 동안 계속해서 비가 왔다

suc·ces·sor [səksésər 썩쎄써r] 명 후계자, 상속자

suc·cumb [səkʌ́m 써컴] (b는 묵음) 자 (유혹 등에) 굴복하다, 지다

such [sʌtʃ 써취] 형 **1** [**such+(a)+**명사의 형태로] 그러한, 그와 같은: I don't know *such* a man. 나는 그런 사람을 알지 못한다 / *Such* men are dangerous. 그런 사람들은 위험하다 / All *such* books are useful. 그러한 책은 모두 유익하다 / There are no *such* things in the world. 그런 것은 이 세상에 없다

> 쓰임새 (1) such 다음의 명사가 셀 수 있는 명사이고 단수형일 때에는 a [an]이 붙고, 셀 수 없는 명사나 복수형일 때에는 a[an]을 붙이지 않는다.
> (2) such가 all, other, each, any, many, no, some 등과 함께 쓸 경우에는 all [no, …]+such+명사의 어순이 된다.

2 [**such+(a)+**형용사+명사의 형태로] 그렇게; 대단히, 매우: Don't ask me *such* a stupid question. 그런 어리석은 질문은 내게 하지 마라
3 [**such+(a)+**명사의 형태로] 대단한, 굉장한: He is *such* a liar. 그는 굉장한 거짓말쟁이다

such and such … 《구어》 이러이러한, 여차여차한: *such and such* a street 이러이러한 거리

such A as B = *A such as B* B와 같은 A: *Such* poets *as* Shakespeare are rare. (= Poets *such as* Shakespeare are rare.) 셰익스피어와 같은 시인은 드물다

such as it is [*they are*] 변변치 못하지만, 보잘것없지만: You can use my car, *such as it is*. 변변치 못하지만 제 차를 쓰십시오

such (…) as to do (…할) 만큼[정도]의: He is not *such* a fool *as to* do it. 그는 그것을 할 만한 바보는 아니다

such A that … 매우 A이므로… (that는 종종 생략): She is *such* a lovely girl (*that*) everybody likes her. (= She is *so lovely a girl (that) everybody likes her.* 그녀는 매우 귀여운 소녀라서 모두가 그녀를 좋아한다

━[대] 그런 일〔것, 사람〕: *Such* was not my intention. 그러한 것이 나의 의도는 아니었다

... and such …따위, …등등: I ate apples, oranges *and such*. 나는 사과, 오렌지 등을 먹었다

suck [sʌ́k 썩] [동] (3단현 **sucks** [-s]; 과거·과거분사 **sucked** [-t]; 현재분사 **sucking**) [타] …을 빨(아먹)다: Bees *sucks* honey. 꿀벌은 꿀을 빨아먹는다

suck

Su·dan [su:dǽn 쑤-댄] [명] 수단 《아프리카 동북부의 공화국》

***sud·den** [sʌ́dn 써든] [형] (비교급 **more sudden**; 최상급 **most sudden**) 뜻밖의, 갑작스러운: His *sudden* death was a great shock. 그의 갑작스런 죽음은 큰 충격이었다

━[명] 불의(不意)

all of a sudden 갑자기(suddenly), 별안간: *All of a sudden* it began to rain. 갑자기 비가 오기 시작했다

***sud·den·ly** [sʌ́dnli 써든리] [부] **갑자기**, 별안간: She *suddenly* began to cry. 그녀는 갑자기 울기 시작했다

sue [sú: 쑤-] [동] (현재분사 **suing**) [타] …을 고소하다, 소송을 제기하다

Su·ez [suːéz 쑤-에즈] [명] 수에즈 《이집트 북동부의 항구 도시》

Suez Canal [súːez kənǽl] [명] 〔**the**를 붙여〕 (지중해와 홍해를 잇는) 수에즈 운하

***suf·fer** [sʌ́fər 써F어r] [동] (3단현 **suffers** [-z]; 과거·과거분사 **suffered** [-d]; 현재분사 **suffering** [sʌ́fəriŋ]) [타] **1** (고통·슬픔·손해 등을) **겪다**, 경험하다, 당하다: *suffer* great losses 큰 손해를 입다

2 〔부정문·의문문에서〕 **참다**, 견디다: I can*not suffer* such an insult. 나는 그런 모욕을 참을 수 없다

━[자] 고생하다: He is *suffering from* a headache. 그는 두통으로 고생하고 있다

suf·fer·er [sʌ́fərər 써F어뤄r] [명] **1** 고생하는 사람; 환자 **2** (재해 등의) 피해자

suf·fer·ing [sʌ́fəriŋ 써F어륑] [명] (복수 **sufferings** [-z]) **1** 고통, 고생 **2** 〔종종 복수형으로〕 피해, 재난

suf·fice [səfáis 써F아이ㅆ] [동] (3단현 **suffices** [-iz]; 과거·과거분사 **sufficed** [-t]; 현재분사 **sufficing**) [자] …에 충분하다: Ten dollars will *suffice* to buy the atlas. 지도책을 사는데 10달러면 충분할 것이다

***suf·fi·cient** [səfíʃənt 써F이션트] [형] **충분한**, 족한(enough): *sufficient* food 충분한 식량

suf·fi·cient·ly [səfíʃəntli 써F이션틀리 → 써F이션ʼ을리] [부] 충분히

suf·fix [sʌ́fiks 써F익쓰] [명] 【문법】 접미사 《-er, -less, -able 등》(반 prefix 접두사)

suf·fo·cate [sʌ́fəkèit 써F어케잇] [동] (3단현 **suffocates** [-ts]; 과거·과거분사 **suffocated** [-id]; 현재분사 **suffocating**) [타] 숨막히게 하다: She was *suffocated* by grief. 그녀는 슬픔으로 목이 메었다

****sug·ar** [ʃúgər 슈거r] [명] (복수 **sugars** [-z]) **설탕**: two lumps of *sugar* 각설탕 두 개/ How many *sugars* in your tea? 홍차에 설탕을 얼마나 넣을까요?

> 쓰임새 sugar는 보통 a를 붙이지 않고 복수형으로도 하지 않는다. 설탕 한 스푼, 두 스푼이라고 할 때에는 a spoonful of sugar, two spoonfuls of sugar라고 한다. 다만 회화에서는 a를 붙이거나 복수형 sugars를 쓰기도 한다.

sugar beet [ʃúɡər bìːt] 명 【식물】 사탕무

sug·ar·cane [ʃúɡərkèin 슈거r케인] 명 【식물】 사탕수수

sug·gest [sədʒést 써줴스트] 동 (3단현 **suggests** [-ts]; 과거·과거분사 **suggested** [-id]; 현재분사 **suggesting**) 타
1 …을 제안하다: He *suggested* a drink. 그는 한잔하자고 제안했다
2 …을 암시하다, 시사하다: Her words *suggest* that she loves him. 그녀의 말은 그녀가 그를 사랑한다는 것을 암시한다
3 (사물이) …을 연상시키다: What does the shape *suggest* to you? 그 형태는 당신에게 무엇을 연상시킵니까?

sug·ges·tion [sədʒéstʃən 써줴스쳔] 명
1 제안, 제의: Do you have any *suggestion*? 무언가 제안할 것이 있느냐?
2 암시, 시사, 넌지시 비춤
3 연상, 생각나게 함

sug·ges·tive [sədʒéstiv 써줴스티v으] 형 1 암시적인 2 생각나게 하는

su·i·cide [súːəsàid 쑤-어싸이드] 명 (복수 **suicides** [-dz]) 자살: He commited *suicide*. 그는 자살했다

suit [súːt 쑤-트] 명 (복수 **suits** [-ts]) 1 (복장의) 한 벌, (한 벌의) 신사복; (한 벌의 여성용) 슈트; (특별한 용도의) …옷(복): a *suit* of clothes 옷 한 벌 / a ski *suit* 스키복 / He was wearing a gray *suit*. 그는 회색 양복을 입고 있었다

> 참고 남성복에서는 같은 천의 상의(jacket)·조끼(vest)·바지(trousers)를, 여성복에서는 상의(coat)와 스커트(skirt)를 suit라 한다.

2 소송: a civil〔criminal〕*suit* 민사〔형사〕소송

── 동 (3단현 **suits** [-ts]; 과거·과거분사 **suited** [-id]; 현재분사 **suiting**) 타 1 …에 적합하게 하다, 맞게 하다: He is not *suited for* the post. 그는 그 자리에 적합하지 않다 / He *suited* his speech *to* the audience. 그는 청중에게 적합한 연설을 했다
2 (의복 등이) 어울리다: That blue sweater *suits* you very well. 그 푸른색 스웨터는 당신에게 잘 어울린다
3 …에 알맞다, 마음에 들다: The five o'clock train *suits* me fine. 5시 열차면 나는 좋다

suit·a·ble [súːtəbl 쑤-터블 → 쑤-러브을] 형 (비교급 **more suitable**; 최상급 **most suitable**) …에 적합한, 어울리는, 알맞은: a dress *suitable for* the party 파티에 어울리는 옷

suit·case [súːtkèis 쑤-웃케이쓰] 명 (복수 **suitcases** [-iz]) 여행 가방, 슈트케이스

suitcases

sul·fur,《영》**sul·phur** [sʌ́lfər 썰F어r] 명 【화학】(유)황 (《 기호 S)

sul·len [sʌ́lən 썰런] 형 1 부루퉁한, 시무룩한 2 (날씨 등이) 음침한, 음울한

sul·tan [sʌ́ltn 썰튼] 명 술탄 《이슬람교 국가의 군주》

sul·try [sʌ́ltri 썰츄뤼] 형 (비교급 **sultrier**; 최상급 **sultriest**) 찌는 듯이 더운

sum [sʌ́m 썸] 《 some(얼마간의)과 발음이 같음》 명 (복수 **sums** [-z]) 1 〔**the**를 붙여〕 합계, 총액: *the sum* of the cost 비용의 합계
2 금액: a large〔small〕 *sum* of money 많은〔적은〕돈
3 〔종종 복수형으로〕 산수 계산 (문제): He is good at *sums*. 그는 계산에 능하다
4 요점, 요약

──동 (3단현 sums [-z]; 과거·과거분사 summed [-d]; 현재분사 summing) 타 1 …을 합계하다 (up): She *summed up* the expenses. 그녀는 지출을 합계했다

2 …의 개요를 말하다, 요약하다 (up)

sum·ma·rize [sʌ́məràiz 써머라이즈] 동 (3단현 **summarizes** [-iz]; 과거·과거분사 **summarized** [-d]; 현재분사 **summarizing**) 타 …을 요약하다, 요약하여 말하다: Please *summarize* the report. 그 보고서를 요약하여 말해주세요

sum·ma·ry [sʌ́məri 써머리] 명 (복수 **summaries** [-z]) 요약, 개요

sum·mer [sʌ́mər 써머*r*] 명 (복수 **summers** [-z]) 여름 (반 winter 겨울): in the *summer* of 2008 2008년 여름에/ She will be there all *summer*. 그녀는 여름 내내 그곳에 있을 것이다

> 쓰임새 「여름에」는 보통 in summer로 나타내는데, this나 all, last, next 등이 앞에 오면 in은 붙이지 않는다.

── 형 여름의, 하계의: *summer* vacation〔영 holiday〕 여름 휴가/ *summer* sports 하계 스포츠

sum·mer·time [sʌ́mərtàim 써머*r*타임] 명 여름(철)

summer time [sʌ́mər tàim] 명 《영》 일광 절약 시간, 서머타임 (《미》 daylight-saving time)

sum·mit [sʌ́mit 써밋] 명 1 (산의) 정상, 꼭대기

2 〔**the**를 붙여〕 절정, 정점: *the summit* of fame 명성의 절정

3 (국가의) 정상, 수뇌: a *summit* meeting 정상〔수뇌〕 회담

sum·mon [sʌ́mən 써먼] 타 1 …을 불러내다, (증인 등을) 소환하다 2 (용기 등을) 내다 (up)

sum·mons [sʌ́mənz 써먼즈] 명 (복수 **summonses** [-iz]) 소환(장)

sun [sʌ́n 썬] 〔 son(아들)과 발음이 같음〕 명 (복수 **suns** [-z]) 1 〔**the**를 붙여〕 태양, 해: The *sun* rises in the east and sets in the west. 해는 동쪽에서 떠서 서쪽으로 진다

2 햇빛, 일광 (sunshine): bathe in the *sun* 일광욕을 하다

Sun. 《약어》 *Sun*day 일요일

sun·beam [sʌ́nbì:m 썬비-임] 명 태양 광선

sun·burn [sʌ́nbə̀:rn 썬버-*r*언] 명 (따갑고 물집이 생길 정도로) 햇볕에 탐

── 동 (3단현 **sunburns** [-z]; 과거·과거분사 **sunburnt** [-t], 《미》 **sunburned** [-d]; 현재분사 **sunburning**) 자 햇볕에 타다

sun·burned [sʌ́nbə̀:rnd 썬버-*r*언드] 형 햇볕에 탄

Sun·day [sʌ́ndèi 썬데이] 명 (복수 **Sundays** [-z]) 일요일: on *Sunday* morning 일요일 아침에/ We go to church on *Sunday(s)*. 우리는 일요일에 (예배 드리러) 교회에 간다/ See you next *Sunday*. 오는 일요일에 보자 【「태양(sun)의 날(day)」에서】

Sunday best [sʌ́ndei bést] 명 《구어》 나들이 옷 (일요일에 정장 차림으로 교회에 가는 데서)

sun·flow·er [sʌ́nflàuər 썬F을라우어*r*] 명 〔식물〕 해바라기

sunflowers

sung [sʌ́ŋ 썽] 동 sing(노래하다)의 과거·과거분사형

sun·glass·es [sʌ́nglæsiz 썬글레씨z으] 명 〔복수 취급〕 선글라스, 색안경

sunk [sʌ́ŋk 썽크] 동 sink(가라앉다)의 과거·과거분사형

sun·light [sʌ́nlàit 썬라잇] 명 햇빛, 일광 (sunshine)

sun·ny [sʌ́ni 써니] 형 (비교급 **sunnier**; 최상급 **sunniest**) **1** 햇빛 밝은: a *sunny* day 햇빛 밝은 날
2 양지 바른, 햇볕이 잘 드는: a *sunny* room 햇빛이 잘 드는 방
3 명랑한, 쾌활한(cheerful)

sun·rise [sʌ́nràiz 썬롸이z으] 명 해돋이, 일출(반 sunset 일몰); 새벽녘: get up at *sunrise* 새벽녘에 일어나다

sunrise

sun·set [sʌ́nsèt 썬쎗] 명 해넘이, 일몰 (반 sunrise 일출); 해질녘: at *sunset* 해질녘에

sun·shade [sʌ́nʃèid 썬쉐이드] 명 **1** (여자용) 양산 **2** 햇볕 가리는 것 《가게 등의 차양, 여성 모자의 챙 등》

sun·shine [sʌ́nʃàin 썬샤인] 명 햇빛, 일광; 양지: bathe in the *sunshine* 일광욕을 하다

sun·tan [sʌ́ntæ̀n 썬탠] 명 (피부가) 햇볕에 탐, 볕에 그을음 (sunburn처럼 피부에 물집이 생길 정도는 아님)

su·per [súːpər 쑤-퍼] 형 《구어》 최고의, 특별한

su·per- (접두사) 「…의 위에, 뛰어나게 …한, 초(超)…」의 뜻: *super*natural 초자연의

su·perb [supə́ːrb 쑤퍼-r브] 형 최고의, 최상의

su·per·fi·cial [sùːpərfíʃəl 쑤-퍼rF이셔얼] 형 **1** 표면상의, 외관상의: a *superficial* wound 외상
2 피상적인; 하찮은, 천박한: a *superficial* knowledge 피상적인 지식

su·per·flu·ous [suːpə́ːrfluəs 쑤-퍼-rF을루어쓰] 형 남아도는, 과잉의

su·per·high·way [sùːpərháiwei 쑤-퍼r하이웨이] 명 《미》 (보통 4차선 이상의) 고속도로

su·per·in·tend·ent [sùːpərinténdənt 쑤-퍼륀텐든트] 명 감독자, 관리자

＊**su·pe·ri·or** [səpíəriər 써피어뤼어r] 형 **1** (지위·계급 등이) 높은, **상위의**, 상급의 (반 inferior 하위의): a *superior* court 상급 재판소/ He is my *superior* officer. 그는 나의 상관이다
2 (질·정도 등이) **우수한**(excellent), 뛰어난 《to》: *superior* skill 우수한 기술/ He is *superior to* me in strength. 그는 나보다 힘이 세다 (superior than이라고는 하지 않는다)
── 명 (복수 **superiors** [-z]) **1** 우수한 사람 **2** 상관, 상사, 선배

su·pe·ri·or·i·ty [səpìərióːrəti 써피어뤼오-뤄티] 명 우세, 우위, 우수(반 inferiority 열세)

su·per·la·tive [səpə́ːrlətiv 써퍼-r을러티v으 → 써퍼-r을러리v으] 형 **1** 최고의, 최상의
2 【문법】 최상급의: the *superlative* degree 최상급

su·per·man [súːpərmæ̀n 쑤-퍼r맨] 명 (복수 **supermen** [-mèn]) 초인(超人), 슈퍼맨

＊＊**su·per·mar·ket** [súːpərmɑ̀ːrkit 쑤-퍼r마-r킷] 명 (복수 **supermarkets** [-ts]) 슈퍼마켓

su·per·nat·u·ral [sùːpərnǽtʃərəl 쑤-퍼r내춰뤄얼] 형 초자연적인, 불가사의한

su·per·son·ic [sùːpərsɑ́nik 쑤-퍼r싸닉] 형 초음속의: a *supersonic* plane 초음속기

su·per·sti·tion [sùːpərstíʃən 쑤-퍼rs티션] 명 (복수 **superstitions** [-z]) 미신

> 참고 서양의 미신
> (1) 13일의 금요일은 불길한 일이 생긴다.
> (2) 사다리 밑으로 지나가면 불길한 일이 생긴다.
> (3) 거울을 깨뜨리면 불길한 일이 생긴다.
> (4) 검은 고양이가 앞을 지나가면 불길한 일이 생긴다.
> (5) 네잎 클로버를 몸에 지니면 행운이 온다.
> (6) 밤하늘의 별똥별을 보고 소원을 빌면 이루어진다.
> (7) 신부를 안고 새집의 문지방을 넘으면 신랑에게 행운이 온다.

su·per·sti·tious [sùːpərstíʃəs 쑤-퍼rs티셔쓰] 형 미신의, 미신적인

su·per·vise [súːpərvàiz 쑤-퍼rV아이z으] 동 (현재분사 **supervising**) 타 (사람·일 등을) 감독하다, 관리하다

su·per·vi·sion [sùːpərvíʒən 쑤-퍼rV이줜] 명 감독, 관리
【「위(super)에서 봄(vision)」에서】

su·per·vi·sor [súːpərvàizər 쑤-퍼rV아이z어r] 명 감독자, 관리인

sup·per [sʌ́pər 써퍼r] 명 저녁 식사 (참고 「아침」은 breakfast, 「점심」은 lunch): We usually have[eat] *supper* at seven. 우리는 보통 7시에 저녁 식사를 한다

sup·ple·ment [sʌ́pləmənt 써플러먼트] 명 보충, 추가, 부록

sup·ply [səplái 써플라이] 동 (3단현 **supplies** [-z]; 과거·과거분사 **supplied** [-d]; 현재분사 **supplying**) 타 **1** …을 공급하다(provide): This power plant *supplies* us *with* electric power. (= This power plant *supplies* electric power *to*[*for*] us.) 이 발전소는 우리에게 전력을 공급해 준다

2 (부족 등을) 보충하다, 메우다: *supply* a loss 손실을 보충하다

—— 명 (복수 **supplies** [-z]) **1** 공급, 보급 (반 demand 수요); 공급품: *supply* and demand 수요와 공급 (참고 어순에 주의)
2 (비축물 등의) 양, 재고품: We have a large *supply* of rice. 쌀이 많이 있다
3 〔복수형으로〕 (군대·탐험대 등의) 양식, 군량, 보급품

sup·port [səpɔ́ːrt 써포-r트] 동 (3단현 **supports** [-ts]; 과거·과거분사 **supported** [-id]; 현재분사 **supporting**) 타
1 …을 받치다, 지탱하다: The old man *supported* himself *with* a stick. 노인은 지팡이에 몸을 의지했다
2 (가족 등을) 부양하다, 기르다: He *supports* a large family. 그는 대가족을 부양한다
3 (의견·정책 등을) 지지하다: Nobody *supported* his idea. 아무도 그의 의견을 지지하지 않았다

—— 명 (복수 **supports** [-ts]) **1** 받침, 떠받침; 지지물, 지주: The fence needs *support*. 그 펜스는 지지물이 필요하다
2 지지, 원조, 후원: He gave *support* to poor student. 그는 가난한 학생들을 후원했다
3 (가족의) 부양, 양육; 생활비

sup·port·er [səpɔ́ːrtər 써포-r터r → 포-r러r] 명 지지자, 후원자

sup·pose [səpóuz 써포우z으] 동 (3단현 **suppoes** [-iz]; 과거·과거분사 **supposed** [-d]; 현재분사 **supposing**) 타 **1** …을 가정하다, 상상하다: Let us *suppose* that he is innocent. 그가 결백하다고 가정해 보자
2 …라고 생각하다, 추측하다 (참고 보통 think보다 막연한 경우에): I *suppose* he will be late. 나는 그가 늦게 오리라고 생각한다
3 〔분사형 또는 명령형으로〕 만약 …이면; …하면 어떨까?: *Supposing* it rains tomorrow, what shall we do? 만일 내

일 비가 온다면 어떻게 할까?/ *Suppose* we wait until tomorrow. 내일까지 기다리면 어떨까?
4 〔be supposed to do의 형태로〕 …하기로 되어 있다: I'*m supposed to* see him this weekend. 이번 주말에 그를 만날 예정이다

sup·press [səprés 써프뤠쓰] 통 (3단현 **suppresses** [-iz]) 타 **1** (반란·폭동 등을) 억압〔진압〕하다 **2** (감정·하품 등을) 억누르다, 참다

sup·pres·sion [səpréʃən 써프뤠션] 명 **1** (반란 등의) 억압, 진압 **2** (감정 등의) 억제

su·preme [suprí:m 쑤프뤼-임] 형 (지위·품질 등이) 최고의: the *supreme* commander 최고 사령관

※sure [ʃúər 슈어r] 형 (비교급 **surer** [ʃúərər]; 최상급 **surest** [ʃúərist]) **1 틀림없는**, 확신하는

〔회화〕
A: Are you *sure*?
틀림없습니까?
B: Yes, I'm *sure*.
네, 틀림없습니다

2 확실한(certain), 틀림없는; 믿을 수 있는: a *sure* way to success 성공할 수 있는 확실한 방법
be sure of〔that〕… …을 확신하고 있다: I *am sure of* his honesty. (= I *am sure that* he is honesty.) 나는 그가 정직하다는 것을 확신하고 있다
be sure to do 《구어》 반드시〔틀림없이〕 …하다: He *is sure to* come. 그는 꼭 온다

for sure 확실히, 틀림없이(for certain)
make sure of〔that〕 (1) …을 확인하다 (confirm): *Make sure that* the door closed. 문이 잠겨 있는지 확인해라
(2) 틀림없이 …하다
to be sure 확실히, 과연: *To be sure* he is clever, but he is lazy. 그는 정말 영리하지만 게으르다
── 부 《구어》 **1** 《미》 반드시, 틀림없이, 꼭(surely): She will *sure* fail. 그녀는 반드시 실패할 것이다
2 〔대답으로〕 물론이죠, 그럼요

〔회화〕
A: Are you coming?
당신은 올 것입니까?
B: *Sure*!
가고 말고요!

sure enough 《구어》 과연, 예상한 대로: *Sure enough*, he was late. 아니나 다를까 그는 지각했다

※sure·ly [ʃúərli 슈어r을리] 부 **1 반드시**, 틀림없이, 확실히: slowly but *surely* 천천히 그러나 틀림없이/ *Surely* you are mistaken. 확실히 네가 틀렸다
2 〔강한 긍정의 대답으로〕 《미구어》 예, 물론, 그럼요

〔회화〕
A: Will you help me?
도와 주시겠습니까?
B: *Surely*.
그럼요

surf [sə́:rf 써-rf으] 명 밀려드는 파도: ride on the *surf* 파도타기를 하다
── 자 파도타기를 하다, 서핑을 하다

※sur·face [sə́:rfis 써-rF이쓰] 〔발음 주의〕 명 (복수 **surfaces** [-iz]) **1 표면**: the *surface* of the earth 지구의 표면
2 겉보기, 외관: He is soft on the *surface*. 그는 겉보기에는 부드럽다

surf·board [sə́:rfbɔ̀:rd 써-rf으보-r드] 명 파도타기 널

surf·er [sə́ːrfər 써-r F어r] 명 파도타기하는 사람

surf·ing [sə́ːrfiŋ 써-r F잉] 명 서핑, 파도타기

surfing

surge [səːrdʒ 써-r 쥐] 동 (현재분사 **surging**) 자 **1** (군중 등이) 밀려오다, 밀어닥치다 **2** (감정 등이) 끓어오르다 《up》

sur·geon [sə́ːrdʒən 써-r 줜] 명 외과 의사 (📖 「내과 의사」는 physician)

sur·ger·y [sə́ːrdʒəri 써-r 줘리] 명 (복수 **surgeries** [-z]) **1** 외과 (📖 「내과」는 medicine) **2** (외과) 수술

sur·gi·cal [sə́ːrdʒikəl 써-r 쥐커얼] 형 외과(용)의, 수술의

sur·mount [sərmáunt 써r마운트] 타 **1** (산·언덕 등을) 오르다 **2** (곤란·장애를) 극복하다

sur·name [sə́ːrnèim 써-r네임] 명 성 (family name)

sur·pass [sərpǽs 써r패쓰] 동 (3단현 **surpases** [-iz]; 과거·과거분사 **surpassed** [-t]; 현재분사 **surpassing**) 타 …보다 낫다, 능가하다: His car *surpasses* mine in speed. 그의 차는 속도에 있어서 내 차보다 낫다

sur·plus [sə́ːrpləs 써-r플러쓰] 명 (복수 **surpluses** [-iz]) 나머지, 과잉
— 형 과잉의, 잉여의: *surplus* products 과잉 생산물

*__**sur·prise**__ [sərpráiz 써r프라이즈] 동 (3단현 **surprises** [-iz]; 과거·과거분사 **surprised** [-d]; 현재분사 **surprising**) 타 …을 놀라게 하다: His reaction *surprised* me. 그의 반응은 나를 놀라게 했다

— 명 (복수 **surprises** [-iz]) **1** 놀람: He showed *surprise* at the news. 그는 그 소식에 놀라운 표정을 보였다
2 놀라운 일: I have a *surprise* for you. 너를 놀라게 해줄 일이 있다
in surprise 놀라서: He jumped up *in surprise*. 그는 놀라서 펄쩍 뛰었다
take … by surprise (1) (남을) 기습하다: They *took* the enemy *by surprise*. 그들은 적을 기습 공격했다
(2) …을 놀라게 하다
to one's ***surprise*** 놀랍게도: *To my surprise*, nobody knew about it. 놀랍게도 아무도 그 일에 대해 모르고 있었다

sur·prised [sərpráizd 써r프라이즈드] 형 (사람·동물이) 놀란: I was *surprised* to hear the news. 나는 그 소식을 듣고 놀랐다

sur·pris·ing [sərpráiziŋ 써r프라이징] 형 놀라운, 뜻밖의: It was a *surprising* event. 그것은 뜻밖의 일이었다

*__**sur·ren·der**__ [səréndər 써뤤더r] 동 (3단현 **surrenders** [-z]; 과거·과거분사 **surrendered** [-d]; 현재분사 **surrendering** [-dəriŋ]) 타 **1** …을 넘겨주다, 인도하다: They *surrendered* the town *to* the enemy. 그들은 마을을 적에게 넘겨주었다

2 (희망·권리 등을) 포기하다, 버리다
— 자 항복하다: They *surrendered to* the enemy. 그들은 적에게 항복했다
— 명 **1** 인도, 양도 **2** 항복 **3** (권리 등의) 포기

*__**sur·round**__ [səráund 써롸운드] 동 (3단현 **surrounds** [-dz]; 과거·과거분사 **surrounded** [-id]; 현재분사 **surrounding**) 타 …을 둘러싸다, 에워싸다: His house *is surrounded* by〔with〕 trees. 그의 집은 나무로 둘러싸여 있다

sur·round·ing [səráundiŋ 써롸운딩] 형 둘러싼, 주위의
— 명 (복수 **surroundings** [-z]) [복수형으로] 환경, 주변 상황

*sur·vey [sərvéi 써r V에이] 통 (3단현 surveys [-z]; 과거·과거분사 surveyed [-d]; 현재분사 surveying) 타 **1** …을 둘러 보다, 살펴보다: *survey* a situation 상황을 살펴보다

2 …을 조사하다; (토지 등을) 측량하다
── [sə́:rvei 써-r V에이] 명 **1** 둘러봄 **2** 조사; 측량

*sur·vi·val [sərváivəl 써r V아이V어얼] 명 (복수 survivals [-z]) **생존**; 생존자: the *survival* of the fittest 적자 생존

*sur·vive [sərváiv 써r V아이v으] 통 (3단현 survives [-z]; 과거·과거분사 survived [-d]; 현재분사 surviving) 타 **1** (사고 등에서) **살아남다**: He *survived* the car accident. 그는 자동차 사고에서 목숨을 건졌다

2 …보다 오래 살다: She *survived* her husband. 그녀는 남편보다 오래 살았다

sur·vi·vor [sərváivər 써r V아이V어r] 명 생존자

*sus·pect [səspékt 써스펙트] 통 (3단현 suspects [-ts]; 과거·과거분사 suspected [-id]; 현재분사 suspecting) 타 **1** …을 **의심하다**, (범죄 등의) 혐의를 두다: I *suspect* his story. 나는 그의 이야기를 의심한다 / He is *suspected* of being a thief. 그는 절도 혐의를 받고 있다

비교 doubt와 suspect
　doubt는 부정적인 의심으로「그럴 가능성이 없다」는 뜻이지만, suspect는 긍정적인 의심으로「그럴 가능성이 있다」는 뜻이다.

doubt　　　suspect

2 …이 아닌가 생각하다: I *suspect* him to be ill. 나는 그가 아픈게 아닌가 하고 생각한다
── 자 의심을 품다
── [sʌ́spekt 써스펙트] 명 용의자

*sus·pend [səspénd 써스펜드] 통 (3단현 suspends [-dz]; 과거·과거분사 suspended [-id]; 현재분사 suspending) 타 **1** …을 **매달다**, 걸다: The lamp was *suspended* from the ceiling. 램프가 천장에 매달려 있었다

2 …을 (일시) 중지하다, 보류하다: *suspend* payment 지불을 중지하다

3 정직[정학]시키다

sus·pend·ers [səspéndərz 써스펜더r z으] 명 [복수 취급] **1** 《영》 양말 대님 (《미》 garters) **2** 《미》 (바지의) 멜빵 (《영》 braces)

suspenders 2

sus·pense [səspéns 써스펜쓰] 명 **1** (사건 등의) 미결 상태 **2** 불안, 걱정 **3** (영화·소설 등의) 서스펜스, 조마조마한 상태

sus·pen·sion [səspénʃən 써스펜션] 명 **1** 매달(리)기 **2** 중지, 정지 **3** 정직, 정학

suspension bridge [səspénʃən brídʒ] 명 현수교

sus·pi·cion [səspíʃən 써스피션] 명 (범죄 등의) 혐의, 용의, 의심: He is under *suspicion*. 그는 의심을 받고 있다

*sus·pi·cious [səspíʃəs 써스피셔쓰] 형 **의심스러운**: *suspicious* behavior 의심스러운 행동 / He is *suspicious* of me. 그는 나를 의심하고 있다

sus·tain [səstéin 써스테인] 타 **1** …을 떠받치다, 지탱하다 **2** (고통·손실 등을) 받다, 입다 **3** (가족 등을) 부양하다

***swal·low**¹ [swálou 스왈로우] 통 (3단현 **swallows** [-z]; 과거·과거분사 **swallowed** [-d]; 현재분사 **swallowing**) 타 **1** (음식물 등을) 삼키다: He *swallowed* the pill. 그는 알약을 삼켰다
2 《구어》 (남의 이야기 등을) 곧이곧대로 듣다
── 명 삼킴; 한 모금(의 양)

***swal·low**² [swálou 스왈로우] 명 【조류】 제비: One *swallow* does not make a summer. 《속담》 제비 한 마리가 왔다고 여름이 되는 것은 아니다; 속단은 금물

swallow²

swam [swǽm 스왬] 통 swim(헤엄치다)의 과거형

swamp [swámp 스왐프] 명 늪, 습지

swan [swán 스완] 명 【조류】 백조, 고니

swap [swáp 스왑] 통 (3단현 **swaps** [-s]; 과거·과거분사 **swapped** [-t]; 현재분사 **swapping**) 타 《구어》 …을 바꾸다, 교환하다

swan

swarm [swɔ́ːrm 스워-엄] 명 〔집합적으로〕 (벌·개미 등의) 무리, 떼: a *swarm* of bees 벌떼
── 자 떼를 짓다, 많이 모여들다

***sway** [swéi 스웨이] 통 (3단현 **sways** [-z]; 과거·과거분사 **swayed** [-d]; 현재분사 **swaying**) 자 흔들리다, 동요하다: The flowers *swayed* in the wind. 꽃이 바람에 흔들렸다
── 타 …을 흔들다, 동요시키다
── 명 흔들림, 동요

***swear** [swέər 스웨어r] 통 (3단현 **swears** [-z]; 과거 **swore** [swɔ́ːr]; 과거분사 **sworn** [swɔ́ːrn]; 현재분사 **swearing** [swέəriŋ]) 자 **1** 맹세하다, 선서하다: He *swore* on the Bible. 그는 성서에 손을 얹고 맹세했다
2 욕을 하다: He *swore* at his children. 그는 아이들에게 욕을 퍼부었다
── 타 …을 맹세하다, 선서하다: She *swore* to tell the truth. 그녀는 진실을 말할 것을 맹세했다

***sweat** [swét 스웻] 명 땀
── 통 (3단현 **sweats** [-ts]; 과거·과거분사 **sweated** [-id], **sweat**; 현재분사 **sweating**) 자 땀을 흘리다, 땀이 나다

***sweat·er** [swétər 스웨터r → 스웨러r] 명 (복수 **sweaters** [-z]) 스웨터: Put on the *sweater*. 스웨터를 입어라

> 참고 sweater는 「땀을 흘리게 하는 것」이란 뜻으로, 원래 운동을 할 때 두꺼운 옷을 입고 땀을 흘려 체중을 조절하려고 입었다.

Swede [swíːd 스위-드] 명 스웨덴인

Swe·den [swíːdn 스위-든] 명 스웨덴 《스칸디나비아 반도 동쪽의 왕국; 수도는 스톡홀름(Stockholm)》

Swe·dish [swíːdiʃ 스위-디쉬] 형 스웨덴(인·어)의
── 명 **1** 〔the를 붙여〕 스웨덴인 《전체》 **2** 〔무관사로〕 스웨덴어

***sweep** [swíːp 스위-프] 통 (3단현 **sweeps** [-s]; 과거·과거분사 **swept** [swépt]; 현재분사 **sweeping**) 타 **1** …을 쓸다, 청소하다: *Sweep* the room. 방을 청소해라
2 (바람·파도 등이) …을 휩쓸다, 날려버리다: The bridge was *swept away* by a flood. 그 다리는 홍수로 떠내려갔다
── 자 쓸다, 청소하다

sweep 1

―**명 1** 쓸기, 청소 **2** 일소
sweep·er [swíːpər 스위-퍼r] **명 1** 청소부 **2** 청소기

sweet [swíːt 스위-트] **형 1** 단, 감미로운(반 bitter 쓴): I like *sweet* things. 나는 단것을 좋아한다

sweet　　　bitter

2 (목소리·음악 등이) 듣기 좋은; 향기로운: She has a *sweet* voice. 그녀는 목소리가 좋다/ This flower smells *sweet*. 이 꽃은 향기가 좋다
3 친절한, 상냥한: He was very *sweet* to her. 그는 그녀에게 매우 다정했다
4 《구어》예쁜, 귀여운: a *sweet* little girl 귀여운 소녀
―**명** (복수 sweets [-ts]) 〔보통 복수형으로〕《영》사탕 과자, 캔디 (《미》 candy)

sweet·heart [swíːthɑːrt 스위-잇하-r트] **명 1** (여자) 애인 **2** (호칭으로) 여보, 당신(darling)

sweet·ly [swíːtli 스위-틀리 → 스위-잇'을리] **부 1** 달게, 달콤하게 **2** 상냥하게, 친절하게

sweet pea [swíːt píː] **명** 【식물】 스위트피

sweet potato [swíːt pətèitou] **명** 【식물】 고구마

swell [swél 스웨얼] **동** (3단현 **swells** [-z]; 과거 **swelled** [-d]; 과거분사 **swelled, swollen** [swóulən]; 현재분사 **swelling**) **자 1** 부풀다, 팽창하다, 부어오르다: All the sails *swelled out* in the strong wind. 돛이 강풍을 받아 모두 부풀었다/ The injured hand *swelled up*. 다친 손이 부어 올랐다
2 (수량이) 늘다, 증가하다: The river has *swelled* with the rain. 비가 와서 강물이 불어났다
3 (감정이) 복받쳐 오르다: Her heart *swelled* with joy. 그녀는 기뻐서 가슴이 벅찼다
―**타 1** …을 부풀게 하다: The wind *swelled* the sail. 바람이 돛을 불룩하게 했다
2 (수량 등을) 늘리다, 증가시키다
―**명 1** 부풀기, 팽창 **2** (수량 등의) 증가

swell·ing [swéliŋ 스웰링] **명 1** 팽창, 증대 **2** (몸의) 부은 데, 혹

swept [swépt 스웹트] **동** sweep(청소하다)의 과거·과거분사형

swift [swíft 스위프트] **형** (비교급 **swifter**; 최상급 **swiftest**) **1** (동작 등이) 빠른, 신속한(반 slow 느린): a *swift* ship 쾌속선
2 즉석에서의: He gave a *swift* reply to my question. 그는 나의 질문에 즉석에서 대답했다

swift·ly [swíftli 스위프틀리 → 스위프을리] **부** 재빨리, 신속히

swim [swím 스윔] **동** (3단현 **swims** [-z]; 과거 **swam** [swǽm]; 과거분사 **swum** [swʌ́m]; 현재분사 **swimming**) **자 1** 헤엄치다, 수영하다: He can *swim* well. 그는 수영을 잘 한다/ The boys are *swimming* in the river. 소년들은 강에서 헤엄치고 있다/ Let's go *swimming* in the sea. 바다로 수영하러 가자
2 현기증이 나다: My head is *swimming*. 현기증이 난다
―**타** …을 헤엄쳐 건너다: *swim* a lake 호수를 헤엄쳐 건너다
―**명 수영**: Let's go for a *swim*. 수영하러 가자

swim·mer [swímər 스위머r] **명** 헤엄치는 사람: He is a poor〔good〕 *swimmer*. 그는 헤엄을 못〔잘〕한다

swim·ming [swímiŋ 스위밍] 통 swim(수영하다)의 현재분사
── 명 수영: I like *swimming*. 나는 수영을 좋아한다
swimming pool [swímiŋ pùːl] 명 수영장
swim·suit [swímsùːt 스윔쑤-트] 명 (여성용) 수영복
swin·dle [swíndl 스윈드얼] 통 (현재분사 **swindling**) 타 (돈을) 사취하다; (남을) 속이다
── 명 사취, 사기,
swine [swáin 스와인] 명 〔집합적으로〕 《문어》 돼지 (단수형으로는 pig나 hog를 쓴다)
swing [swíŋ 스윙] 통 (3단현 **swings** [-z]; 과거·과거분사 **swung** [swʌ́ŋ]; 현재분사 **swinging**) 타 **1** …을 흔들다; (막대 등을) 휘두르다: *swing* a bat 배트를 휘두르다
2 …을 돌리다, 방향을 바꾸다: I *swung* the car around the corner. 나는 모퉁이에서 차를 홱 돌렸다
3 …에 매달다: She *swung* a lamp *from* the ceiling. 그녀는 천장에 램프를 매달았다
── 자 **1** 흔들리다, 진동하다: The door *swung* in the wind. 문이 바람에 흔들렸

다
2 빙 돌다, 회전하다
── 명 (복수 **swings** [-z]) **1** 흔들림, 진동 **2** 휘두름, 스윙 **3** 그네

Swiss [swís 스위쓰] 형 스위스(인)의
── 명 (단수·복수 동형) 스위스인

swing 명 3

switch [swítʃ 스위취] 명 (복수 **switches** [-iz]) **1** (전기 등의) 전원, 스위치; (가스 등의) 마개: turn off(on) the *switch* 전원을 끄다(켜다)
2 전환, 변경: a *switch* of plans 계획의 변경
3 〔복수형으로〕《미》【철도】전철기(轉轍機), 포인트 (《영》 points)
── 통 (3단현 **switches** [-iz]; 과거·과거분사 **switched** [-t]; 현재분사 **switching**) 타 **1** 전원을 켜다 (on); 전원을 끄다 (off): *switch on* the light 전등을 켜다 / He *switched* the television *off*. 그는 텔레비전을 껐다
2 (장소·화제 등을) 바꾸다: *switch* seats 자리를 바꾸다

Switz·er·land [swítsərlənd 스윗써*r*얼

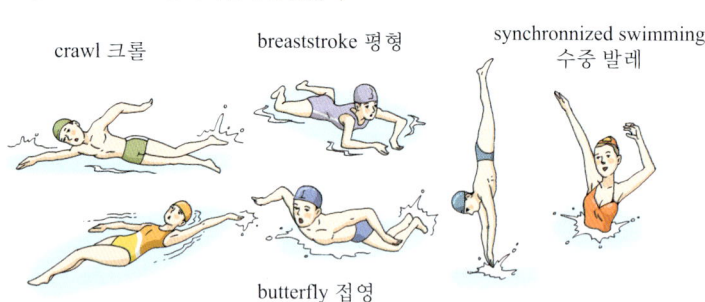

crawl 크롤 breaststroke 평영 synchronnized swimming 수중 발레

butterfly 접영

backstroke 배영 diving 다이빙

swimming

런드] 명 스위스 《유럽 중부에 있는 연방 공화국; 수도는 베른(Bern)》

swol·len [swóulən 스오울런] 동 swell (부풀다)의 과거분사형
── 형 부푼, 팽창한, 부은: a *swollen* ankle 부은 발목

***sword** [sɔ́ːrd 쏘―r드] 〔발음 주의〕 명 (복수 **swords** [-dz]) **1 칼**, 검: He drew his *sword*. 그는 칼을 뽑았다
2 〔the를 붙여〕 무력: The pen is mightier than the *sword*. 《속담》 문(文)은 무(武)보다 강하다

swore [swɔ́ːr 스워―r] 동 swear(맹세하다)의 과거형

sworn [swɔ́ːrn 스워―r언] 동 swear(맹세하다)의 과거분사형

swum [swʌ́m 스웜] 동 swim(헤엄치다)의 과거분사형

swung [swʌ́ŋ 스웡] 동 swing(흔들다)의 과거·과거분사형

Syd·ney [sídni 씨드니] 명 시드니 《오스트레일리아 동남부의 항구 도시》

Sydney(오페라 하우스)

syl·la·ble [síləbl 씰러블] 명 (복수 **syllables** [-z]) 【음성】 음절

> 문법 음절
> 음절은 자음과 모음이 모여 한 음을 만드는 단위로서 사전에는 음절 사이에 점을 찍어 표시한다. 주의할 점은 철자가 아니라 소리로 한다는 점이다. 예를 들어 cat는 1음절, wa·ter는 2음절, beau·ti·ful은 3음절이다.

sym- (접두사) = syn- (b, m, p 앞에서)

*****sym·bol** [símbəl 씸버얼] 명 (복수 **symbols** [-z]) **1 상징**, 표상, 심벌: The cross is the *symbol* of Christianity. 십자가는 기독교의 상징이다

male   female   poison   peace
남성   여성   독   평화

symbols

2 기호, 표, 부호: a chemical *symbol* 화학 기호

sym·bol·ic [simbálik 씸발릭] 형 상징적인, 상징하는: White is *symbolic* of purity. 흰색은 순결을 상징한다

sym·bol·ize [símbəlàiz 씸벌라이z] 동 (현재분사 **symbolizing**) 타 **1** …을 상징하다 **2** 부호〔기호〕로 나타내다

sym·me·try [símətri 씨머츄뤼] 명 **1** (좌우의) 대칭, 균형(balance) **2** 조화

sym·pa·thet·ic [sìmpəθétik 씸퍼θ에틱] 형 **1** 동정하는, 동정적인: *sympathetic* words 동정적인 말
2 (계획·제안 등에) 호의적인, 찬성하는: I am *sympathetic to* his opinion. 나는 그의 의견에 찬성한다

sym·pa·thize [símpəθàiz 씸퍼θ아이z] 동 (3단현 **sympathizes** [-iz]; 과거·과거분사 **sympathized** [-d]; 현재분사 **sympathizing**) 자 **1** 동정하다 《with》: Amy *sympathized with* the old beggar. 에이미는 그 늙은 거지를 동정하였다
2 동감하다, 찬성하다: I *sympathize with* your proposal. 당신의 제안에 나는 찬성한다

*****sym·pa·thy** [símpəθi 씸퍼θ이] 명 (복수 **sympathies** [-z]) **1 동감**, 찬성: I am in 〔out of〕 *sympathy* with his way. 나는 그의 방법에 찬성한다〔찬성하지 않는다〕
2 동정(심): You have my *sympathies*. 당신에게 동정의 마음을 보냅니다

sym·pho·ny [símfəni 씸F어니] 명 (복수 **symphonies** [-z]) 【음악】 교향곡, 심포니: a *symphony* orchestra 교향악단

symphony orchestra

sym·po·si·um [simpóuziəm 씸포우Z이엄] 명 (특정 문제에 대하여 자유롭게 의견을 교환하는) 토론회, 심포지엄

symp·tom [símptəm 씸(프)텀] 명 1 징후, 징조, 전조 2 (병의) 증상

syn- 《접두사》「함께, 동시에, 비슷한」의 뜻 (✎ b, m, p 앞에서는 sym-)

syn·chro·nize [síŋkrənàiz 씽크뤄나이Z의] 동 (현재분사 **synchronizing**) 자타 동시에 일어나다〔일어나게 하다〕

synchronized swimming [síŋkrənàizd swímiŋ] 명 수중 발레

syn·drome [síndroum 신드로움] 명 1 【의학】 증후군, 신드롬 2 (특정한 형태의) 사회적 현상, 행동 양식

syn·o·nym [sínənim 씨너님] 명 동의어, 유의어(반 antonym 반의어)

syn·op·sis [sinápsis 씨납씨쓰] 명 (소설·영화 등의) 대강의 줄거리

syn·tax [síntæks 씬택쓰] 명 통사론, 문장론

syn·the·sis [sínθəsis 씬θ어씨쓰] 명 (복수 **syntheses** [-sìz]) 1 종합(반 analysis 분석) 2 【화학】 합성, 인조

syn·the·siz·er [sínθəsàizər 씬θ어싸이Z어r] 명 신시사이저, 음의 합성 장치

syn·thet·ic [sinθétik 씬θ에틱] 형 1 종합적인 2 【화학】 합성의, 인조의

syr·up [sírəp 씨뤕] 명 시럽, 당밀

✱**sys·tem** [sístəm 씨스템] 명 (복수 **systems** [-z]) 1 조직, 체계, 계통; 제도: a social *system* 사회 조직 / the solar *system* 태양계 / the feudal *system* 봉건 제도

2 (조직적·체계적) 방법, 방식(method): the sales *system* 판매 방법 / There is no *system* in his work. 그의 일에는 체계적인 방식이 없다

3 【생물】 조직, 기관: the digest *system* 소화 기관

sys·tem·at·ic [sìstəmǽtik 씨스터매틱 → 씨스터매릭] 형 조직적인, 체계적인

sys·tem·at·i·cal·ly [sìstəmǽtikəli 씨스터매티컬리 → 씨스터매리컬리] 부 조직적으로, 체계적으로

Tt

T, t [tíː 티-] 몡 (복수 **T's, t's** [-z]) 티 《영어 알파벳의 스무째 글자》

***ta·ble** [téibl 테이브을] 몡 (복수 **tables** [-z]) **1** 테이블, 식탁: There is a vase on the *table*. 테이블 위에 꽃병이 있다/ Mother set (cleared) the *table*. 어머니는 식탁을 차리셨다(치우셨다)

2 표, 목록: a *table* of contents (책의) 목차, 차례

at (the) table 식사 중 (《영》에서는 흔히 the를 생략한다): We were *at (the) table* when he came. 그가 찾아왔을 때 우리는 식사 중이었다

ta·ble·cloth [téibklɔ̀ːθ 테이브을클라-θ으] 몡 (복수 **tablecloths** [-klɔ̀ːðz]) 식탁보

ta·ble·spoon [téiblspùːn 테이브을스푸-은] 몡 식탁용 큰 스푼

tab·let [tǽblit 태블릿] 몡 (복수 **tablets** [-ts]) **1** 기념 액자, 명판 《돌이나 금속판에 문자 등을 쓰거나 새긴 것》 **2** 【약학】 정제 **3** 〔복수형으로〕 떼어서 쓰는 편지지, 메모장

table tennis [téibl tènis] 몡 탁구 (ping-pong): They are playing *table tennis*. 그들은 탁구를 하고 있다

table tennis

ta·ble·ware [téiblwɛ̀ər 테이브을웨어r] 몡 식탁용 식기류 《접시·나이프·포크·스푼 등》

ta·boo [təbúː 터부-] 몡 금기, 꺼리는 것

tack [tǽk 택] 몡 압정

tack·le [tǽkl 태크을] 몡 (복수 **tackles** [-z]) **1** 도구, 연장: fishing *tackle* 낚시 도구
2 【럭비·축구】 태클 《공을 가지고 있는 상대방 선수를 붙잡거나 쓰러뜨려 공의 처리를 방해하는 일》
── 동 (현재분사 **tackling**) 타 자 **1** (문제 등을) 다루다 **2** 【럭비·축구】 태클하다

tac·tics [tǽktiks 택틱쓰] 몡 **1** 〔단수 취급〕 전술(학) **2** 〔복수 취급〕 (개개의) 전략, 작전

tad·pole [tǽdpòul 태드포우을] 몡 【동물】 올챙이 (《「개구리」는 frog)

tadpole

tag¹ [tǽg 태그] 몡 꼬리표, 정가표; 물표, 딱지: a price *tag* 정가표, 가격표

tag² [tǽg 태그] 몡 술래잡기: Let's play *tag*. 술래잡기하자

tag question [tǽg kwéstʃən] 몡 【문법】 부가 의문 《평서문에 붙이는 간단한 의문문: It is beautiful, *isn't it*? 예쁘지, 그렇지요?》

***tail** [téil 테을] (《tale(이야기)과 발음이 같음》 몡 (복수 **tails** [-z]) **1** (동물의) 꼬리: That monkey has a long *tail*. 저 원숭이는 꼬리가 길다

2 꼬리 모양의 물건; (물건의) 끄트머리, 후부: the *tail* of a kite 연 꼬리/ the *tail*

taillight

of a plane 비행기의 후부
3 〔보통 복수형으로〕 동전의 뒷면(⊕ heads 동전의 앞면)

tail·light [téillàit 테일라잇] 명 (자동차 등의) 미등(尾燈)(⊕ headlight 헤드라이트)

tai·lor [téilər 테일러r] 명 (신사복의) 재단사, 재봉사 (🖼 「(여성복의) 양재사」는 dressmaker): The *tailor* makes the man. 《속담》옷이 날개다

taint [téint 테인트] 명 **1** 더러움, 오점 (stain) **2** 수치, 오명(汚名)

Tai·wan [táiwá:n 타이와-안] 명 타이완, 대만 《수도는 타이베이(Taipei)》

⁂take [téik 테익] 동 (3단현 **takes** [-s]; 과거 **took** [túk]; 과거분사 **tak-en** [téikən]; 현재분사 **taking**) 타 **1** …을 **잡다**(seize), 집다(grasp); 껴안다: He *took* me *by* the hand. (= He *took* my hand.) 그는 내 손을 잡았다/ She *took* the baby *in* her arms. 그녀는 아기를 팔에 안았다

2 …을 **잡다**, 체포하다: He *took* lots of fish in the net. 그는 그물로 많은 물고기를 잡았다/ The thief was *taken* in the act. 그 도둑은 현행범으로 체포되었다

3 …을 **사다**; 선택하다(select); (신문 등을) 구독하다: I'll *take* this. 이것을 사겠습니다/ Let's *take* this way to the station. 역은 이 길로 가자/ What paper do you *take*? 어떤 신문을 구독하고 있습니까?

4 (상·선물 등을) **받다**, 타다: I *took* the first prize in the race. 나는 달리기에서 1등상을 탔다/ Please *take* this gift. 이 선물을 받아주십시오

5 (물건·사람을) **가져〔데려〕가다**; 안내하다: *Take* your umbrella with you. 우산을 가지고 가라/ He *took* me home in his car. 그는 나를 자동차로 집까지 데려다 주었다

6 (차를) **타다**: Let's *take* a bus. 버스를 타자/ He *took* a train to Seoul. 그는 서울행 기차를 탔다

7 (자리를) **잡다**, 차지하다: *Take* this seat. 여기 앉으세요

─회화─

A: Excuse me. Is this seat *taken*?
실례합니다, 이 자리 맡았나요?
B: Yes, it is./ No, it's free.
네, 맡았어요/ 아니요, 비어 있어요

8 〔보통 it를 주어로 하여〕 (시간이) **걸리다**, (시간·노력 등을) 필요로 하다: How long does *it take* from here to the hotel? 여기서 호텔까지 시간이 얼마나 걸립니까?

9 (책임 등을) 지다; (직무 등을) 맡다: *take* a class 반을 담임하다

10 (음식·약 등을) **먹다**: I *take* breakfast at seven. 나는 7시에 아침을 먹는다/ *Take* this medicine three times a day. 이 약을 하루에 세 번씩 드시오

11 〔동작을 나타내는 명사를 목적어로 하여〕 (어떤 행동을) **하다**: *take* a trip 여행하다/ Let's *take* a rest. 여기서 좀 쉬자/ I often *take* a walk in the park. 나는 종종 공원을 산책한다

12 …을 기록하다: I *took* notes at the

meeting. 나는 회의 내용을 기록했다

13 (사진을) **찍다**: I *took* a lot of pictures. 나는 사진을 많이 찍었다/ Would you mind *taking* our picture? 우리 사진 좀 찍어 주시겠습니까?

14 …을 조사하다; (체온 등을) 재다: *take* a poll 여론 조사를 하다/ The nurse *took* my temperature. 간호사가 나의 체온을 쟀다

15 (병에) 걸리다: Be careful not to *take* cold. 감기에 걸리지 않도록 조심하시오

16 (충고 등을) 받아들이다; (수업을) 받다: *Take* my advice. 내 충고를 들어라/ I'm *taking* tennis lessons. 나는 테니스 레슨을 받고 있다

17 …을 빼다: *take* 2 from 7 7에서 2를 빼다

take after …와 닮다: She *takes after* her mother. 그녀는 어머니와 닮았다

take away (1) **가져가다**: It was *taken away* by the wind. 그것은 바람에 날려 갔다

(2) 식탁을 치우다: I *took* the dirty dishes *away*. 나는 더러운 접시를 치웠다

take back (1) **도로 찾다**: The boy tried to *take back* his dog. 그 소년은 자기 개를 되찾아 가려고 했다

(2) (약속 등을) 취소하다: She *took back* what she said. 그녀는 자신이 한 말을 취소했다

(3) 회상시키다

take down (1) …을 내리다: He *took down* the book from the shelf. 그는 선반에서 책을 내렸다

(2) (건물을) 헐다; (기계 등을) 분해하다: *take down* the old building 낡은 건물을 헐다

(3) 기록하다: *take down* a speech 연설을 적어두다

take A for B A를 B라고 생각하다〔잘못 알다〕: I *took* the girl *for* a boy. 나는 그 소녀를 소년으로 잘못 보았다

take in (1) (집에) 들이다, 맞아들이다: *take in* guests 손님을 맞아들이다

(2) 이해하다, 알다

(3) 《영》(신문 등을) 받아 보다

(4) 《구어》…을 속이다(deceive): I was *taken in* by his story. 나는 그의 이야기에 속았다

Take it easy! 《구어》걱정하지 마라; 서두르지 마라

take off (1) (모자·구두 등을) **벗다**(반 put on 입다): *Take off* your coat. 코트를 벗으세요

put on   take off

(2) (비행기가) **이륙하다**(반 land 착륙하다): The plane *took off* at 8:00 p.m. 비행기는 오후 8시에 이륙했다

take on (1) (일 등을) 맡아서 하다: Will you *take on* the work? 당신은 그 일을 맡겠습니까?

(2) 고용하다

take out (1) …을 꺼내다: He *took out* ten dollars from his pocket. 그는 호주머니에서 10달러를 꺼냈다

(2) (사람을) 데리고 나가다: He *took* me *out* for a walk. 그는 나를 산책에 데리고 나갔다

take over …을 이어받다, 인수하다: His son will *take over* the family business. 그의 아들이 가업을 이어받을 것이다

take to (1) …을 좋아하게 되다: I *took to* her at first sight. 나는 첫눈에 그녀가 좋아졌다

(2) …의 습관〔버릇〕이 들다: He has *taken to* drinking. 그는 술을 마시는 버릇이 들었다

take up (1) …을 집어 들다: He *took up* his pen. 그는 펜을 집어 들었다
(2) (시간·장소를) 차지하다: The table *takes up* a lot of space. 그 테이블은 넓은 장소를 차지한다
(3) (문제 등을) 취급하다: They *took up* the problem. 그들은 그 문제를 취급했다

tak·en [téikən 테이컨] 통 take(잡다)의 과거분사형

take·off [téikɔ̀ːf 테이카-f으] 명 (비행기의) 이륙 (반「착륙」은 landing)

take·out [téikàut 테이카웃] 형 《미》 (음식을) 사 가지고 가는

*****tale** [téil 테일] 〔tail(꼬리)과 발음이 같음〕 명 (복수 **tales** [-z]) (사실·가공의) 이야기: a fairy *tale* 동화, 옛날 이야기

*****tal·ent** [tǽlənt 탤런트] 명 **1** (특수한) 재능, 소질: She has a *talent* for music. 그녀는 음악적 재능이 있다
2 재능 있는 사람, 탤런트, 예능인

tal·ent·ed [tǽləntid 탤런티드] 형 재능이 있는

*****talk** [tɔ́ːk 토-크] 동 (3단현 **talks** [-s]; 과거·과거분사 **talked** [-t]; 현재분사 **talking**) 자 **1** 말하다, 이야기하다: We usually *talked in* English. 우리는 평소에 영어로 이야기했다 / He *talks* too much. 그는 말이 너무 많다
2 상담하다
── 타 …을 **말하다**, 이야기하다: We *talked* music all night. 우리는 음악에 대해 밤새도록 이야기했다

talk about〔of〕 …에 관해 이야기하다: What are you *talking about*? 너는 무슨 말을 하고 있니?/ We *talked of* our future. 우리는 장래에 대해 서로 이야기했다

talk back 말대답을 하다: He often *talks back* to his teacher. 그는 가끔 선생님에게 말대답을 한다

talk over …에 관해 **의논하다**(discuss): We *talked over* the matter with him. 우리는 그 일에 대해 그와 의논했다

talk to …에게 말을 걸다: Hello, can I *talk to* Helen? 여보세요, 헬렌 좀 바꿔 주세요?

talk with …와 이야기하다: He was *talking with* our teacher. 그는 우리 선생님과 이야기하고 있었다
── 명 (복수 **talks** [-s]) **1** 이야기, 담화; (짧은) 강연: We had a long *talk* about it. 우리는 그것에 관해 오랫동안 이야기했다
2 회담, 회의: peace *talks* 평화 회담

talk·a·tive [tɔ́ːkətiv 토-커티브v으 → 토-커리v으] 형 말이 많은

talk·er [tɔ́ːkər 토-커r] 명 이야기하는 사람; 연설〔강연〕자

*****tall** [tɔ́ːl 토-얼] 형 (비교급 **taller**; 최상급 **tallest**) 키가 큰(반 short 키가 작은); (건물·나무 등이) 높은; 키〔높이〕가 …인: a *tall* building 높은 건물 / He is very *tall*. 그는 키가 매우 크다

tall   short

〔회화〕
A: How *tall* are you?
키가 몇이니?
B: I am six feet *tall*.
6피트(약 180cm)야

tame [téim 테임] 형 (비교급 **tamer**; 최

상급 **tamest**) (짐승 등이) 길들여진(반 wild 야생의): a *tame* elephant 길들여진 코끼리

tan [tǽn 탠] 톙 **1** 햇볕에 그을음 **2** 황갈색
——동 (3단현 **tans** [-z]; 과거·과거분사 **tanned** [-d]; 현재분사 **tanning**) 타
1 …을 햇볕에 태우다: *tan* the skin 피부를 그을리다
2 (가죽을) 무두질하다

tan·gle [tǽŋgl 탱그얼] 동 (현재분사 **tangling**) 타 자 …을 엉기게 하다, 얽히게 하다; 엉기다

tan·go [tǽŋgou 탱고우] 명 (복수 **tangos** [-z]) 탱고(곡)

*****tank** [tǽŋk 탱크] 명 (복수 **tanks** [-s]) **1** (물 등을 저장하는) 탱크 **2** 전차, 탱크

tank 1   tank 2

*****tap**¹ [tǽp 탭] 동 (3단현 **taps** [-s]; 과거·과거분사 **tapped** [-t]; 현재분사 **tapping**) 타 …을 가볍게 두드리다(pat): He *tapped* me *on* the shoulder. 그는 내 어깨를 툭툭 쳤다

——명 가볍게 두드림; 똑똑 치는 소리 【의성어】

tap² [tǽp 탭] 명 (복수 **taps** [-s]) 《영》 (수도) 꼭지 (≒《미》 **faucet**); (통의) 마개: turn on〔off〕 the *tap* 꼭지를 틀어 물이 나오게 하다〔물을 잠그다〕

tap dance [tǽp dæns] 명 탭 댄스 《징이 박힌 구두로 장단을 맞추어 추는 춤》

*****tape** [téip 테입] 명 (복수 **tapes** [-s]) **1** (물건을 묶는) 끈 **2** (접착용) 테이프 **3** (녹음·녹화용의) 테이프

tape recorder [téip rikɔ́ːrdər] 명 테이프 리코더, 녹음기

tar [táːr 타-r] 명 **1** 타르 《석탄·목재에서 얻은 검은색의 끈끈한 액체》 **2** (담배의) 댓진

tar·dy [táːrdi 타-r디 → 타-r리] 형 (비교급 **tardier**; 최상급 **tardiest**) **1** 더딘, 느린(slow) **2** 《미》 지각한(late) **3** 내키지 않은

*****tar·get** [táːrgit 타-r깃] 명 (복수 **targets** [-ts]) **1** (사격 등의) 과녁, 표적: The arrow hit the *target*. 화살은 과녁에 명중했다

targets

2 (학습·활동 등의) 목표

tar·iff [tǽrif 태뤼f으] 명 **1** 관세(표); 세율 **2** (철도 등의) 요금표

*****task** [tǽsk 태스크] 명 (부과된) 일, 임무, 과제: a hard *task* 힘든 일 / My *task* is mowing the lawn. 나의 일은 잔디를 깎는 것이다

*****taste** [téist 테이스트] 명 (복수 **tastes** [-ts]) **1** 맛, 미각: a sweet *taste* 단맛 / This soup has little *taste*. 이 수프는 아무 맛이 없다

참고 맛의 종류	
bitter 쓴	flat 싱거운
hot 매운	salty 짠
sour 신	sweet 단

2 취미, 취향; 기호: She has a *taste for art*. 그녀는 미술에 취미가 있다/ This dress is not to my *taste*. 이 드레스는 내 취향이 아니다
3 〔a taste of의 형태로〕(…의) 한 입〔조각〕: Please have *a taste of* this cheese. 이 치즈 맛 좀 보세요

—— 동 (3단현 **tastes** [-ts]; 과거 · 과거분사 **tasted** [-id]; 현재분사 **tasting**) 타
1 (음식을) **맛보다**: She *tasted* the soup. 그녀는 수프의 맛을 보았다
2 …을 경험하다(experience): *taste* the fear of death 죽음의 공포를 경험하다

—— 자 …한 맛이 나다: It *tastes* sour. 그것은 신맛이 난다

〔회화〕
A: What does it *taste* like?
그것은 무슨 맛이 납니까?
B: It *tastes* like onion.
양파 맛이 납니다

tast·y [téisti 테이스티] 형 (비교급 **tastier**; 최상급 **tastiest**) 맛있는, 맛좋은
taught [tɔ́ːt 토-트] 동 teach(가르치다)의 과거 · 과거분사형
tav·ern [tǽvərn 태V어r언] 명 《미》 (선)술집 (📖《영》 public house)
※**tax** [tǽks 택ㅆ] 명 (복수 **taxes** [-iz]) **1 세, 세금**: How much income *tax* do you pay? 소득세는 얼마나 내십니까?
2 무거운 부담

—— 동 (3단현 **taxes** [-iz]; 과거 · 과거분사 **taxed** [-t]; 현재분사 **taxing**) 타 **1 세금을 부과하다**: We are *taxed* on our incomes. 수입에는 세금이 부과된다
2 부담을 지우다
tax·a·tion [tækséiʃən 택쎄이션] 명 과세

※**tax·i** [tǽksi 택씨] 명 (복수 **taxis, taxies** [-z]) **택시** (📖 taxicab의 단축형): Let's take a *taxi*. 택시를 타자/ He went home by *taxi*. 그는 택시 타고 집에 갔다

taxi

tax·i·cab [tǽksikæ̀b 택씨캡] 명 = taxi
taxi driver [tǽksi dràìvər] 명 택시 운전사

※**tea** [tíː 티-] 명 **1 차,** (특히) 홍차: She made *tea* for me. 그녀는 나에게 차를 끓여 주었다/ Would you like a cup of *tea*? 차 한 잔 드시겠습니까?

〔쓰임새〕 tea는 셀 수 없는 명사이므로 「한 잔의 차」「두 잔의 차」는 a cup of tea, two cups of tea라고 한다. 그러나 레스토랑 등에서 주문할 때에는 Two *teas*, please. (차 두 잔 주세요) 와 같이 말하기도 한다.

2《영》티, 오후의 차 《점심과 저녁 중간에 차와 같이 먹는 가벼운 식사》
【중국어「차(茶)」에서】

※**teach** [tíːtʃ 티-취] 동 (3단현 **teaches** [-iz]; 과거 · 과거분사 **taught** [tɔ́ːt]; 현재분사 **teaching**) 타 **…을 가르치다**(반 learn 배우다): Mr. Brown *teaches* us English. (= Mr. Brown *teaches* English *to* us .) 브라운 선생님은 우리에게 영어를 가르치신다/ He *taught* her how to swim. 그는 그녀에게 수영을 가르쳤다

—— 자 가르치다

teach·er [tíːtʃər 티-춰r] 명 (복수 teachers [-z]) 선생, 교사, 스승: He is a *teacher* of history. 그는 역사 선생이다

> 참고 선생님의 호칭
> teacher는 교사라는 직책을 뜻하므로 선생님을 부를 때는 Teacher!라 하지 않고 Mr.나 Mrs. 등을 성 앞에 붙여서 Mr. Smith, I have a question. (스미스 선생님, 질문이 있습니다)라고 말한다.

teach·ing [tíːtʃiŋ 티-칭] 명 (복수 teachings [-z]) 1 가르치기, 수업 2 [복수형으로] 가르침, 교훈

tea·cup [tíːkʌ̀p 티-컵] 명 찻잔

tea·ket·tle [tíːkètl 티-케트을 → 티-케르을] 명 찻주전자

team [tíːm 티-임] 명 (복수 teams [-z]) 1 (경기의) 팀, 편, 조(組): He is on our baseball *team*. 그는 우리 야구팀에 소속되어 있다
2 (일 등의) 그룹, 반(班)

team·mate [tíːmmèit 티-임메잇] 명 같은 팀의 사람

team·work [tíːmwɔ̀ːrk 티-임워-r크] 명 팀워크, 협동 작업

tea party [tíː pɑ̀ːrti] 명 (오후의) 다과회

tea·pot [tíːpɑ̀t 티-팟] 명 찻주전자

tear[1] [tíər 티어r] 명 (복수 tears [-z]) [흔히 복수형으로] 눈물: His eyes were filled with *tears*. 그의 눈에 눈물이 가득 고였다

tear[1]   tear[2] 1

burst into tears 왈칵 울음을 터뜨리다: She *burst into tears* at the news. 그녀는 그 소식을 듣고 왈칵 울음을 터뜨렸다
in tears 눈물을 흘리며

tear[2] [tɛ́ər 테어r] 동 (3단현 tears [-z]; 과거 tore [tɔ́ːr]; 과거분사 torn [tɔ́ːrn]; 현재분사 tearing [tɛ́əriŋ]) 타 1 …을 찢다, 째다: *tear* a letter *in* pieces 편지를 갈가리 찢다
2 …을 잡아뜯다, 쥐어뜯다: He *tore* a page *out of* the book. 그는 책의 한 페이지를 잡아뜯었다
── 자 찢어지다
── 명 (복수 tears [-z]) 해진 곳, 터진 데

tear·ful [tíərfəl 티어rF어을] 형 1 눈물 어린 2 슬픈(sad)

tea·room [tíːrùːm 티-루-움] 명 다방, 찻집

tease [tíːz 티-z으] 동 (3단현 teases [-iz]; 과거·과거분사 teased [-d]; 현재분사 teasing) 타 1 …을 괴롭히다, 놀리다: The boy *teased* the cat. 그 소년은 고양이를 못살게 굴었다
2 …을 조르다: He *teased* his mother *for* money. 그는 어머니에게 돈을 달라고 졸랐다

tea·spoon [tíːspùːn 티-스푸-은] 명 찻숟가락

tea·spoon·ful [tíːspuːnfùl 티-스푸-은F우을] 명 찻숟가락 하나(의 양)

tea·time [tíːtàim 티-타임] 명 (오후의) 차 마시는 시간

tech·nic [téknik 테크닉] 명 기술, 기교

tech·ni·cal [téknikəl 테크니커을] 형 1 기술의, 기술적인; 공업의: a *technical* adviser 기술 고문
2 전문의, 전문적인: *technical* terms 전문 용어

tech·ni·cian [tekníʃən 테크니션] 명 기술자; 기교가

tech·nique [tekníːk 테크니-크] 명 (전문적인) 기술; (예술상의) 기교

tech·nol·o·gy [teknɑ́lədʒi 테크날러쥐] 명 과학 기술; 공학

te·di·ous [tíːdiəs 티-디어쓰 → 티-리어쓰] 형 지루한, 지겨운

tee [tíː 티-] 명 【골프】 티 《공을 올려놓는 받침》

-teen 《접미사》 「10」의 뜻 《13에서 19까지 수의 어미에 씀》: thir*teen* 13 【ten(10)에서】

teen-age [tíːnèidʒ 티-인에이쥐] 형 10대의 (💡 어미에 –teen이 붙는 thirteen(13세)부터 nineteen(19세)까지)

teen-ag·er [tíːn-èidʒər 티-인에이쥐r] 명 10대의 소년[소녀], 틴에이저

teens [tíːnz 티-인z] 명 《복수 취급》 10대 《보통 13–19세를 말함》

teeth [tíːθ 티-θ으] 명 tooth(이)의 복수형

tel-, tele- 《접두사》 「원거리의」의 뜻

tel·e·gram [téləgræm 텔러그램] 명 전보: send a *telegram* 전보를 치다

tel·e·graph [téləgræf 텔러그뢔f으] 명 전신, 전보; 전신기: a *telegraph* office [station] 전신국/ a *telegraph* pole [post] 전신주

tel·e·mar·ket·ing [téləmàːrkitiŋ 텔러마-r키팅 → 텔러마-r키링] 명 (전화) 통신 판매

te·lep·a·thy [təlépəθi 털레퍼th이] 명 정신 감응, 텔레파시

✱tel·e·phone [téləfòun 텔러f오운] 명 《복수 telephones [-z]》 전화; 전화기 (💡 《구어》에서는 흔히 phone이라 한다): by *telephone* 전화로/ a public *telephone* 공중 전화/ Jim, you're wanted on the *telephone*. 짐, 전화 왔다/ Please answer the *telephone*. 전화 받으세요

—— 형 전화의: a *telephone* card 전화 카드

—— 동 (3단현 **telephones** [-z]; 과거·과거분사 **telephoned** [-d]; 현재분사 **telephoning**) 타 …에게 전화하다 (💡 《구어》에서는 보통 phone, call (up), 《영》 ring (up)을 쓴다): *Telephone* me tomorrow. 내일 전화 주세요

—— 자 전화를 걸다 (💡 「전화를 끊다」는 hang up)

tel·e·scope [téləskòup 텔러스코웁] 명 《복수 **telescopes** [-s]》 망원경

tel·e·vise [téləvàiz 텔러V아이z으] 동 (현재분사 **televising**) 타 …을 텔레비전으로 방송하다

✱✱✱tel·e·vi·sion [téləvìʒən 텔러V이쥔] 명 《복수 **televisions** [-z]》 **1** 텔레비전 (방송) (💡 약어는 TV): She is watching *television*. 그녀는 TV를 보고 있다/ What's on *television* tonight? 오늘 밤 텔레비전에서 뭘 하지?

> 쓰임새 「라디오를 듣다」라고 할 경우에는 the를 붙여 listen to the radio라 하나 「텔레비전을 보다」는 보통 the를 붙이지 않는다.

2 텔레비전 (수상기) (💡 television set라고도 한다): Turn on [off] the *television*. 텔레비전을 켜시오[끄시오]

✱✱tell [tél 테엘] 동 (3단현 **tells** [-z]; 과거·과거분사 **told** [tóuld]; 현재분사 **telling**) 타 **1** …을 말하다, 이야기하다: *tell* the truth 사실대로 말하다/ He *told* me a story. 그는 내게 이야기를 들려주었다/ I will *tell* you of [about] my adventures. 나의 모험담을 들려 드리지요

2 …을 알리다, 가르쳐 주다: *Tell* me your e-mail address. 너의 이메일 주소를 알려줘/ Will you please *tell* me the way to the station? 역에 가는 길을 가르쳐 주시겠습니까?

3〔tell A to do〕A에게 …하라고 말하다〔명령하다〕: He *told* us *to* keep quiet. 그는 우리에게 조용히 하라고 말했다/ *Tell* him *to* come at once. 그에게 당장 오라고 해라

4〔보통 can과 함께〕…을 알다; 분간하다, 구별하다 (from): I *can't tell* what to do. 어떻게 해야 할지 모르겠다/ I *cannot tell* him *from* his brother. 그와 그의 형을 분간할 수 없다

── 자 말하다, 이야기하다: He often *tells of* his boyhood. 그는 종종 그의 소년 시절의 이야기를 한다

tell·er [télər 텔러r] 명 **1** 말하는 사람 **2** (은행의) 금전 출납 계원

*tem·per [témpər 템퍼r] 명 **1** 기질, 기분, 성미: He is in a good(bad) *temper* today. 그는 오늘 기분이 좋다(나쁘다)

2 화, 노여움: She was in a *temper*. 그녀는 화를 내고 있었다

3 침착, 냉정, 참을성: He lost his *temper* with her. 그는 그녀에게 화를 냈다

tem·per·ate [témpərət 템퍼럿] 형 **1** 절제하는, 자제하는

2 (기후가) 온난한: a *temperate* climate 온대성 기후

*tem·per·a·ture [témpərətʃər 템퍼뤄춰r → 템퍼춰r] 명 (복수 **temperatures** [-z]) **1** 기온, 온도: What's the *temperature* now? 지금 몇 도입니까?

2 체온; 《구어》 고열: The nurse took my *temperature*. 간호사는 나의 체온을 쟀다

temperature 1   temperature 2

tem·pest [témpist 템피스트] 명 폭풍우, 폭설

*tem·ple¹ [témpl 템프ㄹ] 명 (복수 **temples** [-z]) 신전, 사원, 절

temple

tem·ple² [témpl 템프ㄹ] 명 【해부】 관자놀이

tem·po [témpou 템포우] 명 (복수 **tempos** [-z]) **1** 【음악】 박자, 빠르기

2 (활동·운동 등의) 속도, 템포: the fast *tempo* of modern life 현대 생활의 빠른 템포

*tem·po·rar·y [témpərèri 템퍼뤠리] 형 일시적인, 잠시의, 임시의 (반) permanent 영원한): a *temporary* job 임시직

tempt [témpt 템(프)트] 동 (3단현 **tempts** [-ts]; 과거·과거분사 **tempted** [-id]; 현재분사 **tempting**) 타 …을 유혹하다, 꾀다; …할 마음이 나게 하다: He *tempted* me *to* go to the movies. 그는 영화 보러 가자고 나를 꾀었다

temp·ta·tion [temptéiʃən 템(프)테이션] 명 유혹(하는 것): the *temptation* of a big city 대도시의 유혹

*ten [tén 텐] 명 (복수 **tens** [-z]) 10, 열

ten to one* = *nine cases out of ten 십중팔구: *Ten to one,* he will fail. 십중팔구 그는 실패할 것이다

── 형 10의: He has lived here for *ten* years. 그는 이곳에서 10년 동안 살고 있다

ten·ant [ténənt 테넌트] 명 (토지·가옥 등의) 차용자, 차가인

*tend¹ [ténd 텐드] 동 (3단현 **tends** [-dz]; 과거·과거분사 **tended** [-id]; 현재분사 **tending**) 자 …하는 경향이 있다, …하기 쉽다 《to *do*》: In summer fruits *tend*

to decay. 여름에 과일은 썩기 쉽다
2 (길 등이) …을 향하다 (to): The road *tends to* the south. 길은 남쪽으로 나 있다

tend[2] [ténd 텐드] 동 (3단현 **tends** [-dz]; 과거·과거분사 **tended** [-id]; 현재분사 **tending**) 타 (환자·아이들을) 돌보다; (가축 등을) 지키다: *tend* the sick 환자들을 간호하다
── 자 주의하다 (to)
【at*tend*(돌보다)에서】

***tend·en·cy** [téndənsi 텐던씨] 명 (복수 **tendencies** [-z]) 경향, 추세; 성향, 버릇: Traffic accidents show a *tendency* to increase. 교통 사고가 증가하는 경향을 보이고 있다

ten·der [téndər 텐더r] 형 (비교급 **tenderer** [-dərər]; 최상급 **tenderest** [-dərist]) 1 (고기 등이) 연한(반 tough 질긴): a *tender* steak 연한 스테이크
2 (사람·마음이) 다정한, 친절한: She has a *tender* heart. 그녀는 친절한 마음씨를 가지고 있다
3 (체격·체질이) 허약한, 연약한

ten·der·ly [téndərli 텐더r을리] 부 친절하게

Ten·nes·see [tènəsí: 테너씨-] 명 1 테네시 《미국 남동부의 주(州); 약어는 Tenn.》 2 [the를 붙여] 테네시 강

***ten·nis** [ténis 테니쓰] 명 테니스, 정구: We played *tennis* after school. 우리는 방과 후에 테니스를 했다 / She is a good *tennis* player. 그녀는 테니스를 잘한다

tennis

참고 > 테니스 경기
테니스 점수는 point, game, set, match의 4단계로 구성되는데, 게임은 4포인트(love 0점, fifteen 1점, thirty 2점, forty 3점)를, 세트는 6게임을 먼저 얻는 측이 승리한다. 대회에 따라 5세트 중 3세트 또는 3세트 중 2세트를 먼저 얻는 측이 시합의 승자가 된다.

tennis court [ténis kɔ̀ːrt] 명 테니스 코트

ten·or [ténər 테너r] 명【음악】1 테너(음) 2 테너 가수

***tense**[1] [téns 텐쓰] 형 (비교급 **tenser**; 최상급 **tensest**) 1 (줄 등이) 팽팽한: a *tense* rope 팽팽한 밧줄
2 (신경 등이) 긴장한: a *tense* moment 긴장의 순간

tense[2] [téns 텐쓰] 명【문법】(동사의) 시제: the present〔past, future〕 *tense* 현재〔과거, 미래〕시제

ten·sion [ténʃən 텐션] 명 1 팽팽함 2 긴장(상태)

***tent** [tént 텐트] 명 (복수 **tents** [-ts]) 텐트, 천막: pitch a *tent* 텐트를 치다

***tenth** [ténθ 텐쓰] (약어는 10th)
명 (복수 **tenths** [-s]) 1 10번째 2 〔a 또는 one을 붙여〕 10분의 1
── 형 1 〔보통 the를 붙여〕 10번째의 2 10분의 1의

tent

***term** [tə́ːrm 터-r엄] 명 (복수 **terms** [-z])
1 전문 용어; 〔흔히 복수형으로〕 말씨, 말투: scientific *terms* 과학 용어 / Explain in plain *terms*. 쉬운 말로 설명해 주세요
2 학기; (일정한) 기간, 임기: the spring〔fall〕 *term* 봄〔가을〕학기 / The president's *term* of office is four years. 대

통령의 임기는 4년이다

3 〔복수형으로〕 (남과의) 사이, 관계: I am on good *terms* with him. 나는 그와 사이가 좋다

4 〔복수형으로〕 (매매·계약 등의) 조건: on equal *terms* 대등한 조건으로

in terms of …의 입장〔관점〕에서: We have to consider this matter *in terms of* morality. 우리는 이 문제를 도덕의 입장에서 생각하지 않으면 안 된다

*ter·mi·nal [tə́ːrmənl 터-r머너ㄹ] 형 **1** 끝의, 종점의: We reached the *terminal* station. 우리는 종착역에 도착했다

2 학기말의: a *terminal* examination 학기말 시험

3 (병 등이) 말기의: *terminal* cancer 말기 암

── 명 《미》 (철도·버스 등의) 종점, 터미널 (《영》 terminus): a bus *terminal* 버스 터미널

ter·mi·nate [tə́ːrmənèit 터-r머네잇] 동 (현재분사 **terminating**) 타 자 끝내다, 마무리하다; 끝나다

ter·mi·na·tion [tə̀ːrmənéiʃən 터-r머네이션] 명 끝, 종료, 결말

ter·mi·nus [tə́ːrmənəs 터-r머너ㅆ] 명 《영》 (철도·버스 등의) 종점, 터미널 (《미》 terminal)

ter·race [térəs 테뤄ㅆ] 명 (복수 **ter·races** [-iz]) **1** 테라스 《건물 밖에 돌이나 벽돌 등을 깔아 놓은 곳으로 의자나 테이블을 갖다 놓고 차를 마시거나 일광욕을 하기도 한다》 **2** 계단식 대지

terrace 2

*ter·ri·ble [térəbl 테뤄블] 형 (비교급 **more terrible**; 최상급 **most terrible**) **1** 무서운, 무시무시한: a *terrible* crime 무서운 범죄/ a *terrible* sight 소름 끼치는 광경

2 《구어》 지독한, 터무니없는: The cold was *terrible* last year. 작년 추위는 지독했다

ter·ri·bly [térəbli 테뤄블리] 부 **1** 무섭게, 엄청나게 **2** 《구어》 심하게, 몹시

ter·ri·er [tériər 테뤼어r] 명 테리어 《사냥용·애완용 개》

ter·rif·ic [tərífik 터뤼F익] 형 **1** 무서운, 무시무시한: at *terrific* hurricane 무시무시한 폭풍우

2 《구어》 멋진, 훌륭한: That was a *terrific* movie. 정말 멋진 영화였어

ter·ri·fy [térəfài 테뤄F아이] 동 (3단현 **terrifies** [-z]; 과거·과거분사 **terrified** [-d]; 현재분사 **terrifying**) 타 …을 무섭게〔겁나게〕 하다, 놀래다: He was *terrified* at the dog. 그는 개를 무서워했다

*ter·ri·to·ry [térətɔ̀ːri 테뤄토-뤼] 명 (복수 **territories** [-z]) **1** 영토, 영지 (영해도 포함): enemy *territory* 적의 영토

2 (넓은) 지역, 지방

3 (학문 등의) 분야, 영역: the *territory* of physics 물리학의 분야

4 〔**Territory**로〕 (미국·캐나다 등의) 준주(準州)

ter·ror [térər 테뤄r] 명 **1** (심한) 공포, 두려움: He ran away in *terror*. 그는 공포에 질려 도망갔다

2 공포의 대상, 겁나는 사람〔것〕

ter·ror·ism [térərìzm 테뤄리Z음] 명 테러 행위

ter·ror·ist [térərist 테뤄뤼스트] 명 테러리스트, 폭력 혁명주의자

***test** [tést 테스트] 명 (복수 **tests** [-ts]) **1** 시험, 테스트, 검사: pass a *test* 시험에 합격하다/ We had a *test* in English today. 우리는 오늘 영어 시험을 치렀다

2 시련(trial)

── 동 (3단현 **tests** [-ts]; 과거·과거분사 **tested** [-id]; 현재분사 **testing**) 타 …을 시험하다, 검사하다: He *tested* the new engine. 그는 새 엔진을 테스트했다

Tes·ta·ment [téstəmənt 테스터먼트] 명 〔the를 붙여〕 성서: *the Old* [*New*] *Testament* 구약〔신약〕 성서

tes·ti·fy [téstəfài 테스터F아이] 통 (3단현 **testifies** [-z]; 과거·과거분사 **testified** [-d]; 현재분사 **testifying**) 자 타 증명〔입증〕하다; 증언하다

test tube [tést tjù:b] 명 시험관

Tex·as [téksəs 텍써쓰] 명 텍사스 《미국 남서부의 주(州); 약어는 Tex.》

***text** [tékst 텍스트] 명 **1** (주석·삽화 등에 대하여) **본문** **2** (번역 등에 대하여) 원본 **3** = textbook

***text·book** [tékstbùk 텍스트북] 명 (복수 **textbooks** [-s]) **교과서**: Open your *textbook* to page 32. 교과서 32쪽을 펴세요

tex·tile [tékstail 텍스타열] 명 직물, 옷감: wool textiles 모직물

-th 《접미사》 **1** …번째의: seven*th* 7번째의
2 상태·동작 등을 나타내는 추상 명사를 만듦: tru*th* 진리 / grow*th* 성장

Thai [tái 타이] 형 태국(인·어)의
──명 **1** 태국인 **2** 태국어

Thai·land [táilænd 타일랜드] 명 타이, 태국 《동남 아시아의 왕국; 수도는 방콕 (Bangkok)》

Thames [témz 템z으] 명 〔the를 붙여〕 템스 강 《런던 시내를 지나 북해로 흐름》

***than** [ðǽn ð앤] 접 **1** 〔형용사·부사의 비교급과 함께〕 …**보다**: He is *taller than* I (am). 그는 나보다 키가 크다 《《구어》에서는 than me라고도 한다》 / I like you *better than* him. 나는 그 사람보다 너를 더 좋아한다
2 〔rather, sooner 등의 뒤에서〕 …**하기보다는**, …할 바에 차리리: I would *rather* die *than* steal. 도둑질할 바에 차리리 죽겠다
3 〔other, otherwise, else 등의 뒤에서〕 …밖에는, …이외에는: I have no *other* pen *than* this. 나는 펜이라고는 이것밖에 없다 / He did nothing *else than* laugh. 그는 다만 웃기만 할 뿐이었다

***thank** [θǽŋk θ앵 크] 통 (3단현 **thanks** [-s]; 과거·과거분사 **thanked** [-t]; 현재분사 **thanking**) 타 …**에게 감사하다**, 고마움을 표하다: *Thank* you for your help. 도와주셔서 감사합니다 / *Thank* you very much. 대단히 감사합니다

No, thank you. 아니오, 괜찮습니다

〔회화〕
A: How about another cup of coffee? 커피 한잔 더 드시겠습니까?
B: *No, thank you.* 아니오, 됐습니다

──명 (복수 **thanks** [-s]) 〔복수형으로〕 **감사**, 사의; 감사의 말: a letter of *thanks* 감사의 편지

give thanks to …에게 감사하다: He gave *thanks to* God. 그는 신에게 감사를 드렸다

No, thanks. 《구어》 아니, **괜찮다** 《No, thank you.보다 스스럼없는 말》

Thanks a lot. 《구어》 정말 고맙소 《Thank you very much.보다 스스럼없는 말씨》

thanks to ... …의 덕택으로: *Thanks to* his help, I was able to finish it in time. 그가 도와준 덕분에 그 일을 제 시간에 마칠 수 있었다

thank·ful [θǽŋkfəl 쌩크F어윌] 혱 (비교급 **more thankful**; 최상급 **most thankful**) 감사하는, 고마워하는: I am *thankful to* you *for* your favors. 당신의 호의에 감사합니다

thanks·giv·ing [θæŋksgíviŋ 쌩크쓰기V잉] 명 감사(의 기도)

Thanksgiving Day [θæŋksgíviŋ dèi] 명 《미》 추수 감사절

> 참고 추수 감사절
> 추수 감사절은 11월의 넷째 목요일로, 1620년 영국의 청교도들이 종교의 자유를 찾아 미국에 이주한 다음 해 가을 첫 수확을 하나님께 감사를 드린 데서 비롯되었다. 이날은 온 가족이 모여 칠면조 고기와 호박 파이 등의 음식을 먹으며 하루를 즐긴다.

***that** [ðǽt ð앹] 대 (복수 **those** [ðóuz]) **1** 《지시대명사》 a) 〔저쪽에 떨어져 있는 것을 가리켜〕 **그것, 저것** (반 this 이것); 저 사람: This is an apple and *that* is a peach. 이것은 사과이고 저것은 복숭아다 / What's *that*? 저것은 무엇입니까?
b) 〔앞에 말했거나, 전후 관계로 알 수 있는 것을 가리켜〕 그 일, 그것: I'm glad to hear *that*. 그 말을 들으니 나는 기쁘다

> 회화
> A: My sister is ill in bed.
>   내 동생은 몸이 아파 누워있다
> B: *That*'s too bad.
>   그것 참 안 됐군

c) 〔**that of ...**의 형태로 같은 명사의 반복을 피하여〕 … 그것: The climate of Korea is different from *that of* Australia. 한국의 기후는 호주의 그것 (기후)과는 다르다

> 쓰임새 *that of*는 the+단수 명사를 대신한다. 명사가 복수일 경우에는 those of를 쓴다.

2 《관계대명사》 …**하는**: He has a dog *that* swims very well. 그는 헤엄을 잘 치는 개를 기르고 있다 《주격》/ The boy *that* (= who) came here yesterday is Jim. 어제 이곳에 온 소년은 짐이다 《주격》/ Bill is the first student *that* (= who) came to school this morning. 빌이 오늘 아침에 맨 먼저 학교에 온 학생이다 《주격》/ Show me the picture (*that*) you took. 네가 찍은 사진을 보여 주세요 《목적격》

> 쓰임새 (1) that은 선행사가 사람이든 물건이든 다 같이 쓰인다.
> (2) 선행사가 형용사의 최상급 또는 the only, the first, the same, all, any 등의 수식어가 붙을 때에는 that을 쓰는 것이 원칙이지만 선행사가 사람일 경우에는 who를 쓰기도 한다.
> (3) that이 목적격으로 쓰일 때에는 생략할 수 있다.

and that 게다가, 그것도: She forgets things, *and that* very often. 그녀는 물건을 잊어버린다, 그것도 자주 말이야
That's all. 그것이 전부다
That's it. 《구어》 그래 그것이다, 그렇다
That's right. 《구어》 그래 맞았어
That will do. 그것으로 충분하다

—— 혱 (복수 **those** [ðóuz]) 〔떨어져 있는 것〔사람〕을 가리켜〕 **저, 그**(반 this 이): at *that* time 그때(에)/ Do you know *that* girl? 너는 저 소녀를 알고 있니?

—— 접 **1** …이라는 것: I heard (*that*) you've been abroad. 네가 외국에 갔다 왔다는 것을 들었다/ It's true *that* he works hard. 그가 열심히 일한 것은 사실이다 (*참* it은 that 이하를 나타내는 형식 주어)

thatch

2 〔**명사＋that** …의 형태로〕…이라는 (🔲 that 이하는 앞의 명사와 동격): The news *that* he died was wrong. 그가 죽었다는 뉴스는 오보였다

3 〔**so**〔**such**〕**A that** B의 형태로 정도·결과를 나타내어〕대단히 A하므로 B: I am *so* tired *that* I can't move. 나는 너무 피곤해서 움직일 수 없다 / She is *such* a cheerful girl *that* everybody likes her. 그녀는 매우 명랑한 소녀여서 모두 그녀를 좋아한다

> 쓰임새 so 뒤에는 형용사나 부사, such 뒤에는 (부정관사)＋형용사＋명사가 온다.

4 〔**so that** one **may**〔**can, will**〕do = **in order that** one **may**〔**can**〕do의 형태로 목적을 나타내어〕…하도록, …하기 위해: He took a taxi *so that* he *would*n't be late. 그는 지각하지 않기 위해 택시를 탔다 / Come early *in order that* you *may* see him. 그를 만날 수 있도록 일찍 오시오

5 〔원인·이유를 나타내어〕…이므로, …때문에: I'm glad (*that*) she is coming. 그녀가 온다니 나는 기쁘다

6 〔**It is A that** …의 형태로 A를 강조하여〕…하는 것은 A이다: *It was* yesterday *that* I bought this book. 내가 이 책을 산 것은 어제였다 / *It was* this book *that* I bought yesterday. 내가 어제 산 것은 이 책이었다

> 쓰임새 위의 두 예문은 I bought this book yesterday. (나는 어제 이 책을 샀다)에서 yesterday와 this book을 각각 강조한 표현이다.

thatch [θǽtʃ 쎄애취] 몡 (복수 **thatches** [-iz]) 초가 지붕; 지붕을 이는 재료 《짚·갈대 등》

that'll [ðǽtl ð애트얼 → ð애르얼] that will의 단축형

that's [ðǽts ð앳츠] that is〔has〕의 단축형

the [(자음 앞) ðə ð어, (모음 앞) ði ð이, (강조할 때) ðíː ð이-] 《정관사》 **1** 그 (🔲 앞에 나온 명사나 전후 관계로 상대방도 알 수 있는 명사 앞에 사용한다; 굳이 번역하지 않아도 되는 경우가 많음): I keep a dog. *The* dog is white. 나는 개를 키우고 있는데, 그 개는 희다 / Close *the* door. 문을 닫으세요 / I'll meet you at *the* airport. 공항에서 뵙겠습니다

2 〔형용사·부사의 최상급·서수 등의 앞에서〕: Who is *the* tallest boy in your class? 너의 반에서 키가 가장 큰 소년은 누구니? / He was *the* first man to come here. 그가 제일 먼저 여기에 왔다

3 〔사람의 몸〔옷〕의 일부를 가리켜〕: I have a pain in *the* knee. 나는 무릎이 아프다 / He pulled me by *the* sleeve. 그는 내 소매를 잡아당겼다

4 〔천체·방위 등 오직 하나뿐인 것의 앞에 붙여〕: *the* moon 달 (🔲 a full moon (보름달)처럼 moon 앞에 형용사가 오면 a, an이 붙음) / *The* sun rises in *the* east and sets in *the* west. 해는 동쪽에서 뜨고 서쪽으로 진다

5 〔산맥·강·바다·운하·배·신문·잡지·공공건물·사막 등의 고유명사에 붙여〕: *the* Alps 알프스 산맥 / *the* Atlantic (Ocean) 대서양 / *the* Suez Canal 수에즈 운하 / *the* Titanic 타이타닉 호 / *The* Times 타임스지 / *the* White House (미국의) 백악관 / *the* Sahara 사하라 사막

> 쓰임새 (1) the를 붙이지 않는 신문·잡지 이름도 있으며, 인명이 책이름으로 된 것도 관사를 붙이지 않는다: Hamlet 햄릿.
> (2) 인명·지명·국명·산·호수·공원·역·학교·도로 등에는 보통 the를 붙이지 않는다: Mt. Halla 한라산 / Seoul Station 서울역

6 〔the+단수 명사로, 그 종류에 속하는 것 전체를 가리켜〕 …이라는 것: *The* dog is a faithful animal. 개는 충실한 동물이다 (📘《구어》로는 Dogs are faithful animals.)

7 〔단수 명사 앞에 붙여, 그것으로 상징되는 성질·능력 등을 나타내어〕: *the* stage 무대, 연극(계) / *The* pen is mightier than *the* sword. 문(文)은 무(武)보다 강하다

8 〔the+형용사로 복수 명사, 또는 추상명사를 나타내어〕 …한 사람들: *the* rich (= rich people) 부자들 / *the* true (= truth) 진실

9 〔악기·도구 등의 앞에 붙여〕: listen to *the* radio 라디오를 듣다 / talk over *the* telephone 전화로 이야기하다 / She plays *the* piano very well. 그녀는 피아노를 잘 친다

> 쓰임새 경기 종목이나 게임 등의 명칭에는 관사를 붙이지 않는다: play tennis 테니스를 하다.

10 〔국민·가족을 나타내어〕: *The* Korean work hard. 한국인은 열심히 일한다 (복수 취급)

11 〔by the+단위 명사의 형태로 계량단위를 나타내어〕: She was paid *by the* week. 그녀는 주급으로 받았다 / Sugar is sold *by the* pound. 설탕은 1파운드에 얼마로 팔린다

12 〔관용 어구에서〕: in *the* morning〔afternoon〕 오전〔오후〕에 / in *the* rain 빗속에서 / in *the* distance 멀리서 / on *the* way 도중에

— 〔부〕 **1** 〔the+비교급, the+비교급의 형태로〕 …하면 할수록 (더욱 더): *The* sooner, *the* better. 빠르면 빠를 수록 좋다

2 〔the+비교급의 형태로〕 그만큼, 도리어 더: I like him all *the* better for his faults. 그에게 결점이 있기 때문에 도리어 더 좋아한다

the·a·ter, 《영》 **the·a·tre** [θíːətər 씨어터*r* → 씨어-어러*r*] 〔명〕 (복수 **theaters** [-z]) **1** 극장; 영화관

theater

2 〔the를 붙여〕 연극: We often go to *the theater*. 우리는 종종 연극 구경을 간다

3 계단식 강당(교실)

theft [θéft 씨에프트] 〔명〕 도둑질, 절도

their [ðέər 데어*r*] 〔대〕 (they의 소유격) 그들의, 그것들의: Who is *their* music teacher? 그들의 음악 선생님은 누구입니까?

theirs [ðέərz 데에어*r*즈] 〔대〕 (they의 소유대명사) 그들의 것: a friend of *theirs* 그들의 친구 / These books are *theirs*. 이 책들은 그들의 것이다

them [ðém 뎀] 〔대〕 (they의 목적격) 그들을〔에게〕, 그것들을〔에게〕: I will give *them* these pencils. 그들에게 이 연필들을 주겠다 / Write *them* in your notebooks. 그것들을 노트에 적으세요

theme [θíːm 씨-임] 〔명〕 (복수 **themes** [-z]) **1** 주제, 제목, 테마: the main *theme* of discussions 토론의 주제

2 과제 논문, 작문

3 【음악】 주제, 주선율, 테마: a *theme* song 주제가

them·selves [ðèmsélvz 뎀쎄얼V으z의] 〔대〕 **1** 〔강조 용법으로〕 그들〔그것들〕 자신 (📘 themselves를 강하게 발음): They did it *themselves*. (= They *themselves* did it.) 그들은 자신들이 그것을 했다

2 〔재귀적 용법으로〕 그들〔그것들〕 자신을: They killed *themselves*. 그들은 자

살하였다

by themselves (1) 그들만으로: They went swimming *by themselves*. 그들은 자기들끼리 수영하러 갔다
(2) 자력으로

for themselves (1) 그들의 힘만으로: They built the house *for themselves*. 그들은 자기들 힘만으로 그 집을 지었다
(2) 그들 자신을 위하여: They kept some *for themselves*. 그들은 자기들 몫으로 얼마를 떼어놓았다

then [ðén 든엔] 튀 **1** 〔과거 또는 미래의 어느 시기를 나타내어〕 **그때, 그 당시**: Prices were lower *then*. 그 당시에는 물가가 쌌다/ Things will be different *then*. 그때에는 사정이 달라질 것이다

2 〔순서를 나타내어〕 **그 다음에, 그리고 나서**: First I will visit London, and *then* Paris. 나는 먼저 런던에 갔다가, 다음에 파리에 갈 것이다

3 게다가, 그 위에(besides): I like my job, and *then* it pays well. 나는 내 일을 좋아하고 게다가 벌이도 좋다

4 그렇다면, 그러면

〔회화〕
A: It isn't a camera.
그것은 카메라가 아닙니다
B: What is it *then*?
그러면 그것은 무엇입니까?

──명 〔전치사 뒤에 써서〕 **그때, 당시**: by *then* 그때까지/ I had never seen her before *then*. 나는 그 전에 그녀를 만난 적이 없다/ I haven't seen him since *then*. 나는 그때 이후로 그를 보지 못했다/ She was reading till *then*. 그녀는 그때까지 책을 읽고 있었다

──형 〔🖉 명사 앞에만 쓰여〕 **그때의, 그 당시의**: the *then* king 그 당시의 국왕

the·o·ry [θíəri 시이-어리] 명 (복수 **theories** [-z]) **학설, 이론**: the *theory* and practice of music 음악의 이론과 실제

there [ðɛ́ər 든에어r] 튀 **1 거기에〔에서, 로〕**, 그곳에〔에서, 으로〕 (반 here 여기에): I'll be *there* in a minute. 곧 그리로 가겠습니다/ We stayed *there* for a week. 우리는 거기서 1주일간 머물렀다/ We saw him *there*. 우리는 거기서 그를 만났다

2 〔상대방의 주의를 촉구하여〕 저기 봐: *There* comes the bus. 저기 버스가 온다/ *There* he goes. 저기 봐, 그가 간다

〔쓰임새〕 주어가 명사일 때에는 동사+명사로, 대명사일 때에는 대명사+동사의 어순이 된다.

3 〔**there is〔are〕** …의 형태로〕 **…이 있다**: *There is* a book on the desk. 책상 위에 책이 있다/ *There are* some pictures on the wall. 벽에 그림이 몇 점 걸려 있다

〔쓰임새〕 (1) There is〔are〕 …구문은 불특정한 사물의 존재를 나타내므로 my book과 같은 특정한 사물을 나타낼 때는 There is my book on the desk. (×) → My book is on the desk. (○)(내 책은 책상 위에 있다)라고 한다.
(2) There is〔are〕 …구문에서 동사 is를 쓰느냐 are를 쓰느냐는 be동사 다음에 오는 명사의 수에 따라 결정된다.
(3) There is〔are〕 …구문은 「거기에」란 뜻이 없으므로 「거기에 …이 있다」라고 할 때는 There is a book (over) *there*.처럼 한다.

4 〔there에 be 동사 이외의 동사가 이어져서〕 **…이 있다**: Once upon a time *there* lived a lazy boy. 옛날에 게으름뱅이 소년이 살고 있었다/ *There stands* a house on the hill. 언덕 위에 집 한 채가 있다

Are you there? 〔전화에서〕 여보세요《전화가 끊겼거나 상대방이 듣고 있는지

There is no doing …할 수가 없다: *There is no going* back. 이제 되돌아갈 수 없다

──[감] (만족·위로·격려 등을 나타내어) 거봐!, 자!, 저런!: *There*, it's done! 자, 이제 끝났다!/ *There, there*, Don't cry! 그래 그래, 그만 울어라!

──[명] (전치사 뒤에 써서) 거기, 저기: How far is it from *there* to your house? 거기서 너의 집까지 얼마나 머냐?

there·a·bouts [ðɛ̀ərəbáuts 第에어뤄바우츠] [부] 그 부근(근처)에

there·af·ter [ðɛəræftər 第에어래F으터r] [부] 그 후에

there·fore [ðɛ́ərfɔ̀ːr 第에어rF오-r] [부] **그러므로**, 따라서: He studied hard, (and) *therefore* he could pass the exam. 그는 열심히 공부했기 때문에 시험에 합격할 수 있었다

there'll [ðɛ́ərl 第에어r을] there will의 단축형

there's [ðɛ́ərz 第에어rz으] there is (has)의 단축형

ther·mom·e·ter [θərmámətər 어r마머터r → 어r마머러r] [명] (복수 thermometers [-z]) 온도계

ther·mos [θə́ːrməs 어-r머쓰] [명] 보온병

these [ðíːz 第이-z으] [대] (this의 복수형) **이것들** (반 those 저것들): *These* are his rackets. 이것들은 그의 라켓이다/ I like *these* better than those. 나는 저것들보다 이것들이 좋다

──[형] **이것들의**: Do you like *these* pictures? 이 그림들을 좋아합니까?

they [ðéi 第에이] [대] (he, she, it의 복수형) **1 그들은(이), 그것들(이)**: *They* are my close friends. 그들은 나의 친한 친구들이다/ I bought five oranges yesterday. *They* are very cheap. 나는 어제 오렌지 5개를 샀다. 그것들은 매우 쌌다

	단수	복수
주격	he, she, it	they (그들(그것들)은(이))
소유격	his, her, its	their (그들(그것들)의)
목적격	him, her, it	them(그들(그것들)을(에게))

2 (막연히) 사람들, 세상 사람들 (참 보통 한국어로는 해석하지 않는다): *They* speak English in Australia. 호주에서는 영어를 쓴다

They say (that ...) …라고 한다: *They say (that)* this winter will be very cold. 금년 겨울은 매우 추울 것이라고 한다

they'd [ðéid 第에이드] they had (would)의 단축형

they'll [ðéil 第에일] they will (shall)의 단축형

they're [ðéiər 第에이어r] they are의 단축형

they've [ðéiv 第에이v으] they have의 단축형

thick [θík 익] [형] (비교급 thicker; 최상급 thickest) **1 두꺼운**(반 thin 얇은); 두께가 …인: a *thick* book 두꺼운 책/ The ice is five inches *thick*. 그 얼음은 두께가 5인치다

thick   thin

2 굵은 (반 thin 얇은): a *thick* rope 굵은 밧줄

3 (액체 등이) **진한**; (안개·연기 등이) 자욱한, 짙은: *thick* soup 걸쭉한 수프/ The fog was *thick*. 안개가 짙었다

4 숱이 많은; (숲이) 우거진: a *thick* hair 숱이 많은 머리카락/ a *thick* forest 우거진 숲

5 …로 가득한: The air was *thick* with dust. 대기는 먼지로 가득했다

──**부 1** **두껍게**: Slice the bread *thick*. 빵을 두껍게 써시오
2 진하게; 빽빽하게(thickly)

thick and fast 끊임없이, 세차게

thick·en [θíkən 이킨] **타 1** …을 두껍게〔굵게〕하다 **2** …을 진하게 하다
──**자 1** 두꺼워〔굵어〕지다 **2** 진해지다

thick·et [θíkit 이킷] **명** 덤불, 잡목 숲

thick·ly [θíkli 이클리] **부 1** 두껍게 **2** 진하게; 빽빽하게

thick·ness [θíknis 익쓰] **명 1** 두께, 굵기 **2** 밀집, 무성; 농도

***thief** [θíːf 이-f으] **명** (복수 **thieves** [θíːvz]) (보통 폭력에 의하지 않고 몰래 훔치는) **도둑** (✎「강도」는 robber)

thief

robber

thigh [θái 아이] [✎ gh는 묵음] **명** 넓적다리

***thin** [θín 인] **형** (비교급 **thinner**; 최상급 **thinnest**) **1** **얇은**(반 thick 두꺼운): *thin* ice 얇은 얼음/ Cut the bread into *thin* slices. 빵을 얇게 썰어라

2 **야윈**, 수척한(반 fat 살찐): She became *thin* after her illness. 그녀는 병을 앓고 난 뒤 야위었다

3 (털이) 성긴; (사람 수가) 적은: He has *thin* hair. 그는 머리숱이 적다/ The population is *thin*. 인구가 적다

4 (액체·기체 등이) **묽은**, 희박한: *thin* soup 묽은 수프

***thing** [θíŋ 잉] **명** (복수 **things** [-z]) **1** **물건**, 사물, 것: What's that *thing* in your hand? 손에 쥔 것이 무엇이냐?/ Children like sweet *things*. 아이들은 단 것을 좋아한다

2 〔복수형으로〕 소지품, 휴대품; 옷가지; 도구: school *things* 학용품/ I left my *things* in the subway. 지하철에 내 소지품을 놓고 내렸다

3 〔일반적으로〕 **일**, **사건**: A strange *thing* happened. 이상한 일이 생겼다/ I have a lot of *things* to do today. 나는 오늘 할 일이 많다

4 〔복수형으로〕 사태, 사정: *Things* are getting better. 사태는 호전되고 있다

5 (경멸·애정 등의 뜻을 담아서) 사람, 녀석: Poor *thing*! 불쌍한 녀석!

6 〔복수형으로〕 풍물, 문물: *things* Korean 한국의 풍물 (✎ Korean things 라고는 하지 않는다)

as things are 지금 상태로는

for one thing ~ (, for another ...) 하나는 ~ (, 또 하나는 …): *For one thing* I haven't the money, *for another* I'm busy. 첫째로는 돈도 없고 또 바쁘기도 하다

... one thing, ~ another …와 ~은 별개이다〔다르다〕: To know is *one thing*, and to teach is *another*. 아는 것과 가르치는 것은 별개이다

***think** [θíŋk 잉크] **동** (3단현 **thinks** [-s]; 과거·과거분사 **thought** [θɔ́ːt]; 현재분사 **thinking**) **타 1** …라고 **생각하다**: I *think* (that) it is true. 그것은 사실이라고 생각한다 (✎ that는 보통 생략)/ I don't *think* it will rain tomorrow. 나는 내일 비가 오리라고 생각하지 않는다 (✎ I *think* it will not rain tomorrow.는 단정적인 표현이어서 거의 쓰이지 않는다)/ What do you *think* this picture is? 이 그림은 어떻다고 생각합니까?/ I *think* him (to be) honest. 나는 그가 정직하다고 생각한다

회화

A: Do you *think* Alex will come?
알렉스가 오리라고 생각하니?
B: Yes, I *think* so.
네, 그렇게 생각해요

2 〔부정문·의문문에서〕…을 예상하다 (expect): I did*n't think to* see you here. 여기서 너를 만날 줄은 몰랐네

——자 생각하다: *Think* twice before you answer. 대답하기 전에 한 번 더 생각해 봐요

come to think of it 생각해 보니

think about …에 대하여 생각하다: I was *thinking about* the future. 나는 장래에 대하여 생각하고 있었다/ What do you *think about* that? 그것을 어떻게 생각하니? (📖 How do you think about …라고는 하지 않는다)

think little of …을 하찮게 보다, 경시하다: He *thinks little of* money. 그는 돈을 우습게 본다

think much of …을 중히 여기다

think of (1) 생각나다, 기억해 내다: I thought *of* a good idea. 내게 좋은 생각이 났다/ I couldn't *think of* his name. 그의 이름이 생각나지 않았다

(2) …에 대하여 생각하다: What do you *think of* the plan? 그 계획을 어떻게 생각하니? (📖 How do you think of …라고는 하지 않는다)/ Just *think of* the cost. 비용을 생각해 보아라

think of doing …할까 생각하다: I am *thinking of inviting* him. 나는 그를 초대할까 생각하고 있다

think out …을 생각해 내다: We *thought out* a new way. 우리들은 새로운 방법을 생각해냈다

think over …을 숙고하다: *Think over* what I said. 내가 한 말을 잘 생각해 보아라

think·er [θíŋkər 씽커r] 명 생각하는 사람, 사상가

think·ing [θíŋkiŋ 씽킹] 형 생각하는, 사고력 있는: Man is a *thinking* reed. 인간은 생각하는 갈대이다 (📖 프랑스의 사상가 파스칼이 한 말)

——명 생각, 사고; 사상

thin·ly [θínli 씬리] 부 **1** 얇게 **2** 희박하게

third [θə́ːrd 써어-r드] (📖 약어는 3rd) 명 (복수 **thirds** [-dz]) **1** 〔보통 **the**를 붙여〕 (서수의) 제3; (달의) 3일: Today is *the third* (3rd) of July. 오늘은 7월 3일이다

2 〔보통 **the**를 붙여〕 세 번째의 것〔사람〕: He was *the third* to come. 그가 세 번째로 왔다

3 〔**a** 또는 **one**을 붙여〕 3분의 1

4 〔무관사로〕 【야구】 3루(third base)

——형 **1** 〔보통 **the**를 붙여〕 **3번째의 2** 3분의 1의

third-class [θə́ːrd-klǽs 써어-r드클래쓰] 형 3등의

——부 3등으로

third·ly [θə́ːrdli 써어-r들리] 부 셋째로

thirst [θə́ːrst 써어-r스트] 명 **1** 갈증, 목마름: I have a terrible *thirst*. 매우 목이 마르다

2 〔**a**를 붙여〕 갈망, 열망 (for): a *thirst for* knowledge 지식욕

thirst·y [θə́ːrsti 써어-r스티] 형 (비교급 **thirstier**; 최상급 **thirstiest**) **1** 목마른 (📖 「배고픈」은 hungry): I am〔feel〕 *thirsty*. 목이 마르다

thirsty　　　　hungry

2 갈망하는 (for): He is *thirsty for* fame. 그는 명성을 갈망하고 있다

3 (토지 등이) 건조한(dry), 메마른: *thirsty* soil 건조한 땅

thir·teen [θə̀:rtí:n 더어-r티-인] 명 (복수 **thirteens** [-z]) **13**, 13명, 13세
—— 형 **13의**, 13개〔명〕의

> 참고> 13일의 금요일
> 서양에서는 13이라는 숫자를 싫어하는 미신이 있는데, 특히 13일과 금요일이 겹친 날을 불길한 날이라고 생각한다. 그것은 예수의 최후의 만찬이 금요일에 행해졌고 그 만찬에 참석한 사람의 수가 예수와 12제자를 합해 13명이었기 때문이라고 한다.

thir·teenth [θə̀:rtí:nθ 더어-r티-인θ] (약어는 13th) 명 **1** 〔보통 **the**를 붙여〕 **13번째 2** 〔**a** 또는 **one**을 붙여〕 13분의 1
—— 형 **1** 〔보통 **the**를 붙여〕 **13번째의 2** 13분의 1의

thir·ti·eth [θə́:rtiiθ 더어-r티이θ] (약어는 30th) 명 **1** 〔보통 **the**를 붙여〕 **30번째 2** 〔**a** 또는 **one**을 붙여〕 30분의 1
—— 형 **1** 〔보통 **the**를 붙여〕 **30번째의 2** 30분의 1의

thir·ty [θə́:rti 더어-r티 → 더어-r리] 명 (복수 **thirties** [-z]) **1 30**, 30명〔개〕
2 〔one's **thirties**로〕 (연령의) 30대; 〔the **thirties**로〕 (세기의) 30년대: She is in *her thirties*. 그녀는 30대다
—— 형 **30의**, 30개〔명〕의

this [ðís 디쓰] 대 (복수 **these** [ðí:z]) 《지시대명사》 **1 이것**(반 that 저것), 이 사람: *This* is bigger than that. 이것은 저것보다 크다/ *This* is my book, and that is Jim's. 이것은 내 책이고 저것은 빌의 것이다/ Hello! *This* is Jack speaking. 여보세요, 저는 잭입니다

> 쓰임새> this 와 that
> **this**는 말하는 사람 가까이 있는 것을, **that**은 this보다 멀리 떨어져 있는 것을 나타낼 때 쓰인다. this의 복수형은 these, that의 복수형은 those이다.

2 지금, 현재, 오늘: *This* is an atomic age. 지금은 원자력 시대다 / *This* is Monday. 오늘은 월요일이다
—— 형 (복수 **these** [ðí:z]) 《지시형용사》
1 이(반 that 저): Look at *this* picture. 이 그림을 보시오
2 지금의, 현재의, 금(수)…: *this* morning 오늘 아침/ *this* week〔year〕 금주〔금년〕

by this time 지금쯤은 ⇒ time 숙어
this day week 《영》 내주의 오늘; 지난 주의 오늘
this time 이번에는: He will succeed *this time*. 그는 이번에는 성공할 것이다
this way (2) 이쪽으로: Come *this way*, please. 이쪽으로 오십시오
(2) 이런 식으로: Do it *this way*. 이런 식으로 하여라

this·tle [θísl 디쓸] 명 【식물】 엉겅퀴

thorn [θɔ́:rn 더-r언] 명 (복수 **thorns** [-z]) (식물의) 가시: There's no rose without a *thorn*. 《속담》 가시 없는 장미는 없다 《세상에 완전한 행복은 없다》

thorn·y [θɔ́:rni 더-r니] 형 (비교급 **thornier**; 최상급 **thorniest**) **1** 가시가 많은 **2** 성가신, 곤란한

thor·ough [θə́:rou 더어-로우] 〔gh는 묵음〕 형 **철저한**, 완전한: The police made a *thorough* search for the criminal. 경찰은 그 범인을 철저하게 수사했다

thor·ough·bred [θə́:roubrèd 더어-로우브뤠드] 형 (동물이) 순혈종의
—— 명 순혈종의 말〔개〕

thor·ough·fare [θə́:roufɛ̀ər 더어-로우F에어r] 명 **1** 한길, 주요 도로 **2** 통행

thor·ough·ly [θɔ́:rouli 쏘어-로울리] 〔📖 gh는 묵음〕 📘 철저히, 완전히(completely): I am *thoroughly* tired. 나는 녹초가 되었다

those [ðóuz 도우즈] 대 《that의 복수형》 **1** 그〔저〕것들(반 these 이것들): Are *those* your pictures? 저것들은 네 사진이니?/ I like these better than *those*. 나는 저것들보다 이것들을 더 좋아한다
2 〔those who ...의 형태로〕 …하는 사람들: Heaven helps *those* who help themselves. 《속담》 하늘은 스스로 돕는 자를 돕는다
—형 **1** 그것들의: Look at *those* children. 저 아이들을 보아라

though [ðóu 도우] 〔📖 gh는 묵음〕 접
1 …이지만(although): *Though* (he was) very tired, he went on working. 그는 몹시 피곤했지만 일을 계속했다

〔쓰임새〕 though 절의 주어가 주절의 주어와 같은 경우에는 「주어+be 동사」는 종종 생략된다.

2 비록 …일지라도(even if): I'll go, even *though* it rains. 설사 비가 오더라도 나는 가겠다
as though ... 마치 …처럼(as if): She looks *as though* she were a movie star. 그녀는 마치 영화 배우처럼 보인다
—부 그렇지만: It was true, *though*. 그렇지만 그것은 사실이었다

thought [θɔ́:t 쏘아-트] 동 think(생각하다)의 과거·과거분사형
—명 (복수 **thoughts** [-ts]) **1** 생각, 사고: She was lost in *thought*. 그녀는 생각에 잠겨 있었다
2 생각(idea), 의견: Tell your *thoughts* to me. 네 생각을 내게 말해 다오
3 (…에 대한) 배려 (for)
4 (시대·민족 등의) 사상: Western *thought* 서양 사상

thought·ful [θɔ́:tfəl 쏘아-앗F얼] 형 (비교급 **more thoughtful**; 최상급 **most thoughtful**) **1** 생각이 깊은, 생각에 잠긴: He looked *thoughtful* for a while. 그는 잠시 생각에 잠긴 표정이었다
2 사려 깊은, 친절한: How *thoughtful* of you! 정말로 친절하시군요!

thought·ful·ly [θɔ́:tfəli 쏘아-앗F얼리] 부 **1** 깊이 생각하여 **2** 친절하게

thought·less [θɔ́:tlis 쏘아-앗리ㅅ] 형 **1** 생각이 없는 **2** 인정 없는

thought·less·ly [θɔ́:tlisli 쏘아-앗리쓸리] 부 **1** 생각 없이 **2** 인정 없이

thou·sand [θáuznd 쏘아우z은드] 명 (복수 **thousands** [-dz]) 천, 1,000개〔명〕: three *thousand* 3천 / ten *thousand* 1만 / a〔one〕 hundred *thousand* 10만

〔쓰임새〕 (1) 영어에는 「만」에 해당하는 말이 없으므로 「1만」을 「1천의 10배」로 생각하고 ten thousand, 「2만」은 twenty thousand라 한다.
(2) 1,000은 보통 a thousand라 하지만, 강조하거나 정확히 말할 경우에는 one thousand라 한다.
(3) thousand는 thousands of일 때 이외에는 복수형으로 쓰지 않는다.

thousands of 수천의, 많은(many): There were *thousands of* people at the game. 많은 사람이 그 시합을 보러 왔다
—형 **1** 1,000의, 1,000개〔명〕의: two *thousand* cars 2,000대의 차
2 〔a를 붙여〕 다수의, 수많은: *A thousand* thanks. 대단히 고맙습니다

thou·sandth [θáuzndθ 쏘아우z은(드)쓰] (📖 약어는 1,000th) 명 (복수 **thousandths** [-s]) **1** 〔보통 **the**를 붙여〕 1,000번째 **2** 〔**a** 또는 **one**을 붙여〕 1,000분의 1
—형 **1** 〔보통 **the**를 붙여〕 1,000번째 **2** 1,000분의 1의

thread [θréd 쓰으렏드] 명 **1** 실 (📖 「바늘」은 needle): sew with *thread* 실로 꿰매다

2 실 같은 것, (빛 등의) 선: a *thread* of light 한줄기 빛

*__threat__ [θrét 쓰렡] 몡 (복수 __threats__ [-ts]) **1** 위협, 협박: the *threat* of war 전쟁의 위협
2 (나쁜) 조짐, 징조

*__threat·en__ [θrétn 쓰레튼] 동 (3단현 __threatens__ [-z]; 과거·과거분사 __threatened__ [-d]; 현재분사 __threatening__) 태 **1** …을 위협[협박]하다: He *threatened* me *with* gun. 그는 총으로 나를 위협하였다
2 …할 것 같다, 우려가 있다: It *threatens to* rain. 비가 쏟아질 것 같다
—— 자 위협[협박]하다

__threat·en·ing__ [θrétniŋ 쓰레트닝] 형
1 위협[협박]적인 **2** (날씨 등이) 험악한

*__three__ [θríː 쓰리-] 명 (복수 __threes__ [-z]) 3, 셋, 3개[명], 3시: He left at *three*. 그는 3시에 떠났다
—— 형 셋의, 3개[명]의: This stool has *three* legs. 이 걸상은 다리가 세 개다

__three·fold__ [θríːfòuld 쓰리-F오울드] 형 3중[겹]의; 3배의

__thresh·old__ [θréʃhòuld 쓰레쉬호울드] 명 문지방

__threw__ [θrúː 쓰루-] (발 through(…통하여)와 발음이 같음) 동 throw(던지다)의 과거형

__thrift__ [θríft 쓰리F트] 명 절약, 검약

__thrift·y__ [θrífti 쓰리F티] 형 (비교급 __thriftier__; 최상급 __thriftiest__) 절약하는, 아끼는

*__thrill__ [θríl 쓰리얼] 명 (복수 __thrills__ [-z]) (공포·쾌감 등으로) 오싹함, 스릴, 전율: This movie lacks *thrill*. 이 영화는 스릴이 부족하다
—— 동 (3단현 __thrills__ [-z]; 과거·과거분사 __thrilled__ [-d]; 현재분사 __thrilling__) 태 …을 오싹하게 하다: The story *thrilled* me *with* horror. 그 이야기는 나를 공포로 떨게 했다
—— 자 (공포·기쁨 등으로) 떨다

__thrill·er__ [θrílər 쓰릴러r] 명 스릴이 있는 것, 괴기 영화[극, 소설]

__thrill·ing__ [θríliŋ 쓰릴링] 형 오싹하게 하는, 스릴 만점의

__thrive__ [θráiv 쓰으라이v으] 동 (3단현 __thrives__ [-z]; 과거 __throve__ [θróuv], __thrived__ [-d]; 과거분사 __thrived__, __thriven__ [θrívən]; 현재분사 __thriving__) 자 **1** 번영하다, 번성하다: The auto industry is *thriving*. 자동차 산업은 번성하고 있다
2 (초목이) 우거지다

*__throat__ [θróut 쓰로웃] 명 (복수 __throats__ [-ts]) 목, 멱, 목구멍: I have a sore *throat*. 나는 목이 아프다

__throne__ [θróun 쓰로운] 명 왕좌, 옥좌; [the를 붙여] 왕위, 왕권: come to *the throne* 즉위하다

__throng__ [θrɔ́ːŋ 쓰로-엉] 명 군중, 다수: A *throng* of people is here. 수많은 군중이 여기 있다

*__through__ [θrúː 쓰루-] 전 **1** …을 통하여, 지나서: The cat came in *through* the window. 고양이가 창문으로 들어왔다/ The train went *through* a tunnel. 기차가 터널을 통과했다

2 [장소를 나타내어] …을 두루: He traveled *through* Europe. 그는 유럽을 두루 여행했다
3 [시간·기간을 나타내어] …내내, 줄곧: all *through* the year 1년 내내/ We walked *through* the night. 우리는 밤새도록 걸었다
4 《미》(…부터) …까지 (발 《영》 to): I work (from) Monday *through* Friday. 나는 월요일부터 금요일까지 일한다

5 …을 마치고: We are *through* our homework. 우리는 숙제를 끝마쳤다
6 〔원인·수단을 나타내어〕…때문에; …에 의하여: He ran away *through* fear. 그는 무서워서 도망쳤다 / We learn lots of things *through* reading. 우리는 독서로 많은 것을 배운다

— 〖부〗 **1 통하여**, 꿰뚫어: The bullet hit the wall and went *through*. 총탄은 벽을 꿰뚫었다

2 완전히, 흠뻑: I was wet *through*. 나는 흠뻑 젖었다

3 처음부터 끝까지, 내내: Did you read the book *through*? 당신은 그 책을 끝까지 읽었습니까?

4 《미》(통화가) **끝나**; 《영》(전화가) 연결되어: Are you *through*? 《미》통화 끝났습니까?; 《영》전화가 연결되었습니까?

5 (일 등이) 끝나

〔회화〕
A: Are you *through* with your homework?
숙제는 끝냈니?
B: Not yet.
아직이요

— 〖형〗〔명사 앞에만 쓰여〕직행의, 직통의: a *through* train 직행 열차

through·out [θruːáut 드루-아웃] 〖전〗
1 〔장소를 나타내어〕 …**의 구석구석까지**, 두루: He has traveled *throughout* Korea. 그는 한국의 방방곡곡을 여행했다
2 〔시간을 나타내어〕 …**동안**, …내내: It snowed *throughout* the day. 하루종일 눈이 내렸다

— 〖부〗 **1** 전부, 모조리: The box is black *throughout*. 그 상자는 온통 까맣다
2 처음부터 끝까지

throw [θróu 드로우] 〖동〗 (3단현 **throws** [-z]; 과거 **threw** [θrúː]; 과거분사 **thrown** [θróun]; 현재분사 **throwing**) 〖타〗 **1** …을 **던지다**: He *threw* a stone *at* the dog. 그는 개를 겨냥해 돌을 던졌다 / He *threw* a bone *to* the dog. 그는 개에게 뼈를 던져 주었다

쓰임새 **throw ... at**은 「~을 겨냥하여 …을 던지다」이고, **throw ... to**는 「어느 방향으로 던지다」의 뜻.

throw ... at   throw ... to

2 (시선·광선을) 던지다: She *threw* me an angry look. 그녀는 나에게 화난 표정을 지었다

— 〖자〗 던지다

throw about (종이 등을) 흩뿌리다
throw away (1) **버리다**: Don't *throw away* those magazines yet. 그 잡지들은 아직 버리지 마라
(2) (시간·돈 등을) 낭비하다
throw down 내던지다, 내동댕이치다
throw in 던져 넣다, 주입하다
throw off (1) 던져 버리다, 내던지다
(2) (성가신 것을) 뿌리치다: She *threw off* her cold. 그녀는 감기가 나았다
(3) 벗다, 벗어 던지다: He *threw off* his coat. 그는 상의를 벗었다
throw on (옷 등을) 급히 입다
throw open (문 등을) 휙 열어제치다
throw out (1) (불필요한 것 등을) **버리다**, 처분하다: I have to *throw out* these old clothes. 나는 이 헌 옷들을 버려야겠다
(2) (제안 등을) 거절하다
throw up (1) 쳐들다, 위로 올리다: He *threw up* the window. 그는 창문을 밀어 올렸다
(2) (일 등을) 그만두다
(3) 토하다, 게우다(vomit)

— 〖명〗 **1** 던지기 **2** 던져서 닿는 거리

at[*within*] *a stone's throw of* ... (돌을 던져서 닿을 정도의) 매우 가까운 곳에: I live *within a stone's throw of* the station. 나는 역에서 매우 가까운 곳에 살고 있다

thrown [θróun 트로운] 〔🔎 throne(왕좌)과 발음이 같음〕 통 throw(던지다)의 과거분사형

thrush [θrʌ́ʃ 트로러쉬] 명 【조류】 개똥지빠귀

thrust [θrʌ́st 트러스트] 통 (3단현 **thrusts** [-ts]; 과거·과거분사 **thrust**; 현재분사 **thrusting**)

thrush

타 1 ...을 세게 밀다, 떠밀다: He *thrust* the chair forward. 그는 의자를 앞으로 세게 밀었다

2 ...을 찌르다; 쑤셔 넣다: I *thrust* the letter *into* my pocket. 나는 그 편지를 내 호주머니에 쑤셔 넣었다

—— 자 1 밀다, 밀치다 2 찌르다
—— 명 1 밀침 2 찌름

***thumb** [θʌ́m 썸] 〔🔎 b는 묵음〕 명 (복수 **thumbs** [-z]) 엄지손가락

be all thumbs 《구어》 손재주가 전혀 없다 (🔎 엄지손가락이 가장 무디어서): He *is all thumbs*. 그는 손재주가 없다

Thumbs down! 《구어》 안 돼!
Thumbs up! 《구어》 좋아!; 잘했다!

Thumbs down!　Thumbs up!

thumb·tack [θʌ́mtæ̀k 썸택] 명 《미》 압정 (🔎 《영》 drawing pin)

thump [θʌ́mp 썸프] 명 탁치는 소리
—— 타 자 (...으로) 탁 치다〔때리다〕

***thun·der** [θʌ́ndər 썬더r] 명 (복수 **thunders** [-z]) **1** 천둥, 우레: *thunder* and lightning 천둥과 번개

2 〔보통 복수형으로〕 우레 같은 소리: *thunders* of applause 우레 같은 박수갈채

—— 통 (3단현 **thunders** [-z]; 과거·과거분사 **thundered** [-d]; 현재분사 **thundering** [-dəriŋ]) 자 〔It를 주어로 하여〕 천둥치다: It *thundered* last night. 어젯밤에 천둥이 쳤다

thun·der·bolt [θʌ́ndərbòult 썬더r볼트] 명 번개, 벼락, 낙뢰

thun·der·storm [θʌ́ndərstɔ̀ːrm 썬더r스토-r엄] 명 (강풍이 따르는) 뇌우

Thur., Thurs. 《약어》 *Thurs*day 목요일

***Thurs·day** [θə́ːrzdèi 써-r즈데이] 명 (복수 **Thursdays** [-z]) 목요일 (🔎 약어는 Thur., Thurs.): He came on *Thursday*. 그는 목요일에 왔다

【Thor(북유럽신화에 나오는 천둥·날씨의 신)+day(날)에서】

thus [ðʌ́s 더스] 부 《문어》 **1** 이렇게, 이와 같이(in this way): He spoke *thus*. 그는 이렇게 말했다

2 그래서, 따라서: I studied hard; *thus* I succeeded. 나는 열심히 공부했다. 그래서 성공했다

Ti·bet [tibét 티벳] 명 티베트 《중국 남서부의 자치구; 수도는 라사(Lhasa)》

tick [tík 틱] 명 **1** (시계 등의) 똑딱〔째깍〕거리는 소리 **2** 점검의 표시 (✓)
—— 자 타 **1** (시계 등이) 똑딱〔째깍〕거리다 **2** 점검표를 하다
【의성어】

***tick·et** [tíkit 티킷] 명 (복수 **tickets** [-ts]) **1** 표, 입장권, 승차권: a concert *ticket* 음악회 입장권/ a railroad *ticket* 기차표/ a one-way *ticket* 《미》 편도 차표 (🔎 《영》 a single *ticket*)/ a round-trip *ticket* 《미》 왕복표 (🔎 《영》 a return *ticket*)

ticket office

2 정가표, 정찰표
3 (교통 위반에 대한) 딱지: I got a parking *ticket*. 나는 주차 위반 딱지를 떼였다

ticket office [tíkit ɔ́:fis] 명《미》매표소 (《영》booking office)

tick·tack [tíktæ̀k 틱택] 명 **1** (시계의) 똑딱똑딱 (소리) **2** 심장의 고동 【의성어】

tide [táid 타이드] 명 (복수 **tides** [-dz]) **1** 조수, 조류: high〔low〕*tide* 밀물〔썰물〕
2 형세, 경향: The *tide* turned *against* 〔*to*〕him. 형세는 그에게 불리〔유리〕해졌다
3 계절, 때: Time and *tide* wait for no man. 《속담》세월은 사람을 기다리지 않는다

tidy [táidi 타이디 → 타이리] 형 (비교급 **tidier**; 최상급 **tidiest**) **1** 단정한, 말쑥한, 잘 정돈된: a *tidy* room 정돈된 방
2 《구어》 (금액이) 상당한

tie [tái 타이] 동 (3단현 **ties** [-z]; 과거·과거분사 **tied** [-d]; 현재분사 **tying**) 타 **1** (끈·새끼 등으로) 매다, 동이다(bind), 묶다: *tie* a shoelace 구두끈을 매다/ He *tied* his dog *to* the tree. 그는 그의 개를 나무에 맸다
2 (어떤 상태에) 묶어두다: He is *tied* to the job. 그는 일에 얽매여 있다
3 (경기 등에서 상대편과) 동점이 되다
—— 자 묶이다, 매어지다: This cord doesn't *tie* well. 이 끈은 잘 묶이지 않는다

tie up (1) 단단히 묶다; 붕대로 감다 (2) (시간적으로) 구속하다 (3) …와 관계를 맺다

—— 명 (복수 **ties** [-z]) **1** 넥타이(necktie): He always wears a red *tie*. 그는 언제나 빨간 넥타이를 맨다
2 매듭(knot), 끈, 줄
3 (경기 등에서) 동점, 타이: The game ended in a *tie*. 시합은 동점으로 끝났다
4 〔복수형으로〕 인연, 연줄
5 《미》 (철도의) 침목 (《영》 sleeper)

ti·ger [táigər 타이거r] 명 (복수 **tigers** [-z]) 【동물】 호랑이 (「암컷 호랑이」는 tigress): We saw a *tiger* at the zoo. 우리는 동물원에서 호랑이를 보았다

tiger

tight [táit 타잇] 〔gh는 묵음〕 형 (비교급 **tighter**; 최상급 **tightest**) **1** 꽉 조이는(반 loose 느슨한): a *tight* knot 꽉 조인 매듭/ This coat is *tight*. 이 윗옷은 꽉 낀다

tight   loose

2 팽팽한: a *tight* rope 팽팽한 밧줄
—— 부 단단히, 꽉(tightly): Hold it *tight*. 그것을 꽉 잡아라

tight·en [táitn 타이튼 → 타잇'은] 타 자 죄다, 단단하게 하다

tight·ly [táitli 타이틀리 → 타잇'을리] 부 단단히, 꽉, 팽팽히

tights [táits 타이츠] 〔gh는 묵음〕 명 타이츠 (발레리나 등이 입는 몸에 꼭 끼는 옷); 스타킹

ti·gress [táigris 타이그뤼쓰] 명 (복수 **tigresses** [-iz]) 암컷 호랑이 (「(수컷) 호랑이」는 tiger)

tile [táil 타일] 명 (복수 **tiles** [-z]) 타일; 기와: The sidewalk is covered with *tiles*. 보도는 타일로 덮여 있다

till [tíl 티일] 젠 …**까지**: *till* now 지금까지 / I waited for you *till* four o'clock. 나는 4시까지 너를 기다렸다/ He did not come back *till* ten. 그는 10시까지 돌아오지 않았다

—— 접 **1** (…할 때) **까지**(until): I'll wait *till* he comes back. 그가 돌아올 때까지 기다리겠다

2 〔앞에 콤마를 두어〕 …**하여 마침내**: He ran and ran, *till* (at last) he was quite tired. 그는 달리고 달려 마침내 완전히 지치고 말았다

3 〔**not** A **till** B …의 형태로〕B할 때까지 A않다, B하여 비로소 A하다: We do *not* know the value of health *till* we lose it. 사람은 건강을 잃고 나서야 비로소 그 가치를 알게 된다

tilt [tílt 티얼트] 명 경사, 기울기
—— 타|자 …을 기울이다; 기울다

tim·ber [tímbər 팀버r] 명 (복수 **timbers** [-z]) **1** 《영》(건축용으로 제재한) 재목, 목재 (《미》 lumber) **2** 〔집합적으로〕 수목, 삼림(forest)

time [táim 타임] 명 (복수 **times** [-z]) **1 시간**, 시각: *time* and space 시간과 공간/ Don't waste *time*. 시간을 낭비하지 마라/ *Time* is money. 《속담》 시간은 돈이다

〔회화〕
A: What *time* is it (now)?
(지금) 몇 시지요?
B: It's ten.
10시입니다

2 (필요한) **시간**, 틈, 여가: There is no *time* to lose. 꾸물거리고 있을 시간이 없다/ Take your *time*. 서두르지 마라

3 …**할 때**, 시기, 기회: It's *time* for lunch. 점심 시간이다/ It's *time* to go to bed. 이제 잘 시간이다

4 〔보통 **a**를 붙여〕(일정한) **기간**: I'll be back in *a* short *time*. 곧 돌아오겠다/ It's been *a* long *time*. 오랜만이다

5 〔종종 복수형으로〕 시대; (세상의) 정세: modern *times* 현대/ hard *times* 불경기/ We must keep up with the *times*. 우리는 정세에 뒤떨어져서는 안 된다

6 〔복수형으로〕 …**회**, …번: Take this medicine three *times* a day. 하루에 세 번 이 약을 복용하세요

〔참고〕 횟수
횟수를 나타낼 때 「1회」는 once, 「2회」는 twice, 3회 이상을 나타낼 때는 three times, four times처럼 「수＋times」의 형태가 된다.

7 〔복수형으로〕 …**배**(倍): He has ten *times* as many books as I have. 그는 나보다 10배나 많은 책을 갖고 있다/ Four *times* two is eight. 2의 4배는 8이다 《2×4＝8》

8 (시합의) 중단, 타임

all the time (1) 그 동안 줄곧: She was silent *all the time*. 그녀는 그 동안 줄곧 말이 없었다

(2) 《미》 언제나(alway): He is busy *all the time*. 그는 언제나 바쁘다

(at) any time 언제든지: Yoy can come to see me *at any time*. 언제든지 나를 만나러 와도 된다

at a time 한 번에, 동시에: Take three *at a time*. 한 번에 세 개씩 집어라

at one time (1) 한때, 일찍이: *At one time* he lived in Paris. 한때 그는 파리에 살았다

(2) 동시에, 한꺼번에(at once): Don't eat too much *at one time*. 한꺼번에 너무 많이 먹지 마라

at that time 그 당시에는: There were no telephones *at that time* in Korea. 그 당시에는 한국에 전화가 없었다

at the same time (1) 동시에: They stood up *at the same time*. 그들은 동시에 일어났다

(2) 그러나, 그렇기는 하나(however)

at times 때때로, 이따금(sometimes): We have a heavy snow *at times*. 때때로 큰 눈이 내린다

before〔behind〕 the times 시대에 앞서서〔뒤져서〕: Your idea is *behind the times*. 너의 생각은 시대에 뒤떨어져 있다

behind time 시간에 늦어, 지각하여: He is always *behind time*. 그는 언제나 시간에 늦는다

by the time ... ⋯할 때까지는: I'll be able to finish it *by the time* you arrive here. 네가 여기에 도착할 때까지는 그 일을 마칠 수 있을 것이다

by this time 이때까지; 지금쯤은: She must have got home *by this time*. 그녀는 지금쯤 집에 도착했을 것이다

for some〔a〕time 잠시, 얼마 동안 ⇒ some 숙어

for the last time 마지막으로

for the time being 당분간: Don't do anything *for the time being*. 당분간 아무 것도 하지 마라

from time to time 때때로, 이따금 (occasionally): We meet *from time to time*. 우리는 이따금씩 만난다

gain time (시계가) 빨리 가다

have a ... time ⋯한 시간을 보내다: I *had a* good〔bad〕 *time* yesterday. 어제는 즐거웠다〔혼이 났다〕

in no time 곧, 바로: He did it *in no time*. 그는 바로 그것을 했다

in time (1) 시간에 맞추어 《for》: I'll be back *in time for* dinner. 저녁 식사 시간에 맞춰 돌아가겠다

(2) 조만간(sooner or later): You will understand him *in time*. 너는 머지않아 그를 이해하게 될 것이다

keep good〔bad〕 time (시계가) 꼭 맞다〔안 맞다〕: This watch *keeps good time*. 이 손목 시계는 잘 맞는다

lose time (시계가) 늦다

on time 정시에, 시간대로(punctually): The train arrived *on time*. 열차는 정시에 도착했다

time after time = ***time and (time) again*** 몇 번이나: I saw him *time after time*. 나는 그를 몇 번이나 보았다

up to time 《영》 시간에 맞게, 정시에

time capsule [táim kǽpsl] 몡 타임캡슐 (현재의 정보를 후세에 남기기 위해 지하 등에 묻는 용기)

time·ly [táimli 타임리] 혱 (비교급 **timelier**; 최상급 **timeliest**) 때에 알맞은, 적시의: a *timely* hit 【야구】 적시 안타

Times Square [táimz skwɛ́ər] 몡 타임스 광장 (뉴욕시의 중앙부에 있는 번화한 광장)

time·ta·ble [táimtèibl 타임테이브을] 몡 (복수 **timetables** [-z]) 예정표, 시간표

tim·id [tímid 티미드] 혱 (비교급 **timider**; 최상급 **timidest**) 소심한(shy), 겁이 많은(반 bold 대담한)

tim·ing [táimiŋ 타이밍] 몡 타이밍, 속도 조절

tin [tín 틴] 명 (복수 **tins** [-z]) **1** 【화학】주석 (◎ 금속 원소; 기호 Sn) **2** 양철; 《영》통조림(통) (◎ 《미》can²)

tin·kle [tíŋkl 팅크읠] 명 딸랑딸랑 울리는 소리
—— 동 (현재분사 **tinkling**) 자 타 (방울 등이〔을〕) 딸랑딸랑 울리다

tinned [tínd 틴드] 형 **1** 주석 도금을 한 **2** 《영》통조림한 (◎ 《미》canned)

tint [tínt 틴트] 명 **1** 엷은 빛깔 **2** 색조, 색채의 배합
—— 타 …을 (연하게) 색칠하다

***ti·ny** [táini 타이니] 형 (비교급 **tinier**; 최상급 **tiniest**) 작은, 조그마한(반 huge 큰): a *tiny* cat 조그마한 고양이

-tion 《접미사》상태, 동작을 나타내는 동사에서 명사를 만듦: starva*tion* 굶주림 / combina*tion* 결합

-tious 《접미사》주로 -tion로 끝나는 명사에서 형용사를 만듦: ambi*tious* 야심이 있는

tip¹ [típ 팁] 명 (복수 **tips** [-s]) (뾰족한) 끝, 첨단: the *tip* of a spear 창 끝

***tip²** [típ 팁] 명 **1** 팁, 봉사료: Here's a *tip* for you. 이것은 팁입니다

> 참고 팁
>
> 서양에서는 서비스를 받게 되면 요금의 10~15%쯤 되는 돈을 팁으로 주는 것이 관례이다. 식당에서는 종업원에게 팁을 직접 주지 않고 식사를 마치고 나가면서 테이블 위에 올려놓고, 호텔에서는 방을 정리하는 사람을 위하여 침대 머리맡에 올려놓는다.

2 정보, 귀띔, 조언
—— 동 (3단현 **tips** [-s]; 과거 · 과거분사 **tipped** [-t]; 현재분사 **tipping**) 타 …에게 팁을 주다

tip·toe [típtòu 팁토우] 명 발끝: walk on *tiptoe* 발끝으로 걷다

***tire¹** [táiə*r* 타이어*r*] 동 (3단현 **tires** [-z]; 과거 · 과거분사 **tired** [-d]; 현재분사 **tiring** [táiəriŋ]) 타 …을 지치게 하다: The long walk *tired* me. 오래 걸어서 나는 피곤했다
—— 자 **1** 피곤해지다, 지치다: She soon *tires*. 그녀는 곧 피곤해한다
2 싫증나다, 물리다 (of)

***tire², 《영》tyre** [táiə*r* 타이어*r*] 명 (복수 **tires** [-z]) 타이어: We had a flat *tire*. 타이어가 펑크났다

tires

***tired** [táiə*r*d 타이어*r*드] 형 (비교급 **more tired**; 최상급 **most tired**) **1** 피곤한, 지친: I'm *tired*. 나는 피곤하다〔지쳤다〕/ He looks *tired*. 그는 피곤해 보인다/ She is *tired* from walking. 그녀는 걸어서 지쳐 있다

2 〔**be tired of**의 형태로〕…에 싫증이 나다: I'm *tired of* boiled eggs. 나는 삶은 달걀에 물렸다

sick and tired of …에 아주 진저리가 나서: He's *sick and tired of* pizza. 그는 피자라면 진절머리를 낸다

tire·less [táiərlis 타이어*r*을리쓰] 형 지칠 줄 모르는; (행동 등이) 꾸준한

tire·some [táiərsəm 타이어*r*썸] 형 **1** 귀찮은, 성가신 **2** 지루한, 따분한

tis·sue [tíʃuː 티슈-] 명 (복수 **tissues** [-z]) **1** (동식물의 세포) 조직 **2** 화장지

Ti·tan [táitn 타이튼] 명 **1** 【그리스신화】타이탄 《거인 족의 하나》 **2** 〔**titan**으로〕거인, 장사

ti·tan·ic [taitǽnik 타이태닉] 형 거대한, 힘센

***ti·tle** [táitl 타이트을] 명 (복수 **titles** [-z]) **1** (책 등의) 제목, 표제; (영화 등의) 자막: What is the *title* of the book? 그 책의 제목은 무엇입니까?

2 직함, 칭호, 경칭 (◎ Lord 경, Dr. 박사, Sir, Mr. 씨 등)

3 【스포츠】선수권, 타이틀: a *title* match 타이틀 매치

to [túː 투-] 〖전〗 **1** 〖운동의 방향·도달점을 나타내어〗 **…으로, …까지,** …쪽으로(〖반〗 from …부터): He walk *to* the park. 그는 공원으로 갔다/ He goes *to* school from home on foot. 그는 집에서 학교까지 걸어서 간다/ Turn *to* the right. 오른쪽으로 도시오

2 〖시간·기한을 나타내어〗 **…까지**(till); (시각의) **…전**(〖반〗 past, after …후): from one *to* four o'clock 1시부터 4시까지/ They stayed there *to* the end of May. 그들은 5월말까지 거기에 머물렀다/ It's ten (minutes) *to* four. 지금 4시 10분전이다 (〖미〗에서는 to 대신에 of나 before를 쓴다)

3 〖정도·범위·상태·결과를 나타내어〗 **…까지**; …하게도: I got wet *to* the skin. 나는 흠뻑 젖었다/ He fought *to* the last. 그는 끝까지 싸웠다/ *To* my surprise, he left school. 놀랍게도 그는 학교를 그만두었다

4 〖목적을 나타내어〗 **…을 위하여**: Drink *to* your health! 당신의 건강을 위해 건배!/ He worked hard *to* that end. 그는 그 목적을 위하여 열심히 일했다

5 〖행위·작용의 대상을 나타내어〗 **…에게**: appeal *to* public opinion 여론에 호소하다/ I'd like to talk *to* you. 너에게 하고 싶은 말이 있다

6 〖결합·부가·소속을 나타내어〗 **…위에**; …에: She added some sugar *to* the coffee. 그녀는 커피에 설탕을 넣었다/ He belongs *to* the soccer club. 그는 축구부 회원이다

7 〖적합·일치를 나타내어〗 **…대로,** …에 맞추어: work *to* a plan 계획대로 일을 하다/ She sang *to* the piano. 그녀는 피아노에 맞추어 노래했다

8 〖비교·대비를 나타내어〗 **…보다,** …에 대하여: I prefer spring *to* fall. 나는 가을보다 봄을 좋아한다/ We won the game by three *to* one. 3대 1로 우리가 이겼다

9 〖위치·대상을 나타내어〗 **…에 대하여**; …을: the house opposite *to* my house 우리 집 맞은편의 집/ China is *to* the west of Korea. 중국은 한국의 서쪽에 있다/ I'm listening *to* the radio. 나는 라디오를 듣고 있다

10 〖to+동사 원형으로 부정사를 만들어〗 a) 〖명사적 용법〗 **…하는 것**: It is wrong *to tell* a lie. 거짓말을 하는 것은 나쁘다/ *To walk* is healthy exercise. 걷기는 건강에 좋은 운동이다/ My hobby is *to play* tennis. 내 취미는 테니스를 하는 것이다/ *To say* is one thing, *to do* is quite another. 말하는 것과 실천하는 것은 별개이다

b) 〖형용사적 용법〗 **하기 위한,** …해야 할: Give me something *to drink*. 마실 것을 좀 주시오/ I have a lot of work *to do*. 나는 해야 할 일이 많다/ It is time *to take* your medicine. 약 먹을 시간이다

c) 〖부사적 용법〗 **…하기 위하여**; …하여; …하다니: We went to the station *to see* him. 우리는 그를 마중하러 역에 갔다 《목적》/ I am glad *to see* you. 만나 뵙게 되어 반갑습니다 《원인·이유》/ She lived *to be* ninety. 그녀는 아흔 살까지 살았다 《결과》/ The book is difficult *to read*. 그 책은 읽기 어렵다 《형용사를 수식》

d) 〖독립 부정사〗 **…하면,** …해서: *To tell* the truth, I don't like it. 사실을 말하면 나는 그것이 마음에 안 든다

e) 〖의문사와 함께〗: I don't know *how*

to do it. 그것을 어떻게 하면 되는지 모르겠다/ Do you know *when to* start? 언제 출발하는지 너는 아느냐?

too A *to* B 너무 A하여 B할 수 없다 ⇒ too 숙어

── 부 1 원래의 상태로, 제정신으로: He fainted, but soon he came *to*. 그는 정신을 잃었으나 곧 제정신으로 되돌아왔다

2 (문 등이) 닫혀서: Is the door *to*? 문이 닫혀 있느냐?

to and fro 왔다갔다, 오락가락: He was walking *to and fro* in the room. 그는 방안을 왔다갔다하고 있었다

toad [tóud 토우드] 명 (복수 **toads** [-dz]) 【동물】두꺼비

toast¹ [tóust 토우스트] 명 (복수 **toasts** [-ts]) 토스트, 구운 빵: I had only a slice of *toast* for breakfast. 나는 아침 식사로 토스트 한 조각만 먹었다

toad

── 타 자 (빵 등을[이]) 노르스름하게 굽다[구워지다]

toast² [tóust 토우스트] 명 축배, 건배: Let's drink a *toast* to Mr. Smith! 스미스씨를 위해 건배!

── 타 자 축배를 들다, 건배하다

toast·er [tóustər 토우스터r] 명 (복수 **toasters** [-z]) 빵 굽는 사람[기구]

to·bac·co [təbǽkou 터배코우] 명 (복수 **tobaccos, tobaccoes** [-z])

toaster

담배 (🖋 원료가 되는 잎 또는 파이프로 피우는 담배; 「궐련」은 cigaret, 「잎담배」는 cigar)

to·bog·gan [təbágən 터바건] 명 터보건 (바닥이 평평한 눈썰매용 썰매)

toboggan

***to·day [tudéi 투데이] 명 1 오늘 (🖋 「어제」는 yesterday, 「내일」은 tomorrow): Show me *today*'s paper. 오늘 신문을 보여 주세요

2 현대, 오늘날: the writers of *today* 현대 작가들

── 부 1 오늘(은): He is very busy *today*. 그는 오늘 매우 바쁘다

2 오늘날에는, 요즘은: No one believes it *today*. 요즘은 아무도 그것을 믿지 않는다

***toe** [tóu 토우] [🖋 tow(끌다)와 발음이 같음] 명 (복수 **toes** [-z]) 1 발가락 (🖋 「손가락」은 finger): a big[little] *toe* 엄지[새끼] 발가락

2 (구두·양말 등의) 앞부리

***to·geth·er [tugéðər 투게더r] 부 1 함께, 같이: We sang *together*. 우리는 함께 노래를 불렀다/ We often go to school *together*. 우리는 종종 같이 학교에 간다

2 동시에, 일제히: They arrived *together*. 그들은 동시에 도착했다

3 계속해서: It rained for several days *together*. 비가 며칠 동안 계속해서 내렸다

get together 모이다, 만나다: Let's *get together* on Sunday. 일요일에 모이자

together with …와 함께: He came, *together with* his father. 그는 아버지와 함께 왔다

toil [tɔ́il 토열] 명 노력, 수고

── 자 힘써 일하다

toi·let [tɔ́ilit 토일릿] 명 (복수 toilets [-ts]) 화장실, 변소; 변기

> 참고 화장실
>
> 공공 장소의 화장실은 Rest Room으로, 신사용은 Men, Gentlemen, 숙녀용은 Women, Ladies 등으로 표시한다.
>
> 가정집에서는 보통 욕실(bathroom)에 변기(toilet)가 있으므로 「화장실이 어디 있습니까?」라고 물을 때에는 Where is the bathroom?이라든가 Where can I wash my hands?라고 한다.

toilet paper [tɔ́ilit pèipər] 명 화장지

to·ken [tóukən 토우컨] 명 (복수 tokens [-z]) 1 표, 상징(sign), 증거 2 기념물 3 (버스표 등의) 토큰
in (as a) token of …의 표시로

told [tóuld 토울드] 동 tell(이야기하다)의 과거·과거분사형

tol·er·a·ble [tálərəbl 탈러뤄블] 형 참을 수 있는

tol·er·ance [tálərəns 탈러뤈쓰] 명 1 관용, 아량, 관대 2 참음, 인내력

tol·er·ant [tálərənt 탈러뤈트] 형 관대한, 아량이 있는

toll [tóul 토우을] 명 (복수 tolls [-z]) (도로 등의) 통행료, 사용세: a *toll* road 유료 도로

toll·gate [tóulgèit 토우을게잇] 명 (고속도로의) 통행료 징수소, 톨게이트

tollgate

tom·a·hawk [táməhɔ̀ːk 타머하-크] 명 (북미 인디언의) 큰 도끼

to·ma·to [təméitou 터메이토우 → 터메이로우] 〔발음 주의〕 명 (복수 tomatoes [-z]) 【식물】 토마토

tomatoes

tomb [túːm 투-음] 〔b는 묵음〕 명 (복수 tombs [-z]) (묘비가 있는) 무덤, 묘(墓)

tomb·stone [túːmstòun 투-음스토운] 명 (복수 tombstones [-z]) 묘석, 묘비

to·mor·row [tumáːrou 투마로우] 명 1 내일: *tomorrow* morning〔afternoon〕 내일 아침〔오후〕 / *Tomorrow* is Sunday. 내일은 일요일이다
2 (가까운) 장래, 미래
── 부 내일(은): See you *tomorrow*. 내일 또 만납시다

ton [tʌ́n 턴] 명 (복수 tons [-z]) 톤 (무게의 단위; 1톤은 영국에서는 1,016kg, 미국에서는 907kg, 우리나라에서는 미터법으로 1,000kg)
tons of … 《구어》 많은…: *tons of* books 많은 책

tone [tóun 토운] 명 (복수 tones [-z]) 1 음조, 음색: a high〔low〕 *tone* 높은〔낮은〕 음조
2 어조, 말투: She spoke in an angry *tone*. 그녀는 화난 말투로 말했다
3 (그림의) 색조, 명암

tongs [táŋz 탕z으] 명 〔복수 취급〕 부젓가락; …집게: a pair of *tongs* 부젓가락 한 자루

tongue [tʌ́ŋ 텅] 명 (복수 tongues [-z])
1 혀: Hold your *tongue*! 입 다물어! / He stuck out his *tongue* at me. 그는 내게 혀를 쑥 내밀었다
2 국어; 언어(language): English is his mother *tongue*. 영어는 그의 모국어이다
3 언어 능력, 말솜씨; 말씨, 말투

ton·ic [tánik 타닉] 명 강장제, 기운을 북돋우는 것

to·night [tunáit 투나잇] 명 **오늘밤**: Please wait till *tonight*. 오늘밤까지 기다려 주십시오
— 부 오늘밤에: We may have snow *tonight*. 오늘밤에 눈이 올지도 모르겠다 / He will arrive *tonight*. 그는 오늘밤 도착할 것이다

too [túː 투-] 부 **1** …**도 또한**: He is young, and handsome, *too*. 그는 젊고 게다가 잘 생겼다 / I think so, *too*. 나도 그렇게 생각한다 / He came, *too*. 그도 왔다

> 쓰임새 **too**는 긍정문·의문문에 쓰며, 부정문에서「～도 …않다」라고 할 때에는 either를 쓴다: He didn't come, *either*. 그도 오지 않았다.

2〔형용사·부사 앞에서〕**너무 …한**: Don't drive *too* fast. 과속하지 마라 / This hat is *too* small for me. 이 모자는 내게 너무 작다

> 비교 **too**와 **very**
> too와 very는 둘 다 강조하는 말이지만, **too**는「정도가 지나치다」라는 부정적인 느낌이 있고, **very**는 문맥에 따라 부정적일 수도 있고 아닐 수도 있는 중립적인 의미를 가지고 있다: Seoul is *too* crowded. 서울은 너무 복잡하다 (부정적인 느낌) / Seoul is *very* crowded. 서울은 매우 복잡하다 (부정적인 느낌 없음).

3《구어》대단히: It is *too* kind of you. 정말 친절도 하십니다

cannot ～ *too* … 아무리 …해도 지나치지 않다: You *cannot* be *too* careful of your health. 아무리 건강에 조심해도 지나치지 않는다

too A *to do* 너무 A하여 …할 수가 없다 (so A that … cannot *do*로 바꾸어 말할 수 있다): This soup is *too* hot *to* drink. 이 수프는 마시기에 너무 뜨겁다 / It is *too* cold for us *to* go hiking. (= It is *so* cold *that* we *can't* go hiking.) 너무 추워서 하이킹을 갈 수가 없다

took [túk 툭] 동 take(잡다)의 과거형

tool [túːl 투-ㄹ] 명 (복수 **tools** [-z]) **연장**, 도구, 공구 (특히 망치, 톱 등 손으로 사용하는 것)

tools

tooth [túːθ 투-θ] 명 (복수 **teeth** [tíːθ]) **1 이**, 치아: Did you brush your *teeth*? 이는 닦았니? / He had his decayed *tooth* pulled out. 그는 충치를 뺐다
2 (톱·갈퀴 등의) 이; 이 모양의 것

tooth·ache [túːθèik 투-θ에익] 명 치통: I have a *toothache*. 이가 아프다

tooth·brush [túːθbrÀʃ 투-θ브롸쉬] 명 (복수 **toothbrushes** [-iz]) 칫솔

tooth·paste [túːθpèist 투-θ페이스트] 명 치약

tooth·pick [túːθpìk 투-θ픽] 명 이쑤시개

top¹ [táp 탑] 명 (복수 **tops** [-s]) **1** 꼭대기, 정상(summit); (페이지 등의) 상단: the *top* of a mountain 산꼭대기 / at the *top* of a page 페이지 위쪽에

> 비교 **top, peak, summit**
> **top**은 사물의 높은 점〔부분〕으로 가장 일반적인 말. **peak**는 뾰족한 것의 맨 끝이나 연속된 수치·그래프의 최고점. **summit**는 산·언덕의 정상.

2 (물건의) 윗부분; (마차 등의) 지붕: the *top* of a table 테이블 위

3 수석, 일등 (반 bottom 꼴찌): He is at the *top* of his class. 그는 반에서 수석이다

4 절정, 극치: He shouted at the *top* of his voice. 그는 큰 소리로 외쳤다

5 【야구】 (한 회의) 초 (반 bottom 말): the *top* of the second inning 2회 초

***from top to bottom*〔*toe*〕** 머리끝부터 발끝까지, 완전히: Paint the wall *from top to bottom*. 벽을 맨 위에서부터 맨 아래까지 전부 칠해라

on (the) top of (1) …의 위에: Put the red book *on top of* the box. 빨간 책을 그 상자 위에 놓아라

(2) …에 더하여

── 형 **1** 꼭대기의: He lives on the *top* floor of the building. 그는 건물의 최고층에 살고 있다

2 수석의; 최고의: He ran at *top* speed. 그는 전속력으로 달렸다

top² [táp 탑] 명 (복수 **tops** [-s]) 팽이: spin a *top* 팽이를 돌리다

top²

top·ic [tápik 타픽] 명 (복수 **topics** [-s]) 화제, 주제, 이야깃거리, 토픽: current *topics* 오늘의 화제

top·most [tápmòust 탑모우스트] 형 최고의, 최상(급)의

torch [tɔ́ːrtʃ 토-r취] 명 (복수 **torches** [-iz]) **1** 햇불 **2** 《영》 회중 전등 (🔗 《미》 flashlight)

torch 2

torch 1

tore [tɔ́ːr 토-r] 동 tear²(찢다)의 과거형

tor·ment [tɔ́ːrment 토-r멘트] 명 **1** 고통, 고뇌 **2** 골칫거리

── [tɔːrmént 토-r멘트] 타 …을 괴롭히다, 못살게 굴다

torn [tɔ́ːrn 토-r언] 동 tear²(찢다)의 과거분사형

tor·na·do [tɔːrnéidou 토-r네이도우 → 토-r네이로우] 명 (복수 **tornado(e)s** [-z]) 토네이도 《미국 중서부에서 발생하는 강한 회오리 바람》

To·ron·to [tərántou 터-란토우] 명 토론토 《캐나다 남동부의 도시》

tor·rent [tɔ́ːrənt 토-뤈트] 명 (복수 **torrents** [-ts]) 급류(急流)

tor·toise [tɔ́ːrtəs 토-r터스] 명 남생이, 거북 (🔗 특히 육지·민물에 사는 거북. 「바다거북」은 turtle): One day a *tortoise* ran a race with a hare. 어느 날 거북은 토끼와 경주를 했다

tor·ture [tɔ́ːrtʃər 토-r취r] 명 (복수 **tortures** [-z]) **1** 고문 **2** 심한 고통, 고뇌

── 동 (현재분사 **torturing** [-tʃəriŋ]) 타 …을 고문하다, 괴롭히다

toss [tɔ́ːs 타-ㅆ] 동 (3단현 **tosses** [-iz]; 과거·과거분사 **tossed** [-t]; 현재분사 **tossing**) 타 **1** …을 (가볍게) 던지다; (공을) 토스하다: *toss* a ball 공을 토스하다
2 (파도가 배를) 움직이다, 흔들다
3 (차례 등을 정하기 위하여 동전을) 공중에 던져 올리다 《up》
── 자 **1** 뒹굴다, 뒤치락거리다 **2** (심하게) 흔들리다 **3** 구어 동전 던지기하다
── 명 (복수 **tosses** [-iz]) **1** 던져 올림 **2** (상하의) 동요 **3** 동전 던지기

***to·tal** [tóutl 토우트을 → 토우르을] 형 **1** 전체의(whole), 총… 반 partial 일부의): the *total* amount 총량 / What is the *total* cost of the trip? 여행의 총비용은 얼마입니까?
2 완전한, 전적인: a *total* failure 완패
── 명 **합계**, 총액: What is the *total*? 합계가 얼마입니까?
── 동 (3단현 **totals** [-z]; 과거·과거분사 **totaled**, 《영》 **totalled** [-d]; 현재분사 **totaling**, 《영》 **totalling**) 타 …을 합계하다; 합계 …이다: She *totaled* the expenses. 그녀는 비용을 합계했다

to·tal·ly [tóutəli 토우털리 → 토우럴리] 부 전적으로, 아주

tot·ter [tátər 타터 → 타러r] 자 비틀거리다; 흔들리다

***touch** [tʌ́tʃ 타취] 동 (3단현 **touches** [-iz]; 과거·과거분사 **touched** [-t]; 현재분사 **touching**) 타 **1** (손 등을) **대다**, 건드리다, 만지다: Don't *touch* the exhibits. 진열품에 손을 대지 마시오 / He *touched* me on the arm. 그는 나의 팔을 건드렸다
2 감동시키다: I was deeply *touched* by her story. 나는 그녀의 이야기에 크게 감동되었다
3 …에 닿다(reach): Can you *touch* the ceiling? 천장에 손이 닿습니까?
4 …을 언급하다: He *touched* many topics in his speech. 그는 연설 중에 많은 화제를 언급했다
5 …에 관계하다: Don't *touch* that kind of business. 그런 종류의 일에 관계해서는 안 된다
6 [보통 부정문에서] 맞먹다, 필적하다: *No* one can *touch* him in history. 역사에서는 그를 당할 자 없다
7 (음식물 등에) 손을 대다, 맛보다
── 자 **닿다**, 접촉하다: Don't *touch*. 손대지 마시오
── 명 (복수 **touches** [-iz]) **1** 만짐, 손을 댐; 촉감, 감촉: I felt a *touch* on my shoulder. 누가 내 어깨를 건드리는 것을 느꼈다
2 (그림 등의) 손질, 가필, 터치
3 [a touch of 의 형태로] 소량의, …기미: a *touch of* salt 소량의 소금 / I have *a touch of* cold. 나는 감기 기운이 좀 있다
be in〔out of〕 touch with …에 접촉하고〔하지 않고〕 있다
get in touch with …와 연락하다, 접촉하다: How can we *get in touch with* him? 어떻게 그와 연락할 수 있을까?
keep in touch with …와 연락〔접촉〕을 유지하다: Let's *keep in touch with* each other. 우리 서로 연락을 유지하자
lose touch with …와 연락〔접촉〕이 끊기다

touch·down [tʌ́tʃdàun 타취다운] 명 **1** 【미식축구】 터치다운 (공을 가진 선수가 골라인을 넘는 일); 그 득점 **2** (비행기의) 착륙

***tough** [tʌ́f 타흐] 형 (비교급 **tougher**; 최상급 **toughest**) **1** **질긴**, 단단한(반 tender, soft 부드러운): *tough* meat 질긴 고기
2 (사람·몸 등이) **튼튼한**; 불굴의: a *tough* guy 튼튼한 〔억센〕 사나이 / *tough* will 불굴의 의지
3 어려운, 힘든: a *tough* job 힘든 일
4 엄한, 무서운

***tour** [túər 투어r] 명 (복수 **tours** [-z]) **1** (관광) **여행**: He is on a *tour* in Europe. 그는 유럽 여행 중이다

2 (공장·시설 등의) 시찰, 견학: We made a *tour* of the museum. 우리들은 미술관을 견학했다
3 (극단의) 순회 공연
── 동 (현재분사 **touring** [túəriŋ]) 타 **1** 여행하다 **2** (공장 등을) 견학하다

tour·ist [túərist 투어리스트] 명 (복수 **tourists** [-ts]) 관광객, 여행자: a *tourist* agency 여행사

tour·na·ment [tə́ːrnəmənt 터-r너먼트] 명 **1** 토너먼트, 승자 진출전 **2** (중세 기사의) 마상(馬上) 창시합

tow [tóu 토우] [💡 toe(발가락)와 발음이 같음] 타 …을 (밧줄로) 끌다

to·ward [tɔ́wərd 토워-r드] 전 **1** [방향을 나타내어] …쪽으로: We ran *toward* the river. 우리는 강 쪽으로 달렸다
2 [대상을 나타내어] …에 대하여: He is very friendly *toward* me. 그는 나에게 매우 친절하다
3 [시간·수량의 접근을 나타내어] …가까이, …쯤: We will be back *toward* noon. 우리는 정오쯤에 돌아올 것이다

to·wards [tɔ́wərdz 토워-rz으] 전 《영》 = toward

tow·el [táuəl 타우어얼] 명 (복수 **towels** [-z]) 타월, 수건: a bath *towel* 목욕 수건

tow·er [táuər 타우어r] 명 (복수 **towers** [-z]) 탑, 타워: Have you ever visited the Seoul *Tower*? 서울 타워에 가 본 적 있니?

Tower Bridge [táuər brídʒ] 명 타워 브리지 (영국 런던 템스 강에 있는 다리; 런던탑 옆에 있어서 이 이름이 붙었음)

Tower Bridge

Tower of London [táuər əv lʌ́ndən] 명 [the를 붙여] 런던탑 (런던의 템스 강가에 있는 영국 중세의 대표적인 건물. 왕궁과 감옥으로 사용되었으나 현재는 박물관임)

Tower of London

town [táun 타운] 명 (복수 **towns** [-z]) **1** 읍, 도회지: He lives in a small *town*. 그는 작은 읍에 살고 있다

> 비교 **town**과 **city**
> **town**은 village보다는 크지만 city 보다 작은 곳을 가리킨다. **city**는 town보다 크며 정치·경제적으로 중요한 역할을 한다. 회화에서는 city를 town이라 부르는 경우가 많다.

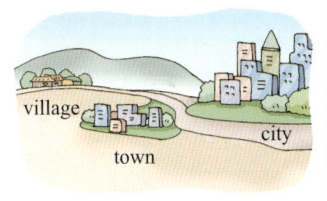

2 (도시의) 중심지, 시내, 상점가: My office is in the *town*. 나의 사무실은 시내에 있다
3 [the를 붙여; 단수 취급] 시의 주민, 시민: *The* whole *town* is against the plan. 모든 시민이 그 계획에 반대했다
── 형 도시의: *town* life 도시 생활

town hall [táun hɔ́ːl] 명 **1** 《영》 시청(사) (《미》 city hall); 읍사무소 **2** 공회당

tox·ic [táksik 탁씩] 형 독의, 독성의: *toxic* smoke 독가스

toy [tɔ́i 토이] 명 (복수 **toys** [-z]) 장난감: Children like to play with *toys*. 아이들은 장난감을 가지고 놀기를 좋아한다
── 형 장난감의: a *toy* car 장난감 자동차

trace [tréis 츄뤠이ㅆ] 명 (복수 **traces** [-iz]) 1 [보통 복수형으로] 자취(track), 발자국: There were *traces* of dogs on the snow. 눈 위에 개들의 발자국이 나 있었다

2 (사건 등의) 흔적: He has disappeared without a *trace*. 그는 흔적도 없이 사라졌다

3 [a trace of의 형태로] 조금, 기미: There was *a trace of* anger in her voice. 그녀는 조금 화난 목소리였다
── 동 (3단현 **traces** [-iz]; 과거·과거분사 **traced** [-t]; 현재분사 **tracing**) 타 1 …의 자국을 밟다, 추적하다 2 (유래·원인을) 더듬다, 밝혀내다 3 (도면 등을) 그리다 4 (투명한 종이를 씌워 위에서) 베끼다

track [trǽk 츄뤡] 명 (복수 **tracks** [-s]) 1 (사람·짐승·차 등의) 흔적, 지나간 자국; [복수형으로] 발자국: the *tracks* of a rabbit 토끼의 발자국

2 밟아 다져져 생긴 길, 오솔길: We followed the *track* to the lake. 우리는 오솔길을 따라 호수로 갔다

3 (철도의) 선로: railroad *tracks* 철도 선로

4 진로, 항로: the *track* of the storm 폭풍의 진로

5 (레코드의) 트랙

6 (경기장의) 트랙 (🖉 트랙 안쪽이 field)

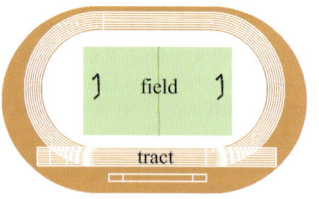

tract [trǽkt 츄뤡트] 명 (넓은) 지역, 토지: a wooded *tract* 삼림 지대

trac·tor [trǽktər 츄뤡터r] 명 (복수 **tractors** [-z]) 트랙터

tractors

trade [tréid 츄뤠이드] 명 (복수 **trades** [-dz]) 1 무역; 장사, 매매, 거래: free *trade* 자유 무역 / Korea does a lot of *trade* with America. 한국은 미국과 많은 무역을 하고 있다

2 직업, 일: What is his *trade*? 그의 직업은 무엇입니까?

3 교환(exchange); (선수의) 트레이드
by trade 장사는, 직업으로서는: He is a barber *by trade*. 그의 직업은 이발사이다
── 동 (3단현 **trades** [-dz]; 과거·과거분사 **traded** [-id]; 현재분사 **trading**) 자 1 장사하다, 매매하다 《in》: We *trade in* furniture. 우리는 가구 장사를 한다

2 …와 거래[무역]하다 《with》: Korea *trades with* many countries in Asia. 한국은 아시아 여러 나라들과 무역을 하고 있다
── 타 …을 교환하다: We *traded* gifts. 우리는 선물을 교환했다

trade·mark [tréidmà:rk 츄뤠이드마-rㅋ] 명 1 (등록) 상표 2 특징, 특성

trad·er [tréidər 츄뤠이더r → 츄뤠이러r] 명 1 상인, 무역업자 2 무역선, 상선

trades·man [tréidzmən 츄뤠이즈먼] 명 (복수 **tradesmen** [-mən]) 《영》 소매상인(shopkeeper)

trade union [tréid jú:niən] 명 《영》 직종별 노동 조합 (🖉 《미》 labor union)

tra·di·tion [trədíʃən 츄뤄디션] 명 (복수 **traditions** [-z]) **1** 전통: This is a *tradition* of my family. 이것은 우리 집안의 전통이다
2 전설, 구전(口傳)

tra·di·tion·al [trədíʃənl 츄뤄디셔느을] 형 **1** 전통의, 전통적인: This is our *traditional* festival. 이것은 우리의 전통적인 축제이다
2 전설의

traf·fic [trǽfik 츄뢔F익] 명 (사람·차 등의) 교통, 왕래, 통행; 교통량: *traffic* accidents 교통 사고/ observe *traffic* signal 교통 신호를 지키다/ There is heavy *traffic* on this street. 이 거리는 교통량이 많다

trag·e·dy [trǽdʒədi 츄뢔줘디 → 츄뢔줘리] 명 (복수 **tragedies** [-z]) **1** 비극(반 comedy 희극) **2** 비극적 사건

trag·ic [trǽdʒik 츄뢔쥑] 형 비극의, 비극적인(반 comic 희극의)

trail [tréil 츄뤠일] 명 (복수 **trails** [-z]) **1** 지나간 자국, 흔적(track) **2** (사람·짐승이 다녀서 생긴) 오솔길 **3** (혜성·유성의) 꼬리; (사람·차 등의) 줄
── 동 (3단현 **trails** [-z]; 과거·과거분사 **trailed** [-d]; 현재분사 **trailing**) 타 **1** (사람·동물 등의) 뒤를 쫓다, 추적하다: *trail* a fox 여우 뒤를 쫓다
2 (옷자락 등을) 질질 끌다(끌며 걷다)

trail·er [tréilər 츄뤠일러r] 명 **1** (자동차 등의) 트레일러 《뒤에 달려 짐을 싣는 차》 **2** 《미》 (차로 끄는) 이동 주택 (《영》 caravan)

trailer 2

train [tréin 츄뤠인] 명 (복수 **trains** [-z]) **1** 열차, 기차; (차량을 연결한) 전동차: passenger〔goods, freight〕 *train* 여객〔화물〕 열차/ Change *trains* at Seoul Station. 서울역에서 열차를 갈아타세요/ I got on 〔off〕 the *train* at Suwon. 나는 수원에서 열차를 탔다〔내렸다〕/ I missed 〔caught〕 the last *train*. 나는 막차를 놓쳤다〔잡아탔다〕

train

2 (사람·차 등의) 긴 열(列), 줄
3 (사건·행동의) 연속: a *train* of events 일련의 사건

by train 기차로: He came *by train*. 그는 기차로 왔다

── 동 (3단현 **trains** [-z]; 과거·과거분사 **trained** [-d]; 현재분사 **training**) 타 …을 훈련하다, 가르치다: This dog is well *trained*. 이 개는 훈련이 잘 되어 있다
자 훈련〔연습〕하다

train·er [tréinər 츄뤠이너r] 명 훈련시키는 사람, 트레이너

train·ing [tréiniŋ 츄뤠이닝] 명 훈련, 연습

trai·tor [tréitər 츄뤠이터r → 츄뤠이러r] 명 반역자, 배신자

tram [trǽm 츄뢤] 명 《영》 시내 전차 (《미》 streetcar)

tram·car [trǽmkà:r 츄뢤카-r] 명 《영》 = tram

tramp [trǽmp 츄뢤프] 자 타 **1** 쾅쾅거리며 걷다; 터벅터벅 걷다 **2** …을 짓밟다 **3** 방랑하다

──명 1 쾅쾅거리며 걷는 소리; 짓밟음 2 도보 여행 3 방랑자, 떠돌이

tram·ple [trǽmpl 츄램플] 동 (현재분사 **trampling**) 타 자 내리 밟다, 짓밟다

tram·way [trǽmwèi 츄램웨이] 명 《영》 시가 전차 선로

tran·quil [trǽŋkwil 츄랭크위얼] 형 조용한, 평온한(calm)

trans- (접두사) 넘어서; 다른 상태〔장소〕로: *trans*form 변형시키다

trans·act [trænsǽkt 츄랜스액트] 타 자 1 (사건 등을) 처리하다 2 거래하다

trans·ac·tion [trænsǽkʃən 츄랜스액션] 명 1 처리, 취급 2 거래

***trans·fer** [trænsfə́ːr 츄랜스F어-r] 동 (3단현 **transfers** [-z]; 과거·과거분사 **transferred** [-d]; 현재분사 **transferring** [-fə́ːriŋ]) 타 1 …을 옮기다, 나르다, 이동하다: They *transferred* the load from the ship to trucks. 그들은 배에서 트럭으로 짐을 옮겼다

2 …으로 전학〔전임〕시키다: They *transferred* a boy *to* another school. 그들은 그 소년을 다른 학교로 전학시켰다

──자 (자동차 등을) 갈아타다: Do I have to *transfer*? 갈아타야 하나요?

──[trǽnsfəːr 츄랜스F어-r] 명 1 이전, 이동; 전학 2 환승(換乘); 갈아타는 곳〔표〕

trans·form [trænsfɔ́ːrm 츄랜스F오-r엄] 동 (3단현 **transforms** [-z]; 과거·과거분사 **transformed** [-d]; 현재분사 **transforming**) 타 1 …을 변화〔변형〕시키다: Joy *transformed* her face. 기쁨으로 그녀의 얼굴은 싹 변했다

2【전기】변압하다

trans·for·ma·tion [trænsfərméiʃən 츄랜스F어-r메이션] 명 1 변화, 변형 2 (곤충의) 변태 3【전기】변압

tran·sis·tor [trænzístər 츄랜Z이스터r] 명 1【전자】트랜지스터 (반도체를 이용한 증폭(增幅) 장치) 2 = transistor radio

transistor radio [trænzístər réidiou] 명 트랜지스터 라디오 (간단히 tran-sistor라고도 한다)

tran·sit [trǽnsit 츄랜씻] 명 1 통과, 통행 2 운송, 운반 3 변화

tran·si·tive [trǽnsətiv 츄랜써티v으 → 츄랜써리v으] 형【문법】타동의: a *transitive* verb 타동사(반) intransitive verb 자동사)

trans·late [trænsléit 츄랜슬레잇] 동 (3단현 **translates** [-ts]; 과거·과거분사 **translated** [-id]; 현재분사 **translating**) 타 …을 번역하다, 옮기다: He *translated* the English novel *into* Korean. 그는 영어 소설을 한국어로 번역했다

trans·la·tion [trænsléiʃən 츄랜슬레이션] 명 1 번역 2 번역물〔서〕

trans·la·tor [trænsléitər 츄랜슬레이터r → 츄랜슬레이러r] 명 역자, 번역자 (「통역하는 사람」은 interpreter)

trans·mis·sion [trænsmíʃən 츄랜스미션] 명 1 보내기, 전달, 전송: the *transmission* of electric power 전력의 송달 2 (빛·열 등의) 전도

trans·mit [trænsmít 츄랜스밋] 동 (3단현 **transmits** [-ts]; 과거·과거분사 **transmitted** [-id]; 현재분사 **transmitting**) 타 1 …을 보내다, 전하다: The message was *transmitted* by telephone. 그 소식은 전화로 전해졌다

2 (열·전기·전류 등을) 보내다, 전도하다: Water *transmits* sound. 물은 소리를 전달한다

trans·par·ent [trænspɛ́ərənt 츄랜스페어런트] 형 1 투명한, 비치는 2 (문제 등이) 쉬운

trans·plant [trænsplǽnt 츄랜스플랜트] 타 (식물·장기 등을) 이식하다

***trans·port** [trænspɔ́ːrt 츄랜스포-r트] 동 (3단현 **transports** [-ts]; 과거·과거분사 **transported** [-id]; 현재분사 **transporting**) 타 …을 수송〔운송〕하다: The

products were *transported* from the factory to the station. 제품은 공장에서 역까지 운반되었다
— [trǽnspɔːrt 츄랜스포-r트] 명 《영》 수송, 운송; 수송 기관

*trans·por·ta·tion [trænspərtéiʃən 츄랜스퍼r테이션] 명 《미》 **수송, 운송**; 수송 기관: railroad *transportation* 철도 수송

> 알면 Plus〉 수송 기관
>
> airplane 비행기   ambulance 구급차
> bicycle 자전거   bus 버스
> fire engine 소방차 helicopter 헬리콥터
> motorcycle 오토바이 police car 경찰차
> ship, boat 배   taxi 택시
> train 열차   truck 트럭

***trap** [trǽp 츄랩] 명 (복수 **traps** [-s]) **1** (동물을 잡는) **덫**, 올가미: We caught a mouse in a *trap*. 우리는 덫으로 쥐를 잡았다

2 함정, 속임수: fall into a *trap* 함정에 빠지다

3 (배수관의) 트랩, 방취(防臭) 장치

— 동 (3단현 **traps** [-s]; 과거·과거분사 **trapped** [-t]; 현재분사 **trapping**) 타 **1** 덫을 놓다, 덫으로 잡다: *trap* a rabbit 토끼를 덫으로 잡다

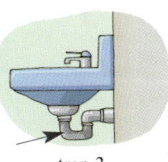
trap 3

2 (남을) 함정에 빠뜨리다

***trash** [trǽʃ 츄래쉬] 명 《미》 **폐물**, 쓰레기: a *trash* can 쓰레기통

***trav·el** [trǽvəl 츄래V어얼] 동 (3단현 **travels** [-z]; 과거·과거분사 **travelled** [-d]; 현재분사 **travelling**) 자 **1** **여행하다**: *travel* abroad 해외 여행을 하다 / She has *traveled* all over Europe. 그녀는 유럽을 두루 여행했다

2 (빛·소리 등이) 전해지다, 나아가다: Light *travels* faster than sound. 빛은 소리보다 빨리 전해진다

— 명 (복수 **travels** [-z]) **1 여행**; 〔보통 복수형으로〕 장거리〔외국〕 여행: train *travel* 열차 여행

> 유의어 여행
>
> **travel**은 특히 먼 나라 또는 장기간에 걸친 여행. **trip**은 보통 용무나 놀이로 떠나는 비교적 짧은 여행. **tour**는 관광·시찰 등 계획에 의하여 각지를 방문하는 여행. **journey**는 육지에서의 긴 여행. **voyage**는 해상에서의 비교적 긴 여행.

2 〔복수형으로〕 여행기: Gulliver's *travels* 걸리버 여행기

trav·el·er, 《영》 **trav·el·ler** [trǽvlər 츄래V을러r] 명 여행자, 나그네: a *traveler*'s check 《미》 여행자 수표 (《영》 traveller's cheque)

trav·el·ing, 《영》 **trav·el·ling** [trǽvliŋ 츄래V을링] 명 여행; 순회

— 형 **1** 여행(용)의: a *traveling* bag 여행 가방

2 순회하는: a *traveling* library 순회 도서관

trav·erse [trǽvəːrs 츄래V어-r쓰] 동 (현재분사 **traversing**) 타 자 …을 가로지르다; 가로질러 가다

***tray** [tréi 츄뤠이] 명 (복수 **trays** [-z]) **쟁반**; 쟁반 모양의 접시: an ash *tray* 재털이 【고대 영어 「나무(tree)」에서】

treach·er·y [trétʃəri 츄뤠춰뤼] 명 (복수 **treacheries** [-z]) 배반, 반역

tread [tréd 츄뤠드] 동 (3단현 **treads** [-dz]; 과거 **trod** [trád]; 과거분사 **trodden** [trádn], **trod**; 현재분사 **treading**) 타 **1** …을 걷다: We *trod* the dusty road *for* hours. 우리는 몇 시간이나 먼지투성이의 길을 걸었다

2 (물건 등을) 밟다, 밟아 으깨다: *tread* grapes *to* make wine 포도주를 만들기 위해 포도를 발로 밟다

3 (길 등을) 밟아 다지다

— 자 걷다, 가다

— 명 1 밟음; 걸음걸이; 발소리 2 (계단 등의) 발판 3 (구두·발의) 바닥; (타이어의) 접지면

*treas·ure [tréʒər 츄뤠줘r] 명 (복수 treasures [-z]) 1 〔집합적으로〕 보물, 보화: a national *treasure* 국보/ They dug out the *treasure*. 그들은 보물을 파냈다

2 재산, 귀중품; 소중한 사람
— 동 (3단현 treasures [-z]; 과거·과거분사 treasured [-d]; 현재분사 treasuring [-ʒəriŋ]) 타 …을 소중히 하다: He *treasures* his friends. 그는 친구들을 소중히 여긴다

treas·ur·er [tréʒərər 츄뤠줘뤄r] 명 회계원, 출납계원

treas·ur·y [tréʒəri 츄뤠줘뤼] 명 (복수 treasuries [-z]) 1 (지식 등의) 보고 2 국고(國庫), 금고; 자금, 기금 3 〔the Treasure로〕《영》대장성(省); 《미》재무성

*treat [tríːt 츄뤼-트] 동 (3단현 treats [-ts]; 과거·과거분사 treated [-id]; 현재분사 treating) 타 1 …을 다루다, 취급하다: He *treated* his friends kindly. 그는 친구들을 친절하게 대했다

2 〔treat A as B의 형태로〕A를 B로 여기다: She *treated* it *as* a joke. 그녀는 그것을 농담으로 생각했다

3 (문제 등을) 논하다: Let's *treat* the matter lightly. 그 문제는 간단히 다루기로 합시다

4 …을 치료하다, 고치다: The doctor *treated* him *for* his illness. 의사는 그의 병을 치료해 주었다

5 …을 대접하다, 한턱을 내다: He *treated* me *to* lunch. 그는 내게 점심을 사 주었다

— 명 대접, 한턱내기: This is my *treat*. 이것은 내가 한턱내는 거다

*treat·ment [tríːtmənt 츄뤼-잇먼트] 명 (복수 treatments [-ts]) 1 (사물의) 취급; 대우, 대접: I thanked him for his kind *treatment*. 나는 그의 친절한 대접에 감사했다

2 치료(법): She received *treatment* in hospital. 그녀는 병원에서 치료를 받았다

*trea·ty [tríːti 츄뤼-티 → 츄뤼-리] 명 (복수 treaties [-z]) 조약, 협정: a peace *treaty* 평화 조약

*tree [tríː 츄뤼-] 명 (복수 trees [-z]) 나무, 수목

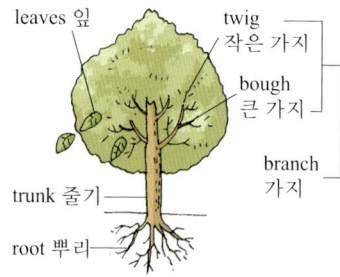

tree

trem·ble [trémbl 츄뤰브얼] 동 (3단현 trembles [-z]; 과거·과거분사 trembled [-d]; 현재분사 trembling) 자 1 (추위·병 등으로) 떨다: She was *trembling* with cold. 그녀는 추위서 떨고 있었다

2 (목소리 등이) 떨리다; (잎·땅·건물 등이) 흔들리다: The leaves *trembled* in the breeze. 나뭇잎이 산들바람에 흔들렸다

tre·men·dous [triméndəs 츄뤼멘더스] 형 1 (굉장히) 무서운 2 거대한, 어마어마한 3 《구어》굉장한, 엄청난

tre·men·dous·ly [triméndəsli 츄뤼멘더쓸리] 뷔 **1** 무시무시하게 **2** 매우, 지독히

trench [trentʃ 츄뤤취] 몡 (복수 **trenches** [-iz]) **1** (깊은) 도랑, 해자 **2** 【군사】참호

*****trend** [trénd 츄뤤드] 몡 **1** 경향, 추세: the *trend* of public opinion 여론의 추세 **2** 유행: follow a〔the〕 *trend* 유행을 따르다

tres·pass [tréspəs 츄뤠스퍼쓰] 동 (3단현 **trespasses** [-iz]) 재 **1** (남의 땅·집에) 침입하다; (남의 권리를) 침해하다 **2** (종교적·도덕적으로) 죄를 범하다

tri- (접두사)「3의」의 뜻: *tri*angle 삼각형

*****tri·al** [tráiəl 츄롸이어얼] 몡 (복수 **trials** [-z]) **1** 【법】재판, 공판, 심리: a criminal *trial* 형사 재판 **2** 시도, 시험, 실험: His *trial* flight was successful. 그의 시험 비행은 성공적이었다 **3** 시련, 고난: Life is full of *trials*. 인생에는 시련이 많다

make a trial of …을 시험하다
on trial (1) 시험삼아: Let's take it for a month *on trial*. 시험삼아 1달간 써보자 (2) 공판 중의: He is *on trial* for murder. 그는 살인죄로 공판 중이다

*****tri·an·gle** [tráiæŋgl 츄롸이앵그얼] 몡 (복수 **triangles** [-z]) **1** 삼각형; 3각자 **2** 【음악】트라이앵글 (삼각형 타악기)
【「tri-(3) + angle(각)」에서】

triangle 1

tribe [tráib 츄롸이브] 몡 (복수 **tribes** [-z]) **1** 부족(部族), 종족 **2**【생물】…족(族)

trib·ute [tríbju:t 츄뤼뷰-트] 몡 **1** 공물(貢物), 세 **2** 감사〔존경, 애정〕의 표시

*****trick** [trík 츄륔] 몡 (복수 **tricks** [-s]) **1** 계략, 속임수: He obtained the money by a *trick*. 그는 속임수를 써서 돈을 손에 넣었다
2 장난, 농담, 짓궂은 짓: He played a *trick* on me. 그는 나에게 장난을 쳤다
3 요령, 비결; (연극·영화 등의) 기교, 트릭

tri·cy·cle [tráisikl 츄롸이씨크얼] 몡 **1** 세발 자전거 **2** 삼륜차

tricycle 1

【「tri-(3) + cycle(바퀴)」에서】

tried [tráid 츄롸이드] 동 try(해보다)의 과거·과거분사형

tries [tráiz 츄롸이즈] 동 try(해보다)의 3인칭 단수 현재형
—— 몡 try(시도)의 복수형

tri·fle [tráifl 츄롸이F으얼] 몡 (복수 **trifles** [-z]) 하찮은 것〔일〕: Don't waste your time on *trifles*. 하찮은 일에 시간을 낭비하지 마라

a trifle 조금: He was *a trifle* angry. 그는 약간 화가 났었다

tri·fling [tráifliŋ 츄롸이F을링] 혱 하찮은, 사소한, 시시한: a *trifling* error 사소한 오류

trig·ger [trígər 츄뤼거r] 몡 (총의) 방아쇠
—— 타 (방아쇠를) 당기다

tril·lion [tríliən 츄륄리언] 몡 조(兆)

trim [trím 츄륌] 동 (3단현 **trims** [-z]; 과거·과거분사 **trimmed** [-d]; 현재분사 **trimming**) 타 **1** …을 깎다, 다듬다, 손질하다: She is *trimming* her nails. 그녀는 손톱을 깎고 있다

2 장식하다, 꾸미다: The children *trimmed* the Christmas tree. 아이들은 크리스마스트리를 장식했다

── 형 (비교급 **trimmer**; 최상급 **trimmest**) 말쑥한, 정돈된: a *trim* garden 손질이 잘 된 정원

── 명 깎기, 손질; 정돈된 상태

trim·ming [trímiŋ 츄리밍] 명 손질, 정돈

tri·o [tríːou 츄리-오우] 명 (복수 **trios** [-z]) **1** 3인조, 세 개 한 벌 **2** 【음악】 트리오, 3중주〔창·단〕

*****trip** [tríp 츄립] 명 (복수 **trips** [-s]) (보통 짧은) 여행: How was your *trip* to Thailand? 태국 여행은 어땠어요?/ Is this your first *trip* to Korea? 한국 여행은 이번이 처음이세요?/ Have a nice *trip*. 즐거운 여행되세요

tri·ple [trípl 츄리프을] 형 **1** 3중의; 3배의 **2** 3부분으로 된

── 명 3배의 수〔양〕; 3개 한 벌

tri·umph [tráiəmf 츄라이엄f으] 명 승리 (victory); 대성공

in triumph 의기 양양하여

── 동 (3단현 **triumphs** [-s]; 과거·과거분사 **triumphed** [-t]; 현재분사 **triumphing**) 자 이기다, 성공하다: They *triumphed* over their enemy. 그들은 적에게 대승했다

tri·um·phant [traiʌ́mfənt 츄라이엄F언트] 형 승리를 얻은, 성공한; 의기 양양한

triv·i·al [tríviəl 츄리V이어을] 형 하찮은, 사소한

trod [trád 츄라드] 동 tread(밟다)의 과거·과거분사형

trod·den [trádn 츄라든] 동 tread(밟다)의 과거분사형의 하나

trol·ley [tráli 츄롤리] 명 **1** 《영》 손수레 **2** 《미》 = trolley car; 《영》 trolley bus **3** 트롤리, 촉륜(觸輪)《전차 위의 가공선에 닿는 바퀴》

trolley bus [tráli bʌ̀s] 명 《영》 트롤리 버스, 무궤도 전차

trolley bus

trolley car [tráli kɑ̀ːr] 명 《미》 시가 전차(street car; 《영》 tram)

trom·bone [trambóun 츄람보운] 명 트롬본 《금관 악기》

*****troop** [trúːp 츄루-프] 명 (복수 **troops** [-s]) **1** (사람·동물의) 무리, 떼, 대(隊): a *troop* of deer 사슴 떼 **2** 〔보통 복수형으로〕 군대

tro·phy [tróufi 츄로우F이] 명 (복수 **trophies** [-z]) **1** 전리품 **2** (경기 등의) 우승컵, 트로피

trop·ic [trápik 츄라픽] 명 (복수 **tropics** [-s]) **1** 회귀선 **2** 〔the tropics로〕 열대 지방

*****trop·i·cal** [trápikəl 츄라피커을] 형 열대의: a *tropical* climate 열대성 기후/ a *tropical* fish 열대어

trot [trát 츄랏] 명 **1** (말 등의) 빠른 걸음, 속보 **2** (사람의) 총총 걸음

── 동 (3단현 **trots** [-ts]; 과거·과거분사 **trotted** [-id]; 현재분사 **trotting**) 자 **1** (말 등이) 빠른 걸음으로 가다 **2** (사람이) 총총 걸음으로 가다

*****trou·ble** [trʌ́bl 츄라브을] 명 (복수 **troubles** [-z]) **1** 근심, 걱정; 걱정거리: What's your *trouble*? 무엇이 걱정입니

troublesome   767   **true**

까?/ Her heart is full of *trouble*. 그녀의 마음은 근심으로 가득하다

2 곤란; 고생, 수고: get over *trouble* 곤란을 극복하다/ Did you have any *trouble* finding his house? 그의 집을 찾는 데 힘드셨습니까?

3 〔복수형으로〕 **분쟁**, 말썽, 쟁의: family *troubles* 가정 불화/ labor *troubles* 노동 쟁의

4 병, 탈; (기계의) 고장: heart *trouble* 심장병

be in trouble 어려움에 처해 있다: He is in trouble. 그는 곤경에 처해 있다

make trouble 말썽을 일으키다

take the trouble to do 수고를 아끼지 않고 …하다: He kindly *took the trouble to* drive me home. 그는 친절하게도 나를 집까지 차로 바래다주었다

── 동 (3단현 **troubles** [-z]; 과거·과거분사 **troubled** [-d]; 현재분사 **troubling**) 타 **1** …을 **괴롭히다**, 걱정시키다: What is *troubling* you? 너는 무엇 때문에 고민하고 있는 거냐?

〔회화〕

A: I'm sorry to *trouble* you.
폐를 끼쳐 죄송합니다
B: That's all right.
괜찮습니다

2 (병 등이) 고통을 주다: He is *troubled* with a toothache. 그는 치통으로 고생하고 있다

── 자 **1 걱정하다**, 근심하다: She *troubled over* the matter. 그녀는 그 일에 대해 걱정했다

2 일부러 …하다: You need not *trouble* to come. 일부러 오실 것까지는 없습니다

trou·ble·some [tráblsəm 츄라블썸] 형 성가신, 귀찮은: a *troublesome* problem 귀찮은 문제

＊**trou·sers** [tráuzərz 츄라우Z어rz。] 명 〔복수 취급〕 (남자용) **바지** (《미》에서는 바지를 보통 pants라 한다): a pair of *trousers* 바지 한 벌

trout [tráut 츄라웃] 명 (복수 **trouts** [-ts], 〔집합적으로〕 **trout**) 【어류】 송어

truce [trúːs 츄루-ㅆ] 명 휴전: make a *truce* 휴전하다

＊**truck** [trʌ́k 츄럭] 명 (복수 **trucks** [-s]) **1** 《미》 **트럭**, 화물 자동차 (《영》 lorry) **2** (두 바퀴) 손수레

truck 1

＊＊＊**true** [trúː 츄루-] 형 (비교급 **truer**; 최상급 **truest**) **1 진실의**, 참된, 정말의(반 false 거짓의): It cannot be *true*. 그것은 사실일 리가 없다/ Is it *true* that Mary is sick? 메리가 아프다는 것이 정말이니?/ This is a *true* story. 이것은 실화다

2 진짜의, 순수한: a *true* diamond 진짜 다이아몬드/ *true* love 순수한 사랑

3 성실한, 충실한: He is a *true* friend. 그는 성실한 친구다/ The translation is *true* to the original. 그 번역은 원문에 충실하다

4 정확한, 틀림없는: a *true* copy 정확한 사본

come true (희망 등이) **실현되다**: Your dream will *come true*. 너의 꿈은 실현될 것이다

tru·ly [trúːli 츄루-울리] 🗣 **1 정말로**, 참으로: She is *truly* beautiful. 그녀는 정말로 아름답다
2 거짓없이, 사실대로: Tell me *truly*. 내게 사실대로 말해라
3 진심으로: I am *truly* sorry. 진심으로 미안합니다
Yours truly = ***Truly yours*** 배상(拜上) (📝 사무적인 편지의 끝맺는 말)

trump [trʌ́mp 츄륌ㅍ] 몡 (트럼프의) 으뜸패 (📝 「트럼프」는 cards 또는 playing cards라 한다)

trum·pet [trʌ́mpit 츄륌핏] 몡 트럼펫

trunk [trʌ́ŋk 츄렁ㅋ] 몡 (복수 **trunks** [-s]) **1** (나무) **줄기 2 트렁크**, 여행용 큰 가방 **3** 《미》 트렁크 《자동차 뒷부분의 짐칸》 **4** 몸뚱이, 몸통; (물건의) 본체, 주요부 **5** (철도·도로·운하의) 간선, 본선 **6** [복수형으로] (남자의 운동용) 팬티 **7** 코끼리 코

trumpet

trust [trʌ́st 츄롸스트] 몡 (복수 **trusts** [-ts]) **1 신뢰, 신용**: He has *trust* in you. 그는 너를 신뢰하고 있다
2 위탁, 신탁, 보관; 위탁물: The money is in *trust* with the bank. 그 돈은 은행에 맡겨졌다
3 (신뢰·의탁에 의한) 의무, 책임
4 【경제】 트러스트, 기업 합동
on trust (1) 외상 판매로, 신용 거래로: supply goods *on trust* 물품을 외상으로 제공하다
(2) 신용하여, 확인하지 않고: She took his statement *on trust*. 그녀는 그의 이야기를 그대로 믿었다
── 통 (3단현 **trusts** [-ts]; 과거·과거분사 **trusted** [-id]; 현재분사 **trusting**) 타 **1 …을 신뢰(신용)하다**: Don't *trust* him. 그를 믿지 마라
2 …을 맡기다, 위탁하다: I *trusted* him *with* my book. (= I *trusted* my book *to* him.) 나는 그에게 책을 맡겼다
3 …을 기대하다, 확신하다: I *trust* that he will come. 나는 그가 꼭 오리라고 생각한다
── 자 **1 믿다**, 신용〔신뢰〕하다 **(in)**: I *trust in* God. 나는 신을 믿는다
2 믿고 맡기다, 의지하다: Don't *trust to* chance. 운에 맡기지 마라

trust·ful [trʌ́stfəl 츄롸스트F어얼] 혱 신용하는, 믿는

trust·wor·thy [trʌ́stwə̀ːrði 츄롸스트워-r더이] 혱 믿을 수 있는: a *trustworthy* person 믿을 수 있는 사람

trust·y [trʌ́sti 츄롸스티] 혱 믿을 수 있는

truth [trúːθ 츄루-θ으] 몡 (복수 **truths** [trúːðz, trúːθs]) **1 진리**: a scientific *truth* 과학적 진리
2 [the를 붙여] **진실**, 사실(반 lie 거짓): Tell *the truth*. 진실을 말하라

> 참고 거짓은 많이 있으므로 tell a lie 라고 하나, 진실은 하나이므로 the를 붙인다.

3 성실, 정직: There is no *truth* in her. 그녀는 성실하지가 않다
in truth 사실은, 실제는
The truth is that … 사실은 …이다: *The truth is that,* I was hungry. 사실은 배가 고팠다
to tell the truth **사실대로 말하면**, 사실은: *To tell the truth,* he is not a student. 사실대로 말하면 그는 학생이 아니다

truth·ful [trúːθfəl 츄루-θ으F어얼] 혱 **1** 진실한 **2** 성실한, 정직한

try [trái 츄라이] 통 (3단현 **tries** [-z]; 과거·과거분사 **tried** [-d]; 현재분사 **trying**) 타 **1 …을 해보다**, 시험하다: We *tried* our best. 우리는 전력을 다했다 / *Try* it again. 다시 한번 해 보세요./ *Try* this cake. 이 케이크를 먹어 보아라

2 〔try+doing의 형태로〕 시험삼아 … 해 보다: She *tried writing* in pencil. 그녀는 시험삼아 연필로 써 보았다
3 〔try+to do의 형태로〕 …하려고 노력하다, 애쓰다: She *tried to* open the door. 그녀는 문을 열려고 했다
4 【법】심리하다, 재판하다: He was *tried* for murder. 그는 살인죄로 심리되었다
── 자 해보다, 노력하다: I'll *try* again. 제가 다시 한번 해 보겠습니다
try on 시험삼아 입어〔써〕 보다: *Try on* this dress. 이 드레스를 입어 보아라
try out 철저하게 시험하다
── 명 (복수 **tries** [-z]) 시험, 시도(trial): Let's have another *try*. 다시 한번 해보자

try·ing [tráiiŋ 츄라이잉] 형 괴로운, 참기 어려운, 화나는

T-shirt [tí:ʃəːrt 티-셔-rㅌ] 명 T셔츠

tub [tʌb 타ㅂ] 명 (복수 **tubs** [-z]) **1** 통, 물통 **2** 《구어》 욕조(bathtub)

tu·ba [tjú:bə 튜-바] 명 【음악】 튜바 《저음의 금관 악기》

＊**tube** [tju:b 튜-ㅂ] 명 (복수 **tubes** [-z]) **1** (금속·유리 등의) 관, 튜브: a test *tube* 시험관 / a tin *tube* 주석관
2 (치약·물감 등의) 튜브: a *tube* of toothpaste 치약의 튜브
3 《영구어》 (런던의) 지하철 (《미》 subway; 터널이 원통형인 데서)

tube 3

tu·ber·cu·lo·sis [tju:bə̀ːrkjulóusis 튜-버-r큘로우씨ㅅ] 명 결핵

Tues., Tu. 《약어》 *Tues*day 화요일

＊**tues·day** [tjú:zdèi 튜-Z으데이] 명 화요일 (《략 약어는 Tues., Tu.): I have a tennis lesson on *Tuesday*. 나는 화요일에 테니스 레슨이 있다
【「Tiw(북유럽신화에 나오는 전쟁의 신; 로마신화의 Mars에 해당)+day」에서】

tuft [tʌft 타F으ㅌ] 명 **1** (실·깃털 등의) 술, 타래 **2** 숲, 수풀, 덤불

tug [tʌg 타ㄱ] 동 (3단현 **tugs** [-z]; 과거·과거분사 **tugged** [-d]; 현재분사 **tugging**) 타 …을 힘껏 당기다, 끌다 (반 push 밀다): *tug* a boat 배를 끌다
── 명 **1** 힘껏 당김 **2** = tugboat

tug of war 줄다리기

tug of war

tug·boat [tʌ́gbòut 터그보웃] 명 예인선

＊**tu·lip** [tjú:lip 튜-울립] 명 (복수 **tulips** [-s]) 【식물】 튤립
【터키어 「터번 (turban)」에서; 모양이 비슷해서】

tum·ble [tʌmbl 탐브을] 동 (3단현 **tumbles** [-z]; 과거·과거분사 **tumbled** [-d]; 현재분사 **tumbling**) 자 **1** 넘어지다, 굴러 떨어지다; (건물 등이) 무너지다: The child *tumbled down* the stairs. 그 아이는 계단에서 굴러 떨어졌다
2 공중제비를 하다
── 타 …을 굴리다; 넘어뜨리다

tulips

tum·bler [tʌ́mblər 탐블러r] 명 **1** (밑이 편편하고 굽이나 손잡이가 없는) 큰 컵 **2** (공중제비하는) 곡예사

tu·na [tjúːnə 튜-나] 명 (복수 **tunas** [-z], 〔집합적으로〕 **tuna**) 【어류】 참치, 다랑어

tuna

***tune** [tjúːn 튜-은] 명 (복수 **tunes** [-z]) **1** 곡, 선율(melody): We danced to the *tune*. 우리는 곡에 맞추어 춤을 추었다 **2** 올바른 가락, 장단; 조화(harmony): This piano is in〔out of〕 *tune*. 이 피아노는 조율이 잘 되어 있다〔엉망이다〕/ He is out of *tune* with his classmates. 그는 급우들과 어울리지 않는다
── 동 (3단현 **tunes** [-z]; 과거 · 과거분사 **tuned** [-d]; 현재분사 **tuning**) 타 **1** (악기를) 조율하다: *tune* a piano 피아노를 조율하다
2 (TV · 라디오 등을) 맞추다: I *tuned* the television *to* Channel 9. 나는 텔레비전 채널을 9에 맞추었다
3 (기계 등을) 조정하다
tune in 채널을 맞추다: I *tuned in* to the music program. 나는 음악 프로그램에 채널을 맞추었다
tune up (악기를) 조율하다
【tone(음색)의 변형】

***tun·nel** [tʌ́nl 터느얼] 명 (복수 **tunnels** [-z]) 터널, 굴

tur·ban [təːrbən 터-r번] 명 터번 《이슬람교도 남자가 머리에 두르는 두건》

turban

tur·bine [təːrbin 터-r빈] 명 【기계】 터빈 《증기 · 가스 · 물 등의 힘으로 회전하는 모터》

turf [təːrf 터-rf으] 명 (복수 **turfs** [-z]) 잔디(밭)

Turk [təːrk 터-rㅋ] 명 터키인

Tur·key [təːrki 터-r키] 명 터키 《지중해 동북 연안의 공화국; 수도는 앙카라(Ankara)》

tur·key [təːrki 터-r키] 명 **1** 【조류】 칠면조 (고기) **2** 【볼링】 터키 《3회 연속의 스트라이크》

Turk·ish [təːrkiʃ 터-r키쉬] 형 터키(인 · 어)의
── 명 **1** 〔**the**를 붙여〕 터키인 《전체》 **2** 〔무관사로〕 터키어

turkey 1

***turn** [təːrn 터-r언] 동 (3단현 **turns** [-z]; 과거 · 과거분사 **turned** [-d]; 현재분사 **turning**) 타 **1** …을 돌리다, 회전시키다: *Turn* the handle *to* the right. 손잡이를 오른쪽으로 돌려라
2 (모퉁이 등을) 돌다: They *turned* the corner *to* the left. 그들은 모퉁이를 왼쪽으로 돌았다
3 (시선 · 마음 등을 …쪽으로) 돌리다: *Turn* your attention *to* this chart. 이 도표에 주의를 기울이시오/ He *turned* his gun *on*〔*at*〕 me. 그는 총을 나에게 향했다
4 (페이지를) 넘기다: She *turned* a page of her book. 그녀는 책장을 넘겼다
5 …을 뒤집다: He *turned* his socks inside out. 그는 양말을 뒤집었다
6 (…의 질 · 모양 등을) 바꾸다 《into, to》: Heat *turns* water *into*〔*to*〕 vapor. 열은 물을 수증기로 변화시킨다
7 …을 번역하다: *Turn* this sentence *into* English. 이 문장을 영어로 번역하시오

— 자 **1 돌다**, 회전하다: The earth *turns* around the sun. 지구는 태양의 주위를 돈다

2 방향을 바꾸다: *Turn* to the left at the next corner. 다음 모퉁이에서 왼쪽으로 돌아라

3 …으로 바뀌다, 변하다(to, into): The rain *turned to* snow. 비는 눈으로 변했다

4 〔보어와 함께〕 **…이 되다**: Her face *turned* pale. 그녀의 얼굴은 창백해졌다 / His hair has *turned* gray. 그의 머리카락은 하얗게 되었다

turn against …에 반항〔적대〕하다

turn aside (1) 옆으로 비키다: She *turned aside* for him to pass by. 그녀는 그가 지나가도록 비켜섰다

(2) (질문·공격 등을) 슬쩍 피하다

turn away (1) 쫓아내다: The police *turned away* the crowed. 경찰은 군중을 쫓아냈다

(2) 외면하다, 얼굴을 돌리다: She *turned away* from me. 그녀는 나를 외면했다

turn back 되돌아가다: We'd better *turn back*. 우리는 되돌아가는 게 좋겠다

turn down (1) (라디오 등의 소리를) **낮추다**(반 turn up 소리를 높이다): He *turned down* the radio. 그는 라디오의 소리를 낮추었다

turn up (1)　　turn down (1)

(2) …을 **거절하다**(decline): I *turned down* his proposal. 나는 그의 제안을 거절했다

turn in (보고서 등을) 제출하다, 건네다: Please *turn in* your homework. 숙제를 제출해 주세요

turn off (가스·수도 등을) **잠그다**; (라디오·전등을) **끄다**(반 turn on 켜다): Please *turn off* the light. 전등을 꺼 주십시오

turn on (가스·수도 등을) **틀다**; (전등·라디오 등을) **켜다**(반 turn off 끄다): He *turned on* the light. 그는 전등을 켰다

turn off　　　　turn on

turn out (1) (가스·불 등을) **끄다**: Will you *turn out* the light? 전등을 꺼 주시겠습니까?

(2) …을 생산하다: The factory *turns out* small cars. 그 공장은 소형차를 생산하고 있다

(3) …을 내쫓다, 쫓아내다: He was *turned out* of the club. 그는 클럽에서 쫓겨났다

(4) (결국) …이라는 것이 판명나다: He *turned out* to be right. 결국 그가 옳다는 것이 판명되었다

turn over (1) …을 **뒤집다**: 뒤집히다: The car *turned over*. 차가 뒤집혔다

(2) (책장을) 넘기다: I *turned over* the pages of my diary. 나는 일기장의 페이지를 넘겼다

turn over (1)　　turn over (2)

(3) …을 넘겨주다: The thief was *turned over* to the police. 도둑은 경찰에 넘겨졌다

turn round (1) 뒤돌아보다: She *turned round* and bowed. 그녀는 뒤돌아보고서 인사했다
(2) 회전하다

turn to …에 의지하다

turn up (1) (라디오 등의) 소리를 크게 하다(반 turn down 소리를 줄이다); (램프·가스 등을) 밝게[세게] 하다: Don't *turn up* the radio, please. 라디오를 크게 틀지 마십시오
(2) 나타나다: He hasn't *turned up* yet. 그는 아직 나타나지 않았다

── 명 (복수 **turns** [-z]) **1** 회전, (방향) 전환: The car made a *turn* to the left. 차는 왼쪽으로 돌았다

2 구부러진 곳, (도는) 모퉁이
3 변화; 바뀔 때, 전환기: the *turn* of the century 세기의 전환기
4 차례, 순번: Now it's your *turn*. 이제 네 차례다/ He waited for his *turn*. 그는 그의 차례를 기다렸다
5 (타고난) 성향, 성질, 경향

by turns 번갈아, 교대로: We do dishes *by turns*. 우리는 번갈아 가며 설거지를 한다

in turn 차례로: They sang *in turn*. 그들은 차례로 노래했다

take turns (at) 번갈아[교대로] …하다: We *took turns at* driving. 우리는 교대로 운전했다

turn·ing [tə́ːrniŋ 터-*r*닝] 명 **1** 회전, 방향 전환 **2** (길 등의) 모퉁이

turning point [tə́ːrniŋ pɔ́int] 명 전환기[점]

tur·nip [tə́ːrnip 터-*r*닙] 명【식물】순무

turn·pike [tə́ːrnpàik 터-*r*언파익] 명《미》(유료) 고속 도로

***tur·tle** [tə́ːrtl 터-*r*트을 → 터-*r*르을] 명【동물】바다거북 (💡「육지거북」은 tortoise)

turtle   tortoise

tusk [tʌ́sk 타스크] 명 (멧돼지·코끼리 등의) 엄니

tu·tor [tjúːtər 튜-터*r* → 튜-러*r*] 명 **1** 가정 교사 **2** 《영》(대학의) 지도 교수; 《미》(대학의) 강사

tux·e·do [tʌksíːdou 탁씨-도우] 명《미》턱시도 (남자의 약식 야회복)

tuxedo

*****TV** [tíːvíː 티-V이-] 명 (복수 **TVs** [-z]) 텔레비전 (💡 television의 약어): a *TV* set 텔레비전 수상기/ I seldom watch *TV*. 나는 좀처럼 텔레비전을 보지 않는다/ I watched a tennis match on *TV*. 나는 TV로 테니스 경기를 보았다

***twelfth** [twélfθ 트웰F으θ으] (💡 약어는 12th) 명 (복수 **twelfths** [-s]) **1** 〔보통 **the**를 붙여〕 12번째 **2** 〔**a** 또는 **one**을 붙여〕 12분의 1

── 형 **1** 〔보통 **the**를 붙여〕 12번째의 **2** 12분의 1의

twelve [twélv 트웰v으] 명 12, 12개 (명)
— 형 12의, 12개(명)의: There are *twelve* months in a year. 1년은 12개월이다

twen·ti·eth [twéntiiθ 트웬티이θ으] (약어는 20th) 명 1 [보통 the를 붙여] 20번째 2 [a 또는 one을 붙여] 20분의 1
— 형 1 [보통 the를 붙여] 20번째의 2 20분의 1의

twen·ty [twénti 트웬티] 명 (복수 twenties [-z]) 1 20, 20개, 20명 2 [the twenties로] (세기의) 20년대; [one's twenties로] (나이의) 20대: She is in *her twenties*. 그녀는 20대다
— 형 20의, 20개(명)의

twice [twáis 트와이쓰] 부 1 두 번, 2회: I've read the letter *twice*. 나는 그 편지를 두 번 읽었다 / I met him once or *twice*. 나는 그를 한두 번 만났다
2 두 배: He eats *twice* what I eat. 그는 내가 먹는 것의 두 배나 먹는다

twig [twíg 트위그] 명 잔가지

twi·light [twáilàit 트와일라잇] 명 어스름, 여명, 땅거미
【two light에서 온 말로 밝음과 어둠의 중간을 말함】

twin [twín 트윈] 명 (복수 **twins** [-z]) 1 쌍둥이의 한 사람; [복수형으로] 쌍둥이: Eric and Mike are *twins*. 에릭과 마이크는 쌍둥이다
2 비슷한 사람[물건]; 쌍을 이룬 것의 한쪽

twins 1

— 형 1 쌍둥이의: *twin* brothers[sisters] 쌍둥이 형제[자매]
2 쌍을 이루는: a *twin* bed 트윈 베드

twin·kle [twíŋkl 트윙크을] 동 (3단현 **twinkles** [-z]; 과거·과거분사 **twinkled** [-d]; 현재분사 **twinkling**) 자 (별·눈 등이) 반짝반짝 빛나다: The stars *twinkled* in the sky. 별이 하늘에서 반짝였다 / Her eyes *twinkled* with joy. 그녀의 눈은 기쁨으로 반짝거렸다
— 명 (별·눈 등의) 반짝거림

twin·kling [twíŋkliŋ 트윙클링] 형 반짝반짝 빛나는: *twinkling* stars 반짝반짝 빛나는 별
— 명 1 반짝임 2 순간

twist [twíst 트위스트] 동 (3단현 **twists** [-ts]; 과거·과거분사 **twisted** [-id]; 현재분사 **twisting**)
타 1 (실 등을) 꼬다; 비틀다: *twist* threads *into* a rope 실을 꼬아 밧줄을 만들다 / She *twisted* a wet cloth. 그녀는 젖은 천을 비틀어 짰다

twist 1

2 (발목 등을) 삐다, 접질리다: He *twisted* his left ankle. 그는 왼쪽 발목을 접질렸다
3 (얼굴을) 찡그리다: His face was *twisted* with pain. 그의 얼굴은 고통으로 일그러져 있었다
4 …을 잘못 해석하다, 오해하다
— 자 1 꼬이다, 뒤틀리다 2 (강·길 등이) 굽이치며 가다
— 명 (복수 **twists** [-ts]) 1 꼬기, 비틀기 2 굽이, 만곡

two [tú: 투-] 명 (복수 **twos** [-z]) 2, 둘, 2시: *Two* and *two* make(s) four. 2에 2를 더하면 4가 된다 / Cut the apple in *two*. 사과를 둘로 쪼개라 / It is just *two* now. 지금은 정각 2시다
— 형 2의, 2개(명)의: *two* weeks 2주간 / I have *two* brothers. 나는 두 형제가 있다

two·fold [túːfòuld 투-F오우을드] 형 2배의, 이중의
— 부 2배로, 2중으로

two·pen·ny [túːpèni 투-페니] 형 1 2펜스의 2 《구어》 값싼, 시시한

two-piece [túːpìːs 투-피-쓰] 형 두 부분으로 된: a *two-piece* suit 투피스의 옷

two-piece suit   one-piece suit

ty·ing [táiiŋ 타이잉] 동 tie(매다)의 현재분사형

***type** [táip 타입] 명 (복수 **types** [-s]) **1** 형, 타입: He has a new *type* of car. 그는 신형차를 가지고 있다/ Do you like this *type* of coat? 이런 형의 코트를 좋아하십니까?

2 전형, 본보기: He is a fine *type* of baseball player. 그는 모범적인 야구 선수다

3 활자: woden *type* 목판 활자

—— 동 (3단현 **types** [-s]; 과거·과거분사 **typed** [-t]; 현재분사 **typing**) 타 …을 타자기로 치다, 타자하다: I can *type* 40 words a minutes. 나는 1분에 40어를 친다

—— 자 타자하다: She *types* well. 그녀는 타자를 잘 친다

type·writ·er [táipràitər 타이프라이터r → 타이프라이러r] 명 (복수 **typewriters** [-z]) 타자기

typewriter

ty·phoid [táifɔid 타이F오이드] 명 【의학】 장티푸스
—— 형 장티푸스(성)의

ty·phoon [taifúːn 타이F우-은] 명 태풍 《태평양에서 발생하는 열대성 폭풍》【중국어 「tai fung(大風)」에서】

***typ·i·cal** [típikəl 티피커얼] 형 (비교급 **more typical**; 최상급 **most typical**)
1 전형적인, 대표적인: He is a *typical* Englishman. 그는 전형적인 영국인이다

2 특유의, 특징을 나타내는 《of》: This action is *typical of* him. 이러한 행동은 그가 함직한 일이다

typ·ist [táipist 타이피스트] 명 타이피스트, 타자하는 사람

tyr·an·ny [tírəni 티뤄니] 명 (복수 **tyrannies** [-z]) **1** 전제 정치 **2** 횡포 **3** 포악한 행위

ty·rant [táirənt 타이뤈트] 명 폭군, 전제 군주, 압제자

tyre [táiər 타이어r] 명 《영》 = tire²

Uu

U, u [júː 유-] 명 (복수 **U's, u's** [-z]) **1** 유 《영어 알파벳의 스물한째 글자》 **2** U자 모양의 것

UFO [júːèfóu 유-에f으오우] 명 미확인 비행 물체, 비행 접시 【*u*nidentified *f*lying *o*bject】

ug·ly [ʌ́gli 어글리] 형 (비교급 **uglier**; 최상급 **ugliest**) **1** 못생긴, 추한(반 beautiful 잘 생긴): an *ugly* face 못생긴 얼굴

ugly   beautiful

2 싫은, 불쾌한: *ugly* smells 불쾌한 냄새

ugly duckling [ʌ́gli dʌ́kliŋ] 명 미운 오리 새끼 《집안 식구들에게 바보[못생긴 아이] 취급받다가 훗날 훌륭하게[아름답게] 되는 아이; 안데르센의 동화에서》

U.K. [júːkéi 유-케이] 《약어》 *United Kingdom* 연합 왕국, 영국

ul·ti·mate [ʌ́ltəmət 얼터밋] 형 **1** 최종적인, 궁극의: an *ultimate* decision 최종 결정

2 근본의, 근본적인: *ultimate* principle 근본 원리

ul·ti·mate·ly [ʌ́ltəmətli 얼터머틀리] 부 마침내, 결국(finally)

um·brel·la [ʌmbrélə 엄브렐러] 명 (복수 **umbrellas** [-z]) **우산**: Take this *umbrella* with you. 이 우산을 가지고 가거라/ May I share your *umbrella*? 우산을 좀 함께 쓸까요?

umbrella   beach umbrella

um·pire [ʌ́mpaiər 엄파이어r] 명 (복수 **umpires** [-z]) (야구·테니스 등의) 심판(원)

umpires

UN, U.N. [júːén 유-엔] 《약어》 *United Nations* 국제 연합, 유엔

un- 《접두사》 형용사·부사·동사 등에 붙여서 「부정」「반대」의 뜻을 나타냄: *un*happy 불행한/ *un*tie 풀다

un·a·ble [ʌnéibl 언에이브을] 형 〔be unable to do의 형태로〕 **…할 수 없는**, 불가능한(반 able 할 수 있는): He *was unable to* attend the meeting. 그는 모임에 참석할 수 없었다

un·ac·cus·tomed [ʌ̀nəkʌ́stəmd 언어 카스텀드] 형 익숙하지 못한 (to)

u·nan·i·mous [juːnǽnəməs 유-내너머쓰] 형 만장일치의: a *unanimous* resolution 만장일치의 결의

un·armed [ʌnάːrmd 언아-r엄드] 형 무기를 갖지 않은, 비무장의

un·a·void·a·ble [ʌnəvɔ́idəbl 어너V오이더브얼] 형 피하기 어려운, 불가피한

un·a·ware [ʌnəwέər 언어웨어r] 형 …에 대해 모르는 《of》: He was *unaware of* any change. 그는 어떤 변화도 눈치 못 챘다

un·bear·a·ble [ʌnbέərəbl 언베어뤄브얼] 형 견딜 수 없는, 참기 어려운 《to》

un·be·liev·a·ble [ʌnbilíːvəbl 언빌리-V어브얼] 형 믿을 수 없는: an *unbelievable* story 믿기 어려운 이야기

un·bro·ken [ʌnbróukən 언브로우컨] 형 1 손상(파손)되지 않은 2 (기록 등이) 깨어지지 않은 3 (약속 등이) 지켜진

*****un·cer·tain** [ʌnsə́ːrtn 언써-r튼] 형 (비교급 **more uncertain**; 최상급 **most uncertain**) **불확실한**, 확신이 없는: His success is *uncertain*. 그의 성공은 불확실하다

un·changed [ʌntʃéindʒd 언췌인쥐드] 형 변하지 않은, 불변의

un·civ·i·lized [ʌnsívəlàizd 언씨V얼라이Z으드] 형 미개한, 야만의

******un·cle** [ʌ́ŋkl 엉클] 명 (복수 **uncles** [-z]) 1 아저씨, (외)삼촌, 백(숙)부, 고모부, 이모부(반 **aunt** 숙모) 2 《구어》 아저씨 (혈연 관계는 없으나 친숙한 사이임을 나타내는 말)

un·clean [ʌnklíːn 언클리-인] 형 더러운, 불결한

Uncle Sam [ʌ́ŋkl sǽm] 명 전형적인 미국 사람 (아메리카 합 중 국 (the United States)의 첫글자 U.S.로 만든 말;「전형적인 영국 사람」은 John Bull)

un·com·fort·a·ble [ʌnkʌ́mfərtəbl 언캄F어r터브얼 → 언캄F어r러브얼] 형 기분이 언짢은(반 **comfortable** 기분 좋은)

Uncle Sam

un·com·mon [ʌnkάmən 언카먼] 형 1 드문, 진귀한 2 보통이 아닌, 비상한

un·con·di·tion·al [ʌnkəndíʃənl 언컨디셔느얼] 형 무조건의

un·con·scious [ʌnkάnʃəs 언칸셔쓰] 형 1 모르는, 깨닫지 못하는 《of》: She is *unconscious of* her mistake. 그녀는 자신의 실수를 깨닫지 못하고 있다
2 기절한, 의식을 잃은: He was *unconscious* for two hours. 그는 두 시간 동안 의식 불명이었다

un·con·scious·ly [ʌnkάnʃəsli 언칸셔쓸리] 부 무의식적으로

un·count·a·ble [ʌnkáuntəbl 언카운터브얼] 형 셀 수 없는, 무수한
── 명【문법】셀 수 없는 명사, 불가산 명사 (물질 명사·추상 명사 등)

un·cov·er [ʌnkʌ́vər 언카V어r] 타 1 뚜껑을 벗기다 2 (비밀 등을) 폭로하다,

un·de·cid·ed [ʌndisáidid 언디싸이디드] 형 1 미결정의 2 결심이 서지 않은

*******un·der** [ʌ́ndər 언더r] 전 1 〔위치·장소를 나타내어〕 …의 바로 밑에〔아래에〕(반 **over** …의 위에): A boat is going *under* the bridge. 보트가 다리 밑을 지나가고 있다 / There is a dog *under* the table. 테이블 밑에 개가 있다 / Wear a sweater *under* the jacket. 재킷 속에 스웨터를 입어라

〔유의어〕 아래에
　below는 above에 대하여 막연한 「…의 아래에」: *below* the balloon 기구 아래에. **under**는 over에 대하여 「…의 바로 밑에」의 뜻

below　　under

---

2 〔상태를 나타내어〕 …중인: *under* dis-

cussion 논의 중인/ The ship is *under* repair. 그 배는 수리 중이다

3 (어떤 상황·지배·영향 등의) **아래에**, …하에: England *under* Elizabeth the Second 엘리자베스 2세 지배하의 영국/ He studied *under* Dr. Smith. 그는 스미스 박사 밑에서 연구했다

4 (수량·나이·가격 등이) **…미만인, …보다 적은**(반) over …보다 많은): children *under* five years old 5세 미만의 어린이/ We don't sell it *under* 20 dollars. 우리는 그것을 20달러 이하로는 팔지 않습니다

── 부 **1** 아래에[로] **2** 미만으로, 보다 아래로 **3** 복종하여

── 형 **아래의**, 하부의(반) upper 상부의): the *under* lip 아랫입술

un·der·es·ti·mate [ʌ̀ndəréstəmèit 언더r에스터메잇] 동 (현재분사 **underestimating**) 타 자 과소 평가하다, 얕잡아 보다

un·der·go [ʌ̀ndərgóu 언더r고우] 동 (3단현 **undergoes** [-z]; 과거 **underwent** [-wént]; 과거분사 **undergone** [-gɔ́ːn]; 현재분사 **undergoing**) 타 **1** (수술·시험 등을) 받다; (변화·시련 등을) 경험하다: *undergo* an operation 수술을 받다

2 …을 견디다, 참다

un·der·grad·u·ate [ʌ̀ndərgrǽdʒuət 언더r그래쥬엇] 명 (졸업생·대학원생과 구별하여) 대학생

*__un·der·ground__ [ʌ̀ndərgràund 언더r그라운드] 형 **1 지하의**: an *underground* parking lot 지하 주차장

2 비밀의; 반체제의; (연극 등이) 실험적인

── 명 《영》 [the를 붙여] 지하철 (《미》 subway)

un·der·line [ʌ̀ndərláin 언더r라인] 동 (3단현 **underlines** [-z]; 과거·과거분사 **underlined** [-d]; 현재분사 **underlining**) 타 (낱말·어구 등에) 밑줄을 긋다[치다]; 강조하다: He *underlined* new words. 그는 새로운 단어에 밑줄을 그었다

── [ʌ́ndərlàin 언더r라인] 명 (복수 **underlines** [-z]) 밑줄

un·der·neath [ʌ̀ndərníːθ 언더r니-θ으] 전 …의 아래에(under): I found the key *underneath* the table. 나는 테이블 아래에서 열쇠를 찾았다

un·der·pass [ʌ́ndərpæ̀s 언더r패쓰] 명 《미》 지하도 (《영》 subway)

un·der·shirt [ʌ́ndərʃə̀ːrt 언더r셔-r트] 명 《미》 내의, 셔츠 (《영》 vest)

‡un·der·stand [ʌ̀ndərstǽnd 언더r스탠드] 동 (3단현 **understands** [-dz]; 과거·과거분사 **understood** [-stúd]; 현재분사 **understanding**) 타 **1 …을 알다, 이해하다**: Do you *understand* Korean? 한국어를 아십니까?/ I can't *understand* why you did it. 네가 왜 그런 짓을 했는지 나는 이해할 수가 없다

2 …을 들어서 알고 있다: I *understand* that you are moving to Busan. 부산으로 이산한다면서요

── 자 **알다**, 이해하다

> 회화
>
> A: Do you *understand*?
> 알겠습니까?
> B: Yes, I *understand*.
> 예, 알겠습니다

make oneself understood 자기의 생각[말]을 남에게 이해시키다, 의사 소통하다: Can you *make youself understood* in English. 영어로 의사 소통을 할 수 있습니까?

*__un·der·stand·ing__ [ʌ̀ndərstǽndiŋ 언더r스탠딩] 명 **1 이해(력)**: He has a good *understanding* of the problem. 그는 그 문제를 잘 이해하고 있다

2 (의견 등의) 일치, 조화

── 형 이해력 있는

un·der·stood [ʌ̀ndərstúd 언더r스투드] 동 understand(이해하다)의 과거·과거분사형

un·der·take [ʌ̀ndərtéik 언더r테익] 동 (3단현 **undertakes** [-s]; 과거 **undertook** [-túk]; 과거분사 **undertaken** [-téikən]; 현재분사 **undertaking**) 타 **1** (일·책임 등을) 떠맡다: He *undertook* the job willingly. 그는 자진해서 그 일을 맡았다
2 (사업·일 등을) 손대다, 시작하다

un·der·taken [ʌ̀ndərtéikən 언더r테이컨] 동 undertake(떠맡다)의 과거분사형

un·der·tak·ing [ʌ̀ndərtéikiŋ 언더r테이킹] 명 **1** (일·책임의) 인수 **2** 사업, 기업 **3** 보증, 약속

un·der·took [ʌ̀ndərtúk 언더r툭] 동 undertake(떠맡다)의 과거형

un·der·wa·ter [ʌ́ndərwɔ̀:tər 언더r워-터어 → 언더r워-러어] 형 수중(용)의: an *underwater* camera 수중 카메라
── 명 수중, 심해

un·der·wear [ʌ́ndərwɛ̀ər 언더r웨어r] 명 속옷, 내의

un·der·went [ʌ̀ndərwént 언더r웬트] 동 undergo(겪다)의 과거형

un·de·sir·a·ble [ʌ̀ndizáiərəbl 언디Z아이어뤄블] 형 바람직하지 못한

un·do [ʌ̀ndú: 언두-] 동 (3단현 **undos** [-z]; 과거 **undid** [ʌ̀ndíd]; 과거분사 **undone** [ʌ̀ndʎn]; 현재분사 **undoing**) 타 **1** (끈·매듭 등을) 풀다; (단추 등을) 끄르다: Please *undo* the string. 끈을 풀어 주세요
2 …을 본래대로 하다: What's done cannot be *undone*. 《속담》 엎지른 물은 다시 담을 수 없다.

un·done [ʌ̀ndʎn 언단] 동 undo(풀다)의 과거분사형
── 형 **1** 풀어진, 끌러진: Your tie has come *undone*. 너의 넥타이가 풀려 있다
2 다 되지 않은, 미완성의: He left his work *undone*. 그는 일을 다 하지 않은 채 두었다

un·doubt·ed [ʌ̀ndáutid 언다우티드 → 언다우리드] 형 의심할 여지없는, 확실한: *undoubted* evidence 확한 증거

un·doubt·ed·ly [ʌ̀ndáutidli 언다우티들리 → 언다우리들리] 부 의심할 여지없이, 확실히: This is *undoubtedly* her signature. 이것은 확실히 그녀의 서명이다

*__un·dress__ [ʌ̀ndrés 언쥬뤠쓰] 동 (3단현 **undresses** [-iz]; 과거·과거분사 **undressed** [-t]; 현재분사 **undressing**) 타 …의 옷을 벗기다: The mother *undressed* her baby. 어머니는 아기의 옷을 벗겼다
── 자 옷을 벗다

undress

un·eas·y [ʌ̀ní:zi 언이-Z이] 형 (비교급 **uneasier**; 최상급 **uneasiest**) **1** 불안한, 걱정되는(anxious): I feel *uneasy* about his health. 나는 그의 건강이 염려된다
2 (태도 등이) 어색한; (몸이) 불편한

un·ed·u·cat·ed [ʌ̀nédʒukèitid 언에쥬케이티드 → 언에쥬케이리드] 형 교육을 받지 못한, 무식한

un·em·ployed [ʌ̀nimplɔ́id 언임플로이드] 형 실직한: [the를 붙여; 명사적으로] 실업자들: He was *unemployed* for three months. 그는 석 달 동안 일이 없었다

*__un·em·ploy·ment__ [ʌ̀nimplɔ́imənt 언임플로이먼트] 명 **실업**, 실직: *unemployment* benefit 실업 수당

un·e·qual [ʌ̀ní:kwəl 언이-크워얼] 형 같지 않은, 불평등한; 불공평한(반 equal 공평한)

UNESCO [ju:néskou 유-네스코우] 명 유네스코, 유엔 교육 과학 문화 기구 【*U*nited *N*ations *E*ducational, *S*cientific, and *C*ultural *O*rganization】

un·e·ven [ʌníːvən 언이-V언] 형 **1** 고르지 않은, 평평하지 않은(반 even 평평한): an *uneven* road 울퉁불퉁한 길
2 홀수의(odd): an *uneven* number 홀수

*__un·ex·pect·ed__ [ʌnikspéktid 언익스펙티드] 형 **예기치 않은**, 뜻밖의(sudden): an *unexpected* effect 예기치 않은 효과

un·ex·pect·ed·ly [ʌnikspéktidli 언익스펙티드리] 부 뜻밖에, 갑자기

*__un·fair__ [ʌnfɛ́ər 언F에어r] 형 **1 불공평한**, 부당한, 공정하지 못한: Her judgment was *unfair*. 그녀의 판결은 불공평했다
2 부정한, 부정직한

un·faith·ful [ʌnféiθfəl 언F에이θ으F어얼] 형 불충실한, 성실하지 않은

un·fa·mil·iar [ʌnfəmíliər 언F어밀리어r] 형 잘 모르는, 낯선(반 familiar 잘 아는): an *unfamiliar* face 낯선 얼굴 / I am *unfamiliar* with the story. 나는 그 이야기는 잘 모른다

un·fas·ten [ʌnfǽsn 언F애슨] (t는 묵음) 타 자 …을 풀다; 풀리다

un·fa·vor·a·ble, 〈영〉 **un·fa·vour·a·ble** [ʌnféivərəbl 언F에이V어뤄브얼] 형 **1** (비평 등이) 호의적이 아닌, 비판적인 **2** 형편이 나쁜, 불리한(to)

un·fin·ished [ʌnfíniʃt 언F이니쉿] 형 미완성인, 끝나지 않은

un·fit [ʌnfít 언F잇] 형 부적당한, 어울리지 않는(for, to *do*)

un·fold [ʌnfóuld 언F오울드] 동 (3단현 unfolds [-dz]; 과거·과거분사 unfolded [-id]; 현재분사 unfolding) 타 (접은 물건 등을) 펴다, 펼치다: He *unfolded* a map. 그는 지도를 폈다

*__un·for·tu·nate__ [ʌnfɔ́ːrtʃənət 언F오-r쳐넛] 형 불운한, 불행한

*__un·for·tu·nate·ly__ [ʌnfɔ́ːrtʃənətli 언F오-r쳐너틀리 → 언F오-r쳐넛'을리] 부 **불행하게도**, 운 나쁘게도, 공교롭게도: *Unfortunately* I was out when you came. 네가 왔을 때에 공교롭게도 나는 부재 중이었다

un·friend·ly [ʌnfréndli 언F으뤤들리] 형 불친절한

un·grate·ful [ʌngréitfəl 언그뤠잇F어얼] 형 은혜를 모르는

un·hap·pi·ly [ʌnhǽpili 언해필리] 부 **1** 불행히, 운 나쁘게: He died *unhappily*. 그는 불행하게 죽었다
2 (문장 전체를 수식하여) 불행하게도: *Unhappily*, he died. 불행하게도 그는 죽었다

쓰임새 *unhappily*의 위치에 따라 뜻이 달라지는 것에 주의.

*__un·hap·py__ [ʌnhǽpi 언해피] 형 (비교급 **unhappier**; 최상급 **unhappiest**) **불행한**, 불운한(반 happy 행복한): She lived an *unhappy* life. 그녀는 불행한 삶을 살았다

un·health·y [ʌnhélθi 언헤얼θ이] 형 (비교급 **unhealthier**; 최상급 **unhealthiest**) **1** 건강하지 못한: She looks *unhealthy*. 그녀는 병약해 보인다
2 건강에 해로운: an *unhealthy* habit 건강에 좋지 않은 습관
3 불건전한: an *unhealthy* amusement 불건전한 오락

u·ni- (접두사) 「단일(single)」의 뜻

UNICEF [júːnəsèf 유-너쎄f으] 명 유니세프, 유엔 아동 기금
【*U*nited *N*ations (*I*nternational) *C*hildren's (*E*mergency) *F*und】

u·ni·corn [júːnəkɔ̀ːrn 유-너코-r언] 명 일각수(一角獸) 《이마에 뿔이 하나인 전설의 동물》
【「하나의(uni-)+뿔(corn)」에서】

u·ni·cy·cle [júːnəsàikl 유-너싸이크얼] 명 외바퀴 자전거

unicorn

u‧ni‧form [júːnəfɔ̀ːrm 유-너F오-r엄] 형
1 (모양·크기 등이) **같은**, 균일한: The three boxes are *uniform* in size. 3개의 상자는 같은 크기이다
2 일정한, 한결같은: at a *uniform* speed 일정한 속도로
── 명 (복수 **uniforms** [-z]) (군인·학생·경찰 등의) **제복**; (선수의) 유니폼: wear a school *uniform* 교복을 입다 / She was in *uniform*. 그녀는 제복을 입고 있었다
【uni-(같은)+form(형태)에서】

un‧im‧por‧tant [ʌ̀nimpɔ́ːrtənt 언임포-r턴트] 형 중요하지 않은

un‧in‧ter‧est‧ing [ʌ̀níntərəstiŋ 언인터뤠스팅] 형 재미없는

un‧ion [júːnjən 유-녀언] 명 1 **결합**, 연합, 단결: *Union* is strength. 단결은 힘이다
2 연방, 연합 국가
3 동맹, 조합: a labor *union* 노동 조합

Union Jack [júːnjən dʒǽk] 명 〔**the**를 붙여〕 영국 국기

〔참고〕 영국 국기
영국 국기는 잉글랜드의 성 조지 십자 (흰색 바탕에 적색 십자), 스코틀랜드의 성 앤드류 십자 (청색 바탕에 백색 X 십자), 아일랜드의 성 패트릭 십자 (흰색 바탕에 적색 X 십자)를 합친 것으로 3국 연합을 상징한다.

성 조지 십자

성 앤드류 십자

성 패트릭 십자

the Union Jack

u‧nique [juːníːk 유-니-ㅋ] 형 1 **유일한**, 독특한: His style is very *unique*. 그의 스타일은 매우 독특하다
2 진기한, 이상한

u‧ni‧sex [júːnəsèks 유-너쌕쓰] 형 (복장 등의) 남녀 공용의

u‧nit [júːnit 유-닛] 명 1 (전체를 구성하는) **단위**: The family is the basic *unit* of society. 가족은 사회의 기본 단위이다
2 (계량의) 단위: A meter is a *unit* of length. 미터는 길이의 단위이다
3 (학과목의) 단위, 단원: We finished the third *unit* of this book. 우리는 이 책의 3단원을 끝냈다
【*unity*(일치)에서】

u‧nite [juːnáit 유-나잇] 동 (3단현 **unites** [-ts]; 과거·과거분사 **united** [-id]; 현재분사 **uniting**) 타 1 **…을 합치다**, 결합하다: The two families were *united* by marriage. 그 두 집안은 결혼으로 결합했다
2 …을 단결[결속]시키다
── 자 결합하다, 하나가 되다: Oil will not *unite* with water. 기름과 물은 서로 섞이지 않는다

u‧nit‧ed [juːnáitid 유-나이티드 → 유-나이리드] 형 결합한, 연합한; 단결한

United Kingdom [juːnáitid kíŋdəm] 명 〔**the**를 붙여〕 연합 왕국, 영국 (대브리튼과 북아일랜드를 합친 왕국; 공식 명칭은 the United Kingdom of Great Britain and Northern Ireland; 수도는 런던(London); 약어는 U.K.).

United Nation [juːnáitid néiʃən] 명 〔**the**를 붙여〕 국제 연합 (약어는 UN, U.N.)

United Nation 본부

United States (of America)
[juːnáitid stéit (əv əmérikə)] 명 〔**the**를 붙여〕아메리카 합중국, 미국

> 참고 미국
> 미국의 정식 명칭은 the United States of America지만 of America를 생략하고 the United States라고 흔히 말한다. 간단히 America라고도 하지만 남북 아메리카 대륙 전체를 가리키기도 하므로 미국인들은 자기 나라 밖에서는 the (United) States라고 말한다. 수도는 워싱턴(Washington, D.C.)이며, 50개의 독립 주로 이루어져 있다. 약어는 U.S. 또는 U.S.A.라고 한다.

u·ni·ty [júːnəti 유-너티 → 유-너리] 명 (복수 **unities** [-z]) **1** 단일, 통일(성) **2** 조화, 일치, 화합

*__u·ni·ver·sal__ [jùːnəvə́ːrsəl 유-너V어-r쎄얼] 형 **1 전 세계의**: English is a *universal* language. 영어는 세계 공통어다 **2** 보편적인, 일반적인(반 special 특별한): *universal* truth 보편적인 진리 **3** 우주의, 만물의

u·ni·ver·sal·ly [jùːnəvə́ːrsəli 유-너V어-r썰리] 부 보편적으로

*__u·ni·verse__ [júːnəvəːrs 유-너V어-r쓰] 명 〔**the**를 붙여〕**1** 우주 **2** 전 세계

*__u·ni·ver·si·ty__ [jùːnəvə́ːrsəti 유-너V어-r써티 → 유-너V어-r썰티] 명 (복수 **universities** [-z]) (종합) **대학교** (「단과대학」은 college; 약어는 univ., Univ.): I want to go to (a) *university*. 나는 대학에 가고 싶다

un·just [ʌ̀ndʒʌ́st 언좌스트] 형 부당한, 불공평한

*__un·kind__ [ʌ̀nkáind 언카인드] 형 **불친절한** (반 kind 친절한): He was *unkind* to me. 그는 나에게 불친절했다

un·known [ʌ̀nnóun 언노운] 형 알려지지 않은, 미지의(반 well-known 잘 알려진): an *unknown* world 미지의 세계

un·law·ful [ʌ̀nlɔ́ːfəl 언라-F어얼] 형 불법의, 비합법적인

*__un·less__ [ənlés 언레쓰] 접 **만약 …이 아니면**(if ... not): *Unless* you start now, you'll be late. 지금 출발하지 않으면 늦을 것이다

*__un·like__ [ʌ̀nláik 언라익] 형 (비교급 **more unlike**; 최상급 **most unlike**) **닮지 않은**, 다른: The two sisters are quite *unlike*. 두 자매는 전혀 닮지 않았다

── 전 …과는 달리: *Unlike* him, his son is tall. 그와는 달리 그의 아들은 키가 크다

un·like·ly [ʌ̀nláikli 언라이클리] 형 있을 법하지 않은: an *unlikely* event 있을 법하지 않은 사건

un·load [ʌ̀nlóud 언로우드] 타 자 (차·배 등의) 짐을 내리다[부리다]

un·lock [ʌ̀nlák 언락] 타 (문·상자 등의) 자물쇠를 열다

*__un·luck·y__ [ʌ̀nlʌ́ki 언러키] 형 (비교급 **unluckier**; 최상급 **unluckiest**) **1 불행한**, 불운한(반 lucky 운이 좋은) **2** 불길한

un·nat·u·ral [ʌ̀nnǽtʃərəl 언내춰뤄얼] 형 부자연스러운, 이상한: an *unnatural* smile 어색한 미소

un·nec·es·sa·ry [ʌ̀nnésəseri 언네써쎄뤼] 형 불필요한(반 necessary 필요한)

un·no·ticed [ʌ̀nnóutist 언노우티스트 → 언노우리스트] 형 눈에 띄지 않는

un·of·fi·cial [ʌ̀nəfíʃəl 언어F이셔얼] 형 비공식의, 비공인의: an *unofficial* visit 비공식 방문

un·pleas·ant [ʌ̀nplézənt 언플레Z언트] 형 불쾌한, 싫은

un·pop·u·lar [ʌ̀npápjulər 언파퓰러r] 형 인기가 없는, 평판이 나쁜

un·prec·e·dent·ed [ʌ̀nprésədèntid 언프뤠써덴티드] 형 전례가 없는

un·pre·pared [ʌ̀npripéərd 언프뤼페어r드] 형 준비 없는, 즉석의

un·prof·it·a·ble [ʌnpráfitəbl 언프롸F이터브얼 → 언프롸F이러브얼] 형 이익이 없는; 무익한, 헛된

un·ques·tion·a·ble [ʌnkwéstʃənəbl 언크웨스쳐너브얼] 형 의심할 나위 없는, 확실한

un·rea·son·a·ble [ʌnríːzənəbl 언뤼-Z어너브얼] 형 1 이성적이 아닌; 불합리한 2 (가격·요구 등이) 부당한, 터무니없는: an *unreasonable* demand 부당한 요구

un·rest [ʌnrést 언뤠스트] 명 1 (사회적인) 불안, 동요: political *unrest* 정치 불안 2 (마음의) 불안, 근심

un·roll [ʌnróul 언로우으ㄹ] 타 자 …을 풀다, 펼치다; 퍼지다

un·sat·is·fac·to·ry [ʌnsætisfǽktəri 언쌔티스F액터뤼 → 언쌔리스F액터뤼] 형 마음에 차지 않는

un·seen [ʌnsíːn 언씨-인] 형 눈에 보이지 않는

un·self·ish [ʌnsélfiʃ 언쎄얼F이쉬] 형 이기적이 아닌, 사리사욕이 없는

un·set·tled [ʌnsétld 언쎄트을드 → 언쎄르을드] 형 1 (날씨 등이) 변하기 쉬운 2 (상태·정신 등이) 불안정한 3 (문제 등이) 미해결의

un·speak·a·ble [ʌnspíːkəbl 언스피-커브얼] 형 1 말로 할 수 없는: *unspeakable* grief 말할 수 없는 슬픔 2 입에 담기도 싫은, 지독한

un·stead·y [ʌnstédi 언스테디 → 언스테리] 형 (비교급 **unsteadier**; 최상급 **unsteadiest**) 불안정한

un·suc·cess·ful [ʌnsəksésfəl 언썩쎄스F어얼] 형 성공하지 못한, 실패한

un·suit·a·ble [ʌnsúːtəbl 언쑤-터브얼 → 언쑤-러브얼] 형 부적당한

un·ti·dy [ʌntáidi 언타이디 → 언타이리] 형 (비교급 **untidier**; 최상급 **untidiest**) 1 (사람·복장 등이) 단정치 못한: an *untidy* person 단정치 못한 사람 2 어수선한, 흐트러진: His room is always *untidy*. 그의 방은 언제나 어수선하다

un·tie [ʌntái 언타이] 동 (3단현 **unties** [-z]; 과거·과거분사 **untied** [-d]; 현재분사 **untying**) 타 1 …을 풀다, 끄르다: *untie* a package 꾸러미를 풀다 2 …을 해방하다, 자유롭게 하다
—— 자 풀리다

***un·til** [əntíl 언티을] 전 〔시간의 계속을 나타내어〕…까지 (줄곧): Wait *until* tomorrow morning. 내일 아침까지 기다려라/ I practiced playing the piano *until* two o'clock. 나는 2시까지 피아노 연습을 했다/ He did not come *until* ten. 그는 10시까지 오지 않았다 (10시에 왔다)

until now 지금까지: *Until* now he has been very kind. 그는 지금까지 매우 친절했다
—— 접 1 …까지, …할 때까지: Let's wait *until* the rain stops. 비가 멈출 때까지 기다리자/ *Until* he spoke, She kept silent. 그가 입을 열 때까지 그녀는 잠자코 있었다
2 〔앞에 콤마를 붙여〕 …하여 마침내 (앞에서부터 해석): The man worked and worked, *until* he got sick. 그 사람은 일만 하다가 마침내 병이 났다

It is not until A that … …이 되어 비로소 A하다: *It was not until* yesterday *that* we knew about it. 우리는 어제서야 비로소 그것에 관해 알았다

***un·u·su·al** [ʌnjúːʒuəl 언유-쥬어얼] 형 (비교급 **more unusual**; 최상급 **most unusual**) 이상한, 드문, 예외적인: It is *unusual* for him to be late. 그가 늦는 것은 드물다

un·u·su·al·ly [ʌnjúːʒuəli 언유-쥬얼리] 부 1 평소와는 달리, 이상하게 2 《구어》 매우: It is *unusually* cold today. 오늘은 매우 춥다

un·wel·come [ʌnwélkəm 언웨얼컴] 형 환영받지 못하는, 반갑지 않은

un·will·ing [ʌ̀nwíliŋ 언윌링] 형 마음 내키지 않는: I am *unwilling* to work now. 나는 지금 일하고 싶지 않다

up [ʌ́p 업] 부 **1 위로, 위에**, 위쪽으로 (반 down 아래로): jump *up* 뛰어오르다/ Hold *up* your hands! 손들어!/ I climbed *up* to the top of the mountain. 나는 산꼭대기까지 올라갔다/ Is the elevator going *up*? 이 엘리베이터는 올라갑니까?

up   down

2 〔상태·위치를 나타내어〕 **올라가**: The flag is *up*. 기가 게양되어 있다/ The sun is *up*. 해가 떠 있다

3 일어나: Stand *up*! 일어서!/ I get *up* at six in the morning. 나는 아침 6시에 일어난다/ Wake me *up* at seven, please. 7시에 깨워 주세요

4 (화자(話者)·중심지를) 향하여; (남쪽에서) 북쪽으로: A stranger came *up* to me. 낯선 사람이 내게로 다가왔다/ He came *up* to Seoul from the country. 그는 시골에서 상경해 왔다

5 (지위·가격·정도 등이) **올라가**; (목소리 등을) 더 크게〔높게〕: Prices are going *up*. 물가가 오르고 있다/ Speak *up*! 큰소리로 말하시오!

6 (문제 등이) 생겨, 일어나: What's *up*? 무슨 일이냐?

7 완전히, 다: Time is *up*. 시간이 다 되었다/ He used *up* all his money. 그는 돈을 전부 써 버렸다

8 커서, 성장하여: grow *up* 성장하다

up and down (1) 위아래로, 상하로: The boat bounced *up and down*. 배는 상하로 흔들렸다

(2) 왔다갔다: The bear is walking *up and down* in the cage. 곰이 우리 안에서 어슬렁거리고 있다

up to ... (1) …까지: *up to* date 지금까지 / He counted from one *up to* thirty. 그는 1에서 30까지 세었다

(2) (책임〔의무〕 등이) …에 달려 있는: It's *up to* you whether to go or not. 가고 안 가고는 네게 달려 있다

——전 **1 …을 올라가**, …의 위로(반 down 내려가); (하천의) 상류로: climb *up* a ladder 사다리를 오르다 / We rowed *up* the stream. 우리는 상류로 배를 저어 올라갔다

2 …을 따라(along): walk *up* the road 길을 따라 걷다

——형 〔🔖 명사 앞에만 쓰여〕 올라가는, 위로의(반 down 밑으로의): an *up* train 상행 열차

up·hold [ʌ̀phóuld 압호울드] 동 (3단현 **upholds** [-dz]; 과거·과거분사 **upheld** [ʌ̀phéld]; 현재분사 **upholding**) 타 …을 지지〔변호〕하다: *uphold* a decision 결정을 지지하다

up·on [əpán 어판] 전 **…의 위에**(on): There was no chair to sit *upon*. 앉을 의자가 하나도 없었다

〔쓰임새〕 on과 upon은 거의 같은 뜻으로 쓰이나, on쪽이 보다 구어적인 표현이다. upon은 동사 다음이나 숙어에 주로 쓰인다.

once upon a time 옛날 옛날에 ⇒ once 숙어

up·per [ʌ́pər 아퍼r] 형 〔🔖 명사 앞에만 쓰여〕 **1** (장소·위치 등이) **더 위의**, 높은

쪽의(반 lower 낮은 쪽의): the *upper* lip 윗입술

2 (지위·계급 등이) **상위의**, 상급의(반 lower 하위의): the *upper* classes 상류계급

3 오지의; (강의) 상류의

*__up·right__ [ʌ́prait 아프라잇] [ⓘ gh는 묵음] 혱 **1 똑바로 선**, 직립의: an *upright* tree 곧게 선 나무
2 바른, 정직한

__up·ris·ing__ [ʌ́praiziŋ 아프라이Z잉] 몡 반란, 폭동

__up·roar__ [ʌ́prɔːr 아프로-r] 몡 소란, 소동

__up·root__ [ʌ́pruːt 아프루-트] 타 **1** …을 뿌리째 뽑다 **2** (악습을) 근절하다

*__up·set__ [ʌ̀psét 업쎘] 동 (3단현 **upsets** [-ts]; 과거·과거분사 **upset**; 현재분사 **upsetting**) 타 **1** …을 뒤집다, 전복시키다: The ship was *upset* by the waves. 그 배는 파도로 전복되었다

2 …을 **당황하게 하다**: His death *upset* her. 그의 죽음에 그녀는 당황했다

3 (계획 등을) 망쳐 놓다: The rain *upset* our plans *for* the picnic. 비는 우리의 소풍 계획을 망쳤다

—자 뒤집히다

—명 (복수 **upsets** [-ts]) **1** 뒤집힘, 전복 **2** 혼란, 불화

__up·side__ [ʌ́psàid 압싸이드] 명 위쪽, 상부
upside down 거꾸로, 반대로; 엉망으로: This piture is hung *upside down*. 이 그림은 거꾸로 걸려 있다

*__up·stairs__ [ʌ́pstɛ́ərz 압스테어rz으] 부 **위층(2층)으로(에)**(반 downstairs 아래층으로): My study is *upstairs*. 내 공부방은 위층에 있다

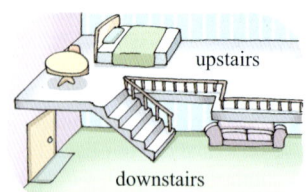

—혱 위층의: an *upstairs* window 위층의 창

__up·stream__ [ʌ́pstríːm 압스츄류-임] 부 상류에(로)

*__up-to-date__ [ʌ́p-tə-déit 압터데잇] 혱 **최신의**, 현대적인(반 out-of-date 유행에 뒤진): an *up-to-date* map 최신 지도

__up·town__ [ʌ́ptàun 업타운] 혱 (도시의) 높은 지대; (상업 지구에 대하여) 주택 지구(반 downtown 도심지)
—혱 높은 지대(주택 지구)의
—부 높은 지대(주택 지구)에(로)

__up·ward__ [ʌ́pwərd 아프워r드] 혱 위로 향한, 올라가는
—부 위쪽으로(반 downward 아래쪽으로): look *upward* 위를 보다

__up·wards__ [ʌ́pwərdz 아프워rz으] 부 = upward

__u·ra·ni·um__ [juréiniəm 유뤠이니엄] 명 【화학】 우라늄 (ⓘ 기호 U)
【하늘의 신 Uranus(우라누스)에서】

__U·ra·nus__ [jùːrənəs 유뤄너ㅆ] 명 **1** 【그리스신화】 우라누스 (하늘의 신) **2** 【천문】 천왕성(星)

*__ur·ban__ [ə́ːrbən 어-r번] 혱 **도시의**(반 rural 시골의): *urban* life 도시 생활

*__urge__ [ə́ːrdʒ 어-r쥐] 동 (3단현 **urges** [-iz]; 과거·과거분사 **urged** [-d]; 현재분사 **urging**) 타 **1** …을 **조르다**, 재촉하다: He *urged* me *to* buy a new car. 그는 나에게 새 차를 사달라고 졸라댔다

2 몰다, 강요하다: Hunger *urged* him to steal. 그는 배가 고파서 도둑질을 했다

3 …을 간청하다; 강조하다, 역설하다

ur·gent [ə́ːrdʒənt 어-*r*젼트] 형 긴급한, 다급한: on *urgent* business 급한 볼일로

ur·gent·ly [ə́ːrdʒəntli 어-*r*젼틀리 → 어-*r*젼ㅌ얼리] 부 긴급하게

U·ru·guay [júərəgwài 유뤄그와이] 명 우루과이 《남미 남동부의 공화국》

us [ás 어쓰] 대 《we의 목적격》 **우리들을[에게]**: He teaches *us* English. 그는 우리에게 영어를 가르친다

U.S.(A.) [júːés(éi) 유-에쓰(에이)] 《약어》 the *United States (of America)* 아메리카 합중국

us·age [júːsidʒ 유-씨쥐] 명 **1** 용법, 사용법 **2** (언어의) 관용법, 어법

use[1] [júːz 유-z으] 통 (3단현 **uses** [-iz]; 과거·과거분사 **used** [-d]; 현재분사 **using**) 타 **1** …을 쓰다, 사용[이용]하다: We *use* a knife *to* cut bread. 우리는 빵을 자르는 데 칼을 사용한다/ She often *uses* the library. 그녀는 종종 도서관을 이용한다

〔회화〕

A: May I *use* your phone?
전화기 좀 써도 되겠습니까?
B: Yes, certainly.
네, 그러세요

May I use your phone?

2 …을 소비하다, 쓰다: *use* much coal 석탄을 많이 쓰다
3 (몸·머리 등을) 쓰다, 행사하다: *use* force 폭력을 쓰다/ *Use* your head. 머리를 쓰시오
use up …을 다 써버리다: He has *used up* all his money. 그는 돈을 다 써버렸다

── [júːs 유-쓰] 명 (복수 **uses** [-iz]) **1 사용**, 이용: the *use* of tools 도구의 사용 **2 소용**, 쓸모, 용도: What's the *use* of worrying? 걱정해 봐야 무슨 소용이 있습니까?/ This tool has a lot of *uses*. 이 도구는 용도가 다양하다
be in use 사용되고 있다: This old table *is* still *in use*. 이 낡은 테이블은 지금도 사용되고 있다
be of use 쓸모가 있다, 유용하다: This book will *be of* great *use* to us. 이 책은 우리에게 매우 유익할 것이다
be out of use 쓰이지 않다[않게 되다]: These words *are out of use* now. 이 말들은 이제 쓰이지 않는다
come into use 쓰이게 되다
It is no use doing [to do] …해도 소용없다: *It is no use crying* over spilt milk. 《속담》 엎지른 물은 다시 담을 수 없다/ *It is no use to* complain. 불평해 보았자 아무 소용없다
make use of …을 사용[이용]하다: *Make* good *use of* your time. 시간을 잘 이용해라

used[1] [júːzd 유-z으드] 형 **중고의**: a *used* car 중고차

used[2] [júːst 유-스트] 형 …**에 익숙한** (**to**)
be [get] used to doing …에 익숙해지다: I'm *used to getting* up early. 나는 일찍 일어나는 것에 익숙하다/ Did you *get used to* the new work? 너는 새 일에 익숙해졌니?

used[3] [júːst 유-스트] 자 〔**used to** do의 형태로〕 …**하곤 했다**; 이전에는 …이었다[…이 있었다]: I *used to go* to school by bus. 나는 예전에는 버스로 학교에 갔었다/ There *used to* be a storehouse here. 이전에 여기에 창고가 있었다

use·ful [júːsfəl 유-스F어얼] 형 (비교급 **more useful**; 최상급 **most useful**) **쓸모 있는**, 유익한, 유용한(반 useless 쓸모없는): a *useful* book 유익한 책/ This dictionary is very *useful for*〔*to*〕 us. 이 사전은 우리에게 매우 유용하다

use·ful·ness [júːsfəlnis 유-스F얼니쓰] 명 쓸모 있음, 유용

*****use·less** [júːslis 유-슬리쓰] 형 쓸모 없는(반 useful 쓸모 있는): a *useless* thing 쓸모 없는 것/ This book is *useless to* me. 이 책은 나에게 쓸모 없다

us·er [júːzər 유-Z어r] 명 사용자, 이용자

ush·er [ʌ́ʃər 아셔r] 명 (극장 등의) 안내인

*****u·su·al** [júːʒuəl 유-쥬어얼] 형 (비교급 **more usual**; 최상급 **most usual**) 보통의, 평상시의, 평소의(반 unusual 보통이 아닌): We ate breakfast at the *usual* time. 우리는 평소 아침을 먹던 시간에 아침을 먹었다/ It is *usual* for him to be late. 그가 늦는 것은 늘 있는 일이다

as usual 여느 때처럼: He was late *as usual*. 그는 평소대로 지각했다

than usual 〔비교급 뒤에서〕 평소보다: He got up earlier *than usual*. 그는 평소보다 일찍 일어났다

*****u·su·al·ly** [júːʒuəli 유-쥬얼리] 부 보통, 늘, 대개: It is *usually* hot in the summer. 여름은 대개 덥다/ She *usually* gets up at seven. 그녀는 보통 7시에 일어난다

> 쓰임새 usually는 always, often, sometimes 등과 같이 보통 조동사 및 be 동사의 다음에, 일반 동사의 앞에 놓인다.

u·tah [júːtɑː 유-타-] 명 유타 《미국 서부의 주(州); 약어는 Ut.》

u·ten·sil [juːténsl 유-텐스얼] 명 (복수 **utensils** [-z]) 기구, 용구; 가정용품: farming *utensils* 농기구/ kitchen *utensils* 주방용구

u·til·i·ty [juːtíləti 유-틸러티 → 유-틸러리] 명 (복수 **utilities** [-z]) **1** 유용, 유익, 효용 **2** 〔보통 복수형으로〕쓸모 있는 것, 실용품

utility room [juːtíləti rùːm] 명 《미》 다용도실 《세탁기·청소 도구 등을 두는 작은 방》

u·ti·lize [júːtəlàiz 유-털라이z → 유-럴라이z] 동 (현재분사 **utilizing**) 타 …을 이용하다

ut·most [ʌ́tmòust 앗모우스트] 형 **1** 최대한의, 극도의(extreme): a matter of the *utmost* importance 최고로 중요한 문제 **2** 가장 먼〔떨어진〕

——명 (힘·노력 등의) 최대한도, 극도: George tried〔did〕 his *utmost* to pass the exam. 조지는 그 시험에 합격하기 위해 전력을 다했다

to the utmost 극도로, 최대한으로

U·to·pi·a [juːtóupiə 유-토우피아] 명 이상향, 유토피아

ut·ter¹ [ʌ́tər 아터r → 아러r] 형 전적인, 완전한: an *utter* darkness 칠흑 같은 어둠/ It's an *utter* failure. 그것은 완전한 실패다

ut·ter² [ʌ́tər 아터r → 아러r] 동 (3단현 **utters** [-z]; 과거·과거분사 **uttered** [-d]; 현재분사 **uttering** [ʌ́təriŋ]) 타 **1** (비명·신음 소리 등을) 내다: She *uttered* a deep sigh. 그녀는 깊은 한숨을 쉬었다

2 (말 또는 글로) 표현하다, 나타내다: I couldn't *utter* my opinion. 나는 내 의견을 표현할 수 없었다

ut·ter·ly [ʌ́tərli 아터r얼리 → 아러r얼리] 부 완전히, 아주(completely): It is *utterly* useless. 그것은 전혀 쓸모 없다

U-turn [júːtəːrn 유-터-r언] 명 (자동차 등의) U턴, 회전

No U-turn! 《게시》 U턴 금지!

Vv

V, v [víː V이-] 명 (복수 **V's, v's** [-z]) **1** 브이 《영어 알파벳의 스물두째 글자》 **2** 로마 숫자의 5

v. 《약어》 verb 동사

*__va·cant__ [véikənt V에이컨트] 형 **1** (장소·집 등이) 빈: Are there any *vacant* rooms? 빈 방 있어요?
2 멍한, 얼빠진: a *vacant* expression 멍한 표정

*__va·ca·tion__ [veikéiʃən V에이케이션] 명 (복수 **vacations** [-z]) 《미》 **휴가, 방학,** 휴일(《영》 holiday): the Christmas *vacation* 크리스마스 휴가 / I took a day's *vacation*. 나는 하루 휴가를 얻었다 / How was your *vacation*? 휴가 어땠어요?

vac·ci·na·tion [væksənéiʃən V액써네이션] 명 백신 주사, 예방 접종

vac·cine [væksíːn V액씨-인] 명 백신

vac·u·um [vǽkjuəm V애큐엄] 명 (복수 **vacuums** [-z], **vacua** [vǽkjuə]) **1** 진공: a *vacuum* tube 진공관
2 《구어》 = vacuum cleaner

vacuum cleaner [vǽkjuəm klíːnər] 명 진공 청소기 (《영》 간단히 vacuum 또는 cleaner 라고도 한다)

vague [véig V에이그] 형 (비교급 **vaguer**; 최상급 **vaguest**) **1** (말·관념 등이) 모호한, 애매한: He gave me a *vague* answer. 그녀는 내게 애매한 대답을 했다

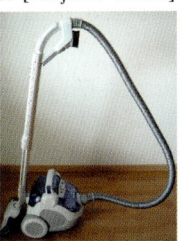
vacuum cleaner

2 (형태·생각 등이) 희미한, 흐릿한 (반 distinct 뚜렷한): I saw a *vague* figure in the fog. 나는 안개 속에서 희미한 사람의 모습을 보았다

vague·ly [véigli V에이글리] 부 모호하게, 막연히

*__vain__ [véin V에인] 형 (비교급 **vainer**; 최상급 **vainest**) **1** 헛된, 무익한: a *vain* effort 헛된 노력
2 자만심이 강한, 뽐내는: She was *vain about*(*of*) her beauty. 그녀는 자기의 미모가 자랑이었다

in vain 헛되이: All our efforts were *in vain*. 우리들의 모든 노력이 수포로 돌아갔다

vain·ly [véinli V에인리] 부 **1** 헛되이 **2** 자만하여, 뽐내어

val·en·tine [vǽləntàin V앨런타인] 명 **1** 발렌타인 카드(편지, 선물) **2** (성 발렌타인 데이에 선물을 보내는) 애인, 연인

Saint Valentine's Day 성 발렌타인 데이 《2월 14일》

> 참고 발렌타인 데이의 유래
> 3세기경 로마 시대에는 전쟁이 많던 때라 황제의 허락하에서만 결혼을 할 수 있었는데, 발렌타인은 사랑하는 젊은이들이 황제의 허락이 없어 결혼을 못하는 게 안타까워 몰래 결혼을 시키다 붙잡혀 A.D. 269년 2월 14일에 순교한 사제이다. 그가 순교한 뒤 이 날을 축일로 정하고 애인들끼리 사랑의 선물이나 편지를 주고받는 풍습이 생겼다고 한다.

*__val·id__ [vǽlid V앨리드] 형 **1 근거가 확실한**, 타당한: a *valid* argument 근거가 확

실한 주장

2 유효한, 합법적인: This ticket is *valid* for two days. 이 표는 2일간 유효하다

*val·ley [vǽli V앨리] 명 (복수 valleys [-z]) **1 골짜기**, 계곡: A river flows through the *valley*. 강이 계곡 사이로 흐르고 있다

2 (큰 강의) 유역

*val·u·a·ble [vǽljuːəbl V앨류-어브을] 형 (비교급 **more valuable**; 최상급 **most valuable**) **1 귀중한**, 소중한: a *valuable* book 귀중한 책/ a *valuable* friend 소중한 친구

2 값비싼: a *valuable* ring 값비싼 반지
── 명 (복수 **valuables** [-z]) 〔보통 복수형으로〕 귀중품

*val·ue [vǽlju: V앨류-] 명 **1 가치**, 값어치: A healthy man does not know the *value* of health. 건강한 사람은 건강의 가치를 모른다

2 가격, 값: What is the *value* of this diamond? 이 다이아몬드의 가격은 얼마입니까?

of value 가치 있는, 귀중한(valuable): This book is *of* great *value* to us. 이 책은 우리에게 매우 가치가 있다
── 동 (3단현 **values** [-z]; 과거·과거분사 **valued** [-d]; 현재분사 **valuing**) 타 **1 …을 평가하다**, 값을 매기다: The house was *valued* at 50,000 dollars. 그 집은 5만 달러로 값이 매겨졌다

2 …을 중요시하다, 소중히 하다: He *values* health above wealth. 그는 부보다는 건강을 중히 여긴다

val·ue·less [vǽljuːlis V앨류리쓰] 형 값이 〔가치가〕 없는, 하찮은

valve [vǽlv V앨브으] 명 (복수 **valves** [-z]) **1** (기계의) 판(瓣), 밸브: close the *valve* 밸브를 잠그다

2 (혈관·심장의) 판, 판막(瓣膜)

*van [vǽn V앤] 명 **1** 《미》 밴 (유개 트럭)
2 《영》 【철도】 지붕이 있는 화차 (「지붕이 없는 화차」는 wagon)

van 1

va·nil·la [vəníla V어닐라] 명 【식물】 바닐라 (열매)

van·ish [vǽniʃ V애니쉬] 동 (3단현 **vanishes** [-iz]; 과거·과거분사 **vanished** [-t]; 현재분사 **vanishing**) 자 **1** (갑자기) 사라지다, 없어지다(disappear): He *vanished into* the darkness. 그는 어둠 속으로 사라졌다

2 (희망·공포 등이) 사라지다

van·i·ty [vǽnəti V애너티 → V애너리] 명 (복수 **vanities** [-z]) **1** 허영(심) **2** 자만, 자부심 **3** 헛됨, 덧없음

va·por, 《영》 **va·pour** [véipər V에이퍼r] 명 **1** 증기 (공기 중의 수증기·김·안개·운무 등) **2** 기체

var·i·a·ble [vɛ́əriəbl V에어뤼어브을] 형 변하기 쉬운; 변동하는: *variable* weather 변하기 쉬운 날씨
── 명 【수학】 변수

var·i·a·tion [vɛ̀əriéiʃən V에어뤼에이션] 명 **1** 변화(change), 변동 **2** 【음악】 변주곡

var·ied [vɛ́ərid V에어뤼드] 형 **1** 여러 가지의, 다양한 **2** 변화 있는 〔많은〕

*va·ri·e·ty [vəráiəti V어라이어티 → V어라이어리] 명 (복수 **varieties** [-z]) **1 변화**, 다양성: His life was full of *variety*. 그의 인생은 변화가 많았다

2 종류(kind); (동물·식물의) 품종: a wide *variety* of goods 다양한 종류의 상품/ It's a new *variety* of rose. 그것은 장미의 신품종이다

variety store [vəráiəti stɔ̀ːr] 명 《미》 잡화점

*var·i·ous [vέəriəs V에어뤼어쓰] 형 (비교급 more various; 최상급 most various) 다양한, 여러 가지의: She has *various* talents. 그녀는 다양한 재능이 있다

var·nish [vάːrniʃ V아-r니쉬] 명 니스, 바니시

*vary [vέəri V에어뤼] 동 (3단현 varies [-z]; 과거·과거분사 varied [-d]; 현재분사 varying) 자 1 바뀌다, 변화하다: The temperature *varies* hour by hour. 기온은 시시각각 변화한다
2 다르다(differ), 차이가 있다: Our opinions *vary* on this point. 이 점에서 우리들의 의견은 다르다／This overcoat *varies* from the sample. 이 코트는 견본과 다르다
── 타 …을 바꾸다, 변화를 주다: *vary* the pressure 압력을 바꾸다

*vase [véis V에이쓰] 명 (복수 vases [-iz]) 꽃병: She put roses in the *vase*. 그녀는 꽃병에 장미를 꽂았다

*vast [væst V애스트] 형 (비교급 vaster; 최상급 vastest) 1 광대한, 거대한: a *vast* area of desert 광대한 사막 지역
2 (수량·금액이) 막대한: spend a *vast* sum of money 거액의 돈을 쓰다

Vat·i·can [vǽtikən V애티컨 → V애리컨] 명 〔the를 붙여〕 바티칸 궁전; 로마 교황청

Vatican City [vǽtikən síti V애티컨 시티] 명 〔the를 붙여〕 바티칸 시국(市國) (로마 교황이 다스리는 로마 시내에 있는 독립 국가)

the Vatican City

veal [víːl V이-을] 명 (식용) 송아지 고기

***veg·e·ta·ble** [védʒətəbl V에쥐터브을 → V에쥐러브을] 명 (복수 vegetables [-z]) 1 〔보통 복수형으로〕 채소, 야채, 푸성귀: fresh *vegetables* 신선한 채소／ Eat more *vegetable* than meat. 고기보다 채소를 더 먹어라

알면 Plus〉 채소의 종류	
cabbage 양배추	carrot 당근
celery 셀러리	cucumber 오이
eggplant 가지	garlic 마늘
lettuce 상추	onion 양파
pepper 고추	potato 감자
pumpkin 호박	spinach 시금치
sweet potato 고구마	tomato 토마토

2 식물(plant) (🖉 「광물」은 mineral, 「동물」은 animal)
── 형 채소의; 식물(성)의: a *vegetable* diet 채식／ *vegetable* oil 식물성 기름

*ve·hi·cle [víːhikl V이-이〔히〕크을] 〔🖉 h는 보통 묵음〕 명 (복수 vehicles [-z]) 차량, 탈것 (🖉 bus(버스), car(승용차), cart(짐차), truck(트럭), wagon(마차) 등의 사람이나 짐을 싣고 운반하는 각종 운송 수단)

veil [véil V에일] 명 (복수 veils [-z]) 베일, 면사포: a bridal〔wedding〕 *veil* 신부의 면사포

veils

── 동 (3단현 veils [-z]; 과거·과거분사 veiled [-d]; 현재분사 veiling) 타 1 …을 베일로 가리다: He *veiled* her face. 그는 얼굴을 베일로 가렸다
2 …을 감추다, 숨기다

vein [véin V에인] 명 (복수 **veins** [-z]) **1** 혈관; 정맥(반 artery 동맥) **2** 광맥 **3** (식물의) 엽맥(葉脈) **4** (일시적인) 기분

ve·loc·i·ty [vəlάsəti V얼라써티 → V얼라써리] 명 속도(speed), 속력

vel·vet [vélvit V에얼v잇] 명 벨벳, 우단

vend [vénd V엔드] 타 자 팔다, 판매하다; 팔리다

vending machine [véndiŋ məʃìːn] 명 《미》 자동 판매기 (《영》 slot machine)

Ve·ne·tian [vəníːʃən V어니-션] 형 베네치아의, 베니스(Venice)의; 베네치아풍의

—— 명 베네치아인

Venetian blind [vəníːʃən bláind] 명 베니션 블라인드 《얇은 금속판이나 플라스틱 등을 엮어서 만든 창문 가리개》

venge·ance [véndʒəns V엔줜쓰] 명 복수, 앙갚음

Ven·ice [vénis V에니쓰] 명 베니스 《이탈리아 북동부의 항구》

ven·ti·la·tion [vèntəléiʃən V엔털레이션] 명 통풍, 환기

ven·ti·la·tor [véntəlèitər V엔털레이터r → V엔털레이러r] 명 환기창, 환풍기

*****ven·ture** [véntʃər V엔춰r] 명 (특히 금전상의) 모험; 모험적 사업

—— 동 (3단현 **ventures** [-z]; 과거·과거분사 **ventured** [-d]; 현재분사 **venturing** [-tʃəriŋ]) 타 (생명·재산 등을) 내걸다; 과감히 …하다: He *ventured* his fortune *on* the enterprise. 그는 그 사업에 재산을 내걸었다/ Nothing *venture*, nothing have. 《속담》 모험을 하지 않으면 아무것도 얻을 수 없다

—— 자 위험을 무릅쓰다

[**ad**venture(모험)에서]

Ve·nus [víːnəs V이-너쓰] 명 **1** 《로마신화》 비너스 《사랑과 미의 여신; 그리스신화의 아프로디테(Aphrodite)에 해당》 **2** 【천문】 금성 (《 금성이 천체 중에서 가장 아름답다고 생각해서》

ve·ran·da(h) [vərǽndə V어랜더] 명 베란다, 툇마루 (《 건물의 바깥쪽에 설치한 부분으로 보통 지붕이 달려 있다; 《미》 porch)

veranda

*****verb** [və́ːrb V어-r브] 명 (복수 **verbs** [-z]) 【문법】 동사: a regular *verb* 규칙 동사/ an irregular *verb* 불규칙 동사

> 문법 동사
>
> 동사는 동작이나 상태를 나타내는 말로 한국어의 「…하다」나 「…이다」의 뜻이다. 동사는 크게 am, are, 등의 be 동사와 일반 동사로 나눌 수 있다.

ver·dict [və́ːrdikt V어-r딕트] 명 **1** 【법】 (배심원의) 평결 **2** 판단, 의견

verge [və́ːrdʒ V어-r쥐] 명 가, 가장자리, 모서리

ver·i·fy [vérəfài V에뤄F아이] 동 (3단현 **verifies** [-z]; 과거·과거분사 **verified** [-d]; 현재분사 **verifying**) 타 …을 증명하다; 확인하다: *verify* a spelling 철자를 확인하다

Ver·mont [vərmάnt V어r만트] 명 버몬트 《미국 동북부의 주(州); 약어는 VT, Vt.》

*****verse** [və́ːrs V어-r쓰] 명 **1** 시, 운문(반 prose 산문) **2** (시의) 행

*****ver·sion** [və́ːrʒən V어-r줜] 명 **1** 번역, 번역문
2 (소설 등의) 각색: the screen *version* of a novel 소설을 영화화한 것
3 변형, …판: a revised *version* 개정판
4 (사건 등에 대한) 설명, 의견

ver·sus [və́ːrsəs 버어-r써쓰] 전 (경기 등에서) …대(對)… (약어는 v., vs.): Korea *versus* China 한국 대 중국

*****ver·ti·cal** [vɚ́ːrtikəl 버어-r티커얼 → 버어-r리커얼] 형 **수직의**, 세로의(반 horizontal 수평의): a *vertical* line 수직선

******ver·y** [véri 베뤼] 부 1 **매우, 대단히**, 몹시: It is *very* cold today. 오늘은 매우 춥다/ Thank you *very* much. 대단히 감사합니다/ He walked *very* carefully. 그는 몹시 조심스레 걸었다

| 비교 | very, much, so |

 very는 형용사·부사의 원급을 강조하여 「매우」란 뜻을 강조하고, **much**는 형용사·부사의 비교급·최상급을 강조하여 「훨씬」이란 뜻을 나타낸다: I like coffee *much* better than tea. 나는 홍차보다 커피를 더 좋아한다. **so**는 《구어》에서 very 대신으로 쓰인다: Thank you *so* much. 대단히 고맙습니다.

2 〔부정문에서〕 **그다지** (…않다): It is not *very* cold today. 오늘은 그다지 춥지 않다

| 회화 |

A: Are you busy?
바쁘십니까?
B: No, *not very*.
아뇨, 별로요

── 형 **1** 〔다음에 오는 명사를 강조하여〕 **바로 그**: This is the *very* book that I wanted. 이것이 내가 원하던 바로 그 책이다

2 …조차: The *very* beggars despise him. 거지들조차 그를 업신여긴다

*****ves·sel** [vésl 베쓰을] 명 (복수 vessels [-z]) **1 그릇**, 용기
2 배, 선박: a merchant *vessel* 상선
3 (혈액·수액을 운반하는) 관(管): a blood *vessel* 혈관

vest [vést 베스트] 명 (복수 vests [-ts])
1 《미》 (양복 등의) 조끼 (《영》 waistcoat) **2** 《영》 내의, 셔츠 (《미》 undershirt)

v e t · e r · a n [vétərən 베터뤈 → 베러뤈] 명 (복수 veterans [-z]) **1** 노련한 사람, 고참병, 베테랑 **2** 《미》 퇴역〔재향〕 군인

vest 1

ve·to [víːtou 비이-토우 → 비이-로우] 명 (복수 vetoes [-z]) 거부권

vex [véks 벡쓰] 동 (3단현 vexes [-iz]; 과거·과거분사 vexed [-t]; 현재분사 vexing) 타 …을 짜증나게 하다, 화나게 하다: I was *vexed* at the noise. 나는 그 소음에 짜증났다

v.i., vi. 《약어》 *intransitive verb* 자동사

vi·a [váiə 바이아] 전 **1** …을 거쳐, 경유하여: I went to London *via* Paris. 나는 파리를 경유하여 런던에 갔다
2 …에 의하여

vi·brate [váibreit 바이브뤠잇] 동 (3단현 **vibrates** [-ts]; 과거·과거분사 **vibrated** [-id]; 현재분사 **vibrating**) 자
1 흔들리다, 진동하다: The house *vibrates* when a train passes. 그 집은 열차가 지나갈 때 흔들린다
2 (목소리가) 떨리다
── 타 …을 흔들다, 진동시키다

vi·bra·tion [vaibréiʃən 바이브뤠이션] 명 진동, 떨림

vice[1] [váis 바이쓰] 명 **1** 악덕, 악(반 virtue 덕) **2** 나쁜 버릇, 악습 **3** (조직·제도 등의) 결함, 결점

vice[2] [váis 바이쓰] 명 《영》 = vise

vice- (접두사) 〔관직·관등을 나타내는 명사에 붙여〕 「부(副)…, 대리…, 차(次)…」의 뜻: *vice*-president 부통령

vice·pres·i·dent [váis-prézədənt 바이쓰프레Z어던트] 명 부통령, 부총재, 부회장

vi·cin·i·ty [vəsínəti 버씨너티 → V어씨너리] 명 (복수 **vicinities** [-z]) 근처, 부근: Is there a post office in this *vicinity*? 이 근처에 우체국이 있습니까?

vi·cious [víʃəs 비셔쓰] 형 1 나쁜(evil), 부도덕한, 악의 있는 2 (사람·동물이) 부리기 힘든

***vic·tim** [víktəm 빅팀] 명 (복수 **victims** [-z]) 1 **희생자**, 피해자: a *victim* of war 전쟁의 희생자
2 (종교상의) 희생, 산 제물

vic·tor [víktər 빅터r] 명 승리자(winner), 정복자

Vic·to·ri·a [viktɔ́ːriə 빅토-리아] 명 〔**Queen Victoria**로〕 빅토리아 여왕 《1819-1901; 영국 여왕》

Vic·to·ri·an [viktɔ́ːriən 빅토-뤼언] 형 빅토리아 여왕 (시대)의

vic·to·ri·ous [viktɔ́ːriəs 빅토-뤼어쓰] 형 승리를 거둔, 이긴

***vic·to·ry** [víktəri 빅터-뤼] 명 (복수 **victories** [-z]) **승리**(반 defeat 패배): have〔win〕a *victory* 승리를 얻다

***vid·e·o** [vídiòu 비디오우 → V이리오우] 명 1 **비디오** 2 (텔레비전의) 화면, 영상(반 audio 음성)
—— 형 1 비디오의 2 영상의

video game [vídiou gèim] 명 비디오 게임

vid·e·o·tape [vídioutèip 비디오우테입 → V이디오우테입] 명 비디오테이프

Vi·en·na [viénə 비에나] 명 빈, 비엔나 《오스트리아(Austria)의 수도》

Vi·et·nam, Vi·et Nam [vietná:m 비엣나-암] 명 베트남 《인도차이나 동부의 공화국; 수도는 하노이(Hanoi)》

***view** [vjúː 뷰-] 명 (복수 **views** [-z]) 1 봄, 바라봄; 시야: The parade came into *view*. 행렬이 보이기 시작했다 / The ballon soon went out of *view*. 풍선은 이내 보이지 않게 되었다
2 **경치**, 풍경, 전망: The *view* from the mountain top was beautiful. 산꼭대기에서 바라본 경치는 아름다웠다
3 **관점**, 의견, 견해(opinion): a *view* of life 인생관
in view (1) 보여: Not a person was *in view*. 사람 하나 보이지 않았다
(2) 고려 중(인): We have a plan *in view*. 우리는 고려 중인 계획이 하나 있다
in view of (1) …이 보이는 곳에: We came *in view of* the sea. 우리는 바다가 보이는 곳에 왔다
(2) …을 생각하여: He will not go *in view of* these facts. 이 사실들을 생각하면 그는 가지 않을 것이다
—— 동 (3단현 **views** [-z]; 과거·과거분사 **viewed** [-d]; 현재분사 **viewing**) 타
1 **…을 보다**, 바라보다: *view* the landscape 풍경을 바라보다
2 …을 조사하다: *view* the damage of the storm 폭풍의 피해를 조사하다

view·point [vjúːpɔ̀int V유-포인트] 명 견지, 견해, 관점

vig·or, 《영》 **vig·our** [vígər V이거r] 명 정력, 원기, 활기

vig·or·ous [vígərəs V이거뤄쓰] 형 원기 왕성한, 활기 있는

Vi·king [váikiŋ V아이킹] 명 바이킹 《8-10세기에 유럽의 서해안을 약탈한 북유럽의 해적》

Viking

vil·la [vílə V일라] 명 별장

vil·lage [vílidʒ V일리쥐] 명 (복수 **villages** [-iz]) 마을, 촌락 (town보다는 작음): a farm *village* 농촌
2 [the를 붙여; 집합적으로] 마을 사람들: All *the village* gathered there. 마을 사람들이 모두 거기에 모여 있었다
【라틴어「시골 저택(villa)」에서】

vil·lag·er [vílidʒər V일리쥐r] 명 마을 사람, 시골 사람

vil·lain [vílən V일런] 명 악한

vine [váin V아인] 명 (복수 **vines** [-z]) **1** (식물의) 줄기, 덩굴; 덩굴식물 (담쟁이·오이 등) **2** 포도나무(grapevine)
【포도주(wine)와 관련】

vin·e·gar [vínigər V이니거r] 명 식초
【「새콤한 포도주(wine)」에서】

vine·yard [vínjərd V인여r드] 명 포도밭

vin·tage [víntidʒ V인티쥐] 명 **1** 포도 수확(기) **2** (어느 해의) 우량 포도주
—— 형 (포도주가) 질이 좋은, 고급의

vi·nyl [váinl V아이느을] 명 비닐

vi·o·la [vióulə V이오울라] 명 비올라 (violin과 비슷하나 조금 큰 악기)

violin
viola

vi·o·late [váiəlèit V아이얼레잇] 동 (3단현 **violates** [-ts]; 과거·과거분사 **violated** [-id]; 현재분사 **violating**) 타 **1** (법률·약속·계약 등을) 위반하다, 어기다: *violate* the speed limit 속도 제한을 위반하다
2 (신성한 것을) 더럽히다

vi·o·la·tion [vàiəléiʃən V아이얼레이션] 명 (규칙 등의) 위반, 침해

vi·o·lence [váiəns V아이런쓰] 명 **1** (자연 현상 등의) 격렬함, 사나움
2 폭력, 폭행: use *violence* 폭력을 쓰다

vi·o·lent [váiələnt V아이얼런트] 형 **1** (자연 현상 등이) 세찬, 격렬한: a *violent* storm 세찬 폭풍우
2 난폭한, 폭력적인

vi·o·lent·ly [váiələntli V아이얼런틀리]
→ V아이얼런'을리 부 세차게, 격렬히

vi·o·let [váiəlit V아이얼릿] 명 **1** 【식물】 제비꽃 **2** 보라색
—— 형 보라색의

vi·o·lin [vàiəlín V아이얼린] 명 (복수 **violins** [-z]) 바이올린: I have a *violin* lesson. 나는 바이올린 레슨을 받는다 / She plays the *violin* very well. 그녀는 바이올린을 아주 잘 켠다

violin

【이탈리아어「작은 비올라(little viola)」에서】

vi·o·lin·ist [vàiəlínist V아이얼리니스트] 명 바이올린 연주자

VIP, V.I.P. [ví:àipí: V이-아이피-] 《약어》 *v*ery *i*mportant *p*erson 중요 인물, 귀빈

vir·gin [vɜ́:rdʒin V어-r쥔] 명 **1** 처녀, 미혼 여성 **2** (the Virgin으로) 성모 마리아
—— 형 **1** 처녀의; 순결한
2 최초의, 새로운: a *virgin* voyage 처녀 항해 / a *virgin* forest 처녀림, 원시림

Vir·gin·ia [vərdʒíniə V어r쥐니아] 명 버지니아 《미국 동부의 주(州); 약어는 Va.》
【결혼하지 않은 여왕(the Virgin Queen)으로 알려진 영국의 엘리자베스 1세를 찬양하여】

vir·tu·al [və́:rtʃuəl 버-r츄어얼] 형 실제에 가까운, 가상의

*****vir·tue** [və́:rtʃu: 버-r츄-] 명 **1 덕, 미덕**(반 vice 악덕): a man of *virtue* 덕망 있는 사람
2 장점, 좋은 점

vir·tuo·us [və́:rtʃuəs 버-r츄어쓰] 형 덕이 높은, 고결한

vi·rus [váirəs 바이뤄쓰] 명 (복수 **viruses** [-iz]) 바이러스, 병원체

vi·sa [ví:zə 비-z아] 명 (여권의) 사증, 비자

참고 사증, 비자
비자는 개인이 타국으로 가려고 할 때 그 나라 대사관 등에서 여권(passport)의 검사를 받고 서명을 받는 일로, 이 제도는 제1차 세계대전 중에 주로 스파이를 방지하기 위한 군사상의 이유에서 생긴 것인데, 오늘날에도 국내의 보안, 노동 문제나 이민 제한 등의 이유로 계속 실시되고 있다.

vis·count [váikàunt 바이카운트] [발음 주의] 명 자작(子爵)

vise, 《영》 **vice** [váis 바이쓰] 명 바이스 (나무·금속 조각 등을 단단히 고정시키는 도구)

vise

*****vis·i·ble** [vízəbl 비z어브을] 형 **1 눈에 보이는**(반 invisible 보이지 않는): The different is hardly *visible*. 그 차이는 거의 눈에 보이지 않는다
2 명백한

*****vi·sion** [víʒən 비줜] 명 (복수 **visions** [-z]) **1 시력**(sight), 시각: Her *vision* is poor. 그녀의 시력은 나쁘다
2 비전, 선견지명, 통찰력; 상상력: He is a man of *vision*. 그는 통찰력이 있는 사람이다
3 환상, 환영

*****vis·it** [vízit 비z잇] 동 (3단현 **visits** [-ts]; 과거·과거분사 **visited** [-id]; 현재분사 **visiting**) 타 **1 …을 방문하다**, 찾아가다; (환자를) 문병하다: *visit* a friend 친구를 방문하다/ He *visited* me *at* the hospital. 그는 입원 중인 나를 문병하러 왔다
2 (장소를) **구경가다**, 시찰하러 가다: Have you ever *visited* New York? 뉴욕에 가 본 적이 있습니까?/ She *visited* the museum yesterday. 그녀는 어제 박물관에 갔다
3 (의사가) 왕진하다: The doctor *visits* his patients every Tuesday. 그 의사는 매주 화요일에 환자를 왕진한다
4 (병·재해 등이) 찾아오다, 닥치다: Famine often *visits* the district. 기근이 종종 그 지방을 덮친다
— 자 …에 머무르다 《at, in》: He is *visiting at* a hotel. 그는 호텔에 묵고 있다
— 명 (복수 **visits** [-ts]) **1 방문**; 문병: Is this your first *visit* to Korea? 한국은 이번이 첫 방문입니까?
2 구경, 시찰, 견학: a *visit* to the Seoul Tower 서울타워 구경
3 (의사의) 왕진
4 (손님으로서) 체류: He is now on a *visit* to India. 그는 인도에 체류 중이다
pay a visit to …을 방문하다: He *paid a visit to* his teacher yesterday. 그는 어제 선생님 댁을 방문했다

vis·it·ing [vízitiŋ 비z이팅 → 비z이링] 형 방문의, 원정의: *visiting* hours (입원 환자의) 면회 시간/ a *visiting* team 원정팀

*****vis·i·tor** [vízitər 비z이터r → 비z이러r] 명 (복수 **visitors** [-z]) **1 방문객, 손님**: We had three *visitors* yesterday. 우리는 어제 3명의 손님이 있었다
2 관광객
3 숙박객, 체류자: The hotel has many *visitors* in summer. 그 호텔은 여름에

숙박객이 많다

vis·u·al [víʒuəl 브이쥬어얼] 혱 **1** 시각의, 시각에 의한: the *visual* organ 시각 기관/ a *visual* teat 시력 검사
2 눈에 보이는(visible)

*****vi·tal** [váitl 브아이트얼→브아이르얼] 혱 **1 생명의**; 생명에 관한, 치명적인: *vital* power 생명력/ a *vital* wound 치명상
2 생생한, 활발한
3 매우 중요한: This problem is of *vital* importance. 이 문제는 매우 중요하다

vi·tal·i·ty [vaitǽləti 브아이탤러티→브아이탤러리] 몡 **1** 활기, 원기 **2** 생명력, 활력

*****vit·a·min** [váitəmin 브아이터민→브아이러민] 몡 **비타민**
【라틴어 vita (= vital)에서】

vi·va [víːvə 브이-브아] 캄 만세!
【이탈리아어에서】

viv·id [vívid 브이브이드] 혱 (비교급 **vivider**; 최상급 **vividest**) **1** (색·빛 등이) 밝은, 빛나는, 선명한: *vivid* green 선명한 녹색
2 (사람·성격 등이) 발랄한, 생기 있는
3 (기억·묘사 등이) 생생한

viv·id·ly [vívidli 브이브이들리] 閂 **1** 선명하게 **2** 생생하게

*****vo·cab·u·lar·y** [vəkǽbjuléri 브어캐뷸레뤼] 몡 (복수 **vocabularies** [-z]) **1 어휘**, 용어 수 **2** 어구집, 용어집

vo·cal [vóukəl 브오우커얼] 혱 목소리의, 음성의〔에 관한〕; 성악의: the *vocal* organs 발음 기관/ *vocal* music 성악

vo·ca·tion [voukéiʃən 브오우케이션] 몡 직업

vogue [vóug 브오우그] 몡 유행, 인기

∗∗voice [vɔ́is 브오이쓰] 몡 (복수 **voices** [-iz]) **1 목소리**, 음성: He spoke in a low〔loud〕 *voice*. 그는 낮은〔큰〕 목소리로 말했다/ She has a sweet *voice*. 그녀는 목소리가 곱다
2 【문법】 (동사의) **태**(態): the active〔passive〕 *voice* 능〔수〕동태

문법 (동사의) 태

태는 문장의 주어와 동사가 나타내는 동작과의 관계를 나타내는 동사의 형태로, 주어가 동작을 스스로 할 수 있으면 능동태라 하고, 누군가에 의해 동작을 받으면 수동태라고 한다: He *wrote* this letter. 그가 이 편지를 썼다 **(능동태)**/ This letter *was written by* him. 이 편지는 그에 의해서 쓰였다 **(수동태)**

voice·less [vɔ́islis 브오이쓸리쓰] 혱 소리가 없는, 무언의

void [vɔ́id 브오이드] 혱 빈, 텅빈

vol. 《약어》 *vol*ume 책

vol·can·ic [vɑlkǽnik 브아얼캐닉] 혱 **1** 화산의 **2** (감정 등이) 격렬한

vol·ca·no [vɑlkéinou 브아얼케이노우] 몡 (복수 **volcano(e)s** [-z]) 화산: an active〔a dormant, an extinct〕 *volcano* 활〔휴, 사〕화산

volcano

【로마신화 「Vulcan(대장장이의 신)」에서; 화산은 그가 일할 때 피우는 불이 터져 나온 거라고 생각해서】

vol·ley [váli 브알리] 몡 **1** 일제 사격 **2** 【테니스】 발리 《공이 땅에 닿기 전에 되받아 치기》

vol·ley·ball [válibɔ̀:l V알리보-얼] 명 **1 배구 2** 배구공

volleyball 1

volt [vóult V오울트] 명【전기】볼트 (전압의 단위; 약어는 V)【이탈리아의 전지 발명자 볼타(A. Volta)의 이름에서】

vol·ume [váljum V알륨] 명 (복수 **volumes** [-z]) **1** (책의) 권, 책: a novel in four *volumes* 4권의 소설
2 부피, 크기; 용적: the *volume* of a body 물체의 용적
3 음량, 볼륨: Turn down(up) the *volume* of the television. 텔레비전의 소리를 낮추어라(높여라)

vol·un·tar·i·ly [vàləntérəli V알런테릴리] 부 자발적으로

vol·un·tar·y [váləntèri V알런테뤼] 형 **자발적인**, 자원의: a *voluntary* service 자원 봉사

vol·un·teer [vàləntíər V알런티어r] 명 (복수 **volunteers** [-z]) **자원 봉사자**, 지원자

vom·it [vámit V아밋] 타 자 (음식물 등을) 게우다, 토하다

vote [vóut V오웃] 명 (복수 **votes** [-ts]) **1 투표**, 표: The president is elected by the *vote* of the people. 대통령은 국민의 투표에 의해 선출된다
2 [**the**를 붙여] 선거권

—— 동 (3단현 **votes** [-ts]; 과거·과거분사 **voted** [-id]; 현재분사 **voting**) 자 **투표하다**: *vote for*(*against*) the new plan 새로운 계획에 찬성(반대) 투표하다

vot·er [vóutər V오우터r → V오우러r] 명 **투표자**, 유권자

vow [váu V아우] 명 맹세, 서약
—— 타 자 맹세하다

vow·el [váuəl V아우어얼] 명 **1**【음성】모음(반 consonant 자음) **2** 모음자 (a, e, i, o, u)

voy·age [vɔ́idʒ V오이쥐] 명 (복수 **voyages** [-iz]) **항해**, 긴 여행: go on a *voyage* 항해에 나서다

vs. 《약어》 *versus* …대

V sign [ví: sàin] 명 V자 사인 (승리의 표시)

v.t., vt. 《약어》 *transitive verb* 타동사

Vul·can [válkən V얼컨] 【로마신화】불카누스 (불과 대장일의 신)

vul·gar [válgər V얼거r] 형 천한, 상스러운

vul·ture [váltʃər V얼춰r] 명 (복수 **vultures** [-z]) 【조류】대머리수리

vultures

Ww

W, w [dʌ́bljùː 다블류-] 몡 (복수 **W's, w's** [-z]) 더블유 《영어 알파벳의 스물셋째 글자》

【원래 v를 두 개 겹쳐 써서「double u (= v)」라고 부른 데서】

W, W. 《약어》 west 서

wade [wéid 웨이드] 동 (3단현 **wades** [-dz]; 과거·과거분사 **waded** [-id]; 현재분사 **wading**) 자 (개천 등을) 걸어서 건너다: I *waded* across the stream. 나는 내를 걸어서 건넜다

wa·fer [wéifər 웨이F어r] 몡 웨이퍼 《살짝 구운 얇은 과자》

waf·fle [wáfl 와F으얼] 몡 와플 《밀가루·우유·계란 등을 반죽하여 구운 것》

wag [wǽg 왜그] 동 (3단현 **wags** [-z]; 과거·과거분사 **wagged** [-d]; 현재분사 **wagging**) 타 (꼬리·머리 등을) 흔들다: The dog *wagged* its tail *to* me. 개가 나에게 꼬리를 쳤다

***wage** [wéidʒ 웨이쥐] 몡 (복수 **wages** [-iz]) 〔보통 복수형으로〕 **임금**, 급료, 삯: low *wages* 저임금

wag·on, 《영》 **wag·gon** [wǽgən 왜건] 몡 **1** 《영》 짐마차, (4륜) 대형 마차 **2** 《영》【철도】 지붕이 없는 화차(貨車) 《🔍「지붕이 있는 화차」는 van》 **3** (식당 등에서 음식 등을 운반하는) 왜건 《🔍《영》 trolley》 **4** (배달·운반용의) 소형차

wagon 1

wail [wéil 웨일] 자 울부짖다, 통곡하다
── 몡 통곡(하는 소리)

***waist** [wéist 웨이스트] 몡 **1** (인체의) **허리 2** 허리 둘레(의 치수)

waist·coat [wéskət 웨스컷] 〔🔍 발음주의〕 몡 《영》 조끼 《🔍 《미》 vest》

*****wait** [wéit 웨잇] 〔🔍 weight(무게)와 발음이 같음〕 동 (3단현 **waits** [-ts]; 과거·과거분사 **waited** [-id]; 현재분사 **waiting**) 자 **1 기다리다**: Please *wait* a minute. 잠깐만 기다려 주십시오 / Let's *wait* for a while. 잠시 기다리자

─회화─

A: I'm sorry to have kept you *waiting* so long.
오래 기다리게 해서 죄송합니다
B: No, that's all right.
아니에요. 괜찮아요

2 시중들다, 모시다(serve): She will *wait* on table. 그녀가 식사 시중을 들 것이다

── 타 (기회·순서 등을) 기다리다: *Wait* your turn. 순서를 기다리시오
── 몡 기다림; 기다리는 시간: I had a long *wait* for a taxi. 나는 택시를 오랫동안 기다렸다

wait·er [wéitər 웨이터r → 웨이러r] 명 (복수 **waiters** [-z]) (호텔·식당 등의) 남자 종업원, 웨이터(반 waitress 여자 종업원): He called a *waiter*. 그는 웨이터를 불렀다

waiting [wéitiŋ 웨이팅 → 웨이링] 형 기다리는

wait·ing room [wéitiŋ rù:m] 명 대합실

wait·ress [wéitris 웨이츄뤼쓰] 명 (복수 **waitresses** [-iz]) (호텔·식당 등의) 여자 종업원, 웨이트리스(반 waiter 남자 종업원)

wake [wéik 웨익] 동 (3단현 **wakes** [-s]; 과거 **waked** [-t], **woke** [wóuk]; 과거분사 **waked, woken** [wóukən]; 현재분사 **waking**) 자 잠이 깨다, 눈을 뜨다 (「(잠자리에서) 일어나다」는 get up): I *woke* at eight this morning. 나는 오늘 아침 8시에 잠이 깼다

wake   get up

──타 잠을 깨우다: Please *wake* me (up) at seven tomorrow morning. 내일 아침 7시에 깨워 주시오

wak·en [wéikən 웨이컨] 동 (3단현 **wakens** [-z]; 과거·과거분사 **wakened** [-d]; 현재분사 **wakening**) 타 …을 깨우다, 눈뜨게 하다(wake): A loud noise *wakened* him. 시끄러운 소리에 그는 잠이 깼다

Wales [wéilz 웨열z으] 명 웨일스 《영국의 남서부 지방》

the prince of Wales 영국의 황태자 (잉글랜드의 에드워드 I세가 웨일스를 정복했을 때 장남이 태어나자 이와 같이 부른 데서)

walk [wɔ́:k 워-크] [1은 묶음] 동 (3단현 **walks** [-s]; 과거·과거분사 **walked** [-t]; 현재분사 **walking**) 자 걷다, 걸어가다: She usually *walks* to school. 그녀는 대개 걸어서 학교에 간다/ Don't *walk* too fast. 너무 빨리 걷지 마라

2 거닐다, 산책하다: We often *walk* in the park after lunch. 우리들은 점심 식사 후 종종 공원을 산책한다

──타 **1** (길 등을) 걷다, 걸어가다: We *walked* the beach. 우리는 해변을 걸었다

2 《구어》 …을 데리고 가다: I'll *walk* you *to* the station. 역까지 바래다 드리지요

walk up to …에 다가가다: He *walked up to* her. 그는 그녀에게 다가갔다

──명 (복수 **walks** [-s]) **1** 산책; 걷기, 걸음걸이: Let's go for a *walk*. 산책하러 가자/ I often take (have) a *walk* in the park. 나는 종종 공원을 산책한다

2 보행 거리〔시간〕: The school is five minutes' *walk* from here. 학교는 여기서 걸어서 5분 거리다

3 길, 보도, 산책길

walk·er [wɔ́:kər 워-커r] 명 보행자, 산책하는 사람; 보행기

walk·ie-talk·ie [wɔ́:ki-tɔ́:ki 워-키토-키] 명 휴대용 무선 전화기

walk·ing [wɔ́:kiŋ 워-킹] 명 걷기, 산책, 보행

──형 걷는; 살아있는: *walking* dictionary 살아있는 사전, 박식한 사람

walking stick [wɔ́:kiŋ stìk] 명 지팡이

wall [wɔ́:l 워-얼] 명 (복수 **walls** [-z]) **벽, 담**; 〔보통 복수형으로〕 성벽: a stone *wall* 돌담 / They are painting the *walls* of the room blue. 그들은 벽을 파란색으로 칠하고 있다

wal·let [wɑ́lit 왈릿] 명 (접게 된) **지갑**

wall·pa·per [wɔ́:lpèipər 워-얼페이퍼*r*] 명 벽지

Wall Street [wɔ́:l strì:t] 명 월가(街) 《뉴욕시의 증권 거래소가 있는 미국 금융계의 중심지》

wallet

【1653년 네덜란드 이민들이 인디언을 막기 위해 이곳에 장벽을 쌓은 데서】

wal·nut [wɔ́:lnʌ̀t 워-얼낫] 명 【식물】 호두(나무·목재)

wal·rus [wɔ́:lrəs 워-얼뤄쓰] 명 (복수 **walruses** [-iz], 〔집합적으로〕 **walrus**) 【동물】 바다코끼리

walrus

waltz [wɔ́:lts 워-얼츠] 명 왈츠; 왈츠곡

wan·der [wɑ́ndər 완더*r*] 동 (3단현 **wanders** [-z]; 과거·과거분사 **wandered** [-d]; 현재분사 **wandering** [-dəriŋ]) 자 **1** (정처 없이) **돌아다니다**, 헤매다: He was *wandering about* the street. 그는 거리를 정처 없이 헤매고 있었다
2 길을 잃다, 옆길로 벗어나다
3 (이야기 등이) 본론에서 벗어나다

wan·der·er [wɑ́ndərər 완더뤄*r*] 명 돌아다니는 사람, 방랑자

want [wɔ́:nt 워-언트] 동 (3단현 **wants** [-ts]; 과거·과거분사 **wanted** [-id]; 현재분사 **wanting**) 타 **1 …을 원하다**, 바라다: What do you *want* now? 당신은 지금 무엇을 원하고 있습니까? / He *wants* a new desk. 그는 새 책상을 갖고 싶어한다
2 …하고 싶다 《**to** *do*》: I *want to* see you. 당신을 만나고 싶다 / She *wants to* be a singer. 그녀는 가수가 되고 싶어한다
3 〔want + 사람 + to …의 형태로〕 …에게 …해주기를 원하다: I *want* you *to* do it. 네가 그것을 해주었으면 좋겠다 / She didn't *want* me *to* come here. 그녀는 내가 이곳에 오기를 바라지 않았다
4 《영》 …을 필요로 하다(need): My shoes *want* mending. 내 구두는 수리해야 한다
5 …을 찾다: Mother *wants* you. 어머니가 너를 찾고 있다 / You *are wanted* on the phone. 너에게 전화가 왔다
6 부족하다, 모자라다: His manner *wants* politeness. 그는 예의가 없다
—— 자 …이 모자라다: *want for* money 돈이 부족(필요)하다
—— 명 (복수 **wants** [-ts]) **1 결핍**, 부족: *want* of imagination 상상력의 결여
2 필요, 소용: Are you in *want* of money? 돈이 필요합니까?
3 가난, 빈곤(poverty): He is living in *want*. 그는 가난하게 살고 있다

be in want of ... …을 필요로 하다: The house *is in want of* repair. 그 집은 수리해야 한다

for〔*from*〕*want of ...* ···의 부족 때문에: The plant died *for want of* water. 그 식물은 물 부족으로 말라죽었다

want·ed [wɔ́:ntid 워-언티드] 통 want (원하다)의 과거·과거분사형
—— 형 1 ···을 구함, ···모집: *Wanted* a cook. (= Cook *wanted*.) 요리사 구함
2 지명 수배의: the *wanted* list 지명 수배자 명단

want·ing [wɔ́:ntiŋ 워-언팅] 형 ···이 모자라는, 부족한: He is *wanting* in courtesy. 그는 예의가 부족하다

※**war** [wɔ́:r 워-r] 명 (복수 wars [-z]) 1 전쟁, 전투(반 peace 평화): a nuclear *war* 핵전쟁 / His son was killed in the *war*. 그의 아들은 전사했다
2 〔비유적으로〕 전쟁, 싸움: a trade *war* 무역 전쟁 / a *war* against cancer 암과의 전쟁

at war (with) (···와) 교전 중인: The U.S. was *at war with* Spain. 미국은 스페인과 전쟁 중이었다

***declare war against*〔*on*〕 ...** (다른 나라에 대하여) 선전 포고하다

go to war (1) 전쟁을 하다 (2) 전쟁에 나가다

ward [wɔ́:rd 워-드] 명 1 (도시의) 구(區)
2 병동, 병실; 감방: a cancer *ward* 암 병동
3 《문어》 감시, 보호; 피보호자

-ward 《접미사》 「방향」을 나타냄: *eastward* 동쪽에

ward·robe [wɔ́:rdròub 워-r쥬로우ㅂ] 명 1 옷장, 의상실 2 (개인·극단 등이 소유하고 있는) 의상

ware [wɛ́ər 웨어r] 명 (복수 wares [-z])
1 〔보통 복합어를 이루어〕 ···용품 ···제품: glass*ware* 유리 제품
2 〔복수형으로〕 상품(goods)

ware·house [wɛ́ərhàus 웨어r하우ㅅ] 명 (복수 warehouses [-hàuziz]) 창고

war·fare [wɔ́:rfɛ̀ər 워-rF에어r] 명 전쟁(상태), 전투

war·like [wɔ́:rlàik 워-r얼라익] 형 1 전쟁의 2 호전적인

※**warm** [wɔ́:rm 워-r엄] 형 (비교급 warmer; 최상급 warmest)
1 따뜻한(반 cool 서늘한): It is rather *warm* today. 오늘은 날씨가 꽤 따뜻하다 / The pie is still *warm*. 파이는 아직 따뜻하다
2 마음씨가 따뜻한, 인정이 있는(반 cold 쌀쌀한): I received a *warm* welcome. 나는 따뜻한 환영을 받았다 / She has a *warm* heart. 그녀는 인정이 있다
—— 동 (3단현 warms [-z]; 과거·과거분사 warmed [-d]; 현재분사 warming) 타 1 ···을 따뜻하게 하다, 데우다: *warm* a room 방을 따뜻하게 하다
2 ···을 기운 나게 하다
—— 자 따뜻해지다

warm up (1) 데우다, 따뜻하게 하다: Could you *warm up* this milk? 이 우유를 데워 주시겠습니까?
(2) (시합 전에 가벼운) 준비 운동을 하다: We *warmed up* before the game. 우리는 시합 전에 준비 운동을 했다

warm-heart·ed [wɔ́:rm-hɑ́:rtid 워-r엄하-r티드 → 워-r엄하-r리드] 형 인정이 있는, 친절한

warm·ly [wɔ́:rmli 워-r엄리] 부 1 따뜻하게 2 마음으로부터 3 열심히

warmth [wɔ́:rmθ 워-r엄θ] 명 1 따뜻함, 온기 2 온정, 동정

※**warn** [wɔ́:rn 워-r언] 동 (3단현 warns [-z]; 과거·과거분사 warned [-d]; 현재분사 warning) 타 ···을 경고하다, 주의를 주다: I *warned* him *of* the danger. 나는 그에게 위험하다고 경고했다 / He *warned* me not to be late. 그는 나에게 늦지 말라고 주의를 주었다

※**warn·ing** [wɔ́:rniŋ 워-r닝] 명 (복수 warnings [-z]) 1 경고, 주의: Listen to his *warnings*. 그의 경고를 귀담아 들어라
2 (해고 등의) 예고, 통고(notice)

war·rant [wɔ́ːrənt 워-뤈트] 명 **1** 정당한 이유, 근거, 권한: You have no *warrant* for doing so. 너는 그렇게 할 권리가 없다 **2** 〖법〗 영장: a *warrant* of arrest 체포영장
── 타 **1** …을 정당화하다(justify) **2** …을 보증하다

war·ri·or [wɔ́ːriər 워-뤼어r] 명 《문어》 용사, 전사, 무사

War·saw [wɔ́ːrsɔː 워-r싸-] 명 바르샤바(폴란드(Poland)의 수도)

war·ship [wɔ́ːrʃip 워-r쉽] 명 군함

war·time [wɔ́ːrtàim 워-r타임] 명 전시(戰時)

***was** [wáz 워z으] 자 《be동사 am, is의 과거형》 …이었다, …에 있었다: He *was* very busy yesterday. 그는 어제 몹시 바빴다 / She *was* in Japan last year. 그녀는 작년에 일본에 있었다
── 조 **1** 〔was + 현재분사로 과거 진행형을 만들어〕 …하고 있었다: She *was playing* the piano at that time. 그녀는 그때 피아노를 치고 있었다
2 〔was + 과거분사로 과거 수동태를 만들어〕 …된: He *was elected* chairman. 그는 의장에 선출되었다

***wash** [wáʃ 와-쉬] 동 (3단현 **wash·es** [-iz]; 과거·과거분사 **washed** [-t]; 현재분사 **washing**) 타 **1** …을 씻다, 빨다, 세탁하다: *Wash* your hands before meal. 식사 전에 손을 씻어라 / Where can I *wash* my hands? 손 씻는 곳이 어디입니까? (✍ 남의 집에서 화장실을 물을 때 하는 말)

2 씻어내리다, 휩쓸어 가다: The bridge was *washed away* by the flood. 다리가 홍수로 떠내려갔다
── 자 손〔얼굴〕을 씻다; 빨래하다: She *washes* clean before a meal. 그녀는 식사 전에 손을 깨끗이 씻는다 / He *washes* twice a week. 그는 일주일에 두 번 빨래한다

〖참고〗 wash는 주로 손, 얼굴, 차, 옷 같은 것을 「닦거나 빤다」는 뜻이므로 「몸을 씻다, 목욕하다」는 wash my body라 하지 않고 take a bath 또는 take a shower라 한다.

── 명 (복수 **washes** [-iz]) **1** 씻기, 세탁, 세척: He gave the car a *wash*. 그는 세차했다
2 〔집합적으로〕 세탁물

wash·ba·sin [wáʃbèisn 와-쉬베이슨] 명 《영》 = washbowl

wash·bowl [wáʃbòul 와-쉬보우을] 명 《미》 (벽 등에 고정한) 세면기 (✍ 《영》 washbasin)

wash·er [wáʃər 와-셔r] 명 **1** 세탁기 **2** 빨래하는 사람

wash·ing [wáʃiŋ 와-슁] 명 **1** 씻음, 세탁 **2** 〔집합적으로〕 세탁물

washing machine [wáʃiŋ məʃìːn] 명 세탁기

Wash·ing·ton [wáʃiŋtən 와-슁턴] 명 **1** 워싱턴 《미국의 수도; 워싱턴주(州)와 구별하기 위해 Washington, D.C. (= District of Columbia 콜롬비아 특별구)라고 함》 **2** 워싱턴 《미국 북서부 태평양 연안의 주; 약어는 Wash., WA》 **3** George ~ 워싱턴 《1732-99; 미국의 초대 대통령》

wash·room [wáʃrùːm 와-쉬루-음] 명
《미》 세면실, 화장실

was·n't [wáznt 와Z은ㅌ] 동 was not의 단축형

wasp [wásp 와스ㅍ] 명 《곤충》 말벌

waste [wéist 웨이스트] 동 (3단현 **wastes** [-ts]; 과거·과거분사 **wasted** [-id]; 현재분사 **wasting**) 타 **1** (돈·시간 등을) 낭비하다: Don't *waste* your time and money. 시간과 돈을 낭비하지 마라
2 황폐시키다, 쇠약하게 하다
—— 자 낭비하다
—— 명 (복수 **wastes** [-ts]) **1** 낭비: It is a *waste* of time. 그것은 시간 낭비다
2 폐물, 폐기물, 쓰레기: industrial *waste* 산업 폐기물
3 황무지, 황야
—— 형 **1** 황폐한, 메마른, 불모의: *waste* land 황무지
2 폐물의, 쓸데없는: *waste* material 쓸모없는 물건

waste·bas·ket [wéistbæ̀skit 웨이스트배스킷] 명 《미》 휴지통 (= 《영》 wastepaper basket)

waste·pa·per [wéistpèipər 웨이스트페이퍼r] 명 휴지, 종이 쓰레기

wastepaper basket [wéistpèipər bæ̀skit] 명 《영》 = wastebasket

watch [wátʃ 와취] 동 (3단현 **watches** [-iz]; 과거·과거분사 **watched** [-t]; 현재분사 **watching**) 타 **1** …을 지켜보다: I *watched* the boys swimming. 나는 소년들이 헤엄치는 것을 보았다 / I *watch* television every day. 나는 매일 텔레비전을 본다

2 망보다, 감시하다, 지키다: *watch* the prisoner 죄수를 감시하다 / *Watch* this bag while I am away. 내가 없는 동안 이 가방을 봐주시오
—— 자 **1** 지켜보다: *Watch* for a signal. 신호를 지켜보아라
2 (기회 등을) 기다리다: I *watched* for the last chance. 나는 마지막 기회를 기다렸다
3 자지 않고 간호하다: She *watched* with the patient. 그녀는 환자를 밤새껏 간호했다

Watch out! 조심해!
Watch your step*(*head*)*! 발〔머리〕 조심!

—— 명 (복수 **watches** [-iz]) **1** 경계, 망보기, 감시; 경비원
2 손목 시계: My *watch* keeps good time. 내 시계는 시간이 잘 맞는다

be on the watch for …을 잘 감시하고 있다
be on*(*off*) *watch 당직〔비번(非番)〕이다
keep watch on …을 지키다, 감시하다: *Keep watch on* him. 그를 지켜보아라

watch·dog [wátʃdɔ̀ːg 와취다-ㄱ] 명 집 지키는 개

watch·ful [wátʃfəl 와취F어얼] 형 주의 깊은, 방심하지 않는

watch·man [wátʃmən 와취먼] 명 (복수 **watchmen** [-mən]) (건물 등의) 경비원

wa·ter [wɔ́ːtər 워-터r → 워-러r] 명 (복수 **waters** [-z]) **1** 물: cold〔hot〕 *water* 냉〔온〕수 / Please give me a glass of *water*. 물 한 잔 주십시오

〖쓰임새〗 water는 셀 수 없는 명사이므로 담는 그릇인 glass (유리잔) 등을 단위로 해서 양을 나타낸다. 「물 두 잔」은 two glasses of water라고 한다.

2 〔the를 붙여〕 (강·바다 등의) 물: jump into *the water* 물 속으로 뛰어들다

3 〔종종 복수형으로〕 바다, 호수, 강: Sam crossed the *waters* by boat. 샘은 보트로 강을 건넜다

──⑤ (3단현 **waters** [-z]; 과거·과거분사 **watered** [-d]; 현재분사 **watering** [-təriŋ]) 탄 **1** …에 물을 주다〔뿌리다〕: She *waters* the flowers every morning. 그녀는 매일 아침 꽃에 물을 준다

2 물을 타다, 물을 타서 묽게 하다

──困 **1** 눈물〔침〕이 나다: His eyes *watered* in the smoke. 연기 때문에 그의 눈에서 눈물이 나왔다

2 물을 마시다

water bird [wɔ́:tər bə̀:rd] 명 물새

water closet [wɔ́:tər klɑ̀zit] 명 (수세식) 변소 (🔍 약어는 W.C.)

wa·ter·col·or [wɔ́:tərkʌ̀lər 워-터r칼-러r → 워-러r칼-러r] 명 **1** 그림 물감 **2** 수채화

wa·ter·fall [wɔ́:tərfɔ̀:l 워-터rF오-얼 → 워-러rF오-얼] 명 (복수 **waterfalls** [-z]) 폭포

waterfall

watering can [wɔ́:təriŋ kǽn] 명 물뿌리개

water lily [wɔ́:tər líli] 명 【식물】 수련

wa·ter·mel·on [wɔ́:tərmèlən 워-터r멜런 → 워-러r멜런] 명 수박

seed
watermelon

water mill [wɔ́:tər mìl] 명 물방앗간

water plane [wɔ́:tər plèin] 명 수상 비행기

water polo [wɔ́:tər pòulou] 명 수구(水球)

wa·ter·pow·er [wɔ́:tərpàuər 워-터r파우어r → 워-러r파우어r] 명 수력: a *waterpower* plant 수력 발전소

wa·ter·proof [wɔ́tərprù:f 워-터r프루-f으 → 워-러r프루-f으] 형 방수의: a *waterproof* tent 방수 텐트

──명 방수복, 레인코트

water ski [wɔ́:tər skì:] 명 수상 스키(판)

wa·ter·ski [wɔ́:tərskì: 워-터r스키- → 워-러r스키-] 困 수상 스키를 타다

wa·ter·ski·ing [wɔ́:tərskì:iŋ 워-터r스키-잉 → 워-러r스키-잉] 명 수상 스키

water-skiing

wa·ter·tight [wɔ́tərtàit 워-터r타잇 → 워-러r타잇] 형 방수의, 물이 스미지 않는

wa·ter·way [wɔ́:tərwèi 워-터r웨이 → 워-러r웨이] 명 수로(水路)

wa·ter·y [wɔ́ːtəri 워-터뤼 → 워-러뤼] 형 **1** 물의, 물 같은 **2** 물기가 많은

watt [wát 왇] 명 【전기】 와트 (🔍 전력의 단위; 약어는 W, w) 【증기 기관을 발명한 스코틀랜드의 제임스 와트(James Watt)에서】

***wave** [wéiv 웨이v으] 명 (복수 **waves** [-z]) **1** 파도, 물결: The *waves* are high today. 오늘은 파도가 높다
2 (파도처럼) 너울거림, 굽이침; (머리카락 등의) 웨이브
3 (빛·소리 등의) 파(波), 파동: a sound *wave* 음파 / an electric *wave* 전파
4 (손 등을) 흔들기, 흔드는 신호
── 동 (3단현 **waves** [-z]; 과거·과거분사 **waved** [-d]; 현재분사 **waving**) 타
1 …을 흔들다: She *waved* her handkerchief to us. 그녀는 우리들을 향해 손수건을 흔들었다
2 (손·깃발을 흔들어) 신호〔인사〕하다: She *waved* goodbye. 그녀는 손을 흔들어 작별의 인사를 했다

3 …을 물결 모양으로 하다: She had her hair *waved*. 그녀는 머리를 웨이브했다
── 자 파도치다, 물결치다: The lake is *waving* in the wind. 호수가 바람에 파도치고 있다

wa·ver [wéivər 웨이v어r] 자 **1** 흔들리다
2 (사람·마음 등이) 동요하다, 망설이다

wav·y [wéivi 웨이v이] 형 (비교급 **wavier**, 최상급 **waviest**) **1** 너울거리는, 물결 모양의 **2** 흔들리는

***wax** [wǽks 왝쓰] 명 밀랍; (가구 등의) 윤내는 약, 왁스

wax·work [wǽkswə̀ːrk 왝쓰워-r크] 명 (실물 크기의) 밀랍 인형

*****way** [wéi 웨이] 〔🔍 weigh(무게를 달다)와 발음이 같음〕 명 (복수 **ways** [-z]) **1** 길, 도로; 진로, 가는 길: He lost his *way* in the woods. 그는 숲에서 길을 잃었다 / Will you tell me the *way* to the station? 역으로 가는 길을 가르쳐 주시겠습니까?
2 거리: We walked a long *way*. 우리는 먼 길을 걸었다
3 방법, 방식(method): in this *way* 이런 식으로 / This is the best *way* to solve the problem. 이것이 문제를 해결하는 최선의 방법이다 / I did it in my own *way*. 나는 그것을 내 방식대로 했다
4 (개인적인) 습관; (세상의) 관례, 풍습: I have learned their *ways*. 나는 그들의 풍습을 배웠다
5 방향(direction), 쪽: Come this *way*, please. (= This *way*, please.) 이쪽으로 오십시오
6 (…한) 점, 사항: in every *way* 모든 점에서

all the way (1) 줄곧, 내내: I was *all the way* with her. 나는 줄곧 그녀와 함께 있었다
(2) 멀리(서): She came *all the way* from New York. 그녀는 멀리 뉴욕에서 왔다

by the way (1) 〔화제를 바꿀 때〕 그런데, 그건 그렇고: *By the way*, where are you going? 그런데, 어디 갑니까?
(2) 도중에

by way of (1) …을 경유하여(via): They went to Canada *by way of* Chicago. 그들은 시카고를 경유하여 캐나다에 갔다
(2) …을 목적으로, …으로서: He said so *by way of* joke. 그는 농담으로 그렇게 말했다

come*〔*fall*〕 *one's way (일이) …에게 일어나다

find one's way 애써서 나아가다; 결국 …에 도착하다: He *found his way* to the

village at last. 그는 마침내 그 마을에 도착했다

give way (1) …에 지다, 양보하다 (**to**): I won't *give way to* him in the race. 나는 경주에서 그에게 지고 싶지 않다
(2) 부러지다(break), 꺾이다

go〔***have***〕***one's (own) way*** 자기 생각대로 하다: He always wants to *have his own way.* 그는 항상 제멋대로 하고 싶어한다

in a way (1) 어떤 의미에서는: *In a way* he is right. 어떤 의미에서는 그가 옳다
(2) 다소, 얼마간

in the〔***one's***〕***way*** 방해〔장애〕가 되어: Don't stand *in my way.* 방해가 되니 비켜 주시오

make *one's* ***way*** (1) 나아가다: We *made our way* through the crowd. 우리는 군중을 헤치고 나아갔다
(2) 성공하다, 출세하다

make way for ... …을 위하여 길을 비켜 주다: Please *make way for* him. 그를 위하여 길을 비켜 주십시오

No way! 천만의 말씀!, 절대로 안 돼!

[회화]

A: Will you take me with you?
나도 데려가 주시겠어요?
B: *No way!*
천만의 말씀!

One way.《게시》일방 통행

on the〔***one's***〕***way*** 도중에: I met him *on my way* to school. 나는 학교에 가는 길에 그를 만났다

out of the way (1) 방해가 되지 않는 곳에: Get *out of the way.* 비켜라!
(2) 길에서 떨어져, 인적이 드문 곳에: His house was *out of the way.* 그의 집은 외딴 곳에 있었다

under way 진행 중인: The construction work is *under way.* 건설 공사는 진행 중이다

way in [wéi ín] 〖명〗《영》입구
way out [wéi áut] 〖명〗《영》출구
way·side [wéisàid 웨이싸이드] 〖명〗길가, 노변
──〖형〗길가의

W.C. [dʌ́bljuːsíː 다블류-씨-]《약어》*w*ater *c*loset 수세식 변소

***we** [wíː 위-] 〖대〗《I의 복수형》 **1 우리는, 우리가**: *We* live in Seoul. 우리는 서울에 살고 있다
2 〔일반인을 나타내어〕 우리들: *We* should do our best in everything. 우리는 모든 일에 최선을 다하지 않으면 안 된다

***weak** [wíːk 위-크] 〔◉ week(주)와 발음이 같음〕 〖형〗(비교급 **weaker**; 최상급 **weakest**) **1 약한**, 허약한(반 strong 강한): a *weak* child 약한 아이 / What is his *weak* point? 그의 약점은 무엇입니까?
2 서투른, 잘 못하는: I am *weak* in mathematics. 나는 수학을 잘 못한다
3 (차(茶) 등이) 묽은, 연한, 싱거운(반 strong 진한): Don't make my coffee too *weak.* 내 커피는 너무 연하게 타지 마라

weak·en [wíːkən 위-컨] 〖타〗〖자〗 **1** …을 약하게 하다; 약해지다 **2** (술·차 등을) 묽게 하다

weak·ly [wíːkli 위-클리] 〖형〗(비교급 **weaklier**; 최상급 **weakliest**) 몸이 약한, 허약한
──〖부〗약하게, 허약하게

weak·ness [wíːknis 위-크니쓰] 〖명〗 **1** 허약, 약함: *weakness* of character 성격의 나약함
2 결점, 약점

wealth [wélθ 웨얼θ으] 명 **1 부**(富); 재산: a man of *wealth* 재산가, 부자 **2** [a wealth of의 형태로] 풍부한, 다량의: *a wealth of* information 풍부한 정보

wealth·y [wélθi 웨얼θ이] 형 (비교급 **wealthier**; 최상급 **wealthiest**) **1 부유한**, 부자인 (💡 rich보다 딱딱한 말) **2** 풍부한, 많은

weap·on [wépən 웨펀] 명 (복수 **weapons** [-z]) **무기**, 병기: a nuclear *weapon* 핵무기/ carry a *weapon* 무기를 휴대하다

wear [wέər 웨어r] 동 (3단현 **wears** [-z]; 과거 **wore** [wɔ́ːr]; 과거분사 **worn** [wɔ́ːrn]; 현재분사 **wearing** [wέəriŋ]) 타 **1 …을 입고 있다**, 몸에 걸치고 있다 (💡 모자·양말·안경 등 몸에 걸치는 것은 전부 wear를 쓴다): *wear* a hat 모자를 쓰고 있다/ *wear* a watch 시계를 차고 있다/ He was *wearing* a dark suit. 그는 검은 옷을 입고 있었다

> 비교 **wear**와 **put on**
> **wear**는 「…을 입고 있다」는 상태를, **put on**은 「…을 몸에 걸치다」는 동작을 나타낸다.

wear

put on

2 (태도·표정을) 하고 있다: He *wore* a smile. 그는 미소를 띠고 있었다
3 …을 닳아지게 하다: The heels are *worn down*. 구두 뒤축이 닳았다
4 …을 지치게 하다: The hard work *wore* me *out*. 힘든 일로 나는 완전히 지쳐버렸다

── 자 **1** (물건이) **닳다**, 닳아 해지다: The jacket has *worn out*. 그 상의는 닳아 해졌다
2 (오래) 가다: This hat will *wear* for many years. 이 모자는 여러 해 쓸 수 있을 것이다

── 명 **1 착용**, 입기
2 [집합적으로] **옷**, **의류**: men's *wear* 신사복/ casual *wear* 평상복
3 닳아 해짐, 마모

wea·ry [wíəri 위어뤼] 형 (비교급 **wearier**; 최상급 **weariest**) **1** 지친, 피곤한 (💡 tired보다 격식을 차린 말): He was *weary* from the long walk. 그는 오래 걸어서 피곤하였다
2 싫증난, 지긋지긋한 ((of)): I am *weary of* his complaints. 나는 그의 불평에 진절머리가 난다

wea·sel [wíːzl 위-z으럴] 명 (복수 **weasels** [-z]) 【동물】 족제비

weasel

weath·er [wéðər 웨어ðr] 명 **날씨**, 일기, 기상: *weather* forecast 일기 예보/ a *weather* station 기상대/ How's the *weather* today? 오늘은 날씨가 어떻습니까?/ The *weather* changed quickly. 날씨가 갑자기 변했다

> 비교 **weather**와 **climate**
> **weather**는 그때 그때의 「날씨」를, **climate**는 장기간에 걸친 어떤 지역의 평균적인 「기후」를 말한다.

weather permitting 날씨가 좋으면: I'll start tomorrow, *weather permitting*. 날씨가 좋으면 내일 출발하겠다

weath·er·cock [wéðərkàk 웨더ㄹ칵]
명 1 풍향계 2 변덕꾸러기

> 참고 풍향계
> 9세기 중엽 로마 교황은 교회 건물 위에 수탉(cock) 모양의 풍향계를 달게 하였는데, 이는 예수가 대제사장에게 잡혔을 때 베드로가 수탉 울음소리를 듣고 자신의 잘못을 깨달은 것처럼 사람들도 깨달아야 한다는 뜻에서였다.

weather map [wéðər mæ̀p] 명 일기도
weave [wí:v 위-v으] 동 (3단현 **weaves** [-z]; 과거 **wove** [wóuv]; 과거분사 **woven** [wóuvən]; 현재분사 **weaving**)
타 1 (천·바구니 등을) 짜다, 엮다; (거미가 줄을) 치다: They *weaved* hats out of straw. 그들은 짚을 엮어 모자를 만들었다/ A spider *weaves* a web. 거미는 거미줄을 친다
2 (이야기 등을) 꾸미다, 만들어 내다
── 자 천을〔베를〕 짜다
weav·er [wí:vər 위-v어ㄹ] 명 천을〔베를〕 짜는 사람
web [wéb 웹] 명 1 짜서 만든 것, 피륙 2 거미집〔줄〕 (📖 cobweb라고도 한다) 3 (물새 등의) 물갈퀴

web 2

Wed. 《약어》 *Wed*nesday 수요일
we'd [wí:d 위-드] we had〔would, should〕의 단축형

※**wed·ding** [wédiŋ 웨딩 → 웨링] 명 (복수 **weddings** [-z]) 1 **결혼식**(marriage): I was invited to their *wedding*. 나는 그들의 결혼식에 초대받았다

wedding

2 결혼 기념일: a silver *wedding* 은혼식《25주년》/ a golden *wedding* 금혼식《50주년》
wedding cake [wédiŋ kèik] 명 웨딩 케이크
wedding day [wédiŋ dèi] 명 결혼식 날; 결혼 기념일
wedding march [wédiŋ mà:rtʃ] 명 결혼 행진곡
wedding ring [wédiŋ rìŋ] 명 결혼 반지
wedge [wédʒ 웨쥐] 명 1 쐐기 2 쐐기〔V〕 모양(의 물건)

※**Wednes·day** [wénzdèi 웬ㅈ으데이] 〔📖 앞의 d는 묵음〕 명 **수요일** (📖 약어는 Wed.): I take piano lessons on *Wednesday*. 나는 수요일에 피아노 레슨을 받는다/ I went there last *Wednesday*. 나는 지난 수요일에 거기에 갔다
【북유럽신화의 신 오딘(Woden)+day(날)에서】

wedge 1

weed [wí:d 위-드] 명 (복수 **weeds** [-dz]) 잡초: pull a *weed* 잡초를 뽑다
── 동 (3단현 **weeds** [-dz]; 과거·과거분사 **weeded** [-id]; 현재분사 **weeding**)
타 …의 잡초를 뽑다, 김매다: *weed* a garden 뜰의 잡초를 뽑다

week

week [wíːk 위-크] 〔🅦 weak(약한)와 발음이 같음〕 명 (복수 **weeks** [-s]) **1 주, 주간**, 1주일: I go there once a *week*. 나는 1주일에 한 번 거기에 간다/ I'll see you next *week*. 다음 주에 봅시다 (🅦 week 앞에 this, last, next, every 등이 오면 전치사를 붙이지 않음)/ What day of the *week* is it today? 오늘은 무슨 요일입니까?/ He has been ill in bed for *weeks*. 그는 여러 주 동안 앓아 누워 있다

참고 요일과 약어		
요일	명칭	약어
일요일	Sunday	Sun.
월요일	Monday	Mon.
화요일	Tuesday	Tu., Tues.
수요일	Wednesday	Wed.
목요일	Thursday	Thur., Thurs.
금요일	Friday	Fri.
토요일	Saturday	Sat.

2 (일요일 이외의) 평일
a week from today 《미》 다음 주 오늘
the week after next 다음다음 주
the week before last 지지난 주
this day week = 《영》 ***today week*** (1) 〔보통은〕 다음 주 오늘: I'll call on her *this day week*. 다음 주 오늘 그녀를 방문하겠습니다
(2) 〔때때로〕 지난 주 오늘: I called on her *this day week*. 지난 주 오늘 그녀를 방문하였다

쓰임새 (1)과 (2) 중에서 어느 뜻이 되는가는 동사의 형태에 따른다.

week after week = ***week in, week out*** 매주

week·day [wíːkdèi 위-익데이] 명 (일요일 이외의) 평일

week·end [wíːkènd 위-켄드] 명 (복수 **weekends** [-dz]) 주말 《토요일과 일요일 또는 금요일 밤부터 월요일 아침까지》: Have a nice *weekend!* 즐거운 주말이 되기를!

Have a nice weekend!

week·ly [wíːkli 위-클리] 형 매주의, 주 1회의, 주간의: a *weekly* test 주 1회 시험/ a *weekly* magazine 주간지
—— 부 주마다, 주 1회씩: He plays tennis *weekly*. 그는 매주 테니스를 한다
—— 명 (복수 **weeklies** [-z]) 주간지, 주간 신문

weep [wíːp 위-프] 동 (3단현 **weeps** [-s]; 과거·과거분사 **wept** [wépt]; 현재분사 **weeping**) 자 울다, 눈물을 흘리다: *weep* for (with) joy 기뻐서 울다/ I *wept* at the sad news. 나는 그 슬픈 소식을 듣고 울었다/ She began to *weep*. 그녀는 울기 시작했다

weigh [wéi 웨이] 〔🅦 gh는 묵음〕 동 (3단현 **weighs** [-z]; 과거·과거분사 **weighed** [-d]; 현재분사 **weighing**) 타 …의 무게를 달다: *weigh* potatoes 감자의 무게를 달다/ I *weighed* myself after a bath. 나는 목욕 후에 체중을 달아보았다

weigh
—— 자 무게가 (얼마) 나가다: This meat *weighs* two pounds. 이 고기는 2파운드다

weight [wéit 웨잇] 〔🅦 gh는 묵음〕 명 (복수 **weights** [-ts]) **1 무게**, 중량, 체중: gain (lose) *weight* 체중이 늘다 (줄다)/ This is sold by *weight*. 이것은 중량으로 판다

회화
A: What is your *weight*?
당신은 체중이 얼마나 됩니까?
B: My *weight* is 40 kilograms.
40kg입니다

2 무거운 짐, 부담, 책임
3 (저울) 추

wel·come [wélkəm 웨얼컴] 갑 어서 오십시오!, 환영

합니다!: *Welcome* to Korea! 한국에 오신 것을 환영합니다!

—명 (복수 **welcomes** [-z]) 환영: They gave us a warm *welcome*. 그들은 우리를 따뜻이 맞아주었다

—동 (3단현 **welcomes** [-z]; 과거·과거분사 **welcomed** [-d]; 현재분사 **welcoming**) 타 **1** (사람을) 환영하다: He was warmly *welcomed*. 그는 따뜻한 환영을 받았다
2 (비판·충고 등을) 기꺼이 받아들이다: He *welcomed* my advice. 그는 나의 충고를 기꺼이 받아들였다

—형 **1** 환영받는: You are always *welcome*. 너는 언제든지 환영한다
2 [be welcome to의 형태로] 자유로이 …해도 좋다: You *are welcome to* (use) my dictionary. 내 사전을 마음대로 사용해도 좋습니다
3 기쁜, 고마운: *welcome* news 희소식
You're welcome. 천만에요

회화
A: Thank you very much.
정말 감사합니다
B: *You're welcome.*
천만에요

weld [wéld 웨엘드] 타 …을 용접하다

*wel·fare [wélfɛər 웨얼F에어r] 명 복지, 번영, 행복; 복지 사업: public *welfare* 공공 복지

well¹ [wél 웨얼] 부 (비교급 **better** [bétər]; 최상급 **best** [bést]) **1** 잘, 훌륭하게(반 ill, badly 나쁘게): He speaks English *well*. 그는 영어를 잘한다/ Everything is going *well*. 만사가 잘 되어가고 있다
2 충분히, 잘: Did you slept *well* last night? 어젯밤에 잘 잤습니까?/ Shake *well* before using. 사용 전에 잘 흔드시오

as well 더욱이, 게다가(also): He speaks Spanish *as well*. 그는 스페인어도 한다
A as well as B B뿐만 아니라 A도, B와 마찬가지로 A도: He gave us clothes *as well as* food. 그는 우리에게 음식뿐만 아니라 옷도 주었다/ You *as well as* I are wrong. 나와 마찬가지로 너도 잘못이다 (※ 뒤에 오는 동사는 보통 A의 인칭·수와 일치한다)
be well off 잘 살다(반 be badly off 가난하다): He *is well off* now. 그는 지금 유복하다
do oneself well 부유하게 살다: He *did himself well* in Seoul. 그는 서울에서 부유하게 살았다
go well with …에 잘 어울리다: This tie *go well with* your suit. 이 넥타이는 너의 양복과 잘 어울린다
may〔*might*〕*as well do* (1) …해도 좋다: You *may as well* come with us. 너는 우리와 함께 가도 좋다
(2) …하는 편이 낫다: You *may as well* go at once. 너는 지금 가는 편이 낫다
may well do …하는 것도 당연하다: He *may well* think so. 그가 그렇게 생각하는 것도 당연하다
might as well A as B B하느니 A하는 편이 낫다: You *might as well* throw money away *as* spend it in that way.

그런 식으로 돈을 쓰느니 차라리 버리는 게 낫다
Well done! 잘 했다!, 훌륭하다!

──형 〔명사 앞에는 쓰이지 않음〕 **1 건강한**, 튼튼한: I don't feel *well* today. 오늘은 기분이 좋지 않다/ She will soon get *well*. 그녀는 곧 완쾌될 것이다

|회화|

A: How are you?
안녕하십니까?
B: Very *well*, thank you.
덕분에 잘 지냅니다

2 좋은, 더할 나위 없는: All is *well* that ends well. 《속담》 끝이 좋으면 모든 것이 좋다 (앞의 well은 형용사, 뒤의 well은 부사)

──감 이런, 어마; 글쎄; 그런데 (놀람·의심·망설임·양보 등을 나타내거나, 말을 시작할 때 또는 말을 끊고 나서 다시 계속할 때 등에 쓴다): *Well*, let me see. 저, 그런데 말야/ *Well*, where do you come from? 그런데, 고향이 어디십니까?

*well² [wél 웨엘] 명 (복수 **wells** [-z]) **우물**, 샘; (유전 등의) 정(井): an oil *well* 유정(油井)

we'll [wí:l 위-을] we will〔shall〕의 단축형

well-be·ing [wél-bíːiŋ 웨엘비-잉] 명 행복, 복지(welfare)

well-done [wél-dʌ́n 웨엘던] 형 **1** (고기가) 잘 익혀진: I want my steak *well-done*. 스테이크를 잘 익혀 주세요
2 (행동 등을) 잘 한

well-known [wél-nóun 웨엘노운] 형 잘 알려진, 유명한: a *well-known* fact 잘 알려진 사실

well-man·nered [wél-mǽnərd 웨엘매너ㄷ] 형 예의바른, 공손한

well-to-do [wél-tə-dúː 웨엘터두-] 형 유복한(wealthy)

Welsh [wélʃ 웨얼쉬] 형 웨일스(인·어)의
── 명 **1** 〔the를 붙여〕 웨일스인 《전체》 **2** 〔무관사로〕 웨일스어

went [wént 웬트] 동 go(가다)의 과거형

wept [wépt 웹트] 동 weep(울다)의 과거·과거분사형

*were [wə́ːr 워-ㄹ] 동 (are의 과거형)
자 **1** …이었다; …에 있었다: We *were* all tired out. 우리는 모두 지쳐 있었다/ They *were* in Seoul last summer. 그들은 지난 여름 서울에 있었다
2 〔현재의 사실과 반대되는 가정에〕 (만약) …이라면: If I *were* rich, I would travel around the world. 내가 부자라면 세계 일주 여행을 할 수 있을 텐데
──조 **1** 〔were + 현재분사의 형태로 과거 진행형을 만들어〕 …하고 있었다: We *were having* lunch then. 우리는 그때 점심을 먹고 있었다
2 〔were + 과거분사로 과거 수동태를 만들어〕 …당했다: They *were taken* to the police station. 그들은 경찰서로 끌려갔다

as it were 말하자면 ⇒ as 숙어
were to ... 만일 …이라고 한다면 (미래에 관한 있을 수 없는 일을 나타냄): If he *were to* fail, he would try again. 만약 실패한다면 그는 다시 할 것이다

we're [wíər 위어ㄹ] we are의 단축형

were·n't [wə́ːrnt 워-ㄹ언트] were not의 단축형

*west [wést 웨스트] 명 **1** 〔보통 the를 붙여〕 **서, 서쪽**(반 east 동), 서부 (약어는 W.): The sun sets in *the west*. 태양은 서쪽으로 진다/ The park

west·ern [wéstərn 웨스터*r*언] 형 1 서의, 쪽의, 서부의(반 eastern 동의): *western* Europe 서유럽
2 〔Western으로〕 서양의, 서구의; (미국의) 서부 지방의
—— 명 1 서부 사람; 서양인 2 〔종종 Western으로〕 서부극

West·min·ster [wéstmìnstər 웨스트민스터*r*] 명 웨스트민스터 《런던시 중앙의 한 구. 버킹검 궁전·국회 의사당·웨스트민스터 성당이 있다》

Westminster Abbey [wéstmìnstər ǽbi] 명 웨스트민스터 사원 《런던에 있는 영국 왕실 직속의 교회. 영국 국왕·여왕의 대관식이 이곳에서 거행되며, 역대 국왕 및 명사의 묘가 있다》

Westminster Abbey

West Virginia [wést vərdʒínjə] 명 웨스트버지니아 《미국 동부의 주(州); 약어는 W.Va.》

참고 원래 Virginia의 일부였으나 분리되면서 서쪽을 나타내는 West가 붙음.

---

is in *the west* of the city. 그 공원은 시의 서쪽에 있다
2 〔the West로〕 서양, 서구(반 the East 동양); (미국의) 서부 지방: the East and *the West* 동양과 서양
—— 형 서의, 서쪽의; 서쪽으로부터의: a *west* window 서창 / A *west* wind is blowing. 서풍이 불고 있다
—— 부 서로, 서쪽으로: go *west* 서쪽으로 가다 / The car headed *west*. 차가 서쪽으로 향했다

west·ward [wéstwərd 웨스트워*r*드] 부 형 서쪽으로(의)

west·wards [wéstwərdz 웨스트워*r*즈] 부 = westward

※**wet** [wét 웻] 형 (비교급 **wetter**; 최상급 **wettest**) 1 젖은, 축축한(반 dry 마른); (페인트 등이) 갓칠한: *wet* clothes 젖은 옷 / He got *wet* to the skin. 그는 흠뻑 젖었다 / *Wet* paint! 《게시》 칠 주의! (《영》 Fresh paint!)
2 비의, 비 내리는(rainy): a *wet* day 비 오는 날 / the *wet* season 우기 / We had *wet* weather during our trip. 우리가 여행하는 동안 비가 내렸다
—— 동 (3단현 **wets** [-ts]; 과거·과거분사 **wet**, **wetted** [-id]; 현재분사 **wet·ting**) 타 자 …을 적시다; 젖다

we've [wíːv 위-v] we have의 단축형

※**whale** [hwéil 웨〔훼〕일] 명 (복수 **whales**, 〔집합적으로〕 **whale**) 고래

whale

whal·er [hwéilər 웨〔훼〕일러*r*] 명 1 고래 잡는 사람 2 포경선

wharf [hwɔ́ːrf 워〔훠〕-*r*f으] 명 (복수 **wharfs** [-s], **wharves** [wɔ́ːrvz]) 부두, 선창

※※**what** [hwát 왓〔홧〕] 대 1 (의문 대명사) a) 무엇, 어떤 것〔일〕; 얼마나: *What* is this? 이것은 무엇입니까? / *What* is the capital of Korea? 한국의 수도는 어딘가? (《주의》 Where is …라고 하지 않는다) / *What*'s the matter with you? 무슨 일입니까? / *What* is he? 그는 무엇을 하는 사람이냐? / *What* is the price? 가격은 얼마입니까?

쓰임새 「그것을 어떻게 생각하느냐?」는 What〔× How〕do you *think of* it?이나 How〔× What〕do you *like* it?이라 한다.

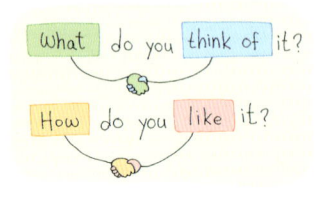

2 《관계 대명사》 …하는 것〔일〕: *What* he says is true. 그가 하는 말은 사실이다 / Do *what* you think is right. 네가 옳다고 생각하는 것을 해라

쓰임새 what은 which, who, that 등과는 달리 의미상 선행사를 포함하고 있으므로 앞에 선행사가 따로 필요 없다.

So what? 《구어》 그래서 어쨌다고?
What about ...? (1) …은 어떤가?: *What about* a cup of coffee? 커피 한 잔 어떠냐? / *What about* going to the movies? 영화 보러 가는 게 어때?
(2) …은 어찌 되느냐?: *What about* your homework? 숙제는 어떻게 되었느냐?
What ever〔on earth, in the world〕...? 도대체 무엇 …?
What (...) for? 무엇 때문에?, 왜?: *What* did you do that *for*? 너는 무엇 때문에 그것을 했니?

회화

A: I'm going to Chicago.
나는 시카고에 갈 거야
B: *What for?*
무엇 때문에?

what is called = ***what we〔you, they〕call*** 이른바, 소위: He is *what is called* a walking dictionary. 그는 소위 살아있는 사전이다
what is more 게다가, 더욱이
What's new? 《구어》 무슨 새로운 일이라도 있나?; 어떻게 지내나?
What's up? 《구어》 무슨 일인가?, 어떻게 지내니?

회화

A: Hi, Tom. *What's up?*
안녕, 톰. 어떻게 지내니?
B: Hi, Eric. Nothing in particular.
안녕, 에릭. 특별한 일 없어

─── 형 **1** 《의문 형용사》 **무슨**, 어떤: *What* color is your car? 네 자동차는 무슨 색이냐? / *What* day is today? 오늘은 무슨 요일입니까? / *What* subjects do you like? 무슨 과목을 좋아하니? / *What* time is it? 몇 시지요?
2 《관계 형용사》 …하는 모두의: I gave him *what* money I had. 내가 가지고 있는 돈 전부를 그에게 주었다
3 〔감탄문에서〕 **얼마나**, 참으로: *What* a kind girl she is! 그녀는 얼마나 친절한 소녀인가! / *What* a beautiful day! 아, 날씨 좋다!

─── 감 뭐라고!: *What!* No money? 뭐라고! 돈이 없다고?

what·ev·er [hwàtévər 왓〔핫〕에V어r]
대 **1** (…하는 것은) **무엇이든**, 모두: Do *whatever* you like. 무엇이든 하고 싶은 것을 해라 / *Whatever* she said is true. 그녀가 말하는 것은 모두 사실이다
2 설사 무엇이 …하여도: *Whatever* happens, I will do it. 무슨 일이 일어나도 그것을 하겠다

──형 1 어떠한 …라도: Read *whatever* book you like. 네가 좋아하는 책이라면 무엇이든 읽어라
2 〔부정문·의문문에서〕 전혀, 조금도: I have *no* plan *whatever*. 나는 아무런 계획도 없다

what's [hwáts 와〔화〕츠] what is〔has〕의 단축형

*****wheat** [hwíːt 위〔휘〕-트] 명 밀 (📖「보리」는 barley): Flour is made from *wheat*. 밀가루는 밀로 만든다

*****wheel** [hwíːl 위〔휘〕-을] 명 (복수 **wheels** [-z]) 1 차바퀴 2 (자동차의) 핸들; (배의) 타륜(舵輪) 3 《미구어》 자전거 (bicycle); 자동차

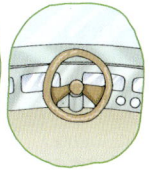

wheel 1   wheel 2

wheel·chair [hwíːltʃɛ̀ər 위〔휘〕-을췌어r] 명 (환자용) 바퀴 달린 의자, 휠체어

*****when** [hwén 웬〔핸〕] 부 1 《의문 부사》 언제: Ask him *when* to start? 언제 출발할 것인지 그에게 물어봐라 ?/ *When* did you come? 너는 언제 왔느냐?/ I don't know *when* she will come. 나는 그녀가 언제 올지 모른다

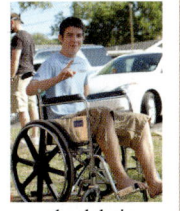

wheelchair

〔회화〕
A: *When* is your birthday?
생일이 언제입니까?
B: It is November 28.
11월 28일입니다

2 《관계 부사; 제한적 용법》 …하는〔할〕 (때): Let me know the time *when* the plane leave. 비행기 출발 시간을 알려주세요/ Sunday is the day *when* I wash clothes. 일요일은 내가 세탁하는 날이다 / Winter is the season *when* we enjoy skiing. 겨울은 우리가 스키를 즐기는 계절이다

〔쓰임새〕 (1) 제한적 용법에는 콤마가 없고, when 앞에 time, day 등의 「때」를 나타내는 명사가 온다.
(2) 제한적 용법에는 when 이하의 절이 선행사의 명사를 설명하며, 보통 뒤에서부터 해석한다.

3 《관계 부사; 계속적 용법》 …하자 그때에(and then) (📖 보통 앞에 콤마를 붙여서; 앞에서부터 when 이하를 해석한다): He got home at seven, *when* it began to rain. 그가 7시에 집에 도착하자, 비가 내리기 시작했다

──접 1 …할 때에: *When* I got up, it was snowing. 내가 일어났을 때 눈이 내리고 있었다/ I'll tell him *when* he comes home. 그가 돌아오면 말하겠다 (📖 접속사 when 뒤의 동사는 미래의 일이라도 현재형을 쓴다)/ *When* (he was) a boy, he was very naughty. 소년 시절에 그는 장난이 아주 심했다 (📖 when의 주어가 글 전체의 주어와 같을 때 when …의 주어와 be 동사는 흔히 생략된다)

〔비교〕 **when**과 **while**
when은 「특정한 때」를, **while**은 「어떤 기간」을 나타내는 경우가 많다: *While* it was raining, we stayed at home. 비가 오는 동안 우리는 집에 머물렀다.

2 …할 때는 언제나(whenever): She smiles *when* I praise her. 내가 그녀를 칭찬하면 그녀는 언제나 웃는다

3 …에도 불구하고(although): He is always complaining *when* there's no reason to do so. 그럴 이유가 없는데도

그는 늘 불평하고 있다
Say when. 《미》 (적당한 양이 되면) 됐다라고 말하세요 (🖉 남에게 음료수 등을 따라 줄 때 하는 말. 「됐습니다」는 That's enough.)
──때 《의문 대명사》 〔전치사 뒤에 써서〕 언제: Since *when* has he been ill? 그는 언제부터 앓고 있지?/ Until *when* will you stay here? 언제까지 이곳에 머물 겁니까?

*when·ev·er [*h*wenévər 웬〔휀〕에V어*r*]
접 **1** …할 때마다: They quarrel *whenever* they meet. 그들은 만나기만 하면 싸운다
2 언제 …하더라도: *Whenever* you (may) come, you'll be welcomed. 당신은 언제 오시더라도 환영입니다

*where [*h*wέər 웨〔훼〕어*r*] 부 **1** 《의문 부사》 어디에〔로, 에서〕: *Where* is my hat? 내 모자는 어디에 있습니까?/ *Where* do you live? 어디에 살고 있습니까?/ I don't know *where* to go. 나는 어디로 가야 할지 모르겠다/ Do you know *where* he lives? 그가 어디 살고 있는지 알고 있습니까?
2 《관계 부사; 제한적 용법》 …하는 (장소): This is the place *where* I live. 여기가 내가 살고 있는 곳이다/ I want to visit the house *where* he was born. 나는 그가 태어난 집을 방문하고 싶다

> 쓰임새 (1) 제한적 용법에는 콤마가 없고, where 앞에 place, house 등의 「장소」를 나타내는 명사가 온다.
> (2) 제한적 용법에는 where 이하의 절이 선행사의 명사를 설명하며, 보통 뒤에서부터 해석한다.

3 《관계 부사; 계속적 용법》 그리고 거기서 (🖉 보통 앞에 콤마를 붙여서; 앞에서부터 where 이하를 해석한다): We came to the town, *where* we had lunch. 우리는 그 도시에 도착해서 거기서 점심을 먹었다

──접 …하는 곳에〔으로〕: Go *where* you like. 네가 좋아하는 곳으로 가라/ *Where* there is a will, there is a way. 《속담》 뜻이 있는 곳에 길이 있다
──때 **1** 《의문 대명사》 어디: *Where* are you *from*? 어디 출신입니까?
2 《관계 대명사》 …하는 (장소): This is the place *where* he comes *from*. 여기가 그의 출신지다

where·a·bouts [*h*wέərəbàuts 웨〔훼〕어뤄바우츠] 부 어느 부근에서
where·as [*h*wέəræz 웨〔훼〕어뢔z으] 접 …에 반하여, 오히려: Some students like mathematics, *whereas* others do not. 수학을 좋아하는 학생이 있는 반면에 싫어하는 학생도 있다
where's [*h*wέərz 웨〔훼〕어rz으] where is〔has〕의 단축형

*wher·ev·er [*h*wὲərévər 웨〔훼〕어뤠V어*r*] 접 **1** 어디든지, …하는 곳에는: I will follow you *wherever* you go. 네가 가는 곳은 어디든지 따라가겠다
2 어디에 …하더라도: *Wherever* I (may) live, I will not forget you. 내가 어디에 살더라도 너를 잊지 않겠다
──부 《구어》 대체 어디에서〔로〕 (🖉 의문사 where의 강조형): *Wherever* did you buy that hat? 대체 어디서 그 모자를 샀느냐?

*wheth·er [*h*wέðər 웨〔훼〕ð어*r*] 접 **1** …인지 어떤지: I asked Bill *whether* he was busy. 나는 빌에게 바쁜지 물어 보았다/ Do you know *whether* it is true (or not)? 너는 그것이 사실인지 (아닌지) 알고 있니?
2 〔*whether ... or not*의 형태로〕 …이든 아니든: *Whether* he comes *or not*, the result will be the same. 그가 오든 안 오든 결과는 같을 것이다

*which [*h*wítʃ 위〔휘〕취] 때 **1** 《의문 대명사》 어느 쪽, 어느 것, 어느 사람: *Which* is your pen? 어느 것이 너의 펜이니?/ *Which* do you prefer,

whichever

this or that? 이것과 저것 중 어느 것이 더 좋습니까?/ I don't know *which* to buy. 어느 것을 사야 할지 모르겠다/ *Which* is your father in this picture? 이 사진에서 누가 당신의 아버지냐?
2 《관계 대명사; 제한적 용법》 …하는 (것, 일): I'd like a room *which* overlooks the sea. 나는 바다가 바라보이는 방이 좋다 《주격》/ This is the book (*which*) I have chosen. 이것이 내가 고른 책이다 《목적격》
3 《관계 대명사; 계속적 용법》 그리고 그것은〔을〕; 그런데 그것은 (보통 앞에 콤마를 붙여서; 앞에서부터 which 이하를 해석한다): I began to read the book, *which* was very exciting. 나는 그 책을 읽기 시작했는데 그것은 손에 땀을 쥐게 했다

> 쓰임새〉 (1) 관계대명사 which는 선행사가 「물건·일」의 경우에 쓰인다. (2) 제한적 용법의 which는 that로 고쳐 쓸 수 있으며, 목적격의 which는 《구어》에서 흔히 생략되나, 계속적 용법의 which는 that로 고쳐 쓸 수 없으며 생략도 하지 않는다.

── 형 **1** 《의문 형용사》 **어느**, 어느 쪽의: *Which* book is yours? 어느 책이 네 것이냐?
2 《관계 형용사》 (그리고) 그: We went to Rome, at *which* place we parted. 우리는 로마에 갔는데 거기서 헤어졌다

*which·ev·er [*h*witʃévər 위〔휘〕취에V어*r*] 때 **1 어느 것〔쪽〕이든**: Buy *whichever* you like. 어느 것이든 좋아하는 것을 사시오
2 어느 것을 …해도: *Whichever* you (may) choose, you won't be satisfied. 어느 쪽을 선택해도 너는 만족할 수 없을 것이다
── 형 **1** 어느 것〔쪽〕의 …라도: Buy *whichever* book you like. 어느 쪽이라도 네가 좋아하는 책을 사라
2 어느 쪽의 ~을 …해도: *Whichever* way you may take, you will get to the station. 어느 쪽의 길로 가더라도 역에 도착할 것이다

*while [*h*wáil 와〔화〕일] 접 **1 …하는 동안**, …하는 사이: *While* it was raining, we stayed at home. 비가 오는 동안 우리는 집에 머물렀다/ Strike *while* the iron is hot. 《속담》 쇠는 달구어졌을 때 쳐라; 좋은 기회를 놓치지 마라/ *While* (he was) in France, he studied painting. 그는 프랑스에 있을 때 그림을 공부했다

> 쓰임새〉 **while과 during**
> while과 during은 둘 다 「…동안」 이라는 뜻이지만, **while**은 접속사이기 때문에 뒤에 절(주어+동사)을 동반하고, **during**은 전치사이므로 명사나 명사구와 함께 쓴다: *while* I was in London = *during* my stay in London 내가 런던에 있는 동안.

2 〔앞에 콤마를 붙여서〕 …이지만, …하는 한편: He is fat, *while* his son is thin. 그는 뚱뚱하나 그의 아들은 말랐다
── 명 〔보통 **a**를 붙여서〕 (짧은) **동안**, 시간: for *a while* 잠시 동안 / He arrived here *a* short *while* ago. 그는 조금 전에 여기에 도착했다

after a while 잠시 후에: The baby stopped crying *after a while*. 잠시 후 아기는 울음을 그쳤다
all the while …하는 동안 내내
all this while 지금까지 줄곧

whim [*h*wím 윔〔휨〕] 명 변덕

*whip [*h*wíp 윕〔휩〕] 동 (3단현 **whips** [-s]; 과거·과거분사 **whipped** [-t]; 현재분사 **whipping**) 타 **1 …을 채찍질하다**, 때리다, 매질하다: He *whipped* his horse on. 그는 채찍질하여 말을 달리게 했다
2 (달걀·크림 등을 저어) 거품이 일게 하다

—명 (복수 **whips** [-s]) 채찍(질)

whirl [hwə́ːrl 워〔휘〕-r얼] 통 (3단현 **whirls** [-z]; 과거·과거분사 **whirled** [-d]; 현재분사 **whirling**) 타 …을 빙글빙글 돌리다, 소용돌이치게 하다: *whirl a top* 팽이를 돌리다

—자 빙빙 돌다, 소용돌이치다

—명 회전, 선회, 소용돌이: *The snow fell in a whirl.* 눈이 소용돌이치며 내렸다

whirl·pool [hwə́ːrlpùːl 워〔휘〕-r얼푸-얼] 명 소용돌이

whirl·wind [hwə́ːrlwìnd 워〔휘〕-r얼윈드] 명 회오리바람, 선풍

whisk [hwísk 위〔휘〕스크] 타 (달걀 등을) 세게 휘젓다

whisk·er [hwískər 위〔휘〕스커r] 명 (복수 **whiskers** [-z]) 1 〔보통 복수형으로〕 구레나룻 (「턱수염」은 beard) 2 (고양이·쥐 등의) 수염

whisk

whis·key, whis·ky [hwíski 위〔휘〕스키] 명 위스키: *Scotch whisky* 스카치 위스키

***whis·per** [hwíspər 위〔휘〕스퍼r] 통 (3단현 **whispers** [-z]; 과거·과거분사 **whispered** [-d]; 현재분사 **whispering** [-pəriŋ]) 자 1 **속삭이다**, 귓속말하다: *She whispered in my ear.* 그녀는 나에게 귓속말을 했다

2 (바람·나뭇잎 등이) 살랑거리다

—타 **속삭이다**, 작은 목소리로 말하다: *He whispered a few words to me.* 그는 나에게 몇 마디 속삭였다

—명 (복수 **whispers** [-z]) 1 **속삭임**, 귓속말: *He spoke to me in a whisper.* 그는 귓속말로 나에게 말하였다

2 살랑거리는 소리

*****whis·tle** [hwísl 위〔휘〕쓰얼] 〔 t는 묵음〕 명 (복수 **whistles** [-z]) **휘파람**; 호각: *He is blowing a whistle.* 그는 휘파람을 불고 있다

whistle

—통 (3단현 **whistles** [-z]; 과거·과거분사 **whistled** [-d]; 현재분사 **whistling**) 자 **휘파람 불다**; 휘파람〔호각〕으로 신호하다: *The policeman whistled and stopped the car.* 경찰관은 호각을 불러 차를 멈추게 했다

—타 (노래 등을) 휘파람으로 불다

*****white** [hwáit 와〔화〕잇] 형 (비교급 **whiter**; 최상급 **whitest**) 1 **흰, 하얀**, 백색의(반 black 검은): a *white* rose 흰 장미 / *His car is white.* 그의 차는 흰색이다 / *His hair turned white.* 그의 머리는 희어졌다

2 백인의, 백색 인종의: the *white* race 백인종

3 (공포 등으로) 창백한(pale), 하얗게 질린: *Her face turned white with terror.* 그녀의 얼굴은 공포로 창백해졌다

—명 (복수 **whites** [-ts]) 1 **흰색**; 흰옷: *white and black* 백과 흑 / *The nurse is dressed in white.* 간호사는 흰옷을 입고 있다

2 (달걀의) 흰자위(반 yellow, yolk 노른자위); (눈의) 흰자위

3 백인

white book [hwáit búk] 명《미》백서 (국내 사정에 관한 정부 발행 보고서; 하얀 표지여서)

white-col·lar [hwáit-kálər 와〔화〕잇 칼러r] 형 사무직 계급의(반 blue-collar 육체 노동자의)

White House [*h*wáit háus] 명 〔**the**를 붙여〕 백악관, 화이트 하우스

참고▶ 백악관
1800년에 지어진 백악관은 미국 대통령의 집무실이자 관저이다. 원래 「President's House(대통령의 집)」라 불렀는데, 1812년 영국군에 의해 불에 그슬린 벽에 흰 페인트칠을 해서 White House라 불리게 되었다.

white paper [*h*wáit péipər] 명 백서(白書) 《영국 정부의 보고서; 표지가 흰색이어서》

who [hú: 후-] 대 《목적격 **whom** [húːm]; 소유격 **whose** [húːz]》 **1** 《의문 대명사》 **누구, 누가**, 어느〔어떤〕 사람: *Who* did it? 누가 그것을 했습니까?/ *Who* is it? 누구십니까? 《문의 노크에 대답하는 말》/ Do you know *who* she is? 너는 그녀가 누군지 알고 있니?/ I don't know *who* broke the window? 누가 창을 깼는지 나는 모른다

회화▶
A: *Who* is he?
  그는 누구입니까?
B: He is Richard.
  그는 리차드다
※ Who is he?는 보통 이름·친척 관계를 물을 때 사용하는데 《구어》에서 이름을 물을 때는 What is his name?이라고도 한다.

2 《구어》 누구를, 누구에게: *Who* do you like best? 너는 누구를 가장 좋아하느냐?/ *Who* did you give it to? (= To whom did you give it?) 누구에게 그것을 주었습니까?

쓰임새▶ 「누구를, 누구에게」는 목적격 whom이지만, 글 첫머리에 올 때는 《구어》에서 who로 대신한다.

3 《관계 대명사; 제한적 용법》 …하는 (사람): I know the boy *who* came here yesterday. 나는 어제 이곳에 온 소년을 알고 있다/ I have a friend *who* writes well. 나는 글을 잘 쓴 친구가 있다
4 《관계 대명사; 계속적 용법》 그리고 그 사람은 《📖 보통 앞에 콤마를 붙여서; 앞에서부터 who 이하를 해석한다》: I saw one of my old friends, *who* recognized me at once. 나는 옛 친구를 만났는데 그는 나를 즉시 알아보았다

쓰임새▶ (1) 관계대명사 who는 선행사가 「사람」의 경우에 쓰인다.
(2) who는 그 뒤에 오는 문장의 주어가 되므로 보통 생략하지 않는다.

5 〔It is A who ...의 형태로〕 …한 것은 A이다 《📖 who 뒤의 동사는 A의 인칭과 일치한다》: *It is* I *who* am wrong. 잘못한 것은 저입니다

*****who·ev·er** [huːévər 후-에V어r] 대 **1 누구나**: *Whoever* comes is welcome. 누구든지 오시는 분은 환영합니다
2 누가 …하더라도: *Whoever* comes, I can't see him today. 누가 오더라도 오늘은 만날 수 없다

*****whole** [hóul 호우ᄅ] 〔📖 hole(구멍)과 발음이 같음〕 형 **1 전체의, 모든**, 전(全)…: the *whole* world 전 세계/ We can see the *whole* city from the tower. 그 탑에서 시 전체를 볼 수 있다
2 완전한(complete); 흠 없는, 온전한: There isn't a *whole* plate. 흠집이 없는 접시는 하나도 없다
3 (시간·거리 등) 꼬박 …: It has been raining three *whole* days. 3일 내내 비가 내렸다

──명 〔보통 the를 붙여서〕 **전부**, **전체** (반 part 부분): *The whole* of my money was gone. 내 돈이 모두 사라졌다
as a whole 전체적으로, 일괄하여: The land was sold *as a whole*. 그 땅은 통째로 팔렸다
on the whole 대체로, 전체적으로 보아: His speech was *on the whole* difficult. 그의 연설은 대체로 어려웠다

whole·sale [hóulsèil 호울쎄일] 명 도매 (반 retail 소매)
──형 대량 판매의, 도매의: *wholesale* prices 도매 가격
──부 도매로

whole·some [hóulsəm 호울썸] 형 **1** (도덕적으로) 건전한 **2** 건강에 좋은

who'll [hú:l 후-을] who will〔shall〕의 단축형

whol·ly [hóuli 호울리] 부 아주, 완전히: I don't *wholly* agree with you. 나는 네 말에 완전히 찬성하지는 않는다

✱**whom** [hú:m 후-움] 대 《who의 목적격》 **1** **누구를**, 누구에게: *Whom* did you see? 누구를 만나셨습니까? (《구어》에서는 글 첫 머리에 오는 whom은 보통 who로 대신해 *Who* did you see?로도 할 수 있다)/ With *whom* did you go fishing? 누구와 함께 낚시질하러 갔었습니까?/ Do you know *whom* he likes best? 그가 누구를 가장 좋아하는지 아십니까?
2 《관계 대명사; 제한적 용법》 …하는 (사람): This is the boy (*whom*) I spoke of yesterday. 이 아이가 내가 어제 말했던 소년이다/ Do you know the lady with *whom* he is speaking? 그와 이야기하고 있는 부인을 아십니까?

> 쓰임새 (1) 관계대명사 whom은 선행사가 「사람」의 경우에 쓰인다.
> (2) whom은 그 뒤에 오는 문장의 목적어가 되므로 보통 생략하나 전치사에 이어진 경우는 생략하지 않는다.

3 《관계 대명사; 계속적 용법》 그리고 그 사람을〔에게〕 (보통 앞에 콤마를 붙여서; 앞에서부터 whom 이하를 해석한다): I visited my uncle, *whom* I told the story. 나는 숙부를 찾아가서 그 이야기를 했다

whom·ev·er [hu:mévər 후-음에V어r] 대 《whoever의 목적격》 **1** …하는 사람은 누구나: You may invite *whomever* you like. 좋아하는 사람은 누구라도 초청해도 좋다
2 〔양보의 부사절을 이끌어〕 설령 누구에게 …하여도: *Whomever* you (may) ask, you'll get the same answer. 당신이 누구에게 물어보아도 같은 답을 얻을 것이다

who's [hú:z 후-z으] 〔whose(누구의)와 발음이 같음〕 who is〔has, does〕의 단축형

✱**whose** [hú:z 후-z으] 대 《who, which의 소유격》 **1** 《의문 대명사》 **누구의**; 누구의 것: Do you know *whose* pencil it is? 그것이 누구의 연필인지 알고 있느냐?/ *Whose* is this pen? 이 펜은 누구 것이냐?
2 《관계 대명사; 제한적 용법》 그 사람〔물건〕이 …하는: Is there any student *whose* name hasn't been called? 이름을 부르지 않은 학생은 없나요?/ The book *whose* cover is green is a history book. 그 녹색 표지의 책은 역사책이다

> 쓰임새 관계대명사 who, whose, whom은 선행사가 「사람」의 경우에만 쓰이지만, 소유격 whose는 「물건」에도 쓰인다.

3 《관계 대명사; 계속적 용법》 (그리고) 그 (보통 앞에 콤마를 붙여서; 앞에서부터 whose 이하를 해석한다): My father, *whose* major was economics, is a professor of university. 나의 아버지는 전공이 경제학인데 대학 교수이다

why

why [hwái 와(화)이] 부 **1** 《의문 부사》 왜, 어째서: *Why* are you laughing? 왜 웃고 있니?/ *Why* do you think so? 왜 그렇게 생각합니까?/ *Why* did you go there? 거기는 왜 갔는가?
2 《관계 부사; 제한적 용법》…한 (이유): That is (the reason) *why* she did not come. 그것이 그녀가 오지 않았던 이유이다

> 쓰임새 관계 부사 why는 제한 용법 밖에 없고 선행사도 the reason에 한한다. 그런데 the reason도 《구어》에서는 생략되는 수가 많다. 또 why가 생략되고 the reason만 쓸 때도 있다.

Why don't you ...? = Why not ...? 《구어》 〔제안·권유 등에 써서〕 …하는 게 어때? (⚠ 손윗사람에게는 쓰지 않고 친한 사이에만 쓴다): *Why don't you* have some? 좀 먹지 그래?

Why not? (1) 〔상대의 부정의 말에 대하여〕 어째서?

> 회화
> A: I can't go with you.
> 당신과 함께 갈 수 없어요
> B: *Why not?*
> 왜요?

(2) 〔상대방의 제안에 동의하여〕 좋지

> 회화
> A: Let's go swimming.
> 수영하러 가자
> B: *Why not?*
> 좋아, 가자

──감 〔놀람·반대·주저·항의 등의 소리로〕 어머!, 아니!; 뭐라고!: *Why*, it's already nine o'clock. 아니, 벌써 9시야!/ *Why*, it's you! 아, 당신이군!/ *Why*, I am wrong! 뭐, 내가 틀렸다고!

wick [wík 윅] 명 (양초 등의) 심지

wick·ed [wíkid 위키드] 형 (도덕적으로) 나쁜, 사악한(bad); 심술궂은: a *wicked* man 나쁜 사람

wick·et [wíkit 위킷] 명 **1** 작은 문, 쪽문; 작은 창; (매표소 등의) 창구 **2** (역의) 개찰구 **3** 【크리켓】 삼주문(三柱門)

wide [wáid 와이드] 형 (비교급 **wider**; 최상급 **widest**) **1** (폭이) 넓은(반 narrow 좁은); 폭이 …인: a *wide* street 넓은 거리/ How *wide* is the river? 그 강의 폭은 얼마나 됩니까?

2 (면적이) 넓은, 광대한: the *wide* sea 넓은 바다
3 (지식·경험 등이) 폭넓은, 다방면의: *wide* reading 폭넓은 독서/ He has a *wide* knowledge of English grammar. 그는 영어 문법에 폭넓은 지식을 가지고 있다
4 (눈·문 등이) 크게 열린: Her eyes were *wide* with surprise. 그녀는 놀라서 눈이 동그래졌다

──부 **1** 넓게(widely): Open your mouth *wide*. 입을 크게 벌리시오/ The gate is *wide* open. 문은 활짝 열려 있다
2 완전히: He is *wide* awake. 그는 완전히 잠이 깨어 있다; 빈틈이 없다

far and wide 넓게, 널리, 두루: I'd like to travel *far and wide*. 나는 두루 여행하고 싶다

wide·ly [wáidli 와이들리] 부 **1** 넓게, 광범위하게: He has traveled *widely*. 그는 두루 여행을 했다
2 (차이가) 크게, 심하게

wid·en [wáidn 와이든] 타 자 …을 넓히다; 넓어지다

wide·spread [wáidspréd 와이드스프뤠드] 형 **1** (날개 등을) 펼친 **2** 광범위하게 퍼진, 널리 보급된

wid·ow [wídou 위도우] 명 과부, 홀어미(반 widower 홀아비)

wid·ow·er [wídouər 위도우어r] 명 홀아비(반 widow 과부)

***width** [widθ 위드θㅇ] 명 **폭**(breadth), 너비(반 length 길이): This cloth is a meter in *width*. 이 천은 폭이 1미터다

*__wife__ [wáif 와이fㅇ] 명 (복수 **wives** [wáivz]) **처, 아내**, 부인, 집사람(반 husband 남편): John and his *wife* 존과 그의 아내

wig [wíg 위그] 명 가발

*__wild__ [wáild 와일드] 형 (비교급 **wilder**; 최상급 **wildest**) **1** (동물·식물이) **야생의**, 길들지 않은(반 tame 길든): a *wild* horse 야생마/ a *wild* flowers 들꽃, 야생화/ The tiger is a *wild* animal. 호랑이는 야생 동물이다
2 황폐한, 불모의; 황량한: The boys went into the *wild* garden. 소년들은 그 황폐한 정원으로 들어갔다
3 미개의, 야만의: *wild* tribes 미개한 종족
4 (날씨·바다 등이) 거친, 사나운; (사람·동물 등이) 난폭한: a *wild* sea 거친 바다
5 엉뚱한, 무모한; 빗나간: a *wild* idea 엉뚱한 생각/ a *wild* pitch 폭투

wil·der·ness [wildərnis 위얼더r니ㅆ] 명 〔the를 붙여〕 황무지, 황야

wild·ly [wáildli 와일들리] 부 **1** 야생으로 **2** 난폭하게, 거칠게 **3** 무턱대고

*__will__¹ [wíl 위을] 조 (단축형 **'ll**; 부정형 **will not**, 부정 단축형 **won't**; 과거형 **would** [wúd]) **1** 〔단순한 미래를 나타내어〕 …**할〔일〕 것이다**: It *will*〔It'll〕 be fine tomorrow. 내일은 갤 것이다/ I *will*〔I'll〕 be twenty (years old) next year. 나는 내년이면 20살이 된다/ You'*ll* be in time if you hurry. 서두르면 시간에 댈 수 있을 것이다

2 〔의지 미래를 나타내어〕 …**하겠다**, …할 작정이다: I'll do my best. 나는 최선을 다하겠다/ I *won't* go there. 나는 그곳에 가지 않을 거야

3 〔**Will you …?**의 형태로 의뢰·권유를 나타내어〕 …**해 주시겠어요?**; …하지 않겠습니까?: *Will you* open the window? 창문을 열어 주시겠습니까?/ *Will you* have some tea? 차 좀 드시겠습니까?/ *Will you* stand up, please? 일어나 주시겠어요?

> 쓰임새 의뢰를 나타낼 때는 Will you …?보다는 Would you …?로 하는 것이 훨씬 정중한 표현이고, 권유할 때는 Won't you …?가 더 친근하게 쓰인다: *Won't you* go with me? 저와 함께 가시지 않겠습니까?

4 〔추측을 나타내어〕 (아마도) …일 것이다: This *will* be our bus, I guess. 아마 이것이 우리가 탈 버스일 거야

5 〔의지·고집 등을 나타내어〕 …하려고 하다: Come whenever you *will*. 오고 싶을 때는 언제라도 오시오/ This door *won't* open. 이 문은 아무리 해도 열리지 않는다

6 〔습성·습관 등을 나타내어〕 …하는 법이다, 곧잘 …하다: Accidents *will* happen. 《속담》 사고는 일어나기 마련

이다/ He *will* often sit up all night. 그는 곧잘 밤을 새우곤 한다
7 〔가능성·능력을 나타내어〕 …할 수 있다: This room *will* hold 20 people. 이 방은 20명을 수용할 수 있다

will² [wíl 윌] 명 **1 의지**, 결심; 의지력: He has a strong〔weak〕 *will*. 그는 의지가 강하다〔약하다〕/ Where there's a *will*, there's a way. 《속담》 뜻이 있는 곳에 길이 있다
2 유언(장): make a *will* 유언장을 작성하다

will·ful, 《영》 **wil·ful** [wílfəl 위얼F어얼] 형 **1** 계획적인, 고의의 **2** 제멋대로의

Wil·liam Tell [wíliəm tél 윌리엄 테얼] 명 윌리엄 텔 《스위스의 독립을 위해 싸운 전설적인 영웅; 활의 명수로 아들의 머리 위에 놓인 사과를 화살을 쏘아 맞힌 이야기는 유명》

will·ing [wíliŋ 윌링] 형 **기꺼이 …하는**, 자발적인 《to *do*》: I'm *willing to* help you. 기꺼이 당신을 도와 드리지요

will·ing·ly [wíliŋli 윌링리] 부 기꺼이

회화
A: Will you come with me?
나와 함께 가겠습니까?
B: Yes, *willingly*.
네, 기꺼이 가지요

wil·low [wílou 윌로우] 명 【식물】 버드나무

win [wín 윈] 동 (3단현 **wins** [-z]; 과거·과거분사 **won** [wʌ́n]; 현재분사 **win·ning**) 타 **1** (승부·싸움 등에서) **이기다**, 승리하다 (반 lose 지다): *win* a battle〔race〕 전투〔경주〕에서 이기다/ Which team *won* the game yesterday? 어제 어떤 팀이 이겼어?/ Who *won* the election? 누가 당선되었니?

비교 **win**과 **beat**
 win과 **beat**은 둘 다 「이기다」라는 뜻이나, **win**은 「경기나 시합을 이기다」란 뜻이고, **beat**는 「상대방이나 상대팀을 이기다」란 뜻이다: We *beat* them in the match. 우리는 시합에서 그들을 이겼다.

2 (상품·명성 등을) **얻다**, 획득하다: *win* a gold medal 금메달을 획득하다/ He *won* fame as a poet. 그는 시인으로서 명성을 얻었다

── 자 이기다, 승리하다: *win at* cards 카드놀이에 이기다

wind¹ [wínd 윈드] 명 **바람**: a seasonal *wind* 계절풍/ There isn't much *wind* today. 오늘은 바람이 별로 없다/ The *wind* is blowing hard. 바람이 세게 불고 있다

wind² [wáind 와인드] 동 (3단현 **winds** [-dz]; 과거·과거분사 **wound** [wáund]; 현재분사 **winding**) 타 **1** (실·시계 태엽 등을) **감다**; (핸들 등을) 돌리다: *wind* thread *on* a reel 실패에 실을 감다
2 …을 싸다, 휘감다: I *wound* a scarf *around* my neck. 나는 목에 스카프를 둘렀다

── 자 **1** (길·강 등이) **구부러지다**: The road *winds along* the river. 길이 강을 따라 꼬불꼬불 이어 나간다
2 감기다, 휘감다

wind up (1) (실 등을) **감다**; 감아 죄다 (2) 【야구】 (투수가) 와인드업하다

wind·ing [wáindiŋ 와인딩] 형 (강·길 등이) 꾸불꾸불한: a *winding* staircase 나선식 계단

wind·mill [wíndmìl 윈(드)미엘] 명 (복수 **windmills** [-z]) 풍차, 풍차 방앗간

windmills

win·dow [wíndou 윈도우] 명 (복수 **windows** [-z]) 1 창, 창문; 창틀, 창유리: Will you open [close] the *window*? 창문을 열어[닫아] 주시겠습니까?/ Who broke the window? 누가 유리창을 깼느냐?
2 (상점의) 진열창(show window)
3 (매표소·은행 등의) 창구

win·dow·pane [wíndoupèin 윈도우페인] 명 창유리

win·dow-shop·ping [wíndouʃàpiŋ 윈도우샤핑] 명 윈도우 쇼핑

> 참고 우리는 백화점 등에서 물건은 사지 않고 진열창에 진열된 것들을 구경한다고 해서 아이쇼핑이라고 하는데 올바른 영어 표현은 window-shopping이다.

wind·surf·ing [wíndsə̀ːrfiŋ 윈드써-rF잉] 명 윈드서핑 (파도타기 판 위에 돛을 달고 물 위를 달리는 스포츠)

wind·y [wíndi 윈디] 형 (비교급 **windier**; 최상급 **windiest**) 바람이 부는, 바람이 센: It's *windy* today.

windsurfing

오늘은 바람이 세게 분다

***wine** [wáin 와인] 명 (복수 **wines** [-z]) 포도주; …주(酒): a glass of *wine* 한 잔의 포도주/ white[red] *wine* 백[적]포도주

wine·glass [wáinglæ̀s 와인글래쓰] 명 포도주 잔

***wing** [wíŋ 윙] 명 (복수 **wings** [-z]) 1 (새·곤충 등의) 날개: The bird spread its *wings*. 새는 양날개를 펼쳤다
2 (풍차·비행기 등의) 날개
3 (건물·무대의) 양 옆
4 (축구 등의) 날개, 윙

on the wing 날고 있는, 비행 중: He caught a butterfly *on the wing*. 그는 날고 있는 나비를 잡았다

***wink** [wíŋk 윙크] 동 (3단현 **winks** [-s]; 과거·과거분사 **winked** [-t]; 현재분사 **winking**) 자 눈을 깜박거리다; 눈짓하다, 윙크하다: Jane *winked* at Mark. 제인은 마크에게 눈짓[윙크]했다

wink

── 명 (복수 **winks** [-s]) 1 눈짓, 윙크: I gave him a *wink* to follow me. 나는 그에게 따라 오라고 눈짓을 했다
2 [a를 붙여] [부정문에서] 순식간, 아주 조금: I did*n't* sleep *a wink* last night. 나는 지난밤에 한숨도 못 잤다

win·ner [wínər 위너r] 명 (복수 **winners** [-z]) 승리자, 우승자: the *winner* of the contest 시합의 승리자

win·ning [wíniŋ 위닝] 형 1 이긴, 승리한: the *winning* team 승리 팀
2 애교 있는, 매력적인

***win·ter** [wíntər 윈터r] 명 겨울(반 summer 여름): a mild *winter* 따뜻한 겨울/ I often ski in *winter*. 나는 겨울에 종종 스키를 탄다/ It has been very cold this *winter*. 금년

겨울은 대단히 추웠다
— 형 겨울의: I like *winter* sports. 나는 겨울 스포츠가 좋다

win·ter·time [wíntərtàim 윈터*r*타임] 명 겨울(철)

***wipe** [wáip 와입] 동 (3단현 **wipes** [-s]; 과거·과거분사 **wiped** [-t]; 현재분사 **wiping**) 타 …을 닦다, 훔치다: *wipe* the table 탁자를 닦다/ *Wipe* your face with(on) a towel. 수건으로 얼굴을 닦아라

wipe out (1) (…의 안을) 닦다: *wipe out* a bottle 병 안을 닦다
(2) (적 등을) 무찌르다, 전멸하다: *wipe out* the enemy 적을 무찌르다
— 명 닦음, 닦아 냄

wip·er [wáipər 와이퍼*r*] 명 1 닦는 사람 2 (차의 앞 유리) 와이퍼

***wire** [wáiər 와이어*r*] 명 (복수 **wires** [-z])
1 철사: a *wire* fence 철조망
2 전선; 전보, 전신: send a *wire* 전보를 치다
by wire 전보로

wire·less [wáiərlis 와이어*r*을리쓰] 형 무선의; 무선 통신의: a *wireless* operator 무선 통신사
— 명 무선 전신(전화, 전보)

Wis·con·sin [wiskánsin 위스칸씬] 명 위스콘신 (미국 중북부의 주(州); 약어는 Wis.)

wis·dom [wízdəm 위Z으덤] 명 지혜, 현명함, 슬기로움: a man of *wisdom* 현자 (賢者)

***wise** [wáiz 와이즈] 형 (비교급 **wiser**; 최상급 **wisest**) **현명한**, 슬기로운(반 foolish 어리석은): a *wise* decision 현명한 결정/ You are *wise* to say so. (= It is *wise* of you to say so.) 그렇게 말하는 것을 보니 너는 현명하다

wise·ly [wáizli 와이Z을리] 부 현명하게, 슬기롭게

***wish** [wíʃ 위쉬] 동 (3단현 **wishes** [-iz]; 과거·과거분사 **wished** [-t]; 현재분사 **wishing**) 타 1 …**하고 싶다** ((to *do*)): I *wish to* go abroad. 나는 외국에 가고 싶다

2 (wish + 사람 + to …의 형태로) (남)에게 …해주기를 바라다: I *wish* you *to* go at once. 나는 네가 곧 가 주었으면 하네

3 …을 빌다, 기원하다: I *wish* you success(good luck)! 성공(행운)을 빈다!/ I *wish* you a Happy New Year! 새해 복 많이 받으세요!

4 (I wish + 주어 + 동사의 형태로) …이었으면 좋겠다고 생각하다: *I wish* I were 《구어》was a bird! 내가 새라면 좋을 텐데!/ *I wish* I had wings. 내가 날개가 있었더라면 좋았을 텐데
— 자 …을 바라다 ((for)): We all *wish for* peace. 우리는 모두 평화를 바라고 있다

— 명 (복수 **wishes** [-iz]) 1 **소원**, 소망: My *wish* is to go to London. 나의 소원은 런던에 가는 것이다
2 (보통 복수형으로) (남의 행복·평안 등을) 바라는 말: Please send your parents my best *wishes*. 당신 부모님에게 안부 전하여 주십시오

wish·bone [wíʃbòun 위쉬보운] 명 (새의) 차골 (叉骨) (가슴뼈에 있는 Y자 모양의 뼈로 양끝을 잡아 당겨서 긴 쪽을 가진 사람은 소원이 이루어진다고 함)

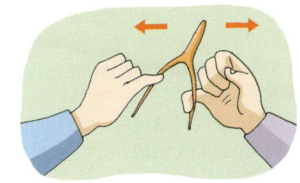

*wit [wít 윗] 명 (복수 wits [-ts]) 1 기지, 재치, 위트: His speech is full of *wit*. 그의 연설은 위트가 넘친다
2 〔종종 복수형으로〕지혜, 분별; 제정신
at one's wits'〔**wit's**〕**end** 어찌할 바를 모르고(at a loss): They were *at theirs wits*〔*wit's*〕*end*. 그들은 어찌할 바를 모르고 있었다

witch [wítʃ 위취] 명 (복수 **witches** [-iz]) 마녀, 여자 마법사(반 wizard 마법사)

***with** [wíð 위ð으] 전 1 〔동거·동반을 나타내어〕…와 함께, 더불어: She lives *with* her mother. 그녀는 어머니와 함께 산다/ Mary brought her sister *with* her. 메리는 여동생을 데리고 왔다
2 〔접촉·교제를 나타내어〕…와: The railroad connects our town *with* the city. 우리 읍과 그 시는 철도가 연결한다/ We are acquainted *with* him. 우리는 그를 잘 알고 있다
3 〔소지·소유·휴대를 나타내어〕…이 있는, …이 달린〔부착된〕: a vase *with* handles 손잡이가 달린 꽃병/ He had no money *with* him. 그는 수중에 가진 돈이 없었다
4 〔동시·같은 방향을 나타내어〕…와 함께, …에 따라: We grow wise *with* age. 우리는 나이가 먹으면서 현명해진다/ The boat drifted *with* the current. 그 보트는 조류의 흐름에 따라 흘러갔다
5 〔비교를 나타내어〕…와: Let's compare this plan *with* ours. 이 계획을 우리 계획과 비교해 보자
6 〔입장·관계를 나타내어〕…에 대하여, …에 관하여: What's the matter *with* you? 웬일이니?/ I have nothing to do *with* that. 나는 그것과는 아무 관계도 없다
7 〔분리를 나타내어〕…와: break *with* a boyfriend 남자 친구와 헤어지다
8 〔적대를 나타내어〕…와, 상대로: fight *with* the enemy 적과 싸우다/ Don't quarrel *with* him. 그와 다투지 마라
9 〔일치·조화를 나타내어〕…와: I agree *with* you. 나는 자네와 같은 의견이야/ That tie goes *with* your suit. 그 넥타이는 너의 양복과 어울린다
10 〔도구를 나타내어〕…으로, 사용하여: write *with* a pencil 연필로 쓰다/ He cut the rope *with* his knife. 그는 칼로 밧줄을 잘랐다

〖쓰임새〗 도구나 수단의 전치사
일반적으로 **with**는 도구를 나타내고, **by**는 수송이나 전달의 수단을 타낸다: She goes to school *by* bus. 그녀는 버스로 학교에 간다. **in**은 재료나 수단을 나타낸다: He spoke *in* English. 그는 영어로 말했다.

11 〔상태·양상을 나타내어〕…하게; …하면서: *with* ease 쉽게/ He passed the examination *with* difficulty. 그는 가까스로 시험에 합격했다/ She greeted me *with* a smile. 그녀는 미소를 지으면서 나에게 인사를 하였다
12 〔이유·원인을 나타내어〕…때문에: turn pale *with* fear 무서워서 창백해지다/ She is in bed *with* a cold. 그녀는 감기로 자리에 누워 있다
13 〔상황을 나타내어〕…한 채로, …하고: He stood there *with* his hands in his pockets. 그는 호주머니에 양손을 찌르고 그곳에 서 있었다

with all …에도 불구하고: *With all* his money, he was not happy. 그는 돈이 있으면서도 행복하지 않았다

with·draw [wiðdrɔ́ː 위way으쥬롸-] 동 (3단현 **withdraws** [-z]; 과거 **withdrew** [-drúː]; 과거분사 **withdrawn** [-drɔ́ːn]; 현재분사 **withdrawing**) 타 **1** (손 등을) **빼다**, 움츠리다: The child quickly *withdrew* his hand from the hot water. 그 아이는 뜨거운 물에서 손을 얼른 뺐다
2 …을 **물러나게 하다**; (군대를) 철수시키다: He *withdrew* his son from school. 그는 그의 아이를 학교에서 자퇴시켰다
3 (예금 등을) 인출하다, 꺼내다
4 …을 철회하다, 취소하다: He *withdrew* his promise. 그는 약속을 철회했다
—자 물러나다; (군대가) 철수하다: *withdraw* from politics 정계에서 은퇴하다

with·draw·al [wiðdrɔ́ːəl 위ð으쥬로-어얼] 명 **1** 물러남; (군대 등의) 철수 **2** (예금 등의) 인출 **3** 취소

with·er [wíðər 위ð어r] 동 (3단현 **withers** [-z]; 과거·과거분사 **withered** [-d]; 현재분사 **withering** [wíðəriŋ]) 자 **1** (꽃 등이) 시들다, 말라죽다: The flowers *withered* up. 꽃이 시들었다
2 (색이) 바래다
—타 (식물 등을) 시들게 하다

with·hold [wiðhóuld 위ð호울드] 동 (3단현 **withholds** [-dz]; 과거·과거분사 **withheld** [-héld]; 현재분사 **withholding**) 타 **1** …을 말리다, 억제하다: The captain *withheld* his men *from* the attack. 대장은 부하들의 공격을 제지했다
2 …을 보류하다

with·in [wiðín 위ð인] 전 **1** …**의 이내에**, 범위 내에서: *within* a week 1주일 이내에/ The park is *within* five minutes' walk of the school. 그 공원은 학교에서 5분 이내의 곳에 있다/ I live *within* my income. 나는 수입 내에서 생활한다

비교 시간의 전치사 in과 within
 in은「…후에, 지나서」라는 시간의 경과를 나타내며 주로 미래시제에 쓰이고, within은「…의 이내에」라는 일정한 기간 내의 시간을 나타낸다: He will be back *in* a few days. 그는 며칠이 지나면 돌아올 것이다

2 《문어》…의 속에, …안에
—부 《문어》속에, 안쪽에(inside): The box is white *within* and green without. 그 상자는 안쪽은 흰색이고 바깥쪽은 녹색이다
—명 《문어》안, 내부

with·out [wiðáut 위ð아웃] 전 **1** …**이 없이**, …이 없는(반 with …을 가지고): *without* difficulty 수월하게/ *without* exception 예외 없이/ I usually drink coffee *without* cream. 나는 늘 크림을 넣지 않은 커피를 마신다/ No man can live *without* food. 먹을 것이 없으면 아무도 살지 못한다
2 (만약에) …이 없다면: *Without* his advice, I would have failed. 그의 충고가 없었더라면 나는 실패했을 것이다
3 [without + 현재분사의 형태로] …하지 않고: He went away *without saying* goodbye. 그는 작별 인사도 없이 가버렸다

do without 없이 지내다 ⇒ do 숙어
—부 《문어》밖은〔에〕(outside)
—명 《문어》바깥, 외부

with·stand [wiðstǽnd 위ð으스땐드] 동 (3단현 **withstands** [-dz]; 과거·과거분사 **withstood** [-stúd]; 현재분사 **withstanding**) 타 …에 저항하다, 버티다 (resist); …을 견디다: *withstand* an attack 공격에 저항하다

wit·ness [wítnis 윗트니쓰] 명 (복수 **witnesses** [-iz]) **1** 목격자: He is a *witness* of the accident. 그는 그 사건의 목격자다
2 (법정에 서는) 증인, 참고인: I was

called as a *witness* at the trial. 나는 증인으로 그 재판에 소환되었다
3 증거(evidence), 증언
──동 (3단현 **witnesses** [-iz]; 과거・과거분사 **witnessed** [-t]; 현재분사 **witnessing**) 타 **1** …을 **목격하다**, 보다: I *witnessed* the accident. 나는 그 사고를 목격했다

2 …을 증거하다, …의 증거가 되다
wit·ty [wíti 위티 → 위리] 형 (비교급 **wittier**; 최상급 **wittiest**) 기지가 넘치는
wives [wáivz 와이V으z으] 명 wife(아내)의 복수형
wiz·ard [wízərd 위Z어-r드] 명 (남자) 마법사(반 witch 마녀)
woe [wóu 우오우] 명 《시어》 비애, 고뇌
woke [wóuk 우오욱] 동 wake(잠깨다)의 과거형의 하나
wo·ken [wóukən 우오우컨] 동 wake(잠깨다)의 과거분사형의 하나
wolf [wúlf 우을f으] 명 (복수 **wolves** [wúlvz]) 【동물】 늑대, 이리

wolves

a wolf in sheep's clothing 양의 탈을 쓴 늑대, 위선자
cry wolf 거짓말로 남을 속이다 (《이솝 우화에서》)

wom·an [wúmən 우먼] 명 (복수 **women** [wímin]) (성인) **여자, 여성**, 부인(반 man 남자): Who is that *woman*? 저 여자는 누구입니까?/ *Woman* generally lives longer than man. 일반적으로 여자는 남자보다 오래 산다
──형 **여자의**, 여성의: a *woman* doctor 여의사
wom·an·hood [wúmənhùd 우먼후드] 명 **1** 여자임 **2** 여자다움 (「남자다움」은 manhood)
wom·an·ly [wúmənli 우먼리] 형 여자다운, 상냥한
womb [wú:m 우-음] 〔b는 묵음〕 명 【해부】 자궁
wom·en [wímin 위민] 명 woman(여자)의 복수형
won¹ [wʌ́n 원] 동 win(이기다)의 과거・과거분사형
won² [wʌ́n 완] 명 (단수・복수 동형) 원 (한국의 화폐 단위; 기호 ₩)
won·der [wʌ́ndər 원더r] 명 (복수 **wonders** [-z]) **1 경이, 경탄**, 놀라움: When I saw the Grand Canyon, I was filled with *wonder*. 나는 그랜드캐니언을 보고 경탄해 마지않았다
2 불가사의한 것〔사람〕; 놀라운 일: The pyramids are one of the seven *wonders* of the world. 피라미드는 세계 7대 불가사의 중의 하나이다
in wonder 놀라서: He gazed at it *in wonder*. 그는 놀라서 그것을 쳐다보았다
(It's) no wonder (that) … …은 조금도 놀라울 것이 없다: *It is no wonder (that)* he passed the examination. 그가 시험에 합격한 것은 조금도 놀랄 만한 일이 아니다
──동 (3단현 **wonders** [-z]; 과거・과거분사 **wondered** [-d]; 현재분사 **wondering** [-dəriŋ]) 자 **1** …**에 놀라다**, 감탄하다 (at): I *wondered at* his talent. 나는 그의 재능에 놀랐다

2 의아스럽게 여기다, 의심하다: What are you *wondering* about? 무엇을 의아스럽게 생각하니?

──타 1 〔wonder (that) …의 형태로〕 **…을 이상하게 여기다**: I *wonder* (that) you did such a thing. 네가 그런 짓을 했다니 이상하다

2 〔wonder + 의문사〔if 등〕 …의 형태로〕 **…인가 하고 생각하다**: I *wonder* who that man is. 저 남자는 누구일까 / I *wonder* what happened. 무슨 일이 일어났을까 / I *wonder* where〔how〕 to spend the holidays. 휴가를 어디서〔어떻게〕 보낼까

won·der·ful [wʌ́ndərfəl 원더rF어열] 형 (비교급 **more wonderful; 최상급 **most wonderful**) 1 **이상한**, 놀라운: a *wonderful* story 놀라운 이야기 / It was a *wonderful* invention. 그것은 놀라운 발명이었다

2 **훌륭한**, 멋진, 굉장한: It was a *wonderful* party. 굉장한 파티였다 / We had a *wonderful* time. 우리는 정말 즐겁게 지냈다

won·der·ful·ly [wʌ́ndərfəli 원더rF얼리] 부 1 이상하게(도), 놀랄 만큼 2 훌륭하게

won·der·land [wʌ́ndərlænd 원더r얼랜드] 명 이상한 나라; 동화의 나라

won't [wóunt 우오운트] will not의 단축형

wood [wúd 우드] 명 (복수 **woods [-dz]) 1 **나무**, 목재; 장작: My desk is made of *wood*. 내 책상은 나무로 만들어졌다

2 〔보통 복수형으로〕 숲, 삼림: Let's go for a walk in the *woods*. 숲으로 산책하러 가자

3 〔**the**를 붙여〕 목관 악기(부)

wood carving [wúd kɑ́ːrviŋ] 명 목각(술)

wood·cut·ter [wúdkʌ̀tər 우드카터r → 우드카러r] 명 나무꾼, 벌목꾼

wood·ed [wúdid 우디드] 형 나무가 많은, 수목이 우거진

*wood·en [wúdn 우든] 형 **나무의**, 목조의: a *wooden* house 목조 가옥

wood·land [wúdlænd 우들랜드] 명 삼림 지대

wood·peck·er [wúdpèkər 우드페커r] 명 【동물】 딱따구리

woods·man [wúdzmən 우Z으먼] 명 (복수 **woodsmen** [-mən]) 1 숲에서 사는 사람 2 나무꾼, 벌목꾼(woodcutter)

woodpecker

wood·work [wúdwə̀ːrk 우드워-r크] 명 목세공(木細工)

wood·y [wúdi 우디 → 우리] 형 (비교급 **woodier**; 최상급 **woodiest**) 1 수목이 우거진 2 목질의

*wool [wúl 우을] 명 1 **양털**, 털실: This carpet is made of *wool*. 이 융단은 양털로 만들었다

2 모직물, 울; 모직물의 옷

──형 모직의, 울의: a *wool* suit 모직 양복

wool·en, 《영》 **wool·len** [wúlən 울런] 형 양털의; 양모제의, 모직물의: *woolen* goods 양모 제품

──명 모직물, 나사

wool·ly [wúli 울리] 형 (비교급 **woollier**; 최상급 **woolliest**) 양모의; 양털 같은

word [wə́ːrd 워-r드] 명 (복수 **words [-dz]) 1 **낱말, 단어**: How many English *words* do you know? 너는 영어 단어를 얼마나 알고 있니?

2 **한 마디 말**, (짤막한) 말: He went out without a *word*. 그는 한마디 말도 없이 나가 버렸다 / I'd like a *word* with you.

잠깐 네게 할 말 있다
3 기별, 소식: Please send me *word* as soon as possible. 될수록 빨리 소식 전해주십시오
4 〔one's를 붙여〕 **약속**(promise): He gave *his word* not to tell a lie. 그는 거짓말을 하지 않기로 약속했다
5 지시, 명령

in a word 한 마디로: *In a word*, I don't like him. 한 마디로 말해서 나는 그를 좋아하지 않는다

in other words 바꾸어 말하면
upon my word 맹세코, 꼭: *Upon my word*, I told the truth. 맹세코 나는 사실만을 이야기했다

wore [wɔ́ːr 워-ㄹ] 동 wear(입다)의 과거형

work [wə́ːrk 워-ㄹ크] 명 (복수 **works** [-s]) **1** **일**, 노동; **공부**: It is hard *work*. 그것은 힘든 일이다/ I have a lot of *work* to do today. 나는 오늘 할 일이 많다

2 **일자리**, 직업; 근무처, 직장, 회사: I'm looking for a *work*. 나는 일자리를 찾고 있다

3 **작품**, 저작; 제작품: a *work* of art 예술〔미술〕 작품/ I want buy the complete *works* of Shakespeare. 나는 셰익스피어 전집을 사고 싶다

4 〔복수형으로〕 (토목) 공사: public *works* 공공 토목 공사

5 〔복수형으로〕 **공장**: an iron *works* 제철 공장

at work (사람이) 작업 중인; (기계가) 작동 중인: My father is *at work* now. 아버지는 지금 근무 중이시다

get*〔*go, set*〕 *to work 일을 시작하다
out of work 실직하여: He is *out of work* now. 그는 지금 실직 중이다

── 동 (3단현 **works** [-s]; 과거·과거분사 **worked** [-t]; 현재분사 **working**) 자 **1** **일하다**, 근무한다; **공부하다**: Do you *work* five days a week? 당신은 주 5일 근무인가요?/ She *works in* a bank. 그녀는 은행에 근무한다/ He *works* hard every day. 그는 매일 열심히 일〔공부〕한다

2 (기계 등이) **움직이다**, 작동하다: The elevator is *working*. 엘리베이터는 작동 중이다

3 (계획 등이) 잘 되어가다; (약 등이) 듣다: The plan *worked* pretty well. 그 계획은 매우 잘 되어갔다

── 타 **1** (기계 등을) **운전하다**, 조작하다: I know how to *work* this machine. 나는 이 기계를 작동할 줄 안다

2 (사람·말 등을) 부리다, 일 시키다: He *works* his employees too hard. 그는 종업원을 혹사시킨다

work against …에 반대하다
work on (1) 일을〔공부를〕 계속하다: I'm *working on* it. 아직 작업 중이에요
(2) …에 작용하다, 영향을 주다: This medicine will *work on* you. 이 약은 너에게 들을 것이다
(3) …을 설득하다

work out (1) (문제 등을) **풀다**, 해결하다: *work out* a problem 문제를 풀다
(2) (일이) 잘 **되어가다**: The plan will *work out*. 그 계획은 잘 될 것이다
(3) …을 생각해 내다; (계획 등을) 세우다

work·book [wə́ːrkbùk 워-ㄹ북] 명 학습장, 연습장

work·er [wə́ːrkər 워-ㄹ커r] 명 (복수 **workers** [-z]) 일꾼, 일손, 일하는 사람

work·ing [wə́ːrkiŋ 워-ㄹ킹] 형 **1** **일하는**, 노동에 종사하는: the *working* population 노동 인구

2 (일에) 소용되는, 작업용의: *working* hours 노동 시간/ *working* clothes 작업복

── 명 **1** **일**, **노동**, 작업 **2** 작용, 활동

work·man [wə́ːrkmən 워-ㄹ먼] 명 (복수 **workmen** [-mən]) 노동자, 직공, 공원(worker): a skilled *workman* 숙련공

work·out [wə́ːrkàut 워-ㄹ카웃] 명 연습, 트레이닝

work·shop [wə́ːrkʃɑ̀p 워-r크샵] 몡 1 작업장, 일터 2 《미》 연구 집회

world [wə́ːrld 워-r얼드] 몡 (복수 **worlds** [-dz]) 1 [the를 붙여] **세계**, 누리: the whole *world* 전 세계/ I traveled around *the world*. 나는 세계 일주 여행을 했다
2 [집합적으로; 단수 취급] 세상 사람들; 인류, 인간: All the *world* was surprised at the news. 전 세계의 사람들이 그 소식을 듣고 놀랐다
3 [the를 붙여] 세상 (물정), 세상사: She knows nothing of *the world*. 그녀는 세상 물정을 모른다
4 (인간) 세상; 이(저)승: this *world* and the next (*world*) 이승과 저승
5 [보통 **the**를 붙여] …계, …의 세계: *the* animal *world* 동물계/ *the* literary *world* 문학계, 문단

all over the world 전 세계에: The news spread *all over the world*. 그 소식은 전 세계에 퍼졌다

a world of 산더미 같은, 무수한: We have *a world of* troubles. 우리는 많은 문제가 있다

for (all) the world [부정문에서] 결코, 절대로: I'll *not* give it up *for the world*. 나는 그것을 절대로 포기하지 않겠다

in the world (1) [최상급을 강조하여] **세계에(서)**: He is the greatest man *in the world*. 그는 세상에서 가장 위대한 사람이다
(2) [의문사를 강조하여] **도대체**: What *in the world* does he mean? 도대체 그 사람의 말은 무슨 뜻인가?

──혱 세계의, 세계적인: a *world* championship 세계 선수권

world·ly [wə́ːrldli 워-r들리] 혱 (비교급 **worldlier**; 최상급 **worldliest**) 1 세상의, 현세의 2 세속적인

World War I [wə́ːrld wɔ̀ːr wʌ́n] 몡 제1차 세계 대전(1914–18) (🔖 the First World War라고도 한다)

World War II [wə́ːrld wɔ̀ːr túː] 몡 제2차 세계 대전(1939–45) (🔖 the Second World War라고도 한다)

world-wide [wə́ːrld-wáid 워-r드와이드] 혱 세계적인, 전 세계로 미치는: *world-wide* fame 세계적인 명성

***worm** [wə́ːrm 워-r엄] 몡 (복수 **worms** [-z]) 벌레: Tread on a *worm* and it will turn. 《속담》 지렁이도 밟으면 꿈틀한다

| 비교 | **worm**과 **insect** |
worm은 지렁이·거머리·회충 등 뼈나 다리가 없는 벌레, **insect**는 보통 다리가 여섯인 곤충.

worm   insect

worm-eat·en [wə́ːrm-íːtn 워-r엄이튼] 혱 벌레 먹은

worn [wɔ́ːrn 워-r언] 통 wear(입고 있다)의 과거분사형
──혱 1 닳아빠진: *worn* rugs 닳아빠진 깔개
2 야윈, 초췌한

worn-out [wɔ́ːrn-áut 워-r언아웃] 혱 1 써서 낡은, 닳아 해진 2 기진맥진한

wor·ried [wə́ːrid 워-r뤼드] 혱 걱정[근심]스러운: a *worried* look 근심스러운 표정

***wor·ry** [wə́ːri 워-r뤼] 통 (3단 현 **worries** [-z]; 과거·과거분사 **worried** [-d]; 현재분사 **worrying**) 탄 1 …을 **걱정시키다**: Don't *worry* your parents. 부모님께 걱정을 끼치지 마라/ He is *worried* about his daughter. 그는 딸의 일로 걱정하고 있다
──짜 **걱정하다**, 고민하다: Don't *worry*. 걱정 마라

──**명** (복수 **worries** [-z]) **1** 근심, 걱정 **2** 걱정거리, 골칫거리

*worse [wə́ːrs 워-r쓰] **형** (bad, ill의 비교급; 최상급은 **worst**) **1** (bad의 비교급) **더 나쁜**(**반** better 더 좋은): This is *worse* than that. 이것은 저것보다 더 나쁘다

2 (ill의 비교급) (병 등이) 더 악화된: He is *worse* this morning. 그의 병세는 오늘 아침에 더 악화되어 있다

(and) what is worse = ***to make matters worse*** 설상가상으로: *To make matters worse*, it began to rain. 설상가상으로 비가 내리기 시작했다

──**부** (bad, ill의 비교급; 최상급은 **worst**) **더 나쁘게**, 더욱 심하게: It is raining *worse* than ever. 비가 더욱 세차게 내리고 있다

none the worse 그럼에도 불구하고: I like him *none the worse* for his faults. 그의 결점에도 불구하고 나는 그가 좋다

──**명** 더 나쁜 것〔일〕

wor·ship [wə́ːrʃip 워-r쉽] **명 1** 숭배, 존경: hero *worship* 영웅 숭배

2 예배, 참배: attend *worship* 예배에 참석하다

──**동** (3단현 **worships** [-s]; 과거·과거분사 **worshiped**, 《영》 **worshipped** [-t]; 현재분사 **worshiping**, 《영》 **worshipping**) **타 1** (신·영웅 등을) 숭배하다 **2** 예배하다, 참배하다

*worst [wə́ːrst 워-r스트] **형** (bad, ill의 최상급; 비교급은 **worse**) **1** (bad의 최상급) **가장 나쁜**, 최악의(**반** best 가장 좋은): It produced the *worst* result. 그것은 최악의 결과를 낳았다

2 (ill의 최상급) (몸 상태가) 가장 심한: He was *worst* yesterday. 그의 상태는 어제가 가장 나빴다

──**부** (bad, ill의 최상급; 비교급은 **worse**) **가장 나쁘게**: Linda played *worst*. 린다의 연주〔연기〕가 가장 서툴렀다

worst of all 무엇보다도 나쁜 것은

──**명** 〔보통 **the**를 붙여〕 최악, 최악의 것〔일〕: This movie is the *worst* I've ever seen. 이 영화는 지금까지 내가 본 영화 중에 최악이다

at (the) worst 최악의 경우에도, 아무리 나빠도: *At the worst*, he will not break his promise. 최악의 경우에도 그는 약속을 어기지 않을 것이다

*worth [wə́ːrθ 워-rθ] **형 …의 가치가 있는**: That picture is *worth* 300 dollars. 저 그림은 300달러의 가치가 있다／ This book is *worth* reading. 이 책은 읽을 만한 가치가 있다

It is worth while doing 〔***to do***〕 …할 만한 가치가 있다: *It is worth while going* 〔*to go*〕 *to the concert*. 그 음악회는 가 볼만한 가치가 있다

──**명 가치**, 값어치: What is the *worth* of this picture? 이 그림은 얼마나 가치가 있습니까?

worth·less [wə́ːrθlis 워-rθ을리쓰] **형** 가치 없는, 쓸모 없는: *worthless* knowledge 쓸모 없는 지식

worth·while [wə́ːrθhwáil 워-rθ으와〔화〕일] **형** …할 가치가 있는

wor·thy [wə́ːrði 워-rð이] **형** (비교급 **worthier**; 최상급 **worthiest**) **1** 훌륭한: a *worthy* successor 훌륭한 후계자

2 가치 있는, …할 만한 (**of**): His act is *worthy of* praise. 그의 행동은 칭찬할 만하다

*would [wúd 우드] **조** (will 과거) **1** 〔간접 화법 중에 will의 과거로 쓰여〕 **…일 것이다**, …하겠다: I said I *would* keep my promise. (= I said, 'I will keep my promise.') 나는 약속을 지키겠다고 말했다／ He said he *would* never give up. (= He said, 'I will never give up.') 그는 결코 포기하지 않겠다고 말했다

2 〔과거의 강한 의지를 나타내어〕 (기어코) **…하려 했다**: He *would* go despite my warning. 나의 경고에도 불구하고

그는 간다고 우겼다/ The door *would* not open. 아무리 해도 그 문은 열리지 않았다

3 〔과거의 습관을 나타내어〕 **…하곤 했다**: He *would* often call on me. 그는 곧잘 나를 찾아오곤 했다

> 비교 **would**와 **used to** do
> **would**는 흔히 often, sometimes 등과 함께 쓰여 과거의 불규칙적인 습관을 나타낼 때 쓰고, **used to** do는 과거의 규칙적인 습관이나 현재와 대비적인 과거의 일을 나타낼 때 쓴다: I *used to* go to school by bus. 나는 예전에는 버스로 학교에 갔었다.

4 〔가정법에서〕 **…할텐데, …했을 것이다**: If I had money enough, I *would* buy it. 돈이 넉넉하면 그것을 살 텐데/ If I had known the news, I *would* have told you. 내가 그 뉴스를 알고 있었더라면 네게 알렸을 것이다

5 〔Would you …?로〕 **…하여 주시겠습니까?** (참 Will you …?보다 정중한 부탁): *Would you* speak a little louder? 좀 더 크게 말씀해 주시겠습니까?

would like to *do* …하고 싶다 ⇒ like 숙어

would·n't [wúdnt 우든트] would not의 단축형

wound¹ [wúːnd 우-은드] 명 **1 상처**, 부상: He received a fatal *wound*. 그는 치명상을 입었다
2 (정신적) 타격, 고통, 모욕
── 동 (3단현 **wounds** [-dz]; 과거·과거분사 **wounded** [-id]; 현재분사 **wounding**) 타 **상처 입히다**: He was seriously *wounded* in the arm. 그는 팔에 중상을 입었다

wound² [wáund 와운드] 〔 wound¹과 발음 차이에 주의〕 동 wind(감다)의 과거·과거분사형
wound·ed [wúːndid 우-은디드] 형 부상한, 다친: the *wounded* 부상자들
wove [wóuv 우오우v으] 동 weave(짜다)의 과거형
wo·ven [wóuvən 우오우V언] 동 weave(짜다)의 과거분사형
***wow** [wáu 와우] 감 **야!, 와!** (놀라움·기쁨·고통 등을 나타냄)

***wrap** [rǽp 랩] 〔 W는 묵음〕 동 (3단현 **wraps** [-s]; 과거·과거분사 **wrapped** [-t]; 현재분사 **wrap·ping**) 타 **…을 싸다**, 두르다, 포장하다: *Wrap* it up in paper. 그것을 종이에 싸시오

wrap

wrap·per [rǽpər 래퍼r] 명 **1** 싸는 사람 **2** 싸개, 보자기, 포장지; 《영》 책 커버 (참 jacket이라고도 한다)
wrath [rǽθ 래θ으] 명 격노(rage), 분노
wreath [ríːθ 뤼-θ으] 명 (복수 **wreaths** [-s]) 화관(花冠), 화환

wreck [rék 렉] 〔w는 묵음〕 명 (복수 **wrecks** [-s]) **1** 난파; 난파선 (잔해) **2** (열차·자동차 등의) 충돌 (잔해)
—— 동 (3단현 **wrecks** [-s]; 과거·과거분사 **wrecked** [-t]; 현재분사 **wrecking**) 타 **1** (배를) 난파시키다: The ship was *wrecked*. 그 배는 난파되었다
2 (물건 등을) 파괴하다; (몸을) 망치다: He *wrecked* his health. 그는 그의 건강을 해쳤다

wreck·er [rékər 레커r] 명 《미》(사고나 불법 주차된 차를 이동시키는) 레커차

wrecker

wren [rén 렌] 명 【조류】굴뚝새
wrench [réntʃ 렌취] 명 (복수 **wrenches** [-iz]) **1** 비틀기 **2** 접질림, 삠 **3** 《미》(너트를 죄는) 렌치 (《영》 spanner)

wrenches 3

wrest [rést 뤠스트] 타 …을 비틀다
wres·tle [résl 뤠쓸] 〔w와 t는 묵음〕 동 (3단현 **wrestles** [-z]; 과거·과거분사 **wrestled** [-d]; 현재분사 **wrestling**) 자 **1** 레슬링을 하다; 맞붙어 싸우다 《with》: He began to *wrestle* with his opponent. 그는 상대방과 맞붙어 싸우기 시작했다
2 (어려움 등과) 싸우다 《with》
wres·tler [réslər 뤠슬러r] 명 레슬링 선수

wres·tling [réslɪŋ 뤠슬링] 명 레슬링

wrestling

wretch·ed [rétʃid 뤠취드] 형 **1** 비참한, 불쌍한 (miserable): live a *wretched* life 비참한 생활을 하다
2 (사람이) 야비한, 비열한
2 아주 불쾌한, 질색인

wring [ríŋ 륑] 〔ring(반지)와 발음이 같음〕 동 (3단현 **wrings** [-z]; 과거·과거분사 **wrung** [rʌ́ŋ]; 현재분사 **wringing**) 타 …을 짜다: *wring* wet cloth 젖은 천을 짜다

wring

wrin·kle [ríŋkl 륑크을] 명 (피부·천 등의) 주름
—— 동 (3단현 **wrinkles** [-z]; 과거·과거분사 **wrinkled** [-d]; 현재분사 **wrinkling**) 타 주름을 잡다 (짓다): He *wrinkled* his forehead. 그는 이마에 주름살을 지었다
—— 자 주름지다

*****wrist** [ríst 뤼스트] 〔w는 묵음〕 명 (복수 **wrists** [-ts]) 손목: He took me by the *wrist*. 그는 내 손목을 잡았다
wrist·watch [rístwɑ̀tʃ 뤼스트와취] 명 손목시계 (간단히 watch라고도 한다)

write [ráit 롸잇] 〔right(옳은)와 발음이 같음〕 동 (3단현 **writes** [-ts]; 과거 **wrote** [róut]; 과거분사 **written** [rítn]; 현재분사 **writing**) 타 **1** (글씨를) 쓰다: *write* five pages 5페이지를 쓰다

2 (논문·책 등을) **쓰다**, 저술하다: *write a book on* American literature 미국 문학에 관한 책을 쓰다
3 《미국어》 (사람에게) 편지를 쓰다: I *wrote* a letter *to* my parents. 나는 부모님께 편지를 썼다

―〔자〕 (글씨를) **쓰다**: Please *write* with a pencil. 연필로 써 주십시오

write back 답장을 쓰다: He *wrote* me *back* soon. 그는 내게 곧 답장을 보냈다

write down **써 두다**, 적다, 기록하다: Please *write* it *down* in your notebook. 그것을 노트에 적어 두십시오

write in …을 써넣다, 기입하다

write out …을 다 쓰다: He *wrote out* a report. 그는 보고서를 다 썼다

writ·er [ráitər 라이터r → 라이러r] 〔명〕 (복수 writers [-z]) **필자, **저자**, 작가: a famous American *writer* 미국의 유명한 작가

***writ·ing [ráitiŋ 라이팅 → 라이링] 〔명〕 (복수 writings [-z]) **1** (글을) **쓰기**: He is busy with his *writing*. 그는 글을 쓰기에 바쁘다
2 (글씨) **쓰기**; 필적, 서체: reading and *writing* 읽기와 쓰기 / Her *writing* is difficult to read. 그녀의 서체는 읽기 어렵다
3 문서, 서류; 저작, 작품집
in writing (글로) 써서, 서면으로: Report it *in writing*. 서면으로 그것을 보고하시오

writ·ten [rítn 뤼튼] 〔동〕 write(쓰다)의 과거분사형
―〔형〕**1** 문자로 쓴〔된〕(〔반〕 oral 구두의): a *written* examination 필기 시험
2 문어의(〔반〕 spoken 구어의): *written* language 문어

******wrong** [rɔːŋ 로-엉] 〔형〕 (비교급 more wrong; 최상급 most wrong) **1** **나쁜**, 부정한(〔반〕 right 옳은): It is *wrong* to tell a lie. 거짓말하는 것은 나쁘다
2 **틀린**, 잘못된(〔반〕 right 맞는): Your answer is *wrong*. 너의 대답은 틀렸다

right　　　wrong

3 상태가 나쁜, (기계 등이) 고장난: My watch is *wrong*. 내 시계는 고장났다 / Something is *wrong* with this car. 이 차는 어딘가 고장이다

wrong side out 뒤집어서, 거꾸로 해서: You are wearing your sweater *wrong side out*. 너는 스웨터를 뒤집어 입고 있다

―〔부〕 **틀리게**(〔반〕 right 맞게): Jane answered *wrong*. 제인은 틀리게 대답했다

go wrong (1) 길을 잘못 들다
(2) (일이) 잘 안 되다: Everything *went wrong*. 만사가 틀어졌다
(3) (기계·시계 등이) 고장나다

―〔명〕 (복수 wrongs [-z]) **1** (도덕상의) 악, 죄 **2** 과실, 잘못(〔반〕 right 바름); 부당〔부정〕 행위

in the wrong 잘못되어 (있는), 틀려서: You are *in the wrong*. 네 말〔생각〕이 틀렸다

wrong·ly [rɔːŋli 로-엉리] 〔부〕 틀리게; 부당하게 (보통 과거분사 앞에서): The letter was *wrongly* addressed. 그 편지는 주소가 잘못 씌어 있었다

wrote [rout 로웃] 〔동〕 write(쓰다)의 과거형

Wy·o·ming [waióumiŋ 와이오우밍] 〔명〕 와이오밍 (미국 북서부의 주(州); 약어는 Wyo., Wy.)

Xx

X, x [éks 엑쓰] 명 (복수 X's, x's [-iz]) **1** 엑스 《영어 알파벳의 스물넷째 글자》 **2** X자 모양(의 물건) **3** 미지수 **4** 로마 숫자의 10

Xe·rox [zíərɑks Z이어롹쓰] 명 제록스 《복사기의 일종; 상표명》

*****Xmas** [krísməs 크뤼쓰머쓰] 명 《구어》 크리스마스

> 참고 상점의 광고 등에 종종 쓰이며, 보통은 Christmas라 한다. X'mas 또는 X-mas라 쓰는 것은 잘못이다.

【그리스어 Xristos(그리스도)의 머릿글자+mass(미사)에서】

*****X-ray, x-ray** [éks-rèi 엑쓰뤠이] 명 (복수 X-rays, x-rays [-z]) **1** 〔보통 복수형으로〕 X선, 뢴트겐선 **2** X선 사진〔검사〕

── 형 X선의: have an *X-ray* examination X선 검사를 받다

── 타 **1** X선 사진을 찍다 **2** X선으로 검사하다〔치료하다〕

【발견자 뢴트겐이「정체 불명의 광선」으로 불렸던 데서】

xy·lo·phone [záiləfòun Z아일러F오운] 명 실로폰, 목금(木琴)

xylophone

Yy

Y, y [wái 와이] 명 (복수 Y's, y's [-z]) **1** 와이 《영어 알파벳의 스물다섯째 글자》 **2** Y자 모양(의 물건)

yacht [ját 얃] 〔🎵 ch는 묵음〕 명 요트
── 자 요트를 타다, 요트로 항해하다

> 참고 요트
> 우리말의「요트」는 《미》 sailboat, 《영》 sailing boat라 한다. 영어의 yacht는 일반적으로 부자들의 대형 호화선을 말하나, 경주에 쓰이는 sailboat를 yacht라고도 한다.

yacht·ing [játiŋ 야팅 → 야링] 명 요트타기: They went *yachting* yesterday. 그들은 어제 요트를 타러 갔다

yachts·man [játsmən 야츠먼] 명 (복수 **yachtsmen** [-mən]) 요트 조종자〔소유자〕

Yan·kee [jǽŋki 앵키] 명 미국인, 양키

yard¹ [já:rd 야-r드] 명 (복수 **yards** [-dz]) 야드 (길이의 단위; 1야드는 3피트, 91.4cm; 약어는 yd.): two *yards* of cloth 천 2야드

yard² [já:rd 야-r드] 명 (복수 **yards** [-dz]) **1 마당, 뜰**, 구내: The children are playing in the *yard*. 아이들이 뜰에서 놀고 있다

비교 **yard**과 **garden**
yard는 집 주위의 빈 터, 즉 마당을 말하며, 미국에서는 대개 잔디가 심어져 있다. **garden**은 꽃·야채·나무 등을 심는 마당·정원을 가리킨다.

2 〔보통 복합어를 이루어〕 일터; (재료를) 두는 곳: a ship*yard* 조선소 / a lumber*yard* 목재 하치장
3 (철도의) 구내

yarn [já:rn 야-r언] 명 (복수 **yarns** [-z]) (직물용의) 실, 뜨개실, 털실

yawn [jɔ́:n 여-언] 명 하품
───자 하품하다

yd. 《약어》 yard¹ 야드

yeah [jǽ: 야-] 부 《미구어》 = yes

year [jíər 이어r] 명 (복수 **years** [-z]) **1 해, 연**(年): last〔this, next, every〕 *year* 작년〔금년, 내년, 매년〕/ I was born in the *year* 1997. 나는 1997년에 태어났다 / His father died two *years* ago. 그의 아버지는 2년 전에 돌아가셨다

회화
A: A happy New *Year*!
새해 복 많이 받으세요!
B: The same to you!
새해 복 많이 받으세요!

yawn

참고 연도 읽는 법
(1) 연도가 3자리 이하는 그대로 읽는다 (예: AD 765년): AD seven hundred sixty-five.
(2) 연도가 4자리인 경우 두 자리씩 끊어서 읽는다 (예: 1986년): nineteen eighty-six.
(3) 백자리가 비어 있으면 원래 숫자 읽는 대로 읽거나 두자리씩 끊어 읽는다 (예: 2016년): two thousand sixteen (= twenty sixteen).

2 학년: a school *year* 학년 / I am a first *year* student. 나는 1학년생이다
3 〔수사 뒤에 쓰여〕 **…살**: He is ten *years* old. (= He is a ten-*year*-old boy.) 그는 열 살이다 (간단히 He is ten.이라고도 한다)
4 〔복수형으로〕 나이, 연령: She looks young for her *years*. 그녀는 나이에 비해 젊어 보인다
5 〔복수형으로〕 긴 세월, 장기간: I have lived here for *years*. 나는 여러 해 동안 이 곳에 살고 있다

all the year round 일년 내내: It is warm here *all the year round*. 여기는 일년 내내 따뜻하다
from year to year = *year after〔by〕 year* 매년, 해마다
of late years 근년에, 최근에
year in, year out 해마다, 언제나

year·book [jíərbùk 이어r북] 명 **1** 연감, 연보(年報) **2** 《미》 졸업 기념 앨범

year·ly [jíərli 이어r리] 형 연 1회의; 매년의; 1년 간의: a *yearly* event 연중 행사 / a *yearly* income 연수입
───부 1년에 한번, 매년: We visit New York *yearly*. 우리는 매년 뉴욕에 간다

yearn [já:rn 여-r언] 동 (3단현 **yearns** [-z]; 과거·과거분사 **yearned** [-d]; 현재분사 **yearning**) 자 **1** 동경하다, 그리워하다 《for, after》: *yearn for* freedom 자유를 갈망하다

2 몹시 …하고 싶어하다 《to *do*》: He *yearned to* go home. 그는 몹시 집에 가고 싶어했다

yearn·ing [jə́ːrniŋ 여-r닝] 명 동경, 그리움

——형 동경의, 그리워하는

yeast [jiːst 이-스트] 명 효모, 이스트

yell [jél 예엘] 동 (3단현 **yells** [-z]; 과거·과거분사 **yelled** [-d]; 현재분사 **yelling**) 자 큰소리로 외치다: *yell for* help 도와달라고 외치다

——명 **1** 고함 소리, 외침 **2** 《미》 옐 《자기 편 선수에게 보내는 응원의 함성》

✱yel·low [jélou 옐로우] 명 (복수 **yellows** [-z]) **1** 노랑, 황색; 황색 그림물감 **2** (달걀의) 노른자위

——형 (비교급 **yellower**; 최상급 **yellowest**) **1** 노란, 황색의: a *yellow* flower 노란 꽃 / The leaves of the trees turned *yellow* and red. 나뭇잎은 노랑, 빨강으로 변했다

2 황색 인종의

3 (신문 기사 등이) 선정적인

✱yes [jés 예쓰] 부 **1** 〔질문·부탁 등에 대답하여〕 네; 〔부정의 질문에 대답하여〕 아니오

> 회화

A: Do you want that?
저걸 원합니까?
B: *Yes*, I do.
네, 그래요

A: Don't you like grapes?
포도를 안 좋아하세요?
B: *Yes*, I do.
아니오, 좋아합니다

※ 한국어와는 달리 영어에서는 질문이 긍정이거나 부정이거나 간에 상관없이 답이 긍정이면 yes를, 부정이면 no를 쓴다. 즉 질문이 Do you like it?이든 Don't you like it?이든 「좋아한다」면 Yes, 「좋아하지 않는다」면 No가 된다.

2 〔부름·명령 등에 대답하여〕 네

> 회화

A: Stand up, Kate.
케이트, 일어서세요
B: *Yes*, sir.
네, 선생님

3 〔상대방에게 동의하여〕 그래, 그렇다

> 회화

A: This is a very good dictionary.
이것은 아주 좋은 사전이다
B: *Yes*, it is.
그래, 그렇다

——명 (복수 **yeses** [-iz]) 「네」라고 하는 말 〔대답〕, 긍정, 승낙 (반 no 부정): She said *yes*. 그녀는 「네」라고 말했다

✱yes·ter·day [jéstərdèi 예스터r데이] 명 **1** 어제: *yesterday* morning 어제 아침 / the day before *yesterday* 그저께

——부 어제: I came here *yesterday*. 나는 어제 여기에 왔다

✱yet [jét 옛] 부 **1** 〔부정문에서〕 아직 (…않다): The work is *not yet* finished. 그 일은 아직 끝나지 않았다

> 회화

A: Have you finished it?
그것을 끝냈습니까?
B: *Not yet*.
아직 못 끝냈습니다

2 〔의문문에서〕 이미, 벌써 (☞ already 쓰임새): Have you finished your homework *yet*? 벌써 숙제를 다 끝냈니?/ Do you have to go *yet*? 벌써 가야 합니까?

3 〔긍정문에서〕 아직: They are talking *yet*. 그들은 아직도 이야기하고 있다

and yet 그럼에도, 그런데도: We did our best, *and yet* we lost the game. 우리는 최선을 다했지만 경기에 지고 말았다

as yet 지금까지는, 아직까지(until now): He has not come *as yet*. 그는 아직 오지 않았다

── 접 그런데도, 그래도: He tried hard, *yet* he failed. 그는 열심히 노력했으나 실패했다

yield [jíːld 이-열드] 동 (3단현 **yields** [-dz]; 과거·과거분사 **yielded** [-id]; 현재분사 **yielding**) 타 **1** (작물·제품 등을) 생산하다(produce): This tree *yields* a lot of apples. 이 나무는 사과가 많이 열린다
2 (영토 등을) 내주다, 양도하다; 굴복하다: *yield* the fort *to* the enemy 적에게 요새를 내주다

── 자 **1** 산출하다 **2** 지다, 굴복하다 **3** (길을) 양보하다

── 명 수확, 생산; 생산량

Y.M.C.A., YMCA [wáiemsìːéi 와이엠씨-에이] 《약어》 *Young Men's Christian Association* 기독교 청년회

yield 자 3

yo·del [jóudl 요우드을 → 요우르을] 명 요들 《스위스의 산간 사람들이 부르는 민요》

yo·gurt [jóugərt 요우거r트] 명 요구르트 《유산균 음료의 일종》

yoke [jóuk 요욱] 〖yolk(노른자위)와 발음이 같음〗 명 **1** (한 쌍의 소 등에 메우는) 멍에 **2** (물통 등을 양끝에 걸고 어깨에 메는) 멜대

yoke 1 yoke 2

yolk [jóuk 요욱] 〖yoke(멍에)와 발음이 같음〗 명 (달걀의) 노른자위(반 white 흰자위)

yon·der [jándər 얀더r] 형 저쪽의(over there)

you [júː 유-] 대 〔인칭 대명사〕 《단수·복수 동형》 **1** 〔주어로서〕 너는; 당신〔너희〕들은〔이〕: *You* are my friend. 너는 내 친구야/ Are *you* students? 너희들은 학생이냐?

	단수	복수
주격	you 너는	you 너희들은〔이〕
소유격	your 너의	your 너희들의
목적격	you 너를〔에게〕	you 너희들을〔에게〕

2 〔목적어로서〕 너를〔에게〕; 당신〔너희〕들을〔에게〕: I love *you*. 당신을 사랑합니다/ I will give *you* this. 이것을 너에게 주겠다

3 〔일반적으로〕 사람은: *You* must be kind to others. 다른 사람에게 친절해야 한다

Are you there? 〔전화에서〕 여보세요
You see. 《구어》 아시다시피, …이잖아요: *You see*, I have been poor all my life. 아시다시피 나는 이제까지 줄곧 가난했잖아요

you'd [júːd 유-드] you had〔would〕의 단축형

you'll [júːl 유-을] you will〔shall〕의 단축형

young [jʌ́ŋ 영] 형 (비교급 **younger**; 최상급 **youngest**) **1** 젊은, 어린(반 old 늙은): a *young* man 청년/ He is too *young* to drive a car. 그는 너무 어려서 차를 운전할 수가 없다
2 손아래의 《같은 이름〔성〕, 부자, 형제 등의》: (the) *young* Jones 아들 존스/ He is two years *younger* than his sister. 그는 누나보다 두 살 아래다

young·ster [jʌ́ŋstər 영스터r] 명 젊은이, 청년

your [júər 유어*r*] 대 (you의 소유격) 당신(들)의, 너(희들)의: *your* book 당신 책/ Is this *your* racket? 이것은 네 라켓이니?

you're [júər 유어*r*] you are의 단축형

yours [júərz 유어*r*즈] 대 (you의 소유대명사) 당신(들)의 것: My car is old, and *yours* is new. 내 차는 낡았는데 네 것은 새것이다 (※ yours는 your car를 말한다)/ Is he a friend of *yours*? 그는 당신의 친구입니까?

회화

A: Is this *yours*?
이것은 당신 것입니까?
B: Yes, it's mine.
예, 제 것입니다

Yours sincerely〔*truly*〕(= *Sincerely*〔*truly*〕 *yours*) …드림, …올림 (※ 상업문에 흔히 쓰는 표현)

your·self [juərsélf 유어*r*쎄얼f으] 대 (복수 **yourselves** [-sélvz]) **1** 〔강조 용법으로〕 당신 자신(이) (※ yourself를 강하게 발음): You *yourself* said so. 당신 자신이 그렇게 말하였다/ Do it *yourself*. 그것을 네 스스로 해라
2 〔재귀 용법으로〕 당신 자신을〔에게〕: Did you enjoy *yourself* yesterday? 어제는 즐거웠습니까?
by yourself 혼자서: Do you live *by yourself*? 당신은 혼자 살고 있습니까?
for yourself 혼자 힘으로: Do it *for yourself*. 혼자 힘으로 그것을 하라
Help yourself. (음식 등을) 마음껏 드세요

your·selves [juərsélvz 유어*r*쎄얼V으즈] 대 yourself의 복수형

youth [júːθ 유-쓰으] 명 (복수 **youths** [júːðz, júːθs]) **1** 젊음: the secret of keeping one's *youth* 젊음을 유지하는 비결
2 젊은 시절: He studied painting in his *youth*. 그는 젊은 시절에 프랑스에서 그림 공부를 했다
3 젊은이, 청년; 〔집합적으로〕 젊은이들: He is a promising *youth*. 그는 유망한 젊은이다

youth·ful [júːθfəl 유-쓰으F어얼] 형 **1** 젊은, 청년 같은 **2** 기운찬

youth hostel [júːθ hàstl] 명 유스 호스텔 (청소년 여행자를 위한 비영리 숙박소)

you've [júːv 유-v으] you have의 단축형

yo-yo [jóu-jòu 요우요우] 명 요요 (장난감의 일종)

yo-yo

Y.W.C.A., YWCA [wáidʌ̀bljusìːéi 와이 다 블 류 씨-에이] 《약어》 Young Women's Christian Association 기독교 여자 청년회

Zz

Z, z [zí: Z이-] 명 (복수 Z's, z's [-z]) 지, 제트 《영어 알파벳의 스물여섯째〔마지막〕글자》
from A to Z 처음부터 끝까지

zeal [zí:l Z이-열] 명 열심, 열중: work with *zeal* 열심히 일하다

zeal·ous [zéləs Z엘러쓰] 형 열심인, 열중하여: He is a *zealous* worker. 그는 열심히 일하는 사람이다

***ze·bra** [zí:brə Z이-브러] 명 【동물】 얼룩말

zebra

zebra crossing [zí:brə krɔ́:siŋ] 명 《영》(흰 줄무늬를 그은 보행자 우선의) 사선 횡단 보도

zebra crossing

***ze·ro** [zíərou Z이어로우] 명 (복수 zeros, zeroes [-z]) 제로, 영; (성적·시합 등의) 영점; (온도계의) 0도: I got *zero* in the math. 나는 수학에서 0점을 받았다

Zeus [zú:s Z우-쓰] 〔발음 주의〕 명 【그리스신화】 제우스 《올림푸스 산의 최고의 신; 로마신화의 주피터(Jupiter)에 해당》

zig·zag [zígzæg Z이그Z애그] 명 Z자 모양, 지그재그

zinc [zíŋk Z잉크] 명 【화학】 아연 《금속 원소; 기호 Zn》

zip code [zíp kòud Z입 코우드] 명 《미》 우편 번호

zip·per [zípər Z이퍼r] 명 《미》 지퍼

zo·di·ac [zóudiæk Z오우디액] 명 1 〔the를 붙여〕 【천문】 황도대(黃道帶) 2 【점성】 12궁(宮); 12궁도(圖)

zipper

zone [zóun Z오운] 명 (복수 zones [-z]) 1 **지대, 지역**, 구역: a safety *zone* 안전 지대/ a school *zone* 학교 지구
2 (한대·열대 등의) …대(帶): These animals live in the tropical *zone*. 이 동물들은 열대에 살고 있다

***zoo** [zú: Z우-] 명 (복수 zoos [-z]) **동물원**: We went to the *zoo* last Sunday. 우리는 지난 일요일에 동물원에 갔다

zoom [zú:m Z우-음] 명 1 (비행기의) 급상승 2 (물가의) 급등 3 【영화·TV】 줌 《영상의 급격한 확대 또는 축소》

ZZZ, zzz [z: Z으-] 감 드르렁드르렁, 쿨쿨 《만화 등에서 코고는 소리》

KOREAN-ENGLISH DICTIONARY
한 영 사 전

(ㄱ)

가게 a shop《영》, a store《미》

가격 price, cost
¶ 가격이 오르다〔내리다〕 rise〔fall〕 in price

가공 processing —하다 process
¶ 야채를 가공하다 process vegetables

가구 furniture

가까이 1〔거리〕 near《to, by》, close to
2〔시간〕 shortly, before long, close〔near〕 at hand
¶ 시험이 가까이 다가왔다 The examination is near〔close〕 at hand.

가깝다 1〔거리〕 (be) near, close, be close〔near〕 by
2〔시간〕 (be) near, early, immediate, soon, be close〔near〕 by
¶ 가까운 장래에 in the near〔immediate〕 future
3〔관계〕 (be) near, be close to, be intimate with
¶ 가까운 친구 a close friend

가꾸다 1〔자라게 하다〕 grow, cultivate, raise, take care of《plants》
¶ 야채를 가꾸다 grow vegetables
2〔치장하다〕 decorate

가끔 sometimes, at times, (every) now and then, occasionally, once in a while, from time to time
¶ 가끔 들르다 drop in from time to time

가난 poverty —하다 (be) poor, needy
¶ 가난한 사람들 the poor; poor people〔folks〕; the indigent

가냘프다 1〔몸매가〕 (be) slender, slim
¶ 가냘픈 허리 a slim waist
2〔목소리 등이〕 (be) feeble, faint, fragile
¶ 가냘픈 목소리로 in a feeble voice

가늘다 1 (be) thin, fine, slender, slim
¶ 가는 허리 a slim waist
2〔약하다〕 (be) weak, faint
¶ 가는 목소리로 in a faint voice

가능 possibility —하다 (be) possible
¶ 그렇게 하는 것은 가능하다 It is possible for us to do so.

가다 go, proceed, leave for《Seoul》
¶ 오늘 너희 집에 가도 되니? Can I come over to your house today?

가동 operation, work —하다 operate, run, put into operation
¶ 가동을 시작하다〔중단하다〕 start〔stop〕 operation

가두다 shut in〔up〕, lock in〔up〕, confine
¶ 방에 가두다 confine《a person》to a room, shut〔lock〕《a person》up in a room

가득 full
¶ 기름을 가득 채워 주세요 Please fill it up.

가득하다 (be) full, be filled (to the brim)
¶ 그녀는 눈에 눈물이 가득했다 Her eyes were filled with tears.

가라앉다 1〔바닥으로〕 sink, go down, settle down
2〔마음이〕 calm down, get〔become〕 calm〔quiet〕
3〔조용해지다〕 become quiet〔calm, still〕, quiet down, settle
¶ 바람이 가라앉았다 The wind has

died down.
4 【고통 등이】 abate, go down, subside
¶ 열이 가라앉지 않는다 I can't get rid of the fever.
가랑비 a drizzle
¶ 가랑비가 내리고 있었다 It was drizzling.
가렵다 (be) itchy
¶ 등이 가렵다 My back itches. (= I feel itchy in my back.)
가로(街路) a street, a road, an avenue 《미》
¶ 가로등 a streetlamp
가로 the width, the breadth
가로막다 interrupt, obstruct, block, bar
¶ 길을 가로막다 block the way
가로채다 seize 《a thing》 by force, steal
가루 powder, flour
¶ 옥수수 가루 corn flour
가르다 【분할하다】 cut, divide 《into》, split, part; 【분배하다】 share 《things》 with 《a person》, distribute 《things》 among 《the three》, allot 《to》, divide 《among》; 【분리하다】 separate
¶ 다섯 몫으로 가르다 divide into five shares
가르치다 teach, instruct 《in》, give lessons 《in》, educate
¶ 영어를 가르치다 teach English, give lessons in English
가리다 hide, conceal, screen, cover
¶ 두 손으로 얼굴을 가리다 cover [hide] one's face with one's hands
가리키다 point to [at], indicate, show
¶ 방향을 가리키다 point [indicate] the direction
¶ 그는 지도의 한 점을 가리켰다 He pointed at [to] a spot on the map.
가망 【희망】 hope; 【전망】 prospect(s); 【가능성】 likelihood, probability, possibility, chance(s)
¶ 가망이 거의 없다 The chances are slim.

가면 a mask

masks

가물다 dry
¶ 이맘 때 날씨치고는 매우 가물다 It is very dry for this season of the year.
가뭄 a drought
가물거리다 flicker, gleam, glimmer
가방 a bag; 【여행용】 a suitcase; 【서류 가방】 briefcase; 【큰 가방】 a trunk
가볍다 1 【무게가】 (be) light
¶ 가벼운 짐 a light load
2 【병이】 (be) slight
¶ 가벼운 감기 a slight cold
3 【정도가】 (be) light, plain
¶ 가벼운 농담 a slight jest [joke]
4 【기분·옷차림 등이】 (be) easy, plain, light
5 【손쉽다】 (be) easy, light
¶ 그는 가볍게 시험에 합격했다 He passed the exam with ease.
가솔린 gasoline, gas《미구어》, petrol《영》
가수 a singer
가스 gas
¶ 천연 가스 natural gas
가슴 1 【흉부】 the breast, the chest
2 【심장】 the heart
¶ 슬픔으로 가슴이 찢어질 듯하다 My heart almost bursts with grief.
3 【마음】 one's heart, one's mind
¶ 가슴에 품다 bear, hold, entertain, cherish, harbor
가시 a thorn
¶ 가시가 많은 나무 a thorny plant
가열 heating —하다 heat, apply heat 《to》
¶ 물을 가열하다 apply heat to water,

가엾다 (be) poor, pitiful
¶ 가엾은 고아 a poor orphan
¶ 가엾어라! What a pity!

가운데 1 〖복판〗 the middle, the center
2 〖…중에·속에〗 in, in the midst of, between, among
¶ 학급 가운데서 가장 우수한 학생 the best student in the class

가위 scissors; 〖큰〗 shears
¶ 가위 한 자루 a pair of scissors

scissors   shears

가을 autumn, fall《미》

가입하다 join, enter《into》, become a member《of》
¶ 조합에 가입하다 join in association

가장 most, extremely, supremely
¶ 가장 빨리 most rapidly
¶ 가장 중요한 일 the most important thing, a matter of the greatest importance

가장자리 the edge, the verge, the brink, the margin, the border
¶ 책상 가장자리 the edge of a desk

가정(家庭) a home, a family
¶ 단란한 가정 a happy family〔home〕

가정하다 assume, suppose
¶ 그것이 사실이라고 가정해 보자 Let us suppose that it is true.

가져가다 take
¶ 우산을 가져가시오 Take your umbrella with you.

가져오다 bring, fetch, get
¶ 물 한 잔 가져오너라 Get me a glass of water.

가족 a family
¶ 많은〔적은〕 가족 a large〔small〕 family
¶ 가족이 몇 명입니까? How large〔big〕 is your family?

가죽 skin; 〖무두질한〗 leather; 〖모피〗(a) fur
¶ 가죽 가방 a leather bag

가지 a twig(작은), a bough(큰), a branch(일반적)
¶ 가지를 꺾다 break off a branch

〖비교〗 **bough**와 **twig**
twig는 「잔가지」, **bough**는 「큰 가지」를 뜻하며, **branch**는 굵기에 관계없이 「(나무의) 가지」를 뜻한다.

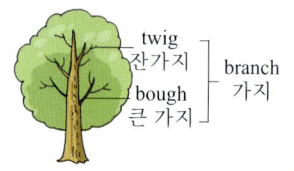
twig 잔가지
bough 큰 가지
branch 가지

가지다 1 〖손에〗 have, take, hold; 〖휴대하다〗 carry
¶ 나는 돈을 조금 가지고 있다 I have some money with me.
2 〖소유하다〗 have, possess, be possessed《of》, own, hold; 〖경영하다〗 keep, run
¶ 외국 책을 많이 가지고 있다 have many foreign books
¶ 그녀는 아름다운 목소리를 가지고 있다 She has a lovely voice.

가지런하다 be in order, be arranged neatly
¶ 신을 가지런히 놓다 arrange shoes in order

가짜 an imitation
¶ 이 보석은 진짜냐 가짜냐? Is this a real jewel or just an imitation?

가축 a domestic animal; 〖집합적〗 livestock, cattle
¶ 가축을 기르다 raise livestock

가치 value, worth

¶ 매우 가치 있는 very valuable, of great value
¶ 가치 없는 worthless, valueless, of no value

가혹하다 (be) severe, harsh, cruel, brutal
¶ 가혹한 벌 a severe〔cruel〕 punishment

가파르다 (be) steep
¶ 언덕이 아주 가파르다 The hills are very steep.

각각 each, every, separately, individually, respectively
¶ 각각 따로 자다 sleep in separate rooms

각광 footlights, spotlight

각국 every country, each nation
¶ 세계 각국 all countries of the world

각도 an angle

각오하다 make up one's mind 《to do》
¶ 나는 그것을 단행할 각오이다 I am resolved to carry it out.

각자 each one, every one; [부사적] each, individually
¶ 각자 도시락을 지참하시오 Everyone to bring his own lunch.

간격 a space, an interval, a gap
¶ 일정한 간격을 두고 at regular〔intervals〕

간결하다 (be) concise, brief

간단하다 (be) simple, brief
¶ 간단한 문제 a simple question〔problem〕
¶ 간단히 말하자면 in short〔brief〕, in a word, to make a long story short

간밤 last night

간부 the managing staff, the executives of members

간선 도로 a main road, a highway

간섭 interference —하다 interfere 《in, with》

간소하다 (be) simple, plain
¶ 간소한 생활 a simple life

간신히 [힘들게] with difficulty, with much effort; [가까스로] barely, narrowly
¶ 간신히 기차 시간에 댔다 I was barely in time for the train.

간절하다 (be) earnest, eager
¶ 간절한 부탁〔소원〕 an earnest request〔desire〕

간접 indirectness
¶ 간접적인 indirect, secondhand, roundabout
¶ 간접적으로 indirectly, at second hand, in a roundabout way

간주하다 regard〔consider〕《as》, look upon〔on〕《as》
¶ 농담으로 간주하다 treat〔look upon〕 it as a joke

간직하다 1 [물건을] keep, have 《a thing》 in one's keeping, save, store
¶ 훗날 쓰게 잘 간직해 두어라 Store it away for future use.
2 [마음에] hold, keep, cherish

간첩 a spy, a secret agent, an agent

간추리다 sum up, summarize, digest, brief

간판 a signboard

간편하다 (be) convenient, simple, easy, handy
¶ 간편한 방법 a simple method

간호 nursing, tendance, attendance, care —하다 nurse, tend, attend
¶ 정성어린 간호 careful nursing

간호사 a nurse

간혹 sometimes, occasionally, on occasion, now and then, once in a while, from time to time
¶ 간혹 들르다 drop once in a while

갇히다 be confined, be shut in〔up〕, be kept indoors, be locked in
¶ 방에 갇히다 be locked in a room

갈다 1 [바꾸다] change, replace, substitute
¶ A를 B로 갈다 replace A with B, substitute B for A

2 〔땅을〕 till, cultivate, plow
¶ 밭을 갈다 plow a field
3 〔칼을〕 sharpen 《a knife》, grind 《edged tools》
4 〔맷돌로〕 grind
¶ 밀을 갈다 grind wheat into flour

갈대 a reed

갈라지다 1 〔쪼개지다〕 split, cleave, crack, gape
¶ 지진으로 땅이 갈라졌다 The ground was cracked by the earthquake.
2 〔분할되다〕 be divided 《into》; 〔분열되다〕 break up, split, part
¶ 그 문제에 대해서 우리의 의견은 갈라졌다 We were divided in opinion on the subject.

갈매기 a (sea) gull

갈색 brown
¶ 갈색 눈 a brown eye

갈아타다 change 《trains》, transfer 《to an express》
¶ 버스에서 지하철로 갈아타다 transfer from bus to subway train

갈채 cheers, applause —하다 applaud, cheer, give〔raise〕a cheer
¶ 갈채를 받다 win〔get, receive〕applause

감각 sense, feeling, sensibility
¶ 예민한 감각 an acute〔a keen, a sharp〕sense

감기 a cold
¶ 유행성 감기 influenza, the flu《구어》
¶ 그는 감기에 잘 걸린다 He easily catches colds.

감독 〔일〕 superintendence, supervision, management, direction; 〔사람〕 a supervisor, a director(영화의), a manager(스포츠의) —하다 supervise, oversee, manage, direct
¶ 무대 감독 a stage manager
¶ 근로자를 감독하다 supervise workers

감동 strong〔deep〕impression, (deep) emotion —하다 be moved〔touched, affected〕《by》, be impressed《with, by》
¶ 이 책에서 큰 감동을 받았다 I am extremely impressed by this book.

감사 thanks, gratitude, appreciation —하다 thank 《a person》《for his help》, appreciate 《a person's kindness》, be thankful〔grateful〕《to a person》《for his help》
¶ 와 주셔서 대단히 감사합니다 Thank you very much for coming.

감자 a potato

감정 feeling(s); 〔정서〕 emotion, sentiment; 〔격정〕 passion; 〔충동〕 impulse
¶ 감정을 억누르다 control〔repress, suppress〕one's feelings

감추다 〔숨기다〕 hide, conceal, secrete; 〔비밀로 하다〕 keep secret
¶ 감추지 않고 without concealing, frankly

감탄 admiration, wonder, exclamation —하다 admire, marvel 《at》, wonder 《at》
¶ 감탄할 만한 admirable, wonderful, marvelous

감히 boldly, fearlessly, daringly, without hesitation
¶ 감히 …하다 dare 《to do》, venture 《to do》
¶ 나한테 어떻게 감히 그런 말을 하느냐? How dare you say such a thing to me?

갑자기 suddenly, all of a sudden, all at once, without warning〔notice〕
¶ 그녀는 갑자기 울음을 터뜨렸다 She burst into tears.

갑절 double, two times, twice, twofold —하다 double
¶ 그의 재산은 나의 갑절이나 된다 His fortune doubles mine.

갑판 a deck

값 1 〔가치〕 value, worth
2 〔가격〕 price, cost, charge
¶ 값이 싸다〔비싸다〕 be cheap〔expen-

강 a river
¶ 강이 범람했다 The river overflowed its banks.

강당 a hall, an auditorium

강도 〔사람〕 a burglar, a robber; 〔소행〕 burglary, robbery
¶ 무장 강도 an armed robber

강력하다 (be) strong, powerful, mighty
¶ 강력히 항의하다 make a strong protest 《against》

강변 the riverside
¶ 강변의 호텔 a riverside hotel

강사 a lecturer, an instructor

강세 〔음절의〕 stress, emphasis, accent
¶ 강세를 두다 accent a word 《on》, put emphasis 《on》

강아지 a puppy

강연 a lecture, a discourse, a speech —하다 lecture 《on》, give a lecture 《on》, make a speech
¶ 그 강연에는 많은 청중이 참석했다 There was a large attendance at the lecture.

강요 compulsion —하다 force, compel

강우 rain, rainfall
¶ 30밀리의 강우 30 millimeters of rain

강의 a lecture, a discourse —하다 lecture 《on》, give a lecture 《on》
¶ 강의에 출석하다 attend〔be present at〕 a lecture

강점 a strong point

강제 compulsion, constraint —하다 force, compel, coerce
¶ 강제적 compulsory, forced, coercive

강조 stress, emphasis —하다 stress, emphasize

강철 steel

강하다 〔강력하다〕 (be) strong, powerful; 〔바람·빛 등이〕 strong, severe, intense
¶ 강하게 hard, severely, strongly, powerfully
¶ 강한 나라 a strong power〔country〕

같다 1 〔흡사하다〕 (be) like, similar, be alike
¶ (꼭) 거지 같다 look like a beggar
2 〔동일하다〕 (be) the same, identical 《with》; 〔균일하다〕 equal 《to》
¶ 네 것과 똑같은 사전을 갖고 있다 I have the same dictionary as yours.
3 〔동등하다〕 (be) equal 《to》, equivalent 《to》
¶ 같은 조건으로 교섭하다 negotiate on equal terms
4 【추측하다】 appear, seem, look, be likely 《to》
¶ 비가 올 것 같다 It looks like rain.
5 〔비유〕 like, alike, as
¶ 천사 같은 소녀 an angel of a girl

같이 1 〔흡사하게〕 like, similarly, alike, in a similar way
2 〔바로·그대로〕 as, like
¶ 아시는 바와 같이 as you know〔see〕
3 〔함께〕 together, with
¶ 같이 살다 live together
4 【처럼】 as if〔though〕, so to speak, as it were
¶ 그는 모든 것을 아는 것같이 말한다 He talks as if he knew everything.
5 〔동시에〕 at the same time, together, at one time, simultaneously, at once
¶ 두 가지 일을 같이 해서는 안 된다 You must not do two things at a time.

갚다 1 〔금품을〕 pay back, repay, refund
¶ 빚을 갚다 pay (back) one's debts
2 〔은혜를〕 repay, return, reward, compensate for
¶ 은혜를 원수로 갚다 return good with evil〔evil for good〕
3 〔원수를〕 retaliate, revenge, avenge
¶ 아버지의 원수를 갚다 avenge one's father's murder

개 a dog

개교 the opening of a school —하다 open a school
¶ 그 학교는 3월에 개교된다 The school

개구리 a frog
개다 1 〖날씨가〗 clear up, become clear
¶ 날씨가 활짝 개었다 The sky is bright and clear.
2 〖개키다〗 fold (up)
개미 an ant
¶ 여왕 개미 a queen ant
개선 improvement, reform —하다 improve, better, make 《a thing》 better
¶ 처우를 개선하다 improve treatments
개성 individuality, personality, individual character
¶ 그녀는 개성이 매우 강하다 She has a very strong〖forceful〗 personality.
개시하다 begin, open, start
¶ 작업을 개시하다 begin〖start〗 work
개인 an individual
¶ 개인적으로 individually, privately, personally
개학 the beginning of school —하다 begin school, 《school》 begin
거기 that place, there
¶ 거기에 there, over there, in that place
¶ 거기서 기다려라 Wait there.
거꾸로 inside〖the wrong side〗 out, (in) the wrong way
¶ 우표를 거꾸로 붙이다 attach a stamp the wrong side up
거닐다 stroll, take a walk
¶ 거리를 거닐다 stroll through the streets
거두다 1 〖모아들이다〗 gather, collect, get〖bring, put〗together; 〖곡식을〗harvest, reap
¶ 세금을 거두다 collect taxes, levy
2 〖얻다〗 gain, obtain, earn, achieve
¶ 성공을 거두다 win〖secure〗 success
거들다 give 《a person》a hand, help, aid, assist, support, second
¶ 일을 거들다 help 《a person》in〖with〗 his work

거래 business, transaction, dealings, trade, a deal —하다 do〖transact〗 business with 《a person》, trade in 《an article》 with 《a person》
¶ 거래를 트다 open an account with 《a person, a firm》
거리 a street, a road
거리(距離) distance; 〖간격〗 an interval
¶ 5분 걸리는 거리 five minutes' distance
거미 a spider
거북 〖바다의〗a turtle; 〖민물의〗a tortoise

turtle   tortoise

거북하다 feel awkward〖embarrassed〗, feel ill at ease
¶ 선생님 앞이라 참 거북했다 I felt quite awkward〖ill at ease〗 before my teacher.
거스름돈 (one's) change
¶ 거스름돈은 가지세요 Keep the change.
거실 a living room
거울 a mirror
거위 a goose
거의 〖대체로〗almost, nearly; 〖부정적〗 scarcely, hardly, little; 〖대부분〗 for the most part, mostly
¶ 거의 아무것도 얻지 못하였다 I scarcely gained anything.
거인 a giant
거저 free, without cost, for nothing
¶ 거저 얻다 get《a thing》for nothing
거절 refusal, rejection —하다 turn down 《on》, refuse, decline, reject, deny
거주 dwelling, residence, abode —하다 live, reside, dwell
¶ 거주의 자유 the freedom of residence

거지 a beggar
거짓말 a lie —하다 tell a lie, lie
거칠다 1 〖굵기 등이〗 (be) coarse, rough
¶ 거친 모래 coarse sand
2 〖살결 등이〗 (be) coarse, rough, harsh
¶ 거친 살결 a rough skin
3 〖성질·말 등이〗 (be) rude, wild, harsh, violent, crude, coarse
¶ 거친 말 harsh〔violent〕language
거품 a bubble, foam

bubble　　　　　foam

걱정 anxiety, concern, worry, care —하다 feel anxiety, be anxious 《about》, be concerned 《about》, be worried 《about》
¶ 걱정 말게! Don't worry!
건강 health —하다 (be) healthy, healthful
¶ 건강을 회복하다 regain〔recover〕one's health
건너다 go〔pass〕over, go〔walk, run〕across, cross
¶ 다리를 건너다 cross a bridge
건너편 the opposite side, the other side
¶ 건너편에 opposite, on the opposite side
건물 a building
¶ 석조〔목조〕건물 a stone〔wooden〕building
건전 soundness, healthiness —하다 (be) healthy, sound
¶ 건전한 정신은 건전한 신체에 깃든다 A sound mind in a sound body.
건조 construction, building —하다 construct, build
¶ 그 유조선은 지금 건조 중이다 The oil tanker is under construction.

건조하다 (be) dry
¶ 건조한 목재 dry wood
건축 building, architecture, construction —하다 build, construct
¶ 집을 건축하다 build a house
걷다 walk, go on foot
¶ 학교에 걸어서 가다 go to school on foot, walk to school
걸다 1 〖매달다〗 hang 《a thing on a peg》, hook, suspend, put up
¶ 벽에 그림〔달력〕을 걸다 hang a picture〔calendar〕on the wall
2 〖말을〗 speak to 《a person》, address 《a person》, talk to 《a person》
¶ 낯선 사람이 말을 걸어 왔다 A stranger spoke to me.
3 〖전화를〗 make a (telephone) call to 《a person》, telephone (to) 《a person》, ring〔call〕《a person》 up, phone 《a person》
¶ 내일 아침 사무실로 전화 걸어 주시오 Phone〔Call〕me at my office tomorrow morning.
4 〖선금을〗 pay, advance
¶ 선금을 걸다 pay〔advance〕money 《on a contract》
5 〖올가미를〗 set〔lay, place〕a trap 《for mice》
6 〖돈·목숨 등을〗 stake, bet 《money on》
¶ 그는 사업에 전 재산을 걸었다 He staked all his fortune on business.
걸리다 1 〖매달리다〗 hang 《from, on》, be suspended 《from》
¶ 창문에는 커튼이 걸려 있었다 There were curtains hanging over the window.
2 〖잡히다〗 catch, be caught
¶ 물고기가 그물에 걸렸다 A fish was caught in the net.
3 〖말려들다〗 be involved〔implicated〕in, be entangled 《with》
¶ 나쁜 여자에게 걸리다 get entangled

with a bad woman
4 【함정 등에】 fall〔get〕 into
¶ 쥐가 덫에 걸렸다 A rat is trapped.
5 【방해되다】 catch, be caught 《in, on》
¶ 나의 옷자락이 못에 걸렸다 My coat was caught on a nail.
6 【병에】 suffer from, be attacked, catch
¶ 감기에 걸리다 catch (a) cold
7 【소요되다】 take, need, require
¶ 3일 걸려서 그 일을 마쳤다 It took me three days to finish the job.

걸음 walking, a step, a pace
¶ 한 걸음 한 걸음 step by step, by degrees

검다 (be) black, dark
¶ 검은 머리 black hair

검사 inspection, examination —하다 inspect, examine, test, check
¶ 신체 검사 a physical examination

겁쟁이 a coward

겁내다 fear, be scared of, dread, be afraid of, be fearful of

겉 1 【표면】 the surface, the face
¶ 천의 겉 the face of cloth
2 【외면】 the exterior, the outside, appearance

게 a crab

게다가 besides, moreover, what is more, in addition
¶ 게다가 비까지 내리기 시작했다 Moreover〔Besides〕, it began to rain.

게시 a notice, a bulletin —하다 post〔put up〕 a notice, notify

게시판 a bulletin〔notice〕 board

게으르다 (be) idle, lazy

게으름 laziness, idleness, neglect
¶ 나는 게으름 피우고 있을 시간이 없다 I have no time to be idle.

게으름뱅이 an idler

겨냥 aim, mark —하다 aim 《at》, take aim 《at》
¶ 그는 새를 겨냥했다 He aimed at the bird.

겨드랑이 the armpit

겨우 barely, narrowly, with difficulty
¶ 그는 겨우 시험에 합격했다 He just managed to pass the examination.

겨울 winter, the winter season
¶ 겨울 방학 a winter vacation〔holidays《영》〕

격려 urging, encouragement —하다 encourage, cheer up

격언 a maxim, a proverb

겪다 undergo, suffer, experience, go through
¶ 갖은 고초를 겪다 undergo all sorts of hardships

견고하다 (be) strong, solid, firm

견디다 bear (up), endure, stand, put up with
¶ 이 무더위는 배겨낼 수가 없다 I cannot stand this hot weather.

견본 a sample
¶ 그 잡지의 견본을 1부 보내 주시겠습니까? Will you send me a sample copy of the magazine?

견해 an opinion, a view
¶ 개인적인 견해 a personal opinion

결과 a result, an effect
¶ 뜻밖의 결과 an unexpected result

결국 conclusion, close, end, a finale, after all, in the end, finally, in the long run
¶ 그 계획은 결국 실패했다 The plan failed after all〔in the end〕.

결단 decision, determination —하다 decide, determine
¶ 현명한〔성급한〕 결단 a wise〔rash〕 decision

결론 a conclusion

결석 absence —하다 be absent 《from》
¶ 결석한 사람 있나요? Is anybody absent?

결승전 the final game〔match〕, the finals

결심 determination, resolution, resolve,

decision —하다 determine, make up one's mind, make a resolve(resolution)
¶ 그는 금주하기로 결심했다 He made a resolution(resolved) to give up drinking.

결점 a fault, a weak point
¶ 그것이 그 사람의 결점이다 That is a weak point in his character.

결정 decision, determination —하다 decide 《upon》, determine
¶ 결정을 미루다 put off(postpone, delay) one's decision

결코 never, by no means
¶ 결코 그런 일은 하지 않겠다 I will never do that.

결합 combination, union —하다 unite 《with》, join(combine) 《with》

결혼 marriage, wedding —하다 marry 《a person》, get(be) married 《to》
¶ 그녀는 부자와 결혼했다 She is married to a rich man.

겸손 modesty —하다 (be) modest
¶ 겸손한 태도 modest attitude

경(頃) about, around《에》
¶ 2시경 about two o'clock

경계 a boundary, a border
¶ 주(州)의 경계 the state border

경고 warning, caution, admonition —하다 warn, give《a person》a warning
¶ 경고 없이 without warning(notice)

경과 1 [시간의] passage, lapse —하다 pass, elapse, go by
¶ 그 후 10년이 경과했다 Ten years have passed(gone by) since then.

2 [사물의] progress, course, development —하다 progress, develop
¶ 교섭의 경과 the progress of negotiations

경기 a game, a match, a contest —하다 play a game(match)
¶ 경기에서 이기다(지다) win(lose) a game

경력 one's career

경마 horse racing, a horse race, racing
¶ 경마에 돈을 걸다 bet on horse races

경매 auction

경멸 contempt, disdain, scorn —하다 despise, look down on(upon), scorn
¶ 가난하다고 해서 그를 경멸해서는 안 된다 You should not despise(look down upon) him because he is poor.

경보 an alarm, a warning, a signal
¶ 화재 경보 a fire alarm

경비(經費) expenses, cost
¶ 경비를 줄이다 reduce(cut down) the expenses

경비(警備) defense, guard —하다 defend, (keep) guard

경솔하다 thoughtless, careless, rash
¶ 경솔한 행위 a rash act

경연 a contest, a match
¶ 경연을 개최하다 hold a contest

경영 management, administration, running —하다 manage, run
¶ 경영자 a manager, an employer
¶ 효율적 경영 efficient management

경우 [형편] circumstances, a situation; [사례] a case, an instance; [때] an occasion, a moment
¶ 그런 경우 in such a(that) case, in such circumstances, on that occasion

경유하다 pass(go) through, go by way of
¶ 파리 경유 런던행 (A plane) to London via(by way of) Paris

경이 wonder
¶ 경이로운 wonderful

경작 cultivation, farming —하다 cultivate, farm

경쟁 competition, contest —하다 compete with 《a person for a thing》, contest
¶ 경쟁에 이기다(지다) win(lose) in a contest

경제 economy
¶ 경제 개발 economic development

경주 a race, a run
¶ 경주에 이기다〔지다〕 win〔lose〕 a race
경찰 the police
¶ 경찰관 a police officer《미》, a policeman《영》
¶ 경찰서 a police station
경치 a scene; 〔한 지방 전체의〕 scenery; 〔전망〕 a view
¶ 경치가 좋다 have a fine view
경험 experience —하다 experience, go through
¶ 경험을 쌓다 get〔acquire〕 experience
계곡 a valley
계급 〔신분〕 class; 〔등급〕 rank, grade
¶ 계급이 높다〔낮다〕 high〔low〕 in ranks
계단 stairs, steps, a staircase
계란 an egg
계산 calculation, computation —하다 calculate, compute, figure out, count
¶ 계산서 an account, a check, a bill
계속하다 continue, go〔keep〕 on with
¶ 이야기를 계속하다 continue to talk, go on talking
계약 a contrat —하다 contrat, make a contrat
¶ 계약 기간이 끝났다 The contrat run out.
계절 a season
계획 a plan, a design —하다 plan, make〔form〕 a plan, design
¶ 계획을 세우다 make〔form〕 a plan
고가 a high price
고객 a customer, a client, a buyer
¶ 난골 고객 a regular customer
고구마 a sweet potato
고국 one's native〔home〕 country〔land〕, one's homeland
¶ 고국에 돌아오다 return to one's native country, return home
고급 〔계급〕 high rank; 〔정도〕 high class〔grade〕

고기 〔짐승의〕 meat; 〔물고기〕 fish

> 참고 동물과 그 고기
> calf 송아지 — veal 송아지 고기
> chicken 닭 — chicken 닭고기
> cow 소 — beef 쇠고기
> lamb 새끼 양 — lamb 새끼 양고기
> pig 돼지 — pork 돼지고기
> sheep 양 — mutton 양고기

고단하다 (be) tired, fatigued, exhausted, worn out
¶ 나는 고단했다 I was tired.
고대하다 wait impatiently〔eagerly〕《for》, look forward to 《seeing you》, long for
¶ 그 날이 오기를 고대하고 있다 We are waiting impatiently for the day to come.
고독 solitude, loneliness, isolation —하다 (be) solitary, lonely, lone, isolated
¶ 고독한 생활을 하다 live〔lead〕 a lonely〔solitary〕 life
고등학교 a (senior) high school
고래 a whale
고려 consideration —하다 consider
¶ 충분히 고려한 후에 after full consideration
고르다 1 〔선택〕 choose, select, pick out
¶ 가장 좋은 것을 고르다 select the best one
2 〔균일〕 even, equal
고리 a ring, a link, a loop
고립 isolation —하다 be isolated
¶ 고립된 생활을 보내다 live in isolation
고맙다 (be) thankful, (be) grateful, (be) appreciated
¶ 대단히 고맙습니다 Thank you very much.
고무 rubber
고문 an adviser, a counselor
¶ 기술 고문 a technical adviser
고발하다 prosecute〔accuse, charge〕《a

고백 confession —하다 confess
¶ 나는 모든 것을 고백했다 I confessed everything.

고생 〔고통〕 hardships, suffering; 〔수고〕 toil, labor, pain —하다 suffer, have a hard time
¶ 가난으로 고생하다 suffer from poverty

고속 high-speed
¶ 고속으로 at high speed

고아 an orphan

고양이 a cat

고요 silence, stillness, quiet(ness) —하다 (be) quiet〔silent, still〕
¶ 고요한 밤 a silent〔quiet〕 night

고용 employment, hiring —하다 employ, hire, engage
¶ 우리는 잔디 깎는 사람을 고용했다 We hired a man to mow the lawn.

고장(故障) trouble, a break down, a defect
¶ 엔진의 고장 an engine trouble

고장 a district
¶ 나는 그 고장에서 자랐다 I was raised there.

고정하다 fix, settle, be tied up

고치다 mend, repair, fix
¶ 기계를 고치다 repair a machine

고통 pain, suffering
¶ 고통을 주다 give 《a person》 pain, pain

고프다 (be) hungry
¶ 배가 고프다 feel hungry

고향 one's home, one's hometown, one's native (place), one's birthplace
¶ 고향이 어디냐? Where do you come from?

곡물 cereals, grain, corn《영》

곡선 a curve, a curved line
¶ 곡선을 그리다 draw a curved line

곡식 corn, cereals

곤경 an awkward〔a hard, a difficult〕 position, difficulties
¶ 곤경에 빠지다 fall into a difficult situation

곤란 difficulty, trouble —하다 (be) difficult, hard
¶ 곤란한 질문 a difficult question

곤충 an insect

> **알면 Plus** 곤충의 종류
> ant 개미　　　　bee 벌
> beetle 딱정벌레　butterfly 나비
> cicada 매미　　　dragonfly 잠자리
> flea 벼룩　　　　fly 파리
> ladybug 무당벌레 locust 메뚜기
> mosquito 모기　　moth 나방

곧 1 〔즉시〕 at once, immediately, instantly, without delay
¶ 곧 돌아오겠다 I will be back in a moment.
2 〔머지않아〕 soon, before long, shortly
¶ 그도 곧 오겠지 He will come before long also.

곧장 〔똑바로〕 straight; 〔지체 없이〕 directly, without delay, right away
¶ 이 길을 따라 곧장 가십시오 Go straight ahead down this street.

골짜기 a valley

곰 a bear

곱다 〔외모가〕 (be) beautiful, lovely, fair, fine, good-looking; 〔마음씨가〕 (be) kind, tender, warmhearted
¶ 고운 꽃 a pretty flower

곱하다 multiply
¶ 5에 6을 곱하면 30이다 Five times six make〔equal, is〕 thirty

곳 a place
¶ 편리한 곳 a convenient place

공 a ball
¶ 공을 차다 kick a ball

공간 space, room(여지)
¶ 빈 공간 empty

공감 sympathy —하다 sympathize 《with a person》
¶ 공감을 느끼다 feel sympathy 《for, toward》
공개 opening to the public —하다 open 《a thing》 to the public
¶ 공개 석상에서 이야기하다 speak in public
공격 an attack, offense —하다 attack, make an attack
¶ 공격은 최선의 방어이다 Offense is the best defense.
공공의 public, common
공급 supply —하다 supply, provide
¶ 수요와 공급 demand and supply
공기 air
공립의 public
¶ 공립학교 a public school
공부 study —하다 study, learn, work
¶ 열심히 공부하다 study hard
공사 construction (work), work
¶ 공사를 시작하다 start〔begin〕 work
공산주의 communism
공상 an idle fancy, a daydream —하다 fancy, dream, daydream
¶ 공상 과학 소설 science fiction
공업 industry
¶ 공업용의 for industrial purpose〔use〕
공원 a park
¶ 국립 공원 a national park
공작 a peacock

peacock

공장 a factory, a plant
¶ 공장에서 일하다 work at a factory

공정하다 (be) fair, just
¶ 공정한 처사 a fair deal
공주 a princess
공중(公衆) the public
¶ 공중전화 a public telephone
공중(空中) the air, the sky
¶ 공중에 in the air〔sky〕
공책 a notebook
공포 fear, dread, terror, fright, horror
¶ 공포에 떨다 tremble with fear
공항 an airport
¶ 국제공항 an international airport
공해 pollution
¶ 산업 공해 industrial pollution
공휴일 a holiday
과거 the past (days)
과녁 a target, a mark
¶ 과녁에 맞다〔빗맞다〕 hit〔miss〕 the target〔mark〕
과로하다 work too hard, overwork oneself
과목 a subject, a lesson
¶ 좋아하는 과목 a favorite subject
과부 a widow
과식하다 eat too much, overeat 《oneself》
과실 a fault, a mistake, an error
¶ 과실을 범하다 commit a fault〔an error〕, make a mistake
과일 fruit

> 알면 Plus> 과일의 종류
> apple 사과　　apricot 살구
> banana 바나나　cherry 체리
> grape 포도　　grapefruit 자몽
> kiwi 키위　　lemon 레몬
> mango 망고　　melon 멜론
> orange 오렌지　peach 복숭아
> pear 배　　　pineapple 파인애플
> strawberry 딸기　watermelon 수박

과자 a cake, sweets, candy《미》
과장하다 exaggerate
¶ 과장된 말 an exaggerated statement
과정 process, course

¶ 제조 과정 a process of manufacture
과학 science
¶ 과학의 진보 the advance [development] of science
관(管) a pipe, a tube
관객 a spectator, the audience
¶ 많은 [적은] 관객 a large [small] audience
관계 relation, relationship, connection —하다 relate, be related to, be connected with
¶ 나는 이 사고와는 아무런 관계가 없다 I have nothing to do with this accident.
관광 sightseeing —하다 go sightseeing, visit
관대하다 (be) generous, liberal, broad-minded
¶ 관대한 태도 a generous attitude
관리 management, control —하다 manage, control
¶ 시간 관리 time management
관사 an article
¶ 정관사 a definite article
¶ 부정 관사 an indefinite article
관습 custom, usage
¶ 사회 관습 social customs
관심 concern, interest
¶ 관심이 있다 be concerned 《about》, be interested 《in》
관절 a joint
관점 a point of view, a standpoint, a viewpoint
관찰 observation, survey, view —하다 observe, make an observation, view, see, watch, look
광경 a sight, a scene, a view
광고 an advertisement, ad《미구어》—하다 advertise, put an advertisement
¶ 구인 광고 a want ad
광선 light, a ray [beam] (of light)
광장 an open space, a square, a plaza
괜찮다 1 [좋다] be not bad, nice, fine, good, fair

¶ 괜찮은 수입 good income
2 [상관없다] do not mind [care], make no difference
괜히 in vain, uselessly, needlessly, without reason [ground], for nothing, to no purpose
¶ 괜히 싸우다 fight for no reason at all
괴로움 1 [곤란] trouble, suffering, hardship
2 [고통] pain
괴롭다 1 [곤란하다] (be) hard, difficult
2 [고통스럽다] (be) painful
괴롭히다 worry [trouble, annoy, bother] 《a person》
¶ 부모를 괴롭히다 worry one's parents
괴물 a monster
교가 a school song
교과서 a textbook, a school book
¶ 역사 교과서 a history textbook
교단 the platform
교문 a school gate
교사(校舍) a school building, a schoolhouse
교사(教師) a teacher
교수 a professor
¶ 조교수 an assistant professor
교실 a classroom
교외 the suburbs, the outskirts
¶ 그는 서울 교외에 살고 있다 He lives in the suburbs [on the outskirts] of Seoul.
교육 education —하다 educate
¶ 초등 교육 elementary [primary] education
교장 a principal, a schoolmaster(남자), a schoolmistress(여자)
교차로 an intersection, a crossroads
¶ 사고는 교차로에서 일어났다 The accident took place at the crossroads.
교통 traffic
¶ 교통 사고 a traffic accident
¶ 교통 신호 a traffic signal [light]
¶ 교통 표지 a traffic sign

교향곡 a symphony
교환 (漢) (an) exchange —하다 exchange 《one thing》 for 《another》
교황 a pope
교회 a church, a chapel
¶ 교회에 가다 go to church
교훈 instruction, one's teachings, a lesson
¶ 좋은 교훈을 얻다 learn a good lesson 《from》
구(句) a phrase
구걸하다 beg
구경 seeing, watch, sightseeing —하다 watch, look at, see the sight [view] of, go sightseeing
¶ 박물관을 구경하다 visit a museum
구두 【단화】 shoes; 【장화】 boots
¶ 구두 한 켤레 a pair of shoes
구르다 roll (over)
구름 a cloud
구리 copper
구멍 a hole, an opening, a puncture
¶ 구멍을 뚫다 make [bore, dig, drill] a hole 《in the wall》
구부리다 bend, curve
¶ 철근을 구부리다 bend the iron bar
구석 a corner
구식 an old style [fashion, type]
¶ 그 옷은 이제는 구식이다 The clothes are out of style [fashion].
구실 an excuse, a pretense
구역 an area, a zone, a district
구월 September
구입 purchase, buying —하다 purchase, buy, get
¶ 물건을 가게에서 [현금으로, 외상으로] 구입하다 buy a thing at a shop [for cash, on credit]
구조(救助) rescue, relief —하다 rescue, relieve, save
¶ 인질이 구조되었다 The hostage was saved [rescued].
구조(構造) construction, structure

¶ 인체의 구조 the structure of the human body
구하다(救—) rescue 《a person》 from 《danger》, save 《a person》 from 《death》
¶ 물에 빠진 사람을 구하다 save 《a person》 from drowning
구하다(求—) look for, seek, want, desire, ask for
¶ 방을 구하다 look for a room
¶ 명성을 구하다 seek fame
구혼 a proposal [an offer] of marriage —하다 propose 《to》
국 soup
국가 a state, a nation, a country
¶ 복지 국가 a welfare state
국경 the border, the frontier
¶ 사랑에는 국경이 없다 Love has no frontier.
국경일 a national holiday
국기 the national flag
국립(의) national, state
¶ 국립 공원 a national [state] park
¶ 국립 극장 a national theater
¶ 국립 도서관 a national library
국면 the aspect [phase] of affairs, the situation
¶ 새로운 국면에 들어가다 enter upon a new phase
국민 a nation, a people
¶ 국민에게 호소하다 appeal to the nation
국방 national defense, the defense of a country
¶ 국방을 강화하다 strengthen the national defense
국사 the history of a nation, a national history; 【한국의】 Korean history, the history of Korea
국산 home [domestic] production; 【물건】 a domestic [home] product
국수 noodles
국악 national classical music, Korean

classical music
국어 1 [언어] a language
 2 [한국어] the Korean language, Korean
국적 nationality, citizenship《미》
 ¶ 당신 국적이 어디입니까? What's your nationality?
국제적 international, universal
 ¶ 국제적인 명성을 얻다 win an international reputation
국회 the National Assembly(한국·프랑스의), Parliament(영국의), Congress(미국의), the Diet(일본·스웨덴의)
군대 troops, an army, the military
군인 a serviceman; [육군] a soldier; [해군] a sailor; [공군] an airman
군함 a warship, a battleship
굳다 1 [물체가] (be) hard, solid
 ¶ 굳은 땅 hard soil
 2 [정신이] strong, firm
 ¶ 굳은 결심 a firm resolution
굴다 behave, conduct oneself, act
 ¶ 신사답게 굴다 behave like a gentleman
굴뚝 a chimney
굴렁쇠 a hoop
굴복 submission, surrender —하다 submit (surrender, yield, give in)《to》
 ¶ 압력에 굴복하다 yield under pressure
굵다 [몸피가] (be) big, thick; [목소리가] (be) deep, thick
 ¶ 굵게 thickly, deeply
굶다 starve, go hungry
 ¶ 굶어 죽다 starve to death, die of hunger
굽다 roast, broil, bake, toast(빵 등을), grill(석쇠로)
 ¶ 빵을 굽다 bake bread
궁전 a (royal) palace
권력 power, authority
권리 a right
 ¶ 권리와 의무 rights and duties

권총 a pistol, a revolver(연발의), a gun《미》
 ¶ 권총을 쏘다 fire a pistol《at》

pistol   revolver

권투 boxing

boxing

권하다 1 [권고하다] ask, advise
 ¶ 모임에 들라고 권하다 ask《a person》to join a society
 2 [추천하다] recommend
 3 [음식·물건을] offer《a person something》
 ¶ 담배(차)를 권하다 offer a cigarette(a cup of tea)
궤도 1 [천체의] an orbit
 ¶ 달의 궤도 the lunar (moon) orbit
 2 [기차의] a track, a rail
 ¶ 궤도를 벗어나다 run off the track
 3 [일의 과정] a course, a process
 ¶ 궤도에 오르다 get on the track (on the rails)
귀 the ear; [청각] hearing
 ¶ 그는 한쪽 귀가 안 들린다 He is deaf of one ear.
귀머거리 a deaf (person)
귀신 1 [악령] a ghost, an evil spirit
 2 [뛰어난 사람] a master, an expert, a demon《at, for》
귀엽다 (be) lovely, pretty, sweet, cute
 ¶ 귀여운 목소리 a sweet voice

귀중하다 (be) precious, valuable, priceless, invaluable
¶ 귀중한 시간 valuable time

규모 a scale, a scope
¶ 대규모로 on a large scale

규칙 a rule, a regulation
¶ 규칙을 지키다 observe〔obey, follow〕a rule
¶ 예외 없는 규칙은 없다 There is no rule without some exceptions.

균등하다 (be) equal, even
¶ 비용을 균등하게 부담하다 share the expenses equally

균형 balance

그 the, that
¶ 그 학교 the〔that〕school

그늘 shade
¶ 나무 그늘 the shade of a tree

그동안 the meantime, the meanwhile, the while
¶ 그는 그동안 내내 집에 있었다 He stayed at home all the while.

그때 at that time, then

그래도 but, still, and yet, none the less, nevertheless
¶ 그는 결점이 많지만 그래도 나는 그를 좋아한다 It is true that he has many faults, but I like him none the less.

그래서 so, therefore, and, then

그래프 a graph
¶ draw a graph 도표를 그리다
¶ 선〔막대, 원〕그래프 a line〔bar, circle〕graph

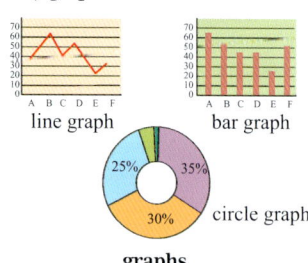

graphs

그러나 but, still, however, yet, though
¶ 그러나 나중에 그는 마음을 고쳐먹었다 Later, however, he changed his mind.

그러므로 so, hence, therefore, so
¶ 나는 생각한다. 그러므로 나는 존재한다 I think, therefore I am.

그런데 by the way, however, nevertheless
¶ 그런데 너 내일 시간이 있느냐? By the way, do you have any time tomorrow?

그렇게 so, like that, that way
¶ 그렇게 화내지 마라 Don't be so angry.

그렇다 that is right, yes

그리고 and, and then, as well as, and also
¶ 사과, 복숭아 그리고 수박 apples, peaches and watermelons

그리다 draw, paint, describe
¶ 유화를 그리다 paint in oil

그리워하다 miss, long for

그림 a picture, a painting
¶ 그림을 그리다 draw a picture, paint (a picture)

그림자 1【빛에 의한】a shadow
¶ 저녁에는 그림자가 길어진다 Shadows become longer in the evening.
2【거울 등에 비치는】a reflection, an image, a shadow, a figure
¶ 호수에 비친 산의 그림자 the mountain reflected in〔on〕the lake
3【사람의 자취】a shadow, a trace, a sign

그만두다 stop, cease, give up, quit
¶ 이야기를 그만두다 stop〔cease〕talking

그물 a net
¶ 그물을 던지다 cast〔throw〕a net

그믐날 the last day〔end〕of the month

그저께 the day before yesterday

그치다 stop, cease, end, come to an end
¶ 비가 그쳤다 The rain has stopped. (=

It has stopped raining.)
극(劇) a drama, a play
¶ 극을 쓰다 write a play
극동 the Far East
극복하다 overcome, conquer, get over
극장 a theater, a cinema, a cinema theater, a cinema house
극히 exceedingly, extremely, greatly
근대 modern [recent] times, the modern age [period]
¶ 근대 건축 modern architecture
근래 recent days, these days
¶ 근래에 (in) these days, recently, lately, of late
근면 industry, diligence —하다 (be) diligent, industrious
¶ 그의 성공은 근면 덕택이다 His success is due to industry.
근무 duty, service, work —하다 be on duty, work, serve
¶ 근무 중에 while on duty
근심 anxiety, concern, care, worry, trouble —하다 be anxious [concerned] 《about》, worry 《about》, feel uneasy 《about》, care 《for》, be troubled [worried] about
¶ 쓸데없는 근심 unnecessary anxiety
근육 muscles
글 1 [문장] a piece of writing, a sentence, writing
¶ 좋은 글 good writing
2 [학문] studies, learning
글쎄 well, let me see.
글씨 1 [글자의 모양] handwriting, a hand, penmanship
¶ 그는 글씨를 잘〔못〕 쓴다 He writes a good [poor] hand.
2 [글씨 쓰기] penmanship
¶ 글씨 연습을 하다 practice penmanship
3 [글자] a letter, a character
글자 a letter, a character
긁다 1 [손톱 등으로] scratch, scrape
¶ 머리를 긁다 scratch one's head
2 [감정을] offend, provoke, irritate
금 gold
¶ 번쩍이는 것이 다 금은 아니다 All is not gold that glitters.
금강석 a diamond
금고 a safe
금년 this year
¶ 금년 겨울 this winter
금발 golden hair, fair hair, blond(e) hair
금붕어 a goldfish
¶ 금붕어를 기르다 keep goldfish
금성 Venus, the morning star
금속 (a) metal

> **알면 Plus** 금속의 종류
> aluminium 알루미늄 brass 놋쇠
> bronze 청동   copper 동
> gold 금   iron 철
> lead 납   mercury 수은
> platinum 백금   silver 은
> tin 주석   zinc 아연

금액 an amount [a sum] (of money)
¶ 상당한 금액 a considerable [good] sum of money
금요일 Friday
금주 this week
금지 (a) prohibition, a ban 《on》 —하다 prohibit, forbid, ban
¶ 유턴 금지 No U-turns.
¶ 판매 금지시키다 prohibit [ban] the sale 《of a thing》
금품 money and other articles [goods]
금후 after this, from now (on), in (the) future
급료 a salary, wages, a fee, pay
급우 a classmate
급하다 1 [긴급하다] (be) urgent, pressing, imminent
¶ 급한 일 an urgent [a pressing] business
2 [성급하다] (be) hasty, hurried, impatient

¶ 그는 급한 걸음으로 올라왔다 He came up with hurried steps.

급행열차 an express (train)

급히 fast, quickly, at once, immediately, right away《미》, urgently, hastily, in haste, in a hurry

¶ 급히 와 줘 Come quickly.

¶ 그리 급히 굴 것은 없어 There is no hurry.

긍지 pride, dignity

기 a flag, a standard

¶ 기를 흔들다 wave a flag

기간 a period (of time), a term

¶ 기간이 초과하다 exceed the period

기계(器械) an instrument, an appliance

기계(機械) a machine

¶ 기계를 설치하다 install a machine

기관 an organ

¶ 소화 기관 the digestive organs

기관차 an engine《영》, a locomotive《미》

기관총 a machine gun

기교 art, skill, a trick

¶ 기교를 부리다 use a trick

기구(器具) a tool, an implement

¶ 의료 기구 a medical instrument

기구(氣球) a balloon

¶ 기구를 타고 올라가다 ascend in a balloon

기금 a fund

¶ 구제 기금 a relief fund

¶ 기금을 모집하다 raise [collect] fund

기꺼이 willingly, with pleasure, heartily, readily

¶ 그녀는 나의 충고를 기꺼이 받아들였다 She readily accepted my advice.

기념 commemoration —하다 commemorate, honor the memory of

¶ 승리를 기념하다 commemorate the victory

기능 function, faculty

¶ 교육의 사회적 기능 the social function of education

기다 crawl, creep

¶ 땅을 기다 crawl on the ground

기다리다 wait《for》; [기대하다] expect, anticipate, look for, look forward to

¶ 기다리게 해서 미안합니다 I am sorry to have kept you waiting.

기대 expectation, anticipation —하다 expect, look forward to, look for, anticipate

¶ 당신을 다시 만나길 기대합니다 I'm looking forward to seeing you again.

기대다 1 [물건에] lean on [against]

¶ 벽에 기대다 lean against the wall

2 [의지하다] rely upon, lean on, depend on, count on

기도 a prayer —하다 pray

기둥 a pillar, a post, a pole, a column(원주)

기록 a record —하다 record, make a record《of》

¶ 기록을 깨다 break a record

기르다 bring up, feed, breed, raise, grow, cultivate

¶ 꽃을 기르다 raise flowers

기름 1 [액체의] oil; [지방] fat, grease

¶ 기름에 튀긴 생선 fried fish

2 [석유] petroleum, gas

¶ 기름을 가득 채워 주세요 Please fill it up.

기린 a giraffe

giraffe

기묘하다 (be) strange, curious, queer

기밀 a secret

¶ 군사상의 기밀 military secret

기본 a foundation, a basis

기부 contribution, donation, subscription —하다 contribute 《to》, donate, subscribe, make a donation (contribution) 《to》
¶ 그는 자선 시설에 10만원을 기부했다 He donated 100,000 won to charity.

기분 feeling, mood
¶ 자네의 기분을 잘 이해한다 I fully understand your feelings.

기쁘다 (be) happy, joyous, glad, pleasant, delighted, pleased
¶ 당신을 만나서 기쁩니다 I am glad to see you.

기쁨 joy, delight, pleasure

기사(技師) an engineer
¶ 건축 기사 a building engineer

기사(記事) an article, news

기사(騎士) a knight

기선 a steamer, a steamship, an ocean liner(대양 항로의)

기숙 lodging; [식사 포함] boarding

기숙사 a dormitory

기술 art, technique, skill, technology
¶ 기술상의 technical

기압 air pressure

기어이 by all means, whatever may happen
¶ 그는 기어이 성공하고 말 것이다 He is sure to succeed in the end.

기억 memory —하다 remember, memorize
¶ 그를 한 번 만난 것을 기억하고 있다 I remember seeing him once.

기업 an enterprise

기온 temperature
¶ 오늘 기온은 몇 도입니까? What's the temperature today?

기와 a tile
¶ 기와 지붕 a tiled roof

기운 strength, force, might, energy, power
¶ 기운이 나다 gain in strength

기울다 1 [경사지다] lean, incline, slant
¶ 탑이 한쪽으로 기울었다 The tower leans to one side.
2 [해·달 등이] decline 《toward》
¶ 해가 서쪽으로 기울었다 The sun declined toward the west.

기원(祈願) a prayer —하다 pray, wish
¶ 당신의 성공을 기원합니다 I wish you success.

기원(紀元) an era

기원(起源) origin, beginning
¶ 생명의 기원 the origin (beginnings) of life

기자 a reporter

기저귀 a diaper
¶ 기저귀를 갈다 change the diaper of 《a baby》

기적 a miracle

기절하다 faint, lose one's senses (consciousness)

기준 a standard
¶ 기준을 정하다 establish a standard

기중기 a crane

기지 a base
¶ 해군 기지 a naval base

기질 temper, nature, disposition

기차 a train
¶ 기차가 정시에 도착했다 The train arrived on time.

train

기체 gas

기초 the foundation, the basis, the base
¶ 기초적 fundamental, basic, elementary

기침 a cough, coughing —하다 cough, have a cough

기타 a guitar
기하학 geometry
기한 a period, a term
¶ 그 표의 유효 기한은 10일간이다 The ticket is good [effective] for ten days.
기호 a sign, a mark, a symbol
기회 an opportunity, a chance
¶ 기회를 기다리다 wait for a chance
기후 climate, weather
¶ 기후의 변화 a climatic change
길 1 【도로】 a way, a road, a route, a street, a path
¶ 길을 잘못 들다 take the wrong road (way)
¶ 정거장에 가는 길을 가리켜 주시겠습니까? Please show me the way to the station?
2 【목표로의】 road, way, path
¶ 성공의 길 a road to success
3 【방법·수단】 a means, a way
¶ 살아갈 길 a means of living
길다 long
¶ 그녀는 머리가 길다 She has long hair.
길들이다 tame, train
¶ 개를 길들이다 train a dog
길이 length
¶ 길이는 다 같다 They are of the same length.
깃 1 【옷의】 a collar
2 【조류의】 a feather
¶ 깃이 예쁘면 새도 예쁘다 Fine feathers make fine birds.

feather   wing

깃대 a flag pole
깊다 (be) deep
¶ 깊은 연못 a deep pond
¶ 깊이 생각하다 think deeply

깊이 depth
까다 1 【벗기다】 peel, pare
¶ 오렌지를 까다 peel an orange
2 【부화하다】 hatch
까다롭다 1 【성미가】 (be) particular
¶ 음식에 까다롭다 be particular about one's food
2 【문제 등이】 (be) complicated
¶ 이 문제는 좀 까다롭다 This problem is a little too hard to solve.
까닭 【이유】 a reason, why; 【원인】 a cause
¶ 까닭 없이 without reason
까마귀 a crow
까맣다 black, dark
까지 1 【때】 till, until, to, by
¶ 지금까지 till [until] now
2 【장소】 to, up to, as far as
¶ 부산까지 to [as far as] Busan
깎다 1 【물건을 얇게】 shave 《wood》, chop, cut, sharpen(뾰족하게)
¶ 연필을 깎다 sharpen a pencil
2 【털이나 풀을】 cut, clip, trim, mow(풀을), shave(수염을), shear(양털을)
¶ 잔디를 깎다 mow the lawn, cut the grass
3 【값을】 cut [beat, knock] down 《the price》, bargain, make 《it》 cheaper
¶ 이것 좀 깎아 주실래요? Can you give me a discount on this?
깔다 spread, lay
¶ 마루에 돗자리를 깔다 lay mats on the floor
깔보다 look down on
¶ 사람을 그렇게 깔보지 마라 Don't look down on me so.
깜깜하다 (be) very dark
깡통 a can《미》, a tin《영》
¶ 깡통을 따다 open a can
깨끗하다 1 (be) clean, pure, clear
¶ 깨끗한 물 clean [clear] water
¶ 하늘은 맑고 깨끗하다 The sky is bright and clear.
2 【떳떳하다】 (be) fair, clean, square

¶ 깨끗한 승부 a fair (fine) play

깨다 1 [잠이나 꿈이] wake up; [술이] become (get) sober
2 [부수다] break, crack, crush, smash
¶ 접시를 깨다 break a dish
3 [못하게 하다] upset, frustrate, spoil
¶ 침묵을 깨다 break (the) silence
4 [넘어서다] beat, defeat, break
¶ 세계 기록을 깨다 break (beat) the world record

깨물다 bite
¶ 혀를 깨물다 bite the tongue

깨우다 wake up, awake, arouse
¶ 잊지 말고 7시에 깨워 주시오 Don't forget to call me at seven o'clock.

깨지다 break, be broken
¶ 깨진 접시 a broken dish

꺼내다 take out, pull (draw) out
¶ 그는 지갑에서 10달러짜리 한 장을 꺼냈다 He took out a ten-dollar bill from his wallet.

꺼지다[1] [불이] go (die) out, blow out, be extinguished; [사라지다] disappear, vanish
¶ 촛불이 바람에 꺼졌다 The candle was blown out by the wind.

꺼지다[2] sink

꺾다 1 [부러뜨리다] break (off), snap
¶ 나뭇가지를 꺾다 break off a branch of a tree
2 [기세·정신 등을] daunt, break
¶ 기를 꺾다 break a person's spirit

껍질 [나무의] bark; [과실의] skin, peel; [깍지] husk, shell
¶ 바나나 껍질 a banana peel

껴안다 embrace, hug
¶ 어린애를 껴안다 hug a baby

꼬다 twist

꼬리 a tail
¶ 연 꼬리 the tail of a kite

꼬부라지다 bend, curve, be bent
¶ 길은 거기서 갑자기 꼬부라진다 There is a sharp bend (turn) in the road there.

꼭 1 [단단히] tightly, fast, firmly
¶ 어머니는 자기 아이를 꼭 껴안았다 The mother hugged (embraced) her child tightly.
2 [빠듯이] tight(ly), closely
¶ 이 옷은 나에게 너무 꼭 낀다 This dress is too tight for me.
3 [정확히] just, exactly, right, precisely
¶ 꼭 1시간 just an hour
4 [반드시] surely, certainly, for sure, without fail, no doubt, by all means
¶ 오시기 전에 꼭 전화를 주십시오 Please be sure to telephone us before you come.

꼭대기 the top, the summit, the peak
¶ 산꼭대기 the top of a mountain, the summit of a peak

꼴찌 the last, the bottom, the last man 《in a race》

꼼짝 못하다 cannot move at all, be in a fix
¶ 그들은 교통 체증으로 꼼짝 못했다 They were caught in a traffic jam.

꼽다 count 《on one's fingers》, number, take a count 《of》
¶ 날짜를 꼽다 count the days on one's fingers

꽂다 stick, put in(to)
¶ 병에 꽃을 꽂다 put flowers in a vase

꽃 a flower(초목의), a blossom(과수의), bloom(관상용)
¶ 꽃을 가꾸다 raise (grow) flowers

알면 Plus 꽃의 종류	
carnation 카네이션	lily 백합
cosmos 코스모스	pansy 팬지
morning glory 나팔꽃	rose 장미
narcissus 수선화	tulip 튤립
sunflower 해바라기	violet 제비꽃

꽤 fairly, pretty, quite, rather, considerably

¶ 그는 영어를 꽤 잘한다 He speaks English fairly well.

꾸다 1 [꿈을] dream, dream[have] a dream

¶ 좋은[나쁜] 꿈을 꾸다 dream a good [bad] dream

2 [돈 등을] borrow

¶ 천 원을 꾸다 borrow 1,000 won from 《a person》

꾸러미 a bundle, a package, a parcel

¶ 책을 20권씩 꾸러미로 묶었다 The books were tied up in bundles of twenty.

꾸짖다 scold, give 《a person》 a scolding

¶ 지각했다고 학생을 꾸짖다 scold a student for being late

꿀 honey

꿀벌 a honeybee, a bee

honeybee

꿈 a dream

¶ 꿈을 꾸다 have[dream] a dream

꿋꿋하다 (be) strong, firm, solid, hard; [곧다] (be) straight

¶ 꿋꿋한 의지 a strong[firm] will

끄다 put out, extinguish, blow out(불어서), turn[switch] off(전기를)

¶ 라디오를 끄다 turn off the radio

끈 a string, a cord

¶ 끈을 매다[풀다] tie[untie] the strings

끊다 1 [자르다] cut, cut off, sever, break

¶ 줄을 끊다 cut the rope

2 [단절하다] sever, cut[break] off

¶ 연락을 끊다 sever[cut off] the connection

3 [그만두다] cut, quit, give up

¶ 담배를 끊다 give up smoking

4 [사다] buy, purchase, get

¶ 차표를 끊다 get a ticket

5 [그치다] pause, stop, break off; [전화] cut off, hang up《미》, ring off《영》

¶ 그는 갑자기 전화를 끊었다 He suddenly hung up.

끊어지다 1 [절단되다] break, be cut, break down

¶ 실이 끊어지다 a string breaks

2 [중단·차단되다] break off, be cut off, be [become] broken

¶ 연락이 끊어졌다 A connection is cut off.

3 [관계가] break (off) with, finish with, be through 《with》

¶ 우리 관계는 끊어졌다 The relationship between us is severed.

끊임없다 (be) continuous, ceaseless, endless

¶ 끊임없는 연구 ceaseless study

끊임없이 constantly, ceaselessly, unceasingly, endlessly, without intermission, continuously

¶ 끊임없이 노력하다 make a constant [ceaseless] effort

끌다 1 [잡아당기다] pull, draw, give a pull

¶ 소매를 끌다 pull 《a person》 by the sleeve

2 [주의 등을] attract[draw] 《a person's attention》

¶ 사람들의 이목을 끌다 attract public attention

3 [인도하다] lead

¶ 말을 끌다 lead a horse

4 [늘어뜨리고 가다] drag, trail

¶ 치마를 끌고 걷다 walk with a trailing skirt

5 [미루다] prolong, delay, extend

¶ 차일피일 끌다 put off from day to day

끌어내다 take (pull, draw, drag) out, bring (carry) out
¶ 마구간에서 말을 끌어내다 take a horse out of a stable

끌어안다 hug, embrace
¶ 어린애를 끌어안다 hug a child

끓다 boil
¶ 우유가 끓어 넘쳤다 The milk boiled over.

끓이다 boil
¶ 물을 끓이다 boil water

끔찍하다 (be) horrible, terrible, frightful, dreadful
¶ 끔찍한 광경 a horrible sight

끝 1 〔마지막〕 an end, a close, conclusion (결말)
¶ 처음부터 끝까지 from beginning to end, from first to last
¶ 끝이 좋으면 만사가 좋다 All is well that ends well.
2 〔첨단〕 the point 《of a pencil》
3 〔한도〕 a limit, limits, an end
¶ 끝이 없다 be endless (limitless)

끝끝내 to the last, to the end
¶ 끝끝내 싸우다 contend (fight) to a finish

끝나다 end, come to an end (a close), close, be over, be done, finish 《with》, be through 《with》, complete, conclude
¶ 시험이 끝났다 The examination is over.

끝내다 end, make an end of, close, bring to a close, finish, get through 《with》, complete, conclude
¶ 연설을 끝내다 close a speech

끼다 1 〔사이에 두다〕 hold 《a thing》 《between》
¶ 책을 겨드랑이에 끼다 hold a book under one's arm
2 〔연기가〕 smoke; 〔안개 등이〕 be (become) foggy (misty)
¶ 안개가 낀다 The mist is settling.
3 〔때가〕 become dirty, be soiled, be stained 《with》; 〔먼지가〕 be covered with dust
4 〔참가하다〕 join, take part 《in》, participate 《in》
¶ 일행에 끼다 join the party
5 〔착용하다〕 put on, wear
¶ 그녀는 밖에 나갈 때는 대개 안경을 낀다 She usually wears spectacles out of doors.

끼우다 put 《a thing》 between, insert, hold between
¶ 콘센트에 플러그를 끼우다 put (insert) a plug into the outlet

끼이다 〔물건 사이에〕 be put (held) between, be caught in
¶ 손가락이 문에 끼였다 My fingers were caught in the door.
2 〔신발 등이〕 be tight (close)
¶ 이 웃옷은 내게 너무 끼인다 This jacket is too tight for me.

끼치다 1 〔괴로움·불편 등을〕 cause, give, do; 〔폐를〕 trouble 《a person》, give (cause) trouble to; 〔손해 등을〕 injure, harm, hurt, impair, damage, cause damage to
¶ 폐를 끼쳐 미안합니다 I am sorry to have troubled you so much.
2 〔공헌하다〕 contribute to, make a contribution to; 〔영향을〕 influence, affect, have influence on (upon)

ㄴ

나 I, me
¶ 나의 my
¶ 나의 것 mine
¶ 이 사진이 나입니다 This is my picture.

나가다 1 〔밖으로〕 go out, get out
¶ 그는 지금 나가고 없다 He has gone out.
2 〔진출하다〕 go forth 《into the world》, launch 《into》

¶ 사회에 나가다 launch〔go〕 into the world
3 【참가·출마하다】 take part 《in》, join 《in》, run 《for》
¶ 그는 회장 선거에 나갔다 He ran for president.
4 【가치가】 be worth, cost; 【무게가】 weigh
¶ 무게가 10파운드 나간다 This weighs ten pounds.

나누다 1 【가르다】 divide 《into》, separate, split, break up
¶ 사과를 반으로 나누다 divide an apple into halves
2 【분배하다】 divide, share 《a thing》 with 《a person》
¶ 우리끼리 사탕을 나누었다 We divided the sweets between us.

나라 a country, a state, a nation, a land

나란히 in a line 〔row〕, side by side

나르다 carry
¶ 짐을 나르다 carry luggage

나머지 the rest
¶ 나머지 사람 the rest of the people

나무 1 【수목】 a tree, a shrub(관목)
¶ 나무에 올라가다 climb (up) a tree
2 【재목】 wood, timber, lumber《미》
¶ 나무로 된 탁자 a wooden table

나 무 라 다 blame, scold, reprove, reproach,
¶ 잘못을 나무라다 blame 《a person》 for his error〔fault〕

나방 a moth

나비 a butterfly

butterfly

나쁘다 1 【불량하다】 (be) bad; 【부정하다】 (be) wrong, evil
¶ 나쁜 사람 a bad man
2 【품질이】 (be) bad, inferior, poor, coarse
¶ 그 물건은 품질이 나쁘다 The goods are of poor quality.
3 【잘못이다】 (be) wrong, be in the wrong, be to blame
¶ 둘 다 나쁘다 Both are to blame.
4 【해롭다】 (be) bad 《for》, harmful 《to》
¶ 흡연은 몸에 나쁘다 Smoking is bad for health.
5 【건강이】 (be) bad, ill
¶ 그는 심장이 나쁘다 He has a heart problem.
6 【머리가】 (be) poor, weak
¶ 기억력이 나쁘다 have a poor〔bad〕 memory
7 【날씨가】 (be) bad
¶ 나쁜 날씨 bad weather
8 【소식·징조가】 (be) bad, ill, unwelcome, unlucky
¶ 나쁜 소식 bad〔ill, unwelcome〕 news

나이 age
¶ 당신과 같은 나이다 I am your age.

나중 the last, the latter part, the future, the next
¶ 나중에 가서 후회할 것이다 You will repent for it later〔in future〕.

나침반 a compass

나타나다 appear, come out, show up
¶ 청중 앞에 나타나다 appear before the audience

나타내다 show, display, express
¶ 노여움을 나타내다 show one's anger

낙엽 fallen leaves

낙오하다 fall behind 《in a race》
¶ 그는 마라톤에서 낙오했다 He dropped behind in the marathon.

낙원 a paradise

낙제 failure (in an examination) —하다 fail (in an examination)

낙타 a camel

camel

낙하산 a parachute, a chute
낚다 fish
¶ 강에서 고기를 낚다 fish in a stream
낚시 [바늘] a (fish)hook; [행위] fishing
¶ 강[바다] 낚시 river[sea] fishing
난로 a stove, a heater
난방 장치 a heating apparatus[system], a heater
난처하다 (be) difficult, awkward, be at a loss, be in a dilemma
¶ 난처한 처지 an awkward[a difficult] situation
난폭 violence —하다 (be) violent, rough, rude, wild
¶ 난폭하게 violently, rudely, recklessly
낟알 a grain
날 a day
¶ 날마다 every day, daily
날개 the wings
¶ 날개를 펴다 spread the wings
날다 fly
¶ 하늘을 날다 fly in the air[sky]
날쌔다 (be) quick, swift
¶ 날쌔게 quickly, speedily, swiftly
날씨 (the) weather
¶ 오늘 날씨는 어떠냐? How is the weather today?
날씬하다 (be) slender, slim
날짜 a date
¶ 약속 날짜 the date of an appointment
날카롭다 1 [끝이] (be) sharp, keen, pointed
¶ 날카로운 칼 a sharp knife
2 [감각이] (be) keen
낡다 (be) old, worn, old-fashioned, be out of date
¶ 낡은 옷 an old clothes
남 others, other people, another (person)
¶ 남의 욕을 하다 speak ill of others
남극 the South Pole, the Antarctic (Pole)
남기다 1 [뒤에] leave, leave behind
¶ 재산을 남기다 leave a fortune 《to a person》
2 [이득을] make a profit, gain
남녀 man and woman, male and female
¶ 남녀를 막론하고 regardless of sex
¶ 남녀노소를 막론하고 without distinction of age or sex
남다 1 [나머지가] remain, be left over
¶ 그의 지갑 속에 아무 것도 남아 있지 않았다 There was nothing left in his purse.
2 [이득이] (be) profitable, make a profit
¶ 그것을 팔아서 5,000원이 남았다 I made a profit of 5,000 won from it.
남매 brother and sister
남자 a man, a male
남쪽 the south
¶ 남쪽으로 가다 go south
남편 a husband
납 lead
납세 tax payment
낫다 get well[better], recover from
¶ 병이 낫다 recover from an illness
낭비 waste —하다 waste, use to no purpose
¶ 그건 시간과 정력 낭비야 It's a waste of time and energy.
낮 day, daytime
낮다 1 [높이가] (be) low
¶ 이 방은 천장이 낮다 This room has a low ceiling.
2 [지위·수준이] (be) low, humble,

mean
¶ 생활 수준이 낮다 have a low standard of living
3 〔질이〕 (be) low, poor
¶ 질이 낮은 제품 a product of bad quality
4 〔소리・강도가〕 (be) low
¶ 낮은 목소리 a low voice
5 〔온도・습도가〕 (be) low
¶ 오늘은 기온이 낮다 The temperature is low today.
낮잠 a nap, a siesta
¶ 낮잠을 자다 take〔have〕 a nap
낮추다 lower, make low, bring down, turn down
¶ 텔레비전 소리를 낮추다 turn down the television
낯 a face
낯설다 (be) strange, unfamiliar
¶ 낯선 사람 a stranger
낳다 1 〔출산하다〕 bear, give birth to, be delivered of 《a child》
¶ 사내아이를 낳다 have a baby boy, give birth to a boy
2 〔생기게 하다〕 produce, bear, yield
¶ 뜻밖의 결과를 낳다 bring about an unexpected result
내 a stream, a brook
¶ 내를 건너다 cross a stream
내각 a cabinet
내과 the internal department
내기 betting, staking ─하다 bet, make a bet, gamble 《at, on》
내내 all along〔through〕, all the time, from beginning to end, all the way
¶ 아침 내내 all through the morning
내년 next year
내려가다 go down
내려오다 come〔get〕 down, descend 《from》
¶ 산에서 내려오다 come down〔descend〕 from a hill
내리다 1 〔높은 데서〕 come〔go〕 down, fall
¶ 막이 내린다 The curtain falls〔drops〕.
2 〔탈것에서〕 get off〔out of〕
¶ 기차에서 내리다 get off a train
3 〔값이〕 fall, drop, go down, decline
¶ 물가가 내린다 Prices go down.
4 〔온도가〕 drop, fall, go down
¶ 기온이 갑자기 내렸다 The temperature suddenly fell〔dropped〕.
내밀다 push〔thrust〕 out, stick out
¶ 혀를 내밀다 stick out one's tongue
내부 the inside, the interior, the inner part
¶ 집의 내부 the inside of the house
내외 1 〔안팎〕 the inside and outside, the interior and exterior,
¶ 학교 내외를 깨끗이 청소하다 keep the school clean inside and outside
2 〔국내외〕 home and abroad, home〔domestic〕 and foreign
¶ 내외 정세 domestic and foreign situation
3 〔부부〕 husband〔man〕 and wife, a (married) couple
4 〔약〕 some, about, around
¶ 5천 원 내외 around〔some, about〕 5,000 won
내용 contents, substance
¶ 책의 내용 the contents of a book
내일 tomorrow
¶ 내일 또 만나자 See you tomorrow.
내주 next week, the coming week
¶ 내주 중에 이 일을 끝내야 한다 I must finish this work within〔in〕 the next week.
냄비 a pot(깊은), a pan(얕은)
냄새 smell
¶ 냄새가 좋다〔나쁘다〕 smell sweet〔bad〕
¶ 냄새를 맡다 smell 《a flower》
냉수 cold water
¶ 냉수 한 잔 주세요 Can〔May〕 I have a glass of cold water?

냉장고 a refrigerator
너 you
  ¶ 너의 your
너무 too, too much, ever so much, excessively
  ¶ 나에게 너무 큰 기대는 걸지 마시오 Don't expect too much of me.
널다 spread out, hang 《a thing》 out to dry〔air〕
  ¶ 빨랫줄에 옷을 널다 hang out clothes on a clothesline
널리 widely, broadly, far and wide, everywhere, all over, throughout
  ¶ 널리 읽히고 있다 be widely read
넓다 1〔폭·면적이〕(be) broad, wide, vast, extensive, large
  ¶ 넓은 길 a broad road
2〔범위가〕wide, broad, extensive
  ¶ 넓은 의미로 in a broad sense
3〔마음이〕(be) broad-〔open-〕minded, tolerant
넓이〔폭〕width, breadth;〔면적〕area, extent
  ¶ 정원의 넓이 the area of the garden
넘기다 transfer, turn over, hand over
  ¶ 인질들을 넘기다 hand over the hostages
넘다 1〔초과하다〕exceed, be in excess of, be more than
  ¶ 청중의 수는 1,000명이 넘었다 The audience exceeded one thousand.
2〔뛰어넘다〕jump, hop, skip, leap
  ¶ 도랑을 뛰어서 넘다 hop〔jump〕a ditch, leap over a ditch
3〔건너다〕cross, go across〔over〕, go〔get〕beyond
  ¶ 고개〔국경〕를 넘다 cross a pass〔the border〕
4〔고비를〕conquer〔overcome, surmount〕《difficulties》
넘어가다 1〔쓰러지다〕fall down, collapse, come down
2〔지나가다〕cross, go across, go over
  ¶ 국경을 넘어가다 cross the border
3〔남의 소유로〕fall〔pass〕into 《a person's》hands
  ¶ 그 집의 소유권은 그에게로 넘어갔다 The ownership of the house was transferred to him.
4〔해·달이〕sink, set, go down
  ¶ 해가 넘어가기 전에 before dark, before sunset
5〔속다〕be taken in, be cheated, be deceived
  ¶ 계략에 넘어가다 fall into a trap
넘어뜨리다 1〔쓰러뜨리다〕throw〔bring〕down, knock down
2〔지우다〕defeat, beat;〔전복시키다〕overthrow
  ¶ 상대 선수를 넘어뜨리다 beat an opponent
넘어지다 fall, come down, collapse, fall〔knock〕over
  ¶ 돌에 걸려 넘어지다 fall over a rock
넘치다 overflow 《the bank》, run〔flow〕over, flood
  ¶ 호우로 강이 넘쳤다 The heavy rainfall caused the river to overflow.
넣다 put in〔into〕, insert
  ¶ 책을 상자 속에 넣다 put books in〔into〕a box
네거리 a crossroads, a cross
네모 a square
네온 neon
넥타이 a necktie, a tie
  ¶ 넥타이를 매다 tie〔put on〕a necktie
노 an oar, a paddle
  ¶ 노를 젓다 paddle, row 《a boat》
노고 labor, toil, pains
  ¶ 노고를 아끼지 않다 spare no pains
노골적 plain, frank, outspoken
  ¶ 노골적으로 말하다 speak plainly
노동 labor —하다 labor
노랑 yellow
노래 a song, a chant —하다 sing (a song), chant

¶ 그는 노래를 잘한다 He is a good singer. (= He is good at singing.)
노력 effort, endeavor —하다 make an effort, work hard
¶ 피나는 노력 a desperate effort
노련하다 (be) experienced, veteran, skilled
¶ 노련한 교사〔선수〕 a veteran teacher〔player〕
노름 gambling —하다 gamble, play for money
¶ 노름에 몰두하다 indulge in gambling
노름꾼 a gambler
노리다 stare 《at》, aim at〔for〕, watch for
¶ 기회를 노리다 watch for a chance
노예 a slave
노인 an old man, the old 《총칭》
노점 a street stall, a roadside stand
¶ 노점을 벌이다 open a street stall, engage in street stalling
¶ 노점이 일제히 철거되었다 All the street stalls were pulled down simultaneously.
노점상 a stall keeper
노크 a knock, knocking —하다 knock 《at, on》
¶ 문을 노크하다 knock at〔on〕 the door
노트 a note
노처녀 an old maid
노총각 an old bachelor
녹다 1 〔열에〕 melt
¶ 더위로 초콜릿이 녹았다 The chocolate melted from the heat.
2 〔용해하다〕 melt, dissolve
¶ 소금은 물에 녹는다 Salt dissolves in water.
녹음 recording —하다 record
¶ 음악을 녹음하다 record the music
녹음기 a recorder, a recording machine, a tape recorder
녹이다 melt, fuse
¶ 철을 녹이다 melt〔fuse〕 iron

논 a rice field
¶ 논을 갈다 till〔plow〕 a rice field
논의 discussion, debate, argument —하다 discuss, debate, argue
¶ 논의를 계속하다 carry on〔continue〕 a discussion
논쟁 a dispute, a controversy, argument —하다 dispute, argue
¶ 그 문제는 논쟁의 여지가 없다 The matter is beyond dispute.
놀다 1 〔유희하다〕 play, amuse〔entertain, enjoy〕 oneself
¶ 장난감을 가지고 놀다 play with toys
2 〔실직하다〕 be out of work〔job〕, be unemployed
¶ 그는 요즘 놀고 있다 He is out of work these days.
3 〔유휴하다〕 be not in use
¶ 놀고 있는 기계 an unused machine, a machine not in use
놀라다 be surprised〔astonished, shocked〕, be startled, wonder at
¶ 놀랍게도 to one's surprise〔astonishment〕
놀리다 make fun of, tease, laugh at
¶ 날 놀리니? Are you kidding me? (= Are you pulling my leg?)
놀이 〔유희〕 play; 〔경기〕 a game, a sport
놀이터 a playground
놈 a fellow, a chap, a guy
¶ 미친 놈 a crazy guy
농구 basketball

basketball

농담 a joke, a jest —하다 joke
¶ 그는 내 농담을 진담으로 곧이들었다

He took my joke seriously.
농도 thickness, density
농부 a farmer
농사 farming, agriculture
농업 farming, agriculture
¶ 농업에 종사하다 engage in farming [agriculture]
농작물 the crops, a harvest
농장 a farm
¶ 농장에서 일하다 work on a farm
농촌 a farm village, a rural community
높다 1 [높이가] (be) high, tall
¶ 높은 건물 a high [tall] building
2 [지위·명성이] (be) high, lofty, noble, elevated
¶ 높은 지위를 차지하다 occupy a high position
3 [값이] (be) dear, high, expensive
¶ 물가가 너무 높다 Prices are too high.
4 [소리가] (be) loud
¶ 높은 소리로 말하다 speak in a loud voice
5 [정도·비율이] (be) high
¶ 높은 이자로 at a high interest
높이 height
¶ 이 건물의 높이는 얼마입니까? How tall [high] is this building?
높이다 raise, increase
¶ 수준을 높이다 raise the standard [level]
놓다 put, lay, place, set
¶ 그것을 어디에 놓을까요? Where shall I put it?
놓치다 miss, lose, fail to catch
¶ 좋은 기회를 놓치다 miss a good opportunity
뇌 the brain
누가 who
¶ 누가 그렇게 말하더냐? Who told you that?
누나 one's elder [older] sister
누르다 press (down)
누에 a silkworm

눈¹ an eye
¶ 눈을 뜨다 [감다] open [close] one's eyes
눈² snow
¶ 눈이 내리고 있었다 The snow was falling.
눈동자 the pupil (of the eye)
눈꺼풀 an eyelid
눈물 a tear
¶ 눈물을 흘리다 shed tears
눈사람 a snowman
눈썹 eyebrows
눈알 an eyeball
눈치 1 [감지] sense, wits
¶ 눈치가 없다 have no sense, have slow wits
2 [기색] sign, an indication
¶ 그의 눈치가 좀 이상하다 He is somewhat strange in his manners.
눕다 lie down, lay oneself down
¶ 자리에 눕다 lie in one's bed
눕히다 lay down
¶ 상자를 눕히다 lay a box on the side
뉘우치다 regret, repent 《of》
¶ 자기가 한 짓을 뉘우치다 regret one's act
뉴스 news
¶ 좋은 뉴스 good news
느끼다 feel
¶ 추위 [더위] 를 느끼다 feel the cold [heat]
느낌 feeling
느리다 (be) slow
¶ 느린 걸음 a slow pace
느슨하다 (be) loose
¶ 느슨한 매듭 a loose knot
늑대 a wolf
늘 always, ever, all the time
¶ 그는 늘 담배를 피우고 있다 He is smoking all the time.
늘다 increase, gain
¶ 체중이 늘다 gain (in) weight
늘리다 1 [수·양을] increase, add to

¶ 재산을 늘리다 increase〔add to〕 one's fortune

2 〔면적을〕 spread, extend, widen, enlarge 《a building》

¶ 운동장을 늘리다 enlarge the playground

3 〔길이를〕 stretch

¶ 고무줄을 늘리다 stretch a rubber band

늙다 grow〔get〕 old, age

능력 ability, capability

¶ 그녀는 이 일을 해낼 수 있는 충분한 능력이 있다 She has sufficient ability to do this job.

능률 efficiency

¶ 능률적 efficient

능숙하다 (be) skilled, skillful, experienced

¶ 그녀는 영어를 능숙하게 말한다 She speaks English fluently.

늦다 (be) late

¶ 기차 시간에 늦다 be late for a train

¶ 지금 가서는 너무 늦는다 It is too late to start now.

늦추다 1 〔띠·고삐를〕 loosen

¶ 허리띠를 늦추다 loosen one's belt

2 〔시간·시일을〕 put off, extend, postpone, delay, defer

¶ 일요일까지 늦추다 put off〔defer〕 till Sunday

3 〔속도를〕 slow down, make slow, reduce

¶ 속도를 늦추다 reduce〔slow down〕 one's speed

4 〔긴장을〕 relax, ease

¶ 긴장을 늦추다 reduce the tension

님 Mister, Mr.(남자), Mrs.(여자), Miss(미혼 여성)

ㄷ

다 〔모든 것〕 all, everything; 〔모든 사람〕 everybody, everyone

¶ 우리들은 다 그 계획에 반대한다 We are all against the plan.

다달이 every month, monthly

다람쥐 a squirrel

다듬다 〔나무·돌 등을〕 trim 《trees》, plane(대패로)

다루다 treat, deal with, handle

¶ 조심스레 다루다 treat carefully

다르다 be different 《from, with》, differ 《from, with》

¶ 그 점에서 너와 의견이 다르다 I differ with you on that point.

다리¹ 〔사람·동물의〕 a leg, a limb; 〔물건의〕 a leg

¶ 긴〔짧은〕 다리 long〔short〕 legs

다리² a bridge

¶ 이 다리의 길이는 얼마냐? How long is the span of this bridge?

bridge

다리다 iron 《clothes》

다리미 an iron

¶ 전기 다리미 an electric iron

다물다 shut, close 《one's lips》

¶ 그는 입을 꼭 다물고 있었다 His mouth was shut tight.

다발 a bundle, a bunch

¶ 꽃다발 a bunch of flowers

다방 a tea room, a teahouse, a coffee house, a coffee shop《미》

다섯 five

다소 more or less, somewhat, a little, to some extent〔degree〕

¶ 다소 피곤하다 I am a little〔somewhat〕 tired.

다수 a large〔great〕 number, numbers

¶ 다수의 사람들 a great number of 〔great many〕 people
다수결 decision by majority
¶ 다수결에 따르다 accept a majority decision
다스 a dozen
¶ 연필 한 다스 a dozen pencils
다스리다 rule〔reign〕 over, govern
¶ 나라를 다스리다 rule〔govern〕 a country
다시 again, once again〔more〕
¶ 다시 한번 생각해 봐 Think twice.
다양 variety, diversity —하다 (be) various, diverse
¶ 다양한 의견 a diversity〔variety〕 of opinions
다음(의) next, following
¶ 다음 정거장 the next station
다이빙 diving
다이얼 a dial
¶ 다이얼을 돌리다 dial, turn a dial
다정하다 1 (be) affectionate, warmhearted, kindhearted, have a kind〔warm〕 heart
¶ 다정한 사람 a warmhearted man
2 〔사이가〕 (be) intimate, familiar, close, friendly
¶ 다정한 친구 an intimate friend
다치다 get〔be〕 hurt〔injured〕, get wounded
¶ 다리를 다치다 get hurt in the leg
다투다 quarrel, argue, dispute, have a quarrel〔dispute〕
다툼 a quarrel, a dispute, an argument; 【경쟁】 a contest, a competition
다하다 〔소모되다〕 become exhausted, be used up, be consumed; 〔끝나다〕 end, come to an end, be out〔up, over〕
¶ 시간이 다했다 Time is up.
다행 luck, good fortune —하다 (be) lucky, fortunate
¶ 다행히도 luckily, fortunately
닥치다 〔다가오다〕 approach, draw 〔come〕 near, benear〔close〕 at hand
¶ 시험 날이 닥쳐온다 The examination is (near) at hand.
닦다 1 〔윤내다〕 polish, shine 《shoes》, brush, clean
¶ 이를 닦다 brush〔clean〕 one's teeth
2 【훔치다】 wash, brush, wipe, dry(물기를)
¶ 그는 접시를 닦은 뒤에 마루를 닦았다 He wiped the floor after drying dishes.
단 a bundle, a bunch
¶ 무 두 단 two bunches of radish
단결 unity, union —하다 unite (together), stand〔hold〕 together
¶ 단결은 힘이다 Union is strength.
단계 a step, a stage, a phase
¶ 단계적으로 by〔in〕 stages
단단하다 1 【견고하다】 (be) hard, solid, firm
¶ 단단한 돌 a hard stone
2 【느슨하지 않다】 (be) tight, strong, compact
¶ 단단한 매듭 a tight knot
단도 a dagger, a short sword
¶ 단도로 찌르다 stab 《a person》 with adagger
단맛 sweetness, a sweet taste
¶ 단맛이 나다 have a sweet taste
단순 simplicity —하다 (be) simple
¶ 단순한 생활을 하다 lead a simple life
단어 a word, a vocabulary(어휘)
¶ 기본 단어 basic words
단원 a unit(학과의)
단위 a unit
¶ 기본 단위 a standard unit
단점 a weak point, a defect
단지 a jar, a pot
¶ 꿀단지 a honey jar
단체 a party, a group, an organization
단추 a button
¶ 장식 단추 a fancy button
단편 a short piece, a sketch
¶ 단편 소설〔영화〕 a short story〔film〕

단풍 【나무】 a maple (tree); 【잎】 red leaves
¶ 단풍이 들다 turn red〔yellow〕

닫다 shut, close
¶ 창문을 닫다 shut〔close〕 the window

달 1 【천체】 the moon
¶ 보름달 a full moon
2 【달력】 a month
¶ 달마다 every month, monthly

달걀 an egg
¶ 삶은 달걀 a boiled egg

달다 1 【맛이】 (be) sweet
¶ 그는 단것을 좋아한다 He is fond of sweets.
2 【걸다】 suspend, hoist
¶ 기를 달다 hoist a flag
3 【시설하다】 install, fix
¶ 문에 벨을 달다 fix a bell on the door
4 【무게를】 weigh, measure 《the weight》
¶ 소금을 저울에 달다 weigh salt on the scales

달러 a dollar
¶ 10달러 지폐 a ten-dollar bill〔note〕

달력 a calendar

달리다 1 【뛰다】 run, rush
¶ 전속력으로 달리다 run at full speed〔top speed〕
2 【모자라다】 be insufficient, be in short supply, be〔come, fall, run〕short 《of》
¶ 사람 손이〔양식이〕 달리다 be short of hands

달빛 moonlight

달성 achievement, attainment, accomplishment —하다 achieve 《a purpose》, attain 《one's object》, accomplish, carry out

달아나다 escape, flee, abscond, run away
¶ 밤을 틈타 달아나다 run away under cover of night

닭 a chicken; 【암탉】 a hen; 【수탉】 a cock, a rooster《미》

닮다 look like, be alike, be similar to, resemble
¶ 너는 네 아버지를 많이 닮았다 You look very much like your father.

닳다 wear out〔away, down〕, be worn
¶ 구두 뒤축이 닳았다 The heels of my shoes are worn down.

담 a wall
¶ 돌〔벽돌〕담 a stone〔brick〕 wall

담그다 1 【액체에】 dip〔soak〕《in》
¶ 해면을 더운물에 담그다 soak a sponge in hot water
2 【김치를】 prepare〔make〕《Kimchi》; 【술을】 brew
¶ 술을 담그다 brew〔make〕 rice wine

담다 put 《a thing》 in〔into〕
¶ 사과를 광주리에 담다 put apples into a basket

담배 a tobacco, a cigarette, a cigar(엽궐련)
¶ 담배를 끊다 give up〔stop, quit〕 smoking

담요 a blanket

답 an answer, a reply —하다 reply, answer, make〔give〕 an answer
¶ 다음 물음에 답하시오 Answer the following questions.

답장 a reply, an answer —하다 answer〔reply to〕 a letter

당근 a carrot

당기다 pull, draw, drag
¶ 밧줄을 당기다 pull〔draw〕 the rope

당나귀 a donkey

당분간 for the present〔time being〕, for some time
¶ 당분간 이곳에 살 작정이다 I will live here for the time being.

당선하다 1 【선거에서】 be elected
¶ 국회의원에 당선되다 be elected to the National Assembly
2 【선발에서】 win a prize

당시 at that〔the〕 time, in those days〔times〕, then

¶ 당시의 학생들 the students of those days

당신 you
¶ 당신은 누구십니까? Who are you?

당연하다 natural, deserve
¶ 그는 당연히 상〔벌〕을 받아야 한다 He deserves praise〔punishment〕.

당장 on the spot〔instant〕, immediately, at once, right now
¶ 돈이 당장 필요하다 I want the money right now.

당황하다 be confused, be upset〔embarrassed, perplexed〕
¶ 나는 어찌 해야 좋을지 몰라 당황했다 I was at a loss〔was puzzled〕 what to do.

닻 an anchor

닿다 reach, reach to, get to〔at〕, arrive at〔in〕
¶ 천장에 닿다 reach to the ceiling
¶ 서울에 닿다 arrive in Seoul

대 a bamboo

대강 generally, in general, roughly
¶ 대강 완성되었다 It is nearly〔almost〕 finished.

대개 1〔대부분〕 most 《of》, the majority 《of》
¶ 우리 학교 학생들은 대개 이 읍내에 산다 Most of our pupils live in this town.
2〔일반적으로〕 generally, in general, mostly

대걸레 a mop

대규모 a large scale

대기 the air, the atmosphere

대기업 a large enterprise〔corporation〕

대낮 broad daylight, the daytime

대다 1〔닿게 하다〕 put, place, lay
¶ 잔을 입술에 대다 set a glass to one's lips
2〔만지다〕 touch, lay 《one's hand》 on, put 《one's hand》 to
¶ 이마에 손을 대다 lay〔put〕 one's hand on one's forehead
3〔시간에〕 arrive on time; 〔장소에〕 bring〔pull up〕 《a car》
¶ 호텔 입구에 차를 댈까요? Shall I pull up at the hotel door, sir?
4〔구실을〕 do, make
¶ 핑계를 대다 find〔make〕 an excuse 《for》

대다수 a large majority, the greater part 《of》
¶ 대다수의 지지를 받다 be supported by the majority

대담하다 (be) bold, daring
¶ 대담하게 행동하다 act boldly

대답 an answer, a reply —**하다** answer, reply, give〔make〕 an answer 《to》
¶ 올바른 대답 the correct answer

대륙 a continent

알면 Plus 세계의 대륙	
Asia	아시아
Africa	아프리카
Antarctica	남극
Australia	오스트레일리아
Europe	유럽
North America	북아메리카
South America	남아메리카

대리석 marble

대머리 a baldhead; 〔사람〕 a baldheaded person
¶ 그 남자는 대머리다 He is bald.

대명사 a pronoun

대문자 a capital letter

대부분 most 《of》, the greater part 《of》, (a) great part 《of》
¶ 마을 사람들의 대부분은 가난했다 Most of the villagers were poor.

대비하다 provide 《for, against》, prepare (oneself) 《for》
¶ 시험에 대비하다 prepare oneself for an examination

대사 an ambassador
¶ 주한 미국 대사 the U.S. Ambassador to Korea

대서양 the Atlantic (Ocean)
¶ 대서양의 Atlantic
대신하다 substitute, take the place of, take 《a person's》 place
¶ 버터 대신 마가린을 쓸 수 있다 You can substitute margarine for butter.
대우 〔취급〕 treatment; 〔접대〕 reception, entertainment —하다 treat, entertain
¶ 공정한 대우 fair treatment
대위 〔육군·공군〕 a captain; 〔해군〕 a lieutenant
대장장이 a blacksmith
대접 treatment, entertainment —하다 treat, serve, entertain
¶ 나는 그들에게 저녁을 대접했다 I treated〔entertained〕 them to dinner.
대조 contrast, comparison —하다 contrast〔compare〕 A with B
¶ 명암의 대조 the contrast between light and shade
대중 the masses
¶ 대중에게 호소하다 appeal to the masses
대통령 the President
¶ 대통령에 선출되다 be elected President
대포 a gun, a cannon
¶ 대포를 쏘다 fire a gun
대표 〔행위〕 representation; 〔사람〕 a representative —하다 represent, stand for, be representative of
¶ 학생 대표 a student representative
대학 〔종합 대학〕 a university; 〔단과 대학〕 a college
¶ 그는 금년에 대학에 입학했다 He entered college this year.
대화 conversation, a dialogue, a talk —하다 talk〔converse〕 with, have a talk〔conversation〕 with 《a person》
¶ 그들은 영어로 대화했다 They talked in English.
댄스 a dance, dancing
댐 a dam

더듬다 1 〔말을〕 stammer
¶ 그는 심히 더듬는다 He stammers badly.
2 〔기억 등을〕 retrace, recall
더럽다 (be) dirty, foul
더럽히다 1 〔때 묻히다〕 make dirty, stain, soil
¶ 책을 더럽히다 soil a book
2 〔명예 등을〕 disgrace, dishonor
더미 a heap, a pile, a stack
¶ 할 일이 산더미처럼 쌓여 있다 I have lots of things to do.
더욱 more, still more, all the more, more and more
¶ 더욱 공부하다 work harder
더위 the heat, hot weather
더하다 add 《up》, sum up
¶ 둘에 둘을 더하면 넷이다 Two added to two makes〔is, equals〕 four. (= Two plus two is four.)
덕 virtue, goodness
덕택 〔은혜〕 favor, grace; 〔후원〕 support, backing
¶ 그의 도움 덕택에 나는 성공하였다 Thanks to his assistance I succeeded in the attempt.
던지다 throw, pitch, cast, hurl, fling
¶ 공을 던지다 throw〔pitch〕 a ball
덜다 save, cut down, diminish, reduce, ease
¶ 시간〔손〕을 덜다 save time〔trouble〕
덥다 (be) hot, warm
¶ 더운 날 a hot day
덧셈 addition
덩굴 a vine
¶ 포도 덩굴 grapevines
덩어리 a lump, a mass
¶ 얼음 덩어리 a lump of ice
덫 a trap, a snare
덮다 cover, put 《a things》 on
¶ 책을 덮다 close a book
데려가다 take 《a person》 along, walk 《a person》 off, take 《a person》 with

¶ 그는 아이를 학교에 데려갔다 He took a child to the school.

데려오다 bring 《a person》 along, bring 《a person》 with 《one》
¶ 의사를 데려오다 bring a doctor

데우다 warm, heat, heat〔warm〕up

도(度) 1 〔온도·각도·경〔위〕도〕a degree
¶ 45도의 각 an angle of 45 degrees
2 〔정도〕a degree, a limit

도구 a tool, an instrument

도끼 an ax(e), a hatchet

도달 arrival —하다 arrive in〔at〕, reach, come to, get to
¶ 목적지에 도달하다 reach the destination

도대체 on the earth, in the world

도덕 morality, morals

도둑 〔사람〕a thief, a burglar, a robber; 〔행위〕theft, burglary, robbery, stealing

도랑 a ditch, a drain
¶ 도랑을 파다 dig a ditch

도로 a road, a way, a street, an avenue; 〔간선 도로〕a highway
¶ 도로를 따라서 along the street

도리어 〔반대로〕on the contrary, instead; 〔오히려〕rather, all the more
¶ 그것은 도리어 곤란하다 It is still more difficult.

도마뱀 a lizard

도망 escape, flight —하다 escape, run away
¶ 그는 간신히 도망쳤다 He had a narrow escape.

도매 wholesale —하다 sell wholesale
¶ 도매와 소매 wholesale and retail

도무지 〔전혀〕entirely, quite; 〔부정적으로〕never, 《not》 at all, 《not》 in the least
¶ 나는 도무지 알 수 없다 I cannot understand it at all.

도박 gambling —하다 gamble
¶ 그는 도박으로 돈을 잃었다 He gambled away his money.

도보 walking, going on foot
¶ 도보로 가다 walk 《to a place》, go on foot

도서관 a library
¶ 학교 도서관 a school library

도시 a city, a town
¶ 대 도시 a big city

도시락 a lunch box

도안 a design, a sketch, a device —하다 design, make a design

도움 help, aid, assistance
¶ 도움을 청하다 ask 《a person》 for help

도장 a seal, a stamp

도저히 《not》 at all, 《not》 possibly, 《not》 by any possibility; 〔전혀〕utterly, absolutely
¶ 그것은 도저히 불가능하다 It is absolutely impossible.

도전 challenge —하다 challenge 《a person》, make a challenge
¶ 세계 기록에 도전하다 challenge the world record

도착 arrival —하다 arrive 《in, at》, reach, get to
¶ 정각에 도착하다 arrive on time〔schedule〕
¶ 서울〔한국〕에 도착하다 arrive in Seoul〔Korea〕

> 쓰임새 도착하는 지점이 비교적 좁은 장소(마을, 역 등)라고 생각될 때에는 전치사 at을, 넓은 장소(나라, 지방, 도시 등)라고 생각될 때에는 in을 쓴다.

arrive at　　arrive in

도토리 an acorn

도표 a chart, a graph
독(毒) poison
¶ 독을 마시다 take poison
독립 independence —하다 become independent
¶ 경제적 독립 economic independence
독서 reading —하다 read 《books》
독수리 an eagle, a vulture
독약 poison
¶ 독약을 마시다 take poison
독일 Germany
독자 a reader
독창 a solo —하다 sing a solo
독특하다 (be) unique, peculiar 《to》, original
¶ 한국의 독특한 풍습 a custom peculiar to Korea
돈 money, cash, currency, coin
¶ 돈을 벌다 make money
돌 a stone, a pebble
돌고래 a dolphin

dolphins

돌다 go round, turn, spin, revolve, rotate
¶ 오른쪽으로 돌다 turn to the right
¶ 지구는 태양 주위를 돈다 The earth revolves 〔goes〕 round the sun.
돌려주다 return, give back, send back
¶ 이 책은 오늘 중으로 돌려주어야 한다 I have to return this book today.
돌보다 take care of, care for, look after
¶ 그 의사는 환자를 돌보느라 바쁘다 The doctor is busy attending to his patients.
돌아가다 1 〔장소로〕 go back, return, turn back
¶ 네 자리로 돌아가라 Go back to your seat.
2 〔원상으로〕 return 《to》, be restored to, resume
돌아보다 1 〔뒤를〕 look back 《at》, turn one's head, turn round, look back 〔round〕
¶ 내가 부르자 그는 돌아봤다 He turned when I called.
2 〔회상하다〕 look back upon 《the past》, review, recollect, reflect upon
¶ 지난 일을 돌아보다 look back upon the past
돌아오다 1 〔귀환하다〕 return, come back (home)
¶ 그는 떠나간 후 다시는 돌아오지 않았다 He left never to return.
2 〔차례가〕 come around
¶ 드디어 그의 차례가 돌아왔다 At last his turn came around.
3 〔회복하다〕 return 《to》, recover
¶ 제정신이 돌아오다 recover one's senses
돌연 suddenly, abruptly, all of a sudden, unexpectedly, without notice —하다 (be) sudden, unexpected
¶ 돌연 사직하다 resign without notice
돌진 a rush, a dash —하다 rush, make a dash
¶ 문을 향해 돌진하다 rush for the door
돕다 help, aid, assist
¶ 하늘은 스스로 돕는 자를 돕는다 Heaven helps those who help themselves.
돗자리 a mat
¶ 돗자리를 펴다 spread a mat
동(銅) copper
동계 the winter season, winter
¶ 동계 올림픽 the winter Olympic games
동굴 a cave
동그라미 a circle
¶ 동그라미를 그리다 draw a circle

동급생 a classmate
동기 a motive
¶ 경찰은 범행 동기를 조사하고 있다 The police are inquiring into the motive for the crime.
동남 the southeast
동네 a village
동등 equality —하다 (be) equal
¶ 동등한 권리 equal rights
동맹 an alliance, a union —하다 be allied with
¶ 군사 동맹 a military alliance
동물 an animal, a beast(짐승)
¶ 야생 동물 wild animals

알면 Plus 동물의 종류	
bear 곰	camel 낙타
cat 고양이	cow 소
deer 사슴	dog 개
dolphin 돌고래	elephant 코끼리
fox 여우	giraffe 기린
horse 말	koala 코알라
lion 사자	monkey 원숭이
panda 팬더	pig 돼지
rabbit 토끼	sheep 양
snake 뱀	tiger 호랑이
whale 고래	wolf 여우

동반 company —하다 accompany, go with, take 《a person》 with, be accompanied by
¶ 그는 가족을 동반했다 He was accompanied by his family.
동사 a verb
¶ 규칙〔불규칙〕 동사 a regular〔an irregular〕 verb
동산 a hill
동생 a (younger) brother〔sister〕
동시 the same time
¶ 동시에 at the same time
동안 [기간] a space (of time), a period; [부사적] for 《an hour》, between, during 《the night》
¶ 과거 10년 동안 for the past five years

동양 the orient, the East
동의 consent, assent; [일치] agreement; [찬성] approval —하다 consent〔assent, agree〕《to》, approve 《of》, agree 《with a person, to a proposal》
¶ 그 점은 동의할 수 없다 I cannot agree with you on this point.
동작 action, movements, motions —하다 move, act
¶ 동작이 빠르다 be quick in action
동정 sympathy, pity —하다 sympathize 《with a person》, have sympathy 《for a person》, pity
¶ 동정에 호소하다 appeal to 《a person's》 sympathy
동쪽 the east
¶ 동쪽의 east, eastern
동창생 an old boy, an alumnus 《미》
동화 a fairy tale
돛 a sail
돛단배 a sailing ship〔boat〕
돛대 a mast
돼지 a pig
되다 become, get
¶ 부자가 되다 become rich
되풀이 a repeat —하다 repeat, do 《something》 over again
¶ 되풀이하여 repeatedly, (all) over again, again and again
¶ 역사는 되풀이된다 History repeats itself.
두껍다 (be) thick
¶ 두꺼운 책 a thick book

thick　　　thin

두뇌 a head, brains
두드리다 beat, strike, knock, tap

¶ 문을 두드리다 knock at the door
두려움 fear, dread, horror, terror, fright
¶ 두려움에 떨다 tremble with fear
두루 all over, all around, widely, far and wide
¶ 전국을 두루 돌아다니다 go all over the country
두텁다 (be) warm, cordial, close, deep, intimate
¶ 두터운 우정 a warm [deep, close] friendship
두통 a headache
¶ 가벼운 두통 a slight headache
둑 a bank
둔하다 1 【머리가】 (be) dull, stupid
¶ 둔한 사람 a dull [stupid] person
2 【동작이】 (be) slow
¶ 그는 동작이 둔하다 He is slow in movement.
3 【칼 등이】 (be) blunt, dull
둘 two
둘러싸다 surround, enclose
¶ 적을 둘러싸다 surround the enemy
둘레 circumference
¶ 그는 호수 둘레를 걸었다 He took a walk around the lake.
둘째 the second, number two
둥글다 (be) round
¶ 둥근 탁자 a round table
둥지 a nest
뒤 1 【뒤쪽】 the back, the rear
¶ 뒤를 돌아보다 look back
2 【다음】 after, next, following
¶ 5일 뒤에 after five days
뒤떨어지다 be [fall, drop] behind; 【남다】 remain
¶ 시대〔유행〕에 뒤떨어지다 be behind the times [fashion]
뒤지다 1 【뒤떨어지다】 be [fall] behind, be backward
¶ 경주에서 뒤지다 fall behind the others in a race
2 【찾다】 search 《for》
¶ 경찰은 범인을 찾으려고 그 집을 뒤졌다 The police searched the house for the culprit.
뒤집다 1 【안팎을】 turn over, turn 《a coat》 inside out, turn out 《the pocket》
¶ 카드를 뒤집다 turn the card over
2 【뒤엎다】 overturn, overthrow, upset, reverse
¶ 정부를 뒤집다 overthrow the government
뒤쫓다 pursue, chase, run after
¶ 범인을 뒤쫓다 pursue a criminal
드디어 finally, at last, after all
¶ 그는 드디어 성공했다 At last he succeeded.
드라마 a drama, a play
드라이브 a drive —하다 drive, take [have] a drive 《to》
드러나다 show [display] itself, reveal itself, be revealed
¶ 표면에 드러나다 appear on the surface
드러내다 display, show, express; 【증명하다】 prove, speak for
¶ 이 사실은 그의 정직함을 드러낸다 This fact speaks for his honesty.
드물다 (be) rare, unusual, uncommon
¶ 드물게 rarely, seldom
듣다 hear, listen 《to》
¶ 귀 기울여 듣다 listen carefully
들 a field; 【전답】 the fields
¶ 들에서 일하다 work in the fields
들리다 be heard, be audible; 【울리다】 sound, ring
¶ 내 말이 안 들리나? Don't you hear me?
들어가다 enter, go in [into], get in [into]
¶ 현관〔뒷문〕으로 들어가다 enter at the front door [back door]
들어오다 1 【안으로】 enter, come in, walk [step] in
¶ 들어오시오 Come in.
2 【수입이】 earn, get, have

¶ 그는 한 달에 350만원이 들어온다 He earns 3,500,000 won a month.

등 the back
¶ 등을 돌리다 turn one's back to [on]

등교 attending school —하다 go to school, attend school

등급 a class, a grade, a rank

등대 a lighthouse, a beacon

등등 etc., and so on

등록 registration, record, entry —하다 register, enroll, put on record

등불 a lamplight, a lamp
¶ 등불을 켜다 [끄다] light [put out] a lamp

등뼈 the backbone, the spine

등산 mountain climbing —하다 go up [climb, ascend] a mountain
¶ 그는 등산을 좋아한다 He is fond of mountain climbing.

디자이너 a designer
¶ 의상 디자이너 a dress designer

디자인 design, designing —하다 design
¶ 드레스를 디자인하다 design a dress

따뜻이 warmly, warm-heartedly, kindly
¶ 따뜻이 맞이하다 welcome warmly

따뜻하다 1 [덥다] (be) mild, warm
¶ 따뜻한 겨울 a mild winter
2 [마음이] (be) kindly, genial
¶ 따뜻한 환영 a warm reception

따라가다 1 [함께 가다] go with, accompany; [좇아가다] follow
¶ 길을 따라가다 follow a path
2 [뒤지지 않다] keep up with, catch up with
¶ 자네를 좀처럼 따라갈 수 없네 I can't keep up with you.

따라서 1 [⋯대로] in accordance with, according to
¶ 관습에 따라서 according to custom
2 [비례해서] in proportion to [as]
¶ 공기는 지상의 높이에 따라서 차가워진다 The air becomes cooler in proportion to the height of the ground.
3 [그러므로] therefore, accordingly, in consequence

따라오다 follow, come with, accompany, keep [catch] up with
¶ 이 개는 어디를 가나 나를 따라온다 This dog follows me everywhere I go.

따로 separately, apart, apart [aside] from
¶ 따로 걷다 walk apart

따르다 1 [뒤따르다] accompany, follow, go with 《a person》
¶ 유행을 따르다 follow [run after] the fashion
2 [복종하다] obey, follow, yield [submit, give in] 《to》
¶ 명령을 따르다 obey 《a person's》 orders
3 [붓다] pour 《out, in》, fill 《a cup with coffee》
¶ 차를 따르다 pour (out) tea

따분하다 (be) boring, tedious, dull
¶ 따분한 사람 a dull [boring] fellow

따옴표 quotation marks

딸 a daughter

딸기 a strawberry

땀 sweat, perspiration
¶ 땀을 흘리다 sweat

땅 soil, the earth, land, the ground
¶ 땅을 일구다 till [cultivate] the soil [land]

때 1 [시간] time, hour
¶ 점심 때 lunch time
2 [그때・당시] the time
¶ 내가 파리에 있을 때 when I was in Paris
3 [기회・경우] occasion, case, season, opportunity
¶ 때를 기다리다 wait for an opportunity

때다 make [build] a fire, burn, heat with a fire
¶ 아궁이에 불을 때다 make a fire in the kitchen

때때로 occasionally, now and then, sometimes, at times, from time to time
¶ 때때로 방문하다 call on 《a person》 from time to time

때리다 strike 《a person》, hit, give a blow, beat, knock 《at, on》
¶ 머리를 때리다 beat 《a person》 on the head

때문 ground, reason, because (of)
¶ 때문에 on account of, because of, owing to, due to, by reason of
¶ 부주의 때문에 because of carelessness

떠나다 start, leave, set out (off)
¶ 미국으로 떠나다 leave for America

떠들다 make a noise, be noisy

떠오르다 1 〔해·달이〕 rise (up)
¶ 태양이 수평선 위로 떠올랐다 The sun rose above the horizon.
2 〔생각이〕 come across one's mind, occur to 《a person》
¶ 좋은 생각이 머리에 떠올랐다 I've got a good idea.
3 〔물 위에〕 rise (come up) to the surface, surface

떡 rice cake

떨다 tremble, quiver, quake, shake, shiver
¶ 추워서 떨다 shiver with (from) cold

떨리다 tremble, shiver, quake, shake
¶ 그의 말소리가 떨렸다 His voice trembled as he spoke.

떨어뜨리다 drop, let fall
¶ 컵을 마루에 떨어뜨리다 drop a glass to the floor

떨어지다 1 〔낙하·추락하다〕 fall, drop
¶ 나무에서 떨어지다 fall (drop) from a tree
2 〔낙제하다〕 fail 《in the exam》
3 〔붙었던 것이〕 come off, come out
4 〔분리되다〕 separate, be detached
5 〔온도나 열이〕 fall, drop

¶ 기온이 갑자기 떨어졌다 The temperature dropped (fell) suddenly.
6 〔물가가〕 fall, drop, go down, decline
¶ 물가가 떨어졌다 Prices have gone down.
7 〔해지다〕 be worn out (through)
¶ 치마가 다 떨어졌다 The skirts are quite worn out.
8 〔뒤가 달리다〕 be out, be exhausted, be gone, be out of stock, run out, run short
¶ 연료가 떨어져가고 있다 We are short of the fuel.

떼 a group, a crowd; 〔짐승의〕 a herd(소·말 등); 〔새의〕 a flock; 〔물고기의〕 a school
¶ 떼 지어 날다 fly in a flock

떼다 take off (away), remove, apart, separate, detach,
¶ 한 줄씩 떼다 leave a space between lines

뗏목 a (log) raft

또 1 〔다시〕 again, once more
¶ 또 부산에 불이 났다 There was another fire in Busan.
2 〔그 위에〕 and, moreover

또는 or
¶ 다음 모임은 토요일 또는 일요일이 될 것이다 The next meeting will be either on Saturday or on Sunday.

또한 too, also, as well
¶ 그는 정치가요 또한 시인이기도 했다 He was a statesman and poet.

뚜껑 a lid(솥, 상자의), a cover(덮개의), a cap(병·만년필의)
¶ 뚜껑을 열다 open (lift, take off) a lid (cover), uncover

뚫다 dig, drill(송곳 등으로)
¶ 터널을 뚫다 cut (dig) a tunnel

뚱뚱하다 (be) fat; 〔포동포동하다〕 (be) plump

뛰다 1 〔달리다〕 run, dash, rush
2 〔도약하다〕 jump, leap, spring, bound

뛰어나다 ¶ 기뻐서 뛰다 leap〔jump〕 for joy
뛰어나다 excel, be superior to
¶ 그는 영어에 뛰어났다 He excels in English.
뛰어넘다 jump〔leap〕 over
¶ 울타리를 뛰어넘다 jump over a fence
뜨개질 knitting
뜨겁다 (be) hot
¶ 햇볕이 뜨겁다 The sun is hot.
뜨다 1 〔물에〕 float
¶ 거품은 물에 뜬다. Bubbles float on the water.
2 〔공중으로〕 fly, ascend
3 〔해·별이〕 rise, come up
¶ 해가 뜬다 The sun rises.
뜰 a garden, a yard, a courtyard
¶ 앞〔뒤〕 뜰 a front〔back〕 yard
뜻밖 a surprise
¶ 뜻밖의 결과 an unexpected result
띠 a belt
¶ 띠를 매다 tie a belt

🄳

라디오 radio
¶ 라디오를 듣다 listen to the radio
라켓 a racket

ball 공

racket 라켓

램프 a lamp
럭비 Rugby
레몬 a lemon
레이더 radar
레인코트 a raincoat
레코드 〔음반〕 a record
¶ 레코드를 틀다 play a record
렌즈 a lens

로켓 a rocket
리듬 rhythm
리본 a ribbon
리셉션 a reception
¶ 리셉션을 열다 give〔hold〕 a reception
리스트 a list
리포트 1 〔보고서〕 a report
2 〔연구 논문〕 a term paper

마감 closing, finish, conclusion —하다 close, finish, conclude
마개 a stopper, a cork, a plug
마개뽑이 a bottle opener
마구간 a stable
마귀 an evil spirit, a devil, a demon, a Satan
마녀 a witch
마다 each, every, whenever
¶ 올림픽 대회는 4년마다 개최된다 The Olympic Games take place every four years.
마당 a garden, a yard, a court
마디 〔관절〕 a joint, ; 〔매듭〕 a knot
마땅하다 1 〔적합하다〕 suitable, reasonable, proper
¶ 마땅한 집 a suitable house
2 〔당연하다〕 (be) right, proper, reasonable, deserve
¶ 그는 죽어 마땅하다 He deserves death.
마라톤 a marathon (race)
¶ 마라톤 선수 a marathoner
마루 a floor
마르다 1 〔건조하다〕 dry, get dry
2 〔여위다〕 become thin〔lean〕
마술 magic
마술사 a magician, a wizard
마시다 drink, take, have
마을 a village
¶ 마을 사람 villagers, village people

마음 1 [정신] (the) mind, spirit; [생각] an idea, a thought
  ¶ 넓은[좁은] 마음 a broad[narrow] mind
  2 [심정] (the) heart; [감정] sense, feeling
  ¶ 따뜻한 a warm heart
마음대로 as one pleases[likes, wishes]
  ¶ 마음대로 드세요 Help yourself, please.
마일 a mile
  ¶ 시속 60마일로 달리다 run at sixty miles per hour
마주치다 meet with, come across[upon]
마중하다 meet 《a person》, greet, receive
  ¶ 그는 아버지를 마중하러 역에 갔다 He went to the station to meet his father.
마지막 the last, the end, a close
  ¶ 마지막까지 to the end[last]
마차 a carriage, a coach, a cart, a wagon
마천루 a skyscraper
마치 as if[though], as, just like
  ¶ 그는 그녀를 마치 자기 딸처럼 사랑했다 He loved her as if she had been his own daughter.
마침내 finally, at last, after all
  ¶ 그는 마침내 성공했다 At last he succeeded.
마흔 forty
막 [방금] just, just now; [바야흐로] 《be》 about to, 《be》 on the point of
  ¶ 지금 막 식사를 마쳤습니다 I have just finished dinner.
막(幕) a curtain
  ¶ 막을 올리다 raise[lift] a curtain
만(萬) ten thousand
만(灣) a gulf, a bay
  ¶ 멕시코 만 the Gulf of Mexico
만나다 see, meet
  ¶ 어디서 네 남편을 처음 만났니? Where did you first meet your husband?
만년필 a fountain pen
만들다 make, create, manufacture

만일 if, in case 《of》, suppose [provided] 《that》, by any chance
  ¶ 만일 비가 오면 if it should rain, in case of rain
만점 full marks, a perfect score
  ¶ 만점을 받다 get full marks
만족 satisfaction, contentment —하다 be pleased[satisfied] 《with》, be content 《with》
  ¶ 나는 그것으로 만족하고 있다 I am satisfied with it.
만지다 touch, feel
  ¶ 만지지 마시오 Hands off. (= Do not touch.)
만찬 dinner, supper
  ¶ 최후의 만찬 the Last Supper
만큼 1 [비교] as...as, so...as
  2 [정도] so...that, so as...to
  ¶ 그만큼은 나도 알고 있다 I know that much.
만화 a comic picture, a cartoon
  ¶ 만화 책 a comic book
많다 [수] many; [양] much; [수·양] plenty
  ¶ 사람이 많다 There are many people.
많이 much, lots, plenty
  ¶ 그는 돈을 많이 쓴다 He spends much [a lot of] money.
말[1] [언어] language, speech; [진술] a remark, a statement
  ¶ 표준말 the standard language
말[2] a horse
  ¶ 말을 타다 mount[get on] a horse, ride a horse

horses

말다 roll 《up》

말다툼 a dispute, an argument, a quarrel —하다 dispute, quarrel, have an argument 《with》

말대답하다 talk [answer] back

말리다 1【건조】dry, make dry
¶ 햇볕에 말리다 dry in the sun
2【만류】stop [dissuade] (a person) from (doing), make (a person) stop
¶ 싸움을 말리다 stop a quarrel

말뚝 a stake
¶ 말뚝을 박다 drive in a stake

말썽 trouble
¶ 말썽을 부리다 cause trouble

말쑥하다 (be) clean, neat, smart, nice, tidy
¶ 그녀는 항상 말쑥한 옷차림을 하고 있다 She is always neatly dressed.

말하다 say, talk, speak, remark, tell, state, mention
¶ 영어로 말하다 speak in English
¶ 큰 소리로[조용히] 말하다 say [speak, talk] loudly [quietly]

맑다 (be) clean, clear, pure
¶ 맑은 물 clear water
¶ 맑은 하늘 a clear sky

맛 taste, flavor
¶ 맛이 어때요? How does it taste? (= What does it taste like?)
¶ 맛이 있네요 It's delicious.

> 참고 맛의 종류
> bitter 쓴   flat 싱거운
> hot 매운   salty 짠
> sour 신   sweet 단

망설이다 hesitate
¶ 망설이지 않고 without hesitation

망신 shame, disgrace, dishonor —하다 disgrace oneself
¶ 저 아이는 집안의 망신거리다 That boy is a disgrace to our family.

망아지 a foal

망원경 a telescope, binoculars(쌍안경)

망치 a hammer
¶ 망치로 두드리다 hammer, strike with a hammer

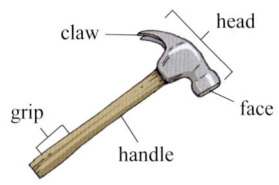

hammer

망치다 ruin, spoil, destroy
¶ 그는 분위기를 망쳐 놓았다 He ruined the whole atmosphere.

망하다 go to ruin, be ruined, fall

맞다 1【옳다】(be) right, correct
¶ 맞는 답 correct answers
2【적합하다】harmonize with, be agreeable to, agree with, correspond to [with], go with, match
¶ 그 타이는 양복에 맞지 않는다 That tie doesn't go with the suit.
3【취미・음식이】suit, be suitable, be agreeable
4【물건이】fit, suit
5【합치하다】agree with, be in accord 《with》
6【수지가】pay, be profitable
¶ 수지맞는 장사 a paying business, a good bargain
7【적중하다】hit
¶ 예언이 맞았다 The prophecy came true.
8【사람을】receive, welcome, greet
¶ 사람을 반가이 맞다 welcome 《a person》
9【비・바람・눈 등을】be exposed to
¶ 비를 맞다 be exposed to rain

맞추다 1【조립하다】fix into, assemble, put together
¶ 기계를 맞추다 assemble [put together] a machine

2 〖맞게 하다〗 set 《it》 (right), correct 《it》, put 《a thing》 to rights
¶ 수지를 맞추다 make both ends meet
3 〖적합하게 하다〗 adjust, adapt, set, fit, suit, tune
¶ 망원경을 눈에 맞추다 adjust〔set〕a telescope to one's eye
4 〖주문하다〗 order
¶ 구두를〔양복을〕맞추다 order shoes〔clothes〕made

맞히다 1 〖명중시키다〗 hit 《the mark》
¶ 잘 맞히다 make a good hit
2 〖알아맞히다〗 guess right
¶ 이 속에 무엇이 들어 있는지 맞혀 보시오 Just guess what are in there.

맡기다 place 《a thing》 in another's custody, deposit 《a thing》 with 《a person》, entrust 《a person》 with 《a thing》
¶ 돈을 은행에 맡기다 deposit money with a bank

맡다[1] 〖보관하다〗 keep, receive 《a thing》 in trust, take charge of 《things》

맡다[2] 〖냄새를〗 smell
¶ 이 장미꽃 냄새 좀 맡아 봐요 Just have a smell of this rose.

매 a whip, a rod
¶ 매를 아끼면 아이가 못쓰게 된다 Spare the rod and spoil the child.

매끄럽다 (be) smooth
¶ 매끄러운 표면 smooth surface

매년 every year, yearly

매다 tie, bind, fasten, join
¶ 안전벨트를 매 주십시오 Please fasten your seat belt.

매듭 a knot, a tie
¶ 매듭을 맺다〔풀다〕 make〔untie〕a knot

매력 charm, attraction
¶ 매력적인 charming, attractive

매매 selling and buying, sale and purchase; 〖거래〗 dealing, trade, a bargain, a deal —하다 sell and buy〔purchase〕, trade 《in》, deal
¶ 그는 부동산을 매매하고 있다 He deals in real estate.

매섭다 (be) fierce

매우 very, so, greatly, much
¶ 매우 아름다운 여자 a very beautiful woman

매일 every day, daily
¶ 매일 밤 every evening〔night〕

매장 a counter; 〖점포〗 a store, a shop

매주 every week, weekly
¶ 매주 화요일 every Tuesday

매체 a medium 《복수 media》
¶ 대중 매체 the mass media

매혹하다 fascinate, charm
¶ 매혹적인 fascinating, charming

맥박 pulse
¶ 맥박이 고르지 않다 The pulse is irregular.

맥주 beer
¶ 생맥주 draft beer
¶ 병맥주 bottled beer

맵다 〖맛이〗 (be) hot, pungent, peppery
¶ 매운 카레 요리 hot curry

맹렬하다 (be) violent, furious, fierce
¶ 맹렬히 violently, furiously, fiercely
¶ 맹렬한 공격 a violent attack

맹세 a vow, an oath, a pledge —하다 swear, pledge, vow, take〔make〕an oath, make a vow
¶ 금주〔금연〕를 맹세하다 swear not to touch drinks〔to smoke〕

맺다 1 〖결실을〗 bear, produce
¶ 열매를 맺다 bear fruit, produce a result
2 〖관계를〗 form, make, contract
¶ 계약을 맺다 contract, make a contract

머리 1 〖두부〗 the head
¶ 머리를 때리다 strike〔knock〕《a person》 on the head
2 〖머리털〗 hair

머무르다 stay, put up 《at》, stop

먹다 eat, take, have
¶ 점심으로 샌드위치를 먹다 have a sandwich for lunch

먹이 food; [다른 동물의] a prey
¶ 개[고양이] 먹이 dog[cat] food

먹이다 feed
¶ 고양이에게 생선을 먹이다 feed[give] fish to a cat

먼지 dust
¶ 그 책상은 먼지투성이다 The desk is covered with dust.

멀다¹ 1 [눈이] go[be] blind, lose one's sight
¶ 돈에 눈이 멀다 be blinded by money
2 [귀가] be hard of hearing

멀다² 1 [거리가] (be) far, distant, in the distance
¶ 우리 집은 여기서 멀다 My house is far from here.
2 [시간이] be remote
¶ 먼 옛날 a long time ago, long ago
3 [관계가] be distant
¶ 먼 친척 a distant[remote] relative

멀리 far, far away, a long way off, in the distance
¶ 멀리서 from a distance

멀리하다 keep 《a person》 away from, keep 《a person》 at a distance, avoid(피하다), shun
¶ 나쁜 친구를 멀리하다 keep away from bad company

멈추다 1 [움직임이] stop, cease, halt, bring to a stop[halt]
¶ 갑자기 멈추다 come to a sudden [abrupt] halt
2 [비·눈·바람이] stop, cease
¶ 비가 멈췄다 It has stopped[ceased] raining.

멍청이 a fool, a stupid person

멍청하다 (be) stupid, dull, dumb
¶ 멍청한 얼굴로 with a stupid look

메달 a medal
¶ 메달을 획득하다 win[receive, obtain] a medal

메달리스트 a medalist
¶ 금메달리스트 a gold medal winner, a gold medalist

메뚜기 a grasshopper, a locust

메스껍다 feel nausea, feel sick
¶ 속이 메스껍다 feel sick at the stomach

메시지 a message
¶ 메시지를 남기다 leave a message

메아리 an echo
¶ 메아리가 울리다 be echoed, echo, resound

메우다 fill up[in]
¶ 다음 빈 칸을 메우시오 Fill in the following blanks.

며느리 a daughter-in-law

면도 shaving —하다 shave oneself, get [have] a shave

면도칼 a razor

면접 an interview

면허 license
¶ 자동차 운전 면허증 a driver's license 《미》, a driving licence 《영》
¶ 면허증을 따다 obtain[get] a license

면회 an interview, a meeting —하다 see, meet, interview, have an interview with
¶ 면회 시간 the visiting hours
¶ 사장님을 면회하고 싶습니다 I would like to see the president.

멸망 a fall, ruin, collapse, destruction —하다 fall, be ruined, go to ruin, be destroyed
¶ 로마 제국의 멸망 the fall of the Roman Empire

멸시 contempt, disdain —하다 regard 《a person》 with contempt, despise, disdain, look down upon
¶ 가난하다고 해서 멸시해서는 안 된다 You should not despise[look down

upon) him because he is poor.

명랑하다 (be) bright, clear, cheerful, merry, gay
¶ 명랑하게 웃다 laugh merrily, smile brightly

명령 an order, a command —하다 order, command, give orders〔a command〕
¶ 명령을 내리다 issue an order〔a command〕, give orders

명백하다 (be) clear, plain, obvious, evident
¶ 명백한 증거 an evident proof

명부 a list (of names), a roll
¶ 회원 명부 a list of members

명사 a noun
¶ 보통〔물질〕명사 a common〔material〕noun

명성 fame, reputation
¶ 명성을 얻다 gain〔win〕fame

명예 honor, glory, credit, reputation, fame
¶ 명예를 얻다 win〔gain〕honor

명주 silk
¶ 명주옷 silk clothes, silks

명함 a (name) card, a visiting card, a calling card《미》; 〔영업용〕a business card
¶ 명함을 주고받다 exchange cards

몇 〔약간〕some, a few, several; 〔얼마〕how many
¶ 몇 번 how often, several times
¶ 몇 시 차를 탈까요? What train shall we take?

몇몇 some, several, a few

모국 one's mother country, the〔one's〕homeland, one's native country
¶ 모국어 one's mother〔native〕tongue
¶ 모국을 방문하다 visit one's mother country

모기 a mosquito
¶ 모기에 물리다 be bitten〔stung〕by mosquitoes

모닥불 a campfire

모델 a model

모두 all, everyone, everybody, everything
¶ 모두 내 잘못이다 It's all my fault.

모든 all, whole, every
¶ 모든 점에서 in every respect, in all points

모래 sand

모레 the day after tomorrow

모르다 do not know, be unaware〔ignorant〕of, have no idea, do not understand
¶ 당신의 말은 모르겠다 I don't get you.

모방 imitation, a copy —하다 imitate, copy

모범 a model, an example, a pattern

모습 features, looks, appearance, a figure, a face, an image
¶ 그의 모습이 아직 눈에 선하다 His image is still vivid in my mind.

모양 (a) shape, (a) form, appearance, (a) figure, looks
¶ 이 소나무는 모양이 좋다 This pine tree has a good figure.

모욕 insult, contempt —하다 insult, treat《a person》with contempt
¶ 모욕을 당하다〔참다〕suffer〔bear〕an insult

모으다 〔여럿을〕gather, get《things, people》together; 〔수집하다〕collect, make a collection of
¶ 우표를 모으다 collect〔make a collection of〕stamps

모음 a vowel (sound)

모이다 gather, come〔get〕together

gather   scatter

모임 a gathering, a meeting
¶ 모임에 나가다 attend a meeting
모자 〔차양이 있는〕 a cap; 〔테 달린〕 a hat

cap　　　hat

모자라다 be not enough, insufficient, be short of, want
¶ 5천 원이 모자란다 I'm five thousand won short.
모퉁이 a corner
¶ 그 집은 모퉁이에 있습니다 The house stands on the corner.
모포 a blanket
모피 a fur
¶ 모피 코트 a fur coat
모험 an adventure, a risk, a venture —하다 adventure, risk, run a risk
모형 a model
¶ 모형 비행기 a model plane
목 a neck
목걸이 a necklace
¶ 진주 목걸이 a pearl necklace
¶ 목걸이를 하다 wear a necklace
목격하다 witness, see, observe
목격자 a witness, an observer
목격하다 witness, observe
목구멍 a throat
목도리 a muffler, a neckerchief
¶ 목도리를 하다 wear a muffler
목록 a list, a catalogue
¶ 목록을 만들다 make a list of 《articles》
목마르다 be〔get〕 thirsty, feel thirst
목사 a pastor, a minister, a clergyman
목소리 a voice
¶ 큰〔작은〕 목소리로 in a loud〔low〕 voice

목수 a carpenter
목숨 life
¶ 그는 교통사고로 목숨을 잃었다 He lost his life〔was killed〕 in a traffic accident.
목요일 Thursday
목욕 a bath, bathing —하다 take〔have〕 a bath, bathe
¶ 목욕통 a bathtub
목장 a pasture, a meadow, a ranch《미》
목재 wood; 〔건축용〕 timber, lumber《미》
목적 an object, a purpose, an aim, an end
¶ 목적을 달성하다 attain one's object, accomplish〔achieve〕 one's purpose
목표 〔표적〕 a mark, a target; 〔목적〕 a goal, an aim, an object, a purpose, an end
¶ 목표에 달하다 reach〔attain〕 the goal
몫 a share, a portion, a lot
¶ 몫을 요구하다 claim a share 《in a profit》
몰다 drive 《a car》
몰두하다 be absorbed in 《one's studies》, devote oneself to
¶ 그는 일에만 몰두해 있다 He is totally preoccupied with his work.
몰래 secretly, privately, quietly
¶ 몰래 말해주다 tell 《a person》 secretly
몰아내다 expel, turn〔drive, press, push〕 out, kick 《a person》 out
¶ 고용원을 몰아내다 kick an employee out of the firm
몸 the body
몸가짐 one's behavior〔conduct〕, an attitude
몸짓 a gesture
몹시 very, greatly, severely, terribly, excessively, extremely
¶ 몹시 머리가 아프다 have a severe headache
못 a nail
¶ 못을 박다〔뽑다〕 drive in〔pull out〕 a

nail
몽둥이 a stick, a club
묘(墓) a grave, a tomb
무겁다 1 〔무게가〕 (be) heavy
¶ 무거운 짐 a heavy burden
2 〔우울하다〕 (be, feel) heavy, depressed
¶ 마음이 무겁다 have a heavy heart
3 〔중하다〕 (be) serious, critical, severe
¶ 무거운 벌 a severe〔heavy〕 punishment
4 〔중대하다〕 (be) important, grave
¶ 무거운 책임 a heavy〔grave〕 responsibility
무게 weight
¶ 무게를 달다 weigh 《a thing》
무관심 indifference, unconcern —하다 (be) indifferent 《to》, unconcerned 《with, at, about》, have no interest 《in》
¶ 무관심한 태도 an air of indifference
무기 arms, a weapon
¶ 무기를 소지하다 carry〔bear〕 arms
무너지다 collapse, fall down
¶ 눈의 무게로 지붕이 무너졌다 The roof collapsed under the weight of the snow.
무능하다 (be) incapable, inefficient, incompetent
무늬 a pattern, a design
무대 the stage
무덤 a grave, a tomb
무디다 1 〔칼날이〕 (be) blunt, dull
¶ 무딘 칼날 a dull blade
2 〔사람이〕 (be) dull
¶ 무딘 사람 a dull person
무력 military power, force, the sword
¶ 무력에 호소하다 appeal to arms
무료 no charge
¶ 무료로 free (of charge), for nothing
무릎 a knee, a lap
¶ 무릎 위에 앉다 sit on 《a person's》 lap
무리 1 〔사람의〕 a company, a band, a party, a group, a crowd
2 〔짐승의〕 a herd(소·말·사슴 등), a flock(양·토끼·새 등), a school(물고기 등)
무모하다 (be) rash, reckless
¶ 무모하게 recklessly, rashly
무명 cotton
무사 safety, security —하다 (be) safe, secure
¶ 무사히 safely, in safety, without accident
무서움 (a) fear, horror, fright, terror
¶ 무서움이 없다 have no fear, be fearless
무선 radio, wireless
무섭다 〔겁나다〕 (be) fearful, dreadful, terrible, frightful; 〔두려워하다〕 fear, dread, be afraid of; 〔놀라다〕 scared, frightened
¶ 무서운 꿈 a terrible dream
무슨 what, what kind of, some, some kind of
¶ 무슨 일이냐? What is the matter (with you)?
무승부 a draw, a tie
¶ 무승부로 끝나다 end in a tie〔draw〕
무시하다 disregard, ignore
¶ 나의 경고는 무시되었다 My warning was disregarded.
무식하다 (be) ignorant, illiterate
¶ 무식한 사람 an ignorant person
무엇 what
¶ 무엇보다도 above all things, first of all
¶ 무엇이든 하겠다 I will do anything.
무역 (foreign) trade, commerce —하다 trade 《with》
¶ 무역 회사 a trading firm〔company〕
무용 dancing, a dance —하다 dance, perform a dance
무의미하다 meaningless, senseless, nonsense
¶ 무의미한 생활을 하다 lead a mean-

무익하다 (be) useless, vain, fruitless, be no good〔use〕

무자비하다 (be) merciless, heartless, ruthless, cruel
¶ 무자비한 짓을 하다 do a cruel thing

무장하다 arm, equip 《an army》
¶ 무장하고 있다 be armed, be under arms

무죄 innocence —하다 (be) innocent, guiltless
¶ 무죄를 증명하다 prove 《a person's》 innocence

무지개 a rainbow

무질서 disorder, chaos, confusion —하다 (be) disordered
¶ 사회적〔정치적〕 무질서 social〔political〕 chaos

무책임 irresponsibility —하다 (be) irresponsible
¶ 무책임한 행동 an irresponsible conduct

무척 very, highly, extremely
¶ 무척 춥다 It is very cold.

묵다 stay 《at, in, with》, stop 《at, in》, put up 《at a hotel》

묶다 bind, tie, fasten
¶ 매듭을 묶다 tie a knot

문 a gate, a door
¶ 문을 잠그다 lock a door

문득 suddenly, unexpectedly

문명 (a) civilization
¶ 서양 문명 Western〔Occidental〕 civilization

문법 grammar

문서 a document, a paper

문자 letters, a character, an alphabet

문장 a sentence
¶ 다음 문장을 우리말로 옮기시오 Translate〔Put〕 the following sentences into Korean.

문제 a question, a problem, an issue; 〔화제〕 a subject, a topic; 〔일〕 a matter; 〔말썽〕 trouble
¶ 문제를 해결하다 solve a problem

문지르다 rub, scrub, scrape
¶ 눈을 문지르다 rub one's eyes

문학 literature
¶ 영문학을 연구하다 study English literature

문화 culture, civilization, cultivation
¶ 고도의 문화 a high level of culture

묻다 1 〔모르는 것을〕 ask, question, inquire of 《a person》 about 《a thing》
¶ 값을 묻다 ask the price
2 〔안부·소식 등을〕 inquire〔ask〕 after, inquire about
¶ 안부를 묻다 ask after 《a person》
3 〔매장하다〕 bury
¶ 시체를 묻다 bury a corpse〔body〕

물 water
¶ 물을 마시다 drink water

물가 prices
¶ 물가가 오르다〔내리다〕 prices rise〔fall〕

물건 a thing, an article, goods
¶ 온갖 종류의 물건 all sorts of goods

물결 a wave
¶ 잔잔한 물결 gentle waves

물고기 a fish
¶ 물고기를 잡다 catch a fish

> **알면 Plus** 물고기의 종류
> carp 잉어　　　cod 대구
> eel 뱀장어　　　herring 청어
> salmon 연어　　sardine 정어리
> trout 송어　　　tuna 참치

물다 bite
¶ 모기가 물다 mosquitoes bite

물들다 dye, take color

물러나다 fall〔draw〕 back, withdraw, retreat, retire
¶ 식탁에서 물러나다 withdraw〔retire〕 from the table

물러서다 step aside, move backward

물려받다 inherit 《from》, take over

¶ 사업을 물려받다 take over the business
물려주다 hand (make, turn) over
물론 (as a matter of) course
물리학 physics
¶ 물리학자 a physicist
물음표 a question mark
물질 matter, substance, material
¶ 물질적인 material, physical
뭉치다 1 [덩이 짓다] lump together, mass **2** [단결하다] unite, combine, hold together
¶ 뭉치면 살고 흩어지면 죽는다 United we stand, divided we fall.
미(美) beauty
¶ 자연의 미 natural beauty
미개하다 (be) uncivilized, barbarous, savage
미국 America, the United States (of America)《U.S.A.》, the States
미끄러지다 slide, glide, slip
¶ 얼음판에서 미끄러져 넘어지다 slip and fall on the ice

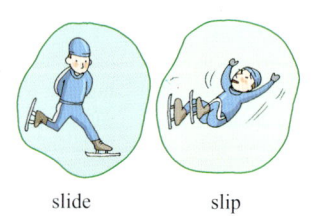

[비교] **slide**와 **slip**
  slide는 매끄러운 표면을 가볍게 죽 미끄러지다. **slip**은 저절로 [실수로] 미끄러져 넘어지다.

slide   slip

미끄럽다 (be) smooth, slippery
¶ 미끄러운 길 a slippery road
미끼 a bait
¶ 고기가 미끼를 문다 A fish takes a bite.
미래 future
미로 a maze, a labyrinth

미루다 put off, postpone, delay, defer
¶ 출발을 2, 3일 뒤로 미루다 put off the departure for a few days
미리 beforehand, in advance, previously
¶ 집세를 미리 내다 pay the rent in advance
미사일 a missile
¶ 미사일 공격 a missile attack
미소 a smile
¶ 미소를 짓다 wear a smile 《on one's face》
미술 art, the fine arts
¶ 현대 미술 modern art
미신 superstition
미안하다 (be) sorry, regrettable
¶ 폐를 끼쳐 미안합니다 I am sorry for giving you trouble.
미워하다 hate
¶ 그들은 서로 미워하고 있다 They hate each other.
미인 a beautiful woman (girl), a beauty
미지 (being) unknown, strange
¶ 미지의 세계 the unknown world
미치광이 a madman, a lunatic, a crazy (insane) man
미치다 1 [정신 이상] go mad (crazy)
¶ 미친 개 a mad dog
2 [열광·흥분] be crazy (mad) about, go crazy (mad) over
¶ 야구에 미치다 go crazy (mad) over baseball
3 [이르다] reach, attain to, come up to 《the standard》
¶ 손이 미치는 곳에 within one's reach
¶ 내 힘이 미치지 못하는 일이다 The task is beyond (out of) my power.
미터 a meter
¶ 길이 5미터 five meters long (in length)
미풍 a breeze, a gentle (light) wind
민물 fresh water
민속 ethnic (folk) customs
민족 a race, a nation

¶ 소수 민족 a minority race
민주 democracy
¶ 민주적인 democratic
믿다 1 〔의심치 않다〕 believe, put belief in, credit
¶ 믿을 만한 credible, reliable
2 〔신뢰하다〕 trust, trust (believe, confide) in, have confidence (faith) in
¶ 믿을 만 하 다 be trustworthy (reliable)
3 〔확신하다〕 be sure of, be confident of
¶ 그들은 자기들의 승리를 굳게 믿고 있었다 They were confident of their victory.
4 〔신앙〕 believe in, have belief (faith) in
¶ 하느님을 믿다 believe in God
믿음 1 〔신뢰〕 trust, confidence, credit, credence
2 〔신앙〕 faith, belief
¶ 그는 믿음이 강하다 〔약하다〕 He is strong (weak) in faith.
밀 wheat
밀가루 wheat flour
밀다 push
¶ 가볍게 〔세게〕 밀다 push lightly (hard)
밑 1 〔하부〕 the bottom, the foot, the base, the lower part
¶ 나무 밑에 under a tree
2 〔근본〕 the root, the basis, the origin
밉다 1 〔얼굴이〕 (be) ugly, plain, homely 《미》
2 〔마음에 거슬리다〕 (be) hateful, abominable, detestable, disgusting; 〔미워하다〕 hate, detest
¶ 미운 짓 a detestable conduct
및 and, also, as well as, besides

바구니 a basket
¶ 장바구니 a shopping basket

바깥 the outside, the outdoors
¶ 바깥이 춥다 It is cold outside.
바꾸다 1 〔교환하다〕 change, exchange
¶ 남과 좌석을 바꾸다 change seats with another
2 〔변경하다〕 replace, change
¶ 생각을 바꾸다 change one's mind
바느질 needlework, sewing
바늘 1 〔바느질용〕 a needle
¶ 바늘에 실을 꿰다 thread a needle
2 〔뾰족한 물건〕 a pin; 〔시계의〕 a hand
바다 the sea; 〔대양〕 the ocean
바닷가 the beach, the seashore
바라다 1 〔소원하다〕 wish, desire, want, wish for, long for, yearn for
¶ 간절히 바라다 look forward to, long for
2 〔기대하다〕 hope, expect, look for
¶ 그에게 너무 바라지 마라 Don't expect too much of him.
바라보다 see, look at, watch, view; 〔응시하다〕 gaze (stare) at
¶ 경치를 바라보다 see a view
바람 a wind; 〔미풍〕 a breeze
¶ 바람이 인다 The wind rises.
바로 1 〔올바르게〕 rightly, honestly, correctly, properly
¶ 바로 발음하다 pronounce it correctly
2 〔곧장〕 straight, directly
¶ 지금 바로 가시오 You had better go right now.
3 〔정확히〕 just, exactly, right, very
¶ 바로 그때에 just (right) at that moment
바로잡다 correct, reform
¶ 행실을 바로잡다 correct one's behavior
바르다 apply, paste
¶ 고약을 바르다 apply a plaster
바보 a fool, a silly
¶ 바보 같은 소리하지 마 Don't be silly.
바쁘다 be busy

¶ 오늘은 대단히 바쁘다 I am very busy today.
바위 a rock
바이올린 a violin
¶ 바이올린을 켜다 play the violin
바지 trousers, pants《미》
¶ 바지를 입다 put on trousers
바치다 give, offer, present
바퀴 a wheel
박다 drive《in》
¶ 땅에 말뚝을 박다 drive a stake into the ground
박람회 an exhibition, an exposition, an expo, a fair
박물관 a museum
박사 a doctor
¶ 박사 학위 a doctor's degree
박수 a handclasp, applause
박쥐 a bat
박차 a spur
밖 the outside
¶ 밖의 outside, outdoor
¶ 밖은 춥다 It is cold outside.
반(班) a class
반(半) (a) half
¶ 한 시 반 one-thirty, half past one
¶ 반으로 가르다 cut in half
반갑다 (be) happy, glad, be pleased 〔delighted〕
¶ 반가운 손님 a welcome guest
¶ 그 소식을 듣고 반가웠다 I was pleased at the news.
반격 a counterattack
반경 a radius
반대 1 【반항】 opposition; 【이의】 objection —하다 be opposed to, object to
¶ 그것에 찬성인가, 반대인가? Are you for it or against it?
2 【역】 reverse, opposite
¶ 나는 정반대로 생각했다 I thought quite the opposite.
반도 a peninsula
¶ 한반도 the Korean Peninsula

반드시 certainly, surely, without fail, by all means, at any cost
¶ 그는 반드시 성공한다 He is sure to succeed.
반란 revolt, rebellion, uprising
반복 repetition —하다 repeat
¶ 반복하여 repeatedly, over and over again
반사 reflection —하다 reflect
¶ 거울은 빛을 반사한다 A mirror reflects light.
반성하다 reflect《on》
¶ 자기의 행동을 반성하다 reflect on one's conduct
반영하다 reflect
¶ 그의 행위는 그의 생각을 반영하고 있다 His deeds reflect his thoughts.
반원 a half circle, a semicircle
반응 reaction —하다 react
¶ 화학 반응 a chemical reaction
반점 a spot
반지 a ring
반칙 a foul, foul play, violation —하다 violate〔break〕 the rules, act against the rules
¶ 그것은 반칙이다 It is against the rules.
반항하다 resist, oppose, disobey, defy
¶ 부모에게 반항하다 defy one's parents
받다 1 【물건·돈 등을】 receive, accept, take
¶ 선물을 받다 receive a gift
2 【의견·평가를】 suffer, receive
¶ 그는 범인일 것이라는 의심을 받았다 He was suspected to be the criminal.
3 【주문을】 receive〔get, take, accept〕《an order》
4 【과정을】 receive 《an education》, be trained《in》
¶ 그는 비행사가 되는 훈련을 받았다 He was trained〔received training〕 as a pilot.

5 〔치료·수술 등을〕 undergo, go through
¶ 건강 진단을 받다 undergo a medical examination
6 〔공을〕 catch, receive, take
¶ 공을 받다 catch a ball
7 〔영향·작용을〕 suffer, be impressed, be influenced
¶ 그녀는 어머니의 영향을 크게 받았다 She was heavily influenced by her mother.

받치다 support, prop up, hold up
¶ 기둥으로 받치다 support 《a wall》 with a post

발 a foot, a paw(개·고양이의), a hoof(굽 있는 발); 〔받침〕 a leg, a foot
¶ 네발 달린 책상 a four-legged table

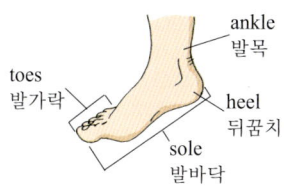

foot

발가락 a toe
발걸음 step, pace
¶ 가벼운 발걸음으로 with light steps
발견 discovery —하다 discover, find (out)
발꿈치 a heel
발끝 a tiptoe
¶ 발끝으로 걷다 walk on tiptoe
발달 development, growth —하다 grow, develop
¶ 경제의 발달 economic development
발뒤꿈치 the heel
발명 invention —하다 invent
¶ 필요는 발명의 어머니 Necessity is the mother of invention.
발목 an ankle
¶ 발목을 삐다 sprain one's ankle

발자국 a footprint
발사 1 〔총포의〕 a shot, gunfire, firing —하다 fire, shoot, open fire 《on》
¶ 권총을 발사하다 fire a pistol 〔revolver〕 《at》
2 〔로켓 등의〕 the launch —하다 launch
¶ 우주 왕복선의 발사는 대성공이었다 The launch of the space shuttle was a great success.
발언 speaking
¶ 발언의 기회를 잃다 lose the opportunity of speaking
발육 growth, development —하다 grow, develop
¶ 발육이 빠르다〔느리다〕 grows rapidly〔slowly〕
발음 pronunciation —하다 pronounce
¶ 그는 발음이 좋다〔나쁘다〕 His pronunciation is good〔bad〕.
¶ 이 단어는 어떻게 발음합니까? How do you pronounce this word?
발자국 a footprint
¶ 발자국을 좇다 follow the trail of footprints
발작 a fit, an attack, a stroke —하다 have a fit
¶ 갑작스런 발작 a sudden attack
발전 development, growth —하다 develop, grow
¶ 도시의 급격한 발전 the rapid growth of cities
발톱 a toenail(사람의), a claw(짐승의)
발포 firing, discharge —하다 discharge 《a gun》, fire, open fire
발표 announcement, publication, presentation, a statement —하다 announce, make public
¶ 공식〔비공식〕 발표 an official〔unofficial〕 announcement
발행 publication, issue —하다 publish, issue
¶ 지폐를 발행하다 issue bank notes
밝다 1 〔빛이〕 (be) bright, light

¶ 태양이 밝게 빛나고 있다 The sun is shining brightly.
2 [눈·귀가] (be) sharp, keen
¶ 귀가 밝다 have sharp ears
3 [성격·표정 등이] (be) cheerful, sunny, bright
¶ 밝은 표정 a cheerful look
4 [전망이] (be) bright, promising
¶ 전망이 밝다 The prospects are good (bright).
5 [날이] dawn, break
¶ 날이 밝기 전에 before dawn

밝히다 1 [밝게 하다] light (up), brighten, lighten
2 [분명히 하다] make 《a matter》 clear
¶ 자신의 입장을 밝히다 make one's position clear

밟다 step (tread) on
¶ 남의 발을 밟다 step on 《a person's》 foot

밤¹ [저녁] night, evening
¶ 밤에 at night, by night
¶ 밤낮으로 일하다 work night and day

밤² a chestnut

밤나무 a chestnut tree

밤새우다 sit up all night
¶ 책을 읽느라 밤새우다 stay (sit) up all night over a book

밥 1 [곡식으로 지은] boiled rice
¶ 밥을 짓다 boil rice
2 [식사] a meal, food
¶ 밥을 먹다 have a meal

밥상 a table
¶ 밥상을 차리다 set the table

밧줄 a rope
¶ 밧줄을 당기다 draw (pull) the rope

방 a room
¶ 방을 예약하다 reserve a room 《at a hotel》

방금 just now, a moment ago
¶ 그는 방금 여기 있었다 He was here a moment ago.

방대하다 (be) huge, vast, enormous, massive
¶ 방대한 금액 an enormous sum of money

방랑 wandering, roaming —하다 wander (roam) about

방문 a call, a visit —하다 call at 《a person's house》, call on 《a person》, visit, make a call 《on》

call at　　　　call on

방법 a way, a method, a means
¶ 그것을 하는 데는 이것이 최선의 방법이다 This is the best way to do it.

방송 broadcasting —하다 broadcast, send 《a drama》 on the air
¶ 방송국 a broadcasting station

방어 defense, protection —하다 defend, protect
¶ 공격이 최선의 방어다 Offense is the best defense.

방울 a bell

방위 a direction

방지 prevention —하다 prevent
¶ 범죄 방지 the prevention of crime

방학 school holidays, a vacation —하다 go on vacation, close for a vacation
¶ 여름 [겨울] 방학 the summer (winter) vacation

방해 an obstacle, interference —하다 obstruct, disturb, interrupt, interfere with
¶ 교통을 방해하다 obstruct traffic

방향 direction; [진로] a course
¶ 반대 방향으로 in the opposite direction

방황 wandering, roaming —하다 wander (roam) about

밭 a field, a farm
¶ 밭을 갈다 till(cultivate) the soil, plow

배¹ [복부] the belly, the stomach(위)
¶ 배가 고프다 be hungry
¶ 나는 배가 아프다 I have a stomachache.

배² [선박] a ship, a boat, a steamer
¶ 부산에서 배를 타다 take a boat at Busan

배³ [과일] a pear

배(倍) **1** [갑절] double, twice, two times
¶ 이것은 비용이 예전보다 배나 올랐다 This costs double what it did before.
2 [곱] times

배경 a background
¶ 정치적 배경 one's political background

배고프다 (be) hungry, feel hungry
¶ 배고파 죽겠다 I'm simply starving.

배구 volleyball
¶ 배구를 하다 play volleyball

volleyball

배달 delivery —하다 deliver
¶ 신문을 배달하다 deliver newspapers

배반 betrayal, revolt, rebellion —하다 betray, rebel(revolt) against

배부르다 (be) full, have a full stomach
¶ 배부르게 먹다 eat heartily

배신 betrayal —하다 betray 《a person's》 confidence, break faith
¶ 나는 그녀를 배신하지 않겠다 I won't betray her.

배우 a player, an actor(남자), an actress(여자)
¶ 주연 배우 a leading actor(actress)

배우다 learn, take lessons, be taught, study
¶ 수영을 배우다 learn how to swim

배웅 a send-off —하다 see off
¶ 나는 내 친구를 배웅하러 정거장에 갔다 왔다 I have been to the station to see my friend off.

배추 a Chinese cabbage

백(百) a(one) hundred
¶ 100번째 the hundredth

백만 a(one) million

백점 one(a) hundred points, full marks(a full mark), a perfect score
¶ 나는 화학에서 백점을 받았다 I got a perfect score in chemistry.

백조 a swan(고니), a white heron(해오라기)

백지 white paper, a clean(blank) sheet of paper

백합 a lily

백화점 a department store, the stores 《영》

뱀 a snake, a serpent

뱉다 spit out

버릇 a habit
¶ 나쁜 버릇 a bad habit

버리다 1 throw away, dismiss, discard
¶ 악습을 버리다 renounce bad habits
2 [망치다] spoil, ruin
¶ 매를 아끼면 아이를 버린다 Spare the rod and spoil the child

버섯 a mushroom
¶ 버섯을 따다 gather mushrooms

mushrooms

버스 a bus
¶ 통학 버스 a school bus
¶ 버스를 타다〔놓치다〕 take〔miss〕 a bus

버터 butter
¶ 빵에 버터를 바르다 spread bread with butter

번개 (a flash of) lightning
¶ 번개가 번쩍인다 Lightning flashes.

번거롭다 (be) troublesome

번역 translation —하다 translate 《English》into《Korean》
¶ 그 여자는 번역을 잘한다 She is a good translator.

번영 prosperity, flourish —하다 prosper, flourish

번지 a house〔street〕 number
¶ 댁은 몇 번지입니까? What is the number of your house?

번호 a number
¶ 번호가 틀렸습니다 You've got the wrong number.

번호판〔자동차 등의〕 a number plate, a license plate

벌〔곤충〕 a bee;〔꿀벌〕 a honeybee

벌(罰) punishment, penalty
¶ 벌을 받다 be punished, take the penalty, suffer punishment

벌금 a fine, a penalty
¶ 벌금을 물다 pay a fine〔penalty〕

벌다 earn, make (money)
¶ 생활비를 벌다 earn〔gain, make〕 one's living〔livelihood〕
¶ 그는 상거래에서 큰돈을 벌었다 He made a large profit on a deal.

벌레〔곤충〕 an insect, a bug, a worm;〔나방〕 a moth
¶ 벌레에 쏘이다 get stung by an insect

벌써 already, yet(의문문에)
¶ 벌써 12시다 It's already twelve o'clock.

벌집 a (bee)hive, a honeycomb

범인 a criminal
¶ 범인은 현행범으로 체포되었다 The criminal was arrested in the act.

범죄 a crime, an offense, a criminal act
¶ 범죄를 저지르다 commit a crime

법(法) a law, a rule
¶ 법을 위반하다 violate〔break〕 the law
¶ 법을 지키다 observe〔keep, obey〕 the law

법정 a law court, the court of law
¶ 법정에 서다 stand at the bar

벗기다 1〔옷을〕 unclothe, undress, strip
2〔껍질을〕 peel, skin, pare
¶ 바나나 껍질을 벗기다 peel a banana

벗다 1〔몸에 걸친 것을〕 take〔put〕 off
¶ 옷을 벗다 take off one's clothes, undress oneself
2【누명・짐을】 clear oneself of, remove, rid oneself of
¶ 오해를 벗다 remove a misunderstanding

벗어나다 free oneself from, get out of《difficulties》, escape
¶ 위기에서 벗어나다 escape danger

벚나무 a cherry tree

베개 a pillow

베끼다 copy
¶ 서류를 베끼다 copy a document

베다 cut
¶ 손가락을 베다 cut one's finger

베어내다 cut off〔out, away〕
¶ 큰 나무를 베어내다 cut off a big tree

베짱이 a grasshopper

벤치 a bench

bench

벨 a bell
¶ 현관의 벨이 울리고 있다 There's a ring at the door.

벼 a rice plant
¶ 논에 벼를 심다 plant rice in the field

벼락 thunder, a thunderbolt
¶ 그 집에 벼락이 쳤다 A thunderbolt struck the house.

벼랑 a cliff

벼룩 a flea
¶ 벼룩시장 a flea market

벽 a wall

벽난로 a hearth, a fireplace

벽시계 a wall clock

벽돌 (a) brick
¶ 벽돌을 쌓다 lay bricks

벽지 wallpaper

변경 change —하다 change
¶ 날짜를 변경하다 change the date

변두리 outskirts 《of a district》
¶ 서울의 변두리 the outskirts of Seoul

변명 explanation, an excuse —하다 explain, make an excuse
¶ 변명할 말이 없습니다 I have no excuse.

변소 a water closet, a bathroom, a washroom
¶ 변소는 어디입니까? Where can I wash my hands?

변장 disguise —하다 disguise oneself 《as》
¶ 여자로 변장하다 disguise (make up) oneself as a woman

변하다 change
¶ 서울이 많이 변했다 Seoul has changed a great deal.

변호사 a lawyer

변화 change —하다 change
¶ 큰 변화 a great change

별 a star, the stars《총칭》
¶ 별이 반짝인다 The stars twinkle.

별명 a nickname

별장 a villa

병(瓶) a bottle

병(病) (a) disease, (a) sickness《미》, (an) illness《영》
¶ 병에 걸리다 fall (be taken) ill, catch a disease
¶ 병을 고치다〔치료하다〕 cure (treat) a disease

병균 a germ, a virus

병아리 a chick, a chicken

병원 a hospital
¶ 병원에 입원하고 있다 be in hospital

병자 a sick person, a patient

보고 a report, information —하다 report, inform 《a person》 of

보고서 a report
¶ 보고서를 작성하다 make a report 《on》

보관 custody, charge, deposit —하다 keep, take charge 《of》, take 《a thing》 in custody
¶ 이 가방은 내가 보관하겠다 I'll take care of this briefcase.

보내다 1 〔사람이나 물건을〕 send, forward
¶ 심부름을 보내다 send 《a person》 on an errand
2 〔시간·세월을〕 spend, pass, lead, live
¶ 말년을 편히 보내다 live the rest of one's life happily
3 〔전기·전파 등을〕 transmit, send
¶ 전류〔신호〕를 보내다 send a current (signal)

보다 1 〔눈으로〕 see, look 《at》, gaze, glance, stare, watch
¶ 하늘을 보다 look at the sky
¶ 텔레비전을 보다 watch television
2 〔내용·상태 등을〕 read, see, look through
¶ 책을 보다 look through a book
3 〔돌보다〕 look after, take charge of, watch
4 〔치르다〕 take, undergo
¶ 시험을 보다 take an examination
5 〔자식을〕 get, have

¶ 손자를 보다 get a grandchild
6 【평가·간주하다】 consider, judge, view, look 《at》, regard 《as》
¶ 사태가 중대하다고 보다 regard the situation as serious

보리 a barley

보물 a treasure
¶ 나라의 보물 a national treasure

보살피다 take care of, look [see] after
¶ 환자를 보살피다 take care of[for] a patient

보석 a jewel, a gem, a precious stone

보석류 jewelry《미》, jewellery《영》

> 알면 Plus> 보석의 종류
> amber 호박   diamond 다이아몬드
> emerald 에메랄드 gold 금
> jade 비취   pearl 진주
> ruby 루비   sapphire 사파이어

보여주다 show, let 《a person》 see [look at] 《a thing》
¶ 운전면허증 좀 보여주십시오 Please show me your driver's license.

보이다 1 【눈에 뜨이다】 see; 【사물이 주어】 be seen, be visible, show
¶ 사람이라고는 그림자도 보이지 않았다 Not a soul was to be seen.
2 【…인 것 같다】 look, seem, appear
¶ 그는 나이보다 늙어 보인다 He looks older than his age.

보조 step, pace
¶ 보조를 맞추다 keep step [pace] with

보조개 a dimple

보존 preservation, conservation —하다 preserve, keep, conserve, maintain
¶ 야생 동물의 보존 wildlife preservation

보초 a guard, a sentry

보태다 1 【보충하다】 supplement, make up (for)
¶ 모자람을 보태다 supply [make up] the deficiency, make up a deficit
2 【가산하다】 add, sum

¶ 6에서 3을 보태다 add six to three

보통 ordinary, common, usual, general
¶ 보통으로 usually, commonly, generally, ordinarily, normally, as a rule, in general
¶ 금년 추위는 보통이 아니다 It is unusually [abnormally] cold this year.

보트 a boat
¶ 보트를 젓다 row a boat

boat

보험 insurance
¶ 생명[화재, 자동차] 보험 life[fire, automobile] insurance

보험 회사 an insurance company

보호 protection —하다 protect, guard, preserve
¶ 국내 산업을 보호하다 protect home industries

복 (good) fortune, luck, bliss
¶ 복을 받다 be blessed

복권 a lottery ticket [card]
¶ 복권을 사다 buy a lottery ticket

복도 a corridor, a passage

복부 the abdomen, the belly

복사 a reproduction, a copy —하다 reproduce, copy, take a copy
¶ 이 사진을 세 장만 복사해 주세요 Please make three copies of this picture.

복수(復讐) revenge, avenge —하다 revenge oneself 《on another》
¶ 복수를 맹세하다 swear revenge

복수(複數) the plural number

복숭아 a peach

복잡하다 (be) complicated, complex
¶ 복잡한 절차 a complicated procedure

복장 dress, clothes, costume
¶ 격식을 갖춘 복장 formal dress

복종 obedience —하다 obey
¶ 부모에게 복종하다 obey one's parents

복지 (public) welfare, well-being
¶ 복지 국가 a welfare state

복통 a stomachache

본능 (an) instinct
¶ 본능적(으로) instinctive(ly)

본보기 an example, a model
¶ 그가 좋은 본보기이다 He is the perfect example of that.

본질 essence, substance
¶ 본질적으로 essentially

볼 a cheek

볼링 bowling

볼일 a business
¶ 볼일이 있어 on business,

봄 spring

봉급 a salary, wages, pay
¶ 봉급을 받다 receive one's salary

봉쇄 a blockade —하다 blockade

봉오리 a bud

봉우리 a peak, a summit, a top

봉투 an envelope(편지용), a paper bag(식료품용)

부근 neighborhood

부끄럼 1 【수치】 shame, disgrace, dishonor
¶ 부끄럼을 모르다 be shameless
2 【수줍음】 shyness
¶ 부끄럼을 타다 be shy

부끄럽다 1 【수치스럽다】 (be) shameful, disgraceful
¶ 부끄러운 행동 a shameful behavior
2 【수줍다】 (be) shy
¶ 그녀는 부끄러워 말도 못한다 She is too shy to speak.

부닥치다 face, confront, encounter, meet with
¶ 곤란에 부닥치다 encounter difficulties

부담 a burden, a charge, a load —하다 bear
¶ 비용은 우리 회사에서 부담할 것이다 Our company will cover the expenses.

부대 a (military) unit, a corps, a force
¶ 전투 부대 a fighting unit

부두 a quay, a wharf

부드럽다 1 【촉감이】 (be) soft, tender
¶ 부드러운 손 a soft hand
2 【성질·태도가】 (be) soft, mild, gentle, smooth
¶ 부드러운 미소 a tender smile

부디 by all means, without fail, at any cost, please
¶ 부디 와 주십시오 Be sure to come.

부딪치다 【맞다】 strike, hit; 【충돌하다】 collide with, bump against〔into〕
¶ 자동차가 서로 부딪쳤다 The cars collided with each other.

부러워하다 envy, be envious〔jealous〕 of, feel envy of
¶ 그들은 그의 행운을 부러워한다 They envy him his good luck.

부러지다 break, be〔get〕 broken
¶ 의자 다리가 하나 부러졌다 One of the legs of the chair is broken.

부르다 1 【소리 내다】 call 《a person》, cry, shout; 【불러오다】 summon
¶ 어머님이 부르신다 Your mother is calling〔wants〕 you.
2 【일컫다】 call, name
¶ 나를 거짓말쟁이라고 부르고 있니? Are you calling me a liar?
3 【노래하다】 sing
¶ 노래를 부르다 sing a song

부리 a bill, a beak

부모 father and mother, parents

부부 man〔husband〕 and wife, a married couple
¶ 신혼 부부 a newly married couple

부분 a part, a portion, a section
¶ 부분적으로 partially, in part
¶ 밑줄 친 부분을 한국어로 번역하시오 Translate the underlined parts into Korean.

부상 a wound, an injury
¶ 그는 전쟁에서 부상당했다 He was wounded in the war.

부서지다 break, be broken〔smashed〕, break down
¶ 부서진 broken, destroyed, damaged
¶ 그의 희망은 산산이 부서졌다 His hope was utterly shattered.

부수다 break, smash, destroy, demolish
¶ 접시를 부수다 break a dish

부업 a side job

부엉이 an owl

부엌 a kitchen

부유하다 (be) wealthy, rich

부인(夫人) Mrs., Madam, a wife, a lady

부인(否認) (a) denial —하다 deny
¶ 용의자는 범행을 부인했다 The suspect denied the crime.

부자 a rich〔wealthy〕person, the rich (people)《총칭》

부정 〔불공정〕injustice, unfairness; 〔부정직〕dishonesty —하다 (be) unfair, unjust, unlawful, dishonest
¶ 부정한 방법으로 by dishonest〔unlawful〕means

부족(部族) a tribe

부족(不足) lack, want, shortage —하다 (be) insufficient, short, wanting, lacking
¶ 수면 부족 want〔lack〕of sleep

부주의 carelessness, neglect, lack〔want〕of care〔attention〕—하다 (be) careless, heedless
¶ 운전 부주의 careless driving

부지런하다 (be) diligent, industrious
¶ 그는 부지런한 사람이다 He is a hard worker.

부채 a fan

부처 Buddha

부치다 send, mail《미》, post《영》
¶ 이 편지를 항공편으로 부쳐 주시오 Please send this letter by airmail.

부탁 asking, a request, a favor —하다 ask, request, make a request, ask a favor《of》
¶ 부탁이 있습니다 May I ask a favor (of you)?

부터 from, since
¶ 서울부터 부산까지 from Seoul to Busan

부피 bulk, size, volume
¶ 부피가 큰 물건 an article of great bulk

북 a drum
¶ 북을 치다 beat a drum

북(北) the north

북극 the North Pole

분(分) a minute
¶ 15분 fifteen minutes, a quarter

분간하다 distinguish〔discriminate〕《A from B》, know〔tell〕《from》
¶ 그는 그 차이를 분간할 수 없었다 He was unable to see the difference.

분노 anger, wrath, rage, fury —하다 get angry, get mad《미》, get into rage
¶ 분노에 찬 목소리 an angry voice

분류하다 classify《as, into》, divide《things》into classes
¶ 색에 따라 분류하다 classify according to color

분리하다 separate, divide, part, segregate
¶ 정치와 종교를 분리하다 separate politics from religion

분배 distribution, sharing —하다 distribute, divide《between, among》, share《with, between》
¶ 부(富)의 분배 distribution of wealth

분석 analysis —하다 analyze (a thing) into
¶ 실패의 원인을 분석하다 analyze the

cause of failure
분수(噴水) a fountain
분수(分數) a fraction
분실 loss —하다 lose, miss
  ¶ 돈이 분실되었다 The money is missing.
분야 a field, a division
분위기 an atmosphere
  ¶ 종교적인 분위기 a religious atmosphere
불 fire
  ¶ 불을 끄다 put out〔turn off〕 the light
  ¶ 불을 켜다 turn on the light, light a lamp
불가능 impossibility —하다 (be) impossible
  ¶ 거의 불가능한 almost〔next to〕 impossible
불가사리 a starfish
불가사의 a wonder, a mystery
불경기 bad〔hard〕 times, (economic) depression, recession
불공평 unfairness, injustice —하다 (be) unfair, unjust
  ¶ 불공평한 처사 an unfair dealing
불교 Buddhism, a Buddhist
불꽃 a flame, a blaze, a spark, fireworks
  ¶ 불꽃놀이 a fireworks display
불다 1 〔바람이〕 blow
  ¶ 바람이 세게 불다 It〔The wind〕 blows hard.
  2 〔악기를〕 blow, play 〈on〉
  ¶ 나팔을 불다 blow a trumpet
불도저 a bulldozer

bulldozer

불리 disadvantage —하다 (be) disadvantageous, unfavorable
  ¶ 그 결정은 우리에게 불리했다 The decision was unfavorable to us.
불만 dissatisfaction, discontent —스럽다 (be) discontented, displeased, unsatisfied
  ¶ 내 지위에 불만을 가지고 있다 I am discontented with my position.
불명예 dishonor, disgrace
  ¶ 그것은 우리 가문에 불명예스러운 일이다 It brings disgrace upon our family.
불법 illegality
  ¶ 불법의 unlawful, illegal
불쌍하다 (be) poor, pitiful
  ¶ 불쌍한 고아 a poor orphan
불안 uneasiness, anxiety, worry, unrest —하다 (be) nervous, uneasy, anxious, restless
  ¶ 정치적〔사회〕 불안 political〔social〕 unrest
불어나다 increase, gain, grow
  ¶ 체중이 불어나다 gain weight
불완전하다 (be) imperfect, incomplete
불운 misfortune, ill luck —하다 (be) unfortunate, unlucky
  ¶ 불운하게도 unfortunately, unluckily
불친절 unkindness —하다 (be) unkind, unfriendly
  ¶ 그 가게는 불친절하다 That store gives poor service.
불쾌하다 (be) unpleasant, disagreeable, displeased
  ¶ 불쾌하게 생각하다 feel unpleasant
불편 inconvenience —하다 (be) inconvenient
  ¶ 교통이 불편하다 lack traffic facilities
불평 discontent, dissatisfaction, complaint —하다 complain, grumble, make a complaint

불필요하다 / **비우다**

¶ 나는 아무 불평도 없다 I have nothing to complain of.
불필요하다 (be) unnecessary, needless
¶ 불필요한 지출은 줄여야 한다 We must reduce unnecessary expenses.
불행 unhappiness, misery, misfortune —하다 (be) unhappy, miserable
¶ 불행하게도 unfortunately, unluckily
¶ 불행하게도 그는 아들을 잃었다 He unfortunately lost his son.
불확실하다 (be) uncertain, doubtful
불황 depression, slump
¶ 세계적인 불황 world-wide depression
붉다 (be) red
¶ 화가 나서 얼굴이 붉어지다 be red with anger
붉히다 blush 《with shame》
¶ 얼굴을 붉히고 with a blush
붐비다 (be) crowded
붓 a (writing) brush, a pen
붓다[1] [살이] swell, become swollen
¶ 다친 팔목이 몹시 부었다 The injured wrist swelled up badly.
붓다[2] [따르다] pour 《into, out》
¶ 욕조에 물을 붓다 pour water into a bathtub
붕대 a bandage
¶ 그는 발에 붕대를 하고 있다 He has his foot in bandages.
붙이다 attach, stick, put on
¶ 우표를 붙이다 put a stamp on an envelope
붙잡다 seize, grasp, grip, hold, take [catch, get] hold of
¶ 밧줄을 붙잡다 seize on a rope
¶ 기회를 붙잡다 seize an opportunity
비[1] a broom
비[2] rain, a rainfall
¶ 비가 그친다 It stops raining.
¶ 비가 억수같이 쏟아졌다 It rained cats and dogs.

비옷 a raincoat
¶ 비옷을 입다 put on a raincoat
비겁하다 (be) cowardly, mean
¶ 비겁한 사람 a coward
비교 comparison —하다 compare 《a thing》 with 《another》
¶ 이것과 그것과는 비교가 안 된다 There is no comparison between this and that.
비극 a tragedy
¶ 비극적인 사건 a tragic affair
비난 blame —하다 criticize, blame
¶ 비난을 받다 take criticism
비누 (a cake of) soap
비다 be hollow, empty
¶ 빈 곳을 채우다 fill (in) a blank
비단 silk fabrics, silks
¶ 비단옷 silk dress
비둘기 a dove, a pigeon
비록 if, even if, though, even though
비명 a scream, a shriek
¶ 그녀는 비명을 지르며 도움을 청했다 She cried [screamed] for help.
비밀 a secret
¶ 비밀을 지키다 [누설하다] keep [disclose] a secret
비비다 rub
비서 a secretary
비석 a tombstone, a (stone) monument
¶ 비석을 세우다 erect a stone monument [tombstone]
비싸다 (be) expensive, high, costly, dear
¶ 비싸게 팔다 [사다] sell [buy] at a high price
¶ 값이 너무 비싸다 The price is too high. (= It is too expensive.)
비열하다 (be) mean, base, cowardly
¶ 비열한 수단 a mean [dirty] trick
비용 expense(s), (a) cost
¶ 비용이 많이 든다 It costs a great deal.
비우다 empty
¶ 잔을 비우다 empty a glass

비웃다 ridicule, scorn, deride
¶ 남의 성공을 비웃다 deride the success of others

비참 misery —하다 (be) miserable
¶ 비참하게 죽다 die a miserable death

비추다 shed (throw) light 《on》, shine 《a light》, light, flash
¶ 거울에 몸을 비추어 보다 look at oneself in the glass

비키다 move (step) aside 《from》
¶ 의자를 좀 비켜 주시겠습니까? Will you please move your chair a little aside?

비타민 vitamin

비탈 a slope

비틀거리다 stagger
¶ 비틀거리며 길을 걷다 walk staggering along the street

비틀다 twist
¶ 팔을 비틀다 twist a person's arm

비판 (a) criticism, (a) comment —하다 criticize, comment 《on》
¶ 비판적으로 critically

비행 flying, a flight —하다 fly, make a flight

비행기 a plane, an airplane

airplane

비행장 an airfield, an airport

빈곤 poverty —하다 poor
¶ 빈곤하게 살다 live poorly (in poverty)

빈도 frequency

빈번하다 (be) frequent

빌다 1 〔기원하다〕 pray, wish
¶ 행운을 빕니다! I wish you good luck!

2 〔사죄하다〕 ask (a person's) pardon, apologize (to a person) for
¶ 그는 자기의 잘못을 나에게 빌었다 He made me a humble apology for his misconduct.

3 〔구걸하다〕 ask, beg
¶ 목숨을 빌다 ask (appeal) for one's life

빌리다 1 〔대여하다〕 lend, loan
¶ 나는 그에게 차를 빌려 달라고 부탁했다 I asked him if I could borrow (use) his car.

2 〔임대하다〕 hire 《out》, let 《out》, rent, borrow
¶ 집을 빌리다 rent (let) a house

빗 a comb

빗방울 raindrops

빗나가다 turn away (aside), miss
¶ 과녁에서 빗나가다 miss the target

빙점 the freezing point

빙하 a glacier

빚 a debt, a loan
¶ 그는 빚이 엄청나게 많다 He is heavily in debt.

빚내다 borrow money 《from》
¶ 대지를 담보로 빚내다 get a loan on the lot

빚지다 run (get) into debt, owe

빛 light, a ray, a beam, a flash, a gleam
¶ 빛을 발하다 emit (give out) light

빛깔 a color
¶ 밝은 빛깔로 그리다 paint in bright colors

빛나다 shine, glitter, gleam, twinkle, be bright
¶ 달이 밝게 빛나고 있었다 The moon was shining brightly.

빠뜨리다 1 〔유혹·곤란에〕 throw into, tempt, seduce, lure
¶ 함정에 빠뜨리다 lure a person into a trap

2 〔누락시키다〕 omit, leave out
¶ 한 줄을 빠뜨리다 leave out a line

3 【잃다】 lose, drop
¶ 나는 지갑을 빠뜨렸다 I have dropped my purse.
빠지다 1 【물에】 be drowned
¶ 물에 빠진 사람은 지푸라기라도 붙잡는다 A drowning man will catch at a straw.
2 【처하다】 run into
¶ 위험한 상태에 빠지다 be in danger, run into danger
3 【떨어져 나가다】 come off〔out〕, fall out
¶ 이가 빠졌다 A tooth came out.
¶ 두 페이지가 빠졌다 There are two pages missing.
4 【제외되다】 be excluded 《from》, be not included, be dropped 《from》
¶ 나는 부상으로 팀에서 빠졌다 I was dropped from the team because of injury.
5 【없어지다】 come off, be got rid of
¶ 얼룩이 잘 빠지지 않는다 The stains will not come off.
6 【줄어들다】 become〔grow〕 thin, lose weight, get lean
¶ 살이 빠진 것 같다 You appear to have lost weight.
빨강 red
빨갛다 (be) red
¶ 빨갛게 되다 redden, turn red
빨개지다 turn red, blush
¶ 그녀는 창피해서 빨개졌다 She turned red with shame.
빨다¹ 【마시다】 sip, suck; 【피우다】 smoke; 【흡수하다】 absorb, suck in
¶ 젖을 빨다 suck the breast
빨다² 【세탁하다】 wash
¶ 이 천은 빨아도 줄지 않는다 This cloth is unshrinkable.
빨래 wash, washing, laundry —하다 wash, launder, do the washing
¶ 이 셔츠는 빨래해서 줄었다 This shirts shrank in the wash.

빨리 fast, rapidly, quickly
¶ 그렇게 빨리 말하지 마라 Don't speak so fast〔rapidly〕.
빵 bread
¶ 빵을 굽다 bake bread

a slice of bread
a loaf of bread

빵집 a bakery
빼다 1 【빼내다】 pull out, take out, draw(칼을)
¶ 칼을 빼다 draw a sword
2 【덜어내다】 subtract 《from》
¶ 열에서 둘을 빼다 subtract〔take〕 2 from 10
3 【삭제하다】 remove, delete, take away
¶ 얼룩을 빼다 remove〔take out〕 a stain
빼앗다 take 《a thing》 away from 《a person》, rob 《a person》 of 《a thing》, deprive
¶ 목숨을 빼앗다 take a person's life
빼앗기다 be taken away, be deprived of 《a thing》
¶ 권력을 빼앗기다 be deprived of one's power
뺨 a cheek
뻗다 extend, stretch
뼈 a bone
뼈대 1 【골격·체격】 frame, build
2 【구조】 a framework, a structure, a frame
¶ 사상의 뼈대 the framework of ideas
뽑다 1 【빼내다】 pull out〔up〕, take out, draw
¶ 잡초를 뽑다 pull up weeds
2 【가려내다】 select, pick out
뾰족하다 (be) pointed, sharp

¶ 끝이 뾰족하다 be pointed at the end
뿌리 a root
¶ 땅 속에 뿌리 내리다 take root in the ground
뿌리다 sprinkle, spray, scatter, throw about
¶ 씨를 뿌리다 sow seed
뿐 only, alone, merely
¶ 갖고 있는 것이라고는 이것뿐이다 This is all I have.
¶ 그는 학자일 뿐만 아니라 시인이기도 하다 He is a poet as well as a scholar.
뿔 a horn

（ㅅ）

사건 an event, an incident; [사고] an accident; [법률] a case
¶ 그는 그 사건에 관련되어 있다 He is involved in the case.
사격 firing, fire, shooting —하다 shoot, fire at 《a person》
¶ 사격을 개시하다 [멈추다] open [cease] fire
사고(思考) thought, thinking, consideration —하다 think, consider
사고(事故) an accident, an incident, a mishap
¶ 사고를 일으키다 cause an accident
사과 an apple
사과(謝過) an apology, an excuse, pardon —하다 apologize, make [offer] an apology, beg [ask] 《a person's》 pardon
¶ 내가 한 일을 사과합니다 I apologize for what I did.
사교 social intercourse [life]
¶ 사교적인 sociable, social
사귀다 make friends with, associate with, keep company with
¶ 좋은 [나쁜] 사람들과 사귀다 keep good [bad] company with
사기 swindle
¶ 사기를 당하다 get swindled

사납다 (be) fierce, rough, violent, wild, ferocious
¶ 사나운 개 a fierce dog
¶ 바다가 사납다 The sea is rough.
사냥 hunting, a hunt, shooting(새의) —하다 hunt, shoot
사냥개 a hunting dog, a hound
사냥꾼 a hunter, a huntsman
사다 buy, purchase, get
¶ 비싸게 [싸게] 사다 buy dear [cheap]
¶ 정말 싸게 사셨네요 It was a real bargain.

buy　　　　sell

사다리 a ladder
사라지다 disappear, vanish, go out of sight
¶ 그는 군중 속으로 사라졌다 He disappeared in the crowd.
사람 [인류] man, mankind; [개인] a man, a person, a (human) being, a soul
¶ 사람의 목숨 human life
¶ 그것을 싫어하는 사람도 있다 Some people dislike it.
사랑 love —하다 love, be fond of
¶ 사랑에 빠지다 fall in love 《with》
사례(謝禮) thanks, gratitude; [보수] a reward —하다 give thanks to, reward
사례(事例) an instance, an example, a case
¶ 그러한 사례는 드물다 Those cases are rare.
사로잡다 catch alive, capture
¶ 범을 사로잡다 capture a tiger alive
사립 private establishment

¶ 사립의 private
¶ 사립학교 a private school《미》, a public school《영》
사막 a desert
¶ 사하라 사막 the Sahara Desert
사망 death, decease —하다 die, decease, pass away, be killed(사고로)
¶ 그녀는 암으로 사망했다 She died of cancer.
사명 a mission
¶ 사명감 a sense of duty
사무 business, office work
사상 thought, an idea, thinking
¶ 진보 사상 progressive ideas
사생활 private (personal) life
¶ 남의 사생활에 간섭하지 마시오 You should not interfere in other's private concerns.
사슬 chain(s)
¶ 사슬에 매여〔묶여〕있다 be in chains
사슴 a deer

deer

사실 a fact, a reality, actuality, the truth
¶ 사실상 actually, really, as a matter of fact, in fact
¶ 그것은 사실과 아주 다르다 It is far from the truth.
사업 a work, business
¶ 사업은 잘돼 갑니까? How's your business coming?
사욕 a selfish desire, selfishness, self-interest
사용 use —하다 use, have the use of, make use of
¶ 여가를 어떻게 사용합니까? How do you spend (use) your spare time?
사용법 the way of using, the use 《of》, how to use, usage
사위 a son-in-law
사의 gratitude, thanks
사이 1 〔공간〕 a space; 〔간격〕 an interval; 〔차이〕 a gap, an opening
¶ 일정한 사이를 두고 at regular intervals
2 〔시간〕 an interval, a while, a break, time, spare time
¶ 잠깐 사이 for a little while
3 〔관계〕 relations, relationship, terms
¶ 사이가 좋다〔나쁘다〕 be on good (bad) terms
사이렌 a siren, a whistle
¶ 사이렌을 울리다 blow a siren
사자 a lion
사전 a dictionary
¶ 사전을 찾다 look up《a word》in a dictionary
사절 refusal, denial, declination —하다 refuse, decline, deny, turn down
¶ 입장 사절 No Admission.
사정 circumstances, the situation, the state of things (affairs)
¶ 주택〔식량〕 사정 the housing (food) situation
사직 resignation —하다 resign《from》, quit (leave) office
¶ 그는 사장직을 사직했다 He resigned as president of the company.
사진 a photograph, a picture, a photo
¶ 사진을 찍다 take a photograph (picture) of
사진기 a camera
사촌 a cousin
사치 luxury —하다 indulge in luxury, be luxurious
사탕 candy《미》, sweets《영》
사투리 a dialect, an accent
사표 a (written) resignation, a letter of resignation

¶ 사표를 제출하다 hand〔send〕 in one's resignation

사형 death penalty, punishment by death
¶ 그 살인범은 사형을 받았다 The murderer was sentenced to death.

사회 society, the community
¶ 사회적인 social
¶ 국제 사회 international society

사회주의 socialism
¶ 사회주의자 a socialist

삭감 cut, reduction —하다 cut 《down》, curtail, reduce
¶ 예산을 삭감하다 cut the budget

산 a mountain, a hill(작은)
¶ 산을 올라가다〔내려가다〕 climb up〔down〕 a mountain

산림 a forest

산물 1 〔생산물〕 a product, production
¶ 농산물 agricultural products
2 〔성과〕 a product, a result, an outcome

산산이 to〔in〕 pieces
¶ 접시를 산산이 부수다 smash dishes to pieces

산소 oxygen

산수 arithmetic

산업 industry
¶ 산업의 industrial
¶ 산업의 발달 industrial development

산책 a walk —하다 walk, take a walk,
¶ 아침 산책 a morning walk

산토끼 a hare

살¹ 〔나이〕 years of age
¶ 몇 살입니까? How old are you? (= What is your age?)

살² 1 〔몸〕 flesh
¶ 그는 살이 올랐다〔빠졌다〕 He has gained〔lost〕 weight.
2 〔식용 고기〕 meat

살구 an apricot

살그머니 by stealth, in secret, secretly, quietly

¶ 그 여자는 살그머니 자리를 일어섰다 She left her seat without a sound.

살다 1 〔생존하다〕 live, be alive, exist
¶ 산 조개 a live shellfish
2 〔생활하다〕 live, get along, make a living
3 〔거주하다〕 live 《in》, dwell 《in》, inhabit, reside
¶ 그 집에는 누가 사니? Who is the occupant of the house?

살리다 save, rescue
¶ 의사가 죽어 가는 환자를 살렸다 The doctor saved the dying patient.

살림 living, livelihood, a household —하다 keep house, run a household

살살 softly, slowly, quietly, lightly
¶ 바람이 살살 분다 The wind blows softly.

살인 murder —하다 commit murder, murder〔kill〕 《a person》

살찌다 put on weight, grow fat〔stout〕, gain weight〔flesh〕
¶ 그는 요새 살쪘다 He has been putting on weight lately.

fat　　　lean

살피다 1 〔잘 보다〕 watch, observe, look about〔out〕
¶ 기회를 살피다 watch for an opportunity
2 〔주의하다〕 be careful, look around, watch out〔for〕

삶다 boil
¶ 삶은 계란 boiled eggs

삼 hemp

삼각형 a triangle

삼림 a wood, woods, a forest

삼월 March
삼촌 an uncle
삼키다 swallow
삽 a shovel, a spade
상(賞) a prize, an award, a reward
¶ 상을 타다 get〔gain, take〕a prize
상(床) a table, a desk
상냥하다 (be) gentle, tender, nice
¶ 그 여자는 누구에게나 상냥하다 She is nice to everyone.
상담 consultation, counsel —하다 consult 《with》, confer 《with》, take counsel 《with》
¶ 그 일에 관하여 아버지와 상담하였다 I consulted with my father about the matter.
상대 an opponent, a rival
상상하다 imagine, fancy
상세하다 (be) detailed, particular, be in detail
¶ 상세한 보고 a detailed report
상식 common sense, common knowledge
¶ 상식이 있는 사람 a man of good 〔common〕 sense
상어 a shark
상업 commerce, trade, commercial business
상연 presentation, performance —하다 present, play, stage, perform
¶ 그 연극은 지금 국립 극장에서 상연 중이다 The play is now being presented at the National Theater.
상원 the Senate(미국)
¶ 상원 의원 a Senator(미국)
상의 consultation, counsel, conference, discussion —하다 consult with 《a person》, take counsel with, talk over 《a matter》, discuss 《a matter》
¶ 사장과 상의하겠다 I'll have a conference with the president.
상인 a trader, a dealer 《in》, a merchant, a storekeeper《미》, a shopkeeper《영》

상자 a box, a case
상점 a store《미》, a shop《영》
¶ 상점을 열다 〔닫다〕 open〔close〕 a store
상징 a symbol, an emblem —하다 symbolize
¶ 비둘기는 평화의 상징이다 The dove is an emblem of peace.
상처 a wound, an injury, a hurt, a cut
¶ 상처는 몹시 아팠다 The wound hurt me badly.
상태 a condition, a state, a situation, the state of things〔affairs〕
¶ 경제 상태 economical conditions
¶ 환자는 위험한 상태를 벗어났다 The patient is out of danger now.
상품(商品) goods, merchandise
¶ 그런 상품은 취급하지 않습니다 We don't carry such items.
상품(賞品) a prize
¶ 상품을 타다 get〔win, gain, obtain〕 a prize
새 a bird

> **알면 Plus** 새의 종류
> canary 카나리아 crane 학
> crow 까마귀 duck 오리
> eagle 독수리 flamingo 플라밍고
> hawk 매 jay 어치
> lark 종달새 ostrich 타조
> owl 올빼미 parrot 앵무새
> peacock 공작 penguin 펭귄
> pheasant 꿩 pigeon 비둘기
> sea gull 갈매기 skylark 종달새
> sparrow 참새 swallow 제비
> swan 백조 turkey 칠면조

새기다 carve, engrave
¶ 나무에 초상을 새기다 carve an image in wood
새끼 〔새의〕 a chicken, a chick; 〔곰·사자·호랑이의〕 a cub; 〔고양이의〕 a kitten, a kitty; 〔양의〕 a lamb; 〔염소의〕 a kid

새다[1] **1** [기체·액체가] leak 《out》
¶ 지붕에서 비가 샌다 The roof leaks rain.
2 [비밀이] get〔slip〕out
¶ 비밀이 샜다 The secret got out.
새다[2] [날이] dawn, break
¶ 날이 샌다 The day breaks〔dawns〕.
새로 newly
¶ 새로 지은 집 a newly built house
새롭다 (be) new, fresh
¶ 새로운 소식 fresh news
¶ 무슨 새로운 소식이라도 있습니까? Is there any news?
새벽 dawn, daybreak
¶ 새벽에 at dawn〔daybreak〕
새우다 sit〔stay〕up all night
¶ 공부로 밤을 새우다 sit〔stay〕up all night for study
새장 a bird cage
새해 a new year
¶ 새해를 맞이하다 greet the New Year
색 color
¶ 밝은 색 a bright color

알면 Plus 색의 종류	
black 검정	blue 파랑
brown 갈색	gold 금색
gray 회색	green 초록
indigo 남색, 쪽빛	orange 주황
pink 분홍색	purple 자줏빛
red 빨강	scarlet 주홍
silver 은색	violet 보라색
white 하양	yellow 노랑

색연필 a colored pencil
색인 an index
샌드위치 a sandwich
샐러드 salad
¶ 야채 샐러드 a vegetable salad
샘 a spring, a fountain
¶ 샘이 말랐다 The spring has run dry.
생각 thinking, a thought, an idea —하다 think 《of, about》, consider
¶ 좋은 생각이 떠올랐다 A good idea occurred to me.
생각나다 come to mind
¶ 그에게 좋은 아이디어가 생각났다 A good idea occurred to him.
생계 livelihood, living
¶ 생계가 넉넉〔곤란〕하다 be well〔badly〕off
생계비 living cost(s), the cost of living
생기다 1 [얻다] get, obtain
2 [발생하다] happen, occur, arise, take place
¶ 그것은 지난달 생긴 일이다 It took place last month.
생략 (an) omission —하다 omit
생명 life
¶ 생명을 걸고 at the risk of one's life
생물 a living thing, a creature, life
¶ 북극에는 생물이 거의 없다 There is little life in the Arctic.
생산 production —하다 produce, manufacture
¶ 국내 생산 domestic production
¶ 생산을 늘리다 increase the production
생선 (a) fish
생일 a birthday
¶ 생일 선물 a birthday present〔gift〕
¶ 생일잔치 a birthday party
¶ 생일을 축하합니다 Happy birthday to you!
생활 life, living —하다 live, exist, make a living
¶ 도시 생활 city〔urban, town〕life
샤워 a shower
¶ 샤워를 하다 take a shower
서늘하다 (be) cool, refreshing
¶ 서늘한 바람 a cool breeze
서다 1 [서 있다] stand (up)
¶ 그는 창 옆에 서 있었다 He was standing beside the window.
2 [멈추다] stop, come to a stop
¶ 이 기차는 수원에서 선다 This train will stop at Suwon.

서두르다 hurry (up), hasten, be in a hurry, make haste 《with》
¶ 서둘러, 그렇지 않으면 기차를 놓칠 거야 Hurry up, or we will miss the train.
서랍 a drawer
¶ 서랍을 열다〔닫다〕 open〔close〕 a drawer
서로 each other, one another
¶ 그들은 서로 사랑한다 They love each other.
서류 documents, papers
서른 thirty
서리 frost
¶ 된서리 a heavy frost
서명 an autograph, a signature —하다 sign one's name

> 유의어 서명, 사인
> **autograph**는 작가나 예능인이 자기 저서나 사진 등에 하는 사인을 말하며, 편지나 서류에 하는 서명은 **signature**라 한다. **sign**은 「서명하다」란 뜻으로 명사 「서명」의 뜻은 없다.

autograph   signature

서양 the West, the Occident
¶ 서양 문명 Western civilization
서재 a study
서쪽 the west, the westward
¶ 서쪽으로 가다 go west〔westward〕
서커스 a circus
서투르다 unskilled, awkward
¶ 그는 계산이 서투르다 He is bad at figures.
석유 oil, petroleum
석방하다 set 《a person》 free〔at liberty〕, release, liberate
¶ 포로를 석방하다 set a prisoner free
석탄 coal
섞다 mix, blend
¶ 물감을 섞다 mix paints
선(善) good, virtue
¶ 선과 악 good and evil
선(線) a line
¶ 선을 긋다 draw a line
선거 election
¶ 선거에 이기다〔지다〕 win〔be defeated〕 in an election
선교사 a missionary
선두 the head, the top, the lead
선물 a present, a gift
¶ 생일 선물 a birthday gift〔present〕
¶ 선물을 주다〔받다〕 give〔take〕 a present
선박 a ship
선반 a shelf
¶ 선반에 얹다 put〔place〕 《a thing》 on a shelf
선배 a senior, an elder
선생 a teacher, an instructor
¶ 영어 선생 a teacher of English, an English teacher
선수 a player
선수권 a championship, a title
¶ 세계 선수권 a world championship〔title〕
선원 a seaman, a sailor, the crew 《총칭》
선장 a (ship's) captain
선택 selection, choice, option —하다 select, choose, make one's choice
¶ 선택의 여지가 없다 You have no choice in this matter.
선풍기 an electric fan
¶ 선풍기를 틀다〔끄다〕 turn on〔turn off〕 an electric fan
설계 a plan, a design —하다 plan, design, lay out
¶ 건물을 설계하다 design a building
설교 preaching, a sermon —하다 preach, preach a sermon 《on》

설날 New Year's Day
설득 persuasion —하다 persuade
설립 foundation, establishment —하다 found, establish, set up, organize
¶ 새 학교를 설립하다 found a new school
설명 explanation —하다 explain, account 《for》, describe
¶ 좀더 명백하게 설명해 주시오 Please explain it more clearly.
설비 equipment(s), facilities
¶ 현대적 설비 modern facilities
설탕 sugar
¶ 커피에 설탕을 넣을까요? Do you have sugar in your coffee?
섬 an island, an isle
섬유 a fiber, textiles
성(性) **1** 〔성별〕(a) sex
¶ 성의 구별 없이 without distinction of sex
2 〔성교〕 sex
성(省) a ministry, a department
성(姓) a family name, a surname, one's last name
성(城) a castle
¶ 성을 쌓다 build a castle

castle

성가시다 (be) annoying, troublesome
¶ 성가시게 굴지 마라! What a nuisance!
성격 character, personality
성경 the Bible
성공 (a) success —하다 succeed 《in》, win 〔achieve〕 success 《in》
¶ 성공을 빕니다 I wish you success.

성교 sexual intercourse
성나다 get angry, lose one's temper, get mad《미》
¶ 그녀는 아무 것도 아닌 일에 곧잘 성을 낸다 She easily loses her temper for nothing.
성냥 a match
¶ 성냥을 켜다 light〔strike〕a match
성능 capacity
성명 one's full name, a name
성숙하다 ripen, be ripe, mature
¶ 성숙한 처녀 a mature girl
성실 sincerity, honesty —하다 (be) sincere, faithful, honest
성악 vocal music
¶ 성악을 배우다 take vocal lessons 《from》
성의 sincerity, good faith
¶ 성의 있는 sincere, faithful, earnest
성인(成人) an adult, a grown-up
성인(聖人) a sage, a saint
성장 growth —하다 grow 《up》
¶ 경제 성장 economic growth
성적 (a) result, (a) record, grade
¶ 시험 성적 the result(s) of an examination
성질 nature, disposition, temper, character
성취 completion, accomplishment, attainment, achievement —하다 accomplish, attain, achieve, fulfill
세(貰) rent
¶ 집〔방〕세 house〔room〕rent
세계 1 〔지구〕 the world, the earth, the globe
¶ 세계적 world, worldwide, all over the world, global, international
¶ 세계적 문제 a worldwide question, an international problem
2 〔세상〕 the world
¶ 외부 세계 the outside world
세관 the customs
세균 a bacterium 《복수 bacteria》

세금 a tax
¶ 세금을 거두다 collect〔raise〕 taxes
세기 a century
¶ 21세기 the twenty-first century
세다¹ count, number, take a count of
¶ 돈을 세다 count the money
세다² 〔강하다〕 (be) strong, powerful; 〔세차다〕 (be) violent, hard, severe
¶ 센바람 a strong〔severe〕 wind
세대 a generation
세례 baptism
¶ 세례를 받다 be baptized
세로 length(길이), height(높이)
세배 the New Year's greetings —하다 perform a New Year's bow
세상 the world, society
¶ 세상을 잘 알다〔모르다〕 know much〔nothing〕 of the world
세수 face washing —하다 wash
세우다 1 〔서게 하다〕 stand, make 《a thing》 stand, raise, set up
¶ 두 줄로 세우다 draw up 《people》 in two lines
2 〔멈추게 하다〕 stop, bring to a stop
¶ 택시를 세우다 stop a cab
3 〔설립·조직하다〕 establish 《a school, firm》, found, set up, organize
¶ 정부를 세우다 set up〔establish〕 a government
세월 time, time and tide
¶ 세월이 유수 같다 Time flies like an arrow.
세주다 lease, rent, hire out, let out
¶ 집을 세주다 rent a house to 《a person》
세탁 laundry
세탁기 a washing machine
세포 a cell
¶ 세포의 cellular
센스 a sense
¶ 센스가 있는 sensible
셋 three
셋방 a rented room

¶ 셋방 있음 Rooms for rent.《미》, Rooms to let.《영》
셔츠 a shirt
소 a cow(암소), a bull(황소), an ox(거세된), cattle《총칭》
소개 introduction —하다 introduce 《to, into》
¶ 나의 친구 김 군을 소개합니다 May I introduce my friend Mr. Kim to you?
소금 salt
소나기 a shower
소나무 a pine (tree)
소녀 a girl
소년 a boy
소득 an income
¶ 국민〔가구〕 소득 national〔family〕 income
소리 〔음향〕 (a) sound; 〔소음〕 (a) noise; 〔목소리〕 a voice
¶ 소리를 내다 make a sound〔noise〕
¶ 큰 소리로 in a loud voice
소리치다 shout, cry〔call〕 out, yell, raise one's voice
¶ '도둑이야'하고 소리치다 cry 'Thief!'
소망 desire, wish, hope —하다 desire, wish for, hope for
¶ 너의 소망은 이루어질 것이다 Your desire will be realized.
소매 a sleeve
소매(小賣) retail sale
소매치기 a pickpocket
¶ 소매치기 조심 Beware of pickpockets.
소모 consumption, waste —하다 consume, waste
¶ 정력을 소모하다 waste one's energy
소문 a rumor
소방 fire fighting
¶ 소방관 a fire fighter, a fire officer
¶ 소방서 a fire station
¶ 소방차 a fire engine〔truck〕
소비 consumption, spending —하다 consume, spend

¶ 소비자 a consumer
¶ 돈을 소비하다 spend money
소설 a novel, a story, fiction《총칭》
¶ 소설가 a novelist
¶ 소설을 쓰다 write a novel
소수(小數) a decimal
소수(少數) a small number, a minority, a few
¶ 소수의 사람들 a small number of people
소식 news
¶ 무소식이 희소식 No news is good news.
소원 one's desire[wish]
소위 what is called, what you[we, they] call, the so-called
¶ 그는 소위 귀공자다 He is what is called a young prince.
소유 possession —하다 have, own, possess, hold
¶ 소유자 an owner
¶ 그는 많은 집을 소유하고 있다 He owns a large number of houses.
소음 (a) noise
소중하다 (be) important, (be) valuable, precious
¶ 소중한 물건 a valuable article
소총 a rifle
소파 a sofa
소포 a parcel, a package
소풍 a picnic, a hike —하다 go on a picnic
소화 digestion —하다 digest
¶ 이것은 소화가 잘 된다[안 된다] This digests well[poorly].
속기 shorthand —하다 write in shorthand, write[take] shorthand
속다 be cheated, get deceived, be taken in
¶ 나는 감쪽같이 속았다 I was fairly taken in.
속달 special delivery《미》, express delivery《영》—하다 deliver by express

¶ 이 소포를 속달로 보내고 싶습니다 I'd like this parcel sent (by) special delivery.
속담 a proverb, a saying
속도 speed
¶ 빠른[느린] 속도 high[low, slow] speed
속삭이다 whisper
속어 slang
속이다 deceive, cheat, take in, trick, swindle
¶ 사람을 속이다 cheat 《a person》
속하다 belong 《to》
¶ 고래는 포유류에 속한다 Whales belong to mammals.
손 the hand
¶ 오른[왼]손 the right[left] hand
손가락 a finger

ring finger 약손가락
middle finger 가운뎃손가락
index finger 집게손가락
little finger 새끼손가락
thumb 엄지손가락

fingers

손녀 a granddaughter
손님 1 〖방문객〗 a caller, a visitor, a guest(초대한)
¶ 손님을 환영하다[영접하다] welcome[greet] a guest
2 〖고객〗 a customer, a client(변호사 등의), a guest(호텔 등의)
¶ 저 가게는 손님이 많다 That shop has many customers.
3 〖승객〗 a passenger
손대다 touch
¶ 손대지 마시오 Do not touch it.
손목 the wrist
손바닥 the palm (of the hand)
손상 damage, injury —하다 damage, injure, ruin, spoil

¶ 손상되다 get damaged, be injured
손수건 a handkerchief
손실 (a) loss
¶ 손실을 입다 suffer a loss
손자 a grandson
손잡이 a handle, a knob(문 등의)
손톱 a fingernail, a nail
¶ 손톱을 깎다 trim〔cut〕 one's nails
손해 damage, injury, harm; 〖손실〗 a loss
¶ 손해는 약 5천만 원으로 추산된다 The damage〔loss〕 is estimated at about fifty million won.
솔직하다 (be) frank, candid, plain, straight
¶ 솔직한 답변 a straight answer
솜 cotton
솜씨 skill
¶ 솜씨 좋게 skillfully
송아지 a calf
송이 a cluster〔bunch〕《of a fruit》
¶ 포도 한 송이 a bunch of grapes
솥 a kettle
쇄도하다 rush in, rush to
¶ 주문이 쇄도하다 have a rush of orders
쇠 iron, metal
¶ 쇠는 달았을 때 두드려라 Strike while the iron is hot.
쇠고기 beef
¶ 수입 쇠고기 the imported beef
쇠사슬 a chain
¶ 개가 쇠사슬에 매여 있다 The dog is on the chain.
쇼 a show
¶ 패션 쇼 a fashion show
쇼핑 shopping —하다 shop
¶ 쇼핑백 a shopping bag
수(數) a number, a figure
¶ 수많은 many, numerous
수건 a towel
¶ 수건으로 닦다 wipe with a towel
수고 toil, labor, pains, trouble —하다 work〔labor〕 hard, take pains, suffer troubles
¶ 수고를 덜어 주다 save《a person》 trouble
수공 handicraft
수단 a means, a measure, a way
¶ 목적은 수단을 정당화한다 The end justifies the means.
수도(首都) a capital (city)
수도(水道) waterworks, water service 〔supply〕
¶ 수도를 틀다〔잠그다〕 turn on〔off〕 water
수량 quantity, volume
¶ 수량이 늘다〔줄다〕 increase〔decrease〕 in quantity
수레 a wagon, a cart, a carriage
수리 repair, mending —하다 repair, mend, fix《미구어》
¶ 지붕을 수리하다 fix the roof

> 비교 **repair**와 **mend**
> **repair**는 집 등의 큰 것이나 자동차·시계 등 복잡한 것을 수리할 때 쓰고, **mend**는 의자 등의 간단한 것을 수리할 때 쓴다. 《미구어》에서는 어느 것이나 **fix**를 쓴다.

repair   mend

수면(水面) the surface of the water
수면(睡眠) sleep
¶ 그는 지금 수면 중이다 He is sleeping.
수반하다 accompany, go〔come〕 with
수병 a sailor, a seaman
수비 defense —하다 defend, guard
¶ 그들은 수비가 강하다〔약하다〕 They are strong〔weak〕 on defense.

수상(首相) the prime minister, the premier

수상(受賞) winning a prize —하다 receive[win] a prize
¶ 노벨상 수상자 a winner of the Nobel Prize

수상하다 (be) suspicious, doubtful
¶ 수상한 여자 a woman of suspicious character

수선 repair, mending —하다 repair 《a house》, mend 《a watch》, fix 《미구어》
¶ 수선하러 보내다 send 《a thing》 for repair

수소 a bull, an ox

수소(水素) hydrogen

수송 transportation, traffic —하다 transport, carry
¶ 대량 수송 mass transportation

수수께끼 a riddle, a puzzle, a mystery
¶ 수수께끼를 풀다 solve a riddle

수술 an operation —하다 operate
¶ 간단한[복잡한] 수술 a simple [complicated] operation

수업 taking lessons[a course] —하다 take lessons[a course] in

수염 a beard(턱수염), a mustache(콧수염), whiskers(구레나룻)

beard　mustache　whiskers

수영 swimming, a swim —하다 swim, bathe, have a swim
¶ 수영을 배우다 learn (how) to swim

수요 demand
¶ 공급과 수요 supply and demand

수요일 Wednesday

수위 the water level
¶ 수위가 높다[낮다] be of a high [low] water level

수입(輸入) importation, import —하다 import
¶ 한국은 호주에서 양모를 수입한다 Korea imports wool from Australia.

수입(收入) an income
¶ 월수입 monthly income

수저 a spoon

수정 crystal

수정하다 amend, modify, correct
¶ 의안을 수정하다 amend a bill

수준 a level, a standard
¶ 높은[낮은] 수준 a high[low] standard

수줍다 (be) shy
¶ 그 여자는 수줍어 말도 못한다 She is too shy to speak.

수줍음 shyness

수증기 steam, vapor

수집 collection, gathering —하다 collect, gather

수첩 a notebook, a (pocket) diary

수출 export, exportation —하다 export
¶ 우리나라의 수출은 증가하고 있다 Our exports are increasing.

수치 shame, disgrace, dishonor
¶ 가난은 수치가 아니다 Poverty is no disgrace.

수탉 a rooster, a cock

수평선 the horizon
¶ 수평선에 나타나다 appear on the horizon

수표 a check《미》, a cheque《영》
¶ 10만 원짜리 수표 a check for ten thousand won

수프 soup

수필 an essay

수학 mathematics, math(s)《구어》

수해 a flood, a flood disaster

수험생 a candidate for an examination

수호 protection, guard, safeguard —하다 protect, guard, safeguard

수화기 a (telephone) receiver

수화물 baggage《미》, luggage《영》

수확 harvest —하다 harvest, gather a harvest〔crop〕, reap
¶ 수확이 많다〔적다〕 have a good〔bad, poor〕 harvest〔crop〕

숙고하다 think 《a matter》 over, consider 《a matter》 carefully
¶ 결정하기 전에 숙고해 보겠다 I'll think it over before making a decision.

숙녀 a lady
¶ 신사 숙녀 여러분! Ladies and Gentlemen!

숙달하다 master, become skilled 《in》
¶ 영어에 숙달하다 master English

숙모 an aunt

숙박 lodging —하다 stop〔stay, put up〕 at 《a hotel》, lodge 《at, in》
¶ 그는 A호텔에 숙박 중이다 He is staying at A Hotel.

숙부 an uncle

숙소 one's address, one's place of abode, one's quarters
¶ 숙소를 잡다 take up one's quarters 《in》, stay〔put up〕 at

숙어 an idiom, a phrase

숙제 homework, an assignment《미》
¶ 숙제를 도와주다 help 《a person》 with his homework

순간 a moment, a second, an instant
¶ 순간적으로 in a moment, in an instant

순서 order, turn
¶ 순서를 기다리다 wait for one's turn

순진하다 (be) pure, innocent

순하다 1 〔성질이〕 (be) gentle, tender
2 〔맛이〕 (be) mild
¶ 그 담배는 순하다 The cigarettes are mild.

숟가락 a spoon
¶ 설탕 한 숟가락 a spoonful of sugar

술 wine, liquor, alcohol, spirits
¶ 술을 끊다 give up〔quit〕 drinking

숨 a breath

¶ 숨을 내쉬다 breathe out, exhale
¶ 숨을 들이쉬다 breathe in, inhale, take a breath

숨기다 hide, conceal, keep 《a matter》 secret
¶ 우리는 너한테 숨기는 게 없어 We have no secrets from you.

숨다 hide, seek〔take〕 refuge〔shelter〕 《in, under, behind》
¶ 책상 뒤에 숨다 take shelter behind the desk

숨바꼭질 hide-and-seek —하다 play hide-and-seek

숫자 a figure, a numeral

숭배 worship —하다 worship, adore, admire
¶ 우상 숭배 idol worship

숯 charcoal

숲 a wood, a forest

쉬다 1 〔음식이〕 go bad, spoil
¶ 쉰 밥 spoiled rice
2 〔목소리가〕 get〔grow〕 hoarse〔husky〕
¶ 쉰 목소리 a husky〔hoarse〕 voice
3 〔휴식하다〕 rest, take〔have〕 a rest
¶ 잠깐 쉽시다 Let's take a short break〔rest〕.
4 〔숨을〕 breathe, take breath
¶ 숨을 들이쉬다〔내쉬다〕 breathe in〔out〕

쉰 fifty

쉽다 1 〔용이하다〕 (be) easy, simple, light
¶ 쉬운 일 an easy〔a light〕 task
2 〔가능성이 많다〕 be apt to, be liable to, be ready to
¶ 그렇게 생각하기 쉽다 We are apt to think so.

슈퍼마켓 a supermarket

스낵바 a snack bar

스냅 〔사진〕 a snap shot

스모그 smog

스물 twenty

스미다 soak into, permeate, penetrate

¶ 물이 땅 속으로 스며든다 The water permeates through the soil.

스스로 1 [자기 힘으로] by oneself
¶ 자기 일은 자기 스스로 해라 Look after yourself.
2 [자진해서] of one's own accord
¶ 그것은 그가 스스로 한 일이다 He did it of his own accord.
3 [자기 자신] oneself
¶ 하늘은 스스로 돕는 자를 돕는다 Heaven helps those who help themselves.

스웨터 a sweater, a pull-over
스위치 a switch
¶ 스위치를 켜다〔끄다〕 switch〔turn〕on〔off〕
스커트 a skirt
¶ 스커트를 입다〔벗다〕 put on〔take off〕one's skirt
스케이트 【활주】 skating; 【기구】《a pair of》skates
¶ 스케이트 타러 가다 go skating
스키 【활주】 skiing; 【기구】《a pair of》skies
¶ 스키 타러 가다 go skiing
스타디움 stadium

stadium

스타일 a style, a fashion
¶ 그의 문장은 특이한 스타일이다 His writings have a peculiar style.
스탠드 stands
스테이크 a (beef) steak
스튜디오 a studio
스튜어디스 a stewardess
스파게티 spaghetti

스포츠 sports

알면 Plus 스포츠의 종류	
badminton 배드민턴	baseball 야구
basketball 농구	bowling 볼링
boxing 복싱	golf 골프
handball 핸드볼	hockey 하키
marathon 마라톤	rugby 럭비
skating 스케이팅	soccer 축구
swimming 수영	tennis 테니스
volleyball 배구	wrestling 레슬링

슬그머니 furtively, by stealth, secretly, in secret
슬기 wisdom, good sense
슬프다 (be) sad, sorrowful
¶ 슬픈 일 a sad event
슬픔 sorrow, sadness, grief
¶ 슬픔을 느끼다 feel sadness
습격 an attack, a raid —하다 attack, raid
¶ 불의에 습격하다 make a surprise attack
습관 a habit, a custom
¶ 습관은 제2의 천성이다 Habit is a second nature.
습기 moisture, humidity
승객 a passenger
¶ 기차 승객 a train passenger
승낙 consent, assent, agreement, approval —하다 consent〔agree, assent〕to, give one's consent to
¶ 결혼을 승낙하다 consent to the marriage
승리 a victory, a triumph
¶ 승리를 거두다 win〔gain〕a victory
승부 【승패】 victory or defeat; 【시합】 a contest, a game, a match
¶ 승부를 다투다 contend for victory
승인 【용인】 recognition; 【동의】 consent, agreement; 【인가】 approval —하다 recognize, approve, admit, give consent to
¶ 승인을 얻다 gain〔obtain〕《a person's》approval

시(市) a city, a town
시(時) o'clock, time
¶ 세 시 three o'clock
¶ 지금 몇 시입니까? What time is it now?
시간 time
¶ 즐거운 시간 보내세요 Have a good time.
시계 a clock, a watch
¶ 저 시계는 정확하다 That watch is right〔correct〕.
시골 the country, a countryside, a rural area
¶ 시골에서 살다 live in the country
시기(時期) time, the times; 【계절】 season
¶ 매년 이 시기에는 at this time every year
시기(猜忌) jealousy, envy —하다 be jealous of, be envious of
시끄럽다 (be) noisy
시내 a brook, a stream
시내(市內) the city, the town, downtown
¶ 시내에 살다 live in the city
시다 (be) sour, acid
¶ 신 사과 a sour apple
시대 an age, an era, the times
¶ 시대에 앞서다〔뒤떨어지다〕 be ahead〔behind〕 the times
시도 an attempt —하다 attempt, make an attempt
¶ 그의 최초 시도는 실패로 돌아갔다 His first attempt came to a failure.
시력 sight, eyesight, vision
¶ 당신의 시력은 어떻습니까? How is your eyesight?
시련 a trial, a test —하다 try, make a trial
¶ 가혹한 시련 bitter〔severe〕 trials
시멘트 cement
시민 a citizen
¶ 서울 시민 the citizens of Seoul
시속 speed per hour
¶ 시속 60마일 60 miles per hour

시원하다 (be) cool, refreshing
¶ 시원한 바람 a cool〔refreshing〕 breeze
¶ 시원한 마실 것 좀 드릴까요? Can I get you something cold to drink?
시월 October
시인 a poet
시작 the start, the beginning —하다 start, begin
¶ 시작부터 끝까지 from start to finish, from beginning to end

begin　　　finish

시장(市長) a mayor
¶ 서울 시장 the Mayor of Seoul
시장(市場) a market
¶ 시장에 가다 go to market
시절 the time(s), an occasion, a chance
¶ 학교 시절에 in one's school days
시청 a city hall
시체 a corpse, a dead body
¶ 그는 시체로 발견되었다 He was found dead.
시키다 【강제하다】 make 《a person do》, have 《a person do》, get 《a person to do》, order
¶ 그에게 그것을 시키겠다 I will make him do it.
시합 a game, a match, a contest —하다 play 《against》, have a game〔match〕 《with》
¶ 시합에 나가다 take part in a game
시험 an examination, a test, an exam —하다 examine 《a person》, test
¶ 입학 시험 an entrance examination
¶ 시험을 치르다 take an examination
¶ 시험에 합격〔낙제〕하다 pass〔fail in〕 an examination

식구 a family
¶ 우리 집은 다섯 식구다 We are a family of five.
식다 get cold, cool (off)
¶ 그건 식은 죽 먹기처럼 쉬워 It's a piece of cake.
식당 a dining room [hall], a restaurant
식량 food
식목 planting trees, tree planting —하다 plant trees
식목일 Arbor Day《미》
식물 a plant
식물원 a botanical garden
식사 a meal, dinner, diet —하다 take a meal, dine, eat
¶ 식사 준비를 하다 prepare a meal
식욕 appetite
¶ 식욕이 없다 have no appetite
식탁 a (dinner) table
¶ 식탁을 치우다 clear the table
식품 food, groceries
¶ 냉동 식품 frozen food
식히다 cool, let《a thing》cool
¶ 더운 물을 식히다 cool hot water
신 shoes
¶ 신을 신다〔벗다〕 put on〔take off〕one's shoes
신(神) God;〔주〕the Lord, the〔our〕Father;〔다신교의〕a god
¶ 신을 믿다 believe in God
신경 nerves
¶ 신경이 날카롭다 be sensitive, be nervous
신기록 a new record
¶ 신기록을 수립하다 set a new record
신년 a new year
신다 put on, have on, wear
¶ 이 신을 신으세요 Put on these shoes.
신랑 a bridegroom
신뢰 confidence, trust —하다 trust, put trust〔faith〕in, believe in
¶ 그는 신뢰할 수 없다 He is not to be trusted.

신문 a newspaper, a paper, the press《총칭》
¶ 댁에서는 무슨 신문을 보십니까? What newspaper do you read〔take in〕?
신부(神父) a (holy) father, a priest
신부(新婦) a bride
신분 a social position〔status〕;〔신원〕identity
¶ 신분의 차이 difference in social standing〔status〕
신분 증명서 an identification〔identity〕card, an ID card
신비 mystery
¶ 자연의 신비 the mysteries of nature
신사 a gentleman
신선하다 (be) fresh
¶ 신선한 과일 fresh fruits
신세계 a new world, the New World(미대륙)
신속 quickness, rapidity, swiftness —하다 (be) quick, rapid, swift, speedy
¶ 신속히 quickly, swiftly, without delay
신앙 faith, religious belief —하다 believe〔have faith〕in
¶ 신앙의 자유 freedom of faith
신용〔신뢰〕confidence, trust, faith;〔상업상〕credit —하다 trust, confide in
¶ 신용을 얻다 gain a confidence of
¶ 신용을 잃다 lose credit with
신자 a believer
신장(身長) height, stature
¶ 당신은 신장이 얼마나 됩니까? How tall are you? (= What's your height?)
신장(腎臟) the kidney
신청 application —하다 apply《for》
¶ 건축 허가를 신청하다 apply for the building permit《to》
신청서 a written application, an application form
¶ 신청서를 제출하다 send in a written application

신체 the body
¶ 건전한 신체에 건전한 정신이 깃든다 A sound mind in a sound body.
신출내기 a newcomer
신호 a signal ―하다 signal, make a sign
¶ 교통 신호 a traffic signal
신호등 a traffic light
신혼부부 a newly-married couple, newlyweds
신화 a myth, mythology《총칭》
¶ 그리스 신화 Greek mythology
싣다 1 load, take《passengers》on board
¶ 그 버스는 손님을 너무 많이 실었다 The bus was overloaded.
2〔게재하다〕record, list, put in
¶ 신문에 광고를 싣다 put an ad in a paper
실 thread
¶ 실을 꼬다 twist thread
실내 the (interior of a) room
¶ 실내의 indoor
실례 rudeness, impoliteness
¶ 사람들 앞에서 하품하는 것은 실례다 It is bad manners to yawn in company.
실마리 a clue
¶ 실마리를 찾다 find a clue
실망 disappointment, discouragement ―하다 be disappointed《at, with, of》
¶ 너한테 실망했어 I'm disappointed with you.
실수 a mistake, an error ―하다 make a mistake
¶ 그런 사람을 믿은 것이 나의 실수였다 I made a mistake in trusting such a man.
실제〔사실〕the truth, a fact;〔현실〕reality, actuality
¶ 실제로 actually, really, in fact, as a matter of fact
실패 a failure ―하다 fail
¶ 실패로 끝나다 end in failure
실행 practice ―하다 practice, carry out
¶ 계획을 실행하다 carry out a plan

실험 an experiment, a test
¶ 화학 실험을 하다 make a chemical experiment
실현 realization ―하다 realize《one's ideal》
¶ 그의 꿈이 실현됐다 His dream has come true.
싫다 dislike, hate, do not like, loathe
¶ 이런 책은 싫다 I don't like this sort of book.
싫어하다 dislike, hate, abhor, detest
¶ 치과에 가는 것을 싫어하다 hate going to the dentist
싫증 dislike, disgust
¶ 싫증이 나다 get sick of, be fed up with, be bored with
심각하다 (be) serious, grave
¶ 심각한 인생 문제 a serious problem of life
심다 plant《a tree》
심리 a mental state, psychology
심부름 an errand
¶ 심부름 보내다 send《a person》on an errand
심장 the heart
¶ 심장의 기능 the function of the heart
심정 one's heart, one's feelings
심판 a referee, an umpire

> 유의어 심판
> **referee**는 농구, 축구, 권투, 하키, 레슬링 등의 심판. **umpire**는 야구, 테니스, 배구, 배드민턴, 탁구 등의 심판

referee   umpire

심하다 (be) severe, violent, harsh
¶ 심한 바람 violent wind

심호흡 deep respiration [breathing], a deep breath —하다 breathe deeply

십(十) ten

십이월 December

십일월 November

십자 a cross
¶ 십자가 a cross

싱겁다 taste flat
¶ 음식이 싱겁다 The dishes taste flat.

싱싱하다 (be) fresh, new, lively, full of life
¶ 싱싱한 야채[과일] fresh vegetables [fruit]

싸다¹ [포장하다] wrap up [in]; [짐을] pack up 《goods》
¶ 그것을 종이로 싸 주시오 Wrap it up in paper.

싸다² 1 [값이] (be) inexpensive, cheap, low
¶ 물건을 싸게 사다 buy things cheaply

싸우다 [적과] fight 《with, for, against》; [어려움과] struggle 《with, against》; [사람과] quarrel 《with a person》
¶ 끝까지 싸우다 fight to the end

싸움 [투쟁] a struggle; [전투] a fight, a battle, a combat; [전쟁] a war, warfare
¶ 싸움에 지다[이기다] lose [win] a battle [war]

싹 a bud

쌀 rice

쌀쌀하다 1 [날씨가] (be) chilly, cold
¶ 쌀쌀한 날씨 chilly weather
2 [태도가] (be) cold, cold-hearted
¶ 쌀쌀한 태도 a cold attitude

쌍둥이 twins; [그 중 한 사람] a twin

쌓다 1 [포개다] pile up, heap 《up》, lay
¶ 벽돌을 쌓다 lay bricks
2 [구축하다] build, erect, construct
¶ 벽[담]을 쌓다 build a wall
3 [축적하다] accumulate, gain, acquire, store up
¶ 경험을 쌓다 acquire [accumulate] experience

썩다 go bad, rot, decay
¶ 썩은 생선 rotten fish

썰매 a sled, a sleigh

썰물 an ebb, ebb tide

쏘다 1 [화살·총을] shoot, fire, discharge
¶ 적을 쏘다 shoot the enemy
2 [벌레가] sting, bite
¶ 벌에 쏘이다 get stung by a bee
3 [맛이] be hot [spicy], stink
¶ 마늘 냄새가 톡 쏜다 stink of garlic

쏟다 pour out, spill; [집중하다] be devoted to, concentrate
¶ 물을 조금씩 쏟아라 Pour out water little by little.

쓰다¹ 1 [물건을] use, employ, make use of
¶ 내 사전을 쓰고 있니? Are you using my dictionary?
2 [사람을] employ, hire, use
¶ 많은 사람을 쓰다 employ many people
3 [소비하다] use, spend
¶ 옷에 돈을 쓰다 spend money on clothes

쓰다² [착용하다] put on, wear
¶ 모자를 쓰다 put on [wear] a hat

쓰다³ [글씨를] write; [글을] compose 《a poem》; [적다] put [write, note] down
¶ 영어로 쓰다 write in English
¶ 연필로 쓰다 write in [with a] pencil

쓰다⁴ [맛이] taste bitter
¶ 쓴 약 a bitter medicine

sweet　　　　bitter

쓰러뜨리다 throw down, knock [bring] down fell
¶ 나무를 쓰러뜨리다 fell a tree

쓰러지다 1 〔서 있던 것이〕 fall 〔come〕 down, collapse
¶ 마루 위에 쓰러지다 fall down on the floor
2 〔망하다〕 be ruined, fail, go 〔be〕 bankrupt, go broke
¶ 이 회사는 쓰러져 가고 있다 This company is on the verge of bankruptcy.
쓰레기 waste, refuse, rubbish, trash《미》
¶ 가정의 쓰레기 household refuse 〔waste〕
쓸다 sweep
¶ 마루를 쓸다 sweep the floor
쓸데없다 be of no use〔value〕, (be) useless, worthless
¶ 쓸데없는 책 a book of no value, a worthless book
쓸쓸하다 (be) lonely, lonesome
¶ 쓸쓸하게 지내다 lead a lonely life
씨 1 〔종자〕 a seed, a stone
¶ 씨를 뿌리다 sow〔plant〕 seed, seed, sow
2〔원인·재료〕 a cause
씨(氏) 〔경칭〕 Mr., Miss, Mrs.; 〔성〕 a family name, a surname
씨름 wrestling, a wrestling match —하다 wrestle 《with》
씻다 1 〔물로〕 wash
¶ 얼굴을 씻다 wash one's face
2 〔닦아내다〕 wipe off
¶ 이마의 땀을 씻다 wipe the sweat off the brow

아기 a baby, an infant, a babe《시어》
¶ 사내〔여자〕 아기 a baby boy〔girl〕
아나운서 an announcer
아끼다 spare, save
¶ 수고를 아끼지 않다 spare no effort 〔pain〕
아내 a wife
아니 no, not

¶ 하나 더 드시겠어요? — 아니, 이제 됐습니다 Won't you have another (one)? — No, thank you.
아들 a son, a boy
아름답다 (be) beautiful, pretty, lovely
¶ 아름다운 여자〔이야기〕 a beautiful woman〔story〕
아마 probably, perhaps, maybe, likely
¶ 아마 그는 올 것이다 He will probably come.
아무 anyone, anybody; 〔부정〕 nobody, none, no one
¶ 그것은 아무나 할 수 있다 Anybody can do that.
¶ 아무도 모른다 Nobody knows that.
아무것 anything, something; 〔부정〕 nothing
¶ 나는 아무것도 모른다 I don't know at all.
아무데 any place, anywhere; 〔부정〕 nowhere
¶ 아무 데나 가도 좋다 You may go anywhere.
아무 때 any time, any day, whenever
¶ 아무 때나 좋다 Any time will do.
아무래도 1 〔아무리 하여도〕 anyway, anyhow, by any means
¶ 아무래도 그것을 할 수 없다 I can't do it anyway.
2 〔결코〕 by no means, never
¶ 이 문은 아무래도 열리지 않는다 This door will not open.
아무리 however... (may), no matter how...(may)
¶ 아무리 부자라도 however〔no matter how〕 rich a man may be
아버지 a father
아부 flattery
아시아 Asia
아예 by any means
¶ 아예 그런 짓은 말아라 Never do such a thing.
아우성 a shout, a yell, a clamor

아이 a child, a kid, a boy
¶ 아이를 키우다 bring up (raise) a child

아주 very, really
¶ 아주 조금 a very little

아주머니 an aunt

아직 yet, still
¶ 아직 비가 오고 있다 It is still raining.

아차 Heavens!, My goodness!, Dear me!, Oh my!

아침 1 [때] morning
¶ 아침에 in the morning
¶ 일요일 아침에 만납시다 I'll see you on Sunday morning.
2 [아침밥] breakfast
¶ 아침을 먹다 take breakfast

아파트 an apartment house (building) 《미》; [방] an apartment《미》, a flat《영》

아편 opium

아프다 pain, feel (have) a pain 《in》, ache, hurt
¶ 배가 아프다 I feel (have) a pain in my stomach.

아프리카 Africa

아픔 (a) pain, an ache
¶ 아픔을 참다 stand (bear, endure) the pain

악(惡) evil, badness
¶ 선과 악 good and evil

악기 a musical instrument

악단 an orchestra, a band

악마 an evil spirit, a devil, a demon; [마왕] Satan

악센트 an accent, a stress

악수 a handshake —하다 shake hands 《with》
¶ 악수를 나누다 shake hands with each other

악어 a crocodile, an alligator(북미산)

악의 ill will, malice, spite
¶ 악의를 품다 bear 《a person》 malice

악화 a change for the worse
¶ 정세가 악화되고 있다 The situation grows worse.

안 1 [내부] the interior, the inside
¶ 방안에만 있다 stay indoors all the time
2 [이내] within
¶ 한 시간 안에 거기에 가겠습니다 I will be there within an hour.

안개 (a) fog, (a) mist
¶ 안개가 끼어 있다 It is foggy.

안경 glasses, eyeglasses
¶ 안경을 쓰다 (벗다) put on (take off) one's glasses

안내 guidance —하다 show 《a person》 over, show the way 《to》
¶ 제가 길을 안내해 드리죠 I'll show you the way.

안녕하다 be well, be all right

안다 embrace, hug, hold 《a baby》 in one's arm(s)

안 되다 must not, should not 《do》, ought not to 《do》
¶ 거짓말을 해서는 안 된다 You should not tell a lie.

안락 ease, comfort —하다 (be) easy, comfortable
¶ 안락한 생활 an easy life

안부 safety, welfare, health
¶ 안부를 묻다 inquire (ask) after 《a person, a person's health》

안색 [얼굴빛] complexion; [표정] a look
¶ 안색이 좋다 (나쁘다) look well (unwell)

안심 relief, peace of mind —하다 be (feel) relieved, be at ease
¶ 그것을 듣고 안심했다 I was relieved at the news.

안이하다 (be) easy, easygoing
¶ 안이하게 생각하다 take things easy

안전 safety, security —하다 (be) safe, secure, be free from danger
¶ 안전하게 safely, securely, in safety

안전띠 a safety (seat) belt
¶ 안전띠를 매세요 Buckle (Fasten, Put

**on) your seat belt.
안정 stability
  ¶ 정치적인 안정 political stability
안테나 an antenna, an aerial《영》
앉다 sit, take (have) a seat, sit down
  ¶ 자, 앉으시오 Please take your seat.
알다 know, have (get) a knowledge 《of》, be aware 《of》
  ¶ 정확히는 알지 못하다 I don't know for certain.
알려지다 be (get, become) known 《to》, come to 《a person's》 knowledge
  ¶ 잘 알려진 famous, well-known
알리다 let 《a person》 know, tell, inform
  ¶ 경찰에 알리다 report 《a fact》 to the police
알맞다 (be) fit, becoming, fitting, suitable
  ¶ 알맞은 직업 a suitable job
알아내다 find out, make out, discover
  ¶ 비밀을 알아내다 find out 《a person's》 secret
알아듣다 hear, catch (get) 《the meaning》
  ¶ 말을 알아듣다 catch 《a person's》 words
알아맞히다 guess right, make a good guess
알약 a pill
알코올 alcohol, spirits
알파벳 the alphabet
  ¶ 알파벳순으로 in alphabetical order
앓다 be ill 《with》《영》, be sick 《with》《미》, suffer from (illness)
  ¶ 이를 앓다 have a toothache
암기하다 learn (get) by heart
  ¶ 나는 그 시를 암기하고 있다 I have learnt the poem by heart.
암살 (an) assassination —하다 assassinate
암시 a hint, a suggestion —하다 hint 《at》, suggest
  ¶ 암시를 주다 give 《a person》 a hint
암컷 a female (animal)
암흑 darkness, blackness

¶ 암흑의 dark, black
압도하다 overwhelm, overcome
  ¶ 압도적 승리 an overwhelming victory
압력 pressure, stress
  ¶ 압력을 가하다 give pressure 《to》
앞 1 [전방] the front
  ¶ 집 앞에 in front of the house
  2 [면전] presence
  ¶ 사람들 앞에서 in the presence of others
  3 [미래] the future
  ¶ 앞으로 in (the) future
앞날 the future, the days ahead (to come)
  ¶ 앞날을 위해 저축하다 save money for the future
앞서다 go before (ahead of), precede, go in advance of
앞치마 an apron
  ¶ 앞치마를 두르다 put on (wear) an apron
애국 love of one's country, patriotism
애쓰다 exert oneself, work hard, endeavor, do one's best, make an effort, try hard, strive 《for》
  ¶ 애써 공부하다 study hard
애인 a lover(남자), a love(여자), a sweetheart(주로 여자)
애정 love, affection
  ¶ 애정을 표시하다 show one's love 《for》
애처롭다 (be) pitiful, pitiable
  ¶ 애처로운 광경 a pitiable scene
액자 a (picture) frame
액체 a liquid, a fluid
  ¶ 액체 연료 liquid fuel
앨범 an album
앵무새 a parrot
야간 night, the night time
  ¶ 야간 경기 a night game
야구 baseball, ball (game)
  ¶ 야구장 a ball park, a diamond, a baseball ground

¶ 야구를 하다 play baseball

baseball

야근 night duty, night work
야기하다 cause, bring about
¶ 문제를 야기하다 raise a problem
야당 a party out of power, an opposition party
야망 ambition
야비하다 mean, (be) vulgar
¶ 야비한 사람 a vulgar fellow
야영 a camp, camping —하다 camp, make camp
야외 [들판] the fields; [옥외] the open air; [교외] the outskirts 《of a town》
¶ 야외 공연 an outdoor performance
야위다 become [get] thin [lean]
야채 vegetables, greens
¶ 야채를 가꾸다 raise [grow] vegetables
약(約) about, some
¶ 약 50세 about fifty (years old)
약(藥) medicine, a drug, a pill(알약), a tablet(정제), a capsule(캡슐), an ointment(연고)
¶ 약을 먹다 [삼키다] take [swallow] medicine
약간 some, a little, a bit, a few, a little bit
¶ 약간의 돈 some money
약국 a pharmacy《영》, a drugstore《미》
약다 (be) shrewd, clever, smart
¶ 약은 녀석 a shrewd man
약속 an engagement, an appointment, a promise —하다 promise, make a promise, make an appointment [engagement]

¶ 그는 열심히 공부하겠다는 약속을 지켰다 [깨뜨렸다] He kept [broke] his promise to work hard.
약점 a weak point, a weakness
¶ 사람에게는 누구나 약점이 있다 We all have weak points.
약하다 (be) weak
¶ 심장이 약하다 He has a weak heart.
약혼 an engagement
얇다 (be) thin
¶ 얇은 옷 thin clothes
얌전하다 (be) gentle, nice
¶ 얌전하게 gently, nicely
양(羊) a sheep, a lamb(새끼양)
¶ 양고기 mutton
양(量) quantity, amount
¶ 양보다도 질을 택하겠다 I prefer quality to quantity.
양념 seasoning
¶ 양념을 치다 season 《a dish》
양돈 hog [pig] raising
양력 the solar calendar
양말 socks(짧은), stockings(긴)
¶ 양말 한 켤레 a pair of socks [stockings]
양배추 cabbage
양봉 beekeeping, bee culture
양산 a parasol, a sunshade
양상 an aspect, a phase
양성 training, education, cultivation —하다 train, educate, cultivate, bring up
¶ 교원을 양성하다 train teachers
양식 good [common] sense
양심 (a) conscience
¶ 너의 양심에 맡긴다 I leave you to your conscience.
양육하다 bring up, breed, raise
양자 a foster son, an adopted son
¶ 양자로 삼다 adopt 《a child》
양지 a sunny place
양쪽 both, both sides, either side
¶ 나는 양쪽 다 알고 있다 I know both of them.

양초 a candle
양친 (one's) parents, one's father and mother
양탄자 a carpet, a rug
¶ 양탄자를 깔다 spread a carpet
양파 an onion
얕다 1【깊이가】(be) shallow
¶ 얕은 연못 a shallow pond

shallow   deep

2【생각·지식이】(be) shallow, superficial
¶ 얕은 생각 a shallow idea
얕보다 despise, look down upon〔on〕, make light of
¶ 그가 가난하다고 해서 얕보아서는 안 된다 You should not despise him because he is poor.
어깨 the shoulder
¶ 어깨에 메다 bear〔carry〕《a thing》on the shoulder
어느 1【의문】which, what
¶ 어느 것이 제일 좋습니까? Which do you like best?
2【어느 …이나】any, every
¶ 어느 신문이나 그 사건을 보도하고 있다 Every newspaper reports the event.
3【어떤】(a) certain, some
¶ 어느 정도 to some〔a certain〕degree
어느덧 before one knows〔is aware〕
¶ 우리들은 어느덧 서울에 도착했다 We reached Seoul before we knew it.
어둠 darkness, (the) dark
¶ 어둠 속에(서) in the dark, in the darkness
어둡다 dark
¶ 어두운 방 a dark room

어디 where, what place
¶ 당신은 어디에 사십니까? Where do you live?
어떤 what kind〔sort〕of, a certain, some
¶ 어떤 용무로 on what business
¶ 어떤 곳에서 at a certain place
어떻게 how, in what manner〔way〕, by what means
¶ 어떻게 이 문제를 풀었습니까? How did you solve this problem?
어렵다 (be) hard, difficult
¶ 어려운 문제 a hard question
어른 a man, an adult, a grown-up (person)
어리다 (very) young, infant
¶ 어린 나무 a young plant〔tree〕
어리둥절하다 confused, embarrassed, perplexed, be at a loss
¶ 그의 갑작스런 방문에 우리는 어리둥절했다 His surprise visit embarrassed us.
어리석다 (be) foolish, silly, stupid
¶ 어리석은 생각 a foolish idea
어린이 a child《복수 children》

child   children

어림 a rough guess〔estimate〕
¶ 어림으로 at a rough estimate, roughly
어머니 mother
어버이 parents
어부 a fisherman
어색하다 be〔feel〕awkward〔embarrassed〕, be〔feel〕ill at ease
¶ 어색한 침묵 an awkward silence
어울리다 1【조화되다】(be) becoming〔suitable〕, match《with》, go《with》

¶ 옷과 잘 어울리는 모자 a hat which goes well with one's suit
2 〖교제하다〗 join, mix 《with》, associate 《with》, keep company 《with》
¶ 어울리는 친구를 보면 어떤 사람인가를 안다 We know a man by his company.

어제 yesterday
¶ 어제 신문 yesterday's paper

어쩌다가 1 〖우연히〗 by chance, by accident
¶ 어쩌다가 그를 길에서 만났다 I met him by accident on the street.
2 〖이따금〗 sometimes, occasionally, once in a while, from time to time, now and then
¶ 어쩌다가 오는 손님 a casual visitor

어쩌면 1 〖추측〗 possibly, maybe, perhaps, likely
¶ 어쩌면 그는 외출했을 것이다 He may possibly have gone out.
2 〖감탄〗 how, what
¶ 어쩌면 저렇게 뻔뻔할까! What an impudence!

어찌 1 〖어떻게〗 how, in what way, by what means
¶ 그는 어찌 되었을까? What has become of him?
2 〖왜〗 why, for what reason
¶ 어찌 늦었느냐? Why were you late?

어항 a fish bowl

어휘 a vocabulary
¶ 이 사전은 어휘가 풍부하다 This dictionary contains a rich vocabulary.

억누르다 oppress, restrain, suppress, control, hold 〔put, force〕 down
¶ 노여움을 억누르다 hold in one's temper

억지로 forcibly, by force
¶ 억지로 먹이다 force 《a person》 to eat

억측 a guess —하다 (make a) guess, suppose
¶ 당치 않은 억측 a wrong guess

언니 an elder 〔older〕 sister
언덕 a hill
언론 speech
¶ 언론의 자유 freedom 〔liberty〕 of speech
언어 language
언쟁 a quarrel, a dispute —하다 quarrel, dispute
언제 when, (at) what time
¶ 너는 언제 시계를 잃어버렸느냐? When did you lose your watch?
언제나 always, all the time, usually, whenever, every time; 〖습관적으로〗 habitually
¶ 아버지는 언제나 관대하시다 My father is always generous.
언제든지 (at) any time, whenever; 〖항상〗 always, all the time
¶ 언제든지 좋다 Any time will do.
언젠가 some time, some day, one day, one of these days
¶ 언젠가는 some time or other
언행 words and actions
얻다 get, obtain, acquire, gain
¶ 나는 그의 승낙을 얻었다 I have obtained his consent.
얼굴 a face; 〖표정〗 a look
¶ 못생긴 얼굴 an ugly face
¶ 실망한 얼굴 a disappointed look
얼다 freeze, be frozen
¶ 호수가 약 1피트의 두께로 얼었다 The lake is frozen (over) about a foot thick.
얼룩 a stain, a spot, a blot
¶ 커피의 얼룩 a coffee stain
얼룩지다 become stained 〔blotted〕
¶ 얼룩진 stained, spotted
얼른 fast, quickly, rapidly, speedily, hastily
¶ 얼른 해라! Hurry up!
얼마나 1 〖의문〗 how, how many(수), how much(양); 〖시간〗 how long; 〖거리〗 how far; 〖크기〗 how large; 〖높이〗 how high
¶ 한국에 오신지 얼마나 됩니까? How

long have you been in Korea?
¶ 여기서 역까지의 거리는 얼마나 됩니까? How far is it from here to the station?
2 〖감탄〗 what, how
¶ 이 얼마나 좋은 날씨인가! What a fine day it is!

얼음 ice
¶ 얼음을 녹이다 melt ice

얽히다 1 〖뒤얽히다〗 be〔become, get〕entangled
¶ 실이 얽혔다 The thread has got entangled.
2 〖연루되다〗 be involved 《in》

엄격하다 (be) strict, stern, severe
¶ 엄격한 교사 a strict〔severe〕teacher

엄금하다 prohibit〔forbid〕strictly

엄마 mommy, mummy, mom《미》, mum《영》

엄밀하다 (be) exact, strict, rigid
¶ 엄밀한 의미에서 in the strict sense

엄수하다 observe strictly
¶ 약속〔비밀〕을 엄수하다 keep one's promise〔a secret〕strictly

엄숙하다 (be) grave, solemn
¶ 엄숙한 얼굴 a grave countenance

엄지 a thumb

업다 carry《a person》on one's back
¶ 아이를 업은 여자 a woman with her baby on her back

업무 business
¶ 업무를 처리하다 conduct〔carry on〕business

없다 1 〖존재하지 않다〗 do not exist, there is no…
2 〖소유하지 않다〗 have no, do not have
¶ 저 사람은 자식이 없다 He has no children.
3 〖결여되다〗 want, lack
¶ 그는 용기가 없다 He lacks courage.
4 〖결점·장애 등이〗 be free《from》, be clear《of》
¶ 결점이 없다 be free from faults

없애다 1 〖제거하다〗 remove, eliminate, clear, get rid of
¶ 장애물을 없애다 remove〔clear〕obstacles
2 〖폐지하다〗 abolish, do away with
¶ 노예 제도를 없애다 abolish slavery
3 〖낭비하다〗 waste, spend, lose, throw away
¶ 돈을 다 써 없애다 throw one's money away
4 〖죽이다〗 murder, kill

엉덩이 hips, buttocks

엎다 upset, overturn, turn over
¶ 우유 잔을 엎다 upset a glass of milk

엎드리다 lie on one's face

엎어지다 be upset, be turned over, be turned upside down
¶ 꽃병이 엎어졌다 The vase has been upset.

엎지르다 spill
¶ 엎지른 물은 다시 담지 못한다 It is no use crying over spilt milk.

에스컬레이터 an escalator
¶ 에스컬레이터를 타다 take an escalator

엑스트라 an extra

엔지니어 an engineer

엔진 an engine
¶ 엔진에 이상이 있다 Something went wrong with the engine.

엘리베이터 an elevator《미》, a lift《영》

여가 leisure, spare time
¶ 여가가 없다 have no time to spare

여관 an inn, a hotel
¶ 여관에 묵다 put up〔stay〕at a hotel

여객 a passenger, a traveler(여행자)

여기 here, this place〔point〕
¶ 여기부터 from here, from this place〔point〕

여기저기 here and there, from place to place
¶ 여기저기 찾다 look for《a thing》here and there

여당 the ruling party
여동생 a younger sister
여드름 a pimple
여러 many, several, various
 ¶ 여러 날 many days
여론 public opinion
 ¶ 여론에 호소하다 appeal to public opinion
여름 summer, summertime
 ¶ 여름 방학 the summer vacation
여배우 an actress
여백 a blank, a space
 ¶ 여백에다 쓰다 write in a blank space
여보세요 1 [남을 부를 때] Hello!, Excuse me!
 ¶ 여보세요 말씀 좀 묻겠습니다 Excuse me, sir. Can I ask you something?
 2 [전화할 때] Hello?
 ¶ 여보세요, 누구십니까? Hello, who's speaking please?
여부 yes or no, whether or not
여분 an extra, an excess, a surplus, a spare
 ¶ 여분의 옷은 한 벌도 없다 I have no spare suit of clothes.
여성 a woman 《복수 women》
여왕 a queen
여우 a fox

fox

여자 a woman, a lady, a female
 ¶ 여자 친구 a girlfriend
여행 a travel, a trip, a journey, a tour —하다 travel, journey, tour, make a trip [journey, tour]
 ¶ 기차로 여행하다 travel by train [rail]
역 a (railroad [railway]) station
역사 history
 ¶ 역사는 되풀이한다 History repeats itself.
역시 too, also, as well
 ¶ 나 역시 그렇소 So am I.
역할 a part, a role
 ¶ 중요한 역할을 하다 play an important role
연 a kite
 ¶ 연을 날리다 fly a kite
연결하다 connect, link, join
연구 study, research —하다 study, make a study 《of》
 ¶ 연구를 지도하다 direct study [research]
연극 a play, a drama, theater
 ¶ 연극을 보러 가다 go to the play [theater]
연기 smoke
연기하다 delay, postpone, put off
 ¶ 출발을 다음 날까지 연기하다 postpone [put off] one's departure until the next day
연락 connection, contact —하다 connect, contact, make contact with, get in touch with
 ¶ 연락이 끊어지다 lose contact 《with》
연료 fuel
 ¶ 연료가 떨어지다 run out of fuel
연못 a pond
연단 a platform
연설 a speech, an address —하다 make [deliver] a speech, deliver [give] an address
 ¶ 연설을 시작하다 open a speech
연속하다 continue, be continuous
 ¶ 불행의 연속 a series of misfortunes
연습 practice, an exercise —하다 practice, carry out exercises
연애 love —하다 fall [be] in love 《with》
 ¶ 연애 편지 a love letter

연장 a tool, an implement

tools

연장하다 extend, lengthen, prolong
¶ 철도를 연장하다 extend a railway
연주 a (musical) performance —하다 perform, play, give a performance
¶ 피아노를 연주하다 play the piano
연착 delayed arrival, delay in arrival —하다 arrive late〔behind time〕, be delayed
¶ 그 열차는 한 시간 연착했다 The train arrived an hour late.
연필 a pencil
연필깎이 a pencil sharpener
열 ten
¶ 열 번째 the tenth
열(熱) heat, warmth;【체온】(a) temperature, (a) fever
¶ 열을 전달하다 conduct〔transfer〕heat
열다 1【창 등을】open, uncover, unlock
¶ 당겨서〔밀어서〕 열다 pull〔push〕open
2【개시·개장하다】open, start
¶ 도서관은 9시에 문을 연다 The library opens at 9 o'clock.
3【개최하다】hold, open
¶ 회의를 열다 hold a meeting
열대 the tropics, the tropical zone
¶ 열대 과일 tropical fruit
열리다 1【문·뚜껑 등이】open
¶ 창문이 아무리 해도 열리지 않는다 The window will not open.
2【상점·모임 등이】open, begin, start, be held
¶ 은행은 아홉시에 열린다 The bank opens at nine o'clock.
열매 (a) fruit
¶ 열매를 맺다 bear fruit
열쇠 1【자물쇠의】a key
¶ 문의 열쇠 the key to a door
2【실마리】a clue, a solution, a key
¶ 그는 문제 해결의 열쇠를 쥐고 있다 He holds the key to the solution of the problem.
열심 eagerness, enthusiasm, zeal, ardor
¶ 열심히 공부하다 study〔work〕hard
열중하다 devote oneself 《to》, be absorbed 《in》
¶ 독서〔공부〕에 열중하다 be absorbed in reading〔one's studies〕
염려 worry, anxiety, care, concern —하다 worry 《about》, be worried 《about, over》, be anxious 《about》, care, be concerned 《about》
¶ 염려 말게 Don't worry. (= Take it easy.)
염색 dyeing —하다 dye
¶ 그녀는 머리를 빨갛게 염색했다 She has her hair dyed red.
염소 a goat
엽서 a postcard, a postal card
¶ 엽서를 보내다 send a postcard 《to》
영(零) zero, nothing
영광 honor, glory
영국 England, Great Britain, the United

Kingdom 《U.K.》, the United Kingdom of Great Britain and Northern Ireland(공식명)

영리하다 (be) clever, bright, intelligent, smart
¶ 영리한 아이 a bright child

영수 receipt —하다 receive

영수증 a receipt
¶ 영수증을 주세요 Could I have a receipt?

영양(營養) nutrition, nourishment
¶ 영양 부족으로 through lack of nourishment

영양(羚羊) an antelope

영어 English, the English language
¶ 영어로 말하다〔쓰다〕 speak〔write〕 in English
¶ 영어를 할 줄 압니까? Do you speak English?

영웅 a hero, a heroine(여자)

영원 eternity, permanence —하다 (be) eternal, permanent
¶ 영원한 진리 eternal truth

영토 a territory, a domain

영하 below zero
¶ 기온은 영하 5도였다 It was 5 degrees below (zero).

영한 English-Korean
¶ 영한 사전 an English-Korean dictionary

영향 influence, effect
¶ 나쁜 영향을 미치다 have〔exert, exercise〕 a bad effect 《upon》

영혼 the soul, the spirit

영화 a movie, a (motion) picture, a film, a cinema, the movies《미》, the cinema《영》
¶ 영화를 상영하다 show a movie〔film〕

옆 the side
¶ 옆을 지나가다 pass by

옆집 a next door〔house〕
¶ 그 여자는 우리 옆집에 산다 She lives next door to me.

예 〔대답〕 yes, all right; 〔출석의 대답〕 here, present, yes 《sir, madam》

예(例) an example, an instance, a case
¶ 예를 들면 for example

예금 a deposit, a bank account —하다 deposit 《money in a bank》, make a deposit 《in a bank》
¶ 예금을 찾다 draw〔withdraw〕 one's money〔deposit〕《from the bank》

예리하다 〔연장이〕 (be) sharp; 〔두뇌·판단이〕 keen, acute
¶ 예리한 연장 a sharp instrument
¶ 예리한 비평 sharp criticism

예방 prevention —하다 prevent
¶ 치료보다 예방이다 Prevention is better than cure.

예보 a forecast(ing), (a) prediction —하다 forecast, predict
¶ 일기를 예보하다 forecast the weather

예비하다 prepare〔provide〕 for, reserve
¶ 예비 타이어 a spare tire

예쁘다 (be) pretty, lovely, sweet, beautiful, nice
¶ 예쁜 꽃 a beautiful flower

예상 expectation, anticipation, forecast, prospect —하다 expect, anticipate, forecast
¶ 예상이 어긋났다 It was contrary to my expectations.

예수 Jesus (Christ)

예술 art, an art, fine arts(미술)
¶ 예술은 길고 인생은 짧다 Art is long, life is short.

예약 booking, reservation —하다 book 《in advance》, reserve, make a reservation 《at a hotel》
¶ 예약석 a reserved seat
¶ 좌석을 예약하다 reserve a seat 《at a theater》

예언 a prediction, a prophecy, a forecast —하다 predict, make a prediction, prophesy, foretell

¶ 예언이 틀리다〔맞다〕 a prophecy fails〔comes true〕
예외 an exception
¶ 예외 없이 without exception
예절 propriety, etiquette, manners
¶ 예절을 모르다 have no sense of propriety, have no manners
옛날 ancient times, old days
¶ 옛날 이야기 an old story
오누이 brother and sister
오늘 today
¶ 오늘 밤 tonight
¶ 오늘 아침〔오후〕 this morning〔afternoon〕
오늘날 these days, the present time, nowadays, today
오다 come
¶ 이리 오너라 Come here. (= Come this way.)
오두막 a hut
오락 amusement(s), recreation(s), entertainment
¶ 오락실 an amusement hall, a recreation〔games〕 room
오래 long, for a long time
¶ 오래 전 long time ago, long ago
오래가다 stand long use, last〔wear〕 long, stay long
¶ 그 가방은 오래가지 못할 것이다 That bag will not last for a long time.
오렌지 an orange
오로지 only, solely
¶ 그는 오로지 돈을 위해 일한다 He works solely for money.
오르간 an organ
¶ 오르간을 치다 play the organ
오르다 1 go up, climb, ascend, rise;〔탈것에〕 mount
¶ 산〔나무〕에 오르다 climb a mountain〔tree〕
¶ 말에 오르다 mount a horse
2〔지위 등이〕 rise, be promoted, be raised

¶ 계급이 오르다 rise in rank
오른손 the right hand
오른쪽 the right (side)
¶ 오른쪽에 on the right side 《of》
오리 a duck, a drake(수오리)
¶ 새끼 오리 a duckling
오븐 an oven
¶ 양파를 오븐에 굽다 roast onions in the oven
오빠 a girl's elder〔older〕 brother
오아시스 an oasis
오염 pollution, contamination
¶ 수질〔공기〕 오염 water〔air〕 pollution
오월 May
오이 a cucumber
오전 the morning
¶ 나는 오전에 집에 있겠다 I'll be at home in the morning.
오직 only, merely, solely
¶ 오직 한 가지 이유 the only reason
오징어 a cuttlefish
오토바이 a motorcycle
오페라 (an) opera
오해 misunderstanding —하다 misunderstand
오후 afternoon
¶ 오늘〔어제, 내일〕 오후 this〔yesterday, tomorrow〕 afternoon
오히려 rather〔sooner〕 (than);〔반대로〕 on the contrary
¶ 치욕을 당하느니 오히려 죽는 게 낫다 I would rather〔sooner〕 die than suffer disgrace.
옥수수 corn《미》, Indian corn, maize
온갖 all, every, all kinds〔sorts〕 of
¶ 온갖 사람 all sorts of people
온도 temperature
¶ 온도계 a thermometer
¶ 온도를 재다 take the temperature
온종일 all day (long), the whole day, from morning to〔till〕 night
¶ 온종일 책을 읽다 read books all day

long
온천 a hot spring, a spa(광천)
¶ 온천에 가다 visit (go to) a hot spring
온화하다 (be) mild, gentle
¶ 온화한 기후 a mild climate
올라가다 1 〔위로〕 go up, ascend, mount, climb, rise
¶ 나무에 올라가다 climb a tree
2 〔지위·급여가〕 rise, be promoted, be raised, be advanced
¶ 지위가 올라가다 be promoted 《to a higher position》
3 〔물가가〕 go up, rise
올라오다 climb, come up, ascend
¶ 서울에 올라오다 come up to Seoul
올리다 1 〔위로〕 raise, lift up, hold up 《one's hand》, elevate
¶ 손을 올리다 hold up (raise) one's hand
2 〔지위·돈 등을〕 raise, promote, increase
¶ 월급을 올리다 raise one's salary
3 〔의식을〕 hold, celebrate, observe
¶ 결혼식을 올리다 celebrate (have) a marriage
올리브 an olive
올림픽 the Olympic Games, the Olympics
¶ 올림픽에서 금메달을 따다 win a gold medal at the Olympics
올빼미 an owl
올해 this year
¶ 올해는 비가 많이 왔다 We have had a lot of rain this year.
옮기다 move (remove) 《to》, transfer, shift 《home》
¶ 의자를 구석으로 옮기다 move a chair to the corner
옳다 (be) right, rightful; 〔정당하다〕 (be) proper, reasonable; 〔틀림없다〕 (be) correct, true
¶ 네 말이 옳다 You are in the right.
옷 clothes, dress

¶ 옷을 입다 put on one's clothes
¶ 옷을 벗다 take one's clothes off
완강하다 (be) obstinate, stubborn
¶ 그들은 완강히 저항했다 They resisted stubbornly.
완성 completion, accomplishment —하다 complete, finish, accomplish
완전 perfection —하다 (be) perfect, complete, entire, whole
¶ 완전히 실패하다 fail completely
왕(王) a king
왕위 the throne, the crown
¶ 왕위에 오르다 ascend the throne
왕자 a royal prince
왜 why, for what reason (purpose), on what ground, what for, how come
¶ 왜 늦었느냐? Why were you late?
외계 the external (outer) world
외과 the surgical department, the department of surgery
외교 diplomacy
¶ 외교 관계를 수립하다〔끊다〕 establish (break off) diplomatic relations 《with》
외교관 a diplomat
외국 a foreign country (land, nation)
외국어 a foreign language
외국인 a foreigner
외따로 separated, isolated, lonely, all alone
¶ 그는 도시에서 멀리 떨어져 외따로 산다 He lives a lonely life far away from town.
외로이 all alone, lonely, solitarily
¶ 외로이 살다 lead a solitary life
외롭다 (be) lonely, solitary, be all alone
¶ 외로운 나그네 a lonely (solitary) traveler
외면 neglect, disregard —하다 turn away 《one's face》, look away 《from》
외모 appearance
외부 the outside, the exterior
¶ 건물의 외부 the exterior of a build-

외상 credit, trust
¶ 외상으로 사다 buy on credit
외신 foreign news
외양간 a stable
외출 going out —하다 go out (of doors)
¶ 어제는 비가 와서 외출할 수 없었다 The rain prevented me from going out yesterday.
외치다 shout, cry out
¶ 그녀는 기뻐서 외쳤다 She gave a shout of joy.
외투 an overcoat
¶ 외투를 입다〔벗다〕 put on〔take off〕one's overcoat
왼손 the left hand
왼쪽 the left side
¶ 왼쪽으로 돌다 turn left, turn to the left
요구 a demand, a claim, a request —하다 demand, request, claim, make a demand, call for
¶ 정당한〔부당한〕요구 a reasonable〔an unreasonable〕demand
요금 a fare, a charge
¶ 택시 요금 a taxi fare
요람 a cradle
¶ 요람에서 무덤까지 from the cradle to the grave
요리 〔만들기〕cooking; 〔음식〕a dish, food —하다 cook
¶ 중국〔한국〕요리 Chinese〔Korean〕food〔dishes〕
¶ 요리를 만들다 prepare a dish
요리사 a cook, a chef
요새 recently, lately, nowadays
¶ 요새 그를 보지 못했다 I haven't seen him lately.
요새(要塞) a fortress
¶ 요새를 구축하다 construct a fortress
요소 an element
¶ 필수적 요소 a vital〔an essential〕element

요일 a day of the week, a weekday
¶ 오늘은 무슨 요일이냐? What day (of the week) is it today?

참고 요일과 약어		
요일	명칭	약어
일요일	Sunday	Sun.
월요일	Monday	Mon.
화요일	Tuesday	Tu., Tues.
수요일	Wednesday	Wed.
목요일	Thursday	Thur., Thurs.
금요일	Friday	Fri.
토요일	Saturday	Sat.

요점 the (main, essential) point
¶ 요점을 이해하다 see〔get, take, grasp〕the point
요즈음 nowadays, (in) these days
¶ 요즈음의 젊은이들 the young men of today
요청 a request, a demand —하다 request, demand, ask 《for》, call on 《a person》 to 《do》
¶ 요청에 의하여 on request, at〔by〕the request of
요트 a yacht
욕 abuse, foul language —하다 speak ill of 《a person》, call 《a person》 names
욕망 a desire
욕실 a bathroom, a bath
용 a dragon
용감하다 (be) brave, courageous
¶ 용감한 사람 a brave〔courageous〕person
용기 courage, bravery
¶ 용기를 잃다 lose courage
용돈 pocket money, an allowance
¶ 나는 용돈이 떨어졌다 I have run out of pocket money.
용서 pardon, forgiveness —하다 pardon, forgive, excuse 《a person's fault》
¶ 나의 무례를 용서하십시오 I beg you to forgive my rudeness.

용이하다 (be) easy, simple
¶ 용이하게 easily, readily, with ease, without difficulty
용접 welding —하다 weld 《to》
용해하다 melt, dissolve
우거지다 grow thick, overgrow, be overgrown with
¶ 뜰에는 잡초가 우거져 있었다 The garden was overgrown with weeds.
우기다 persist in, insist on, assert oneself, demand one's own way
¶ 그는 자기만 옳다고 우겼다 He insisted he was the only one who was right.
우두커니 vacantly, idly
¶ 그는 창가에 우두커니 서 있다 He is standing idly by the window.
우등생 an honor student
우리¹ we, our
¶ 우리 집 my house, my home
우리² a cage(맹수의), a pen(가축의)
우물 a well
¶ 우물을 파다 dig a well
우산 an umbrella
우선 first, first of all, to begin with
¶ 우선 돈을 마련하여야 한다 First you must raise funds.
우송하다 mail《미》, post《영》, send by post [mail]
우수하다 (be) superior, excellent
¶ 우수한 성적으로 with excellent results
우습다 (be) funny, amusing
¶ 우스운 이야기 a funny story
우승 a victory, a championship(선수권) —하다 win the victory [the championship], win the title
¶ 우승기 the championship flag [banner]
¶ 우승자 the winner, a champion
우아하다 (be) elegant, refined, graceful
¶ 우아하게 춤추다 dance with grace
우연 chance, accident
¶ 우연히 만나다 meet by chance

우울 depression, melancholy —하다 feel [be] miserable [depressed]
¶ 우울해지다 become depressed
우유 milk
¶ 우유를 배달하다 deliver milk
우정 friendship
¶ 참다운 우정 a true friendship
우주 the universe, the cosmos, (outer) space
¶ 우주 여행 a space trip [journey, travel]
¶ 우주 왕복선 a space shuttle

space shuttle

우편 post《영》, mail《미》
¶ 우편 요금 postage, postal charges [rates]
¶ 우편으로 보내다 send 《a parcel》 by post [mail], post, mail
우표 a (postage) stamp
¶ 우표를 붙이다 put a stamp 《on an envelope》
¶ 나의 취미는 우표 수집이다 My hobby is stamp collecting.
우화 a fable
운 fortune, luck
¶ 운 좋게 fortunately, luckily
운동 1 【물체】 motion
¶ 운동의 법칙 the laws of motion
2 【체육】 exercise; 【경기】 sports, games —하다 exercise, take exercise
¶ 가벼운 운동 light exercise
3 【노력・활동】 an effort; 【단체적인】 a movement, a campaign —하다 make an effort, campaign 《for, against》,

운명 conduct〔carry on〕a campaign 《for, against》
¶ 노동 운동 a labor movement
운명 fate, destiny
¶ 운명과 싸우다 strive against fate
운반 transport, transportation, carriage —하다 carry, transport, bear
¶ 철도로 운반하다 carry by rail
운영 management —하다 manage, run, operate
¶ 호텔을 운영하다 run a hotel
운임 a fare, rates, charge
운전 driving —하다 drive, run
¶ 안전 운전 safe driving
¶ 신중한〔부주의한〕운전 careful〔careless〕driving
¶ 자동차를 운전하다 drive a car
운전면허 a driver's license《미》, a driving license《영》
¶ 운전 면허를 따다 get〔obtain〕one's driver's license
운전사 a driver
운하 a canal, a waterway
¶ 파나마 운하 the Panama Canal
울다 cry, weep, sob
¶ 울기 시작하다 begin to weep〔cry〕, burst〔break〕into tears
울리다 1〔종 등이〕ring, sound
¶ 종이 울렸다 A bell rang.
2〔메아리가〕resound, echo
¶ 이 방은 소리가 울린다 This room echoes.
울음 crying, weeping
¶ 울음이 터지다 burst into tears
울타리 a fence, a hedge(생울타리)
¶ 울타리를 뛰어넘다 jump over a fence
움직이다 move
¶ 움직이면 죽어 One move and you are a dead man.
웃기다 make《a person》laugh
웃다 laugh, smile
¶ 웃기 시작하다 start laughing
웃옷 a coat, an outer garment

웃음 a smile, a laugh(소리내어)
¶ 웃음을 짓다 wear a smile

smile　　　laugh

웅변 eloquence
웅장하다 (be) grand, magnificent, splendid
¶ 웅장한 건물 a magnificent building
원 a circle
¶ 원을 그리다 draw a circle
원고 a manuscript
원기 vigor, energy, spirits, stamina
¶ 원기 왕성한 energetic
원래 originally, primarily, naturally, by nature
¶ 그는 원래 정직한 사람이다 He is honest by nature.
원료 raw materials, materials
원리 a principle, a theory
¶ 궁극적 원리 the ultimate principle
원서 an application
¶ 원서를 제출하다 send in〔submit〕an application
원수 an enemy, a foe
¶ 은혜를 원수로 갚다 return evil for good
원숭이 a monkey, an ape(꼬리 없는)
¶ 원숭이도 나무에서 떨어지는 수가 있다 Even Homer sometimes nods.
원예 gardening
원인 a cause
¶ 원인과 결과 cause and effect
원자 an atom
¶ 원자의 atomic
¶ 원자 폭탄 an atom(ic) bomb
원자력 nuclear〔atomic〕energy〔power〕
¶ 원자력 발전소 a nuclear〔an atomic〕power plant

원조 help, assistance, support, aid —하다 help, aid, assist, support
¶ 원조를 받다〔주다〕 receive〔give〕 assistance
원칙 a principle, a rule
¶ 원칙을 세우다 establish a principle
원하다 desire, wish, want
¶ 그녀는 장차 외국에서 공부하기를 원한다 She hopes to study overseas in the future.
원활하다 (be) smooth
¶ 원활하게 smoothly
월간 monthly publication〔issue〕
¶ 월간지 a monthly (magazine)
월급 a (monthly) salary〔pay〕
¶ 월급쟁이 a salaried worker〔man〕
¶ 월급을 받다 draw〔get〕 a salary 《from a firm》
월요일 Monday
웨이터 a waiter
웨이트리스 a waitress
위 1〔상부〕 the upper part, the above
¶ 위를 보다 look upward
2〔표면〕 the surface
¶ 램프는 책상 위에 있다 The lamp is sitting〔standing〕 on the desk.
위(胃) the stomach
¶ 위가 튼튼하다〔약하다〕 have a strong〔weak〕 stomach
위급 an emergency, a crisis —하다 (be) critical, urgent, imminent
위기 a crisis, an emergency
¶ 재정상의 위기 a financial crisis
¶ 위기에 처하다 come to a crisis
위대하다 (be) great
¶ 위대한 인물 a great man
위독하다 be in a critical condition
¶ 그의 아버지는 위독하시다 His father is in a critical condition.
위반 (a) violation —하다 violate, break
¶ 속도 위반 a speeding violation, speeding
위성 a satellite

¶ 인공 위성 an artificial satellite
위안 consolation, comfort —하다 console, comfort
¶ 종교에서 위안을 구하다 seek consolation in religion
위엄 dignity
¶ 그는 위엄이 없다 He lacks dignity.
위원회 a committee, a board
¶ 예산 위원회 a budget committee
위인 a great man, a hero
위층 the upper floor〔story〕, upstairs
¶ 나의 서재는 위층에 있습니다 My study is upstairs.
위치 a place, a position, a situation, a location —하다 be situated〔located〕, stand
¶ 그의 집은 시의 중심부에 위치하고 있다 His house is located in the center〔heart〕 of the city.
위험 danger, risk —하다 (be) dangerous, risky
¶ 위험을 무릅쓰다 run a risk
위협 threat —하다 threaten
¶ 그는 나를 죽이겠다고 위협하였다 He threatened to kill me.
윙크 a wink —하다 wink 《at》
유감 regret
¶ 유감의 뜻을 표하다 express one's regret
유괴 kidnapping —하다 kidnap
¶ 아이를 유괴하다 kidnap a child
유년 childhood
¶ 나는 유년기를 이곳에서 보냈다 I spent my childhood days here.
유럽 Europe
¶ 유럽의 European
유령 a ghost
¶ 유령 도시 a ghost town
유리(有利) advantage, favor —하다 advantageous, favorable
¶ 유리한 조건 advantageous terms
유리(琉璃) glass
유머 humor

유명하다 (be) famous, noted, famed, well-known
¶ 유명한 소설가 a noted novelist
유성 a shooting star
유식하다 (be) learned, educated, intelligent
¶ 유식한 사람 an intelligent person
유아 a baby, an infant
유언 a will —하다 will, make (leave) a will
유용하다 (be) useful, valuable, be of use
¶ 유용한 물건 a useful thing
유월 June
유의하다 mind, pay attention to, take care of
유익하다 (be) profitable, (be) useful
¶ 유익한 경험 a useful experience
유창하다 (be) fluent
¶ 중국어를 유창하게 말하다 speak Chinese fluently (with fluency)
유치하다 (be) childish
¶ 유치한 생각 a childish idea
유쾌하다 (be) cheerful, pleasant, delightful, joyful, happy
¶ 유쾌한 대화 a pleasant conversation
유학 studying abroad —하다 study abroad
¶ 유학생 a student studying abroad
유행 fashion, vogue —하다 be in fashion (vogue), be popular
¶ 최신 유행 the latest fashion
¶ 유행을 따르다 follow the fashion
유혹 temptation —하다 tempt, lure
¶ 유혹에 빠지다 fall into temptation
육군 the army
¶ 육군에 입대하다 join (enter) the army
육십 sixty
육지 land
육체 the body
¶ 건전한 육체에 건전한 정신 A sound mind in a sound body.
윤곽 an outline

¶ 대강의 윤곽 a broad (rough) outline
융단 a carpet
¶ 융단을 깔다 spread (lay) a carpet
은 silver
은퇴하다 retire from one's post
¶ 정계에서 은퇴하다 retire from political life
은하 the Milky Way, the Galaxy
은행 a bank
¶ 은행에 예금하다 deposit (put) money in a bank
은혜 favors, benefits, a grace
¶ 은혜를 베풀다 do 《a person》 a favor
음력 the lunar calendar
음료 a beverage, a drink
¶ 음료수 drinking water
음모 a plot, a conspiracy —하다 plot, intrigue, conspire
¶ 음모에 가담하다 be implicated in a plot, take part in a conspiracy
음반 a record, a disc
음성 a voice
¶ 그는 음성이 부드럽다 He has a gentle voice.
음식 food (and drink), a meal
¶ 음식을 준비하다 prepare food
음악 music
¶ 음악회 a concert
음주 drinking —하다 drink, have a drink
¶ 음주 운전 drunken driving
응급 emergency
¶ 응급 치료 first aid (treatment)
응달 the shade
¶ 응달에서 쉬다 take a rest in the shade
응원 cheering —하다 cheer
의견 an opinion, a view
¶ 내 의견으로는 in my opinion
¶ 의견을 말하다 give (express) one's opinion
의과 the medical department
¶ 의과 대학 a medical college
의도 an intention, an aim, a purpose —

하다 intend 《to do》, aim 《at》
의무 a duty
¶ 의무를 다하다 do [perform] one's duty
의문 a question, a doubt
¶ 그것은 의문의 여지가 없다 There is no doubt about it.
의미 meaning —하다 mean
¶ 이것은 무슨 의미입니까? What does this mean?
의사 a doctor, a physician(내과의), a surgeon(외과의), a dentist(치과의)
¶ 의사를 부르다 call a doctor
의식(意識) consciousness, one's senses
¶ 의식을 회복하다 recover [regain] one's consciousness, come to one's senses
의식(儀式) a ceremony; [종교의] a rite, a ritual
¶ 의식을 거행하다 perform a ceremony
의심 doubt —하다 doubt, be doubtful 《of, about》
¶ 의심 없이 without doubt
의원 a member 《of the Assembly》; [영국] a Member of Parliament; [미국] a Member of Congress; [한국] a member of the National Assembly
의자 a chair
¶ 의자에 앉다 sit in [on] a chair
의장 the chairman, the chairwoman, the chairperson《총칭》
의존 dependence, reliance —하다 depend on, rely upon
의지 will, intention
¶ 의지가 강하다 [약하다] be firm [weak] of purpose
의지 dependence, reliance —하다 depend [rely] on [upon]
¶ 의지할 사람이 없다 have no one to depend upon
의학 medical science, medicine
¶ 의학을 연구하다 study medicine

의회 an assembly, the National Assembly(한국의), Parliament《영》, Congress《미》

the Houses of Parliament

이 a tooth 《복수 teeth》
¶ 이를 닦다 brush [clean] one's teeth
이것 this
¶ 이것은 싫다 I don't like this one.
이곳 this place, here
이기다 win, gain a victory; [쳐부수다] defeat, beat; [정복하다] conquer; [극복하다] overcome
¶ 시합에 이기다 win the game
이내 within
¶ 1주일 이내 within a week
이 달 this month
이대로 as it is, as it stands
¶ 이대로 두시오 Leave it as it is.
이동 movement, transfer —하다 move, transfer
이따금 from time to time, sometimes, now and then [again], occasionally, once in a while
¶ 이따금 오다 come occasionally [now and then]
이때 at this time [moment], now, then
이래 since, since then
이런 like this, of this kind [sort], this kind [sort] of
이렇게 like this, in this way
¶ 이렇게 해라 Do it this way.
이력 one's personal history, one's career
¶ 나는 그의 이력을 알고 있다 I know his personal history.
이론 a theory

이롭다 (be) good 《for》, do 《a person》 good
¶ 그렇게 하면 너에게 이로울 것이다 It will do you good to do so.
이루다 〖성취하다〗 accomplish, achieve, attain; 〖실현하다〗 realize; 〖완성하다〗 complete, finish
¶ 소망을 이루다 realize one's desire
이륙 a takeoff —하다 take off

land　　take off

이르다 1 〖정도·범위가〗 reach, come to
¶ 결론에 이르다 reach a conclusion
2 〖도착하다〗 reach, arrive 《at, in》
¶ 목적지에 이르다 reach〔arrive at〕 one's destination
이름 a name
이리 a wolf
이리저리 this way and that, here and there
이마 the forehead
이만큼 this much, to this extent〔degree〕
이모 one's mother's sister
이미 already
¶ 이미 답을 알고 있다 We already know the answer.
이발 haircutting, a haircut —하다 get〔have〕 a haircut
¶ 이발사 a barber
이번 this time; 〖최근〗 recently, lately
¶ 이번은 네가 갈 차례다 Now it is your turn to go.
이별하다 part 《with a person》, separate 《from a person》
이불 bedding
이사 removal, a move —하다 move〔remove〕 《to, into》
¶ 서울로 이사하다 move to Seoul

이상(以上) more than, over, above, beyond
¶ 10년 이상 more than ten years
이상(理想) an ideal
¶ 이상적인 남편 an ideal husband
이상하다 (be) strange, queer, odd; 〖보통과 다르다〗 (be) unusual, uncommon, abnormal
¶ 이상한 이야기이지만 strange to say
이성(理性) reason
¶ 이성을 잃다 lose one's reason
이성(異性) the other〔opposite〕 sex
이슬 dew
이승 this world
이십 twenty
이야기 a story, a talk, a tale —하다 speak, talk 《to a person》, tell, have a talk 《with a person》
¶ 큰 소리로〔조용히〕 이야기하다 talk loudly〔quietly〕
이용 use —하다 make use 《of》
¶ 여가를 이용하다 make (good) use of one's leisure
¶ 천연 자원을 이용하다 exploit natural resources
이웃 〖근처〗 the neighborhood; 〖집〗 a neighbor's house; 〖사람〗 a neighbor
¶ 그녀는 내 이웃에서 산다 She lives near my house.
이월 February
이유 a reason, a cause
¶ 경제적 이유 economic reasons
이의 a different opinion〔view〕
이익 a profit, gain
¶ 이익을 분배하다 distribute〔divide〕 a profit
이자 interest
¶ 이자가 붙다 yield〔bear〕 interest
이제 now
¶ 이제야말로 절호의 기회다 It's now or never.
이쪽 this side〔way〕
¶ 이쪽으로 오십시오 This way, please.

이층 the second floor [story]《미》, the first floor [storey]《영》
¶ 그의 침실은 2층에 있다 His bedroom is upstairs.

이튿날 the next [following] day
¶ 이튿날 아침 the next morning

이하 less than, under, below
¶ 영도 이하 below zero

이해 understanding, comprehension —하다 understand, comprehend, get, make sense of, make out
¶ 나는 네가 말한 바를 이해할 수 없다 I don't understand [get] you.

이혼 divorce —하다 divorce
¶ 이혼을 요구하다 seek [claim] a divorce

이후 after this, from now on
¶ 그 이후 since then

익다 ripe, be ripe, mature
¶ 사과가 따야할 만큼 익었다 The apples are ripe enough to be picked.

익사하다 be drowned 《to death》
¶ 그는 익사할 뻔했다 He was almost [nearly] drowned.

익숙하다 (be) familiar, be well acquainted 《with》
¶ 익숙한 길 a familiar road

익히다 1 〖과일을〗 make ripe, ripen, mature; 〖음식을〗 cook, boil
¶ 감자를 익히다 boil potatoes
2 〖익숙하게 하다〗 make oneself familiar with, accustom oneself to, learn 《by heart》, practice
¶ 자동차 운전을 익히다 learn how to drive a car

인간 a man, a human, a human being

인격 personality, character
¶ 인격을 존중하다 [무시하다] respect [disregard] 《a person's》 personality

인공 art
¶ 인공의 artificial

인구 population
¶ 인구의 증가 [감소] an increase [a decrease] in population

인권 human rights

인기 popularity
¶ 인기 가수 a popular singer
¶ 인기를 얻다 win [gain] popularity

인내 patience, perseverance, endurance —하다 endure, put up with 《an insult》, be patient with 《a person》
¶ 그것을 하는 데는 많은 인내가 필요하다 It requires much perseverance to do it.

인류 mankind, the human race, human beings

인사 greetings —하다 greet
¶ 작별 인사를 하다 say good-bye

인상(印象) impression
¶ 첫인상 one's first impression

인상(人相) looks, features
¶ 그의 인상이 마음에 들지 않는다 I don't like his looks.

인상(引上) raising, a raise, (an) increase —하다 increase, raise
¶ 임금 인상 a wage increase, a pay raise
¶ 가격이 1,000원으로 인상되었다 The price was raised to 1,000 won.

인생 life
¶ 인생의 목적 the aim of life

인쇄 printing —하다 print

인수 undertaking, charge —하다 undertake, take charge of

인식 recognition —하다 recognize

인정 human feelings, sympathy, humanity
¶ 인정 있는 사람 a warm person

인정 recognition —하다 recognize
¶ 시인으로 인정받다 be acknowledged as a poet

인종 a (human) race
¶ 인종적 편견 a racial prejudice

인체 a human body
¶ 인체에 영향을 끼치다 affect the human body

인치 an inch
인터넷 the Internet
인형 a doll
¶ 인형을 가지고 놀다 play with dolls
일 1 〔작업〕 work, labor, a job; 〔사무〕 business —하다 work, labor, do one's work〔job〕
¶ 오늘은 할 일이 많다 I have many things to do today.
2 〔사건〕 an incident, an event; 〔사고〕 an accident; 〔분규〕 trouble
¶ 일을 저지르다 cause〔make〕 trouble
일간 신문 a daily (news)paper, a daily
일광 sunlight, sunshine
¶ 일광욕 a sunbath, sunbathing
일급 daily wages, a day's wage
¶ 일급으로 일하다 work by the day
일기 a diary
¶ 일기를 쓰다 keep〔write〕 a diary
일등 the first class〔place, rank〕
일렬 a line, a row
¶ 일렬로 in a row〔line〕
일몰 sunset
일반 the whole, general
¶ 일반적으로 generally, in general, as a rule, on the whole
일부 a part
일부러 on purpose, purposely, by design
¶ 일부러 거기 갈 것은 없다 You don't have to go there on purpose.
일상 every day
¶ 일상의 everyday, daily, usual, ordinary
일생 one's lifetime, one's life
¶ 행복한 일생 a happy life
일어나다 1 〔기상하다〕 rise 《from one's bed》, get up, wake up
¶ 아침 일찍 일어나다 get up early in the morning
2 〔일어서다〕 get up, stand up
3 〔발생하다〕 happen, occur, break out, take place
¶ 우연히 일어나다 happen by accident

일어서다 stand up, rise to one's feet
¶ 자리에서 일어서다 rise from one's seat
일요일 Sunday
일월 January
일으키다 1 〔세우다〕 raise, set up
¶ 일으켜 세우다 make 《a person》 stand
2 〔야기하다〕 cause, raise, bring about〔on〕, arouse
¶ 전쟁을 일으키다 bring about war
일일이 〔하나씩〕 one by one, separately; 〔상세히〕 in detail, in full; 〔모두〕 in everything
¶ 일일이 설명하다 explain in detail
일자리 a job, a position, employment
¶ 일자리를 찾다 seek a job, look for a position
¶ 일자리를 얻다 get a job, obtain employment
일종 a kind, a sort
¶ 일종의 a kind〔sort〕 of
일주 a round, a tour —하다 go〔walk, travel, sail〕 round, make a round 《of》
¶ 세계를 일주하다 go〔travel〕 around the world.
일찍이 1 〔이르게〕 early
¶ 일찍이 일어나다 get up early
2 〔이전에〕 earlier, once, at one time
¶ 그런 일은 일찍이 들어 본 일이 없다 I have never heard of such a thing.
일체 all, everything, the whole; 〔부사적〕 entirely, wholly
¶ 일체의 비용 the whole cost 《of》
일출 sunrise
일층 the first floor, the ground floor《영》
일치 agreement, accord —하다 agree 《with》, accord《with》
¶ 그의 행동은 약속과 일치하지 않는다 His actions are not in keeping with his promises.
일하다 work, labor
¶ 열심히 일하다 work hard

일행 a party, a company
¶ 관광단 일행 a tourist party
일화 an epsode
일흔 seventy
읽다 read
¶ 큰 소리로 읽다 read loudly
잃다 lose, miss
¶ 기회를 잃다 miss an opportunity
임금 wages, pay
¶ 임금을 받다 get〔receive〕 wages
임명 appointment —하다 appoint 《a person to〔as〕》, nominate 《a person for a position》
¶ 그는 외무부 장관으로 임명되었다 He was appointed (to the post of) Minister of Foreign Affairs.
임무 a duty, an office, a task, mission
¶ 임무를 맡다 undertake a task〔mission〕
임박하다 draw near, approach, be near〔close〕 at hand
¶ 시험이 임박했다 The examination is near at hand.
임시 temporary, extra, extraordinary
임신 pregnancy —하다 be pregnant
¶ 임신한 여자 a pregnant woman
임자 the owner, the possessor
¶ 이 집의 임자는 누구요? Who owns this house?
입 the mouth
¶ 좋은 약은 입에 쓰다 Good medicine is bitter in the mouth.
입구 an entrance, a way in

entrance   exit

입다 1 〔옷을〕 put on; 〔입고 있다〕 wear, have on, be dressed in

¶ 윗옷을 입다 put on one's jacket
2 〔은혜를〕 owe, be indebted to, be due to; 〔손해를〕 suffer 《a loss》 〔상처를〕 get, receive
¶ 상처를 입다 receive a wound
입맛 appetite, taste
¶ 입맛이 있다〔없다〕 have a good〔no〕 appetite
입술 the lips
¶ 윗〔아랫〕 입술 the upper〔lower〕 lip
입시 an entrance examination
¶ 입시 준비를 하다 prepare for an entrance examination
입원하다 be taken to hospital, be hospitalized
¶ 입원 중이다 be in (the) hospital
입장(入場) entrance, admission —하다 enter, be admitted 《into》, get admission
¶ 입장권 an admission〔entrance〕 ticket
¶ 입장료 an admission fee〔charge〕
입장(立場) a position, a situation
¶ 난처한 입장 an embarrassing position〔situation〕
입학 admission to a school —하다 enter a school
입후보 candidacy —하다 stand as a candidate for 《an election》, run for 《an election》
¶ 입후보자 a candidate 《for》
¶ 국회의원으로 입후보하다 run for election to the National Assembly
입히다 1 〔옷을〕 clothe, dress, put on
¶ 아이에게 옷을 입히다 dress a child
2 〔손해 등을〕 inflict, cause 《damage to》
¶ 남에게 상처를 입히다 inflict a wound on 《a person》
잇다 join, put together, connect, link
¶ 두 개를 잇다 join two things together
있다 1 〔존재하다〕 be, there is〔are〕, exist

¶ 책상 위에 책이 있다 There is a book on the desk.
2〔머무르다〕stay, stop, remain
¶ 좀 더 있어라 Stay a little longer.
3〔위치하다〕be, be located, be situated, stand
¶ 학교는 어디에 있느냐? Where is the school situated〔located〕?
4〔소유하다〕have, possess, own, keep
¶ 아들이 둘 있다 have two sons
5〔발생하다〕happen, occur, arise, take place, break out
¶ 간밤에 화재가 있었다 A fire broke out last night.

잉크 ink
¶ 잉크로 쓰다 write in ink

잊다 1〔망각하다〕forget
¶ 그의 이름을 잊었다 I forgot his name.
2〔놓고 오다〕leave 《a thing》behind, forget 《a thing》
¶ 나는 책을 집에서 잊고 안 가져 왔다 I left my book at home.

잎 a leaf, a blade, a needle(침엽)

ㅈ

자 a ruler, a rule, a measure
¶ 자로 재다 measure with a rule

자가용 1〔개인용〕(for) private use, personal use
2〔승용차〕a private car〔automobile〕

자갈 gravel, pebbles
¶ 길에 자갈을 깔다 gravel the road

자국 a mark, a trace, a trail
¶ 자동차의 긁힌 자국 scratch marks on the car

자금 funds, (a) capital, money
¶ 자금이 부족하다 be short of funds

자기 oneself, self
¶ 자기 자신을 소개하다 introduce oneself

자꾸 frequently, again and again

¶ 그는 수업 중에 자꾸 잠만 잔다 He frequently sleeps in class.

자다 sleep, fall asleep
¶ 늦잠을 자다 sleep late, oversleep

자동 automatic action〔movement, operation〕
¶ 자동문 an automatic door

자동차 a (motor) car, an auto, an automobile《미》
¶ 자동차에 타다 ride in a car

자라다 grow up, be brought up
¶ 머리가 너무 많이 자랐다 My hair has grown too long.

자랑 pride, boast —하다 be proud of, boast of, make a boast of
¶ 양친은 그가 자랑이었다 He was the pride of his parents.

자루 1〔부대〕a sack, a bag
¶ 한 자루의 감자 a sack of potatoes
2〔손잡이〕a handle

자리 1〔좌석〕a seat
¶ 이 자리 비었습니까? Is this seat occupied〔taken, vacant〕?
2〔장소·여지〕room, space
¶ 한 사람 더 들어갈 자리가 있다 There is room left for one more.
3〔지위·직위〕a position, a post
¶ 중요한 자리 an important position〔post〕

자립 independence

자매 sisters
¶ 자매 학교 a sister school

자명종 an alarm clock

자물쇠 a lock
¶ 문에 자물쇠를 잠그다 lock the door

자본 (a) capital, a fund

자비 mercy
¶ 자비를 베풀다 have mercy on 《a person》

자살 suicide —하다 kill oneself, commit suicide
¶ 자살을 기도하다 attempt suicide

자석 a magnet

¶ 자석은 철을 잡아당긴다 A magnet attracts iron.
자세 a pose, a posture, an attitude
¶ 자세를 바꾸다 change one's posture
자손 descendants, offspring
자습 self-study —하다 study for〔by〕oneself
¶ 자습 시간 study hours
자식 one's children, one's sons and daughters
자신감 self-confidence
자연 nature
¶ 자연보호 conservation of nature, protection of natural environment
자원 resources
¶ 천연 자원 natural resources
자유 freedom, liberty
¶ 언론의 자유 freedom of speech
자음 a consonant
자전거 a bicycle, a bike
¶ 자전거를 타다 ride (on) a bicycle

bicycle

자제 self-control, self-restraint —하다 control〔restrain〕oneself
자존심 pride, self-respect
¶ 그는 자존심이 강하다 He has much self-respect.
자주 often, frequently
¶ 나는 그를 자주 방문한다 I often visit him.
작가 a writer, an author
작곡 (musical) composition —하다 compose

¶ 작곡가 a composer
작년 last year
¶ 작년 여름 last summer
작다 〔크기가〕(be) small, little, tiny; 〔사소하다〕(be) petty, trifling, trivial
¶ 이 모자는 나에게 작다 This hat is too small for me.
작문 composition, writing
¶ 영작문 English composition
작별 farewell —하다 bid farewell, say good-by(e)
¶ 이제 작별해야겠습니다 I must say good-bye.
작전 (military) operations
¶ 작전을 수행하다 carry out an operation
작품 a (piece of) work, a product
¶ 문학 작품 a literary work
잔 a cup, a glass
¶ 물을 한 잔 마시다 drink a glass of water
잔디 lawn, grass
¶ 잔디를 깎다 cut the grass
¶ 잔디밭에 들어가지 마시오 Keep off the grass.
잔인하다 (be) cruel, brutal, heartless
¶ 잔인한 짓을 하다 do a cruel thing
잔치 a party, a feast, a banquet
¶ 생일 잔치 a birthday party
잘 1 〔능란하게〕well, skilfully
¶ 영어를 잘하다 speak English well
2 〔충분히〕well, in full, fully
¶ 잘 흔들어서 사용하시오 Shake well before using.
잘다 (be) fine, small, tiny, minute
¶ 잔모래 fine sand
잘못 a fault, a mistake, an error
¶ 잘못을 지적하다 point out an error
잠 sleep, a nap(낮잠)
¶ 깊은〔얕은〕잠 a deep〔light〕sleep
잠그다 lock, lock up
¶ 문을 잠그다 lock a door
¶ 수도를 잠그다 turn off the water

잠깐 (for) a little while, (for) a moment 〔minute〕
¶ 잠깐 기다리십시오 Wait a few moments, please.
잠자리 a dragonfly

dragonfly

잡다 1〔손으로〕 catch, get, take, seize, hold
¶ 공을 잡다 catch a ball
2〔체포하다〕 catch, arrest, seize, capture
¶ 도둑을 잡다 catch〔arrest〕 a thief
3〔권력·기회 등을〕 take, seize
¶ 기회를 잡다 seize upon an opportunity
잡담 gossip, a chat —하다 gossip, have a chat 《with》
¶ 나는 그와 얼마 동안 잡담을 했다 I had a chat with him for some time.
잡음 noises
잡지 a magazine
¶ 의학 잡지 a medical journal
잡초 weeds
¶ 잡초를 뽑다 weed 《a garden》
장갑 《a pair of》 gloves, 《a pair of》 mittens(벙어리 장갑)
¶ 장갑을 끼다〔벗다〕 put on〔take off〕 one's gloves
장관 a minister, a Secretary(미국의)
¶ 국방〔외무〕 장관 the Minister of Defense〔Foreign Affairs〕
장교 an officer
¶ 육군〔해군〕 장교 a military〔naval〕 officer
장군 a general

장난 a game, play —하다 play, play a trick
¶ 장난으로 말하다 speak in fun, joke
장난감 a toy
¶ 장난감 기차 a toy train
장님 a blind man, the blind《총칭》
장대 a pole
¶ 대나무 장대 a bamboo pole
장도리 a hammer
¶ 장도리로 못을 박다 drive in a nail with a hammer
장래 the future, the time to come; 〔부사적〕 in future
¶ 가까운〔먼〕 장래 the near〔distant〕 future
¶ 그는 장래가 유망하다 He is a promising youth.
장려하다 encourage, stimulate
¶ 저축을 장려하다 encourage saving
장례 a funeral (ceremony), a funeral service
¶ 장례를 거행하다 hold a funeral
장마 the rainy〔wet〕 season
장면 a scene, a situation, a sight
¶ 슬픈 장면 a tragic scene
장미 a rose
¶ 가시 없는 장미는 없다 Every rose has its thorns.
장사 trade, business —하다 do business, engage in business
¶ 이 장사는 제법 수지가 맞는다 This business pays well.
장소 a place, a spot
¶ 좋은 장소를 잡다 get a good seat〔place〕
장식 decoration —하다 decorate, adorn
¶ 방을 꽃으로 장식하다 decorate a room with flowers
장애물 an obstacle
¶ 장애물을 제거하다 remove obstacles
장점 a merit, a good〔strong〕 point
¶ 장점과 단점 merits and demerits
¶ 그것이 그의 장점의 하나다 It is one of

장학금 a scholarship
 ¶ 장학금을 얻다 win [gain] a scholarship
장화 boots
재 ashes
 ¶ 재떨이 an ashtray
재고 stock
 ¶ 재고품 goods in stock
재난 a misfortune, a disaster, an accident
 ¶ 재난을 면하다 escape a disaster
재능 talent, ability, aptitude, capacity
 ¶ 그는 음악적 재능이 있다 He has a talent for music.
재다 measure, survey, weigh(무게를)
 ¶ 산의 높이를 재다 measure the height of a mountain
재료 stuff, material(s)
 ¶ 건축 재료 building materials
재목 wood, timber《영》, lumber《미》
재미 amusement, enjoyment, fun, interest
 ¶ 재미있는 이야기[책] an interesting story [book]
재배 cultivation, culture, growing, raising —하다 cultivate, grow, raise
 ¶ 그는 과일을 재배하고 있다 He is growing [raising] fruit.
재봉 sewing —하다 sew
 ¶ 재봉틀 a sewing machine
재산 property, a fortune, an estate
 ¶ 재산을 만들다 make a fortune
재수 luck, fortune
 ¶ 너는 재수가 좋다 You're in luck.
재주 ability, talent, gifts
 ¶ 재주 있는 talented, gifted
 ¶ 그는 어학에 재주가 있다 He has a talent for language.
재채기 a sneeze —하다 sneeze
재치 wit
재판 justice, a trial —하다 judge 《a person》, try 《a person》
 ¶ 형사[민사] 재판 a criminal [civil] trial
잼 jam
저 that, the
 ¶ 저 집들 those houses
저고리 a coat
저금 savings —하다 save, lay [put] by 《money》, deposit 《in the bank》
 ¶ 저금을 찾다 draw one's savings
저기 that place, over there
저녁 1 [때] evening
 ¶ 오늘[어제, 내일] 저녁 this [yesterday, tomorrow] evening
 2 [식사] supper, dinner
 ¶ 저녁을 짓다 prepare supper
저런 such, like that
 ¶ 저런 사람 such a man
저명하다 (be) well-known, eminent, noted, prominent, famous
 ¶ 저명 인사 a well-known person
저물다 grow [get] dark
 ¶ 해가 저물기 전에 before dark
저울 a balance, scales
 ¶ 저울에 달다 weigh 《a thing》 in the balance [on the scales]
저자 a writer, an author
저장 store, keeping, storing, preservation —하다 store, keep, keep 《things》 in store, preserve
저쪽 (over) there
저축 saving —하다 save, lay by [aside], put by, store up
 ¶ 만일의 경우에 대비해서 저축하다 save against a rainy day
저택 a mansion, a residence
저항 resistance, opposition —하다 resist, oppose
 ¶ 공격에 저항하다 resist an attack
적 an enemy, a foe; [경쟁 상대] an opponent, a rival
 ¶ 적을 공격하다 attack the enemy
적다 1 [쓰다] write (down), record, put [take] down

적당하다

¶ 연필로 적다 write with a pencil, write in pencil

2 〔수가〕 (be) few; 〔양이〕 little

¶ 적지 않은 손해 a considerable loss

적당하다 (be) fit, suitable, proper

¶ 적당한 때에 at a proper time

적도 the equator

적십자 the Red Cross

적용 application —하다 apply 《to》

¶ 법의 적용 the application of a law

적자 a loss, a deficit

¶ 큰 적자 a heavy deficit

전공 a specialty, a major —하다 major 《in》, specialize 《in》

¶ 대학에서 무엇을 전공하셨습니까? What was your major at the university?

전구 an electric bulb, a bulb

전기 electricity; 〔전등〕 an electric light

¶ 전기면도기 an electric shaver

전람회 an exhibition, a show

¶ 전람회를 열다 hold an exhibition

전략 strategy, tactics

전력(力) all one's power〔strength, energies〕

¶ 전력을 다하다 do one's best

전력(電力) electric power〔energy〕, power

¶ 전력을 공급하다 supply (electric) power

전망 1 〔조망〕 a view, a prospect, an outlook —하다 view, have a view 《of》, look out 《on, over》

¶ 전망이 좋은 방 a room with a nice view

2 〔장래를 내다봄〕 a prospect, a forecast —하다 forecast

¶ 경제의 전망은 밝다 The economic outlook is bright.

전문 a specialty, a special work

¶ 그것은 나의 전문이 아니다 It is out of my field.

전문가 a specialist, an expert

전보 a telegram, a telegraph, a wire

전부 all, the whole, the entire; 〔부사적〕 all, wholly, entirely, in all

¶ 학생 전부 all the students

전설 a tradition, a legend

전시 exhibition, display —하다 exhibit, put 《things》 on display

¶ 전시장 an exhibition hall

전자 an electron

전쟁 a war, warfare, a combat —하다 make war

¶ 전쟁을 시작하다 start a war 《with》

전진 an advance, a forward movement —하다 advance, move forward

¶ 일보 전진하다 take a step forward

전차 a tank

전철 an electric railway

전체 the whole

¶ 전체적으로 generally, in general, on the whole

전치사 a preposition

전통 tradition

¶ 전통을 따르다 follow tradition

전투 combat, war, a battle, a fight —하다 fight 《a battle》, battle, have a fight 〔battle〕

전하다 1 〔전달하다〕 convey, report, deliver, tell

¶ 신문이 전하는 바에 의하면 according to the newspaper reports

2 〔남겨주다〕 hand down, leave

¶ 자손에게 전하다 hand down 《a thing》 to posterity

3 〔전도하다〕 conduct, transmit

¶ 구리는 전기를 잘 전한다 Copper conducts electricity well.

전혀 entirely, completely, utterly, wholly, totally

¶ 그 사람을 전혀 모른다 I don't know him at all.

전화 a telephone, a phone —하다 telephone, phone, call (up)

¶ 휴대 전화 a cellular phone

¶ 전화를 좀 써도 될까요? May I use your phone?

절[1] a bow —하다 bow, make a bow
¶ 공손히 절하다 bow politely

절[2] [사찰] a Buddhist temple

절망 despair —하다 despair 《of》
¶ 그는 절망하고 있는 것 같았다 He appeared (to be) in despair.

절벽 a cliff
¶ 절벽을 기어오르다 climb up a cliff

cliff

절약 economy, saving —하다 economize 《in》, save
¶ 음식을 절약하다 save on food

젊다 (be) young, youthful
¶ 젊었을 동안에 while young

젊은이 a young man, a youth

점 1 [반점] a spot, a dot
2 [점수] a mark, a point, a score, a grade
¶ 영어에서 70점을 받다 get a grade of 70 in English

점령 occupation —하다 take, occupy

점수 a grade, a point, a mark
¶ 높은[낮은] 점수 a high[low] grade

점심 lunch
¶ 점심을 먹다 take[have, eat] lunch

점원 a (shop) clerk, a salesgirl

점차 gradually, by steps[degrees], step by step
¶ 점차 나아지다 be getting better gradually

접근하다 approach, make an approach, draw[get] near
¶ 배 한 척이 접근해 왔다 A boat approached[drew near].

접다 fold (up)
¶ 부채를 접다 fold a fan

접시 a plate(평평한), a dish(움푹한), a saucer(받침 접시)
¶ 고기 한 접시 a dish of meat

접촉 contact, touch —하다 touch, make contact
¶ 공식적인 접촉 an official contact

젓가락 (a pair of) chopsticks

젓다 1 [노를] row
¶ 보트를 젓다 row a boat
2 [액체를] stir

정가 a fixed[set] price, the price
¶ 정가표 a price tag

정각 the exact time
¶ 정각 5시에 just at five

정거 stopping
¶ 급정거 a sudden stop

정거장 a railroad[railway] station
¶ 다음 정거장은 어디요? What is the next stop?

정구 (lawn) tennis —하다 play tennis

정당 a political party

정당하다 just, right, proper
¶ 정당한 이유 없이 without good[just] reason

정도 degree, standard, level
¶ 생활 정도 the standard of living

정돈 order, arrangement —하다 put in order, arrange
¶ 방을 정돈하다 arrange a room

정력 energy, vigor
¶ 정력을 낭비하다 waste one's energy

정렬 standing in line[a row] —하다 stand[form] in line[a row]
¶ 2열 횡대로 정렬하다 stand in two rows

정리 arrangement —하다 arrange, adjust, put in order
¶ 서랍을 정리하다 put the drawer in order

정면 the front

¶ 건물 정면 the front of a building
정문 the front (main) gate
정보 《a piece of》 information
¶ 정보를 얻다 obtain information 《about》
정복 conquest —하다 conquer, make a conquest 《of》
¶ 에베레스트 산을 정복하다 conquer Mt. Everest
정부 the government, the administration
정상 the normal state
¶ 정상적인 행동 normal behavior
정상 the top, the summit, the peak
¶ 정상 회담 a summit conference [talk]
¶ 산의 정상 the top of a mountain
정숙 silence —하다 (be) silent, still, quiet
정신 mind, spirit
¶ 개척자 정신 the frontier spirit
정열 passion
¶ 정열에 불타다 burn with passion
정오 noon, midday
¶ 정오에 at noon
정원 a garden
정의(定義) a definition —하다 define
정의(正義) right, justice
¶ 힘이 정의다 Might is right.
정정 correction —하다 correct
¶ 오류를 정정하다 correct errors
정직 honesty —하다 (be) honest
¶ 정직이 최선의 정책이다 Honesty is the best policy.
정책 a policy
¶ 외교 [대외] 정책 a diplomatic [foreign] policy
정치 politics
¶ 정치가 a statesman, a politician
정하다 [결정하다] decide 《on》, fix, settle, determine; [날짜를] set, appoint; [규칙을] lay down, prescribe
¶ 값을 정하다 fix [set] the price
정확하다 (be) correct, exact, accurate

¶ 정확히 correctly, exactly, accurately
¶ 정확한 시간 correct [exact] time
젖 milk
¶ 젖을 짜다 milk 《a cow》
젖다 get wet
¶ 젖은 옷 wet clothes
제거하다 remove, get rid of
¶ 장애물을 제거하다 remove obstacles
제도 a system
¶ 교육 제도 the educational system
제목 a subject, a title(책의)
제발 kindly, (if you) please, I beg
¶ 제발 용서하세요 Excuse me, please.
제방 a bank
제법 quite, pretty, rather
¶ 제법 덥다 be quite [rather] warm
제복 a uniform
¶ 학교의 제복 a school uniform
제비 a swallow
제비꽃 a violet, a pansy
제스처 a gesture
제안 a proposal, a suggestion —하다 propose, suggest
¶ 제안을 가결 [부결] 하다 adopt [reject] a proposal
제외 exception —하다 except 《from》
제일 number one, the first, the best
¶ 안전 제일 safety first
¶ 건강이 제일이다 Health is above everything else.
제자 a disciple, a pupil, a student
제출 presentation —하다 present, submit, hand in
¶ 답안지를 제출하세요 Hand in your answer sheets.
제트기 a jet (plane)
제한 limit, limitation —하다 restrict, limit
¶ 연령 [시간] 제한 an age [a time] limit
조각 a piece, a slice
¶ 빵 한 조각 a slice of bread

조각(彫刻) sculpture
 ¶ 조각가 a sculptor
조개 a shellfish, a clam
조건 a condition, a term
 ¶ 입회〔입학〕조건 entrance conditions
조국 one's mother country
조금 1〔양〕a small quantity, a little
 ¶ 돈이 조금 필요하다 I want some money.
 2〔수〕a small number, a few, some
 ¶ 이 작문에는 틀린 곳이 조금 있다 There are some mistakes in this composition.
 3〔정도〕somewhat, rather, a bit, a little
 ¶ 조금씩 gradually, by degrees
 4〔시간〕a moment, a minute
 ¶ 조금 전에 a little while ago
 ¶ 조금만 기다리십시오 Wait a moment.
조급하다 (be) impatient, hasty
 ¶ 조급히 impatiently, hastily,
조사 inquiry, examination, investigation, survey —하다 inquire〔look〕《into》, investigate《into》, examine《into》
 ¶ 사건을 조사하다 investigate an affair
조상 an ancestor, a forefather
조수 an assistant, a helper
조심 care, carefulness —하다 take care《of》, be careful《about》
 ¶ 조심하십시오 Take care.
조언 advice, counsel —하다 advise, counsel, give《a person》advice〔counsel〕
 ¶ 조언을 구하다 ask advice of《a person》
조용하다 (be) quiet, silent, still, calm
 ¶ 조용히 해! Be quiet!
조종하다 manage, control, handle, operate
 ¶ 기계를 조종하다 operate〔handle〕a machine

조직 organization, formation, construction, structure —하다 organize, form, constitute
 ¶ 조직을 만들다 form〔establish〕an organization
조카 a nephew
존경 respect, esteem, honor —하다 respect, honor
 ¶ 저 사람을 선배로서 존경하고 있다 I respect him as my senior.
존재 existence, being —하다 exist, subsist, be
 ¶ 신의 존재 the existence of God
졸다 doze, nap
졸업 graduation —하다 graduate, complete a course, be graduated《from》
 ¶ 그 여자는 우등으로 대학을 졸업했다 She graduated from a college with honors.
좁다 (be) narrow
 ¶ 좁은 문 a narrow gate
종 a bell
종교 (a) religion
 ¶ 당신의 종교는 무엇입니까? What's your religion?
종류 a kind, a sort
 ¶ 이런 종류의 꽃 flowers of this kind
종사하다 engage in《business》
 ¶ 그는 무슨 직업에 종사하고 있습니까? What business is he engaged in?
종업원 an employee, a worker
종이 paper
 ¶ 종이에 쓰다 write on the paper
종일 all day (long), all through the day
 ¶ 종일토록 공부하다 study all day long
좇다 follow, pursue, run after
 ¶ 유행을 좇다 follow the fashion
좋다 (be) good, fine, nice
 ¶ 좋은 생각이다 That's a good idea.
좋아하다 like, be fond of, love
 ¶ 그들은 서로 좋아하는 사이다 They are in love with each other.
좌석 a seat

¶ 좌석을 예약하다 reserve a seat
좌우 right and left
좌우간 anyhow, anyway, in any case
좌측 the left (side)
¶ 좌측통행 Keep to the left.
죄 〔법률상의〕 a crime, guilt; 〔종교·도덕상의〕 a sin
¶ 죄를 범하다 commit a crime
주 a week
¶ 내〔전〕주 next〔last〕 week
주간 a weekly
¶ 주간 잡지 a weekly (magazine)
주다 give
¶ 먹을 것을 주다 give 《a person》 something to eat
주로 mainly, chiefly, in the main; 〔대개〕 generally, mostly
¶ 나는 주로 버스를 타고 출근한다 I generally take the bus to work.
주름살 wrinkles
주막 an inn
¶ 주막에 들다 put up at an inn
주말 a weekend
주머니 a pocket
주먹 a fist
주목 attention, notice, note ―하다 pay attention to, take notice of
¶ 주목할 만한 noticeable, noteworthy, remarkable
주문 an order ―하다 order
¶ 주문하시겠습니까? May I take your order?
주방 a kitchen
주부 a housewife
주사 injection ―하다 inject
¶ 주사를 맞다 have〔get〕 an injection
주소 an address
¶ 주소는 어디입니까? What is your address?
주스 juice
¶ 오렌지 주스 orange juice
주위 the surroundings, the environment
주유소 a filling station, a gas〔petrol《영》〕 station
주의 1 〔주목〕 attention, notice ―하다 notice, pay〔give〕 attention to
¶ 벽의 한 사진이 내 주의를 끌었다 A picture on the wall caught my attention.
2 〔조심〕 (a) care ―하다 take care, be careful 《of, about》
¶ 건강에 주의하시오 Take care〔Be careful〕 of your health.
주인 1 〔임자〕 the owner 《of goods》
¶ 집 주인 a house owner
2 〔손님에 대하여〕 the host, the hostess(여자)
¶ 주인과 손님 host and guest
주장(主張) a claim, insistence ―하다 claim, insist 《on》, argue
¶ 근거 없는 주장 a groundless claim
주장(主將) the captain
주저 hesitation ―하다 hesitate
¶ 주저하지 않고 without hesitation
주전자 a kettle
¶ 주전자에 물을 끓이다 boil water in a kettle
주차 parking ―하다 park 《a car》
¶ 주차장 a parking lot
¶ 어디에 주차할 수 있습니까? Where can we park?
주택 a house, housing 《총칭》
죽다 die, pass away, be killed
¶ 암으로 죽다 die of cancer
¶ 철도 사고로 죽다 be killed in a railway accident
죽음 death
¶ 죽음을 면하다 escape death
죽이다 kill, murder
¶ 사람을 죽이다 kill〔murder〕 a man
준비 preparation(s) ―하다 prepare, make preparation 《for》, get ready 《for》
¶ 준비가 다 되었다 Everything is ready.
줄다 decrease, diminish, reduce

¶ 방문자 수가 꾸준히 줄었다 There had been a steady decrease in the number of visitors.
줄이다 reduce, decrease, diminish
¶ 3분의 2로 줄이다 reduce by two thirds
줍다 pick up, gather
¶ 모자를 줍다 pick up one's hat
중간 the middle, midway, halfway
중국 China
¶ 중국 요리 Chinese dishes〔food〕
중대하다 (be) important, serious, be of great importance
¶ 중대한 문제 an important〔a serious〕question
중동 the Middle East
중량 weight
¶ 짐의 중량을 달다 weigh the baggage
중심 the center, the middle

> 비교 **center**와 **middle**
> **center**는 원이나 구의 정확한 중심(부). **middle**은 center와 달리 어떤 물건의 중심뿐만 아니라 그 주변부를 포함해서도 쓴다.

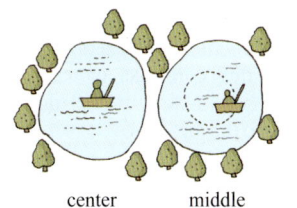
center   middle

중요 importance —하다 (be) important
¶ 중요한 지위 an important position
¶ 그는 중요한 역할을 했다 He played an important role.
중지하다 stop, suspend, call off 《a game》
¶ 경기는 우천으로 중지되었다 The match was called off owing to rain.
중하다 【병이】 (be) serious, critical; 【일이】 (be) grave, important
¶ 생명보다 명예를 중히 여기다 put hon-or before life
중학교 a junior high school《미》, a middle school
쥐 a rat, a mouse
쥐다 hold, take〔get〕hold of, grasp
¶ 남의 손을 꽉 쥐다 hold 《a person's》 hand tightly
즐거움 pleasure, delight, joy
¶ 독서의 즐거움 the pleasure of reading
즐겁다 (be) pleasant, delightful, joyful, glad, happy
¶ 즐거운 추억 a pleasant memory
즐기다 enjoy, find pleasure〔delight〕《in》
¶ 인생을 즐기다 enjoy life
즙 juice
¶ 포도즙 grape juice
증가 (an) increase, growth —하다 increase《in》, grow
¶ 인구 증가 (an) increase in population
증거 evidence, (a) proof
¶ 그가 유죄라는 증거는 조금도 없다 There is no evidence of his guilt.
증기 steam, vapor
¶ 증기 기관 a steam engine
증명 (a) proof, evidence —하다 prove, show, certify, identify
¶ 그것을 증명할 수 있느냐? Can you prove it?
증명서 a certificate
¶ 출생〔사망〕증명서 a birth〔death〕certificate
증인 a witness
¶ 증인을 소환하다 call〔summon〕a witness
지각하다 be late《for》, be behind time, come late
¶ 지각하지 마라 Don't be late.
지갑 a purse, a wallet
지구(地區) a district, a zone, a region, an area
¶ 상업〔주택〕지구 a business〔a resi-

dence) zone〔area〕

지구(地球) the earth, the globe
¶ 지구는 태양의 주위를 돈다 The earth goes〔moves〕around the sun.

지금 1〖현재〗the present (time);〖오늘날〗the present day
¶ 지금의 대통령 the present President
2〖이제 막〗just (now);〖이제 곧〗soon, at once, immediately
¶ 지금 세 시를 쳤다 It struck three just now.

지나다 1〖통과하다〗pass by, go past, pass through
¶ 기차는 이미 수원을 지났다 The train has already passed Suwon.
2〖경과하다〗pass, go by
¶ 오랜 시일이 지났다 A long time has passed.

지내다 spend (one's time), lead a life, get along, live
¶ 요즈음 어떻게 지내십니까? How are you getting along these days?

지니다 carry, have, keep, hold
¶ 그는 단도를 항상 지니고 있다 He always carries a dagger with him.

지다[1]〖패배하다〗be〔get〕defeated, be beaten, lose
¶ 경기에 지다 lose in a contest

지다[2] **1**〖잎・꽃이〗fall, be gone
¶ 곧 꽃이 지겠지 The flowers will soon be gone.
2〖해・달이〗set, sink
¶ 해는 동쪽에서 떠서 서쪽으로 진다 The sun rises in the east and sets in the west.

지대 a zone, a region, an area
¶ 안전 지대 a safety zone

지도(地圖) a map, an atlas(지도책)
¶ 지도를 그리다 draw a map

지도(指導) guidance, directions, leading, coaching —하다 guide, direct, lead, coach
¶ 연극을 지도하다 coach a play

지레 a lever

지름길 a shortcut
지리학 geography
지방(地方)〖지역〗a district, a region, a local;〖시골〗the country
¶ 지방 신문 a local newspaper
지방(脂肪) fat, grease
지배〖관리〗control, management;〖통치〗rule, government —하다 control, govern, have control of, manage
¶ 지배를 받다 be under the control of
지배인 a manager
지불 payment —하다 pay
¶ 현금으로 지불하다 pay in cash
지붕 a roof
지사 a governor
지상 the ground
지속하다 continue, last
¶ 전쟁을 지속하다 continue a war
지시 directions, instructions, orders —하다 direct, instruct, indicate
¶ 지시대로 움직이다 act〔do〕according to the directions
지식 knowledge
¶ 기초 지식 a basic knowledge
지역 an area, a region, a zone
¶ 광대한 지역 a vast area
지연 delay —하다 delay, be late
¶ 잠깐의 지연 a short delay
지옥 hell
지우개 an eraser
지우다 erase
¶ 칠판을 지우다 erase a blackboard
지원 support —하다 support, back up
¶ 적극적인 지원 active〔positive〕support

지위 position, status, rank
¶ 유리한 지위 an advantageous position
지적하다 point out, indicate
¶ 잘못을 지적하다 point out mistakes
지정 appointment —하다 appoint
¶ 날짜와 장소를 지정하다 appoint a day and a place
지중해 the Mediterranean (Sea)
지지하다 support, uphold
지진 an earthquake
지출 expenses, expenditure —하다 expend, pay
¶ 지출이 많다〔적다〕 have many〔few〕 expenses
지치다 (be) exhausted, be〔get〕 tired
¶ 나는 아주 지쳤다 I am tired to death.
지키다 1【보호하다】defend, protect, guard
¶ 나라를 지키다 defend the country

> 유의어 지키다
> **defend**는 위험이나 공격에 적극적으로 저항하여 지키다. **protect**는 위험이나 해로부터 방어에 도움이 되는 것을 사용하여 보호하다.
>
>
>
> defend   protect

2【감시하다】watch, guard, keep an eye on
¶ 문을 지키다 guard the door
3【준수하다】keep 《to》, abide 《by》, observe
¶ 시간을 지키다 keep the time
지팡이 a stick, a cane
¶ 지팡이를 짚고 걷다 walk with a stick
지퍼 a zipper

지평선 the horizon
지폐 paper money, a (bank) note, a bill
지푸라기 a straw
지하 underground
지하철 the subway《미》, the underground (railway)《영》
¶ 지하철을 타다 take a subway train, take the underground
지혜 wisdom, wits
¶ 생활의 지혜 wisdom for living〔of life〕
지휘 command, orders —하다 command, order, lead, conduct(악단의)
¶ 지휘자 a commander, a leader, a conductor(음악의)
¶ 지휘 하에 under the command of
직각 a right angle
직면하다 face, be confronted〔face〕 by〔with〕
¶ 그는 어려운 문제에 직면하였다 He was faced〔confronted〕 with a difficult question.
직선 a straight line
¶ 직선을 긋다 draw a straight line
직업 a job, an occupation, a profession
¶ 직업을 갖다 have a job
¶ 직업이 무엇입니까? What do you do (for a living)? (= What's your occupation?)

> 알면 Plus 직업의 종류
> captain 선장   carpenter 목수
> cook 요리사   dentist 치과의사
> doctor 의사   farmer 농부
> lawyer 변호사   nurse 간호사
> painter 화가   pilot 조종사
> priest 목사   scientist 과학자
> singer 가수   teacher 교사

직접 direct
¶ 직접적인 영향 a direct effect
진료소 a clinic
진리 (a) truth
¶ 그것은 진리이다 It is a truth.

진보 progress, advance —하다 (make) progress, advance
¶ 과학의 진보 scientific progress
¶ 진보가 빠르다〔느리다〕 make rapid 〔slow〕 progress

진실 truth, reality, fact —하다 (be) true, truthful, real
¶ 진실을 말하자면 to tell the truth

진열 show, display, arrangement —하다 exhibit, display, put on show, arrange
¶ 진열장 a showcase
¶ 진열창 a show window

진주 a pearl

진찰 (a) medical examination —하다 examine
¶ 나는 어제 눈을 진찰받았다 I had my eyes examined yesterday.

진하다 1 〔빛깔이〕 (be) dark, deep
¶ 진한 갈색 dark〔deep〕 brown color
2 〔국물 등이〕 thick, strong, rich
¶ 진한 커피 strong coffee

진행 progress, advance —하다 (make) progress, advance, proceed
¶ 순조롭게 진행하다 progress favorably

진흙 mud, clay

질(質) quality
¶ 질이 좋다〔나쁘다〕 be of good〔poor〕 quality

질문 a question —하다 (ask a) question
¶ 질문에 답하다 answer a question
¶ 질문 하나 해도 될까요? May I ask you a question?

질서 order
¶ 질서를 유지하다 maintain〔observe, keep〕 order

질투 jealousy, envy —하다 be jealous
¶ 그녀는 친구의 재산을 질투했다 She was jealous of her friend's wealth.

짐 1 〔화물〕 a load, a burden; 〔뱃짐〕 a cargo; 〔기차의〕 goods, freight《미》; 〔수화물〕 luggage, baggage《미》
¶ 짐을 싣다 load《a cart》
¶ 짐을 내리다 lay down〔unload〕 a burden
2 〔부담〕 a burden
¶ 경제적 짐 a financial burden

짐작 guess, estimation —하다 guess, make a guess
¶ 대강의 짐작 a rough guess

집 a house, a home
¶ 집을 수리하다 repair a house

〔비교〕 **home**과 **house**
　home은 가족이 사는 장소로서 「가정」의 뜻이, **house**는 건물로서 「집」의 뜻이 강하나 《미》에서는 home을 house의 뜻으로도 쓴다.

　　home　　　　　house

집단 a group

집중 concentration —하다 concentrate
¶ 정력의 집중 concentration of energy

집회 a meeting, an assembly, a gathering
¶ 불법 집회 an unlawful assembly

짓다 1 〔만들다〕 make
¶ 그 옷은 어디에서 지었습니까? Where did you get your clothes made?
2 〔건조하다〕 build, construct, make
¶ 새가 집을 지었다 The bird built a nest.
3 〔밥을〕 boil, cook, prepare
¶ 저녁을 짓다 prepare〔cook〕 supper

짖다 bark
¶ 낯선 사람을 보고 짖다 bark at a stranger

짚 straw

짜다 1 〔맛이〕 (be) salty
2 〔직조하다〕 weave, spin
¶ 비단을 짜다 weave silk cloth

짝 one of a pair (couple)
¶ 양말 (장갑) 한 짝 an odd sock (glove)
짧다 (be) short, brief
¶ 짧게 깎아 주세요 Short cut, please.
쪼개다 split, divide, part 《a thing into》
¶ 둘로 쪼개다 cut (divide) in two
쫓다 1 【몰아내다】 drive away, drive 《a person》 out of, repel
¶ 파리를 쫓다 drive away flies
2 【뒤쫓다】 run after 《a person》
¶ 도둑을 쫓다 run after a thief
찍다 1 【도장을】 stamp, seal
¶ 도장을 찍다 stamp a seal
2 【사진을】 photograph, take a photograph 《of》
¶ 나는 개의 사진을 찍었다 I took a picture of my dog.
찡그리다 frown
¶ 그녀는 밤낮 찡그리고만 있다 She is always frowning.
찢다 tear, rip
¶ 신문지를 찢다 tear a newspaper

ㅊ

차(茶) tea, green tea(녹차), black tea(홍차)
¶ 차를 끓이다 make (prepare) tea
차(車) a vehicle, a car, an automobile
¶ 차로 가다 go by car
¶ 차를 타다 (잡다) take (get) a car
¶ 차를 운전하다 drive a car
차관 a vice-minister, an undersecretary 《영》, a deputy secretary《미》
차다 1 (be) cold, chilly
¶ 찬물 cold water
2 【발로】 kick, give a kick 《at》
¶ 공을 차다 kick a ball
3 【물건 등이】 be full of, be filled 《with》
¶ 그의 눈은 눈물로 가득 차 있다 His eyes are filled with tears.
차라리 rather (sooner) 《than》
¶ 이런 고통 속에서 사느니 차라리 죽는 편이 낫다 I would rather die than live in this agony.
차례 1 【순서】 order
¶ 차례로 in order, by turns
2 【목차】 a table of contents
3 【횟수】 time
¶ 한 (두) 차례 once (twice)
¶ 여러 차례 several times
차이 difference
¶ 둘 사이에는 아무 차이도 없다 There is no difference between the two.
차표 a (railroad, bus) ticket
¶ 차표를 사다 buy (get) a ticket
착수하다 start, begin, set about 《business》
¶ 새 사업에 착수하다 start on a new enterprise
착하다 (be) nice, good
¶ 착한 사람 a good man
참가 participation —하다 participate, take part 《in》, join
¶ 운동 (동맹 파업)에 참가하다 join a movement (strike)
참고 reference, consultation —하다 refer to 《a book》, consult
¶ 주석을 참고하다 consult (refer to) the notes
참다 1 【견디다】 bear, endure, put up with, stand for, tolerate
¶ 배고픔을 참다 bear (stand) hunger
2 【억제하다】 suppress, restrain oneself, keep (hold) back
¶ 웃음을 참다 keep (hold) back one's laughter
참새 a sparrow
참으로 really, truly, indeed
¶ 그는 참으로 위대한 정치가였다 He was a truly great politician.
창조 creation —하다 create
창피 shame, disgrace, dishonor —하다 (be) ashamed, shameful
¶ 아이고, 창피해! What a shame!
찾다 1 【발견하다】 seek for (after), search

찾아내다 ⟪for⟫, look for [up]
¶ 일자리를 찾다 look for work
2 [되찾다] draw out [from], redeem, take out
¶ 은행 예금을 찾다 draw money out of one's bank account
3 [조사하다] consult ⟪a dictionary⟫, look up
¶ 사전에서 단어를 찾다 look up a word in a dictionary

찾아내다 find out, discover, look for, seek
¶ 그가 있는 곳을 찾아냈다 I found out where he was.

채소 vegetables, greens

알면 Plus〉 채소의 종류	
cabbage 양배추	carrot 당근
celery 셀러리	cucumber 오이
eggplant 가지	garlic 마늘
lettuce 상추	onion 양파
pepper 고추	potato 감자
pumpkin 호박	spinach 시금치
sweet potato 고구마	tomato 토마토

채용 engagement, employment —하다 employ, engage
¶ 서기로 채용하다 employ ⟪a person⟫ as a clerk

채집 collection, collecting, gathering —하다 collect, gather, make a collection ⟪of⟫
¶ 곤충 채집 insect collecting
¶ 식물을 채집하다 collect plants

채찍 a whip
¶ 채찍으로 말을 때리다 whip a horse

책 a book
¶ 책을 쓰다 [읽다] write [read] a book

책상 a desk, a table

책임 responsibility, charge; [의무] duty
¶ 개인적 [사회적] 책임 personal [social] responsibility
¶ 책임을 떠맡다 undertake [accept] responsibility ⟪for⟫, take the responsibility for ⟪the matter⟫

처럼 like, as, as if, as...as
¶ 거지처럼 보이다 look like a beggar

처마 the eaves

처음 (the) first, the beginning, the start, the first time
¶ 처음부터 끝까지 from beginning to end, from start [first] to finish [last]

처지 a situation
¶ 곤란한 처지 a difficult situation

천 cloth
¶ 천을 짜다 weave cloth

천(千) a thousand

천국 Heaven, Paradise

천막 a tent
¶ 천막을 치다 pitch [put up] a tent
¶ 천막을 걷다 strike [pull down] a tent

천사 an angel
¶ 천사 같은 소녀 an angel of a girl

천연색 (a) natural color
¶ 천연색 사진 color photograph [picture]

천장 the ceiling
¶ 천장에 파리가 붙어 있다 There is a fly on the ceiling.

천재 a genius
¶ 수학의 천재 a genius in mathematics

천천히 slowly, without haste [hurry], at a slow speed
¶ 좀 더 천천히 운전하세요 Drive more slowly.

철 iron, steel(강철)

철도 a rail, a railroad⟪미⟫, a railway⟪영⟫
¶ 철도로 여행하다 travel by rail [train]

철사 (a) wire
¶ 철사로 묶다 wire ⟪a thing⟫ together

철자 spelling —하다 spell
¶ 철자를 잘못 쓰다 misspell

철저하다 (be) thorough, radical, drastic
¶ 철저한 연구 a thorough study

철학 philosophy

¶ 철학을 연구하다 study philosophy
첫째 the first, the top (first) place
¶ 첫째로 first (of all), above all, in the first place
¶ 건강이 첫째다 Health is above everything else.
첫출발 the first start
¶ 인생의 첫출발 one's first start in life
청년 a young man, a youth
¶ 그는 전도가 유망한 청년이다 He is a promising young man.
청바지 blue jeans
¶ 그는 청바지를 입고 있었다 He was in (wearing) blue jeans.
청소 cleaning, sweeping —하다 clean, sweep
¶ 진공청소기 a vacuum cleaner
청소년 teenagers, juveniles
청중 an audience
청춘 youth
청혼 a proposal of marriage —하다 propose
¶ 청혼을 승낙 (거절) 하다 accept (decline) 《a person's》 proposal of marriage
¶ 그녀에게 청혼했다 I proposed to her.
체온 (body) temperature
¶ 체온을 재다 take one's temperature
¶ 그의 체온은 정상이다 His temperature is normal.
체육관 a gymnasium, a gym《구어》
체제 a system, a structure, organization
¶ 사회의 체제 the structure of a society
체중 weight
¶ 체중이 늘다 (줄다) gain (lose) weight
¶ 당신은 체중이 얼마입니까? How much do you weigh? (= What's your weight?)
체크 a check —하다 check, mark
¶ 깨지거나 새는 곳이 있나 체크해라 Check it for cracks or leaks.
체포 arrest, capture —하다 arrest, make an arrest, capture, seize
체험 experience —하다 experience, undergo, go through
¶ 어려운 고난을 체험하다 go through many hardships
초 a candle
¶ 초를 켜다 (끄다) light (put out) a candle
초(秒) a second
초대 invitation —하다 invite (ask) 《a person》 to
¶ 초대장 a letter of invitation
¶ 초대를 받다 receive an invitation
¶ 초대에 응하다 accept an invitation
¶ 초대를 거절하다 decline (turn down) an invitation
초등학교 a primary (an elementary) school
초록 green
초원 a plain
초점 a focus
총 a gun, a rifle
¶ 총을 쏘다 fire (shoot) a gun
총계 a total
총알 a bullet
¶ 총알이 벽을 꿰뚫었다 A bullet went through a wall.
최고 maximum, best, the highest
¶ 물가 지수가 최고에 달했다 The price index hit (reached) a new high.
¶ 최고점 the highest mark (score)
최근 the latest, the most recent
¶ 최근의 소식 the latest news
¶ 저는 최근에 결혼했습니다 I got married recently.
최대 the greatest (biggest, largest), the maximum
¶ 최대 다수의 최대 행복 the greatest happiness of the greatest number
¶ 세계 최대의 유조선 the biggest tanker in the world
최소 the smallest, the minimum
¶ 최소의 비용으로 at a minimum of

expense
최신 the newest, the latest
¶ 최신의 유행 the latest fashion, the newest style
¶ 최신형 the latest style (model)
최저 the lowest, the minimum
¶ 최저가 the lowest price
최초 the first, the beginning
¶ 최초의 사건 the first happening
최후 the last, the end
¶ 그들은 최후까지 싸웠다 They fought to the last (end).
추가 addition —하다 add, make an addition 《to》
¶ 주문을 추가하다 add to one's order
추수 a harvest —하다 harvest
¶ 곡식을 추수하다 harvest crops
¶ 추수 감사절 Thanksgiving Day
추억 remembrance, recollection, memory —하다 recall, recollect
¶ 소중한 추억 a precious memory
추위 the cold, cold weather
¶ 추위에 떨다 shiver with cold
추천하다 recommend
¶ 교장으로 추천하다 recommend 《a person》 as principal
추측 a guess —하다 guess, suppose
¶ 내 추측에는 in my guess
축구 soccer, (association) football
¶ 축구 경기 a soccer (football) game
¶ 축구를 하다 play football (soccer)
¶ 그는 축구를 잘한다 He is a good soccer player.
축복 blessing —하다 bless
¶ 그대에게 신의 축복이 있기를! God bless you!
축소 reduction —하다 reduce, cut down
¶ 경비를 축소하다 cut down (reduce) expenses
축제 a festival
¶ 축제를 벌이다 hold (observe, celebrate) a festival
축하 congratulation, celebration —하다

congratulate 《a person》 on, celebrate
출구 an exit, a way out
출발 departure, a start —하다 leave, start, set out
¶ 부산으로 출발하다 leave (start) for Busan
출생 birth —하다 be born
¶ 출생 후 죽 서울에서 살고 있다 I have lived in Seoul since I was born.
출석 attendance, presence —하다 be present 《at》, attend 《at》
¶ 출석을 부르다 call the roll (names), make a roll call
출입 coming and going —하다 go (come) in and out
¶ 출입구 the entrance
¶ 출입 금지 Off limits.
출판 publication, publishing —하다 publish
¶ 출판사 a publishing company
¶ 책을 출판하다 publish a book
¶ 그의 신작이 출판되었다 His new book is out.
춤 dancing, a dance
춥다 (be) cold, chilly
¶ 날씨가 춥다 It is (very) cold.
충격 (an) impact 《on》, shock —하다 shock
¶ 그의 죽음은 그녀에게 큰 충격을 주었다 His death was a great shock to her.
충고 advice —하다 advise, give 《a person》 advice
¶ 유익한 (좋은) 충고 useful (good) advance
¶ 충고자 an adviser
충분하다 (be) sufficient, enough
¶ 충분한 돈 an enough money
¶ 그만하면 충분합니다 That's enough.
충실하다 (be) faithful, honest
¶ 충실한 벗 a faithful friend
취급 treatment, dealing —하다 treat, deal with
¶ 공평한 (불공평한) 취급 fair (unfair)

treatment
취미 taste, interest, a hobby
¶ 세련된 취미 refined taste
취소하다 cancel
¶ 호텔 예약을 취소하다 cancel a hotel reservation
층 1 【계급】 a grade, a class
¶ 상층 사회 the upper classes
2 【건물의】 a story 〔storey《영》〕, a floor
¶ 사무실은 6층에 있다 The office is on the sixth floor.
층계 steps, stairs
¶ 가파른 층계 a steep staircase
치다 strike, hit, beat, punch, give a blow
¶ 북을 치다 beat a drum
치료 medical treatment, cure, remedy —하다 cure, treat, cure
¶ 상처를 치료하다 treat an injury
¶ 병원에서 치료를 받다 be treated at the hospital
치르다 pay 《off》, pay one's bill
¶ 현금으로 치르다 pay in cash
치마 a skirt
¶ 치마를 입다 put on 〔wear〕 a skirt
¶ 치마를 벗다 remove〔take off〕 one's skirt
치약 toothpaste
치욕 (a) disgrace, (a) shame, dishonor
친구 a friend
¶ 참다운 친구 a true friend
친절 kindness —하다 (be) kind, kindly, friendly
¶ 그는 친절하게도 그것을 조사해 주었다 He was kind enough to examine it.
친척 a relation, a relative
¶ 먼〔가까운〕 친척 a distant〔near〕 relation
¶ 그와는 친척이다 He is related to me.
친하다 (be) close, friendly, familiar, be on good terms《with》
¶ 친한 친구 a close friend
칠면조 a turkey
칠월 July

칠하다 paint
¶ 페인트를 고르게 칠하다 spread the paint evenly
침대 a bed

single bed   double bed   twin beds

침몰 sinking —하다 sink, go down
침묵 silence —하다 be silent
 어색한 침묵 an awkward silence
침실 a bedroom
침입 an invasion —하다 invade, make an invasion upon
¶ 적국에 침입하다 invade the enemy's territory
칫솔 a toothbrush
칭찬 praise, admiration —하다 praise, admire
¶ 칭찬을 받다 win〔receive〕 praise
칭호 a title, a name

ㅋ

카누 a canoe
¶ 카누를 젓다 paddle a canoe

canoe

카세트 a cassette (tape)
카우보이 a cowboy
카탈로그 a catalog
칼 a knife, a sword
¶ 칼을 차다 wear〔carry〕 a sword
칼국수 knife-cut noodles

칼라 a (shirt) collar
칼로리 a calorie, a calory
칼슘 calcium
캐나다 Canada
¶ 캐나다 사람 a Canadian
캐다 dig (up)
¶ 그는 감자를 캐고 있었다 He was digging potatoes.
캠페인 a campaign
캠프 a camp
¶ 캠프를 치다 build〔pitch, set up〕(one's) camp
캠핑 camping
커녕 on the contrary, far from
¶ 저금은커녕 생활도 제대로 못할 지경이다 Far from saving money, I can hardly make my living.
커브 1 〔도로·선 등의〕 a curve, a bend
¶ 커브를 돌다 round a curve
2 〔야구 등의〕 a curve (ball)
¶ 커브를 던지다 throw a curve
커튼 a curtain
¶ 커튼을 치다 draw a curtain
커피 coffee
¶ 커피숍 a coffee shop
¶ 커피를 어떻게 드시겠습니까? How do you like your coffee?
컨디션 condition
¶ 컨디션이 좋다〔나쁘다〕 be in〔out of〕 condition
컨테이너 a container
컬러 (a) color
¶ 컬러 사진 a color photo
컴퓨터 a computer
¶ 컴퓨터 게임 a computer game
컵 1 〔잔〕 a cup, a glass
¶ 물 한 컵 a glass of water
2 〔우승배〕 a cup, a trophy
¶ 우승컵을 획득하다 win the cup〔trophy〕
켜다 〔등잔·양초를〕 light, turn〔switch〕 on
¶ 촛불을 켜다 light a candle

코 1 〔사람의〕 a nose; 〔코끼리의〕 a trunk; 〔개·말의〕 a muzzle
코끼리 an elephant
코스 〔경주 등의〕 a course; 〔경기장·풀 등의〕 a lane, a track
¶ 전 코스를 완주하다 finish the course

> 비교 **course**와 **lane**
> **course**는 골프나 마라톤처럼 개개인의 진로가 확실히 구별되어 있지 않는 경우이며, 경영(競泳)처럼 진로가 정해져 있는 것은 **lane**이라 한다.

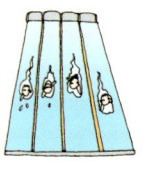

course   lane

코알라 a koala
코치 a coach —하다 coach
¶ 배구팀을 코치하다 coach a baseball team
코트¹ a coat, an overcoat
¶ 코트를 입다〔벗다〕 put on〔take off〕 a coat
코트² a 《tennis》 court
콤바인 a combine

combine

콩 a bean, a pea(완두)
쾌락 pleasure, enjoyment —하다 (be) pleasant, delightful
¶ 육체적 쾌락 carnal〔sensual〕 pleasure

쾌활하다 (be) cheerful, merry, gay
¶ 쾌활한 청년 a cheerful young man
쿠폰 a coupon
퀴즈 a quiz
¶ 퀴즈 프로 a quiz show [program]
크기 size
¶ 크기가 같다 [다르다] be of the same [a different] size
크다 1 (be) big, large, great
¶ 그 아이는 나이치고는 크다 The boy is big for his age.
2 【수·양이】 (be) big, large, great
¶ 큰 액수의 돈 a large sum of money
3 【소리가】 (be) loud, noisy
¶ 텔레비전 소리가 너무 크다 The TV is too loud.
4 【규모·정도 등이】 (be) large
¶ 큰 규모로 on a large [grand] scale
5 【금액이】 (be) large, enormous
¶ 큰 수 a considerable number
6 【죄·허물이】 (be) serious, grave, big
¶ 큰 실수를 범하다 make a big mistake
크리스마스 Christmas
¶ 크리스마스 선물 a Christmas present [gift]
¶ 크리스마스를 축하합니다! I wish you a merry Christmas!
큰비 a heavy rain
¶ 큰비가 온다 It rains heavily.
큰아버지 an uncle
큰어머니 an aunt
큰일 1 【예식·잔치】 a big ceremony, a wedding, a funeral
¶ 큰일을 치르다 go through [carry out] a wedding [funeral]
2 【중대사】 an important affair; 【위기】 a serious matter, a serious [difficult] situation
¶ 큰일 났다 A terrible accident [thing] has happened.
클럽 【모임】 a club
¶ 클럽에 입회하다 join a club
클립 a clip

키 height, size
¶ 당신은 키가 얼마나 됩니까? How tall are you? (= What's your height?)
키스 a kiss —하다 kiss, give a kiss
¶ 입[뺨]에 키스하다 kiss 《a person's》 mouth [cheek]
키우다 【양육하다】 bring up, rear, raise, nurse; 【동·식물을】 breed, raise

타격 a blow, a hit
¶ 타격을 주다 strike a blow 《at》, give a blow 《to》
타결 a settlement, an agreement —하다 reach an agreement 《with》
타다[1] 【탈것에】 take, get on [in], ride in [on]
¶ 택시를 타다 take a taxi
¶ 버스[기차]를 타다 get on [in] a bus [train]
¶ 자전거를 타다 ride (on) a bicycle
타다[2] 【불이】 burn, blaze
¶ 잘 타다 burn well [easily]
타월 a towel
타이어 a tire
¶ 타이어가 펑크 났다 I had a flat tire.
타일 a tile
¶ 타일을 깔다 lay [set] tiles 《on》
타조 an ostrich

ostrich

탁월하다 (be) excellent, prominent
¶ 탁월한 학자 a prominent scholar
탁자 a table, a desk
¶ 둥근 탁자 a round table

탄생 birth —하다 be born
¶ 첫 아이의 탄생 the birth of one's first child
탄환 a shot, a bullet
탈 a mask
¶ 탈을 쓰다 wear [put on] a mask
탈출 escape —하다 escape 《from》, get away from
¶ 국외로 탈출하다 escape to another country
탈춤 a masked dance
탐구 search, investigation, inquiry, study —하다 search for, investigate, inquire into
¶ 과학적 탐구 scientific investigation
탐험 exploration —하다 explore, make an exploration 《of》
¶ 탐험가 an explorer
¶ 우주 탐험 space exploration
탑 a tower, a pagoda
¶ 탑을 세우다 build [erect, put up] a tower
태도 an attitude, a manner
¶ 위엄 있는 태도 a dignified attitude
태양 the sun
¶ 태양이 뜬다 [진다] The sun rises [sets].
태어나다 be born
¶ 부자로 태어나다 be born rich, be born with a silver spoon in one's mouth
¶ 그녀는 1997년 11월 28일에 태어났다 She was born on November 28, 1997.
태우다¹ **1** [연소] burn
¶ 향을 태우다 burn incense
2 [애달게 하다] burn 《one's soul》, worry
¶ 남의 속을 태우다 make 《a person》 worry
3 [햇볕에 그을리다] suntan, sunburn, tan
¶ 나는 피부를 태우고 싶다 I want to get a tan.

태우다² [탈것에] take 《a person》 on board, give a ride, pick up
¶ 집까지 차로 태워다 주실 수 있습니까? Can you give me a ride home?
태평양 the Pacific (Ocean)
택시 a taxi
¶ 택시를 타다 take a taxi
택하다 choose, select, make a choice
¶ 너는 어느 것을 택하겠느냐? What is your choice?
탱크 [통] a (container) tank; [군사] a tank
터널 a tunnel
¶ 터널을 지나가다 go through a tunnel
터미널 a terminal
터지다 explode, burst
¶ 화약이 터지다 gun powder explodes
턱 a jaw, a chin
턱수염 a beard
털 1 [사람의] hair
¶ 털이 많은 손 hairy hands
2 [짐승·새의] fur, feather, wool(양모)
¶ 닭의 털을 뽑다 pluck a chicken
테니스 tennis
¶ 테니스 경기 a tennis match
¶ 테니스를 치다 play tennis

tennis

테라스 a terrace
테스트 a test
¶ 테스트를 받다 take a test
텔레비전 television 《TV》; [수상기] a television [TV] (set)
¶ 텔레비전을 보다 watch television
¶ 텔레비전을 켜다 [끄다] turn on [off] television [a TV set]

토끼 a rabbit(집토끼), a hare(산토끼)

토론 a debate, a discussion —하다 debate, discuss
¶ 어떤 문제를 토론하다 debate on [about] a subject

토마토 a tomato

토막 a piece, a bit

토스트 toast
¶ 토스트 한 조각 a slice of toast
¶ 토스트를 굽다 toast bread

토양 soil, earth
¶ 비옥한[메마른] 토양 fertile [sterile] soil

토요일 Saturday

토지 1 [땅·흙] land, soil
¶ 메마른 토지 poor [barren] soil
2 [소유지] an estate, real estate
¶ 토지를 매매하다 deal in real estate

토하다 vomit, throw up
¶ 먹은 것을 토하다 throw up what one has eaten, vomit what one ate

톱 a saw
¶ 톱으로 켜다 cut with a saw

통 a tub, a cask, a barrel, a bucket
¶ 물통 a water bucket

통고 notice —하다 notify 《a person》 of, give notice of
¶ 3일 전에 통고하다 give three days' notice

통과 passage, passing —하다 pass, go through
¶ 세관을 통과하다 pass a customhouse

통로 a path, a passage, a way, an aisle
¶ 통로를 막다 block the passage

통상 commerce, trade —하다 trade 《with a country》
¶ 미국과 통상을 시작하다 open trade with America

통신 correspondence, communication —하다 correspond, communicate
¶ 모든 통신은 두절되어 있다 All communications are down.

통일 unity, unification —하다 unify

¶ 남북 통일 unification of North and South (Korea)
¶ 나라를 통일하다 unify a nation

통제 control, regulation —하다 control, regulate
¶ 그것은 정부가 통제하고 있다 It is under government control.

통증 (an) ache, a pain
¶ 통증을 느끼다 feel a pain

통지 notice, report —하다 notify 《a person》 of, give 《a person》 notice, inform, let 《a person》 know, report
¶ 서울에 도착하면 곧 통지해 주시오 Please let me know when you have arrived in Seoul.

통치 rule, reign, government —하다 rule over [govern] 《a country》
¶ 국가를 통치하다 rule [reign] (over) a country

통학 attending school —하다 go to [attend] school
¶ 걸어서 통학하다 attend school on foot
¶ 매일 버스로 통학하다 go to school by bus every day

통화 a telephone call —하다 talk over the telephone 《with》
¶ 그녀는 아직 통화 중입니다 She is still on the phone.

투수 a pitcher
¶ 구원 투수 a relief pitcher

투자 investment —하다 invest 《in》
¶ 투자가 an investor
¶ 개인 투자 an individual investment
¶ 공공[민간] 투자 public [private] investment

투쟁 a fight, a combat, a struggle, strife —하다 fight, combat, struggle, strive 《with》
¶ 임금 인상 투쟁 a fight for higher wages
¶ 노사간의 투쟁 a strife between capital and labor

투표 vote, voting —하다 vote 《for, against》
¶ 투표로 결정하다 decide by vote
튀다 spring, bound, jump, leap, bounce; 【물이】 splash
튤립 a tulip
트랙 a track
¶ 트랙 경기 track events
트랙터 a tractor

tractors

특권 a privilege
¶ 특권을 행사하다 exercise the privilege
특별 being special, speciality —하다 (be) special, particular, extra
¶ 특별히 specially, particularly, in particular
특징 a special 〔distinctive〕 feature, a characteristic
¶ 그의 얼굴에 어떤 특징이 있습니까? Is there anything peculiar about his face?
특허 a patent
¶ 특허를 얻다 get a patent
특허권 a patent (right), the right to patent
¶ 특허권을 침해하다 infringe (on) a patent right
튼튼하다 (be) solid, firm, strong; 【몸이】 (be) strong, healthy, robust
¶ 튼튼한 집 a solid house
¶ 몸이 튼튼하다 have a strong body
틀다 turn
¶ 라디오를 틀다 turn on the radio
틀리다 go wrong, make a mistake

¶ 너의 대답은 틀렸다 Your answer is wrong.
틀림 an error, a mistake
틈 1 〔벌어진 사이〕 a crack, a gap, an opening
¶ 틈이 나다 have a crack
2 〔겨를〕 spare〔leisure〕 time, leisure
¶ 틈이 없다 have no time
3 〔간격〕 room, spare, interval
¶ 한 사람도 들어갈 틈이 없다 There is no room left for even a single person.
티끌 1 〔먼지〕 dust
¶ 티끌을 털다 shake off the dust
2 〔극소〕 a little bit, a bit
티켓 a ticket
팀 a team
¶ 야구팀 a baseball team

ㅍ

파괴 ruin, destruction —하다 ruin, destroy
¶ 홍수로 철도가 파괴되었다 The flood has destroyed the railroad track.
파다 dig
¶ 구멍을 파다 dig a hole
파도 a wave
¶ 파도 소리 the sound of the waves
파랑 blue (color)
파리 a fly
파묻다 bury
¶ 땅속에 파묻다 bury 《a thing》 in the ground
파슬리 a parsley
파인애플 a pineapple
판단 (a) judgment —하다 judge
¶ 그릇된〔옳은〕 판단 faulty〔correct〕 judgment
판매 (a) sale, selling —하다 sell, deal 《in》
¶ 신용 판매 sale on credit
판매원 a salesperson, a salesman(남자), a saleswoman(여자), a salesclerk《미》, a shop assistant《영》

판사 a judge
판자 a board, a plank
팔 an arm
팔꿈치 an elbow
팔다 sell
¶ 싸게〔비싸게〕팔다 sell at a low〔high〕price
팔월 August
패배 defeat —하다 be defeated〔beaten〕;【경기에서】lose a game
¶ 완전한 패배 a total defeat
¶ 적을 패배시키다 defeat the enemy
패자 a loser
팬케이크 a pancake
퍼뜨리다 spread
¶ 소문을 퍼뜨리다 spread a rumor
퍼붓다 pour
¶ 욕조에 물을 퍼붓다 pour water into a bathtub
퍼센트 percent
¶ 5퍼센트의 이익을 남기다 get 5% interest
페이지 a page
¶ 페이지를 넘기다 turn the pages of a book
페인트 paint
¶ 담에 페인트를 칠하다 paint a wall
펴다【벌리다】spread (out);【접힌 것을】unfold;【말린 것을】unroll
¶ 날개를 펴다 spread its wings
¶ 이부자리를 펴다 spread bedding
¶ 꾸러미를 펴다 unfold a package
편도 one way
¶ 편도 승차권 a one-way ticket《미》, a single (ticket)《영》
¶ 편도입니까, 왕복입니까? Do you want a one-way ticket or a round-trip?
편지 a letter
¶ 편지를 쓰다 write a letter
¶ 편지를 부치다 mail〔post《영》〕a letter
편하다 (be) comfortable, easy
¶ 편안 의자 a comfortable chair

평균 an average
¶ 평균 연령 the average age
¶ 그는 하루 평균 7시간 일한다 He works seven hours a day on the average.
평등 equality —하다 (be) equal, even
¶ 남녀 평등 equality of sexes
¶ 누구나 법 앞에 평등하다 All men are equal under the law.
평범하다 (be) common, ordinary
¶ 평범한 사람 an ordinary man
평생 one's (whole) life, a lifetime
¶ 평생에 단 한 번 once in a lifetime
¶ 그는 평생을 독신으로 지냈다 He remained single all his life.
평야 a plain, an open field
평일 a weekday
¶ 평일에 on weekdays
평평하다 (be) flat, level, even
¶ 평평한 땅 flat〔level, even〕ground
평화 peace
¶ 세계 평화 world peace
포 a gun, a cannon
¶ 포를 쏘다 fire a gun
포기하다 abandon, give up
¶ 포기하지 마! Don't give up!
포도 grapes
¶ 포도 한 송이 a bunch of grapes
포로 a prisoner (of war)
¶ 포로가 되다 be taken prisoner
포옹하다 embrace, hug
¶ 서로 포옹하다 embrace〔hug〕each other
포장 packing —하다 pack, wrap
¶ 이 목걸이를 선물용으로 포장해 주세요 Please wrap this necklace as a gift.
포함하다 include, contain, hold;【뜻을】imply
¶ 이 책에는 유익한 정보가 많이 포함되어 있다 This book contains a lot of useful information.
폭 width, breadth
¶ 그것은 폭이 1미터이다 It is one

meter wide.
폭력 violence, force
¶ 폭력을 휘두르다 use violence (force)
폭로하다 disclose, reveal, expose
폭발 explosion; [화산의] eruption —하다 explode, burst; [화산이] erupt
¶ 가스의 폭발 explosion of gas
폭탄 a bomb
¶ 원자 폭탄 an atomic bomb
¶ 그는 열차에 폭탄을 던졌다 He threw a bomb at the train.
폭포 a waterfall, falls
¶ 나이아가라 폭포 (the) Niagara Falls
폭풍 a storm, a typhoon(태풍), a hurricane
표 1 [승차·입장의] a ticket
¶ 극장(기차)표 a theater (train) ticket
2 [투표의] a vote, a ballot
¶ 표를 던지다 cast a vote
표면 the surface, the face
¶ 울퉁불퉁한 표면 a rough surface
표본 [박물의] a specimen; [견본] a sample; [전형] a type, an example
¶ 표본 조사 a sample survey
¶ 그는 우등생의 표본이다 He is a typical honor student.
표정 (facial) expression, a look
¶ 즐거운 표정 a pleasant expression
표준 a standard
¶ 표준 이하의 below standard
표지 a cover
¶ 책에 표지를 씌우다 cover a book
표현 expression —하다 express
¶ 간결한 [세련된] 표현 a concise (refined) expression
푸대접 cold (unkind) treatment —하다 treat 《a person》 coldly (unkindly)
푸딩 pudding
푸르다 (be) blue, green
¶ 푸른 하늘 the blue sky
풀[1] grass, a weed(잡초), a herb(약초)
¶ 풀을 베다 cut (mow) grass
풀[2] paste, glue

¶ 풀을 바르다 paste, apply paste to 《a thing》
풀다 1 [짐·끈 등을] untie
¶ 넥타이를 풀다 untie a tie
2 [문제를] solve 《a question》
¶ 수수께끼를 풀다 solve a riddle
3 [의심을] resolve
¶ 모든 의혹이 풀렸다 All doubts were resolved.
품위 elegance, grace, dignity
¶ 품위를 지키다 keep (maintain) one's dignity
품질 quality
¶ 품질이 좋다 (나쁘다) be of good (inferior) quality
품행 conduct, behavior
¶ 품행이 단정한 (나쁜) 사람 a man of good (loose) conduct
풍금 an organ
¶ 풍금을 치다 play (on) the organ
풍년 a fruitful (an abundant) year
풍부하다 (be) abundant, rich
¶ 풍부한 자원 abundant resources
풍선 a balloon
¶ 풍선을 날리다 fly a balloon
풍속 customs
풍작 a good (rich, an abundant) harvest
¶ 올해는 일반적으로 풍작이었다 The crop was generally abundant this year.
풍차 a windmill

windmills

프라이 a fry —하다 fry
¶ 계란 프라이 fried eggs
프라이팬 a frying pan

프랑스 France
¶ 프랑스인 a Frenchman, the French 《총칭》

플라스틱 plastic(s)
¶ 플라스틱 제품 plastic goods

플래시 a flash; 〔회중전등〕 a flashlight
¶ 플래시를 터뜨리다 light a flash bulb

플러그 a plug
¶ 플러그를 꽂다 plug in

피 blood
¶ 피를 흘리다 spill〔shed〕blood

피곤 tiredness, fatigue, exhaustion —하다 (be) tired, weary, fatigued, exhausted
¶ 너는 몹시 피곤해 보인다 You look very tired.

피난 refuge, shelter —하다 take〔seek〕refuge, take〔find〕shelter
¶ 피난처 a (place of) refuge, a shelter
¶ 그들은 우리집으로 피난을 왔다 They sought shelter at my house.

피다 bloom, blossom
¶ 사과꽃이 피기 시작했다 The apple trees began to put forth their blossoms.

피라미드 a pyramid

pyramids

피로 tiredness, fatigue, exhaustion —하다 (be) tired, fatigued, weary, exhausted
¶ 육체적〔정신적〕피로 physical〔mental〕fatigue
¶ 피로를 느끼다 feel fatigued〔tired〕

피리 a pipe, a flute, a recorder,
¶ 피리를 불다 play the flute

피부 the skin
¶ 거무스름한〔하얀〕피부 dark〔fair〕skin

피아노 a piano
¶ 피아노를 치다 play the piano

피우다 1 〔불을〕 make〔build〕《a fire》, burn
¶ 난로에 불을 피우다 make〔start〕a fire in a stove
¶ 장작을 피우다 burn firewood
2 〔담배를〕 smoke 《tobacco》

피하다 1 〔멀리하다〕 avoid, keep〔stand〕away from 《danger》
¶ 더위를 피하다 avoid the summer heat
2 〔피신하다〕 take refuge
¶ 국외로 피하다 flee abroad

피해 damage, injury, harm
¶ 가벼운〔심한〕피해 light〔severe〕damage

핀 a pin
¶ 안전핀 a safety pin
¶ 압핀 a thumbtack

필기 taking notes, notes —하다 take notes《of》, write〔note〕down
¶ 강의를 필기하다 take down a lecture

필름 film
¶ 필름을 현상하다 develop film

필수품 necessaries
¶ 생활 필수품 daily necessaries

필요 necessity, need —하다 (be) necessary, needed, required
¶ 서두를 필요가 있습니까? Is there any need to hurry?

핑계 an excuse —하다 make an excuse 《of》
¶ 그것은 핑계에 불과하다 That's a mere excuse.

하급 a low(er) class〔grade〕
¶ 하급생 a lower-class student

하나 one, one thing
¶ 사과 하나 an apple
¶ 하늘에는 구름 하나 없었다 There was not a single cloud in the sky.
하녀 a maid (servant)
하느님 God, the Lord
¶ 하느님께 맹세하다 swear by God
하늘 the sky, the heavens
¶ 맑은〔흐린〕 하늘 a clear〔cloudy〕 sky
하다 do, act, make practice, try
¶ 어리석은 짓을 하다 do a silly thing
¶ 만날 약속을 하다 make an appointment
¶ 나쁜 짓을 하다 commit a crime
¶ 운동을 하다 take exercises
하루 a〔one〕 day
¶ 하루 종일 비가 왔다 It rained all day long.
하룻밤 a〔one〕 night
¶ 하룻밤 묵다 put up for a night
하마터면 nearly, almost, narrowly
¶ 하마터면 물에 빠져 죽을 뻔했다 I was nearly drowned.
하모니카 a harmonica
¶ 하모니카를 불다 play the harmonica

harmonica

하소연 an appeal —하다 appeal to 《a person》
하수 foul water, sewage
¶ 하수구 a drain, a sewer
하숙 boarding, lodging, board and lodging —하다 board, lodge
¶ 나는 김 씨 집에 하숙하고 있다 I board with Mr. Kim〔at Mr. Kim's house〕.
¶ 하숙생 a student boarder
하여간 anyhow, anyway
해야 한다 must, have to

하자마자 as soon as, no sooner...than, hardly...when〔before〕
¶ 거기에 도착하자마자 비가 오기 시작했다 I had hardly reached there when it began to rain.
하지 않을 수 없다 cannot but 《do》, cannot help 《doing》, have no choice but 《to do》
¶ 웃지 않을 수 없다 I cannot help laughing.
하품 yawning, a yawn
학과(學科) 〔과목〕 a school subject; 〔전공학과〕 a department
¶ 영문학과 the English department, the department of English

참고 학과, 과목	
art	미술
English	영어
geography	지리
history	역사
Korean	한국어
mathematics	수학
music	음악
science	과학

학과(學課) a lesson, school〔class〕 work
¶ 학과를 복습〔예습〕하다 review〔prepare〕 one's lesson
학교 a school
¶ 학교에 다니다 go to school
¶ 학교는 8시 반에 시작한다 School begins at eight thirty.
학급 a class
학기 a (school) term, a semester, a session
¶ 신학기 a new〔fresh〕 term
¶ 학기말에 at the end of (the) term
학년 a school year, a grade《미》, a form《영》
¶ 너는 몇 학년이냐? What grade are you in?
학문 learning, study
¶ 학문에는 왕도가 없다 There is no

royal road to learning.
학비 school expenses
¶ 학비를 벌다 earn one's school expenses 《by working》
학생 a student, a pupil
¶ 외국인 학생 a foreign student
학습 studying, learning —하다 study, learn
¶ 학습자 a learner
학우 a schoolmate, a classmate
학자 a scholar
¶ 그는 세계적으로 유명한 학자이다 He is a scholar of worldwide fame.
한가하다 (be) free, be at leisure, be not busy
¶ 한가한 시간 leisure hours
한가운데 the middle, the center
¶ 방의 한가운데에 큰 테이블이 있다 There is a large table in the center of the room.
한계 a limit, bounds
¶ 인내에도 한계가 있다 Human patience has its limits.
한국 Korea, the Republic of Korea 《R.O.K.》
¶ 한국어 Korean, the Korean language
¶ 한국 요리 Korean dishes
¶ 한국인 a Korean
한꺼번에 【한 번에】 at a time; 【동시에】 at the same time
¶ 한꺼번에 두 가지 일을 할 수 없다 I can't do both things at once.
한동안 for some time, for a while
¶ 우리는 그를 한동안 못 만났다 We have not seen him for some time.
한문 Chinese writing
¶ 한문학 Chinese literature
한밤중 midnight, the middle of the night
한번 1 【일단】 once
¶ 한번 약속한 것은 어길 수 없다 A promise once made cannot be broken.
2 【언젠가】 some day(미래), once(과거)

¶ 언제 일요일에나 한번 만나세 Let's meet some Sunday.
한복 Korean clothes〔dress〕
한숨 a (deep) sigh
¶ 모두들 안도의 한숨을 쉬었다 Every one breathed〔gave〕 a sigh of relief.
한 쌍 a pair, a couple
한없다 endless, limitless, infinite, eternal
¶ 한없는 일 endless work
한 줌 a handful 《of sand》
한참 for some time, for a time〔while〕
¶ 한참 만에 만나는군 It has been a long time since we met.
한층 more, still more, all the more
¶ 한층 더 노력하다 make greater efforts
한편 1 【한쪽】 one side
¶ 한편에 치우치다 lean to one side
2 【…한 외에】 meanwhile, on the one hand
한평생 a lifetime, one's (whole) life
¶ 그는 물리학 연구에 한평생을 바쳤다 He devoted his life to the study of physics.
할머니 a grandmother, a grandma《구어》
할 수 있다 can, be able to
할아버지 a grandfather, a grandpa《구어》
할인 discount —하다 discount, cut off
¶ 할인 요금 a discount charge〔commission〕
할퀴다 scratch
핥다 lick
¶ 깨끗이 핥다 lick clean
함께 together 《with》, in company with
¶ 함께 일하다 work together
함대 a fleet
¶ 주력 함대 the main fleet
함정 a pit, a trap; 【계략·음모】 a plot, a trap
¶ 함정에 빠지다 fall into a pit〔trap〕
합격하다 pass〔succeed in〕 an examination

¶ 나는 오늘 운전 면허 시험에 합격했다 I passed my driving test today.

합계 the (sum) total —하다 add (sum) up, total

¶ 비용을 합계하다 sum (add) up the expenses

합의 agreement —하다 come to an agreement, be agreed

¶ 합의에 도달하다 reach an agreement

합창 chorus —하다 sing together, sing in chorus

¶ 혼성(남녀) 합창 a mixed chorus

¶ 합창대 a chorus, a choir(교회의)

합하다 1 〔하나로〕 put together, unite, combine, connect, join together

¶ 두 반을 한 반으로 합하다 combine two classes

2 〔합계하다〕 sum up, add up, total

¶ 모두 합해서 20개가 있다 There are twenty all together (in all).

핫도그 a hot dog

항공 우편 air mail

¶ 항공 우편으로 by air mail

항구 a port, a harbor

¶ 항구 도시 a port city

항복 surrender —하다 surrender 《to》, give in

¶ 무조건 항복 unconditional surrender

항상 always, at all times, constantly

¶ 너는 항상 불평을 한다 You're always complaining.

항의 a protest —하다 protest, make a protest

¶ 항의 운동 a protest movement

항해 voyage, a navigation —하다 sail, make a voyage, navigate

¶ 태평양을 항해하다 sail the Pacific

해¹ 〔태양〕 the sun

¶ 해가 뜨다〔지다〕 the sun rises (sets)

해² 〔연〕 a year

¶ 해마다 every year

해결 solution, settlement —하다 solve 《a question》, settle 《a problem》

¶ 그 문제는 시간이 해결해 줄 것이다 Time will solve the matter.

해군 the navy

¶ 해군 기지 a naval base

해답 a solution 《to a problem》, an answer 《to a question》 —하다 solve 《a problem》, answer 《a question》

¶ 나는 그 문제의 해답을 찾지 못했다 I failed to answer the question.

해돋이 (the) sunrise

¶ 해돋이에 at sunrise

해롭다 (be) harmful, injurious, be bad

¶ 건강에 해로운 bad for the health

해바라기 a sunflower

sunflowers

해방 liberation —하다 liberate, release, set free, deliver

¶ 여성을 가사에서 해방하다 free women from house chores

해변 the beach, the coast

해보다 try, have a try, attempt, make an attempt (a trial) 《at》

¶ 그렇게 해보겠습니다 I'll try.

해설 explanation —하다 explain, comment on 《the text》

¶ 시사 문제를 해설하다 comment on current news

해안 the seashore, the coast, the seaside, the beach

¶ 해안을 산책하다 take a walk along the beach

¶ 해안 경비 coast defense

해양 the sea(s), the ocean

해어지다 wear out, be worn out

해외 foreign countries, overseas
¶ 해외로 가다 go abroad
¶ 해외 시장 overseas markets
¶ 해외 여행 overseas〔foreign〕 travel, an overseas trip

해치다 injure, harm, hurt, damage
¶ 건강을 해치다 injure one's health

핸드볼 handball

handball

핸들 〖자전거의〗 a handle bar; 〖자동차의〗 a (steering) wheel
¶ 핸들을 우〔좌〕로 꺾다 wheel right〔left〕

햄 ham
¶ 훈제 햄 smoked ham

행군 a march —하다 march

행동 (an) action, conduct, behavior —하다 act, behave (oneself), conduct oneself
¶ 행동을 개시하다 start action

행렬 a parade

행복 happiness —하다 (be) happy
¶ 행복하게 살다 live happily

행사 an event
¶ 연중 행사 annual events

행운 good luck〔fortune〕
¶ 행운을 빕니다 Good luck!

행위 an act, a deed, behavior, conduct
¶ 사악한 행위 an evil deed

행진 a march, a parade —하다 march, parade

행진곡 a march
¶ 결혼〔군대〕 행진곡 a wedding〔military〕 march

향기 fragrance, perfume
¶ 향기를 발하다 emit a sweet fragrance〔smell〕

허가 permission —하다 permit, allow
¶ 정식 허가 official permission
¶ 허가 없이 without permission

허둥지둥 in a hurry

허락 〖승인〗 consent, approval; 〖허가〗 permission, grant —하다 consent to, approve《of》, permit, allow, grant
¶ 사정이 허락하면 가겠다 I will go if circumstances permit.

허리 the waist

허리띠 a belt, a band
¶ 허리띠를 매다〔풀다〕 tie〔untie〕 a belt

허비 waste —하다 waste《money》
¶ 시간 허비 a waste of time

허수아비 a scarecrow

허약 weakness —하다 (be) weak, feeble
¶ 그는 날 때부터 몸이 허약하다 He is born weak.

허영 vanity
¶ 허영에 찬 여자 a woman full of vanity

허위 falsehood
¶ 허위 보고 a false report

헌것 old〔worn-out, second-hand, used〕 things

헌법 a constitution, constitutional law
¶ 헌법을 위반하다 violate a constitution

헛되다 (be) vain, futile, fruitless, empty
¶ 헛된 노력 vain efforts

헤매다 1 〖돌아다니다〗 wander〔roam〕 about, walk around
¶ 이리저리 헤매다 wander from place to place
2 〖마음이〗 be at a loss
¶ 어쩔 줄 몰라 헤매다 be at a loss what to do

헤어지다 part from, separate
¶ 친구와 헤어지다 part from a friend

헤엄 swimming, a swim

¶ 나는 헤엄을 전혀 못친다 I can't swim a stroke.
헬리콥터 a helicopter

helicopter

혀 a tongue
혁명 a revolution
현관 the porch, the entrance, the front door
현금 cash
¶ 현금으로 사다〔팔다〕 buy〔sell〕《a thing》for cash
¶ 현금으로 하시겠습니까, 카드로 하시겠습니까? Cash or charge?
현대 the present age〔day〕, modern times, today
¶ 현대 예술 modern art
¶ 현대 문학 current〔contemporary〕literature
¶ 현대식 a modern style〔fashion〕
현명 wisdom —하다 (be) wise
¶ 현명한 사람 a wise man
현미경 a microscope
현실 actuality, the actual, reality
¶ 우리나라의 경제 현실 the reality of our national economy
현장 the spot, the scene 《of action》
¶ 현장에 도착하다 arrive upon the scene
현재 the present (time); 【부사】 now, at present, currently
¶ 현재까지 up to now〔date〕
현충일 the Memorial Day
혈압 blood pressure
¶ 고〔저〕혈압 high〔low〕 blood pressure
¶ 혈압을 재다 measure〔take〕《a person's》blood pressure
혈액 blood
¶ 혈액형 a blood type〔group〕
혐오 hatred, dislike, disgust —하다 hate, dislike, abhor
협력 cooperation —하다 cooperate 《with》, work together
¶ 경제 협력 economic cooperation
협박 a threat —하다 threaten
¶ 그는 나를 죽이겠다고 협박했다 He threatened me with death.
협회 a society, an association, a league
¶ 협회를 조직하다 organize〔form〕 an association
형 an elder〔older〕brother
형성 formation —하다 form
¶ 좋은 습관의 형성 the formation of good habits
형식 a form
¶ 형식에 맞추다 conform to forms
형제 brothers
형편없다 (be) terrible, awful, absurd
¶ 형편없이 고생하다 suffer terribly
호감 good feeling, a favorable〔good〕impression
¶ 그는 호감이 간다 He impressed me favorably.
호기심 curiosity
¶ 호기심에서 out of curiosity
호랑이 a tiger, a tigress(암컷)
호르몬 a hormone
호박 a pumpkin
호소 an appeal —하다 appeal 《to》, resort 《to》
¶ 여론에 호소하다 appeal to public opinion
호수 a lake
호스 a hose
호의 goodwill, favor
¶ 그는 나를 호의적으로 대했다 He treated me with favor.
호주머니 a pocket
호치키스 a stapler

호텔 a hotel
¶ 어느 호텔에 묵고 계십니까? What hotel are you staying at?

호흡 a breath —하다 breathe

혼란 confusion, disorder, chaos —하다 (be) confused, disordered, be in confusion
¶ 혼란을 초래하다 lead to〔give rise to〕confusion

혼자 alone, single, by oneself, for oneself
¶ 혼자 여행하다 travel alone
¶ 그는 그것을 혼자했다 He did it by himself.

혼잡 confusion —하다 (be) confused, be in confusion
¶ 혼잡 속에서 in the confusion

혼합하다 mix, blend
¶ 위스키에 물을 혼합하다 mix water with〔in〕whiskey
¶ 기름과 물은 혼합되지 않는다 Oil and water will not mix.

홈런 a home run, a homer
¶ 홈런을 치다 hit a home run

홍당무 a red radish, a carrot

홍수 a flood

홍차 《a cup of》tea, black tea
¶ 홍차를 끓이다 make tea

화가 a painter, an artist

화나다 get angry
¶ 화나게 하다 make 《a person》angry

화단 a flower bed〔garden〕

화랑 a gallery

화려하다 (be) splendid, brilliant
¶ 화려한 경력 a brilliant career

화목 harmony, peace, concord —하다 be friendly with, be in harmony〔concord〕
¶ 그들은 아주 화목하게 지낸다 They are on very friendly terms.

화물 freight, goods, cargo(뱃짐)
¶ 화물을 철도로〔비행기로〕발송하다 send goods by rail〔air〕

화병 a (flower) vase

화분 a flowerpot

화산 a volcano
¶ 활〔휴, 사〕화산 an active〔a dormant, an extinct〕volcano

volcano

화살 an arrow
¶ 화살을 쏘다 shoot an arrow

화상 a burn
¶ 손에 화상을 입었다 I got burnt in the hand.

화성 Mars

화약 (gun) powder

화요일 Tuesday

화장 make-up —하다 make up (one's face)
¶ 화장품 cosmetics

화장실 1〔방〕a dressing room **2**〔변소〕a rest room, a toilet

화재 a fire
¶ 작년에는 화재가 많았다 We had a lot of fires last year.

화제 a topic, a subject
¶ 화제를 바꿉시다 Let's change the topic〔subject〕.

화학 chemistry

확고하다 (be) firm, fixed
¶ 확고한 결심 a firm determination〔resolution〕

확신 conviction, a firm belief —하다 be〔feel〕convinced 《of》, believe firmly
¶ 그는 자기가 옳다고 확신하고 있다 He is convinced that he is right.

확실하다 (be) certain, sure, positive, definite
¶ 확실한 대답 a definite answer

¶ 그가 성공할 것은 확실하다 He is sure to succeed. (= I am sure that he will succeed. = It is certain that he will succeed.)

환갑 one's 60th birthday anniversary

환경 environment, surroundings
¶ 환경 보호 the protection of environment
¶ 환경 오염 environmental pollution

환대 a warm reception, welcome, hospitality —하다 give 《a person》 a hearty welcome
¶ 그녀는 가는 곳마다 환대를 받았다 She was warmly received wherever she went.

환송 sending back, returning —하다 send back, return

환영 welcome, reception —하다 welcome, give 《a person》 a welcome
¶ 환영회 a welcome party
¶ 당신은 언제든지 환영합니다 You are always welcome.

환자 a patient
¶ 암 환자 a cancer patient

환하다 (be) bright, light
¶ 대낮처럼 환하다 be as bright as day

환호 cheers —하다 cheer, give cheers

활 a bow
¶ 활을 쏘다 shoot an arrow

활기 vigor, life, activity
¶ 활기를 띠다 become active

활동 activity, action —하다 be activity, take an active part 《in》
¶ 교내 활동 school activities

활자 a printing 《type》

황무지 a waste land

황소 a bull

황태자 the Crown Prince, the Prince Imperial
¶ 영국 황태자 the Prince of Wales

황혼 dusk
¶ 황혼에 at dusk

황홀하다 (be) charming
¶ 황홀한 광경 a charming spectacle

회견 an interview —하다 interview, have an interview 《with》
¶ 기자 회견 a press interview

회고 reflection, recollection —하다 look back 《on, over》, reflect 《upon》, recollect
¶ 학창 시절을 회고하다 look back upon one's student days

회담 a talk, a conversation —하다 have a talk 《with》, have a conference 《with》, have an interview 《with》
¶ 비공식 회담 an informal talks

회답 a reply, an answer, a response —하다 answer, reply, give an answer〔a reply〕
¶ 속히 회답 바랍니다 Please answer me as soon as possible.

회복 recovery —하다 recover, get back, get well, get better
¶ 경제의 회복 economic recovery
¶ 그는 거의 회복되고 있다 He has almost recovered his health.

회사 a company, a corporation, a firm
¶ 무역 회사 a trading company
¶ 회사를 경영하다 manage〔run〕 a company

회상 recollection, reflection —하다 recollect, look back on, recall, reflect on
¶ 과거를 회상하다 look back on the past

회색 gray (color)

회원 a member (of a society), membership 《총칭》
¶ 정회원 a regular〔full〕 member
¶ 회원이 되다 become a member 《of》

회의 a meeting, a conference —하다 confer
¶ 회의를 열다 hold a meeting
¶ 회의에 참석하다 attend a meeting〔conference〕

회전 turning, rotation, revolution —하다 turn, rotate, revolve

¶ 지구는 태양의 주위를 회전한다 The earth moves (revolves) around the sun.

회화 conversation, talk
¶ 그녀는 영어 회화를 잘한다 She speaks English well. (= She is good at English conversation.)

횡단 crossing —하다 cross
¶ 대서양을 횡단하다 cross the Atlantic Ocean

효과 effect
¶ 극적 효과 a dramatic effect
¶ 효과적으로 effectively

후반 the latter (second) half
¶ 19세기의 후반에 late in the 19th century

후보자 a candidate
¶ 후보자를 지원하다 support (back up) a candidate

후원 support, backing, aid —하다 support, give support to, back up
¶ 당신의 후원을 부탁합니다 I hope to have your support.

후자 the latter
¶ 전자와 후자 the former and the latter

후추 (black) pepper

후퇴 retreat, recession —하다 retreat, go (move) back, recede
¶ 작전상의 후퇴 a strategic retreat

후회 regret —하다 regret, be sorry 《for》
¶ 그런 짓을 한 것을 후회한다 I regret having done such a thing.

훈련 training, drill, practice, exercise —하다 train 《in》, drill 《in》, practice, exercise
¶ 군대가 훈련을 받고 있다 The troops are in training.

훈장 a medal, a decoration, a mark of honor
¶ 훈장을 달다 wear a decoration

훌륭하다 (be) nice, fine, excellent
¶ 그는 영어를 훌륭하게 한다 He speaks very good English.

훔치다 [절도] steal
¶ 누가 내 코트를 훔쳐 갔다 My coat was stolen.

비교 **steal**과 **rob**
steal은 폭력을 쓰지 않고 남의 물건을 몰래 훔치다. rob는 보통 위협하거나 폭력을 써서 빼앗다.

steal   rob

훨씬 1 [정도] by far, far and away
¶ 이것이 훨씬 낫다 This is far (much) better.
2 [공간적으로] far (away), in the distance
3 [시간적으로]
¶ 훨씬 이전에 a long time ago

휘다 bend, curve, be (get) bent
¶ 쇠줄을 휘다 bend (curve) a wire

휘파람 a whistle
¶ 휘파람을 불다 give a whistle

휠체어 a wheel chair

휴가 holidays, a vacation
¶ 휴가를 얻다 take a holiday (vacation)

휴대하다 carry, bring (take) 《a thing》 with one
¶ 휴대용의 portable
¶ 휴대 전화 a mobile phone, a cell(ular) phone

휴식 rest —하다 (take a) rest
¶ 잠깐 휴식하다 take a little (short) rest

휴일 a holiday, a day off
¶ 법정 휴일 a legal holiday

휴지 toilet paper, wastepaper

¶ 휴지를 줍다 pick up wastepaper
흉내 imitation
¶ 흉내를 내다 imitate
흉년 a bad year, a year of a bad harvest
흉보다 speak ill of
흐르다 flow, run
¶ 강이 숲 사이로 흐른다 The river flows through the forests.
흐리다 1 [혼탁하다] (be) muddy
¶ 흐린 물 muddy water
2 [날씨가] (be) cloudy
¶ 흐린 날씨 a cloudy weather
3 [희미하다] (be) vague, dim, faint
¶ 불빛이 흐리다 A light is dim.
흑인 a black (person)
흑판 a blackboard
흔들다 shake, wave, swing, sway
¶ 나무를 흔들다 shake a tree
흔적 marks, traces, a track, signs
¶ 흔적을 남기다 leave traces 《of》
흔하다 (be) common, usual
흔히 usually, commonly, frequently, often, generally
¶ 흔히 있는 일 a common affair
흘긋 보다 glance 《at, over》
¶ 그는 나를 흘긋 보았다 He glanced at me.
흘리다 spill, shed
¶ 눈물을 [피를] 흘리다 shed tears [blood]
흙 earth, soil
흡수하다 absorb
¶ 마른 모래는 물을 빨아들인다 Dry sand absorbs water.
흥겹다 gay, merry, joyful
흥미 interest
¶ 흥미를 잃다 lose interest in
흥분 excitement —하다 be [get] excited
¶ 그 소식에 모두가 흥분했다 The news excited everybody.
흥정 a bargain —하다 strike a bargain
¶ 가격을 좀 흥정할 수 있나요? Is the price negotiable?

흩어지다 scatter
¶ 공원에는 쓰레기가 흩어져 있다 The parks are scattered with rubbish.
희곡 a drama
희귀하다 (be) rare, curious, uncommon, unusual
¶ 희귀한 사건 a rare event
희극 a comedy
¶ 희극 배우 a comedian
희다 [색이] (be) white; [피부가] (be) fair; [머리가] (be) gray
¶ 얼굴이 희다 have a fair [white] face
희망 hope, wish —하다 hope for, wish
¶ 희망을 가지다 have a hope 《of》
희미하다 (be) faint, dim, vague
¶ 희미해지다 become faint [dim]
희박하다 (be) thin
¶ 희박한 공기 thin air
희생 a sacrifice —하다 sacrifice, make a victim of
¶ 어떤 희생을 치르더라도 at all costs [any cost]
희소식 good news
¶ 무소식이 희소식이다 No news is good news.
히트 1 [안타] a (single) hit
¶ 히트를 치다 make a hit
2 [성공] a hit, a success
힌트 a hint, a clue
¶ 힌트를 주다 give a hint
힘 1 [체력] power, strength, energy; [능력] ability, capacity, capability
¶ 내게는 힘에 부치는 일이다 The task is beyond [out of] my ability.
2 [물리적] force, power, energy
¶ 전기의 힘 electric power [energy]
힘쓰다 make an effort, endeavor, labor, try hard
¶ 힘써 공부하다 study hard
힘차다 powerful, (be) full of strength
¶ 힘찬 연설 a powerful speech

한글→영문표기대조표									
모 음									
ㅏ	ㅓ	ㅗ	ㅜ	ㅡ	ㅣ	ㅐ	ㅔ	ㅚ	ㅑ	ㅕ
a	eo	o	u	eu	i	ae	e	oe	ya	yeo
ㅛ	ㅠ	ㅒ	ㅖ	ㅘ	ㅙ	ㅝ	ㅞ	ㅟ	ㅢ	
yo	yu	yae	ye	wa	wae	wo	we	wi	ui	
자 음									
ㄱ	ㄲ	ㅋ	ㄷ	ㄸ	ㅌ	ㅂ	ㅃ	ㅍ	ㅈ	ㅉ
g/k	kk	k	d/t	tt	t	b/p	pp	p	j	jj
ㅊ	ㅅ	ㅆ	ㅎ	ㅁ	ㄴ	ㅇ	ㄹ			
ch	s	ss	h	m	n	ng	r/l			

국어의 새 로마자표기법의 용례

▶ ㄱ, ㄷ, ㅂ, ㅈ 은 K, T, P, CH에서 G, D, B, J로 통일
  부산 Pusan→Busan   대구 Taegu→Daegu
▶ ㅋ, ㅌ, ㅍ, ㅊ 은 k', t', p', ch'에서 k, t, p, ch 로 변경
  태안 T'aean→Taean   충주 Ch'ungju→Chungju
▶ ㅅ은 sh와 s로 나눠 적던 것을 s로 통일
  신라 Shilla→Silla   실상사 Shilsangsa→Silsangsa
▶ 발음상 혼동의 우려가 있을 때 음절 사이에 붙임표(-)사용
  중앙 Jung-ang
▶ 성과 이름은 띄어쓰고 이름은 붙여쓰되 음절 사이에 붙임표 사용 허용
  송나리 Song Nari(또는 Song Na-ri)

회사명의 영문표기법

▶ 영국류 : Company Limited
▶ 미국류 : Corporation 또는 Incorporated

회사명	주식회사 창신	
영국식표기	ChangShin Company Limited	ChangShin co.,Ltd
미국식표기	ChangShin corporation	ChangShin Corp
	ChangShin incorporated	ChangShin Inc

주소의 영문표기법

▶ 국제 우편의 경우는, 국내의 주소 표기와는 반대로 기재합니다.

한글표기 : 서울시 중구 인현동 2가 87-1
영문표기 : 87-1, Inhyeon-dong 1(il)-ga, Jung-gu, Seoul

전화번호의 영문표기법

▶ 국제적인 전화번호의 표기 방법은, 시외 국번의 '0'을 취해, 한국의 나라번호를 나타내는 '82'를 붙입니다. 줄머리의 '+'는 국제전화를 사용하는 마크입니다. 팩시밀리도 같은 표기 방법이 됩니다.

가입전화	휴대전화
국내표기 02-1234-5678	국내표기 010-1234-5678
국제표기 +82-2-1234-5678	국제표기 +82-10-1234-5678

불규칙 동사 변화표

현 재 형	과 거 형	과거분사형
arise 일어나다	arose	arisen
awake 깨어나다	awoke	awoke, awaked
be (am, are, is) ~이다	was, were	been
bear 낳다	bore	born
beat 치다	beat	beaten, beat
become ~이 되다	became	become
begin 시작하다	began	begun
bend 구부리다	bent	bent
bet 내기 걸다	bet	bet
bind 묶다	bound	bound
bite 물다	bit	bitten, bit
bless 축복하다	blessed, blest	blessed, blest
blow 불다	blew	blown
break 깨뜨리다	broke	broken
bring 가져오다	brought	brought
broadcast 방송하다	broadcast, broadcasted	broadcast, broadcasted
build 짓다	built	built
burn 태우다	burnt, burned	burnt, burned
burst 터지다	burst	burst
buy 사다	bought	bought
can 할 수 있다	could	―
cast 던지다	cast	cast
catch 잡다	caught	caught
choose 고르다	chose	chosen
come 오다	came	come
cost (비용이) 들다	cost	cost
creep 기다	crept	crept
cut 자르다	cut	cut
deal 다루다	dealt	dealt
dig 파다	dug	dug
do 하다	did	done
draw 당기다	drew	drawn

현 재 형	과 거 형	과거분사형
dream 꿈꾸다	dreamed, dreamt	dreamed, dreamt
drink 마시다	drank	drunk
drive 운전하다	drove	driven
eat 먹다	ate	eaten
fall 떨어지다	fell	fallen
feed 먹이를 주다	fed	fed
feel 느끼다	felt	felt
fight 싸우다	fought	fought
find 발견하다	found	found
fly 날다	flew	flown
forbid 금지하다	forbade	forbidden
forget 잊다	forgot	forgotten
forgive 용서하다	forgave	forgiven
freeze 얼다	froze	frozen
get 얻다	got	got, gotten
give 주다	gave	given
go 가다	went	gone
grow 자라다	grew	grown
hang 걸다	hung	hung
have, has 가지다	had	had
hear 듣다	heard	heard
hide 숨다	hid	hidden, hid
hit 치다	hit	hit
hold 지니다	held	held
hurt 다치다	hurt	hurt
keep 유지하다, 간직하다	kept	kept
kneel 무릎을 꿇다	knelt	knelt
know 알다	knew	known
lay 놓다	laid	laid
lead 이끌다	led	led
learn 배우다	learned, learnt	learned, learnt
leave 떠나다	left	left
lend 빌려주다	lent	lent
let ~하게 시키다	let	let
lie 눕다	lay	lain

현 재 형	과 거 형	과거분사형
lie 거짓말하다	lied	lied
light 불을 붙이다	lit	lit
lose 잃다	lost	lost
make 만들다	made	made
may ~해도 좋다	might	—
mean 의미하다	meant	meant
meet 만나다	met	met
mistake 실수하다	mistook	mistaken
pass 지나가다	passed	passed, past
pay 지불하다	paid	paid
put 놓다	put	put
read 읽다	read [réd]	read [réd]
ride (탈 것을) 타다	rode	ridden
ring 울리다	rang	rung
rise 오르다	rose	risen
run 달리다	ran	run
say 말하다	said	said
see 보다	saw	seen
seek 찾다	sought	sought
sell 팔다	sold	sold
send 보내다	sent	sent
set 놓다	set	set
sew 바느질하다	sewed	sewn, sewed
shake 흔들다	shook	shaken
shall ~할 것이다	should	—
shine 빛나다	shone	shone
shoot 쏘다, 촬영하다	shot	shot
show 보여주다	showed	shown, showed
shrink 줄다	shrank, shrunk	shrunk, shrunken
shut 닫다	shut	shut
sing 노래하다	sang	sung
sink 가라앉다	sank	sunk, sunken
sit 앉다	sat	sat
sleep 잠자다	slept	slept
slide 미끄러지다	slid	slid

현 재 형	과 거 형	과거분사형
smell (냄새를) 맡다	smelt	smelt
sow (씨를) 뿌리다	sowed	sowed
speak 말하다	spoke	spoken
spend 소비하다	spent	spent
spin 실을 잣다	spun	spun
spit (침을) 뱉다	spat	spat
spill 엎지르다	spilt	spilt
spread 펴다	spread	spread
spring 뛰다	sprang	sprung
stand 일어서다	stood	stood
steal 훔치다	stole	stolen
stick 찌르다	stuck	stuck
sting (침으로) 쏘다	stung	stung
stink (악취를) 풍기다	stank	stunk
strike 치다	struck	struck, stricken
swear 맹세하다	swore	sworn
sweep 쓸다	swept	swept
swim 수영하다	swam	swum
swing 흔들다	swung, swang	swung
take 잡다	took	taken
teach 가르치다	taught	taught
tear 찢다	tore	torn
tell 말하다	told	told
think 생각하다	thought	thought
throw 던지다	threw	thrown
understand 이해하다	understood	understood
wake (잠을) 깨우다	woke	woken
wear 입다	wore	worn
weep 울다	wept	wept
will ~일 것이다	would	—
win 이기다	won	won
write 쓰다	wrote	written